最高人民法院商事审判指导丛书
（配套办案手册）

商事办案指导手册

（第二版）

杜万华／主编
杨临萍　杨永清　付金联／副主编
最高人民法院民事审判第二庭／编

法律出版社
LAW PRESS · CHINA

编 委 会

修 订 说 明

随着十八大及中央经济工作会议的召开,我国司法实践中的商事裁判理念、裁判规范、裁判尺度等也在同时逐步深化,相应的商事裁判规范的修缮和完备,已经成为题中之义。基于在司法实践中的不断摸索,同样的法律问题,之前还是个案的处理,现在已经上升为司法解释的规范层面;之前还是个案的答复,现在已经成为司法裁判的统一尺度;之前还是个案的指导,现在已经成为法律适用的基本原则;本书正是对这些规范的变化及时加以梳理、整合、归纳,此次修订正也是由于最高人民法院《关于适用〈中华人民共和国民事诉讼法〉的解释》、最高人民法院《关于适用〈中华人民共和国企业破产法〉若干问题的规定(一)》、最高人民法院《关于适用〈中华人民共和国企业破产法〉若干问题的规定(二)》、最高人民法院《关于适用〈中华人民共和国保险法〉若干问题的解释(三)》、最高人民法院《关于适用〈中华人民共和国物权法〉若干问题的解释(一)》的颁布,以及法院立案登记制和级别管辖改革等司法改革新举措的出现,及时加以整理,确保相应的法律规范以崭新的面貌呈现读者面前,供读者参考。

编　者

2016 年 2 月

出版说明

商事法律体系庞杂,商事办案所依据的法律、法规、司法解释、政策批复等散落在各个不同的部门。为了查找使用的便利,应民商事办案法官的要求,我们邀请最高人民法院民事审判第二庭的资深法官,精心编写了《最高人民法院商事审判指导丛书》的配套办案手册——《商事办案指导手册》。手册按商事审判业务模块分类全面收集相关规定,为办理商事案件的法官、律师及其他法务人员提供了便捷的办案指导。本书特点如下:

1. 内容全面权威

本书收录了办理商事案件的常用法律、法规、最高人民法院以“法释”文号发布的指导商事办案的司法解释以及重要的司法文件,且全部是由最高人民法院民事审判第二庭提供的标准文本,确保内容的权威性。

2. 分类新颖细致

全书按商事办案业务模块划分归类,分为商事实体篇和商事程序篇,实体篇包括合同、担保、证券、保险等,程序篇包括管辖、证据、审判程序等,各门类之下又进一步细化。分类新颖,方便查阅。

3. 便于检索携带

全书分类明确,收录全面,一书在手,可以方便查询到办理具体案件所需的所有相关规定。

鉴于国家法治化进程不断向前推进,新案件、新情况不断出现,本书将根据最新的法律、法规、司法解释等的规定不断修订再版,确保本书的时效性。

编　者

2014 年 3 月

目　录

上篇　民商事实体法

一、综　合

二、民商事主体

(二)司法解释

(三)司法文件

三、民商事合同

(一)综合

(二)买卖合同

(三)供电合同

(四)借贷合同

(十二)技术合同

(十三)行纪合同

四、担 保

(一)综合

(二)保证

(三)担保

五、存单、信用卡

六、票据、信用证

七、证券、期货

八、保　险

九、信　　托

十、企业兼并与改制

十一、企业破产

十二、民商事审判相关制度

(一)金融管理制度

(二)土地、房地产管理制度

十三、民 事 责 任

下篇 民商事程序法

一、综 合

(一)法律法规

(二)司法解释

(三)司法文件

二、管　辖

(一)综合

(二)合同案件管辖

(三)其他

三、诉讼参加人

四、证　　据

五、诉讼时效

六、送　达

七、调　　解

八、保全与先予执行

九、立　　案

(一)综合

(二)金融邮政案件

(三)其他

十、审判程序

(一)一审、二审

(二)审判监督

(1)综合

(2)当事人申请再审

(3)法院决定再审

十一、执行程序

十二、涉外民事诉讼

十三、涉港澳台民事诉讼

(一)综合

(二)裁判认可与执行

(三)文书送达和调取证据

十四、仲　　裁

(一)综合

(二)仲裁协议效力

(三)撤销仲裁裁决

上篇　民商事实体法

一、综　　合

(一)法律法规

中华人民共和国民法通则

1. 1986年4月12日第六届全国人民代表大会第四次会议通过

2. 根据2009年8月27日第十一届全国人民代表大会常务委员会第十次会议《关于修改部分法律的决定》修正

目　　录

第一章　基本原则

第一条　【立法目的】为了保障公民、法人的合法的民事权益,正确调整民事关系,适应社会主义现代化建设事业发展的需要,根据宪法和我国实际情况,总结民事活动的实践经验,制定本法。

第二条　【调整范围】中华人民共和国民法调整平等主体的公民之间、法人之间、公民和法人之间的财产关系和人身关系。

第三条　【平等原则】当事人在民事活动中的地位平等。

第四条　【自愿、公平、等价有偿、诚实信用原则】民事活动应当遵循自愿、公平、等价有偿、诚实信用的原则。

第五条　【民事权益受法律保护原则】公民、法人的合法的民事权益受法律保护,任何组织和个人不得侵犯。

第六条　【遵守法律和政策原则】民事活动必须遵守法律,法律没有规定的,应当遵守国家政策。

第七条　【禁止权利滥用原则】民事活动应当尊重社会公德,不得损害社会公共利益,扰乱社会经济秩序。

第八条　【适用范围】在中华人民共和国领域内的民事活动,适用中华人民共和国法律,法律另有规定的除外。

本法关于公民的规定,适用于在中华人民共和国领域内的外国人、无国籍人,法律另有规定的除外。

第二章　公民(自然人)

第一节　民事权利能力和民事行为能力

第九条　【公民民事权利能力的开始与终止】公民从出生时起到死亡时止,具有民事权利能力,依法享有民事权利,承担民事义务。

第十条　【公民民事权利能力平等】公民的民事权利能力一律平等。

第十一条 【完全民事行为能力人】十八周岁以上的公民是成年人,具有完全民事行为能力,可以独立进行民事活动,是完全民事行为能力人。

十六周岁以上不满十八周岁的公民,以自己的劳动收入为主要生活来源的,视为完全民事行为能力人。

第十二条 【未成年人的民事行为能力】十周岁以上的未成年人是限制民事行为能力人,可以进行与他的年龄、智力相适应的民事活动;其他民事活动由他的法定代理人代理,或者征得他的法定代理人的同意。

不满十周岁的未成年人是无民事行为能力人,由他的法定代理人代理民事活动。

第十三条 【精神病人的民事行为能力】不能辨认自己行为的精神病人是无民事行为能力人,由他的法定代理人代理民事活动。

不能完全辨认自己行为的精神病人是限制民事行为能力人,可以进行与他的精神健康状况相适应的民事活动;其他民事活动由他的法定代理人代理,或者征得他的法定代理人的同意。

第十四条 【法定代理人】无民事行为能力人、限制民事行为能力人的监护人是他的法定代理人。

第十五条 【公民的住所】公民以他的户籍所在地的居住地为住所,经常居住地与住所不一致的,经常居住地视为住所。

第二节 监 护

第十六条 【未成年人的监护人】未成年人的父母是未成年人的监护人。

未成年人的父母已经死亡或者没有监护能力的,由下列人员中有监护能力的人担任监护人:

(一)祖父母、外祖父母;

(二)兄、姐;

(三)关系密切的其他亲属、朋友愿意承担监护责任,经未成年人的父、母的所在单位或者未成年人住所地的居民委员会、村民委员会同意的。

对担任监护人有争议的,由未成年人的父、母的所在单位或者未成年人住所地的居民委员会、村民委员会在近亲属中指定。对指定不服提起诉讼的,由人民法院裁决。

没有第一款、第二款规定的监护人的,由未成年人的父、母的所在单位或者未成年人住所地的居民委员会、村民委员会或者民政部门担任监护人。

第十七条 【精神病人的监护人】无民事行为能力或者限制民事行为能力的精神病人,由下列人员担任监护人:

(一)配偶;

(二)父母;

(三)成年子女;

(四)其他近亲属;

(五)关系密切的其他亲属、朋友愿意承担监护责任,经精神病人的所在单位或者住所地的居民委员会、村民委员会同意的。

对担任监护人有争议的,由精神病人的所在单位或者住所地的居民委员会、村民委员会在近亲属中指定。对指定不服提起诉讼的,由人民法院裁决。

没有第一款规定的监护人的,由精神病人的所在单位或者住所地的居民委员会、村民委员会或者民政部门担任监护人。

第十八条 【监护人的职责权利与民事责任】监护人应当履行监护职责,保护被监护人的人身、财产及其他合法权益,除为被监护人的利益外,不得处理被监护人的财产。

监护人依法履行监护的权利,受法律保护。

监护人不履行监护职责或者侵害被监护人的合法权益的,应当承担责任;给被监护人造成财产损失的,应当赔偿损失。人民法院可以根据有关人员或者有关单位的申请,撤销监护人的资格。

第十九条 【精神病人民事行为能力的宣告】精神病人的利害关系人,可以向人民法院申请宣告精神病人为无民事行为能力人或者限制民事行为能力人。

被人民法院宣告为无民事行为能力人或者限制民事行为能力人的,根据他健康恢复的状况,经本人或者利害关系人申请,人民法院可以宣告他为限制民事行为能力人或者完全民事行为能力人。

第三节　宣告失踪和宣告死亡

第二十条　【宣告失踪的条件】公民下落不明满二年的,利害关系人可以向人民法院申请宣告他为失踪人。

战争期间下落不明的,下落不明的时间从战争结束之日起计算。

第二十一条　【宣告失踪的法律后果】失踪人的财产由他的配偶、父母、成年子女或者关系密切的其他亲属、朋友代管。代管有争议的,没有以上规定的人或者以上规定的人无能力代管的,由人民法院指定的人代管。

失踪人所欠税款、债务和应付的其他费用,由代管人从失踪人的财产中支付。

第二十二条　【宣告失踪的撤销】被宣告失踪的人重新出现或者确知他的下落,经本人或者利害关系人申请,人民法院应当撤销对他的失踪宣告。

第二十三条　【宣告死亡的条件】公民有下列情形之一的,利害关系人可以向人民法院申请宣告他死亡:

(一)下落不明满四年的;

(二)因意外事故下落不明,从事故发生之日起满二年的。

战争期间下落不明的,下落不明的时间从战争结束之日起计算。

第二十四条　【死亡宣告的撤销】被宣告死亡的人重新出现或者确知他没有死亡,经本人或者利害关系人申请,人民法院应当撤销对他的死亡宣告。

有民事行为能力人在被宣告死亡期间实施的民事法律行为有效。

第二十五条　【死亡宣告撤销后的财产返还】被撤销死亡宣告的人有权请求返还财产。依照继承法取得他的财产的公民或者组织,应当返还原物;原物不存在的,给予适当补偿。

第四节　个体工商户、农村承包经营户

第二十六条　【个体工商户的定义】公民在法律允许的范围内,依法经核准登记,从事工商业经营的,为个体工商户。个体工商户可以起字号。

第二十七条　【农村承包经营户的定义】农村集体经济组织的成员,在法律允许的范围内,按照承包合同规定从事商品经营的,为农村承包经营户。

第二十八条　【"两户"合法权益的保护】个体工商户、农村承包经营户的合法权益,受法律保护。

第二十九条　【"两户"民事责任的承担】个体工商户、农村承包经营户的债务,个人经营的,以个人财产承担;家庭经营的,以家庭财产承担。

第五节　个人合伙

第三十条　【个人合伙的定义】个人合伙是指两个以上公民按照协议,各自提供资金、实物、技术等,合伙经营、共同劳动。

第三十一条　【合伙合同】合伙人应当对出资数额、盈余分配、债务承担、入伙、退伙、合伙终止等事项,订立书面协议。

第三十二条　【合伙财产】合伙人投入的财产,由合伙人统一管理和使用。

合伙经营积累的财产,归合伙人共有。

第三十三条　【合伙字号与经营范围】个人合伙可以起字号,依法经核准登记,在核准登记的经营范围内从事经营。

第三十四条　【合伙的内部关系】个人合伙的经营活动,由合伙人共同决定,合伙人有执行和监督的权利。

合伙人可以推举负责人。合伙负责人和其他人员的经营活动,由全体合伙人承担民事责任。

第三十五条　【合伙的民事责任】合伙的债务,由合伙人按照出资比例或者协议的约定,以各自的财产承担清偿责任。

合伙人对合伙的债务承担连带责任,法律另有规定的除外。偿还合伙债务超过自己应当承担数额的合伙人,有权向其他合伙人追偿。

第三章　法　人

第一节　一般规定

第三十六条　【法人的定义及其权利能力和行为能力】法人是具有民事权利能力和民事行为能

力,依法独立享有民事权利和承担民事义务的组织。

法人的民事权利能力和民事行为能力,从法人成立时产生,到法人终止时消灭。

第三十七条 【法人的条件】法人应当具备下列条件:

(一)依法成立;

(二)有必要的财产或者经费;

(三)有自己的名称、组织机构和场所;

(四)能够独立承担民事责任。

第三十八条 【法定代表人】依照法律或者法人组织章程规定,代表法人行使职权的负责人,是法人的法定代表人。

第三十九条 【法人的住所】法人以它的主要办事机构所在地为住所。

第四十条 【法人的清算】法人终止,应当依法进行清算,停止清算范围外的活动。

第二节 企业法人

第四十一条 【企业法人资格的取得】全民所有制企业、集体所有制企业有符合国家规定的资金数额,有组织章程、组织机构和场所,能够独立承担民事责任,经主管机关核准登记,取得法人资格。

在中华人民共和国领域内设立的中外合资经营企业、中外合作经营企业和外资企业,具备法人条件的,依法经工商行政管理机关核准登记,取得中国法人资格。

第四十二条 【经营范围】企业法人应当在核准登记的经营范围内从事经营。

第四十三条 【企业法人的民事责任】企业法人对它的法定代表人和其他工作人员的经营活动,承担民事责任。

第四十四条 【企业法人的变更】企业法人分立、合并或者有其他重要事项变更,应当向登记机关办理登记并公告。

企业法人分立、合并,它的权利和义务由变更后的法人享有和承担。

第四十五条 【企业法人的终止】企业法人由于下列原因之一终止:

(一)依法被撤销;

(二)解散;

(三)依法宣告破产;

(四)其他原因。

第四十六条 【注销登记】企业法人终止,应当向登记机关办理注销登记并公告。

第四十七条 【清算】企业法人解散,应当成立清算组织,进行清算。企业法人被撤销、被宣告破产的,应当由主管机关或者人民法院组织有关机关和有关人员成立清算组织,进行清算。

第四十八条 【承担责任的财产范围】全民所有制企业法人以国家授予它经营管理的财产承担民事责任。集体所有制企业法人以企业所有的财产承担民事责任。中外合资经营企业法人、中外合作经营企业法人和外资企业法人以企业所有的财产承担民事责任,法律另有规定的除外。

第四十九条 【法定代表人的法律责任】企业法人有下列情形之一的,除法人承担责任外,对法定代表人可以给予行政处分、罚款,构成犯罪的,依法追究刑事责任:

(一)超出登记机关核准登记的经营范围从事非法经营的;

(二)向登记机关、税务机关隐瞒真实情况、弄虚作假的;

(三)抽逃资金、隐匿财产逃避债务的;

(四)解散、被撤销、被宣告破产后,擅自处理财产的;

(五)变更、终止时不及时申请办理登记和公告,使利害关系人遭受重大损失的;

(六)从事法律禁止的其他活动,损害国家利益或者社会公共利益的。

第三节 机关、事业单位和社会团体法人

第五十条 【法人资格的取得】有独立经费的机关从成立之日起,具有法人资格。

具备法人条件的事业单位、社会团体,依法不需要办理法人登记的,从成立之日起,具有法人资格;依法需要办理法人登记的,经核准登记,取得法人资格。

第四节 联营

第五十一条 【法人型联营】企业之间或者企业、事业单位之间联营,组成新的经济实体,独立承担民事责任、具备法人条件的,经主管机关

核准登记,取得法人资格。

第五十二条　【合伙型联营】企业之间或者企业、事业单位之间联营,共同经营、不具备法人条件的,由联营各方按照出资比例或者协议的约定,以各自所有的或者经营管理的财产承担民事责任。依照法律的规定或者协议的约定负连带责任的,承担连带责任。

第五十三条　【合同型联营】企业之间或者企业、事业单位之间联营,按照合同的约定各自独立经营的,它的权利和义务由合同约定,各自承担民事责任。

第四章　民事法律行为和代理

第一节　民事法律行为

第五十四条　【民事法律行为】民事法律行为是公民或者法人设立、变更、终止民事权利和民事义务的合法行为。

第五十五条　【实质要件】民事法律行为应当具备下列条件:

(一)行为人具有相应的民事行为能力;

(二)意思表示真实;

(三)不违反法律或者社会公共利益。

第五十六条　【形式要件】民事法律行为可以采取书面形式、口头形式或者其他形式。法律规定用特定形式的,应当依照法律规定。

第五十七条　【法律效力】民事法律行为从成立时起具有法律约束力。行为人非依法律规定或者取得对方同意,不得擅自变更或者解除。

第五十八条　【无效民事行为】下列民事行为无效:

(一)无民事行为能力人实施的;

(二)限制民事行为能力人依法不能独立实施的;

(三)一方以欺诈、胁迫的手段或者乘人之危,使对方在违背真实意思的情况下所为的;

(四)恶意串通,损害国家、集体或者第三人利益的;

(五)违反法律或者社会公共利益的;

(六)经济合同违反国家指令性计划的;(2009年8月27日删除)

(七)以合法形式掩盖非法目的的。

无效的民事行为,从行为开始起就没有法律约束力。

第五十九条　【可变更、可撤销的民事行为】下列民事行为,一方有权请求人民法院或者仲裁机关予以变更或者撤销:

(一)行为人对行为内容有重大误解的;

(二)显失公平的。

被撤销的民事行为从行为开始起无效。

第六十条　【部分无效】民事行为部分无效,不影响其他部分的效力的,其他部分仍然有效。

第六十一条　【无效、撤销的法律后果】民事行为被确认为无效或者被撤销后,当事人因该行为取得的财产,应当返还给受损失的一方。有过错的一方应当赔偿对方因此所受的损失,双方都有过错的,应当各自承担相应的责任。

双方恶意串通,实施民事行为损害国家的、集体的或者第三人的利益的,应当追缴双方取得的财产,收归国家、集体所有或者返还第三人。

第六十二条　【附条件的民事行为】民事法律行为可以附条件,附条件的民事法律行为在符合所附条件时生效。

第二节　代　　理

第六十三条　【代理及其适用范围】公民、法人可以通过代理人实施民事法律行为。

代理人在代理权限内,以被代理人的名义实施民事法律行为。被代理人对代理人的代理行为,承担民事责任。

依照法律规定或者按照双方当事人约定,应当由本人实施的民事法律行为,不得代理。

第六十四条　【代理的种类】代理包括委托代理、法定代理和指定代理。

委托代理人按照被代理人的委托行使代理权,法定代理人依照法律的规定行使代理权,指定代理人按照人民法院或者指定单位的指定行使代理权。

第六十五条　【委托代理的形式】民事法律行为的委托代理,可以用书面形式,也可以用口头形式。法律规定用书面形式的,应当用书面形式。

书面委托代理的授权委托书应当载明代理人的姓名或者名称、代理事项、权限和期间,并由委托人签名或者盖章。

委托书授权不明的,被代理人应当向第三人承担民事责任,代理人负连带责任。

第六十六条 【无权代理及其法律后果】没有代理权、超越代理权或者代理权终止后的行为,只有经过被代理人的追认,被代理人才承担民事责任。未经追认的行为,由行为人承担民事责任。本人知道他人以本人名义实施民事行为而不作否认表示的,视为同意。

代理人不履行职责而给被代理人造成损害的,应当承担民事责任。

代理人和第三人串通,损害被代理人的利益的,由代理人和第三人负连带责任。

第三人知道行为人没有代理权、超越代理权或者代理权已终止还与行为人实施民事行为给他人造成损害的,由第三人和行为人负连带责任。

第六十七条 【违法代理及法律后果】代理人知道被委托代理的事项违法仍然进行代理活动的,或者被代理人知道代理人的代理行为违法不表示反对的,由被代理人和代理人负连带责任。

第六十八条 【转委托】委托代理人为被代理人的利益需要转托他人代理的,应当事先取得被代理人的同意。事先没有取得被代理人同意的,应当在事后及时告诉被代理人,如果被代理人不同意,由代理人对自己所转托的人的行为负民事责任,但在紧急情况下,为了保护被代理人的利益而转托他人代理的除外。

第六十九条 【委托代理的终止】有下列情形之一的,委托代理终止:

(一)代理期间届满或者代理事务完成;

(二)被代理人取消委托或者代理人辞去委托;

(三)代理人死亡;

(四)代理人丧失民事行为能力;

(五)作为被代理人或者代理人的法人终止。

第七十条 【法定代理或指定代理的终止】有下列情形之一的,法定代理或者指定代理终止:

(一)被代理人取得或者恢复民事行为能力;

(二)被代理人或者代理人死亡;

(三)代理人丧失民事行为能力;

(四)指定代理的人民法院或者指定单位取消指定;

(五)由其他原因引起的被代理人和代理人之间的监护关系消灭。

第五章 民事权利

第一节 财产所有权和与财产所有权有关的财产权

第七十一条 【财产所有权的定义】财产所有权是指所有人依法对自己的财产享有占有、使用、收益和处分的权利。

第七十二条 【所有权的取得】财产所有权的取得,不得违反法律规定。

按照合同或者其他合法方式取得财产的,财产所有权从财产交付时起转移,法律另有规定或者当事人另有约定的除外。

第七十三条 【国家财产所有权】国家财产属于全民所有。

国家财产神圣不可侵犯,禁止任何组织或者个人侵占、哄抢、私分、截留、破坏。

第七十四条 【集体财产所有权】劳动群众集体组织的财产属于劳动群众集体所有,包括:

(一)法律规定为集体所有的土地和森林、山岭、草原、荒地、滩涂等;

(二)集体经济组织的财产;

(三)集体所有的建筑物、水库、农田水利设施和教育、科学、文化、卫生、体育等设施;

(四)集体所有的其他财产。

集体所有的土地依照法律属于村农民集体所有,由村农业生产合作社等农业集体经济组织或者村民委员会经营、管理。已经属于乡(镇)农民集体经济组织所有的,可以属于乡(镇)农民集体所有。

集体所有的财产受法律保护,禁止任何组织或者个人侵占、哄抢、私分、破坏或者非法查封、扣押、冻结、没收。

第七十五条 【个人财产所有权】公民的个人财产,包括公民的合法收入、房屋、储蓄、生活用品、文物、图书资料、林木、牲畜和法律允许公民所有的生产资料以及其他合法财产。

公民的合法财产受法律保护,禁止任何组

织或者个人侵占、哄抢、破坏或者非法查封、扣押、冻结、没收。

第七十六条　【财产继承权】公民依法享有财产继承权。

第七十七条　【社团财产】社会团体包括宗教团体的合法财产受法律保护。

第七十八条　【共有】财产可以由两个以上的公民、法人共有。

共有分为按份共有和共同共有。按份共有人按照各自的份额，对共有财产分享权利，分担义务。共同共有人对共有财产享有权利，承担义务。

按份共有财产的每个共有人有权要求将自己的份额分出或者转让。但在出售时，其他共有人在同等条件下，有优先购买的权利。

第七十九条　【埋藏物与拾得物的归属】所有人不明的埋藏物、隐藏物，归国家所有。接收单位应当对上缴的单位或者个人，给予表扬或者物质奖励。

拾得遗失物、漂流物或者失散的饲养动物，应当归还失主，因此而支出的费用由失主偿还。

第八十条　【土地使用权与承包经营权】国家所有的土地，可以依法由全民所有制单位使用，也可以依法确定由集体所有制单位使用，国家保护它的使用、收益的权利；使用单位有管理、保护、合理利用的义务。

公民、集体依法对集体所有的或者国家所有由集体使用的土地的承包经营权，受法律保护。承包双方的权利和义务，依照法律由承包合同规定。

土地不得买卖、出租、抵押或者以其他形式非法转让。

第八十一条　【自然资源使用权及承包经营权】国家所有的森林、山岭、草原、荒地、滩涂、水面等自然资源，可以依法由全民所有制单位使用，也可以依法确定由集体所有制单位使用，国家保护它的使用、收益的权利；使用单位有管理、保护、合理利用的义务。

国家所有的矿藏，可以依法由全民所有制单位和集体所有制单位开采，也可以依法由公民采挖。国家保护合法的采矿权。

公民、集体依法对集体所有的或者国家所有由集体使用的森林、山岭、草原、荒地、滩涂、水面的承包经营权，受法律保护。承包双方的权利和义务，依照法律由承包合同规定。

国家所有的矿藏、水流，国家所有的和法律规定属于集体所有的林地、山岭、草原、荒地、滩涂不得买卖、出租、抵押或者以其他形式非法转让。

第八十二条　【经营权】全民所有制企业对国家授予它经营管理的财产依法享有经营权，受法律保护。

第八十三条　【相邻关系】不动产的相邻各方，应当按照有利生产、方便生活、团结互助、公平合理的精神，正确处理截水、排水、通行、通风、采光等方面的相邻关系。给相邻方造成妨碍或者损失的，应当停止侵害，排除妨碍，赔偿损失。

第二节　债　　权

第八十四条　【债的定义】债是按照合同的约定或者依照法律的规定，在当事人之间产生的特定的权利和义务关系。享有权利的人是债权人，负有义务的人是债务人。

债权人有权要求债务人按照合同的约定或者依照法律的规定履行义务。

第八十五条　【合同的定义】合同是当事人之间设立、变更、终止民事关系的协议。依法成立的合同，受法律保护。

第八十六条　【按份之债】债权人为二人以上的，按照确定的份额分享权利。债务人为二人以上的，按照确定的份额分担义务。

第八十七条　【连带之债】债权人或者债务人一方人数为二人以上的，依照法律的规定或者当事人的约定，享有连带权利的每个债权人，都有权要求债务人履行义务；负有连带义务的每个债务人，都负有清偿全部债务的义务，履行了义务的人，有权要求其他负有连带义务的人偿付他应当承担的份额。

第八十八条　【合同的履行】合同的当事人应当按照合同的约定，全部履行自己的义务。

合同中有关质量、期限、地点或者价款约定不明确，按照合同有关条款内容不能确定，当事人又不能通过协商达成协议的，适用下列

规定:

(一)质量要求不明确的,按照国家质量标准履行,没有国家质量标准的,按照通常标准履行。

(二)履行期限不明确的,债务人可以随时向债权人履行义务,债权人也可以随时要求债务人履行义务,但应当给对方必要的准备时间。

(三)履行地点不明确,给付货币的,在接受给付一方的所在地履行,其他标的在履行义务一方的所在地履行。

(四)价款约定不明确的,按照国家规定的价格履行;没有国家规定价格的,参照市场价格或者同类物品的价格或者同类劳务的报酬标准履行。

合同对专利申请权没有约定的,完成发明创造的当事人享有申请权。

合同对科技成果的使用权没有约定的,当事人都有使用的权利。

第八十九条　【债的担保】依照法律的规定或者按照当事人的约定,可以采用下列方式担保债务的履行:

(一)保证人向债权人保证债务人履行债务,债务人不履行债务的,按照约定由保证人履行或者承担连带责任;保证人履行债务后,有权向债务人追偿。

(二)债务人或者第三人可以提供一定的财产作为抵押物。债务人不履行债务的,债权人有权依照法律的规定以抵押物折价或者以变卖抵押物的价款优先得到偿还。

(三)当事人一方在法律规定的范围内可以向对方给付定金。债务人履行债务后,定金应当抵作价款或者收回。给付定金的一方不履行债务的,无权要求返还定金;接受定金的一方不履行债务的,应当双倍返还定金。

(四)按照合同约定一方占有对方的财产,对方不按照合同给付应付款项超过约定期限的,占有人有权留置该财产,依照法律的规定以留置财产折价或者以变卖该财产的价款优先得到偿还。

第九十条　【借贷之债】合法的借贷关系受法律保护。

第九十一条　【合同的转让】合同一方将合同的权利、义务全部或者部分转让给第三人的,应当取得合同另一方的同意,并不得牟利。依照法律规定应当由国家批准的合同,需经原批准机关批准。但是,法律另有规定或者原合同另有约定的除外。

第九十二条　【不当得利】没有合法根据,取得不当利益,造成他人损失的,应当将取得的不当利益返还受损失的人。

第九十三条　【无因管理】没有法定的或者约定的义务,为避免他人利益受损失进行管理或者服务的,有权要求受益人偿付由此而支付的必要费用。

第三节　知识产权

第九十四条　【著作权】公民、法人享有著作权(版权),依法有署名、发表、出版、获得报酬等权利。

第九十五条　【专利权】公民、法人依法取得的专利权受法律保护。

第九十六条　【商标权】法人、个体工商户、个人合伙依法取得的商标专用权受法律保护。

第九十七条　【发现权、发明权及其他科技成果权】公民对自己的发现享有发现权。发现人有权申请领取发现证书、奖金或者其他奖励。

公民对自己的发明或者其他科技成果,有权申请领取荣誉证书、奖金或者其他奖励。

第四节　人身权

第九十八条　【生命健康权】公民享有生命健康权。

第九十九条　【姓名权、名称权】公民享有姓名权,有权决定、使用和依照规定改变自己的姓名,禁止他人干涉、盗用、假冒。

法人、个体工商户、个人合伙享有名称权。企业法人、个体工商户、个人合伙有权使用、依法转让自己的名称。

第一百条　【肖像权】公民享有肖像权,未经本人同意,不得以营利为目的使用公民的肖像。

第一百零一条　【名誉权】公民、法人享有名誉权,公民的人格尊严受法律保护,禁止用侮辱、诽谤等方式损害公民、法人的名誉。

第一百零二条　【荣誉权】公民、法人享有荣誉权,禁止非法剥夺公民、法人的荣誉称号。

第一百零三条　【婚姻自主权】公民享有婚姻自主权,禁止买卖、包办婚姻和其他干涉婚姻自由的行为。

第一百零四条　【婚姻、家庭、老人、母亲、儿童和残疾人合法权益的保护】婚姻、家庭、老人、母亲和儿童受法律保护。

残疾人的合法权益受法律保护。

第一百零五条　【男女平等】妇女享有同男子平等的民事权利。

第六章　民 事 责 任

第一节　一 般 规 定

第一百零六条　【归责原则】公民、法人违反合同或者不履行其他义务的,应当承担民事责任。

公民、法人由于过错侵害国家的、集体的财产,侵害他人财产、人身的,应当承担民事责任。

没有过错,但法律规定应当承担民事责任的,应当承担民事责任。

第一百零七条　【民事责任的免除】因不可抗力不能履行合同或者造成他人损害的,不承担民事责任,法律另有规定的除外。

第一百零八条　【债务的清偿】债务应当清偿。暂时无力偿还的,经债权人同意或者人民法院裁决,可以由债务人分期偿还。有能力偿还拒不偿还的,由人民法院判决强制偿还。

第一百零九条　【因保护公益或他人私益受损时的赔偿和补偿】因防止、制止国家的、集体的财产或者他人的财产、人身遭受侵害而使自己受到损害的,由侵害人承担赔偿责任,受益人也可以给予适当的补偿。

第一百一十条　【法律责任的重合】对承担民事责任的公民、法人需要追究行政责任的,应当追究行政责任;构成犯罪的,对公民、法人的法定代表人应当依法追究刑事责任。

第二节　违反合同的民事责任

第一百一十一条　【违约责任的一般条款】当事人一方不履行合同义务或者履行合同义务不符合约定条件的,另一方有权要求履行或者采取补救措施,并有权要求赔偿损失。

第一百一十二条　【赔偿责任与违约金】当事人一方违反合同的赔偿责任,应当相当于另一方因此所受到的损失。

当事人可以在合同中约定,一方违反合同时,向另一方支付一定数额的违约金;也可以在合同中约定对于违反合同而产生的损失赔偿额的计算方法。

第一百一十三条　【双方违约】当事人双方都违反合同的,应当分别承担各自应负的民事责任。

第一百一十四条　【防止损失扩大】当事人一方因另一方违反合同受到损失的,应当及时采取措施防止损失的扩大;没有及时采取措施致使损失扩大的,无权就扩大的损失要求赔偿。

第一百一十五条　【合同变更或解除时的违约责任】合同的变更或者解除,不影响当事人要求赔偿损失的权利。

第一百一十六条　【因上级机关的原因违约时的责任承担】当事人一方由于上级机关的原因,不能履行合同义务的,应当按照合同约定向另一方赔偿损失或者采取其他补救措施,再由上级机关对它因此受到的损失负责处理。

第三节　侵权的民事责任

第一百一十七条　【侵害财产权的民事责任】侵占国家的、集体的财产或者他人财产的,应当返还财产,不能返还财产的,应当折价赔偿。

损坏国家的、集体的财产或者他人财产的,应当恢复原状或者折价赔偿。

受害人因此遭受其他重大损失的,侵害人并应当赔偿损失。

第一百一十八条　【侵害知识产权的民事责任】公民、法人的著作权(版权)、专利权、商标专用权、发现权、发明权和其他科技成果权受到剽窃、篡改、假冒等侵害的,有权要求停止侵害,消除影响,赔偿损失。

第一百一十九条　【侵害生命健康权的民事责任】侵害公民身体造成伤害的,应当赔偿医疗费、因误工减少的收入、残废者生活补助费等费用;造成死亡的,并应当支付丧葬费、死者生前扶养的人必要的生活费等费用。

第一百二十条　【侵害人格权的民事责任】公民的姓名权、肖像权、名誉权、荣誉权受到侵害的,有权要求停止侵害,恢复名誉,消除影响,赔礼道歉,并可以要求赔偿损失。

法人的名称权、名誉权、荣誉权受到侵害的,适用前款规定。

第一百二十一条 【职务侵权】国家机关或者国家机关工作人员在执行职务中,侵犯公民、法人的合法权益造成损害的,应当承担民事责任。

第一百二十二条 【产品责任】因产品质量不合格造成他人财产、人身损害的,产品制造者、销售者应当依法承担民事责任。运输者、仓储者对此负有责任的,产品制造者、销售者有权要求赔偿损失。

第一百二十三条 【高度危险作业致人损害的民事责任】从事高空、高压、易燃、易爆、剧毒、放射性、高速运输工具等对周围环境有高度危险的作业造成他人损害的,应当承担民事责任;如果能够证明损害是由受害人故意造成的,不承担民事责任。

第一百二十四条 【环境污染致人损害的民事责任】违反国家保护环境防止污染的规定,污染环境造成他人损害的,应当依法承担民事责任。

第一百二十五条 【地面施工致人损害的民事责任】在公共场所、道旁或者通道上挖坑、修缮安装地下设施等,没有设置明显标志和采取安全措施造成他人损害的,施工人应当承担民事责任。

第一百二十六条 【物件致人损害的民事责任】建筑物或者其他设施以及建筑物上的搁置物、悬挂物发生倒塌、脱落、坠落造成他人损害的,它的所有人或者管理人应当承担民事责任,但能够证明自己没有过错的除外。

第一百二十七条 【动物致人损害的民事责任】饲养的动物造成他人损害的,动物饲养人或者管理人应当承担民事责任;由于受害人的过错造成损害的,动物饲养人或者管理人不承担民事责任;由于第三人的过错造成损害的,第三人应当承担民事责任。

第一百二十八条 【正当防卫】因正当防卫造成损害的,不承担民事责任。正当防卫超过必要的限度,造成不应有的损害的,应当承担适当的民事责任。

第一百二十九条 【紧急避险】因紧急避险造成损害的,由引起险情发生的人承担民事责任。如果危险是由自然原因引起的,紧急避险人不承担民事责任或者承担适当的民事责任。因紧急避险采取措施不当或者超过必要的限度,造成不应有的损害的,紧急避险人应当承担适当的民事责任。

第一百三十条 【共同侵权】二人以上共同侵权造成他人损害的,应当承担连带责任。

第一百三十一条 【混合过错】受害人对于损害的发生也有过错的,可以减轻侵害人的民事责任。

第一百三十二条 【公平责任】当事人对造成损害都没有过错的,可以根据实际情况,由当事人分担民事责任。

第一百三十三条 【无行为能力人和限制行为能力人致人损害的民事责任】无民事行为能力人、限制民事行为能力人造成他人损害的,由监护人承担民事责任。监护人尽了监护责任的,可以适当减轻他的民事责任。

有财产的无民事行为能力人、限制民事行为能力人造成他人损害的,从本人财产中支付赔偿费用。不足部分,由监护人适当赔偿,但单位担任监护人的除外。

第四节 承担民事责任的方式

第一百三十四条 【承担民事责任的方式】承担民事责任的方式主要有:

(一)停止侵害;

(二)排除妨碍;

(三)消除危险;

(四)返还财产;

(五)恢复原状;

(六)修理、重作、更换;

(七)赔偿损失;

(八)支付违约金;

(九)消除影响、恢复名誉;

(十)赔礼道歉。

以上承担民事责任的方式,可以单独适用,也可以合并适用。

人民法院审理民事案件,除适用上述规定外,还可以予以训诫、责令具结悔过、收缴进行非法活动的财物和非法所得,并可以依照法律规定处以罚款、拘留。

第七章　诉讼时效

第一百三十五条　【普通诉讼时效】向人民法院请求保护民事权利的诉讼时效期间为二年，法律另有规定的除外。

第一百三十六条　【短期诉讼时效】下列的诉讼时效期间为一年：

（一）身体受到伤害要求赔偿的；

（二）出售质量不合格的商品未声明的；

（三）延付或者拒付租金的；

（四）寄存财物被丢失或者损毁的。

第一百三十七条　【长期诉讼时效】诉讼时效期间从知道或者应当知道权利被侵害时起计算。但是，从权利被侵害之日起超过二十年的，人民法院不予保护。有特殊情况的，人民法院可以延长诉讼时效期间。

第一百三十八条　【当事人自愿履行】超过诉讼时效期间，当事人自愿履行的，不受诉讼时效限制。

第一百三十九条　【诉讼时效的中止】在诉讼时效期间的最后六个月内，因不可抗力或者其他障碍不能行使请求权的，诉讼时效中止。从中止时效的原因消除之日起，诉讼时效期间继续计算。

第一百四十条　【诉讼时效的中断】诉讼时效因提起诉讼、当事人一方提出要求或者同意履行义务而中断。从中断时起，诉讼时效期间重新计算。

第一百四十一条　【特殊规定】法律对诉讼时效另有规定的，依照法律规定。

第八章　涉外民事关系的法律适用

第一百四十二条　【一般规定】涉外民事关系的法律适用，依照本章的规定确定。

中华人民共和国缔结或者参加的国际条约同中华人民共和国的民事法律有不同规定的，适用国际条约的规定，但中华人民共和国声明保留的条款除外。

中华人民共和国法律和中华人民共和国缔结或者参加的国际条约没有规定的，可以适用国际惯例。

第一百四十三条　【涉外民事行为能力的法律适用】中华人民共和国公民定居国外的，他的民事行为能力可以适用定居国法律。

第一百四十四条　【不动产所有权的法律适用】不动产的所有权，适用不动产所在地法律。

第一百四十五条　【涉外合同的法律适用】涉外合同的当事人可以选择处理合同争议所适用的法律，法律另有规定的除外。

涉外合同的当事人没有选择的，适用与合同有最密切联系的国家的法律。

第一百四十六条　【侵权行为的法律适用】侵权行为的损害赔偿，适用侵权行为地法律。当事人双方国籍相同或者在同一国家有住所的，也可以适用当事人本国法律或者住所地法律。

中华人民共和国法律不认为在中华人民共和国领域外发生的行为是侵权行为的，不作为侵权行为处理。

第一百四十七条　【涉外婚姻关系的法律适用】中华人民共和国公民和外国人结婚适用婚姻缔结地法律，离婚适用受理案件的法院所在地法律。

第一百四十八条　【涉外扶养关系的法律适用】扶养适用与被扶养人有最密切联系的国家的法律。

第一百四十九条　【涉外继承关系的法律适用】遗产的法定继承，动产适用被继承人死亡时住所地法律，不动产适用不动产所在地法律。

第一百五十条　【公共秩序保留】依照本章规定适用外国法律或者国际惯例的，不得违背中华人民共和国的社会公共利益。

第九章　附　　则

第一百五十一条　【民族自治地方的变通或补充规定】民族自治地方的人民代表大会可以根据本法规定的原则，结合当地民族的特点，制定变通的或者补充的单行条例或者规定。自治区人民代表大会制定的，依照法律规定报全国人民代表大会常务委员会批准或者备案；自治州、自治县人民代表大会制定的，报省、自治区人民代表大会常务委员会批准。

第一百五十二条　【本法生效前的国企法人资格】本法生效以前，经省、自治区、直辖市以上主管机关批准开办的全民所有制企业，已经向工商行政管理机关登记的,可以不再办理法人登记,即具有法人资格。

第一百五十三条 【不可抗力的定义】本法所称的“不可抗力”,是指不能预见、不能避免并不能克服的客观情况。

第一百五十四条 【期间的计算】民法所称的期间按照公历年、月、日、小时计算。

规定按照小时计算期间的,从规定时开始计算。规定按照日、月、年计算期间的,开始的当天不算入,从下一天开始计算。

期间的最后一天是星期日或者其他法定休假日的,以休假日的次日为期间的最后一天。

期间的最后一天的截止时间为二十四点。有业务时间的,到停止业务活动的时间截止。

第一百五十五条 【与期间计算有关的术语】民法所称的“以上”、“以下”、“以内”、“届满”,包括本数;所称的“不满”、“以外”,不包括本数。

第一百五十六条 【生效日期】本法自1987年1月1日起施行。

(二)司法解释

最高人民法院印发《关于贯彻执行〈中华人民共和国民法通则〉若干问题的意见(试行)》的通知

1. 1988年4月2日公布

2. 法(办)发〔1988〕6号

全国地方各级人民法院,各级军事法院,各铁路运输中级法院和基层法院,各海事法院:

现将《关于贯彻执行〈中华人民共和国民法通则〉若干问题的意见(试行)》发给你们,请在民事审判工作和经济审判工作中试行(对外暂不转载)。在试行过程中,应注意调查研究,总结经验。有何意见和问题,请及时报告我院。

附:

最高人民法院关于贯彻执行《中华人民共和国民法通则》若干问题的意见(试行)①

《中华人民共和国民法通则》(以下简称民法通则)已于1987年1月1日起施行。现就民法通则在贯彻执行中遇到的问题提出以下意见。

一、公　民

(一)关于民事权利能力和民事行为能力问题

1. 公民的民事权利能力自出生时开始。出生的时间以户籍证明为准;没有户籍证明的,以医院出具的出生证明为准。没有医院证明的,参照其他有关证明认定。

2. 十六周岁以上不满十八周岁的公民,能够以自己的劳动取得收入,并能维持当地群众一般生活水平的,可以认定为以自己的劳动收入为主要生活来源的完全民事行为能力人。

3. 十周岁以上的未成年人进行的民事活动是否与其年龄、智力状况相适应,可以从行为与本人生活相关联的程度、本人的智力能否理解其行为,并预见相应的行为后果,以及行为标的数额等方面认定。

4. 不能完全辨认自己行为的精神病人进行的民事活动,是否与其精神健康状态相适应,可以从行为与本人生活相关联的程度、本人的精神状态能否理解其行为,并预见相应的行为后果,以及行为标的数额等方面认定。

5. 精神病人(包括痴呆症人)如果没有判断能力和自我保护能力,不知其行为后果的,可以认定为不能辨认自己行为的人;对于比较复杂的事物或者比较重大的行为缺乏判断能力和自我保护能力,并且不能预见其行为后果的,可以认定为不能完全辨认自己行为的人。

---

① 根据《最高人民法院关于废止2007年底以前发布的有关司法解释(第七批)的决定》(法释〔2008〕15号),本意见第88、94、115、117、118、177条现已废止。

6. 无民事行为能力人、限制民事行为能力人接受奖励、赠与、报酬，他人不得以行为人无民事行为能力、限制民事行为能力为由，主张以上行为无效。

7. 当事人是否患有精神病，人民法院应当根据司法精神病学鉴定或者参照医院的诊断、鉴定确认。在不具备诊断、鉴定条件的情况下，也可以参照群众公认的当事人的精神状态认定，但应以利害关系人没有异议为限。

8. 在诉讼中，当事人及利害关系人提出一方当事人患有精神病（包括痴呆症），人民法院认为确有必要认定的，应当按照民事诉讼法（试行）规定的特别程序，先作出当事人有无民事行为能力的判决。

确认精神病人（包括痴呆症人）为限制民事行为能力人的，应当比照民事诉讼法（试行）规定的特别程序进行审理。

9. 公民离开住所地最后连续居住一年以上的地方，为经常居住地。但住医院治病的除外。

公民由其户籍所在地迁出后至迁入另一地之前，无经常居住地的，仍以其原户籍所在地为住所。

（二）关于监护问题

10. 监护人的监护职责包括：保护被监护人的身体健康，照顾被监护人的生活，管理和保护被监护人的财产，代理被监护人进行民事活动，对被监护人进行管理和教育，在被监护人合法权益受到侵害或者与人发生争议时，代理其进行诉讼。

11. 认定监护人的监护能力，应当根据监护人的身体健康状况、经济条件，以及与被监护人在生活上的联系状况等因素确定。

12. 民法通则中规定的近亲属，包括配偶、父母、子女、兄弟姐妹、祖父母、外祖父母、孙子女、外孙子女。

13. 为患有精神病的未成年人设定监护人，适用民法通则第十六条的规定。

14. 人民法院指定监护人时，可以将民法通则第十六条第二款中的（一）、（二）、（三）项或者第十七条第一款中的（一）、（二）、（三）、（四）、（五）项规定视为指定监护人的顺序。前一顺序有监护资格的人无监护能力或者对被监护人明显不利的，人民法院可以根据对被监护人有利的原则，从后一顺序有监护资格的人中择优确定。被监护人有识别能力的，应视情况征求被监护人的意见。

监护人可以是一人，也可以是同一顺序中的数人。

15. 有监护资格的人之间协议确定监护人的，应当由协议确定的监护人对被监护人承担监护责任。

16. 对于担任监护人有争议的，应当按照民法通则第十六条第三款或者第十七条第二款的规定，由有关组织予以指定。未经指定而向人民法院起诉的，人民法院不予受理。

17. 有关组织依照民法通则规定指定监护人，以书面或者口头通知了被指定人的，应当认定指定成立。被指定人不服的，应当在接到通知的次日起三十日内向人民法院起诉。逾期起诉的，按变更监护关系处理。

18. 监护人被指定后，不得自行变更。擅自变更的，由原被指定的监护人和变更后的监护人承担监护责任。

19. 被指定人对指定不服提起诉讼的，人民法院应当根据本意见第十四条的规定，作出维持或者撤销指定监护人的判决。如果判决是撤销原指定的，可以同时另行指定监护人。此类案件，比照民事诉讼法（试行）规定的特别程序进行审理。

在人民法院作出判决前的监护责任，一般应当按照指定监护人的顺序，由有监护资格的人承担。

20. 监护人不履行监护职责，或者侵害了被监护人的合法权益，民法通则第十六条、第十七条规定的其他有监护资格的人或者单位向人民法院起诉，要求监护人承担民事责任的，按照普通程序审理；要求变更监护关系的，按照特别程序审理；既要求承担民事责任，又要求变更监护关系的，分别审理。

21. 夫妻离婚后，与子女共同生活的一方无权取消对方对该子女的监护权；但是，未与该子女共同生活的一方，对该子女有犯罪行为、虐待行为或者对该子女明显不利的，人民法院认为可以取消的除外。

22. 监护人可以将监护职责部分或者全部委托给他人。因被监护人的侵权行为需要承担民事责任的,应当由监护人承担,但另有约定的除外;被委托人确有过错的,负连带责任。

23. 夫妻一方死亡后,另一方将子女送给他人收养,如收养对子女的健康成长并无不利,又办了合法收养手续的,认定收养关系成立;其他有监护资格的人不得以收养未经其同意而主张收养关系无效。

(三)关于宣告失踪、宣告死亡问题

24. 申请宣告失踪的利害关系人,包括被申请宣告失踪人的配偶、父母、子女、兄弟姐妹、祖父母、外祖父母、孙子女、外孙子女以及其他与被申请人有民事权利义务关系的人。

25. 申请宣告死亡的利害关系人的顺序是:

(一)配偶;

(二)父母、子女;

(三)兄弟姐妹、祖父母、外祖父母、孙子女、外孙子女;

(四)其他有民事权利义务关系的人。

申请撤销死亡宣告不受上列顺序限制。

26. 下落不明是指公民离开最后居住地后没有音讯的状况。对于在台湾或者在国外,无法正常通讯联系的,不得以下落不明宣告死亡。

27. 战争期间下落不明的,申请宣告死亡的期间适用民法通则第二十三条第一款第一项的规定。

28. 民法通则第二十条第一款、第二十三条第一款第一项中的下落不明的起算时间,从公民音讯消失之次日起算。

宣告失踪的案件,由被宣告失踪人住所地的基层人民法院管辖。住所地与居住地不一致的,由最后居住地的基层人民法院管辖。

29. 宣告失踪不是宣告死亡的必经程序。公民下落不明,符合申请宣告死亡的条件,利害关系人可以不经申请宣告失踪而直接申请宣告死亡。但利害关系人只申请宣告失踪的,应当宣告失踪;同一顺序的利害关系人,有的申请宣告死亡,有的不同意宣告死亡,则应当宣告死亡。

30. 人民法院指定失踪人的财产代管人,应当根据有利于保护失踪人财产的原则指定。没有民法通则第二十一条规定的代管人,或者他们无能力作代管人,或者不宜作代管人的,人民法院可以指定公民或者有关组织为失踪人的财产代管人。

无民事行为能力人、限制民事行为能力人失踪的,其监护人即为财产代管人。

31. 民法通则第二十一条第二款中的"其他费用",包括赡养费、扶养费、抚育费和因代管财产所需的管理费等必要的费用。

32. 失踪人的财产代管人拒绝支付失踪人所欠的税款、债务和其他费用,债权人提起诉讼的,人民法院应当将代管人列为被告。

失踪人的财产代管人向失踪人的债务人要求偿还债务的,可以作为原告提起诉讼。

33. 债务人下落不明,但未被宣告失踪,债权人起诉要求清偿债务的,人民法院可以在公告传唤后缺席判决或者按中止诉讼处理。

34. 人民法院审理宣告失踪的案件,比照民事诉讼法(试行)规定的特别程序进行。

人民法院审理宣告失踪的案件,应当查清被申请宣告失踪人的财产,指定临时管理人或者采取诉讼保全措施,发出寻找失踪人的公告。公告期间为半年。公告期间届满,人民法院根据被宣告失踪人失踪的事实是否得到确认,作出宣告失踪的判决或者终结审理的裁定。如果判决宣告为失踪人,应当同时指定失踪人的财产代管人。

35. 失踪人的财产代管人以无力履行代管职责,申请变更代管人的,人民法院比照特别程序进行审理。

失踪人的财产代管人不履行代管职责或者侵犯失踪人财产权益的,失踪人的利害关系人可以向人民法院请求财产代管人承担民事责任。如果同时申请人民法院变更财产代管人的,变更之诉比照特别程序单独审理。

36. 被宣告死亡的人,判决宣告之日为其死亡的日期。判决书除发给申请人外,还应当在被宣告死亡的人住所地和人民法院所在地公告。

被宣告死亡和自然死亡的时间不一致的，被宣告死亡所引起的法律后果仍然有效，但自然死亡前实施的民事法律行为与被宣告死亡引起的法律后果相抵触的，则以其实施的民事法律行为为准。

37. 被宣告死亡的人与配偶的婚姻关系，自死亡宣告之日起消灭。死亡宣告被人民法院撤销，如果其配偶尚未再婚的，夫妻关系从撤销死亡宣告之日起自行恢复；如果其配偶再婚后又离婚或者再婚后配偶又死亡的，则不得认定夫妻关系自行恢复。

38. 被宣告死亡的人在被宣告死亡期间，其子女被他人依法收养，被宣告死亡的人在死亡宣告被撤销后，仅以未经本人同意而主张收养关系无效的，一般不应准许，但收养人和被收养人同意的除外。

39. 利害关系人隐瞒真实情况使他人被宣告死亡而取得其财产的，除应返还原物及孳息外，还应对造成的损失予以赔偿。

40. 被撤销死亡宣告的人请求返还财产，其原物已被第三人合法取得的，第三人可不予返还。但依继承法取得原物的公民或者组织，应当返还原物或者给予适当补偿。

（四）关于个体工商户、农村承包经营户、个人合伙问题

41. 起字号的个体工商户，在民事诉讼中，应以营业执照登记的户主（业主）为诉讼当事人，在诉讼文书中注明系某字号的户主。

42. 以公民个人名义申请登记的个体工商户和个人承包的农村承包经营户，用家庭共有财产投资，或者收益的主要部分供家庭成员享用的，其债务应以家庭共有财产清偿。

43. 在夫妻关系存续期间，一方从事个体经营或者承包经营的，其收入为夫妻共有财产，债务亦应以夫妻共有财产清偿。

44. 个体工商户、农村承包经营户的债务，如以其家庭共有财产承担责任时，应当保留家庭成员的生活必需品和必要的生产工具。

45. 起字号的个人合伙，在民事诉讼中，应当以依法核准登记的字号为诉讼当事人，并由合伙负责人为诉讼代表人。合伙负责人的诉讼行为，对全体合伙人发生法律效力。

未起字号的个人合伙，合伙人在民事诉讼中为共同诉讼人。合伙人人数众多的，可以推举诉讼代表人参加诉讼。诉讼代表人的诉讼行为，对全体合伙人发生法律效力。推举诉讼代表人，应当办理书面手续。

46. 公民按照协议提供资金或者实物，并约定参与合伙盈余分配，但不参与合伙经营、劳动的，或者提供技术性劳务而不提供资金、实物，但约定参与盈余分配的，视为合伙人。

47. 全体合伙人对合伙经营的亏损额，对外应当负连带责任；对内则应按照协议约定的债务承担比例或者出资比例分担；协议未规定债务承担比例或者出资比例的，可以按照约定的或者实际的盈余分配比例承担。但是对造成合伙经营亏损有过错的合伙人，应当根据其过错程度相应的多承担责任。

48. 只提供技术性劳务，不提供资金、实物的合伙人，对于合伙经营的亏损额，对外也应当承担连带责任；对内则应当按照协议约定的债务承担比例或者技术性劳务折抵的出资比例承担；协议未规定债务承担比例或者出资比例的，可以按照约定的或者合伙人实际的盈余分配比例承担；没有盈余分配比例的，按照其余合伙人平均投资比例承担。

49. 个人合伙或者个体工商户，虽经工商行政管理部门错误地登记为集体所有制的企业，但实际为个人合伙或者个体工商户的，应当按个人合伙或者个体工商户对待。

50. 当事人之间没有书面合伙协议，又未经工商行政管理部门核准登记，但具备合伙的其他条件，又有两个以上无利害关系人证明有口头合伙协议的，人民法院可以认定为合伙关系。

51. 在合伙经营过程中增加合伙人，书面协议有约定的，按照协议处理；书面协议未约定的，须经全体合伙人同意；未经全体合伙人同意的，应当认定入伙无效。

52. 合伙人退伙，书面协议有约定的，按书面协议处理；书面协议未约定的，原则上应予准许。但因其退伙给其他合伙人造成损失的，应当考虑退伙的原因、理由以及双方当事人的过

错等情况,确定其应当承担的赔偿责任。

53. 合伙经营期间发生亏损,合伙人退出合伙时未按约定分担或者未合理分担合伙债务的,退伙人对原合伙的债务,应当承担清偿责任;退伙人已分担合伙债务的,对其参加合伙期间的全部债务仍负连带责任。

54. 合伙人退伙时分割的合伙财产,应当包括合伙时投入的财产和合伙期间积累的财产,以及合伙期间的债权和债务。入伙的原物退伙时原则上应予退还;一次清退有困难的,可以分批分期清退;退还原物确有困难的,可以折价处理。

55. 合伙终止时,对合伙财产的处理,有书面协议的,按协议处理;没有书面协议,又协商不成的,如果合伙人出资额相等,应当考虑多数人意见酌情处理;合伙人出资额不等的,可以按出资额占全部合伙额多的合伙人的意见处理,但要保护其他合伙人的利益。

56. 合伙人互相串通逃避合伙债务的,除应责令其承担清偿责任外,还可以按照民法通则第一百三十四条第三款的规定处理。

57. 民法通则第三十五条第一款中关于"以各自的财产承担清偿责任",是指合伙人以个人财产出资的,以合伙人的个人财产承担;合伙人以其家庭共有财产出资的,以其家庭共有财产承担;合伙人以个人财产出资,合伙的盈余分配所得用于其家庭成员生活的,应先以合伙人的个人财产承担,不足部分以合伙人的家庭共有财产承担。

二、法　　人

58. 企业法人的法定代表人和其他工作人员,以法人名义从事的经营活动,给他人造成经济损失的,企业法人应当承担民事责任。

59. 企业法人解散或者被撤销的,应当由其主管机关组织清算小组进行清算。企业法人被宣告破产的,应当由人民法院组织有关机关和有关人员成立清算组织进行清算。

60. 清算组织是以清算企业法人债权、债务为目的而依法成立的组织。它负责对终止的企业法人的财产进行保管、清理、估价、处理和清偿。

对于涉及终止的企业法人债权、债务的民事诉讼,清算组织可以用自己的名义参加诉讼。

以逃避债务责任为目的而成立的清算组织,其实施的民事行为无效。

61. 人民法院审理案件时,如果查明企业法人有民法通则第四十九条所列的六种情形之一的,除企业法人承担责任外,还可以根据民法通则第四十九条和第一百三十四条第三款的规定,对企业法定代表人直接给予罚款的处罚;对需要给予行政处分的,可以向有关部门提出司法建议,由有关部门决定处理;对构成犯罪需要依法追究刑事责任的,应当依法移送公安、检察机关。

62. 人民法院在审理案件中,依法对企业法定代表人或者其他人采用罚款、拘留制裁措施,必须经院长批准,另行制作民事制裁决定书。被制裁人对决定不服的,在收到决定书的次日起十日内可以向上一级人民法院申请复议一次。复议期间,决定暂不执行。

63. 对法定代表人直接处以罚款的数额一般在二千元以下。法律另有规定的除外。

64. 以提供土地使用权作为联营条件的一方,对联营企业的债务,应当按照书面协议的约定承担;书面协议未约定的,可以按照出资比例或者盈余分配比例承担。

三、民事法律行为和代理

65. 当事人以录音、录像等视听资料形式实施的民事行为,如有两个以上无利害关系人作为证人或者有其他证据证明该民事行为符合民法通则第五十五条的规定,可以认定有效。

66. 一方当事人向对方当事人提出民事权利的要求,对方未用语言或者文字明确表示意见,但其行为表明已接受的,可以认定为默示。不作为的默示只有在法律有规定或者当事人双方有约定的情况下,才可以视为意思表示。

67. 间歇性精神病人的民事行为,确能证明是在发病期间实施的,应当认定无效。

行为人在神志不清的状态下所实施的民事行为,应当认定无效。

68. 一方当事人故意告知对方虚假情况,或者故意隐瞒真实情况,诱使对方当事人作出错误意思表示的,可以认定为欺诈行为。

69. 以给公民及其亲友的生命健康、荣誉、名誉、财产等造成损害，或者以给法人的荣誉、名誉、财产等造成损害为要挟，迫使对方作出违背真实的意思表示的，可以认定为胁迫行为。

70. 一方当事人乘对方处于危难之机，为牟取不正当利益，迫使对方作出不真实的意思表示，严重损害对方利益的，可以认定为乘人之危。

71. 行为人因对行为的性质、对方当事人、标的物的品种、质量、规格和数量等的错误认识，使行为的后果与自己的意思相悖，并造成较大损失的，可以认定为重大误解。

72. 一方当事人利用优势或者利用对方没有经验，致使双方的权利与义务明显违反公平、等价有偿原则的，可以认定为显失公平。

73. 对于重大误解或者显失公平的民事行为，当事人请求变更的，人民法院应当予以变更；当事人请求撤销的，人民法院可以酌情予以变更或者撤销。

可变更或者可撤销的民事行为，自行为成立时起超过一年当事人才请求变更或者撤销的，人民法院不予保护。

74. 民法通则第六十一条第二款中的“双方取得的财产”，应当包括双方当事人已经取得和约定取得的财产。

75. 附条件的民事行为，如果所附的条件是违背法律规定或者不可能发生的，应当认定该民事行为无效。

76. 附期限的民事法律行为，在所附期限到来时生效或者解除。

77. 意思表示由第三人义务转达，而第三人由于过失转达错误或者没有转达，使他人造成损失的，一般可由意思表示人负赔偿责任。但法律另有规定或者双方另有约定的除外。

78. 凡是依法或者依双方的约定必须由本人亲自实施的民事行为，本人未亲自实施的，应当认定行为无效。

79. 数个委托代理人共同行使代理权的，如果其中一人或者数人未与其他委托代理人协商，所实施的行为侵害被代理人权益的，由实施行为的委托代理人承担民事责任。

被代理人为数人时，其中一人或者数人未经其他被代理人同意而提出解除代理关系，因此造成损害的，由提出解除代理关系的被代理人承担。

80. 由于急病、通讯联络中断等特殊原因，委托代理人自己不能办理代理事项，又不能与被代理人及时取得联系，如不及时转托他人代理，会给被代理人的利益造成损失或者扩大损失的，属于民法通则第六十八条中的“紧急情况”。

81. 委托代理人转托他人代理的，比照民法通则第六十五条规定的条件办理转托手续。因委托代理人转托不明，给第三人造成损失的，第三人可以直接要求被代理人赔偿损失；被代理人承担民事责任后，可以要求委托代理人赔偿损失，转托代理人有过错的，应当负连带责任。

82. 被代理人死亡后有下列情况之一的，委托代理人实施的代理行为有效：(1)代理人不知道被代理人死亡的；(2)被代理人的继承人均予承认的；(3)被代理人与代理人约定到代理事项完成时代理权终止的；(4)在被代理人死亡前已经进行、而在被代理人死亡后为了被代理人的继承人的利益继续完成的。

83. 代理人和被代理人对已实施的民事行为负连带责任的，在民事诉讼中，可以列为共同诉讼人。

四、民事权利

(一)关于财产所有权和与财产所有权有关的财产权问题

84. 财产已经交付，但当事人约定财产所有权转移附条件的，在所附条件成就时，财产所有权方为转移。

85. 财产所有权合法转移后，一方翻悔的，不予支持。财产所有权尚未按原协议转移，一方翻悔并无正当理由，协议又能够履行的，应当继续履行；如果协议不能履行，给对方造成损失的，应当负赔偿责任。

86. 非产权人在使用他人的财产上增添附属物，财产所有人同意增添，并就财产返还时附属物如何处理有约定的，按约定办理；没有约定又协商不成,能够拆除的,可以责令拆除;不能拆除的,也可以折价归财产所有人;造成财产所有人损失的,应当负赔偿责任。

87. 有附属物的财产,附属物随财产所有权的转移而转移。但当事人另有约定又不违法的,按约定处理。

88. ①对于共有财产,部分共有人主张按份共有,部分共有人主张共同共有,如果不能证明财产是按份共有的,应当认定为共同共有。

89. 共同共有人对共有财产享有共同的权利,承担共同的义务。在共同共有关系存续期间,部分共有人擅自处分共有财产的,一般认定无效。但第三人善意、有偿取得该项财产的,应当维护第三人的合法权益;对其他共有人的损失,由擅自处分共有财产的人赔偿。

90. 在共同共有关系终止时,对共有财产的分割,有协议的,按协议处理;没有协议的,应当根据等分原则处理,并且考虑共有人对共有财产的贡献大小,适当照顾共有人生产、生活的实际需要等情况。但分割夫妻共有财产,应当根据婚姻法的有关规定处理。

91. 共有财产是特定物,而且不能分割或者分割有损其价值的,可以折价处理。

92. 共同共有财产分割后,一个或者数个原共有人出卖自己分得的财产时,如果出卖的财产与其他原共有人分得的财产属于一个整体或者配套使用,其他原共有人主张优先购买权的,应当予以支持。

93. 公民、法人对于挖掘、发现的埋藏物、隐藏物,如果能够证明属其所有,而且根据现行的法律、政策又可以归其所有的,应当予以保护。

94. ②拾得物灭失、毁损,拾得人没有故意的,不承担民事责任。拾得人将拾得物据为己有,拒不返还而引起诉讼的,按照侵权之诉处理。

95. 公民和集体依法对集体所有的或者国家所有由集体使用的森林、土地、山岭、草原、荒地、滩涂、水面等承包经营的权利和义务。按承包合同的规定处理。承包人未经发包人同意擅自转包或者转让的无效。

96. 因土地、山岭、森林、草原、荒地、滩涂、水面等自然资源的所有权或者使用权发生权属争议的,应当由有关行政部门处理。对行政处理不服的,当事人可以依据有关法律和行政法规的规定,向人民法院提起诉讼;因侵权纠纷起诉的,人民法院可以直接受理。

97. 相邻一方因施工临时占用他方使用的土地,占用的一方如未按照双方约定的范围、用途和期限使用的,应当责令其及时清理现场,排除妨碍,恢复原状,赔偿损失。

98. 一方擅自堵截或者独占自然流水,影响他方正常生产、生活的,他方有权请求排除妨碍;造成他方损失的,应负赔偿责任。

99. 相邻一方必须使用另一方的土地排水的,应当予以准许;但应在必要限度内使用并采取适当的保护措施排水,如仍造成损失的,由受益人合理补偿。

相邻一方可以采取其他合理的措施排水而未采取,向他方土地排水毁损或者可能毁损他方财产,他方要求致害人停止侵害、消除危险、恢复原状、赔偿损失的,应当予以支持。

100. 一方必须在相邻一方使用的土地上通行的,应当予以准许;因此造成损失的,应当给予适当补偿。

101. 对于一方所有的或者使用的建筑物范围内历史形成的必经通道,所有权人或者使用权人不得堵塞。因堵塞影响他人生产、生活,他人要求排除妨碍或者恢复原状的,应当予以支持。但有条件另开通道的,也可以另开通道。

102. 处理相邻房屋滴水纠纷时,对有过错的一方造成他方损害的,应当责令其排除妨碍、赔偿损失。

103. 相邻一方在自己使用的土地上挖水沟、水池、地窖等或者种植的竹木根枝伸延,危及另一方建筑物的安全和正常使用的,应当分别情况,责令其消除危险,恢复原状,赔偿损失。

---

① 本条已废止。

② 本条已废止。

（二）关于债权问题

104. 债权人无正当理由拒绝债务人履行义务，债务人将履行的标的物向有关部门提存的，应当认定债务已经履行。因提存所支出的费用，应当由债权人承担。提存期间，财产收益归债权人所有，风险责任由债权人承担。

105. 依据民法通则第八十八条第二款第（一）项规定，合同对产品质量要求不明确，当事人未能达成协议，又没有国家质量标准的，按部颁标准或者专业标准处理；没有部颁标准或者专业标准的，按经过批准的企业标准处理；没有经过批准的企业标准的，按标的物产地同行业其他企业经过批准的同类产品质量标准处理。

106. 保证人应当是具有代偿能力的公民、企业法人以及其他经济组织。保证人即使不具备完全代偿能力，仍应以自己的财产承担保证责任。

国家机关不能担任保证人。

107. 不具有法人资格的企业法人的分支机构，以自己的名义对外签订的保证合同，一般应当认定无效。但因此产生的财产责任，分支机构如有偿付能力的，应当自行承担；如无偿付能力的，应由企业法人承担。

108. 保证人向债权人保证债务人履行债务的，应当与债权人订立书面保证合同，确定保证人对主债务的保证范围和保证期限。虽未单独订立书面保证合同，但在主合同中写明保证人的保证范围和保证期限，并由保证人签名盖章的，视为书面保证合同成立。公民间的口头保证，有两个以上无利害关系人证明的，也视为保证合同成立，法律另有规定的除外。

保证范围不明确的，推定保证人对全部主债务承担保证责任。

109. 在保证期限内，保证人的保证范围，可因主债务的减少而减少。新增加的债务，未经保证人同意担保的，保证人不承担保证责任。

110. 保证人为二人以上的，相互之间负连带保证责任。但是保证人与债权人约定按份承担保证责任的除外。

111. 被担保的经济合同确认无效后，如果被保证人应当返还财产或者赔偿损失的，除有特殊约定外，保证人仍应承担连带责任。

112. 债务人或者第三人向债权人提供抵押物时，应当订立书面合同或者在原债权文书中写明。没有书面合同，但是其他证据证明抵押物或者其权利证书已交给抵押权人的，可以认定抵押关系成立。

113. 以自己不享有所有权或者经营管理权的财产作抵押物的，应当认定抵押无效。

以法律限制流通的财产作为抵押物的，在清偿债务时，应当由有关部门收购，抵押权人可以从价款中优先受偿。

114. 抵押物在抵押权人保管期间灭失、毁损的，抵押权人如有过错，应当承担民事责任。

抵押物在抵押人处灭失、毁损的，应当认定抵押关系存在，并责令抵押人以其他财产代替抵押物。

115. ①抵押物如由抵押人自己占有并负责保管，在抵押期间，非经债权人同意，抵押人将同一抵押物转让他人，或者就抵押物价值已设置抵押部分再作抵押的，其行为无效。

债务人以抵押物清偿债务时，如果一项抵押物有数个抵押权人的，应当按照设定抵押权的先后顺序受偿。

116. 有要求清偿银行贷款和其他债权等数个债权人的，有抵押权的债权人应享有优先受偿的权利；法律、法规另有规定的除外。

117. ②债权人因合同关系占有债务人财物的，如果债务人到期不履行义务，债权人可以将相应的财物留置。经催告，债务人在合理期限内仍不履行义务，债权人依法将留置的财物以合理的价格变卖，并以变卖财物的价款优先受偿的，应予保护。

118. ③出租人出卖出租房屋，应提前三个月通知承租人。承租人在同等条件下，享有优先购买权；出租人未按此规定出卖房屋的，承租人可以请求人民法院宣告该房屋买卖无效。

---

①②③　本条已废止。

119. 承租户以一人名义承租私有房屋,在租赁期内,承租人死亡,该户共同居住人要求按原租约履行的,应当准许。

私有房屋在租赁期内,因买卖、赠与或者继承发生房屋产权转移的,原租赁合同对承租人和新房主继续有效。

未定租期,房主要求收回房屋自住的,一般应当准许。承租人有条件搬迁的,应责令其搬迁;如果承租人搬迁确有困难的,可给一定期限让其找房或者腾让部分房屋。

120. 在房屋出典期间或者典期届满时,当事人之间约定延长典期或者增减典价的,应当准许。承典人要求出典人高于原典价回赎的,一般不予支持。以合法流通物作典价的,应当按照回赎时市场零售价格折算。

121. 公民之间的借贷,双方对返还期限有约定的,一般应按约定处理;没有约定的,出借人随时可以请求返还,借方应当根据出借人的请求及时返还;暂时无力返还的,可以根据实际情况责令其分期返还。

122. 公民之间的生产经营性借贷的利率,可以适当高于生活性借贷利率。如因利率发生纠纷,应本着保护合法借贷关系,考虑当地实际情况,有利于生产和稳定经济秩序的原则处理。

123. 公民之间的无息借款,有约定偿还期限而借款人不按期偿还,或者未约定偿还期限但经出借人催告后,借款人仍不偿还的,出借人要求借款人偿付逾期利息,应当予以准许。

124. 借款双方因利率发生争议,如果约定不明,又不能证明的,可以比照银行同类贷款利率计息。

125. 公民之间的借贷,出借人将利息计入本金计算复利的,不予保护;在借款时将利息扣除的,应当按实际出借款数计息。

126. 借用实物的,出借人要求归还原物或者同等数量、质量的实物,应当予以支持;如果确实无法归还实物的,可以按照或者适当高于归还时市场零售价格折价给付。

127. 借用人因管理、使用不善造成借用物毁损的,借用人应当负赔偿责任;借用物自身有缺陷的,可以减轻借用人的赔偿责任。

128. 公民之间赠与关系的成立;以赠与物的交付为准。赠与房屋,如根据书面赠与合同办理了过户手续的,应当认定赠与关系成立;未办理过户手续,但赠与人根据书面赠与合同已将产权证书交与受赠人,受赠人根据赠与合同已占有、使用该房屋的,可以认定赠与有效,但应令其补办过户手续。

129. 赠与人明确表示将赠与物赠给未成年人个人的,应当认定该赠与物为未成年人的个人财产。

130. 赠与人为了逃避应履行的法定义务,将自己的财产赠与他人,如果利害关系人主张权利的,应当认定赠与无效。

131. 返还的不当利益,应当包括原物和原物所生的孳息。利用不当得利所取得的其他利益,扣除劳务管理费用后,应当予以收缴。

132. 民法通则第九十三条规定的管理人或者服务人可以要求受益人偿付的必要费用,包括在管理或者服务活动中直接支出的费用,以及在该活动中受到的实际损失。

(三)关于知识产权、人身权问题

133. 作品不论是否发表,作者均享有著作权(版权)。

134. 二人以上按照约定共同创作作品的,不论各人的创作成果在作品中被采用多少,应当认定该项作品为共同创作。

135. 合著的作品,著作权(版权)应当认定为全体合著人共同享有;其中各组成部分可以分别独立存在的,各组成部分的著作权(版权)由各组成部分的作者分别享有。

136. 作者死亡后,著作权(版权)中由继承人继承的财产权利在法律规定的保护期限内受到侵犯,继承人依法要求保护的,人民法院应当予以支持。

137. 公民、法人通过申请专利取得的专利权,或者通过继承、受赠、受让等方式取得的专利权,应当予以保护。

转让专利权应当由国家专利局登记并公告,专利权自国家专利局公告之日起转移。

138. 法人、个体工商户、个人合伙通过申请商标注册或者受让等方式取得的商标专用权,除依法定程序撤销者外,应当予以保护。

转让商标专用权应当由国家工商行政管理局商标局核准,商标专用权自核准之日起转移。

139. 以营利为目的,未经公民同意利用其肖像做广告、商标、装饰橱窗等,应当认定为侵犯公民肖像权的行为。

140. 以书面、口头等形式宣扬他人的隐私,或者捏造事实公然丑化他人人格,以及用侮辱、诽谤等方式损害他人名誉,造成一定影响的,应当认定为侵害公民名誉权的行为。

以书面、口头等形式诋毁、诽谤法人名誉,给法人造成损害的,应当认定为侵害法人名誉权的行为。

141. 盗用、假冒他人姓名、名称造成损害的,应当认定为侵犯姓名权、名称权的行为。

五、民 事 责 任

142. 为维护国家、集体或者他人合法权益而使自己受到损害,在侵害人无力赔偿或者没有侵害人的情况下,如果受害人提出请求的,人民法院可以根据受益人受益的多少及其经济状况,责令受益人给予适当补偿。

143. 受害人的误工日期,应当按其实际损害程度、恢复状况并参照治疗医院出具的证明或者法医鉴定等认定。赔偿费用的标准,可以按照受害人的工资标准或者实际收入的数额计算。

受害人是承包经营户或者个体工商户的,其误工费的计算标准,可以参照受害人一定期限内的平均收入酌定。如果受害人承包经营的种植、养殖业季节性很强,不及时经营会造成更大损失的,除受害人应当采取措施防止损失扩大外,还可以裁定侵害人采取措施防止扩大损失。

144. 医药治疗费的赔偿,一般应以所在地治疗医院的诊断证明和医药费、住院费的单据为凭。应经医务部门批准而未获批准擅自另找医院治疗的费用,一般不予赔偿;擅自购买与损害无关的药品或者治疗其他疾病的,其费用则不予赔偿。

145. 经医院批准专事护理的人,其误工补助费可以按收入的实际损失计算。应得奖金一般可以计算在应赔偿的数额内。本人没有工资收入的,其补偿标准应以当地的一般临时工的工资标准为限。

146. 侵害他人身体致使其丧失全部或者部分劳动能力的,赔偿的生活补助费一般应补足到不低于当地居民基本生活费的标准。

147. 侵害他人身体致人死亡或者丧失劳动能力的,依靠受害人实际扶养而又没有其他生活来源的人要求侵害人支付必要生活费的,应当予以支持,其数额根据实际情况确定。

148. 教唆、帮助他人实施侵权行为的人,为共同侵权人,应当承担连带民事责任。

教唆、帮助无民事行为能力人实施侵权行为的人,为侵权人,应当承担民事责任。

教唆、帮助限制民事行为能力人实施侵权行为的人,为共同侵权人,应当承担主要民事责任。

149. 盗用、假冒他人名义,以函、电等方式进行欺骗或者愚弄他人,并使其财产、名誉受到损害的,侵权人应当承担民事责任。

150. 公民的姓名权、肖像权、名誉权、荣誉权和法人的名称权、名誉权、荣誉权受到侵害,公民或者法人要求赔偿损失的,人民法院可以根据侵权人的过错程度、侵权行为的具体情节、后果和影响确定其赔偿责任。

151. 侵害他人的姓名权、名称权、肖像权、名誉权、荣誉权而获利的,侵权人除依法赔偿受害人的损失外,其非法所得应当予以收缴。

152. 国家机关工作人员在执行职务中,给公民、法人的合法权益造成损害的,国家机关应当承担民事责任。

153. 消费者、用户因为使用质量不合格的产品造成本人或者第三人人身伤害、财产损失的,受害人可以向产品制造者或者销售者要求赔偿。因此提起的诉讼,由被告所在地或者侵权行为地人民法院管辖。

运输者和仓储者对产品质量负有责任,制造者或者销售者请求赔偿损失的,可以另案处理,也可以将运输者和仓储者列为第三人,一并处理。

154. 从事高度危险作业,没有按有关规定采取必要的安全防护措施,严重威胁他人人身、财产安全的,人民法院应当根据他人的要求,责令作业人消除危险。

155. 因堆放物品倒塌造成他人损害的,如果当事人均无过错,应当根据公平原则酌情处理。

156. 因紧急避险造成他人损失的,如果险情是由自然原因引起,行为人采取的措施又无不当,则行为人不承担民事责任。受害人要求补偿的,可以责令受益人适当补偿。

157. 当事人对造成损害均无过错,但一方是在为对方的利益或者共同的利益进行活动的过程中受到损害的,可以责令对方或者受益人给予一定的经济补偿。

158. 夫妻离婚后,未成年子女侵害他人权益的,同该子女共同生活的一方应当承担民事责任;如果独立承担民事责任确有困难的,可以责令未与该子女共同生活的一方共同承担民事责任。

159. 被监护人造成他人损害的,有明确的监护人时,由监护人承担民事责任;监护人不明确的,由顺序在前的有监护能力的人承担民事责任。

160. 在幼儿园、学校生活、学习的无民事行为能力人或者在精神病院治疗的精神病人,受到伤害或者给他人造成损害,单位有过错的,可以责令这些单位适当给予赔偿。

161. 侵权行为发生时行为人不满十八周岁,在诉讼时已满十八周岁,并有经济能力的,应当承担民事责任;行为人没有经济能力的,应当由原监护人承担民事责任。

行为人致人损害时年满十八周岁的,应当由本人承担民事责任;没有经济收入的,由扶养人垫付;垫付有困难的,也可以判决或者调解延期给付。

162. 在诉讼中遇有需要停止侵害、排除妨碍、消除危险的情况时,人民法院可以根据当事人的申请或者依职权先行作出裁定。

当事人在诉讼中用赔礼道歉方式承担了民事责任的,应当在判决中叙明。

163. 在诉讼中发现与本案有关的违法行为需要给予制裁的,可适用民法通则第一百三十四条第三款规定,予以训诫、责令具结悔过、收缴进行非法活动的财物和非法所得,或者依照法律规定处以罚款、拘留。

采用收缴、罚款、拘留制裁措施,必须经院长批准,另行制作民事制裁决定书。被制裁人对决定不服的,在收到决定书的次日起十日内可以向上一级人民法院申请复议一次。复议期间,决定暂不执行。

164. 适用民法通则第一百三十四条第三款对公民处以罚款的数额为五百元以下,拘留为十五日以下。

依法对法定代表人处以拘留制裁措施,为十五日以下。

以上两款,法律另有规定的除外。

六、诉讼时效

165. 在民法通则实施前,权利人知道或者应当知道其民事权利被侵害,民法通则实施后,向人民法院请求保护的诉讼时效期间,应当适用民法通则第一百三十五条和第一百三十六条的规定,从1987年1月1日起算。

166. 民法通则实施前,民事权利被侵害超过二十年的,民法通则实施后,权利人向人民法院请求保护的诉讼时效期间,分别为民法通则第一百三十五条规定的二年或者第一百三十六条规定的一年,从1987年1月1日起算。

167. 民法通则实施后,属于民法通则第一百三十五条规定的二年诉讼时效期间,权利人自权利被侵害时起的第十八年后至第二十年期间才知道自己的权利被侵害的,或者属于民法通则第一百三十六条规定的一年诉讼时效期间,权利人自权利被侵害时起的第十九年后至第二十年期间才知道自己的权利被侵害的,提起诉讼请求的权利,应当在权利被侵害之日起的二十年内行使;超过二十年的,不予保护。

168. 人身损害赔偿的诉讼时效期间,伤害明显的,从受伤害之日起算;伤害当时未曾发现,后经检查确诊并能证明是由侵害引起的,从伤势确诊之日起算。

169. 权利人由于客观的障碍在法定诉讼时效期间不能行使请求权的,属于民法通则第一百三十七条规定的"特殊情况"。

170. 未授权给公民、法人经营、管理的国家财产受到侵害的，不受诉讼时效期间的限制。

171. 过了诉讼时效期间，义务人履行义务后，又以超过诉讼时效为由翻悔的，不予支持。

172. 在诉讼时效期间的最后六个月内，权利被侵害的无民事行为能力人、限制民事行为能力人没有法定代理人，或者法定代理人死亡、丧失代理权，或者法定代理人本人丧失行为能力的，可以认定为因其他障碍不能行使请求权，适用诉讼时效中止。

173. 诉讼时效因权利人主张权利或者义务人同意履行义务而中断后，权利人在新的诉讼时效期间内，再次主张权利或者义务人再次同意履行义务的，可以认定为诉讼时效再次中断。

权利人向债务保证人、债务人的代理人或者财产代管人主张权利的，可以认定诉讼时效中断。

174. 权利人向人民调解委员会或者有关单位提出保护民事权利的请求，从提出请求时起，诉讼时效中断。经调处达不成协议的，诉讼时效期间即重新起算；如调处达成协议，义务人未按协议所定期限履行义务的，诉讼时效期间应从期限届满时重新起算。

175. 民法通则第一百三十五条、第一百三十六条规定的诉讼时效期间，可以适用民法通则有关中止、中断和延长的规定。

民法通则第一百三十七条规定的“二十年”诉讼时效期间，可以适用民法通则有关延长的规定，不适用中止、中断的规定。

176. 法律、法规对索赔时间和对产品质量等提出异议的时间有特殊规定的，按特殊规定办理。

177. ①继承的诉讼时效按继承法的规定执行。但继承开始后，继承人未明确表示放弃继承的，视为接受继承，遗产未分割的，即为共同共有。诉讼时效的中止、中断、延长，均适用民法通则的有关规定。

七、涉外民事关系的法律适用

178. 凡民事关系的一方或者双方当事人是外国人、无国籍人、外国法人的；民事关系的标的物在外国领域内的；产生、变更或者消灭民事权利义务关系的法律事实发生在外国的，均为涉外民事关系。

人民法院在审理涉外民事关系的案件时，应当按照民法通则第八章的规定来确定应适用的实体法。

179. 定居国外的我国公民的民事行为能力，如其行为是在我国境内所为，适用我国法律；在定居国所为，可以适用其定居国法律。

180. 外国人在我国领域内进行民事活动，如依其本国法律为无民事行为能力，而依我国法律为有民事行为能力，应当认定为有民事行为能力。

181. 无国籍人的民事行为能力，一般适用其定居国法律；如未定居的，适用其住所地国法律。

182. 有双重或者多重国籍的外国人，以其有住所或者与其有最密切联系的国家的法律为其本国法。

183. 当事人的住所不明或者不能确定的，以其经常居住地为住所。当事人有几个住所的，以与产生纠纷的民事关系有最密切联系的住所为住所。

184. 外国法人以其注册登记地国家的法律为其本国法，法人的民事行为能力依其本国法确定。

外国法人在我国领域内进行的民事活动，必须符合我国的法律规定。

185. 当事人有二个以上营业所的，应以与产生纠纷的民事关系有最密切联系的营业所为准；当事人没有营业所的，以其住所或者经常居住地为准。

186. 土地、附着于土地的建筑物及其他定着物、建筑物的固定附属设备为不动产。不动产的所有权、买卖、租赁、抵押、使用等民事关系，均应适用不动产所在地法律。

187. 侵权行为地的法律包括侵权行为实施地法律和侵权结果发生地法律。如果两者不一致时，人民法院可以选择适用。

188. 我国法院受理的涉外离婚案件，离婚以及因离婚而引起的财产分割，适用我国法律。认定其婚姻是否有效，适用婚姻缔结地法律。

---

① 本条已废止。

189. 父母子女相互之间的扶养、夫妻相互之间的扶养以及其他有扶养关系的人之间的扶养,应当适用与被扶养人有最密切联系国家的法律。扶养人和被扶养人的国籍、住所以及供养被扶养人的财产所在地,均可视为与被扶养人有最密切的联系。

190. 监护的设立、变更和终止,适用被监护人的本国法律。但是,被监护人在我国境内有住所的,适用我国的法律。

191. 在我国境内死亡的外国人,遗留在我国境内的财产如果无人继承又无人受遗赠的,依照我国法律处理,两国缔结或者参加的国际条约另有规定的除外。

192. 依法应当适用的外国法律,如果该外国不同地区实施不同的法律的,依据该国法律关于调整国内法律冲突的规定,确定应适用的法律。该国法律未作规定的,直接适用与该民事关系有最密切联系的地区的法律。

193. 对于应当适用的外国法律,可通过下列途径查明:(1)由当事人提供;(2)由与我国订立司法协助协定的缔约对方的中央机关提供;(3)由我国驻该国使领馆提供;(4)由该国驻我国使馆提供;(5)由中外法律专家提供。通过以上途径仍不能查明的,适用中华人民共和国法律。

194. 当事人规避我国强制性或者禁止性法律规范的行为,不发生适用外国法律的效力。

195. 涉外民事法律关系的诉讼时效,依冲突规范确定的民事法律关系的准据法确定。

八、其　他

196. 1987年1月1日以后受理的案件,如果民事行为发生在1987年以前,适用民事行为发生时的法律、政策;当时的法律、政策没有具体规定的,可以比照民法通则处理。

197. 处理申诉案件和按审判监督程序再审的案件,适用原审审结时应当适用的法律或者政策。

198. 当事人约定的期间不是以月、年第一天起算的,一个月为三十日,一年为三百六十五日。

期间的最后一天是星期日或者其他法定休假日,而星期日或者其他法定休假日有变通的,以实际休假日的次日为期间的最后一天。

199. 按照日、月、年计算期间,当事人对起算时间有约定的,按约定办。

200. 最高人民法院以前的有关规定,与民法通则和本意见抵触的,各级人民法院今后在审理一、二审民事案件和经济纠纷案件中不再适用。

最高人民法院关于如何适用《中华人民共和国民法通则》第一百三十四条第三款的复函

1993年11月4日公布

四川省高级人民法院:

你院关于如何适用《中华人民共和国民法通则》第一百三十四条第三款的请示报告收悉。经研究并征求有关部门意见,答复如下:

《中华人民共和国民法通则》第一百三十四条第三款"依照法律规定处以罚款、拘留"的含义,是指人民法院审理民事案件,国家法律规定人民法院对违反民事法律的当事人可以处以罚款、拘留的,人民法院才可以处以罚款、拘留;法律规定由有关行政部门处以罚款、拘留的,应由有关行政部门予以处罚。

(三)司法文件

最高人民法院关于印发《全国经济审判工作座谈会纪要》的通知

1. *1993年5月6日公布*
2. *法发[1993]8号*
3. *已由法释[2013]2号废止*

各省、自治区、直辖市高级人民法院,解放军军事法院:

现将《全国经济审判工作座谈会纪要》印发给你们,望在经济审判中,注意总结经验,加强对新情况、新问题的调查研究,不断提高执法水平,更好地为改革开放和现代化建设服务。实践中有什么问题和意见,请报告我院。

附:

全国经济审判工作座谈会纪要

为了贯彻第十六次全国法院工作会议精神,研究在党的十四大以后如何进一步加强经济审判工作,以更好地适应社会主义市场经济发展的需要,为加快改革开放和现代化经济建设服务,最高人民法院于一九九三年一月六日至十日,在上海召开了全国经济审判工作座谈会。各省、自治区、直辖市高级人民法院分管经济审判工作的副院长、经济庭庭长、解放军军事法院的代表参加了会议。最高人民法院副院长华联奎主持了这次会议,最高人民法院经济庭庭长孙宗颢就当前经济审判工作面临的形势、任务和进一步搞好经济审判工作作了中心发言。与会同志通过讨论对当前经济审判工作中一些问题取得了基本一致的看法,现纪要如下:

一、要认清形势,进一步加强和改革经济审判工作,坚持为经济建设这个中心服务

党的十四大明确提出,我国经济体制改革的目标是建立社会主义市场经济体制,市场经济的秩序需要法制维护。当前,在新旧体制转换过程中,产生的各种利益的冲突越来越多地需要通过经济审判加以解决。经济审判工作的任务越来越重,案件涉及的范围越来越广,审理的难度增加,社会各方面对经济审判工作的要求越来越高。在新时期,各级人民法院必须高度重视、大力加强经济审判工作。办案力量不足的要适当增加审判人员,尽可能配备一些懂法律和懂经济、金融、贸易、科技、外语等专业的人才。要加强经济审判队伍自身的建设,对经济庭现有人员,采取多层次、多渠道、多方式进行培训,不断提高其政治、业务素质。当前,特别重要的是要组织学习好十四大文件,用建设有中国特色的社会主义理论武装经济审判干部,提高为社会主义市场经济服务的自觉性。对于在改革中出现的一些新型案件,各级人民法院要加强调查研究,把情况吃透,虚心听取各方面的意见,以"三个有利"的原则为指导,妥善公正地加以处理。高、中级人民法院,特别是高级人民法院要加强调查研究工作,及时了解新情况,研究新问题,总结新经验,指导下级人民法院搞好审判工作。最高人民法院要加强司法解释,抓紧组织力量对过去的司法解释进行清理,该废止的废止,该修改的修改,以适应深化改革、扩大开放和加快经济建设的需要。

各级人民法院要加强对申请再审案件的审理。凡是符合民事诉讼法规定的再审条件的案件都应当再审。上级人民法院要加强对下级人民法院审判工作的监督,发现下级人民法院判决确有错误的案件应当指令下级人民法院再审或者提审。要加强不同地区人民法院之间的联系和协作。做好委托送达、调查和执行工作,发挥人民法院的整体优势。

二、要解放思想,转变观念,依法保障社会主义市场经济的顺利发展

十四大确定建立社会主义市场经济体制,是我国经济体制的重大变革,经济审判工作要适应这一转变,树立为社会主义市场经济服务的新观念。

1. 树立平等保护各经济主体的合法权益的观念。社会主义市场经济在所有制结构上,是以公有制经济为主体,个体经济、私营经济、外资经济为补充,各种经济成分长期共同发展。各经济主体只有平等地和公平地进行竞争,优胜劣汰,才能促进社会主义市场经济的发展。因此,我们在审理经济纠纷案件时,对于不同的经济主体在商品交易中的合法权益应当平等地依法予以保护,切实做到谁的权益合法就保护谁,谁的行为违法就制裁谁。要充分、有效的保护债权人的利益,不能让违约一方或者侵权一方在经济上占到便宜,也不能让债务人或其他人承担不该由其承担的责任。

2. 树立社会主义统一市场的观念。社会主义市场经济要求全国形成统一的、开放的市场,而地方保护主义则妨碍市场的健康发育和经济的顺利发展。人民法院作为审判机关必须严肃执法,公正办案,无论当事人是本地的还是外地的,中国的还是外国的,都一样对待。上级人民法院要支持下级人民法院严肃执法,公正办案,坚决抵制地方保护主义的干扰。对坚持秉公执法有突出贡献的法院和审判人员要表扬;对受地方保护主义的影响,办案有失公正的,除了按照审判监督程序对案件进行纠正外,要追究有关人员的责任,情节严重,构成犯罪的,还要依法追究刑事责任。

3. 进一步增强合同观念。在市场经济中,合同的纽带作用更加重要,人民法院在审理经济合同纠纷案件时,要尊重当事人的意思表示。当事人在合同中的约定只要不违反法律的规定,不损害国家利益和社会公共利益,对当事人各方即具有约束力,人民法院应根据合同的约定判定当事人各方的权利义务。合同约定仅一般违反行政管理性规定的,例如一般地超范围经营、违反经营方式等,而不是违反专营、专卖及法律禁止性规定,合同标的物也不属于限制流通的物品的,可按照违反有关行政管理规定进行处理,而不因此确认合同无效。对当事人意思表示不真实,或者有重大误解、显失公平以及代理人有超越代理权等行为的,只有当事人提出,人民法院才进行审查,并确认合同是否有效或应否予以撤销。法院审理、判决的范围不应超出当事人的诉讼请求。对当事人在起诉、答辩中陈述的理由,都要认真考虑,并在判决中作出肯定或否定的回答。

4. 进一步增强效率和效益观念。市场情况瞬息万变,贻误时机往往会造成难以弥补的损失。因此,市场经济最重视效率和效益,质量、效率、效益是经济工作的生命,也是衡量经济审判工作的重要标准。经济审判要在保证办案质量的前提下,把案件办得更快一些,并在审结后尽快予以执行,切实保障当事人的合法权益得以实现。办案不仅要符合法律规定,还要有利于生产的发展。因发生纠纷而影响生产的,要及时排除干扰,先恢复生产,把经济损失减少到最低限度。采取财产保全措施要慎重,不是必须的不要轻易采用,当事人提供了有效担保的就不应采取保全措施。对确实需要采取财产保全措施的,采取措施后,案件要及时审理,尽快结案,不得久拖不决。对生产工具、设备、运输车辆需要保全的,可限制当事人转移、变卖,允许其继续使用。

5. 保护正当竞争,制止不正当竞争。有市场竞争,就必然会有不正当竞争,如以不正当手段推销商品,生产、销售假冒伪劣商品,损害消费者和其他商品生产者的合法权益等。人民法院要通过办案,保障公平的、公开的、有序的竞争,制止不正当竞争,维护市场经济秩序。对因不正当竞争给他人造成损害的,应当责令赔偿。对涉及生产、销售伪劣商品,严重坑害消费者和其他生产者,尤其是生产、销售伪劣药品、食品,危害人民健康,生产、销售假农药、假化肥、劣质种籽,坑农害农的,应当给予严厉制裁,除赔偿受害人的损失外,该罚款的罚款,该收缴的收缴,绝不能让不正当竞争者在经济上占便宜,构成犯罪的,还要依法追究有关人员的刑事责任。

6. 树立商业风险意识,公正处理损失的承担。

市场对从事经营活动的当事人来说,既有机遇,也有风险。人民法院作为商品交易纠纷的最终裁判,要按照法律规定、商业习惯,注意正确确定风险的承担。应当由某一当事人承担的风险损失,不应转嫁给其他人。一方当事人在对方严重违约时采取合理的自我保护措施的,应当给予支持。由于不可归责于当事人双方的原因,作为合同基础的客观情况发生了非当事人所能预见的根本性变化,以致按原合同履行显失公平的,可以根据当事人的申请,按情势变更的原则变更或解除合同。

三、要严格依法办案,正确适用法律,提高办案质量

市场竞争需要有统一的规则,这就是法律和法规。人民法院只有严肃执法才能保护公平有序的竞争,才能促进社会主义市场经济的健康发展。我国现行的法律、法规,绝大部分是党的十一届三中全会将工作中心转移到经济建设上来以后制定的,是改革开放、建设有中国特色的社会主义的经验总结,是保护生产力发展的,不能把生产力标准与依法办案对立起来。在审判工作中,凡是法律有明确规定的,要严格依法办;有些法律、法规的规定实践证明已经不适应社会主义市场经济发展的需要,不利于生产力发展的,应当通过制定和修改法律、法规来解决。人民法院在办案中遇到

这种情况，可在调查研究的基础上，提出意见，提请制定该规定的机关或其上级机关予以解决。

经济审判涉及的法律、法规门类广、层次多、数量大，正确适用法律是保证办案质量的关键。正确适用法律，必须准确地掌握法律、行政法规、地方性法规、自治条例、部门规章、政府规章等不同层次的规范性文件的效力及其相互之间的关系，正确地予以适用。第一，全国人民代表大会及其常务委员会制定的法律（基本法和单行法），国务院制定的行政法规，各省、直辖市人民代表大会及其常务委员会制定的地方性法规以及各省、自治区人民政府所在地的市和经国务院批准的较大的市的人民代表大会及其常务委员会制定的地方性法规，民族自治地方的人民代表大会制定的自治条例和单行条例，都可以作为人民法院审理经济纠纷案件的依据。但是，法律和行政法规适用于一切经济纠纷案件，而地方性法规以及自治条例的效力仅限于本行政区域的范围，只能适用于本行政区域内发生的经济纠纷案件。国务院各部、委以及各省、自治区、直辖市和省、自治区的人民政府所在地的市和经国务院批准的较大的市的人民政府根据法律和国务院行政法规制定的部门和政府规章，人民法院在审理经济纠纷案件时可以参照。第二，法律的效力高于行政法规，行政法规的效力高于地方性法规。行政法规的规定与法律的规定有抵触的，应当适用法律的规定，地方性法规的规定与行政法规的规定抵触的，适用行政法规的规定。第三，行政法规为了贯彻执行法律，地方性法规为了贯彻执行法律、行政法规，就同一问题作出更具体、更详细规定的，应当优先适用。第四，法律未涉及的领域，行政法规作了规定的；行政法规未涉及的领域，地方性法规先行作了规定的，适用该行政法规或者地方性法规的规定。第五，自治条例和单行条例在法律允许的范围内作了变通规定的，应优先适用自治条例和单行条例。同样，法律、法规未作规定的问题，自治条例和单行条例作了规定的，应当适用自治条例和单行条例的规定。第六，特别法与普通法对同一问题作了不同规定的，优先适用特别法的规定。第七，人民法院对于地方性法规是否与法律或者行政法规相抵触难以确定的，以及不同地区的地方性法规具体规定不一致，在执行中发生冲突的，由各高级人民法院报最高人民法院送请全国人大常委会作出解释或者裁决。第八，人民法院认为政府规章与部门规章不一致的，以及国务院各部门规章之间不一致的，由各高级人民法院报最高人民法院送请国务院作出解释或者裁决。第九，全国人大常委会对于法律所作的立法解释，以及最高人民法院关于具体适用法律的司法解释，各级人民法院必须遵照执行，并可在法律文书中引用。另外，人民法院审理涉外、涉港、澳经济纠纷案件，应当按照民法通则第八章的规定和涉外经济合同法、有关外商投资等涉外经济法律、法规办理。我国缔结或者参加的国际条约与我国法律有不同规定的，应当优先适用国际条约的规定，但是我国声明保留的条款除外。我国法律、法规和我国参加的国际条约未作规定的，可以适用国际惯例。按照民法通则第八章和涉外经济合同法第五条的规定，应当适用香港、澳门地区的法律或者外国法律的，可予适用，但以不违反我国的社会公共利益为限。

四、要继续改革审判方式，提高开庭审理的水平

改进审判工作，要在提高审判水平上下工夫，主要是：正确适用简易程序，抓好开庭审理，做好调解工作，充分发挥合议庭的作用，实现审理案件规范化和诉讼运行科学化。改进审判方式，一是改变目前的庭审方式，强调当事人举证，加强对证据的质证和开庭辩论，充分发挥当事人及其诉讼代理人参与诉讼的积极性，充分发挥开庭审理的功能，把开庭审理真正变成调查案件事实、核实证据和双方当事人说理辩论的过程；二是依法可以适用简易程序的，应予适用，使一般经济纠纷，得以及时处理；三是简化诉讼程序，真正体现“两便”原则，避免重复劳动，以最少的诉讼消耗，取得最佳的审判效果。开庭前，合议庭成员可以召集双方当事人交换、核对证据，也可以让双方当事人及其委托代理人交换、核对证据，对双方当事人无异议的事实和证据，开庭时经当事人确认后可不再核对、质证。对庭前调解不成,双方当事人对案件事实无争议,只是在责任承担上达不成协议的,开庭审理时,经当事人对事实确认后可直接进入辩论阶段。四是加强调解工作,凡是能够调解,当事人也愿意调解的,开庭前可以调解,庭上庭下也可以进行调解。现在许多地方成立的经济纠纷调解中心,取得了很好的效果,应当总结经验,使之不断完善。调解中心受理的案件,应当是本法院对案件有管辖权,而且各方当事人自愿接受调解的;调解中心在办案中不能采取财产保全等强制措施;调解不成的,应当及时依照民事诉讼法的有关规定由审判庭予以受理和审判,不应久调不决。

五、几个需要注意的具体问题

(一)关于执行法人制度的问题

在审理经济纠纷案件中,要认真执行法人制度。对具备法人条件的企业,应当按照民法通则的规定,以该企业所有的或者经营管理的财产承担有限责任。除法律、法规有明确规定或当事人有约定的以外,不能追究其它法人的连带责任。确定企业的法人资格,原则上以工商登记为准。对确实不具备法人条件的企业,由其开办单位承担相应的责任。企业法人注册登记时,投资方出资不足的,人民法院在审理案件时,如果发现该企业财产不足清偿债务,应判令投资方补足其投资用以清偿债务;注册资金不实的,由开办单位在注册资金不实的范围内承担责任;核准登记后,开办单位、投资人或其他人抽逃资金、隐匿财产,逃避债务的,应依法追回;私营独资企业或合伙企业的债务,由业主或合伙人承担清偿责任。

企业法人的工作人员在其职务范围或者在授权范围内以企业法人的名义进行的活动应当由法人承担责任。企业法人的工作人员事前未经授权或超越代理权以企业名义进行职务范围外的活动,除企业法人追认或者知道不予制止的外,由行为人自己负责。企业法人授权不明,使相对人误认为企业法人的工作人员得到授权的,由企业法人承担责任。其他人明知企业法人的工作人员未经授权或超越代理权而仍与之进行经济交往造成损失的,无权要求行为人所在单位承担责任。

企业法人的工作人员利用职务之便进行经济犯罪活动给他人造成经济损失的,除追究有关人员的刑事责任外,企业法人应当承担赔偿责任。但他人明知企业法人的工作人员利用职务之便进行违法犯罪而仍与之来往的,无权要求企业法人对其经济损失承担赔偿责任。

(二)关于企业性质的认定

对于由个人投资开办但登记为集体所有制性质的企业,企业的经营者向人民法院起诉,要求变更企业性质的,人民法院不予受理。对审理案件中涉及企业性质的,在处理时应当慎重。企业资产的积累是一个十分复杂的过程,含有投资、经营管理、优惠政策以及劳务积累等多种因素。人民法院受理案件后,要进行调查研究,认真听取各方面的意见,对于确属私营性质的,可以建议工商行政管理机关变更登记。

(三)关于审理技术合同纠纷案件的问题

人民法院审理技术合同纠纷案件,要有利于科技进步,有利于促进科技成果向现实生产力转化。当前,在审理技术合同纠纷案件时,要注意以下几个问题:一是不要把无过错的中介方列为共同被告,不要把具备法人资格的企、事业单位的上级主管机关列为共同被告并判令他们承担连带责任。二是不要以企业法人超越经营范围、事业法人未经工商登记或者被批准成立时未明确资金数额、社会团体法人从事营利活动等为理由,确认技术转让合同无效;也不要仅以转让的技术存在一定缺陷就认定转让方有欺诈行为而确认合同无效。三是对转让的技术在实施中达不到合同约定的技术指标的,要通过鉴定,查明原因,是技术有缺陷,设备和原材料有问题,还是受让方实施不当,不要轻率地宣告某项转让的技术不成熟。四是对企、事业单位的科技人员擅自转让本单位的生产技术或技术成果的,不应以单位未约定保密或技术成果未经鉴定而认定不构成侵权。五是要注意技术合同与经济合同、联营合同的区别,以及各类技术合同的区别,把案件性质定准确。

(四)关于审理票据案件的问题

近年来,票据纠纷案件增多。人民法院在

审理票据纠纷案件时，应当注意，除法律、法规规定或者当事人在票据上明示不许转让、贴现的以外，应当允许票据的转让。只要取得票据的第三人是善意的，是付了对价的，就应予以保护。汇票一经承兑，承兑人就负有到期无条件支付票款的义务，除能证明持票人取得票据有恶意的以外，不得以基础合同没有履行或者申请承兑人没有付款为理由对抗持票人。法人、公民和其他组织对他人在报纸、电台、电视台上发表的支票遗失的声明没有充分注意的义务。因此，空白支票的签发人除非能够证明取得支票的人有恶意或者有明显过错，否则，不能对抗支票的持有人。

（五）关于审理破产案件的问题

1. 人民法院对申请企业法人破产还债案件要依法受理，要注意防止不具备法人资格的企业分支机构、私人独资企业、个人合伙企业以申请破产还债，逃避债务。私人独资企业、个人合伙企业在由个人承担无限责任后仍不能清偿全部债务的，参照民事诉讼法关于清偿顺序和按比例分配的办法处理。财产分配完毕后，债务人后来又有清偿能力的，还应承担清偿责任。

2. 对企业法人自动关闭，厂（店）停人散，无人向人民法院申请宣告企业破产还债，企业的主管部门或有关机关为保护所有债权人的利益而指定的财产管理、清理组织可以原企业的名义向人民法院申请破产还债。

3. 有关单位未按法定程序对企业进行清算而擅自处分企业财产，致使部分债权人的利益未得到保护，债权人在诉讼时效期间内起诉的，由擅自处分破产企业财产或者接受该企业财产的单位负责在债权人如果参加破产清偿可以得到的份额内进行赔偿。

4. 人民法院在受理申请企业破产还债案件后，要主动与政府有关部门联系，妥善解决破产企业职工的安置问题。

（六）关于承包企业在承包期间发生的债务纠纷如何确定诉讼主体和承担责任的问题

对具备法人资格的乡镇、街道集体企业在实行风险承包期间发生的债务，债权人起诉的，可按以下办法处理：

1. 发生诉讼时，承包人仍在承包的，以该企业为诉讼当事人承担责任，承包人可作为企业的法定代表人参加诉讼。承包人与发包人之间的纠纷按照承包合同另行处理。

2. 发生诉讼时，原企业倒闭已无财产清偿债务或者财产不足清偿债务，而且按承包合同的约定，承包人对企业亏损负有责任的，可以原承包人为诉讼当事人。企业的主管部门或者其他单位未经法定程序接收了企业财产的，也应以第三人的身份参加诉讼，并在接收的企业财产的范围内承担相应的责任。

3. 发生诉讼时，原承包合同已经期满或被依法解除，原承包人没有按承包合同约定交付承包金或者按照承包合同的约定，承包人对其承包期间的债务应当承担责任的，可以企业为被告，企业要求按照承包合同的约定由承包人承担责任的，可将原承包人列为第三人参加诉讼。由企业向对方当事人承担责任，由承包人按照承包合同向企业承担责任。

会议认为，上述意见可通过审判实践继续探索，不断总结提高，有的还要作出相应的司法解释，使经济审判工作更好地适应发展社会主义市场经济的需要，更好地为加快改革开放和经济建设服务。

最高人民法院关于认真学习、宣传和贯彻执行民法通则的通知

1. *1986年5月16日发布*
2. *法（民）发〔1986〕17号*

全国地方各级人民法院，各级军事法院、铁路运输法院，各海事法院：《中华人民共和国民法通则》经第六届全国人民代表大会第四次会议通过，将于1987年1月1日起施行。民法通则的颁布实施，对保护公民、法人的合法权益，促进经济体制改革，保障社会主义现代化建设事业的发展，必将起到重要作用。民法通则是人民法院审理民事案件和经济纠纷案件必须遵循的共同准则和法律依据。因此，认真学习、宣传和贯彻执行民法通则，是人民法院的一项重要任务。为了切实抓好这项工作，

特通知如下:

一、各级人民法院应组织广大审判人员,特别是民事、经济审判人员和人民法庭的审判人员认真学习民法通则。要着重理解立法精神,准确掌握法律规定,结合经济体制改革和民事审判、经济审判工作中出现的新情况、新问题、新经验,抓住重点,学深学透。有条件的法院可以开办短训班,分期分批地轮训干部,也可以以会代训。民法通则的内容牵涉面广,比较复杂,可以请教学和研究部门的同志,以及从事经济、贸易、工商管理、海关、税务、金融、保险、专利、出版等部门的同志讲授和介绍有关方面的专业知识,使学习不断深入。

二、结合普及法律常识和综合治理,与有关部门积极配合,统筹安排,广泛深入地开展民法通则的宣传活动。教育广大人民群众正确行使民事权利,自觉履行民事义务,依法解决民事、经济纠纷。人民法院应通过案件的审理,运用典型案例,就案学法,以案讲法,同时抓住一些有教育意义的典型案件,依法进行公开审理,扩大办案效果,使民法通则为广大人民群众所熟悉、掌握和遵循。宣传要注意准确性和社会效果。

三、为了保证民法通则的正确贯彻实施,各级人民法院必须大力加强调查研究工作。当前调查研究的重点是经济体制改革中民法通则所调整的商品生产和商品流通中的新情况和新问题,以及民事主体、民事权利的保护、债的形成和履行、民事责任的承担、诉讼时效、涉外民事关系的法律适用等问题。为了解决民法通则适用中的一些具体问题,最高人民法院拟根据民法通则的规定和立法精神,在调查研究、总结审判实践经验的基础上,提出关于贯彻执行民法通则若干问题的意见,并准备在适当的时候召开贯彻执行民法通则的会议。为此,务请各级人民法院向我院积极报送有关工作经验和典型案例材料,提出问题和建议,以便研究和参考。

四、各级人民法院都必须坚持有法必依、执法必严的原则。民法通则正式实施以后,最高人民法院历年来有关贯彻民事、经济法律政策方面的意见和批复,凡与民法通则相抵触的,均应停止执行。在贯彻执行民法通则的过程中,要不断总结经验,对实施中适用法律的重要问题,要及时请示报告,上级法院要加强监督、指导。各级人民法院都要努力做好工作,推动民事、经济审判工作的全面开展。

特此通知

最高人民法院民事审判第二庭关于对云南高院《关于股份转让合同的履行期限跨越新旧公司法如何适用法律的请示》的答复

1. 2007年5月16日公布

2. 〔2007〕民二他字第3号

云南省高级人民法院:

你院云高法报[2006]114号《关于股份转让合同的履行期限跨越新旧公司法如何适用法律的请示》收悉。经研究,答复如下:

修订前的《中华人民共和国公司法》(以下简称《公司法》)第12条规定了公司对外投资"所累计投资额不得超过本公司净资产的50%",但对公司超过该限额的对外投资行为是否有效的问题,该法并没有作出明确规定。2006年1月1日实施的修订后的《公司法》从维护公司权益及其独立人格的角度出发。取消了上述限制。因此,依据本院《关于适用〈中华人民共和国公司法若干问题的规定(一)〉》第2条的规定,本案不应以修订前的《公司法》第12条规定否定《股权转让协议》的效力。故同意你院审判委员会的倾向性意见。

此复。

最高人民法院对江苏省高级人民法院关于中国电子进出口公司江苏公司与江苏省信息产业厅等股权纠纷一案请示的答复

1. 2002年11月15日发布

2. 〔2001〕民二他字第19号

江苏省高级人民法院:

你院〔2002〕苏民终字第038号文《关于中国

电子进出口公司江苏公司与江苏省信息产业厅等股权纠纷一案的请示》收悉。本庭经研究，提出以下意见。

从本案卷宗材料反映的基本案情看，苏发公司的合资协议、工商登记、公司章程等文件均记载江苏省电子局（江苏省信息产业厅的前身）为苏发公司的股东。江苏省电子局实际参与了苏发公司的设立，并以自己的名义委派工作人员担任苏发公司的高级管理人员参与公司运营。如果江苏省电子局与中国电子进出口公司江苏公司之间没有明确约定一方形式投资、另一方实际投资，似可认定江苏省电子局为苏发公司30%股份的权利人。

股权关系不仅涉及纠纷当事人，而且还对公司以及其他股东甚至公司债权人等诸多主体产生影响，因股权归属产生的纠纷应及早解决。因此，在法律没有特别规定的情况下，当股权受到他人侵害时，请求法律保护的诉讼时效应适用《民法通则》第一百三十五条的规定。

以上意见，仅供参考。

二、民商事主体

(一)法律法规

中华人民共和国公司法

1. 1993年12月29日第八届全国人民代表大会常务委员会第五次会议通过
2. 根据1999年12月25日第九届全国人民代表大会常务委员会第十三次会议《关于修改〈中华人民共和国公司法〉的决定》第一次修正
3. 根据2004年8月28日第十届全国人民代表大会常务委员会第十一次会议《关于修改〈中华人民共和国公司法〉的决定》第二次修正
4. 2005年10月27日第十届全国人民代表大会常务委员会第十八次会议修订
5. 根据2013年12月28日第十二届全国人民代表大会常务委员会第六次会议《关于修改〈中华人民共和国海洋环境保护法〉等七部法律的决定》第三次修正

目　　录

第一章　总　　则

第一条　【立法目的】为了规范公司的组织和行为,保护公司、股东和债权人的合法权益,维护社会经济秩序,促进社会主义市场经济的发展,制定本法。

第二条　【调整对象】本法所称公司是指依照本法在中国境内设立的有限责任公司和股份有限公司。

第三条　【公司的界定】公司是企业法人,有独立的法人财产,享有法人财产权。公司以其全部财产对公司的债务承担责任。

有限责任公司的股东以其认缴的出资额为限对公司承担责任;股份有限公司的股东以其认购的股份为限对公司承担责任。

第四条　【股东权利】公司股东依法享有资产收益、参与重大决策和选择管理者等权利。

第五条　【合法经营和合法权益受保护】公司从事经营活动,必须遵守法律、行政法规,遵守社会公德、商业道德,诚实守信,接受政府和社会公众的监督,承担社会责任。

公司的合法权益受法律保护,不受侵犯。

第六条　【公司设立】设立公司,应当依法向公司登记机关申请设立登记。符合本法规定的设立条件的,由公司登记机关分别登记为有限责任公司或者股份有限公司;不符合本法规定的设立条件的,不得登记为有限责任公司或者股份有限公司。

法律、行政法规规定设立公司必须报经批准的,应当在公司登记前依法办理批准手续。

公众可以向公司登记机关申请查询公司登记事项,公司登记机关应当提供查询服务。

第七条　【营业执照】依法设立的公司,由公司登记机关发给公司营业执照。公司营业执照签发日期为公司成立日期。

公司营业执照应当载明公司的名称、住所、注册资本、经营范围、法定代表人姓名等事项。

公司营业执照记载的事项发生变更的，公司应当依法办理变更登记，由公司登记机关换发营业执照。

第八条　【公司的名称】依照本法设立的有限责任公司，必须在公司名称中标明有限责任公司或者有限公司字样。

依照本法设立的股份有限公司，必须在公司名称中标明股份有限公司或者股份公司字样。

第九条　【公司形式变更的准则主义与债权债务承继】有限责任公司变更为股份有限公司，应当符合本法规定的股份有限公司的条件。股份有限公司变更为有限责任公司，应当符合本法规定的有限责任公司的条件。

有限责任公司变更为股份有限公司的，或者股份有限公司变更为有限责任公司的，公司变更前的债权、债务由变更后的公司承继。

第十条　【公司的住所】公司以其主要办事机构所在地为住所。

第十一条　【公司的章程】设立公司必须依法制定公司章程。公司章程对公司、股东、董事、监事、高级管理人员具有约束力。

第十二条　【公司的经营范围】公司的经营范围由公司章程规定，并依法登记。公司可以修改公司章程，改变经营范围，但是应当办理变更登记。

公司的经营范围中属于法律、行政法规规定须经批准的项目，应当依法经过批准。

第十三条　【公司法定代表人】公司法定代表人依照公司章程的规定，由董事长、执行董事或者经理担任，并依法登记。公司法定代表人变更，应当办理变更登记。

第十四条　【分公司与子公司】公司可以设立分公司。设立分公司，应当向公司登记机关申请登记，领取营业执照。分公司不具有法人资格，其民事责任由公司承担。

公司可以设立子公司，子公司具有法人资格，依法独立承担民事责任。

第十五条　【公司的转投资及其限制】公司可以向其他企业投资；但是，除法律另有规定外，不得成为对所投资企业的债务承担连带责任的出资人。

第十六条　【公司转投资及提供担保的程序规定】公司向其他企业投资或者为他人提供担保，依照公司章程的规定，由董事会或者股东会、股东大会决议；公司章程对投资或者担保的总额及单项投资或者担保的数额有限额规定的，不得超过规定的限额。

公司为公司股东或者实际控制人提供担保的，必须经股东会或者股东大会决议。

前款规定的股东或者受前款规定的实际控制人支配的股东，不得参加前款规定事项的表决。该项表决由出席会议的其他股东所持表决权的过半数通过。

第十七条　【公司的劳动保护等义务】公司必须保护职工的合法权益，依法与职工签订劳动合同，参加社会保险，加强劳动保护，实现安全生产。

公司应当采用多种形式，加强公司职工的职业教育和岗位培训，提高职工素质。

第十八条　【公司的工会及民主管理】公司职工依照《中华人民共和国工会法》组织工会，开展工会活动，维护职工合法权益。公司应当为本公司工会提供必要的活动条件。公司工会代表职工就职工的劳动报酬、工作时间、福利、保险和劳动安全卫生等事项依法与公司签订集体合同。

公司依照宪法和有关法律的规定，通过职工代表大会或者其他形式，实行民主管理。

公司研究决定改制以及经营方面的重大问题、制定重要的规章制度时，应当听取公司工会的意见，并通过职工代表大会或者其他形式听取职工的意见和建议。

第十九条　【公司中的中国共产党组织】在公司中，根据中国共产党章程的规定，设立中国共产党的组织，开展党的活动。公司应当为党组织的活动提供必要条件。

第二十条　【股东滥用权利的责任】公司股东应

当遵守法律、行政法规和公司章程，依法行使股东权利，不得滥用股东权利损害公司或者其他股东的利益；不得滥用公司法人独立地位和股东有限责任损害公司债权人的利益。

公司股东滥用股东权利给公司或者其他股东造成损失的，应当依法承担赔偿责任。

公司股东滥用公司法人独立地位和股东有限责任，逃避债务，严重损害公司债权人利益的，应当对公司债务承担连带责任。

第二十一条　【禁止关联行为】公司的控股股东、实际控制人、董事、监事、高级管理人员不得利用其关联关系损害公司利益。

违反前款规定，给公司造成损失的，应当承担赔偿责任。

第二十二条　【无效决议及其法律后果】公司股东会或者股东大会、董事会的决议内容违反法律、行政法规的无效。

股东会或者股东大会、董事会的会议召集程序、表决方式违反法律、行政法规或者公司章程，或者决议内容违反公司章程的，股东可以自决议作出之日起六十日内，请求人民法院撤销。

股东依照前款规定提起诉讼的，人民法院可以应公司的请求，要求股东提供相应担保。

公司根据股东会或者股东大会、董事会决议已办理变更登记的，人民法院宣告该决议无效或者撤销该决议后，公司应当向公司登记机关申请撤销变更登记。

第二章　有限责任公司的设立和组织机构

第一节　设　　立

第二十三条　【有限责任公司的设立条件】设立有限责任公司，应当具备下列条件：

（一）股东符合法定人数；

（二）有符合公司章程规定的全体股东认缴的出资额；

（三）股东共同制定公司章程；

（四）有公司名称，建立符合有限责任公司要求的组织机构；

（五）有公司住所。

第二十四条　【有限责任公司的股东人数限制】有限责任公司由五十个以下股东出资设立。

第二十五条　【有限责任公司章程的法定事项】有限责任公司章程应当载明下列事项：

（一）公司名称和住所；

（二）公司经营范围；

（三）公司注册资本；

（四）股东的姓名或者名称；

（五）股东的出资方式、出资额和出资时间；

（六）公司的机构及其产生办法、职权、议事规则；

（七）公司法定代表人；

（八）股东会会议认为需要规定的其他事项。

股东应当在公司章程上签名、盖章。

第二十六条　【有限责任公司的注册资本】有限责任公司的注册资本为在公司登记机关登记的全体股东认缴的出资额。

法律、行政法规以及国务院决定对有限责任公司注册资本实缴、注册资本最低限额另有规定的，从其规定。

第二十七条　【股东出资方式、出资评估】股东可以用货币出资，也可以用实物、知识产权、土地使用权等可以用货币估价并可以依法转让的非货币财产作价出资；但是，法律、行政法规规定不得作为出资的财产除外。

对作为出资的非货币财产应当评估作价，核实财产，不得高估或者低估作价。法律、行政法规对评估作价有规定的，从其规定。

第二十八条　【股东出资义务的履行和出资违约】股东应当按期足额缴纳公司章程中规定的各自所认缴的出资额。股东以货币出资的，应当将货币出资足额存入有限责任公司在银行开设的账户；以非货币财产出资的，应当依法办理其财产权的转移手续。

股东不按照前款规定缴纳出资的，除应当向公司足额缴纳外，还应当向已按期足额缴纳出资的股东承担违约责任。

第二十九条　【有限责任公司的设立登记】股东认足公司章程规定的出资后，由全体股东指定的代表或者共同委托的代理人向公司登记机关报送公司登记申请书、公司章程等文件，申请设立登记。

第三十条　【非货币财产出资违约责任】有限责任公司成立后，发现作为设立公司出资的非货币财产的实际价额显著低于公司章程所定价额的，应当由交付该出资的股东补足其差额；公司设立时的其他股东承担连带责任。

第三十一条　【股东出资证明书】有限责任公司成立后，应当向股东签发出资证明书。

出资证明书应当载明下列事项：

（一）公司名称；

（二）公司成立日期；

（三）公司注册资本；

（四）股东的姓名或者名称、缴纳的出资额和出资日期；

（五）出资证明书的编号和核发日期。

出资证明书由公司盖章。

第三十二条　【股东名册】有限责任公司应当置备股东名册，记载下列事项：

（一）股东的姓名或者名称及住所；

（二）股东的出资额；

（三）出资证明书编号。

记载于股东名册的股东，可以依股东名册主张行使股东权利。

公司应当将股东的姓名或者名称向公司登记机关登记；登记事项发生变更的，应当办理变更登记。未经登记或者变更登记的，不得对抗第三人。

第三十三条　【股东的查阅权】股东有权查阅、复制公司章程、股东会会议记录、董事会会议决议、监事会会议决议和财务会计报告。

股东可以要求查阅公司会计账簿。股东要求查阅公司会计账簿的，应当向公司提出书面请求，说明目的。公司有合理根据认为股东查阅会计账簿有不正当目的，可能损害公司合法利益的，可以拒绝提供查阅，并应当自股东提出书面请求之日起十五日内书面答复股东并说明理由。公司拒绝提供查阅的，股东可以请求人民法院要求公司提供查阅。

第三十四条　【股东分红权和优先认购权】股东按照实缴的出资比例分取红利；公司新增资本时，股东有权优先按照实缴的出资比例认缴出资。但是，全体股东约定不按照出资比例分取红利或者不按照出资比例优先认缴出资的除外。

第三十五条　【股东不得抽回出资】公司成立后，股东不得抽逃出资。

第二节　组织机构

第三十六条　【股东会】有限责任公司股东会由全体股东组成。股东会是公司的权力机构，依照本法行使职权。

第三十七条　【股东会的职权】股东会行使下列职权：

（一）决定公司的经营方针和投资计划；

（二）选举和更换非由职工代表担任的董事、监事，决定有关董事、监事的报酬事项；

（三）审议批准董事会的报告；

（四）审议批准监事会或者监事的报告；

（五）审议批准公司的年度财务预算方案、决算方案；

（六）审议批准公司的利润分配方案和弥补亏损方案；

（七）对公司增加或者减少注册资本作出决议；

（八）对发行公司债券作出决议；

（九）对公司合并、分立、解散、清算或者变更公司形式作出决议；

（十）修改公司章程；

（十一）公司章程规定的其他职权。

对前款所列事项股东以书面形式一致表示同意的，可以不召开股东会会议，直接作出决定，并由全体股东在决定文件上签名、盖章。

第三十八条　【股东会的首次会议】首次股东会会议由出资最多的股东召集和主持，依照本法规定行使职权。

第三十九条　【股东会的会议制度】股东会会议分为定期会议和临时会议。

定期会议应当依照公司章程的规定按时召开。代表十分之一以上表决权的股东，三分之一以上的董事，监事会或者不设监事会的公司的监事提议召开临时会议的，应当召开临时会议。

第四十条 【股东会会议的召集与组织】有限责任公司设立董事会的,股东会会议由董事会召集,董事长主持;董事长不能履行职务或者不履行职务的,由副董事长主持;副董事长不能履行职务或者不履行职务的,由半数以上董事共同推举一名董事主持。

有限责任公司不设董事会的,股东会会议由执行董事召集和主持。

董事会或者执行董事不能履行或者不履行召集股东会会议职责的,由监事会或者不设监事会的公司的监事召集和主持;监事会或者监事不召集和主持的,代表十分之一以上表决权的股东可以自行召集和主持。

第四十一条 【股东会会议的通知期限和会议记录】召开股东会会议,应当于会议召开十五日前通知全体股东;但是,公司章程另有规定或者全体股东另有约定的除外。

股东会应当对所议事项的决定作成会议记录,出席会议的股东应当在会议记录上签名。

第四十二条 【股东的表决权】股东会会议由股东按照出资比例行使表决权;但是,公司章程另有规定的除外。

第四十三条 【股东会的议事方式和表决程序】股东会的议事方式和表决程序,除本法有规定的外,由公司章程规定。

股东会会议作出修改公司章程、增加或者减少注册资本的决议,以及公司合并、分立、解散或者变更公司形式的决议,必须经代表三分之二以上表决权的股东通过。

第四十四条 【董事会及其成员构成及董事长法律地位】有限责任公司设董事会,其成员为三人至十三人;但是,本法第五十条另有规定的除外。

两个以上的国有企业或者两个以上的其他国有投资主体投资设立的有限责任公司,其董事会成员中应当有公司职工代表;其他有限责任公司董事会成员中可以有公司职工代表。董事会中的职工代表由公司职工通过职工代表大会、职工大会或者其他形式民主选举产生。

董事会设董事长一人,可以设副董事长。董事长、副董事长的产生办法由公司章程规定。

第四十五条 【董事的任职期限】董事任期由公司章程规定,但每届任期不得超过三年。董事任期届满,连选可以连任。

董事任期届满未及时改选,或者董事在任期内辞职导致董事会成员低于法定人数的,在改选出的董事就任前,原董事仍应当依照法律、行政法规和公司章程的规定,履行董事职务。

第四十六条 【董事会的职权】董事会对股东会负责,行使下列职权:

(一)召集股东会会议,并向股东会报告工作;

(二)执行股东会的决议;

(三)决定公司的经营计划和投资方案;

(四)制订公司的年度财务预算方案、决算方案;

(五)制订公司的利润分配方案和弥补亏损方案;

(六)制订公司增加或者减少注册资本以及发行公司债券的方案;

(七)制订公司合并、分立、解散或者变更公司形式的方案;

(八)决定公司内部管理机构的设置;

(九)决定聘任或者解聘公司经理及其报酬事项,并根据经理的提名决定聘任或者解聘公司副经理、财务负责人及其报酬事项;

(十)制定公司的基本管理制度;

(十一)公司章程规定的其他职权。

第四十七条 【董事会会议的召集和主持】董事会会议由董事长召集和主持;董事长不能履行职务或者不履行职务的,由副董事长召集和主持;副董事长不能履行职务或者不履行职务的,由半数以上董事共同推举一名董事召集和主持。

第四十八条 【董事会的议事方式和表决程序】董事会的议事方式和表决程序,除本法有规定的外,由公司章程规定。

董事会应当对所议事项的决定作成会议记录,出席会议的董事应当在会议记录上签名。

董事会决议的表决，实行一人一票。

第四十九条 【经理的职权】有限责任公司可以设经理，由董事会决定聘任或者解聘。经理对董事会负责，行使下列职权：

（一）主持公司的生产经营管理工作，组织实施董事会决议；

（二）组织实施公司年度经营计划和投资方案；

（三）拟订公司内部管理机构设置方案；

（四）拟订公司的基本管理制度；

（五）制定公司的具体规章；

（六）提请聘任或者解聘公司副经理、财务负责人；

（七）决定聘任或者解聘除应由董事会决定聘任或者解聘以外的负责管理人员；

（八）董事会授予的其他职权。

公司章程对经理职权另有规定的，从其规定。

经理列席董事会会议。

第五十条 【执行董事】股东人数较少或者规模较小的有限责任公司，可以设一名执行董事，不设董事会。执行董事可以兼任公司经理。

执行董事的职权由公司章程规定。

第五十一条 【监事会和监事】有限责任公司设监事会，其成员不得少于三人。股东人数较少或者规模较小的有限责任公司，可以设一至二名监事，不设监事会。

监事会应当包括股东代表和适当比例的公司职工代表，其中职工代表的比例不得低于三分之一，具体比例由公司章程规定。监事会中的职工代表由公司职工通过职工代表大会、职工大会或者其他形式民主选举产生。

监事会设主席一人，由全体监事过半数选举产生。监事会主席召集和主持监事会会议；监事会主席不能履行职务或者不履行职务的，由半数以上监事共同推举一名监事召集和主持监事会会议。

董事、高级管理人员不得兼任监事。

第五十二条 【监事的任职期限】监事的任期每届为三年。监事任期届满，连选可以连任。

监事任期届满未及时改选，或者监事在任期内辞职导致监事会成员低于法定人数的，在改选出的监事就任前，原监事仍应当依照法律、行政法规和公司章程的规定，履行监事职务。

第五十三条 【监事会或监事的一般职权】监事会、不设监事会的公司的监事行使下列职权：

（一）检查公司财务；

（二）对董事、高级管理人员执行公司职务的行为进行监督，对违反法律、行政法规、公司章程或者股东会决议的董事、高级管理人员提出罢免的建议；

（三）当董事、高级管理人员的行为损害公司的利益时，要求董事、高级管理人员予以纠正；

（四）提议召开临时股东会会议，在董事会不履行本法规定的召集和主持股东会会议职责时召集和主持股东会会议；

（五）向股东会会议提出提案；

（六）依照本法第一百五十一条的规定，对董事、高级管理人员提起诉讼；

（七）公司章程规定的其他职权。

第五十四条 【监事的质询建议权与调查权】监事可以列席董事会会议，并对董事会决议事项提出质询或者建议。

监事会、不设监事会的公司的监事发现公司经营情况异常，可以进行调查；必要时，可以聘请会计师事务所等协助其工作，费用由公司承担。

第五十五条 【监事会会议】监事会每年度至少召开一次会议，监事可以提议召开临时监事会会议。

监事会的议事方式和表决程序，除本法有规定的外，由公司章程规定。

监事会决议应当经半数以上监事通过。

监事会应当对所议事项的决定作成会议记录，出席会议的监事应当在会议记录上签名。

第五十六条 【监事行使职权的费用承担】监事会、不设监事会的公司的监事行使职权所必需的费用，由公司承担。

第三节 一人有限责任公司的特别规定

第五十七条 【一人有限责任公司的定义、设立、

组织机构】一人有限责任公司的设立和组织机构,适用本节规定;本节没有规定的,适用本章第一节、第二节的规定。

本法所称一人有限责任公司,是指只有一个自然人股东或者一个法人股东的有限责任公司。

第五十八条 【一人有限责任公司的投资限制】一个自然人只能投资设立一个一人有限责任公司。该一人有限责任公司不能投资设立新的一人有限责任公司。

第五十九条 【公司登记与营业执照中的投资者身份注明】一人有限责任公司应当在公司登记中注明自然人独资或者法人独资,并在公司营业执照中载明。

第六十条 【一人有限责任公司的章程】一人有限责任公司章程由股东制定。

第六十一条 【股东决定重大事项的书面形式要求】一人有限责任公司不设股东会。股东作出本法第三十七条第一款所列决定时,应当采用书面形式,并由股东签名后置备于公司。

第六十二条 【年度审计】一人有限责任公司应当在每一会计年度终了时编制财务会计报告,并经会计师事务所审计。

第六十三条 【股东对公司债务的连带责任】一人有限责任公司的股东不能证明公司财产独立于股东自己的财产的,应当对公司债务承担连带责任。

第四节 国有独资公司的特别规定

第六十四条 【国有独资公司的定义】国有独资公司的设立和组织机构,适用本节规定;本节没有规定的,适用本章第一节、第二节的规定。

本法所称国有独资公司,是指国家单独出资、由国务院或者地方人民政府授权本级人民政府国有资产监督管理机构履行出资人职责的有限责任公司。

第六十五条 【国有独资公司章程的制定或批准】国有独资公司章程由国有资产监督管理机构制定,或者由董事会制订报国有资产监督管理机构批准。

第六十六条 【国有独资公司重大事项的决定】国有独资公司不设股东会,由国有资产监督管理机构行使股东会职权。国有资产监督管理机构可以授权公司董事会行使股东会的部分职权,决定公司的重大事项,但公司的合并、分立、解散、增加或者减少注册资本和发行公司债券,必须由国有资产监督管理机构决定;其中,重要的国有独资公司合并、分立、解散、申请破产的,应当由国有资产监督管理机构审核后,报本级人民政府批准。

前款所称重要的国有独资公司,按照国务院的规定确定。

第六十七条 【国有独资公司的董事会】国有独资公司设董事会,依照本法第四十六条、第六十六条的规定行使职权。董事每届任期不得超过三年。董事会成员中应当有公司职工代表。

董事会成员由国有资产监督管理机构委派;但是,董事会成员中的职工代表由公司职工代表大会选举产生。

董事会设董事长一人,可以设副董事长。董事长、副董事长由国有资产监督管理机构从董事会成员中指定。

第六十八条 【国有独资公司经理】国有独资公司设经理,由董事会聘任或者解聘。经理依照本法第四十九条规定行使职权。

经国有资产监督管理机构同意,董事会成员可以兼任经理。

第六十九条 【高级职员的兼职禁止】国有独资公司的董事长、副董事长、董事、高级管理人员,未经国有资产监督管理机构同意,不得在其他有限责任公司、股份有限公司或者其他经济组织兼职。

第七十条 【国有独资公司的监事会】国有独资公司监事会成员不得少于五人,其中职工代表的比例不得低于三分之一,具体比例由公司章程规定。

监事会成员由国有资产监督管理机构委派;但是,监事会成员中的职工代表由公司职工代表大会选举产生。监事会主席由国有资产监督管理机构从监事会成员中指定。

监事会行使本法第五十三条第(一)项至第(三)项规定的职权和国务院规定的其他职权。

第三章　有限责任公司的股权转让

第七十一条　【股权转让的一般规定】有限责任公司的股东之间可以相互转让其全部或者部分股权。

股东向股东以外的人转让股权，应当经其他股东过半数同意。股东应就其股权转让事项书面通知其他股东征求同意，其他股东自接到书面通知之日起满三十日未答复的，视为同意转让。其他股东半数以上不同意转让的，不同意的股东应当购买该转让的股权；不购买的，视为同意转让。

经股东同意转让的股权，在同等条件下，其他股东有优先购买权。两个以上股东主张行使优先购买权的，协商确定各自的购买比例；协商不成的，按照转让时各自的出资比例行使优先购买权。

公司章程对股权转让另有规定的，从其规定。

第七十二条　【强制执行程序下的股权转让】人民法院依照法律规定的强制执行程序转让股东的股权时，应当通知公司及全体股东，其他股东在同等条件下有优先购买权。其他股东自人民法院通知之日起满二十日不行使优先购买权的，视为放弃优先购买权。

第七十三条　【股权转让对出资证明书、公司章程和股东名册的影响】依照本法第七十一条、第七十二条转让股权后，公司应当注销原股东的出资证明书，向新股东签发出资证明书，并相应修改公司章程和股东名册中有关股东及其出资额的记载。对公司章程的该项修改不需再由股东会表决。

第七十四条　【异议股东请求公司收购股权的情形】有下列情形之一的，对股东会该项决议投反对票的股东可以请求公司按照合理的价格收购其股权：

（一）公司连续五年不向股东分配利润，而公司该五年连续盈利，并且符合本法规定的分配利润条件的；

（二）公司合并、分立、转让主要财产的；

（三）公司章程规定的营业期限届满或者章程规定的其他解散事由出现，股东会会议通过决议修改章程使公司存续的。

自股东会会议决议通过之日起六十日内，股东与公司不能达成股权收购协议的，股东可以自股东会会议决议通过之日起九十日内向人民法院提起诉讼。

第七十五条　【股东资格的继承】自然人股东死亡后，其合法继承人可以继承股东资格；但是，公司章程另有规定的除外。

第四章　股份有限公司的设立和组织机构

第一节　设　　立

第七十六条　【设立条件】设立股份有限公司，应当具备下列条件：

（一）发起人符合法定人数；

（二）有符合公司章程规定的全体发起人认购的股本总额或者募集的实收股本总额；

（三）股份发行、筹办事项符合法律规定；

（四）发起人制订公司章程，采用募集方式设立的经创立大会通过；

（五）有公司名称，建立符合股份有限公司要求的组织机构；

（六）有公司住所。

第七十七条　【设立方式】股份有限公司的设立，可以采取发起设立或者募集设立的方式。

发起设立，是指由发起人认购公司应发行的全部股份而设立公司。

募集设立，是指由发起人认购公司应发行股份的一部分，其余股份向社会公开募集或者向特定对象募集而设立公司。

第七十八条　【设立发起人的限制】设立股份有限公司，应当有二人以上二百人以下为发起人，其中须有半数以上的发起人在中国境内有住所。

第七十九条　【发起人筹办公司的义务】股份有限公司发起人承担公司筹办事务。

发起人应当签订发起人协议，明确各自在公司设立过程中的权利和义务。

第八十条　【注册资本的限定】股份有限公司采取发起设立方式设立的，注册资本为在公司登记机关登记的全体发起人认购的股本总额。在发起人认购的股份缴足前，不得向他人募集股份。

股份有限公司采取募集方式设立的,注册资本为在公司登记机关登记的实收股本总额。

法律、行政法规以及国务院决定对股份有限公司注册资本实缴、注册资本最低限额另有规定的,从其规定。

第八十一条 【股份有限公司章程的法定事项】 股份有限公司章程应当载明下列事项:

(一)公司名称和住所;

(二)公司经营范围;

(三)公司设立方式;

(四)公司股份总数、每股金额和注册资本;

(五)发起人的姓名或者名称、认购的股份数、出资方式和出资时间;

(六)董事会的组成、职权和议事规则;

(七)公司法定代表人;

(八)监事会的组成、职权和议事规则;

(九)公司利润分配办法;

(十)公司的解散事由与清算办法;

(十一)公司的通知和公告办法;

(十二)股东大会会议认为需要规定的其他事项。

第八十二条 【发起人的出资方式要求】 发起人的出资方式,适用本法第二十七条的规定。

第八十三条 【发起人出资义务的履行、出资违约及设立登记申请】 以发起设立方式设立股份有限公司的,发起人应当书面认足公司章程规定其认购的股份,并按照公司章程规定缴纳出资。以非货币财产出资的,应当依法办理其财产权的转移手续。

发起人不依照前款规定缴纳出资的,应当按照发起人协议承担违约责任。

发起人认足公司章程规定的出资后,应当选举董事会和监事会,由董事会向公司登记机关报送公司章程以及法律、行政法规规定的其他文件,申请设立登记。

第八十四条 【对募集设立发起人认购股份的要求】 以募集设立方式设立股份有限公司的,发起人认购的股份不得少于公司股份总数的百分之三十五;但是,法律、行政法规另有规定的,从其规定。

第八十五条 【募集股份公告和认股书内容】 发起人向社会公开募集股份,必须公告招股说明书,并制作认股书。认股书应当载明本法第八十六条所列事项,由认股人填写认购股数、金额、住所,并签名、盖章。认股人按照所认购股数缴纳股款。

第八十六条 【招股说明书的主要内容】 招股说明书应当附有发起人制订的公司章程,并载明下列事项:

(一)发起人认购的股份数;

(二)每股的票面金额和发行价格;

(三)无记名股票的发行总数;

(四)募集资金的用途;

(五)认股人的权利、义务;

(六)本次募股的起止期限及逾期未募足时认股人可以撤回所认股份的说明。

第八十七条 【发起人向社会募集股份的方式】 发起人向社会公开募集股份,应当由依法设立的证券公司承销,签订承销协议。

第八十八条 【缴纳股款方式】 发起人向社会公开募集股份,应当同银行签订代收股款协议。

代收股款的银行应当按照协议代收和保存股款,向缴纳股款的认股人出具收款单据,并负有向有关部门出具收款证明的义务。

第八十九条 【发起人召开公司创立大会的义务】 发行股份的股款缴足后,必须经依法设立的验资机构验资并出具证明。发起人应当自股款缴足之日起三十日内主持召开公司创立大会。创立大会由发起人、认股人组成。

发行的股份超过招股说明书规定的截止期限尚未募足的,或者发行股份的股款缴足后,发起人在三十日内未召开创立大会的,认股人可以按照所缴股款并加算银行同期存款利息,要求发起人返还。

第九十条 【创立大会的召集职权和表决程序】 发起人应当在创立大会召开十五日前将会议日期通知各认股人或者予以公告。创立大会应有代表股份总数过半数的发起人、认股人出席,方可举行。

创立大会行使下列职权:

（一）审议发起人关于公司筹办情况的报告；

（二）通过公司章程；

（三）选举董事会成员；

（四）选举监事会成员；

（五）对公司的设立费用进行审核；

（六）对发起人用于抵作股款的财产的作价进行审核；

（七）发生不可抗力或者经营条件发生重大变化直接影响公司设立的，可以作出不设立公司的决议。

创立大会对前款所列事项作出决议，必须经出席会议的认股人所持表决权过半数通过。

第九十一条　【股本抽回的限制】发起人、认股人缴纳股款或者交付抵作股款的出资后，除未按期募足股份、发起人未按期召开创立大会或者创立大会决议不设立公司的情形外，不得抽回其股本。

第九十二条　【申请设立登记文件】董事会应于创立大会结束后三十日内，向公司登记机关报送下列文件，申请设立登记：

（一）公司登记申请书；

（二）创立大会的会议记录；

（三）公司章程；

（四）验资证明；

（五）法定代表人、董事、监事的任职文件及其身份证明；

（六）发起人的法人资格证明或者自然人身份证明；

（七）公司住所证明。

以募集方式设立股份有限公司公开发行股票的，还应当向公司登记机关报送国务院证券监督管理机构的核准文件。

第九十三条　【发起人的出资补缴责任】股份有限公司成立后，发起人未按照公司章程的规定缴足出资的，应当补缴；其他发起人承担连带责任。

股份有限公司成立后，发现作为设立公司出资的非货币财产的实际价额显著低于公司章程所定价额的，应当由交付该出资的发起人补足其差额；其他发起人承担连带责任。

第九十四条　【公司设立过程中的发起人责任】股份有限公司的发起人应当承担下列责任：

（一）公司不能成立时，对设立行为所产生的债务和费用负连带责任；

（二）公司不能成立时，对认股人已缴纳的股款，负返还股款并加算银行同期存款利息的连带责任；

（三）在公司设立过程中，由于发起人的过失致使公司利益受到损害的，应当对公司承担赔偿责任。

第九十五条　【有限责任公司变更为股份有限公司的资产额要求及募股要求】有限责任公司变更为股份有限公司时，折合的实收股本总额不得高于公司净资产额。有限责任公司变更为股份有限公司，为增加资本公开发行股份时，应当依法办理。

第九十六条　【重要资料的置备】股份有限公司应当将公司章程、股东名册、公司债券存根、股东大会会议记录、董事会会议记录、监事会会议记录、财务会计报告置备于本公司。

第九十七条　【股东的查阅权与建议质询权】股东有权查阅公司章程、股东名册、公司债券存根、股东大会会议记录、董事会会议决议、监事会会议决议、财务会计报告，对公司的经营提出建议或者质询。

第二节　股东大会

第九十八条　【股东大会的地位与组成】股份有限公司股东大会由全体股东组成。股东大会是公司的权力机构，依照本法行使职权。

第九十九条　【股东大会的职权】本法第三十七条第一款关于有限责任公司股东会职权的规定，适用于股份有限公司股东大会。

第一百条　【股东大会及临时股东大会的召开】股东大会应当每年召开一次年会。有下列情形之一的，应当在两个月内召开临时股东大会：

（一）董事人数不足本法规定人数或者公司章程所定人数的三分之二时；

（二）公司未弥补的亏损达实收股本总额三分之一时；

（三）单独或者合计持有公司百分之十以上股份的股东请求时；

(四)董事会认为必要时;

(五)监事会提议召开时;

(六)公司章程规定的其他情形。

第一百零一条 【股东大会的召集】股东大会会议由董事会召集,董事长主持;董事长不能履行职务或者不履行职务的,由副董事长主持;副董事长不能履行职务或者不履行职务的,由半数以上董事共同推举一名董事主持。

董事会不能履行或者不履行召集股东大会会议职责的,监事会应当及时召集和主持;监事会不召集和主持的,连续九十日以上单独或者合计持有公司百分之十以上股份的股东可以自行召集和主持。

第一百零二条 【股东大会的通知期限、临时议案和股票交存制度】召开股东大会会议,应当将会议召开的时间、地点和审议的事项于会议召开二十日前通知各股东;临时股东大会应当于会议召开十五日前通知各股东;发行无记名股票的,应当于会议召开三十日前公告会议召开的时间、地点和审议事项。

单独或者合计持有公司百分之三以上股份的股东,可以在股东大会召开十日前提出临时提案并书面提交董事会;董事会应当在收到提案后二日内通知其他股东,并将该临时提案提交股东大会审议。临时提案的内容应当属于股东大会职权范围,并有明确议题和具体决议事项。

股东大会不得对前两款通知中未列明的事项作出决议。

无记名股票持有人出席股东大会会议的,应当于会议召开五日前至股东大会闭会时将股票交存于公司。

第一百零三条 【表决权与股东大会议事规则】股东出席股东大会会议,所持每一股份有一表决权。但是,公司持有的本公司股份没有表决权。

股东大会作出决议,必须经出席会议的股东所持表决权过半数通过。但是,股东大会作出修改公司章程、增加或者减少注册资本的决议,以及公司合并、分立、解散或者变更公司形式的决议,必须经出席会议的股东所持表决权的三分之二以上通过。

第一百零四条 【股东大会的法定召集及表决事项】本法和公司章程规定公司转让、受让重大资产或者对外提供担保等事项必须经股东大会作出决议的,董事会应当及时召集股东大会会议,由股东大会就上述事项进行表决。

第一百零五条 【累积投票制】股东大会选举董事、监事,可以依照公司章程的规定或者股东大会的决议,实行累积投票制。

本法所称累积投票制,是指股东大会选举董事或者监事时,每一股份拥有与应选董事或者监事人数相同的表决权,股东拥有的表决权可以集中使用。

第一百零六条 【表决权的代理行使】股东可以委托代理人出席股东大会会议,代理人应当向公司提交股东授权委托书,并在授权范围内行使表决权。

第一百零七条 【股东大会的会议记录】股东大会应当对所议事项的决定作成会议记录,主持人、出席会议的董事应当在会议记录上签名。会议记录应当与出席股东的签名册及代理出席的委托书一并保存。

第三节 董事会、经理

第一百零八条 【董事会设立及其职权】股份有限公司设董事会,其成员为五人至十九人。

董事会成员中可以有公司职工代表。董事会中的职工代表由公司职工通过职工代表大会、职工大会或者其他形式民主选举产生。

本法第四十五条关于有限责任公司董事任期的规定,适用于股份有限公司董事。

本法第四十六条关于有限责任公司董事会职权的规定,适用于股份有限公司董事会。

第一百零九条 【董事会的组成】董事会设董事长一人,可以设副董事长。董事长和副董事长由董事会以全体董事的过半数选举产生。

董事长召集和主持董事会会议,检查董事会决议的实施情况。副董事长协助董事长工作,董事长不能履行职务或者不履行职务的,由副董事长履行职务;副董事长不能履行职务或者不履行职务的,由半数以上董事共同推举一名董事履行职务。

第一百一十条　【董事会的召开】董事会每年度至少召开两次会议，每次会议应当于会议召开十日前通知全体董事和监事。

代表十分之一以上表决权的股东、三分之一以上董事或者监事会，可以提议召开董事会临时会议。董事长应当自接到提议后十日内，召集和主持董事会会议。

董事会召开临时会议，可以另定召集董事会的通知方式和通知时限。

第一百一十一条　【董事会的议事规则】董事会会议应有过半数的董事出席方可举行。董事会作出决议，必须经全体董事的过半数通过。

董事会决议的表决，实行一人一票。

第一百一十二条　【董事会的出席与代理出席、会议记录与责任承担】董事会会议，应由董事本人出席；董事因故不能出席，可以书面委托其他董事代为出席，委托书中应载明授权范围。

董事会应当对会议所议事项的决定作成会议记录，出席会议的董事应当在会议记录上签名。

董事应当对董事会的决议承担责任。董事会的决议违反法律、行政法规或者公司章程、股东大会决议，致使公司遭受严重损失的，参与决议的董事对公司负赔偿责任。但经证明在表决时曾表明异议并记载于会议记录的，该董事可以免除责任。

第一百一十三条　【经理及其职权】股份有限公司设经理，由董事会决定聘任或者解聘。

本法第四十九条关于有限责任公司经理职权的规定，适用于股份有限公司经理。

第一百一十四条　【董事会成员兼任经理】公司董事会可以决定由董事会成员兼任经理。

第一百一十五条　【禁止向高级职员提供借款】公司不得直接或者通过子公司向董事、监事、高级管理人员提供借款。

第一百一十六条　【定期披露高级职员报酬】公司应当定期向股东披露董事、监事、高级管理人员从公司获得报酬的情况。

第四节　监　事　会

第一百一十七条　【监事会的设立与组成】股份有限公司设监事会，其成员不得少于三人。

监事会应当包括股东代表和适当比例的公司职工代表，其中职工代表的比例不得低于三分之一，具体比例由公司章程规定。监事会中的职工代表由公司职工通过职工代表大会、职工大会或者其他形式民主选举产生。

监事会设主席一人，可以设副主席。监事会主席和副主席由全体监事过半数选举产生。监事会主席召集和主持监事会会议；监事会主席不能履行职务或者不履行职务的，由监事会副主席召集和主持监事会会议；监事会副主席不能履行职务或者不履行职务的，由半数以上监事共同推举一名监事召集和主持监事会会议。

董事、高级管理人员不得兼任监事。

本法第五十二条关于有限责任公司监事任期的规定，适用于股份有限公司监事。

第一百一十八条　【监事会的职权】本法第五十三条、第五十四条关于有限责任公司监事会职权的规定，适用于股份有限公司监事会。

监事会行使职权所必需的费用，由公司承担。

第一百一十九条　【监事会的会议制度】监事会每六个月至少召开一次会议。监事可以提议召开临时监事会会议。

监事会的议事方式和表决程序，除本法有规定的外，由公司章程规定。

监事会决议应当经半数以上监事通过。

监事会应当对所议事项的决定作成会议记录，出席会议的监事应当在会议记录上签名。

第五节　上市公司组织机构的特别规定

第一百二十条　【上市公司的定义】本法所称上市公司，是指其股票在证券交易所上市交易的股份有限公司。

第一百二十一条　【重大资产买卖与重要担保的议事规则】上市公司在一年内购买、出售重大资产或者担保金额超过公司资产总额百分之三十的，应当由股东大会作出决议，并经出席会议的股东所持表决权的三分之二以上通过。

第一百二十二条 【独立董事的设立】上市公司设独立董事,具体办法由国务院规定。

第一百二十三条 【董事会秘书的设立及其职权】上市公司设董事会秘书,负责公司股东大会和董事会会议的筹备、文件保管以及公司股东资料的管理,办理信息披露事务等事宜。

第一百二十四条 【关联关系董事回避与相关事项议事规则】上市公司董事与董事会会议决议事项所涉及的企业有关联关系的,不得对该项决议行使表决权,也不得代理其他董事行使表决权。该董事会会议由过半数的无关联关系董事出席即可举行,董事会会议所作决议须经无关联关系董事过半数通过。出席董事会的无关联关系董事人数不足三人的,应将该事项提交上市公司股东大会审议。

第五章 股份有限公司的股份发行和转让

第一节 股份发行

第一百二十五条 【股份有限公司的股份及其形式】股份有限公司的资本划分为股份,每一股的金额相等。

公司的股份采取股票的形式。股票是公司签发的证明股东所持股份的凭证。

第一百二十六条 【股份有限公司股份发行的原则】股份的发行,实行公平、公正的原则,同种类的每一股份应当具有同等权利。

同次发行的同种类股票,每股的发行条件和价格应当相同;任何单位或者个人所认购的股份,每股应当支付相同价额。

第一百二十七条 【股票发行的价格】股票发行价格可以按票面金额,也可以超过票面金额,但不得低于票面金额。

第一百二十八条 【股票形式与应载明的事项】股票采用纸面形式或者国务院证券监督管理机构规定的其他形式。

股票应当载明下列主要事项:

(一)公司名称;

(二)公司成立日期;

(三)股票种类、票面金额及代表的股份数;

(四)股票的编号。

股票由法定代表人签名,公司盖章。

发起人的股票,应当标明发起人股票字样。

第一百二十九条 【股票种类】公司发行的股票,可以为记名股票,也可以为无记名股票。

公司向发起人、法人发行的股票,应当为记名股票,并应当记载该发起人、法人的名称或者姓名,不得另立户名或者以代表人姓名记名。

第一百三十条 【股东名册的置备及内容】公司发行记名股票的,应当置备股东名册,记载下列事项:

(一)股东的姓名或者名称及住所;

(二)各股东所持股份数;

(三)各股东所持股票的编号;

(四)各股东取得股份的日期。

发行无记名股票的,公司应当记载其股票数量、编号及发行日期。

第一百三十一条 【其他种类股票】国务院可以对公司发行本法规定以外的其他种类的股份,另行作出规定。

第一百三十二条 【向股东交付股票的时间】股份有限公司成立后,即向股东正式交付股票。公司成立前不得向股东交付股票。

第一百三十三条 【发行新股的决议事项】公司发行新股,股东大会应当对下列事项作出决议:

(一)新股种类及数额;

(二)新股发行价格;

(三)新股发行的起止日期;

(四)向原有股东发行新股的种类及数额。

第一百三十四条 【新股发行公告、募股方式及缴纳股款方式】公司经国务院证券监督管理机构核准公开发行新股时,必须公告新股招股说明书和财务会计报告,并制作认股书。

本法第八十七条、第八十八条的规定适用于公司公开发行新股。

第一百三十五条 【新股作价方案的确定】公司发行新股,可以根据公司经营情况和财务状况,确定其作价方案。

第一百三十六条　【新股募足后的变更登记及公告】公司发行新股募足股款后,必须向公司登记机关办理变更登记,并公告。

第二节　股份转让

第一百三十七条　【股份可依法转让】股东持有的股份可以依法转让。

第一百三十八条　【转让股份的场所】股东转让其股份,应当在依法设立的证券交易场所进行或者按照国务院规定的其他方式进行。

第一百三十九条　【记名股票的转让】记名股票,由股东以背书方式或者法律、行政法规规定的其他方式转让;转让后由公司将受让人的姓名或者名称及住所记载于股东名册。

股东大会召开前二十日内或者公司决定分配股利的基准日前五日内,不得进行前款规定的股东名册的变更登记。但是,法律对上市公司股东名册变更登记另有规定的,从其规定。

第一百四十条　【无记名股票的转让】无记名股票的转让,由股东将该股票交付给受让人后即发生转让的效力。

第一百四十一条　【转让本公司股份的限制】发起人持有的本公司股份,自公司成立之日起一年内不得转让。公司公开发行股份前已发行的股份,自公司股票在证券交易所上市交易之日起一年内不得转让。

公司董事、监事、高级管理人员应当向公司申报所持有的本公司的股份及其变动情况,在任职期间每年转让的股份不得超过其所持有本公司股份总数的百分之二十五;所持本公司股份自公司股票上市交易之日起一年内不得转让。上述人员离职后半年内,不得转让其所持有的本公司股份。公司章程可以对公司董事、监事、高级管理人员转让其所持有的本公司股份作出其他限制性规定。

第一百四十二条　【禁止收购本公司股份及其例外】公司不得收购本公司股份。但是,有下列情形之一的除外:

(一)减少公司注册资本;

(二)与持有本公司股份的其他公司合并;

(三)将股份奖励给本公司职工;

(四)股东因对股东大会作出的公司合并、分立决议持异议,要求公司收购其股份的。

公司因前款第(一)项至第(三)项的原因收购本公司股份的,应当经股东大会决议。公司依照前款规定收购本公司股份后,属于第(一)项情形的,应当自收购之日起十日内注销;属于第(二)项、第(四)项情形的,应当在六个月内转让或者注销。

公司依照第一款第(三)项规定收购的本公司股份,不得超过本公司已发行股份总额的百分之五;用于收购的资金应当从公司的税后利润中支出;所收购的股份应当在一年内转让给职工。

公司不得接受本公司的股票作为质押权的标的。

第一百四十三条　【公示催告程序】记名股票被盗、遗失或者灭失,股东可以依照《中华人民共和国民事诉讼法》规定的公示催告程序,请求人民法院宣告该股票失效。人民法院宣告该股票失效后,股东可以向公司申请补发股票。

第一百四十四条　【上市公司的股票交易】上市公司的股票,依照有关法律、行政法规及证券交易所交易规则上市交易。

第一百四十五条　【上市公司的信息披露公开制度】上市公司必须依照法律、行政法规的规定,公开其财务状况、经营情况及重大诉讼,在每会计年度内半年公布一次财务会计报告。

第六章　公司董事、监事、高级管理人员的资格和义务

第一百四十六条　【不得担任高级职员的情形】有下列情形之一的,不得担任公司的董事、监事、高级管理人员:

(一)无民事行为能力或者限制民事行为能力;

(二)因贪污、贿赂、侵占财产、挪用财产或者破坏社会主义市场经济秩序,被判处刑罚,执行期满未逾五年,或者因犯罪被剥夺政治权利,执行期满未逾五年;

(三)担任破产清算的公司、企业的董事或者厂长、经理,对该公司、企业的破产负有个人

责任的,自该公司、企业破产清算完结之日起未逾三年;

(四)担任因违法被吊销营业执照、责令关闭的公司、企业的法定代表人,并负有个人责任的,自该公司、企业被吊销营业执照之日起未逾三年;

(五)个人所负数额较大的债务到期未清偿。

公司违反前款规定选举、委派董事、监事或者聘任高级管理人员的,该选举、委派或者聘任无效。

董事、监事、高级管理人员在任职期间出现本条第一款所列情形的,公司应当解除其职务。

第一百四十七条　【高级职员的一般义务】董事、监事、高级管理人员应当遵守法律、行政法规和公司章程,对公司负有忠实义务和勤勉义务。

董事、监事、高级管理人员不得利用职权收受贿赂或者其他非法收入,不得侵占公司的财产。

第一百四十八条　【高级职员的禁止行为】董事、高级管理人员不得有下列行为:

(一)挪用公司资金;

(二)将公司资金以其个人名义或者以其他个人名义开立账户存储;

(三)违反公司章程的规定,未经股东会、股东大会或者董事会同意,将公司资金借贷给他人或者以公司财产为他人提供担保;

(四)违反公司章程的规定或者未经股东会、股东大会同意,与本公司订立合同或者进行交易;

(五)未经股东会或者股东大会同意,利用职务便利为自己或者他人谋取属于公司的商业机会,自营或者为他人经营与所任职公司同类的业务;

(六)接受他人与公司交易的佣金归为己有;

(七)擅自披露公司秘密;

(八)违反对公司忠实义务的其他行为。

董事、高级管理人员违反前款规定所得的收入应当归公司所有。

第一百四十九条　【高级职员对公司的赔偿责任】董事、监事、高级管理人员执行公司职务时违反法律、行政法规或者公司章程的规定,给公司造成损失的,应当承担赔偿责任。

第一百五十条　【高级职员对股东会及监事会行使知情权的配合】股东会或者股东大会要求董事、监事、高级管理人员列席会议的,董事、监事、高级管理人员应当列席并接受股东的质询。

董事、高级管理人员应当如实向监事会或者不设监事会的有限责任公司的监事提供有关情况和资料,不得妨碍监事会或者监事行使职权。

第一百五十一条　【股东维护公司利益的起诉权】董事、高级管理人员有本法第一百四十九条规定的情形的,有限责任公司的股东、股份有限公司连续一百八十日以上单独或者合计持有公司百分之一以上股份的股东,可以书面请求监事会或者不设监事会的有限责任公司的监事向人民法院提起诉讼;监事有本法第一百四十九条规定的情形的,前述股东可以书面请求董事会或者不设董事会的有限责任公司的执行董事向人民法院提起诉讼。

监事会、不设监事会的有限责任公司的监事,或者董事会、执行董事收到前款规定的股东书面请求后拒绝提起诉讼,或者自收到请求之日起三十日内未提起诉讼,或者情况紧急、不立即提起诉讼将会使公司利益受到难以弥补的损害的,前款规定的股东有权为了公司的利益以自己的名义直接向人民法院提起诉讼。

他人侵犯公司合法权益,给公司造成损失的,本条第一款规定的股东可以依照前两款的规定向人民法院提起诉讼。

第一百五十二条　【股东与监事维护个人利益的起诉权】董事、高级管理人员违反法律、行政法规或者公司章程的规定,损害股东利益的,股东可以向人民法院提起诉讼。

第七章　公司债券

第一百五十三条　【公司债券的定义及发行条件】本法所称公司债券,是指公司依照法定程序发行、约定在一定期限还本付息的有价证券。

公司发行公司债券应当符合《中华人民共和国证券法》规定的发行条件。

第一百五十四条　【公司债券募集的核准和公告】发行公司债券的申请经国务院授权的部门核准后，应当公告公司债券募集办法。

公司债券募集办法中应当载明下列主要事项：

（一）公司名称；

（二）债券募集资金的用途；

（三）债券总额和债券的票面金额；

（四）债券利率的确定方式；

（五）还本付息的期限和方式；

（六）债券担保情况；

（七）债券的发行价格、发行的起止日期；

（八）公司净资产额；

（九）已发行的尚未到期的公司债券总额；

（十）公司债券的承销机构。

第一百五十五条　【公司债券票面必须载明的事项】公司以实物券方式发行公司债券的，必须在债券上载明公司名称、债券票面金额、利率、偿还期限等事项，并由法定代表人签名，公司盖章。

第一百五十六条　【债券的种类】公司债券，可以为记名债券，也可以为无记名债券。

第一百五十七条　【债券存根簿的置备及其应载明的事项】公司发行公司债券应当置备公司债券存根簿。

发行记名公司债券的，应当在公司债券存根簿上载明下列事项：

（一）债券持有人的姓名或者名称及住所；

（二）债券持有人取得债券的日期及债券的编号；

（三）债券总额，债券的票面金额、利率、还本付息的期限和方式；

（四）债券的发行日期。

发行无记名公司债券的，应当在公司债券存根簿上载明债券总额、利率、偿还期限和方式、发行日期及债券的编号。

第一百五十八条　【债券登记结算机构的制度要求】记名公司债券的登记结算机构应当建立债券登记、存管、付息、兑付等相关制度。

第一百五十九条　【公司债券的转让场所与转让价格】公司债券可以转让，转让价格由转让人与受让人约定。

公司债券在证券交易所上市交易的，按照证券交易所的交易规则转让。

第一百六十条　【公司债券的转让方式】记名公司债券，由债券持有人以背书方式或者法律、行政法规规定的其他方式转让；转让后由公司将受让人的姓名或者名称及住所记载于公司债券存根簿。

无记名公司债券的转让，由债券持有人将该债券交付给受让人后即发生转让的效力。

第一百六十一条　【可转换债券的发行及载明事项】上市公司经股东大会决议可以发行可转换为股票的公司债券，并在公司债券募集办法中规定具体的转换办法。上市公司发行可转换为股票的公司债券，应当报国务院证券监督管理机构核准。

发行可转换为股票的公司债券，应当在债券上标明可转换公司债券字样，并在公司债券存根簿上载明可转换公司债券的数额。

第一百六十二条　【可转换债券的转换】发行可转换为股票的公司债券的，公司应当按照其转换办法向债券持有人换发股票，但债券持有人对转换股票或者不转换股票有选择权。

第八章　公司财务、会计

第一百六十三条　【公司财务、会计制度的建立】公司应当依照法律、行政法规和国务院财政部门的规定建立本公司的财务、会计制度。

第一百六十四条　【财务会计报告的制作和年审制】公司应当在每一会计年度终了时编制财务会计报告，并依法经会计师事务所审计。

财务会计报告应当依照法律、行政法规和国务院财政部门的规定制作。

第一百六十五条　【财务会计报告送交股东及公告】有限责任公司应当依照公司章程规定的期限将财务会计报告送交各股东。

股份有限公司的财务会计报告应当在召开股东大会年会的二十日前置备于本公司，供股东查阅；公开发行股票的股份有限公司必须公告其财务会计报告。

第一百六十六条　【公司税后利润的分配】公司

分配当年税后利润时,应当提取利润的百分之十列入公司法定公积金。公司法定公积金累计额为公司注册资本的百分之五十以上的,可以不再提取。

公司的法定公积金不足以弥补以前年度亏损的,在依照前款规定提取法定公积金之前,应当先用当年利润弥补亏损。

公司从税后利润中提取法定公积金后,经股东会或者股东大会决议,还可以从税后利润中提取任意公积金。

公司弥补亏损和提取公积金后所余税后利润,有限责任公司依照本法第三十四条的规定分配;股份有限公司按照股东持有的股份比例分配,但股份有限公司章程规定不按持股比例分配的除外。

股东会、股东大会或者董事会违反前款规定,在公司弥补亏损和提取法定公积金之前向股东分配利润的,股东必须将违反规定分配的利润退还公司。

公司持有的本公司股份不得分配利润。

第一百六十七条　【资本公积金】股份有限公司以超过股票票面金额的发行价格发行股份所得的溢价款以及国务院财政部门规定列入资本公积金的其他收入,应当列为公司资本公积金。

第一百六十八条　【公积金的用途及限制】公司的公积金用于弥补公司的亏损、扩大公司生产经营或者转为增加公司资本。但是,资本公积金不得用于弥补公司的亏损。

法定公积金转为资本时,所留存的该项公积金不得少于转增前公司注册资本的百分之二十五。

第一百六十九条　【公司对会计师事务所的聘用及解聘】公司聘用、解聘承办公司审计业务的会计师事务所,依照公司章程的规定,由股东会、股东大会或者董事会决定。

公司股东会、股东大会或者董事会就解聘会计师事务所进行表决时,应当允许会计师事务所陈述意见。

第一百七十条　【公司对会计师事务所的诚实义务】公司应当向聘用的会计师事务所提供真实、完整的会计凭证、会计账簿、财务会计报告及其他会计资料,不得拒绝、隐匿、谎报。

第一百七十一条　【禁止另立账簿及开立个人账户】公司除法定的会计账簿外,不得另立会计账簿。

对公司资产,不得以任何个人名义开立账户存储。

第九章　公司合并、分立、增资、减资

第一百七十二条　【公司合并的种类】公司合并可以采取吸收合并或者新设合并。

一个公司吸收其他公司为吸收合并,被吸收的公司解散。两个以上公司合并设立一个新的公司为新设合并,合并各方解散。

第一百七十三条　【公司合并程序和债权人异议权】公司合并,应当由合并各方签订合并协议,并编制资产负债表及财产清单。公司应当自作出合并决议之日起十日内通知债权人,并于三十日内在报纸上公告。债权人自接到通知书之日起三十日内,未接到通知书的自公告之日起四十五日内,可以要求公司清偿债务或者提供相应的担保。

第一百七十四条　【公司合并的债权债务承继】公司合并时,合并各方的债权、债务,应当由合并后存续的公司或者新设的公司承继。

第一百七十五条　【公司分立的通知义务】公司分立,其财产作相应的分割。

公司分立,应当编制资产负债表及财产清单。公司应当自作出分立决议之日起十日内通知债权人,并于三十日内在报纸上公告。

第一百七十六条　【公司分立的债务承继】公司分立前的债务由分立后的公司承担连带责任。但是,公司在分立前与债权人就债务清偿达成的书面协议另有约定的除外。

第一百七十七条　【减少注册资本的程序要求】公司需要减少注册资本时,必须编制资产负债表及财产清单。

公司应当自作出减少注册资本决议之日起十日内通知债权人,并于三十日内在报纸上公告。债权人自接到通知书之日起三十日内,未接到通知书的自公告之日起四十五日内,有权要求公司清偿债务或者提供相应的担保。

第一百七十八条　【增加注册资本的规定】有限

责任公司增加注册资本时,股东认缴新增资本的出资,依照本法设立有限责任公司缴纳出资的有关规定执行。

股份有限公司为增加注册资本发行新股时,股东认购新股,依照本法设立股份有限公司缴纳股款的有关规定执行。

第一百七十九条　【公司合并、分立、增资、减资的登记要求】公司合并或者分立,登记事项发生变更的,应当依法向公司登记机关办理变更登记;公司解散的,应当依法办理公司注销登记;设立新公司的,应当依法办理公司设立登记。

公司增加或者减少注册资本,应当依法向公司登记机关办理变更登记。

第十章　公司解散和清算

第一百八十条　【公司解散的原因】公司因下列原因解散:

(一)公司章程规定的营业期限届满或者公司章程规定的其他解散事由出现;

(二)股东会或者股东大会决议解散;

(三)因公司合并或者分立需要解散;

(四)依法被吊销营业执照、责令关闭或者被撤销;

(五)人民法院依照本法第一百八十二条的规定予以解散。

第一百八十一条　【为使公司存续而修改章程的议事规则】公司有本法第一百八十条第(一)项情形的,可以通过修改公司章程而存续。

依照前款规定修改公司章程,有限责任公司须经持有三分之二以上表决权的股东通过,股份有限公司须经出席股东大会会议的股东所持表决权的三分之二以上通过。

第一百八十二条　【股东请求法院解散公司的情形】公司经营管理发生严重困难,继续存续会使股东利益受到重大损失,通过其他途径不能解决的,持有公司全部股东表决权百分之十以上的股东,可以请求人民法院解散公司。

第一百八十三条　【清算组的成立与组成】公司因本法第一百八十条第(一)项、第(二)项、第(四)项、第(五)项规定而解散的,应当在解散事由出现之日起十五日内成立清算组,开始清算。有限责任公司的清算组由股东组成,股份有限公司的清算组由董事或者股东大会确定的人员组成。逾期不成立清算组进行清算的,债权人可以申请人民法院指定有关人员组成清算组进行清算。人民法院应当受理该申请,并及时组织清算组进行清算。

第一百八十四条　【清算组的职权】清算组在清算期间行使下列职权:

(一)清理公司财产,分别编制资产负债表和财产清单;

(二)通知、公告债权人;

(三)处理与清算有关的公司未了结的业务;

(四)清缴所欠税款以及清算过程中产生的税款;

(五)清理债权、债务;

(六)处理公司清偿债务后的剩余财产;

(七)代表公司参与民事诉讼活动。

第一百八十五条　【清算期间的债权申报】清算组应当自成立之日起十日内通知债权人,并于六十日内在报纸上公告。债权人应当自接到通知书之日起三十日内,未接到通知书的自公告之日起四十五日内,向清算组申报其债权。

债权人申报债权,应当说明债权的有关事项,并提供证明材料。清算组应当对债权进行登记。

在申报债权期间,清算组不得对债权人进行清偿。

第一百八十六条　【清算方案的制定与公司财产的处理】清算组在清理公司财产、编制资产负债表和财产清单后,应当制定清算方案,并报股东会、股东大会或者人民法院确认。

公司财产在分别支付清算费用、职工的工资、社会保险费用和法定补偿金,缴纳所欠税款,清偿公司债务后的剩余财产,有限责任公司按照股东的出资比例分配,股份有限公司按照股东持有的股份比例分配。

清算期间,公司存续,但不得开展与清算无关的经营活动。公司财产在未依照前款规定清偿前,不得分配给股东。

第一百八十七条　【宣告破产】清算组在清理公司财产、编制资产负债表和财产清单后,发现公司财产不足清偿债务的,应当依法向人民法院申请宣告破产。

公司经人民法院裁定宣告破产后,清算组应当将清算事务移交给人民法院。

第一百八十八条 【清算报告的报送及公司注销登记】公司清算结束后,清算组应当制作清算报告,报股东会、股东大会或者人民法院确认,并报送公司登记机关,申请注销公司登记,公告公司终止。

第一百八十九条 【清算组成员的义务】清算组成员应当忠于职守,依法履行清算义务。

清算组成员不得利用职权收受贿赂或者其他非法收入,不得侵占公司财产。

清算组成员因故意或者重大过失给公司或者债权人造成损失的,应当承担赔偿责任。

第一百九十条 【破产清算的法律依据】公司被依法宣告破产的,依照有关企业破产的法律实施破产清算。

第十一章 外国公司的分支机构

第一百九十一条 【外国公司的定义】本法所称外国公司是指依照外国法律在中国境外设立的公司。

第一百九十二条 【外国公司分支机构的设立申请及审批】外国公司在中国境内设立分支机构,必须向中国主管机关提出申请,并提交其公司章程、所属国的公司登记证书等有关文件,经批准后,向公司登记机关依法办理登记,领取营业执照。

外国公司分支机构的审批办法由国务院另行规定。

第一百九十三条 【外国公司分支机构的设立及资金要求】外国公司在中国境内设立分支机构,必须在中国境内指定负责该分支机构的代表人或者代理人,并向该分支机构拨付与其所从事的经营活动相适应的资金。

对外国公司分支机构的经营资金需要规定最低限额的,由国务院另行规定。

第一百九十四条 【外国公司分支机构的名称要求及章程置备】外国公司的分支机构应当在其名称中标明该外国公司的国籍及责任形式。

外国公司的分支机构应当在本机构中置备该外国公司章程。

第一百九十五条 【外国公司分支机构不具有中国法人资格】外国公司在中国境内设立的分支机构不具有中国法人资格。

外国公司对其分支机构在中国境内进行经营活动承担民事责任。

第一百九十六条 【外国公司分支机构的合法经营义务及合法权益的保护】经批准设立的外国公司分支机构,在中国境内从事业务活动,必须遵守中国的法律,不得损害中国的社会公共利益,其合法权益受中国法律保护。

第一百九十七条 【外国公司撤销分支机构的条件】外国公司撤销其在中国境内的分支机构时,必须依法清偿债务,依照本法有关公司清算程序的规定进行清算。未清偿债务之前,不得将其分支机构的财产移至中国境外。

第十二章 法律责任

第一百九十八条 【公司登记违法的法律责任】违反本法规定,虚报注册资本、提交虚假材料或者采取其他欺诈手段隐瞒重要事实取得公司登记的,由公司登记机关责令改正,对虚报注册资本的公司,处以虚报注册资本金额百分之五以上百分之十五以下的罚款;对提交虚假材料或者采取其他欺诈手段隐瞒重要事实的公司,处以五万元以上五十万元以下的罚款;情节严重的,撤销公司登记或者吊销营业执照。

第一百九十九条 【公司的发起人、股东出资违法的法律责任】公司的发起人、股东虚假出资,未交付或者未按期交付作为出资的货币或者非货币财产的,由公司登记机关责令改正,处以虚假出资金额百分之五以上百分之十五以下的罚款。

第二百条 【公司的发起人、股东抽逃出资的法律责任】公司的发起人、股东在公司成立后,抽逃其出资的,由公司登记机关责令改正,处以所抽逃出资金额百分之五以上百分之十五以下的罚款。

第二百零一条 【公司另立会计账簿的法律责任】公司违反本法规定,在法定的会计账簿以外另立会计账簿的,由县级以上人民政府财政部门责令改正,处以五万元以上五十万元以下的罚款。

第二百零二条　【提交财务会计报告违法的法律责任】公司在依法向有关主管部门提供的财务会计报告等材料上作虚假记载或者隐瞒重要事实的，由有关主管部门对直接负责的主管人员和其他直接责任人员处以三万元以上三十万元以下的罚款。

第二百零三条　【违法提取法定公积金的法律责任】公司不依照本法规定提取法定公积金的，由县级以上人民政府财政部门责令如数补足应当提取的金额，可以对公司处以二十万元以下的罚款。

第二百零四条　【公司在合并、分立、减少注册资本和清算中的违法行为及其法律责任】公司在合并、分立、减少注册资本或者进行清算时，不依照本法规定通知或者公告债权人的，由公司登记机关责令改正，对公司处以一万元以上十万元以下的罚款。

公司在进行清算时，隐匿财产，对资产负债表或者财产清单作虚假记载或者在未清偿债务前分配公司财产的，由公司登记机关责令改正，对公司处以隐匿财产或者未清偿债务前分配公司财产金额百分之五以上百分之十以下的罚款；对直接负责的主管人员和其他直接责任人员处以一万元以上十万元以下的罚款。

第二百零五条　【公司在清算期间违法经营的法律责任】公司在清算期间开展与清算无关的经营活动的，由公司登记机关予以警告，没收违法所得。

第二百零六条　【清算组及其成立对其违法行为的法律责任】清算组不依照本法规定向公司登记机关报送清算报告，或者报送清算报告隐瞒重要事实或者有重大遗漏的，由公司登记机关责令改正。

清算组成员利用职权徇私舞弊、谋取非法收入或者侵占公司财产的，由公司登记机关责令退还公司财产，没收违法所得，并可以处以违法所得一倍以上五倍以下的罚款。

第二百零七条　【资产评估、验资或验证机构对其违法行为的法律责任】承担资产评估、验资或者验证的机构提供虚假材料的，由公司登记机关没收违法所得，处以违法所得一倍以上五倍以下的罚款，并可以由有关主管部门依法责令该机构停业、吊销直接责任人员的资格证书，吊销营业执照。

承担资产评估、验资或者验证的机构因过失提供有重大遗漏的报告的，由公司登记机关责令改正，情节较重的，处以所得收入一倍以上五倍以下的罚款，并可以由有关主管部门依法责令该机构停业、吊销直接责任人员的资格证书，吊销营业执照。

承担资产评估、验资或者验证的机构因其出具的评估结果、验资或者验证证明不实，给公司债权人造成损失的，除能够证明自己没有过错的外，在其评估或者证明不实的金额范围内承担赔偿责任。

第二百零八条　【登记机关违法行为的法律责任】公司登记机关对不符合本法规定条件的登记申请予以登记，或者对符合本法规定条件的登记申请不予登记的，对直接负责的主管人员和其他直接责任人员，依法给予行政处分。

第二百零九条　【登记机关上级部门违法行为的法律责任】公司登记机关的上级部门强令公司登记机关对不符合本法规定条件的登记申请予以登记，或者对符合本法规定条件的登记申请不予登记的，或者对违法登记进行包庇的，对直接负责的主管人员和其他直接责任人员依法给予行政处分。

第二百一十条　【假冒公司的违法行为及其法律责任】未依法登记为有限责任公司或者股份有限公司，而冒用有限责任公司或者股份有限公司名义的，或者未依法登记为有限责任公司或者股份有限公司的分公司，而冒用有限责任公司或者股份有限公司的分公司名义的，由公司登记机关责令改正或者予以取缔，可以并处十万元以下的罚款。

第二百一十一条　【不当停业及不依法办理变更登记的法律责任】公司成立后无正当理由超过六个月未开业的，或者开业后自行停业连续六个月以上的，可以由公司登记机关吊销营业执照。

公司登记事项发生变更时，未依照本法规定办理有关变更登记的，由公司登记机关责令限期登记;逾期不登记的,处以一万元以上十万元以下的罚款。

第二百一十二条 【外国公司擅自在中国境内设立分支机构的法律责任】外国公司违反本法规定,擅自在中国境内设立分支机构的,由公司登记机关责令改正或者关闭,可以并处五万元以上二十万元以下的罚款。

第二百一十三条 【危害国家安全与社会公共利益的法律责任】利用公司名义从事危害国家安全、社会公共利益的严重违法行为的,吊销营业执照。

第二百一十四条 【民事赔偿优先原则】公司违反本法规定,应当承担民事赔偿责任和缴纳罚款、罚金的,其财产不足以支付时,先承担民事赔偿责任。

第二百一十五条 【刑事责任的追究】违反本法规定,构成犯罪的,依法追究刑事责任。

第十三章 附 则

第二百一十六条 【本法所涉相关用语的含义】本法下列用语的含义:

(一)高级管理人员,是指公司的经理、副经理、财务负责人,上市公司董事会秘书和公司章程规定的其他人员。

(二)控股股东,是指其出资额占有限责任公司资本总额百分之五十以上或者其持有的股份占股份有限公司股本总额百分之五十以上的股东;出资额或者持有股份的比例虽然不足百分之五十,但依其出资额或者持有的股份所享有的表决权已足以对股东会、股东大会的决议产生重大影响的股东。

(三)实际控制人,是指虽不是公司的股东,但通过投资关系、协议或者其他安排,能够实际支配公司行为的人。

(四)关联关系,是指公司控股股东、实际控制人、董事、监事、高级管理人员与其直接或者间接控制的企业之间的关系,以及可能导致公司利益转移的其他关系。但是,国家控股的企业之间不仅因为同受国家控股而具有关联关系。

第二百一十七条 【本法在外商投资领域的适用及例外】外商投资的有限责任公司和股份有限公司适用本法;有关外商投资的法律另有规定的,适用其规定。

第二百一十八条 【生效施行日期】本法自2006年1月1日起施行。

中华人民共和国
全民所有制工业企业法

1. 1988年4月13日第七届全国人民代表大会第一次会议通过

2. 根据2009年8月27日第十一届全国人民代表大会常务委员会第十次会议《关于修改部分法律的决定》修正

目 录

第一章 总 则

第一条 【立法目的】为保障全民所有制经济的巩固和发展,明确全民所有制工业企业的权利和义务,保障其合法权益,增强其活力,促进社会主义现代化建设,根据《中华人民共和国宪法》,制定本法。

第二条 【企业资格】全民所有制工业企业(以下简称企业)是依法自主经营、自负盈亏、独立核算的社会主义商品生产和经营单位。

企业的财产属于全民所有,国家依照所有权和经营权分离的原则授予企业经营管理。企业对国家授予其经营管理的财产享有占有、使用和依法处分的权利。

企业依法取得法人资格,以国家授予其经营管理的财产承担民事责任。

企业根据政府主管部门的决定,可以采取承包、租赁等经营责任制形式。(2009年8月27日删除)

第三条 【企业任务】企业的根本任务是:根据国

家计划和市场需求，发展商品生产，创造财富，增加积累，满足社会日益增长的物质和文化生活需要。

第四条　【企业要求】企业必须坚持在建设社会主义物质文明的同时，建设社会主义精神文明，建设有理想、有道德、有文化、有纪律的职工队伍。

第五条　【企业发展方向】企业必须遵守法律、法规，坚持社会主义方向。

第六条　【企业经营、纳税】企业必须有效地利用国家授予其经营管理的财产，实现资产增值；依法缴纳税金、费用、利润。

第七条　【厂长负责制】企业实行厂长（经理）负责制。

厂长依法行使职权，受法律保护。

第八条　【共产党的作用】中国共产党在企业中的基层组织，对党和国家的方针、政策在本企业的贯彻执行实行保证监督。

第九条　【职工地位】国家保障职工的主人翁地位，职工的合法权益受法律保护。

第十条　【民主管理】企业通过职工代表大会和其他形式，实行民主管理。

第十一条　【工会职能】企业工会代表和维护职工利益，依法独立自主地开展工作。企业工会组织职工参加民主管理和民主监督。

企业应当充分发挥青年职工、女职工和科学技术人员的作用。

第十二条　【经营管理】企业必须加强和改善经营管理，实行经济责任制，推进科学技术进步，厉行节约，反对浪费，提高经济效益，促进企业的改造和发展。

第十三条　【分配原则】企业贯彻按劳分配原则。在法律规定的范围内，企业可以采取其他分配方式。

第十四条　【财产保护】国家授予企业经营管理的财产受法律保护，不受侵犯。

第十五条　【权益保护】企业的合法权益受法律保护，不受侵犯。

第二章　企业的设立、变更和终止

第十六条　【设立程序】设立企业，必须依照法律和国务院规定，报请政府或者政府主管部门审核批准。经工商行政管理部门核准登记、发给营业执照，企业取得法人资格。

企业应当在核准登记的经营范围内从事生产经营活动。

第十七条　【设立条件】设立企业必须具备以下条件：

（一）产品为社会所需要。

（二）有能源、原材料、交通运输的必要条件。

（三）有自己的名称和生产经营场所。

（四）有符合国家规定的资金。

（五）有自己的组织机构。

（六）有明确的经营范围。

（七）法律、法规规定的其他条件。

第十八条　【合并或分离程序】企业合并或者分立，依照法律、行政法规的规定，由政府或者政府主管部门批准。

第十九条　【终止原因】企业由于下列原因之一终止：

（一）违反法律、法规被责令撤销。

（二）政府主管部门依照法律、法规的规定决定解散。

（三）依法被宣告破产。

（四）其他原因。

第二十条　【债权、债务清理】企业合并、分立或者终止时，必须保护其财产，依法清理债权、债务。

第二十一条　【变更登记】企业的合并、分立、终止，以及经营范围等登记事项的变更，须经工商行政管理部门核准登记。

第三章　企业的权利和义务

第二十二条　【自行安排生产权】在国家计划指导下，企业有权自行安排生产社会需要的产品或者为社会提供服务。

第二十三条　企业有权要求调整没有必需的计划供应物资或者产品销售安排的指令性计划。

企业有权接受或者拒绝任何部门和单位在指令性计划外安排的生产任务。

(2009年8月27日删除)

第二十四条 【产品销售权】企业有权自行销售本企业的产品。国务院另有规定的除外。

承担指令性计划的企业,有权自行销售计划外超产的产品和计划内分成的产品。

第二十五条 【物资采购权】企业有权自行选择供货单位,购进生产需要的物资。

第二十六条 【价格确定权】除国务院规定由物价部门和有关主管部门控制价格的以外,企业有权自行确定产品价格、劳务价格。

第二十七条 【与外商贸易及外汇分成权】企业有权依照国务院规定与外商谈判并签订合同。

企业有权依照国务院规定提取和使用分成的外汇收入。

第二十八条 【留用资金使用权】企业有权依照国务院规定支配使用留用资金。

第二十九条 【固定资产处置权】企业有权依照国务院规定出租或者有偿转让国家授予其经营管理的固定资产,所得的收益必须用于设备更新和技术改造。

第三十条 【报酬分配权】企业有权确定适合本企业情况的工资形式和奖金分配办法。

第三十一条 【录用、辞退职工权】企业有权依照法律和国务院规定录用、辞退职工。

第三十二条 【机构设置、人员编制决定权】企业有权决定机构设置及其人员编制。

第三十三条 【拒绝摊派权】企业有权拒绝任何机关和单位向企业摊派人力、物力、财力。除法律、法规另有规定外,任何机关和单位以任何方式要求企业提供人力、物力、财力的,都属于摊派。

第三十四条 【企业联营权】企业有权依照法律和国务院规定与其他企业、事业单位联营,向其他企业、事业单位投资,持有其他企业的股份。

企业有权依照国务院规定发行债券。

第三十五条 企业必须完成指令性计划。

(2009年8月27日删除)

企业必须履行依法订立的合同。

第三十六条 【固定资产维护】企业必须保障固定资产的正常维修,改进和更新设备。

第三十七条 【依法接受监督】企业必须遵守国家关于财务、劳动工资和物价管理等方面的规定,接受财政、审计、劳动工资和物价等机关的监督。

第三十八条 【质量保证】企业必须保证产品质量和服务质量,对用户和消费者负责。

第三十九条 【提高效率】企业必须提高劳动效率,节约能源和原材料,努力降低成本。

第四十条 【财产保护】企业必须加强保卫工作,维护生产秩序,保护国家财产。

第四十一条 【安全生产、环境保护】企业必须贯彻安全生产制度,改善劳动条件,做好劳动保护和环境保护工作,做到安全生产和文明生产。

第四十二条 【思想教育、业务培训】企业应当加强思想政治教育、法制教育、国防教育、科学文化教育和技术业务培训,提高职工队伍的素质。

第四十三条 【奖励、创造、革新】企业应当支持和奖励职工进行科学研究、发明创造,开展技术革新、合理化建议和社会主义劳动竞赛活动。

第四章 厂 长

第四十四条 【厂长的产生】厂长的产生,除国务院另有规定外,由政府主管部门根据企业的情况决定采取下列一种方式:

(一)政府主管部门委任或者招聘。

(二)企业职工代表大会选举。

政府主管部门委任或者招聘的厂长人选,须征求职工代表的意见;企业职工代表大会选举的厂长,须报政府主管部门批准。

政府主管部门委任或者招聘的厂长,由政府主管部门免职或者解聘,并须征求职工代表的意见;企业职工代表大会选举的厂长,由职工代表大会罢免,并须报政府主管部门批准。

第四十五条 【厂长的地位和职权】厂长是企业的法定代表人。

企业建立以厂长为首的生产经营管理系统。厂长在企业中处于中心地位,对企业的物质文明建设和精神文明建设负有全面责任。

厂长领导企业的生产经营管理工作,行使下列职权:

（一）依照法律和国务院规定，决定或者报请审查批准企业的各项计划。

（二）决定企业行政机构的设置。

（三）提请政府主管部门任免或者聘任、解聘副厂级行政领导干部。法律和国务院另有规定的除外。

（四）任免或者聘任、解聘企业中层行政领导干部。法律另有规定的除外。

（五）提出工资调整方案、奖金分配方案和重要的规章制度，提请职工代表大会审查同意。提出福利基金使用方案和其他有关职工生活福利的重大事项的建议，提请职工代表大会审议决定。

（六）依法奖惩职工；提请政府主管部门奖惩副厂级行政领导干部。

第四十六条　【厂长的义务】厂长必须依靠职工群众履行本法规定的企业的各项义务，支持职工代表大会、工会和其他群众组织的工作，执行职工代表大会依法作出的决定。

第四十七条　【管理委员会的组成及职权】企业设立管理委员会或者通过其他形式，协助厂长决定企业的重大问题。管理委员会由企业各方面的负责人和职工代表组成。厂长任管理委员会主任。

前款所称重大问题：

（一）经营方针、长远规划和年度计划、基本建设方案和重大技术改造方案，职工培训计划，工资调整方案，留用资金分配和使用方案，承包和租赁经营责任制方案。

（二）工资列入企业成本开支的企业人员编制和行政机构的设置和调整。

（三）制订、修改和废除重要规章制度的方案。

上述重大问题的讨论方案，均由厂长提出。

第四十八条　【对厂长的奖励】厂长在领导企业完成计划、提高产品质量和服务质量、提高经济效益和加强精神文明建设等方面成绩显著的，由政府主管部门给予奖励。

第五章　职工和职工代表大会

第四十九条　【职工权利】职工有参加企业民主管理的权利，有对企业的生产和工作提出意见和建议的权利；有依法享受劳动保护、劳动保险、休息、休假的权利；有向国家机关反映真实情况，对企业领导干部提出批评和控告的权利。女职工有依照国家规定享受特殊劳动保护和劳动保险的权利。

第五十条　【职工义务】职工应当以国家主人翁的态度从事劳动，遵守劳动纪律和规章制度，完成生产和工作任务。

第五十一条　【职代会性质】职工代表大会是企业实行民主管理的基本形式，是职工行使民主管理权力的机构。

职工代表大会的工作机构是企业的工会委员会。企业工会委员会负责职工代表大会的日常工作。

第五十二条　【职代会职权】职工代表大会行使下列职权：

（一）听取和审议厂长关于企业的经营方针、长远规划、年度计划、基本建设方案、重大技术改造方案、职工培训计划、留用资金分配和使用方案、承包和租赁经营责任制方案的报告，提出意见和建议。

（二）审查同意或者否决企业的工资调整方案、奖金分配方案、劳动保护措施、奖惩办法以及其他重要的规章制度。

（三）审议决定职工福利基金使用方案、职工住宅分配方案和其他有关职工生活福利的重大事项。

（四）评议、监督企业各级行政领导干部，提出奖惩和任免的建议。

（五）根据政府主管部门的决定选举厂长，报政府主管部门批准。

第五十三条　【民主管理】车间通过职工大会、职工代表组或者其他形式实行民主管理；工人直接参加班组的民主管理。

第五十四条　【职代会义务】职工代表大会应当支持厂长依法行使职权，教育职工履行本法规定的义务。

第六章　企业和政府的关系

第五十五条　政府或者政府主管部门依照国务院规定统一对企业下达指令性计划，保证企业完成指令性计划所需的计划供应物资,审查批准企业提出的基本建设、重大技术改造等计划;任免、奖惩厂长,根据厂长的提议,任免、奖惩副厂级行政领导干部,考核、培训厂级行政领导干部。(2009年8月27日删除)

第五十六条 【政府对企业的管理】政府有关部门按照国家调节市场、市场引导企业的目标,为企业提供服务,并根据各自的职责,依照法律、法规的规定,对企业实行管理和监督。

(一)制定、调整产业政策,指导企业制定发展规划。

(二)为企业的经营决策提供咨询、信息。

(三)协调企业与其他单位之间的关系。

(四)维护企业正常的生产秩序,保护企业经营管理的国家财产不受侵犯。

(五)逐步完善与企业有关的公共设施。

第五十七条 【地方政府的协助】企业所在地的县级以上的地方政府应当提供企业所需的由地方计划管理的物资,协调企业与当地其他单位之间的关系,努力办好与企业有关的公共福利事业。

第五十八条 【企业人、财、物权的保护】任何机关和单位不得侵犯企业依法享有的经营管理自主权;不得向企业摊派人力、物力、财力;不得要求企业设置机构或者规定机构的编制人数。

第七章 法律责任

第五十九条 【违反设立规定及存在欺诈的责任】违反本法第十六条规定,未经政府或者政府主管部门审核批准和工商行政管理部门核准登记,以企业名义进行生产经营活动的,责令停业,没收违法所得。

企业向登记机关弄虚作假、隐瞒真实情况的,给予警告或者处以罚款;情节严重的,吊销营业执照。

本条规定的行政处罚,由县级以上工商行政管理部门决定。当事人对罚款、责令停业、没收违法所得、吊销营业执照的处罚决定不服的,可以在接到处罚通知之日起十五日内向法院起诉;逾期不起诉又不履行的,由作出处罚决定的机关申请法院强制执行。

第六十条 【产品不合格的责任】企业因生产、销售质量不合格的产品,给用户和消费者造成财产、人身损害的,应当承担赔偿责任;构成犯罪的,对直接责任人员依法追究刑事责任。

产品质量不符合经济合同约定的条件的,应当承担违约责任。

第六十一条 【政府违法责任】政府和政府有关部门的决定违反本法第五十八条规定的,企业有权向作出决定的机关申请撤销;不予撤销的,企业有权向作出决定的机关的上一级机关或者政府监察部门申诉。接受申诉的机关应于接到申诉之日起三十日内作出裁决并通知企业。

第六十二条 【滥用职权的责任】企业领导干部滥用职权,侵犯职工合法权益,情节严重的,由政府主管部门给予行政处分;滥用职权、假公济私,对职工实行报复陷害的,依照刑法有关规定追究刑事责任。

第六十三条 【玩忽职守的责任】企业和政府有关部门的领导干部,因工作过失给企业和国家造成较大损失的,由政府主管部门或者有关上级机关给予行政处分。

企业和政府有关部门的领导干部玩忽职守,致使企业财产、国家和人民利益遭受重大损失的,依照刑法有关规定追究刑事责任。

第六十四条 阻碍企业领导干部依法执行职务,未使用暴力、威胁方法的,由企业所在地公安机关依照《中华人民共和国治安管理处罚条例》第十九条的规定处罚;以暴力、威胁方法阻碍企业领导干部依法执行职务的,依照《中华人民共和国刑法》第一百五十七条的规定追究刑事责任。(2009年8月27日删除)

扰乱企业的秩序,致使生产、营业、工作不能正常进行,尚未造成严重损失的,由企业所在地公安机关依照《中华人民共和国治安管理处罚法》的规定处罚。

第八章　附　　则

第六十五条　【适用范围】本法的原则适用于全民所有制交通运输、邮电、地质勘探、建筑安装、商业、外贸、物资、农林、水利企业。

第六十六条　【经营方式】企业实行承包、租赁经营责任制的，除遵守本法规定外，发包方和承包方、出租方和承租方的权利、义务依照国务院有关规定执行。

联营企业、大型联合企业和股份企业，其领导体制依照国务院有关规定执行。

第六十七条　【实施条例】国务院根据本法制定实施条例。

第六十八条　【实施办法】自治区人民代表大会常务委员会可以根据本法和《中华人民共和国民族区域自治法》的原则，结合当地的特点，制定实施办法，报全国人民代表大会常务委员会备案。

第六十九条　【生效日期】本法自1988年8月1日起施行。

中华人民共和国合伙企业法

1. 1997年2月23日第八届全国人民代表大会常务委员会第二十四次会议通过

2. 2006年8月27日第十届全国人民代表大会常务委员会第二十三次会议修订

3. 自2007年6月1日起施行

目　　录

第一章　总　　则

第一条　【立法目的】为了规范合伙企业的行为，保护合伙企业及其合伙人、债权人的合法权益，维护社会经济秩序，促进社会主义市场经济的发展，制定本法。

第二条　【定义和分类】本法所称合伙企业，是指自然人、法人和其他组织依照本法在中国境内设立的普通合伙企业和有限合伙企业。

普通合伙企业由普通合伙人组成，合伙人对合伙企业债务承担无限连带责任。本法对普通合伙人承担责任的形式有特别规定的，从其规定。

有限合伙企业由普通合伙人和有限合伙人组成，普通合伙人对合伙企业债务承担无限连带责任，有限合伙人以其认缴的出资额为限对合伙企业债务承担责任。

第三条　【普通合伙人的限制】国有独资公司、国有企业、上市公司以及公益性的事业单位、社会团体不得成为普通合伙人。

第四条　【合伙协议的订立】合伙协议依法由全体合伙人协商一致、以书面形式订立。

第五条　【合伙原则】订立合伙协议、设立合伙企业，应当遵循自愿、平等、公平、诚实信用原则。

第六条　【所得税缴纳】合伙企业的生产经营所得和其他所得，按照国家有关税收规定，由合伙人分别缴纳所得税。

第七条　【合伙企业及其合伙人的社会责任】合伙企业及其合伙人必须遵守法律、行政法规，遵守社会公德、商业道德，承担社会责任。

第八条　【法律保护】合伙企业及其合伙人的合法财产及其权益受法律保护。

第九条　【申请设立合伙企业所需文件】申请设立合伙企业，应当向企业登记机关提交登记申请书、合伙协议书、合伙人身份证明等文件。

合伙企业的经营范围中有属于法律、行政法规规定在登记前须经批准的项目的，该项经营业务应当依法经过批准，并在登记时提交批准文件。

第十条　【申请材料提交后的处理】申请人提交的登记申请材料齐全、符合法定形式，企业登记记机关能够当场登记的,应予当场登记,发给营业执照。

除前款规定情形外,企业登记机关应当自受理申请之日起二十日内,作出是否登记的决定。予以登记的,发给营业执照;不予登记的,应当给予书面答复,并说明理由。

第十一条 【营业执照】合伙企业的营业执照签发日期,为合伙企业成立日期。

合伙企业领取营业执照前,合伙人不得以合伙企业名义从事合伙业务。

第十二条 【分支机构的设立】合伙企业设立分支机构,应当向分支机构所在地的企业登记机关申请登记,领取营业执照。

第十三条 【变更登记】合伙企业登记事项发生变更的,执行合伙事务的合伙人应当自作出变更决定或者发生变更事由之日起十五日内,向企业登记机关申请办理变更登记。

第二章 普通合伙企业

第一节 合伙企业设立

第十四条 【设立条件】设立合伙企业,应当具备下列条件:

(一)有二个以上合伙人。合伙人为自然人的,应当具有完全民事行为能力;

(二)有书面合伙协议;

(三)有合伙人认缴或者实际缴付的出资;

(四)有合伙企业的名称和生产经营场所;

(五)法律、行政法规规定的其他条件。

第十五条 【企业名称】合伙企业名称中应当标明"普通合伙"字样。

第十六条 【出资方式】合伙人可以用货币、实物、知识产权、土地使用权或者其他财产权利出资,也可以用劳务出资。

合伙人以实物、知识产权、土地使用权或者其他财产权利出资,需要评估作价的,可以由全体合伙人协商确定,也可以由全体合伙人委托法定评估机构评估。

合伙人以劳务出资的,其评估办法由全体合伙人协商确定,并在合伙协议中载明。

第十七条 【出资义务的履行】合伙人应当按照合伙协议约定的出资方式、数额和缴付期限,履行出资义务。

以非货币财产出资的,依照法律、行政法规的规定,需要办理财产权转移手续的,应当依法办理。

第十八条 【合伙协议内容】合伙协议应当载明下列事项:

(一)合伙企业的名称和主要经营场所的地点;

(二)合伙目的和合伙经营范围;

(三)合伙人的姓名或者名称、住所;

(四)合伙人的出资方式、数额和缴付期限;

(五)利润分配、亏损分担方式;

(六)合伙事务的执行;

(七)入伙与退伙;

(八)争议解决办法;

(九)合伙企业的解散与清算;

(十)违约责任。

第十九条 【合伙协议的生效、修改或补充】合伙协议经全体合伙人签名、盖章后生效。合伙人按照合伙协议享有权利,履行义务。

修改或者补充合伙协议,应当经全体合伙人一致同意;但是,合伙协议另有约定的除外。

合伙协议未约定或者约定不明确的事项,由合伙人协商决定;协商不成的,依照本法和其他有关法律、行政法规的规定处理。

第二节 合伙企业财产

第二十条 【财产范围】合伙人的出资、以合伙企业名义取得的收益和依法取得的其他财产,均为合伙企业的财产。

第二十一条 【禁止清算前分割合伙财产】合伙人在合伙企业清算前,不得请求分割合伙企业的财产;但是,本法另有规定的除外。

合伙人在合伙企业清算前私自转移或者处分合伙企业财产的,合伙企业不得以此对抗善意第三人。

第二十二条 【合伙财产份额的转让】除合伙协议另有约定外,合伙人向合伙人以外的人转让其在合伙企业中的全部或者部分财产份额时,须经其他合伙人一致同意。

合伙人之间转让在合伙企业中的全部或者部分财产份额时,应当通知其他合伙人。

第二十三条 【合伙人的优先购买权】合伙人向

合伙人以外的人转让其在合伙企业中的财产份额的，在同等条件下，其他合伙人有优先购买权；但是，合伙协议另有约定的除外。

第二十四条　【合伙财产份额受让人的权利】合伙人以外的人依法受让合伙人在合伙企业中的财产份额的，经修改合伙协议即成为合伙企业的合伙人，依照本法和修改后的合伙协议享有权利，履行义务。

第二十五条　【合伙财产份额的出质】合伙人以其在合伙企业中的财产份额出质的，须经其他合伙人一致同意；未经其他合伙人一致同意，其行为无效，由此给善意第三人造成损失的，由行为人依法承担赔偿责任。

第三节　合伙事务执行

第二十六条　【同等执行权利及委托执行】合伙人对执行合伙事务享有同等的权利。

按照合伙协议的约定或者经全体合伙人决定，可以委托一个或者数个合伙人对外代表合伙企业，执行合伙事务。

作为合伙人的法人、其他组织执行合伙事务的，由其委派的代表执行。

第二十七条　【监督执行的权利】依照本法第二十六条第二款规定委托一个或者数个合伙人执行合伙事务的，其他合伙人不再执行合伙事务。

不执行合伙事务的合伙人有权监督执行事务合伙人执行合伙事务的情况。

第二十八条　【执行人的权利义务】由一个或者数个合伙人执行合伙事务的，执行事务合伙人应当定期向其他合伙人报告事务执行情况以及合伙企业的经营和财务状况，其执行合伙事务所产生的收益归合伙企业，所产生的费用和亏损由合伙企业承担。

合伙人为了解合伙企业的经营状况和财务状况，有权查阅合伙企业会计账簿等财务资料。

第二十九条　【执行异议；委托执行的撤销】合伙人分别执行合伙事务的，执行事务合伙人可以对其他合伙人执行的事务提出异议。提出异议时，应当暂停该项事务的执行。如果发生争议，依照本法第三十条规定作出决定。

受委托执行合伙事务的合伙人不按照合伙协议或者全体合伙人的决定执行事务的，其他合伙人可以决定撤销该委托。

第三十条　【合伙企业的表决方法】合伙人对合伙企业有关事项作出决议，按照合伙协议约定的表决办法办理。合伙协议未约定或者约定不明确的，实行合伙人一人一票并经全体合伙人过半数通过的表决办法。

本法对合伙企业的表决办法另有规定的，从其规定。

第三十一条　【应经全体合伙人同意的事项】除合伙协议另有约定外，合伙企业的下列事项应当经全体合伙人一致同意：

（一）改变合伙企业的名称；

（二）改变合伙企业的经营范围、主要经营场所的地点；

（三）处分合伙企业的不动产；

（四）转让或者处分合伙企业的知识产权和其他财产权利；

（五）以合伙企业名义为他人提供担保；

（六）聘任合伙人以外的人担任合伙企业的经营管理人员。

第三十二条　【合伙人的禁止经营行为】合伙人不得自营或者同他人合作经营与本合伙企业相竞争的业务。

除合伙协议另有约定或者经全体合伙人一致同意外，合伙人不得同本合伙企业进行交易。

合伙人不得从事损害本合伙企业利益的活动。

第三十三条　【利润分配与亏损分担】合伙企业的利润分配、亏损分担，按照合伙协议的约定办理；合伙协议未约定或者约定不明确的，由合伙人协商决定；协商不成的，由合伙人按照实缴出资比例分配、分担；无法确定出资比例的，由合伙人平均分配、分担。

合伙协议不得约定将全部利润分配给部分合伙人或者由部分合伙人承担全部亏损。

第三十四条　【合伙出资的增减】合伙人按照合伙协议的约定或者经全体合伙人决定，可以增加或者减少对合伙企业的出资。

第三十五条　【企业经营管理人员的职责】被聘任的合伙企业的经营管理人员应当在合伙企

业授权范围内履行职务。

被聘任的合伙企业的经营管理人员,超越合伙企业授权范围履行职务,或者在履行职务过程中因故意或者重大过失给合伙企业造成损失的,依法承担赔偿责任。

第三十六条 【财务、会计制度】合伙企业应当依照法律、行政法规的规定建立企业财务、会计制度。

第四节 合伙企业与第三人关系

第三十七条 【内部限制不对抗善意第三人】合伙企业对合伙人执行合伙事务以及对外代表合伙企业权利的限制,不得对抗善意第三人。

第三十八条 【债务清偿】合伙企业对其债务,应先以其全部财产进行清偿。

第三十九条 【合伙人的无限连带责任】合伙企业不能清偿到期债务的,合伙人承担无限连带责任。

第四十条 【合伙人的追偿权】合伙人由于承担无限连带责任,清偿数额超过本法第三十三条第一款规定的其亏损分担比例的,有权向其他合伙人追偿。

第四十一条 【合伙人自身债务与合伙企业债务的关系】合伙人发生与合伙企业无关的债务,相关债权人不得以其债权抵销其对合伙企业的债务;也不得代位行使合伙人在合伙企业中的权利。

第四十二条 【合伙人自身债务的清偿;对合伙人财产份额的强制执行】合伙人的自有财产不足清偿其与合伙企业无关的债务的,该合伙人可以以其从合伙企业中分取的收益用于清偿;债权人也可以依法请求人民法院强制执行该合伙人在合伙企业中的财产份额用于清偿。

人民法院强制执行合伙人的财产份额时,应当通知全体合伙人,其他合伙人有优先购买权;其他合伙人未购买,又不同意将该财产份额转让给他人的,依照本法第五十一条的规定为该合伙人办理退伙结算,或者办理削减该合伙人相应财产份额的结算。

第五节 入伙、退伙

第四十三条 【新合伙人入伙的条件】新合伙人入伙,除合伙协议另有约定外,应当经全体合伙人一致同意,并依法订立书面入伙协议。

订立入伙协议时,原合伙人应当向新合伙人如实告知原合伙企业的经营状况和财务状况。

第四十四条 【新合伙人的权利义务】入伙的新合伙人与原合伙人享有同等权利,承担同等责任。入伙协议另有约定的,从其约定。

新合伙人对入伙前合伙企业的债务承担无限连带责任。

第四十五条 【约定合伙期限内的退伙】合伙协议约定合伙期限的,在合伙企业存续期间,有下列情形之一的,合伙人可以退伙:

(一)合伙协议约定的退伙事由出现;

(二)经全体合伙人一致同意;

(三)发生合伙人难以继续参加合伙的事由;

(四)其他合伙人严重违反合伙协议约定的义务。

第四十六条 【未约定合伙期限的退伙】合伙协议未约定合伙期限的,合伙人在不给合伙企业事务执行造成不利影响的情况下,可以退伙,但应当提前三十日通知其他合伙人。

第四十七条 【违法退伙的赔偿责任】合伙人违反本法第四十五条、第四十六条的规定退伙的,应当赔偿由此给合伙企业造成的损失。

第四十八条 【当然退伙情形】合伙人有下列情形之一的,当然退伙:

(一)作为合伙人的自然人死亡或者被依法宣告死亡;

(二)个人丧失偿债能力;

(三)作为合伙人的法人或者其他组织依法被吊销营业执照、责令关闭、撤销,或者被宣告破产;

(四)法律规定或者合伙协议约定合伙人必须具有相关资格而丧失该资格;

(五)合伙人在合伙企业中的全部财产份额被人民法院强制执行。

合伙人被依法认定为无民事行为能力人或者限制民事行为能力人的,经其他合伙人一致同意,可以依法转为有限合伙人,普通合伙企业依法转为有限合伙企业。其他合伙人未能一致同意的，该无民事行为能力或者限制民事行为能力的合伙人退伙。

退伙事由实际发生之日为退伙生效日。

第四十九条　【除名情形】合伙人有下列情形之一的，经其他合伙人一致同意，可以决议将其除名：

（一）未履行出资义务；

（二）因故意或者重大过失给合伙企业造成损失；

（三）执行合伙事务时有不正当行为；

（四）发生合伙协议约定的事由。

对合伙人的除名决议应当书面通知被除名人。被除名人接到除名通知之日，除名生效，被除名人退伙。

被除名人对除名决议有异议的，可以自接到除名通知之日起三十日内，向人民法院起诉。

第五十条　【合伙财产份额的继承】合伙人死亡或者被依法宣告死亡的，对该合伙人在合伙企业中的财产份额享有合法继承权的继承人，按照合伙协议的约定或者经全体合伙人一致同意，从继承开始之日起，取得该合伙企业的合伙人资格。

有下列情形之一的，合伙企业应当向合伙人的继承人退还被继承合伙人的财产份额：

（一）继承人不愿意成为合伙人；

（二）法律规定或者合伙协议约定合伙人必须具有相关资格，而该继承人未取得该资格；

（三）合伙协议约定不能成为合伙人的其他情形。

合伙人的继承人为无民事行为能力人或者限制民事行为能力人的，经全体合伙人一致同意，可以依法成为有限合伙人，普通合伙企业依法转为有限合伙企业。全体合伙人未能一致同意的，合伙企业应当将被继承合伙人的财产份额退还该继承人。

第五十一条　【退伙结算】合伙人退伙，其他合伙人应当与该退伙人按照退伙时的合伙企业财产状况进行结算，退还退伙人的财产份额。退伙人对给合伙企业造成的损失负有赔偿责任的，相应扣减其应当赔偿的数额。

退伙时有未了结的合伙企业事务的，待该事务了结后进行结算。

第五十二条　【合伙财产份额的退还】退伙人在合伙企业中财产份额的退还办法，由合伙协议约定或者由全体合伙人决定，可以退还货币，也可以退还实物。

第五十三条　【退伙后的责任】退伙人对基于其退伙前的原因发生的合伙企业债务，承担无限连带责任。

第五十四条　【退伙人的亏损分担】合伙人退伙时，合伙企业财产少于合伙企业债务的，退伙人应当依照本法第三十三条第一款的规定分担亏损。

第六节　特殊的普通合伙企业

第五十五条　【定义和法律适用】以专业知识和专门技能为客户提供有偿服务的专业服务机构，可以设立为特殊的普通合伙企业。

特殊的普通合伙企业是指合伙人依照本法第五十七条的规定承担责任的普通合伙企业。

特殊的普通合伙企业适用本节规定；本节未作规定的，适用本章第一节至第五节的规定。

第五十六条　【企业名称】特殊的普通合伙企业名称中应当标明“特殊普通合伙”字样。

第五十七条　【合伙人的责任承担】一个合伙人或者数个合伙人在执业活动中因故意或者重大过失造成合伙企业债务的，应当承担无限责任或者无限连带责任，其他合伙人以其在合伙企业中的财产份额为限承担责任。

合伙人在执业活动中非因故意或者重大过失造成的合伙企业债务以及合伙企业的其他债务，由全体合伙人承担无限连带责任。

第五十八条　【个别合伙人的责任追究】合伙人执业活动中因故意或者重大过失造成的合伙企业债务，以合伙企业财产对外承担责任后，该合伙人应当按照合伙协议的约定对给合伙企业造成的损失承担赔偿责任。

第五十九条　【执业风险基金】特殊的普通合伙企业应当建立执业风险基金、办理职业保险。

执业风险基金用于偿付合伙人执业活动造成的债务。执业风险基金应当单独立户管理。具体管理办法由国务院规定。

第三章　有限合伙企业

第六十条　【法律适用】有限合伙企业及其合伙人适用本章规定;本章未作规定的,适用本法第二章第一节至第五节关于普通合伙企业及其合伙人的规定。

第六十一条　【设立的人数限制】有限合伙企业由二个以上五十个以下合伙人设立;但是,法律另有规定的除外。

有限合伙企业至少应当有一个普通合伙人。

第六十二条　【企业名称】有限合伙企业名称中应当标明“有限合伙”字样。

第六十三条　【合伙协议内容】合伙协议除符合本法第十八条的规定外,还应当载明下列事项:

(一)普通合伙人和有限合伙人的姓名或者名称、住所;

(二)执行事务合伙人应具备的条件和选择程序;

(三)执行事务合伙人权限与违约处理办法;

(四)执行事务合伙人的除名条件和更换程序;

(五)有限合伙人入伙、退伙的条件、程序以及相关责任;

(六)有限合伙人和普通合伙人相互转变程序。

第六十四条　【出资方式】有限合伙人可以用货币、实物、知识产权、土地使用权或者其他财产权利作价出资。

有限合伙人不得以劳务出资。

第六十五条　【出资义务】有限合伙人应当按照合伙协议的约定按期足额缴纳出资;未按期足额缴纳的,应当承担补缴义务,并对其他合伙人承担违约责任。

第六十六条　【登记事项】有限合伙企业登记事项中应当载明有限合伙人的姓名或者名称及认缴的出资数额。

第六十七条　【合伙事务执行】有限合伙企业由普通合伙人执行合伙事务。执行事务合伙人可以要求在合伙协议中确定执行事务的报酬及报酬提取方式。

第六十八条　【不视为执行合伙事务的行为】有限合伙人不执行合伙事务,不得对外代表有限合伙企业。

有限合伙人的下列行为,不视为执行合伙事务:

(一)参与决定普通合伙人入伙、退伙;

(二)对企业的经营管理提出建议;

(三)参与选择承办有限合伙企业审计业务的会计师事务所;

(四)获取经审计的有限合伙企业财务会计报告;

(五)对涉及自身利益的情况,查阅有限合伙企业财务会计账簿等财务资料;

(六)在有限合伙企业中的利益受到侵害时,向有责任的合伙人主张权利或者提起诉讼;

(七)执行事务合伙人怠于行使权利时,督促其行使权利或者为了本企业的利益以自己的名义提起诉讼;

(八)依法为本企业提供担保。

第六十九条　【利润分配】有限合伙企业不得将全部利润分配给部分合伙人;但是,合伙协议另有约定的除外。

第七十条　【允许自我交易】有限合伙人可以同本有限合伙企业进行交易;但是,合伙协议另有约定的除外。

第七十一条　【允许同业竞争】有限合伙人可以自营或者同他人合作经营与本有限合伙企业相竞争的业务;但是,合伙协议另有约定的除外。

第七十二条　【允许财产份额出质】有限合伙人可以将其在有限合伙企业中的财产份额出质;但是,合伙协议另有约定的除外。

第七十三条　【允许财产份额转让】有限合伙人可以按照合伙协议的约定向合伙人以外的人转让其在有限合伙企业中的财产份额,但应当提前三十日通知其他合伙人。

第七十四条　【有限合伙人自身债务的清偿及对财产份额的强制执行】有限合伙人的自有财产不足清偿其与合伙企业无关的债务的,该合伙人可以以其从有限合伙企业中分取的收益用于清偿；债权人也可以依法请求人民法院强制执行该合伙人在有限合伙企业中的财产份额用于清偿。

人民法院强制执行有限合伙人的财产份额时，应当通知全体合伙人。在同等条件下，其他合伙人有优先购买权。

第七十五条　【企业解散及类型变通】有限合伙企业仅剩有限合伙人的，应当解散；有限合伙企业仅剩普通合伙人的，转为普通合伙企业。

第七十六条　【有限合伙人的责任承担】第三人有理由相信有限合伙人为普通合伙人并与其交易的，该有限合伙人对该笔交易承担与普通合伙人同样的责任。

有限合伙人未经授权以有限合伙企业名义与他人进行交易，给有限合伙企业或者其他合伙人造成损失的，该有限合伙人应当承担赔偿责任。

第七十七条　【新入伙的有限合伙人对入伙前企业债务的承担】新入伙的有限合伙人对入伙前有限合伙企业的债务，以其认缴的出资额为限承担责任。

第七十八条　【当然退伙】有限合伙人有本法第四十八条第一款第一项、第三项至第五项所列情形之一的，当然退伙。

第七十九条　【不得要求退伙的情形】作为有限合伙人的自然人在有限合伙企业存续期间丧失民事行为能力的，其他合伙人不得因此要求其退伙。

第八十条　【有限合伙人资格的继承】作为有限合伙人的自然人死亡、被依法宣告死亡或者作为有限合伙人的法人及其他组织终止时，其继承人或者权利承受人可以依法取得该有限合伙人在有限合伙企业中的资格。

第八十一条　【退伙后的责任承担】有限合伙人退伙后，对基于其退伙前的原因发生的有限合伙企业债务，以其退伙时从有限合伙企业中取回的财产承担责任。

第八十二条　【普通合伙人与有限合伙人互相转变的条件】除合伙协议另有约定外，普通合伙人转变为有限合伙人，或者有限合伙人转变为普通合伙人，应当经全体合伙人一致同意。

第八十三条　【有限合伙人转变为普通合伙人的责任承担】有限合伙人转变为普通合伙人的，对其作为有限合伙人期间有限合伙企业发生的债务承担无限连带责任。

第八十四条　【普通合伙人转变为有限合伙人的责任承担】普通合伙人转变为有限合伙人的，对其作为普通合伙人期间合伙企业发生的债务承担无限连带责任。

第四章　合伙企业解散、清算

第八十五条　【解散情形】合伙企业有下列情形之一的，应当解散：

（一）合伙期限届满，合伙人决定不再经营；

（二）合伙协议约定的解散事由出现；

（三）全体合伙人决定解散；

（四）合伙人已不具备法定人数满三十天；

（五）合伙协议约定的合伙目的已经实现或者无法实现；

（六）依法被吊销营业执照、责令关闭或者被撤销；

（七）法律、行政法规规定的其他原因。

第八十六条　【清算人的确定】合伙企业解散，应当由清算人进行清算。

清算人由全体合伙人担任；经全体合伙人过半数同意，可以自合伙企业解散事由出现后十五日内指定一个或者数个合伙人，或者委托第三人，担任清算人。

自合伙企业解散事由出现之日起十五日内未确定清算人的，合伙人或者其他利害关系人可以申请人民法院指定清算人。

第八十七条　【清算人职权】清算人在清算期间执行下列事务：

（一）清理合伙企业财产，分别编制资产负债表和财产清单；

（二）处理与清算有关的合伙企业未了结事务；

（三）清缴所欠税款；

（四）清理债权、债务；

（五）处理合伙企业清偿债务后的剩余财产；

（六）代表合伙企业参加诉讼或者仲裁活动。

第八十八条　【债权申报】清算人自被确定之日

起十日内将合伙企业解散事项通知债权人,并于六十日内在报纸上公告。债权人应当自接到通知书之日起三十日内,未接到通知书的自公告之日起四十五日内,向清算人申报债权。

债权人申报债权,应当说明债权的有关事项,并提供证明材料。清算人应当对债权进行登记。

清算期间,合伙企业存续,但不得开展与清算无关的经营活动。

第八十九条 【财产分配】合伙企业财产在支付清算费用和职工工资、社会保险费用、法定补偿金以及缴纳所欠税款、清偿债务后的剩余财产,依照本法第三十三条第一款的规定进行分配。

第九十条 【清算报告】清算结束,清算人应当编制清算报告,经全体合伙人签名、盖章后,在十五日内向企业登记机关报送清算报告,申请办理合伙企业注销登记。

第九十一条 【企业注销后原普通合伙人的责任】合伙企业注销后,原普通合伙人对合伙企业存续期间的债务仍应承担无限连带责任。

第九十二条 【企业破产】合伙企业不能清偿到期债务的,债权人可以依法向人民法院提出破产清算申请,也可以要求普通合伙人清偿。

合伙企业依法被宣告破产的,普通合伙人对合伙企业债务仍应承担无限连带责任。

第五章 法律责任

第九十三条 【提交虚假文件或骗取登记的法律责任】违反本法规定,提交虚假文件或者采取其他欺骗手段,取得合伙企业登记的,由企业登记机关责令改正,处以五千元以上五万元以下的罚款;情节严重的,撤销企业登记,并处以五万元以上二十万元以下的罚款。

第九十四条 【未在其名称中标明合伙类别的法律责任】违反本法规定,合伙企业未在其名称中标明"普通合伙"、"特殊普通合伙"或者"有限合伙"字样的,由企业登记机关责令限期改正,处以二千元以上一万元以下的罚款。

第九十五条 【未领取营业执照或未办理变更登记的法律责任】违反本法规定,未领取营业执照,而以合伙企业或者合伙企业分支机构名义从事合伙业务的,由企业登记机关责令停止,处以五千元以上五万元以下的罚款。

合伙企业登记事项发生变更时,未依照本法规定办理变更登记的,由企业登记机关责令限期登记;逾期不登记的,处以二千元以上二万元以下的罚款。

合伙企业登记事项发生变更,执行合伙事务的合伙人未按期申请办理变更登记的,应当赔偿由此给合伙企业、其他合伙人或者善意第三人造成的损失。

第九十六条 【合伙人或从业人员滥用职权的赔偿责任】合伙人执行合伙事务,或者合伙企业从业人员利用职务上的便利,将应当归合伙企业的利益据为己有的,或者采取其他手段侵占合伙企业财产的,应当将该利益和财产退还合伙企业;给合伙企业或者其他合伙人造成损失的,依法承担赔偿责任。

第九十七条 【合伙人擅自处理须经全体合伙人一致同意始得执行的事务的赔偿责任】合伙人对本法规定或者合伙协议约定必须经全体合伙人一致同意始得执行的事务擅自处理,给合伙企业或者其他合伙人造成损失的,依法承担赔偿责任。

第九十八条 【不具有事务执行权的合伙人擅自执行合伙事务的赔偿责任】不具有事务执行权的合伙人擅自执行合伙事务,给合伙企业或者其他合伙人造成损失的,依法承担赔偿责任。

第九十九条 【合伙人同业竞争的后果和赔偿责任】合伙人违反本法规定或者合伙协议的约定,从事与本合伙企业相竞争的业务或者与本合伙企业进行交易的,该收益归合伙企业所有;给合伙企业或者其他合伙人造成损失的,依法承担赔偿责任。

第一百条 【清算人不报送或报送虚假、有重大遗漏清算报告的法律责任】清算人未依照本法规定向企业登记机关报送清算报告,或者报送清算报告隐瞒重要事实,或者有重大遗漏的,由企业登记机关责令改正。由此产生的费用和损失,由清算人承担和赔偿。

第一百零一条 【清算人滥用职权的赔偿责任】清算人执行清算事务,牟取非法收入或者侵占合伙企业财产的,应当将该收入和侵占的财产退还合伙企业;给合伙企业或者其他合伙人造成损失的，依法承担赔偿责任。

第一百零二条　【清算人损害债权人利益的赔偿责任】清算人违反本法规定，隐匿、转移合伙企业财产，对资产负债表或者财产清单作虚假记载，或者在未清偿债务前分配财产，损害债权人利益的，依法承担赔偿责任。

第一百零三条　【合伙人违反合伙协议的违约责任；履行合伙协议发生争议的解决途径】合伙人违反合伙协议的，应当依法承担违约责任。

合伙人履行合伙协议发生争议的，合伙人可以通过协商或者调解解决。不愿通过协商、调解解决或者协商、调解不成的，可以按照合伙协议约定的仲裁条款或者事后达成的书面仲裁协议，向仲裁机构申请仲裁。合伙协议中未订立仲裁条款，事后又没有达成书面仲裁协议的，可以向人民法院起诉。

第一百零四条　【行政管理人员的行政责任】有关行政管理机关的工作人员违反本法规定，滥用职权、徇私舞弊、收受贿赂、侵害合伙企业合法权益的，依法给予行政处分。

第一百零五条　【刑事责任】违反本法规定，构成犯罪的，依法追究刑事责任。

第一百零六条　【民事赔偿优先】违反本法规定，应当承担民事赔偿责任和缴纳罚款、罚金，其财产不足以同时支付的，先承担民事赔偿责任。

第六章　附　　则

第一百零七条　【合伙制非企业专业服务机构的法律适用】非企业专业服务机构依据有关法律采取合伙制的，其合伙人承担责任的形式可以适用本法关于特殊的普通合伙企业合伙人承担责任的规定。

第一百零八条　【外国企业或个人在中国设立合伙企业的管理办法】外国企业或者个人在中国境内设立合伙企业的管理办法由国务院规定。

第一百零九条　【施行日期】本法自2007年6月1日起施行。

中华人民共和国
个人独资企业法

1. 1999年8月30日第九届全国人民代表大会常务委员会第十一次会议通过

2. 1999年8月30日中华人民共和国主席令第20号公布

3. 自2000年1月1日起施行

目　　录

第一章　总　　则

第一条　【立法目的】为了规范个人独资企业的行为，保护个人独资企业投资人和债权人的合法权益，维护社会经济秩序，促进社会主义市场经济的发展，根据宪法，制定本法。

第二条　【定义】本法所称个人独资企业，是指依照本法在中国境内设立，由一个自然人投资，财产为投资人个人所有，投资人以其个人财产对企业债务承担无限责任的经营实体。

第三条　【住所】个人独资企业以其主要办事机构所在地为住所。

第四条　【依法经营】个人独资企业从事经营活动必须遵守法律、行政法规，遵守诚实信用原则，不得损害社会公共利益。

个人独资企业应当依法履行纳税义务。

第五条　【权益保护】国家依法保护个人独资企业的财产和其他合法权益。

第六条　【依法招聘职工、建立工会】个人独资企业应当依法招用职工。职工的合法权益受法律保护。

个人独资企业职工依法建立工会，工会依法开展活动。

第七条　【党的活动】在个人独资企业中的中国共产党党员依照中国共产党章程进行活动。

第二章 个人独资企业的设立

第八条 【设立条件】设立个人独资企业应当具备下列条件：

(一)投资人为一个自然人；

(二)有合法的企业名称；

(三)有投资人申报的出资；

(四)有固定的生产经营场所和必要的生产经营条件；

(五)有必要的从业人员。

第九条 【申请程序】申请设立个人独资企业，应当由投资人或者其委托的代理人向个人独资企业所在地的登记机关提交设立申请书、投资人身份证明、生产经营场所使用证明等文件。委托代理人申请设立登记时，应当出具投资人的委托书和代理人的合法证明。

个人独资企业不得从事法律、行政法规禁止经营的业务；从事法律、行政法规规定须报经有关部门审批的业务，应当在申请设立登记时提交有关部门的批准文件。

第十条 【申请书内容】个人独资企业设立申请书应当载明下列事项：

(一)企业的名称和住所；

(二)投资人的姓名和居所；

(三)投资人的出资额和出资方式；

(四)经营范围。

第十一条 【名称】个人独资企业的名称应当与其责任形式及从事的营业相符合。

第十二条 【登记】登记机关应当在收到设立申请文件之日起十五日内，对符合本法规定条件的，予以登记，发给营业执照；对不符合本法规定条件的，不予登记，并应当给予书面答复，说明理由。

第十三条 【执照签发】个人独资企业的营业执照的签发日期，为个人独资企业成立日期。

在领取个人独资企业营业执照前，投资人不得以个人独资企业名义从事经营活动。

第十四条 【分支机构的设立】个人独资企业设立分支机构，应当由投资人或者其委托的代理人向分支机构所在地的登记机关申请登记，领取营业执照。

分支机构经核准登记后，应将登记情况报该分支机构隶属的个人独资企业的登记机关备案。

分支机构的民事责任由设立该分支机构的个人独资企业承担。

第十五条 【变更登记】个人独资企业存续期间登记事项发生变更的，应当在作出变更决定之日起的十五日内依法向登记机关申请办理变更登记。

第三章 个人独资企业的投资人及事务管理

第十六条 【禁止设立】法律、行政法规禁止从事营利性活动的人，不得作为投资人申请设立个人独资企业。

第十七条 【财产权】个人独资企业投资人对本企业的财产依法享有所有权，其有关权利可以依法进行转让或继承。

第十八条 【无限责任】个人独资企业投资人在申请企业设立登记时明确以其家庭共有财产作为个人出资的，应当依法以家庭共有财产对企业债务承担无限责任。

第十九条 【管理】个人独资企业投资人可以自行管理企业事务，也可以委托或者聘用其他具有民事行为能力的人负责企业的事务管理。

投资人委托或者聘用他人管理个人独资企业事务，应当与受托人或者被聘用的人签订书面合同，明确委托的具体内容和授予的权利范围。

受托人或者被聘用的人员应当履行诚信、勤勉义务，按照与投资人签订的合同负责个人独资企业的事务管理。

投资人对受托人或者被聘用的人员职权的限制，不得对抗善意第三人。

第二十条 【管理人员的禁止行为】投资人委托或者聘用的管理个人独资企业事务的人员不得有下列行为：

(一)利用职务上的便利，索取或者收受贿赂；

(二)利用职务或者工作上的便利侵占企业财产；

(三)挪用企业的资金归个人使用或者借贷给他人；

(四)擅自将企业资金以个人名义或者以

他人名义开立账户储存；

（五）擅自以企业财产提供担保；

（六）未经投资人同意，从事与本企业相竞争的业务；

（七）未经投资人同意，同本企业订立合同或者进行交易；

（八）未经投资人同意，擅自将企业商标或者其他知识产权转让给他人使用；

（九）泄露本企业的商业秘密；

（十）法律、行政法规禁止的其他行为。

第二十一条 【财务】个人独资企业应当依法设置会计账簿，进行会计核算。

第二十二条 【职工权益保护】个人独资企业招用职工的，应当依法与职工签订劳动合同，保障职工的劳动安全，按时、足额发放职工工资。

第二十三条 【职工保险】个人独资企业应当按照国家规定参加社会保险，为职工缴纳社会保险费。

第二十四条 【企业权利】个人独资企业可以依法申请贷款、取得土地使用权，并享有法律、行政法规规定的其他权利。

第二十五条 【禁止摊派】任何单位和个人不得违反法律、行政法规的规定，以任何方式强制个人独资企业提供财力、物力、人力；对于违法强制提供财力、物力、人力的行为，个人独资企业有权拒绝。

第四章 个人独资企业的解散和清算

第二十六条 【解散情形】个人独资企业有下列情形之一时，应当解散：

（一）投资人决定解散；

（二）投资人死亡或者被宣告死亡，无继承人或者继承人决定放弃继承；

（三）被依法吊销营业执照；

（四）法律、行政法规规定的其他情形。

第二十七条 【解散程序】个人独资企业解散，由投资人自行清算或者由债权人申请人民法院指定清算人进行清算。

投资人自行清算的，应当在清算前十五日内书面通知债权人，无法通知的，应当予以公告。债权人应当在接到通知之日起三十日内，未接到通知的应当在公告之日起六十日内，向投资人申报其债权。

第二十八条 【解散后的责任】个人独资企业解散后，原投资人对个人独资企业存续期间的债务仍应承担偿还责任，但债权人在五年内未向债务人提出偿债请求的，该责任消灭。

第二十九条 【债务清偿】个人独资企业解散的，财产应当按照下列顺序清偿：

（一）所欠职工工资和社会保险费用；

（二）所欠税款；

（三）其他债务。

第三十条 【清算期内的禁止行为】清算期间，个人独资企业不得开展与清算目的无关的经营活动。在按前条规定清偿债务前，投资人不得转移、隐匿财产。

第三十一条 【个人其他财产清偿】个人独资企业财产不足以清偿债务的，投资人应当以其个人的其他财产予以清偿。

第三十二条 【注销登记】个人独资企业清算结束后，投资人或者人民法院指定的清算人应当编制清算报告，并于十五日内到登记机关办理注销登记。

第五章 法律责任

第三十三条 【欺骗登记】违反本法规定，提交虚假文件或采取其他欺骗手段，取得企业登记的，责令改正，处以五千元以下的罚款；情节严重的，并处吊销营业执照。

第三十四条 【擅自更名责任】违反本法规定，个人独资企业使用的名称与其在登记机关登记的名称不相符合的，责令限期改正，处以二千元以下的罚款。

第三十五条 【涂改、出租、转让执照责任】涂改、出租、转让营业执照的，责令改正，没收违法所得，处以三千元以下的罚款；情节严重的，吊销营业执照。

伪造营业执照的，责令停业，没收违法所得，处以五千元以下的罚款。构成犯罪的，依法追究刑事责任。

第三十六条 【不开业或停业责任】个人独资企业成立后无正当理由超过六个月未开业的，或者开业后自行停业连续六个月以上的，吊销营业执照。

第三十七条 **【未登记或变更登记责任】**违反本法规定,未领取营业执照,以个人独资企业名义从事经营活动的,责令停止经营活动,处以三千元以下的罚款。

个人独资企业登记事项发生变更时,未按本法规定办理有关变更登记的,责令限期办理变更登记;逾期不办理的,处以二千元以下的罚款。

第三十八条 **【管理人责任】**投资人委托或者聘用的人员管理个人独资企业事务时违反双方订立的合同,给投资人造成损害的,承担民事赔偿责任。

第三十九条 **【企业侵犯职工利益责任】**个人独资企业违反本法规定,侵犯职工合法权益,未保障职工劳动安全,不缴纳社会保险费用的,按照有关法律、行政法规予以处罚,并追究有关责任人员的责任。

第四十条 **【管理人侵犯财产责任】**投资人委托或者聘用的人员违反本法第二十条规定,侵犯个人独资企业财产权益的,责令退还侵占的财产;给企业造成损失的,依法承担赔偿责任;有违法所得的,没收违法所得;构成犯罪的,依法追究刑事责任。

第四十一条 **【摊派责任】**违反法律、行政法规的规定强制个人独资企业提供财力、物力、人力的,按照有关法律、行政法规予以处罚,并追究有关责任人员的责任。

第四十二条 **【企业逃避债务责任】**个人独资企业及其投资人在清算前或清算期间隐匿或转移财产,逃避债务的,依法追回其财产,并按照有关规定予以处罚;构成犯罪的,依法追究刑事责任。

第四十三条 **【责任顺序】**投资人违反本法规定,应当承担民事赔偿责任和缴纳罚款、罚金,其财产不足以支付的,或者被判处没收财产的,应当先承担民事赔偿责任。

第四十四条 **【登记机关责任】**登记机关对不符合本法规定条件的个人独资企业予以登记,或者对符合本法规定条件的企业不予登记的,对直接责任人员依法给予行政处分;构成犯罪的,依法追究刑事责任。

第四十五条 **【登记机关上级主管人员责任】**登记机关的上级部门的有关主管人员强令登记机关对不符合本法规定条件的企业予以登记,或者对符合本法规定条件的企业不予登记的,或者对登记机关的违法登记行为进行包庇的,对直接责任人员依法给予行政处分;构成犯罪的,依法追究刑事责任。

第四十六条 **【不予登记的救济】**登记机关对符合法定条件的申请不予登记或者超过法定时限不予答复的,当事人可依法申请行政复议或提起行政诉讼。

第六章　附　　则

第四十七条 **【适用范围】**外商独资企业不适用本法。

第四十八条 **【生效日期】**本法自2000年1月1日起施行。

中华人民共和国乡镇企业法

1. *1996年10月29日第八届全国人民代表大会常务委员会第二十二次会议通过*
2. *1996年10月29日中华人民共和国主席令第76号公布*
3. *自1997年1月1日起施行*

第一条 **【立法目的】**为了扶持和引导乡镇企业持续健康发展,保护乡镇企业的合法权益,规范乡镇企业的行为,繁荣农村经济,促进社会主义现代化建设,制定本法。

第二条 **【定义】**本法所称乡镇企业,是指农村集体经济组织或者农民投资为主,在乡镇(包括所辖村)举办的承担支援农业义务的各类企业。

前款所称投资为主,是指农村集体经济组织或者农民投资超过百分之五十,或者虽不足百分之五十,但能起到控股或者实际支配作用。

乡镇企业符合企业法人条件的,依法取得企业法人资格。

第三条 **【作用、任务】**乡镇企业是农村经济的重要支柱和国民经济的重要组成部分。

乡镇企业的主要任务是,根据市场需要发展商品生产,提供社会服务,增加社会有效供给,吸收农村剩余劳动力,提高农民收入,支援农业,推进农业和农村现代化,促进国民经济和社会事业发展。

第四条　**【原则】**发展乡镇企业,坚持以农村集体经济为主导,多种经济成分共同发展的原则。

第五条　**【依法管理】**国家对乡镇企业积极扶持、合理规划、分类指导、依法管理。

第六条　**【鼓励、扶持】**国家鼓励和重点扶持经济欠发达地区、少数民族地区发展乡镇企业,鼓励经济发达地区的乡镇企业或者其他经济组织采取多种形式支持经济欠发达地区和少数民族地区举办乡镇企业。

第七条　**【政府管理】**国务院乡镇企业行政管理部门和有关部门按照各自的职责对全国的乡镇企业进行规划、协调、监督、服务;县级以上地方各级人民政府乡镇企业行政管理部门和有关部门按照各自的职责对本行政区域内的乡镇企业进行规划、协调、监督、服务。

第八条　**【登记】**经依法登记设立的乡镇企业,应当向当地乡镇企业行政管理部门办理登记备案手续。

乡镇企业改变名称、住所或者分立、合并、停业、终止等,依法办理变更登记、设立登记或者注销登记后,应当报乡镇企业行政管理部门备案。

第九条　**【分支机构】**乡镇企业在城市设立的分支机构,或者农村集体经济组织在城市开办的并承担支援农业义务的企业,按照乡镇企业对待。

第十条　**【财产权】**农村集体经济组织投资设立的乡镇企业,其企业财产权属于设立该企业的全体农民集体所有。

农村集体经济组织与其他企业、组织或者个人共同投资设立的乡镇企业,其企业财产权按照出资份额属于投资者所有。

农民合伙或者单独投资设立的乡镇企业,其企业财产权属于投资者所有。

第十一条　**【核算】**乡镇企业依法实行独立核算,自主经营,自负盈亏。

具有企业法人资格的乡镇企业,依法享有法人财产权。

第十二条　**【权益保护】**国家保护乡镇企业的合法权益;乡镇企业的合法财产不受侵犯。

任何组织或者个人不得违反法律、行政法规干预乡镇企业的生产经营,撤换企业负责人;不得非法占有或者无偿使用乡镇企业的财产。

第十三条　**【内部管理】**乡镇企业按照法律、行政法规规定的企业形式设立,投资者依照有关法律、行政法规决定企业的重大事项,建立经营管理制度,依法享有权利和承担义务。

第十四条　**【民主决策】**乡镇企业依法实行民主管理,投资者在确定企业经营管理制度和企业负责人,作出重大经营决策和决定职工工资、生活福利、劳动保护、劳动安全等重大问题时,应当听取本企业工会或者职工的意见,实施情况要定期向职工公布,接受职工监督。

第十五条　**【职工保险】**国家鼓励有条件的地区建立、健全乡镇企业职工社会保险制度。

第十六条　**【停业、终止的职工安排】**乡镇企业停业、终止,已经建立社会保险制度的,按照有关规定安排职工;依法订立劳动合同的,按照合同的约定办理。原属于农村集体经济组织的职工有权返回农村集体经济组织从事生产,或者由职工自谋职业。

第十七条　**【社会性支出】**乡镇企业从税后利润中提取一定比例的资金用于支援农业和农村社会性支出,其比例和管理使用办法由省、自治区、直辖市人民政府规定。

除法律、行政法规另有规定外,任何机关、组织或者个人不得以任何方式向乡镇企业收取费用,进行摊派。

第十八条　**【减税】**国家根据乡镇企业发展的情况,在一定时期内对乡镇企业减征一定比例的税收。减征税收的税种、期限和比例由国务院规定。

第十九条　**【税收优惠】**国家对符合下列条件之一的中小型乡镇企业,根据不同情况实行一定期限的税收优惠:

(一)集体所有制乡镇企业开办初期经营确有困难的;

(二)设立在少数民族地区、边远地区和贫困地区的;

(三)从事粮食、饲料、肉类的加工、贮存、运销经营的;

(四)国家产业政策规定需要特殊扶持的。

前款税收优惠的具体办法由国务院规定。

第二十条 【贷款优惠】国家运用信贷手段,鼓励和扶持乡镇企业发展。对于符合前条规定条件之一并且符合贷款条件的乡镇企业,国家有关金融机构可以给予优先贷款,对其中生产资金困难且有发展前途的可以给予优惠贷款。

前款优先贷款、优惠贷款的具体办法由国务院规定。

第二十一条 【企业发展基金】县级以上人民政府依照国家有关规定,可以设立乡镇企业发展基金。基金由下列资金组成:

(一)政府拨付的用于乡镇企业发展的周转金;

(二)乡镇企业每年上缴地方税金增长部分中一定比例的资金;

(三)基金运用产生的收益;

(四)农村集体经济组织、乡镇企业、农民等自愿提供的资金。

第二十二条 【基金使用】乡镇企业发展基金专门用于扶持乡镇企业发展,其使用范围如下:

(一)支持少数民族地区、边远地区和贫困地区发展乡镇企业;

(二)支持经济欠发达地区、少数民族地区与经济发达地区的乡镇企业之间进行经济技术合作和举办合资项目;

(三)支持乡镇企业按照国家产业政策调整产业结构和产品结构;

(四)支持乡镇企业进行技术改造,开发名特优新产品和生产传统手工艺产品;

(五)发展生产农用生产资料或者直接为农业生产服务的乡镇企业;

(六)发展从事粮食、饲料、肉类的加工、贮存、运销经营的乡镇企业;

(七)支持乡镇企业职工的职业教育和技术培训;

(八)其他需要扶持的项目。

乡镇企业发展基金的设立和使用管理办法由国务院规定。

第二十三条 【招用人才】国家积极培养乡镇企业人才,鼓励科技人员、经营管理人员及大中专毕业生到乡镇企业工作,通过多种方式为乡镇企业服务。

乡镇企业通过多渠道、多形式培训技术人员、经营管理人员和生产人员,并采取优惠措施吸引人才。

第二十四条 【技术合作】国家采取优惠措施,鼓励乡镇企业同科研机构、高等院校、国有企业及其他企业、组织之间开展各种形式的经济技术合作。

第二十五条 【鼓励出口】国家鼓励乡镇企业开展对外经济技术合作与交流,建设出口商品生产基地,增加出口创汇。

具备条件的乡镇企业依法经批准可以取得对外贸易经营权。

第二十六条 【城镇建设】地方各级人民政府按照统一规划、合理布局的原则,将发展乡镇企业同小城镇建设相结合,引导和促进乡镇企业适当集中发展,逐步加强基础设施和服务设施建设,以加快小城镇建设。

第二十七条 【技术改造】乡镇企业应当按照市场需要和国家产业政策,合理调整产业结构和产品结构,加强技术改造,不断采用先进的技术、生产工艺和设备,提高企业经营管理水平。

第二十八条 【建设用地】举办乡镇企业,其建设用地应当符合土地利用总体规划,严格控制、合理利用和节约使用土地,凡有荒地、劣地可以利用的,不得占用耕地、好地。

举办乡镇企业使用农村集体所有的土地的,应当依照法律、法规的规定,办理有关用地批准手续和土地登记手续。

乡镇企业使用农村集体所有的土地,连续闲置两年以上或者因停办闲置一年以上的,应当由原土地所有者收回该土地使用权,重新安排使用。

第二十九条 【资源利用】乡镇企业应当依法合理开发和使用自然资源。

乡镇企业从事矿产资源开采,必须依照有关法律规定,经有关部门批准,取得采矿许可证、生产许可证,实行正规作业,防止资源浪费,严禁破坏资源。

第三十条 【建设财务制度】乡镇企业应当按照国家有关规定,建立财务会计制度,加强财务管理,依法设置会计账册,如实记录财务活动。

第三十一条　【报送统计资料】乡镇企业必须按照国家统计制度，如实报送统计资料。对于违反国家规定制发的统计调查报表，乡镇企业有权拒绝填报。

第三十二条　【纳税申报】乡镇企业应当依法办理税务登记，按期进行纳税申报，足额缴纳税款。

各级人民政府应当依法加强乡镇企业的税收管理工作，有关管理部门不得超越管理权限对乡镇企业减免税。

第三十三条　【产品质量】乡镇企业应当加强产品质量管理，努力提高产品质量；生产和销售的产品必须符合保障人体健康，人身、财产安全的国家标准和行业标准；不得生产、销售失效、变质产品和国家明令淘汰的产品；不得在产品中掺杂、掺假，以假充真，以次充好。

第三十四条　【依法使用商标】乡镇企业应当依法使用商标，重视企业信誉；按照国家规定，制作所生产经营的商品标识，不得伪造产品的产地或者伪造、冒用他人厂名、厂址和认证标志、名优标志。

第三十五条　【环境保护】乡镇企业必须遵守有关环境保护的法律、法规，按照国家产业政策，在当地人民政府的统一指导下，采取措施，积极发展无污染、少污染和低资源消耗的企业，切实防治环境污染和生态破坏，保护和改善环境。

地方人民政府应当制定和实施乡镇企业环境保护规划，提高乡镇企业防治污染的能力。

第三十六条　【防治污染】乡镇企业建设对环境有影响的项目，必须严格执行环境影响评价制度。

乡镇企业建设项目中防治污染的设施，必须与主体工程同时设计、同时施工、同时投产使用。防治污染的设施必须经环境保护行政主管部门验收合格后，该建设项目方可投入生产或者使用。

乡镇企业不得采用或者使用国家明令禁止的严重污染环境的生产工艺和设备；不得生产和经营国家明令禁止的严重污染环境的产品。排放污染物超过国家或者地方规定标准，严重污染环境的，必须限期治理，逾期未完成治理任务的，依法关闭、停产或者转产。

第三十七条　【劳动保护】乡镇企业必须遵守有关劳动保护、劳动安全的法律、法规，认真贯彻执行安全第一、预防为主的方针，采取有效的劳动卫生技术措施和管理措施，防止生产伤亡事故和职业病的发生；对危害职工安全的事故隐患，应当限期解决或者停产整顿。严禁管理者违章指挥，强令职工冒险作业。发生生产伤亡事故，应当采取积极抢救措施，依法妥善处理，并向有关部门报告。

第三十八条　【行政处理】违反本法规定，有下列行为之一的，由县级以上人民政府乡镇企业行政管理部门责令改正：

（一）非法改变乡镇企业所有权的；

（二）非法占有或者无偿使用乡镇企业财产的；

（三）非法撤换乡镇企业负责人的；

（四）侵犯乡镇企业自主经营权的。

前款行为给乡镇企业造成经济损失的，应当依法赔偿。

第三十九条　【报告、检举】乡镇企业有权向审计、监察、财政、物价和乡镇企业行政管理部门控告、检举向企业非法收费、摊派或者罚款的单位和个人。有关部门和上级机关应当责令责任人停止其行为，并限期归还有关财物。对直接责任人员，有关部门可以根据情节轻重，给予相应的处罚。

第四十条　【企业违法处理】乡镇企业违反国家产品质量、环境保护、土地管理、自然资源开发、劳动安全、税收及其他有关法律、法规的，除依照有关法律、法规处理外，在其改正之前，应当根据情节轻重停止其享受本法规定的部分或者全部优惠。

第四十一条　【不支援农业的责任】乡镇企业违反本法规定，不承担支援农业义务的，由乡镇企业行政管理部门责令改正，在其改正之前，可以停止其享受本法规定的部分或者全部优惠。

第四十二条　【复议、诉讼】对依照本法第三十八条至第四十一条规定所作处罚、处理决定不服的，当事人可以依法申请行政复议、提起诉讼。

第四十三条　【生效时间】本法自1997年1月1日起施行。

中华人民共和国中小企业促进法

1. 2002年6月29日第九届全国人民代表大会常务委员会第二十八次会议通过

2. 2002年6月29日中华人民共和国主席令第69号公布

3. 自2003年1月1日起施行

目　录

第一章　总　　则

第一条　【立法目的】为了改善中小企业经营环境,促进中小企业健康发展,扩大城乡就业,发挥中小企业在国民经济和社会发展中的重要作用,制定本法。

第二条　【定义及划分标准】本法所称中小企业,是指在中华人民共和国境内依法设立的有利于满足社会需要,增加就业,符合国家产业政策,生产经营规模属于中小型的各种所有制和各种形式的企业。

中小企业的划分标准由国务院负责企业工作的部门根据企业职工人数、销售额、资产总额等指标,结合行业特点制定,报国务院批准。

第三条　【国家扶持方针】国家对中小企业实行积极扶持、加强引导、完善服务、依法规范、保障权益的方针,为中小企业创立和发展创造有利的环境。

第四条　【促进发展统筹规范】国务院负责制定中小企业政策,对全国中小企业的发展进行统筹规划。

国务院负责企业工作的部门组织实施国家中小企业政策和规划,对全国中小企业工作进行综合协调、指导和服务。

国务院有关部门根据国家中小企业政策和统筹规划,在各自职责范围内对中小企业工作进行指导和服务。

县级以上地方各级人民政府及其所属的负责企业工作的部门和其他有关部门在各自职责范围内对本行政区域内的中小企业进行指导和服务。

第五条　【制定产业指导目录引导发展】国务院负责企业工作的部门根据国家产业政策,结合中小企业特点和发展状况,以制定中小企业发展产业指导目录等方式,确定扶持重点,引导鼓励中小企业发展。

第六条　【保护企业及出资人投资及收益】国家保护中小企业及其出资人的合法投资,及因投资取得的合法收益。任何单位和个人不得侵犯中小企业财产及其合法收益。

任何单位不得违反法律、法规向中小企业收费和罚款,不得向中小企业摊派财物。中小企业对违反上述规定的行为有权拒绝和有权举报、控告。

第七条　【维护企业权益】行政管理部门应当维护中小企业的合法权益,保护其依法参与公平竞争与公平交易的权利,不得歧视,不得附加不平等的交易条件。

第八条　【守法义务】中小企业必须遵守国家劳动安全、职业卫生、社会保障、资源环保、质量、财政税收、金融等方面的法律、法规,依法经营管理,不得侵害职工合法权益,不得损害社会公共利益。

第九条　【诚信原则】中小企业应当遵守职业道德,恪守诚实信用原则,努力提高业务水平,增强自我发展能力。

第二章　资金支持

第十条　【政府财政支持】中央财政预算应当设立中小企业科目,安排扶持中小企业发展专项资金。

地方人民政府应当根据实际情况为中小企业提供财政支持。

第十一条　【发展专项资金】国家扶持中小企业

发展专项资金用于促进中小企业服务体系建设,开展支持中小企业的工作,补充中小企业发展基金和扶持中小企业发展的其他事项。

第十二条　【发展基金组成】国家设立中小企业发展基金。中小企业发展基金由下列资金组成:

(一)中央财政预算安排的扶持中小企业发展专项资金;

(二)基金收益;

(三)捐赠;

(四)其他资金。

国家通过税收政策,鼓励对中小企业发展基金的捐赠。

第十三条　【发展基金用途】国家中小企业发展基金用于下列扶持中小企业的事项:

(一)创业辅导和服务;

(二)支持建立中小企业信用担保体系;

(三)支持技术创新;

(四)鼓励专业化发展以及与大企业的协作配套;

(五)支持中小企业服务机构开展人员培训、信息咨询等项工作;

(六)支持中小企业开拓国际市场;

(七)支持中小企业实施清洁生产;

(八)其他事项。

中小企业发展基金的设立和使用管理办法由国务院另行规定。

第十四条　【人民银行信贷支持】中国人民银行应当加强信贷政策指导,改善中小企业融资环境。

中国人民银行应当加强对中小金融机构的支持力度,鼓励商业银行调整信贷结构,加大对中小企业的信贷支持。

第十五条　【金融支持】各金融机构应当对中小企业提供金融支持,努力改进金融服务,转变服务作风,增强服务意识,提高服务质量。

各商业银行和信用社应当改善信贷管理,扩展服务领域,开发适应中小企业发展的金融产品,调整信贷结构,为中小企业提供信贷、结算、财务咨询、投资管理等方面的服务。

国家政策性金融机构应当在其业务经营范围内,采取多种形式,为中小企业提供金融服务。

第十六条　【拓宽直接融资渠道】国家采取措施拓宽中小企业的直接融资渠道,积极引导中小企业创造条件,通过法律、行政法规允许的各种方式直接融资。

第十七条　【鼓励风险投资】国家通过税收政策鼓励各类依法设立的风险投资机构增加对中小企业的投资。

第十八条　【推进信用制度建设】国家推进中小企业信用制度建设,建立信用信息征集与评价体系,实现中小企业信用信息查询、交流和共享的社会化。

第十九条　【建立信用担保体系】县级以上人民政府和有关部门应当推进和组织建立中小企业信用担保体系,推动对中小企业的信用担保,为中小企业融资创造条件。

中小企业信用担保管理办法由国务院另行规定。

第二十条　【鼓励信用担保】国家鼓励各种担保机构为中小企业提供信用担保。

第二十一条　【鼓励互助融资担保】国家鼓励中小企业依法开展多种形式的互助性融资担保。

第三章　创业扶持

第二十二条　【支持创办与扶持】政府有关部门应当积极创造条件,提供必要的、相应的信息和咨询服务,在城乡建设规划中根据中小企业发展的需要,合理安排必要的场地和设施,支持创办中小企业。

失业人员、残疾人员创办中小企业的,所在地政府应当积极扶持,提供便利,加强指导。

政府有关部门应当采取措施,拓宽渠道,引导中小企业吸纳大中专学校毕业生就业。

第二十三条　【税收支持】国家在有关税收政策上支持和鼓励中小企业的创立和发展。

第二十四条　【对特殊中小企业的税收优惠】国家对失业人员创立的中小企业和当年吸纳失业人员达到国家规定比例的中小企业,符合国家支持和鼓励发展政策的高新技术中小企业,在少数民族地区、贫困地区创办的中小企业,安置残疾人员达到国家规定比例的中小企业,在一定期限内减征、免征所得税,实行税收优惠。

第二十五条 【**政府提供相关咨询、信息服务**】地方人民政府应当根据实际情况,为创业人员提供工商、财税、融资、劳动用工、社会保障等方面的政策咨询和信息服务。

第二十六条 【**依法办理登记**】企业登记机关应当依法定条件和法定程序办理中小企业设立登记手续,提高工作效率,方便登记者。不得在法律、行政法规规定之外设置企业登记的前置条件;不得在法律、行政法规规定的收费项目和收费标准之外,收取其他费用。

第二十七条 【**鼓励引进外资**】国家鼓励中小企业根据国家利用外资政策,引进国外资金、先进技术和管理经验,创办中外合资经营、中外合作经营企业。

第二十八条 【**鼓励产权、技术投资**】国家鼓励个人或者法人依法以工业产权或者非专利技术等投资参与创办中小企业。

第四章 技术创新

第二十九条 【**鼓励产品开发、技术创新**】国家制定政策,鼓励中小企业按照市场需要,开发新产品,采用先进的技术、生产工艺和设备,提高产品质量,实现技术进步。

中小企业技术创新项目以及为大企业产品配套的技术改造项目,可以享受贷款贴息政策。

第三十条 【**政府政策支持**】政府有关部门应当在规划、用地、财政等方面提供政策支持,推进建立各类技术服务机构,建立生产力促进中心和科技企业孵化基地,为中小企业提供技术信息、技术咨询和技术转让服务,为中小企业产品研制、技术开发提供服务,促进科技成果转化,实现企业技术、产品升级。

第三十一条 【**鼓励发展科技型企业**】国家鼓励中小企业与研究机构、大专院校开展技术合作、开发与交流,促进科技成果产业化,积极发展科技型中小企业。

第五章 市场开拓

第三十二条 【**鼓励大、中小企业协作**】国家鼓励和支持大企业与中小企业建立以市场配置资源为基础的、稳定的原材料供应、生产、销售、技术开发和技术改造等方面的协作关系,带动和促进中小企业发展。

第三十三条 【**优化资源配置**】国家引导、推动并规范中小企业通过合并、收购等方式,进行资产重组,优化资源配置。

第三十四条 【**政府采购支持**】政府采购应当优先安排向中小企业购买商品或者服务。

第三十五条 【**促进产品出口与对外经济技术合作**】政府有关部门和机构应当为中小企业提供指导和帮助,促进中小企业产品出口,推动对外经济技术合作与交流。

国家有关政策性金融机构应当通过开展进出口信贷、出口信用保险等业务,支持中小企业开拓国外市场。

第三十六条 【**鼓励境外投资**】国家制定政策,鼓励符合条件的中小企业到境外投资,参与国际贸易,开拓国际市场。

第三十七条 【**鼓励产品展销**】国家鼓励中小企业服务机构举办中小企业产品展览展销和信息咨询活动。

第六章 社会服务

第三十八条 【**建立企业服务体系**】国家鼓励社会各方面力量,建立健全中小企业服务体系,为中小企业提供服务。

第三十九条 【**政府扶持服务提供**】政府根据实际需要扶持建立的中小企业服务机构,应当为中小企业提供优质服务。

中小企业服务机构应当充分利用计算机网络等先进技术手段,逐步建立健全向全社会开放的信息服务系统。

中小企业服务机构联系和引导各类社会中介机构为中小企业提供服务。

第四十条 【**鼓励中介机构服务提供**】国家鼓励各类社会中介机构为中小企业提供创业辅导、企业诊断、信息咨询、市场营销、投资融资、贷款担保、产权交易、技术支持、人才引进、人员培训、对外合作、展览展销和法律咨询等服务。

第四十一条 【**鼓励经营、技术人员培训**】国家鼓励有关机构、大专院校培训中小企业经营管理及生产技术等方面的人员,提高中小企业营销、管理和技术水平。

第四十二条 【**行业自律性组织**】行业的自律性组织应当积极为中小企业服务。

第四十三条　【企业自律性组织】中小企业自我约束、自我服务的自律性组织，应当维护中小企业的合法权益，反映中小企业的建议和要求，为中小企业开拓市场、提高经营管理能力提供服务。

第七章　附　　则

第四十四条　【实施办法】省、自治区、直辖市可以根据本地区中小企业的情况，制定有关的实施办法。

第四十五条　【施行日期】本法自2003年1月1日起施行。

中华人民共和国
中外合资经营企业法

1. 1979年7月1日第五届全国人民代表大会第二次会议通过

2. 中华人民共和国主席令第48号

3. 根据1990年4月4日第七届全国人民代表大会第三次会议《关于修改〈中华人民共和国中外合资经营企业法〉的决定》修正

4. 根据2001年3月15日第九届全国人民代表大会第四次会议《关于修改〈中华人民共和国中外合资经营企业法〉的决定》第二次修正

第一条　中华人民共和国为了扩大国际经济合作和技术交流，允许外国公司、企业和其它经济组织或个人（以下简称外国合营者），按照平等互利的原则，经中国政府批准，在中华人民共和国境内，同中国的公司、企业或其它经济组织（以下简称中国合营者）共同举办合营企业。

第二条　中国政府依法保护外国合营者按照经中国政府批准的协议、合同、章程在合营企业的投资、应分得的利润和其它合法权益。

合营企业的一切活动应遵守中华人民共和国法律、法规的规定。

国家对合营企业不实行国有化和征收；在特殊情况下，根据社会公共利益的需要，对合营企业可以依照法律程序实行征收，并给予相应的补偿。

第三条　合营各方签订的合营协议、合同、章程，应报国家对外经济贸易主管部门（以下称审查批准机关）审查批准。审查批准机关应在三个月内决定批准或不批准。合营企业经批准后，向国家工商行政管理主管部门登记，领取营业执照，开始营业。

第四条　合营企业的形式为有限责任公司。

在合营企业的注册资本中，外国合营者的投资比例一般不低于百分之二十五。

合营各方按注册资本比例分享利润和分担风险及亏损。

合营者的注册资本如果转让必须经合营各方同意。

第五条　合营企业各方可以现金、实物、工业产权等进行投资。

外国合营者作为投资的技术和设备，必须确实是适合我国需要的先进技术和设备。如果有意以落后的技术和设备进行欺骗，造成损失的，应赔偿损失。

中国合营者的投资可包括为合营企业经营期间提供的场地使用权。如果场地使用权未作为中国合营者投资的一部分，合营企业应向中国政府缴纳使用费。

上述各项投资应在合营企业的合同和章程中加以规定，其价格（场地除外）由合营各方评议商定。

第六条　合营企业设董事会，其人数组成由合营各方协商，在合同、章程中确定，并由合营各方委派和撤换。董事长和副董事长由合营各方协商确定或由董事会选举产生。中外合营者的一方担任董事长的，由他方担任副董事长。董事会根据平等互利的原则，决定合营企业的重大问题。

董事会的职权是按合营企业章程规定，讨论决定合营企业的一切重大问题：企业发展规划、生产经营活动方案、收支预算、利润分配、劳动工资计划、停业，以及总经理、副总经理、总工程师、总会计师、审计师的任命或聘请及其职权和待遇等。

正副总经理（或正副厂长）由合营各方分别担任。

合营企业职工的录用、辞退、报酬、福利、劳动保护、劳动保险等事项，应当依法通过订立合同加以规定。

第七条 合营企业的职工依法建立工会组织,开展工会活动,维护职工的合法权益。

合营企业应当为本企业工会提供必要的活动条件。

第八条 合营企业获得的毛利润,按中华人民共和国税法规定缴纳合营企业所得税后,扣除合营企业章程规定的储备基金、职工奖励及福利基金、企业发展基金,净利润根据合营各方注册资本的比例进行分配。

合营企业依照国家有关税收的法律和行政法规的规定,可以享受减税、免税的优惠待遇。

外国合营者将分得的净利润用于在中国境内再投资时,可申请退还已缴纳的部分所得税。

第九条 合营企业应凭营业执照在国家外汇管理机关允许经营外汇业务的银行或其它金融机构开立外汇帐户。

合营企业的有关外汇事宜,应遵照中华人民共和国外汇管理条例办理。

合营企业在其经营活动中,可直接向外国银行筹措资金。

合营企业的各项保险应向中国境内的保险公司投保。

第十条 合营企业在批准的经营范围内所需的原材料、燃料等物资,按照公平、合理的原则,可以在国内市场或者在国际市场购买。

鼓励合营企业向中国境外销售产品。出口产品可由合营企业直接或与其有关的委托机构向国外市场出售,也可通过中国的外贸机构出售。合营企业产品也可在中国市场销售。

合营企业需要时可在中国境外设立分支机构。

第十一条 外国合营者在履行法律和协议、合同规定的义务后分得的净利润,在合营企业期满或者中止时所分得的资金以及其它资金,可按合营企业合同规定的货币,按外汇管理条例汇往国外。

鼓励外国合营者将可汇出的外汇存入中国银行。

第十二条 合营企业的外籍职工的工资收入和其它正当收入,按中华人民共和国税法缴纳个人所得税后,可按外汇管理条例汇往国外。

第十三条 合营企业的合营期限,按不同行业、不同情况,作不同的约定。有的行业的合营企业,应当约定合营期限;有的行业的合营企业,可以约定合营期限,也可以不约定合营期限。约定合营期限的合营企业,合营各方同意延长合营期限的,应在距合营期满六个月前向审查批准机关提出申请。审查批准机关应自接到申请之日起一个月内决定批准或不批准。

第十四条 合营企业如发生严重亏损、一方不履行合同和章程规定的义务、不可抗力等,经合营各方协商同意,报请审查批准机关批准,并向国家工商行政管理主管部门登记,可终止合同。如果因违反合同而造成损失的,应由违反合同的一方承担经济责任。

第十五条 合营各方发生纠纷,董事会不能协商解决时,由中国仲裁机构进行调解或仲裁,也可由合营各方协议在其它仲裁机构仲裁。

合营各方没有在合同中订有仲裁条款的或者事后没有达成书面仲裁协议的,可以向人民法院起诉。

第十六条 本法自公布之日起生效。

中华人民共和国
中外合作经营企业法

1. 1988年4月13日第七届全国人民代表大会第一次会议通过 1988年4月13日中华人民共和国主席令第四号公布 自1988年4月13日起施行

2. 根据2000年10月31日第九届全国人民代表大会常务委员会第十八次会议《全国人民代表大会常务委员会关于修改〈中华人民共和国中外合作经营企业法〉的决定》修正

第一条 为了扩大对外经济合作和技术交流,促进外国的企业和其他经济组织或者个人(以下简称外国合作者)按照平等互利的原则,同中华人民共和国的企业或者其他经济组织(以下简称中国合作者)在中国境内共同举办中外合作经营企业(以下简称合作企业),特制定本法。

第二条 中外合作者举办合作企业,应当依照本法的规定,在合作企业合同中约定投资或者合作条件、收益或者产品的分配、风险和亏损的分担、经营管理的方式和合作企业终止时财产的归属等事项。

合作企业符合中国法律关于法人条件的规定的,依法取得中国法人资格。

第三条　国家依法保护合作企业和中外合作者的合法权益。

合作企业必须遵守中国的法律、法规,不得损害中国的社会公共利益。

国家有关机关依法对合作企业实行监督。

第四条　国家鼓励举办产品出口的或者技术先进的生产型合作企业。

第五条　申请设立合作企业,应当将中外合作者签订的协议、合同、章程等文件报国务院对外经济贸易主管部门或者国务院授权的部门和地方政府(以下简称审查批准机关)审查批准。审查批准机关应当自接到申请之日起四十五天内决定批准或者不批准。

第六条　设立合作企业的申请经批准后,应当自接到批准证书之日起三十天内向工商行政管理机关申请登记,领取营业执照。合作企业的营业执照签发日期,为该企业的成立日期。

合作企业应当自成立之日起三十天内向税务机关办理税务登记。

第七条　中外合作者在合作期限内协商同意对合作企业合同作重大变更的,应当报审查批准机关批准;变更内容涉及法定工商登记项目、税务登记项目的,应当向工商行政管理机关、税务机关办理变更登记手续。

第八条　中外合作者的投资或者提供的合作条件可以是现金、实物、土地使用权、工业产权、非专利技术和其他财产权利。

第九条　中外合作者应当依照法律、法规的规定和合作企业合同的约定,如期履行缴足投资、提供合作条件的义务。逾期不履行的,由工商行政管理机关限期履行;限期届满仍未履行的,由审查批准机关和工商行政管理机关依照国家有关规定处理。

中外合作者的投资或者提供的合作条件,由中国注册会计师或者有关机构验证并出具证明。

第十条　中外合作者的一方转让其在合作企业合同中的全部或者部分权利、义务的,必须经他方同意,并报审查批准机关批准。

第十一条　合作企业依照经批准的合作企业合同、章程进行经营管理活动。合作企业的经营管理自主权不受干涉。

第十二条　合作企业应当设立董事会或者联合管理机构,依照合作企业合同或者章程的规定,决定合作企业的重大问题。中外合作者的一方担任董事会的董事长、联合管理机构的主任的,由他方担任副董事长、副主任。董事会或者联合管理机构可以决定任命或者聘请总经理负责合作企业的日常经营管理工作。总经理对董事会或者联合管理机构负责。

合作企业成立后改为委托中外合作者以外的他人经营管理的,必须经董事会或者联合管理机构一致同意,报审查批准机关批准,并向工商行政管理机关办理变更登记手续。

第十三条　合作企业职工的录用、辞退、报酬、福利、劳动保护、劳动保险等事项,应当依法通过订立合同加以规定。

第十四条　合作企业的职工依法建立工会组织,开展工会活动,维护职工的合法权益。

合作企业应当为本企业工会提供必要的活动条件。

第十五条　合作企业必须在中国境内设置会计账簿,依照规定报送会计报表,并接受财政税务机关的监督。

合作企业违反前款规定,不在中国境内设置会计账簿的,财政税务机关可以处以罚款,工商行政管理机关可以责令停止营业或者吊销其营业执照。

第十六条　合作企业应当凭营业执照在国家外汇管理机关允许经营外汇业务的银行或者其他金融机构开立外汇账户。

合作企业的外汇事宜,依照国家有关外汇管理的规定办理。

第十七条　合作企业可以向中国境内的金融机构借款,也可以在中国境外借款。

中外合作者用作投资或者合作条件的借款及其担保,由各方自行解决。

第十八条　合作企业的各项保险应当向中国境

内的保险机构投保。

第十九条 合作企业可以在经批准的经营范围内,进口本企业需要的物资,出口本企业生产的产品。合作企业在经批准的经营范围内所需的原材料、燃料等物资,可以在国内市场购买,也可以在国际市场购买。

第二十条 合作企业应当自行解决外汇收支平衡。合作企业不能自行解决外汇收支平衡的,可以依照国家规定申请有关机关给予协助。

第二十一条 合作企业依照国家有关税收的规定缴纳税款并可以享受减税、免税的优惠待遇。

第二十二条 中外合作者依照合作企业合同的约定,分配收益或者产品,承担风险和亏损。

中外合作者在合作企业合同中约定合作期满时合作企业的全部固定资产归中国合作者所有的,可以在合作企业合同中约定外国合作者在合作期限内先行回收投资的办法。合作企业合同约定外国合作者在缴纳所得税前回收投资的,必须向财政税务机关提出申请,由财政税务机关依照国家有关税收的规定审查批准。

依照前款规定外国合作者在合作期限内先行回收投资的,中外合作者应当依照有关法律的规定和合作企业合同的约定对合作企业的债务承担责任。

第二十三条 外国合作者在履行法律规定和合作企业合同约定的义务后分得的利润、其他合法收入和合作企业终止时分得的资金,可以依法汇往国外。

合作企业的外籍职工的工资收入和其他合法收入,依法缴纳个人所得税后,可以汇往国外。

第二十四条 合作企业期满或者提前终止时,应当依照法定程序对资产和债权、债务进行清算。中外合作者应当依照合作企业合同的约定确定合作企业财产的归属。

合作企业期满或者提前终止,应当向工商行政管理机关和税务机关办理注销登记手续。

第二十五条 合作企业的合作期限由中外合作者协商并在合作企业合同中订明。中外合作者同意延长合作期限的,应当在距合作期满一百八十天前向审查批准机关提出申请。审查批准机关应当自接到申请之日起三十天内决定批准或者不批准。

第二十六条 中外合作者履行合作企业合同、章程发生争议时,应当通过协商或者调解解决。中外合作者不愿通过协商、调解解决的,或者协商、调解不成的,可以依照合作企业合同中的仲裁条款或者事后达成的书面仲裁协议,提交中国仲裁机构或者其他仲裁机构仲裁。

中外合作者没有在合作企业合同中订立仲裁条款,事后又没有达成书面仲裁协议的,可以向中国法院起诉。

第二十七条 国务院对外经济贸易主管部门根据本法制定实施细则,报国务院批准后施行。

第二十八条 本法自公布之日起施行。

中华人民共和国外资企业法

1. 1986年4月12日第六届全国人民代表大会第四次会议通过

2. 根据2000年10月31日第九届全国人民代表大会常务委员会第十八次会议《全国人民代表大会常务委员会关于修改〈中华人民共和国外资企业法〉的决定》修正

第一条 为了扩大对外经济合作和技术交流,促进中国国民经济的发展,中华人民共和国允许外国的企业和其他经济组织或者个人(以下简称外国投资者)在中国境内举办外资企业,保护外资企业的合法权益。

第二条 本法所称的外资企业是指依照中国有关法律在中国境内设立的全部资本由外国投资者投资的企业,不包括外国的企业和其他经济组织在中国境内的分支机构。

第三条 设立外资企业,必须有利于中国国民经济的发展,并且采用先进的技术和设备,或者产品全部出口或者大部分出口。

国家禁止或者限制设立外资企业的行业由国务院规定。

第四条 外国投资者在中国境内的投资、获得的利润和其他合法权益,受中国法律保护。

外资企业必须遵守中国的法律、法规,不得损害中国的社会公共利益。

第五条　国家对外资企业不实行国有化和征收；在特殊情况下，根据社会公共利益的需要，对外资企业可以依照法律程序实行征收，并给予相应的补偿。

第六条　设立外资企业的申请，由国务院对外经济贸易主管部门或者国务院授权的机关审查批准。审查批准机关应当在接到申请之日起九十天内决定批准或者不批准。

第七条　设立外资企业的申请经批准后，外国投资者应当在接到批准证书之日起三十天内向工商行政管理机关申请登记，领取营业执照。外资企业的营业执照签发日期，为该企业成立日期。

第八条　外资企业符合中国法律关于法人条件的规定的，依法取得中国法人资格。

第九条　外资企业应当在审查批准机关核准的期限内在中国境内投资；逾期不投资的，工商行政管理机关有权吊销营业执照。

工商行政管理机关对外资企业的投资情况进行检查和监督。

第十条　外资企业分立、合并或者其他重要事项变更，应当报审查批准机关批准，并向工商行政管理机关办理变更登记手续。

第十一条　外资企业的生产经营计划应当报其主管部门备案。

外资企业依照经批准的章程进行经营管理活动，不受干涉。

第十二条　外资企业雇用中国职工应当依法签定合同，并在合同中订明雇用、解雇、报酬、福利、劳动保护、劳动保险等事项。

第十三条　外资企业的职工依法建立工会组织，开展工会活动，维护职工的合法权益。

外资企业应当为本企业工会提供必要的活动条件。

第十四条　外资企业必须在中国境内设置会计帐簿，进行独立核算，按照规定报送会计报表，并接受财政税务机关的监督。

外资企业拒绝在中国境内设置会计帐簿的，财政税务机关可以处以罚款，工商行政管理机关可以责令停止营业或者吊销营业执照。

第十五条　外资企业在批准的经营范围内需要的原材料、燃料等物资，可以在中国购买，也可以在国际市场购买；在同等条件下，应当尽先在中国购买。

第十六条　外资企业的各项保险应当向中国境内的保险公司投保。

第十七条　外资企业依照国家有关税收的规定纳税并可以享受减税、免税的优惠待遇。

外资企业将缴纳所得税后的利润在中国境内再投资的，可以依照国家规定申请退还再投资部分已缴纳的部分所得税税款。

第十八条　外资企业的外汇事宜，依照国家外汇管理规定办理。

外资企业应当在中国银行或者国家外汇管理机关指定的银行开户。

外资企业应当自行解决外汇收支平衡。外资企业的产品经有关主管机关批准在中国市场销售，因而造成企业外汇收支不平衡的，由批准其在中国市场销售的机关负责解决。

第十九条　外国投资者从外资企业获得的合法利润、其他合法收入和清算后的资金，可以汇往国外。

外资企业的外籍职工的工资收入和其他正当收入，依法缴纳个人所得税后，可以汇往国外。

第二十条　外资企业的经营期限由外国投资者申报，由审查批准机关批准。期满需要延长的，应当在期满一百八十天以前向审查批准机关提出申请。审查批准机关应当在接到申请之日起三十天内决定批准或者不批准。

第二十一条　外资企业终止，应当及时公告，按照法定程序进行清算。

在清算完结前，除为了执行清算外，外国投资者对企业财产不得处理。

第二十二条　外资企业终止，应当向工商行政管理机关办理注销登记手续，缴销营业执照。

第二十三条　国务院对外经济贸易主管部门根据本法制定实施细则，报国务院批准后施行。

第二十四条　本法自公布之日起施行。

中华人民共和国
私营企业暂行条例

1. 1988年6月3日国务院第七次常务会议通过
2. 1988年6月25日国务院令第4号公布
3. 自1988年7月1日起施行

第一章 总 则

第一条 为鼓励、引导私营企业健康发展,保障私营企业的合法权益,加强监督管理,繁荣社会主义有计划商品经济,制定本条例。

第二条 本条例所称私营企业是指企业资产属于私人所有、雇工八人以上的营利性的经济组织。

第三条 私营经济是社会主义公有制经济的补充。国家保护私营企业的合法权益。

私营企业必须在国家法律、法规和政策规定的范围内从事经营活动。

第四条 私营企业职工依法组织工会。职工的合法权益受国家法律保护。

第五条 私营企业可以成立私营企业协会。

第二章 私营企业的种类

第六条 私营企业分为以下三种:

(一)独资企业;

(二)合伙企业;

(三)有限责任公司。

第七条 独资企业是指一人投资经营的企业。

独资企业投资者对企业债务负无限责任。

第八条 合伙企业是指二人以上按照协议投资、共同经营、共负盈亏的企业。

合伙企业应当有书面协议。

合伙人对企业债务负连带无限责任。

第九条 有限责任公司是指投资者以其出资额对公司负责,公司以其全部资产对公司债务承担责任的企业。

有限责任公司应当符合下列规定:

(一)公司名称标明有限责任公司或者有限公司的字样;

(二)有符合本条例规定的公司章程;

(三)投资者为二人以上三十人以下;

(四)注册资金取得合法的验资证明;

(五)投资者转让出资应当取得其他投资者的同意,投资者为三人以上的,需要取得半数以上的投资者的同意;

(六)不得减少注册资金;

(七)不得向社会发行股票。

有限责任公司投资者超过三十人的,应当向工商行政管理机关作专项申报,经同意后始得办理登记。

第十条 有限责任公司依法取得法人资格。

第三章 私营企业的开办和关闭

第十一条 下列人员可以申请开办私营企业:

(一)农村村民;

(二)城镇待业人员;

(三)个体工商户经营者;

(四)辞职、退职人员;

(五)国家法律、法规和政策允许的离休、退休人员和其他人员。

第十二条 私营企业可以在国家法律、法规和政策规定的范围内,从事工业、建筑业、交通运输业、商业、饮食业、服务业、修理业和科技咨询等行业的生产经营。

私营企业不得从事军工、金融业的生产经营,不得生产经营国家禁止经营的产品。

第十三条 申请开办私营企业应当具备下列条件:

(一)与生产经营和服务规模相适应的资金和从业人员;

(二)固定的经营场所和必要的设施;

(三)符合国家法律、法规和政策规定的经营范围。

第十四条 有限责任公司章程应当包括下列事项:

(一)公司名称和住所;

(二)开办公司的宗旨和经营范围;

(三)注册资金和各个投资者的出资数额;

(四)投资者的姓名、住所及投资者的权利、义务;

(五)公司的组织机构;

(六)公司的解散条件;

(七)投资者转让出资的条件;

(八)利润分配和亏损分担的办法;

(九)公司章程的修改程序;

(十)需要订明的其他事项。

第十五条　申请开办私营企业，必须持有关证件向企业所在地工商行政管理机关办理登记，经核准发给营业执照后，始得营业。

第十六条　私营企业分立、合并、转让、迁移以及改变经营范围等，应当向工商行政管理机关办理变更登记或者重新登记。

第十七条　私营企业歇业，应当在距歇业三十日前向工商行政管理机关提出申请，经核准后办理注销登记。

私营企业歇业，应当进行财产清算，偿还债务。

第十八条　私营企业破产，应当进行破产清算，偿还债务，具体办法另行制定。

第十九条　具备法人条件的私营企业办理开业登记、变更登记和注销登记，依照《中华人民共和国企业法人登记管理条例》的规定执行。

第四章　私营企业的权利和义务

第二十条　私营企业投资者对其财产依法享有所有权，其财产可以依法继承。

第二十一条　私营企业在生产经营活动中享有下列权利：

（一）核准登记的名称在规定的范围内享有专用权；

（二）在核准登记的范围内自主经营；

（三）决定企业的机构设置，招用或者辞退职工；

（四）决定企业的工资制度和利润分配形式；

（五）按照国家价格管理规定，制定企业的商品价格和收费标准；

（六）订立合同；

（七）申请专利、注册商标。

第二十二条　私营企业按照国家法律、法规的规定，可以同外国公司、企业和其他经济组织或者个人举办中外合资经营企业、中外合作经营企业，可以承揽来料加工、来样加工、来件装配，从事补偿贸易。

第二十三条　私营企业在生产经营活动中应当履行下列义务：

（一）遵守国家法律、法规和政策；

（二）依法纳税；

（三）服从国家有关机关的监督管理。

第二十四条　私营企业应当在银行或者其他金融机构按照国家有关规定开立账户。符合规定条件的，可以申请贷款。

第二十五条　除国家法律、法规规定者外，任何单位不得以任何方式要求私营企业提供财力、物力、人力。对于向私营企业的摊派，私营企业有权拒绝提供，工商行政管理机关有权予以制止。

第二十六条　私营企业的《企业法人营业执照》或者《营业执照》，除工商行政管理机关依照法定程序可以扣缴或者吊销外，不被扣缴或者吊销。

第五章　私营企业的劳动管理

第二十七条　私营企业招用职工必须按照平等自愿、协商一致的原则以书面形式签订劳动合同，确定双方的权利、义务。

私营企业劳动合同应当向当地劳动行政管理机关备案。

第二十八条　劳动合同应当包括下列内容：

（一）对职工劳动的质量和数量要求；

（二）合同期限；

（三）劳动条件；

（四）劳动报酬、保险和福利待遇；

（五）劳动纪律；

（六）违反劳动合同应当承担的责任；

（七）双方议定的其他事项。

第二十九条　私营企业发生的劳动争议，参照《国营企业劳动争议处理暂行规定》处理。

第三十条　私营企业必须执行国家有关劳动保护的规定，建立必要的规章制度，提供劳动安全、卫生设施，保障职工的安全和健康。

私营企业对从事关系到人身健康、生命安全的行业或者工种的职工，必须按照国家规定向保险公司投保。

私营企业有条件的应当为职工办理社会保险。

第三十一条　私营企业实行八小时工作制。

第三十二条　私营企业不得招用未满十六周岁的童工。

第三十三条　私营企业工会有权代表职工与企业签订集体合同，依法保护职工的合法权益，支持企业的生产经营活动。

第六章 私营企业的财务和税收

第三十四条 私营企业必须在领取《企业法人营业执照》或者《营业执照》之日起三十日内,向当地税务机关申报办理税务登记。

第三十五条 私营企业必须按照国家财务会计法规和税务机关的规定,健全财务会计制度,配备财会人员,建立会计账簿,编送财务报表,严格履行纳税义务,接受税务机关的监督检查。

第三十六条 私营企业厂长(经理或董事长)的工资,可以在本企业职工平均工资十倍以内确定。

第三十七条 私营企业所得税,按照《中华人民共和国私营企业所得税暂行条例》和有关规定执行。

第三十八条 私营企业税后利润留作生产发展基金的部分不得低于50%。由于特殊原因,提取比例低于50%的,须经税务机关批准。

私营企业的生产发展基金可以用于本企业扩大再生产、向其他企业投资、偿还贷款或者弥补本企业的亏损。用于其他用途,须经税务机关批准。

第三十九条 私营企业投资者的工资收入和税后利润分配所得应当依法缴纳个人收入调节税。

第七章 监督与处罚

第四十条 工商行政管理机关应当加强对私营企业的行政管理和监督,保护合法经营,查处违法经营活动。

各有关行业主管部门应当按照国家规定,对私营企业的生产经营活动进行业务指导、帮助和管理。

第四十一条 私营企业有下列行为之一的,由工商行政管理机关根据情节,分别给予警告、罚款、没收非法所得、责令停业整顿、吊销《营业执照》的处罚:

(一)登记中隐瞒真实情况、弄虚作假或者未经核准登记注册擅自开业的;

(二)超出核准登记的经营范围从事经营活动或者不按规定办理变更登记、重新登记、注销登记的;

(三)伪造、涂改、出租、转让、出卖或者擅自复印《营业执照》的;

(四)从事非法经营活动的。

取得法人资格的私营企业违反登记管理规定,按照《中华人民共和国企业法人登记管理条例》的规定处罚。

第四十二条 私营企业有下列行为之一的,由劳动行政管理机关根据情节,分别给予警告、罚款的处罚:

(一)不按国家关于劳动保护的规定从事生产经营的;

(二)招用童工的;

(三)侵犯职工合法权益的。

第四十三条 私营企业违反本条例第三十八条规定的行为,由税务机关根据情节,分别给予警告、罚款的处罚。

第四十四条 私营企业对管理机关按照本条例第四十一条、第四十二条的规定作出的处罚决定不服时,应当在收到通知之日起15日内向作出处罚决定机关的上一级机关申请复议。上一级机关应当在收到申请之日起30日内作出复议决定。申请人对复议决定不服的,可以在收到通知之日起30日内向人民法院起诉。

逾期未申请复议或者未向人民法院起诉的,处罚决定生效。

第四十五条 私营企业违反国家有关税收、资源、工商行政、价格、金融、计量、质量、卫生、环境保护等法律、法规的行为,由有关机关依法予以处罚。

第四十六条 管理机关的工作人员违反本条例规定,滥用职权、徇私舞弊、收受贿赂或者侵害私营企业合法权益的,有关主管机关应当根据情节给予行政处分、经济处罚;触犯刑律的,依法追究刑事责任。

第八章 附 则

第四十七条 本条例由国家工商行政管理局负责解释;施行办法由国家工商行政管理局会同有关部门制定。

第四十八条 本条例自1988年7月1日起施行。

中华人民共和国
私营企业暂行条例施行办法

1. 1989年1月16日国家工商行政管理局令第2号公布
2. 1996年12月17日国家工商行政管理局令第64号修订
3. 1998年12月3日国家工商行政管理局令第86号第二次修订

第一条　根据《中华人民共和国私营企业暂行条例》(以下简称《条例》)第四十七条规定,制定本施行办法。

第二条　《条例》第二条规定的私营企业雇工,是指投资者外的受雇于企业的人员。

第三条　《条例》第十一条所列人员中:

(一)农村村民,指农民个人,不含农村中的非农业居民。

(二)城镇待业人员,包括城镇待业青年和其他无业人员。

(三)个体工商户经营者,指个体工商户业主,含个人合伙的合伙人。

(四)辞职、退职人员,指机关、团体、企业、事业单位辞职退职人员。

(五)国家法律、法规和政策允许的其他人员主要包括:

(1)离退休科技人员;

(2)停薪留职科技人员;

(3)企事业单位离退休人员;

(4)符合国家规定的党政机关、团体离退休人员。

第四条　《条例》第八条、第九条规定的合伙企业、有限责任公司中的二人,是指资产独立的两个投资主体。

第五条　《条例》第十二条规定私营企业可以经营的行业,还包括营利性的文化、艺术、旅游、体育、食品、医药、养殖等行业。

私营企业可以一业为主,兼营他业。

第六条　私营企业可以设立分厂、分店、分公司等,投资者可以到异地办企业。

第七条　有限责任公司按照《中华人民共和国公司登记管理条例》的规定办理登记。

第八条　私营企业登记管理机关是工商行政管理机关。

第九条　凡符合《条例》第十一条规定的人员申请开办私营企业,申请人应当向办理登记的工商行政管理机关提交有关证件:

(一)申请人身份证明。

独资企业申请人是指投资者本人,合伙企业申请人是指合伙人推举的负责人,有限责任公司申请人是指投资者推举的企业负责人。

合伙企业和有限责任公司申请登记时,除提供申请人的身份证明外,还应当提供其他合伙人、其他投资者的身份证明。

(二)场地使用证明。

(三)验资证明。

有限责任公司注册资金数额按照企业法人注册资金数额的规定执行。

(四)申请从事资源开采、建筑设计、施工、交通运输、食品生产、药品生产、印刷、旅店、外贸、计量器具制造等行业生产经营的私营企业,应当按照国家有关规定提交有关部门的审批证件。

(五)合伙企业申请登记时,应当提供合伙人的书面协议。

合伙人的书面协议应当载明合伙人的出资形式、出资数额、盈余分配、债务承担、入伙、退伙、合伙终止等事项。

(六)有限责任公司申请登记时,应当提供公司章程,章程内容应当符合《条例》第十四条的规定。

第十条　申请开办私营企业,申请人应当在企业所在地县、市、区工商行政管理机关办理登记,经核准发给营业执照后,始得营业。

私营企业申请开办分厂、分店、分公司的,应当在分厂、分店、分公司所在地县级工商行政管理机关办理登记,经核准发给营业执照后,始得营业。

有限责任公司投资者超过三十人的,应当经地市以上工商行政管理机关核准。

第十一条　私营企业登记的主要事项应当包括企业名称、企业负责人、经营地址、资金数额、经营范围、经营方式、企业种类、雇工人数以及合伙企业的合伙人姓名、有限责任公司的投资者姓名等。

私营企业的名称应当按照工商企业名称登记管理的规定办理。

企业负责人:独资企业是指投资者本人;合伙企业是指合伙人确定的负责人;有限责任公司是指公司的法定代表人。企业负责人姓名须与身份证相符,不得使用别名。

经营地址,指企业所在市、县(区)、乡(镇)、村、街道、门牌等。

资金数额,包括企业的固定资产和自有流动资金。

经营范围,指经核准登记的生产经营项目和商品类别。

经营方式,指自产自销、代购代销、来料加工、来样加工、来件装配、零售、批发、批零兼营、客运服务、货运服务、代客储运、装卸、修理服务、咨询服务等。

企业种类,指独资企业、合伙企业、有限责任公司。

第十二条 工商行政管理机关自受理申请之日起三十日内做出审核决定。符合条件的,经核准登记后,发给营业执照;不符合条件的,不予登记,并应当书面通知申请人。

私营企业凭营业执照刻制图章,开立银行账户,在核准的经营范围内从事生产经营活动。

第十三条 私营企业改变企业名称、企业负责人、经营地址、经营范围、经营方式、企业种类等主要登记事项,应当向原登记管理机关办理变更登记。

第十四条 私营企业因分立、合并而保留的企业应当办理变更登记;因分立、合并而新办的企业应当办理开业登记;因分立、合并而终止的企业应当办理注销登记。

私营企业转让时,转让方应当办理注销登记,受让方应当办理重新登记。

私营企业迁移到原登记管理机关管辖区域之外,应当申请办理变更登记。原登记管理机关根据企业申请,收回营业执照及其副本,撤销注册号,开出迁移证明,并将企业档案移交企业新址所在地登记管理机关。企业凭迁移证明,向新址所在地登记管理机关重新申请名称和注册号,领取营业执照。

合伙企业增加或减少合伙少,应当办理变更登记。

有限责任公司办理变更登记按照《中华人民共和国公司登记管理条例》的规定执行。

第十五条 私营企业办理变更登记时,应当提交申请书及有关证件。合伙企业的申请书应当经合伙人签署,有限责任公司的申请书应当经董事会签署。

第十六条 工商行政管理机关自受理私营企业变更申请之日起十五日内做出审核决定。

第十七条 根据《条例》第十七条规定,私营企业歇业,应当向原登记管理机关提出申请,并提交资产清理和处分证明、债务清理证明、完税情况证明,经核准后,收缴营业执照及其副本、图章,并通知其开户银行。

合伙企业歇业时,应当提交合伙人的歇业申请书。有限责任公司歇业时,应当提交董事会决议或其他有关证件。

第十八条 根据《条例》第十八条规定,私营企业破产时,应当向原登记管理机关提交破产证明、资产清理证明、债务清理证明,经核准后,办理注销登记手续。

第十九条 因行政处分、法院裁决而终止营业的私营企业,应当到原登记管理机关办理注销登记手续。

第二十条 私营企业遗失营业执照,应当向登记管理机关挂失,并申请补发。

第二十一条 私营企业与外国的公司、企业和其他经济组织或者个人举办中外合资经营企业、中外合作经营企业,按《中华人民共和国公司登记管理条例》的有关规定办理登记。

第二十二条 私营企业申请承揽来料加工,来样加工、来件装配,从事补偿贸易,应当按照国家规定与外商签订合同,经有关部门审批,报县以上工商行政管理机关核准。

第二十三条 私营企业与香港、澳门、台湾的公司、企业和其他经济组织或者个人举办合资经营企业、合作经营企业,承揽来自这些地区的来料加工、来样加工、来件装配,从事补偿贸易,可参照本办法第二十一条、第二十二条的规定及国家有关规定办理。

第二十四条　私营企业经批准使用的经营场地，任何单位和个人不得侵占。需要拆迁的，拆迁单位和个人应当按照有关规定承担拆迁费用，并合理安排迁移地址。因侵占造成经济损失的，由侵占单位和责任人负责赔偿。

第二十五条　私营企业开业、分立、合并、转让、迁移、歇业，均应当在办理开业登记、变更登记、重新登记或者注销登记之日起三十日内向企业所在地税务机关办理税务登记或注销税务登记。

第二十六条　根据《条例》第三十五条规定，私营企业应当建立健全财务会计制度，严格执行财务管理规定，不得瞒报收入，乱摊成本费用。

第二十七条　私营企业不得抽逃企业资金，转移资产，隐匿财产，逃避债务。

第二十八条　私营企业的外汇收入和支出按国家有关外汇管理的规定执行。

第二十九条　按照《条例》第四十条规定，工商行政管理机关对私营企业履行下列管理职责：

（一）办理开业登记、变更登记、重新登记、注销登记；

（二）监督私营企业依照登记事项和核准的经营范围从事生产经营活动；

（三）制止和查处私营企业的违法经营活动；

（四）保护私营企业的合法经营，制止对私营企业的摊派；

（五）指导私营企业协会的工作；

（六）国家授予的其他管理职责。

《条例》第四十条规定对私营企业进行业务指导、帮助和管理的各有关行业主管部门，是指工业、矿产资源、建筑、交通运输、商业、能源等部门。

第三十条　私营企业应当在每年的第一季度内向原登记管理机关呈报上一年度生产经营年检报告书、资金平衡表或者资产负债表。年检报告书式样由国家工商行政管理局统一制定。

第三十一条　根据《条例》第四十一条规定，对私营企业的下列违法行为，工商行政管理机关视情节轻重，分别给予警告、没收违法所得、处以违法所得额三倍以下的罚款，但最高不超过三万元，没有违法所得的，处以一万元以下的罚款。情节严重的，责令停业整顿、吊销营业执照：

（一）未经核准登记擅自开业的；

（二）登记中隐瞒真实情况，弄虚作假的；

（三）超出核准登记的范围从事生产经营活动的；

（四）不按规定办理变更登记、重新登记和注销登记的；

（五）出租、转让、出卖、伪造、涂改或者擅自复印营业执照的。

罚款、没收非法所得超过一定数额和吊销营业执照的处罚由县级以上工商行政管理局长审核批准。具体罚款、没收非法所得的数额由省级工商行政管理机关在本办法规定的范围内决定。

第三十二条　私营企业从业人员阻挠、抗拒行政管理人员依法执行公务的，予以警告；情节严重的，由公安机关依照《中华人民共和国治安管理处罚条例》的规定处罚；构成犯罪的，由司法机关依法追究其刑事责任。

第三十三条　私营企业违反财政税务管理规定的，按财政税务管理规定处罚。

第三十四条　私营企业违反劳动管理规定，侵犯职工合法权益的，按有关劳动管理法规处罚。

第三十五条　根据《条例》第五条规定成立的私营企业协会是由私营企业联合组成的社会团体。私营企业协会可以有团体会员、个人会员。

成立私营企业协会，经同级工商行政管理机关同意，按有关规定办理社会团体登记。

各级私营企业协会接受同级工商行政管理机关的指导。

第三十六条　私营企业职工成立工会组织，依照中华全国总工会有关规定执行。

第三十七条　私营企业的劳动管理按有关规定执行。

第三十八条　本施行办法自公布之日起施行。

中华人民共和国中外合资经营企业法实施条例

1. *1983年9月20日国务院发布*
2. *根据1986年1月15日国务院《关于〈中华人民共和国中外合资经营企业法实施条例〉第一百条的修订》第一次修订*
3. *根据1987年12月21日《国务院关于修订〈中华人民共和国中外合资经营企业法实施条例〉第八十条第三款的通知》第二次修订*
4. *根据2001年7月22日《国务院关于修改〈中华人民共和国中外合资经营企业法实施条例〉的决定》第三次修订*
5. *根据2011年1月8日《国务院关于废止和修改部分行政法规的决定》第四次修订*
6. *根据2014年2月19日《国务院关于废止和修改部分行政法规的决定》第五次修订*

目　　录

第一章　总　　则

第一条　为了便于《中华人民共和国中外合资经营企业法》(以下简称《中外合资经营企业法》)的顺利实施,制定本条例。

第二条　依照《中外合资经营企业法》批准在中国境内设立的中外合资经营企业(以下简称合营企业)是中国的法人,受中国法律的管辖和保护。

第三条　在中国境内设立的合营企业,应当能够促进中国经济的发展和科学技术水平的提高,有利于社会主义现代化建设。

国家鼓励、允许、限制或者禁止设立合营企业的行业,按照国家指导外商投资方向的规定及外商投资产业指导目录执行。

第四条　申请设立合营企业有下列情况之一的,不予批准:

(一)有损中国主权的;

(二)违反中国法律的;

(三)不符合中国国民经济发展要求的;

(四)造成环境污染的;

(五)签订的协议、合同、章程显属不公平,损害合营一方权益的。

第五条　在中国法律、法规和合营企业协议、合同、章程规定的范围内,合营企业有权自主地进行经营管理。各有关部门应当给予支持和帮助。

第二章　设立与登记

第六条　在中国境内设立合营企业,必须经中华人民共和国对外贸易经济合作部(以下简称对外贸易经济合作部)审查批准。批准后,由对外贸易经济合作部发给批准证书。

凡具备下列条件的,国务院授权省、自治区、直辖市人民政府或者国务院有关部门审批:

(一)投资总额在国务院规定的投资审批权限以内,中国合营者的资金来源已经落实的;

(二)不需要国家增拨原材料,不影响燃料、动力、交通运输、外贸出口配额等方面的全国平衡的。

依照前款批准设立的合营企业,应当报对外贸易经济合作部备案。

对外贸易经济合作部和国务院授权的省、自治区、直辖市人民政府或者国务院有关部门,以下统称审批机构。

第七条　申请设立合营企业,由中外合营者共同向审批机构报送下列文件:

(一)设立合营企业的申请书;

(二)合营各方共同编制的可行性研究

报告;

(三)由合营各方授权代表签署的合营企业协议、合同和章程;

(四)由合营各方委派的合营企业董事长、副董事长、董事人选名单;

(五)审批机构规定的其他文件。

前款所列文件必须用中文书写,其中第(二)、(三)、(四)项文件可以同时用合营各方商定的一种外文书写。两种文字书写的文件具有同等效力。

审批机构发现报送的文件有不当之处的,应当要求限期修改。

第八条　审批机构自接到本条例第七条规定的全部文件之日起,3 个月内决定批准或者不批准。

第九条　申请者应当自收到批准证书之日起 1 个月内,按照国家有关规定,向工商行政管理机关(以下简称登记管理机构)办理登记手续。合营企业的营业执照签发日期,即为该合营企业的成立日期。

第十条　本条例所称合营企业协议,是指合营各方对设立合营企业的某些要点和原则达成一致意见而订立的文件;所称合营企业合同,是指合营各方为设立合营企业就相互权利、义务关系达成一致意见而订立的文件;所称合营企业章程,是指按照合营企业合同规定的原则,经合营各方一致同意,规定合营企业的宗旨、组织原则和经营管理方法等事项的文件。

合营企业协议与合营企业合同有抵触时,以合营企业合同为准。

经合营各方同意,也可以不订立合营企业协议而只订立合营企业合同、章程。

第十一条　合营企业合同应当包括下列主要内容:

(一)合营各方的名称、注册国家、法定地址和法定代表人的姓名、职务、国籍;

(二)合营企业名称、法定地址、宗旨、经营范围和规模;

(三)合营企业的投资总额,注册资本,合营各方的出资额、出资比例、出资方式、出资的缴付期限以及出资额欠缴、股权转让的规定;

(四)合营各方利润分配和亏损分担的比例;

(五)合营企业董事会的组成、董事名额的分配以及总经理、副总经理及其他高级管理人员的职责、权限和聘用办法;

(六)采用的主要生产设备、生产技术及其来源;

(七)原材料购买和产品销售方式;

(八)财务、会计、审计的处理原则;

(九)有关劳动管理、工资、福利、劳动保险等事项的规定;

(十)合营企业期限、解散及清算程序;

(十一)违反合同的责任;

(十二)解决合营各方之间争议的方式和程序;

(十三)合同文本采用的文字和合同生效的条件。

合营企业合同的附件,与合营企业合同具有同等效力。

第十二条　合营企业合同的订立、效力、解释、执行及其争议的解决,均应当适用中国的法律。

第十三条　合营企业章程应当包括下列主要内容:

(一)合营企业名称及法定地址;

(二)合营企业的宗旨、经营范围和合营期限;

(三)合营各方的名称、注册国家、法定地址、法定代表人的姓名、职务、国籍;

(四)合营企业的投资总额,注册资本,合营各方的出资额、出资比例、出资方式、出资缴付期限、股权转让的规定,利润分配和亏损分担的比例;

(五)董事会的组成、职权和议事规则,董事的任期,董事长、副董事长的职责;

(六)管理机构的设置,办事规则,总经理、副总经理及其他高级管理人员的职责和任免方法;

(七)财务、会计、审计制度的原则;

(八)解散和清算;

(九)章程修改的程序。

第十四条　合营企业协议、合同和章程经审批机构批准后生效,其修改时同。

第十五条　审批机构和登记管理机构对合营企

业合同、章程的执行负有监督检查的责任。

第三章 组织形式与注册资本

第十六条 合营企业为有限责任公司。

合营各方对合营企业的责任以各自认缴的出资额为限。

第十七条 合营企业的投资总额(含企业借款),是指按照合营企业合同、章程规定的生产规模需要投入的基本建设资金和生产流动资金的总和。

第十八条 合营企业的注册资本,是指为设立合营企业在登记管理机构登记的资本总额,应为合营各方认缴的出资额之和。

合营企业的注册资本一般应当以人民币表示,也可以用合营各方约定的外币表示。

第十九条 合营企业在合营期内不得减少其注册资本。因投资总额和生产经营规模等发生变化,确需减少的,须经审批机构批准。

第二十条 合营一方向第三者转让其全部或者部分股权的,须经合营他方同意,并报审批机构批准,向登记管理机构办理变更登记手续。

合营一方转让其全部或者部分股权时,合营他方有优先购买权。

合营一方向第三者转让股权的条件,不得比向合营他方转让的条件优惠。

违反上述规定的,其转让无效。

第二十一条 合营企业注册资本的增加、减少,应当由董事会会议通过,并报审批机构批准,向登记管理机构办理变更登记手续。

第四章 出资方式

第二十二条 合营者可以用货币出资,也可以用建筑物、厂房、机器设备或者其他物料、工业产权、专有技术、场地使用权等作价出资。以建筑物、厂房、机器设备或者其他物料、工业产权、专有技术作为出资的,其作价由合营各方按照公平合理的原则协商确定,或者聘请合营各方同意的第三者评定。

第二十三条 外国合营者出资的外币,按缴款当日中国人民银行公布的基准汇率折算成人民币或者套算成约定的外币。

中国合营者出资的人民币现金,需要折算成外币的,按缴款当日中国人民银行公布的基准汇率折算。

第二十四条 作为外国合营者出资的机器设备或者其他物料,应当是合营企业生产所必需的。

前款所指机器设备或者其他物料的作价,不得高于同类机器设备或者其他物料当时的国际市场价格。

第二十五条 作为外国合营者出资的工业产权或者专有技术,必须符合下列条件之一:

(一)能显著改进现有产品的性能、质量,提高生产效率的;

(二)能显著节约原材料、燃料、动力的。

第二十六条 外国合营者以工业产权或者专有技术作为出资,应当提交该工业产权或者专有技术的有关资料,包括专利证书或者商标注册证书的复制件、有效状况及其技术特性、实用价值、作价的计算根据、与中国合营者签订的作价协议等有关文件,作为合营合同的附件。

第二十七条 外国合营者作为出资的机器设备或者其他物料、工业产权或者专有技术,应当报审批机构批准。

第二十八条 合营各方应当按照合同规定的期限缴清各自的出资额。逾期未缴或者未缴清的,应当按合同规定支付迟延利息或者赔偿损失。

第二十九条 合营各方缴付出资额后,应当由中国的注册会计师验证,出具验资报告后,由合营企业据以发给出资证明书。出资证明书载明下列事项:合营企业名称;合营企业成立的年、月、日;合营者名称(或者姓名)及其出资额、出资的年、月、日;发给出资证明书的年、月、日。

第五章 董事会与经营管理机构

第三十条 董事会是合营企业的最高权力机构,决定合营企业的一切重大问题。

第三十一条 董事会成员不得少于3人。董事名额的分配由合营各方参照出资比例协商确定。

董事的任期为4年,经合营各方继续委派可以连任。

第三十二条 董事会会议每年至少召开1次,由董事长负责召集并主持。董事长不能召集时,由董事长委托副董事长或者其他董事负责召集并主持董事会会议。经1/3以上董事提议,可以由董事长召开董事会临时会议。

董事会会议应当有2/3以上董事出席方能举行。董事不能出席的,可以出具委托书委托他人代表其出席和表决。

董事会会议一般应当在合营企业法定地址所在地举行。

第三十三条 下列事项由出席董事会会议的董事一致通过方可作出决议:

(一)合营企业章程的修改;

(二)合营企业的中止、解散;

(三)合营企业注册资本的增加、减少;

(四)合营企业的合并、分立。

其他事项,可以根据合营企业章程载明的议事规则作出决议。

第三十四条 董事长是合营企业的法定代表人。董事长不能履行职责时,应当授权副董事长或者其他董事代表合营企业。

第三十五条 合营企业设经营管理机构,负责企业的日常经营管理工作。经营管理机构设总经理1人,副总经理若干人。副总经理协助总经理工作。

第三十六条 总经理执行董事会会议的各项决议,组织领导合营企业的日常经营管理工作。在董事会授权范围内,总经理对外代表合营企业,对内任免下属人员,行使董事会授予的其他职权。

第三十七条 总经理、副总经理由合营企业董事会聘请,可以由中国公民担任,也可以由外国公民担任。

经董事会聘请,董事长、副董事长、董事可以兼任合营企业的总经理、副总经理或者其他高级管理职务。

总经理处理重要问题时,应当同副总经理协商。

总经理或者副总经理不得兼任其他经济组织的总经理或者副总经理,不得参与其他经济组织对本企业的商业竞争。

第三十八条 总经理、副总经理及其他高级管理人员有营私舞弊或者严重失职行为的,经董事会决议可以随时解聘。

第三十九条 合营企业需要在国外和港澳地区设立分支机构(含销售机构)时,应当报对外贸易经济合作部批准。

第六章 引进技术

第四十条 本条例所称引进技术,是指合营企业通过技术转让的方式,从第三者或者合营者获得所需要的技术。

第四十一条 合营企业引进的技术应当是适用的、先进的,使其产品在国内具有显著的社会经济效益或者在国际市场上具有竞争能力。

第四十二条 在订立技术转让协议时,必须维护合营企业独立进行经营管理的权利,并参照本条例第二十六条的规定,要求技术输出方提供有关的资料。

第四十三条 合营企业订立的技术转让协议,应当报审批机构批准。

技术转让协议必须符合下列规定:

(一)技术使用费应当公平合理;

(二)除双方另有协议外,技术输出方不得限制技术输入方出口其产品的地区、数量和价格;

(三)技术转让协议的期限一般不超过10年;

(四)技术转让协议期满后,技术输入方有权继续使用该项技术;

(五)订立技术转让协议双方,相互交换改进技术的条件应当对等;

(六)技术输入方有权按自己认为合适的来源购买需要的机器设备、零部件和原材料;

(七)不得含有为中国的法律、法规所禁止的不合理的限制性条款。

第七章 场地使用权及其费用

第四十四条 合营企业使用场地,必须贯彻执行节约用地的原则。所需场地,应当由合营企业向所在地的市(县)级土地主管部门提出申请,经审查批准后,通过签订合同取得场地使用权。合同应当订明场地面积、地点、用途、合同期限、场地使用权的费用(以下简称场地使用费)、双方的权利与义务、违反合同的罚则等。

第四十五条 合营企业所需场地的使用权,已为中国合营者所拥有的,中国合营者可以将其作为对合营企业的出资,其作价金额应当与取得同类场地使用权所应缴纳的使用费相同。

第四十六条 场地使用费标准应当根据该场地的用途、地理环境条件、征地拆迁安置费用和合营企业对基础设施的要求等因素,由所在地的省、自治区、直辖市人民政府规定,并向对外贸易经济合作部和国家土地主管部门备案。

第四十七条 从事农业、畜牧业的合营企业,经所在地的省、自治区、直辖市人民政府同意,可以按合营企业营业收入的百分比向所在地的土地主管部门缴纳场地使用费。

在经济不发达地区从事开发性的项目,场地使用费经所在地人民政府同意,可以给予特别优惠。

第四十八条 场地使用费在开始用地的5年内不调整。以后随着经济的发展、供需情况的变化和地理环境条件的变化需要调整时,调整的间隔期应当不少于3年。

场地使用费作为中国合营者投资的,在该合同期限内不得调整。

第四十九条 合营企业按本条例第四十四条取得的场地使用权,其场地使用费应当按合同规定的用地时间从开始时起按年缴纳,第一日历年用地时间超过半年的按半年计算;不足半年的免缴。在合同期内,场地使用费如有调整,应当自调整的年度起按新的费用标准缴纳。

第五十条 合营企业除依照本章规定取得场地使用权外,还可以按照国家有关规定取得场地使用权。

第八章 购买与销售

第五十一条 合营企业所需的机器设备、原材料、燃料、配套件、运输工具和办公用品等(以下简称物资),有权自行决定在中国购买或者向国外购买。

第五十二条 合营企业需要在中国购置的办公、生活用品,按需要量购买,不受限制。

第五十三条 中国政府鼓励合营企业向国际市场销售其产品。

第五十四条 合营企业有权自行出口其产品,也可以委托外国合营者的销售机构或者中国的外贸公司代销或者经销。

第五十五条 合营企业在合营合同规定的经营范围内,进口本企业生产所需的机器设备、零配件、原材料、燃料,凡属国家规定需要领取进口许可证的,每年编制一次计划,每半年申领一次。外国合营者作为出资的机器设备或者其他物料,可以凭审批机构的批准文件直接办理进口许可证进口。超出合营合同规定范围进口的物资,凡国家规定需要领取进口许可证的,应当另行申领。

合营企业生产的产品,可以自主经营出口,凡属国家规定需要领取出口许可证的,合营企业按照本企业的年度出口计划,每半年申领一次。

第五十六条 合营企业在国内购买物资的价格以及支付水、电、气、热、货物运输、劳务、工程设计、咨询、广告等服务的费用,享受与国内其他企业同等的待遇。

第五十七条 合营企业与中国其他经济组织之间的经济往来,按照有关的法律规定和双方订立的合同承担经济责任,解决合同争议。

第五十八条 合营企业应当依照《中华人民共和国统计法》及中国利用外资统计制度的规定,提供统计资料,报送统计报表。

第九章 税 务

第五十九条 合营企业应当按照中华人民共和国有关法律的规定,缴纳各种税款。

第六十条 合营企业的职工应当按照《中华人民共和国个人所得税法》缴纳个人所得税。

第六十一条 合营企业进口下列物资,依照中国税法的有关规定减税、免税:

(一)按照合同规定作为外国合营者出资的机器设备、零部件和其他物料(其他物料系指合营企业建厂(场)以及安装、加固机器所需材料,下同);

(二)合营企业以投资总额以内的资金进口的机器设备、零部件和其他物料;

(三)经审批机构批准,合营企业以增加资本所进口的国内不能保证生产供应的机器设备、零部件和其他物料;

(四)合营企业为生产出口产品,从国外进口的原材料、辅料、元器件、零部件和包装物料。

上述减税、免税进口物资,经批准在中国

国内转卖或者转用于在中国国内销售的产品，应当照章纳税或者补税。

第六十二条　合营企业生产的出口产品，除中国限制出口的以外，依照中国税法的有关规定减税、免税或者退税。

第十章　外汇管理

第六十三条　合营企业的一切外汇事宜，按照《中华人民共和国外汇管理条例》和有关管理办法的规定办理。

第六十四条　合营企业凭营业执照，在境内银行开立外汇账户和人民币账户，由开户银行监督收付。

第六十五条　合营企业在国外或者港澳地区的银行开立外汇账户，应当经国家外汇管理局或者其分局批准，并向国家外汇管理局或者其分局报告收付情况和提供银行对账单。

第六十六条　合营企业在国外或者港澳地区设立的分支机构，其年度资产负债表和年度利润表，应当通过合营企业报送国家外汇管理局或者其分局。

第六十七条　合营企业根据经营业务的需要，可以向境内的金融机构申请外汇贷款和人民币贷款，也可以按照国家有关规定从国外或者港澳地区的银行借入外汇资金，并向国家外汇管理局或者其分局办理登记或者备案手续。

第六十八条　合营企业的外籍职工和港澳职工的工资和其他正当收益，依法纳税后，减去在中国境内的花费，其剩余部分可以按照国家有关规定购汇汇出。

第十一章　财务与会计

第六十九条　合营企业的财务与会计制度，应当按照中国有关法律和财务会计制度的规定，结合合营企业的情况加以制定，并报当地财政部门、税务机关备案。

第七十条　合营企业设总会计师，协助总经理负责企业的财务会计工作。必要时，可以设副总会计师。

第七十一条　合营企业设审计师（小的企业可以不设），负责审查、稽核合营企业的财务收支和会计账目，向董事会、总经理提出报告。

第七十二条　合营企业会计年度采用日历年制，自公历每年1月1日起至12月31日止为一个会计年度。

第七十三条　合营企业会计采用国际通用的权责发生制和借贷记账法记账。一切自制凭证、账簿、报表必须用中文书写，也可以同时用合营各方商定的一种外文书写。

第七十四条　合营企业原则上采用人民币作为记账本位币，经合营各方商定，也可以采用某一种外国货币作为记账本位币。

第七十五条　合营企业的账目，除按记账本位币记录外，对于现金、银行存款、其他货币款项以及债权债务、收益和费用等，与记账本位币不一致时，还应当按实际收付的货币记账。

以外国货币作为记账本位币的合营企业，其编报的财务会计报告应当折算为人民币。

因汇率的差异而发生的折合记账本位币差额，作为汇兑损益列账。记账汇率变动，有关外币各账户的账面余额，于年终结账时，应当按照中国有关法律和财务会计制度的规定进行会计处理。

第七十六条　合营企业按照《中华人民共和国企业所得税法》缴纳所得税后的利润分配原则如下：

（一）提取储备基金、职工奖励及福利基金、企业发展基金，提取比例由董事会确定；

（二）储备基金除用于垫补合营企业亏损外，经审批机构批准也可以用于本企业增加资本，扩大生产；

（三）按照本条第（一）项规定提取三项基金后的可分配利润，董事会确定分配的，应当按合营各方的出资比例进行分配。

第七十七条　以前年度的亏损未弥补前不得分配利润。以前年度未分配的利润，可以并入本年度利润分配。

第七十八条　合营企业应当向合营各方、当地税务机关和财政部门报送季度和年度会计报表。

第七十九条　合营企业的下列文件、证件、报表，应当经中国的注册会计师验证和出具证明，方为有效：

（一）合营各方的出资证明书（以物料、场地使用权、工业产权、专有技术作为出资的，应当包括合营各方签字同意的财产估价清单及

其协议文件);

(二)合营企业的年度会计报表;

(三)合营企业清算的会计报表。

第十二章 职 工

第八十条 合营企业职工的招收、招聘、辞退、辞职、工资、福利、劳动保险、劳动保护、劳动纪律等事宜,按照国家有关劳动和社会保障的规定办理。

第八十一条 合营企业应当加强对职工的业务、技术培训,建立严格的考核制度,使他们在生产、管理技能方面能够适应现代化企业的要求。

第八十二条 合营企业的工资、奖励制度必须符合按劳分配、多劳多得的原则。

第八十三条 正副总经理、正副总工程师、正副总会计师、审计师等高级管理人员的工资待遇,由董事会决定。

第十三章 工 会

第八十四条 合营企业职工有权按照《中华人民共和国工会法》和《中国工会章程》的规定,建立基层工会组织,开展工会活动。

第八十五条 合营企业工会是职工利益的代表,有权代表职工同合营企业签订劳动合同,并监督合同的执行。

第八十六条 合营企业工会的基本任务是:依法维护职工的民主权利和物质利益;协助合营企业安排和合理使用福利、奖励基金;组织职工学习政治、科学、技术和业务知识,开展文艺、体育活动;教育职工遵守劳动纪律,努力完成企业的各项经济任务。

第八十七条 合营企业董事会会议讨论合营企业的发展规划、生产经营活动等重大事项时,工会的代表有权列席会议,反映职工的意见和要求。

董事会会议研究决定有关职工奖惩、工资制度、生活福利、劳动保护和保险等问题时,工会的代表有权列席会议,董事会应当听取工会的意见,取得工会的合作。

第八十八条 合营企业应当积极支持本企业工会的工作。合营企业应当按照《中华人民共和国工会法》的规定为工会组织提供必要的房屋和设备,用于办公、会议、举办职工集体福利、文化、体育事业。合营企业每月按企业职工实际工资总额的2%拨交工会经费,由本企业工会按照中华全国总工会制定的有关工会经费管理办法使用。

第十四章 期限、解散与清算

第八十九条 合营企业的合营期限,按照《中外合资经营企业合营期限暂行规定》执行。

第九十条 合营企业在下列情况下解散:

(一)合营期限届满;

(二)企业发生严重亏损,无力继续经营;

(三)合营一方不履行合营企业协议、合同、章程规定的义务,致使企业无法继续经营;

(四)因自然灾害、战争等不可抗力遭受严重损失,无法继续经营;

(五)合营企业未达到其经营目的,同时又无发展前途;

(六)合营企业合同、章程所规定的其他解散原因已经出现。

前款第(二)、(四)、(五)、(六)项情况发生的,由董事会提出解散申请书,报审批机构批准;第(三)项情况发生的,由履行合同的一方提出申请,报审批机构批准。

在本条第一款第(三)项情况下,不履行合营企业协议、合同、章程规定的义务一方,应当对合营企业由此造成的损失负赔偿责任。

第九十一条 合营企业宣告解散时,应当进行清算。合营企业应当依法成立清算委员会,由清算委员会负责清算事宜。

第九十二条 清算委员会的成员一般应当在合营企业的董事中选任。董事不能担任或者不适合担任清算委员会成员时,合营企业可以聘请中国的注册会计师、律师担任。审批机构认为必要时,可以派人进行监督。

清算费用和清算委员会成员的酬劳应当从合营企业现存财产中优先支付。

第九十三条 清算委员会的任务是对合营企业的财产、债权、债务进行全面清查,编制资产负债表和财产目录,提出财产作价和计算依据,制定清算方案,提请董事会会议通过后执行。

清算期间,清算委员会代表该合营企业起诉和应诉。

第九十四条　合营企业以其全部资产对其债务承担责任。合营企业清偿债务后的剩余财产按照合营各方的出资比例进行分配，但合营企业协议、合同、章程另有规定的除外。

合营企业解散时，其资产净额或者剩余财产减除企业未分配利润、各项基金和清算费用后的余额，超过实缴资本的部分为清算所得，应当依法缴纳所得税。

第九十五条　合营企业的清算工作结束后，由清算委员会提出清算结束报告，提请董事会会议通过后，报告审批机构，并向登记管理机构办理注销登记手续，缴销营业执照。

第九十六条　合营企业解散后，各项账册及文件应当由原中国合营者保存。

第十五章　争议的解决

第九十七条　合营各方在解释或者履行合营企业协议、合同、章程时发生争议的，应当尽量通过友好协商或者调解解决。经过协商或者调解无效的，提请仲裁或者司法解决。

第九十八条　合营各方根据有关仲裁的书面协议，可以在中国的仲裁机构进行仲裁，也可以在其他仲裁机构仲裁。

第九十九条　合营各方之间没有有关仲裁的书面协议的，发生争议的任何一方都可以依法向人民法院起诉。

第一百条　在解决争议期间，除争议事项外，合营各方应当继续履行合营企业协议、合同、章程所规定的其他各项条款。

第十六章　附　　则

第一百零一条　合营企业的外籍职工和港澳职工（包括其家属），需要经常入、出中国国境的，中国主管签证机关可以简化手续，予以方便。

第一百零二条　合营企业的中国职工，因工作需要出国（境）考察、洽谈业务、学习或者接受培训，按照国家有关规定办理出国（境）手续。

第一百零三条　合营企业的外籍职工和港澳职工，可以带进必需的交通工具和办公用品，按照中国税法的有关规定纳税。

第一百零四条　在经济特区设立的合营企业，法律、行政法规另有规定的，从其规定。

第一百零五条　本条例自公布之日起施行。

中华人民共和国中外合作经营企业法实施细则

1. 1995年8月7日国务院批准，1995年9月4日对外贸易经济合作部发布

2. 根据2014年2月19日《国务院关于废止和修改部分行政法规的决定》修订

目　　录

第一章　总　　则

第一条　根据《中华人民共和国中外合作经营企业法》，制定本实施细则。

第二条　在中国境内举办中外合作经营企业（以下简称合作企业），应当符合国家的发展政策和产业政策，遵守国家关于指导外商投资方向的规定。

第三条　合作企业在批准的合作企业协议、合同、章程范围内，依法自主地开展业务、进行经营管理活动，不受任何组织或者个人的干涉。

第四条　合作企业包括依法取得中国法人资格的合作企业和不具有法人资格的合作企业。

不具有法人资格的合作企业，本实施细则第九章有特别规定的，从其规定。

第五条　合作企业的主管部门为中国合作者的主管部门。合作企业有二个以上中国合作者的，由审查批准机关会同有关部门协商确定一个主管部门。但是，法律、行政法规另有规定的除外。

合作企业的主管部门对合作企业的有关

事宜依法进行协调、提供协助。

第二章 合作企业的设立

第六条 设立合作企业由对外贸易经济合作部或者国务院授权的部门和地方人民政府审查批准。

设立合作企业属于下列情形的,由国务院授权的部门或者地方人民政府审查批准:

(一)投资总额在国务院规定由国务院授权的部门或者地方人民政府审批的投资限额以内的;

(二)自筹资金,并且不需要国家平衡建设、生产条件的;

(三)产品出口不需要领取国家有关主管部门发放的出口配额、许可证,或者虽需要领取,但在报送项目建议书前已征得国家有关主管部门同意的;

(四)有法律、行政法规规定由国务院授权的部门或者地方人民政府审查批准的其他情形的。

第七条 设立合作企业,应当由中国合作者向审查批准机关报送下列文件:

(一)设立合作企业的项目建议书,并附送主管部门审查同意的文件;

(二)合作各方共同编制的可行性研究报告,并附送主管部门审查同意的文件;

(三)由合作各方的法定代表人或其授权的代表签署的合作企业协议、合同、章程;

(四)合作各方的营业执照或者注册登记证明、资信证明及法定代表人的有效证明文件,外国合作者是自然人的,应当提供有关其身份、履历和资信情况的有效证明文件;

(五)合作各方协商确定的合作企业董事长、副董事长、董事或者联合管理委员会主任、副主任、委员的人选名单;

(六)审查批准机关要求报送的其他文件。

前款所列文件,除第四项中所列外国合作者提供的文件外,必须报送中文本,第二项、第三项和第五项所列文件可以同时报送合作各方商定的一种外文本。

审查批准机关应当自收到规定的全部文件之日起45天内决定批准或者不批准;审查批准机关认为报送的文件不全或者有不当之处的,有权要求合作各方在指定期间内补全或者修正。

第八条 对外贸易经济合作部和国务院授权的部门批准设立的合作企业,由对外贸易经济合作部颁发批准证书。

国务院授权的地方人民政府批准设立的合作企业,由有关地方人民政府颁发批准证书,并自批准之日起30天内将有关批准文件报送对外贸易经济合作部备案。

批准设立的合作企业应当依法向工商行政管理机关申请登记,领取营业执照。

第九条 申请设立合作企业,有下列情形之一的,不予批准:

(一)损害国家主权或者社会公共利益的;

(二)危害国家安全的;

(三)对环境造成污染损害的;

(四)有违反法律、行政法规或者国家产业政策的其他情形的。

第十条 本实施细则所称合作企业协议,是指合作各方对设立合作企业的原则和主要事项达成一致意见后形成的书面文件。

本实施细则所称合作企业合同,是指合作各方为设立合作企业就相互之间的权利、义务关系达成一致意见后形成的书面文件。

本实施细则所称合作企业章程,是指按照合作企业合同的约定,经合作各方一致同意,约定合作企业的组织原则、经营管理方法等事项的书面文件。

合作企业协议、章程的内容与合作企业合同不一致的,以合作企业合同为准。

合作各方可以不订立合作企业协议。

第十一条 合作企业协议、合同、章程自审查批准机关颁发批准证书之日起生效。在合作期限内,合作企业协议、合同、章程有重大变更的,须经审查批准机关批准。

第十二条 合作企业合同应当载明下列事项:

(一)合作各方的名称、注册地、住所及法定代表人的姓名、职务、国籍(外国合作者是自然人的,其姓名、国籍和住所);

(二)合作企业的名称、住所、经营范围;

(三)合作企业的投资总额,注册资本,合作各方投资或者提供合作条件的方式、期限;

（四）合作各方投资或者提供的合作条件的转让；

（五）合作各方收益或者产品的分配，风险或者亏损的分担；

（六）合作企业董事会或者联合管理委员会的组成以及董事或者联合管理委员会委员名额的分配，总经理及其他高级管理人员的职责和聘任、解聘办法；

（七）采用的主要生产设备、生产技术及其来源；

（八）产品在中国境内销售和境外销售的安排；

（九）合作企业外汇收支的安排；

（十）合作企业的期限、解散和清算；

（十一）合作各方其他义务以及违反合同的责任；

（十二）财务、会计、审计的处理原则；

（十三）合作各方之间争议的处理；

（十四）合作企业合同的修改程序。

第十三条　合作企业章程应当载明下列事项：

（一）合作企业名称及住所；

（二）合作企业的经营范围和合作期限；

（三）合作各方的名称、注册地、住所及法定代表人的姓名、职务和国籍（外国合作者是自然人的，其姓名、国籍和住所）；

（四）合作企业的投资总额，注册资本，合作各方认缴出资额、投资或者提供合作条件的方式、期限；

（五）合作各方收益或者产品的分配，风险或者亏损的分担；

（六）合作企业董事会或者联合管理委员会的组成、职权和议事规则，董事会董事或者联合管理委员会委员的任期，董事长、副董事长或者联合管理委员会主任、副主任的职责；

（七）经营管理机构的设置、职权、办事规则，总经理及其他高级管理人员的职责和聘任、解聘办法；

（八）有关职工招聘、培训、劳动合同、工资、社会保险、福利、职业安全卫生等劳动管理事项；

（九）合作企业财务、会计和审计制度；

（十）合作企业解散和清算办法；

（十一）合作企业章程的修改程序。

第三章　组织形式与注册资本

第十四条　合作企业依法取得中国法人资格的，为有限责任公司。除合作企业合同另有约定外，合作各方以其投资或者提供的合作条件为限对合作企业承担责任。

合作企业以其全部资产对合作企业的债务承担责任。

第十五条　合作企业的投资总额，是指按照合作企业合同、章程规定的生产经营规模，需要投入的资金总和。

第十六条　合作企业的注册资本，是指为设立合作企业，在工商行政管理机关登记的合作各方认缴的出资额之和。注册资本以人民币表示，也可以用合作各方约定的一种可自由兑换的外币表示。

合作企业注册资本在合作期限内不得减少。但是，因投资总额和生产经营规模等变化，确需减少的，须经审查批准机关批准。

第四章　投资、合作条件

第十七条　合作各方应当依照有关法律、行政法规的规定和合作企业合同的约定，向合作企业投资或者提供合作条件。

第十八条　合作各方向合作企业的投资或者提供的合作条件可以是货币，也可以是实物或者工业产权、专有技术、土地使用权等财产权利。

中国合作者的投资或者提供的合作条件，属于国有资产的，应当依照有关法律、行政法规的规定进行资产评估。

在依法取得中国法人资格的合作企业中，外国合作者的投资一般不低于合作企业注册资本的25%。在不具有法人资格的合作企业中，对合作各方向合作企业投资或者提供合作条件的具体要求，由对外贸易经济合作部规定。

第十九条　合作各方应当以其自有的财产或者财产权利作为投资或者合作条件，对该投资或者合作条件不得设置抵押权或者其他形式的担保。

第二十条　合作各方应当根据合作企业的生产经营需要，依照有关法律、行政法规的规定，在合作企业合同中约定合作各方向合作企业投资或者提供合作条件的期限。

合作各方没有按照合作企业合同约定缴纳投资或者提供合作条件的,工商行政管理机关应当限期履行;限期届满仍未履行的,审查批准机关应当撤销合作企业的批准证书,工商行政管理机关应当吊销合作企业的营业执照,并予以公告。

第二十一条 未按照合作企业合同约定缴纳投资或者提供合作条件的一方,应当向已按照合作企业合同约定缴纳投资或者提供合作条件的他方承担违约责任。

第二十二条 合作各方缴纳投资或者提供合作条件后,应当由中国注册会计师验证并出具验资报告,由合作企业据以发给合作各方出资证明书。出资证明书应当载明下列事项:

(一)合作企业名称;

(二)合作企业成立日期;

(三)合作各方名称或者姓名;

(四)合作各方投资或者提供合作条件的内容;

(五)合作各方投资或者提供合作条件的日期;

(六)出资证明书的编号和核发日期。

出资证明书应当抄送审查批准机关及工商行政管理机关。

第二十三条 合作各方之间相互转让或者合作一方向合作他方以外的他人转让属于其在合作企业合同中全部或者部分权利的,须经合作他方书面同意,并报审查批准机关批准。

审查批准机关应当自收到有关转让文件之日起30天内决定批准或者不批准。

第五章 组织机构

第二十四条 合作企业设董事会或者联合管理委员会。董事会或者联合管理委员会是合作企业的权力机构,按照合作企业章程的规定,决定合作企业的重大问题。

第二十五条 董事会或者联合管理委员会成员不得少于3人,其名额的分配由中外合作者参照其投资或者提供的合作条件协商确定。

第二十六条 董事会董事或者联合管理委员会委员由合作各方自行委派或者撤换。董事会董事长、副董事长或者联合管理委员会主任、副主任的产生办法由合作企业章程规定;中外合作者的一方担任董事长、主任的,副董事长、副主任由他方担任。

第二十七条 董事或者委员的任期由合作企业章程规定;但是,每届任期不得超过3年。董事或者委员任期届满,委派方继续委派的,可以连任。

第二十八条 董事会会议或者联合管理委员会会议每年至少召开1次,由董事长或者主任召集并主持。董事长或者主任因特殊原因不能履行职务时,由董事长或者主任指定副董事长、副主任或者其他董事、委员召集并主持。1/3以上董事或者委员可以提议召开董事会会议或者联合管理委员会会议。

董事会会议或者联合管理委员会会议应当有2/3以上董事或者委员出席方能举行,不能出席董事会会议或者联合管理委员会会议的董事或者委员应当书面委托他人代表其出席和表决。董事会会议或者联合管理委员会会议作出决议,须经全体董事或者委员的过半数通过。董事或者委员无正当理由不参加又不委托他人代表其参加董事会会议或者联合管理委员会会议的,视为出席董事会会议或者联合管理委员会会议并在表决中弃权。

召开董事会会议或者联合管理委员会会议,应当在会议召开的10天前通知全体董事或者委员。董事会或者联合管理委员会也可以用通讯的方式作出决议。

第二十九条 下列事项由出席董事会会议或者联合管理委员会会议的董事或者委员一致通过,方可作出决议:

(一)合作企业章程的修改;

(二)合作企业注册资本的增加或者减少;

(三)合作企业的解散;

(四)合作企业的资产抵押;

(五)合作企业合并、分立和变更组织形式;

(六)合作各方约定由董事会会议或者联合管理委员会会议一致通过方可作出决议的其他事项。

第三十条 董事会或者联合管理委员会的议事

方式和表决程序,除本实施细则规定的外,由合作企业章程规定。

第三十一条　董事长或者主任是合作企业的法定代表人。董事长或者主任因特殊原因不能履行职务时,应当授权副董事长、副主任或者其他董事、委员对外代表合作企业。

第三十二条　合作企业设总经理1人,负责合作企业的日常经营管理工作,对董事会或者联合管理委员会负责。

合作企业的总经理由董事会或者联合管理委员会聘任、解聘。

第三十三条　总经理及其他高级管理人员可以由中国公民担任,也可以由外国公民担任。

经董事会或者联合管理委员会聘任,董事或者委员可以兼任合作企业的总经理或者其他高级管理职务。

第三十四条　总经理及其他高级管理人员不胜任工作任务的,或者有营私舞弊或者严重失职行为的,经董事会或者联合管理委员会决议,可以解聘;给合作企业造成损失的,应当依法承担责任。

第三十五条　合作企业成立后委托合作各方以外的他人经营管理的,必须经董事会或者联合管理委员会一致同意,并应当与被委托人签订委托经营管理合同。

合作企业应当将董事会或者联合管理委员会的决议、签订的委托经营管理合同,连同被委托人的资信证明等文件,一并报送审查批准机关批准。审查批准机关应当自收到有关文件之日起30天内决定批准或者不批准。

第六章　购买物资和销售产品

第三十六条　合作企业按照经批准的经营范围和生产经营规模,自行制定生产经营计划。

政府部门不得强令合作企业执行政府部门确定的生产经营计划。

第三十七条　合作企业可以自行决定在中国境内或者境外购买本企业自用的机器设备、原材料、燃料、零部件、配套件、元器件、运输工具和办公用品等(以下简称“物资”)。

第三十八条　国家鼓励合作企业向国际市场销售其产品。合作企业可以自行向国际市场销售其产品,也可以委托国外的销售机构或者中国的外贸公司代销或者经销其产品。

合作企业销售产品的价格,由合作企业依法自行确定。

第三十九条　外国合作者作为投资进口的机器设备、零部件和其他物料以及合作企业用投资总额内的资金进口生产、经营所需的机器设备、零部件和其他物料,免征进口关税和进口环节的流转税。上述免税进口物资经批准在中国境内转卖或者转用于国内销售的,应当依法纳税或者补税。

第四十条　合作企业不得以明显低于合理的国际市场同类产品的价格出口产品,不得以高于国际市场同类产品的价格进口物资。

第四十一条　合作企业销售产品,应当按照经批准的合作企业合同的约定销售。

第四十二条　合作企业进口或者出口属于进出口许可证、配额管理的商品,应当按照国家有关规定办理申领手续。

第七章　分配收益与回收投资

第四十三条　中外合作者可以采用分配利润、分配产品或者合作各方共同商定的其他方式分配收益。

采用分配产品或者其他方式分配收益的,应当按照税法的有关规定,计算应纳税额。

第四十四条　中外合作者在合作企业合同中约定合作期限届满时,合作企业的全部固定资产无偿归中国合作者所有的,外国合作者在合作期限内可以申请按照下列方式先行回收其投资:

(一)在按照投资或者提供合作条件进行分配的基础上,在合作企业合同中约定扩大外国合作者的收益分配比例;

(二)经财政税务机关按照国家有关税收的规定审查批准,外国合作者在合作企业缴纳所得税前回收投资;

(三)经财政税务机关和审查批准机关批准的其他回收投资方式。

外国合作者依照前款规定在合作期限内先行回收投资的,中外合作者应当依照有关法律的规定和合作企业合同的约定,对合作企业的债务承担责任。

第四十五条　外国合作者依照本实施细则第四

十四条第二项和第三项的规定提出先行回收投资的申请,应当具体说明先行回收投资的总额、期限和方式,经财政税务机关审查同意后,报审查批准机关审批。

合作企业的亏损未弥补前,外国合作者不得先行回收投资。

第四十六条 合作企业应当按照国家有关规定聘请中国注册会计师进行查帐验证。合作各方可以共同或者单方自行委托中国注册会计师查帐,所需费用由委托查帐方负担。

第八章 期限和解散

第四十七条 合作企业的期限由中外合作者协商确定,并在合作企业合同中订明。

合作企业期限届满,合作各方协商同意要求延长合作期限的,应当在期限届满的180天前向审查批准机关提出申请,说明原合作企业合同执行情况,延长合作期限的原因,同时报送合作各方就延长的期限内各方的权利、义务等事项所达成的协议。审查批准机关应当自接到申请之日起30天内,决定批准或者不批准。

经批准延长合作期限的,合作企业凭批准文件向工商行政管理机关办理变更登记手续,延长的期限从期限届满后的第一天起计算。

合作企业合同约定外国合作者先行回收投资,并且投资已经回收完毕的,合作企业期限届满不再延长;但是,外国合作者增加投资的,经合作各方协商同意,可以依照本条第二款的规定向审查批准机关申请延长合作期限。

第四十八条 合作企业因下列情形之一出现时解散:

(一)合作期限届满;

(二)合作企业发生严重亏损,或者因不可抗力遭受严重损失,无力继续经营;

(三)中外合作者一方或者数方不履行合作企业合同、章程规定的义务,致使合作企业无法继续经营;

(四)合作企业合同、章程中规定的其他解散原因已经出现;

(五)合作企业违反法律、行政法规,被依法责令关闭。

前款第二项、第四项所列情形发生,应当由合作企业的董事会或者联合管理委员会做出决定,报审查批准机关批准。在前款第三项所列情形下,不履行合作企业合同、章程规定的义务的中外合作者一方或者数方,应当对履行合同的他方因此遭受的损失承担赔偿责任;履行合同的一方或者数方有权向审查批准机关提出申请,解散合作企业。

第四十九条 合作企业的清算事宜依照国家有关法律、行政法规及合作企业合同、章程的规定办理。

第九章 关于不具有法人资格的合作企业的特别规定

第五十条 不具有法人资格的合作企业及其合作各方,依照中国民事法律的有关规定,承担民事责任。

第五十一条 不具有法人资格的合作企业应当向工商行政管理机关登记合作各方的投资或者提供的合作条件。

第五十二条 不具有法人资格的合作企业的合作各方的投资或者提供的合作条件,为合作各方分别所有。经合作各方约定,也可以共有,或者部分分别所有、部分共有。合作企业经营积累的财产,归合作各方共有。

不具有法人资格的合作企业合作各方的投资或者提供的合作条件由合作企业统一管理和使用。未经合作他方同意,任何一方不得擅自处理。

第五十三条 不具有法人资格的合作企业设立联合管理机构。联合管理机构由合作各方委派的代表组成,代表合作各方共同管理合作企业。

联合管理机构决定合作企业的一切重大问题。

第五十四条 不具有法人资格的合作企业应当在合作企业所在地设置统一的会计帐簿;合作各方还应当设置各自的会计帐簿。

第十章 附 则

第五十五条 合作企业合同的订立、效力、解释、履行及其争议的解决,适用中国法律。

第五十六条 本实施细则未规定的事项,包括合作企业的财务、会计、审计、外汇、税务、劳动管理、工会等，适用有关法律、行政法规的规定。

第五十七条　香港、澳门、台湾地区的公司、企业和其他经济组织或者个人以及在国外居住的中国公民举办合作企业，参照本实施细则办理。

第五十八条　本实施细则自发布之日起施行。

中华人民共和国外资企业法实施细则

1. 1990年10月28日国务院批 1990年12月12日对外经济贸易部发布

2. 根据2001年4月12日《国务院关于修改〈中华人民共和国外资企业法实施细则〉的决定》修订

3. 根据2014年2月19日《国务院关于废止和修改部分行政法规的决定》修订

第一章　总　　则

第一条　根据《中华人民共和国外资企业法》的规定，制定本实施细则。

第二条　外资企业受中国法律的管辖和保护。

外资企业在中国境内从事经营活动，必须遵守中国的法律、法规，不得损害中国的社会公共利益。

第三条　设立外资企业，必须有利于中国国民经济的发展，能够取得显著的经济效益。国家鼓励外资企业采用先进技术和设备，从事新产品开发，实现产品升级换代，节约能源和原材料，并鼓励举办产品出口的外资企业。

第四条　禁止或者限制设立外资企业的行业，按照国家指导外商投资方向的规定及外商投资产业指导目录执行。

第五条　申请设立外资企业，有下列情况之一的，不予批准：

（一）有损中国主权或者社会公共利益的；

（二）危及中国国家安全的；

（三）违反中国法律、法规的；

（四）不符合中国国民经济发展要求的；

（五）可能造成环境污染的。

第六条　外资企业在批准的经营范围内，自主经营管理，不受干涉。

第二章　设立程序

第七条　设立外资企业的申请，由中华人民共和国对外贸易经济合作部（以下简称对外贸易经济合作部）审查批准后，发给批准证书。

设立外资企业的申请属于下列情形的，国务院授权省、自治区、直辖市和计划单列市、经济特区人民政府审查批准后，发给批准证书：

（一）投资总额在国务院规定的投资审批权限以内的；

（二）不需要国家调拨原材料，不影响能源、交通运输、外贸出口配额等全国综合平衡的。

省、自治区、直辖市和计划单列市、经济特区人民政府在国务院授权范围内批准设立外资企业，应当在批准后15天内报对外贸易经济合作部备案（对外贸易经济合作部和省、自治区、直辖市和计划单列市、经济特区人民政府，以下统称审批机关）。

第八条　申请设立的外资企业，其产品涉及出口许可证、出口配额、进口许可证或者属于国家限制进口的，应当依照有关管理权限事先征得对外经济贸易主管部门的同意。

第九条　外国投资者在提出设立外资企业的申请前，应当就下列事项向拟设立外资企业所在地的县级或者县级以上地方人民政府提交报告。报告内容包括：设立外资企业的宗旨；经营范围、规模；生产产品；使用的技术设备；用地面积及要求；需要用水、电、煤、煤气或者其他能源的条件及数量；对公共设施的要求等。

县级或者县级以上地方人民政府应当在收到外国投资者提交的报告之日起30天内以书面形式答复外国投资者。

第十条　外国投资者设立外资企业，应当通过拟设立外资企业所在地的县级或者县级以上地方人民政府向审批机关提出申请，并报送下列文件：

（一）设立外资企业申请书；

（二）可行性研究报告；

（三）外资企业章程；

（四）外资企业法定代表人（或者董事会人选）名单；

（五）外国投资者的法律证明文件和资信

证明文件;

(六)拟设立外资企业所在地的县级或者县级以上地方人民政府的书面答复;

(七)需要进口的物资清单;

(八)其他需要报送的文件。

前款(一)、(三)项文件必须用中文书写;(二)、(四)、(五)项文件可以用外文书写,但应当附中文译文。

两个或者两个以上外国投资者共同申请设立外资企业,应当将其签订的合同副本报送审批机关备案。

第十一条 审批机关应当在收到申请设立外资企业的全部文件之日起90天内决定批准或者不批准。审批机关如果发现上述文件不齐备或者有不当之处,可以要求限期补报或者修改。

第十二条 设立外资企业的申请经审批机关批准后,外国投资者应当在收到批准证书之日起30天内向工商行政管理机关申请登记,领取营业执照。外资企业的营业执照签发日期,为该企业成立日期。

外国投资者在收到批准证书之日起满30天未向工商行政管理机关申请登记的,外资企业批准证书自动失效。

外资企业应当在企业成立之日起30天内向税务机关办理税务登记。

第十三条 外国投资者可以委托中国的外商投资企业服务机构或者其他经济组织代为办理本实施细则第八条、第九条第一款和第十条规定事宜,但须签订委托合同。

第十四条 设立外资企业的申请书应当包括下列内容:

(一)外国投资者的姓名或者名称、住所、注册地和法定代表人的姓名、国籍、职务;

(二)拟设立外资企业的名称、住所;

(三)经营范围、产品品种和生产规模;

(四)拟设立外资企业的投资总额、注册资本、资金来源、出资方式和期限;

(五)拟设立外资企业的组织形式和机构、法定代表人;

(六)采用的主要生产设备及其新旧程度、生产技术、工艺水平及其来源;

(七)产品的销售方向、地区和销售渠道、方式;

(八)外汇资金的收支安排;

(九)有关机构设置和人员编制,职工的招用、培训、工资、福利、保险、劳动保护等事项的安排;

(十)可能造成环境污染的程度和解决措施;

(十一)场地选择和用地面积;

(十二)基本建设和生产经营所需资金、能源、原材料及其解决办法;

(十三)项目实施的进度计划;

(十四)拟设立外资企业的经营期限。

第十五条 外资企业的章程应当包括下列内容:

(一)名称及住所;

(二)宗旨、经营范围;

(三)投资总额、注册资本、出资期限;

(四)组织形式;

(五)内部组织机构及其职权和议事规则,法定代表人以及总经理、总工程师、总会计师等人员的职责、权限;

(六)财务、会计及审计的原则和制度;

(七)劳动管理;

(八)经营期限、终止及清算;

(九)章程的修改程序。

第十六条 外资企业的章程经审批机关批准后生效,修改时间。

第十七条 外资企业的分立、合并或者由于其他原因导致资本发生重大变动,须经审批机关批准,并应当聘请中国的注册会计师验证和出具验资报告;经审批机关批准后,向工商行政管理机关办理变更登记手续。

第三章 组织形式与注册资本

第十八条 外资企业的组织形式为有限责任公司。经批准也可以为其他责任形式。

外资企业为有限责任公司的,外国投资者对企业的责任以其认缴的出资额为限。

外资企业为其他责任形式的,外国投资者对企业的责任适用中国法律、法规的规定。

第十九条 外资企业的投资总额,是指开办外资企业所需资金总额,即按其生产规模需要投入的基本建设资金和生产流动资金的总和。

第二十条 外资企业的注册资本,是指为设立外资企业在工商行政管理机关登记的资本总额，即外国投资者认缴的全部出资额。

外资企业的注册资本要与其经营规模相适应，注册资本与投资总额的比例应当符合中国有关规定。

第二十一条　外资企业在经营期内不得减少其注册资本。但是，因投资总额和生产经营规模等发生变化，确需减少的，须经审批机关批准。

第二十二条　外资企业注册资本的增加、转让，须经审批机关批准，并向工商行政管理机关办理变更登记手续。

第二十三条　外资企业将其财产或者权益对外抵押、转让，须经审批机关批准并向工商行政管理机关备案。

第二十四条　外资企业的法定代表人是依照其章程规定，代表外资企业行使职权的负责人。

法定代表人无法履行其职权时，应当以书面形式委托代理人，代其行使职权。

第四章　出资方式与期限

第二十五条　外国投资者可以用可自由兑换的外币出资，也可以用机器设备、工业产权、专有技术等作价出资。

经审批机关批准，外国投资者也可以用其从中国境内举办的其他外商投资企业获得的人民币利润出资。

第二十六条　外国投资者以机器设备作价出资的，该机器设备应当是外资企业生产所必需的设备。

该机器设备的作价不得高于同类机器设备当时的国际市场正常价格。

对作价出资的机器设备，应当列出详细的作价出资清单，包括名称、种类、数量、作价等，作为设立外资企业申请书的附件一并报送审批机关。

第二十七条　外国投资者以工业产权、专有技术作价出资的，该工业产权、专有技术应当为外国投资者所有。

该工业产权、专有技术的作价应当与国际上通常的作价原则相一致，其作价金额不得超过外资企业注册资本的20%。

对作价出资的工业产权、专有技术，应当备有详细资料，包括所有权证书的复制件，有效状况及其技术性能、实用价值，作价的计算根据和标准等，作为设立外资企业申请书的附件一并报送审批机关。

第二十八条　作价出资的机器设备运抵中国口岸时，外资企业应当报请中国的商检机构进行检验，由该商检机构出具检验报告。

作价出资的机器设备的品种、质量和数量与外国投资者报送审批机关的作价出资清单列出的机器设备的品种、质量和数量不符的，审批机关有权要求外国投资者限期改正。

第二十九条　作价出资的工业产权、专有技术实施后，审批机关有权进行检查。该工业产权、专有技术与外国投资者原提供的资料不符的，审批机关有权要求外国投资者限期改正。

第三十条　外国投资者缴付出资的期限应当在设立外资企业申请书和外资企业章程中载明。外国投资者可以分期缴付出资，但最后一期出资应当在营业执照签发之日起3年内缴清。其中第一期出资不得少于外国投资者认缴出资额的15%，并应当在外资企业营业执照签发之日起90天内缴清。

外国投资者未能在前款规定的期限内缴付第一期出资的，外资企业批准证书即自动失效。外资企业应当向工商行政管理机关办理注销登记手续，缴销营业执照；不办理注销登记手续和缴销营业执照的，由工商行政管理机关吊销其营业执照，并予以公告。

第三十一条　第一期出资后的其他各期的出资，外国投资者应当如期缴付。无正当理由逾期30天不出资的，依照本实施细则第三十条第二款的规定处理。

外国投资者有正当理由要求延期出资的，应当经审批机关同意，并报工商行政管理机关备案。

第三十二条　外国投资者缴付每期出资后，外资企业应当聘请中国的注册会计师验证，并出具验资报告，报审批机关和工商行政管理机关备案。

第五章　用地及其费用

第三十三条　外资企业的用地，由外资企业所在地的县级或者县级以上地方人民政府根据本地区的情况审核后，予以安排。

第三十四条 外资企业应当在营业执照签发之日起30天内,持批准证书和营业执照到外资企业所在地县级或者县级以上地方人民政府的土地管理部门办理土地使用手续,领取土地证书。

第三十五条 土地证书为外资企业使用土地的法律凭证。外资企业在经营期限内未经批准,其土地使用权不得转让。

第三十六条 外资企业在领取土地证书时,应当向其所在地土地管理部门缴纳土地使用费。

第三十七条 外资企业使用经过开发的土地,应当缴付土地开发费。

前款所指土地开发费包括征地拆迁安置费用和为外资企业配套的基础设施建设费用。土地开发费可由土地开发单位一次性计收或者分年计收。

第三十八条 外资企业使用未经开发的土地,可以自行开发或者委托中国有关单位开发。基础设施的建设,应当由外资企业所在地县级或者县级以上地方人民政府统一安排。

第三十九条 外资企业的土地使用费和土地开发费的计收标准,依照中国有关规定办理。

第四十条 外资企业的土地使用年限,与经批准的该外资企业的经营期限相同。

第四十一条 外资企业除依照本章规定取得土地使用权外,还可以依照中国其他法规的规定取得土地使用权。

第六章 购买与销售

第四十二条 外资企业有权自行决定购买本企业自用的机器设备、原材料、燃料、零部件、配套件、元器件、运输工具和办公用品等(以下统称"物资")。

外资企业在中国购买物资,在同等条件下,享受与中国企业同等的待遇。

第四十三条 外资企业可以在中国市场销售其产品。国家鼓励外资企业出口其生产的产品。

第四十四条 外资企业有权自行出口本企业生产的产品,也可以委托中国的外贸公司代销或者委托中国境外的公司代销。

外资企业可以自行在中国销售本企业生产的产品,也可以委托商业机构代销其产品。

第四十五条 外国投资者作为出资的机器设备,依照中国规定需要领取进口许可证的,外资企业凭批准的该企业进口设备和物资清单直接或者委托代理机构向发证机关申领进口许可证。

外资企业在批准的经营范围内,进口本企业自用并为生产所需的物资,依照中国规定需要领取进口许可证的,应当编制年度进口计划,每半年向发证机关申领一次。

外资企业出口产品,依照中国规定需要领取出口许可证的,应当编制年度出口计划,每半年向发证机关申领一次。

第四十六条 外资企业进口的物资以及技术劳务的价格不得高于当时的国际市场同类物资以及技术劳务的正常价格。外资企业的出口产品价格,由外资企业参照当时的国际市场价格自行确定,但不得低于合理的出口价格。用高价进口、低价出口等方式逃避税收的,税务机关有权根据税法规定,追究其法律责任。

第四十七条 外资企业应当依照《中华人民共和国统计法》及中国利用外资统计制度的规定,提供统计资料,报送统计报表。

第七章 税　　务

第四十八条 外资企业应当依照中国法律、法规的规定,缴纳税款。

第四十九条 外资企业的职工应当依照中国法律、法规的规定,缴纳个人所得税。

第五十条 外资企业进口下列物资,依照中国税法的有关规定减税、免税:

(一)外国投资者作为出资的机器设备、零部件、建设用建筑材料以及安装、加固机器所需材料;

(二)外资企业以投资总额内的资金进口本企业生产所需的自用机器设备、零部件、生产用交通运输工具以及生产管理设备;

(三)外资企业为生产出口产品而进口的原材料、辅料、元器件、零部件和包装物料。

前款所述的进口物资,经批准在中国境内转卖或者转用于生产在中国境内销售的产品,应当依照中国税法纳税或者补税。

第五十一条 外资企业生产的出口产品,除中国限制出口的以外,依照中国税法的有关规定减税、免税或者退税。

第八章　外汇管理

第五十二条　外资企业的外汇事宜，应当依照中国有关外汇管理的法规办理。

第五十三条　外资企业凭工商行政管理机关发给的营业执照，在中国境内可以经营外汇业务的银行开立账户，由开户银行监督收付。

外资企业的外汇收入，应当存入其开户银行的外汇账户；外汇支出，应当从其外汇账户中支付。

第五十四条　外资企业因生产和经营需要在中国境外的银行开立外汇账户，须经中国外汇管理机关批准，并依照中国外汇管理机关的规定定期报告外汇收付情况和提供银行对账单。

第五十五条　外资企业中的外籍职工和港澳台职工的工资和其他正当的外汇收益，依照中国税法纳税后，可以自由汇出。

第九章　财务会计

第五十六条　外资企业应当依照中国法律、法规和财政机关的规定，建立财务会计制度并报其所在地财政、税务机关备案。

第五十七条　外资企业的会计年度自公历年的1月1日起至12月31日止。

第五十八条　外资企业依照中国税法规定缴纳所得税后的利润，应当提取储备基金和职工奖励及福利基金。储备基金的提取比例不得低于税后利润的10%，当累计提取金额达到注册资本的50%时，可以不再提取。职工奖励及福利基金的提取比例由外资企业自行确定。

外资企业以往会计年度的亏损未弥补前，不得分配利润；以往会计年度未分配的利润，可与本会计年度可供分配的利润一并分配。

第五十九条　外资企业的自制会计凭证、会计账簿和会计报表，应当用中文书写；用外文书写的，应当加注中文。

第六十条　外资企业应当独立核算。

外资企业的年度会计报表和清算会计报表，应当依照中国财政、税务机关的规定编制。以外币编报会计报表的，应当同时编报外币折合为人民币的会计报表。

外资企业的年度会计报表和清算会计报表，应当聘请中国的注册会计师进行验证并出具报告。

第二款和第三款规定的外资企业的年度会计报表和清算会计报表，连同中国的注册会计师出具的报告，应当在规定的时间内报送财政、税务机关，并报审批机关和工商行政管理机关备案。

第六十一条　外国投资者可以聘请中国或者外国的会计人员查阅外资企业账簿，费用由外国投资者承担。

第六十二条　外资企业应当向财政、税务机关报送年度资产负债表和损益表，并报审批机关和工商行政管理机关备案。

第六十三条　外资企业应当在企业所在地设置会计账簿，并接受财政、税务机关的监督。

违反前款规定的，财政、税务机关可以处以罚款，工商行政管理机关可以责令停止营业或者吊销营业执照。

第十章　职　　工

第六十四条　外资企业在中国境内雇用职工，企业和职工双方应当依照中国的法律、法规签订劳动合同。合同中应当订明雇用、辞退、报酬、福利、劳动保护、劳动保险等事项。

外资企业不得雇用童工。

第六十五条　外资企业应当负责职工的业务、技术培训，建立考核制度，使职工在生产、管理技能方面能够适应企业的生产与发展需要。

第十一章　工　　会

第六十六条　外资企业的职工有权依照《中华人民共和国工会法》的规定，建立基层工会组织，开展工会活动。

第六十七条　外资企业工会是职工利益的代表，有权代表职工同本企业签订劳动合同，并监督劳动合同的执行。

第六十八条　外资企业工会的基本任务是：依照中国法律、法规的规定维护职工的合法权益，协助企业合理安排和使用职工福利、奖励基金；组织职工学习政治、科学技术和业务知识，开展文艺、体育活动；教育职工遵守劳动纪律，努力完成企业的各项经济任务。

外资企业研究决定有关职工奖惩、工资制度、生活福利、劳动保护和保险问题时，工会代表有权列席会议。外资企业应当听取工会的意见,取得工会的合作。

第六十九条 外资企业应当积极支持本企业工会的工作,依照《中华人民共和国工会法》的规定,为工会组织提供必要的房屋和设备,用于办公、会议、举办职工集体福利、文化、体育事业。外资企业每月按照企业职工实发工资总额的2%拨交工会经费,由本企业工会依照中华全国总工会制定的有关工会经费管理办法使用。

第十二章 期限、终止与清算

第七十条 外资企业的经营期限,根据不同行业和企业的具体情况,由外国投资者在设立外资企业的申请书中拟订,经审批机关批准。

第七十一条 外资企业的经营期限,从其营业执照签发之日起计算。

外资企业经营期满需要延长经营期限的,应当在距经营期满180天前向审批机关报送延长经营期限的申请书。审批机关应当在收到申请书之日起30天内决定批准或者不批准。

外资企业经批准延长经营期限的,应当自收到批准延长期限文件之日起30天内,向工商行政管理机关办理变更登记手续。

第七十二条 外资企业有下列情形之一的,应予终止:

(一)经营期限届满;

(二)经营不善,严重亏损,外国投资者决定解散;

(三)因自然灾害、战争等不可抗力而遭受严重损失,无法继续经营;

(四)破产;

(五)违反中国法律、法规,危害社会公共利益被依法撤销;

(六)外资企业章程规定的其他解散事由已经出现。

外资企业如存在前款第(二)、(三)、(四)项所列情形,应当自行提交终止申请书,报审批机关核准。审批机关作出核准的日期为企业的终止日期。

第七十三条 外资企业依照本实施细则第七十二条第(一)、(二)、(三)、(六)项的规定终止的,应当在终止之日起15天内对外公告并通知债权人,并在终止公告发出之日起15天内,提出清算程序、原则和清算委员会人选,报审批机关审核后进行清算。

第七十四条 清算委员会应当由外资企业的法定代表人、债权人代表以及有关主管机关的代表组成,并聘请中国的注册会计师、律师等参加。

清算费用从外资企业现存财产中优先支付。

第七十五条 清算委员会行使下列职权:

(一)召集债权人会议;

(二)接管并清理企业财产,编制资产负债表和财产目录;

(三)提出财产作价和计算依据;

(四)制定清算方案;

(五)收回债权和清偿债务;

(六)追回股东应缴而未缴的款项;

(七)分配剩余财产;

(八)代表外资企业起诉和应诉。

第七十六条 外资企业在清算结束之前,外国投资者不得将该企业的资金汇出或者携出中国境外,不得自行处理企业的财产。

外资企业清算结束,其资产净额和剩余财产超过注册资本的部分视同利润,应当依照中国税法缴纳所得税。

第七十七条 外资企业清算结束,应当向工商行政管理机关办理注销登记手续,缴销营业执照。

第七十八条 外资企业清算处理财产时,在同等条件下,中国的企业或者其他经济组织有优先购买权。

第七十九条 外资企业依照本实施细则第七十二条第(四)项的规定终止的,参照中国有关法律、法规进行清算。

外资企业依照本实施细则第七十二条第(五)项的规定终止的,依照中国有关规定进行清算。

第十三章 附 则

第八十条 外资企业的各项保险,应当向中国境内的保险公司投保。

第八十一条 外资企业与其他公司、企业或者经济组织以及个人签订合同，适用《中华人民共和国合同法》。

第八十二条 香港、澳门、台湾地区的公司、企业和其他经济组织或者个人以及在国外居住的中国公民在大陆设立全部资本为其所有的企业，参照本实施细则办理。

第八十三条 外资企业中的外籍职工和港澳台职工可带进合理自用的交通工具和生活物品，并依照中国规定办理进口手续。

第八十四条 本实施细则自公布之日起施行。

个人独资企业登记管理办法

1. 2000年1月13日国家工商行政管理局令第94号公布
2. 根据2014年2月20日国家工商行政管理总局令第63号修订

第一章 总 则

第一条 为了确认个人独资企业的经营资格，规范个人独资企业登记行为，依据《中华人民共和国个人独资企业法》（以下简称《个人独资企业法》），制定本办法。

第二条 个人独资企业的设立、变更、注销，应当依照《个人独资企业法》和本办法的规定办理企业登记。

第三条 个人独资企业经登记机关依法核准登记，领取营业执照后，方可从事经营活动。

个人独资企业应当在登记机关核准的登记事项内依法从事经营活动。

第四条 工商行政管理机关是个人独资企业的登记机关。

国家工商行政管理总局主管全国个人独资企业的登记工作。

省、自治区、直辖市工商行政管理局负责本地区个人独资企业的登记工作。

市、县工商行政管理局以及大中城市工商行政管理分局负责本辖区内的个人独资企业登记。

第二章 设立登记

第五条 设立个人独资企业应当具备《个人独资企业法》第八条规定的条件。

第六条 个人独资企业的名称应当符合名称登记管理有关规定，并与其责任形式及从事的营业相符合。

个人独资企业的名称中不得使用“有限”、“有限责任”或者“公司”字样。

第七条 设立个人独资企业，应当由投资人或者其委托的代理人向个人独资企业所在地登记机关申请设立登记。

第八条 个人独资企业的登记事项应当包括：企业名称、企业住所、投资人姓名和居所、出资额和出资方式、经营范围。

第九条 投资人申请设立登记，应当向登记机关提交下列文件：

（一）投资人签署的个人独资企业设立申请书；

（二）投资人身份证明；

（三）企业住所证明；

（四）国家工商行政管理总局规定提交的其他文件。

从事法律、行政法规规定须报经有关部门审批的业务的，应当提交有关部门的批准文件。

委托代理人申请设立登记的，应当提交投资人的委托书和代理人的身份证明或者资格证明。

第十条 个人独资企业设立申请书应当载明下列事项：

（一）企业的名称和住所；

（二）投资人的姓名和居所；

（三）投资人的出资额和出资方式；

（四）经营范围。

个人独资企业投资人以个人财产出资或者以其家庭共有财产作为个人出资的，应当在设立申请书中予以明确。

第十一条 登记机关应当在收到本办法第九条规定的全部文件之日起15日内，作出核准登记或者不予登记的决定。予以核准的发给营业执照；不予核准的，发给企业登记驳回通知书。

第十二条 个人独资企业营业执照的签发日期为个人独资企业成立日期。

第三章 变更登记

第十三条 个人独资企业变更企业名称、企业住所、经营范围,应当在作出变更决定之日起15日内向原登记机关申请变更登记。

个人独资企业变更投资人姓名和居所、出资额和出资方式,应当在变更事由发生之日起15日内向原登记机关申请变更登记。

第十四条 个人独资企业申请变更登记,应当向登记机关提交下列文件:

(一)投资人签署的变更登记申请书;

(二)国家工商行政管理总局规定提交的其他文件。

从事法律、行政法规规定须报经有关部门审批的业务的,应当提交有关部门的批准文件。

委托代理人申请变更登记的,应当提交投资人的委托书和代理人的身份证明或者资格证明。

第十五条 登记机关应当在收到本办法第十四条规定的全部文件之日起15日内,作出核准登记或者不予登记的决定。予以核准的,换发营业执照或者发给变更登记通知书;不予核准的,发给企业登记驳回通知书。

第十六条 个人独资企业变更住所跨登记机关辖区的,应当向迁入地登记机关申请变更登记。迁入地登记机关受理的,由原登记机关将企业档案移送迁入地登记机关。

第十七条 个人独资企业因转让或者继承致使投资人变化的,个人独资企业可向原登记机关提交转让协议书或者法定继承文件,申请变更登记。

个人独资企业改变出资方式致使个人财产与家庭共有财产变换的,个人独资企业可向原登记机关提交改变出资方式文件,申请变更登记。

第四章 注销登记

第十八条 个人独资企业依照《个人独资企业法》第二十六条规定解散的,应当由投资人或者清算人于清算结束之日起15日内向原登记机关申请注销登记。

第十九条 个人独资企业申请注销登记,应当向登记机关提交下列文件:

(一)投资人或者清算人签署的注销登记申请书;

(二)投资人或者清算人签署的清算报告;

(三)国家工商行政管理总局规定提交的其他文件。

个人独资企业办理注销登记时,应当缴回营业执照。

第二十条 登记机关应当在收到本办法第十九条规定的全部文件之日起15日内,作出核准登记或者不予登记的决定。予以核准的,发给核准通知书;不予核准的,发给企业登记驳回通知书。

第二十一条 经登记机关注销登记,个人独资企业终止。

第五章 分支机构登记

第二十二条 个人独资企业设立分支机构,应当由投资人或者其委托的代理人向分支机构所在地的登记机关申请设立登记。

第二十三条 分支机构的登记事项应当包括:分支机构的名称、经营场所、负责人姓名和居所、经营范围。

第二十四条 个人独资企业申请设立分支机构,应当向登记机关提交下列文件:

(一)分支机构设立登记申请书;

(二)登记机关加盖印章的个人独资企业营业执照复印件;

(三)经营场所证明;

(四)国家工商行政管理总局规定提交的其他文件。

分支机构从事法律、行政法规规定须报经有关部门审批的业务的,还应当提交有关部门的批准文件。

个人独资企业投资人委派分支机构负责人的,应当提交投资人委派分支机构负责人的委托书及其身份证明。

委托代理人申请分支机构设立登记的,应当提交投资人的委托书和代理人的身份证明或者资格证明。

第二十五条 登记机关应当在收到本办法第二十四条规定的全部文件之日起15日内,作出核准登记或者不予登记的决定。核准登记的,发给营业执照;不予登记的,发给登记驳回通知书。

第二十六条 个人独资企业分支机构申请变更登记、注销登记,比照本办法关于个人独资企业申请变更登记、注销登记的有关规定办理。

第二十七条 个人独资企业应当在其分支机构

经核准设立、变更或者注销登记后15日内，将登记情况报该分支机构隶属的个人独资企业的登记机关备案。

第二十八条　个人独资企业向登记机关备案，应当提交下列文件：

（一）分支机构登记机关加盖印章的分支机构营业执照复印件、变更登记通知书或者注销登记通知书；

（二）国家工商行政管理总局规定提交的其他文件。

第六章　公示和证照管理

第二十九条　登记机关应当将个人独资企业登记、备案信息通过企业信用信息公示系统向社会公示。

第三十条　个人独资企业应当于每年1月1日至6月30日，通过企业信用信息公示系统向登记机关报送上一年度年度报告，并向社会公示。

年度报告公示的内容和监督检查按照国务院的规定执行。

第三十一条　个人独资企业营业执照分为正本和副本，正本和副本具有同等法律效力。

个人独资企业根据业务需要，可以向登记机关申请核发若干营业执照副本。

个人独资企业营业执照遗失的，应当在报刊上声明作废，并向登记机关申请补领。个人独资企业营业执照毁损的，应当向登记机关申请更换。

第三十二条　个人独资企业应当将营业执照正本置放在企业住所的醒目位置。

第三十三条　任何单位和个人不得伪造、涂改、出租、转让营业执照。

任何单位和个人不得承租、受让营业执照。

第三十四条　个人独资企业的营业执照正本和副本样式，由国家工商行政管理总局制定。

第七章　法律责任

第三十五条　未经登记机关依法核准登记并领取营业执照，以个人独资企业名义从事经营活动的，由登记机关责令停止经营活动，处以3000元以下的罚款。

第三十六条　个人独资企业办理登记时，提交虚假文件或者采取其他欺骗手段，取得企业登记的，由登记机关责令改正，处以5000元以下的罚款；情节严重的，并处吊销营业执照。

第三十七条　个人独资企业使用的名称与其在登记机关登记的名称不相符合的，责令限期改正，处以2000元以下的罚款。

第三十八条　个人独资企业登记事项发生变更，未依照本办法规定办理变更登记的，由登记机关责令限期改正；逾期不办理的，处以2000元以下的罚款。

第三十九条　个人独资企业不按规定时间将分支机构登记情况报该分支机构隶属的个人独资企业的登记机关备案的，由登记机关责令限期改正；逾期不备案的，处以2000元以下的罚款。

第四十条　个人独资企业营业执照遗失，不在报刊上声明作废的，由登记机关处以500元以下的罚款；个人独资企业营业执照遗失或者毁损，不向登记机关申请补领或者更换的，由登记机关处以500元以下的罚款。

第四十一条　个人独资企业未将营业执照正本置放在企业住所醒目位置的，由登记机关责令限期改正；逾期不改正的，处以500元以下的罚款。

第四十二条　个人独资企业涂改、出租、转让营业执照的，由登记机关责令改正，没收违法所得，处以3000元以下的罚款；情节严重的，吊销营业执照。

承租、受让营业执照从事经营活动的，由登记机关收缴营业执照，责令停止经营活动，处以5000元以下的罚款。

第四十三条　伪造营业执照的，由登记机关责令停业，没收违法所得，处以5000元以下的罚款；构成犯罪的，依法追究刑事责任。

第四十四条　个人独资企业成立后，无正当理由超过6个月未开业，或者开业后自行停业连续6个月的，吊销营业执照。

第四十五条　登记机关对不符合法律规定条件的个人独资企业予以登记，或者对符合法律规定条件的个人独资企业不予登记的，对直接责任人员依法予以行政处分；构成犯罪的，依法追究刑事责任。

第四十六条　登记机关的上级部门有关主管人

员强令登记机关对不符合法律规定条件的个人独资企业予以登记,或者对符合法律规定条件的个人独资企业不予登记,或者对登记机关的违法登记行为进行包庇的,对直接责任人员依法予以行政处分;构成犯罪的,依法追究刑事责任。

第八章　附　　则

第四十七条　本办法施行前依据《中华人民共和国私营企业暂行条例》登记成立的私营独资企业,符合《个人独资企业法》规定的条件的,依据《个人独资企业法》和本办法登记为个人独资企业。

第四十八条　本办法自公布之日起施行。

中华人民共和国合伙企业登记管理办法

1. 1997年11月19日中华人民共和国国务院令第236号发布

2. 根据2007年5月9日《国务院关于修改〈中华人民共和国合伙企业登记管理办法〉的决定》第一次修订

3. 根据2014年2月19日《国务院关于废止和修改部分行政法规的决定》第二次修订

第一章　总　　则

第一条　为了确认合伙企业的经营资格,规范合伙企业登记行为,依据《中华人民共和国合伙企业法》(以下简称合伙企业法),制定本办法。

第二条　合伙企业的设立、变更、注销,应当依照合伙企业法和本办法的规定办理企业登记。

申请办理合伙企业登记,申请人应当对申请材料的真实性负责。

第三条　合伙企业经依法登记,领取合伙企业营业执照后,方可从事经营活动。

第四条　工商行政管理部门是合伙企业登记机关(以下简称企业登记机关)。

国务院工商行政管理部门负责全国的合伙企业登记管理工作。

市、县工商行政管理部门负责本辖区内的合伙企业登记。

国务院工商行政管理部门对特殊的普通合伙企业和有限合伙企业的登记管辖可以作出特别规定。

法律、行政法规对合伙企业登记管辖另有规定的,从其规定。

第二章　设 立 登 记

第五条　设立合伙企业,应当具备合伙企业法规定的条件。

第六条　合伙企业的登记事项应当包括:

(一)名称;

(二)主要经营场所;

(三)执行事务合伙人;

(四)经营范围;

(五)合伙企业类型;

(六)合伙人姓名或者名称及住所、承担责任方式、认缴或者实际缴付的出资数额、缴付期限、出资方式和评估方式。

合伙协议约定合伙期限的,登记事项还应当包括合伙期限。

执行事务合伙人是法人或者其他组织的,登记事项还应当包括法人或者其他组织委派的代表(以下简称委派代表)。

第七条　合伙企业名称中的组织形式后应当标明“普通合伙”、“特殊普通合伙”或者“有限合伙”字样,并符合国家有关企业名称登记管理的规定。

第八条　经企业登记机关登记的合伙企业主要经营场所只能有一个,并且应当在其企业登记机关登记管辖区域内。

第九条　合伙协议未约定或者全体合伙人未决定委托执行事务合伙人的,全体合伙人均为执行事务合伙人。

有限合伙人不得成为执行事务合伙人。

第十条　合伙企业类型包括普通合伙企业(含特殊的普通合伙企业)和有限合伙企业。

第十一条　设立合伙企业,应当由全体合伙人指定的代表或者共同委托的代理人向企业登记机关申请设立登记。

申请设立合伙企业,应当向企业登记机关提交下列文件:

(一)全体合伙人签署的设立登记申请书;

(二)全体合伙人的身份证明;

(三)全体合伙人指定代表或者共同委托代理人的委托书;

（四）合伙协议；

（五）全体合伙人对各合伙人认缴或者实际缴付出资的确认书；

（六）主要经营场所证明；

（七）国务院工商行政管理部门规定提交的其他文件。

法律、行政法规或者国务院规定设立合伙企业须经批准的，还应当提交有关批准文件。

第十二条　合伙企业的经营范围中有属于法律、行政法规或者国务院规定在登记前须经批准的项目的，应当向企业登记机关提交批准文件。

第十三条　全体合伙人决定委托执行事务合伙人的，应当向企业登记机关提交全体合伙人的委托书。执行事务合伙人是法人或者其他组织的，还应当提交其委派代表的委托书和身份证明。

第十四条　以实物、知识产权、土地使用权或者其他财产权利出资，由全体合伙人协商作价的，应当向企业登记机关提交全体合伙人签署的协商作价确认书；由全体合伙人委托法定评估机构评估作价的，应当向企业登记机关提交法定评估机构出具的评估作价证明。

第十五条　法律、行政法规规定设立特殊的普通合伙企业，需要提交合伙人的职业资格证明的，应当向企业登记机关提交有关证明。

第十六条　申请人提交的登记申请材料齐全、符合法定形式，企业登记机关能够当场登记的，应予当场登记，发给合伙企业营业执照。

除前款规定情形外，企业登记机关应当自受理申请之日起20日内，作出是否登记的决定。予以登记的，发给合伙企业营业执照；不予登记的，应当给予书面答复，并说明理由。

第十七条　合伙企业营业执照的签发之日，为合伙企业的成立日期。

第三章　变更登记

第十八条　合伙企业登记事项发生变更的，执行合伙事务的合伙人应当自作出变更决定或者发生变更事由之日起15日内，向原企业登记机关申请变更登记。

第十九条　合伙企业申请变更登记，应当向原企业登记机关提交下列文件：

（一）执行事务合伙人或者委派代表签署的变更登记申请书；

（二）全体合伙人签署的变更决定书，或者合伙协议约定的人员签署的变更决定书；

（三）国务院工商行政管理部门规定提交的其他文件。

法律、行政法规或者国务院规定变更事项须经批准的，还应当提交有关批准文件。

第二十条　申请人提交的申请材料齐全、符合法定形式，企业登记机关能够当场变更登记的，应予当场变更登记。

除前款规定情形外，企业登记机关应当自受理申请之日起20日内，作出是否变更登记的决定。予以变更登记的，应当进行变更登记；不予变更登记的，应当给予书面答复，并说明理由。

合伙企业变更登记事项涉及营业执照变更的，企业登记机关应当换发营业执照。

第四章　注销登记

第二十一条　合伙企业解散，依法由清算人进行清算。清算人应当自被确定之日起10日内，将清算人成员名单向企业登记机关备案。

第二十二条　合伙企业依照合伙企业法的规定解散的，清算人应当自清算结束之日起15日内，向原企业登记机关办理注销登记。

第二十三条　合伙企业办理注销登记，应当提交下列文件：

（一）清算人签署的注销登记申请书；

（二）人民法院的破产裁定，合伙企业依照合伙企业法作出的决定，行政机关责令关闭、合伙企业依法被吊销营业执照或者被撤销的文件；

（三）全体合伙人签名、盖章的清算报告；

（四）国务院工商行政管理部门规定提交的其他文件。

合伙企业办理注销登记时，应当缴回营业执照。

第二十四条　经企业登记机关注销登记，合伙企业终止。

第五章　分支机构登记

第二十五条　合伙企业设立分支机构，应当向分支机构所在地的企业登记机关申请设立登记。

第二十六条 分支机构的登记事项包括:分支机构的名称、经营场所、经营范围、分支机构负责人的姓名及住所。

分支机构的经营范围不得超出合伙企业的经营范围。

合伙企业有合伙期限的,分支机构的登记事项还应当包括经营期限。分支机构的经营期限不得超过合伙企业的合伙期限。

第二十七条 合伙企业设立分支机构,应当向分支机构所在地的企业登记机关提交下列文件:

(一)分支机构设立登记申请书;

(二)全体合伙人签署的设立分支机构的决定书;

(三)加盖合伙企业印章的合伙企业营业执照复印件;

(四)全体合伙人委派执行分支机构事务负责人的委托书及其身份证明;

(五)经营场所证明;

(六)国务院工商行政管理部门规定提交的其他文件。

法律、行政法规或者国务院规定设立合伙企业分支机构须经批准的,还应当提交有关批准文件。

第二十八条 分支机构的经营范围中有属于法律、行政法规或者国务院规定在登记前须经批准的项目的,应当向分支机构所在地的企业登记机关提交批准文件。

第二十九条 申请人提交的登记申请材料齐全、符合法定形式,企业登记机关能够当场登记的,应予当场登记,发给营业执照。

除前款规定情形外,企业登记机关应当自受理申请之日起20日内,作出是否登记的决定。予以登记的,发给营业执照;不予登记的,应当给予书面答复,并说明理由。

第三十条 合伙企业申请分支机构变更登记或者注销登记,比照本办法关于合伙企业变更登记、注销登记的规定办理。

第六章 公示和证照管理

第三十一条 企业登记机关应当将合伙企业登记、备案信息通过企业信用信息公示系统向社会公示。

第三十二条 合伙企业应当于每年1月1日至6月30日,通过企业信用信息公示系统向企业登记机关报送上一年度年度报告,并向社会公示。

年度报告公示的内容以及监督检查办法由国务院制定。

第三十三条 合伙企业的营业执照分为正本和副本,正本和副本具有同等法律效力。

国家推行电子营业执照。电子营业执照与纸质营业执照具有同等法律效力。

合伙企业根据业务需要,可以向企业登记机关申请核发若干营业执照副本。

合伙企业应当将营业执照正本置放在经营场所的醒目位置。

第三十四条 任何单位和个人不得伪造、涂改、出售、出租、出借或者以其他方式转让营业执照。

合伙企业营业执照遗失或者毁损的,应当在企业登记机关指定的报刊上声明作废,并向企业登记机关申请补领或者更换。

第三十五条 合伙企业及其分支机构营业执照的正本和副本样式,由国务院工商行政管理部门制定。

第三十六条 企业登记机关吊销合伙企业营业执照的,应当发布公告,并不得收取任何费用。

第七章 法律责任

第三十七条 未领取营业执照,而以合伙企业或者合伙企业分支机构名义从事合伙业务的,由企业登记机关责令停止,处5000元以上5万元以下的罚款。

第三十八条 提交虚假文件或者采取其他欺骗手段,取得合伙企业登记的,由企业登记机关责令改正,处5000元以上5万元以下的罚款;情节严重的,撤销企业登记,并处5万元以上20万元以下的罚款。

第三十九条 合伙企业登记事项发生变更,未依照本办法规定办理变更登记的,由企业登记机关责令限期登记;逾期不登记的,处2000元以上2万元以下的罚款。

第四十条 合伙企业未依照本办法规定在其名称中标明"普通合伙"、"特殊普通合伙"或者"有限合伙"字样的,由企业登记机关责令限期改正,处2000元以上1万元以下的罚款。

第四十一条 合伙企业未依照本办法规定办理清

算人成员名单备案的,由企业登记机关责令限期办理;逾期未办理的,处2000元以下的罚款。

第四十二条　合伙企业的清算人未向企业登记机关报送清算报告,或者报送的清算报告隐瞒重要事实,或者有重大遗漏的,由企业登记机关责令改正。由此产生的费用和损失,由清算人承担和赔偿。

第四十三条　合伙企业未将其营业执照正本置放在经营场所醒目位置的,由企业登记机关责令改正;拒不改正的,处1000元以上5000元以下的罚款。

第四十四条　合伙企业涂改、出售、出租、出借或者以其他方式转让营业执照的,由企业登记机关责令改正,处2000元以上1万元以下的罚款;情节严重的,吊销营业执照。

第四十五条　企业登记机关的工作人员滥用职权、徇私舞弊、收受贿赂、侵害合伙企业合法权益的,依法给予处分。

第四十六条　违反本办法规定,构成犯罪的,依法追究刑事责任。

第八章　附　　则

第四十七条　合伙企业登记收费项目按照国务院财政部门、价格主管部门的有关规定执行,合伙企业登记收费标准按照国务院价格主管部门、财政部门的有关规定执行。

第四十八条　本办法自发布之日起施行。

中华人民共和国
公司登记管理条例

1. 1994年6月24日中华人民共和国国务院令第156号发布

2. 根据2005年12月18日《国务院关于修改〈中华人民共和国公司登记管理条例〉的决定》修订

3. 根据2014年2月19日《国务院关于废止和修改部分行政法规的规定》第二次修订

4. 根据2016年2月6日《国务院关于修改部分行政法规的决定》修改

第一章　总　　则

第一条　为了确认公司的企业法人资格,规范公司登记行为,依据《中华人民共和国公司法》(以下简称《公司法》),制定本条例。

第二条　有限责任公司和股份有限公司(以下统称公司)设立、变更、终止,应当依照本条例办理公司登记。

申请办理公司登记,申请人应当对申请文件、材料的真实性负责。

第三条　公司经公司登记机关依法登记,领取《企业法人营业执照》,方取得企业法人资格。

自本条例施行之日起设立公司,未经公司登记机关登记的,不得以公司名义从事经营活动。

第四条　工商行政管理机关是公司登记机关。

下级公司登记机关在上级公司登记机关的领导下开展公司登记工作。

公司登记机关依法履行职责,不受非法干预。

第五条　国家工商行政管理总局主管全国的公司登记工作。

第二章　登 记 管 辖

第六条　国家工商行政管理总局负责下列公司的登记:

(一)国务院国有资产监督管理机构履行出资人职责的公司以及该公司投资设立并持有50%以上股份的公司;

(二)外商投资的公司;

(三)依照法律、行政法规或者国务院决定的规定,应当由国家工商行政管理总局登记的公司;

(四)国家工商行政管理总局规定应当由其登记的其他公司。

第七条　省、自治区、直辖市工商行政管理局负责本辖区内下列公司的登记:

(一)省、自治区、直辖市人民政府国有资产监督管理机构履行出资人职责的公司以及该公司投资设立并持有50%以上股份的公司;

(二)省、自治区、直辖市工商行政管理局规定由其登记的自然人投资设立的公司;

(三)依照法律、行政法规或者国务院决定的规定,应当由省、自治区、直辖市工商行政管理局登记的公司;

(四)国家工商行政管理总局授权登记的其他公司。

第八条　设区的市(地区)工商行政管理局、县工商行政管理局,以及直辖市的工商行政管理分

局、设区的市工商行政管理局的区分局,负责本辖区内下列公司的登记:

(一)本条例第六条和第七条所列公司以外的其他公司;

(二)国家工商行政管理总局和省、自治区、直辖市工商行政管理局授权登记的公司。

前款规定的具体登记管辖由省、自治区、直辖市工商行政管理局规定。但是,其中的股份有限公司由设区的市(地区)工商行政管理局负责登记。

第三章　登记事项

第九条　公司的登记事项包括:

(一)名称;

(二)住所;

(三)法定代表人姓名;

(四)注册资本;

(五)公司类型;

(六)经营范围;

(七)营业期限;

(八)有限责任公司股东或者股份有限公司发起人的姓名或者名称。

第十条　公司的登记事项应当符合法律、行政法规的规定。不符合法律、行政法规规定的,公司登记机关不予登记。

第十一条　公司名称应当符合国家有关规定。公司只能使用一个名称。经公司登记机关核准登记的公司名称受法律保护。

第十二条　公司的住所是公司主要办事机构所在地。经公司登记机关登记的公司的住所只能有一个。公司的住所应当在其公司登记机关辖区内。

第十三条　公司的注册资本应当以人民币表示,法律、行政法规另有规定的除外。

第十四条　股东的出资方式应当符合《公司法》第二十七条的规定,股东不得以劳务、信用、自然人姓名、商誉、特许经营权或者设定担保的财产等作价出资。

第十五条　公司的经营范围由公司章程规定,并依法登记。

公司的经营范围用语应当参照国民经济行业分类标准。

第十六条　公司类型包括有限责任公司和股份有限公司。

一人有限责任公司应当在公司登记中注明自然人独资或者法人独资,并在公司营业执照中载明。

第四章　设立登记

第十七条　设立公司应当申请名称预先核准。

法律、行政法规或者国务院决定规定设立公司必须报经批准,或者公司经营范围中属于法律、行政法规或者国务院决定规定在登记前须经批准的项目的,应当在报送批准前办理公司名称预先核准,并以公司登记机关核准的公司名称报送批准。

第十八条　设立有限责任公司,应当由全体股东指定的代表或者共同委托的代理人向公司登记机关申请名称预先核准;设立股份有限公司,应当由全体发起人指定的代表或者共同委托的代理人向公司登记机关申请名称预先核准。

申请名称预先核准,应当提交下列文件:

(一)有限责任公司的全体股东或者股份有限公司的全体发起人签署的公司名称预先核准申请书;

(二)全体股东或者发起人指定代表或者共同委托代理人的证明;

(三)国家工商行政管理总局规定要求提交的其他文件。

第十九条　预先核准的公司名称保留期为6个月。预先核准的公司名称在保留期内,不得用于从事经营活动,不得转让。

第二十条　设立有限责任公司,应当由全体股东指定的代表或者共同委托的代理人向公司登记机关申请设立登记。设立国有独资公司,应当由国务院或者地方人民政府授权的本级人民政府国有资产监督管理机构作为申请人,申请设立登记。法律、行政法规或者国务院决定规定设立有限责任公司必须报经批准的,应当自批准之日起90日内向公司登记机关申请设立登记;逾期申请设立登记的,申请人应当报批准机关确认原批准文件的效力或者另行报批。

申请设立有限责任公司,应当向公司登记机关提交下列文件:

(一)公司法定代表人签署的设立登记申

请书;

（二）全体股东指定代表或者共同委托代理人的证明;

（三）公司章程;

（四）股东的主体资格证明或者自然人身份证明;

（五）载明公司董事、监事、经理的姓名、住所的文件以及有关委派、选举或者聘用的证明;

（六）公司法定代表人任职文件和身份证明;

（七）企业名称预先核准通知书;

（八）公司住所证明;

（九）国家工商行政管理总局规定要求提交的其他文件。

法律、行政法规或者国务院决定规定设立有限责任公司必须报经批准的,还应当提交有关批准文件。

第二十一条　设立股份有限公司,应当由董事会向公司登记机关申请设立登记。以募集方式设立股份有限公司的,应当于创立大会结束后30日内向公司登记机关申请设立登记。

申请设立股份有限公司,应当向公司登记机关提交下列文件:

（一）公司法定代表人签署的设立登记申请书;

（二）董事会指定代表或者共同委托代理人的证明;

（三）公司章程;

（四）发起人的主体资格证明或者自然人身份证明;

（五）载明公司董事、监事、经理姓名、住所的文件以及有关委派、选举或者聘用的证明;

（六）公司法定代表人任职文件和身份证明;

（七）企业名称预先核准通知书;

（八）公司住所证明;

（九）国家工商行政管理总局规定要求提交的其他文件。

以募集方式设立股份有限公司的,还应当提交创立大会的会议记录以及依法设立的验资机构出具的验资证明;以募集方式设立股份有限公司公开发行股票的,还应当提交国务院证券监督管理机构的核准文件。

法律、行政法规或者国务院决定规定设立股份有限公司必须报经批准的,还应当提交有关批准文件。

第二十二条　公司申请登记的经营范围中属于法律、行政法规或者国务院决定规定在登记前须经批准的项目的,应当在申请登记前报经国家有关部门批准,并向公司登记机关提交有关批准文件。

第二十三条　公司章程有违反法律、行政法规的内容的,公司登记机关有权要求公司作相应修改。

第二十四条　公司住所证明是指能够证明公司对其住所享有使用权的文件。

第二十五条　依法设立的公司,由公司登记机关发给《企业法人营业执照》。公司营业执照签发日期为公司成立日期。公司凭公司登记机关核发的《企业法人营业执照》刻制印章,开立银行账户,申请纳税登记。

第五章　变更登记

第二十六条　公司变更登记事项,应当向原公司登记机关申请变更登记。

未经变更登记,公司不得擅自改变登记事项。

第二十七条　公司申请变更登记,应当向公司登记机关提交下列文件:

（一）公司法定代表人签署的变更登记申请书;

（二）依照《公司法》作出的变更决议或者决定;

（三）国家工商行政管理总局规定要求提交的其他文件。

公司变更登记事项涉及修改公司章程的,应当提交由公司法定代表人签署的修改后的公司章程或者公司章程修正案。

变更登记事项依照法律、行政法规或者国务院决定规定在登记前须经批准的,还应当向公司登记机关提交有关批准文件。

第二十八条　公司变更名称的,应当自变更决议或者决定作出之日起30日内申请变更登记。

第二十九条　公司变更住所的,应当在迁入新住所前申请变更登记,并提交新住所使用证明。

公司变更住所跨公司登记机关辖区的,应当在迁入新住所前向迁入地公司登记机关申请变更登记;迁入地公司登记机关受理的,由原公司登记机关将公司登记档案移送迁入地公司登记机关。

第三十条 公司变更法定代表人的,应当自变更决议或者决定作出之日起30日内申请变更登记。

第三十一条 公司增加注册资本的,应当自变更决议或者决定作出之日起30日内申请变更登记。

公司减少注册资本的,应当自公告之日起45日后申请变更登记,并应当提交公司在报纸上登载公司减少注册资本公告的有关证明和公司债务清偿或者债务担保情况的说明。

第三十二条 公司变更经营范围的,应当自变更决议或者决定作出之日起30日内申请变更登记;变更经营范围涉及法律、行政法规或者国务院决定规定在登记前须经批准的项目的,应当自国家有关部门批准之日起30日内申请变更登记。

公司的经营范围中属于法律、行政法规或者国务院决定规定须经批准的项目被吊销、撤销许可证或者其他批准文件,或者许可证、其他批准文件有效期届满的,应当自吊销、撤销许可证、其他批准文件或者许可证、其他批准文件有效期届满之日起30日内申请变更登记或者依照本条例第六章的规定办理注销登记。

第三十三条 公司变更类型的,应当按照拟变更的公司类型的设立条件,在规定的期限内向公司登记机关申请变更登记,并提交有关文件。

第三十四条 有限责任公司变更股东的,应当自变更之日起30日内申请变更登记,并应当提交新股东的主体资格证明或者自然人身份证明。

有限责任公司的自然人股东死亡后,其合法继承人继承股东资格的,公司应当依照前款规定申请变更登记。

有限责任公司的股东或者股份有限公司的发起人改变姓名或者名称的,应当自改变姓名或者名称之日起30日内申请变更登记。

第三十五条 公司登记事项变更涉及分公司登记事项变更的,应当自公司变更登记之日起30日内申请分公司变更登记。

第三十六条 公司章程修改未涉及登记事项的,公司应当将修改后的公司章程或者公司章程修正案送原公司登记机关备案。

第三十七条 公司董事、监事、经理发生变动的,应当向原公司登记机关备案。

第三十八条 因合并、分立而存续的公司,其登记事项发生变化的,应当申请变更登记;因合并、分立而解散的公司,应当申请注销登记;因合并、分立而新设立的公司,应当申请设立登记。

公司合并、分立的,应当自公告之日起45日后申请登记,提交合并协议和合并、分立决议或者决定以及公司在报纸上登载公司合并、分立公告的有关证明和债务清偿或者债务担保情况的说明。法律、行政法规或者国务院决定规定公司合并、分立必须报经批准的,还应当提交有关批准文件。

第三十九条 变更登记事项涉及《企业法人营业执照》载明事项的,公司登记机关应当换发营业执照。

第四十条 公司依照《公司法》第二十二条规定向公司登记机关申请撤销变更登记的,应当提交下列文件:

(一)公司法定代表人签署的申请书;

(二)人民法院的裁判文书。

第六章 注销登记

第四十一条 公司解散,依法应当清算的,清算组应当自成立之日起10日内将清算组成员、清算组负责人名单向公司登记机关备案。

第四十二条 有下列情形之一的,公司清算组应当自公司清算结束之日起30日内向原公司登记机关申请注销登记:

(一)公司被依法宣告破产;

(二)公司章程规定的营业期限届满或者公司章程规定的其他解散事由出现,但公司通过修改公司章程而存续的除外;

(三)股东会、股东大会决议解散或者一人有限责任公司的股东、外商投资的公司董事会决议解散;

(四)依法被吊销营业执照、责令关闭或者

被撤销；

（五）人民法院依法予以解散；

（六）法律、行政法规规定的其他解散情形。

第四十三条　公司申请注销登记，应当提交下列文件：

（一）公司清算组负责人签署的注销登记申请书；

（二）人民法院的破产裁定、解散裁判文书，公司依照《公司法》作出的决议或者决定，行政机关责令关闭或者公司被撤销的文件；

（三）股东会、股东大会、一人有限责任公司的股东、外商投资的公司董事会或者人民法院、公司批准机关备案、确认的清算报告；

（四）《企业法人营业执照》；

（五）法律、行政法规规定应当提交的其他文件。

国有独资公司申请注销登记，还应当提交国有资产监督管理机构的决定，其中，国务院确定的重要的国有独资公司，还应当提交本级人民政府的批准文件。

有分公司的公司申请注销登记，还应当提交分公司的注销登记证明。

第四十四条　经公司登记机关注销登记，公司终止。

第七章　分公司的登记

第四十五条　分公司是指公司在其住所以外设立的从事经营活动的机构。分公司不具有企业法人资格。

第四十六条　分公司的登记事项包括：名称、营业场所、负责人、经营范围。

分公司的名称应当符合国家有关规定。

分公司的经营范围不得超出公司的经营范围。

第四十七条　公司设立分公司的，应当自决定作出之日起30日内向分公司所在地的公司登记机关申请登记；法律、行政法规或者国务院决定规定必须报经有关部门批准的，应当自批准之日起30日内向公司登记机关申请登记。

设立分公司，应当向公司登记机关提交下列文件：

（一）公司法定代表人签署的设立分公司的登记申请书；

（二）公司章程以及加盖公司印章的《企业法人营业执照》复印件；

（三）营业场所使用证明；

（四）分公司负责人任职文件和身份证明；

（五）国家工商行政管理总局规定要求提交的其他文件。

法律、行政法规或者国务院决定规定设立分公司必须报经批准，或者分公司经营范围中属于法律、行政法规或者国务院决定规定在登记前须经批准的项目的，还应当提交有关批准文件。

分公司的公司登记机关准予登记的，发给《营业执照》。公司应当自分公司登记之日起30日内，持分公司的《营业执照》到公司登记机关办理备案。

第四十八条　分公司变更登记事项的，应当向公司登记机关申请变更登记。

申请变更登记，应当提交公司法定代表人签署的变更登记申请书。变更名称、经营范围的，应当提交加盖公司印章的《企业法人营业执照》复印件，分公司经营范围中属于法律、行政法规或者国务院决定规定在登记前须经批准的项目的，还应当提交有关批准文件。变更营业场所的，应当提交新的营业场所使用证明。变更负责人的，应当提交公司的任免文件以及其身份证明。

公司登记机关准予变更登记的，换发《营业执照》。

第四十九条　分公司被公司撤销、依法责令关闭、吊销营业执照的，公司应当自决定作出之日起30日内向该分公司的公司登记机关申请注销登记。申请注销登记应当提交公司法定代表人签署的注销登记申请书和分公司的《营业执照》。公司登记机关准予注销登记后，应当收缴分公司的《营业执照》。

第八章　登记程序

第五十条　申请公司、分公司登记，申请人可以到公司登记机关提交申请，也可以通过信函、电报、电传、传真、电子数据交换和电子邮件等方式提出申请。

通过电报、电传、传真、电子数据交换和电

子邮件等方式提出申请的,应当提供申请人的联系方式以及通讯地址。

第五十一条　公司登记机关应当根据下列情况分别作出是否受理的决定:

(一)申请文件、材料齐全,符合法定形式的,或者申请人按照公司登记机关的要求提交全部补正申请文件、材料的,应当决定予以受理。

(二)申请文件、材料齐全,符合法定形式,但公司登记机关认为申请文件、材料需要核实的,应当决定予以受理,同时书面告知申请人需要核实的事项、理由以及时间。

(三)申请文件、材料存在可以当场更正的错误的,应当允许申请人当场予以更正,由申请人在更正处签名或者盖章,注明更正日期;经确认申请文件、材料齐全,符合法定形式的,应当决定予以受理。

(四)申请文件、材料不齐全或者不符合法定形式的,应当当场或者在5日内一次告知申请人需要补正的全部内容;当场告知时,应当将申请文件、材料退回申请人;属于5日内告知的,应当收取申请文件、材料并出具收到申请文件、材料的凭据,逾期不告知的,自收到申请文件、材料之日起即为受理。

(五)不属于公司登记范畴或者不属于本机关登记管辖范围的事项,应当即时决定不予受理,并告知申请人向有关行政机关申请。

公司登记机关对通过信函、电报、电传、传真、电子数据交换和电子邮件等方式提出申请的,应当自收到申请文件、材料之日起5日内作出是否受理的决定。

第五十二条　除依照本条例第五十四条第一款第(一)项作出准予登记决定的外,公司登记机关决定予以受理的,应当出具《受理通知书》;决定不予受理的,应当出具《不予受理通知书》,说明不予受理的理由,并告知申请人享有依法申请行政复议或者提起行政诉讼的权利。

第五十三条　公司登记机关对决定予以受理的登记申请,应当分别情况在规定的期限内作出是否准予登记的决定:

(一)对申请人到公司登记机关提出的申请予以受理的,应当当场作出准予登记的决定。

(二)对申请人通过信函方式提交的申请予以受理的,应当自受理之日起15日内作出准予登记的决定。

(三)通过电报、电传、传真、电子数据交换和电子邮件等方式提交申请的,申请人应当自收到《受理通知书》之日起15日内,提交与电报、电传、传真、电子数据交换和电子邮件等内容一致并符合法定形式的申请文件、材料原件;申请人到公司登记机关提交申请文件、材料原件的,应当当场作出准予登记的决定;申请人通过信函方式提交申请文件、材料原件的,应当自受理之日起15日内作出准予登记的决定。

(四)公司登记机关自发出《受理通知书》之日起60日内,未收到申请文件、材料原件,或者申请文件、材料原件与公司登记机关所受理的申请文件、材料不一致的,应当作出不予登记的决定。

公司登记机关需要对申请文件、材料核实的,应当自受理之日起15日内作出是否准予登记的决定。

第五十四条　公司登记机关作出准予公司名称预先核准决定的,应当出具《企业名称预先核准通知书》;作出准予公司设立登记决定的,应当出具《准予设立登记通知书》,告知申请人自决定之日起10日内,领取营业执照;作出准予公司变更登记决定的,应当出具《准予变更登记通知书》,告知申请人自决定之日起10日内,换发营业执照;作出准予公司注销登记决定的,应当出具《准予注销登记通知书》,收缴营业执照。

公司登记机关作出不予名称预先核准、不予登记决定的,应当出具《企业名称驳回通知书》、《登记驳回通知书》,说明不予核准、登记的理由,并告知申请人享有依法申请行政复议或者提起行政诉讼的权利。

第五十五条　公司办理设立登记、变更登记,应当按照规定向公司登记机关缴纳登记费。

领取《企业法人营业执照》的,设立登记费按注册资本总额的0.8‰缴纳;注册资本超过1000万元的,超过部分按0.4‰缴纳;注册资本超过1亿元的，超过部分不再缴纳。

领取《营业执照》的，设立登记费为300元。

变更登记事项的，变更登记费为100元。（本条已删除）

第五十六条　公司登记机关应当将公司登记、备案信息通过企业信用信息公示系统向社会公示。

第五十七条　吊销《企业法人营业执照》和《营业执照》的公告由公司登记机关发布。

第九章　年度报告公示、证照和档案管理

第五十八条　公司应当于每年1月1日至6月30日，通过企业信用信息公示系统向公司登记机关报送上一年度年度报告，并向社会公示。

年度报告公示的内容以及监督检查办法由国务院制定。

第五十九条　《企业法人营业执照》、《营业执照》分为正本和副本，正本和副本具有同等法律效力。

国家推行电子营业执照。电子营业执照与纸质营业执照具有同等法律效力。

《企业法人营业执照》正本或者《营业执照》正本应当置于公司住所或者分公司营业场所的醒目位置。

公司可以根据业务需要向公司登记机关申请核发营业执照若干副本。

第六十条　任何单位和个人不得伪造、涂改、出租、出借、转让营业执照。

营业执照遗失或者毁坏的，公司应当在公司登记机关指定的报刊上声明作废，申请补领。

公司登记机关依法作出变更登记、注销登记、撤销变更登记决定，公司拒不缴回或者无法缴回营业执照的，由公司登记机关公告营业执照作废。

第六十一条　公司登记机关对需要认定的营业执照，可以临时扣留，扣留期限不得超过10天。

第六十二条　借阅、抄录、携带、复制公司登记档案资料的，应当按照规定的权限和程序办理。

任何单位和个人不得修改、涂抹、标注、损毁公司登记档案资料。

第六十三条　营业执照正本、副本样式，电子营业执照标准以及公司登记的有关重要文书格式或者表式，由国家工商行政管理总局统一制定。

第十一章　法律责任

第六十四条　虚报注册资本，取得公司登记的，由公司登记机关责令改正，处以虚报注册资本金额5%以上15%以下的罚款；情节严重的，撤销公司登记或者吊销营业执照。

第六十五条　提交虚假材料或者采取其他欺诈手段隐瞒重要事实，取得公司登记的，由公司登记机关责令改正，处以5万元以上50万元以下的罚款；情节严重的，撤销公司登记或者吊销营业执照。

第六十六条　公司的发起人、股东虚假出资，未交付或者未按期交付作为出资的货币或者非货币财产的，由公司登记机关责令改正，处以虚假出资金额5%以上15%以下的罚款。

第六十七条　公司的发起人、股东在公司成立后，抽逃出资的，由公司登记机关责令改正，处以所抽逃出资金额5%以上15%以下的罚款。

第六十八条　公司成立后无正当理由超过6个月未开业的，或者开业后自行停业连续6个月以上的，可以由公司登记机关吊销营业执照。

第六十九条　公司登记事项发生变更时，未依照本条例规定办理有关变更登记的，由公司登记机关责令限期登记；逾期不登记的，处以1万元以上10万元以下的罚款。其中，变更经营范围涉及法律、行政法规或者国务院决定规定须经批准的项目而未取得批准，擅自从事相关经营活动，情节严重的，吊销营业执照。

公司未依照本条例规定办理有关备案的，由公司登记机关责令限期办理；逾期未办理的，处以3万元以下的罚款。

第七十条　公司在合并、分立、减少注册资本或者进行清算时，不按照规定通知或者公告债权人的，由公司登记机关责令改正，处以1万元以上10万元以下的罚款。

公司在进行清算时，隐匿财产，对资产负债表或者财产清单作虚假记载或者在未清偿债务前分配公司财产的，由公司登记机关责令改正，对公司处以隐匿财产或者未清偿债务前

分配公司财产金额5%以上10%以下的罚款;对直接负责的主管人员和其他直接责任人员处以1万元以上10万元以下的罚款。

公司在清算期间开展与清算无关的经营活动的,由公司登记机关予以警告,没收违法所得。

第七十一条 清算组不按照规定向公司登记机关报送清算报告,或者报送清算报告隐瞒重要事实或者有重大遗漏的,由公司登记机关责令改正。

清算组成员利用职权徇私舞弊、谋取非法收入或者侵占公司财产的,由公司登记机关责令退还公司财产,没收违法所得,并可以处以违法所得1倍以上5倍以下的罚款。

第七十二条 伪造、涂改、出租、出借、转让营业执照的,由公司登记机关处以1万元以上10万元以下的罚款;情节严重的,吊销营业执照。

第七十三条 未将营业执照置于住所或者营业场所醒目位置的,由公司登记机关责令改正;拒不改正的,处以1000元以上5000元以下的罚款。

第七十四条 承担资产评估、验资或者验证的机构提供虚假材料的,由公司登记机关没收违法所得,处以违法所得1倍以上5倍以下的罚款,并可以由有关主管部门依法责令该机构停业、吊销直接责任人员的资格证书,吊销营业执照。

承担资产评估、验资或者验证的机构因过失提供有重大遗漏的报告的,由公司登记机关责令改正,情节较重的,处以所得收入1倍以上5倍以下的罚款,并可以由有关主管部门依法责令该机构停业、吊销直接责任人员的资格证书,吊销营业执照。

第七十五条 未依法登记为有限责任公司或者股份有限公司,而冒用有限责任公司或者股份有限公司名义的,或者未依法登记为有限责任公司或者股份有限公司的分公司,而冒用有限责任公司或者股份有限公司的分公司名义的,由公司登记机关责令改正或者予以取缔,可以并处10万元以下的罚款。

第七十六条 公司登记机关对不符合规定条件的公司登记申请予以登记,或者对符合规定条件的登记申请不予登记的,对直接负责的主管人员和其他直接责任人员,依法给予行政处分。

第七十七条 公司登记机关的上级部门强令公司登记机关对不符合规定条件的登记申请予以登记,或者对符合规定条件的登记申请不予登记的,或者对违法登记进行包庇的,对直接负责的主管人员和其他直接责任人员依法给予行政处分。

第七十八条 外国公司违反《公司法》规定,擅自在中国境内设立分支机构的,由公司登记机关责令改正或者关闭,可以并处5万元以上20万元以下的罚款。

第七十九条 利用公司名义从事危害国家安全、社会公共利益的严重违法行为的,吊销营业执照。

第八十条 分公司有本章规定的违法行为的,适用本章规定。

第八十一条 违反本条例规定,构成犯罪的,依法追究刑事责任。

第十二章 附 则

第八十二条 外商投资的公司的登记适用本条例。有关外商投资企业的法律对其登记另有规定的,适用其规定。

第八十三条 法律、行政法规或者国务院决定规定设立公司必须报经批准,或者公司经营范围中属于法律、行政法规或者国务院决定规定在登记前须经批准的项目的,由国家工商行政管理总局依照法律、行政法规或者国务院决定规定编制企业登记前置行政许可目录并公布。

第八十四条 本条例自1994年7月1日起施行。

中华人民共和国企业法人登记管理条例

1. 1988年6月3日中华人民共和国国务院令第1号发布
2. 根据2011年1月8日《国务院关于废止和修改部分行政法规的决定》修订
3. 根据2014年2月19日《国务院关于废止和修改部分行政法规的决定》第二次修订
4. 根据2016年2月6日《国务院关于修改部分行政法规的决定》修改

第一章 总 则

第一条 为建立企业法人登记管理制度,确认企业法人资格，保障企业合法权益，取缔非法经营，维护社会经济秩序，根据《中华人民共和国民法通则》的有关规定，制定本条例。

第二条　具备法人条件的下列企业，应当依照本条例的规定办理企业法人登记：

（一）全民所有制企业；

（二）集体所有制企业；

（三）联营企业；

（四）在中华人民共和国境内设立的中外合资经营企业、中外合作经营企业和外资企业；

（五）私营企业；

（六）依法需要办理企业法人登记的其他企业。

第三条　申请企业法人登记，经企业法人登记主管机关审核，准予登记注册的，领取《企业法人营业执照》，取得法人资格，其合法权益受国家法律保护。

依法需要办理企业法人登记的，未经企业法人登记主管机关核准登记注册，不得从事经营活动。

第二章　登记主管机关

第四条　企业法人登记主管机关（以下简称登记主管机关）是国家工商行政管理局和地方各级工商行政管理局。各级登记主管机关在上级登记主管机关的领导下，依法履行职责，不受非法干预。

第五条　经国务院或者国务院授权部门批准的全国性公司、企业集团、经营进出口业务的公司，由国家工商行政管理局核准登记注册。中外合资经营企业、中外合作经营企业、外资企业由国家工商行政管理局或者国家工商行政管理局授权的地方工商行政管理局核准登记注册。

全国性公司的子（分）公司，经省、自治区、直辖市人民政府或其授权部门批准设立的企业、企业集团、经营进出口业务的公司，由省、自治区、直辖市工商行政管理局核准登记注册。

其他企业，由所在市、县（区）工商行政管理局核准登记注册。

第六条　各级登记主管机关，应当建立企业法人登记档案和登记统计制度，掌握企业法人登记有关的基础信息，为发展有计划的商品经济服务。

登记主管机关应当根据社会需要，有计划地开展向公众提供企业法人登记资料的服务。

第三章　登记条件和申请登记单位

第七条　申请企业法人登记的单位应当具备下列条件：

（一）名称、组织机构和章程；

（二）固定的经营场所和必要的设施；

（三）符合国家规定并与其生产经营和服务规模相适应的资金数额和从业人员；

（四）能够独立承担民事责任；

（五）符合国家法律、法规和政策规定的经营范围。

第八条　企业办理企业法人登记，由该企业的组建负责人申请。

独立承担民事责任的联营企业办理企业法人登记，由联营企业的组建负责人申请。

第四章　登记注册事项

第九条　企业法人登记注册的主要事项：企业法人名称、住所、经营场所、法定代表人、经济性质、经营范围、经营方式、注册资金、从业人数、经营期限、分支机构。

第十条　企业法人只准使用一个名称。企业法人申请登记注册的名称由登记主管机关核定，经核准登记注册后在规定的范围内享有专用权。

申请设立中外合资经营企业、中外合作经营企业和外资企业应当在合同、章程审批之前，向登记主管机关申请企业名称登记。

第十一条　登记主管机关核准登记注册的企业法人的法定代表人是代表企业行使职权的签字人。法定代表人的签字应当向登记主管机关备案。

第十二条　注册资金是国家授予企业法人经营管理的财产或者企业法人自有财产的数额体现。

企业法人办理开业登记，申请注册的资金数额与实有资金不一致的，按照国家专项规定办理。

第十三条 企业法人的经营范围应当与其资金、场地、设备、从业人员以及技术力量相适应;按照国家有关规定,可以一业为主,兼营他业。企业法人应当在核准登记注册的经营范围内从事经营活动。

第五章 开业登记

第十四条 企业法人办理开业登记,应当在主管部门或者审批机关批准后30日内,向登记主管机关提出申请;没有主管部门、审批机关的企业申请开业登记,由登记主管机关进行审查。登记主管机关应当在受理申请后30日内,做出核准登记或者不予核准登记的决定。

第十五条 申请企业法人开业登记,应当提交下列文件、证件:

(一)组建负责人签署的登记申请书;

(二)主管部门或者审批机关的批准文件;

(三)组织章程;

(四)资金信用证明、验资证明或者资金担保;

(五)企业主要负责人的身份证明;

(六)住所和经营场所使用证明;

(七)其他有关文件、证件。

第十六条 申请企业法人开业登记的单位,经登记主管机关核准登记注册,领取《企业法人营业执照》后,企业即告成立。企业法人凭据《企业法人营业执照》可以刻制公章、开立银行账户、签订合同,进行经营活动。

登记主管机关可以根据企业法人开展业务的需要,核发《企业法人营业执照》副本。

第六章 变更登记

第十七条 企业法人改变名称、住所、经营场所、法定代表人、经济性质、经营范围、经营方式、注册资金、经营期限,以及增设或者撤销分支机构,应当申请办理变更登记。

第十八条 企业法人申请变更登记,应当在主管部门或者审批机关批准后30日内,向登记主管机关申请办理变更登记。

第十九条 企业法人分立、合并、迁移,应当在主管部门或者审批机关批准后30日内,向登记主管机关申请办理变更登记、开业登记或者注销登记。

第七章 注销登记

第二十条 企业法人歇业、被撤销、宣告破产或者因其他原因终止营业,应当向登记主管机关办理注销登记。

第二十一条 企业法人办理注销登记,应当提交法定代表人签署的申请注销登记报告、主管部门或者审批机关的批准文件、清理债务完结的证明或者清算组织负责清理债权债务的文件。经登记主管机关核准后,收缴《企业法人营业执照》、《企业法人营业执照》副本,收缴公章,并将注销登记情况告知其开户银行。

第二十二条 企业法人领取《企业法人营业执照》后,满6个月尚未开展经营活动或者停止经营活动满1年的,视同歇业,登记主管机关应当收缴《企业法人营业执照》、《企业法人营业执照》副本,收缴公章,并将注销登记情况告知其开户银行。

第八章 公示和证照管理

第二十三条 登记主管机关应当将企业法人登记、备案信息通过企业信用信息公示系统向社会公示。

第二十四条 企业法人应当于每年1月1日至6月30日,通过企业信用信息公示系统向登记主管机关报送上一年度年度报告,并向社会公示。

年度报告公示的内容以及监督检查办法由国务院制定。

第二十五条 登记主管机关核发的《企业法人营业执照》是企业法人凭证,除登记主管机关依照法定程序可以扣缴或者吊销外,其他任何单位和个人不得收缴、扣押、毁坏。

企业法人遗失《企业法人营业执照》、《企业法人营业执照》副本,必须登报声明后,方可申请补领。

《企业法人营业执照》、《企业法人营业执照》副本,不得伪造、涂改、出租、出借、转让或者出卖。

国家推行电子营业执照。电子营业执照与纸质营业执照具有同等法律效力。

第二十六条 企业法人办理开业登记、变更登记,应当按照规定缴纳登记费。开业登记费按注册资金总额的千分之一缴纳；注册资金超过1000万元的，超过部分按千分之零点五缴纳；注册资金超过1亿元的，超过部分不再缴纳。登记费最低额为50元。变更登记费的缴纳数额由国家工商行政管理局规定。（本条已删除）

第九章　事业单位、科技性的社会团体从事经营活动的登记管理

第二十七条　事业单位、科技性的社会团体根据国家有关规定，设立具备法人条件的企业，由该企业申请登记，经登记主管机关核准，领取《企业法人营业执照》，方可从事经营活动。

第二十八条　根据国家有关规定，实行企业化经营，国家不再核拨经费的事业单位和从事经营活动的科技性的社会团体，具备企业法人登记条件的，由该单位申请登记，经登记主管机关核准，领取《企业法人营业执照》，方可从事经营活动。

第十章　监督管理

第二十九条　登记主管机关对企业法人依法履行下列监督管理职责：

（一）监督企业法人按照规定办理开业、变更、注销登记；

（二）监督企业法人按照登记注册事项和章程、合同从事经营活动；

（三）监督企业法人和法定代表人遵守国家法律、法规和政策；

（四）制止和查处企业法人的违法经营活动，保护企业法人的合法权益。

第三十条　企业法人有下列情形之一的，登记主管机关可以根据情况分别给予警告、罚款、没收非法所得、停业整顿、扣缴、吊销《企业法人营业执照》的处罚：

（一）登记中隐瞒真实情况、弄虚作假或者未经核准登记注册擅自开业的；

（二）擅自改变主要登记事项或者超出核准登记的经营范围从事经营活动的；

（三）不按照规定办理注销登记的；

（四）伪造、涂改、出租、出借、转让或者出卖《企业法人营业执照》、《企业法人营业执照》副本的；

（五）抽逃、转移资金，隐匿财产逃避债务的；

（六）从事非法经营活动的。

对企业法人按照上述规定进行处罚时，应当根据违法行为的情节，追究法定代表人的行政责任、经济责任；触犯刑律的，由司法机关依法追究刑事责任。

第三十一条　登记主管机关处理企业法人违法活动，必须查明事实，依法处理，并将处理决定书面通知当事人。

第三十二条　企业法人对登记主管机关的处罚不服时，可以在收到处罚通知后15日内向上一级登记主管机关申请复议。上级登记主管机关应当在收到复议申请之日起30日内作出复议决定。申请人对复议决定不服的，可以在收到复议通知之日起30日内向人民法院起诉。逾期不提出申诉又不缴纳罚没款的，登记主管机关可以按照规定程序申请人民法院强制执行。

第三十三条　企业法人被吊销《企业法人营业执照》，登记主管机关应当收缴其公章，并将注销登记情况告知其开户银行，其债权债务由主管部门或者清算组织负责清理。

第三十四条　主管部门、审批机关、登记主管机关的工作人员违反本条例规定，严重失职、滥用职权、营私舞弊、索贿受贿或者侵害企业法人合法权益的，应当根据情节给予行政处分和经济处罚；触犯刑律的，由司法机关依法追究刑事责任。

第十一章　附　则

第三十五条　企业法人设立不能独立承担民事责任的分支机构，由该企业法人申请登记，经登记主管机关核准，领取《营业执照》，在核准登记的经营范围内从事经营活动。

根据国家有关规定，由国家核拨经费的事业单位、科技性的社会团体从事经营活动或者设立不具备法人条件的企业，由该单位申请登记，经登记主管机关核准，领取《营业执照》，在核准登记的经营范围内从事经营活动。

具体登记管理参照本条例的规定执行。

第三十六条　经国务院有关部门或者各级计划部门批准的新建企业，其筹建期满1年的，应当按照专项规定办理筹建登记。

第三十七条　本条例施行前,具备法人条件的企业,已经登记主管机关核准登记注册的,不再另行办理企业法人登记。

第三十八条　本条例由国家工商行政管理局负责解释;施行细则由国家工商行政管理局制定。

第三十九条　本条例自1988年7月1日起施行。1980年7月26日国务院发布的《中外合资经营企业登记管理办法》,1982年8月9日国务院发布的《工商企业登记管理条例》,1985年8月14日国务院批准、1985年8月25日国家工商行政管理局发布的《公司登记管理暂行规定》同时废止。

公司注册资本登记管理规定

1. 2014年2月20日公布

2. 国家工商行政管理总局令第64号

3. 自2014年3月1日起施行

第一条　为规范公司注册资本登记管理,根据《中华人民共和国公司法》(以下简称《公司法》)、《中华人民共和国公司登记管理条例》(以下简称《公司登记管理条例》)等有关规定,制定本规定。

第二条　有限责任公司的注册资本为在公司登记机关依法登记的全体股东认缴的出资额。

股份有限公司采取发起设立方式设立的,注册资本为在公司登记机关依法登记的全体发起人认购的股本总额。

股份有限公司采取募集设立方式设立的,注册资本为在公司登记机关依法登记的实收股本总额。

法律、行政法规以及国务院决定规定公司注册资本实行实缴的,注册资本为股东或者发起人实缴的出资额或者实收股本总额。

第三条　公司登记机关依据法律、行政法规和国家有关规定登记公司的注册资本,对符合规定的,予以登记;对不符合规定的,不予登记。

第四条　公司注册资本数额、股东或者发起人的出资时间及出资方式应当符合法律、行政法规的有关规定。

第五条　股东或者发起人可以用货币出资,也可以用实物、知识产权、土地使用权等可以用货币估价并可以依法转让的非货币财产作价出资。

股东或者发起人不得以劳务、信用、自然人姓名、商誉、特许经营权或者设定担保的财产等作价出资。

第六条　股东或者发起人可以以其持有的在中国境内设立的公司(以下称股权所在公司)股权出资。

以股权出资的,该股权应当权属清楚、权能完整、依法可以转让。

具有下列情形的股权不得用作出资:

(一)已被设立质权;

(二)股权所在公司章程约定不得转让;

(三)法律、行政法规或者国务院决定规定,股权所在公司股东转让股权应当报经批准而未经批准;

(四)法律、行政法规或者国务院决定规定不得转让的其他情形。

第七条　债权人可以将其依法享有的对在中国境内设立的公司的债权,转为公司股权。

转为公司股权的债权应当符合下列情形之一:

(一)债权人已经履行债权所对应的合同义务,且不违反法律、行政法规、国务院决定或者公司章程的禁止性规定;

(二)经人民法院生效裁判或者仲裁机构裁决确认;

(三)公司破产重整或者和解期间,列入经人民法院批准的重整计划或者裁定认可的和解协议。

用以转为公司股权的债权有两个以上债权人的,债权人对债权应当已经作出分割。

债权转为公司股权的,公司应当增加注册资本。

第八条　股东或者发起人应当以自己的名义出资。

第九条　公司的注册资本由公司章程规定,登记机关按照公司章程规定予以登记。

以募集方式设立的股份有限公司的注册资本应当经验资机构验资。

公司注册资本发生变化，应当修改公司章程并向公司登记机关依法申请办理变更登记。

第十条　公司增加注册资本的，有限责任公司股东认缴新增资本的出资和股份有限公司的股东认购新股，应当分别依照《公司法》设立有限责任公司和股份有限公司缴纳出资和缴纳股款的有关规定执行。股份有限公司以公开发行新股方式或者上市公司以非公开发行新股方式增加注册资本的，还应当提交国务院证券监督管理机构的核准文件。

第十一条　公司减少注册资本，应当符合《公司法》规定的程序。

法律、行政法规以及国务院决定规定公司注册资本有最低限额的，减少后的注册资本应当不少于最低限额。

第十二条　有限责任公司依据《公司法》第七十四条的规定收购其股东的股权的，应当依法申请减少注册资本的变更登记。

第十三条　有限责任公司变更为股份有限公司时，折合的实收股本总额不得高于公司净资产额。有限责任公司变更为股份有限公司，为增加资本公开发行股份时，应当依法办理。

第十四条　股东出资额或者发起人认购股份、出资时间及方式由公司章程规定。发生变化的，应当修改公司章程并向公司登记机关依法申请办理公司章程或者公司章程修正案备案。

第十五条　法律、行政法规以及国务院决定规定公司注册资本实缴的公司虚报注册资本，取得公司登记的，由公司登记机关依照《公司登记管理条例》的相关规定予以处理。

第十六条　法律、行政法规以及国务院决定规定公司注册资本实缴的，其股东或者发起人虚假出资，未交付作为出资的货币或者非货币财产的，由公司登记机关依照《公司登记管理条例》的相关规定予以处理。

第十七条　法律、行政法规以及国务院决定规定公司注册资本实缴的，其股东或者发起人在公司成立后抽逃其出资的，由公司登记机关依照《公司登记管理条例》的相关规定予以处理。

第十八条　公司注册资本发生变动，公司未按规定办理变更登记的，由公司登记机关依照《公司登记管理条例》的相关规定予以处理。

第十九条　验资机构、资产评估机构出具虚假证明文件的，公司登记机关应当依照《公司登记管理条例》的相关规定予以处理。

第二十条　公司未按规定办理公司章程备案的，由公司登记机关依照《公司登记管理条例》的相关规定予以处理。

第二十一条　撤销公司变更登记涉及公司注册资本变动的，由公司登记机关恢复公司该次登记前的登记状态，并予以公示。

对涉及变动内容不属于登记事项的，公司应当通过企业信用信息公示系统公示。

第二十二条　外商投资的公司注册资本的登记管理适用本规定，法律另有规定的除外。

第二十三条　本规定自 2014 年 3 月 1 日起施行。2005 年 12 月 27 日国家工商行政管理总局公布的《公司注册资本登记管理规定》、2009 年 1 月 14 日国家工商行政管理总局公布的《股权出资登记管理办法》、2011 年 11 月 23 日国家工商行政管理总局公布的《公司债权转股权登记管理办法》同时废止。

企业法人法定代表人登记管理规定

1. 1998 年 2 月 22 日国务院批准，1998 年 4 月 7 日国家工商行政管理局令第 85 号令发布

2. 1999 年 6 月 12 日国务院批准修订，1999 年 6 月 23 日国家工商行政管理局令第 90 号发布

第一条　为了规范企业法人法定代表人的登记管理，制定本规定。

第二条　企业法人登记（包括公司登记，下同）中法定代表人的登记管理，适用本规定。

第三条　企业法人的法定代表人（以下简称法定代表人）经企业登记机关核准登记，取得法定代表人资格。

第四条　有下列情形之一的，不得担任法定代表人，企业登记机关不予核准登记：

（一）无民事行为能力或者限制民事行为能力的；

（二）正在被执行刑罚或者正在被执行刑事强制措施的；

(三)正在被公安机关或者国家安全机关通缉的;

(四)因犯有贪污贿赂罪、侵犯财产罪或者破坏社会主义市场经济秩序罪,被判处刑罚,执行期满未逾五年的;因犯有其他罪,被判处刑罚,执行期满未逾三年的;或者因犯罪被判处剥夺政治权利,执行期满未逾五年的;

(五)担任因经营不善破产清算的企业的法定代表人或者董事、经理,并对该企业的破产负有个人责任,自该企业破产清算完结之日起未逾三年的;

(六)担任因违法被吊销营业执照的企业的法定代表人,并对该企业违法行为负有个人责任,自该企业被吊销营业执照之日起未逾三年的;

(七)个人负债数额较大,到期未清偿的;

(八)有法律和国务院规定不得担任法定代表人的其他情形的。

第五条　企业法定代表人的产生、免职程序,应当符合法律、行政法规和企业法人组织章程的规定。

第六条　企业法人申请办理法定代表人变更登记,应当向原企业登记机关提交下列文件:

(一)对企业原法定代表人的免职文件;

(二)对企业新任法定代表人的任职文件;

(三)由原法定代表人或者拟任法定代表人签署的变更登记申请书。

第七条　有限责任公司或者股份有限公司更换法定代表人需要由股东会、股东大会或者董事会召开会议作出决议,而原法定代表人不能或者不履行职责,致使股东会、股东大会或者董事会不能依照法定程序召开的,可以由半数以上的董事推选一名董事或者由出资最多或者持有最大股份表决权的股东或其委派的代表召集和主持会议,依法作出决议。

第八条　法定代表人任职期间出现本规定第四条所列情形之一的,该企业法人应当申请办理法定代表人变更登记。

第九条　法定代表人应当在法律、行政法规和企业法人组织章程规定的职权范围内行使职权。

第十条　法定代表人的签字应当向企业登记机关备案。

第十一条　违反本规定,隐瞒真实情况,采用欺骗手段取得法定代表人资格的,由企业登记机关责令改正,处1万元以上10万元以下的罚款;情节严重的,撤销企业登记,吊销企业法人营业执照。

第十二条　违反本规定,应当申请办理法定代表人变更登记而未办理的,由企业登记机关责令限期办理;逾期未办理的,处1万元以上10万元以下的罚款;情节严重的,撤销企业登记,吊销企业法人营业执照。

第十三条　任何单位和个人发现法定代表人有本规定第四条所列情形之一的,有权向企业登记机关检举。

第十四条　本规定自发布之日起施行。

(二)司法解释

最高人民法院关于适用《中华人民共和国公司法》若干问题的规定(一)

1. *2014年2月17日由最高人民法院审判委员会第1607次会议通过*
2. *2014年2月20日公布*
3. *法释〔2014〕2号*
4. *自2014年3月1日起施行*

为正确适用2005年10月27日十届全国人大常委会第十八次会议修订的《中华人民共和国公司法》,对人民法院在审理相关的民事纠纷案件中,具体适用公司法的有关问题规定如下:

第一条　公司法实施后,人民法院尚未审结的和新受理的民事案件,其民事行为或事件发生在公司法实施以前的,适用当时的法律法规和司法解释。

第二条　因公司法实施前有关民事行为或者事件发生纠纷起诉到人民法院的,如当时的法律法规和司法解释没有明确规定时,可参照适用公司法的有关规定。

第三条　原告以公司法第二十二条第二款、第七十四条第二款规定事由,向人民法院提起诉讼时,超过公司法规定期限的,人民法院不予受理。

第四条　公司法第一百五十一条规定的180日以上连续持股期间,应为股东向人民法院提起诉讼时,已期满的持股时间;规定的合计持有公司百分之一以上股份,是指两个以上股东持股份额的合计。

第五条　人民法院对公司法实施前已经终审的案件依法进行再审时,不适用公司法的规定。

第六条　本规定自公布之日起实施。

最高人民法院关于适用《中华人民共和国公司法》若干问题的规定(二)

1. *2014年2月17日由最高人民法院审判委员会第1607次会议通过*
2. *2014年2月20日公布*
3. *法释〔2014〕2号*
4. *自2014年3月1日起施行*

为正确适用《中华人民共和国公司法》,结合审判实践,就人民法院审理公司解散和清算案件适用法律问题作出如下规定。

第一条　单独或者合计持有公司全部股东表决权百分之十以上的股东,以下列事由之一提起解散公司诉讼,并符合公司法第一百八十二条规定的,人民法院应予受理:

(一)公司持续两年以上无法召开股东会或者股东大会,公司经营管理发生严重困难的;

(二)股东表决时无法达到法定或者公司章程规定的比例,持续两年以上不能做出有效的股东会或者股东大会决议,公司经营管理发生严重困难的;

(三)公司董事长期冲突,且无法通过股东会或者股东大会解决,公司经营管理发生严重困难的;

(四)经营管理发生其他严重困难,公司继续存续会使股东利益受到重大损失的情形。

股东以知情权、利润分配请求权等权益受到损害,或者公司亏损、财产不足以偿还全部债务,以及公司被吊销企业法人营业执照未进行清算等为由,提起解散公司诉讼的,人民法院不予受理。

第二条　股东提起解散公司诉讼,同时又申请人民法院对公司进行清算的,人民法院对其提出的清算申请不予受理。人民法院可以告知原告,在人民法院判决解散公司后,依据公司法第一百八十三条和本规定第七条的规定,自行组织清算或者另行申请人民法院对公司进行清算。

第三条　股东提起解散公司诉讼时,向人民法院申请财产保全或者证据保全的,在股东提供担保且不影响公司正常经营的情形下,人民法院可予以保全。

第四条　股东提起解散公司诉讼应当以公司为被告。

原告以其他股东为被告一并提起诉讼的,人民法院应当告知原告将其他股东变更为第三人;原告坚持不予变更的,人民法院应当驳回原告对其他股东的起诉。

原告提起解散公司诉讼应当告知其他股东,或者由人民法院通知其参加诉讼。其他股东或者有关利害关系人申请以共同原告或者第三人身份参加诉讼的,人民法院应予准许。

第五条　人民法院审理解散公司诉讼案件,应当注重调解。当事人协商同意由公司或者股东收购股份,或者以减资等方式使公司存续,且不违反法律、行政法规强制性规定的,人民法院应予支持。当事人不能协商一致使公司存续的,人民法院应当及时判决。

经人民法院调解公司收购原告股份的,公司应当自调解书生效之日起六个月内将股份转让或者注销。股份转让或者注销之前,原告不得以公司收购其股份为由对抗公司债权人。

第六条　人民法院关于解散公司诉讼作出的判决,对公司全体股东具有法律约束力。

人民法院判决驳回解散公司诉讼请求后,提起该诉讼的股东或者其他股东又以同一事实和理由提起解散公司诉讼的,人民法院不予受理。

第七条　公司应当依照公司法第一百八十三条的规定,在解散事由出现之日起十五日内成立清算组,开始自行清算。

有下列情形之一,债权人申请人民法院指定清算组进行清算的,人民法院应予受理:

(一)公司解散逾期不成立清算组进行清算的;

(二)虽然成立清算组但故意拖延清算的;

(三)违法清算可能严重损害债权人或者股东利益的。

具有本条第二款所列情形,而债权人未提起清算申请,公司股东申请人民法院指定清算组对公司进行清算的,人民法院应予受理。

第八条　人民法院受理公司清算案件,应当及时指定有关人员组成清算组。

清算组成员可以从下列人员或者机构中产生:

(一)公司股东、董事、监事、高级管理人员;

(二)依法设立的律师事务所、会计师事务所、破产清算事务所等社会中介机构;

(三)依法设立的律师事务所、会计师事务所、破产清算事务所等社会中介机构中具备相关专业知识并取得执业资格的人员。

第九条　人民法院指定的清算组成员有下列情形之一的,人民法院可以根据债权人、股东的申请,或者依职权更换清算组成员:

(一)有违反法律或者行政法规的行为;

(二)丧失执业能力或者民事行为能力;

(三)有严重损害公司或者债权人利益的行为。

第十条　公司依法清算结束并办理注销登记前,有关公司的民事诉讼,应当以公司的名义进行。

公司成立清算组的,由清算组负责人代表公司参加诉讼;尚未成立清算组的,由原法定代表人代表公司参加诉讼。

第十一条　公司清算时,清算组应当按照公司法第一百八十五条的规定,将公司解散清算事宜书面通知全体已知债权人,并根据公司规模和营业地域范围在全国或者公司注册登记地省级有影响的报纸上进行公告。

清算组未按照前款规定履行通知和公告义务,导致债权人未及时申报债权而未获清偿,债权人主张清算组成员对因此造成的损失承担赔偿责任的,人民法院应依法予以支持。

第十二条　公司清算时,债权人对清算组核定的债权有异议的,可以要求清算组重新核定。清算组不予重新核定,或者债权人对重新核定的债权仍有异议,债权人以公司为被告向人民法院提起诉讼请求确认的,人民法院应予受理。

第十三条　债权人在规定的期限内未申报债权,在公司清算程序终结前补充申报的,清算组应予登记。

公司清算程序终结,是指清算报告经股东会、股东大会或者人民法院确认完毕。

第十四条　债权人补充申报的债权,可以在公司尚未分配财产中依法清偿。公司尚未分配财产不能全额清偿,债权人主张股东以其在剩余财产分配中已经取得的财产予以清偿的,人民法院应予支持;但债权人因重大过错未在规定期限内申报债权的除外。

债权人或者清算组,以公司尚未分配财产和股东在剩余财产分配中已经取得的财产,不能全额清偿补充申报的债权为由,向人民法院提出破产清算申请的,人民法院不予受理。

第十五条　公司自行清算的,清算方案应当报股东会或者股东大会决议确认;人民法院组织清算的,清算方案应当报人民法院确认。未经确认的清算方案,清算组不得执行。

执行未经确认的清算方案给公司或者债权人造成损失,公司、股东或者债权人主张清算组成员承担赔偿责任的,人民法院应依法予以支持。

第十六条　人民法院组织清算的,清算组应当自成立之日起六个月内清算完毕。

因特殊情况无法在六个月内完成清算的,清算组应当向人民法院申请延长。

第十七条　人民法院指定的清算组在清理公司财产、编制资产负债表和财产清单时,发现公司财产不足清偿债务的,可以与债权人协商制作有关债务清偿方案。

债务清偿方案经全体债权人确认且不损害其他利害关系人利益的,人民法院可依清算组的申请裁定予以认可。清算组依据该清偿方案清偿债务后,应当向人民法院申请裁定终结清算程序。

债权人对债务清偿方案不予确认或者人民法院不予认可的，清算组应当依法向人民法院申请宣告破产。

第十八条　有限责任公司的股东、股份有限公司的董事和控股股东未在法定期限内成立清算组开始清算，导致公司财产贬值、流失、毁损或者灭失，债权人主张其在造成损失范围内对公司债务承担赔偿责任的，人民法院应依法予以支持。

有限责任公司的股东、股份有限公司的董事和控股股东因怠于履行义务，导致公司主要财产、帐册、重要文件等灭失，无法进行清算，债权人主张其对公司债务承担连带清偿责任的，人民法院应依法予以支持。

上述情形系实际控制人原因造成，债权人主张实际控制人对公司债务承担相应民事责任的，人民法院应依法予以支持。

第十九条　有限责任公司的股东、股份有限公司的董事和控股股东，以及公司的实际控制人在公司解散后，恶意处置公司财产给债权人造成损失，或者未经依法清算，以虚假的清算报告骗取公司登记机关办理法人注销登记，债权人主张其对公司债务承担相应赔偿责任的，人民法院应依法予以支持。

第二十条　公司解散应当在依法清算完毕后，申请办理注销登记。公司未经清算即办理注销登记，导致公司无法进行清算，债权人主张有限责任公司的股东、股份有限公司的董事和控股股东，以及公司的实际控制人对公司债务承担清偿责任的，人民法院应依法予以支持。

公司未经依法清算即办理注销登记，股东或者第三人在公司登记机关办理注销登记时承诺对公司债务承担责任，债权人主张其对公司债务承担相应民事责任的，人民法院应依法予以支持。

第二十一条　有限责任公司的股东、股份有限公司的董事和控股股东，以及公司的实际控制人为二人以上的，其中一人或者数人按照本规定第十八条和第二十条第一款的规定承担民事责任后，主张其他人员按照过错大小分担责任的，人民法院应依法予以支持。

第二十二条　公司解散时，股东尚未缴纳的出资均应作为清算财产。股东尚未缴纳的出资，包括到期应缴未缴的出资，以及依照公司法第二十六条和第八十条的规定分期缴纳尚未届满缴纳期限的出资。

公司财产不足以清偿债务时，债权人主张未缴出资股东，以及公司设立时的其他股东或者发起人在未缴出资范围内对公司债务承担连带清偿责任的，人民法院应依法予以支持。

第二十三条　清算组成员从事清算事务时，违反法律、行政法规或者公司章程给公司或者债权人造成损失，公司或者债权人主张其承担赔偿责任的，人民法院应依法予以支持。

有限责任公司的股东、股份有限公司连续一百八十日以上单独或者合计持有公司百分之一以上股份的股东，依据公司法第一百五十一条第三款的规定，以清算组成员有前款所述行为为由向人民法院提起诉讼的，人民法院应予受理。

公司已经清算完毕注销，上述股东参照公司法第一百五十一条第三款的规定，直接以清算组成员为被告、其他股东为第三人向人民法院提起诉讼的，人民法院应予受理。

第二十四条　解散公司诉讼案件和公司清算案件由公司住所地人民法院管辖。公司住所地是指公司主要办事机构所在地。公司办事机构所在地不明确的，由其注册地人民法院管辖。

基层人民法院管辖县、县级市或者区的公司登记机关核准登记公司的解散诉讼案件和公司清算案件；中级人民法院管辖地区、地级市以上的公司登记机关核准登记公司的解散诉讼案件和公司清算案件。

最高人民法院关于适用《中华人民共和国公司法》若干问题的规定（三）

1. 2014年2月17日由最高人民法院审判委员会第1607次会议通过
2. 2014年2月20日公布
3. 法释〔2014〕2号
4. 自2014年3月1日起施行

为正确适用《中华人民共和国公司法》，结

合审判实践,就人民法院审理公司设立、出资、股权确认等纠纷案件适用法律问题作出如下规定。

第一条 为设立公司而签署公司章程、向公司认购出资或者股份并履行公司设立职责的人,应当认定为公司的发起人,包括有限责任公司设立时的股东。

第二条 发起人为设立公司以自己名义对外签订合同,合同相对人请求该发起人承担合同责任的,人民法院应予支持。

公司成立后对前款规定的合同予以确认,或者已经实际享有合同权利或者履行合同义务,合同相对人请求公司承担合同责任的,人民法院应予支持。

第三条 发起人以设立中公司名义对外签订合同,公司成立后合同相对人请求公司承担合同责任的,人民法院应予支持。

公司成立后有证据证明发起人利用设立中公司的名义为自己的利益与相对人签订合同,公司以此为由主张不承担合同责任的,人民法院应予支持,但相对人为善意的除外。

第四条 公司因故未成立,债权人请求全体或者部分发起人对设立公司行为所产生的费用和债务承担连带清偿责任的,人民法院应予支持。

部分发起人依照前款规定承担责任后,请求其他发起人分担的,人民法院应当判令其他发起人按照约定的责任承担比例分担责任;没有约定责任承担比例的,按照约定的出资比例分担责任;没有约定出资比例的,按照均等份额分担责任。

因部分发起人的过错导致公司未成立,其他发起人主张其承担设立行为所产生的费用和债务的,人民法院应当根据过错情况,确定过错一方的责任范围。

第五条 发起人因履行公司设立职责造成他人损害,公司成立后受害人请求公司承担侵权赔偿责任的,人民法院应予支持;公司未成立,受害人请求全体发起人承担连带赔偿责任的,人民法院应予支持。

公司或者无过错的发起人承担赔偿责任后,可以向有过错的发起人追偿。

第六条 股份有限公司的认股人未按期缴纳所认股份的股款,经公司发起人催缴后在合理期间内仍未缴纳,公司发起人对该股份另行募集的,人民法院应当认定该募集行为有效。认股人延期缴纳股款给公司造成损失,公司请求该认股人承担赔偿责任的,人民法院应予支持。

第七条 出资人以不享有处分权的财产出资,当事人之间对于出资行为效力产生争议的,人民法院可以参照物权法第一百零六条的规定予以认定。

以贪污、受贿、侵占、挪用等违法犯罪所得的货币出资后取得股权的,对违法犯罪行为予以追究、处罚时,应当采取拍卖或者变卖的方式处置其股权。

第八条 出资人以划拨土地使用权出资,或者以设定权利负担的土地使用权出资,公司、其他股东或者公司债权人主张认定出资人未履行出资义务的,人民法院应当责令当事人在指定的合理期间内办理土地变更手续或者解除权利负担;逾期未办理或者未解除的,人民法院应当认定出资人未依法全面履行出资义务。

第九条 出资人以非货币财产出资,未依法评估作价,公司、其他股东或者公司债权人请求认定出资人未履行出资义务的,人民法院应当委托具有合法资格的评估机构对该财产评估作价。评估确定的价额显著低于公司章程所定价额的,人民法院应当认定出资人未依法全面履行出资义务。

第十条 出资人以房屋、土地使用权或者需要办理权属登记的知识产权等财产出资,已经交付公司使用但未办理权属变更手续,公司、其他股东或者公司债权人主张认定出资人未履行出资义务的,人民法院应当责令当事人在指定的合理期间内办理权属变更手续;在前述期间内办理了权属变更手续的,人民法院应当认定其已经履行了出资义务;出资人主张自其实际交付财产给公司使用时享有相应股东权利的,人民法院应予支持。

出资人以前款规定的财产出资,已经办理权属变更手续但未交付给公司使用,公司或者其他股东主张其向公司交付、并在实际交付之前不享有相应股东权利的,人民法院应予支持。

第十一条　出资人以其他公司股权出资，符合下列条件的，人民法院应当认定出资人已履行出资义务：

（一）出资的股权由出资人合法持有并依法可以转让；

（二）出资的股权无权利瑕疵或者权利负担；

（三）出资人已履行关于股权转让的法定手续；

（四）出资的股权已依法进行了价值评估。

股权出资不符合前款第（一）、（二）、（三）项的规定，公司、其他股东或者公司债权人请求认定出资人未履行出资义务的，人民法院应当责令该出资人在指定的合理期间内采取补正措施，以符合上述条件；逾期未补正的，人民法院应当认定其未依法全面履行出资义务。

股权出资不符合本条第一款第（四）项的规定，公司、其他股东或者公司债权人请求认定出资人未履行出资义务的，人民法院应当按照本规定第九条的规定处理。

第十二条　"公司成立后，公司、股东或者公司债权人以相关股东的行为符合下列情形之一且损害公司权益为由，请求认定该股东抽逃出资的，人民法院应予支持：

（一）制作虚假财务会计报表虚增利润进行分配；

（二）通过虚构债权债务关系将其出资转出；

（三）利用关联交易将出资转出；

（四）其他未经法定程序将出资抽回的行为。"

第十三条　股东未履行或者未全面履行出资义务，公司或者其他股东请求其向公司依法全面履行出资义务的，人民法院应予支持。

公司债权人请求未履行或者未全面履行出资义务的股东在未出资本息范围内对公司债务不能清偿的部分承担补充赔偿责任的，人民法院应予支持；未履行或者未全面履行出资义务的股东已经承担上述责任，其他债权人提出相同请求的，人民法院不予支持。

股东在公司设立时未履行或者未全面履行出资义务，依照本条第一款或者第二款提起诉讼的原告，请求公司的发起人与被告股东承担连带责任的，人民法院应予支持；公司的发起人承担责任后，可以向被告股东追偿。

股东在公司增资时未履行或者未全面履行出资义务，依照本条第一款或者第二款提起诉讼的原告，请求未尽公司法第一百四十七条第一款规定的义务而使出资未缴足的董事、高级管理人员承担相应责任的，人民法院应予支持；董事、高级管理人员承担责任后，可以向被告股东追偿。

第十四条　股东抽逃出资，公司或者其他股东请求其向公司返还出资本息、协助抽逃出资的其他股东、董事、高级管理人员或者实际控制人对此承担连带责任的，人民法院应予支持。

公司债权人请求抽逃出资的股东在抽逃出资本息范围内对公司债务不能清偿的部分承担补充赔偿责任、协助抽逃出资的其他股东、董事、高级管理人员或者实际控制人对此承担连带责任的，人民法院应予支持；抽逃出资的股东已经承担上述责任，其他债权人提出相同请求的，人民法院不予支持。

第十五条　出资人以符合法定条件的非货币财产出资后，因市场变化或者其他客观因素导致出资财产贬值，公司、其他股东或者公司债权人请求该出资人承担补足出资责任的，人民法院不予支持。但是，当事人另有约定的除外。

第十六条　股东未履行或者未全面履行出资义务或者抽逃出资，公司根据公司章程或者股东会决议对其利润分配请求权、新股优先认购权、剩余财产分配请求权等股东权利作出相应的合理限制，该股东请求认定该限制无效的，人民法院不予支持。

第十七条　有限责任公司的股东未履行出资义务或者抽逃全部出资，经公司催告缴纳或者返还，其在合理期间内仍未缴纳或者返还出资，公司以股东会决议解除该股东的股东资格，该股东请求确认该解除行为无效的，人民法院不予支持。

在前款规定的情形下，人民法院在判决时应当释明，公司应当及时办理法定减资程序或者由其他股东或者第三人缴纳相应的出资。在办理法定减资程序或者其他股东或者第三人缴纳相应的出资之前,公司债权人依照本规定第十三条或者第十四条请求相关当事人承担相应责任的,人民法院应予支持。

第十八条　有限责任公司的股东未履行或者未全面履行出资义务即转让股权,受让人对此知道或者应当知道,公司请求该股东履行出资义务、受让人对此承担连带责任的,人民法院应予支持;公司债权人依照本规定第十三条第二款向该股东提起诉讼,同时请求前述受让人对此承担连带责任的,人民法院应予支持。

受让人根据前款规定承担责任后,向该未履行或者未全面履行出资义务的股东追偿的,人民法院应予支持。但是,当事人另有约定的除外。

第十九条　公司股东未履行或者未全面履行出资义务或者抽逃出资,公司或者其他股东请求其向公司全面履行出资义务或者返还出资,被告股东以诉讼时效为由进行抗辩的,人民法院不予支持。

公司债权人的债权未过诉讼时效期间,其依照本规定第十三条第二款、第十四条第二款的规定请求未履行或者未全面履行出资义务或者抽逃出资的股东承担赔偿责任,被告股东以出资义务或者返还出资义务超过诉讼时效期间为由进行抗辩的,人民法院不予支持。

第二十条　当事人之间对是否已履行出资义务发生争议,原告提供对股东履行出资义务产生合理怀疑证据的,被告股东应当就其已履行出资义务承担举证责任。

第二十一条　当事人向人民法院起诉请求确认其股东资格的,应当以公司为被告,与案件争议股权有利害关系的人作为第三人参加诉讼。

第二十二条　当事人之间对股权归属发生争议,一方请求人民法院确认其享有股权的,应当证明以下事实之一:

(一)已经依法向公司出资或者认缴出资,且不违反法律法规强制性规定;

(二)已经受让或者以其他形式继受公司股权,且不违反法律法规强制性规定。

第二十三条　当事人依法履行出资义务或者依法继受取得股权后,公司未根据公司法第三十一条、第三十二条的规定签发出资证明书、记载于股东名册并办理公司登记机关登记,当事人请求公司履行上述义务的,人民法院应予支持。

第二十四条　有限责任公司的实际出资人与名义出资人订立合同,约定由实际出资人出资并享有投资权益,以名义出资人为名义股东,实际出资人与名义股东对该合同效力发生争议的,如无合同法第五十二条规定的情形,人民法院应当认定该合同有效。

前款规定的实际出资人与名义股东因投资权益的归属发生争议,实际出资人以其实际履行了出资义务为由向名义股东主张权利的,人民法院应予支持。名义股东以公司股东名册记载、公司登记机关登记为由否认实际出资人权利的,人民法院不予支持。

实际出资人未经公司其他股东半数以上同意,请求公司变更股东、签发出资证明书、记载于股东名册、记载于公司章程并办理公司登记机关登记的,人民法院不予支持。

第二十五条　名义股东将登记于其名下的股权转让、质押或者以其他方式处分,实际出资人以其对于股权享有实际权利为由,请求认定处分股权行为无效的,人民法院可以参照物权法第一百零六条的规定处理。

名义股东处分股权造成实际出资人损失,实际出资人请求名义股东承担赔偿责任的,人民法院应予支持。

第二十六条　公司债权人以登记于公司登记机关的股东未履行出资义务为由,请求其对公司债务不能清偿的部分在未出资本息范围内承担补充赔偿责任,股东以其仅为名义股东而非实际出资人为由进行抗辩的,人民法院不予支持。

名义股东根据前款规定承担赔偿责任后,向实际出资人追偿的,人民法院应予支持。

第二十七条　股权转让后尚未向公司登记机关办理变更登记,原股东将仍登记于其名下的股权转让、质押或者以其他方式处分,受让股东以其对于股权享有实际权利为由,请求认定处分股权行为无效的,人民法院可以参照物权法第一百零六条的规定处理。

原股东处分股权造成受让股东损失,受让

股东请求原股东承担赔偿责任、对于未及时办理变更登记有过错的董事、高级管理人员或者实际控制人承担相应责任的，人民法院应予支持；受让股东对于未及时办理变更登记也有过错的，可以适当减轻上述董事、高级管理人员或者实际控制人的责任。

第二十八条　冒用他人名义出资并将该他人作为股东在公司登记机关登记的，冒名登记行为人应当承担相应责任；公司、其他股东或者公司债权人以未履行出资义务为由，请求被冒名登记为股东的承担补足出资责任或者对公司债务不能清偿部分的赔偿责任的，人民法院不予支持。

（三）司法文件

最高人民法院关于胡克诉王卫平、李立、李欣股东权纠纷一案的答复

1. 2003年5月15日发布

2. 〔2003〕民二他字第4号

河南省高级人民法院：

你院《关于股东未出资，亦未向股权转让人支付对价的股东地位如何认定问题的请示》收悉。经研究，答复如下：

原则同意你院第二种意见。从案卷反映的事实看，1993年12月30日，思达设备公司变更公司章程，以书面形式确认新老股东之间就股份转让以及转让的具体份额达成的一致意见，即在公司注册资金100万元不变的情况下，原始股东思达科技公司和胡克将部分股份转让给李欣、魏若其、李立、杨为民、王卫平等五位新股东。1994年4月18日思达设备公司股东会决定，同意吸收李立、李欣、王卫平、魏若其、杨为民为新的股东，原始股东各方的出资部分转让给该五位股东。此后，河南省工商行政管理局对思达设备公司进行年检时在年检报告"投资者投资情况"一栏将公司新老股东及其所占股份予以记载，该项记载具备将公司股东向社会公示的意义。从思达公司新老股东就股份转让达成合意、到公司股东会认可新股东的身份，直至工商行政管理部门通过年检报告将公司股东予以公示，思达设备公司股东完成了李立等人获得股东身份的必要程序。且李立等人自1993年12月30日受让股份，以股东身份行使权利（参考股东大会、参与公司运营决策等）已近10年，此时再否认其股东资格缺乏事实依据。股份转让时各当事人未就股份转让的对价问题做出明示约定，原始股东若就支付对价提出请求，可另案提起诉讼。

此复

最高人民法院经济审判庭关于河南省伊川县电业局不服郴州地区中级人民法院(1992)经上字第72号民事判决提出申诉有关问题的复函

1. 1993年3月19日公布

2. 法经〔1993〕39号

湖南省高级人民法院：

河南省伊川县电业局不服郴州地区中级人民法院(1992)经上字第72号民事判决，向我院申诉并请求中止执行。

伊川县电业局于1989年2月24日开办了洛阳市伊川电业铁合金厂（简称"铁合金厂"），并向工商行政管理机关办理了企业法人营业执照。该厂因与郴州坳上冶炼厂（简称"冶炼厂"）发生购销合同纠纷被诉至郴县法院。案经郴州中院二审，认定铁合金厂于1989年11月停产，1990年、1991年均未办理年检换证手续，应视同歇业，工商行政管理机关应收缴其法人营业执照，故该厂已不具备法人资格，于1992年10月18日判决由伊川县电业局承担铁合金厂的债务清偿责任。

经审查该案判决书和伊川县电业局提供的材料，我们认为，该案存在以下问题，请予考虑：

1. 根据民法通则第四十八条和国务院国发〔1990〕68号文件的规定，具有法人资格的企业应以国家授予其经营管理或其自有的财产承担债务清偿责任。企业是否以其经营管理或者所有的财产承担有限责任，应以其存续期间是否具

有法人资格为依据,而不能以企业终止后法人资格消灭为由要求由其上级开办单位为它承担债务清偿责任。开办单位是否承担债务清偿责任,应以国发〔1990〕68号文件规定的条件判定。而本案判决书没有明确是否存在这种条件。

2. 即使存在上级主管部门承担债务清偿责任的条件,也应先以终止的企业法人所有的财产承担责任,不足清偿的部分,由上级主管部门在一定范围内承担清偿责任。本案判决没有明确铁合金厂现有财产状况。

3. 伊川县电业局提出铁合金厂一直以法人资格对外进行业务活动,并提供了1992年8、9月份与其他单位签订的几份合同和铁路货运单据复印件。如此情况属实,则郴州中院1992年10月18日判决认定铁合金厂停产歇业缺乏事实根据。

4. 如果铁合金厂确曾歇业后又恢复营业,在工商行政管理机关未注销其法人营业执照的情况下,应视为该企业继续存在或在原有资产基础上的恢复,其原有债务仍应由其承担或首先承担责任。

现将伊川县电业局的申诉和要求中止执行的材料转给你院,请你院对该案进行复查,在复查期间对伊川县电业局以暂缓执行为宜。

最高人民法院关于南京摩托车总公司是否具备法人条件问题的复函

1. 1991年3月18日公布
2. 法(经)函〔1991〕28号

江苏省高级人民法院:

你院[1991]经请字第1号请示收悉。经研究,同意你院第二种意见,即南京摩托车总公司具备法人条件。因为它符合《中华人民共和国民法通则》第三十六、三十七条之规定,并经工商行政管理机关核准依法领取有企业法人的营业执照。

此复

最高人民法院关于如何认定企业是否超越经营范围问题的复函

1. 1990年9月10日发布
2. 法经〔1990〕101号

国家工商行政管理局企业登记司:

你司企字〔1990〕112号文件收悉。对文中所提问题,答复如下:

企业的经营范围,必须是以工商行政管理机关核准登记的经营范围为准。企业超越经营范围所从事的经营活动,其行为应当认定无效。

按国家有关规定无须经工商行政管理机关核准登记的部门、行业或经济组织,则应经其主管机关批准,并在批准的范围内从事生产经营活动。本院《关于在审理经济合同纠纷案件中具体适用经济合同法的若干问题的解答》中"应当在……主管机关批准的经营范围内从事正当的经营活动",指的就是这种情况。并不是指按规定必须经工商行政管理机关核准登记的工商企业可以其主管机关批准的经营范围确定其是否超越经营范围。

此复

三、民商事合同

(一)综合

中华人民共和国合同法

1. 1999年3月15日第九届全国人民代表大会第二次会议通过
2. 1999年3月15日中华人民共和国主席令第15号公布
3. 自1999年10月1日起施行

总　　则

第一章　一 般 规 定

第一条　【立法目的】为了保护合同当事人的合法权益，维护社会经济秩序，促进社会主义现代化建设，制定本法。

第二条　【调整范围】本法所称合同是平等主体的自然人、法人、其他组织之间设立、变更、终止民事权利义务关系的协议。

婚姻、收养、监护等有关身份关系的协议，适用其他法律的规定。

第三条　【平等原则】合同当事人的法律地位平等，一方不得将自己的意志强加给另一方。

第四条　【自愿原则】当事人依法享有自愿订立合同的权利，任何单位和个人不得非法干预。

第五条　【公平原则】当事人应当遵循公平原则确定各方的权利和义务。

第六条　【诚实信用原则】当事人行使权利、履行义务应当遵循诚实信用原则。

第七条　【公序良俗原则】当事人订立、履行合同，应当遵守法律、行政法规，尊重社会公德，不得扰乱社会经济秩序，损害社会公共利益。

第八条　【依法成立的合同效力】依法成立的合同，对当事人具有法律约束力。当事人应当按照约定履行自己的义务，不得擅自变更或者解除合同。

依法成立的合同，受法律保护。

第二章　合同的订立

第九条　【订立合同的能力】当事人订立合同，应当具有相应的民事权利能力和民事行为能力。

当事人依法可以委托代理人订立合同。

第十条　【合同的形式】当事人订立合同，有书面形式、口头形式和其他形式。

法律、行政法规规定采用书面形式的，应当采用书面形式。当事人约定采用书面形式的，应当采用书面形式。

第十一条　【书面形式】书面形式是指合同书、信件和数据电文(包括电报、电传、传真、电子数据交换和电子邮件)等可以有形地表现所载内容的形式。

第十二条　【合同内容】合同的内容由当事人约定，一般包括以下条款：

(一)当事人的名称或者姓名和住所；

(二)标的；

(三)数量；

(四)质量；

(五)价款或者报酬；

(六)履行期限、地点和方式；

(七)违约责任；

(八)解决争议的方法。

当事人可以参照各类合同的示范文本订立合同。

第十三条　【订立合同方式】当事人订立合同，采取要约、承诺方式。

第十四条　【要约】要约是希望和他人订立合同的意思表示，该意思表示应当符合下列规定：

(一)内容具体确定；

(二)表明经受要约人承诺，要约人即受该意思表示约束。

第十五条　【要约邀请】要约邀请是希望他人向自己发出要约的意思表示。寄送的价目表、拍卖公告、招标公告、招股说明书、商业广告等为要约邀请。

商业广告的内容符合要约规定的，视为要约。

第十六条　【要约的生效】要约到达受要约人时生效。

采用数据电文形式订立合同，收件人指定

特定系统接收数据电文的,该数据电文进入该特定系统的时间,视为到达时间;未指定特定系统的,该数据电文进入收件人的任何系统的首次时间,视为到达时间。

第十七条 【要约的撤回】要约可以撤回。撤回要约的通知应当在要约到达受要约人之前或者与要约同时到达受要约人。

第十八条 【要约的撤销】要约可以撤销。撤销要约的通知应当在受要约人发出承诺通知之前到达受要约人。

第十九条 【要约不得撤销的情形】有下列情形之一的,要约不得撤销:

(一)要约人确定了承诺期限或者以其他形式明示要约不可撤销;

(二)受要约人有理由认为要约是不可撤销的,并已经为履行合同作了准备工作。

第二十条 【要约的失效】有下列情形之一的,要约失效:

(一)拒绝要约的通知到达要约人;

(二)要约人依法撤销要约;

(三)承诺期限届满,受要约人未作出承诺;

(四)受要约人对要约的内容作出实质性变更。

第二十一条 【承诺的定义】承诺是受要约人同意要约的意思表示。

第二十二条 【承诺的方式】承诺应当以通知的方式作出,但根据交易习惯或者要约表明可以通过行为作出承诺的除外。

第二十三条 【承诺的期限】承诺应当在要约确定的期限内到达要约人。

要约没有确定承诺期限的,承诺应当依照下列规定到达:

(一)要约以对话方式作出的,应当即时作出承诺,但当事人另有约定的除外;

(二)要约以非对话方式作出的,承诺应当在合理期限内到达。

第二十四条 【承诺期限的起点】要约以信件或者电报作出的,承诺期限自信件载明的日期或者电报交发之日开始计算。信件未载明日期的,自投寄该信件的邮戳日期开始计算。要约以电话、传真等快速通讯方式作出的,承诺期限自要约到达受要约人时开始计算。

第二十五条 【合同成立时间】承诺生效时合同成立。

第二十六条 【承诺的生效】承诺通知到达要约人时生效。承诺不需要通知的,根据交易习惯或者要约的要求作出承诺的行为时生效。

采用数据电文形式订立合同的,承诺到达的时间适用本法第十六条第二款的规定。

第二十七条 【承诺的撤回】承诺可以撤回。撤回承诺的通知应当在承诺通知到达要约人之前或者与承诺通知同时到达要约人。

第二十八条 【延迟承诺】受要约人超过承诺期限发出承诺的,除要约人及时通知受要约人该承诺有效的以外,为新要约。

第二十九条 【迟到的承诺】受要约人在承诺期限内发出承诺,按照通常情形能够及时到达要约人,但因其他原因承诺到达要约人时超过承诺期限的,除要约人及时通知受要约人因承诺超过期限不接受该承诺的以外,该承诺有效。

第三十条 【承诺对要约的实质性变更】承诺的内容应当与要约的内容一致。受要约人对要约的内容作出实质性变更的,为新要约。有关合同标的、数量、质量、价款或者报酬、履行期限、履行地点和方式、违约责任和解决争议方法等的变更,是对要约内容的实质性变更。

第三十一条 【承诺对要约的非实质性变更】承诺对要约的内容作出非实质性变更的,除要约人及时表示反对或者要约表明承诺不得对要约的内容作出任何变更的以外,该承诺有效,合同的内容以承诺的内容为准。

第三十二条 【书面合同成立时间】当事人采用合同书形式订立合同的,自双方当事人签字或者盖章时合同成立。

第三十三条 【确认书与合同成立】当事人采用信件、数据电文等形式订立合同的,可以在合同成立之前要求签订确认书。签订确认书时合同成立。

第三十四条 【合同成立地点】承诺生效的地点为合同成立的地点。

采用数据电文形式订立合同的,收件人的

主营业地为合同成立的地点;没有主营业地的,其经常居住地为合同成立的地点。当事人另有约定的,按照其约定。

第三十五条　【书面合同成立地点】当事人采用合同书形式订立合同的,双方当事人签字或者盖章的地点为合同成立的地点。

第三十六条　【书面合同与合同成立】法律、行政法规规定或者当事人约定采用书面形式订立合同,当事人未采用书面形式但一方已经履行主要义务,对方接受的,该合同成立。

第三十七条　【合同书与合同成立】采用合同书形式订立合同,在签字或者盖章之前,当事人一方已经履行主要义务,对方接受的,该合同成立。

第三十八条　【依国家计划订立合同】国家根据需要下达指令性任务或者国家订货任务的,有关法人、其他组织之间应当依照有关法律、行政法规规定的权利和义务订立合同。

第三十九条　【格式条款定义及使用人义务】采用格式条款订立合同的,提供格式条款的一方应当遵循公平原则确定当事人之间的权利和义务,并采取合理的方式提请对方注意免除或者限制其责任的条款,按照对方的要求,对该条款予以说明。

格式条款是当事人为了重复使用而预先拟定,并在订立合同时未与对方协商的条款。

第四十条　【格式条款的无效】格式条款具有本法第五十二条和第五十三条规定情形的,或者提供格式条款一方免除其责任、加重对方责任、排除对方主要权利的,该条款无效。

第四十一条　【格式条款的解释】对格式条款的理解发生争议的,应当按照通常理解予以解释。对格式条款有两种以上解释的,应当作出不利于提供格式条款一方的解释。格式条款和非格式条款不一致的,应当采用非格式条款。

第四十二条　【缔约过失责任】当事人在订立合同过程中有下列情形之一,给对方造成损失的,应当承担损害赔偿责任:

(一)假借订立合同,恶意进行磋商;

(二)故意隐瞒与订立合同有关的重要事实或者提供虚假情况;

(三)有其他违背诚实信用原则的行为。

第四十三条　【保守商业秘密义务】当事人在订立合同过程中知悉的商业秘密,无论合同是否成立,不得泄露或者不正当地使用。泄露或者不正当地使用该商业秘密给对方造成损失的,应当承担损害赔偿责任。

第三章　合同的效力

第四十四条　【合同的生效】依法成立的合同,自成立时生效。

法律、行政法规规定应当办理批准、登记等手续生效的,依照其规定。

第四十五条　【附条件的合同】当事人对合同的效力可以约定附条件。附生效条件的合同,自条件成就时生效。附解除条件的合同,自条件成就时失效。

当事人为自己的利益不正当地阻止条件成就的,视为条件已成就;不正当地促成条件成就的,视为条件不成就。

第四十六条　【附期限的合同】当事人对合同的效力可以约定附期限。附生效期限的合同,自期限届至时生效。附终止期限的合同,自期限届满时失效。

第四十七条　【限制行为能力人订立的合同】限制民事行为能力人订立的合同,经法定代理人追认后,该合同有效,但纯获利益的合同或者与其年龄、智力、精神健康状况相适应而订立的合同,不必经法定代理人追认。

相对人可以催告法定代理人在一个月内予以追认。法定代理人未作表示的,视为拒绝追认。合同被追认之前,善意相对人有撤销的权利。撤销应当以通知的方式作出。

第四十八条　【无权代理人订立的合同】行为人没有代理权、超越代理权或者代理权终止后以被代理人名义订立的合同,未经被代理人追认,对被代理人不发生效力,由行为人承担责任。

相对人可以催告被代理人在一个月内予以追认。被代理人未作表示的,视为拒绝追认。合同被追认之前,善意相对人有撤销的权利。撤销应当以通知的方式作出。

第四十九条　【表见代理】行为人没有代理权、超越代理权或者代理权终止后以被代理人名义订立合同,相对人有理由相信行为人有代理权的,该代理行为有效。

第五十条 **【法定代表人越权订立的合同】**法人或者其他组织的法定代表人、负责人超越权限订立的合同,除相对人知道或者应当知道其超越权限的以外,该代表行为有效。

第五十一条 **【无处分权人订立的合同】**无处分权的人处分他人财产,经权利人追认或者无处分权的人订立合同后取得处分权的,该合同有效。

第五十二条 **【合同无效的法定情形】**有下列情形之一的,合同无效:

(一)一方以欺诈、胁迫的手段订立合同,损害国家利益;

(二)恶意串通,损害国家、集体或者第三人利益;

(三)以合法形式掩盖非法目的;

(四)损害社会公共利益;

(五)违反法律、行政法规的强制性规定。

第五十三条 **【合同免责条款的无效】**合同中的下列免责条款无效:

(一)造成对方人身伤害的;

(二)因故意或者重大过失造成对方财产损失的。

第五十四条 **【可撤销合同】**下列合同,当事人一方有权请求人民法院或者仲裁机构变更或者撤销:

(一)因重大误解订立的;

(二)在订立合同时显失公平的。

一方以欺诈、胁迫的手段或者乘人之危,使对方在违背真实意思的情况下订立的合同,受损害方有权请求人民法院或者仲裁机构变更或者撤销。

当事人请求变更的,人民法院或者仲裁机构不得撤销。

第五十五条 **【撤销权的消灭】**有下列情形之一的,撤销权消灭:

(一)具有撤销权的当事人自知道或者应当知道撤销事由之日起一年内没有行使撤销权;

(二)具有撤销权的当事人知道撤销事由后明确表示或者以自己的行为放弃撤销权。

第五十六条 **【合同自始无效与部分有效】**无效的合同或者被撤销的合同自始没有法律约束力。合同部分无效,不影响其他部分效力的,其他部分仍然有效。

第五十七条 **【合同解决争议条款的效力】**合同无效、被撤销或者终止的,不影响合同中独立存在的有关解决争议方法的条款的效力。

第五十八条 **【合同无效或被撤销的法律后果】**合同无效或者被撤销后,因该合同取得的财产,应当予以返还;不能返还或者没有必要返还的,应当折价补偿。有过错的一方应当赔偿对方因此所受到的损失,双方都有过错的,应当各自承担相应的责任。

第五十九条 **【恶意串通获取财产的返还】**当事人恶意串通,损害国家、集体或者第三人利益的,因此取得的财产收归国家所有或者返还集体、第三人。

第四章 合同的履行

第六十条 **【严格履行与诚实信用】**当事人应当按照约定全面履行自己的义务。

当事人应当遵循诚实信用原则,根据合同的性质、目的和交易习惯履行通知、协助、保密等义务。

第六十一条 **【合同约定不明的补救】**合同生效后,当事人就质量、价款或者报酬、履行地点等内容没有约定或者约定不明确的,可以协议补充;不能达成补充协议的,按照合同有关条款或者交易习惯确定。

第六十二条 **【合同约定不明时的履行】**当事人就有关合同内容约定不明确,依照本法第六十一条的规定仍不能确定的,适用下列规定:

(一)质量要求不明确的,按照国家标准、行业标准履行;没有国家标准、行业标准的,按照通常标准或者符合合同目的的特定标准履行。

(二)价款或者报酬不明确的,按照订立合同时履行地的市场价格履行;依法应当执行政府定价或者政府指导价的,按照规定履行。

(三)履行地点不明确,给付货币的,在接受货币一方所在地履行;交付不动产的,在不动产所在地履行;其他标的,在履行义务一方所在地履行。

（四）履行期限不明确的，债务人可以随时履行，债权人也可以随时要求履行，但应当给对方必要的准备时间。

（五）履行方式不明确的，按照有利于实现合同目的的方式履行。

（六）履行费用的负担不明确的，由履行义务一方负担。

第六十三条　【交付期限与价格执行】执行政府定价或者政府指导价的，在合同约定的交付期限内政府价格调整时，按照交付时的价格计价。逾期交付标的物的，遇价格上涨时，按照原价格执行；价格下降时，按照新价格执行。逾期提取标的物或者逾期付款的，遇价格上涨时，按照新价格执行；价格下降时，按照原价格执行。

第六十四条　【向第三人履行的合同】当事人约定由债务人向第三人履行债务的，债务人未向第三人履行债务或者履行债务不符合约定，应当向债权人承担违约责任。

第六十五条　【由第三人履行的合同】当事人约定由第三人向债权人履行债务的，第三人不履行债务或者履行债务不符合约定，债务人应当向债权人承担违约责任。

第六十六条　【同时履行抗辩权】当事人互负债务，没有先后履行顺序的，应当同时履行。一方在对方履行之前有权拒绝其履行要求。一方在对方履行债务不符合约定时，有权拒绝其相应的履行要求。

第六十七条　【先履行抗辩权】当事人互负债务，有先后履行顺序，先履行一方未履行的，后履行一方有权拒绝其履行要求。先履行一方履行债务不符合约定的，后履行一方有权拒绝其相应的履行要求。

第六十八条　【不安抗辩权】应当先履行债务的当事人，有确切证据证明对方有下列情形之一的，可以中止履行：

（一）经营状况严重恶化；

（二）转移财产、抽逃资金，以逃避债务；

（三）丧失商业信誉；

（四）有丧失或者可能丧失履行债务能力的其他情形。

当事人没有确切证据中止履行的，应当承担违约责任。

第六十九条　【不安抗辩权的行使】当事人依照本法第六十八条的规定中止履行的，应当及时通知对方。对方提供适当担保时，应当恢复履行。中止履行后，对方在合理期限内未恢复履行能力并且未提供适当担保的，中止履行的一方可以解除合同。

第七十条　【因债权人原因致债务履行困难的处理】债权人分立、合并或者变更住所没有通知债务人，致使履行债务发生困难的，债务人可以中止履行或者将标的物提存。

第七十一条　【债务的提前履行】债权人可以拒绝债务人提前履行债务，但提前履行不损害债权人利益的除外。

债务人提前履行债务给债权人增加的费用，由债务人负担。

第七十二条　【债务的部分履行】债权人可以拒绝债务人部分履行债务，但部分履行不损害债权人利益的除外。

债务人部分履行债务给债权人增加的费用，由债务人负担。

第七十三条　【债权人的代位权】因债务人怠于行使其到期债权，对债权人造成损害的，债权人可以向人民法院请求以自己的名义代位行使债务人的债权，但该债权专属于债务人自身的除外。

代位权的行使范围以债权人的债权为限。债权人行使代位权的必要费用，由债务人负担。

第七十四条　【债权人的撤销权】因债务人放弃其到期债权或者无偿转让财产，对债权人造成损害的，债权人可以请求人民法院撤销债务人的行为。债务人以明显不合理的低价转让财产，对债权人造成损害，并且受让人知道该情形的，债权人也可以请求人民法院撤销债务人的行为。

撤销权的行使范围以债权人的债权为限。债权人行使撤销权的必要费用，由债务人负担。

第七十五条　【撤销权的期间】撤销权自债权人知道或者应当知道撤销事由之日起一年内行使。自债务人的行为发生之日起五年内没有行使撤销权的,该撤销权消灭。

第七十六条 【当事人变化对合同履行的影响】合同生效后,当事人不得因姓名、名称的变更或者法定代表人、负责人、承办人的变动而不履行合同义务。

第五章 合同的变更和转让

第七十七条 【合同变更条件】当事人协商一致,可以变更合同。

法律、行政法规规定变更合同应当办理批准、登记等手续的,依照其规定。

第七十八条 【合同变更内容不明的处理】当事人对合同变更的内容约定不明确的,推定为未变更。

第七十九条 【债权的转让】债权人可以将合同的权利全部或者部分转让给第三人,但有下列情形之一的除外:

(一)根据合同性质不得转让;

(二)按照当事人约定不得转让;

(三)依照法律规定不得转让。

第八十条 【债权转让的通知义务】债权人转让权利的,应当通知债务人。未经通知,该转让对债务人不发生效力。

债权人转让权利的通知不得撤销,但经受让人同意的除外。

第八十一条 【从权利的转移】债权人转让权利的,受让人取得与债权有关的从权利,但该从权利专属于债权人自身的除外。

第八十二条 【债务人的抗辩权】债务人接到债权转让通知后,债务人对让与人的抗辩,可以向受让人主张。

第八十三条 【债务人的抵销权】债务人接到债权转让通知时,债务人对让与人享有债权,并且债务人的债权先于转让的债权到期或者同时到期的,债务人可以向受让人主张抵销。

第八十四条 【合同义务转移的条件】债务人将合同的义务全部或者部分转移给第三人的,应当经债权人同意。

第八十五条 【债务承担人的抗辩权】债务人转移义务的,新债务人可以主张原债务人对债权人的抗辩。

第八十六条 【从债务的转移】债务人转移义务的,新债务人应当承担与主债务有关的从债务,但该从债务专属于原债务人自身的除外。

第八十七条 【合同转让形式要件】法律、行政法规规定转让权利或者转移义务应当办理批准、登记等手续的,依照其规定。

第八十八条 【概括转让】当事人一方经对方同意,可以将自己在合同中的权利和义务一并转让给第三人。

第八十九条 【概括转让的效力】权利和义务一并转让的,适用本法第七十九条、第八十一条至第八十三条、第八十五条至第八十七条的规定。

第九十条 【新当事人的概括承受】当事人订立合同后合并的,由合并后的法人或者其他组织行使合同权利,履行合同义务。当事人订立合同后分立的,除债权人和债务人另有约定的以外,由分立的法人或者其他组织对合同的权利和义务享有连带债权,承担连带债务。

第六章 合同的权利义务终止

第九十一条 【合同终止的原因】有下列情形之一的,合同的权利义务终止:

(一)债务已经按照约定履行;

(二)合同解除;

(三)债务相互抵销;

(四)债务人依法将标的物提存;

(五)债权人免除债务;

(六)债权债务同归于一人;

(七)法律规定或者当事人约定终止的其他情形。

第九十二条 【合同终止后的义务】合同的权利义务终止后,当事人应当遵循诚实信用原则,根据交易习惯履行通知、协助、保密等义务。

第九十三条 【合同的约定解除】当事人协商一致,可以解除合同。

当事人可以约定一方解除合同的条件。解除合同的条件成就时,解除权人可以解除合同。

第九十四条 【合同的法定解除】有下列情形之一的,当事人可以解除合同:

(一)因不可抗力致使不能实现合同目的;

(二)在履行期限届满之前,当事人一方明确表示或者以自己的行为表明不履行主要债务;

（三）当事人一方迟延履行主要债务，经催告后在合理期限内仍未履行；

（四）当事人一方迟延履行债务或者有其他违约行为致使不能实现合同目的；

（五）法律规定的其他情形。

第九十五条　【解除权消灭】法律规定或者当事人约定解除权行使期限，期限届满当事人不行使的，该权利消灭。

法律没有规定或者当事人没有约定解除权行使期限，经对方催告后在合理期限内不行使的，该权利消灭。

第九十六条　【解除合同程序】当事人一方依照本法第九十三条第二款、第九十四条的规定主张解除合同的，应当通知对方。合同自通知到达对方时解除。对方有异议的，可以请求人民法院或者仲裁机构确认解除合同的效力。

法律、行政法规规定解除合同应当办理批准、登记等手续的，依照其规定。

第九十七条　【合同解除的效力】合同解除后，尚未履行的，终止履行；已经履行的，根据履行情况和合同性质，当事人可以要求恢复原状、采取其他补救措施，并有权要求赔偿损失。

第九十八条　【合同结算、清理条款的效力】合同的权利义务终止，不影响合同中结算和清理条款的效力。

第九十九条　【债务的法定抵销】当事人互负到期债务，该债务的标的物种类、品质相同的，任何一方可以将自己的债务与对方的债务抵销，但依照法律规定或者按照合同性质不得抵销的除外。

当事人主张抵销的，应当通知对方。通知自到达对方时生效。抵销不得附条件或者附期限。

第一百条　【债务的约定抵销】当事人互负债务，标的物种类、品质不相同的，经双方协商一致，也可以抵销。

第一百零一条　【提存的要件】有下列情形之一，难以履行债务的，债务人可以将标的物提存：

（一）债权人无正当理由拒绝受领；

（二）债权人下落不明；

（三）债权人死亡未确定继承人或者丧失民事行为能力未确定监护人；

（四）法律规定的其他情形。

标的物不适于提存或者提存费用过高的，债务人依法可以拍卖或者变卖标的物，提存所得的价款。

第一百零二条　【提存后的通知】标的物提存后，除债权人下落不明的以外，债务人应当及时通知债权人或者债权人的继承人、监护人。

第一百零三条　【提存的效力】标的物提存后，毁损、灭失的风险由债权人承担。提存期间，标的物的孳息归债权人所有。提存费用由债权人负担。

第一百零四条　【提存物的受领及受领权消灭】债权人可以随时领取提存物，但债权人对债务人负有到期债务的，在债权人未履行债务或者提供担保之前，提存部门根据债务人的要求应当拒绝其领取提存物。

债权人领取提存物的权利，自提存之日起五年内不行使而消灭，提存物扣除提存费用后归国家所有。

第一百零五条　【债务免除的效力】债权人免除债务人部分或者全部债务的，合同的权利义务部分或者全部终止。

第一百零六条　【混同的效力】债权和债务同归于一人的，合同的权利义务终止，但涉及第三人利益的除外。

第七章　违约责任

第一百零七条　【违约责任】当事人一方不履行合同义务或者履行合同义务不符合约定的，应当承担继续履行、采取补救措施或者赔偿损失等违约责任。

第一百零八条　【预期违约】当事人一方明确表示或者以自己的行为表明不履行合同义务的，对方可以在履行期限届满之前要求其承担违约责任。

第一百零九条　【金钱债务的违约责任】当事人一方未支付价款或者报酬的，对方可以要求其支付价款或者报酬。

第一百一十条　【非金钱债务的违约责任】当事人一方不履行非金钱债务或者履行非金钱债务不符合约定的，对方可以要求履行，但有下列情形之一的除外：

（一）法律上或者事实上不能履行；

(二)债务的标的不适于强制履行或者履行费用过高;

(三)债权人在合理期限内未要求履行。

第一百一十一条 【瑕疵履行】质量不符合约定的,应当按照当事人的约定承担违约责任。对违约责任没有约定或者约定不明确,依照本法第六十一条的规定仍不能确定的,受损害方根据标的的性质以及损失的大小,可以合理选择要求对方承担修理、更换、重作、退货、减少价款或者报酬等违约责任。

第一百一十二条 【不履行或不适当履行的赔偿责任】当事人一方不履行合同义务或者履行合同义务不符合约定的,在履行义务或者采取补救措施后,对方还有其他损失的,应当赔偿损失。

第一百一十三条 【损害赔偿的范围】当事人一方不履行合同义务或者履行合同义务不符合约定,给对方造成损失的,损失赔偿额应当相当于因违约所造成的损失,包括合同履行后可以获得的利益,但不得超过违反合同一方订立合同时预见到或者应当预见到的因违反合同可能造成的损失。

经营者对消费者提供商品或者服务有欺诈行为的,依照《中华人民共和国消费者权益保护法》的规定承担损害赔偿责任。

第一百一十四条 【违约金】当事人可以约定一方违约时应当根据违约情况向对方支付一定数额的违约金,也可以约定因违约产生的损失赔偿额的计算方法。

约定的违约金低于造成的损失的,当事人可以请求人民法院或者仲裁机构予以增加;约定的违约金过分高于造成的损失的,当事人可以请求人民法院或者仲裁机构予以适当减少。

当事人就迟延履行约定违约金的,违约方支付违约金后,还应当履行债务。

第一百一十五条 【定金】当事人可以依照《中华人民共和国担保法》约定一方向对方给付定金作为债权的担保。债务人履行债务后,定金应当抵作价款或者收回。给付定金的一方不履行约定的债务的,无权要求返还定金;收受定金的一方不履行约定的债务的,应当双倍返还定金。

第一百一十六条 【违约金与定金的选择】当事人既约定违约金,又约定定金的,一方违约时,对方可以选择适用违约金或者定金条款。

第一百一十七条 【不可抗力】因不可抗力不能履行合同的,根据不可抗力的影响,部分或者全部免除责任,但法律另有规定的除外。当事人迟延履行后发生不可抗力的,不能免除责任。

本法所称不可抗力,是指不能预见、不能避免并不能克服的客观情况。

第一百一十八条 【不可抗力的通知与证明】当事人一方因不可抗力不能履行合同的,应当及时通知对方,以减轻可能给对方造成的损失,并应当在合理期限内提供证明。

第一百一十九条 【减损规则】当事人一方违约后,对方应当采取适当措施防止损失的扩大;没有采取适当措施致使损失扩大的,不得就扩大的损失要求赔偿。

当事人因防止损失扩大而支出的合理费用,由违约方承担。

第一百二十条 【双方违约的责任】当事人双方都违反合同的,应当各自承担相应的责任。

第一百二十一条 【因第三人的过错造成的违约】当事人一方因第三人的原因造成违约的,应当向对方承担违约责任。当事人一方和第三人之间的纠纷,依照法律规定或者按照约定解决。

第一百二十二条 【违约责任与债权责任竞合】因当事人一方的违约行为,侵害对方人身、财产权益的,受损害方有权选择依照本法要求其承担违约责任或者依照其他法律要求其承担侵权责任。

第八章 其他规定

第一百二十三条 【其他法律的适用】其他法律对合同另有规定的,依照其规定。

第一百二十四条 【无名合同】本法分则或者其他法律没有明文规定的合同,适用本法总则的规定,并可以参照本法分则或者其他法律最相类似的规定。

第一百二十五条 【合同的解释】当事人对合同条款的理解有争议的,应当按照合同所使用的词句、合同的有关条款、合同的目的、交易习惯以及诚实信用原则，确定该条款的真实意思。

合同文本采用两种以上文字订立并约定具有同等效力的，对各文本使用的词句推定具有相同含义。各文本使用的词句不一致的，应当根据合同的目的予以解释。

第一百二十六条　【涉外合同】涉外合同的当事人可以选择处理合同争议所适用的法律，但法律另有规定的除外。涉外合同的当事人没有选择的，适用与合同有最密切联系的国家的法律。

在中华人民共和国境内履行的中外合资经营企业合同、中外合作经营企业合同、中外合作勘探开发自然资源合同，适用中华人民共和国法律。

第一百二十七条　【合同的监督】工商行政管理部门和其他有关行政主管部门在各自的职权范围内，依照法律、行政法规的规定，对利用合同危害国家利益、社会公共利益的违法行为，负责监督处理；构成犯罪的，依法追究刑事责任。

第一百二十八条　【合同争议的解决】当事人可以通过和解或者调解解决合同争议。

当事人不愿和解、调解或者和解、调解不成的，可以根据仲裁协议向仲裁机构申请仲裁。涉外合同的当事人可以根据仲裁协议向中国仲裁机构或者其他仲裁机构申请仲裁。当事人没有订立仲裁协议或者仲裁协议无效的，可以向人民法院起诉。当事人应当履行发生法律效力的判决、仲裁裁决、调解书；拒不履行的，对方可以请求人民法院执行。

第一百二十九条　【特殊时效】因国际货物买卖合同和技术进出口合同争议提起诉讼或者申请仲裁的期限为四年，自当事人知道或者应当知道其权利受到侵害之日起计算。因其他合同争议提起诉讼或者申请仲裁的期限，依照有关法律的规定。

分　　则

第九章　买卖合同

第一百三十条　【定义】买卖合同是出卖人转移标的物的所有权于买受人，买受人支付价款的合同。

第一百三十一条　【买卖合同的内容】买卖合同的内容除依照本法第十二条的规定以外，还可以包括包装方式、检验标准和方法、结算方式、合同使用的文字及其效力等条款。

第一百三十二条　【出卖标的物的条件】出卖的标的物，应当属于出卖人所有或者出卖人有权处分。

法律、行政法规禁止或者限制转让的标的物，依照其规定。

第一百三十三条　【标的物所有权转移时间】标的物的所有权自标的物交付时起转移，但法律另有规定或者当事人另有约定的除外。

第一百三十四条　【标的物所有权保留条款】当事人可以在买卖合同中约定买受人未履行支付价款或者其他义务的，标的物的所有权属于出卖人。

第一百三十五条　【出卖人的基本义务】出卖人应当履行向买受人交付标的物或者交付提取标的物的单证，并转移标的物所有权的义务。

第一百三十六条　【有关单证和资料的交付】出卖人应当按照约定或者交易习惯向买受人交付提取标的物单证以外的有关单证和资料。

第一百三十七条　【知识产权归属】出卖具有知识产权的计算机软件等标的物的，除法律另有规定或者当事人另有约定的以外，该标的物的知识产权不属于买受人。

第一百三十八条　【交付的时间】出卖人应当按照约定的期限交付标的物。约定交付期间的，出卖人可以在该交付期间内的任何时间交付。

第一百三十九条　【交付的期限】当事人没有约定标的物的交付期限或者约定不明确的，适用本法第六十一条、第六十二条第四项的规定。

第一百四十条　【占有标的物与交付时间】标的物在订立合同之前已为买受人占有的，合同生效的时间为交付时间。

第一百四十一条　【交付的地点】出卖人应当按照约定的地点交付标的物。

当事人没有约定交付地点或者约定不明确，依照本法第六十一条的规定仍不能确定的，适用下列规定：

（一）标的物需要运输的，出卖人应当将标的物交付给第一承运人以运交给买受人；

(二)标的物不需要运输,出卖人和买受人订立合同时知道标的物在某一地点的,出卖人应当在该地点交付标的物;不知道标的物在某一地点的,应当在出卖人订立合同时的营业地交付标的物。

第一百四十二条　【标的物的风险负担】标的物毁损、灭失的风险,在标的物交付之前由出卖人承担,交付之后由买受人承担,但法律另有规定或者当事人另有约定的除外。

第一百四十三条　【买受人违约交付的风险承担】因买受人的原因致使标的物不能按照约定的期限交付的,买受人应当自违反约定之日起承担标的物毁损、灭失的风险。

第一百四十四条　【在途标的物的风险承担】出卖人出卖交由承运人运输的在途标的物,除当事人另有约定的以外,毁损、灭失的风险自合同成立时起由买受人承担。

第一百四十五条　【标的物交付给第一承运人后的风险承担】当事人没有约定交付地点或者约定不明确,依照本法第一百四十一条第二款第一项的规定标的物需要运输的,出卖人将标的物交付给第一承运人后,标的物毁损、灭失的风险由买受人承担。

第一百四十六条　【买受人不履行接收标的物义务的风险承担】出卖人按照约定或者依照本法第一百四十一条第二款第二项的规定将标的物置于交付地点,买受人违反约定没有收取的,标的物毁损、灭失的风险自违反约定之日起由买受人承担。

第一百四十七条　【未交付单证、资料与风险承担】出卖人按照约定未交付有关标的物的单证和资料的,不影响标的物毁损、灭失风险的转移。

第一百四十八条　【标的物的瑕疵担保责任】因标的物质量不符合质量要求,致使不能实现合同目的的,买受人可以拒绝接受标的物或者解除合同。买受人拒绝接受标的物或者解除合同的,标的物毁损、灭失的风险由出卖人承担。

第一百四十九条　【风险承担不影响瑕疵担保】标的物毁损、灭失的风险由买受人承担的,不影响因出卖人履行债务不符合约定,买受人要求其承担违约责任的权利。

第一百五十条　【权利瑕疵担保】出卖人就交付的标的物,负有保证第三人不得向买受人主张任何权利的义务,但法律另有规定的除外。

第一百五十一条　【权利瑕疵担保责任的免除】买受人订立合同时知道或者应当知道第三人对买卖的标的物享有权利的,出卖人不承担本法第一百五十条规定的义务。

第一百五十二条　【中止支付价款权】买受人有确切证据证明第三人可能就标的物主张权利的,可以中止支付相应的价款,但出卖人提供适当担保的除外。

第一百五十三条　【标的物的瑕疵担保】出卖人应当按照约定的质量要求交付标的物。出卖人提供有关标的物质量说明的,交付的标的物应当符合该说明的质量要求。

第一百五十四条　【法定质量担保义务】当事人对标的物的质量要求没有约定或者约定不明确,依照本法第六十一条的规定仍不能确定的,适用本法第六十二条第一项的规定。

第一百五十五条　【买受人权利】出卖人交付的标的物不符合质量要求的,买受人可以依照本法第一百一十一条的规定要求承担违约责任。

第一百五十六条　【标的物包装方式】出卖人应当按照约定的包装方式交付标的物。对包装方式没有约定或者约定不明确,依照本法第六十一条的规定仍不能确定的,应当按照通用的方式包装,没有通用方式的,应当采取足以保护标的物的包装方式。

第一百五十七条　【买受人的检验义务】买受人收到标的物时应当在约定的检验期间内检验。没有约定检验期间的,应当及时检验。

第一百五十八条　【买受人的通知义务及免除】当事人约定检验期间的,买受人应当在检验期间内将标的物的数量或者质量不符合约定的情形通知出卖人。买受人怠于通知的,视为标的物的数量或者质量符合约定。

当事人没有约定检验期间的,买受人应当在发现或者应当发现标的物的数量或者质量不符合约定的合理期间内通知出卖人。买受人在合理期间内未通知或者自标的物收到之日起两年内未通知出卖人的,视为标的物的数量或者质量符合约定,但对标的物有质量保证期的，适用质量保证期，不适用该两年的规定。

出卖人知道或者应当知道提供的标的物不符合约定的，买受人不受前两款规定的通知时间的限制。

第一百五十九条　【买受人的基本义务】买受人应当按照约定的数额支付价款。对价款没有约定或者约定不明确的，适用本法第六十一条、第六十二条第二项的规定。

第一百六十条　【支付价款的地点】买受人应当按照约定的地点支付价款。对支付地点没有约定或者约定不明确，依照本法第六十一条的规定仍不能确定的，买受人应当在出卖人的营业地支付，但约定支付价款以交付标的物或者交付提取标的物单证为条件的，在交付标的物或者交付提取标的物单证的所在地支付。

第一百六十一条　【支付价款的时间】买受人应当按照约定的时间支付价款。对支付时间没有约定或者约定不明确，依照本法第六十一条的规定仍不能确定的，买受人应当在收到标的物或者提取标的物单证的同时支付。

第一百六十二条　【多交标的物的处理】出卖人多交标的物的，买受人可以接收或者拒绝接收多交的部分。买受人接收多交部分的，按照合同的价格支付价款；买受人拒绝接收多交部分的，应当及时通知出卖人。

第一百六十三条　【标的物孳息的归属】标的物在交付之前产生的孳息，归出卖人所有，交付之后产生的孳息，归买受人所有。

第一百六十四条　【解除合同与主物的关系】因标的物的主物不符合约定而解除合同的，解除合同的效力及于从物。因标的物的从物不符合约定被解除的，解除的效力不及于主物。

第一百六十五条　【数物并存的合同解除】标的物为数物，其中一物不符合约定的，买受人可以就该物解除，但该物与他物分离使标的物的价值显受损害的，当事人可以就数物解除合同。

第一百六十六条　【分批交付标的物的合同解除】出卖人分批交付标的物的，出卖人对其中一批标的物不交付或者交付不符合约定，致使该批标的物不能实现合同目的的，买受人可以就该批标的物解除。

出卖人不交付其中一批标的物或者交付不符合约定，致使今后其他各批标的物的交付不能实现合同目的的，买受人可以就该批以及今后其他各批标的物解除。

买受人如果就其中一批标的物解除，该批标的物与其他各批标的物相互依存的，可以就已经交付和未交付的各批标的物解除。

第一百六十七条　【分期付款买卖中的合同解除】分期付款的买受人未支付到期价款的金额达到全部价款的五分之一的，出卖人可以要求买受人支付全部价款或者解除合同。

出卖人解除合同的，可以向买受人要求支付该标的物的使用费。

第一百六十八条　【凭样品买卖】凭样品买卖的当事人应当封存样品，并可以对样品质量予以说明。出卖人交付的标的物应当与样品及其说明的质量相同。

第一百六十九条　【凭样品买卖的特殊责任】凭样品买卖的买受人不知道样品有隐蔽瑕疵的，即使交付的标的物与样品相同，出卖人交付的标的物的质量仍然应当符合同种物的通常标准。

第一百七十条　【试用买卖的试用期间】试用买卖的当事人可以约定标的物的试用期间。对试用期间没有约定或者约定不明确，依照本法第六十一条的规定仍不能确定的，由出卖人确定。

第一百七十一条　【买受人对标的物的认可】试用买卖的买受人在试用期内可以购买标的物，也可以拒绝购买。试用期间届满，买受人对是否购买标的物未作表示的，视为购买。

第一百七十二条　【招标投标买卖】招标投标买卖的当事人的权利和义务以及招标投标程序等，依照有关法律、行政法规的规定。

第一百七十三条　【拍卖】拍卖的当事人的权利和义务以及拍卖程序等，依照有关法律、行政法规的规定。

第一百七十四条　【买卖合同准用于有偿合同】法律对其他有偿合同有规定的，依照其规定；没有规定的，参照买卖合同的有关规定。

第一百七十五条　【互易合同】当事人约定易货交易，转移标的物的所有权的，参照买卖合同的有关规定。

第十章 供用电、水、气、热力合同

第一百七十六条 【定义】供用电合同是供电人向用电人供电,用电人支付电费的合同。

第一百七十七条 【主要条款】供用电合同的内容包括供电的方式、质量、时间,用电容量、地址、性质,计量方式,电价、电费的结算方式,供用电设施的维护责任等条款。

第一百七十八条 【履行地】供用电合同的履行地点,按照当事人约定;当事人没有约定或者约定不明确的,供电设施的产权分界处为履行地点。

第一百七十九条 【安全供电义务及违约责任】供电人应当按照国家规定的供电质量标准和约定安全供电。供电人未按照国家规定的供电质量标准和约定安全供电,造成用电人损失的,应当承担损害赔偿责任。

第一百八十条 【中断供电的通知义务】供电人因供电设施计划检修、临时检修、依法限电或者用电人违法用电等原因,需要中断供电时,应当按照国家有关规定事先通知用电人。未事先通知用电人中断供电,造成用电人损失的,应当承担损害赔偿责任。

第一百八十一条 【因不可抗力断电的抢修义务】因自然灾害等原因断电,供电人应当按照国家有关规定及时抢修。未及时抢修,造成用电人损失的,应当承担损害赔偿责任。

第一百八十二条 【用电人交付电费义务】用电人应当按照国家有关规定和当事人的约定及时交付电费。用电人逾期不交付电费的,应当按照约定支付违约金。经催告用电人在合理期限内仍不交付电费和违约金的,供电人可以按照国家规定的程序中止供电。

第一百八十三条 【安全用电义务】用电人应当按照国家有关规定和当事人的约定安全用电。用电人未按照国家有关规定和当事人的约定安全用电,造成供电人损失的,应当承担损害赔偿责任。

第一百八十四条 【供用水、气、热力合同】供用水、供用气、供用热力合同,参照供用电合同的有关规定。

第十一章 赠与合同

第一百八十五条 【定义】赠与合同是赠与人将自己的财产无偿给予受赠人,受赠人表示接受赠与的合同。

第一百八十六条 【赠与合同的任意撤销与限制】赠与人在赠与财产的权利转移之前可以撤销赠与。

具有救灾、扶贫等社会公益、道德义务性质的赠与合同或者经过公证的赠与合同,不适用前款规定。

第一百八十七条 【赠与的登记等手续】赠与的财产依法需要办理登记等手续的,应当办理有关手续。

第一百八十八条 【受赠人的交付请求权】具有救灾、扶贫等社会公益、道德义务性质的赠与合同或者经过公证的赠与合同,赠与人不交付赠与的财产的,受赠人可以要求交付。

第一百八十九条 【赠与人责任】因赠与人故意或者重大过失致使赠与的财产毁损、灭失的,赠与人应当承担损害赔偿责任。

第一百九十条 【附义务赠与】赠与可以附义务。

赠与附义务的,受赠人应当按照约定履行义务。

第一百九十一条 【赠与的瑕疵担保责任】赠与的财产有瑕疵的,赠与人不承担责任。附义务的赠与,赠与的财产有瑕疵的,赠与人在附义务的限度内承担与出卖人相同的责任。

赠与人故意不告知瑕疵或者保证无瑕疵,造成受赠人损失的,应当承担损害赔偿责任。

第一百九十二条 【赠与的法定撤销】受赠人有下列情形之一的,赠与人可以撤销赠与:

(一)严重侵害赠与人或者赠与人的近亲属;

(二)对赠与人有扶养义务而不履行;

(三)不履行赠与合同约定的义务。

赠与人的撤销权,自知道或者应当知道撤销原因之日起一年内行使。

第一百九十三条 【赠与人的继承人或法定代理人的撤销权及行使期间】因受赠人的违法行为致使赠与人死亡或者丧失民事行为能力的,赠与人的继承人或者法定代理人可以撤销赠与。

赠与人的继承人或者法定代理人的撤销权，自知道或者应当知道撤销原因之日起六个月内行使。

第一百九十四条　【赠与财产的返还】撤销权人撤销赠与的，可以向受赠人要求返还赠与的财产。

第一百九十五条　【赠与义务的免除】赠与人的经济状况显著恶化，严重影响其生产经营或者家庭生活的，可以不再履行赠与义务。

第十二章　借款合同

第一百九十六条　【定义】借款合同是借款人向贷款人借款，到期返还借款并支付利息的合同。

第一百九十七条　【合同形式及主要条款】借款合同采用书面形式，但自然人之间借款另有约定的除外。

借款合同的内容包括借款种类、币种、用途、数额、利率、期限和还款方式等条款。

第一百九十八条　【借款合同的担保】订立借款合同，贷款人可以要求借款人提供担保。担保依照《中华人民共和国担保法》的规定。

第一百九十九条　【借款人提供其真实情况的义务】订立借款合同，借款人应当按照贷款人的要求提供与借款有关的业务活动和财务状况的真实情况。

第二百条　【利息的预先扣除】借款的利息不得预先在本金中扣除。利息预先在本金中扣除的，应当按照实际借款数额返还借款并计算利息。

第二百零一条　【贷款违约责任】贷款人未按照约定的日期、数额提供借款，造成借款人损失的，应当赔偿损失。

借款人未按照约定的日期、数额收取借款的，应当按照约定的日期、数额支付利息。

第二百零二条　【贷款人的检查、监督权】贷款人按照约定可以检查、监督借款的使用情况。借款人应当按照约定向贷款人定期提供有关财务会计报表等资料。

第二百零三条　【借款使用的限制】借款人未按照约定的借款用途使用借款的，贷款人可以停止发放借款、提前收回借款或者解除合同。

第二百零四条　【利率的确定】办理贷款业务的金融机构贷款的利率，应当按照中国人民银行规定的贷款利率的上下限确定。

第二百零五条　【利息的支付】借款人应当按照约定的期限支付利息。对支付利息的期限没有约定或者约定不明确，依照本法第六十一条的规定仍不能确定，借款期间不满一年的，应当在返还借款时一并支付；借款期间一年以上的，应当在每届满一年时支付，剩余期间不满一年的，应当在返还借款时一并支付。

第二百零六条　【借款的返还期限】借款人应当按照约定的期限返还借款。对借款期限没有约定或者约定不明确，依照本法第六十一条的规定仍不能确定的，借款人可以随时返还；贷款人可以催告借款人在合理期限内返还。

第二百零七条　【逾期利息】借款人未按照约定的期限返还借款的，应当按照约定或者国家有关规定支付逾期利息。

第二百零八条　【提前偿还借款的利息计算】借款人提前偿还借款的，除当事人另有约定的以外，应当按照实际借款的期间计算利息。

第二百零九条　【借款展期】借款人可以在还款期限届满之前向贷款人申请展期。贷款人同意的，可以展期。

第二百一十条　【自然人间借款合同的生效时间】自然人之间的借款合同，自贷款人提供借款时生效。

第二百一十一条　【自然人间借款利息和利率】自然人之间的借款合同对支付利息没有约定或者约定不明确的，视为不支付利息。

自然人之间的借款合同约定支付利息的，借款的利率不得违反国家有关限制借款利率的规定。

第十三章　租赁合同

第二百一十二条　【定义】租赁合同是出租人将租赁物交付承租人使用、收益，承租人支付租金的合同。

第二百一十三条　【合同的主要条款】租赁合同的内容包括租赁物的名称、数量、用途、租赁期限、租金及其支付期限和方式、租赁物维修等条款。

第二百一十四条　【租赁期限】租赁期限不得超过二十年。超过二十年的，超过部分无效。

租赁期间届满,当事人可以续订租赁合同,但约定的租赁期限自续订之日起不得超过二十年。

第二百一十五条 【租赁合同的形式】租赁期限六个月以上的,应当采用书面形式。当事人未采用书面形式的,视为不定期租赁。

第二百一十六条 【出租人基本义务】出租人应当按照约定将租赁物交付承租人,并在租赁期间保持租赁物符合约定的用途。

第二百一十七条 【承租人基本义务】承租人应当按照约定的方法使用租赁物。对租赁物的使用方法没有约定或者约定不明确,依照本法第六十一条的规定仍不能确定的,应当按照租赁物的性质使用。

第二百一十八条 【正当使用租赁物的责任】承租人按照约定的方法或者租赁物的性质使用租赁物,致使租赁物受到损耗的,不承担损害赔偿责任。

第二百一十九条 【未正当使用租赁物的责任】承租人未按照约定的方法或者租赁物的性质使用租赁物,致使租赁物受到损失的,出租人可以解除合同并要求赔偿损失。

第二百二十条 【租赁物的维修】出租人应当履行租赁物的维修义务,但当事人另有约定的除外。

第二百二十一条 【出租人履行维修义务】承租人在租赁物需要维修时可以要求出租人在合理期限内维修。出租人未履行维修义务的,承租人可以自行维修,维修费用由出租人负担。因维修租赁物影响承租人使用的,应当相应减少租金或者延长租期。

第二百二十二条 【租赁物的保管】承租人应当妥善保管租赁物,因保管不善造成租赁物毁损、灭失的,应当承担损害赔偿责任。

第二百二十三条 【租赁物的改善】承租人经出租人同意,可以对租赁物进行改善或者增设他物。

承租人未经出租人同意,对租赁物进行改善或者增设他物的,出租人可以要求承租人恢复原状或者赔偿损失。

第二百二十四条 【转租】承租人经出租人同意,可以将租赁物转租给第三人。承租人转租的,承租人与出租人之间的租赁合同继续有效,第三人对租赁物造成损失的,承租人应当赔偿损失。

承租人未经出租人同意转租的,出租人可以解除合同。

第二百二十五条 【租赁物的收益归属】在租赁期间因占有、使用租赁物获得的收益,归承租人所有,但当事人另有约定的除外。

第二百二十六条 【支付租金的期限】承租人应当按照约定的期限支付租金。对支付期限没有约定或者约定不明确,依照本法第六十一条的规定仍不能确定,租赁期间不满一年的,应当在租赁期间届满时支付;租赁期间一年以上的,应当在每届满一年时支付,剩余期间不满一年的,应当在租赁期间届满时支付。

第二百二十七条 【租金的未支付、迟延支付和逾期不支付】承租人无正当理由未支付或者迟延支付租金的,出租人可以要求承租人在合理期限内支付。承租人逾期不支付的,出租人可以解除合同。

第二百二十八条 【出租人的权利瑕疵担保责任】因第三人主张权利,致使承租人不能对租赁物使用、收益的,承租人可以要求减少租金或者不支付租金。

第三人主张权利的,承租人应当及时通知出租人。

第二百二十九条 【所有权变动后的合同效力】租赁物在租赁期间发生所有权变动的,不影响租赁合同的效力。

第二百三十条 【优先购买权】出租人出卖租赁房屋的,应当在出卖之前的合理期限内通知承租人,承租人享有以同等条件优先购买的权利。

第二百三十一条 【租赁物的灭失】因不可归责于承租人的事由,致使租赁物部分或者全部毁损、灭失的,承租人可以要求减少租金或者不支付租金;因租赁物部分或者全部毁损、灭失,致使不能实现合同目的的,承租人可以解除合同。

第二百三十二条 【租期不明的处理】当事人对租赁期限没有约定或者约定不明确,依照本法第六十一条的规定仍不能确定的,视为不定期租赁。当事人可以随时解除合同，但出租人解除合同应当在合理期限之前通知承租人。

第二百三十三条　【租赁物的瑕疵担保】租赁物危及承租人的安全或者健康的，即使承租人订立合同时明知该租赁物质量不合格，承租人仍然可以随时解除合同。

第二百三十四条　【共同居住人的居住权】承租人在房屋租赁期间死亡的，与其生前共同居住的人可以按照原租赁合同租赁该房屋。

第二百三十五条　【租赁物的返还】租赁期间届满，承租人应当返还租赁物。返还的租赁物应当符合按照约定或者租赁物的性质使用后的状态。

第二百三十六条　【续租】租赁期间届满，承租人继续使用租赁物，出租人没有提出异议的，原租赁合同继续有效，但租赁期限为不定期。

第十四章　融资租赁合同

第二百三十七条　【定义】融资租赁合同是出租人根据承租人对出卖人、租赁物的选择，向出卖人购买租赁物，提供给承租人使用，承租人支付租金的合同。

第二百三十八条　【合同的主要条款及形式】融资租赁合同的内容包括租赁物名称、数量、规格、技术性能、检验方法、租赁期限、租金构成及其支付期限和方式、币种、租赁期间届满租赁物的归属等条款。

融资租赁合同应当采用书面形式。

第二百三十九条　【融资租赁的标的物交付】出租人根据承租人对出卖人、租赁物的选择订立的买卖合同，出卖人应当按照约定向承租人交付标的物，承租人享有与受领标的物有关的买受人的权利。

第二百四十条　【索赔权的行使】出租人、出卖人、承租人可以约定，出卖人不履行买卖合同义务的，由承租人行使索赔的权利。承租人行使索赔权利的，出租人应当协助。

第二百四十一条　【买卖合同的变更】出租人根据承租人对出卖人、租赁物的选择订立的买卖合同，未经承租人同意，出租人不得变更与承租人有关的合同内容。

第二百四十二条　【租赁物所有权】出租人享有租赁物的所有权。承租人破产的，租赁物不属于破产财产。

第二百四十三条　【租金的确定】融资租赁合同的租金，除当事人另有约定的以外，应当根据购买租赁物的大部分或者全部成本以及出租人的合理利润确定。

第二百四十四条　【租赁物的瑕疵担保责任】租赁物不符合约定或者不符合使用目的的，出租人不承担责任，但承租人依赖出租人的技能确定租赁物或者出租人干预选择租赁物的除外。

第二百四十五条　【租赁物的占有和使用】出租人应当保证承租人对租赁物的占有和使用。

第二百四十六条　【租赁物造成的损害责任】承租人占有租赁物期间，租赁物造成第三人的人身伤害或者财产损害的，出租人不承担责任。

第二百四十七条　【租赁物的保管、使用、维修】承租人应当妥善保管、使用租赁物。

承租人应当履行占有租赁物期间的维修义务。

第二百四十八条　【承租人支付租金的义务】承租人应当按照约定支付租金。承租人经催告后在合理期限内仍不支付租金的，出租人可以要求支付全部租金；也可以解除合同，收回租赁物。

第二百四十九条　【租赁物价值的部分返还权】当事人约定租赁期间届满租赁物归承租人所有，承租人已经支付大部分租金，但无力支付剩余租金，出租人因此解除合同收回租赁物的，收回的租赁物的价值超过承租人欠付的租金以及其他费用的，承租人可以要求部分返还。

第二百五十条　【租赁期满租赁物归属】出租人和承租人可以约定租赁期间届满租赁物的归属。对租赁物的归属没有约定或者约定不明确，依照本法第六十一条的规定仍不能确定的，租赁物的所有权归出租人。

第十五章　承 揽 合 同

第二百五十一条　【承揽合同定义和种类】承揽合同是承揽人按照定作人的要求完成工作，交付工作成果，定作人给付报酬的合同。

承揽包括加工、定作、修理、复制、测试、检验等工作。

第二百五十二条 【合同的主要条款】承揽合同的内容包括承揽的标的、数量、质量、报酬、承揽方式、材料的提供、履行期限、验收标准和方法等条款。

第二百五十三条 【承揽工作的完成】承揽人应当以自己的设备、技术和劳力,完成主要工作,但当事人另有约定的除外。

承揽人将其承揽的主要工作交由第三人完成的,应当就该第三人完成的工作成果向定作人负责;未经定作人同意的,定作人也可以解除合同。

第二百五十四条 【承揽人对辅助性工作的责任】承揽人可以将其承揽的辅助工作交由第三人完成。承揽人将其承揽的辅助工作交由第三人完成的,应当就该第三人完成的工作成果向定作人负责。

第二百五十五条 【承揽人提供材料的义务】承揽人提供材料的,承揽人应当按照约定选用材料,并接受定作人检验。

第二百五十六条 【定作人提供材料及双方义务】定作人提供材料的,定作人应当按照约定提供材料。承揽人对定作人提供的材料,应当及时检验,发现不符合约定时,应当及时通知定作人更换、补齐或者采取其他补救措施。

承揽人不得擅自更换定作人提供的材料,不得更换不需要修理的零部件。

第二百五十七条 【承揽人的通知义务】承揽人发现定作人提供的图纸或者技术要求不合理的,应当及时通知定作人。因定作人怠于答复等原因造成承揽人损失的,应当赔偿损失。

第二百五十八条 【中途变更工作要求的责任】定作人中途变更承揽工作的要求,造成承揽人损失的,应当赔偿损失。

第二百五十九条 【定作人的协助义务】承揽工作需要定作人协助的,定作人有协助的义务。

定作人不履行协助义务致使承揽工作不能完成的,承揽人可以催告定作人在合理期限内履行义务,并可以顺延履行期限;定作人逾期不履行的,承揽人可以解除合同。

第二百六十条 【承揽人接受监督检查的义务】承揽人在工作期间,应当接受定作人必要的监督检验。定作人不得因监督检验妨碍承揽人的正常工作。

第二百六十一条 【工作成果的交付】承揽人完成工作的,应当向定作人交付工作成果,并提交必要的技术资料和有关质量证明。定作人应当验收该工作成果。

第二百六十二条 【质量不合约定的责任】承揽人交付的工作成果不符合质量要求的,定作人可以要求承揽人承担修理、重作、减少报酬、赔偿损失等违约责任。

第二百六十三条 【支付报酬期限】定作人应当按照约定的期限支付报酬。对支付报酬的期限没有约定或者约定不明确,依照本法第六十一条的规定仍不能确定的,定作人应当在承揽人交付工作成果时支付;工作成果部分交付的,定作人应当相应支付。

第二百六十四条 【承揽人的留置权】定作人未向承揽人支付报酬或者材料费等价款的,承揽人对完成的工作成果享有留置权,但当事人另有约定的除外。

第二百六十五条 【材料及工作成果的保管】承揽人应当妥善保管定作人提供的材料以及完成的工作成果,因保管不善造成毁损、灭失的,应当承担损害赔偿责任。

第二百六十六条 【承揽人的保密义务】承揽人应当按照定作人的要求保守秘密,未经定作人许可,不得留存复制品或者技术资料。

第二百六十七条 【共同承揽】共同承揽人对定作人承担连带责任,但当事人另有约定的除外。

第二百六十八条 【定作人的解除权】定作人可以随时解除承揽合同,造成承揽人损失的,应当赔偿损失。

第十六章 建设工程合同

第二百六十九条 【定义】建设工程合同是承包人进行工程建设,发包人支付价款的合同。

建设工程合同包括工程勘察、设计、施工合同。

第二百七十条 【合同形式】建设工程合同应当采用书面形式。

第二百七十一条 【招标投标】建设工程的招标投标活动,应当依照有关法律的规定公开、公平、公正进行。

第二百七十二条　【总包与分包】发包人可以与总承包人订立建设工程合同，也可以分别与勘察人、设计人、施工人订立勘察、设计、施工承包合同。发包人不得将应当由一个承包人完成的建设工程肢解成若干部分发包给几个承包人。

总承包人或者勘察、设计、施工承包人经发包人同意，可以将自己承包的部分工作交由第三人完成。第三人就其完成的工作成果与总承包人或者勘察、设计、施工承包人向发包人承担连带责任。承包人不得将其承包的全部建设工程转包给第三人或者将其承包的全部建设工程肢解以后以分包的名义分别转包给第三人。

禁止承包人将工程分包给不具备相应资质条件的单位。禁止分包单位将其承包的工程再分包。建设工程主体结构的施工必须由承包人自行完成。

第二百七十三条　【重大建设工程合同的订立】国家重大建设工程合同，应当按照国家规定的程序和国家批准的投资计划、可行性研究报告等文件订立。

第二百七十四条　【勘察、设计合同主要内容】勘察、设计合同的内容包括提交有关基础资料和文件（包括概预算）的期限、质量要求、费用以及其他协作条件等条款。

第二百七十五条　【施工合同主要条款】施工合同的内容包括工程范围、建设工期、中间交工工程的开工和竣工时间、工程质量、工程造价、技术资料交付时间、材料和设备供应责任、拨款和结算、竣工验收、质量保修范围和质量保证期、双方相互协作等条款。

第二百七十六条　【建设工程监理】建设工程实行监理的，发包人应当与监理人采用书面形式订立委托监理合同。发包人与监理人的权利和义务以及法律责任，应当依照本法委托合同以及其他有关法律、行政法规的规定。

第二百七十七条　【发包人检查权】发包人在不妨碍承包人正常作业的情况下，可以随时对作业进度、质量进行检查。

第二百七十八条　【隐蔽工程的验收】隐蔽工程在隐蔽以前，承包人应当通知发包人检查。发包人没有及时检查的，承包人可以顺延工程日期，并有权要求赔偿停工、窝工等损失。

第二百七十九条　【竣工验收】建设工程竣工后，发包人应当根据施工图纸及说明书、国家颁发的施工验收规范和质量检验标准及时进行验收。验收合格的，发包人应当按照约定支付价款，并接收该建设工程。

建设工程竣工经验收合格后，方可交付使用；未经验收或者验收不合格的，不得交付使用。

第二百八十条　【勘察、设计人质量责任】勘察、设计的质量不符合要求或者未按照期限提交勘察、设计文件拖延工期，造成发包人损失的，勘察人、设计人应当继续完善勘察、设计，减收或者免收勘察、设计费并赔偿损失。

第二百八十一条　【施工人的质量责任】因施工人的原因致使建设工程质量不符合约定的，发包人有权要求施工人在合理期限内无偿修理或者返工、改建。经过修理或者返工、改建后，造成逾期交付的，施工人应当承担违约责任。

第二百八十二条　【质量保证责任】因承包人的原因致使建设工程在合理使用期限内造成人身和财产损害的，承包人应当承担损害赔偿责任。

第二百八十三条　【发包人违约责任】发包人未按照约定的时间和要求提供原材料、设备、场地、资金、技术资料的，承包人可以顺延工程日期，并有权要求赔偿停工、窝工等损失。

第二百八十四条　【发包人原因致工程停建、缓建的责任】因发包人的原因致使工程中途停建、缓建的，发包人应当采取措施弥补或者减少损失，赔偿承包人因此造成的停工、窝工、倒运、机械设备调迁、材料和构件积压等损失和实际费用。

第二百八十五条　【发包人原因致勘察、设计、返工、停工或修改设计的责任】因发包人变更计划，提供的资料不准确，或者未按照期限提供必需的勘察、设计工作条件而造成勘察、设计的返工、停工或者修改设计，发包人应当按照勘察人、设计人实际消耗的工作量增付费用。

第二百八十六条　【工程价款的支付及承包人的优先受偿权】发包人未按照约定支付价款的，

承包人可以催告发包人在合理期限内支付价款。发包人逾期不支付的,除按照建设工程的性质不宜折价、拍卖的以外,承包人可以与发包人协议将该工程折价,也可以申请人民法院将该工程依法拍卖。建设工程的价款就该工程折价或者拍卖的价款优先受偿。

第二百八十七条　【适用承揽合同的规定】本章没有规定的,适用承揽合同的有关规定。

第十七章　运输合同

第一节　一般规定

第二百八十八条　【定义】运输合同是承运人将旅客或者货物从起运地点运输到约定地点,旅客、托运人或者收货人支付票款或者运输费用的合同。

第二百八十九条　【公共运输承运人不得拒绝运输的义务】从事公共运输的承运人不得拒绝旅客、托运人通常、合理的运输要求。

第二百九十条　【按约定期间安全运输的义务】承运人应当在约定期间或者合理期间内将旅客、货物安全运输到约定地点。

第二百九十一条　【按约定路线运输义务】承运人应当按照约定的或者通常的运输路线将旅客、货物运输到约定地点。

第二百九十二条　【旅客、托运人或收货人基本义务】旅客、托运人或者收货人应当支付票款或者运输费用。承运人未按照约定路线或者通常路线运输增加票款或者运输费用的,旅客、托运人或者收货人可以拒绝支付增加部分的票款或者运输费用。

第二节　客运合同

第二百九十三条　【合同的成立】客运合同自承运人向旅客交付客票时成立,但当事人另有约定或者另有交易习惯的除外。

第二百九十四条　【持有效客票乘运义务】旅客应当持有效客票乘运。旅客无票乘运、超程乘运、越级乘运或者持失效客票乘运的,应当补交票款,承运人可以按照规定加收票款。旅客不交付票款的,承运人可以拒绝运输。

第二百九十五条　【退票与变更】旅客因自己的原因不能按照客票记载的时间乘坐的,应当在约定的时间内办理退票或者变更手续。逾期办理的,承运人可以不退票款,并不再承担运输义务。

第二百九十六条　【按约定限量携带行李义务】旅客在运输中应当按照约定的限量携带行李。超过限量携带行李的,应当办理托运手续。

第二百九十七条　【违禁品或危险物品的携带禁止】旅客不得随身携带或者在行李中夹带易燃、易爆、有毒、有腐蚀性、有放射性以及有可能危及运输工具上人身和财产安全的危险物品或者其他违禁物品。

旅客违反前款规定的,承运人可以将违禁物品卸下、销毁或者送交有关部门。旅客坚持携带或者夹带违禁物品的,承运人应当拒绝运输。

第二百九十八条　【承运人告知重要事项义务】承运人应当向旅客及时告知有关不能正常运输的重要事由和安全运输应当注意的事项。

第二百九十九条　【承运人迟延运输】承运人应当按照客票载明的时间和班次运输旅客。承运人迟延运输的,应当根据旅客的要求安排改乘其他班次或者退票。

第三百条　【承运人擅自变更运输工具的法律后果】承运人擅自变更运输工具而降低服务标准的,应当根据旅客的要求退票或者减收票款;提高服务标准的,不应当加收票款。

第三百零一条　【对旅客的救助义务】承运人在运输过程中,应当尽力救助患有急病、分娩、遇险的旅客。

第三百零二条　【旅客伤亡的损害赔偿责任】承运人应当对运输过程中旅客的伤亡承担损害赔偿责任,但伤亡是旅客自身健康原因造成的或者承运人证明伤亡是旅客故意、重大过失造成的除外。

前款规定适用于按照规定免票、持优待票或者经承运人许可搭乘的无票旅客。

第三百零三条　【对行李毁损、灭失的赔偿责任】在运输过程中旅客自带物品毁损、灭失,承运人有过错的,应当承担损害赔偿责任。

旅客托运的行李毁损、灭失的,适用货物运输的有关规定。

第三节　货运合同

第三百零四条　【托运人告知义务】托运人办理

货物运输，应当向承运人准确表明收货人的名称或者姓名或者凭指示的收货人，货物的名称、性质、重量、数量，收货地点等有关货物运输的必要情况。

因托运人申报不实或者遗漏重要情况，造成承运人损失的，托运人应当承担损害赔偿责任。

第三百零五条　【托运人提交文件义务】货物运输需要办理审批、检验等手续的，托运人应当将办理完有关手续的文件提交承运人。

第三百零六条　【托运人的包装义务】托运人应当按照约定的方式包装货物。对包装方式没有约定或者约定不明确的，适用本法第一百五十六条的规定。

托运人违反前款规定的，承运人可以拒绝运输。

第三百零七条　【托运人运送危险货物的义务】托运人托运易燃、易爆、有毒、有腐蚀性、有放射性等危险物品的，应当按照国家有关危险物品运输的规定对危险物品妥善包装，作出危险物标志和标签，并将有关危险物品的名称、性质和防范措施的书面材料提交承运人。

托运人违反前款规定的，承运人可以拒绝运输，也可以采取相应措施以避免损失的发生，因此产生的费用由托运人承担。

第三百零八条　【托运人请求变更或解除合同的权利】在承运人将货物交付收货人之前，托运人可以要求承运人中止运输、返还货物、变更到达地或者将货物交给其他收货人，但应当赔偿承运人因此受到的损失。

第三百零九条　【承运人的通知义务及收货人及时提货义务】货物运输到达后，承运人知道收货人的，应当及时通知收货人，收货人应当及时提货。收货人逾期提货的，应当向承运人支付保管费等费用。

第三百一十条　【收货人对货物的检验义务】收货人提货时应当按照约定的期限检验货物。对检验货物的期限没有约定或者约定不明确，依照本法第六十一条的规定仍不能确定的，应当在合理期限内检验货物。收货人在约定的期限或者合理期限内对货物的数量、毁损等未提出异议的，视为承运人已经按照运输单证的记载交付的初步证据。

第三百一十一条　【承运人的赔偿责任】承运人对运输过程中货物的毁损、灭失承担损害赔偿责任，但承运人证明货物的毁损、灭失是因不可抗力、货物本身的自然性质或者合理损耗以及托运人、收货人的过错造成的，不承担损害赔偿责任。

第三百一十二条　【确定货损额的方法】货物的毁损、灭失的赔偿额，当事人有约定的，按照其约定；没有约定或者约定不明确，依照本法第六十一条的规定仍不能确定的，按照交付或者应当交付时货物到达地的市场价格计算。法律、行政法规对赔偿额的计算方法和赔偿限额另有规定的，依照其规定。

第三百一十三条　【相继运输的责任承担】两个以上承运人以同一运输方式联运的，与托运人订立合同的承运人应当对全程运输承担责任。损失发生在某一运输区段的，与托运人订立合同的承运人和该区段的承运人承担连带责任。

第三百一十四条　【货物的灭失与运费的处理】货物在运输过程中因不可抗力灭失，未收取运费的，承运人不得要求支付运费；已收取运费的，托运人可以要求返还。

第三百一十五条　【运送物的留置】托运人或者收货人不支付运费、保管费以及其他运输费用的，承运人对相应的运输货物享有留置权，但当事人另有约定的除外。

第三百一十六条　【货物的提存】收货人不明或者收货人无正当理由拒绝受领货物的，依照本法第一百零一条的规定，承运人可以提存货物。

第四节　多式联运合同

第三百一十七条　【多式联运经营人的权利义务】多式联运经营人负责履行或者组织履行多式联运合同，对全程运输享有承运人的权利，承担承运人的义务。

第三百一十八条　【多式联运的责任承担】多式联运经营人可以与参加多式联运的各区段承运人就多式联运合同的各区段运输约定相互之间的责任，但该约定不影响多式联运经营人对全程运输承担的义务。

第三百一十九条　【联运单据的转让】多式联运

经营人收到托运人交付的货物时,应当签发多式联运单据。按照托运人的要求,多式联运单据可以是可转让单据,也可以是不可转让单据。

第三百二十条 【托运人的损害赔偿责任】因托运人托运货物时的过错造成多式联运经营人损失的,即使托运人已经转让多式联运单据,托运人仍然应当承担损害赔偿责任。

第三百二十一条 【赔偿责任适用法律的规定】货物的毁损、灭失发生于多式联运的某一运输区段的,多式联运经营人的赔偿责任和责任限额,适用调整该区段运输方式的有关法律规定。货物毁损、灭失发生的运输区段不能确定的,依照本章规定承担损害赔偿责任。

第十八章 技术合同

第一节 一般规定

第三百二十二条 【定义】技术合同是当事人就技术开发、转让、咨询或者服务订立的确立相互之间权利和义务的合同。

第三百二十三条 【订立技术合同的原则】订立技术合同,应当有利于科学技术的进步,加速科学技术成果的转化、应用和推广。

第三百二十四条 【技术合同的主要条款】技术合同的内容由当事人约定,一般包括以下条款:

(一)项目名称;

(二)标的的内容、范围和要求;

(三)履行的计划、进度、期限、地点、地域和方式;

(四)技术情报和资料的保密;

(五)风险责任的承担;

(六)技术成果的归属和收益的分成办法;

(七)验收标准和方法;

(八)价款、报酬或者使用费及其支付方式;

(九)违约金或者损失赔偿的计算方法;

(十)解决争议的方法;

(十一)名词和术语的解释。

与履行合同有关的技术背景资料、可行性论证和技术评价报告、项目任务书和计划书、技术标准、技术规范、原始设计和工艺文件,以及其他技术文档,按照当事人的约定可以作为合同的组成部分。

技术合同涉及专利的,应当注明发明创造的名称、专利申请人和专利权人、申请日期、申请号、专利号以及专利权的有效期限。

第三百二十五条 【技术合同价款、报酬或使用费的确定和支付】技术合同价款、报酬或者使用费的支付方式由当事人约定,可以采取一次总算、一次总付或者一次总算、分期支付,也可以采取提成支付或者提成支付附加预付入门费的方式。

约定提成支付的,可以按照产品价格、实施专利和使用技术秘密后新增的产值、利润或者产品销售额的一定比例提成,也可以按照约定的其他方式计算。提成支付的比例可以采取固定比例、逐年递增比例或者逐年递减比例。

约定提成支付的,当事人应当在合同中约定查阅有关会计帐目的办法。

第三百二十六条 【职务技术成果的财产权归属】职务技术成果的使用权、转让权属于法人或者其他组织的,法人或者其他组织可以就该项职务技术成果订立技术合同。法人或者其他组织应当从使用和转让该项职务技术成果所取得的收益中提取一定比例,对完成该项职务技术成果的个人给予奖励或者报酬。法人或者其他组织订立技术合同转让职务技术成果时,职务技术成果的完成人享有以同等条件优先受让的权利。

职务技术成果是执行法人或者其他组织的工作任务,或者主要是利用法人或者其他组织的物质技术条件所完成的技术成果。

第三百二十七条 【非职务技术成果的财产权归属】非职务技术成果的使用权、转让权属于完成技术成果的个人,完成技术成果的个人可以就该项非职务技术成果订立技术合同。

第三百二十八条 【技术成果的精神权属】完成技术成果的个人有在有关技术成果文件上写明自己是技术成果完成者的权利和取得荣誉证书、奖励的权利。

第三百二十九条 【技术合同的无效】非法垄断

技术、妨碍技术进步或者侵害他人技术成果的技术合同无效。

第二节　技术开发合同

第三百三十条　【定义及合同形式】技术开发合同是指当事人之间就新技术、新产品、新工艺或者新材料及其系统的研究开发所订立的合同。

技术开发合同包括委托开发合同和合作开发合同。

技术开发合同应当采用书面形式。

当事人之间就具有产业应用价值的科技成果实施转化订立的合同，参照技术开发合同的规定。

第三百三十一条　【委托人义务】委托开发合同的委托人应当按照约定支付研究开发经费和报酬；提供技术资料、原始数据；完成协作事项；接受研究开发成果。

第三百三十二条　【受托人义务】委托开发合同的研究开发人应当按照约定制定和实施研究开发计划；合理使用研究开发经费；按期完成研究开发工作，交付研究开发成果，提供有关的技术资料和必要的技术指导，帮助委托人掌握研究开发成果。

第三百三十三条　【委托人的违约责任】委托人违反约定造成研究开发工作停滞、延误或者失败的，应当承担违约责任。

第三百三十四条　【受托人的违约责任】研究开发人违反约定造成研究开发工作停滞、延误或者失败的，应当承担违约责任。

第三百三十五条　【合作开发各方的主要义务】合作开发合同的当事人应当按照约定进行投资，包括以技术进行投资；分工参与研究开发工作；协作配合研究开发工作。

第三百三十六条　【合作开发各方的违约责任】合作开发合同的当事人违反约定造成研究开发工作停滞、延误或者失败的，应当承担违约责任。

第三百三十七条　【合同的解除】因作为技术开发合同标的的技术已经由他人公开，致使技术开发合同的履行没有意义的，当事人可以解除合同。

第三百三十八条　【风险负担及通知义务】在技术开发合同履行过程中，因出现无法克服的技术困难，致使研究开发失败或者部分失败的，该风险责任由当事人约定。没有约定或者约定不明确，依照本法第六十一条的规定仍不能确定的，风险责任由当事人合理分担。

当事人一方发现前款规定的可能致使研究开发失败或者部分失败的情形时，应当及时通知另一方并采取适当措施减少损失。没有及时通知并采取适当措施，致使损失扩大的，应当就扩大的损失承担责任。

第三百三十九条　【技术成果的归属】委托开发完成的发明创造，除当事人另有约定的以外，申请专利的权利属于研究开发人。研究开发人取得专利权的，委托人可以免费实施该专利。

研究开发人转让专利申请权的，委托人享有以同等条件优先受让的权利。

第三百四十条　【合作开发技术成果的归属】合作开发完成的发明创造，除当事人另有约定的以外，申请专利的权利属于合作开发的当事人共有。当事人一方转让其共有的专利申请权的，其他各方享有以同等条件优先受让的权利。

合作开发的当事人一方声明放弃其共有的专利申请权的，可以由另一方单独申请或者由其他各方共同申请。申请人取得专利权的，放弃专利申请权的一方可以免费实施该专利。

合作开发的当事人一方不同意申请专利的，另一方或者其他各方不得申请专利。

第三百四十一条　【技术秘密成果的归属与分享】委托开发或者合作开发完成的技术秘密成果的使用权、转让权以及利益的分配办法，由当事人约定。没有约定或者约定不明确，依照本法第六十一条的规定仍不能确定的，当事人均有使用和转让的权利，但委托开发的研究开发人不得在向委托人交付研究开发成果之前，将研究开发成果转让给第三人。

第三节　技术转让合同

第三百四十二条　【内容及形式】技术转让合同包括专利权转让、专利申请权转让、技术秘密转让、专利实施许可合同。

技术转让合同应当采用书面形式。

第三百四十三条 【技术转让范围的约定】技术转让合同可以约定让与人和受让人实施专利或者使用技术秘密的范围,但不得限制技术竞争和技术发展。

第三百四十四条 【专利实施许可合同的限制】专利实施许可合同只在该专利权的存续期间内有效。专利权有效期限届满或者专利权被宣布无效的,专利权人不得就该专利与他人订立专利实施许可合同。

第三百四十五条 【专利实施许可合同让与人主要义务】专利实施许可合同的让与人应当按照约定许可受让人实施专利,交付实施专利有关的技术资料,提供必要的技术指导。

第三百四十六条 【专利实施许可合同受让人主要义务】专利实施许可合同的受让人应当按照约定实施专利,不得许可约定以外的第三人实施该专利;并按照约定支付使用费。

第三百四十七条 【技术秘密转让合同让与人的义务】技术秘密转让合同的让与人应当按照约定提供技术资料,进行技术指导,保证技术的实用性、可靠性,承担保密义务。

第三百四十八条 【技术秘密转让合同的受让人义务】技术秘密转让合同的受让人应当按照约定使用技术,支付使用费,承担保密义务。

第三百四十九条 【技术转让合同让与人基本义务】技术转让合同的让与人应当保证自己是所提供的技术的合法拥有者,并保证所提供的技术完整、无误、有效,能够达到约定的目标。

第三百五十条 【技术转让合同受让人技术保密义务】技术转让合同的受让人应当按照约定的范围和期限,对让与人提供的技术中尚未公开的秘密部分,承担保密义务。

第三百五十一条 【让与人违约责任】让与人未按照约定转让技术的,应当返还部分或者全部使用费,并应当承担违约责任;实施专利或者使用技术秘密超越约定的范围的,违反约定擅自许可第三人实施该项专利或者使用该项技术秘密的,应当停止违约行为,承担违约责任;违反约定的保密义务的,应当承担违约责任。

第三百五十二条 【受让人违约责任】受让人未按照约定支付使用费的,应当补交使用费并按照约定支付违约金;不补交使用费或者支付违约金的,应当停止实施专利或者使用技术秘密,交还技术资料,承担违约责任;实施专利或者使用技术秘密超越约定的范围的,未经让与人同意擅自许可第三人实施该专利或者使用该技术秘密的,应当停止违约行为,承担违约责任;违反约定的保密义务的,应当承担违约责任。

第三百五十三条 【技术合同让与人侵权责任】受让人按照约定实施专利、使用技术秘密侵害他人合法权益的,由让与人承担责任,但当事人另有约定的除外。

第三百五十四条 【后续技术成果的归属与分享】当事人可以按照互利的原则,在技术转让合同中约定实施专利、使用技术秘密后续改进的技术成果的分享办法。没有约定或者约定不明确,依照本法第六十一条的规定仍不能确定的,一方后续改进的技术成果,其他各方无权分享。

第三百五十五条 【技术进出口合同的法律适用】法律、行政法规对技术进出口合同或者专利、专利申请合同另有规定的,依照其规定。

第四节 技术咨询合同和技术服务合同

第三百五十六条 【内容】技术咨询合同包括就特定技术项目提供可行性论证、技术预测、专题技术调查、分析评价报告等合同。

技术服务合同是指当事人一方以技术知识为另一方解决特定技术问题所订立的合同,不包括建设工程合同和承揽合同。

第三百五十七条 【技术咨询合同委托人主要义务】技术咨询合同的委托人应当按照约定阐明咨询的问题,提供技术背景材料及有关技术资料、数据;接受受托人的工作成果,支付报酬。

第三百五十八条 【技术咨询合同受托人主要义务】技术咨询合同的受托人应当按照约定的期限完成咨询报告或者解答问题;提出的咨询报告应当达到约定的要求。

第三百五十九条 【委托人与受托人的违约责任】技术咨询合同的委托人未按照约定提供必要的资料和数据,影响工作进度和质量,不接受或者逾期接受工作成果的,支付的报酬不得追回,未支付的报酬应当支付。

技术咨询合同的受托人未按期提出咨询报告或者提出的咨询报告不符合约定的,应当承担减收或者免收报酬等违约责任。

技术咨询合同的委托人按照受托人符合约定要求的咨询报告和意见作出决策所造成的损失,由委托人承担,但当事人另有约定的除外。

第三百六十条　【技术服务合同委托人义务】技术服务合同的委托人应当按照约定提供工作条件,完成配合事项;接受工作成果并支付报酬。

第三百六十一条　【技术服务合同受托人义务】技术服务合同的受托人应当按照约定完成服务项目,解决技术问题,保证工作质量,并传授解决技术问题的知识。

第三百六十二条　【技术服务合同双方当事人的违约责任】技术服务合同的委托人不履行合同义务或者履行合同义务不符合约定,影响工作进度和质量,不接受或者逾期接受工作成果的,支付的报酬不得追回,未支付的报酬应当支付。

技术服务合同的受托人未按照合同约定完成服务工作的,应当承担免收报酬等违约责任。

第三百六十三条　【新创技术成果的归属和分享】在技术咨询合同、技术服务合同履行过程中,受托人利用委托人提供的技术资料和工作条件完成的新的技术成果,属于受托人。委托人利用受托人的工作成果完成的新的技术成果,属于委托人。当事人另有约定的,按照其约定。

第三百六十四条　【技术培训合同、技术中介合同的法律适用】法律、行政法规对技术中介合同、技术培训合同另有规定的,依照其规定。

第十九章　保 管 合 同

第三百六十五条　【定义】保管合同是保管人保管寄存人交付的保管物,并返还该物的合同。

第三百六十六条　【保管费的确定和支付】寄存人应当按照约定向保管人支付保管费。

当事人对保管费没有约定或者约定不明确,依照本法第六十一条的规定仍不能确定的,保管是无偿的。

第三百六十七条　【保管合同的成立】保管合同自保管物交付时成立,但当事人另有约定的除外。

第三百六十八条　【保管凭证】寄存人向保管人交付保管物的,保管人应当给付保管凭证,但另有交易习惯的除外。

第三百六十九条　【妥善保管义务】保管人应当妥善保管保管物。

当事人可以约定保管场所或者方法。除紧急情况或者为了维护寄存人利益的以外,不得擅自改变保管场所或者方法。

第三百七十条　【保管物有瑕疵或需特殊保管时寄存人的义务】寄存人交付的保管物有瑕疵或者按照保管物的性质需要采取特殊保管措施的,寄存人应当将有关情况告知保管人。寄存人未告知,致使保管物受损失的,保管人不承担损害赔偿责任;保管人因此受损失的,除保管人知道或者应当知道并且未采取补救措施的以外,寄存人应当承担损害赔偿责任。

第三百七十一条　【第三人代为保管】保管人不得将保管物转交第三人保管,但当事人另有约定的除外。

保管人违反前款规定,将保管物转交第三人保管,对保管物造成损失的,应当承担损害赔偿责任。

第三百七十二条　【保管人不得使用保管物的义务】保管人不得使用或者许可第三人使用保管物,但当事人另有约定的除外。

第三百七十三条　【第三人主张权利的返还】第三人对保管物主张权利的,除依法对保管物采取保全或者执行的以外,保管人应当履行向寄存人返还保管物的义务。

第三人对保管人提起诉讼或者对保管物申请扣押的,保管人应当及时通知寄存人。

第三百七十四条　【保管物的毁损灭失与保管人责任】保管期间,因保管人保管不善造成保管物毁损、灭失的,保管人应当承担损害赔偿责任,但保管是无偿的,保管人证明自己没有重大过失的,不承担损害赔偿责任。

第三百七十五条　【贵重物品寄存人的告示义务】寄存人寄存货币、有价证券或者其他贵重物品的,应当向保管人声明,由保管人验收或者封存。寄存人未声明的,该物品毁损、灭失后,保管人可以按照一般物品予以赔偿。

第三百七十六条 【保管物领取】寄存人可以随时领取保管物。

当事人对保管期间没有约定或者约定不明确的,保管人可以随时要求寄存人领取保管物;约定保管期间的,保管人无特别事由,不得要求寄存人提前领取保管物。

第三百七十七条 【保管物的返还】保管期间届满或者寄存人提前领取保管物的,保管人应当将原物及其孳息归还寄存人。

第三百七十八条 【保管货币等的返还】保管人保管货币的,可以返还相同种类、数量的货币。保管其他可替代物的,可以按照约定返还相同种类、品质、数量的物品。

第三百七十九条 【保管费支付期限】有偿的保管合同,寄存人应当按照约定的期限向保管人支付保管费。

当事人对支付期限没有约定或者约定不明确,依照本法第六十一条的规定仍不能确定的,应当在领取保管物的同时支付。

第三百八十条 【保管人的留置权】寄存人未按照约定支付保管费以及其他费用的,保管人对保管物享有留置权,但当事人另有约定的除外。

第二十章 仓储合同

第三百八十一条 【定义】仓储合同是保管人储存存货人交付的仓储物,存货人支付仓储费的合同。

第三百八十二条 【仓储合同生效时间】仓储合同自成立时生效。

第三百八十三条 【危险物品、易变质物品的储存】储存易燃、易爆、有毒、有腐蚀性、有放射性等危险物品或者易变质物品,存货人应当说明该物品的性质,提供有关资料。

存货人违反前款规定的,保管人可以拒收仓储物,也可以采取相应措施以避免损失的发生,因此产生的费用由存货人承担。

保管人储存易燃、易爆、有毒、有腐蚀性、有放射性等危险物品的,应当具备相应的保管条件。

第三百八十四条 【仓储物的验收】保管人应当按照约定对入库仓储物进行验收。保管人验收时发现入库仓储物与约定不符合的,应当及时通知存货人。保管人验收后,发生仓储物的品种、数量、质量不符合约定的,保管人应当承担损害赔偿责任。

第三百八十五条 【仓单的交付】存货人交付仓储物的,保管人应当给付仓单。

第三百八十六条 【仓单应载事项】保管人应当在仓单上签字或者盖章。仓单包括下列事项:

(一)存货人的名称或者姓名和住所;

(二)仓储物的品种、数量、质量、包装、件数和标记;

(三)仓储物的损耗标准;

(四)储存场所;

(五)储存期间;

(六)仓储费;

(七)仓储物已经办理保险的,其保险金额、期间以及保险人的名称;

(八)填发人、填发地和填发日期。

第三百八十七条 【仓单的背书及其效力】仓单是提取仓储物的凭证。存货人或者仓单持有人在仓单上背书并经保管人签字或者盖章的,可以转让提取仓储物的权利。

第三百八十八条 【检查权】保管人根据存货人或者仓单持有人的要求,应当同意其检查仓储物或者提取样品。

第三百八十九条 【保管人的通知义务】保管人对入库仓储物发现有变质或者其他损坏的,应当及时通知存货人或者仓单持有人。

第三百九十条 【保管人的催告义务】保管人对入库仓储物发现有变质或者其他损坏,危及其他仓储物的安全和正常保管的,应当催告存货人或者仓单持有人作出必要的处置。因情况紧急,保管人可以作出必要的处置,但事后应当将该情况及时通知存货人或者仓单持有人。

第三百九十一条 【仓储物提取时间】当事人对储存期间没有约定或者约定不明确的,存货人或者仓单持有人可以随时提取仓储物,保管人也可以随时要求存货人或者仓单持有人提取仓储物,但应当给予必要的准备时间。

第三百九十二条 【仓单持有人提取仓储物】储

存期间届满，存货人或者仓单持有人应当凭仓单提取仓储物。存货人或者仓单持有人逾期提取的，应当加收仓储费；提前提取的，不减收仓储费。

第三百九十三条　【保管人的提存权】储存期间届满，存货人或者仓单持有人不提取仓储物的，保管人可以催告其在合理期限内提取，逾期不提取的，保管人可以提存仓储物。

第三百九十四条　【保管人违约责任】储存期间，因保管人保管不善造成仓储物毁损、灭失的，保管人应当承担损害赔偿责任。

因仓储物的性质、包装不符合约定或者超过有效储存期造成仓储物变质、损坏的，保管人不承担损害赔偿责任。

第三百九十五条　【仓储合同的法律适用】本章没有规定的，适用保管合同的有关规定。

第二十一章　委托合同

第三百九十六条　【定义】委托合同是委托人和受托人约定，由受托人处理委托人事务的合同。

第三百九十七条　【委托范围】委托人可以特别委托受托人处理一项或者数项事务，也可以概括委托受托人处理一切事务。

第三百九十八条　【委托费用】委托人应当预付处理委托事务的费用。受托人为处理委托事务垫付的必要费用，委托人应当偿还该费用及其利息。

第三百九十九条　【受托人服从指示的义务】受托人应当按照委托人的指示处理委托事务。需要变更委托人指示的，应当经委托人同意；因情况紧急，难以和委托人取得联系的，受托人应当妥善处理委托事务，但事后应当将该情况及时报告委托人。

第四百条　【亲自处理及转委托】受托人应当亲自处理委托事务。经委托人同意，受托人可以转委托。转委托经同意的，委托人可以就委托事务直接指示转委托的第三人，受托人仅就第三人的选任及其对第三人的指示承担责任。转委托未经同意的，受托人应当对转委托的第三人的行为承担责任，但在紧急情况下受托人为维护委托人的利益需要转委托的除外。

第四百零一条　【受托人的报告义务】受托人应当按照委托人的要求，报告委托事务的处理情况。委托合同终止时，受托人应当报告委托事务的结果。

第四百零二条　【间接代理】受托人以自己的名义，在委托人的授权范围内与第三人订立的合同，第三人在订立合同时知道受托人与委托人之间的代理关系的，该合同直接约束委托人和第三人，但有确切证据证明该合同只约束受托人和第三人的除外。

第四百零三条　【委托人的介入权及第三人选择相对人的权利】受托人以自己的名义与第三人订立合同时，第三人不知道受托人与委托人之间的代理关系的，受托人因第三人的原因对委托人不履行义务，受托人应当向委托人披露第三人，委托人因此可以行使受托人对第三人的权利，但第三人与受托人订立合同时如果知道该委托人就不会订立合同的除外。

受托人因委托人的原因对第三人不履行义务，受托人应当向第三人披露委托人，第三人因此可以选择受托人或者委托人作为相对人主张其权利，但第三人不得变更选定的相对人。

委托人行使受托人对第三人的权利的，第三人可以向委托人主张其对受托人的抗辩。第三人选定委托人作为其相对人的，委托人可以向第三人主张其对受托人的抗辩以及受托人对第三人的抗辩。

第四百零四条　【受托人交付财产义务】受托人处理委托事务取得的财产，应当转交给委托人。

第四百零五条　【委托人支付报酬的义务】受托人完成委托事务的，委托人应当向其支付报酬。因不可归责于受托人的事由，委托合同解除或者委托事务不能完成的，委托人应当向受托人支付相应的报酬。当事人另有约定的，按照其约定。

第四百零六条　【受托人的损害赔偿责任】有偿的委托合同，因受托人的过错给委托人造成损失的，委托人可以要求赔偿损失。无偿的委托合同，因受托人的故意或者重大过失给委托人造成损失的，委托人可以要求赔偿损失。

受托人超越权限给委托人造成损失的,应当赔偿损失。

第四百零七条 【委托人的赔偿责任】受托人处理委托事务时,因不可归责于自己的事由受到损失的,可以向委托人要求赔偿损失。

第四百零八条 【另行委托】委托人经受托人同意,可以在受托人之外委托第三人处理委托事务。因此给受托人造成损失的,受托人可以向委托人要求赔偿损失。

第四百零九条 【受托人的连带责任】两个以上的受托人共同处理委托事务的,对委托人承担连带责任。

第四百一十条 【任意解除权】委托人或者受托人可以随时解除委托合同。因解除合同给对方造成损失的,除不可归责于该当事人的事由以外,应当赔偿损失。

第四百一十一条 【委托合同的终止】委托人或者受托人死亡、丧失民事行为能力或者破产的,委托合同终止,但当事人另有约定或者根据委托事务的性质不宜终止的除外。

第四百一十二条 【受托人的后合同义务】因委托人死亡、丧失民事行为能力或者破产,致使委托合同终止将损害委托人利益的,在委托人的继承人、法定代理人或者清算组织承受委托事务之前,受托人应当继续处理委托事务。

第四百一十三条 【受托人死亡后其继承人等继续处理委托的义务】因受托人死亡、丧失民事行为能力或者破产,致使委托合同终止的,受托人的继承人、法定代理人或者清算组织应当及时通知委托人。因委托合同终止将损害委托人利益的,在委托人作出善后处理之前,受托人的继承人、法定代理人或者清算组织应当采取必要措施。

第二十二章 行纪合同

第四百一十四条 【定义】行纪合同是行纪人以自己的名义为委托人从事贸易活动,委托人支付报酬的合同。

第四百一十五条 【处理委托事务的费用承担】行纪人处理委托事务支出的费用,由行纪人负担,但当事人另有约定的除外。

第四百一十六条 【行纪人对委托物的保管义务】行纪人占有委托物的,应当妥善保管委托物。

第四百一十七条 【委托物的处理】委托物交付给行纪人时有瑕疵或者容易腐烂、变质的,经委托人同意,行纪人可以处分该物;和委托人不能及时取得联系的,行纪人可以合理处分。

第四百一十八条 【未按指示进行行纪活动的后果】行纪人低于委托人指定的价格卖出或者高于委托人指定的价格买入的,应当经委托人同意。未经委托人同意,行纪人补偿其差额的,该买卖对委托人发生效力。

行纪人高于委托人指定的价格卖出或者低于委托人指定的价格买入的,可以按照约定增加报酬。没有约定或者约定不明确,依照本法第六十一条的规定仍不能确定的,该利益属于委托人。

委托人对价格有特别指示的,行纪人不得违背该指示卖出或者买入。

第四百一十九条 【行纪人的介入权】行纪人卖出或者买入具有市场定价的商品,除委托人有相反的意思表示的以外,行纪人自己可以作为买受人或者出卖人。

行纪人有前款规定情形的,仍然可以要求委托人支付报酬。

第四百二十条 【委托物的提存】行纪人按照约定买入委托物,委托人应当及时受领。经行纪人催告,委托人无正当理由拒绝受领的,行纪人依照本法第一百零一条的规定可以提存委托物。

委托物不能卖出或者委托人撤回出卖,经行纪人催告,委托人不取回或者不处分该物的,行纪人依照本法第一百零一条的规定可以提存委托物。

第四百二十一条 【行纪人与第三人的关系】行纪人与第三人订立合同的,行纪人对该合同直接享有权利、承担义务。

第三人不履行义务致使委托人受到损害的,行纪人应当承担损害赔偿责任,但行纪人与委托人另有约定的除外。

第四百二十二条 【行纪人的报酬请求权及留置权】行纪人完成或者部分完成委托事务的,委托人应当向其支付相应的报酬。委托人逾期不支付报酬的,行纪人对委托物享有留置权,但当事人另有约定的除外。

第四百二十三条　【对委托合同的适用】本章没有规定的,适用委托合同的有关规定。

第二十三章　居间合同

第四百二十四条　【定义】居间合同是居间人向委托人报告订立合同的机会或者提供订立合同的媒介服务,委托人支付报酬的合同。

第四百二十五条　【居间人如实报告义务】居间人应当就有关订立合同的事项向委托人如实报告。

居间人故意隐瞒与订立合同有关的重要事实或者提供虚假情况,损害委托人利益的,不得要求支付报酬并应当承担损害赔偿责任。

第四百二十六条　【居间人的报酬请求权】居间人促成合同成立的,委托人应当按照约定支付报酬。对居间人的报酬没有约定或者约定不明确,依照本法第六十一条的规定仍不能确定的,根据居间人的劳务合理确定。因居间人提供订立合同的媒介服务而促成合同成立的,由该合同的当事人平均负担居间人的报酬。

居间人促成合同成立的,居间活动的费用,由居间人负担。

第四百二十七条　【未促成合同成立的法律后果】居间人未促成合同成立的,不得要求支付报酬,但可以要求委托人支付从事居间活动支出的必要费用。

附　　则

第四百二十八条　【生效日期及废止条款】本法自1999年10月1日起施行,《中华人民共和国经济合同法》、《中华人民共和国涉外经济合同法》、《中华人民共和国技术合同法》同时废止。

最高人民法院关于适用《中华人民共和国合同法》若干问题的解释(一)

1. 1999年12月19日公布
2. 法释〔1999〕19号
3. 自1999年12月29日起施行

为了正确审理合同纠纷案件,根据《中华人民共和国合同法》(以下简称合同法)的规定,对人民法院适用合同法的有关问题作出如下解释:

一、法律适用范围

第一条　合同法实施以后成立的合同发生纠纷起诉到人民法院的,适用合同法的规定;合同法实施以前成立的合同发生纠纷起诉到人民法院的,除本解释另有规定的以外,适用当时的法律规定,当时没有法律规定的,可以适用合同法的有关规定。

第二条　合同成立于合同法实施之前,但合同约定的履行期限跨越合同法实施之日或者履行期限在合同法实施之后,因履行合同发生的纠纷,适用合同法第四章的有关规定。

第三条　人民法院确认合同效力时,对合同法实施以前成立的合同,适用当时的法律合同无效而适用合同法合同有效的,则适用合同法。

第四条　合同法实施以后,人民法院确认合同无效,应当以全国人大及其常委会制定的法律和国务院制定的行政法规为依据,不得以地方性法规、行政规章为依据。

第五条　人民法院对合同法实施以前已经作出终审裁决的案件进行再审,不适用合同法。

二、诉讼时效

第六条　技术合同争议当事人的权利受到侵害的事实发生在合同法实施之前,自当事人知道或者应当知道其权利受到侵害之日起至合同法实施之日超过1年的,人民法院不予保护;尚未超过一年的,其提起诉讼的时效期间为2年。

第七条　技术进出口合同争议当事人的权利受到侵害的事实发生在合同法实施之前,自当事人知道或者应当知道其权利受到侵害之日起至合同法施行之日超过2年的,人民法院不予保护;尚未超过2年的,其提起诉讼的时效期间为4年。

第八条　合同法第五十五条规定的"1年"、第七十五条和第一百零四条第二款规定的"5年"为不变期间,不适用诉讼时效中止、中断或者延长的规定。

三、合同效力

第九条　依照合同法第四十四条第二款的规定,

法律、行政法规规定合同应当办理批准手续,或者办理批准、登记等手续才生效,在一审法庭辩论终结前当事人仍未办理批准手续的,或者仍未办理批准、登记等手续的,人民法院应当认定该合同未生效;法律、行政法规规定合同应当办理登记手续,但未规定登记后生效的,当事人未办理登记手续不影响合同的效力,合同标的物所有权及其他物权不能转移。

合同法第七十七条第二款、第八十七条、第九十六条第二款所列合同变更、转让、解除等情形,依照前款规定处理。

第十条 当事人超越经营范围订立合同,人民法院不因此认定合同无效。但违反国家限制经营、特许经营以及法律、行政法规禁止经营规定的除外。

四、代位权

第十一条 债权人依照合同法第七十三条的规定提起代位权诉讼,应当符合下列条件:

(一)债权人对债务人的债权合法;

(二)债务人怠于行使其到期债权,对债权人造成损害;

(三)债务人的债权已到期;

(四)债务人的债权不是专属于债务人自身的债权。

第十二条 合同法第七十三条第一款规定的专属于债务人自身的债权,是指基于扶养关系、抚养关系、赡养关系、继承关系产生的给付请求权和劳动报酬、退休金、养老金、抚恤金、安置费、人寿保险、人身伤害赔偿请求权等权利。

第十三条 合同法第七十三条规定的"债务人怠于行使其到期债权,对债权人造成损害的",是指债务人不履行其对债权人的到期债务,又不以诉讼方式或者仲裁方式向其债务人主张其享有的具有金钱给付内容的到期债权,致使债权人的到期债权未能实现。

次债务人(即债务人的债务人)不认为债务人有怠于行使其到期债权情况的,应当承担举证责任。

第十四条 债权人依照合同法第七十三条的规定提起代位权诉讼的,由被告住所地人民法院管辖。

第十五条 债权人向人民法院起诉债务人以后,又向同一人民法院对次债务人提起代位权诉讼,符合本解释第十三条的规定和《中华人民共和国民事诉讼法》第一百零八条规定的起诉条件的,应当立案受理;不符合本解释第十三条规定的,告知债权人向次债务人住所地人民法院另行起诉。

受理代位权诉讼的人民法院在债权人起诉债务人的诉讼裁决发生法律效力以前,应当依照《中华人民共和国民事诉讼法》第一百三十六条第(五)项的规定中止代位权诉讼。

第十六条 债权人以次债务人为被告向人民法院提起代位权诉讼,未将债务人列为第三人的,人民法院可以追加债务人为第三人。

两个或者两个以上债权人以同一次债务人为被告提起代位权诉讼的,人民法院可以合并审理。

第十七条 在代位权诉讼中,债权人请求人民法院对次债务人的财产采取保全措施的,应当提供相应的财产担保。

第十八条 在代位权诉讼中,次债务人对债务人的抗辩,可以向债权人主张。

债务人在代位权诉讼中对债权人的债权提出异议,经审查异议成立的,人民法院应当裁定驳回债权人的起诉。

第十九条 在代位权诉讼中,债权人胜诉的,诉讼费由次债务人负担,从实现的债权中优先支付。

第二十条 债权人向次债务人提起的代位权诉讼经人民法院审理后认定代位权成立的,由次债务人向债权人履行清偿义务,债权人与债务人、债务人与次债务人之间相应的债权债务关系即予消灭。

第二十一条 在代位权诉讼中,债权人行使代位权的请求数额超过债务人所负债务额或者超过次债务人对债务人所负债务额的,对超出部分人民法院不予支持。

第二十二条 债务人在代位权诉讼中,对超过债权人代位请求数额的债权部分起诉次债务人的,人民法院应当告知其向有管辖权的人民法院另行起诉。

债务人的起诉符合法定条件的,人民法院应当受理;受理债务人起诉的人民法院在代位权诉讼裁决发生法律效力以前，应当依法中止。

五、撤　销　权

第二十三条　债权人依照合同法第七十四条的规定提起撤销权诉讼的，由被告住所地人民法院管辖。

第二十四条　债权人依照合同法第七十四条的规定提起撤销权诉讼时只以债务人为被告，未将受益人或者受让人列为第三人的，人民法院可以追加该受益人或者受让人为第三人。

第二十五条　债权人依照合同法第七十四条的规定提起撤销权诉讼，请求人民法院撤销债务人放弃债权或转让财产的行为，人民法院应当就债权人主张的部分进行审理，依法撤销的，该行为自始无效。

两个或者两个以上债权人以同一债务人为被告，就同一标的提起撤销权诉讼的，人民法院可以合并审理。

第二十六条　债权人行使撤销权所支付的律师代理费、差旅费等必要费用，由债务人负担；第三人有过错的，应当适当分担。

六、合同转让中的第三人

第二十七条　债权人转让合同权利后，债务人与受让人之间因履行合同发生纠纷诉至人民法院，债务人对债权人的权利提出抗辩的，可以将债权人列为第三人。

第二十八条　经债权人同意，债务人转移合同义务后，受让人与债权人之间因履行合同发生纠纷诉至人民法院，受让人就债务人对债权人的权利提出抗辩的，可以将债务人列为第三人。

第二十九条　合同当事人一方经对方同意将其在合同中的权利义务一并转让给受让人，对方与受让人因履行合同发生纠纷诉至人民法院，对方就合同权利义务提出抗辩的，可以将出让方列为第三人。

七、请求权竞合

第三十条　债权人依照合同法第一百二十二条的规定向人民法院起诉时作出选择后，在一审开庭以前又变更诉讼请求的，人民法院应当准许。对方当事人提出管辖权异议，经审查异议成立的，人民法院应当驳回起诉。

最高人民法院关于适用《中华人民共和国合同法》若干问题的解释（二）

1. 2009年4月24日公布

2. 法释〔2009〕5号

3. 自2009年5月13日起施行

为了正确审理合同纠纷案件，根据《中华人民共和国合同法》的规定，对人民法院适用合同法的有关问题作出如下解释：

一、合同的订立

第一条　当事人对合同是否成立存在争议，人民法院能够确定当事人名称或者姓名、标的和数量的，一般应当认定合同成立。但法律另有规定或者当事人另有约定的除外。

对合同欠缺的前款规定以外的其他内容，当事人达不成协议的，人民法院依照合同法第六十一条、第六十二条、第一百二十五条等有关规定予以确定。

第二条　当事人未以书面形式或者口头形式订立合同，但从双方从事的民事行为能够推定双方有订立合同意愿的，人民法院可以认定是以合同法第十条第一款中的“其他形式”订立的合同。但法律另有规定的除外。

第三条　悬赏人以公开方式声明对完成一定行为的人支付报酬，完成特定行为的人请求悬赏人支付报酬的，人民法院依法予以支持。但悬赏有合同法第五十二条规定情形的除外。

第四条　采用书面形式订立合同，合同约定的签订地与实际签字或者盖章地点不符的，人民法院应当认定约定的签订地为合同签订地；合同没有约定签订地，双方当事人签字或者盖章不在同一地点的，人民法院应当认定最后签字或者盖章的地点为合同签订地。

第五条　当事人采用合同书形式订立合同的，应当签字或者盖章。当事人在合同书上摁手印的，人民法院应当认定其具有与签字或者盖章同等的法律效力。

第六条　提供格式条款的一方对格式条款中免除或者限制其责任的内容，在合同订立时采用足以引起对方注意的文字、符号、字体等特别标识,并按照对方的要求对该格式条款予以说明的,人民法院应当认定符合合同法第三十九条所称"采取合理的方式"。

提供格式条款一方对已尽合理提示及说明义务承担举证责任。

第七条 下列情形,不违反法律、行政法规强制性规定的,人民法院可以认定为合同法所称"交易习惯":

(一)在交易行为当地或者某一领域、某一行业通常采用并为交易对方订立合同时所知道或者应当知道的做法;

(二)当事人双方经常使用的习惯做法。

对于交易习惯,由提出主张的一方当事人承担举证责任。

第八条 依照法律、行政法规的规定经批准或者登记才能生效的合同成立后,有义务办理申请批准或者申请登记等手续的一方当事人未按照法律规定或者合同约定办理申请批准或者未申请登记的,属于合同法第四十二条第(三)项规定的"其他违背诚实信用原则的行为",人民法院可以根据案件的具体情况和相对人的请求,判决相对人自己办理有关手续;对方当事人对由此产生的费用和给相对人造成的实际损失,应当承担损害赔偿责任。

二、合同的效力

第九条 提供格式条款的一方当事人违反合同法第三十九条第一款关于提示和说明义务的规定,导致对方没有注意免除或者限制其责任的条款,对方当事人申请撤销该格式条款的,人民法院应当支持。

第十条 提供格式条款的一方当事人违反合同法第三十九条第一款的规定,并具有合同法第四十条规定的情形之一的,人民法院应当认定该格式条款无效。

第十一条 根据合同法第四十七条、第四十八条的规定,追认的意思表示自到达相对人时生效,合同自订立时起生效。

第十二条 无权代理人以被代理人的名义订立合同,被代理人已经开始履行合同义务的,视为对合同的追认。

第十三条 被代理人依照合同法第四十九条的规定承担有效代理行为所产生的责任后,可以向无权代理人追偿因代理行为而遭受的损失。

第十四条 合同法第五十二条第(五)项规定的"强制性规定",是指效力性强制性规定。

第十五条 出卖人就同一标的物订立多重买卖合同,合同均不具有合同法第五十二条规定的无效情形,买受人因不能按照合同约定取得标的物所有权,请求追究出卖人违约责任的,人民法院应予支持。

三、合同的履行

第十六条 人民法院根据具体案情可以将合同法第六十四条、第六十五条规定的第三人列为无独立请求权的第三人,但不得依职权将其列为该合同诉讼案件的被告或者有独立请求权的第三人。

第十七条 债权人以境外当事人为被告提起的代位权诉讼,人民法院根据《中华人民共和国民事诉讼法》第二百四十一条的规定确定管辖。

第十八条 债务人放弃其未到期的债权或者放弃债权担保,或者恶意延长到期债权的履行期,对债权人造成损害,债权人依照合同法第七十四条的规定提起撤销权诉讼的,人民法院应当支持。

第十九条 对于合同法第七十四条规定的"明显不合理的低价",人民法院应当以交易当地一般经营者的判断,并参考交易当时交易地的物价部门指导价或者市场交易价,结合其他相关因素综合考虑予以确认。

转让价格达不到交易时交易地的指导价或者市场交易价百分之七十的,一般可以视为明显不合理的低价;对转让价格高于当地指导价或者市场交易价百分之三十的,一般可以视为明显不合理的高价。

债务人以明显不合理的高价收购他人财产,人民法院可以根据债权人的申请,参照合同法第七十四条的规定予以撤销。

第二十条 债务人的给付不足以清偿其对同一债权人所负的数笔相同种类的全部债务,应当优先抵充已到期的债务;几项债务均到期的,优先抵充对债权人缺乏担保或者担保数额最少的债务;担保数额相同的,优先抵充债务负担较重的债务;负担相同的,按照债务到期的先后顺序抵充;到期时间相同的,按比例抵充。但是,债权人与债务人对清偿的债务或者清偿抵充顺序有约定的除外。

第二十一条 债务人除主债务之外还应当支付利息和费用,当其给付不足以清偿全部债务时,并且当事人没有约定的,人民法院应当按照下列顺序抵充:

(一)实现债权的有关费用;

(二)利息;

(三)主债务。

四、合同的权利义务终止

第二十二条 当事人一方违反合同法第九十二条规定的义务,给对方当事人造成损失,对方当事人请求赔偿实际损失的,人民法院应当支持。

第二十三条 对于依照合同法第九十九条的规定可以抵销的到期债权,当事人约定不得抵销的,人民法院可以认定该约定有效。

第二十四条 当事人对合同法第九十六条、第九十九条规定的合同解除或者债务抵销虽有异议,但在约定的异议期限届满后才提出异议并向人民法院起诉的,人民法院不予支持;当事人没有约定异议期间,在解除合同或者债务抵销通知到达之日起三个月以后才向人民法院起诉的,人民法院不予支持。

第二十五条 依照合同法第一百零一条的规定,债务人将合同标的物或者标的物拍卖、变卖所得价款交付提存部门时,人民法院应当认定提存成立。

提存成立的,视为债务人在其提存范围内已经履行债务。

第二十六条 合同成立以后客观情况发生了当事人在订立合同时无法预见的、非不可抗力造成的不属于商业风险的重大变化,继续履行合同对于一方当事人明显不公平或者不能实现合同目的,当事人请求人民法院变更或者解除合同的,人民法院应当根据公平原则,并结合案件的实际情况确定是否变更或者解除。

五、违约责任

第二十七条 当事人通过反诉或者抗辩的方式,请求人民法院依照合同法第一百一十四条第二款的规定调整违约金的,人民法院应予支持。

第二十八条 当事人依照合同法第一百一十四条第二款的规定,请求人民法院增加违约金的,增加后的违约金数额以不超过实际损失额为限。增加违约金以后,当事人又请求对方赔偿损失的,人民法院不予支持。

第二十九条 当事人主张约定的违约金过高请求予以适当减少的,人民法院应当以实际损失为基础,兼顾合同的履行情况、当事人的过错程度以及预期利益等综合因素,根据公平原则和诚实信用原则予以衡量,并作出裁决。

当事人约定的违约金超过造成损失的百分之三十的,一般可以认定为合同法第一百一十四条第二款规定的"过分高于造成的损失"。

六、附　　则

第三十条 合同法施行后成立的合同发生纠纷的案件,本解释施行后尚未终审的,适用本解释;本解释施行前已经终审,当事人申请再审或者按照审判监督程序决定再审的,不适用本解释。

最高人民法院印发《关于当前形势下审理民商事合同纠纷案件若干问题的指导意见》的通知

1. 2009年7月7日公布

2. 法发〔2009〕40号

各省、自治区、直辖市高级人民法院,解放军军事法院,新疆维吾尔自治区高级人民法院生产建设兵团分院:

现将最高人民法院《关于当前形势下审理民商事合同纠纷案件若干问题的指导意见》印发给你们,请结合当地实际,认真贯彻落实。

附:

最高人民法院关于当前形势下审理民商事合同纠纷案件若干问题的指导意见

当前,因全球金融危机蔓延所引发的矛盾

和纠纷在司法领域已经出现明显反映,民商事案件尤其是与企业经营相关的民商事合同纠纷案件呈大幅增长的态势;同时出现了诸多由宏观经济形势变化所引发的新的审判实务问题。人民法院围绕国家经济发展战略和"保增长、保民生、保稳定"要求,坚持"立足审判、胸怀大局、同舟共济、共克时艰"的指导方针,牢固树立为大局服务、为人民司法的理念,认真研究并及时解决这些民商事审判实务中与宏观经济形势变化密切相关的普遍性问题、重点问题,有效化解矛盾和纠纷,不仅是民商事审判部门应对金融危机工作的重要任务,而且对于维护诚信的市场交易秩序,保障公平法治的投资环境,公平解决纠纷、提振市场信心等具有重要意义。现就人民法院在当前形势下审理民商事合同纠纷案件中的若干问题,提出以下意见。

一、慎重适用情势变更原则,合理调整双方利益关系

1. 当前市场主体之间的产品交易、资金流转因原料价格剧烈波动、市场需求关系的变化、流动资金不足等诸多因素的影响而产生大量纠纷,对于部分当事人在诉讼中提出适用情势变更原则变更或者解除合同的请求,人民法院应当依据公平原则和情势变更原则严格审查。

2. 人民法院在适用情势变更原则时,应当充分注意到全球性金融危机和国内宏观经济形势变化并非完全是一个令所有市场主体猝不及防的突变过程,而是一个逐步演变的过程。在演变过程中,市场主体应当对于市场风险存在一定程度的预见和判断。人民法院应当依法把握情势变更原则的适用条件,严格审查当事人提出的"无法预见"的主张,对于涉及石油、焦炭、有色金属等市场属性活泼、长期以来价格波动较大的大宗商品标的物以及股票、期货等风险投资型金融产品标的物的合同,更要慎重适用情势变更原则。

3. 人民法院要合理区分情势变更与商业风险。商业风险属于从事商业活动的固有风险,诸如尚未达到异常变动程度的供求关系变化、价格涨跌等。情势变更是当事人在缔约时无法预见的非市场系统固有的风险。人民法院在判断某种重大客观变化是否属于情势变更时,应当注意衡量风险类型是否属于社会一般观念上的事先无法预见、风险程度是否远远超出正常人的合理预期、风险是否可以防范和控制、交易性质是否属于通常的"高风险高收益"范围等因素,并结合市场的具体情况,在个案中识别情势变更和商业风险。

4. 在调整尺度的价值取向把握上,人民法院仍应遵循侧重于保护守约方的原则。适用情势变更原则并非简单地豁免债务人的义务而使债权人承受不利后果,而是要充分注意利益均衡,公平合理地调整双方利益关系。在诉讼过程中,人民法院要积极引导当事人重新协商,改订合同;重新协商不成的,争取调解解决。为防止情势变更原则被滥用而影响市场正常的交易秩序,人民法院决定适用情势变更原则作出判决的,应当按照最高人民法院《关于正确适用〈中华人民共和国合同法〉若干问题的解释(二)服务党和国家工作大局的通知》(法〔2009〕165号)的要求,严格履行适用情势变更的相关审核程序。

二、依法合理调整违约金数额,公平解决违约责任问题

5. 现阶段由于国内宏观经济环境的变化和影响,民商事合同履行过程中违约现象比较突出。对于双方当事人在合同中所约定的过分高于违约造成损失的违约金或者极具惩罚性的违约金条款,人民法院应根据合同法第一百一十四条第二款和最高人民法院《关于适用中华人民共和国合同法若干问题的解释(二)》(以下简称《合同法解释(二)》)第二十九条等关于调整过高违约金的规定内容和精神,合理调整违约金数额,公平解决违约责任问题。

6. 在当前企业经营状况普遍较为困难的情况下,对于违约金数额过分高于违约造成损失的,应当根据合同法规定的诚实信用原则、公平原则,坚持以补偿性为主、以惩罚性为辅的违约金性质,合理调整裁量幅度,切实防止以意思自治为由而完全放任当事人约定过高的违约金。

7. 人民法院根据合同法第一百一十四条第二款调整过高违约金时,应当根据案件的具体情形,以违约造成的损失为基准,综合衡量合同履行程度、当事人的过错、预期利益、当事人缔约地位强弱、是否适用格式合同或条款等多项因素,根据公平原则和诚实信用原则予以综合权衡,避免简单地采用固定比例等"一刀切"的做法,防止机械司法而可能造成的实质不公平。

8. 为减轻当事人诉累,妥当解决违约金纠纷,违约方以合同不成立、合同未生效、合同无效或者不构成违约进行免责抗辩而未提出违约金调整请求的,人民法院可以就当事人是否需要主张违约金过高问题进行释明。人民法院要正确确定举证责任,违约方对于违约金约定过高的主张承担举证责任,非违约方主张违约金约定合理的,亦应提供相应的证据。合同解除后,当事人主张违约金条款继续有效的,人民法院可以根据合同法第九十八条的规定进行处理。

三、区分可得利益损失类型,妥善认定可得利益损失

9. 在当前市场主体违约情形比较突出的情况下,违约行为通常导致可得利益损失。根据交易的性质、合同的目的等因素,可得利益损失主要分为生产利润损失、经营利润损失和转售利润损失等类型。生产设备和原材料等买卖合同违约中,因出卖人违约而造成买受人的可得利益损失通常属于生产利润损失。承包经营、租赁经营合同以及提供服务或劳务的合同中,因一方违约造成的可得利益损失通常属于经营利润损失。先后系列买卖合同中,因原合同出卖方违约而造成其后的转售合同出售方的可得利益损失通常属于转售利润损失。

10. 人民法院在计算和认定可得利益损失时,应当综合运用可预见规则、减损规则、损益相抵规则以及过失相抵规则等,从非违约方主张的可得利益赔偿总额中扣除违约方不可预见的损失、非违约方不当扩大的损失、非违约方因违约获得的利益、非违约方亦有过失所造成的损失以及必要的交易成本。存在合同法第一百一十三条第二款规定的欺诈经营、合同法第一百一十四条第一款规定的当事人约定损害赔偿的计算方法以及因违约导致人身伤亡、精神损害等情形的,不宜适用可得利益损失赔偿规则。

11. 人民法院认定可得利益损失时应当合理分配举证责任。违约方一般应当承担非违约方没有采取合理减损措施而导致损失扩大、非违约方因违约而获得利益以及非违约方亦有过失的举证责任;非违约方应当承担其遭受的可得利益损失总额、必要的交易成本的举证责任。对于可以预见的损失,既可以由非违约方举证,也可以由人民法院根据具体情况予以裁量。

四、正确把握法律构成要件,稳妥认定表见代理行为

12. 当前在国家重大项目和承包租赁行业等受到全球性金融危机冲击和国内宏观经济形势变化影响比较明显的行业领域,由于合同当事人采用转包、分包、转租方式,出现了大量以单位部门、项目经理乃至个人名义签订或实际履行合同的情形,并因合同主体和效力认定问题引发表见代理纠纷案件。对此,人民法院应当正确适用合同法第四十九条关于表见代理制度的规定,严格认定表见代理行为。

13. 合同法第四十九条规定的表见代理制度不仅要求代理人的无权代理行为在客观上形成具有代理权的表象,而且要求相对人在主观上善意且无过失地相信行为人有代理权。合同相对人主张构成表见代理的,应当承担举证责任,不仅应当举证证明代理行为存在诸如合同书、公章、印鉴等有权代理的客观表象形式要素,而且应当证明其善意且无过失地相信行为人具有代理权。

14. 人民法院在判断合同相对人主观上是否属于善意且无过失时,应当结合合同缔结与履行过程中的各种因素综合判断合同相对人是否尽到合理注意义务,此外还要考虑合同的缔结时间、以谁的名义签字、是否盖有相关印章及印章真伪、标的物的交付方式与地点、购买的材料、租赁的器材、所借款项的用途、建筑单位是否知道项目经理的行为、是否参与合同

履行等各种因素,作出综合分析判断。

五、正确适用强制性规定,稳妥认定民商事合同效力

15. 正确理解、识别和适用合同法第五十二条第(五)项中的"违反法律、行政法规的强制性规定",关系到民商事合同的效力维护以及市场交易的安全和稳定。人民法院应当注意根据《合同法解释(二)》第十四条之规定,注意区分效力性强制规定和管理性强制规定。违反效力性强制规定的,人民法院应当认定合同无效;违反管理性强制规定的,人民法院应当根据具体情形认定其效力。

16. 人民法院应当综合法律法规的意旨,权衡相互冲突的权益,诸如权益的种类、交易安全以及其所规制的对象等,综合认定强制性规定的类型。如果强制性规范规制的是合同行为本身即只要该合同行为发生即绝对地损害国家利益或者社会公共利益的,人民法院应当认定合同无效。如果强制性规定规制的是当事人的"市场准入"资格而非某种类型的合同行为,或者规制的是某种合同的履行行为而非某类合同行为,人民法院对于此类合同效力的认定,应当慎重把握,必要时应当征求相关立法部门的意见或者请示上级人民法院。

六、合理适用不安抗辩权规则,维护权利人合法权益

17. 在当前情势下,为敦促诚信的合同一方当事人及时保全证据、有效保护权利人的正当合法权益,对于一方当事人已经履行全部交付义务,虽然约定的价款期限尚未到期,但其诉请付款方支付未到期价款的,如果有确切证据证明付款方明确表示不履行给付价款义务,或者付款方被吊销营业执照、被注销、被有关部门撤销、处于歇业状态,或者付款方转移财产、抽逃资金以逃避债务,或者付款方丧失商业信誉,以及付款方以自己的行为表明不履行给付价款义务的其他情形的,除非付款方已经提供适当的担保,人民法院可以根据合同法第六十八条第一款、第六十九条、第九十四条第(二)项、第一百零八条、第一百六十七条等规定精神,判令付款期限已到期或者加速到期。

最高人民法院关于因第三人的过错导致合同不能履行应如何适用定金罚则问题的复函

1. 1995年6月16日公布

2. 法函〔1995〕76号

江苏省高级人民法院:

你院关于因第三人的过错导致合同不能履行的,应如何适用定金罚则的请示收悉。经研究,答复如下:

凡当事人在合同中明确约定给付定金的,在实际交付定金后,如一方不履行合同除有法定免责的情况外,即应对其适用定金罚则。因该合同关系以外第三人的过错导致合同不能履行的,除该合同另有约定的外,仍应对违约方适用定金罚则。合同当事人一方在接受定金处罚后,可依法向第三人追偿。

最高人民法院关于修改《最高人民法院关于逾期付款违约金应当按照何种标准计算问题的批复》的批复

1. 2000年11月15日公布

2. 法释〔2000〕34号

3. 自2000年11月21日起施行

各省、自治区、直辖市高级人民法院,解放军军事法院,新疆维吾尔自治区高级人民法院生产建设兵团分院:

一些法院反映,我院法释〔1999〕8号《关于逾期付款违约金应当按照何种标准计算问题的批复》的有关内容与中国人民银行《关于降低金融机构存贷款利率公告》不一致。经研究,现批复如下:

将最高人民法院法释〔1999〕8号批复中"参照中国人民银行1996年4月30日发布的银发〔1996〕156号《关于降低金融机构存、贷款利率的通知》的规定,目前,逾期付款违约金标准可以

按每日万分之四计算”的内容删除。

最高人民法院关于逾期付款违约金应当按照何种标准计算问题的批复

1. 1999年1月29日最高人民法院审判委员会第1042次会议通过,1999年2月11日公布(法释〔1999〕8号)

2. 根据2000年11月13日最高人民法院审判委员会第1137次会议通过、2000年11月15日公布的《最高人民法院关于修改〈最高人民法院关于逾期付款违约金应当按照何种标准计算问题的批复〉的批复》(法释〔2000〕34号)修正

广东省高级人民法院:

你院〔1998〕粤法经一行字第17号《关于逾期贷款如何计算利息问题的请示》收悉。经研究,答复如下:

对于合同当事人没有约定逾期付款违约金标准的,人民法院可以参照中国人民银行规定的金融机构计收逾期贷款利息的标准计算逾期付款违约金。中国人民银行调整金融机构计收逾期贷款利息的标准时,人民法院可以相应调整计算逾期付款违约金的计算标准。

本批复公布后,人民法院尚未审结的案件中有关计算逾期付款违约金的问题,按照本批复办理。本批复公布前,已经按我院1996年5月16日作出的法复〔1996〕7号《关于逾期付款违约金应当依据何种标准计算问题的批复》审结的案件不再变动。

此复

合同违法行为监督处理办法

1. 2010年10月13日公布

2. 国家工商行政管理总局令第51号

3. 自2010年11月13日起施行

第一条 为了维护市场经济秩序,保护国家利益、社会公共利益和当事人合法权益,依据《中华人民共和国合同法》和有关法律法规的规定,制定本办法。

第二条 本办法所称合同违法行为,是指自然人、法人、其他组织利用合同,以牟取非法利益为目的,违反法律法规及本办法的行为。

第三条 当事人订立、履行合同,应当遵守法律、行政法规,尊重社会公德,不得扰乱社会经济秩序,损害国家利益、社会公共利益。

第四条 各级工商行政管理机关在职权范围内,依照有关法律法规及本办法的规定,负责监督处理合同违法行为。

第五条 各级工商行政管理机关依法监督处理合同违法行为,实行查处与引导相结合,处罚与教育相结合,推行行政指导,督促、引导当事人依法订立、履行合同,维护国家利益、社会公共利益。

第六条 当事人不得利用合同实施下列欺诈行为:

(一)伪造合同;

(二)虚构合同主体资格或者盗用、冒用他人名义订立合同;

(三)虚构合同标的或者虚构货源、销售渠道诱人订立、履行合同;

(四)发布或者利用虚假信息,诱人订立合同;

(五)隐瞒重要事实,诱骗对方当事人做出错误的意思表示订立合同,或者诱骗对方当事人履行合同;

(六)没有实际履行能力,以先履行小额合同或者部分履行合同的方法,诱骗对方当事人订立、履行合同;

(七)恶意设置事实上不能履行的条款,造成对方当事人无法履行合同;

(八)编造虚假理由中止(终止)合同,骗取财物;

(九)提供虚假担保;

(十)采用其他欺诈手段订立、履行合同。

第七条 当事人不得利用合同实施下列危害国家利益、社会公共利益的行为:

(一)以贿赂、胁迫等手段订立、履行合同,损害国家利益、社会公共利益;

(二)以恶意串通手段订立、履行合同,损害国家利益、社会公共利益;

(三)非法买卖国家禁止或者限制买卖的财物;

(四)没有正当理由,不履行国家指令性合

同义务;

(五)其他危害国家利益、社会公共利益的合同违法行为。

第八条 任何单位和个人不得在知道或者应当知道的情况下,为他人实施本办法第六条、第七条规定的违法行为,提供证明、执照、印章、账户及其他便利条件。

第九条 经营者与消费者采用格式条款订立合同的,经营者不得在格式条款中免除自己的下列责任:

(一)造成消费者人身伤害的责任;

(二)因故意或者重大过失造成消费者财产损失的责任;

(三)对提供的商品或者服务依法应当承担的保证责任;

(四)因违约依法应当承担的违约责任;

(五)依法应当承担的其他责任。

第十条 经营者与消费者采用格式条款订立合同的,经营者不得在格式条款中加重消费者下列责任:

(一)违约金或者损害赔偿金超过法定数额或者合理数额;

(二)承担应当由格式条款提供方承担的经营风险责任;

(三)其他依照法律法规不应由消费者承担的责任。

第十一条 经营者与消费者采用格式条款订立合同的,经营者不得在格式条款中排除消费者下列权利:

(一)依法变更或者解除合同的权利;

(二)请求支付违约金的权利;

(三)请求损害赔偿的权利;

(四)解释格式条款的权利;

(五)就格式条款争议提起诉讼的权利;

(六)消费者依法应当享有的其他权利。

第十二条 当事人违反本办法第六条、第七条、第八条、第九条、第十条、第十一条规定,法律法规已有规定的,从其规定;法律法规没有规定的,工商行政管理机关视其情节轻重,分别给予警告,处以违法所得额三倍以下,但最高不超过三万元的罚款,没有违法所得的,处以一万元以下的罚款。

第十三条 当事人合同违法行为轻微并及时纠正,没有造成危害后果的,应当依法不予行政处罚;主动消除或者减轻危害后果的,应当依法从轻或者减轻行政处罚;经督促、引导,能够主动改正或者及时中止合同违法行为的,可以依法从轻行政处罚。

第十四条 违反本办法规定涉嫌犯罪的,工商行政管理机关应当按照有关规定,移交司法机关追究其刑事责任。

第十五条 本办法由国家工商行政管理总局负责解释。

第十六条 本办法自2010年11月13日起施行。

(二)买卖合同

中华人民共和国拍卖法

1. 1996年7月5日第八届全国人民代表大会常务委员会第二十次会议通过

2. 根据2004年8月28日第十届全国人民代表大会常务委员会第十一次会议《关于修改〈中华人民共和国拍卖法〉的决定》第一次修正

3. 根据2015年4月24日第十二届全国人民代表大会常务委员会第十四次会议《中国人民代表大会常务委员会关于修改〈中华人民共和国电力法〉等六部法律的决定》第二次修正

4. 中华人民共和国主席令第24号发布

5. 自公布之日起施行

目　　录

第一章　总　　则

第一条　为了规范拍卖行为,维护拍卖秩序,保护拍卖活动各方当事人的合法权益,制定本法。

第二条　本法适用于中华人民共和国境内拍卖企业进行的拍卖活动。

第三条　拍卖是指以公开竞价的形式,将特定物品或者财产权利转让给最高应价者的买卖方式。

第四条　拍卖活动应当遵守有关法律、行政法规,遵循公开、公平、公正、诚实信用的原则。

第五条　国务院负责管理拍卖业的部门对全国拍卖业实施监督管理。

省、自治区、直辖市的人民政府和设区的市的人民政府负责管理拍卖业的部门对本行政区域内的拍卖业实施监督管理。

第二章　拍卖标的

第六条　拍卖标的应当是委托人所有或者依法可以处分的物品或者财产权利。

第七条　法律、行政法规禁止买卖的物品或者财产权利,不得作为拍卖标的。

第八条　依照法律或者按照国务院规定需经审批才能转让的物品或者财产权利,在拍卖前,应当依法办理审批手续。

委托拍卖的文物,在拍卖前,应当经拍卖人住所地的文物行政管理部门依法鉴定、许可。

第九条　国家行政机关依法没收的物品,充抵税款、罚款的物品和其他物品,按照国务院规定应当委托拍卖的,由财产所在地的省、自治区、直辖市的人民政府和设区的市的人民政府指定的拍卖人进行拍卖。

拍卖由人民法院依法没收的物品,充抵罚金、罚款的物品以及无法返还的追回物品,适用前款规定。

第三章　拍卖当事人

第一节　拍　卖　人

第十条　拍卖人是指依照本法和《中华人民共和国公司法》设立的从事拍卖活动的企业法人。

第十一条　企业取得从事拍卖业务的许可必须经所在地的省、自治区、直辖市人民政府负责管理拍卖业的部门审核批准。拍卖企业可以在设区的市设立。

第十二条　企业申请取得从事拍卖业务的许可,应当具备下列条件:

(一)有一百万元人民币以上的注册资本;

(二)有自己的名称、组织机构、住所和章程;

(三)有与从事拍卖业务相适应的拍卖师和其他工作人员;

(四)有符合本法和其他有关法律规定的拍卖业务规则;

(五)符合国务院有关拍卖业发展的规定;

(六)法律、行政法规规定的其他条件。

第十三条　拍卖企业经营文物拍卖的,应当有一千万元人民币以上的注册资本,有具有文物拍卖专业知识的人员。

第十四条　拍卖活动应当由拍卖师主持。

第十五条　拍卖师应当具备下列条件:

(一)具有高等院校专科以上学历和拍卖专业知识;

(二)在拍卖企业工作两年以上;

(三)品行良好。

被开除公职或者吊销拍卖师资格证书未满五年的,或者因故意犯罪受过刑事处罚的,不得担任拍卖师。

第十六条　拍卖师资格考核,由拍卖行业协会统一组织。经考核合格的,由拍卖行业协会发给拍卖师资格证书。

第十七条　拍卖行业协会是依法成立的社会团体法人,是拍卖业的自律性组织。拍卖行业协会依照本法并根据章程,对拍卖企业和拍卖师进行监督。

第十八条　拍卖人有权要求委托人说明拍卖标的的来源和瑕疵。

拍卖人应当向竞买人说明拍卖标的的瑕疵。

第十九条 拍卖人对委托人交付拍卖的物品负有保管义务。

第二十条 拍卖人接受委托后,未经委托人同意,不得委托其他拍卖人拍卖。

第二十一条 委托人、买受人要求对其身份保密的,拍卖人应当为其保密。

第二十二条 拍卖人及其工作人员不得以竞买人的身份参与自己组织的拍卖活动,并不得委托他人代为竞买。

第二十三条 拍卖人不得在自己组织的拍卖活动中拍卖自己的物品或者财产权利。

第二十四条 拍卖成交后,拍卖人应当按照约定向委托人交付拍卖标的的价款,并按照约定将拍卖标的移交给买受人。

第二节 委 托 人

第二十五条 委托人是指委托拍卖人拍卖物品或者财产权利的公民、法人或者其他组织。

第二十六条 委托人可以自行办理委托拍卖手续,也可以由其代理人代为办理委托拍卖手续。

第二十七条 委托人应当向拍卖人说明拍卖标的的来源和瑕疵。

第二十八条 委托人有权确定拍卖标的的保留价并要求拍卖人保密。

拍卖国有资产,依照法律或者按照国务院规定需要评估的,应当经依法设立的评估机构评估,并根据评估结果确定拍卖标的的保留价。

第二十九条 委托人在拍卖开始前可以撤回拍卖标的。委托人撤回拍卖标的的,应当向拍卖人支付约定的费用;未作约定的,应当向拍卖人支付为拍卖支出的合理费用。

第三十条 委托人不得参与竞买,也不得委托他人代为竞买。

第三十一条 按照约定由委托人移交拍卖标的的,拍卖成交后,委托人应当将拍卖标的移交给买受人。

第三节 竞 买 人

第三十二条 竞买人是指参加竞购拍卖标的的公民、法人或者其他组织。

第三十三条 法律、行政法规对拍卖标的的买卖条件有规定的,竞买人应当具备规定的条件。

第三十四条 竞买人可以自行参加竞买,也可以委托其代理人参加竞买。

第三十五条 竞买人有权了解拍卖标的的瑕疵,有权查验拍卖标的和查阅有关拍卖资料。

第三十六条 竞买人一经应价,不得撤回,当其他竞买人有更高应价时,其应价即丧失约束力。

第三十七条 竞买人之间、竞买人与拍卖人之间不得恶意串通,损害他人利益。

第四节 买 受 人

第三十八条 买受人是指以最高应价购得拍卖标的的竞买人。

第三十九条 买受人应当按照约定支付拍卖标的的价款,未按照约定支付价款的,应当承担违约责任,或者由拍卖人征得委托人的同意,将拍卖标的再行拍卖。

拍卖标的再行拍卖的,原买受人应当支付第一次拍卖中本人及委托人应当支付的佣金。再行拍卖的价款低于原拍卖价款的,原买受人应当补足差额。

第四十条 买受人未能按照约定取得拍卖标的的,有权要求拍卖人或者委托人承担违约责任。

买受人未按照约定受领拍卖标的的,应当支付由此产生的保管费用。

第四章 拍卖程序

第一节 拍卖委托

第四十一条 委托人委托拍卖物品或者财产权利,应当提供身份证明和拍卖人要求提供的拍卖标的的所有权证明或者依法可以处分拍卖标的的证明及其他资料。

第四十二条 拍卖人应当对委托人提供的有关文件、资料进行核实。拍卖人接受委托的,应当与委托人签订书面委托拍卖合同。

第四十三条 拍卖人认为需要对拍卖标的进行鉴定的,可以进行鉴定。

鉴定结论与委托拍卖合同载明的拍卖标的的状况不相符的,拍卖人有权要求变更或者解除合同。

第四十四条 委托拍卖合同应当载明以下事项:

（一）委托人、拍卖人的姓名或者名称、住所；

（二）拍卖标的的名称、规格、数量、质量；

（三）委托人提出的保留价；

（四）拍卖的时间、地点；

（五）拍卖标的交付或者转移的时间、方式；

（六）佣金及其支付的方式、期限；

（七）价款的支付方式、期限；

（八）违约责任；

（九）双方约定的其他事项。

第二节　拍卖公告与展示

第四十五条　拍卖人应当于拍卖日七日前发布拍卖公告。

第四十六条　拍卖公告应当载明下列事项：

（一）拍卖的时间、地点；

（二）拍卖标的；

（三）拍卖标的的展示时间、地点；

（四）参与竞买应当办理的手续；

（五）需要公告的其他事项。

第四十七条　拍卖公告应当通过报纸或者其他新闻媒介发布。

第四十八条　拍卖人应当在拍卖前展示拍卖标的，并提供查看拍卖标的的条件及有关资料。

拍卖标的的展示时间不得少于两日。

第三节　拍卖的实施

第四十九条　拍卖师应当于拍卖前宣布拍卖规则和注意事项。

第五十条　拍卖标的无保留价的，拍卖师应当在拍卖前予以说明。

拍卖标的有保留价的，竞买人的最高应价未达到保留价时，该应价不发生效力，拍卖师应当停止拍卖标的的拍卖。

第五十一条　竞买人的最高应价经拍卖师落槌或者以其他公开表示买定的方式确认后，拍卖成交。

第五十二条　拍卖成交后，买受人和拍卖人应当签署成交确认书。

第五十三条　拍卖人进行拍卖时，应当制作拍卖笔录。拍卖笔录应当由拍卖师、记录人签名；拍卖成交的，还应当由买受人签名。

第五十四条　拍卖人应当妥善保管有关业务经营活动的完整账簿、拍卖笔录和其他有关资料。

前款规定的账簿、拍卖笔录和其他有关资料的保管期限，自委托拍卖合同终止之日起计算，不得少于五年。

第五十五条　拍卖标的需要依法办理证照变更、产权过户手续的，委托人、买受人应当持拍卖人出具的成交证明和有关材料，向有关行政管理机关办理手续。

第四节　佣　　金

第五十六条　委托人、买受人可以与拍卖人约定佣金的比例。

委托人、买受人与拍卖人对佣金比例未作约定，拍卖成交的，拍卖人可以向委托人、买受人各收取不超过拍卖成交价百分之五的佣金。收取佣金的比例按照同拍卖成交价成反比的原则确定。

拍卖未成交的，拍卖人可以向委托人收取约定的费用；未作约定的，可以向委托人收取为拍卖支出的合理费用。

第五十七条　拍卖本法第九条规定的物品成交的，拍卖人可以向买受人收取不超过拍卖成交价百分之五的佣金。收取佣金的比例按照同拍卖成交价成反比的原则确定。

拍卖未成交的，适用本法第五十六条第三款的规定。

第五章　法律责任

第五十八条　委托人违反本法第六条的规定，委托拍卖其没有所有权或者依法不得处分的物品或者财产权利的，应当依法承担责任。拍卖人明知委托人对拍卖的物品或者财产权利没有所有权或者依法不得处分的，应当承担连带责任。

第五十九条　国家机关违反本法第九条的规定，将应当委托财产所在地的省、自治区、直辖市的人民政府或者设区的市的人民政府指定的拍卖人拍卖的物品擅自处理的，对负有直接责任的主管人员和其他直接责任人员依法给予行政处分，给国家造成损失的，还应当承担赔偿责任。

第六十条　违反本法第十一条的规定,未经许可从事拍卖业务的,由工商行政管理部门予以取缔,没收违法所得,并可以处违法所得一倍以上五倍以下的罚款。

第六十一条　拍卖人、委托人违反本法第十八条第二款、第二十七条的规定,未说明拍卖标的的瑕疵,给买受人造成损害的,买受人有权向拍卖人要求赔偿;属于委托人责任的,拍卖人有权向委托人追偿。

拍卖人、委托人在拍卖前声明不能保证拍卖标的的真伪或者品质的,不承担瑕疵担保责任。

因拍卖标的存在瑕疵未声明的,请求赔偿的诉讼时效期间为一年,自当事人知道或者应当知道权利受到损害之日起计算。

因拍卖标的存在缺陷造成人身、财产损害请求赔偿的诉讼时效期间,适用《中华人民共和国产品质量法》和其他法律的有关规定。

第六十二条　拍卖人及其工作人员违反本法第二十二条的规定,参与竞买或者委托他人代为竞买的,由工商行政管理部门对拍卖人给予警告,可以处拍卖佣金一倍以上五倍以下的罚款;情节严重的,吊销营业执照。

第六十三条　违反本法第二十三条的规定,拍卖人在自己组织的拍卖活动中拍卖自己的物品或者财产权利的,由工商行政管理部门没收拍卖所得。

第六十四条　违反本法第三十条的规定,委托人参与竞买或者委托他人代为竞买的,工商行政管理部门可以对委托人处拍卖成交价百分之三十以下的罚款。

第六十五条　违反本法第三十七条的规定,竞买人之间、竞买人与拍卖人之间恶意串通,给他人造成损害的,拍卖无效,应当依法承担赔偿责任。由工商行政管理部门对参与恶意串通的竞买人处最高应价百分之十以上百分之三十以下的罚款;对参与恶意串通的拍卖人处最高应价百分之十以上百分之五十以下的罚款。

第六十六条　违反本法第四章第四节关于佣金比例的规定收取佣金的,拍卖人应当将超收部分返还委托人、买受人。物价管理部门可以对拍卖人处拍卖佣金一倍以上五倍以下的罚款。

第六章　附　　则

第六十七条　外国人、外国企业和组织在中华人民共和国境内委托拍卖或者参加竞买的,适用本法。

第六十八条　本法自1997年1月1日起施行。

中华人民共和国政府采购法

1. 2002年6月29日第九届全国人民代表大会常务委员会第二十八次会议通过

2. 2002年6月29日中华人民共和国主席令第第68号公布

3. 根据2014年8月31日中华人民共和国主席令第14号《全国人民代表大会常务委员会关于修改〈中华人民共和国保险法〉等五部法律的决定》修正

目　　录

第一章　总　　则

第一条　为了规范政府采购行为,提高政府采购资金的使用效益,维护国家利益和社会公共利益,保护政府采购当事人的合法权益,促进廉政建设,制定本法。

第二条　在中华人民共和国境内进行的政府采购适用本法。

本法所称政府采购,是指各级国家机关、事业单位和团体组织,使用财政性资金采购依法制定的集中采购目录以内的或者采购限额标准以上的货物、工程和服务的行为。

政府集中采购目录和采购限额标准依照本法规定的权限制定。

本法所称采购,是指以合同方式有偿取得货物、工程和服务的行为,包括购买、租赁、委托、雇用等。

本法所称货物，是指各种形态和种类的物品，包括原材料、燃料、设备、产品等。

本法所称工程，是指建设工程，包括建筑物和构筑物的新建、改建、扩建、装修、拆除、修缮等。

本法所称服务，是指除货物和工程以外的其他政府采购对象。

第三条　政府采购应当遵循公开透明原则、公平竞争原则、公正原则和诚实信用原则。

第四条　政府采购工程进行招标投标的，适用招标投标法。

第五条　任何单位和个人不得采用任何方式，阻挠和限制供应商自由进入本地区和本行业的政府采购市场。

第六条　政府采购应当严格按照批准的预算执行。

第七条　政府采购实行集中采购和分散采购相结合。集中采购的范围由省级以上人民政府公布的集中采购目录确定。

属于中央预算的政府采购项目，其集中采购目录由国务院确定并公布；属于地方预算的政府采购项目，其集中采购目录由省、自治区、直辖市人民政府或者其授权的机构确定并公布。

纳入集中采购目录的政府采购项目，应当实行集中采购。

第八条　政府采购限额标准，属于中央预算的政府采购项目，由国务院确定并公布；属于地方预算的政府采购项目，由省、自治区、直辖市人民政府或者其授权的机构确定并公布。

第九条　政府采购应当有助于实现国家的经济和社会发展政策目标，包括保护环境，扶持不发达地区和少数民族地区，促进中小企业发展等。

第十条　政府采购应当采购本国货物、工程和服务。但有下列情形之一的除外：

（一）需要采购的货物、工程或者服务在中国境内无法获取或者无法以合理的商业条件获取的；

（二）为在中国境外使用而进行采购的；

（三）其他法律、行政法规另有规定的。

前款所称本国货物、工程和服务的界定，依照国务院有关规定执行。

第十一条　政府采购的信息应当在政府采购监督管理部门指定的媒体上及时向社会公开发布，但涉及商业秘密的除外。

第十二条　在政府采购活动中，采购人员及相关人员与供应商有利害关系的，必须回避。供应商认为采购人员及相关人员与其他供应商有利害关系的，可以申请其回避。

前款所称相关人员，包括招标采购中评标委员会的组成人员，竞争性谈判采购中谈判小组的组成人员，询价采购中询价小组的组成人员等。

第十三条　各级人民政府财政部门是负责政府采购监督管理的部门，依法履行对政府采购活动的监督管理职责。

各级人民政府其他有关部门依法履行与政府采购活动有关的监督管理职责。

第二章　政府采购当事人

第十四条　政府采购当事人是指在政府采购活动中享有权利和承担义务的各类主体，包括采购人、供应商和采购代理机构等。

第十五条　采购人是指依法进行政府采购的国家机关、事业单位、团体组织。

第十六条　集中采购机构为采购代理机构。设区的市、自治州以上人民政府根据本级政府采购项目组织集中采购的需要设立集中采购机构。

集中采购机构是非营利事业法人，根据采购人的委托办理采购事宜。

第十七条　集中采购机构进行政府采购活动，应当符合采购价格低于市场平均价格、采购效率更高、采购质量优良和服务良好的要求。

第十八条　采购人采购纳入集中采购目录的政府采购项目，必须委托集中采购机构代理采购；采购未纳入集中采购目录的政府采购项目，可以自行采购，也可以委托集中采购机构在委托的范围内代理采购。

纳入集中采购目录属于通用的政府采购项目的，应当委托集中采购机构代理采购；属于本部门、本系统有特殊要求的项目，应当实行部门集中采购；属于本单位有特殊要求的项目,经省级以上人民政府批准,可以自行采购。

第十九条 采购人可以委托集中采购机构以外的采购代理机构,在委托的范围内办理政府采购事宜。

采购人有权自行选择采购代理机构,任何单位和个人不得以任何方式为采购人指定采购代理机构。

第二十条 采购人依法委托采购代理机构办理采购事宜的,应当由采购人与采购代理机构签订委托代理协议,依法确定委托代理的事项,约定双方的权利义务。

第二十一条 供应商是指向采购人提供货物、工程或者服务的法人、其他组织或者自然人。

第二十二条 供应商参加政府采购活动应当具备下列条件:

(一)具有独立承担民事责任的能力;

(二)具有良好的商业信誉和健全的财务会计制度;

(三)具有履行合同所必需的设备和专业技术能力;

(四)有依法缴纳税收和社会保障资金的良好记录;

(五)参加政府采购活动前三年内,在经营活动中没有重大违法记录;

(六)法律、行政法规规定的其他条件。

采购人可以根据采购项目的特殊要求,规定供应商的特定条件,但不得以不合理的条件对供应商实行差别待遇或者歧视待遇。

第二十三条 采购人可以要求参加政府采购的供应商提供有关资质证明文件和业绩情况,并根据本法规定的供应商条件和采购项目对供应商的特定要求,对供应商的资格进行审查。

第二十四条 两个以上的自然人、法人或者其他组织可以组成一个联合体,以一个供应商的身份共同参加政府采购。

以联合体形式进行政府采购的,参加联合体的供应商均应当具备本法第二十二条规定的条件,并应当向采购人提交联合协议,载明联合体各方承担的工作和义务。联合体各方应当共同与采购人签订采购合同,就采购合同约定的事项对采购人承担连带责任。

第二十五条 政府采购当事人不得相互串通损害国家利益、社会公共利益和其他当事人的合法权益;不得以任何手段排斥其他供应商参与竞争。

供应商不得以向采购人、采购代理机构、评标委员会的组成人员、竞争性谈判小组的组成人员、询价小组的组成人员行贿或者采取其他不正当手段谋取中标或者成交。

采购代理机构不得以向采购人行贿或者采取其他不正当手段谋取非法利益。

第三章 政府采购方式

第二十六条 政府采购采用以下方式:

(一)公开招标;

(二)邀请招标;

(三)竞争性谈判;

(四)单一来源采购;

(五)询价;

(六)国务院政府采购监督管理部门认定的其他采购方式。

公开招标应作为政府采购的主要采购方式。

第二十七条 采购人采购货物或者服务应当采用公开招标方式的,其具体数额标准,属于中央预算的政府采购项目,由国务院规定;属于地方预算的政府采购项目,由省、自治区、直辖市人民政府规定;因特殊情况需要采用公开招标以外的采购方式的,应当在采购活动开始前获得设区的市、自治州以上人民政府采购监督管理部门的批准。

第二十八条 采购人不得将应当以公开招标方式采购的货物或者服务化整为零或者以其他任何方式规避公开招标采购。

第二十九条 符合下列情形之一的货物或者服务,可以依照本法采用邀请招标方式采购:

(一)具有特殊性,只能从有限范围的供应商处采购的;

(二)采用公开招标方式的费用占政府采购项目总价值的比例过大的。

第三十条 符合下列情形之一的货物或者服务,可以依照本法采用竞争性谈判方式采购:

(一)招标后没有供应商投标或者没有合格标的或者重新招标未能成立的;

(二)技术复杂或者性质特殊,不能确定详

细规格或者具体要求的；

（三）采用招标所需时间不能满足用户紧急需要的；

（四）不能事先计算出价格总额的。

第三十一条　符合下列情形之一的货物或者服务，可以依照本法采用单一来源方式采购：

（一）只能从唯一供应商处采购的；

（二）发生了不可预见的紧急情况不能从其他供应商处采购的；

（三）必须保证原有采购项目一致性或者服务配套的要求，需要继续从原供应商处添购，且添购资金总额不超过原合同采购金额百分之十的。

第三十二条　采购的货物规格、标准统一、现货货源充足且价格变化幅度小的政府采购项目，可以依照本法采用询价方式采购。

第四章　政府采购程序

第三十三条　负有编制部门预算职责的部门在编制下一财政年度部门预算时，应当将该财政年度政府采购的项目及资金预算列出，报本级财政部门汇总。部门预算的审批，按预算管理权限和程序进行。

第三十四条　货物或者服务项目采取邀请招标方式采购的，采购人应当从符合相应资格条件的供应商中，通过随机方式选择三家以上的供应商，并向其发出投标邀请书。

第三十五条　货物和服务项目实行招标方式采购的，自招标文件开始发出之日起至投标人提交投标文件截止之日止，不得少于二十日。

第三十六条　在招标采购中，出现下列情形之一的，应予废标：

（一）符合专业条件的供应商或者对招标文件作实质响应的供应商不足三家的；

（二）出现影响采购公正的违法、违规行为的；

（三）投标人的报价均超过了采购预算，采购人不能支付的；

（四）因重大变故，采购任务取消的。

废标后，采购人应当将废标理由通知所有投标人。

第三十七条　废标后，除采购任务取消情形外，应当重新组织招标；需要采取其他方式采购的，应当在采购活动开始前获得设区的市、自治州以上人民政府采购监督管理部门或者政府有关部门批准。

第三十八条　采用竞争性谈判方式采购的，应当遵循下列程序：

（一）成立谈判小组。谈判小组由采购人的代表和有关专家共三人以上的单数组成，其中专家的人数不得少于成员总数的三分之二。

（二）制定谈判文件。谈判文件应当明确谈判程序、谈判内容、合同草案的条款以及评定成交的标准等事项。

（三）确定邀请参加谈判的供应商名单。谈判小组从符合相应资格条件的供应商名单中确定不少于三家的供应商参加谈判，并向其提供谈判文件。

（四）谈判。谈判小组所有成员集中与单一供应商分别进行谈判。在谈判中，谈判的任何一方不得透露与谈判有关的其他供应商的技术资料、价格和其他信息。谈判文件有实质性变动的，谈判小组应当以书面形式通知所有参加谈判的供应商。

（五）确定成交供应商。谈判结束后，谈判小组应当要求所有参加谈判的供应商在规定时间内进行最后报价，采购人从谈判小组提出的成交候选人中根据符合采购需求、质量和服务相等且报价最低的原则确定成交供应商，并将结果通知所有参加谈判的未成交的供应商。

第三十九条　采取单一来源方式采购的，采购人与供应商应当遵循本法规定的原则，在保证采购项目质量和双方商定合理价格的基础上进行采购。

第四十条　采取询价方式采购的，应当遵循下列程序：

（一）成立询价小组。询价小组由采购人的代表和有关专家共三人以上的单数组成，其中专家的人数不得少于成员总数的三分之二。询价小组应当对采购项目的价格构成和评定成交的标准等事项作出规定。

（二）确定被询价的供应商名单。询价小组根据采购需求，从符合相应资格条件的供应商名单中确定不少于三家的供应商，并向其发出询价通知书让其报价。

(三)询价。询价小组要求被询价的供应商一次报出不得更改的价格。

(四)确定成交供应商。采购人根据符合采购需求、质量和服务相等且报价最低的原则确定成交供应商,并将结果通知所有被询价的未成交的供应商。

第四十一条 采购人或者其委托的采购代理机构应当组织对供应商履约的验收。大型或者复杂的政府采购项目,应当邀请国家认可的质量检测机构参加验收工作。验收方成员应当在验收书上签字,并承担相应的法律责任。

第四十二条 采购人、采购代理机构对政府采购项目每项采购活动的采购文件应当妥善保存,不得伪造、变造、隐匿或者销毁。采购文件的保存期限为从采购结束之日起至少保存十五年。

采购文件包括采购活动记录、采购预算、招标文件、投标文件、评标标准、评估报告、定标文件、合同文本、验收证明、质疑答复、投诉处理决定及其他有关文件、资料。

采购活动记录至少应当包括下列内容:

(一)采购项目类别、名称;

(二)采购项目预算、资金构成和合同价格;

(三)采购方式,采用公开招标以外的采购方式的,应当载明原因;

(四)邀请和选择供应商的条件及原因;

(五)评标标准及确定中标人的原因;

(六)废标的原因;

(七)采用招标以外采购方式的相应记载。

第五章 政府采购合同

第四十三条 政府采购合同适用合同法。采购人和供应商之间的权利和义务,应当按照平等、自愿的原则以合同方式约定。

采购人可以委托采购代理机构代表其与供应商签订政府采购合同。由采购代理机构以采购人名义签订合同的,应当提交采购人的授权委托书,作为合同附件。

第四十四条 政府采购合同应当采用书面形式。

第四十五条 国务院政府采购监督管理部门应当会同国务院有关部门,规定政府采购合同必须具备的条款。

第四十六条 采购人与中标、成交供应商应当在中标、成交通知书发出之日起三十日内,按照采购文件确定的事项签订政府采购合同。

中标、成交通知书对采购人和中标、成交供应商均具有法律效力。中标、成交通知书发出后,采购人改变中标、成交结果的,或者中标、成交供应商放弃中标、成交项目的,应当依法承担法律责任。

第四十七条 政府采购项目的采购合同自签订之日起七个工作日内,采购人应当将合同副本报同级政府采购监督管理部门和有关部门备案。

第四十八条 经采购人同意,中标、成交供应商可以依法采取分包方式履行合同。

政府采购合同分包履行的,中标、成交供应商就采购项目和分包项目向采购人负责,分包供应商就分包项目承担责任。

第四十九条 政府采购合同履行中,采购人需追加与合同标的相同的货物、工程或者服务的,在不改变合同其他条款的前提下,可以与供应商协商签订补充合同,但所有补充合同的采购金额不得超过原合同采购金额的百分之十。

第五十条 政府采购合同的双方当事人不得擅自变更、中止或者终止合同。

政府采购合同继续履行将损害国家利益和社会公共利益的,双方当事人应当变更、中止或者终止合同。有过错的一方应当承担赔偿责任,双方都有过错的,各自承担相应的责任。

第六章 质疑与投诉

第五十一条 供应商对政府采购活动事项有疑问的,可以向采购人提出询问,采购人应当及时作出答复,但答复的内容不得涉及商业秘密。

第五十二条 供应商认为采购文件、采购过程和中标、成交结果使自己的权益受到损害的,可以在知道或者应知其权益受到损害之日起七个工作日内,以书面形式向采购人提出质疑。

第五十三条 采购人应当在收到供应商的书面质疑后七个工作日内作出答复,并以书面形式通知质疑供应商和其他有关供应商,但答复的内容不得涉及商业秘密。

第五十四条　采购人委托采购代理机构采购的，供应商可以向采购代理机构提出询问或者质疑，采购代理机构应当依照本法第五十一条、第五十三条的规定就采购人委托授权范围内的事项作出答复。

第五十五条　质疑供应商对采购人、采购代理机构的答复不满意或者采购人、采购代理机构未在规定的时间内作出答复的，可以在答复期满后十五个工作日内向同级政府采购监督管理部门投诉。

第五十六条　政府采购监督管理部门应当在收到投诉后三十个工作日内，对投诉事项作出处理决定，并以书面形式通知投诉人和与投诉事项有关的当事人。

第五十七条　政府采购监督管理部门在处理投诉事项期间，可以视具体情况书面通知采购人暂停采购活动，但暂停时间最长不得超过三十日。

第五十八条　投诉人对政府采购监督管理部门的投诉处理决定不服或者政府采购监督管理部门逾期未作处理的，可以依法申请行政复议或者向人民法院提起行政诉讼。

第七章　监督检查

第五十九条　政府采购监督管理部门应当加强对政府采购活动及集中采购机构的监督检查。

监督检查的主要内容是：

（一）有关政府采购的法律、行政法规和规章的执行情况；

（二）采购范围、采购方式和采购程序的执行情况；

（三）政府采购人员的职业素质和专业技能。

第六十条　政府采购监督管理部门不得设置集中采购机构，不得参与政府采购项目的采购活动。

采购代理机构与行政机关不得存在隶属关系或者其他利益关系。

第六十一条　集中采购机构应当建立健全内部监督管理制度。采购活动的决策和执行程序应当明确，并相互监督、相互制约。经办采购的人员与负责采购合同审核、验收人员的职责权限应当明确，并相互分离。

第六十二条　集中采购机构的采购人员应当具有相关职业素质和专业技能，符合政府采购监督管理部门规定的专业岗位任职要求。

集中采购机构对其工作人员应当加强教育和培训；对采购人员的专业水平、工作实绩和职业道德状况定期进行考核。采购人员经考核不合格的，不得继续任职。

第六十三条　政府采购项目的采购标准应当公开。

采用本法规定的采购方式的，采购人在采购活动完成后，应当将采购结果予以公布。

第六十四条　采购人必须按照本法规定的采购方式和采购程序进行采购。

任何单位和个人不得违反本法规定，要求采购人或者采购工作人员向其指定的供应商进行采购。

第六十五条　政府采购监督管理部门应当对政府采购项目的采购活动进行检查，政府采购当事人应当如实反映情况，提供有关材料。

第六十六条　政府采购监督管理部门应当对集中采购机构的采购价格、节约资金效果、服务质量、信誉状况、有无违法行为等事项进行考核，并定期如实公布考核结果。

第六十七条　依照法律、行政法规的规定对政府采购负有行政监督职责的政府有关部门，应当按照其职责分工，加强对政府采购活动的监督。

第六十八条　审计机关应当对政府采购进行审计监督。政府采购监督管理部门、政府采购各当事人有关政府采购活动，应当接受审计机关的审计监督。

第六十九条　监察机关应当加强对参与政府采购活动的国家机关、国家公务员和国家行政机关任命的其他人员实施监察。

第七十条　任何单位和个人对政府采购活动中的违法行为，有权控告和检举，有关部门、机关应当依照各自职责及时处理。

第八章　法律责任

第七十一条　采购人、采购代理机构有下列情形之一的，责令限期改正，给予警告，可以并处罚款，对直接负责的主管人员和其他直接责任人员，由其行政主管部门或者有关机关给予处分，并予通报：

(一)应当采用公开招标方式而擅自采用其他方式采购的;

(二)擅自提高采购标准的;

(三)以不合理的条件对供应商实行差别待遇或者歧视待遇的;

(四)在招标采购过程中与投标人进行协商谈判的;

(五)中标、成交通知书发出后不与中标、成交供应商签订采购合同的;

(六)拒绝有关部门依法实施监督检查的。

第七十二条 采购人、采购代理机构及其工作人员有下列情形之一,构成犯罪的,依法追究刑事责任;尚不构成犯罪的,处以罚款,有违法所得的,并处没收违法所得,属于国家机关工作人员的,依法给予行政处分:

(一)与供应商或者采购代理机构恶意串通的;

(二)在采购过程中接受贿赂或者获取其他不正当利益的;

(三)在有关部门依法实施的监督检查中提供虚假情况的;

(四)开标前泄露标底的。

第七十三条 有前两条违法行为之一影响中标、成交结果或者可能影响中标、成交结果的,按下列情况分别处理:

(一)未确定中标、成交供应商的,终止采购活动;

(二)中标、成交供应商已经确定但采购合同尚未履行的,撤销合同,从合格的中标、成交候选人中另行确定中标、成交供应商;

(三)采购合同已经履行的,给采购人、供应商造成损失的,由责任人承担赔偿责任。

第七十四条 采购人对应当实行集中采购的政府采购项目,不委托集中采购机构实行集中采购的,由政府采购监督管理部门责令改正;拒不改正的,停止按预算向其支付资金,由其上级行政主管部门或者有关机关依法给予其直接负责的主管人员和其他直接责任人员处分。

第七十五条 采购人未依法公布政府采购项目的采购标准和采购结果的,责令改正,对直接负责的主管人员依法给予处分。

第七十六条 采购人、采购代理机构违反本法规定隐匿、销毁应当保存的采购文件或者伪造、变造采购文件的,由政府采购监督管理部门处以二万元以上十万元以下的罚款,对其直接负责的主管人员和其他直接责任人员依法给予处分;构成犯罪的,依法追究刑事责任。

第七十七条 供应商有下列情形之一的,处以采购金额千分之五以上千分之十以下的罚款,列入不良行为记录名单,在一至三年内禁止参加政府采购活动,有违法所得的,并处没收违法所得,情节严重的,由工商行政管理机关吊销营业执照;构成犯罪的,依法追究刑事责任:

(一)提供虚假材料谋取中标、成交的;

(二)采取不正当手段诋毁、排挤其他供应商的;

(三)与采购人、其他供应商或者采购代理机构恶意串通的;

(四)向采购人、采购代理机构行贿或者提供其他不正当利益的;

(五)在招标采购过程中与采购人进行协商谈判的;

(六)拒绝有关部门监督检查或者提供虚假情况的。

供应商有前款第(一)至(五)项情形之一的,中标、成交无效。

第七十八条 采购代理机构在代理政府采购业务中有违法行为的,按照有关法律规定处以罚款,可以在一至三年内禁止其代理政府采购业务,构成犯罪的,依法追究刑事责任。

第七十九条 政府采购当事人有本法第七十一条、第七十二条、第七十七条违法行为之一,给他人造成损失的,并应依照有关民事法律规定承担民事责任。

第八十条 政府采购监督管理部门的工作人员在实施监督检查中违反本法规定滥用职权,玩忽职守,徇私舞弊的,依法给予行政处分;构成犯罪的,依法追究刑事责任。

第八十一条 政府采购监督管理部门对供应商的投诉逾期未作处理的,给予直接负责的主管人员和其他直接责任人员行政处分。

第八十二条 政府采购监督管理部门对集中采购机构业绩的考核,有虚假陈述,隐瞒真实情况的,或者不作定期考核和公布考核结果的,应当及时纠正，由其上级机关或者监察机关对其负责人进行通报，并对直接负责的人员依法给予行政处分。

集中采购机构在政府采购监督管理部门考核中，虚报业绩，隐瞒真实情况的，处以二万元以上二十万元以下的罚款，并予以通报；情节严重的，取消其代理采购的资格。

第八十三条 任何单位或者个人阻挠和限制供应商进入本地区或者本行业政府采购市场的，责令限期改正；拒不改正的，由该单位、个人的上级行政主管部门或者有关机关给予单位责任人或者个人处分。

第九章 附 则

第八十四条 使用国际组织和外国政府贷款进行的政府采购，贷款方、资金提供方与中方达成的协议对采购的具体条件另有规定的，可以适用其规定，但不得损害国家利益和社会公共利益。

第八十五条 对因严重自然灾害和其他不可抗力事件所实施的紧急采购和涉及国家安全和秘密的采购，不适用本法。

第八十六条 军事采购法规由中央军事委员会另行制定。

第八十七条 本法实施的具体步骤和办法由国务院规定。

第八十八条 本法自2003年1月1日起施行。

中华人民共和国
消费者权益保护法

1. 1993年10月31日第八届全国人民代表大会常务委员会第四次会议通过

2. 根据2009年8月27日第十一届全国人民代表大会常务委员会第十次会议《关于修改部分法律的决定》第一次修正

3. 根据2013年10月25日第十二届全国人民代表大会常务委员会第五次会议《关于修改〈中华人民共和国消费者权益保护法〉的决定》第二次修正

目 录

第一章 总 则

第一条 【立法目的】为保护消费者的合法权益，维护社会经济秩序，促进社会主义市场经济健康发展，制定本法。

第二条 【消费者的范围】消费者为生活消费需要购买、使用商品或者接受服务，其权益受本法保护；本法未作规定的，受其他有关法律、法规保护。

第三条 【经营者的范围】经营者为消费者提供其生产、销售的商品或者提供服务，应当遵守本法；本法未作规定的，应当遵守其他有关法律、法规。

第四条 【基本原则】经营者与消费者进行交易，应当遵循自愿、平等、公平、诚实信用的原则。

第五条 【国家对消费者的保护】国家保护消费者的合法权益不受侵害。

国家采取措施，保障消费者依法行使权利，维护消费者的合法权益。

国家倡导文明、健康、节约资源和保护环境的消费方式，反对浪费。

第六条 【社会对消费者的保护】保护消费者的合法权益是全社会的共同责任。

国家鼓励、支持一切组织和个人对损害消费者合法权益的行为进行社会监督。

大众传播媒介应当做好维护消费者合法权益的宣传，对损害消费者合法权益的行为进行舆论监督。

第二章 消费者的权利

第七条 【人身、财产安全的权利】消费者在购买、使用商品和接受服务时享有人身、财产安全不受损害的权利。

消费者有权要求经营者提供的商品和服务，符合保障人身、财产安全的要求。

第八条 【商品、服务知悉权】消费者享有知悉其购买、使用的商品或者接受的服务的真实情况的权利。

消费者有权根据商品或者服务的不同情况,要求经营者提供商品的价格、产地、生产者、用途、性能、规格、等级、主要成分、生产日期、有效期限、检验合格证明、使用方法说明书、售后服务,或者服务的内容、规格、费用等有关情况。

第九条 【自主选择权】消费者享有自主选择商品或者服务的权利。

消费者有权自主选择提供商品或者服务的经营者,自主选择商品品种或者服务方式,自主决定购买或者不购买任何一种商品、接受或者不接受任何一项服务。

消费者在自主选择商品或者服务时,有权进行比较、鉴别和挑选。

第十条 【公平交易权】消费者享有公平交易的权利。

消费者在购买商品或者接受服务时,有权获得质量保障、价格合理、计量正确等公平交易条件,有权拒绝经营者的强制交易行为。

第十一条 【损害赔偿权】消费者因购买、使用商品或者接受服务受到人身、财产损害的,享有依法获得赔偿的权利。

第十二条 【结社权】消费者享有依法成立维护自身合法权益的社会组织的权利。

第十三条 【知识了解权】消费者享有获得有关消费和消费者权益保护方面的知识的权利。

消费者应当努力掌握所需商品或者服务的知识和使用技能,正确使用商品,提高自我保护意识。

第十四条 【受尊重权】消费者在购买、使用商品和接受服务时,享有人格尊严、民族风俗习惯得到尊重的权利,享有个人信息依法得到保护的权利。

第十五条 【监督权】消费者享有对商品和服务以及保护消费者权益工作进行监督的权利。

消费者有权检举、控告侵害消费者权益的行为和国家机关及其工作人员在保护消费者权益工作中的违法失职行为,有权对保护消费者权益工作提出批评、建议。

第三章 经营者的义务

第十六条 【守法义务】经营者向消费者提供商品或者服务,应当依照本法和其他有关法律、法规的规定履行义务。

经营者和消费者有约定的,应当按照约定履行义务,但双方的约定不得违背法律、法规的规定。

经营者向消费者提供商品或者服务,应当恪守社会公德,诚信经营,保障消费者的合法权益;不得设定不公平、不合理的交易条件,不得强制交易。

第十七条 【接受监督义务】经营者应当听取消费者对其提供的商品或者服务的意见,接受消费者的监督。

第十八条 【安全保障义务】经营者应当保证其提供的商品或者服务符合保障人身、财产安全的要求。对可能危及人身、财产安全的商品和服务,应当向消费者作出真实的说明和明确的警示,并说明和标明正确使用商品或者接受服务的方法以及防止危害发生的方法。

宾馆、商场、餐馆、银行、机场、车站、港口、影剧院等经营场所的经营者,应当对消费者尽到安全保障义务。

第十九条 【缺陷报告和告知等义务】经营者发现其提供的商品或者服务存在缺陷,有危及人身、财产安全危险的,应当立即向有关行政部门报告和告知消费者,并采取停止销售、警示、召回、无害化处理、销毁、停止生产或者服务等措施。采取召回措施的,经营者应当承担消费者因商品被召回支出的必要费用。

第二十条 【真实信息告知义务】经营者向消费者提供有关商品或者服务的质量、性能、用途、有效期限等信息,应当真实、全面,不得作虚假或者引人误解的宣传。

经营者对消费者就其提供的商品或者服务的质量和使用方法等问题提出的询问,应当作出真实、明确的答复。

经营者提供商品或者服务应当明码标价。

第二十一条 【真实标记义务】经营者应当标明其真实名称和标记。

租赁他人柜台或者场地的经营者,应当标明其真实名称和标记。

第二十二条　【出具单据义务】经营者提供商品或者服务,应当按照国家有关规定或者商业惯例向消费者出具发票等购货凭证或者服务单据;消费者索要发票等购货凭证或者服务单据的,经营者必须出具。

第二十三条　【质量保证义务】经营者应当保证在正常使用商品或者接受服务的情况下其提供的商品或者服务应当具有的质量、性能、用途和有效期限;但消费者在购买该商品或者接受该服务前已经知道其存在瑕疵,且存在该瑕疵不违反法律强制性规定的除外。

经营者以广告、产品说明、实物样品或者其他方式表明商品或者服务的质量状况的,应当保证其提供的商品或者服务的实际质量与表明的质量状况相符。

经营者提供的机动车、计算机、电视机、电冰箱、空调器、洗衣机等耐用商品或者装饰装修等服务,消费者自接受商品或者服务之日起六个月内发现瑕疵,发生争议的,由经营者承担有关瑕疵的举证责任。

第二十四条　【售后服务义务】经营者提供的商品或者服务不符合质量要求的,消费者可以依照国家规定、当事人约定退货,或者要求经营者履行更换、修理等义务。没有国家规定和当事人约定的,消费者可以自收到商品之日起七日内退货;七日后符合法定解除合同条件的,消费者可以及时退货,不符合法定解除合同条件的,可以要求经营者履行更换、修理等义务。

依照前款规定进行退货、更换、修理的,经营者应当承担运输等必要费用。

第二十五条　【特殊方式销售商品的退货义务】经营者采用网络、电视、电话、邮购等方式销售商品,消费者有权自收到商品之日起七日内退货,且无需说明理由,但下列商品除外:

(一)消费者定作的;

(二)鲜活易腐的;

(三)在线下载或者消费者拆封的音像制品、计算机软件等数字化商品;

(四)交付的报纸、期刊。

除前款所列商品外,其他根据商品性质并经消费者在购买时确认不宜退货的商品,不适用无理由退货。

消费者退货的商品应当完好。经营者应当自收到退回商品之日起七日内返还消费者支付的商品价款。退回商品的运费由消费者承担;经营者和消费者另有约定的,按照约定。

第二十六条　【格式条款的使用与禁止】经营者在经营活动中使用格式条款的,应当以显著方式提请消费者注意商品或者服务的数量和质量、价款或者费用、履行期限和方式、安全注意事项和风险警示、售后服务、民事责任等与消费者有重大利害关系的内容,并按照消费者的要求予以说明。

经营者不得以格式条款、通知、声明、店堂告示等方式,作出排除或者限制消费者权利、减轻或者免除经营者责任、加重消费者责任等对消费者不公平、不合理的规定,不得利用格式条款并借助技术手段强制交易。

格式条款、通知、声明、店堂告示等含有前款所列内容的,其内容无效。

第二十七条　【禁止侵犯消费者人身权】经营者不得对消费者进行侮辱、诽谤,不得搜查消费者的身体及其携带的物品,不得侵犯消费者的人身自由。

第二十八条　【特殊经营者的信息提供义务】采用网络、电视、电话、邮购等方式提供商品或者服务的经营者,以及提供证券、保险、银行等金融服务的经营者,应当向消费者提供经营地址、联系方式、商品或者服务的数量和质量、价款或者费用、履行期限和方式、安全注意事项和风险警示、售后服务、民事责任等信息。

第二十九条　【消费者个人信息保护义务】经营者收集、使用消费者个人信息,应当遵循合法、正当、必要的原则,明示收集、使用信息的目的、方式和范围,并经消费者同意。经营者收集、使用消费者个人信息,应当公开其收集、使用规则,不得违反法律、法规的规定和双方的约定收集、使用信息。

经营者及其工作人员对收集的消费者个人信息必须严格保密,不得泄露、出售或者非法向他人提供。经营者应当采取技术措施和其他必要措施,确保信息安全,防止消费者个人信息泄露、丢失。在发生或者可能发生信息泄露、丢失的情况时,应当立即采取补救措施。

经营者未经消费者同意或者请求,或者消费者明确表示拒绝的,不得向其发送商业性信息。

第四章 国家对消费者合法权益的保护

第三十条 【立法参与】国家制定有关消费者权益的法律、法规、规章和强制性标准,应当听取消费者和消费者协会等组织的意见。

第三十一条 【政府监管】各级人民政府应当加强领导,组织、协调、督促有关行政部门做好保护消费者合法权益的工作,落实保护消费者合法权益的职责。

各级人民政府应当加强监督,预防危害消费者人身、财产安全行为的发生,及时制止危害消费者人身、财产安全的行为。

第三十二条 【主管部门】各级人民政府工商行政管理部门和其他有关行政部门应当依照法律、法规的规定,在各自的职责范围内,采取措施,保护消费者的合法权益。

有关行政部门应当听取消费者和消费者协会等组织对经营者交易行为、商品和服务质量问题的意见,及时调查处理。

第三十三条 【有关部门的抽查检验等职责】有关行政部门在各自的职责范围内,应当定期或者不定期对经营者提供的商品和服务进行抽查检验,并及时向社会公布抽查检验结果。

有关行政部门发现并认定经营者提供的商品或者服务存在缺陷,有危及人身、财产安全危险的,应当立即责令经营者采取停止销售、警示、召回、无害化处理、销毁、停止生产或者服务等措施。

第三十四条 【违法惩处】有关国家机关应当依照法律、法规的规定,惩处经营者在提供商品和服务中侵害消费者合法权益的违法犯罪行为。

第三十五条 【方便诉讼】人民法院应当采取措施,方便消费者提起诉讼。对符合《中华人民共和国民事诉讼法》起诉条件的消费者权益争议,必须受理,及时审理。

第五章 消费者组织

第三十六条 【消费者组织】消费者协会和其他消费者组织是依法成立的对商品和服务进行社会监督的保护消费者合法权益的社会组织。

第三十七条 【消费者协会的职能】消费者协会履行下列公益性职责:

(一)向消费者提供消费信息和咨询服务,提高消费者维护自身合法权益的能力,引导文明、健康、节约资源和保护环境的消费方式;

(二)参与制定有关消费者权益的法律、法规、规章和强制性标准;

(三)参与有关行政部门对商品和服务的监督、检查;

(四)就有关消费者合法权益的问题,向有关部门反映、查询,提出建议;

(五)受理消费者的投诉,并对投诉事项进行调查、调解;

(六)投诉事项涉及商品和服务质量问题的,可以委托具备资格的鉴定人鉴定,鉴定人应当告知鉴定意见;

(七)就损害消费者合法权益的行为,支持受损害的消费者提起诉讼或者依照本法提起诉讼;

(八)对损害消费者合法权益的行为,通过大众传播媒介予以揭露、批评。

各级人民政府对消费者协会履行职责应当予以必要的经费等支持。

消费者协会应当认真履行保护消费者合法权益的职责,听取消费者的意见和建议,接受社会监督。

依法成立的其他消费者组织依照法律、法规及其章程的规定,开展保护消费者合法权益的活动。

第三十八条 【禁止消费者组织牟利】消费者组织不得从事商品经营和营利性服务,不得以收取费用或者其他牟取利益的方式向消费者推荐商品和服务。

第六章 争议的解决

第三十九条 【争议解决途径】消费者和经营者

发生消费者权益争议的，可以通过下列途径解决：

（一）与经营者协商和解；

（二）请求消费者协会或者依法成立的其他调解组织调解；

（三）向有关行政部门投诉；

（四）根据与经营者达成的仲裁协议提请仲裁机构仲裁；

（五）向人民法院提起诉讼。

第四十条　【赔偿请求权的行使】消费者在购买、使用商品时，其合法权益受到损害的，可以向销售者要求赔偿。销售者赔偿后，属于生产者的责任或者属于向销售者提供商品的其他销售者的责任的，销售者有权向生产者或者其他销售者追偿。

消费者或者其他受害人因商品缺陷造成人身、财产损害的，可以向销售者要求赔偿，也可以向生产者要求赔偿。属于生产者责任的，销售者赔偿后，有权向生产者追偿。属于销售者责任的，生产者赔偿后，有权向销售者追偿。

消费者在接受服务时，其合法权益受到损害的，可以向服务者要求赔偿。

第四十一条　【企业合并、分立的赔偿】消费者在购买、使用商品或者接受服务时，其合法权益受到损害，因原企业分立、合并的，可以向变更后承受其权利义务的企业要求赔偿。

第四十二条　【使用他人执照经营的损害赔偿】使用他人营业执照的违法经营者提供商品或者服务，损害消费者合法权益的，消费者可以向其要求赔偿，也可以向营业执照的持有人要求赔偿。

第四十三条　【展销、租赁柜台经营的损害赔偿】消费者在展销会、租赁柜台购买商品或者接受服务，其合法权益受到损害的，可以向销售者或者服务者要求赔偿。展销会结束或者柜台租赁期满后，也可以向展销会的举办者、柜台的出租者要求赔偿。展销会的举办者、柜台的出租者赔偿后，有权向销售者或者服务者追偿。

第四十四条　【网络交易损害赔偿的责任承担】消费者通过网络交易平台购买商品或者接受服务，其合法权益受到损害的，可以向销售者或者服务者要求赔偿。网络交易平台提供者不能提供销售者或者服务者的真实名称、地址和有效联系方式的，消费者也可以向网络交易平台提供者要求赔偿；网络交易平台提供者作出更有利于消费者的承诺的，应当履行承诺。网络交易平台提供者赔偿后，有权向销售者或者服务者追偿。

网络交易平台提供者明知或者应知销售者或者服务者利用其平台侵害消费者合法权益，未采取必要措施的，依法与该销售者或者服务者承担连带责任。

第四十五条　【利用虚假宣传方式经营的损害赔偿】消费者因经营者利用虚假广告或者其他虚假宣传方式提供商品或者服务，其合法权益受到损害的，可以向经营者要求赔偿。广告经营者、发布者发布虚假广告的，消费者可以请求行政主管部门予以惩处。广告经营者、发布者不能提供经营者的真实名称、地址和有效联系方式的，应当承担赔偿责任。

广告经营者、发布者设计、制作、发布关系消费者生命健康商品或者服务的虚假广告，造成消费者损害的，应当与提供该商品或者服务的经营者承担连带责任。

社会团体或者其他组织、个人在关系消费者生命健康商品或者服务的虚假广告或者其他虚假宣传中向消费者推荐商品或者服务，造成消费者损害的，应当与提供该商品或者服务的经营者承担连带责任。

第四十六条　【投诉的处理】消费者向有关行政部门投诉的，该部门应当自收到投诉之日起七个工作日内，予以处理并告知消费者。

第四十七条　【消费者公益诉讼】对侵害众多消费者合法权益的行为，中国消费者协会以及在省、自治区、直辖市设立的消费者协会，可以向人民法院提起诉讼。

第七章　法律责任

第四十八条　【承担民事责任的情形】经营者提供商品或者服务有下列情形之一的，除本法另有规定外，应当依照其他有关法律、法规的规定，承担民事责任：

（一）商品或者服务存在缺陷的；

（二）不具备商品应当具备的使用性能而

出售时未作说明的;

(三)不符合在商品或者其包装上注明采用的商品标准的;

(四)不符合商品说明、实物样品等方式表明的质量状况的;

(五)生产国家明令淘汰的商品或者销售失效、变质的商品的;

(六)销售的商品数量不足的;

(七)服务的内容和费用违反约定的;

(八)对消费者提出的修理、重作、更换、退货、补足商品数量、退还货款和服务费用或者赔偿损失的要求,故意拖延或者无理拒绝的;

(九)法律、法规规定的其他损害消费者权益的情形。

经营者对消费者未尽到安全保障义务,造成消费者损害的,应当承担侵权责任。

第四十九条 【造成消费者人身伤害或死亡的民事责任】经营者提供商品或者服务,造成消费者或者其他受害人人身伤害的,应当赔偿医疗费、护理费、交通费等为治疗和康复支出的合理费用,以及因误工减少的收入。造成残疾的,还应当赔偿残疾生活辅助具费和残疾赔偿金。造成死亡的,还应当赔偿丧葬费和死亡赔偿金。

第五十条 【侵害消费者人格尊严、人身自由或个人信息的民事责任】经营者侵害消费者的人格尊严、侵犯消费者人身自由或者侵害消费者个人信息依法得到保护的权利的,应当停止侵害、恢复名誉、消除影响、赔礼道歉,并赔偿损失。

第五十一条 【造成消费者严重精神损害的民事责任】经营者有侮辱诽谤、搜查身体、侵犯人身自由等侵害消费者或者其他受害人人身权益的行为,造成严重精神损害的,受害人可以要求精神损害赔偿。

第五十二条 【造成消费者财产损害的民事责任】经营者提供商品或者服务,造成消费者财产损害的,应当依照法律规定或者当事人约定承担修理、重作、更换、退货、补足商品数量、退还货款和服务费用或者赔偿损失等民事责任。

第五十三条 【预收款方式的违约责任】经营者以预收款方式提供商品或者服务的,应当按照约定提供。未按照约定提供的,应当按照消费者的要求履行约定或者退回预付款;并应当承担预付款的利息、消费者必须支付的合理费用。

第五十四条 【不合格商品的民事责任】依法经有关行政部门认定为不合格的商品,消费者要求退货的,经营者应当负责退货。

第五十五条 【欺诈经营的民事责任】经营者提供商品或者服务有欺诈行为的,应当按照消费者的要求增加赔偿其受到的损失,增加赔偿的金额为消费者购买商品的价款或者接受服务的费用的三倍;增加赔偿的金额不足五百元的,为五百元。法律另有规定的,依照其规定。

经营者明知商品或者服务存在缺陷,仍然向消费者提供,造成消费者或者其他受害人死亡或者健康严重损害的,受害人有权要求经营者依照本法第四十九条、第五十一条等法律规定赔偿损失,并有权要求所受损失二倍以下的惩罚性赔偿。

第五十六条 【承担行政责任的情形】经营者有下列情形之一,除承担相应的民事责任外,其他有关法律、法规对处罚机关和处罚方式有规定的,依照法律、法规的规定执行;法律、法规未作规定的,由工商行政管理部门或者其他有关行政部门责令改正,可以根据情节单处或者并处警告、没收违法所得、处以违法所得一倍以上十倍以下的罚款,没有违法所得的,处以五十万元以下的罚款;情节严重的,责令停业整顿、吊销营业执照:

(一)提供的商品或者服务不符合保障人身、财产安全要求的;

(二)在商品中掺杂、掺假,以假充真,以次充好,或者以不合格商品冒充合格商品的;

(三)生产国家明令淘汰的商品或者销售失效、变质的商品的;

(四)伪造商品的产地,伪造或者冒用他人的厂名、厂址,篡改生产日期,伪造或者冒用认证标志等质量标志的;

(五)销售的商品应当检验、检疫而未检验、检疫或者伪造检验、检疫结果的;

(六)对商品或者服务作虚假或者引人误解的宣传的;

（七）拒绝或者拖延有关行政部门责令对缺陷商品或者服务采取停止销售、警示、召回、无害化处理、销毁、停止生产或者服务等措施的；

（八）对消费者提出的修理、重作、更换、退货、补足商品数量、退还货款和服务费用或者赔偿损失的要求，故意拖延或者无理拒绝的；

（九）侵害消费者人格尊严、侵犯消费者人身自由或者侵害消费者个人信息依法得到保护的权利的；

（十）法律、法规规定的对损害消费者权益应当予以处罚的其他情形。

经营者有前款规定情形的，除依照法律、法规规定予以处罚外，处罚机关应当记入信用档案，向社会公布。

第五十七条　【承担刑事责任的情形】经营者违反本法规定提供商品或者服务，侵害消费者合法权益，构成犯罪的，依法追究刑事责任。

第五十八条　【民事赔偿责任优先】经营者违反本法规定，应当承担民事赔偿责任和缴纳罚款、罚金，其财产不足以同时支付的，先承担民事赔偿责任。

第五十九条　【对行政处罚的复议或起诉】经营者对行政处罚决定不服的，可以依法申请行政复议或者提起行政诉讼。

第六十条　【妨害公务的法律责任】以暴力、威胁等方法阻碍有关行政部门工作人员依法执行职务的，依法追究刑事责任；拒绝、阻碍有关行政部门工作人员依法执行职务，未使用暴力、威胁方法的，由公安机关依照《中华人民共和国治安管理处罚法》的规定处罚。

第六十一条　【玩忽职守或包庇的法律责任】国家机关工作人员玩忽职守或者包庇经营者侵害消费者合法权益的行为的，由其所在单位或者上级机关给予行政处分；情节严重，构成犯罪的，依法追究刑事责任。

第八章　附　　则

第六十二条　【购买、使用农资参照本法】农民购买、使用直接用于农业生产的生产资料，参照本法执行。

第六十三条　【施行日期】本法自1994年1月1日起施行。

中华人民共和国产品质量法

1. 1993年2月22日第七届全国人民代表大会常务委员会第三十次会议通过

2. 根据2000年7月8日第九届全国人民代表大会常务委员会第十六次会议《关于修改〈中华人民共和国产品质量法〉的决定》第一次修正

3. 根据2009年8月27日第十一届全国人民代表大会常务委员会第十次会议《关于修改部分法律的决定》第二次修正

目　　录

第一章　总　　则

第一条　【立法目的】为了加强对产品质量的监督管理，提高产品质量水平，明确产品质量责任，保护消费者的合法权益，维护社会经济秩序，制定本法。

第二条　【适用范围】在中华人民共和国境内从事产品生产、销售活动，必须遵守本法。

本法所称产品是指经过加工、制作，用于销售的产品。

建设工程不适用本法规定；但是，建设工程使用的建筑材料、建筑构配件和设备，属于前款规定的产品范围的，适用本法规定。

第三条　【生产者、销售者质量管理责任】生产者、销售者应当建立健全内部产品质量管理制度，严格实施岗位质量规范、质量责任以及相应的考核办法。

第四条　【责任依据】生产者、销售者依照本法规定承担产品质量责任。

第五条　【禁止性条款】禁止伪造或者冒用认证标志等质量标志；禁止伪造产品的产地，伪造或者冒用他人的厂名、厂址；禁止在生产、销售的产品中掺杂、掺假，以假充真，以次充好。

第六条 【**国家扶持**】国家鼓励推行科学的质量管理方法，采用先进的科学技术，鼓励企业产品质量达到并且超过行业标准、国家标准和国际标准。

对产品质量管理先进和产品质量达到国际先进水平、成绩显著的单位和个人，给予奖励。

第七条 【**政府职责**】各级人民政府应当把提高产品质量纳入国民经济和社会发展规划，加强对产品质量工作的统筹规划和组织领导，引导、督促生产者、销售者加强产品质量管理，提高产品质量，组织各有关部门依法采取措施，制止产品生产、销售中违反本法规定的行为，保障本法的施行。

第八条 【**主管部门**】国务院产品质量监督部门主管全国产品质量监督工作。国务院有关部门在各自的职责范围内负责产品质量监督工作。

县级以上地方产品质量监督部门主管本行政区域内的产品质量监督工作。县级以上地方人民政府有关部门在各自的职责范围内负责产品质量监督工作。

法律对产品质量的监督部门另有规定的，依照有关法律的规定执行。

第九条 【**工作人员职责**】各级人民政府工作人员和其他国家机关工作人员不得滥用职权、玩忽职守或者徇私舞弊，包庇、放纵本地区、本系统发生的产品生产、销售中违反本法规定的行为，或者阻挠、干预依法对产品生产、销售中违反本法规定的行为进行查处。

各级地方人民政府和其他国家机关有包庇、放纵产品生产、销售中违反本法规定的行为的，依法追究其主要负责人的法律责任。

第十条 【**检举和奖励**】任何单位和个人有权对违反本法规定的行为，向产品质量监督部门或者其他有关部门检举。

产品质量监督部门和有关部门应当为检举人保密，并按照省、自治区、直辖市人民政府的规定给予奖励。

第十一条 【**市场准入**】任何单位和个人不得排斥非本地区或者非本系统企业生产的质量合格产品进入本地区、本系统。

第二章 产品质量的监督

第十二条 【**产品质量检验**】产品质量应当检验合格，不得以不合格产品冒充合格产品。

第十三条 【**产品安全**】可能危及人体健康和人身、财产安全的工业产品，必须符合保障人体健康和人身、财产安全的国家标准、行业标准；未制定国家标准、行业标准的，必须符合保障人体健康和人身、财产安全的要求。

禁止生产、销售不符合保障人体健康和人身、财产安全的标准和要求的工业产品。具体管理办法由国务院规定。

第十四条 【**质量体系认证**】国家根据国际通用的质量管理标准，推行企业质量体系认证制度。企业根据自愿原则可以向国务院产品质量监督部门认可的或者国务院产品质量监督部门授权的部门认可的认证机构申请企业质量体系认证。经认证合格的，由认证机构颁发企业质量体系认证证书。

国家参照国际先进的产品标准和技术要求，推行产品质量认证制度。企业根据自愿原则可以向国务院产品质量监督部门认可的或者国务院产品质量监督部门授权的部门认可的认证机构申请产品质量认证。经认证合格的，由认证机构颁发产品质量认证证书，准许企业在产品或者其包装上使用产品质量认证标志。

第十五条 【**质量监督检查**】国家对产品质量实行以抽查为主要方式的监督检查制度，对可能危及人体健康和人身、财产安全的产品，影响国计民生的重要工业产品以及消费者、有关组织反映有质量问题的产品进行抽查。抽查的样品应当在市场上或者企业成品仓库内的待销产品中随机抽取。监督抽查工作由国务院产品质量监督部门规划和组织。县级以上地方产品质量监督部门在本行政区域内也可以组织监督抽查。法律对产品质量的监督检查另有规定的，依照有关法律的规定执行。

国家监督抽查的产品，地方不得另行重复抽查；上级监督抽查的产品，下级不得另行重复抽查。

根据监督抽查的需要，可以对产品进行检验。检验抽取样品的数量不得超过检验的合理需要，并不得向被检查人收取检验费用。监督抽查所需检验费用按照国务院规定列支。

生产者、销售者对抽查检验的结果有异议的，可以自收到检验结果之日起十五日内向实施监督抽查的产品质量监督部门或者其上级产品质量监督部门申请复检，由受理复检的产品质量监督部门作出复检结论。

第十六条　【质量检查配合】对依法进行的产品质量监督检查，生产者、销售者不得拒绝。

第十七条　【质量不合格的处理】依照本法规定进行监督抽查的产品质量不合格的，由实施监督抽查的产品质量监督部门责令其生产者、销售者限期改正。逾期不改正的，由省级以上人民政府产品质量监督部门予以公告；公告后经复查仍不合格的，责令停业，限期整顿；整顿期满后经复查产品质量仍不合格的，吊销营业执照。

监督抽查的产品有严重质量问题的，依照本法第五章的有关规定处罚。

第十八条　【对涉嫌违法行为的查处】县级以上产品质量监督部门根据已经取得的违法嫌疑证据或者举报，对涉嫌违反本法规定的行为进行查处时，可以行使下列职权：

（一）对当事人涉嫌从事违反本法的生产、销售活动的场所实施现场检查；

（二）向当事人的法定代表人、主要负责人和其他有关人员调查、了解与涉嫌从事违反本法的生产、销售活动有关的情况；

（三）查阅、复制当事人有关的合同、发票、帐簿以及其他有关资料；

（四）对有根据认为不符合保障人体健康和人身、财产安全的国家标准、行业标准的产品或者有其他严重质量问题的产品，以及直接用于生产、销售该项产品的原辅材料、包装物、生产工具，予以查封或者扣押。

县级以上工商行政管理部门按照国务院规定的职责范围，对涉嫌违反本法规定的行为进行查处时，可以行使前款规定的职权。

第十九条　【检验机构资格】产品质量检验机构必须具备相应的检测条件和能力，经省级以上人民政府产品质量监督部门或者其授权的部门考核合格后，方可承担产品质量检验工作。法律、行政法规对产品质量检验机构另有规定的，依照有关法律、行政法规的规定执行。

第二十条　【中介机构设立】从事产品质量检验、认证的社会中介机构必须依法设立，不得与行政机关和其他国家机关存在隶属关系或者其他利益关系。

第二十一条　【质量检验及认证要求】产品质量检验机构、认证机构必须依法按照有关标准，客观、公正地出具检验结果或者认证证明。

产品质量认证机构应当依照国家规定对准许使用认证标志的产品进行认证后的跟踪检查；对不符合认证标准而使用认证标志的，要求其改正；情节严重的，取消其使用认证标志的资格。

第二十二条　【消费者权利】消费者有权就产品质量问题，向产品的生产者、销售者查询；向产品质量监督部门、工商行政管理部门及有关部门申诉，接受申诉的部门应当负责处理。

第二十三条　【支持起诉】保护消费者权益的社会组织可以就消费者反映的产品质量问题建议有关部门负责处理，支持消费者对因产品质量造成的损害向人民法院起诉。

第二十四条　【产品质量状况公告】国务院和省、自治区、直辖市人民政府的产品质量监督部门应当定期发布其监督抽查的产品的质量状况公告。

第二十五条　【质检部门推荐禁止】产品质量监督部门或者其他国家机关以及产品质量检验机构不得向社会推荐生产者的产品；不得以对产品进行监制、监销等方式参与产品经营活动。

第三章　生产者、销售者的产品质量责任和义务

第一节　生产者的产品质量责任和义务

第二十六条　【生产者产品质量责任】生产者应当对其生产的产品质量负责。

产品质量应当符合下列要求：

（一）不存在危及人身、财产安全的不合理

的危险,有保障人体健康和人身、财产安全的国家标准、行业标准的,应当符合该标准;

(二)具备产品应当具备的使用性能,但是,对产品存在使用性能的瑕疵作出说明的除外;

(三)符合在产品或者其包装上注明采用的产品标准,符合以产品说明、实物样品等方式表明的质量状况。

第二十七条　【标识要求】产品或者其包装上的标识必须真实,并符合下列要求:

(一)有产品质量检验合格证明;

(二)有中文标明的产品名称、生产厂厂名和厂址;

(三)根据产品的特点和使用要求,需要标明产品规格、等级、所含主要成份的名称和含量的,用中文相应予以标明;需要事先让消费者知晓的,应当在外包装上标明,或者预先向消费者提供有关资料;

(四)限期使用的产品,应当在显著位置清晰地标明生产日期和安全使用期或者失效日期;

(五)使用不当,容易造成产品本身损坏或者可能危及人身、财产安全的产品,应当有警示标志或者中文警示说明。

裸装的食品和其他根据产品的特点难以附加标识的裸装产品,可以不附加产品标识。

第二十八条　【特殊产品包装】易碎、易燃、易爆、有毒、有腐蚀性、有放射性等危险物品以及储运中不能倒置和其他有特殊要求的产品,其包装质量必须符合相应要求,依照国家有关规定作出警示标志或者中文警示说明,标明储运注意事项。

第二十九条　【淘汰产品禁止生产】生产者不得生产国家明令淘汰的产品。

第三十条　【伪造产地、厂名、厂址的禁止】生产者不得伪造产地,不得伪造或者冒用他人的厂名、厂址。

第三十一条　【禁止伪造、冒用质量标志】生产者不得伪造或者冒用认证标志等质量标志。

第三十二条　【掺假禁止】生产者生产产品,不得掺杂、掺假,不得以假充真、以次充好,不得以不合格产品冒充合格产品。

第二节　销售者的产品质量责任和义务

第三十三条　【进货检验】销售者应当建立并执行进货检查验收制度,验明产品合格证明和其他标识。

第三十四条　【产品质量保持】销售者应当采取措施,保持销售产品的质量。

第三十五条　【失效产品禁止销售】销售者不得销售国家明令淘汰并停止销售的产品和失效、变质的产品。

第三十六条　【标识要求】销售者销售的产品的标识应当符合本法第二十七条的规定。

第三十七条　【伪造产地、厂址、厂名禁止】销售者不得伪造产地,不得伪造或者冒用他人的厂名、厂址。

第三十八条　【认证标志冒用、伪造禁止】销售者不得伪造或者冒用认证标志等质量标志。

第三十九条　【掺假禁止】销售者销售产品,不得掺杂、掺假,不得以假充真、以次充好,不得以不合格产品冒充合格产品。

第四章　损害赔偿

第四十条　【售出产品不合格时的处理】售出的产品有下列情形之一的,销售者应当负责修理、更换、退货;给购买产品的消费者造成损失的,销售者应当赔偿损失:

(一)不具备产品应当具备的使用性能而事先未作说明的;

(二)不符合在产品或者其包装上注明采用的产品标准的;

(三)不符合以产品说明、实物样品等方式表明的质量状况的。

销售者依照前款规定负责修理、更换、退货、赔偿损失后,属于生产者的责任或者属于向销售者提供产品的其他销售者(以下简称供货者)的责任的,销售者有权向生产者、供货者追偿。

销售者未按照第一款规定给予修理、更换、退货或者赔偿损失的,由产品质量监督部门或者工商行政管理部门责令改正。

生产者之间,销售者之间,生产者与销售者之间订立的买卖合同、承揽合同有不同约定的，合同当事人按照合同约定执行。

第四十一条　【生产者责任承担情形】因产品存在缺陷造成人身、缺陷产品以外的其他财产（以下简称他人财产）损害的，生产者应当承担赔偿责任。

生产者能够证明有下列情形之一的，不承担赔偿责任：

（一）未将产品投入流通的；

（二）产品投入流通时，引起损害的缺陷尚不存在的；

（三）将产品投入流通时的科学技术水平尚不能发现缺陷的存在的。

第四十二条　【销售者责任承担情形】由于销售者的过错使产品存在缺陷，造成人身、他人财产损害的，销售者应当承担赔偿责任。

销售者不能指明缺陷产品的生产者也不能指明缺陷产品的供货者的，销售者应当承担赔偿责任。

第四十三条　【产品损害赔偿责任的承担】因产品存在缺陷造成人身、他人财产损害的，受害人可以向产品的生产者要求赔偿，也可以向产品的销售者要求赔偿。属于产品的生产者的责任，产品的销售者赔偿的，产品的销售者有权向产品的生产者追偿。属于产品的销售者的责任，产品的生产者赔偿的，产品的生产者有权向产品的销售者追偿。

第四十四条　【赔偿范围】因产品存在缺陷造成受害人人身伤害的，侵害人应当赔偿医疗费、治疗期间的护理费、因误工减少的收入等费用；造成残疾的，还应当支付残疾者生活自助具费、生活补助费、残疾赔偿金以及由其扶养的人所必需的生活费等费用；造成受害人死亡的，并应当支付丧葬费、死亡赔偿金以及由死者生前扶养的人所必需的生活费等费用。

因产品存在缺陷造成受害人财产损失的，侵害人应当恢复原状或者折价赔偿。受害人因此遭受其他重大损失的，侵害人应当赔偿损失。

第四十五条　【诉讼时效】因产品存在缺陷造成损害要求赔偿的诉讼时效期间为二年，自当事人知道或者应当知道其权益受到损害时起计算。

因产品存在缺陷造成损害要求赔偿的请求权，在造成损害的缺陷产品交付最初消费者满十年丧失；但是，尚未超过明示的安全使用期的除外。

第四十六条　【缺陷解释】本法所称缺陷，是指产品存在危及人身、他人财产安全的不合理的危险；产品有保障人体健康和人身、财产安全的国家标准、行业标准的，是指不符合该标准。

第四十七条　【质量纠纷解决办法】因产品质量发生民事纠纷时，当事人可以通过协商或者调解解决。当事人不愿通过协商、调解解决或者协商、调解不成的，可以根据当事人各方的协议向仲裁机构申请仲裁；当事人各方没有达成仲裁协议或者仲裁协议无效的，可以直接向人民法院起诉。

第四十八条　【质检委托】仲裁机构或者人民法院可以委托本法第十九条规定的产品质量检验机构，对有关产品质量进行检验。

第五章　罚　　则

第四十九条　【违反安全标准规定的处理】生产、销售不符合保障人体健康和人身、财产安全的国家标准、行业标准的产品的，责令停止生产、销售，没收违法生产、销售的产品，并处违法生产、销售产品（包括已售出和未售出的产品，下同）货值金额等值以上三倍以下的罚款；有违法所得的，并处没收违法所得；情节严重的，吊销营业执照；构成犯罪的，依法追究刑事责任。

第五十条　【掺假处理】在产品中掺杂、掺假，以假充真，以次充好，或者以不合格产品冒充合格产品的，责令停止生产、销售，没收违法生产、销售的产品，并处违法生产、销售产品货值金额百分之五十以上三倍以下的罚款；有违法所得的，并处没收违法所得；情节严重的，吊销营业执照；构成犯罪的，依法追究刑事责任。

第五十一条　【生产禁止性产品处理】生产国家明令淘汰的产品的，销售国家明令淘汰并停止销售的产品的，责令停止生产、销售，没收违法生产、销售的产品，并处违法生产、销售产品货值金额等值以下的罚款；有违法所得的，并处没收违法所得；情节严重的，吊销营业执照。

第五十二条　【销售失效产品处理】销售失效、变质的产品的，责令停止销售，没收违法销售的产品，并处违法销售产品货值金额二倍以下的罚款;有违法所得的,并处没收违法所得;情节严重的,吊销营业执照;构成犯罪的,依法追究刑事责任。

第五十三条　【伪造产地、厂名、厂址的处理】伪造产品产地的,伪造或者冒用他人厂名、厂址的,伪造或者冒用认证标志等质量标志的,责令改正,没收违法生产、销售的产品,并处违法生产、销售产品货值金额等值以下的罚款;有违法所得的,并处没收违法所得;情节严重的,吊销营业执照。

第五十四条　【标识不合格的处理】产品标识不符合本法第二十七条规定的,责令改正;有包装的产品标识不符合本法第二十七条第(四)项、第(五)项规定,情节严重的,责令停止生产、销售,并处违法生产、销售产品货值金额百分之三十以下的罚款;有违法所得的,并处没收违法所得。

第五十五条　【从轻情节】销售者销售本法第四十九条至第五十三条规定禁止销售的产品,有充分证据证明其不知道该产品为禁止销售的产品并如实说明其进货来源的,可以从轻或者减轻处罚。

第五十六条　【拒检处理】拒绝接受依法进行的产品质量监督检查的,给予警告,责令改正;拒不改正的,责令停业整顿;情节特别严重的,吊销营业执照。

第五十七条　【伪造检验证明的处理】产品质量检验机构、认证机构伪造检验结果或者出具虚假证明的,责令改正,对单位处五万元以上十万元以下的罚款,对直接负责的主管人员和其他直接责任人员处一万元以上五万元以下的罚款;有违法所得的,并处没收违法所得;情节严重的,取消其检验资格、认证资格;构成犯罪的,依法追究刑事责任。

产品质量检验机构、认证机构出具的检验结果或者证明不实,造成损失的,应当承担相应的赔偿责任;造成重大损失的,撤销其检验资格、认证资格。

产品质量认证机构违反本法第二十一条第二款的规定,对不符合认证标准而使用认证标志的产品,未依法要求其改正或者取消其使用认证标志资格的,对因产品不符合认证标准给消费者造成的损失,与产品的生产者、销售者承担连带责任;情节严重的,撤销其认证资格。

第五十八条　【团体、中介机构连带责任】社会团体、社会中介机构对产品质量作出承诺、保证,而该产品又不符合其承诺、保证的质量要求,给消费者造成损失的,与产品的生产者、销售者承担连带责任。

第五十九条　【广告误导处理】在广告中对产品质量作虚假宣传,欺骗和误导消费者的,依照《中华人民共和国广告法》的规定追究法律责任。

第六十条　【伪劣产品生产工具的没收责任】对生产者专门用于生产本法第四十九条、第五十一条所列的产品或者以假充真的产品的原辅材料、包装物、生产工具,应当予以没收。

第六十一条　【非法运输、保管仓储的处理】知道或者应当知道属于本法规定禁止生产、销售的产品而为其提供运输、保管、仓储等便利条件的,或者为以假充真的产品提供制假生产技术的,没收全部运输、保管、仓储或者提供制假生产技术的收入,并处违法收入百分之五十以上三倍以下的罚款;构成犯罪的,依法追究刑事责任。

第六十二条　【违反第49条、第52条的处理】服务业的经营者将本法第四十九条至第五十二条规定禁止销售的产品用于经营性服务的,责令停止使用;对知道或者应当知道所使用的产品属于本法规定禁止销售的产品的,按照违法使用的产品(包括已使用和尚未使用的产品)的货值金额,依照本法对销售者的处罚规定处罚。

第六十三条　【封、押物品隐匿、变卖的处理】隐匿、转移、变卖、损毁被产品质量监督部门或者工商行政管理部门查封、扣押的物品的,处被隐匿、转移、变卖、损毁物品货值金额等值以上三倍以下的罚款;有违法所得的,并处没收违法所得。

第六十四条　【执行优先的规定】违反本法规定,应当承担民事赔偿责任和缴纳罚款、罚金,其财产不足以同时支付时,先承担民事赔偿责任。

第六十五条　【对政府工作人员的处罚】各级人民政府工作人员和其他国家机关工作人员有下列情形之一的,依法给予行政处分;构成犯罪的,依法追究刑事责任:

(一)包庇、放纵产品生产、销售中违反本

法规定行为的；

（二）向从事违反本法规定的生产、销售活动的当事人通风报信，帮助其逃避查处的；

（三）阻挠、干预产品质量监督部门或者工商行政管理部门依法对产品生产、销售中违反本法规定的行为进行查处，造成严重后果的。

第六十六条 【质检部门超规索样和收取处理检验费】产品质量监督部门在产品质量监督抽查中超过规定的数量索取样品或者向被检查人收取检验费用的，由上级产品质量监督部门或者监察机关责令退还；情节严重的，对直接负责的主管人员和其他直接责任人员依法给予行政处分。

第六十七条 【质检部门违反第25条的处理】产品质量监督部门或者其他国家机关违反本法第二十五条的规定，向社会推荐生产者的产品或者以监制、监销等方式参与产品经营活动的，由其上级机关或者监察机关责令改正，消除影响，有违法收入的予以没收；情节严重的，对直接负责的主管人员和其他直接责任人员依法给予行政处分。

产品质量检验机构有前款所列违法行为的，由产品质量监督部门责令改正，消除影响，有违法收入的予以没收，可以并处违法收入一倍以下的罚款；情节严重的，撤销其质量检验资格。

第六十八条 【渎职处罚】产品质量监督部门或者工商行政管理部门的工作人员滥用职权、玩忽职守、徇私舞弊，构成犯罪的，依法追究刑事责任；尚不构成犯罪的，依法给予行政处分。

第六十九条 【阻扰公务的处罚】以暴力、威胁方法阻碍产品质量监督部门或者工商行政管理部门的工作人员依法执行职务的，依法追究刑事责任；拒绝、阻碍未使用暴力、威胁方法的，由公安机关依照治安管理处罚法的规定处罚。

第七十条 【处罚权限】本法规定的吊销营业执照的行政处罚由工商行政管理部门决定，本法第四十九条至第五十七条、第六十条至第六十三条规定的行政处罚由产品质量监督部门或者工商行政管理部门按照国务院规定的职权范围决定。法律、行政法规对行使行政处罚权的机关另有规定的，依照有关法律、行政法规的规定执行。

第七十一条 【没收产品处理】对依照本法规定没收的产品，依照国家有关规定进行销毁或者采取其他方式处理。

第七十二条 【货值计算】本法第四十九条至第五十四条、第六十二条、第六十三条所规定的货值金额以违法生产、销售产品的标价计算；没有标价的，按照同类产品的市场价格计算。

第六章 附 则

第七十三条 【特殊规定】军工产品质量监督管理办法，由国务院、中央军事委员会另行制定。

因核设施、核产品造成损害的赔偿责任，法律、行政法规另有规定的，依照其规定。

第七十四条 【生效日期】本法自1993年9月1日起施行。

中华人民共和国价格法

1. 1997年12月29日第八届全国人民代表大会常务委员会第二十九次会议通过

2. 1997年12月29日中华人民共和国主席令第92号公布

3. 自1998年5月1日起施行

目 录

第一章 总 则

第一条 【立法目的】为了规范价格行为，发挥价格合理配置资源的作用，稳定市场价格总水平，保护消费者和经营者的合法权益，促进社会主义市场经济健康发展，制定本法。

第二条 【适用范围】在中华人民共和国境内发生的价格行为，适用本法。

本法所称价格包括商品价格和服务价格。

商品价格是指各类有形产品和无形资产的价格。

服务价格是指各类有偿服务的收费。

第三条　【价格机制】国家实行并逐步完善宏观经济调控下主要由市场形成价格的机制。价格的制定应当符合价值规律,大多数商品和服务价格实行市场调节价,极少数商品和服务价格实行政府指导价或者政府定价。

市场调节价,是指由经营者自主制定,通过市场竞争形成的价格。

本法所称经营者是指从事生产、经营商品或者提供有偿服务的法人、其他组织和个人。

政府指导价,是指依照本法规定,由政府价格主管部门或者其他有关部门,按照定价权限和范围规定基准价及其浮动幅度,指导经营者制定的价格。

政府定价,是指依照本法规定,由政府价格主管部门或者其他有关部门,按照定价权限和范围制定的价格。

第四条　【价格秩序】国家支持和促进公平、公开、合法的市场竞争,维护正常的价格秩序,对价格活动实行管理、监督和必要的调控。

第五条　【价格主管部门】国务院价格主管部门统一负责全国的价格工作。国务院其他有关部门在各自的职责范围内,负责有关的价格工作。

县级以上地方各级人民政府价格主管部门负责本行政区域内的价格工作。县级以上地方各级人民政府其他有关部门在各自的职责范围内,负责有关的价格工作。

第二章　经营者的价格行为

第六条　【自主定价】商品价格和服务价格,除依照本法第十八条规定适用政府指导价或者政府定价外,实行市场调节价,由经营者依照本法自主制定。

第七条　【定价原则】经营者定价,应当遵循公平、合法和诚实信用的原则。

第八条　【定价依据】经营者定价的基本依据是生产经营成本和市场供求状况。

第九条　【价格合理】经营者应当努力改进生产经营管理,降低生产经营成本,为消费者提供价格合理的商品和服务,并在市场竞争中获取合法利润。

第十条　【准确记录成本】经营者应当根据其经营条件建立、健全内部价格管理制度,准确记录与核定商品和服务的生产经营成本,不得弄虚作假。

第十一条　【价格活动权利】经营者进行价格活动,享有下列权利:

(一)自主制定属于市场调节的价格;

(二)在政府指导价规定的幅度内制定价格;

(三)制定属于政府指导价、政府定价产品范围内的新产品的试销价格,特定产品除外;

(四)检举、控告侵犯其依法自主定价权利的行为。

第十二条　【价格活动守法】经营者进行价格活动,应当遵守法律、法规,执行依法制定的政府指导价、政府定价和法定的价格干预措施、紧急措施。

第十三条　【价格、商品明示】经营者销售、收购商品和提供服务,应当按照政府价格主管部门的规定明码标价,注明商品的品名、产地、规格、等级、计价单位、价格或者服务的项目、收费标准等有关情况。

经营者不得在标价之外加价出售商品,不得收取任何未予标明的费用。

第十四条　【禁止的价格行为】经营者不得有下列不正当价格行为:

(一)相互串通,操纵市场价格,损害其他经营者或者消费者的合法权益;

(二)在依法降价处理鲜活商品、季节性商品、积压商品等商品外,为了排挤竞争对手或者独占市场,以低于成本的价格倾销,扰乱正常的生产经营秩序,损害国家利益或者其他经营者的合法权益;

(三)捏造、散布涨价信息,哄抬价格,推动商品价格过高上涨的;

(四)利用虚假的或者使人误解的价格手段,诱骗消费者或者其他经营者与其进行交易;

(五)提供相同商品或者服务,对具有同等交易条件的其他经营者实行价格歧视;

(六)采取抬高等级或者压低等级等手段收购、销售商品或者提供服务,变相提高或者压低价格;

（七）违反法律、法规的规定牟取暴利；

（八）法律、行政法规禁止的其他不正当价格行为。

第十五条　【中介收费】各类中介机构提供有偿服务收取费用，应当遵守本法的规定。法律另有规定的，按照有关规定执行。

第十六条　【进出口商品价格】经营者销售进口商品、收购出口商品，应当遵守本章的有关规定，维护国内市场秩序。

第十七条　【行业组织义务】行业组织应当遵守价格法律、法规，加强价格自律，接受政府价格主管部门的工作指导。

第三章　政府的定价行为

第十八条　【政府定价范围】下列商品和服务价格，政府在必要时可以实行政府指导价或者政府定价：

（一）与国民经济发展和人民生活关系重大的极少数商品价格；

（二）资源稀缺的少数商品价格；

（三）自然垄断经营的商品价格；

（四）重要的公用事业价格；

（五）重要的公益性服务价格。

第十九条　【政府定价目录】政府指导价、政府定价的定价权限和具体适用范围，以中央的和地方的定价目录为依据。

中央定价目录由国务院价格主管部门制定、修订，报国务院批准后公布。

地方定价目录由省、自治区、直辖市人民政府价格主管部门按照中央定价目录规定的定价权限和具体适用范围制定，经本级人民政府审核同意，报国务院价格主管部门审定后公布。

省、自治区、直辖市人民政府以下各级地方人民政府不得制定定价目录。

第二十条　【价格主管部门】国务院价格主管部门和其他有关部门，按照中央定价目录规定的定价权限和具体适用范围制定政府指导价、政府定价；其中重要的商品和服务价格的政府指导价、政府定价，应当按照规定经国务院批准。

省、自治区、直辖市人民政府价格主管部门和其他有关部门，应当按照地方定价目录规定的定价权限和具体适用范围制定在本地区执行的政府指导价、政府定价。

市、县人民政府可以根据省、自治区、直辖市人民政府的授权，按照地方定价目录规定的定价权限和具体适用范围制定在本地区执行的政府指导价、政府定价。

第二十一条　【政府定价依据】制定政府指导价、政府定价，应当依据有关商品或者服务的社会平均成本和市场供求状况、国民经济与社会发展要求以及社会承受能力，实行合理的购销差价、批零差价、地区差价和季节差价。

第二十二条　【主管部门权力、义务】政府价格主管部门和其他有关部门制定政府指导价、政府定价，应当开展价格、成本调查，听取消费者、经营者和有关方面的意见。

政府价格主管部门开展对政府指导价、政府定价的价格、成本调查时，有关单位应当如实反映情况，提供必需的帐簿、文件以及其他资料。

第二十三条　【价格听证】制定关系群众切身利益的公用事业价格、公益性服务价格、自然垄断经营的商品价格等政府指导价、政府定价，应当建立听证会制度，由政府价格主管部门主持，征求消费者、经营者和有关方面的意见，论证其必要性、可行性。

第二十四条　【价格公布】政府指导价、政府定价制定后，由制定价格的部门向消费者、经营者公布。

第二十五条　【价格调整】政府指导价、政府定价的具体适用范围、价格水平，应当根据经济运行情况，按照规定的定价权限和程序适时调整。

消费者、经营者可以对政府指导价、政府定价提出调整建议。

第四章　价格总水平调控

第二十六条　【调控目标】稳定市场价格总水平是国家重要的宏观经济政策目标。国家根据国民经济发展的需要和社会承受能力，确定市场价格总水平调控目标，列入国民经济和社会发展计划，并综合运用货币、财政、投资、进出口等方面的政策和措施，予以实现。

第二十七条　【调控手段】政府可以建立重要商品储备制度，设立价格调节基金，调控价格，稳定市场。

第二十八条　【价格监测】为适应价格调控和管

理的需要,政府价格主管部门应当建立价格监测制度,对重要商品、服务价格的变动进行监测。

第二十九条 【**农产品保护价**】政府在粮食等重要农产品的市场购买价格过低时,可以在收购中实行保护价格,并采取相应的经济措施保证其实现。

第三十条 【**价格干预**】当重要商品和服务价格显著上涨或者有可能显著上涨,国务院和省、自治区、直辖市人民政府可以对部分价格采取限定差价率或者利润率、规定限价、实行提价申报制度和调价备案制度等干预措施。

省、自治区、直辖市人民政府采取前款规的干预措施,应当报国务院备案。

第三十一条 【**紧急措施**】当市场价格总水平出现剧烈波动等异常状态时,国务院可以在全国范围内或者部分区域内采取临时集中定价权限、部分或者全面冻结价格的紧急措施。

第三十二条 【**解除干预、紧急措施**】依照本法第三十条、第三十一条的规定实行干预措施、紧急措施的情形消除后,应当及时解除干预措施、紧急措施。

第五章 价格监督检查

第三十三条 【**价格监督主体**】县级以上各级人民政府价格主管部门,依法对价格活动进行监督检查,并依照本法的规定对价格违法行为实施行政处罚。

第三十四条 【**监督职权**】政府价格主管部门进行价格监督检查时,可以行使下列职权:

(一)询问当事人或者有关人员,并要求其提供证明材料和与价格违法行为有关的其他资料;

(二)查询、复制与价格违法行为有关的帐簿、单据、凭证、文件及其他资料,核对与价格违法行为有关的银行资料;

(三)检查与价格违法行为有关的财物,必要时可以责令当事人暂停相关营业;

(四)在证据可能灭失或者以后难以取得的情况下,可以依法先行登记保存,当事人或者有关人员不得转移、隐匿或者销毁。

第三十五条 【**被检者义务**】经营者接受政府价格主管部门的监督检查时,应当如实提供价格监督检查所必需的帐簿、单据、凭证、文件以及其他资料。

第三十六条 【**工作人员义务**】政府部门价格工作人员不得将依法取得的资料或者了解的情况用于依法进行价格管理以外的任何其他目的,不得泄露当事人的商业秘密。

第三十七条 【**社会监督**】消费者组织、职工价格监督组织、居民委员会、村民委员会等组织以及消费者,有权对价格行为进行社会监督。政府价格主管部门应当充分发挥群众的价格监督作用。

新闻单位有权进行价格舆论监督。

第三十八条 【**举报制度**】政府价格主管部门应当建立对价格违法行为的举报制度。

任何单位和个人均有权对价格违法行为进行举报。政府价格主管部门应当对举报者给予鼓励,并负责为举报者保密。

第六章 法律责任

第三十九条 【**不执行行政措施责任**】经营者不执行政府指导价、政府定价以及法定的价格干预措施、紧急措施的,责令改正,没收违法所得,可以并处违法所得五倍以下的罚款;没有违法所得的,可以处以罚款;情节严重的,责令停业整顿。

第四十条 【**不正当价格行为处罚**】经营者有本法第十四条所列行为之一的,责令改正,没收违法所得,可以并处违法所得五倍以下的罚款;没有违法所得的,予以警告,可以并处罚款;情节严重的,责令停业整顿,或者由工商行政管理机关吊销营业执照。有关法律对本法第十四条所列行为的处罚及处罚机关另有规定的,可以依照有关法律的规定执行。

有本法第十四条第(一)项、第(二)项所列行为,属于是全国性的,由国务院价格主管部门认定;属于是省及省以下区域性的,由省、自治区、直辖市人民政府价格主管部门认定。

第四十一条 【**民事责任**】经营者因价格违法行为致使消费者或者其他经营者多付价款的,应当退还多付部分;造成损害的,应当依法承担赔偿责任。

第四十二条 【**不明码标价责任**】经营者违反明码标价规定的,责令改正,没收违法所得,可以并处五千元以下的罚款。

第四十三条　【经营者违反义务责任】经营者被责令暂停相关营业而不停止的，或者转移、隐匿、销毁依法登记保存的财物的，处相关营业所得或者转移、隐匿、销毁的财物价值一倍以上三倍以下的罚款。

第四十四条　【不按规定提供资料责任】拒绝按照规定提供监督检查所需资料或者提供虚假资料的，责令改正，予以警告；逾期不改正的，可以处以罚款。

第四十五条　【政府工作人员违法行政责任】地方各级人民政府或者各级人民政府有关部门违反本法规定，超越定价权限和范围擅自制定、调整价格或者不执行法定的价格干预措施、紧急措施的，责令改正，并可以通报批评；对直接负责的主管人员和其他直接责任人员，依法给予行政处分。

第四十六条　【价格工作人员刑事责任】价格工作人员泄露国家秘密、商业秘密以及滥用职权、徇私舞弊、玩忽职守、索贿受贿，构成犯罪的，依法追究刑事责任；尚不构成犯罪的，依法给予处分。

第七章　附　　则

第四十七条　【收费管理、除外适用】国家行政机关的收费，应当依法进行，严格控制收费项目，限定收费范围、标准。收费的具体管理办法由国务院另行制定。

利率、汇率、保险费率、证券及期货价格，适用有关法律、行政法规的规定，不适用本法。

第四十八条　【生效日期】本法自1998年5月1日起施行。

中华人民共和国发票管理办法

1. 1993年12月12日国务院批准

2. 1993年12月23日财政部令第6号发布

3. 根据2010年12月20日《国务院关于修改〈中华人民共和国发票管理办法〉的决定》修订

第一章　总　　则

第一条　为了加强发票管理和财务监督，保障国家税收收入，维护经济秩序，根据《中华人民共和国税收征收管理法》，制定本办法。

第二条　在中华人民共和国境内印制、领购、开具、取得、保管、缴销发票的单位和个人（以下称印制、使用发票的单位和个人），必须遵守本办法。

第三条　本办法所称发票，是指在购销商品、提供或者接受服务以及从事其他经营活动中，开具、收取的收付款凭证。

第四条　国务院税务主管部门统一负责全国的发票管理工作。省、自治区、直辖市国家税务局和地方税务局（以下统称省、自治区、直辖市税务机关）依据各自的职责，共同做好本行政区域内的发票管理工作。

财政、审计、工商行政管理、公安等有关部门在各自的职责范围内，配合税务机关做好发票管理工作。

第五条　发票的种类、联次、内容以及使用范围由国务院税务主管部门规定。

第六条　对违反发票管理法规的行为，任何单位和个人可以举报。税务机关应当为检举人保密，并酌情给予奖励。

第二章　发票的印制

第七条　增值税专用发票由国务院税务主管部门确定的企业印制；其他发票，按照国务院税务主管部门的规定，由省、自治区、直辖市税务机关确定的企业印制。禁止私自印制、伪造、变造发票。

第八条　印制发票的企业应当具备下列条件：

（一）取得印刷经营许可证和营业执照；

（二）设备、技术水平能够满足印制发票的需要；

（三）有健全的财务制度和严格的质量监督、安全管理、保密制度。

税务机关应当以招标方式确定印制发票的企业，并发给发票准印证。

第九条　印制发票应当使用国务院税务主管部门确定的全国统一的发票防伪专用品。禁止非法制造发票防伪专用品。

第十条　发票应当套印全国统一发票监制章。全国统一发票监制章的式样和发票版面印刷的要求，由国务院税务主管部门规定。发票监制章由省、自治区、直辖市税务机关制作。禁止伪造发票监制章。

发票实行不定期换版制度。

第十一条 印制发票的企业按照税务机关的统一规定,建立发票印制管理制度和保管措施。

发票监制章和发票防伪专用品的使用和管理实行专人负责制度。

第十二条 印制发票的企业必须按照税务机关批准的式样和数量印制发票。

第十三条 发票应当使用中文印制。民族自治地方的发票,可以加印当地一种通用的民族文字。有实际需要的,也可以同时使用中外两种文字印制。

第十四条 各省、自治区、直辖市内的单位和个人使用的发票,除增值税专用发票外,应当在本省、自治区、直辖市内印制;确有必要到外省、自治区、直辖市印制的,应当由省、自治区、直辖市税务机关商印制地省、自治区、直辖市税务机关同意,由印制地省、自治区、直辖市税务机关确定的企业印制。

禁止在境外印制发票。

第三章 发票的领购

第十五条 需要领购发票的单位和个人,应当持税务登记证件、经办人身份证明、按照国务院税务主管部门规定式样制作的发票专用章的印模,向主管税务机关办理发票领购手续。主管税务机关根据领购单位和个人的经营范围和规模,确认领购发票的种类、数量以及领购方式,在5个工作日内发给发票领购簿。

单位和个人领购发票时,应当按照税务机关的规定报告发票使用情况,税务机关应当按照规定进行查验。

第十六条 需要临时使用发票的单位和个人,可以凭购销商品、提供或者接受服务以及从事其他经营活动的书面证明、经办人身份证明,直接向经营地税务机关申请代开发票。依照税收法律、行政法规规定应当缴纳税款的,税务机关应当先征收税款,再开具发票。税务机关根据发票管理的需要,可以按照国务院税务主管部门的规定委托其他单位代开发票。

禁止非法代开发票。

第十七条 临时到本省、自治区、直辖市以外从事经营活动的单位或者个人,应当凭所在地税务机关的证明,向经营地税务机关领购经营地的发票。

临时在本省、自治区、直辖市以内跨市、县从事经营活动领购发票的办法,由省、自治区、直辖市税务机关规定。

第十八条 税务机关对外省、自治区、直辖市来本辖区从事临时经营活动的单位和个人领购发票的,可以要求其提供保证人或者根据所领购发票的票面限额以及数量交纳不超过1万元的保证金,并限期缴销发票。

按期缴销发票的,解除保证人的担保义务或者退还保证金;未按期缴销发票的,由保证人或者以保证金承担法律责任。

税务机关收取保证金应当开具资金往来结算票据。

第四章 发票的开具和保管

第十九条 销售商品、提供服务以及从事其他经营活动的单位和个人,对外发生经营业务收取款项,收款方应当向付款方开具发票;特殊情况下,由付款方向收款方开具发票。

第二十条 所有单位和从事生产、经营活动的个人在购买商品、接受服务以及从事其他经营活动支付款项,应当向收款方取得发票。取得发票时,不得要求变更品名和金额。

第二十一条 不符合规定的发票,不得作为财务报销凭证,任何单位和个人有权拒收。

第二十二条 开具发票应当按照规定的时限、顺序、栏目,全部联次一次性如实开具,并加盖发票专用章。

任何单位和个人不得有下列虚开发票行为:

(一)为他人、为自己开具与实际经营业务情况不符的发票;

(二)让他人为自己开具与实际经营业务情况不符的发票;

(三)介绍他人开具与实际经营业务情况不符的发票。

第二十三条 安装税控装置的单位和个人,应当按照规定使用税控装置开具发票,并按期向主管税务机关报送开具发票的数据。

使用非税控电子器具开具发票的，应当将非税控电子器具使用的软件程序说明资料报主管税务机关备案，并按照规定保存、报送开具发票的数据。

国家推广使用网络发票管理系统开具发票，具体管理办法由国务院税务主管部门制定。

第二十四条　任何单位和个人应当按照发票管理规定使用发票，不得有下列行为：

（一）转借、转让、介绍他人转让发票、发票监制章和发票防伪专用品；

（二）知道或者应当知道是私自印制、伪造、变造、非法取得或者废止的发票而受让、开具、存放、携带、邮寄、运输；

（三）拆本使用发票；

（四）扩大发票使用范围；

（五）以其他凭证代替发票使用。

税务机关应当提供查询发票真伪的便捷渠道。

第二十五条　除国务院税务主管部门规定的特殊情形外，发票限于领购单位和个人在本省、自治区、直辖市内开具。

省、自治区、直辖市税务机关可以规定跨市、县开具发票的办法。

第二十六条　除国务院税务主管部门规定的特殊情形外，任何单位和个人不得跨规定的使用区域携带、邮寄、运输空白发票。

禁止携带、邮寄或者运输空白发票出入境。

第二十七条　开具发票的单位和个人应当建立发票使用登记制度，设置发票登记簿，并定期向主管税务机关报告发票使用情况。

第二十八条　开具发票的单位和个人应当在办理变更或者注销税务登记的同时，办理发票和发票领购簿的变更、缴销手续。

第二十九条　开具发票的单位和个人应当按照税务机关的规定存放和保管发票，不得擅自损毁。已经开具的发票存根联和发票登记簿，应当保存5年。保存期满，报经税务机关查验后销毁。

第五章　发票的检查

第三十条　税务机关在发票管理中有权进行下列检查：

（一）检查印制、领购、开具、取得、保管和缴销发票的情况；

（二）调出发票查验；

（三）查阅、复制与发票有关的凭证、资料；

（四）向当事各方询问与发票有关的问题和情况；

（五）在查处发票案件时，对与案件有关的情况和资料，可以记录、录音、录像、照像和复制。

第三十一条　印制、使用发票的单位和个人，必须接受税务机关依法检查，如实反映情况，提供有关资料，不得拒绝、隐瞒。

税务人员进行检查时，应当出示税务检查证。

第三十二条　税务机关需要将已开具的发票调出查验时，应当向被查验的单位和个人开具发票换票证。发票换票证与所调出查验的发票有同等的效力。被调出查验发票的单位和个人不得拒绝接受。

税务机关需要将空白发票调出查验时，应当开具收据；经查无问题的，应当及时返还。

第三十三条　单位和个人从中国境外取得的与纳税有关的发票或者凭证，税务机关在纳税审查时有疑义的，可以要求其提供境外公证机构或者注册会计师的确认证明，经税务机关审核认可后，方可作为记账核算的凭证。

第三十四条　税务机关在发票检查中需要核对发票存根联与发票联填写情况时，可以向持有发票或者发票存根联的单位发出发票填写情况核对卡，有关单位应当如实填写，按期报回。

第六章　罚　　则

第三十五条　违反本办法的规定，有下列情形之一的，由税务机关责令改正，可以处1万元以下的罚款；有违法所得的予以没收：

（一）应当开具而未开具发票，或者未按照规定的时限、顺序、栏目，全部联次一次性开具发票，或者未加盖发票专用章的；

（二）使用税控装置开具发票，未按期向主管税务机关报送开具发票的数据的；

（三）使用非税控电子器具开具发票，未将非税控电子器具使用的软件程序说明资料报

主管税务机关备案,或者未按照规定保存、报送开具发票的数据的;

(四)拆本使用发票的;

(五)扩大发票使用范围的;

(六)以其他凭证代替发票使用的;

(七)跨规定区域开具发票的;

(八)未按照规定缴销发票的;

(九)未按照规定存放和保管发票的。

第三十六条 跨规定的使用区域携带、邮寄、运输空白发票,以及携带、邮寄或者运输空白发票出入境的,由税务机关责令改正,可以处1万元以下的罚款;情节严重的,处1万元以上3万元以下的罚款;有违法所得的予以没收。

丢失发票或者擅自损毁发票的,依照前款规定处罚。

第三十七条 违反本办法第二十二条第二款的规定虚开发票的,由税务机关没收违法所得;虚开金额在1万元以下的,可以并处5万元以下的罚款;虚开金额超过1万元的,并处5万元以上50万元以下的罚款;构成犯罪的,依法追究刑事责任。

非法代开发票的,依照前款规定处罚。

第三十八条 私自印制、伪造、变造发票,非法制造发票防伪专用品,伪造发票监制章的,由税务机关没收违法所得,没收、销毁作案工具和非法物品,并处1万元以上5万元以下的罚款;情节严重的,并处5万元以上50万元以下的罚款;对印制发票的企业,可以并处吊销发票准印证;构成犯罪的,依法追究刑事责任。

前款规定的处罚,《中华人民共和国税收征收管理法》有规定的,依照其规定执行。

第三十九条 有下列情形之一的,由税务机关处1万元以上5万元以下的罚款;情节严重的,处5万元以上50万元以下的罚款;有违法所得的予以没收:

(一)转借、转让、介绍他人转让发票、发票监制章和发票防伪专用品的;

(二)知道或者应当知道是私自印制、伪造、变造、非法取得或者废止的发票而受让、开具、存放、携带、邮寄、运输的。

第四十条 对违反发票管理规定2次以上或者情节严重的单位和个人,税务机关可以向社会公告。

第四十一条 违反发票管理法规,导致其他单位或者个人未缴、少缴或者骗取税款的,由税务机关没收违法所得,可以并处未缴、少缴或者骗取的税款1倍以下的罚款。

第四十二条 当事人对税务机关的处罚决定不服的,可以依法申请行政复议或者向人民法院提起行政诉讼。

第四十三条 税务人员利用职权之便,故意刁难印制、使用发票的单位和个人,或者有违反发票管理法规行为的,依照国家有关规定给予处分;构成犯罪的,依法追究刑事责任。

第七章 附 则

第四十四条 国务院税务主管部门可以根据有关行业特殊的经营方式和业务需求,会同国务院有关主管部门制定该行业的发票管理办法。

国务院税务主管部门可以根据增值税专用发票管理的特殊需要,制定增值税专用发票的具体管理办法。

第四十五条 本办法自发布之日起施行。财政部1986年发布的《全国发票管理暂行办法》和原国家税务局1991年发布的《关于对外商投资企业和外国企业发票管理的暂行规定》同时废止。

直销管理条例

1. 2005年8月23日国务院令第443号公布
2. 自2005年12月1日起施行

第一章 总 则

第一条 为规范直销行为,加强对直销活动的监管,防止欺诈,保护消费者的合法权益和社会公共利益,制定本条例。

第二条 在中华人民共和国境内从事直销活动,应当遵守本条例。

直销产品的范围由国务院商务主管部门会同国务院工商行政管理部门根据直销业的发展状况和消费者的需求确定、公布。

第三条 本条例所称直销,是指直销企业招募直销员，由直销员在固定营业场所之外直接向最终消费者（以下简称消费者）推销产品的经销方式。

本条例所称直销企业，是指依照本条例规定经批准采取直销方式销售产品的企业。

本条例所称直销员，是指在固定营业场所之外将产品直接推销给消费者的人员。

第四条　在中华人民共和国境内设立的企业（以下简称企业），可以依照本条例规定申请成为以直销方式销售本企业生产的产品以及其母公司、控股公司生产产品的直销企业。

直销企业可以依法取得贸易权和分销权。

第五条　直销企业及其直销员从事直销活动，不得有欺骗、误导等宣传和推销行为。

第六条　国务院商务主管部门和工商行政管理部门依照其职责分工和本条例规定，负责对直销企业和直销员及其直销活动实施监督管理。

第二章　直销企业及其分支机构的设立和变更

第七条　申请成为直销企业，应当具备下列条件：

（一）投资者具有良好的商业信誉，在提出申请前连续5年没有重大违法经营记录；外国投资者还应当有3年以上在中国境外从事直销活动的经验；

（二）实缴注册资本不低于人民币8000万元；

（三）依照本条例规定在指定银行足额缴纳了保证金；

（四）依照规定建立了信息报备和披露制度。

第八条　申请成为直销企业应当填写申请表，并提交下列申请文件、资料：

（一）符合本条例第七条规定条件的证明材料；

（二）企业章程，属于中外合资、合作企业的，还应当提供合资或者合作企业合同；

（三）市场计划报告书，包括依照本条例第十条规定拟定的经当地县级以上人民政府认可的从事直销活动地区的服务网点方案；

（四）符合国家标准的产品说明；

（五）拟与直销员签订的推销合同样本；

（六）会计师事务所出具的验资报告；

（七）企业与指定银行达成的同意依照本条例规定使用保证金的协议。

第九条　申请人应当通过所在地省、自治区、直辖市商务主管部门向国务院商务主管部门提出申请。省、自治区、直辖市商务主管部门应当自收到申请文件、资料之日起7日内，将申请文件、资料报送国务院商务主管部门。国务院商务主管部门应当自收到全部申请文件、资料之日起90日内，经征求国务院工商行政管理部门的意见，作出批准或者不予批准的决定。予以批准的，由国务院商务主管部门颁发直销经营许可证。

申请人持国务院商务主管部门颁发的直销经营许可证，依法向工商行政管理部门申请变更登记。

国务院商务主管部门审查颁发直销经营许可证，应当考虑国家安全、社会公共利益和直销业发展状况等因素。

第十条　直销企业从事直销活动，必须在拟从事直销活动的省、自治区、直辖市设立负责该行政区域内直销业务的分支机构（以下简称分支机构）。

直销企业在其从事直销活动的地区应当建立便于并满足消费者、直销员了解产品价格、退换货及企业依法提供其他服务的服务网点。服务网点的设立应当符合当地县级以上人民政府的要求。

直销企业申请设立分支机构，应当提供符合前款规定条件的证明文件和资料，并应当依照本条例第九条第一款规定的程序提出申请。获得批准后，依法向工商行政管理部门办理登记。

第十一条　直销企业有关本条例第八条所列内容发生重大变更的，应当依照本条例第九条第一款规定的程序报国务院商务主管部门批准。

第十二条　国务院商务主管部门应当将直销企业及其分支机构的名单在政府网站上公布，并及时进行更新。

第三章　直销员的招募和培训

第十三条　直销企业及其分支机构可以招募直

销员。直销企业及其分支机构以外的任何单位和个人不得招募直销员。

直销员的合法推销活动不以无照经营查处。

第十四条 直销企业及其分支机构不得发布宣传直销员销售报酬的广告,不得以缴纳费用或者购买商品作为成为直销员的条件。

第十五条 直销企业及其分支机构不得招募下列人员为直销员:

(一)未满18周岁的人员;

(二)无民事行为能力或者限制民事行为能力的人员;

(三)全日制在校学生;

(四)教师、医务人员、公务员和现役军人;

(五)直销企业的正式员工;

(六)境外人员;

(七)法律、行政法规规定不得从事兼职的人员。

第十六条 直销企业及其分支机构招募直销员应当与其签订推销合同,并保证直销员只在其一个分支机构所在的省、自治区、直辖市行政区域内已设立服务网点的地区开展直销活动。未与直销企业或者其分支机构签订推销合同的人员,不得以任何方式从事直销活动。

第十七条 直销员自签订推销合同之日起60日内可以随时解除推销合同;60日后,直销员解除推销合同应当提前15日通知直销企业。

第十八条 直销企业应当对拟招募的直销员进行业务培训和考试,考试合格后由直销企业颁发直销员证。未取得直销员证,任何人不得从事直销活动。

直销企业进行直销员业务培训和考试,不得收取任何费用。

直销企业以外的单位和个人,不得以任何名义组织直销员业务培训。

第十九条 对直销员进行业务培训的授课人员应当是直销企业的正式员工,并符合下列条件:

(一)在本企业工作1年以上;

(二)具有高等教育本科以上学历和相关的法律、市场营销专业知识;

(三)无因故意犯罪受刑事处罚的记录;

(四)无重大违法经营记录。

直销企业应当向符合前款规定的授课人员颁发直销培训员证,并将取得直销培训员证的人员名单报国务院商务主管部门备案。国务院商务主管部门应当将取得直销培训员证的人员名单,在政府网站上公布。

境外人员不得从事直销员业务培训。

第二十条 直销企业颁发的直销员证、直销培训员证应当依照国务院商务主管部门规定的式样印制。

第二十一条 直销企业应当对直销员业务培训的合法性、培训秩序和培训场所的安全负责。

直销企业及其直销培训员应当对直销员业务培训授课内容的合法性负责。

直销员业务培训的具体管理办法由国务院商务主管部门、国务院工商行政管理部门会同有关部门另行制定。

第四章 直销活动

第二十二条 直销员向消费者推销产品,应当遵守下列规定:

(一)出示直销员证和推销合同;

(二)未经消费者同意,不得进入消费者住所强行推销产品,消费者要求其停止推销活动的,应当立即停止,并离开消费者住所;

(三)成交前,向消费者详细介绍本企业的退货制度;

(四)成交后,向消费者提供发票和由直销企业出具的含有退货制度、直销企业当地服务网点地址和电话号码等内容的售货凭证。

第二十三条 直销企业应当在直销产品上标明产品价格,该价格与服务网点展示的产品价格应当一致。直销员必须按照标明的价格向消费者推销产品。

第二十四条 直销企业至少应当按月支付直销员报酬。直销企业支付给直销员的报酬只能按照直销员本人直接向消费者销售产品的收入计算,报酬总额(包括佣金、奖金、各种形式的奖励以及其他经济利益等)不得超过直销员本人直接向消费者销售产品收入的30%。

第二十五条 直销企业应当建立并实行完善的换货和退货制度。

消费者自购买直销产品之日起30日内,

产品未开封的，可以凭直销企业开具的发票或者售货凭证向直销企业及其分支机构、所在地的服务网点或者推销产品的直销员办理换货和退货；直销企业及其分支机构、所在地的服务网点和直销员应当自消费者提出换货或者退货要求之日起7日内，按照发票或者售货凭证标明的价款办理换货和退货。

直销员自购买直销产品之日起30日内，产品未开封的，可以凭直销企业开具的发票或者售货凭证向直销企业及其分支机构或者所在地的服务网点办理换货和退货；直销企业及其分支机构和所在地的服务网点应当自直销员提出换货或者退货要求之日起7日内，按照发票或者售货凭证标明的价款办理换货和退货。

不属于前两款规定情形，消费者、直销员要求换货和退货的，直销企业及其分支机构、所在地的服务网点和直销员应当依照有关法律法规的规定或者合同的约定，办理换货和退货。

第二十六条　直销企业与直销员、直销企业及其直销员与消费者因换货或者退货发生纠纷的，由前者承担举证责任。

第二十七条　直销企业对其直销员的直销行为承担连带责任，能够证明直销员的直销行为与本企业无关的除外。

第二十八条　直销企业应当依照国务院商务主管部门和国务院工商行政管理部门的规定，建立并实行完备的信息报备和披露制度。

直销企业信息报备和披露的内容、方式及相关要求，由国务院商务主管部门和国务院工商行政管理部门另行规定。

第五章　保　证　金

第二十九条　直销企业应当在国务院商务主管部门和国务院工商行政管理部门共同指定的银行开设专门账户，存入保证金。

保证金的数额在直销企业设立时为人民币2000万元；直销企业运营后，保证金应当按月进行调整，其数额应当保持在直销企业上一个月直销产品销售收入15%的水平，但最高不超过人民币1亿元，最低不少于人民币2000万元。保证金的利息属于直销企业。

第三十条　出现下列情形之一，国务院商务主管部门和国务院工商行政管理部门共同决定，可以使用保证金：

（一）无正当理由，直销企业不向直销员支付报酬，或者不向直销员、消费者支付退货款的；

（二）直销企业发生停业、合并、解散、转让、破产等情况，无力向直销员支付报酬或者无力向直销员和消费者支付退货款的；

（三）因直销产品问题给消费者造成损失，依法应当进行赔偿，直销企业无正当理由拒绝赔偿或者无力赔偿的。

第三十一条　保证金依照本条例第三十条规定使用后，直销企业应当在1个月内将保证金的数额补足到本条例第二十九条第二款规定的水平。

第三十二条　直销企业不得以保证金对外担保或者违反本条例规定用于清偿债务。

第三十三条　直销企业不再从事直销活动的，凭国务院商务主管部门和国务院工商行政管理部门出具的凭证，可以向银行取回保证金。

第三十四条　国务院商务主管部门和国务院工商行政管理部门共同负责保证金的日常监管工作。

保证金存缴、使用的具体管理办法由国务院商务主管部门、国务院工商行政管理部门会同有关部门另行制定。

第六章　监 督 管 理

第三十五条　工商行政管理部门负责对直销企业和直销员及其直销活动实施日常的监督管理。工商行政管理部门可以采取下列措施进行现场检查：

（一）进入相关企业进行检查；

（二）要求相关企业提供有关文件、资料和证明材料；

（三）询问当事人、利害关系人和其他有关人员，并要求其提供有关材料；

（四）查阅、复制、查封、扣押相关企业与直销活动有关的材料和非法财物；

（五）检查有关人员的直销培训员证、直销员证等证件。

工商行政管理部门依照前款规定进行现

场检查时,检查人员不得少于2人,并应当出示合法证件;实施查封、扣押的,必须经县级以上工商行政管理部门主要负责人批准。

第三十六条 工商行政管理部门实施日常监督管理,发现有关企业有涉嫌违反本条例行为的,经县级以上工商行政管理部门主要负责人批准,可以责令其暂时停止有关的经营活动。

第三十七条 工商行政管理部门应当设立并公布举报电话,接受对违反本条例行为的举报和投诉,并及时进行调查处理。

工商行政管理部门应当为举报人保密;对举报有功人员,应当依照国家有关规定给予奖励。

第七章 法律责任

第三十八条 对直销企业和直销员及其直销活动实施监督管理的有关部门及其工作人员,对不符合本条例规定条件的申请予以许可或者不依照本条例规定履行监督管理职责的,对直接负责的主管人员和其他直接责任人员,依法给予行政处分;构成犯罪的,依法追究刑事责任。对不符合本条例规定条件的申请予以的许可,由作出许可决定的有关部门撤销。

第三十九条 违反本条例第九条和第十条规定,未经批准从事直销活动的,由工商行政管理部门责令改正,没收直销产品和违法销售收入,处5万元以上30万元以下的罚款;情节严重的,处30万元以上50万元以下的罚款,并依法予以取缔;构成犯罪的,依法追究刑事责任。

第四十条 申请人通过欺骗、贿赂等手段取得本条例第九条和第十条设定的许可的,由工商行政管理部门没收直销产品和违法销售收入,处5万元以上30万元以下的罚款,由国务院商务主管部门撤销其相应的许可,申请人不得再提出申请;情节严重的,处30万元以上50万元以下的罚款,并依法予以取缔;构成犯罪的,依法追究刑事责任。

第四十一条 直销企业违反本条例第十一条规定的,由工商行政管理部门责令改正,处3万元以上30万元以下的罚款;对不再符合直销经营许可条件的,由国务院商务主管部门吊销其直销经营许可证。

第四十二条 直销企业违反规定,超出直销产品范围从事直销经营活动的,由工商行政管理部门责令改正,没收直销产品和违法销售收入,处5万元以上30万元以下的罚款;情节严重的,处30万元以上50万元以下的罚款,由工商行政管理部门吊销有违法经营行为的直销企业分支机构的营业执照直至由国务院商务主管部门吊销直销企业的直销经营许可证。

第四十三条 直销企业及其直销员违反本条例规定,有欺骗、误导等宣传和推销行为的,对直销企业,由工商行政管理部门处3万元以上10万元以下的罚款;情节严重的,处10万元以上30万元以下的罚款,由工商行政管理部门吊销有违法经营行为的直销企业分支机构的营业执照直至由国务院商务主管部门吊销直销企业的直销经营许可证。对直销员,由工商行政管理部门处5万元以下的罚款;情节严重的,责令直销企业撤销其直销员资格。

第四十四条 直销企业及其分支机构违反本条例规定招募直销员的,由工商行政管理部门责令改正,处3万元以上10万元以下的罚款;情节严重的,处10万元以上30万元以下的罚款,由工商行政管理部门吊销有违法经营行为的直销企业分支机构的营业执照直至由国务院商务主管部门吊销直销企业的直销经营许可证。

第四十五条 违反本条例规定,未取得直销员证从事直销活动的,由工商行政管理部门责令改正,没收直销产品和违法销售收入,可以处2万元以下的罚款;情节严重的,处2万元以上20万元以下的罚款。

第四十六条 直销企业进行直销员业务培训违反本条例规定的,由工商行政管理部门责令改正,没收违法所得,处3万元以上10万元以下的罚款;情节严重的,处10万元以上30万元以下的罚款,由工商行政管理部门吊销有违法经营行为的直销企业分支机构的营业执照直至由国务院商务主管部门吊销直销企业的直销经营许可证;对授课人员,由工商行政管理部门处5万元以下的罚款,是直销培训员的,责令直销企业撤销其直销培训员资格。

直销企业以外的单位和个人组织直销员业务培训的,由工商行政管理部门责令改正,没收违法所得,处2万元以上20万元以下的罚款。

第四十七条　直销员违反本条例第二十二条规定的,由工商行政管理部门没收违法销售收入,可以处5万元以下的罚款;情节严重的,责令直销企业撤销其直销员资格,并对直销企业处1万元以上10万元以下的罚款。

第四十八条　直销企业违反本条例第二十三条规定的,依照价格法的有关规定处理。

第四十九条　直销企业违反本条例第二十四条和第二十五条规定的,由工商行政管理部门责令改正,处5万元以上30万元以下的罚款;情节严重的,处30万元以上50万元以下的罚款,由工商行政管理部门吊销有违法经营行为的直销企业分支机构的营业执照直至由国务院商务主管部门吊销直销企业的直销经营许可证。

第五十条　直销企业未依照有关规定进行信息报备和披露的,由工商行政管理部门责令限期改正,处10万元以下的罚款;情节严重的,处10万元以上30万元以下的罚款;拒不改正的,由国务院商务主管部门吊销其直销经营许可证。

第五十一条　直销企业违反本条例第五章有关规定的,由工商行政管理部门责令限期改正,处10万元以下的罚款;拒不改正的,处10万元以上30万元以下的罚款,由国务院商务主管部门吊销其直销经营许可证。

第五十二条　违反本条例的违法行为同时违反《禁止传销条例》的,依照《禁止传销条例》有关规定予以处罚。

第八章　附　　则

第五十三条　直销企业拟成立直销企业协会等社团组织,应当经国务院商务主管部门批准,凭批准文件依法申请登记。

第五十四条　香港特别行政区、澳门特别行政区和台湾地区的投资者在境内投资建立直销企业,开展直销活动的,参照本条例有关外国投资者的规定办理。

第五十五条　本条例自2005年12月1日起施行。

商业特许经营管理条例

1. 2007年2月6日国务院令第485号公布
2. 自2007年5月1日起施行

第一章　总　　则

第一条　为规范商业特许经营活动,促进商业特许经营健康、有序发展,维护市场秩序,制定本条例。

第二条　在中华人民共和国境内从事商业特许经营活动,应当遵守本条例。

第三条　本条例所称商业特许经营(以下简称特许经营),是指拥有注册商标、企业标志、专利、专有技术等经营资源的企业(以下称特许人),以合同形式将其拥有的经营资源许可其他经营者(以下称被特许人)使用,被特许人按照合同约定在统一的经营模式下开展经营,并向特许人支付特许经营费用的经营活动。

企业以外的其他单位和个人不得作为特许人从事特许经营活动。

第四条　从事特许经营活动,应当遵循自愿、公平、诚实信用的原则。

第五条　国务院商务主管部门依照本条例规定,负责对全国范围内的特许经营活动实施监督管理。省、自治区、直辖市人民政府商务主管部门和设区的市级人民政府商务主管部门依照本条例规定,负责对本行政区域内的特许经营活动实施监督管理。

第六条　任何单位或者个人对违反本条例规定的行为,有权向商务主管部门举报。商务主管部门接到举报后应当依法及时处理。

第二章　特许经营活动

第七条　特许人从事特许经营活动应当拥有成熟的经营模式,并具备为被特许人持续提供经营指导、技术支持和业务培训等服务的能力。

特许人从事特许经营活动应当拥有至少2个直营店,并且经营时间超过1年。

第八条　特许人应当自首次订立特许经营合同之日起15日内,依照本条例的规定向商务主管部门备案。在省、自治区、直辖市范围内从事特许经营活动的,应当向所在地省、自治区、直辖市人民政府商务主管部门备案;跨省、自治区、直辖市范围从事特许经营活动的,应当向国务院商务主管部门备案。

特许人向商务主管部门备案,应当提交下列文件、资料:

(一)营业执照复印件或者企业登记(注册)证书复印件;

(二)特许经营合同样本;

(三)特许经营操作手册;

(四)市场计划书;

(五)表明其符合本条例第七条规定的书面承诺及相关证明材料;

(六)国务院商务主管部门规定的其他文件、资料。

特许经营的产品或者服务,依法应当经批准方可经营的,特许人还应当提交有关批准文件。

第九条 商务主管部门应当自收到特许人提交的符合本条例第八条规定的文件、资料之日起10日内予以备案,并通知特许人。特许人提交的文件、资料不完备的,商务主管部门可以要求其在7日内补充提交文件、资料。

第十条 商务主管部门应当将备案的特许人名单在政府网站上公布,并及时更新。

第十一条 从事特许经营活动,特许人和被特许人应当采用书面形式订立特许经营合同。

特许经营合同应当包括下列主要内容:

(一)特许人、被特许人的基本情况;

(二)特许经营的内容、期限;

(三)特许经营费用的种类、金额及其支付方式;

(四)经营指导、技术支持以及业务培训等服务的具体内容和提供方式;

(五)产品或者服务的质量、标准要求和保证措施;

(六)产品或者服务的促销与广告宣传;

(七)特许经营中的消费者权益保护和赔偿责任的承担;

(八)特许经营合同的变更、解除和终止;

(九)违约责任;

(十)争议的解决方式;

(十一)特许人与被特许人约定的其他事项。

第十二条 特许人和被特许人应当在特许经营合同中约定,被特许人在特许经营合同订立后一定期限内,可以单方解除合同。

第十三条 特许经营合同约定的特许经营期限应当不少于3年。但是,被特许人同意的除外。

特许人和被特许人续签特许经营合同的,不适用前款规定。

第十四条 特许人应当向被特许人提供特许经营操作手册,并按照约定的内容和方式为被特许人持续提供经营指导、技术支持、业务培训等服务。

第十五条 特许经营的产品或者服务的质量、标准应当符合法律、行政法规和国家有关规定的要求。

第十六条 特许人要求被特许人在订立特许经营合同前支付费用的,应当以书面形式向被特许人说明该部分费用的用途以及退还的条件、方式。

第十七条 特许人向被特许人收取的推广、宣传费用,应当按照合同约定的用途使用。推广、宣传费用的使用情况应当及时向被特许人披露。

特许人在推广、宣传活动中,不得有欺骗、误导的行为,其发布的广告中不得含有宣传被特许人从事特许经营活动收益的内容。

第十八条 未经特许人同意,被特许人不得向他人转让特许经营权。

被特许人不得向他人泄露或者允许他人使用其所掌握的特许人的商业秘密。

第十九条 特许人应当在每年第一季度将其上一年度订立特许经营合同的情况向商务主管部门报告。

第三章 信息披露

第二十条 特许人应当依照国务院商务主管部门的规定,建立并实行完备的信息披露制度。

第二十一条 特许人应当在订立特许经营合同之日前至少30日,以书面形式向被特许人提供本条例第二十二条规定的信息,并提供特许经营合同文本。

第二十二条 特许人应当向被特许人提供以下

信息：

（一）特许人的名称、住所、法定代表人、注册资本额、经营范围以及从事特许经营活动的基本情况；

（二）特许人的注册商标、企业标志、专利、专有技术和经营模式的基本情况；

（三）特许经营费用的种类、金额和支付方式（包括是否收取保证金以及保证金的返还条件和返还方式）；

（四）向被特许人提供产品、服务、设备的价格和条件；

（五）为被特许人持续提供经营指导、技术支持、业务培训等服务的具体内容、提供方式和实施计划；

（六）对被特许人的经营活动进行指导、监督的具体办法；

（七）特许经营网点投资预算；

（八）在中国境内现有的被特许人的数量、分布地域以及经营状况评估；

（九）最近2年的经会计师事务所审计的财务会计报告摘要和审计报告摘要；

（十）最近5年内与特许经营相关的诉讼和仲裁情况；

（十一）特许人及其法定代表人是否有重大违法经营记录；

（十二）国务院商务主管部门规定的其他信息。

第二十三条　特许人向被特许人提供的信息应当真实、准确、完整，不得隐瞒有关信息，或者提供虚假信息。

特许人向被特许人提供的信息发生重大变更的，应当及时通知被特许人。

特许人隐瞒有关信息或者提供虚假信息的，被特许人可以解除特许经营合同。

第四章　法律责任

第二十四条　特许人不具备本条例第七条第二款规定的条件，从事特许经营活动的，由商务主管部门责令改正，没收违法所得，处10万元以上50万元以下的罚款，并予以公告。

企业以外的其他单位和个人作为特许人从事特许经营活动的，由商务主管部门责令停止非法经营活动，没收违法所得，并处10万元以上50万元以下的罚款。

第二十五条　特许人未依照本条例第八条的规定向商务主管部门备案的，由商务主管部门责令限期备案，处1万元以上5万元以下的罚款；逾期仍不备案的，处5万元以上10万元以下的罚款，并予以公告。

第二十六条　特许人违反本条例第十六条、第十九条规定的，由商务主管部门责令改正，可以处1万元以下的罚款；情节严重的，处1万元以上5万元以下的罚款，并予以公告。

第二十七条　特许人违反本条例第十七条第二款规定的，由工商行政管理部门责令改正，处3万元以上10万元以下的罚款；情节严重的，处10万元以上30万元以下的罚款，并予以公告；构成犯罪的，依法追究刑事责任。

特许人利用广告实施欺骗、误导行为的，依照广告法的有关规定予以处罚。

第二十八条　特许人违反本条例第二十一条、第二十三条规定，被特许人向商务主管部门举报并经查实的，由商务主管部门责令改正，处1万元以上5万元以下的罚款；情节严重的，处5万元以上10万元以下的罚款，并予以公告。

第二十九条　以特许经营名义骗取他人财物，构成犯罪的，依法追究刑事责任；尚不构成犯罪的，由公安机关依照《中华人民共和国治安管理处罚法》的规定予以处罚。

以特许经营名义从事传销行为的，依照《禁止传销条例》的有关规定予以处罚。

第三十条　商务主管部门的工作人员滥用职权、玩忽职守、徇私舞弊，构成犯罪的，依法追究刑事责任；尚不构成犯罪的，依法给予处分。

第五章　附　　则

第三十一条　特许经营活动中涉及商标许可、专利许可的，依照有关商标、专利的法律、行政法规的规定办理。

第三十二条　有关协会组织在国务院商务主管部门指导下，依照本条例的规定制定特许经营活动规范，加强行业自律，为特许经营活动当事人提供相关服务。

第三十三条　本条例施行前已经从事特许经营活动的特许人，应当自本条例施行之日起1年内，依照本条例的规定向商务主管部门备案；

逾期不备案的,依照本条例第二十五条的规定处罚。

前款规定的特许人,不适用本条例第七条第二款的规定。

第三十四条　本条例自2007年5月1日起施行。

最高人民法院关于审理买卖合同纠纷案件适用法律问题的解释

1. 2012年5月10日公布
2. 法释〔2012〕8号
3. 自2012年7月1日起施行

为正确审理买卖合同纠纷案件,根据《中华人民共和国民法通则》、《中华人民共和国合同法》、《中华人民共和国物权法》、《中华人民共和国民事诉讼法》等法律的规定,结合审判实践,制定本解释。

一、买卖合同的成立及效力

第一条　当事人之间没有书面合同,一方以送货单、收货单、结算单、发票等主张存在买卖合同关系的,人民法院应当结合当事人之间的交易方式、交易习惯以及其他相关证据,对买卖合同是否成立作出认定。

对账确认函、债权确认书等函件、凭证没有记载债权人名称,买卖合同当事人一方以此证明存在买卖合同关系的,人民法院应予支持,但有相反证据足以推翻的除外。

第二条　当事人签订认购书、订购书、预订书、意向书、备忘录等预约合同,约定在将来一定期限内订立买卖合同,一方不履行订立买卖合同的义务,对方请求其承担预约合同违约责任或者要求解除预约合同并主张损害赔偿的,人民法院应予支持。

第三条　当事人一方以出卖人在缔约时对标的物没有所有权或者处分权为由主张合同无效的,人民法院不予支持。

出卖人因未取得所有权或者处分权致使标的物所有权不能转移,买受人要求出卖人承担违约责任或者要求解除合同并主张损害赔偿的,人民法院应予支持。

第四条　人民法院在按照合同法的规定认定电子交易合同的成立及效力的同时,还应当适用电子签名法的相关规定。

二、标的物交付和所有权转移

第五条　标的物为无需以有形载体交付的电子信息产品,当事人对交付方式约定不明确,且依照合同法第六十一条的规定仍不能确定的,买受人收到约定的电子信息产品或者权利凭证即为交付。

第六条　根据合同法第一百六十二条的规定,买受人拒绝接收多交部分标的物的,可以代为保管多交部分标的物。买受人主张出卖人负担代为保管期间的合理费用的,人民法院应予支持。

买受人主张出卖人承担代为保管期间非因买受人故意或者重大过失造成的损失的,人民法院应予支持。

第七条　合同法第一百三十六条规定的"提取标的物单证以外的有关单证和资料",主要应当包括保险单、保修单、普通发票、增值税专用发票、产品合格证、质量保证书、质量鉴定书、品质检验证书、产品进出口检疫书、原产地证明书、使用说明书、装箱单等。

第八条　出卖人仅以增值税专用发票及税款抵扣资料证明其已履行交付标的物义务,买受人不认可的,出卖人应当提供其他证据证明交付标的物的事实。

合同约定或者当事人之间习惯以普通发票作为付款凭证,买受人以普通发票证明已经履行付款义务的,人民法院应予支持,但有相反证据足以推翻的除外。

第九条　出卖人就同一普通动产订立多重买卖合同,在买卖合同均有效的情况下,买受人均要求实际履行合同的,应当按照以下情形分别处理:

(一)先行受领交付的买受人请求确认所有权已经转移的,人民法院应予支持;

(二)均未受领交付,先行支付价款的买受人请求出卖人履行交付标的物等合同义务的,人民法院应予支持;

(三)均未受领交付,也未支付价款,依法

成立在先合同的买受人请求出卖人履行交付标的物等合同义务的，人民法院应予支持。

第十条　出卖人就同一船舶、航空器、机动车等特殊动产订立多重买卖合同，在买卖合同均有效的情况下，买受人均要求实际履行合同的，应当按照以下情形分别处理：

（一）先行受领交付的买受人请求出卖人履行办理所有权转移登记手续等合同义务的，人民法院应予支持；

（二）均未受领交付，先行办理所有权转移登记手续的买受人请求出卖人履行交付标的物等合同义务的，人民法院应予支持；

（三）均未受领交付，也未办理所有权转移登记手续，依法成立在先合同的买受人请求出卖人履行交付标的物和办理所有权转移登记手续等合同义务的，人民法院应予支持；

（四）出卖人将标的物交付给买受人之一，又为其他买受人办理所有权转移登记，已受领交付的买受人请求将标的物所有权登记在自己名下的，人民法院应予支持。

三、标的物风险负担

第十一条　合同法第一百四十一条第二款第（一）项规定的"标的物需要运输的"，是指标的物由出卖人负责办理托运，承运人系独立于买卖合同当事人之外的运输业者的情形。标的物毁损、灭失的风险负担，按照合同法第一百四十五条的规定处理。

第十二条　出卖人根据合同约定将标的物运送至买受人指定地点并交付给承运人后，标的物毁损、灭失的风险由买受人负担，但当事人另有约定的除外。

第十三条　出卖人出卖交由承运人运输的在途标的物，在合同成立时知道或者应当知道标的物已经毁损、灭失却未告知买受人，买受人主张出卖人负担标的物毁损、灭失的风险的，人民法院应予支持。

第十四条　当事人对风险负担没有约定，标的物为种类物，出卖人未以装运单据、加盖标记、通知买受人等可识别的方式清楚地将标的物特定于买卖合同，买受人主张不负担标的物毁损、灭失的风险的，人民法院应予支持。

四、标的物检验

第十五条　当事人对标的物的检验期间未作约定，买受人签收的送货单、确认单等载明标的物数量、型号、规格的，人民法院应当根据合同法第一百五十七条的规定，认定买受人已对数量和外观瑕疵进行了检验，但有相反证据足以推翻的除外。

第十六条　出卖人依照买受人的指示向第三人交付标的物，出卖人和买受人之间约定的检验标准与买受人和第三人之间约定的检验标准不一致的，人民法院应当根据合同法第六十四条的规定，以出卖人和买受人之间约定的检验标准为标的物的检验标准。

第十七条　人民法院具体认定合同法第一百五十八条第二款规定的"合理期间"时，应当综合当事人之间的交易性质、交易目的、交易方式、交易习惯、标的物的种类、数量、性质、安装和使用情况、瑕疵的性质、买受人应尽的合理注意义务、检验方法和难易程度、买受人或者检验人所处的具体环境、自身技能以及其他合理因素，依据诚实信用原则进行判断。

合同法第一百五十八条第二款规定的"两年"是最长的合理期间。该期间为不变期间，不适用诉讼时效中止、中断或者延长的规定。

第十八条　约定的检验期间过短，依照标的物的性质和交易习惯，买受人在检验期间内难以完成全面检验的，人民法院应当认定该期间为买受人对外观瑕疵提出异议的期间，并根据本解释第十七条第一款的规定确定买受人对隐蔽瑕疵提出异议的合理期间。

约定的检验期间或者质量保证期间短于法律、行政法规规定的检验期间或者质量保证期间的，人民法院应当以法律、行政法规规定的检验期间或者质量保证期间为准。

第十九条　买受人在合理期间内提出异议，出卖人以买受人已经支付价款、确认欠款数额、使用标的物等为由，主张买受人放弃异议的，人民法院不予支持，但当事人另有约定的除外。

第二十条　合同法第一百五十八条规定的检验期间、合理期间、两年期间经过后，买受人主张标的物的数量或者质量不符合约定的，人民法院不予支持。

出卖人自愿承担违约责任后,又以上述期间经过为由翻悔的,人民法院不予支持。

五、违约责任

第二十一条 买受人依约保留部分价款作为质量保证金,出卖人在质量保证期间未及时解决质量问题而影响标的物的价值或者使用效果,出卖人主张支付该部分价款的,人民法院不予支持。

第二十二条 买受人在检验期间、质量保证期间、合理期间内提出质量异议,出卖人未按要求予以修理或者因情况紧急,买受人自行或者通过第三人修理标的物后,主张出卖人负担因此发生的合理费用的,人民法院应予支持。

第二十三条 标的物质量不符合约定,买受人依照合同法第一百一十一条的规定要求减少价款的,人民法院应予支持。当事人主张以符合约定的标的物和实际交付的标的物按交付时的市场价值计算差价的,人民法院应予支持。

价款已经支付,买受人主张返还减价后多出部分价款的,人民法院应予支持。

第二十四条 买卖合同对付款期限作出的变更,不影响当事人关于逾期付款违约金的约定,但该违约金的起算点应当随之变更。

买卖合同约定逾期付款违约金,买受人以出卖人接受价款时未主张逾期付款违约金为由拒绝支付该违约金的,人民法院不予支持。

买卖合同约定逾期付款违约金,但对账单、还款协议等未涉及逾期付款责任,出卖人根据对账单、还款协议等主张欠款时请求买受人依约支付逾期付款违约金的,人民法院应予支持,但对账单、还款协议等明确载有本金及逾期付款利息数额或者已经变更买卖合同中关于本金、利息等约定内容的除外。

买卖合同没有约定逾期付款违约金或者该违约金的计算方法,出卖人以买受人违约为由主张赔偿逾期付款损失的,人民法院可以中国人民银行同期同类人民币贷款基准利率为基础,参照逾期罚息利率标准计算。

第二十五条 出卖人没有履行或者不当履行从给付义务,致使买受人不能实现合同目的,买受人主张解除合同的,人民法院应当根据合同法第九十四条第(四)项的规定,予以支持。

第二十六条 买卖合同因违约而解除后,守约方主张继续适用违约金条款的,人民法院应予支持;但约定的违约金过分高于造成的损失的,人民法院可以参照合同法第一百一十四条第二款的规定处理。

第二十七条 买卖合同当事人一方以对方违约为由主张支付违约金,对方以合同不成立、合同未生效、合同无效或者不构成违约等为由进行免责抗辩而未主张调整过高的违约金的,人民法院应当就法院若不支持免责抗辩,当事人是否需要主张调整违约金进行释明。

一审法院认为免责抗辩成立且未予释明,二审法院认为应当判决支付违约金的,可以直接释明并改判。

第二十八条 买卖合同约定的定金不足以弥补一方违约造成的损失,对方请求赔偿超过定金部分的损失的,人民法院可以并处,但定金和损失赔偿的数额总和不应高于因违约造成的损失。

第二十九条 买卖合同当事人一方违约造成对方损失,对方主张赔偿可得利益损失的,人民法院应当根据当事人的主张,依据合同法第一百一十三条、第一百一十九条、本解释第三十条、第三十一条等规定进行认定。

第三十条 买卖合同当事人一方违约造成对方损失,对方对损失的发生也有过错,违约方主张扣减相应的损失赔偿额的,人民法院应予支持。

第三十一条 买卖合同当事人一方因对方违约而获有利益,违约方主张从损失赔偿额中扣除该部分利益的,人民法院应予支持。

第三十二条 合同约定减轻或者免除出卖人对标的物的瑕疵担保责任,但出卖人故意或者因重大过失不告知买受人标的物的瑕疵,出卖人主张依约减轻或者免除瑕疵担保责任的,人民法院不予支持。

第三十三条 买受人在缔约时知道或者应当知道标的物质量存在瑕疵,主张出卖人承担瑕疵担保责任的,人民法院不予支持,但买受人在缔约时不知道该瑕疵会导致标的物的基本效用显著降低的除外。

六、所有权保留

第三十四条 买卖合同当事人主张合同法第一

百三十四条关于标的物所有权保留的规定适用于不动产的，人民法院不予支持。

第三十五条　当事人约定所有权保留，在标的物所有权转移前，买受人有下列情形之一，对出卖人造成损害，出卖人主张取回标的物的，人民法院应予支持：

（一）未按约定支付价款的；

（二）未按约定完成特定条件的；

（三）将标的物出卖、出质或者作出其他不当处分的。

取回的标的物价值显著减少，出卖人要求买受人赔偿损失的，人民法院应予支持。

第三十六条　买受人已经支付标的物总价款的百分之七十五以上，出卖人主张取回标的物的，人民法院不予支持。

在本解释第三十五条第一款第（三）项情形下，第三人依据物权法第一百零六条的规定已经善意取得标的物所有权或者其他物权，出卖人主张取回标的物的，人民法院不予支持。

第三十七条　出卖人取回标的物后，买受人在双方约定的或者出卖人指定的回赎期间内，消除出卖人取回标的物的事由，主张回赎标的物的，人民法院应予支持。

买受人在回赎期间内没有回赎标的物的，出卖人可以另行出卖标的物。

出卖人另行出卖标的物的，出卖所得价款依次扣除取回和保管费用、再交易费用、利息、未清偿的价金后仍有剩余的，应返还原买受人；如有不足，出卖人要求原买受人清偿的，人民法院应予支持，但原买受人有证据证明出卖人另行出卖的价格明显低于市场价格的除外。

七、特种买卖

第三十八条　合同法第一百六十七条第一款规定的“分期付款”，系指买受人将应付的总价款在一定期间内至少分三次向出卖人支付。

分期付款买卖合同的约定违反合同法第一百六十七条第一款的规定，损害买受人利益，买受人主张该约定无效的，人民法院应予支持。

第三十九条　分期付款买卖合同约定出卖人在解除合同时可以扣留已受领价金，出卖人扣留的金额超过标的物使用费以及标的物受损赔偿额，买受人请求返还超过部分的，人民法院应予支持。

当事人对标的物的使用费没有约定的，人民法院可以参照当地同类标的物的租金标准确定。

第四十条　合同约定的样品质量与文字说明不一致且发生纠纷时当事人不能达成合意，样品封存后外观和内在品质没有发生变化的，人民法院应当以样品为准；外观和内在品质发生变化，或者当事人对是否发生变化有争议而又无法查明的，人民法院应当以文字说明为准。

第四十一条　试用买卖的买受人在试用期内已经支付一部分价款的，人民法院应当认定买受人同意购买，但合同另有约定的除外。

在试用期内，买受人对标的物实施了出卖、出租、设定担保物权等非试用行为的，人民法院应当认定买受人同意购买。

第四十二条　买卖合同存在下列约定内容之一的，不属于试用买卖。买受人主张属于试用买卖的，人民法院不予支持：

（一）约定标的物经过试用或者检验符合一定要求时，买受人应当购买标的物；

（二）约定第三人经试验对标的物认可时，买受人应当购买标的物；

（三）约定买受人在一定期间内可以调换标的物；

（四）约定买受人在一定期间内可以退还标的物。

第四十三条　试用买卖的当事人没有约定使用费或者约定不明确，出卖人主张买受人支付使用费的，人民法院不予支持。

八、其他问题

第四十四条　出卖人履行交付义务后诉请买受人支付价款，买受人以出卖人违约在先为由提出异议的，人民法院应当按照下列情况分别处理：

（一）买受人拒绝支付违约金、拒绝赔偿损失或者主张出卖人应当采取减少价款等补救措施的，属于提出抗辩；

（二）买受人主张出卖人应支付违约金、赔偿损失或者要求解除合同的，应当提起反诉。

第四十五条　法律或者行政法规对债权转让、股权转让等权利转让合同有规定的，依照其规定；没有规定的，人民法院可以根据合同法第一百二十四条和第一百七十四条的规定,参照适用买卖合同的有关规定。

权利转让或者其他有偿合同参照适用买卖合同的有关规定的,人民法院应当首先引用合同法第一百七十四条的规定,再引用买卖合同的有关规定。

第四十六条 本解释施行前本院发布的有关购销合同、销售合同等有偿转移标的物所有权的合同的规定,与本解释抵触的,自本解释施行之日起不再适用。

本解释施行后尚未终审的买卖合同纠纷案件,适用本解释;本解释施行前已经终审,当事人申请再审或者按照审判监督程序决定再审的,不适用本解释。

最高人民法院关于审理商品房买卖合同纠纷案件适用法律若干问题的解释

1. 2003年4月28日公布
2. 法释〔2003〕7号
3. 自2003年6月1日起施行

为正确、及时审理商品房买卖合同纠纷案件,根据《中华人民共和国民法通则》、《中华人民共和国合同法》、《中华人民共和国城市房地产管理法》、《中华人民共和国担保法》等相关法律,结合民事审判实践,制定本解释。

第一条 本解释所称的商品房买卖合同,是指房地产开发企业(以下统称为出卖人)将尚未建成或者已竣工的房屋向社会销售并转移房屋所有权于买受人,买受人支付价款的合同。

第二条 出卖人未取得商品房预售许可证明,与买受人订立的商品房预售合同,应当认定无效,但是在起诉前取得商品房预售许可证明的,可以认定有效。

第三条 商品房的销售广告和宣传资料为要约邀请,但是出卖人就商品房开发规划范围内的房屋及相关设施所作的说明和允诺具体确定,并对商品房买卖合同的订立以及房屋价格的确定有重大影响的,应当视为要约。该说明和允诺即使未载入商品房买卖合同,亦应当视为合同内容,当事人违反的,应当承担违约责任。

第四条 出卖人通过认购、订购、预订等方式向买受人收受定金作为订立商品房买卖合同担保的,如果因当事人一方原因未能订立商品房买卖合同,应当按照法律关于定金的规定处理;因不可归责于当事人双方的事由,导致商品房买卖合同未能订立的,出卖人应当将定金返还买受人。

第五条 商品房的认购、订购、预订等协议具备《商品房销售管理办法》第十六条规定的商品房买卖合同的主要内容,并且出卖人已经按照约定收受购房款的,该协议应当认定为商品房买卖合同。

第六条 当事人以商品房预售合同未按照法律、行政法规规定办理登记备案手续为由,请求确认合同无效的,不予支持。

当事人约定以办理登记备案手续为商品房预售合同生效条件的,从其约定,但当事人一方已经履行主要义务,对方接受的除外。

第七条 拆迁人与被拆迁人按照所有权调换形式订立拆迁补偿安置协议,明确约定拆迁人以位置、用途特定的房屋对被拆迁人予以补偿安置,如果拆迁人将该补偿安置房屋另行出卖给第三人,被拆迁人请求优先取得补偿安置房屋的,应予支持。

被拆迁人请求解除拆迁补偿安置协议的,按照本解释第八条的规定处理。

第八条 具有下列情形之一,导致商品房买卖合同目的不能实现的,无法取得房屋的买受人可以请求解除合同、返还已付购房款及利息、赔偿损失,并可以请求出卖人承担不超过已付购房款一倍的赔偿责任:

(一)商品房买卖合同订立后,出卖人未告知买受人又将该房屋抵押给第三人;

(二)商品房买卖合同订立后,出卖人又将该房屋出卖给第三人。

第九条 出卖人订立商品房买卖合同时,具有下列情形之一,导致合同无效或者被撤销、解除的,买受人可以请求返还已付购房款及利息、赔偿损失,并可以请求出卖人承担不超过已付购房款一倍的赔偿责任:

(一)故意隐瞒没有取得商品房预售许可证

明的事实或者提供虚假商品房预售许可证明；

（二）故意隐瞒所售房屋已经抵押的事实；

（三）故意隐瞒所售房屋已经出卖给第三人或者为拆迁补偿安置房屋的事实。

第十条　买受人以出卖人与第三人恶意串通，另行订立商品房买卖合同并将房屋交付使用，导致其无法取得房屋为由，请求确认出卖人与第三人订立的商品房买卖合同无效的，应予支持。

第十一条　对房屋的转移占有，视为房屋的交付使用，但当事人另有约定的除外。

房屋毁损、灭失的风险，在交付使用前由出卖人承担，交付使用后由买受人承担；买受人接到出卖人的书面交房通知，无正当理由拒绝接收的，房屋毁损、灭失的风险自书面交房通知确定的交付使用之日起由买受人承担，但法律另有规定或者当事人另有约定的除外。

第十二条　因房屋主体结构质量不合格不能交付使用，或者房屋交付使用后，房屋主体结构质量经核验确属不合格，买受人请求解除合同和赔偿损失的，应予支持。

第十三条　因房屋质量问题严重影响正常居住使用，买受人请求解除合同和赔偿损失的，应予支持。

交付使用的房屋存在质量问题，在保修期内，出卖人应当承担修复责任；出卖人拒绝修复或者在合理期限内拖延修复的，买受人可以自行或者委托他人修复。修复费用及修复期间造成的其他损失由出卖人承担。

第十四条　出卖人交付使用的房屋套内建筑面积或者建筑面积与商品房买卖合同约定面积不符，合同有约定的，按照约定处理；合同没有约定或者约定不明确的，按照以下原则处理：

（一）面积误差比绝对值在3%以内（含3%），按照合同约定的价格据实结算，买受人请求解除合同的，不予支持；

（二）面积误差比绝对值超出3%，买受人请求解除合同、返还已付购房款及利息的，应予支持。买受人同意继续履行合同，房屋实际面积大于合同约定面积的，面积误差比在3%以内（含3%）部分的房价款由买受人按照约定的价格补足，面积误差比超出3%部分的房价款由出卖人承担，所有权归买受人；房屋实际面积小于合同约定面积的，面积误差比在3%以内（含3%）部分的房价款及利息由出卖人返还买受人，面积误差比超过3%部分的房价款由出卖人双倍返还买受人。

第十五条　根据《合同法》第九十四条的规定，出卖人迟延交付房屋或者买受人迟延支付购房款，经催告后在三个月的合理期限内仍未履行，当事人一方请求解除合同的，应予支持，但当事人另有约定的除外。

法律没有规定或者当事人没有约定，经对方当事人催告后，解除权行使的合理期限为三个月。对方当事人没有催告的，解除权应当在解除权发生之日起一年内行使；逾期不行使的，解除权消灭。

第十六条　当事人以约定的违约金过高为由请求减少的，应当以违约金超过造成的损失30%为标准适当减少；当事人以约定的违约金低于造成的损失为由请求增加的，应当以违约造成的损失确定违约金数额。

第十七条　商品房买卖合同没有约定违约金数额或者损失赔偿额计算方法，违约金数额或者损失赔偿额可以参照以下标准确定：

逾期付款的，按照未付购房款总额，参照中国人民银行规定的金融机构计收逾期贷款利息的标准计算。

逾期交付使用房屋的，按照逾期交付使用房屋期间有关主管部门公布或者有资格的房地产评估机构评定的同地段同类房屋租金标准确定。

第十八条　由于出卖人的原因，买受人在下列期限届满未能取得房屋权属证书的，除当事人有特殊约定外，出卖人应当承担违约责任：

（一）商品房买卖合同约定的办理房屋所有权登记的期限；

（二）商品房买卖合同的标的物为尚未建成房屋的，自房屋交付使用之日起90日；

（三）商品房买卖合同的标的物为已竣工房屋的，自合同订立之日起90日。

合同没有约定违约金或者损失数额难以确定的，可以按照已付购房款总额，参照中国人民银行规定的金融机构计收逾期贷款利息的标准计算。

第十九条　商品房买卖合同约定或者《城市房地产开发经营管理条例》第三十三条规定的办理房屋所有权登记的期限届满后超过一年,由于出卖人的原因,导致买受人无法办理房屋所有权登记,买受人请求解除合同和赔偿损失的,应予支持。

第二十条　出卖人与包销人订立商品房包销合同,约定出卖人将其开发建设的房屋交由包销人以出卖人的名义销售的,包销期满未销售的房屋,由包销人按照合同约定的包销价格购买,但当事人另有约定的除外。

第二十一条　出卖人自行销售已经约定由包销人包销的房屋,包销人请求出卖人赔偿损失的,应予支持,但当事人另有约定的除外。

第二十二条　对于买受人因商品房买卖合同与出卖人发生的纠纷,人民法院应当通知包销人参加诉讼;出卖人、包销人和买受人对各自的权利义务有明确约定的,按照约定的内容确定各方的诉讼地位。

第二十三条　商品房买卖合同约定,买受人以担保贷款方式付款、因当事人一方原因未能订立商品房担保贷款合同并导致商品房买卖合同不能继续履行的,对方当事人可以请求解除合同和赔偿损失。因不可归责于当事人双方的事由未能订立商品房担保贷款合同并导致商品房买卖合同不能继续履行的,当事人可以请求解除合同,出卖人应当将收受的购房款本金及其利息或者定金返还买受人。

第二十四条　因商品房买卖合同被确认无效或者被撤销、解除,致使商品房担保贷款合同的目的无法实现,当事人请求解除商品房担保贷款合同的,应予支持。

第二十五条　以担保贷款为付款方式的商品房买卖合同的当事人一方请求确认商品房买卖合同无效或者撤销、解除合同的,如果担保权人作为有独立请求权第三人提出诉讼请求,应当与商品房担保贷款合同纠纷合并审理;未提出诉讼请求的,仅处理商品房买卖合同纠纷。担保权人就商品房担保贷款合同纠纷另行起诉的,可以与商品房买卖合同纠纷合并审理。

商品房买卖合同被确认无效或者被撤销、解除后,商品房担保贷款合同也被解除的,出卖人应当将收受的购房贷款和购房款的本金及利息分别返还担保权人和买受人。

第二十六条　买受人未按照商品房担保贷款合同的约定偿还贷款,亦未与担保权人办理商品房抵押登记手续,担保权人起诉买受人,请求处分商品房买卖合同项下买受人合同权利的,应当通知出卖人参加诉讼;担保权人同时起诉出卖人时,如果出卖人为商品房担保贷款合同提供保证的,应当列为共同被告。

第二十七条　买受人未按照商品房担保贷款合同的约定偿还贷款,但是已经取得房屋权属证书并与担保权人办理了商品房抵押登记手续,抵押权人请求买受人偿还贷款或者就抵押的房屋优先受偿的,不应当追加出卖人为当事人,但出卖人提供保证的除外。

第二十八条　本解释自2003年6月1日起施行。

《中华人民共和国城市房地产管理法》施行后订立的商品房买卖合同发生的纠纷案件,本解释公布施行后尚在一审、二审阶段的,适用本解释。

《中华人民共和国城市房地产管理法》施行后订立的商品房买卖合同发生的纠纷案件,在本解释公布施行前已经终审,当事人申请再审或者按照审判监督程序决定再审的,不适用本解释。

《中华人民共和国城市房地产管理法》施行前发生的商品房买卖行为,适用当时的法律、法规和《最高人民法院〈关于审理房地产管理法施行前房地产开发经营案件若干问题的解答〉》。

最高人民法院经济审判庭关于工矿产品与农副产品、工矿产品中通用产品与专用产品区分问题的函

1. 1987年12月9日公布

2. 法(经)〔1987〕30号

上海市高级人民法院经济庭:

你院〔87〕沪高级核字第10号《关于诉讼标的物猪内脏归属何种性质产品及其适用法律问题的

请示》收悉。各地人民法院在审理购销合同纠纷案中,适用《工矿产品购销合同条例》和《农副产品购销合同条例》时,经常遇到工矿产品与农副产品、工矿产品中的通用产品与专用产品的区分问题,这两个问题,经我庭函请国务院法制局进行解释,国务院法制局以国法办函字〔1987〕025号《关于解释购销合同条例问题的复函》作了答复。现将其复函及所附的《关于工矿产品、农副产品,通用产品、专用产品的划分意见》转发给你庭,为区分诉讼标的物种类的参考,今后如另有规定,则按新的规定办。至于你院请示的猪内脏,应属农副产品并适用《农副产品购销合同条例》。

最高人民法院关于上海第十钢铁厂诉江西省金属材料总公司和南昌车辆厂购销钢材合同纠纷案如何确定民事责任问题的函

1. 1995年5月23日发布

2. 法函〔1995〕61号

上海市高级人民法院:

我院经济庭曾以法经(1994)275号函给你院并转去国内贸易部的来函和我院领导的批示。收到你院(1995)沪高经复字第3号报告后又作了研究,现答复如下:

1987年8月23日至1990年8月14日,江西省金属材料总公司为履行国家组织落实指令性钢材分配计划的职能,按原物资部的要求,在全国钢材定点定量订货会上,代南冒车辆厂与上海第十钢铁厂签订了八份冶金产品供应合同。江西省金属材料总公司虽然在合同需方栏内盖了章,但合同中指定的收货单位和结算单位均为南昌车辆厂。合同签订后,上海第十钢铁厂依约将钢材发给南昌车辆厂,并收取该厂给付的部分货款,尚欠货款经多次催要,该厂表示愿意给付。在诉讼过程中,南昌车辆厂亦认可所欠货款由其归还。本案合同的签订,是在计划经济体制下,江西省金属材料总公司为落实国家指令性计划而以自己名义为南昌车辆厂代订合同的不符合法律规范的行为。事实上,南昌车辆厂与上钢十厂曾就所欠货款问题直接对过帐并作出过还款计划,南昌车辆厂亦允诺承担偿付欠款。因此处理那段期间发生的这类遗留问题,应从实际出发,认定收货、结算单位南昌车辆厂为实际的需方,由其承担民事经济责任;将江西省金属材料总公司视为合同代订人,其不承担民事经济责任。请你院依照上述意见指导二审法院实事求是,合理、公正进行审理。

最高人民法院关于深圳市兴达工贸有限公司与复旦大学科学技术开发总公司及上海海通经济联合总公司汇款返还纠纷案件请示的答复

1. 1997年1月15日发布

2. 〔1997〕经他字第1号

上海市高级人民法院:

你院《关于深圳市兴达工贸有限公司与复旦大学科学技术开发总公司、上海海通经济联合总公司汇款返还纠纷一案的请示》收悉。经研究,答复如下:

一、深圳市兴达工贸有限公司(以下简称兴达公司)未曾参与上海海通经济联合总公司(以下简称海通公司)和复旦大学科学技术开发总公司(以下简称复旦开发公司)之间的电脑经销合同以及补偿合同,故本案争议的补偿费65万元所涉及的债权债务关系,与兴达公司无关。兴达公司与海通公司虽有函件来往,但兴达公司从未表示接收海通公司的65万元债务,更未与海通公司订立债务转移协议,故不能认为接收侯必胜,即等于接收该65万元债务。

二、侯必放擅自动用原太平洋贸易企业公司综合业务部65万元,以购货款名义付给复旦开发公司,用于清偿侯必胜在海通公司经销电脑时,通过补偿合同应当偿付给复旦开发公司的补偿费,应当认定为个人行为。兴达公司事前未同意,事后也未追认侯必放的付款行为。故认定兴达公司已同意支付该65万元,缺乏依据,应予以纠正。

同意你院请示报告中的第一种意见,请通过再审妥善处理此案。

最高人民法院关于广东省江门市富田农工商经理部诉海南省海南宁赣贸易公司购销合同一案中法院可否冻结银行承兑汇票问题的复函

1. 1992年3月24日发布

2. 法经〔1992〕42号

广东省高级人民法院:

你院〔1991〕粤法经请字第5号《关于法院可否冻结银行承兑汇票问题的请示》收悉。经研究,答复如下:

你院请示中的持票人海南机设信托投资股份(集团)有限公司经海南宁赣贸易公司背书,并且给付对价后取得编号为×18421208的银行承兑汇票,根据《银行结算办法》有关银行承兑汇票的规定和中国人民银行银发〔1991〕258号《关于加强商业汇票管理的通知》第六条的规定,有权持票要求承兑银行兑付,法院不得冻结该汇票。另外,持票人海南机设信托投资股份(集团)有限公司的前手海南宁赣贸易公司经背书转让了票据权利,现已无权将汇票返还签发银行。承兑银行应向承兑申请人追回欠款。富田经理部可以合同纠纷向宁赣公司追回欠款。

此复

最高人民法院关于新疆生产建设兵团农二师二十九团与乌苏市远征工贸总公司种树苗买卖合同纠纷案的复函

1. 2003年2月20日公布

2. 〔2003〕民监他字第4号

新疆维吾尔自治区高级人民法院生产建设兵团分院:

你院请示收悉,经研究,答复如下:

远征公司与二十九团签订种树苗买卖合同时,远征公司所在的乌苏市林业局尚未进行《林木种子生产许可证》、《林木种子经营许可证》的申请颁发工作。终审判决根据乌苏市林业局在二审审理过程中出具的证明,认可了远征公司的销售行为,远征公司也在二审审理过程中领取了《林木种子经营许可证》的实际情况,结合远征公司已实际交付100万株扦插苗,二十九团因自己的责任导致扦插苗灭失的具体情节,对远征公司与二十九团签订的种树苗买卖合同按有效认定并进行处理并无不当。

同意兵团分院审判委员会对该案的处理意见,本案以维持原判为宜。

最高人民法院民事审判庭关于王三槐通城县商业局隽水商业综合公司房屋买卖案的电话答复

1. 1990年3月23日公布

2. 〔1990〕民他字第7号

湖北省高级人民法院:

你院请示王三槐诉通城县商业局隽水商业综合公司房屋买卖一案,经研究,我们同意湖北省高级人民法院审判委员会的倾向性意见,即房屋买卖关系有效,但未履行完的协议应继续履行;被上诉人应到县人民政府补办审批手续。

附:

湖北省高级人民法院关于王三槐诉通城县商业局隽水商业综合公司房屋买卖一案的请示报告

鄂法〔89〕民行字第9号

最高人民法院:

关于我省咸宁地区王三槐诉通城县商业局隽水商业综合公司房屋买卖关系是否有效一案。请示如下:

王三槐之父王甫腾原在通城县隽水镇民主路88号处有砖木结构住房一栋。通城县商业局隽水商业综合公司(原为通城县商业科城关合作商店)隽水镇北门桥头饮食店地处后街,生意萧条。该合作商店负责人黎炳龙为增加营业额。

于1968年9月向王甫腾提出暂时租用其门面房开饮食店。王甫腾以人口多,其子王三槐要结婚用房等理由不愿出租。经做工作。双方口头约定:王甫腾将其铺面房一间,账房一间,走廊一段计面积58.81平方米租给隽水商业综合公司使用。月租金8元。租期至王三槐结婚时止。次年3月王三槐结婚前。王家要求退房,黎炳龙违背口头约定,执意不退。王三槐婚后,与父亲、兄嫂、侄儿,祖孙三代八口挤在未出租的房屋内居住。1970年,王三槐夫妇只好在外先后三次租房居住,王甫腾也搬至所在单位单人宿舍居住。在此期间,王家多次要求解除租赁关系。并采取提高租金、停收租金等办法要求退房,合作商店饮食店以无处可搬为由坚持不退房。1975年11月15日,王甫腾将房产分给了二个儿子,王三槐分得了出租的那部分房产,从同年12月起管业。1976年初,王三槐夫妇在外租不到房住。除口头要求对方退房外,还于同年四五月间三次书面要求停租退房,王三槐所在单位也出具了王三槐无房居住的证明。对方以"正街门面不能作住房,要由国家统一安排、繁荣市场"等理由不愿意退房,只同意将承租的房屋作价购买。王家父子在迫不得已的情况下,与通城县城关合作商店饮食店达成卖房协议。其内容为:我饮食业于1968年租了王甫腾的房子。可今时情况有变化,王甫腾的儿子王三槐在外面租住的房子,租主已断了租路。在这种情况下,饮食业既没有房子换给三槐住,也更不能将门面退还原主,在这种进退两难的情况下,双方同意达成如下协议:一、将房屋出售给饮食业,其价格楼房每平方30元。有楼脚无楼板房每平方20元;二、用卖房金额另做房子,木材由合作商店解决杉木指标一立方米,其它材料由卖方(王甫腾)自理。买方(饮食业)一概不负责任。该协议由房管部门审查,将楼板房每平方30元降至25元,无楼板房每平方20元降至18元,按审定价格折算为1382.26元。原双方协定为1,800元,在给付价款时,卖方要求按1,800元执行,买方将1,800元与1382.26元之间的差额417.74元采取变通的办法作为搬家费补给了王三槐。1976年5月28日办理了房屋过户手续。协议第二条买方至今未予履行。王三槐卖房后,自建平房二间,后又增建三间,建筑面积为96.23平方米。1988年6月15日,王三槐向通城县人民法院起诉,要求认定原房屋买卖关系无效。将其房屋返还,第一审法院于1989年6月22日裁定驳回起诉。王三槐不服裁定提出上诉。第二审法院在审理该案中请示我院。

经我院审判委员会讨论有两种意见:第一种意见认为,这起房屋买卖关系无效,法律不予保护。其理由:一是买卖关系实质要件不具备,卖方不是真实意思的表示,是在迫不得已的情况下签订的房屋买卖协议;二是这起房屋买卖没有经过县以上人民政府的批准,根据最高法院1984年4月17日[84]法研字第5号批复精神,这起房屋买卖关系原则上无效;三是房屋买卖合同(协议)不具备书面合同的必要形式,均未载明买卖房屋的位置、面积、结构、价款、合同订立的日期等。第二种意见认为,这起房屋买卖关系应有效,法律应予保护。一是买卖双方签订了协议,经过房管部门准许买卖,并过了户;二是价款基本合理,是等价有偿的;三是买方交付了房款,实际占有使用该房屋十余年,卖方住房困难问题已经解决。从本案的实际出发,应认定这起房屋买卖关系有效。我院倾向后一种意见。

以上报告,请批示。

1989年12月28日

最高人民法院关于单位负责人被追究刑事责任后单位应否承担返还其预收货款的责任问题的批复

1. 1989年1月13日公布
2. 法(经)复〔1989〕1号

湖北省高级人民法院:

你院鄂法〔1988〕经字第1号请示收悉。经研究,答复如下:

一、我院和最高人民检察院《关于当前办理经济犯罪案件中具体应用法律的若干问题的解答(试行)》并没有规定追究单位负责人的刑事责任后,单位可以不承担民事责任。

二、武汉市径河农工商公司购销经理部(简称购销经理部)与华中轻工贸易公司(简称贸易公司)签订合同后,贸易公司按合同约定将39万元预付货款汇给了购销经理部。购销经理部负责人涂仰善非法占有预付货款并用于潜逃被依法追究刑事责任,并不能代替或者免除购销经理部依法所应承担的民事责任。由于购销经理部已被撤销,所欠贸易公司的货款应由其上级主管部门径河农场成立的清理小组负责返还。

此复

(三)供电合同

中华人民共和国电力法

1. 1995年12月28日第八届全国人民代表大会常务委员会第十七次会议通过
2. 1995年12月28日中华人民共和国主席令第60号公布
3. 自1996年4月1日起施行
4. 根据2009年8月27日第十一届全国人民代表大会常务委员会第十次会议《关于修改部分法律的决定》第一次修正
5. 根据2015年4月24日第十二届全国人民代表大会常务委员会第十四次会议通过《全国人民代表大会常务委员会关于修改〈中华人民共和国电力法〉等六部法律的决定》第二次修正

第一章 总 则

第一条 为了保障和促进电力事业的发展,维护电力投资者、经营者和使用者的合法权益,保障电力安全运行,制定本法。

第二条 本法适用于中华人民共和国境内的电力建设、生产、供应和使用活动。

第三条 电力事业应当适应国民经济和社会发展的需要,适当超前发展。国家鼓励、引导国内外的经济组织和个人依法投资开发电源,兴办电力生产企业。

电力事业投资,实行谁投资、谁收益的原则。

第四条 电力设施受国家保护。

禁止任何单位和个人危害电力设施安全或者非法侵占、使用电能。

第五条 电力建设、生产、供应和使用应当依法保护环境,采用新技术,减少有害物质排放,防治污染和其他公害。

国家鼓励和支持利用可再生能源和清洁能源发电。

第六条 国务院电力管理部门负责全国电力事业的监督管理。国务院有关部门在各自的职责范围内负责电力事业的监督管理。

县级以上地方人民政府经济综合主管部门是本行政区域内的电力管理部门,负责电力事业的监督管理。县级以上地方人民政府有关部门在各自的职责范围内负责电力事业的监督管理。

第七条 电力建设企业、电力生产企业、电网经营企业依法实行自主经营、自负盈亏,并接受电力管理部门的监督。

第八条 国家帮助和扶持少数民族地区、边远地区和贫困地区发展电力事业。

第九条 国家鼓励在电力建设、生产、供应和使用过程中,采用先进的科学技术和管理方法,对在研究、开发、采用先进的科学技术和管理方法等方面作出显著成绩的单位和个人给予奖励。

第二章 电力建设

第十条 电力发展规划应当根据国民经济和社会发展的需要制定,并纳入国民经济和社会发展计划。

电力发展规划,应当体现合理利用能源、电源与电网配套发展、提高经济效益和有利于环境保护的原则。

第十一条 城市电网的建设与改造规划,应当纳入城市总体规划。城市人民政府应当按照规划,安排变电设施用地、输电线路走廊和电缆通道。

任何单位和个人不得非法占用变电设施用地、输电线路走廊和电缆通道。

第十二条 国家通过制定有关政策,支持、促进电力建设。

地方人民政府应当根据电力发展规划,因地制宜,采取多种措施开发电源,发展电力建设。

第十三条 电力投资者对其投资形成的电力,享有法定权益。并网运行的,电力投资者有优先使用权；未并网的自备电厂，电力投资者自行支配使用。

第十四条　电力建设项目应当符合电力发展规划，符合国家电力产业政策。

电力建设项目不得使用国家明令淘汰的电力设备和技术。

第十五条　输变电工程、调度通信自动化工程等电网配套工程和环境保护工程，应当与发电工程项目同时设计、同时建设、同时验收、同时投入使用。

第十六条　电力建设项目使用土地，应当依照有关法律、行政法规的规定办理；依法征用土地的，应当依法支付土地补偿费和安置补偿费，做好迁移居民的安置工作。

电力建设应当贯彻切实保护耕地、节约利用土地的原则。

地方人民政府对电力事业依法使用土地和迁移居民，应当予以支持和协助。

第十七条　地方人民政府应当支持电力企业为发电工程建设勘探水源和依法取水、用水。电力企业应当节约用水。

第三章　电力生产与电网管理

第十八条　电力生产与电网运行应当遵循安全、优质、经济的原则。

电网运行应当连续、稳定，保证供电可靠性。

第十九条　电力企业应当加强安全生产管理，坚持安全第一、预防为主的方针，建立、健全安全生产责任制度。

电力企业应当对电力设施定期进行检修和维护，保证其正常运行。

第二十条　发电燃料供应企业、运输企业和电力生产企业应当依照国务院有关规定或者合同约定供应、运输和接卸燃料。

第二十一条　电网运行实行统一调度、分级管理。任何单位和个人不得非法干预电网调度。

第二十二条　国家提倡电力生产企业与电网、电网与电网并网运行。具有独立法人资格的电力生产企业要求将生产的电力并网运行的，电网经营企业应当接受。

并网运行必须符合国家标准或者电力行业标准。

并网双方应当按照统一调度、分级管理和平等互利、协商一致的原则，签订并网协议，确定双方的权利和义务；并网双方达不成协议的，由省级以上电力管理部门协调决定。

第二十三条　电网调度管理办法，由国务院依照本法的规定制定。

第四章　电力供应与使用

第二十四条　国家对电力供应和使用，实行安全用电、节约用电、计划用电的管理原则。

电力供应与使用办法由国务院依照本法的规定制定。

第二十五条　供电企业在批准的供电营业区内向用户供电。

供电营业区的划分，应当考虑电网的结构和供电合理性等因素。一个供电营业区内只设立一个供电营业机构。

省、自治区、直辖市范围内的供电营业区的设立、变更，由供电企业提出申请，经省、自治区、直辖市人民政府电力管理部门会同同级有关部门审查批准后，由省、自治区、直辖市人民政府电力管理部门发给《供电营业许可证》。跨省、自治区、直辖市的供电营业区的设立、变更，由国务院电力管理部门审查批准并发给《供电营业许可证》。

第二十六条　供电营业区内的供电营业机构，对本营业区内的用户有按照国家规定供电的义务；不得违反国家规定对其营业区内申请用电的单位和个人拒绝供电。

申请新装用电、临时用电、增加用电容量、变更用电和终止用电，应当依照规定的程序办理手续。

供电企业应当在其营业场所公告用电的程序、制度和收费标准，并提供用户须知资料。

第二十七条　电力供应与使用双方应当根据平等自愿、协商一致的原则，按照国务院制定的电力供应与使用办法签订供用电合同，确定双方的权利和义务。

第二十八条　供电企业应当保证供给用户的供电质量符合国家标准。对公用供电设施引起的供电质量问题，应当及时处理。

用户对供电质量有特殊要求的，供电企业应当根据其必要性和电网的可能，提供相应的电力。

第二十九条 供电企业在发电、供电系统正常的情况下,应当连续向用户供电,不得中断。因供电设施检修、依法限电或者用户违法用电等原因,需要中断供电时,供电企业应当按照国家有关规定事先通知用户。

用户对供电企业中断供电有异议的,可以向电力管理部门投诉;受理投诉的电力管理部门应当依法处理。

第三十条 因抢险救灾需要紧急供电时,供电企业必须尽速安排供电,所需供电工程费用和应付电费依照国家有关规定执行。

第三十一条 用户应当安装用电计量装置。用户使用的电力电量,以计量检定机构依法认可的用电计量装置的记录为准。

用户受电装置的设计、施工安装和运行管理,应当符合国家标准或者电力行业标准。

第三十二条 用户用电不得危害供电、用电安全和扰乱供电、用电秩序。

对危害供电、用电安全和扰乱供电、用电秩序的,供电企业有权制止。

第三十三条 供电企业应当按照国家核准的电价和用电计量装置的记录,向用户计收电费。

供电企业查电人员和抄表收费人员进入用户,进行用电安全检查或者抄表收费时,应当出示有关证件。

用户应当按照国家核准的电价和用电计量装置的记录,按时交纳电费;对供电企业查电人员和抄表收费人员依法履行职责,应当提供方便。

第三十四条 供电企业和用户应当遵守国家有关规定,采取有效措施,做好安全用电、节约用电和计划用电工作。

第五章　电价与电费

第三十五条 本法所称电价,是指电力生产企业的上网电价、电网间的互供电价、电网销售电价。

电价实行统一政策,统一定价原则,分级管理。

第三十六条 制定电价,应当合理补偿成本,合理确定收益,依法计入税金,坚持公平负担,促进电力建设。

第三十七条 上网电价实行同网同质同价。具体办法和实施步骤由国务院规定。

电力生产企业有特殊情况需另行制定上网电价的,具体办法由国务院规定。

第三十八条 跨省、自治区、直辖市电网和省级电网内的上网电价,由电力生产企业和电网经营企业协商提出方案,报国务院物价行政主管部门核准。

独立电网内的上网电价,由电力生产企业和电网经营企业协商提出方案,报有管理权的物价行政主管部门核准。

地方投资的电力生产企业所生产的电力,属于在省内各地区形成独立电网的或者自发自用的,其电价可以由省、自治区、直辖市人民政府管理。

第三十九条 跨省、自治区、直辖市电网和独立电网之间、省级电网和独立电网之间的互供电价,由双方协商提出方案,报国务院物价行政主管部门或者其授权的部门核准。

独立电网与独立电网之间的互供电价,由双方协商提出方案,报有管理权的物价行政主管部门核准。

第四十条 跨省、自治区、直辖市电网和省级电网的销售电价,由电网经营企业提出方案,报国务院物价行政主管部门或者其授权的部门核准。

独立电网的销售电价,由电网经营企业提出方案,报有管理权的物价行政主管部门核准。

第四十一条 国家实行分类电价和分时电价。分类标准和分时办法由国务院确定。

对同一电网内的同一电压等级、同一用电类别的用户,执行相同的电价标准。

第四十二条 用户用电增容收费标准,由国务院物价行政主管部门会同国务院电力管理部门制定。

第四十三条 任何单位不得超越电价管理权限制定电价。供电企业不得擅自变更电价。

第四十四条 禁止任何单位和个人在电费中加收其他费用;但是,法律、行政法规另有规定的,按照规定执行。

地方集资办电在电费中加收费用的,由

省、自治区、直辖市人民政府依照国务院有关规定制定办法。

禁止供电企业在收取电费时，代收其他费用。

第四十五条　电价的管理办法，由国务院依照本法的规定制定。

第六章　农村电力建设和农业用电

第四十六条　省、自治区、直辖市人民政府应当制定农村电气化发展规划，并将其纳入当地电力发展规划及国民经济和社会发展计划。

第四十七条　国家对农村电气化实行优惠政策，对少数民族地区、边远地区和贫困地区的农村电力建设给予重点扶持。

第四十八条　国家提倡农村开发水能资源，建设中、小型水电站，促进农村电气化。

国家鼓励和支持农村利用太阳能、风能、地热能、生物质能和其他能源进行农村电源建设，增加农村电力供应。

第四十九条　县级以上地方人民政府及其经济综合主管部门在安排用电指标时，应当保证农业和农村用电的适当比例，优先保证农村排涝、抗旱和农业季节性生产用电。

电力企业应当执行前款的用电安排，不得减少农业和农村用电指标。

第五十条　农业用电价格按照保本、微利的原则确定。

农民生活用电与当地城镇居民生活用电应当逐步实行相同的电价。

第五十一条　农业和农村用电管理办法，由国务院依照本法的规定制定。

第七章　电力设施保护

第五十二条　任何单位和个人不得危害发电设施、变电设施和电力线路设施及其有关辅助设施。

在电力设施周围进行爆破及其他可能危及电力设施安全的作业的，应当按照国务院有关电力设施保护的规定，经批准并采取确保电力设施安全的措施后，方可进行作业。

第五十三条　电力管理部门应当按照国务院有关电力设施保护的规定，对电力设施保护区设立标志。

任何单位和个人不得在依法划定的电力设施保护区内修建可能危及电力设施安全的建筑物、构筑物，不得种植可能危及电力设施安全的植物，不得堆放可能危及电力设施安全的物品。

在依法划定电力设施保护区前已经种植的植物妨碍电力设施安全的，应当修剪或者砍伐。

第五十四条　任何单位和个人需要在依法划定的电力设施保护区内进行可能危及电力设施安全的作业时，应当经电力管理部门批准并采取安全措施后，方可进行作业。

第五十五条　电力设施与公用工程、绿化工程和其他工程在新建、改建或者扩建中相互妨碍时，有关单位应当按照国家有关规定协商，达成协议后方可施工。

第八章　监督检查

第五十六条　电力管理部门依法对电力企业和用户执行电力法律、行政法规的情况进行监督检查。

第五十七条　电力管理部门根据工作需要，可以配备电力监督检查人员。

电力监督检查人员应当公正廉洁，秉公执法，熟悉电力法律、法规，掌握有关电力专业技术。

第五十八条　电力监督检查人员进行监督检查时，有权向电力企业或者用户了解有关执行电力法律、行政法规的情况，查阅有关资料，并有权进入现场进行检查。

电力企业和用户对执行监督检查任务的电力监督检查人员应当提供方便。

电力监督检查人员进行监督检查时，应当出示证件。

第九章　法律责任

第五十九条　电力企业或者用户违反供用电合同，给对方造成损失的，应当依法承担赔偿责任。

电力企业违反本法第二十八条、第二十九条第一款的规定，未保证供电质量或者未事先通知用户中断供电，给用户造成损失的，应当依法承担赔偿责任。

第六十条 因电力运行事故给用户或者第三人造成损害的,电力企业应当依法承担赔偿责任。

电力运行事故由下列原因之一造成的,电力企业不承担赔偿责任:

(一)不可抗力;

(二)用户自身的过错。

因用户或者第三人的过错给电力企业或者其他用户造成损害的,该用户或者第三人应当依法承担赔偿责任。

第六十一条 违反本法第十一条第二款的规定,非法占用变电设施用地、输电线路走廊或者电缆通道的,由县级以上地方人民政府责令限期改正;逾期不改正的,强制清除障碍。

第六十二条 违反本法第十四条规定,电力建设项目不符合电力发展规划、产业政策的,由电力管理部门责令停止建设。

违反本法第十四条规定,电力建设项目使用国家明令淘汰的电力设备和技术的,由电力管理部门责令停止使用,没收国家明令淘汰的电力设备,并处五万元以下的罚款。

第六十三条 违反本法第二十五条规定,未经许可,从事供电或者变更供电营业区的,由电力管理部门责令改正,没收违法所得,可以并处违法所得五倍以下的罚款。

第六十四条 违反本法第二十六条、第二十九条规定,拒绝供电或者中断供电的,由电力管理部门责令改正,给予警告;情节严重的,对有关主管人员和直接责任人员给予行政处分。

第六十五条 违反本法第三十二条规定,危害供电、用电安全或者扰乱供电、用电秩序的,由电力管理部门责令改正,给予警告;情节严重或者拒绝改正的,可以中止供电,可以并处五万元以下的罚款。

第六十六条 违反本法第三十三条、第四十三条、第四十四条规定,未按照国家核准的电价和用电计量装置的记录向用户计收电费、超越权限制定电价或者在电费中加收其他费用的,由物价行政主管部门给予警告,责令返还违法收取的费用,可以并处违法收取费用五倍以下的罚款;情节严重的,对有关主管人员和直接责任人员给予行政处分。

第六十七条 违反本法第四十九条第二款规定,减少农业和农村用电指标的,由电力管理部门责令改正;情节严重的,对有关主管人员和直接责任人员给予行政处分;造成损失的,责令赔偿损失。

第六十八条 违反本法第五十二条第二款和第五十四条规定,未经批准或者未采取安全措施在电力设施周围或者在依法划定的电力设施保护区内进行作业,危及电力设施安全的,由电力管理部门责令停止作业、恢复原状并赔偿损失。

第六十九条 违反本法第五十三条规定,在依法划定的电力设施保护区内修建建筑物、构筑物或者种植植物、堆放物品,危及电力设施安全的,由当地人民政府责令强制拆除、砍伐或者清除。

第七十条 有下列行为之一,应当给予治安管理处罚的,由公安机关依照治安管理处罚条例的有关规定予以处罚;构成犯罪的,依法追究刑事责任:

(一)阻碍电力建设或者电力设施抢修,致使电力建设或者电力设施抢修不能正常进行的;

(二)扰乱电力生产企业、变电所、电力调度机构和供电企业的秩序,致使生产、工作和营业不能正常进行的;

(三)殴打、公然侮辱履行职务的查电人员或者抄表收费人员的;

(四)拒绝、阻碍电力监督检查人员依法执行职务的。

第七十一条 盗窃电能的,由电力管理部门责令停止违法行为,追缴电费并处应交电费五倍以下的罚款;构成犯罪的,依照刑法第一百五十一条或者第一百五十二条的规定追究刑事责任。

第七十二条 盗窃电力设施或者以其他方法破坏电力设施,危害公共安全的,依照刑法第一百零九条或者第一百一十条的规定追究刑事责任。

第七十三条 电力管理部门的工作人员滥用职权、玩忽职守、徇私舞弊,构成犯罪的,依法追究刑事责任;尚不构成犯罪的,依法给予行政处分。

第七十四条　电力企业职工违反规章制度、违章调度或者不服从调度指令，造成重大事故的，比照刑法第一百一十四条的规定追究刑事责任。

电力企业职工故意延误电力设施抢修或者抢险救灾供电，造成严重后果的，比照刑法第一百一十四条的规定追究刑事责任。

电力企业的管理人员和查电人员、抄表收费人员勒索用户、以电谋私，构成犯罪的，依法追究刑事责任；尚不构成犯罪的，依法给予行政处分。

第十章　附　　则

第七十五条　本法自1996年4月1日起施行。

电力供应与使用条例

1. 1996年4月17日公布
2. 国务院令第196号
3. 自1996年9月1日起施行

第一章　总　　则

第一条　为了加强电力供应与使用的管理，保障供电、用电双方的合法权益，维护供电、用电秩序，安全、经济、合理地供电和用电，根据《中华人民共和国电力法》制定本条例。

第二条　在中华人民共和国境内，电力供应企业（以下称供电企业）和电力使用者（以下称用户）以及与电力供应、使用有关的单位和个人，必须遵守本条例。

第三条　国务院电力管理部门负责全国电力供应与使用的监督管理工作。

县级以上地方人民政府电力管理部门负责本行政区域内电力供应与使用的监督管理工作。

第四条　电网经营企业依法负责本供区内的电力供应与使用的业务工作，并接受电力管理部门的监督。

第五条　国家对电力供应和使用实行安全用电、节约用电、计划用电的管理原则。

供电企业和用户应当遵守国家有关规定，采取有效措施，做好安全用电、节约用电、计划用电工作。

第六条　供电企业和用户应当根据平等自愿、协商一致的原则签订供用电合同。

第七条　电力管理部门应当加强对供用电的监督管理，协调供用电各方关系，禁止危害供用电安全和非法侵占电能的行为。

第二章　供电营业区

第八条　供电企业在批准的供电营业区内向用户供电。

供电营业区的划分，应当考虑电网的结构和供电合理性等因素。一个供电营业区内只设立一个供电营业机构。

第九条　省、自治区、直辖市范围内的供电营业区的设立、变更，由供电企业提出申请，经省、自治区、直辖市人民政府电力管理部门会同同级有关部门审查批准后，由省、自治区、直辖市人民政府电力管理部门发给《供电营业许可证》。跨省、自治区、直辖市的供电营业区的设立、变更，由国务院电力管理部门审查批准并发给《供电营业许可证》。供电营业机构持《供电营业许可证》向工商行政管理部门申请领取营业执照，方可营业。

电网经营企业应当根据电网结构和供电合理性的原则协助电力管理部门划分供电营业区。

供电营业区的划分和管理办法，由国务院电力管理部门制定。

第十条　并网运行的电力生产企业按照并网协议运行后，送入电网的电力、电量由供电营业机构统一经销。

第十一条　用户用电容量超过其所在的供电营业区内供电企业供电能力的，由省级以上电力管理部门指定的其他供电企业供电。

第三章　供 电 设 施

第十二条　县级以上各级人民政府应当将城乡电网的建设与改造规划，纳入城市建设和乡村建设的总体规划。各级电力管理部门应当会同有关行政主管部门和电网经营企业做好城乡电网建设和改造的规划。供电企业应当按照规划做好供电设施建设和运行管理工作。

第十三条　地方各级人民政府应当按照城市建

设和乡村建设的总体规划统筹安排城乡供电线路走廊、电缆通道、区域变电所、区域配电所和营业网点的用地。

供电企业可以按照国家有关规定在规划的线路走廊、电缆通道、区域变电所、区域配电所和营业网点的用地上,架线、敷设电缆和建设公用供电设施。

第十四条 公用路灯由乡、民族乡、镇人民政府或者县级以上地方人民政府有关部门负责建设,并负责运行维护和交付电费,也可以委托供电企业代为有偿设计、施工和维护管理。

第十五条 供电设施、受电设施的设计、施工、试验和运行,应当符合国家标准或者电力行业标准。

第十六条 供电企业和用户对供电设施、受电设施进行建设和维护时,作业区域内的有关单位和个人应当给予协助,提供方便;因作业对建筑物或者农作造成损坏的,应当依照有关法律、行政法规的规定负责修复或者给予合理的补偿。

第十七条 公用供电设施建成投产后,由供电单位统一维护管理。经电力管理部门批准,供电企业可以使用、改造、扩建该供电设施。

共用供电设施的维护管理,由产权单位协商确定,产权单位可自行维护管理,也可以委托供电企业维护管理。

用户专用的供电设施建成投产后,由用户维护管理或者委托供电企业维护管理。

第十八条 因建设需要,必须对已建成的供电设施进行迁移、改造或者采取防护措施时,建设单位应当事先与该供电设施管理单位协商,所需工程费用由建设单位负担。

第四章 电力供应

第十九条 用户受电端的供电质量应当符合国家标准或者电力行业标准。

第二十条 供电方式应当按照安全、可靠、经济、合理和便于管理的原则,由电力供应与使用双方根据国家有关规定以及电网规划、用电需求和当地供电条件等因素协商确定。

在公用供电设施未到达的地区,供电企业可以委托有供电能力的单位就近供电。非经供电企业委托,任何单位不得擅自向外供电。

第二十一条 因抢险救灾需要紧急供电时,供电企业必须尽速安排供电。所需工程费用和应付电费由有关地方人民政府有关部门从抢险救灾经费中支出,但是抗旱用电应当由用户交付电费。

第二十二条 用户对供电质量有特殊要求的,供电企业应当根据其必要性和电网的可能,提供相应的电力。

第二十三条 申请新装用电、临时用电、增加用电容量、变更用电和终止用电,均应当到当地供电企业办理手续,并按照国家有关规定交付费用;供电企业没有不予供电的合理理由的,应当供电。供电企业应当在其营业场所公告用电的程序、制度和收费标准。

第二十四条 供电企业应当按照国家标准或者电力行业标准参与用户受送电装置设计图纸的审核,对用户受送电装置隐蔽工程的施工过程实施监督,并在该受送电装置工程竣工后进行检验;检验合格的,方可投入使用。

第二十五条 供电企业应当按照国家有关规定实行分类电价、分时电价。

第二十六条 用户应当安装用户计量装置。用户使用的电力、电量,以计量检定机构依法认可的用电计量装置的记录为准。用电计量装置,应当安装在供电设施与受电设施的产权分界处。

安装在用户外的用电计量装置,由用户负责保护。

第二十七条 供电企业应当按照国家核准的电价和用电计量装置的记录,向用户计收电费。

用户应当按照国家批准的电价,并按照规定的期限、方式或者合同约定的办法,交付电费。

第二十八条 除本条例另有规定外,在发电、供电系统正常运行的情况下,供电企业应当连续向用户供电;因故需要停止供电时,应当按照下列要求事先通知用户或者进行公告:

(一)因供电设施计划检修需要停电时,供电企业应当提前7天通知用户或者进行公告;

(二)因供电设施临时检修需要停止供电时,供电企业应当提前24小时通知重要用户;

(三)因发电、供电系统发生故障需要停电、限电时,供电企业应当按照事先确定的限电序位进行停电或者限电。引起停电或者限电的原因消除后,供电企业应当尽快恢复供电。

第五章　电力使用

第二十九条　县级以上人民政府电力管理部门应当遵照国家产业政策，按照统筹兼顾、保证重点、择优供应的原则，做好计划用电工作。

供电企业和用户应当制订节约用电计划，推广和采用节约用电的新技术、新材料、新工艺、新设备，降低电能消耗。

供电企业和用户应当采用先进技术、采取科学管理措施，安全供电、用电，避免发生事故，维护公共安全。

第三十条　用户不得有下列危害供电、用电安全，扰乱正常供电、用电秩序的行为：

（一）擅自改变用电类别；

（二）擅自超过合同约定的容量用电；

（三）擅自超过计划分配的用电指标的；

（四）擅自使用已经在供电企业办理暂停使用手续的电力设备，或者擅自启用已经被供电企业查封的电力设备；

（五）擅自迁移、更动或者擅自操作供电企业的用电计量装置、电力负荷控制装置、供电设施以及约定由供电企业调度的用户受电设备；

（六）未经供电企业许可，擅自引入，供出电源或者将自备电源擅自并网。

第三十一条　禁止窃电行为。窃电行为包括：

（一）在供电企业的供电设施上，擅自接线用电；

（二）绕越供电的用电计量装置用电；

（三）伪造或者开启法定的或者授权的计量检定机构加封的用电计量装置封印用电；

（四）故意损坏供电企业用电计量装置；

（五）故意使供电企业的用电计量装置计量不准或者失效；

（六）采用其他方法窃电。

第六章　供用电合同

第三十二条　供电企业和用户应当在供电前根据用户需要和供电企业的供电能力签订供用电合同。

第三十三条　供用电合同应当具备以下条款：

（一）供电方式、供电质量和供电时间；

（二）用电容量和用电地址、用电性质；

（三）计量方式和电价、电费结算方式；

（四）供用电设施维护责任的划分；

（五）合同的有效期限；

（六）违约责任；

（七）双方共同认为应当约定的其他条款。

第三十四条　供电企业应当按照合同约定的数量、质量、时间、方式，合理调度和安全供电。

用户应当按照合同约定的数量、条件用电，交付电费和国家规定的其他费用。

第三十五条　供用电合同的变更或者解除，应当依照有关法律、行政法规和本条例的规定办理。

第七章　监督与管理

第三十六条　电力管理部门应当加强对供电、用电的监督和管理。供电、用电监督检查人员必须具备相应的条件。供电、用电监督检查工作人员执行公务时，应当出示证件。

供电、用电监督检查管理的具体办法，由国务院电力管理部门另行制定。

第三十七条　在用户受送电装置上作业的电工，必须经电力管理部门考核合格，取得电力管理部门颁发的《电工进网作业许可证》，方可上岗作业。

承装、承修、承试供电设施和受电设施的单位，必须经电力管理部门审核合格，取得电力管理部门颁发的《承装（修）电力设施许可证》后，方可向工商行政管理部门申请领取营业执照。

第八章　法律责任

第三十八条　违反本条例规定，有下列行为之一的，由电力管理部门责令改正，没收违法所得，可以并处违法所得5倍以下的罚款：

（一）未按照规定取得《供电营业许可证》。从事电力供应业务的；

（二）擅自伸入或者跨越供电营业区供电的；

（三）擅自向外转供电的。

第三十九条　违反本条例第二十七条规定，逾期未交付电费的，供电企业可以从逾期之日起，每日按照电费总额的千分之一至千元之三加收违约金，具体比例由供用电双方在供用电合同中约定；自逾期之日起计算超过30日，经催交仍未交付电费的，供电企业可以按照国家规定的程序停止供电。

第四十条 违反本条例第三十条规定,违章用电的,供电企业可以根据违章事实和造成的后果追缴电费,并按照国务院电力管理部门的规定加收电费和国家规定的其他费用;情节严重的,可以按照国家规定的程序停止供电。

第四十一条 违反本条例第三十一条规定,盗窃电能的,由电力管理部门责令停止违法行为,追缴电费并处应交电费5倍以下的罚款;构成犯罪的,依法追究刑事责任。

第四十二条 供电企业或者用户违反供用电合同,给对方造成损失的,应当依法承担赔偿责任。

第四十三条 因电力运行事故给用户或者第三人造成损害的,供电企业应当依法承担赔偿责任。

因用户或者第三人的过错给供电企业或者其他用户造成损害的,该用户或者第三人应当依法承担赔偿责任。

第四十四条 供电企业职工违反规章制度造成供电事故的,或者滥用职权、利用职务之便谋取私利的,依法给予行政处分;构成犯罪的,依法追究刑事责任。

第九章 附 则

第四十五条 本条例自1996年9月1日起施行。

(四)借贷合同

最高人民法院关于审理民间借贷案件适用法律若干问题的规定

1. 2015年6月23日由最高人民法院审判委员会第1655次会议通过
2. 法释〔2015〕18号
3. 2015年8月6日公布
4. 自2015年9月1日起施行

为正确审理民间借贷纠纷案件,根据《中华人民共和国民法通则》《中华人民共和国物权法》《中华人民共和国担保法》《中华人民共和国合同法》《中华人民共和国民事诉讼法》《中华人民共和国刑事诉讼法》等相关法律之规定,结合审判实践,制定本规定。

第一条 本规定所称的民间借贷,是指自然人、法人、其他组织之间及其相互之间进行资金融通的行为。

经金融监管部门批准设立的从事贷款业务的金融机构及其分支机构,因发放贷款等相关金融业务引发的纠纷,不适用本规定。

第二条 出借人向人民法院起诉时,应当提供借据、收据、欠条等债权凭证以及其他能够证明借贷法律关系存在的证据。

当事人持有的借据、收据、欠条等债权凭证没有载明债权人,持有债权凭证的当事人提起民间借贷诉讼的,人民法院应予受理。被告对原告的债权人资格提出有事实依据的抗辩,人民法院经审理认为原告不具有债权人资格的,裁定驳回起诉。

第三条 借贷双方就合同履行地未约定或者约定不明确,事后未达成补充协议,按照合同有关条款或者交易习惯仍不能确定的,以接受货币一方所在地为合同履行地。

第四条 保证人为借款人提供连带责任保证,出借人仅起诉借款人的,人民法院可以不追加保证人为共同被告;出借人仅起诉保证人的,人民法院可以追加借款人为共同被告。

保证人为借款人提供一般保证,出借人仅起诉保证人的,人民法院应当追加借款人为共同被告;出借人仅起诉借款人的,人民法院可以不追加保证人为共同被告。

第五条 人民法院立案后,发现民间借贷行为本身涉嫌非法集资犯罪的,应当裁定驳回起诉,并将涉嫌非法集资犯罪的线索、材料移送公安或者检察机关。

公安或者检察机关不予立案,或者立案侦查后撤销案件,或者检察机关作出不起诉决定,或者经人民法院生效判决认定不构成非法集资犯罪,当事人又以同一事实向人民法院提起诉讼的,人民法院应予受理。

第六条 人民法院立案后,发现与民间借贷纠纷案件虽有关联但不是同一事实的涉嫌非法集资等犯罪的线索、材料的,人民法院应当继续审理民间借贷纠纷案件,并将涉嫌非法集资等犯罪的线索、材料移送公安或者检察机关。

第七条 民间借贷的基本案件事实必须以刑事案件审理结果为依据,而该刑事案件尚未审结的,人民法院应当裁定中止诉讼。

第八条　借款人涉嫌犯罪或者生效判决认定其有罪,出借人起诉请求担保人承担民事责任的,人民法院应予受理。

第九条　具有下列情形之一,可以视为具备合同法第二百一十条关于自然人之间借款合同的生效要件:

（一）以现金支付的,自借款人收到借款时;

（二）以银行转账、网上电子汇款或者通过网络贷款平台等形式支付的,自资金到达借款人账户时;

（三）以票据交付的,自借款人依法取得票据权利时;

（四）出借人将特定资金账户支配权授权给借款人的,自借款人取得对该账户实际支配权时;

（五）出借人以与借款人约定的其他方式提供借款并实际履行完成时。

第十条　除自然人之间的借款合同外,当事人主张民间借贷合同自合同成立时生效的,人民法院应予支持,但当事人另有约定或者法律、行政法规另有规定的除外。

第十一条　法人之间、其他组织之间以及它们相互之间为生产、经营需要订立的民间借贷合同,除存在合同法第五十二条、本规定第十四条规定的情形外,当事人主张民间借贷合同有效的,人民法院应予支持。

第十二条　法人或者其他组织在本单位内部通过借款形式向职工筹集资金,用于本单位生产、经营,且不存在合同法第五十二条、本规定第十四条规定的情形,当事人主张民间借贷合同有效的,人民法院应予支持。

第十三条　借款人或者出借人的借贷行为涉嫌犯罪,或者已经生效的判决认定构成犯罪,当事人提起民事诉讼的,民间借贷合同并不当然无效。人民法院应当根据合同法第五十二条、本规定第十四条之规定,认定民间借贷合同的效力。

担保人以借款人或者出借人的借贷行为涉嫌犯罪或者已经生效的判决认定构成犯罪为由,主张不承担民事责任的,人民法院应当依据民间借贷合同与担保合同的效力、当事人的过错程度,依法确定担保人的民事责任。

第十四条　具有下列情形之一,人民法院应当认定民间借贷合同无效:

（一）套取金融机构信贷资金又高利转贷给借款人,且借款人事先知道或者应当知道的;

（二）以向其他企业借贷或者向本单位职工集资取得的资金又转贷给借款人牟利,且借款人事先知道或者应当知道的;

（三）出借人事先知道或者应当知道借款人借款用于违法犯罪活动仍然提供借款的;

（四）违背社会公序良俗的;

（五）其他违反法律、行政法规效力性强制性规定的。

第十五条　原告以借据、收据、欠条等债权凭证为依据提起民间借贷诉讼,被告依据基础法律关系提出抗辩或者反诉,并提供证据证明债权纠纷非民间借贷行为引起的,人民法院应当依据查明的案件事实,按照基础法律关系审理。

当事人通过调解、和解或者清算达成的债权债务协议,不适用前款规定。

第十六条　原告仅依据借据、收据、欠条等债权凭证提起民间借贷诉讼,被告抗辩已经偿还借款,被告应当对其主张提供证据证明。被告提供相应证据证明其主张后,原告仍应就借贷关系的成立承担举证证明责任。

被告抗辩借贷行为尚未实际发生并能作出合理说明,人民法院应当结合借贷金额、款项交付、当事人的经济能力、当地或者当事人之间的交易方式、交易习惯、当事人财产变动情况以及证人证言等事实和因素,综合判断查证借贷事实是否发生。

第十七条　原告仅依据金融机构的转账凭证提起民间借贷诉讼,被告抗辩转账系偿还双方之前借款或其他债务,被告应当对其主张提供证据证明。被告提供相应证据证明其主张后,原告仍应就借贷关系的成立承担举证证明责任。

第十八条　根据《关于适用〈中华人民共和国民事诉讼法〉的解释》第一百七十四条第二款之规定,负有举证证明责任的原告无正当理由拒不到庭,经审查现有证据无法确认借贷行为、借贷金额、支付方式等案件主要事实,人民法院对其主张的事实不予认定。

第十九条 人民法院审理民间借贷纠纷案件时发现有下列情形,应当严格审查借贷发生的原因、时间、地点、款项来源、交付方式、款项流向以及借贷双方的关系、经济状况等事实,综合判断是否属于虚假民事诉讼:

(一)出借人明显不具备出借能力;

(二)出借人起诉所依据的事实和理由明显不符合常理;

(三)出借人不能提交债权凭证或者提交的债权凭证存在伪造的可能;

(四)当事人双方在一定期间内多次参加民间借贷诉讼;

(五)当事人一方或者双方无正当理由拒不到庭参加诉讼,委托代理人对借贷事实陈述不清或者陈述前后矛盾;

(六)当事人双方对借贷事实的发生没有任何争议或者诉辩明显不符合常理;

(七)借款人的配偶或合伙人、案外人的其他债权人提出有事实依据的异议;

(八)当事人在其他纠纷中存在低价转让财产的情形;

(九)当事人不正当放弃权利;

(十)其他可能存在虚假民间借贷诉讼的情形。

第二十条 经查明属于虚假民间借贷诉讼,原告申请撤诉的,人民法院不予准许,并应当根据民事诉讼法第一百一十二条之规定,判决驳回其请求。

诉讼参与人或者其他人恶意制造、参与虚假诉讼,人民法院应当依照民事诉讼法第一百一十一条、第一百一十二条和第一百一十三条之规定,依法予以罚款、拘留;构成犯罪的,应当移送有管辖权的司法机关追究刑事责任。

单位恶意制造、参与虚假诉讼的,人民法院应当对该单位进行罚款,并可以对其主要负责人或者直接责任人员予以罚款、拘留;构成犯罪的,应当移送有管辖权的司法机关追究刑事责任。

第二十一条 他人在借据、收据、欠条等债权凭证或者借款合同上签字或者盖章,但未表明其保证人身份或者承担保证责任,或者通过其他事实不能推定其为保证人,出借人请求其承担保证责任的,人民法院不予支持。

第二十二条 借贷双方通过网络贷款平台形成借贷关系,网络贷款平台的提供者仅提供媒介服务,当事人请求其承担担保责任的,人民法院不予支持。

网络贷款平台的提供者通过网页、广告或者其他媒介明示或者有其他证据证明其为借贷提供担保,出借人请求网络贷款平台的提供者承担担保责任的,人民法院应予支持。

第二十三条 企业法定代表人或负责人以企业名义与出借人签订民间借贷合同,出借人、企业或者其股东能够证明所借款项用于企业法定代表人或负责人个人使用,出借人请求将企业法定代表人或负责人列为共同被告或者第三人的,人民法院应予准许。

企业法定代表人或负责人以个人名义与出借人签订民间借贷合同,所借款项用于企业生产经营,出借人请求企业与个人共同承担责任的,人民法院应予支持。

第二十四条 当事人以签订买卖合同作为民间借贷合同的担保,借款到期后借款人不能还款,出借人请求履行买卖合同的,人民法院应当按照民间借贷法律关系审理,并向当事人释明变更诉讼请求。当事人拒绝变更的,人民法院裁定驳回起诉。

按照民间借贷法律关系审理作出的判决生效后,借款人不履行生效判决确定的金钱债务,出借人可以申请拍卖买卖合同标的物,以偿还债务。就拍卖所得的价款与应偿还借款本息之间的差额,借款人或者出借人有权主张返还或补偿。

第二十五条 借贷双方没有约定利息,出借人主张支付借期内利息的,人民法院不予支持。

自然人之间借贷对利息约定不明,出借人主张支付利息的,人民法院不予支持。除自然人之间借贷的外,借贷双方对借贷利息约定不明,出借人主张利息的,人民法院应当结合民间借贷合同的内容,并根据当地或者当事人的交易方式、交易习惯、市场利率等因素确定利息。

第二十六条 借贷双方约定的利率未超过年利率24%,出借人请求借款人按照约定的利率支付利息的,人民法院应予支持。

借贷双方约定的利率超过年利率36%,超过部分的利息约定无效。借款人请求出借人返还已支付的超过年利率36%部分的利息的,人民法院应予支持。

第二十七条　借据、收据、欠条等债权凭证载明的借款金额,一般认定为本金。预先在本金中扣除利息的,人民法院应当将实际出借的金额认定为本金。

第二十八条　借贷双方对前期借款本息结算后将利息计入后期借款本金并重新出具债权凭证,如果前期利率没有超过年利率24%,重新出具的债权凭证载明的金额可认定为后期借款本金;超过部分的利息不能计入后期借款本金。约定的利率超过年利率24%,当事人主张超过部分的利息不能计入后期借款本金的,人民法院应予支持。

按前款计算,借款人在借款期间届满后应当支付的本息之和,不能超过最初借款本金与以最初借款本金为基数,以年利率24%计算的整个借款期间的利息之和。出借人请求借款人支付超过部分的,人民法院不予支持。

第二十九条　借贷双方对逾期利率有约定的,从其约定,但以不超过年利率24%为限。

未约定逾期利率或者约定不明的,人民法院可以区分不同情况处理:

(一)既未约定借期内的利率,也未约定逾期利率,出借人主张借款人自逾期还款之日起按照年利率6%支付资金占用期间利息的,人民法院应予支持;

(二)约定了借期内的利率但未约定逾期利率,出借人主张借款人自逾期还款之日起按照借期内的利率支付资金占用期间利息的,人民法院应予支持。

第三十条　出借人与借款人既约定了逾期利率,又约定了违约金或者其他费用,出借人可以选择主张逾期利息、违约金或者其他费用,也可以一并主张,但总计超过年利率24%的部分,人民法院不予支持。

第三十一条　没有约定利息但借款人自愿支付,或者超过约定的利率自愿支付利息或违约金,且没有损害国家、集体和第三人利益,借款人又以不当得利为由要求出借人返还的,人民法院不予支持,但借款人要求返还超过年利率36%部分的利息除外。

第三十二条　借款人可以提前偿还借款,但当事人另有约定的除外。

借款人提前偿还借款并主张按照实际借款期间计算利息的,人民法院应予支持。

第三十三条　本规定公布施行后,最高人民法院于1991年8月13日发布的《关于人民法院审理借贷案件的若干意见》同时废止;最高人民法院以前发布的司法解释与本规定不一致的,不再适用。

最高人民法院关于企业相互借贷的合同出借方尚未取得约定利息人民法院应当如何裁决问题的解答

1. 1996年3月25日公布
2. 法复〔1996〕2号

各省、自治区、直辖市高级人民法院,解放军军事法院:

《最高人民法院关于审理联营合同纠纷案件若干问题的解答》〈法(经)发〔1990〕27号〉于1990年11月12日下发以后,一些高级人民法院先后就如何执行该解答第四个问题第(二)条向我院请求,现解答如下:

对企业之间相互借贷的出借方或者名为联营、实为借贷的出资方尚未取得的约定利息,人民法院应当依法向借款方收缴。

最高人民法院关于对企业借贷合同借款方逾期不归还借款的应如何处理的批复

1. 1996年9月23日公布
2. 法复〔1996〕15号
3. 根据2008年12月16日公布的最高人民法院关于调整司法解释等文件中引用〈中华人民共和国民事诉讼法〉条文序号的决定修订

企业借贷合同违反有关金融法规,属无效合

同。对于合同期限届满后，借款方逾期不归还本金，当事人起诉到人民法院的，人民法院除应按照最高人民法院法(经)发〔1990〕27号《关于审理联营合同纠纷案件若干问题的解答》第四条第二项的有关规定判决外，对自双方当事人约定的还款期满之日起，至法院判决确定借款人返还本金期满期间内的利息，应当收缴，该利息按借贷双方原约定的利率计算，如果双方当事人对借款利息未约定，按同期银行贷款利率计算。借款人未按判决确定的期限归还本金的，应当依照《中华人民共和国民事诉讼法》第二百二十九条的规定加倍支付迟延履行期间的利息。

最高人民法院关于如何确认公民与企业之间借贷行为效力问题的批复

1. 1999年1月26日公布
2. 法释〔1999〕3号
3. 自1999年2月13日起施行

黑龙江省高级人民法院：

你院黑高法〔1998〕192号《关于公民与企业之间借贷合同效力如何确认的请示》收悉。经研究，答复如下：

公民与非金融企业(以下简称企业)之间的借贷属于民间借贷。只要双方当事人意思表示真实即可认定有效。但是，具有下列情形之一的，应当认定无效：

(一)企业以借贷名义向职工非法集资；

(二)企业以借贷名义非法向社会集资；

(三)企业以借贷名义向社会公众发放贷款；

(四)其他违反法律、行政法规的行为。

借贷利率超过银行同期同类贷款利率四倍的，按照最高人民法院法(民)发〔1991〕21号《关于人民法院审理借贷案件的若干意见》的有关规定办理。

此复

最高人民法院关于超过诉讼时效期间当事人达成的还款协议是否应当受法律保护问题的批复

1. 1997年4月16日公布
2. 法复〔1997〕4号

四川省高级人民法院：

你院川高法〔1996〕116号《关于超过诉讼时效期间达成的还款协议是否应受法律保护问题的请示》收悉。经研究，答复如下：

根据《中华人民共和国民法通则》第九十条规定的精神，超过诉讼时效期间，当事人双方就原债务达成还款协议的，应当依法予以保护。

此复

最高人民法院关于四川省汽车运输成都公司为与四川省农村信托投资公司因贷款纠纷申请再审如何处理的复函

1993年10月23日公布

四川省高级人民法院：

你院(92)川高法申民监字第6号关于四川省汽车运输成都公司不服你院(91)川法民上字第5号民事判决申请再审的请示报告收悉。从你院报告和所附案卷材料看不出贷款方四川省农村信托投资公司(简称投资公司)为什么不按《担保借款合同》第三条的约定，将250万元借款划入四川省汽车运输成都公司商业公司(简称商业公司)在工商行春熙路营业部的帐户上，而直接给商业公司原法定代表人杨辉办理自带250万元的汇票去广东省宝安县购货的手续，以及投资公司收到杨辉的退回款250万元后，为什么以“代单位转款”的名义，将其中170万元划入商业公司在工商行春熙路营业部的帐户上。据此，我们同意你院立案再审的意见。

以上意见，供参考。

附：

四川省高级人民法院关于四川省汽车运输成都公司不服本院(91)川法民上字第5号民事判决申请再审的请示报告

1993年5月10日公布

最高人民法院：

申请再审人(原审被告人、上诉人)：四川省汽车运输成都公司(简称成都公司)。公司地址：成都市鼓楼南街57号。

法定代表人：杨为民，经理。

对方当事人(原审原告人、被上诉人)：四川省农村信托投资公司(简称投资公司)。公司地址：成都市人民东路48号物资宾馆8楼826号。

法定代表人徐继敏，总经理。

原上诉人(原审被告人)四川省汽车运输成都公司商业公司(简称商业公司)。公司地址：成都市总府街22～26号。

法定代表人：胡小康，经理。

四川省汽车运输成都公司商业公司，因贷款纠纷一案，不服成都市中级人民法院(90)成法民一字第3号民事判决，向本院提出上诉。本院于一九九一年十一月二十七日(91)川法民上字第5号民事判决，对原判作出部分改判，判决担保方成都公司承担债务的连带清偿责任，代借款方商业公司归还投资公司的贷款170万元及其利息。判决发生法律效力后，原上诉人合同担保方成都公司不服，向本院申请再审。经调卷审查，审判委员会讨论有两种意见。现将审查的案情和处理意见报告如下，请审示。

一、复查认定的事实

一九八八年八月，商业公司拟从广东省宝安县进出口贸易公司(以下简称宝安公司)购进一批长虹18寸彩电，因其资金短缺，故向投资公司申请借款人民币250万元，并请求成都公司为其担保。同年八月二十七日，商业公司的原法人代表杨辉(系成都市公安局92年“3.1”通告通缉的案犯)将盖了担保人成都公司印章的《担保借款合同》、《借款担保书》、以及《借款申请书》送给投资公司盖章后，即正式签订了以投资公司为贷款方、商业公司为借款方、成都公司为担保人的《担保借款合同》。合同内容为：一、投资公司同意向商业公司提供人民币借款250万元；借款用途：流动资金；月利率：9.9%。如遇国家调整利率时，按国家调整的幅度作相应调整。借款计划：1988年8月29日借款250万元整；1988年10月29日还款250万元整。二、借款计息时间从投资公司向商业公司开支票(或汇票)之日起计息。利息支付采用转支方式，利随本清主动划入投资公司在成都市农行东大街营业部56800405帐户。三、投资公司应按合同期限向商业公司指定的开户银行：工商银行春熙路营业部帐号：650031－07划入足额借款；否则应按拖延天数付给商业公司违约金。违约金数额的计算与逾期贷款罚息相同。四、借款到期商业公司应将借款本息主动划入投资公司帐户，逾期不还应向投资公司支付在原定利率基础上加收20%的罚息。五、商业公司不按规定时间、额度用款要付给投资公司违约金、违约金的计算与第三条相同。六、商业公司不得擅自改变借款用途。否则投资公司有权在原利率基础上加收50%的罚息，同时追回全部借款。七、商业公司的借款由成都公司用自己的全部资产担保。商业公司不能按时归还本息时，投资公司有权凭合同首先委托成都公司的开户银行在成都公司帐户行(处、部)帐户内扣收借款本息。因委托银行扣收逾期借款所发生的手续费由成都公司承担。八、贷款的交接以银行转帐凭证为据。九、本合同未尽事项按“中华人民共和国经济合同法”和国家银行的有关法规办理。十、本合同经投资公司、商业公司双方和成都公司的法人代表或其委托人签字并加盖公章后生效。贷款本息全部偿还后自行失效。合同签字后未经各方同意不得更改或终止执行。合同生效的当天，即8月27日，杨辉向投资公司要求提前两天划款，并要求自带汇票去广东保安。投资公司对杨辉改变合同的要求既未通知担保方成都公司，更没有取得成都公司的同意的情况下,单方擅自将合同书第二条支付方式的"支票"二字涂掉,于8月27日为杨辉自带汇票金额250万元去广东保安县。汇票内容为:汇款人:投资公司;时间:1988年8月27日;汇入行:宝安县农行;收款人:杨辉;金额:250万元;划购彩电款。1988年8月31日,宝安进出口公司出具收据:收到投资公司杨辉交来自带汇票壹张,人民币250万元正。同日,宝安公司的"转帐通知单"上证明:投资公司杨辉自带汇票转入250万元。宝安公司还为这笔款立了单位名称为投资公司的"明细分类帐"。1988年9月23日,杨辉委托宝安公司在250万元中支付51万元为其套汇50万元港币并存入香港国际商业信贷尖沙咀分行;为此,宝安公司从这250万元中划走人民币51万元,并在"转帐通知单"和记帐凭证上谎称:投资公司付深圳市进口公司贸易公司贷款人民币51万元。1988年10月14日、17日,宝安公司又两次从这笔款中划转共计100万元到成都工商行春熙路营业部商业公司650031-07帐号上,由商业公司归还欠工商行春熙路营业部的贷款。至此,这笔款尚余99万元。1989年1月20日,杨辉又支出现金15000元;2月28日,冲销长虹彩电306电价款962000元;同时,杨辉又支现金130000元。至此,由杨辉自带去宝安县的250万元全部用完。

1988年9月24日,杨辉用其他款从深圳汇250万元划入成都工商行提督街分理处投资公司133008-64帐户上,用途栏上填写:退回款。杨辉并于同月26日电话通知商业公司会计胡建敏去投资公司办理250万元还款手续。胡连续三次去投资公司办理还款手续,因经办人员不在未办成。1988年10月7日,投资公司在没有任何单位和人员的委托情况下,又以"代单位转款"名义,划170万元人工商行春熙路营业部商业公司650031-07帐户上;次日;这170万元便由商业公司用于归还原欠熙路营业部的贷款。10月8日,商业公司从其在投资公司临时存款帐户13008帐户划80万元到工商行提督街分理处投资公司13008-64帐户上,归还投资公司。1989年3月20日,投资公司向商业公司发出贷款利息收费单;1989年6月10日,商业公司付给投资公司170万元贷款的利息141395.8元。此后,由于商业公司迟迟未归还170万元本息,投资公司于1990年1月17日向成都中院提起诉讼。

二、处理意见

审委会讨论有两种意见:

(一)认为申请再审理由成立,应当再审。

1. 贷款方投资公司未取得担保方成都公司的同意,擅自改变合同约定的支付时间。1988年8月27日即合同生效的当天,借款方杨辉要求将借款250万元的支付时间8月29日提前两天于8月27日支付。并在要求自带汇票去广东保安县购货。投资公司同意杨辉的要求,提前两天用汇票支付。实际是新的借贷合同关系,与原合同无关。

2. 未经担保人同意,擅自改变支付方式。按照合同的第二条、第三条的约定,本应用支票同城结算,即贷款方投资公司应将借款250万元划入借款方商业公司指定的成都工行春熙路营业部的630031-07的帐号上。而投资公司未按合同规定办提前两天为杨辉办理了自带250万元的汇票手续去广东保安县。合同第二条"支票(汇票)"本系例稿,按合同第三条规定的支付方式用支票同城结算的方式,应划掉"汇票",保留"支票",不能随意选择。而投资公司应杨辉的要求,未经担保人同意便擅自将"支票"二字划掉。保留"汇票"二字,完全违背了原合同同城结算的真实意思。

3. 杨辉1988年9月24日从深圳退给投资公司的250万元,是杨辉8月27日向投资公司的借款与合同借款250万元无法律上的内在联系。杨辉还给借投资公司的借款250万元有退款凭证,有商业公司会计胡建敏的证实。

4. 投资公司将杨辉退还的250万元,又重新转入商业公司在投资公司的临时帐户上,既不是原合同借款方指定的帐户上,又未通知担保人。事后归还80万元,不能证明担保人事后承认此笔款,即为合同借款,投资公司认为杨辉退回250万元就是原合同借款,无法律根据。

根据《借款合同条例》第12条规定:"当

事人一方要求变更或解除合同时,应及时通知对方”和最高人民法院《关于贯彻〈中华人民共和国民法通则〉若干问题的意见(试行)》第10条规定:担保合同中,担保人只应对经他同意签字盖章的保证合同中约定的范围、时间、承担担保责任。以及最高人民法院1988年1月9日批复湖南省高级人民法院《关于借款合同双方当事人未经保证人同意达成延期的协议后保证人不应继续承担保证责任批复》精神,讨论认为申请再审理由成立,应当再审。

(二)另一种意见认为,申请再审理不成立,原审正确。

1. 最高法院对湖南省高院的批复,是指当事人双方达成延期还款的问题,保证人不承担保证责任;不包括提前支付贷款。此批复精神不适用此案。

2. 投资公司应杨辉要求,提前两天支付贷款,对借款方商业公司有利,且未造成损失。此后实际情况又归还了80万元。不影响担保人的担保责任。

3. 既然合同书中付款方式既有支票,又有汇票,那么当事人是可以自由选择的。这不违反合同规定。

讨论中我们倾向第一种意见。当否,请批复。

最高人民法院经济审判庭关于无效借款合同造成贷款损失银行能否共同承担责任问题的电话答复

1988年4月23日公布

湖南省高级人民法院:

你院1988年2月9日《关于无效借款合同造成贷款损失银行能否共同承担责任的请示报告》收悉,经研究,答复如下:

一、据你院提供的材料看,湖南省沅江县农业银行(以下简称“农行”)与湖南省国营千山红草尾批发部(以下简称“批发部”)和湖南省沅江县外贸局土产股(以下简称“外贸局”)之间是否有联营关系,应进一步查明。如能查明确有联营关系存在,农行就应当对无法追回的贷款及利息(作为损失)承担连带责任。

二、在无法认定确有联营关系的前提下,同意一审法院的处理意见,即认定借款合同无效,贷款利息由农行自负,对无法追回的全部贷款,批发部和外贸局负连带清偿责任,而不应由农行及批发部、外贸局三家分担损失责任。

此复

附:

湖南省高级人民法院经济审判庭关于无效借款合同造成贷款损失银行能否共同承担责任的请示报告

1988年2月9日公布

最高人民法院经济审判庭:

我庭受理了一起无效借款合同纠纷上诉案,为了正确处理该案,现将有关问题特向你庭请示。具体情况如下:

1985年3月21日,湖南省国营千山红草尾批发部(以下简称批发部)、湖南省沅江县外贸局土产股(以下简称外贸局土产股)与湖南省沅江县农业银行(以下简称银行)签订了一份向银行贷款191万元的《工商企业借款借据(代申请书)》,银行工商信贷股长签注了“同意在信托投资中解决191万元,两个月收回”的意见,并盖了工商信贷股的印章。于当日下午办好限额结算凭证,由银行直接交给批发部和外贸局土产股的信息员送往他们的供货单位,供货单位将此款转汇西安被骗。后经批发部和银行先后从西安追回821122元,尚欠1088878元因供货单位(系几个农民合伙)已解散无法追回,致使银行与批发部、外贸局发生纠纷。

经审查:银行违背贷款审批制度,未经法定代表人签章和加盖单位公章;批发部仅有注册资金10万元和6名从业人员,既无物资和财产作保证,又无符合法定条件的保证人为其担保,不具有贷款条件;外贸局土产股不具备法人资格,不能与银行签订借款合同,因此,该借款合同属无效合同。银行明知批发部无贷款条件,外贸局土产股不具备法人资格,却违反贷款规定与其签订借款合同,并将巨款放走有过错,对造成巨款损失负有不可推卸的责任;批发部在不具有贷款条件、未落实好货源的情况下,盲目贷款经营致使巨款损失有重要责任;外贸局土产股不具备法人资格却参与签订借款合同和经营也有责任。但是,对于无效借款合同如何承担责任,借款合同条例未作具体规定,且无其他法规依照。我们意见:可以适用各类经济合同的基本法《中华人民共和国经济合同法》第十六条第一款过错原则的规定处理,即除已返还的82万余元外,其余无法追回的1088878元及其利息作为损失,由批发部、外贸局、银行三家各自承担相应的赔偿责任。

以上意见当否,请予批复。

最高人民法院经济审判庭关于四川省合江县支行诉四川省合江县榕山镇个体运输户张文仲借款合同纠纷一案的电话答复

1988年4月16日公布

四川省高级人民法院:

你院川法经(1988)25号请示报告收悉。经研究答复如下:

一、四川省合江县食品公司榕山经营站(以下简称"经营站")是合江县食品公司(以下简称"食品公司")下属的非独立核算单位,不能独立承担民事责任,不具有担保人资格,它以自己的名义对外签订的担保合同,应为无效。

二、食品公司与经营站的关系,并非上级主管机关与下属企业之间的行政隶属关系,经营站是食品公司的组成部分,是其派出机构。经营站实施民事活动所产生的法律后果,应由食品公司承担。根据经济合同法第十六条第一款规定,双方都有过错的,应各自承担相应的责任。因此,同意你院第二种意见,即由合江县食品公司对担保合同无效的后果承担主要责任;中国农业银行四川省合江县支行在签订借款合同中,未认真审查担保人的主体资格,盲目贷款,故也应承担一定责任。

此复

附:

四川省高级人民法院关于四川省合江县支行诉四川省合江县榕山镇个体运输户张文仲借款合同纠纷一案的请示报告

1. 1988年3月4日公布

2. 川法经〔1988〕25号

最高人民法院:

我们在讨论中国农业银行四川省合江县支行诉四川省合江县榕山镇个体运输户张文仲借款合同纠纷一案时,对四川省合江县食品公司榕山经营站因不具有担保资格(该经营站系食品公司下属的非独立核算单位)致使担保无效的结果,是否应由其直接上级食品公司负连带责任的问题,有两种不同意见。为正确处理该案,并为目前较普遍存在的类似案件提供处理依据,特向你院请示。

一、案情

合江县农民张文仲于1984年11月向中国农业银行合江县支行申请贷款购买汽车,从事个体运输业务。张文仲在正式申请贷款时,找到合江县食品公司榕山经营站要求为其担保,榕山经营站鉴于生猪运输紧张,以张文仲买车后优先为经营站运猪作条件,同意担保,并在张文仲的贷款申请书上加盖了该站公章。同年11月25日,张文仲与中国农业银行合江县支行签订了借款合同,合同约定:张文仲向农行合江县支行借款4万元,于1987年3月20日前分三次还清;如到期不能归还,由担保单位负责偿还;逾期未还的借款,加收20%罚息。

张文仲借款后,购得柴油载重汽车一辆,开始了个体运输业务,并按照与榕山经营站的约定,优先为其运送生猪。1985年6月,张文仲在为经营站运送生猪时不慎翻车,摔死了经营站的生猪押运员。合江县食品公司在处理该次事故时,得知榕山经营站擅自为张文仲担保,即批评了该站领导。但认为经营站担保无效,从担保成立时起即无法律约束力,便未向农业银行合江县支行及张文仲等作经营站无资格担保和该担保应为无效的意思表示。

1987 年 3 月 20 日,张文仲未能依借款合同的约定还清贷款。中国农业银行合江县支行即向合江县人民法院提起诉讼,请求判令被告人张文仲归还所欠贷款本息共 3.8 万多元,并由合江县食品公司承担连带清偿责任。

二、处理意见

合江县人民法院受理后,对合江县食品公司应否对其不是独立核算的分支机构(即榕山经营站)的担保行为负责,存在不同意见,即通过泸州市中级人民法院向我院请示。我们在研究此案时,对榕山经营站没有为他人债务担保的主体资格,其担保行为应属无效的认识基本一致。但在该无效行为的后果应由谁承担的问题上有以下两种意见:

第一种意见认为:担保合同无效,担保人及其主管部门不承担经济责任。其理由为:

(一)榕山经营站不是独立核算的法人单位,不具有担保的主体资格,故不能对其担保行为的后果承担责任。榕山经营站为张文仲借款担保的行为,是在未经其主管单位(即食品公司)授权的情况下擅自所为;事前既未向食品公司请示,征得同意;事后也未向食品公司汇报,得到追认。食品公司并不知道榕山经营站擅自为他人借款担保的行为,根据无过错即无责任的原则,食品公司不应对榕山经营站的无效行为承担责任。

(二)该行为发生在 1984 年,此时民法通则、《借款合同条例》等法律、法规尚未实施,担保人的主体资格、权利义务、法律责任等均不甚明确。榕山经营站在此种情况下盲目担保,虽有责任,但因其本身无主体资格,对其无效行为造成的损失也无偿付能力。故不承担偿还贷款的经济责任。

(三)农业银行合江县支行是借款合同的贷款方,未严格审查担保人的主体资格、担保能力而盲目贷款,应承担贷款不能收回的全部责任。

第二种意见认为:担保无效的后果,主要应由榕山经营站的上级主管部门合江县食品公司承担。其理由为:

(一)根据经济合同法第十六条第一款的规定,参照民法通则第六十一条第一款的内容,无效行为的行为人应对其无效行为的后果承担责任。由于榕山经营站本身不是独立核算的法人,不能独立承担民事责任,故应由该站的上级主管部门合江县食品公司承担责任。农行合江县支行对担保人有无担保的主体资格审查不严,盲目贷款,也应承担一定责任。

(二)榕山经营站是合江县食品公司的派出机构,该站代表食品公司在榕山镇进行经营活动。因此,榕山经营站的行为就是食品公司的行为;换言之,除了食品公司的行为,经营站没有自己的行为。榕山经营站与合江县食品公司的这种关系,决定了食品公司应对经营站的行为承担法律后果——既应承担有效民事行为的法律后果,也应承担无效民事行为的法律后果。

我们倾向于第一种意见。当否?请予批复。

最高人民法院对湖北省高级人民法院关于中国黄金集团公司与中国建设银行股份有限公司武汉省直支行等委托贷款合同纠纷一案如何适用法律问题的请示的答复

1. 2007 年 2 月 16 日公布
2. 〔2006〕民二他字第 51 号

湖北省高级人民法院:

你院鄂高法[2006]548 号《关于上诉人中国黄金集团公司与被上诉人中国建设银行股份有限公司武汉省直支行、湖北省嘉鱼县人民政府、嘉鱼黄金开发公司、湖北省嘉鱼蛇屋山金矿有限责任公司、嘉鱼县国有资产监督管理局委托贷款合同纠纷一案如何适用法律问题的请示》收悉。经研究,答复如下:

2002 年 11 月 6 日国务院《关于组建中国黄金集团公司有关问题的批复》(国函[2002]102 号)以及财政部 2003 年 7 月 2 日相应下发的《关于黄金生产开发基金和黄金地质勘探基金有关问题的通知》(财建[2003]272 号),明确将原由国家投入的黄金生产开发基金和黄金地质勘探基金转为中国黄金集团公司的国家资本金,并附有占有该两项基金企业名单及数额明细表。上述两项基金授权给中国黄金集团公司经营管理的时间为财政部财建[2003]272号文件下发之日即2003年7月20日,因此,中国黄金集团公司及其下属企业对上述两项基金行使追偿权的诉讼时效应当自该日开始计算。

最高人民法院《关于建设银行重庆观音桥支行与新原兴企业集团有限公司借款合同纠纷一案适用法律问题的请示》的答复

1. 2003年12月17日公布

2. 〔2003〕民二他字第43号

重庆市高级人民法院:

你院《关于建设银行重庆观音桥支行与新原兴企业集团有限公司借款合同纠纷一案适用法律问题的请示》收悉,经研究,答复如下:

你院请示的建设银行重庆观音桥支行与新原兴企业集团有限公司借款合同纠纷一案,借款合同中约定银行有权对资金使用人使用资金进行监督,借款人将所借款项用于偿还旧贷,不能因合同中有银行有权监督借款人资金使用的约定而减轻或免除借款人的还款责任。

以上意见,供你院审理时参考。

最高人民法院关于锦州市商业银行与锦州市华鼎工贸商行、锦州市经济技术开发区实华通信设备安装公司借款纠纷一案的复函

1. 2003年2月25日公布

2. 〔2002〕民监他字第14号函

辽宁省高级人民法院:

你院请示收悉,答复如下:

经研究,同意你院审判委员会第一种意见,即保证期间届满后,保证人如无其他明示,仅在债权人发出的催收到期贷款通知单上签字或盖章的行为,不能成为重新承担保证责任的依据。本院法释〔1999〕7号《关于超过诉讼时效期间借款人在催款通知单上签字或者盖章的法律效力问题的批复》,不适用于保证人。

最高人民法院关于刘志平与刘运林、朱悠久奖券纠纷案处理问题的复函

1. 1990年11月5日公布

2. 〔90〕民监字第130号

湖南省高级人民法院:

刘志平为与刘运林、朱悠久奖券纠纷一案,不服你院湘法民申字〔1989〕第78号民事判决,于今年2月给我院来信诉称:刘运林以奖券抵债,完全出于自愿,没有欺诈胁迫行为,他是该奖券的合法占有者,该奖券中奖5000元应全部归其所有,为此,要求重新审理此案,依法保护其合法权益。

经调卷审查,并征求有关部门的意见后,我们研究认为:1987年6月4日,刘运林向刘志平借20元现款为彭显亮买瓷板,同年8月24日,刘运林将一张面额20元的奖券给刘志平抵债时,未对可能获得的中奖权利约定条件,因此,应视为该奖券及奖券上所载明的财产权利一并转移,刘志平是该奖券的合法占有者,奖券中奖5000元应归刘志平所有。省院依据公平原则判决刘志平得2600元,刘运林、朱悠久夫妇得2400元,似有不当。

以上意见,供你们处理该案申诉时参考。处理结果望告。

最高人民法院关于哈尔滨市商业银行银祥支行与哈尔滨金事达实业(集团)公司借款合同纠纷一案如何处理问题的答复

1. 2001年2月28日公布

2. 法民二〔2001〕016号

黑龙江省高级人民法院:

你院〔1999〕黑经二终字第190号《关于哈尔

滨市商业银行银祥支行与哈尔滨金事达实业(集团)公司借款合同纠纷一案如何处理问题的请示》收悉。经研究,答复如下:

该案所涉询证函虽然是采用哈尔滨审计事务所函稿纸,且注明仅作审计报表之用,其他方面用途无效,但基于该询证函是由贷款人哈尔滨商业银行银祥支行(原哈尔滨银祥城市信用合作社)发出,且该贷款人和借款人哈尔滨豪华家具大世界都在该函上对尚欠贷款额予以确认并加盖公章的事实,可以表明该询证函既有贷款人追索欠款的意思表示,又体现了借款人对所欠债务的确认。由于该询证函是在借款合同诉讼时效期限内发出的,因此借款合同诉讼时效中断,保证合同诉讼时效亦中断。

鉴于该案担保行为发生在《担保法》颁布之前,保证合同约定的保证期间是"直至借款单位全部还清贷款本息和逾期挪用本息为止",属于保证责任期间约定不明的情形。根据本院《关于审理经济合同纠纷案件有关保证的若干问题的规定》第十一条规定精神,本案保证责任期间应为2年。债权人哈尔滨商业银行银祥支行在借款合同履行期限届满后的2年内未向保证人哈尔滨金事达实业(集团)公司主张权利,故保证人不再承担保证责任。

以上意见,供你院参考。

最高人民法院关于农村信用社县(市)联社与中国农业银行"脱钩"前开办贷款业务的效力问题的复函

1. 2000年7月26日公布

2. 法函〔2000〕51号

中国人民银行:

你行合作金融机构监管司银合函〔2000〕4号函收悉。经研究,答复如下:

1996年底,按照国务院《关于农村金融体制改革的决定》的要求,农村信用社县(市)联社(以下简称农联社)与中国农业银行脱离行政隶属关系。鉴于农联社与中国农业银行在"脱钩"前,实际上是中国农业银行的基层机构,部分农联社按照国务院国发〔1984〕105号和中国人民银行银发〔1990〕251号文件的规定开展了部分金融业务,而未办理"金融业务许可证"和"营业执照"这一特定的历史情况,人民法院在审理农联社和中国农业银行"脱钩"前的贷款合同纠纷时,不宜仅以农联社未办理"金融业务许可证"和"营业执照"而认定合同无效。

此复

最高人民法院关于展期贷款超过原贷款期限的效力问题的答复

1. 2000年2月13日发布

2. 法函〔2000〕12号

上海市高级人民法院:

你院〔1998〕沪高经他字第36号"关于展期贷款超过原贷款期限的效力问题的请示"收悉。经研究,答复如下:

展期贷款性质上是对原贷款合同期限的变更。对于展期贷款的期限不符合中国人民银行颁布的"贷款通则"的规定,应否以此认定该展期无效问题,根据我国法律规定,确认合同是否有效,应当依据我国的法律和行政法规,只要展期贷款合同是双方当事人在平等、自愿基础上真实的意思表示,并不违背法律和行政法规的禁止性规定,就应当认定有效。你院请示涉及案件中的担保人的责任,应当依据《中华人民共和国担保法》以及法发〔1991〕8号《最高人民法院关于审理经济合同纠纷案件有关保证的若干问题的规定》予以确认。

最高人民法院关于信用社违反商业银行法有关规定所签借款合同是否有效的答复

1. 2000年1月29日公布

2. 法经〔2000〕27号函

河北省高级人民法院:

你院〔1999〕冀经请字第3号《关于信用社违反商业银行法有关规定所签借款合同是否有效的请示》收悉。经研究,答复如下:

《中华人民共和国商业银行法》第三十九条是关于商业银行资产负债比例管理方面的规定。它体现中国人民银行更有效地强化对商业银行(包括信用社)的审慎监管,商业银行(包括信用社)应当依据该条规定对自身的资产负债比例进行内部控制,以实现盈利性、安全性和流动性的经营原则。商业银行(包括信用社)所进行的民事活动如违反该条规定的,人民银行应按照《商业银行法》的规定进行处罚,但不影响其从事民事活动的主体资格,也不影响其所签订的借款合同的效力。

此复

最高人民法院关于上海三泷房地产开发有限公司与中国建设银行上海市浦东分行、上海申浦对外技术投资总公司借款合同纠纷一案的复函

1. 2000年1月1日公布

2. 〔2000〕民他字第7号

本案浦东分行和申浦公司签订《外汇借款合同》,是双方真实意思表示,不违背法律、法规的禁止性规定,可认定为有效。申浦公司以开展进出口业务为名,骗取三泷公司为其借款担保,将短期外汇借款用于向浦东分行偿还为案外人巨龙公司的担保之债;浦东分行明知该项贷款的实际用途,但其签订担保合同时没有告知保证人三泷公司,亦不能举证三泷公司明知借贷双方"以贷还债",应认定主合同双方当事人恶意串通,欺骗保证人。根据《担保法》第三十条第一款的规定,三泷公司对申浦公司偿还浦东分行的担保债务部分,不承担民事责任。

最高人民法院关于如何处理涉及广东发展银行所承接的广东中银外汇经营部为债务人的债务利息的通知

1. 1999年3月1日公布

2. 法〔1999〕20号

各省、自治区、直辖市高级人民法院,解放军军事法院,新疆维吾尔自治区高级人民法院生产建设兵团分院:

为防范和化解金融风险,经国务院同意,中国人民银行决定,广东发展银行收购了中银信托投资公司,并全部承接了广东中银外汇经营部的债权债务。现就人民法院在审理涉及广东发展银行所承接的广东中银外汇经营部为债务人的经济纠纷案件中如何处理债务利息问题通知如下:

人民法院对已经受理的涉及广东发展银行所承接的原广东中银外汇经营部为债务人的债务利息计付问题,应当参照中国人民银行银函〔1997〕421号、银银管〔1997〕46号、银复〔1998〕350号所规定的原则处理,即"对私人存款和境内法人机构1994年8月1日之前的存款,扣除已提利差后,按同期银行法定利率计付至1996年12月31日(存期内按定期利率计算,以后按活期利率计算);对境内法人机构1994年8月1日以后的债务不支付利息,并要扣除已付的利差"。

最高人民法院关于中国建设银行山西省分行直属支行与山西铁路实业总公司借款案件的答复

1. 1998年7月1日公布

2. 〔1998〕法经字第345号函

山西省高级人民法院:

你院请示收悉,经研究,答复如下:

一、铁路公司与建业公司签订的共同经销钢材协议约定:铁路公司在建业公司协助下,向中国建设银行山西省分行直属支行贷款2450万元用于购买钢材。协议还约定了双方的利润分成,必要时建业公司参与全部购销活动等内容。嗣后,建业公司参与购销钢材合同的签订,并垫付了购销钢材的定金。从协议内容和履行情况看,该协议符合联营合同的特征,应当认定为联营合同。除风险条款的约定违背联营共负盈亏,共担风险的原则,应当确认为无效外,其余条款应当认定为有效。

二、中国建设银行山西省分行直属支行与铁路公司签订的是借款合同,铁路公司与建业公司签订的则是联营合同。鉴于这两个合同成立的是两个不同的法律关系,对这两个合同纠纷应当分开审理。对铁路公司与建业公司的联营合同纠纷,铁路公司可另行起诉。

最高人民法院关于浙江省医学科学院普康生物技术公司诉中国农业银行信托投资公司委托贷款合同纠纷一案的答复

1. 1997年9月8日公布
2. 〔1997〕法函第103号函

北京市高级人民法院:

你院请示收悉,经研究,答复如下:

农行信托公司有协助委托人监管贷款的义务,当普康公司向其提示风险并要求采取措施时,农行信托公司不仅没有采取应急措施,反而向普康公司提供了担保人捷通公司虚假的资产平衡表,因此,农行信托公司对贷款损失应负主要责任;普康公司指定三联公司为借款人,对借款人的资信情况有失审查,对贷款损失亦负有一定责任。双方当事人具体可按6:4的比例分别承担责任,即由农行信托公司承担60%的责任,普康公司承担40%的责任。如事实有变化,由该院自定。

最高人民法院关于中国工商银行湘潭市板塘支行与中国建筑材料科学研究院湘潭中间试验所及湘潭市有机化工厂的借款合同纠纷一案的复函

1. 2001年8月6日公布
2. 〔2001〕民监他字第9号

湖南省高级人民法院:

你院《关于中国工商银行湘潭市板塘支行与中国建筑材料科学研究院湘潭中间试验所及湘潭市有机化工厂借款合同纠纷一案的请示》报告收悉。经研究,答复如下:

一、中国建筑材料科学研究院湘潭中间试验所(以下简称中试所)向法院主张权利时,诉讼请求是返还借款本金和利息。中试所与湘潭市有机化工厂(以下简称有机化工厂)之间系因借款产生的纠纷,故该案应定性为借款合同纠纷。

二、有机化工厂与中试所签订的借款协议,违反了企业之间不能相互借贷的有关规定,原审认定协议无效是正确的。中国工商银行湘潭市板塘支行(以下简称板塘支行)明知企业之间不能相互借贷,与有机化工厂已根本无能力还款的状况下,为了下属公司能收回贷款,自己又不承担民事责任,利用中试所对其的信任,与有机化工厂恶意串通,向中试所故意隐瞒借款的真实目的,并积极促成有机化工厂与中试所签订了不具有真实意思表示的借款协议,将到期不能收回借款的风险转嫁给了中试所。板塘支行和有机化工厂的行为,已对中试所构成欺诈。由此造成借款协议无效的后果,有机化工厂与板塘支行应承担连带赔偿责任。

以上意见,供参考。

最高人民法院经济审判庭对河南省高级人民法院〔1988〕豫法经字第19号请示的电话答复

1989年2月28日发布

河南省高级人民法院:

你院〔1988〕豫法经字第19号请示收悉。经研究认为,确山县人民法院在审理本县工商支行诉刘少东和本县保险分公司借款合同纠纷案期间,得知本县检察院受理了刘少东诈骗案并要求将刘少东用赃款购买的榨油机作为赃物追缴,却仍将已经法院查封的刘少东处的榨油机及设备,在不具备先行给付的条件下,裁定予以折价先行给付了县工商支行,其做法是不当的。确山县法院应当撤销先行给付裁定,追回折价款,并予保存。待县检察院立案受理的刘少东诈骗案有了结果,再作处理。如刘少东诈骗行为经法院确认构成了犯罪,即应将该款作为赃款返还给原主长春市榨油厂分厂;如不构成犯罪,确山县法院可将该款还贷。

最高人民法院对湖北省高级人民法院关于执行最高人民法院[2002]民二终字第69号民事判决适用利率问题请示的答复

1. 2003年7月29日公布
2. 〔2003〕民二他字第17号

湖北省高级人民法院:

你院鄂高法[2003]90号关于执行最高人民法院[2002]民二终字第69号民事判决适用利率问题的请示收悉,经研究答复如下:

本案涉及存款应认定为单位定期存款性质。依据中国人民银行发布的有关单位存款的规定,人民币单位定期存款最长期限为1年。申请人提出按5年期计算定期利息没有法律依据,也没有合同依据,不应予以支持。本案宜按照一年定期存款利率计算利息至付清之日。

此复

最高人民法院关于杜妍与中国银行辽宁分行股票及侵权纠纷一案的复函

1. 2000年4月17日公布
2. 〔2000〕经他字第1号

辽宁省高级人民法院:

你院请示收悉,经研究,答复如下:

中国银行辽宁省分行原所属的沈阳证券交易经营部为客户在股票交易中提供融资借款并收取高额利息,是违反我国金融和股票管理法规的行为,应认定无效。融资借款与客户买卖股票属不同的法律关系,借款行为无效并不影响客户股票交易行为的合法性。证券经营部未经客户同意,强行平仓,造成客户资金损失,应承担赔偿责任。同时,客户透支进行股票交易,在股市持续下跌的情况下,可能将交易风险转移到证券经营部,其拒绝接受证券经营部平仓还款的通知,也有过错。因此,应认定双方当事人对造成的损失均有过错,主要过错在证券经营部。

赔偿数额可为客户持有的股票买入价与证券经营部平仓市卖出价之间的差价总额,及该笔资金自卖出之日起至给付之日止的利息。

(五)储蓄合同

最高人民法院关于个人或合伙开办信用社撤销或无力支付储户存款其成立批准机关是否承担责任问题的复函

1. 1993年6月21日公布
2. 法经〔1993〕123号

河南省高级人民法院:

你院(1992)豫法经字第14号"关于个人或合伙开办信用社撤销或无力支付储户存款其成立批准机关是否承担责任的请示报告"收悉。经研究,答复如下:

根据《中华人民共和国银行管理暂行条例》第二十八条的规定,个人不得设立银行或其他金融机构,不得经营金融业务。因此,各级人民银行无权批准设立个人或合伙性质的信用社或其他金融机构,只能批准成立集体所有制性质的合作金融组织,并以集体经济自有的财产承担民事责任。对已经开办的个人和合伙金融机构,根据国务院的规定必须清理和撤销。在清理和撤销过程中,当事人诉至法院的,根据《民法通则》规定的过错原则,有关的人民银行审核不实的应当承担民事责任。你院请示中的人民银行南阳市支行在"南阳市商业信用社"成立申请表上署了"情况属实,同意上报"的审核意见,尔后,又向南阳市工商局出具了"此有南阳市商业信用社已在我行存有股金10.01万元"的证明。如果人民银行南阳市支行证明的情况属实,该行不应承担民事责任,只将信用社在该行所存的股金退回信用社参与清偿。如果该行证明的情况不实，应当承担审核不实的责任，以该行的自有资金10万元参与“南阳市商业信用社”的清偿。

最高人民法院关于汪小嫚诉工商银行长沙县支行赔偿案如何处理的复函

1. 1993年5月3日公布

2. 〔92〕民他字第29号

湖南省高级人民法院：

你院（1992）湘法民申字第2号《关于汪小嫚诉工商银行长沙县支行赔偿存款一案的请示报告》收悉。经研究，我院同意你院审判委员会第一种意见，即由于长沙县支行在办理提前支取汪小嫚存款时，没有按规定核对取款人的身份证件，该行应当对由此造成的损失负全部赔偿责任。

最高人民法院关于中国农业银行南京信托投资公司就深圳市上步区法院划拨其银行存款申诉一案有关问题的复函

1. 1991年4月21日公布

2. 法（经）函〔1991〕46号

广东省高级人民法院：

你院经济审判庭粤法经行字（1990）第40号《关于中国农业银行南京信托投资公司就深圳市上步区法院划拨其银行存款申诉一案的处理意见》收悉。经研究，答复如下：

深圳市上步区人民法院在未让中国农业银行南京信托投资公司参加诉讼的情况下，扣划其银行存款没有执行依据，应予纠正。如果没有证据证明南京信托投资公司与江淮公司串通骗取亚泰公司的财物或明知江淮公司用以归还其贷款的117370美元系采用欺诈手段得来的，则不宜追加该公司作为当事人参加江淮公司与亚泰公司之间的诉讼。

此复

最高人民法院关于刘玉兰诉工商银行榆次市支行赔偿存款纠纷的复函

1. 1990年8月28日公布

2. 〔1990〕民他字第25号

山西省高级人民法院：

你院晋法民报字（1990）第2号《关于刘玉兰诉工商银行榆次市支行赔偿存款纠纷》一案的请示报告收悉。经研究认为：由于工商银行榆次市支行粮店街储蓄所违反《中国人民银行储蓄存款章程》和《中国工商银行储蓄会计出纳核算制度》中关于印鉴挂失和提前支取的有关规定，致使刘玉兰的1万余元存款（包含利息）被冒领，依照《民法通则》第一百零六条和第一百三十一条的规定，粮店街储蓄所对刘玉兰存款的损失应承担主要赔偿责任。刘玉兰对户口本、存单保管不善，丢失后，未及时发现、挂失，对造成存款损失有过失，亦应承担一定责任。

此外，晋中地区中级法院（1988）法民裁初字第1号和第2号民事制裁决定书对晋中地区电业局和工商银行榆次市分行罚款不当，应予撤销。

最高人民法院关于天津市旭帝商贸有限公司、天津开发区迈柯恒工贸有限公司与建行天津分行南开支行存款纠纷二案如何适用法律的请示的答复

1. 2001年4月11日公布

2. 〔2001〕民二他字第13号

天津市高级人民法院：

你院〔2000〕151号请示收悉，经研究，答复如下：

认定付款人的过错和责任，应当依照《中华人民共和国票据法》第五十七条和最高人民法院《关于审理票据纠纷案件若干问题的规定》第六十九条的规定处理。至于存款人是否应当承担民事责任，需经过审理，在查清事实的基础上，根

据其过错一并处理。

最高人民法院关于甘肃省工艺美术公司控告中国农业银行临洮县支行八里铺营业所错转信汇索赔纠纷一案的电话答复

1988年12月23日发布

甘肃省高级人民法院：

你院甘法经〔1988〕第14号“关于甘肃省工艺美术公司控告中国农业银行临洮县支行八里铺营业所错转信汇索赔纠纷一案的请示报告”收悉。经研究答复如下：

中国农业银行临洮县支行八里铺营业所（简称“营业所”）在办理甘肃省工艺美术公司（简称“美术公司”）信汇临洮县个体劳动者协会（简称“劳协”）25万元预付款事项中，违反银行规定，在明知劳协无银行账户，信汇支票上账号是假账号的情况下，将本应退回美术公司的款，故意落入本县个体工商户苟克明的个人账户内，并从中还贷了3万多元。该款现已被苟挥霍掉，苟也因犯有诈骗罪被判处无期徒刑。因营业所的过错给美术公司造成的贷款损失，营业所应当承担赔偿责任。营业所在承担赔偿责任后，仍有权向苟克明追还这笔贷款。因此，对美术公司的起诉，有管辖权的人民法院应予立案受理。

(六)租赁合同

全民所有制小型工业企业租赁经营暂行条例

1. *1988年5月18日国务院第五次常务会议通过*
2. *自1988年7月1日起施行*
3. *根据1990年2月24日《国务院关于修改〈全民所有制小型工业企业租赁经营暂行条例〉第二十二条的规定》修改*

第一章　总　　则

第一条　为完善企业租赁经营，增强企业活力，提高经济效益，制定本条例。

第二条　本条例适用于全民所有制小型工业企业（以下简称企业）。

企业划分标准按照国家有关规定确定。

第三条　本条例所称租赁经营，是指在不改变企业的全民所有制性质的条件下，实行所有权与经营权的分离，国家授权单位为出租方将企业有期限地交给承租方经营，承租方向出租方交付租金并依照合同规定对企业实行自主经营的方式。

第四条　实行租赁经营必须兼顾国家、企业、职工和承租方的利益。

第五条　出租方和承租方必须执行国家的方针政策、法律法规，接受人民政府有关部门的监督。

第二章　出租方与承租方

第六条　国家授权企业所在地方人民政府委托的部门为出租方，代表国家行使企业的为出租权。

第七条　按照本条例规定承租经营企业的为承租方。

承租方可以采取下列形式承租经营企业：

（一）一个人承租经营企业（以下简称个人承租）；

（二）二至五人合伙承租经营企业（以下简称合伙承租）；

（三）本企业全体职工承租经营业（以下简称全员承租）；

（四）一个企业承租经营另一个企业（以下简称企业承租）；

（五）国家允许的其他租赁经营形式。

第八条　租赁期限每届为三至五年。承租方不得将企业转租。

第九条　承租经营者是指承租经营企业的个人，或者合伙承租、全员承租确定的厂长，或者承租企业派出的厂长。承租经营者是企业租赁期间的法定代表人，行使厂长职权，对企业全面负责。

第十条　承租经营者必须具备国家规定的厂长条件。

第十一条　承租方必须提供下列担保：

（一）个人承租的，必须出具与租赁企业资产成一定比例的个人财产（其中应当有一定比

例的现金)作为担保,现金必须专款存入银行,并有不少于两名有相应财产可资担保的保证人;

(二)合伙承租、全员承租的承租成员必须出具与租赁企业资产成一定比例的个人财产(其中应当有一定比例的现金)作为担保,现金必须专款存入银行;

(三)企业承租的,必须出具与租赁企业资产成一定比例的留用资金作为担保,并存入银行。存入银行后,除征得出租方同意可作为流动资金参加周转外,不得挪作他用。

前款各项担保财产与租赁企业的资产的具体比例,由出租方所在地方人民政府根据具体情况确定。

第三章　租赁招标

第十二条　出租方在企业出租前必须会同有关部门对企业进行清产核资、清理债权债务、评估资产(包括有形资产和无形资产),根据行业和本企业资金利润率确定标底。

第十三条　出租方选择承租方的步骤:

(一)公布招标通告,进行招标登记,对招标登记者进行资格审查,确定投标者;

(二)组织投标者进厂考察,由投标者编制投标书,提出治厂方案;

(三)组织投标者公开答辩,对投标者进行综合考评,征求职工代表大会(职工大会)的意见,确定中标者。

第十四条　企业、事业单位的干部或者职工按照国家有关规定参加租赁企业投标的,其所在单位应当允许,并支持中标者到租赁企业任职。

第十五条　出租方选定承租方后,出租方与承租方必须订立租赁经营合同,按照国家有关规定办理法人变更登记手续。

第十六条　租赁期满,出租方同意承租方继续承租的,必须重新订立合同并按照国家有关规定办理法人变更登记手续。

租赁期满前六个月,出租方和承租方应当互相明确是否继续租赁关系。

第四章　租赁经营合同

第十七条　租赁经营合同应当采用书面形式。订立租赁经营合同的双方必须坚持自愿、平等、协商的原则。

租赁经营合同依照本条例订立,即具有法律约束力。

第十八条　租赁经营合同应当具备下列条款:

(一)标的;

(二)租赁经营合同的生效条件和有效期限;

(三)租赁期内经营总目标及年度经营目标;

(四)租金数额、交付期限及计算办法;

(五)承租方的收益及企业各项基金的分配比例;

(六)企业租赁前债权债务及遗留亏损的处理;

(七)租赁双方的权利和义务;

(八)担保的形式和要求;

(九)合同的变更、解除及合同纠纷处理办法;

(十)违约责任;

(十一)租赁期满后资产返还和验收;

(十二)租赁双方约定的其他条款。

第十九条　未经协商同意,任何一方不得擅自变更、解除租赁经营合同。

第二十条　有下列情况之一,使租赁经营合同无法履行时,允许变更或者解除合同:

(一)由于不可抗力,或者由于一方当事人虽无过失但无法防止的外因;

(二)由于承租方经营管理不善达不到合同规定的年度经营目标;

(三)由于一方违约;

(四)由于合同规定的其他变更或者解除合同的条件出现。

第二十一条　租赁经营合同一方要求变更或者解除合同时,应当及时以书面形式通知对方,双方未达成书面协议以前,原合同仍然有效。

租赁经营合同一方接到另一方要求变更或者解除合同的书面通知后,应当自收到书面通知之日起十五日内作出书面答复,逾期未作出答复的,即视为默认。

第二十二条　租赁经营合同双方发生纠纷,应当协商解决。协商不成的,可以根据合同规定向工商行政管理机关申请调解或者仲裁。租赁经营合同任何一方对仲裁机关的仲裁决定不服的,可以在接到仲裁决定书之日起十日内向上一级仲裁机关申请复议。上一级仲裁机关作出的决定,即为终局裁决。逾期未申请复议,发生法律效力的仲裁决定,即为终局裁决。

租赁经营合同任何一方可以根据租赁经营合同规定直接向人民法院起诉。

租赁经营合同未规定纠纷处理办法,但当事人在合同订立后或发生纠纷时达成申请工商行政管理机关仲裁的书面协议的,由工商行政管理机关依法受理该仲裁案件。

当事人一方在规定期限内不执行已经发生法律效力的调解书、裁决书的,另一方可以申请人民法院强制执行。

第五章 权利与义务

第二十三条 出租方的权利:

(一)监督承租方遵守国家方针政策、法律法规,完成国家下达的计划;

(二)监督租赁企业的财产不受损害;

(三)收取承租方按照合同规定交付的租金。

第二十四条 出租方的义务:

(一)按照合同规定保障承租方的经营自主权,依法维护企业租赁前享有的各项优惠待遇;

(二)为租赁企业的生产发展提供必要的服务;

(三)根据承租方的要求,会同有关部门协助租赁企业解决经营活动中的困难。

第二十五条 承租方的权利:

(一)享有国家规定的厂长权利;

(二)任免厂级行政副职,并报有关部门备案;

(三)决定企业脱产人员编制;

(四)根据市场需求,调整企业的经营方向,并按照国家有关规定办理变更登记手续。

第二十六条 承租方的义务:

(一)履行国家规定的厂长职责;

(二)执行价格政策,维护用户和消费者的利益;

(三)维护职工的合法权益;

(四)维护租赁经营企业资产,保证设备完好,办理企业财产保险;

(五)按期交付租金。

第二十七条 承租经营者作为承租方的代表享有和履行本条例第二十五条、第二十六条规定的权利和义务。

第六章 收益分配及债权债务处理

第二十八条 出租方可视企业技术改造任务情况,将承租方交付租金的全部或者一部交给企业,用于生产发展和技术改造,或者清偿企业租赁前的债务及遗留亏损。

第二十九条 租赁经营企业实现的利润依法纳税后,分为承租方的收入(含租金)、企业生产发展基金、职工集体福利基金、职工奖励基金四部分,按照合同规定的比例进行分配。

第三十条 租赁经营企业可以在规定的工资总额(包括奖励基金)范围内,自主确定企业内部分配的制度、形式和方法,并依法纳税。

第三十一条 企业租赁经营前的债权债务及遗留亏损的处理办法,按照租赁经营合同规定办理。

第七章 承租收入

第三十二条 自租赁经营合同生效之日起,停发承租经营者及合伙承租成员的工资、奖金,预支生活费。承租经营者及合伙承租成员的收入可以按照本条例第三十三条的规定分年度结算或者租赁期满一次结算。

承租经营者及合伙承租成员的原工资和租赁期间按照国家规定应当调整的工资,计入档案,作为承租期满后恢复工资的依据。

全员承租的承租成员的工资收入,企业承租的收入,由租赁双方协商确定。

第三十三条 承租经营者的收入,原则上不超过本企业职工平均工资(含奖金)的五倍。其他承租成员的收入应当低于承租经营者的收入。

承租方个人所得收入按月平均超过个人收入调节税起征标准的部分,应当照章纳税。

第三十四条 承租方按照租赁经营合同规定的比例取得的收入,在交付租金和实际支付给承租成员以后仍有余额的,应当作为企业的风险保证金留存。

第三十五条 租赁经营合同解除时,出租方应当会同有关部门对承租方经营成果进行审查。

凡达到租赁经营合同规定的经营总目标并按照租赁经营合同规定交付租金的，出租方应当根据企业的经营情况，商得职工代表大会（职工大会）的同意，从企业的风险保证金中按照承租方但保现金数额的一至五倍支付给承租方。承租方在租赁期内达不到租赁经营合同规定的经营总目标或者欠交租金时，应当以企业的风险保证金、预支的生活费（或承租成员的年度收入）抵补；不足部分，由承租方、保证人提供的担保财产抵补。保证人以其保证财产抵补后，有权向承租方追偿。

第三十六条　个人承租的承租经营者对保证人的风险补偿，应当从个人收入中支付并订立书面协议。

第八章　附　　则

第三十七条　租赁经营企业的劳动、财政管理办法，由国务院有关部门根据本条例制定。

第三十八条　集体所有制工业企业实行租赁经营的，可参照本条例执行。

第三十九条　各省、自治区、直辖市人民政府可以根据本条例制定实施细则。

第四十条　本条例自1988年7月1日起施行。

国务院关于修改《全民所有制小型工业企业租赁经营暂行条例》第二十二条的决定

1. 1990年2月24日发布

2. 中华人民共和国国务院令第50号

国务院决定对《全民所有制小型工业企业租赁经营暂行条例》第二十二条作如下修改：

《全民所有制小型工业企业租赁经营暂行条例》第二十二条增加两款，作为第三、四款：

租赁经营合同未规定纠纷处理办法，但当事人在合同订立后或发生纠纷时达成申请工商行政管理机关仲裁的书面协议的，由工商行政管理机关依法受理该仲裁案件。

当事人一方在规定期限内不执行已经发生法律效力的调解书、裁决书的，另一方可以申请人民法院强制执行。

本决定自发布之日起施行。

附：

《全民所有制小型工业企业租赁经营暂行条例》第二十二条修改前的条文

第二十二条　租赁经营合同双方发生纠纷，应当协商解决。协商不成的，可以根据合同规定向工商行政管理机关申请调解或者仲裁。租赁经营合同任何一方对仲裁机关的仲裁决定不服的，可以在收到仲裁决定书之日起十日内向上一级仲裁机关申请复议。上一级仲裁机关作出的决定，即为终局裁决。逾期未申请复议，发生法律效力的仲裁决定，即为终局裁决。

租赁经营合同任何一方可以根据租赁经营合同规定直接向人民法院起诉。

最高人民法院关于审理城镇房屋租赁合同纠纷案件具体应用法律若干问题的解释

1. 2009年6月22日最高人民法院审判委员会第1469次会议通过

2. 2009年7月3日公布

3. 法释〔2009〕11号

《最高人民法院关于审理城镇房屋租赁合同纠纷案件具体应用法律若干问题的解释》已于2009年6月22日由最高人民法院审判委员会第1469次会议通过，现予公布，自2009年9月1日起施行。

为正确审理城镇房屋租赁合同纠纷案件，依法保护当事人的合法权益，根据《中华人民共和国民法通则》、《中华人民共和国物权法》、《中华人民共和国合同法》等法律规定，结合民事审判实践，制定本解释。

第一条　本解释所称城镇房屋，是指城市、镇规划区内的房屋。

乡、村庄规划区内的房屋租赁合同纠纷案件，可以参照本解释处理。但法律另有规定的，适用其规定。

当事人依照国家福利政策租赁公有住房、

廉租住房、经济适用住房产生的纠纷案件,不适用本解释。

第二条 出租人就未取得建设工程规划许可证或者未按照建设工程规划许可证的规定建设的房屋,与承租人订立的租赁合同无效。但在一审法庭辩论终结前取得建设工程规划许可证或者经主管部门批准建设的,人民法院应当认定有效。

第三条 出租人就未经批准或者未按照批准内容建设的临时建筑,与承租人订立的租赁合同无效。但在一审法庭辩论终结前经主管部门批准建设的,人民法院应当认定有效。

租赁期限超过临时建筑的使用期限,超过部分无效。但在一审法庭辩论终结前经主管部门批准延长使用期限的,人民法院应当认定延长使用期限内的租赁期间有效。

第四条 当事人以房屋租赁合同未按照法律、行政法规规定办理登记备案手续为由,请求确认合同无效的,人民法院不予支持。

当事人约定以办理登记备案手续为房屋租赁合同生效条件的,从其约定。但当事人一方已经履行主要义务,对方接受的除外。

第五条 房屋租赁合同无效,当事人请求参照合同约定的租金标准支付房屋占有使用费的,人民法院一般应予支持。

当事人请求赔偿因合同无效受到的损失,人民法院依照合同法的有关规定和本司法解释第九条、第十三条、第十四条的规定处理。

第六条 出租人就同一房屋订立数份租赁合同,在合同均有效的情况下,承租人均主张履行合同的,人民法院按照下列顺序确定履行合同的承租人:

(一)已经合法占有租赁房屋的;

(二)已经办理登记备案手续的;

(三)合同成立在先的。

不能取得租赁房屋的承租人请求解除合同、赔偿损失的,依照合同法的有关规定处理。

第七条 承租人擅自变动房屋建筑主体和承重结构或者扩建,在出租人要求的合理期限内仍不予恢复原状,出租人请求解除合同并要求赔偿损失的,人民法院依照合同法第二百一十九条的规定处理。

第八条 因下列情形之一,导致租赁房屋无法使用,承租人请求解除合同的,人民法院应予支持:

(一)租赁房屋被司法机关或者行政机关依法查封的;

(二)租赁房屋权属有争议的;

(三)租赁房屋具有违反法律、行政法规关于房屋使用条件强制性规定情况的。

第九条 承租人经出租人同意装饰装修,租赁合同无效时,未形成附合的装饰装修物,出租人同意利用的,可折价归出租人所有;不同意利用的,可由承租人拆除。因拆除造成房屋毁损的,承租人应当恢复原状。

已形成附合的装饰装修物,出租人同意利用的,可折价归出租人所有;不同意利用的,由双方各自按照导致合同无效的过错分担现值损失。

第十条 承租人经出租人同意装饰装修,租赁期间届满或者合同解除时,除当事人另有约定外,未形成附合的装饰装修物,可由承租人拆除。因拆除造成房屋毁损的,承租人应当恢复原状。

第十一条 承租人经出租人同意装饰装修,合同解除时,双方对已形成附合的装饰装修物的处理没有约定的,人民法院按照下列情形分别处理:

(一)因出租人违约导致合同解除,承租人请求出租人赔偿剩余租赁期内装饰装修残值损失的,应予支持;

(二)因承租人违约导致合同解除,承租人请求出租人赔偿剩余租赁期内装饰装修残值损失的,不予支持。但出租人同意利用的,应在利用价值范围内予以适当补偿;

(三)因双方违约导致合同解除,剩余租赁期内的装饰装修残值损失,由双方根据各自的过错承担相应的责任;

(四)因不可归责于双方的事由导致合同解除的,剩余租赁期内的装饰装修残值损失,由双方按照公平原则分担。法律另有规定的,适用其规定。

第十二条 承租人经出租人同意装饰装修,租赁期间届满时,承租人请求出租人补偿附合装饰装修费用的,不予支持。但当事人另有约定的除外。

第十三条　承租人未经出租人同意装饰装修或者扩建发生的费用，由承租人负担。出租人请求承租人恢复原状或者赔偿损失的，人民法院应予支持。

第十四条　承租人经出租人同意扩建，但双方对扩建费用的处理没有约定的，人民法院按照下列情形分别处理：

（一）办理合法建设手续的，扩建造价费用由出租人负担；

（二）未办理合法建设手续的，扩建造价费用由双方按照过错分担。

第十五条　承租人经出租人同意将租赁房屋转租给第三人时，转租期限超过承租人剩余租赁期限的，人民法院应当认定超过部分的约定无效。但出租人与承租人另有约定的除外。

第十六条　出租人知道或者应当知道承租人转租，但在六个月内未提出异议，其以承租人未经同意为由请求解除合同或者认定转租合同无效的，人民法院不予支持。

因租赁合同产生的纠纷案件，人民法院可以通知次承租人作为第三人参加诉讼。

第十七条　因承租人拖欠租金，出租人请求解除合同时，次承租人请求代承租人支付欠付的租金和违约金以抗辩出租人合同解除权的，人民法院应予支持。但转租合同无效的除外。

次承租人代为支付的租金和违约金超出其应付的租金数额，可以折抵租金或者向承租人追偿。

第十八条　房屋租赁合同无效、履行期限届满或者解除，出租人请求负有腾房义务的次承租人支付逾期腾房占有使用费的，人民法院应予支持。

第十九条　承租人租赁房屋用于以个体工商户或者个人合伙方式从事经营活动，承租人在租赁期间死亡、宣告失踪或者宣告死亡，其共同经营人或者其他合伙人请求按照原租赁合同租赁该房屋的，人民法院应予支持。

第二十条　租赁房屋在租赁期间发生所有权变动，承租人请求房屋受让人继续履行原租赁合同的，人民法院应予支持。但租赁房屋具有下列情形或者当事人另有约定的除外：

（一）房屋在出租前已设立抵押权，因抵押权人实现抵押权发生所有权变动的；

（二）房屋在出租前已被人民法院依法查封的。

第二十一条　出租人出卖租赁房屋未在合理期限内通知承租人或者存在其他侵害承租人优先购买权情形，承租人请求出租人承担赔偿责任的，人民法院应予支持。但请求确认出租人与第三人签订的房屋买卖合同无效的，人民法院不予支持。

第二十二条　出租人与抵押权人协议折价、变卖租赁房屋偿还债务，应当在合理期限内通知承租人。承租人请求以同等条件优先购买房屋的，人民法院应予支持。

第二十三条　出租人委托拍卖人拍卖租赁房屋，应当在拍卖 5 日前通知承租人。承租人未参加拍卖的，人民法院应当认定承租人放弃优先购买权。

第二十四条　具有下列情形之一，承租人主张优先购买房屋的，人民法院不予支持：

（一）房屋共有人行使优先购买权的；

（二）出租人将房屋出卖给近亲属，包括配偶、父母、子女、兄弟姐妹、祖父母、外祖父母、孙子女、外孙子女的；

（三）出租人履行通知义务后，承租人在十五日内未明确表示购买的；

（四）第三人善意购买租赁房屋并已经办理登记手续的。

第二十五条　本解释施行前已经终审，本解释施行后当事人申请再审或者按照审判监督程序决定再审的案件，不适用本解释。

最高人民法院经济审判庭关于对一企业租赁经营合同规定由主管部门鉴证后合同生效的条款效力如何认定问题的复函

1. 1991年1月11日公布

2. 〔1991〕法经字第1号

山东省高级人民法院：

你院鲁法（经）发[1990]70 号《关于对一企

业租赁经营合同规定由主管部门鉴证后合同生效的条款效力如何认定问题的请示报告》收悉。经研究,答复如下:

本案合同第六条第三项"本合同经双方签字,并经鉴证后生效"的约定,是合同当事人双方真实意思表示,现行法律没有禁止性规定,且,合同鉴证实行的是自愿原则,因此,这一条款不宜认定无效。但就本案而言,在当事人送交鉴证的合同正式文本上,原告方拒绝签字,合同不能视为成立,也不发生法律效力。故认定合同第六条第三项条款效力如何,似无实际意义。

此复

附:

山东省高级人民法院关于对一企业租赁经营合同规定由主管部门鉴证后合同生效的条款效力如何认定问题的请示报告

1. 1990年10月20日公布
2. 鲁法(经)发〔1990〕70号

最高人民法院:

我省济南市中级人民法院在研究一件企业租赁经营合同纠纷案件时,对当事人在合同中约定的由主管部门鉴证后合同生效的条款效力如何认定产生分歧,无法形成统一意见。现将该案情况及争议意见报告请示如下:

原告(承租人),系济南市化工研究所原生产办公室副主任薛继辰;被告(出租人),系济南市化工研究所;被租赁企业,系济南市化工研究所试验厂。该厂原是化工研究所的一个科研成果实验生产办公室,1987年底经济南市计委和济南市化工局批准改为试验厂。1988年1月8日,由济南市化工研究所申报,经济南市工商行政管理局登记注册,核发了营业执照,性质为集体所有制,注册资金25万元,独立核算,法定代表人隋振祥(化工研究所所长兼任)。1988年3月7日,原、被告签订了企业租赁合同,合同第六条第三项规定:"本合同经双方签字,并经鉴证后生效。自1988年2月1日至1991年1月31日止,租赁期为3年"。被告法定代表人隋振祥和原告薛继辰均在合同上签字。当隋振祥持该合同到双方商定的市化工局企业管理处进行鉴证时,该处负责人口头表示同意给予鉴证,但由于合同改的较乱,且只有一份,要隋将合同打印一式三份双方签字盖章后再鉴证。隋在合同打印过程中,将合同的第三条第三项"技术转让费的使用和交纳按技术转让合同执行"改为"88年技术转让费的使用和交纳按技术转让合同执行。89年以后的技术转让费随同租金一块交付。"对此改动,原告不同意,拒绝在打印的合同上签字盖章。主管部门因双方发生争议,故没有对其合同进行鉴证盖章。

济南市中级人民法院在研究该合同规定的"经鉴证后合同生效"这一条款效力如何认定时,有两种意见:一种意见认为,根据国家工商行政管理局(1985)工商137号《关于经济合同鉴证的暂行规定》第三条关于"工商行政管理局是经济合同的鉴证机关"的规定,该合同双方当事人约定由主管部门鉴证,不是法定的鉴证机关,所以合同规定"经鉴证后合同生效"的条款不具有法律约束力,不应影响合同的效力。另一种意见认为,我们国家法律规定对合同鉴证实行的是自愿原则,且该合同属于企业租赁经营合同,1988年7月1日生效的《全民所有制小型工业企业租赁经营暂行条例》也未对此类合同鉴证问题作规定。所以,当事人约定"合同由主管部门鉴证后生效"不违背法律规定。该案当事人没按约定到主管部门进行鉴证,其合同不能认定发生法律效力。多数同志倾向后一种意见。

我院同意济南市中级人民法院多数同志的意见。因为当事人约定"合同经鉴证后生效"的条款是双方真实意思的表示,且又不违背法律规定,应具有法律约束力。因此,该合同未经主管部门鉴证,应认定合同没有发生法律效力。以上意见当否,请批复。

(七)融资租赁合同

最高人民法院关于审理融资租赁合同纠纷案件适用法律问题的解释

1. *2013年11月25日最高人民法院审判委员会第1597次会议通过*
2. *法释〔2014〕3号*
3. *2014年2月24日公布*
4. *自2014年3月1日起施行*

为正确审理融资租赁合同纠纷案件,根据《中华人民共和国合同法》《中华人民共和国物权法》《中华人民共和国民事诉讼法》等法律的规定,结合审判实践,制定本解释。

一、融资租赁合同的认定及效力

第一条　人民法院应当根据合同法第二百三十七条的规定,结合标的物的性质、价值、租金的构成以及当事人的合同权利和义务,对是否构成融资租赁法律关系作出认定。

对名为融资租赁合同,但实际不构成融资租赁法律关系的,人民法院应按照其实际构成的法律关系处理。

第二条　承租人将其自有物出卖给出租人,再通过融资租赁合同将租赁物从出租人处租回的,人民法院不应仅以承租人和出卖人系同一人为由认定不构成融资租赁法律关系。

第三条　根据法律、行政法规规定,承租人对于租赁物的经营使用应当取得行政许可的,人民法院不应仅以出租人未取得行政许可为由认定融资租赁合同无效。

第四条　融资租赁合同被认定无效,当事人就合同无效情形下租赁物归属有约定的,从其约定;未约定或者约定不明,且当事人协商不成的,租赁物应当返还出租人。但因承租人原因导致合同无效,出租人不要求返还租赁物,或者租赁物正在使用,返还出租人后会显著降低租赁物价值和效用的,人民法院可以判决租赁物所有权归承租人,并根据合同履行情况和租金支付情况,由承租人就租赁物进行折价补偿。

二、合同的履行和租赁物的公示

第五条　出卖人违反合同约定的向承租人交付标的物的义务,承租人因下列情形之一拒绝受领租赁物的,人民法院应予支持:

(一)租赁物严重不符合约定的;

(二)出卖人未在约定的交付期间或者合理期间内交付租赁物,经承租人或者出租人催告,在催告期满后仍未交付的。

承租人拒绝受领租赁物,未及时通知出租人,或者无正当理由拒绝受领租赁物,造成出租人损失,出租人向承租人主张损害赔偿的,人民法院应予支持。

第六条　承租人对出卖人行使索赔权,不影响其履行融资租赁合同项下支付租金的义务,但承租人以依赖出租人的技能确定租赁物或者出租人干预选择租赁物为由,主张减轻或者免除相应租金支付义务的除外。

第七条　承租人占有租赁物期间,租赁物毁损、灭失的风险由承租人承担,出租人要求承租人继续支付租金的,人民法院应予支持。但当事人另有约定或者法律另有规定的除外。

第八条　出租人转让其在融资租赁合同项下的部分或者全部权利,受让方以此为由请求解除或者变更融资租赁合同的,人民法院不予支持。

第九条　承租人或者租赁物的实际使用人,未经出租人同意转让租赁物或者在租赁物上设立其他物权,第三人依据物权法第一百零六条的规定取得租赁物的所有权或者其他物权,出租人主张第三人物权权利不成立的,人民法院不予支持,但有下列情形之一的除外:

(一)出租人已在租赁物的显著位置作出标识,第三人在与承租人交易时知道或者应当知道该物为租赁物的;

(二)出租人授权承租人将租赁物抵押给出租人并在登记机关依法办理抵押权登记的;

(三)第三人与承租人交易时,未按照法律、行政法规、行业或者地区主管部门的规定在相应机构进行融资租赁交易查询的;

(四)出租人有证据证明第三人知道或者应当知道交易标的物为租赁物的其他情形。

第十条 当事人约定租赁期间届满后租赁物归出租人的,因租赁物毁损、灭失或者附合、混同于他物导致承租人不能返还,出租人要求其给予合理补偿的,人民法院应予支持。

三、合同的解除

第十一条 有下列情形之一,出租人或者承租人请求解除融资租赁合同的,人民法院应予支持:

(一)出租人与出卖人订立的买卖合同解除、被确认无效或者被撤销,且双方未能重新订立买卖合同的;

(二)租赁物因不可归责于双方的原因意外毁损、灭失,且不能修复或者确定替代物的;

(三)因出卖人的原因致使融资租赁合同的目的不能实现的。

第十二条 有下列情形之一,出租人请求解除融资租赁合同的,人民法院应予支持:

(一)承租人未经出租人同意,将租赁物转让、转租、抵押、质押、投资入股或者以其他方式处分租赁物的;

(二)承租人未按照合同约定的期限和数额支付租金,符合合同约定的解除条件,经出租人催告后在合理期限内仍不支付的;

(三)合同对于欠付租金解除合同的情形没有明确约定,但承租人欠付租金达到两期以上,或者数额达到全部租金百分之十五以上,经出租人催告后在合理期限内仍不支付的;

(四)承租人违反合同约定,致使合同目的不能实现的其他情形。

第十三条 因出租人的原因致使承租人无法占有、使用租赁物,承租人请求解除融资租赁合同的,人民法院应予支持。

第十四条 当事人在一审诉讼中仅请求解除融资租赁合同,未对租赁物的归属及损失赔偿提出主张的,人民法院可以向当事人进行释明。

第十五条 融资租赁合同因租赁物交付承租人后意外毁损、灭失等不可归责于当事人的原因而解除,出租人要求承租人按照租赁物折旧情况给予补偿的,人民法院应予支持。

第十六条 融资租赁合同因买卖合同被解除、被确认无效或者被撤销而解除,出租人根据融资租赁合同约定,或者以融资租赁合同虽未约定或约定不明,但出卖人及租赁物系由承租人选择为由,主张承租人赔偿相应损失的,人民法院应予支持。

出租人的损失已经在买卖合同被解除、被确认无效或者被撤销时获得赔偿的,应当免除承租人相应的赔偿责任。

四、违约责任

第十七条 出租人有下列情形之一,影响承租人对租赁物的占有和使用,承租人依照合同法第二百四十五条的规定,要求出租人赔偿相应损失的,人民法院应予支持:

(一)无正当理由收回租赁物;

(二)无正当理由妨碍、干扰承租人对租赁物的占有和使用;

(三)因出租人的原因导致第三人对租赁物主张权利;

(四)不当影响承租人对租赁物占有、使用的其他情形。

第十八条 出租人有下列情形之一,导致承租人对出卖人索赔逾期或者索赔失败,承租人要求出租人承担相应责任的,人民法院应予支持:

(一)明知租赁物有质量瑕疵而不告知承租人的;

(二)承租人行使索赔权时,未及时提供必要协助的;

(三)怠于行使融资租赁合同中约定的只能由出租人行使对出卖人的索赔权的;

(四)怠于行使买卖合同中约定的只能由出租人行使对出卖人的索赔权的。

第十九条 租赁物不符合融资租赁合同的约定且出租人实施了下列行为之一,承租人依照合同法第二百四十一条、第二百四十四条的规定,要求出租人承担相应责任的,人民法院应予支持:

(一)出租人在承租人选择出卖人、租赁物时,对租赁物的选定起决定作用的;

(二)出租人干预或者要求承租人按照出租人意愿选择出卖人或者租赁物的;

(三)出租人擅自变更承租人已经选定的出卖人或者租赁物的。

承租人主张其系依赖出租人的技能确定租赁物或者出租人干预选择租赁物的,对上述事实承担举证责任。

第二十条　承租人逾期履行支付租金义务或者迟延履行其他付款义务，出租人按照融资租赁合同的约定要求承租人支付逾期利息、相应违约金的，人民法院应予支持。

第二十一条　出租人既请求承租人支付合同约定的全部未付租金又请求解除融资租赁合同的，人民法院应告知其依照合同法第二百四十八条的规定作出选择。

出租人请求承租人支付合同约定的全部未付租金，人民法院判决后承租人未予履行，出租人再行起诉请求解除融资租赁合同、收回租赁物的，人民法院应予受理。

第二十二条　出租人依照本解释第十二条的规定请求解除融资租赁合同，同时请求收回租赁物并赔偿损失的，人民法院应予支持。

前款规定的损失赔偿范围为承租人全部未付租金及其他费用与收回租赁物价值的差额。合同约定租赁期间届满后租赁物归出租人所有的，损失赔偿范围还应包括融资租赁合同到期后租赁物的残值。

第二十三条　诉讼期间承租人与出租人对租赁物的价值有争议的，人民法院可以按照融资租赁合同的约定确定租赁物价值；融资租赁合同未约定或者约定不明的，可以参照融资租赁合同约定的租赁物折旧以及合同到期后租赁物的残值确定租赁物价值。

承租人或者出租人认为依前款确定的价值严重偏离租赁物实际价值的，可以请求人民法院委托有资质的机构评估或者拍卖确定。

五、其他规定

第二十四条　出卖人与买受人因买卖合同发生纠纷，或者出租人与承租人因融资租赁合同发生纠纷，当事人仅对其中一个合同关系提起诉讼，人民法院经审查后认为另一合同关系的当事人与案件处理结果有法律上的利害关系的，可以通知其作为第三人参加诉讼。

承租人与租赁物的实际使用人不一致，融资租赁合同当事人未对租赁物的实际使用人提起诉讼，人民法院经审查后认为租赁物的实际使用人与案件处理结果有法律上的利害关系的，可以通知其作为第三人参加诉讼。

承租人基于买卖合同和融资租赁合同直接向出卖人主张受领租赁物、索赔等买卖合同权利的，人民法院应通知出租人作为第三人参加诉讼。

第二十五条　当事人因融资租赁合同租金欠付争议向人民法院请求保护其权利的诉讼时效期间为两年，自租赁期限届满之日起计算。

第二十六条　本解释自 2014 年 3 月 1 日起施行。《最高人民法院关于审理融资租赁合同纠纷案件若干问题的规定》（法发〔1996〕19 号）同时废止。

本解释施行后尚未终审的融资租赁合同纠纷案件，适用本解释；本解释施行前已经终审，当事人申请再审或者按照审判监督程序决定再审的，不适用本解释。

最高人民法院关于审理融资租赁合同纠纷案件若干问题的规定

1. 最高人民法院审判委员会第 793 次会议讨论通过
2. 1996 年 5 月 27 日公布
3. 法发〔1996〕19 号
4. 已由法释〔2014〕3 号废止

为正确审理融资租赁合同纠纷案件，保障当事人的合法权益，根据我国的有关法律规定和审判实践经验，特作如下规定：

一、融资租赁合同纠纷案件的当事人应包括出租人、承租人。供货人是否需要列为当事人，由法院根据案件的具体情况决定。但供货合同中有仲裁条款的，则不应当将供货人列为当事人。

二、融资租赁合同中的承租人与租赁物的实际使用人不一致时，法院可以根据实际情况决定将实际使用人列为案件的当事人。

三、融资租赁合同纠纷案件的当事人，可以协议选择与争议有实际联系地点的法院管辖。当事人未选择管辖法院的，应由被告住所地或合同履行地法院管辖。租赁物的使用地为融资租赁合同的履行地。

四、涉外融资租赁合同纠纷案件的当事人可以协议选择处理合同争议所适用的法律；当事人没有选择的，适用承租人所在地的法律。

五、融资租赁合同所涉及的项目应当报经有关部门批准而未经批准的,应认定融资租赁合同不生效。

六、有下列情形之一的,应认定融资租赁合同为无效合同:

(一)出租人不具有从事融资租赁经营范围的;

(二)承租人与供货人恶意串通,骗取出租人资金的;

(三)以融资租赁合同形式规避国家有关法律、法规的;

(四)依照有关法律、法规规定应认定为无效的。

七、融资租赁合同被确定为无效后,应区分下列情形分别处理:

(一)因承租人的过错造成合同无效,出租人不要求返还租赁物的,租赁物可以不予返还,但承租人应赔偿因其过错给出租人造成的损失;

(二)因出租人的过错造成合同无效,承租人要求退还租赁物的,可以退还租赁物,如有损失,出租人应赔偿相应损失;

(三)因出租人和承租人的共同过错造成合同无效的,可以返还租赁物,并根据过错大小各自承担相应的损失和赔偿责任。

租赁物正在继续使用且发挥效益的,对租赁物是否返还,可以协商解决;协商不成的,由法院根据实际情况作出判决。

八、在《最高人民法院关于贯彻执行〈中华人民共和国民法通则〉若干问题的意见(试行)》中规定国家机关不能担任保证人之后,国家机关所作的保证应认定无效。因保证无效而给债权人造成损失的,提供保证的国家机关应当承担相应的赔偿责任。

九、租赁物从境外购买的,融资租赁合同当事人约定用外币支付租金,应认定为有效。

十、在租赁合同履行完毕之前,承租人未经出租人同意,将租赁物进行抵押、转让、转租或投资入股,其行为无效,出租人有权收回租赁物,并要求承租人赔偿损失。因承租人的无效行为给第三人造成损失的,第三人有权要求承租人赔偿。

十一、在融资租赁合同有效期间内,出租人非法干预承租人对租赁物的正常使用或者擅自取回租赁物,而造成承租人损失的,出租人应承担赔偿责任。

十二、在供货人有迟延交货或交付的租赁物质量、数量存在问题以及其他违反供货合同约定的行为时,对其进行索赔应区别不同情形予以处理:

(一)供货合同或租赁合同中未约定转让索赔权的,对供货人的索赔应由出租人享有和行使,承租人应提供有关证据;

(二)在供货合同和租赁合同中均约定转让索赔权的,应由承租人直接向供货人索赔。

十三、有下列情形之一的,当租赁物质量、数量等存在问题,在对供货人索赔不着或不足时,出租人应承担赔偿责任:

(一)出租人根据租赁合同的约定完全是利用自己的技能和判断为承租人选择供货人或租赁物的;

(二)出租人为承租人指定供货人或租赁物的;

(三)出租人擅自变更承租人已选定的供货人或租赁物的。

除上列情形外,出租人对租赁物的质量、数量等问题一般不承担责任。

十四、在出租人无过错的情形下,对供货人索赔的费用和结果,均由承租人承担和享有。如因出租人的过错造成索赔逾期或索赔不着,出租人应承担相应的责任。

十五、因租赁物的质量、数量等问题对供货人索赔,如出租人无过错,不影响出租人向承租人行使收取租金的权利。

十六、承租人未按合同约定支付部分或全部租金,属违约行为,承租人应按合同约定支付租金、逾期利息,并赔偿出租人相应的损失。

十七、在承租人破产时,出租人可以将租赁物收回;也可以申请受理破产案件的法院拍卖租赁物,将拍卖所得款用以清偿承租人所欠出租人的债务。租赁物价值大于出租人债权的,其超出部分应退还承租人;租赁物价值小于出租人债权的,其未受清偿的债权应作为一般债权参加破产清偿程序,或者要求承租人的保证人清偿。

十八、在承租人破产时,出租人可以作为破产债权人申报债权,参加破产程序;出租人的债权有第三人提供保证的，出租人也可以要求保证人履行保证责任。

十九、出租人在参加承租人破产清偿后，其债权未能全部受偿的，可就不足部分向保证人追偿。

二十、出租人决定不参加承租人破产程序的，应及时通知承租人的保证人，保证人可以就保证债务的数额申报债权参加破产分配。

二十一、融资租赁合同当事人请求法院保护其权利的诉讼时效应适用《中华人民共和国民法通则》第一百三十五条的规定。

（八）加工承揽合同

最高人民法院关于商都县毛毯厂与呼和浩特联合毛纺织科研实验厂加工承揽毛毯合同纠纷一案的复函

1. 1992年7月16日公布

2. 法函〔1992〕99号

内蒙古自治区高级人民法院：

你院〔1992〕内法经请字第1号《关于商都县毛毯厂（以下简称毛毯厂）与呼和浩特联合毛纺织科研实验厂（以下简称实验厂）加工承揽毛毯合同纠纷一案的请示报告》收悉。经研究，答复如下：

一、原则同意你院审判委员会的意见，即毛毯厂可以留置的7729条毛毯折抵实验厂所欠毛毯厂的原料费、加工费、包装费、保管费、保养费和违约金。其余损失各自承担。

二、本案中，毛毯厂为实验厂加工毛毯10916条，实验厂已分6次提取毛毯3187条，仅付加工费1.5万元，尚欠毛毯厂原料费、加工费、包装费共计117万多元。毛毯厂据以留置其余的7729条毛毯是合理的。

三、毛毯厂行使留置权后，经催告并经合理期限即依法取得以留置财产折价或者以变卖该财产的价款优先得到偿还的权利，如果长期不行使处置留置物的权利，致使留置物价格下跌，应承担相应责任。毛毯厂依法取得处置留置物的权利后，实验厂可不再承担此后逾期付款的违约金及留置物的保管费、保养费等。

此复

（九）承包经营合同

全民所有制工业企业承包经营责任制暂行条例

1. 1988年2月27日国务院发布

2. 自1988年3月1日起施行

3. 根据1990年2月24日中华人民共和国国务院令第49号发布的《国务院关于修改〈全民所有制工业企业承包经营责任制暂行条例〉第二十一条的决定》修订

4. 根据2011年1月8日《国务院关于废止和修改部分行政法规的决定》修改

第一章　总　　则

第一条　为发展和完善全民所有制工业企业（以下简称企业）承包经营责任制，转变企业经营机制，增强企业活力，提高经济效益，制定本条例。

第二条　承包经营责任制，是在坚持企业的社会主义全民所有制的基础上，按照所有权与经营权分离的原则，以承包经营合同形式，确定国家与企业的责权利关系，使企业做到自主经营、自负盈亏的经营管理制度。

第三条　实行承包经营责任制，必须兼顾国家、企业、经营者和生产者利益，调动企业经营者和生产者积极性，挖掘企业内部潜力，确保上交国家利润，增强企业自我发展能力，逐步改善职工生活。

第四条　实行承包经营责任制，应当按照责权利相结合的原则，切实落实企业的经营管理自主权，保护企业的合法权益。

第五条　实行承包经营责任制，按照包死基数、确保上交、超收多留、欠收自补的原则，确定国家与企业的分配关系。

第六条　实行承包经营责任制，合同双方必须遵守国家法律、法规和政策，接受人民政府有关部门的监督。

第七条　实行承包经营责任制，由国家审计机关及其委托的其他审计组织对合同双方及企业经营者进行审计。

第二章 承包经营责任制的内容和形式

第八条 承包经营责任制的主要内容是:包上交国家利润,包完成技术改造任务,实行工资总额与经济效益挂钩。

在上述主要内容的基础上,不同企业可以根据实际情况确定其他承包内容。

第九条 承包上交国家利润的形式有:

(一)上交利润递增包干;

(二)上交利润基数包干,超收分成;

(三)微利企业上交利润定额包干;

(四)亏损企业减亏(或补贴)包干;

(五)国家批准的其他形式。

第十条 上交利润基数一般以上年上交的利润额(实行第二步利改税的企业,是指依法缴纳的所得税、调节税部分,下同)为准。

受客观因素影响,利润变化较大的企业,可以承包前2至3年上交利润的平均数为基数。

确定上交利润基数时,可参照本地区、本行业平均资金利润率进行适当调整。

确定上交利润递增率或超收分成比例,应当根据企业的生产增长潜力并适当考虑企业的技术改造任务确定。

第十一条 上交利润的方式为:企业按照税法纳税,纳税额中超过承包经营合同规定的上交利润额多上交的部分,由财政部门每季返还80%给企业,年终结算,多退少补,保证兑现。

第十二条 技术改造任务,应当根据国家的产业政策、市场需求、技术改造规划和企业的经济技术状况确定。

第十三条 实工资总额与经济效益挂钩,其具体形式,可根据国家的规定和企业的实际情况确定。

第三章 承包经营合同

第十四条 实行承包经营责任制,必须由企业经营者代表承包方同发包方订立承包经营合同。

发包方为人民政府指定的有关部门,承包方为实行承包经营的企业。

第十五条 订立承包经营合同,合同双方必须坚持平等、自愿和协商的原则。

第十六条 承包经营合同一般应包括下列主要条款:

(一)承包形式;

(二)承包期限;

(三)上交利润或减亏数额;

(四)国家指令性供应计划和产品生产计划;

(五)产品质量及其他主要经济技术指标;

(六)技术改造任务,国家资产维护和增值;

(七)留利使用,贷款归还,承包前的债权债务处理;

(八)双方权利和义务;

(九)违约责任;

(十)对企业经营者的奖罚;

(十一)合同双方约定的其他事项。

第十七条 承包期限,一般不得少于3年。

第十八条 承包经营合同依法成立,即具有法律效力,任何一方均不得随意变更或解除。

第十九条 国务院对税种、税率进行重大调整,合同双方可按国务院规定协商变更承包经营合同。

因不可抗力或由于一方当事人虽无过失但无法防止的外因使企业无法履行承包经营合同时,合同双方可协商变更或解除承包经营合同。

第二十条 由于承包方经营管理不善完不成承包经营合同任务时,发包方有权提出解除承包经营合同。

由于发包方违约使承包方无法履行承包经营合同时,承包方有权提出解除承包经营合同。

第二十一条 合同双方发生纠纷,应当协商解决。协商不成的,合同双方可以根据承包经营合同规定向国家工商行政管理机关申请仲裁;也可以根据承包经营合同规定直接向人民法院起诉。

承包经营合同未规定纠纷处理办法,但当事人在合同订立后或发生纠纷时达成申请工商行政管理机关仲裁的书面协议的,由工商行政管理机关依法受理该仲裁案件。

承包经营合同的任何一方当事人对仲裁机关的裁决不服,均可在接到裁决书之日起10日内向上一级仲裁机关申请复议。上一级仲裁机关作出的复议裁决,或逾期未申请复议发生法律效力的仲裁决定,均为终局裁决。

当事人一方在规定期限内不执行已经发生法律效力的调解书、裁决书的,另一方可以申请人民法院强制执行。

第四章 承包经营合同双方的权利和义务

第二十二条 发包方有权按承包经营合同规定,对承包方的生产经营活动进行检查、监督。

发包方应当按承包经营合同规定维护承包方和企业经营者的合法权益,并在职责范围内帮助协调解决承包方生产经营中的困难。

第二十三条 承包方享有国家法律、法规、政策和承包经营合同规定的经营管理自主权。

承包方必须按承包经营合同规定完成各项任务。

第二十四条 由于发包方没有履行合同,影响承包经营合同完成时,发包方应当承担违约责任,并视情节轻重追究发包方直接责任者的行政责任和经济责任。

第二十五条 承包方完不成承包经营合同任务时,应当承担违约责任,并视情节轻重追究企业经营者的行政责任和经济责任。

第五章 企业经营者

第二十六条 实行承包经营责任制,一般应当采取公开招标办法通过竞争确定企业经营者或经营集团。也可以按国家规定的其他方式确定企业经营者。

招标可在本企业或本行业中进行,有条件的也可以面向社会通过人才市场进行。投标者可以是个人、集团或企业法人。集团或企业法人中标后,必须确定企业经营者。

国家鼓励企业法人投标经营其他企业,以促进产品结构和企业组织结构的调整。

第二十七条 地方各级人民政府应当积极创造条件,逐步建立承包市场,为企业承包经营提供招标投标信息,为企业经营人才提供平等的竞争机会。

第二十八条 由发包方组织有承包企业职工代表参加的招标委员会(或小组),对投标者进行全面评审,公开答辩,择优选定。

第二十九条 企业经营者必须具备下列条件:

(一)国家规定的厂长(经理)条件;

(二)招标规定的其他条件。

第三十条 企业经营者是企业的厂长(经理),企业的法定代表人,对企业全面负责。

第三十一条 企业经营者可根据需要,按国家有关规定聘任一定数量的人员,组成企业领导班子。承包期满后,原企业领导班子即告解散。

第三十二条 企业经营者必须履行承包经营合同规定的有关义务;在承包期间,按年度向发包方和企业职工代表大会提交承包经营合同执行情况的报告。

第三十三条 企业经营者的年收入视完成承包经营合同情况,可高于本企业职工年平均收入的一至三倍,贡献突出的,还可适当高一些。企业领导班子其他成员的收入要低于企业经营者。

完不成承包经营合同时,应当扣减企业经营者的收入,直至只保留其基本工资的一半。企业领导班子其他成员也要承担相应的经济责任。

第六章 承包经营企业的管理

第三十四条 实行承包经营责任制的企业,试行资金分账制度,划分国家资金和企业资金,分别列账。

承包前企业占用的全部固定资产和流动资金,列为国家资金。

承包期间的留利,以及用留利投入形成的固定资产和补充的流动资金,列为企业资金。

承包期间利用贷款形成的固定资产,用留利还贷的,划入企业资金;税前还贷的,按承包前国家与企业的利润分配比例,折算成国家资金和企业资金。

承包期间所提取的固定资产折旧基金,按固定资产中国家资金和企业资金的比例,分别列为国家资金和企业资金。

企业资金属全民所有制性质。

第三十五条 企业资金作为承包经营企业负亏的风险基金。承包期满后转入下期承包的企业资金。

企业完不成上交利润,先用企业当年留利抵交。不足时,用企业资金抵交。

第三十六条 承包经营企业必须合理核定留利中的生产发展基金、福利基金和奖励基金分配比例,并提取一定比例的福利基金和奖励基金用于住房制度改革。承包后新增的留利应当主要作为生产发展基金。

第三十七条 实行承包前的贷款,由国家承担的部分,要在承包经营合同中规定还款额度和期限,分年还清,然后按规定调整承包基数。实行承包后的贷款,原则上要用企业资金偿还。

第三十八条 承包经营企业必须严格遵守国家物价政策,不得擅自涨价或变相涨价。企业发生价格违法行为时,按国家有关规定追究企业和企业经营者的责任。

第三十九条 承包经营企业应当搞好企业内部领导制度改革,实行厂长(经理)负责制。

第四十条 承包经营企业应当加强民主管理,健全职工代表大会制度,充分发挥工会的作用,切实保障职工的民主权利。

第四十一条 承包经营企业应当按照责权利相结合的原则,建立和健全企业内部经济责任制,搞好企业内部承包。

第四十二条 承包经营企业应当贯彻按劳分配原则,确定适合本企业的工资形式和分配办法,积极推行计件工资制和定额工资制,使职工的劳动所得同劳动成果紧密挂钩。

第七章 附 则

第四十三条 交通、建筑、农林、物资、商业、外贸行业的全民所有制企业实行承包经营责任制的,可参照本条例执行。

实行行业包干的部门和国家计划单列的企业集团的承包,按国家有关规定办理,不适用本条例。

第四十四条 各省、自治区、直辖市人民政府可根据本条例制定实施办法。

第四十五条 本条例自1988年3月1日起施行。

国务院关于修改《全民所有制工业企业承包经营责任制暂行条例》第二十一条的决定

1. 1990年2月24日发布

2. 中华人民共和国国务院令第49号

国务院决定对《全民所有制工业企业承包经营责任制暂行条例》第二十一条作如下修改:

《全民所有制工业企业承包经营责任制暂行条例》第二十一条增加三款,作为第二、三、四款:

承包经营合同未规定纠纷处理办法,但当事人在合同订立后或发生纠纷时达成申请工商行政管理机关仲裁的书面协议的,由工商行政管理机关依法受理该仲裁案件。

承包经营合同的任何一方当事人对仲裁机关的裁决不服,均可在接到裁决书之日起十日内向上一级仲裁机关申请复议。上一级仲裁机关作出的复议裁决,或逾期未申请复议发生法律效力的仲裁决定,均为终局裁决。

当事人一方在规定期限内不执行已经发生法律效力的调解书、裁决书的,另一方可以申请人民法院强制执行。

本决定自发布之日起施行。

附:

《全民所有制工业企业承包经营责任制暂行条例》第二十一条修改前的条文

第二十一条 合同双方发生纠纷,应当协商解决。协商不成的,合同双方可以根据承包经营合同规定向国家工商行政管理机关申请仲裁;也可以根据承包经营合同规定直接向人民法院起诉。

最高人民法院关于沈参雄诉昆明磷酸盐厂承包合同纠纷案在合资企业昆明云通磷酸盐厂成立以后原承包合同应视为实际上解除问题的复函

1. 1992年12月17日发布
2. 法经〔1992〕210号

云南省高级人民法院：

你院云高法〔1992〕59号《关于沈参雄诉昆明磷酸盐厂承包合同纠纷案在合资企业昆明云通磷酸盐厂成立以后原承包合同应视为实际上解除的请示》收悉。经研究，答复如下：

根据《乡镇企业承包经营责任制规定》，"企业实行承包经营责任制，其社会主义劳动群众集体所有制性质不变。企业的全部财产（包括承包后新增的资产）仍属举办该企业的全体劳动群众集体所有"。因此，承包人在承包期间不能以中方企业的财产、以全额投资的方式与外商举办合资企业并取得股东地位。我们同意你院意见，可以确认在合资企业成立以后，沈参雄与昆明磷酸盐厂的承包合同视为实际上已解除。但有关承包过程中的其他权利义务，仍应实事求是，妥善处理，公正保护发包人和承包人双方的合法权益。

（十）建设工程合同

中华人民共和国建筑法

1. 1997年11月1日第八届全国人民代表大会常务委员会第二十八次会议通过
2. 根据2011年4月22日第十一届全国人民代表大会常务委员会第二十次会议《关于修改〈中华人民共和国建筑法〉的决定》修正

第一章　总　　则

第一条　【立法目的】为了加强对建筑活动的监督管理，维护建筑市场秩序，保证建筑工程的质量和安全，促进建筑业健康发展，制定本法。

第二条　【适用范围】在中华人民共和国境内从事建筑活动，实施对建筑活动的监督管理，应当遵守本法。

本法所称建筑活动，是指各类房屋建筑及其附属设施的建造和与其配套的线路、管道、设备的安装活动。

第三条　【建筑活动要求】建筑活动应当确保建筑工程质量和安全，符合国家的建筑工程安全标准。

第四条　【国家扶持】国家扶持建筑业的发展，支持建筑科学技术研究，提高房屋建筑设计水平，鼓励节约能源和保护环境，提倡采用先进技术、先进设备、先进工艺、新型建筑材料和现代管理方式。

第五条　【从业要求】从事建筑活动应当遵守法律、法规，不得损害社会公共利益和他人的合法权益。

任何单位和个人都不得妨碍和阻挠依法进行的建筑活动。

第六条　【管理部门】国务院建设行政主管部门对全国的建筑活动实施统一监督管理。

第二章　建　筑　许　可

第一节　建筑工程施工许可

第七条　【许可证的领取】建筑工程开工前，建设单位应当按照国家有关规定向工程所在地县级以上人民政府建设行政主管部门申请领取施工许可证；但是，国务院建设行政主管部门确定的限额以下的小型工程除外。

按照国务院规定的权限和程序批准开工报告的建筑工程，不再领取施工许可证。

第八条　【申领条件】申请领取施工许可证，应当具备下列条件：

（一）已经办理该建筑工程用地批准手续；

（二）在城市规划区的建筑工程，已经取得规划许可证；

（三）需要拆迁的，其拆迁进度符合施工要求；

（四）已经确定建筑施工企业；

（五）有满足施工需要的施工图纸及技术资料；

（六）有保证工程质量和安全的具体措施；

(七)建设资金已经落实;

(八)法律、行政法规规定的其他条件。

建设行政主管部门应当自收到申请之日起十五日内,对符合条件的申请颁发施工许可证。

第九条 【开工期限】建设单位应当自领取施工许可证之日起三个月内开工。因故不能按期开工的,应当向发证机关申请延期;延期以两次为限,每次不超过三个月。既不开工又不申请延期或者超过延期时限的,施工许可证自行废止。

第十条 【施工中止与恢复】在建的建筑工程因故中止施工的,建设单位应当自中止施工之日起一个月内,向发证机关报告,并按照规定做好建筑工程的维护管理工作。

建筑工程恢复施工时,应当向发证机关报告;中止施工满一年的工程恢复施工前,建设单位应当报发证机关核验施工许可证。

第十一条 【不能按期施工处理】按照国务院有关规定批准开工报告的建筑工程,因故不能按期开工或者中止施工的,应当及时向批准机关报告情况。因故不能按期开工超过六个月的,应当重新办理开工报告的批准手续。

第二节 从业资格

第十二条 【从业条件】从事建筑活动的建筑施工企业、勘察单位、设计单位和工程监理单位,应当具备下列条件:

(一)有符合国家规定的注册资本;

(二)有与其从事的建筑活动相适应的具有法定执业资格的专业技术人员;

(三)有从事相关建筑活动所应有的技术装备;

(四)法律、行政法规规定的其他条件。

第十三条 【资质等级】从事建筑活动的建筑施工企业、勘察单位、设计单位和工程监理单位,按照其拥有的注册资本、专业技术人员、技术装备和已完成的建筑工程业绩等资质条件,划分为不同的资质等级,经资质审查合格,取得相应等级的资质证书后,方可在其资质等级许可的范围内从事建筑活动。

第十四条 【执业资格的取得】从事建筑活动的专业技术人员,应当依法取得相应的执业资格证书,并在执业资格证书许可的范围内从事建筑活动。

第三章 建筑工程发包与承包

第一节 一般规定

第十五条 【承包合同】建筑工程的发包单位与承包单位应当依法订立书面合同,明确双方的权利和义务。

发包单位和承包单位应当全面履行合同约定的义务。不按照合同约定履行义务的,依法承担违约责任。

第十六条 【活动原则】建筑工程发包与承包的招标投标活动,应当遵循公开、公正、平等竞争的原则,择优选择承包单位。

建筑工程的招标投标,本法没有规定的,适用有关招标投标法律的规定。

第十七条 【禁止行贿、索贿】发包单位及其工作人员在建筑工程发包中不得收受贿赂、回扣或者索取其他好处。

承包单位及其工作人员不得利用向发包单位及其工作人员行贿、提供回扣或者给予其他好处等不正当手段承揽工程。

第十八条 【造价约定】建筑工程造价应当按照国家有关规定,由发包单位与承包单位在合同中约定。公开招标发包的,其造价的约定,须遵守招标投标法律的规定。

发包单位应当按照合同的约定,及时拨付工程款项。

第二节 发 包

第十九条 【发包方式】建筑工程依法实行招标发包,对不适于招标发包的可以直接发包。

第二十条 【公开招标、开标方式】建筑工程实行公开招标的,发包单位应当依照法定程序和方式,发布招标公告,提供载有招标工程的主要技术要求、主要的合同条款、评标的标准和方法以及开标、评标、定标的程序等内容的招标文件。

开标应当在招标文件规定的时间、地点公开进行。开标后应当按照招标文件规定的评标标准和程序对标书进行评价、比较,在具备相应资质条件的投标者中,择优选定中标者。

第二十一条 【招标组织和监督】建筑工程招标

的开标、评标、定标由建设单位依法组织实施，并接受有关行政主管部门的监督。

第二十二条　【发包约束】建筑工程实行招标发包的，发包单位应当将建筑工程发包给依法中标的承包单位。建筑工程实行直接发包的，发包单位应当将建筑工程发包给具有相应资质条件的承包单位。

第二十三条　【禁止限定发包】政府及其所属部门不得滥用行政权力，限定发包单位将招标发包的建筑工程发包给指定的承包单位。

第二十四条　【总承包原则】提倡对建筑工程实行总承包，禁止将建筑工程肢解发包。

建筑工程的发包单位可以将建筑工程的勘察、设计、施工、设备采购一并发包给一个工程总承包单位，也可以将建筑工程勘察、设计、施工、设备采购的一项或者多项发包给一个工程总承包单位；但是，不得将应当由一个承包单位完成的建筑工程肢解成若干部分发包给几个承包单位。

第二十五条　【建筑材料采购】按照合同约定，建筑材料、建筑构配件和设备由工程承包单位采购的，发包单位不得指定承包单位购入用于工程的建筑材料、建筑构配件和设备或者指定生产厂、供应商。

第三节　承　　包

第二十六条　【资质等级许可】承包建筑工程的单位应当持有依法取得的资质证书，并在其资质等级许可的业务范围内承揽工程。

禁止建筑施工企业超越本企业资质等级许可的业务范围或者以任何形式用其他建筑施工企业的名义承揽工程。禁止建筑施工企业以任何形式允许其他单位或者个人使用本企业的资质证书、营业执照，以本企业的名义承揽工程。

第二十七条　【共同承包】大型建筑工程或者结构复杂的建筑工程，可以由两个以上的承包单位联合共同承包。共同承包的各方对承包合同的履行承担连带责任。

两个以上不同资质等级的单位实行联合共同承包的，应当按照资质等级低的单位的业务许可范围承揽工程。

第二十八条　【禁止转包、分包】禁止承包单位将其承包的全部建筑工程转包给他人，禁止承包单位将其承包的全部建筑工程肢解以后以分包的名义分别转包给他人。

第二十九条　【分包认可和责任制】建筑工程总承包单位可以将承包工程中的部分工程发包给具有相应资质条件的分包单位；但是，除总承包合同中约定的分包外，必须经建设单位认可。施工总承包的，建筑工程主体结构的施工必须由总承包单位自行完成。

建筑工程总承包单位按照总承包合同的约定对建设单位负责；分包单位按照分包合同的约定对总承包单位负责。总承包单位和分包单位就分包工程对建设单位承担连带责任。

禁止总承包单位将工程分包给不具备相应资质条件的单位。禁止分包单位将其承包的工程再分包。

第四章　建筑工程监理

第三十条　【监理制度推行】国家推行建筑工程监理制度。

国务院可以规定实行强制监理的建筑工程的范围。

第三十一条　【监理委托】实行监理的建筑工程，由建设单位委托具有相应资质条件的工程监理单位监理。建设单位与其委托的工程监理单位应当订立书面委托监理合同。

第三十二条　【监理监督】建筑工程监理应当依照法律、行政法规及有关的技术标准、设计文件和建筑工程承包合同，对承包单位在施工质量、建设工期和建设资金使用等方面，代表建设单位实施监督。

工程监理人员认为工程施工不符合工程设计要求、施工技术标准和合同约定的，有权要求建筑施工企业改正。

工程监理人员发现工程设计不符合建筑工程质量标准或者合同约定的质量要求的，应当报告建设单位要求设计单位改正。

第三十三条　【监理事项通知】实施建筑工程监理前，建设单位应当将委托的工程监理单位、监理的内容及监理权限，书面通知被监理的建筑施工企业。

第三十四条　【监理范围与职责】工程监理单位应当在其资质等级许可的监理范围内，承担工程监理业务。

工程监理单位应当根据建设单位的委托,客观、公正地执行监理任务。

工程监理单位与被监理工程的承包单位以及建筑材料、建筑构配件和设备供应单位不得有隶属关系或者其他利害关系。

工程监理单位不得转让工程监理业务。

第三十五条 【违约责任】工程监理单位不按照委托监理合同的约定履行监理义务,对应当监督检查的项目不检查或者不按照规定检查,给建设单位造成损失的,应当承担相应的赔偿责任。

工程监理单位与承包单位串通,为承包单位谋取非法利益,给建设单位造成损失的,应当与承包单位承担连带赔偿责任。

第五章 建筑安全生产管理

第三十六条 【管理方针、目标】建筑工程安全生产管理必须坚持安全第一、预防为主的方针,建立健全安全生产的责任制度和群防群治制度。

第三十七条 【工程设计要求】建筑工程设计应当符合按照国家规定制定的建筑安全规程和技术规范,保证工程的安全性能。

第三十八条 【安全措施编制】建筑施工企业在编制施工组织设计时,应当根据建筑工程的特点制定相应的安全技术措施;对专业性较强的工程项目,应当编制专项安全施工组织设计,并采取安全技术措施。

第三十九条 【现场安全防范】建筑施工企业应当在施工现场采取维护安全、防范危险、预防火灾等措施;有条件的,应当对施工现场实行封闭管理。

施工现场对毗邻的建筑物、构筑物和特殊作业环境可能造成损害的,建筑施工企业应当采取安全防护措施。

第四十条 【地下管线保护】建设单位应当向建筑施工企业提供与施工现场相关的地下管线资料,建筑施工企业应当采取措施加以保护。

第四十一条 【污染控制】建筑施工企业应当遵守有关环境保护和安全生产的法律、法规的规定,采取控制和处理施工现场的各种粉尘、废气、废水、固体废物以及噪声、振动对环境的污染和危害的措施。

第四十二条 【须审批事项】有下列情形之一的,建设单位应当按照国家有关规定办理申请批准手续:

(一)需要临时占用规划批准范围以外场地的;

(二)可能损坏道路、管线、电力、邮电通讯等公共设施的;

(三)需要临时停水、停电、中断道路交通的;

(四)需要进行爆破作业的;

(五)法律、法规规定需要办理报批手续的其他情形。

第四十三条 【安全生产管理部门】建设行政主管部门负责建筑安全生产的管理,并依法接受劳动行政主管部门对建筑安全生产的指导和监督。

第四十四条 【施工企业安全责任】建筑施工企业必须依法加强对建筑安全生产的管理,执行安全生产责任制度,采取有效措施,防止伤亡和其他安全生产事故的发生。

建筑施工企业的法定代表人对本企业的安全生产负责。

第四十五条 【现场安全责任单位】施工现场安全由建筑施工企业负责。实行施工总承包的,由总承包单位负责。分包单位向总承包单位负责,服从总承包单位对施工现场的安全生产管理。

第四十六条 【安全生产教育培训】建筑施工企业应当建立健全劳动安全生产教育培训制度,加强对职工安全生产的教育培训;未经安全生产教育培训的人员,不得上岗作业。

第四十七条 【施工安全保障】建筑施工企业和作业人员在施工过程中,应当遵守有关安全生产的法律、法规和建筑行业安全规章、规程,不得违章指挥或者违章作业。作业人员有权对影响人身健康的作业程序和作业条件提出改进意见,有权获得安全生产所需的防护用品。作业人员对危及生命安全和人身健康的行为有权提出批评、检举和控告。

第四十八条 【企业承保】建筑施工企业应当依法为职工参加工伤保险缴纳工伤保险费。鼓励企业为从事危险作业的职工办理意外伤害保险,支付保险费。

第四十九条　【变动设计方案】涉及建筑主体和承重结构变动的装修工程,建设单位应当在施工前委托原设计单位或者具有相应资质条件的设计单位提出设计方案;没有设计方案的,不得施工。

第五十条　【房屋拆除安全】房屋拆除应当由具备保证安全条件的建筑施工单位承担,由建筑施工单位负责人对安全负责。

第五十一条　【事故应急处理】施工中发生事故时,建筑施工企业应当采取紧急措施减少人员伤亡和事故损失,并按照国家有关规定及时向有关部门报告。

第六章　建筑工程质量管理

第五十二条　【工程质量管理】建筑工程勘察、设计、施工的质量必须符合国家有关建筑工程安全标准的要求,具体管理办法由国务院规定。

有关建筑工程安全的国家标准不能适应确保建筑安全的要求时,应当及时修订。

第五十三条　【质量体系认证】国家对从事建筑活动的单位推行质量体系认证制度。从事建筑活动的单位根据自愿原则可以向国务院产品质量监督管理部门或者国务院产品质量监督管理部门授权的部门认可的认证机构申请质量体系认证。经认证合格的,由认证机构颁发质量体系认证证书。

第五十四条　【工程质量保证】建设单位不得以任何理由,要求建筑设计单位或者建筑施工企业在工程设计或者施工作业中,违反法律、行政法规和建筑工程质量、安全标准,降低工程质量。

建筑设计单位和建筑施工企业对建设单位违反前款规定提出的降低工程质量的要求,应当予以拒绝。

第五十五条　【工程质量责任制】建筑工程实行总承包的,工程质量由工程总承包单位负责,总承包单位将建筑工程分包给其他单位的,应当对分包工程的质量与分包单位承担连带责任。分包单位应当接受总承包单位的质量管理。

第五十六条　【工程勘察、设计职责】建筑工程的勘察、设计单位必须对其勘察、设计的质量负责。勘察、设计文件应当符合有关法律、行政法规的规定和建筑工程质量、安全标准、建筑工程勘察、设计技术规范以及合同的约定。设计文件选用的建筑材料、建筑构配件和设备,应当注明其规格、型号、性能等技术指标,其质量要求必须符合国家规定的标准。

第五十七条　【建筑材料供给】建筑设计单位对设计文件选用的建筑材料、建筑构配件和设备,不得指定生产厂、供应商。

第五十八条　【施工质量责任制】建筑施工企业对工程的施工质量负责。

建筑施工企业必须按照工程设计图纸和施工技术标准施工,不得偷工减料。工程设计的修改由原设计单位负责,建筑施工企业不得擅自修改工程设计。

第五十九条　【建筑材料设备检验】建筑施工企业必须按照工程设计要求、施工技术标准和合同的约定,对建筑材料、建筑构配件和设备进行检验,不合格的不得使用。

第六十条　【地基和主体结构质量保证】建筑物在合理使用寿命内,必须确保地基基础工程和主体结构的质量。

建筑工程竣工时,屋顶、墙面不得留有渗漏、开裂等质量缺陷;对已发现的质量缺陷,建筑施工企业应当修复。

第六十一条　【工程验收】交付竣工验收的建筑工程,必须符合规定的建筑工程质量标准,有完整的工程技术经济资料和经签署的工程保修书,并具备国家规定的其他竣工条件。

建筑工程竣工经验收合格后,方可交付使用;未经验收或者验收不合格的,不得交付使用。

第六十二条　【工程质量保修】建筑工程实行质量保修制度。

建筑工程的保修范围应当包括地基基础工程、主体结构工程、屋面防水工程和其他土建工程,以及电气管线、上下水管线的安装工程,供热、供冷系统工程等项目;保修的期限应当按照保证建筑物合理寿命年限内正常使用,维护使用者合法权益的原则确定。具体的保修范围和最低保修期限由国务院规定。

第六十三条　【质量投诉】任何单位和个人对建筑工程的质量事故、质量缺陷都有权向建设行政主管部门或者其他有关部门进行检举、控告、投诉。

第七章　法 律 责 任

第六十四条　【擅自施工处罚】违反本法规定,未取得施工许可证或者开工报告未经批准擅自施工的,责令改正,对不符合开工条件的责令停止施工,可以处以罚款。

第六十五条　【非法发包、承揽处罚】发包单位将工程发包给不具有相应资质条件的承包单位的,或者违反本法规定将建筑工程肢解发包的,责令改正,处以罚款。

超越本单位资质等级承揽工程的,责令停止违法行为,处以罚款,可以责令停业整顿,降低资质等级;情节严重的,吊销资质证书;有违法所得的,予以没收。

未取得资质证书承揽工程的,予以取缔,并处罚款;有违法所得的,予以没收。

以欺骗手段取得资质证书的,吊销资质证书,处以罚款;构成犯罪的,依法追究刑事责任。

第六十六条　【非法转让承揽工程处罚】建筑施工企业转让、出借资质证书或者以其他方式允许他人以本企业的名义承揽工程的,责令改正,没收违法所得,并处罚款,可以责令停业整顿,降低资质等级;情节严重的,吊销资质证书。对因该项承揽工程不符合规定的质量标准造成的损失,建筑施工企业与使用本企业名义的单位或者个人承担连带赔偿责任。

第六十七条　【转包处罚】承包单位将承包的工程转包的,或者违反本法规定进行分包的,责令改正,没收违法所得,并处罚款,可以责令停业整顿,降低资质等级;情节严重的,吊销资质证书。

承包单位有前款规定的违法行为的,对因转包工程或者违法分包的工程不符合规定的质量标准造成的损失,与接受转包或者分包的单位承担连带赔偿责任。

第六十八条　【行贿、索贿刑事责任】在工程发包与承包中索贿、受贿、行贿,构成犯罪的,依法追究刑事责任;不构成犯罪的,分别处以罚款,没收贿赂的财物,对直接负责的主管人员和其他直接责任人员给予处分。

对在工程承包中行贿的承包单位,除依照前款规定处罚外,可以责令停业整顿,降低资质等级或者吊销资质证书。

第六十九条　【非法监理处罚】工程监理单位与建设单位或者建筑施工企业串通,弄虚作假、降低工程质量的,责令改正,处以罚款,降低资质等级或者吊销资质证书;有违法所得的,予以没收;造成损失的,承担连带赔偿责任;构成犯罪的,依法追究刑事责任。

工程监理单位转让监理业务的,责令改正,没收违法所得,可以责令停业整顿,降低资质等级;情节严重的,吊销资质证书。

第七十条　【擅自变动施工处罚】违反本法规定,涉及建筑主体或者承重结构变动的装修工程擅自施工的,责令改正,处以罚款;造成损失的,承担赔偿责任;构成犯罪的,依法追究刑事责任。

第七十一条　【安全事故处罚】建筑施工企业违反本法规定,对建筑安全事故隐患不采取措施予以消除的,责令改正,可以处以罚款;情节严重的,责令停业整顿,降低资质等级或者吊销资质证书;构成犯罪的,依法追究刑事责任。

建筑施工企业的管理人员违章指挥、强令职工冒险作业,因而发生重大伤亡事故或者造成其他严重后果的,依法追究刑事责任。

第七十二条　【质量降低处罚】建设单位违反本法规定,要求建筑设计单位或者建筑施工企业违反建筑工程质量、安全标准,降低工程质量的,责令改正,可以处以罚款;构成犯罪的,依法追究刑事责任。

第七十三条　【非法设计处罚】建筑设计单位不按照建筑工程质量、安全标准进行设计的,责令改正,处以罚款;造成工程质量事故的,责令停业整顿,降低资质等级或者吊销资质证书,没收违法所得,并处罚款;造成损失的,承担赔偿责任;构成犯罪的,依法追究刑事责任。

第七十四条　【非法施工处罚】建筑施工企业在施工中偷工减料的,使用不合格的建筑材料、建筑构配件和设备的,或者有其他不按照工程设计图纸或者施工技术标准施工的行为的,责令改正,处以罚款;情节严重的,责令停业整顿,降低资质等级或者吊销资质证书;造成建筑工程质量不符合规定的质量标准的，负责返工、修理，并赔偿因此造成的损失；构成犯罪的，依法追究刑事责任。

第七十五条　【不保修处罚及赔偿】建筑施工企业违反本法规定，不履行保修义务或者拖延履行保修义务的，责令改正，可以处以罚款，并对在保修期内因屋顶、墙面渗漏、开裂等质量缺陷造成的损失，承担赔偿责任。

第七十六条　【行政处罚机关】本法规定的责令停业整顿、降低资质等级和吊销资质证书的行政处罚，由颁发资质证书的机关决定；其他行政处罚，由建设行政主管部门或者有关部门依照法律和国务院规定的职权范围决定。

依照本法规定被吊销资质证书的，由工商行政管理部门吊销其营业执照。

第七十七条　【非法颁证处罚】违反本法规定，对不具备相应资质等级条件的单位颁发该等级资质证书的，由其上级机关责令收回所发的资质证书，对直接负责的主管人员和其他直接责任人员给予行政处分；构成犯罪的，依法追究刑事责任。

第七十八条　【限包处罚】政府及其所属部门的工作人员违反本法规定，限定发包单位将招标发包的工程发包给指定的承包单位的，由上级机关责令改正；构成犯罪的，依法追究刑事责任。

第七十九条　【非法颁证、验收处罚】负责颁发建筑工程施工许可证的部门及其工作人员对不符合施工条件的建筑工程颁发施工许可证的，负责工程质量监督检查或者竣工验收的部门及其工作人员对不合格的建筑工程出具质量合格文件或者按合格工程验收的，由上级机关责令改正，对责任人员给予行政处分；构成犯罪的，依法追究刑事责任；造成损失的，由该部门承担相应的赔偿责任。

第八十条　【损害赔偿】在建筑物的合理使用寿命内，因建筑工程质量不合格受到损害的，有权向责任者要求赔偿。

第八章　附　　则

第八十一条　【适用范围补充】本法关于施工许可、建筑施工企业资质审查和建筑工程发包、承包、禁止转包，以及建筑工程监理、建筑工程安全和质量管理的规定，适用于其他专业建筑工程的建筑活动，具体办法由国务院规定。

第八十二条　【监管收费】建设行政主管部门和其他有关部门在对建筑活动实施监督管理中，除按照国务院有关规定收取费用外，不得收取其他费用。

第八十三条　【适用范围特别规定】省、自治区、直辖市人民政府确定的小型房屋建筑工程的建筑活动，参照本法执行。

依法核定作为文物保护的纪念建筑物和古建筑等的修缮，依照文物保护的有关法律规定执行。

抢险救灾及其他临时性房屋建筑和农民自建低层住宅的建筑活动，不适用本法。

第八十四条　【军用工程特别规定】军用房屋建筑工程建筑活动的具体管理办法，由国务院、中央军事委员会依据本法制定。

第八十五条　【生效日期】本法自1998年3月1日起施行。

建设工程质量管理条例

1. 2000年1月30日公布

2. 国务院令第279号

3. 自2000年1月30日起施行

第一章　总　　则

第一条　为了加强对建设工程质量的管理，保证建设工程质量，保护人民生命和财产安全，根据《中华人民共和国建筑法》，制定本条例。

第二条　凡在中华人民共和国境内从事建设工程的新建、扩建、改建等有关活动及实施对建设工程质量监督管理的，必须遵守本条例。

本条例所称建设工程，是指土木工程、建筑工程、线路管道和设备安装工程及装修工程。

第三条　建设单位、勘察单位、设计单位、施工单位、工程监理单位依法对建设工程质量负责。

第四条　县级以上人民政府建设行政主管部门和其他有关部门应当加强对建设工程质量的监督管理。

第五条　从事建设工程活动，必须严格执行基本建设程序，坚持先勘察、后设计、再施工的原则。

县级以上人民政府及其有关部门不得超越权限审批建设项目或者擅自简化基本建设程序。

第六条 国家鼓励采用先进的科学技术和管理方法,提高建设工程质量。

第二章 建设单位的质量责任和义务

第七条 建设单位应当将工程发包给具有相应资质等级的单位。

建设单位不得将建设工程肢解发包。

第八条 建设单位应当依法对工程建设项目的勘察、设计、施工、监理以及与工程建设有关的重要设备、材料等的采购进行招标。

第九条 建设单位必须向有关的勘察、设计、施工、工程监理等单位提供与建设工程有关的原始资料。

原始资料必须真实、准确、齐全。

第十条 建设工程发包单位不得迫使承包方以低于成本的价格竞标,不得任意压缩合理工期。

建设单位不得明示或者暗示设计单位或者施工单位违反工程建设强制性标准,降低建设工程质量。

第十一条 建设单位应当将施工图设计文件报县级以上人民政府建设行政主管部门或者其他有关部门审查。施工图设计文件审查的具体办法,由国务院建设行政主管部门会同国务院其他有关部门制定。

施工图设计文件未经审查批准的,不得使用。

第十二条 实行监理的建设工程,建设单位应当委托具有相应资质等级的工程监理单位进行监理,也可以委托具有工程监理相应资质等级并与被监理工程的施工承包单位没有隶属关系或者其他利害关系的该工程的设计单位进行监理。

下列建设工程必须实行监理:

(一)国家重点建设工程;

(二)大中型公用事业工程;

(三)成片开发建设的住宅小区工程;

(四)利用外国政府或者国际组织贷款、援助资金的工程;

(五)国家规定必须实行监理的其他工程。

第十三条 建设单位在领取施工许可证或者开工报告前,应当按照国家有关规定办理工程质量监督手续。

第十四条 按照合同约定,由建设单位采购建筑材料、建筑构配件和设备的,建设单位应当保证建筑材料、建筑构配件和设备符合设计文件和合同要求。

建设单位不得明示或者暗示施工单位使用不合格的建筑材料、建筑构配件和设备。

第十五条 涉及建筑主体和承重结构变动的装修工程,建设单位应当在施工前委托原设计单位或者具有相应资质等级的设计单位提出设计方案;没有设计方案的,不得施工。

房屋建筑使用者在装修过程中,不得擅自变动房屋建筑主体和承重结构。

第十六条 建设单位收到建设工程竣工报告后,应当组织设计、施工、工程监理等有关单位进行竣工验收。

建设工程竣工验收应当具备下列条件:

(一)完成建设工程设计和合同约定的各项内容;

(二)有完整的技术档案和施工管理资料;

(三)有工程使用的主要建筑材料、建筑构配件和设备的进场试验报告;

(四)有勘察、设计、施工、工程监理等单位分别签署的质量合格文件;

(五)有施工单位签署的工程保修书。

建设工程经验收合格的,方可交付使用。

第十七条 建设单位应当严格按照国家有关档案管理的规定,及时收集、整理建设项目各环节的文件资料,建立、健全建设项目档案,并在建设工程竣工验收后,及时向建设行政主管部门或者其他有关部门移交建设项目档案。

第三章 勘察、设计单位的质量责任和义务

第十八条 从事建设工程勘察、设计的单位应当依法取得相应等级的资质证书,并在其资质等级许可的范围内承揽工程。

禁止勘察、设计单位超越其资质等级许可的范围或者以其他勘察、设计单位的名义承揽工程。禁止勘察、设计单位允许其他单位或者个人以本单位的名义承揽工程。

勘察、设计单位不得转包或者违法分包所承揽的工程。

第十九条　勘察、设计单位必须按照工程建设强制性标准进行勘察、设计，并对其勘察、设计的质量负责。

注册建筑师、注册结构工程师等注册执业人员应当在设计文件上签字，对设计文件负责。

第二十条　勘察单位提供的地质、测量、水文等勘察成果必须真实、准确。

第二十一条　设计单位应当根据勘察成果文件进行建设工程设计。

设计文件应当符合国家规定的设计深度要求，注明工程合理使用年限。

第二十二条　设计单位在设计文件中选用的建筑材料、建筑构配件和设备，应当注明规格、型号、性能等技术指标，其质量要求必须符合国家规定的标准。

除有特殊要求的建筑材料、专用设备、工艺生产线等外，设计单位不得指定生产厂、供应商。

第二十三条　设计单位应当就审查合格的施工图设计文件向施工单位作出详细说明。

第二十四条　设计单位应当参与建设工程质量事故分析，并对因设计造成的质量事故，提出相应的技术处理方案。

第四章　施工单位的质量责任和义务

第二十五条　施工单位应当依法取得相应等级的资质证书，并在其资质等级许可的范围内承揽工程。

禁止施工单位超越本单位资质等级许可的业务范围或者以其他施工单位的名义承揽工程。禁止施工单位允许其他单位或者个人以本单位的名义承揽工程。

施工单位不得转包或者违法分包工程。

第二十六条　施工单位对建设工程的施工质量负责。

施工单位应当建立质量责任制，确定工程项目的项目经理、技术负责人和施工管理负责人。

建设工程实行总承包的，总承包单位应当对全部建设工程质量负责；建设工程勘察、设计、施工、设备采购的一项或者多项实行总承包的，总承包单位应当对其承包的建设工程或者采购的设备的质量负责。

第二十七条　总承包单位依法将建设工程分包给其他单位的，分包单位应当按照分包合同的约定对其分包工程的质量向总承包单位负责，总承包单位与分包单位对分包工程的质量承担连带责任。

第二十八条　施工单位必须按照工程设计图纸和施工技术标准施工，不得擅自修改工程设计，不得偷工减料。

施工单位在施工过程中发现设计文件和图纸有差错的，应当及时提出意见和建议。

第二十九条　施工单位必须按照工程设计要求、施工技术标准和合同约定，对建筑材料、建筑构配件、设备和商品混凝土进行检验，检验应当有书面记录和专人签字；未经检验或者检验不合格的，不得使用。

第三十条　施工单位必须建立、健全施工质量的检验制度，严格工序管理，做好隐蔽工程的质量检查和记录。隐蔽工程在隐蔽前，施工单位应当通知建设单位和建设工程质量监督机构。

第三十一条　施工人员对涉及结构安全的试块、试件以及有关材料，应当在建设单位或者工程监理单位监督下现场取样，并送具有相应资质等级的质量检测单位进行检测。

第三十二条　施工单位对施工中出现质量问题的建设工程或者竣工验收不合格的建设工程，应当负责返修。

第三十三条　施工单位应当建立、健全教育培训制度，加强对职工的教育培训；未经教育培训或者考核不合格的人员，不得上岗作业。

第五章　工程监理单位的质量责任和义务

第三十四条　工程监理单位应当依法取得相应等级的资质证书，并在其资质等级许可的范围内承担工程监理业务。

禁止工程监理单位超越本单位资质等级许可的范围或者以其他工程监理单位的名义承担工程监理业务。禁止工程监理单位允许其他单位或者个人以本单位的名义承担工程监理业务。

工程监理单位不得转让工程监理业务。

第三十五条　工程监理单位与被监理工程的施工承包单位以及建筑材料、建筑构配件和设备供应单位有隶属关系或者其他利害关系的,不得承担该项建设工程的监理业务。

第三十六条　工程监理单位应当依照法律、法规以及有关技术标准、设计文件和建设工程承包合同,代表建设单位对施工质量实施监理,并对施工质量承担监理责任。

第三十七条　工程监理单位应当选派具备相应资格的总监理工程师和监理工程师进驻施工现场。

未经监理工程师签字,建筑材料、建筑构配件和设备不得在工程上使用或者安装,施工单位不得进行下一道工序的施工。未经总监理工程师签字,建设单位不拨付工程款,不进行竣工验收。

第三十八条　监理工程师应当按照工程监理规范的要求,采取旁站、巡视和平行检验等形式,对建设工程实施监理。

第六章　建设工程质量保修

第三十九条　建设工程实行质量保修制度。

建设工程承包单位在向建设单位提交工程竣工验收报告时,应当向建设单位出具质量保修书。质量保修书中应当明确建设工程的保修范围、保修期限和保修责任等。

第四十条　在正常使用条件下,建设工程的最低保修期限为:

(一)基础设施工程、房屋建筑的地基基础工程和主体结构工程,为设计文件规定的该工程的合理使用年限;

(二)屋面防水工程、有防水要求的卫生间、房间和外墙面的防渗漏,为5年;

(三)供热与供冷系统,为2个采暖期、供冷期;

(四)电气管线、给排水管道、设备安装和装修工程,为2年。

其他项目的保修期限由发包方与承包方约定。

建设工程的保修期,自竣工验收合格之日起计算。

第四十一条　建设工程在保修范围和保修期限内发生质量问题的,施工单位应当履行保修义务,并对造成的损失承担赔偿责任。

第四十二条　建设工程在超过合理使用年限后需要继续使用的,产权所有人应当委托具有相应资质等级的勘察、设计单位鉴定,并根据鉴定结果采取加固、维修等措施,重新界定使用期。

第七章　监督管理

第四十三条　国家实行建设工程质量监督管理制度。

国务院建设行政主管部门对全国的建设工程质量实施统一监督管理。国务院铁路、交通、水利等有关部门按照国务院规定的职责分工,负责对全国的有关专业建设工程质量的监督管理。

县级以上地方人民政府建设行政主管部门对本行政区域内的建设工程质量实施监督管理。县级以上地方人民政府交通、水利等有关部门在各自的职责范围内,负责对本行政区域内的专业建设工程质量的监督管理。

第四十四条　国务院建设行政主管部门和国务院铁路、交通、水利等有关部门应当加强对有关建设工程质量的法律、法规和强制性标准执行情况的监督检查。

第四十五条　国务院发展计划部门按照国务院规定的职责,组织稽查特派员,对国家出资的重大建设项目实施监督检查。

国务院经济贸易主管部门按照国务院规定的职责,对国家重大技术改造项目实施监督检查。

第四十六条　建设工程质量监督管理,可以由建设行政主管部门或者其他有关部门委托的建设工程质量监督机构具体实施。

从事房屋建筑工程和市政基础设施工程质量监督的机构,必须按照国家有关规定经国务院建设行政主管部门或者省、自治区、直辖市人民政府建设行政主管部门考核;从事专业建设工程质量监督的机构,必须按照国家有关规定经国务院有关部门或者省、自治区、直辖市人民政府有关部门考核。经考核合格后，方可实施质量监督。

第四十七条　县级以上地方人民政府建设行政主管部门和其他有关部门应当加强对有关建设工程质量的法律、法规和强制性标准执行情况的监督检查。

第四十八条　县级以上人民政府建设行政主管部门和其他有关部门履行监督检查职责时，有权采取下列措施：

（一）要求被检查的单位提供有关工程质量的文件和资料；

（二）进入被检查单位的施工现场进行检查；

（三）发现有影响工程质量的问题时，责令改正。

第四十九条　建设单位应当自建设工程竣工验收合格之日起15日内，将建设工程竣工验收报告和规划、公安消防、环保等部门出具的认可文件或者准许使用文件报建设行政主管部门或者其他有关部门备案。

建设行政主管部门或者其他有关部门发现建设单位在竣工验收过程中有违反国家有关建设工程质量管理规定行为的，责令停止使用，重新组织竣工验收。

第五十条　有关单位和个人对县级以上人民政府建设行政主管部门和其他有关部门进行的监督检查应当支持与配合，不得拒绝或者阻碍建设工程质量监督检查人员依法执行职务。

第五十一条　供水、供电、供气、公安消防等部门或者单位不得明示或者暗示建设单位、施工单位购买其指定的生产供应单位的建筑材料、建筑构配件和设备。

第五十二条　建设工程发生质量事故，有关单位应当在24小时内向当地建设行政主管部门和其他有关部门报告。对重大质量事故，事故发生地的建设行政主管部门和其他有关部门应当按照事故类别和等级向当地人民政府和上级建设行政主管部门和其他有关部门报告。

特别重大质量事故的调查程序按照国务院有关规定办理。

第五十三条　任何单位和个人对建设工程的质量事故、质量缺陷都有权检举、控告、投诉。

第八章　罚　　则

第五十四条　违反本条例规定，建设单位将建设工程发包给不具有相应资质等级的勘察、设计、施工单位或者委托给不具有相应资质等级的工程监理单位的，责令改正，处50万元以上100万元以下的罚款。

第五十五条　违反本条例规定，建设单位将建设工程肢解发包的，责令改正，处工程合同价款0.5%以上1%以下的罚款；对全部或者部分使用国有资金的项目，并可以暂停项目执行或者暂停资金拨付。

第五十六条　违反本条例规定，建设单位有下列行为之一的，责令改正，处20万元以上50万元以下的罚款：

（一）迫使承包方以低于成本的价格竞标的；

（二）任意压缩合理工期的；

（三）明示或者暗示设计单位或者施工单位违反工程建设强制性标准，降低工程质量的；

（四）施工图设计文件未经审查或者审查不合格，擅自施工的；

（五）建设项目必须实行工程监理而未实行工程监理的；

（六）未按照国家规定办理工程质量监督手续的；

（七）明示或者暗示施工单位使用不合格的建筑材料、建筑构配件和设备的；

（八）未按照国家规定将竣工验收报告、有关认可文件或者准许使用文件报送备案的。

第五十七条　违反本条例规定，建设单位未取得施工许可证或者开工报告未经批准，擅自施工的，责令停止施工，限期改正，处工程合同价款1%以上2%以下的罚款。

第五十八条　违反本条例规定，建设单位有下列行为之一的，责令改正，处工程合同价款2%以上4%以下的罚款；造成损失的，依法承担赔偿责任：

（一）未组织竣工验收，擅自交付使用的；

（二）验收不合格，擅自交付使用的；

（三）对不合格的建设工程按照合格工程

验收的。

第五十九条 违反本条例规定,建设工程竣工验收后,建设单位未向建设行政主管部门或者其他有关部门移交建设项目档案的,责令改正,处1万元以上10万元以下的罚款。

第六十条 违反本条例规定,勘察、设计、施工、工程监理单位超越本单位资质等级承揽工程的,责令停止违法行为,对勘察、设计单位或者工程监理单位处合同约定的勘察费、设计费或者监理酬金1倍以上2倍以下的罚款;对施工单位处工程合同价款2%以上4%以下的罚款,可以责令停业整顿,降低资质等级;情节严重的,吊销资质证书;有违法所得的,予以没收。

未取得资质证书承揽工程的,予以取缔,依照前款规定处以罚款;有违法所得的,予以没收。

以欺骗手段取得资质证书承揽工程的,吊销资质证书,依照本条第一款规定处以罚款;有违法所得的,予以没收。

第六十一条 违反本条例规定,勘察、设计、施工、工程监理单位允许其他单位或者个人以本单位名义承揽工程的,责令改正,没收违法所得,对勘察、设计单位和工程监理单位处合同约定的勘察费、设计费和监理酬金1倍以上2倍以下的罚款;对施工单位处工程合同价款2%以上4%以下的罚款;可以责令停业整顿,降低资质等级;情节严重的,吊销资质证书。

第六十二条 违反本条例规定,承包单位将承包的工程转包或者违法分包的,责令改正,没收违法所得,对勘察、设计单位处合同约定的勘察费、设计费25%以上50%以下的罚款;对施工单位处工程合同价款0.5%以上1%以下的罚款;可以责令停业整顿,降低资质等级;情节严重的,吊销资质证书。

工程监理单位转让工程监理业务的,责令改正,没收违法所得,处合同约定的监理酬金25%以上50%以下的罚款;可以责令停业整顿,降低资质等级;情节严重的,吊销资质证书。

第六十三条 违反本条例规定,有下列行为之一的,责令改正,处10万元以上30万元以下的罚款:

(一)勘察单位未按照工程建设强制性标准进行勘察的;

(二)设计单位未根据勘察成果文件进行工程设计的;

(三)设计单位指定建筑材料、建筑构配件的生产厂、供应商的;

(四)设计单位未按照工程建设强制性标准进行设计的。

有前款所列行为,造成工程质量事故的,责令停业整顿,降低资质等级;情节严重的,吊销资质证书;造成损失的,依法承担赔偿责任。

第六十四条 违反本条例规定,施工单位在施工中偷工减料的,使用不合格的建筑材料、建筑构配件和设备的,或者有不按照工程设计图纸或者施工技术标准施工的其他行为的,责令改正,处工程合同价款2%以上4%以下的罚款;造成建设工程质量不符合规定的质量标准的,负责返工、修理,并赔偿因此造成的损失;情节严重的,责令停业整顿,降低资质等级或者吊销资质证书。

第六十五条 违反本条例规定,施工单位未对建筑材料、建筑构配件、设备和商品混凝土进行检验,或者未对涉及结构安全的试块、试件以及有关材料取样检测的,责令改正,处10万元以上20万元以下的罚款;情节严重的,责令停业整顿,降低资质等级或者吊销资质证书;造成损失的,依法承担赔偿责任。

第六十六条 违反本条例规定,施工单位不履行保修义务或者拖延履行保修义务的,责令改正,处10万元以上20万元以下的罚款,并对在保修期内因质量缺陷造成的损失承担赔偿责任。

第六十七条 工程监理单位有下列行为之一的,责令改正,处50万元以上100万元以下的罚款,降低资质等级或者吊销资质证书;有违法所得的,予以没收;造成损失的,承担连带赔偿责任:

(一)与建设单位或者施工单位串通,弄虚作假、降低工程质量的;

(二)将不合格的建设工程、建筑材料、建筑构配件和设备按照合格签字的。

第六十八条 违反本条例规定,工程监理单位与被监理工程的施工承包单位以及建筑材料、建筑构配件和设备供应单位有隶属关系或者其他利害关系承担该项建设工程的监理业务的，责令改正，处5万元以上10万元以下的罚款，降低资质等级或者吊销资质证书；有违法所得的，予以没收。

第六十九条　违反本条例规定，涉及建筑主体或者承重结构变动的装修工程，没有设计方案擅自施工的，责令改正，处50万元以上100万元以下的罚款；房屋建筑使用者在装修过程中擅自变动房屋建筑主体和承重结构的，责令改正，处5万元以上10万元以下的罚款。

有前款所列行为，造成损失的，依法承担赔偿责任。

第七十条　发生重大工程质量事故隐瞒不报、谎报或者拖延报告期限的，对直接负责的主管人员和其他责任人员依法给予行政处分。

第七十一条　违反本条例规定，供水、供电、供气、公安消防等部门或者单位明示或者暗示建设单位或者施工单位购买其指定的生产供应单位的建筑材料、建筑构配件和设备的，责令改正。

第七十二条　违反本条例规定，注册建筑师、注册结构工程师、监理工程师等注册执业人员因过错造成质量事故的，责令停止执业1年；造成重大质量事故的，吊销执业资格证书，5年以内不予注册；情节特别恶劣的，终身不予注册。

第七十三条　依照本条例规定，给予单位罚款处罚的，对单位直接负责的主管人员和其他直接责任人员处单位罚款数额5%以上10%以下的罚款。

第七十四条　建设单位、设计单位、施工单位、工程监理单位违反国家规定，降低工程质量标准，造成重大安全事故，构成犯罪的，对直接责任人员依法追究刑事责任。

第七十五条　本条例规定的责令停业整顿，降低资质等级和吊销资质证书的行政处罚，由颁发资质证书的机关决定；其他行政处罚，由建设行政主管部门或者其他有关部门依照法定职权决定。

依照本条例规定被吊销资质证书的，由工商行政管理部门吊销其营业执照。

第七十六条　国家机关工作人员在建设工程质量监督管理工作中玩忽职守、滥用职权、徇私舞弊，构成犯罪的，依法追究刑事责任；尚不构成犯罪的，依法给予行政处分。

第七十七条　建设、勘察、设计、施工、工程监理单位的工作人员因调动工作、退休等原因离开该单位后，被发现在该单位工作期间违反国家有关建设工程质量管理规定，造成重大工程质量事故的，仍应当依法追究法律责任。

第九章　附　　则

第七十八条　本条例所称肢解发包，是指建设单位将应当由一个承包单位完成的建设工程分解成若干部分发包给不同的承包单位的行为。

本条例所称违法分包，是指下列行为：

（一）总承包单位将建设工程分包给不具备相应资质条件的单位的；

（二）建设工程总承包合同中未有约定，又未经建设单位认可，承包单位将其承包的部分建设工程交由其他单位完成的；

（三）施工总承包单位将建设工程主体结构的施工分包给其他单位的；

（四）分包单位将其承包的建设工程再分包的。

本条例所称转包，是指承包单位承包建设工程后，不履行合同约定的责任和义务，将其承包的全部建设工程转给他人或者将其承包的全部建设工程肢解以后以分包的名义分别转给其他单位承包的行为。

第七十九条　本条例规定的罚款和没收的违法所得，必须全部上缴国库。

第八十条　抢险救灾及其他临时性房屋建筑和农民自建低层住宅的建设活动，不适用本条例。

第八十一条　军事建设工程的管理，按照中央军事委员会的有关规定执行。

第八十二条　本条例自发布之日起施行。

建筑工程施工发包与承包计价管理办法

1. 住房和城乡建设部令第16号
2. 2013年12月11日发布
3. 自2014年2月1日起实施

第一条　为了规范建筑工程施工发包与承包计

价行为,维护建筑工程发包与承包双方的合法权益,促进建筑市场的健康发展,根据有关法律、法规,制定本办法。

第二条 在中华人民共和国境内的建筑工程施工发包与承包计价(以下简称工程发承包计价)管理,适用本办法。

本办法所称建筑工程是指房屋建筑和市政基础设施工程。

本办法所称工程发承包计价包括编制工程量清单、最高投标限价、招标标底、投标报价,进行工程结算,以及签订和调整合同价款等活动。

第三条 建筑工程施工发包与承包价在政府宏观调控下,由市场竞争形成。

工程发承包计价应当遵循公平、合法和诚实信用的原则。

第四条 国务院住房城乡建设主管部门负责全国工程发承包计价工作的管理。

县级以上地方人民政府住房城乡建设主管部门负责本行政区域内工程发承包计价工作的管理。其具体工作可以委托工程造价管理机构负责。

第五条 国家推广工程造价咨询制度,对建筑工程项目实行全过程造价管理。

第六条 全部使用国有资金投资或者以国有资金投资为主的建筑工程(以下简称国有资金投资的建筑工程),应当采用工程量清单计价;非国有资金投资的建筑工程,鼓励采用工程量清单计价。

国有资金投资的建筑工程招标的,应当设有最高投标限价;非国有资金投资的建筑工程招标的,可以设有最高投标限价或者招标标底。

最高投标限价及其成果文件,应当由招标人报工程所在地县级以上地方人民政府住房城乡建设主管部门备案。

第七条 工程量清单应当依据国家制定的工程量清单计价规范、工程量计算规范等编制。工程量清单应当作为招标文件的组成部分。

第八条 最高投标限价应当依据工程量清单、工程计价有关规定和市场价格信息等编制。招标人设有最高投标限价的,应当在招标时公布最高投标限价的总价,以及各单位工程的分部分项工程费、措施项目费、其他项目费、规费和税金。

第九条 招标标底应当依据工程计价有关规定和市场价格信息等编制。

第十条 投标报价不得低于工程成本,不得高于最高投标限价。

投标报价应当依据工程量清单、工程计价有关规定、企业定额和市场价格信息等编制。

第十一条 投标报价低于工程成本或者高于最高投标限价总价的,评标委员会应当否决投标人的投标。

对是否低于工程成本报价的异议,评标委员会可以参照国务院住房城乡建设主管部门和省、自治区、直辖市人民政府住房城乡建设主管部门发布的有关规定进行评审。

第十二条 招标人与中标人应当根据中标价订立合同。不实行招标投标的工程由发承包双方协商订立合同。

合同价款的有关事项由发承包双方约定,一般包括合同价款约定方式,预付工程款、工程进度款、工程竣工价款的支付和结算方式,以及合同价款的调整情形等。

第十三条 发承包双方在确定合同价款时,应当考虑市场环境和生产要素价格变化对合同价款的影响。

实行工程量清单计价的建筑工程,鼓励发承包双方采用单价方式确定合同价款。

建设规模较小、技术难度较低、工期较短的建筑工程,发承包双方可以采用总价方式确定合同价款。

紧急抢险、救灾以及施工技术特别复杂的建筑工程,发承包双方可以采用成本加酬金方式确定合同价款。

第十四条 发承包双方应当在合同中约定,发生下列情形时合同价款的调整方法:

(一)法律、法规、规章或者国家有关政策变化影响合同价款的;

(二)工程造价管理机构发布价格调整信息的;

(三)经批准变更设计的;

(四)发包方更改经审定批准的施工组织

设计造成费用增加的；

（五）双方约定的其他因素。

第十五条 发承包双方应当根据国务院住房城乡建设主管部门和省、自治区、直辖市人民政府住房城乡建设主管部门的规定，结合工程款、建设工期等情况在合同中约定预付工程款的具体事宜。

预付工程款按照合同价款或者年度工程计划额度的一定比例确定和支付，并在工程进度款中予以抵扣。

第十六条 承包方应当按照合同约定向发包方提交已完成工程量报告。发包方收到工程量报告后，应当按照合同约定及时核对并确认。

第十七条 发承包双方应当按照合同约定，定期或者按照工程进度分段进行工程款结算和支付。

第十八条 工程完工后，应当按照下列规定进行竣工结算：

（一）承包方应当在工程完工后的约定期限内提交竣工结算文件。

（二）国有资金投资建筑工程的发包方，应当委托具有相应资质的工程造价咨询企业对竣工结算文件进行审核，并在收到竣工结算文件后的约定期限内向承包方提出由工程造价咨询企业出具的竣工结算文件审核意见；逾期未答复的，按照合同约定处理，合同没有约定的，竣工结算文件视为已被认可。

非国有资金投资的建筑工程发包方，应当在收到竣工结算文件后的约定期限内予以答复，逾期未答复的，按照合同约定处理，合同没有约定的，竣工结算文件视为已被认可；发包方对竣工结算文件有异议的，应当在答复期内向承包方提出，并可以在提出异议之日起的约定期限内与承包方协商；发包方在协商期内未与承包方协商或者经协商未能与承包方达成协议的，应当委托工程造价咨询企业进行竣工结算审核，并在协商期满后的约定期限内向承包方提出由工程造价咨询企业出具的竣工结算文件审核意见。

（三）承包方对发包方提出的工程造价咨询企业竣工结算审核意见有异议的，在接到该审核意见后一个月内，可以向有关工程造价管理机构或者有关行业组织申请调解，调解不成的，可以依法申请仲裁或者向人民法院提起诉讼。

发承包双方在合同中对本条第（一）项、第（二）项的期限没有明确约定的，应当按照国家有关规定执行；国家没有规定的，可认为其约定期限均为28日。

第十九条 工程竣工结算文件经发承包双方签字确认的，应当作为工程决算的依据，未经对方同意，另一方不得就已生效的竣工结算文件委托工程造价咨询企业重复审核。发包方应当按照竣工结算文件及时支付竣工结算款。

竣工结算文件应当由发包方报工程所在地县级以上地方人民政府住房城乡建设主管部门备案。

第二十条 造价工程师编制工程量清单、最高投标限价、招标标底、投标报价、工程结算审核和工程造价鉴定文件，应当签字并加盖造价工程师执业专用章。

第二十一条 县级以上地方人民政府住房城乡建设主管部门应当依照有关法律、法规和本办法规定，加强对建筑工程发承包计价活动的监督检查和投诉举报的核查，并有权采取下列措施：

（一）要求被检查单位提供有关文件和资料；

（二）就有关问题询问签署文件的人员；

（三）要求改正违反有关法律、法规、本办法或者工程建设强制性标准的行为。

县级以上地方人民政府住房城乡建设主管部门应当将监督检查的处理结果向社会公开。

第二十二条 造价工程师在最高投标限价、招标标底或者投标报价编制、工程结算审核和工程造价鉴定中，签署有虚假记载、误导性陈述的工程造价成果文件的，记入造价工程师信用档案，依照《注册造价工程师管理办法》进行查处；构成犯罪的，依法追究刑事责任。

第二十三条 工程造价咨询企业在建筑工程计价活动中，出具有虚假记载、误导性陈述的工程造价成果文件的，记入工程造价咨询企业信用档案，由县级以上地方人民政府住房城乡建设主管部门责令改正,处1万元以上3万元以下的罚款,并予以通报。

第二十四条 国家机关工作人员在建筑工程计价监督管理工作中玩忽职守、徇私舞弊、滥用职权的,由有关机关给予行政处分;构成犯罪的,依法追究刑事责任。

第二十五条 建筑工程以外的工程施工发包与承包计价管理可以参照本办法执行。

第二十六条 省、自治区、直辖市人民政府住房城乡建设主管部门可以根据本办法制定实施细则。

第二十七条 本办法自2014年2月1日起施行。原建设部2001年11月5日发布的《建筑工程施工发包与承包计价管理办法》(建设部令第107号)同时废止。

最高人民法院关于建设工程价款优先受偿权问题的批复

1. 2002年6月20日公布

2. 法释〔2002〕16号

上海市高级人民法院:

你院沪高法〔2001〕14号《关于合同法第286条理解与适用问题的请示》收悉。经研究,答复如下:

一、人民法院在审理房地产纠纷案件和办理执行案件中,应当依照《中华人民共和国合同法》第二百八十六条的规定,认定建筑工程的承包人的优先受偿权优于抵押权和其他债权。

二、消费者交付购买商品房的全部或者大部分款项后,承包人就该商品房享有的工程价款优先受偿权不得对抗买受人。

三、建筑工程价款包括承包人为建设工程应当支付的工作人员报酬、材料款等实际支出的费用,不包括承包人因发包人违约所造成的损失。

四、建设工程承包人行使优先权的期限为六个月,自建设工程竣工之日或者建设工程合同约定的竣工之日起计算。

五、本批复第一条至第三条自公布之日起施行,第四条自公布之日起六个月后施行。

此复

最高人民法院关于审理建设工程施工合同纠纷案件适用法律问题的解释

1. 2004年9月29日最高人民法院审判委员会第1327次会议通过

2. 2004年10月25日公布

3. 法释〔2004〕14号

4. 自2005年1月1日起施行

根据《中华人民共和国民法通则》、《中华人民共和国合同法》、《中华人民共和国招标投标法》、《中华人民共和国民事诉讼法》等法律规定,结合民事审判实际,就审理建设工程施工合同纠纷案件适用法律的问题,制定本解释。

第一条 建设工程施工合同具有下列情形之一的,应当根据合同法第五十二条第(五)项的规定,认定无效:

(一)承包人未取得建筑施工企业资质或者超越资质等级的;

(二)没有资质的实际施工人借用有资质的建筑施工企业名义的;

(三)建设工程必须进行招标而未招标或者中标无效的。

第二条 建设工程施工合同无效,但建设工程经竣工验收合格,承包人请求参照合同约定支付工程价款的,应予支持。

第三条 建设工程施工合同无效,且建设工程经竣工验收不合格的,按照以下情形分别处理:

(一)修复后的建设工程经竣工验收合格,发包人请求承包人承担修复费用的,应予支持;

(二)修复后的建设工程经竣工验收不合格,承包人请求支付工程价款的,不予支持。

因建设工程不合格造成的损失,发包人有过错的,也应承担相应的民事责任。

第四条 承包人非法转包、违法分包建设工程或者没有资质的实际施工人借用有资质的建筑施工企业名义与他人签订建设工程施工合同的行为无效。人民法院可以根据民法通则第一百三十四条规定，收缴当事人已经取得的非法所得。

第五条　承包人超越资质等级许可的业务范围签订建设工程施工合同，在建设工程竣工前取得相应资质等级，当事人请求按照无效合同处理的，不予支持。

第六条　当事人对垫资和垫资利息有约定，承包人请求按照约定返还垫资及其利息的，应予支持，但是约定的利息计算标准高于中国人民银行发布的同期同类贷款利率的部分除外。

当事人对垫资没有约定的，按照工程欠款处理。

当事人对垫资利息没有约定，承包人请求支付利息的，不予支持。

第七条　具有劳务作业法定资质的承包人与总承包人、分包人签订的劳务分包合同，当事人以转包建设工程违反法律规定为由请求确认无效的，不予支持。

第八条　承包人具有下列情形之一，发包人请求解除建设工程施工合同的，应予支持：

（一）明确表示或者以行为表明不履行合同主要义务的；

（二）合同约定的期限内没有完工，且在发包人催告的合理期限内仍未完工的；

（三）已经完成的建设工程质量不合格，并拒绝修复的；

（四）将承包的建设工程非法转包、违法分包的。

第九条　发包人具有下列情形之一，致使承包人无法施工，且在催告的合理期限内仍未履行相应义务，承包人请求解除建设工程施工合同的，应予支持：

（一）未按约定支付工程价款的；

（二）提供的主要建筑材料、建筑构配件和设备不符合强制性标准的；

（三）不履行合同约定的协助义务的。

第十条　建设工程施工合同解除后，已经完成的建设工程质量合格的，发包人应当按照约定支付相应的工程价款；已经完成的建设工程质量不合格的，参照本解释第三条规定处理。

因一方违约导致合同解除的，违约方应当赔偿因此而给对方造成的损失。

第十一条　因承包人的过错造成建设工程质量不符合约定，承包人拒绝修理、返工或者改建，发包人请求减少支付工程价款的，应予支持。

第十二条　发包人具有下列情形之一，造成建设工程质量缺陷，应当承担过错责任：

（一）提供的设计有缺陷；

（二）提供或者指定购买的建筑材料、建筑构配件、设备不符合强制性标准；

（三）直接指定分包人分包专业工程。

承包人有过错的，也应当承担相应的过错责任。

第十三条　建设工程未经竣工验收，发包人擅自使用后，又以使用部分质量不符合约定为由主张权利的，不予支持；但是承包人应当在建设工程的合理使用寿命内对地基基础工程和主体结构质量承担民事责任。

第十四条　当事人对建设工程实际竣工日期有争议的，按照以下情形分别处理：

（一）建设工程经竣工验收合格的，以竣工验收合格之日为竣工日期；

（二）承包人已经提交竣工验收报告，发包人拖延验收的，以承包人提交验收报告之日为竣工日期；

（三）建设工程未经竣工验收，发包人擅自使用的，以转移占有建设工程之日为竣工日期。

第十五条　建设工程竣工前，当事人对工程质量发生争议，工程质量经鉴定合格的，鉴定期间为顺延工期期间。

第十六条　当事人对建设工程的计价标准或者计价方法有约定的，按照约定结算工程价款。

因设计变更导致建设工程的工程量或者质量标准发生变化，当事人对该部分工程价款不能协商一致的，可以参照签订建设工程施工合同时当地建设行政主管部门发布的计价方法或者计价标准结算工程价款。

建设工程施工合同有效，但建设工程经竣工验收不合格的，工程价款结算参照本解释第三条规定处理。

第十七条　当事人对欠付工程价款利息计付标准有约定的，按照约定处理；没有约定的，按照中国人民银行发布的同期同类贷款利率计息。

第十八条 利息从应付工程价款之日计付。当事人对付款时间没有约定或者约定不明的,下列时间视为应付款时间:

(一)建设工程已实际交付的,为交付之日;

(二)建设工程没有交付的,为提交竣工结算文件之日;

(三)建设工程未交付,工程价款也未结算的,为当事人起诉之日。

第十九条 当事人对工程量有争议的,按照施工过程中形成的签证等书面文件确认。承包人能够证明发包人同意其施工,但未能提供签证文件证明工程量发生的,可以按照当事人提供的其他证据确认实际发生的工程量。

第二十条 当事人约定,发包人收到竣工结算文件后,在约定期限内不予答复,视为认可竣工结算文件的,按照约定处理。承包人请求按照竣工结算文件结算工程价款的,应予支持。

第二十一条 当事人就同一建设工程另行订立的建设工程施工合同与经过备案的中标合同实质性内容不一致的,应当以备案的中标合同作为结算工程价款的根据。

第二十二条 当事人约定按照固定价结算工程价款,一方当事人请求对建设工程造价进行鉴定的,不予支持。

第二十三条 当事人对部分案件事实有争议的,仅对有争议的事实进行鉴定,但争议事实范围不能确定,或者双方当事人请求对全部事实鉴定的除外。

第二十四条 建设工程施工合同纠纷以施工行为地为合同履行地。

第二十五条 因建设工程质量发生争议的,发包人可以以总承包人、分包人和实际施工人为共同被告提起诉讼。

第二十六条 实际施工人以转包人、违法分包人为被告起诉的,人民法院应当依法受理。

实际施工人以发包人为被告主张权利的,人民法院可以追加转包人或者违法分包人为本案当事人。发包人只在欠付工程价款范围内对实际施工人承担责任。

第二十七条 因保修人未及时履行保修义务,导致建筑物毁损或者造成人身、财产损害的,保修人应当承担赔偿责任。

保修人与建筑物所有人或者发包人对建筑物毁损均有过错的,各自承担相应的责任。

第二十八条 本解释自2005年1月1日起施行。

施行后受理的第一审案件适用本解释。

施行前最高人民法院发布的司法解释与本解释相抵触的,以本解释为准。

最高人民法院关于新疆医学院第一附属医院与乌鲁木齐市一〇四团青年服务公司建筑工程承包合同纠纷诉讼时效问题的复函

1. 1993年12月27日发布
2. 法经〔1993〕248号

新疆维吾尔自治区高级人民法院:

你院新高法〔1993〕68号《关于诉讼时效的请示函》收悉。根据你院报送材料中所述情况,经研究,答复如下:

一、新疆医学院第一附属医院(以下简称第一医院)向乌鲁木齐市一〇四团青年服务公司追索多付工程款属建筑工程承包合同结算纠纷。其诉讼时效应从验收结算之日开始计算。由于该民事行为发生在民法通则颁布前,根据最高人民法院《关于贯彻执行〈中华人民共和国民法通则〉若干问题的意见(试行)》第165条的规定,其诉讼时效从1987年1月1日起计算。

二、第一医院向检察机关举报有关人员的经济犯罪问题时,并没有主张民事权利的明确表示。特别是1988年5月新市区检察院因证据不足排除有关人员的经济犯罪嫌疑,并明确向第一医院说明有关问题应以经济纠纷处理后,仍未向法院起诉。第一医院向检察机关举报不能作为诉讼时效中断的事由。综上所述,第一医院提出诉讼请求时,已超过诉讼时效。

此复

(十一)联营合同

最高人民法院关于审理合伙型联营体和个人合伙对外债务纠纷案件应否一并确定合伙内部各方的债务份额的复函

1. 1992年3月18日公布
2. 法函〔1992〕34号

广西壮族自治区高级人民法院：

你院〔1991〕桂法（经）字第23号《关于审理合伙联营体和个人合伙对外债务纠纷应否一并确定合伙内部各方的债务份额的请示报告》收悉。经研究，答复如下：

合伙型联营体和个人合伙的财产能够清偿联营或合伙债务的，应当以合伙型联营体或个人合伙的财产清偿。

合伙型联营体、个人合伙无财产清偿或者其财产不足清偿联营、合伙债务的，应当由联营成员或合伙人承担责任。根据《中华人民共和国民法通则》的规定，除法律另有规定的外，合伙人对合伙的债务承担连带责任；合伙型联营各方，依照法律的规定或者协议约定负连带责任的，承担连带责任。如果联营体成员之间、合伙人之间权利义务关系明确，联营体各成员、各合伙人承担债务的份额容易确定，各联营体成员、合伙人之间争议不大的，为简化诉讼程序，可以在审理合伙型联营体、个人合伙对外债务纠纷案件时一并确定联营、合伙各方承担债务的份额，但应在裁判文书中指明合伙型联营各方、各合伙人之间承担连带责任。如果联营各方、合伙人之间对如何承担责任争议较大，将联营体、合伙组织对外债务纠纷与联营、合伙纠纷一并处理不利于案件及时审结的，可以分开审理。如果依照法律的规定或者协议的约定，合伙型联营各方对联营债务不负连带责任的，在审理合伙型联营体对外债务纠纷案件时，必须确定联营各方应当承担清偿债务的份额。

最高人民法院关于乡政府与其他单位签订的联营协议效力问题的批复

1. 1988年1月9日公布
2. 法（经）复〔1988〕3号

江苏省高级人民法院、河南省高级人民法院：

苏法（经）〔1987〕9号和〔1987〕豫法经字第12号关于乡政府与其他企业签订的联营协议是否有效的请示报告收悉。经研究，答复如下：

农村乡一级政权组织政企分开的工作正在进行，许多乡政府实际上仍在行使着政府和合作经济组织的职权。因此，对乡政府与其他单位联营办企业的协议效力认定问题应区别对待。

一、对于在中发〔1986〕6号《中共中央、国务院关于进一步制止党政机关和党政干部经商、办企业的规定》文件以后，政企尚未分开的乡政府，以其名义签订的联营协议，应视为乡政府在行使着政府和乡合作经济组织的双重职权，如无违法情况，可不按无效协议处理。需要继续履行的，应随着政企分开的进展，及时变更联营主体，完备各项法律手续。

二、对于中发〔1986〕6号文件以后，政企已经分开的乡政府，仍以其为联营一方签订的联营协议，根据中发〔1986〕6号文件的规定，原则上应确认无效。但在审判实践中，要注意对具体情况进行具体分析，如联营协议虽然是以乡政府名义签订的，实际上却是由乡合作经济组织执行的，协议的内容又不违背有关法律、政策规定，作无效协议处理，不利于经济发展的，也可以不作无效协议处理。需要继续履行的，应对联营主体，进行变更，完备各项法律手续。

此复

最高人民法院关于印发《关于审理联营合同纠纷案件若干问题的解答》的通知

1. 1990年11月12日公布

2. 法(经)发〔1990〕27号

全国地方各级人民法院,各级军事法院,铁路运输中级法院和基层法院,各海事法院:

现将《关于审理联营合同纠纷案件若干问题的解答》发给你们,望在经济审判工作中贯彻执行。执行中有何问题和意见,请及时报告我院。

附:

关于审理联营合同纠纷案件若干问题的解答

根据《中华人民共和国民法通则》和其他有关法律、法规,现就人民法院在审理联营合同纠纷案件中提出的一些问题,解答如下:

一、关于联营合同纠纷案件的受理问题

(一)联营各方因联营合同的履行、变更、解除所发生的经济纠纷,如联营投资、盈余分配、违约责任、债务承担、资产清退等纠纷向人民法院起诉的,凡符合民事诉讼法(试行)第八十一条规定的起诉条件的,人民法院应予受理。

(二)联营各方因联营体内部机构设置、人员组成等管理方面的问题发生纠纷向人民法院起诉的,人民法院不予受理。

二、关于联营合同纠纷案件的管辖问题

(一)联营合同纠纷案件的地域管辖,因不同的联营形式而有所区别:

1. 法人型联营合同纠纷案件,由法人型联营体的主要办事机构所在地人民法院管辖。

2. 合伙型联营合同纠纷案件,由合伙型联营体注册登记地人民法院管辖。

3. 协作型联营合同纠纷案件,由被告所在地人民法院管辖。

(二)由联营体主要办事机构所在地或联营体注册登记地人民法院管辖确有困难的,如法人型联营体已经办理注销手续,合伙型联营体应经工商部门注册登记而未办理注册登记,或者联营期限届满已经解体的,可由被告所在地人民法院管辖。

三、关于联营合同的主体资格认定问题

(一)联营合同的主体应当是实行独立核算,能够独立承担民事责任的企业法人和事业法人。

个体工商户、农村承包经营户、个人合伙,以及不具备法人资格的私营企业和其他经济组织与企业法人或者事业法人联营的,也可以成为联营合同的主体。

(二)企业法人、事业法人的分支机构不具备法人条件的,未经法人授权,不得以自己的名义对外签订联营合同;擅自以自己名义对外签订联营合同且未经法人追认的,应当确认无效。

党政机关和隶属党政机关编制序列的事业单位、军事机关、工会、共青团、妇联、文联、科协和各种协会、学会及民主党派等,不能成为联营合同的主体。

四、关于联营合同中的保底条款问题

(一)联营合同中的保底条款,通常是指联营一方虽向联营体投资,并参与共同经营,分享联营的盈利,但不承担联营的亏损责任,在联营体亏损时,仍要收回其出资和收取固定利润的条款。保底条款违背了联营活动中应当遵循的共负盈亏、共担风险的原则,损害了其他联营方和联营体的债权人的合法权益,因此,应当确认无效。联营企业发生亏损的,联营一方依保底条款收取的固定利润,应当如数退出,用于补偿联营的亏损,如无亏损,或补偿后仍有剩余的,剩余部分可作为联营的盈余,由双方重新商定合理分配或按联营各方的投资比例重新分配。

(二)企业法人、事业法人作为联营一方向联营体投资,但不参加共同经营,也不承担联营的风险责任,不论盈亏均按期收回本息,或者按期收取固定利润的,是明为联营,实为借贷,违反了有关金融法规,应当确认合同无效。除本金可以返还外,对出资方已经取得或者约定取得的利息应予收缴,对另一方则应处以相当于银行利息的罚款。

（三）金融信托投资机构作为联营一方依法向联营体投资的,可以按照合同约定分享固定利润,但亦应承担联营的亏损责任。

五、关于在联营期间退出联营的处理问题

（一）组成法人型联营体或者合伙型联营体的一方或者数方在联营期间中途退出联营的,如果联营体并不因此解散,应当清退退出方作为出资投入的财产。原物存在的,返还原物;原物已不存在或者返还确有困难的,折价偿还。退出方对于退出前联营所得的盈利和发生的债务,应当按照联营合同的约定或者出资比例分享和分担。合伙型联营体的退出方还应对退出前联营的全部债务承担连带清偿责任。如果联营体因联营一方或者数方中途退出联营而无法继续存在的,可以解除联营合同,并对联营的财产和债务作出处理。

（二）不符合法律规定或合同约定的条件而中途退出联营的,退出方应当赔偿由此给联营体造成的实际经济损失。但如联营其他方对此也有过错的,则应按联营各方的过错大小,各自承担相应的经济责任。

六、关于联营合同的违约金、赔偿金的计算问题

根据民法通则第一百一十二条第二款规定,联营合同订明违约金数额或比例的,按照合同的约定处理。约定的违约金数额或比例过高的,人民法院可根据实际经济损失酌减;约定的违约金不足补偿实际经济损失的,可由赔偿金补足。联营合同订明赔偿金计算方法的,按照约定的计算方法及实际情况计算过错方应支付的赔偿金。联营合同既未订明违约金数额或比例,又未订明赔偿金计算方法的,应由过错方赔偿实际经济损失。

七、关于联营合同解除后的财产处理问题

（一）联营体为企业法人的,联营体因联营合同的解除而终止。联营的财产经过清算清偿债务有剩余的,按照约定或联营各方的出资比例进行分配。

联营体为合伙经营组织的,联营合同解除后,联营的财产经清偿债务有剩余的,按照联营合同约定的盈余分配比例,清退投资,分配利润。联营合同未约定,联营各方又协商不成的,按照出资比例进行分配。

（二）在清退联营投资时,联营各方原投入的设备、房屋等固定资产,原物存在的,返还原物;原物已不存在或者返还原物确有困难的,作价还款。

（三）联营体在联营期间购置的房屋、设备等固定资产不能分割的,可以作价变卖后进行分配。变卖时,联营各方有优先购买权。

（四）联营体在联营期间取得的商标权、专权利,解除联营合同后的归属及归属后的经济补偿,应当根据《中华人民共和国商标法》、《中华人民共和国专利法》的有关规定处理。商标权应当归联营一方享有。专利权可以归联营一方享有,也可以归联营各方共同享有。联营一方单独享有商标权、专利权的,应当给予其他联营方适当的经济补偿。

八、关于无效联营收益的处理问题

联营合同被确认无效后,联营体在联营合同履行期间的收益,应先用于清偿联营的债务及补偿无过错方因合同无效所遭受的经济损失。

当事人恶意串通,损害国家利益、集体或第三人的合法利益,或者因合同内容违反国家利益或社会公共利益而导致联营合同无效的,根据民法通则第六十一条第二款和第一百三十四条第三款规定,对联营体在联营合同履行期间的收益,应当作为非法所得予以收缴,收归国家、集体所有或者返还第三人,对联营各方还可并处罚款;构成犯罪的,移送公安、检察机关查处。

九、关于联营各方对联营债务的承担问题

（一）联营各方对联营债务的责任应依联营的不同形式区别对待:

1. 联营体是企业法人的,以联营体的全部财产对外承担民事责任。联营各方对联营体的责任则以各自认缴的出资额为限。对抽逃认缴资金以逃避债务的,人民法院除应责令抽逃者如数缴回外,还可对责任人员处以罚款。

2. 联营体是合伙经营组织的,可先以联营体的财产清偿联营债务。联营体的财产不足以抵债的,由联营各方按照联营合同约定的债务承担比例,以各自所有或经营管理的财产承担民事责任;合同未约定债务承担比例,联营各方又协商不成的,按照出资比例或盈余分配比例确认联营各方应承担的责任。

合伙型联营各方应当依照有关法律、法规的规定或者合同的约定对联营债务负连带清偿责任。

3. 联营是协作型的,联营各方按照合同的约定,分别以各自所有或经营管理的财产承担民事责任。

(二)农业集体经济组织以提供自己所有的土地使用权参加合伙型联营的,应当按照联营合同的约定承担联营债务,如合同未约定债务承担比例的,可参照出资比例或者盈余分配比例承担。

(三)以提供技术使用权作为合伙型联营投资的联营一方,应当按照联营合同的约定承担联营债务,如其自己所有的或者经营管理的财产不足清偿联营债务的,可以一定期限的技术使用权折价抵偿债务。

最高人民法院关于联营一方投资不参加经营既约定收回本息又收取固定利润的合同如何定性问题的复函

1. 1992年4月6日发布
2. 法经〔1992〕53号

广西壮族自治区高级人民法院:

你院〔1991〕桂法(经)字第21号《关于联营一方投资不参加共同经营既约定收回本息和固定利润又约定因不可抗力造成损失由双方承担的合同定性问题的请示报告》收悉。经研究,答复如下:

从你院的报告和所提供合同的情况看,双方当事人签订联营合同,约定出资一方不参加经营,除到期收回本息外,还收取固定利润,又约定遇到不可抗拒的特殊情况,双方承担损失,这类合同应为联营合同。联营中的风险由双方共同承担,但出资方承担的责任最多以其投入的资金为限。

最高人民法院关于胶州市第二棉纺织厂破产一案和佛山市石湾区对外贸易公司诉胶州市第二棉纺织厂联营合同投资纠纷一案有关问题的复函

1. 1992年4月2日公布
2. 法函〔1992〕43号

山东省高级人民法院,广东省高级人民法院:

山东省高级人民法院鲁法(经)发[1991]39号报告和广东省高级人民法院报送的有关材料均已收悉。经研究,我院认为:一、胶州市第二棉纺织厂是有关单位盲目投资联营、担保、贷款、重复建设的产物。该企业的设立以及扩大规模,都与国家调整经济结构的目标不符。中国农业银行胶州市支行贷款770万元支持该厂设立,并且与中国农业银行佛山市城郊支行分别为该厂旨在扩大生产规模的合作协议书予以担保,应当承担相应的民事责任;佛山市石湾区对外贸易公司投资1000万元支持该厂扩大生产规模,应当分担相应损失。二、佛山市中级人民法院应于撤销[1990]佛中法经字第9号民事判决书之后,就佛山市石湾区对外贸易公司与中国农业银行胶州市分行之间的纠纷依法裁决。三、胶州市第二棉纺厂破产案已经审理终结,当事人不得申请再审。价差损失由佛山市石湾区对外贸易公司承担。

最高人民法院经济审判庭关于刘水清与钟山县钟潮塑料工艺制品厂之间是否构成联营关系的复函

1. 1991年8月21日公布
2. 法(经)函〔1991〕101号

广西壮族自治区高级人民法院:

你院法经请字(1991)第2号《关于梧州市对外经济贸易公司诉钟山县望高镇政府、刘水清等

购销锡砂合同货款纠纷上诉一案的请示报告》收悉。经研究,答复如下:

钟山县望高乡矿产品购销经理部由刘水清个人承包后,与钟山县钟潮塑料厂签订了“联营协议”,约定双方各投资1.6万元,钟潮塑料厂只分享固定利润,不承担任何经济责任,经营活动,应上交的税利,全部由经理部负责。协议虽然规定,有关经营情况经理部应定期向对方通报,但这不应视为钟潮塑料厂参与共同经营。况且,经理部并不具备法人资格,因而也不具有参与联营活动的权利能力和行为能力。所以经理部与钟潮塑料厂所签订的协议,是明为联营,实为借贷,违反了有关金融法规,应按无效借款合同处理。

附:

广西壮族自治区高级人民法院关于梧州市对外经济贸易公司诉钟山县望高镇政府、刘水清等购销锡砂合同货款纠纷上诉一案的请示报告

1. 1991年6月29日公布

2. 法经请字〔1991〕第2号

最高人民法院:

我院在受理梧州市对外经济贸易公司诉钟山县望高矿产品购销经理部购销锡砂合同货款纠纷上诉一案中,因对刘水清与钟山县钟潮塑料工艺制品厂之间是否构成联营关系有不同意见,特向你院请示,现将案件情况及讨论意见报告如下:

一、案件的基本情况

1989年2月10日,钟山县望高镇政府企业办公室将其开办的望高矿产品购销经理部(不具备法人资格,1990年3月已停业,下称经理部)发包给刘水清个人承包。同年4月5日,刘水清以经理部的名义与钟山县钟潮塑料工艺制品厂(下称钟潮塑料厂)签订联营协议书,约定:双方各投资16000元,刘水清以经理部名义承包经营;应上交的税利,全部由经理部负责,钟潮塑料厂不承担任何经济责任;有关经营情况,经理部应定期向对方通报;经理部包死利润基数为8万元,分配比例各占50%,超基数部分,经理部占60%,钟潮塑料厂占40%;联营期限为1年,期满后经理部将投资款一次退还给钟潮塑料厂。协议签订后,钟潮塑料厂的开办单位钟山县工商银行汇给经理部16000元,作为钟潮塑料厂的投资款。1989年5月至7月间,经理部(供方)与梧州市对外经济贸易公司(需方,下称外经公司)签订了购销锡砂合同。合同签订后,外经公司共付货款2017000元;经理部供货54.3419吨,折款1736886.55元,连同垫付运费400元,经理部多收需方货款279713.45元。事后,外经公司多次向经理部追款未果,便诉至法院。原审法院审理认为刘水清以经理部名义与钟潮塑料签订了联营协议,确立了联营关系所欠货款,应由刘水清和钟潮塑料厂的联营单位共同偿还。

二、我院审委会在讨论本案时对刘水清与钟潮塑料厂之间是否构成联营关系,有两种意见:

第一种认为应属联营关系:刘水清以经理部名义与钟潮塑料厂签订的联营协议约定,经理部定期向对方通报经营情况,是双方共同经营的一种表现。钟潮塑料厂收取利润基数8万元的50%,超利润基数部分还占40%,也属共负盈亏。应认定双方确立了联营关系,由双方依照联营协议约定的分成比例,也应对外承担责任(也是原审的意见)。

第二种认为是无效的借款合同:联营协议约定,经营管理由经理部独家负责,经理部定期向对方通报经营情况,是供对方掌握经营情况,便于其实现自己的利益,钟潮塑料厂并不因此就享有经理部的经营决策权。钟潮塑料厂收取利润基数8万元的50%,是固定利润,超过利润基数部分按比例分成也是固定比例,应视为保底条款。不符合共同经营,共担风险,共负盈亏的联营特征,应认定为非法借贷,按无效借款合同处理。

经本院审委员会讨论倾向于第二种意见,即刘水清和钟潮塑料厂不构成联营关系,其双

方关系应按最高人民法院《关于审理联营合同纠纷案件若干问题的解答》中第四条第(二)项的规定处理。经理部对外经营时多收外经公司的货款,应由承包人刘水清偿还,发包人钟山县望高镇政府负连带清偿责任。当否请批示。

最高人民法院经济审判庭关于一方未按联营合同约定投资经营联营合同是否成立另一方单方投资经营责任如何承担问题的电话答复

1990年3月10日公布

广西壮族自治区高级人民法院:

你院法经字(1989)第24号《关于一方未按联营合同约定投资经营,联营合同是否成立,另一方单方投资经营责任如何承担问题的请示》收悉。经研究答复如下:

一、广西柳州机械厂物资供销公司(以下称供销公司)与北海市海星联合贸易公司(以下称贸易公司)于1987年2月10日签订的《联合经营柳北综合服务公司协议书》,其联营合同应具备的主要条款齐备,且经合同当事人双方签字盖章,并据此合同,柳北综合服务公司经当地工商行政管理部门审核批准,领取了营业执照,正式开业经营。虽联营一方供销公司未按约投资经营,但这并非合同成立生效的要件,而仅属联营一方的违约行为应承担违约责任。因此,该合同应为已经生效的合同。

二、据你院请示中反映的情况,柳北综合服务公司似属于合伙型联营体,且贸易公司一直也是以该联营体的名义对外进行经营活动的,因此,供销公司虽未按约履行义务,但对联营体的盈余和债务,仍有权利分享和有义务承担。

以上意见供参考。

附:

广西壮族自治区高级人民法院关于一方未按联营合同约定投资经营联营合同是否成立另一方单方投资经营责任如何承担问题的请示

1. 1989年11月30日公布
2. 法经字〔1989〕第24号

最高人民法院经济庭:

我院受理广西柳州机械厂物资供销公司与北海市海星联合贸易公司联营合同纠纷上诉一案。现就本案的联营问题请示如下:

一、基本案情

上诉人北海市海星公司与被上诉人柳州供销公司于1987年2月10日签订"联合经营柳北综合服务公司协议书",约定柳州方投资20万元,北海方投资10万元,盈亏按各50%承担;公司成立董事会;经工商注册批准之日起生效。双方签订联营协议后,领取了营业执照,北海方投资50000元即正式开业。柳州方不投资,不派人参加经营,不了了之,也未提出解除合同,北海方单方经营至诉讼前。

二、请示如下两个问题

1. 该联营合同是否成立生效?

2. 如果该联营合同生效,北海方一直以该联营体对外进行经营活动,如有盈利,柳州方是否享受权利。如有亏损,柳州方是否依约承担义务。

希望能用电话尽快答复,以便及时结案。

最高人民法院经济审判庭关于云南省玉溪汽车总站运销服务部收到的云南邮电劳动服务公司正大服务部退还的联营投资款应否作为赃款返还原主问题的电话答复

1989年3月29日公布

云南省高级人民法院:

你院法经字〔1988〕第18号请示收悉。关于云南省玉溪汽车总站运销服务部(以下简称运销服务部)收到的云南邮电劳动服务公司正大服务部(以下简称正大服务部)退还的96000元联营投资款,应否作为赃款返还原主的问题,经研究认为:诈骗犯卢鼎虽是正大服务部的经理,但正大服务部退还运销服务部96000元联营投资款,则是根据双方的还款协议。依据该协议退款,是正大服务部正常的经营活动,并非卢的个人行为,与卢诈骗云南省景洪县民族家具厂300000元货款的犯罪行为是两回事。因此,同意你院意见,即正大服务部退还运销服务部的96000元联营投资款,不应作为赃款处理。

附:

云南省高级人民法院关于刑事被告人用诈骗款偿还债务债权人取得该款后是否应作为赃款退出的请示报告

1. 法经字〔1988〕第18号
2. 1988年11月28日公布

最高人民法院经济庭:

最近,昆明市盘龙区人民法院持卢鼎(原系云南邮电劳动服务公司正大服务部经理)诈骗案一审刑事判决书到玉溪地区中级人民法院,要求协助将卢鼎所在的正大服务部汇至玉溪汽车总站账户上的96000元赃款强制划拨至盘龙区人民法院帐户内,待案件终审后发还受害人景洪新新家具商店。虽然刑事诉讼中已查明卢鼎汇至玉溪汽车总站的96000元确系其从景洪新新家具商店诈骗来的款,但是,汽车总站与卢鼎开办的正大服务部1987年7月11日签订过联营协议,汽车总站按照协议规定先后汇了10万元投资款给正大服务部,后因协议不能履行,双方于1987年9月1日协商达成了还款协议,据此,正大服务部11月2日汇退投资款96000元给汽车总站。这96000元是玉溪汽车总站合法取得的财产,是否应作为赃款退出,两地法院发生争执,玉溪中院向我院提出请示。

我们研究认为:这类问题是改革开放以来审判工作中遇到的新问题,面大案例多。由于被告人在经济交往中,特别是在负债累累的情况下,总是拆东墙补西墙,骗东家还西家,使经济犯罪和经济纠纷交织在一起,孤立地从刑事犯罪的角度作为赃款追回或者只从经济纠纷的角度认为不是赃款不予退回都不尽妥当。应在刑事诉讼中审查所涉及的经济纠纷是否属于利用签订经济合同进行经济诈骗。如果已构成诈骗罪,即应并案处理,作为赃款退出,待处理赃款时根据各受害人的情况,按比例发还。如果不构成诈骗罪,则不应作为赃款退出。关于玉溪中院请示的卢鼎诈骗案涉及的玉溪汽车总站96000元是否应作为赃款退出的问题。由于盘龙区检察院和盘龙区人民法院在审理卢鼎诈骗案时均未以诈骗罪认定,且玉溪汽车总站是依据经济法律关系合法取得的财产,故不应作为赃款退出。

以上意见当否,请指示。

(十二)技术合同

中华人民共和国计量法

1. 1985年9月6日第六届全国人民代表大会常务委员会第十二次会议通过
2. 根据2009年8月27日第十一届全国人民代表大会常务委员会第十次会议《关于修改部分法律的决定》第一次修正
3. 根据2013年12月28日第十二届全国人民代表大会常务委员会第六次会议《关于修改〈中华人民共和国海洋环境保护法〉等七部法律的决定》第二次修正
4. 根据2015年4月24日第十二届全国人民代表大会常务委员会第十四次会议全国人民代表大会常务委员会《关于修改〈中华人民共和国计量法〉等五部法律的决定》第三次修正

第一章　总　　则

第一条　为了加强计量监督管理,保障国家计量单位制的统一和量值的准确可靠,有利于生产、贸易和科学技术的发展,适应社会主义现代化建设的需要,维护国家、人民的利益,制定本法。

第二条 在中华人民共和国境内,建立计量基准器具、计量标准器具,进行计量检定,制造、修理、销售、使用计量器具,必须遵守本法。

第三条 国家采用国际单位制。

国际单位制计量单位和国家选定的其他计量单位,为国家法定计量单位。国家法定计量单位的名称、符号由国务院公布。

非国家法定计量单位应当废除。废除的办法由国务院制定。

第四条 国务院计量行政部门对全国计量工作实施统一监督管理。

县级以上地方人民政府计量行政部门对本行政区域内的计量工作实施监督管理。

第二章 计量基准器具、计量标准器具和计量检定

第五条 国务院计量行政部门负责建立各种计量基准器具,作为统一全国量值的最高依据。

第六条 县级以上地方人民政府计量行政部门根据本地区的需要,建立社会公用计量标准器具,经上级人民政府计量行政部门主持考核合格后使用。

第七条 国务院有关主管部门和省、自治区、直辖市人民政府有关主管部门,根据本部门的特殊需要,可以建立本部门使用的计量标准器具,其各项最高计量标准器具经同级人民政府计量行政部门主持考核合格后使用。

第八条 企业、事业单位根据需要,可以建立本单位使用的计量标准器具,其各项最高计量标准器具经有关人民政府计量行政部门主持考核合格后使用。

第九条 县级以上人民政府计量行政部门对社会公用计量标准器具,部门和企业、事业单位使用的最高计量标准器具,以及用于贸易结算、安全防护、医疗卫生、环境监测方面的列入强制检定目录的工作计量器具,实行强制检定。未按照规定申请检定或者检定不合格的,不得使用。实行强制检定的工作计量器具的目录和管理办法,由国务院制定。

对前款规定以外的其他计量标准器具和工作计量器具,使用单位应当自行定期检定或者送其他计量检定机构检定,县级以上人民政府计量行政部门应当进行监督检查。

第十条 计量检定必须按照国家计量检定系统表进行。国家计量检定系统表由国务院计量行政部门制定。

计量检定必须执行计量检定规程。国家计量检定规程由国务院计量行政部门制定。没有国家计量检定规程的,由国务院有关主管部门和省、自治区、直辖市人民政府计量行政部门分别制定部门计量检定规程和地方计量检定规程。

第十一条 计量检定工作应当按照经济合理的原则,就地就近进行。

第三章 计量器具管理

第十二条 制造、修理计量器具的企业、事业单位,必须具备与所制造、修理的计量器具相适应的设施、人员和检定仪器设备,经县级以上人民政府计量行政部门考核合格,取得《制造计量器具许可证》或者《修理计量器具许可证》。

第十三条 制造计量器具的企业、事业单位生产本单位未生产过的计量器具新产品,必须经省级以上人民政府计量行政部门对其样品的计量性能考核合格,方可投入生产。

第十四条 未经省、自治区、直辖市人民政府计量行政部门批准,不得制造、销售和进口国务院规定废除的非法定计量单位的计量器具和国务院禁止使用的其他计量器具。

第十五条 制造、修理计量器具的企业、事业单位必须对制造、修理的计量器具进行检定,保证产品计量性能合格,并对合格产品出具产品合格证。

县级以上人民政府计量行政部门应当对制造、修理的计量器具的质量进行监督检查。

第十六条 使用计量器具不得破坏其准确度,损害国家和消费者的利益。

第十七条 个体工商户可以制造、修理简易的计量器具。

制造、修理计量器具的个体工商户,必须经县级人民政府计量行政部门考核合格,发给《制造计量器具许可证》或者《修理计量器具

许可证》。

第四章　计量监督

第十八条　县级以上人民政府计量行政部门，根据需要设置计量监督员。计量监督员管理办法，由国务院计量行政部门制定。

第十九条　县级以上人民政府计量行政部门可以根据需要设置计量检定机构，或者授权其他单位的计量检定机构，执行强制检定和其他检定、测试任务。

执行前款规定的检定、测试任务的人员，必须经考核合格。

第二十条　处理因计量器具准确度所引起的纠纷，以国家计量基准器具或者社会公用计量标准器具检定的数据为准。

第二十一条　为社会提供公证数据的产品质量检验机构，必须经省级以上人民政府计量行政部门对其计量检定、测试的能力和可靠性考核合格。

第五章　法律责任

第二十二条　未取得《制造计量器具许可证》、《修理计量器具许可证》制造或者修理计量器具的，责令停止生产、停止营业，没收违法所得，可以并处罚款。

第二十三条　制造、销售未经考核合格的计量器具新产品的，责令停止制造、销售该种新产品，没收违法所得，可以并处罚款。

第二十四条　制造、修理、销售的计量器具不合格的，没收违法所得，可以并处罚款。

第二十五条　属于强制检定范围的计量器具，未按照规定申请检定或者检定不合格继续使用的，责令停止使用，可以并处罚款。

第二十六条　使用不合格的计量器具或者破坏计量器具准确度，给国家和消费者造成损失的，责令赔偿损失，没收计量器具和违法所得，可以并处罚款。

第二十七条　制造、销售、使用以欺骗消费者为目的的计量器具的，没收计量器具和违法所得，处以罚款；情节严重的，并对个人或者单位直接责任人员依照刑法有关规定追究刑事责任。

第二十八条　违反本法规定，制造、修理、销售的计量器具不合格，造成人身伤亡或者重大财产损失的，依照刑法有关规定，对个人或者单位直接责任人员追究刑事责任。

第二十九条　计量监督人员违法失职，情节严重的，依照刑法有关规定追究刑事责任；情节轻微的，给予行政处分。

第三十条　本法规定的行政处罚，由县级以上地方人民政府计量行政部门决定。本法第二十七条规定的行政处罚，也可以由工商行政管理部门决定。

第三十一条　当事人对行政处罚决定不服的，可以在接到处罚通知之日起十五日内向人民法院起诉；对罚款、没收违法所得的行政处罚决定期满不起诉又不履行的，由作出行政处罚决定的机关申请人民法院强制执行。

第六章　附　　则

第三十二条　中国人民解放军和国防科技工业系统计量工作的监督管理办法，由国务院、中央军事委员会依据本法另行制定。

第三十三条　国务院计量行政部门根据本法制定实施细则，报国务院批准施行。

第三十四条　本法自1986年7月1日起施行。

中华人民共和国计量法实施细则

1. 1987年1月19日国务院批准

2. 1987年2月1日国家计量局发布

第一章　总　　则

第一条　根据《中华人民共和国计量法》的规定，制定本细则。

第二条　国家实行法定计量单位制度。国家法定计量单位的名称、符号和非国家法定计量单位的废除办法，按照国务院关于在我国统一实行法定计量单位的有关规定执行。

第三条　国家有计划地发展计量事业，用现代计量技术装备各级计量检定机构，为社会主义现代化建设服务，为工农业生产、国防建设、科学实验、国内外贸易以及人民的健康、安全提供计量保证，维护国家和人民的利益。

第二章　计量基准器具和计量标准器具

第四条　计量基准器具(简称计量基准,下同)的使用必须具备下列条件:(一)经国家鉴定合格;(二)具有正常工作所需要的环境条件;(三)具有称职的保存、维护、使用人员;(四)具有完善的管理制度。符合上述条件的,经国务院计量行政部门审批并颁发计量基准证书后,方可使用。

第五条　非经国务院计量行政部门批准,任何单位和个人不得拆卸、改装计量基准或者自行中断其计量检定工作。

第六条　计量基准的量值应当与国际上的量值保持一致。国务院计量行政部门有权废除技术水平落后或者工作状况不适应需要的计量基准。

第七条　计量标准器具(简称计量标准,下同)的使用,必须具备下列条件:(一)经计量检定合格;(二)具有正常工作所需要的环境条件;(三)具有称职的保存、维护、使用人员;(四)具有完善的管理制度。

第八条　社会公用计量标准对社会上实施计量监督具有公证作用。县级以上地方人民政府计量行政部门建立的本行政区域内最高等级的社会公用计量标准,须向上一级人民政府计量行政部门申请考核;其他等级的,由当地人民政府计量行政部门主持考核。经考核符合本细则第七条规定条件并取得考核合格证的,由当地县级以上人民政府计量行政部门审批颁发社会公用计量标准证书后,方可使用。

第九条　国务院有关主管部门和省、自治区、直辖市人民政府有关主管部门建立的本部门各项最高计量标准,经同级人民政府计量行政部门考核,符合本细则第七条规定条件并取得考核合格证的,由有关主管部门批准使用。

第十条　企业、事业单位建立本单位各项最高计量标准,须向与其主管部门同级的人民政府计量行政部门申请考核。乡镇企业向当地县级人民政府计量行政部门申请考核。经考核符合本细则第七条规定条件并取得考核合格证的,企业、事业单位方可使用,并向其主管部门备案。

第三章　计量检定

第十一条　使用实行强制检定的计量标准的单位和个人,应当向主持考核该项计量标准的有关人民政府计量行政部门申请周期检定。使用实行强制检定的工作计量器具的单位和个人,应当向当地县(市)级人民政府计量行政部门指定的计量检定机构申请周期检定。当地不能检定的,向上一级人民政府计量行政部门指定的计量检定机构申请周期检定。

第十二条　企业、事业单位应当配备与生产、科研、经营管理相适应的计量检测设施,制定具体的检定管理办法和规章制度,规定本单位管理的计量器具明细目录及相应的检定周期,保证使用的非强制检定的计量器具定期检定。

第十三条　计量检定工作应当符合经济合理、就地就近的原则,不受行政区划和部门管辖的限制。

第四章　计量器具的制造和修理

第十四条　企业、事业单位申请办理《制造计量器具许可证》,由与其主管部门同级的人民政府计量行政部门进行考核;乡镇企业由当地县级人民政府计量行政部门进行考核。经考核合格,取得《制造计量器具许可证》的,准予使用国家统一规定的标志,有关主管部门方可批准生产。

第十五条　对社会开展经营性修理计量器具的企业、事业单位,办理《修理计量器具许可证》,可直接向当地县(市)级人民政府计量行政部门申请考核。当地不能考核的,可以向上一级地方人民政府计量行政部门申请考核。经考核合格取得《修理计量器具许可证》的,方可准予使用国家统一规定的标志和批准营业。

第十六条　制造、修理计量器具的个体工商户,须在固定的场所从事经营。申请《制造计量器具许可证》或者《修理计量器具许可证》,按照本细则第十五条规定的程序办理。凡易地经营的,须经所到地方的人民政府计量行政部门验证核准后方可申请办理营业执照。

第十七条　对申请《制造计量器具许可证》和《修理计量器具许可证》的企业、事业单位或个体工商户进行考核的内容为:(一)生产设施;(二)出厂检定条件;(三)人员的技术状况;(四)有关技术文件和计量规章制度。

第十八条　凡制造在全国范围内从未生产过的计量器具新产品,必须经过定型鉴定。

定型鉴定合格后,应当履行形式批准手续,颁发证书。在全国范围内已经定型,而本单位未生产过的计量器具新产品,应当进行样机试验。样机试验合格后,发给合格证书。凡未经型式批准或者未取得样机试验合格证书的计量器具,不准生产。

第十九条　计量器具新产品定型鉴定,由国务院计量行政部门授权的技术机构进行;样机试验由所在地方的省级人民政府计量行政部门授权的技术机构进行。计量器具新产品的型式,由当地省级人民政府计量行政部门批准。省级人民政府计量行政部门批准的型式,经国务院计量行政部门审核同意后,作为全国通用型式。

第二十条　申请计量器具新产品定型鉴定和样机试验的单位,应当提供新产品样机及有关技术文件、资料。负责计量器具新产品定型鉴定和样机试验的单位,对申请单位提供的样机和技术文件、资料必须保密。

第二十一条　对企业、事业单位制造、修理计量器具的质量,各有关主管部门应当加强管理,县级以上人民政府计量行政部门有权进行监督检查,包括抽检和监督试验。凡无产品合格印、证,或者经检定不合格的计量器具,不准出厂。

中华人民共和国标准化法

1. 1988年12月29日第七届全国人民代表大会常务委员会第五次会议通过

2. 1988年12月29日中华人民共和国主席令第11号公布

3. 自1989年4月1日起施行

目　　录

第一章　总　　则

第一条　**【立法目的】**为了发展社会主义商品经济,促进技术进步,改进产品质量,提高社会经济效益,维护国家和人民的利益,使标准化工作适应社会主义现代化建设和发展对外经济关系的需要,制定本法。

第二条　**【技术标准】**对下列需要统一的技术要求,应当制定标准:

(一)工业产品的品种、规格、质量、等级或者安全、卫生要求。

(二)工业产品的设计、生产、检验、包装、储存、运输、使用的方法或者生产、储存、运输过程中的安全、卫生要求。

(三)有关环境保护的各项技术要求和检验方法。

(四)建设工程的设计、施工方法和安全要求。

(五)有关工业生产、工程建设和环境保护的技术术语、符号、代号和制图方法。

重要农产品和其他需要制定标准的项目,由国务院规定。

第三条　**【标准化任务】**标准化工作的任务是制定标准、组织实施标准和对标准的实施进行监督。

标准化工作应当纳入国民经济和社会发展计划。

第四条　**【国际标准】**国家鼓励积极采用国际标准。

第五条　**【主管部门】**国务院标准化行政主管部门统一管理全国标准化工作。国务院有关行政主管部门分工管理本部门、本行业的标准化工作。

省、自治区、直辖市标准化行政主管部门统一管理本行政区域的标准化工作。省、自治区、直辖市政府有关行政主管部门分工管理本行政区域内本部门、本行业的标准化工作。

市、县标准化行政主管部门和有关行政主管部门,按照省、自治区、直辖市政府规定的各自的职责,管理本行政区域内的标准化工作。

第二章 标准的制定

第六条 【标准体系】对需要在全国范围内统一的技术要求,应当制定国家标准。国家标准由国务院标准化行政主管部门制定。对没有国家标准而又需要在全国某个行业范围内统一的技术要求,可以制定行业标准。行业标准由国务院有关行政主管部门制定,并报国务院标准化行政主管部门备案,在公布国家标准之后,该项行业标准即行废止。对没有国家标准和行业标准而又需要在省、自治区、直辖市范围内统一的工业产品的安全、卫生要求,可以制定地方标准。地方标准由省、自治区、直辖市标准化行政主管部门制定,并报国务院标准化行政主管部门和国务院有关行政主管部门备案,在公布国家标准或者行业标准之后,该项地方标准即行废止。

企业生产的产品没有国家标准和行业标准的,应当制定企业标准,作为组织生产的依据。企业的产品标准须报当地政府标准化行政主管部门和有关行政主管部门备案。已有国家标准或者行业标准的,国家鼓励企业制定严于国家标准或者行业标准的企业标准,在企业内部适用。

法律对标准的制定另有规定的,依照法律的规定执行。

第七条 【强制性标准】国家标准、行业标准分为强制性标准和推荐性标准。保障人体健康,人身、财产安全的标准和法律、行政法规规定强制执行的标准是强制性标准,其他标准是推荐性标准。

省、自治区、直辖市标准化行政主管部门制定的工业产品的安全、卫生要求的地方标准,在本行政区域内是强制性标准。

第八条 【保护社会效益】制定标准应当有利于保障安全和人民的身体健康,保护消费者的利益,保护环境。

第九条 【有利于经济效益】制定标准应当有利于合理利用国家资源,推广科学技术成果,提高经济效益,并符合使用要求,有利于产品的通用互换,做到技术上先进,经济上合理。

第十条 【协调配套】制定标准应当做到有关标准的协调配套。

第十一条 【促进对外合作】制定标准应当有利于促进对外经济技术合作和对外贸易。

第十二条 【标准起草】制定标准应当发挥行业协会、科学研究机构和学术团体的作用。

制定标准的部门应当组织由专家组成的标准化技术委员会,负责标准的草拟,参加标准草案的审查工作。

第十三条 【复审】标准实施后,制定标准的部门应当根据科学技术的发展和经济建设的需要适时进行复审,以确认现行标准继续有效或者予以修订、废止。

第三章 标准的实施

第十四条 【强制力】强制性标准,必须执行。不符合强制性标准的产品,禁止生产、销售和进口。推荐性标准,国家鼓励企业自愿采用。

第十五条 【认证】企业对有国家标准或者行业标准的产品,可以向国务院标准化行政主管部门或者国务院标准化行政主管部门授权的部门申请产品质量认证。认证合格的,由认证部门授予认证证书,准许在产品或者包装上使用规定的认证标志。

已经取得认证证书的产品不符合国家标准或者行业标准的,以及产品未经认证或者认证不合格的,不得使用认证标志出厂销售。

第十六条 【出口产品】出口产品的技术要求,依照合同的约定执行。

第十七条 【新产品要求】企业研制新产品、改进产品,进行技术改造,应当符合标准化要求。

第十八条 【监督检查】县级以上政府标准化行政主管部门负责对标准的实施进行监督检查。

第十九条 【检验机构】县级以上政府标准化行政主管部门,可以根据需要设置检验机构,或者授权其他单位的检验机构,对产品是否符合标准进行检验。法律、行政法规对检验机构另有规定的,依照法律、行政法规的规定执行。

处理有关产品是否符合标准的争议,以前款规定的检验机构的检验数据为准。

第四章 法律责任

第二十条 【工商部门查处】生产、销售、进口不符合强制性标准的产品的,由法律、行政法规规定的行政主管部门依法处理,法律、行政法规未作规定的，由工商行政管理部门没收产品和违法所得，并处罚款；造成严重后果构成犯罪的，对直接责任人员依法追究刑事责任。

第二十一条　【不符合标准】已经授予认证证书的产品不符合国家标准或者行业标准而使用认证标志出厂销售的，由标准化行政主管部门责令停止销售，并处罚款；情节严重的，由认证部门撤销其认证证书。

第二十二条　【冒用认证标志】产品未经认证或者认证不合格而擅自使用认证标志出厂销售的，由标准化行政主管部门责令停止销售，并处罚款。

第二十三条　【救济措施】当事人对没收产品、没收违法所得和罚款的处罚不服的，可以在接到处罚通知之日起十五日内，向作出处罚决定的机关的上一级机关申请复议；对复议决定不服的，可以在接到复议决定之日起十五日内，向人民法院起诉。当事人也可以在接到处罚通知之日起十五日内，直接向人民法院起诉。当事人逾期不申请复议或者不向人民法院起诉又不履行处罚决定的，由作出处罚决定的机关申请人民法院强制执行。

第二十四条　【渎职】标准化工作的监督、检验、管理人员违法失职、徇私舞弊的，给予行政处分；构成犯罪的，依法追究刑事责任。

第五章　附　　则

第二十五条　【实施条例】本法实施条例由国务院制定。

第二十六条　【生效日期】本法自1989年4月1日起施行。

中华人民共和国标准化法实施条例

1. 中华人民共和国国务院令第53号发布

2. 自1990年4月6日起公布施行

第一章　总　　则

第一条　根据《中华人民共和国标准化法》（以下简称《标准化法》）的规定，制定本条例。

第二条　对下列需要统一的技术要求，应当制定标准：

（一）工业产品的品种、规格、质量、等级或者安全、卫生要求；

（二）工业产品的设计、生产、试验、检验、包装、储存、运输、使用的方法或者生产、储存、运输过程中的安全、卫生要求；

（三）有关环境保护的各项技术要求和检验方法；

（四）建设工程的勘察、设计、施工、验收的技术要求和方法；

（五）有关工业生产、工程建设和环境保护的技术术语、符号、代号、制图方法、互换配合要求；

（六）农业（含林业、牧业、渔业，下同）产品（含种子、种苗、种畜、种禽，下同）的品种、规格、质量、等级、检验、包装、储存、运输以及生产技术、管理技术的要求；

（七）信息、能源、资源、交通运输的技术要求。

第三条　国家有计划地发展标准化事业。标准化工作应当纳入各级国民经济和社会发展计划。

第四条　国家鼓励采用国际标准和国外先进标准，积极参与制定国际标准。

第二章　标准化工作的管理

第五条　标准化工作的任务是制定标准、组织实施标准和对标准的实施进行监督。

第六条　国务院标准化行政主管部门统一管理全国标准化工作，履行下列职责：

（一）组织贯彻国家有关标准化工作的法律、法规、方针、政策；

（二）组织制定全国标准化工作规划、计划；

（三）组织制定国家标准；

（四）指导国务院有关行政主管部门和省、自治区、直辖市人民政府标准化行政主管部门的标准化工作，协调和处理有关标准化工作问题；

（五）组织实施标准；

（六）对标准的实施情况进行监督检查；

（七）统一管理全国的产品质量认证工作；

（八）统一负责对有关国际标准化组织的业务联系。

第七条　国务院有关行政主管部门分工管理本

部门、本行业的标准化工作,履行下列职责:

(一)贯彻国家标准化工作的法律、法规、方针、政策,并制定在本部门、本行业实施的具体办法;

(二)制定本部门、本行业的标准化工作规划、计划;

(三)承担国家下达的草拟国家标准的任务,组织制定行业标准;

(四)指导省、自治区、直辖市有关行政主管部门的标准化工作;

(五)组织本部门、本行业实施标准;

(六)对标准实施情况进行监督检查;

(七)经国务院标准化行政主管部门授权,分工管理本行业的产品质量认证工作。

第八条 省、自治区、直辖市人民政府标准化行政主管部门统一管理本行政区域的标准化工作,履行下列职责:

(一)贯彻国家标准化工作的法律、法规、方针、政策,并制定在本行政区域实施的具体办法;

(二)制定地方标准化工作规划、计划;

(三)组织制定地方标准;

(四)指导本行政区域有关行政主管部门的标准化工作,协调和处理有关标准化工作问题;

(五)在本行政区域组织实施标准;

(六)对标准实施情况进行监督检查。

第九条 省、自治区、直辖市有关行政主管部门分工管理本行政区域内本部门、本行业的标准化工作,履行下列职责:

(一)贯彻国家和本部门、本行业、本行政区域标准化工作的法律、法规、方针、政策,并制定实施的具体办法;

(二)制定本行政区域内本部门、本行业的标准化工作规划、计划;

(三)承担省、自治区、直辖市人民政府下达的草拟地方标准的任务;

(四)在本行政区域内组织本部门、本行业实施标准;

(五)对标准实施情况进行监督检查。

第十条 市、县标准化行政主管部门和有关行政主管部门的职责分工,由省、自治区、直辖市人民政府规定。

第三章 标准的制定

第十一条 对需要在全国范围内统一的下列技术要求,应当制定国家标准(含标准样品的制作):

(一)互换配合、通用技术语言要求;

(二)保障人体健康和人身、财产安全的技术要求;

(三)基本原料、燃料、材料的技术要求;

(四)通用基础件的技术要求;

(五)通用的试验、检验方法;

(六)通用的管理技术要求;

(七)工程建设的重要技术要求;

(八)国家需要控制的其他重要产品的技术要求。

第十二条 国家标准由国务院标准化行政主管部门编制计划,组织草拟,统一审批、编号、发布。

工程建设、药品、食品卫生、兽药、环境保护的国家标准,分别由国务院工程建设主管部门、卫生主管部门、农业主管部门、环境保护主管部门组织草拟、审批;其编号、发布办法由国务院标准化行政主管部门会同国务院有关行政主管部门制定。

法律对国家标准的制定另有规定的,依照法律的规定执行。

第十三条 对没有国家标准而又需要在全国某个行业范围内统一的技术要求,可以制定行业标准(含标准样品的制作)。制定行业标准的项目由国务院有关行政主管部门确定。

第十四条 行业标准由国务院有关行政主管部门编制计划,组织草拟,统一审批、编号、发布,并报国务院标准化行政主管部门备案。

行业标准在相应的国家标准实施后,自行废止。

第十五条 对没有国家标准和行业标准而又需要在省、自治区、直辖市范围内统一的工业产品的安全、卫生要求,可以制定地方标准。制定地方标准的项目,由省、自治区、直辖市人民政府标准化行政主管部门确定。

第十六条 地方标准由省、自治区、直辖市人民政府标准化行政主管部门编制计划,组织草拟,统一审批、编号、发布,并报国务院标准化行政主管部门和国务院有关行政主管部门备案。

法律对地方标准的制定另有规定的,依照法律的规定执行。

地方标准在相应的国家标准或行业标准实施后,自行废止。

第十七条　企业生产的产品没有国家标准、行业标准和地方标准的,应当制定相应的企业标准,作为组织生产的依据。企业标准由企业组织制定(农业企业标准制定办法另定),并按省、自治区、直辖市人民政府的规定备案。

对已有国家标准、行业标准或者地方标准的,鼓励企业制定严于国家标准、行业标准或者地方标准要求的企业标准,在企业内部适用。

第十八条　国家标准、行业标准分为强制性标准和推荐性标准。

下列标准属于强制性标准:

(一)药品标准,食品卫生标准,兽药标准;

(二)产品及产品生产、储运和使用中的安全、卫生标准,劳动安全、卫生标准,运输安全标准;

(三)工程建设的质量、安全、卫生标准及国家需要控制的其他工程建设标准;

(四)环境保护的污染物排放标准和环境质量标准;

(五)重要的通用技术术语、符号、代号和制图方法;

(六)通用的试验、检验方法标准;

(七)互换配合标准;

(八)国家需要控制的重要产品质量标准。

国家需要控制的重要产品目录由国务院标准化行政主管部门会同国务院有关行政主管部门确定。

强制性标准以外的标准是推荐性标准。

省、自治区、直辖市人民政府标准化行政主管部门制定的工业产品的安全、卫生要求的地方标准,在本行政区域内是强制性标准。

第十九条　制定标准应当发挥行业协会、科学技术研究机构和学术团体的作用。

制定国家标准、行业标准和地方标准的部门应当组织由用户、生产单位、行业协会、科学技术研究机构、学术团体及有关部门的专家组成标准化技术委员会,负责标准草拟和参加标准草案的技术审查工作。未组成标准化技术委员会的,可以由标准化技术归口单位负责标准草拟和参加标准草案的技术审查工作。

制定企业标准应当充分听取使用单位、科学技术研究机构的意见。

第二十条　标准实施后,制定标准的部门应当根据科学技术的发展和经济建设的需要适时进行复审。标准复审周期一般不超过五年。

第二十一条　国家标准、行业标准和地方标准的代号、编号办法,由国务院标准化行政主管部门统一规定。

企业标准的代号、编号办法,由国务院标准化行政主管部门会同国务院有关行政主管部门规定。

第二十二条　标准的出版、发行办法,由制定标准的部门规定。

第四章　标准的实施与监督

第二十三条　从事科研、生产、经营的单位和个人,必须严格执行强制性标准。不符合强制性标准的产品,禁止生产、销售和进口。

第二十四条　企业生产执行国家标准、行业标准、地方标准或企业标准,应当在产品或其说明书、包装物上标注所执行标准的代号、编号、名称。

第二十五条　出口产品的技术要求由合同双方约定。

出口产品在国内销售时,属于我国强制性标准管理范围的,必须符合强制性标准的要求。

第二十六条　企业研制新产品、改进产品、进行技术改造,应当符合标准化要求。

第二十七条　国务院标准化行政主管部门组织或授权国务院有关行政主管部门建立行业认证机构,进行产品质量认证工作。

第二十八条　国务院标准化行政主管部门统一负责全国标准实施的监督。国务院有关行政主管部门分工负责本部门、本行业的标准实施的监督。

省、自治区、直辖市标准化行政主管部门

统一负责本行政区域内的标准实施的监督。省、自治区、直辖市人民政府有关行政主管部门分工负责本行政区域内本部门、本行业的标准实施的监督。

市、县标准化行政主管部门和有关行政主管部门,按照省、自治区、直辖市人民政府规定的各自的职责,负责本行政区域内的标准实施的监督。

第二十九条 县级以上人民政府标准化行政主管部门,可以根据需要设置检验机构,或者授权其他单位的检验机构,对产品是否符合标准进行检验和承担其他标准实施的监督检验任务。检验机构的设置应当合理布局,充分利用现有力量。

国家检验机构由国务院标准化行政主管部门会同国务院有关行政主管部门规划、审查。地方检验机构由省、自治区、直辖市人民政府标准化行政主管部门会同省级有关行政主管部门规划、审查。

处理有关产品是否符合标准的争议,以本条规定的检验机构的检验数据为准。

第三十条 国务院有关行政主管部门可以根据需要和国家有关规定设立检验机构,负责本行业、本部门的检验工作。

第三十一条 国家机关、社会团体、企业事业单位及全体公民均有权检举、揭发违反强制性标准的行为。

第五章 法律责任

第三十二条 违反《标准化法》和本条例有关规定,有下列情形之一的,由标准化行政主管部门或有关行政主管部门在各自的职权范围内责令限期改进,并可通报批评或给予责任者行政处分:

(一)企业未按规定制定标准作为组织生产依据的;

(二)企业未按规定要求将产品标准上报备案的;

(三)企业的产品未按规定附有标识或与其标识不符的;

(四)企业研制新产品、改进产品、进行技术改造,不符合标准化要求的;

(五)科研、设计、生产中违反有关强制性标准规定的。

第三十三条 生产不符合强制性标准的产品的,应当责令其停止生产,并没收产品,监督销毁或作必要技术处理;处以该批产品货值金额百分之二十至百分之五十的罚款;对有关责任者处以五千元以下罚款。

销售不符合强制性标准的商品的,应当责令其停止销售,并限期追回已的售出的商品,监督销毁或作必要技术处理;没收违反所得;处以该批商品货值金额百分之十至百分之二十的罚款;对有关责任者处以五千元以下罚款。

进口不符合强制性标准的产品的,应当封存并没收该产品,监督销毁或作必要技术处理;以处进口产品货值金额百分之二十至百分之五十的罚款;对有关责任者给予行政处分,并可以以五千元以下罚款。

本条规定的责令停止生产、行政处分,由有关行政主管部门决定;其他行政处罚由标准化行政主管部门和工商行政管理部门依据职权决定。

第三十四条 生产、销售、进口不符合强制性标准的产品,造成严重后果,构成犯罪的,由司法机关依法追究直接责任人员的刑事责任。

第三十五条 获得认证证书的产品不符合认证标准而使用认证标志出厂销售的,由标准化行政主管部门责令其停止销售,并处以违法所得二倍以下的罚款;情节严重的,由认证部门撤销其认证证书。

第三十六条 产品未经认证或者认证不合格而擅自使用认证标志出厂销售的,由标准化行政主管部门责令其停止销售,处以违法所得三倍以下的罚款,并对单位负责人处以五千元以下罚款。

第三十七条 当事人对没收产品、没收违法所得和罚款的处罚不服的,可以在接到处罚通知之日起十五日内,向作出处罚决定的机关的上一级机关申请复议;对复议决定不服的,可以在接到复议决定之日起十五日内,向人民法院起诉。当事人也可以在接到处罚通知之日起十五日内,直接向人民法院起诉。当事人逾期不申请复议或者不向人民法院起诉又不履行处罚决定的,由作出处罚决定的机关申请人民法院强制执行。

第三十八条　本条例第三十二条至第三十六条规定的处罚不免除由此产生的对他人的损害赔偿责任。受到损害的有权要求责任人赔偿损失。赔偿责任和赔偿金额纠纷可以由有关行政主管部门处理,当事人也可以直接向人民法院起诉。

第三十九条　标准化工作的监督、检验、管理人员有下列行为之一的,由有关主管部门给予行政处分,构成犯罪的,由司法机关依法追究刑事责任:

(一)违反本条例规定,工作失误,造成损失的;

(二)伪造、篡改检验数据的;

(三)徇私舞弊、滥用职权、索贿受贿的。

第四十条　罚没收入全部上缴财政。对单位的罚款,一律从其自有资金中支付,不得列入成本。对责任人的罚款,不得从公款中核销。

第六章　附　　则

第四十一条　军用标准化管理条例,由国务院、中央军委另行制定。

第四十二条　工程建设标准化管理规定,由国务院工程建设主管部门依据《标准化法》和本条例的有关规定另行制定,报国务院批准后实施。

第四十三条　本条例由国家技术监督局负责解释。

第四十四条　本条例自发布之日起施行。

最高人民法院
关于审理技术合同纠纷案件
适用法律若干问题的解释

1. *2004年11月30日最高人民法院审判委员会第1335次会议通过*
2. *2004年12月16日公布*
3. *法释〔2004〕20号*
4. *自2005年1月1日起施行*

为了正确审理技术合同纠纷案件,根据《中华人民共和国合同法》、《中华人民共和国专利法》和《中华人民共和国民事诉讼法》等法律的有关规定,结合审判实践,现就有关问题作出以下解释。

一、一 般 规 定

第一条　技术成果,是指利用科学技术知识、信息和经验作出的涉及产品、工艺、材料及其改进等的技术方案,包括专利、专利申请、技术秘密、计算机软件、集成电路布图设计、植物新品种等。

技术秘密,是指不为公众所知悉、具有商业价值并经权利人采取保密措施的技术信息。

第二条　合同法第三百二十六条第二款所称"执行法人或者其他组织的工作任务",包括:

(一)履行法人或者其他组织的岗位职责或者承担其交付的其他技术开发任务;

(二)离职后一年内继续从事与其原所在法人或者其他组织的岗位职责或者交付的任务有关的技术开发工作,但法律、行政法规另有规定的除外。

法人或者其他组织与其职工就职工在职期间或者离职以后所完成的技术成果的权益有约定的,人民法院应当依约定确认。

第三条　合同法第三百二十六条第二款所称"物质技术条件",包括资金、设备、器材、原材料、未公开的技术信息和资料等。

第四条　合同法第三百二十六条第二款所称"主要利用法人或者其他组织的物质技术条件",包括职工在技术成果的研究开发过程中,全部或者大部分利用了法人或者其他组织的资金、设备、器材或者原材料等物质条件,并且这些物质条件对形成该技术成果具有实质性的影响;还包括该技术成果实质性内容是在法人或者其他组织尚未公开的技术成果、阶段性技术成果基础上完成的情形。但下列情况除外:

(一)对利用法人或者其他组织提供的物质技术条件,约定返还资金或者交纳使用费的;

(二)在技术成果完成后利用法人或者其他组织的物质技术条件对技术方案进行验证、测试的。

第五条　个人完成的技术成果,属于执行原所在法人或者其他组织的工作任务,又主要利用了现所在法人或者其他组织的物质技术条件的，应当按照该自然人原所在和现所在法人或者其他组织达成的协议确认权益。不能达成协议的，根据对完成该项技术成果的贡献大小由双方合理分享。

第六条 合同法第三百二十六条、第三百二十七条所称完成技术成果的“个人”，包括对技术成果单独或者共同作出创造性贡献的人，也即技术成果的发明人或者设计人。人民法院在对创造性贡献进行认定时，应当分解所涉及技术成果的实质性技术构成。提出实质性技术构成并由此实现技术方案的人，是作出创造性贡献的人。

提供资金、设备、材料、试验条件，进行组织管理，协助绘制图纸、整理资料、翻译文献等人员，不属于完成技术成果的个人。

第七条 不具有民事主体资格的科研组织订立的技术合同，经法人或者其他组织授权或者认可的，视为法人或者其他组织订立的合同，由法人或者其他组织承担责任；未经法人或者其他组织授权或者认可的，由该科研组织成员共同承担责任，但法人或者其他组织因该合同受益的，应当在其受益范围内承担相应责任。

前款所称不具有民事主体资格的科研组织，包括法人或者其他组织设立的从事技术研究开发、转让等活动的课题组、工作室等。

第八条 生产产品或者提供服务依法须经有关部门审批或者取得行政许可，而未经审批或者许可的，不影响当事人订立的相关技术合同的效力。

当事人对办理前款所称审批或者许可的义务没有约定或者约定不明确的，人民法院应当判令由实施技术的一方负责办理，但法律、行政法规另有规定的除外。

第九条 当事人一方采取欺诈手段，就其现有技术成果作为研究开发标的与他人订立委托开发合同收取研究开发费用，或者就同一研究开发课题先后与两个或者两个以上的委托人分别订立委托开发合同重复收取研究开发费用的，受损害方依照合同法第五十四条第二款规定请求变更或者撤销合同的，人民法院应当予以支持。

第十条 下列情形，属于合同法第三百二十九条所称的“非法垄断技术、妨碍技术进步”：

（一）限制当事人一方在合同标的技术基础上进行新的研究开发或者限制其使用所改进的技术，或者双方交换改进技术的条件不对等，包括要求一方将其自行改进的技术无偿提供给对方、非互惠性转让给对方、无偿独占或者共享该改进技术的知识产权；

（二）限制当事人一方从其他来源获得与技术提供方类似技术或者与其竞争的技术；

（三）阻碍当事人一方根据市场需求，按照合理方式充分实施合同标的技术，包括明显不合理地限制技术接受方实施合同标的技术生产产品或者提供服务的数量、品种、价格、销售渠道和出口市场；

（四）要求技术接受方接受并非实施技术必不可少的附带条件，包括购买非必需的技术、原材料、产品、设备、服务以及接收非必需的人员等；

（五）不合理地限制技术接受方购买原材料、零部件、产品或者设备等的渠道或者来源；

（六）禁止技术接受方对合同标的技术知识产权的有效性提出异议或者对提出异议附加条件。

第十一条 技术合同无效或者被撤销后，技术开发合同研究开发人、技术转让合同让与人、技术咨询合同和技术服务合同的受托人已经履行或者部分履行了约定的义务，并且造成合同无效或者被撤销的过错在对方的，对其已履行部分应当收取的研究开发经费、技术使用费、提供咨询服务的报酬，人民法院可以认定为因对方原因导致合同无效或者被撤销给其造成的损失。

技术合同无效或者被撤销后，因履行合同所完成新的技术成果或者在他人技术成果基础上完成后续改进技术成果的权利归属和利益分享，当事人不能重新协议确定的，人民法院可以判决由完成技术成果的一方享有。

第十二条 根据合同法第三百二十九条的规定，侵害他人技术秘密的技术合同被确认无效后，除法律、行政法规另有规定的以外，善意取得该技术秘密的一方当事人可以在其取得时的范围内继续使用该技术秘密，但应当向权利人支付合理的使用费并承担保密义务。

当事人双方恶意串通或者一方知道或者应当知道另一方侵权仍与其订立或者履行合同的，属于共同侵权，人民法院应当判令侵权人承担连带赔偿责任和保密义务，因此取得技术秘密的当事人不得继续使用该技术秘密。

第十三条　依照前条第一款规定可以继续使用技术秘密的人与权利人就使用费支付发生纠纷的，当事人任何一方都可以请求人民法院予以处理。继续使用技术秘密但又拒不支付使用费的，人民法院可以根据权利人的请求判令使用人停止使用。

人民法院在确定使用费时，可以根据权利人通常对外许可该技术秘密的使用费或者使用人取得该技术秘密所支付的使用费，并考虑该技术秘密的研究开发成本、成果转化和应用程度以及使用人的使用规模、经济效益等因素合理确定。

不论使用人是否继续使用技术秘密，人民法院均应当判令其向权利人支付已使用期间的使用费。使用人已向无效合同的让与人支付的使用费应当由让与人负责返还。

第十四条　对技术合同的价款、报酬和使用费，当事人没有约定或者约定不明确的，人民法院可以按照以下原则处理：

（一）对于技术开发合同和技术转让合同，根据有关技术成果的研究开发成本、先进性、实施转化和应用的程度，当事人享有的权益和承担的责任，以及技术成果的经济效益等合理确定；

（二）对于技术咨询合同和技术服务合同，根据有关咨询服务工作的技术含量、质量和数量，以及已经产生和预期产生的经济效益等合理确定。

技术合同价款、报酬、使用费中包含非技术性款项的，应当分项计算。

第十五条　技术合同当事人一方迟延履行主要债务，经催告后在30日内仍未履行，另一方依据合同法第九十四条第（三）项的规定主张解除合同的，人民法院应当予以支持。

当事人在催告通知中附有履行期限且该期限超过30日的，人民法院应当认定该履行期限为合同法第九十四条第（三）项规定的合理期限。

第十六条　当事人以技术成果向企业出资但未明确约定权属，接受出资的企业主张该技术成果归其享有的，人民法院一般应当予以支持，但是该技术成果价值与该技术成果所占出资额比例明显不合理损害出资人利益的除外。

当事人对技术成果的权属约定有比例的，视为共同所有，其权利使用和利益分配，按共有技术成果的有关规定处理，但当事人另有约定的，从其约定。

当事人对技术成果的使用权约定有比例的，人民法院可以视为当事人对实施该项技术成果所获收益的分配比例，但当事人另有约定的，从其约定。

二、技术开发合同

第十七条　合同法第三百三十条所称“新技术、新产品、新工艺、新材料及其系统”，包括当事人在订立技术合同时尚未掌握的产品、工艺、材料及其系统等技术方案，但对技术上没有创新的现有产品的改型、工艺变更、材料配方调整以及对技术成果的验证、测试和使用除外。

第十八条　合同法第三百三十条第四款规定的“当事人之间就具有应用价值的科技成果实施转化订立的”技术转化合同，是指当事人之间就具有产业实用价值但尚未实现工业化应用的科技成果包括阶段性技术成果，以实现该科技成果工业化应用为目标，约定后续试验、开发和应用等内容的合同。

第十九条　合同法第三百三十五条所称“分工参与研究开发工作”，包括当事人按照约定的计划和分工，共同或者分别承担设计、工艺、试验、试制等工作。

技术开发合同当事人一方仅提供资金、设备、材料等物质条件或者承担辅助协作事项，另一方进行研究开发工作的，属于委托开发合同。

第二十条　合同法第三百四十一条所称“当事人均有使用和转让的权利”，包括当事人均有不经对方同意而自己使用或者以普通使用许可的方式许可他人使用技术秘密，并独占由此所获利益的权利。当事人一方将技术秘密成果的转让权让与他人,或者以独占或者排他使用许可的方式许可他人使用技术秘密,未经对方当事人同意或者追认的,应当认定该让与或者许可行为无效。

第二十一条 技术开发合同当事人依照合同法的规定或者约定自行实施专利或使用技术秘密,但因其不具备独立实施专利或者使用技术秘密的条件,以一个普通许可方式许可他人实施或者使用的,可以准许。

三、技术转让合同

第二十二条 合同法第三百四十二条规定的"技术转让合同",是指合法拥有技术的权利人,包括其他有权对外转让技术的人,将现有特定的专利、专利申请、技术秘密的相关权利让与他人,或者许可他人实施、使用所订立的合同。但就尚待研究开发的技术成果或者不涉及专利、专利申请或者技术秘密的知识、技术、经验和信息所订立的合同除外。

技术转让合同中关于让与人向受让人提供实施技术的专用设备、原材料或者提供有关的技术咨询、技术服务的约定,属于技术转让合同的组成部分。因此发生的纠纷,按照技术转让合同处理。

当事人以技术入股方式订立联营合同,但技术入股人不参与联营体的经营管理,并且以保底条款形式约定联营体或者联营对方支付其技术价款或者使用费的,视为技术转让合同。

第二十三条 专利申请权转让合同当事人以专利申请被驳回或者被视为撤回为由请求解除合同,该事实发生在依照专利法第十条第三款的规定办理专利申请权转让登记之前的,人民法院应当予以支持;发生在转让登记之后的,不予支持,但当事人另有约定的除外。

专利申请因专利申请权转让合同成立时即存在尚未公开的同样发明创造的在先专利申请被驳回,当事人依据合同法第五十四条第一款第(二)项的规定请求予以变更或者撤销合同的,人民法院应当予以支持。

第二十四条 订立专利权转让合同或者专利申请权转让合同前,让与人自己已经实施发明创造,在合同生效后,受让人要求让与人停止实施的,人民法院应当予以支持,但当事人另有约定的除外。

让与人与受让人订立的专利权、专利申请权转让合同,不影响在合同成立前让与人与他人订立的相关专利实施许可合同或者技术秘密转让合同的效力。

第二十五条 专利实施许可包括以下方式:

(一)独占实施许可,是指让与人在约定许可实施专利的范围内,将该专利仅许可一个受让人实施,让与人依约定不得实施该专利;

(二)排他实施许可,是指让与人在约定许可实施专利的范围内,将该专利仅许可一个受让人实施,但让与人依约定可以自行实施该专利;

(三)普通实施许可,是指让与人在约定许可实施专利的范围内许可他人实施该专利,并且可以自行实施该专利。

当事人对专利实施许可方式没有约定或者约定不明确的,认定为普通实施许可。专利实施许可合同约定受让人可以再许可他人实施专利的,认定该再许可为普通实施许可,但当事人另有约定的除外。

技术秘密的许可使用方式,参照本条第一、二款的规定确定。

第二十六条 专利实施许可合同让与人负有在合同有效期内维持专利权有效的义务,包括依法缴纳专利年费和积极应对他人提出宣告专利权无效的请求,但当事人另有约定的除外。

第二十七条 排他实施许可合同让与人不具备独立实施其专利的条件,以一个普通许可的方式许可他人实施专利的,人民法院可以认定为让与人自己实施专利,但当事人另有约定的除外。

第二十八条 合同法第三百四十三条所称"实施专利或者使用技术秘密的范围",包括实施专利或者使用技术秘密的期限、地域、方式以及接触技术秘密的人员等。

当事人对实施专利或者使用技术秘密的期限没有约定或者约定不明确的,受让人实施专利或者使用技术秘密不受期限限制。

第二十九条 合同法第三百四十七条规定技术

秘密转让合同让与人承担的“保密义务”，不限制其申请专利，但当事人约定让与人不得申请专利的除外。

当事人之间就申请专利的技术成果所订立的许可使用合同，专利申请公开以前，适用技术秘密转让合同的有关规定；发明专利申请公开以后、授权以前，参照适用专利实施许可合同的有关规定；授权以后，原合同即为专利实施许可合同，适用专利实施许可合同的有关规定。

人民法院不以当事人就已经申请专利但尚未授权的技术订立专利实施许可合同为由，认定合同无效。

四、技术咨询合同和技术服务合同

第三十条　合同法第三百五十六条第一款所称“特定技术项目”，包括有关科学技术与经济社会协调发展的软科学研究项目，促进科技进步和管理现代化、提高经济效益和社会效益等运用科学知识和技术手段进行调查、分析、论证、评价、预测的专业性技术项目。

第三十一条　当事人对技术咨询合同受托人进行调查研究、分析论证、试验测定等所需费用的负担没有约定或者约定不明确的，由受托人承担。

当事人对技术咨询合同委托人提供的技术资料和数据或者受托人提出的咨询报告和意见未约定保密义务，当事人一方引用、发表或者向第三人提供的，不认定为违约行为，但侵害对方当事人对此享有的合法权益的，应当依法承担民事责任。

第三十二条　技术咨询合同受托人发现委托人提供的资料、数据等有明显错误或者缺陷，未在合理期限内通知委托人的，视为其对委托人提供的技术资料、数据等予以认可。委托人在接到受托人的补正通知后未在合理期限内答复并予补正的，发生的损失由委托人承担。

第三十三条　合同法第三百五十六条第二款所称“特定技术问题”，包括需要运用专业技术知识、经验和信息解决的有关改进产品结构、改良工艺流程、提高产品质量、降低产品成本、节约资源能耗、保护资源环境、实现安全操作、提高经济效益和社会效益等专业技术问题。

第三十四条　当事人一方以技术转让的名义提供已进入公有领域的技术，或者在技术转让合同履行过程中合同标的技术进入公有领域，但是技术提供方进行技术指导、传授技术知识，为对方解决特定技术问题符合约定条件的，按照技术服务合同处理，约定的技术转让费可以视为提供技术服务的报酬和费用，但是法律、行政法规另有规定的除外。

依照前款规定，技术转让费视为提供技术服务的报酬和费用明显不合理的，人民法院可以根据当事人的请求合理确定。

第三十五条　当事人对技术服务合同受托人提供服务所需费用的负担没有约定或者约定不明确的，由受托人承担。

技术服务合同受托人发现委托人提供的资料、数据、样品、材料、场地等工作条件不符合约定，未在合理期限内通知委托人的，视为其对委托人提供的工作条件予以认可。委托人在接到受托人的补正通知后未在合理期限内答复并予补正的，发生的损失由委托人承担。

第三十六条　合同法第三百六十四条规定的“技术培训合同”，是指当事人一方委托另一方对指定的学员进行特定项目的专业技术训练和技术指导所订立的合同，不包括职业培训、文化学习和按照行业、法人或者其他组织的计划进行的职工业余教育。

第三十七条　当事人对技术培训必需的场地、设施和试验条件等工作条件的提供和管理责任没有约定或者约定不明确的，由委托人负责提供和管理。

技术培训合同委托人派出的学员不符合约定条件，影响培训质量的，由委托人按照约定支付报酬。

受托人配备的教员不符合约定条件，影响培训质量，或者受托人未按照计划和项目进行培训，导致不能实现约定培训目标的，应当减收或者免收报酬。

受托人发现学员不符合约定条件或者委托人发现教员不符合约定条件，未在合理期限内通知对方，或者接到通知的一方未在合理期限内按约定改派的,应当由负有履行义务的当事人承担相应的民事责任。

第三十八条 合同法第三百六十四条规定的“技术中介合同”,是指当事人一方以知识、技术、经验和信息为另一方与第三人订立技术合同进行联系、介绍以及对履行合同提供专门服务所订立的合同。

第三十九条 中介人从事中介活动的费用,是指中介人在委托人和第三人订立技术合同前,进行联系、介绍活动所支出的通信、交通和必要的调查研究等费用。中介人的报酬,是指中介人为委托人与第三人订立技术合同以及对履行该合同提供服务应当得到的收益。

当事人对中介人从事中介活动的费用负担没有约定或者约定不明确的,由中介人承担。当事人约定该费用由委托人承担但未约定具体数额或者计算方法的,由委托人支付中介人从事中介活动支出的必要费用。

当事人对中介人的报酬数额没有约定或者约定不明确的,应当根据中介人所进行的劳务合理确定,并由委托人承担。仅在委托人与第三人订立的技术合同中约定中介条款,但未约定给付中介人报酬或者约定不明确的,应当支付的报酬由委托人和第三人平均承担。

第四十条 中介人未促成委托人与第三人之间的技术合同成立的,其要求支付报酬的请求,人民法院不予支持;其要求委托人支付其从事中介活动必要费用的请求,应当予以支持,但当事人另有约定的除外。

中介人隐瞒与订立技术合同有关的重要事实或者提供虚假情况,侵害委托人利益的,应当根据情况免收报酬并承担赔偿责任。

第四十一条 中介人对造成委托人与第三人之间的技术合同的无效或者被撤销没有过错,并且该技术合同的无效或者被撤销不影响有关中介条款或者技术中介合同继续有效,中介人要求按照约定或者本解释的有关规定给付从事中介活动的费用和报酬的,人民法院应当予以支持。

中介人收取从事中介活动的费用和报酬不应当被视为委托人与第三人之间的技术合同纠纷中一方当事人的损失。

五、与审理技术合同纠纷有关的程序问题

第四十二条 当事人将技术合同和其他合同内容或者将不同类型的技术合同内容订立在一个合同中的,应当根据当事人争议的权利义务内容,确定案件的性质和案由。

技术合同名称与约定的权利义务关系不一致的,应当按照约定的权利义务内容,确定合同的类型和案由。

技术转让合同中约定让与人负责包销或者回购受让人实施合同标的技术制造的产品,仅因让与人不履行或者不能全部履行包销或者回购义务引起纠纷,不涉及技术问题的,应当按照包销或者回购条款约定的权利义务内容确定案由。

第四十三条 技术合同纠纷案件一般由中级以上人民法院管辖。

各高级人民法院根据本辖区的实际情况并报经最高人民法院批准,可以指定若干基层人民法院管辖第一审技术合同纠纷案件。

其他司法解释对技术合同纠纷案件管辖另有规定的,从其规定。

合同中既有技术合同内容,又有其他合同内容,当事人就技术合同内容和其他合同内容均发生争议的,由具有技术合同纠纷案件管辖权的人民法院受理。

第四十四条 一方当事人以诉讼争议的技术合同侵害他人技术成果为由请求确认合同无效,或者人民法院在审理技术合同纠纷中发现可能存在该无效事由的,人民法院应当依法通知有关利害关系人,其可以作为有独立请求权的第三人参加诉讼或者依法向有管辖权的人民法院另行起诉。

利害关系人在接到通知后 15 日内不提起诉讼的,不影响人民法院对案件的审理。

第四十五条 第三人向受理技术合同纠纷案件的人民法院就合同标的技术提出权属或者侵权请求时,受诉人民法院对此也有管辖权的,可以将权属或者侵权纠纷与合同纠纷合并审理;受诉人民法院对此没有管辖权的,应当告知其向有管辖权的人民法院另行起诉或者将已经受理的权属或者侵权纠纷案件移送有管

辖权的人民法院。权属或者侵权纠纷另案受理后,合同纠纷应当中止诉讼。

专利实施许可合同诉讼中,受让人或者第三人向专利复审委员会请求宣告专利权无效的,人民法院可以不中止诉讼。在案件审理过程中专利权被宣告无效的,按照专利法第四十七条第二款和第三款的规定处理。

六、其　　他

第四十六条　集成电路布图设计、植物新品种许可使用和转让等合同争议,相关行政法规另有规定的,适用其规定;没有规定的,适用合同法总则的规定,并可以参照合同法第十八章和本解释的有关规定处理。

计算机软件开发、许可使用和转让等合同争议,著作权法以及其他法律、行政法规另有规定的,依照其规定;没有规定的,适用合同法总则的规定,并可以参照合同法第十八章和本解释的有关规定处理。

第四十七条　本解释自2005年1月1日起施行。

(十三)行纪合同

经纪人管理办法

1. *2004年8月28日发布*
2. *国家工商行政管理总局令第14号*

第一条　为维护市场秩序,规范经纪活动,促进经纪业发展,保障经纪活动当事人的合法权益,根据有关法律法规,制定本办法。

第二条　本办法所称经纪人,是指在经济活动中,以收取佣金为目的,为促成他人交易而从事居间、行纪或者代理等经纪业务的自然人、法人和其他经济组织。

第三条　经纪人从事经纪活动,应当遵守国家法律法规,遵循平等、自愿、公平和诚实信用的原则。

第四条　经纪人的合法权益受国家法律法规保护,任何单位和个人不得侵犯。

第五条　各级工商行政管理机关负责对经纪人进行监督管理。其主要职责是:

(一)经纪人的登记管理;

(二)依照有关法律、法规和本办法的规定,规范管理经纪行为,对经纪活动进行监督管理,保护合法经营,查处违法经营;

(三)指导经纪人自律组织的工作;

(四)国家赋予的其他职责。

第六条　符合《城乡个体工商户管理暂行条例》规定条件的人员,应当向工商行政管理机关申请领取个体工商户营业执照,成为个体经纪人。

第七条　符合《中华人民共和国个人独资企业法》规定条件的人员,应当向工商行政管理机关申请,设立个人独资经纪企业。

第八条　符合《中华人民共和国合伙企业法》规定条件的人员,应当向工商行政管理机关申请,设立合伙经纪企业。

第九条　符合《中华人民共和国公司法》规定条件的,应当向工商行政管理机关申请,设立经纪公司。

第十条　经营经纪业务的各类经济组织应当具备有关法律法规规定的条件。法律、行政法规规定经纪执业人员执业资格的,经纪执业人员应当取得资格。

第十一条　经纪人名称中的行业应当表述为“经纪”字样;经纪人的经营范围应当明确经纪方式和经纪项目。

第十二条　经纪人领取营业执照、聘用或解聘经纪执业人员后,应当自聘用或解聘之日起20日内,将聘用合同及聘用的经纪执业人员的姓名、照片、住所、执业的经纪项目、执业记录及解聘合同等资料提交给当地工商行政管理机关备案。

第十三条　经纪人应当将所聘用的经纪执业人员的姓名、照片、执业的经纪项目、联系电话等在经营场所明示。

第十四条　经纪人依法从事经纪活动所得佣金是其合法收入。经纪人收取佣金不得违反国家法律法规。

第十五条　凡国家允许进入市场流通的商品和服务项目,经纪人均可进行经纪活动;凡国家限制自由买卖的商品和服务,经纪人应当遵守国家有关规定,在核准的范围内进行经纪活动;凡国家禁止流通的商品和服务,经纪人不得进行经纪活动。

第十六条　经纪人承办经纪业务,除即时清结者外,应当根据业务性质与当事人签订居间、行纪、委托等合同,并载明主要事项。

经纪人和委托人签订经纪合同,应当附有执行该项经纪业务的经纪执业人员的签名。

第十七条　经纪人在经纪活动中,应当遵守以下规则:

(一)提供客观、准确、高效的服务;

(二)经纪的商品或服务及佣金应明码标价;

(三)将定约机会和交易情况如实、及时报告委托人;

(四)妥善保管当事人交付的样品、保证金、预付款等财物;

(五)按照委托人的要求保守商业秘密;

(六)如实记录经纪业务情况,并按有关规定保存原始凭证、业务记录、账簿和经纪合同等资料;

(七)收取佣金和费用应当向当事人开具发票,并依法缴纳税费;

(八)法律法规规定的其他行为规则。

第十八条　经纪人不得有下列行为:

(一)未经登记注册擅自开展经纪活动;

(二)超越经核准的经营范围从事经纪活动;

(三)对委托人隐瞒与委托人有关的重要事项;

(四)伪造、涂改交易文件和凭证;

(五)违反约定或者违反委托人有关保守商业秘密的要求,泄露委托人的商业秘密;

(六)利用虚假信息,诱人签订合同,骗取中介费;

(七)采取欺诈、胁迫、贿赂、恶意串通等手段损害当事人利益;

(八)通过诋毁其他经纪人或者支付介绍费等不正当手段承揽业务;

(九)对经纪的商品或者服务作引人误解的虚假宣传;

(十)参与倒卖国家禁止或者限制自由买卖的物资、物品;

(十一)法律法规禁止的其他行为。

第十九条　工商行政管理机关应当依据有关法律法规及本办法的规定,对经纪人提供的信息及服务进行监督检查。

工商行政管理机关依据有关法律法规及本办法对其管辖的经纪人进行监督检查时,经纪人应当接受检查,提供检查所需要的文件、账册、报表及其他有关资料。

第二十条　工商行政管理机关应当建立经纪人及经纪执业人员的档案并予以公示;建立经纪人及经纪执业人员的信用记录;对经纪人及经纪执业人员实施信用分类监管;对有违法违规行为或参与违法违规活动的经纪人及经纪执业人员应当向社会公示。

工商行政管理机关应当建立健全经纪执业人员备案制度,并将经纪执业人员备案情况作为经纪人及经纪执业人员档案、信用记录、信用分类管理的重要依据。

工商行政管理机关应当加强对农业经纪人、房地产经纪人、文化经纪人、体育经纪人及其他经纪人的监督管理。

工商行政管理机关可会同经纪人自律组织开展经纪人及经纪执业人员的资质信用管理。

第二十一条　经纪人有下列行为,由工商行政管理机关视情节轻重,分别给予警告、处1万元以下罚款:

(一)在经纪合同中未附有执行该项经纪合同业务的经纪执业人员的签名;

(二)未按本办法第十三条规定将聘用的经纪执业人员的情况在经营场所明示;

(三)向工商行政管理机关提交或在经营场所明示虚假经纪执业人员材料。

第二十二条　经纪人违反本办法第十八条第(一)、(二)、(五)、(七)、(九)、(十)项规定,由工商行政管理机关按照有关法律法规及行政规章予以处罚。

第二十三条　经纪人违反本办法第十八条第(三)、(四)、(六)、(八)项规定,由工商行政管理机关视其情节轻重,分别给予警告、处以违法所得额三倍以下的罚款,但最高不超过三万元,没有违法所得的,处以一万元以下的罚款。

第二十四条　本办法由国家工商行政管理总局负责解释。

第二十五条　本办法自公布之日起实施。原《经纪人管理办法》(国家工商行政管理局第36号令)同时废止。

四、担　　保

(一)综合

中华人民共和国担保法

1. 1995年6月30日第八届全国人民代表大会常务委员会第十四次会议通过
2. 1995年6月30日中华人民共和国主席令第50号公布
3. 自1995年10月1日起施行

目　　录

第一章　总　　则

第一条　**【立法目的】**为促进资金融通和商品流通，保障债权的实现，发展社会主义市场经济，制定本法。

第二条　**【适用范围及担保方式】**在借贷、买卖、货物运输、加工承揽等经济活动中，债权人需要以担保方式保障其债权实现的，可以依照本法规定设定担保。

本法规定的担保方式为保证、抵押、质押、留置和定金。

第三条　**【担保活动基本原则】**担保活动应当遵循平等、自愿、公平、诚实信用的原则。

第四条　**【反担保】**第三人为债务人向债权人提供担保时，可以要求债务人提供反担保。

反担保适用本法担保的规定。

第五条　**【担保合同与主合同的关系以及担保合同无效后的法律后果】**担保合同是主合同的从合同，主合同无效，担保合同无效。担保合同另有约定的，按照约定。

担保合同被确认无效后，债务人、担保人、债权人有过错的，应当根据其过错各自承担相应的民事责任。

第二章　保　　证

第一节　保证和保证人

第六条　**【保证的定义】**本法所称保证，是指保证人和债权人约定，当债务人不履行债务时，保证人按照约定履行债务或者承担责任的行为。

第七条　**【保证人的资格和范围】**具有代为清偿债务能力的法人、其他组织或者公民，可以作保证人。

第八条　**【国家机关作为保证人的禁止与例外】**国家机关不得为保证人，但经国务院批准为使用外国政府或者国际经济组织贷款进行转贷的除外。

第九条　**【公益法人作为保证人的禁止】**学校、幼儿园、医院等以公益为目的的事业单位、社会团体不得为保证人。

第十条　**【企业法人分支机构、职能部门作为保证人的禁止与例外】**企业法人的分支机构、职能部门不得为保证人。

企业法人的分支机构有法人书面授权的，可以在授权范围内提供保证。

第十一条　**【强令提供担保的禁止】**任何单位和个人不得强令银行等金融机构或者企业为他人提供保证；银行等金融机构或者企业对强令其为他人提供保证的行为，有权拒绝。

第十二条　**【共同保证】**同一债务有两个以上保证人的，保证人应当按照保证合同约定的保证份额,承担保证责任。没有约定保证份额的,保证人承担连带责任,债权人可以要求任何一个保证人承担全部保证责任,保证人都负有担保全部债权实现的义务。已经承担保证责任的保证人,有权向债务人追偿,或者要求承担连带责任的其他保证人清偿其应当承担的份额。

第二节 保证合同和保证方式

第十三条 【保证合同的订立】保证人与债权人应当以书面形式订立保证合同。

第十四条 【一时保证与最高额保证】保证人与债权人可以就单个主合同分别订立保证合同,也可以协议在最高债权额限度内就一定期间连续发生的借款合同或者某项商品交易合同订立一个保证合同。

第十五条 【保证合同的内容】保证合同应当包括以下内容:

(一)被保证的主债权种类、数额;

(二)债务人履行债务的期限;

(三)保证的方式;

(四)保证担保的范围;

(五)保证的期间;

(六)双方认为需要约定的其他事项。

保证合同不完全具备前款规定内容的,可以补正。

第十六条 【保证的方式】保证的方式有:

(一)一般保证;

(二)连带责任保证。

第十七条 【一般保证及先诉抗辩权】当事人在保证合同中约定,债务人不能履行债务时,由保证人承担保证责任的,为一般保证。

一般保证的保证人在主合同纠纷未经审判或者仲裁,并就债务人财产依法强制执行仍不能履行债务前,对债权人可以拒绝承担保证责任。

有下列情形之一的,保证人不得行使前款规定的权利:

(一)债务人住所变更,致使债权人要求其履行债务发生重大困难的;

(二)人民法院受理债务人破产案件,中止执行程序的;

(三)保证人以书面形式放弃前款规定的权利的。

第十八条 【连带责任保证】当事人在保证合同中约定保证人与债务人对债务承担连带责任的,为连带责任保证。

连带责任保证的债务人在主合同规定的债务履行期届满没有履行债务的,债权人可以要求债务人履行债务,也可以要求保证人在其保证范围内承担保证责任。

第十九条 【保证方式没有约定或约定不明的推定】当事人对保证方式没有约定或者约定不明确的,按照连带责任保证承担保证责任。

第二十条 【保证人的一般抗辩权】一般保证和连带责任保证的保证人享有债务人的抗辩权。债务人放弃对债务的抗辩权的,保证人仍有权抗辩。

抗辩权是指债权人行使债权时,债务人根据法定事由,对抗债权人行使请求权的权利。

第三节 保证责任

第二十一条 【保证范围】保证担保的范围包括主债权及利息、违约金、损害赔偿金和实现债权的费用。保证合同另有约定的,按照约定。

当事人对保证担保的范围没有约定或者约定不明确的,保证人应当对全部债务承担责任。

第二十二条 【债权让与对保证责任的影响】保证期间,债权人依法将主债权转让给第三人的,保证人在原保证担保的范围内继续承担保证责任。保证合同另有约定的,按照约定。

第二十三条 【债务转让对保证责任的影响】保证期间,债权人许可债务人转让债务的,应当取得保证人书面同意,保证人对未经其同意转让的债务,不再承担保证责任。

第二十四条 【债的变更对保证责任的影响】债权人与债务人协议变更主合同的,应当取得保证人书面同意,未经保证人书面同意的,保证人不再承担保证责任。保证合同另有约定的,按照约定。

第二十五条 【一般保证的保证期间】一般保证的保证人与债权人未约定保证期间的,保证期间为主债务履行期届满之日起六个月。

在合同约定的保证期间和前款规定的保证期间,债权人未对债务人提起诉讼或者申请仲裁的，保证人免除保证责任；债权人已提起诉讼或者申请仲裁的，保证期间适用诉讼时效中断的规定。

第二十六条 【连带责任的保证期间】连带责任保证的保证人与债权人未约定保证期间的，债权人有权自主债务履行期届满之日起六个月内要求保证人承担保证责任。

在合同约定的保证期间和前款规定的保证期间，债权人未要求保证人承担保证责任的，保证人免除保证责任。

第二十七条 【最高额保证的保证期间】保证人依照本法第十四条规定就连续发生的债权作保证，未约定保证期间的，保证人可以随时书面通知债权人终止保证合同，但保证人对于通知到债权人前所发生的债权，承担保证责任。

第二十八条 【保证担保与物的担保并存时保证责任的承担】同一债权既有保证又有物的担保的，保证人对物的担保以外的债权承担保证责任。

债权人放弃物的担保的，保证人在债权人放弃权利的范围内免除保证责任。

第二十九条 【企业法人的分支机构订立的无效保证合同的处理】企业法人的分支机构未经法人书面授权或者超出授权范围与债权人订立保证合同的，该合同无效或者超出授权范围的部分无效，债权人和企业法人有过错的，应当根据其过错各自承担相应的民事责任；债权人无过错的，由企业法人承担民事责任。

第三十条 【保证责任的免除】有下列情形之一的，保证人不承担民事责任：

（一）主合同当事人双方串通，骗取保证人提供保证的；

（二）主合同债权人采取欺诈、胁迫等手段，使保证人在违背真实意思的情况下提供保证的。

第三十一条 【保证人的追偿权】保证人承担保证责任后，有权向债务人追偿。

第三十二条 【保证人追偿权的预先行使】人民法院受理债务人破产案件后，债权人未申报债权的，保证人可以参加破产财产分配，预先行使追偿权。

第三章 抵 押

第一节 抵押和抵押物

第三十三条 【抵押、抵押人、抵押权人和抵押物】本法所称抵押，是指债务人或者第三人不转移对本法第三十四条所列财产的占有，将该财产作为债权的担保。债务人不履行债务时，债权人有权依照本法规定以该财产折价或者以拍卖、变卖该财产的价款优先受偿。

前款规定的债务人或者第三人为抵押人，债权人为抵押权人，提供担保的财产为抵押物。

第三十四条 【抵押财产的范围】下列财产可以抵押：

（一）抵押人所有的房屋和其他地上定着物；

（二）抵押人所有的机器、交通运输工具和其他财产；

（三）抵押人依法有权处分的国有的土地使用权、房屋和其他地上定着物；

（四）抵押人依法有权处分的国有的机器、交通运输工具和其他财产；

（五）抵押人依法承包并经发包方同意抵押的荒山、荒沟、荒丘、荒滩等荒地的土地使用权；

（六）依法可以抵押的其他财产。

抵押人可以将前款所列财产一并抵押。

第三十五条 【超额抵押之禁止】抵押人所担保的债权不得超出其抵押物的价值。

财产抵押后，该财产的价值大于所担保债权的余额部分，可以再次抵押，但不得超出其余额部分。

第三十六条 【设定抵押时房屋与土地使用权间的关系】以依法取得的国有土地上的房屋抵押的，该房屋占用范围内的国有土地使用权同时抵押。

以出让方式取得的国有土地使用权抵押的，应当将抵押时该国有土地上的房屋同时抵押。

乡（镇）、村企业的土地使用权不得单独抵押。以乡（镇）、村企业的厂房等建筑物抵押的，其占用范围内的土地使用权同时抵押。

第三十七条 【不得设定抵押的财产】下列财产

不得抵押:

(一)土地所有权;

(二)耕地、宅基地、自留地、自留山等集体所有的土地使用权,但本法第三十四条第(五)项、第三十六条第三款规定的除外;

(三)学校、幼儿园、医院等以公益为目的的事业单位、社会团体的教育设施、医疗卫生设施和其他社会公益设施;

(四)所有权、使用权不明或者有争议的财产;

(五)依法被查封、扣押、监管的财产;

(六)依法不得抵押的其他财产。

第二节 抵押合同和抵押物登记

第三十八条 【抵押合同的订立】抵押人和抵押权人应当以书面形式订立抵押合同。

第三十九条 【抵押合同内容】抵押合同应当包括以下内容:

(一)被担保的主债权种类、数额;

(二)债务人履行债务的期限;

(三)抵押物的名称、数量、质量、状况、所在地、所有权权属或者使用权权属;

(四)抵押担保的范围;

(五)当事人认为需要约定的其他事项。

抵押合同不完全具备前款规定内容的,可以补正。

第四十条 【抵押合同中的禁止事项】订立抵押合同时,抵押权人和抵押人在合同中不得约定在债务履行期届满抵押权人未受清偿时,抵押物的所有权转移为债权人所有。

第四十一条 【抵押物登记及其效力】当事人以本法第四十二条规定的财产抵押的,应当办理抵押物登记,抵押合同自登记之日起生效。

第四十二条 【抵押物登记机关】办理抵押物登记的部门如下:

(一)以无地上定着物的土地使用权抵押的,为核发土地使用权证书的土地管理部门;

(二)以城市房地产或者乡(镇)、村企业的厂房等建筑物抵押的,为县级以上地方人民政府规定的部门;

(三)以林木抵押的,为县级以上林木主管部门;

(四)以航空器、船舶、车辆抵押的,为运输工具的登记部门;

(五)以企业的设备和其他动产抵押的,为财产所在地的工商行政管理部门。

第四十三条 【抵押物的自愿登记】当事人以其他财产抵押的,可以自愿办理抵押物登记,抵押合同自签订之日起生效。

当事人未办理抵押物登记的,不得对抗第三人。当事人办理抵押物登记的,登记部门为抵押人所在地的公证部门。

第四十四条 【办理抵押物登记应提交的文件】办理抵押物登记,应当向登记部门提供下列文件或者其复印件:

(一)主合同和抵押合同;

(二)抵押物的所有权或者使用权证书。

第四十五条 【抵押登记资料的公开】登记部门登记的资料,应当允许查阅、抄录或者复印。

第三节 抵押的效力

第四十六条 【抵押担保的范围】抵押担保的范围包括主债权及利息、违约金、损害赔偿金和实现抵押权的费用。抵押合同另有约定的,按照约定。

第四十七条 【抵押权对抵押物所生孳息的效力】债务履行期届满,债务人不履行债务致使抵押物被人民法院依法扣押的,自扣押之日起抵押权人有权收取由抵押物分离的天然孳息以及抵押人就抵押物可以收取的法定孳息。抵押权人未将扣押抵押物的事实通知应当清偿法定孳息的义务人的,抵押权的效力不及于该孳息。

前款孳息应当先充抵收取孳息的费用。

第四十八条 【抵押权对抵押物上已存在的租赁权的效力】抵押人将已出租的财产抵押的,应当书面告知承租人,原租赁合同继续有效。

第四十九条 【抵押权的效力对抵押物处分权的影响】抵押期间,抵押人转让已办理登记的抵押物的,应当通知抵押权人并告知受让人转让物已经抵押的情况;抵押人未通知抵押权人或者未告知受让人的,转让行为无效。

转让抵押物的价款明显低于其价值的,抵押权人可以要求抵押人提供相应的担保;抵押人不提供的，不得转让抵押物。

抵押人转让抵押物所得的价款，应当向抵押权人提前清偿所担保的债权或者向与抵押权人约定的第三人提存。超过债权数额的部分，归抵押人所有，不足部分由债务人清偿。

第五十条　【抵押权转移的从属性】抵押权不得与债权分离而单独转让或者作为其他债权的担保。

第五十一条　【抵押权人在抵押权受侵害时的权利】抵押人的行为足以使抵押物价值减少的，抵押权人有权要求抵押人停止其行为。抵押物价值减少时，抵押权人有权要求抵押人恢复抵押物的价值，或者提供与减少的价值相当的担保。

抵押人对抵押物价值减少无过错的，抵押权人只能在抵押人因损害而得到的赔偿范围内要求提供担保。抵押物价值未减少的部分，仍作为债权的担保。

第五十二条　【抵押权消灭的从属性】抵押权与其担保的债权同时存在，债权消灭的，抵押权也消灭。

第四节　抵押权的实现

第五十三条　【抵押权实现的条件和方式】债务履行期届满抵押权人未受清偿的，可以与抵押人协议以抵押物折价或者以拍卖、变卖该抵押物所得的价款受偿；协议不成的，抵押权人可以向人民法院提起诉讼。

抵押物折价或者拍卖、变卖后，其价款超过债权数额的部分归抵押人所有，不足部分由债务人清偿。

第五十四条　【抵押权的次序】同一财产向两个以上债权人抵押的，拍卖、变卖抵押物所得的价款按照以下规定清偿：

（一）抵押合同以登记生效的，按照抵押物登记的先后顺序清偿；顺序相同的，按照债权比例清偿；

（二）抵押合同自签订之日起生效的，该抵押物已登记的，按照本条第（一）项规定清偿；未登记的，按照合同生效时间的先后顺序清偿，顺序相同的，按照债权比例清偿。抵押物已登记的先于未登记的受偿。

第五十五条　【房地产抵押权的实现】城市房地产抵押合同签订后，土地上新增的房屋不属于抵押物。需要拍卖该抵押的房地产时，可以依法将该土地上新增的房屋与抵押物一同拍卖，但对拍卖新增房屋所得，抵押权人无权优先受偿。

依照本法规定以承包的荒地的土地使用权抵押的，或者以乡（镇）、村企业的厂房等建筑物占用范围内的土地使用权抵押的，在实现抵押权后，未经法定程序不得改变土地集体所有和土地用途。

第五十六条　【划拨国有土地使用权后抵押权的实现】拍卖划拨的国有土地使用权所得的价款，在依法缴纳相当于应缴纳的土地使用权出让金的款额后，抵押权人有优先受偿权。

第五十七条　【物上保证人的追偿权】为债务人抵押担保的第三人，在抵押权人实现抵押权后，有权向债务人追偿。

第五十八条　【抵押物灭失的法律后果】抵押权因抵押物灭失而消灭。因灭失所得的赔偿金，应当作为抵押财产。

第五节　最高额抵押

第五十九条　【最高额抵押的定义】本法所称最高额抵押，是指抵押人与抵押权人协议，在最高债权额限度内，以抵押物对一定期间内连续发生的债权作担保。

第六十条　【最高额抵押适用范围】借款合同可以附最高额抵押合同。

债权人与债务人就某项商品在一定期间内连续发生交易而签订的合同，可以附最高额抵押合同。

第六十一条　【最高额抵押的主债权转让的禁止】最高额抵押的主合同债权不得转让。

第六十二条　【最高额抵押的法律适用】最高额抵押除适用本节规定外，适用本章其他规定。

第四章　质　　押

第一节　动 产 质 押

第六十三条　【动产质押的定义】本法所称动产质押，是指债务人或者第三人将其动产移交债权人占有，将该动产作为债权的担保。债务人不履行债务时，债权人有权依照本法规定以该动产折价或者以拍卖、变卖该动产的价款优先受偿。

前款规定的债务人或者第三人为出质人,债权人为质权人,移交的动产为质物。

第六十四条 【质押合同的订立及其生效】出质人和质权人应当以书面形式订立质押合同。

质押合同自质物移交于质权人占有时生效。

第六十五条 【质押合同内容】质押合同应当包括以下内容:

(一)被担保的主债权种类、数额;

(二)债务人履行债务的期限;

(三)质物的名称、数量、质量、状况;

(四)质押担保的范围;

(五)质物移交的时间;

(六)当事人认为需要约定的其他事项。

质押合同不完全具备前款规定内容的,可以补正。

第六十六条 【留质契约的禁止】出质人和质权人在合同中不得约定在债务履行期届满质权人未受清偿时,质物的所有权转移为质权人所有。

第六十七条 【质押担保的范围】质押担保的范围包括主债权及利息、违约金、损害赔偿金、质物保管费用和实现质权的费用。质押合同另有约定的,按照约定。

第六十八条 【质物孳息的收取权】质权人有权收取质物所生的孳息。质押合同另有约定的,按照约定。

前款孳息应当先充抵收取孳息的费用。

第六十九条 【质物的保管义务】质权人负有妥善保管质物的义务。因保管不善致使质物灭失或者毁损的,质权人应当承担民事责任。

质权人不能妥善保管质物可能致使其灭失或者毁损的,出质人可以要求质权人将质物提存,或者要求提前清偿债权而返还质物。

第七十条 【质权人的物上代位权】质物有损坏或者价值明显减少的可能,足以危害质权人权利的,质权人可以要求出质人提供相应的担保。出质人不提供的,质权人可以拍卖或者变卖质物,并与出质人协议将拍卖或者变卖所得的价款用于提前清偿所担保的债权或者向与出质人约定的第三人提存。

第七十一条 【质权人返还质物的义务、质权人的优先受偿权及质权的实现】债务履行期届满债务人履行债务的,或者出质人提前清偿所担保的债权的,质权人应当返还质物。

债务履行期届满质权人未受清偿的,可以与出质人协议以质物折价,也可以依法拍卖、变卖质物。

质物折价或者拍卖、变卖后,其价款超过债权数额的部分归出质人所有,不足部分由债务人清偿。

第七十二条 【物上保证人的追偿权】为债务人质押担保的第三人,在质权人实现质权后,有权向债务人追偿。

第七十三条 【质物灭失的法律后果】质权因质物灭失而消灭。因灭失所得的赔偿金,应当作为出质财产。

第七十四条 【质权消灭的从属性】质权与其担保的债权同时存在,债权消灭的,质权也消灭。

第二节 权利质押

第七十五条 【可以质押的权利】下列权利可以质押:

(一)汇票、支票、本票、债券、存款单、仓单、提单;

(二)依法可以转让的股份、股票;

(三)依法可以转让的商标专用权,专利权、著作权中的财产权;

(四)依法可以质押的其他权利。

第七十六条 【证券债权质押的设定】以汇票、支票、本票、债券、存款单、仓单、提单出质的,应当在合同约定的期限内将权利凭证交付质权人。质押合同自权利凭证交付之日起生效。

第七十七条 【证券债权质权的效力】以载明兑现或者提货日期的汇票、支票、本票、债券、存款单、仓单、提单出质的,汇票、支票、本票、债券、存款单、仓单、提单兑现或者提货日期先于债务履行期的,质权人可以在债务履行期届满前兑现或者提货,并与出质人协议将兑现的价款或者提取的货物用于提前清偿所担保的债权或者向与出质人约定的第三人提存。

第七十八条 【股权质权的设定及股权质权的效力】以依法可以转让的股票出质的,出质人与质权人应当订立书面合同,并向证券登记机构办理出质登记。质押合同自登记之日起生效。

股票出质后,不得转让,但经出质人与质权人协商同意的可以转让。出质人转让股票所得的价款应当向质权人提前清偿所担保的债权或者向与质权人约定的第三人提存。

以有限责任公司的股份出质的,适用公司法股份转让的有关规定。质押合同自股份出质记载于股东名册之日起生效。

第七十九条 【知识产权质权的设定】以依法可以转让的商标专用权,专利权、著作权中的财产权出质的,出质人与质权人应当订立书面合同,并向其管理部门办理出质登记。质押合同自登记之日起生效。

第八十条 【知识产权质权的效力】本法第七十九条规定的权利出质后,出质人不得转让或者许可他人使用,但经出质人与质权人协商同意的可以转让或者许可他人使用。出质人所得的转让费、许可费应当向质权人提前清偿所担保的债权或者向与质权人约定的第三人提存。

第八十一条 【权利质押的法律适用】权利质押除适用本节规定外,适用本章第一节的规定。

第五章 留 置

第八十二条 【留置与留置权】本法所称留置,是指依照本法第八十四条的规定,债权人按照合同约定占有债务人的动产,债务人不按照合同约定的期限履行债务的,债权人有权依照本法规定留置该财产,以该财产折价或者以拍卖、变卖该财产的价款优先受偿。

第八十三条 【留置担保的范围】留置担保的范围包括主债权及利息、违约金、损害赔偿金、留置物保管费用和实现留置权的费用。

第八十四条 【留置的适用范围】因保管合同、运输合同、加工承揽合同发生的债权,债务人不履行债务的,债权人有留置权。

法律规定可以留置的其他合同,适用前款规定。

当事人可以在合同中约定不得留置的物。

第八十五条 【留置物的价值】留置的财产为可分物的,留置物的价值应当相当于债务的金额。

第八十六条 【留置物的保管义务】留置权人负有妥善保管留置物的义务。因保管不善致使留置物灭失或者毁损的,留置权人应当承担民事责任。

第八十七条 【留置权的实现】债权人与债务人应当在合同中约定,债权人留置财产后,债务人应当在不少于两个月的期限内履行债务。债权人与债务人在合同中未约定的,债权人留置债务人财产后,应当确定两个月以上的期限,通知债务人在该期限内履行债务。

债务人逾期仍不履行的,债权人可以与债务人协议以留置物折价,也可以依法拍卖、变卖留置物。

留置物折价或者拍卖、变卖后,其价款超过债权数额的部分归债务人所有,不足部分由债务人清偿。

第八十八条 【留置权的消灭】留置权因下列原因消灭:

(一)债权消灭的;

(二)债务人另行提供担保并被债权人接受的。

第六章 定 金

第八十九条 【定金及其法律效力】当事人可以约定一方向对方给付定金作为债权的担保。债务人履行债务后,定金应当抵作价款或者收回。给付定金的一方不履行约定的债务的,无权要求返还定金;收受定金的一方不履行约定的债务的,应当双倍返还定金。

第九十条 【定金的成立】定金应当以书面形式约定。当事人在定金合同中应当约定交付定金的期限。定金合同从实际交付定金之日起生效。

第九十一条 【定金的数额】定金的数额由当事人约定,但不得超过主合同标的额的百分之二十。

第七章 附 则

第九十二条 【动产与不动产】本法所称不动产是指土地以及房屋、林木等地上定着物。

本法所称动产是指不动产以外的物。

第九十三条 【担保合同的表现形式】本法所称保证合同、抵押合同、质押合同、定金合同可以是单独订立的书面合同,包括当事人之间的具有担保性质的信函、传真等,也可以是主合同中的担保条款。

第九十四条　【担保物折价或变卖的价格确定】抵押物、质物、留置物折价或者变卖，应当参照市场价格。

第九十五条　【本法适用的例外】海商法等法律对担保有特别规定的，依照其规定。

第九十六条　【生效日期】本法自1995年10月1日起施行。

中华人民共和国物权法

1. 2007年3月16日第十届全国人民代表大会第五次会议通过
2. 2007年3月16日中华人民共和国主席令第62号公布
3. 自2007年10月1日起施行

目　录

第一编　总　　则

第一章　基本原则

第一条　【立法目的及依据】为了维护国家基本经济制度，维护社会主义市场经济秩序，明确物的归属，发挥物的效用，保护权利人的物权，根据宪法，制定本法。

第二条　【调整范围】因物的归属和利用而产生的民事关系，适用本法。

本法所称物，包括不动产和动产。法律规定权利作为物权客体的，依照其规定。

本法所称物权，是指权利人依法对特定的物享有直接支配和排他的权利，包括所有权、用益物权和担保物权。

第三条　【基本经济制度与社会主义市场经济原则】国家在社会主义初级阶段，坚持公有制为主体、多种所有制经济共同发展的基本经济制度。

国家巩固和发展公有制经济，鼓励、支持和引导非公有制经济的发展。

国家实行社会主义市场经济，保障一切市场主体的平等法律地位和发展权利。

第四条　【平等保护国家、集体和私人的物权】国家、集体、私人的物权和其他权利人的物权受法律保护，任何单位和个人不得侵犯。

第五条　【物权法定原则】物权的种类和内容，由法律规定。

第六条　【物权公示原则】不动产物权的设立、变更、转让和消灭，应当依照法律规定登记。动产物权的设立和转让，应当依照法律规定交付。

第七条　【取得和行使物权遵守法律、尊重社会公德原则】物权的取得和行使，应当遵守法律，尊重社会公德，不得损害公共利益和他人合法权益。

第八条 【物权法与其他法律关系】其他相关法律对物权另有特别规定的，依照其规定。

第二章 物权的设立、变更、转让和消灭

第一节 不动产登记

第九条 【不动产物权登记生效以及所有权可不登记的规定】不动产物权的设立、变更、转让和消灭，经依法登记，发生效力；未经登记，不发生效力，但法律另有规定的除外。

依法属于国家所有的自然资源，所有权可以不登记。

第十条 【不动产登记机构和国家统一登记制度】不动产登记，由不动产所在地的登记机构办理。

国家对不动产实行统一登记制度。统一登记的范围、登记机构和登记办法，由法律、行政法规规定。

第十一条 【申请登记应提供的必要材料】当事人申请登记，应当根据不同登记事项提供权属证明和不动产界址、面积等必要材料。

第十二条 【登记机构应当履行的职责】登记机构应当履行下列职责：

（一）查验申请人提供的权属证明和其他必要材料；

（二）就有关登记事项询问申请人；

（三）如实、及时登记有关事项；

（四）法律、行政法规规定的其他职责。

申请登记的不动产的有关情况需要进一步证明的，登记机构可以要求申请人补充材料，必要时可以实地查看。

第十三条 【登记机构禁止从事的行为】登记机构不得有下列行为：

（一）要求对不动产进行评估；

（二）以年检等名义进行重复登记；

（三）超出登记职责范围的其他行为。

第十四条 【登记效力】不动产物权的设立、变更、转让和消灭，依照法律规定应当登记的，自记载于不动产登记簿时发生效力。

第十五条 【合同效力和物权效力区分】当事人之间订立有关设立、变更、转让和消灭不动产物权的合同，除法律另有规定或者合同另有约定外，自合同成立时生效；未办理物权登记的，不影响合同效力。

第十六条 【不动产登记簿效力及其管理机构】不动产登记簿是物权归属和内容的根据。不动产登记簿由登记机构管理。

第十七条 【不动产登记簿与不动产权属证书关系】不动产权属证书是权利人享有该不动产物权的证明。不动产权属证书记载的事项，应当与不动产登记簿一致；记载不一致的，除有证据证明不动产登记簿确有错误外，以不动产登记簿为准。

第十八条 【不动产登记资料查询、复制】权利人、利害关系人可以申请查询、复制登记资料，登记机构应当提供。

第十九条 【不动产更正登记和异议登记】权利人、利害关系人认为不动产登记簿记载的事项错误的，可以申请更正登记。不动产登记簿记载的权利人书面同意更正或者有证据证明登记确有错误的，登记机构应当予以更正。

不动产登记簿记载的权利人不同意更正的，利害关系人可以申请异议登记。登记机构予以异议登记的，申请人在异议登记之日起十五日内不起诉，异议登记失效。异议登记不当，造成权利人损害的，权利人可以向申请人请求损害赔偿。

第二十条 【预告登记】当事人签订买卖房屋或者其他不动产物权的协议，为保障将来实现物权，按照约定可以向登记机构申请预告登记。预告登记后，未经预告登记的权利人同意，处分该不动产的，不发生物权效力。

预告登记后，债权消灭或者自能够进行不动产登记之日起三个月内未申请登记的，预告登记失效。

第二十一条 【登记错误赔偿责任】当事人提供虚假材料申请登记，给他人造成损害的，应当承担赔偿责任。

因登记错误，给他人造成损害的，登记机构应当承担赔偿责任。登记机构赔偿后，可以向造成登记错误的人追偿。

第二十二条 【登记收费问题】不动产登记费按件收取，不得按照不动产的面积、体积或者价款的比例收取。具体收费标准由国务院有关

部门会同价格主管部门规定。

第二节 动产交付

第二十三条 【动产物权的设立和转让生效时间】动产物权的设立和转让,自交付时发生效力,但法律另有规定的除外。

第二十四条 【船舶等物权登记】船舶、航空器和机动车等物权的设立、变更、转让和消灭,未经登记,不得对抗善意第三人。

第二十五条 【动产物权受让人先行占有】动产物权设立和转让前,权利人已经依法占有该动产的,物权自法律行为生效时发生效力。

第二十六条 【动产物权指示交付】动产物权设立和转让前,第三人依法占有该动产的,负有交付义务的人可以通过转让请求第三人返还原物的权利代替交付。

第二十七条 【动产物权占有改定】动产物权转让时,双方又约定由出让人继续占有该动产的,物权自该约定生效时发生效力。

第三节 其他规定

第二十八条 【特殊原因导致物权设立、变更、转让或者消灭的规定】因人民法院、仲裁委员会的法律文书或者人民政府的征收决定等,导致物权设立、变更、转让或者消灭的,自法律文书或者人民政府的征收决定等生效时发生效力。

第二十九条 【因继承或者受遗赠等而取得物权】因继承或者受遗赠取得物权的,自继承或者受遗赠开始时发生效力。

第三十条 【因事实行为而设立或者消灭物权】因合法建造、拆除房屋等事实行为设立或者消灭物权的,自事实行为成就时发生效力。

第三十一条 【非依法律行为享有的不动产物权变动】依照本法第二十八条至第三十条规定享有不动产物权的,处分该物权时,依照法律规定需要办理登记的,未经登记,不发生物权效力。

第三章 物权的保护

第三十二条 【物权保护争讼程序】物权受到侵害的,权利人可以通过和解、调解、仲裁、诉讼等途径解决。

第三十三条 【物权确认请求权】因物权的归属、内容发生争议的,利害关系人可以请求确认权利。

第三十四条 【返还原物权请求权】无权占有不动产或者动产的,权利人可以请求返还原物。

第三十五条 【排除妨害、消除危险请求权】妨害物权或者可能妨害物权的,权利人可以请求排除妨害或者消除危险。

第三十六条 【修理、重作、更换或者恢复原状请求权】造成不动产或者动产毁损的,权利人可以请求修理、重作、更换或者恢复原状。

第三十七条 【损害赔偿和其他民事责任请求权】侵害物权,造成权利人损害的,权利人可以请求损害赔偿,也可以请求承担其他民事责任。

第三十八条 【物权保护方式的单用和并用以及三大法律责任的适用】本章规定的物权保护方式,可以单独适用,也可以根据权利被侵害的情形合并适用。

侵害物权,除承担民事责任外,违反行政管理规定的,依法承担行政责任;构成犯罪的,依法追究刑事责任。

第二编 所 有 权

第四章 一般规定

第三十九条 【所有权基本内容】所有权人对自己的不动产或者动产,依法享有占有、使用、收益和处分的权利。

第四十条 【所有权人设定他物权】所有权人有权在自己的不动产或者动产上设立用益物权和担保物权。用益物权人、担保物权人行使权利,不得损害所有权人的权益。

第四十一条 【国家专有】法律规定专属于国家所有的不动产和动产,任何单位和个人不能取得所有权。

第四十二条 【征收】为了公共利益的需要,依照法律规定的权限和程序可以征收集体所有的土地和单位、个人的房屋及其他不动产。

征收集体所有的土地,应当依法足额支付土地补偿费、安置补助费、地上附着物和青苗的补偿费等费用,安排被征地农民的社会保障费用,保障被征地农民的生活,维护被征地农民的合法权益。

征收单位、个人的房屋及其他不动产,应

当依法给予拆迁补偿,维护被征收人的合法权益;征收个人住宅的,还应当保障被征收人的居住条件。

任何单位和个人不得贪污、挪用、私分、截留、拖欠征收补偿费等费用。

第四十三条　【保护耕地、禁止违法征地】国家对耕地实行特殊保护,严格限制农用地转为建设用地,控制建设用地总量。不得违反法律规定的权限和程序征收集体所有的土地。

第四十四条　【征用】因抢险、救灾等紧急需要,依照法律规定的权限和程序可以征用单位、个人的不动产或者动产。被征用的不动产或者动产使用后,应当返还被征用人。单位、个人的不动产或者动产被征用或者征用后毁损、灭失的,应当给予补偿。

第五章　国家所有权和集体所有权、私人所有权

第四十五条　【国有财产范围、国家所有的性质和国家所有权行使】法律规定属于国家所有的财产,属于国家所有即全民所有。

国有财产由国务院代表国家行使所有权;法律另有规定的,依照其规定。

第四十六条　【矿藏、水流、海域的国家所有权】矿藏、水流、海域属于国家所有。

第四十七条　【国家所有土地范围】城市的土地,属于国家所有。法律规定属于国家所有的农村和城市郊区的土地,属于国家所有。

第四十八条　【属于国家所有的自然资源】森林、山岭、草原、荒地、滩涂等自然资源,属于国家所有,但法律规定属于集体所有的除外。

第四十九条　【野生动植物资源的国家所有权】法律规定属于国家所有的野生动植物资源,属于国家所有。

第五十条　【无线电频谱资源的国家所有权】无线电频谱资源属于国家所有。

第五十一条　【属于国家所有的文物】法律规定属于国家所有的文物,属于国家所有。

第五十二条　【属于国家所有的资产和基础设施】国防资产属于国家所有。

铁路、公路、电力设施、电信设施和油气管道等基础设施,依照法律规定为国家所有的,属于国家所有。

第五十三条　【国家机关的物权】国家机关对其直接支配的不动产和动产,享有占有、使用以及依照法律和国务院的有关规定处分的权利。

第五十四条　【国家举办的事业单位的物权】国家举办的事业单位对其直接支配的不动产和动产,享有占有、使用以及依照法律和国务院的有关规定收益、处分的权利。

第五十五条　【国家出资的企业出资人制度】国家出资的企业,由国务院、地方人民政府依照法律、行政法规规定分别代表国家履行出资人职责,享有出资人权益。

第五十六条　【国有财产保护】国家所有的财产受法律保护,禁止任何单位和个人侵占、哄抢、私分、截留、破坏。

第五十七条　【国有财产管理法律责任】履行国有财产管理、监督职责的机构及其工作人员,应当依法加强对国有财产的管理、监督,促进国有财产保值增值,防止国有财产损失;滥用职权,玩忽职守,造成国有财产损失的,应当依法承担法律责任。

违反国有财产管理规定,在企业改制、合并分立、关联交易等过程中,低价转让、合谋私分、擅自担保或者以其他方式造成国有财产损失的,应当依法承担法律责任。

第五十八条　【集体财产范围】集体所有的不动产和动产包括:

(一)法律规定属于集体所有的土地和森林、山岭、草原、荒地、滩涂;

(二)集体所有的建筑物、生产设施、农田水利设施;

(三)集体所有的教育、科学、文化、卫生、体育等设施;

(四)集体所有的其他不动产和动产。

第五十九条　【农民集体所有财产归属以及重大事项集体决定】农民集体所有的不动产和动产,属于本集体成员集体所有。

下列事项应当依照法定程序经本集体成员决定:

(一)土地承包方案以及将土地发包给本集体以外的单位或者个人承包;

(二)个别土地承包经营权人之间承包地

的调整;

(三)土地补偿费等费用的使用、分配办法;

(四)集体出资的企业的所有权变动等事项;

(五)法律规定的其他事项。

第六十条 **【农民集体所有权的行使】**对于集体所有的土地和森林、山岭、草原、荒地、滩涂等,依照下列规定行使所有权:

(一)属于村农民集体所有的,由村集体经济组织或者村民委员会代表集体行使所有权;

(二)分别属于村内两个以上农民集体所有的,由村内各该集体经济组织或者村民小组代表集体行使所有权;

(三)属于乡镇农民集体所有的,由乡镇集体经济组织代表集体行使所有权。

第六十一条 **【城镇集体财产权利】**城镇集体所有的不动产和动产,依照法律、行政法规的规定由本集体享有占有、使用、收益和处分的权利。

第六十二条 **【公布集体财产状况】**集体经济组织或者村民委员会、村民小组应当依照法律、行政法规以及章程、村规民约向本集体成员公布集体财产的状况。

第六十三条 **【集体财产权保护】**集体所有的财产受法律保护,禁止任何单位和个人侵占、哄抢、私分、破坏。

集体经济组织、村民委员会或者其负责人作出的决定侵害集体成员合法权益的,受侵害的集体成员可以请求人民法院予以撤销。

第六十四条 **【私有财产范围】**私人对其合法的收入、房屋、生活用品、生产工具、原材料等不动产和动产享有所有权。

第六十五条 **【保护私人合法权益】**私人合法的储蓄、投资及其收益受法律保护。

国家依照法律规定保护私人的继承权及其他合法权益。

第六十六条 **【私有财产保护】**私人的合法财产受法律保护,禁止任何单位和个人侵占、哄抢、破坏。

第六十七条 **【企业出资人权利】**国家、集体和私人依法可以出资设立有限责任公司、股份有限公司或者其他企业。国家、集体和私人所有的不动产或者动产,投到企业的,由出资人按照约定或者出资比例享有资产收益、重大决策以及选择经营管理者等权利并履行义务。

第六十八条 **【法人财产权】**企业法人对其不动产和动产依照法律、行政法规以及章程享有占有、使用、收益和处分的权利。

企业法人以外的法人,对其不动产和动产的权利,适用有关法律、行政法规以及章程的规定。

第六十九条 **【保护社会团体财产】**社会团体依法所有的不动产和动产,受法律保护。

第六章 业主的建筑物区分所有权

第七十条 **【建筑物区分所有权】**业主对建筑物内的住宅、经营性用房等专有部分享有所有权,对专有部分以外的共有部分享有共有和共同管理的权利。

第七十一条 **【业主对专有部分行使所有权】**业主对其建筑物专有部分享有占有、使用、收益和处分的权利。业主行使权利不得危及建筑物的安全,不得损害其他业主的合法权益。

第七十二条 **【业主对共有部分的权利义务】**业主对建筑物专有部分以外的共有部分,享有权利,承担义务;不得以放弃权利不履行义务。

业主转让建筑物内的住宅、经营性用房,其对共有部分享有的共有和共同管理的权利一并转让。

第七十三条 **【建筑区划内的场所归属】**建筑区划内的道路,属于业主共有,但属于城镇公共道路的除外。建筑区划内的绿地,属于业主共有,但属于城镇公共绿地或者明示属于个人的除外。建筑区划内的其他公共场所、公用设施和物业服务用房,属于业主共有。

第七十四条 **【车位、车库的规定】**建筑区划内,规划用于停放汽车的车位、车库应当首先满足业主的需要。

建筑区划内,规划用于停放汽车的车位、车库的归属,由当事人通过出售、附赠或者出租等方式约定。

占用业主共有的道路或者其他场地用于停放汽车的车位,属于业主共有。

第七十五条　【业主大会、业主委员会设立】业主可以设立业主大会,选举业主委员会。

地方人民政府有关部门应当对设立业主大会和选举业主委员会给予指导和协助。

第七十六条　【业主决定建筑区划内重大事项及表决权】下列事项由业主共同决定:

（一）制定和修改业主大会议事规则;

（二）制定和修改建筑物及其附属设施的管理规约;

（三）选举业主委员会或者更换业主委员会成员;

（四）选聘和解聘物业服务企业或者其他管理人;

（五）筹集和使用建筑物及其附属设施的维修资金;

（六）改建、重建建筑物及其附属设施;

（七）有关共有和共同管理权利的其他重大事项。

决定前款第五项和第六项规定的事项,应当经专有部分占建筑物总面积三分之二以上的业主且占总人数三分之二以上的业主同意。决定前款其他事项,应当经专有部分占建筑物总面积过半数的业主且占总人数过半数的业主同意。

第七十七条　【将住宅改变为经营性用房的规定】业主不得违反法律、法规以及管理规约,将住宅改变为经营性用房。业主将住宅改变为经营性用房的,除遵守法律、法规以及管理规约外,应当经有利害关系的业主同意。

第七十八条　【业主大会、业主委员会决定效力】业主大会或者业主委员会的决定,对业主具有约束力。

业主大会或者业主委员会作出的决定侵害业主合法权益的,受侵害的业主可以请求人民法院予以撤销。

第七十九条　【建筑物及其附属设施的维修基金的归属、用途以及筹集与使用】建筑物及其附属设施的维修资金,属于业主共有。经业主共同决定,可以用于电梯、水箱等共有部分的维修。维修资金的筹集、使用情况应当公布。

第八十条　【建筑物及其附属设施的费用分摊、收益分配】建筑物及其附属设施的费用分摊、收益分配等事项,有约定的,按照约定;没有约定或者约定不明确的,按照业主专有部分占建筑物总面积的比例确定。

第八十一条　【建筑物及其附属设施的管理】业主可以自行管理建筑物及其附属设施,也可以委托物业服务企业或者其他管理人管理。

对建设单位聘请的物业服务企业或者其他管理人,业主有权依法更换。

第八十二条　【物业服务企业或者其他管理人与业主关系】物业服务企业或者其他管理人根据业主的委托管理建筑区划内的建筑物及其附属设施,并接受业主的监督。

第八十三条　【业主义务】业主应当遵守法律、法规以及管理规约。

业主大会和业主委员会,对任意弃置垃圾、排放污染物或者噪声、违反规定饲养动物、违章搭建、侵占通道、拒付物业费等损害他人合法权益的行为,有权依照法律、法规以及管理规约,要求行为人停止侵害、消除危险、排除妨害、赔偿损失。业主对侵害自己合法权益的行为,可以依法向人民法院提起诉讼。

第七章　相 邻 关 系

第八十四条　【处理相邻关系的原则】不动产的相邻权利人应当按照有利生产、方便生活、团结互助、公平合理的原则,正确处理相邻关系。

第八十五条　【处理相邻关系的依据】法律、法规对处理相邻关系有规定的,依照其规定;法律、法规没有规定的,可以按照当地习惯。

第八十六条　【用水、排水相邻关系】不动产权利人应当为相邻权利人用水、排水提供必要的便利。

对自然流水的利用,应当在不动产的相邻权利人之间合理分配。对自然流水的排放,应当尊重自然流向。

第八十七条　【相邻关系中通行权】不动产权利人对相邻权利人因通行等必须利用其土地的,应当提供必要的便利。

第八十八条　【利用相邻土地】不动产权利人因建造、修缮建筑物以及铺设电线、电缆、水管、暖气和燃气管线等必须利用相邻土地、建筑物的,该土地、建筑物的权利人应当提供必要的便利。

第八十九条 【通风、采光和日照的规定】建造建筑物,不得违反国家有关工程建设标准,妨碍相邻建筑物的通风、采光和日照。

第九十条 【相邻不动产之间禁止排放、施放污染物】不动产权利人不得违反国家规定弃置固体废物,排放大气污染物、水污染物、噪声、光、电磁波辐射等有害物质。

第九十一条 【维护相邻不动产安全】不动产权利人挖掘土地、建造建筑物、铺设管线以及安装设备等,不得危及相邻不动产的安全。

第九十二条 【使用相邻不动产时避免造成损害】不动产权利人因用水、排水、通行、铺设管线等利用相邻不动产的,应当尽量避免对相邻的不动产权利人造成损害;造成损害的,应当给予赔偿。

第八章 共 有

第九十三条 【共有概念和共有形式】不动产或者动产可以由两个以上单位、个人共有。共有包括按份共有和共同共有。

第九十四条 【按份共有】按份共有人对共有的不动产或者动产按照其份额享有所有权。

第九十五条 【共同共有】共同共有人对共有的不动产或者动产共同享有所有权。

第九十六条 【共有物管理】共有人按照约定管理共有的不动产或者动产;没有约定或者约定不明确的,各共有人都有管理的权利和义务。

第九十七条 【共有物处分或者重大修缮】处分共有的不动产或者动产以及对共有的不动产或者动产作重大修缮的,应当经占份额三分之二以上的按份共有人或者全体共同共有人同意,但共有人之间另有约定的除外。

第九十八条 【共有物管理费用负担】对共有物的管理费用以及其他负担,有约定的,按照约定;没有约定或者约定不明确的,按份共有人按照其份额负担,共同共有人共同负担。

第九十九条 【共有财产分割原则】共有人约定不得分割共有的不动产或者动产,以维持共有关系的,应当按照约定,但共有人有重大理由需要分割的,可以请求分割;没有约定或者约定不明确的,按份共有人可以随时请求分割,共同共有人在共有的基础丧失或者有重大理由需要分割时可以请求分割。因分割对其他共有人造成损害的,应当给予赔偿。

第一百条 【共有物分割方式】共有人可以协商确定分割方式。达不成协议,共有的不动产或者动产可以分割并且不会因分割减损价值的,应当对实物予以分割;难以分割或者因分割会减损价值的,应当对折价或者拍卖、变卖取得的价款予以分割。

共有人分割所得的不动产或者动产有瑕疵的,其他共有人应当分担损失。

第一百零一条 【共有人的优先购买权】按份共有人可以转让其享有的共有的不动产或者动产份额。其他共有人在同等条件下享有优先购买的权利。

第一百零二条 【因共有财产产生的债权债务关系的效力】因共有的不动产或者动产产生的债权债务,在对外关系上,共有人享有连带债权、承担连带债务,但法律另有规定或者第三人知道共有人不具有连带债权债务关系的除外;在共有人内部关系上,除共有人另有约定外,按份共有人按照份额享有债权、承担债务,共同共有人共同享有债权、承担债务。偿还债务超过自己应当承担份额的按份共有人,有权向其他共有人追偿。

第一百零三条 【共有关系不明对共有关系性质推定】共有人对共有的不动产或者动产没有约定为按份共有或者共同共有,或者约定不明确的,除共有人具有家庭关系等外,视为按份共有。

第一百零四条 【按份共有人份额不明的确定原则】按份共有人对共有的不动产或者动产享有的份额,没有约定或者约定不明确的,按照出资额确定;不能确定出资额的,视为等额享有。

第一百零五条 【用益物权和担保物权的准共有】两个以上单位、个人共同享有用益物权、担保物权的,参照本章规定。

第九章 所有权取得的特别规定

第一百零六条 【善意取得】无处分权人将不动产或者动产转让给受让人的,所有权人有权追回;除法律另有规定外,符合下列情形的,受让人取得该不动产或者动产的所有权:

（一）受让人受让该不动产或者动产时是善意的；

（二）以合理的价格转让；

（三）转让的不动产或者动产依照法律规定应当登记的已经登记，不需要登记的已经交付给受让人。

受让人依照前款规定取得不动产或者动产的所有权的，原所有权人有权向无处分权人请求赔偿损失。

当事人善意取得其他物权的，参照前两款规定。

第一百零七条　【遗失物的善意取得】所有权人或者其他权利人有权追回遗失物。该遗失物通过转让被他人占有的，权利人有权向无处分权人请求损害赔偿，或者自知道或者应当知道受让人之日起二年内向受让人请求返还原物，但受让人通过拍卖或者向具有经营资格的经营者购得该遗失物的，权利人请求返还原物时应当支付受让人所付的费用。权利人向受让人支付所付费用后，有权向无处分权人追偿。

第一百零八条　【善意受让人取得动产后的原有权利消灭】善意受让人取得动产后，该动产上的原有权利消灭，但善意受让人在受让时知道或者应当知道该权利的除外。

第一百零九条　【拾得遗失物返还】拾得遗失物，应当返还权利人。拾得人应当及时通知权利人领取，或者送交公安等有关部门。

第一百一十条　【收到遗失物的处理】有关部门收到遗失物，知道权利人的，应当及时通知其领取；不知道的，应当及时发布招领公告。

第一百一十一条　【遗失物保管】拾得人在遗失物送交有关部门前，有关部门在遗失物被领取前，应当妥善保管遗失物。因故意或者重大过失致使遗失物毁损、灭失的，应当承担民事责任。

第一百一十二条　【拾金不昧】权利人领取遗失物时，应当向拾得人或者有关部门支付保管遗失物等支出的必要费用。

权利人悬赏寻找遗失物的，领取遗失物时应当按照承诺履行义务。

拾得人侵占遗失物的，无权请求保管遗失物等支出的费用，也无权请求权利人按照承诺履行义务。

第一百一十三条　【无人认领的遗失物归国家所有】遗失物自发布招领公告之日起六个月内无人认领的，归国家所有。

第一百一十四条　【拾得漂流物、发现埋藏物或者隐藏物的规定】拾得漂流物、发现埋藏物或者隐藏物的，参照拾得遗失物的有关规定。文物保护法等法律另有规定的，依照其规定。

第一百一十五条　【从物随主物转让】主物转让的，从物随主物转让，但当事人另有约定的除外。

第一百一十六条　【天然孳息及法定孳息归属】天然孳息，由所有权人取得；既有所有权人又有用益物权人的，由用益物权人取得。当事人另有约定的，按照约定。

法定孳息，当事人有约定的，按照约定取得；没有约定或者约定不明确的，按照交易习惯取得。

第三编　用 益 物 权

第十章　一 般 规 定

第一百一十七条　【用益物权人享有的基本权利】用益物权人对他人所有的不动产或者动产，依法享有占有、使用和收益的权利。

第一百一十八条　【国有和集体所有的自然资源，单位和个人可以取得用益物权】国家所有或者国家所有由集体使用以及法律规定属于集体所有的自然资源，单位、个人依法可以占有、使用和收益。

第一百一十九条　【自然资源有偿使用制度】国家实行自然资源有偿使用制度，但法律另有规定的除外。

第一百二十条　【用益物权人的权利行使】用益物权人行使权利，应当遵守法律有关保护和合理开发利用资源的规定。所有权人不得干涉用益物权人行使权利。

第一百二十一条　【用益物权人因征收、征用有权获得补偿】因不动产或者动产被征收、征用致使用益物权消灭或者影响用益物权行使的，用益物权人有权依照本法第四十二条、第四十四条的规定获得相应补偿。

第一百二十二条　【海域使用权】依法取得的海

域使用权受法律保护。

第一百二十三条　【合法探矿权等受法律保护】依法取得的探矿权、采矿权、取水权和使用水域、滩涂从事养殖、捕捞的权利受法律保护。

第十一章　土地承包经营权

第一百二十四条　【农村集体经济组织实行双层经营体制】农村集体经济组织实行家庭承包经营为基础、统分结合的双层经营体制。

农民集体所有和国家所有由农民集体使用的耕地、林地、草地以及其他用于农业的土地,依法实行土地承包经营制度。

第一百二十五条　【土地承包经营权人享有的基本权利】土地承包经营权人依法对其承包经营的耕地、林地、草地等享有占有、使用和收益的权利,有权从事种植业、林业、畜牧业等农业生产。

第一百二十六条　【土地承包期】耕地的承包期为三十年。草地的承包期为三十年至五十年。林地的承包期为三十年至七十年;特殊林木的林地承包期,经国务院林业行政主管部门批准可以延长。

前款规定的承包期届满,由土地承包经营权人按照国家有关规定继续承包。

第一百二十七条　【土地承包经营权设立和登记】土地承包经营权自土地承包经营权合同生效时设立。

县级以上地方人民政府应当向土地承包经营权人发放土地承包经营权证、林权证、草原使用权证,并登记造册,确认土地承包经营权。

第一百二十八条　【家庭承包的土地承包经营权流转】土地承包经营权人依照农村土地承包法的规定,有权将土地承包经营权采取转包、互换、转让等方式流转。流转的期限不得超过承包期的剩余期限。未经依法批准,不得将承包地用于非农建设。

第一百二十九条　【互换、转让土地承包经营权进行登记】土地承包经营权人将土地承包经营权互换、转让,当事人要求登记的,应当向县级以上地方人民政府申请土地承包经营权变更登记;未经登记,不得对抗善意第三人。

第一百三十条　【承包地调整】承包期内发包人不得调整承包地。

因自然灾害严重毁损承包地等特殊情形,需要适当调整承包的耕地和草地的,应当依照农村土地承包法等法律规定办理。

第一百三十一条　【承包地收回】承包期内发包人不得收回承包地。农村土地承包法等法律另有规定的,依照其规定。

第一百三十二条　【承包地被征收的补偿】承包地被征收的,土地承包经营权人有权依照本法第四十二条第二款的规定获得相应补偿。

第一百三十三条　【以招标等方式承包的土地承包经营权流转】通过招标、拍卖、公开协商等方式承包荒地等农村土地,依照农村土地承包法等法律和国务院的有关规定,其土地承包经营权可以转让、入股、抵押或者以其他方式流转。

第一百三十四条　【国有农用地实行承包经营的法律适用】国家所有的农用地实行承包经营的,参照本法的有关规定。

第十二章　建设用地使用权

第一百三十五条　【建设用地使用权概念】建设用地使用权人依法对国家所有的土地享有占有、使用和收益的权利,有权利用该土地建造建筑物、构筑物及其附属设施。

第一百三十六条　【建设用地使用权分层设立】建设用地使用权可以在土地的地表、地上或者地下分别设立。新设立的建设用地使用权,不得损害已设立的用益物权。

第一百三十七条　【建设用地使用权的设立方式】设立建设用地使用权,可以采取出让或者划拨等方式。

工业、商业、旅游、娱乐和商品住宅等经营性用地以及同一土地有两个以上意向用地者的,应当采取招标、拍卖等公开竞价的方式出让。

严格限制以划拨方式设立建设用地使用权。采取划拨方式的,应当遵守法律、行政法规关于土地用途的规定。

第一百三十八条　【建设用地使用权出让合同内容】采取招标、拍卖、协议等出让方式设立建设用地使用权的,当事人应当采取书面形式订立建设用地使用权出让合同。

建设用地使用权出让合同一般包括下列

条款：

（一）当事人的名称和住所；

（二）土地界址、面积等；

（三）建筑物、构筑物及其附属设施占用的空间；

（四）土地用途；

（五）使用期限；

（六）出让金等费用及其支付方式；

（七）解决争议的方法。

第一百三十九条　【建设用地使用权登记】设立建设用地使用权的，应当向登记机构申请建设用地使用权登记。建设用地使用权自登记时设立。登记机构应当向建设用地使用权人发放建设用地使用权证书。

第一百四十条　【土地用途】建设用地使用权人应当合理利用土地，不得改变土地用途；需要改变土地用途的，应当依法经有关行政主管部门批准。

第一百四十一条　【建设用地使用权人支付出让金等费用的义务】建设用地使用权人应当依照法律规定以及合同约定支付出让金等费用。

第一百四十二条　【建设用地使用权人建造的建筑物等设施的权属】建设用地使用权人建造的建筑物、构筑物及其附属设施的所有权属于建设用地使用权人，但有相反证据证明的除外。

第一百四十三条　【建设用地使用权流转方式】建设用地使用权人有权将建设用地使用权转让、互换、出资、赠与或者抵押，但法律另有规定的除外。

第一百四十四条　【处分建设用地使用权的合同形式和期限】建设用地使用权转让、互换、出资、赠与或者抵押的，当事人应当采取书面形式订立相应的合同。使用期限由当事人约定，但不得超过建设用地使用权的剩余期限。

第一百四十五条　【建设用地使用权流转应当申请变更登记】建设用地使用权转让、互换、出资或者赠与的，应当向登记机构申请变更登记。

第一百四十六条　【建筑物等设施随建设用地使用权的流转而一并处分】建设用地使用权转让、互换、出资或者赠与的，附着于该土地上的建筑物、构筑物及其附属设施一并处分。

第一百四十七条　【建设用地使用权随建筑物等设施的流转而一并处分】建筑物、构筑物及其附属设施转让、互换、出资或者赠与的，该建筑物、构筑物及其附属设施占用范围内的建设用地使用权一并处分。

第一百四十八条　【建设用地使用权提前收回及其补偿】建设用地使用权期间届满前，因公共利益需要提前收回该土地的，应当依照本法第四十二条的规定对该土地上的房屋及其他不动产给予补偿，并退还相应的出让金。

第一百四十九条　【建设用地使用权续期及土地上的房屋及其他不动产归属】住宅建设用地使用权期间届满的，自动续期。

非住宅建设用地使用权期间届满后的续期，依照法律规定办理。该土地上的房屋及其他不动产的归属，有约定的，按照约定；没有约定或者约定不明确的，依照法律、行政法规的规定办理。

第一百五十条　【建设用地使用权注销登记】建设用地使用权消灭的，出让人应当及时办理注销登记。登记机构应当收回建设用地使用权证书。

第一百五十一条　【集体所有的土地作为建设用地的规定】集体所有的土地作为建设用地的，应当依照土地管理法等法律规定办理。

第十三章　宅基地使用权

第一百五十二条　【宅基地使用权的权利内容】宅基地使用权人依法对集体所有的土地享有占有和使用的权利，有权依法利用该土地建造住宅及其附属设施。

第一百五十三条　【宅基地使用权的取得、行使和转让适用法律的衔接性】宅基地使用权的取得、行使和转让，适用土地管理法等法律和国家有关规定。

第一百五十四条　【宅基地灭失后重新分配】宅基地因自然灾害等原因灭失的，宅基地使用权消灭。对失去宅基地的村民，应当重新分配宅基地。

第一百五十五条　【宅基地使用权的变更登记和注销登记】已经登记的宅基地使用权转让或者消灭的，应当及时办理变更登记或者注销登记。

第十四章 地 役 权

第一百五十六条 【地役权】地役权人有权按照合同约定,利用他人的不动产,以提高自己的不动产的效益。

前款所称他人的不动产为供役地,自己的不动产为需役地。

第一百五十七条 【设立地役权】设立地役权,当事人应当采取书面形式订立地役权合同。

地役权合同一般包括下列条款:

(一)当事人的姓名或者名称和住所;

(二)供役地和需役地的位置;

(三)利用目的和方法;

(四)利用期限;

(五)费用及其支付方式;

(六)解决争议的方法。

第一百五十八条 【地役权效力】地役权自地役权合同生效时设立。当事人要求登记的,可以向登记机构申请地役权登记;未经登记,不得对抗善意第三人。

第一百五十九条 【供役地权利人义务】供役地权利人应当按照合同约定,允许地役权人利用其土地,不得妨害地役权人行使权利。

第一百六十条 【地役权人权利义务】地役权人应当按照合同约定的利用目的和方法利用供役地,尽量减少对供役地权利人物权的限制。

第一百六十一条 【地役权期限】地役权的期限由当事人约定,但不得超过土地承包经营权、建设用地使用权等用益物权的剩余期限。

第一百六十二条 【在享有和负担地役权的土地上设立承包经营权、宅基地使用权】土地所有权人享有地役权或者负担地役权的,设立土地承包经营权、宅基地使用权时,该土地承包经营权人、宅基地使用权人继续享有或者负担已设立的地役权。

第一百六十三条 【在已设立用益物权的土地上设立地役权】土地上已设立土地承包经营权、建设用地使用权、宅基地使用权等权利的,未经用益物权人同意,土地所有权人不得设立地役权。

第一百六十四条 【地役权不得与需役地分离而单独转让】地役权不得单独转让。土地承包经营权、建设用地使用权等转让的,地役权一并转让,但合同另有约定的除外。

第一百六十五条 【地役权不得单独抵押】地役权不得单独抵押。土地承包经营权、建设用地使用权等抵押的,在实现抵押权时,地役权一并转让。

第一百六十六条 【需役地上的土地承包经营权、建设用地使用权部分转让】需役地以及需役地上的土地承包经营权、建设用地使用权部分转让时,转让部分涉及地役权的,受让人同时享有地役权。

第一百六十七条 【供役地上的土地承包经营权、建设用地使用权部分转让】供役地以及供役地上的土地承包经营权、建设用地使用权部分转让时,转让部分涉及地役权的,地役权对受让人具有约束力。

第一百六十八条 【地役权消灭】地役权人有下列情形之一的,供役地权利人有权解除地役权合同,地役权消灭:

(一)违反法律规定或者合同约定,滥用地役权;

(二)有偿利用供役地,约定的付款期间届满后在合理期限内经两次催告未支付费用。

第一百六十九条 【地役权变动后的登记】已经登记的地役权变更、转让或者消灭的,应当及时办理变更登记或者注销登记。

第四编 担保物权

第十五章 一 般 规 定

第一百七十条 【担保物权的含义】担保物权人在债务人不履行到期债务或者发生当事人约定的实现担保物权的情形,依法享有就担保财产优先受偿的权利,但法律另有规定的除外。

第一百七十一条 【担保物权适用范围及反担保】债权人在借贷、买卖等民事活动中,为保障实现其债权,需要担保的,可以依照本法和其他法律的规定设立担保物权。

第三人为债务人向债权人提供担保的,可以要求债务人提供反担保。反担保适用本法和其他法律的规定。

第一百七十二条 【担保合同从属性以及担保合同无效后的法律责任】设立担保物权,应当依照本法和其他法律的规定订立担保合同。担保合同是主债权债务合同的从合同。主债权债务合同无效，担保合同无效，但法律另有规定的除外。

担保合同被确认无效后，债务人、担保人、债权人有过错的，应当根据其过错各自承担相应的民事责任。

第一百七十三条　【担保物权的担保范围】担保物权的担保范围包括主债权及其利息、违约金、损害赔偿金、保管担保财产和实现担保物权的费用。当事人另有约定的，按照约定。

第一百七十四条　【担保物权物上代位性】担保期间，担保财产毁损、灭失或者被征收等，担保物权人可以就获得的保险金、赔偿金或者补偿金等优先受偿。被担保债权的履行期未届满的，也可以提存该保险金、赔偿金或者补偿金等。

第一百七十五条　【未经担保人同意允许债务人转移债务的法律后果】第三人提供担保，未经其书面同意，债权人允许债务人转移全部或者部分债务的，担保人不再承担相应的担保责任。

第一百七十六条　【物的担保与人的担保关系】被担保的债权既有物的担保又有人的担保的，债务人不履行到期债务或者发生当事人约定的实现担保物权的情形，债权人应当按照约定实现债权；没有约定或者约定不明确，债务人自己提供物的担保的，债权人应当先就该物的担保实现债权；第三人提供物的担保的，债权人可以就物的担保实现债权，也可以要求保证人承担保证责任。提供担保的第三人承担担保责任后，有权向债务人追偿。

第一百七十七条　【担保物权消灭原因】有下列情形之一的，担保物权消灭：

（一）主债权消灭；

（二）担保物权实现；

（三）债权人放弃担保物权；

（四）法律规定担保物权消灭的其他情形。

第一百七十八条　【担保法与本法效力衔接】担保法与本法的规定不一致的，适用本法。

第十六章　抵　押　权

第一节　一般抵押权

第一百七十九条　【抵押权基本权利】为担保债务的履行，债务人或者第三人不转移财产的占有，将该财产抵押给债权人的，债务人不履行到期债务或者发生当事人约定的实现抵押权的情形，债权人有权就该财产优先受偿。

前款规定的债务人或者第三人为抵押人，债权人为抵押权人，提供担保的财产为抵押财产。

第一百八十条　【抵押财产范围】债务人或者第三人有权处分的下列财产可以抵押：

（一）建筑物和其他土地附着物；

（二）建设用地使用权；

（三）以招标、拍卖、公开协商等方式取得的荒地等土地承包经营权；

（四）生产设备、原材料、半成品、产品；

（五）正在建造的建筑物、船舶、航空器；

（六）交通运输工具；

（七）法律、行政法规未禁止抵押的其他财产。

抵押人可以将前款所列财产一并抵押。

第一百八十一条　【浮动抵押】经当事人书面协议，企业、个体工商户、农业生产经营者可以将现有的以及将有的生产设备、原材料、半成品、产品抵押，债务人不履行到期债务或者发生当事人约定的实现抵押权的情形，债权人有权就实现抵押权时的动产优先受偿。

第一百八十二条　【房地产抵押关系】以建筑物抵押的，该建筑物占用范围内的建设用地使用权一并抵押。以建设用地使用权抵押的，该土地上的建筑物一并抵押。

抵押人未依照前款规定一并抵押的，未抵押的财产视为一并抵押。

第一百八十三条　【乡镇、村企业的建筑物和建设用地使用权抵押】乡镇、村企业的建设用地使用权不得单独抵押。以乡镇、村企业的厂房等建筑物抵押的，其占用范围内的建设用地使用权一并抵押。

第一百八十四条　【禁止抵押的财产】下列财产不得抵押：

（一）土地所有权；

（二）耕地、宅基地、自留地、自留山等集体所有的土地使用权，但法律规定可以抵押的除外；

(三)学校、幼儿园、医院等以公益为目的的事业单位、社会团体的教育设施、医疗卫生设施和其他社会公益设施;

(四)所有权、使用权不明或者有争议的财产;

(五)依法被查封、扣押、监管的财产;

(六)法律、行政法规规定不得抵押的其他财产。

第一百八十五条 **【设立抵押权】**设立抵押权,当事人应当采取书面形式订立抵押合同。

抵押合同一般包括下列条款:

(一)被担保债权的种类和数额;

(二)债务人履行债务的期限;

(三)抵押财产的名称、数量、质量、状况、所在地、所有权归属或者使用权归属;

(四)担保的范围。

第一百八十六条 **【禁止流押】**抵押权人在债务履行期届满前,不得与抵押人约定债务人不履行到期债务时抵押财产归债权人所有。

第一百八十七条 **【不动产抵押登记】**以本法第一百八十条第一款第一项至第三项规定的财产或者第五项规定的正在建造的建筑物抵押的,应当办理抵押登记。抵押权自登记时设立。

第一百八十八条 **【动产抵押效力】**以本法第一百八十条第一款第四项、第六项规定的财产或者第五项规定的正在建造的船舶、航空器抵押的,抵押权自抵押合同生效时设立;未经登记,不得对抗善意第三人。

第一百八十九条 **【动产浮动抵押登记】**企业、个体工商户、农业生产经营者以本法第一百八十一条规定的动产抵押的,应当向抵押人住所地的工商行政管理部门办理登记。抵押权自抵押合同生效时设立;未经登记,不得对抗善意第三人。

依照本法第一百八十一条规定抵押的,不得对抗正常经营活动中已支付合理价款并取得抵押财产的买受人。

第一百九十条 **【抵押权和租赁权关系】**订立抵押合同前抵押财产已出租的,原租赁关系不受该抵押权的影响。抵押权设立后抵押财产出租的,该租赁关系不得对抗已登记的抵押权。

第一百九十一条 **【抵押期间转让抵押财产】**抵押期间,抵押人经抵押权人同意转让抵押财产的,应当将转让所得的价款向抵押权人提前清偿债务或者提存。转让的价款超过债权数额的部分归抵押人所有,不足部分由债务人清偿。

抵押期间,抵押人未经抵押权人同意,不得转让抵押财产,但受让人代为清偿债务消灭抵押权的除外。

第一百九十二条 **【抵押权转让或者作为其他债权担保】**抵押权不得与债权分离而单独转让或者作为其他债权的担保。债权转让的,担保该债权的抵押权一并转让,但法律另有规定或者当事人另有约定的除外。

第一百九十三条 **【抵押财产毁损或者价值减少时的处理】**抵押人的行为足以使抵押财产价值减少的,抵押权人有权要求抵押人停止其行为。抵押财产价值减少的,抵押权人有权要求恢复抵押财产的价值,或者提供与减少的价值相应的担保。抵押人不恢复抵押财产的价值也不提供担保的,抵押权人有权要求债务人提前清偿债务。

第一百九十四条 **【抵押权人放弃抵押权、抵押权的顺位及变更】**抵押权人可以放弃抵押权或者抵押权的顺位。抵押权人与抵押人可以协议变更抵押权顺位以及被担保的债权数额等内容,但抵押权的变更,未经其他抵押权人书面同意,不得对其他抵押权人产生不利影响。

债务人以自己的财产设定抵押,抵押权人放弃该抵押权、抵押权顺位或者变更抵押权的,其他担保人在抵押权人丧失优先受偿权益的范围内免除担保责任,但其他担保人承诺仍然提供担保的除外。

第一百九十五条 **【抵押权实现的条件、方式和程序】**债务人不履行到期债务或者发生当事人约定的实现抵押权的情形,抵押权人可以与抵押人协议以抵押财产折价或者以拍卖、变卖该抵押财产所得的价款优先受偿。协议损害其他债权人利益的,其他债权人可以在知道或者应当知道撤销事由之日起一年内请求人民法院撤销该协议。

抵押权人与抵押人未就抵押权实现方式

达成协议的，抵押权人可以请求人民法院拍卖、变卖抵押财产。

抵押财产折价或者变卖的，应当参照市场价格。

第一百九十六条　【抵押财产确定】依照本法第一百八十一条规定设定抵押的，抵押财产自下列情形之一发生时确定：

（一）债务履行期届满，债权未实现；

（二）抵押人被宣告破产或者被撤销；

（三）当事人约定的实现抵押权的情形；

（四）严重影响债权实现的其他情形。

第一百九十七条　【抵押财产孳息】债务人不履行到期债务或者发生当事人约定的实现抵押权的情形，致使抵押财产被人民法院依法扣押的，自扣押之日起抵押权人有权收取该抵押财产的天然孳息或者法定孳息，但抵押权人未通知应当清偿法定孳息的义务人的除外。

前款规定的孳息应当先充抵收取孳息的费用。

第一百九十八条　【抵押财产变现后的处理】抵押财产折价或者拍卖、变卖后，其价款超过债权数额的部分归抵押人所有，不足部分由债务人清偿。

第一百九十九条　【抵押权清偿顺序】同一财产向两个以上债权人抵押的，拍卖、变卖抵押财产所得的价款依照下列规定清偿：

（一）抵押权已登记的，按照登记的先后顺序清偿；顺序相同的，按照债权比例清偿；

（二）抵押权已登记的先于未登记的受偿；

（三）抵押权未登记的，按照债权比例清偿。

第二百条　【以建设用地使用权抵押的特别规定】建设用地使用权抵押后，该土地上新增的建筑物不属于抵押财产。该建设用地使用权实现抵押权时，应当将该土地上新增的建筑物与建设用地使用权一并处分，但新增建筑物所得的价款，抵押权人无权优先受偿。

第二百零一条　【抵押权实现的特别规定】依照本法第一百八十条第一款第三项规定的土地承包经营权抵押的，或者依照本法第一百八十三条规定以乡镇、村企业的厂房等建筑物占用范围内的建设用地使用权一并抵押的，实现抵押权后，未经法定程序，不得改变土地所有权的性质和土地用途。

第二百零二条　【抵押权存续期间】抵押权人应当在主债权诉讼时效期间行使抵押权；未行使的，人民法院不予保护。

第二节　最高额抵押权

第二百零三条　【最高额抵押的概念】为担保债务的履行，债务人或者第三人对一定期间内将要连续发生的债权提供担保财产的，债务人不履行到期债务或者发生当事人约定的实现抵押权的情形，抵押权人有权在最高债权额限度内就该担保财产优先受偿。

最高额抵押权设立前已经存在的债权，经当事人同意，可以转入最高额抵押担保的债权范围。

第二百零四条　【最高额抵押所担保的主债权以及最高额抵押权转让】最高额抵押担保的债权确定前，部分债权转让的，最高额抵押权不得转让，但当事人另有约定的除外。

第二百零五条　【抵押权人与抵押人协议变更最高额抵押的有关内容】最高额抵押担保的债权确定前，抵押权人与抵押人可以通过协议变更债权确定的期间、债权范围以及最高债权额，但变更的内容不得对其他抵押权人产生不利影响。

第二百零六条　【最高额抵押权所担保债权确定事由】有下列情形之一的，抵押权人的债权确定：

（一）约定的债权确定期间届满；

（二）没有约定债权确定期间或者约定不明确，抵押权人或者抵押人自最高额抵押权设立之日起满二年后请求确定债权；

（三）新的债权不可能发生；

（四）抵押财产被查封、扣押；

（五）债务人、抵押人被宣告破产或者被撤销；

（六）法律规定债权确定的其他情形。

第二百零七条　【最高额抵押权适用一般抵押权相关条款】最高额抵押权除适用本节规定外，适用本章第一节一般抵押权的规定。

第十七章　质　　权

第一节　动产质权

第二百零八条　【动产质权基本权利】为担保债务的履行,债务人或者第三人将其动产出质给债权人占有的,债务人不履行到期债务或者发生当事人约定的实现质权的情形,债权人有权就该动产优先受偿。

前款规定的债务人或者第三人为出质人,债权人为质权人,交付的动产为质押财产。

第二百零九条　【禁止出质的动产】法律、行政法规禁止转让的动产不得出质。

第二百一十条　【质权合同】设立质权,当事人应当采取书面形式订立质权合同。

质权合同一般包括下列条款:

(一)被担保债权的种类和数额;

(二)债务人履行债务的期限;

(三)质押财产的名称、数量、质量、状况;

(四)担保的范围;

(五)质押财产交付的时间。

第二百一十一条　【禁止流质】质权人在债务履行期届满前,不得与出质人约定债务人不履行到期债务时质押财产归债权人所有。

第二百一十二条　【动产质权设立】质权自出质人交付质押财产时设立。

第二百一十三条　【质权人孳息收取权】质权人有权收取质押财产的孳息,但合同另有约定的除外。

前款规定的孳息应当先充抵收取孳息的费用。

第二百一十四条　【质权人对质物使用处分的限制及法律责任】质权人在质权存续期间,未经出质人同意,擅自使用、处分质押财产,给出质人造成损害的,应当承担赔偿责任。

第二百一十五条　【质权人妥善保管质物义务】质权人负有妥善保管质押财产的义务;因保管不善致使质押财产毁损、灭失的,应当承担赔偿责任。

质权人的行为可能使质押财产毁损、灭失的,出质人可以要求质权人将质押财产提存,或者要求提前清偿债务并返还质押财产。

第二百一十六条　【质物保全】因不能归责于质权人的事由可能使质押财产毁损或者价值明显减少,足以危害质权人权利的,质权人有权要求出质人提供相应的担保;出质人不提供的,质权人可以拍卖、变卖质押财产,并与出质人通过协议将拍卖、变卖所得的价款提前清偿债务或者提存。

第二百一十七条　【转质权】质权人在质权存续期间,未经出质人同意转质,造成质押财产毁损、灭失的,应当向出质人承担赔偿责任。

第二百一十八条　【质权放弃及其他担保人责任承担原则】质权人可以放弃质权。债务人以自己的财产出质,质权人放弃该质权的,其他担保人在质权人丧失优先受偿权益的范围内免除担保责任,但其他担保人承诺仍然提供担保的除外。

第二百一十九条　【质物返还及质权实现】债务人履行债务或者出质人提前清偿所担保的债权的,质权人应当返还质押财产。

债务人不履行到期债务或者发生当事人约定的实现质权的情形,质权人可以与出质人协议以质押财产折价,也可以就拍卖、变卖质押财产所得的价款优先受偿。

质押财产折价或者变卖的,应当参照市场价格。

第二百二十条　【及时行使质权请求权及怠于行使质权的责任】出质人可以请求质权人在债务履行期届满后及时行使质权;质权人不行使的,出质人可以请求人民法院拍卖、变卖质押财产。

出质人请求质权人及时行使质权,因质权人怠于行使权利造成损害的,由质权人承担赔偿责任。

第二百二十一条　【质物变价款归属原则】质押财产折价或者拍卖、变卖后,其价款超过债权数额的部分归出质人所有,不足部分由债务人清偿。

第二百二十二条　【最高额质权】出质人与质权人可以协议设立最高额质权。

最高额质权除适用本节有关规定外,参照本法第十六章第二节最高额抵押权的规定。

第二节　权利质权

第二百二十三条　【可以出质的权利范围】债务人或者第三人有权处分的下列权利可以出质:

（一）汇票、支票、本票；

（二）债券、存款单；

（三）仓单、提单；

（四）可以转让的基金份额、股权；

（五）可以转让的注册商标专用权、专利权、著作权等知识产权中的财产权；

（六）应收账款；

（七）法律、行政法规规定可以出质的其他财产权利。

第二百二十四条　【以汇票等出质的质权设立】以汇票、支票、本票、债券、存款单、仓单、提单出质的，当事人应当订立书面合同。质权自权利凭证交付质权人时设立；没有权利凭证的，质权自有关部门办理出质登记时设立。

第二百二十五条　【质权人行使权利的特别规定】汇票、支票、本票、债券、存款单、仓单、提单的兑现日期或者提货日期先于主债权到期的，质权人可以兑现或者提货，并与出质人协议将兑现的价款或者提取的货物提前清偿债务或者提存。

第二百二十六条　【以基金份额、股权出质的权利质权设立和出质人处分基金份额、股权的限制】以基金份额、股权出质的，当事人应当订立书面合同。以基金份额、证券登记结算机构登记的股权出质的，质权自证券登记结算机构办理出质登记时设立；以其他股权出质的，质权自工商行政管理部门办理出质登记时设立。

基金份额、股权出质后，不得转让，但经出质人与质权人协商同意的除外。出质人转让基金份额、股权所得的价款，应当向质权人提前清偿债务或者提存。

第二百二十七条　【以知识产权中的财产权出质的权利质权设立和出质人处分知识产权的限制】以注册商标专用权、专利权、著作权等知识产权中的财产权出质的，当事人应当订立书面合同。质权自有关主管部门办理出质登记时设立。

知识产权中的财产权出质后，出质人不得转让或者许可他人使用，但经出质人与质权人协商同意的除外。出质人转让或者许可他人使用出质的知识产权中的财产权所得的价款，应当向质权人提前清偿债务或者提存。

第二百二十八条　【以应收账款出质的权利质权设立和出质人转让应收账款的限制】以应收账款出质的，当事人应当订立书面合同。质权自信贷征信机构办理出质登记时设立。

应收账款出质后，不得转让，但经出质人与质权人协商同意的除外。出质人转让应收账款所得的价款，应当向质权人提前清偿债务或者提存。

第二百二十九条　【权利质权适用动产质权的规定】权利质权除适用本节规定外，适用本章第一节动产质权的规定。

第十八章　留　置　权

第二百三十条　【留置权的一般规定】债务人不履行到期债务，债权人可以留置已经合法占有的债务人的动产，并有权就该动产优先受偿。

前款规定的债权人为留置权人，占有的动产为留置财产。

第二百三十一条　【留置财产与债权的关系】债权人留置的动产，应当与债权属于同一法律关系，但企业之间留置的除外。

第二百三十二条　【留置权适用范围的限制性】法律规定或者当事人约定不得留置的动产，不得留置。

第二百三十三条　【可分物作为留置财产的特殊规定】留置财产为可分物的，留置财产的价值应当相当于债务的金额。

第二百三十四条　【留置权人保管义务】留置权人负有妥善保管留置财产的义务；因保管不善致使留置财产毁损、灭失的，应当承担赔偿责任。

第二百三十五条　【留置权人收取孳息的权利】留置权人有权收取留置财产的孳息。

前款规定的孳息应当先充抵收取孳息的费用。

第二百三十六条　【实现留置权的一般规定】留置权人与债务人应当约定留置财产后的债务履行期间；没有约定或者约定不明确的，留置权人应当给债务人两个月以上履行债务的期间，但鲜活易腐等不易保管的动产除外。债务人逾期未履行的，留置权人可以与债务人协议以留置财产折价，也可以就拍卖、变卖留置财产所得的价款优先受偿。

留置财产折价或者变卖的,应当参照市场价格。

第二百三十七条　【债务人可请求留置权人行使留置权】债务人可以请求留置权人在债务履行期届满后行使留置权;留置权人不行使的,债务人可以请求人民法院拍卖、变卖留置财产。

第二百三十八条　【留置权实现】留置财产折价或者拍卖、变卖后,其价款超过债权数额的部分归债务人所有,不足部分由债务人清偿。

第二百三十九条　【留置权与抵押权或者质权的关系】同一动产上已设立抵押权或者质权,该动产又被留置的,留置权人优先受偿。

第二百四十条　【留置权消灭的原因】留置权人对留置财产丧失占有或者留置权人接受债务人另行提供担保的,留置权消灭。

第五编　占　　有

第十九章　占　　有

第二百四十一条　【有权占有法律适用】基于合同关系等产生的占有,有关不动产或者动产的使用、收益、违约责任等,按照合同约定;合同没有约定或者约定不明确的,依照有关法律规定。

第二百四十二条　【恶意占有人应承担的赔偿责任】占有人因使用占有的不动产或者动产,致使该不动产或者动产受到损害的,恶意占有人应当承担赔偿责任。

第二百四十三条　【无权占有人的返还义务及善意占有人的必要费用返还请求权】不动产或者动产被占有人占有的,权利人可以请求返还原物及其孳息,但应当支付善意占有人因维护该不动产或者动产支出的必要费用。

第二百四十四条　【被占有的不动产或者动产毁损、灭失时占有人的责任】占有的不动产或者动产毁损、灭失,该不动产或者动产的权利人请求赔偿的,占有人应当将因毁损、灭失取得的保险金、赔偿金或者补偿金等返还给权利人;权利人的损害未得到足够弥补的,恶意占有人还应当赔偿损失。

第二百四十五条　【占有保护】占有的不动产或者动产被侵占的,占有人有权请求返还原物;对妨害占有的行为,占有人有权请求排除妨害或者消除危险;因侵占或者妨害造成损害的,占有人有权请求损害赔偿。

占有人返还原物的请求权,自侵占发生之日起一年内未行使的,该请求权消灭。

附　　则

第二百四十六条　【授权地方性法规暂时规定不动产统一登记】法律、行政法规对不动产统一登记的范围、登记机构和登记办法作出规定前,地方性法规可以依照本法有关规定作出规定。

第二百四十七条　【施行日期】本法自2007年10月1日起施行。

最高人民法院关于适用《中华人民共和国担保法》若干问题的解释

1. 2000年12月8日公布

2. 法释〔2000〕44号

3. 自2000年12月13日起施行

为了正确适用《中华人民共和国担保法》(以下简称担保法),结合审判实践经验,对人民法院审理担保纠纷案件适用法律问题作出如下解释。

一、关于总则部分的解释

第一条　当事人对由民事关系产生的债权,在不违反法律、法规强制性规定的情况下,以担保法规定的方式设定担保的,可以认定为有效。

第二条　反担保人可以是债务人,也可以是债务人之外的其他人。

反担保方式可以是债务人提供的抵押或者质押,也可以是其他人提供的保证、抵押或者质押。

第三条　国家机关和以公益为目的的事业单位、社会团体违反法律规定提供担保的,担保合同无效。因此给债权人造成损失的,应当根据担保法第五条第二款的规定处理。

第四条　董事、经理违反《中华人民共和国公司法》第六十条的规定,以公司资产为本公司的股东或者其他个人债务提供担保的,担保合同无效。除债权人知道或者应当知道的外，债务人、担保人应当对债权人的损失承担连带赔偿责任。

第五条　以法律、法规禁止流通的财产或者不可转让的财产设定担保的，担保合同无效。

以法律、法规限制流通的财产设定担保的，在实现债权时，人民法院应当按照有关法律、法规的规定对该财产进行处理。

第六条　有下列情形之一的，对外担保合同无效：

（一）未经国家有关主管部门批准或者登记对外担保的；

（二）未经国家有关主管部门批准或者登记，为境外机构向境内债权人提供担保的；

（三）为外商投资企业注册资本、外商投资企业中的外方投资部分的对外债务提供担保的；

（四）无权经营外汇担保业务的金融机构、无外汇收入的非金融性质的企业法人提供外汇担保的；

（五）主合同变更或者债权人将对外担保合同项下的权利转让，未经担保人同意和国家有关主管部门批准的，担保人不再承担担保责任。但法律、法规另有规定的除外。

第七条　主合同有效而担保合同无效，债权人无过错的，担保人与债务人对主合同债权人的经济损失，承担连带赔偿责任；债权人、担保人有过错的，担保人承担民事责任的部分，不应超过债务人不能清偿部分的二分之一。

第八条　主合同无效而导致担保合同无效，担保人无过错的，担保人不承担民事责任；担保人有过错的，担保人承担民事责任的部分，不应超过债务人不能清偿部分的三分之一。

第九条　担保人因无效担保合同向债权人承担赔偿责任后，可以向债务人追偿，或者在承担赔偿责任的范围内，要求有过错的反担保人承担赔偿责任。

担保人可以根据承担赔偿责任的事实对债务人或者反担保人另行提起诉讼。

第十条　主合同解除后，担保人对债务人应当承担的民事责任仍应承担担保责任。但是，担保合同另有约定的除外。

第十一条　法人或者其他组织的法定代表人、负责人超越权限订立的担保合同，除相对人知道或者应当知道其超越权限的以外，该代表行为有效。

第十二条　当事人约定的或者登记部门要求登记的担保期间，对担保物权的存续不具有法律约束力。

担保物权所担保的债权的诉讼时效结束后，担保权人在诉讼时效结束后的二年内行使担保物权的，人民法院应当予以支持。

二、关于保证部分的解释

第十三条　保证合同中约定保证人代为履行非金钱债务的，如果保证人不能实际代为履行，对债权人因此造成的损失，保证人应当承担赔偿责任。

第十四条　不具有完全代偿能力的法人、其他组织或者自然人，以保证人身份订立保证合同后，又以自己没有代偿能力要求免除保证责任的，人民法院不予支持。

第十五条　担保法第七条规定的其他组织主要包括：

（一）依法登记领取营业执照的独资企业、合伙企业；

（二）依法登记领取营业执照的联营企业；

（三）依法登记领取营业执照的中外合作经营企业；

（四）经民政部门核准登记的社会团体；

（五）经核准登记领取营业执照的乡镇、街道、村办企业。

第十六条　从事经营活动的事业单位、社会团体为保证人的，如无其他导致保证合同无效的情况，其所签定的保证合同应当认定为有效。

第十七条　企业法人的分支机构未经法人书面授权提供保证的，保证合同无效。因此给债权人造成损失的，应当根据担保法第五条第二款的规定处理。

企业法人的分支机构经法人书面授权提供保证的，如果法人的书面授权范围不明，法人的分支机构应当对保证合同约定的全部债务承担保证责任。

企业法人的分支机构经营管理的财产不足以承担保证责任的，由企业法人承担民事责任。

企业法人的分支机构提供的保证无效后应当承担赔偿责任的,由分支机构经营管理的财产承担。企业法人有过错的,按照担保法第二十九条的规定处理。

第十八条 企业法人的职能部门提供保证的,保证合同无效。债权人知道或者应当知道保证人为企业法人的职能部门的,因此造成的损失由债权人自行承担。

债权人不知保证人为企业法人的职能部门,因此造成的损失,可以参照担保法第五条第二款的规定和第二十九条的规定处理。

第十九条 两个以上保证人对同一债务同时或者分别提供保证时,各保证人与债权人没有约定保证份额的,应当认定为连带共同保证。

连带共同保证的保证人以其相互之间约定各自承担的份额对抗债权人的,人民法院不予支持。

第二十条 连带共同保证的债务人在主合同规定的债务履行期届满没有履行债务的,债权人可以要求债务人履行债务,也可以要求任何一个保证人承担全部保证责任。

连带共同保证的保证人承担保证责任后,向债务人不能追偿的部分,由各连带保证人按其内部约定的比例分担。没有约定的,平均分担。

第二十一条 按份共同保证的保证人按照保证合同约定的保证份额承担保证责任后,在其履行保证责任的范围内对债务人行使追偿权。

第二十二条 第三人单方以书面形式向债权人出具担保书,债权人接受且未提出异议的,保证合同成立。

主合同中虽然没有保证条款,但是,保证人在主合同上以保证人的身份签字或者盖章的,保证合同成立。

第二十三条 最高额保证合同的不特定债权确定后,保证人应当对在最高债权额限度内就一定期间连续发生的债权余额承担保证责任。

第二十四条 一般保证的保证人在主债权履行期间届满后,向债权人提供了债务人可供执行财产的真实情况的,债权人放弃或者怠于行使权利致使该财产不能被执行,保证人可以请求人民法院在其提供可供执行财产的实际价值范围内免除保证责任。

第二十五条 担保法第十七条第三款第(一)项规定的债权人要求债务人履行债务发生的重大困难情形,包括债务人下落不明、移居境外,且无财产可供执行。

第二十六条 第三人向债权人保证监督支付专款专用的,在履行了监督支付专款专用的义务后,不再承担责任。未尽监督义务造成资金流失的,应当对流失的资金承担补充赔偿责任。

第二十七条 保证人对债务人的注册资金提供保证的,债务人的实际投资与注册资金不符,或者抽逃转移注册资金的,保证人在注册资金不足或者抽逃转移注册资金的范围内承担连带保证责任。

第二十八条 保证期间,债权人依法将主债权转让给第三人的,保证债权同时转让,保证人在原保证担保的范围内对受让人承担保证责任。但是保证人与债权人事先约定仅对特定的债权人承担保证责任或者禁止债权转让的,保证人不再承担保证责任。

第二十九条 保证期间,债权人许可债务人转让部分债务未经保证人书面同意的,保证人对未经其同意转让部分的债务,不再承担保证责任。但是,保证人仍应当对未转让部分的债务承担保证责任。

第三十条 保证期间,债权人与债务人对主合同数量、价款、币种、利率等内容作了变动,未经保证人同意的,如果减轻债务人的债务的,保证人仍应当对变更后的合同承担保证责任;如果加重债务人的债务的,保证人对加重的部分不承担保证责任。

债权人与债务人对主合同履行期限作了变动,未经保证人书面同意的,保证期间为原合同约定的或者法律规定的期间。

债权人与债务人协议变动主合同内容,但并未实际履行的,保证人仍应当承担保证责任。

第三十一条 保证期间不因任何事由发生中断、中止、延长的法律后果。

第三十二条 保证合同约定的保证期间早于或者等于主债务履行期限的,视为没有约定,保证期间为主债务履行期届满之日起六个月。

保证合同约定保证人承担保证责任直至主债务本息还清时为止等类似内容的，视为约定不明，保证期间为主债务履行期届满之日起二年。

第三十三条　主合同对主债务履行期限没有约定或者约定不明的，保证期间自债权人要求债务人履行义务的宽限期届满之日起计算。

第三十四条　一般保证的债权人在保证期间届满前对债务人提起诉讼或者申请仲裁的，从判决或者仲裁裁决生效之日起，开始计算保证合同的诉讼时效。

连带责任保证的债权人在保证期间届满前要求保证人承担保证责任的，从债权人要求保证人承担保证责任之日起，开始计算保证合同的诉讼时效。

第三十五条　保证人对已经超过诉讼时效期间的债务承担保证责任或者提供保证的，又以超过诉讼时效为由抗辩的，人民法院不予支持。

第三十六条　一般保证中，主债务诉讼时效中断，保证债务诉讼时效中断；连带责任保证中，主债务诉讼时效中断，保证债务诉讼时效不中断。

一般保证和连带责任保证中，主债务诉讼时效中止的，保证债务的诉讼时效同时中止。

第三十七条　最高额保证合同对保证期间没有约定或者约定不明的，如最高额保证合同约定有保证人清偿债务期限的，保证期间为清偿期限届满之日起六个月。没有约定债务清偿期限的，保证期间自最高额保证终止之日或自债权人收到保证人终止保证合同的书面通知到达之日起六个月。

第三十八条　同一债权既有保证又有第三人提供物的担保的，债权人可以请求保证人或者物的担保人承担担保责任。当事人对保证担保的范围或者物的担保的范围没有约定或者约定不明的，承担了担保责任的担保人，可以向债务人追偿，也可以要求其他担保人清偿其应当分担的份额。

同一债权既有保证又有物的担保的，物的担保合同被确认无效或者被撤销，或者担保物因不可抗力的原因灭失而没有代位物的，保证人仍应当按合同的约定或者法律的规定承担保证责任。

债权人在主合同履行期届满后怠于行使担保物权，致使担保物的价值减少或者毁损、灭失的，视为债权人放弃部分或者全部物的担保。保证人在债权人放弃权利的范围内减轻或者免除保证责任。

第三十九条　主合同当事人双方协议以新贷偿还旧贷，除保证人知道或者应当知道的外，保证人不承担民事责任。

新贷与旧贷系同一保证人的，不适用前款的规定。

第四十条　主合同债务人采取欺诈、胁迫等手段，使保证人在违背真实意思的情况下提供保证的，债权人知道或者应当知道欺诈、胁迫事实的，按照担保法第三十条的规定处理。

第四十一条　债务人与保证人共同欺骗债权人，订立主合同和保证合同的，债权人可以请求人民法院予以撤销。因此给债权人造成损失的，由保证人与债务人承担连带赔偿责任。

第四十二条　人民法院判决保证人承担保证责任或者赔偿责任的，应当在判决书主文中明确保证人享有担保法第三十一条规定的权利。判决书中未予明确追偿权的，保证人只能按照承担责任的事实，另行提起诉讼。

保证人对债务人行使追偿权的诉讼时效，自保证人向债权人承担责任之日起开始计算。

第四十三条　保证人自行履行保证责任时，其实际清偿额大于主债权范围的，保证人只能在主债权范围内对债务人行使追偿权。

第四十四条　保证期间，人民法院受理债务人破产案件的，债权人既可以向人民法院申报债权，也可以向保证人主张权利。

债权人申报债权后在破产程序中未受清偿的部分，保证人仍应当承担保证责任。债权人要求保证人承担保证责任的，应当在破产程序终结后六个月内提出。

第四十五条　债权人知道或者应当知道债务人破产，既未申报债权也未通知保证人，致使保证人不能预先行使追偿权的，保证人在该债权在破产程序中可能受偿的范围内免除保证责任。

第四十六条 人民法院受理债务人破产案件后,债权人未申报债权的,各连带共同保证的保证人应当作为一个主体申报债权,预先行使追偿权。

三、关于抵押部分的解释

第四十七条 以依法获准尚未建造的或者正在建造中的房屋或者其他建筑物抵押的,当事人办理了抵押物登记,人民法院可以认定抵押有效。

第四十八条 以法定程序确认为违法、违章的建筑物抵押的,抵押无效。

第四十九条 以尚未办理权属证书的财产抵押的,在第一审法庭辩论终结前能够提供权利证书或者补办登记手续的,可以认定抵押有效。

当事人未办理抵押物登记手续的,不得对抗第三人。

第五十条 以担保法第三十四条第一款所列财产一并抵押的,抵押财产的范围应当以登记的财产为准。抵押财产的价值在抵押权实现时予以确定。

第五十一条 抵押人所担保的债权超出其抵押物价值的,超出的部分不具有优先受偿的效力。

第五十二条 当事人以农作物和与其尚未分离的土地使用权同时抵押的,土地使用权部分的抵押无效。

第五十三条 学校、幼儿园、医院等以公益为目的的事业单位、社会团体,以其教育设施、医疗卫生设施和其他社会公益设施以外的财产为自身债务设定抵押的,人民法院可以认定抵押有效。

第五十四条 按份共有人以其共有财产中享有的份额设定抵押的,抵押有效。

共同共有人以其共有财产设定抵押,未经其他共有人的同意,抵押无效。但是,其他共有人知道或者应当知道而未提出异议的视为同意,抵押有效。

第五十五条 已经设定抵押的财产被采取查封、扣押等财产保全或者执行措施的,不影响抵押权的效力。

第五十六条 抵押合同对被担保的主债权种类、抵押财产没有约定或者约定不明,根据主合同和抵押合同不能补正或者无法推定的,抵押不成立。

法律规定登记生效的抵押合同签订后,抵押人违背诚实信用原则拒绝办理抵押登记致使债权人受到损失的,抵押人应当承担赔偿责任。

第五十七条 当事人在抵押合同中约定,债务履行期届满抵押权人未受清偿时,抵押物的所有权转移为债权人所有的内容无效。该内容的无效不影响抵押合同其他部分内容的效力。

债务履行期届满后抵押权人未受清偿时,抵押权人和抵押人可以协议以抵押物折价取得抵押物。但是,损害顺序在后的担保物权人和其他债权人利益的,人民法院可以适用合同法第七十四条、第七十五条的有关规定。

第五十八条 当事人同一天在不同的法定登记部门办理抵押物登记的,视为顺序相同。

因登记部门的原因致使抵押物进行连续登记的,抵押物第一次登记的日期,视为抵押登记的日期,并依此确定抵押权的顺序。

第五十九条 当事人办理抵押物登记手续时,因登记部门的原因致使其无法办理抵押物登记,抵押人向债权人交付权利凭证的,可以认定债权人对该财产有优先受偿权。但是,未办理抵押物登记的,不得对抗第三人。

第六十条 以担保法第四十二条第(二)项规定的不动产抵押的,县级以上地方人民政府对登记部门未作规定,当事人在土地管理部门或者房产管理部门办理了抵押物登记手续,人民法院可以确认其登记的效力。

第六十一条 抵押物登记记载的内容与抵押合同约定的内容不一致的,以登记记载的内容为准。

第六十二条 抵押物因附合、混合或者加工使抵押物的所有权为第三人所有的,抵押权的效力及于补偿金;抵押物所有人为附合物、混合物或者加工物的所有人的,抵押权的效力及于附合物、混合物或者加工物;第三人与抵押物所有人为附合物、混合物或者加工物的共有人的,抵押权的效力及于抵押人对共有物享有的份额。

第六十三条 抵押权设定前为抵押物的从物的,

抵押权的效力及于抵押物的从物。但是，抵押物与其从物为两个以上的人分别所有时，抵押权的效力不及于抵押物的从物。

第六十四条　债务履行期届满，债务人不履行债务致使抵押物被人民法院依法扣押的，自扣押之日起抵押权人收取的由抵押物分离的天然孳息和法定孳息，按照下列顺序清偿：

（一）收取孳息的费用；

（二）主债权的利息；

（三）主债权。

第六十五条　抵押人将已出租的财产抵押的，抵押权实现后，租赁合同在有效期内对抵押物的受让人继续有效。

第六十六条　抵押人将已抵押的财产出租的，抵押权实现后，租赁合同对受让人不具有约束力。

抵押人将已抵押的财产出租时，如果抵押人未书面告知承租人该财产已抵押的，抵押人对出租抵押物造成承租人的损失承担赔偿责任；如果抵押人已书面告知承租人该财产已抵押的，抵押权实现造成承租人的损失，由承租人自己承担。

第六十七条　抵押权存续期间，抵押人转让抵押物未通知抵押权人或者未告知受让人的，如果抵押物已经登记的，抵押权人仍可以行使抵押权；取得抵押物所有权的受让人，可以代替债务人清偿其全部债务，使抵押权消灭。受让人清偿债务后可以向抵押人追偿。

如果抵押物未经登记的，抵押权不得对抗受让人，因此给抵押权人造成损失的，由抵押人承担赔偿责任。

第六十八条　抵押物依法被继承或者赠与的，抵押权不受影响。

第六十九条　债务人有多个普通债权人的，在清偿债务时，债务人与其中一个债权人恶意串通，将其全部或者部分财产抵押给该债权人，因此丧失了履行其他债务的能力，损害了其他债权人的合法权益，受损害的其他债权人可以请求人民法院撤销该抵押行为。

第七十条　抵押人的行为足以使抵押物价值减少的，抵押权人请求抵押人恢复原状或提供担保遭到拒绝时，抵押权人可以请求债务人履行债务，也可以请求提前行使抵押权。

第七十一条　主债权未受全部清偿的，抵押权人可以就抵押物的全部行使其抵押权。

抵押物被分割或者部分转让的，抵押权人可以就分割或者转让后的抵押物行使抵押权。

第七十二条　主债权被分割或者部分转让的，各债权人可以就其享有的债权份额行使抵押权。

主债务被分割或者部分转让的，抵押人仍以其抵押物担保数个债务人履行债务。但是，第三人提供抵押的，债权人许可债务人转让债务未经抵押人书面同意的，抵押人对未经其同意转让的债务，不再承担担保责任。

第七十三条　抵押物折价或者拍卖、变卖该抵押物的价款低于抵押权设定时约定价值的，应当按照抵押物实现的价值进行清偿。不足清偿的剩余部分，由债务人清偿。

第七十四条　抵押物折价或者拍卖、变卖所得的价款，当事人没有约定的，按下列顺序清偿：

（一）实现抵押权的费用；

（二）主债权的利息；

（三）主债权。

第七十五条　同一债权有两个以上抵押人的，债权人放弃债务人提供的抵押担保的，其他抵押人可以请求人民法院减轻或者免除其应当承担的担保责任。

同一债权有两个以上抵押人的，当事人对其提供的抵押财产所担保的债权份额或者顺序没有约定或者约定不明的，抵押权人可以就其中任一或者各个财产行使抵押权。

抵押人承担担保责任后，可以向债务人追偿，也可以要求其他抵押人清偿其应当承担的份额。

第七十六条　同一动产向两个以上债权人抵押的，当事人未办理抵押物登记，实现抵押权时，各抵押权人按照债权比例受偿。

第七十七条　同一财产向两个以上债权人抵押的，顺序在先的抵押权与该财产的所有权归属一人时，该财产的所有权人可以以其抵押权对抗顺序在后的抵押权。

第七十八条　同一财产向两个以上债权人抵押的，顺序在后的抵押权所担保的债权先到期的，抵押权人只能就抵押物价值超出顺序在先的抵押担保债权的部分受偿。

顺序在先的抵押权所担保的债权先到期的,抵押权实现后的剩余价款应予提存,留待清偿顺序在后的抵押担保债权。

第七十九条 同一财产法定登记的抵押权与质权并存时,抵押权人优先于质权人受偿。

同一财产抵押权与留置权并存时,留置权人优先于抵押权人受偿。

第八十条 在抵押物灭失、毁损或者被征用的情况下,抵押权人可以就该抵押物的保险金、赔偿金或者补偿金优先受偿。

抵押物灭失、毁损或者被征用的情况下,抵押权所担保的债权未届清偿期的,抵押权人可以请求人民法院对保险金、赔偿金或补偿金等采取保全措施。

第八十一条 最高额抵押权所担保的债权范围,不包括抵押物因财产保全或者执行程序被查封后或债务人、抵押人破产后发生的债权。

第八十二条 当事人对最高额抵押合同的最高限额、最高额抵押期间进行变更,以其变更对抗顺序在后的抵押权人的,人民法院不予支持。

第八十三条 最高额抵押权所担保的不特定债权,在特定后,债权已届清偿期的,最高额抵押权人可以根据普通抵押权的规定行使其抵押权。

抵押权人实现最高额抵押权时,如果实际发生的债权余额高于最高限额的,以最高限额为限,超过部分不具有优先受偿的效力;如果实际发生的债权余额低于最高限额的,以实际发生的债权余额为限对抵押物优先受偿。

四、关于质押部分的解释

(一)动产质押

第八十四条 出质人以其不具有所有权但合法占有的动产出质的,不知出质人无处分权的质权人行使质权后,因此给动产所有人造成损失的,由出质人承担赔偿责任。

第八十五条 债务人或者第三人将其金钱以特户、封金、保证金等形式特定化后,移交债权人占有作为债权的担保,债务人不履行债务时,债权人可以以该金钱优先受偿。

第八十六条 债务人或者第三人未按质押合同约定的时间移交质物的,因此给质权人造成损失的,出质人应当根据其过错承担赔偿责任。

第八十七条 出质人代质权人占有质物的,质押合同不生效;质权人将质物返还于出质人后,以其质权对抗第三人的,人民法院不予支持。

因不可归责于质权人的事由而丧失对质物的占有,质权人可以向不当占有人请求停止侵害、恢复原状、返还质物。

第八十八条 出质人以间接占有的财产出质的,质押合同自书面通知送达占有人时视为移交。占有人收到出质通知后,仍接受出质人的指示处分出质财产的,该行为无效。

第八十九条 质押合同中对质押的财产约定不明,或者约定的出质财产与实际移交的财产不一致的,以实际交付占有的财产为准。

第九十条 质物有隐蔽瑕疵造成质权人其他财产损害的,应由出质人承担赔偿责任。但是,质权人在质物移交时明知质物有瑕疵而予以接受的除外。

第九十一条 动产质权的效力及于质物的从物。但是,从物未随同质物移交质权人占有的,质权的效力不及于从物。

第九十二条 按照担保法第六十九条的规定将质物提存的,质物提存费用由质权人负担;出质人提前清偿债权的,应当扣除未到期部分的利息。

第九十三条 质权人在质权存续期间,未经出质人同意,擅自使用、出租、处分质物,因此给出质人造成损失的,由质权人承担赔偿责任。

第九十四条 质权人在质权存续期间,为担保自己的债务,经出质人同意,以其所占有的质物为第三人设定质权的,应当在原质权所担保的债权范围之内,超过的部分不具有优先受偿的效力。转质权的效力优于原质权。

质权人在质权存续期间,未经出质人同意,为担保自己的债务,在其所占有的质物上为第三人设定质权的无效。质权人对因转质而发生的损害承担赔偿责任。

第九十五条 债务履行期届满质权人未受清偿的,质权人可以继续留置质物,并以质物的全部行使权利。出质人清偿所担保的债权后,质权人应当返还质物。

债务履行期届满,出质人请求质权人及时行使权利,而质权人怠于行使权利致使质物价格下跌的,由此造成的损失,质权人应当承担赔偿责任。

第九十六条　本解释第五十七条、第六十二条、第六十四条、第七十一条、第七十二条、第七十三条、第七十四条、第八十条之规定,适用于动产质押。

(二)权 利 质 押

第九十七条　以公路桥梁、公路隧道或者公路渡口等不动产收益权出质的,按照担保法第七十五条第(四)项的规定处理。

第九十八条　以汇票、支票、本票出质,出质人与质权人没有背书记载"质押"字样,以票据出质对抗善意第三人的,人民法院不予支持。

第九十九条　以公司债券出质的,出质人与质权人没有背书记载"质押"字样,以债券出质对抗公司和第三人的,人民法院不予支持。

第一百条　以存款单出质的,签发银行核押后又受理挂失并造成存款流失的,应当承担民事责任。

第一百零一条　以票据、债券、存款单、仓单、提单出质的,质权人再转让或者质押的无效。

第一百零二条　以载明兑现或者提货日期的汇票、支票、本票、债券、存款单、仓单、提单出质的,其兑现或者提货日期后于债务履行期的,质权人只能在兑现或者提货日期届满时兑现款项或者提取货物。

第一百零三条　以股份有限公司的股份出质的,适用《中华人民共和国公司法》有关股份转让的规定。

以上市公司的股份出质的,质押合同自股份出质向证券登记机构办理出质登记之日起生效。

以非上市公司的股份出质的,质押合同自股份出质记载于股东名册之日起生效。

第一百零四条　以依法可以转让的股份、股票出质的,质权的效力及于股份、股票的法定孳息。

第一百零五条　以依法可以转让的商标专用权,专利权、著作权中的财产权出质的,出质人未经质权人同意而转让或者许可他人使用已出质权利的,应当认定为无效。因此给质权人或者第三人造成损失的,由出质人承担民事责任。

第一百零六条　质权人向出质人、出质债权的债务人行使质权时,出质人、出质债权的债务人拒绝的,质权人可以起诉出质人和出质债权的债务人,也可以单独起诉出质债权的债务人。

五、关于留置部分的解释

第一百零七条　当事人在合同中约定排除留置权,债务履行期届满,债权人行使留置权的,人民法院不予支持。

第一百零八条　债权人合法占有债务人交付的动产时,不知债务人无处分该动产的权利,债权人可以按照担保法第八十二条的规定行使留置权。

第一百零九条　债权人的债权已届清偿期,债权人对动产的占有与其债权的发生有牵连关系,债权人可以留置其所占有的动产。

第一百一十条　留置权人在债权未受全部清偿前,留置物为不可分物的,留置权人可以就其留置物的全部行使留置权。

第一百一十一条　债权人行使留置权与其承担的义务或者合同的特殊约定相抵触的,人民法院不予支持。

第一百一十二条　债权人的债权未届清偿期,其交付占有标的物的义务已届履行期的,不能行使留置权。但是,债权人能够证明债务人无支付能力的除外。

第一百一十三条　债权人未按担保法第八十七条规定的期限通知债务人履行义务,直接变价处分留置物的,应当对此造成的损失承担赔偿责任。债权人与债务人按照担保法第八十七条的规定在合同中约定宽限期的,债权人可以不经通知,直接行使留置权。

第一百一十四条　本解释第六十四条、第八十条、第八十七条、第九十一条、第九十三条的规定,适用于留置。

六、关于定金部分的解释

第一百一十五条　当事人约定以交付定金作为订立主合同担保的,给付定金的一方拒绝订立主合同的,无权要求返还定金;收受定金的一方拒绝订立合同的,应当双倍返还定金。

第一百一十六条　当事人约定以交付定金作为

主合同成立或者生效要件的,给付定金的一方未支付定金,但主合同已经履行或者已经履行主要部分的,不影响主合同的成立或者生效。

第一百一十七条 定金交付后,交付定金的一方可以按照合同的约定以丧失定金为代价而解除主合同,收受定金的一方可以双倍返还定金为代价而解除主合同。对解除主合同后责任的处理,适用《中华人民共和国合同法》的规定。

第一百一十八条 当事人交付留置金、担保金、保证金、订约金、押金或者订金等,但没有约定定金性质的,当事人主张定金权利的,人民法院不予支持。

第一百一十九条 实际交付的定金数额多于或者少于约定数额,视为变更定金合同;收受定金一方提出异议并拒绝接受定金的,定金合同不生效。

第一百二十条 因当事人一方迟延履行或者其他违约行为,致使合同目的不能实现,可以适用定金罚则。但法律另有规定或者当事人另有约定的除外。

当事人一方不完全履行合同的,应当按照未履行部分所占合同约定内容的比例,适用定金罚则。

第一百二十一条 当事人约定的定金数额超过主合同标的额百分之二十的,超过的部分,人民法院不予支持。

第一百二十二条 因不可抗力、意外事件致使主合同不能履行的,不适用定金罚则。因合同关系以外第三人的过错,致使主合同不能履行的,适用定金罚则。受定金处罚的一方当事人,可以依法向第三人追偿。

七、关于其他问题的解释

第一百二十三条 同一债权上数个担保物权并存时,债权人放弃债务人提供的物的担保的,其他担保人在其放弃权利的范围内减轻或者免除担保责任。

第一百二十四条 企业法人的分支机构为他人提供保证的,人民法院在审理保证纠纷案件中可以将该企业法人作为共同被告参加诉讼。但是商业银行、保险公司的分支机构提供保证的除外。

第一百二十五条 一般保证的债权人向债务人和保证人一并提起诉讼的,人民法院可以将债务人和保证人列为共同被告参加诉讼。但是,应当在判决书中明确在对债务人财产依法强制执行后仍不能履行债务时,由保证人承担保证责任。

第一百二十六条 连带责任保证的债权人可以将债务人或者保证人作为被告提起诉讼,也可以将债务人和保证人作为共同被告提起诉讼。

第一百二十七条 债务人对债权人提起诉讼,债权人提起反诉的,保证人可以作为第三人参加诉讼。

第一百二十八条 债权人向人民法院请求行使担保物权时,债务人和担保人应当作为共同被告参加诉讼。

同一债权既有保证又有物的担保的,当事人发生纠纷提起诉讼的,债务人与保证人、抵押人或者出质人可以作为共同被告参加诉讼。

第一百二十九条 主合同和担保合同发生纠纷提起诉讼的,应当根据主合同确定案件管辖。担保人承担连带责任的担保合同发生纠纷,债权人向担保人主张权利的,应当由担保人住所地的法院管辖。

主合同和担保合同选择管辖的法院不一致的,应当根据主合同确定案件管辖。

第一百三十条 在主合同纠纷案件中,对担保合同未经审判,人民法院不应当依据对主合同当事人所作出的判决或者裁定,直接执行担保人的财产。

第一百三十一条 本解释所称"不能清偿"指对债务人的存款、现金、有价证券、成品、半成品、原材料、交通工具等可以执行的动产和其他方便执行的财产执行完毕后,债务仍未能得到清偿的状态。

第一百三十二条 在案件审理或者执行程序中,当事人提供财产担保的,人民法院应当对该财产的权属证书予以扣押,同时向有关部门发出协助执行通知书,要求其在规定的时间内不予办理担保财产的转移手续。

第一百三十三条 担保法施行以前发生的担保行为,适用担保行为发生时的法律、法规和有关司法解释。

担保法施行以后因担保行为发生的纠纷

案件,在本解释公布施行前已经终审,当事人申请再审或者按审判监督程序决定再审的,不适用本解释。

担保法施行以后因担保行为发生的纠纷案件,在本解释公布施行后尚在一审或二审阶段的,适用担保法和本解释。

第一百三十四条　最高人民法院在担保法施行以前作出的有关担保问题的司法解释,与担保法和本解释相抵触的,不再适用。

最高人民法院关于适用《中华人民共和国物权法》若干问题的解释(一)

1. 2015年12月10日最高人民法院审判委员会第1670次会议通过

2. 法释〔2016〕5号

3. 2016年2月22日公布

4. 自2016年3月1日起施行

为正确审理物权纠纷案件,根据《中华人民共和国物权法》的相关规定,结合民事审判实践,制定本解释。

第一条　因不动产物权的归属,以及作为不动产物权登记基础的买卖、赠与、抵押等产生争议,当事人提起民事诉讼的,应当依法受理。当事人已经在行政诉讼中申请一并解决上述民事争议,且人民法院一并审理的除外。

第二条　当事人有证据证明不动产登记簿的记载与真实权利状态不符、其为该不动产物权的真实权利人,请求确认其享有物权的,应予支持。

第三条　异议登记因物权法第十九条第二款规定的事由失效后,当事人提起民事诉讼,请求确认物权归属的,应当依法受理。异议登记失效不影响人民法院对案件的实体审理。

第四条　未经预告登记的权利人同意,转移不动产所有权,或者设定建设用地使用权、地役权、抵押权等其他物权的,应当依照物权法第二十条第一款的规定,认定其不发生物权效力。

第五条　买卖不动产物权的协议被认定无效、被撤销、被解除,或者预告登记的权利人放弃债权的,应当认定为物权法第二十条第二款所称的"债权消灭"。

第六条　转让人转移船舶、航空器和机动车等所有权,受让人已经支付对价并取得占有,虽未经登记,但转让人的债权人主张其为物权法第二十四条所称的"善意第三人"的,不予支持,法律另有规定的除外。

第七条　人民法院、仲裁委员会在分割共有不动产或者动产等案件中作出并依法生效的改变原有物权关系的判决书、裁决书、调解书,以及人民法院在执行程序中作出的拍卖成交裁定书、以物抵债裁定书,应当认定为物权法第二十八条所称导致物权设立、变更、转让或者消灭的人民法院、仲裁委员会的法律文书。

第八条　依照物权法第二十八条至第三十条规定享有物权,但尚未完成动产交付或者不动产登记的物权人,根据物权法第三十四条至第三十七条的规定,请求保护其物权的,应予支持。

第九条　共有份额的权利主体因继承、遗赠等原因发生变化时,其他按份共有人主张优先购买的,不予支持,但按份共有人之间另有约定的除外。

第十条　物权法第一百零一条所称的"同等条件",应当综合共有份额的转让价格、价款履行方式及期限等因素确定。

第十一条　优先购买权的行使期间,按份共有人之间有约定的,按照约定处理;没有约定或者约定不明的,按照下列情形确定:

(一)转让人向其他按份共有人发出的包含同等条件内容的通知中载明行使期间的,以该期间为准;

(二)通知中未载明行使期间,或者载明的期间短于通知送达之日起十五日的,为十五日;

(三)转让人未通知的,为其他按份共有人知道或者应当知道最终确定的同等条件之日起十五日;

(四)转让人未通知,且无法确定其他按份共有人知道或者应当知道最终确定的同等条件的,为共有份额权属转移之日起六个月。

第十二条　按份共有人向共有人之外的人转让其份额,其他按份共有人根据法律、司法解释规定,请求按照同等条件购买该共有份额的,应予支持。

其他按份共有人的请求具有下列情形之一的,不予支持:

(一)未在本解释第十一条规定的期间内主张优先购买,或者虽主张优先购买,但提出减少转让价款、增加转让人负担等实质性变更要求;

(二)以其优先购买权受到侵害为由,仅请求撤销共有份额转让合同或者认定该合同无效。

第十三条 按份共有人之间转让共有份额,其他按份共有人主张根据物权法第一百零一条规定优先购买的,不予支持,但按份共有人之间另有约定的除外。

第十四条 两个以上按份共有人主张优先购买且协商不成时,请求按照转让时各自份额比例行使优先购买权的,应予支持。

第十五条 受让人受让不动产或者动产时,不知道转让人无处分权,且无重大过失的,应当认定受让人为善意。

真实权利人主张受让人不构成善意的,应当承担举证证明责任。

第十六条 具有下列情形之一的,应当认定不动产受让人知道转让人无处分权:

(一)登记簿上存在有效的异议登记;

(二)预告登记有效期内,未经预告登记的权利人同意;

(三)登记簿上已经记载司法机关或者行政机关依法裁定、决定查封或者以其他形式限制不动产权利的有关事项;

(四)受让人知道登记簿上记载的权利主体错误;

(五)受让人知道他人已经依法享有不动产物权。

真实权利人有证据证明不动产受让人应当知道转让人无处分权的,应当认定受让人具有重大过失。

第十七条 受让人受让动产时,交易的对象、场所或者时机等不符合交易习惯的,应当认定受让人具有重大过失。

第十八条 物权法第一百零六条第一款第一项所称的"受让人受让该不动产或者动产时",是指依法完成不动产物权转移登记或者动产交付之时。

当事人以物权法第二十五条规定的方式交付动产的,转让动产法律行为生效时为动产交付之时;当事人以物权法第二十六条规定的方式交付动产的,转让人与受让人之间有关转让返还原物请求权的协议生效时为动产交付之时。

法律对不动产、动产物权的设立另有规定的,应当按照法律规定的时间认定权利人是否为善意。

第十九条 物权法第一百零六条第一款第二项所称"合理的价格",应当根据转让标的物的性质、数量以及付款方式等具体情况,参考转让时交易地市场价格以及交易习惯等因素综合认定。

第二十条 转让人将物权法第二十四条规定的船舶、航空器和机动车等交付给受让人的,应当认定符合物权法第一百零六条第一款第三项规定的善意取得的条件。

第二十一条 具有下列情形之一,受让人主张根据物权法第一百零六条规定取得所有权的,不予支持:

(一)转让合同因违反合同法第五十二条规定被认定无效;

(二)转让合同因受让人存在欺诈、胁迫或者乘人之危等法定事由被撤销。

第二十二条 本解释自2016年3月1日起施行。

本解释施行后人民法院新受理的一审案件,适用本解释。

本解释施行前人民法院已经受理、施行后尚未审结的一审、二审案件,以及本解释施行前已经终审、施行后当事人申请再审或者按照审判监督程序决定再审的案件,不适用本解释。

(二)保证

最高人民法院关于审理经济合同纠纷案件有关保证的若干问题的规定

1. 1994年4月15日公布

2. 法发〔1994〕8号

根据《中华人民共和国民法通则》和《中华人民共和国经济合同法》的有关规定,结合审判实践经验,对审理经济合同纠纷案件有关保证问题作如下规定:

一、保证合同成立的认定

1. 保证人与债权人就保证问题依法达成书面协议的,保证合同成立。

2. 保证人以书面形式向债权人表示,当被保证人不履行债务时,由其代为履行或者承担连带责任并为债权人接受的,保证合同成立。

3. 保证人在债权人与被保证人签订的订有保证条款的主合同上,以保证人的身份签字或者盖章;或者主合同中虽没有保证条款,但保证人在主合同上以保证人的身份签字或者盖章的,视为保证合同成立。

二、有效保证合同保证人的责任

4. 保证合同依法成立后,被保证人不履行债务的,保证人应当按照保证合同约定的范围、方式和期限承担保证责任。

5. 保证合同明确约定保证人承担代为履行责任的,经债权人请求被保证人履行合同,被保证人拒不履行时,债权人可请求保证人履行。保证人不能代为履行合同,且强制执行被保证人的财产仍不足以清偿其债务的,由保证人承担赔偿责任。

6. 保证合同明确约定保证人承担连带责任的,当被保证人到期不履行合同时,债权人既可向被保证人求偿,也可直接向保证人求偿。

7. 保证合同没有约定保证人承担何种保证责任,或者约定不明确的,视为保证人承担赔偿责任。当被保证人不履行合同时,债权人应当首先请求被保证人清偿债务。强制执行被保证人的财产仍不足以清偿其债务的,由保证人承担赔偿责任。

8. 保证合同对保证范围有明确约定的,保证人在约定的保证范围内承担责任;保证合同没有约定保证范围或者对保证范围约定不明确的,保证人应当对被保证人的全部债务承担保证责任。

9. 向债权人保证监督支付专款专用的,作出该项保证的人,在履行了监督支付专款专用义务后,不再承担责任。未尽监督义务造成资金流失的,应对流失的资金承担连带责任。

10. 保证合同中约定有保证责任期限的,保证人在约定的保证责任期限内承担保证责任。债权人在保证责任期限内未向保证人主张权利的,保证人不再承担保证责任。

11. 保证合同中没有约定保证责任期限或者约定不明确的,保证人应当在被保证人承担责任的期限内承担保证责任。保证人如果在主合同履行期限届满后,书面要求债权人向被保证人为诉讼上的请求,而债权人在收到保证人的书面请求后1个月内未行使诉讼请求权的,保证人不再承担保证责任。

12. 债权人与被保证人未经保证人同意,变更主合同履行期限的,如保证合同中约定有保证责任期限,保证人仍在原保证责任期限内承担保证责任;如保证合同中未约定保证责任期限,保证人仍在被保证人原承担责任的期限内承担保证责任。

债权人与被保证人未经保证人同意,在主合同履行期限内变更合同其他内容而使被保证人债务增加的,保证人对增加的债务不承担保证责任。

13. 债权人在保证责任期限内,将债权转移给他人,并通知保证人的,保证人应向债权受让人承担保证责任。

14. 被保证人经债权人同意在保证责任期限内,将债务转移给他人,未经保证人同意的,保证人不再承担保证责任,但保证人追认的除外。

15. 债权人在保证责任期限内,无正当理由拒绝被保证人履行债务的,保证人不再承担保证责任;债权人放弃抵押权的,保证人就放弃抵押权的部分不再承担保证责任。但保证人同意继续承担保证责任的除外。

16. 依照法律规定或者当事人约定,免除被保证人部分或者全部债务的,保证人相应的保证责任得以免除。

三、无效保证合同的认定及保证人的责任

17. 法人的分支机构未经法人同意,为他人提供保证的,保证合同无效,保证人不承担保证责任,但应当根据其过错大小,承担相应的赔偿责任。法人的分支机构管理的财产不足以承担赔偿责任的,由法人承担。

金融部门的分支机构提供保证的,如无其他导致保证合同无效的因素,保证人应当承担保证责任。

18. 法人的内部职能部门未经法人同意,为他人提供保证的,保证合同无效,保证人不承担保证责任,但应当根据其过错大小,由法人承担相应的赔偿责任。

19. 主合同债权人一方或者双方当事人采取欺诈、胁迫等手段,或者恶意串通,使保证人在违背真实意思情况下提供保证的,保证合同无效,保证人不承担责任。

20. 主合同无效,保证合同也无效,保证人不承担保证责任。但保证人知道或者应当知道主合同无效而仍然为之提供保证的,主合同被确认无效后,保证人与被保证人承担连带赔偿责任。

四、在诉讼中为当事人提供的保证

21. 人民法院在案件审理过程中,决定对财产采取保全措施时,保证人为申请人或者被申请人提供保证的,在案件审理终结后,如果被保证人无财产可供执行或者其财产不足以清偿债务时,人民法院可以直接裁定执行保证人在其保证范围内的财产。

22. 在案件执行过程中,为被执行人提供保证的,被执行人逾期无财产可供执行或者其财产不足以清偿债务时,人民法院可以直接裁定执行保证人在其保证范围内的财产。

五、被保证人破产后保证人的责任

23. 被保证人被宣告破产的,债权人参加破产程序受偿后,对受偿不足的部分,保证人仍应承担保证责任。

24. 人民法院已审理终结的设有保证的合同纠纷案件,在执行终结前被保证人被宣告破产的,债权人可以生效法律文书确认的债权数额作为破产债权申报;债务已部分偿还的,以未偿还的部分作为债权申报。对经破产程序未受清偿的部分,保证人仍应承担保证责任。

25. 保证人代被保证人偿还债务后,尚未从被保证人处获偿被保证人即宣告破产的,保证人可以其代为清偿的数额作为破产债权申报。

26. 被保证人被宣告破产,债权人不申报债权的,在确认保证人的责任时,应当扣除债权人可以在破产程序中得到清偿的部分。

六、保证合同的诉讼时效

27. 保证合同约定有保证责任期限的,债权人应当在保证责任期限届满前向保证人主张权利。保证人拒绝承担保证责任的,债权人向人民法院请求保护其权利的诉讼时效期间,适用民法通则的有关诉讼时效的规定。

28. 保证合同约定有保证责任期限,但在保证责任期限内,债权人仅向被保证人主张权利而未向保证人主张权利的,主债务诉讼时效中断,保证债务的诉讼时效不中断。

29. 保证合同未约定保证责任期限的,主债务的诉讼时效中断,保证债务的诉讼时效亦中断。

30. 依照《中华人民共和国民法通则》第一百三十九条的规定,主债务诉讼时效中止的,保证债务的诉讼时效同时中止。

七、其他

31. 本院以前关于保证问题的司法解释与本规定不一致的,以本规定为准,但已审结的案件,不得适用本规定进行再审。

最高人民法院关于正确确认企业借款合同纠纷案件中有关保证合同效力问题的通知

1. 1998年9月14日公布
2. 法〔1998〕85号

各省、自治区、直辖市高级人民法院,新疆维吾尔

自治区高级人民法院生产建设兵团分院：

近来发现一些地方人民法院在审理企业破产案件或者与破产企业相关的银行贷款合同纠纷案件中，对所涉及的债权保证问题，未能准确地理解和适用有关法律规定，致使在确认保证合同的效力问题上出现偏差，为此特作如下通知：

各级人民法院在处理上述有关保证问题时，应当准确理解法律，严格依法确认保证合同（包括主合同中的保证条款）的效力。除确系因违反担保法及有关司法解释的规定等应当依法确认为无效的情况外，不应仅以保证人的保证系因地方政府指令而违背了保证人的意志，或该保证人已无财产承担保证责任等原因，而确认保证合同无效，并以此免除保证责任。

特此通知。

最高人民法院关于因法院错判导致债权利息损失扩大保证人应否承担责任问题的批复

1. 2000年8月8日公布

2. 法释〔2000〕24号

3. 自2000年8月12日起施行

四川省高级人民法院：

你院川高法〔1999〕72号《关于因法院错判导致资金利息扩大的部分损失保证人应否承担责任的请示》收悉。经研究，答复如下：

依照《中华人民共和国担保法》第二十一条的规定，除合同另有约定的外，主债权的利息是指因债务人未按照合同约定履行义务而产生的利息。因法院错判引起债权利息损失扩大的部分，不属于保证担保的范围，保证人不承担责任。

此复

最高人民法院关于处理担保法生效前发生保证行为的保证期间问题的通知

1. 2002年8月1日发布

2. 法〔2002〕144号

各省、自治区、直辖市高级人民法院，解放军军事法院，新疆维吾尔自治区高级人民法院生产建设兵团分院：

我院于2000年12月8日公布法释〔2000〕44号《关于适用〈中华人民共和国担保法〉若干问题的解释》后，一些部门和地方法院反映对于担保法实施前发生的保证行为如何确定保证期间问题没有作出规定，而我院于1994年4月15日公布的法发〔1994〕8号《关于审理经济合同纠纷案件有关保证的若干问题的规定》对此问题亦不十分明确。为了正确审理担保法实施前的有关保证合同纠纷案件，维护债权人和其他当事人的合法权益，经商全国人大常委会法制工作委员会同意，现就有关问题通知如下：

一、对于当事人在担保法生效前签订的保证合同中没有约定保证期限或者约定不明确的，如果债权人已经在法定诉讼时效期间内向主债务人主张了权利，使主债务没有超过诉讼时效期间，但未向保证人主张权利的，债权人可以自本通知发布之日起6个月（自2002年8月1日至2003年1月31日）内，向保证人主张权利。逾期不主张的，保证人不再承担责任。

二、主债务人进入破产程序，债权人没有申报债权的，债权人亦可以在上述期间内向保证人主张债权；如果债权人已申报了债权，对其在破产程序中未受清偿的部分债权，债权人可以在破产程序终结后6个月内向保证人主张。

三、本通知发布时，已经终审的案件、再审案件以及主债务已超过诉讼时效的案件，不适用本通知。

最高人民法院关于已承担保证责任的保证人向其他保证人行使追偿权问题的批复

1. 2002年11月23日公布

2. 法释〔2002〕37号

3. 自2002年12月5日起施行

云南省高级人民法院：

你院云高法〔2002〕160号《关于已经承担了保证责任的保证人向保证期间内未被主张保证责任的其他保证人行使追偿权是否成立的请示》收悉。经研究，答复如下：

根据《中华人民共和国担保法》第十二条的规定，承担连带责任保证的保证人一人或者数人承担保证责任后，有权要求其他保证人清偿应当承担的份额，不受债权人是否在保证期间内向未承担保证责任的保证人主张过保证责任的影响。

此复

最高人民法院关于涉及担保纠纷案件的司法解释的适用和保证责任方式认定问题的批复

1. 2002年11月23日公布

2. 法释〔2002〕38号

3. 自2002年12月6日起施行

山东省高级人民法院：

你院鲁法民二字〔2002〕2号《关于担保法适用有关问题的请示》收悉。经研究，答复如下：

一、最高人民法院法发〔1994〕8号《关于审理经济合同纠纷案件有关保证的若干问题的规定》，适用于该规定施行后发生的担保纠纷案件和该规定施行前发生的尚未审结的第一审、第二审担保纠纷案件。该规定施行前判决、裁定已经发生法律效力的担保纠纷案件，进行再审的，不适用该《规定》。《中华人民共和国担保法》生效后发生的担保行为和担保纠纷，适用担保法和担保法相关司法解释的规定。

二、担保法生效之前订立的保证合同中对保证责任方式没有约定或者约定不明的，应当认定为一般保证。保证合同中明确约定保证人在债务人不能履行债务时始承担保证责任的，视为一般保证。保证合同中明确约定保证人在被保证人不履行债务时承担保证责任，且根据当事人订立合同的本意推定不出为一般保证责任的，视为连带责任保证。

在本批复施行前，判决、裁定已经发生法律效力的担保纠纷案件，当事人申请再审或者按审判监督程序决定再审的，不适用本批复。

此复

最高人民法院关于人民法院应当如何认定保证人在保证期间届满后又在催款通知书上签字问题的批复

1. 2004年4月14日公布

2. 法释〔2004〕4号

3. 自2004年4月19日起施行

云南、河北、四川省高级人民法院：

云高法〔2003〕69号《关于保证人超过保证期间后又在催款通知书上签字应如何认定性质和责任的请示》、〔2003〕冀民二请字第1号《关于如何认定已过了保证期间的保证人在中国长城资产管理公司〈债权转移确认通知书〉上盖章的民事责任的请示》和川高法〔2003〕266号《关于保证期届满后保证人与债务人同日在催款通知书上签字或者盖章的法律效力问题的请示》收悉。经研究，答复如下：

根据《中华人民共和国担保法》的规定，保证期间届满债权人未依法向保证人主张保证责任的，保证责任消灭。保证责任消灭后，债权人书面通知保证人要求承担保证责任或者清偿债务，保证人在催款通知书上签字的，人民法院不得认定保证人继续承担保证责任。但是，该催款通知书内容符合合同法和担保法有关担保合同成立的规定，并经保证人签字认可，能够认定成立新的保证合同的，人民法院应当认定保证人按照新保证合同承担责任。

最高人民法院关于对甘肃省高级人民法院甘高法［2003］183号请示的答复

1. 2003年11月28日公布

2. 〔2003〕民二他字第40号

甘肃省高级人民法院：

你院甘高法［2003］183号《关于担保法生效前签订的保证合同没有约定保证期限，主债务没有超过诉讼时效，债权人向保证人主张过权利的，能否适用最高人民法院〈关于处理担保法生效前发生保证行为的保证期间问题的通知〉的请示》收悉。经研究，答复如下：

本院2002年8月1日下发的法［2002］144号《关于处理担保法生效前发生保证行为的保证期间问题的通知》（以下简称144号通知）第一条中“未向保证人主张权利的”一语，系对当时中国信达资产管理公司等四家资产管理公司所受让债权的状态描述，并非是适用该通知的必要条件。因此，对于“担保法生效前签订的保证合同中没有约定保证期限或约定不明确的”，只要“主债务没有超过诉讼时效期间”，无论债权人是否向保证人主张过权利，均不影响债权人依照144号通知规定，向保证人主张权利。同意你院审判委员会的第一种意见。

此复

（三）担保

最高人民法院关于债务人有多个债权人而将其全部财产抵押给其中一个债权人是否有效问题的批复

1. 1994年3月26日公布

2. 法复〔1994〕2号

山东省高级人民法院：

你院《关于债务人有多个债权人，而将其全部财产抵押给一个债权人是否有效的请示》收悉。经研究，答复如下：

债务人有多个债权人时，而将其全部财产抵押给其中一个债权人，因此丧失了履行其他债务的能力，损害了其他债权人的合法权益，根据《中华人民共和国民法通则》第四条、第五条的规定，应当认定该抵押协议无效。

最高人民法院关于担保法司法解释第五十九条中的“第三人”范围问题的答复

1. 2006年5月18日公布

2. 法函〔2006〕51号

四川省高级人民法院：

你院川高法［2005］496号《关于对〈最高人民法院关于适用《中华人民共和国担保法》若干问题的解释〉第五十九条的理解与适用的请示》收悉。经研究，答复如下：

根据《中华人民共和国担保法》第四十一条、第四十三第二款规定，应当办理抵押物登记而未经登记的，抵押权不成立；自愿办理抵押物登记而未办理的，抵押权不得对抗第三人。因登记部门的原因致使当事人无法办理抵押物登记是抵押未登记的特殊情形，如果抵押人向债权人交付了权利凭证，人民法院可以基于抵押当事人的真实意思认定该抵押合同对抵押权人和抵押人有效，但此种抵押对抵押当事人之外的第三人不具有法律效力。

此复。

中华人民共和国最高人民法院

物权法担保物权编实施中的几个重要问题

——最高人民法院民二庭庭长宋晓明在“物权法担保物权国际研讨会”上的讲话

2008年4月29日

今天，非常高兴参加“物权法担保物权国际研讨会”，与各位理论和实务专家集中研讨物权法中担保物权编的若干问题。正如刚才奚晓明副院长所言,物权法第四编在借鉴并创新担保物权制度规则的同时,也带来一些制度规则冲突和如何具体适用的问题。如何妥善解决规则冲突并正确解释规则,自然成为中国司法实践所面临的任务。在此,我简要地介绍一下中国物权法担保物权编在审判实践中的适用情况以及最高人民法院关于担保物权编司法解释的起草情况。

一、如何解决物权法第四编与担保法等法律的衔接问题

2007年10月1日,物权法开始正式施行。在担保物权方面,物权法施行后首先面临的一个问题是:如何解决物权法担保物权编的制度规则与之前的民法通则、担保法、合同法、房地产管理法等法律中关于担保物权规则的冲突问题。

新法律施行之后,面临着新法与旧法的衔接问题,这在中国民商事审判实践中,通常体现为制定发布衔接性质的司法解释。例如合同法、公司法、破产法等,在新法施行后都通过制定相应的司法解释来解决衔接问题。那么物权法施行后是否也需要制定衔接性的司法解释来解决新旧法衔接问题呢?经过认真研究,我们认为,没有必要专门制定一个司法解释来解决新旧法衔接问题。因为物权法与合同法、公司法、破产法不同,合同法等法律在新法施行后,旧法即告废止,不再适用。而物权法施行后,原来规定有担保制度规则的诸如民法通则、担保法、合同法、房地产管理法、海商法、民用航空器法、城镇国有土地使用权出让和转让暂行条例等并未被废止。因此物权法施行后,在担保法律制度规则方面呈现出"诸法并行"的局面。因此,所谓的"衔接"问题其实就是如何贯彻"法不溯及既往"原则的问题。为此,最高人民法院在全国民事审判工作会议和全国民商审判工作会议上均明确提出:物权法的颁行并不意味着担保法的废止。在处理担保法等法律与物权法衔接问题时,应当坚决贯彻"法不溯及既往"的法律原则。首先,凡是发生在物权法施行之前的担保物权行为,应当适用担保法及其司法解释的规定。其次,物权法实施后,在处理担保法等法律与物权法的冲突时,应当按照立法法第八十三条与物权法第一百七十八条规定的原则和精神,根据"上位法优于下位法"、"新法优于旧法"、"特别法优于一般法"的原则解决法律冲突问题。民法通则与物权法虽为同位法,但物权法是新法;担保法与物权法虽皆规定有担保物权,但物权法是上位法;物权法与海商法、民用航空法虽都规定有船舶、航空器抵押权等担保物权,但海商法、民用航空法是特别法。最后,在抵押权登记效力、抵押登记的公信力、独立担保的适用依据、抵押权的重复设定、抵押权的存续期限、担保财产的处分、抵押权的从属性规则、担保物权竞合规则等方面,担保法及其司法解释与物权法第四编的规定差距较大,必须重点加以关注,并结合担保交易和审判实践的需求,适时制定司法解释,以解决新的担保物权制度规则的正确具体适用问题。

二、物权法第四编司法解释起草中需要解决的几个主要问题

如何妥善解决担保物权制度规则冲突并正确解释规则,有待最高人民法院物权法司法解释予以明确规定。就目前的调研情况看,以下几个问题是我们制定担保物权编司法解释所需要重点解决的问题。

1.关于独立担保的适用范围问题

无论是担保法第五条第一款还是物权法第一百七十二条第一款,都对独立担保作出了比较明确的规定。由于独立担保颠覆了经典的担保权从属性规则并由此产生异常严厉的担保责任,因此担保实务和审判实践对独立担保的适用范围存在较大争议。考虑到独立担保责任的异常严厉性,以及该制度在使用过程中容易滋生欺诈和滥用权利等弊端,尤其是为避免严重影响或动摇我国担保法律制度体系之基础,最高人民法院在《关于适用〈中华人民共和国担保法〉若干问题的解释》(以下简称《担保法司法解释》)司法解释论证过程的态度非常明确:独立担保只能在国际商事交易中使用,并通过最高人民法院[1998]经终字第184号终审判决表明该立场。物权法第七十一条第一款秉承物权法定主义原则,在但书中规定"但法律另有规定的除外",鲜明地表达了当事人不能通过合同约定独立性担保物权的立法态度。目前的问题是:如果当事人在国内市场中约定了独立担保,是否要绝对地认定该约定无效并判令独立担保人承担缔约过失责任呢?在主债权合同无效和存在无效的情形下,应当如何分别处理呢?如何根据"无效民事法律行为效力转换"的原理,通过"裁判解释转换"的方法来实现转换?对于国内商业银行已经普遍使用独立担保条款的合同,这种转换是否符合当事人的合同预期?

2. 关于人保和物保并存时的相互追偿权问题

人保与物保的关系是担保法律制度中的重要问题。考察主要国家的民法规定,关于如何安排人保和物保的关系,基本存在保证人绝对优待主义、保证人相对优待主义和平等主义等三种模式。《担保法司法解释》第三十八条第一款修改了担保法第二十八条的模式,明确区分债务人提供物保和第三人提供物保两种情形,并分别采取"保证人绝对优待主义"和"平等主义"模式。中国物权法第一百七十六条的规定基本沿袭了《担保法司法解释》第三十八条第一款的模式,并进而形成"私法自治原则+保证人绝对优待主义+平等主义"的模式。尽管两者模式基本相同,都承认债权人的选择权,但存在一个重要区别:担保法司法解释既承认担保人对债务人的追偿权,也认可担保人之间的相互追偿权;而物权法仅规定担保人对债务人的追偿权,却未明确规定担保人的相互追偿权。因此,是否允许担保人之间相互形成追偿权,就成为了担保物权编司法解释应当明确的一个问题。如果允许相互追偿,那么如何确定各担保人所应承担的相应份额?

3. 关于担保物权的重复设定问题

《最高人民法院关于贯彻执行〈中华人民共和国民法通则〉若干问题的意见(试行)》第一百一十五条和担保法第三十五条均明确确立了禁止重复抵押的原则。学界和实务界普遍地认为该原则人为地降低抵押效用,不利于市场融资需要。为此,《担保法司法解释》第五十条和第五十一条对担保法第三十五条进行了适当的矫正:"抵押物的价值在抵押权实现时确定"、"抵押人所担保的债权超出其抵押物价值的,超出的部分不具有优先受偿的效力",极大地缓解了担保法禁止重复抵押的刚性规定。物权法担保物权编对此未置明文,那么物权法是否允许重复设定抵押?有待司法解释予以明确。

4. 关于担保物权的期间问题

"担保物权期间"是一个关涉担保当事人利益的重大问题。物权法第二百零二条对抵押权的期间规定为:"抵押权人应当在主债权诉讼时效期间行使抵押权;未行使的,人民法院不予保护"。应当注意,该条是整部物权法中唯一使用司法解释语言表述立法内容的条文,该条亟待解释的问题是:抵押权人未在主债权诉讼时效期间行使抵押权的,抵押权是归于消灭,还是罹于诉讼时效,抑或是抵押人可根据从属性规则行使免责抗辩权?对此,学界和实务界众说纷纭,有待司法解释予以明确。

5. 关于房产和地产分别抵押的问题

无论是城市房地产管理法第三十一条,还是担保法第三十六条,抑或是物权法第一百八十二条、第一百八十三条,都明确规定"房随地走、地随房走"的双向统一原则。审判实践中的问题是:在物权法施行之前,如果当事人将房产和地产分别设定抵押,如何认定其抵押的效力?在物权法施行之后,虽然物权法第十条明确规定:"国家对不动产实行统一登记制度。统一登记的范围、登记机构和登记办法,由法律、行政法规规定",但是在相关的统一登记范围、登记机构和登记办法的法律、行政法规没有制定出来前,如果当事人将房地产分别设定抵押,如何认定其抵押的效力?对房产和地产是一体评估还是分别评估?一体拍卖后,是按照登记时间先后清偿还是分别清偿?这些问题均需司法解释予以明确。

6. 关于应收账款的质押问题

应收账款可否质押,可谓物权法制定中的重大争论问题。在银行界的大力推动下,物权法第二百二十三条规定允许应收账款设定权利质权,并在第二百二十八条规定应收账款质权自信贷征信机构办理出质登记时设立。虽然物权法规定了应收账款可以设定质权,但无论在理论解释上还是实务操作中,皆面临比较棘手的问题。第一,应收账款的范围是否应当有所限制?(公益服务领域中例如医院对患者的医疗收费等应收账款,直接关涉这类公益机构的利益与国民基本权益之间的“公平与效率”方面的价值权衡,事关公共政策选择,触及社会稳定,是否适合设定质押?)第二,登记是应收账款质权的成立要件还是对抗要件?第三,信贷征信机构对登记是进行形式审查还是实质审查?第四,第三债务人是否属于当事人?第五,应收账款设质是否需要交付债权凭证?第六,如何区分应收账款质押与附追索权的应收账款转让以及保理?

此外,如何理解物权法第一百九十九条“善意第三人”的范围?动产抵押登记是否具有公信力的效力?动产浮动抵押制度如何具体实行?抵押权实行是否一概通过非诉的执行程序进行,诸此等等,均有待司法解释予以明确。

以上也只是我们的一些初步设想和亟待要解决的相关问题,欢迎社会各界积极提出司法解释建议。

最高人民法院关于中国建设银行信阳分行民权路支行与信阳市自来水(集团)有限责任公司、河南华夏光学电子仪器厂借款担保合同纠纷一案的答复

2005年12月2日公布

河南省高级人民法院;

你院《关于中国建设银行信阳分行民权路支行与信阳市自来水(集团)有限责任公司、河南华夏光学电子仪器厂借款担保合同纠纷案的请示》收悉。经研究,答复如下:

1998年9月21日,中国建设银行信阳分行民权路支行(以下简称建行民权路支行)向信阳市自来水(集团),有限责任公司下发了“河南省建设投资总公司贷款单位情况调查表”,该表包括贷款本金、逾期本金、逾期利息、还款计划等内容,故应认定其具有债权人向债务人主张权利的意思表示,具有诉讼时效中断的法律效力。

因本案所涉贷款系河南省基本建设基金,河南省建设投资总公司代表河南省政府经营管理该基金,并由河南省计划委员会统筹经营管理行为,故河南省计划委员会单独或与中国建设银行河南省分行联合下发的关于省基本建设经营性基金贷款回收计划的有关文件具有债权人主张权利的内容。其中豫计投资[1997]566号文件及豫计投资[1998]568号文件的发放对象均非借款人,其主张权利的意思表示并未到达债务人,故不具有诉讼时效中断的法律效力;豫计投资[2000]532号文件的发放对象包括借款单位,但其是否具有诉讼时效中断的法律效力,应视你院查明该文件是否送达债务人的事实而定。

综上,同意你院审委会关于调查表具有诉讼时效中断的法律效力的意见。

以上意见供你院参考。

最高人民法院关于国务院国发[1990]68号通知下发后党政机关开办的公司无力偿还生效法律文书所确定的债务时是否适用该68号通知的复函

1. *1996年6月3日公布*
2. *法函[1996]95号*

四川省高级人民法院:

你院川法明传[1996]124号电传请示报告收悉。经研究,现答复如下:

国务院国发[1990]68号通知第七条规定:“党政机关及所属编制序列的事业单位,对所属被撤销公司的债务,按本通知要求必须承担责任的,只能用预算外资金承担。”然而,被执行人四川省彭州协友经济发展公司,是在国务院国发[1990]68号通知下达两年多后由四川省彭州市政协申请开办成立的,既不属文件规定的清理整顿的对象,也不是被撤销的公司,不符合68号通知规定的适用条件。因此,四川省彭州市政协作为公司开办单位,因注册资金不实而承担的生效法律文书所确定的连带清偿责任,不应适用国务院国发[1990]68号通知。

最高人民法院关于中国人民解放军河南省军区诉郑州市花园路城市信用合作社借贷担保合同纠纷一案的法律适用和担保协议效力问题的复函

1. 1990年4月7日公布

2. 法(经)函〔1990〕43号

河南省高级人民法院:

你院〔1989〕豫法经字第14号请示报告收悉。关于中国人民解放军河南省军区诉郑州市花园路城市信用合作社借贷、担保合同纠纷一案的法律适用问题和对信用社统印制的无期限、无数额的担保协议书的效力认定问题,经研究,答复如下:

一、本案担保合同签于《借款合同条例》颁布之后、生效之前,可以适用该条例第八条对借款合同保证人的法定条件和法律责任的具体规定。

二、担保人河南省军区营房处在贷款担保书上注明"只限透影机款,不担保每笔贷款",透影机款应视为担保的限额,其担保责任不能超出透影机款的范围。

三、本案借款合同双方在1985年3月15日的借据上注明:"约定偿还日期:1985年7月13日"。担保合同作为从合同,应以主合同的偿还日期作为担保还款的期限,不应视为无期限的担保。

最高人民法院关于吉林市商业银行营业部与交通银行吉林分行船营支行长春路分理处存单质押纠纷一案请示的答复

1. 2003年1月4日公布

2. 〔2003〕民二他字第21号

吉林省高级人民法院:

你院2002年11月22日[2002]吉高法民三请字第1号《关于上诉人吉林市商业银行营业部与被上诉人交通银行吉林分行船营支行长春路分理处存单纠纷一案的请示报告》,我院于2003年6月2日收悉。根据你院二审认定的事实,经研究,答复如下:

吉林市商业银行营业部(以下简称商业银行)因为贷出款项,并通过存单质押而取得了交通银行吉林分行船营支行长春路分理处(以下简称交通银行)出具的存单。依照本院《关于审理存单纠纷案件的若干规定》第一条第(一)款的规定,本案商业银行以存单质押请求兑付而起诉,应属存单纠纷案件。商业银行在接受出质存单后向交通银行进行了核押,依照上述司法解释第八条第三款的规定,质押合同有效,交通银行应承担本案所涉存单的兑付责任。但应以该存单质押的债权为限。

此复

五、存单、信用卡

最高人民法院关于审理存单纠纷案件的若干规定

1. 1997年11月25日最高人民法院审判委员会第946次会议通过
2. 1997年12月11日公布
3. 法释[1997]8号
4. 自1997年12月13日起施行

为正确审理存单纠纷案件,根据《中华人民共和国民法通则》、《中华人民共和国经济合同法》、《中华人民共和国担保法》的有关规定和在总结审判经验的基础上,制定本规定。

第一条 存单纠纷案件的范围

(一)存单持有人以存单为重要证据向人民法院提起诉讼的纠纷案件;

(二)当事人以进帐单、对帐单、存款合同等凭证为主要证据向人民法院提起诉讼的纠纷案件;

(三)金融机构向人民法院起诉要求确认存单、进帐单、对帐单、存款合同等凭证无效的纠纷案件;

(四)以存单为表现形式的借贷纠纷案件。

第二条 存单纠纷案件的案由

人民法院可将本规定第一条所列案件,一律以存单纠纷为案由。实体审理时应以存单纠纷案件中真实法律关系为基础依法处理。

第三条 存单纠纷案件的受理与中止

存单纠纷案件当事人向人民法院提起诉讼,人民法院应当依照《中华人民共和国民事诉讼法》第108条的规定予以审查,符合规定的,均应受理。

人民法院在受理存单纠纷案件后,如发现犯罪线索,应将犯罪线索及时书面告知公安或检察机关。如案件当事人因伪造、变造、虚开存单或涉嫌诈骗,有关国家机关已立案侦查,存单纠纷案件确须待刑事案件结案后才能审理的,人民法院应当中止审理。对于追究有关当事人的刑事责任不影响对存单纠纷案件审理的,人民法院应对存单纠纷案件有关当事人是否承担民事责任以及承担民事责任的大小依法及时进行认定和处理。

第四条 存单纠纷案件的管辖

依照《中华人民共和国民事诉讼法》第二十四条的规定,存单纠纷案件由被告住所地人民法院或出具存单、进帐单、对帐单或与当事人签订存款合同的金融机构住所地人民法院管辖。住所地与经常居住地不一致的,由经常居住地人民法院管辖。

第五条 对一般存单纠纷案件的认定和处理

(一)认定

当事人以存单或进帐单、对帐单、存款合同等凭证为主要证据向人民法院提起诉讼的存单纠纷案件和金融机构向人民法院提起的确认存单或进帐单、对帐单、存款合同等凭证无效的存单纠纷案件,为一般存单纠纷案件。

(二)处理

人民法院在审理一般存单纠纷案件中,除应审查存单、进帐单、对帐单、存款合同等凭证的真实性外,还应审查持有人与金融机构间存款关系的真实性,并以存单、进帐单、对帐单、存款合同等凭证的真实性以及存款关系的真实性为依据,作出正确处理。

1. 持有人以上述真实凭证为证据提起诉讼的,金融机构应当对持有人与金融机构间是否存在存款关系负举证责任。如金融机构有充分证据证明持有人未向金融机构交付上述凭证所记载的款项的,人民法院应当认定持有人与金融机构间不存在存款关系,并判决驳回原告的诉讼请求。

2. 持有人以上述真实凭证为证据提起诉讼的,如金融机构不能提供证明存款关系不真实的证据,或仅以金融机构底单的记载内容与上述凭证记载内容不符为由进行抗辩的,人民法院应认定持有人与金融机构间存款关系成立,金融机构应当承担兑付款项的义务。

3. 持有人以在样式、印鉴、记载事项上有别于真实凭证,但无充分证据证明系伪造或变造的瑕疵凭证提起诉讼的，持有人应对瑕疵凭证的取得提供合理的陈述。如持有人对瑕疵凭证的取得提供了合理陈述，而金融机构否认存款关系存在的，金融机构应当对持有人与金融机构间是否存在存款关系负举证责任。如金融机构有充分证据证明持有人未向金融机构交付上述凭证所记载的款项的，人民法院应当认定持有人与金融机构间不存在存款关系，判决驳回原告的诉讼请求；如金融机构不能提供证明存款关系不真实的证据，或仅以金融机构底单的记载内容与上述凭证记载内容不符为由进行抗辩的，人民法院应认定持有人与金融机构间存款关系成立，金融机构应当承担兑付款项的义务。

4. 存单纠纷案件的审理中，如有充足证据证明存单、进帐单、对帐单、存款合同等凭证系伪造、变造，人民法院应在查明案件事实的基础上，依法确认上述凭证无效，并可驳回持上述凭证起诉的原告的诉讼请求或根据实际存款数额进行判决。如有本规定第三条中止审理情形的，人民法院应当中止审理。

第六条　对以存单为表现形式的借贷纠纷案件的认定和处理

（一）认定

在出资人直接将款项交与用资人使用，或通过金融机构将款项交与用资人使用，金融机构向出资人出具存单或进帐单、对帐单或与出资人签订存款合同，出资人从用资人或从金融机构取得或约定取得高额利差的行为中发生的存单纠纷案件，为以存单为表现形式的借贷纠纷案件。但符合本规定第七条所列委托贷款和信托贷款的除外。

（二）处理

以存单为表现形式的借贷，属于违法贷款，出资人收取的高额利差应充抵本金，出资人、金融机构与用资人因参与违法借贷均应当承担相应的民事责任。可分以下几种情况处理：

1. 出资人将款项或票据（以下统称资金）交付给金融机构，金融机构给出资人出具存单或进帐单、对帐单或与出资人签订存款合同，并将资金自行转给用资人的，金融机构与用资人对偿还出资人本金及利息承担连带责任；利息按人民银行同期存款利率计算至给付之日。

2. 出资人未将资金交付给金融机构，而是依照金融机构的指定将资金直接转给用资人，金融机构给出资人出具存单或进帐单、对帐单或与出资人签订存款合同的，首先由用资人偿还出资人本金及利息，金融机构对用资人不能偿还出资人本金及利息部分承担补充赔偿责任；利息按人民银行同期存款利率计算至给付之日。

3. 出资人将资金交付给金融机构，金融机构给出资人出具存单或进帐单、对帐单或与出资人签订存款合同，出资人再指定金融机构将资金转给用资人的，首先由用资人返还出资人本金和利息。利息按人民银行同期存款利率计算至给付之日。金融机构因其帮助违法借贷的过错，应当对用资人不能偿还出资人本金部分承担赔偿责任，但不超过不能偿还本金部分的百分之四十。

4. 出资人未将资金交付给金融机构，而是自行将资金直接转给用资人，金融机构给出资人出具存单或进帐单、对帐单或与出资人签订存款合同的，首先由用资人返还出资人本金和利息。利息按人民银行同期存款利率计算至给付之日。金融机构因其帮助违法借贷的过错，应当对用资人不能偿还出资人本金部分承担赔偿责任，但不超过不能偿还本金部分的百分之二十。

本条中所称交付，指出资人向金融机构转移现金的占有或出资人向金融机构交付注明出资人或金融机构（包括金融机构的下属部门）为收款人的票据。出资人向金融机构交付有资金数额但未注明收款人的票据的，亦属于本条中所称交付。

如以存单为表现形式的借贷行为确已发生，即使金融机构向出资人出具的存单、进帐单、对帐单或与出资人签订的存款合同存在虚假、瑕疵，或金融机构工作人员超越权限出具上述凭证等情形，不影响人民法院按以上规定对案件进行处理。

（三）当事人的确定

出资人起诉金融机构的，人民法院应通知

用资人作为第三人参加诉讼;出资人起诉用资人的,人民法院应通知金融机构作为第三人参加诉讼;公款私存的,人民法院在查明款项的真实所有人基础上,应通知款项的真实所有人为权利人参加诉讼,与存单记载的个人为共同诉讼人。该个人申请退出诉讼的,人民法院可予准许。

第七条 对存单纠纷案件中存在的委托贷款关系和信托贷款关系的认定和纠纷的处理

(一)认定

存单纠纷案件中,出资人与金融机构、用资人之间按有关委托贷款的要求签订有委托贷款协议的,人民法院应认定出资人与金融机构间成立委托贷款关系。金融机构向出资人出具的存单或进帐单、对帐单或与出资人签订的存款合同,均不影响金融机构与出资人间委托贷款关系的成立。出资人与金融机构间签订委托贷款协议后,由金融机构自行确定用资人的,人民法院应认定出资人与金融机构间成立信托贷款关系。

委托贷款协议和信托贷款协议应当用书面形式。口头委托贷款或信托贷款,当事人无异议的,人民法院可予以认定;有其他证据能够证明金融机构与出资人之间确系委托贷款或信托贷款关系的,人民法院亦予以认定。

(二)处理

构成委托贷款的,金融机构出具的存单或进帐单、对帐单或与出资人签订的存款合同不作为存款关系的证明,借款方不能偿还贷款的风险应当由委托人承担。如有证据证明金融机构出具上述凭证是对委托贷款进行担保的,金融机构对偿还贷款承担连带担保责任。委托贷款中约定的利率超过人民银行规定的部分无效。构成信托贷款的,按人民银行有关信托贷款的规定处理。

第八条 对存单质押的认定和处理

存单可以质押。存单持有人以伪造、变造的虚假存单质押的,质押合同无效。接受虚假存单质押的当事人如以该存单质押为由起诉金融机构,要求兑付存款优先受偿的,人民法院应当判决驳回其诉讼请求,并告知其可另案起诉出质人。

存单持有人以金融机构开具的、未有实际存款或与实际存款不符的存单进行质押,以骗取或占用他人财产的,该质押关系无效。接受存单质押的人起诉的,该存单持有人与开具存单的金融机构为共同被告。利用存单骗取或占用他人财产的存单持有人对侵犯他人财产权承担赔偿责任,开具存单的金融机构因其过错致他人财产权受损,对所造成的损失承担连带赔偿责任。接受存单质押的人在审查存单的真实性上有重大过失的,开具存单的金融机构仅对所造成的损失承担补充赔偿责任。明知存单虚假而接受存单质押的,开具存单的金融机构不承担民事赔偿责任。

以金融机构核押的存单出质的,即便存单系伪造、变造、虚开,质押合同均为有效,金融机构应当依法向质权人兑付存单所记载的款项。

第九条 其他

在存单纠纷案件的审理中,有关当事人如有违法行为,依法应给予民事制裁的,人民法院可依法对有关当事人实施民事制裁。案件审理中发现的犯罪线索,人民法院应及时书面告知公安或检察机关,并将有关材料及时移送公安或检察机关。

最高人民法院关于信用卡透支利息可否计算复利问题的批复

1. 1996年11月29日公布
2. 法复〔1996〕18号

广东省高级人民法院:

你院〔1996〕粤高法民第5号请示收悉。关于长城万事达信用卡透支利息是否可以计算复利的问题,经研究,答复如下:

关于信用卡透支利息的计算方法,中国人民银行银发〔1992〕298号《信用卡业务管理暂行办法》作了规定,应当按该办法规定的方法计算。该办法对透支利率的规定已含有惩罚性质。所以,信用卡透支利息不应当再计算复利。

最高人民法院
关于银行应否支付企业存款
被冻结期间利息问题的复函

1. 1992年9月25日发布
2. 法经〔1992〕152号
3. 已由法释〔2013〕2号废止

中国农业银行：

你行农银函〔1992〕143号《关于人民法院要求银行支付企业存款被冻结期间利息问题的函》收悉。经研究，答复如下：

企业在银行的存款被司法冻结后，这笔存款对该企业而言，不能参与资金周转、产生经济效益，但这笔存款仍由银行支配，参与银行资金的周转。因而只要这笔存款是在计息账户的，银行应当按照存款付息的规定，按期计付利息。

特此函复

六、票据、信用证

中华人民共和国票据法

1. 1995年5月10日第八届全国人民代表大会常务委员会第十三次会议通过

2. 根据2004年8月28日第十届全国人民代表大会常务委员会第十一次会议《关于修改〈中华人民共和国票据法〉的决定》修正

第一章　总　　则

第一条　【立法目的】为了规范票据行为，保障票据活动中当事人的合法权益，维护社会经济秩序，促进社会主义市场经济的发展，制定本法。

第二条　【适用范围】在中华人民共和国境内的票据活动，适用本法。

本法所称票据，是指汇票、本票和支票。

第三条　【票据活动基本原则】票据活动应当遵守法律、行政法规，不得损害社会公共利益。

第四条　【票据行为、票据权利与票据责任】票据出票人制作票据，应当按照法定条件在票据上签章，并按照所记载的事项承担票据责任。

持票人行使票据权利，应当按照法定程序在票据上签章，并出示票据。

其他票据债务人在票据上签章的，按照票据所记载的事项承担票据责任。

本法所称票据权利，是指持票人向票据债务人请求支付票据金额的权利，包括付款请求权和追索权。

本法所称票据责任，是指票据债务人向持票人支付票据金额的义务。

第五条　【票据代理】票据当事人可以委托其代理人在票据上签章，并应当在票据上表明其代理关系。

没有代理权而以代理人名义在票据上签章的，应当由签章人承担票据责任；代理人超越代理权限的，应当就其超越权限的部分承担票据责任。

第六条　【非完全行为能力人签章的效力】无民事行为能力人或者限制民事行为能力人在票据上签章的，其签章无效，但是不影响其他签章的效力。

第七条　【票据签章】票据上的签章，为签名、盖章或者签名加盖章。

法人和其他使用票据的单位在票据上的签章，为该法人或者该单位的盖章加其法定代表人或者其授权的代理人的签章。

在票据上的签名，应当为该当事人的本名。

第八条　【票据金额的记载】票据金额以中文大写和数码同时记载，二者必须一致，二者不一致的，票据无效。

第九条　【票据的记载事项及其更改】票据上的记载事项必须符合本法的规定。

票据金额、日期、收款人名称不得更改，更改的票据无效。

对票据上的其他记载事项，原记载人可以更改，更改时应当由原记载人签章证明。

第十条　【票据与其基础关系】票据的签发、取得和转让，应当遵循诚实信用的原则，具有真实的交易关系和债权债务关系。

票据的取得，必须给付对价，即应当给付票据双方当事人认可的相对应的代价。

第十一条　【无对价的票据取得】因税收、继承、赠与可以依法无偿取得票据的，不受给付对价的限制。但是，所享有的票据权利不得优于其前手的权利。

前手是指在票据签章人或者持票人之前签章的其他票据债务人。

第十二条　【恶意或重大过失取得票据的效力】以欺诈、偷盗或者胁迫等手段取得票据的，或者明知有前列情形，出于恶意取得票据的，不得享有票据权利。

持票人因重大过失取得不符合本法规定的票据的，也不得享有票据权利。

第十三条　【票据抗辩】票据债务人不得以自己与出票人或者与持票人的前手之间的抗辩事由，对抗持票人。但是，持票人明知存在抗辩事由而取得票据的除外。

票据债务人可以对不履行约定义务的与

自己有直接债权债务关系的持票人，进行抗辩。

本法所称抗辩，是指票据债务人根据本法规定对票据债权人拒绝履行义务的行为。

第十四条　【票据的伪造和变造】票据上的记载事项应当真实，不得伪造、变造。伪造、变造票据上的签章和其他记载事项的，应当承担法律责任。

票据上有伪造、变造的签章的，不影响票据上其他真实签章的效力。

票据上其他记载事项被变造的，在变造之前签章的人，对原记载事项负责；在变造之后签章的人，对变造之后的记载事项负责；不能辨别是在票据被变造之前或者之后签章的，视同在变造之前签章。

第十五条　【票据丧失及其救济】票据丧失，失票人可以及时通知票据的付款人挂失止付，但是，未记载付款人或者无法确定付款人及其代理付款人的票据除外。

收到挂失止付通知的付款人，应当暂停支付。

失票人应当在通知挂失止付后三日内，也可以在票据丧失后，依法向人民法院申请公示催告，或者向人民法院提起诉讼。

第十六条　【票据权利的行使与保全】持票人对票据债务人行使票据权利，或者保全票据权利，应当在票据当事人的营业场所和营业时间内进行，票据当事人无营业场所的，应当在其住所进行。

第十七条　【票据时效】票据权利在下列期限内不行使而消灭：

（一）持票人对票据的出票人和承兑人的权利，自票据到期日起二年。见票即付的汇票、本票，自出票日起二年；

（二）持票人对支票出票人的权利，自出票日起六个月；

（三）持票人对前手的追索权，自被拒绝承兑或者被拒绝付款之日起六个月；

（四）持票人对前手的再追索权，自清偿日或者被提起诉讼之日起三个月。

票据的出票日、到期日由票据当事人依法确定。

第十八条　【票据的利益返还请求权】持票人因超过票据权利时效或者因票据记载事项欠缺而丧失票据权利的，仍享有民事权利，可以请求出票人或者承兑人返还其与未支付的票据金额相当的利益。

第二章　汇　　票

第一节　出　　票

第十九条　【汇票的定义和种类】汇票是出票人签发的，委托付款人在见票时或者在指定日期无条件支付确定的金额给收款人或者持票人的票据。

汇票分为银行汇票和商业汇票。

第二十条　【出票】出票是指出票人签发票据并将其交付给收款人的票据行为。

第二十一条　【出票行为的有效条件】汇票的出票人必须与付款人具有真实的委托付款关系，并且具有支付汇票金额的可靠资金来源。

不得签发无对价的汇票用以骗取银行或者其他票据当事人的资金。

第二十二条　【汇票的绝对应记载事项及其效力】汇票必须记载下列事项：

（一）表明“汇票”的字样；

（二）无条件支付的委托；

（三）确定的金额；

（四）付款人名称；

（五）收款人名称；

（六）出票日期；

（七）出票人签章。

汇票上未记载前款规定事项之一的，汇票无效。

第二十三条　【汇票的相对应记载事项及其效力】汇票上记载付款日期、付款地、出票地等事项的，应当清楚、明确。

汇票上未记载付款日期的，为见票即付。

汇票上未记载付款地的，付款人的营业场所、住所或者经常居住地为付款地。

汇票上未记载出票地的，出票人的营业场所、住所或者经常居住地为出票地。

第二十四条　【不具票据法上效力的记载事项及其效力】汇票上可以记载本法规定事项以外的其他出票事项，但是该记载事项不具有汇票上的效力。

第二十五条 【付款日期的记载】付款日期可以按照下列形式之一记载:

(一)见票即付;

(二)定日付款;

(三)出票后定期付款;

(四)见票后定期付款。

前款规定的付款日期为汇票到期日。

第二十六条 【汇票出票的效力】出票人签发汇票后,即承担保证该汇票承兑和付款的责任。出票人在汇票得不到承兑或者付款时,应当向持票人清偿本法第七十条、第七十一条规定的金额和费用。

第二节 背 书

第二十七条 【汇票权利转让】持票人可以将汇票权利转让给他人或者将一定的汇票权利授予他人行使。

出票人在汇票上记载"不得转让"字样的,汇票不得转让。

持票人行使第一款规定的权利时,应当背书并交付汇票。

背书是指在票据背面或者粘单上记载有关事项并签章的票据行为。

第二十八条 【粘单】票据凭证不能满足背书人记载事项的需要,可以加附粘单,粘附于票据凭证上。

粘单上的第一记载人,应当在汇票和粘单的粘接处签章。

第二十九条 【背书的记载事项】背书由背书人签章并记载背书日期。

背书未记载日期的,视为在汇票到期日前背书。

第三十条 【记名背书】汇票以背书转让或者以背书将一定的汇票权利授予他人行使时,必须记载被背书人名称。

第三十一条 【背书的连续】以背书转让的汇票,背书应当连续。持票人以背书的连续,证明其汇票权利;非经背书转让,而以其他合法方式取得汇票的,依法举证,证明其汇票权利。

前款所称背书连续,是指在票据转让中,转让汇票的背书人与受让汇票的被背书人在汇票上的签章依次前后衔接。

第三十二条 【后手及其责任】以背书转让的汇票,后手应当对其直接前手背书的真实性负责。

后手是指在票据签章人之后签章的其他票据债务人。

第三十三条 【附条件背书、部分背书、分别背书的效力】背书不得附有条件。背书时附有条件的,所附条件不具有汇票上的效力。

将汇票金额的一部分转让的背书或者将汇票金额分别转让给二人以上的背书无效。

第三十四条 【背书人的禁止背书及其效力】背书人在汇票上记载"不得转让"字样,其后手再背书转让的,原背书人对后手的被背书人不承担保证责任。

第三十五条 【委托收款背书和质押背书及其效力】背书记载"委托收款"字样的,被背书人有权代背书人行使被委托的汇票权利。但是,被背书人不得再以背书转让汇票权利。

汇票可以设定质押;质押时应当以背书记载"质押"字样。被背书人依法实现其质权时,可以行使汇票权利。

第三十六条 【不得背书转让的情形】汇票被拒绝承兑、被拒绝付款或者超过付款提示期限的,不得背书转让;背书转让的,背书人应当承担汇票责任。

第三十七条 【背书人义务】背书人以背书转让汇票后,即承担保证其后手所持汇票承兑和付款的责任。背书人在汇票得不到承兑或者付款时,应当向持票人清偿本法第七十条、第七十一条规定的金额和费用。

第三节 承 兑

第三十八条 【承兑的定义】承兑是指汇票付款人承诺在汇票到期日支付汇票金额的票据行为。

第三十九条 【提示承兑及定日付款、出票后定期付款的汇票的提示承兑期间】定日付款或者出票后定期付款的汇票,持票人应当在汇票到期日前向付款人提示承兑。

提示承兑是指持票人向付款人出示汇票,并要求付款人承诺付款的行为。

第四十条 【见票后定期付款汇票的提示承兑期间及在提示承兑期间未提示承兑的效力】见票

后定期付款的汇票，持票人应当自出票日起一个月内向付款人提示承兑。

汇票未按照规定期限提示承兑的，持票人丧失对其前手的追索权。

见票即付的汇票无需提示承兑。

第四十一条　【付款人的承兑期间】付款人对向其提示承兑的汇票，应当自收到提示承兑的汇票之日起三日内承兑或者拒绝承兑。

付款人收到持票人提示承兑的汇票时，应当向持票人签发收到汇票的回单。回单上应当记明汇票提示承兑日期并签章。

第四十二条　【承兑的记载】付款人承兑汇票的，应当在汇票正面记载"承兑"字样和承兑日期并签章；见票后定期付款的汇票，应当在承兑时记载付款日期。

汇票上未记载承兑日期的，以前条第一款规定期限的最后一日为承兑日期。

第四十三条　【附条件承兑的效力】付款人承兑汇票，不得附有条件；承兑附有条件的，视为拒绝承兑。

第四十四条　【承兑的效力】付款人承兑汇票后，应当承担到期付款的责任。

第四节　保　　证

第四十五条　【汇票保证及保证人的资格】汇票的债务可以由保证人承担保证责任。

保证人由汇票债务人以外的他人担当。

第四十六条　【汇票保证的记载事项和方法】保证人必须在汇票或者粘单上记载下列事项：

（一）表明"保证"的字样；

（二）保证人名称和住所；

（三）被保证人的名称；

（四）保证日期；

（五）保证人签章。

第四十七条　【未载事项的推定】保证人在汇票或者粘单上未记载前条第（三）项的，已承兑的汇票，承兑人为被保证人；未承兑的汇票，出票人为被保证人。

保证人在汇票或者粘单上未记载前条第（四）项的，出票日期为保证日期。

第四十八条　【票据保证的限制】保证不得附有条件；附有条件的，不影响对汇票的保证责任。

第四十九条　【票据保证人的票据责任】保证人对合法取得汇票的持票人所享有的汇票权利，承担保证责任。但是，被保证人的债务因汇票记载事项欠缺而无效的除外。

第五十条　【保证人和被保证人的连带责任】被保证的汇票，保证人应当与被保证人对持票人承担连带责任。汇票到期后得不到付款的，持票人有权向保证人请求付款，保证人应当足额付款。

第五十一条　【共同保证人的连带责任】保证人为二人以上的，保证人之间承担连带责任。

第五十二条　【保证人的追索权】保证人清偿汇票债务后，可以行使持票人对被保证人及其前手的追索权。

第五节　付　　款

第五十三条　【提示付款】持票人应当按照下列期限提示付款：

（一）见票即付的汇票，自出票日起一个月内向付款人提示付款；

（二）定日付款、出票后定期付款或者见票后定期付款的汇票，自到期日起十日内向承兑人提示付款。

持票人未按照前款规定期限提示付款的，在作出说明后，承兑人或者付款人仍应当继续对持票人承担付款责任。

通过委托收款银行或者通过票据交换系统向付款人提示付款的，视同持票人提示付款。

第五十四条　【付款人即时足额付款的义务】持票人依照前条规定提示付款的，付款人必须在当日足额付款。

第五十五条　【持票人的签收】持票人获得付款的，应当在汇票上签收，并将汇票交给付款人。持票人委托银行收款的，受委托的银行将代收的汇票金额转账收入持票人账户，视同签收。

第五十六条　【受托收款银行和受托付款银行的责任】持票人委托的收款银行的责任，限于按照汇票上记载事项将汇票金额转入持票人账户。

付款人委托的付款银行的责任，限于按照汇票上记载事项从付款人账户支付汇票金额。

第五十七条　【付款人的审查义务及其过错责任】付款人及其代理付款人付款时，应当审查汇票背书的连续,并审查提示付款人的合法身份证明或者有效证件。

付款人及其代理付款人以恶意或者有重大过失付款的,应当自行承担责任。

第五十八条 【期前付款】对定日付款、出票后定期付款或者见票后定期付款的汇票,付款人在到期日前付款的,由付款人自行承担所产生的责任。

第五十九条 【付款的币种】汇票金额为外币的,按照付款日的市场汇价,以人民币支付。

汇票当事人对汇票支付的货币种类另有约定的,从其约定。

第六十条 【付款的效力】付款人依法足额付款后,全体汇票债务人的责任解除。

第六节 追索权

第六十一条 【追索权的发生】汇票到期被拒绝付款的,持票人可以对背书人、出票人以及汇票的其他债务人行使追索权。

汇票到期日前,有下列情形之一的,持票人也可以行使追索权:

(一)汇票被拒绝承兑的;

(二)承兑人或者付款人死亡、逃匿的;

(三)承兑人或者付款人被依法宣告破产的或者因违法被责令终止业务活动的。

第六十二条 【追索权的行使】持票人行使追索权时,应当提供被拒绝承兑或者被拒绝付款的有关证明。

持票人提示承兑或者提示付款被拒绝的,承兑人或者付款人必须出具拒绝证明,或者出具退票理由书。未出具拒绝证明或者退票理由书的,应当承担由此产生的民事责任。

第六十三条 【拒绝证明的代替—其他有关证明】持票人因承兑人或者付款人死亡、逃匿或者其他原因,不能取得拒绝证明的,可以依法取得其他有关证明。

第六十四条 【拒绝证明的代替—法院司法文书、行政处罚决定】承兑人或者付款人被人民法院依法宣告破产的,人民法院的有关司法文书具有拒绝证明的效力。

承兑人或者付款人因违法被责令终止业务活动的,有关行政主管部门的处罚决定具有拒绝证明的效力。

第六十五条 【追索权的丧失】持票人不能出示拒绝证明、退票理由书或者未按照规定期限提供其他合法证明的,丧失对其前手的追索权。但是,承兑人或者付款人仍应当对持票人承担责任。

第六十六条 【拒绝事由的通知】持票人应当自收到被拒绝承兑或者被拒绝付款的有关证明之日起三日内,将被拒绝事由书面通知其前手;其前手应当自收到通知之日起三日内书面通知其再前手。持票人也可以同时向各汇票债务人发出书面通知。

未按照前款规定期限通知的,持票人仍可以行使追索权。因延期通知给其前手或者出票人造成损失的,由没有按照规定期限通知的汇票当事人,承担对该损失的赔偿责任,但是所赔偿的金额以汇票金额为限。

在规定期限内将通知按照法定地址或者约定的地址邮寄的,视为已经发出通知。

第六十七条 【拒绝事由通知的记载】依照前条第一款所作的书面通知,应当记明汇票的主要记载事项,并说明该汇票已被退票。

第六十八条 【追索权的效力】汇票的出票人、背书人、承兑人和保证人对持票人承担连带责任。

持票人可以不按照汇票债务人的先后顺序,对其中任何一人、数人或者全体行使追索权。

持票人对汇票债务人中的一人或者数人已经进行追索的,对其他汇票债务人仍可以行使追索权。被追索人清偿债务后,与持票人享有同一权利。

第六十九条 【追索权的限制】持票人为出票人的,对其前手无追索权。持票人为背书人的,对其后手无追索权。

第七十条 【追索金额】持票人行使追索权,可以请求被追索人支付下列金额和费用:

(一)被拒绝付款的汇票金额;

(二)汇票金额自到期日或者提示付款日起至清偿日止,按照中国人民银行规定的利率计算的利息;

(三)取得有关拒绝证明和发出通知书的费用。

被追索人清偿债务时，持票人应当交出汇票和有关拒绝证明，并出具所收到利息和费用的收据。

第七十一条　【再追索及再追索金额】被追索人依照前条规定清偿后，可以向其他汇票债务人行使再追索权，请求其他汇票债务人支付下列金额和费用：

（一）已清偿的全部金额；

（二）前项金额自清偿日起至再追索清偿日止，按照中国人民银行规定的利率计算的利息；

（三）发出通知书的费用。

行使再追索权的被追索人获得清偿时，应当交出汇票和有关拒绝证明，并出具所收到利息和费用的收据。

第七十二条　【有关追索人清偿债务的效力】被追索人依照前二条规定清偿债务后，其责任解除。

第三章　本　　票

第七十三条　【本票及其范围】本票是出票人签发的，承诺自己在见票时无条件支付确定的金额给收款人或者持票人的票据。

本法所称本票，是指银行本票。

第七十四条　【出票人资格】本票的出票人必须具有支付本票金额的可靠资金来源，并保证支付。

第七十五条　【本票的绝对应记载事项】本票必须记载下列事项：

（一）表明"本票"的字样；

（二）无条件支付的承诺；

（三）确定的金额；

（四）收款人名称；

（五）出票日期；

（六）出票人签章。

本票上未记载前款规定事项之一的，本票无效。

第七十六条　【本票的相对应记载事项】本票上记载付款地、出票地等事项的，应当清楚、明确。

本票上未记载付款地的，出票人的营业场所为付款地。

本票上未记载出票地的，出票人的营业场所为出票地。

第七十七条　【见票的效力】本票的出票人在持票人提示见票时，必须承担付款的责任。

第七十八条　【付款期限】本票自出票日起，付款期限最长不得超过二个月。

第七十九条　【逾期提示见票的法律后果】本票的持票人未按照规定期限提示见票的，丧失对出票人以外的前手的追索权。

第八十条　【汇票有关规定对本票的准用】本票的背书、保证、付款行为和追索权的行使，除本章规定外，适用本法第二章有关汇票的规定。

本票的出票行为，除本章规定外，适用本法第二十四条关于汇票的规定。

第四章　支　　票

第八十一条　【支票的概念】支票是出票人签发的，委托办理支票存款业务的银行或者其他金融机构在见票时无条件支付确定的金额给收款人或者持票人的票据。

第八十二条　【支票存款账户的开立】开立支票存款账户，申请人必须使用其本名，并提交证明其身份的合法证件。

开立支票存款账户和领用支票，应当有可靠的资信，并存入一定的资金。

开立支票存款账户，申请人应当预留其本名的签名式样和印鉴。

第八十三条　【现金支票与转账支票】支票可以支取现金，也可以转账，用于转账时，应当在支票正面注明。

支票中专门用于支取现金的，可以另行制作现金支票，现金支票只能用于支取现金。

支票中专门用于转账的，可以另行制作转账支票，转账支票只能用于转账，不得支取现金。

第八十四条　【支票的绝对应记载事项】支票必须记载下列事项：

（一）表明"支票"的字样；

（二）无条件支付的委托；

（三）确定的金额；

（四）付款人名称；

（五）出票日期；

（六）出票人签章。

支票上未记载前款规定事项之一的，支票

无效。

第八十五条 【支票金额的授权补记】支票上的金额可以由出票人授权补记,未补记前的支票,不得使用。

第八十六条 【收款人名称的授权补记与支票的相对应记载事项】支票上未记载收款人名称的,经出票人授权,可以补记。

支票上未记载付款地的,付款人的营业场所为付款地。

支票上未记载出票地的,出票人的营业场所、住所或者经常居住地为出票地。

出票人可以在支票上记载自己为收款人。

第八十七条 【支票资金关系与空头支票的禁止】支票的出票人所签发的支票金额不得超过其付款时在付款人处实有的存款金额。

出票人签发的支票金额超过其付款时在付款人处实有的存款金额的,为空头支票。禁止签发空头支票。

第八十八条 【支票的签章】支票的出票人不得签发与其预留本名的签名式样或者印鉴不符的支票。

第八十九条 【支票出票的效力】出票人必须按照签发的支票金额承担保证向该持票人付款的责任。

出票人在付款人处的存款足以支付支票金额时,付款人应当在当日足额付款。

第九十条 【支票的付款日期】支票限于见票即付,不得另行记载付款日期。另行记载付款日期的,该记载无效。

第九十一条 【揭示付款期限】支票的持票人应当自出票日起十日内提示付款;异地使用的支票,其提示付款的期限由中国人民银行另行规定。

超过提示付款期限的,付款人可以不予付款;付款人不予付款的,出票人仍应当对持票人承担票据责任。

第九十二条 【支票付款的效力】付款人依法支付支票金额的,对出票人不再承担受委托付款的责任,对持票人不再承担付款的责任。但是,付款人以恶意或者有重大过失付款的除外。

第九十三条 【汇票的有关规定对支票的准用】支票的背书、付款行为和追索权的行使,除本章规定外,适用本法第二章有关汇票的规定。

支票的出票行为,除本章规定外,适用本法第二十四条、第二十六条关于汇票的规定。

第五章 涉外票据的法律适用

第九十四条 【涉外票据及其法律适用】涉外票据的法律适用,依照本章的规定确定。

前款所称涉外票据,是指出票、背书、承兑、保证、付款等行为中,既有发生在中华人民共和国境内又有发生在中华人民共和国境外的票据。

第九十五条 【国际条约和国际惯例的适用】中华人民共和国缔结或者参加的国际条约同本法有不同规定的,适用国际条约的规定。但是,中华人民共和国声明保留的条款除外。

本法和中华人民共和国缔结或者参加的国际条约没有规定的,可以适用国际惯例。

第九十六条 【票据行为能力的准据法】票据债务人的民事行为能力,适用其本国法律。

票据债务人的民事行为能力,依照其本国法律为无民事行为能力或者为限制民事行为能力而依照行为地法律为完全民事行为能力的,适用行为地法律。

第九十七条 【票据形式的准据法】汇票、本票出票时的记载事项,适用出票地法律。

支票出票时的记载事项,适用出票地法律,经当事人协议,也可以适用付款地法律。

第九十八条 【票据行为的准据法】票据的背书、承兑、付款和保证行为,适用行为地法律。

第九十九条 【票据追索权行使期限的准据法】票据追索权的行使期限,适用出票地法律。

第一百条 【票据权利保全的准据法】票据的提示期限、有关拒绝证明的方式、出具拒绝证明的期限,适用付款地法律。

第一百零一条 【票据权利保护的准据法】票据丧失时,失票人请求保全票据权利的程序,适用付款地法律。

第六章 法律责任

第一百零二条 【票据欺诈行为的刑事责任】有下列票据欺诈行为之一的,依法追究刑事责任：

（一）伪造、变造票据的；

（二）故意使用伪造、变造的票据的；

（三）签发空头支票或者故意签发与其预留的本名签名式样或者印鉴不符的支票，骗取财物的；

（四）签发无可靠资金来源的汇票、本票，骗取资金的；

（五）汇票、本票的出票人在出票时作虚假记载，骗取财物的；

（六）冒用他人的票据，或者故意使用过期或者作废的票据，骗取财物的；

（七）付款人同出票人、持票人恶意串通，实施前六项所列行为之一的。

第一百零三条　【票据欺诈行为的行政责任】有前条所列行为之一，情节轻微，不构成犯罪的，依照国家有关规定给予行政处罚。

第一百零四条　【票据业务中玩忽职守的法律责任】金融机构工作人员在票据业务中玩忽职守，对违反本法规定的票据予以承兑、付款或者保证的，给予处分；造成重大损失，构成犯罪的，依法追究刑事责任。

由于金融机构工作人员因前款行为给当事人造成损失的，由该金融机构和直接责任人员依法承担赔偿责任。

第一百零五条　【付款人故意压票的法律责任】票据的付款人对见票即付或者到期的票据，故意压票，拖延支付的，由金融行政管理部门处以罚款，对直接责任人员给予处分。

票据的付款人故意压票，拖延支付，给持票人造成损失的，依法承担赔偿责任。

第一百零六条　【民事责任】依照本法规定承担赔偿责任以外的其他违反本法规定的行为，给他人造成损失的，应当依法承担民事责任。

第七章　附　　则

第一百零七条　【期限的计算】本法规定的各项期限的计算，适用民法通则关于计算期间的规定。

按月计算期限的，按到期月的对日计算；无对日的，月末日为到期日。

第一百零八条　【票据及其格式与印制】汇票、本票、支票的格式应当统一。

票据凭证的格式和印制管理办法，由中国人民银行规定。

第一百零九条　【实施办法的制定】票据管理的具体实施办法，由中国人民银行依照本法制定，报国务院批准后施行。

第一百一十条　【生效日期】本法自1996年1月1日起施行。

票据管理实施办法

1. 1997年6月23日国务院批准

2. 1997年8月21日中国人民银行令〔1997〕第2号公布

3. 根据2011年1月8日国务院令第588号《关于废止和修改部分行政法规的决定》修订

第一条　为了加强票据管理，维护金融秩序，根据《中华人民共和国票据法》（以下简称票据法）的规定，制定本办法。

第二条　在中华人民共和国境内的票据管理，适用本办法。

第三条　中国人民银行是票据的管理部门。

票据管理应当遵守票据法和本办法以及有关法律、行政法规的规定，不得损害票据当事人的合法权益。

第四条　票据当事人应当依法从事票据活动，行使票据权利，履行票据义务。

第五条　票据当事人应当使用中国人民银行规定的统一格式的票据。

第六条　银行汇票的出票人，为经中国人民银行批准办理银行汇票业务的银行。

第七条　银行本票的出票人，为经中国人民银行批准办理银行本票业务的银行。

第八条　商业汇票的出票人，为银行以外的企业和其他组织。

向银行申请办理汇票承兑的商业汇票的出票人，必须具备下列条件：

（一）在承兑银行开立存款帐户；

（二）资信状况良好，并具有支付汇票金额的可靠资金来源。

第九条　承兑商业汇票的银行，必须具备下列条件：

（一）与出票人具有真实的委托付款关系；

(二)具有支付汇票金额的可靠资金。

第十条　向银行申请办理票据贴现的商业汇票的持票人,必须具备下列条件:

(一)在银行开立存款帐户;

(二)与出票人、前手之间具有真实的交易关系和债权债务关系。

第十一条　支票的出票人,为在经中国人民银行批准办理支票存款业务的银行、城市信用合作社和农村信用合作社开立支票存款帐户的企业、其他组织和个人。

第十二条　票据法所称"保证人",是指具有代为清偿票据债务能力的法人、其他组织或者个人。

国家机关、以公益为目的的事业单位、社会团体、企业法人的分支机构和职能部门不得为保证人;但是,法律另有规定的除外。

第十三条　银行汇票上的出票人的签章、银行承兑商业汇票的签章,为该银行的汇票专用章加其法定代表人或者其授权的代理人的签名或者盖章。

银行本票上的出票人的签章,为该银行的本票专用章加其法定代表人或者其授权的代理人的签名或者盖章。

银行汇票专用章、银行本票专用章须经中国人民银行批准。

第十四条　商业汇票上的出票人的签章,为该单位的财务专用章或者公章加其法定代表人或者其授权的代理人的签名或者盖章。

第十五条　支票上的出票人的签章,出票人为单位的,为与该单位在银行预留签章一致的财务专用章或者公章加其法定代表人或者其授权的代理人的签名或者盖章;出票人为个人的,为与该个人在银行预留签章一致的签名或者盖章。

第十六条　票据法所称"本名",是指符合法律、行政法规以及国家有关规定的身份证件上的姓名。

第十七条　出票人在票据上的签章不符合票据法和本办法规定的,票据无效;背书人、承兑人、保证人在票据上的签章不符合票据法和本办法规定的,其签章无效,但是不影响票据上其他签章的效力。

第十八条　票据法所称"代理付款人",是指根据付款人的委托,代其支付票据金额的银行、城市信用合作社和农村信用合作社。

第十九条　票据法规定可以办理挂失止付的票据丧失的,失票人可以依照票据法的规定及时通知付款人或者代理付款人挂失止付。

失票人通知票据的付款人或者代理付款人挂失止付时,应当填写挂失止付通知书并签章。挂失止付通知书应当记载下列事项:

(一)票据丧失的时间和事由;

(二)票据种类、号码、金额、出票日期、付款日期、付款人名称、收款人名称;

(三)挂失止付人的名称、营业场所或者住所以及联系方法。

第二十条　付款人或者代理付款人收到挂失止付通知书,应当立即暂停支付。付款人或者代理付款人自收到挂失止付通知书之日起12日内没有收到人民法院的止付通知书的,自第13日起,挂失止付通知书失效。

第二十一条　付款人或者代理付款人在收到挂失止付通知书前,已经依法向持票人付款的,不再接受挂失止付。

第二十二条　申请人申请开立支票存款帐户的,银行、城市信用合作社和农村信用合作社可以与申请人约定在支票上使用支付密码,作为支付支票金额的条件。

第二十三条　保证人应当依照票据法的规定,在票据或者其粘单上记载保证事项。保证人为出票人、付款人、承兑人保证的,应当在票据的正面记载保证事项;保证人为背书人保证的,应当在票据的背面或者其粘单上记载保证事项。

第二十四条　依法背书转让的票据,任何单位和个人不得冻结票据款项;但是,法律另有规定的除外。

第二十五条　票据法第五十五条所称"签收",是指持票人在票据的正面签章,表明持票人已经获得付款。

第二十六条　通过委托收款银行或者通过票据交换系统向付款人提示付款的,持票人向银行提交票据日为提示付款日。

第二十七条　票据法第六十二条所称"拒绝证

明”应当包括下列事项：

（一）被拒绝承兑、付款的票据的种类及其主要记载事项；

（二）拒绝承兑、付款的事实依据和法律依据；

（三）拒绝承兑、付款的时间；

（四）拒绝承兑人、拒绝付款人的签章。

票据法第六十二条所称“退票理由书”应当包括下列事项：

（一）所退票据的种类；

（二）退票的事实依据和法律依据；

（三）退票时间；

（四）退票人签章。

第二十八条　票据法第六十三条规定的“其他有关证明”是指：

（一）医院或者有关单位出具的承兑人、付款人死亡的证明；

（二）司法机关出具的承兑人、付款人逃匿的证明；

（三）公证机关出具的具有拒绝证明效力的文书。

第二十九条　票据法第七十条第一款第（二）项、第七十一条第一款第（二）项规定的“利率”，是指中国人民银行规定的流动资金贷款利率。

第三十条　有票据法第一百零二条所列行为之一，情节轻微，不构成犯罪的，由公安机关依法予以处罚。

第三十一条　签发空头支票或者签发与其预留的签章不符的支票，不以骗取财物为目的的，由中国人民银行处以票面金额5%但不低于1000元的罚款；持票人有权要求出票人赔偿支票金额2%的赔偿金。

第三十二条　金融机构的工作人员在票据业务中玩忽职守，对违反票据法和本办法规定的票据予以承兑、付款、保证或者贴现的，对直接负责的主管人员和其他直接责任人员给予警告、记过、撤职或者开除的处分；造成重大损失，构成犯罪的，依法追究刑事责任。

第三十三条　票据的付款人对见票即付或者到期的票据，故意压票、拖延支付的，由中国人民银行处以压票、拖延支付期间内每日票据金额0.7‰的罚款；对直接负责的主管人员和其他直接责任人员给予警告、记过、撤职或者开除的处分。

第三十四条　违反中国人民银行规定，擅自印制票据的，由中国人民银行责令改正，处以1万元以上20万元以下的罚款；情节严重的，中国人民银行有权提请有关部门吊销其营业执照。

第三十五条　票据的格式、联次、颜色、规格及防伪技术要求和印制，由中国人民银行规定。

中国人民银行在确定票据格式时，可以根据少数民族地区和外国驻华使领馆的实际需要，在票据格式中增加少数民族文字或者外国文字。

第三十六条　本办法自1997年10月1日起施行。

最高人民法院关于审理票据纠纷案件若干问题的规定

1. 2000年2月24日最高人民法院审判委员会第1102次会议通过

2. 2000年11月14日公布

3. 法释〔2000〕32号

4. 自2000年11月21日起施行

5. 根据2008年12月16日最高人民法院《关于调整司法解释等文件中引用〈中华人民共和国民事诉讼法〉条文序号的决定》（法释〔2008〕18号）修正

为了正确适用《中华人民共和国票据法》（以下简称票据法），公正、及时审理票据纠纷案件，保护票据当事人的合法权益，维护金融秩序和金融安全，根据票据法及其他有关法律的规定，结合审判实践，现对人民法院审理票据纠纷案件的若干问题规定如下：

一、受理和管辖

第一条　因行使票据权利或者票据法上的非票据权利而引起的纠纷，人民法院应当依法受理。

第二条　依照票据法第十条的规定，票据债务人（即出票人）以在票据未转让时的基础关系违法、双方不具有真实的交易关系和债权债务关系、持票人应付对价而未付对价为由,要求返还票据而提起诉讼的,人民法院应当依法受理。

第三条 依照票据法第三十六条的规定,票据被拒绝承兑、被拒绝付款或者汇票、支票超过提示付款期限后,票据持有人背书转让的,被背书人以背书人为被告行使追索权而提起诉讼的,人民法院应当依法受理。

第四条 持票人不先行使付款请求权而先行使追索权遭拒绝提起诉讼的,人民法院不予受理。除有票据法第六十一条第二款和本规定第三条所列情形外,持票人只能在首先向付款人行使付款请求权而得不到付款时,才可以行使追索权。

第五条 付款请求权是持票人享有的第一顺序权利,追索权是持票人享有的第二顺序权利,即汇票到期被拒绝付款或者具有票据法第六十一条第二款所列情形的,持票人请求背书人、出票人以及汇票的其他债务人支付票据法第七十条第一款所列金额和费用的权利。

第六条 因票据权利纠纷提起的诉讼,依法由票据支付地或者被告住所地人民法院管辖。

票据支付地是指票据上载明的付款地,票据上未载明付款地的,汇票付款人或者代理付款人的营业场所、住所或者经常居住地,本票出票人的营业场所,支票付款人或者代理付款人的营业场所所在地为票据付款地。代理付款人即付款人的委托代理人,是指根据付款人的委托代为支付票据金额的银行、信用合作社等金融机构。

第七条 因非票据权利纠纷提起的诉讼,依法由被告住所地人民法院管辖。

二、票 据 保 全

第八条 人民法院在审理、执行票据纠纷案件时,对具有下列情形之一的票据,经当事人申请并提供担保,可以依法采取保全措施或者执行措施:

(一)不履行约定义务,与票据债务人有直接债权债务关系的票据当事人所持有的票据;

(二)持票人恶意取得的票据;

(三)应付对价而未付对价的持票人持有的票据;

(四)记载有"不得转让"字样而用于贴现的票据;

(五)记载有"不得转让"字样而用于质押的票据;

(六)法律或者司法解释规定有其他情形的票据。

三、举 证 责 任

第九条 票据诉讼的举证责任由提出主张的一方当事人承担。

依照票据法第四条第二款、第十条、第十二条、第二十一条的规定,向人民法院提起诉讼的持票人有责任提供诉争票据。该票据的出票、承兑、交付、背书转让涉嫌欺诈、偷盗、胁迫、恐吓、暴力等非法行为的,持票人对持票的合法性应当负责举证。

第十条 票据债务人依照票据法第十三条的规定,对与其有直接债权债务关系的持票人提出抗辩,人民法院合并审理票据关系和基础关系的,持票人应当提供相应的证据证明已经履行了约定义务。

第十一条 付款人或者承兑人被人民法院依法宣告破产的,持票人因行使追索权而向人民法院提起诉讼时,应当向受理法院提供人民法院依法作出的宣告破产裁定书或者能够证明付款人或者承兑人破产的其他证据。

第十二条 在票据诉讼中,负有举证责任的票据当事人应当在一审人民法院法庭辩论结束以前提供证据。因客观原因不能在上述举证期限以内提供的,应当在举证期限届满以前向人民法院申请延期。延长的期限由人民法院根据案件的具体情况决定。

票据当事人在一审人民法院审理期间隐匿票据、故意有证不举,应当承担相应的诉讼后果。

四、票据权利及抗辩

第十三条 票据法第十七条第一款第(一)、(二)项规定的持票人对票据的出票人和承兑人的权利,包括付款请求权和追索权。

第十四条 票据债务人以票据法第十条、第二十一条的规定为由,对业经背书转让票据的持票人进行抗辩的，人民法院不予支持。

第十五条　票据债务人依照票据法第十二条、第十三条的规定，对持票人提出下列抗辩的，人民法院应予支持：

（一）与票据债务人有直接债权债务关系并且不履行约定义务的；

（二）以欺诈、偷盗或者胁迫等非法手段取得票据，或者明知有前列情形，出于恶意取得票据的；

（三）明知票据债务人与出票人或者与持票人的前手之间存在抗辩事由而取得票据的；

（四）因重大过失取得票据的；

（五）其他依法不得享有票据权利的。

第十六条　票据债务人依照票据法第九条、第十七条、第十八条、第二十二条和第三十一条的规定，对持票人提出下列抗辩的，人民法院应予支持：

（一）欠缺法定必要记载事项或者不符合法定格式的；

（二）超过票据权利时效的；

（三）人民法院作出的除权判决已经发生法律效力的；

（四）以背书方式取得但背书不连续的；

（五）其他依法不得享有票据权利的。

第十七条　票据出票人或者背书人被宣告破产的，而付款人或者承兑人不知其事实而付款或者承兑，因此所产生的追索权可以登记为破产债权，付款人或者承兑人为债权人。

第十八条　票据法第十七条第一款第（三）、（四）项规定的持票人对前手的追索权，不包括对票据出票人的追索权。

第十九条　票据法第四十条第二款和第六十五条规定的持票人丧失对其前手的追索权，不包括对票据出票人的追索权。

第二十条　票据法第十七条规定的票据权利时效发生中断的，只对发生时效中断事由的当事人有效。

第二十一条　票据法第六十六条第一款规定的书面通知是否逾期，以持票人或者其前手发出书面通知之日为准；以信函通知的，以信函投寄邮戳记载之日为准。

第二十二条　票据法第七十条、第七十一条所称中国人民银行规定的利率，是指中国人民银行规定的企业同期流动资金贷款利率。

第二十三条　代理付款人在人民法院公示催告公告发布以前按照规定程序善意付款后，承兑人或者付款人以已经公示催告为由拒付代理付款人已经垫付的款项的，人民法院不予支持。

五、失票救济

第二十四条　票据丧失后，失票人直接向人民法院申请公示催告或者提起诉讼的，人民法院应当依法受理。

第二十五条　出票人已经签章的授权补记的支票丧失后，失票人依法向人民法院申请公示催告的，人民法院应当依法受理。

第二十六条　票据法第十五条第三款规定的可以申请公示催告的失票人，是指按照规定可以背书转让的票据在丧失票据占有以前的最后合法持票人。

第二十七条　出票人已经签章但未记载代理付款人的银行汇票丧失后，失票人依法向付款人即出票银行所在地人民法院申请公示催告的，人民法院应当依法受理。

第二十八条　超过付款提示期限的票据丧失以后，失票人申请公示催告的，人民法院应当依法受理。

第二十九条　失票人通知票据付款人挂失止付后三日内向人民法院申请公示催告的，公示催告申请书应当载明下列内容：

（一）票面金额；

（二）出票人、持票人、背书人；

（三）申请的理由、事实；

（四）通知票据付款人或者代理付款人挂失止付的时间；

（五）付款人或者代理付款人的名称、通信地址、电话号码等。

第三十条　人民法院决定受理公示催告申请，应当同时通知付款人及代理付款人停止支付，并自立案之日起三日内发出公告。

第三十一条　付款人或者代理付款人收到人民法院发出的止付通知，应当立即停止支付，直至公示催告程序终结。非经发出止付通知的人民法院许可擅自解付的，不得免除票据责任。

第三十二条 人民法院决定受理公示催告申请后发布的公告应当在全国性的报刊上登载。

第三十三条 依照《中华人民共和国民事诉讼法》(以下简称民事诉讼法)第一百九十六条的规定,公示催告的期间,国内票据自公告发布之日起六十日,涉外票据可根据具体情况适当延长,但最长不得超过九十日。

第三十四条 依照民事诉讼法第一百九十七条第二款的规定,在公示催告期间,以公示催告的票据质押、贴现,因质押、贴现而接受该票据的持票人主张票据权利的,人民法院不予支持,但公示催告期间届满以后人民法院作出除权判决以前取得该票据的除外。

第三十五条 票据丧失后,失票人在票据权利时效届满以前请求出票人补发票据,或者请求债务人付款,在提供相应担保的情况下因债务人拒绝付款或者出票人拒绝补发票据提起诉讼的,由被告住所地或者票据支付地人民法院管辖。

第三十六条 失票人因请求出票人补发票据或者请求债务人付款遭到拒绝而向人民法院提起诉讼的,被告为与失票人具有票据债权债务关系的出票人、拒绝付款的票据付款人或者承兑人。

第三十七条 失票人为行使票据所有权,向非法持有票据人请求返还票据的,人民法院应当依法受理。

第三十八条 失票人向人民法院提起诉讼的,除向人民法院说明曾经持有票据及丧失票据的情形外,还应当提供担保。担保的数额相当于票据载明的金额。

第三十九条 对于伪报票据丧失的当事人,人民法院在查明事实,裁定终结公示催告或者诉讼程序后,可以参照民事诉讼法第一百零二条的规定,追究伪报人的法律责任。

六、票 据 效 力

第四十条 依照票据法第一百零九条以及经国务院批准的《票据管理实施办法》的规定,票据当事人使用的不是中国人民银行规定的统一格式票据的,按照《票据管理实施办法》的规定认定,但在中国境外签发的票据除外。

第四十一条 票据出票人在票据上的签章上不符合票据法以及下述规定的,该签章不具有票据法上的效力:

(一)商业汇票上的出票人的签章,为该法人或者该单位的财务专用章或者公章加其法定代表人、单位负责人或者其授权的代理人的签名或者盖章;

(二)银行汇票上的出票人的签章和银行承兑汇票的承兑人的签章,为该银行汇票专用章加其法定代表人或者其授权的代理人的签名或者盖章;

(三)银行本票上的出票人的签章,为该银行的本票专用章加其法定代表人或者其授权的代理人的签名或者盖章;

(四)支票上的出票人的签章,出票人为单位的,为与该单位在银行预留签章一致的财务专用章或者公章加其法定代表人或者其授权的代理人的签名或者盖章;出票人为个人的,为与该个人在银行预留签章一致的签名或者盖章。

第四十二条 银行汇票、银行本票的出票人以及银行承兑汇票的承兑人在票据上未加盖规定的专用章而加盖该银行的公章,支票的出票人在票据上未加盖与该单位在银行预留签章一致的财务专用章而加盖该出票人公章的,签章人应当承担票据责任。

第四十三条 依照票据法第九条以及《票据管理实施办法》的规定,票据金额的中文大写与数码不一致,或者票据载明的金额、出票日期或者签发日期、收款人名称更改,或者违反规定加盖银行部门印章代替专用章,付款人或者代理付款人对此类票据付款的,应当承担责任。

第四十四条 因更改银行汇票的实际结算金额引起纠纷而提起诉讼,当事人请求认定汇票效力的,人民法院应当认定该银行汇票无效。

第四十五条 空白授权票据的持票人行使票据权利时未对票据必须记载事项补充完全,因付款人或者代理付款人拒绝接收该票据而提起诉讼的,人民法院不予支持。

第四十六条 票据的背书人、承兑人、保证人在票据上的签章不符合票据法以及《票据管理实施办法》规定的,或者无民事行为能力人、限制民事行为能力人在票据上签章的，其签章无效，但不影响人民法院对票据上其他签章效力的认定。

七、票据背书

第四十七条　因票据质权人以质押票据再行背书质押或者背书转让引起纠纷而提起诉讼的，人民法院应当认定背书行为无效。

第四十八条　依照票据法第二十七条的规定，票据的出票人在票据上记载"不得转让"字样，票据持有人背书转让的，背书行为无效。背书转让后的受让人不得享有票据权利，票据的出票人、承兑人对受让人不承担票据责任。

第四十九条　依照票据法第二十七条和第三十条的规定，背书人未记载被背书人名称即将票据交付他人的，持票人在票据被背书人栏内记载自己的名称与背书人记载具有同等法律效力。

第五十条　依照票据法第三十一条的规定，连续背书的第一背书人应当是在票据上记载的收款人，最后的票据持有人应当是最后一次背书的被背书人。

第五十一条　依照票据法第三十四条和第三十五条的规定，背书人在票据上记载"不得转让"、"委托收款"、"质押"字样，其后手再背书转让、委托收款或者质押的，原背书人对后手的被背书人不承担票据责任，但不影响出票人、承兑人以及原背书人之前手的票据责任。

第五十二条　依照票据法第五十七条第二款的规定，贷款人恶意或者有重大过失从事票据质押贷款的，人民法院应当认定质押行为无效。

第五十三条　依照票据法第二十七条的规定，出票人在票据上记载"不得转让"字样，其后手以此票据进行贴现、质押的，通过贴现、质押取得票据的持票人主张票据权利的，人民法院不予支持。

第五十四条　依照票据法第三十四条和第三十五条的规定，背书人在票据上记载"不得转让"字样，其后手以此票据进行贴现、质押的，原背书人对后手的被背书人不承担票据责任。

第五十五条　依照票据法第三十五条第二款的规定，以汇票设定质押时，出质人在汇票上只记载了"质押"字样未在票据上签章的，或者出质人未在汇票、粘单上记载"质押"字样而另行签订质押合同、质押条款的，不构成票据质押。

第五十六条　商业汇票的持票人向其非开户银行申请贴现，与向自己开立存款账户的银行申请贴现具有同等法律效力。但是，持票人有恶意或者与贴现银行恶意串通的除外。

第五十七条　违反规定区域出票，背书转让银行汇票，或者违反票据管理规定跨越票据交换区域出票、背书转让银行本票、支票的，不影响出票人、背书人依法应当承担的票据责任。

第五十八条　依照票据法第三十六条的规定，票据被拒绝承兑、被拒绝付款或者超过提示付款期限，票据持有人背书转让的，背书人应当承担票据责任。

第五十九条　承兑人或者付款人依照票据法第五十三条第二款的规定对逾期提示付款的持票人付款与按照规定的期限付款具有同等法律效力。

八、票据保证

第六十条　国家机关、以公益为目的的事业单位、社会团体、企业法人的分支机构和职能部门作为票据保证人的，票据保证无效，但经国务院批准为使用外国政府或者国际经济组织贷款进行转贷，国家机关提供票据保证的，以及企业法人的分支机构在法人书面授权范围内提供票据保证的除外。

第六十一条　票据保证无效的，票据的保证人应当承担与其过错相应的民事责任。

第六十二条　保证人未在票据或者粘单上记载"保证"字样而另行签订保证合同或者保证条款的，不属于票据保证，人民法院应当适用《中华人民共和国担保法》的有关规定。

九、法律适用

第六十三条　人民法院审理票据纠纷案件，适用票据法的规定；票据法没有规定的，适用《中华人民共和国民法通则》、《中华人民共和国合同法》、《中华人民共和国担保法》等民商事法律以及国务院制定的行政法规。

中国人民银行制定并公布施行的有关行政规章与法律、行政法规不抵触的，可以参照适用。

第六十四条 票据当事人因对金融行政管理部门的具体行政行为不服提起诉讼的,适用《中华人民共和国行政处罚法》、票据法以及《票据管理实施办法》等有关票据管理的规定。

中国人民银行制定并公布施行的有关行政规章与法律、行政法规不抵触的,可以参照适用。

第六十五条 人民法院对票据法施行以前已经作出终审裁决的票据纠纷案件进行再审,不适用票据法。

十、法律责任

第六十六条 具有下列情形之一的票据,未经背书转让的,票据债务人不承担票据责任;已经背书转让的,票据无效不影响其他真实签章的效力:

(一)出票人签章不真实的;

(二)出票人为无民事行为能力人的;

(三)出票人为限制民事行为能力人的。

第六十七条 依照票据法第十四条、第一百零三条、第一百零四条的规定,伪造、变造票据者除应当依法承担刑事、行政责任外,给他人造成损失的,还应当承担民事赔偿责任。被伪造签章者不承担票据责任。

第六十八条 对票据未记载事项或者未完全记载事项作补充记载,补充事项超出授权范围的,出票人对补充后的票据应当承担票据责任。给他人造成损失的,出票人还应当承担相应的民事责任。

第六十九条 付款人或者代理付款人未能识别出伪造、变造的票据或者身份证件而错误付款,属于票据法第五十七条规定的“重大过失”,给持票人造成损失的,应当依法承担民事责任。付款人或者代理付款人承担责任后有权向伪造者、变造者依法追偿。

持票人有过错的,也应当承担相应的民事责任。

第七十条 付款人及其代理付款人有下列情形之一的,应当自行承担责任:

(一)未依照票据法第五十七条的规定对提示付款人的合法身份证明或者有效证件以及汇票背书的连续性履行审查义务而错误付款的;

(二)公示催告期间对公示催告的票据付款的;

(三)收到人民法院的止付通知后付款的;

(四)其他以恶意或者重大过失付款的。

第七十一条 票据法第六十三条所称“其他有关证明”是指:

(一)人民法院出具的宣告承兑人、付款人失踪或者死亡的证明、法律文书;

(二)公安机关出具的承兑人、付款人逃匿或者下落不明的证明;

(三)医院或者有关单位出具的承兑人、付款人死亡的证明;

(四)公证机构出具的具有拒绝证明效力的文书。

第七十二条 当事人因申请票据保全错误而给他人造成损失的,应当依法承担民事责任。

第七十三条 因出票人签发空头支票、与其预留本名的签名式样或者印鉴不符的支票给他人造成损失的,支票的出票人和背书人应当依法承担民事责任。

第七十四条 人民法院在审理票据纠纷案件时,发现与本案有牵连但不属同一法律关系的票据欺诈犯罪嫌疑线索的,应当及时将犯罪嫌疑线索提供给有关公安机关,但票据纠纷案件不应因此而中止审理。

第七十五条 依照票据法第一百零五条的规定,由于金融机构工作人员在票据业务中玩忽职守,对违反票据法规定的票据予以承兑、付款、贴现或者保证,给当事人造成损失的,由该金融机构与直接责任人员依法承担连带责任。

第七十六条 依照票据法第一百零七条的规定,由于出票人制作票据,或者其他票据债务人未按照法定条件在票据上签章,给他人造成损失的,除应当按照所记载事项承担票据责任外,还应当承担相应的民事责任。

持票人明知或者应当知道前款情形而接受的,可以适当减轻出票人或者票据债务人的责任。

最高人民法院关于审理信用证纠纷案件若干问题的规定

1. 2005年10月24日最高人民法院审判委员会第1368次会议通过
2. 2005年11月14日公布
3. 法释〔2005〕13号
4. 自2006年1月1日起施行

根据《中华人民共和国民法通则》、《中华人民共和国合同法》、《中华人民共和国担保法》、《中华人民共和国民事诉讼法》等法律，参照国际商会《跟单信用证统一惯例》等相关国际惯例，结合审判实践，就审理信用证纠纷案件的有关问题，制定本规定。

第一条　本规定所指的信用证纠纷案件，是指在信用证开立、通知、修改、撤销、保兑、议付、偿付等环节产生的纠纷。

第二条　人民法院审理信用证纠纷案件时，当事人约定适用相关国际惯例或者其他规定的，从其约定；当事人没有约定的，适用国际商会《跟单信用证统一惯例》或者其他相关国际惯例。

第三条　开证申请人与开证行之间因申请开立信用证而产生的欠款纠纷、委托人和受托人之间因委托开立信用证产生的纠纷、担保人为申请开立信用证或者委托开立信用证提供担保而产生的纠纷以及信用证项下融资产生的纠纷，适用本规定。

第四条　因申请开立信用证而产生的欠款纠纷、委托开立信用证纠纷和因此产生的担保纠纷以及信用证项下融资产生的纠纷应当适用中华人民共和国相关法律。涉外合同当事人对法律适用另有约定的除外。

第五条　开证行在作出付款、承兑或者履行信用证项下其他义务的承诺后，只要单据与信用证条款、单据与单据之间在表面上相符，开证行应当履行在信用证规定的期限内付款的义务。当事人以开证申请人与受益人之间的基础交易提出抗辩的，人民法院不予支持。具有本规定第八条的情形除外。

第六条　人民法院在审理信用证纠纷案件中涉及单证审查的，应当根据当事人约定适用的相关国际惯例或者其他规定进行；当事人没有约定的，应当按照国际商会《跟单信用证统一惯例》以及国际商会确定的相关标准，认定单据与信用证条款、单据与单据之间是否在表面上相符。

信用证项下单据与信用证条款之间、单据与单据之间在表面上不完全一致，但并不导致相互之间产生歧义的，不应认定为不符点。

第七条　开证行有独立审查单据的权利和义务，有权自行作出单据与信用证条款、单据与单据之间是否在表面上相符的决定，并自行决定接受或者拒绝接受单据与信用证条款、单据与单据之间的不符点。开证行发现信用证项下存在不符点后，可以自行决定是否联系开证申请人接受不符点。开证申请人决定是否接受不符点，并不影响开证行最终决定是否接受不符点。开证行和开证申请人另有约定的除外。

开证行向受益人明确表示接受不符点的，应当承担付款责任。

开证行拒绝接受不符点时，受益人以开证申请人已接受不符点为由要求开证行承担信用证项下付款责任的，人民法院不予支持。

第八条　凡有下列情形之一的，应当认定存在信用证欺诈：

（一）受益人伪造单据或者提交记载内容虚假的单据；

（二）受益人恶意不交付货物或者交付的货物无价值；

（三）受益人和开证申请人或者其他第三方串通提交假单据，而没有真实的基础交易；

（四）其他进行信用证欺诈的情形。

第九条　开证申请人、开证行或者其他利害关系人发现有本规定第八条的情形，并认为将会给其造成难以弥补的损害时，可以向有管辖权的人民法院申请中止支付信用证项下的款项。

第十条　人民法院认定存在信用证欺诈的，应当裁定中止支付或者判决终止支付信用证项下款项，但有下列情形之一的除外：

（一）开证行的指定人、授权人已按照开证行的指令善意地进行了付款；

(二)开证行或者其指定人、授权人已对信用证项下票据善意地作出了承兑;

(三)保兑行善意地履行了付款义务;

(四)议付行善意地进行了议付。

第十一条　当事人在起诉前申请中止支付信用证项下款项符合下列条件的,人民法院应予受理:

(一)受理申请的人民法院对该信用证纠纷案件享有管辖权;

(二)申请人提供的证据材料证明存在本规定第八条的情形;

(三)如不采取中止支付信用证项下款项的措施,将会使申请人的合法权益受到难以弥补的损害;

(四)申请人提供了可靠、充分的担保;

(五)不存在本规定第十条的情形。

当事人在诉讼中申请中止支付信用证项下款项的,应当符合前款第(二)、(三)、(四)、(五)项规定的条件。

第十二条　人民法院接受中止支付信用证项下款项申请后,必须在四十八小时内作出裁定;裁定中止支付的,应当立即开始执行。

人民法院作出中止支付信用证项下款项的裁定,应当列明申请人、被申请人和第三人。

第十三条　当事人对人民法院作出中止支付信用证项下款项的裁定有异议的,可以在裁定书送达之日起十日内向上一级人民法院申请复议。上一级人民法院应当自收到复议申请之日起十日内作出裁定。

复议期间,不停止原裁定的执行。

第十四条　人民法院在审理信用证欺诈案件过程中,必要时可以将信用证纠纷与基础交易纠纷一并审理。

当事人以基础交易欺诈为由起诉的,可以将与案件有关的开证行、议付行或者其他信用证法律关系的利害关系人列为第三人;第三人可以申请参加诉讼,人民法院也可以通知第三人参加诉讼。

第十五条　人民法院通过实体审理,认定构成信用证欺诈并且不存在本规定第十条的情形的,应当判决终止支付信用证项下的款项。

第十六条　保证人以开证行或者开证申请人接受不符点未征得其同意为由请求免除保证责任的,人民法院不予支持。保证合同另有约定的除外。

第十七条　开证申请人与开证行对信用证进行修改未征得保证人同意的,保证人只在原保证合同约定的或者法律规定的期间和范围内承担保证责任。保证合同另有约定的除外。

第十八条　本规定自2006年1月1日起施行。

最高人民法院经济审判庭关于银行票据结算合同纠纷上诉案的电话答复

1990年7月24日公布

内蒙古自治区高级人民法院:

你院《关于银行票据结算合同纠纷上诉案的请示报告》已收悉,经我庭研究,现答复如下:

一、本案虽然从总体上来说是一起由古玉金、刘建军、赵明策划并实施的诈骗案,但却存在着两种关系:一是宝鸡五金公司与大同矿务局综合商场的所谓合同关系;二是宝鸡五金公司与银行的结算关系。票据是一种无因证券,它一经签发,就产生了独立的债权债务关系,并与该票据的原因相分离。因此,对于宝鸡五金公司与银行的结算关系可由法院分案审理。对于古玉金、刘建军等人的诈骗活动,公安机关早已立案侦查,并下令通缉,不存在移送经济犯罪问题。

二、工商行呼市大北街办事处将取款人"大同矿务局综合商店"背书上却为"河北省饶阳县食品公司留楚食品购销站"盖章的汇票错误解付,转入建行呼市第一办事处东街分理处古玉金帐户;违反了银行结算办法的有关规定,应当承担过错责任。

建行呼市第一办事处东街分理处违反银行帐户管理规定,为古玉金、刘建军等开立帐户,违反现金管理规定,让古玉金、刘建军提取12.5万元的现金,也要承担过错责任。

托县工商行违反规定,将20万元购货款转入储蓄所个人存折,被刘建军、赵明提取现金潜逃,亦应承担相应责任。

三、宝鸡市五金公司业务员将汇票转给古玉金，违反了汇票结算办法的规定。因此，宝鸡市五金公司应承担一定经济责任。

四、上列当事人各自应承担的份额，由你们根据具体情况确定。

附：

内蒙古自治区高级人民法院关于银行票据结算合同纠纷上诉案的请示报告

1990年2月19日公布

最高人民法院：

我院在审理中国工商银行呼和浩特市支行大北街办事处与陕西省宝鸡市五金交电化工批发公司银行票据结算合同纠纷上诉一案中，在适用诉讼程序和实体处理上认识不尽一致，几种处理意见都有一定的依据和理由，但又觉得拿不准。为了正确处理好这一案件，并为今后处理类似案件提供案例，现将该案基本情况和我们的意见请示报告如下：

一、案情

上诉人（原审被告）：中国工商银行呼和浩特市支行大北街办事处（以下简称大北街办事处）。

被上诉人（原审原告）：陕西省宝鸡市五金交电化工批发公司（以下简称宝鸡五金公司）。

1988年2月，河北省饶阳县农民古玉金流窜来呼和浩特市，伪造“河北省饶阳县食品公司留楚食品购销站”的印章和介绍信等证件，冒充该站业务员，通过建设银行呼和浩特市第一办事处东街分理处主任闫培林在该处开立了帐户，帐号为“912719002”。另有两个身份不明自称刘建军、赵明的人，也在呼和浩特市伪造“大同市矿务局综合商场”的印章和介绍信，冒充该商场的业务员，在东街分理处开立了帐户，帐号为“912719019”。古、刘、赵开立帐户后以经商为名，伺机诈骗。

1988年8月上、中旬，古玉金向陕西省宝鸡市机床厂供运科业务员李林召两次打电话，谎称他搞到200台18寸彩电，问李要不要。并称票已开出，每台2050元，供方山西大同矿务局综合商场每台加250元信息费，古玉金每台加50元信息费，每台价2350元，合计47万元。如果要货，8月22日前带款来呼市。李林召即与宝鸡市金台物资供应站联系，该站同意要这批货，商定由李林召先到呼市落实货源，如确有货，再派业务员申琦携款前往呼市。事成后由金台物资供应站给李林召信息费2000元。

李林召于8月20日来呼市见到了古玉金，古向李出示了伪造的呼市五金公司的提货单和发票。并与所谓供方“业务员”刘建军见面，刘说这批彩电是他通过呼市五金公司财务科长办成的，货款已付给了五金公司。如果要货，必须在8月27日将款汇入他的帐上，否则就让给别人了。李林召接连向金台物资供应站发了两封电报，要申琦务于8月25日带款来呼市。金台物资供应站收到电报后因货款困难，又和宝鸡五金公司联系，该公司同意要这批货，事成后由该公司付给金台物资供应站信息费6000元。还商定由宝鸡五金公司业务员张锃与申琦一起到呼市办理，并嘱咐张锃必须坚持“一手钱，一手货，现货交易”。

张锃持中国工商银行宝鸡市渭滨办事处开具的一张47万元的汇票（汇款单位为宝鸡五金公司，收款单位为“大同矿务局综合商店”，帐号填为“91279019”，汇入银行系呼和浩特大北街办事处）。与申琦一起于8月25日来到呼市，见到了古玉金、刘建军、李林召等人。刘建军再次向张、申2人出示了伪造的提货单和发票，在商量进款提货问题时，刘建军要求款先入他的帐，9月10日提货，张锃坚持“一手交款，一手交货”。此时另一帮忙搞彩电的李杰提出款先入河北省饶阳县食品公司留楚食品购销站的帐户，由古玉金、李林召、李杰作担保，等9月9日再入大同矿务局综合商场的帐，9月10日在呼市电视机厂提货。张锃同意先将款转入古的帐上，并就此签订了一份协议：供方刘建军、需方张锃、担保人古玉金、李杰、李林召都在协议上签了字。后张锃不放心，于8月27日亲自到呼市五金公司，询问是否卖给大同矿务局综合商场200台彩电,该公司明确答复:"没有这回事",认为刘建军的提货单和发票是伪造的,要求张锃协助将假提货单弄到手,把刘建军等人抓起来,张锃表示愿意配合。次日张锃又给呼市电视机厂销售科打电话,询问该厂是否卖给呼市五金公司200台彩电,该厂答复没有此事。张锃将此情况告诉了李林召、申琦等人,并表示他不能不见货将汇票交出。李林召等人又谎称,这批货是刘建军通过呼市五金公司私人从电视机厂搞出来的,绝对有货,并埋怨张锃说"陕西人作不成买卖",张锃是"木头人"等,几人争执不止,张锃将所签协议撕毁,表示不作这笔生意了。

8月28日至29日,张锃先后两次给宝鸡五金公司领导打电话汇报情况,要求回家。公司领导先让"再等一等,看看情况"。后又答复说:"买卖实在作不成就回来。"张锃、申琦、李林召又达成一份次日回家、费用自负的协议,3人都在协议上签了字。李杰得知后发火说:"你们都回家费用自负,我没有单位包车费谁负责"。并把张锃、申琦等人堵在屋里,向张锃强要了出租汽车费420元。此时古玉金装作同情张锃,骂李杰"太不象人","敲人竹杠子"。申琦、李林召也骂李杰不够意思。张锃提出与古玉金、李林召、申琦喝酒。在喝酒中,张锃对古玉金说:"古大哥,我信得过你,若把款放在你的帐上,我信得过。"古玉金、李林召马上赞同,一再表示款放在古玉金的帐上不会出问题,古玉金表示愿将自己的印章交给张锃保管,以示自己在张锃的款进入他的帐户后不能办取款手续。张锃、李林召将刚签好的回家协议烧掉,表示买卖继续要作,并由李林召草拟了第3份协议。该协议以大同矿务局综合商场为供方,以宝鸡五金公司为需方,购销天鹅牌彩电200台,单价2300元,总价46万元。协议规定:"在1988年9月1日付给供方转帐支票一份(已填好9月12日为有效的总价41万元"信息费另付"转帐支票一份),供方协助需方于1988年9月8、10、12日前提出200台彩电交给需方。如在9月12日18点供方未将彩电交给需方,需方声明已填好的金额41万元转帐支票作废。"李林召将协议拟出后交给张锃、申琦作了修改。张锃作为需方代表签了字,古玉金、李林召、申琦作为联系担保人签了字。8月30日该四人找到了刘建军,刘以供方代表的名义在协议上签了字。

8月31日,张锃与古玉金到呼市大北街办事处办理转款手续,张称不知手续该怎么办,古玉金说他有熟人,就将汇票交给古玉金办理。按银行结算制度规定,汇票背书应盖汇票记名的收款单位即"大同矿务局综合商店"的公章,款只能转入该单位的帐户。但古玉金、张锃为了把款转入古玉金的帐户内,就在汇票背面盖了"河北省饶阳县食品公司留楚食品购销站"的公章,填写送款簿时把收款单位填为"留楚购销站",帐号也填为古玉金的帐号"912719002"。大北街办事处办理解付手续时,本应发现汇票背面所盖的公章与汇票记名的收款单位不是一家,送款簿上填的收款单位、帐号与汇票上记名的收款单位和帐号不符,本应拒绝解付,但由于该办事处营业员马慧玲工作上的失职、疏忽,漏审了收款单位和帐号,将款错付在古玉金的帐上。

9月1日,张锃、古玉金、申琦、李林召按第三份协议,从古玉金帐上开出一张9月12日才能进款41万元的转帐支票交给了刘建军。张锃、申琦、李林召等待8日提货。9月4日古玉金用出租汽车带张锃、申琦、李林召到呼郊昭君墓游玩,9月5日、6日又带张锃等人到草原风景区昭河游玩。

呼市大北街办事处于9月2日以交换的方式将47万元汇票划给了建设银行呼市第一办事处东街分理处,9月3日正式进入古玉金帐内,当天古玉金将转帐支票上的转款日期由"9月12日"改为"9月2日",在涂改处盖了古的个人印章,将41万元款转入了"大同市矿务局综合商场"刘建军的帐内,古、刘2人通过银行闫培林以"购农副产品"的名义当天就提出现金10万元;古又从自己帐上所剩的6万元中提出现金25000元。9月7日刘建军、赵明2人通过闫培林以"收购农副产品"的名义向托县工商银行开出一张20万元的汇票,闫培林以分理处的名义向托县工商行出具了"此款无误”的证明。刘、赵2人通过关系找到了曾在托县银行工作过的干部孙永才和托县工商银行干部史剑波，经孙、史2人周旋将20万元汇票从托县建设银行转在托县工商银行，又转在史剑波个人存折内，全部提成现金交给刘、赵2人。刘、赵向孙永才行贿12000元，向史剑波行贿1500元，于当日携款逃跑；古玉金也于当日携款逃跑。

李林召于9月7日接到电报回了宝鸡。9月9月张、申2人发现款已被骗，即到呼市公安局报案。呼市公安局当即查封了古玉金、刘建军的帐户。将古玉金帐上的30850元，刘建军帐上的110200元，计141050元，追缴回14万元退给宝鸡五金公司，其余33万元被古、刘等人骗走。

经呼市公安局立案调查证实，古玉金系河北省饶阳县耿村农民，自1988年春节出门再未回家。古曾在留楚食品购销站租过一间房子卖过猪肉，但不是该站的职工，该食品站从未在呼市开立银行帐户。经向山西大同矿务局调查，该局根本就没有所谓的“大同矿务局综合商场或商店”。刘建军、赵明2人的身份住址至今不清。公安机关立案后，曾收审了闫培林、孙永才、史剑波，孙、史将收受的贿赂款交回了公安机关。现3人均被取保候审，对古玉金、刘建军、赵明已下通缉令缉捕。

二、第一审判决结果

宝鸡五金公司向呼市公安局报案后，经过三个多月的侦查未能抓获罪犯，遂于1988年12月20日以呼市大北街办事处违反银行结算制度，将本来汇给山西大同矿务局综合商店的47万元错付给了河北省饶阳县留楚食品购销站，以致被骗，请求判决大北街办事处返还错付货款赔偿全部损失为由诉至呼市中级人民法院。

呼市中级法院审理认为，根据全国联行往来制度，原告将款汇入被告方后，就使双方产生了关于银行票据结算的权利义务关系。被告方本应严格审核汇票，发现不符合解付手续就不应解付。而被告方没有履行好自己的义务，对汇票进行了错误的解付，造成了原告方的资金损失，应负全部责任。按照银行结算办法第二十四条的规定：“银行办理结算因错付或者被冒领的，应及时查处，如造成客户资金损失，要负责赔偿”和民法通则第一百一十一条的规定，判决大北街办事处赔偿宝鸡五金公司355575.30元(包括利息)。

三、第二审对该案的处理意见

第一审宣判后大北街办事处不服，向我院提出上诉，经我院多次讨论，意见如下：第一种意见，合议庭和审委会多数同志认为，本案是一起严重的经济犯罪案件，第一审分案审理的法律依据不足，第二审应撤销原判，发回重审，将有关材料移送公安机关。主要理由有3点：(一)通观全部案情事实，本案的性质属于诈骗犯罪。是古、刘、赵等人伪造印章证件，冒充企业业务人员、开立假帐户，贿赂银行工作人员，骗取现金325000元。他们的犯罪行为贯穿于案件的全过程，并起了支配作用。银行票据结算只是诈骗犯罪发展过程中的一个环节，不能离开全案孤立地看待其中的这一段。因为本案的结算关系是在犯罪分子的欺骗下产生的，中途改变收款单位也是在犯罪分子的欺骗下进行的，而且是由罪犯古玉金直接办理的转款结算手续，结算的结果是犯罪分子将款骗走，所以说票据结算与诈骗犯罪是分不开的。(二)两院一部法(研)发(1987)7号文件《关于在审理经济纠纷案件中发现经济犯罪必须及时移送的通知》中明确指出：“各级人民法院在审理经济纠纷案件中，如果发现有经济犯罪事实的，即应及时移送”。并指出：“在审理经济纠纷案件中，发现经济犯罪时，一般应将经济犯罪与经济纠纷全案移送，按照刑事诉讼法第五十三条和第五十四条的规定办理。如果经济纠纷与经济犯罪必须分案审理的，或者是经济纠纷案经审结后又发现有经济犯罪的，可只移送经济犯罪部分。”持这种意见的同志认为，在审理经济纠纷案件中发现经济犯罪事实的应及时移送，是办理这类案件的一个基本原则；将经济犯罪与经济纠纷全案移送是一般作法；经济纠纷与经济犯罪分案审理的是属于特殊情形。本案有严重的经济犯罪事实，又没有必须分案审理的特殊情况，第一审立案的法律依据不足,应按照“及时移送”的基本原则和“一般应将经济犯罪与经济纠纷全案移送”的规定,将全案移送公安机关。(三)由于古玉金、刘建军、赵明3名主犯均未抓获归案,有的案情事实还不够清楚,大北街银行办事处、宝鸡方以及建设银行呼市第一办事处的过错责任不好确认。如汇票究竟是怎样解付的,这一关键事实现在还不够清楚。张锃说:“当时我喝了啤酒,在银行凳子上坐着,由古玉金具体办理手续”。古究竟通过谁怎么办的手续张锃说不清楚。马慧玲对汇票是否是她解付的也含含糊糊,只是说:“如果要是我解付的这张汇票,也是在我最忙的时间,当时的具体情况回忆不起来了。”古玉金在逃,无法进行核对。又如大北街办事处认为“大同矿务局综合商店”与“大同市矿务局综合商场”是一码事,他们虽开始将款错付在留楚食品购销站的帐上,但有41万元款最终还是进了宝鸡五金公司原来要汇入的单位即“大同市矿务局综合商场”的帐上了,而宝鸡五金公司则坚持“商场”与“商店”是两个单位,古玉金先给他们联系的是“商店”,后因商店的人回家了,又联系的“商场”,所以根本不存在41万元款进入他们本来要汇入的单位。那么“商场”与“商店”究竟是一个单位还是两个单位,因古、刘在逃核对工作无法进行。所以现在作出实体处理,缺乏充分事实依据,一旦犯罪分子抓获后所供情况与我们现在认定的事实不符,就会被动。为了稳妥、慎重地处理好本案,还是全案移送公安机关,先通过缉拿罪犯、追缴赃款,以刑事附带民事来解决受害方损失,经过这些工作仍不能补偿损失,还需分案审理时,在搞清全案事实的基础上再继续以经济纠纷案件审理为宜。

第二种意见认为,本案有诈骗犯罪的事实,但大北街办事处的责任是清楚的,认为分案审理是可以的。至于过错,大北街办事处和宝鸡五金公司都有过错,建设银行呼市第一办事处也有过错,应追加为第三人,由三方按一定比例共同承担赔偿责任。主要理由是:1.本案存在着刑事犯罪和票据结算两种关系,属于刑事犯罪应由公安机关侦查;属于票据结算则可以由法院以经济纠纷案件审理,这样既不影响对犯罪分子的打击处理,又不影响对经济纠纷的处理。2.如果将案件移送给公安机关,何时能将罪犯捉拿归案,遥遥无期,这样就会使案件石沉大海、银行贷款利息越积越多,宝鸡五金公司的损失继续增大,对于发展经济不利。3.大北街办事处处于结算关系的中心地位,在关键时刻发生错付,应负主要责任;宝鸡五金公司上当受骗执迷不悟,在经营活动中有严重失误,也应负相应责任;建设银行呼市第一办事处违反银行帐户管理办法和现金管理条例的规定,给犯罪分子开立假帐户,提取巨额现金,致使诈骗犯罪最终得逞,也应负一定的责任。设想按照5:3:2的比例,由大北街办事处、宝鸡五金公司、建设银行呼市第一办事处三方共同承担责任。这样既了结了案件,又使各方对自己的失误交了“学费”,起了惩戒作用。

第三种意见是维持第一审判决,主要理由是:1.本案的经济纠纷部分可以分案审理,理由如前所述。2.宝鸡五金公司的过错被大北街办事处的过错所“冲销”,大北街办事处在结算的关键时刻未把住关,发生错付,是造成损失的根本原因,负有无可推卸的责任,故应承担全部经济损失。

以上三种意见中,我院倾向第一种处理意见,特予请示,并望尽快批复。

最高人民法院关于中国农业银行武汉市分行硚口区支行与中国工商银行大理市支行、云南省大理州物资贸易中心银行承兑汇票纠纷一案的答复

1. 1998年11月4日公布

2. 法经〔1998〕457号函

云南省高级人民法院:

你院请示收悉,经研究,答复如下:

一、硚口农行下属的崇仁路办事处在受理本案汇票收款人天天公司申请汇票贴现的前后,分别以电报、电话的方式查询该汇票的签发及承兑

情况，承兑人大理工行均复电确认该汇票系其签发，并明确转给农行崇仁路办事处。该办事处在审查核实汇票真实、合法的情况下办理贴现，并将汇票作成转让背书，尽到了谨慎注意的责任，不存在《中华人民共和国票据法》第十二条第二款规定的致使硚口农行不得享有票据权利的重大过失。至于农行崇仁路办事处在为天天公司开立账户、办理贴现、提现过程中有无违规行为，以及天天公司在与贸易中心的购销关系中有无诈骗行为，均非本案票据关系中的行为，不影响硚口农行享有票据权利。

二、本案汇票背书是在农行崇仁路办事处办理天天公司申请的汇票贴现时所作的转让背书，当时虽然只有背书人天天公司的签章，没有记载被背书人名称和背书日期，但其后已补记该办事处为汇票被背书人，且在背书转让上未涉及第三人，背书转让关系是明确的；由于背书日期未作记载，应视为在汇票到期日前背书，不影响背书的成立。同时，该办事处在取得汇票时经贴现已向背书人天天公司支付合理对价，属合法取得汇票，是该汇票的合法持票人。在本案汇票到期被拒绝付款时，硚口农行可以持票对承兑人大理工行、出票人贸易中心以及背书人天天公司主张票据权利。

最高人民法院关于鞍山钢铁公司弓长岭矿山公司与沈阳城市合作银行新华支行、辽阳城市合作银行弓长岭支行票据纠纷一案的复函

1. 2002年8月29日公布

2. 〔2001〕民他监字34号

辽宁省高级人民法院：

你院请示收悉，经研究，答复如下：

1. 结算处向弓长岭矿山公司背书转让银行承兑汇票时，在被背书人一栏仅记载为“弓矿公司”，以及弓长岭矿山公司将该银行承兑汇票用作质押时，签章与预留印鉴不符，违反了《票据法》第七条和《银行结算办法》第八条第一款的规定。但是，上述签章的结果并不必然导致弓长岭矿山公司丧失票据权利。鉴于合作银行弓长岭支行非以此为由拒付票款，弓长岭矿山公司的前手对持票人的真实性没有提出异议，该银行承兑汇票到期日前无人对其主张票据权利，人民银行辽阳市分行在诉讼期间对此问题也出具了证明，故应确认背书连续，弓长岭矿山公司不因此丧失票据权利。

2. 弓长岭矿山公司未背书记载“质押”字样，其后果仅为质押权人无法证明其票据质权，依票据的文义性，弓长岭矿山公司为持票人。合作银行弓长岭支行不向工商银行弓长岭支行拒付票款，而是向弓长岭矿山公司拒付票款的事实，也说明了这一点。根据《票据法》第五十三条第三款的规定，通过委托收款银行或者通过票据交换系统向付款人提示付款的，视同持票人提示付款。

3. 该银行承兑汇票属于旧版汇票，根据《银行结算会计核算手续》中有关收款人或被背书人开户行受理银行承兑汇票处理手续的规定，该银行承兑汇票的最后签章形式，不属于空白背书。

4. 根据《票据法》第三十六条的规定，合作银行弓长岭支行拒绝付款退票后，不得背书转让。

5. 该银行承兑汇票是在法定期限内通过票据交换系统提示付款的。合作银行弓长岭支行则是在接到新华支行转送的沈阳市大东区法院冻结止付的裁定及相关事宜的通知之后，以汇票冻结为由拒付，并向弓长岭矿山公司出具了借方特种传票。根据《票据法》第五十三条第一款第（二）项和第三款的规定，应视同弓长岭矿山公司向新华支行提示付款。综上所述，弓长岭矿山公司享有该银行承兑汇票的票据权利。新华支行对其承兑的汇票负有汇票到期日无条件付款的责任。

沈阳市大东区法院冻结本案汇票的裁定错误，应予撤销。

最高人民法院关于江西省九江外贸发展有限公司与中国建设银行深圳市分行罗湖支行、深圳艾尔迪实业有限公司票据纠纷案的答复

1. 1998年3月25日发布

2. 〔1998〕经他字第22号

江西省高级人民法院:

你院请示收悉,经研究,答复如下:

本案票据行为发生时,《票据法》已施行,但是与《票据法》配套的新的票据格式还未启用,根据中国人民银行有关文件规定,在新版汇票未印制启用前,仍使用旧版汇票。同时,《银行结算办法》亦未废止。因此在认定本案银行承兑汇票有效性问题时,应结合《银行结算办法》的规定考虑。

按照《银行结算办法》的有关规定,银行承兑汇票的签发人可以是收款人,也可以是承兑申请人,在由承兑申请人签发银行承兑汇票时,汇票的签发人则与承兑申请人为同一人。本案承兑申请人在"承兑申请人盖章"处签章后,承兑银行也在汇票上盖章,承诺承兑,如认定汇票无效,发生止付票款,不仅使持票人处于不利地位,而且也不利于票据流通。因此,对使用旧版银行承兑汇票的,签发人与承兑申请人为同一人时,如果签发人仅在"承兑申请人盖章"处签章,其签章即视同为签发人签章,应认定该银行承兑汇票有效。

最高人民法院关于景德镇市昌江信用联社营业部与中国银行景德镇市分行曹家岭办事处汇票结算纠纷案的答复

1. 2000年9月15日

2. 法经〔2000〕205号

从你院报告反映的事实来看,景德镇市金属管件工贸有限公司(以下简称管件公司)作为出票人取得四张银行承兑汇票后,未将汇票交付票据上所载明的收款人,而在汇票第一背书人栏目中加盖了本单位公章和法定代表人私章,致上述汇票背书次序混乱、不连续,违反了《票据法》第三十一条的有关规定。景德镇市昌江信用联社营业部作为金融机构,应该知道管件公司不是承兑汇票的合法持票人,但其仍然接受该公司以上述承兑汇票质押并贷出款项,应属重大过失。根据《票据法》第十条第二款的规定,景德镇市昌江信用联社营业部因重大过失取得不符合《票据法》规定的票据,不得享有票据权利。

七、证券、期货

中华人民共和国证券法

1. 1998年12月29日第九届全国人民代表大会常务委员会第六次会议通过
2. 根据2004年8月28日第十届全国人民代表大会常务委员会第十一次会议《关于修改〈中华人民共和国证券法〉的决定》第一次修正
3. 2005年10月27日第十届全国人民代表大会常务委员会第十八次会议修订
4. 根据2013年6月29日第十二届全国人民代表大会常务委员会第三次会议《关于修改〈中华人民共和国文物保护法〉等十二部法律的决定》第二次修正
5. 根据2014年8月31日第十二届全国人民代表大会常务委员会第十次会议《全国人民代表大会常务委员会关于修改〈中华人民共和国保险法〉等五部法律的决定》第三次修正

目　　录

第一章　总　　则

第一条　为了规范证券发行和交易行为，保护投资者的合法权益，维护社会经济秩序和社会公共利益，促进社会主义市场经济的发展，制定本法。

第二条　在中华人民共和国境内，股票、公司债券和国务院依法认定的其他证券的发行和交易，适用本法；本法未规定的，适用《中华人民共和国公司法》和其他法律、行政法规的规定。

政府债券、证券投资基金份额的上市交易，适用本法；其他法律、行政法规另有规定的，适用其规定。

证券衍生品种发行、交易的管理办法，由国务院依照本法的原则规定。

第三条　证券的发行、交易活动，必须实行公开、公平、公正的原则。

第四条　证券发行、交易活动的当事人具有平等的法律地位，应当遵守自愿、有偿、诚实信用的原则。

第五条　证券的发行、交易活动，必须遵守法律、行政法规；禁止欺诈、内幕交易和操纵证券市场的行为。

第六条　证券业和银行业、信托业、保险业实行分业经营、分业管理，证券公司与银行、信托、保险业务机构分别设立。国家另有规定的除外。

第七条　国务院证券监督管理机构依法对全国证券市场实行集中统一监督管理。

国务院证券监督管理机构根据需要可以设立派出机构，按照授权履行监督管理职责。

第八条　在国家对证券发行、交易活动实行集中统一监督管理的前提下，依法设立证券业协会，实行自律性管理。

第九条　国家审计机关依法对证券交易所、证券公司、证券登记结算机构、证券监督管理机构进行审计监督。

第二章　证券发行

第十条　公开发行证券，必须符合法律、行政法规规定的条件，并依法报经国务院证券监督管理机构或者国务院授权的部门核准；未经依法核准，任何单位和个人不得公开发行证券。

有下列情形之一的，为公开发行：

（一）向不特定对象发行证券的；

（二）向特定对象发行证券累计超过二百

人的;

(三)法律、行政法规规定的其他发行行为。

非公开发行证券,不得采用广告、公开劝诱和变相公开方式。

第十一条 发行人申请公开发行股票、可转换为股票的公司债券,依法采取承销方式的,或者公开发行法律、行政法规规定实行保荐制度的其他证券的,应当聘请具有保荐资格的机构担任保荐人。

保荐人应当遵守业务规则和行业规范,诚实守信,勤勉尽责,对发行人的申请文件和信息披露资料进行审慎核查,督导发行人规范运作。

保荐人的资格及其管理办法由国务院证券监督管理机构规定。

第十二条 设立股份有限公司公开发行股票,应当符合《中华人民共和国公司法》规定的条件和经国务院批准的国务院证券监督管理机构规定的其他条件,向国务院证券监督管理机构报送募股申请和下列文件:

(一)公司章程;

(二)发起人协议;

(三)发起人姓名或者名称,发起人认购的股份数、出资种类及验资证明;

(四)招股说明书;

(五)代收股款银行的名称及地址;

(六)承销机构名称及有关的协议。

依照本法规定聘请保荐人的,还应当报送保荐人出具的发行保荐书。

法律、行政法规规定设立公司必须报经批准的,还应当提交相应的批准文件。

第十三条 公司公开发行新股,应当符合下列条件:

(一)具备健全且运行良好的组织机构;

(二)具有持续盈利能力,财务状况良好;

(三)最近三年财务会计文件无虚假记载,无其他重大违法行为;

(四)经国务院批准的国务院证券监督管理机构规定的其他条件。

上市公司非公开发行新股,应当符合经国务院批准的国务院证券监督管理机构规定的条件,并报国务院证券监督管理机构核准。

第十四条 公司公开发行新股,应当向国务院证券监督管理机构报送募股申请和下列文件:

(一)公司营业执照;

(二)公司章程;

(三)股东大会决议;

(四)招股说明书;

(五)财务会计报告;

(六)代收股款银行的名称及地址;

(七)承销机构名称及有关的协议。

依照本法规定聘请保荐人的,还应当报送保荐人出具的发行保荐书。

第十五条 公司对公开发行股票所募集资金,必须按照招股说明书所列资金用途使用。改变招股说明书所列资金用途,必须经股东大会作出决议。擅自改变用途而未作纠正的,或者未经股东大会认可的,不得公开发行新股。

第十六条 公开发行公司债券,应当符合下列条件:

(一)股份有限公司的净资产不低于人民币三千万元,有限责任公司的净资产不低于人民币六千万元;

(二)累计债券余额不超过公司净资产的百分之四十;

(三)最近三年平均可分配利润足以支付公司债券一年的利息;

(四)筹集的资金投向符合国家产业政策;

(五)债券的利率不超过国务院限定的利率水平;

(六)国务院规定的其他条件。

公开发行公司债券筹集的资金,必须用于核准的用途,不得用于弥补亏损和非生产性支出。

上市公司发行可转换为股票的公司债券,除应当符合第一款规定的条件外,还应当符合本法关于公开发行股票的条件,并报国务院证券监督管理机构核准。

第十七条 申请公开发行公司债券,应当向国务院授权的部门或者国务院证券监督管理机构报送下列文件:

(一)公司营业执照;

(二)公司章程;

（三）公司债券募集办法；

（四）资产评估报告和验资报告；

（五）国务院授权的部门或者国务院证券监督管理机构规定的其他文件。

依照本法规定聘请保荐人的，还应当报送保荐人出具的发行保荐书。

第十八条　有下列情形之一的，不得再次公开发行公司债券：

（一）前一次公开发行的公司债券尚未募足；

（二）对已公开发行的公司债券或者其他债务有违约或者延迟支付本息的事实，仍处于继续状态；

（三）违反本法规定，改变公开发行公司债券所募资金的用途。

第十九条　发行人依法申请核准发行证券所报送的申请文件的格式、报送方式，由依法负责核准的机构或者部门规定。

第二十条　发行人向国务院证券监督管理机构或者国务院授权的部门报送的证券发行申请文件，必须真实、准确、完整。

为证券发行出具有关文件的证券服务机构和人员，必须严格履行法定职责，保证其所出具文件的真实性、准确性和完整性。

第二十一条　发行人申请首次公开发行股票的，在提交申请文件后，应当按照国务院证券监督管理机构的规定预先披露有关申请文件。

第二十二条　国务院证券监督管理机构设发行审核委员会，依法审核股票发行申请。

发行审核委员会由国务院证券监督管理机构的专业人员和所聘请的该机构外的有关专家组成，以投票方式对股票发行申请进行表决，提出审核意见。

发行审核委员会的具体组成办法、组成人员任期、工作程序，由国务院证券监督管理机构规定。

第二十三条　国务院证券监督管理机构依照法定条件负责核准股票发行申请。核准程序应当公开，依法接受监督。

参与审核和核准股票发行申请的人员，不得与发行申请人有利害关系，不得直接或者间接接受发行申请人的馈赠，不得持有所核准的发行申请的股票，不得私下与发行申请人进行接触。

国务院授权的部门对公司债券发行申请的核准，参照前两款的规定执行。

第二十四条　国务院证券监督管理机构或者国务院授权的部门应当自受理证券发行申请文件之日起三个月内，依照法定条件和法定程序作出予以核准或者不予核准的决定，发行人根据要求补充、修改发行申请文件的时间不计算在内；不予核准的，应当说明理由。

第二十五条　证券发行申请经核准，发行人应当依照法律、行政法规的规定，在证券公开发行前，公告公开发行募集文件，并将该文件置备于指定场所供公众查阅。

发行证券的信息依法公开前，任何知情人不得公开或者泄露该信息。

发行人不得在公告公开发行募集文件前发行证券。

第二十六条　国务院证券监督管理机构或者国务院授权的部门对已作出的核准证券发行的决定，发现不符合法定条件或者法定程序，尚未发行证券的，应当予以撤销，停止发行。已经发行尚未上市的，撤销发行核准决定，发行人应当按照发行价并加算银行同期存款利息返还证券持有人；保荐人应当与发行人承担连带责任，但是能够证明自己没有过错的除外；发行人的控股股东、实际控制人有过错的，应当与发行人承担连带责任。

第二十七条　股票依法发行后，发行人经营与收益的变化，由发行人自行负责；由此变化引致的投资风险，由投资者自行负责。

第二十八条　发行人向不特定对象发行的证券，法律、行政法规规定应当由证券公司承销的，发行人应当同证券公司签订承销协议。证券承销业务采取代销或者包销方式。

证券代销是指证券公司代发行人发售证券，在承销期结束时，将未售出的证券全部退还给发行人的承销方式。

证券包销是指证券公司将发行人的证券按照协议全部购入或者在承销期结束时将售后剩余证券全部自行购入的承销方式。

第二十九条　公开发行证券的发行人有权依法自主选择承销的证券公司。证券公司不得以不正当竞争手段招揽证券承销业务。

第三十条 证券公司承销证券,应当同发行人签订代销或者包销协议,载明下列事项:

(一)当事人的名称、住所及法定代表人姓名;

(二)代销、包销证券的种类、数量、金额及发行价格;

(三)代销、包销的期限及起止日期;

(四)代销、包销的付款方式及日期;

(五)代销、包销的费用和结算办法;

(六)违约责任;

(七)国务院证券监督管理机构规定的其他事项。

第三十一条 证券公司承销证券,应当对公开发行募集文件的真实性、准确性、完整性进行核查;发现有虚假记载、误导性陈述或者重大遗漏的,不得进行销售活动;已经销售的,必须立即停止销售活动,并采取纠正措施。

第三十二条 向不特定对象发行的证券票面总值超过人民币五千万元的,应当由承销团承销。承销团应当由主承销和参与承销的证券公司组成。

第三十三条 证券的代销、包销期限最长不得超过九十日。

证券公司在代销、包销期内,对所代销、包销的证券应当保证先行出售给认购人,证券公司不得为本公司预留所代销的证券和预先购入并留存所包销的证券。

第三十四条 股票发行采取溢价发行的,其发行价格由发行人与承销的证券公司协商确定。

第三十五条 股票发行采用代销方式,代销期限届满,向投资者出售的股票数量未达到拟公开发行股票数量百分之七十的,为发行失败。发行人应当按照发行价并加算银行同期存款利息返还股票认购人。

第三十六条 公开发行股票,代销、包销期限届满,发行人应当在规定的期限内将股票发行情况报国务院证券监督管理机构备案。

第三章 证券交易

第一节 一般规定

第三十七条 证券交易当事人依法买卖的证券,必须是依法发行并交付的证券。

非依法发行的证券,不得买卖。

第三十八条 依法发行的股票、公司债券及其他证券,法律对其转让期限有限制性规定的,在限定的期限内不得买卖。

第三十九条 依法公开发行的股票、公司债券及其他证券,应当在依法设立的证券交易所上市交易或者在国务院批准的其他证券交易场所转让。

第四十条 证券在证券交易所上市交易,应当采用公开的集中交易方式或者国务院证券监督管理机构批准的其他方式。

第四十一条 证券交易当事人买卖的证券可以采用纸面形式或者国务院证券监督管理机构规定的其他形式。

第四十二条 证券交易以现货和国务院规定的其他方式进行交易。

第四十三条 证券交易所、证券公司和证券登记结算机构的从业人员、证券监督管理机构的工作人员以及法律、行政法规禁止参与股票交易的其他人员,在任期或者法定限期内,不得直接或者以化名、借他人名义持有、买卖股票,也不得收受他人赠送的股票。

任何人在成为前款所列人员时,其原已持有的股票,必须依法转让。

第四十四条 证券交易所、证券公司、证券登记结算机构必须依法为客户开立的账户保密。

第四十五条 为股票发行出具审计报告、资产评估报告或者法律意见书等文件的证券服务机构和人员,在该股票承销期内和期满后六个月内,不得买卖该种股票。

除前款规定外,为上市公司出具审计报告、资产评估报告或者法律意见书等文件的证券服务机构和人员,自接受上市公司委托之日起至上述文件公开后五日内,不得买卖该种股票。

第四十六条 证券交易的收费必须合理,并公开收费项目、收费标准和收费办法。

证券交易的收费项目、收费标准和管理办法由国务院有关主管部门统一规定。

第四十七条 上市公司董事、监事、高级管理人员、持有上市公司股份百分之五以上的股东,将其持有的该公司的股票在买入后六个月内卖出，或者在卖出后六个月内又买入，由此所得收益归该公司所有，公司董事会应当收回其所得收益。但是，证券公司因包销购入售后剩余股票而持有百分之五以上股份的，卖出该股票不受六个月时间限制。

公司董事会不按照前款规定执行的，股东有权要求董事会在三十日内执行。公司董事会未在上述期限内执行的，股东有权为了公司的利益以自己的名义直接向人民法院提起诉讼。

公司董事会不按照第一款的规定执行的，负有责任的董事依法承担连带责任。

第二节　证 券 上 市

第四十八条　申请证券上市交易，应当向证券交易所提出申请，由证券交易所依法审核同意，并由双方签订上市协议。

证券交易所根据国务院授权的部门的决定安排政府债券上市交易。

第四十九条　申请股票、可转换为股票的公司债券或者法律、行政法规规定实行保荐制度的其他证券上市交易，应当聘请具有保荐资格的机构担任保荐人。

本法第十一条第二款、第三款的规定适用于上市保荐人。

第五十条　股份有限公司申请股票上市，应当符合下列条件：

（一）股票经国务院证券监督管理机构核准已公开发行；

（二）公司股本总额不少于人民币三千万元；

（三）公开发行的股份达到公司股份总数的百分之二十五以上；公司股本总额超过人民币四亿元的，公开发行股份的比例为百分之十以上；

（四）公司最近三年无重大违法行为，财务会计报告无虚假记载。

证券交易所可以规定高于前款规定的上市条件，并报国务院证券监督管理机构批准。

第五十一条　国家鼓励符合产业政策并符合上市条件的公司股票上市交易。

第五十二条　申请股票上市交易，应当向证券交易所报送下列文件：

（一）上市报告书；

（二）申请股票上市的股东大会决议；

（三）公司章程；

（四）公司营业执照；

（五）依法经会计师事务所审计的公司最近三年的财务会计报告；

（六）法律意见书和上市保荐书；

（七）最近一次的招股说明书；

（八）证券交易所上市规则规定的其他文件。

第五十三条　股票上市交易申请经证券交易所审核同意后，签订上市协议的公司应当在规定的期限内公告股票上市的有关文件，并将该文件置备于指定场所供公众查阅。

第五十四条　签订上市协议的公司除公告前条规定的文件外，还应当公告下列事项：

（一）股票获准在证券交易所交易的日期；

（二）持有公司股份最多的前十名股东的名单和持股数额；

（三）公司的实际控制人；

（四）董事、监事、高级管理人员的姓名及其持有本公司股票和债券的情况。

第五十五条　上市公司有下列情形之一的，由证券交易所决定暂停其股票上市交易：

（一）公司股本总额、股权分布等发生变化不再具备上市条件；

（二）公司不按照规定公开其财务状况，或者对财务会计报告作虚假记载，可能误导投资者；

（三）公司有重大违法行为；

（四）公司最近三年连续亏损；

（五）证券交易所上市规则规定的其他情形。

第五十六条　上市公司有下列情形之一的，由证券交易所决定终止其股票上市交易：

（一）公司股本总额、股权分布等发生变化不再具备上市条件，在证券交易所规定的期限内仍不能达到上市条件；

（二）公司不按照规定公开其财务状况，或者对财务会计报告作虚假记载，且拒绝纠正；

(三)公司最近三年连续亏损,在其后一个年度内未能恢复盈利;

(四)公司解散或者被宣告破产;

(五)证券交易所上市规则规定的其他情形。

第五十七条　公司申请公司债券上市交易,应当符合下列条件:

(一)公司债券的期限为一年以上;

(二)公司债券实际发行额不少于人民币五千万元;

(三)公司申请债券上市时仍符合法定的公司债券发行条件。

第五十八条　申请公司债券上市交易,应当向证券交易所报送下列文件:

(一)上市报告书;

(二)申请公司债券上市的董事会决议;

(三)公司章程;

(四)公司营业执照;

(五)公司债券募集办法;

(六)公司债券的实际发行数额;

(七)证券交易所上市规则规定的其他文件。

申请可转换为股票的公司债券上市交易,还应当报送保荐人出具的上市保荐书。

第五十九条　公司债券上市交易申请经证券交易所审核同意后,签订上市协议的公司应当在规定的期限内公告公司债券上市文件及有关文件,并将其申请文件置备于指定场所供公众查阅。

第六十条　公司债券上市交易后,公司有下列情形之一的,由证券交易所决定暂停其公司债券上市交易:

(一)公司有重大违法行为;

(二)公司情况发生重大变化不符合公司债券上市条件;

(三)发行公司债券所募集的资金不按照核准的用途使用;

(四)未按照公司债券募集办法履行义务;

(五)公司最近二年连续亏损。

第六十一条　公司有前条第(一)项、第(四)项所列情形之一经查实后果严重的,或者有前条第(二)项、第(三)项、第(五)项所列情形之一,在限期内未能消除的,由证券交易所决定终止其公司债券上市交易。

公司解散或者被宣告破产的,由证券交易所终止其公司债券上市交易。

第六十二条　对证券交易所作出的不予上市、暂停上市、终止上市决定不服的,可以向证券交易所设立的复核机构申请复核。

第三节　持续信息公开

第六十三条　发行人、上市公司依法披露的信息,必须真实、准确、完整,不得有虚假记载、误导性陈述或者重大遗漏。

第六十四条　经国务院证券监督管理机构核准依法公开发行股票,或者经国务院授权的部门核准依法公开发行公司债券,应当公告招股说明书、公司债券募集办法。依法公开发行新股或者公司债券的,还应当公告财务会计报告。

第六十五条　上市公司和公司债券上市交易的公司,应当在每一会计年度的上半年结束之日起二个月内,向国务院证券监督管理机构和证券交易所报送记载以下内容的中期报告,并予公告:

(一)公司财务会计报告和经营情况;

(二)涉及公司的重大诉讼事项;

(三)已发行的股票、公司债券变动情况;

(四)提交股东大会审议的重要事项;

(五)国务院证券监督管理机构规定的其他事项。

第六十六条　上市公司和公司债券上市交易的公司,应当在每一会计年度结束之日起四个月内,向国务院证券监督管理机构和证券交易所报送记载以下内容的年度报告,并予公告:

(一)公司概况;

(二)公司财务会计报告和经营情况;

(三)董事、监事、高级管理人员简介及其持股情况;

(四)已发行的股票、公司债券情况,包括持有公司股份最多的前十名股东的名单和持股数额;

(五)公司的实际控制人;

(六)国务院证券监督管理机构规定的其他事项。

第六十七条　发生可能对上市公司股票交易价

格产生较大影响的重大事件，投资者尚未得知时，上市公司应当立即将有关该重大事件的情况向国务院证券监督管理机构和证券交易所报送临时报告，并予公告，说明事件的起因、目前的状态和可能产生的法律后果。

下列情况为前款所称重大事件：

（一）公司的经营方针和经营范围的重大变化；

（二）公司的重大投资行为和重大的购置财产的决定；

（三）公司订立重要合同，可能对公司的资产、负债、权益和经营成果产生重要影响；

（四）公司发生重大债务和未能清偿到期重大债务的违约情况；

（五）公司发生重大亏损或者重大损失；

（六）公司生产经营的外部条件发生的重大变化；

（七）公司的董事、三分之一以上监事或者经理发生变动；

（八）持有公司百分之五以上股份的股东或者实际控制人，其持有股份或者控制公司的情况发生较大变化；

（九）公司减资、合并、分立、解散及申请破产的决定；

（十）涉及公司的重大诉讼，股东大会、董事会决议被依法撤销或者宣告无效；

（十一）公司涉嫌犯罪被司法机关立案调查，公司董事、监事、高级管理人员涉嫌犯罪被司法机关采取强制措施；

（十二）国务院证券监督管理机构规定的其他事项。

第六十八条　上市公司董事、高级管理人员应当对公司定期报告签署书面确认意见。

上市公司监事会应当对董事会编制的公司定期报告进行审核并提出书面审核意见。

上市公司董事、监事、高级管理人员应当保证上市公司所披露的信息真实、准确、完整。

第六十九条　发行人、上市公司公告的招股说明书、公司债券募集办法、财务会计报告、上市报告文件、年度报告、中期报告、临时报告以及其他信息披露资料，有虚假记载、误导性陈述或者重大遗漏，致使投资者在证券交易中遭受损失的，发行人、上市公司应当承担赔偿责任；发行人、上市公司的董事、监事、高级管理人员和其他直接责任人员以及保荐人、承销的证券公司，应当与发行人、上市公司承担连带赔偿责任，但是能够证明自己没有过错的除外；发行人、上市公司的控股股东、实际控制人有过错的，应当与发行人、上市公司承担连带赔偿责任。

第七十条　依法必须披露的信息，应当在国务院证券监督管理机构指定的媒体发布，同时将其置备于公司住所、证券交易所，供社会公众查阅。

第七十一条　国务院证券监督管理机构对上市公司年度报告、中期报告、临时报告以及公告的情况进行监督，对上市公司分派或者配售新股的情况进行监督，对上市公司控股股东和信息披露义务人的行为进行监督。

证券监督管理机构、证券交易所、保荐人、承销的证券公司及有关人员，对公司依照法律、行政法规规定必须作出的公告，在公告前不得泄露其内容。

第七十二条　证券交易所决定暂停或者终止证券上市交易的，应当及时公告，并报国务院证券监督管理机构备案。

第四节　禁止的交易行为

第七十三条　禁止证券交易内幕信息的知情人和非法获取内幕信息的人利用内幕信息从事证券交易活动。

第七十四条　证券交易内幕信息的知情人包括：

（一）发行人的董事、监事、高级管理人员；

（二）持有公司百分之五以上股份的股东及其董事、监事、高级管理人员，公司的实际控制人及其董事、监事、高级管理人员；

（三）发行人控股的公司及其董事、监事、高级管理人员；

（四）由于所任公司职务可以获取公司有关内幕信息的人员；

（五）证券监督管理机构工作人员以及由于法定职责对证券的发行、交易进行管理的其他人员；

（六）保荐人、承销的证券公司、证券交易所、证券登记结算机构、证券服务机构的有关人员；

（七）国务院证券监督管理机构规定的其他人。

第七十五条　证券交易活动中，涉及公司的经营、财务或者对该公司证券的市场价格有重大影响的尚未公开的信息，为内幕信息。

下列信息皆属内幕信息：

（一）本法第六十七条第二款所列重大事件；

（二）公司分配股利或者增资的计划；

（三）公司股权结构的重大变化；

（四）公司债务担保的重大变更；

（五）公司营业用主要资产的抵押、出售或者报废一次超过该资产的百分之三十；

（六）公司的董事、监事、高级管理人员的行为可能依法承担重大损害赔偿责任；

（七）上市公司收购的有关方案；

（八）国务院证券监督管理机构认定的对证券交易价格有显著影响的其他重要信息。

第七十六条　证券交易内幕信息的知情人和非法获取内幕信息的人，在内幕信息公开前，不得买卖该公司的证券，或者泄露该信息，或者建议他人买卖该证券。

持有或者通过协议、其他安排与他人共同持有公司百分之五以上股份的自然人、法人、其他组织收购上市公司的股份，本法另有规定的，适用其规定。

内幕交易行为给投资者造成损失的，行为人应当依法承担赔偿责任。

第七十七条　禁止任何人以下列手段操纵证券市场：

（一）单独或者通过合谋，集中资金优势、持股优势或者利用信息优势联合或者连续买卖，操纵证券交易价格或者证券交易量；

（二）与他人串通，以事先约定的时间、价格和方式相互进行证券交易，影响证券交易价格或者证券交易量；

（三）在自己实际控制的账户之间进行证券交易，影响证券交易价格或者证券交易量；

（四）以其他手段操纵证券市场。

操纵证券市场行为给投资者造成损失的，行为人应当依法承担赔偿责任。

第七十八条　禁止国家工作人员、传播媒介从业人员和有关人员编造、传播虚假信息，扰乱证券市场。

禁止证券交易所、证券公司、证券登记结算机构、证券服务机构及其从业人员，证券业协会、证券监督管理机构及其工作人员，在证券交易活动中作出虚假陈述或者信息误导。

各种传播媒介传播证券市场信息必须真实、客观，禁止误导。

第七十九条　禁止证券公司及其从业人员从事下列损害客户利益的欺诈行为：

（一）违背客户的委托为其买卖证券；

（二）不在规定时间内向客户提供交易的书面确认文件；

（三）挪用客户所委托买卖的证券或者客户账户上的资金；

（四）未经客户的委托，擅自为客户买卖证券，或者假借客户的名义买卖证券；

（五）为牟取佣金收入，诱使客户进行不必要的证券买卖；

（六）利用传播媒介或者通过其他方式提供、传播虚假或者误导投资者的信息；

（七）其他违背客户真实意思表示，损害客户利益的行为。

欺诈客户行为给客户造成损失的，行为人应当依法承担赔偿责任。

第八十条　禁止法人非法利用他人账户从事证券交易；禁止法人出借自己或者他人的证券账户。

第八十一条　依法拓宽资金入市渠道，禁止资金违规流入股市。

第八十二条　禁止任何人挪用公款买卖证券。

第八十三条　国有企业和国有资产控股的企业买卖上市交易的股票，必须遵守国家有关规定。

第八十四条　证券交易所、证券公司、证券登记结算机构、证券服务机构及其从业人员对证券交易中发现的禁止的交易行为，应当及时向证券监督管理机构报告。

第四章　上市公司的收购

第八十五条　投资者可以采取要约收购、协议收购及其他合法方式收购上市公司。

第八十六条　通过证券交易所的证券交易，投资者持有或者通过协议、其他安排与他人共同持有一个上市公司已发行的股份达到百分之五时，应当在该事实发生之日起三日内，向国务院证券监督管理机构、证券交易所作出书面报告，通知该上市公司，并予公告；在上述期限内，不得再行买卖该上市公司的股票。

投资者持有或者通过协议、其他安排与他人共同持有一个上市公司已发行的股份达到百分之五后，其所持该上市公司已发行的股份比例每增加或者减少百分之五，应当依照前款规定进行报告和公告。在报告期限内和作出报告、公告后二日内，不得再行买卖该上市公司的股票。

第八十七条　依照前条规定所作的书面报告和公告，应当包括下列内容：

（一）持股人的名称、住所；

（二）持有的股票的名称、数额；

（三）持股达到法定比例或者持股增减变化达到法定比例的日期。

第八十八条　通过证券交易所的证券交易，投资者持有或者通过协议、其他安排与他人共同持有一个上市公司已发行的股份达到百分之三十时，继续进行收购的，应当依法向该上市公司所有股东发出收购上市公司全部或者部分股份的要约。

收购上市公司部分股份的收购要约应当约定，被收购公司股东承诺出售的股份数额超过预定收购的股份数额的，收购人按比例进行收购。

第八十九条　依照前条规定发出收购要约，收购人必须事公告上市公司收购报告书，并载明下列事项：

（一）收购人的名称、住所；

（二）被收购的上市公司名称；

（三）收购目的；

（四）收购股份的详细名称和预定收购的股份数额；

（五）收购期限、收购价格；

（六）收购所需资金额及资金保证；

（七）公告上市公司收购报告书时持有被收购公司股份数占该公司已发行的股份总数的比例。

收购人还应当将上市公司收购报告书同时提交证券交易所。

第九十条　收购要约约定的收购期限不得少于三十日，并不得超过六十日。

第九十一条　在收购要约确定的承诺期限内，收购人不得撤销其收购要约。收购人需要变更收购要约的，必须及时公告，载明具体变更事项。

第九十二条　收购要约提出的各项收购条件，适用于被收购公司的所有股东。

第九十三条　采取要约收购方式的，收购人在收购期限内，不得卖出被收购公司的股票，也不得采取要约规定以外的形式和超出要约的条件买入被收购公司的股票。

第九十四条　采取协议收购方式的，收购人可以依照法律、行政法规的规定同被收购公司的股东以协议方式进行股份转让。

以协议方式收购上市公司时，达成协议后，收购人必须在三日内将该收购协议向国务院证券监督管理机构及证券交易所作出书面报告，并予公告。

在公告前不得履行收购协议。

第九十五条　采取协议收购方式的，协议双方可以临时委托证券登记结算机构保管协议转让的股票，并将资金存放于指定的银行。

第九十六条　采取协议收购方式的，收购人收购或者通过协议、其他安排与他人共同收购一个上市公司已发行的股份达到百分之三十时，继续进行收购的，应当向该上市公司所有股东发出收购上市公司全部或者部分股份的要约。但是，经国务院证券监督管理机构免除发出要约的除外。

收购人依照前款规定以要约方式收购上市公司股份，应当遵守本法第八十九条至第九十三条的规定。

第九十七条　收购期限届满，被收购公司股权分布不符合上市条件的，该上市公司的股票应当由证券交易所依法终止上市交易；其余仍持有被收购公司股票的股东，有权向收购人以收购要约的同等条件出售其股票，收购人应当收购。

收购行为完成后,被收购公司不再具备股份有限公司条件的,应当依法变更企业形式。

第九十八条 在上市公司收购中,收购人持有的被收购的上市公司的股票,在收购行为完成后的十二个月内不得转让。

第九十九条 收购行为完成后,收购人与被收购公司合并,并将该公司解散的,被解散公司的原有股票由收购人依法更换。

第一百条 收购行为完成后,收购人应当在十五日内将收购情况报告国务院证券监督管理机构和证券交易所,并予公告。

第一百零一条 收购上市公司中由国家授权投资的机构持有的股份,应当按照国务院的规定,经有关主管部门批准。

国务院证券监督管理机构应当依照本法的原则制定上市公司收购的具体办法。

第五章 证券交易所

第一百零二条 证券交易所是为证券集中交易提供场所和设施,组织和监督证券交易,实行自律管理的法人。

证券交易所的设立和解散,由国务院决定。

第一百零三条 设立证券交易所必须制定章程。

证券交易所章程的制定和修改,必须经国务院证券监督管理机构批准。

第一百零四条 证券交易所必须在其名称中标明证券交易所字样。其他任何单位或者个人不得使用证券交易所或者近似的名称。

第一百零五条 证券交易所可以自行支配的各项费用收入,应当首先用于保证其证券交易场所和设施的正常运行并逐步改善。

实行会员制的证券交易所的财产积累归会员所有,其权益由会员共同享有,在其存续期间,不得将其财产积累分配给会员。

第一百零六条 证券交易所设理事会。

第一百零七条 证券交易所设总经理一人,由国务院证券监督管理机构任免。

第一百零八条 有《中华人民共和国公司法》第一百四十六条规定的情形或者下列情形之一的,不得担任证券交易所的负责人:

(一)因违法行为或者违纪行为被解除职务的证券交易所、证券登记结算机构的负责人或者证券公司的董事、监事、高级管理人员,自被解除职务之日起未逾五年;

(二)因违法行为或者违纪行为被撤销资格的律师、注册会计师或者投资咨询机构、财务顾问机构、资信评级机构、资产评估机构、验证机构的专业人员,自被撤销资格之日起未逾五年。

第一百零九条 因违法行为或者违纪行为被开除的证券交易所、证券登记结算机构、证券服务机构、证券公司的从业人员和被开除的国家机关工作人员,不得招聘为证券交易所的从业人员。

第一百一十条 进入证券交易所参与集中交易的,必须是证券交易所的会员。

第一百一十一条 投资者应当与证券公司签订证券交易委托协议,并在证券公司开立证券交易账户,以书面、电话以及其他方式,委托该证券公司代其买卖证券。

第一百一十二条 证券公司根据投资者的委托,按照证券交易规则提出交易申报,参与证券交易所场内的集中交易,并根据成交结果承担相应的清算交收责任;证券登记结算机构根据成交结果,按照清算交收规则,与证券公司进行证券和资金的清算交收,并为证券公司客户办理证券的登记过户手续。

第一百一十三条 证券交易所应当为组织公平的集中交易提供保障,公布证券交易即时行情,并按交易日制作证券市场行情表,予以公布。

未经证券交易所许可,任何单位和个人不得发布证券交易即时行情。

第一百一十四条 因突发性事件而影响证券交易的正常进行时,证券交易所可以采取技术性停牌的措施;因不可抗力的突发性事件或者为维护证券交易的正常秩序,证券交易所可以决定临时停市。

证券交易所采取技术性停牌或者决定临时停市,必须及时报告国务院证券监督管理机构。

第一百一十五条 证券交易所对证券交易实行实时监控,并按照国务院证券监督管理机构的要求,对异常的交易情况提出报告。

证券交易所应当对上市公司及相关信息披露义务人披露信息进行监督，督促其依法及时、准确地披露信息。

证券交易所根据需要，可以对出现重大异常交易情况的证券账户限制交易，并报国务院证券监督管理机构备案。

第一百一十六条　证券交易所应当从其收取的交易费用和会员费、席位费中提取一定比例的金额设立风险基金。风险基金由证券交易所理事会管理。

风险基金提取的具体比例和使用办法，由国务院证券监督管理机构会同国务院财政部门规定。

第一百一十七条　证券交易所应当将收存的风险基金存入开户银行专门账户，不得擅自使用。

第一百一十八条　证券交易所依照证券法律、行政法规制定上市规则、交易规则、会员管理规则和其他有关规则，并报国务院证券监督管理机构批准。

第一百一十九条　证券交易所的负责人和其他从业人员在执行与证券交易有关的职务时，与其本人或者其亲属有利害关系的，应当回避。

第一百二十条　按照依法制定的交易规则进行的交易，不得改变其交易结果。对交易中违规交易者应负的民事责任不得免除；在违规交易中所获利益，依照有关规定处理。

第一百二十一条　在证券交易所内从事证券交易的人员，违反证券交易所有关交易规则的，由证券交易所给予纪律处分；对情节严重的，撤销其资格，禁止其入场进行证券交易。

第六章　证 券 公 司

第一百二十二条　设立证券公司，必须经国务院证券监督管理机构审查批准。未经国务院证券监督管理机构批准，任何单位和个人不得经营证券业务。

第一百二十三条　本法所称证券公司是指依照《中华人民共和国公司法》和本法规定设立的经营证券业务的有限责任公司或者股份有限公司。

第一百二十四条　设立证券公司，应当具备下列条件：

（一）有符合法律、行政法规规定的公司章程；

（二）主要股东具有持续盈利能力，信誉良好，最近三年无重大违法违规记录，净资产不低于人民币二亿元；

（三）有符合本法规定的注册资本；

（四）董事、监事、高级管理人员具备任职资格，从业人员具有证券从业资格；

（五）有完善的风险管理与内部控制制度；

（六）有合格的经营场所和业务设施；

（七）法律、行政法规规定的和经国务院批准的国务院证券监督管理机构规定的其他条件。

第一百二十五条　经国务院证券监督管理机构批准，证券公司可以经营下列部分或者全部业务：

（一）证券经纪；

（二）证券投资咨询；

（三）与证券交易、证券投资活动有关的财务顾问；

（四）证券承销与保荐；

（五）证券自营；

（六）证券资产管理；

（七）其他证券业务。

第一百二十六条　证券公司必须在其名称中标明证券有限责任公司或者证券股份有限公司字样。

第一百二十七条　证券公司经营本法第一百二十五条第（一）项至第（三）项业务的，注册资本最低限额为人民币五千万元；经营第（四）项至第（七）项业务之一的，注册资本最低限额为人民币一亿元；经营第（四）项至第（七）项业务中两项以上的，注册资本最低限额为人民币五亿元。证券公司的注册资本应当是实缴资本。

国务院证券监督管理机构根据审慎监管原则和各项业务的风险程度，可以调整注册资本最低限额，但不得少于前款规定的限额。

第一百二十八条　国务院证券监督管理机构应当自受理证券公司设立申请之日起六个月内，依照法定条件和法定程序并根据审慎监管原则进行审查，作出批准或者不予批准的决定，并通知申请人;不予批准的,应当说明理由。

证券公司设立申请获得批准的,申请人应当在规定的期限内向公司登记机关申请设立登记,领取营业执照。

证券公司应当自领取营业执照之日起十五日内,向国务院证券监督管理机构申请经营证券业务许可证。未取得经营证券业务许可证,证券公司不得经营证券业务。

第一百二十九条 证券公司设立、收购或者撤销分支机构,变更业务范围,增加注册资本且股权结构发生重大调整,减少注册资本,变更持有百分之五以上股权的股东、实际控制人,变更公司章程中的重要条款,合并、分立、停业、解散、破产,必须经国务院证券监督管理机构批准。

证券公司在境外设立、收购或者参股证券经营机构,必须经国务院证券监督管理机构批准。

第一百三十条 国务院证券监督管理机构应当对证券公司的净资本,净资本与负债的比例,净资本与净资产的比例,净资本与自营、承销、资产管理等业务规模的比例,负债与净资产的比例,以及流动资产与流动负债的比例等风险控制指标作出规定。

证券公司不得为其股东或者股东的关联人提供融资或者担保。

第一百三十一条 证券公司的董事、监事、高级管理人员,应当正直诚实,品行良好,熟悉证券法律、行政法规,具有履行职责所需的经营管理能力,并在任职前取得国务院证券监督管理机构核准的任职资格。

有《中华人民共和国公司法》第一百四十六条规定的情形或者下列情形之一的,不得担任证券公司的董事、监事、高级管理人员:

(一)因违法行为或者违纪行为被解除职务的证券交易所、证券登记结算机构的负责人或者证券公司的董事、监事、高级管理人员,自被解除职务之日起未逾五年;

(二)因违法行为或者违纪行为被撤销资格的律师、注册会计师或者投资咨询机构、财务顾问机构、资信评级机构、资产评估机构、验证机构的专业人员,自被撤销资格之日起未逾五年。

第一百三十二条 因违法行为或者违纪行为被开除的证券交易所、证券登记结算机构、证券服务机构、证券公司的从业人员和被开除的国家机关工作人员,不得招聘为证券公司的从业人员。

第一百三十三条 国家机关工作人员和法律、行政法规规定的禁止在公司中兼职的其他人员,不得在证券公司中兼任职务。

第一百三十四条 国家设立证券投资者保护基金。证券投资者保护基金由证券公司缴纳的资金及其他依法筹集的资金组成,其筹集、管理和使用的具体办法由国务院规定。

第一百三十五条 证券公司从每年的税后利润中提取交易风险准备金,用于弥补证券交易的损失,其提取的具体比例由国务院证券监督管理机构规定。

第一百三十六条 证券公司应当建立健全内部控制制度,采取有效隔离措施,防范公司与客户之间、不同客户之间的利益冲突。

证券公司必须将其证券经纪业务、证券承销业务、证券自营业务和证券资产管理业务分开办理,不得混合操作。

第一百三十七条 证券公司的自营业务必须以自己的名义进行,不得假借他人名义或者以个人名义进行。

证券公司的自营业务必须使用自有资金和依法筹集的资金。

证券公司不得将其自营账户借给他人使用。

第一百三十八条 证券公司依法享有自主经营的权利,其合法经营不受干涉。

第一百三十九条 证券公司客户的交易结算资金应当存放在商业银行,以每个客户的名义单独立户管理。具体办法和实施步骤由国务院规定。

证券公司不得将客户的交易结算资金和证券归入其自有财产。禁止任何单位或者个人以任何形式挪用客户的交易结算资金和证券。证券公司破产或者清算时,客户的交易结算资金和证券不属于其破产财产或者清算财产。非因客户本身的债务或者法律规定的其他情形，不得查封、冻结、扣划或者强制执行客户的交易结算资金和证券。

第一百四十条　证券公司办理经纪业务，应当置备统一制定的证券买卖委托书，供委托人使用。采取其他委托方式的，必须作出委托记录。

客户的证券买卖委托，不论是否成交，其委托记录应当按照规定的期限，保存于证券公司。

第一百四十一条　证券公司接受证券买卖的委托，应当根据委托书载明的证券名称、买卖数量、出价方式、价格幅度等，按照交易规则代理买卖证券，如实进行交易记录；买卖成交后，应当按照规定制作买卖成交报告单交付客户。

证券交易中确认交易行为及其交易结果的对账单必须真实，并由交易经办人员以外的审核人员逐笔审核，保证账面证券余额与实际持有的证券相一致。

第一百四十二条　证券公司为客户买卖证券提供融资融券服务，应当按照国务院的规定并经国务院证券监督管理机构批准。

第一百四十三条　证券公司办理经纪业务，不得接受客户的全权委托而决定证券买卖、选择证券种类、决定买卖数量或者买卖价格。

第一百四十四条　证券公司不得以任何方式对客户证券买卖的收益或者赔偿证券买卖的损失作出承诺。

第一百四十五条　证券公司及其从业人员不得未经过其依法设立的营业场所私下接受客户委托买卖证券。

第一百四十六条　证券公司的从业人员在证券交易活动中，执行所属的证券公司的指令或者利用职务违反交易规则的，由所属的证券公司承担全部责任。

第一百四十七条　证券公司应当妥善保存客户开户资料、委托记录、交易记录和与内部管理、业务经营有关的各项资料，任何人不得隐匿、伪造、篡改或者毁损。上述资料的保存期限不得少于二十年。

第一百四十八条　证券公司应当按照规定向国务院证券监督管理机构报送业务、财务等经营管理信息和资料。国务院证券监督管理机构有权要求证券公司及其股东、实际控制人在指定的期限内提供有关信息、资料。

证券公司及其股东、实际控制人向国务院证券监督管理机构报送或者提供的信息、资料，必须真实、准确、完整。

第一百四十九条　国务院证券监督管理机构认为有必要时，可以委托会计师事务所、资产评估机构对证券公司的财务状况、内部控制状况、资产价值进行审计或者评估。具体办法由国务院证券监督管理机构会同有关主管部门制定。

第一百五十条　证券公司的净资本或者其他风险控制指标不符合规定的，国务院证券监督管理机构应当责令其限期改正；逾期未改正，或者其行为严重危及该证券公司的稳健运行、损害客户合法权益的，国务院证券监督管理机构可以区别情形，对其采取下列措施：

（一）限制业务活动，责令暂停部分业务，停止批准新业务；

（二）停止批准增设、收购营业性分支机构；

（三）限制分配红利，限制向董事、监事、高级管理人员支付报酬、提供福利；

（四）限制转让财产或者在财产上设定其他权利；

（五）责令更换董事、监事、高级管理人员或者限制其权利；

（六）责令控股股东转让股权或者限制有关股东行使股东权利；

（七）撤销有关业务许可。

证券公司整改后，应当向国务院证券监督管理机构提交报告。国务院证券监督管理机构经验收，符合有关风险控制指标的，应当自验收完毕之日起三日内解除对其采取的前款规定的有关措施。

第一百五十一条　证券公司的股东有虚假出资、抽逃出资行为的，国务院证券监督管理机构应当责令其限期改正，并可责令其转让所持证券公司的股权。

在前款规定的股东按照要求改正违法行为、转让所持证券公司的股权前，国务院证券监督管理机构可以限制其股东权利。

第一百五十二条　证券公司的董事、监事、高级管理人员未能勤勉尽责,致使证券公司存在重大违法违规行为或者重大风险的,国务院证券监督管理机构可以撤销其任职资格,并责令公司予以更换。

第一百五十三条　证券公司违法经营或者出现重大风险,严重危害证券市场秩序、损害投资者利益的,国务院证券监督管理机构可以对该证券公司采取责令停业整顿、指定其他机构托管、接管或者撤销等监管措施。

第一百五十四条　在证券公司被责令停业整顿、被依法指定托管、接管或者清算期间,或者出现重大风险时,经国务院证券监督管理机构批准,可以对该证券公司直接负责的董事、监事、高级管理人员和其他直接责任人员采取以下措施:

(一)通知出境管理机关依法阻止其出境;

(二)申请司法机关禁止其转移、转让或者以其他方式处分财产,或者在财产上设定其他权利。

第七章　证券登记结算机构

第一百五十五条　证券登记结算机构是为证券交易提供集中登记、存管与结算服务,不以营利为目的的法人。

设立证券登记结算机构必须经国务院证券监督管理机构批准。

第一百五十六条　设立证券登记结算机构,应当具备下列条件:

(一)自有资金不少于人民币二亿元;

(二)具有证券登记、存管和结算服务所必须的场所和设施;

(三)主要管理人员和从业人员必须具有证券从业资格;

(四)国务院证券监督管理机构规定的其他条件。

证券登记结算机构的名称中应当标明证券登记结算字样。

第一百五十七条　证券登记结算机构履行下列职能:

(一)证券账户、结算账户的设立;

(二)证券的存管和过户;

(三)证券持有人名册登记;

(四)证券交易所上市证券交易的清算和交收;

(五)受发行人的委托派发证券权益;

(六)办理与上述业务有关的查询;

(七)国务院证券监督管理机构批准的其他业务。

第一百五十八条　证券登记结算采取全国集中统一的运营方式。

证券登记结算机构章程、业务规则应当依法制定,并经国务院证券监督管理机构批准。

第一百五十九条　证券持有人持有的证券,在上市交易时,应当全部存管在证券登记结算机构。

证券登记结算机构不得挪用客户的证券。

第一百六十条　证券登记结算机构应当向证券发行人提供证券持有人名册及其有关资料。

证券登记结算机构应当根据证券登记结算的结果,确认证券持有人持有证券的事实,提供证券持有人登记资料。

证券登记结算机构应当保证证券持有人名册和登记过户记录真实、准确、完整,不得隐匿、伪造、篡改或者毁损。

第一百六十一条　证券登记结算机构应当采取下列措施保证业务的正常进行:

(一)具有必备的服务设备和完善的数据安全保护措施;

(二)建立完善的业务、财务和安全防范等管理制度;

(三)建立完善的风险管理系统。

第一百六十二条　证券登记结算机构应当妥善保存登记、存管和结算的原始凭证及有关文件和资料。其保存期限不得少于二十年。

第一百六十三条　证券登记结算机构应当设立证券结算风险基金,用于垫付或者弥补因违约交收、技术故障、操作失误、不可抗力造成的证券登记结算机构的损失。

证券结算风险基金从证券登记结算机构的业务收入和收益中提取,并可以由结算参与人按照证券交易业务量的一定比例缴纳。

证券结算风险基金的筹集、管理办法,由国务院证券监督管理机构会同国务院财政部门规定。

第一百六十四条　证券结算风险基金应当存入指定银行的专门账户，实行专项管理。

证券登记结算机构以证券结算风险基金赔偿后，应当向有关责任人追偿。

第一百六十五条　证券登记结算机构申请解散，应当经国务院证券监督管理机构批准。

第一百六十六条　投资者委托证券公司进行证券交易，应当申请开立证券账户。证券登记结算机构应当按照规定以投资者本人的名义为投资者开立证券账户。

投资者申请开立账户，必须持有证明中国公民身份或者中国法人资格的合法证件。国家另有规定的除外。

第一百六十七条　证券登记结算机构为证券交易提供净额结算服务时，应当要求结算参与人按照货银对付的原则，足额交付证券和资金，并提供交收担保。

在交收完成之前，任何人不得动用用于交收的证券、资金和担保物。

结算参与人未按时履行交收义务的，证券登记结算机构有权按照业务规则处理前款所述财产。

第一百六十八条　证券登记结算机构按照业务规则收取的各类结算资金和证券，必须存放于专门的清算交收账户，只能按业务规则用于已成交的证券交易的清算交收，不得被强制执行。

第八章　证券服务机构

第一百六十九条　投资咨询机构、财务顾问机构、资信评级机构、资产评估机构、会计师事务所从事证券服务业务，必须经国务院证券监督管理机构和有关主管部门批准。

投资咨询机构、财务顾问机构、资信评级机构、资产评估机构、会计师事务所从事证券服务业务的审批管理办法，由国务院证券监督管理机构和有关主管部门制定。

第一百七十条　投资咨询机构、财务顾问机构、资信评级机构从事证券服务业务的人员，必须具备证券专业知识和从事证券业务或者证券服务业务二年以上经验。认定其证券从业资格的标准和管理办法，由国务院证券监督管理机构制定。

第一百七十一条　投资咨询机构及其从业人员从事证券服务业务不得有下列行为：

（一）代理委托人从事证券投资；

（二）与委托人约定分享证券投资收益或者分担证券投资损失；

（三）买卖本咨询机构提供服务的上市公司股票；

（四）利用传播媒介或者通过其他方式提供、传播虚假或者误导投资者的信息；

（五）法律、行政法规禁止的其他行为。

有前款所列行为之一，给投资者造成损失的，依法承担赔偿责任。

第一百七十二条　从事证券服务业务的投资咨询机构和资信评级机构，应当按照国务院有关主管部门规定的标准或者收费办法收取服务费用。

第一百七十三条　证券服务机构为证券的发行、上市、交易等证券业务活动制作、出具审计报告、资产评估报告、财务顾问报告、资信评级报告或者法律意见书等文件，应当勤勉尽责，对所依据的文件资料内容的真实性、准确性、完整性进行核查和验证。其制作、出具的文件有虚假记载、误导性陈述或者重大遗漏，给他人造成损失的，应当与发行人、上市公司承担连带赔偿责任，但是能够证明自己没有过错的除外。

第九章　证券业协会

第一百七十四条　证券业协会是证券业的自律性组织，是社会团体法人。

证券公司应当加入证券业协会。

证券业协会的权力机构为全体会员组成的会员大会。

第一百七十五条　证券业协会章程由会员大会制定，并报国务院证券监督管理机构备案。

第一百七十六条　证券业协会履行下列职责：

（一）教育和组织会员遵守证券法律、行政法规；

（二）依法维护会员的合法权益，向证券监督管理机构反映会员的建议和要求；

（三）收集整理证券信息，为会员提供服务；

（四）制定会员应遵守的规则，组织会员

单位的从业人员的业务培训,开展会员间的业务交流;

(五)对会员之间、会员与客户之间发生的证券业务纠纷进行调解;

(六)组织会员就证券业的发展、运作及有关内容进行研究;

(七)监督、检查会员行为,对违反法律、行政法规或者协会章程的,按照规定给予纪律处分;

(八)证券业协会章程规定的其他职责。

第一百七十七条 证券业协会设理事会。理事会成员依章程的规定由选举产生。

第十章 证券监督管理机构

第一百七十八条 国务院证券监督管理机构依法对证券市场实行监督管理,维护证券市场秩序,保障其合法运行。

第一百七十九条 国务院证券监督管理机构在对证券市场实施监督管理中履行下列职责:

(一)依法制定有关证券市场监督管理的规章、规则,并依法行使审批或者核准权;

(二)依法对证券的发行、上市、交易、登记、存管、结算,进行监督管理;

(三)依法对证券发行人、上市公司、证券公司、证券投资基金管理公司、证券服务机构、证券交易所、证券登记结算机构的证券业务活动,进行监督管理;

(四)依法制定从事证券业务人员的资格标准和行为准则,并监督实施;

(五)依法监督检查证券发行、上市和交易的信息公开情况;

(六)依法对证券业协会的活动进行指导和监督;

(七)依法对违反证券市场监督管理法律、行政法规的行为进行查处;

(八)法律、行政法规规定的其他职责。

国务院证券监督管理机构可以和其他国家或者地区的证券监督管理机构建立监督管理合作机制,实施跨境监督管理。

第一百八十条 国务院证券监督管理机构依法履行职责,有权采取下列措施:

(一)对证券发行人、上市公司、证券公司、证券投资基金管理公司、证券服务机构、证券交易所、证券登记结算机构进行现场检查;

(二)进入涉嫌违法行为发生场所调查取证;

(三)询问当事人和与被调查事件有关的单位和个人,要求其对与被调查事件有关的事项作出说明;

(四)查阅、复制与被调查事件有关的财产权登记、通讯记录等资料;

(五)查阅、复制当事人和与被调查事件有关的单位和个人的证券交易记录、登记过户记录、财务会计资料及其他相关文件和资料;对可能被转移、隐匿或者毁损的文件和资料,可以予以封存;

(六)查询当事人和与被调查事件有关的单位和个人的资金账户、证券账户和银行账户;对有证据证明已经或者可能转移或者隐匿违法资金、证券等涉案财产或者隐匿、伪造、毁损重要证据的,经国务院证券监督管理机构主要负责人批准,可以冻结或者查封;

(七)在调查操纵证券市场、内幕交易等重大证券违法行为时,经国务院证券监督管理机构主要负责人批准,可以限制被调查事件当事人的证券买卖,但限制的期限不得超过十五个交易日;案情复杂的,可以延长十五个交易日。

第一百八十一条 国务院证券监督管理机构依法履行职责,进行监督检查或者调查,其监督检查、调查的人员不得少于二人,并应当出示合法证件和监督检查、调查通知书。监督检查、调查的人员少于二人或者未出示合法证件和监督检查、调查通知书的,被检查、调查的单位有权拒绝。

第一百八十二条 国务院证券监督管理机构工作人员必须忠于职守,依法办事,公正廉洁,不得利用职务便利牟取不正当利益,不得泄露所知悉的有关单位和个人的商业秘密。

第一百八十三条 国务院证券监督管理机构依法履行职责,被检查、调查的单位和个人应当配合,如实提供有关文件和资料,不得拒绝、阻碍和隐瞒。

第一百八十四条 国务院证券监督管理机构依法制定的规章、规则和监督管理工作制度应当公开。

国务院证券监督管理机构依据调查结果，对证券违法行为作出的处罚决定，应当公开。

第一百八十五条　国务院证券监督管理机构应当与国务院其他金融监督管理机构建立监督管理信息共享机制。

国务院证券监督管理机构依法履行职责，进行监督检查或者调查时，有关部门应当予以配合。

第一百八十六条　国务院证券监督管理机构依法履行职责，发现证券违法行为涉嫌犯罪的，应当将案件移送司法机关处理。

第一百八十七条　国务院证券监督管理机构的人员不得在被监管的机构中任职。

第十一章　法律责任

第一百八十八条　未经法定机关核准，擅自公开或者变相公开发行证券的，责令停止发行，退还所募资金并加算银行同期存款利息，处以非法所募资金金额百分之一以上百分之五以下的罚款；对擅自公开或者变相公开发行证券设立的公司，由依法履行监督管理职责的机构或者部门会同县级以上地方人民政府予以取缔。对直接负责的主管人员和其他直接责任人员给予警告，并处以三万元以上三十万元以下的罚款。

第一百八十九条　发行人不符合发行条件，以欺骗手段骗取发行核准，尚未发行证券的，处以三十万元以上六十万元以下的罚款；已经发行证券的，处以非法所募资金金额百分之一以上百分之五以下的罚款。对直接负责的主管人员和其他直接责任人员处以三万元以上三十万元以下的罚款。

发行人的控股股东、实际控制人指使从事前款违法行为的，依照前款的规定处罚。

第一百九十条　证券公司承销或者代理买卖未经核准擅自公开发行的证券的，责令停止承销或者代理买卖，没收违法所得，并处以违法所得一倍以上五倍以下的罚款；没有违法所得或者违法所得不足三十万元的，处以三十万元以上六十万元以下的罚款。给投资者造成损失的，应当与发行人承担连带赔偿责任。对直接负责的主管人员和其他直接责任人员给予警告，撤销任职资格或者证券从业资格，并处以三万元以上三十万元以下的罚款。

第一百九十一条　证券公司承销证券，有下列行为之一的，责令改正，给予警告，没收违法所得，可以并处三十万元以上六十万元以下的罚款；情节严重的，暂停或者撤销相关业务许可。给其他证券承销机构或者投资者造成损失的，依法承担赔偿责任。对直接负责的主管人员和其他直接责任人员给予警告，可以并处三万元以上三十万元以下的罚款；情节严重的，撤销任职资格或者证券从业资格：

（一）进行虚假的或者误导投资者的广告或者其他宣传推介活动；

（二）以不正当竞争手段招揽承销业务；

（三）其他违反证券承销业务规定的行为。

第一百九十二条　保荐人出具有虚假记载、误导性陈述或者重大遗漏的保荐书，或者不履行其他法定职责的，责令改正，给予警告，没收业务收入，并处以业务收入一倍以上五倍以下的罚款；情节严重的，暂停或者撤销相关业务许可。对直接负责的主管人员和其他直接责任人员给予警告，并处以三万元以上三十万元以下的罚款；情节严重的，撤销任职资格或者证券从业资格。

第一百九十三条　发行人、上市公司或者其他信息披露义务人未按照规定披露信息，或者所披露的信息有虚假记载、误导性陈述或者重大遗漏的，责令改正，给予警告，并处以三十万元以上六十万元以下的罚款。对直接负责的主管人员和其他直接责任人员给予警告，并处以三万元以上三十万元以下的罚款。

发行人、上市公司或者其他信息披露义务人未按照规定报送有关报告，或者报送的报告有虚假记载、误导性陈述或者重大遗漏的，责令改正，给予警告，并处以三十万元以上六十万元以下的罚款。对直接负责的主管人员和其他直接责任人员给予警告，并处以三万元以上三十万元以下的罚款。

发行人、上市公司或者其他信息披露义务人的控股股东、实际控制人指使从事前两款违法行为的，依照前两款的规定处罚。

第一百九十四条　发行人、上市公司擅自改变公开发行证券所募集资金的用途的,责令改正,对直接负责的主管人员和其他直接责任人员给予警告,并处以三万元以上三十万元以下的罚款。

发行人、上市公司的控股股东、实际控制人指使从事前款违法行为的,给予警告,并处以三十万元以上六十万元以下的罚款。对直接负责的主管人员和其他直接责任人员依照前款的规定处罚。

第一百九十五条 上市公司的董事、监事、高级管理人员、持有上市公司股份百分之五以上的股东,违反本法第四十七条的规定买卖本公司股票的,给予警告,可以并处三万元以上十万元以下的罚款。

第一百九十六条 非法开设证券交易场所的,由县级以上人民政府予以取缔,没收违法所得,并处以违法所得一倍以上五倍以下的罚款;没有违法所得或者违法所得不足十万元的,处以十万元以上五十万元以下的罚款。对直接负责的主管人员和其他直接责任人员给予警告,并处以三万元以上三十万元以下的罚款。

第一百九十七条 未经批准,擅自设立证券公司或者非法经营证券业务的,由证券监督管理机构予以取缔,没收违法所得,并处以违法所得一倍以上五倍以下的罚款;没有违法所得或者违法所得不足三十万元的,处以三十万元以上六十万元以下的罚款。对直接负责的主管人员和其他直接责任人员给予警告,并处以三万元以上三十万元以下的罚款。

第一百九十八条 违反本法规定,聘任不具有任职资格、证券从业资格的人员的,由证券监督管理机构责令改正,给予警告,可以并处十万元以上三十万元以下的罚款;对直接负责的主管人员给予警告,可以并处三万元以上十万元以下的罚款。

第一百九十九条 法律、行政法规规定禁止参与股票交易的人员,直接或者以化名、借他人名义持有、买卖股票的,责令依法处理非法持有的股票,没收违法所得,并处以买卖股票等值以下的罚款;属于国家工作人员的,还应当依法给予行政处分。

第二百条 证券交易所、证券公司、证券登记结算机构、证券服务机构的从业人员或者证券业协会的工作人员,故意提供虚假资料,隐匿、伪造、篡改或者毁损交易记录,诱骗投资者买卖证券的,撤销证券从业资格,并处以三万元以上十万元以下的罚款;属于国家工作人员的,还应当依法给予行政处分。

第二百零一条 为股票的发行、上市、交易出具审计报告、资产评估报告或者法律意见书等文件的证券服务机构和人员,违反本法第四十五条的规定买卖股票的,责令依法处理非法持有的股票,没收违法所得,并处以买卖股票等值以下的罚款。

第二百零二条 证券交易内幕信息的知情人或者非法获取内幕信息的人,在涉及证券的发行、交易或者其他对证券的价格有重大影响的信息公开前,买卖该证券,或者泄露该信息,或者建议他人买卖该证券的,责令依法处理非法持有的证券,没收违法所得,并处以违法所得一倍以上五倍以下的罚款;没有违法所得或者违法所得不足三万元的,处以三万元以上六十万元以下的罚款。单位从事内幕交易的,还应当对直接负责的主管人员和其他直接责任人员给予警告,并处以三万元以上三十万元以下的罚款。证券监督管理机构工作人员进行内幕交易的,从重处罚。

第二百零三条 违反本法规定,操纵证券市场的,责令依法处理非法持有的证券,没收违法所得,并处以违法所得一倍以上五倍以下的罚款;没有违法所得或者违法所得不足三十万元的,处以三十万元以上三百万元以下的罚款。单位操纵证券市场的,还应当对直接负责的主管人员和其他直接责任人员给予警告,并处以十万元以上六十万元以下的罚款。

第二百零四条 违反法律规定,在限制转让期限内买卖证券的,责令改正,给予警告,并处以买卖证券等值以下的罚款。对直接负责的主管人员和其他直接责任人员给予警告,并处以三万元以上三十万元以下的罚款。

第二百零五条 证券公司违反本法规定,为客户买卖证券提供融资融券的,没收违法所得,暂停或者撤销相关业务许可,并处以非法融资融券等值以下的罚款。对直接负责的主管人员和其他直接责任人员给予警告，撤销任职资格或者证券从业资格，并处以三万元以上三十万元以下的罚款。

第二百零六条　违反本法第七十八条第一款、第三款的规定，扰乱证券市场的，由证券监督管理机构责令改正，没收违法所得，并处以违法所得一倍以上五倍以下的罚款；没有违法所得或者违法所得不足三万元的，处以三万元以上二十万元以下的罚款。

第二百零七条　违反本法第七十八条第二款的规定，在证券交易活动中作出虚假陈述或者信息误导的，责令改正，处以三万元以上二十万元以下的罚款；属于国家工作人员的，还应当依法给予行政处分。

第二百零八条　违反本法规定，法人以他人名义设立账户或者利用他人账户买卖证券的，责令改正，没收违法所得，并处以违法所得一倍以上五倍以下的罚款；没有违法所得或者违法所得不足三万元的，处以三万元以上三十万元以下的罚款。对直接负责的主管人员和其他直接责任人员给予警告，并处以三万元以上十万元以下的罚款。

证券公司为前款规定的违法行为提供自己或者他人的证券交易账户的，除依照前款的规定处罚外，还应当撤销直接负责的主管人员和其他直接责任人员的任职资格或者证券从业资格。

第二百零九条　证券公司违反本法规定，假借他人名义或者以个人名义从事证券自营业务的，责令改正，没收违法所得，并处以违法所得一倍以上五倍以下的罚款；没有违法所得或者违法所得不足三十万元的，处以三十万元以上六十万元以下的罚款；情节严重的，暂停或者撤销证券自营业务许可。对直接负责的主管人员和其他直接责任人员给予警告，撤销任职资格或者证券从业资格，并处以三万元以上十万元以下的罚款。

第二百一十条　证券公司违背客户的委托买卖证券、办理交易事项，或者违背客户真实意思表示，办理交易以外的其他事项的，责令改正，处以一万元以上十万元以下的罚款。给客户造成损失的，依法承担赔偿责任。

第二百一十一条　证券公司、证券登记结算机构挪用客户的资金或者证券，或者未经客户的委托，擅自为客户买卖证券的，责令改正，没收违法所得，并处以违法所得一倍以上五倍以下的罚款；没有违法所得或者违法所得不足十万元的，处以十万元以上六十万元以下的罚款；情节严重的，责令关闭或者撤销相关业务许可。对直接负责的主管人员和其他直接责任人员给予警告，撤销任职资格或者证券从业资格，并处以三万元以上三十万元以下的罚款。

第二百一十二条　证券公司办理经纪业务，接受客户的全权委托买卖证券的，或者证券公司对客户买卖证券的收益或者赔偿证券买卖的损失作出承诺的，责令改正，没收违法所得，并处以五万元以上二十万元以下的罚款，可以暂停或者撤销相关业务许可。对直接负责的主管人员和其他直接责任人员给予警告，并处以三万元以上十万元以下的罚款，可以撤销任职资格或者证券从业资格。

第二百一十三条　收购人未按照本法规定履行上市公司收购的公告、发出收购要约等义务的，责令改正，给予警告，并处以十万元以上三十万元以下的罚款；在改正前，收购人对其收购或者通过协议、其他安排与他人共同收购的股份不得行使表决权。对直接负责的主管人员和其他直接责任人员给予警告，并处以三万元以上三十万元以下的罚款。

第二百一十四条　收购人或者收购人的控股股东，利用上市公司收购，损害被收购公司及其股东的合法权益的，责令改正，给予警告；情节严重的，并处以十万元以上六十万元以下的罚款。给被收购公司及其股东造成损失的，依法承担赔偿责任。对直接负责的主管人员和其他直接责任人员给予警告，并处以三万元以上三十万元以下的罚款。

第二百一十五条　证券公司及其从业人员违反本法规定，私下接受客户委托买卖证券的，责令改正，给予警告，没收违法所得，并处以违法所得一倍以上五倍以下的罚款；没有违法所得或者违法所得不足十万元的，处以十万元以上三十万元以下的罚款。

第二百一十六条 证券公司违反规定,未经批准经营非上市证券的交易的,责令改正,没收违法所得,并处以违法所得一倍以上五倍以下的罚款。

第二百一十七条 证券公司成立后,无正当理由超过三个月未开始营业的,或者开业后自行停业连续三个月以上的,由公司登记机关吊销其公司营业执照。

第二百一十八条 证券公司违反本法第一百二十九条的规定,擅自设立、收购、撤销分支机构,或者合并、分立、停业、解散、破产,或者在境外设立、收购、参股证券经营机构的,责令改正,没收违法所得,并处以违法所得一倍以上五倍以下的罚款;没有违法所得或者违法所得不足十万元的,处以十万元以上六十万元以下的罚款。对直接负责的主管人员给予警告,并处以三万元以上十万元以下的罚款。

证券公司违反本法第一百二十九条的规定,擅自变更有关事项的,责令改正,并处以十万元以上三十万元以下的罚款。对直接负责的主管人员给予警告,并处以五万元以下的罚款。

第二百一十九条 证券公司违反本法规定,超出业务许可范围经营证券业务的,责令改正,没收违法所得,并处以违法所得一倍以上五倍以下的罚款;没有违法所得或者违法所得不足三十万元的,处以三十万元以上六十万元以下罚款;情节严重的,责令关闭。对直接负责的主管人员和其他直接责任人员给予警告,撤销任职资格或者证券从业资格,并处以三万元以上十万元以下的罚款。

第二百二十条 证券公司对其证券经纪业务、证券承销业务、证券自营业务、证券资产管理业务,不依法分开办理,混合操作的,责令改正,没收违法所得,并处以三十万元以上六十万元以下的罚款;情节严重的,撤销相关业务许可。对直接负责的主管人员和其他直接责任人员给予警告,并处以三万元以上十万元以下的罚款;情节严重的,撤销任职资格或者证券从业资格。

第二百二十一条 提交虚假证明文件或者采取其他欺诈手段隐瞒重要事实骗取证券业务许可的,或者证券公司在证券交易中有严重违法行为,不再具备经营资格的,由证券监督管理机构撤销证券业务许可。

第二百二十二条 证券公司或者其股东、实际控制人违反规定,拒不向证券监督管理机构报送或者提供经营管理信息和资料,或者报送、提供的经营管理信息和资料有虚假记载、误导性陈述或者重大遗漏的,责令改正,给予警告,并处以三万元以上三十万元以下的罚款,可以暂停或者撤销证券公司相关业务许可。对直接负责的主管人员和其他直接责任人员,给予警告,并处以三万元以下的罚款,可以撤销任职资格或者证券从业资格。

证券公司为其股东或者股东的关联人提供融资或者担保的,责令改正,给予警告,并处以十万元以上三十万元以下的罚款。对直接负责的主管人员和其他直接责任人员,处以三万元以上十万元以下的罚款。股东有过错的,在按照要求改正前,国务院证券监督管理机构可以限制其股东权利;拒不改正的,可以责令其转让所持证券公司股权。

第二百二十三条 证券服务机构未勤勉尽责,所制作、出具的文件有虚假记载、误导性陈述或者重大遗漏的,责令改正,没收业务收入,暂停或者撤销证券服务业务许可,并处以业务收入一倍以上五倍以下的罚款。对直接负责的主管人员和其他直接责任人员给予警告,撤销证券从业资格,并处以三万元以上十万元以下的罚款。

第二百二十四条 违反本法规定,发行、承销公司债券的,由国务院授权的部门依照本法有关规定予以处罚。

第二百二十五条 上市公司、证券公司、证券交易所、证券登记结算机构、证券服务机构,未按照有关规定保存有关文件和资料的,责令改正,给予警告,并处以三万元以上三十万元以下的罚款;隐匿、伪造、篡改或者毁损有关文件和资料的,给予警告,并处以三十万元以上六十万元以下的罚款。

第二百二十六条 未经国务院证券监督管理机构批准,擅自设立证券登记结算机构的,由证券监督管理机构予以取缔,没收违法所得,并处以违法所得一倍以上五倍以下的罚款。

投资咨询机构、财务顾问机构、资信评级机构、资产评估机构、会计师事务所未经批准，擅自从事证券服务业务的，责令改正，没收违法所得，并处以违法所得一倍以上五倍以下的罚款。

证券登记结算机构、证券服务机构违反本法规定或者依法制定的业务规则的，由证券监督管理机构责令改正，没收违法所得，并处以违法所得一倍以上五倍以下的罚款；没有违法所得或者违法所得不足十万元的，处以十万元以上三十万元以下的罚款；情节严重的，责令关闭或者撤销证券服务业务许可。

第二百二十七条　国务院证券监督管理机构或者国务院授权的部门有下列情形之一的，对直接负责的主管人员和其他直接责任人员，依法给予行政处分：

（一）对不符合本法规定的发行证券、设立证券公司等申请予以核准、批准的；

（二）违反规定采取本法第一百八十条规定的现场检查、调查取证、查询、冻结或者查封等措施的；

（三）违反规定对有关机构和人员实施行政处罚的；

（四）其他不依法履行职责的行为。

第二百二十八条　证券监督管理机构的工作人员和发行审核委员会的组成人员，不履行本法规定的职责，滥用职权、玩忽职守，利用职务便利牟取不正当利益，或者泄露所知悉的有关单位和个人的商业秘密的，依法追究法律责任。

第二百二十九条　证券交易所对不符合本法规定条件的证券上市申请予以审核同意的，给予警告，没收业务收入，并处以业务收入一倍以上五倍以下的罚款。对直接负责的主管人员和其他直接责任人员给予警告，并处以三万元以上三十万元以下的罚款。

第二百三十条　拒绝、阻碍证券监督管理机构及其工作人员依法行使监督检查、调查职权未使用暴力、威胁方法的，依法给予治安管理处罚。

第二百三十一条　违反本法规定，构成犯罪的，依法追究刑事责任。

第二百三十二条　违反本法规定，应当承担民事赔偿责任和缴纳罚款、罚金，其财产不足以同时支付时，先承担民事赔偿责任。

第二百三十三条　违反法律、行政法规或者国务院证券监督管理机构的有关规定，情节严重的，国务院证券监督管理机构可以对有关责任人员采取证券市场禁入的措施。

前款所称证券市场禁入，是指在一定期限内直至终身不得从事证券业务或者不得担任上市公司董事、监事、高级管理人员的制度。

第二百三十四条　依照本法收缴的罚款和没收的违法所得，全部上缴国库。

第二百三十五条　当事人对证券监督管理机构或者国务院授权的部门的处罚决定不服的，可以依法申请行政复议，或者依法直接向人民法院提起诉讼。

第十二章　附　　则

第二百三十六条　本法施行前依照行政法规已批准在证券交易所上市交易的证券继续依法进行交易。

本法施行前依照行政法规和国务院金融行政管理部门的规定经批准设立的证券经营机构，不完全符合本法规定的，应当在规定的限期内达到本法规定的要求。具体实施办法，由国务院另行规定。

第二百三十七条　发行人申请核准公开发行股票、公司债券，应当按照规定缴纳审核费用。

第二百三十八条　境内企业直接或者间接到境外发行证券或者将其证券在境外上市交易，必须经国务院证券监督管理机构依照国务院的规定批准。

第二百三十九条　境内公司股票以外币认购和交易的，具体办法由国务院另行规定。

第二百四十条　本法自 2006 年 1 月 1 日起施行。

中华人民共和国证券投资基金法

1. *2003年10月28日第十届全国人民代表大会常务委员会第五次会议通过*
2. *2012年12月28日第十一届全国人民代表大会常务委员会第三十次会议修订*
3. *自2013年6月1日起施行*
4. *根据2015年4月24日第十二届全国人民代表大会常务委员会第十四次会议《全国人民代表大会常务委员会关于修改等七部法律的决定》修正*

目　录

第一章　总　　则

第一条　为了规范证券投资基金活动,保护投资人及相关当事人的合法权益,促进证券投资基金和资本市场的健康发展,制定本法。

第二条　在中华人民共和国境内,公开或者非公开募集资金设立证券投资基金(以下简称基金),由基金管理人管理,基金托管人托管,为基金份额持有人的利益,进行证券投资活动,适用本法;本法未规定的,适用《中华人民共和国信托法》、《中华人民共和国证券法》和其他有关法律、行政法规的规定。

第三条　基金管理人、基金托管人和基金份额持有人的权利、义务,依照本法在基金合同中约定。

基金管理人、基金托管人依照本法和基金合同的约定,履行受托职责。

通过公开募集方式设立的基金(以下简称公开募集基金)的基金份额持有人按其所持基金份额享受收益和承担风险,通过非公开募集方式设立的基金(以下简称非公开募集基金)的收益分配和风险承担由基金合同约定。

第四条　从事证券投资基金活动,应当遵循自愿、公平、诚实信用的原则,不得损害国家利益和社会公共利益。

第五条　基金财产的债务由基金财产本身承担,基金份额持有人以其出资为限对基金财产的债务承担责任。但基金合同依照本法另有约定的,从其约定。

基金财产独立于基金管理人、基金托管人的固有财产。基金管理人、基金托管人不得将基金财产归入其固有财产。

基金管理人、基金托管人因基金财产的管理、运用或者其他情形而取得的财产和收益,归入基金财产。

基金管理人、基金托管人因依法解散、被依法撤销或者被依法宣告破产等原因进行清算的,基金财产不属于其清算财产。

第六条　基金财产的债权,不得与基金管理人、基金托管人固有财产的债务相抵销;不同基金财产的债权债务,不得相互抵销。

第七条　非因基金财产本身承担的债务,不得对基金财产强制执行。

第八条　基金财产投资的相关税收,由基金份额持有人承担,基金管理人或者其他扣缴义务人按照国家有关税收征收的规定代扣代缴。

第九条　基金管理人、基金托管人管理、运用基金财产,基金服务机构从事基金服务活动,应当恪尽职守,履行诚实信用、谨慎勤勉的义务。

基金管理人运用基金财产进行证券投资,应当遵守审慎经营规则,制定科学合理的投资策略和风险管理制度,有效防范和控制风险。

基金从业人员应当具备基金从业资格,遵

守法律、行政法规，恪守职业道德和行为规范。

第十条　基金管理人、基金托管人和基金服务机构，应当依照本法成立证券投资基金行业协会（以下简称基金行业协会），进行行业自律，协调行业关系，提供行业服务，促进行业发展。

第十一条　国务院证券监督管理机构依法对证券投资基金活动实施监督管理；其派出机构依照授权履行职责。

第二章　基金管理人

第十二条　基金管理人由依法设立的公司或者合伙企业担任。

公开募集基金的基金管理人，由基金管理公司或者经国务院证券监督管理机构按照规定核准的其他机构担任。

第十三条　设立管理公开募集基金的基金管理公司，应当具备下列条件，并经国务院证券监督管理机构批准：

（一）有符合本法和《中华人民共和国公司法》规定的章程；

（二）注册资本不低于一亿元人民币，且必须为实缴货币资本；

（三）主要股东应当具有经营金融业务或者管理金融机构的良好业绩、良好的财务状况和社会信誉，资产规模达到国务院规定的标准，最近三年没有违法记录；

（四）取得基金从业资格的人员达到法定人数；

（五）董事、监事、高级管理人员具备相应的任职条件；

（六）有符合要求的营业场所、安全防范设施和与基金管理业务有关的其他设施；

（七）有良好的内部治理结构、完善的内部稽核监控制度、风险控制制度；

（八）法律、行政法规规定的和经国务院批准的国务院证券监督管理机构规定的其他条件。

第十四条　国务院证券监督管理机构应当自受理基金管理公司设立申请之日起六个月内依照本法第十三条规定的条件和审慎监管原则进行审查，作出批准或者不予批准的决定，并通知申请人；不予批准的，应当说明理由。

基金管理公司变更持有百分之五以上股权的股东，变更公司的实际控制人，或者变更其他重大事项，应当报经国务院证券监督管理机构批准。国务院证券监督管理机构应当自受理申请之日起六十日内作出批准或者不予批准的决定，并通知申请人；不予批准的，应当说明理由。

第十五条　有下列情形之一的，不得担任公开募集基金的基金管理人的董事、监事、高级管理人员和其他从业人员：

（一）因犯有贪污贿赂、渎职、侵犯财产罪或者破坏社会主义市场经济秩序罪，被判处刑罚的；

（二）对所任职的公司、企业因经营不善破产清算或者因违法被吊销营业执照负有个人责任的董事、监事、厂长、高级管理人员，自该公司、企业破产清算终结或者被吊销营业执照之日起未逾五年的；

（三）个人所负债务数额较大，到期未清偿的；

（四）因违法行为被开除的基金管理人、基金托管人、证券交易所、证券公司、证券登记结算机构、期货交易所、期货公司及其他机构的从业人员和国家机关工作人员；

（五）因违法行为被吊销执业证书或者被取消资格的律师、注册会计师和资产评估机构、验证机构的从业人员、投资咨询从业人员；

（六）法律、行政法规规定不得从事基金业务的其他人员。

第十六条　公开募集基金的基金管理人的董事、监事和高级管理人员，应当熟悉证券投资方面的法律、行政法规，具有三年以上与其所任职务相关的工作经历；高级管理人员还应当具备基金从业资格。

第十七条　公开募集基金的基金管理人的董事、监事、高级管理人员和其他从业人员，其本人、配偶、利害关系人进行证券投资，应当事先向基金管理人申报，并不得与基金份额持有人发生利益冲突。

公开募集基金的基金管理人应当建立前款规定人员进行证券投资的申报、登记、审查、处置等管理制度，并报国务院证券监督管理机构备案。

第十八条 公开募集基金的基金管理人的董事、监事、高级管理人员和其他从业人员，不得担任基金托管人或者其他基金管理人的任何职务，不得从事损害基金财产和基金份额持有人利益的证券交易及其他活动。

第十九条 公开募集基金的基金管理人应当履行下列职责：

(一)依法募集资金，办理基金份额的发售和登记事宜；

(二)办理基金备案手续；

(三)对所管理的不同基金财产分别管理、分别记账，进行证券投资；

(四)按照基金合同的约定确定基金收益分配方案，及时向基金份额持有人分配收益；

(五)进行基金会计核算并编制基金财务会计报告；

(六)编制中期和年度基金报告；

(七)计算并公告基金资产净值，确定基金份额申购、赎回价格；

(八)办理与基金财产管理业务活动有关的信息披露事项；

(九)按照规定召集基金份额持有人大会；

(十)保存基金财产管理业务活动的记录、账册、报表和其他相关资料；

(十一)以基金管理人名义，代表基金份额持有人利益行使诉讼权利或者实施其他法律行为；

(十二)国务院证券监督管理机构规定的其他职责。

第二十条 公开募集基金的基金管理人及其董事、监事、高级管理人员和其他从业人员不得有下列行为：

(一)将其固有财产或者他人财产混同于基金财产从事证券投资；

(二)不公平地对待其管理的不同基金财产；

(三)利用基金财产或者职务之便为基金份额持有人以外的人牟取利益；

(四)向基金份额持有人违规承诺收益或者承担损失；

(五)侵占、挪用基金财产；

(六)泄露因职务便利获取的未公开信息、利用该信息从事或者明示、暗示他人从事相关的交易活动；

(七)玩忽职守，不按照规定履行职责；

(八)法律、行政法规和国务院证券监督管理机构规定禁止的其他行为。

第二十一条 公开募集基金的基金管理人应当建立良好的内部治理结构，明确股东会、董事会、监事会和高级管理人员的职责权限，确保基金管理人独立运作。

公开募集基金的基金管理人可以实行专业人士持股计划，建立长效激励约束机制。

公开募集基金的基金管理人的股东、董事、监事和高级管理人员在行使权利或者履行职责时，应当遵循基金份额持有人利益优先的原则。

第二十二条 公开募集基金的基金管理人应当从管理基金的报酬中计提风险准备金。

公开募集基金的基金管理人因违法违规、违反基金合同等原因给基金财产或者基金份额持有人合法权益造成损失，应当承担赔偿责任的，可以优先使用风险准备金予以赔偿。

第二十三条 公开募集基金的基金管理人的股东、实际控制人应当按照国务院证券监督管理机构的规定及时履行重大事项报告义务，并不得有下列行为：

(一)虚假出资或者抽逃出资；

(二)未依法经股东会或者董事会决议擅自干预基金管理人的基金经营活动；

(三)要求基金管理人利用基金财产为自己或者他人牟取利益，损害基金份额持有人利益；

(四)国务院证券监督管理机构规定禁止的其他行为。

公开募集基金的基金管理人的股东、实际控制人有前款行为或者股东不再符合法定条件的，国务院证券监督管理机构应当责令其限期改正，并可视情节责令其转让所持有或者控制的基金管理人的股权。

在前款规定的股东、实际控制人按照要求改正违法行为、转让所持有或者控制的基金管理人的股权前，国务院证券监督管理机构可以限制有关股东行使股东权利。

第二十四条　公开募集基金的基金管理人违法违规，或者其内部治理结构、稽核监控和风险控制管理不符合规定的，国务院证券监督管理机构应当责令其限期改正；逾期未改正，或者其行为严重危及该基金管理人的稳健运行、损害基金份额持有人合法权益的，国务院证券监督管理机构可以区别情形，对其采取下列措施：

（一）限制业务活动，责令暂停部分或者全部业务；

（二）限制分配红利，限制向董事、监事、高级管理人员支付报酬、提供福利；

（三）限制转让固有财产或者在固有财产上设定其他权利；

（四）责令更换董事、监事、高级管理人员或者限制其权利；

（五）责令有关股东转让股权或者限制有关股东行使股东权利。

公开募集基金的基金管理人整改后，应当向国务院证券监督管理机构提交报告。国务院证券监督管理机构经验收，符合有关要求的，应当自验收完毕之日起三日内解除对其采取的有关措施。

第二十五条　公开募集基金的基金管理人的董事、监事、高级管理人员未能勤勉尽责，致使基金管理人存在重大违法违规行为或者重大风险的，国务院证券监督管理机构可以责令更换。

第二十六条　公开募集基金的基金管理人违法经营或者出现重大风险，严重危害证券市场秩序、损害基金份额持有人利益的，国务院证券监督管理机构可以对该基金管理人采取责令停业整顿、指定其他机构托管、接管、取消基金管理资格或者撤销等监管措施。

第二十七条　在公开募集基金的基金管理人被责令停业整顿、被依法指定托管、接管或者清算期间，或者出现重大风险时，经国务院证券监督管理机构批准，可以对该基金管理人直接负责的董事、监事、高级管理人员和其他直接责任人员采取下列措施：

（一）通知出境管理机关依法阻止其出境；

（二）申请司法机关禁止其转移、转让或者以其他方式处分财产，或者在财产上设定其他权利。

第二十八条　有下列情形之一的，公开募集基金的基金管理人职责终止：

（一）被依法取消基金管理资格；

（二）被基金份额持有人大会解任；

（三）依法解散、被依法撤销或者被依法宣告破产；

（四）基金合同约定的其他情形。

第二十九条　公开募集基金的基金管理人职责终止的，基金份额持有人大会应当在六个月内选任新基金管理人；新基金管理人产生前，由国务院证券监督管理机构指定临时基金管理人。

公开募集基金的基金管理人职责终止的，应当妥善保管基金管理业务资料，及时办理基金管理业务的移交手续，新基金管理人或者临时基金管理人应当及时接收。

第三十条　公开募集基金的基金管理人职责终止的，应当按照规定聘请会计师事务所对基金财产进行审计，并将审计结果予以公告，同时报国务院证券监督管理机构备案。

第三十一条　对非公开募集基金的基金管理人进行规范的具体办法，由国务院金融监督管理机构依照本章的原则制定。

第三章　基金托管人

第三十二条　基金托管人由依法设立的商业银行或者其他金融机构担任。

商业银行担任基金托管人的，由国务院证券监督管理机构会同国务院银行业监督管理机构核准；其他金融机构担任基金托管人的，由国务院证券监督管理机构核准。

第三十三条　担任基金托管人，应当具备下列条件：

（一）净资产和风险控制指标符合有关规定；

（二）设有专门的基金托管部门；

（三）取得基金从业资格的专职人员达到法定人数；

（四）有安全保管基金财产的条件；

（五）有安全高效的清算、交割系统；

（六）有符合要求的营业场所、安全防范

设施和与基金托管业务有关的其他设施;

(七)有完善的内部稽核监控制度和风险控制制度;

(八)法律、行政法规规定的和经国务院批准的国务院证券监督管理机构、国务院银行业监督管理机构规定的其他条件。

第三十四条 本法第十五条、第十八条、第十九条的规定,适用于基金托管人的专门基金托管部门的高级管理人员和其他从业人员。

本法第十六条的规定,适用于基金托管人的专门基金托管部门的高级管理人员。

第三十五条 基金托管人与基金管理人不得为同一机构,不得相互出资或者持有股份。

第三十六条 基金托管人应当履行下列职责:

(一)安全保管基金财产;

(二)按照规定开设基金财产的资金账户和证券账户;

(三)对所托管的不同基金财产分别设置账户,确保基金财产的完整与独立;

(四)保存基金托管业务活动的记录、账册、报表和其他相关资料;

(五)按照基金合同的约定,根据基金管理人的投资指令,及时办理清算、交割事宜;

(六)办理与基金托管业务活动有关的信息披露事项;

(七)对基金财务会计报告、中期和年度基金报告出具意见;

(八)复核、审查基金管理人计算的基金资产净值和基金份额申购、赎回价格;

(九)按照规定召集基金份额持有人大会;

(十)按照规定监督基金管理人的投资运作;

(十一)国务院证券监督管理机构规定的其他职责。

第三十七条 基金托管人发现基金管理人的投资指令违反法律、行政法规和其他有关规定,或者违反基金合同约定的,应当拒绝执行,立即通知基金管理人,并及时向国务院证券监督管理机构报告。

基金托管人发现基金管理人依据交易程序已经生效的投资指令违反法律、行政法规和其他有关规定,或者违反基金合同约定的,应当立即通知基金管理人,并及时向国务院证券监督管理机构报告。

第三十八条 本法第二十一条、第二十三条的规定,适用于基金托管人。

第三十九条 基金托管人不再具备本法规定的条件,或者未能勤勉尽责,在履行本法规定的职责时存在重大失误的,国务院证券监督管理机构、国务院银行业监督管理机构应当责令其改正;逾期未改正,或者其行为严重影响所托管基金的稳健运行、损害基金份额持有人利益的,国务院证券监督管理机构、国务院银行业监督管理机构可以区别情形,对其采取下列措施:

(一)限制业务活动,责令暂停办理新的基金托管业务;

(二)责令更换负有责任的专门基金托管部门的高级管理人员。

基金托管人整改后,应当向国务院证券监督管理机构、国务院银行业监督管理机构提交报告;经验收,符合有关要求的,应当自验收完毕之日起三日内解除对其采取的有关措施。

第四十条 国务院证券监督管理机构、国务院银行业监督管理机构对有下列情形之一的基金托管人,可以取消其基金托管资格:

(一)连续三年没有开展基金托管业务的;

(二)违反本法规定,情节严重的;

(三)法律、行政法规规定的其他情形。

第四十一条 有下列情形之一的,基金托管人职责终止:

(一)被依法取消基金托管资格;

(二)被基金份额持有人大会解任;

(三)依法解散、被依法撤销或者被依法宣告破产;

(四)基金合同约定的其他情形。

第四十二条 基金托管人职责终止的,基金份额持有人大会应当在六个月内选任新基金托管人;新基金托管人产生前,由国务院证券监督管理机构指定临时基金托管人。

基金托管人职责终止的,应当妥善保管基金财产和基金托管业务资料,及时办理基金财产和基金托管业务的移交手续,新基金托管人或者临时基金托管人应当及时接收。

第四十三条　基金托管人职责终止的，应当按照规定聘请会计师事务所对基金财产进行审计，并将审计结果予以公告，同时报国务院证券监督管理机构备案。

第四章　基金的运作方式和组织

第四十四条　基金合同应当约定基金的运作方式。

第四十五条　基金的运作方式可以采用封闭式、开放式或者其他方式。

采用封闭式运作方式的基金（以下简称封闭式基金），是指基金份额总额在基金合同期限内固定不变，基金份额持有人不得申请赎回的基金；采用开放式运作方式的基金（以下简称开放式基金），是指基金份额总额不固定，基金份额可以在基金合同约定的时间和场所申购或者赎回的基金。

采用其他运作方式的基金的基金份额发售、交易、申购、赎回的办法，由国务院证券监督管理机构另行规定。

第四十六条　基金份额持有人享有下列权利：

（一）分享基金财产收益；

（二）参与分配清算后的剩余基金财产；

（三）依法转让或者申请赎回其持有的基金份额；

（四）按照规定要求召开基金份额持有人大会或者召集基金份额持有人大会；

（五）对基金份额持有人大会审议事项行使表决权；

（六）对基金管理人、基金托管人、基金服务机构损害其合法权益的行为依法提起诉讼；

（七）基金合同约定的其他权利。

公开募集基金的基金份额持有人有权查阅或者复制公开披露的基金信息资料；非公开募集基金的基金份额持有人对涉及自身利益的情况，有权查阅基金的财务会计账簿等财务资料。

第四十七条　基金份额持有人大会由全体基金份额持有人组成，行使下列职权：

（一）决定基金扩募或者延长基金合同期限；

（二）决定修改基金合同的重要内容或者提前终止基金合同；

（三）决定更换基金管理人、基金托管人；

（四）决定调整基金管理人、基金托管人的报酬标准；

（五）基金合同约定的其他职权。

第四十八条　按照基金合同约定，基金份额持有人大会可以设立日常机构，行使下列职权：

（一）召集基金份额持有人大会；

（二）提请更换基金管理人、基金托管人；

（三）监督基金管理人的投资运作、基金托管人的托管活动；

（四）提请调整基金管理人、基金托管人的报酬标准；

（五）基金合同约定的其他职权。

前款规定的日常机构，由基金份额持有人大会选举产生的人员组成；其议事规则，由基金合同约定。

第四十九条　基金份额持有人大会及其日常机构不得直接参与或者干涉基金的投资管理活动。

第五章　基金的公开募集

第五十条　公开募集基金，应当经国务院证券监督管理机构注册。未经注册，不得公开或者变相公开募集基金。

前款所称公开募集基金，包括向不特定对象募集资金、向特定对象募集资金累计超过二百人，以及法律、行政法规规定的其他情形。

公开募集基金应当由基金管理人管理，基金托管人托管。

第五十一条　注册公开募集基金，由拟任基金管理人向国务院证券监督管理机构提交下列文件：

（一）申请报告；

（二）基金合同草案；

（三）基金托管协议草案；

（四）招募说明书草案；

（五）律师事务所出具的法律意见书；

（六）国务院证券监督管理机构规定提交的其他文件。

第五十二条　公开募集基金的基金合同应当包括下列内容：

（一）募集基金的目的和基金名称；

（二）基金管理人、基金托管人的名称和

住所;

(三)基金的运作方式;

(四)封闭式基金的基金份额总额和基金合同期限,或者开放式基金的最低募集份额总额;

(五)确定基金份额发售日期、价格和费用的原则;

(六)基金份额持有人、基金管理人和基金托管人的权利、义务;

(七)基金份额持有人大会召集、议事及表决的程序和规则;

(八)基金份额发售、交易、申购、赎回的程序、时间、地点、费用计算方式,以及给付赎回款项的时间和方式;

(九)基金收益分配原则、执行方式;

(十)基金管理人、基金托管人报酬的提取、支付方式与比例;

(十一)与基金财产管理、运用有关的其他费用的提取、支付方式;

(十二)基金财产的投资方向和投资限制;

(十三)基金资产净值的计算方法和公告方式;

(十四)基金募集未达到法定要求的处理方式;

(十五)基金合同解除和终止的事由、程序以及基金财产清算方式;

(十六)争议解决方式;

(十七)当事人约定的其他事项。

第五十三条 公开募集基金的基金招募说明书应当包括下列内容:

(一)基金募集申请的准予注册文件名称和注册日期;

(二)基金管理人、基金托管人的基本情况;

(三)基金合同和基金托管协议的内容摘要;

(四)基金份额的发售日期、价格、费用和期限;

(五)基金份额的发售方式、发售机构及登记机构名称;

(六)出具法律意见书的律师事务所和审计基金财产的会计师事务所的名称和住所;

(七)基金管理人、基金托管人报酬及其他有关费用的提取、支付方式与比例;

(八)风险警示内容;

(九)国务院证券监督管理机构规定的其他内容。

第五十四条 国务院证券监督管理机构应当自受理公开募集基金的募集注册申请之日起六个月内依照法律、行政法规及国务院证券监督管理机构的规定进行审查,作出注册或者不予注册的决定,并通知申请人;不予注册的,应当说明理由。

第五十五条 基金募集申请经注册后,方可发售基金份额。

基金份额的发售,由基金管理人或者其委托的基金销售机构办理。

第五十六条 基金管理人应当在基金份额发售的三日前公布招募说明书、基金合同及其他有关文件。

前款规定的文件应当真实、准确、完整。

对基金募集所进行的宣传推介活动,应当符合有关法律、行政法规的规定,不得有本法第七十八条所列行为。

第五十七条 基金管理人应当自收到准予注册文件之日起六个月内进行基金募集。超过六个月开始募集,原注册的事项未发生实质性变化的,应当报国务院证券监督管理机构备案;发生实质性变化的,应当向国务院证券监督管理机构重新提交注册申请。

基金募集不得超过国务院证券监督管理机构准予注册的基金募集期限。基金募集期限自基金份额发售之日起计算。

第五十八条 基金募集期限届满,封闭式基金募集的基金份额总额达到准予注册规模的百分之八十以上,开放式基金募集的基金份额总额超过准予注册的最低募集份额总额,并且基金份额持有人人数符合国务院证券监督管理机构规定的,基金管理人应当自募集期限届满之日起十日内聘请法定验资机构验资,自收到验资报告之日起十日内,向国务院证券监督管理机构提交验资报告,办理基金备案手续,并予以公告。

第五十九条 基金募集期间募集的资金应当存

人专门账户，在基金募集行为结束前，任何人不得动用。

第六十条　投资人交纳认购的基金份额的款项时，基金合同成立；基金管理人依照本法第五十九条的规定向国务院证券监督管理机构办理基金备案手续，基金合同生效。

基金募集期限届满，不能满足本法第五十九条规定的条件的，基金管理人应当承担下列责任：

（一）以其固有财产承担因募集行为而产生的债务和费用；

（二）在基金募集期限届满后三十日内返还投资人已交纳的款项，并加计银行同期存款利息。

第六章　公开募集基金的基金份额的交易、申购与赎回

第六十一条　申请基金份额上市交易，基金管理人应当向证券交易所提出申请，证券交易所依法审核同意的，双方应当签订上市协议。

第六十二条　基金份额上市交易，应当符合下列条件：

（一）基金的募集符合本法规定；

（二）基金合同期限为五年以上；

（三）基金募集金额不低于二亿元人民币；

（四）基金份额持有人不少于一千人；

（五）基金份额上市交易规则规定的其他条件。

第六十三条　基金份额上市交易规则由证券交易所制定，报国务院证券监督管理机构批准。

第六十四条　基金份额上市交易后，有下列情形之一的，由证券交易所终止其上市交易，并报国务院证券监督管理机构备案：

（一）不再具备本法第六十三条规定的上市交易条件；

（二）基金合同期限届满；

（三）基金份额持有人大会决定提前终止上市交易；

（四）基金合同约定的或者基金份额上市交易规则规定的终止上市交易的其他情形。

第六十五条　开放式基金的基金份额的申购、赎回、登记，由基金管理人或者其委托的基金服务机构办理。

第六十六条　基金管理人应当在每个工作日办理基金份额的申购、赎回业务；基金合同另有约定的，从其约定。

投资人交付申购款项，申购成立；基金份额登记机构确认基金份额时，申购生效。

基金份额持有人递交赎回申请，赎回成立；基金份额登记机构确认赎回时，赎回生效。

第六十七条　基金管理人应当按时支付赎回款项，但是下列情形除外：

（一）因不可抗力导致基金管理人不能支付赎回款项；

（二）证券交易场所依法决定临时停市，导致基金管理人无法计算当日基金资产净值；

（三）基金合同约定的其他特殊情形。

发生上述情形之一的，基金管理人应当在当日报国务院证券监督管理机构备案。

本条第一款规定的情形消失后，基金管理人应当及时支付赎回款项。

第六十八条　开放式基金应当保持足够的现金或者政府债券，以备支付基金份额持有人的赎回款项。基金财产中应当保持的现金或者政府债券的具体比例，由国务院证券监督管理机构规定。

第六十九条　基金份额的申购、赎回价格，依据申购、赎回日基金份额净值加、减有关费用计算。

第七十条　基金份额净值计价出现错误时，基金管理人应当立即纠正，并采取合理的措施防止损失进一步扩大。计价错误达到基金份额净值百分之零点五时，基金管理人应当公告，并报国务院证券监督管理机构备案。

因基金份额净值计价错误造成基金份额持有人损失的，基金份额持有人有权要求基金管理人、基金托管人予以赔偿。

第七章　公开募集基金的投资与信息披露

第七十一条　基金管理人运用基金财产进行证券投资，除国务院证券监督管理机构另有规定外，应当采用资产组合的方式。

资产组合的具体方式和投资比例，依照本

法和国务院证券监督管理机构的规定在基金合同中约定。

第七十二条 基金财产应当用于下列投资:

(一)上市交易的股票、债券;

(二)国务院证券监督管理机构规定的其他证券及其衍生品种。

第七十三条 基金财产不得用于下列投资或者活动:

(一)承销证券;

(二)违反规定向他人贷款或者提供担保;

(三)从事承担无限责任的投资;

(四)买卖其他基金份额,但是国务院证券监督管理机构另有规定的除外;

(五)向基金管理人、基金托管人出资;

(六)从事内幕交易、操纵证券交易价格及其他不正当的证券交易活动;

(七)法律、行政法规和国务院证券监督管理机构规定禁止的其他活动。

运用基金财产买卖基金管理人、基金托管人及其控股股东、实际控制人或者与其有其他重大利害关系的公司发行的证券或承销期内承销的证券,或者从事其他重大关联交易的,应当遵循基金份额持有人利益优先的原则,防范利益冲突,符合国务院证券监督管理机构的规定,并履行信息披露义务。

第七十四条 基金管理人、基金托管人和其他基金信息披露义务人应当依法披露基金信息,并保证所披露信息的真实性、准确性和完整性。

第七十五条 基金信息披露义务人应当确保应予披露的基金信息在国务院证券监督管理机构规定时间内披露,并保证投资人能够按照基金合同约定的时间和方式查阅或者复制公开披露的信息资料。

第七十六条 公开披露的基金信息包括:

(一)基金招募说明书、基金合同、基金托管协议;

(二)基金募集情况;

(三)基金份额上市交易公告书;

(四)基金资产净值、基金份额净值;

(五)基金份额申购、赎回价格;

(六)基金财产的资产组合季度报告、财务会计报告及中期和年度基金报告;

(七)临时报告;

(八)基金份额持有人大会决议;

(九)基金管理人、基金托管人的专门基金托管部门的重大人事变动;

(十)涉及基金财产、基金管理业务、基金托管业务的诉讼或者仲裁;

(十一)国务院证券监督管理机构规定应予披露的其他信息。

第七十七条 公开披露基金信息,不得有下列行为:

(一)虚假记载、误导性陈述或者重大遗漏;

(二)对证券投资业绩进行预测;

(三)违规承诺收益或者承担损失;

(四)诋毁其他基金管理人、基金托管人或者基金销售机构;

(五)法律、行政法规和国务院证券监督管理机构规定禁止的其他行为。

第八章 公开募集基金的基金合同的变更、终止与基金财产清算

第七十八条 按照基金合同的约定或者基金份额持有人大会的决议,基金可以转换运作方式或者与其他基金合并。

第七十九条 封闭式基金扩募或者延长基金合同期限,应当符合下列条件,并报国务院证券监督管理机构备案:

(一)基金运营业绩良好;

(二)基金管理人最近二年内没有因违法违规行为受到行政处罚或者刑事处罚;

(三)基金份额持有人大会决议通过;

(四)本法规定的其他条件。

第八十条 有下列情形之一的,基金合同终止:

(一)基金合同期限届满而未延期;

(二)基金份额持有人大会决定终止;

(三)基金管理人、基金托管人职责终止,在六个月内没有新基金管理人、新基金托管人承接;

(四)基金合同约定的其他情形。

第八十一条 基金合同终止时,基金管理人应当组织清算组对基金财产进行清算。

清算组由基金管理人、基金托管人以及相

关的中介服务机构组成。

清算组作出的清算报告经会计师事务所审计，律师事务所出具法律意见书后，报国务院证券监督管理机构备案并公告。

第八十二条　清算后的剩余基金财产，应当按照基金份额持有人所持份额比例进行分配。

第九章　公开募集基金的基金份额持有人权利行使

第八十三条　基金份额持有人大会由基金管理人召集。基金份额持有人大会设立日常机构的，由该日常机构召集；该日常机构未召集的，由基金管理人召集。基金管理人未按规定召集或者不能召开的，由基金托管人召集。

代表基金份额百分之十以上的基金份额持有人就同一事项要求召开基金份额持有人大会，而基金份额持有人大会的日常机构、基金管理人、基金托管人都不召集的，代表基金份额百分之十以上的基金份额持有人有权自行召集，并报国务院证券监督管理机构备案。

第八十四条　召开基金份额持有人大会，召集人应当至少提前三十日公告基金份额持有人大会的召开时间、会议形式、审议事项、议事程序和表决方式等事项。

基金份额持有人大会不得就未经公告的事项进行表决。

第八十五条　基金份额持有人大会可以采取现场方式召开，也可以采取通讯等方式召开。

每一基金份额具有一票表决权，基金份额持有人可以委托代理人出席基金份额持有人大会并行使表决权。

第八十六条　基金份额持有人大会应当有代表二分之一以上基金份额的持有人参加，方可召开。

参加基金份额持有人大会的持有人的基金份额低于前款规定比例的，召集人可以在原公告的基金份额持有人大会召开时间的三个月以后、六个月以内，就原定审议事项重新召集基金份额持有人大会。重新召集的基金份额持有人大会应当有代表三分之一以上基金份额的持有人参加，方可召开。

基金份额持有人大会就审议事项作出决定，应当经参加大会的基金份额持有人所持表决权的二分之一以上通过；但是，转换基金的运作方式、更换基金管理人或者基金托管人、提前终止基金合同、与其他基金合并，应当经参加大会的基金份额持有人所持表决权的三分之二以上通过。

基金份额持有人大会决定的事项，应当依法报国务院证券监督管理机构备案，并予以公告。

第十章　非公开募集基金

第八十七条　非公开募集基金应当向合格投资者募集，合格投资者累计不得超过二百人。

前款所称合格投资者，是指达到规定资产规模或者收入水平，并且具备相应的风险识别能力和风险承担能力、其基金份额认购金额不低于规定限额的单位和个人。

合格投资者的具体标准由国务院证券监督管理机构规定。

第八十八条　除基金合同另有约定外，非公开募集基金应当由基金托管人托管。

第八十九条　担任非公开募集基金的基金管理人，应当按照规定向基金行业协会履行登记手续，报送基本情况。

第九十条　未经登记，任何单位或者个人不得使用“基金”或者“基金管理”字样或者近似名称进行证券投资活动；但是，法律、行政法规另有规定的除外。

第九十一条　非公开募集基金，不得向合格投资者之外的单位和个人募集资金，不得通过报刊、电台、电视台、互联网等公众传播媒体或者讲座、报告会、分析会等方式向不特定对象宣传推介。

第九十二条　非公开募集基金，应当制定并签订基金合同。基金合同应当包括下列内容：

（一）基金份额持有人、基金管理人、基金托管人的权利、义务；

（二）基金的运作方式；

（三）基金的出资方式、数额和认缴期限；

（四）基金的投资范围、投资策略和投资限制；

（五）基金收益分配原则、执行方式；

（六）基金承担的有关费用；

(七)基金信息提供的内容、方式;

(八)基金份额的认购、赎回或者转让的程序和方式;

(九)基金合同变更、解除和终止的事由、程序;

(十)基金财产清算方式;

(十一)当事人约定的其他事项。

基金份额持有人转让基金份额的,应当符合本法第八十八条、第九十二条的规定。

第九十三条 按照基金合同约定,非公开募集基金可以由部分基金份额持有人作为基金管理人负责基金的投资管理活动,并在基金财产不足以清偿其债务时对基金财产的债务承担无限连带责任。

前款规定的非公开募集基金,其基金合同还应载明:

(一)承担无限连带责任的基金份额持有人和其他基金份额持有人的姓名或者名称、住所;

(二)承担无限连带责任的基金份额持有人的除名条件和更换程序;

(三)基金份额持有人增加、退出的条件、程序以及相关责任;

(四)承担无限连带责任的基金份额持有人和其他基金份额持有人的转换程序。

第九十四条 非公开募集基金募集完毕,基金管理人应当向基金行业协会备案。对募集的资金总额或者基金份额持有人的人数达到规定标准的基金,基金行业协会应当向国务院证券监督管理机构报告。

非公开募集基金财产的证券投资,包括买卖公开发行的股份有限公司股票、债券、基金份额,以及国务院证券监督管理机构规定的其他证券及其衍生品种。

第九十五条 基金管理人、基金托管人应当按照基金合同的约定,向基金份额持有人提供基金信息。

第九十六条 专门从事非公开募集基金管理业务的基金管理人,其股东、高级管理人员、经营期限、管理的基金资产规模等符合规定条件的,经国务院证券监督管理机构核准,可以从事公开募集基金管理业务。

第十一章 基金服务机构

第九十七条 从事公开募集基金的销售、销售支付、份额登记、估值、投资顾问、评价、信息技术系统服务等基金服务业务的机构,应当按照国务院证券监督管理机构的规定进行注册或者备案。

第九十八条 基金销售机构应当向投资人充分揭示投资风险,并根据投资人的风险承担能力销售不同风险等级的基金产品。

第九十九条 基金销售支付机构应当按照规定办理基金销售结算资金的划付,确保基金销售结算资金安全、及时划付。

第一百条 基金销售结算资金、基金份额独立于基金销售机构、基金销售支付机构或者基金份额登记机构的自有财产。基金销售机构、基金销售支付机构或者基金份额登记机构破产或者清算时,基金销售结算资金、基金份额不属于其破产财产或者清算财产。非因投资人本身的债务或者法律规定的其他情形,不得查封、冻结、扣划或者强制执行基金销售结算资金、基金份额。

基金销售机构、基金销售支付机构、基金份额登记机构应当确保基金销售结算资金、基金份额的安全、独立,禁止任何单位或者个人以任何形式挪用基金销售结算资金、基金份额。

第一百零一条 基金管理人可以委托基金服务机构代为办理基金的份额登记、核算、估值、投资顾问等事项,基金托管人可以委托基金服务机构代为办理基金的核算、估值、复核等事项,但基金管理人、基金托管人依法应当承担的责任不因委托而免除。

第一百零二条 基金份额登记机构以电子介质登记的数据,是基金份额持有人权利归属的根据。基金份额持有人以基金份额出质的,质权自基金份额登记机构办理出质登记时设立。

基金份额登记机构应当妥善保存登记数据,并将基金份额持有人名称、身份信息及基金份额明细等数据备份至国务院证券监督管理机构认定的机构。其保存期限自基金账户销户之日起不得少于二十年。

基金份额登记机构应当保证登记数据的

真实、准确、完整，不得隐匿、伪造、篡改或者毁损。

第一百零三条　基金投资顾问机构及其从业人员提供基金投资顾问服务，应当具有合理的依据，对其服务能力和经营业绩进行如实陈述，不得以任何方式承诺或者保证投资收益，不得损害服务对象的合法权益。

第一百零四条　基金评价机构及其从业人员应当客观公正，按照依法制定的业务规则开展基金评价业务，禁止误导投资人，防范可能发生的利益冲突。

第一百零五条　基金管理人、基金托管人、基金服务机构的信息技术系统，应当符合规定的要求。国务院证券监督管理机构可以要求信息技术系统服务机构提供该信息技术系统的相关资料。

第一百零六条　律师事务所、会计师事务所接受基金管理人、基金托管人的委托，为有关基金业务活动出具法律意见书、审计报告、内部控制评价报告等文件，应当勤勉尽责，对所依据的文件资料内容的真实性、准确性、完整性进行核查和验证。其制作、出具的文件有虚假记载、误导性陈述或者重大遗漏，给他人财产造成损失的，应当与委托人承担连带赔偿责任。

第一百零七条　基金服务机构应当勤勉尽责、恪尽职守，建立应急等风险管理制度和灾难备份系统，不得泄露与基金份额持有人、基金投资运作相关的非公开信息。

第十二章　基金行业协会

第一百零八条　基金行业协会是证券投资基金行业的自律性组织，是社会团体法人。

基金管理人、基金托管人应当加入基金行业协会，基金服务机构可以加入基金行业协会。

第一百零九条　基金行业协会的权力机构为全体会员组成的会员大会。

基金行业协会设理事会。理事会成员依章程的规定由选举产生。

第一百一十条　基金行业协会章程由会员大会制定，并报国务院证券监督管理机构备案。

第一百一十一条　基金行业协会履行下列职责：

（一）教育和组织会员遵守有关证券投资的法律、行政法规，维护投资人合法权益；

（二）依法维护会员的合法权益，反映会员的建议和要求；

（三）制定和实施行业自律规则，监督、检查会员及其从业人员的执业行为，对违反自律规则和协会章程的，按照规定给予纪律处分；

（四）制定行业执业标准和业务规范，组织基金从业人员的从业考试、资质管理和业务培训；

（五）提供会员服务，组织行业交流，推动行业创新，开展行业宣传和投资人教育活动；

（六）对会员之间、会员与客户之间发生的基金业务纠纷进行调解；

（七）依法办理非公开募集基金的登记、备案；

（八）协会章程规定的其他职责。

第十三章　监督管理

第一百一十二条　国务院证券监督管理机构依法履行下列职责：

（一）制定有关证券投资基金活动监督管理的规章、规则，并行使审批、核准或者注册权；

（二）办理基金备案；

（三）对基金管理人、基金托管人及其他机构从事证券投资基金活动进行监督管理，对违法行为进行查处，并予以公告；

（四）制定基金从业人员的资格标准和行为准则，并监督实施；

（五）监督检查基金信息的披露情况；

（六）指导和监督基金行业协会的活动；

（七）法律、行政法规规定的其他职责。

第一百一十三条　国务院证券监督管理机构依法履行职责，有权采取下列措施：

（一）对基金管理人、基金托管人、基金服务机构进行现场检查，并要求其报送有关的业务资料；

（二）进入涉嫌违法行为发生场所调查取证；

（三）询问当事人和与被调查事件有关的单位和个人，要求其对与被调查事件有关的事项作出说明；

（四）查阅、复制与被调查事件有关的财

产权登记、通讯记录等资料;

(五)查阅、复制当事人和与被调查事件有关的单位和个人的证券交易记录、登记过户记录、财务会计资料及其他相关文件和资料;对可能被转移、隐匿或者毁损的文件和资料,可以予以封存;

(六)查询当事人和与被调查事件有关的单位和个人的资金账户、证券账户和银行账户;对有证据证明已经或者可能转移或者隐匿违法资金、证券等涉案财产或者隐匿、伪造、毁损重要证据的,经国务院证券监督管理机构主要负责人批准,可以冻结或者查封;

(七)在调查操纵证券市场、内幕交易等重大证券违法行为时,经国务院证券监督管理机构主要负责人批准,可以限制被调查事件当事人的证券买卖,但限制的期限不得超过十五个交易日;案情复杂的,可以延长十五个交易日。

第一百一十四条 国务院证券监督管理机构工作人员依法履行职责,进行调查或者检查时,不得少于二人,并应当出示合法证件;对调查或者检查中知悉的商业秘密负有保密的义务。

第一百一十五条 国务院证券监督管理机构工作人员应当忠于职守,依法办事,公正廉洁,接受监督,不得利用职务牟取私利。

第一百一十六条 国务院证券监督管理机构依法履行职责时,被调查、检查的单位和个人应当配合,如实提供有关文件和资料,不得拒绝、阻碍和隐瞒。

第一百一十七条 国务院证券监督管理机构依法履行职责,发现违法行为涉嫌犯罪的,应当将案件移送司法机关处理。

第一百一十八条 国务院证券监督管理机构工作人员在任职期间,或者离职后在《中华人民共和国公务员法》规定的期限内,不得在被监管的机构中担任职务。

第十四章 法律责任

第一百一十九条 违反本法规定,未经批准擅自设立基金管理公司或者未经核准从事公开募集基金管理业务的,由证券监督管理机构予以取缔或者责令改正,没收违法所得,并处违法所得一倍以上五倍以下罚款;没有违法所得或者违法所得不足一百万元的,并处十万元以上一百万元以下罚款。对直接负责的主管人员和其他直接责任人员给予警告,并处三万元以上三十万元以下罚款。

基金管理公司违反本法规定,擅自变更持有百分之五以上股权的股东、实际控制人或者其他重大事项的,责令改正,没收违法所得,并处违法所得一倍以上五倍以下罚款;没有违法所得或者违法所得不足五十万元的,并处五万元以上五十万元以下罚款。对直接负责的主管人员给予警告,并处三万元以上十万元以下罚款。

第一百二十条 基金管理人的董事、监事、高级管理人员和其他从业人员,基金托管人的专门基金托管部门的高级管理人员和其他从业人员,未按照本法第十八条第一款规定申报的,责令改正,处三万元以上十万元以下罚款。

基金管理人、基金托管人违反本法第十八条第二款规定的,责令改正,处十万元以上一百万元以下罚款;对直接负责的主管人员和其他直接责任人员给予警告,暂停或者撤销基金从业资格,并处三万元以上三十万元以下罚款。

第一百二十一条 基金管理人的董事、监事、高级管理人员和其他从业人员,基金托管人的专门基金托管部门的高级管理人员和其他从业人员违反本法第十九条规定的,责令改正,没收违法所得,并处违法所得一倍以上五倍以下罚款;没有违法所得或者违法所得不足一百万元的,并处十万元以上一百万元以下罚款;情节严重的,撤销基金从业资格。

第一百二十二条 基金管理人、基金托管人违反本法规定,未对基金财产实行分别管理或者分账保管,责令改正,处五万元以上五十万元以下罚款;对直接负责的主管人员和其他直接责任人员给予警告,暂停或者撤销基金从业资格,并处三万元以上三十万元以下罚款。

第一百二十三条 基金管理人、基金托管人及其董事、监事、高级管理人员和其他从业人员有本法第二十一条所列行为之一的,责令改正,没收违法所得,并处违法所得一倍以上五倍以下罚款;没有违法所得或者违法所得不足一百万元的，并处十万元以上一百万元以下罚款；基金管理人、基金托管人有上述行为的，还应当对其直接负责的主管人员和其他直接责任人员给予警告，暂停或者撤销基金从业资格，并处三万元以上三十万元以下罚款。

基金管理人、基金托管人及其董事、监事、高级管理人员和其他从业人员侵占、挪用基金财产而取得的财产和收益，归入基金财产。但是，法律、行政法规另有规定的，依照其规定。

第一百二十四条　基金管理人的股东、实际控制人违反本法第二十四条规定的，责令改正，没收违法所得，并处违法所得一倍以上五倍以下罚款；没有违法所得或者违法所得不足一百万元的，并处十万元以上一百万元以下罚款；对直接负责的主管人员和其他直接责任人员给予警告，暂停或者撤销基金或证券从业资格，并处三万元以上三十万元以下罚款。

第一百二十五条　未经核准，擅自从事基金托管业务的，责令停止，没收违法所得，并处违法所得一倍以上五倍以下罚款；没有违法所得或者违法所得不足一百万元的，并处十万元以上一百万元以下罚款；对直接负责的主管人员和其他直接责任人员给予警告，并处三万元以上三十万元以下罚款。

第一百二十六条　基金管理人、基金托管人违反本法规定，相互出资或者持有股份的，责令改正，可以处十万元以下罚款。

第一百二十七条　违反本法规定，擅自公开或者变相公开募集基金的，责令停止，返还所募资金和加计的银行同期存款利息，没收违法所得，并处所募资金金额百分之一以上百分之五以下罚款。对直接负责的主管人员和其他直接责任人员给予警告，并处五万元以上五十万元以下罚款。

第一百二十八条　违反本法第六十条规定，动用募集的资金的，责令返还，没收违法所得，并处违法所得一倍以上五倍以下罚款；没有违法所得或者违法所得不足五十万元的，并处五万元以上五十万元以下罚款；对直接负责的主管人员和其他直接责任人员给予警告，并处三万元以上三十万元以下罚款。

第一百二十九条　基金管理人、基金托管人有本法第七十四条第一款第一项至第五项和第七项所列行为之一，或者违反本法第七十四条第二款规定的，责令改正，处十万元以上一百万元以下罚款；对直接负责的主管人员和其他直接责任人员给予警告，暂停或者撤销基金从业资格，并处三万元以上三十万元以下罚款。

基金管理人、基金托管人有前款行为，运用基金财产而取得的财产和收益，归入基金财产。但是，法律、行政法规另有规定的，依照其规定。

第一百三十条　基金管理人、基金托管人有本法第七十四条第一款第六项规定行为的，除依照《中华人民共和国证券法》的有关规定处罚外，对直接负责的主管人员和其他直接责任人员暂停或者撤销基金从业资格。

第一百三十一条　基金信息披露义务人不依法披露基金信息或者披露的信息有虚假记载、误导性陈述或者重大遗漏的，责令改正，没收违法所得，并处十万元以上一百万元以下罚款；对直接负责的主管人员和其他直接责任人员给予警告，暂停或者撤销基金从业资格，并处三万元以上三十万元以下罚款。

第一百三十二条　基金管理人或者基金托管人不按照规定召集基金份额持有人大会的，责令改正，可以处五万元以下罚款；对直接负责的主管人员和其他直接责任人员给予警告，暂停或者撤销基金从业资格。

第一百三十三条　违反本法规定，未经登记，使用“基金”或者“基金管理”字样或者近似名称进行证券投资活动的，没收违法所得，并处违法所得一倍以上五倍以下罚款；没有违法所得或者违法所得不足一百万元的，并处十万元以上一百万元以下罚款。对直接负责的主管人员和其他直接责任人员给予警告，并处三万元以上三十万元以下罚款。

第一百三十四条　违反本法规定，非公开募集基金募集完毕，基金管理人未备案的，处十万元以上三十万元以下罚款。对直接负责的主管人员和其他直接责任人员给予警告，并处三万元以上十万元以下罚款。

第一百三十五条　违反本法规定，向合格投资者之外的单位或者个人非公开募集资金或者转让基金份额的,没收违法所得,并处违法所得一倍以上五倍以下罚款;没有违法所得或者违法所得不足一百万元的,并处十万元以上一百万元以下罚款。对直接负责的主管人员和其他直接责任人员给予警告,并处三万元以上三十万元以下罚款。

第一百三十六条 违反本法规定,擅自从事公开募集基金的基金服务业务的,责令改正,没收违法所得,并处违法所得一倍以上五倍以下罚款;没有违法所得或者违法所得不足三十万元的,并处十万元以上三十万元以下罚款。对直接负责的主管人员和其他直接责任人员给予警告,并处三万元以上十万元以下罚款。

第一百三十七条 基金销售机构未向投资人充分揭示投资风险并误导其购买与其风险承担能力不相当的基金产品的,处十万元以上三十万元以下罚款;情节严重的,责令其停止基金服务业务。对直接负责的主管人员和其他直接责任人员给予警告,撤销基金从业资格,并处三万元以上十万元以下罚款。

第一百三十八条 基金销售支付机构未按照规定划付基金销售结算资金的,处十万元以上三十万元以下罚款;情节严重的,责令其停止基金服务业务。对直接负责的主管人员和其他直接责任人员给予警告,撤销基金从业资格,并处三万元以上十万元以下罚款。

第一百三十九条 挪用基金销售结算资金或者基金份额的,责令改正,没收违法所得,并处违法所得一倍以上五倍以下罚款;没有违法所得或者违法所得不足一百万元的,并处十万元以上一百万元以下罚款。对直接负责的主管人员和其他直接责任人员给予警告,并处三万元以上三十万元以下罚款。

第一百四十条 基金份额登记机构未妥善保存或者备份基金份额登记数据的,责令改正,给予警告,并处十万元以上三十万元以下罚款;情节严重的,责令其停止基金服务业务。对直接负责的主管人员和其他直接责任人员给予警告,撤销基金从业资格,并处三万元以上十万元以下罚款。

基金份额登记机构隐匿、伪造、篡改、毁损基金份额登记数据的,责令改正,处十万元以上一百万元以下罚款,并责令其停止基金服务业务。对直接负责的主管人员和其他直接责任人员给予警告,撤销基金从业资格,并处三万元以上三十万元以下罚款。

第一百四十一条 基金投资顾问机构、基金评价机构及其从业人员违反本法规定开展投资顾问、基金评价服务的,处十万元以上三十万元以下罚款;情节严重的,责令其停止基金服务业务。对直接负责的主管人员和其他直接责任人员给予警告,撤销基金从业资格,并处三万元以上十万元以下罚款。

第一百四十二条 信息技术系统服务机构未按照规定向国务院证券监督管理机构提供相关信息技术系统资料,或者提供的信息技术系统资料虚假、有重大遗漏的,责令改正,处三万元以上十万元以下罚款。对直接负责的主管人员和其他直接责任人员给予警告,并处一万元以上三万元以下罚款。

第一百四十三条 会计师事务所、律师事务所未勤勉尽责,所出具的文件有虚假记载、误导性陈述或者重大遗漏的,责令改正,没收业务收入,暂停或者撤销相关业务许可,并处业务收入一倍以上五倍以下罚款。对直接负责的主管人员和其他直接责任人员给予警告,并处三万元以上十万元以下罚款。

第一百四十四条 基金服务机构未建立应急等风险管理制度和灾难备份系统,或者泄露与基金份额持有人、基金投资运作相关的非公开信息的,处十万元以上三十万元以下罚款;情节严重的,责令其停止基金服务业务。对直接负责的主管人员和其他直接责任人员给予警告,撤销基金从业资格,并处三万元以上十万元以下罚款。

第一百四十五条 违反本法规定,给基金财产、基金份额持有人或者投资人造成损害的,依法承担赔偿责任。

基金管理人、基金托管人在履行各自职责的过程中,违反本法规定或者基金合同约定,给基金财产或者基金份额持有人造成损害的,应当分别对各自的行为依法承担赔偿责任;因共同行为给基金财产或者基金份额持有人造成损害的，应当承担连带赔偿责任。

第一百四十六条　证券监督管理机构工作人员玩忽职守、滥用职权、徇私舞弊或者利用职务上的便利索取或者收受他人财物的，依法给予行政处分。

第一百四十七条　拒绝、阻碍证券监督管理机构及其工作人员依法行使监督检查、调查职权未使用暴力、威胁方法的，依法给予治安管理处罚。

第一百四十八条　违反法律、行政法规或者国务院证券监督管理机构的有关规定，情节严重的，国务院证券监督管理机构可以对有关责任人员采取证券市场禁入的措施。

第一百四十九条　违反本法规定，构成犯罪的，依法追究刑事责任。

第一百五十条　违反本法规定，应当承担民事赔偿责任和缴纳罚款、罚金，其财产不足以同时支付时，先承担民事赔偿责任。

第一百五十一条　依照本法规定，基金管理人、基金托管人、基金服务机构应当承担的民事赔偿责任和缴纳的罚款、罚金，由基金管理人、基金托管人、基金服务机构以其固有财产承担。

依法收缴的罚款、罚金和没收的违法所得，应当全部上缴国库。

第十五章　附　　则

第一百五十二条　在中华人民共和国境内募集投资境外证券的基金，以及合格境外投资者在境内进行证券投资，应当经国务院证券监督管理机构批准，具体办法由国务院证券监督管理机构会同国务院有关部门规定，报国务院批准。

第一百五十三条　公开或者非公开募集资金，以进行证券投资活动为目的设立的公司或者合伙企业，资产由基金管理人或者普通合伙人管理的，其证券投资活动适用本法。

第一百五十四条　本法自2013年6月1日起施行。

期货管理条例

1. 2007年3月6日中华人民共和国国务院令第489号公布

2. 根据2012年10月24日《国务院关于修改〈期货交易管理条例〉的决定》第一次修订

3. 根据2013年7月18日《国务院关于废止和修改部分行政法规的决定》第二次修订

第一章　总　　则

第一条　为了规范期货交易行为，加强对期货交易的监督管理，维护期货市场秩序，防范风险，保护期货交易各方的合法权益和社会公共利益，促进期货市场积极稳妥发展，制定本条例。

第二条　任何单位和个人从事期货交易及其相关活动，应当遵守本条例。

本条例所称期货交易，是指采用公开的集中交易方式或者国务院期货监督管理机构批准的其他方式进行的以期货合约或者期权合约为交易标的的交易活动。

本条例所称期货合约，是指期货交易场所统一制定的、规定在将来某一特定的时间和地点交割一定数量标的物的标准化合约。期货合约包括商品期货合约和金融期货合约及其他期货合约。

本条例所称期权合约，是指期货交易场所统一制定的、规定买方有权在将来某一时间以特定价格买入或者卖出约定标的物（包括期货合约）的标准化合约。

第三条　从事期货交易活动，应当遵循公开、公平、公正和诚实信用的原则。禁止欺诈、内幕交易和操纵期货交易价格等违法行为。

第四条　期货交易应当在依照本条例第六条第一款规定设立的期货交易所、国务院批准的或者国务院期货监督管理机构批准的其他期货交易场所进行。

禁止在前款规定的期货交易场所之外进行期货交易。

第五条　国务院期货监督管理机构对期货市场实行集中统一的监督管理。

国务院期货监督管理机构派出机构依照本条例的有关规定和国务院期货监督管理机

构的授权,履行监督管理职责。

第二章 期货交易所

第六条 设立期货交易所,由国务院期货监督管理机构审批。

未经国务院批准或者国务院期货监督管理机构批准,任何单位或者个人不得设立期货交易场所或者以任何形式组织期货交易及其相关活动。

第七条 期货交易所不以营利为目的,按照其章程的规定实行自律管理。期货交易所以其全部财产承担民事责任。期货交易所的负责人由国务院期货监督管理机构任免。

期货交易所的管理办法由国务院期货监督管理机构制定。

第八条 期货交易所会员应当是在中华人民共和国境内登记注册的企业法人或者其他经济组织。

期货交易所可以实行会员分级结算制度。实行会员分级结算制度的期货交易所会员由结算会员和非结算会员组成。

第九条 有《中华人民共和国公司法》第一百四十七条规定的情形或者下列情形之一的,不得担任期货交易所的负责人、财务会计人员:

(一)因违法行为或者违纪行为被解除职务的期货交易所、证券交易所、证券登记结算机构的负责人,或者期货公司、证券公司的董事、监事、高级管理人员,以及国务院期货监督管理机构规定的其他人员,自被解除职务之日起未逾5年;

(二)因违法行为或者违纪行为被撤销资格的律师、注册会计师或者投资咨询机构、财务顾问机构、资信评级机构、资产评估机构、验证机构的专业人员,自被撤销资格之日起未逾5年。

第十条 期货交易所应当依照本条例和国务院期货监督管理机构的规定,建立、健全各项规章制度,加强对交易活动的风险控制和对会员以及交易所工作人员的监督管理。期货交易所履行下列职责:

(一)提供交易的场所、设施和服务;

(二)设计合约,安排合约上市;

(三)组织并监督交易、结算和交割;

(四)为期货交易提供集中履约担保;

(五)按照章程和交易规则对会员进行监督管理;

(六)国务院期货监督管理机构规定的其他职责。

期货交易所不得直接或者间接参与期货交易。未经国务院期货监督管理机构审核并报国务院批准,期货交易所不得从事信托投资、股票投资、非自用不动产投资等与其职责无关的业务。

第十一条 期货交易所应当按照国家有关规定建立、健全下列风险管理制度:

(一)保证金制度;

(二)当日无负债结算制度;

(三)涨跌停板制度;

(四)持仓限额和大户持仓报告制度;

(五)风险准备金制度;

(六)国务院期货监督管理机构规定的其他风险管理制度。

实行会员分级结算制度的期货交易所,还应当建立、健全结算担保金制度。

第十二条 当期货市场出现异常情况时,期货交易所可以按照其章程规定的权限和程序,决定采取下列紧急措施,并应当立即报告国务院期货监督管理机构:

(一)提高保证金;

(二)调整涨跌停板幅度;

(三)限制会员或者客户的最大持仓量;

(四)暂时停止交易;

(五)采取其他紧急措施。

前款所称异常情况,是指在交易中发生操纵期货交易价格的行为或者发生不可抗拒的突发事件以及国务院期货监督管理机构规定的其他情形。

异常情况消失后,期货交易所应当及时取消紧急措施。

第十三条 期货交易所办理下列事项,应当经国务院期货监督管理机构批准:

(一)制定或者修改章程、交易规则;

(二)上市、中止、取消或者恢复交易品种;

(三)上市、修改或者终止合约;

(四)变更住所或者营业场所;

（五）合并、分立或者解散；

（六）国务院期货监督管理机构规定的其他事项。

国务院期货监督管理机构批准期货交易所上市新的交易品种，应当征求国务院有关部门的意见。

第十四条　期货交易所的所得收益按照国家有关规定管理和使用，但应当首先用于保证期货交易场所、设施的运行和改善。

第三章　期货公司

第十五条　期货公司是依照《中华人民共和国公司法》和本条例规定设立的经营期货业务的金融机构。设立期货公司，应当经国务院期货监督管理机构批准，并在公司登记机关登记注册。

未经国务院期货监督管理机构批准，任何单位或者个人不得设立或者变相设立期货公司，经营期货业务。

第十六条　申请设立期货公司，应当符合《中华人民共和国公司法》的规定，并具备下列条件：

（一）注册资本最低限额为人民币3000万元；

（二）董事、监事、高级管理人员具备任职资格，从业人员具有期货从业资格；

（三）有符合法律、行政法规规定的公司章程；

（四）主要股东以及实际控制人具有持续盈利能力，信誉良好，最近3年无重大违法违规记录；

（五）有合格的经营场所和业务设施；

（六）有健全的风险管理和内部控制制度；

（七）国务院期货监督管理机构规定的其他条件。

国务院期货监督管理机构根据审慎监管原则和各项业务的风险程度，可以提高注册资本最低限额。注册资本应当是实缴资本。股东应当以货币或者期货公司经营必需的非货币财产出资，货币出资比例不得低于85%。

国务院期货监督管理机构应当在受理期货公司设立申请之日起6个月内，根据审慎监管原则进行审查，作出批准或者不批准的决定。

未经国务院期货监督管理机构批准，任何单位和个人不得委托或者接受他人委托持有或者管理期货公司的股权。

第十七条　期货公司业务实行许可制度，由国务院期货监督管理机构按照其商品期货、金融期货业务种类颁发许可证。期货公司除申请经营境内期货经纪业务外，还可以申请经营境外期货经纪、期货投资咨询以及国务院期货监督管理机构规定的其他期货业务。

期货公司不得从事与期货业务无关的活动，法律、行政法规或者国务院期货监督管理机构另有规定的除外。

期货公司不得从事或者变相从事期货自营业务。

期货公司不得为其股东、实际控制人或者其他关联人提供融资，不得对外担保。

第十八条　期货公司从事经纪业务，接受客户委托，以自己的名义为客户进行期货交易，交易结果由客户承担。

第十九条　期货公司办理下列事项，应当经国务院期货监督管理机构批准：

（一）合并、分立、停业、解散或者破产；

（二）变更业务范围；

（三）变更注册资本且调整股权结构；

（四）新增持有5%以上股权的股东或者控股股东发生变化；

（五）设立、收购、参股或者终止境外期货类经营机构；

（六）国务院期货监督管理机构规定的其他事项。

前款第三项、第六项所列事项，国务院期货监督管理机构应当自受理申请之日起20日内作出批准或者不批准的决定；前款所列其他事项，国务院期货监督管理机构应当自受理申请之日起2个月内作出批准或者不批准的决定。

第二十条　期货公司办理下列事项，应当经国务院期货监督管理机构派出机构批准：

（一）变更法定代表人；

（二）变更住所或者营业场所；

（三）设立或者终止境内分支机构；

（四）变更境内分支机构的经营范围；

(五)国务院期货监督管理机构规定的其他事项。

前款第一项、第二项、第四项、第五项所列事项,国务院期货监督管理机构派出机构应当自受理申请之日起20日内作出批准或者不批准的决定;前款第三项所列事项,国务院期货监督管理机构派出机构应当自受理申请之日起2个月内作出批准或者不批准的决定。

第二十一条 期货公司或者其分支机构有《中华人民共和国行政许可法》第七十条规定的情形或者下列情形之一的,国务院期货监督管理机构应当依法办理期货业务许可证注销手续:

(一)营业执照被公司登记机关依法注销;

(二)成立后无正当理由超过3个月未开始营业,或者开业后无正当理由停业连续3个月以上;

(三)主动提出注销申请;

(四)国务院期货监督管理机构规定的其他情形。

期货公司在注销期货业务许可证前,应当结清相关期货业务,并依法返还客户的保证金和其他资产。期货公司分支机构在注销经营许可证前,应当终止经营活动,妥善处理客户资产。

第二十二条 期货公司应当建立、健全并严格执行业务管理规则、风险管理制度,遵守信息披露制度,保障客户保证金的存管安全,按照期货交易所的规定,向期货交易所报告大户名单、交易情况。

第二十三条 从事期货投资咨询业务的其他期货经营机构应当取得国务院期货监督管理机构批准的业务资格,具体管理办法由国务院期货监督管理机构制定。

第四章 期货交易基本规则

第二十四条 在期货交易所进行期货交易的,应当是期货交易所会员。

符合规定条件的境外机构,可以在期货交易所从事特定品种的期货交易。具体办法由国务院期货监督管理机构制定。

第二十五条 期货公司接受客户委托为其进行期货交易,应当事先向客户出示风险说明书,经客户签字确认后,与客户签订书面合同。期货公司不得未经客户委托或者不按照客户委托内容,擅自进行期货交易。

期货公司不得向客户作获利保证;不得在经纪业务中与客户约定分享利益或者共担风险。

第二十六条 下列单位和个人不得从事期货交易,期货公司不得接受其委托为其进行期货交易:

(一)国家机关和事业单位;

(二)国务院期货监督管理机构、期货交易所、期货保证金安全存管监控机构和期货业协会的工作人员;

(三)证券、期货市场禁止进入者;

(四)未能提供开户证明材料的单位和个人;

(五)国务院期货监督管理机构规定不得从事期货交易的其他单位和个人。

第二十七条 客户可以通过书面、电话、互联网或者国务院期货监督管理机构规定的其他方式,向期货公司下达交易指令。客户的交易指令应当明确、全面。

期货公司不得隐瞒重要事项或者使用其他不正当手段诱骗客户发出交易指令。

第二十八条 期货交易所应当及时公布上市品种合约的成交量、成交价、持仓量、最高价与最低价、开盘价与收盘价和其他应当公布的即时行情,并保证即时行情的真实、准确。期货交易所不得发布价格预测信息。

未经期货交易所许可,任何单位和个人不得发布期货交易即时行情。

第二十九条 期货交易应当严格执行保证金制度。期货交易所向会员、期货公司向客户收取的保证金,不得低于国务院期货监督管理机构、期货交易所规定的标准,并应当与自有资金分开,专户存放。

期货交易所向会员收取的保证金,属于会员所有,除用于会员的交易结算外,严禁挪作他用。

期货公司向客户收取的保证金,属于客户所有,除下列可划转的情形外,严禁挪作他用:

(一)依据客户的要求支付可用资金;

(二)为客户交存保证金,支付手续费、

税款；

（三）国务院期货监督管理机构规定的其他情形。

第三十条　期货公司应当为每一个客户单独开立专门账户、设置交易编码，不得混码交易。

第三十一条　期货公司经营期货经纪业务又同时经营其他期货业务的，应当严格执行业务分离和资金分离制度，不得混合操作。

第三十二条　期货交易所、期货公司、非期货公司结算会员应当按照国务院期货监督管理机构、财政部门的规定提取、管理和使用风险准备金，不得挪用。

第三十三条　期货交易的收费项目、收费标准和管理办法由国务院有关主管部门统一制定并公布。

第三十四条　期货交易的结算，由期货交易所统一组织进行。

期货交易所实行当日无负债结算制度。期货交易所应当在当日及时将结算结果通知会员。

期货公司根据期货交易所的结算结果对客户进行结算，并应当将结算结果按照与客户约定的方式及时通知客户。客户应当及时查询并妥善处理自己的交易持仓。

第三十五条　期货交易所会员的保证金不足时，应当及时追加保证金或者自行平仓。会员未在期货交易所规定的时间内追加保证金或者自行平仓的，期货交易所应当将该会员的合约强行平仓，强行平仓的有关费用和发生的损失由该会员承担。

客户保证金不足时，应当及时追加保证金或者自行平仓。客户未在期货公司规定的时间内及时追加保证金或者自行平仓的，期货公司应当将该客户的合约强行平仓，强行平仓的有关费用和发生的损失由该客户承担。

第三十六条　期货交易的交割，由期货交易所统一组织进行。

交割仓库由期货交易所指定。期货交易所不得限制实物交割总量，并应当与交割仓库签订协议，明确双方的权利和义务。交割仓库不得有下列行为：

（一）出具虚假仓单；

（二）违反期货交易所业务规则，限制交割商品的入库、出库；

（三）泄露与期货交易有关的商业秘密；

（四）违反国家有关规定参与期货交易；

（五）国务院期货监督管理机构规定的其他行为。

第三十七条　会员在期货交易中违约的，期货交易所先以该会员的保证金承担违约责任；保证金不足的，期货交易所应当以风险准备金和自有资金代为承担违约责任，并由此取得对该会员的相应追偿权。

客户在期货交易中违约的，期货公司先以该客户的保证金承担违约责任；保证金不足的，期货公司应当以风险准备金和自有资金代为承担违约责任，并由此取得对该客户的相应追偿权。

第三十八条　实行会员分级结算制度的期货交易所，应当向结算会员收取结算担保金。期货交易所只对结算会员结算，收取和追收保证金，以结算担保金、风险准备金、自有资金代为承担违约责任，以及采取其他相关措施；对非结算会员的结算、收取和追收保证金、代为承担违约责任，以及采取其他相关措施，由结算会员执行。

第三十九条　期货交易所、期货公司和非期货公司结算会员应当保证期货交易、结算、交割资料的完整和安全。

第四十条　任何单位或者个人不得编造、传播有关期货交易的虚假信息，不得恶意串通、联手买卖或者以其他方式操纵期货交易价格。

第四十一条　任何单位或者个人不得违规使用信贷资金、财政资金进行期货交易。

银行业金融机构从事期货交易融资或者担保业务的资格，由国务院银行业监督管理机构批准。

第四十二条　国有以及国有控股企业进行境内外期货交易，应当遵循套期保值的原则，严格遵守国务院国有资产监督管理机构以及其他有关部门关于企业以国有资产进入期货市场的有关规定。

第四十三条　境外期货项下购汇、结汇以及外汇收支，应当符合国家外汇管理有关规定。

境内单位或者个人从事境外期货交易的办法,由国务院期货监督管理机构会同国务院商务主管部门、国有资产监督管理机构、银行业监督管理机构、外汇管理部门等有关部门制订,报国务院批准后施行。

第五章 期货业协会

第四十四条 期货业协会是期货业的自律性组织,是社会团体法人。

期货公司以及其他专门从事期货经营的机构应当加入期货业协会,并缴纳会员费。

第四十五条 期货业协会的权力机构为全体会员组成的会员大会。

期货业协会的章程由会员大会制定,并报国务院期货监督管理机构备案。

期货业协会设理事会。理事会成员按照章程的规定选举产生。

第四十六条 期货业协会履行下列职责:

(一)教育和组织会员遵守期货法律法规和政策;

(二)制定会员应当遵守的行业自律性规则,监督、检查会员行为,对违反协会章程和自律性规则的,按照规定给予纪律处分;

(三)负责期货从业人员资格的认定、管理以及撤销工作;

(四)受理客户与期货业务有关的投诉,对会员之间、会员与客户之间发生的纠纷进行调解;

(五)依法维护会员的合法权益,向国务院期货监督管理机构反映会员的建议和要求;

(六)组织期货从业人员的业务培训,开展会员间的业务交流;

(七)组织会员就期货业的发展、运作以及有关内容进行研究;

(八)期货业协会章程规定的其他职责。

期货业协会的业务活动应当接受国务院期货监督管理机构的指导和监督。

第六章 监督管理

第四十七条 国务院期货监督管理机构对期货市场实施监督管理,依法履行下列职责:

(一)制定有关期货市场监督管理的规章、规则,并依法行使审批权;

(二)对品种的上市、交易、结算、交割等期货交易及其相关活动,进行监督管理;

(三)对期货交易所、期货公司及其他期货经营机构、非期货公司结算会员、期货保证金安全存管监控机构、期货保证金存管银行、交割仓库等市场相关参与者的期货业务活动,进行监督管理;

(四)制定期货从业人员的资格标准和管理办法,并监督实施;

(五)监督检查期货交易的信息公开情况;

(六)对期货业协会的活动进行指导和监督;

(七)对违反期货市场监督管理法律、行政法规的行为进行查处;

(八)开展与期货市场监督管理有关的国际交流、合作活动;

(九)法律、行政法规规定的其他职责。

第四十八条 国务院期货监督管理机构依法履行职责,可以采取下列措施:

(一)对期货交易所、期货公司及其他期货经营机构、非期货公司结算会员、期货保证金安全存管监控机构和交割仓库进行现场检查;

(二)进入涉嫌违法行为发生场所调查取证;

(三)询问当事人和与被调查事件有关的单位和个人,要求其对与被调查事件有关的事项作出说明;

(四)查阅、复制与被调查事件有关的财产权登记等资料;

(五)查阅、复制当事人和与被调查事件有关的单位和个人的期货交易记录、财务会计资料以及其他相关文件和资料;对可能被转移、隐匿或者毁损的文件和资料,可以予以封存;

(六)查询与被调查事件有关的单位的保证金账户和银行账户;

(七)在调查操纵期货交易价格、内幕交易等重大期货违法行为时,经国务院期货监督管理机构主要负责人批准,可以限制被调查事件当事人的期货交易,但限制的时间不得超过15个交易日;案情复杂的,可以延长至30个交易日；

（八）法律、行政法规规定的其他措施。

第四十九条　期货交易所、期货公司及其他期货经营机构、期货保证金安全存管监控机构，应当向国务院期货监督管理机构报送财务会计报告、业务资料和其他有关资料。

对期货公司及其他期货经营机构报送的年度报告，国务院期货监督管理机构应当指定专人进行审核，并制作审核报告。审核人员应当在审核报告上签字。审核中发现问题的，国务院期货监督管理机构应当及时采取相应措施。

必要时，国务院期货监督管理机构可以要求非期货公司结算会员、交割仓库，以及期货公司股东、实际控制人或者其他关联人报送相关资料。

第五十条　国务院期货监督管理机构依法履行职责，进行监督检查或者调查时，被检查、调查的单位和个人应当配合，如实提供有关文件和资料，不得拒绝、阻碍和隐瞒；其他有关部门和单位应当给予支持和配合。

第五十一条　国家根据期货市场发展的需要，设立期货投资者保障基金。

期货投资者保障基金的筹集、管理和使用的具体办法，由国务院期货监督管理机构会同国务院财政部门制定。

第五十二条　国务院期货监督管理机构应当建立、健全保证金安全存管监控制度，设立期货保证金安全存管监控机构。

客户和期货交易所、期货公司及其他期货经营机构、非期货公司结算会员以及期货保证金存管银行，应当遵守国务院期货监督管理机构有关保证金安全存管监控的规定。

第五十三条　期货保证金安全存管监控机构依照有关规定对保证金安全实施监控，进行每日稽核，发现问题应当立即报告国务院期货监督管理机构。国务院期货监督管理机构应当根据不同情况，依照本条例有关规定及时处理。

第五十四条　国务院期货监督管理机构对期货交易所、期货公司及其他期货经营机构和期货保证金安全存管监控机构的董事、监事、高级管理人员以及其他期货从业人员，实行资格管理制度。

第五十五条　国务院期货监督管理机构应当制定期货公司持续性经营规则，对期货公司的净资本与净资产的比例，净资本与境内期货经纪、境外期货经纪等业务规模的比例，流动资产与流动负债的比例等风险监管指标作出规定；对期货公司及其分支机构的经营条件、风险管理、内部控制、保证金存管、关联交易等方面提出要求。

第五十六条　期货公司及其分支机构不符合持续性经营规则或者出现经营风险的，国务院期货监督管理机构可以对期货公司及其董事、监事和高级管理人员采取谈话、提示、记入信用记录等监管措施或者责令期货公司限期整改，并对其整改情况进行检查验收。

期货公司逾期未改正，其行为严重危及期货公司的稳健运行、损害客户合法权益，或者涉嫌严重违法违规正在被国务院期货监督管理机构调查的，国务院期货监督管理机构可以区别情形，对其采取下列措施：

（一）限制或者暂停部分期货业务；

（二）停止批准新增业务或者分支机构；

（三）限制分配红利，限制向董事、监事、高级管理人员支付报酬、提供福利；

（四）限制转让财产或者在财产上设定其他权利；

（五）责令更换董事、监事、高级管理人员或者有关业务部门、分支机构的负责人员，或者限制其权利；

（六）限制期货公司自有资金或者风险准备金的调拨和使用；

（七）责令控股股东转让股权或者限制有关股东行使股东权利。

对经过整改符合有关法律、行政法规规定以及持续性经营规则要求的期货公司，国务院期货监督管理机构应当自验收完毕之日起3日内解除对其采取的有关措施。

对经过整改仍未达到持续性经营规则要求，严重影响正常经营的期货公司，国务院期货监督管理机构有权撤销其部分或者全部期货业务许可、关闭其分支机构。

第五十七条　期货公司违法经营或者出现重大

风险,严重危害期货市场秩序、损害客户利益的,国务院期货监督管理机构可以对该期货公司采取责令停业整顿、指定其他机构托管或者接管等监管措施。经国务院期货监督管理机构批准,可以对该期货公司直接负责的董事、监事、高级管理人员和其他直接责任人员采取以下措施:

(一)通知出境管理机关依法阻止其出境;

(二)申请司法机关禁止其转移、转让或者以其他方式处分财产,或者在财产上设定其他权利。

第五十八条　期货公司的股东有虚假出资或者抽逃出资行为的,国务院期货监督管理机构应当责令其限期改正,并可责令其转让所持期货公司的股权。

在股东按照前款要求改正违法行为、转让所持期货公司的股权前,国务院期货监督管理机构可以限制其股东权利。

第五十九条　当期货市场出现异常情况时,国务院期货监督管理机构可以采取必要的风险处置措施。

第六十条　期货公司的交易软件、结算软件,应当满足期货公司审慎经营和风险管理以及国务院期货监督管理机构有关保证金安全存管监控规定的要求。期货公司的交易软件、结算软件不符合要求的,国务院期货监督管理机构有权要求期货公司予以改进或者更换。

国务院期货监督管理机构可以要求期货公司的交易软件、结算软件的供应商提供该软件的相关资料,供应商应当予以配合。国务院期货监督管理机构对供应商提供的相关资料负有保密义务。

第六十一条　期货公司涉及重大诉讼、仲裁,或者股权被冻结或者用于担保,以及发生其他重大事件时,期货公司及其相关股东、实际控制人应当自该事件发生之日起5日内向国务院期货监督管理机构提交书面报告。

第六十二条　会计师事务所、律师事务所、资产评估机构等中介服务机构向期货交易所和期货公司等市场相关参与者提供相关服务时,应当遵守期货法律、行政法规以及国家有关规定,并按照国务院期货监督管理机构的要求提供相关资料。

第六十三条　国务院期货监督管理机构应当与有关部门建立监督管理的信息共享和协调配合机制。

国务院期货监督管理机构可以和其他国家或者地区的期货监督管理机构建立监督管理合作机制,实施跨境监督管理。

第六十四条　国务院期货监督管理机构、期货交易所、期货保证金安全存管监控机构和期货保证金存管银行等相关单位的工作人员,应当忠于职守,依法办事,公正廉洁,保守国家秘密和有关当事人的商业秘密,不得利用职务便利牟取不正当的利益。

第七章　法律责任

第六十五条　期货交易所、非期货公司结算会员有下列行为之一的,责令改正,给予警告,没收违法所得:

(一)违反规定接纳会员的;

(二)违反规定收取手续费的;

(三)违反规定使用、分配收益的;

(四)不按照规定公布即时行情的,或者发布价格预测信息的;

(五)不按照规定向国务院期货监督管理机构履行报告义务的;

(六)不按照规定向国务院期货监督管理机构报送有关文件、资料的;

(七)不按照规定建立、健全结算担保金制度的;

(八)不按照规定提取、管理和使用风险准备金的;

(九)违反国务院期货监督管理机构有关保证金安全存管监控规定的;

(十)限制会员实物交割总量的;

(十一)任用不具备资格的期货从业人员的;

(十二)违反国务院期货监督管理机构规定的其他行为。

有前款所列行为之一的,对直接负责的主管人员和其他直接责任人员给予纪律处分,处1万元以上10万元以下的罚款。

有本条第一款第二项所列行为的,应当责令退还多收取的手续费。

期货保证金安全存管监控机构有本条第一款第五项、第六项、第九项、第十一项、第十二项所列行为的，依照本条第一款、第二款的规定处罚、处分。期货保证金存管银行有本条第一款第九项、第十二项所列行为的，依照本条第一款、第二款的规定处罚、处分。

第六十六条　期货交易所有下列行为之一的，责令改正，给予警告，没收违法所得，并处违法所得1倍以上5倍以下的罚款；没有违法所得或者违法所得不满10万元的，并处10万元以上50万元以下的罚款；情节严重的，责令停业整顿：

（一）未经批准，擅自办理本条例第十三条所列事项的；

（二）允许会员在保证金不足的情况下进行期货交易的；

（三）直接或者间接参与期货交易，或者违反规定从事与其职责无关的业务的；

（四）违反规定收取保证金，或者挪用保证金的；

（五）伪造、涂改或者不按照规定保存期货交易、结算、交割资料的；

（六）未建立或者未执行当日无负债结算、涨跌停板、持仓限额和大户持仓报告制度的；

（七）拒绝或者妨碍国务院期货监督管理机构监督检查的；

（八）违反国务院期货监督管理机构规定的其他行为。

有前款所列行为之一的，对直接负责的主管人员和其他直接责任人员给予纪律处分，处1万元以上10万元以下的罚款。

非期货公司结算会员有本条第一款第二项、第四项至第八项所列行为之一的，依照本条第一款、第二款的规定处罚、处分。

期货保证金安全存管监控机构有本条第一款第三项、第七项、第八项所列行为的，依照本条第一款、第二款的规定处罚、处分。

第六十七条　期货公司有下列行为之一的，责令改正，给予警告，没收违法所得，并处违法所得1倍以上3倍以下的罚款；没有违法所得或者违法所得不满10万元的，并处10万元以上30万元以下的罚款；情节严重的，责令停业整顿或者吊销期货业务许可证：

（一）接受不符合规定条件的单位或者个人委托的；

（二）允许客户在保证金不足的情况下进行期货交易的；

（三）未经批准，擅自办理本条例第十九条、第二十条所列事项的；

（四）违反规定从事与期货业务无关的活动的；

（五）从事或者变相从事期货自营业务的；

（六）为其股东、实际控制人或者其他关联人提供融资，或者对外担保的；

（七）违反国务院期货监督管理机构有关保证金安全存管监控规定的；

（八）不按照规定向国务院期货监督管理机构履行报告义务或者报送有关文件、资料的；

（九）交易软件、结算软件不符合期货公司审慎经营和风险管理以及国务院期货监督管理机构有关保证金安全存管监控规定的要求的；

（十）不按照规定提取、管理和使用风险准备金的；

（十一）伪造、涂改或者不按照规定保存期货交易、结算、交割资料的；

（十二）任用不具备资格的期货从业人员的；

（十三）伪造、变造、出租、出借、买卖期货业务许可证或者经营许可证的；

（十四）进行混码交易的；

（十五）拒绝或者妨碍国务院期货监督管理机构监督检查的；

（十六）违反国务院期货监督管理机构规定的其他行为。

期货公司有前款所列行为之一的，对直接负责的主管人员和其他直接责任人员给予警告，并处1万元以上5万元以下的罚款；情节严重的，暂停或者撤销任职资格、期货从业人员资格。

期货公司之外的其他期货经营机构有本条第一款第八项、第十二项、第十三项、第十五项、第十六项所列行为的,依照本条第一款、第二款的规定处罚。

期货公司的股东、实际控制人或者其他关联人未经批准擅自委托他人或者接受他人委托持有或者管理期货公司股权的,拒不配合国务院期货监督管理机构的检查,拒不按照规定履行报告义务、提供有关信息和资料,或者报送、提供的信息和资料有虚假记载、误导性陈述或者重大遗漏的,依照本条第一款、第二款的规定处罚。

第六十八条 期货公司有下列欺诈客户行为之一的,责令改正,给予警告,没收违法所得,并处违法所得1倍以上5倍以下的罚款;没有违法所得或者违法所得不满10万元的,并处10万元以上50万元以下的罚款;情节严重的,责令停业整顿或者吊销期货业务许可证:

(一)向客户作获利保证或者不按照规定向客户出示风险说明书的;

(二)在经纪业务中与客户约定分享利益、共担风险的;

(三)不按照规定接受客户委托或者不按照客户委托内容擅自进行期货交易的;

(四)隐瞒重要事项或者使用其他不正当手段,诱骗客户发出交易指令的;

(五)向客户提供虚假成交回报的;

(六)未将客户交易指令下达到期货交易所的;

(七)挪用客户保证金的;

(八)不按照规定在期货保证金存管银行开立保证金账户,或者违规划转客户保证金的;

(九)国务院期货监督管理机构规定的其他欺诈客户的行为。

期货公司有前款所列行为之一的,对直接负责的主管人员和其他直接责任人员给予警告,并处1万元以上10万元以下的罚款;情节严重的,暂停或者撤销任职资格、期货从业人员资格。

任何单位或者个人编造并且传播有关期货交易的虚假信息,扰乱期货交易市场的,依照本条第一款、第二款的规定处罚。

第六十九条 期货公司及其他期货经营机构、非期货公司结算会员、期货保证金存管银行提供虚假申请文件或者采取其他欺诈手段隐瞒重要事实骗取期货业务许可的,撤销其期货业务许可,没收违法所得。

第七十条 期货交易内幕信息的知情人或者非法获取期货交易内幕信息的人,在对期货交易价格有重大影响的信息尚未公开前,利用内幕信息从事期货交易,或者向他人泄露内幕信息,使他人利用内幕信息进行期货交易的,没收违法所得,并处违法所得1倍以上5倍以下的罚款;没有违法所得或者违法所得不满10万元的,处10万元以上50万元以下的罚款。单位从事内幕交易的,还应当对直接负责的主管人员和其他直接责任人员给予警告,并处3万元以上30万元以下的罚款。

国务院期货监督管理机构、期货交易所和期货保证金安全存管监控机构的工作人员进行内幕交易的,从重处罚。

第七十一条 任何单位或者个人有下列行为之一,操纵期货交易价格的,责令改正,没收违法所得,并处违法所得1倍以上5倍以下的罚款;没有违法所得或者违法所得不满20万元的,处20万元以上100万元以下的罚款:

(一)单独或者合谋,集中资金优势、持仓优势或者利用信息优势联合或者连续买卖合约,操纵期货交易价格的;

(二)蓄意串通,按事先约定的时间、价格和方式相互进行期货交易,影响期货交易价格或者期货交易量的;

(三)以自己为交易对象,自买自卖,影响期货交易价格或者期货交易量的;

(四)为影响期货市场行情囤积现货的;

(五)国务院期货监督管理机构规定的其他操纵期货交易价格的行为。

单位有前款所列行为之一的,对直接负责的主管人员和其他直接责任人员给予警告,并处1万元以上10万元以下的罚款。

第七十二条 交割仓库有本条例第三十六条第二款所列行为之一的,责令改正,给予警告,没收违法所得,并处违法所得1倍以上5倍以下的罚款;没有违法所得或者违法所得不满10万元的,并处10万元以上50万元以下的罚款;情节严重的,责令期货交易所暂停或者取消其交割仓库资格。对直接负责的主管人员和其他直接责任人员给予警告,并处1万元以上10万元以下的罚款。

第七十三条　国有以及国有控股企业违反本条例和国务院国有资产监督管理机构以及其他有关部门关于企业以国有资产进入期货市场的有关规定进行期货交易,或者单位、个人违规使用信贷资金、财政资金进行期货交易的,给予警告,没收违法所得,并处违法所得1倍以上5倍以下的罚款;没有违法所得或者违法所得不满10万元的,并处10万元以上50万元以下的罚款。对直接负责的主管人员和其他直接责任人员给予降级直至开除的纪律处分。

第七十四条　境内单位或者个人违反规定从事境外期货交易的,责令改正,给予警告,没收违法所得,并处违法所得1倍以上5倍以下的罚款;没有违法所得或者违法所得不满20万元的,并处20万元以上100万元以下的罚款;情节严重的,暂停其境外期货交易。对单位直接负责的主管人员和其他直接责任人员给予警告,并处1万元以上10万元以下的罚款。

第七十五条　非法设立期货交易场所或者以其他形式组织期货交易活动的,由所在地县级以上地方人民政府予以取缔,没收违法所得,并处违法所得1倍以上5倍以下的罚款;没有违法所得或者违法所得不满20万元的,处20万元以上100万元以下的罚款。对单位直接负责的主管人员和其他直接责任人员给予警告,并处1万元以上10万元以下的罚款。

非法设立期货公司及其他期货经营机构,或者擅自从事期货业务的,予以取缔,没收违法所得,并处违法所得1倍以上5倍以下的罚款;没有违法所得或者违法所得不满20万元的,处20万元以上100万元以下的罚款。对单位直接负责的主管人员和其他直接责任人员给予警告,并处1万元以上10万元以下的罚款。

第七十六条　期货公司的交易软件、结算软件供应商拒不配合国务院期货监督管理机构调查,或者未按照规定向国务院期货监督管理机构提供相关软件资料,或者提供的软件资料有虚假、重大遗漏的,责令改正,处3万元以上10万元以下的罚款。对直接负责的主管人员和其他直接责任人员给予警告,并处1万元以上5万元以下的罚款。

第七十七条　会计师事务所、律师事务所、资产评估机构等中介服务机构未勤勉尽责,所出具的文件有虚假记载、误导性陈述或者重大遗漏的,责令改正,没收业务收入,暂停或者撤销相关业务许可,并处业务收入1倍以上5倍以下的罚款。对直接负责的主管人员和其他直接责任人员给予警告,并处3万元以上10万元以下的罚款。

第七十八条　任何单位或者个人违反本条例规定,情节严重的,由国务院期货监督管理机构宣布该个人、该单位或者该单位的直接责任人员为期货市场禁止进入者。

第七十九条　国务院期货监督管理机构、期货交易所、期货保证金安全存管监控机构和期货保证金存管银行等相关单位的工作人员,泄露知悉的国家秘密或者会员、客户商业秘密,或者徇私舞弊、玩忽职守、滥用职权、收受贿赂的,依法给予行政处分或者纪律处分。

第八十条　违反本条例规定,构成犯罪的,依法追究刑事责任。

第八十一条　对本条例规定的违法行为的行政处罚,除本条例已有规定的外,由国务院期货监督管理机构决定;涉及其他有关部门法定职权的,国务院期货监督管理机构应当会同其他有关部门处理;属于其他有关部门法定职权的,国务院期货监督管理机构应当移交其他有关部门处理。

第八章　附　　则

第八十二条　本条例下列用语的含义:

(一)商品期货合约,是指以农产品、工业品、能源和其他商品及其相关指数产品为标的物的期货合约。

(二)金融期货合约,是指以有价证券、利率、汇率等金融产品及其相关指数产品为标的物的期货合约。

(三)保证金,是指期货交易者按照规定交纳的资金或者提交的价值稳定、流动性强的标准仓单、国债等有价证券,用于结算和保证履约。

(四)结算,是指根据期货交易所公布的结算价格对交易双方的交易结果进行的资金清算和划转。

(五)交割,是指合约到期时,按照期货交易所的规则和程序,交易双方通过该合约所载标的物所有权的转移,或者按照规定结算价格进行现金差价结算,了结到期未平仓合约的过程。

(六)平仓,是指期货交易者买入或者卖出与其所持合约的品种、数量和交割月份相同但交易方向相反的合约,了结期货交易的行为。

(七)持仓量,是指期货交易者所持有的未平仓合约的数量。

(八)持仓限额,是指期货交易所对期货交易者的持仓量规定的最高数额。

(九)标准仓单,是指交割仓库开具并经期货交易所认定的标准化提货凭证。

(十)涨跌停板,是指合约在1个交易日中的交易价格不得高于或者低于规定的涨跌幅度,超出该涨跌幅度的报价将被视为无效,不能成交。

(十一)内幕信息,是指可能对期货交易价格产生重大影响的尚未公开的信息,包括:国务院期货监督管理机构以及其他相关部门制定的对期货交易价格可能发生重大影响的政策,期货交易所作出的可能对期货交易价格发生重大影响的决定,期货交易所会员、客户的资金和交易动向以及国务院期货监督管理机构认定的对期货交易价格有显著影响的其他重要信息。

(十二)内幕信息的知情人员,是指由于其管理地位、监督地位或者职业地位,或者作为雇员、专业顾问履行职务,能够接触或者获得内幕信息的人员,包括:期货交易所的管理人员以及其他由于任职可获取内幕信息的从业人员,国务院期货监督管理机构和其他有关部门的工作人员以及国务院期货监督管理机构规定的其他人员。

第八十三条　国务院期货监督管理机构可以批准设立期货专门结算机构,专门履行期货交易所的结算以及相关职责,并承担相应法律责任。

第八十四条　境外机构在境内设立、收购或者参股期货经营机构,以及境外期货经营机构在境内设立分支机构(含代表处)的管理办法,由国务院期货监督管理机构会同国务院商务主管部门、外汇管理部门等有关部门制订,报国务院批准后施行。

第八十五条　在期货交易所之外的国务院期货监督管理机构批准的交易场所进行的期货交易,依照本条例的有关规定执行。

第八十六条　不属于期货交易的商品或者金融产品的其他交易活动,由国家有关部门监督管理,不适用本条例。

第八十七条　本条例自2007年4月15日起施行。1999年6月2日国务院发布的《期货交易管理暂行条例》同时废止。

最高人民法院关于审理期货纠纷案件若干问题的规定

1. *2003年6月18日公布*
2. *法释〔2003〕10号*

为了正确审理期货纠纷案件,根据《中华人民共和国民法通则》、《中华人民共和国合同法》、《中华人民共和国民事诉讼法》等有关法律、行政法规的规定,结合审判实践经验,对审理期货纠纷案件的若干问题制定本规定。

一、一般规定

第一条　人民法院审理期货纠纷案件,应当依法保护当事人的合法权益,正确确定其应承担的风险责任,并维护期货市场秩序。

第二条　人民法院审理期货合同纠纷案件,应当严格按照当事人在合同中的约定确定违约方承担的责任,当事人的约定违反法律、行政法规强制性规定的除外。

第三条　人民法院审理期货侵权纠纷和无效的期货交易合同纠纷案件,应当根据各方当事人是否有过错,以及过错的性质、大小,过错和损失之间的因果关系，确定过错方承担的民事责任。

二、管　　辖

第四条　人民法院应当依据民事诉讼法第二十四条、第二十五条和第二十九条的规定确定期货纠纷案件的管辖。

第五条　在期货公司的分公司、营业部等分支机构进行期货交易的，该分支机构住所地为合同履行地。

因实物交割发生纠纷的，期货交易所住所地为合同履行地。

第六条　侵权与违约竞合的期货纠纷案件，依当事人选择的诉由确定管辖。当事人既以违约又以侵权起诉的，以当事人起诉状中在先的诉讼请求确定管辖。

第七条　期货纠纷案件由中级人民法院管辖。

高级人民法院根据需要可以确定部分基层人民法院受理期货纠纷案件。

三、承担责任的主体

第八条　期货公司的从业人员在本公司经营范围内从事期货交易行为产生的民事责任，由其所在的期货公司承担。

第九条　期货公司授权非本公司人员以本公司的名义从事期货交易行为的，期货公司应当承担由此产生的民事责任；非期货公司人员以期货公司名义从事期货交易行为，具备合同法第四十九条所规定的表见代理条件的，期货公司应当承担由此产生的民事责任。

第十条　公民、法人受期货公司或者客户的委托，作为居间人为其提供订约的机会或者订立期货经纪合同的中介服务的，期货公司或者客户应当按照约定向居间人支付报酬。居间人应当独立承担基于居间经纪关系所产生的民事责任。

第十一条　不以真实身份从事期货交易的单位或者个人，交易行为符合期货交易所交易规则的，交易结果由其自行承担。

第十二条　期货公司设立的取得营业执照和经营许可证的分公司、营业部等分支机构超出经营范围开展经营活动所产生的民事责任，该分支机构不能承担的，由期货公司承担。

客户有过错的，应当承担相应的民事责任。

四、无效合同责任

第十三条　有下列情形之一的，应当认定期货经纪合同无效：

（一）没有从事期货经纪业务的主体资格而从事期货经纪业务的；

（二）不具备从事期货交易主体资格的客户从事期货交易的；

（三）违反法律、法规禁止性规定的。

第十四条　因期货经纪合同无效给客户造成经济损失的，应当根据无效行为与损失之间的因果关系确定责任的承担。一方的损失系对方行为所致，应当由对方赔偿损失；双方有过错的，根据过错大小各自承担相应的民事责任。

第十五条　不具有主体资格的经营机构因从事期货经纪业务而导致期货经纪合同无效，该机构按客户的交易指令入市交易的，收取的佣金应当返还给客户，交易结果由客户承担。

该机构未按客户的交易指令入市交易，客户没有过错的，该机构应当返还客户的保证金并赔偿客户的损失。赔偿损失的范围包括交易手续费、税金及利息。

五、交易行为责任

第十六条　期货公司在与客户订立期货经纪合同时，未提示客户注意《期货交易风险说明书》内容，并由客户签字或者盖章，对于客户在交易中的损失，应当依据合同法第四十二条第（三）项的规定承担相应的赔偿责任。但是，根据以往交易结果记载，证明客户已有交易经历的，应当免除期货公司的责任。

第十七条　期货公司接受客户全权委托进行期货交易的，对交易产生的损失，承担主要赔偿责任，赔偿额不超过损失的80%，法律、行政法规另有规定的除外。

第十八条　期货公司与客户签订的期货经纪合同对下达交易指令的方式未作约定或者约定不明确的，期货公司不能证明其所进行的交易是依据客户交易指令进行的，对该交易造成客户的损失，期货公司应当承担赔偿责任，客户予以追认的除外。

第十九条 期货公司执行非受托人的交易指令造成客户损失,应当由期货公司承担赔偿责任,非受托人承担连带责任,客户予以追认的除外。

第二十条 客户下达的交易指令没有品种、数量、买卖方向的,期货公司未予拒绝而进行交易造成客户的损失,由期货公司承担赔偿责任,客户予以追认的除外。

第二十一条 客户下达的交易指令数量和买卖方向明确,没有有效期限的,应当视为当日有效;没有成交价格的,应当视为按市价交易;没有开平仓方向的,应当视为开仓交易。

第二十二条 期货公司错误执行客户交易指令,除客户认可的以外,交易的后果由期货公司承担,并按下列方式分别处理:

(一)交易数量发生错误的,多于指令数量的部分由期货公司承担,少于指令数量的部分,由期货公司补足或者赔偿直接损失;

(二)交易价格超出客户指令价位范围的,交易差价损失或者交易结果由期货公司承担。

第二十三条 期货公司不当延误执行客户交易指令给客户造成损失的,应当承担赔偿责任,但由于市场原因致客户交易指令未能全部或者部分成交的,期货公司不承担责任。

第二十四条 期货公司超出客户指令价位的范围,将高于客户指令价格卖出或者低于客户指令价格买入后的差价利益占为己有的,客户要求期货公司返还的,人民法院应予支持,期货公司与客户另有约定的除外。

第二十五条 期货交易所未按交易规则规定的期限、方式,将交易或者持仓头寸的结算结果通知期货公司,造成期货公司损失的,由期货交易所承担赔偿责任。

期货公司未按期货经纪合同约定的期限、方式,将交易或者持仓头寸的结算结果通知客户,造成客户损失的,由期货公司承担赔偿责任。

第二十六条 期货公司与客户对交易结算结果的通知方式未作约定或者约定不明确,期货公司未能提供证据证明已经发出上述通知的,对客户因继续持仓而造成扩大的损失,应当承担主要赔偿责任,赔偿额不超过损失的80%。

第二十七条 客户对当日交易结算结果的确认,应当视为对该日之前所有持仓和交易结算结果的确认,所产生的交易后果由客户自行承担。

第二十八条 期货公司对交易结算结果提出异议,期货交易所未及时采取措施导致损失扩大的,对造成期货公司扩大的损失应当承担赔偿责任。

客户对交易结算结果提出异议,期货公司未及时采取措施导致损失扩大的,期货公司对造成客户扩大的损失应当承担赔偿责任。

第二十九条 期货公司对期货交易所或者客户对期货公司的交易结算结果有异议,而未在期货交易所交易规则规定或者期货经纪合同约定的时间内提出的,视为期货公司或者客户对交易结算结果已予以确认。

第三十条 期货公司进行混码交易的,客户不承担责任,但期货公司能够举证证明其已按照客户交易指令入市交易的,客户应当承担相应的交易结果。

六、透支交易责任

第三十一条 期货交易所在期货公司没有保证金或者保证金不足的情况下,允许期货公司开仓交易或者继续持仓,应当认定为透支交易。

期货公司在客户没有保证金或者保证金不足的情况下,允许客户开仓交易或者继续持仓,应当认定为透支交易。

审查期货公司或者客户是否透支交易,应当以期货交易所规定的保证金比例为标准。

第三十二条 期货公司的交易保证金不足,期货交易所未按规定通知期货公司追加保证金的,由于行情向持仓不利的方向变化导致期货公司透支发生的扩大损失,期货交易所应当承担主要赔偿责任,赔偿额不超过损失的60%。

客户的交易保证金不足,期货公司未按约定通知客户追加保证金的,由于行情向持仓不利的方向变化导致客户透支发生的扩大损失,期货公司应当承担主要赔偿责任,赔偿额不超过损失的80%。

第三十三条 期货公司的交易保证金不足,期货交易所履行了通知义务,而期货公司未及时追加保证金，期货公司要求保留持仓并经书面协商一致的，对保留持仓期间造成的损失，由期货公司承担；穿仓造成的损失，由期货交易所承担。

客户的交易保证金不足，期货公司履行了通知义务而客户未及时追加保证金，客户要求保留持仓并经书面协商一致的，对保留持仓期间造成的损失，由客户承担；穿仓造成的损失，由期货公司承担。

第三十四条　期货交易所允许期货公司开仓透支交易的，对透支交易造成的损失，由期货交易所承担主要赔偿责任，赔偿额不超过损失的60%。

期货公司允许客户开仓透支交易的，对透支交易造成的损失，由期货公司承担主要赔偿责任，赔偿额不超过损失的80%。

第三十五条　期货交易所允许期货公司透支交易，并与其约定分享利益，共担风险的，对透支交易造成的损失，期货交易所承担相应的赔偿责任。

期货公司允许客户透支交易，并与其约定分享利益，共担风险的，对透支交易造成的损失，期货公司承担相应的赔偿责任。

七、强行平仓责任

第三十六条　期货公司的交易保证金不足，又未能按期货交易所规定的时间追加保证金的，按交易规则的规定处理；规定不明确的，期货交易所有权就其未平仓的期货合约强行平仓，强行平仓所造成的损失，由期货公司承担。

客户的交易保证金不足，又未能按期货经纪合同约定的时间追加保证金的，按期货经纪合同的约定处理；约定不明确的，期货公司有权就其未平仓的期货合约强行平仓，强行平仓造成的损失，由客户承担。

第三十七条　期货交易所因期货公司违规超仓或者其他违规行为而必须强行平仓的，强行平仓所造成的损失，由期货公司承担。

期货公司因客户违规超仓或者其他违规行为而必须强行平仓的，强行平仓所造成的损失，由客户承担。

第三十八条　期货公司或者客户交易保证金不足，符合强行平仓条件后，应当自行平仓而未平仓造成的扩大损失，由期货公司或者客户自行承担。法律、行政法规另有规定或者当事人另有约定的除外。

第三十九条　期货交易所或者期货公司强行平仓数额应当与期货公司或者客户需追加的保证金数额基本相当。因超量平仓引起的损失，由强行平仓者承担。

第四十条　期货交易所对期货公司、期货公司对客户未按期货交易所交易规则规定或者期货经纪合同约定的强行平仓条件、时间、方式进行强行平仓，造成期货公司或者客户损失的，期货交易所或者期货公司应当承担赔偿责任。

第四十一条　期货交易所依法或依交易规则强行平仓发生的费用，由被平仓的期货公司承担；期货公司承担责任后有权向有过错的客户追偿。

期货公司依法或依约定强行平仓所发生的费用，由客户承担。

八、实物交割责任

第四十二条　交割仓库未履行货物验收职责或者因保管不善给仓单持有人造成损失的，应当承担赔偿责任。

第四十三条　期货公司没有代客户履行申请交割义务的，应当承担违约责任；造成客户损失的，应当承担赔偿责任。

第四十四条　在交割日，卖方期货公司未向期货交易所交付标准仓单，或者买方期货公司未向期货交易所账户交付足额货款，构成交割违约。

构成交割违约的，违约方应当承担违约责任；具有合同法第九十四条第（四）项规定情形的，对方有权要求终止交割或者要求违约方继续交割。

征购或者竞卖失败的，应当由违约方按照交易所有关赔偿办法的规定承担赔偿责任。

第四十五条　在期货合约交割期内，买方或者卖方客户违约的，期货交易所应当代期货公司、期货公司应当代客户向对方承担违约责任。

第四十六条　买方客户未在期货交易所交易规则规定的期限内对货物的质量、数量提出异议的，应视为其对货物的数量、质量无异议。

第四十七条　交割仓库不能在期货交易所交易

规则规定的期限内,向标准仓单持有人交付符合期货合约要求的货物,造成标准仓单持有人损失的,交割仓库应当承担责任,期货交易所承担连带责任。

期货交易所承担责任后,有权向交割仓库追偿。

九、保证合约履行责任

第四十八条 期货公司未按照每日无负债结算制度的要求,履行相应的金钱给付义务,期货交易所亦未代期货公司履行,造成交易对方损失的,期货交易所应当承担赔偿责任。

期货交易所代期货公司履行义务或者承担赔偿责任后,有权向不履行义务的一方追偿。

第四十九条 期货交易所未代期货公司履行期货合约,期货公司应当根据客户请求向期货交易所主张权利。

期货公司拒绝代客户向期货交易所主张权利的,客户可直接起诉期货交易所,期货公司可作为第三人参加诉讼。

第五十条 因期货交易所的过错导致信息发布、交易指令处理错误,造成期货公司或者客户直接经济损失的,期货交易所应当承担赔偿责任,但其能够证明系不可抗力的除外。

第五十一条 期货交易所依据有关规定对期货市场出现的异常情况采取合理的紧急措施造成客户损失的,期货交易所不承担赔偿责任。

期货公司执行期货交易所的合理的紧急措施造成客户损失的,期货公司不承担赔偿责任。

十、侵权行为责任

第五十二条 期货交易所、期货公司故意提供虚假信息误导客户下单的,由此造成客户的经济损失由期货交易所、期货公司承担。

第五十三条 期货公司私下对冲、与客户对赌等不将客户指令入市交易的行为,应当认定为无效,期货公司应当赔偿由此给客户造成的经济损失;期货公司与客户均有过错的,应当根据过错大小,分别承担相应的赔偿责任。

第五十四条 期货公司擅自以客户的名义进行交易,客户对交易结果不予追认的,所造成的损失由期货公司承担。

第五十五条 期货公司挪用客户保证金,或者违反有关规定划转客户保证金造成客户损失的,应当承担赔偿责任。

十一、举 证 责 任

第五十六条 期货公司应当对客户的交易指令是否入市交易承担举证责任。

确认期货公司是否将客户下达的交易指令入市交易,应当以期货交易所的交易记录、期货公司通知的交易结算结果与客户交易指令记录中的品种、买卖方向是否一致,价格、交易时间是否相符为标准,指令交易数量可以作为参考。但客户有相反证据证明其交易指令未入市交易的除外。

第五十七条 期货交易所通知期货公司追加保证金,期货公司否认收到上述通知的,由期货交易所承担举证责任。

期货公司向客户发出追加保证金的通知,客户否认收到上述通知的,由期货公司承担举证责任。

十二、保全和执行

第五十八条 人民法院保全与会员资格相应的会员资格费或者交易席位,应当依法裁定不得转让该会员资格,但不得停止该会员交易席位的使用。人民法院在执行过程中,有权依法采取强制措施转让该交易席位。

第五十九条 期货交易所、期货公司为债务人的,人民法院不得冻结、划拨期货公司在期货交易所或者客户在期货公司保证金账户中的资金。

有证据证明该保证金账户中有超出期货公司、客户权益资金的部分,期货交易所、期货公司在人民法院指定的合理期限内不能提出相反证据的,人民法院可以依法冻结、划拨该账户中属于期货交易所、期货公司的自有资金。

第六十条 期货公司为债务人的,人民法院不得冻结、划拨专用结算账户中未被期货合约占用的用于担保期货合约履行的最低限额的结算准备金;期货公司已经结清所有持仓并清偿客户资金的,人民法院可以对结算准备金依法予以冻结、划拨。

期货公司有其他财产的，人民法院应当依法先行冻结、查封、执行期货公司的其他财产。

第六十一条　客户、自营会员为债务人的，人民法院可以对其保证金、持仓依法采取保全和执行措施。

十三、其　　他

第六十二条　本规定所称期货公司是指经依法批准代理投资者从事期货交易业务的经营机构及其分公司、营业部等分支机构。客户是指委托期货公司从事期货交易的投资者。

第六十三条　本规定自2003年7月1日起施行。

2003年7月1日前发生的期货交易行为或者侵权行为，适用当时的有关规定；当时规定不明确的，参照本规定处理。

最高人民法院关于审理期货纠纷案件若干问题的规定（二）

1. 2010年12月31日公布
2. 法释〔2011〕1号
3. 自2011年1月17日起施行

为解决相关期货纠纷案件的管辖、保全与执行等法律适用问题，根据《中华人民共和国民事诉讼法》等有关法律、行政法规的规定以及审判实践的需要，制定本规定。

第一条　以期货交易所为被告或者第三人的因期货交易所履行职责引起的商事案件，由期货交易所所在地的中级人民法院管辖。

第二条　期货交易所履行职责引起的商事案件是指：

（一）期货交易所会员及其相关人员、保证金存管银行及其相关人员、客户、其他期货市场参与者，以期货交易所违反法律法规以及国务院期货监督管理机构的规定，履行监督管理职责不当，造成其损害为由提起的商事诉讼案件；

（二）期货交易所会员及其相关人员、保证金存管银行及其相关人员、客户、其他期货市场参与者，以期货交易所违反其章程、交易规则、实施细则的规定以及业务协议的约定，履行监督管理职责不当，造成其损害为由提起的商事诉讼案件；

（三）期货交易所因履行职责引起的其他商事诉讼案件。

第三条　期货交易所为债务人，债权人请求冻结、划拨以下账户中资金或者有价证券的，人民法院不予支持：

（一）期货交易所会员在期货交易所保证金账户中的资金；

（二）期货交易所会员向期货交易所提交的用于充抵保证金的有价证券。

第四条　期货公司为债务人，债权人请求冻结、划拨以下账户中资金或者有价证券的，人民法院不予支持：

（一）客户在期货公司保证金账户中的资金；

（二）客户向期货公司提交的用于充抵保证金的有价证券。

第五条　实行会员分级结算制度的期货交易所的结算会员为债务人，债权人请求冻结、划拨结算会员以下资金或者有价证券的，人民法院不予支持：

（一）非结算会员在结算会员保证金账户中的资金；

（二）非结算会员向结算会员提交的用于充抵保证金的有价证券。

第六条　有证据证明保证金账户中有超过上述第三条、第四条、第五条规定的资金或者有价证券部分权益的，期货交易所、期货公司或者期货交易所结算会员在人民法院指定的合理期限内不能提出相反证据的，人民法院可以依法冻结、划拨超出部分的资金或者有价证券。

有证据证明期货交易所、期货公司、期货交易所结算会员自有资金与保证金发生混同，期货交易所、期货公司或者期货交易所结算会员在人民法院指定的合理期限内不能提出相反证据的，人民法院可以依法冻结、划拨相关账户内的资金或者有价证券。

第七条　实行会员分级结算制度的期货交易所或者其结算会员为债务人，债权人请求冻结、划拨期货交易所向其结算会员依法收取的结算担保金的,人民法院不予支持。

有证据证明结算会员在结算担保金专用账户中有超过交易所要求的结算担保金数额部分的,结算会员在人民法院指定的合理期限内不能提出相反证据的,人民法院可以依法冻结、划拨超出部分的资金。

第八条　人民法院在办理案件过程中,依法需要通过期货交易所、期货公司查询、冻结、划拨资金或者有价证券的,期货交易所、期货公司应当予以协助。应当协助而拒不协助的,按照《中华人民共和国民事诉讼法》第一百零三条之规定办理。

第九条　本规定施行前已经受理的上述案件不再移送。

第十条　本规定施行前本院作出的有关司法解释与本规定不一致的,以本规定为准。

最高人民法院关于审理证券市场因虚假陈述引发的民事赔偿案件的若干规定

1. 2003年1月9日公布
2. 法释〔2003〕2号

为正确审理证券市场因虚假陈述引发的民事赔偿案件,规范证券市场民事行为,保护投资人合法权益,根据《中华人民共和国民法通则》、《中华人民共和国证券法》、《中华人民共和国公司法》以及《中华人民共和国民事诉讼法》等法律、法规的规定,结合证券市场实际情况和审判实践,制定本规定。

一、一 般 规 定

第一条　本规定所称证券市场因虚假陈述引发的民事赔偿案件(以下简称虚假陈述证券民事赔偿案件),是指证券市场投资人以信息披露义务人违反法律规定,进行虚假陈述并致使其遭受损失为由,而向人民法院提起诉讼的民事赔偿案件。

第二条　本规定所称投资人,是指在证券市场上从事证券认购和交易的自然人、法人或者其他组织。

本规定所称证券市场,是指发行人向社会公开募集股份的发行市场,通过证券交易所报价系统进行证券交易的市场,证券公司代办股份转让市场以及国家批准设立的其他证券市场。

第三条　因下列交易发生的民事诉讼,不适用本规定:

(一)在国家批准设立的证券市场以外进行的交易;

(二)在国家批准设立的证券市场上通过协议转让方式进行的交易。

第四条　人民法院审理虚假陈述证券民事赔偿案件,应当着重调解,鼓励当事人和解。

第五条　投资人对虚假陈述行为人提起民事赔偿的诉讼时效期间,适用民法通则第一百三十五条的规定,根据下列不同情况分别起算:

(一)中国证券监督管理委员会或其派出机构公布对虚假陈述行为人作出处罚决定之日;

(二)中华人民共和国财政部、其他行政机关以及有权作出行政处罚的机构公布对虚假陈述行为人作出处罚决定之日;

(三)虚假陈述行为人未受行政处罚,但已被人民法院认定有罪的,作出刑事判决生效之日。

因同一虚假陈述行为,对不同虚假陈述行为人作出两个以上行政处罚;或者既有行政处罚,又有刑事处罚的,以最先作出的行政处罚决定公告之日或者作出的刑事判决生效之日,为诉讼时效起算之日。

二、受理与管辖

第六条　投资人以自己受到虚假陈述侵害为由,依据有关机关的行政处罚决定或者人民法院的刑事裁判文书,对虚假陈述行为人提起的民事赔偿诉讼,符合民事诉讼法第一百零八条规定的,人民法院应当受理。

投资人提起虚假陈述证券民事赔偿诉讼,除提交行政处罚决定或者公告,或者人民法院的刑事裁判文书以外,还须提交以下证据:

(一)自然人、法人或者其他组织的身份证明文件,不能提供原件的,应当提交经公证证明的复印件;

（二）进行交易的凭证等投资损失证据材料。

第七条　虚假陈述证券民事赔偿案件的被告，应当是虚假陈述行为人，包括：

（一）发起人、控股股东等实际控制人；

（二）发行人或者上市公司；

（三）证券承销商；

（四）证券上市推荐人；

（五）会计师事务所、律师事务所、资产评估机构等专业中介服务机构；

（六）上述（二）、（三）、（四）项所涉单位中负有责任的董事、监事和经理等高级管理人员以及（五）项中直接责任人；

（七）其他作出虚假陈述的机构或者自然人。

第八条　虚假陈述证券民事赔偿案件，由省、直辖市、自治区人民政府所在的市、计划单列市和经济特区中级人民法院管辖。

第九条　投资人对多个被告提起证券民事赔偿诉讼的，按下列原则确定管辖：

（一）由发行人或者上市公司所在地有管辖权的中级人民法院管辖。但有本规定第十条第二款规定的情形除外。

（二）对发行人或者上市公司以外的虚假陈述行为人提起的诉讼，由被告所在地有管辖权的中级人民法院管辖。

（三）仅以自然人为被告提起的诉讼，由被告所在地有管辖权的中级人民法院管辖。

第十条　人民法院受理以发行人或者上市公司以外的虚假陈述行为人为被告提起的诉讼后，经当事人申请或者征得所有原告同意后，可以追加发行人或者上市公司为共同被告。人民法院追加后，应当将案件移送发行人或者上市公司所在地有管辖权的中级人民法院管辖。

当事人不申请或者原告不同意追加，人民法院认为确有必要追加的，应当通知发行人或者上市公司作为共同被告参加诉讼，但不得移送案件。

第十一条　人民法院受理虚假陈述证券民事赔偿案件后，受行政处罚当事人对行政处罚不服申请行政复议或者提起行政诉讼的，可以裁定中止审理。

人民法院受理虚假陈述证券民事赔偿案件后，有关行政处罚被撤销的，应当裁定终结诉讼。

三、诉讼方式

第十二条　本规定所涉证券民事赔偿案件的原告可以选择单独诉讼或者共同诉讼方式提起诉讼。

第十三条　多个原告因同一虚假陈述事实对相同被告提起的诉讼，既有单独诉讼也有共同诉讼的，人民法院可以通知提起单独诉讼的原告参加共同诉讼。

多个原告因同一虚假陈述事实对相同被告同时提起两个以上共同诉讼的，人民法院可以将其合并为一个共同诉讼。

第十四条　共同诉讼的原告人数应当在开庭审理前确定。原告人数众多的可以推选二至五名诉讼代表人，每名诉讼代表人可以委托一至二名诉讼代理人。

第十五条　诉讼代表人应当经过其所代表的原告特别授权，代表原告参加开庭审理，变更或者放弃诉讼请求、与被告进行和解或者达成调解协议。

第十六条　人民法院判决被告对人数众多的原告承担民事赔偿责任时，可以在判决主文中对赔偿总额作出判决，并将每个原告的姓名、应获得赔偿金额等列表附于民事判决书后。

四、虚假陈述的认定

第十七条　证券市场虚假陈述，是指信息披露义务人违反证券法律规定，在证券发行或者交易过程中，对重大事件作出违背事实真相的虚假记载、误导性陈述，或者在披露信息时发生重大遗漏、不正当披露信息的行为。

对于重大事件，应当结合证券法第五十九条、第六十条、第六十一条、第六十二条、第七十二条及相关规定的内容认定。

虚假记载，是指信息披露义务人在披露信息时，将不存在的事实在信息披露文件中予以记载的行为。

误导性陈述，是指虚假陈述行为人在信息披露文件中或者通过媒体，作出使投资人对其投资行为发生错误判断并产生重大影响的陈述。

重大遗漏,是指信息披露义务人在信息披露文件中,未将应当记载的事项完全或者部分予以记载。

不正当披露,是指信息披露义务人未在适当期限内或者未以法定方式公开披露应当披露的信息。

第十八条 投资人具有以下情形的,人民法院应当认定虚假陈述与损害结果之间存在因果关系:

(一)投资人所投资的是与虚假陈述直接关联的证券;

(二)投资人在虚假陈述实施日及以后,至揭露日或者更正日之前买入该证券;

(三)投资人在虚假陈述揭露日或者更正日及以后,因卖出该证券发生亏损,或者因持续持有该证券而产生亏损。

第十九条 被告举证证明原告具有以下情形的,人民法院应当认定虚假陈述与损害结果之间不存在因果关系:

(一)在虚假陈述揭露日或者更正日之前已经卖出证券;

(二)在虚假陈述揭露日或者更正日及以后进行的投资;

(三)明知虚假陈述存在而进行的投资;

(四)损失或者部分损失是由证券市场系统风险等其他因素所导致;

(五)属于恶意投资、操纵证券价格的。

第二十条 本规定所指的虚假陈述实施日,是指作出虚假陈述或者发生虚假陈述之日。

虚假陈述揭露日,是指虚假陈述在全国范围发行或者播放的报刊、电台、电视台等媒体上,首次被公开揭露之日。

虚假陈述更正日,是指虚假陈述行为人在中国证券监督管理委员会指定披露证券市场信息的媒体上,自行公告更正虚假陈述并按规定履行停牌手续之日。

五、归责与免责事由

第二十一条 发起人、发行人或者上市公司对其虚假陈述给投资人造成的损失承担民事赔偿责任。

发行人、上市公司负有责任的董事、监事和经理等高级管理人员对前款的损失承担连带赔偿责任。但有证据证明无过错的,应予免责。

第二十二条 实际控制人操纵发行人或者上市公司违反证券法律规定,以发行人或者上市公司名义虚假陈述并给投资人造成损失的,可以由发行人或者上市公司承担赔偿责任。发行人或者上市公司承担赔偿责任后,可以向实际控制人追偿。

实际控制人违反证券法第四条、第五条以及第一百八十八条规定虚假陈述,给投资人造成损失的,由实际控制人承担赔偿责任。

第二十三条 证券承销商、证券上市推荐人对虚假陈述给投资人造成的损失承担赔偿责任。但有证据证明无过错的,应予免责。

负有责任的董事、监事和经理等高级管理人员对证券承销商、证券上市推荐人承担的赔偿责任负连带责任。其免责事由同前款规定。

第二十四条 专业中介服务机构及其直接责任人违反证券法第一百六十一条和第二百零二条的规定虚假陈述,给投资人造成损失的,就其负有责任的部分承担赔偿责任。但有证据证明无过错的,应予免责。

第二十五条 本规定第七条第(七)项规定的其他作出虚假陈述行为的机构或者自然人,违反证券法第五条、第七十二条、第一百八十八条和第一百八十九条规定,给投资人造成损失的,应当承担赔偿责任。

六、共同侵权责任

第二十六条 发起人对发行人信息披露提供担保的,发起人与发行人对投资人的损失承担连带责任。

第二十七条 证券承销商、证券上市推荐人或者专业中介服务机构,知道或者应当知道发行人或者上市公司虚假陈述,而不予纠正或者不出具保留意见的,构成共同侵权,对投资人的损失承担连带责任。

第二十八条 发行人、上市公司、证券承销商、证券上市推荐人负有责任的董事、监事和经理等高级管理人员有下列情形之一的,应当认定为共同虚假陈述,分别与发行人、上市公司、证券承销商、证券上市推荐人对投资人的损失承担连带责任：

（一）参与虚假陈述的；

（二）知道或者应当知道虚假陈述而未明确表示反对的；

（三）其他应当负有责任的情形。

七、损 失 认 定

第二十九条　虚假陈述行为人在证券发行市场虚假陈述，导致投资人损失的，投资人有权要求虚假陈述行为人按本规定第三十条赔偿损失；导致证券被停止发行的，投资人有权要求返还和赔偿所缴股款及银行同期活期存款利率的利息。

第三十条　虚假陈述行为人在证券交易市场承担民事赔偿责任的范围，以投资人因虚假陈述而实际发生的损失为限。投资人实际损失包括：

（一）投资差额损失；

（二）投资差额损失部分的佣金和印花税。

前款所涉资金利息，自买入至卖出证券日或者基准日，按银行同期活期存款利率计算。

第三十一条　投资人在基准日及以前卖出证券的，其投资差额损失，以买入证券平均价格与实际卖出证券平均价格之差，乘以投资人所持证券数量计算。

第三十二条　投资人在基准日之后卖出或者仍持有证券的，其投资差额损失，以买入证券平均价格与虚假陈述揭露日或者更正日起至基准日期间，每个交易日收盘价的平均价格之差，乘以投资人所持证券数量计算。

第三十三条　投资差额损失计算的基准日，是指虚假陈述揭露或者更正后，为将投资人应获赔偿限定在虚假陈述所造成的损失范围内，确定损失计算的合理期间而规定的截止日期。基准日分别按下列情况确定：

（一）揭露日或者更正日起，至被虚假陈述影响的证券累计成交量达到其可流通部分100%之日。但通过大宗交易协议转让的证券成交量不予计算。

（二）按前项规定在开庭审理前尚不能确定的，则以揭露日或者更正日后第30个交易日为基准日。

（三）已经退出证券交易市场的，以摘牌日前一交易日为基准日。

（四）已经停止证券交易的，可以停牌日前一交易日为基准日；恢复交易的，可以本条第（一）项规定确定基准日。

第三十四条　投资人持股期间基于股东身份取得的收益，包括红利、红股、公积金转增所得的股份以及投资人持股期间出资购买的配股、增发股和转配股，不得冲抵虚假陈述行为人的赔偿金额。

第三十五条　已经除权的证券，计算投资差额损失时，证券价格和证券数量应当复权计算。

八、附　　则

第三十六条　本规定自2003年2月1日起施行。

第三十七条　本院2002年1月15日发布的《关于受理证券市场因虚假陈述引发的民事侵权纠纷案件有关问题的通知》中与本规定不一致的，以本规定为准。

最高人民法院、最高人民检察院、公安部、中国证券监督管理委员会关于查询、冻结、扣划证券和证券交易结算资金有关问题的通知

1. 2008年1月10日发布
2. 法发〔2008〕4号

各省、自治区、直辖市高级人民法院、人民检察院、公安厅（局）、证监局，解放军军事法院、军事检察院，新疆维吾尔自治区高级人民法院生产建设兵团分院，新疆生产建设兵团人民检察院、公安局：

为维护正常的证券交易结算秩序，保护公民、法人和其他组织的合法权益，保障执法机关依法执行公务，根据《中华人民共和国刑事诉讼法》、《中华人民共和国民事诉讼法》、《中华人民共和国证券法》等法律以及司法解释的规定，现就人民法院、人民检察院、公安机关查询、冻结、扣划证券和证券交易结算资金的有关问题通知如下：

一、人民法院、人民检察院、公安机关在办理案件过程中，按照法定权限需要通过证券登记结算

机构或者证券公司查询、冻结、扣划证券和证券交易结算资金的,证券登记结算机构或者证券公司应当依法予以协助。

二、人民法院要求证券登记结算机构或者证券公司协助查询、冻结、扣划证券和证券交易结算资金,人民检察院、公安机关要求证券登记结算机构或者证券公司协助查询、冻结证券和证券交易结算资金时,有关执法人员应当依法出具相关证件和有效法律文书。

执法人员证件齐全、手续完备的,证券登记结算机构或者证券公司应当签收有关法律文书并协助办理有关事项。

拒绝签收人民法院生效法律文书的,可以留置送达。

三、人民法院、人民检察院、公安机关可以依法向证券登记结算机构查询客户和证券公司的证券账户、证券交收账户和资金交收账户内已完成清算交收程序的余额、余额变动、开户资料等内容。

人民法院、人民检察院、公安机关可以依法向证券公司查询客户的证券账户和资金账户、证券交收账户和资金交收账户内的余额、余额变动、证券及资金流向、开户资料等内容。

查询自然人账户的,应当提供自然人姓名和身份证件号码;查询法人账户的,应当提供法人名称和营业执照或者法人注册登记证书号码。

证券登记结算机构或者证券公司应当出具书面查询结果并加盖业务专用章。查询机关对查询结果有疑问时,证券登记结算机构、证券公司在必要时应当进行书面解释并加盖业务专用章。

四、人民法院、人民检察院、公安机关按照法定权限冻结、扣划相关证券、资金时,应当明确拟冻结、扣划证券、资金所在的账户名称、账户号码、冻结期限,所冻结、扣划证券的名称、数量或者资金的数额。扣划时,还应当明确拟划入的账户名称、账号。

冻结证券和交易结算资金时,应当明确冻结的范围是否及于孳息。

本通知规定的以证券登记结算机构名义建立的各类专门清算交收账户不得整体冻结。

五、证券登记结算机构依法按照业务规则收取并存放于专门清算交收账户内的下列证券,不得冻结、扣划:

(一)证券登记结算机构设立的证券集中交收账户、专用清偿账户、专用处置账户内的证券;

(二)证券公司在证券登记结算机构开设的客户证券交收账户、自营证券交收账户和证券处置账户内的证券。

六、证券登记结算机构依法按照业务规则收取并存放于专门清算交收账户内的下列资金,不得冻结、扣划:

(一)证券登记结算机构设立的资金集中交收账户、专用清偿账户内的资金;

(二)证券登记结算机构依法收取的证券结算风险基金和结算互保金;

(三)证券登记结算机构在银行开设的结算备付金专用存款账户和新股发行验资专户内的资金,以及证券登记结算机构为新股发行网下申购配售对象开立的网下申购资金账户内的资金;

(四)证券公司在证券登记结算机构开设的客户资金交收账户内的资金;

(五)证券公司在证券登记结算机构开设的自营资金交收账户内最低限额自营结算备付金及根据成交结果确定的应付资金。

七、证券登记结算机构依法按照业务规则要求证券公司等结算参与人、投资者或者发行人提供的回购质押券、价差担保物、行权担保物、履约担保物等担保物,在交收完成之前,不得冻结、扣划。

八、证券公司在银行开立的自营资金账户内的资金可以冻结、扣划。

九、在证券公司托管的证券的冻结、扣划,既可以在托管的证券公司办理,也可以在证券登记结算机构办理。不同的执法机关同一交易日分别在证券公司、证券登记结算机构对同一笔证券办理冻结、扣划手续的,证券公司协助办理的为在先冻结、扣划。

冻结、扣划未在证券公司或者其他托管机构托管的证券或者证券公司自营证券的,由证券登记结算机构协助办理。

十、证券登记结算机构受理冻结、扣划要求后,应当在受理日对应的交收日交收程序完成后根据交收结果协助冻结、扣划。

证券公司受理冻结、扣划要求后，应当立即停止证券交易，冻结时已经下单但尚未撮合成功的应当采取撤单措施。冻结后，根据成交结果确定的用于交收的应付证券和应付资金可以进行正常交收。在交收程序完成后，对于剩余部分可以扣划。同时，证券公司应当根据成交结果计算出同等数额的应收资金或者应收证券交由执法机关冻结或者扣划。

十一、已被人民法院、人民检察院、公安机关冻结的证券或证券交易结算资金，其他人民法院、人民检察院、公安机关或者同一机关因不同案件可以进行轮候冻结。冻结解除的，登记在先的轮候冻结自动生效。

轮候冻结生效后，协助冻结的证券登记结算机构或者证券公司应当书面通知做出该轮候冻结的机关。

十二、冻结证券的期限不得超过二年，冻结交易结算资金的期限不得超过六个月。

需要延长冻结期限的，应当在冻结期限届满前办理续行冻结手续，每次续行冻结的期限不得超过前款规定的期限。

十三、不同的人民法院、人民检察院、公安机关对同一笔证券或者交易结算资金要求冻结、扣划或者轮候冻结时，证券登记结算机构或者证券公司应当按照送达协助冻结、扣划通知书的先后顺序办理协助事项。

十四、要求冻结、扣划的人民法院、人民检察院、公安机关之间，因冻结、扣划事项发生争议的，要求冻结、扣划的机关应当自行协商解决。协商不成的，由其共同上级机关决定；没有共同上级机关的，由其各自的上级机关协商解决。

在争议解决之前，协助冻结的证券登记结算机构或者证券公司应当按照争议机关所送达法律文书载明的最大标的范围对争议标的进行控制。

十五、依法应当予以协助而拒绝协助，或者向当事人通风报信，或者与当事人通谋转移、隐匿财产的，对有关的证券登记结算机构或者证券公司和直接责任人应当依法进行制裁。

十六、以前规定与本通知规定内容不一致的，以本通知为准。

十七、本通知中所规定的证券登记结算机构，是指中国证券登记结算有限责任公司及其分公司。

十八、本通知自2008年3月1日起实施。

最高人民法院关于中国证券登记结算有限责任公司履行职能相关的诉讼案件指定管辖问题的通知

1. 2007年6月20日发布

2. 法〔2007〕177号

各省、自治区、直辖市高级人民法院，解放军军事法院，新疆维吾尔自治区高级人民法院生产建设兵团分院：

为正确、及时地管辖、审理与中国证券登记结算有限责任公司履行职能相关的诉讼案件，特作如下通知：

一、根据《中华人民共和国民事诉讼法》第三十七条和《中华人民共和国行政诉讼法》第二十二条的有关规定，指定中国证券登记结算有限责任公司及其分支机构所在地的中级人民法院分别管辖以中国证券登记结算有限责任公司或其分支机构为被告、第三人的下列第一审民事和行政案件：

1. 中国证券登记结算有限责任公司或其分支机构根据法律、法规、规章的规定，进行证券登记、存管、结算业务或对结算参与人及其他相关单位和人员作出处理决定引发的诉讼；

2. 中国证券登记结算有限责任公司或其分支机构根据法律、法规的授权和国务院证券监督管理机构的依法授权，进行证券登记、存管、结算业务或对结算参与人及其他相关单位和人员作出处理决定引发的诉讼；

3. 中国证券登记结算有限责任公司或其分支机构根据其章程、业务规则的规定以及相关业务合同、协议、备忘录的约定，进行证券登记、存管、结算业务或对结算参与人及其他相关单位和人员作出处理决定引发的诉讼；

4. 中国证券登记结算有限责任公司或其分支机构在履行证券登记、存管、结算职能过程中引发的其他诉讼。

二、其他人民法院在本通知下发之日前受理的上述案件,已经开庭审理的,继续审理;尚未开庭审理的,移送指定法院审理。

最高人民法院关于证券监督管理机构申请人民法院冻结资金账户、证券账户的若干规定

1. 2005年1月18日最高人民法院审判委员会第1341次会议通过
2. 2005年4月29日公布
3. 法释〔2005〕2号
4. 自2005年5月1日起施行
5. 已由法释〔2013〕7号废止

根据《中华人民共和国行政诉讼法》、《中华人民共和国证券法》、《中华人民共和国证券投资基金法》及《期货交易管理暂行条例》等法律法规的有关规定,现就证券监督管理机构依法申请人民法院冻结资金账户、证券账户的有关问题规定如下:

第一条　中国证券监督管理委员会及其下属各省、自治区、直辖市、计划单列市证券监督管理局作为申请人,在履行证券、期货监督管理职责中,对有证据证明被申请人有转移或者隐匿违法资金、证券或者其他财产迹象,依法向人民法院申请冻结资金账户、证券账户的,人民法院应当依法受理。

第二条　申请人依法申请人民法院冻结资金账户、证券账户,应当提交申请书,并提供申请冻结的事实依据和法律、法规依据,被申请冻结的资金账户、证券账户的情况以及人民法院认为应当提供的其他材料。

第三条　申请人提供的事实依据主要包括下列材料:

(一)银行转账单复印件;

(二)财务凭证复印件;

(三)举报材料复印件;

(四)交易记录复印件;

(五)证券监督管理机构认定意见书;

(六)其他书证。

第四条　申请人民法院冻结资金账户、证券账户的,由申请人或者被申请人所在地的中级人民法院管辖。

因特殊原因需要指定管辖的,由高级人民法院决定。

第五条　人民法院收到申请人的冻结申请后,对情况紧急的,应当在48小时内作出冻结或者不予受理的裁定。

裁定冻结的,应当立即执行。

第六条　人民法院应当组成合议庭对冻结资金账户、证券账户的申请进行书面审查。有下列情形之一的,人民法院应当裁定不予受理:

(一)超越法定职权;

(二)明显缺乏事实依据;

(三)明显违反法定程序;

(四)适用法律、法规错误;

(五)其他不宜冻结的情形。

第七条　申请人对人民法院不予受理或者被申请人对人民法院冻结的裁定有异议的,可以自收到裁定书之日起七日内向上一级人民法院申请复议。上一级人民法院应当自收到复议申请后的十五日内作出决定。

复议期间不停止裁定的执行。

第八条　人民法院冻结资金账户、证券账户的期限为三个月。期满未申请继续冻结的,冻结自动解除。

冻结期满后需要继续冻结的,申请人应当在期满之日的十日前向人民法院提出继续冻结的申请。人民法院应当在期满前作出是否继续冻结的裁定。

第九条　申请冻结资金账户、证券账户违法或者不当,给被申请人合法权益造成损失的,由申请人依法承担行政赔偿责任。

第十条　本规定自公布之日起实施。

最高人民法院关于如何确定证券回购合同履行地问题的批复

1. 1996年7月4日公布
2. 法复〔1996〕9号

湖北省高级人民法院:

你院〔1996〕鄂经他字第10号请示收悉。

关于如何确定证券回购合同履行地问题，经研究，答复如下：

鉴于我国证券回购业务事实上存在着场内和场外交易的两种情况，因此，确定证券回购合同履行地应区分不同情况予以处理：

一、凡在交易场所内进行的证券回购业务，交易场所所在地应为合同履行地。

二、在上述交易场所之外进行的证券回购业务，最初付款一方（返售方）所在地应为合同履行地。

最高人民法院关于对与证券交易所监管职能相关的诉讼案件管辖与受理问题的规定

1. 2005年1月25日公布

2. 法释〔2005〕1号

为正确及时地管辖、受理与证券交易所监管职能相关的诉讼案件，特作出以下规定：

一、根据《中华人民共和国民事诉讼法》第三十七条和《中华人民共和国行政诉讼法》第二十二条的有关规定，指定上海证券交易所和深圳证券交易所所在地的中级人民法院分别管辖以上海证券交易所和深圳证券交易所为被告或第三人的与证券交易所监管职能相关的第一审民事和行政案件。

二、与证券交易所监管职能相关的诉讼案件包括：

（一）证券交易所根据《中华人民共和国公司法》、《中华人民共和国证券法》、《中华人民共和国证券投资基金法》、《证券交易所管理办法》等法律、法规、规章的规定，对证券发行人及其相关人员、证券交易所会员及其相关人员、证券上市和交易活动做出处理决定引发的诉讼；

（二）证券交易所根据国务院证券监督管理机构的依法授权，对证券发行人及其相关人员、证券交易所会员及其相关人员、证券上市和交易活动做出处理决定引发的诉讼；

（三）证券交易所根据其章程、业务规则、业务合同的规定，对证券发行人及其相关人员、证券交易所会员及其相关人员、证券上市和交易活动做出处理决定引发的诉讼；

（四）证券交易所在履行监管职能过程中引发的其他诉讼。

三、投资者对证券交易所履行监管职责过程中对证券发行人及其相关人员、证券交易所会员及其相关人员、证券上市和交易活动做出的不直接涉及投资者利益的行为提起的诉讼，人民法院不予受理。

四、本规定自发布之日起施行。

最高人民法院关于冻结、扣划证券交易结算资金有关问题的通知

1. 2004年11月9日发布

2. 法〔2004〕239号

各省、自治区、直辖市高级人民法院，解放军军事法院，新疆维吾尔自治区高级人民法院生产建设兵团分院：

为了保障金融安全和社会稳定，维护证券市场正常交易结算秩序，保护当事人的合法权益，保障人民法院依法执行，经商中国证券监督管理委员会，现就人民法院冻结、扣划证券交易结算资金有关问题通知如下：

一、人民法院办理涉及证券交易结算资金的案件，应当根据资金的不同性质区别对待。证券交易结算资金，包括客户交易结算资金和证券公司从事自营证券业务的自有资金。证券公司将客户交易结算资金全额存放于客户交易结算资金专用存款账户和结算备付金账户，将自营证券业务的自有资金存放于自有资金专用存款账户，而上述账户均应报中国证券监督管理委员会备案。因此，对证券市场主体为被执行人的案件，要区别处理：

当证券公司为被执行人时，人民法院可以冻结、扣划该证券公司开设的自有资金存款账户中的资金，但不得冻结、扣划该证券公司开设的客户交易结算资金专用存款账户中的资金。

当客户为被执行人时，人民法院可以冻结、扣划该客户在证券公司营业部开设的资金

账户中的资金,证券公司应当协助执行。但对于证券公司在存管银行开设的客户交易结算资金专用存款账户中属于所有客户共有的资金,人民法院不得冻结、扣划。

二、人民法院冻结、扣划证券结算备付金时,应当正确界定证券结算备付金与自营结算备付金。证券结算备付金是证券公司从客户交易结算资金、自营证券业务的自有资金中缴存于中国证券登记结算有限责任公司(以下简称登记结算公司)的结算备用资金,专用于证券交易成交后的清算,具有结算履约担保作用。登记结算公司对每个证券公司缴存的结算备付金分别设立客户结算备付金账户和自营结算备付金账户进行账务管理,并依照经中国证券监督管理委员会批准的规则确定结算备付金最低限额。因此,对证券公司缴存在登记结算公司的客户结算备付金,人民法院不得冻结、扣划。

当证券公司为被执行人时,人民法院可以向登记结算公司查询确认该证券公司缴存的自营结算备付金余额;对其最低限额以外的自营结算备付金,人民法院可以冻结、扣划,登记结算公司应当协助执行。

三、人民法院不得冻结、扣划新股发行验资专用账户中的资金。登记结算公司在结算银行开设的新股发行验资专用账户,专门用于证券市场的新股发行业务中的资金存放、调拨,并按照中国证券监督管理委员会批准的规则开立、使用、备案和管理,故人民法院不得冻结、扣划该专用账户中的资金。

四、人民法院在执行中应当正确处理清算交收程序与执行财产顺序的关系。当证券公司或者客户为被执行人时,人民法院可以冻结属于该被执行人的已完成清算交收后的证券或者资金,并以书面形式责令其在7日内提供可供执行的其他财产。被执行人提供了其他可供执行的财产的,人民法院应当先执行该财产;逾期不提供或者提供的财产不足清偿债务的,人民法院可以执行上述已经冻结的证券或者资金。

对被执行人的证券交易成交后进入清算交收期间的证券或者资金,以及被执行人为履行清算交收义务交付给登记结算公司但尚未清算的证券或者资金,人民法院不得冻结、扣划。

五、人民法院对被执行人证券账户内的流通证券采取执行措施时,应当查明该流通证券确属被执行人所有。

人民法院执行流通证券,可以指令被执行人所在的证券公司营业部在30个交易日内通过证券交易将该证券卖出,并将变卖所得价款直接划付到人民法院指定的账户。

六、人民法院在冻结、扣划证券交易结算资金的过程中,对于当事人或者协助执行人对相关资金是否属客户交易结算资金、结算备付金提出异议的,应当认真审查;必要时,可以提交中国证券监督管理委员会作出审查认定后,依法处理。

七、人民法院在证券交易、结算场所采取保全或者执行措施时,不得影响证券交易、结算业务的正常秩序。

八、本通知自发布之日起执行。发布前最高人民法院的其他规定与本通知的规定不一致的,以本通知为准。

特此通知。

最高人民法院
关于依法审理和执行被风险处置证券公司相关案件的通知

1. 2009年5月26日公布
2. 法发〔2009〕35号

各省、自治区、直辖市高级人民法院,解放军军事法院,新疆维吾尔自治区高级人民法院生产建设兵团分院:

为维护证券市场和社会的稳定,依法审理和执行被风险处置证券公司的相关案件,现就有关问题通知如下:

一、为统一、规范证券公司风险处置中个人债权的处理,保持证券市场运行的连续性和稳定性,中国人民银行、财政部、中国银行业监督管理委员会、中国证券监督管理委员会联合制定发布了《个人债权及客户证券交易结算资金收购意见》。国家对个人债权和客户交易结算资金的收购,是国家有关行政部门和金融监管机构采取的特殊行政手段。相关债权是否属于应当收购的个人债权或者客户交易结算资金范畴，系由中国人民银行、金融监管机构以及依据《个人债权及客户证券交易结算资金收购意见》成立的甄别确认小组予以确认的，不属人民法院审理的范畴。因此，有关当事人因上述执行机关在风险处置过程中甄别确认其债权不属于国家收购范围的个人债权或者客户证券交易结算资金，向人民法院提起诉讼，请求确认其债权应纳入国家收购范围的，人民法院不予受理。国家收购范围之外的债权，有关权利人可以在相关证券公司进入破产程序后向人民法院申报。

二、托管是相关监管部门对高风险证券公司的证券经纪业务等涉及公众客户的业务采取的行政措施，托管机构仅对被托管证券公司的经纪业务行使经营管理权，不因托管而承继被托管证券公司的债务。因此，有关权利人仅以托管为由向人民法院提起诉讼，请求判令托管机构承担被托管证券公司债务的，人民法院不予受理。

三、处置证券类资产是行政处置过程中的一个重要环节，行政清算组依照法律、行政法规及国家相关政策，对证券类资产采取市场交易方式予以处置，在合理估价的基础上转让证券类资产，受让人支付相应的对价。因此，证券公司的债权人向人民法院提起诉讼，请求判令买受人承担证券公司债务偿还责任的，人民法院对其诉讼请求不予支持。

四、破产程序作为司法权介入的特殊偿债程序，是在债务人财产不足以清偿债务的情况下，以法定的程序和方法，为所有债权人创造获得公平受偿的条件和机会，以使所有债权人共同享有利益、共同分担损失。鉴此，根据企业破产法第十九条的规定，人民法院受理证券公司的破产申请后，有关证券公司财产的保全措施应当解除，执行程序应当中止。具体如下：

1. 人民法院受理破产申请后，已对证券公司有关财产采取了保全措施，包括执行程序中的查封、冻结、扣押措施的人民法院应当解除相应措施。人民法院解除有关证券公司财产的保全措施时，应当及时通知破产案件管理人并将有关财产移交管理人接管，管理人可以向受理破产案件的人民法院申请保全。

2. 人民法院受理破产申请后，已经受理有关证券公司执行案件的人民法院，对证券公司财产尚未执行或者尚未执行完毕的程序应当中止执行。当事人在破产申请受理后向有关法院申请对证券公司财产强制执行的，有关法院对其申请不予受理，并告知其依法向破产案件管理人申报债权。破产申请受理后人民法院未中止执行的，对于已经执行了的证券公司财产，执行法院应当依法执行回转，并交由管理人作为破产财产统一分配。

3. 管理人接管证券公司财产、调查证券公司财产状况后，发现有关法院仍然对证券公司财产进行保全或者继续执行，向采取保全措施或执行措施的人民法院提出申请的，有关人民法院应当依法及时解除保全或中止执行。

4. 受理破产申请的人民法院在破产宣告前裁定驳回申请人的破产申请，并终结证券公司破产程序的，应当在作出终结破产程序的裁定前，告知管理人通知原对证券公司财产采取保全措施的人民法院恢复原有的保全措施，有轮候保全的，以原采取保全措施的时间确定轮候顺位。对恢复受理证券公司为被执行人的执行案件，适用申请执行时效中断的规定。

五、证券公司进入破产程序后，人民法院作出的刑事附带民事赔偿或者涉及追缴赃款赃物的判决应当中止执行，由相关权利人在破产程序中以申报债权等方式行使权利；刑事判决中罚金、没收财产等处罚，应当在破产程序债权人获得全额清偿后的剩余财产中执行。

六、要进一步严格贯彻最高人民法院、最高人民检察院、公安部、中国证监会《关于查询、冻结、扣划证券和证券交易结算资金有关问题的通知》（法发[2008]4 号），依法执行有关证券和证券交易结算资金。

各高级人民法院要及时组织辖区内法院有关部门认真学习和贯彻落实本通知精神，并依法监督下级法院严格执行，对未按照上述规定审理和执行有关案件的，上级人民法院应当依法予以纠正并追究相关人员的责任。

最高人民法院关于新疆国际置地房地产开发有限责任公司与宏源证券股份有限公司乌鲁木齐北京路证券营业部、宏源证券股份有限公司委托监管合同纠纷一案请示的答复

1. 2003年12月25日公布
2. 〔2003〕民二他字第54号

新疆维吾尔自治区高级人民法院：

你院[2003]新民二请字第1号《关于新疆国际置地房地产开发有限责任公司(以下简称置地公司)与宏源证券股份有限公司乌鲁木齐北京路证券营业部、宏源证券股份有限公司(以下简称为证券公司)委托监管合同纠纷一案的请示》收悉,经研究,答复如下：

根据《民事诉讼法》第一百零八条的规定,原告应是与本案有直接利害关系的公民、法人和其他组织,否则不应予以受理。你院请示的案件,应首先明确签订委托监管协议的行为究竟是唐朝金的个人行为,还是置地公司授权或者事后追认的职务行为,只有在这个事实依法认定的前提下,才能认定置地公司是否有权以证券公司违反合同约定为由提起诉讼。如果认定签订委托监管协议系唐朝金的个人行为,则置地公司仅享有以侵权为由向证券公司提起诉讼的权利。请你院在查清事实的基础上依法作出裁判。

此复

最高人民法院关于浦发期货经纪有限公司未按规定强制平仓是否承担责任问题请示的答复

1. 2003年7月29日发布
2. 〔2002〕民二他字第21号

天津市高级人民法院：

你院津高法民二〔2002〕2号关于浦发期货经纪有限公司未按规定强制平仓是否承担责任问题的请示报告收悉。经研究,答复如下：

本案当事人之间就"保仓"问题的具体约定符合意思自治原则,但是,该约定如与《最高人民法院关于审理期货纠纷案件若干问题的规定》第三十三条的规定相冲突,应当参照该司法解释第三十三条、第三十六条第二款的规定处理。

此复

最高人民法院关于严格执行对证券或者期货交易机构的账号资金采取诉讼保全或者执行措施规定的通知

1. 2001年7月17日公布
2. 法〔2001〕98号

各省、自治区、直辖市高级人民法院,解放军军事法院,新疆维吾尔自治区高级人民法院生产建设兵团分院：

最近,国务院证券管理部门和一些地方政府有关部门向我院反映,已列入我院《关于清理整顿信托投资公司中有关问题的通知》公布名单中的信托投资公司和有关证券公司因债务纠纷,其下属一些证券营业部交易结算资金账户被部分法院冻结,投资者交易结算资金被扣划。关于对证券或者期货交易机构的账号、资金采取诉讼保全或者执行措施问题,我院曾下发了《关于冻结、划拨证券或期货交易所证券登记结算机构证券经营或期货经纪机构清算账号资金等问题的通知》(法发[1997]27号)和《关于贯彻最高人民法院法发[1997]27号通知应注意的几个问题的紧急通知》(法明传[1998]213号)。2001年5月28日,针对清理整顿信托投资公司中的有关问题,我院又下发了《最高人民法院关于发布延长部分停业整顿重组和撤销信托投资公司暂缓受理和中止执行期限名单的通知》。各级人民法院应当按照上述通知规定的精神,严格执行。对确属违反上述规定的,应当立即依法纠正。

最高人民法院关于恢复受理、审理和执行已经编入全国证券回购机构间债务清欠链条的证券回购经济纠纷案件的通知

1. *2000年7月26日公布*
2. *法发〔2000〕115号*

各省、自治区、直辖市高级人民法院，新疆维吾尔自治区高级人民法院生产建设兵团分院：

1998年12月18日和1999年1月21日，我院先后下发了法〔1998〕152号《关于中止审理、中止执行已编入全国证券回购机构间债务清欠链条的证券回购经济纠纷案件的通知》和法〔1999〕6号《关于补发最高人民法院〔1998〕152号通知附件的通知》。对已经编入全国证券回购机构间债务清欠链条的证券回购纠纷，决定暂不受理、中止诉讼和中止执行。目前，全国证券回购债务清欠工作已经进入收尾阶段。现就有关问题通知如下：

自本通知下发之日起，各级人民法院对涉及已经编入全国证券回购机构间债务清欠链条，但债权债务未能清欠的证券回购纠纷，符合《中华人民共和国民事诉讼法》第一百零八条规定的，应当予以受理；对中止审理的已经编入全国证券回购机构间债务清欠链条的证券回购纠纷案件应当恢复审理；对已经发生法律效力的已经编入全国证券回购机构间债务清欠链条的证券回购纠纷案件的裁判文书应当恢复执行。

特此通知

最高人民法院关于中国农业银行汝州市支行与中国建设银行汝州市支行债券兑付纠纷案的复函

1. *1999年3月17日公布*
2. *〔1998〕民他字第29号*

河南省高级人民法院：

你院《关于中国农业银行汝州市支行与中国建设银行汝州市支行债券兑付一案的请示报告》收悉。经研究认为，根据汝州市第三水泥厂与汝州市农业银行签订的《企业债券代销合同》和债券票面的记载，汝州市农业银行应负有债券兑付义务，即汝州市建设银行所持的400万元债券应由汝州市农业银行负责兑付。但是，400万元债券的利息，根据汝州市建设银行与债券发行人汝州市第三水泥厂关于债券利息支付的约定，不应由汝州市农业银行支付。

最高人民法院关于冻结、划拨证券或期货交易所证券登记结算机构、证券经营或期货经纪机构清算帐户资金等问题的通知

1. *1997年12月2日发布*
2. *法发〔1997〕27号*

各省、自治区、直辖市高级人民法院，解放军军事法院：

为了维护证券、期货市场的正常交易秩序，现对人民法院在财产保全或执行生效法律文书过程中，冻结、划拨证券或期货交易所、证券登记结算机构、证券经营或期货经纪机构清算帐户清算资金等问题，作如下通知：

一、证券交易所、证券登记结算机构及其异地清算代理机构开设的清算帐户上的资金，是证券经营机构缴存的自营及其所代理的投资者的证券交易清算资金。当证券经营机构为债务人，人民法院确需冻结、划拨其交易清算资金时，应冻结、划拨其自营帐户中的资金；如证券经营机构未开设自营帐户而进行自营业务的，依法可以冻结其在证券交易所、证券登记结算机构及其异地清算代理机构清算帐户上的清算资金，但暂时不得划拨。如果证券经营机构在法院规定的合理期限内举证证明被冻结的上述清算帐户中的资金是其他投资者的，应当对投资者的资金解除冻结。否则，人民法院可以划拨已冻结的资金。

证券经营机构清算帐户上的资金是投资者为进行证券交易缴存的清算备付金。当投资者为债务人时，人民法院对证券经营机构清

算帐户中该投资者的相应部分资金依法可以冻结、划拨。

人民法院冻结、划拨期货交易所清算帐户上期货经纪机构的清算资金及期货经纪机构清算帐户上投资者的清算备付金(亦称保证金),适用上述规定。

二、证券经营机构的交易席位系统机构向证券交易所申购的用以参加交易的权利,是一种无形财产。人民法院对证券经营机构的交易席位进行财产保全或执行时,应依法裁定其不得自行转让该交易席位,但不能停止该交易席位的使用。人民法院认为需要转让该交易席位时,按交易所的有关规定应转让给有资格受让席位的法人。

人民法院对期货交易所、期货经纪机构的交易席位采取财产保全或执行措施,适用上述规定。

三、证券经营机构在证券交易所、证券登记结算机构的债券实物代保管处托管的债券,是其自营或代销的其他投资者的债券。当证券经营机构或投资者为债务人时,人民法院如需冻结、提取托管的债券,应当通过证券交易所查明该债务人托管的债券是否已作回购质押,对未作回购质押,而且确属债务人所有的托管债券可以依法冻结、提取。

四、交易保证金是证券经营机构向证券交易所缴存的用以防范交易风险的资金,该资金由证券交易所专项存储,人民法院不应冻结、划拨交易保证金。但在该资金失去保证金作用的情况下,人民法院可以依法予以冻结、划拨。

最高人民法院经济审判庭关于代理发行企业债券的金融机构应否承担企业债券发行人债务责任问题的复函

1. 1994年4月29日公布

2. 法经〔1994〕103号

中国人民银行条法司:

你司银条法(1993)35号函收悉。经研究,答复如下:

企业债券是企业依照法定程序发行,约定在一定期限内还本付息的有价证券。企业债券的发行人对企业债券的持有人负有按债券约定的期限偿付本息的义务。金融机构接受企业债券发行人的委托代理发行企业债券,根据《中华人民共和国民法通则》第六十三条第二款的规定,应当由企业债券的发行人对金融机构的民事法律行为承担民事责任。因此,当企业债券的发行人未按约定期限偿付企业债券的本息时,债券持有人应当向企业债券的发行人和(或)担保人主张民事权利。如果债券推销人金融机构代企业债券发行人垫款向企业债券持有人兑付本息时,该推销人金融机构则成为债券持有人,亦应向企业债券的发行人和(或)担保人主张民事权利。

以上意见,供参酌。

此复。

最高人民法院关于中止审理、中止执行已编入全国证券回购机构间债务清欠链条的证券回购经济纠纷案件的通知

1. 1998年12月18日公布

2. 法〔1998〕152号

各省、自治区、直辖市高级人民法院:

根据国务院国发〔1996〕20号国务院批转中国人民银行《关于进一步做好证券回购债务清偿工作请示的通知》的有关精神,为有利于证券回购债务清偿工作的顺利进行,对已编入全国证券回购机构间债务清欠链条的证券回购纠纷案件问题,通知如下:

自本通知下达之日起,对已编入全国证券回购机构间债务清欠链条的证券回购纠纷,未受理的,暂不受理;已经受理的上述证券回购纠纷案件,应根据民事诉讼法第一百三十六条第一款第(六)项的规定中止诉讼;对已发生法律效力的上述证券回购纠纷案件,应根据民事诉讼法第二百三十四条第一款第(五)项的规定中止执行;对因此类纠纷案件已裁定冻结上述证券回购机构帐户款项的,应当解除冻结。何时恢复诉讼和执行,依照本院通知办理。

八、保　　险

中华人民共和国保险法

1. 1995年6月30日第八届全国人民代表大会常务委员会第十四次会议通过
2. 2002年10月28日第九届全国人民代表大会常务委员会第三十次会议《关于修改〈中华人民共和国保险法〉的决定》修正
3. 2009年2月28日第十一届全国人民代表大会常务委员会第七次会议修订
4. 2009年2月28日中华人民共和国主席令(十一届)第十一号公布
5. 自2009年10月1日起施行
6. 根据2014年8月31日第十二届全国人民代表大会常务委员会《关于修改保险法等五部法律的决定》修正
7. 2015年4月24日第十二届全国人民代表大会常务委员会第十四次会议全国人民代表大会常务委员会《关于修改〈中华人民共和国计量法〉等五部法律的决定》修正

第一章　总　　则

第一条　为了规范保险活动,保护保险活动当事人的合法权益,加强对保险业的监督管理,维护社会经济秩序和社会公共利益,促进保险事业的健康发展,制定本法。

第二条　本法所称保险,是指投保人根据合同约定,向保险人支付保险费,保险人对于合同约定的可能发生的事故因其发生所造成的财产损失承担赔偿保险金责任,或者当被保险人死亡、伤残、疾病或者达到合同约定的年龄、期限等条件时承担给付保险金责任的商业保险行为。

第三条　在中华人民共和国境内从事保险活动,适用本法。

第四条　从事保险活动必须遵守法律、行政法规,尊重社会公德,不得损害社会公共利益。

第五条　保险活动当事人行使权利、履行义务应当遵循诚实信用原则。

第六条　保险业务由依照本法设立的保险公司以及法律、行政法规规定的其他保险组织经营,其他单位和个人不得经营保险业务。

第七条　在中华人民共和国境内的法人和其他组织需要办理境内保险的,应当向中华人民共和国境内的保险公司投保。

第八条　保险业和银行业、证券业、信托业实行分业经营、分业管理,保险公司与银行、证券、信托业务机构分别设立。国家另有规定的除外。

第九条　国务院保险监督管理机构依法对保险业实施监督管理。

国务院保险监督管理机构根据履行职责的需要设立派出机构。派出机构按照国务院保险监督管理机构的授权履行监督管理职责。

第二章　保险合同

第一节　一般规定

第十条　保险合同是投保人与保险人约定保险权利义务关系的协议。

投保人是指与保险人订立保险合同,并按照合同约定负有支付保险费义务的人。

保险人是指与投保人订立保险合同,并按照合同约定承担赔偿或者给付保险金责任的保险公司。

第十一条　订立保险合同,应当协商一致,遵循公平原则确定各方的权利和义务。

除法律、行政法规规定必须保险的外,保险合同自愿订立。

第十二条　人身保险的投保人在保险合同订立时,对被保险人应当具有保险利益。

财产保险的被保险人在保险事故发生时,对保险标的应当具有保险利益。

人身保险是以人的寿命和身体为保险标的的保险。

财产保险是以财产及其有关利益为保险标的的保险。

被保险人是指其财产或者人身受保险合同保障,享有保险金请求权的人。投保人可以为被保险人。

保险利益是指投保人或者被保险人对保险标的具有的法律上承认的利益。

第十三条　投保人提出保险要求,经保险人同意承保,保险合同成立。保险人应当及时向投保人签发保险单或者其他保险凭证。

保险单或者其他保险凭证应当载明当事人双方约定的合同内容。当事人也可以约定采用其他书面形式载明合同内容。

依法成立的保险合同,自成立时生效。投保人和保险人可以对合同的效力约定附条件或者附期限。

第十四条 保险合同成立后,投保人按照约定交付保险费,保险人按照约定的时间开始承担保险责任。

第十五条 除本法另有规定或者保险合同另有约定外,保险合同成立后,投保人可以解除合同,保险人不得解除合同。

第十六条 订立保险合同,保险人就保险标的或者被保险人的有关情况提出询问的,投保人应当如实告知。

投保人故意或者因重大过失未履行前款规定的如实告知义务,足以影响保险人决定是否同意承保或者提高保险费率的,保险人有权解除合同。

前款规定的合同解除权,自保险人知道有解除事由之日起,超过三十日不行使而消灭。自合同成立之日起超过二年的,保险人不得解除合同;发生保险事故的,保险人应当承担赔偿或者给付保险金的责任。

投保人故意不履行如实告知义务的,保险人对于合同解除前发生的保险事故,不承担赔偿或者给付保险金的责任,并不退还保险费。

投保人因重大过失未履行如实告知义务,对保险事故的发生有严重影响的,保险人对于合同解除前发生的保险事故,不承担赔偿或者给付保险金的责任,但应当退还保险费。

保险人在合同订立时已经知道投保人未如实告知的情况的,保险人不得解除合同;发生保险事故的,保险人应当承担赔偿或者给付保险金的责任。

保险事故是指保险合同约定的保险责任范围内的事故。

第十七条 订立保险合同,采用保险人提供的格式条款的,保险人向投保人提供的投保单应当附格式条款,保险人应当向投保人说明合同的内容。

对保险合同中免除保险人责任的条款,保险人在订立合同时应当在投保单、保险单或者其他保险凭证上作出足以引起投保人注意的提示,并对该条款的内容以书面或者口头形式向投保人作出明确说明;未作提示或者明确说明的,该条款不产生效力。

第十八条 保险合同应当包括下列事项:

(一)保险人的名称和住所;

(二)投保人、被保险人的姓名或者名称、住所,以及人身保险的受益人的姓名或者名称、住所;

(三)保险标的;

(四)保险责任和责任免除;

(五)保险期间和保险责任开始时间;

(六)保险金额;

(七)保险费以及支付办法;

(八)保险金赔偿或者给付办法;

(九)违约责任和争议处理;

(十)订立合同的年、月、日。

投保人和保险人可以约定与保险有关的其他事项。

受益人是指人身保险合同中由被保险人或者投保人指定的享有保险金请求权的人。投保人、被保险人可以为受益人。

保险金额是指保险人承担赔偿或者给付保险金责任的最高限额。

第十九条 采用保险人提供的格式条款订立的保险合同中的下列条款无效:

(一)免除保险人依法应承担的义务或者加重投保人、被保险人责任的;

(二)排除投保人、被保险人或者受益人依法享有的权利的。

第二十条 投保人和保险人可以协商变更合同内容。

变更保险合同的,应当由保险人在保险单或者其他保险凭证上批注或者附贴批单,或者由投保人和保险人订立变更的书面协议。

第二十一条 投保人、被保险人或者受益人知道保险事故发生后,应当及时通知保险人。故意或者因重大过失未及时通知,致使保险事故的性质、原因、损失程度等难以确定的,保险人对无法确定的部分,不承担赔偿或者给付保险金的责任,但保险人通过其他途径已经及时知道或者应当及时知道保险事故发生的除外。

第二十二条　保险事故发生后,按照保险合同请求保险人赔偿或者给付保险金时,投保人、被保险人或者受益人应当向保险人提供其所能提供的与确认保险事故的性质、原因、损失程度等有关的证明和资料。

保险人按照合同的约定,认为有关的证明和资料不完整的,应当及时一次性通知投保人、被保险人或者受益人补充提供。

第二十三条　保险人收到被保险人或者受益人的赔偿或者给付保险金的请求后,应当及时作出核定;情形复杂的,应当在三十日内作出核定,但合同另有约定的除外。保险人应当将核定结果通知被保险人或者受益人;对属于保险责任的,在与被保险人或者受益人达成赔偿或者给付保险金的协议后十日内,履行赔偿或者给付保险金义务。保险合同对赔偿或者给付保险金的期限有约定的,保险人应当按照约定履行赔偿或者给付保险金义务。

保险人未及时履行前款规定义务的,除支付保险金外,应当赔偿被保险人或者受益人因此受到的损失。

任何单位和个人不得非法干预保险人履行赔偿或者给付保险金的义务,也不得限制被保险人或者受益人取得保险金的权利。

第二十四条　保险人依照本法第二十三条的规定作出核定后,对不属于保险责任的,应当自作出核定之日起三日内向被保险人或者受益人发出拒绝赔偿或者拒绝给付保险金通知书,并说明理由。

第二十五条　保险人自收到赔偿或者给付保险金的请求和有关证明、资料之日起六十日内,对其赔偿或者给付保险金的数额不能确定的,应当根据已有证明和资料可以确定的数额先予支付;保险人最终确定赔偿或者给付保险金的数额后,应当支付相应的差额。

第二十六条　人寿保险以外的其他保险的被保险人或者受益人,向保险人请求赔偿或者给付保险金的诉讼时效期间为二年,自其知道或者应当知道保险事故发生之日起计算。

人寿保险的被保险人或者受益人向保险人请求给付保险金的诉讼时效期间为五年,自其知道或者应当知道保险事故发生之日起计算。

第二十七条　未发生保险事故,被保险人或者受益人谎称发生了保险事故,向保险人提出赔偿或者给付保险金请求的,保险人有权解除合同,并不退还保险费。

投保人、被保险人故意制造保险事故的,保险人有权解除合同,不承担赔偿或者给付保险金的责任;除本法第四十三条规定外,不退还保险费。

保险事故发生后,投保人、被保险人或者受益人以伪造、变造的有关证明、资料或者其他证据,编造虚假的事故原因或者夸大损失程度的,保险人对其虚报的部分不承担赔偿或者给付保险金的责任。

投保人、被保险人或者受益人有前三款规定行为之一,致使保险人支付保险金或者支出费用的,应当退回或者赔偿。

第二十八条　保险人将其承担的保险业务,以分保形式部分转移给其他保险人的,为再保险。

应再保险接受人的要求,再保险分出人应当将其自负责任及原保险的有关情况书面告知再保险接受人。

第二十九条　再保险接受人不得向原保险的投保人要求支付保险费。

原保险的被保险人或者受益人不得向再保险接受人提出赔偿或者给付保险金的请求。

再保险分出人不得以再保险接受人未履行再保险责任为由,拒绝履行或者迟延履行其原保险责任。

第三十条　采用保险人提供的格式条款订立的保险合同,保险人与投保人、被保险人或者受益人对合同条款有争议的,应当按照通常理解予以解释。对合同条款有两种以上解释的,人民法院或者仲裁机构应当作出有利于被保险人和受益人的解释。

第二节　人身保险合同

第三十一条　投保人对下列人员具有保险利益:

(一)本人;

(二)配偶、子女、父母;

(三)前项以外与投保人有抚养、赡养或

者扶养关系的家庭其他成员、近亲属；

（四）与投保人有劳动关系的劳动者。

除前款规定外，被保险人同意投保人为其订立合同的，视为投保人对被保险人具有保险利益。

订立合同时，投保人对被保险人不具有保险利益的，合同无效。

第三十二条　投保人申报的被保险人年龄不真实，并且其真实年龄不符合合同约定的年龄限制的，保险人可以解除合同，并按照合同约定退还保险单的现金价值。保险人行使合同解除权，适用本法第十六条第三款、第六款的规定。

投保人申报的被保险人年龄不真实，致使投保人支付的保险费少于应付保险费的，保险人有权更正并要求投保人补交保险费，或者在给付保险金时按照实付保险费与应付保险费的比例支付。

投保人申报的被保险人年龄不真实，致使投保人支付的保险费多于应付保险费的，保险人应当将多收的保险费退还投保人。

第三十三条　投保人不得为无民事行为能力人投保以死亡为给付保险金条件的人身保险，保险人也不得承保。

父母为其未成年子女投保的人身保险，不受前款规定限制。但是，因被保险人死亡给付的保险金总和不得超过国务院保险监督管理机构规定的限额。

第三十四条　以死亡为给付保险金条件的合同，未经被保险人同意并认可保险金额的，合同无效。

按照以死亡为给付保险金条件的合同所签发的保险单，未经被保险人书面同意，不得转让或者质押。

父母为其未成年子女投保的人身保险，不受本条第一款规定限制。

第三十五条　投保人可以按照合同约定向保险人一次支付全部保险费或者分期支付保险费。

第三十六条　合同约定分期支付保险费，投保人支付首期保险费后，除合同另有约定外，投保人自保险人催告之日起超过三十日未支付当期保险费，或者超过约定的期限六十日未支付当期保险费的，合同效力中止，或者由保险人按照合同约定的条件减少保险金额。

被保险人在前款规定期限内发生保险事故的，保险人应当按照合同约定给付保险金，但可以扣减欠交的保险费。

第三十七条　合同效力依照本法第三十六条规定中止的，经保险人与投保人协商并达成协议，在投保人补交保险费后，合同效力恢复。但是，自合同效力中止之日起满二年双方未达成协议的，保险人有权解除合同。

保险人依照前款规定解除合同的，应当按照合同约定退还保险单的现金价值。

第三十八条　保险人对人寿保险的保险费，不得用诉讼方式要求投保人支付。

第三十九条　人身保险的受益人由被保险人或者投保人指定。

投保人指定受益人时须经被保险人同意。投保人为与其有劳动关系的劳动者投保人身保险，不得指定被保险人及其近亲属以外的人为受益人。

被保险人为无民事行为能力人或者限制民事行为能力人的，可以由其监护人指定受益人。

第四十条　被保险人或者投保人可以指定一人或者数人为受益人。

受益人为数人的，被保险人或者投保人可以确定受益顺序和受益份额；未确定受益份额的，受益人按照相等份额享有受益权。

第四十一条　被保险人或者投保人可以变更受益人并书面通知保险人。保险人收到变更受益人的书面通知后，应当在保险单或者其他保险凭证上批注或者附贴批单。

投保人变更受益人时须经被保险人同意。

第四十二条　被保险人死亡后，有下列情形之一的，保险金作为被保险人的遗产，由保险人依照《中华人民共和国继承法》的规定履行给付保险金的义务：

（一）没有指定受益人，或者受益人指定不明无法确定的；

（二）受益人先于被保险人死亡，没有其他受益人的；

（三）受益人依法丧失受益权或者放弃受

益权,没有其他受益人的。

受益人与被保险人在同一事件中死亡,且不能确定死亡先后顺序的,推定受益人死亡在先。

第四十三条　投保人故意造成被保险人死亡、伤残或者疾病的,保险人不承担给付保险金的责任。投保人已交足二年以上保险费的,保险人应当按照合同约定向其他权利人退还保险单的现金价值。

受益人故意造成被保险人死亡、伤残、疾病的,或者故意杀害被保险人未遂的,该受益人丧失受益权。

第四十四条　以被保险人死亡为给付保险金条件的合同,自合同成立或者合同效力恢复之日起二年内,被保险人自杀的,保险人不承担给付保险金的责任,但被保险人自杀时为无民事行为能力人的除外。

保险人依照前款规定不承担给付保险金责任的,应当按照合同约定退还保险单的现金价值。

第四十五条　因被保险人故意犯罪或者抗拒依法采取的刑事强制措施导致其伤残或者死亡的,保险人不承担给付保险金的责任。投保人已交足二年以上保险费的,保险人应当按照合同约定退还保险单的现金价值。

第四十六条　被保险人因第三者的行为而发生死亡、伤残或者疾病等保险事故的,保险人向被保险人或者受益人给付保险金后,不享有向第三者追偿的权利,但被保险人或者受益人仍有权向第三者请求赔偿。

第四十七条　投保人解除合同的,保险人应当自收到解除合同通知之日起三十日内,按照合同约定退还保险单的现金价值。

第三节　财产保险合同

第四十八条　保险事故发生时,被保险人对保险标的不具有保险利益的,不得向保险人请求赔偿保险金。

第四十九条　保险标的转让的,保险标的的受让人承继被保险人的权利和义务。

保险标的转让的,被保险人或者受让人应当及时通知保险人,但货物运输保险合同和另有约定的合同除外。

因保险标的转让导致危险程度显著增加的,保险人自收到前款规定的通知之日起三十日内,可以按照合同约定增加保险费或者解除合同。保险人解除合同的,应当将已收取的保险费,按照合同约定扣除自保险责任开始之日起至合同解除之日止应收的部分后,退还投保人。

被保险人、受让人未履行本条第二款规定的通知义务的,因转让导致保险标的危险程度显著增加而发生的保险事故,保险人不承担赔偿保险金的责任。

第五十条　货物运输保险合同和运输工具航程保险合同,保险责任开始后,合同当事人不得解除合同。

第五十一条　被保险人应当遵守国家有关消防、安全、生产操作、劳动保护等方面的规定,维护保险标的的安全。

保险人可以按照合同约定对保险标的的安全状况进行检查,及时向投保人、被保险人提出消除不安全因素和隐患的书面建议。

投保人、被保险人未按照约定履行其对保险标的的安全应尽责任的,保险人有权要求增加保险费或者解除合同。

保险人为维护保险标的的安全,经被保险人同意,可以采取安全预防措施。

第五十二条　在合同有效期内,保险标的的危险程度显著增加的,被保险人应当按照合同约定及时通知保险人,保险人可以按照合同约定增加保险费或者解除合同。保险人解除合同的,应当将已收取的保险费,按照合同约定扣除自保险责任开始之日起至合同解除之日止应收的部分后,退还投保人。

被保险人未履行前款规定的通知义务的,因保险标的的危险程度显著增加而发生的保险事故,保险人不承担赔偿保险金的责任。

第五十三条　有下列情形之一的,除合同另有约定外,保险人应当降低保险费,并按日计算退还相应的保险费:

(一)据以确定保险费率的有关情况发生变化,保险标的的危险程度明显减少的;

(二)保险标的的保险价值明显减少的。

第五十四条　保险责任开始前,投保人要求解除合同的,应当按照合同约定向保险人支付手续费,保险人应当退还保险费。保险责任开始后,投保人要求解除合同的,保险人应当将已收取的保险费,按照合同约定扣除自保险责任开始之日起至合同解除之日止应收的部分后,退还投保人。

第五十五条 投保人和保险人约定保险标的的保险价值并在合同中载明的,保险标的发生损失时,以约定的保险价值为赔偿计算标准。

投保人和保险人未约定保险标的的保险价值的,保险标的发生损失时,以保险事故发生时保险标的的实际价值为赔偿计算标准。

保险金额不得超过保险价值。超过保险价值的,超过部分无效,保险人应当退还相应的保险费。

保险金额低于保险价值的,除合同另有约定外,保险人按照保险金额与保险价值的比例承担赔偿保险金的责任。

第五十六条 重复保险的投保人应当将重复保险的有关情况通知各保险人。

重复保险的各保险人赔偿保险金的总和不得超过保险价值。除合同另有约定外,各保险人按照其保险金额与保险金额总和的比例承担赔偿保险金的责任。

重复保险的投保人可以就保险金额总和超过保险价值的部分,请求各保险人按比例返还保险费。

重复保险是指投保人对同一保险标的、同一保险利益、同一保险事故分别与两个以上保险人订立保险合同,且保险金额总和超过保险价值的保险。

第五十七条 保险事故发生时,被保险人应当尽力采取必要的措施,防止或者减少损失。

保险事故发生后,被保险人为防止或者减少保险标的的损失所支付的必要的、合理的费用,由保险人承担;保险人所承担的费用数额在保险标的损失赔偿金额以外另行计算,最高不超过保险金额的数额。

第五十八条 保险标的发生部分损失的,自保险人赔偿之日起三十日内,投保人可以解除合同;除合同另有约定外,保险人也可以解除合同,但应当提前十五日通知投保人。

合同解除的,保险人应当将保险标的未受损失部分的保险费,按照合同约定扣除自保险责任开始之日起至合同解除之日止应收的部分后,退还投保人。

第五十九条 保险事故发生后,保险人已支付了全部保险金额,并且保险金额等于保险价值的,受损保险标的的全部权利归于保险人;保险金额低于保险价值的,保险人按照保险金额与保险价值的比例取得受损保险标的的部分权利。

第六十条 因第三者对保险标的的损害而造成保险事故的,保险人自向被保险人赔偿保险金之日起,在赔偿金额范围内代位行使被保险人对第三者请求赔偿的权利。

前款规定的保险事故发生后,被保险人已经从第三者取得损害赔偿的,保险人赔偿保险金时,可以相应扣减被保险人从第三者已取得的赔偿金额。

保险人依照本条第一款规定行使代位请求赔偿的权利,不影响被保险人就未取得赔偿的部分向第三者请求赔偿的权利。

第六十一条 保险事故发生后,保险人未赔偿保险金之前,被保险人放弃对第三者请求赔偿的权利的,保险人不承担赔偿保险金的责任。

保险人向被保险人赔偿保险金后,被保险人未经保险人同意放弃对第三者请求赔偿的权利的,该行为无效。

被保险人故意或者因重大过失致使保险人不能行使代位请求赔偿的权利的,保险人可以扣减或者要求返还相应的保险金。

第六十二条 除被保险人的家庭成员或者其组成人员故意造成本法第六十条第一款规定的保险事故外,保险人不得对被保险人的家庭成员或者其组成人员行使代位请求赔偿的权利。

第六十三条 保险人向第三者行使代位请求赔偿的权利时,被保险人应当向保险人提供必要的文件和所知道的有关情况。

第六十四条 保险人、被保险人为查明和确定保险事故的性质、原因和保险标的的损失程度所支付的必要的、合理的费用,由保险人承担。

第六十五条 保险人对责任保险的被保险人给第三者造成的损害,可以依照法律的规定或者合同的约定,直接向该第三者赔偿保险金。

责任保险的被保险人给第三者造成损害,被保险人对第三者应负的赔偿责任确定的,根据被保险人的请求,保险人应当直接向该第三者赔偿保险金。被保险人怠于请求的,第三者有权就其应获赔偿部分直接向保险人请求赔偿保险金。

责任保险的被保险人给第三者造成损害,被保险人未向该第三者赔偿的,保险人不得向被保险人赔偿保险金。

责任保险是指以被保险人对第三者依法应负的赔偿责任为保险标的的保险。

第六十六条　责任保险的被保险人因给第三者造成损害的保险事故而被提起仲裁或者诉讼的,被保险人支付的仲裁或者诉讼费用以及其他必要的、合理的费用,除合同另有约定外,由保险人承担。

第三章　保险公司

第六十七条　设立保险公司应当经国务院保险监督管理机构批准。

国务院保险监督管理机构审查保险公司的设立申请时,应当考虑保险业的发展和公平竞争的需要。

第六十八条　设立保险公司应当具备下列条件:

(一)主要股东具有持续盈利能力,信誉良好,最近三年内无重大违法违规记录,净资产不低于人民币二亿元;

(二)有符合本法和《中华人民共和国公司法》规定的章程;

(三)有符合本法规定的注册资本;

(四)有具备任职专业知识和业务工作经验的董事、监事和高级管理人员;

(五)有健全的组织机构和管理制度;

(六)有符合要求的营业场所和与经营业务有关的其他设施;

(七)法律、行政法规和国务院保险监督管理机构规定的其他条件。

第六十九条　设立保险公司,其注册资本的最低限额为人民币二亿元。

国务院保险监督管理机构根据保险公司的业务范围、经营规模,可以调整其注册资本的最低限额,但不得低于本条第一款规定的限额。

保险公司的注册资本必须为实缴货币资本。

第七十条　申请设立保险公司,应当向国务院保险监督管理机构提出书面申请,并提交下列材料:

(一)设立申请书,申请书应当载明拟设立的保险公司的名称、注册资本、业务范围等;

(二)可行性研究报告;

(三)筹建方案;

(四)投资人的营业执照或者其他背景资料,经会计师事务所审计的上一年度财务会计报告;

(五)投资人认可的筹备组负责人和拟任董事长、经理名单及本人认可证明;

(六)国务院保险监督管理机构规定的其他材料。

第七十一条　国务院保险监督管理机构应当对设立保险公司的申请进行审查,自受理之日起六个月内作出批准或者不批准筹建的决定,并书面通知申请人。决定不批准的,应当书面说明理由。

第七十二条　申请人应当自收到批准筹建通知之日起一年内完成筹建工作;筹建期间不得从事保险经营活动。

第七十三条　筹建工作完成后,申请人具备本法第六十八条规定的设立条件的,可以向国务院保险监督管理机构提出开业申请。

国务院保险监督管理机构应当自受理开业申请之日起六十日内,作出批准或者不批准开业的决定。决定批准的,颁发经营保险业务许可证;决定不批准的,应当书面通知申请人并说明理由。

第七十四条　保险公司在中华人民共和国境内设立分支机构,应当经保险监督管理机构批准。

保险公司分支机构不具有法人资格,其民事责任由保险公司承担。

第七十五条　保险公司申请设立分支机构,应当向保险监督管理机构提出书面申请,并提交下列材料:

(一)设立申请书;

(二)拟设机构三年业务发展规划和市场分析材料;

(三)拟任高级管理人员的简历及相关证明材料;

(四)国务院保险监督管理机构规定的其他材料。

第七十六条　保险监督管理机构应当对保险公司设立分支机构的申请进行审查,自受理之日起六十日内作出批准或者不批准的决定。决定批准的,颁发分支机构经营保险业务许可证;决定不批准的,应当书面通知申请人并说明理由。

第七十七条　经批准设立的保险公司及其分支机构,凭经营保险业务许可证向工商行政管理机关办理登记,领取营业执照。

第七十八条　保险公司及其分支机构自取得经营保险业务许可证之日起六个月内,无正当理由未向工商行政管理机关办理登记的,其经营保险业务许可证失效。

第七十九条　保险公司在中华人民共和国境外设立子公司、分支机构,应当经国务院保险监督管理机构批准。

第八十条　外国保险机构在中华人民共和国境内设立代表机构,应当经国务院保险监督管理机构批准。代表机构不得从事保险经营活动。

第八十一条　保险公司的董事、监事和高级管理人员,应当品行良好,熟悉与保险相关的法律、行政法规,具有履行职责所需的经营管理能力,并在任职前取得保险监督管理机构核准的任职资格。

保险公司高级管理人员的范围由国务院保险监督管理机构规定。

第八十二条　有《中华人民共和国公司法》第一百四十六条规定的情形或者下列情形之一的,不得担任保险公司的董事、监事、高级管理人员:

(一)因违法行为或者违纪行为被金融监督管理机构取消任职资格的金融机构的董事、监事、高级管理人员,自被取消任职资格之日起未逾五年的;

(二)因违法行为或者违纪行为被吊销执业资格的律师、注册会计师或者资产评估机构、验证机构等机构的专业人员,自被吊销执业资格之日起未逾五年的。

第八十三条　保险公司的董事、监事、高级管理人员执行公司职务时违反法律、行政法规或者公司章程的规定,给公司造成损失的,应当承担赔偿责任。

第八十四条　保险公司有下列情形之一的,应当经保险监督管理机构批准:

(一)变更名称;

(二)变更注册资本;

(三)变更公司或者分支机构的营业场所;

(四)撤销分支机构;

(五)公司分立或者合并;

(六)修改公司章程;

(七)变更出资额占有限责任公司资本总额百分之五以上的股东,或者变更持有股份有限公司股份百分之五以上的股东;

(八)国务院保险监督管理机构规定的其他情形。

第八十五条　保险公司应当聘用专业人员,建立精算报告制度和合规报告制度。

第八十六条　保险公司应当按照保险监督管理机构的规定,报送有关报告、报表、文件和资料。

保险公司的偿付能力报告、财务会计报告、精算报告、合规报告及其他有关报告、报表、文件和资料必须如实记录保险业务事项,不得有虚假记载、误导性陈述和重大遗漏。

第八十七条　保险公司应当按照国务院保险监督管理机构的规定妥善保管业务经营活动的完整账簿、原始凭证和有关资料。

前款规定的账簿、原始凭证和有关资料的保管期限,自保险合同终止之日起计算,保险期间在一年以下的不得少于五年,保险期间超过一年的不得少于十年。

第八十八条　保险公司聘请或者解聘会计师事务所、资产评估机构、资信评级机构等中介服务机构,应当向保险监督管理机构报告;解聘会计师事务所、资产评估机构、资信评级机构等中介服务机构,应当说明理由。

第八十九条　保险公司因分立、合并需要解散,或者股东会、股东大会决议解散,或者公司章程规定的解散事由出现，经国务院保险监督管理机构批准后解散。

经营有人寿保险业务的保险公司，除因分立、合并或者被依法撤销外，不得解散。

保险公司解散，应当依法成立清算组进行清算。

第九十条　保险公司有《中华人民共和国企业破产法》第二条规定情形的，经国务院保险监督管理机构同意，保险公司或者其债权人可以依法向人民法院申请重整、和解或者破产清算；国务院保险监督管理机构也可以依法向人民法院申请对该保险公司进行重整或者破产清算。

第九十一条　破产财产在优先清偿破产费用和共益债务后，按照下列顺序清偿：

（一）所欠职工工资和医疗、伤残补助、抚恤费用，所欠应当划入职工个人账户的基本养老保险、基本医疗保险费用，以及法律、行政法规规定应当支付给职工的补偿金；

（二）赔偿或者给付保险金；

（三）保险公司欠缴的除第（一）项规定以外的社会保险费用和所欠税款；

（四）普通破产债权。

破产财产不足以清偿同一顺序的清偿要求的，按照比例分配。

破产保险公司的董事、监事和高级管理人员的工资，按照该公司职工的平均工资计算。

第九十二条　经营有人寿保险业务的保险公司被依法撤销或者被依法宣告破产的，其持有的人寿保险合同及责任准备金，必须转让给其他经营有人寿保险业务的保险公司；不能同其他保险公司达成转让协议的，由国务院保险监督管理机构指定经营有人寿保险业务的保险公司接受转让。

转让或者由国务院保险监督管理机构指定接受转让前款规定的人寿保险合同及责任准备金的，应当维护被保险人、受益人的合法权益。

第九十三条　保险公司依法终止其业务活动，应当注销其经营保险业务许可证。

第九十四条　保险公司，除本法另有规定外，适用《中华人民共和国公司法》的规定。

第四章　保险经营规则

第九十五条　保险公司的业务范围：

（一）人身保险业务，包括人寿保险、健康保险、意外伤害保险等保险业务；

（二）财产保险业务，包括财产损失保险、责任保险、信用保险、保证保险等保险业务；

（三）国务院保险监督管理机构批准的与保险有关的其他业务。

保险人不得兼营人身保险业务和财产保险业务。但是，经营财产保险业务的保险公司经国务院保险监督管理机构批准，可以经营短期健康保险业务和意外伤害保险业务。

保险公司应当在国务院保险监督管理机构依法批准的业务范围内从事保险经营活动。

第九十六条　经国务院保险监督管理机构批准，保险公司可以经营本法第九十五条规定的保险业务的下列再保险业务：

（一）分出保险；

（二）分入保险。

第九十七条　保险公司应当按照其注册资本总额的百分之二十提取保证金，存入国务院保险监督管理机构指定的银行，除公司清算时用于清偿债务外，不得动用。

第九十八条　保险公司应当根据保障被保险人利益、保证偿付能力的原则，提取各项责任准备金。

保险公司提取和结转责任准备金的具体办法，由国务院保险监督管理机构制定。

第九十九条　保险公司应当依法提取公积金。

第一百条　保险公司应当缴纳保险保障基金。

保险保障基金应当集中管理，并在下列情形下统筹使用：

（一）在保险公司被撤销或者被宣告破产时，向投保人、被保险人或者受益人提供救济；

（二）在保险公司被撤销或者被宣告破产时，向依法接受其人寿保险合同的保险公司提供救济；

（三）国务院规定的其他情形。

保险保障基金筹集、管理和使用的具体办法，由国务院制定。

第一百零一条　保险公司应当具有与其业务规模和风险程度相适应的最低偿付能力。保险公司的认可资产减去认可负债的差额不得低于国务院保险监督管理机构规定的数额;低于规定数额的,应当按照国务院保险监督管理机构的要求采取相应措施达到规定的数额。

第一百零二条 经营财产保险业务的保险公司当年自留保险费,不得超过其实有资本金加公积金总和的四倍。

第一百零三条 保险公司对每一危险单位,即对一次保险事故可能造成的最大损失范围所承担的责任,不得超过其实有资本金加公积金总和的百分之十;超过的部分应当办理再保险。

保险公司对危险单位的划分应当符合国务院保险监督管理机构的规定。

第一百零四条 保险公司对危险单位的划分方法和巨灾风险安排方案,应当报国务院保险监督管理机构备案。

第一百零五条 保险公司应当按照国务院保险监督管理机构的规定办理再保险,并审慎选择再保险接受人。

第一百零六条 保险公司的资金运用必须稳健,遵循安全性原则。

保险公司的资金运用限于下列形式:

(一)银行存款;

(二)买卖债券、股票、证券投资基金份额等有价证券;

(三)投资不动产;

(四)国务院规定的其他资金运用形式。

保险公司资金运用的具体管理办法,由国务院保险监督管理机构依照前两款的规定制定。

第一百零七条 经国务院保险监督管理机构会同国务院证券监督管理机构批准,保险公司可以设立保险资产管理公司。

保险资产管理公司从事证券投资活动,应当遵守《中华人民共和国证券法》等法律、行政法规的规定。

保险资产管理公司的管理办法,由国务院保险监督管理机构会同国务院有关部门制定。

第一百零八条 保险公司应当按照国务院保险监督管理机构的规定,建立对关联交易的管理和信息披露制度。

第一百零九条 保险公司的控股股东、实际控制人、董事、监事、高级管理人员不得利用关联交易损害公司的利益。

第一百一十条 保险公司应当按照国务院保险监督管理机构的规定,真实、准确、完整地披露财务会计报告、风险管理状况、保险产品经营情况等重大事项。

第一百一十一条 保险公司从事保险销售的人员应当品行良好,具有保险销售所需的专业能力。保险销售人员的行为规范和管理办法,由国务院保险监督管理机构规定。

第一百一十二条 保险公司应当建立保险代理人登记管理制度,加强对保险代理人的培训和管理,不得唆使、诱导保险代理人进行违背诚信义务的活动。

第一百一十三条 保险公司及其分支机构应当依法使用经营保险业务许可证,不得转让、出租、出借经营保险业务许可证。

第一百一十四条 保险公司应当按照国务院保险监督管理机构的规定,公平、合理拟订保险条款和保险费率,不得损害投保人、被保险人和受益人的合法权益。

保险公司应当按照合同约定和本法规定,及时履行赔偿或者给付保险金义务。

第一百一十五条 保险公司开展业务,应当遵循公平竞争的原则,不得从事不正当竞争。

第一百一十六条 保险公司及其工作人员在保险业务活动中不得有下列行为:

(一)欺骗投保人、被保险人或者受益人;

(二)对投保人隐瞒与保险合同有关的重要情况;

(三)阻碍投保人履行本法规定的如实告知义务,或者诱导其不履行本法规定的如实告知义务;

(四)给予或者承诺给予投保人、被保险人、受益人保险合同约定以外的保险费回扣或者其他利益;

(五)拒不依法履行保险合同约定的赔偿或者给付保险金义务;

(六)故意编造未曾发生的保险事故、虚构保险合同或者故意夸大已经发生的保险事故的损失程度进行虚假理赔,骗取保险金或者牟取其他不正当利益;

（七）挪用、截留、侵占保险费；

（八）委托未取得合法资格的机构从事保险销售活动；

（九）利用开展保险业务为其他机构或者个人牟取不正当利益；

（十）利用保险代理人、保险经纪人或者保险评估机构，从事以虚构保险中介业务或者编造退保等方式套取费用等违法活动；

（十一）以捏造、散布虚假事实等方式损害竞争对手的商业信誉，或者以其他不正当竞争行为扰乱保险市场秩序；

（十二）泄露在业务活动中知悉的投保人、被保险人的商业秘密；

（十三）违反法律、行政法规和国务院保险监督管理机构规定的其他行为。

第五章　保险代理人和保险经纪人

第一百一十七条　保险代理人是根据保险人的委托，向保险人收取佣金，并在保险人授权的范围内代为办理保险业务的机构或者个人。

保险代理机构包括专门从事保险代理业务的保险专业代理机构和兼营保险代理业务的保险兼业代理机构。

第一百一十八条　保险经纪人是基于投保人的利益，为投保人与保险人订立保险合同提供中介服务，并依法收取佣金的机构。

第一百一十九条　保险代理机构、保险经纪人应当具备国务院保险监督管理机构规定的条件，取得保险监督管理机构颁发的经营保险代理业务许可证、保险经纪业务许可证。

第一百二十条　以公司形式设立保险专业代理机构、保险经纪人，其注册资本最低限额适用《中华人民共和国公司法》的规定。

国务院保险监督管理机构根据保险专业代理机构、保险经纪人的业务范围和经营规模，可以调整其注册资本的最低限额，但不得低于《中华人民共和国公司法》规定的限额。

保险专业代理机构、保险经纪人的注册资本或者出资额必须为实缴货币资本。

第一百二十一条　保险专业代理机构、保险经纪人的高级管理人员，应当品行良好，熟悉保险法律、行政法规，具有履行职责所需的经营管理能力，并在任职前取得保险监督管理机构核准的任职资格。

第一百二十二条　个人保险代理人、保险代理机构的代理从业人员、保险经纪人的经纪从业人员，应当品行良好，具有从事保险代理业务或者保险经纪业务所需的专业能力。

第一百二十三条　保险代理机构、保险经纪人应当有自己的经营场所，设立专门账簿记载保险代理业务、经纪业务的收支情况。

第一百二十四条　保险代理机构、保险经纪人应当按照国务院保险监督管理机构的规定缴存保证金或者投保职业责任保险。

第一百二十五条　个人保险代理人在代为办理人寿保险业务时，不得同时接受两个以上保险人的委托。

第一百二十六条　保险人委托保险代理人代为办理保险业务，应当与保险代理人签订委托代理协议，依法约定双方的权利和义务。

第一百二十七条　保险代理人根据保险人的授权代为办理保险业务的行为，由保险人承担责任。

保险代理人没有代理权、超越代理权或者代理权终止后以保险人名义订立合同，使投保人有理由相信其有代理权的，该代理行为有效。保险人可以依法追究越权的保险代理人的责任。

第一百二十八条　保险经纪人因过错给投保人、被保险人造成损失的，依法承担赔偿责任。

第一百二十九条　保险活动当事人可以委托保险公估机构等依法设立的独立评估机构或者具有相关专业知识的人员，对保险事故进行评估和鉴定。

接受委托对保险事故进行评估和鉴定的机构和人员，应当依法、独立、客观、公正地进行评估和鉴定，任何单位和个人不得干涉。

前款规定的机构和人员，因故意或者过失给保险人或者被保险人造成损失的，依法承担赔偿责任。

第一百三十条　保险佣金只限于向保险代理人、保险经纪人支付，不得向其他人支付。

第一百三十一条　保险代理人、保险经纪人及其从业人员在办理保险业务活动中不得有下列行为：

(一)欺骗保险人、投保人、被保险人或者受益人;

(二)隐瞒与保险合同有关的重要情况;

(三)阻碍投保人履行本法规定的如实告知义务,或者诱导其不履行本法规定的如实告知义务;

(四)给予或者承诺给予投保人、被保险人或者受益人保险合同约定以外的利益;

(五)利用行政权力、职务或者职业便利以及其他不正当手段强迫、引诱或者限制投保人订立保险合同;

(六)伪造、擅自变更保险合同,或者为保险合同当事人提供虚假证明材料;

(七)挪用、截留、侵占保险费或者保险金;

(八)利用业务便利为其他机构或者个人牟取不正当利益;

(九)串通投保人、被保险人或者受益人,骗取保险金;

(十)泄露在业务活动中知悉的保险人、投保人、被保险人的商业秘密。

第一百三十二条 本法第八十六条第一款、第一百一十三条的规定,适用于保险代理机构和保险经纪人。

第六章 保险业监督管理

第一百三十三条 保险监督管理机构依照本法和国务院规定的职责,遵循依法、公开、公正的原则,对保险业实施监督管理,维护保险市场秩序,保护投保人、被保险人和受益人的合法权益。

第一百三十四条 国务院保险监督管理机构依照法律、行政法规制定并发布有关保险业监督管理的规章。

第一百三十五条 关系社会公众利益的保险险种、依法实行强制保险的险种和新开发的人寿保险险种等的保险条款和保险费率,应当报国务院保险监督管理机构批准。国务院保险监督管理机构审批时,应当遵循保护社会公众利益和防止不正当竞争的原则。其他保险险种的保险条款和保险费率,应当报保险监督管理机构备案。

保险条款和保险费率审批、备案的具体办法,由国务院保险监督管理机构依照前款规定制定。

第一百三十六条 保险公司使用的保险条款和保险费率违反法律、行政法规或者国务院保险监督管理机构的有关规定的,由保险监督管理机构责令停止使用,限期修改;情节严重的,可以在一定期限内禁止申报新的保险条款和保险费率。

第一百三十七条 国务院保险监督管理机构应当建立健全保险公司偿付能力监管体系,对保险公司的偿付能力实施监控。

第一百三十八条 对偿付能力不足的保险公司,国务院保险监督管理机构应当将其列为重点监管对象,并可以根据具体情况采取下列措施:

(一)责令增加资本金、办理再保险;

(二)限制业务范围;

(三)限制向股东分红;

(四)限制固定资产购置或者经营费用规模;

(五)限制资金运用的形式、比例;

(六)限制增设分支机构;

(七)责令拍卖不良资产、转让保险业务;

(八)限制董事、监事、高级管理人员的薪酬水平;

(九)限制商业性广告;

(十)责令停止接受新业务。

第三十九条 保险公司未依照本法规定提取或者结转各项责任准备金,或者未依照本法规定办理再保险,或者严重违反本法关于资金运用的规定的,由保险监督管理机构责令限期改正,并可以责令调整负责人及有关管理人员。

第一百四十条 保险监督管理机构依照本法第一百四十条的规定作出限期改正的决定后,保险公司逾期未改正的,国务院保险监督管理机构可以决定选派保险专业人员和指定该保险公司的有关人员组成整顿组,对公司进行整顿。

整顿决定应当载明被整顿公司的名称、整顿理由、整顿组成员和整顿期限,并予以公告。

第一百四十一条 整顿组有权监督被整顿保险公司的日常业务。被整顿公司的负责人及有关管理人员应当在整顿组的监督下行使职权。

第一百四十二条 整顿过程中，被整顿保险公司的原有业务继续进行。但是，国务院保险监督管理机构可以责令被整顿公司停止部分原有业务、停止接受新业务，调整资金运用。

第一百四十三条 被整顿保险公司经整顿已纠正其违反本法规定的行为，恢复正常经营状况的，由整顿组提出报告，经国务院保险监督管理机构批准，结束整顿，并由国务院保险监督管理机构予以公告。

第一百四十四条 保险公司有下列情形之一的，国务院保险监督管理机构可以对其实行接管：

（一）公司的偿付能力严重不足的；

（二）违反本法规定，损害社会公共利益，可能严重危及或者已经严重危及公司的偿付能力的。

被接管的保险公司的债权债务关系不因接管而变化。

第一百四十五条 接管组的组成和接管的实施办法，由国务院保险监督管理机构决定，并予以公告。

第一百四十六条 接管期限届满，国务院保险监督管理机构可以决定延长接管期限，但接管期限最长不得超过二年。

第一百四十七条 接管期限届满，被接管的保险公司已恢复正常经营能力的，由国务院保险监督管理机构决定终止接管，并予以公告。

第一百四十八条 被整顿、被接管的保险公司有《中华人民共和国企业破产法》第二条规定情形的，国务院保险监督管理机构可以依法向人民法院申请对该保险公司进行重整或者破产清算。

第一百四十九条 保险公司因违法经营被依法吊销经营保险业务许可证的，或者偿付能力低于国务院保险监督管理机构规定标准，不予撤销将严重危害保险市场秩序、损害公共利益的，由国务院保险监督管理机构予以撤销并公告，依法及时组织清算组进行清算。

第一百五十条 国务院保险监督管理机构有权要求保险公司股东、实际控制人在指定的期限内提供有关信息和资料。

第一百五十一条 保险公司的股东利用关联交易严重损害公司利益，危及公司偿付能力的，由国务院保险监督管理机构责令改正。在按照要求改正前，国务院保险监督管理机构可以限制其股东权利；拒不改正的，可以责令其转让所持的保险公司股权。

第一百五十二条 保险监督管理机构根据履行监督管理职责的需要，可以与保险公司董事、监事和高级管理人员进行监督管理谈话，要求其就公司的业务活动和风险管理的重大事项作出说明。

第一百五十三条 保险公司在整顿、接管、撤销清算期间，或者出现重大风险时，国务院保险监督管理机构可以对该公司直接负责的董事、监事、高级管理人员和其他直接责任人员采取以下措施：

（一）通知出境管理机关依法阻止其出境；

（二）申请司法机关禁止其转移、转让或者以其他方式处分财产，或者在财产上设定其他权利。

第一百五十四条 保险监督管理机构依法履行职责，可以采取下列措施：

（一）对保险公司、保险代理人、保险经纪人、保险资产管理公司、外国保险机构的代表机构进行现场检查；

（二）进入涉嫌违法行为发生场所调查取证；

（三）询问当事人及与被调查事件有关的单位和个人，要求其对与被调查事件有关的事项作出说明；

（四）查阅、复制与被调查事件有关的财产权登记等资料；

（五）查阅、复制保险公司、保险代理人、保险经纪人、保险资产管理公司、外国保险机构的代表机构以及与被调查事件有关的单位和个人的财务会计资料及其他相关文件和资料；对可能被转移、隐匿或者毁损的文件和资料予以封存；

（六）查询涉嫌违法经营的保险公司、保险代理人、保险经纪人、保险资产管理公司、外国保险机构的代表机构以及与涉嫌违法事项有关的单位和个人的银行账户；

（七）对有证据证明已经或者可能转移、隐匿违法资金等涉案财产或者隐匿、伪造、毁损重要证据的,经保险监督管理机构主要负责人批准,申请人民法院予以冻结或者查封。

保险监督管理机构采取前款第(一)项、第(二)项、第(五)项措施的,应当经保险监督管理机构负责人批准;采取第(六)项措施的,应当经国务院保险监督管理机构负责人批准。

保险监督管理机构依法进行监督检查或者调查,其监督检查、调查的人员不得少于二人,并应当出示合法证件和监督检查、调查通知书;监督检查、调查的人员少于二人或者未出示合法证件和监督检查、调查通知书的,被检查、调查的单位和个人有权拒绝。

第一百五十五条　保险监督管理机构依法履行职责,被检查、调查的单位和个人应当配合。

第一百五十六条　保险监督管理机构工作人员应当忠于职守,依法办事,公正廉洁,不得利用职务便利牟取不正当利益,不得泄露所知悉的有关单位和个人的商业秘密。

第一百五十七条　国务院保险监督管理机构应当与中国人民银行、国务院其他金融监督管理机构建立监督管理信息共享机制。

保险监督管理机构依法履行职责,进行监督检查、调查时,有关部门应当予以配合。

第七章　法律责任

第一百五十八条　违反本法规定,擅自设立保险公司、保险资产管理公司或者非法经营商业保险业务的,由保险监督管理机构予以取缔,没收违法所得,并处违法所得一倍以上五倍以下的罚款;没有违法所得或者违法所得不足二十万元的,处二十万元以上一百万元以下的罚款。

第一百五十九条　违反本法规定,擅自设立保险专业代理机构、保险经纪人,或者未取得经营保险代理业务许可证、保险经纪业务许可证从事保险代理业务、保险经纪业务的,由保险监督管理机构予以取缔,没收违法所得,并处违法所得一倍以上五倍以下的罚款;没有违法所得或者违法所得不足五万元的,处五万元以上三十万元以下的罚款。

第一百六十条　保险公司违反本法规定,超出批准的业务范围经营的,由保险监督管理机构责令限期改正,没收违法所得,并处违法所得一倍以上五倍以下的罚款;没有违法所得或者违法所得不足十万元的,处十万元以上五十万元以下的罚款。逾期不改正或者造成严重后果的,责令停业整顿或者吊销业务许可证。

第一百六十一条　保险公司有本法第一百一十六条规定行为之一的,由保险监督管理机构责令改正,处五万元以上三十万元以下的罚款;情节严重的,限制其业务范围、责令停止接受新业务或者吊销业务许可证。

第一百六十二条　保险公司违反本法第八十四条规定的,由保险监督管理机构责令改正,处一万元以上十万元以下的罚款。

第一百六十三条　保险公司违反本法规定,有下列行为之一的,由保险监督管理机构责令改正,处五万元以上三十万元以下的罚款:

(一)超额承保,情节严重的;

(二)为无民事行为能力人承保以死亡为给付保险金条件的保险的。

第一百六十四条　违反本法规定,有下列行为之一的,由保险监督管理机构责令改正,处五万元以上三十万元以下的罚款;情节严重的,可以限制其业务范围、责令停止接受新业务或者吊销业务许可证:

(一)未按照规定提存保证金或者违反规定动用保证金的;

(二)未按照规定提取或者结转各项责任准备金的;

(三)未按照规定缴纳保险保障基金或者提取公积金的;

(四)未按照规定办理再保险的;

(五)未按照规定运用保险公司资金的;

(六)未经批准设立分支机构;

(七)未按照规定申请批准保险条款、保险费率的。

第一百六十五条　保险代理机构、保险经纪人有本法第一百三十一条规定行为之一的,由保险监督管理机构责令改正,处五万元以上三十万元以下的罚款;情节严重的,吊销业务许可证。

第一百六十六条　保险代理机构、保险经纪人违反本法规定,有下列行为之一的,由保险监督管理机构责令改正,处二万元以上十万元以下的罚款;情节严重的,责令停业整顿或者吊销业务许可证：

（一）未按照规定缴存保证金或者投保职业责任保险的；

（二）未按照规定设立专门账簿记载业务收支情况的。

第一百六十七条　违反本法规定，聘任不具有任职资格的人员的，由保险监督管理机构责令改正，处二万元以上十万元以下的罚款。

第一百六十八条　违反本法规定，转让、出租、出借业务许可证的，由保险监督管理机构处一万元以上十万元以下的罚款；情节严重的，责令停业整顿或者吊销业务许可证。

第一百六十九条　违反本法规定，有下列行为之一的，由保险监督管理机构责令限期改正；逾期不改正的，处一万元以上十万元以下的罚款：

（一）未按照规定报送或者保管报告、报表、文件、资料的，或者未按照规定提供有关信息、资料的；

（二）未按照规定报送保险条款、保险费率备案的；

（三）未按照规定披露信息的。

第一百七十条　违反本法规定，有下列行为之一的，由保险监督管理机构责令改正，处十万元以上五十万元以下的罚款；情节严重的，可以限制其业务范围、责令停止接受新业务或者吊销业务许可证：

（一）编制或者提供虚假的报告、报表、文件、资料的；

（二）拒绝或者妨碍依法监督检查的；

（三）未按照规定使用经批准或者备案的保险条款、保险费率的。

第一百七十一条　保险公司、保险资产管理公司、保险专业代理机构、保险经纪人违反本法规定的，保险监督管理机构除分别依照本法第一百六十条至第一百七十条的规定对该单位给予处罚外，对其直接负责的主管人员和其他直接责任人员给予警告，并处一万元以上十万元以下的罚款；情节严重的，撤销任职资格。

第一百七十二条　个人保险代理人违反本法规定的，由保险监督管理机构给予警告，可以并处二万元以下的罚款；情节严重的，处二万元以上十万元以下的罚款。

第一百七十三条　外国保险机构未经国务院保险监督管理机构批准，擅自在中华人民共和国境内设立代表机构的，由国务院保险监督管理机构予以取缔，处五万元以上三十万元以下的罚款。

外国保险机构在中华人民共和国境内设立的代表机构从事保险经营活动的，由保险监督管理机构责令改正，没收违法所得，并处违法所得一倍以上五倍以下的罚款；没有违法所得或者违法所得不足二十万元的，处二十万元以上一百万元以下的罚款；对其首席代表可以责令撤换；情节严重的，撤销其代表机构。

第一百七十四条　投保人、被保险人或者受益人有下列行为之一，进行保险诈骗活动，尚不构成犯罪的，依法给予行政处罚：

（一）投保人故意虚构保险标的，骗取保险金的；

（二）编造未曾发生的保险事故，或者编造虚假的事故原因或者夸大损失程度，骗取保险金的；

（三）故意造成保险事故，骗取保险金的。

保险事故的鉴定人、评估人、证明人故意提供虚假的证明文件，为投保人、被保险人或者受益人进行保险诈骗提供条件的，依照前款规定给予处罚。

第一百七十五条　违反本法规定，给他人造成损害的，依法承担民事责任。

第一百七十六条　拒绝、阻碍保险监督管理机构及其工作人员依法行使监督检查、调查职权，未使用暴力、威胁方法的，依法给予治安管理处罚。

第一百七十七条　违反法律、行政法规的规定，情节严重的，国务院保险监督管理机构可以禁止有关责任人员一定期限直至终身进入保险业。

第一百七十八条　保险监督管理机构从事监督管理工作的人员有下列情形之一的，依法给予处分：

（一）违反规定批准机构的设立的；

（二）违反规定进行保险条款、保险费率审批的；

(三)违反规定进行现场检查的;

(四)违反规定查询账户或者冻结资金的;

(五)泄露其知悉的有关单位和个人的商业秘密的;

(六)违反规定实施行政处罚的;

(七)滥用职权、玩忽职守的其他行为。

第一百七十九条 违反本法规定,构成犯罪的,依法追究刑事责任。

第八章 附 则

第一百八十条 保险公司应当加入保险行业协会。保险代理人、保险经纪人、保险公估机构可以加入保险行业协会。

保险行业协会是保险业的自律性组织,是社会团体法人。

第一百八十一条 保险公司以外的其他依法设立的保险组织经营的商业保险业务,适用本法。

第一百八十二条 海上保险适用《中华人民共和国海商法》的有关规定;《中华人民共和国海商法》未规定的,适用本法的有关规定。

第一百八十三条 中外合资保险公司、外资独资保险公司、外国保险公司分公司适用本法规定;法律、行政法规另有规定的,适用其规定。

第一百八十四条 国家支持发展为农业生产服务的保险事业。农业保险由法律、行政法规另行规定。

强制保险,法律、行政法规另有规定的,适用其规定。

第一百八十五条 本法自2009年10月1日起施行。

最高人民法院《关于适用〈中华人民共和国保险法〉若干问题的解释(一)》

1. *2009年9月14日最高人民法院审判委员会第1473次会议通过*
2. *2009年9月21日公布*
3. *法释〔2009〕12号*
4. *自2009年10月1日起施行*

为正确审理保险合同纠纷案件,切实维护当事人的合法权益,现就人民法院适用2009年2月28日第十一届全国人大常委会第七次会议修订的《中华人民共和国保险法》(以下简称保险法)的有关问题规定如下:

第一条 保险法施行后成立的保险合同发生的纠纷,适用保险法的规定。保险法施行前成立的保险合同发生的纠纷,除本解释另有规定外,适用当时的法律规定;当时的法律没有规定的,参照适用保险法的有关规定。

认定保险合同是否成立,适用合同订立时的法律。

第二条 对于保险法施行前成立的保险合同,适用当时的法律认定无效而适用保险法认定有效的,适用保险法的规定。

第三条 保险合同成立于保险法施行前而保险标的转让、保险事故、理赔、代位求偿等行为或事件,发生于保险法施行后的,适用保险法的规定。

第四条 保险合同成立于保险法施行前,保险法施行后,保险人以投保人未履行如实告知义务或者申报被保险人年龄不真实为由,主张解除合同的,适用保险法的规定。

第五条 保险法施行前成立的保险合同,下列情形下的期间自2009年10月1日起计算:

(一)保险法施行前,保险人收到赔偿或者给付保险金的请求,保险法施行后,适用保险法第二十三条规定的三十日的;

(二)保险法施行前,保险人知道解除事由,保险法施行后,按照保险法第十六条、第三十二条的规定行使解除权,适用保险法第十六条规定的三十日的;

(三)保险法施行后,保险人按照保险法第十六条第二款的规定请求解除合同,适用保险法第十六条规定的二年的;

(四)保险法施行前,保险人收到保险标的转让通知,保险法施行后,以保险标的的转让导致危险程度显著增加为由请求按照合同约定增加保险费或者解除合同,适用保险法第四十九条规定的三十日的。

第六条 保险法施行前已经终审的案件,当事人申请再审或者按照审判监督程序提起再审的案件,不适用保险法的规定。

最高人民法院《关于适用〈中华人民共和国保险法〉若干问题的解释(二)》

1. 2013年5月6日最高人民法院审判委员会第1577次会议通过
2. 2013年5月31日公布
3. 法释〔2013〕14号
4. 自2013年6月8日起施行

为正确审理保险合同纠纷案件,切实维护当事人的合法权益,根据《中华人民共和国保险法》、《中华人民共和国合同法》、《中华人民共和国民事诉讼法》等法律规定,结合审判实践,就保险法中关于保险合同一般规定部分有关法律适用问题解释如下:

第一条　财产保险中,不同投保人就同一保险标的分别投保,保险事故发生后,被保险人在其保险利益范围内依据保险合同主张保险赔偿的,人民法院应予支持。

第二条　人身保险中,因投保人对被保险人不具有保险利益导致保险合同无效,投保人主张保险人退还扣减相应手续费后的保险费的,人民法院应予支持。

第三条　投保人或者投保人的代理人订立保险合同时没有亲自签字或者盖章,而由保险人或者保险人的代理人代为签字或者盖章的,对投保人不生效。但投保人已经交纳保险费的,视为其对代签字或者盖章行为的追认。

保险人或者保险人的代理人代为填写保险单证后经投保人签字或者盖章确认的,代为填写的内容视为投保人的真实意思表示。但有证据证明保险人或者保险人的代理人存在保险法第一百一十六条、第一百三十一条相关规定情形的除外。

第四条　保险人接受了投保人提交的投保单并收取了保险费,尚未作出是否承保的意思表示,发生保险事故,被保险人或者受益人请求保险人按照保险合同承担赔偿或者给付保险金责任,符合承保条件的,人民法院应予支持;不符合承保条件的,保险人不承担保险责任,但应当退还已经收取的保险费。

保险人主张不符合承保条件的,应承担举证责任。

第五条　保险合同订立时,投保人明知的与保险标的或者被保险人有关的情况,属于保险法第十六条第一款规定的投保人"应当如实告知"的内容。

第六条　投保人的告知义务限于保险人询问的范围和内容。当事人对询问范围及内容有争议的,保险人负举证责任。

保险人以投保人违反了对投保单询问表中所列概括性条款的如实告知义务为由请求解除合同的,人民法院不予支持。但该概括性条款有具体内容的除外。

第七条　保险人在保险合同成立后知道或者应当知道投保人未履行如实告知义务,仍然收取保险费,又依照保险法第十六条第二款的规定主张解除合同的,人民法院不予支持。

第八条　保险人未行使合同解除权,直接以存在保险法第十六条第四款、第五款规定的情形为由拒绝赔偿的,人民法院不予支持。但当事人就拒绝赔偿事宜及保险合同存续另行达成一致的情况除外。

第九条　保险人提供的格式合同文本中的责任免除条款、免赔额、免赔率、比例赔付或者给付等免除或者减轻保险人责任的条款,可以认定为保险法第十七条第二款规定的"免除保险人责任的条款"。

保险人因投保人、被保险人违反法定或者约定义务,享有解除合同权利的条款,不属于保险法第十七条第二款规定的"免除保险人责任的条款"。

第十条　保险人将法律、行政法规中的禁止性规定情形作为保险合同免责条款的免责事由,保险人对该条款作出提示后,投保人、被保险人或者受益人以保险人未履行明确说明义务为由主张该条款不生效的,人民法院不予支持。

第十一条　保险合同订立时,保险人在投保单或者保险单等其他保险凭证上,对保险合同中免除保险人责任的条款,以足以引起投保人注意的文字、字体、符号或者其他明显标志作出提示的,人民法院应当认定其履行了保险法第十七条第二款规定的提示义务。

保险人对保险合同中有关免除保险人责任条款的概念、内容及其法律后果以书面或者口头形式向投保人作出常人能够理解的解释说明的,人民法院应当认定保险人履行了保险法第十七条第二款规定的明确说明义务。

第十二条 通过网络、电话等方式订立的保险合同,保险人以网页、音频、视频等形式对免除保险人责任条款予以提示和明确说明的,人民法院可以认定其履行了提示和明确说明义务。

第十三条 保险人对其履行了明确说明义务负举证责任。

投保人对保险人履行了符合本解释第十一条第二款要求的明确说明义务在相关文书上签字、盖章或者以其他形式予以确认的,应当认定保险人履行了该项义务。但另有证据证明保险人未履行明确说明义务的除外。

第十四条 保险合同中记载的内容不一致的,按照下列规则认定:

(一)投保单与保险单或者其他保险凭证不一致的,以投保单为准。但不一致的情形系经保险人说明并经投保人同意的,以投保人签收的保险单或者其他保险凭证载明的内容为准;

(二)非格式条款与格式条款不一致的,以非格式条款为准;

(三)保险凭证记载的时间不同的,以形成时间在后的为准;

(四)保险凭证存在手写和打印两种方式的,以双方签字、盖章的手写部分的内容为准。

第十五条 保险法第二十三条规定的三十日核定期间,应自保险人初次收到索赔请求及投保人、被保险人或者受益人提供的有关证明和资料之日起算。

保险人主张扣除投保人、被保险人或者受益人补充提供有关证明和资料期间的,人民法院应予支持。扣除期间自保险人根据保险法第二十二条规定作出的通知到达投保人、被保险人或者受益人之日起,至投保人、被保险人或者受益人按照通知要求补充提供的有关证明和资料到达保险人之日止。

第十六条 保险人应以自己的名义行使保险代位求偿权。

根据保险法第六十条第一款的规定,保险人代位求偿权的诉讼时效期间应自其取得代位求偿权之日起算。

第十七条 保险人在其提供的保险合同格式条款中对非保术语所作的解释符合专业意义,或者虽不符合专业意义,但有利于投保人、被保险人或者受益人的,人民法院应予认可。

第十八条 行政管理部门依据法律规定制作的交通事故认定书、火灾事故认定书等,人民法院应当依法审查并确认其相应的证明力,但有相反证据能够推翻的除外。

第十九条 保险事故发生后,被保险人或者受益人起诉保险人,保险人以被保险人或者受益人未要求第三者承担责任为由抗辩不承担保险责任的,人民法院不予支持。

财产保险事故发生后,被保险人就其所受损失从第三者取得赔偿后的不足部分提起诉讼,请求保险人赔偿的,人民法院应予依法受理。

第二十条 保险公司依法设立并取得营业执照的分支机构属于《中华人民共和国民事诉讼法》第四十八条规定的其他组织,可以作为保险合同纠纷案件的当事人参加诉讼。

第二十一条 本解释施行后尚未终审的保险合同纠纷案件,适用本解释;本解释施行前已经终审,当事人申请再审或者按照审判监督程序决定再审的案件,不适用本解释。

最高人民法院《关于适用〈中华人民共和国保险法〉若干问题的解释(三)》

1. *2015年9月21日由最高人民法院审判委员会第1661次会议通过*
2. *2015年11月25日公布*
3. *法释〔2015〕21号*
4. *自2015年12月1日起施行*

为正确审理保险合同纠纷案件,切实维护当事人的合法权益,根据《中华人民共和国保险法》《中华人民共和国合同法》《中华人民共和国民事诉讼法》等法律规定,结合审判实践,就保险法中关于保险合同章人身保险部分有关法律适用问题解释如下：

第一条　当事人订立以死亡为给付保险金条件的合同，根据保险法第三十四条的规定，“被保险人同意并认可保险金额”可以采取书面形式、口头形式或者其他形式；可以在合同订立时作出，也可以在合同订立后追认。

有下列情形之一的，应认定为被保险人同意投保人为其订立保险合同并认可保险金额：

（一）被保险人明知他人代其签名同意而未表示异议的；

（二）被保险人同意投保人指定的受益人的；

（三）有证据足以认定被保险人同意投保人为其投保的其他情形。

第二条　被保险人以书面形式通知保险人和投保人撤销其依据保险法第三十四条第一款规定所作出的同意意思表示的，可认定为保险合同解除。

第三条　人民法院审理人身保险合同纠纷案件时，应主动审查投保人订立保险合同时是否具有保险利益，以及以死亡为给付保险金条件的合同是否经过被保险人同意并认可保险金额。

第四条　保险合同订立后，因投保人丧失对被保险人的保险利益，当事人主张保险合同无效的，人民法院不予支持。

第五条　保险合同订立时，被保险人根据保险人的要求在指定医疗服务机构进行体检，当事人主张投保人如实告知义务免除的，人民法院不予支持。

保险人知道被保险人的体检结果，仍以投保人未就相关情况履行如实告知义务为由要求解除合同的，人民法院不予支持。

第六条　未成年人父母之外的其他履行监护职责的人为未成年人订立以死亡为给付保险金条件的合同，当事人主张参照保险法第三十三条第二款、第三十四条第三款的规定认定该合同有效的，人民法院不予支持，但经未成年人父母同意的除外。

第七条　当事人以被保险人、受益人或者他人已经代为支付保险费为由，主张投保人对应的交费义务已经履行的，人民法院应予支持。

第八条　保险合同效力依照保险法第三十六条规定中止，投保人提出恢复效力申请并同意补交保险费的，除被保险人的危险程度在中止期间显著增加外，保险人拒绝恢复效力的，人民法院不予支持。

保险人在收到恢复效力申请后，三十日内未明确拒绝的，应认定为同意恢复效力。

保险合同自投保人补交保险费之日恢复效力。保险人要求投保人补交相应利息的，人民法院应予支持。

第九条　投保人指定受益人未经被保险人同意的，人民法院应认定指定行为无效。

当事人对保险合同约定的受益人存在争议，除投保人、被保险人在保险合同之外另有约定外，按照以下情形分别处理：

（一）受益人约定为“法定”或者“法定继承人”的，以继承法规定的法定继承人为受益人；

（二）受益人仅约定为身份关系，投保人与被保险人为同一主体的，根据保险事故发生时与被保险人的身份关系确定受益人；投保人与被保险人为不同主体的，根据保险合同成立时与被保险人的身份关系确定受益人；

（三）受益人的约定包括姓名和身份关系，保险事故发生时身份关系发生变化的，认定为未指定受益人。

第十条　投保人或者被保险人变更受益人，当事人主张变更行为自变更意思表示发出时生效的，人民法院应予支持。

投保人或者被保险人变更受益人未通知保险人，保险人主张变更对其不发生效力的，人民法院应予支持。

投保人变更受益人未经被保险人同意的，人民法院应认定变更行为无效。

第十一条　投保人或者被保险人在保险事故发生后变更受益人，变更后的受益人请求保险人给付保险金的，人民法院不予支持。

第十二条　投保人或者被保险人指定数人为受益人，部分受益人在保险事故发生前死亡、放弃受益权或者依法丧失受益权的，该受益人应得的受益份额按照保险合同的约定处理；保险合同没有约定或者约定不明的，该受益人应得的受益份额按照以下情形分别处理：

(一)未约定受益顺序和受益份额的,由其他受益人平均享有;

(二)未约定受益顺序但约定受益份额的,由其他受益人按照相应比例享有;

(三)约定受益顺序但未约定受益份额的,由同顺序的其他受益人平均享有;同一顺序没有其他受益人的,由后一顺序的受益人平均享有;

(四)约定受益顺序和受益份额的,由同顺序的其他受益人按照相应比例享有;同一顺序没有其他受益人的,由后一顺序的受益人按照相应比例享有。

第十三条　保险事故发生后,受益人将与本次保险事故相对应的全部或者部分保险金请求权转让给第三人,当事人主张该转让行为有效的,人民法院应予支持,但根据合同性质、当事人约定或者法律规定不得转让的除外。

第十四条　保险金根据保险法第四十二条规定作为被保险人的遗产,被保险人的继承人要求保险人给付保险金,保险人以其已向持有保险单的被保险人的其他继承人给付保险金为由抗辩的,人民法院应予支持。

第十五条　受益人与被保险人存在继承关系,在同一事件中死亡且不能确定死亡先后顺序的,人民法院应根据保险法第四十二条第二款的规定推定受益人死亡在先,并按照保险法及本解释的相关规定确定保险金归属。

第十六条　保险合同解除时,投保人与被保险人、受益人为不同主体,被保险人或者受益人要求退还保险单的现金价值的,人民法院不予支持,但保险合同另有约定的除外。

投保人故意造成被保险人死亡、伤残或者疾病,保险人依照保险法第四十三条规定退还保险单的现金价值的,其他权利人按照被保险人、被保险人继承人的顺序确定。

第十七条　投保人解除保险合同,当事人以其解除合同未经被保险人或者受益人同意为由主张解除行为无效的,人民法院不予支持,但被保险人或者受益人已向投保人支付相当于保险单现金价值的款项并通知保险人的除外。

第十八条　保险人给付费用补偿型的医疗费用保险金时,主张扣减被保险人从公费医疗或者社会医疗保险取得的赔偿金额的,应当证明该保险产品在厘定医疗费用保险费率时已经将公费医疗或者社会医疗保险部分相应扣除,并按照扣减后的标准收取保险费。

第十九条　保险合同约定按照基本医疗保险的标准核定医疗费用,保险人以被保险人的医疗支出超出基本医疗保险范围为由拒绝给付保险金的,人民法院不予支持;保险人有证据证明被保险人支出的费用超过基本医疗保险同类医疗费用标准,要求对超出部分拒绝给付保险金的,人民法院应予支持。

第二十条　保险人以被保险人未在保险合同约定的医疗服务机构接受治疗为由拒绝给付保险金的,人民法院应予支持,但被保险人因情况紧急必须立即就医的除外。

第二十一条　保险人以被保险人自杀为由拒绝给付保险金的,由保险人承担举证责任。

受益人或者被保险人的继承人以被保险人自杀时无民事行为能力为由抗辩的,由其承担举证责任。

第二十二条　保险法第四十五条规定的“被保险人故意犯罪”的认定,应当以刑事侦查机关、检察机关和审判机关的生效法律文书或者其他结论性意见为依据。

第二十三条　保险人主张根据保险法第四十五条的规定不承担给付保险金责任的,应当证明被保险人的死亡、伤残结果与其实施的故意犯罪或者抗拒依法采取的刑事强制措施的行为之间存在因果关系。

被保险人在羁押、服刑期间因意外或者疾病造成伤残或者死亡,保险人主张根据保险法第四十五条的规定不承担给付保险金责任的,人民法院不予支持。

第二十四条　投保人为被保险人订立以死亡为给付保险金条件的保险合同,被保险人被宣告死亡后,当事人要求保险人按照保险合同约定给付保险金的,人民法院应予支持。

被保险人被宣告死亡之日在保险责任期间之外,但有证据证明下落不明之日在保险责任期间之内,当事人要求保险人按照保险合同约定给付保险金的,人民法院应予支持。

第二十五条　被保险人的损失系由承保事故或

者非承保事故、免责事由造成难以确定，当事人请求保险人给付保险金的，人民法院可以按照相应比例予以支持。

第二十六条　本解释自2015年12月1日起施行。本解释施行后尚未终审的保险合同纠纷案件，适用本解释；本解释施行前已经终审，当事人申请再审或者按照审判监督程序决定再审的案件，不适用本解释。

最高人民法院关于对四川省高级人民法院关于内江市东兴区农村信用合作社联合社与中国太平洋保险公司内江支公司保险合同赔付纠纷合同是否成立等请示一案的答复

1. 2003年7月10日发布

2. 〔2003〕民二他字第09号

四川省高级人民法院：

你院〔2002〕川民终字第90号关于内江市东兴区农村信用合作社联合社与中国太平洋保险公司内江支公司（以下简称内江太保公司）保险合同赔付纠纷一案，保险合同是否成立等问题的请示收悉。经研究，答复如下：

一般保险合同只要双方签字盖章，或者保险人向投保人签发保险单或者其他保险凭证，该保险合同即应认定已经成立。内江太保公司在签发保险单时如投保人未提供借款合同，则该公司不应签发保险单。内江太保公司经审核向钟玉琪签发了保险单，故应认定所涉借款合同已报送内江太保公司。虽投保人提供的借款合同与保险条款中所列的消费借款合同种类不一致，但至出险前内江太保公司未提出异议，应视为内江太保公司认可了钟玉琪提交的商业贷款合同代替了保险合同中的消费贷款。故同意你院研究的第一种意见，应认定本案保险合同有效，内江太保公司依约承担保险责任。

此复

最高人民法院对湖南省高级人民法院关于《中国工商银行郴州市苏仙区支行与中保财产保险有限公司湖南省郴州市苏仙区支公司保证保险合同纠纷一案的请示报告》的复函

1. 2000年8月28日发布

2. 〔1999〕经监字第266号

湖南省高级人民法院：

你院〔1996〕湘经再字第53号《中国工商银行郴州市苏仙区支行与中保财产保险有限公司湖南省郴州市苏仙区支公司保证保险合同纠纷一案的请示报告》收悉。经研究，答复如下：

一、保证保险是由保险人为投保人向被保险人（即债权人）提供担保的保险，当投保人不能履行与被保险人签订合同所规定的义务，给被保险人造成经济损失时，由保险人按照其对投保人的承诺向被保险人承担代为补偿的责任。因此，保证保险虽是保险人开办的一个险种，其实质是保险人对债权人的一种担保行为。在企业借款保证保险合同中，因企业破产或倒闭，银行向保险公司主张权利，应按借款保证合同纠纷处理，适用有关担保的法律。

二、保险单中“保险期1年”的约定，不符合《企业借款保证保险试行办法》的规定，且保险人与投保人就保险期限的约定对债权人没有约束力，保险公司仍应按借款合同中规定的保证期限承担责任。

三、鉴于中国工商银行郴州市苏仙区支行实际上收取了50%的保费，根据权利义务对等的原则，对于郴县天字号多金属矿所欠贷款本金、利息，应由保险和银行双方当事人各承担50%。

最高人民法院研究室关于对《保险法》第十七条规定的“明确说明”应如何理解的问题的答复

1. 2000年1月24日发布
2. 法研〔2000〕5号

甘肃省高级人民法院：

你院甘高法研〔1999〕06号《关于金昌市旅游局诉中保财产保险公司金川区支公司保险赔偿一案的请示报告》收悉。经研究，答复如下：

《中华人民共和国保险法》第十七条规定：“保险合同中规定有保险责任免除条款的，保险人应当向投保人明确说明，未明确说明的，该条款不发生法律效力。”这里所规定的“明确说明”，是指保险人在与投保人签订保险合同之前或者签订保险合同之时，对于保险合同中所约定的免责条款，除了在保险单上提示投保人注意外，还应当对有关免责条款的概念、内容及其法律后果等，以书面或者口头形式向投保人或其代理人作出解释，以使投保人明了该条款的真实含义和法律后果。

最高人民法院关于中国人民保险公司营口市支公司的债务可否由中国人民保险公司承担的函

1. 1996年8月19日公布
2. 〔1996〕经他字第21号

辽宁省高级人民法院：

你院1996年6月18日《关于中国人民保险公司分支机构没有履行能力能否执行中国人民保险公司问题的请示》一文收悉。经研究答复如下：

中国人民保险公司营口市支公司不能履行你院〔1995〕辽民初字第47号民事调解书确定的义务，又无财产可供执行，即其已不能单独承担民事责任。依据我国《保险法》第七十九条第二款关于“保险公司分支机构不具有法人资格，其民事责任由保险公司承担”的规定，你院可在执行程序中裁定变更中国人民保险公司为该案的被执行主体，即同意你院的请示意见。

此复

最高人民法院关于保险公司与长城公司的保险合同的效力及保险公司是否应承担民事责任问题的函

1. 1993年7月8日公布
2. 法函〔1993〕55号

国务院秘书二局：

根据你局提供的有关材料，提出以下意见：

保险公司与长城公司(包括其分公司，下同)签订的保险合同的保险范围，包括投保人因技术开发与合作者签订的合同金额及投资项目。由于长城公司违反国家的规定，其筹集资金的行为是非法的，因而根据《民法通则》第五十八条第一款第(五)项之规定，可以认定保险合同无效。

在长城公司违法筹集资金的活动中，分别向十余家保险公司投了保险。有的保险公司和长城公司及其分支机构联合制作《技术开发合作保险协议》发给投资人；有的甚至直接在《技术开发合同书》上盖章承保。有的保险公司，则按长城公司集资的总额的比例收取了保险费。可见，长城公司的投资人在保险公司与长城公司的保险合同中是被保险人。鉴于以上实际情况，根据《民法通则》的“过错责任原则”，长城公司违法集资，对保险合同无效应当承担主要过错责任；保险公司作为国家的金融机构知道或应当知道长城公司的集资是非法的，但仍予以承保，因此，对保险合同无效亦应当承担相应的过错责任。至于具体责任如何承担，应当根据《经济合同法》关于无效合同的处理原则进行。首先应由长城公司根据其现有资产，按投资比例负责清退投资人的投资本金；保险公司除应返还收取的保险费外，还要承担长城公司退还投资人投资本金的不足部分；至于投资人的资金利息，由于集资违法，且年利率高达百分之二十四，明显地违反了国家金融法规的规定，依法不予保护，因此，利息损失可由投资人自行承担。

以上意见供参考。

最高人民法院关于保险金能否作为被保险人遗产的批复

1. 1988年3月24日发布

2.〔1987〕民他字第52号

河北省高级人民法院：

你院冀法民〔1987〕1号请示报告收悉。据报告称：栾城县南焦村个体三轮摩托车司机孙文兴于1986年5月26日运送货主张新国及其货物（锡锭）时，在京广铁路窦妪道口与火车相撞，致孙文兴、张新国双亡，三轮摩托车毁损。这次事故应由孙文兴负责。孙文兴生前在本县保险公司除投保了车损险（保险金为3500元），还投保了人身意外伤害险（保险金为5000元），并指定了受益人。现托运人张新国之妻梁聚芬向栾城县人民法院起诉，要求承运人孙文兴之妻郭香荣给予赔偿。

经征求有关部门的意见，现将你院请示关于人身保险金能否作为被保险人的遗产进行赔偿的问题，答复如下：

（一）根据我国保险法规有关条文规定的精神，人身保险金能否列入被保险人的遗产，取决于被保险人是否指定了受益人。指定了受益人的，被保险人死亡后，其人身保险金应付给受益人；未指定受益人的，被保险人死亡后，其人身保险金应作为遗产处理，可以用来清偿债务或者赔偿。

（二）财产保险与人身保险不同。财产保险不存在指定受益人的问题。因而，财产保险金属于被保险人的遗产。孙文兴投保的车损险是财产保险，属于他的遗产，可以用来清偿债务或者赔偿。

在处理本案时，应本着上述原则，适当注意保护债权人的利益，合情合理解决。

最高人民法院关于王淑才与许桂兰为分配保险赔偿费发生的纠纷，主管部门正在处理，应由他们继续解决，人民法院不宜直接受理的批复

1. 1986年2月17日公布

2.〔1986〕民他字第2号

河北省高级人民法院：

你院冀法民〔1985〕28号请示的报告收悉。据报告：唐山铁路建筑段工人单福利在中国土木建筑公司派往伊拉克修筑高速公路时，因车祸死亡。中国土木建筑公司决定发给单福利遗属保险赔偿人民币二万元，单福利的配偶许桂兰与母亲王淑才为分配此款发生纠纷，唐山铁路建筑段调解不成，将该款存入银行。王淑才于1985年1月向唐山市路北区人民法院起诉。

我们经研究认为：王淑才与许桂兰为分配赔偿费发生的纠纷，主管部门正在处理，并有处理意见，应由他们继续解决。因此同意你院报告中所提处理办法：此纠纷法院暂不宜直接受理。一、二审所收的诉讼费应予退还。

最高人民法院关于对私营客车保险期满后发生的车祸事故保险公司应否承担保险责任的请示的复函

1. 1993年8月4日发布

2. 法经〔1993〕161号

四川省高级人民法院：

你院川高法〔1992〕111号关于私营客车保险期满后发生的车祸事故，保险公司应否承担保险责任的请示收悉。经研究，答复如下：

根据1989年12月28日四川省财政厅、交通厅、保险分公司、人寿保险公司89字第56号文件批准实施的《公路旅客意外伤害保险条款》的规定，旅客乘坐经国家有关部门批准营运的客车，均应向中国人民保险公司投保公路旅客意外

伤害保险。投保的形式是旅客购买由交通管理部门统一印制的客运票,车票注明“内含保险费”,保险公司不再另行签发保险凭证。客票中所含保险费由公路客运部门代收汇缴保险公司。公路旅客意外伤害保险条款属法定强制保险,旅客购买车票经验票进站后,或者中途上车购票后,即为投了意外伤害险,至于公路客运部门(或私营客车车主)是否向保险公司汇缴保险费,并不影响保险责任的发生。你院请示的问题,符合上述情况,保险公司应承担保险责任。至于私营客车不按规定投保,保险公司有权依有关规定要求私营车主承担相应的责任和赔偿有关损失,你院也可向有关主管机关提出司法建议。

此复

最高人民法院关于如何理解《中华人民共和国保险法》第六十五条“自杀”含义的请示的答复

1. 2002年3月6日公布
2. 〔2001〕民二他字第18号

江西省高级人民法院:

你院〔2001〕赣经请字第3号关于如何理解《中华人民共和国保险法》第六十五条“自杀”含义的请示收悉,经研究,答复如下:

本案被保险人在投保后两年内因患精神病,在不能控制自己行为的情况下溺水身亡,不属于主动剥夺自己生命的行为,亦不具有骗取保险金的目的,故保险人应按合同约定承担保险责任。

此复

九、信　　托

中华人民共和国信托法

1. 2001年4月28日第九届全国人民代表大会常务委员会第二十一次会议通过
2. 2001年4月28日中华人民共和国主席令第50号公布
3. 自2001年10月1日起施行

目　　录

第一章　总　　则

第一条　【立法目的】为了调整信托关系，规范信托行为，保护信托当事人的合法权益，促进信托事业的健康发展，制定本法。

第二条　【信托】本法所称信托，是指委托人基于对受托人的信任，将其财产权委托给受托人，由受托人按委托人的意愿以自己的名义，为受益人的利益或者特定目的，进行管理或者处分的行为。

第三条　【适用范围】委托人、受托人、受益人（以下统称信托当事人）在中华人民共和国境内进行民事、营业、公益信托活动，适用本法。

第四条　【具体办法】受托人采取信托机构形式从事信托活动，其组织和管理由国务院制定具体办法。

第五条　【信托活动必须守法】信托当事人进行信托活动，必须遵守法律、行政法规，遵循自愿、公平和诚实信用原则，不得损害国家利益和社会公共利益。

第二章　信托的设立

第六条　【信托目的的合法性】设立信托，必须有合法的信托目的。

第七条　【信托财产及其合法性】设立信托，必须有确定的信托财产，并且该信托财产必须是委托人合法所有的财产。

本法所称财产包括合法的财产权利。

第八条　【信托应采取书面形式】设立信托，应当采取书面形式。

书面形式包括信托合同、遗嘱或者法律、行政法规规定的其他书面文件等。

采取信托合同形式设立信托的，信托合同签订时，信托成立。采取其他书面形式设立信托的，受托人承诺信托时，信托成立。

第九条　【信托书面文件的载明事项】设立信托，其书面文件应当载明下列事项：

（一）信托目的；

（二）委托人、受托人的姓名或者名称、住所；

（三）受益人或者受益人范围；

（四）信托财产的范围、种类及状况；

（五）受益人取得信托利益的形式、方法。

除前款所列事项外，可以载明信托期限、信托财产的管理方法、受托人的报酬、新受托人的选任方式、信托终止事由等事项。

第十条　【信托登记】设立信托，对于信托财产，有关法律、行政法规规定应当办理登记手续的，应当依法办理信托登记。

未依照前款规定办理信托登记的，应当补办登记手续；不补办的，该信托不产生效力。

第十一条　【信托无效】有下列情形之一的，信托无效：

（一）信托目的违反法律、行政法规或者损害社会公共利益；

（二）信托财产不能确定；

（三）委托人以非法财产或者本法规定不得设立信托的财产设立信托；

（四）专以诉讼或者讨债为目的设立信托；

（五）受益人或者受益人范围不能确定；

（六）法律、行政法规规定的其他情形。

第十二条 【信托的撤销】委托人设立信托损害其债权人利益的,债权人有权申请人民法院撤销该信托。

人民法院依照前款规定撤销信托的,不影响善意受益人已经取得的信托利益。

本条第一款规定的申请权,自债权人知道或者应当知道撤销原因之日起一年内不行使的,归于消灭。

第十三条 【遗嘱信托】设立遗嘱信托,应当遵守继承法关于遗嘱的规定。

遗嘱指定的人拒绝或者无能力担任受托人的,由受益人另行选任受托人;受益人为无民事行为能力人或者限制民事行为能力人的,依法由其监护人代行选任。遗嘱对选任受托人另有规定的,从其规定。

第三章 信托财产

第十四条 【信托财产的范围】受托人因承诺信托而取得的财产是信托财产。

受托人因信托财产的管理运用、处分或者其他情形而取得的财产,也归入信托财产。

法律、行政法规禁止流通的财产,不得作为信托财产。

法律、行政法规限制流通的财产,依法经有关主管部门批准后,可以作为信托财产。

第十五条 【信托财产与委托人其他财产的区别】信托财产与委托人未设立信托的其他财产相区别。设立信托后,委托人死亡或者依法解散、被依法撤销、被宣告破产时,委托人是惟一受益人的,信托终止,信托财产作为其遗产或者清算财产;委托人不是惟一受益人的,信托存续,信托财产不作为其遗产或者清算财产;但作为共同受益人的委托人死亡或者依法解散、被依法撤销、被宣告破产时,其信托受益权作为其遗产或者清算财产。

第十六条 【信托财产与受托人其他财产的区别】信托财产与属于受托人所有的财产(以下简称固有财产)相区别,不得归入受托人的固有财产或者成为固有财产的一部分。

受托人死亡或者依法解散、被依法撤销、被宣告破产而终止,信托财产不属于其遗产或者清算财产。

第十七条 【信托财产的强制执行】除因下列情形之一外,对信托财产不得强制执行:

(一)设立信托前债权人已对该信托财产享有优先受偿的权利,并依法行使该权利的;

(二)受托人处理信托事务所产生债务,债权人要求清偿该债务的;

(三)信托财产本身应担负的税款;

(四)法律规定的其他情形。

对于违反前款规定而强制执行信托财产,委托人、受托人或者受益人有权向人民法院提出异议。

第十八条 【债权债务的抵销】受托人管理运用、处分信托财产所产生的债权,不得与其固有财产产生的债务相抵销。

受托人管理运用、处分不同委托人的信托财产所产生的债权债务,不得相互抵销。

第四章 信托当事人

第一节 委托人

第十九条 【委托人的定义】委托人应当是具有完全民事行为能力的自然人、法人或者依法成立的其他组织。

第二十条 【委托人的了解权利】委托人有权了解其信托财产的管理运用、处分及收支情况,并有权要求受托人作出说明。

委托人有权查阅、抄录或者复制与其信托财产有关的信托帐目以及处理信托事务的其他文件。

第二十一条 【信托财产管理方法的调整】因设立信托时未能预见的特别事由,致使信托财产的管理方法不利于实现信托目的或者不符合受益人的利益时,委托人有权要求受托人调整该信托财产的管理方法。

第二十二条 【信托目的的违反】受托人违反信托目的处分信托财产或者因违背管理职责、处理信托事务不当致使信托财产受到损失的,委托人有权申请人民法院撤销该处分行为,并有权要求受托人恢复信托财产的原状或者予以赔偿;该信托财产的受让人明知是违反信托目的而接受该财产的,应当予以返还或者予以赔偿。

前款规定的申请权,自委托人知道或者应当知道撤销原因之日起一年内不行使的,归于消灭。

第二十三条　【解任受托人】受托人违反信托目的处分信托财产或者管理运用、处分信托财产有重大过失的，委托人有权依照信托文件的规定解任受托人，或者申请人民法院解任受托人。

第二节　受　托　人

第二十四条　【受托人的定义】受托人应当是具有完全民事行为能力的自然人、法人。

法律、行政法规对受托人的条件另有规定的，从其规定。

第二十五条　【受托人的义务】受托人应当遵守信托文件的规定，为受益人的最大利益处理信托事务。

受托人管理信托财产，必须恪尽职守，履行诚实、信用、谨慎、有效管理的义务。

第二十六条　【受托人与谋利】受托人除依照本法规定取得报酬外，不得利用信托财产为自己谋取利益。

受托人违反前款规定，利用信托财产为自己谋取利益的，所得利益归入信托财产。

第二十七条　【不得转为固有财产】受托人不得将信托财产转为其固有财产。受托人将信托财产转为其固有财产的，必须恢复该信托财产的原状；造成信托财产损失的，应当承担赔偿责任。

第二十八条　【相互交易】受托人不得将其固有财产与信托财产进行交易或者将不同委托人的信托财产进行相互交易，但信托文件另有规定或者经委托人或者受益人同意，并以公平的市场价格进行交易的除外。

受托人违反前款规定，造成信托财产损失的，应当承担赔偿责任。

第二十九条　【分别管理与记帐】受托人必须将信托财产与其固有财产分别管理、分别记帐，并将不同委托人的信托财产分别管理、分别记帐。

第三十条　【受托人的再委托】受托人应当自己处理信托事务，但信托文件另有规定或者有不得已事由的，可以委托他人代为处理。

受托人依法将信托事务委托他人代理的，应当对他人处理信托事务的行为承担责任。

第三十一条　【共同受托人】同一信托的受托人有两个以上的，为共同受托人。

共同受托人应当共同处理信托事务，但信托文件规定对某些具体事务由受托人分别处理的，从其规定。

共同受托人共同处理信托事务，意见不一致时，按信托文件规定处理；信托文件未规定的，由委托人、受益人或者其利害关系人决定。

第三十二条　【连带赔偿责任】共同受托人处理信托事务对第三人所负债务，应当承担连带清偿责任。第三人对共同受托人之一所作的意思表示，对其他受托人同样有效。

共同受托人之一违反信托目的处分信托财产或者因违背管理职责、处理信托事务不当致使信托财产受到损失的，其他受托人应当承担连带赔偿责任。

第三十三条　【记录与报告】受托人必须保存处理信托事务的完整记录。

受托人应当每年定期将信托财产的管理运用、处分及收支情况，报告委托人和受益人。

受托人对委托人、受益人以及处理信托事务的情况和资料负有依法保密的义务。

第三十四条　【受托人的支付义务】受托人以信托财产为限向受益人承担支付信托利益的义务。

第三十五条　【受托人的报酬】受托人有权依照信托文件的约定取得报酬。信托文件未作事先约定的，经信托当事人协商同意，可以作出补充约定；未作事先约定和补充约定的，不得收取报酬。

约定的报酬经信托当事人协商同意，可以增减其数额。

第三十六条　【不得请求给付报酬】受托人违反信托目的处分信托财产或者因违背管理职责、处理信托事务不当致使信托财产受到损失的，在未恢复信托财产的原状或者未予赔偿前，不得请求给付报酬。

第三十七条　【优先受偿与损失承担】受托人因处理信托事务所支出的费用、对第三人所负债务，以信托财产承担。受托人以其固有财产先行支付的,对信托财产享有优先受偿的权利。

受托人违背管理职责或者处理信托事务不当对第三人所负债务或者自己所受到的损失,以其固有财产承担。

第三十八条　【受托人的辞任】设立信托后,经委托人和受益人同意,受托人可以辞任。本法对公益信托的受托人辞任另有规定的,从其规定。

受托人辞任的,在新受托人选出前仍应履行管理信托事务的职责。

第三十九条　【受托人职责终止】受托人有下列情形之一的,其职责终止:

(一)死亡或者被依法宣告死亡;

(二)被依法宣告为无民事行为能力人或者限制民事行为能力人;

(三)被依法撤销或者被宣告破产;

(四)依法解散或者法定资格丧失;

(五)辞任或者被解任;

(六)法律、行政法规规定的其他情形。

受托人职责终止时,其继承人或者遗产管理人、监护人、清算人应当妥善保管信托财产,协助新受托人接管信托事务。

第四十条　【新受托人的选任】受托人职责终止的,依照信托文件规定选任新受托人;信托文件未规定的,由委托人选任;委托人不指定或者无能力指定的,由受益人选任;受益人为无民事行为能力人或者限制民事行为能力人的,依法由其监护人代行选任。

原受托人处理信托事务的权利和义务,由新受托人承继。

第四十一条　【受托人职责终止的责任】受托人有本法第三十九条第一款第(三)项至第(六)项所列情形之一,职责终止的,应当作出处理信托事务的报告,并向新受托人办理信托财产和信托事务的移交手续。

前款报告经委托人或者受益人认可,原受托人就报告中所列事项解除责任。但原受托人有不正当行为的除外。

第四十二条　【共同受托人之一职责终止后的信托财产管理和处分】共同受托人之一职责终止的,信托财产由其他受托人管理和处分。

第三节　受　益　人

第四十三条　【受益人】受益人是在信托中享有信托受益权的人。受益人可以是自然人、法人或者依法成立的其他组织。

委托人可以是受益人,也可以是同一信托的惟一受益人。

受托人可以是受益人,但不得是同一信托的惟一受益人。

第四十四条　【信托受益权的起始】受益人自信托生效之日起享有信托受益权。信托文件另有规定的,从其规定。

第四十五条　【共同受益人信托利益的享有】共同受益人按照信托文件的规定享受信托利益。信托文件对信托利益的分配比例或者分配方法未作规定的,各受益人按照均等的比例享受信托利益。

第四十六条　【信托受益权的放弃】受益人可以放弃信托受益权。

全体受益人放弃信托受益权的,信托终止。

部分受益人放弃信托受益权的,被放弃的信托受益权按下列顺序确定归属:

(一)信托文件规定的人;

(二)其他受益人;

(三)委托人或者其继承人。

第四十七条　【信托受益权与受益人债务清偿】受益人不能清偿到期债务的,其信托受益权可以用于清偿债务,但法律、行政法规以及信托文件有限制性规定的除外。

第四十八条　【信托受益权的转让和继承】受益人的信托受益权可以依法转让和继承,但信托文件有限制性规定的除外。

第四十九条　【法院的裁定】受益人可以行使本法第二十条至第二十三条规定的委托人享有的权利。受益人行使上述权利,与委托人意见不一致时,可以申请人民法院作出裁定。

受托人有本法第二十二条第一款所列行为,共同受益人之一申请人民法院撤销该处分行为的,人民法院所作出的撤销裁定,对全体共同受益人有效。

第五章　信托的变更与终止

第五十条　【解除信托】委托人是惟一受益人的，委托人或者其继承人可以解除信托。信托文件另有规定的，从其规定。

第五十一条　【委托人变更受益人与处分受益权】设立信托后，有下列情形之一的，委托人可以变更受益人或者处分受益人的信托受益权：

（一）受益人对委托人有重大侵权行为；

（二）受益人对其他共同受益人有重大侵权行为；

（三）经受益人同意；

（四）信托文件规定的其他情形。

有前款第（一）项、第（三）项、第（四）项所列情形之一的，委托人可以解除信托。

第五十二条　【信托不终止的情形】信托不因委托人或者受托人的死亡、丧失民事行为能力、依法解散、被依法撤销或者被宣告破产而终止，也不因受托人的辞任而终止。但本法或者信托文件另有规定的除外。

第五十三条　【信托终止的情形】有下列情形之一的，信托终止：

（一）信托文件规定的终止事由发生；

（二）信托的存续违反信托目的；

（三）信托目的已经实现或者不能实现；

（四）信托当事人协商同意；

（五）信托被撤销；

（六）信托被解除。

第五十四条　【信托财产的归属】信托终止的，信托财产归属于信托文件规定的人；信托文件未规定的，按下列顺序确定归属：

（一）受益人或者其继承人；

（二）委托人或者其继承人。

第五十五条　【信托财产归属确定的后果】依照前条规定，信托财产的归属确定后，在该信托财产转移给权利归属人的过程中，信托视为存续，权利归属人视为受益人。

第五十六条　【信托终止后的信托财产的被执行】信托终止后，人民法院依据本法第十七条的规定对原信托财产进行强制执行的，以权利归属人为被执行人。

第五十七条　【信托终止后受托人报酬的请求】信托终止后，受托人依照本法规定行使请求给付报酬、从信托财产中获得补偿的权利时，可以留置信托财产或者对信托财产的权利归属人提出请求。

第五十八条　【清算报告】信托终止的，受托人应当作出处理信托事务的清算报告。受益人或者信托财产的权利归属人对清算报告无异议的，受托人就清算报告所列事项解除责任。但受托人有不正当行为的除外。

第六章　公益信托

第五十九条　【公益信托的法律适用】公益信托适用本章规定。本章未规定的，适用本法及其他相关法律的规定。

第六十条　【公益信托的范围】为了下列公共利益目的之一而设立的信托，属于公益信托：

（一）救济贫困；

（二）救助灾民；

（三）扶助残疾人；

（四）发展教育、科技、文化、艺术、体育事业；

（五）发展医疗卫生事业；

（六）发展环境保护事业，维护生态环境；

（七）发展其他社会公益事业。

第六十一条　【国家鼓励发展公益信托】国家鼓励发展公益信托。

第六十二条　【公益信托的批准】公益信托的设立和确定其受托人，应当经有关公益事业的管理机构（以下简称公益事业管理机构）批准。

未经公益事业管理机构的批准，不得以公益信托的名义进行活动。

公益事业管理机构对于公益信托活动应当给予支持。

第六十三条　【公益信托财产及其收益的使用】公益信托的信托财产及其收益，不得用于非公益目的。

第六十四条　【信托监察人】公益信托应当设置信托监察人。

信托监察人由信托文件规定。信托文件未规定的，由公益事业管理机构指定。

第六十五条　【信托监察人的权利】信托监察人有权以自己的名义，为维护受益人的利益，提起诉讼或者实施其他法律行为。

第六十六条　【公益信托人的辞任】公益信托的受托人未经公益事业管理机构批准,不得辞任。

第六十七条　【公益信托的检查、报告与公告】公益事业管理机构应当检查受托人处理公益信托事务的情况及财产状况。

受托人应当至少每年一次作出信托事务处理情况及财产状况报告,经信托监察人认可后,报公益事业管理机构核准,并由受托人予以公告。

第六十八条　【公益信托受托人的变更】公益信托的受托人违反信托义务或者无能力履行其职责的,由公益事业管理机构变更受托人。

第六十九条　【变更信托文件】公益信托成立后,发生设立信托时不能预见的情形,公益事业管理机构可以根据信托目的,变更信托文件中的有关条款。

第七十条　【终止报告】公益信托终止的,受托人应当于终止事由发生之日起十五日内,将终止事由和终止日期报告公益事业管理机构。

第七十一条　【公益信托终止的清算报告与公告】公益信托终止的,受托人作出的处理信托事务的清算报告,应当经信托监察人认可后,报公益事业管理机构核准,并由受托人予以公告。

第七十二条　【公益信托终止后信托财产的处理】公益信托终止,没有信托财产权利归属人或者信托财产权利归属人是不特定的社会公众的,经公益事业管理机构批准,受托人应当将信托财产用于与原公益目的相近似的目的,或者将信托财产转移给具有近似目的的公益组织或者其他公益信托。

第七十三条　【公益信托的委托人、受托人或受益人的诉权】公益事业管理机构违反本法规定的,委托人、受托人或者受益人有权向人民法院起诉。

第七章　附　　则

第七十四条　【生效日期】本法自2001年10月1日起施行。

信托公司管理办法

1. 2007年1月23日公布

2. 中国银行业监督管理委员会令2007年第2号

3. 自2007年3月1日起施行

第一章　总　　则

第一条　为加强对信托公司的监督管理,规范信托公司的经营行为,促进信托业的健康发展,根据《中华人民共和国信托法》、《中华人民共和国银行业监督管理法》等法律法规,制定本办法。

第二条　本办法所称信托公司,是指依照《中华人民共和国公司法》和本办法设立的主要经营信托业务的金融机构。

本办法所称信托业务,是指信托公司以营业和收取报酬为目的,以受托人身份承诺信托和处理信托事务的经营行为。

第三条　信托财产不属于信托公司的固有财产,也不属于信托公司对受益人的负债。信托公司终止时,信托财产不属于其清算财产。

第四条　信托公司从事信托活动,应当遵守法律法规的规定和信托文件的约定,不得损害国家利益、社会公共利益和受益人的合法权益。

第五条　中国银行业监督管理委员会对信托公司及其业务活动实施监督管理。

第二章　机构的设立、变更与终止

第六条　设立信托公司,应当采取有限责任公司或者股份有限公司的形式。

第七条　设立信托公司,应当经中国银行业监督管理委员会批准,并领取金融许可证。

未经中国银行业监督管理委员会批准,任何单位和个人不得经营信托业务,任何经营单位不得在其名称中使用"信托公司"字样。法律法规另有规定的除外。

第八条　设立信托公司,应当具备下列条件:

(一)有符合《中华人民共和国公司法》和中国银行业监督管理委员会规定的公司章程;

(二)有具备中国银行业监督管理委员会规定的入股资格的股东;

(三)具有本办法规定的最低限额的注册

资本；

（四）有具备中国银行业监督管理委员会规定任职资格的董事、高级管理人员和与其业务相适应的信托从业人员；

（五）具有健全的组织机构、信托业务操作规程和风险控制制度；

（六）有符合要求的营业场所、安全防范措施和与业务有关的其他设施；

（七）中国银行业监督管理委员会规定的其他条件。

第九条　中国银行业监督管理委员会依照法律法规和审慎监管原则对信托公司的设立申请进行审查，作出批准或者不予批准的决定；不予批准的，应说明理由。

第十条　信托公司注册资本最低限额为3亿元人民币或等值的可自由兑换货币，注册资本为实缴货币资本。

申请经营企业年金基金、证券承销、资产证券化等业务，应当符合相关法律法规规定的最低注册资本要求。

中国银行业监督管理委员会根据信托公司行业发展的需要，可以调整信托公司注册资本最低限额。

第十一条　未经中国银行业监督管理委员会批准，信托公司不得设立或变相设立分支机构。

第十二条　信托公司有下列情形之一的，应当经中国银行业监督管理委员会批准：

（一）变更名称；

（二）变更注册资本；

（三）变更公司住所；

（四）改变组织形式；

（五）调整业务范围；

（六）更换董事或高级管理人员；

（七）变更股东或者调整股权结构，但持有上市公司流通股份未达到公司总股份5%的除外；

（八）修改公司章程；

（九）合并或者分立；

（十）中国银行业监督管理委员会规定的其他情形。

第十三条　信托公司出现分立、合并或者公司章程规定的解散事由，申请解散的，经中国银行业监督管理委员会批准后解散，并依法组织清算组进行清算。

第十四条　信托公司不能清偿到期债务，且资产不足以清偿债务或明显缺乏清偿能力的，经中国银行业监督管理委员会同意，可向人民法院提出破产申请。

中国银行业监督管理委员会可以向人民法院直接提出对该信托公司进行重整或破产清算的申请。

第十五条　信托公司终止时，其管理信托事务的职责同时终止。清算组应当妥善保管信托财产，作出处理信托事务的报告并向新受托人办理信托财产的移交。信托文件另有约定的，从其约定。

第三章　经营范围

第十六条　信托公司可以申请经营下列部分或者全部本外币业务：

（一）资金信托；

（二）动产信托；

（三）不动产信托；

（四）有价证券信托；

（五）其他财产或财产权信托；

（六）作为投资基金或者基金管理公司的发起人从事投资基金业务；

（七）经营企业资产的重组、购并及项目融资、公司理财、财务顾问等业务；

（八）受托经营国务院有关部门批准的证券承销业务；

（九）办理居间、咨询、资信调查等业务；

（十）代保管及保管箱业务；

（十一）法律法规规定或中国银行业监督管理委员会批准的其他业务。

第十七条　信托公司可以根据《中华人民共和国信托法》等法律法规的有关规定开展公益信托活动。

第十八条　信托公司可以根据市场需要，按照信托目的、信托财产的种类或者对信托财产管理方式的不同设置信托业务品种。

第十九条　信托公司管理运用或处分信托财产时，可以依照信托文件的约定，采取投资、出售、存放同业、买入返售、租赁、贷款等方式进行。中国银行业监督管理委员会另有规定的，从其规定。

信托公司不得以卖出回购方式管理运用信托财产。

第二十条 信托公司固有业务项下可以开展存放同业、拆放同业、贷款、租赁、投资等业务。投资业务限定为金融类公司股权投资、金融产品投资和自用固定资产投资。

信托公司不得以固有财产进行实业投资，但中国银行业监督管理委员会另有规定的除外。

第二十一条 信托公司不得开展除同业拆入业务以外的其他负债业务，且同业拆入余额不得超过其净资产的20%。中国银行业监督管理委员会另有规定的除外。

第二十二条 信托公司可以开展对外担保业务，但对外担保余额不得超过其净资产的50%。

第二十三条 信托公司经营外汇信托业务，应当遵守国家外汇管理的有关规定，并接受外汇主管部门的检查、监督。

第四章 经营规则

第二十四条 信托公司管理运用或者处分信托财产，必须恪尽职守，履行诚实、信用、谨慎、有效管理的义务，维护受益人的最大利益。

第二十五条 信托公司在处理信托事务时应当避免利益冲突，在无法避免时，应向委托人、受益人予以充分的信息披露，或拒绝从事该项业务。

第二十六条 信托公司应当亲自处理信托事务。信托文件另有约定或有不得已事由时，可委托他人代为处理，但信托公司应尽足够的监督义务，并对他人处理信托事务的行为承担责任。

第二十七条 信托公司对委托人、受益人以及所处理信托事务的情况和资料负有依法保密的义务，但法律法规另有规定或者信托文件另有约定的除外。

第二十八条 信托公司应当妥善保存处理信托事务的完整记录，定期向委托人、受益人报告信托财产及其管理运用、处分及收支的情况。

委托人、受益人有权向信托公司了解对其信托财产的管理运用、处分及收支情况，并要求信托公司作出说明。

第二十九条 信托公司应当将信托财产与其固有财产分别管理、分别记账，并将不同委托人的信托财产分别管理、分别记账。

第三十条 信托公司应当依法建账，对信托业务与非信托业务分别核算，并对每项信托业务单独核算。

第三十一条 信托公司的信托业务部门应当独立于公司的其他部门，其人员不得与公司其他部门的人员相互兼职，业务信息不得与公司的其他部门共享。

第三十二条 以信托合同形式设立信托时，信托合同应当载明以下事项：

（一）信托目的；

（二）委托人、受托人的姓名或者名称、住所；

（三）受益人或者受益人范围；

（四）信托财产的范围、种类及状况；

（五）信托当事人的权利义务；

（六）信托财产管理中风险的揭示和承担；

（七）信托财产的管理方式和受托人的经营权限；

（八）信托利益的计算，向受益人交付信托利益的形式、方法；

（九）信托公司报酬的计算及支付；

（十）信托财产税费的承担和其他费用的核算；

（十一）信托期限和信托的终止；

（十二）信托终止时信托财产的归属；

（十三）信托事务的报告；

（十四）信托当事人的违约责任及纠纷解决方式；

（十五）新受托人的选任方式；

（十六）信托当事人认为需要载明的其他事项。

以信托合同以外的其他书面文件设立信托时，书面文件的载明事项按照有关法律法规规定执行。

第三十三条 信托公司开展固有业务，不得有下列行为：

（一）向关联方融出资金或转移财产；

（二）为关联方提供担保；

（三）以股东持有的本公司股权作为质押进行融资。

信托公司的关联方按照《中华人民共和国公司法》和企业会计准则的有关标准界定。

第三十四条　信托公司开展信托业务，不得有下列行为：

（一）利用受托人地位谋取不当利益；

（二）将信托财产挪用于非信托目的的用途；

（三）承诺信托财产不受损失或者保证最低收益；

（四）以信托财产提供担保；

（五）法律法规和中国银行业监督管理委员会禁止的其他行为。

第三十五条　信托公司开展关联交易，应以公平的市场价格进行，逐笔向中国银行业监督管理委员会事前报告，并按照有关规定进行信息披露。

第三十六条　信托公司经营信托业务，应依照信托文件约定以手续费或者佣金的方式收取报酬，中国银行业监督管理委员会另有规定的除外。

信托公司收取报酬，应当向受益人公开，并向受益人说明收费的具体标准。

第三十七条　信托公司违反信托目的处分信托财产，或者因违背管理职责、处理信托事务不当致使信托财产受到损失的，在恢复信托财产的原状或者予以赔偿前，信托公司不得请求给付报酬。

第三十八条　信托公司因处理信托事务而支出的费用、负担的债务，以信托财产承担，但应在信托合同中列明或明确告知受益人。信托公司以其固有财产先行支付的，对信托财产享有优先受偿的权利。因信托公司违背管理职责或者管理信托事务不当所负债务及所受到的损害，以其固有财产承担。

第三十九条　信托公司违反信托目的处分信托财产，或者管理运用、处分信托财产有重大过失的，委托人或受益人有权依照信托文件的约定解任该信托公司，或者申请人民法院解任该信托公司。

第四十条　受托人职责依法终止的，新受托人依照信托文件的约定选任；信托文件未规定的，由委托人选任；委托人不能选任的，由受益人选任；受益人为无民事行为能力人或者限制民事行为能力人的，依法由其监护人代行选任。新受托人未产生前，中国银行业监督管理委员会可以指定临时受托人。

第四十一条　信托公司经营信托业务，有下列情形之一的，信托终止：

（一）信托文件约定的终止事由发生；

（二）信托的存续违反信托目的；

（三）信托目的已经实现或者不能实现；

（四）信托当事人协商同意；

（五）信托期限届满；

（六）信托被解除；

（七）信托被撤销；

（八）全体受益人放弃信托受益权。

第四十二条　信托终止的，信托公司应当依照信托文件的约定作出处理信托事务的清算报告。受益人或者信托财产的权利归属人对清算报告无异议的，信托公司就清算报告所列事项解除责任，但信托公司有不当行为的除外。

第五章　监督管理

第四十三条　信托公司应当建立以股东（大）会、董事会、监事会、高级管理层等为主体的组织架构，明确各自的职责划分，保证相互之间独立运行、有效制衡，形成科学高效的决策、激励与约束机制。

第四十四条　信托公司应当按照职责分离的原则设立相应的工作岗位，保证公司对风险能够进行事前防范、事中控制、事后监督和纠正，形成健全的内部约束机制和监督机制。

第四十五条　信托公司应当按规定制订本公司的信托业务及其他业务规则，建立、健全本公司的各项业务管理制度和内部控制制度，并报中国银行业监督管理委员会备案。

第四十六条　信托公司应当按照国家有关规定建立、健全本公司的财务会计制度，真实记录并全面反映其业务活动和财务状况。公司年度财务会计报表应当经具有良好资质的中介机构审计。

第四十七条　中国银行业监督管理委员会可以定期或者不定期对信托公司的经营活动进行检查；必要时，可以要求信托公司提供由具有良好资质的中介机构出具的相关审计报告。

信托公司应当按照中国银行业监督管理委员会的要求提供有关业务、财务等报表和资料,并如实介绍有关业务情况。

第四十八条 中国银行业监督管理委员会对信托公司实行净资本管理。具体办法由中国银行业监督管理委员会另行制定。

第四十九条 信托公司每年应当从税后利润中提取5%作为信托赔偿准备金,但该赔偿准备金累计总额达到公司注册资本的20%时,可不再提取。

信托公司的赔偿准备金应存放于经营稳健、具有一定实力的境内商业银行,或者用于购买国债等低风险高流动性证券品种。

第五十条 中国银行业监督管理委员会对信托公司的董事、高级管理人员实行任职资格审查制度。未经中国银行业监督管理委员会任职资格审查或者审查不合格的,不得任职。

信托公司对拟离任的董事、高级管理人员,应当进行离任审计,并将审计结果报中国银行业监督管理委员会备案。信托公司的法定代表人变更时,在新的法定代表人经中国银行业监督管理委员会核准任职资格前,原法定代表人不得离任。

第五十一条 中国银行业监督管理委员会对信托公司的信托从业人员实行信托业务资格管理制度。符合条件的,颁发信托从业人员资格证书;未取得信托从业人员资格证书的,不得经办信托业务。

第五十二条 信托公司的董事、高级管理人员和信托从业人员违反法律、行政法规或中国银行业监督管理委员会有关规定的,中国银行业监督管理委员会有权取消其任职资格或者从业资格。

第五十三条 中国银行业监督管理委员会根据履行职责的需要,可以与信托公司董事、高级管理人员进行监督管理谈话,要求信托公司董事、高级管理人员就信托公司的业务活动和风险管理的重大事项作出说明。

第五十四条 信托公司违反审慎经营规则的,中国银行业监督管理委员会责令限期改正;逾期未改正的,或者其行为严重危及信托公司的稳健运行、损害受益人合法权益的,中国银行业监督管理委员会可以区别情形,依据《中华人民共和国银行业监督管理法》等法律法规的规定,采取暂停业务、限制股东权利等监管措施。

第五十五条 信托公司已经或者可能发生信用危机,严重影响受益人合法权益的,中国银行业监督管理委员会可以依法对该信托公司实行接管或者督促机构重组。

第五十六条 中国银行业监督管理委员会在批准信托公司设立、变更、终止后,发现原申请材料有隐瞒、虚假的情形,可以责令补正或者撤销批准。

第五十七条 信托公司可以加入中国信托业协会,实行行业自律。

中国信托业协会开展活动,应当接受中国银行业监督管理委员会的指导和监督。

第六章 罚 则

第五十八条 未经中国银行业监督管理委员会批准,擅自设立信托公司的,由中国银行业监督管理委员会依法予以取缔;构成犯罪的,依法追究刑事责任;尚不构成犯罪的,由中国银行业监督管理委员会没收违法所得,违法所得五十万元以上的,并处违法所得一倍以上五倍以下罚款;没有违法所得或者违法所得不足五十万元的,处五十万元以上二百万元以下罚款。

第五十九条 未经中国银行业监督管理委员会批准,信托公司擅自设立分支机构或开展本办法第十九条、第二十条、第二十一条、第二十二条、第三十三条和第三十四条禁止的业务的,由中国银行业监督管理委员会责令改正,有违法所得的,没收违法所得,违法所得五十万元以上的,并处违法所得一倍以上五倍以下罚款;没有违法所得或者违法所得不足五十万元的,处五十万元以上二百万元以下罚款;情节特别严重或者逾期不改正的,责令停业整顿或者吊销其金融许可证;构成犯罪的,依法追究刑事责任。

第六十条 信托公司违反本办法其他规定的,中国银行业监督管理委员会根据《中华人民共和国银行业监督管理法》等法律法规的规定,采取相应的处罚措施。

第六十一条 信托公司有违法经营、经营管理不善等情形，不予撤销将严重危害金融秩序、损害公众利益的，由中国银行业监督管理委员会依法予以撤销。

第六十二条　对信托公司违规负有直接责任的董事、高级管理人员和其他直接责任人员，中国银行业监督管理委员会可以区别不同情形，根据《中华人民共和国银行业监督管理法》等法律法规的规定，采取罚款、取消任职资格或从业资格等处罚措施。

第六十三条　对中国银行业监督管理委员会的处罚决定不服的，可以依法提请行政复议或者向人民法院提起行政诉讼。

第七章　附　　则

第六十四条　信托公司处理信托事务不履行亲自管理职责，即不承担投资管理人职责的，其注册资本不得低于1亿元人民币或等值的可自由兑换货币。对该类信托公司的监督管理参照本办法执行。

第六十五条　本办法由中国银行业监督管理委员会负责解释。

第六十六条　本办法自2007年3月1日起施行，原《信托投资公司管理办法》（中国人民银行令〔2002〕第5号）不再适用。

信托投资公司信息披露管理暂行办法

1. 2005年1月18日发布

2. 银监发〔2005〕1号

第一章　总　　则

第一条　为加强对信托投资公司的市场约束，规范其营业信托行为和信息披露行为，维护客户和相关利益人的合法权益，促进信托业健康发展，依据《中华人民共和国银行业监督管理法》、《中华人民共和国信托法》、《企业财务会计报告条例》等法律法规，制定本办法。

第二条　本办法适用于在中华人民共和国境内依法设立的信托投资公司。中国银行业监督管理委员会（以下简称银监会）依照法律、法规及本办法的规定对信托投资公司的信息披露行为进行监督管理。

第三条　本办法中信息披露是指信托投资公司依法将反映其经营状况的主要信息，如财务会计报告、公司治理、业务经营、风险管理、关联交易及其他重大事项等真实、准确、及时、完整地向客户及相关利益人予以公开的过程。

第四条　信托投资公司披露信息应当遵守法律法规、国家统一的会计制度和银监会的有关规定。

第五条　信托投资公司应当遵循真实性、准确性、完整性和可比性原则，规范、及时地披露信息。

第六条　本办法规定为信托投资公司信息披露的最低要求，信托投资公司可在遵守本办法规定的基础上自行决定披露更多信息。

上市信托投资公司除应遵守本办法规定披露信息外，还应遵守证券监督管理机关有关信息披露的规定。

第七条　信托投资公司披露的年度财务会计报告须经会计师事务所审计，其中信托财产是否需要审计，视信托文件约定。

第二章　信息披露的内容

第八条　信托投资公司按照本办法规定披露的信息包括：

（一）年度报告。信托投资公司在会计年度结束后应就公司概况、公司治理、经营概况、会计报表、财务情况说明、重大事项等信息编制年度报告。年度报告摘要是对年度报告全文重点的摘录。

（二）重大事项临时报告。对发生可能影响本公司财务状况。经营成果、客户和相关利益人权益的重大事项，信托投资公司应当制作重大事项临时报告，并向社会披露。

（三）法律、行政法规以及银监会规定应予披露的其他信息。

第九条　信托投资公司应当按照本办法的要求编制和披露年度报告和年度报告摘要。年度报告和年度报告摘要应按本办法附件要求的内容与格式进行编制。

第十条　信托投资公司年度报告至少包括以下内容：

（一）公司概况

（二）公司治理

(三)经营概况

(四)会计报表

(五)会计报表附注

(六)财务情况说明书

(七)特别事项揭示

第十一条 信托投资公司应在经营概况中披露下列各类风险和风险管理情况:

(一)风险管理概况。信托投资公司应披露风险和风险管理的情况,包括风险管理的基本原则和控制政策、风险管理的组织结构和职责划分、经营活动中可能遇到的风险及产生风险的业务活动等情况。

(二)信用风险管理。信托投资公司应披露可能面临的信用风险和相应的控制策略,风险评级及使用外部评级公司的名称、依据,信用风险暴露期末数,信用风险资产分类情况,不良资产的期初、期末数,一般准备、专项准备的计提方法和统计方法,抵押品确认的主要原则及内部确定的抵押品与贷款本金之比,有关保证贷款管理原则等。

(三)市场风险管理。信托投资公司应披露因股价、市场汇率、利率及其他价格因素变动而产生和可能产生的风险及其量值估算,分析上述价格的变化对公司盈利能力和财务状况的影响,说明公司的市场风险管理和控制策略。

(四)操作风险管理。信托投资公司应披露由于内部程序、人员、系统的不完善或失误,或外部事件造成的风险,并就公司对该类风险的控制系统及风险管理策略的完整性、合法性和有效性做出说明。

(五)其他风险管理。信托投资公司应披露其他可能对公司、客户和相关利益人造成严重不利影响的风险,并说明公司对该类风险的管理策略。

第十二条 信托投资公司应当披露下列公司治理信息:

(一)年度内召开股东大会(股东会)情况;

(二)董事会及其下属委员会履行职责的情况;

(三)监事会及其下属委员会履行职责的情况;

(四)高级管理层履行职责的情况;

(五)内部控制情况。

第十三条 对会计师事务所出具的有解释性说明、保留意见、拒绝表示意见或否定意见的审计报告,信托投资公司董事会应就所涉及事项做出说明。

第十四条 信托投资公司监事会应当对本公司依法运作情况、财务报告是否真实反映公司的财务状况和经营成果等发表独立意见。

第十五条 信托投资公司应在会计报表附注中披露关联交易的总量及重大关联交易的情况。未与信托投资公司发生关联交易的关联方,信托投资公司可以不予披露。

重大关联交易应当逐笔披露,包括关联交易方、交易内容、定价原则、交易方式、交易金额及报告期内逾期没有偿还的有关情况等。关联交易方是信托投资公司股东的,还应披露该股东对信托投资公司的持股金额和持股比例。

重大关联交易是指信托投资公司固有财产与一个关联方之间、信托投资公司信托财产与一个关联方之间、信托投资公司固有财产与信托财产之间、信托财产之间单笔交易金额占信托投资公司注册资本5%以上,或信托投资公司与一个关联方发生交易后,信托投资公司与该关联方的交易余额占信托投资公司注册资本20%以上的交易。

计算关联自然人与信托投资公司的交易余额时,其近亲属与该信托投资公司的交易应当合并计算;计算关联法人或其他组织与信托投资公司的交易余额时,与其构成集团客户的法人或其他组织与该信托投资公司的交易应当合并计算。

第十六条 本办法所称关联方、控制、共同控制是指《企业会计准则——关联方关系及其交易的披露》所作的相关定义。

本办法所称近亲属包括父母、配偶、兄弟姐妹及其配偶、成年子女及其配偶、配偶的父母、配偶的兄弟姐妹及其配偶、父母的兄弟姐妹及其配偶、父母的兄弟姐妹的成年子女及其配偶。

本办法所称关联法人或其他组织包括：

（一）信托投资公司的非自然人股东；

（二）与信托投资公司同受某一企业直接、间接控制的法人或其他组织；

（三）信托投资公司的内部人与自然人股东及其近亲属直接、间接、共同控制或可施加重大影响的法人或其他组织；

（四）其他可直接、间接、共同控制信托投资公司或可对信托投资公司施加重大影响的法人或其他组织。

本办法所称集团客户是指同受某一企业直接、间接控制的两个或多个企业或组织。

第十七条　信托投资公司披露的年度特别事项，至少应包括下列内容：

（一）前五名股东报告期内变动情况及原因；

（二）高级管理人员变动情况及原因；

（三）变更注册资本、变更注册地或公司名称、公司分立合并事项；

（四）公司的重大诉讼事项；

（五）公司及其高级管理人员受到处罚的情况；

（六）银监会及其派出机构对公司检查后提出整改意见的，应简单说明整改情况；

（七）本年度重大事项临时报告的简要内容、披露时间、所披露的媒体名称及版面；

（八）银监会及其省级派出机构认定的其他有必要让客户及相关利益人了解的重要信息。

第十八条　信托投资公司发生重大事项，应当制作重大事项临时报告并向社会披露。重大事项包括（但不限于）下列情况：

（一）公司第一大股东变更及原因；

（二）公司董事长、总经理变动及原因；

（三）公司董事报告期内累计变更超过50%；

（四）信托经理和信托业务人员报告期内累计变更超过30%；

（五）公司章程、注册资本、注册地和公司名称的变更；

（六）公司合并、分立、解散等事项；

（七）公司更换为其审计的会计师事务所；

（八）公司更换为其服务的律师事务所；

（九）法律法规规定的其他重要事项。

第十九条　信托投资公司披露重大事项临时报告应包括（但不限于）下列内容：

（一）董事会及董事承诺所披露的信息真实、准确、完整，并就其保证承担相应的法律责任；

（二）需披露的重大事件发生的时间、地点、当事人、事件内容。原因分析、对公司今后发展影响的估计、公司拟采取的应对措施。

第二十条　信托投资公司发生如下事件，应当出具由公司董事会负责的情况报告，在事件发生的2日内报所在地银监会派出机构。情况报告应说明事件发生的时间、地点、内容、原因、对公司影响的估计、公司拟采取的应对措施及董事会对该事件的披露意见，并附律师事务所法律意见书。

（一）重大经营损失，足以影响公司支付能力和持续经营能力的；

（二）与公司及公司员工有关的刑事案件；

（三）受到工商、税务、审计、海关、证券管理、外汇管理等职能部门风险提示、公开谴责或行政处罚；

（四）银监会及其省级派出机构认为需报告的其他突发事件。

第三章　信息披露的管理

第二十一条　信托投资公司应当有专门人员负责信息披露事务，包括建立信息披露制度、接待来访，回答咨询，以及负责与银监会、客户、新闻机构等的联系。

信托投资公司应当将负责信息披露事务人员的姓名、联系电话、电子邮件、图文传真等信息报公司所在地银监会派出机构备案，并在年度报告和年度报告摘要中载明。

第二十二条　信托投资公司应于每个会计年度结束后的四个月内披露年度报告和年度报告摘要。因特殊原因不能按时披露的，应至少提前15日向银监会申请延迟。

第二十三条　信托投资公司应当将书面年度报告全文及摘要备置于公司主要营业场所，供客户及相关利益人查阅。信托投资公司应将年度报告全文登载于本公司的网站上，将年度报告摘要刊登在至少一种银监会指定的全国性报纸上。

第二十四条 信托投资公司应将重大事项临时报告自事实发生之日后5个工作日内刊登在至少一种银监会指定的全国性报纸上。

第二十五条 信托投资公司除在银监会指定的全国性报纸上披露信息外,还可以根据需要在其他报刊上披露信息,但必须保证:

(一)指定报刊不晚于非指定报刊披露信息;

(二)在不同报刊上披露同一信息的文字一致。

第二十六条 信托投资公司应当在年度报告公布后5个工作日内,将书面年度报告全文及摘要报送公司所在地的银监会派出机构,并应在年度报告公布后15个工作日内,将年度报告全文及摘要文本送达银监会。

第二十七条 信托投资公司董事会负责公司的信息披露。董事会及其董事应当保证所披露的信息真实、准确、完整,承诺其中不存在虚假记载、误导性陈述或重大遗漏,并就其保证承担相应的法律责任。

对公司所披露信息的真实性、准确性、完整性无法保证或存在异议的董事,应当单独陈述理由和发表意见。未参会董事应当单独列示其姓名。

公司设立独立董事的,独立董事应就公司所披露信息的真实性、准确性、完整性发表意见并单独列示。

第四章 附 则

第二十八条 对违反本办法规定,在信息披露中提供虚假信息或隐瞒重要事实的机构及有关责任人员,按照《中华人民共和国银行业监督管理法》、《金融违法行为处罚办法》等有关法律法规的规定进行处罚,构成犯罪的,依法追究刑事责任。

第二十九条 本办法由银监会负责解释。

第三十条 信托投资公司自2005年1月1日起到2008年1月1日分步实施本办法。

最高人民法院关于涉及中银信托投资公司案件的诉讼时效问题的通知

1. 1997年6月7日公布
2. 法明传〔1997〕202号
3. 已由法释〔2013〕2号废止

各省、自治区、直辖市高级人民法院:

鉴于中国人民银行接管中银信托投资公司(下称中银公司)及广东发展银行收购中银公司均需对其债权、债务及财务状况进行清理,不能及时对外主张债权的情况,为依法保护其合法债权,对原中银公司的债权,凡在接管、收购前尚未超过诉讼时效期限的,一律适用《中华人民共和国民法通则》第一百三十九条诉讼时效中止的规定。中止期间为中国人民银行接管之日起至本院发文确定的继续中止执行期间届满之日止(即1995年10月6日至1997年1月15日)。中止期间届满之次日起,诉讼时效期间继续计算。

最高人民法院关于审理涉及中国农村发展信托投资公司经济纠纷案件有关问题的补充通知

1. 1999年4月14日公布
2. 法〔1999〕57号

各省、自治区、直辖市高级人民法院:

本院就审理涉及中国农村发展信托投资公司(以下简称中农信公司)经济纠纷案件的有关问题,先后发出了法明传(1997)89号、法明传(1997)203号通知,现就有关问题再补充通知如下:

一、关于原中农信公司或有负债的处理问题

1998年2月24日,经国务院决定由中国人民银行宣布中农信公司正式解散。国办发〔1998〕5号《国务院办公厅转发原中国农村发展信托投资公司人员安置和工商企业移交方案的通知》第四条规定"原中农信公司解散后,其法律主体已不存在,公司的股东权益全部冲销,或有负债和欠缴税费一律免除,或有资产由中国建设银行予以追索”。因此,人民法院在审理涉及原中农信公司为债务人的经济纠纷案件时,对原中农信公司1998年2月24日以后的或有债务应予免除,尚未审结的案件应照此规定处理。

二、关于诉讼时效期间如何计算问题

鉴于中农信公司问题的特殊情况,为最大限度地保护国有资产,对涉及原中农信公司的经济纠纷,除中农信公司关闭前已超过诉讼时效期间的之外,诉讼时效期间应从中农信公司被宣布解散之日,即从1998年2月24日起重新计算。

本院法明传(1997)203号通知第二条规定与本通知不一致的,以本通知为准。

附:最高人民法院法明传(1997)89号、203号文件

附一:

最高人民法院关于审理涉及中农信公司经济纠纷案件有关问题的通知

1. 1997年3月19日公布

2. 法明传〔1997〕89号

各省、自治区、直辖市高级人民法院:

中国农村发展信托投资公司(以下简称中农信公司)因严重违规违法经营,已被关闭,本院曾于1月6日发出通知,要求各级法院对涉及中农信公司的经济纠纷案件中止审理和中止执行。现根据对该公司关闭后清理工作进展情况,对人民法院审判工作中涉及中农信公司经济纠纷案件的有关问题通知如下:

一、人民法院受理并已于1997年1月4日前判决发生法律效力的,以原中农信公司总部和19家金融性分支机构(以下简称金融性分支机构,具体名单附后)为执行对象的执行案件,仍按原判决内容执行,但对于1997年1月4日关闭、托管中农信公司后的利息不再予以支付,具体执行办法,可由当事人持人民法院生效判决,按照中国人民银行3月6日及中国建设银行3月7日公告规定,向中国建设银行进行债权登记,或者由受理执行案件的法院及时与中国建设银行联系,并在1997年12月1日后执行。

二、人民法院已经受理尚未作出终审判决的,以原中农信公司总部和金融性分支机构为被告的案件,自本通知下发之日起恢复审查。受诉法院应当抓紧审理,力争在上半年内审结。根据中农信公司已经资不抵债的实际情况和经国务院批准的中国人民银行、中国建设银行有关公告精神,人民法院在判决时对资金利息不再予以保护。判决以后的执行问题,按本通知第一条规定中的原则处理,并在1997年12月1日前及时与中国建设银行联系,或者通知当事人在此之前向中国建设银行申报债权。

三、鉴于中农信公司已经被关闭,原中农信公司总部及其金融性分支机构的诉讼主体地位转由中国建设银行承接。

四、对于以原中农信公司总部和金融性分支机构为被告而起诉的,人民法院不再予以受理,告知当事人按照中国人民银行3月6日及中国建设银行3月7日公告规定,向中国建设银行进行债权登记。

五、对于以原中农信公司总部和金融性分支机构为原告的案件,以及以原中农信公司投资、参股的其他法人或经济组织为当事人的案件,自本通知下发之日起一律恢复审理或恢复执行。

附:

原中农信公司所属19家金融性分支机构名单

1. 中农信公司广东办事处
2. 中农信公司中山代表处
3. 中农信公司上海办事处
4. 中农信公司海南办事处
5. 中农信公司厦门代表处
6. 中农信公司福建代表处
7. 中农信公司浙江办事处
8. 中农信公司宁波代理处
9. 中农信公司江苏代表处
10. 中农信公司大连办事处
11. 中农信公司辽宁办事处
12. 中农信公司山东代理处

13. 中农信公司青岛代理处
14. 中农信郑州公司
15. 中农信公司陕西办事处
16. 中农信主深圳代表处
17. 中农信公司北海代表处
18. 中农信公司河北代表处
19. 中农信公司山西办事处

附二:

最高人民法院关于审理涉及中农信公司经济纠纷案件有关问题的补充通知

1. 1997年7月7日公布
2. 法明传〔1997〕203号

各省、自治区、直辖市高级人民政府:

现就本院1997年3月19日下发《关于审理涉及中农信公司经济纠纷案件有关问题的通知》(法明传〔1997〕89号,以下简称《通知》)后,各地提出的有关问题补充通知如下:

一、关于涉及中农信公司的经济纠纷案件,在该公司关闭前经人民法院判决、关闭后送达的一审判决书是否发生法律效力的问题。本院《通知》第二条规定:"人民法院已经受理尚未作出终审判决的,以原中农信公司总部和金融性分支机构为被告的案件,自本通知下发之日起恢复审理"。中农信公司关闭前判决、关闭后送达的一审判决书应属"尚未作出终审判决",未发生法律效力的案件,应自恢复审理之日起重新计算上诉期限。鉴于有关当事人可能不知道人民法院已经恢复审理的实际情况,各有关第一审人民法院应在接到本补充通知后,再次通知当事人在重新规定的期限内可以提起上诉。

二、关于诉讼时效期间如何计算的问题。《中华人民共和国民法通则》第一百三十九条规定:"在诉讼时效期间的最后六个月内,因不可抗力或者其他障碍不能行使请求权的,诉讼时效中止。从中止时效的原因消除之日起,诉讼时效期间继续计算"。对于有关涉及中农信公司的案件,如属在诉讼时效期间最后六个月内遇该公司被关闭的,可以中止诉讼时效,中止期间为1997年1月6日至3月19日。不属于在诉讼时效期间最后六个月内上述情形的,不适用诉讼时效中止的规定。

最高人民法院关于发布第五批实施停业整顿、重组、撤销信托投资公司名单和有关事项的通知

1. 2001年2月1日公布
2. 法〔2001〕12号

各省、自治区、直辖市高级人民法院,新疆维吾尔自治区高级人民法院生产建设兵团分院:

为配合国务院清理整顿信托投资公司的工作,本院已经先后发布了四批涉及实施停业整顿、重组、撤销等政策的信托投资公司名单。现将第五批名单和对前四批名单所列信托投资公司如何恢复司法程序的问题通知如下:

一、对第五批名单所列信托投资公司为被告的民事纠纷案件依照前四批规定的原则办理。

二、对本院已经发布的实施撤销或者停业整顿的信托投资公司为被告的民事纠纷案件,自中国人民银行公告(尚未公告的名单附后)后半年,开始受理和审理。对案件已经审理终结的,应告知当事人持生效法律文书向实施撤销或者停业整顿的信托投资公司的清算组申报债权。

在执行中如遇特殊情况和问题,请及时报告本院协调解决。

附:

1. 最高人民法院发布的实施停业整顿、重组、撤销信托投资公司前三批名单中尚未公告的公司

2. 涉及实施停业整顿、重组、撤销信托投资公司的第五批信托投资公司名单

中华人民共和国最高人民法院
二〇〇一年二月一日

附1：

最高人民法院发布的实施停业整顿、重组、撤销的前三批信托投资公司名单中尚未公告的公司

第一批(10家)：
1. 中国对外经济贸易信托投资公司
2. 广州国际信托投资公司
3. 广州科技信托投资公司
4. 广州对外经济贸易信托投资公司
5. 大连国际信托投资公司
6. 大连信托投资公司
7. 大连经济技术开发信托投资公司
8. 海南省国际信托投资公司
9. 海南省信托投资公司
10. 海南汇通国际信托投资公司

第二批(4家)
11. 连云港市国际信托投资公司
12. 北京中兴信托投资有限责任公司
13. 三亚中亚信托投资公司
14. 海南赛格国际信托投资公司

第三批(2家)
15. 中国民族国际信托投资公司
16. 中国科技国际信托投资有限责任公司

附2：

涉及实施停业整顿、重组、撤销等政策的第五批信托投资公司名单

省份	公司名称	处置方式
福建省	一、福建国际信托投资公司	撤销
	二、福建华兴信托投资公司	撤销
	三、福州市信托投资公司	撤销
	四、闽南侨乡信托投资公司	撤销
	五、漳州信托投资公司	撤销
	六、闽北武夷信托投资公司	撤销
	七、闽东福宁信托投资公司	撤销

续表

省份	公司名称	处置方式
浙江省	八、丽水信托投资公司	撤销
	九、衢州信托投资公司	撤销
吉林省	十、吉林省国际信托投资有限责任公司	撤销
	十一、长春信托投资公司	撤销
	十二、延边朝鲜族自治州信托投资公司	撤销
湖南省	十三、湖南省信托投资公司怀化市办事处	撤销
	十四、湖南省信托投资公司邵阳市办事处	撤销
	十五、湖南省信托投资公司湘西土家族苗族自治州办事处	撤销
	十六、湖南省信托投资公司湘潭办事处	撤销
	十七、湖南省信托投资公司益阳办事处	撤销
	十八、湖南省信托投资公司永州市办事处	撤销
	十九、湖南省信托投资公司张家界市办事处	撤销
	二十、湖南省信托投资公司郴州市办事处	撤销
北京市	二十一、中国华融信托投资公司	撤销
	二十二、中国东方信托投资公司	撤销
	二十三、中国信达信托投资公司	撤销
	二十四、中国长城信托投资公司	撤销
云南省	二十五、云南金旅信托投资有限公司	撤销

十、企业兼并与改制

利用外资改组国有企业暂行规定

1. 2002年11月8日国家经济贸易委员会、财政部、国家工商行政管理总局、国家外汇管理局令第42号公布
2 自2003年1月1日起施行

第一条 为引导和规范利用外资改组国有企业的行为，促进国有经济的战略性改组，加快国有企业建立现代企业制度的步伐，维护社会稳定，根据《中华人民共和国公司法》、《中华人民共和国合同法》和国家有关外商投资及国有资产管理的法律法规规定，制定本规定。

第二条 本规定适用于利用外资将国有企业、含国有股权的公司制企业(金融企业和上市公司除外)改制或设立为公司制外商投资企业的行为(以下简称利用外资改组国有企业)。

第三条 本规定所称利用外资改组国有企业包括下列情形：

(一)国有企业的国有产权持有人将全部或部分产权转让给外国公司、企业和其他经济组织或个人(以下简称外国投资者)，企业改组为外商投资企业；

(二)公司制企业的国有股权持有人将全部或部分国有股权转让给外国投资者，企业改组为外商投资企业；

(三)国有企业的境内债权人将持有的债权转给外国投资者，企业改组为外商投资企业；

(四)国有企业或含国有股权的公司制企业将企业的全部或主要资产出售给外国投资者，外国投资者以所购买的资产独自或与出售资产的企业等共同设立外商投资企业；

(五)国有企业或含国有股权的公司制企业通过增资扩股吸收外国投资者投资，将该企业改组为外商投资企业。

第四条 本规定第三条所述(一)、(二)、(三)、(五)项情形的国有企业和公司制企业称为被改组企业。

国有企业的国有产权、公司制企业的国有股权统称为国有产权。国有产权持有人、国有股权持有人统称为国有产权持有人。

国有产权持有人是指国家授权的部门或国家授权投资的机构、持有国有资本的企业及其他经济组织。国有产权持有人、转让债权的国有企业债权人、出售资产的企业统称为改组方。

第五条 改组方应当选择具备下列条件的外国投资者：

(一)具有被改组企业所需的经营资质和技术水平；

(二)具有良好的商业信誉和管理能力；

(三)具有良好的财务状况和经济实力。

改组方应当要求外国投资者提出改善企业治理结构和促进企业持续发展的重整方案，重整方案内容应当包括新产品开发、技术改造及相关投资计划、加强企业管理的措施等。

第六条 利用外资改组国有企业应当遵循下列原则：

(一)遵守国家法律法规，保证国家经济安全；

(二)符合国家产业政策要求。企业(包括其直接或间接持股的企业)经营范围属于《外商投资产业指导目录》禁止外商投资产业的，外国投资者不得参与改组；须由中方控股或相对控股的企业，改组后应当保持中方控股或相对控股地位；

(三)有利于经济结构调整，促进国有资本优化配置；

(四)注重引进先进技术和管理经验，建立规范的公司治理结构，推动企业技术进步和产业升级；

(五)坚持公开、公平、公正、诚实信用的原则，防止国有资产流失，不得逃废、悬空银行及其他债权人的债权，不得损害职工的合法权益，保护外国投资者的合法权益；

(六)促进公平竞争，不得导致市场垄断。

第七条 转让国有企业产权或国有独资公司和两个以上的国有企业或其他两个以上的国有

投资主体投资设立的有限责任公司的国有股权的，改组方应当事先征求被改组企业职工代表大会的意见。转让公司制企业国有股权，应当经过被改组企业股东会同意。转让国有企业债权的，应当经过被改组企业国有产权持有人同意。企业出售全部或主要资产的，应当事先征得企业国有产权持有人或股东会的同意，并通知债权人。

第八条　利用外资改组国有企业应当符合下列要求：

（一）企业改组前，国有产权持有人应当组织被改组企业进行资产清查、产权界定、债权债务清理，聘请具备资格的中介机构进行财务审计，按照《国有资产评估管理办法》（国务院令第91号）、《国有资产评估管理若干问题的规定》（财政部令第14号）等有关规定进行资产评估。评估结果按照规定核准或备案后，作为确定国有产权、资产价格的依据。

（二）改组后企业控制权转移或企业的全部或主要经营资产出售给外国投资者的，改组方和被改组企业应当制定妥善安置职工的方案，并应当经职工代表大会审议通过。被改组企业应当以现有资产清偿拖欠职工的工资、未退还的集资款、欠缴的社会保险费等各项费用。被改组企业与职工实行双向选择。对留用职工要依法重新签订或变更劳动合同。对解除劳动合同的职工要依法支付经济补偿金，对移交社会保险机构的职工要依法一次性缴足社会保险费，所需资金从改组前被改组企业净资产抵扣，或从国有产权持有人转让国有产权收益中优先支付。

（三）以出售资产方式进行改组的，企业债权债务仍由原企业承继；以其他方式改组的，企业债权债务由改组后的企业承继。转让已抵押或质押的国有产权、资产的，应当符合《中华人民共和国担保法》的有关规定。债务承继人应当与债权人签订相关的债权债务处置协议。

（四）改组方应当公开发布改组信息，广泛地征集外国投资者，对外国投资者的资质、信誉、财务状况、管理能力、付款保障、经营者素质等进行调查。优先选择能带来先进技术和管理经验、产业关联度高的中长期投资者。

改组方和外国投资者应当应对方的合理要求，如实、详尽地提供有关信息资料，不得有误导和欺诈行为，并承担相应保密义务。

（五）企业改组以转让国有产权或出售资产方式进行的，改组方应当优先采用公开竞价方式确定外国投资者及转让价格。采用公开竞价方式转让，应当依法履行有关手续，并将拟转让国有产权或拟出售资产的相关情况予以公告。采取协议转让的，也应当公开运作。

不论采取何种转让方式，改组方与外国投资者均应当按照国家有关规定和本规定签订转让协议。转让协议内容应当主要包括转让国有产权的基本情况、职工安置、债权债务处置、转让比例、转让价格、付款方式及付款条件、产权交割事项以及企业重整等条款。

第九条　利用外资改组国有企业应当按下列程序办理：

（一）改组方（两个以上的改组方应当确定一个改组方）应当向同级经济贸易主管部门提出改组申请。改组申请材料应当附可行性研究报告、改组方和被改组企业的情况、外国投资者的情况（包括经注册会计师审计的最近三年的财务报告和在中国境内拥有实际控制权的同行业企业产品或服务的市场占有率）、改组方案（包括职工安置、债权债务处置和企业重整方案）、改组后的企业（包括其直接或间接持股的企业）的经营范围和股权结构等文件。

接受申请的经济贸易主管部门应当依照《指导外商投资方向规定》的权限和有关法律法规进行审核。中央企业及其全资或具有控制权的企业进行改组的、被改组企业直接或间接持有上市公司股权的、改组后的企业资产总额不低于3000万美元的，由国务院经济贸易主管部门审核；对可能导致市场垄断、妨碍公平竞争的，在审核前组织听证。经济贸易主管部门在收到改组申请材料后45天内应当做出是否同意的批复；需要听证的，在3个月内做出是否同意的批复。

国家对被改组企业及其直接或间接持股的企业所属行业利用外资以及上市公司国有

股权持有人因产权变动引起所持国有股性质发生变化另有规定的,依照其规定。

(二)改组方和外国投资者签订的转让协议应当按照财政部《关于印发〈企业国有资本与财务管理暂行办法〉的通知》(财企〔2001〕325号)的有关规定报批。转让协议经批准后生效。

转让协议应当附国有产权登记证、被改组企业的审计及资产评估报告核准或备案情况、职工安置方案、债权债务协议、企业重整方案、改组方及被改组企业的有关决议、被改组企业职工代表大会的意见或决议等文件。

(三)改组方或被改组企业应当凭改组申请和转让协议的批准文件依法办理外商投资企业的审批手续;改组后的企业为股份有限公司的,依照《中华人民共和国公司法》的有关规定办理。

(四)改组后的企业或投资者应当持本条(一)、(三)项的批准文件按照登记管理法规规定向具有外商投资企业登记权的原登记机关或住所地具有外商投资企业登记权的登记机关办理登记手续;改组后的企业为股份有限公司的,依照《中华人民共和国公司法》的有关规定办理。

(五)改组方应当凭改组申请和转让协议的批准文件、外资外汇登记证明及有关文件,按照有关规定办理国有产权交割手续和权属变更登记手续,并委托注册会计师依法出具验资报告。改组后的企业用地原为国有划拨土地的,应当依法办理土地使用权审批和出让手续。

(六)改组方转让国有产权、债权或出售资产的外汇资金收入,应当凭改组申请和转让协议的批准文件及有关文件报外汇管理部门批准后结汇。

被改组企业通过增资扩股方式吸收外国投资者投资进行改组的,经外汇管理部门批准,可以开立外汇资本金账户保留外国投资者投入的外汇资金。

(七)限额以下由地方经济贸易主管部门和财政主管部门审批的涉及国家重点企业、国家批准的债转股企业和属于《外商投资产业指导目录》限制类产业的企业的改组申请、转让协议及其批准文件,应当分别报国务院经济贸易主管部门、国务院财政主管部门备案。

第十条 外国投资者应当以境外汇入的可自由兑换货币或其他合法财产权益支付转让价款或出资。经外汇管理部门批准,也可以用在中国境内投资获得的人民币净利润或其他合法财产权益支付转让价款或出资。上述其他合法财产权益包括:

(一)外国投资者来源于中国境内举办的其他外商投资企业因清算、股权转让、先行回收投资、减资等所得的财产;

(二)外国投资者收购国有企业或含国有股权的公司制企业的国有产权或资产;

(三)外国投资者收购国有企业的债权人的债权;

(四)法律法规规定的其他出资方式。

注册会计师在为外国投资者办理验资时,应当按照财政部、国家外汇管理局《关于进一步加强外商投资企业验资工作和健全外资外汇登记制度的通知》(财会〔2002〕1017号)的规定履行验资程序、出具验资报告。

第十一条 以转让方式进行改组的,外国投资者一般应当在外商投资企业营业执照颁发之日起3个月内支付全部价款。确有困难的,应当在营业执照颁发之日起6个月内支付价款总额的60%以上,其余款项应当依法提供担保,在一年内付清。

第十二条 国有产权转让后企业控制权转移或企业的全部或主要经营资产出售给外国投资者的,在外国投资者付清全部价款前,改组方有权了解、监督改组后的企业的生产经营及财务状况,外国投资者和改组后的企业应当给予相应的便利。

外国投资者在以收购的资产投资设立外商投资企业之前,不得以上述资产开展经营活动。

第十三条 国有产权、资产转让收益由改组方收取,按照国务院财政主管部门有关规定管理和使用。

第十四条 外国投资者从改组后的企业分得的净利润、股权转让所得收入、企业经营期满或终止时分得的资金以及其他合法收入，可以依法汇出境外。经外汇管理部门批准，也可以用于境内再投资。

第十五条　在利用外资改组国有企业过程中，税收政策按照国家有关税收的法律、行政法规的规定执行，收费政策按照国家计委、国家经贸委、监察部、财政部、审计署、国务院纠风办《关于对企业实施改革改组改造过程中的有关收费实行减免的通知》（计价费〔1998〕1077号）的规定执行。

第十六条　改组方和被改组企业人员超越权限、玩忽职守或与外国投资者私下串通、贪污受贿，损害国家、债权人和职工合法权益的，由有关部门依法给予行政处罚和处分；构成犯罪的，依法追究刑事责任。

第十七条　负责审批的政府机关工作人员违反本规定，擅自批准或在审批中以权谋私，损害国家、债权人和职工合法权益的，由有关部门按干部管理权限，追究直接责任者和主管人员的行政责任；构成犯罪的，依法追究刑事责任。

第十八条　香港特别行政区、澳门特别行政区、台湾地区的投资者和已设立的外商投资企业参与国有企业改组的，参照本规定执行。

第十九条　本规定由国家经济贸易委员会、财政部、国家工商行政管理总局、国家外汇管理局负责解释。

第二十条　本规定自2003年1月1日起施行。

关于外国投资者并购境内企业的规定

1. *2003年3月7日对外贸易经济合作部、国家税务总局、国家工商行政管理总局、国家外汇管理局令2003年第3号公布*
2. *2006年8月8日商务部、国务院国有资产监督管理委员会、国家税务总局、国家工商行政管理总局、中国证券监督管理委员会、国家外汇管理局令2006年第10号第一次修订*
3. *2009年6月22日商务部令2009年第6号第二次修订*

第一章　总　　则

第一条　为了促进和规范外国投资者来华投资，引进国外的先进技术和管理经验，提高利用外资的水平，实现资源的合理配置，保证就业、维护公平竞争和国家经济安全，依据外商投资企业的法律、行政法规及《公司法》和其他相关法律、行政法规，制定本规定。

第二条　本规定所称外国投资者并购境内企业，系指外国投资者购买境内非外商投资企业（以下称“境内公司”）股东的股权或认购境内公司增资，使该境内公司变更设立为外商投资企业（以下称“股权并购”）；或者，外国投资者设立外商投资企业，并通过该企业协议购买境内企业资产且运营该资产，或，外国投资者协议购买境内企业资产，并以该资产投资设立外商投资企业运营该资产（以下称“资产并购”）。

第三条　外国投资者并购境内企业应遵守中国的法律、行政法规和规章，遵循公平合理、等价有偿、诚实信用的原则，不得造成过度集中、排除或限制竞争，不得扰乱社会经济秩序和损害社会公共利益，不得导致国有资产流失。

第四条　外国投资者并购境内企业，应符合中国法律、行政法规和规章对投资者资格的要求及产业、土地、环保等政策。

依照《外商投资产业指导目录》不允许外国投资者独资经营的产业，并购不得导致外国投资者持有企业的全部股权；需由中方控股或相对控股的产业，该产业的企业被并购后，仍应由中方在企业中占控股或相对控股地位；禁止外国投资者经营的产业，外国投资者不得并购从事该产业的企业。

被并购境内企业原有所投资企业的经营范围应符合有关外商投资产业政策的要求；不符合要求的，应进行调整。

第五条　外国投资者并购境内企业涉及企业国有产权转让和上市公司国有股权管理事宜的，应当遵守国有资产管理的相关规定。

第六条　外国投资者并购境内企业设立外商投资企业，应依照本规定经审批机关批准，向登记管理机关办理变更登记或设立登记。

如果被并购企业为境内上市公司，还应根据《外国投资者对上市公司战略投资管理办法》，向国务院证券监督管理机构办理相关手续。

第七条　外国投资者并购境内企业所涉及的各

方当事人应当按照中国税法规定纳税,接受税务机关的监督。

第八条　外国投资者并购境内企业所涉及的各方当事人应遵守中国有关外汇管理的法律和行政法规,及时向外汇管理机关办理各项外汇核准、登记、备案及变更手续。

第二章　基本制度

第九条　外国投资者在并购后所设外商投资企业注册资本中的出资比例高于25%的,该企业享受外商投资企业待遇。

外国投资者在并购后所设外商投资企业注册资本中的出资比例低于25%的,除法律和行政法规另有规定外,该企业不享受外商投资企业待遇,其举借外债按照境内非外商投资企业举借外债的有关规定办理。审批机关向其颁发加注"外资比例低于25%"字样的外商投资企业批准证书(以下称"批准证书")。登记管理机关、外汇管理机关分别向其颁发加注"外资比例低于25%"字样的外商投资企业营业执照和外汇登记证。

境内公司、企业或自然人以其在境外合法设立或控制的公司名义并购与其有关联关系的境内公司,所设立的外商投资企业不享受外商投资企业待遇,但该境外公司认购境内公司增资,或者该境外公司向并购后所设企业增资,增资额占所设企业注册资本比例达到25%以上的除外。根据该款所述方式设立的外商投资企业,其实际控制人以外的外国投资者在企业注册资本中的出资比例高于25%的,享受外商投资企业待遇。

外国投资者并购境内上市公司后所设外商投资企业的待遇,按照国家有关规定办理。

第十条　本规定所称的审批机关为中华人民共和国商务部或省级商务主管部门(以下称"省级审批机关"),登记管理机关为中华人民共和国国家工商行政管理总局或其授权的地方工商行政管理局,外汇管理机关为中华人民共和国国家外汇管理局或其分支机构。

并购后所设外商投资企业,根据法律、行政法规和规章的规定,属于应由商务部审批的特定类型或行业的外商投资企业的,省级审批机关应将申请文件转报商务部审批,商务部依法决定批准或不批准。

第十一条　境内公司、企业或自然人以其在境外合法设立或控制的公司名义并购与其有关联关系的境内的公司,应报商务部审批。

当事人不得以外商投资企业境内投资或其他方式规避前述要求。

第十二条　外国投资者并购境内企业并取得实际控制权,涉及重点行业、存在影响或可能影响国家经济安全因素或者导致拥有驰名商标或中华老字号的境内企业实际控制权转移的,当事人应就此向商务部进行申报。

当事人未予申报,但其并购行为对国家经济安全造成或可能造成重大影响的,商务部可以会同相关部门要求当事人终止交易或采取转让相关股权、资产或其他有效措施,以消除并购行为对国家经济安全的影响。

第十三条　外国投资者股权并购的,并购后所设外商投资企业承继被并购境内公司的债权和债务。

外国投资者资产并购的,出售资产的境内企业承担其原有的债权和债务。

外国投资者、被并购境内企业、债权人及其他当事人可以对被并购境内企业的债权债务的处置另行达成协议,但是该协议不得损害第三人利益和社会公共利益。债权债务的处置协议应报送审批机关。

出售资产的境内企业应当在投资者向审批机关报送申请文件之前至少15日,向债权人发出通知书,并在全国发行的省级以上报纸上发布公告。

第十四条　并购当事人应以资产评估机构对拟转让的股权价值或拟出售资产的评估结果作为确定交易价格的依据。并购当事人可以约定在中国境内依法设立的资产评估机构。资产评估应采用国际通行的评估方法。禁止以明显低于评估结果的价格转让股权或出售资产,变相向境外转移资本。

外国投资者并购境内企业,导致以国有资产投资形成的股权变更或国有资产产权转移时,应当符合国有资产管理的有关规定。

第十五条　并购当事人应对并购各方是否存在关联关系进行说明,如果有两方属于同一个实际控制人，则当事人应向审批机关披露其实际控制人，并就并购目的和评估结果是否符合市场公允价值进行解释。当事人不得以信托、代持或其他方式规避前述要求。

第十六条　外国投资者并购境内企业设立外商投资企业，外国投资者应自外商投资企业营业执照颁发之日起3个月内向转让股权的股东，或出售资产的境内企业支付全部对价。对特殊情况需要延长者，经审批机关批准后，应自外商投资企业营业执照颁发之日起6个月内支付全部对价的60%以上，1年内付清全部对价，并按实际缴付的出资比例分配收益。

外国投资者认购境内公司增资，有限责任公司和以发起方式设立的境内股份有限公司的股东应当在公司申请外商投资企业营业执照时缴付不低于20%的新增注册资本，其余部分的出资时间应符合《公司法》、有关外商投资的法律和《公司登记管理条例》的规定。其他法律和行政法规另有规定的，从其规定。股份有限公司为增加注册资本发行新股时，股东认购新股，依照设立股份有限公司缴纳股款的有关规定执行。

外国投资者资产并购的，投资者应在拟设立的外商投资企业合同、章程中规定出资期限。设立外商投资企业，并通过该企业协议购买境内企业资产且运营该资产的，对与资产对价等额部分的出资，投资者应在本条第一款规定的对价支付期限内缴付；其余部分的出资应符合设立外商投资企业出资的相关规定。

外国投资者并购境内企业设立外商投资企业，如果外国投资者出资比例低于企业注册资本25%，投资者以现金出资的，应自外商投资企业营业执照颁发之日起3个月内缴清；投资者以实物、工业产权等出资的，应自外商投资企业营业执照颁发之日起6个月内缴清。

第十七条　作为并购对价的支付手段，应符合国家有关法律和行政法规的规定。外国投资者以其合法拥有的人民币资产作为支付手段的，应经外汇管理机关核准。外国投资者以其拥有处置权的股权作为支付手段的，按照本规定第四章办理。

第十八条　外国投资者协议购买境内公司股东的股权，境内公司变更设立为外商投资企业后，该外商投资企业的注册资本为原境内公司注册资本，外国投资者的出资比例为其所购买股权在原注册资本中所占比例。

外国投资者认购境内有限责任公司增资的，并购后所设外商投资企业的注册资本为原境内公司注册资本与增资额之和。外国投资者与被并购境内公司原其他股东，在境内公司资产评估的基础上，确定各自在外商投资企业注册资本中的出资比例。

外国投资者认购境内股份有限公司增资的，按照《公司法》有关规定确定注册资本。

第十九条　外国投资者股权并购的，除国家另有规定外，对并购后所设外商投资企业应按照以下比例确定投资总额的上限：

（一）注册资本在210万美元以下的，投资总额不得超过注册资本的10/7；

（二）注册资本在210万美元以上至500万美元的，投资总额不得超过注册资本的2倍；

（三）注册资本在500万美元以上至1200万美元的，投资总额不得超过注册资本的2.5倍；

（四）注册资本在1200万美元以上的，投资总额不得超过注册资本的3倍。

第二十条　外国投资者资产并购的，应根据购买资产的交易价格和实际生产经营规模确定拟设立的外商投资企业的投资总额。拟设立的外商投资企业的注册资本与投资总额的比例应符合有关规定。

第三章　审批与登记

第二十一条　外国投资者股权并购的，投资者应根据并购后所设外商投资企业的投资总额、企业类型及所从事的行业，依照设立外商投资企业的法律、行政法规和规章的规定，向具有相应审批权限的审批机关报送下列文件：

（一）被并购境内有限责任公司股东一致同意外国投资者股权并购的决议，或被并购境内股份有限公司同意外国投资者股权并购的股东大会决议；

（二）被并购境内公司依法变更设立为外商投资企业的申请书；

(三)并购后所设外商投资企业的合同、章程;

(四)外国投资者购买境内公司股东股权或认购境内公司增资的协议;

(五)被并购境内公司上一财务年度的财务审计报告;

(六)经公证和依法认证的投资者的身份证明文件或注册登记证明及资信证明文件;

(七)被并购境内公司所投资企业的情况说明;

(八)被并购境内公司及其所投资企业的营业执照(副本);

(九)被并购境内公司职工安置计划;

(十)本规定第十三条、第十四条、第十五条要求报送的文件。

并购后所设外商投资企业的经营范围、规模、土地使用权的取得等,涉及其他相关政府部门许可的,有关的许可文件应一并报送。

第二十二条 股权购买协议、境内公司增资协议应适用中国法律,并包括以下主要内容:

(一)协议各方的状况,包括名称(姓名),住所,法定代表人姓名、职务、国籍等;

(二)购买股权或认购增资的份额和价款;

(三)协议的履行期限、履行方式;

(四)协议各方的权利、义务;

(五)违约责任、争议解决;

(六)协议签署的时间、地点。

第二十三条 外国投资者资产并购的,投资者应根据拟设立的外商投资企业的投资总额、企业类型及所从事的行业,依照设立外商投资企业的法律、行政法规和规章的规定,向具有相应审批权限的审批机关报送下列文件:

(一)境内企业产权持有人或权力机构同意出售资产的决议;

(二)外商投资企业设立申请书;

(三)拟设立的外商投资企业的合同、章程;

(四)拟设立的外商投资企业与境内企业签署的资产购买协议,或外国投资者与境内企业签署的资产购买协议;

(五)被并购境内企业的章程、营业执照(副本);

(六)被并购境内企业通知、公告债权人的证明以及债权人是否提出异议的说明;

(七)经公证和依法认证的投资者的身份证明文件或开业证明、有关资信证明文件;

(八)被并购境内企业职工安置计划;

(九)本规定第十三条、第十四条、第十五条要求报送的文件。

依照前款的规定购买并运营境内企业的资产,涉及其他相关政府部门许可的,有关的许可文件应一并报送。

外国投资者协议购买境内企业资产并以该资产投资设立外商投资企业的,在外商投资企业成立之前,不得以该资产开展经营活动。

第二十四条 资产购买协议应适用中国法律,并包括以下主要内容:

(一)协议各方的状况,包括名称(姓名),住所,法定代表人姓名、职务、国籍等;

(二)拟购买资产的清单、价格;

(三)协议的履行期限、履行方式;

(四)协议各方的权利、义务;

(五)违约责任、争议解决;

(六)协议签署的时间、地点。

第二十五条 外国投资者并购境内企业设立外商投资企业,除本规定另有规定外,审批机关应自收到规定报送的全部文件之日起30日内,依法决定批准或不批准。决定批准的,由审批机关颁发批准证书。

外国投资者协议购买境内公司股东股权,审批机关决定批准的,应同时将有关批准文件分别抄送股权转让方、境内公司所在地外汇管理机关。股权转让方所在地外汇管理机关为其办理转股收汇外资外汇登记并出具相关证明,转股收汇外资外汇登记证明是证明外方已缴付的股权收购对价已到位的有效文件。

第二十六条 外国投资者资产并购的,投资者应自收到批准证书之日起30日内,向登记管理机关申请办理设立登记,领取外商投资企业营业执照。

外国投资者股权并购的,被并购境内公司应依照本规定向原登记管理机关申请变更登记,领取外商投资企业营业执照。原登记管理机关没有登记管辖权的,应自收到申请文件之日起10日内转送有管辖权的登记管理机关办理，同时附送该境内公司的登记档案。被并购境内公司在申请变更登记时，应提交以下文件，并对其真实性和有效性负责：

（一）变更登记申请书；

（二）外国投资者购买境内公司股东股权或认购境内公司增资的协议；

（三）修改后的公司章程或原章程的修正案和依法需要提交的外商投资企业合同；

（四）外商投资企业批准证书；

（五）外国投资者的主体资格证明或者自然人身份证明；

（六）修改后的董事会名单，记载新增董事姓名、住所的文件和新增董事的任职文件；

（七）国家工商行政管理总局规定的其他有关文件和证件。

投资者自收到外商投资企业营业执照之日起30日内，到税务、海关、土地管理和外汇管理等有关部门办理登记手续。

第四章　外国投资者以股权作为支付手段并购境内公司

第一节　以股权并购的条件

第二十七条　本章所称外国投资者以股权作为支付手段并购境内公司，系指境外公司的股东以其持有的境外公司股权，或者境外公司以其增发的股份，作为支付手段，购买境内公司股东的股权或者境内公司增发股份的行为。

第二十八条　本章所称的境外公司应合法设立并且其注册地具有完善的公司法律制度，且公司及其管理层最近3年未受到监管机构的处罚；除本章第三节所规定的特殊目的公司外，境外公司应为上市公司，其上市所在地应具有完善的证券交易制度。

第二十九条　外国投资者以股权并购境内公司所涉及的境内外公司的股权，应符合以下条件：

（一）股东合法持有并依法可以转让；

（二）无所有权争议且没有设定质押及任何其他权利限制；

（三）境外公司的股权应在境外公开合法证券交易市场（柜台交易市场除外）挂牌交易；

（四）境外公司的股权最近1年交易价格稳定。

前款第（三）、（四）项不适用于本章第三节所规定的特殊目的公司。

第三十条　外国投资者以股权并购境内公司，境内公司或其股东应当聘请在中国注册登记的中介机构担任顾问（以下称"并购顾问"）。并购顾问应就并购申请文件的真实性、境外公司的财务状况以及并购是否符合本规定第十四条、第二十八条和第二十九条的要求作尽职调查，并出具并购顾问报告，就前述内容逐项发表明确的专业意见。

第三十一条　并购顾问应符合以下条件：

（一）信誉良好且有相关从业经验；

（二）无重大违法违规记录；

（三）应有调查并分析境外公司注册地和上市所在地法律制度与境外公司财务状况的能力。

第二节　申报文件与程序

第三十二条　外国投资者以股权并购境内公司应报送商务部审批，境内公司除报送本规定第三章所要求的文件外，另须报送以下文件：

（一）境内公司最近1年股权变动和重大资产变动情况的说明；

（二）并购顾问报告；

（三）所涉及的境内外公司及其股东的开业证明或身份证明文件；

（四）境外公司的股东持股情况说明和持有境外公司5%以上股权的股东名录；

（五）境外公司的章程和对外担保的情况说明；

（六）境外公司最近年度经审计的财务报告和最近半年的股票交易情况报告。

第三十三条　商务部自收到规定报送的全部文件之日起30日内对并购申请进行审核，符合条件的，颁发批准证书，并在批准证书上加注"外国投资者以股权并购境内公司，自营业执照颁发之日起6个月内有效"。

第三十四条　境内公司应自收到加注的批准证书之日起30日内，向登记管理机关、外汇管理机关办理变更登记，由登记管理机关、外汇管理机关分别向其颁发加注"自颁发之日起8个月内有效"字样的外商投资企业营业执照和外汇登记证。

境内公司向登记管理机关办理变更登记时,应当预先提交旨在恢复股权结构的境内公司法定代表人签署的股权变更申请书、公司章程修正案、股权转让协议等文件。

第三十五条 自营业执照颁发之日起6个月内,境内公司或其股东应就其持有境外公司股权事项,向商务部、外汇管理机关申请办理境外投资开办企业核准、登记手续。

当事人除向商务部报送《关于境外投资开办企业核准事项的规定》所要求的文件外,另须报送加注的外商投资企业批准证书和加注的外商投资企业营业执照。商务部在核准境内公司或其股东持有境外公司的股权后,颁发中国企业境外投资批准证书,并换发无加注的外商投资企业批准证书。

境内公司取得无加注的外商投资企业批准证书后,应在30日内向登记管理机关、外汇管理机关申请换发无加注的外商投资企业营业执照、外汇登记证。

第三十六条 自营业执照颁发之日起6个月内,如果境内外公司没有完成其股权变更手续,则加注的批准证书和中国企业境外投资批准证书自动失效。登记管理机关根据境内公司预先提交的股权变更登记申请文件核准变更登记,使境内公司股权结构恢复到股权并购之前的状态。

并购境内公司增发股份而未实现的,在登记管理机关根据前款予以核准变更登记之前,境内公司还应当按照《公司法》的规定,减少相应的注册资本并在报纸上公告。

境内公司未按照前款规定办理相应的登记手续的,由登记管理机关按照《公司登记管理条例》的有关规定处理。

第三十七条 境内公司取得无加注的外商投资企业批准证书、外汇登记证之前,不得向股东分配利润或向有关联关系的公司提供担保,不得对外支付转股、减资、清算等资本项目款项。

第三十八条 境内公司或其股东凭商务部和登记管理机关颁发的无加注批准证书和营业执照,到税务机关办理税务变更登记。

第三节 对于特殊目的公司的特别规定

第三十九条 特殊目的公司系指中国境内公司或自然人为实现以其实际拥有的境内公司权益在境外上市而直接或间接控制的境外公司。

特殊目的公司为实现在境外上市,其股东以其所持公司股权,或者特殊目的公司以其增发的股份,作为支付手段,购买境内公司股东的股权或者境内公司增发的股份的,适用本节规定。

当事人以持有特殊目的公司权益的境外公司作为境外上市主体的,该境外公司应符合本节对于特殊目的公司的相关要求。

第四十条 特殊目的公司境外上市交易,应经国务院证券监督管理机构批准。

特殊目的公司境外上市所在国家或者地区应有完善的法律和监管制度,其证券监管机构已与国务院证券监督管理机构签订监管合作谅解备忘录,并保持着有效的监管合作关系。

第四十一条 本节所述的权益在境外上市的境内公司应符合下列条件:

(一)产权明晰,不存在产权争议或潜在产权争议;

(二)有完整的业务体系和良好的持续经营能力;

(三)有健全的公司治理结构和内部管理制度;

(四)公司及其主要股东近3年无重大违法违规记录。

第四十二条 境内公司在境外设立特殊目的公司,应向商务部申请办理核准手续。办理核准手续时,境内公司除向商务部报送《关于境外投资开办企业核准事项的规定》要求的文件外,另须报送以下文件:

(一)特殊目的公司实际控制人的身份证明文件;

(二)特殊目的公司境外上市商业计划书;

(三)并购顾问就特殊目的公司未来境外上市的股票发行价格所作的评估报告。

获得中国企业境外投资批准证书后,设立人或控制人应向所在地外汇管理机关申请办理相应的境外投资外汇登记手续。

第四十三条　特殊目的公司境外上市的股票发行价总值，不得低于其所对应的经中国有关资产评估机构评估的被并购境内公司股权的价值。

第四十四条　特殊目的公司以股权并购境内公司的，境内公司除向商务部报送本规定第三十二条所要求的文件外，另须报送以下文件：

（一）设立特殊目的公司时的境外投资开办企业批准文件和证书；

（二）特殊目的公司境外投资外汇登记表；

（三）特殊目的公司实际控制人的身份证明文件或开业证明、章程；

（四）特殊目的公司境外上市商业计划书；

（五）并购顾问就特殊目的公司未来境外上市的股票发行价格所作的评估报告。

如果以持有特殊目的公司权益的境外公司作为境外上市主体，境内公司还须报送以下文件：

（一）该境外公司的开业证明和章程；

（二）特殊目的公司与该境外公司之间就被并购的境内公司股权所作的交易安排和折价方法的详细说明。

第四十五条　商务部对本规定第四十四条所规定的文件初审同意的，出具原则批复函，境内公司凭该批复函向国务院证券监督管理机构报送申请上市的文件。国务院证券监督管理机构于20个工作日内决定是否核准。

境内公司获得核准后，向商务部申领批准证书。商务部向其颁发加注"境外特殊目的公司持股，自营业执照颁发之日起1年内有效"字样的批准证书。

并购导致特殊目的公司股权等事项变更的，持有特殊目的公司股权的境内公司或自然人，凭加注的外商投资企业批准证书，向商务部就特殊目的公司相关事项办理境外投资开办企业变更核准手续，并向所在地外汇管理机关申请办理境外投资外汇登记变更。

第四十六条　境内公司应自收到加注的批准证书之日起30日内，向登记管理机关、外汇管理机关办理变更登记，由登记管理机关、外汇管理机关分别向其颁发加注"自颁发之日起14个月内有效"字样的外商投资企业营业执照和外汇登记证。

境内公司向登记管理机关办理变更登记时，应当预先提交旨在恢复股权结构的境内公司法定代表人签署的股权变更申请书、公司章程修正案、股权转让协议等文件。

第四十七条　境内公司应自特殊目的公司或与特殊目的公司有关联关系的境外公司完成境外上市之日起30日内，向商务部报告境外上市情况和融资收入调回计划，并申请换发无加注的外商投资企业批准证书。同时，境内公司应自完成境外上市之日起30日内，向国务院证券监督管理机构报告境外上市情况并提供相关的备案文件。境内公司还应向外汇管理机关报送融资收入调回计划，由外汇管理机关监督实施。境内公司取得无加注的批准证书后，应在30日内向登记管理机关、外汇管理机关申请换发无加注的外商投资企业营业执照、外汇登记证。

如果境内公司在前述期限内未向商务部报告，境内公司加注的批准证书自动失效，境内公司股权结构恢复到股权并购之前的状态，并应按本规定第三十六条办理变更登记手续。

第四十八条　特殊目的公司的境外上市融资收入，应按照报送外汇管理机关备案的调回计划，根据现行外汇管理规定调回境内使用。融资收入可采取以下方式调回境内：

（一）向境内公司提供商业贷款；

（二）在境内新设外商投资企业；

（三）并购境内企业。

在上述情形下调回特殊目的公司境外融资收入，应遵守中国有关外商投资及外债管理的法律和行政法规。如果调回特殊目的公司境外融资收入，导致境内公司和自然人增持特殊目的公司权益或特殊目的公司净资产增加，当事人应如实披露并报批，在完成审批手续后办理相应的外资外汇登记和境外投资登记变更。

境内公司及自然人从特殊目的公司获得的利润、红利及资本变动所得外汇收入，应自获得之日起6个月内调回境内。利润或红利可以进入经常项目外汇账户或者结汇。资本变动外汇收入经外汇管理机关核准，可以开立资本项目专用账户保留,也可经外汇管理机关核准后结汇。

第四十九条 自营业执照颁发之日起1年内,如果境内公司不能取得无加注批准证书,则加注的批准证书自动失效,并应按本规定第三十六条办理变更登记手续。

第五十条 特殊目的公司完成境外上市且境内公司取得无加注的批准证书和营业执照后,当事人继续以该公司股份作为支付手段并购境内公司的,适用本章第一节和第二节的规定。

第五章 附 则

第五十一条 依据《反垄断法》的规定,外国投资者并购境内企业达到《国务院关于经营者集中申报标准的规定》规定的申报标准的,应当事先向商务部申报,未申报不得实施交易。

第五十二条 外国投资者在中国境内依法设立的投资性公司并购境内企业,适用本规定。

外国投资者购买境内外商投资企业股东的股权或认购境内外商投资企业增资的,适用现行外商投资企业法律、行政法规和外商投资企业投资者股权变更的相关规定,其中没有规定的,参照本规定办理。

外国投资者通过其在中国设立的外商投资企业合并或收购境内企业的,适用关于外商投资企业合并与分立的相关规定和关于外商投资企业境内投资的相关规定,其中没有规定的,参照本规定办理。

外国投资者并购境内有限责任公司并将其改制为股份有限公司的,或者境内公司为股份有限公司的,适用关于设立外商投资股份有限公司的相关规定,其中没有规定的,适用本规定。

第五十三条 申请人或申报人报送文件,应依照本规定对文件进行分类,并附文件目录。规定报送的全部文件应用中文表述。

第五十四条 被股权并购境内公司的中国自然人股东,经批准,可继续作为变更后所设外商投资企业的中方投资者。

第五十五条 境内公司的自然人股东变更国籍的,不改变该公司的企业性质。

第五十六条 相关政府机构工作人员必须忠于职守、依法履行职责,不得利用职务之便牟取不正当利益,并对知悉的商业秘密负有保密义务。

第五十七条 香港特别行政区、澳门特别行政区和台湾地区的投资者并购境内其他地区的企业,参照本规定办理。

第五十八条 本规定自公布之日起施行。

金融资产管理公司吸收外资参与资产重组与处置的暂行规定

1. 2001年10月26日外经贸部、财政部、中国人民银行令2001年第6号发布

2. 自2001年10月26日起施行

第一条 为了规范吸收外资参与金融资产管理公司(以下称"资产管理公司")的资产重组与处置,保护中外投资者的合法权益,根据我国外商投资的法律、《金融资产管理公司条例》及有关法规,制定本规定。

第二条 资产管理公司可以通过吸收外资对其所拥有的资产进行重组与处置。

第三条 吸收外资参与资产重组与处置应从国民经济战略调整的高度出发,通过吸收外资盘活不良资产,引进先进管理经验、资金和技术,对企业进行技术改造,促进国有企业改革和现代化企业制度的建立。要防止以炒作资产为唯一目的的短期交易及企业逃废债务。

第四条 资产管理公司吸收外资进行资产重组与处置,应符合国家指导外商投资的产业政策。文化、金融、保险以及《外商投资产业指导目录》中禁止外商投资类领域,不列入吸收外资参与资产重组与处置的范围。《外商投资产业指导目录》中规定须中方控股的项目,外资参与重组后原则上应继续保持中方控股。

第五条 重组与处置的资产范围

(一)资产管理公司拥有的企业股权,包括:资产管理公司对企业实施债转股后取得的股权,资产管理公司对欠债企业进行重组后拥有的股权,资产管理公司以其他方式拥有的股权;

(二)资产管理公司有支配处置权的企业实物资产;

（三）资产管理公司拥有的企业债权。

第六条　重组与处置资产的方式

（一）资产管理公司对其拥有的非上市公司的股权、债权进行重组后向外商出售或转让；

（二）资产管理公司直接向外商出售、转让其拥有的非上市公司的股权和债权；

（三）资产管理公司通过协议转让、招标、拍卖等方式向外商出让其拥有的实物资产；

（四）资产管理公司以其拥有的企业股权、实物资产作价出资，在原企业基础上与外商组建外商投资企业。

第七条　资产管理公司重组与处置资产时，应与企业其他投资者协商，在同等条件下，其他投资者有优先购买权。

第八条　重组与处置资产的评估与交易价格

资产管理公司重组与处置的资产出售、转让前须由有资格的资产评估机构进行评估。资产评估时应充分考虑重组与处置资产的各种因素。资产评估应符合国际惯例，采用国际上普遍接受的方法。

资产管理公司应综合考虑资产评估净值、资产增值潜力、资产现状等因素，根据财政部《金融资产管理公司资产处置办法》的有关规定，自主确定重组与处置的资产交易价格。

第九条　重组与处置资产的程序

（一）资产管理公司根据财政部《金融资产管理公司资产处置管理办法》的有关规定由资产处置专门审核机构审批资产重组与处置方案。若重组与处置的资产属《外商投资产业指导目录》中限制类范围，资产管理公司在批准重组与处置方案前，应征得主管部门的同意。

（二）资产管理公司根据审批同意后的资产重组和处置方案与外商签订有关法律文件。

（三）资产管理公司依法向外经贸部申请办理外商投资企业设立的有关手续，并领取批准证书。

第十条　香港、澳门、台湾投资者参与重组与处置资产管理公司资产，参照本规定执行。

中国人民银行、中国工商银行、中国农业银行、中国银行、中国人民建设银行关于停产整顿、被兼并、解散和破产企业贷款停减缓利息处理问题的通知

1. 银发〔1993〕113号发布

2. 1993年4月24日实施公布

为配合《全国所有制工业企业转换经营机制条例》（以下简称《条例》）的实施，现将有关停产整顿、被兼并、解散和破产企业贷款停、减、缓利息的处理办法明确如下，请你们遵照执行。

一、各地有关银行应积极配合有关部门，参加停产整顿、兼并、解散和破产企业的财产、物资、贷款和债权债务的清理、交接和处理工作。

二、关于《条例》第三十三条第五款涉及的对停产整顿企业贷款利息的处理办法：

（一）停产整顿的企业申请缓缴利息，由借款企业或其主管部门向贷款银行提出书面申请，同时报送企业停产整顿方案和财务情况等有关材料。

（二）缓缴利息的贷款范围只限于企业向各银行所借的全部流动资金贷款，不包括固定资产贷款。

（三）缓缴利息的审批由贷款银行掌握，缓缴利息的期限不能超过停产整顿期。缓缴贷款利息的申请得到批准后，从企业停产整顿之日起执行。对企业停产整顿期间的贷款利息照计，复工后贷款本息一并归还。停产整顿期间银行停止发放新贷款。

三、关于《条例》第三十四条第二款涉及的对被兼并企业贷款利息的处理办法：

（一）被兼并企业或合并企业所欠银行的债务，包括所欠银行贷款和利息，由兼并企业或合并企业承担并负责归还。

（二）被兼并企业所欠银行贷款利息，兼并企业偿还确有困难的，银行可采取计息缓收息的形式暂时挂帐处理，挂帐期限最长不超过一年，超过一年者，计收复利。

(三)银行贷款停息范围仅限于已经资不抵债的被兼并企业,减息范围限于因兼并行为导致经济效益下降的兼并企业。对企业停、减息贷款的比例,由银行根据企业的具体情况确定。各金融机构对企业新发放的贷款照常计收利息。

(四)停减贷款利息的申请。由兼并企业向有关贷款银行提出书面申请,同时报送企业兼并方案和财政承包合同及兼并双方财务报告等有关材料。

(五)贷款银行收到企业申请材料并审核后,根据国家有关产业政策和企业兼并后效益情况进行总体评估,提出停减利息的具体处理意见,审批权原则上集中于各专业银行省级分行和计划单列市分行。凡情况特殊、停、减利息数额较大的应报告各自总行审批。停、减贷款利息从申请批准之日起执行,未经批准一律不得停、减利息。

(六)被兼并企业转入第三产业的,贷款银行收到企业申请材料并审核后,提出停减利息的具体处理意见,逐级上报各自省分行审批。申请得到批准的,自开业之日起其原欠银行贷款,实行二年停息,三年减半收息。新贷款照常计收利息。

(七)在停、减利息期间,凡到期的贷款要如期归还,不能归还的贷款,由企业提出申请,经有关银行按照审批程序批准展期。展期不得超过原贷款期限,展期期间,仍可享受停减利息的优惠,优惠政策期满,利息仍不能归还的,应计收复利。停减利息期满后,所有贷款一律开始正常

计收利息,并按借款合同如期归还贷款本息。

四、关于《条例》第三十六条涉及的对解散企业的银行债务处理办法:

企业解散,银行债务必须得到落实,贷款银行应与政府主管部门共同做好债务的清偿工作,保证银行贷款本息全部收回。

五、关于《条例》第三十七条第三款涉及的,对破产企业的银行债务处理办法:

(一)对破产企业的银行债务的处理办法依照《中华人民共和国企业破产法(试行)》执行。

(二)企业宣告破产后,如果有企业能与破产企业清算组订立接收破产企业的协议,按照协议承担法院裁定的债务,接受破产企业财产,安排破产企业职工,对破产企业原欠银行的债务处理,可以按照被兼并企业的债务处理办法执行。

六、停、减、缓利息的会计核算办法由各行自订。

七、对停产整顿、兼并、解散和破产企业贷款停、减、缓利息的具体处理情况,要按季上报人民银行总行和省级分行备案。

八、因停减利息而减少的银行收益,由各金融机构分别同财政部协商解决。

中国人民银行、国家经贸委、财政部关于鼓励和支持18个试点城市优势国有企业兼并困难国有工业生产企业后有关银行贷款及利息处理问题的通知

1. 银发[1995]130号
2. 1995年5月4日公布实施

中国工商银行、中国农业银行、中国银行、中国人民建设银行、交通银行、国家开发银行、中国农业发展银行,上海、天津、武汉、重庆、沈阳、哈尔滨、青岛、成都、太原、常州、长春、齐齐哈尔、淄博、唐山、蚌埠、柳州、宝鸡市人民政府、人民银行分行、经贸委(经委)、财政厅(局):

为适应建立现代企业制度的需要,配合18个城市优化资本结构的试点工作,现就18个试点城市经济效益好的国有企业兼并困难国有工业生产企业后,被兼并企业原贷款及利息偿还问题提出以下处理意见:

一、在企业兼并过程中,被兼并企业所欠银行债务,包括所欠银行贷款和利息,由兼并企业承担并负责归还,不得以任何方式逃避归还银行债务。兼并企业在免、停利息期间要积极采取措施,扭转被兼并企业的困难局面,并积极清偿银行贷款。兼并企业要制定分期偿还银行债务的计划,分期归还银行债务的期限最长不

超过5年,每年归还比例不低于20%。

二、经济效益好的企业兼并连续3年亏损并贷款逾期2年以上贷款本息确实难以归还的企业,根据被兼并企业资产负债的实际状况,经银行核查同意后,可以免收被兼并企业原欠银行贷款利息。在计划还款期内,对被兼并企业的原贷款本金可实行停息挂帐,流动资金贷款的停息期限不超过2年,固定资产贷款的停息期限不超过3年。对计划还款期后仍不能归还贷款的,贷款银行可从到期之日起,执行中国人民银行的各项计息、加罚息及计收复利的有关规定。

三、对自愿兼并困难企业并要求实行免息、停息政策的企业,由兼并企业向被兼并企业各贷款银行提出书面申请,并报送企业兼并方案及兼并双方财务报告的有关材料。银行收到上述材料后,首先对被兼并企业的资产负债进行核算,按照以上规定提出具体处理意见。被兼并企业的贷款本金在5000万元以下的,报各专业银行省级分行会同财政部驻当地财政监察专员办事处审批;被兼并企业的贷款本金在5000万元以上(含5000万元)的企业,要上报各专业银行总行商财政部审批。贷款的免息、停息从批准之日起执行。

四、免息、停息的财务处理。对经批准免息而造成的利息损失,已计入损益的部分,可在银行的坏帐准备金中核销,如不足,可计入当期成本;对经批准停息的贷款利息收入,按收付实现制核算。

五、各地必须严格按照以上规定范围和政策办理免息、停息,不得擅自扩大范围,不得越权审批。各级政府及其他部门不得以任何理由干预银行在企业兼并过程中正确执行金融政策。

六、18个试点城市以外的其他地区,被兼并企业贷款利息仍按中国人民银行银传〔1993〕113号文件的规定处理,其中免息、停息的财务处理可比照本通知的第四条规定执行。

国家经济贸易委员会、财政部、中国人民银行关于出售国有小型企业中若干问题意见的通知

1. *国经贸中小企〔1999〕89号*
2. *1999年2月11日公布*

各省、自治区、直辖市人民政府,国务院各部门、各直属机构:

近年来,各地积极探索放开搞活国有小型企业的路子,取得了一定成效。但是,一些地方违背党的十五大精神,把出售国有小型企业作为改革的主要形式甚至唯一形式,采取"一卖了之"的做法,出现了一些不规范行为,导致国有资产流失、银行债务和拖欠税款悬空、职工合法权益受到损害。为了制止上述错误倾向,经国务院同意,现就出售国有小型企业(以下简称出售企业)中若干问题的意见通知如下:

一、全面理解、正确贯彻党的十五大关于国有小型企业改革的方针。党的十五大提出,国有小型企业改革要采取改组、联合、兼并、租赁、承包经营和股份合作制、出售等多种形式。国有小型企业不是不能出售,但出售不是主要形式,更不能统统"一卖了之"。要坚持从实际出发,因地制宜,因企业制宜,采取多种有效形式放开搞活国有小型企业。要抵制各种错误言论的误导,坚决制止出售企业之风,特别要制止名卖实送、半卖半送、逃废银行债务、拖欠税款和规避安置职工的错误做法。国有小型企业出售要按照国家法律、法规和规章操作。

二、出售企业是指将国有小型企业出让给其他经济组织或者个人的行为。国有小型企业在企业划型标准调整前,按现行标准确定;企业划型标准调整后,按新标准确定。严格控制出售企业的范围和数量。不得出售社会公益性企业和法律、法规规定不能出售的企业。向国外(境外)购买者出售企业,依照国家有关规定执行。

出售企业必须坚持公开、公平、公正的原则,严格维护国家所有者权益,不得造成国有

资产流失;不得悬空银行及其他债权人债权;必须妥善安置在职职工和离退休人员。

三、出售企业的审批主体和审批权限。出售县(旗、区、市)属企业,由县级人民政府提出方案,报地级市人民政府(含州、盟,下同)审批,并由地级市人民政府报省级人民政府备案,省级人民政府认为不宜出售的企业,不得出售;出售地级市属企业,由地级市人民政府提出方案,报省级人民政府审批。除地级市以上地方人民政府有权审批其管辖范围内的企业出售外,其他任何部门、机构、企业和个人均不得决定出售企业。

四、出售企业应遵循的程序:

(一)地级市以下人民政府(含地级市人民政府,以下简称出售方)将出售方案征求有关企业职工代表大会(以下简称职代会)或职工大会意见后,须向上一级人民政府提出申请,经批准后发布出售信息;

(二)拟购买者须向出售方提出购买申请,由出售方审查其资信情况;

(三)出售方要指定具备资格的审计机构对原企业法定代表人进行离任审计,财政部门和土地管理部门要对企业进行资产清查、土地使用权界定;

(四)出售方委托具备资格的评估机构对企业资产(包括无形资产)和土地使用权进行评估,评估结果应按有关规定经有关部门确认;

(五)出售方应以有关主管部门确认的评估值为依据,合理确定出售底价,通过拍卖、招标或协议转让等方式确定企业出售价格及购买者;

(六)购买者须与社会保险经办机构落实企业职工社会保险的有关事宜,与出售企业的债权经营机构签订转贷和还款协议,并提供相应担保;

(七)出售方与购买者签订出售协议。采取协议转让方式出售的企业,经上一级人民政府审核批准后协议方可生效。出售方与购买者要及时办理产权变更、企业法人变更和税务登记等有关手续。

五、购买者应具备的条件及付款方式。购买者应出具不低于所购买企业价款(以下简称价款)的有效资信证明,不得以所购买企业的资产作抵押,获取银行贷款购买该企业。购买者应一次性支付价款;确有困难的,经出售方同意可以分期支付价款。分期支付价款的,首期付款额不得低于价款的30%,一年内应支付价款的70%,两年内必须付清价款。未付价款部分参照银行贷款利率由购买者向出售方支付利息。购买者在尚未全额支付价款前单方面终止协议的,已付款项不予退还。

购买者尚未全额支付价款前,出售方应派人监督企业财务状况;购买者确因生产经营需对企业固定资产进行处置的,应经出售方同意;购买者不得将企业有偿转让给其他所有制企业法人、合伙制企业或自然人。购买者全额支付价款后,财政部门、土地管理部门方可按规定为企业办理产权变动证明和土地使用权证书。

六、出售企业的资产清查及原法定代表人的离任审计。企业出售前,有关部门应依法对其进行资产清查,在清查中发现的盘亏、报损、财务呆坏账等,需要核销的,按国家有关规定报有关部门审批后处置。出售方应指定具备资格的审计机构对出售企业的原法定代表人进行审计,在审计中发现由于原企业法定代表人以权谋私、恶意经营等造成企业损失的,要由有关部门依照有关规定追究其责任。未经资产清查和原法定代表人离任审计的企业,不得出售。

七、对出售企业的产权界定和资产评估及出售价格的确认。出售企业前,出售方应根据国家有关规定界定企业产权。被出售企业的资产和土地使用权,由出售方委托具备资格的评估机构进行评估。对于不同性质和用途的资产,应选择正确的评估方法进行资产评估。评估基准日应定在资产清查、审计和产权界定后,评估结果报经上级人民政府有关部门确认,并以确认值作为确定出售企业底价的依据,出售价格不得低于底价。地方各级人民政府及其部门不得超出国家有关规定,在出售价格上给予购买者优惠。

出售企业的用地原为国有划拨土地,购买

者应与县级以上人民政府土地管理部门签订国有土地使用权出让合同。

出售企业的非经营性资产一般应从企业中剥离,可以留在企业由购买者有偿使用,并交纳不低于该部分资产评估金额同期银行贷款利息的使用费。有关部门要加强对这部分资产使用的监督。

出售企业前,原企业拖欠职工的所有医疗费和生活费、欠缴的各项社会保险费用、离退休人员的安置费(包括养老保险费和医疗保险费)、自谋职业职工的安置费用、未退还的职工集资款,经上一级财政部门审批后方可从出售价款中相应抵扣。

八、严格保护债权人利益。出售企业过程中要充分尊重债权人的意见,依法落实各项债权。已为债权金融机构的贷款设定抵押或质押的企业财产,出售方在出售时必须征得债权金融机构的同意。出售时,银行贷款已到期的,出售收入必须优先用于清偿贷款本息;未到期的,购买者应与出售企业的债权金融机构签订转贷和还款协议,并提供相应担保。出售企业已为其他单位和个人的贷款提供担保的,出售后,购买者应继续承担原企业的担保责任。地方各级人民政府及其部门不得以任何形式要求银行减免出售企业的债务,也不得随意减免税收;银行不得违反国家金融政策规定减免出售企业的债务。非银行的债务经债权人同意,可将其对企业的债权转为股权。购买双方与债权人就债务处理问题未达成一致意见的企业,不得批准出售。

九、确保企业职工合法权益不受侵犯。出售方应在申请出售前征求职工对出售方案和职工安置方案的意见。职工安置方案应经企业职代会或职工大会讨论通过。

出售企业的全部职工原则上由购买者负责妥善安置,并负责参加各项社会保险。对原来未参加基本养老保险、医疗保险、失业保险等社会保险的企业,按当地政府有关规定,由购买者与社会保险经办机构落实参加基本养老保险、基本医疗保险、失业保险等社会保险的有关事宜。对出售后愿意继续留在该企业工作的职工,购买者应与其重新签订劳动合同,明确职工与购买者的劳动关系,按照《中华人民共和国劳动法》的规定,履行应尽义务。劳动合同期限一般应不短于职工与出售企业原签订劳动合同的期限。不愿留在该企业工作的职工,可自谋职业。自谋职业的职工,应与企业解除劳动关系,可按当地政府规定领取安置费,并可按照当地政府规定继续参加社会保险。任何部门和单位不得在企业出售中终止职工社会保险关系。不得借出售企业之机,违反国家有关规定对职工"买断工龄"或为职工办理提前退休,把职工推向社会。

十、出售企业的净收入要上交财政,在预算上单设科目反映,专项用于补充国有企业资本金或支持国有中小企业发展,不得挪作他用,不得留在原企业继续使用,不得作为借贷资金借给其他企业使用。集团或母公司出售所属小型企业的净收入,专项用于该集团或母公司的资本再投入或技术改造。地方各级人民政府有关部门要加强对出售企业收入使用的监督。

十一、对出售后的企业进行必要的监督和管理。地方各级人民政府及有关部门和银行要监督购买者执行还贷协议,防止购买者抽逃资金,防止恶意经营、故意恶化劳动条件,严格执行企业出售和职工安置方案,维护职工合法权益不受侵犯。

十二、加强对企业出售工作的检查和监督。各级监察部门应加强对企业出售过程的监督、检查,设立和公布举报电话,及时发现和纠正出售中的违法、违纪问题。对于违反程序和有关规定或利用职权徇私舞弊、谋取非法收入、与购买者串通、故意压价出售企业的单位和个人,要依法追究其行政责任或者刑事责任。购买者购买企业后不执行协议规定,或在购买企业过程中有违法行为的,应当依法承担民事责任或者刑事责任。

地方各级人民政府要加强对企业出售工作的组织领导,指定部门负责出售企业的组织、协调工作,防止多头管理、政出多门。

国家体改委、国家计委、财政部、国家国有资产管理局关于企业兼并的暂行办法

1. 1989年2月19日公布生效

2. (89)体改经38号

企业兼并是社会主义商品经济发展的客观要求,是竞争机制发挥作用的必然结果,也是深化企业改革的重要内容。为了积极稳妥地推进企业兼并工作,特制定本办法。

一、本办法所称企业兼并,是指一个企业购买其他企业的产权,使其他企业失去法人资格或改变法人实体的一种行为。不通过购买方式实行的企业之间的合并,不属本办法规范。

二、企业兼并的原则

(1)企业兼并要以经济发展战略和产业政策为指导,使资产存量向需要发展的重点产业,新兴产业和生产短线产品的企业流动,实现生产要素的优化组合。

(2)企业兼并应遵循自愿、互利和有偿的原则,在竞争过程中进行,实现优胜劣汰。不能用行政命令强制或阻挠优势企业兼并劣势企业。

(3)企业兼并要注重实效,其衡量标准是优化产业结构、产品结构和企业组织结构,提高企业的整体素质和社会经济效益。

(4)企业兼并除国家有特殊规定者外,不受地区、所有制、行业和隶属关系的限制。

(5)企业兼并既要促进规模经济效益,又要防止形成垄断,以有利于企业之间的竞争。

(6)商业企业的兼并,不仅要考虑经济效益,还要考虑方便人民生活。一些经营蔬菜、小百货和从事其他生活服务的小型商业、服务业门店,在兼并时应统筹考虑经营范围和经营方向。

三、被兼并方和兼并方企业的确定

全民所有制企业被兼并,由各级国有资产管理部门负责审核批准。尚未建立国有资产管理部门的地方,由财政部门会同企业主管部门报同级政府作出决定。为使兼并工作顺利进行,应征求被兼并方企业职工的意见,并做好职工的思想工作。集体所有制企业被兼并,由职工代表大会讨论通过,报政府主管部门备案。

当前被兼并的对象,重点应是以下几类企业:

1. 自己提出被兼并的企业;

2. 资不抵债和接近破产的企业;

3. 长期经营性亏损或微利的企业;

4. 产品滞销、转产没条件,也没有发展前途的企业。

凡属被兼并的对象,国家不再给予减税让利、补贴或优惠贷款等特殊照顾,以促使企业走兼并道路。

属于新兴产业的微利或亏损企业,应优先在本行业内实行兼并,以利于新兴产业的发展。

已经实行承包或租赁的企业,在确定其被兼并时,应先按照承包或租赁条例规定,办理中止合同手续。

四、企业兼并的形式

企业兼并主要有以下几种形式:

1. 承担债务式,即在资产与债务等价的情况下,兼并方以承担被兼并方债务为条件接收其资产。

2. 购买式,即兼并方出资购买被兼并方企业的资产。

3. 吸收股份式,即被兼并企业的所有者将被兼并企业的净资产作为股金投入兼并方,成为兼并方企业的一个股东。

4. 控股式,即一个企业通过购买其它企业的股权,达到控股,实现兼并。

五、企业兼并的程序

企业兼并一般按如下程序进行:

1. 通过产权交易市场或直接洽谈,初步确定兼并和被兼并方企业;

2. 对被兼并方企业现有资产进行评估,清理债权、债务,确定资产或产权转让底价;

3. 以底价为基础,通过招标、投标确定成交价,自找对象的可以协商议价。被兼并的全民所有制企业成交价,要经产权归属的所有者代表确认;

4. 兼并双方的所有者签署协议。全民所有制企业所有者代表为负责审核批准兼并的机关。

5. 办理产权转让的清算及法律手续。

六、被兼并方企业资产的评估作价

被兼并方企业的资产包括有形资产和无形资产，一定要进行评估作价，并对全部债务予以核实。如果兼并方企业在兼并过程中转换成股份制企业，也要进行资产评估。

资产评估组织一定要具有公正性和权威性，有条件的可利用现有会计事务所等中介机构；没有条件的可由有关部门组成临时评估组织。

资产评估作价可以采取以下三种办法：

1. 重置成本法，即按资产全新情况下的现价或重置成本减去已使用年限的折旧，来确定被评估资产的价值。

2. 市场法，即按照市场上近期发生的类似资产的交易价来确定被评估资产的价值。

3. 收入法，即按预期利润率计算的现值来确定被评估资产的价值。

这三种办法可以互相检验，亦可单独使用。

七、企业兼并的资金来源和兼并后的产权归属

企业兼并也是一种投资方式，凡是国家规定可以用于投资的资金，都可用来兼并企业，当前主要有以下四项：

1. 企业留用利润；

2. 企业节余的折旧基金；

3. 计划内用于投资的银行贷款；

4. 企业经过有关部门批准发行债券、股票等筹集到的资金。

企业兼并后的产权归属，原则上谁出资归谁所有。

八、被兼并方企业产权转让的收入归属

被兼并方企业产权转让的收入，归该企业的产权所有者：如被兼并方企业是全民所有制，其净收入除国家另有规定外，由国有资产管理部门组织解缴国库；未建立国有资产管理部门的地方，由财政部门组织入库，列入专门帐户，纳入预算管理。如被兼并方企业属集体所有制，其净收入按产权归属比例分别归不同所有者。企业产权归属不清的，其净收入视同国有资产管理。

九、对被兼并方企业职工的安置

在目前社会保险制度还不健全的条件下，被兼并方企业的职工，包括固定工、合同工和离、退休职工，原则上由兼并方企业接收，在确定资产转让价格时要考虑这一因素。同时，要积极创造条件，推进社会保险制度的配套改革，逐步过渡到由社会吸收、消化。被兼并方企业职工的所有制身份可以暂时不变。

十、兼并后企业的财政税收管理

企业兼并后，如果被兼并企业丧失法人地位，按兼并方企业的财政税收管理办法执行；如果被兼并方企业仍保留法人地位，在所有制性质没有变化的情况下，按被兼并方企业原来的财政税收管理办法执行；如果被兼并方企业的所有制性质发生变化，按所有制性质变更后适用的财政税收管理办法执行；如果兼并双方通过参股、控股形成股份制企业，其财政税收的管理办法另行制定。有关全民所有制企业兼并后的财务处理办法，由财政部另行制定。

国家经济体制改革委员会、财政部、国家国有资产管理局关于出售国有小型企业产权的暂行办法

1989年2月19日发布实施

有计划有步骤地出售国有小型企业产权，是调整所有制结构和深化企业改革的一项重要内容。为了积极稳妥地推进国有小企业产权的出售工作，特制定本办法。

一、本办法所指的国有小企业的划分标准，原则上按1984年9月18日国务院批转财政部《国营企业第二步利改税试行办法》中关于国营小企业的标准划分。

二、出售国有企业产权，应由各级政府的国有资产管理部门负责。在目前尚未建立国有资产管理部门的地方，哪些小企业产权需要出售，应按照企业隶属关系，由财政部门会同企业主管部门报同级政府作出决定。事先应征求企业经营者和职工代表大会的意见，做好职工的思想工作，减少不必要的震荡和损失。

三、要搞好出售企业产权的组织、协调和指导工作。有条件的 地方还可以组建企业拍卖市场或产权交易市场。

四、国有小企业的产权原则上都可以出售。当前,出售的重点是下列3种类型的企业产权:

(一)资不抵债和接近破产的企业;

(二)长期经营不善,连续多年亏损或微利的企业;

(三)为了优化结构,当地政府认为需要出售产权的企业。

已经实行承包或租赁的企业,一般应在承包或租赁期满后再行出售产权。对经营不善或确有必要出售的承包或租赁企业,应按法律程序,先终止承包或租赁合同,再进行出售。

五、国有小企业可以整体拍卖的形式出售产权,资产数额较大 的小型工业企业,可以折股分散出售。

六、国有小企业产权的购买者,可以是国内全民所有制企业、集体所有制企业、乡镇企业、"三资"企业、私营企业、合伙团体和个人。

七、提倡跨地区、跨行业、跨部门进行企业产权买卖,以促进一些企业和有关组织运用自己的资金、技术和管理的优势,去购买和经营被出售的企业。

八、对被出售企业的资产(包括无形资产)要认真进行清查评估。由卖方所有者代表委托会计师事务所、审计事务所或组织专门小组,对被出售企业的财产进行全面清查核实和资产评估,并依据评估的资产价值、供求状况等因素,由资产所有者代表提出出售底价。

九、资产评估可以采取以下3种办法:

(一)成本法,即按资产全新情况下的现价或重置成本,减去已使用年限的折旧来确定被评估资产的价值;

(二)市场法,即按照市场上近期发生的类似资产的交易价来确定被评估资产的价值;

(三)收入法,即按预期利润率计算的现值来确定被评估资产的价值。

这3种办法可以互相检验,也可以单独使用。确定底盘价格前,要对被出售企业原有债权债务进行清理,随企业出售转移给购买企业的单位或个人,并由有关方面重新签订合同予以确认。

十、被出售企业产权价格的确定,要遵循以下原则:

(一)要保证国家财产不受损失,防止贱价甩卖和泄漏底价;

(二)底盘价格的确定应简便易行、公平合理;

(三)成交价格要在公开竞争中形成,禁止私下交易。

十一、被出售企业原租用的国有房产,征得房管部门同意后,可一并出卖。土地使用权经土地管理机关批准,也可以有偿转让,土地使用期限,按国家有关规定和企业不同情况确定。一并出卖国有房产与土地使用权有偿转让的,要相应增加出售底价。

十二、购买企业的资金来源:个人、合伙和私营企业购买时,谁购买谁出资;全民所有制企业或城乡集体所有制企业,凡是按国家规定可自主支配的资金都可用来购买其他企业。

购买者原则上应一次付清价款。如数额较大,一次付清确有困难的,在取得担保的前提下,可以分期付款。分期付款的期限不得超过3年,第一次交款数额不得低于出售价款的30%,欠交的部分应参照银行贷款利率交付利息。

十三、出售国有小企业所得净收入(包括利息收入),除国务院另有规定外,由国有资产管理部门组织解缴国库,尚未建立国有资产管理机构的地方,由财政部门组织入库,均作为专项资金,纳入预算管理。

十四、对被出售企业的退休职工有两种安置办法:一是购买方以接受全部退休职工作为条件,在确定底盘价格时考虑这一因素;二是按照历史有关数据,确定退休职工享受退休待遇的平均年限、人均年退休金,计算出退休职工劳保所需的费用总额,在确定企业产权出卖价格中考虑这一因素,由购买方分期向社会保险机构交纳劳保统筹资金,企业退休职工的劳保费用即由社会保险机构负责支付。一般原则是,购买方是全民所有制或集体所有制企业的,宜采用第一种办法;购买方是合伙、个人和私营企业的，宜采用第二种办法。

十五、被出售企业在职职工的安置，要实行双向选择的原则。职工或走或留应在成交过程中达成协议。未被购买方录用及自愿离职的职工3个月内的工资和其它福利待遇不变，由购买方负责，所需费用支出可在确定价格时考虑这一因素。未被录用的职工，商请当地劳动部门帮助安排。

十六、企业出售过程中，被出售企业原领导班子和职能部门应坚守岗位，确保国有资产不受损失，并配合有关部门做好职工思想工作的资产清理，不得私分公物，滥发奖金、实物。企业出售后，原领导班子成员可由购买方重新聘任，未被聘任的，视同一般职工，由购买方或当地劳动人事部门统一安排。

十七、企业出售成交后，买卖双方要签订契约，并进行公证，办理产权和土地使用权转移手续。契约的内容包括：企业概况、出卖价格、付款方式、原有债权债务处理、退休及在职职工安置办法以及双方商定的其他事项。

十八、企业出售成交后，购买方应向工商行政管理部门申报换发执照，其所有制性质随购买方的所有制性质而定，并按重新确定的所有制性质实施管理。

十九、企业出售成交后，购买方若要改变经营范围和经营方向，要经政府有关部门审批。

二十、各级政府管理部门，对通过出售转为个人或合伙经营的小型企业，不得歧视，要积极引导，通过定期发布市场信息、传达国家的有关方针、政策，将其纳入正常的生产经营轨道。

二十一、外商、侨商、港澳台胞购买国有小企业，除商业企业和国家另有规定者外，可参照本暂行办法执行。

二十二、出售国有小企业产权的有关财务处理办法，由财政部另行规定。

二十三、各地可参照本暂行办法，制定具体的实施办法。

最高人民法院关于审理军队、武警部队、政法机关移交、撤销企业和与党政机关脱钩企业相关纠纷案件若干问题的规定

1. 2001年2月6日最高人民法院审判委员会第1158次会议通过

2. 2001年3月20日公布

3. 法释〔2001〕8号

4. 自2001年3月23日起施行

为依法准确审理军队、武警部队、政法机关移交、撤销企业和与党政机关脱钩的企业所发生的债务纠纷案件和破产案件，根据《中华人民共和国民法通则》、《中华人民共和国公司法》、《中华人民共和国民事诉讼法》、《中华人民共和国企业破产法（试行）》的有关规定，作如下规定：

一、移交、撤销、脱钩企业债务纠纷的处理

第一条　军队、武警部队、政法机关和党政机关开办的企业（以下简称被开办企业）具备法人条件并领取了企业法人营业执照的，根据《中华人民共和国民法通则》第四十八条的规定，应当以其经营管理或者所有的财产独立承担民事责任。

第二条　被开办企业领取了企业法人营业执照，虽然实际投入的资金与注册资金不符，但已达到了《中华人民共和国企业法人登记管理条例实施细则》第十五条第（七）项规定数额的，应当认定其具备法人资格，开办单位应当在该企业实际投入资金与注册资金的差额范围内承担民事责任。

第三条　被开办企业虽然领取了企业法人营业执照，但投入的资金未达到《中华人民共和国企业法人登记管理条例实施细则》第十五条第（七）项规定数额的，或者不具备企业法人其他条件的，应当认定其不具备法人资格，其民事责任由开办单位承担。

第四条　开办单位向被开办企业收取资金或实物的，应当在所收取的资金和实物的范围内对

其开办企业的债务承担民事责任。

第五条　开办单位抽逃、转移资金或者隐匿财产以逃避被开办企业债务的,应当将所抽逃、转移的资金或者隐匿的财产退回,用以清偿被开办企业的债务。

第六条　开办单位为被开办企业的注册资金提供担保的,应当在其承诺担保的范围内承担民事责任。

第七条　开办单位或其主管部门在被开办企业撤销时,向工商行政管理机关出具证明文件,自愿对被开办企业的债务承担责任的,应当按照承诺在其接受财产范围内对被开办企业的债务承担民事责任。

第八条　军队开办的企业无偿移交地方的,应当由接受单位承担开办单位的民事责任。

第九条　两个以上单位共同开办企业的,作为共同诉讼人,并按照各自出资比例或者盈余分配的比例承担相应的民事责任。

第十条　开办单位已经在被开办企业注册资金不实的范围内承担了民事责任的,应视为开办单位的注册资金已经足额到位,不再继续承担注册资金不实的责任。

二、移交、撤销、脱钩企业破产案件的处理

第十一条　被开办企业或者债权人向人民法院申请破产的,不论开办单位的注册资金是否足额到位,人民法院均应当受理。

第十二条　被开办企业被宣告破产的,开办单位对其没有投足的注册资金、收取的资金和实物、转移的资金或者隐匿的财产,都应当由清算组负责收回。

第十三条　被开办企业向社会或者向企业内部职工集资未清偿的,在破产财产分配时,应当按照《中华人民共和国企业破产法(试行)》第三十七条第二款第一项的规定予以清偿。

第十四条　移交、撤销、脱钩的企业的开办单位和移交后的接受单位,都应当作为破产清算组成员,参加破产清算工作。

三、财产保全和执行

第十五条　人民法院在审理有关移交、撤销、脱钩的企业的案件时,认定开办单位应当承担民事责任的,不得对开办单位的国库款、军费、财政经费账户、办公用房、车辆等其他办公必需品采取查封、扣押、冻结、拍卖等保全和执行措施。

第十六条　人民法院在执行涉及开办单位承担民事责任的生效判决时,只能用开办单位财政资金以外的自有资金清偿债务。如果开办单位没有财政资金以外自有资金的,应当依法裁定终结执行。

四、适 用 范 围

第十七条　本规定仅适用于审理此次军队、武警部队、政法机关移交、撤销企业和与党政机关脱钩的企业所发生的债务纠纷案件和破产案件。

最高人民法院对商务部《关于请确认〈关于审理与企业改制相关的民事纠纷案件若干问题的规定〉是否适用于外商投资的函》的复函

1. 2003年10月20日发布

2. 〔2003〕民二外复第13号

中华人民共和国商务部:

你部于2003年9月12日发给本院的商法函〔2003〕33号《关于请确认〈关于审理与企业改制相关的民事纠纷案件若干问题的规定〉是否适用于外商投资的函》收悉。经研究,答复如下:

中国企业与外国企业合资、合作的行为,以及外资企业在中国的投资行为,虽然涉及企业主体、企业资产及股东的变化,但他们不属于国有企业改制范畴,且有专门的法律、法规调整,因此,外商投资行为不受上述司法解释的调整。

此复

最高人民法院关于审理与企业改制相关的民事纠纷案件若干问题的规定

1. *2002年12月3日最高人民法院审判委员会第1259次会议通过*
2. *2003年1月3日公布*
3. *法释〔2003〕1号*
4. *自2003年2月1日起施行*

为了正确审理与企业改制相关的民事纠纷案件，根据《中华人民共和国民法通则》、《中华人民共和国公司法》、《中华人民共和国全民所有制工业企业法》、《中华人民共和国合同法》、《中华人民共和国民事诉讼法》等法律、法规的规定，结合审判实践，制定本规定。

一、案 件 受 理

第一条　人民法院受理以下平等民事主体间在企业产权制度改造中发生的民事纠纷案件：

（一）企业公司制改造中发生的民事纠纷；

（二）企业股份合作制改造中发生的民事纠纷；

（三）企业分立中发生的民事纠纷；

（四）企业债权转股权纠纷；

（五）企业出售合同纠纷；

（六）企业兼并合同纠纷；

（七）与企业改制相关的其他民事纠纷。

第二条　当事人起诉符合本规定第一条所列情形，并符合民事诉讼法第一百零八条规定的起诉条件的，人民法院应当予以受理。

第三条　政府主管部门在对企业国有资产进行行政性调整、划转过程中发生的纠纷，当事人向人民法院提起民事诉讼的，人民法院不予受理。

二、企业公司制改造

第四条　国有企业依公司法整体改造为国有独资有限责任公司的，原企业的债务，由改造后的有限责任公司承担。

第五条　企业通过增资扩股或者转让部分产权，实现他人对企业的参股，将企业整体改造为有限责任公司或者股份有限公司的，原企业债务由改造后的新设公司承担。

第六条　企业以其部分财产和相应债务与他人组建新公司，对所转移的债务债权人认可的，由新组建的公司承担民事责任；对所转移的债务未通知债权人或者虽通知债权人，而债权人不予认可的，由原企业承担民事责任。原企业无力偿还债务，债权人就此向新设公司主张债权的，新设公司在所接收的财产范围内与原企业承担连带民事责任。

第七条　企业以其优质财产与他人组建新公司，而将债务留在原企业，债权人以新设公司和原企业作为共同被告提起诉讼主张债权的，新设公司应当在所接收的财产范围内与原企业共同承担连带责任。

三、企业股份合作制改造

第八条　由企业职工买断企业产权，将原企业改造为股份合作制的，原企业的债务，由改造后的股份合作制企业承担。

第九条　企业向其职工转让部分产权，由企业与职工共同组建股份合作制企业的，原企业的债务由改造后的股份合作制企业承担。

第十条　企业通过其职工投资增资扩股，将原企业改造为股份合作制企业的，原企业的债务由改造后的股份合作制企业承担。

第十一条　企业在进行股份合作制改造时，参照公司法的有关规定，公告通知了债权人。企业股份合作制改造后，债权人就原企业资产管理人（出资人）隐瞒或者遗漏的债务起诉股份合作制企业的，如债权人在公告期内申报过该债权，股份合作制企业在承担民事责任后，可再向原企业资产管理人（出资人）追偿。如债权人在公告期内未申报过该债权，则股份合作制企业不承担民事责任，人民法院可告知债权人另行起诉原企业资产管理人（出资人）。

四、企 业 分 立

第十二条　债权人向分立后的企业主张债权，企业分立时对原企业的债务承担有约定，并经债权人认可的，按照当事人的约定处理；企业分立时对原企业债务承担没有约定或者约定不明，或者虽然有约定但债权人不予认可的，分立后的企业应当承担连带责任。

第十三条 分立的企业在承担连带责任后,各分立的企业间对原企业债务承担有约定的,按照约定处理;没有约定或者约定不明的,根据企业分立时的资产比例分担。

五、企业债权转股权

第十四条 债权人与债务人自愿达成债权转股权协议,且不违反法律和行政法规强制性规定的,人民法院在审理相关的民事纠纷案件中,应当确认债权转股权协议有效。

政策性债权转股权,按照国务院有关部门的规定处理。

第十五条 债务人以隐瞒企业资产或者虚列企业资产为手段,骗取债权人与其签订债权转股权协议,债权人在法定期间内行使撤销权的,人民法院应当予以支持。

债权转股权协议被撤销后,债权人有权要求债务人清偿债务。

第十六条 部分债权人进行债权转股权的行为,不影响其他债权人向债务人主张债权。

六、国有小型企业出售

第十七条 以协议转让形式出售企业,企业出售合同未经有审批权的地方人民政府或其授权的职能部门审批的,人民法院在审理相关的民事纠纷案件时,应当确认该企业出售合同不生效。

第十八条 企业出售中,当事人双方恶意串通,损害国家利益的,人民法院在审理相关的民事纠纷案件时,应当确认该企业出售行为无效。

第十九条 企业出售中,出卖人实施的行为具有合同法第五十四条规定的情形,买受人在法定期限内行使撤销权的,人民法院应当予以支持。

第二十条 企业出售合同约定的履行期限届满,一方当事人拒不履行合同,或者未完全履行合同义务,致使合同目的不能实现,对方当事人要求解除合同并要求赔偿损失的,人民法院应当予以支持。

第二十一条 企业出售合同约定的履行期限届满,一方当事人未完全履行合同义务,对方当事人要求继续履行合同并要求赔偿损失的,人民法院应当予以支持。双方当事人均未完全履行合同义务的,应当根据当事人的过错,确定各自应当承担的民事责任。

第二十二条 企业出售时,出卖人对所售企业的资产负债状况、损益状况等重大事项未履行如实告知义务,影响企业出售价格,买受人就此向人民法院起诉主张补偿的,人民法院应当予以支持。

第二十三条 企业出售合同被确认无效或者被撤销的,企业售出后买受人经营企业期间发生的经营盈亏,由买受人享有或者承担。

第二十四条 企业售出后,买受人将所购企业资产纳入本企业或者将所购企业变更为所属分支机构的,所购企业的债务,由买受人承担。但买卖双方另有约定,并经债权人认可的除外。

第二十五条 企业售出后,买受人将所购企业资产作价入股与他人重新组建新公司,所购企业法人予以注销的,对所购企业出售前的债务,买受人应当以其所有财产,包括在新组建公司中的股权承担民事责任。

第二十六条 企业售出后,买受人将所购企业重新注册为新的企业法人,所购企业法人被注销的,所购企业出售前的债务,应当由新注册的企业法人承担。但买卖双方另有约定,并经债权人认可的除外。

第二十七条 企业售出后,应当办理而未办理企业法人注销登记,债权人起诉该企业的,人民法院应当根据企业资产转让后的具体情况,告知债权人追加责任主体,并判令责任主体承担民事责任。

第二十八条 出售企业时,参照公司法的有关规定,出卖人公告通知了债权人。企业售出后,债权人就出卖人隐瞒或者遗漏的原企业债务起诉买受人的,如债权人在公告期内申报过该债权,买受人在承担民事责任后,可再行向出卖人追偿。如债权人在公告期内未申报过该债权,则买受人不承担民事责任。人民法院可告知债权人另行起诉出卖人。

第二十九条 出售企业的行为具有合同法第七十四条规定的情形,债权人在法定期限内行使撤销权的,人民法院应当予以支持。

七、企业兼并

第三十条 企业兼并协议自当事人签字盖章之日起生效。需经政府主管部门批准的,兼并协议自批准之日起生效;未经批准的,企业兼并协议不生效。但当事人在一审法庭辩论终结前补办报批手续的,人民法院应当确认该兼并协议有效。

第三十一条　企业吸收合并后,被兼并企业的债务应当由兼并方承担。

第三十二条　企业进行吸收合并时,参照公司法的有关规定,公告通知了债权人。企业吸收合并后,债权人就被兼并企业原资产管理人(出资人)隐瞒或者遗漏的企业债务起诉兼并方的,如债权人在公告期内申报过该笔债权,兼并方在承担民事责任后,可再行向被兼并企业原资产管理人(出资人)追偿。如债权人在公告期内未申报过该笔债权,则兼并方不承担民事责任。人民法院可告知债权人另行起诉被兼并企业原资产管理人(出资人)。

第三十三条　企业新设合并后,被兼并企业的债务由新设合并后的企业法人承担。

第三十四条　企业吸收合并或新设合并后,被兼并企业应当办理而未办理工商注销登记,债权人起诉被兼并企业的,人民法院应当根据企业兼并后的具体情况,告知债权人追加责任主体,并判令责任主体承担民事责任。

第三十五条　以收购方式实现对企业控股的,被控股企业的债务,仍由其自行承担。但因控股企业抽逃资金、逃避债务,致被控股企业无力偿还债务的,被控股企业的债务则由控股企业承担。

八、附　　则

第三十六条　本规定自2003年2月1日起施行。在本规定施行前,本院制定的有关企业改制方面的司法解释与本规定相抵触的,不再适用。

最高人民法院关于法[2001]12号通知第二条如何适用的请示的答复

1. 2003年9月8日公布

2. [2003]民二他字第33号

北京市高级人民法院:

你院送来京高发[2003]198号《关于法[2001]12号通知第二条如何适用的请示》收悉。经研究,答复如下:

一、根据法[2001]12号通知第二条的规定,凡以中国人民银行批准进行重组和决定撤销、关闭的信托投资公司为被告的案件,已经审理终结的,应告知当事人持生效法律文书向实施撤销或者停业整顿的信托投资公司的清算组申报债权。当事人申请执行的,人民法院应不予受理。已受理的执行案件作终结执行处理。

二、属于第九批撤销名单中的信托投资公司,同样适用法[2001]12号通知的规定。

此复

最高人民法院关于[2003]鲁法民二字第17号请示的答复

1. 2003年9月8日公布

2. [2003]民二他字第38号

山东省高级人民法院:

你院[2003]鲁法民二字第17号请示收悉。关于企业改制行为发生在最高人民法院《关于审理与企业改制相关的民事纠纷案件若干问题的规定》(以下简称《规定》)实施前,《规定》实施后人民法院尚未审结的与企业改制相关的民事纠纷案件,是否适用《规定》处理的问题,经研究,答复如下:

《规定》自2003年2月1日起施行。因本《规定》原则上不具有溯及既往的效力,因此,对因2003年2月1日前当事人实施的企业改制行为而引发的民事纠纷,不论在《规定》实施前或者实施后诉至人民法院的,人民法院应当适用企业改制行为发生时的法律、法规、政策以及最高人民法院制定的有关企业改制方面的司法解释。

但对《规定》实施后人民法院正在审理的与企业改制相关的民事纠纷案件,如果适用《规定》实施前最高人民法院制定的有关企业改制方面的司法解释与本《规定》精神相抵触的,可以参照本《规定》的精神处理。

此复

十一、企业破产

中华人民共和国企业破产法

1. 2006年8月27日第十届全国人民代表大会常务委员会第二十三次会议通过
2. 2006年8月27日中华人民共和国主席令第54号公布
3. 自2007年6月1日起施行

目　录

第一章　总　　则

第一条　【立法目的】为规范企业破产程序,公平清理债权债务,保护债权人和债务人的合法权益,维护社会主义市场经济秩序,制定本法。

第二条　【适用范围】企业法人不能清偿到期债务,并且资产不足以清偿全部债务或者明显缺乏清偿能力的,依照本法规定清理债务。

企业法人有前款规定情形,或者有明显丧失清偿能力可能的,可以依照本法规定进行重整。

第三条　【案件管辖】破产案件由债务人住所地人民法院管辖。

第四条　【审理程序】破产案件审理程序,本法没有规定的,适用民事诉讼法的有关规定。

第五条　【涉外破产的效力】依照本法开始的破产程序,对债务人在中华人民共和国领域外的财产发生效力。

对外国法院作出的发生法律效力的破产案件的判决、裁定,涉及债务人在中华人民共和国领域内的财产,申请或者请求人民法院承认和执行的,人民法院依照中华人民共和国缔结或者参加的国际条约,或者按照互惠原则进行审查,认为不违反中华人民共和国法律的基本原则,不损害国家主权、安全和社会公共利益,不损害中华人民共和国领域内债权人的合法权益的,裁定承认和执行。

第六条　【权益保障与责任追究】人民法院审理破产案件,应当依法保障企业职工的合法权益,依法追究破产企业经营管理人员的法律责任。

第二章　申请和受理

第一节　申　　请

第七条　【申请破产清算的情形】债务人有本法第二条规定的情形,可以向人民法院提出重整、和解或者破产清算申请。

债务人不能清偿到期债务,债权人可以向人民法院提出对债务人进行重整或者破产清算的申请。

企业法人已解散但未清算或者未清算完毕,资产不足以清偿债务的,依法负有清算责任的人应当向人民法院申请破产清算。

第八条　【破产申请书】向人民法院提出破产申请,应当提交破产申请书和有关证据。

破产申请书应当载明下列事项:

(一)申请人、被申请人的基本情况;

(二)申请目的;

（三）申请的事实和理由；

（四）人民法院认为应当载明的其他事项。

债务人提出申请的，还应当向人民法院提交财产状况说明、债务清册、债权清册、有关财务会计报告、职工安置预案以及职工工资的支付和社会保险费用的缴纳情况。

第九条　【申请的撤回】人民法院受理破产申请前，申请人可以请求撤回申请。

第二节　受　　理

第十条　【受理期限】债权人提出破产申请的，人民法院应当自收到申请之日起五日内通知债务人。债务人对申请有异议的，应当自收到人民法院的通知之日起七日内向人民法院提出。人民法院应当自异议期满之日起十日内裁定是否受理。

除前款规定的情形外，人民法院应当自收到破产申请之日起十五日内裁定是否受理。

有特殊情况需要延长前两款规定的裁定受理期限的，经上一级人民法院批准，可以延长十五日。

第十一条　【送达期限与送达后的材料提交】人民法院受理破产申请的，应当自裁定作出之日起五日内送达申请人。

债权人提出申请的，人民法院应当自裁定作出之日起五日内送达债务人。债务人应当自裁定送达之日起十五日内，向人民法院提交财产状况说明、债务清册、债权清册、有关财务会计报告以及职工工资的支付和社会保险费用的缴纳情况。

第十二条　【不受理申请与驳回申请】人民法院裁定不受理破产申请的，应当自裁定作出之日起五日内送达申请人并说明理由。申请人对裁定不服的，可以自裁定送达之日起十日内向上一级人民法院提起上诉。

人民法院受理破产申请后至破产宣告前，经审查发现债务人不符合本法第二条规定情形的，可以裁定驳回申请。申请人对裁定不服的，可以自裁定送达之日起十日内向上一级人民法院提起上诉。

第十三条　【指定管理人】人民法院裁定受理破产申请的，应当同时指定管理人。

第十四条　【通知与公告】人民法院应当自裁定受理破产申请之日起二十五日内通知已知债权人，并予以公告。

通知和公告应当载明下列事项：

（一）申请人、被申请人的名称或者姓名；

（二）人民法院受理破产申请的时间；

（三）申报债权的期限、地点和注意事项；

（四）管理人的名称或者姓名及其处理事务的地址；

（五）债务人的债务人或者财产持有人应当向管理人清偿债务或者交付财产的要求；

（六）第一次债权人会议召开的时间和地点；

（七）人民法院认为应当通知和公告的其他事项。

第十五条　【债务人义务】自人民法院受理破产申请的裁定送达债务人之日起至破产程序终结之日，债务人的有关人员承担下列义务：

（一）妥善保管其占有和管理的财产、印章和账簿、文书等资料；

（二）根据人民法院、管理人的要求进行工作，并如实回答询问；

（三）列席债权人会议并如实回答债权人的询问；

（四）未经人民法院许可，不得离开住所地；

（五）不得新任其他企业的董事、监事、高级管理人员。

前款所称有关人员，是指企业的法定代表人；经人民法院决定，可以包括企业的财务管理人员和其他经营管理人员。

第十六条　【个别清偿无效】人民法院受理破产申请后，债务人对个别债权人的债务清偿无效。

第十七条　【向管理人清偿债务或交付财产】人民法院受理破产申请后，债务人的债务人或者财产持有人应当向管理人清偿债务或者交付财产。

债务人的债务人或者财产持有人故意违反前款规定向债务人清偿债务或者交付财产，使债权人受到损失的，不免除其清偿债务或者交付财产的义务。

**第十八条　【对破产申请受理前未履行完毕的合

同的处理】人民法院受理破产申请后,管理人对破产申请受理前成立而债务人和对方当事人均未履行完毕的合同有权决定解除或者继续履行,并通知对方当事人。管理人自破产申请受理之日起二个月内未通知对方当事人,或者自收到对方当事人催告之日起三十日内未答复的,视为解除合同。

管理人决定继续履行合同的,对方当事人应当履行;但是,对方当事人有权要求管理人提供担保。管理人不提供担保的,视为解除合同。

第十九条 【保全解除与执行中止】人民法院受理破产申请后,有关债务人财产的保全措施应当解除,执行程序应当中止。

第二十条 【诉讼或仲裁的中止与继续进行】人民法院受理破产申请后,已经开始而尚未终结的有关债务人的民事诉讼或者仲裁应当中止;在管理人接管债务人的财产后,该诉讼或者仲裁继续进行。

第二十一条 【管辖恒定】人民法院受理破产申请后,有关债务人的民事诉讼,只能向受理破产申请的人民法院提起。

第三章 管 理 人

第二十二条 【管理人的指定与更换】管理人由人民法院指定。

债权人会议认为管理人不能依法、公正执行职务或者有其他不能胜任职务情形的,可以申请人民法院予以更换。

指定管理人和确定管理人报酬的办法,由最高人民法院规定。

第二十三条 【管理人义务】管理人依照本法规定执行职务,向人民法院报告工作,并接受债权人会议和债权人委员会的监督。

管理人应当列席债权人会议,向债权人会议报告职务执行情况,并回答询问。

第二十四条 【管理人资格】管理人可以由有关部门、机构的人员组成的清算组或者依法设立的律师事务所、会计师事务所、破产清算事务所等社会中介机构担任。

人民法院根据债务人的实际情况,可以在征询有关社会中介机构的意见后,指定该机构具备相关专业知识并取得执业资格的人员担任管理人。

有下列情形之一的,不得担任管理人:

(一)因故意犯罪受过刑事处罚;

(二)曾被吊销相关专业执业证书;

(三)与本案有利害关系;

(四)人民法院认为不宜担任管理人的其他情形。

个人担任管理人的,应当参加执业责任保险。

第二十五条 【管理人职责】管理人履行下列职责:

(一)接管债务人的财产、印章和账簿、文书等资料;

(二)调查债务人财产状况,制作财产状况报告;

(三)决定债务人的内部管理事务;

(四)决定债务人的日常开支和其他必要开支;

(五)在第一次债权人会议召开之前,决定继续或者停止债务人的营业;

(六)管理和处分债务人的财产;

(七)代表债务人参加诉讼、仲裁或者其他法律程序;

(八)提议召开债权人会议;

(九)人民法院认为管理人应当履行的其他职责。

本法对管理人的职责另有规定的,适用其规定。

第二十六条 【管理人须经法院许可的行为】在第一次债权人会议召开之前,管理人决定继续或者停止债务人的营业或者有本法第六十九条规定行为之一的,应当经人民法院许可。

第二十七条 【管理人职业道德】管理人应当勤勉尽责,忠实执行职务。

第二十八条 【管理人的报酬与工作人员】管理人经人民法院许可,可以聘用必要的工作人员。

管理人的报酬由人民法院确定。债权人会议对管理人的报酬有异议的,有权向人民法院提出。

第二十九条 【管理人辞职限制】管理人没有正当理由不得辞去职务。管理人辞去职务应当经人民法院许可。

第四章　债务人财产

第三十条　【债务人财产范围】破产申请受理时属于债务人的全部财产,以及破产申请受理后至破产程序终结前债务人取得的财产,为债务人财产。

第三十一条　【可撤销的债务人行为之一】人民法院受理破产申请前一年内,涉及债务人财产的下列行为,管理人有权请求人民法院予以撤销:

(一)无偿转让财产的;

(二)以明显不合理的价格进行交易的;

(三)对没有财产担保的债务提供财产担保的;

(四)对未到期的债务提前清偿的;

(五)放弃债权的。

第三十二条　【可撤销的债务人行为之二】人民法院受理破产申请前六个月内,债务人有本法第二条第一款规定的情形,仍对个别债权人进行清偿的,管理人有权请求人民法院予以撤销。但是,个别清偿使债务人财产受益的除外。

第三十三条　【无效的债务人行为】涉及债务人财产的下列行为无效:

(一)为逃避债务而隐匿、转移财产的;

(二)虚构债务或者承认不真实的债务的。

第三十四条　【可追回的债务人财产】因本法第三十一条、第三十二条或者第三十三条规定的行为而取得的债务人的财产,管理人有权追回。

第三十五条　【出资的追缴】人民法院受理破产申请后,债务人的出资人尚未完全履行出资义务的,管理人应当要求该出资人缴纳所认缴的出资,而不受出资期限的限制。

第三十六条　【非正常收入和被侵占财产的追回】债务人的董事、监事和高级管理人员利用职权从企业获取的非正常收入和侵占的企业财产,管理人应当追回。

第三十七条　【清偿债务与替代担保】人民法院受理破产申请后,管理人可以通过清偿债务或者提供为债权人接受的担保,取回质物、留置物。

前款规定的债务清偿或者替代担保,在质物或者留置物的价值低于被担保的债权额时,以该质物或者留置物当时的市场价值为限。

第三十八条　【非债务人财产的取回】人民法院受理破产申请后,债务人占有的不属于债务人的财产,该财产的权利人可以通过管理人取回。但是,本法另有规定的除外。

第三十九条　【在途标的物的取回】人民法院受理破产申请时,出卖人已将买卖标的物向作为买受人的债务人发运,债务人尚未收到且未付清全部价款的,出卖人可以取回在运途中的标的物。但是,管理人可以支付全部价款,请求出卖人交付标的物。

第四十条　【抵消条件及其限制】债权人在破产申请受理前对债务人负有债务的,可以向管理人主张抵销。但是,有下列情形之一的,不得抵销:

(一)债务人的债务人在破产申请受理后取得他人对债务人的债权的;

(二)债权人已知债务人有不能清偿到期债务或者破产申请的事实,对债务人负担债务的;但是,债权人因为法律规定或者有破产申请一年前所发生的原因而负担债务的除外;

(三)债务人的债务人已知债务人有不能清偿到期债务或者破产申请的事实,对债务人取得债权的;但是,债务人的债务人因为法律规定或者有破产申请一年前所发生的原因而取得债权的除外。

第五章　破产费用和共益债务

第四十一条　【破产费用的范围】人民法院受理破产申请后发生的下列费用,为破产费用:

(一)破产案件的诉讼费用;

(二)管理、变价和分配债务人财产的费用;

(三)管理人执行职务的费用、报酬和聘用工作人员的费用。

第四十二条　【共益债务的内容】人民法院受理破产申请后发生的下列债务,为共益债务:

(一)因管理人或者债务人请求对方当事人履行双方均未履行完毕的合同所产生的债务;

(二)债务人财产受无因管理所产生的债务;

（三）因债务人不当得利所产生的债务；

（四）为债务人继续营业而应支付的劳动报酬和社会保险费用以及由此产生的其他债务；

（五）管理人或者相关人员执行职务致人损害所产生的债务；

（六）债务人财产致人损害所产生的债务。

第四十三条　【清偿顺序与破产程序终结】破产费用和共益债务由债务人财产随时清偿。

债务人财产不足以清偿所有破产费用和共益债务的，先行清偿破产费用。

债务人财产不足以清偿所有破产费用或者共益债务的，按照比例清偿。

债务人财产不足以清偿破产费用的，管理人应当提请人民法院终结破产程序。人民法院应当自收到请求之日起十五日内裁定终结破产程序，并予以公告。

第六章　债权申报

第四十四条　【债权人】人民法院受理破产申请时对债务人享有债权的债权人，依照本法规定的程序行使权利。

第四十五条　【债权申报期限】人民法院受理破产申请后，应当确定债权人申报债权的期限。债权申报期限自人民法院发布受理破产申请公告之日起计算，最短不得少于三十日，最长不得超过三个月。

第四十六条　【未到期与附利息债权】未到期的债权，在破产申请受理时视为到期。

附利息的债权自破产申请受理时起停止计息。

第四十七条　【附条件、附期限与诉讼、仲裁未决债权】附条件、附期限的债权和诉讼、仲裁未决的债权，债权人可以申报。

第四十八条　【不必申报的债权与职工权利】债权人应当在人民法院确定的债权申报期限内向管理人申报债权。

债务人所欠职工的工资和医疗、伤残补助、抚恤费用，所欠的应当划入职工个人账户的基本养老保险、基本医疗保险费用，以及法律、行政法规规定应当支付给职工的补偿金，不必申报，由管理人调查后列出清单并予以公示。职工对清单记载有异议的，可以要求管理人更正；管理人不予更正的，职工可以向人民法院提起诉讼。

第四十九条　【债权说明】债权人申报债权时，应当书面说明债权的数额和有无财产担保，并提交有关证据。申报的债权是连带债权的，应当说明。

第五十条　【连带债权的申报】连带债权人可以由其中一人代表全体连带债权人申报债权，也可以共同申报债权。

第五十一条　【保证人或其他连带债务人的债权申报】债务人的保证人或者其他连带债务人已经代替债务人清偿债务的，以其对债务人的求偿权申报债权。

债务人的保证人或者其他连带债务人尚未代替债务人清偿债务的，以其对债务人的将来求偿权申报债权。但是，债权人已经向管理人申报全部债权的除外。

第五十二条　【连带债务人数人的债权申报】连带债务人数人被裁定适用本法规定的程序的，其债权人有权就全部债权分别在各破产案件中申报债权。

第五十三条　【解除合同后的债权申报】管理人或者债务人依照本法规定解除合同的，对方当事人以因合同解除所产生的损害赔偿请求权申报债权。

第五十四条　【受托人的债权申报】债务人是委托合同的委托人，被裁定适用本法规定的程序，受托人不知该事实，继续处理委托事务的，受托人以由此产生的请求权申报债权。

第五十五条　【票据付款人的债权申报】债务人是票据的出票人，被裁定适用本法规定的程序，该票据的付款人继续付款或者承兑的，付款人以由此产生的请求权申报债权。

第五十六条　【补充申报；未申报】在人民法院确定的债权申报期限内，债权人未申报债权的，可以在破产财产最后分配前补充申报；但是，此前已进行的分配，不再对其补充分配。为审查和确认补充申报债权的费用，由补充申报人承担。

债权人未依照本法规定申报债权的，不得依照本法规定的程序行使权利。

第五十七条　【债权表保存】管理人收到债权申

报材料后,应当登记造册,对申报的债权进行审查,并编制债权表。

债权表和债权申报材料由管理人保存,供利害关系人查阅。

第五十八条　【债权表的核查及异议】依照本法第五十七条规定编制的债权表,应当提交第一次债权人会议核查。

债务人、债权人对债权表记载的债权无异议的,由人民法院裁定确认。

债务人、债权人对债权表记载的债权有异议的,可以向受理破产申请的人民法院提起诉讼。

第七章　债权人会议

第一节　一般规定

第五十九条　【债权人的表决权;职工和工会代表的发表意见权】依法申报债权的债权人为债权人会议的成员,有权参加债权人会议,享有表决权。

债权尚未确定的债权人,除人民法院能够为其行使表决权而临时确定债权额的外,不得行使表决权。

对债务人的特定财产享有担保权的债权人,未放弃优先受偿权利的,对于本法第六十一条第一款第七项、第十项规定的事项不享有表决权。

债权人可以委托代理人出席债权人会议,行使表决权。代理人出席债权人会议,应当向人民法院或者债权人会议主席提交债权人的授权委托书。

债权人会议应当有债务人的职工和工会的代表参加,对有关事项发表意见。

第六十条　【债权人会议主席】债权人会议设主席一人,由人民法院从有表决权的债权人中指定。

债权人会议主席主持债权人会议。

第六十一条　【债权人会议职权】债权人会议行使下列职权:

(一)核查债权;

(二)申请人民法院更换管理人,审查管理人的费用和报酬;

(三)监督管理人;

(四)选任和更换债权人委员会成员;

(五)决定继续或者停止债务人的营业;

(六)通过重整计划;

(七)通过和解协议;

(八)通过债务人财产的管理方案;

(九)通过破产财产的变价方案;

(十)通过破产财产的分配方案;

(十一)人民法院认为应当由债权人会议行使的其他职权。

债权人会议应当对所议事项的决议作成会议记录。

第六十二条　【债权人会议的召集与召开】第一次债权人会议由人民法院召集,自债权申报期限届满之日起十五日内召开。

以后的债权人会议,在人民法院认为必要时,或者管理人、债权人委员会、占债权总额四分之一以上的债权人向债权人会议主席提议时召开。

第六十三条　【召开债权人会议的提前通知】召开债权人会议,管理人应当提前十五日通知已知的债权人。

第六十四条　【债权人会议的决议】债权人会议的决议,由出席会议的有表决权的债权人过半数通过,并且其所代表的债权额占无财产担保债权总额的二分之一以上。但是,本法另有规定的除外。

债权人认为债权人会议的决议违反法律规定,损害其利益的,可以自债权人会议作出决议之日起十五日内,请求人民法院裁定撤销该决议,责令债权人会议依法重新作出决议。

债权人会议的决议,对于全体债权人均有约束力。

第六十五条　【由人民法院裁定的表决未通过事项】本法第六十一条第一款第八项、第九项所列事项,经债权人会议表决未通过的,由人民法院裁定。

本法第六十一条第一款第十项所列事项,经债权人会议二次表决仍未通过的,由人民法院裁定。

对前两款规定的裁定,人民法院可以在债权人会议上宣布或者另行通知债权人。

第六十六条　【对裁定不服的复议】债权人对人

民法院依照本法第六十五条第一款作出的裁定不服的,债权额占无财产担保债权总额二分之一以上的债权人对人民法院依照本法第六十五条第二款作出的裁定不服的,可以自裁定宣布之日或者收到通知之日起十五日内向该人民法院申请复议。复议期间不停止裁定的执行。

第二节　债权人委员会

第六十七条　【债权人委员会的组成】债权人会议可以决定设立债权人委员会。债权人委员会由债权人会议选任的债权人代表和一名债务人的职工代表或者工会代表组成。债权人委员会成员不得超过九人。

债权人委员会成员应当经人民法院书面决定认可。

第六十八条　【债权人委员会职权】债权人委员会行使下列职权:

(一)监督债务人财产的管理和处分;

(二)监督破产财产分配;

(三)提议召开债权人会议;

(四)债权人会议委托的其他职权。

债权人委员会执行职务时,有权要求管理人、债务人的有关人员对其职权范围内的事务作出说明或者提供有关文件。

管理人、债务人的有关人员违反本法规定拒绝接受监督的,债权人委员会有权就监督事项请求人民法院作出决定;人民法院应当在五日内作出决定。

第六十九条　【管理人应当及时报告债权人委员会的行为】管理人实施下列行为,应当及时报告债权人委员会:

(一)涉及土地、房屋等不动产权益的转让;

(二)探矿权、采矿权、知识产权等财产权的转让;

(三)全部库存或者营业的转让;

(四)借款;

(五)设定财产担保;

(六)债权和有价证券的转让;

(七)履行债务人和对方当事人均未履行完毕的合同;

(八)放弃权利;

(九)担保物的取回;

(十)对债权人利益有重大影响的其他财产处分行为。

未设立债权人委员会的,管理人实施前款规定的行为应当及时报告人民法院。

第八章　重　　整

第一节　重整申请和重整期间

第七十条　【重整申请人】债务人或者债权人可以依照本法规定,直接向人民法院申请对债务人进行重整。

债权人申请对债务人进行破产清算的,在人民法院受理破产申请后、宣告债务人破产前,债务人或者出资额占债务人注册资本十分之一以上的出资人,可以向人民法院申请重整。

第七十一条　【对重整申请的审查与公告】人民法院经审查认为重整申请符合本法规定的,应当裁定债务人重整,并予以公告。

第七十二条　【重整期间】自人民法院裁定债务人重整之日起至重整程序终止,为重整期间。

第七十三条　【债务人自行管理事务】在重整期间,经债务人申请,人民法院批准,债务人可以在管理人的监督下自行管理财产和营业事务。

有前款规定情形的,依照本法规定已接管债务人财产和营业事务的管理人应当向债务人移交财产和营业事务,本法规定的管理人的职权由债务人行使。

第七十四条　【聘任债务人的经管人员负责营业】管理人负责管理财产和营业事务的,可以聘任债务人的经营管理人员负责营业事务。

第七十五条　【担保权的暂停行使及恢复】在重整期间,对债务人的特定财产享有的担保权暂停行使。但是,担保物有损坏或者价值明显减少的可能,足以危害担保权人权利的,担保权人可以向人民法院请求恢复行使担保权。

在重整期间,债务人或者管理人为继续营业而借款的,可以为该借款设定担保。

第七十六条　【按约定取回债务人合法占有的财产】债务人合法占有的他人财产,该财产的权利人在重整期间要求取回的,应当符合事先约定的条件。

第七十七条　【重整期间对相关人员的限制】在重整期间，债务人的出资人不得请求投资收益分配。

在重整期间，债务人的董事、监事、高级管理人员不得向第三人转让其持有的债务人的股权。但是，经人民法院同意的除外。

第七十八条　【终止重整并宣告破产的情形】在重整期间，有下列情形之一的，经管理人或者利害关系人请求，人民法院应当裁定终止重整程序，并宣告债务人破产：

（一）债务人的经营状况和财产状况继续恶化，缺乏挽救的可能性；

（二）债务人有欺诈、恶意减少债务人财产或者其他显著不利于债权人的行为；

（三）由于债务人的行为致使管理人无法执行职务。

第二节　重整计划的制定和批准

第七十九条　【提交重整计划草案的期限与不提交的后果】债务人或者管理人应当自人民法院裁定债务人重整之日起六个月内，同时向人民法院和债权人会议提交重整计划草案。

前款规定的期限届满，经债务人或者管理人请求，有正当理由的，人民法院可以裁定延期三个月。

债务人或者管理人未按期提出重整计划草案的，人民法院应当裁定终止重整程序，并宣告债务人破产。

第八十条　【债务人可制作重整计划草案】债务人自行管理财产和营业事务的，由债务人制作重整计划草案。

管理人负责管理财产和营业事务的，由管理人制作重整计划草案。

第八十一条　【重整计划草案的内容】重整计划草案应当包括下列内容：

（一）债务人的经营方案；

（二）债权分类；

（三）债权调整方案；

（四）债权受偿方案；

（五）重整计划的执行期限；

（六）重整计划执行的监督期限；

（七）有利于债务人重整的其他方案。

第八十二条　【债权人会议对重整计划草案的分组表决】下列各类债权的债权人参加讨论重整计划草案的债权人会议，依照下列债权分类，分组对重整计划草案进行表决：

（一）对债务人的特定财产享有担保权的债权；

（二）债务人所欠职工的工资和医疗、伤残补助、抚恤费用，所欠的应当划入职工个人账户的基本养老保险、基本医疗保险费用，以及法律、行政法规规定应当支付给职工的补偿金；

（三）债务人所欠税款；

（四）普通债权。

人民法院在必要时可以决定在普通债权组中设小额债权组对重整计划草案进行表决。

第八十三条　【重整计划中的禁止性规定】重整计划不得规定减免债务人欠缴的本法第八十二条第一款第二项规定以外的社会保险费用；该项费用的债权人不参加重整计划草案的表决。

第八十四条　【法院召开的债权人会议对重整计划草案的表决】人民法院应当自收到重整计划草案之日起三十日内召开债权人会议，对重整计划草案进行表决。

出席会议的同一表决组的债权人过半数同意重整计划草案，并且其所代表的债权额占该组债权总额的三分之二以上的，即为该组通过重整计划草案。

债务人或者管理人应当向债权人会议就重整计划草案作出说明，并回答询问。

第八十五条　【债务人的出资人对重整计划草案的表决】债务人的出资人代表可以列席讨论重整计划草案的债权人会议。

重整计划草案涉及出资人权益调整事项的，应当设出资人组，对该事项进行表决。

第八十六条　【重整计划的通过和批准】各表决组均通过重整计划草案时，重整计划即为通过。

自重整计划通过之日起十日内，债务人或者管理人应当向人民法院提出批准重整计划的申请。人民法院经审查认为符合本法规定的，应当自收到申请之日起三十日内裁定批准，终止重整程序，并予以公告。

第八十七条　【对部分表决组未通过重整计划草案的处理;申请法院批准重整计划草案的情形】部分表决组未通过重整计划草案的,债务人或者管理人可以同未通过重整计划草案的表决组协商。该表决组可以在协商后再表决一次。双方协商的结果不得损害其他表决组的利益。

未通过重整计划草案的表决组拒绝再次表决或者再次表决仍未通过重整计划草案,但重整计划草案符合下列条件的,债务人或者管理人可以申请人民法院批准重整计划草案:

(一)按照重整计划草案,本法第八十二条第一款第一项所列债权就该特定财产将获得全额清偿,其因延期清偿所受的损失将得到公平补偿,并且其担保权未受到实质性损害,或者该表决组已经通过重整计划草案;

(二)按照重整计划草案,本法第八十二条第一款第二项、第三项所列债权将获得全额清偿,或者相应表决组已经通过重整计划草案;

(三)按照重整计划草案,普通债权所获得的清偿比例,不低于其在重整计划草案被提请批准时依照破产清算程序所能获得的清偿比例,或者该表决组已经通过重整计划草案;

(四)重整计划草案对出资人权益的调整公平、公正,或者出资人组已经通过重整计划草案;

(五)重整计划草案公平对待同一表决组的成员,并且所规定的债权清偿顺序不违反本法第一百一十三条的规定;

(六)债务人的经营方案具有可行性。

人民法院经审查认为重整计划草案符合前款规定的,应当自收到申请之日起三十日内裁定批准,终止重整程序,并予以公告。

第八十八条　【终止重整并宣告破产】重整计划草案未获得通过且未依照本法第八十七条的规定获得批准,或者已通过的重整计划未获得批准的,人民法院应当裁定终止重整程序,并宣告债务人破产。

第三节　重整计划的执行

第八十九条　【重整计划的执行人】重整计划由债务人负责执行。

人民法院裁定批准重整计划后,已接管财产和营业事务的管理人应当向债务人移交财产和营业事务。

第九十条　【重整计划的监督人】自人民法院裁定批准重整计划之日起,在重整计划规定的监督期内,由管理人监督重整计划的执行。

在监督期内,债务人应当向管理人报告重整计划执行情况和债务人财务状况。

第九十一条　【监督报告的提交;监督期限的延长】监督期届满时,管理人应当向人民法院提交监督报告。自监督报告提交之日起,管理人的监督职责终止。

管理人向人民法院提交的监督报告,重整计划的利害关系人有权查阅。

经管理人申请,人民法院可以裁定延长重整计划执行的监督期限。

第九十二条　【经法院裁定批准的重整计划的效力】经人民法院裁定批准的重整计划,对债务人和全体债权人均有约束力。

债权人未依照本法规定申报债权的,在重整计划执行期间不得行使权利;在重整计划执行完毕后,可以按照重整计划规定的同类债权的清偿条件行使权利。

债权人对债务人的保证人和其他连带债务人所享有的权利,不受重整计划的影响。

第九十三条　【重整计划的中止执行】债务人不能执行或者不执行重整计划的,人民法院经管理人或者利害关系人请求,应当裁定终止重整计划的执行,并宣告债务人破产。

人民法院裁定终止重整计划执行的,债权人在重整计划中作出的债权调整的承诺失去效力。债权人因执行重整计划所受的清偿仍然有效,债权未受清偿的部分作为破产债权。

前款规定的债权人,只有在其他同顺位债权人同自己所受的清偿达到同一比例时,才能继续接受分配。

有本条第一款规定情形的,为重整计划的执行提供的担保继续有效。

第九十四条　【因重整计划减免的债务的清偿免除】按照重整计划减免的债务,自重整计划执行完毕时起,债务人不再承担清偿责任。

第九章　和　　解

第九十五条　【申请和解的条件】债务人可以依照本法规定，直接向人民法院申请和解；也可以在人民法院受理破产申请后、宣告债务人破产前，向人民法院申请和解。

债务人申请和解，应当提出和解协议草案。

第九十六条　【裁定和解】人民法院经审查认为和解申请符合本法规定的，应当裁定和解，予以公告，并召集债权人会议讨论和解协议草案。

对债务人的特定财产享有担保权的权利人，自人民法院裁定和解之日起可以行使权利。

第九十七条　【通过和解协议的条件】债权人会议通过和解协议的决议，由出席会议的有表决权的债权人过半数同意，并且其所代表的债权额占无财产担保债权总额的三分之二以上。

第九十八条　【通过和解协议的后果】债权人会议通过和解协议的，由人民法院裁定认可，终止和解程序，并予以公告。管理人应当向债务人移交财产和营业事务，并向人民法院提交执行职务的报告。

第九十九条　【和解协议草案未获通过的后果】和解协议草案经债权人会议表决未获得通过，或者已经债权人会议通过的和解协议未获得人民法院认可的，人民法院应当裁定终止和解程序，并宣告债务人破产。

第一百条　【经人民法院裁定认可的和解协议的效力】经人民法院裁定认可的和解协议，对债务人和全体和解债权人均有约束力。

和解债权人是指人民法院受理破产申请时对债务人享有无财产担保债权的人。

和解债权人未依照本法规定申报债权的，在和解协议执行期间不得行使权利；在和解协议执行完毕后，可以按照和解协议规定的清偿条件行使权利。

第一百零一条　【不受和解协议影响的人员】和解债权人对债务人的保证人和其他连带债务人所享有的权利，不受和解协议的影响。

第一百零二条　【按照和解协议清偿债务】债务人应当按照和解协议规定的条件清偿债务。

第一百零三条　【和解协议无效的情形及后果】因债务人的欺诈或者其他违法行为而成立的和解协议，人民法院应当裁定无效，并宣告债务人破产。

有前款规定情形的，和解债权人因执行和解协议所受的清偿，在其他债权人所受清偿同等比例的范围内，不予返还。

第一百零四条　【终止和解协议执行的情形及后果】债务人不能执行或者不执行和解协议的，人民法院经和解债权人请求，应当裁定终止和解协议的执行，并宣告债务人破产。

人民法院裁定终止和解协议执行的，和解债权人在和解协议中作出的债权调整的承诺失去效力。和解债权人因执行和解协议所受的清偿仍然有效，和解债权未受清偿的部分作为破产债权。

前款规定的债权人，只有在其他债权人同自己所受的清偿达到同一比例时，才能继续接受分配。

有本条第一款规定情形的，为和解协议的执行提供的担保继续有效。

第一百零五条　【因自行达成协议的破产终结】人民法院受理破产申请后，债务人与全体债权人就债权债务的处理自行达成协议的，可以请求人民法院裁定认可，并终结破产程序。

第一百零六条　【因和解协议减免的债务的清偿免除】按照和解协议减免的债务，自和解协议执行完毕时起，债务人不再承担清偿责任。

第十章　破产清算

第一节　破产宣告

第一百零七条　【破产宣告的后果】人民法院依照本法规定宣告债务人破产的，应当自裁定作出之日起五日内送达债务人和管理人，自裁定作出之日起十日内通知已知债权人，并予以公告。

债务人被宣告破产后，债务人称为破产人，债务人财产称为破产财产，人民法院受理破产申请时对债务人享有的债权称为破产债权。

第一百零八条　【破产宣告前裁定终结程序的情形】破产宣告前，有下列情形之一的，人民法院

应当裁定终结破产程序,并予以公告:

(一)第三人为债务人提供足额担保或者为债务人清偿全部到期债务的;

(二)债务人已清偿全部到期债务的。

第一百零九条 【担保权人的优先受偿权】对破产人的特定财产享有担保权的权利人,对该特定财产享有优先受偿的权利。

第一百一十条 【优先受偿权与普通债权】享有本法第一百零九条规定权利的债权人行使优先受偿权利未能完全受偿的,其未受偿的债权作为普通债权;放弃优先受偿权利的,其债权作为普通债权。

第二节 变价和分配

第一百一十一条 【破产财产变价方案】管理人应当及时拟订破产财产变价方案,提交债权人会议讨论。

管理人应当按照债权人会议通过的或者人民法院依照本法第六十五条第一款规定裁定的破产财产变价方案,适时变价出售破产财产。

第一百一十二条 【变价出售破产财产】变价出售破产财产应当通过拍卖进行。但是,债权人会议另有决议的除外。

破产企业可以全部或者部分变价出售。企业变价出售时,可以将其中的无形资产和其他财产单独变价出售。

按照国家规定不能拍卖或者限制转让的财产,应当按照国家规定的方式处理。

第一百一十三条 【破产财产的清偿顺序】破产财产在优先清偿破产费用和共益债务后,依照下列顺序清偿:

(一)破产人所欠职工的工资和医疗、伤残补助、抚恤费用,所欠的应当划入职工个人账户的基本养老保险、基本医疗保险费用,以及法律、行政法规规定应当支付给职工的补偿金;

(二)破产人欠缴的除前项规定以外的社会保险费用和破产人所欠税款;

(三)普通破产债权。

破产财产不足以清偿同一顺序的清偿要求的,按照比例分配。

破产企业的董事、监事和高级管理人员的工资按照该企业职工的平均工资计算。

第一百一十四条 【破产财产的分配方式】破产财产的分配应当以货币分配方式进行。但是,债权人会议另有决议的除外。

第一百一十五条 【破产财产分配方案】管理人应当及时拟订破产财产分配方案,提交债权人会议讨论。

破产财产分配方案应当载明下列事项:

(一)参加破产财产分配的债权人名称或者姓名、住所;

(二)参加破产财产分配的债权额;

(三)可供分配的破产财产数额;

(四)破产财产分配的顺序、比例及数额;

(五)实施破产财产分配的方法。

债权人会议通过破产财产分配方案后,由管理人将该方案提请人民法院裁定认可。

第一百一十六条 【对破产财产分配方案的执行】破产财产分配方案经人民法院裁定认可后,由管理人执行。

管理人按照破产财产分配方案实施多次分配的,应当公告本次分配的财产额和债权额。管理人实施最后分配的,应当在公告中指明,并载明本法第一百一十七条第二款规定的事项。

第一百一十七条 【对附条件债权分配额的提存】对于附生效条件或者解除条件的债权,管理人应当将其分配额提存。

管理人依照前款规定提存的分配额,在最后分配公告日,生效条件未成就或者解除条件成就的,应当分配给其他债权人;在最后分配公告日,生效条件成就或者解除条件未成就的,应当交付给债权人。

第一百一十八条 【对债权人未受领分配额的提存】债权人未受领的破产财产分配额,管理人应当提存。债权人自最后分配公告之日起满二个月仍不领取的,视为放弃受领分配的权利,管理人或者人民法院应当将提存的分配额分配给其他债权人。

第一百一十九条 【对诉讼或仲裁未决债权分配额的提存】破产财产分配时,对于诉讼或者仲裁未决的债权,管理人应当将其分配额提存。自破产程序终结之日起满二年仍不能受领分配的,人民法院应当将提存的分配额分配给其他债权人。

第三节　破产程序的终结

第一百二十条　【破产程序的终结情形】破产人无财产可供分配的，管理人应当请求人民法院裁定终结破产程序。

管理人在最后分配完结后，应当及时向人民法院提交破产财产分配报告，并提请人民法院裁定终结破产程序。

人民法院应当自收到管理人终结破产程序的请求之日起十五日内作出是否终结破产程序的裁定。裁定终结的，应当予以公告。

第一百二十一条　【注销登记】管理人应当自破产程序终结之日起十日内，持人民法院终结破产程序的裁定，向破产人的原登记机关办理注销登记。

第一百二十二条　【管理人执行职务的终止】管理人于办理注销登记完毕的次日终止执行职务。但是，存在诉讼或者仲裁未决情况的除外。

第一百二十三条　【破产终结后的追加分配】自破产程序依照本法第四十三条第四款或者第一百二十条的规定终结之日起二年内，有下列情形之一的，债权人可以请求人民法院按照破产财产分配方案进行追加分配：

（一）发现有依照本法第三十一条、第三十二条、第三十三条、第三十六条规定应当追回的财产的；

（二）发现破产人有应当供分配的其他财产的。

有前款规定情形，但财产数量不足以支付分配费用的，不再进行追加分配，由人民法院将其上交国库。

第一百二十四条　【破产终结后的继续清偿责任】破产人的保证人和其他连带债务人，在破产程序终结后，对债权人依照破产清算程序未受清偿的债权，依法继续承担清偿责任。

第十一章　法律责任

第一百二十五条　【董事、监事或者高级管理人员致使企业破产的责任追究】企业董事、监事或者高级管理人员违反忠实义务、勤勉义务，致使所在企业破产的，依法承担民事责任。

有前款规定情形的人员，自破产程序终结之日起三年内不得担任任何企业的董事、监事、高级管理人员。

第一百二十六条　【债务人不列席债权人会议或不真实表述的法律责任】有义务列席债权人会议的债务人的有关人员，经人民法院传唤，无正当理由拒不列席债权人会议的，人民法院可以拘传，并依法处以罚款。债务人的有关人员违反本法规定，拒不陈述、回答，或者作虚假陈述、回答的，人民法院可以依法处以罚款。

第一百二十七条　【债务人不提交或不移交相关材料的法律责任】债务人违反本法规定，拒不向人民法院提交或者提交不真实的财产状况说明、债务清册、债权清册、有关财务会计报告以及职工工资的支付情况和社会保险费用的缴纳情况的，人民法院可以对直接责任人员依法处以罚款。

债务人违反本法规定，拒不向管理人移交财产、印章和账簿、文书等资料的，或者伪造、销毁有关财产证据材料而使财产状况不明的，人民法院可以对直接责任人员依法处以罚款。

第一百二十八条　【债务人可撤销或无效行为的法律责任】债务人有本法第三十一条、第三十二条、第三十三条规定的行为，损害债权人利益的，债务人的法定代表人和其他直接责任人员依法承担赔偿责任。

第一百二十九条　【债务人擅自离开住所地的法律责任】债务人的有关人员违反本法规定，擅自离开住所地的，人民法院可以予以训诫、拘留，可以依法并处罚款。

第一百三十条　【管理人未忠实执行职务的法律责任】管理人未依照本法规定勤勉尽责，忠实执行职务的，人民法院可以依法处以罚款；给债权人、债务人或者第三人造成损失的，依法承担赔偿责任。

第一百三十一条　【刑事责任】违反本法规定，构成犯罪的，依法追究刑事责任。

第十二章　附　　则

第一百三十二条　【优先于担保权人受偿的费用】本法施行后，破产人在本法公布之日前所欠职工的工资和医疗、伤残补助、抚恤费用，所欠的应当划入职工个人账户的基本养老保险、基本医疗保险费用,以及法律、行政法规规定应当支付给职工的补偿金,依照本法第一百一十三条的规定清偿后不足以清偿的部分,以本法第一百零九条规定的特定财产优先于对该特定财产享有担保权的权利人受偿。

第一百三十三条 【本法施行前国有企业破产的法律适用】在本法施行前国务院规定的期限和范围内的国有企业实施破产的特殊事宜,按照国务院有关规定办理。

第一百三十四条 【金融机构破产的法律适用】商业银行、证券公司、保险公司等金融机构有本法第二条规定情形的,国务院金融监督管理机构可以向人民法院提出对该金融机构进行重整或者破产清算的申请。国务院金融监督管理机构依法对出现重大经营风险的金融机构采取接管、托管等措施的,可以向人民法院申请中止以该金融机构为被告或者被执行人的民事诉讼程序或者执行程序。

金融机构实施破产的,国务院可以依据本法和其他有关法律的规定制定实施办法。

第一百三十五条 【企业法人以外的组织的参照适用】其他法律规定企业法人以外的组织的清算,属于破产清算的,参照适用本法规定的程序。

第一百三十六条 【施行日期】本法自2007年6月1日起施行,《中华人民共和国企业破产法(试行)》同时废止。

最高人民法院关于适用《中华人民共和国企业破产法》若干问题的规定(一)

1. *2011年8月29日最高人民法院审判委员会第1527次会议通过*
2. *法释〔2011〕22号*
3. *2011年9月9日公布*

为正确适用《中华人民共和国企业破产法》,结合审判实践,就人民法院依法受理企业破产案件适用法律问题作出如下规定。

第一条 债务人不能清偿到期债务并且具有下列情形之一的,人民法院应当认定其具备破产原因:

(一)资产不足以清偿全部债务;

(二)明显缺乏清偿能力。

相关当事人以对债务人的债务负有连带责任的人未丧失清偿能力为由,主张债务人不具备破产原因的,人民法院应不予支持。

第二条 下列情形同时存在的,人民法院应当认定债务人不能清偿到期债务:

(一)债权债务关系依法成立;

(二)债务履行期限已经届满;

(三)债务人未完全清偿债务。

第三条 债务人的资产负债表,或者审计报告、资产评估报告等显示其全部资产不足以偿付全部负债的,人民法院应当认定债务人资产不足以清偿全部债务,但有相反证据足以证明债务人资产能够偿付全部负债的除外。

第四条 债务人账面资产虽大于负债,但存在下列情形之一的,人民法院应当认定其明显缺乏清偿能力:

(一)因资金严重不足或者财产不能变现等原因,无法清偿债务;

(二)法定代表人下落不明且无其他人员负责管理财产,无法清偿债务;

(三)经人民法院强制执行,无法清偿债务;

(四)长期亏损且经营扭亏困难,无法清偿债务;

(五)导致债务人丧失清偿能力的其他情形。

第五条 企业法人已解散但未清算或者未在合理期限内清算完毕,债权人申请债务人破产清算的,除债务人在法定异议期限内举证证明其未出现破产原因外,人民法院应当受理。

第六条 债权人申请债务人破产的,应当提交债务人不能清偿到期债务的有关证据。债务人对债权人的申请未在法定期限内向人民法院提出异议,或者异议不成立的,人民法院应当依法裁定受理破产申请。

受理破产申请后,人民法院应当责令债务人依法提交其财产状况说明、债务清册、债权清册、财务会计报告等有关材料,债务人拒不提交的,人民法院可以对债务人的直接责任人员采取罚款等强制措施。

第七条　人民法院收到破产申请时,应当向申请人出具收到申请及所附证据的书面凭证。

人民法院收到破产申请后应当及时对申请人的主体资格、债务人的主体资格和破产原因,以及有关材料和证据等进行审查,并依据企业破产法第十条的规定作出是否受理的裁定。

人民法院认为申请人应当补充、补正相关材料的,应当自收到破产申请之日起五日内告知申请人。当事人补充、补正相关材料的期间不计入企业破产法第十条规定的期限。

第八条　破产案件的诉讼费用,应根据企业破产法第四十三条的规定,从债务人财产中拨付。相关当事人以申请人未预先交纳诉讼费用为由,对破产申请提出异议的,人民法院不予支持。

第九条　申请人向人民法院提出破产申请,人民法院未接收其申请,或者未按本规定第七条执行的,申请人可以向上一级人民法院提出破产申请。

上一级人民法院接到破产申请后,应当责令下级法院依法审查并及时作出是否受理的裁定;下级法院仍不作出是否受理裁定的,上一级人民法院可以径行作出裁定。

上一级人民法院裁定受理破产申请的,可以同时指令下级人民法院审理该案件。

最高人民法院关于适用《中华人民共和国企业破产法》若干问题的规定(二)

1. 2013年7月29日最高人民法院审判委员会第1586次会议通过

2. 法释〔2013〕22号

3. 2013年9月5日公布

根据《中华人民共和国企业破产法》、《中华人民共和国物权法》、《中华人民共和国合同法》等相关法律,结合审判实践,就人民法院审理企业破产案件中认定债务人财产相关的法律适用问题,制定本规定。

第一条　除债务人所有的货币、实物外,债务人依法享有的可以用货币估价并可以依法转让的债权、股权、知识产权、用益物权等财产和财产权益,人民法院均应认定为债务人财产。

第二条　下列财产不应认定为债务人财产:

(一)债务人基于仓储、保管、承揽、代销、借用、寄存、租赁等合同或者其他法律关系占有、使用的他人财产;

(二)债务人在所有权保留买卖中尚未取得所有权的财产;

(三)所有权专属于国家且不得转让的财产;

(四)其他依照法律、行政法规不属于债务人的财产。

第三条　债务人已依法设定担保物权的特定财产,人民法院应当认定为债务人财产。

对债务人的特定财产在担保物权消灭或者实现担保物权后的剩余部分,在破产程序中可用以清偿破产费用、共益债务和其他破产债权。

第四条　债务人对按份享有所有权的共有财产的相关份额,或者共同享有所有权的共有财产的相应财产权利,以及依法分割共有财产所得部分,人民法院均应认定为债务人财产。

人民法院宣告债务人破产清算,属于共有财产分割的法定事由。人民法院裁定债务人重整或者和解的,共有财产的分割应当依据物权法第九十九条的规定进行;基于重整或者和解的需要必须分割共有财产,管理人请求分割的,人民法院应予准许。

因分割共有财产导致其他共有人损害产生的债务,其他共有人请求作为共益债务清偿的,人民法院应予支持。

第五条　破产申请受理后,有关债务人财产的执行程序未依照企业破产法第十九条的规定中止的,采取执行措施的相关单位应当依法予以纠正。依法执行回转的财产,人民法院应当认定为债务人财产。

第六条　破产申请受理后,对于可能因有关利益相关人的行为或者其他原因,影响破产程序依法进行的,受理破产申请的人民法院可以根据管理人的申请或者依职权,对债务人的全部或者部分财产采取保全措施。

第七条 对债务人财产已采取保全措施的相关单位,在知悉人民法院已裁定受理有关债务人的破产申请后,应当依照企业破产法第十九条的规定及时解除对债务人财产的保全措施。

第八条 人民法院受理破产申请后至破产宣告前裁定驳回破产申请,或者依据企业破产法第一百零八条的规定裁定终结破产程序的,应当及时通知原已采取保全措施并已依法解除保全措施的单位按照原保全顺位恢复相关保全措施。

在已依法解除保全的单位恢复保全措施或者表示不再恢复之前,受理破产申请的人民法院不得解除对债务人财产的保全措施。

第九条 管理人依据企业破产法第三十一条和第三十二条的规定提起诉讼,请求撤销涉及债务人财产的相关行为并由相对人返还债务人财产的,人民法院应予支持。

管理人因过错未依法行使撤销权导致债务人财产不当减损,债权人提起诉讼主张管理人对其损失承担相应赔偿责任的,人民法院应予支持。

第十条 债务人经过行政清理程序转入破产程序的,企业破产法第三十一条和第三十二条规定的可撤销行为的起算点,为行政监管机构作出撤销决定之日。

债务人经过强制清算程序转入破产程序的,企业破产法第三十一条和第三十二条规定的可撤销行为的起算点,为人民法院裁定受理强制清算申请之日。

第十一条 人民法院根据管理人的请求撤销涉及债务人财产的以明显不合理价格进行的交易的,买卖双方应当依法返还从对方获取的财产或者价款。

因撤销该交易,对于债务人应返还受让人已支付价款所产生的债务,受让人请求作为共益债务清偿的,人民法院应予支持。

第十二条 破产申请受理前一年内债务人提前清偿的未到期债务,在破产申请受理前已经到期,管理人请求撤销该清偿行为的,人民法院不予支持。但是,该清偿行为发生在破产申请受理前六个月内且债务人有企业破产法第二条第一款规定情形的除外。

第十三条 破产申请受理后,管理人未依据企业破产法第三十一条的规定请求撤销债务人无偿转让财产、以明显不合理价格交易、放弃债权行为的,债权人依据合同法第七十四条等规定提起诉讼,请求撤销债务人上述行为并将因此追回的财产归入债务人财产的,人民法院应予受理。

相对人以债权人行使撤销权的范围超出债权人的债权抗辩的,人民法院不予支持。

第十四条 债务人对以自有财产设定担保物权的债权进行的个别清偿,管理人依据企业破产法第三十二条的规定请求撤销的,人民法院不予支持。但是,债务清偿时担保财产的价值低于债权额的除外。

第十五条 债务人经诉讼、仲裁、执行程序对债权人进行的个别清偿,管理人依据企业破产法第三十二条的规定请求撤销的,人民法院不予支持。但是,债务人与债权人恶意串通损害其他债权人利益的除外。

第十六条 债务人对债权人进行的以下个别清偿,管理人依据企业破产法第三十二条的规定请求撤销的,人民法院不予支持:

(一)债务人为维系基本生产需要而支付水费、电费等的;

(二)债务人支付劳动报酬、人身损害赔偿金的;

(三)使债务人财产受益的其他个别清偿。

第十七条 管理人依据企业破产法第三十三条的规定提起诉讼,主张被隐匿、转移财产的实际占有人返还债务人财产,或者主张债务人虚构债务或者承认不真实债务的行为无效并返还债务人财产的,人民法院应予支持。

第十八条 管理人代表债务人依据企业破产法第一百二十八条的规定,以债务人的法定代表人和其他直接责任人员对所涉债务人财产的相关行为存在故意或者重大过失,造成债务人财产损失为由提起诉讼,主张上述责任人员承担相应赔偿责任的,人民法院应予支持。

第十九条 债务人对外享有债权的诉讼时效,自人民法院受理破产申请之日起中断。

债务人无正当理由未对其到期债权及时

行使权利，导致其对外债权在破产申请受理前一年内超过诉讼时效期间的，人民法院受理破产申请之日起重新计算上述债权的诉讼时效期间。

第二十条　管理人代表债务人提起诉讼，主张出资人向债务人依法缴付未履行的出资或者返还抽逃的出资本息，出资人以认缴出资尚未届至公司章程规定的缴纳期限或者违反出资义务已经超过诉讼时效为由抗辩的，人民法院不予支持。

管理人依据公司法的相关规定代表债务人提起诉讼，主张公司的发起人和负有监督股东履行出资义务的董事、高级管理人员，或者协助抽逃出资的其他股东、董事、高级管理人员、实际控制人等，对股东违反出资义务或者抽逃出资承担相应责任，并将财产归入债务人财产的，人民法院应予支持。

第二十一条　破产申请受理前，债权人就债务人财产提起下列诉讼，破产申请受理时案件尚未审结的，人民法院应当中止审理：

（一）主张次债务人代替债务人直接向其偿还债务的；

（二）主张债务人的出资人、发起人和负有监督股东履行出资义务的董事、高级管理人员，或者协助抽逃出资的其他股东、董事、高级管理人员、实际控制人等直接向其承担出资不实或者抽逃出资责任的；

（三）以债务人的股东与债务人法人人格严重混同为由，主张债务人的股东直接向其偿还债务人对其所负债务的；

（四）其他就债务人财产提起的个别清偿诉讼。

债务人破产宣告后，人民法院应当依照企业破产法第四十四条的规定判决驳回债权人的诉讼请求。但是，债权人一审中变更其诉讼请求为追收的相关财产归入债务人财产的除外。

债务人破产宣告前，人民法院依据企业破产法第十二条或者第一百零八条的规定裁定驳回破产申请或者终结破产程序的，上述中止审理的案件应当依法恢复审理。

第二十二条　破产申请受理前，债权人就债务人财产向人民法院提起本规定第二十一条第一款所列诉讼，人民法院已经作出生效民事判决书或者调解书但尚未执行完毕的，破产申请受理后，相关执行行为应当依据企业破产法第十九条的规定中止，债权人应当依法向管理人申报相关债权。

第二十三条　破产申请受理后，债权人就债务人财产向人民法院提起本规定第二十一条第一款所列诉讼的，人民法院不予受理。

债权人通过债权人会议或者债权人委员会，要求管理人依法向次债务人、债务人的出资人等追收债务人财产，管理人无正当理由拒绝追收，债权人会议依据企业破产法第二十二条的规定，申请人民法院更换管理人的，人民法院应予支持。

管理人不予追收，个别债权人代表全体债权人提起相关诉讼，主张次债务人或者债务人的出资人等向债务人清偿或者返还债务人财产，或者依法申请合并破产的，人民法院应予受理。

第二十四条　债务人有企业破产法第二条第一款规定的情形时，债务人的董事、监事和高级管理人员利用职权获取的以下收入，人民法院应当认定为企业破产法第三十六条规定的非正常收入：

（一）绩效奖金；

（二）普遍拖欠职工工资情况下获取的工资性收入；

（三）其他非正常收入。

债务人的董事、监事和高级管理人员拒不向管理人返还上述债务人财产，管理人主张上述人员予以返还的，人民法院应予支持。

债务人的董事、监事和高级管理人员因返还第一款第（一）项、第（三）项非正常收入形成的债权，可以作为普通破产债权清偿。因返还第一款第（二）项非正常收入形成的债权，依据企业破产法第一百一十三条第三款的规定，按照该企业职工平均工资计算的部分作为拖欠职工工资清偿；高出该企业职工平均工资计算的部分，可以作为普通破产债权清偿。

第二十五条　管理人拟通过清偿债务或者提供担保取回质物、留置物，或者与质权人、留置权人协议以质物、留置物折价清偿债务等方式,进行对债权人利益有重大影响的财产处分行为的,应当及时报告债权人委员会。未设立债权人委员会的,管理人应当及时报告人民法院。

第二十六条 权利人依据企业破产法第三十八条的规定行使取回权,应当在破产财产变价方案或者和解协议、重整计划草案提交债权人会议表决前向管理人提出。权利人在上述期限后主张取回相关财产的,应当承担延迟行使取回权增加的相关费用。

第二十七条 权利人依据企业破产法第三十八条的规定向管理人主张取回相关财产,管理人不予认可,权利人以债务人为被告向人民法院提起诉讼请求行使取回权的,人民法院应予受理。

权利人依据人民法院或者仲裁机关的相关生效法律文书向管理人主张取回所涉争议财产,管理人以生效法律文书错误为由拒绝其行使取回权的,人民法院不予支持。

第二十八条 权利人行使取回权时未依法向管理人支付相关的加工费、保管费、托运费、委托费、代销费等费用,管理人拒绝其取回相关财产的,人民法院应予支持。

第二十九条 对债务人占有的权属不清的鲜活易腐等不易保管的财产或者不及时变现价值将严重贬损的财产,管理人及时变价并提存变价款后,有关权利人就该变价款行使取回权的,人民法院应予支持。

第三十条 债务人占有的他人财产被违法转让给第三人,依据物权法第一百零六条的规定第三人已善意取得财产所有权,原权利人无法取回该财产的,人民法院应当按照以下规定处理:

(一)转让行为发生在破产申请受理前的,原权利人因财产损失形成的债权,作为普通破产债权清偿;

(二)转让行为发生在破产申请受理后的,因管理人或者相关人员执行职务导致原权利人损害产生的债务,作为共益债务清偿。

第三十一条 债务人占有的他人财产被违法转让给第三人,第三人已向债务人支付了转让价款,但依据物权法第一百零六条的规定未取得财产所有权,原权利人依法追回转让财产的,对因第三人已支付对价而产生的债务,人民法院应当按照以下规定处理:

(一)转让行为发生在破产申请受理前的,作为普通破产债权清偿;

(二)转让行为发生在破产申请受理后的,作为共益债务清偿。

第三十二条 债务人占有的他人财产毁损、灭失,因此获得的保险金、赔偿金、代偿物尚未交付给债务人,或者代偿物虽已交付给债务人但能与债务人财产予以区分的,权利人主张取回就此获得的保险金、赔偿金、代偿物的,人民法院应予支持。

保险金、赔偿金已经交付给债务人,或者代偿物已经交付给债务人且不能与债务人财产予以区分的,人民法院应当按照以下规定处理:

(一)财产毁损、灭失发生在破产申请受理前的,权利人因财产损失形成的债权,作为普通破产债权清偿;

(二)财产毁损、灭失发生在破产申请受理后的,因管理人或者相关人员执行职务导致权利人损害产生的债务,作为共益债务清偿。

债务人占有的他人财产毁损、灭失,没有获得相应的保险金、赔偿金、代偿物,或者保险金、赔偿物、代偿物不足以弥补其损失的部分,人民法院应当按照本条第二款的规定处理。

第三十三条 管理人或者相关人员在执行职务过程中,因故意或者重大过失不当转让他人财产或者造成他人财产毁损、灭失,导致他人损害产生的债务作为共益债务,由债务人财产随时清偿不足弥补损失,权利人向管理人或者相关人员主张承担补充赔偿责任的,人民法院应予支持。

上述债务作为共益债务由债务人财产随时清偿后,债权人以管理人或者相关人员执行职务不当导致债务人财产减少给其造成损失为由提起诉讼,主张管理人或者相关人员承担相应赔偿责任的,人民法院应予支持。

第三十四条 买卖合同双方当事人在合同中约定标的物所有权保留,在标的物所有权未依法转移给买受人前,一方当事人破产的,该买卖合同属于双方均未履行完毕的合同,管理人有权依据企业破产法第十八条的规定决定解除或者继续履行合同。

第三十五条　出卖人破产,其管理人决定继续履行所有权保留买卖合同的,买受人应当按照原买卖合同的约定支付价款或者履行其他义务。

买受人未依约支付价款或者履行完毕其他义务,或者将标的物出卖、出质或者作出其他不当处分,给出卖人造成损害,出卖人管理人依法主张取回标的物的,人民法院应予支持。但是,买受人已经支付标的物总价款百分之七十五以上或者第三人善意取得标的物所有权或者其他物权的除外。

因本条第二款规定未能取回标的物,出卖人管理人依法主张买受人继续支付价款、履行完毕其他义务,以及承担相应赔偿责任的,人民法院应予支持。

第三十六条　出卖人破产,其管理人决定解除所有权保留买卖合同,并依据企业破产法第十七条的规定要求买受人向其交付买卖标的物的,人民法院应予支持。

买受人以其不存在未依约支付价款或者履行完毕其他义务,或者将标的物出卖、出质或者作出其他不当处分情形抗辩的,人民法院不予支持。

买受人依法履行合同义务并依据本条第一款将买卖标的物交付出卖人管理人后,买受人已支付价款损失形成的债权作为共益债务清偿。但是,买受人违反合同约定,出卖人管理人主张上述债权作为普通破产债权清偿的,人民法院应予支持。

第三十七条　买受人破产,其管理人决定继续履行所有权保留买卖合同的,原买卖合同中约定的买受人支付价款或者履行其他义务的期限在破产申请受理时视为到期,买受人管理人应当及时向出卖人支付价款或者履行其他义务。

买受人管理人无正当理由未及时支付价款或者履行完毕其他义务,或者将标的物出卖、出质或者作出其他不当处分,给出卖人造成损害,出卖人依据合同法第一百三十四条等规定主张取回标的物的,人民法院应予支持。但是,买受人已支付标的物总价款百分之七十五以上或者第三人善意取得标的物所有权或者其他物权的除外。

因本条第二款规定未能取回标的物,出卖人依法主张买受人继续支付价款、履行完毕其他义务,以及承担相应赔偿责任的,人民法院应予支持。对因买受人未支付价款或者未履行完毕其他义务,以及买受人管理人将标的物出卖、出质或者作出其他不当处分导致出卖人损害产生的债务,出卖人主张作为共益债务清偿的,人民法院应予支持。

第三十八条　买受人破产,其管理人决定解除所有权保留买卖合同,出卖人依据企业破产法第三十八条的规定主张取回买卖标的物的,人民法院应予支持。

出卖人取回买卖标的物,买受人管理人主张出卖人返还已支付价款的,人民法院应予支持。取回的标的物价值明显减少给出卖人造成损失的,出卖人可从买受人已支付价款中优先予以抵扣后,将剩余部分返还给买受人;对买受人已支付价款不足以弥补出卖人标的物价值减损损失形成的债权,出卖人主张作为共益债务清偿的,人民法院应予支持。

第三十九条　出卖人依据企业破产法第三十九条的规定,通过通知承运人或者实际占有人中止运输、返还货物、变更到达地,或者将货物交给其他收货人等方式,对在运途中标的物主张了取回权但未能实现,或者在货物未达管理人前已向管理人主张取回在运途中标的物,在买卖标的物到达管理人后,出卖人向管理人主张取回的,管理人应予准许。

出卖人对在运途中标的物未及时行使取回权,在买卖标的物到达管理人后向管理人行使在运途中标的物取回权的,管理人不应准许。

第四十条　债务人重整期间,权利人要求取回债务人合法占有的权利人的财产,不符合双方事先约定条件的,人民法院不予支持。但是,因管理人或者自行管理的债务人违反约定,可能导致取回物被转让、毁损、灭失或者价值明显减少的除外。

第四十一条　债权人依据企业破产法第四十条

的规定行使抵销权,应当向管理人提出抵销主张。

管理人不得主动抵销债务人与债权人的互负债务,但抵销使债务人财产受益的除外。

第四十二条 管理人收到债权人提出的主张债务抵销的通知后,经审查无异议的,抵销自管理人收到通知之日起生效。

管理人对抵销主张有异议的,应当在约定的异议期限内或者自收到主张债务抵销的通知之日起三个月内向人民法院提起诉讼。无正当理由逾期提起的,人民法院不予支持。

人民法院判决驳回管理人提起的抵销无效诉讼请求的,该抵销自管理人收到主张债务抵销的通知之日起生效。

第四十三条 债权人主张抵销,管理人以下列理由提出异议的,人民法院不予支持:

(一)破产申请受理时,债务人对债权人负有的债务尚未到期;

(二)破产申请受理时,债权人对债务人负有的债务尚未到期;

(三)双方互负债务标的物种类、品质不同。

第四十四条 破产申请受理前六个月内,债务人有企业破产法第二条第一款规定的情形,债务人与个别债权人以抵销方式对个别债权人清偿,其抵销的债权债务属于企业破产法第四十条第(二)、(三)项规定的情形之一,管理人在破产申请受理之日起三个月内向人民法院提起诉讼,主张该抵销无效的,人民法院应予支持。

第四十五条 企业破产法第四十条所列不得抵销情形的债权人,主张以其对债务人特定财产享有优先受偿权的债权,与债务人对其不享有优先受偿权的债权抵销,债务人管理人以抵销存在企业破产法第四十条规定的情形提出异议的,人民法院不予支持。但是,用以抵销的债权大于债权人享有优先受偿权财产价值的除外。

第四十六条 债务人的股东主张以下列债务与债务人对其负有的债务抵销,债务人管理人提出异议的,人民法院应予支持:

(一)债务人股东因欠缴债务人的出资或者抽逃出资对债务人所负的债务;

(二)债务人股东滥用股东权利或者关联关系损害公司利益对债务人所负的债务。

第四十七条 人民法院受理破产申请后,当事人提起的有关债务人的民事诉讼案件,应当依据企业破产法第二十一条的规定,由受理破产申请的人民法院管辖。

受理破产申请的人民法院管辖的有关债务人的第一审民事案件,可以依据民事诉讼法第三十八条的规定,由上级人民法院提审,或者报请上级人民法院批准后交下级人民法院审理。

受理破产申请的人民法院,如对有关债务人的海事纠纷、专利纠纷、证券市场因虚假陈述引发的民事赔偿纠纷等案件不能行使管辖权的,可以依据民事诉讼法第三十七条的规定,由上级人民法院指定管辖。

第四十八条 本规定施行前本院发布的有关企业破产的司法解释,与本规定相抵触的,自本规定施行之日起不再适用。

最高人民法院关于人民法院在审理企业破产案件中适用最高人民法院《关于审理企业破产案件若干问题的规定》的通知

1. 2002年12月26日公布
2. 法〔2002〕273号

各省、自治区、直辖市高级人民法院,解放军军事法院,新疆维吾尔自治区高级人民法院生产建设兵团分院:

最高人民法院《关于审理企业破产案件若干问题的规定》(以下简称《规定》)已由最高人民法院审判委员会第1232次会议通过,并于2002年9月1日起施行。为在审理企业破产案件工作中正确适用《规定》,现就有关问题通知如下:

一、各级人民法院应当认真组织审判人员学习《规定》,深刻理解其含义,准确把握司法解释的精神,充分认识《规定》在规范企业破产行为,保障债权人和债务人的合法权益。防止假破产、真逃债,建立社会信用,维护社会经济秩序,促进社会主义市场经济发展方面的重要作用。

二、当事人向人民法院提出企业破产申请后,由立案庭接收有关申请材料,确定案号,并将有关申请材料移交审理企业破产案件的审判庭,由该审判庭依照《规定》的有关规定,决定是否受理当事人的申请。

三、企业破产申请人根据《规定》第十三条第二款、第十四条第三款的规定,向上一级人民法院提起上诉的,由上级人民法院审理企业破产案件的审判庭审理。

四、企业破产案件当事人根据《规定》第三十八条、第四十四条第二款的规定,向上一级人民法院申诉的,由上一级人民法院审理企业破产案件的审判庭审理。

五、根据《规定》第一百零四条的规定,最高人民法院发现地方各级人民法院,或者上级人民法院发现下级人民法院在企业破产程序中作出的裁定确有错误的。由最高人民法院或者上级人民法院审理企业破产案件的审判庭审理。

六、各级人民法院在执行《规定》的过程中,应当注意加强调查研究,总结审判实践经验,切实保证《规定》的有效实施。

最高人民法院关于审理企业破产案件若干问题的规定

1. 2002年7月18日最高人民法院审判委员会第1232次会议通过
2. 2002年7月30日公布
3. 法释〔2002〕23号
4. 自2002年9月1日起施行

为正确适用《中华人民共和国企业破产法(试行)》(以下简称企业破产法)、《中华人民共和国民事诉讼法》(以下简称民事诉讼法),规范对企业破产案件的审理,结合人民法院审理企业破产案件的实际情况,特制定以下规定。

一、关于企业破产案件管辖

第一条　企业破产案件由债务人住所地人民法院管辖。债务人住所地指债务人的主要办事机构所在地。债务人无办事机构的,由其注册地人民法院管辖。

第二条　基层人民法院一般管辖县、县级市或者区的工商行政管理机关核准登记企业的破产案件;

中级人民法院一般管辖地区、地级市(含本级)以上的工商行政管理机关核准登记企业的破产案件;

纳入国家计划调整的企业破产案件,由中级人民法院管辖。

第三条　上级人民法院审理下级人民法院管辖的企业破产案件,或者将本院管辖的企业破产案件移交下级人民法院审理,以及下级人民法院需要将自己管辖的企业破产案件交由上级人民法院审理的,依照民事诉讼法第三十九条的规定办理;省、自治区、直辖市范围内因特殊情况需对个别企业破产案件的地域管辖作调整的,须经共同上级人民法院批准。

二、关于破产申请与受理

第四条　申请(被申请)破产的债务人应当具备法人资格,不具备法人资格的企业、个体工商户、合伙组织、农村承包经营户不具备破产主体资格。

第五条　国有企业向人民法院申请破产时,应当提交其上级主管部门同意其破产的文件;其他企业应当提供其开办人或者股东会议决定企业破产的文件。

第六条　债务人申请破产,应当向人民法院提交下列材料:

(一)书面破产申请;

(二)企业主体资格证明;

(三)企业法定代表人与主要负责人名单;

(四)企业职工情况和安置预案;

(五)企业亏损情况的书面说明,并附审计报告;

(六)企业至破产申请日的资产状况明细表,包括有形资产、无形资产和企业投资情况等;

(七)企业在金融机构开设账户的详细情况,包括开户审批材料、账号、资金等;

(八)企业债权情况表,列明企业的债务人名称、住所、债务数额、发生时间和催讨偿还

情况;

(九)企业债务情况表,列明企业的债权人名称、住所、债权数额、发生时间;

(十)企业涉及的担保情况;

(十一)企业已发生的诉讼情况;

(十二)人民法院认为应当提交的其他材料。

第七条 债权人申请债务人破产,应当向人民法院提交下列材料:

(一)债权发生的事实与证据;

(二)债权性质、数额、有无担保,并附证据;

(三)债务人不能清偿到期债务的证据。

第八条 债权人申请债务人破产,人民法院可以通知债务人核对以下情况:

(一)债权的真实性;

(二)债权在债务人不能偿还的到期债务中所占的比例;

(三)债务人是否存在不能清偿到期债务的情况。

第九条 债权人申请债务人破产,债务人对债权人的债权提出异议,人民法院认为异议成立的,应当告知债权人先行提起民事诉讼。破产申请不予受理。

第十条 人民法院收到破产申请后,应当在七日内决定是否立案;破产申请人提交的材料需要更正、补充的,人民法院可以责令申请人限期更正、补充。按期更正、补充材料的,人民法院自收到更正补充材料之日起七日内决定是否立案;未按期更正、补充的,视为撤回申请。

人民法院决定受理企业破产案件的,应当制作案件受理通知书,并送达申请人和债务人。通知书作出时间为破产案件受理时间。

第十一条 在人民法院决定受理企业破产案件前,破产申请人可以请求撤回破产申请。

人民法院准许申请人撤回破产申请的,在撤回破产申请之前已经支出的费用由破产申请人承担。

第十二条 人民法院经审查发现有下列情况的,破产申请不予受理:

(一)债务人有隐匿、转移财产等行为,为了逃避债务而申请破产的;

(二)债权人借破产申请毁损债务人商业信誉,意图损害公平竞争的。

第十三条 人民法院对破产申请不予受理的,应当作出裁定。

破产申请人对不予受理破产申请的裁定不服的,可以在裁定送达之日起十日内向上一级人民法院提起上诉。

第十四条 人民法院受理企业破产案件后,发现不符合法律规定的受理条件或者有本规定第十二条所列情形的,应当裁定驳回破产申请。

人民法院受理债务人的破产申请后,发现债务人巨额财产下落不明且不能合理解释财产去向的,应当裁定驳回破产申请。

破产申请人对驳回破产申请的裁定不服的,可以在裁定送达之日起十日内向上一级人民法院提起上诉。

第十五条 人民法院决定受理企业破产案件后,应当组成合议庭,并在十日内完成下列工作:

(一)将合议庭组成人员情况书面通知破产申请人和被申请人,并在法院公告栏张贴企业破产受理公告。公告内容应当写明:破产申请受理时间、债务人名称,申报债权的期限、地点和逾期未申报债权的法律后果、第一次债权人会议召开的日期、地点;

(二)在债务人企业发布公告,要求保护好企业财产,不得擅自处理企业的账册、文书、资料、印章,不得隐匿、私分、转让、出售企业财产;

(三)通知债务人立即停止清偿债务,非经人民法院许可不得支付任何费用;

(四)通知债务人的开户银行停止债务人的结算活动,并不得扣划债务人款项抵扣债务。但经人民法院依法许可的除外。

第十六条 人民法院受理债权人提出的企业破产案件后,应当通知债务人在十五日内向人民法院提交有关会计报表、债权债务清册、企业资产清册以及人民法院认为应当提交的资料。

第十七条 人民法院受理企业破产案件后,除应当按照企业破产法第九条的规定通知已知的债权人外,还应当于三十日内在国家、地方有影响的报纸上刊登公告,公告内容同第十五条第(一)项的规定。

第十八条　人民法院受理企业破产案件后，除可以随即进行破产宣告成立清算组的外，在企业原管理组织不能正常履行管理职责的情况下，可以成立企业监管组。企业监管组成员从企业上级主管部门或者股东会议代表、企业原管理人员、主要债权人中产生，也可以聘请会计师、律师等中介机构参加。企业监管组主要负责处理以下事务：

（一）清点、保管企业财产；

（二）核查企业债权；

（三）为企业利益而进行的必要的经营活动；

（四）支付人民法院许可的必要支出；

（五）人民法院许可的其他工作。

企业监管组向人民法院负责，接受人民法院的指导、监督。

第十九条　人民法院受理企业破产案件后，以债务人为原告的其他民事纠纷案件尚在一审程序的，受诉人民法院应当将案件移送受理破产案件的人民法院；案件已进行到二审程序的，受诉人民法院应当继续审理。

第二十条　人民法院受理企业破产案件后，对债务人财产的其他民事执行程序应当中止。

以债务人为被告的其他债务纠纷案件，根据下列不同情况分别处理：

（一）已经审结但未执行完毕的，应当中止执行，由债权人凭生效的法律文书向受理破产案件的人民法院申报债权。

（二）尚未审结且无其他被告和无独立请求权的第三人的，应当中止诉讼，由债权人向受理破产案件的人民法院申报债权。在企业被宣告破产后，终结诉讼。

（三）尚未审结并有其他被告或者无独立请求权的第三人的，应当中止诉讼，由债权人向受理破产案件的人民法院申报债权。待破产程序终结后，恢复审理。

（四）债务人系从债务人的债务纠纷案件继续审理。

三、关于债权申报

第二十一条　债权人申报债权应当提交债权证明和合法有效的身份证明；代理申报人应当提交委托人的有效身份证明、授权委托书和债权证明。

申报的债权有财产担保的，应当提交证明财产担保的证据。

第二十二条　人民法院在登记申报的债权时，应当记明债权人名称、住所、开户银行、申报债权数额、申报债权的证据、财产担保情况、申报时间、联系方式以及其他必要的情况。

已经成立清算组的，由清算组进行上述债权登记工作。

第二十三条　连带债务人之一或者数人破产的，债权人可就全部债权向该债务人或者各债务人行使权利，申报债权。债权人未申报债权的，其他连带债务人可就将来可能承担的债务申报债权。

第二十四条　债权人虽未在法定期间申报债权，但有民事诉讼法第七十六条规定情形的，在破产财产分配前可向清算组申报债权。清算组负责审查其申报的债权，并由人民法院审查确定。债权人会议对人民法院同意该债权人参加破产财产分配有异议的，可以向人民法院申请复议。

四、关于破产和解与破产企业整顿

第二十五条　人民法院受理企业破产案件后，在破产程序终结前，债务人可以向人民法院申请和解。人民法院在破产案件审理过程中，可以根据债权人、债务人具体情况向双方提出和解建议。

人民法院作出破产宣告裁定前，债权人会议与债务人达成和解协议并经人民法院裁定认可的，由人民法院发布公告，中止破产程序。

人民法院作出破产宣告裁定后，债权人会议与债务人达成和解协议并经人民法院裁定认可，由人民法院裁定中止执行破产宣告裁定，并公告中止破产程序。

第二十六条　债务人不按和解协议规定的内容清偿全部债务的，相关债权人可以申请人民法院强制执行。

第二十七条　债务人不履行或者不能履行和解协议的，经债权人申请，人民法院应当裁定恢复破产程序。和解协议系在破产宣告前达成的，人民法院应当在裁定恢复破产程序的同时裁定宣告债务人破产。

第二十八条　企业由债权人申请破产的，如被申请破产的企业系国有企业,依照企业破产法第四章的规定,其上级主管部门可以申请对该企业进行整顿。整顿申请应当在债务人被宣告破产前提出。

企业无上级主管部门的,企业股东会议可以通过决议并以股东会议名义申请对企业进行整顿。整顿工作由股东会议指定人员负责。

第二十九条　企业整顿期间,企业的上级主管部门或者负责实施整顿方案的人员应当定期向债权人会议和人民法院报告整顿情况、和解协议执行情况。

第三十条　企业整顿期间,对于债务人财产的执行仍适用企业破产法第十一条的规定。

五、关于破产宣告

第三十一条　企业破产法第三条第一款规定的"不能清偿到期债务"是指:

(一)债务的履行期限已届满;

(二)债务人明显缺乏清偿债务的能力。

债务人停止清偿到期债务并呈连续状态,如无相反证据,可推定为"不能清偿到期债务"。

第三十二条　人民法院受理债务人破产案件后,有下列情形之一的,应当裁定宣告债务人破产:

(一)债务人不能清偿债务且与债权人不能达成和解协议的;

(二)债务人不履行或者不能履行和解协议的;

(三)债务人在整顿期间有企业破产法第二十一条规定情形的;

(四)债务人在整顿期满后有企业破产法第二十二条第二款规定情形的。

宣告债务人破产应当公开进行。由债权人提出破产申请的,破产宣告时应当通知债务人到庭。

第三十三条　债务人自破产宣告之日起停止生产经营活动。为债权人利益确有必要继续生产经营的,须经人民法院许可。

第三十四条　人民法院宣告债务人破产后,应当通知债务人的开户银行,限定其银行账户只能由清算组使用。人民法院通知开户银行时应当附破产宣告裁定书。

第三十五条　人民法院裁定宣告债务人破产后应当发布公告,公告内容包括债务人亏损情况、资产负债状况、破产宣告时间、破产宣告理由和法律依据以及对债务人的财产、账册、文书、资料和印章的保护等内容。

第三十六条　破产宣告后,破产企业的财产在其他民事诉讼程序中被查封、扣押、冻结的,受理破产案件的人民法院应当立即通知采取查封、扣押、冻结措施的人民法院予以解除,并向受理破产案件的人民法院办理移交手续。

第三十七条　企业被宣告破产后,人民法院应当指定必要的留守人员。破产企业的法定代表人、财会、财产保管人员必须留守。

第三十八条　破产宣告后,债权人或者债务人对破产宣告有异议的,可以在人民法院宣告企业破产之日起十日内,向上一级人民法院申诉。上一级人民法院应当组成合议庭进行审理,并在三十日内作出裁定。

六、关于债权人会议

第三十九条　债权人会议由申报债权的债权人组成。

债权人会议主席由人民法院在有表决权的债权人中指定。必要时,人民法院可以指定多名债权人会议主席,成立债权人会议主席委员会。

少数债权人拒绝参加债权人会议,不影响会议的召开。但债权人会议不得作出剥夺其对破产财产受偿的机会或者不利于其受偿的决议。

第四十条　第一次债权人会议应当在人民法院受理破产案件公告三个月期满后召开。除债务人的财产不足以支付破产费用,破产程序提前终结外,不得以一般债权的清偿率为零为理由取消债权人会议。

第四十一条　第一次债权人会议由人民法院召集并主持。人民法院除完成本规定第十七条确定的工作外,还应当做好以下准备工作:

(一)拟订第一次债权人会议议程;

(二)向债务人的法定代表人或者负责人发出通知,要求其必须到会;

(三)向债务人的上级主管部门、开办人或者股东会议代表发出通知,要求其派员列席会议;

（四）通知破产清算组成员列席会议；

（五）通知审计、评估人员参加会议；

（六）需要提前准备的其他工作。

第四十二条　债权人会议一般包括以下内容：

（一）宣布债权人会议职权和其他有关事项；

（二）宣布债权人资格审查结果；

（三）指定并宣布债权人会议主席；

（四）安排债务人法定代表人或者负责人接受债权人询问；

（五）由清算组通报债务人的生产经营、财产、债务情况并作清算工作报告和提出财产处理方案及分配方案；

（六）讨论并审查债权的证明材料、债权的财产担保情况及数额、讨论通过和解协议、审阅清算组的清算报告、讨论通过破产财产的处理方案与分配方案等。讨论内容应当记明笔录。债权人对人民法院或者清算组登记的债权提出异议的，人民法院应当及时审查并作出裁定；

（七）根据讨论情况，依照企业破产法第十六条的规定进行表决。

以上第（五）至（七）项议程内的工作在本次债权人会议上无法完成的，交由下次债权人会议继续进行。

第四十三条　债权人认为债权人会议决议违反法律规定或者侵害其合法权益的，可以在债权人会议作出决议后七日内向人民法院提出，由人民法院依法裁定。

第四十四条　清算组财产分配方案经债权人会议两次讨论未获通过的，由人民法院依法裁定。

对前款裁定，占无财产担保债权总额半数以上债权的债权人有异议的，可以在人民法院作出裁定之日起十日内向上一级人民法院申诉。上一级人民法院应当组成合议庭进行审理，并在三十日内作出裁定。

第四十五条　债权人可以委托代理人出席债权人会议，并可以授权代理人行使表决权。代理人应当向人民法院或者债权人会议主席提交授权委托书。

第四十六条　第一次债权人会议后又召开债权人会议的，债权人会议主席应当在发出会议通知前三日报告人民法院，并由会议召集人在开会前十五日将会议时间、地点、内容、目的等事项通知债权人。

七、关于清算组

第四十七条　人民法院应当自裁定宣告企业破产之日起十五日内成立清算组。

第四十八条　清算组成员可以从破产企业上级主管部门、清算中介机构以及会计、律师中产生，也可以从政府财政、工商管理、计委、经委、审计、税务、物价、劳动、社会保险、土地管理、国有资产管理、人事等部门中指定。人民银行分（支）行可以按照有关规定派人参加清算组。

第四十九条　清算组经人民法院同意可以聘请破产清算机构、律师事务所、会计事务所等中介机构承担一定的破产清算工作。中介机构就清算工作向清算组负责。

第五十条　清算组的主要职责是：

（一）接管破产企业。向破产企业原法定代表人及留守人员接收原登记造册的资产明细表、有形资产清册，接管所有财产、账册、文书档案、印章、证照和有关资料。破产宣告前成立企业监管组的，由企业监管组和企业原法定代表人向清算组进行移交；

（二）清理破产企业财产，编制财产明细表和资产负债表，编制债权债务清册，组织破产财产的评估、拍卖、变现；

（三）回收破产企业的财产，向破产企业的债务人、财产持有人依法行使财产权利；

（四）管理、处分破产财产，决定是否履行合同和在清算范围内进行经营活动。确认别除权、抵销权、取回权；

（五）进行破产财产的委托评估、拍卖及其他变现工作；

（六）依法提出并执行破产财产处理和分配方案；

（七）提交清算报告；

（八）代表破产企业参加诉讼和仲裁活动；

（九）办理企业注销登记等破产终结事宜；

（十）完成人民法院依法指定的其他事项。

第五十一条　清算组对人民法院负责并且报告工作，接受人民法院的监督。人民法院应当及时指导清算组的工作,明确清算组的职权与责任,帮助清算组拟订工作计划,听取清算组汇报工作。

清算组有损害债权人利益的行为或者其他违法行为的,人民法院可以根据债权人的申请或者依职权予以纠正。

人民法院可以根据债权人的申请或者依职权更换不称职的清算组成员。

第五十二条 清算组应当列席债权人会议,接受债权人会议的询问。债权人有权查阅有关资料、询问有关事项;清算组的决定违背债权人利益的,债权人可以申请人民法院裁定撤销该决定。

第五十三条 清算组对破产财产应当及时登记、清理、审计、评估、变价。必要时,可以请求人民法院对破产企业财产进行保全。

第五十四条 清算组应当采取有效措施保护破产企业的财产。债务人的财产权利如不依法登记或者及时行使将丧失权利的,应当及时予以登记或者行使;对易损、易腐、跌价或者保管费用较高的财产应当及时变卖。

八、关于破产债权

第五十五条 下列债权属于破产债权:

(一)破产宣告前发生的无财产担保的债权;

(二)破产宣告前发生的虽有财产担保但是债权人放弃优先受偿的债权;

(三)破产宣告前发生的虽有财产担保但是债权数额超过担保物价值部分的债权;

(四)票据出票人被宣告破产,付款人或者承兑人不知其事实而向持票人付款或者承兑所产生的债权;

(五)清算组解除合同,对方当事人依法或者依照合同约定产生的对债务人可以用货币计算的债权;

(六)债务人的受托人在债务人破产后,为债务人的利益处理委托事务所发生的债权;

(七)债务人发行债券形成的债权;

(八)债务人的保证人代替债务人清偿债务后依法可以向债务人追偿的债权;

(九)债务人的保证人按照《中华人民共和国担保法》第三十二条的规定预先行使追偿权而申报的债权;

(十)债务人为保证人的,在破产宣告前已经被生效的法律文书确定承担的保证责任;

(十一)债务人在破产宣告前因侵权、违约给他人造成财产损失而产生的赔偿责任;

(十二)人民法院认可的其他债权。

以上第(五)项债权以实际损失为计算原则。违约金不作为破产债权,定金不再适用定金罚则。

第五十六条 因企业破产解除劳动合同,劳动者依法或者依据劳动合同对企业享有的补偿金请求权,参照企业破产法第三十七条第二款第(一)项规定的顺序清偿。

第五十七条 债务人所欠非正式职工(含短期劳动工)的劳动报酬,参照企业破产法第三十七条第二款第(一)项规定的顺序清偿。

第五十八条 债务人所欠企业职工集资款,参照企业破产法第三十七条第二款第(一)项规定的顺序清偿。但对违反法律规定的高额利息部分不予保护。

职工向企业的投资,不属于破产债权。

第五十九条 债务人退出联营应当对该联营企业的债务承担责任的,联营企业的债权人对该债务人享有的债权属于破产债权。

第六十条 与债务人互负债权债务的债权人可以向清算组请求行使抵销权,抵销权的行使应当具备以下条件:

(一)债权人的债权已经得到确认;

(二)主张抵销的债权债务均发生在破产宣告之前。

经确认的破产债权可以转让。受让人以受让的债权抵销其所欠债务人债务的,人民法院不予支持。

第六十一条 下列债权不属于破产债权:

(一)行政、司法机关对破产企业的罚款、罚金以及其他有关费用;

(二)人民法院受理破产案件后债务人未支付应付款项的滞纳金,包括债务人未执行生效法律文书应当加倍支付的迟延利息和劳动保险金的滞纳金;

(三)破产宣告后的债务利息;

(四)债权人参加破产程序所支出的费用;

(五)破产企业的股权、股票持有人在股

权、股票上的权利;

(六)破产财产分配开始后向清算组申报的债权;

(七)超过诉讼时效的债权;

(八)债务人开办单位对债务人未收取的管理费、承包费。

上述不属于破产债权的权利,人民法院或者清算组也应当对当事人的申报进行登记。

第六十二条 政府无偿拨付给债务人的资金不属于破产债权。但财政、扶贫、科技管理等行政部门通过签订合同,按有偿使用、定期归还原则发放的款项,可以作为破产债权。

第六十三条 债权人对清算组确认或者否认的债权有异议的,可以向清算组提出。债权人对清算组的处理仍有异议的,可以向人民法院提出。人民法院应当在查明事实的基础上依法作出裁决。

九、关于破产财产

第六十四条 破产财产由下列财产构成:

(一)债务人在破产宣告时所有的或者经营管理的全部财产;

(二)债务人在破产宣告后至破产程序终结前取得的财产;

(三)应当由债务人行使的其他财产权利。

第六十五条 债务人与他人共有的物、债权、知识产权等财产或者财产权,应当在破产清算中予以分割,债务人分割所得属于破产财产;不能分割的,应当就其应得部分转让,转让所得属于破产财产。

第六十六条 债务人的开办人注册资金投入不足的,应当由该开办人予以补足,补足部分属于破产财产。

第六十七条 企业破产前受让他人财产并依法取得所有权或者土地使用权的,即便未支付或者未完全支付对价,该财产仍属于破产财产。

第六十八条 债务人的财产被采取民事诉讼执行措施的,在受理破产案件后尚未执行的或者未执行完毕的剩余部分,在该企业被宣告破产后列入破产财产。因错误执行应当执行回转的财产,在执行回转后列入破产财产。

第六十九条 债务人依照法律规定取得代位求偿权的,依该代位求偿权享有的债权属于破产财产。

第七十条 债务人在被宣告破产时未到期的债权视为已到期,属于破产财产,但应当减去未到期的利息。

第七十一条 下列财产不属于破产财产:

(一)债务人基于仓储、保管、加工承揽、委托交易、代销、借用、寄存、租赁等法律关系占有、使用的他人财产;

(二)抵押物、留置物、出质物,但权利人放弃优先受偿权的或者优先偿付被担保债权剩余的部分除外;

(三)担保物灭失后产生的保险金、补偿金、赔偿金等代位物;

(四)依照法律规定存在优先权的财产,但权利人放弃优先受偿权或者优先偿付特定债权剩余的部分除外;

(五)特定物买卖中,尚未转移占有但相对人已完全支付对价的特定物;

(六)尚未办理产权证或者产权过户手续但已向买方交付的财产;

(七)债务人在所有权保留买卖中尚未取得所有权的财产;

(八)所有权专属于国家且不得转让的财产;

(九)破产企业工会所有的财产。

第七十二条 本规定第七十一条第(一)项所列的财产,财产权利人有权取回。

前款财产在破产宣告前已经毁损灭失的,财产权利人仅能以直接损失额为限申报债权;在破产宣告后因清算组的责任毁损灭失的,财产权利人有权获得等值赔偿。

债务人转让上述财产获利的,财产权利人有权要求债务人等值赔偿。

十、关于破产财产的收回、处理和变现

第七十三条 清算组应当向破产企业的债务人和财产持有人发出书面通知,要求债务人和财产持有人于限定的时间向清算组清偿债务或者交付财产。

破产企业的债务人和财产持有人有异议的,应当在收到通知后的七日内提出,由人民法院作出裁定。

破产企业的债务人和财产持有人在收到通知后既不向清算组清偿债务或者交付财产,又没有正当理由不在规定的异议期内提出异议的,由清算组向人民法院提出申请,经人民法院裁定后强制执行。

破产企业在境外的财产,由清算组予以收回。

第七十四条 债务人享有的债权,其诉讼时效自人民法院受理债务人的破产申请之日起,适用《中华人民共和国民法通则》第一百四十条关于诉讼时效中断的规定。债务人与债权人达成和解协议,中止破产程序的,诉讼时效自人民法院中止破产程序裁定之日起重新计算。

第七十五条 经人民法院同意,清算组可以聘用律师或者其他中介机构的人员追收债权。

第七十六条 债务人设立的分支机构和没有法人资格的全资机构的财产,应当一并纳入破产程序进行清理。

第七十七条 债务人在其开办的全资企业中的投资权益应当予以追收。

全资企业资不抵债的,清算组停止追收。

第七十八条 债务人对外投资形成的股权及其收益应当予以追收。对该股权可以出售或者转让,出售、转让所得列入破产财产进行分配。

股权价值为负值的,清算组停止追收。

第七十九条 债务人开办的全资企业,以及由其参股、控股的企业不能清偿到期债务,需要进行破产还债的,应当另行提出破产申请。

第八十条 清算组处理集体所有土地使用权时,应当遵守相关法律规定。未办理土地征用手续的集体所有土地使用权,应当在该集体范围内转让。

第八十一条 破产企业的职工住房,已经签订合同、交付房款,进行房改给个人的,不属于破产财产。未进行房改的,可由清算组向有关部门申请办理房改事项,向职工出售。按照国家规定不具备房改条件,或者职工在房改中不购买住房的,由清算组根据实际情况处理。

第八十二条 债务人的幼儿园、学校、医院等公益福利性设施,按国家有关规定处理,不作为破产财产分配。

第八十三条 处理破产财产前,可以确定有相应评估资质的评估机构对破产财产进行评估,债权人会议、清算组对破产财产的评估结论、评估费用有异议的,参照最高人民法院《关于民事诉讼证据的若干规定》第二十七条的规定处理。

第八十四条 债权人会议对破产财产的市场价格无异议的,经人民法院同意后,可以不进行评估。但是国有资产除外。

第八十五条 破产财产的变现应当以拍卖方式进行。由清算组负责委托有拍卖资格的拍卖机构进行拍卖。

依法不得拍卖或者拍卖所得不足以支付拍卖所需费用的,不进行拍卖。

前款不进行拍卖或者拍卖不成的破产财产,可以在破产分配时进行实物分配或者作价变卖。债权人对清算组在实物分配或者作价变卖中对破产财产的估价有异议的,可以请求人民法院进行审查。

第八十六条 破产财产中的成套设备,一般应当整体出售。

第八十七条 依法属于限制流通的破产财产,应当由国家指定的部门收购或者按照有关法律规定处理。

十一、关于破产费用

第八十八条 破产费用包括:

(一)破产财产的管理、变卖、分配所需要的费用;

(二)破产案件的受理费;

(三)债权人会议费用;

(四)催收债务所需费用;

(五)为债权人的共同利益而在破产程序中支付的其他费用。

第八十九条 人民法院受理企业破产案件可以按照《人民法院诉讼收费办法补充规定》预收案件受理费。

破产宣告前发生的经人民法院认可的必要支出,从债务人财产中拨付。债务人财产不足以支付的,如系债权人申请破产的,由债权人支付。

第九十条 清算期间职工生活费、医疗费可以从破产财产中优先拨付。

第九十一条 破产费用可随时支付,破产财产不足以支付破产费用的,人民法院根据清算组的申请裁定终结破产程序。

十二、关于破产财产的分配

第九十二条　破产财产分配方案经债权人会议通过后，由清算组负责执行。财产分配可以一次分配，也可以多次分配。

第九十三条　破产财产分配方案应当包括以下内容：

（一）可供破产分配的财产种类、总值，已经变现的财产和未变现的财产；

（二）债权清偿顺序、各顺序的种类与数额，包括破产企业所欠职工工资、劳动保险费用和破产企业所欠税款的数额和计算依据，纳入国家计划调整的企业破产，还应当说明职工安置费的数额和计算依据；

（三）破产债权总额和清偿比例；

（四）破产分配的方式、时间；

（五）对将来能够追回的财产拟进行追加分配的说明。

第九十四条　列入破产财产的债权，可以进行债权分配。债权分配以便于债权人实现债权为原则。

将人民法院已经确认的债权分配给债权人的，由清算组向债权人出具债权分配书，债权人可以凭债权分配书向债务人要求履行。债务人拒不履行的，债权人可以申请人民法院强制执行。

第九十五条　债权人未在指定期限内领取分配的财产的，对该财产可以进行提存或者变卖后提存价款，并由清算组向债权人发出催领通知书。债权人在收到催领通知书一个月后或者在清算组发出催领通知书两个月后，债权人仍未领取的，清算组应当对该部分财产进行追加分配。

十三、关于破产终结

第九十六条　破产财产分配完毕，由清算组向人民法院报告分配情况，并申请人民法院终结破产程序。

人民法院在收到清算组的报告和终结破产程序申请后，认为符合破产程序终结规定的，应当在七日内裁定终结破产程序。

第九十七条　破产程序终结后，由清算组向破产企业原登记机关办理企业注销登记。

破产程序终结后仍有可以追收的破产财产、追加分配等善后事宜需要处理的，经人民法院同意，可以保留清算组或者保留部分清算组成员。

第九十八条　破产程序终结后出现可供分配的财产的，应当追加分配。追加分配的财产，除企业破产法第四十条规定的由人民法院追回的财产外，还包括破产程序中因纠正错误支出收回的款项，因权利被承认追回的财产，债权人放弃的财产和破产程序终结后实现的财产权利等。

第九十九条　破产程序终结后，破产企业的账册、文书等卷宗材料由清算组移交破产企业上级主管机关保存；无上级主管机关的，由破产企业的开办人或者股东保存。

十四、其　　他

第一百条　人民法院在审理企业破产案件中，发现破产企业的原法定代表人或者直接责任人员有企业破产法第三十五条所列行为的，应当向有关部门建议，对该法定代表人或者直接责任人员给予行政处分；涉嫌犯罪的，应当将有关材料移送相关国家机关处理。

第一百零一条　破产企业有企业破产法第三十五条所列行为，致使企业财产无法收回，造成实际损失的，清算组可以对破产企业的原法定代表人、直接责任人员提起民事诉讼，要求其承担民事赔偿责任。

第一百零二条　人民法院受理企业破产案件后，发现企业有巨额财产下落不明的，应当将有关涉嫌犯罪的情况和材料，移送相关国家机关处理。

第一百零三条　人民法院可以建议有关部门对破产企业的主要责任人员限制其再行开办企业，在法定期限内禁止其担任公司的董事、监事、经理。

第一百零四条　最高人民法院发现各级人民法院，或者上级人民法院发现下级人民法院在破产程序中作出的裁定确有错误的，应当通知其纠正；不予纠正的，可以裁定指令下级人民法院重新作出裁定。

第一百零五条　纳入国家计划调整的企业破产案件，除适用本规定外，还应当适用国家有关企业破产的相关规定。

第一百零六条　本规定自二〇〇二年九月一日起施行。在本规定发布前制定的有关审理企业破产案件的司法解释,与本规定相抵触的,不再适用。

最高人民法院对《关于审理企业破产案件若干问题的规定》第三十八条、第四十四条第二款的理解与适用的请示的答复

1. *2004年2月3日公布*
2. *〔2003〕民二他字第64号*

湖北省高级人民法院:

你院鄂高法[2003]389号请示收悉。我庭研究认为,《关于审理企业破产案件若干问题的规定》(以下简称《规定》)第三十八条和第四十四条第二款规定的申诉程序,是最高法院在法律没有具体规定时,根据法律的精神和现实的需要,探索如何完善上级法院对下级法院审理企业破产案件进行审判监督的具体体现。鉴于此种申诉程序尚在探索阶段,我庭谨提供如下意见供参考:

一、人民法院作出破产宣告裁定依法应当进行公告,鉴于破产宣告裁定对破产程序当事人影响较大,也仅要求在人民法院公告栏进行公告,因此人民法院在破产宣告裁定作出当日即应当进行公告,公告之日即裁定之日。《规定》第三十八条规定债权人或债务人向上级法院进行申诉的申诉期自裁定之日起算,也即从公告之日起算。如人民法院在裁定之日未作公告,而在裁定日后公告的,可酌情考虑自公告之日起算当事人的申诉期。

二、破产案件分配方案经债权人会议两次讨论未通过的,人民法院可以依法作出裁定。由于债权人会议系债权人自治组织,根据破产法的规定享有审查、通过破产财产分配方案的权力,因此,人民法院在债权人会议未通过破产财产分配方案时如以裁定形式通过方案,性质上属于司法对债权人意思自治的干预,因此,人民法院不仅在裁定中要说明裁定的理由,而且应当在债权人会议期间作出裁定并向参加会议的全体债权人宣读,使债权人及时知悉自身权利状态。《规定》第四十四条第二款规定债权人就该裁定向上级法院申诉的期间起算自裁定之日,也即起算自人民法院向参加会议的全体债权人宣读裁定之日。由于人民法院通过破产财产分配方案的裁定无需公告,也无需送达债权人(债权人人数众多时也无法送达),因此,在债权人会议期间宣读裁定应当是必要的。

司法实践中,有的法院不在债权人会议期间进行裁定,而是在债权人会议后通过书面审理进行,并且裁定后也不送达,确实存在不利于债权人维护自身权利的情况。对于此种情况如何进行救济尚有待探索,但从程序上要求人民法院在债权人会议期间作出裁定并向参加会议的全体债权人宣读裁定,是避免出现上述情况的重要保证,各级人民法院应当予以充分重视。

此复

最高人民法院关于对《最高人民法院关于审理企业破产案件若干问题的规定》第五十六条理解的答复

1. *2003年9月9日发布*
2. *法函〔2003〕46号*

劳动和社会保障部:

你部2002年12月15日对我院《关于审理企业破产案件若干问题的规定》(以下简称《规定》)第五十六条执行中的有关问题征求意见的函收悉,经研究,答复如下:

一、《规定》第五十六条不适用于纳入国家计划调整的企业破产案件,该类企业破产案件适用国务院国发〔1994〕59号《关于在若干城市试行国有企业破产有关问题的通知》和国发〔1997〕10号《关于在若干城市试行国有企业兼并破产和职工再就业有关问题的补充通知》的有关规定。在根据相关规定向破产企业职工发放安置费、经济补偿金后,不再就解除劳动合同补偿金予以补偿。

二、《规定》第五十六条中“依法或者依据劳动合同”的含义是：第一，补偿金的数额应当依据劳动合同的约定，劳动合同中没有约定的，则应依照法律、法规、参照部门规章的相关规定予以补偿。第二，如果劳动合同约定的补偿金或者根据有关规定确定的补偿金额过低或者过高，清算组可以根据有关规定进行调整。调整的标准，应当以破产企业正常生产经营状况下职工十二个月的月平均工资为基数计算补偿金额。第三，清算组调整后，企业的工会、职工个人认为补偿金仍然过低的，可以向受理破产案件的人民法院提出变更申请；债权人会议对清算组确定的职工补偿金有异议的，按《规定》第四十四条规定的程序进行。

此复

最高人民法院关于《中华人民共和国企业破产法》施行时尚未审结的企业破产案件适用法律若干问题的规定

1. *2007年4月23日最高人民法院审判委员会第1425次会议通过*
2. *2007年4月25日公布*
3. *法释〔2007〕10号*
4. *自2007年6月1日起施行*

为正确适用《中华人民共和国企业破产法》，对人民法院审理企业破产法施行前受理的、施行时尚未审结的企业破产案件具体适用法律问题，规定如下：

第一条　债权人、债务人或者出资人向人民法院提出重整或者和解申请，符合下列条件之一的，人民法院应予受理：

（一）债权人申请破产清算的案件，债务人或者出资人于债务人被宣告破产前提出重整申请，且符合企业破产法第七十条第二款的规定；

（二）债权人申请破产清算的案件，债权人于债务人被宣告破产前提出重整申请，且符合企业破产法关于债权人直接向人民法院申请重整的规定；

（三）债务人申请破产清算的案件，债务人于被宣告破产前提出重整申请，且符合企业破产法关于债务人直接向人民法院申请重整的规定；

（四）债务人依据企业破产法第九十五条的规定申请和解。

第二条　清算组在企业破产法施行前未通知或者答复未履行完毕合同的对方当事人解除或者继续履行合同的，从企业破产法施行之日起计算，在该法第十八条第一款规定的期限内未通知或者答复的，视为解除合同。

第三条　已经成立清算组的，企业破产法施行后，人民法院可以指定该清算组为管理人。

尚未成立清算组的，人民法院应当依照企业破产法和《最高人民法院关于审理企业破产案件指定管理人的规定》及时指定管理人。

第四条　债权人主张对债权债务抵销的，应当符合企业破产法第四十条规定的情形；但企业破产法施行前，已经依据有关法律规定抵销的除外。

第五条　对于尚未清偿的破产费用，应当按企业破产法第四十一条和第四十二条的规定区分破产费用和共益债务，并依据企业破产法第四十三条的规定清偿。

第六条　人民法院尚未宣告债务人破产的，应当适用企业破产法第四十六条的规定确认债权利息；已经宣告破产的，依据企业破产法施行前的法律规定确认债权利息。

第七条　债权人已经向人民法院申报债权的，由人民法院将相关申报材料移交给管理人；尚未申报的，债权人应当直接向管理人申报。

第八条　债权人未在人民法院确定的债权申报期内向人民法院申报债权的，可以依据企业破产法第五十六条的规定补充申报。

第九条　债权人对债权表记载债权有异议，向受理破产申请的人民法院提起诉讼的，人民法院应当依据企业破产法第二十一条和第五十八条的规定予以受理。但人民法院对异议债权已经作出裁决的除外。

债权人就争议债权起诉债务人，要求其承担偿还责任的，人民法院应当告知该债权人变更其诉讼请求为确认债权。

第十条 债务人的职工就清单记载有异议,向受理破产申请的人民法院提起诉讼的,人民法院应当依据企业破产法第二十一条和第四十八条的规定予以受理。但人民法院对异议债权已经作出裁决的除外。

第十一条 有财产担保的债权人未放弃优先受偿权利的,对于企业破产法第六十一条第一款第七项、第十项规定以外的事项享有表决权。但该债权人对于企业破产法施行前已经表决的事项主张行使表决权,或者以其未行使表决权为由请求撤销债权人会议决议的,人民法院不予支持。

第十二条 债权人认为债权人会议的决议违反法律规定,损害其利益,向人民法院请求撤销该决议,裁定尚未作出的,人民法院应当依据企业破产法第六十四条的规定作出裁定。

第十三条 债权人对于财产分配方案的裁定不服,已经申诉的,由上一级人民法院依据申诉程序继续审理;企业破产法施行后提起申诉的,人民法院应当告知其依据企业破产法第六十六条的规定申请复议。

债权人对于人民法院作出的债务人财产管理方案的裁定或者破产财产变价方案的裁定不服,向受理破产申请的人民法院申请复议的,人民法院应当依据企业破产法第六十六条的规定予以受理。

债权人或者债务人对破产宣告裁定有异议,已经申诉的,由上一级人民法院依据申诉程序继续审理;企业破产法施行后提起申诉的,人民法院不予受理。

第十四条 企业破产法施行后,破产人的职工依据企业破产法第一百三十二条的规定主张权利的,人民法院应予支持。

第十五条 破产人所欠董事、监事和高级管理人员的工资,应当依据企业破产法第一百一十三条第三款的规定予以调整。

第十六条 本规定施行前本院作出的有关司法解释与本规定相抵触的,人民法院审理尚未审结的企业破产案件不再适用。

国务院关于在若干城市试行国有企业破产有关问题的通知

1. 1994年10月25日发布
2. 国发〔1994〕59号

各省、自治区、直辖市人民政府,国务院各部委、各直属机构:

为配合在18个城市(上海、天津、齐齐哈尔、哈尔滨、长春、沈阳、唐山、太原、青岛、淄博、常州、蚌埠、武汉、株洲、柳州、成都、重庆、宝鸡)进行企业优化资本结构试点工作的开展,建立和完善企业优胜劣汰机制,指导和规范这些城市国有企业(以下简称企业)破产工作,根据《中华人民共和国企业破产法(试行)》(以下简称《破产法》)和其他有关法律、行政法规的规定,现就有关问题通知如下:

一、实施企业破产必须首先安置好破产企业职工

《破产法》第四条规定,"国家通过各种途径妥善安排破产企业职工重新就业,并保障他们重新就业前的基本生活需要,具体办法由国务院另行规定"。据此,各有关城市人民政府要按照本通知,在实施企业破产中,采取各种有效措施,首先妥善安置破产企业职工,保持社会稳定。

二、破产企业土地使用权的处置

企业破产时,企业依法取得的土地使用权,应当以拍卖或者招标方式为主依法转让,转让所得首先用于破产企业职工安置;安置破产企业职工后有剩余的,剩余部分与其他破产财产统一列入破产财产分配方案。

三、破产财产的处置

破产财产处置前,应当由具有法定资格的资产评估机构进行评估,并以评估价值作底价,通过拍卖、招标等方式依法转让。

处置企业土地使用权所得不足以安置破产企业职工的,不足部分应当从处置其他破产财产所得中拨付。

企业在破产前为维持生产经营,向职工筹借的款项,视为破产企业所欠职工工资处理,借款利息按照借款实际使用时间和银行同期

存款利率计算。职工在企业破产前作为资本金投资的款项，视为破产财产。

破产企业的职工住房、学校、托幼园（所）、医院等福利性设施，原则上不计入破产财产，由破产企业所在地的市或者市辖区、县的人民政府接收处理，其职工由接收单位安置。但是，没有必要续办并能整体出让的，可以计入破产财产。

四、担保的处理

破产企业作为抵押物的财产，债权人放弃优先受偿权利的，抵押财产计入破产财产；债权人不放弃优先受偿权利的，超过抵押债权的部分计入破产财产。

企业对其同一财产设定两个以上抵押权的，企业破产时，抵押权人按照抵押顺序受偿。

一个企业为另一个企业提供担保的，被担保企业破产后，担保企业应当按照担保合同承担担保责任。但是，偿债期限可以由担保企业与被担保企业的债权人协商确定。

行政机关为企业提供担保的，应当按照国家有关规定确认担保合同无效。

五、破产企业职工的安置

破产企业所在地的市或者市辖区、县人民政府应当采取转业培训、介绍就业、生产自救、劳务输出等各种措施，妥善安排破产企业职工重新就业，并保障他们在重新就业前的基本生活需要。

政府鼓励破产企业职工自谋职业。对自谋职业的，政府可以根据当地的实际情况，发放一次性安置费，不再保留国有企业职工身份。一次性安置费原则上按照破产企业所在市的企业职工上年平均工资收入的3倍发放，具体发放标准由各有关市人民政府规定。

破产企业职工失业期间，依照《国有企业职工待业保险规定》享受失业保险待遇。失业保险期满无法重新就业的职工，符合社会救济条件的，由当地民政部门按照规定发给社会救济金。

破产企业离退休职工的离退休费和医疗费由当地社会养老、医疗保险机构负责管理。破产企业参加养老保险、医疗保险基金社会统筹的，其离退休职工的离退休费、医疗费由当地社会养老、医疗保险机构分别从养老保险、医疗保险基金社会统筹中支付。没有参加养老保险、医疗保险基金社会统筹或者养老保险、医疗保险基金社会统筹不足的，从企业土地使用权出让所得支付；处置土地使用权所得不足以支付的，不足部分从处置其他破产财产所得中拨付。

破产企业中因工致残或者患严重职业病、全部或者大部分丧失劳动能力的职工，作为离退休职工安置。距离退休年龄不足5年的职工，经本人申请，可以提前离退休。

破产企业中的劳动合同制职工的安排，依照《国营企业实行劳动合同制暂行规定》等法律、行政法规的规定办理；临时工的安排，依照《全民所有制企业临时工管理暂行规定》办理。

破产企业职工的安置费用来源不足的，按照企业隶属关系，由破产企业所在地的市或者市辖区、县的人民政府负担。

六、银行因企业破产受到的贷款损失的处理

银行因企业破产受到的贷款本金、利息损失，应当严格按照国家有关规定，经国家有关银行总行批准后，分别在国家核定银行提取的呆帐准备金和坏帐准备金控制比例内冲销。

七、破产企业的整体接收

人民法院裁定清算组提出的破产财产分配方案后，执行分配方案前，其他企业整体接收破产企业财产、承担分配方案确定清偿的破产企业债务、安置破产企业职工的，可以按照国家有关规定，享受兼并企业的优惠待遇。

八、濒临破产企业的重组

对濒临破产的企业，企业所在地的市或者市辖区、县的人民政府可以采取改组企业管理层、改变企业资产经营形式、引导企业组织结构调整等措施，予以重组。企业所在地的市或者市辖区、县的人民政府认为企业不宜破产的，应当给予资助或者采取其他措施，帮助企业清偿债务。

濒临破产的企业在申请破产前，经拥有三分之二以上债权额的债权人同意，并经企业所在地的市或者市辖区、县的人民政府批准，可以将企业效益好的部分同企业分立。分立后的企业,应当按照商定的比例承担原企业的债务。

九、实施企业破产的组织领导

实施企业破产,涉及面广,政策性强,难度很大。有关城市的人民政府要加强对这工作的组织领导,由一名政府负责人牵头,经贸委(经委、计经委)、计委、财委、银行、劳动、审计、税务、国有资产管理、土地、工会等部门和单位参加的工作机构,统一负责组织、协调、解决实施企业破产中遇到的问题,确保这项工作的顺利开展。要根据当地社会的承受能力,制定切实可行的企业破产预案,要采取积极、稳妥的措施,及时处理实施企业破产中的重点、难点问题。要发挥有关社会中介组织在企业破产实施中的作用。实施企业破产中遇到的紧急情况和重大问题,要及时上报。

国务院

国务院关于在若干城市试行国有企业兼并破产和职工再就业有关问题的补充通知

1. *1997年3月2日发布*
2. *国发[1997]10号*

各省、自治区、直辖市人民政府,国务院各部委、各直属机构:

根据《中华人民共和国企业破产法(试行)》(以下简称《破产法》)、《国务院关于若干城市试行国有企业破产有关问题的通知》(国发[1994]59号)的精神和有关规定,企业兼并破产工作已逐步展开,工作是有成绩的。但是,也出现了一些城市和地区违反国发[1994]50号文件适用范围实施企业破产的问题。国务院强调:国发[1994]59号文件中有关破产方面的政策,只适用于国务院确定的企业"优化资本结构"试点城市(以下简称试点城市,名单见附件)范围内的国有工业企业。非试点城市和地区的国有企业破产。只能按照《破产法》的规定实施,即破产企业财产处置所得,必须用于按比例清偿债务,安置破产企业职工的费用只能从当地政府补贴、民政救济和社会保障等渠道解决。非国有企业的破产,要严格按照《中华人民共和国民事诉讼法》实施。为规范企业破产,鼓励企业兼并,对国有企业富余职工实施再就业工程,促进产业结构调整、企业优化资本结构和转换经营机制,现就试点城市国有企业(以下简称企业)兼并破产和职工再就业有关问题补充通知如下:

一、企业兼并破产和职工再就业工作的组织领导

国家经贸委负责全国企业兼并破产和职工再就业的组织协调工作。为加强对试点城市企业兼并破产和职工再就业工作的组织领导,成立全国企业兼并破产和职工再就业领导小组(以下简称全国领导小组),由国家经贸委(组长)、国家体改委、财政部、劳动部、中国人民银行、国家土地局、国家国有资产管理局等部门组成,并邀请全国人大法工委、最高人民法院参加。其中主要职责是:负责全国试点城市企业兼并破产和职工再就业工作的组织领导与协调;制订《企业兼并破产和职工再就业工作计划》的编制办法;下达省、自治区、直辖市(以下简称省、区、市)核销呆、坏帐准备金的预分配规模;审核省、区、市《企业兼并破产和职工再就业工作计划》;指导省、区、市企业兼并破产和职工再就业工作协调小组(以下简称、省、区、市协调小组)的工作;制订《全国企业兼并破产和职工再就业工作计划》并监督执行。全国领导小组的日常工作由国家经贸委负责,有关部门要通过合作、协调一致,重大问题提交国务院国有企业改革工作联席会议讨论决定。

省、区、市成立由经贸委(经委、计经委,下同)为组长,有关部门组成,并邀请省、区、市人大法工委、高级人民法院参加的省、区、市协调小组。其主要职责是:负责本地区试点城市企业兼并破产和职工再就业工作的组织协调;审核试点城市《企业兼并破产和职工再就业工作计划》,制订本省、区、市《企业兼并破产和职工再就业工作计划》。

试点城市成立由市经贸委(组长)、体改委、财政局、中国人民银行和各债权银行分行、劳动局、土地局、国有资产管理局等部门组成,并邀请市人大法工委、人民法院参加的试点城

市企业兼并破产和职工再就业工作协调小组(以下简称试点城市协调小组)。其主要职责是:负责企业兼并及进入破产程序前、终结后和职工再 就业工作的组织协调;制订本市《企业兼并破产和职工再就业工作计划》;负责制订企业破产预案;组织实施企业兼并和职工再就业工作;监督、查处、纠正不规范的做法。

二、《企业兼并破产和职工再就业工作计划》的制订与审批

各试点城市协调小组要在深入调查研究、充分听取主要债权银行意见的基础上,提出兼并、破产、和解困企业名单(中国、省属企业要由主管部门商国家经贸委及地方经贸委后提出),按照下达的核销呆、坏帐准备金的预分配规模,制订本市《企业兼并破产和职工再就业工作计划》。各债权银行总行派人或总行授权当地分行参加计划编制,财政部门、银行要对企业兼并破产和职工再就业拟核销的银行呆、坏帐准备金进行审核。

试点城市《企业兼并破产和职工再就业工作计划》每年编制一次。试点城市要在 11 月底以前将下一年度本市《企业兼并破产和职工再就业工作计划》报省、区协调小组;由省、区协调小组审核汇总后,在 12 月底以前报全国领导小组。全国领导小组在审核省、区、市《企业兼并破产和职工再就业工作计划》的基础上,统筹研究制订当年《全国企业兼并破产和职工再就业工作计划》,报国务院国有企业改革工作联席会议审议,一般应于 2 月底以前下达。《全国企业兼并破产和职工再就业工作计划》下达后,由全国领导小组会同有关部门和省、区、市人民政府,对各试点城市计划的执行情况负责检查落实。

各试点城市《企业兼并破产和职工再就业工作计划》批准下达后,在执行中不得突破经过批准的计划规模,需要在计划规模内进行调整的,由省、区、市协调小组审核并汇总后,报全国领导小组审定。

各省、区、市和试点城市协调小组每季度要向全国领导小组报告一次企业兼并破产和职工再就业工作计划执行情况;中国人民银行总行每季度要向国务院国有企业改革工作联席会议报告一次呆、坏帐准备金核销情况。

三、企业破产预案的制订

各试点城市要依据《全国企业兼并破产和职工再就业工作计划》,由拟破产企业主管部门负责向试点城市协调小组提供制订企业破产预案所需材料。其主要内容包括:企业概况,会计报表及亏损情况说明,债权、债务状况,资产处置方案,职工安置渠道及费用标准,拟核销呆、坏帐准备金数额等。

试点城市协调小组制订企业破产预案后,方可进入破产程序,并报省、区、市协调小组备案。主要债权银行对企业破产预案有异议的,须提请省、区、市协调小组决定,同时将情况报全国领导小组备案。经省、区、市协调小组协调仍不能形成决议的,报全国领导小组决定。

四、资产评估机构资格及破产财产处置

企业破产财产处置前,应由破产清算组委托具有国务院国有资产管理行政主管部门认证的资产评估机构进行评估,并由国有资产管理行政主管部门确认评估结果。其中,涉及以划拨方式取得的土地使用权或涉及改变出让合同条件的土地使用权价格评估的,须由具有土地估价能力的资产评估机构进行评估,并由土地行政主管部门确认评估结果后,并入整体资产评估结果。资产评估及地价评估要努力降低评估费用,不得重复收取评估费用。凡确认有误的,须承担相应的行政和经济责任。

企业破产财产应以评估确认的价格为依据,按国家有关规定确定底价,以拍卖方式为主,依照有关法律、法规转让。转让价格由市确定。

五、妥善安置破产企业职工

各试点城市人民政府要积极推广上海市实施再就业工程的经验,结合劳动就业、社会保障制度的改革和当地具体情况,从上到下建立再就业服务中心,积极开拓就业门路,关心破产企业职工生活,妥善安置破产企业职工,保持社会稳定。

安置破产企业职工的费用,从破产企业依法取得的土地使用权转让所得中拨付。破产企业以土地使用权为抵押物的,其转让所得也应首先用于安置职工,不足以支付的,不足部

分从处置无抵押财产、抵押财产所得中依次支付。破产企业财产拍卖所得安置职工仍不足的,按照企业隶属关系,由同级人民政府负担。

职工安置费一律拨付到再就业服务中心,统筹使用。安置费标准,原则上按照破产企业所在试点城市的企业职工上年平均工资收入的3倍计算,试点城市人民政府根据当地实际情况从严掌握,不得随意突破。暂时尚未就业的职工,由再就业服务中心发给基本生活费,再就业后即停止拨付。自谋职业的可一次性付给安置费,标准不高于试点城市的企业职工上年平均工资收入的3倍。

破产企业离退休职工的离退休费和医疗费由当地社会养老、医疗保险机构负责管理。破产企业参加养老保险、医疗机构基金社会统筹的,其离退休费、医疗费由所在试点城市社会养老、医疗保险机构分别从养老保险、医疗保险基金社会统筹中支付。没有参加养老、医疗保险基金社会统筹或者养老保险、医疗保险基金社会统筹不足的,从企业土地使用权出让所得中支付;处置土地使用权所得不足以支付的,不足部分从处置无抵押财产、抵押财产所得中依次支付。

破产企业进入破产程序后,职工的生活费从破产清算费中支付,具体支付办法按照财政部《国有企业试行破产有关财务问题的暂行规定》(财工字[1996]226号)执行。

破产企业财产处置所得,在支付安置职工的费用后,其剩余部分按照《破产法》的规定,按比例清偿债务。

六、简化呆、坏帐核销手续

因实施《全国企业兼并破产和职工再就业工作计划》而形成的银行贷款本金、利息损失需核销呆、坏帐准备金的,由各债权银行总行依照《中华人民共和国商业银行法》和有关规定,在国务院确定的用于企业兼并破产和职工再就业工作的银行呆、坏帐准备金总规模内审批并核销。具体办法按照《财政部关于修订〈关于国家专业银行建立贷款呆帐准备金的暂行规定〉的通知》((92)财商字232号)执行。

要简化银行呆、坏帐准备金的核销手续。具体操作办法由中国人民银行总行会同各债权银行总行商国家经贸委、财政部等有关部门提出,经全国领导小组批准,在本通知发布后2个月内下发。

七、破产责任的追究

企业被宣告破产后,政府有关部门应按照《破产法》的有关规定,对企业破产原因和责任进行调查和审计,依据情节轻重严肃处理。对企业破产负有重要责任的法定代表人,不得再担任其他企业的负责人;构成犯罪的,要依法追究刑事责任。对企业破产负有重要责任、情节严重的企业主管部门负责人,也要追究责任。对利用企业破产逃废债务的,一经查实,要依法追究相应责任。对于企业被宣告破产后,企业的组织机构、人员不变,仍在原场地继续生产的,要坚决制止并予以纠正。

八、严格按照有关文件规定规范企业破产

国发[1994]59号文件及本通知有关破产方面的政策,适用于试点城市市区内的国有工业企业和试点城市管辖的县(市)内的市属以上(含市属)国有工业企业,不包括试点城市管辖的县(市)属企业。非试点城市和地区以及试点城市的非国有工业企业擅自使用试点城市有关破产法规政策的,要依法予以纠正,由政府有关部门采取善后措施。对因越权超范围使用有关文件政策而形成的银行呆、坏帐损失不予核销,该损失由银行在其上缴当地的营业税中抵扣,处理结果报全国领导小组。

只有破产企业真正做到停产关闭(取消法人资格)、土地使用权及企业财产被拍卖变现、职工得到妥善安置的,其银行贷款本金和利息损失,方可按照国发[1994]59号文件及本通知的有关规定,从银行提取的呆、坏帐准备金中核销。

九、加大鼓励企业兼并的政策力度

国家鼓励优势企业兼并困难企业,兼并企业要全部承担被兼并企业的债务并负责人员安置,不能搞"假破产、真逃债"的"整体接收"或"整体收购"方式。被兼并企业的富余职工也要实行下岗分流,下岗职工进入兼并企业再就业服务中心。兼并企业承担被兼并企业的全部债务,其中银行债务可按《中国人民银行、国家经贸委、财政部关于鼓励和支持18个试点城市优势国有企业兼并困难国有工业生产企业后有关银行贷款及利息处理问题的通知》(银发[1995]130号)的有关规定精神,享受免除利息、分年还本的优惠。优势企业(包括国有控股企业)兼并连续3年亏损的企业,经银行核准,可免除被兼并企业原欠贷款利息;被兼并企业原欠贷款本金分5年还清,如5年内还本仍有困难,可给予1至2年的宽限期。在宽限期和计划还款期内,对被兼并企业原贷款本金免息,不能按约定计划还款部分,恢复计息。对免除利息造成的损失,在银行提取的坏帐准备金中核销,坏帐准备金不足,可用呆帐准备金核销。

有关企业兼并政策的适用范围可以扩大到:试点城市内国有内贸、外贸、建筑和安装企业;兼并和被兼并企业有一方属于国务院确定的大中型重点企业或被兼并方属于试点城市的企业。对缺乏兼并条件而又需要进行兼并的企业,须由省、区、市协调小组报全国领导小组审批。借用外国政府贷款或转贷款,偿还任务尚未落实的企业,不适用此项规定。

十、以产定人,下岗分流,适应减免贷款利息,缓解企业困难

对那些产品有市场、企业经营管理比较好,但债务负担较重,又缺乏兼并破产条件的亏损企业,也要列入《企业兼并破产和职工再就业工作计划》,采取在一定期限内不同程序减免银行贷款利息,实施再就业工程的办法,缓解企业困难。

要把以产定人,富余职工下岗分流作为缓解企业困难的基本做法,把实施再就业工程与缓解企业困难工作紧密结合起来,富余职工下岗后,可进入再就业服务中心,领取基本生活费,通过再就业培训,帮助下岗职工逐步重新就业。

对一些生产经营十分困难、确无支付职工工资能力的企业,按照《中共中央办公厅国务院办公厅关于进一步解决部分企业职工生活困难问题的通知》(中办发[1996]29号)规定,经当地政府主管机构核定,实行地方财政贴息、企业主管部门调剂一部分资金、银行提供一部分工资性贷款的"三家抬"办法解决职工的基本生活费。

除上述规定外,有关企业破产案件的审理程序、法律适用问题,按照《破产法》、《中华人民共和国担保法》、《中华人民共和国民事诉讼法》、和《最高人民法院关于当前人民法院审理企业破产案件应当注意的几个问题的通知》(法发[1997]2号)执行。

有关企业兼并破产和职工再就业政策方面的实施细则,各有关部门提出后一律由国务院国有企业改革工作联席会议审定后下发。

财政部关于国有企业试行破产有关财务问题的暂行规定

1996年8月20日发布实施

国务院各部、委、各直属机构,各省、自治区、直辖市、计划单列市财政厅(局)(不发西藏):

为了积极配合"优化资本结构"试点城市试行国有企业破产,规范国有企业在实

施破产中的财务行为,保护债权人、债务人的合法权益,我们制定了《国有企业试行

破产有关财务问题的暂行规定》,现印发给你们,请遵照执行。执行中有什么问题,

请及时函告我部。

附件:一、国有企业试行破产有关财务问题的暂行规定

二、国务院确定的企业"优化资本结构"试点城市和比照试点城市名单

附件一:

国有企业试行破产有关财务问题的暂行规定

一、为了适应建立现代企业制度的需要,规范企业破产行为,根据《中华人民共和国企业破产法(执行)》、《国务院关于在若干城市试行国有企业破产有关问题的通知》以及国家其他有关法律、法规,制定本规定。

二、国有企业(以下简称"企业")试行破产,应坚持依法实施、优化资源配置和妥善安置职工的原则,有利于建立和完善企业优胜劣汰机制,保护债权人、债务人合法权益。

三、各级主管财政机关会同国有资产管理部门参与企业破产的全过程,在企业破产中履行下列职责:

(一)参与制订企业破产预案;

(二)参与破产清算组,负责办理与破产财产保管、清理、估价、处置以及分配等有关的财务事项;

(三)参与审批濒临破产企业的分立方案,包括帐务分设方案、资产分离方案、债权债务分离方案、留存收益分配方案;

(四)收缴剩余的破产财产及其处置收入。

(五)对企业破产中其他各项财务活动依法实施管理和监督检查。

四、在宣告破产,成立破产清算组后,企业应接受清算组的指导,协助清算组对企业流动资产、固定资产、长期投资、无形资产以及其他资产进行全面清理登记,对各项资产损失及债权债务进行全面核对查实。

在财产清查基础上,企业应编制财产清算表以及至企业宣告破产日止的资产负债表、损益表和利润分配表等财务报告,移交清算组,同时报主管财政机关和同级国有资产管理部门备案。

企业在向清算组办理移交手续前,应当妥善保管本企业的帐册等财务会计资料。

任何单位和个人不得非法处理破产企业的财产、帐册等。

五、破产财产是指破产企业在破产程序终结前拥有的全部财产以及应当由破产企业行使的其他财产权利。企业下列财产计入破产财产:

(一)宣告破产时破产企业经营管理的全部财产。包括各种流动资产、固定资产、对外投资以及无形资产等。

(二)破产企业在破产宣告后至破产程序终结前所取得的财产。包括债权人放弃优先受偿权利;破产财产转让价值超过其帐面净值的差额部分;破产清算期间分回的投资收益和取得的其他收益等。

(三)应当由破产企业行使的其他财产权利。

六、企业下列财产应区别情况处理:

(一)担保财产。依法生效的担保或抵押标的不属于破产财产;担保物的价款超过其所担保的债务数额的,超过部分属于破产财产。

(二)公益福利性设施。企业的职工住房、学校、托幼园(所)、医院等福利性设施,原则上不计入破产财产;但无需续办并能整体出让的,可计入破产财产。

(三)职工集资款。属于借款性质的视为破产企业所欠职工工资处理,利息按中国人民银行同期存款利率计算;属于投资性质的视为破产财产,依法处理。

(四)党、团、工会等组织占用破产企业的财产,属于破产财产。

七、人民法院受理破产案件前6个月至破产宣告之日的期间内,破产企业的下列行为无效,清算组有权向人民法院申请追回财产,并入破产财产。

(一)隐匿、私分或者无偿转让财产;

(二)非正常压价出售财产;

(三)对原来没有财产担保的债务提供担保;

(四)对未到期的债务提前清偿;

(五)放弃自己的债权。

八、破产债权是指经清算组确认的至企业破产宣告日止破产企业债权人的各项债权。包括下列各项:

(一)宣告破产前设立的无财产担保债权;

(二)宣告破产时未到期的债权,视为已到期债权减去未到期利息后的债权;

(三)债权人放弃优先受偿权利的有财产担保债权;

(四)有财产担保债权,其数额超过担保物价款但未受偿部分的债权;

(五)债务人的保证人代替债务人偿还债务后,其代替偿还款为破产债权;

(六)清算组解除破产企业未履行的合同,致使其他当事人受到损害的,其损害赔偿额为破产债权等。

下列费用不得作为破产债权:宣告破产后的债权利息;债权人参加破产程序按规定应分担费用逾期未申报的债权;超过诉讼时效的债权。

九、破产费用是指破产清算过程中所发生的各项支出,应当从破产财产中优先拨付。一般随发生随支付，破产财产不足以支付破产费用的，破产程序相应终结，未清偿债务不再清偿。

破产费用的开支范围包括：清算期间职工生活费；破产财产管理、变卖和分配所需费用；破产案件诉讼费用；清算期间企业设施和设备维护费用、审计评估费用；为债权人共同利益而支付的其他费用，包括债权人会议会务费、破产企业催收债务差旅费及其他费用。

破产清算组应严格按照经债权人会议审核的开支范围和标准拨付破产费用。

十、破产财产处置前，破产清算组应聘请具有法定资格的资产评估机构依法进行评估，并以评估确认价值作为底价，通过拍卖、招标、协议等方式转让。

十一、各级主管财政机关应协助政府其他部门做好破产企业职工的生活救济和就业安置工作。

（一）破产企业被整体接收的，安置期间的职工生活费用由接收方企业发放，从企业管理费用中开支，其标准应不低于试点城市规定的最低生活救济标准。破产企业职工的社会保险费由接收方企业从接收破产企业之日起缴纳。接收方企业收到的安置费在资本公积金中单独反映。

（二）鼓励破产企业职工自谋职业。对自谋职业的职工，清算组可从破产企业土地使用权等破产财产中，按规定拨付一次性安置费。

（三）破产企业离退休职工的离退休费和医疗费由当地社会养老、医疗保险机构负责管理。破产企业原未参加养老、医疗社会保险的，其离退休职工的离退休费和医疗费从企业土地使用权出让所得中支付，处置土地使用权所得不足以支付的，不足部分从处置其他破产财产所得中优先支付。

（四）破产企业职工的安置费用来源不足的，按照企业隶属关系，由破产企业所在地人民政府负担。

十二、破产财产优先支付破产费用后，按照以下顺序清偿：

（一）破产企业所欠职工工资和社会保险费，以及按照《国务院关于在若干城市试行国有企业破产有关问题的通知》规定安置破产企业职工所需费用；

（二）破产企业所欠税款；

（三）破产债权。

破产财产不足以清偿同一顺序的清偿要求的，按照比例分配。

十三、破产财产按照法定顺序清偿后的剩余部分及其处置收入，由同级主管财政机关会同同级国有资产管理部门收缴，列入同级政府的国有资产经营预算。

十四、破产财产分配完毕，人民法院裁定破产程序终结后，清算组应编制破产企业破产清算日至终结日止的清算财务报告，连同破产企业的财务报告资料和清算财产表，一并移交同级主管财政机关和国有资产管理部门。

十五、濒临破产的企业在申请破产前，经拥有三分之二以上债权额的债权人同意，并经政府有关部门批准，可将企业效益好的部分同企业分立。企业分立应由同级国有资产管理部门会同同级财政主管机关办理产权划转手续，企业分立有关财务问题的处理，按照财政部《关于印发〈国有企业公司制改建有关财务问题的暂行规定〉的通知》（财工字〔1995〕29号）执行。

十六、企业宣告破产后，其他企业整体收购破产企业财产、承担人民法院裁定的债务、全员安置破产企业职工的，可以按照《关于停产整顿、被兼并、解散和破产企业贷款停减缓利息处理问题的通知》（银发〔1993〕113号）和《关于鼓励和支持18个试点城市优势国有企业兼并困难国有工业生产企业后有关银行贷款及利息处理问题的通知》（银发〔1995〕130号）的规定，享受兼并企业的优惠政策。

十七、按照《中华人民共和国企业破产法（试行）》和《国务院关于在若干城市试行国有企业破产有关问题的通知》（国发〔1994〕59号）精神，在上海、天津等50个“优化资本结构”试点城市以及自贡等6个比照试点城市试行的国有企业破产，执行本规定。

十八、本规定由财政部负责解释。

十九、本规定从颁发之日起执行。

附件二:

国务院确定的企业“优化资本结构”试点城市和比照试点城市名单

一、50个试点城市名单

上海、天津、齐齐哈尔、哈尔滨、长春、沈阳、唐山、太原、青岛、淄博、常州、蚌埠、武汉、株洲、柳州、成都、重庆、宝鸡、北京、石家庄、呼和浩特、大连、南京、杭州、宁波、合肥、福州、厦门、南昌、济南、郑州、长沙、广州、深圳、南宁、海口、贵阳、昆明、西安、兰州、西宁、乌鲁木齐、银川、鞍山、抚顺、本溪、洛阳、吉林、包头、大同

二、6个比照试点城市名单

自贡、绵阳、黄石、芜湖、九江、佛山

最高人民法院关于执行《最高人民法院审理企业破产案件指定管理人的规定》、《最高人民法院审理企业破产案件确定管理人报酬的规定》几个问题的通知

1. 2007年4月12日公布
2. 法明传〔2007〕129号

各省、自治区、直辖市高级人民法院,新疆维吾尔自治区高级人民法院生产建设兵团分院:

《中华人民共和国企业破产法》已由第十届全国人民代表大会常务委员会第二十三次会议审议通过,并于2007年6月1日施行。为保证企业破产法的顺利施行,根据企业破产法的授权,最高人民法院制定了《最高人民法院审理企业破产案件指定管理人的规定》、《最高人民法院审理企业破产案件确定管理人报酬的规定》。为保证上述两个规定的正确执行,现就有关问题通知如下:

一、虽然两个规定正式施行日与企业破产法相同,即为2007年6月1日,为保证企业破产法的顺利实施,各高级人民法院从规定公布之日起即应参照上述规定开展相关工作。

二、高级人民法院要充分考虑本辖区律师事务所、会计师事务所、破产清算事务所等社会中介机构及专职从业人员数量,以及企业破产案件数量等因素。根据工作量情况确定由本院或者中级人民法院编制管理人名册,力争将此项工作在2007年6月1日前完成。

三、编制管理人名册的法院应当制定申请编入管理人名册的社会中介机构和个人的评定标准和程序,并予以公布。标准应当参照指定管理人的规定第十条第二款规定的内容确定。

四、编制管理人名册的评审委员会,应当由审理企业破产案件审判庭的人员、人民法院司法技术辅助工作部门人员、相关审判委员会委员、监察部门人员组成。司法技术辅助工作部门负责具体工作。

五、采取随机方式指定管理人的工作,由司法技术辅助工作部门完成,基层人民法院未设置司法技术辅助工作部门的,应当在司法行政部门中设专人承担此项工作。

六、采取竞争方式指定管理人的评审委员会,应参照编制管理人名册评审委员会的组成方式。

七、高级人民法院认为确定管理人报酬的规定中,关于管理人报酬的限制范围与本地经济水平差距较大的,可以在规定标准30%的浮动范围内制定符合本地区情况的标准。

八、受理企业破产案件的人民法院在初步确定管理人报酬方案时,应注意留有余地,不宜直接适用上限规定。

请各级人民法院将执行两个规定的过程中遇到的问题和情况及时逐级报告我院。

附一:

最高人民法院关于审理企业破产案件指定管理人的规定

1. 2007年4月4日最高人民法院审判委员会第1422次会议通过
2. 2007年4月12日公布
3. 法释〔2007〕8号
4. 自2007年6月1日起施行

为公平、公正审理企业破产案件,保证破

产审判工作依法顺利进行,促进管理人制度的完善和发展,根据《中华人民共和国企业破产法》的规定,制定本规定。

一、管理人名册的编制

第一条　人民法院审理企业破产案件应当指定管理人。除企业破产法和本规定另有规定外,管理人应当从管理人名册中指定。

第二条　高级人民法院应当根据本辖区律师事务所、会计师事务所、破产清算事务所等社会中介机构及专职从业人员数量和企业破产案件数量,确定由本院或者所辖中级人民法院编制管理人名册。

人民法院应当分别编制社会中介机构管理人名册和个人管理人名册。由直辖市以外的高级人民法院编制的管理人名册中,应当注明社会中介机构和个人所属中级人民法院辖区。

第三条　符合企业破产法规定条件的社会中介机构及其具备相关专业知识并取得执业资格的人员,均可申请编入管理人名册。已被编入机构管理人名册的社会中介机构中,具备相关专业知识并取得执业资格的人员,可以申请编入个人管理人名册。

第四条　社会中介机构及个人申请编入管理人名册的,应当向所在地区编制管理人名册的人民法院提出,由该人民法院予以审定。

人民法院不受理异地申请,但异地社会中介机构在本辖区内设立的分支机构提出申请的除外。

第五条　人民法院应当通过本辖区有影响的媒体就编制管理人名册的有关事项进行公告。公告应当包括以下内容:

(一)管理人申报条件;

(二)应当提交的材料;

(三)评定标准、程序;

(四)管理人的职责以及相应的法律责任;

(五)提交申报材料的截止时间;

(六)人民法院认为应当公告的其他事项。

第六条　律师事务所、会计师事务所申请编入管理人名册的,应当提供下列材料:

(一)执业证书、依法批准设立文件或者营业执照;

(二)章程;

(三)本单位专职从业人员名单及其执业资格证书复印件;

(四)业务和业绩材料;

(五)行业自律组织对所提供材料真实性以及有无被行政处罚或者纪律处分情况的证明;

(六)人民法院要求的其他材料。

第七条　破产清算事务所申请编入管理人名册的,应当提供以下材料:

(一)营业执照或者依法批准设立的文件;

(二)本单位专职从业人员的法律或者注册会计师资格证书,或者经营管理经历的证明材料;

(三)业务和业绩材料;

(四)能够独立承担民事责任的证明材料;

(五)行业自律组织对所提供材料真实性以及有无被行政处罚或者纪律处分情况的证明,或者申请人就上述情况所作的真实性声明;

(六)人民法院要求的其他材料。

第八条　个人申请编入管理人名册的,应当提供下列材料:

(一)律师或者注册会计师执业证书复印件以及执业年限证明;

(二)所在社会中介机构同意其担任管理人的函件;

(三)业务专长及相关业绩材料;

(四)执业责任保险证明;

(五)行业自律组织对所提供材料真实性以及有无被行政处罚或者纪律处分情况的证明;

(六)人民法院要求的其他材料。

第九条　社会中介机构及个人具有下列情形之一的,人民法院可以适用企业破产法第二十四条第三款第四项的规定:

(一)因执业、经营中故意或者重大过失行为,受到行政机关、监管机构或者行业自律组织行政处罚或者纪律处分之日起未逾三年;

(二)因涉嫌违法行为正被相关部门调查;

(三)因不适当履行职务或者拒绝接受人民法院指定等原因,被人民法院从管理人名册

除名之日起未逾三年;

(四)缺乏担任管理人所应具备的专业能力;

(五)缺乏承担民事责任的能力;

(六)人民法院认为可能影响履行管理人职责的其他情形。

第十条 编制管理人名册的人民法院应当组成专门的评审委员会,决定编入管理人名册的社会中介机构和个人名单。评审委员会成员应不少于七人。

人民法院应当根据本辖区社会中介机构以及社会中介机构中个人的实际情况,结合其执业业绩、能力、专业水准、社会中介机构的规模、办理企业破产案件的经验等因素制定管理人评定标准,由评审委员会根据申报人的具体情况评定其综合分数。

人民法院根据评审委员会评审结果,确定管理人初审名册。

第十一条 人民法院应当将管理人初审名册通过本辖区有影响的媒体进行公示,公示期为十日。

对于针对编入初审名册的社会中介机构和个人提出的异议,人民法院应当进行审查。异议成立、申请人确不宜担任管理人的,人民法院应将该社会中介机构或者个人从管理人初审名册中删除。

第十二条 公示期满后,人民法院应审定管理人名册,并通过全国有影响的媒体公布,同时逐级报最高人民法院备案。

第十三条 人民法院可以根据本辖区的实际情况,分批确定编入管理人名册的社会中介机构及个人。

编制管理人名册的全部资料应当建立档案备查。

第十四条 人民法院可以根据企业破产案件受理情况、管理人履行职务以及管理人资格变化等因素,对管理人名册适时进行调整。新编入管理人名册的社会中介机构和个人应当按照本规定的程序办理。

人民法院发现社会中介机构或者个人有企业破产法第二十四条第三款规定情形的,应当将其从管理人名册中除名。

二、管理人的指定

第十五条 受理企业破产案件的人民法院指定管理人,一般应从本地管理人名册中指定。

对于商业银行、证券公司、保险公司等金融机构以及在全国范围内有重大影响、法律关系复杂、债务人财产分散的企业破产案件,人民法院可以从所在地区高级人民法院编制的管理人名册列明的其他地区管理人或者异地人民法院编制的管理人名册中指定管理人。

第十六条 受理企业破产案件的人民法院,一般应指定管理人名册中的社会中介机构担任管理人。

第十七条 对于事实清楚、债权债务关系简单、债务人财产相对集中的企业破产案件,人民法院可以指定管理人名册中的个人为管理人。

第十八条 企业破产案件有下列情形之一的,人民法院可以指定清算组为管理人:

(一)破产申请受理前,根据有关规定已经成立清算组,人民法院认为符合本规定第十九条的规定;

(二)审理企业破产法第一百三十三条规定的案件;

(三)有关法律规定企业破产时成立清算组;

(四)人民法院认为可以指定清算组为管理人的其他情形。

第十九条 清算组为管理人的,人民法院可以从政府有关部门、编入管理人名册的社会中介机构、金融资产管理公司中指定清算组成员,人民银行及金融监督管理机构可以按照有关法律和行政法规的规定派人参加清算组。

第二十条 人民法院一般应当按照管理人名册所列名单采取轮候、抽签、摇号等随机方式公开指定管理人。

第二十一条 对于商业银行、证券公司、保险公司等金融机构或者在全国范围有重大影响、法律关系复杂、债务人财产分散的企业破产案件,人民法院可以采取公告的方式,邀请编入各地人民法院管理人名册中的社会中介机构参与竞争,从参与竞争的社会中介机构中指定管理人。参与竞争的社会中介机构不得少于三家。

采取竞争方式指定管理人的，人民法院应当组成专门的评审委员会。

评审委员会应当结合案件的特点，综合考量社会中介机构的专业水准、经验、机构规模、初步报价等因素，从参与竞争的社会中介机构中择优指定管理人。被指定为管理人的社会中介机构应经评审委员会成员二分之一以上通过。

采取竞争方式指定管理人的，人民法院应当确定一至两名备选社会中介机构，作为需要更换管理人时的接替人选。

第二十二条　对于经过行政清理、清算的商业银行、证券公司、保险公司等金融机构的破产案件，人民法院除可以按照本规定第十八条第一项的规定指定管理人外，也可以在金融监督管理机构推荐的已编入管理人名册的社会中介机构中指定管理人。

第二十三条　社会中介机构、清算组成员有下列情形之一，可能影响其忠实履行管理人职责的，人民法院可以认定为企业破产法第二十四条第三款第三项规定的利害关系：

（一）与债务人、债权人有未了结的债权债务关系；

（二）在人民法院受理破产申请前三年内，曾为债务人提供相对固定的中介服务；

（三）现在是或者在人民法院受理破产申请前三年内曾经是债务人、债权人的控股股东或者实际控制人；

（四）现在担任或者在人民法院受理破产申请前三年内曾经担任债务人、债权人的财务顾问、法律顾问；

（五）人民法院认为可能影响其忠实履行管理人职责的其他情形。

第二十四条　清算组成员的派出人员、社会中介机构的派出人员、个人管理人有下列情形之一，可能影响其忠实履行管理人职责的，可以认定为企业破产法第二十四条第三款第三项规定的利害关系：

（一）具有本规定第二十三条规定情形；

（二）现在担任或者在人民法院受理破产申请前三年内曾经担任债务人、债权人的董事、监事、高级管理人员；

（三）与债权人或者债务人的控股股东、董事、监事、高级管理人员存在夫妻、直系血亲、三代以内旁系血亲或者近姻亲关系；

（四）人民法院认为可能影响其公正履行管理人职责的其他情形。

第二十五条　在进入指定管理人程序后，社会中介机构或者个人发现与本案有利害关系的，应主动申请回避并向人民法院书面说明情况。人民法院认为社会中介机构或者个人与本案有利害关系的，不应指定该社会中介机构或者个人为本案管理人。

第二十六条　社会中介机构或者个人有重大债务纠纷或者因涉嫌违法行为正被相关部门调查的，人民法院不应指定该社会中介机构或者个人为本案管理人。

第二十七条　人民法院指定管理人应当制作决定书，并向被指定为管理人的社会中介机构或者个人、破产申请人、债务人、债务人的企业登记机关送达。决定书应与受理破产申请的民事裁定书一并公告。

第二十八条　管理人无正当理由，不得拒绝人民法院的指定。

管理人一经指定，不得以任何形式将管理人应当履行的职责全部或者部分转给其他社会中介机构或者个人。

第二十九条　管理人凭指定管理人决定书按照国家有关规定刻制管理人印章，并交人民法院封样备案后启用。

管理人印章只能用于所涉破产事务。管理人根据企业破产法第一百二十二条规定终止执行职务后，应当将管理人印章交公安机关销毁，并将销毁的证明送交人民法院。

第三十条　受理企业破产案件的人民法院应当将指定管理人过程中形成的材料存入企业破产案件卷宗，债权人会议或者债权人委员会有权查阅。

三、管理人的更换

第三十一条　债权人会议根据企业破产法第二十二条第二款的规定申请更换管理人的，应由债权人会议作出决议并向人民法院提出书面申请。

人民法院在收到债权人会议的申请后，应

当通知管理人在两日内作出书面说明。

第三十二条 人民法院认为申请理由不成立的,应当自收到管理人书面说明之日起十日内作出驳回申请的决定。

人民法院认为申请更换管理人的理由成立的,应当自收到管理人书面说明之日起十日内作出更换管理人的决定。

第三十三条 社会中介机构管理人有下列情形之一的,人民法院可以根据债权人会议的申请或者依职权迳行决定更换管理人:

(一)执业许可证或者营业执照被吊销或者注销;

(二)出现解散、破产事由或者丧失承担执业责任风险的能力;

(三)与本案有利害关系;

(四)履行职务时,因故意或者重大过失导致债权人利益受到损害;

(五)有本规定第二十六条规定的情形。

清算组成员参照适用前款规定。

第三十四条 个人管理人有下列情形之一的,人民法院可以根据债权人会议的申请或者依职权迳行决定更换管理人:

(一)执业资格被取消、吊销;

(二)与本案有利害关系;

(三)履行职务时,因故意或者重大过失导致债权人利益受到损害;

(四)失踪、死亡或者丧失民事行为能力;

(五)因健康原因无法履行职务;

(六)执业责任保险失效;

(七)有本规定第二十六条规定的情形。

清算组成员的派出人员、社会中介机构的派出人员参照适用前款规定。

第三十五条 管理人无正当理由申请辞去职务的,人民法院不予许可。正当理由的认定,可参照适用本规定第三十三条、第三十四条规定的情形。

第三十六条 人民法院对管理人申请辞去职务未予许可,管理人仍坚持辞去职务并不再履行管理人职责的,人民法院应当决定更换管理人。

第三十七条 人民法院决定更换管理人的,原管理人应当自收到决定书之次日起,在人民法院监督下向新任管理人移交全部资料、财产、营业事务及管理人印章,并及时向新任管理人书面说明工作进展情况。原管理人不能履行上述职责的,新任管理人可以直接接管相关事务。

在破产程序终结前,原管理人应当随时接受新任管理人、债权人会议、人民法院关于其履行管理人职责情况的询问。

第三十八条 人民法院决定更换管理人的,应将决定书送达原管理人、新任管理人、破产申请人、债务人以及债务人的企业登记机关,并予公告。

第三十九条 管理人申请辞去职务未获人民法院许可,但仍坚持辞职并不再履行管理人职责,或者人民法院决定更换管理人后,原管理人拒不向新任管理人移交相关事务,人民法院可以根据企业破产法第一百三十条的规定和具体情况,决定对管理人罚款。对社会中介机构为管理人的罚款5万元至20万元人民币,对个人为管理人的罚款1万元至5万元人民币。

管理人有前款规定行为或者无正当理由拒绝人民法院指定的,编制管理人名册的人民法院可以决定停止其担任管理人一年至三年,或者将其从管理人名册中除名。

第四十条 管理人不服罚款决定的,可以向上一级人民法院申请复议,上级人民法院应在收到复议申请后五日内作出决定,并将复议结果通知下级人民法院和当事人。

附二:

最高人民法院关于审理企业破产案件确定管理人报酬的规定

1. 2007年4月4日最高人民法院审判委员会第1422次会议通过

2. 2007年4月12日公布

3. 法释〔2007〕9号

4. 自2007年6月1日起施行

为公正、高效审理企业破产案件,规范人

民法院确定管理人报酬工作,根据《中华人民共和国企业破产法》的规定,制定本规定。

第一条　管理人履行企业破产法第二十五条规定的职责,有权获得相应报酬。

管理人报酬由审理企业破产案件的人民法院依据本规定确定。

第二条　人民法院应根据债务人最终清偿的财产价值总额,在以下比例限制范围内分段确定管理人报酬:

(一)不超过一百万元(含本数,下同)的,在12%以下确定;

(二)超过一百万元至五百万元的部分,在10%以下确定;

(三)超过五百万元至一千万元的部分,在8%以下确定;

(四)超过一千万元至五千万元的部分,在6%以下确定;

(五)超过五千万元至一亿元的部分,在3%以下确定;

(六)超过一亿元至五亿元的部分,在1%以下确定;

(七)超过五亿元的部分,在0.5%以下确定。

担保权人优先受偿的担保物价值,不计入前款规定的财产价值总额。

高级人民法院认为有必要的,可以参照上述比例在30%的浮动范围内制定符合当地实际情况的管理人报酬比例限制范围,并通过当地有影响的媒体公告,同时报最高人民法院备案。

第三条　人民法院可以根据破产案件的实际情况,确定管理人分期或者最后一次性收取报酬。

第四条　人民法院受理企业破产申请后,应当对债务人可供清偿的财产价值和管理人的工作量作出预测,初步确定管理人报酬方案。管理人报酬方案应当包括管理人报酬比例和收取时间。

第五条　人民法院采取公开竞争方式指定管理人的,可以根据社会中介机构提出的报价确定管理人报酬方案,但报酬比例不得超出本规定第二条规定的限制范围。

上述报酬方案一般不予调整,但债权人会议异议成立的除外。

第六条　人民法院应当自确定管理人报酬方案之日起三日内,书面通知管理人。

管理人应当在第一次债权人会议上报告管理人报酬方案内容。

第七条　管理人、债权人会议对管理人报酬方案有意见的,可以进行协商。双方就调整管理人报酬方案内容协商一致的,管理人应向人民法院书面提出具体的请求和理由,并附相应的债权人会议决议。

人民法院经审查认为上述请求和理由不违反法律和行政法规强制性规定,且不损害他人合法权益的,应当按照双方协商的结果调整管理人报酬方案。

第八条　人民法院确定管理人报酬方案后,可以根据破产案件和管理人履行职责的实际情况进行调整。

人民法院应当自调整管理人报酬方案之日起三日内,书面通知管理人。管理人应当自收到上述通知之日起三日内,向债权人委员会或者债权人会议主席报告管理人报酬方案调整内容。

第九条　人民法院确定或者调整管理人报酬方案时,应当考虑以下因素:

(一)破产案件的复杂性;

(二)管理人的勤勉程度;

(三)管理人为重整、和解工作做出的实际贡献;

(四)管理人承担的风险和责任;

(五)债务人住所地居民可支配收入及物价水平;

(六)其他影响管理人报酬的情况。

第十条　最终确定的管理人报酬及收取情况,应列入破产财产分配方案。在和解、重整程序中,管理人报酬方案内容应列入和解协议草案或重整计划草案。

第十一条　管理人收取报酬,应当向人民法院提出书面申请。申请书应当包括以下内容:

(一)可供支付报酬的债务人财产情况;

(二)申请收取报酬的时间和数额;

(三)管理人履行职责的情况。

人民法院应当自收到上述申请书之日起

十日内,确定支付管理人的报酬数额。

第十二条 管理人报酬从债务人财产中优先支付。

债务人财产不足以支付管理人报酬和管理人执行职务费用的,管理人应当提请人民法院终结破产程序。但债权人、管理人、债务人的出资人或者其他利害关系人愿意垫付上述报酬和费用的,破产程序可以继续进行。

上述垫付款项作为破产费用从债务人财产中向垫付人随时清偿。

第十三条 管理人对担保物的维护、变现、交付等管理工作付出合理劳动的,有权向担保权人收取适当的报酬。管理人与担保权人就上述报酬数额不能协商一致的,人民法院应当参照本规定第二条规定的方法确定,但报酬比例不得超出该条规定限制范围的10%。

第十四条 律师事务所、会计师事务所通过聘请本专业的其他社会中介机构或者人员协助履行管理人职责的,所需费用从其报酬中支付。

破产清算事务所通过聘请其他社会中介机构或者人员协助履行管理人职责的,所需费用从其报酬中支付。

第十五条 清算组中有关政府部门派出的工作人员参与工作的不收取报酬。其他机构或人员的报酬根据其履行职责的情况确定。

第十六条 管理人发生更换的,人民法院应当分别确定更换前后的管理人报酬。其报酬比例总和不得超出本规定第二条规定的限制范围。

第十七条 债权人会议对管理人报酬有异议的,应当向人民法院书面提出具体的请求和理由。异议书应当附有相应的债权人会议决议。

第十八条 人民法院应当自收到债权人会议异议书之日起三日内通知管理人。管理人应当自收到通知之日起三日内作出书面说明。

人民法院认为有必要的,可以举行听证会,听取当事人意见。

人民法院应当自收到债权人会议异议书之日起十日内,就是否调整管理人报酬问题书面通知管理人、债权人委员会或者债权人会议主席。

最高人民法院关于正确审理企业破产案件为维护市场经济秩序提供司法保障若干问题的意见

1. 2009年6月12日公布

2. 法发〔2009〕36号

各省、自治区、直辖市高级人民法院,解放军军事法院,新疆维吾尔自治区高级人民法院生产建设兵团分院:

当前,由于国际金融危机的不断发展和蔓延,我国经济发展仍然面临着严峻的考验。阻碍经济良性运行的负面因素和潜在风险明显增多,许多企业因资金链断裂引发的系统风险不断显现,严重影响了我国经济发展秩序良性运转和社会稳定。在当前经济形势下,充分发挥人民法院商事审判的职能作用,正确审理企业破产案件,防范和化解企业债务风险,挽救危困企业,规范市场主体退出机制,维护市场运行秩序,对于有效应对国际金融危机冲击,保障经济平稳较快发展,具有重要意义。现就人民法院做好企业破产案件审判工作,提出以下意见:

一、依法受理企业破产案件,为建立我国社会主义市场经济良性运行机制提供司法保障

1. 人民法院要正确认识企业破产法保障债权公平有序受偿、完善优胜劣汰的竞争机制、优化社会资源配置、调整社会产业结构、拯救危困企业的作用,依法受理审理企业破产清算、重整、和解案件,综合利用企业破产法的多种程序,充分发挥其对市场经济的调整作用,建立企业法人规范退出市场的良性运行机制,努力推动经济社会又好又快发展。

2. 为保障国家产业结构调整政策的落实,对于已经出现破产原因的企业,人民法院要依法受理符合条件的破产清算申请,通过破产清算程序使其从市场中有序退出。对于虽有借破产逃废债务可能但符合破产清算申请受理条件的非诚信企业,也要将其纳入到法定的破产清算程序中,通过撤销和否定其不当处置财

产行为，以及追究出资人等相关主体责任的方式，使其借破产逃废债务的目的落空，剥夺其市场主体资格。对债权人申请债务人破产清算的，人民法院审查的重点是债务人是否不能清偿到期债务，而不能以债权人无法提交债务人财产状况说明等为由，不受理债权人的申请。

3. 对于虽然已经出现破产原因或者有明显丧失清偿能力可能，但符合国家产业结构调整政策、仍具发展前景的企业，人民法院要充分发挥破产重整和破产和解程序的作用，对其进行积极有效的挽救。破产重整和和解制度，为尚有挽救希望的危困企业提供了避免破产清算死亡、获得再生的机会，有利于债务人及其债权人、出资人、职工、关联企业等各方主体实现共赢，有利于社会资源的充分利用。努力推动企业重整和和解成功，促进就业、优化资源配置、减少企业破产给社会带来的不利影响，是人民法院审理企业破产案件的重要目标之一，也是人民法院商事审判工作服务于保增长、保民生、保稳定大局的必然要求。

二、坚持在当地党委的领导下，努力配合政府做好企业破产案件中的维稳工作，为构建和谐社会提供司法保障

4. 债务人进入破产程序后，因涉及债权人、债务人、出资人、企业职工等众多当事人的利益，各方矛盾极为集中和突出，处理不当，极易引发群体性、突发性事件，影响社会稳定。人民法院审理企业破产案件，一定要坚持在当地党委的领导下，充分发挥地方政府建立的风险预警机制、联动机制、资金保障机制等协调机制的作用，努力配合政府做好企业破产案件中的维稳工作。

5. 对于职工欠薪和就业问题突出、债权人矛盾激化、债务人弃企逃债等敏感类破产案件，要及时向当地党委汇报，争取政府的支持。在政府协调下，加强与相关部门的沟通、配合，及时采取有力措施，积极疏导并化解各种矛盾纠纷，避免哄抢企业财产、职工集体上访的情况发生，将不稳定因素消除在萌芽状态。有条件的地方，可通过政府设立的维稳基金或鼓励第三方垫款等方式，优先解决破产企业职工的安置问题，政府或第三方就劳动债权的垫款，可以在破产程序中按照职工债权的受偿顺序优先获得清偿。

三、充分发挥破产重整和和解程序挽救危困企业、实现企业持续经营的作用，保障社会资源有效利用

6. 人民法院要充分发挥司法能动作用，注重做好当事人的释明和协调工作，合理适用破产重整和和解程序。对于当事人同时申请债务人清算、重整、和解的，人民法院要根据债务人的实际情况和各方当事人的意愿，在组织各方当事人充分论证的基础上，对于有重整或者和解可能的，应当依法受理重整或者和解申请。当事人申请重整，但因企业经营规模较小、虽有挽救必要但重整成本明显高于重整收益的困难企业，有关权利人不同意重整的，人民法院可引导当事人通过和解方式挽救企业。人民法院要加强破产程序中的调解工作，在法律允许的框架下，积极支持债务人、管理人和新出资人等为挽救企业所做的各项工作，为挽救困难企业创造良好的法律环境。

7. 人民法院适用强制批准裁量权挽救危困企业时，要保证反对重整计划草案的债权人或者出资人在重整中至少可以获得在破产清算中本可获得的清偿。对于重整计划草案被提请批准时依照破产清算程序所能获得的清偿比例的确定，应充分考虑其计算方法是否科学、客观、准确，是否充分保护了利害关系人的应有利益。人民法院要严格审查重整计划草案，综合考虑社会公共利益，积极审慎适用裁量权。对不符合强制批准条件的，不能借挽救企业之名违法审批。上级人民法院要肩负起监督职责，对利害关系人就重整程序中反映的问题要进行认真审查，问题属实的，要及时予以纠正。

四、在破产程序中要注重保障民生，切实维护职工合法权益

8. 依法优先保护劳动者权益，是破产法律制度的重要价值取向。人民法院在审理企业破产案件中，要切实维护职工的合法权益，严格依法保护职工利益。召开债权人会议要有债务人的职工和工会代表参加，保障职工对破产程序的参与权。职工对管理人确认的工资等债权有异议的,管理人要认真审查核对,发现错误要及时纠正;因管理人未予纠正,职工据此提起诉讼的,人民法院要严格依法审理,及时作出判决。

9. 表决重整计划草案时,要充分尊重职工的意愿,并就债务人所欠职工工资等债权设定专门表决组进行表决;职工债权人表决组未通过重整计划草案的,人民法院强制批准必须以应当优先清偿的职工债权全额清偿为前提。企业继续保持原经营范围的,人民法院要引导债务人或管理人在制作企业重整计划草案时,尽可能保证企业原有职工的工作岗位。

10. 保障职工合法权益需要社会各方面的共同努力。人民法院要加强与国家社会保障部门、劳动部门、工商行政管理部门、组织人事等部门的沟通和协调,积极提出司法建议,推动适合中国特色的社会保障体制的建立和完善。

五、妥善指定适格管理人,充分发挥管理人在企业破产程序中的积极作用

11. 人民法院要根据企业破产法和有关司法解释的规定,采用适当方式指定管理人,对于重大疑难案件,可以通过竞争的方式择优确定管理人。要注意处理好审理破产案件的审判庭和司法技术辅助工作部门的关系,在指定管理人时,应由审理破产案件的审判庭根据案件实际情况决定采用哪类管理人以及采用哪种产生方式,在决定通过随机方式或者竞争方式产生管理人或其成员时,再由司法技术辅助工作部门根据规定产生管理人或其成员。

12. 企业重整中,因涉及重大资产重组、经营模式选择、引入新出资人等商业运作内容,重整中管理人的职责不仅是管理和处分债务人财产,更要管理债务人的经营业务,特别是制定和执行重整计划。因此,在我国目前管理人队伍尚未成熟的情况下,人民法院指定管理人时,应当注意吸收相关部门和人才,根据实际情况选择指定的形式和方式,以便产生适格管理人。

13. 管理人的工作能力和敬业精神直接决定着企业破产案件能否依法有效进行,以及破产法律制度能否充分发挥其应有的作用。人民法院要特别注意加强对管理人业务知识和各种能力的培养,建立管理人考核机制,通过业绩考核,形成激励和淘汰机制,逐步实现管理人队伍的专业化。

六、正确适用企业破产法的各项制度,充分保护债权人合法权益

14. 人民法院在审理企业破产案件中,要充分调动管理人的积极性,促使其利用法律手段,努力查找和追收债务人财产,最大限度保护债权人利益。对出资不实、抽逃出资的,要依法追回;对于不当处置公司财产的行为,要依法撤销或者认定无效,并追回有关财产;对于违反法律、行政法规等规定,给公司或债权人造成损失的,要依法追究行为人的民事责任;对于发现妨碍清算行为的犯罪线索,要及时向侦查机关通报情况。

15. 要充分发挥债权人会议和债权人委员会的职能作用,切实保障债权人对破产程序的参与权,坚决防止地方保护主义,即使在以挽救债务人为主要目的的破产重整和和解程序中,仍然要以充分保障债权人利益为前提,重整计划和和解协议的通过与否,要严格按照法定的程序确定表决权并依法表决。

16. 人民法院在审理债务人人员下落不明或财产状况不清的破产案件时,要从充分保障债权人合法利益的角度出发,在对债务人的法定代表人、财务管理人员、其他经营管理人员,以及出资人等进行释明,或者采取相应罚款、训诫、拘留等强制措施后,债务人仍不向人民法院提交有关材料或者不提交全部材料,影响清算顺利进行的,人民法院就现有财产对已知债权进行公平清偿并裁定终结清算程序后,应当告知债权人可以另行提起诉讼要求有责任的有限责任公司股东、股份有限公司董事、控股股东,以及实际控制人等清算义务人对债务人的债务承担清偿责任。

七、正确认识破产程序与执行程序的功能定位,做好两个程序的有效衔接

17. 人民法院要充分认识破产程序和执行程序的不同功能定位,充分发挥企业破产法公平保护全体债权人的作用。破产程序是对债

务人全部财产进行的概括执行，注重对所有债权的公平受偿，具有对一般债务清偿程序的排他性。因此，人民法院受理破产申请后，对债务人财产所采取的所有保全措施和执行程序都应解除和中止，相关债务在破产清算程序中一并公平清偿。

18. 人民法院要注重做好破产程序和执行程序的衔接工作，确保破产财产妥善处置。涉及到人民法院内部破产程序和执行程序的操作的，应注意不同法院、不同审判部门、不同程序的协调与配合。涉及到债务人财产被其他国家行政机关采取保全措施或执行程序的，人民法院应积极与上述机关进行协调和沟通，取得有关机关的配合，依法解除有关保全措施，中止有关执行程序。

19. 人民法院受理破产申请后，在宣告债务人破产前裁定驳回申请人的破产申请，并终结破产程序的，应当在作出终结破产程序的裁定前，告知管理人通知原对债务人财产采取保全措施或执行程序的法院恢复原有的保全措施或执行程序，有轮候保全的，以原采取保全措施的时间确定轮候顺位。对恢复受理债务人为被执行人的执行案件，应当适用申请执行时效中断的有关规定。

八、加强审理破产案件法官专业化队伍建设，充分发挥商事审判职能作用

20. 随着我国经济市场化、国际化程度越来越高，企业破产案件将呈逐步增长趋势，这对人民法院审判工作提出了更高的要求。一方面，企业破产案件审理周期长、难度大、事务性工作繁重，人民法院长期以来案多人少的矛盾更加突出。另一方面，由于破产案件审理的复杂性和特殊性，客观上需要一支不仅具备较为扎实的法学理论功底，而且还要有解决社会矛盾、处理应急事务、协调各方利益等多方面工作能力的专业化法官队伍。因此，人民法院要加强法官专业化队伍建设，在人财物方面给予支持和保障。有条件的法院可以根据企业破产案件的数量，成立专门的破产案件审判庭，或指定专门的合议庭负责审理破产案件。

21. 人民法院要积极调动法官审理企业破产案件的积极性，在考核法官工作业绩时，要充分考虑企业破产案件审理的特殊性，以及法官办理企业破产案件所付出的辛勤劳动和承担的各种压力，积极探索能够客观反映审理破产案件工作量的科学考评标准，不断提高破产案件的审理质量。

22. 审理企业破产案件的法官，要大力加强对党的路线方针政策的学习，增强大局意识和责任意识。在当前经济形势下，更要正确处理好保护金融债权与挽救危困企业之间的关系，实现债权人与债务人的共赢，共渡难关。正确处理好保护投资者利益与维护职工合法权益之间的关系，保障社会和谐稳定。正确处理好企业破产清算与企业再生之间的关系，实现社会资源的充分利用以及法律效果和社会效果的有机统一。广大法官要大力加强廉政建设，严格执行最高人民法院“五个严禁”等审判纪律和规章制度，无论是在指定管理人还是在委托拍卖财产等敏感环节，都要坚持以制度管人，坚决杜绝人情案、关系案、金钱案，确保以公正高效的审判业绩，为我国国民经济平稳较快发展创造条件。

最高人民法院关于破产债权能否与未到位的注册资金抵销问题的复函

1. 1995年4月10日公布

2. 法函〔1995〕32号

湖北省高级人民法院：

你院(1994)鄂经初字第10号请示报告收悉，经研究，答复如下：

据你院报告称：中国外运某某公司(下称某某公司)与某某德仓运输股份有限公司(下称某某公司)合资成立的某某货柜有限公司(下称货柜公司)，于1989年3月7日至8日曾召开董事会议，决定将注册资金由原来的110万美元增加到180万美元。1993年1月4日又以董事会议对合资双方同意将注册资金增加到240万美元的《合议书》予以认可。事后，货柜公司均依规定向有关审批机构和国家工商行政管理局办理了批准、变更手续。因此,应当确认货柜公司的注册资金已变更为240万美元,尚未到位的资金应由出资人予以补足。货柜公司被申请破产后,某某公司作为货柜公司的债权人同货柜公司的其他债权人享有平等的权利。为保护其他债权人的合法权益,某某公司对货柜公司享有的破产债权不能与该公司对货柜公司未出足的注册资金相抵销。

最高人民法院关于如何理解《最高人民法院关于破产法司法解释》第六十八条的请示的答复

1. 2004年12月22日公布
2. 〔2003〕民二他字第52号

河北省高级人民法院:

你院[2003]冀民二请字第4号《关于如何理解〈最高人民法院关于破产法司法解释〉第六十八条的请示》收悉。经研究,答复如下:

人民法院受理破产案件前,针对债务人的财产,已经启动了执行程序,但该执行程序在人民法院受理破产案件后仅作出了执行裁定,尚未将财产交付给申请人的,不属于司法解释指的执行完毕的情形,该财产在债务人被宣告破产后应列入破产财产。但应注意以下情况:

一、正在进行的执行程序不仅作出了生效的执行裁定,而且就被执行财产的处理履行了必要的评估拍卖程序,相关人已支付了对价,此时虽未办理变更登记手续,且非该相关人的过错,应视为执行财产已向申请人交付,该执行已完毕,该财产不应列入破产财产;

二、人民法院针对被执行财产采取了相应执行措施,该财产已脱离债务人实际控制,视为已向权利人交付,该执行已完毕,该财产不应列入破产财产。

此复

最高人民法院关于破产清算组在履行职责过程中违约或侵权等民事纠纷案件诉讼管辖问题的批复

1. 2004年6月17日最高人民法院审判委员会第1317次会议通过
2. 2004年6月21日公布
3. 法释〔2004〕5号
4. 自2004年6月28日起施行

湖北省高级人民法院:

你院鄂高法〔2003〕383号《关于破产清算组在履行职责过程中违约或侵权等民事纠纷案件诉讼管辖问题的请示》收悉。经研究,答复如下:

企业被宣告破产后,清算组因履行清算职责对他人违约或者侵权引起的民事诉讼,发生在破产程序终结之前的,由受理破产案件的人民法院管辖,在破产程序中一并处理。

此复

最高人民法院关于实行社会保险的企业破产后各种社会保险统筹费用应缴纳至何时的批复

1. 1996年11月22日公布
2. 法复〔1996〕17号

四川省高级人民法院:

你院川高法〔1995〕167号《关于实行社会保险的企业破产后,各种社会保险统筹费用应缴纳至何时的请示》已收悉。经研究,现答复如下:

参加社会保险的企业破产的,欠缴的社会保险统筹费用应当缴纳至人民法院裁定宣告破产之日。

最高人民法院关于在破产程序中当事人或人民检察院对人民法院作出的债权人优先受偿的裁定申请再审或抗诉应如何处理问题的批复

1. 1996年8月13日公布
2. 法复〔1996〕14号
3. 已由法释〔2013〕2号废止

四川省高级人民法院：

你院川高法〔1994〕119号请示收悉。经研究，答复如下：

在破产程序中，债权人根据人民法院已发生法律效力的用抵押物偿还债权人本金及利息的判决书或调解书行使优先权时，受理破产案件的人民法院不能以任何方式改变已生效的判决书或调解书的内容，也不需要用裁定书加以认可。如果债权人据以行使优先权的生效法律文书确有错误，应由作出判决或调解的人民法院或其上级人民法院按照审判监督程序进行再审。如果审理破产案件的人民法院用裁定的方式变更了生效的法律文书的内容，人民法院应当依法予以纠正。但当事人不能对此裁定申请再审，亦不涉及人民检察院抗诉的问题，对于人民检察院坚持抗诉的，人民法院应通知不予受理。

最高人民法院关于对企业法人破产还债程序终结的裁定的抗诉应否受理问题的批复

1. 1997年7月25日最高人民法院审判委员会第924次会议通过
2. 1997年7月31日公布
3. 法释〔1997〕2号
4. 自1997年8月2日起施行

江苏省高级人民法院：

你院〔1996〕苏申经复字第16号《关于对宣告企业法人破产还债程序终结裁定的抗诉应否受理问题的请示》收悉。经研究，答复如下：

检察机关对人民法院作出的企业法人破产还债程序终结的裁定提出抗诉没有法律依据。检察机关对前述裁定提出抗诉的，人民法院应当通知其不予受理。

此复

最高人民法院关于当前人民法院审理企业破产案件应当注意的几个问题的通知

1. 1997年3月6日发布
2. 法发〔1997〕2号
3. 已由法释〔2013〕2号废止

各省、自治区、直辖市高级人民法院，解放军军事法院：

近几年来，人民法院受理的企业破产案件逐年增加，特别是国务院在若干城市进行企业优化资本结构，建立和完善企业优胜劣汰机制的试点工作以来，企业破产案件上升幅度较大。为了正确、及时审理好这类案件，现就人民法院当前审理企业破产案件应当注意的几个问题通知如下：

一、人民法院审理企业破产案件，既要积极又要十分慎重。要有利于促进调整产业结构，建立现代企业制度；要防止规避法律，逃避债务，造成国有资产流失；要摈弃狭隘的地方保护主义，依法保护债权人和债务人的合法权益；要维护社会稳定，为建立与完善社会主义市场经济体制服务。

二、人民法院受理企业破产案件，要认真审查当事人的破产申请是否符合《中华人民共和国破产法（试行）》（以下简称《企业破产法》）、《中华人民共和国民事诉讼法》（以下简称《民事诉讼法》）以及其他有关法律、法规、政策规定的条件，切实把好立案关。对不符合受理条件的，依法不予受理。要严防假破产、真逃债的情况发生。

三、《国务院关于在若干城市试行国有企业破产有关问题的通知》（国发〔1994〕59号，以下简称《通知》）和《国务院关于在若干城市试行国有企业兼并破产和职工再就业有关问题的补充通知》（国发〔1997〕10号，以下简称《补充通知》），以及经国务院批准由国家经贸委、中国人民银行发布的《关于试行国有企业兼并破产中若干问题的通知》(国经贸企〔1996〕492号)中有关破产方面的规定,只适用于国务院确定的"企业优化资本结构"试点城市(以下简称试点城市)内的国有工业企业,非试点城市的企业破产案件及试点城市中非国有工业企业破产案件,一律不得适用。在《补充通知》发布之前,试点城市人民法院按《通知》的有关规定确定已受理的破产案件,仍按《通知》的规定执行。借用外国政府贷款或转贷款偿还任务尚未落实的国有工业企业,暂不受理其破产申请。

四、人民法院审理企业破产案件,要对破产企业的财产认真进行清算。清算组的成员要有代表性,由人民法院从破产企业的主管部门,当地经贸委(计经委、经委)、财政厅(局)、土地管理局、国有资产管理部门、中国人民银行或其分(支)行等有关部门和专业人员中指定。清算组组长由人民法院指定。清算组对人民法院负责,并报告工作。

清算组的主要职责是,保护破产财产,清理债权债务,编制财产明细表和资产负债表,编制分配方案,依法处理和分配破产财产,依法从事必要的民事活动,提交清算报告,办理企业注销登记等破产终结事宜,完成人民法院依法指定的其他事项。

五、债权人会议由依法申请债权的所有债权人组成。破产企业债权银行总行或分(支)行派人参加债权人会议。债权人会议主席由人民法院在有表决权的债权人中指定。债权人会议的主要职责是:审查有关债权的证明材料,确认债权有无财产担保及其数额;讨论通过和解协议草案;审阅清算组清算、审计和评估报告;讨论通过破产财产的处理和分配方案。

债权人会议成员均享有表决权,但有财产担保债权人未放弃优先受偿权利的除外。会议决议对全体债权人均具有约束力。清算组提出破产财产分配方案,经债权人会议多次协商难以通过的,由人民法院依法裁定。

六、人民法院审理企业破产案件,要注意防止债务人利用破产逃避债务。对于破产企业以逃避债务为目的从事的隐匿、私分或者无偿转让财产、压价出售财产、对未到期债务提前清偿及放弃债权等行为,应依法确认为无效,并追回财产。对于破产企业对外所享有的债权,要依法予以追回,纳入破产财产。

七、人民法院审理企业破产案件涉及抵押合同及担保债权的法律效力问题的,要按照《企业破产法》、《中华人民共和国担保法》(以下简称《担保法》)、《通知》、《补充通知》以及本通知的有关规定,认真审查并正确认定抵押合同的效力。对国有企业以已确认为关键设备、成套设备或重要建筑物设立抵押而未经政府主管部门批准的,以《担保法》第三十七条规定不得作抵押的财产设立抵押的,破产企业在法院受理企业破产案件前6个月至破产宣告期间,对原没有抵押的债务设立抵押的,在有多个债权人的情况下,债务人与个别债权人恶意串通将其大部分财产抵押给一个债权人,从而丧失履行其他债务能力的,均应认定抵押合同无效。

八、人民法院在处理破产企业财产前,应确定国务院国有资产管理行政主管部门认可的资产评估机构进行资产评估。资产评估必须实事求是,严禁低值高估或者高值低估。处理破产企业的财产,要尽可能采取拍卖等方式,防止低价转让,避免国有资产流失或损害债权人合法利益。未经债权人会议通过或人民法院裁定,不得以实物作价抵还债务。

九、人民法院审理试点城市的国有工业企业破产案件,应当按照《通知》和《补充通知》的规定,以拍卖或者招标方式为主依法转让土地使用权。转让所得首先用于安置破产企业的职工。职工安置费用应当严格按照《通知》和《补充通知》的规定确定,不得随意提高标准和扩大范围。

十、人民法院在审理破产案件时,要努力降低破产成本,可视案件具体情况,适当减收免收诉讼费用;破产费用支付范围和原则应当经债权人会议审定,对于评估、审计等方面的收费,要认真审查,按保证工作需要的最低费用支付。

十一、上级人民法院要切实加强对下级人民法院审理企业破产案件工作的指导和监督。上级人民法院发现下级人民法院的裁定确有错误,应当通知其依法纠正。必要时可以裁定指令下级人民法院重新作出裁定。

十二、本《通知》中有关审理试点城市国有工业企业破产案件的规定，也适用于国务院今后确定的试点城市的国有工业企业破产案件。

最高人民法院关于贯彻执行法发〔1997〕2号文件第三条应注意的问题的通知

1998年7月31日公布

各省、自治区、直辖市高级人民法院，新疆维吾尔自治区高级人民法院生产建设兵团分院：

近来，有的人民法院向我院请示如何适用法发〔1997〕2号《关于当前人民法院审理企业破产案件应当注意的几个问题的通知》第三条中"借用外国政府贷款或转贷款偿还任务尚未落实的国有工业企业，暂不受理其破产申请"的规定问题。经商全国企业兼并破产和职工再就业工作

领导小组办公室同意，现就如何适用该条规定的有关问题通知如下，请遵照执行。

《关于当前人民法院审理企业破产案件应当注意的几个问题的通知》第三条解决的是我国政府向世界银行、亚洲开发银行或外国政府贷款，尔后转贷给国有工业企业项目单位的破产申请处置问题。因其属于政府外债，其借入和转贷过程均为政府行为，由政府承担最终还款责任，故不论项目单位是何种性质的企业，在偿还此类贷款任务尚未落实前，人民法院均暂不受理其破产申请，也暂不受理债权人申请其破产的案件。

最高人民法院关于破产企业国有划拨土地使用权应否列入破产财产等问题的批复

1. *2002年10月11日最高人民法院审判委员会第1245次会议通过*
2. *2003年4月16日公布*
3. *法释〔2003〕6号*
4. *自2003年4月18日起施行*

湖北省高级人民法院：

你院鄂高法〔2002〕158号《关于破产企业国有划拨土地使用权应否列入破产财产以及有关抵押效力认定等问题的请示》收悉。经研究，答复如下：

一、根据《中华人民共和国土地管理法》第五十八条第一款第（四）项及《城镇国有土地使用权出让和转让暂行条例》第四十七条的规定，破产企业以划拨方式取得的国有土地使用权不属于破产财产，在企业破产时，有关人民政府可以予以收回，并依法处置。纳入国家兼并破产计划的国有企业，其依法取得的国有土地使用权，应依据国务院有关文件规定办理。

二、企业对其以划拨方式取得的国有土地使用权无处分权，以该土地使用权为标的物设定抵押，除依法办理抵押登记手续外，还应经具有审批权限的人民政府或土地行政管理部门批准。否则，应认定抵押无效。如果企业对以划拨方式取得的国有土地使用权设定抵押时，履行了法定的审批手续，并依法办理了抵押登记，应认定抵押有效。根据《中华人民共和国城市房地产管理法》第五十条和《中华人民共和国担保法》第五十六条的规定，抵押权人只有在以抵押标的物折价或拍卖、变卖所得价款缴纳相当于土地使用权出让金的款项后，对剩余部分方可享有优先受偿权。但纳入国家兼并破产计划的国有企业，其用以划拨方式取得的国有土地使用权设定抵押的，应依据国务院有关文件规定办理。

三、国有企业以关键设备、成套设备、厂房设定抵押的效力问题，应依据法释〔2002〕14号《关于国有工业企业以机器设备等财产为抵押物与债权人签订的抵押合同的法律效力问题的批复》办理。

国有企业以建筑物设定抵押的效力问题，应区分两种情况处理：如果建筑物附着于以划拨方式取得的国有土地使用权之上，将该建筑物与土地使用权一并设定抵押的，对土地使用权的抵押需履行法定的审批手续，否则，应认定抵押无效；如果建筑物附着于以出让、转让方式取得的国有土地使用权之上，将该建筑物与土地使用权一并设定抵押的，即使未经有关主管部门批准，亦应认定抵押有效。

本批复自公布之日起施行，正在审理或者尚未审理的案件，适用本批复，但对提起再审的判决、裁定已经发生法律效力的案件除外。

此复

最高人民法院关于对因资不抵债无法继续办学被终止的民办学校如何组织清算问题的批复

1. 2010年12月16日最高人民法院审判委员会第1506次会议通过
2. 2010年12月29日公布
3. 法释〔2010〕20号
4. 自2010年12月31日起施行

贵州省高级人民法院：

你院《关于遵义县中山中学被终止后人民法院如何受理"组织清算"的请示》[(2010)黔高研请字第1号]收悉。经研究，答复如下：

依照《中华人民共和国民办教育促进法》第九条批准设立的民办学校因资不抵债无法继续办学被终止，当事人依照《中华人民共和国民办教育促进法》第五十八条第二款规定向人民法院申请清算的，人民法院应当依法受理。人民法院组织民办学校破产清算，参照适用《中华人民共和国企业破产法》规定的程序，并依照《中华人民共和国民办教育促进法》第五十九条规定的顺序清偿。

最高人民法院关于债权人对人员下落不明或者财产状况不清的债务人申请破产清算案件如何处理的批复

1. 2008年8月4日最高人民法院审判委员会第1450次会议通过
2. 2008年8月7日公布
3. 法释〔2008〕10号
4. 自2008年8月18日起施行

贵州省高级人民法院：

你院《关于企业法人被吊销营业执照后，依法负有清算责任的人未向法院申请破产，债权人是否可以申请被吊销营业执照的企业破产的请示》(〔2007〕黔高民二破请终字1号)收悉。经研究，批复如下：

债权人对人员下落不明或者财产状况不清的债务人申请破产清算，符合企业破产法规定的，人民法院应依法予以受理。债务人能否依据企业破产法第十一条第二款的规定向人民法院提交财产状况说明、债权债务清册等相关材料，并不影响对债权人申请的受理。

人民法院受理上述破产案件后，应当依据企业破产法的有关规定指定管理人追收债务人财产；经依法清算，债务人确无财产可供分配的，应当宣告债务人破产并终结破产程序；破产程序终结后二年内发现有依法应当追回的财产或者有应当供分配的其他财产的，债权人可以请求人民法院追加分配。

债务人的有关人员不履行法定义务，人民法院可依据有关法律规定追究其相应法律责任；其行为导致无法清算或者造成损失，有关权利人起诉请求其承担相应民事责任的，人民法院应依法予以支持。

此复

最高人民法院关于人民法院审理企业破产案件若干问题的紧急通知

1. 1996年11月15日公布
2. 已由法释〔2013〕2号废止

各省、自治区、直辖市高级人民法院：

近年来，人民法院受理的企业破产案件有较大幅度增加，在破产案件中出现了一些新的问题，本院及国务院有关部门正在研究解决方案，在解决措施正式出台前，请各高级人民法院立即通知所属法院，务必注意以下问题：

一、各级人民法院在审理破产案件时，必须严格掌握国务院《关于在若干城市试行国有企业破产有关问题的通知》(即国发[1994]59号文件)及此后的有关文件所确定的试点范围，有关企业破产的政策只适用于国务院确定的试点城市范围内的国有工业企业及其市属国有工业企业，不包括试点城市管辖县的县属国有企业，试点城市中的其它企业及非试点城市一律不得适用上述通知的规定，而应严格依照破产法（试行）及民事诉讼法中企业法人破产还债程序处理。

二、人民法院在审理破产案件中，要特别注意防止一些企业利用破产逃避债务，损害债权人的权益；对破产企业财产进行处分时，应尽可能采取拍卖招标等方式，以保护各方债权人平等受偿；在适用国发［1994］59号文件的规定安置破产企业职工时，应严格按照文件规定确定安置费用，不得随意提高。

三、各级人民法院应对正在审理的破产案件进行一次检查，发现存在上述问题的，应当立即采取措施予以纠正，特别是对非试点城市擅自按照国发［1994］59号文件规定的有关政策进行企业破产的，要一律停止适用该文件。

最高人民法院关于合伙经营的企业与独资经营的企业均负有债务独资企业无力偿还时拍卖合伙企业的财产应否首先清偿合伙企业所负债务问题的批复

1. 1957年1月22日公布
2. 法研字第1480号
3. 已由法释〔2012〕13号废止

北京市高级人民法院：

你院一九五六年十二月二十日（56）京高法研字第1558号来文对于甲乙合伙经营的企业与各自独资经营的企业均负有债务，独资经营的企业无力偿还其所负债务，为了清偿这项债务，拍卖了合伙企业的全部财产，拍卖所得的价款，应否首先清偿合伙企业所负债务的问题的请示，经我们研究认为，合伙企业的财产是合伙人的共有财产，应先清偿合伙企业所负的债务，然后才能就各合伙人按比例分得的部分，清偿其独资企业所负的债务。因此，我们同意你院请示内所提的第一种意见。

最高人民法院关于哈尔滨百货采购供应站申请破产一案的复函

1. 1995年5月4日发布
2. 法函〔1995〕48号

黑龙江省高级人民法院：

你院《关于哈尔滨百货采购供应站申请破产一案的汇报》收悉。经研究，答复如下：

哈尔滨百货采购供应站（下称百货供应站）在负债累累的情况下，抽出其绝大部分注册资金开办哈尔滨康安批发市场，尔后，申请破产。其做法严重侵害了债权人的利益。虽然该行为未发生在法院受理破产案件前六个月内，但其目的是为了逃避债务，故原则上应根据《中华人民共和国民法通则》第五十八条第一款第（七）项的规定，追回百货供应站开办康安批发市场投入的2217.3万元及该场所得的盈利，作为破产财产统一分配。但在具体处理方式上，可采取整体转让康安批发市场或以债权人的债权作为股份，依照我国公司法的规定，组成规范化的公司，以避免康安批发市场与百货供应站同时倒闭。如上述两种具体处理方式均不可行，则可将康安批发市场的现有全部财产及其债务纳入百货供应站破产清偿范围之内。以上意见供你院处理本案时参考，并请注意总结这方面的经验。

最高人民法院关于破产债权能否与未到位的注册资金抵销问题的复函

1. 1995年4月10日发布
2. 法函〔1995〕32号

湖北省高级人民法院：

你院〔1994〕鄂经初字第10号请示报告收悉，经研究，答复如下：

据你院报告称：中国外运武汉公司（下称武汉公司）与香港德仓运输股份有限公司（下称香港公司）合资成立的武汉货柜有限公司（下称货

柜公司),于1989年3月7日至8日曾召开董事会议,决定将注册资金由原来的110万美元增加到180万美元。1993年1月4日又以董事会议对合资双方同意将注册资金增加到240万美元的《合议书》予以认可。事后,货柜公司均依规定向有关审批机构和国家工商行政管理局办理了批准、变更手续。因此,应当确认货柜公司的注册资金已变更为240万美元,尚未到位的资金应由出资人予以补足。货柜公司被申请破产后,武汉公司作为货柜公司的债权人同货柜公司的其他债权人享有平等的权利。为保护其他债权人的合法权益,武汉公司对货柜公司享有的破产债权不能与该公司对货柜公司未出足的注册资金相抵销。

最高人民法院关于对破产案件的债务人未被执行的财产均应中止执行问题的批复

1. 1993年9月17日公布
2. 法复〔1993〕9号

四川省高级人民法院:

你院川高法执(1993)字第4号《关于执行案件已冻结的款能否再作为破产财产清偿的请示报告》收悉,经研究,答复如下:

根据《中华人民共和国企业破产法(试行)》关于"人民法院受理破产案件后,对债务人财产的其他民事执行程序均应中止"的规定,以破产案件的债务人为被执行人的执行案件,执行法院虽对该债务人的财产已决定采取或者已经采取了冻结、扣留、查封或扣押等措施的,仍属于未执行财产,均应当依法中止执行。

执行程序中止后,该执行案件的债权人,可凭生效的法律文书向受理破产案件的人民法院申报债权。如果受理破产案件的人民法院裁定宣告债务人(被执行人)破产,被中止执行的财产应当作为破产财产;如果破产案件审理终结,债务人不被宣告破产,被中止的执行程序可恢复进行。

最高人民法院关于人民法院受理破产案件后对以破产案件的债务人为被执行人的执行案件均应中止执行给四川省高级人民法院的批复

1. 1993年9月17日公布
2. 法复〔1993〕9号
3. 已由法释〔2013〕2号废止

你院川高法执(1993)字第4号《关于执行案件已冻结的款能否再作为破产财产清偿的请示报告》收悉,经研究,答复如下:

根据《中华人民共和国企业破产法(试行)》关于"人民法院受理破产案件后,对债务人财产的其他民事执行程序均应中止"的规定,以破产案件的债务人为被执行人的执行案件,执行法院虽对该债务人的财产已决定采取或者已经采取了冻结、扣留、查封或扣押等财产保全措施或者执行措施的,仍属于未执行财产,均应当依法中止执行。

执行程序中止后,该执行案件的债权人,可凭生效的法律文书向受理破产案件的人民法院申报债权。如果受理破产案件的人民法院裁定宣告债务人(被执行人)破产,被中止执行的财产应当作为破产财产;如果破产案件审理终结,债务人不被宣告破产,被中止的执行程序可恢复进行。

你院所请示的问题,应按上述意见办理。

最高人民法院关于审计(师)事务所执业审计师可以接受清算组的聘任参与企业破产清算的通知

1. 1993年8月28日公布
2. 法〔1993〕72号

各省、自治区、直辖市高级人民法院:

审计(师)事务所是依法成立的社会审计组织,根据《中华人民共和国审计条例》第三十二条第一款第（二）项之规定，社会审计组织可以接受国家机关、企事业单位、个人委托，承办经济案件的鉴定事项。因此，在审理破产案件中，清算组织可以聘任审计（师）事务所一定数量的执业审计师参与企业破产清算。

最高人民法院关于内蒙古化肥生产供销技术服务联营公司申请破产一案的复函

1. 1991年6月7日公布

2. 法（经）函〔1991〕62号

内蒙古自治区高级人民法院：

你院〔1990〕内法经请字第3号关于内蒙古化肥生产供销技术服务联营公司申请破产一案的请示报告收悉。经研究，答复如下：

鉴于内蒙古化肥生产供销技术服务联营公司属于依法成立、独立核算、自负盈亏的全民所有制企业，不能清偿到期债务，依照《中华人民共和国企业破产法（试行）》第二条、第三条和第八条之规定，本案可以作为破产案件受理。

此复

最高人民法院关于佛山市中级人民法院受理经济合同纠纷案件与青岛市中级人民法院受理破产案件工作协调问题的复函

1. 1990年10月6日公布

2. 法（经）函〔1990〕70号

广东省高级人民法院：

你院（90）粤法经请字第2号关于佛山市中级人民法院受理经济合同纠纷案件与青岛市中级人民法院受理破产案件工作协调问题的请示收悉。经研究，答复如下：

一、依照《中华人民共和国企业破产法（试行）》第三条之规定，确定企业是否达到破产界限，并不以"连带清偿责任人清偿后仍资不抵债"为前提条件。

二、广东省佛山市石湾区对外贸易公司所享有的债权是有保证人担保的债权，而不是以债务人的财产担保的债权，因而仍然属于普通的债权。

三、佛山市中级人民法院如已审结佛山市石湾区对外贸易公司诉山东省胶州市第二棉纺织厂等单位联营合同投资纠纷一案，债权人可凭生效的法律文书向青岛市中级人民法院申报债权。

四、破产程序终结后，佛山市石湾区对外贸易公司可向依法应当承担连带责任的保证人追偿其未得到清偿的债权部分。

此复

最高人民法院经济审判庭关于朝阳电池厂关闭后清偿债务问题的答复

1987年1月2日公布

辽宁省高级人民法院：

你院辽法（经）请〔1986〕24号"关于集体所有制企业关闭后的债务，应由谁清偿的请示"收悉。经我们研究认为：根据民法通则第四十八条"集体所有制企业法人以企业所有的财产承担民事责任"的规定，朝阳电池厂如系集体所有制企业法人，则该厂关闭后的债务，应以其所有的财产清偿债务。资不抵债时，按照民事诉讼法（试行）第一百八十条规定的顺序清偿。

此复

附：

辽宁省高级人民法院关于集体所有制企业关闭后的债务应由谁清偿的请示

1. 1986年11月12日公布

2. 辽法（经）请〔1986〕24号

最高人民法院：

辽宁省朝阳市中级人民法院审理锦州市葫芦岛染料化工厂等六家企业诉朝阳电池厂购销合同拖欠货款纠纷一案，因电池厂关闭资不抵债,无力偿还欠款。对集体所有制企业关闭后的债务,应由谁清偿,朝阳市中级人民法院经讨论有两种意见。

第一种意见认为,应由电池厂的主管局市二轻局偿还。其根据是按最高人民法院《关于在经济审判工作中贯彻执行〈民事诉讼法(试行)〉若干问题的意见》中"企业关闭的,由其主管单位或清理人(单位)作为诉讼当事人"的规定,将电池厂的主管局朝阳市二轻局列为本案被告。根据《工矿产品购销合同条例》(1984年1月23日国务院颁布)第八条第四款"当事人一方发生合并、分立时,由合并、分立后的当事人承担或分别承担履行合同规定的权利和义务。关、停单位应根据上级主管部门批准的关、停文件清理合同;遗留的有关事宜,由其上级主管部门按国家有关规定负责处理"的规定,电池厂关闭后的债务,亦应由上级主管部门市二轻局清偿。判决后,执行中遇到应当终结执行的情况时再依照民事诉讼法(试行)第一百八十三条的规定,裁定终结执行。

第二种意见认为,电池厂关闭后的债务,应由他自己偿还。资不抵债时,按民事诉讼法(试行)第一百八十条规定的清偿顺序偿还。其理由是,民法通则第四十八条规定:"全民所有制企业法人以国家授予它经营管理的财产承担民事责任。集体所有制企业法人以企业所有的财产承担民事责任。"民法通则虽未实施,但可参照此精神审理案件,因为电池厂是集体所有制企业,只能以它的资产清偿还债,即使是关闭,也要列为被告,不应判决它的主管部门市二轻局偿还债务。

省法院审判委员会讨论认为,朝阳电池厂由于经营不善,长期亏损,经朝阳地区专员公署办公会议决定关闭,关闭后的善后事宜,责成地区经委、二轻局牵头,银行、税务局、劳动局参加组成清理小组进行处理。由此可见,二轻局既是电池厂的上级主管部门,又是清理人(单位)。依照最高人民法院《关于在经济审判工作中贯彻执行〈民事诉讼法(试行)〉若干问题的意见》,应把朝阳市二轻局作为被告,参加诉讼,承担清偿责任。法院判决后,在执行中遇到民事诉讼法(试行)第一百八十二条、第一百八十三条规定情形的,裁定中止执行或终结执行。

但是,朝阳市二轻局是政府机关,按国家有关规定是不允许用国家财政款偿还集体企业的债务。实际上朝阳市二轻局也无力偿还,电池厂已无财产可供偿还债务。且此类问题甚多,若将朝阳市二轻局列为被告参加诉讼必将引起连锁反应,此类问题究竟如何处理为妥,我院拿不准,特此报告,请批示。

特此请示。

最高人民法院关于恢复审理和执行涉及原北海市大业城市信用合作社等十四家城市信用合作社和原广东省恩平市农村信用合作社联合社等二十家城乡信用合作社经济纠纷案

2000年4月15日公布

各省、自治区、直辖市高级人民法院,新疆维吾尔自治区高级人民法院生产建设兵团分院:

1998年11月18日和12月26日,我院先后下发了(法明传(1998)403号)《关于对涉及北海市大业城市信用合作社等十四家城市信用合作社为被告和被执行人的经济纠纷案件中止审理和中止执行问题的通知》和(法明传(1998)463号)《关于对涉及广东省恩平市农村信用合作社联合社等二十家城乡信用社为被告和被执行人的经济纠纷案件中止审理和中止执行的通知》。现就恢复审理和执行原北海市大业城市信用合作社等十四家城市信用合作社(以下简称北海市十四家城市信用社)、广东省恩平市农村信用合作社联合社等二十家城乡信用合作社(以下简称恩平市二十家城乡信用社)的经济纠纷案件问题通知如下:

一、自本通知下发之日起,各级人民法院对已经受理的涉及被关闭的北海市十四家城市信用社、恩平市二十家城乡信用社的经济纠纷案件予以恢复审理和执行。

北海市十四家城市信用社被关闭后,中国人民银行已指定中国建设银行托管其中十二家城市信用社的债权债务。另有北海市城市信用合作社、合浦县城市信用合作社的债权债务指定由中国工商银行依法予以清理。恩平市二十家城乡信用社被关闭后，中国人民银行已经指定由广东发展银行托管其债权债务。鉴于上述情况，根据我院《关于适用〈中华人民共和国民事诉讼法〉若干问题的意见》第51条、第271条的规定，在恢复审理或执行涉及上述信用合作社的经济纠纷案件过程中，应当变更有关清算组为当事人或权利义务承受人。

二、审理北海市十四家城市信用社、恩平市二十家城乡信用社为原告的经济纠纷案件应当注意以下问题：

1. 对被告可能发生转移、隐匿、变卖财产等行为的，应当根据清算组的申请，依法及时予以财产保全；对清算组没有提出财产保全申请的，必要时，人民法院也可以采取财产保全措施。

2. 对涉及北海市十四家城市信用社、恩平市二十家城乡信用社为债权人的已经发生法律效力的法律文书（包括关闭前），如债务人在法律文书规定的期限内不能自动履行的，应当告知清算组提出申请，依法及时采取强制执行措施。

3. 对清算组以原告身份提起诉讼的，人民法院应当依法受理。

三、涉及北海市十四家城市信用社、恩平市二十家城乡信用社为被告或第三人的经济纠纷案件应当注意以下问题：

1. 为有利于清算组对被关闭的该十四家城市信用社和二十家城乡信用社的财产进行清理，人民法院在审理涉及上述信用社为债务人的经济纠纷案件中，不宜对其财产采取保全措施。

2. 对涉及该十四家城市信用社和二十家城乡信用社为债务人的已经发生法律效力的法律文书（包括关闭前），人民法院应当依法裁定中止执行。有关当事人可凭人民法院已经发生法律效力的法律文书，到被关闭信用社的清算组进行债券登记，由清算组依清算程序予以清偿。清算程序终结，人民法院即终结执行程序。

3. 有关债权人对清算组确认的债权数额持有异议而向人民法院提起诉讼的，人民法院应当依照《中华人民共和国民事诉讼法》第一百零八条的规定处理。

4. 在恢复审理前未受理的案件，人民法院不再受理，可告知当事人按照有关公告规定，向被关闭信用社的清算组进行债权登记。

最高人民法院关于河南省高级人民法院就郑州亚细亚五彩购物广场有限公司破产一案中董桂琴等50家商户能否行使取回权问题请示的答复

1. 2003年6月9日公布
2. 〔2003〕民二他字第14号

河南省高级人民法院：

你院[2003]豫法民二函字第02号请示收悉。经研究，答复如下：

原则同意你院不支持董桂琴等50家商户行使取回权的第二种意见。董桂琴等50家商户与亚细亚五彩购物广场有限公司（以下简称五彩购物广场）形成了委托收取销售货款的关系，现有证据不能证明五彩购物广场对所收取的货款开立专门账户加以管理，即五彩购物广场代收的货款没有特定化。由于货币作为动产的特殊属性，董桂琴等50家商户对没有特定化的货款不具有所有权关系，在企业破产还债程序中不能行使取回权，可以以普通债权人的身份参与破产财产的分配。望你院并郑州中院做好当事人的工作。

此复

最高人民法院关于蓬莱京鲁通讯视像设备厂破产还债案有关法律适用问题的复函

1. 2003年2月25日发布
2.〔2001〕民他立字第49号

山东省高级人民法院：

你院〔2001〕鲁法经字8－1号《关于蓬莱京

鲁通讯视像设备厂破产还债一案有关问题的请示》收悉。经研究，答复如下：

对于你院所请示问题，最高人民法院1997年3月6日法发〔1997〕2号《关于当前人民法院审理企业破产案件应当注意的几个问题的通知》第十一条和2002年7月8日《关于审理企业破产案件若干问题的规定》第一百零四条均已作出明确规定，上级人民法院发现下级人民法院的裁定确有错误，应当通知其依法纠正；必要时可以裁定指令下级人民法院重新作出裁定。因此，对于已经审理终结的破产案件进行监督、纠正是有法可依的，但在适用时应当严格、谨慎，并应充分考虑该破产案件提起再审的可行性，依法妥善处理。

最高人民法院关于破产企业拖欠税金是否受破产法规定的破产债权申报期限限制问题的答复

1. 2002年1月18日公布
2. 法研〔2002〕11号

广东省高级人民法院：

你院粤高法[2001]138号“关于拖欠税金是否受破产法规定的破产债权申报期限限制的请示”收悉。经研究答复如下：

根据《中华人民共和国破产法（试行）》第三十七条第二款的规定，破产企业所欠税款不属于破产债权，不适用《中华人民共和国破产法（试行）》第九条的规定。

最高人民法院关于人民法院在审理企业破产和改制案件中切实防止债务人逃废债务的紧急通知

1. 2001年8月10日公布
2. 法〔2001〕105号

各省、自治区、直辖市高级人民法院，解放军军事法院，新疆维吾尔自治区高级人民法院生产建设兵团分院：

为了确保在审理企业破产和改制案件时严格适用法律，准确把握政策界限，坚决抵制、排除地方保护主义干扰，有效制止逃废、悬空债务现象，现就人民法院当前审理企业破产和改制案件中应当特别注意的几个问题紧急通知如下：

一、人民法院审理企业破产和改制案件，是运用司法手段维护市场经济秩序、社会信用，促进经济体制改革和经济发展的重要方面，各级人民法院必须以江泽民同志“三个代表”重要思想为指导，提高认识，加强领导，配备政治强、业务精的审判人员积极而慎重地审理好每一件企业破产和改制案件。院领导要亲自过问，审理任务重的法院要组织专门的合议庭。各中、高级人民法院对本辖区内影响较大的案件，要随时了解情况，对于典型案件和重大问题，要及时向上级人民法院报告。

二、上级人民法院要切实加强对下级人民法院审理企业破产案件的监督和指导，对确有错误的宣告企业破产裁定，应当通知其依法纠正，必要时可以指令下级人民法院重新作出裁定。破产宣告后，债权人或债务人有异议的，可以在人民法院宣告企业破产之日起十日内，向上一级人民法院申请复议，上一级人民法院应当在十五日内作出复议决定。

三、人民法院对企业破产案件立案应慎重，经审查破产申请发现有逃废债务迹象，或者“资不抵债”证据不足的，应当责令申请人补充材料，不得盲目立案。发现债务人有巨额财产下落不明且债务人不能合理解释财产去向的，或者先行剥离企业有效资产另组企业，而后申请破产的，应当裁定驳回破产申请。对于内贸、外贸企业的破产申请，应当严格按照国经贸（1996）492号文件的批准程序规定，从严把握，审慎受理。

四、人民法院在审理企业破产案件时，要切实监督和指导清算组认真审查破产企业的财务报表和原始凭证，逐项核实债权、债务，最大限度地保护债权人和其他当事人的合法权益。对破产企业隐匿、私分和无偿转让、压价出售财产，以及违反法律，对未到期债务提前清偿损害其他债权人利益和放弃债权等行为，应当依法确认无效，或者依当事人的申请依法予以撤销，并采取有效措施追回财产，防止国有资产流失。要准确把握政策界限，对未列入《全国企业兼并破产和职工再就业工作计划》的国有工业企业破产，不能适用国务院国发（1994）59号和（1997）10号文件，而应当按照《中华人民共和国企业破产法（试行）》的规定办理，即破产企业财产变现所得必须用于按比例清偿债务，安置破产企业职工的费用只能从当地政府补贴、民政救济和社会保障等渠道予以妥善解决。严格禁止和纠正违反规定，随意“搭车”，损害债权人的合法利益的现象。凡是纳入国家兼并破产计划的国有企业破产案件，在未对破产财产依法清算、处置完毕前，不得裁定终结破产程序。

五、处置破产财产，一般应当采取拍卖的方式，并加强对拍卖程序的监督，要确保拍卖的透明度、公平性，防止拍卖流于形式。要依法确定竞买人的资格，除法律、法规及有关政策有明确规定外，不得任意限定竞买人。所拍卖的破产财产价格，应当以评估确定的价格为依据，按照国家有关规定确定底价，一次拍卖不成的，应当降低底价继续拍卖，仍无法成交的，可经债权人会议讨论通过或者人民法院裁定，以实物作价抵还债务。以实物作价抵还债务的，应当以最后一次拍卖底价作为基本依据，做到公平、公正。防止因不适当地采取实物分配的方式抵还破产债权，而损害债权人的利益。

六、应当严格依据法律及司法解释的规定认真审查并确认破产企业担保的效力。不能仅以担保系政府指令违背了担保人意志，或者以担保人无财产承担担保责任等为由，而确认担保合同无效，更不能在确认担保合同无效后，完全免除担保人的赔偿责任。债务人有多个普通债权人的，债务人与其中一个债权人恶意串通，将其全部或者部分财产抵押给该债权人，因此丧失了履行其他债务的能力，损害了其他债权人的合法权益，受损害的其他债权人请求人民法院撤销该抵押行为的，人民法院应依法予以支持。对于合法有效的抵押，要确保抵押权人优先受偿。

七、人民法院审理涉及企业公司制改造、股份合作制改造、债权转股权、国有小型企业出售、企业兼并及分立等国有企业改制的纠纷案件，应当严格适用法律与国家改制政策。有关法律、行政法规无明文规定的，可适用改制行为发生时国务院有关主管部门的规范性文件；违反法律、行政法规和国务院规定的政策的有关地方性改制文件，不能作为办案依据。

八、人民法院审理国有企业改制案件，凡是改制行为发生时国务院有关主管部门的规范性文件明确规定须履行审批手续，对未履行审批手续，且事后又未补办审批手续的，或者当事人双方恶意串通，损害国家或债权人利益的，应当依法确认有关协议无效；在小型企业出售中，出售方借出售企业逃废债务，受让人知情的，对债权人撤销企业出售合同的主张，应当依法予以支持。

九、人民法院审理国有企业改制案件，应当依法认真处理好改制企业遗留债务的承担问题。对于改制企业遗留债务，当事人之间约定了新的债务承担人、并经债权人同意的，可依当事人的约定；对于虽未经债权人同意，但新的债务承担人有足够能力清偿债务的，可按照实际情况确认由新的债务承担人承担债务；对于仅对改制企业的财产进行了处理，而未处理改制企业债务的，原则上应当由改制变更后的企业在所接受财产的等值范围内承担原企业遗留债务。

十、人民法院审理国有企业改制案件，对企业出售中，卖方隐瞒或遗漏原企业债务的，应当由卖方对所隐瞒或遗漏的债务向原企业的债权人承担责任；对企业股份合作制改造及吸收合并中，被兼并或被改制企业原资产管理人隐瞒或遗漏债务的，应当由被兼并或被改制企业原资产管理人对所隐瞒或遗漏的债务承担民事责任；对借企业分立剥离企业有效资产，以逃避债务的，应当将分立后的企业列为共同被告，并依法确认由其承担连带责任。

请接到本通知后，立即组织有关审判人员学习，抓紧对本辖区法院所审理的案件进行一次认真检查，并制定贯彻执行措施，切实防止在审理企业破产和改制案件中债务人逃废债务的问题。检查、贯彻执行情况，及时报告最高人民法院。

最高人民法院关于审理中外合资经营合同纠纷案件如何清算合资企业问题的批复

1. 1997年12月5日最高人民法院审判委员会第950次会议通过
2. 1998年1月15日公布
3. 法释〔1998〕1号
4. 自1998年1月15日起施行

山东省高级人民法院：

你院〔1996〕鲁经初字第44号《关于审理中外合资经营合同纠纷案件如何清算合资企业问题的请示报告》收悉。经研究，答复如下：

同意你院请示报告中的第一种意见，即国外合资经营企业一方当事人向人民法院提起诉讼，要求解散合营企业并追究对方违约责任的，人民法院仅应对合营合同效力、是否终止合营合同、违约责任等作出判决。合营企业清算问题则应根据《中华人民共和国中外合资经营企业法实施条例》、《外商投资企业清算办法》的有关规定办理，人民法院组织清算没有法律依据。

国内有限责任公司有类似情形的，应依据《中华人民共和国公司法》的有关规定办理。

此复

最高人民法院关于个人独资企业清算是否可以参照适用企业破产法规定的破产清算程序的批复

1. 2012年12月10日最高人民法院审判委员会第1563次会议通过
2. 法释〔2012〕16号
3. 2012年12月11日公布
4. 自2012年12月18日起施行

贵州省高级人民法院：

你院《关于个人独资企业清算是否可以参照适用破产清算程序的请示》(〔2012〕黔高研请字第2号)收悉。经研究，批复如下：

根据《中华人民共和国企业破产法》第一百三十五条的规定，在个人独资企业不能清偿到期债务，并且资产不足以清偿全部债务或者明显缺乏清偿能力的情况下，可以参照适用企业破产法规定的破产清算程序进行清算。

根据《中华人民共和国个人独资企业法》第三十一条的规定，人民法院参照适用破产清算程序裁定终结个人独资企业的清算程序后，个人独资企业的债权人仍然可以就其未获清偿的部分向投资人主张权利。

最高人民法院关于企业法人无力偿还债务时可否执行其分支机构财产问题的复函

1. 1991年4月2日公布
2. 法(经)函〔1991〕38号

辽宁省高级人民法院：

你院〔1990〕经执字第20号“关于企业法人无力偿还债务时，可否执行其分支机构财产的请示报告”收悉。经研究，答复如下：

据来文看，本案被执行人本溪化工塑料总厂(下称“总厂”)的管理体制、经营方式，在案件执行期间与案件审理期间相比，尽管发生了很大变化，但总厂与其分支机构的关系及各自的性质并未改变，总厂的经营活动仍由其分支机构的经营行为具体体现，分支机构经营管理的财产仍是总厂经营管理的财产或者属总厂所有的财产，仍为总厂对外承担民事责任的物质基础。因此，在总厂经济体制改革后，不应视其为无偿付能力。鉴于本案的具体情况，对总厂的债务，同意你院的意见，第二审法院可以裁定由总厂的分支机构负责偿还。

此复

附：

辽宁省高级人民法院关于企业法人无力偿还债务时可否执行其分支机构财产的请示报告

1. 1991年1月19日公布
2. 〔1990〕经执字第20号

最高人民法院：

原告沈阳化轻材料联营公司分别诉被告本溪市明山区印刷厂五交化商店、被告中国人民解放军9832电石厂及被告刘常和第三人本溪化工塑料总厂购销合同质量纠纷两起案件，业经辽宁省高级人民法院作出（1990）经上字第46号、47号终审判决，第三人本溪化工塑料总厂应当返还给原告沈阳化轻材料联营公司总计53万元货款及其银行利息。在执行期间发现，被执行人本溪化工塑料总厂虽系企业法人，但其注册资金，从业人员、经营厂地，均由不具备法人资格的两个分支机构——草河口化工厂、塑料厂经营管理。案件审理期间，分支机构对总厂实行报账制，生产、经营、核算、管理统一由总厂负责。案件执行期间，根据市政府的规定，该企业管理体制发生变化。本溪化工塑料总厂其企业法人的性质不变，下设的两个分支机构——草河口化工厂、塑料厂仍不具备法人资格。但是，总厂给其分厂以充分的权力。两个分厂各自在银行立账开户，独立核算、自主经营（不享有流动资金贷款权）。本溪化工塑料总厂除仅保留所欠银行贷款2300万元的账户外，其办公地点管理人员，领导机构全部与其分支机构草河口化工厂合在一起，一套班子，行使两级管理职能。本溪化工塑料总厂既无资金，又无资产，不具有偿还债务能力。但其分支机构，既有资产，又有资金，具有代偿能力。

经我们研究认为：企业法人的分支机构是企业法人的组成部分。不管企业内部的管理体制、经营方式如何，分支机构既然享有经营企业法人的资产，运用企业法人的借贷资金，就有义务偿还企业法人所欠的债务。

因此，在该案执行中，已查明本溪化工塑料总厂无偿还能力的事实后，应当由第二审法院（或原合议庭）直接裁定其分支机构偿还。

上述意见妥否，请尽快批示。

最高人民法院经济审判庭关于区公所开办的企业倒闭后能否由县政府承担连带责任问题的复函

1. 1989年9月5日公布
2. 〔89〕法经函字第24号

江苏省高级人民法院：

你院（87）经复字第79号请示报告收悉。经研究并征询有关部门意见，现答复如下：

安徽省五河县城郊区公所是五河县人民政府的派出机关，五河县城郊贸易公司因违法经营被撤销后，已由五河县政府有关单位组织专案组对该公司的财产和债权债务进行了清算和处理。因此可由五河县人民政府作为本案的被告参加诉讼。至于五河县人民政府是否承担连带责任，则要看五河县城郊区公所是城郊贸易公司的开办单位还是审核单位：如确是开办单位，根据《中共中央、国务院关于进一步制止党政机关和党政干部经商、办企业的规定》第六条，应当承担连带责任；如仅是审核单位且审核不当，则应根据《国务院关于进一步清理和整顿公司的通知》第三条规定承担经济、法律责任，如仅是审核单位或主管部门，且并无审核不当，则不承担经济责任。

附：

江苏省高级人民法院关于“区公所办的企业倒闭以后，能否由县政府作为被告”的请示报告

1. 1987年11月11日公布
2. 〔87〕经复字第79号

最高人民法院：

我省南京市中级人民法院1987年2月19日受理了南京市鼓楼区人民法院移送的南京市鼓楼区物资站（以下简称物资站）诉安徽省五河县城郊贸易公司（以下简称贸易公司）钢材购销合同纠纷案。

该案因诉讼主体难以确定,办案受阻,特向你院请示。现将该案的基本案情和我院的意见报告如下:

1984年9月14日和9月24日,物资站与贸易公司在南京签订了两份钢材购销合同,由贸易公司供给物资站250吨钢材,总价款323000元。合同签订后,物资站按约于1984年9月15日、10月12日两次将全部货款汇给了贸易公司。贸易公司收款后根本无货供给,在物资站的追要下,后退回了10万元货款,余款223000元一直未退。物资站多次催款不成,于1986年11月22日诉至南京市鼓楼区人民法院。鼓楼区法院在查明贸易公司已被撤销后,便依法将诉讼状送达给该公司的主管部门安徽省五河县城郊区公所,要求其依法应诉。城郊区公所于1986年12月19日以"原城郊贸易公司是以该公司负责人许林个人承包的独立核算单位,其债权债务应由该公司自己负责。该纠纷不属南京市鼓楼区人民法院管辖"为由拒绝应诉。鼓楼区法院经审查认为:对该案有管辖权,但鉴于本案诉讼标的额较大,案情复杂,于1987年2月19日将此案移送至南京市中级人民法院。

南京市中院立案后进行了审理。经查,贸易公司系五河县城郊区公所企业办事处在1983年办的集体性质的企业,1984年7月22日又将该企业与许林签订了承包协议。许林承包以后,由于该公司在经营活动中买空卖空、违法经营,公司承包人许林又在经营活动中犯有贪污罪行。1985年4月27日,县委常委在听取关于贸易公司的情况汇报后,决定成立由县公安局副局长王延寿、县检察院检察长胡开延、县工商局副局长欧佩录三人负责的"城郊区贸易公司专案组"。同一天,县公安局将许林收容审查(许林因贪污罪,于1986年被五河县人民法院判处有期徒刑13年)。4月30日,县工商局又依法吊销了该公司的营业执照,同时查封了该公司。专案组经过6个多月的内查外调,查明:贸易公司共有债权64万余元,债务81万余元,资不抵债。专案组追回了7万余元的债款以及贸易公司尚存的物资交给了区公所。此外,将贸易公司用物资站17万元货款买的4000吨煤交给了贸易公司的债权人五河县物资局。对其他外地债权人却未依法偿还。

鉴于贸易公司已经倒闭,南京市中院的承办人员先后5次去五河县找当地的有关领导,要求先确定本案的诉讼主体,即该案是区公所应诉还是由五河县人民政府应诉?但这一问题至今仍未解决。

区公所认为:它尽管是贸易公司的主办单位,但它本身是县政府的派出机构,在法律上不具备独立法人的资格,没有承担清偿债务的民事能力,且贸易公司倒闭后,其债权债务的清理工作均由县政府负责处理,区公所未介入清理,不能作为被告参加诉讼,应由县政府应诉。县政府则认为:区公所是贸易公司的主管部门,专案组追回的7万余元债款及贸易公司尚存的物资交给了区公所,理应由区公所作为被告参加诉讼。由于在诉讼主体问题上区公所和县政府互相推诿,致使这起纠纷案件至今无法审理。

根据上述情况,经我院审判委员会研究认为:贸易公司已经倒闭,五河县城郊区公所虽是该公司的主办单位,但它是县政府的派出机关,不具备独立法人的资格。因此,它不能作为本案的被告参加诉讼,五河县人民政府具有独立法人的资格,对其派出机关所进行的活动应承担责任。而且在贸易公司倒闭后,亦出面进行过清算处理。据此,五河县人民政府应当作为本案的被告,参加诉讼,负民事连带责任。

以上意见当否,请批复。

最高人民法院给重庆市高级人民法院的复函

1. 2002年7月16日公布

2. 法民二〔2002〕第27号

重庆市高级人民法院:

据中国银行反映亦经重庆市南岸区人民法院证实,该院于2001年7月10日受理了重庆市南岸区长生桥农村合作基金会破产一案,并于同年7月23日裁定该基金会破产还债,该案目前仍在审理中。

本院认为,农村合作基金会是设置在社区内不以营利为目的的资金互助组织,经依法核准登记,即取得社会团体法人资格。鉴于现有法律、法规尚无将农村合作基金会登记为企业法人的规定,因此农村合作基金会不能以资不抵债的企业法人向人民法院申请破产。为了有效防范和化解金融风险，保持农村经济和社会的稳定，各地人民政府正在根据国务院确定的统一部署、分别处理、风险自担、稳步推进的原则，对农村合作基金会进行全面清理整顿。人民法院不应受理农村合作基金会的破产案件。你院应依法督促重庆市南岸区人民法院立即撤销其受理的重庆市南岸区长生桥农村合作基金会破产案。并告知该基金会的清偿机构可以向有管辖权的人民法院提起诉讼，主张该基金会的合法债权。

请按以上意见迅速办理，并将结果书面报告我院。

最高人民法院关于青海省非金属矿工业公司债权债务清偿法律适用问题的复函

1. 1991年12月20日公布

2. 法(经)函〔1991〕149号

青海省高级人民法院：

你院〔91〕青法经字第15号、〔1991〕青法经发字第20号报告收悉。经研究，答复如下：

鉴于青海省非金属矿工业公司是经过青海省工商行政管理局核准的全民所有制企业，因经营管理不善造成严重亏损，不能清偿到期债务，故应当适用《中华人民共和国企业破产法（试行）》的规定宣告破产。清偿债务应当依照法律规定的顺序清偿。

此复

最高人民法院关于对重庆市中级人民法院执行贵州进出口商品检验局开办的振环公司债务一案如何适用国发[1990]68号、法(经)发[1991]10号文件的请示的复函

1992年8月14日公布

贵州省高级人民法院：

四川省高级人民法院：

四川省高级人民法院川高法执(1992)字第8号关于重庆市中级人民法院执行中华人民共国贵州进出口商品检验局开办的振环公司债务一案，如何适用国务院国发[1990]68号通知的请示报告和贵州省高级人民法院黔法执(1992)011号关于中国粮油食品进出口公司重庆分公司诉重庆饲料公司菜籽粕购销合同货款纠纷是否适用国发[1990]68号、法(经)发[1991]10号文件进行统一清偿问题的请示报告均收悉。经研究，答复如下：

贵州振环贸易公司(下称振环公司)原系中华人民共和国贵州进出口商品检验局(下称商检局)投资开办的政企不分的公司。商检局虽于1985年向当地工商局申请与该公司脱钩，但对该公司人事任免和经营管理方面仍有决定权。1990年2月18日，振环公司被撤销后的债权债务由商检局负责清理。因此，重庆中级人民法院1990年12月7日依据国发[1985]102号、中发[1986]6号文件有关规定，判决由商检局清偿振环公司所欠饲料公司货款并无不当。鉴于振环公司撤销后有多个债权人，且资不抵债；重庆中级人民法院(1990)经上字第169号民事判决书在国发[1990]68号通知发布时尚未执行。故本案应依据本院法(经)发[1991]10号文件第四条之规定，"应当委托被撤销公司所在地的人民法院，依照该《通知》第六条的规定执行。"对此，贵州省高级人民法院认为原振环公司的债务应依照国发[1990]68号、法(经)发[1991]10号文件的有关规定统一清偿的理解是正确的，在统一执行中，受委托执行的贵阳市中级人民法院应将原振环公司收回的债权和商检局对其开办的振环公司债务应在注册资金范围内承担责任的数额，按债权比例进行清偿。

十二、民商事审判相关制度

(一)金融管理制度

中华人民共和国中国人民银行法

1. 1995年3月18日第八届全国人民代表大会第三次会议通过

2. 根据2003年12月27日第十届全国人民代表大会常务委员会第六次会议《关于修改〈中华人民共和国中国人民银行法〉的决定》修正

目　　录

第一章　总　　则

第一条　【立法目的】为了确立中国人民银行的地位,明确其职责,保证国家货币政策的正确制定和执行,建立和完善中央银行宏观调控体系,维护金融稳定,制定本法。

第二条　【中央银行】中国人民银行是中华人民共和国的中央银行。

中国人民银行在国务院领导下,制定和执行货币政策,防范和化解金融风险,维护金融稳定。

第三条　【货币政策目标】货币政策目标是保持货币币值的稳定,并以此促进经济增长。

第四条　【职责】中国人民银行履行下列职责:

(一)发布与履行其职责有关的命令和规章;

(二)依法制定和执行货币政策;

(三)发行人民币,管理人民币流通;

(四)监督管理银行间同业拆借市场和银行间债券市场;

(五)实施外汇管理,监督管理银行间外汇市场;

(六)监督管理黄金市场;

(七)持有、管理、经营国家外汇储备、黄金储备;

(八)经理国库;

(九)维护支付、清算系统的正常运行;

(十)指导、部署金融业反洗钱工作,负责反洗钱的资金监测;

(十一)负责金融业的统计、调查、分析和预测;

(十二)作为国家的中央银行,从事有关的国际金融活动;

(十三)国务院规定的其他职责。

中国人民银行为执行货币政策,可以依照本法第四章的有关规定从事金融业务活动。

第五条　【货币政策报批】中国人民银行就年度货币供应量、利率、汇率和国务院规定的其他重要事项作出的决定,报国务院批准后执行。

中国人民银行就前款规定以外的其他有关货币政策事项作出决定后,即予执行,并报国务院备案。

第六条　【向全国人大常委会提出工作报告】中国人民银行应当向全国人民代表大会常务委员会提出有关货币政策情况和金融业运行情况的工作报告。

第七条　【独立地位】中国人民银行在国务院领导下依法独立执行货币政策,履行职责,开展业务,不受地方政府、各级政府部门、社会团体和个人的干涉。

第八条　【资产国有】中国人民银行的全部资本由国家出资,属于国家所有。

第九条　【监管协调机制】国务院建立金融监督管理协调机制,具体办法由国务院规定。

第二章　组织机构

第十条　【行长】中国人民银行设行长一人,副行长若干人。

中国人民银行行长的人选，根据国务院总理的提名，由全国人民代表大会决定；全国人民代表大会闭会期间，由全国人民代表大会常务委员会决定，由中华人民共和国主席任免。中国人民银行副行长由国务院总理任免。

第十一条　【行长负责制】中国人民银行实行行长负责制。行长领导中国人民银行的工作，副行长协助行长工作。

第十二条　【货币政策委员会】中国人民银行设立货币政策委员会。货币政策委员会的职责、组成和工作程序，由国务院规定，报全国人民代表大会常务委员会备案。

中国人民银行货币政策委员会应当在国家宏观调控、货币政策制定和调整中，发挥重要作用。

第十三条　【分支机构】中国人民银行根据履行职责的需要设立分支机构，作为中国人民银行的派出机构。中国人民银行对分支机构实行统一领导和管理。

中国人民银行的分支机构根据中国人民银行的授权，维护本辖区的金融稳定，承办有关业务。

第十四条　【工作人员职责】中国人民银行的行长、副行长及其他工作人员应当恪尽职守，不得滥用职权、徇私舞弊，不得在任何金融机构、企业、基金会兼职。

第十五条　【保密义务】中国人民银行的行长、副行长及其他工作人员，应当依法保守国家秘密，并有责任为与履行其职责有关的金融机构及当事人保守秘密。

第三章　人　民　币

第十六条　【法定货币】中华人民共和国的法定货币是人民币。以人民币支付中华人民共和国境内的一切公共的和私人的债务，任何单位和个人不得拒收。

第十七条　【人民币单位】人民币的单位为元，人民币辅币单位为角、分。

第十八条　【印制、发行】人民币由中国人民银行统一印制、发行。

中国人民银行发行新版人民币，应当将发行时间、面额、图案、式样、规格予以公告。

第十九条　【有关人民币的禁止性行为】禁止伪造、变造人民币。禁止出售、购买伪造、变造的人民币。禁止运输、持有、使用伪造、变造的人民币。禁止故意毁损人民币。禁止在宣传品、出版物或者其他商品上非法使用人民币图样。

第二十条　【禁止印发代币票券】任何单位和个人不得印制、发售代币票券，以代替人民币在市场上流通。

第二十一条　【残缺、污损人民币兑换】残缺、污损的人民币，按照中国人民银行的规定兑换，并由中国人民银行负责收回、销毁。

第二十二条　【人民币发行库】中国人民银行设立人民币发行库，在其分支机构设立分支库。分支库调拨人民币发行基金，应当按照上级库的调拨命令办理。任何单位和个人不得违反规定，动用发行基金。

第四章　业　　务

第二十三条　【货币政策工具】中国人民银行为执行货币政策，可以运用下列货币政策工具：

（一）要求银行业金融机构按照规定的比例交存存款准备金；

（二）确定中央银行基准利率；

（三）为在中国人民银行开立账户的银行业金融机构办理再贴现；

（四）向商业银行提供贷款；

（五）在公开市场上买卖国债、其他政府债券和金融债券及外汇；

（六）国务院确定的其他货币政策工具。

中国人民银行为执行货币政策，运用前款所列货币政策工具时，可以规定具体的条件和程序。

第二十四条　【经理国库】中国人民银行依照法律、行政法规的规定经理国库。

第二十五条　【发行政府债券】中国人民银行可以代理国务院财政部门向各金融机构组织发行、兑付国债和其他政府债券。

第二十六条　【开立账户】中国人民银行可以根据需要，为银行业金融机构开立账户，但不得对银行业金融机构的账户透支。

第二十七条　【组织协调清算系统】中国人民银行应当组织或者协助组织银行业金融机构相互之间的清算系统，协调银行业金融机构相互之间的清算事项，提供清算服务。具体办法由中国人民银行制定。

中国人民银行会同国务院银行业监督管理机构制定支付结算规则。

第二十八条 【决定对商业银行的贷款】中国人民银行根据执行货币政策的需要,可以决定对商业银行贷款的数额、期限、利率和方式,但贷款的期限不得超过一年。

第二十九条 【禁止对政府透支直接认购、包销政府债券】中国人民银行不得对政府财政透支,不得直接认购、包销国债和其他政府债券。

第三十条 【不得向地方政府提供贷款、不得提供担保】中国人民银行不得向地方政府、各级政府部门提供贷款,不得向非银行金融机构以及其他单位和个人提供贷款,但国务院决定中国人民银行可以向特定的非银行金融机构提供贷款的除外。

中国人民银行不得向任何单位和个人提供担保。

第五章 金融监督管理

第三十一条 【金融监测】中国人民银行依法监测金融市场的运行情况,对金融市场实施宏观调控,促进其协调发展。

第三十二条 【检查监督金融机构】中国人民银行有权对金融机构以及其他单位和个人的下列行为进行检查监督:

(一)执行有关存款准备金管理规定的行为;

(二)与中国人民银行特种贷款有关的行为;

(三)执行有关人民币管理规定的行为;

(四)执行有关银行间同业拆借市场、银行间债券市场管理规定的行为;

(五)执行有关外汇管理规定的行为;

(六)执行有关黄金管理规定的行为;

(七)代理中国人民银行经理国库的行为;

(八)执行有关清算管理规定的行为;

(九)执行有关反洗钱规定的行为。

前款所称中国人民银行特种贷款,是指国务院决定的由中国人民银行向金融机构发放的用于特定目的的贷款。

第三十三条 【检查监督建议】中国人民银行根据执行货币政策和维护金融稳定的需要,可以建议国务院银行业监督管理机构对银行业金融机构进行检查监督。国务院银行业监督管理机构应当自收到建议之日起三十日内予以回复。

第三十四条 【检查监督银行业金融机构】当银行业金融机构出现支付困难,可能引发金融风险时,为了维护金融稳定,中国人民银行经国务院批准,有权对银行业金融机构进行检查监督。

第三十五条 【要求银行业金融机构报送资料及监管信息共享】中国人民银行根据履行职责的需要,有权要求银行业金融机构报送必要的资产负债表、利润表以及其他财务会计、统计报表和资料。

中国人民银行应当和国务院银行业监督管理机构、国务院其他金融监督管理机构建立监督管理信息共享机制。

第三十六条 【编制金融统计数据报表】中国人民银行负责统一编制全国金融统计数据、报表,并按照国家有关规定予以公布。

第三十七条 【内部监管】中国人民银行应当建立、健全本系统的稽核、检查制度,加强内部的监督管理。

第六章 财务会计

第三十八条 【独立财务预算】中国人民银行实行独立的财务预算管理制度。

中国人民银行的预算经国务院财政部门审核后,纳入中央预算,接受国务院财政部门的预算执行监督。

第三十九条 【利润与亏损】中国人民银行每一会计年度的收入减除该年度支出,并按照国务院财政部门核定的比例提取总准备金后的净利润,全部上缴中央财政。

中国人民银行的亏损由中央财政拨款弥补。

第四十条 【财务会计制度】中国人民银行的财务收支和会计事务,应当执行法律、行政法规和国家统一的财务、会计制度,接受国务院审计机关和财政部门依法分别进行的审计和监督。

第四十一条 【年度报告与会计年度】中国人民银行应当于每一会计年度结束后的三个月内,编制资产负债表、损益表和相关的财务会计报表,并编制年度报告,按照国家有关规定予以公布。

中国人民银行的会计年度自公历1月1日起至12月31日止。

第七章　法律责任

第四十二条　【有关人民币的违法行为之一】伪造、变造人民币,出售伪造、变造的人民币,或者明知是伪造、变造的人民币而运输,构成犯罪的,依法追究刑事责任;尚不构成犯罪的,由公安机关处十五日以下拘留、一万元以下罚款。

第四十三条　【有关人民币的违法行为之二】购买伪造、变造的人民币或者明知是伪造、变造的人民币而持有、使用,构成犯罪的,依法追究刑事责任;尚不构成犯罪的,由公安机关处十五日以下拘留、一万元以下罚款。

第四十四条　【非法使用人民币图样】在宣传品、出版物或者其他商品上非法使用人民币图样的,中国人民银行应当责令改正,并销毁非法使用的人民币图样,没收违法所得,并处五万元以下罚款。

第四十五条　【印制、发售代币票券】印制、发售代币票券,以代替人民币在市场上流通的,中国人民银行应当责令停止违法行为,并处二十万元以下罚款。

第四十六条　【对违反本法第32条规定情形的处罚】　本法第三十二条所列行为违反有关规定,有关法律、行政法规有处罚规定的,依照其规定给予处罚;有关法律、行政法规未作处罚规定的,由中国人民银行区别不同情形给予警告,没收违法所得,违法所得五十万元以上的,并处违法所得一倍以上五倍以下罚款;没有违法所得或者违法所得不足五十万元的,处五十万元以上二百万元以下罚款;对负有直接责任的董事、高级管理人员和其他直接责任人员给予警告,处五万元以上五十万元以下罚款;构成犯罪的,依法追究刑事责任。

第四十七条　【行政诉讼】当事人对行政处罚不服的,可以依照《中华人民共和国行政诉讼法》的规定提起行政诉讼。

第四十八条　【对有关违法行为直接责任人员的处罚】中国人民银行有下列行为之一的,对负有直接责任的主管人员和其他直接责任人员,依法给予行政处分;构成犯罪的,依法追究刑事责任:

(一)违反本法第三十条第一款的规定提供贷款的;

(二)对单位和个人提供担保的;

(三)擅自动用发行基金的。

有前款所列行为之一,造成损失的,负有直接责任的主管人员和其他直接责任人员应当承担部分或者全部赔偿责任。

第四十九条　【强令提供贷款或担保】地方政府、各级政府部门、社会团体和个人强令中国人民银行及其工作人员违反本法第三十条的规定提供贷款或者担保的,对负有直接责任的主管人员和其他直接责任人员,依法给予行政处分;构成犯罪的,依法追究刑事责任;造成损失的,应当承担部分或者全部赔偿责任。

第五十条　【工作人员违反保密义务】中国人民银行的工作人员泄露国家秘密或者所知悉的商业秘密,构成犯罪的,依法追究刑事责任;尚不构成犯罪的,依法给予行政处分。

第五十一条　【渎职责任】中国人民银行的工作人员贪污受贿、徇私舞弊、滥用职权、玩忽职守,构成犯罪的,依法追究刑事责任;尚不构成犯罪的,依法给予行政处分。

第八章　附　　则

第五十二条　【银行业金融机构及适用本法的其他机构】本法所称银行业金融机构,是指在中华人民共和国境内设立的商业银行、城市信用合作社、农村信用合作社等吸收公众存款的金融机构以及政策性银行。

在中华人民共和国境内设立的金融资产管理公司、信托投资公司、财务公司、金融租赁公司以及经国务院银行业监督管理机构批准设立的其他金融机构,适用本法对银行业金融机构的规定。

第五十三条　【施行日期】本法自公布之日起施行。

中华人民共和国商业银行法

1. 1995年5月10日第八届全国人民代表大会常务委员会第十三次会议通过

2. 根据2003年12月27日第十届全国人民代表大会常务委员会第六次会议《关于修改〈中华人民共和国商业银行法〉的决定》第一次修正

3. 根据2015年8月29日第十二届全国人民代表大会常务委员会第十六次会议《关于修改〈中华人民共和国商业银行法〉的决定》第二次修正

目　录

第一章　总　　则

第一条　为了保护商业银行、存款人和其他客户的合法权益,规范商业银行的行为,提高信贷资产质量,加强监督管理,保障商业银行的稳健运行,维护金融秩序,促进社会主义市场经济的发展,制定本法。

第二条　本法所称的商业银行是指依照本法和《中华人民共和国公司法》设立的吸收公众存款、发放贷款、办理结算等业务的企业法人。

第三条　商业银行可以经营下列部分或者全部业务:

(一)吸收公众存款;

(二)发放短期、中期和长期贷款;

(三)办理国内外结算;

(四)办理票据承兑与贴现;

(五)发行金融债券;

(六)代理发行、代理兑付、承销政府债券;

(七)买卖政府债券、金融债券;

(八)从事同业拆借;

(九)买卖、代理买卖外汇;

(十)从事银行卡业务;

(十一)提供信用证服务及担保;

(十二)代理收付款项及代理保险业务;

(十三)提供保管箱服务;

(十四)经国务院银行业监督管理机构批准的其他业务。

经营范围由商业银行章程规定,报国务院银行业监督管理机构批准。

商业银行经中国人民银行批准,可以经营结汇、售汇业务。

第四条　商业银行以安全性、流动性、效益性为经营原则,实行自主经营,自担风险,自负盈亏,自我约束。

商业银行依法开展业务,不受任何单位和个人的干涉。

商业银行以其全部法人财产独立承担民事责任。

第五条　商业银行与客户的业务往来,应当遵循平等、自愿、公平和诚实信用的原则。

第六条　商业银行应当保障存款人的合法权益不受任何单位和个人的侵犯。

第七条　商业银行开展信贷业务,应当严格审查借款人的资信,实行担保,保障按期收回贷款。

商业银行依法向借款人收回到期贷款的本金和利息,受法律保护。

第八条　商业银行开展业务,应当遵守法律、行政法规的有关规定,不得损害国家利益、社会公共利益。

第九条　商业银行开展业务,应当遵守公平竞争的原则,不得从事不正当竞争。

第十条　商业银行依法接受国务院银行业监督管理机构的监督管理,但法律规定其有关业务接受其他监督管理部门或者机构监督管理的,依照其规定。

第二章　商业银行的设立和组织机构

第十一条　设立商业银行,应当经国务院银行业监督管理机构审查批准。

未经国务院银行业监督管理机构批准,任何单位和个人不得从事吸收公众存款等商业银行业务,任何单位不得在名称中使用"银行"字样。

第十二条　设立商业银行，应当具备下列条件：

（一）有符合本法和《中华人民共和国公司法》规定的章程；

（二）有符合本法规定的注册资本最低限额；

（三）有具备任职专业知识和业务工作经验的董事、高级管理人员；

（四）有健全的组织机构和管理制度；

（五）有符合要求的营业场所、安全防范措施和与业务有关的其他设施。

设立商业银行，还应当符合其他审慎性条件。

第十三条　设立全国性商业银行的注册资本最低限额为十亿元人民币。设立城市商业银行的注册资本最低限额为一亿元人民币，设立农村商业银行的注册资本最低限额为五千万元人民币。注册资本应当是实缴资本。

国务院银行业监督管理机构根据审慎监管的要求可以调整注册资本最低限额，但不得少于前款规定的限额。

第十四条　设立商业银行，申请人应当向国务院银行业监督管理机构提交下列文件、资料：

（一）申请书，申请书应当载明拟设立的商业银行的名称、所在地、注册资本、业务范围等；

（二）可行性研究报告；

（三）国务院银行业监督管理机构规定提交的其他文件、资料。

第十五条　设立商业银行的申请经审查符合本法第十四条规定的，申请人应当填写正式申请表，并提交下列文件、资料：

（一）章程草案；

（二）拟任职的董事、高级管理人员的资格证明；

（三）法定验资机构出具的验资证明；

（四）股东名册及其出资额、股份；

（五）持有注册资本百分之五以上的股东的资信证明和有关资料；

（六）经营方针和计划；

（七）营业场所、安全防范措施和与业务有关的其他设施的资料；

（八）国务院银行业监督管理机构规定的其他文件、资料。

第十六条　经批准设立的商业银行，由国务院银行业监督管理机构颁发经营许可证，并凭该许可证向工商行政管理部门办理登记，领取营业执照。

第十七条　商业银行的组织形式、组织机构适用《中华人民共和国公司法》的规定。

本法施行前设立的商业银行，其组织形式、组织机构不完全符合《中华人民共和国公司法》规定的，可以继续沿用原有的规定，适用前款规定的日期由国务院规定。

第十八条　国有独资商业银行设立监事会。监事会的产生办法由国务院规定。监事会对国有独资商业银行的信贷资产质量、资产负债比例、国有资产保值增值等情况以及高级管理人员违反法律、行政法规或者章程的行为和损害银行利益的行为进行监督。

第十九条　商业银行根据业务需要可以在中华人民共和国境内外设立分支机构。设立分支机构必须经国务院银行业监督管理机构审查批准。在中华人民共和国境内的分支机构，不按行政区划设立。

商业银行在中华人民共和国境内设立分支机构，应当按照规定拨付与其经营规模相适应的营运资金额。拨付各分支机构营运资金额的总和，不得超过总行资本金总额的百分之六十。

第二十条　设立商业银行分支机构，申请人应当向国务院银行业监督管理机构提交下列文件、资料：

（一）申请书，申请书应当载明拟设立的分支机构的名称、营运资金额、业务范围、总行及分支机构所在地等；

（二）申请人最近二年的财务会计报告；

（三）拟任职的高级管理人员的资格证明；

（四）经营方针和计划；

（五）营业场所、安全防范措施和与业务有关的其他设施的资料；

（六）国务院银行业监督管理机构规定的其他文件、资料。

第二十一条　经批准设立的商业银行分支机构，由国务院银行业监督管理机构颁发经营许可证,并凭该许可证向工商行政管理部门办理登记,领取营业执照。

第二十二条　商业银行对其分支机构实行全行统一核算,统一调度资金,分级管理的财务制度。

商业银行分支机构不具有法人资格,在总行授权范围内依法开展业务,其民事责任由总行承担。

第二十三条　经批准设立的商业银行及其分支机构,由国务院银行业监督管理机构予以公告。

商业银行及其分支机构自取得营业执照之日起无正当理由超过六个月未开业的,或者开业后自行停业连续六个月以上的,由国务院银行业监督管理机构吊销其经营许可证,并予以公告。

第二十四条　商业银行有下列变更事项之一的,应当经国务院银行业监督管理机构批准:

(一)变更名称;

(二)变更注册资本;

(三)变更总行或者分支行所在地;

(四)调整业务范围;

(五)变更持有资本总额或者股份总额百分之五以上的股东;

(六)修改章程;

(七)国务院银行业监督管理机构规定的其他变更事项。

更换董事、高级管理人员时,应当报经国务院银行业监督管理机构审查其任职资格。

第二十五条　商业银行的分立、合并,适用《中华人民共和国公司法》的规定。

商业银行的分立、合并,应当经国务院银行业监督管理机构审查批准。

第二十六条　商业银行应当依照法律、行政法规的规定使用经营许可证。禁止伪造、变造、转让、出租、出借经营许可证。

第二十七条　有下列情形之一的,不得担任商业银行的董事、高级管理人员:

(一)因犯有贪污、贿赂、侵占财产、挪用财产罪或者破坏社会经济秩序罪,被判处刑罚,或者因犯罪被剥夺政治权利的;

(二)担任因经营不善破产清算的公司、企业的董事或者厂长、经理,并对该公司、企业的破产负有个人责任的;

(三)担任因违法被吊销营业执照的公司、企业的法定代表人,并负有个人责任的;

(四)个人所负数额较大的债务到期未清偿的。

第二十八条　任何单位和个人购买商业银行股份总额百分之五以上的,应当事先经国务院银行业监督管理机构批准。

第三章　对存款人的保护

第二十九条　商业银行办理个人储蓄存款业务,应当遵循存款自愿、取款自由、存款有息、为存款人保密的原则。

对个人储蓄存款,商业银行有权拒绝任何单位或者个人查询、冻结、扣划,但法律另有规定的除外。

第三十条　对单位存款,商业银行有权拒绝任何单位或者个人查询,但法律、行政法规另有规定的除外;有权拒绝任何单位或者个人冻结、扣划,但法律另有规定的除外。

第三十一条　商业银行应当按照中国人民银行规定的存款利率的上下限,确定存款利率,并予以公告。

第三十二条　商业银行应当按照中国人民银行的规定,向中国人民银行交存存款准备金,留足备付金。

第三十三条　商业银行应当保证存款本金和利息的支付,不得拖延、拒绝支付存款本金和利息。

第四章　贷款和其他业务的基本规则

第三十四条　商业银行根据国民经济和社会发展的需要,在国家产业政策指导下开展贷款业务。

第三十五条　商业银行贷款,应当对借款人的借款用途、偿还能力、还款方式等情况进行严格审查。

商业银行贷款,应当实行审贷分离、分级审批的制度。

第三十六条　商业银行贷款,借款人应当提供担保。商业银行应当对保证人的偿还能力,抵押物、质物的权属和价值以及实现抵押权、质权的可行性进行严格审查。

经商业银行审查、评估,确认借款人资信良好,确能偿还贷款的,可以不提供担保。

第三十七条　商业银行贷款,应当与借款人订立书面合同。合同应当约定贷款种类、借款用途、金额、利率、还款期限、还款方式、违约责任和双方认为需要约定的其他事项。

第三十八条　商业银行应当按照中国人民银行规定的贷款利率的上下限,确定贷款利率。

第三十九条　商业银行贷款,应当遵守下列资产负债比例管理的规定:

(一)资本充足率不得低于百分之八;

(二)流动性资产余额与流动性负债余额的比例不得低于百分之二十五;

(三)对同一借款人的贷款余额与商业银行资本余额的比例不得超过百分之十;

(四)国务院银行业监督管理机构对资产负债比例管理的其他规定。

本法施行前设立的商业银行,在本法施行后,其资产负债比例不符合前款规定的,应当在一定的期限内符合前款规定。具体办法由国务院规定。

第四十条　商业银行不得向关系人发放信用贷款;向关系人发放担保贷款的条件不得优于其他借款人同类贷款的条件。

前款所称关系人是指:

(一)商业银行的董事、监事、管理人员、信贷业务人员及其近亲属;

(二)前项所列人员投资或者担任高级管理职务的公司、企业和其他经济组织。

第四十一条　任何单位和个人不得强令商业银行发放贷款或者提供担保。商业银行有权拒绝任何单位和个人强令要求其发放贷款或者提供担保。

第四十二条　借款人应当按期归还贷款的本金和利息。

借款人到期不归还担保贷款的,商业银行依法享有要求保证人归还贷款本金和利息或者就该担保物优先受偿的权利。商业银行因行使抵押权、质权而取得的不动产或者股权,应当自取得之日起二年内予以处分。

借款人到期不归还信用贷款的,应当按照合同约定承担责任。

第四十三条　商业银行在中华人民共和国境内不得从事信托投资和证券经营业务,不得向非自用不动产投资或者向非银行金融机构和企业投资,但国家另有规定的除外。

第四十四条　商业银行办理票据承兑、汇兑、委托收款等结算业务,应当按照规定的期限兑现,收付入账,不得压单、压票或者违反规定退票。有关兑现、收付入账期限的规定应当公布。

第四十五条　商业银行发行金融债券或者到境外借款,应当依照法律、行政法规的规定报经批准。

第四十六条　同业拆借,应当遵守中国人民银行的规定。禁止利用拆入资金发放固定资产贷款或者用于投资。

拆出资金限于交足存款准备金、留足备付金和归还中国人民银行到期贷款之后的闲置资金。拆入资金用于弥补票据结算、联行汇差头寸的不足和解决临时性周转资金的需要。

第四十七条　商业银行不得违反规定提高或者降低利率以及采用其他不正当手段,吸收存款,发放贷款。

第四十八条　企业事业单位可以自主选择一家商业银行的营业场所开立一个办理日常转账结算和现金收付的基本账户,不得开立两个以上基本账户。

任何单位和个人不得将单位的资金以个人名义开立账户存储。

第四十九条　商业银行的营业时间应当方便客户,并予以公告。商业银行应当在公告的营业时间内营业,不得擅自停止营业或者缩短营业时间。

第五十条　商业银行办理业务,提供服务,按照规定收取手续费。收费项目和标准由国务院银行业监督管理机构、中国人民银行根据职责分工,分别会同国务院价格主管部门制定。

第五十一条　商业银行应当按照国家有关规定保存财务会计报表、业务合同以及其他资料。

第五十二条　商业银行的工作人员应当遵守法律、行政法规和其他各项业务管理的规定,不得有下列行为:

(一)利用职务上的便利,索取、收受贿赂或者违反国家规定收受各种名义的回扣、手续费;

(二)利用职务上的便利,贪污、挪用、侵占本行或者客户的资金;

(三)违反规定徇私向亲属、朋友发放贷款或者提供担保;

(四)在其他经济组织兼职;

(五)违反法律、行政法规和业务管理规定的其他行为。

第五十三条 商业银行的工作人员不得泄露其在任职期间知悉的国家秘密、商业秘密。

第五章 财务会计

第五十四条 商业银行应当依照法律和国家统一的会计制度以及国务院银行业监督管理机构的有关规定,建立、健全本行的财务、会计制度。

第五十五条 商业银行应当按照国家有关规定,真实记录并全面反映其业务活动和财务状况,编制年度财务会计报告,及时向国务院银行业监督管理机构、中国人民银行和国务院财政部门报送。商业银行不得在法定的会计账册外另立会计账册。

第五十六条 商业银行应当于每一会计年度终了三个月内,按照国务院银行业监督管理机构的规定,公布其上一年度的经营业绩和审计报告。

第五十七条 商业银行应当按照国家有关规定,提取呆账准备金,冲销呆账。

第五十八条 商业银行的会计年度自公历1月1日起至12月31日止。

第六章 监督管理

第五十九条 商业银行应当按照有关规定,制定本行的业务规则,建立、健全本行的风险管理和内部控制制度。

第六十条 商业银行应当建立、健全本行对存款、贷款、结算、呆账等各项情况的稽核、检查制度。

商业银行对分支机构应当进行经常性的稽核和检查监督。

第六十一条 商业银行应当按照规定向国务院银行业监督管理机构、中国人民银行报送资产负债表、利润表以及其他财务会计、统计报表和资料。

第六十二条 国务院银行业监督管理机构有权依照本法第三章、第四章、第五章的规定,随时对商业银行的存款、贷款、结算、呆账等情况进行检查监督。检查监督时,检查监督人员应当出示合法的证件。商业银行应当按照国务院银行业监督管理机构的要求,提供财务会计资料、业务合同和有关经营管理方面的其他信息。

中国人民银行有权依照《中华人民共和国中国人民银行法》第三十二条、第三十四条的规定对商业银行进行检查监督。

第六十三条 商业银行应当依法接受审计机关的审计监督。

第七章 接管和终止

第六十四条 商业银行已经或者可能发生信用危机,严重影响存款人的利益时,国务院银行业监督管理机构可以对该银行实行接管。

接管的目的是对被接管的商业银行采取必要措施,以保护存款人的利益,恢复商业银行的正常经营能力。被接管的商业银行的债权债务关系不因接管而变化。

第六十五条 接管由国务院银行业监督管理机构决定,并组织实施。国务院银行业监督管理机构的接管决定应当载明下列内容:

(一)被接管的商业银行名称;

(二)接管理由;

(三)接管组织;

(四)接管期限。

接管决定由国务院银行业监督管理机构予以公告。

第六十六条 接管自接管决定实施之日起开始。

自接管开始之日起,由接管组织行使商业银行的经营管理权力。

第六十七条 接管期限届满,国务院银行业监督管理机构可以决定延期,但接管期限最长不得超过二年。

第六十八条 有下列情形之一的,接管终止:

(一)接管决定规定的期限届满或者国务院银行业监督管理机构决定的接管延期届满;

（二）接管期限届满前，该商业银行已恢复正常经营能力；

（三）接管期限届满前，该商业银行被合并或者被依法宣告破产。

第六十九条　商业银行因分立、合并或者出现公司章程规定的解散事由需要解散的，应当向国务院银行业监督管理机构提出申请，并附解散的理由和支付存款的本金和利息等债务清偿计划。经国务院银行业监督管理机构批准后解散。

商业银行解散的，应当依法成立清算组，进行清算，按照清偿计划及时偿还存款本金和利息等债务。国务院银行业监督管理机构监督清算过程。

第七十条　商业银行因吊销经营许可证被撤销的，国务院银行业监督管理机构应当依法及时组织成立清算组，进行清算，按照清偿计划及时偿还存款本金和利息等债务。

第七十一条　商业银行不能支付到期债务，经国务院银行业监督管理机构同意，由人民法院依法宣告其破产。商业银行被宣告破产的，由人民法院组织国务院银行业监督管理机构等有关部门和有关人员成立清算组，进行清算。

商业银行破产清算时，在支付清算费用、所欠职工工资和劳动保险费用后，应当优先支付个人储蓄存款的本金和利息。

第七十二条　商业银行因解散、被撤销和被宣告破产而终止。

第八章　法律责任

第七十三条　商业银行有下列情形之一，对存款人或者其他客户造成财产损害的，应当承担支付迟延履行的利息以及其他民事责任：

（一）无故拖延、拒绝支付存款本金和利息的；

（二）违反票据承兑等结算业务规定，不予兑现，不予收付入账，压单、压票或者违反规定退票的；

（三）非法查询、冻结、扣划个人储蓄存款或者单位存款的；

（四）违反本法规定对存款人或者其他客户造成损害的其他行为。

有前款规定情形的，由国务院银行业监督管理机构责令改正，有违法所得的，没收违法所得，违法所得五万元以上的，并处违法所得一倍以上五倍以下罚款；没有违法所得或者违法所得不足五万元的，处五万元以上五十万元以下罚款。

第七十四条　商业银行有下列情形之一，由国务院银行业监督管理机构责令改正，有违法所得的，没收违法所得，违法所得五十万元以上的，并处违法所得一倍以上五倍以下罚款；没有违法所得或者违法所得不足五十万元的，处五十万元以上二百万元以下罚款；情节特别严重或者逾期不改正的，可以责令停业整顿或者吊销其经营许可证；构成犯罪的，依法追究刑事责任：

（一）未经批准设立分支机构的；

（二）未经批准分立、合并或者违反规定对变更事项不报批的；

（三）违反规定提高或者降低利率以及采用其他不正当手段，吸收存款，发放贷款的；

（四）出租、出借经营许可证的；

（五）未经批准买卖、代理买卖外汇的；

（六）未经批准买卖政府债券或者发行、买卖金融债券的；

（七）违反国家规定从事信托投资和证券经营业务、向非自用不动产投资或者向非银行金融机构和企业投资的；

（八）向关系人发放信用贷款或者发放担保贷款的条件优于其他借款人同类贷款的条件的。

第七十五条　商业银行有下列情形之一，由国务院银行业监督管理机构责令改正，并处二十万元以上五十万元以下罚款；情节特别严重或者逾期不改正的，可以责令停业整顿或者吊销其经营许可证；构成犯罪的，依法追究刑事责任：

（一）拒绝或者阻碍国务院银行业监督管理机构检查监督的；

（二）提供虚假的或者隐瞒重要事实的财务会计报告、报表和统计报表的；

（三）未遵守资本充足率、资产流动性比例、同一借款人贷款比例和国务院银行业监督管理机构有关资产负债比例管理的其他规定的。

第七十六条 商业银行有下列情形之一,由中国人民银行责令改正,有违法所得的,没收违法所得,违法所得五十万元以上的,并处违法所得一倍以上五倍以下罚款;没有违法所得或者违法所得不足五十万元的,处五十万元以上二百万元以下罚款;情节特别严重或者逾期不改正的,中国人民银行可以建议国务院银行业监督管理机构责令停业整顿或者吊销其经营许可证;构成犯罪的,依法追究刑事责任:

(一)未经批准办理结汇、售汇的;

(二)未经批准在银行间债券市场发行、买卖金融债券或者到境外借款的;

(三)违反规定同业拆借的。

第七十七条 商业银行有下列情形之一,由中国人民银行责令改正,并处二十万元以上五十万元以下罚款;情节特别严重或者逾期不改正的,中国人民银行可以建议国务院银行业监督管理机构责令停业整顿或者吊销其经营许可证;构成犯罪的,依法追究刑事责任:

(一)拒绝或者阻碍中国人民银行检查监督的;

(二)提供虚假的或者隐瞒重要事实的财务会计报告、报表和统计报表的;

(三)未按照中国人民银行规定的比例交存存款准备金的。

第七十八条 商业银行有本法第七十三条至第七十七条规定情形的,对直接负责的董事、高级管理人员和其他直接责任人员,应当给予纪律处分;构成犯罪的,依法追究刑事责任。

第七十九条 有下列情形之一,由国务院银行业监督管理机构责令改正,有违法所得的,没收违法所得,违法所得五万元以上的,并处违法所得一倍以上五倍以下罚款;没有违法所得或者违法所得不足五万元的,处五万元以上五十万元以下罚款:

(一)未经批准在名称中使用“银行”字样的;

(二)未经批准购买商业银行股份总额百分之五以上的;

(三)将单位的资金以个人名义开立账户存储的。

第八十条 商业银行不按照规定向国务院银行业监督管理机构报送有关文件、资料的,由国务院银行业监督管理机构责令改正,逾期不改正的,处十万元以上三十万元以下罚款。

商业银行不按照规定向中国人民银行报送有关文件、资料的,由中国人民银行责令改正,逾期不改正的,处十万元以上三十万元以下罚款。

第八十一条 未经国务院银行业监督管理机构批准,擅自设立商业银行,或者非法吸收公众存款、变相吸收公众存款,构成犯罪的,依法追究刑事责任;并由国务院银行业监督管理机构予以取缔。

伪造、变造、转让商业银行经营许可证,构成犯罪的,依法追究刑事责任。

第八十二条 借款人采取欺诈手段骗取贷款,构成犯罪的,依法追究刑事责任。

第八十三条 有本法第八十一条、第八十二条规定的行为,尚不构成犯罪的,由国务院银行业监督管理机构没收违法所得,违法所得五十万元以上的,并处违法所得一倍以上五倍以下罚款;没有违法所得或者违法所得不足五十万元的,处五十万元以上二百万元以下罚款。

第八十四条 商业银行工作人员利用职务上的便利,索取、收受贿赂或者违反国家规定收受各种名义的回扣、手续费,构成犯罪的,依法追究刑事责任;尚不构成犯罪的,应当给予纪律处分。

有前款行为,发放贷款或者提供担保造成损失的,应当承担全部或者部分赔偿责任。

第八十五条 商业银行工作人员利用职务上的便利,贪污、挪用、侵占本行或者客户资金,构成犯罪的,依法追究刑事责任;尚不构成犯罪的,应当给予纪律处分。

第八十六条 商业银行工作人员违反本法规定玩忽职守造成损失的,应当给予纪律处分;构成犯罪的,依法追究刑事责任。

违反规定徇私向亲属、朋友发放贷款或者提供担保造成损失的,应当承担全部或者部分赔偿责任。

第八十七条 商业银行工作人员泄露在任职期

间知悉的国家秘密、商业秘密的，应当给予纪律处分；构成犯罪的，依法追究刑事责任。

第八十八条　单位或者个人强令商业银行发放贷款或者提供担保的，应当对直接负责的主管人员和其他直接责任人员或者个人给予纪律处分；造成损失的，应当承担全部或者部分赔偿责任。

商业银行的工作人员对单位或者个人强令其发放贷款或者提供担保未予拒绝的，应当给予纪律处分；造成损失的，应当承担相应的赔偿责任。

第八十九条　商业银行违反本法规定的，国务院银行业监督管理机构可以区别不同情形，取消其直接负责的董事、高级管理人员一定期限直至终身的任职资格，禁止直接负责的董事、高级管理人员和其他直接责任人员一定期限直至终身从事银行业工作。

商业银行的行为尚不构成犯罪的，对直接负责的董事、高级管理人员和其他直接责任人员，给予警告，处五万元以上五十万元以下罚款。

第九十条　商业银行及其工作人员对国务院银行业监督管理机构、中国人民银行的处罚决定不服的，可以依照《中华人民共和国行政诉讼法》的规定向人民法院提起诉讼。

第九章　附　　则

第九十一条　本法施行前，按照国务院的规定经批准设立的商业银行不再办理审批手续。

第九十二条　外资商业银行、中外合资商业银行、外国商业银行分行适用本法规定，法律、行政法规另有规定的，依照其规定。

第九十三条　城市信用合作社、农村信用合作社办理存款、贷款和结算等业务，适用本法有关规定。

第九十四条　邮政企业办理商业银行的有关业务，适用本法有关规定。

第九十五条　本法自1995年7月1日起施行。

中华人民共和国
银行业监督管理法

1. 2003年12月27日第十届全国人民代表大会常务委员会第六次会议通过

2. 根据2006年10月31日第十届全国人民代表大会常务委员会第二十四次会议《关于修改〈中华人民共和国银行业监督管理法〉的决定》修正

目　　录

第一章　总　　则

第一条　**【立法目的】**为了加强对银行业的监督管理，规范监督管理行为，防范和化解银行业风险，保护存款人和其他客户的合法权益，促进银行业健康发展，制定本法。

第二条　**【监管主体及对象】**国务院银行业监督管理机构负责对全国银行业金融机构及其业务活动监督管理的工作。

本法所称银行业金融机构，是指在中华人民共和国境内设立的商业银行、城市信用合作社、农村信用合作社等吸收公众存款的金融机构以及政策性银行。

对在中华人民共和国境内设立的金融资产管理公司、信托投资公司、财务公司、金融租赁公司以及经国务院银行业监督管理机构批准设立的其他金融机构的监督管理，适用本法对银行业金融机构监督管理的规定。

国务院银行业监督管理机构依照本法有关规定，对经其批准在境外设立的金融机构以及前二款金融机构在境外的业务活动实施监督管理。

第三条　**【监管目标及任务】**银行业监督管理的目标是促进银行业的合法、稳健运行，维护公众对银行业的信心。

银行业监督管理应当保护银行业公平竞争,提高银行业竞争能力。

第四条 【监管原则】银行业监督管理机构对银行业实施监督管理,应当遵循依法、公开、公正和效率的原则。

第五条 【监管保护】银行业监督管理机构及其从事监督管理工作的人员依法履行监督管理职责,受法律保护。地方政府、各级政府部门、社会团体和个人不得干涉。

第六条 【信息共享机制】国务院银行业监督管理机构应当和中国人民银行、国务院其他金融监督管理机构建立监督管理信息共享机制。

第七条 【跨境监管】国务院银行业监督管理机构可以和其他国家或者地区的银行业监督管理机构建立监督管理合作机制,实施跨境监督管理。

第二章 监督管理机构

第八条 【派出机构】国务院银行业监督管理机构根据履行职责的需要设立派出机构。国务院银行业监督管理机构对派出机构实行统一领导和管理。

国务院银行业监督管理机构的派出机构在国务院银行业监督管理机构的授权范围内,履行监督管理职责。

第九条 【监管人员的技能要求】银行业监督管理机构从事监督管理工作的人员,应当具备与其任职相适应的专业知识和业务工作经验。

第十条 【监管人员的职务要求】银行业监督管理机构工作人员,应当忠于职守,依法办事,公正廉洁,不得利用职务便利牟取不正当的利益,不得在金融机构等企业中兼任职务。

第十一条 【监管人员的保密义务】银行业监督管理机构工作人员,应当依法保守国家秘密,并有责任为其监督管理的银行业金融机构及当事人保守秘密。

国务院银行业监督管理机构同其他国家或者地区的银行业监督管理机构交流监督管理信息,应当就信息保密作出安排。

第十二条 【监管责任制和内部监督】国务院银行业监督管理机构应当公开监督管理程序,建立监督管理责任制度和内部监督制度。

第十三条 【监管协助】银行业监督管理机构在处置银行业金融机构风险、查处有关金融违法行为等监督管理活动中,地方政府、各级有关部门应当予以配合和协助。

第十四条 【监督机构】国务院审计、监察等机关,应当依照法律规定对国务院银行业监督管理机构的活动进行监督。

第三章 监督管理职责

第十五条 【制定监管规章、规则】国务院银行业监督管理机构依照法律、行政法规制定并发布对银行业金融机构及其业务活动监督管理的规章、规则。

第十六条 【审批职责】国务院银行业监督管理机构依照法律、行政法规规定的条件和程序,审查批准银行业金融机构的设立、变更、终止以及业务范围。

第十七条 【股东审查】申请设立银行业金融机构,或者银行业金融机构变更持有资本总额或者股份总额达到规定比例以上的股东的,国务院银行业监督管理机构应当对股东的资金来源、财务状况、资本补充能力和诚信状况进行审查。

第十八条 【业务品种审批、备案】银行业金融机构业务范围内的业务品种,应当按照规定经国务院银行业监督管理机构审查批准或者备案。需要审查批准或者备案的业务品种,由国务院银行业监督管理机构依照法律、行政法规作出规定并公布。

第十九条 【金融机构设立及其业务活动监管】未经国务院银行业监督管理机构批准,任何单位或者个人不得设立银行业金融机构或者从事银行业金融机构的业务活动。

第二十条 【董事及高层任职资格管理】国务院银行业监督管理机构对银行业金融机构的董事和高级管理人员实行任职资格管理。具体办法由国务院银行业监督管理机构制定。

第二十一条 【审慎经营规则】银行业金融机构的审慎经营规则,由法律、行政法规规定,也可以由国务院银行业监督管理机构依照法律、行政法规制定。

前款规定的审慎经营规则，包括风险管理、内部控制、资本充足率、资产质量、损失准备金、风险集中、关联交易、资产流动性等内容。

银行业金融机构应当严格遵守审慎经营规则。

第二十二条　【申请事项的批准】国务院银行业监督管理机构应当在规定的期限，对下列申请事项作出批准或者不批准的书面决定；决定不批准的，应当说明理由：

（一）银行业金融机构的设立，自收到申请文件之日起六个月内；

（二）银行业金融机构的变更、终止，以及业务范围和增加业务范围内的业务品种，自收到申请文件之日起三个月内；

（三）审查董事和高级管理人员的任职资格，自收到申请文件之日起三十日内。

第二十三条　【非现场监管】银行业监督管理机构应当对银行业金融机构的业务活动及其风险状况进行非现场监管，建立银行业金融机构监督管理信息系统，分析、评价银行业金融机构的风险状况。

第二十四条　【现场检查】银行业监督管理机构应当对银行业金融机构的业务活动及其风险状况进行现场检查。

国务院银行业监督管理机构应当制定现场检查程序，规范现场检查行为。

第二十五条　【并表监管】国务院银行业监督管理机构应当对银行业金融机构实行并表监督管理。

第二十六条　【回复检查建议】国务院银行业监督管理机构对中国人民银行提出的检查银行业金融机构的建议，应当自收到建议之日起三十日内予以回复。

第二十七条　【监管评级体系和风险预警机制】国务院银行业监督管理机构应当建立银行业金融机构监督管理评级体系和风险预警机制，根据银行业金融机构的评级情况和风险状况，确定对其现场检查的频率、范围和需要采取的其他措施。

第二十八条　【突发事件的发现报告岗位责任制】国务院银行业监督管理机构应当建立银行业突发事件的发现、报告岗位责任制度。

银行业监督管理机构发现可能引发系统性银行业风险、严重影响社会稳定的突发事件的，应当立即向国务院银行业监督管理机构负责人报告；国务院银行业监督管理机构负责人认为需要向国务院报告的，应当立即向国务院报告，并告知中国人民银行、国务院财政部门等有关部门。

第二十九条　【联合处理银行业突发事件】国务院银行业监督管理机构应当会同中国人民银行、国务院财政部门等有关部门建立银行业突发事件处置制度，制定银行业突发事件处置预案，明确处置机构和人员及其职责、处置措施和处置程序，及时、有效地处置银行业突发事件。

第三十条　【统计数据报表的编制公布】国务院银行业监督管理机构负责统一编制全国银行业金融机构的统计数据、报表，并按照国家有关规定予以公布。

第三十一条　【指导监督自律组织活动】国务院银行业监督管理机构对银行业自律组织的活动进行指导和监督。

银行业自律组织的章程应当报国务院银行业监督管理机构备案。

第三十二条　【国际交流合作】国务院银行业监督管理机构可以开展与银行业监督管理有关的国际交流、合作活动。

第四章　监督管理措施

第三十三条　【报送相关资料】银行业监督管理机构根据履行职责的需要，有权要求银行业金融机构按照规定报送资产负债表、利润表和其他财务会计、统计报表、经营管理资料以及注册会计师出具的审计报告。

第三十四条　【现场检查措施】银行业监督管理机构根据审慎监管的要求，可以采取下列措施进行现场检查：

（一）进入银行业金融机构进行检查；

（二）询问银行业金融机构的工作人员，要求其对有关检查事项作出说明；

（三）查阅、复制银行业金融机构与检查事项有关的文件、资料，对可能被转移、隐匿或者毁损的文件、资料予以封存；

（四）检查银行业金融机构运用电子计算机管理业务数据的系统。

进行现场检查，应当经银行业监督管理机构负责人批准。现场检查时，检查人员不得少于二人，并应当出示合法证件和检查通知书；检查人员少于二人或者未出示合法证件和检查通知书的，银行业金融机构有权拒绝检查。

第三十五条　【要求重大事项说明】银行业监督管理机构根据履行职责的需要，可以与银行业金融机构董事、高级管理人员进行监督管理谈话，要求银行业金融机构董事、高级管理人员就银行业金融机构的业务活动和风险管理的重大事项作出说明。

第三十六条　【责令披露重大信息】银行业监督管理机构应当责令银行业金融机构按照规定，如实向社会公众披露财务会计报告、风险管理状况、董事和高级管理人员变更以及其他重大事项等信息。

第三十七条　【对违反审慎经营规则的处理】银行业金融机构违反审慎经营规则的，国务院银行业监督管理机构或者其省一级派出机构应当责令限期改正；逾期未改正的，或者其行为严重危及该银行业金融机构的稳健运行、损害存款人和其他客户合法权益的，经国务院银行业监督管理机构或者其省一级派出机构负责人批准，可以区别情形，采取下列措施：

（一）责令暂停部分业务、停止批准开办新业务；

（二）限制分配红利和其他收入；

（三）限制资产转让；

（四）责令控股股东转让股权或者限制有关股东的权利；

（五）责令调整董事、高级管理人员或者限制其权利；

（六）停止批准增设分支机构。

银行业金融机构整改后，应当向国务院银行业监督管理机构或者其省一级派出机构提交报告。国务院银行业监督管理机构或者其省一级派出机构经验收，符合有关审慎经营规则的，应当自验收完毕之日起三日内解除对其采取的前款规定的有关措施。

第三十八条　【机构的接管或重组】银行业金融机构已经或者可能发生信用危机，严重影响存款人和其他客户合法权益的，国务院银行业监督管理机构可以依法对该银行业金融机构实行接管或者促成机构重组，接管和机构重组依照有关法律和国务院的规定执行。

第三十九条　【机构撤销】银行业金融机构有违法经营、经营管理不善等情形，不予撤销将严重危害金融秩序、损害公众利益的，国务院银行业监督管理机构有权予以撤销。

第四十条　【对被接管、重组、撤销金融机构直接责任人的处理】银行业金融机构被接管、重组或者被撤销的，国务院银行业监督管理机构有权要求该银行业金融机构的董事、高级管理人员和其他工作人员，按照国务院银行业监督管理机构的要求履行职责。

在接管、机构重组或者撤销清算期间，经国务院银行业监督管理机构负责人批准，对直接负责的董事、高级管理人员和其他直接责任人员，可以采取下列措施：

（一）直接负责的董事、高级管理人员和其他直接责任人员出境将对国家利益造成重大损失的，通知出境管理机关依法阻止其出境；

（二）申请司法机关禁止其转移、转让财产或者对其财产设定其他权利。

第四十一条　【查询相关人账户及资金冻结】经国务院银行业监督管理机构或者其省一级派出机构负责人批准，银行业监督管理机构有权查询涉嫌金融违法的银行业金融机构及其工作人员以及关联行为人的账户；对涉嫌转移或者隐匿违法资金的，经银行业监督管理机构负责人批准，可以申请司法机关予以冻结。

第四十二条　【监督检查措施】银行业监督管理机构依法对银行业金融机构进行检查时，经设区的市一级以上银行业监督管理机构负责人批准，可以对与涉嫌违法事项有关的单位和个人采取下列措施：

（一）询问有关单位或者个人，要求其对有关情况作出说明；

（二）查阅、复制有关财务会计、财产权登记等文件、资料；

（三）对可能被转移、隐匿、毁损或者伪造的文件、资料，予以先行登记保存。

银行业监督管理机构采取前款规定措施，调查人员不得少于二人，并应当出示合法证件和调查通知书；调查人员少于二人或者未出示合法证件和调查通知书的，有关单位或者个人有权拒绝。对依法采取的措施，有关单位和个人应当配合，如实说明有关情况并提供有关文件、资料，不得拒绝、阻碍和隐瞒。

第五章　法律责任

第四十三条　【工作人员违法犯罪情形】银行业监督管理机构从事监督管理工作的人员有下列情形之一的，依法给予行政处分；构成犯罪的，依法追究刑事责任：

（一）违反规定审查批准银行业金融机构的设立、变更、终止，以及业务范围和业务范围内的业务品种的；

（二）违反规定对银行业金融机构进行现场检查的；

（三）未依照本法第二十八条规定报告突发事件的；

（四）违反规定查询账户或者申请冻结资金的；

（五）违反规定对银行业金融机构采取措施或者处罚的；

（六）违反本法第四十二条规定对有关单位或者个人进行调查的；

（七）滥用职权、玩忽职守的其他行为。

银行业监督管理机构从事监督管理工作的人员贪污受贿，泄露国家秘密、商业秘密和个人隐私，构成犯罪的，依法追究刑事责任；尚不构成犯罪的，依法给予行政处分。

第四十四条　【对擅自设立金融机构或非法从事其业务活动的处罚】擅自设立银行业金融机构或者非法从事银行业金融机构的业务活动的，由国务院银行业监督管理机构予以取缔；构成犯罪的，依法追究刑事责任；尚不构成犯罪的，由国务院银行业监督管理机构没收违法所得，违法所得五十万元以上的，并处违法所得一倍以上五倍以下罚款；没有违法所得或者违法所得不足五十万元的，处五十万元以上二百万元以下罚款。

第四十五条　【对金融机构违规从业的处罚】银行业金融机构有下列情形之一，由国务院银行业监督管理机构责令改正，有违法所得的，没收违法所得，违法所得五十万元以上的，并处违法所得一倍以上五倍以下罚款；没有违法所得或者违法所得不足五十万元的，处五十万元以上二百万元以下罚款；情节特别严重或者逾期不改正的，可以责令停业整顿或者吊销其经营许可证；构成犯罪的，依法追究刑事责任：

（一）未经批准设立分支机构的；

（二）未经批准变更、终止的；

（三）违反规定从事未经批准或者未备案的业务活动的；

（四）违反规定提高或者降低存款利率、贷款利率的。

第四十六条　【对金融机构逃避监管的处罚】银行业金融机构有下列情形之一，由国务院银行业监督管理机构责令改正，并处二十万元以上五十万元以下罚款；情节特别严重或者逾期不改正的，可以责令停业整顿或者吊销其经营许可证；构成犯罪的，依法追究刑事责任：

（一）未经任职资格审查任命董事、高级管理人员的；

（二）拒绝或者阻碍非现场监管或者现场检查的；

（三）提供虚假的或者隐瞒重要事实的报表、报告等文件、资料的；

（四）未按照规定进行信息披露的；

（五）严重违反审慎经营规则的；

（六）拒绝执行本法第三十七条规定的措施的。

第四十七条　【对不按规定提供文件资料的处罚】银行业金融机构不按照规定提供报表、报告等文件、资料的，由银行业监督管理机构责令改正，逾期不改正的，处十万元以上三十万元以下罚款。

第四十八条　【对相关董事及高级管理人员违规的处罚】银行业金融机构违反法律、行政法规以及国家有关银行业监督管理规定的，银行业监督管理机构除依照本法第四十四条至第四十七条规定处罚外，还可以区别不同情形，采取下列措施：

(一)责令银行业金融机构对直接负责的董事、高级管理人员和其他直接责任人员给予纪律处分;

(二)银行业金融机构的行为尚不构成犯罪的,对直接负责的董事、高级管理人员和其他直接责任人员给予警告,处五万元以上五十万元以下罚款;

(三)取消直接负责的董事、高级管理人员一定期限直至终身的任职资格,禁止直接负责的董事、高级管理人员和其他直接责任人员一定期限直至终身从事银行业工作。

第四十九条 【对阻碍监管行为的处罚】阻碍银行业监督管理机构工作人员依法执行检查、调查职务的,由公安机关依法给予治安管理处罚;构成犯罪的,依法追究刑事责任。

第六章 附 则

第五十条 【金融机构监管】对在中华人民共和国境内设立的政策性银行、金融资产管理公司的监督管理,法律、行政法规另有规定的,依照其规定。

第五十一条 【金融监管规定】对在中华人民共和国境内设立的外资银行业金融机构、中外合资银行业金融机构、外国银行业金融机构的分支机构的监督管理,法律、行政法规另有规定的,依照其规定。

第五十二条 【施行日期】本法自2004年2月1日起施行。

贷款通则

1. 1996年6月28日公布
2. 中国人民银行令[1996]第2号
3. 自1996年8月1日起施行

第一章 总 则

第一条 为了规范贷款行为,维护借贷双方的合法权益,保证信贷资产的安全,提高贷款使用的整体效益,促进社会经济的持续发展,根据《中华人民共和国中国人民银行法》、《中华人民共和国商业银行法》等有关法律规定,制定本通则。

第二条 本通则所称贷款人,系指在中国境内依法设立的经营贷款业务的中资金融机构。

本通则所称借款人,系指从经营贷款业务的中资金融机构取得贷款的法人、其他经济组织、个体工商户和自然人。

本通则中所称贷款系指贷款人对借款人提供的并按约定的利率和期限还本付息的货币资金。

本通则中的贷款币种包括人民币和外币。

第三条 贷款的发放和使用应当符合国家的法律、行政法规和中国人民银行发布的行政规章,应当遵循效益性、安全性和流动性的原则。

第四条 借款人与贷款人的借贷活动应当遵循平等、自愿、公平和诚实信用的原则。

第五条 贷款人开展贷款业务,应当遵循公平竞争、密切协作的原则,不得从事不正当竞争。

第六条 中国人民银行及其分支机构是实施《贷款通则》的监管机关。

第二章 贷款种类

第七条 自营贷款、委托贷款和特定贷款:

自营贷款,系指贷款人以合法方式筹集的资金自主发放的贷款,其风险由贷款人承担,并由贷款人收回本金和利息。

委托贷款,系指由政府部门、企事业单位及个人等委托人提供资金,由贷款人(即受托人)根据委托人确定的贷款对象、用途、金额、期限、利率等代为发放、监督使用并协助收回的贷款。贷款人(受托人)只收取手续费,不承担贷款风险。

特定贷款,系指经国务院批准并对贷款可能造成的损失采取相应补救措施后责成国有独资商业银行发放的贷款。

第八条 短期贷款、中期贷款和长期贷款:

短期贷款,系指贷款期限在1年以内(含1年)的贷款。

中期贷款,系指贷款期限在1年以上(不含1年)5年以下(含5年)的贷款。

长期贷款,系指贷款期限在5年(不含5年)以上的贷款。

第九条 信用贷款、担保贷款和票据贴现:

信用贷款,系指以借款人的信誉发放的贷款。

担保贷款,系指保证贷款、抵押贷款、质押

贷款。

保证贷款，系指按《中华人民共和国担保法》规定的保证方式以第三人承诺在借款人不能偿还贷款时，按约定承担一般保证责任或者连带责任而发放的贷款。

抵押贷款，系指按《中华人民共和国担保法》规定的抵押方式以借款人或第三人的财产作为抵押物发放的贷款。

质押贷款，系指按《中华人民共和国担保法》规定的质押方式以借款人或第三人的动产或权利作为质物发放的贷款。

票据贴现，系指贷款人以购买借款人未到期商业票据的方式发放的贷款。

第十条　除委托贷款以外，贷款人发放贷款，借款人应当提供担保。贷款人应当对保证人的偿还能力，抵押物、质物的权属和价值以及实现抵押权、质权的可行性进行严格审查。

经贷款审查、评估，确认借款人资信良好，确能偿还贷款的，可以不提供担保。

第三章　贷款期限和利率

第十一条　贷款期限：

贷款限期根据借款人的生产经营周期、还款能力和贷款人的资金供给能力由借贷双方共同商议后确定，并在借款合同中载明。

自营贷款期限最长一般不得超过10年，超过10年应当报中国人民银行备案。

票据贴现的贴现期限最长不得超过6个月，贴现期限为从贴现之日起到票据到期日止。

第十二条　贷款展期：

不能按期归还贷款的，借款人应当在贷款到期日之前，向贷款人申请贷款展期。是否展期由贷款人决定。申请保证贷款、抵押贷款、质押贷款展期的，还应当由保证人、抵押人、出质人出具同意的书面证明。已有约定的，按照约定执行。

短期贷款展期期限累计不得超过原贷款期限；中期贷款展期期限累计不得超过原贷款期限的一半；长期贷款展期期限累计不得超过3年。国家另有规定者除外。借款人未申请展期或申请展期未得到批准，其贷款从到期日次日起，转入逾期贷款账户。

第十三条　贷款利率的确定：

贷款人应当按照中国人民银行规定的贷款利率的上下限，确定每笔贷款利率，并在借款合同中载明。

第十四条　贷款利息的计收：

贷款人和借款人应当按借款合同和中国人民银行有关计息规定按期计收或交付利息。

贷款的展期期限加上原期限达到新的利率期限档次时，从展期之日起，贷款利息按新的期限档次利率计收。

逾期贷款按规定计收罚息。

第十五条　贷款的贴息：

根据国家政策，为了促进某些产业和地区经济的发展，有关部门可以对贷款补贴利息。

对有关部门贴息的贷款，承办银行应当自主审查发放，并根据本通则有关规定严格管理。

第十六条　贷款停息、减息、缓息和免息：

除国务院决定外，任何单位和个人无权决定停息、减息、缓息和免息。贷款人应当依据国务院决定，按照职责权限范围具体办理停息、减息、缓息和免息。

第四章　借　款　人

第十七条　借款人应当是经工商行政管理机关（或主管机关）核准登记的企（事）业法人、其他经济组织、个体工商户或具有中华人民共和国国籍的具有完全民事行为能力的自然人。

借款人申请贷款，应当具备产品有市场、生产经营有效益、不挤占挪用信贷资金、恪守信用等基本条件，并且应当符合以下要求：

一、有按期还本付息的能力，原应付贷款利息和到期贷款已清偿；没有清偿的，已经做了贷款人认可的偿还计划。

二、除自然人和不需要经工商部门核准登记的事业法人外，应当经过工商部门办理年检手续。

三、已开立基本账户或一般存款账户。

四、除国务院规定外，有限责任公司和股份有限公司对外股本权益性投资累计额未超过其净资产总额的50%。

五、借款人的资产负债率符合贷款人的要求。

六、申请中期、长期贷款的,新建项目的企业法人所有者权益与项目所需总投资的比例不低于国家规定的投资项目的资本金比例。

第十八条　借款人的权利:

一、可以自主向主办银行或者其他银行的经办机构申请贷款并依条件取得贷款;

二、有权按合同约定提取和使用全部贷款;

三、有权拒绝借款合同以外的附加条件;

四、有权向贷款人的上级和中国人民银行反映、举报有关情况;

五、在征得贷款人同意后,有权向第三人转让债务。

第十九条　借款人的义务:

一、应当如实提供贷款人要求的资料(法律规定不能提供者除外),应当向贷款人如实提供所有开户行、账号及存贷款余额情况,配合贷款人的调查、审查和检查;

二、应当接受贷款人对其使用信贷资金情况和有关生产经营、财务活动的监督;

三、应当按借款合同约定用途使用贷款;

四、应当按借款合同约定及时清偿贷款本息;

五、将债务全部或部分转让给第三人的,应当取得贷款人的同意;

六、有危及贷款人债权安全情况时,应当及时通知贷款人,同时采取保全措施。

第二十条　对借款人的限制:

一、不得在一个贷款人同一辖区内的两个或两个以上同级分支机构取得贷款。

二、不得向贷款人提供虚假的或者隐瞒重要事实的资产负债表、损益表等。

三、不得用贷款从事股本权益性投资,国家另有规定的除外。

四、不得用贷款在有价证券、期货等方面从事投机经营。

五、除依法取得经营房地产资格的借款人以外,不得用贷款经营房地产业务;依法取得经营房地产资格的借款人,不得用贷款从事房地产投机。

六、不得套取贷款用于借贷牟取非法收入。

七、不得违反国家外汇管理规定使用外币贷款。

八、不得采取欺诈手段骗取贷款。

第五章　贷　款　人

第二十一条　贷款人必须经中国人民银行批准经营贷款业务,持有中国人民银行颁发的《金融机构法人许可证》或《金融机构营业许可证》,并经工商行政管理部门核准登记。

第二十二条　贷款人的权利:

根据贷款条件和贷款程序自主审查和决定贷款,除国务院批准的特定贷款外,有权拒绝任何单位和个人强令其发放贷款或者提供担保。

一、要求借款人提供与借款有关的资料;

二、根据借款人的条件,决定贷与不贷、贷款金额、期限和利率等;

三、了解借款人的生产经营活动和财务活动;

四、依合同约定从借款人账户上划收贷款本金和利息;

五、借款人未能履行借款合同规定义务的,贷款人有权依合同约定要求借款人提前归还贷款或停止支付借款人尚未使用的贷款;

六、在贷款将受或已受损失时,可依据合同规定,采取使贷款免受损失的措施。

第二十三条　贷款人的义务:

一、应当公布所经营的贷款的种类、期限和利率,并向借款人提供咨询。

二、应当公开贷款审查的资信内容和发放贷款的条件。

三、贷款人应当审议借款人的借款申请,并及时答复贷与不贷。短期贷款答复时间不得超过1个月,中期、长期贷款答复时间不得超过六个月;国家另有规定者除外。

四、应当对借款人的债务、财务、生产、经营情况保密,但对依法查询者除外。

第二十四条　对贷款人的限制:

一、贷款的发放必须严格执行《中华人民共和国商业银行法》第三十九条关于资产负债比例管理的有关规定,第四十条关于不得向关系人发放信用贷款、向关系人发放担保贷款的条件不得优于其他借款人同类贷款条件的规定。

二、借款人有下列情形之一者，不得对其发放贷款：

（一）不具备本通则第四章第十七条所规定的资格和条件的；

（二）生产、经营或投资国家明文禁止的产品、项目的；

（三）违反国家外汇管理规定的；

（四）建设项目按国家规定应当报有关部门批准而未取得批准文件的；

（五）生产经营或投资项目未取得环境保护部门许可的；

（六）在实行承包、租赁、联营、合并（兼并）、合作、分立、产权有偿转让、股份制改造等体制变更过程中，未清偿原有贷款债务、落实原有贷款债务或提供相应担保的；

（七）有其他严重违法经营行为的。

三、未经中国人民银行批准，不得对自然人发放外币币种的贷款。

四、自营贷款和特定贷款，除按中国人民银行规定计收利息之外，不得收取其他任何费用；委托贷款，除按中国人民银行规定计收手续费之外，不得收取其他任何费用。

五、不得给委托人垫付资金，国家另有规定的除外。

六、严格控制信用贷款，积极推广担保贷款。

第六章　贷款程序

第二十五条　贷款申请：

借款人需要贷款，应当向主办银行或者其他银行的经办机构直接申请。

借款人应当填写包括借款金额、借款用途、偿还能力及还款方式等主要内容的《借款申请书》并提供以下资料：

一、借款人及保证人基本情况；

二、财政部门或会计（审计）事务所核准的上年度财务报告，以及申请借款前一期的财务报告；

三、原有不合理占用的贷款的纠正情况；

四、抵押物、质物清单和有处分权人的同意抵押、质押的证明及保证人拟同意保证的有关证明文件；

五、项目建议书和可行性报告；

六、贷款人认为需要提供的其他有关资料。

第二十六条　对借款人的信用等级评估：

应当根据借款人的领导者素质、经济实力、资金结构、履约情况、经营效益和发展前景等因素，评定借款人的信用等级。评级可由贷款人独立进行，内部掌握，也可由有权部门批准的评估机构进行。

第二十七条　贷款调查：

贷款人受理借款人申请后，应当对借款人的信用等级以及借款的合法性、安全性、盈利性等情况进行调查，核实抵押物、质物、保证人情况，测定贷款的风险度。

第二十八条　贷款审批：

贷款人应当建立审贷分离、分级审批的贷款管理制度。审查人员应当对调查人员提供的资料进行核实、评定，复测贷款风险度，提出意见，按规定权限报批。

第二十九条　签订借款合同：

所有贷款应当由贷款人与借款人签订借款合同。借款合同应当约定借款种类，借款用途、金额、利率，借款期限，还款方式，借、贷双方的权利、义务，违约责任和双方认为需要约定的其他事项。

保证贷款应当由保证人与贷款人签订保证合同，或保证人在借款合同上载明与贷款人协商一致的保证条款，加盖保证人的法人公章，并由保证人的法定代表人或其授权代理人签署姓名。抵押贷款、质押贷款应当由抵押人、出质人与贷款人签订抵押合同、质押合同，需要办理登记的，应依法办理登记。

第三十条　贷款发放：

贷款人要按借款合同规定按期发放贷款。贷款人不按合同约定按期发放贷款的，应偿付违约金。借款人不按合同约定用款的，应偿付违约金。

第三十一条　贷后检查：

贷款发放后，贷款人应当对借款人执行借款合同情况及借款人的经营情况进行追踪调查和检查。

第三十二条　贷款归还：

借款人应当按照借款合同规定按时足额

归还贷款本息。

贷款人在短期贷款到期1个星期之前、中长期贷款到期1个月之前,应当向借款人发送还本付息通知单;借款人应当及时筹备资金,按时还本付息。

贷款人对逾期的贷款要及时发出催收通知单,做好逾期贷款本息的催收工作。

贷款人对不能按借款合同约定期限归还的贷款,应当按规定加罚利息;对不能归还或者不能落实还本付息事宜的,应当督促归还或者依法起诉。

借款人提前归还贷款,应当与贷款人协商。

第七章 不良贷款监管

第三十三条 贷款人应当建立和完善贷款的质量监管制度,对不良贷款进行分类、登记、考核和催收。

第三十四条 不良贷款系指呆帐贷款、呆滞贷款、逾期贷款。

呆帐贷款,系指按财政部有关规定列为呆帐的贷款。

呆滞贷款,系指按财政部有关规定,逾期(含展期后到期)超过规定年限以上仍未归还的贷款,或虽未逾期或逾期不满规定年限但生产经营已终止、项目已停建的贷款(不含呆帐贷款)。

逾期贷款,系指借款合同约定到期(含展期后到期)未归还的贷款(不含呆滞贷款和呆帐贷款)。

第三十五条 不良贷款的登记:

不良贷款由会计、信贷部门提供数据,由稽核部门负责审核并按规定权限认定,贷款人应当按季填报不良贷款情况表。在报上级行的同时,应当报中国人民银行当地分支机构。

第三十六条 不良贷款的考核:

贷款人的呆账贷款、呆滞贷款、逾期贷款不得超过中国人民银行规定的比例。贷款人应当对所属分支机构下达和考核呆账贷款、呆滞贷款和逾期贷款的有关指标。

第三十七条 不良贷款的催收和呆账贷款的冲销:

信贷部门负责不良贷款的催收,稽核部门负责对催收情况的检查。贷款人应当按照国家有关规定提取呆账准备金,并按照呆账冲销的条件和程序冲销呆账贷款。

未经国务院批准,贷款人不得豁免贷款。除国务院批准外,任何单位和个人不得强令贷款人豁免贷款。

第八章 贷款管理责任制

第三十八条 贷款管理实行行长(经理、主任,下同)负责制。

贷款实行分级经营管理,各级行长应当在授权范围内对贷款的发放和收回负全部责任。行长可以授权副行长或贷款管理部门负责审批贷款,副行长或贷款管理部门负责人应当对行长负责。

第三十九条 贷款人各级机构应当建立有行长或副行长(经理、主任,下同)和有关部门负责人参加的贷款审查委员会(小组),负责贷款的审查。

第四十条 建立审贷分离制:

贷款调查评估人员负责贷款调查评估,承担调查失误和评估失准的责任;贷款审查人员负责贷款风险的审查,承担审查失误的责任;贷款发放人员负责贷款的检查和清收,承担检查失误、清收不力的责任。

第四十一条 建立贷款分级审批制:

贷款人应当根据业务量大小、管理水平和贷款风险度确定各级分支机构的审批权限,超过审批权限的贷款,应当报上级审批。各级分支机构应当根据贷款种类、借款人的信用等级和抵押物、质物、保证人等情况确定每一笔贷款的风险度。

第四十二条 建立和健全信贷工作岗位责任制:

各级贷款管理部门应将贷款管理的每一个环节的管理责任落实到部门、岗位、个人,严格划分各级信贷工作人员的职责。

第四十三条 贷款人对大额借款人建立驻厂信贷员制度。

第四十四条 建立离职审计制:

贷款管理人员在调离原工作岗位时,应当对其在任职期间和权限内所发放的贷款风险情况进行审计。

第九章　贷款债权保全和清偿的管理

第四十五条　借款人不得违反法律规定，借兼并、破产或者股份制改造等途径，逃避银行债务，侵吞信贷资金；不得借承包、租赁等途径逃避贷款人的信贷监管以及偿还贷款本息的责任。

第四十六条　贷款人有权参与处于兼并、破产或股份制改造等过程中的借款人的债务重组，应当要求借款人落实贷款还本付息事宜。

第四十七条　贷款人应当要求实行承包、租赁经营的借款人，在承包、租赁合同中明确落实原贷款债务的偿还责任。

第四十八条　贷款人对实行股份制改造的借款人，应当要求其重新签订借款合同，明确原贷款债务的清偿责任。

对实行整体股份制改造的借款人，应当明确其所欠贷款债务由改造后公司全部承担；对实行部分股份制改造的借款人，应当要求改造后的股份公司按占用借款人的资本金或资产的比例承担原借款人的贷款债务。

第四十九条　贷款人对联营后组成新的企业法人的借款人，应当要求其依据所占用的资本金或资产的比例将贷款债务落实到新的企业法人。

第五十条　贷款人对合并（兼并）的借款人，应当要求其在合并（兼并）前清偿贷款债务或提供相应的担保。

借款人不清偿贷款债务或未提供相应担保，贷款人应当要求合并（兼并）企业或合并后新成立的企业承担归还原借款人贷款的义务，并与之重新签订有关合同或协议。

第五十一条　贷款人对与外商合资（合作）的借款人，应当要求其继续承担合资（合作）前的贷款归还责任，并要求其将所得收益优先归还贷款。借款人用已作为贷款抵押、质押的财产与外商合资（合作）时必须征求贷款人同意。

第五十二条　贷款人对分立的借款人，应当要求其在分立前清偿贷款债务或提供相应的担保。

借款人不清偿贷款债务或未提供相应担保，贷款人应当要求分立后的各企业，按照分立时所占资本或资产比例或协议，对原借款人所欠贷款承担清偿责任。对设立子公司的借款人，应当要求其子公司按所得资本或资产的比例承担和偿还母公司相应的贷款债务。

第五十三条　贷款人对产权有偿转让或申请解散的借款人，应当要求其在产权转让或解散前必须落实贷款债务的清偿。

第五十四条　贷款人应当按照有关法律参与借款人破产财产的认定与债权债务的处置，对于破产借款人已设定财产抵押、质押或其他担保的贷款债权，贷款人依法享有优先受偿权；无财产担保的贷款债权按法定程序和比例受偿。

第十章　贷款管理特别规定

第五十五条　建立贷款主办行制度：

借款人应按中国人民银行的规定与其开立基本账户的贷款人建立贷款主办行关系。

借款人发生企业分立、股份制改造、重大项目建设等涉及信贷资金使用和安全的重大经济活动，事先应当征求主办行的意见。一个借款人只能有一个贷款主办行，主办行应当随基本账户的变更而变更。

主办行不包资金，但应当按规定有计划地对借款人提供贷款，为借款人提供必要的信息咨询、代理等金融服务。

贷款主办行制度与实施办法，由中国人民银行另行规定。

第五十六条　银团贷款应当确定一个贷款人为牵头行，并签订银团贷款协议，明确各贷款人的权利和义务，共同评审贷款项目。牵头行应当按协议确定的比例监督贷款的偿还。银团贷款管理办法由中国人民银行另行规定。

第五十七条　特定贷款管理：

国有独资商业银行应当按国务院规定发放和管理特定贷款。

特定贷款管理办法另行规定。

第五十八条　非银行金融机构贷款的种类、对象、范围，应当符合中国人民银行规定。

第五十九条　贷款人发放异地贷款，或者接受异地存款，应当报中国人民银行当地分支机构备案。

第六十条　信贷资金不得用于财政支出。

第六十一条　各级行政部门和企事业单位、供销合作社等合作经济组织、农村合作基金会和其他基金会，不得经营存贷款等金融业务。企业之间不得违反国家规定办理借贷或者变相借贷融资业务。

第十一章 罚 则

第六十二条 贷款人违反资产负债比例管理有关规定发放贷款的,应当依照《中华人民共和国商业银行法》第七十五条,由中国人民银行责令改正,处以罚款,有违法所得的没收违法所得,并且应当依照第七十六条对直接负责的主管人员和其他直接责任人员给予处罚。

第六十三条 贷款人违反规定向关系人发放信用贷款或者发放担保贷款的条件优于其他借款人同类贷款条件的,应当依照《中华人民共和国商业银行法》第七十四条处罚,并且应当依照第七十六条对有关直接责任人员给予处罚。

第六十四条 贷款人的工作人员对单位或者个人强令其发放贷款或者提供担保未予拒绝的,应当依照《中华人民共和国商业银行法》第八十五条给予纪律处分,造成损失的应当承担相应的赔偿责任。

第六十五条 贷款人的有关责任人员违反本通则有关规定,应当给予纪律处分和罚款;情节严重或屡次违反的,应当调离工作岗位,取消任职资格;造成严重经济损失或者构成其他经济犯罪的,应当依照有关法律规定追究刑事责任。

第六十六条 贷款人有下列情形之一,由中国人民银行责令改正;逾期不改正的,中国人民银行可以处以5千元以上1万元以下罚款:

一、没有公布所经营贷款的种类、期限、利率的;

二、没有公开贷款条件和发放贷款时要审查的内容的;

三、没有在规定期限内答复借款人贷款申请的。

第六十七条 贷款人有下列情形之一,由中国人民银行责令改正;有违法所得的,没收违法所得,并处以违法所得1倍以上3倍以下罚款;没有违法所得的,处以5万元以上30万元以下罚款;构成犯罪的,依法追究刑事责任:

一、贷款人违反规定代垫委托贷款资金的;

二、未经中国人民银行批准,对自然人发放外币贷款的;

三、贷款人违反中国人民银行规定,对自营贷款或者特定贷款在计收利息之外收取其他任何费用的,或者对委托贷款在计收手续费之外收取其他任何费用的。

第六十八条 任何单位和个人强令银行发放贷款或者提供担保的,应当依照《中华人民共和国商业银行法》第八十五条,对直接负责的主管人员和其他直接责任人员或者个人给予纪律处分;造成经济损失的,承担全部或者部分赔偿责任。

第六十九条 借款人采取欺诈手段骗取贷款,构成犯罪的,应当依照《中华人民共和国商业银行法》第八十条等法律规定处以罚款并追究刑事责任。

第七十条 借款人违反本通则第九章第四十二条规定,蓄意通过兼并、破产或者股份制改造等途径侵吞信贷资金的,应当依据有关法律规定承担相应部分的赔偿责任并处以罚款;造成贷款人重大经济损失的,应当依照有关法律规定追究直接责任人员的刑事责任。

借款人违反本通则第九章其他条款规定,致使贷款债务落空,由贷款人停止发放新贷款,并提前收回原发放的贷款。造成信贷资产损失的,借款人及其主管人员或其他个人,应当承担部分或全部赔偿责任。在未履行赔偿责任之前,其他任何贷款人不得对其发放贷款。

第七十一条 借款人有下列情形之一,由贷款人对其部分或全部贷款加收利息;情节特别严重的,由贷款人停止支付借款人尚未使用的贷款,并提前收回部分或全部贷款:

一、不按借款合同规定用途使用贷款的。

二、用贷款进行股本权益性投资的。

三、用贷款在有价证券、期货等方面从事投机经营的。

四、未依法取得经营房地产资格的借款人用贷款经营房地产业务的;依法取得经营房地产资格的借款人,用贷款从事房地产投机的。

五、不按借款合同规定清偿贷款本息的。

六、套取贷款相互借贷牟取非法收入的。

第七十二条 借款人有下列情形之一,由贷款人责令改正。情节特别严重或逾期不改正的,由贷款人停止支付借款人尚未使用的贷款,并提前收回部分或全部贷款:

一、向贷款人提供虚假或者隐瞒重要事实

的资产负债表、损益表等资料的；

二、不如实向贷款人提供所有开户行、账号及存贷款余额等资料的；

三、拒绝接受贷款人对其使用信贷资金情况和有关生产经营、财务活动监督的。

第七十三条　行政部门、企事业单位、股份合作经济组织、供销合作社、农村合作基金会和其他基金会擅自发放贷款的；企业之间擅自办理借贷或者变相借贷的，由中国人民银行对出借方按违规收入处以1倍以上至5倍以下罚款，并由中国人民银行予以取缔。

第七十四条　当事人对中国人民银行处罚决定不服的，可按《中国人民银行行政复议办法（试行）》的规定申请复议，复议期间仍按原处罚执行。

第十二章　附　　则

第七十五条　国家政策性银行、外资金融机构（含外资、中外合资、外资金融机构的分支机构等）的贷款管理办法，由中国人民银行另行制定。

第七十六条　有关外国政府贷款、出口信贷、外商贴息贷款、出口信贷项下的对外担保以及与上述贷款配套的国际商业贷款的管理办法，由中国人民银行另行制定。

第七十七条　贷款人可根据本通则制定实施细则，报中国人民银行备案。

第七十八条　本通则自实施之日起，中国人民银行和各贷款人在此以前制定的各种规定，与本通则有抵触者，以本通则为准。

第七十九条　本通则由中国人民银行负责解释。

第八十条　本通则自1996年8月1日起施行。

中华人民共和国人民币管理条例

1. 2000年2月3日中华人民共和国国务院令第280号发布
2. 根据2014年7月9日国务院第54次常务会议《国务院关于修改部分行政法规的决定》修订

目　　录

第一章　总　　则

第一条　为了加强对人民币的管理，维护人民币的信誉，稳定金融秩序，根据《中华人民共和国中国人民银行法》，制定本条例。

第二条　本条例所称人民币，是指中国人民银行依法发行的货币，包括纸币和硬币。

从事人民币的设计、印制、发行、流通和回收等活动，应当遵守本条例。

第三条　中华人民共和国的法定货币是人民币。以人民币支付中华人民共和国境内的一切公共的和私人的债务，任何单位和个人不得拒收。

第四条　人民币的单位为元，人民币辅币单位为角、分。1元等于10角，1角等于10分。

人民币依其面额支付。

第五条　中国人民银行是国家管理人民币的主管机关，负责本条例的组织实施。

第六条　任何单位和个人都应当爱护人民币。禁止损害人民币和妨碍人民币流通。

第二章　设计和印制

第七条　新版人民币由中国人民银行组织设计，报国务院批准。

第八条　人民币由中国人民银行指定的专门企业印制。

第九条　印制人民币的企业应当按照中国人民银行制定的人民币质量标准和印制计划印制人民币。

第十条　印制人民币的企业应当将合格的人民币产品全部解缴中国人民银行人民币发行库，将不合格的人民币产品按照中国人民银行的规定全部销毁。

第十一条　印制人民币的原版、原模使用完毕后，由中国人民银行封存。

第十二条　印制人民币的特殊材料、技术、工艺、专用设备等重要事项属于国家秘密。印制人民币的企业和有关人员应当保守国家秘密；未经中国人民银行批准,任何单位和个人不得对外提供。

第十三条 未经中国人民银行批准,任何单位和个人不得研制、仿制、引进、销售、购买和使用印制人民币所特有的防伪材料、防伪技术、防伪工艺和专用设备。

第十四条 人民币样币是检验人民币印制质量和鉴别人民币真伪的标准样本,由印制人民币的企业按照中国人民银行的规定印制。人民币样币上应当加印“样币”字样。

第三章 发行和回收

第十五条 人民币由中国人民银行统一发行。

第十六条 中国人民银行发行新版人民币,应当报国务院批准。

中国人民银行应当将新版人民币的发行时间、面额、图案、式样、规格、主色调、主要特征等予以公告。

中国人民银行不得在新版人民币发行公告发布前将新版人民币支付给金融机构。

第十七条 因防伪或者其他原因,需要改变人民币的印制材料、技术或者工艺的,由中国人民银行决定。

中国人民银行应当将改版后的人民币的发行时间、面额、主要特征等予以公告。

中国人民银行不得在改版人民币发行公告发布前将改版人民币支付给金融机构。

第十八条 中国人民银行可以根据需要发行纪念币。

纪念币是具有特定主题的限量发行的人民币,包括普通纪念币和贵金属纪念币。

第十九条 纪念币的主题、面额、图案、材质、式样、规格、发行数量、发行时间等由中国人民银行确定;但是,纪念币的主题涉及重大政治、历史题材的,应当报国务院批准。

中国人民银行应当将纪念币的主题、面额、图案、材质、式样、规格、发行数量、发行时间等予以公告。

中国人民银行不得在纪念币发行公告发布前将纪念币支付给金融机构。

第二十条 中国人民银行设立人民币发行库,在其分支机构设立分支库,负责保管人民币发行基金。各级人民币发行库主任由同级中国人民银行行长担任。

人民币发行基金是中国人民银行人民币发行库保存的未进入流通的人民币。

人民币发行基金的调拨,应当按照中国人民银行的规定办理。任何单位和个人不得违反规定动用人民币发行基金,不得干扰、阻碍人民币发行基金的调拨。

第二十一条 特定版别的人民币的停止流通,应当报国务院批准,并由中国人民银行公告。

办理人民币存取款业务的金融机构应当按照中国人民银行的规定,收兑停止流通的人民币,并将其交存当地中国人民银行。

中国人民银行不得将停止流通的人民币支付给金融机构,金融机构不得将停止流通的人民币对外支付。

第二十二条 办理人民币存取款业务的金融机构应当按照中国人民银行的规定,无偿为公众兑换残缺、污损的人民币,挑剔残缺、污损的人民币,并将其交存当地中国人民银行。

中国人民银行不得将残缺、污损的人民币支付给金融机构,金融机构不得将残缺、污损的人民币对外支付。

第二十三条 停止流通的人民币和残缺、污损的人民币,由中国人民银行负责回收、销毁。具体办法由中国人民银行制定。

第四章 流通和保护

第二十四条 办理人民币存取款业务的金融机构应当根据合理需要的原则,办理人民币券别调剂业务。

第二十五条 禁止非法买卖流通人民币。

纪念币的买卖,应当遵守中国人民银行的有关规定。

第二十六条 装帧流通人民币和经营流通人民币,应当经中国人民银行批准。

第二十七条 禁止下列损害人民币的行为:

(一)故意毁损人民币;

(二)制作、仿制、买卖人民币图样;

(三)未经中国人民银行批准,在宣传品、出版物或者其他商品上使用人民币图样;

(四)中国人民银行规定的其他损害人民币的行为。

前款人民币图样包括放大、缩小和同样大

小的人民币图样。

第二十八条　人民币样币禁止流通。

人民币样币的管理办法，由中国人民银行制定。

第二十九条　任何单位和个人不得印制、发售代币票券，以代替人民币在市场上流通。

第三十条　中国公民出入境、外国人入出境携带人民币实行限额管理制度，具体限额由中国人民银行规定。

第三十一条　禁止伪造、变造人民币。禁止出售、购买伪造、变造的人民币。禁止走私、运输、持有、使用伪造、变造的人民币。

第三十二条　单位和个人持有伪造、变造的人民币的，应当及时上交中国人民银行、公安机关或者办理人民币存取款业务的金融机构；发现他人持有伪造、变造的人民币的，应当立即向公安机关报告。

第三十三条　中国人民银行、公安机关发现伪造、变造的人民币，应当予以没收，加盖"假币"字样的戳记，并登记造册；持有人对公安机关没收的人民币的真伪有异议的，可以向中国人民银行申请鉴定。

公安机关应当将没收的伪造、变造的人民币解缴当地中国人民银行。

第三十四条　办理人民币存取款业务的金融机构发现伪造、变造的人民币，数量较多、有新版的伪造人民币或者有其他制造贩卖伪造、变造的人民币线索的，应当立即报告公安机关；数量较少的，由该金融机构两名以上工作人员当面予以收缴，加盖"假币"字样的戳记，登记造册，向持有人出具中国人民银行统一印制的收缴凭证，并告知持有人可以向中国人民银行或者向中国人民银行授权的国有独资商业银行的业务机构申请鉴定。对伪造、变造的人民币收缴及鉴定的具体办法，由中国人民银行制定。

办理人民币存取款业务的金融机构应当将收缴的伪造、变造的人民币解缴当地中国人民银行。

第三十五条　中国人民银行和中国人民银行授权的国有独资商业银行的业务机构应当无偿提供鉴定人民币真伪的服务。

对盖有"假币"字样戳记的人民币，经鉴定为真币的，由中国人民银行或者中国人民银行授权的国有独资商业银行的业务机构按照面额予以兑换；经鉴定为假币的，由中国人民银行或者中国人民银行授权的国有独资商业银行的业务机构予以没收。

中国人民银行授权的国有独资商业银行的业务机构应当将没收的伪造、变造的人民币解缴当地中国人民银行。

第三十六条　办理人民币存取款业务的金融机构应当采取有效措施，防止以伪造、变造的人民币对外支付。

办理人民币存取款业务的金融机构应当在营业场所无偿提供鉴别人民币真伪的服务。

第三十七条　伪造、变造的人民币由中国人民银行统一销毁。

第三十八条　人民币反假鉴别仪应当按照国家规定标准生产。

人民币反假鉴别仪国家标准，由中国人民银行会同有关部门制定，并协助组织实施。

第三十九条　人民币有下列情形之一的，不得流通：

（一）不能兑换的残缺、污损的人民币；

（二）停止流通的人民币。

第五章　罚　　则

第四十条　印制人民币的企业和有关人员有下列情形之一的，由中国人民银行给予警告，没收违法所得，并处违法所得1倍以上3倍以下的罚款，没有违法所得的，处1万元以上10万元以下的罚款；对直接负责的主管人员和其他直接责任人员，依法给予纪律处分：

（一）未按照中国人民银行制定的人民币质量标准和印制计划印制人民币的；

（二）未将合格的人民币产品全部解缴中国人民银行人民币发行库的；

（三）未按照中国人民银行的规定将不合格的人民币产品全部销毁的；

（四）未经中国人民银行批准，擅自对外提供印制人民币的特殊材料、技术、工艺或者专用设备等国家秘密的。

第四十一条　违反本条例第十三条规定的，由工商行政管理机关和其他有关行政执法机关给予警告,没收违法所得和非法财物,并处违法所得1倍以上3倍以下的罚款;没有违法所得的,处2万元以上20万元以下的罚款。

第四十二条 办理人民币存取款业务的金融机构违反本条例第二十一条第二款、第三款和第二十二条规定的,由中国人民银行给予警告,并处1000元以上5000元以下的罚款;对直接负责的主管人员和其他直接责任人员,依法给予纪律处分。

第四十三条 故意毁损人民币的,由公安机关给予警告,并处1万元以下的罚款。

第四十四条 违反本条例第二十五条、第二十六条、第二十七条第一款第二项和第四项规定的,由工商行政管理机关和其他有关行政执法机关给予警告,没收违法所得和非法财物,并处违法所得1倍以上3倍以下的罚款;没有违法所得的,处1000元以上5万元以下的罚款。

工商行政管理机关和其他有关行政执法机关应当销毁非法使用的人民币图样。

第四十五条 办理人民币存取款业务的金融机构、中国人民银行授权的国有独资商业银行的业务机构违反本条例第三十四条、第三十五条和第三十六条规定的,由中国人民银行给予警告,并处1000元以上5万元以下的罚款;对直接负责的主管人员和其他直接责任人员,依法给予纪律处分。

第四十六条 中国人民银行、公安机关、工商行政管理机关及其工作人员违反本条例有关规定的,对直接负责的主管人员和其他直接责任人员,依法给予行政处分。

第四十七条 违反本条例第二十条第三款、第二十七条第一款第三项、第二十九条和第三十一条规定的,依照《中华人民共和国中国人民银行法》的有关规定予以处罚;其中,违反本条例第三十一条规定,构成犯罪的,依法追究刑事责任。

第六章 附 则

第四十八条 本条例自2000年5月1日起施行。

中华人民共和国国家货币出入境管理办法

1. 1993年1月20日公布
2. 国务院令第108号
3. 自1993年3月1日起施行

第一条 为了加强国家货币出入境管理,维护国家金融秩序,适应改革开放的需要,制定本办法。

第二条 本办法所称国家货币,是指中国人民银行发行的人民币。

第三条 国家对货币出入境实行限额管理制度。

中国公民出入境、外国人入出境,每人每次携带的人民币不得超出限额。具体限额由中国人民银行规定。

第四条 携带国家货币出入境的,应当按照国家规定向海关如实申报。

第五条 不得在邮件中夹带国家货币出入境。不得擅自运输国家货币出入境。

第六条 违反国家规定运输、携带、在邮件中夹带国家货币出入境的,由国家有关部门依法处理;情节严重,构成犯罪的,由司法机关依法追究刑事责任。

第七条 本办法由中国人民银行负责解释。

第八条 本办法自1993年3月1日起施行。1951年3月6日中央人民政府政务院公布的《中华人民共和国禁止国家货币出入国境办法》同时废止。

现金管理暂行条例

1. 1988年9月8日发布
2. 中华人民共和国国务院令第12号
3. 根据2011年1月8日《国务院关于废止和修改部分行政法规的决定》修订

第一章 总 则

第一条 为改善现金管理,促进商品生产和流通,加强对社会经济活动的监督,制定本条例。

第二条 凡在银行和其他金融机构(以下简称开

户银行）开立账户的机关、团体、部队、企业、事业单位和其他单位（以下简称开户单位），必须依照本条例的规定收支和使用现金，接受开户银行的监督。

国家鼓励开户单位和个人在经济活动中，采取转账方式进行结算，减少使用现金。

第三条　开户单位之间的经济往来，除按本条例规定的范围可以使用现金外，应当通过开户银行进行转账结算。

第四条　各级人民银行应当严格履行金融主管机关的职责，负责对开户银行的现金管理进行监督和稽核。

开户银行依照本条例和中国人民银行的规定，负责现金管理的具体实施，对开户单位收支、使用现金进行监督管理。

第二章　现金管理和监督

第五条　开户单位可以在下列范围内使用现金：

（一）职工工资、津贴；

（二）个人劳务报酬；

（三）根据国家规定颁发给个人的科学技术、文化艺术、体育等各种奖金；

（四）各种劳保，福利费用以及国家规定的对个人的其他支出；

（五）向个人收购农副产品和其他物资的价款；

（六）出差人员必须随身携带的差旅费；

（七）结算起点以下的零星支出；

（八）中国人民银行确定需要支付现金的其他支出。

前款结算起点定为1000元。结算起点的调整，由中国人民银行确定，报国务院备案。

第六条　除本条例第五条第（五）、（六）项外，开户单位支付给个人的款项，超过使用现金限额的部分，应当以支票或者银行本票支付；确需全额支付现金的，经开户银行审核后，予以支付现金。

前款使用现金限额，按本条例第五条第二款的规定执行。

第七条　转账结算凭证在经济往来中，具有同现金相同的支付能力。

开户单位在销售活动中，不得对现金结算给予比转账结算优惠待遇；不得拒收支票、银行汇票和银行本票。

第八条　机关、团体、部队、全民所有制和集体所有制企业事业单位购置国家规定的专项控制商品，必须采取转账结算方式，不得使用现金。

第九条　开户银行应当根据实际需要，核定开户单位3天至5天的日常零星开支所需的库存现金限额。

边远地区和交通不便地区的开户单位的库存现金限额，可以多于5天，但不得超过15天的日常零星开支。

第十条　经核定的库存现金限额，开户单位必须严格遵守。需要增加或者减少库存现金限额的，应当向开户银行提出申请，由开户银行核定。

第十一条　开户单位现金收支应当依照下列规定办理：

（一）开户单位现金收入应当于当日送存开户银行。当日送存确有困难的，由开户银行确定送存时间；

（二）开户单位支付现金，可以从本单位库存现金限额中支付或者从开户银行提取，不得从本单位的现金收入中直接支付（即坐支）。因特殊情况需要坐支现金的，应当事先报经开户银行审查批准，由开户银行核定坐支范围和限额。坐支单位应当定期向开户银行报送坐支金额和使用情况；

（三）开户单位根据本条例第五条和第六条的规定，从开户银行提取现金，应当写明用途，由本单位财会部门负责人签字盖章，经开户银行审核后，予以支付现金；

（四）因采购地点不固定，交通不便，生产或者市场急需，抢险救灾以及其他特殊情况必须使用现金的，开户单位应当向开户银行提出申请，由本单位财会部门负责人签字盖章，经开户银行审核后，予以支付现金。

第十二条　开户单位应当建立健全现金账目，逐笔记载现金支付。账目应当日清月结，账款相符。

第十三条　对个体工商户、农村承包经营户发放的贷款，应当以转账方式支付。对确需在集市使用现金购买物资的，经开户银行审核后，可以在贷款金额内支付现金。

第十四条 在开户银行开户的个体工商户、农村承包经营户异地采购所需货款,应当通过银行汇兑方式支付。因采购地点不固定,交通不便必须携带现金的,由开户银行根据实际需要,予以支付现金。

未在开户银行开户的个体工商户、农村承包经营户异地采购所需货款,可以通过银行汇兑方式支付。凡加盖"现金"字样的结算凭证,汇入银行必须保证支付现金。

第十五条 具备条件的银行应当接受开户单位的委托,开展代发工资、转存储蓄业务。

第十六条 为保证开户单位的现金收入及时送存银行,开户银行必须按照规定做好现金收款工作,不得随意缩短收款时间。大中城市和商业比较集中的地区,应当建立非营业时间收款制度。

第十七条 开户银行应当加强柜台审查,定期和不定期地对开户单位现金收支情况进行检查,并按规定向当地人民银行报告现金管理情况。

第十八条 一个单位在几家银行开户的,由一家开户银行负责现金管理工作,核定开户单位库存现金限额。

各金融机构的现金管理分工,由中国人民银行确定。有关现金管理分工的争议,由当地人民银行协调、裁决。

第十九条 开户银行应当建立健全现金管理制度,配备专职人员,改进工作作风,改善服务设施。现金管理工作所需经费应当在开户银行业务费中解决。

第三章 法律责任

第二十条 开户单位有下列情形之一的,开户银行应当依照中国人民银行的规定,责令其停止违法活动,并可根据情节轻重处以罚款:

(一)超出规定范围、限额使用现金的;

(二)超出核定的库存现金限额留存现金的。

(2011年1月8日删除)

第二十一条 开户单位有下列情形之一的,开户银行应当依照中国人民银行的规定,予以警告或者罚款;情节严重的,可在一定期限内停止对该单位的贷款或者停止对该单位的现金支付:

(一)对现金结算给予比转账结算优惠待遇的;

(二)拒收支票、银行汇票和银行本票的;

(三)违反本条例第八条规定,不采取转账结算方式购置国家规定的专项控制商品的;

(四)用不符合财务会计制度规定的凭证顶替库存现金的;

(五)用转账凭证套换现金的;

(六)编造用途套取现金的;

(七)互相借用现金的;

(八)利用账户替其他单位和个人套取现金的;

(九)将单位的现金收入按个人储蓄方式存入银行的;

(十)保留账外公款的;

(十一)未经批准坐支或者未按开户银行核定的坐支范围和限额坐支现金的。(2011年1月8日删除)

第二十二条 开户单位对开户银行作出的处罚决定不服的,必须首先按照处罚决定执行,然后可在10日内向开户银行的同级人民银行申请复议。同级人民银行应当在收到复议申请之日起30日内作出复议决定。开户单位对复议决定不服的,可以在收到复议决定之日起30日内向人民法院起诉。(2011年1月8日删除)

第二十三条 银行工作人员违反本条例规定,徇私舞弊、贪污受贿、玩忽职守纵容违法行为的,应当根据情节轻重,给予行政处分和经济处罚;构成犯罪的,由司法机关依法追究刑事责任。

第四章 附　　则

第二十四条 本条例由中国人民银行负责解释;施行细则由中国人民银行制定。

第二十五条 本条例自1988年10月1日起施

行。1977 年 11 月 28 日发布的《国务院关于实行现金管理的决定》同时废止。

现金管理暂行条例实施细则

1. 1988年9月23日中国人民银行发布
2. 银发〔1988〕288号
3. 自1988年10月1日起施行

第一条　为了更好地贯彻执行国务院 1988 年发布的《现金管理暂行条例》，特制定本细则。

第二条　凡在银行和其他金融机构（以下简称开户银行）开立帐户的机关、团体、部队、企业、事业单位（以下简称开户单位），必须执行本细则，接受开户银行的监督。开户银行包括：各专业银行，国内金融机构，经批准在中国境内经营人民币业务的外资、中外合资银行和金融机构。企业包括：国营企业、城乡集体企业（包括村办企业）、联营企业、私营企业（包括个体工商户、农村承包经营户）。

中外合资和合作经营企业原则上执行本细则，具体管理办法由人民银行各省、自治区、直辖市分行根据当地实际情况制订。

部队、公安系统所属的保密单位和其他保密单位的现金管理，原则上执行本细则。具体管理办法和其他单位可以有所区别（见第四条第二款）。

第三条　中国人民银行总行是现金管理的主管部门。各级人民银行要严格履行金融主管机关的职责，负责对开户银行的现金管理进行监督和稽核。

开户银行负责现金管理的具体执行，对开户单位的现金收支、使用进行监督管理。

一个单位在几家银行开户的，只能在一家银行开设现金结算户，支取现金，并由该家银行负责核定现金库存限额和进行现金管理检查。当地人民银行要协同各开户银行，认真清理现金结算帐户，负责将开户单位的现金结算户落实到一家开户银行。

第四条　各开户单位的库存现金都要核定限额。库存现金限额应当由开户单位提出计划，报开户银行审批。经核定的库存现金限额，开户单位必须严格遵守。

部队、公安系统的保密单位和其他保密单位的库存现金限额的核定和现金管理工作检查事宜，由其主管部门负责，并由主管部门将确定的库存现金限额和检查情况报开户银行。

各开户单位的库存现金限额，由于生产或业务变化，需要增加或减少时，应向开户银行提出申请，经批准后再行调整。

第五条　开户银行根据实际需要，原则上以开户单位 3 至 5 天的日常零星开支所需核定库存现金限额。边远地区和交通不发达地区的开户单位的库存现金限额，可以适当放宽，但最多不得超过 15 天的日常零星开支。

对没有在银行单独开立帐户的附属单位也要实行现金管理，必须保留的现金，也要核定限额，其限额包括在开户单位的库存限额之内。

商业和服务行业的找零备用现金也要根据营业额核定定额，但不包括在开户单位的库存现金限额之内。

第六条　开户单位之间的经济往来，必须通过银行进行转帐结算。根据国家有关规定，开户单位只可在下列范围内使用现金：

（一）职工工资、各种工资性津贴；

（二）个人劳务报酬，包括稿费和讲课费及其他专门工作报酬；

（三）支付给个人的各种奖金，包括根据国家规定颁发给个人的各种科学技术、文化艺术、体育等各种奖金；

（四）各种劳保、福利费用以及国家规定的对个人的其他现金支出；

（五）收购单位向个人收购农副产品和其他物资支付的价款；

（六）出差人员必须随身携带的差旅费；

（七）结算起点以下的零星支出；

（八）确实需要现金支付的其他支出（见第十一条第四项）。

第七条　结算起点为 1000 元，需要增加时由中国人民银行总行确定后，报国务院备案。

第八条　除本条例第六条第（五）、（六）项外，开户单位支付给个人的款项中，支付现金每人一次不得超过 1000 元，超过限额部分，根据提款人的要求在指定的银行转为储蓄存款或以支票、银行本票支付。确需全额支付现金的,应经开户银行审查后予以支付。

第九条 转帐结算凭证在经济往来中具有同现金相同的支付能力。开户单位在购销活动中,不得对现金结算给予比转帐结算优惠的待遇;不得只收现金拒收支票、银行汇票、银行本票和其他转帐结算凭证。

第十条 开户单位购置国家规定的社会集团专项控制商品,必须采取转帐方式,不得使用现金,商业单位也不得收取现金。

第十一条 开户单位现金收支按下列规定办理:

(一)开户单位收入现金应于当日送存开户银行,当日送存确有困难的,由开户银行确定送存时间。

(二)开户单位支付现金,可从本单位现金库存中支付或者从开户银行提取,不得从本单位的现金收入中直接支付(即坐支);

需要坐支现金的单位,要事先报经开户银行审查批准,由开户银行核定坐支范围和限额。坐支单位必须在现金帐上如实反映坐支金额,并按月向开户银行报送坐支金额和使用情况。

(三)开户单位根据本细则第六条和第七条的规定,从开户银行提取现金的,应当如实写明用途,由本单位财会部门负责人签字盖章,并经开户银行审查批准,予以支付。

(四)因采购地点不确定、交通不便、抢险救灾以及其他特殊情况,办理转帐结算不够方便,必须使用现金的开户单位,要向开户银行提出书面申请,由本单位财会部门负责人签字盖章,开户银行审查批准后,予以支付现金。

第十二条 开户单位必须建立健全现金帐目,逐笔记载现金收付,帐目要日清月结,做到帐款相符。不准用不符合财务制度的凭证顶替库存现金;不准单位之间相互借用现金;不准谎报用途套取现金;不准利用银行帐户代其他单位和个人存入或支取现金;不准将单位收入的现金以个人名义存入储蓄;不准保留帐外公款(即小金库);禁止发行变相货币,不准以任何票券代替人民币在市场上流通。

第十三条 对个体工商户、农村承包户发放的贷款,应以转帐方式支付;对于确需在集市使用现金购买物资的,由承贷人提出书面申请,经开户银行审查批准后,可以在贷款金额内支付现金。

第十四条 在银行开户的个体工商户、农村承包经营户异地采购的贷款,应当通过银行以转帐方式进行结算。因采购地点不确定、交通不方便必须携带现金的,由客户提出申请,开户银行根据实际需要予以支付现金。

未在银行开户的个体工商户、农村承包经营户异地采购,可以通过银行以汇兑方式支付。凡加盖"现金"字样的结算凭证,汇入银行必须保证支付现金。

第十五条 具备条件的银行应当积极开展代发工资、转存储蓄业务。

第十六条 为保证开户单位的现金收入及时送存银行,开户银行必须按照规定做好现金收款工作,不得随意缩短收款时间。大中城市和商业比较集中的地区,要建立非营业时间收款制度。

第十七条 开户银行应当加强柜台审查,定期和不定期地检查开户单位执行国务院《现金管理暂行条例》和本细则的情况,并按规定向其上级单位和当地人民银行报告现金管理情况。

各级人民银行要定期不定期地对同级专业银行和其他金融机构(包括经营人民币业务的外资、中外合资银行和金融机构)的现金管理情况进行检查监督,并及时解决有关现金管理中的问题。

各开户单位要向银行派出的检查人员提供有关资料,如实反映情况。

第十八条 各开户单位的主管部门要定期和不定期地检查所属单位执行国务院《现金管理暂行条例》和本细则的情况,发现问题及时纠正,并将检查情况书面通知开户银行。

第十九条 各级银行要支持敢于坚持原则、严格执行现金管理的财会人员,对模范遵守国务院《现金管理暂行条例》和本细则的单位和个人应给予表彰和奖励。

第二十条 开户单位如违犯《现金管理暂行条例》,开户银行有权责令其停止违法活动,并根据情节轻重给予警告或罚款。

有下列情况之一的，给予警告或处以罚款：

（一）超出规定范围和限额使用现金的，按超过额的10%—30%处罚；

（二）超出核定的库存现金限额留存现金的，按超出额的10%—30%处罚；

（三）用不符合财务制度规定的凭证顶替库存现金的，按凭证额10%—30%处罚；

（四）未经批准坐支或者未按开户银行核定坐支额度和使用范围坐支现金的，按坐支金额10%—30%处罚；

（五）单位之间互相借用现金的，按借用金额10%—30%处罚。

有下列情况之一的，一律处以罚款：

（六）保留帐外公款的，按保留金额10%—30%处罚；

（七）对现金结算给予比转帐结算优惠待遇的，按交易额的10%—50%处罚；

（八）只收现金拒收支票、银行汇票、本票的，按交易额的10%—50%处罚；

（九）开户单位不采取转帐结算方式购置国家规定的专项控制商品的，按购买金额50%至全额对买卖双方处罚；

（十）用转帐凭证套取现金的，按套取金额30%—50%处罚；

（十一）编造用途套取现金的，按套取金额30%—50%处罚；

（十二）利用帐户替其他单位和个人套取现金的，按套取金额30%—50%处罚；

（十三）将单位的现金收入以个人储蓄方式存入银行的，按存入金额30%—50%处罚；

（十四）发行变相货币和以票券代替人民币在市场流通的，按发行额或流通额30%—50%处罚。

第二十一条　中国人民银行各省、自治区、直辖市分行根据本细则第二十条的原则和当地实际情况制订具体处罚办法。所得的罚没款项一律上缴国库。

第二十二条　开户单位如对开户银行的处罚决定不服，必须首先按照处罚决定执行，然后在10日内向当地人民银行申请复议；各级人民银行应自收到复议申请之日起30日内作出复议决定。开户单位如对复议决定不服，应自收到复议决定之日起30日内向人民法院起诉。

第二十三条　开户银行不执行或违犯《现金管理暂行条例》及本细则，由当地人民银行负责查处；当地人民银行根据其情节轻重，可给予警告、追究行政领导责任直至停止其办理现金结算业务等处罚。

银行工作人员违犯《现金管理暂行条例》和本细则，徇私舞弊、贪污受贿、玩忽职守纵容违法行为的，根据情节轻重给予行政处分和经济处罚；构成犯罪的，由司法机关依法追究刑事责任。

第二十四条　各开户银行要建立健全现金管理制度，配备专职人员，改善服务设施，方便开户单位。现金管理工作所需经费应当在各开户银行业务费用中解决。

第二十五条　现金管理工作政策性强、涉及面广，各级银行要加强调查研究，根据实际情况，实事求是地解决各种问题，及时满足单位正常的、合理的现金需要。

第二十六条　本细则由中国人民银行总行负责解释。

本细则自1988年10月1日起施行，过去发布的各项规定同时废除，一律以《现金管理暂行条例》和本细则为准。

中华人民共和国外汇管理条例

1　1996年1月29日国务院令第193号公布

2　根据1997年1月14日国务院令第211号《关于修改〈中华人民共和国外汇管理条例〉的决定》修正

3　2008年8月5日国务院令第532号修订

第一章　总　　则

第一条　为了加强外汇管理，促进国际收支平衡，促进国民经济健康发展，制定本条例。

第二条　国务院外汇管理部门及其分支机构（以下统称外汇管理机关）依法履行外汇管理职责，负责本条例的实施。

第三条　本条例所称外汇，是指下列以外币表示的可以用作国际清偿的支付手段和资产：

（一）外币现钞，包括纸币、铸币；

(二)外币支付凭证或者支付工具,包括票据、银行存款凭证、银行卡等;

(三)外币有价证券,包括债券、股票等;

(四)特别提款权;

(五)其他外汇资产。

第四条 境内机构、境内个人的外汇收支或者外汇经营活动,以及境外机构、境外个人在境内的外汇收支或者外汇经营活动,适用本条例。

第五条 国家对经常性国际支付和转移不予限制。

第六条 国家实行国际收支统计申报制度。

国务院外汇管理部门应当对国际收支进行统计、监测,定期公布国际收支状况。

第七条 经营外汇业务的金融机构应当按照国务院外汇管理部门的规定为客户开立外汇账户,并通过外汇账户办理外汇业务。

经营外汇业务的金融机构应当依法向外汇管理机关报送客户的外汇收支及账户变动情况。

第八条 中华人民共和国境内禁止外币流通,并不得以外币计价结算,但国家另有规定的除外。

第九条 境内机构、境内个人的外汇收入可以调回境内或者存放境外;调回境内或者存放境外的条件、期限等,由国务院外汇管理部门根据国际收支状况和外汇管理的需要作出规定。

第十条 国务院外汇管理部门依法持有、管理、经营国家外汇储备,遵循安全、流动、增值的原则。

第十一条 国际收支出现或者可能出现严重失衡,以及国民经济出现或者可能出现严重危机时,国家可以对国际收支采取必要的保障、控制等措施。

第二章 经常项目外汇管理

第十二条 经常项目外汇收支应当具有真实、合法的交易基础。经营结汇、售汇业务的金融机构应当按照国务院外汇管理部门的规定,对交易单证的真实性及其与外汇收支的一致性进行合理审查。

外汇管理机关有权对前款规定事项进行监督检查。

第十三条 经常项目外汇收入,可以按照国家有关规定保留或者卖给经营结汇、售汇业务的金融机构。

第十四条 经常项目外汇支出,应当按照国务院外汇管理部门关于付汇与购汇的管理规定,凭有效单证以自有外汇支付或者向经营结汇、售汇业务的金融机构购汇支付。

第十五条 携带、申报外币现钞出入境的限额,由国务院外汇管理部门规定。

第三章 资本项目外汇管理

第十六条 境外机构、境外个人在境内直接投资,经有关主管部门批准后,应当到外汇管理机关办理登记。

境外机构、境外个人在境内从事有价证券或者衍生产品发行、交易,应当遵守国家关于市场准入的规定,并按照国务院外汇管理部门的规定办理登记。

第十七条 境内机构、境内个人向境外直接投资或者从事境外有价证券、衍生产品发行、交易,应当按照国务院外汇管理部门的规定办理登记。国家规定需要事先经有关主管部门批准或者备案的,应当在外汇登记前办理批准或者备案手续。

第十八条 国家对外债实行规模管理。借用外债应当按照国家有关规定办理,并到外汇管理机关办理外债登记。

国务院外汇管理部门负责全国的外债统计与监测,并定期公布外债情况。

第十九条 提供对外担保,应当向外汇管理机关提出申请,由外汇管理机关根据申请人的资产负债等情况作出批准或者不批准的决定;国家规定其经营范围需经有关主管部门批准的,应当在向外汇管理机关提出申请前办理批准手续。申请人签订对外担保合同后,应当到外汇管理机关办理对外担保登记。

经国务院批准为使用外国政府或者国际金融组织贷款进行转贷提供对外担保的,不适用前款规定。

第二十条 银行业金融机构在经批准的经营范围内可以直接向境外提供商业贷款。其他境内机构向境外提供商业贷款,应当向外汇管理机关提出申请,外汇管理机关根据申请人的资产负债等情况作出批准或者不批准的决定;国家规定其经营范围需经有关主管部门批准的，应当在向外汇管理机关提出申请前办理批准手续。

向境外提供商业贷款，应当按照国务院外汇管理部门的规定办理登记。

第二十一条　资本项目外汇收入保留或者卖给经营结汇、售汇业务的金融机构，应当经外汇管理机关批准，但国家规定无需批准的除外。

第二十二条　资本项目外汇支出，应当按照国务院外汇管理部门关于付汇与购汇的管理规定，凭有效单证以自有外汇支付或者向经营结汇、售汇业务的金融机构购汇支付。国家规定应当经外汇管理机关批准的，应当在外汇支付前办理批准手续。

依法终止的外商投资企业，按照国家有关规定进行清算、纳税后，属于外方投资者所有的人民币，可以向经营结汇、售汇业务的金融机构购汇汇出。

第二十三条　资本项目外汇及结汇资金，应当按照有关主管部门及外汇管理机关批准的用途使用。外汇管理机关有权对资本项目外汇及结汇资金使用和账户变动情况进行监督检查。

第四章　金融机构外汇业务管理

第二十四条　金融机构经营或者终止经营结汇、售汇业务，应当经外汇管理机关批准；经营或者终止经营其他外汇业务，应当按照职责分工经外汇管理机关或者金融业监督管理机构批准。

第二十五条　外汇管理机关对金融机构外汇业务实行综合头寸管理，具体办法由国务院外汇管理部门制定。

第二十六条　金融机构的资本金、利润以及因本外币资产不匹配需要进行人民币与外币间转换的，应当经外汇管理机关批准。

第五章　人民币汇率和外汇市场管理

第二十七条　人民币汇率实行以市场供求为基础的、有管理的浮动汇率制度。

第二十八条　经营结汇、售汇业务的金融机构和符合国务院外汇管理部门规定条件的其他机构，可以按照国务院外汇管理部门的规定在银行间外汇市场进行外汇交易。

第二十九条　外汇市场交易应当遵循公开、公平、公正和诚实信用的原则。

第三十条　外汇市场交易的币种和形式由国务院外汇管理部门规定。

第三十一条　国务院外汇管理部门依法监督管理全国的外汇市场。

第三十二条　国务院外汇管理部门可以根据外汇市场的变化和货币政策的要求，依法对外汇市场进行调节。

第六章　监 督 管 理

第三十三条　外汇管理机关依法履行职责，有权采取下列措施：

（一）对经营外汇业务的金融机构进行现场检查；

（二）进入涉嫌外汇违法行为发生场所调查取证；

（三）询问有外汇收支或者外汇经营活动的机构和个人，要求其对与被调查外汇违法事件直接有关的事项作出说明；

（四）查阅、复制与被调查外汇违法事件直接有关的交易单证等资料；

（五）查阅、复制被调查外汇违法事件的当事人和直接有关的单位、个人的财务会计资料及相关文件，对可能被转移、隐匿或者毁损的文件和资料，可以予以封存；

（六）经国务院外汇管理部门或者省级外汇管理机关负责人批准，查询被调查外汇违法事件的当事人和直接有关的单位、个人的账户，但个人储蓄存款账户除外；

（七）对有证据证明已经或者可能转移、隐匿违法资金等涉案财产或者隐匿、伪造、毁损重要证据的，可以申请人民法院冻结或者查封。

有关单位和个人应当配合外汇管理机关的监督检查，如实说明有关情况并提供有关文件、资料，不得拒绝、阻碍和隐瞒。

第三十四条　外汇管理机关依法进行监督检查或者调查，监督检查或者调查的人员不得少于2人，并应当出示证件。监督检查、调查的人员少于2人或者未出示证件的，被监督检查、调查的单位和个人有权拒绝。

第三十五条　有外汇经营活动的境内机构，应当按照国务院外汇管理部门的规定报送财务会计报告、统计报表等资料。

第三十六条 经营外汇业务的金融机构发现客户有外汇违法行为的,应当及时向外汇管理机关报告。

第三十七条 国务院外汇管理部门为履行外汇管理职责,可以从国务院有关部门、机构获取所必需的信息,国务院有关部门、机构应当提供。

国务院外汇管理部门应当向国务院有关部门、机构通报外汇管理工作情况。

第三十八条 任何单位和个人都有权举报外汇违法行为。

外汇管理机关应当为举报人保密,并按照规定对举报人或者协助查处外汇违法行为有功的单位和个人给予奖励。

第七章 法律责任

第三十九条 有违反规定将境内外汇转移境外,或者以欺骗手段将境内资本转移境外等逃汇行为的,由外汇管理机关责令限期调回外汇,处逃汇金额30%以下的罚款;情节严重的,处逃汇金额30%以上等值以下的罚款;构成犯罪的,依法追究刑事责任。

第四十条 有违反规定以外汇收付应当以人民币收付的款项,或者以虚假、无效的交易单证等向经营结汇、售汇业务的金融机构骗购外汇等非法套汇行为的,由外汇管理机关责令对非法套汇资金予以回兑,处非法套汇金额30%以下的罚款;情节严重的,处非法套汇金额30%以上等值以下的罚款;构成犯罪的,依法追究刑事责任。

第四十一条 违反规定将外汇汇入境内的,由外汇管理机关责令改正,处违法金额30%以下的罚款;情节严重的,处违法金额30%以上等值以下的罚款。

非法结汇的,由外汇管理机关责令对非法结汇资金予以回兑,处违法金额30%以下的罚款。

第四十二条 违反规定携带外汇出入境的,由外汇管理机关给予警告,可以处违法金额20%以下的罚款。法律、行政法规规定由海关予以处罚的,从其规定。

第四十三条 有擅自对外借款、在境外发行债券或者提供对外担保等违反外债管理行为的,由外汇管理机关给予警告,处违法金额30%以下的罚款。

第四十四条 违反规定,擅自改变外汇或者结汇资金用途的,由外汇管理机关责令改正,没收违法所得,处违法金额30%以下的罚款;情节严重的,处违法金额30%以上等值以下的罚款。

有违反规定以外币在境内计价结算或者划转外汇等非法使用外汇行为的,由外汇管理机关责令改正,给予警告,可以处违法金额30%以下的罚款。

第四十五条 私自买卖外汇、变相买卖外汇、倒买倒卖外汇或者非法介绍买卖外汇数额较大的,由外汇管理机关给予警告,没收违法所得,处违法金额30%以下的罚款;情节严重的,处违法金额30%以上等值以下的罚款;构成犯罪的,依法追究刑事责任。

第四十六条 未经批准擅自经营结汇、售汇业务的,由外汇管理机关责令改正,有违法所得的,没收违法所得,违法所得50万元以上的,并处违法所得1倍以上5倍以下的罚款;没有违法所得或者违法所得不足50万元的,处50万元以上200万元以下的罚款;情节严重的,由有关主管部门责令停业整顿或者吊销业务许可证;构成犯罪的,依法追究刑事责任。

未经批准经营结汇、售汇业务以外的其他外汇业务的,由外汇管理机关或者金融业监督管理机构依照前款规定予以处罚。

第四十七条 金融机构有下列情形之一的,由外汇管理机关责令限期改正,没收违法所得,并处20万元以上100万元以下的罚款;情节严重或者逾期不改正的,由外汇管理机关责令停止经营相关业务:

(一)办理经常项目资金收付,未对交易单证的真实性及其与外汇收支的一致性进行合理审查的;

(二)违反规定办理资本项目资金收付的;

(三)违反规定办理结汇、售汇业务的;

(四)违反外汇业务综合头寸管理的;

(五)违反外汇市场交易管理的。

第四十八条 有下列情形之一的,由外汇管理机关责令改正，给予警告，对机构可以处30万元以下的罚款，对个人可以处5万元以下的罚款：

（一）未按照规定进行国际收支统计申报的；

（二）未按照规定报送财务会计报告、统计报表等资料的；

（三）未按照规定提交有效单证或者提交的单证不真实的；

（四）违反外汇账户管理规定的；

（五）违反外汇登记管理规定的；

（六）拒绝、阻碍外汇管理机关依法进行监督检查或者调查的。

第四十九条　境内机构违反外汇管理规定的，除依照本条例给予处罚外，对直接负责的主管人员和其他直接责任人员，应当给予处分；对金融机构负有直接责任的董事、监事、高级管理人员和其他直接责任人员给予警告，处5万元以上50万元以下的罚款；构成犯罪的，依法追究刑事责任。

第五十条　外汇管理机关工作人员徇私舞弊、滥用职权、玩忽职守，构成犯罪的，依法追究刑事责任；尚不构成犯罪的，依法给予处分。

第五十一条　当事人对外汇管理机关作出的具体行政行为不服的，可以依法申请行政复议；对行政复议决定仍不服的，可以依法向人民法院提起行政诉讼。

第八章　附　　则

第五十二条　本条例下列用语的含义：

（一）境内机构，是指中华人民共和国境内的国家机关、企业、事业单位、社会团体、部队等，外国驻华外交领事机构和国际组织驻华代表机构除外。

（二）境内个人，是指中国公民和在中华人民共和国境内连续居住满1年的外国人，外国驻华外交人员和国际组织驻华代表除外。

（三）经常项目，是指国际收支中涉及货物、服务、收益及经常转移的交易项目等。

（四）资本项目，是指国际收支中引起对外资产和负债水平发生变化的交易项目，包括资本转移、直接投资、证券投资、衍生产品及贷款等。

第五十三条　非金融机构经营结汇、售汇业务，应当由国务院外汇管理部门批准，具体管理办法由国务院外汇管理部门另行制定。

第五十四条　本条例自公布之日起施行。

人民币银行结算账户管理办法

1. 2003年4月10日公布

2. 中国人民银行令〔2003〕第5号

3. 自2003年9月1日起施行

第一章　总　　则

第一条　为规范人民币银行结算账户（以下简称银行结算账户）的开立和使用，加强银行结算账户管理，维护经济金融秩序稳定，根据《中华人民共和国中国人民银行法》和《中华人民共和国商业银行法》等法律法规，制定本办法。

第二条　存款人在中国境内的银行开立的银行结算账户适用本办法。

本办法所称存款人，是指在中国境内开立银行结算账户的机关、团体、部队、企业、事业单位、其他组织（以下统称单位）、个体工商户和自然人。

本办法所称银行，是指在中国境内经中国人民银行批准经营支付结算业务的政策性银行、商业银行（含外资独资银行、中外合资银行、外国银行分行）、城市信用合作社、农村信用合作社。

本办法所称银行结算账户，是指银行为存款人开立的办理资金收付结算的人民币活期存款账户。

第三条　银行结算账户按存款人分为单位银行结算账户和个人银行结算账户。

（一）存款人以单位名称开立的银行结算账户为单位银行结算账户。单位银行结算账户按用途分为基本存款账户、一般存款账户、专用存款账户、临时存款账户。

个体工商户凭营业执照以字号或经营者姓名开立的银行结算账户纳入单位银行结算账户管理。

（二）存款人凭个人身份证件以自然人名称开立的银行结算账户为个人银行结算账户。

邮政储蓄机构办理银行卡业务开立的账户纳入个人银行结算账户管理。

第四条 单位银行结算账户的存款人只能在银行开立一个基本存款账户。

第五条 存款人应在注册地或住所地开立银行结算账户。符合本办法规定可以在异地(跨省、市、县)开立银行结算账户的除外。

第六条 存款人开立基本存款账户、临时存款账户和预算单位开立专用存款账户实行核准制度,经中国人民银行核准后由开户银行核发开户登记证。但存款人因注册验资需要开立的临时存款账户除外。

第七条 存款人可以自主选择银行开立银行结算账户。除国家法律、行政法规和国务院规定外,任何单位和个人不得强令存款人到指定银行开立银行结算账户。

第八条 银行结算账户的开立和使用应当遵守法律、行政法规,不得利用银行结算账户进行偷逃税款、逃废债务、套取现金及其他违法犯罪活动。

第九条 银行应依法为存款人的银行结算账户信息保密。对单位银行结算账户的存款和有关资料,除国家法律、行政法规另有规定外,银行有权拒绝任何单位或个人查询。对个人银行结算账户的存款和有关资料,除国家法律另有规定外,银行有权拒绝任何单位或个人查询。

第十条 中国人民银行是银行结算账户的监督管理部门。

第二章 银行结算账户的开立

第十一条 基本存款账户是存款人因办理日常转账结算和现金收付需要开立的银行结算账户。下列存款人,可以申请开立基本存款账户:

(一)企业法人。

(二)非法人企业。

(三)机关、事业单位。

(四)团级(含)以上军队、武警部队及分散执勤的支(分)队。

(五)社会团体。

(六)民办非企业组织。

(七)异地常设机构。

(八)外国驻华机构。

(九)个体工商户。

(十)居民委员会、村民委员会、社区委员会。

(十一)单位设立的独立核算的附属机构。

(十二)其他组织。

第十二条 一般存款账户是存款人因借款或其他结算需要,在基本存款账户开户银行以外的银行营业机构开立的银行结算账户。

第十三条 专用存款账户是存款人按照法律、行政法规和规章,对其特定用途资金进行专项管理和使用而开立的银行结算账户。对下列资金的管理与使用,存款人可以申请开立专用存款账户:

(一)基本建设资金。

(二)更新改造资金。

(三)财政预算外资金。

(四)粮、棉、油收购资金。

(五)证券交易结算资金。

(六)期货交易保证金。

(七)信托基金。

(八)金融机构存放同业资金。

(九)政策性房地产开发资金。

(十)单位银行卡备用金。

(十一)住房基金。

(十二)社会保障基金。

(十三)收入汇缴资金和业务支出资金。

(十四)党、团、工会设在单位的组织机构经费。

(十五)其他需要专项管理和使用的资金。

收入汇缴资金和业务支出资金,是指基本存款账户存款人附属的非独立核算单位或派出机构发生的收入和支出的资金。

因收入汇缴资金和业务支出资金开立的专用存款账户,应使用隶属单位的名称。

第十四条 临时存款账户是存款人因临时需要并在规定期限内使用而开立的银行结算账户。有下列情况的,存款人可以申请开立临时存款账户:

(一)设立临时机构。

(二)异地临时经营活动。

(三)注册验资。

第十五条 个人银行结算账户是自然人因投资、

消费、结算等而开立的可办理支付结算业务的存款账户。有下列情况的,可以申请开立个人银行结算账户:

（一）使用支票、信用卡等信用支付工具的。

（二）办理汇兑、定期借记、定期贷记、借记卡等结算业务的。

自然人可根据需要申请开立个人银行结算账户,也可以在已开立的储蓄账户中选择并向开户银行申请确认为个人银行结算账户。

第十六条　存款人有下列情形之一的,可以在异地开立有关银行结算账户:

（一）营业执照注册地与经营地不在同一行政区域（跨省、市、县）需要开立基本存款账户的。

（二）办理异地借款和其他结算需要开立一般存款账户的。

（三）存款人因附属的非独立核算单位或派出机构发生的收入汇缴或业务支出需要开立专用存款账户的。

（四）异地临时经营活动需要开立临时存款账户的。

（五）自然人根据需要在异地开立个人银行结算账户的。

第十七条　存款人申请开立基本存款账户,应向银行出具下列证明文件:

（一）企业法人,应出具企业法人营业执照正本。

（二）非法人企业,应出具企业营业执照正本。

（三）机关和实行预算管理的事业单位,应出具政府人事部门或编制委员会的批文或登记证书和财政部门同意其开户的证明;非预算管理的事业单位,应出具政府人事部门或编制委员会的批文或登记证书。

（四）军队、武警团级（含）以上单位以及分散执勤的支（分）队,应出具军队军级以上单位财务部门、武警总队财务部门的开户证明。

（五）社会团体,应出具社会团体登记证书,宗教组织还应出具宗教事务管理部门的批文或证明。

（六）民办非企业组织,应出具民办非企业登记证书。

（七）外地常设机构,应出具其驻在地政府主管部门的批文。

（八）外国驻华机构,应出具国家有关主管部门的批文或证明;外资企业驻华代表处、办事处应出具国家登记机关颁发的登记证。

（九）个体工商户,应出具个体工商户营业执照正本。

（十）居民委员会、村民委员会、社区委员会,应出具其主管部门的批文或证明。

（十一）独立核算的附属机构,应出具其主管部门的基本存款账户开户登记证和批文。

（十二）其他组织,应出具政府主管部门的批文或证明。

本条中的存款人为从事生产、经营活动纳税人的,还应出具税务部门颁发的税务登记证。

第十八条　存款人申请开立一般存款账户,应向银行出具其开立基本存款账户规定的证明文件、基本存款账户开户登记证和下列证明文件:

（一）存款人因向银行借款需要,应出具借款合同。

（二）存款人因其他结算需要,应出具有关证明。

第十九条　存款人申请开立专用存款账户,应向银行出具其开立基本存款账户规定的证明文件、基本存款账户开户登记证和下列证明文件:

（一）基本建设资金、更新改造资金、政策性房地产开发资金、住房基金、社会保障基金,应出具主管部门批文。

（二）财政预算外资金,应出具财政部门的证明。

（三）粮、棉、油收购资金,应出具主管部门批文。

（四）单位银行卡备用金,应按照中国人民银行批准的银行卡章程的规定出具有关证明和资料。

（五）证券交易结算资金,应出具证券公司或证券管理部门的证明。

(六)期货交易保证金,应出具期货公司或期货管理部门的证明。

(七)金融机构存放同业资金,应出具其证明。

(八)收入汇缴资金和业务支出资金,应出具基本存款账户存款人有关的证明。

(九)党、团、工会设在单位的组织机构经费,应出具该单位或有关部门的批文或证明。

(十)其他按规定需要专项管理和使用的资金,应出具有关法规、规章或政府部门的有关文件。

第二十条 合格境外机构投资者在境内从事证券投资开立的人民币特殊账户和人民币结算资金账户纳入专用存款账户管理。其开立人民币特殊账户时应出具国家外汇管理部门的批复文件,开立人民币结算资金账户时应出具证券管理部门的证券投资业务许可证。

第二十一条 存款人申请开立临时存款账户,应向银行出具下列证明文件:

(一)临时机构,应出具其驻在地主管部门同意设立临时机构的批文。

(二)异地建筑施工及安装单位,应出具其营业执照正本或其隶属单位的营业执照正本,以及施工及安装地建设主管部门核发的许可证或建筑施工及安装合同。

(三)异地从事临时经营活动的单位,应出具其营业执照正本以及临时经营地工商行政管理部门的批文。

(四)注册验资资金,应出具工商行政管理部门核发的企业名称预先核准通知书或有关部门的批文。

本条第二、三项还应出具其基本存款账户开户登记证。

第二十二条 存款人申请开立个人银行结算账户,应向银行出具下列证明文件:

(一)中国居民,应出具居民身份证或临时身份证。

(二)中国人民解放军军人,应出具军人身份证件。

(三)中国人民武装警察,应出具武警身份证件。

(四)香港、澳门居民,应出具港澳居民往来内地通行证;台湾居民,应出具台湾居民来往大陆通行证或者其他有效旅行证件。

(五)外国公民,应出具护照。

(六)法律、法规和国家有关文件规定的其他有效证件。

银行为个人开立银行结算账户时,根据需要还可要求申请人出具户口簿、驾驶执照、护照等有效证件。

第二十三条 存款人需要在异地开立单位银行结算账户,除出具本办法第十七条、十八条、十九条、二十一条规定的有关证明文件外,应出具下列相应的证明文件:

(一)经营地与注册地不在同一行政区域的存款人,在异地开立基本存款账户的,应出具注册地中国人民银行分支行的未开立基本存款账户的证明。

(二)异地借款的存款人,在异地开立一般存款账户的,应出具在异地取得贷款的借款合同。

(三)因经营需要在异地办理收入汇缴和业务支出的存款人,在异地开立专用存款账户的,应出具隶属单位的证明。

属本条第二、三项情况的,还应出具其基本存款账户开户登记证。

存款人需要在异地开立个人银行结算账户,应出具本办法第二十二条规定的证明文件。

第二十四条 单位开立银行结算账户的名称应与其提供的申请开户的证明文件的名称全称相一致。有字号的个体工商户开立银行结算账户的名称应与其营业执照的字号相一致;无字号的个体工商户开立银行结算账户的名称,由“个体户”字样和营业执照记载的经营者姓名组成。自然人开立银行结算账户的名称应与其提供的有效身份证件中的名称全称相一致。

第二十五条 银行为存款人开立一般存款账户、专用存款账户和临时存款账户的,应自开户之日起3个工作日内书面通知基本存款账户开户银行。

第二十六条 存款人申请开立单位银行结算账户时,可由法定代表人或单位负责人直接办理，也可授权他人办理。

由法定代表人或单位负责人直接办理的，除出具相应的证明文件外，还应出具法定代表人或单位负责人的身份证件；授权他人办理的，除出具相应的证明文件外，还应出具其法定代表人或单位负责人的授权书及其身份证件，以及被授权人的身份证件。

第二十七条　存款人申请开立银行结算账户时，应填制开户申请书。开户申请书按照中国人民银行的规定记载有关事项。

第二十八条　银行应对存款人的开户申请书填写的事项和证明文件的真实性、完整性、合规性进行认真审查。

开户申请书填写的事项齐全，符合开立基本存款账户、临时存款账户和预算单位专用存款账户条件的，银行应将存款人的开户申请书、相关的证明文件和银行审核意见等开户资料报送中国人民银行当地分支行，经其核准后办理开户手续；符合开立一般存款账户、其他专用存款账户和个人银行结算账户条件的，银行应办理开户手续，并于开户之日起5个工作日内向中国人民银行当地分支行备案。

第二十九条　中国人民银行应于2个工作日内对银行报送的基本存款账户、临时存款账户和预算单位专用存款账户的开户资料的合规性予以审核，符合开户条件的，予以核准；不符合开户条件的，应在开户申请书上签署意见，连同有关证明文件一并退回报送银行。

第三十条　银行为存款人开立银行结算账户，应与存款人签订银行结算账户管理协议，明确双方的权利与义务。除中国人民银行另有规定的以外，应建立存款人预留签章卡片，并将签章式样和有关证明文件的原件或复印件留存归档。

第三十一条　开户登记证是记载单位银行结算账户信息的有效证明，存款人应按本办法的规定使用，并妥善保管。

第三十二条　银行在为存款人开立一般存款账户、专用存款账户和临时存款账户时，应在其基本存款账户开户登记证上登记账户名称、账号、账户性质、开户银行、开户日期，并签章。但临时机构和注册验资需要开立的临时存款账户除外。

第三章　银行结算账户的使用

第三十三条　基本存款账户是存款人的主办账户。存款人日常经营活动的资金收付及其工资、奖金和现金的支取，应通过该账户办理。

第三十四条　一般存款账户用于办理存款人借款转存、借款归还和其他结算的资金收付。该账户可以办理现金缴存，但不得办理现金支取。

第三十五条　专用存款账户用于办理各项专用资金的收付。

单位银行卡账户的资金必须由其基本存款账户转账存入。该账户不得办理现金收付业务。

财政预算外资金、证券交易结算资金、期货交易保证金和信托基金专用存款账户不得支取现金。

基本建设资金、更新改造资金、政策性房地产开发资金、金融机构存放同业资金账户需要支取现金的，应在开户时报中国人民银行当地分支行批准。中国人民银行当地分支行应根据国家现金管理的规定审查批准。

粮、棉、油收购资金、社会保障基金、住房基金和党、团、工会经费等专用存款账户支取现金应按照国家现金管理的规定办理。

收入汇缴账户除向其基本存款账户或预算外资金财政专用存款户划缴款项外，只收不付，不得支取现金。业务支出账户除从其基本存款账户拨入款项外，只付不收，其现金支取必须按照国家现金管理的规定办理。

银行应按照本条的各项规定和国家对粮、棉、油收购资金使用管理规定加强监督，对不符合规定的资金收付和现金支取，不得办理。但对其他专用资金的使用不负监督责任。

第三十六条　临时存款账户用于办理临时机构以及存款人临时经营活动发生的资金收付。

临时存款账户应根据有关开户证明文件确定的期限或存款人的需要确定其有效期限。存款人在账户的使用中需要延长期限的，应在有效期限内向开户银行提出申请，并由开户银行报中国人民银行当地分支行核准后办理展期。临时存款账户的有效期最长不得超过2年。

临时存款账户支取现金,应按照国家现金管理的规定办理。

第三十七条 注册验资的临时存款账户在验资期间只收不付,注册验资资金的汇缴人应与出资人的名称一致。

第三十八条 存款人开立单位银行结算账户,自正式开立之日起3个工作日后,方可办理付款业务。但注册验资的临时存款账户转为基本存款账户和因借款转存开立的一般存款账户除外。

第三十九条 个人银行结算账户用于办理个人转账收付和现金存取。下列款项可以转入个人银行结算账户:

(一)工资、奖金收入。

(二)稿费、演出费等劳务收入。

(三)债券、期货、信托等投资的本金和收益。

(四)个人债权或产权转让收益。

(五)个人贷款转存。

(六)证券交易结算资金和期货交易保证金。

(七)继承、赠与款项。

(八)保险理赔、保费退还等款项。

(九)纳税退还。

(十)农、副、矿产品销售收入。

(十一)其他合法款项。

第四十条 单位从其银行结算账户支付给个人银行结算账户的款项,每笔超过5万元的,应向其开户银行提供下列付款依据:

(一)代发工资协议和收款人清单。

(二)奖励证明。

(三)新闻出版、演出主办等单位与收款人签订的劳务合同或支付给个人款项的证明。

(四)证券公司、期货公司、信托投资公司、奖券发行或承销部门支付或退还给自然人款项的证明。

(五)债权或产权转让协议。

(六)借款合同。

(七)保险公司的证明。

(八)税收征管部门的证明。

(九)农、副、矿产品购销合同。

(十)其他合法款项的证明。

从单位银行结算账户支付给个人银行结算账户的款项应纳税的,税收代扣单位付款时应向其开户银行提供完税证明。

第四十一条 有下列情形之一的,个人应出具本办法第四十条规定的有关收款依据。

(一)个人持出票人为单位的支票向开户银行委托收款,将款项转入其个人银行结算账户的。

(二)个人持申请人为单位的银行汇票和银行本票向开户银行提示付款,将款项转入其个人银行结算账户的。

第四十二条 单位银行结算账户支付给个人银行结算账户款项的,银行应按第四十条、第四十一条规定认真审查付款依据或收款依据的原件,并留存复印件,按会计档案保管。未提供相关依据或相关依据不符合规定的,银行应拒绝办理。

第四十三条 储蓄账户仅限于办理现金存取业务,不得办理转账结算。

第四十四条 银行应按规定与存款人核对账务。银行结算账户的存款人收到对账单或对账信息后,应及时核对账务并在规定期限内向银行发出对账回单或确认信息。

第四十五条 存款人应按照本办法的规定使用银行结算账户办理结算业务。

存款人不得出租、出借银行结算账户,不得利用银行结算账户套取银行信用。

第四章 银行结算账户的变更与撤销

第四十六条 存款人更改名称,但不改变开户银行及账号的,应于5个工作日内向开户银行提出银行结算账户的变更申请,并出具有关部门的证明文件。

第四十七条 单位的法定代表人或主要负责人、住址以及其他开户资料发生变更时,应于5个工作日内书面通知开户银行并提供有关证明。

第四十八条 银行接到存款人的变更通知后,应及时办理变更手续,并于2个工作日内向中国人民银行报告。

第四十九条 有下列情形之一的,存款人应向开户银行提出撤销银行结算账户的申请:

（一）被撤并、解散、宣告破产或关闭的。

（二）注销、被吊销营业执照的。

（三）因迁址需要变更开户银行的。

（四）其他原因需要撤销银行结算账户的。

存款人有本条第一、二项情形的，应于5个工作日内向开户银行提出撤销银行结算账户的申请。

本条所称撤销是指存款人因开户资格或其他原因终止银行结算账户使用的行为。

第五十条　存款人因本办法第四十九条第一、二项原因撤销基本存款账户的，存款人基本存款账户的开户银行应自撤销银行结算账户之日起2个工作日内将撤销该基本存款账户的情况书面通知该存款人其他银行结算账户的开户银行；存款人其他银行结算账户的开户银行，应自收到通知之日起2个工作日内通知存款人撤销有关银行结算账户；存款人应自收到通知之日起3个工作日内办理其他银行结算账户的撤销。

第五十一条　银行得知存款人有本办法第四十九条第一、二项情况，存款人超过规定期限未主动办理撤销银行结算账户手续的，银行有权停止其银行结算账户的对外支付。

第五十二条　未获得工商行政管理部门核准登记的单位，在验资期满后，应向银行申请撤销注册验资临时存款账户，其账户资金应退还给原汇款人账户。注册验资资金以现金方式存入，出资人需提取现金的，应出具缴存现金时的现金缴款单原件及其有效身份证件。

第五十三条　存款人尚未清偿其开户银行债务的，不得申请撤销该账户。

第五十四条　存款人撤销银行结算账户，必须与开户银行核对银行结算账户存款余额，交回各种重要空白票据及结算凭证和开户登记证，银行核对无误后方可办理销户手续。存款人未按规定交回各种重要空白票据及结算凭证的，应出具有关证明，造成损失的，由其自行承担。

第五十五条　银行撤销单位银行结算账户时应在其基本存款账户开户登记证上注明销户日期并签章，同时于撤销银行结算账户之日起2个工作日内，向中国人民银行报告。

第五十六条　银行对一年未发生收付活动且未欠开户银行债务的单位银行结算账户，应通知单位自发出通知之日起30日内办理销户手续，逾期视同自愿销户，未划转款项列入久悬未取专户管理。

第五章　银行结算账户的管理

第五十七条　中国人民银行负责监督、检查银行结算账户的开立和使用，对存款人、银行违反银行结算账户管理规定的行为予以处罚。

第五十八条　中国人民银行对银行结算账户的开立和使用实施监控和管理。

第五十九条　中国人民银行负责基本存款账户、临时存款账户和预算单位专用存款账户开户登记证的管理。

任何单位及个人不得伪造、变造及私自印制开户登记证。

第六十条　银行负责所属营业机构银行结算账户开立和使用的管理，监督和检查其执行本办法的情况，纠正违规开立和使用银行结算账户的行为。

第六十一条　银行应明确专人负责银行结算账户的开立、使用和撤销的审查和管理，负责对存款人开户申请资料的审查，并按照本办法的规定及时报送存款人开销户信息资料，建立健全开销户登记制度，建立银行结算账户管理档案，按会计档案进行管理。

银行结算账户管理档案的保管期限为银行结算账户撤销后10年。

第六十二条　银行应对已开立的单位银行结算账户实行年检制度，检查开立的银行结算账户的合规性，核实开户资料的真实性；对不符合本办法规定开立的单位银行结算账户，应予以撤销。对经核实的各类银行结算账户的资料变动情况，应及时报告中国人民银行当地分支行。

银行应对存款人使用银行结算账户的情况进行监督，对存款人的可疑支付应按照中国人民银行规定的程序及时报告。

第六十三条　存款人应加强对预留银行签章的管理。单位遗失预留公章或财务专用章的，应向开户银行出具书面申请、开户登记证、营业执照等相关证明文件；更换预留公章或财务专用章时，应向开户银行出具书面申请、原预留签章的式样等相关证明文件。个人遗失或更换预留个人印章或更换签字人时,应向开户银行出具经签名确认的书面申请,以及原预留印章或签字人的个人身份证件。银行应留存相应的复印件,并凭以办理预留银行签章的变更。

第六章 罚 则

第六十四条 存款人开立、撤销银行结算账户,不得有下列行为:

(一)违反本办法规定开立银行结算账户。

(二)伪造、变造证明文件欺骗银行开立银行结算账户。

(三)违反本办法规定不及时撤销银行结算账户。

非经营性的存款人,有上述所列行为之一的,给予警告并处以1000元的罚款;经营性的存款人有上述所列行为之一的,给予警告并处以1万元以上3万元以下的罚款;构成犯罪的,移交司法机关依法追究刑事责任。

第六十五条 存款人使用银行结算账户,不得有下列行为:

(一)违反本办法规定将单位款项转入个人银行结算账户。

(二)违反本办法规定支取现金。

(三)利用开立银行结算账户逃废银行债务。

(四)出租、出借银行结算账户。

(五)从基本存款账户之外的银行结算账户转账存入、将销货收入存入或现金存入单位信用卡账户。

(六)法定代表人或主要负责人、存款人地址以及其他开户资料的变更事项未在规定期限内通知银行。

非经营性的存款人有上述所列一至五项行为的,给予警告并处以1000元罚款;经营性的存款人有上述所列一至五项行为的,给予警告并处以5000元以上3万元以下的罚款;存款人有上述所列第六项行为的,给予警告并处以1000元的罚款。

第六十六条 银行在银行结算账户的开立中,不得有下列行为:

(一)违反本办法规定为存款人多头开立银行结算账户。

(二)明知或应知是单位资金,而允许以自然人名称开立账户存储。

银行有上述所列行为之一的,给予警告,并处以5万元以上30万元以下的罚款;对该银行直接负责的高级管理人员、其他直接负责的主管人员、直接责任人员按规定给予纪律处分;情节严重的,中国人民银行有权停止对其开立基本存款账户的核准,责令该银行停业整顿或者吊销经营金融业务许可证;构成犯罪的,移交司法机关依法追究刑事责任。

第六十七条 银行在银行结算账户的使用中,不得有下列行为:

(一)提供虚假开户申请资料欺骗中国人民银行许可开立基本存款账户、临时存款账户、预算单位专用存款账户。

(二)开立或撤销单位银行结算账户,未按本办法规定在其基本存款账户开户登记证上予以登记、签章或通知相关开户银行。

(三)违反本办法第四十二条规定办理个人银行结算账户转账结算。

(四)为储蓄账户办理转账结算。

(五)违反规定为存款人支付现金或办理现金存入。

(六)超过期限或未向中国人民银行报送账户开立、变更、撤销等资料。

银行有上述所列行为之一的,给予警告,并处以5000元以上3万元以下的罚款;对该银行直接负责的高级管理人员、其他直接负责的主管人员、直接责任人员按规定给予纪律处分;情节严重的,中国人民银行有权停止对其开立基本存款账户的核准,构成犯罪的,移交司法机关依法追究刑事责任。

第六十八条 违反本办法规定,伪造、变造、私自印制开户登记证的存款人,属非经营性的处以1000元罚款;属经营性的处以1万元以上3万元以下的罚款;构成犯罪的,移交司法机关依法追究刑事责任。

第七章 附 则

第六十九条 开户登记证由中国人民银行总行统一式样,中国人民银行各分行、营业管理部、省会(首府)城市中心支行负责监制。

第七十条 本办法由中国人民银行负责解释、修改。

第七十一条　本办法自 2003 年 9 月 1 日起施行。1994 年 10 月 9 日中国人民银行发布的《银行账户管理办法》同时废止。

金融资产管理公司条例

1. 2000 年 11 月 10 日公布施行
2. 国务院令第 297 号

第一章　总　　则

第一条　为了规范金融资产管理公司的活动，依法处理国有银行不良贷款，促进国有银行和国有企业的改革和发展，制定本条例。

第二条　金融资产管理公司，是指经国务院决定设立的收购国有银行不良贷款，管理和处置因收购国有银行不良贷款形成的资产的国有独资非银行金融机构。

第三条　金融资产管理公司以最大限度保全资产、减少损失为主要经营目标，依法独立承担民事责任。

第四条　中国人民银行、财政部和中国证券监督管理委员会依据各自的法定职责对金融资产管理公司实施监督管理。

第二章　公司的设立和业务范围

第五条　金融资产管理公司的注册资本为人民币 100 亿元，由财政部核拨。

第六条　金融资产管理公司由中国人民银行颁发《金融机构法人许可证》，并向工商行政管理部门依法办理登记。

第七条　金融资产管理公司设立分支机构，须经财政部同意，并报中国人民银行批准，由中国人民银行颁发《金融机构营业许可证》，并向工商行政管理部门依法办理登记。

第八条　金融资产管理公司设总裁 1 人、副总裁若干人。总裁、副总裁由国务院任命。总裁对外代表金融资产管理公司行使职权，负责金融资产管理公司的经营管理。

金融资产管理公司的高级管理人员须经中国人民银行审查任职资格。

第九条　金融资产管理公司监事会的组成、职责和工作程序，依照《国有重点金融机构监事会暂行条例》执行。

第十条　金融资产管理公司在其收购的国有银行不良贷款范围内，管理和处置因收购国有银行不良贷款形成的资产时，可以从事下列业务活动：

（一）追偿债务；

（二）对所收购的不良贷款形成的资产进行租赁或者以其他形式转让、重组；

（三）债权转股权，并对企业阶段性持股；

（四）资产管理范围内公司的上市推荐及债券、股票承销；

（五）发行金融债券，向金融机构借款；

（六）财务及法律咨询，资产及项目评估；

（七）中国人民银行、中国证券监督管理委员会批准的其他业务活动。

金融资产管理公司可以向中国人民银行申请再贷款。

第三章　收购不良贷款的范围、额度及资金来源

第十一条　金融资产管理公司按照国务院确定的范围和额度收购国有银行不良贷款；超出确定的范围或者额度收购的，须经国务院专项审批。

第十二条　在国务院确定的额度内，金融资产管理公司按照帐面价值收购有关贷款本金和相对应的计入损益的应收未收利息；对未计入损益的应收未收利息，实行无偿划转。

第十三条　金融资产管理公司收购不良贷款后，即取得原债权人对债务人的各项权利。原借款合同的债务人、担保人及有关当事人应当继续履行合同规定的义务。

第十四条　金融资产管理公司收购不良贷款的资金来源包括：

（一）划转中国人民银行发放给国有独资商业银行的部分再贷款；

（二）发行金融债券。

中国人民银行发放给国有独资商业银行的再贷款划转给金融资产管理公司，实行固定利率，年利率为 2.25%。

第十五条　金融资产管理公司发行金融债券，由中国人民银行会同财政部审批。

第四章　债权转股权

第十六条　金融资产管理公司可以将收购国有银行不良贷款取得的债权转为对借款企业的股权。

金融资产管理公司持有的股权,不受本公司净资产额或者注册资本的比例限制。

第十七条　实施债权转股权,应当贯彻国家产业政策,有利于优化经济结构,促进有关企业的技术进步和产品升级。

第十八条　实施债权转股权的企业,由国家经济贸易委员会向金融资产管理公司推荐。金融资产管理公司对被推荐的企业进行独立评审,制定企业债权转股权的方案并与企业签订债权转股权协议。债权转股权的方案和协议由国家经济贸易委员会会同财政部、中国人民银行审核,报国务院批准后实施。

第十九条　实施债权转股权的企业,应当按照现代企业制度的要求,转换经营机制,建立规范的公司法人治理结构,加强企业管理。有关地方人民政府应当帮助企业减员增效、下岗分流,分离企业办社会的职能。

第二十条　金融资产管理公司的债权转股权后,作为企业的股东,可以派员参加企业董事会、监事会,依法行使股东权利。

第二十一条　金融资产管理公司持有的企业股权,可以按照国家有关规定向境内外投资者转让,也可以由债权转股权企业依法回购。

第二十二条　企业实施债权转股权后,应当按照国家有关规定办理企业产权变更等有关登记。

第二十三条　国家经济贸易委员会负责组织、指导、协调企业债权转股权工作。

第五章　公司的经营和管理

第二十四条　金融资产管理公司实行经营目标责任制。

财政部根据不良贷款质量的情况,确定金融资产管理公司处置不良贷款的经营目标,并进行考核和监督。

第二十五条　金融资产管理公司应当根据不良贷款的特点,制定经营方针和有关措施,完善内部治理结构,建立内部约束机制和激励机制。

第二十六条　金融资产管理公司管理、处置因收购国有银行不良贷款形成的资产,应当按照公开、竞争、择优的原则运作。

金融资产管理公司转让资产,主要采取招标、拍卖等方式。

金融资产管理公司的债权因债务人破产等原因得不到清偿的,按照国务院的规定处理。

金融资产管理公司资产处置管理办法由财政部制定。

第二十七条　金融资产管理公司根据业务需要,可以聘请具有会计、资产评估和法律服务等资格的中介机构协助开展业务。

第二十八条　金融资产管理公司免交在收购国有银行不良贷款和承接、处置因收购国有银行不良贷款形成的资产的业务活动中的税收。具体办法由财政部会同国家税务总局制定。

金融资产管理公司免交工商登记注册费等行政性收费。

第二十九条　金融资产管理公司应当按照中国人民银行、财政部和中国证券监督管理委员会等有关部门的要求,报送财务、统计报表和其他有关材料。

第三十条　金融资产管理公司应当依法接受审计机关的审计监督。

金融资产管理公司应当聘请财政部认可的注册会计师对其财务状况进行年度审计,并将审计报告及时报送各有关监督管理部门。

第六章　公司的终止和清算

第三十一条　金融资产管理公司终止时,由财政部组织清算组,进行清算。

第三十二条　金融资产管理公司处置不良贷款形成的最终损失,由财政部提出解决方案,报国务院批准执行。

第七章　附　　则

第三十三条　金融资产管理公司违反金融法律、行政法规的,由中国人民银行依照有关法律和《金融违法行为处罚办法》给予处罚;违反其他有关法律、行政法规的,由有关部门依法给予处罚;构成犯罪的,依法追究刑事责任。

第三十四条　本条例自公布之日起施行。

最高人民法院关于审理涉及金融资产管理公司收购、管理、处置国有银行不良贷款形成的资产的案件适用法律若干问题的规定

1. *2001年4月3日最高人民法院审判委员会第1167次会议通过*
2. *2001年4月11日公布*
3. *法释〔2001〕12号*
4. *自2001年4月23日起施行*

为深化金融改革，规范金融秩序，根据有关法律规定，现对人民法院审理涉及金融资产管理公司收购、管理、处置国有银行不良贷款形成的资产的案件适用法律若干问题作如下规定：

第一条　金融资产管理公司办事处领取中国人民银行颁发的《金融机构营业许可证》，并向工商行政管理部门依法办理登记的，可以作为诉讼主体参加诉讼。

第二条　金融资产管理公司受让国有银行债权后，人民法院对于债权转让前原债权银行已经提起诉讼尚未审结的案件，可以根据原债权银行或者金融资产管理公司的申请将诉讼主体变更为受让债权的金融资产管理公司。

第三条　金融资产管理公司向债务人提起诉讼的，应当由被告人住所地人民法院管辖。

原债权银行与债务人有协议管辖约定的，如不违反法律规定，该约定继续有效。

第四条　人民法院对金融资产管理公司申请支付令的，应当依法受理。债务人提出异议的，依照《中华人民共和国民事诉讼法》第十七章的规定处理。

第五条　人民法院对金融资产管理公司申请财产保全的，如金融资产管理公司与债务人之间债权债务关系明确，根据《中华人民共和国民事诉讼法》第九十二条第二款的规定，可以不要求金融资产管理公司提供担保。

第六条　金融资产管理公司受让国有银行债权后，原债权银行在全国或者省级有影响的报纸上发布债权转让公告或通知的，人民法院可以认定债权人履行了《中华人民共和国合同法》第八十条第一款规定的通知义务。

在案件审理中，债务人以原债权银行转让债权未履行通知义务为由进行抗辩的，人民法院可以将原债权银行传唤到庭调查债权转让事实，并责令原债权银行告知债务人债权转让的事实。

第七条　债务人逾期归还贷款，原借款合同约定的利息计算方法不违反法律法规规定的，该约定有效。没有约定或者不明的，依照中国人民银行《人民币利率管理规定》计算利息和复息。

第八条　人民法院对最高额抵押所担保的不特定债权特定后，原债权银行转让主债权的，可以认定转让债权的行为有效。

第九条　金融资产管理公司受让有抵押担保的债权后，可以依法取得对债权的抵押权，原抵押权登记继续有效。

第十条　债务人在债权转让协议，债权转让通知上签章或者签收债务催收通知的，诉讼时效中断。原债权银行在全国或者省级有影响的报纸上发布的债权转让公告或通知中，有催收债务内容的，该公告或通知可以作为诉讼时效中断证据。

第十一条　本规定所称金融资产管理公司包括其依法设立在各地的办事处。

第十二条　本规定仅适用于审理涉及金融资产管理公司收购、管理、处置国有银行不良贷款形成的资产的有关案件。

最高人民法院关于金融资产管理公司收购、处置银行不良资产有关问题的补充通知

1. *2005年5月30日发布*
2. *法〔2005〕62号*

各省、自治区、直辖市高级人民法院，新疆维吾尔自治区高级人民法院生产建设兵团分院：

为了深化金融改革，规范金融秩序，本院先后下发了《关于审理金融资产管理公司收购、管理、处置国有银行不良贷款形成的资产的案件适用法律若干问题的规定》、《关于贯

彻执行最高人民法院"十二条"司法解释有关问题的函的答复》和《关于国有金融资产管理公司处置国有商业银行不良资产案件交纳诉讼费用的通知》。最近,根据国务院关于国有独资商业银行股份制改革的总体部署,中国信达资产管理公司收购了中国银行、中国建设银行和交通银行剥离的不良资产。为了维护金融资产安全,降低不良资产处置成本,现将审理金融资产管理公司在收购、处置不良资产发生的纠纷案件的有关问题补充通知如下:

一、国有商业银行(包括国有控股银行)向金融资产管理公司转让不良贷款,或者金融资产管理公司受让不良贷款后,通过债权转让方式处置不良资产的,可以适用本院发布的上述规定。

二、国有商业银行(包括国有控股银行)向金融资产管理公司转让不良贷款,或者金融资产管理公司收购、处置不良贷款的,担保债权同时转让,无须征得担保人的同意,担保人仍应在原担保范围内对受让人继续承担担保责任。担保合同中关于合同变更需经担保人同意的约定,对债权人转让债权没有约束力。

三、金融资产管理公司转让、处置已经涉及诉讼、执行或者破产等程序的不良债权时,人民法院应当根据债权转让协议和转让人或者受让人的申请,裁定变更诉讼或者执行主体。

最高人民法院关于在民事审判和执行工作中依法保护金融债权防止国有资产流失问题的通知

1. 2005年3月16日发布
2. 法〔2005〕32号

各省、自治区、直辖市高级人民法院,解放军军事法院,新疆维吾尔自治区高级人民法院生产建设兵团分院:

依法保护金融债权,防止国有资产流失,关系到国家经济安全,已经成为当前我国经济结构调整和金融体制改革过程中的重要问题。随着金融不良债权处置工作进入攻坚阶段和处置难度的加大、处置方式的多元化,人民群众和社会各界对人民法院在审理和执行涉及不良金融债权案件中如何依法保护金融债权,防止国有资产流失提出了更高的要求。为正确审理上述相关纠纷案件,保障金融不良债权处置工作的顺利进行,防止国有资产流失,现通知如下:

一、充分发挥民事审判和执行工作在依法调整社会各种经济关系,维护社会主义市场经济秩序方面的职能作用。在审理和执行涉及金融不良债权案件中要严格执行民事诉讼法、合同法、担保法及本院颁布的《关于审理企业破产案件若干问题的规定》、《关于审理与企业改制相关的民事纠纷案件若干问题的规定》等一系列司法解释,准确理解和把握立法和司法解释的本意,统一司法尺度。

二、各级人民法院和广大法官要增强司法能力,提高司法水平,维护国家法制的统一,摒弃和坚决抵制地方保护主义。审理涉及金融不良债权案件,要坚持办案的法律效果与社会效果的统一,妥善处理国家利益和地方利益的关系,依法保护金融债权和企业职工的合法权益。

三、加强涉及金融不良债权案件的调研工作。随着我国金融体制改革的逐步深入,人民法院在审理和执行涉及金融不良债权案件中会不断遇到新情况和新问题。这些问题政策性强、社会影响大,而有关法律法规又相对滞后。人民法院要在总结经验的基础上加强调查研究,不断提高办案质量和效率。上级人民法院要加强对下级人民法院的监督指导,并开展有针对性的执法检查,发现问题及时纠正。

四、在审理和执行上述案件时,需要对金融不良债权和相关财产进行评估、审计的,要严格依照法律规定委托有相应资质并信誉良好的中介机构进行,要对评估、审计程序和结果进行严格审查。对被执行人的财产进行变价时,要尽可能采取由拍卖机构公开拍卖的方式,最大限度地回收金融债权。

五、人民法院在民事审判和执行工作中,如发现金融机构工作人员在处置金融不良债权过程中与受让人、中介机构等恶意串通,故意违规处置金融不良债权,有经济犯罪嫌疑线索的,要及时将犯罪嫌疑线索移送检察机关查处。

六、要加强与金融监管部门、国有资产管理部门的沟通和协调，对辖区内有重大影响和易引起社会关注的案件，处理前应征求上述有关部门的意见，共同做好工作。

七、在执行涉及金融不良债权案件时，要做好处理突发事件的预案，防范少数不法人员煽动、组织不明真相的职工和群众冲击法院和执行现场，围攻法院工作人员和集体到党政机关上访。发生重大突发性事件，要及时向地方党委、人大和上级人民法院报告。

特此通知

(二)土地、房地产管理制度

中华人民共和国土地管理法

1. *1986年6月25日第六届全国人民代表大会常务委员会第十六次会议通过*
2. *根据1988年12月29日第七届全国人民代表大会常务委员会第五次会议《关于修改〈中华人民共和国土地管理法〉的决定》第一次修正*
3. *1998年8月29日第九届全国人民代表大会常务委员会第四次会议修订*
4. *根据2004年8月28日第十届全国人民代表大会常务委员会第十一次会议《关于修改〈中华人民共和国土地管理法〉的决定》第二次修正*

目　　录

第一章　总　　则

第一条　【立法目的】为了加强土地管理，维护土地的社会主义公有制，保护、开发土地资源，合理利用土地，切实保护耕地，促进社会经济的可持续发展，根据宪法，制定本法。

第二条　【所有制形式】中华人民共和国实行土地的社会主义公有制，即全民所有制和劳动群众集体所有制。

全民所有，即国家所有土地的所有权由国务院代表国家行使。

任何单位和个人不得侵占、买卖或者以其他形式非法转让土地。土地使用权可以依法转让。

国家为了公共利益的需要，可以依法对土地实行征收或者征用并给予补偿。

国家依法实行国有土地有偿使用制度。但是，国家在法律规定的范围内划拨国有土地使用权的除外。

第三条　【基本国策】十分珍惜、合理利用土地和切实保护耕地是我国的基本国策。各级人民政府应当采取措施，全面规划，严格管理，保护、开发土地资源，制止非法占用土地的行为。

第四条　【土地用途】国家实行土地用途管制制度。

国家编制土地利用总体规划，规定土地用途，将土地分为农用地、建设用地和未利用地。严格限制农用地转为建设用地，控制建设用地总量，对耕地实行特殊保护。

前款所称农用地是指直接用于农业生产的土地，包括耕地、林地、草地、农田水利用地、养殖水面等；建设用地是指建造建筑物、构筑物的土地，包括城乡住宅和公共设施用地、工矿用地、交通水利设施用地、旅游用地、军事设施用地等；未利用地是指农用地和建设用地以外的土地。

使用土地的单位和个人必须严格按照土地利用总体规划确定的用途使用土地。

第五条　【主管部门】国务院土地行政主管部门统一负责全国土地的管理和监督工作。

县级以上地方人民政府土地行政主管部门的设置及其职责，由省、自治区、直辖市人民政府根据国务院有关规定确定。

第六条　【守法义务、检举控告权】任何单位和个人都有遵守土地管理法律、法规的义务，并有权对违反土地管理法律、法规的行为提出检举和控告。

第七条 【奖励】在保护和开发土地资源、合理利用土地以及进行有关的科学研究等方面成绩显著的单位和个人,由人民政府给予奖励。

第二章 土地的所有权和使用权

第八条 【所有权归属】城市市区的土地属于国家所有。

农村和城市郊区的土地,除由法律规定属于国家所有的以外,属于农民集体所有;宅基地和自留地、自留山,属于农民集体所有。

第九条 【国有土地使用权】国有土地和农民集体所有的土地,可以依法确定给单位或者个人使用。使用土地的单位和个人,有保护、管理和合理利用土地的义务。

第十条 【集体所有土地经营、管理】农民集体所有的土地依法属于村农民集体所有的,由村集体经济组织或者村民委员会经营、管理;已经分别属于村内两个以上农村集体经济组织的农民集体所有的,由村内各该农村集体经济组织或者村民小组经营、管理;已经属于乡(镇)农民集体所有的,由乡(镇)农村集体经济组织经营、管理。

第十一条 【土地登记】农民集体所有的土地,由县级人民政府登记造册,核发证书,确认所有权。

农民集体所有的土地依法用于非农业建设的,由县级人民政府登记造册,核发证书,确认建设用地使用权。

单位和个人依法使用的国有土地,由县级以上人民政府登记造册,核发证书,确认使用权;其中,中央国家机关使用的国有土地的具体登记发证机关,由国务院确定。

确认林地、草原的所有权或者使用权,确认水面、滩涂的养殖使用权,分别依照《中华人民共和国森林法》、《中华人民共和国草原法》和《中华人民共和国渔业法》的有关规定办理。

第十二条 【变更登记】依法改变土地权属和用途的,应当办理土地变更登记手续。

第十三条 【登记保护】依法登记的土地的所有权和使用权受法律保护,任何单位和个人不得侵犯。

第十四条 【承包经营(一)】农民集体所有的土地由本集体经济组织的成员承包经营,从事种植业、林业、畜牧业、渔业生产。土地承包经营期限为三十年。发包方和承包方应当订立承包合同,约定双方的权利和义务。承包经营土地的农民有保护和按照承包合同约定的用途合理利用土地的义务。农民的土地承包经营权受法律保护。

在土地承包经营期限内,对个别承包经营者之间承包的土地进行适当调整的,必须经村民会议三分之二以上成员或者三分之二以上村民代表的同意,并报乡(镇)人民政府和县级人民政府农业行政主管部门批准。

第十五条 【承包经营(二)】国有土地可以由单位或者个人承包经营,从事种植业、林业、畜牧业、渔业生产。农民集体所有的土地,可以由本集体经济组织以外的单位或者个人承包经营,从事种植业、林业、畜牧业、渔业生产。发包方和承包方应当订立承包合同,约定双方的权利和义务。土地承包经营的期限由承包合同约定。承包经营土地的单位和个人,有保护和按照承包合同约定的用途合理利用土地的义务。

农民集体所有的土地由本集体经济组织以外的单位或者个人承包经营的,必须经村民会议三分之二以上成员或者三分之二以上村民代表的同意,并报乡(镇)人民政府批准。

第十六条 【争议解决】土地所有权和使用权争议,由当事人协商解决;协商不成的,由人民政府处理。

单位之间的争议,由县级以上人民政府处理;个人之间、个人与单位之间的争议,由乡级人民政府或者县级以上人民政府处理。

当事人对有关人民政府的处理决定不服的,可以自接到处理决定通知之日起三十日内,向人民法院起诉。

在土地所有权和使用权争议解决前,任何一方不得改变土地利用现状。

第三章 土地利用总体规划

第十七条 【规划要求、期限】各级人民政府应当依据国民经济和社会发展规划、国土整治和资源环境保护的要求、土地供给能力以及各项建设对土地的需求,组织编制土地利用总体规划。

土地利用总体规划的规划期限由国务院规定。

第十八条　【规划权限】下级土地利用总体规划应当依据上一级土地利用总体规划编制。

地方各级人民政府编制的土地利用总体规划中的建设用地总量不得超过上一级土地利用总体规划确定的控制指标，耕地保有量不得低于上一级土地利用总体规划确定的控制指标。

省、自治区、直辖市人民政府编制的土地利用总体规划，应当确保本行政区域内耕地总量不减少。

第十九条　【编制原则】土地利用总体规划按照下列原则编制：

（一）严格保护基本农田，控制非农业建设占用农用地；

（二）提高土地利用率；

（三）统筹安排各类、各区域用地；

（四）保护和改善生态环境，保障土地的可持续利用；

（五）占用耕地与开发复垦耕地相平衡。

第二十条　【土地用途】县级土地利用总体规划应当划分土地利用区，明确土地用途。

乡（镇）土地利用总体规划应当划分土地利用区，根据土地使用条件，确定每一块土地的用途，并予以公告。

第二十一条　【分级审批】土地利用总体规划实行分级审批。

省、自治区、直辖市的土地利用总体规划，报国务院批准。

省、自治区人民政府所在地的市、人口在一百万以上的城市以及国务院指定的城市的土地利用总体规划，经省、自治区人民政府审查同意后，报国务院批准。

本条第二款、第三款规定以外的土地利用总体规划，逐级上报省、自治区、直辖市人民政府批准；其中，乡（镇）土地利用总体规划可以由省级人民政府授权的设区的市、自治州人民政府批准。

土地利用总体规划一经批准，必须严格执行。

第二十二条　【建设用地规模】城市建设用地规模应当符合国家规定的标准，充分利用现有建设用地，不占或者尽量少占农用地。

城市总体规划、村庄和集镇规划，应当与土地利用总体规划相衔接，城市总体规划、村庄和集镇规划中建设用地规模不得超过土地利用总体规划确定的城市和村庄、集镇建设用地规模。

在城市规划区内、村庄和集镇规划区内，城市和村庄、集镇建设用地应当符合城市规划、村庄和集镇规划。

第二十三条　【综合治理】江河、湖泊综合治理和开发利用规划，应当与土地利用总体规划相衔接。在江河、湖泊、水库的管理和保护范围以及蓄洪滞洪区内，土地利用应当符合江河、湖泊综合治理和开发利用规划，符合河道、湖泊行洪、蓄洪和输水的要求。

第二十四条　【计划管理】各级人民政府应当加强土地利用计划管理，实行建设用地总量控制。

土地利用年度计划，根据国民经济和社会发展计划、国家产业政策、土地利用总体规划以及建设用地和土地利用的实际状况编制。土地利用年度计划的编制审批程序与土地利用总体规划的编制审批程序相同，一经审批下达，必须严格执行。

第二十五条　【计划执行情况报告】省、自治区、直辖市人民政府应当将土地利用年度计划的执行情况列为国民经济和社会发展计划执行情况的内容，向同级人民代表大会报告。

第二十六条　【修改规划】经批准的土地利用总体规划的修改，须经原批准机关批准；未经批准，不得改变土地利用总体规划确定的土地用途。

经国务院批准的大型能源、交通、水利等基础设施建设用地，需要改变土地利用总体规划的，根据国务院的批准文件修改土地利用总体规划。

经省、自治区、直辖市人民政府批准的能源、交通、水利等基础设施建设用地，需要改变土地利用总体规划的，属于省级人民政府土地利用总体规划批准权限内的，根据省级人民政府的批准文件修改土地利用总体规划。

第二十七条　【土地调查】国家建立土地调查制度。

县级以上人民政府土地行政主管部门会同同级有关部门进行土地调查。土地所有者或者使用者应当配合调查,并提供有关资料。

第二十八条　【土地等级评定】县级以上人民政府土地行政主管部门会同同级有关部门根据土地调查成果、规划土地用途和国家制定的统一标准,评定土地等级。

第二十九条　【土地统计】国家建立土地统计制度。

县级以上人民政府土地行政主管部门和同级统计部门共同制定统计调查方案,依法进行土地统计,定期发布土地统计资料。土地所有者或者使用者应当提供有关资料,不得虚报、瞒报、拒报、迟报。

土地行政主管部门和统计部门共同发布的土地面积统计资料是各级人民政府编制土地利用总体规划的依据。

第三十条　【动态监测】国家建立全国土地管理信息系统,对土地利用状况进行动态监测。

第四章　耕 地 保 护

第三十一条　【耕地补偿制度】国家保护耕地,严格控制耕地转为非耕地。

国家实行占用耕地补偿制度。非农业建设经批准占用耕地的,按照"占多少,垦多少"的原则,由占用耕地的单位负责开垦与所占用耕地的数量和质量相当的耕地;没有条件开垦或者开垦的耕地不符合要求的,应当按照省、自治区、直辖市的规定缴纳耕地开垦费,专款用于开垦新的耕地。

省、自治区、直辖市人民政府应当制定开垦耕地计划,监督占用耕地的单位按照计划开垦耕地或者按照计划组织开垦耕地,并进行验收。

第三十二条　【耕地耕作层】县级以上地方人民政府可以要求占用耕地的单位将所占用耕地耕作层的土壤用于新开垦耕地、劣质地或者其他耕地的土壤改良。

第三十三条　【耕地总量减少】省、自治区、直辖市人民政府应当严格执行土地利用总体规划和土地利用年度计划,采取措施,确保本行政区域内耕地总量不减少;耕地总量减少的,由国务院责令在规定期限内组织开垦与所减少耕地的数量与质量相当的耕地,并由国务院土地行政主管部门会同农业行政主管部门验收。个别省、直辖市确因土地后备资源匮乏,新增建设用地后,新开垦耕地的数量不足以补偿所占用耕地的数量的,必须报经国务院批准减免本行政区域内开垦耕地的数量,进行易地开垦。

第三十四条　【基本农田保护制度】国家实行基本农田保护制度。下列耕地应当根据土地利用总体规划划入基本农田保护区,严格管理:

(一)经国务院有关主管部门或者县级以上地方人民政府批准确定的粮、棉、油生产基地内的耕地;

(二)有良好的水利与水土保持设施的耕地,正在实施改造计划以及可以改造的中、低产田;

(三)蔬菜生产基地;

(四)农业科研、教学试验田;

(五)国务院规定应当划入基本农田保护区的其他耕地。

各省、自治区、直辖市划定的基本农田应当占本行政区域内耕地的百分之八十以上。

基本农田保护区以乡(镇)为单位进行划区定界,由县级人民政府土地行政主管部门会同同级农业行政主管部门组织实施。

第三十五条　【改良土壤】各级人民政府应当采取措施,维护排灌工程设施,改良土壤,提高地力,防止土地荒漠化、盐渍化、水土流失和污染土地。

第三十六条　【非农业建设占用耕地】非农业建设必须节约使用土地,可以利用荒地的,不得占用耕地;可以利用劣地的,不得占用好地。

禁止占用耕地建窑、建坟或者擅自在耕地上建房、挖砂、采石、采矿、取土等。

禁止占用基本农田发展林果业和挖塘养鱼。

第三十七条　【闲置、荒芜耕地】禁止任何单位和个人闲置、荒芜耕地。已经办理审批手续的非农业建设占用耕地,一年内不用而又可以耕种并收获的,应当由原耕种该幅耕地的集体或者个人恢复耕种，也可以由用地单位组织耕种；一年以上未动工建设的，应当按照省、自治区、直辖市的规定缴纳闲置费；连续二年未使用的，经原批准机关批准，由县级以上人民政府无偿收回用地单位的土地使用权；该幅土地原为农民集体所有的，应当交由原农村集体经济组织恢复耕种。

在城市规划区范围内，以出让方式取得土地使用权进行房地产开发的闲置土地，依照《中华人民共和国城市房地产管理法》的有关规定办理。

承包经营耕地的单位或者个人连续二年弃耕抛荒的，原发包单位应当终止承包合同，收回发包的耕地。

第三十八条　【土地开发】国家鼓励单位和个人按照土地利用总体规划，在保护和改善生态环境、防止水土流失和土地荒漠化的前提下，开发未利用的土地；适宜开发为农用地的，应当优先开发成农用地。

国家依法保护开发者的合法权益。

第三十九条　【开垦条件】开垦未利用的土地，必须经过科学论证和评估，在土地利用总体规划划定的可开垦的区域内，经依法批准后进行。禁止毁坏森林、草原开垦耕地，禁止围湖造田和侵占江河滩地。

根据土地利用总体规划，对破坏生态环境开垦、围垦的土地，有计划有步骤地退耕还林、还牧、还湖。

第四十条　【开垦土地使用权】开发未确定使用权的国有荒山、荒地、荒滩从事种植业、林业、畜牧业、渔业生产的，经县级以上人民政府依法批准，可以确定给开发单位或者个人长期使用。

第四十一条　【土地整理】国家鼓励土地整理。县、乡（镇）人民政府应当组织农村集体经济组织，按照土地利用总体规划，对田、水、路、林、村综合整治，提高耕地质量，增加有效耕地面积，改善农业生产条件和生态环境。

地方各级人民政府应当采取措施，改造中、低产田，整治闲散地和废弃地。

第四十二条　【土地复垦】因挖损、塌陷、压占等造成土地破坏，用地单位和个人应当按照国家有关规定负责复垦；没有条件复垦或者复垦不符合要求的，应当缴纳土地复垦费，专项用于土地复垦。复垦的土地应当优先用于农业。

第五章　建 设 用 地

第四十三条　【用地申请】任何单位和个人进行建设，需要使用土地的，必须依法申请使用国有土地；但是，兴办乡镇企业和村民建设住宅经依法批准使用本集体经济组织农民集体所有的土地的，或者乡（镇）村公共设施和公益事业建设经依法批准使用农民集体所有的土地的除外。

前款所称依法申请使用的国有土地包括国家所有的土地和国家征收的原属于农民集体所有的土地。

第四十四条　【农用地转用审批】建设占用土地，涉及农用地转为建设用地的，应当办理农用地转用审批手续。

省、自治区、直辖市人民政府批准的道路、管线工程和大型基础设施建设项目、国务院批准的建设项目占用土地，涉及农用地转为建设用地的，由国务院批准。

在土地利用总体规划确定的城市和村庄、集镇建设用地规模范围内，为实施该规划而将农用地转为建设用地的，按土地利用年度计划分批次由原批准土地利用总体规划的机关批准。在已批准的农用地转用范围内，具体建设项目用地可以由市、县人民政府批准。

本条第二款、第三款规定以外的建设项目占用土地，涉及农用地转为建设用地的，由省、自治区、直辖市人民政府批准。

第四十五条　【国务院特批】征收下列土地的，由国务院批准：

（一）基本农田；

（二）基本农田以外的耕地超过三十五公顷的；

（三）其他土地超过七十公顷的。

征收前款规定以外的土地的，由省、自治区、直辖市人民政府批准，并报国务院备案。

征收农用地的，应当依照本法第四十四条的规定先行办理农用地转用审批。其中，经国务院批准农用地转用的，同时办理征地审批手续，不再另行办理征地审批；经省、自治区、直辖市人民政府在征地批准权限内批准农用地转用的,同时办理征地审批手续,不再另行办理征地审批,超过征地批准权限的,应当依照本条第一款的规定另行办理征地审批。

第四十六条 【土地征收公告与实施】国家征收土地的,依照法定程序批准后,由县级以上地方人民政府予以公告并组织实施。

被征收土地的所有权人、使用权人应当在公告规定期限内,持土地权属证书到当地人民政府土地行政主管部门办理征地补偿登记。

第四十七条 【征收补偿】征收土地的,按照被征收土地的原用途给予补偿。

征收耕地的补偿费用包括土地补偿费、安置补助费以及地上附着物和青苗的补偿费。征收耕地的土地补偿费,为该耕地被征收前三年平均年产值的六至十倍。征收耕地的安置补助费,按照需要安置的农业人口数计算。需要安置的农业人口数,按照被征收的耕地数量除以征地前被征收单位平均每人占有耕地的数量计算。每一个需要安置的农业人口的安置补助费标准,为该耕地被征收前三年平均年产值的四至六倍。但是,每公顷被征收耕地的安置补助费,最高不得超过被征收前三年平均年产值的十五倍。

征收其他土地的土地补偿费和安置补助费标准,由省、自治区、直辖市参照征收耕地的土地补偿费和安置补助费的标准规定。

被征收土地上的附着物和青苗的补偿标准,由省、自治区、直辖市规定。

征收城市郊区的菜地,用地单位应当按照国家有关规定缴纳新菜地开发建设基金。

依照本条第二款的规定支付土地补偿费和安置补助费,尚不能使需要安置的农民保持原有生活水平的,经省、自治区、直辖市人民政府批准,可以增加安置补助费。但是,土地补偿费和安置补助费的总和不得超过土地被征收前三年平均年产值的三十倍。

国务院根据社会、经济发展水平,在特殊情况下,可以提高征收耕地的土地补偿费和安置补助费的标准。

第四十八条 【补偿安置方案公告】征地补偿安置方案确定后,有关地方人民政府应当公告,并听取被征地的农村集体经济组织和农民的意见。

第四十九条 【补偿费用收支情况公布】被征地的农村集体经济组织应当将征收土地的补偿费用的收支状况向本集体经济组织的成员公布,接受监督。

禁止侵占、挪用被征收土地单位的征地补偿费用和其他有关费用。

第五十条 【兴办企业】地方各级人民政府应当支持被征地的农村集体经济组织和农民从事开发经营,兴办企业。

第五十一条 【大型工程征地】大中型水利、水电工程建设征收土地的补偿费标准和移民安置办法,由国务院另行规定。

第五十二条 【审查可行性报告】建设项目可行性研究论证时,土地行政主管部门可以根据土地利用总体规划、土地利用年度计划和建设用地标准,对建设用地有关事项进行审查,并提出意见。

第五十三条 【建设用地申请批准】经批准的建设项目需要使用国有建设用地的,建设单位应当持法律、行政法规规定的有关文件,向有批准权的县级以上人民政府土地行政主管部门提出建设用地申请,经土地行政主管部门审查,报本级人民政府批准。

第五十四条 【使用权取得方式】建设单位使用国有土地,应当以出让等有偿使用方式取得;但是,下列建设用地,经县级以上人民政府依法批准,可以以划拨方式取得:

(一)国家机关用地和军事用地;

(二)城市基础设施用地和公益事业用地;

(三)国家重点扶持的能源、交通、水利等基础设施用地;

(四)法律、行政法规规定的其他用地。

第五十五条 【土地有偿使用费】以出让等有偿使用方式取得国有土地使用权的建设单位,按照国务院规定的标准和办法,缴纳土地使用权出让金等土地有偿使用费和其他费用后,方可使用土地。

自本法施行之日起,新增建设用地的土地有偿使用费,百分之三十上缴中央财政,百分之七十留给有关地方人民政府,都专项用于耕地开发。

第五十六条　【建设用途】建设单位使用国有土地的，应当按照土地使用权出让等有偿使用合同的约定或者土地使用权划拨批准文件的规定使用土地；确需改变该幅土地建设用途的，应当经有关人民政府土地行政主管部门同意，报原批准用地的人民政府批准。其中，在城市规划区内改变土地用途的，在报批前，应当先经有关城市规划行政主管部门同意。

第五十七条　【临时用地】建设项目施工和地质勘查需要临时使用国有土地或者农民集体所有的土地的，由县级以上人民政府土地行政主管部门批准。其中，在城市规划区内的临时用地，在报批前，应当先经有关城市规划行政主管部门同意。土地使用者应当根据土地权属，与有关土地行政主管部门或者农村集体经济组织、村民委员会签订临时使用土地合同，并按照合同的约定支付临时使用土地补偿费。

临时使用土地的使用者应当按照临时使用土地合同约定的用途使用土地，并不得修建永久性建筑物。

临时使用土地期限一般不超过二年。

第五十八条　【收回国有土地使用权】有下列情形之一的，由有关人民政府土地行政主管部门报经原批准用地的人民政府或者有批准权的人民政府批准，可以收回国有土地使用权：

（一）为公共利益需要使用土地的；

（二）为实施城市规划进行旧城区改建，需要调整使用土地的；

（三）土地出让等有偿使用合同约定的使用期限届满，土地使用者未申请续期或者申请续期未获批准的；

（四）因单位撤销、迁移等原因，停止使用原划拨的国有土地的；

（五）公路、铁路、机场、矿场等经核准报废的。

依照前款第（一）项、第（二）项的规定收回国有土地使用权的，对土地使用权人应当给予适当补偿。

第五十九条　【乡村建设用地规划及审批】乡镇企业、乡（镇）村公共设施、公益事业、农村村民住宅等乡（镇）村建设，应当按照村庄和集镇规划，合理布局，综合开发，配套建设；建设用地，应当符合乡（镇）土地利用总体规划和土地利用年度计划，并依照本法第四十四条、第六十条、第六十一条、第六十二条的规定办理审批手续。

第六十条　【乡镇企业用地审批】农村集体经济组织使用乡（镇）土地利用总体规划确定的建设用地兴办企业或者与其他单位、个人以土地使用权入股、联营等形式共同举办企业的，应当持有关批准文件，向县级以上地方人民政府土地行政主管部门提出申请，按照省、自治区、直辖市规定的批准权限，由县级以上地方人民政府批准；其中，涉及占用农用地的，依照本法第四十四条的规定办理审批手续。

按照前款规定兴办企业的建设用地，必须严格控制。省、自治区、直辖市可以按照乡镇企业的不同行业和经营规模，分别规定用地标准。

第六十一条　【公共设施公益事业建设用地审批】乡（镇）村公共设施、公益事业建设，需要使用土地的，经乡（镇）人民政府审核，向县级以上地方人民政府土地行政主管部门提出申请，按照省、自治区、直辖市规定的批准权限，由县级以上地方人民政府批准；其中，涉及占用农用地的，依照本法第四十四条的规定办理审批手续。

第六十二条　【宅基地】农村村民一户只能拥有一处宅基地，其宅基地的面积不得超过省、自治区、直辖市规定的标准。

农村村民建住宅，应当符合乡（镇）土地利用总体规划，并尽量使用原有的宅基地和村内空闲地。

农村村民住宅用地，经乡（镇）人民政府审核，由县级人民政府批准；其中，涉及占用农用地的，依照本法第四十四条的规定办理审批手续。

农村村民出卖、出租住房后，再申请宅基地的，不予批准。

第六十三条　【使用权转移】农民集体所有的土地的使用权不得出让、转让或者出租用于非农业建设；但是，符合土地利用总体规划并依法取得建设用地的企业，因破产、兼并等情形致使土地使用权依法发生转移的除外。

第六十四条 【禁止重建、扩建】在土地利用总体规划制定前已建的不符合土地利用总体规划确定的用途的建筑物、构筑物,不得重建、扩建。

第六十五条 【收回集体土地使用权】有下列情形之一的,农村集体经济组织报经原批准用地的人民政府批准,可以收回土地使用权:

(一)为乡(镇)村公共设施和公益事业建设,需要使用土地的;

(二)不按照批准的用途使用土地的;

(三)因撤销、迁移等原因而停止使用土地的。

依照前款第(一)项规定收回农民集体所有的土地的,对土地使用权人应当给予适当补偿。

第六章 监督检查

第六十六条 【检查机关】县级以上人民政府土地行政主管部门对违反土地管理法律、法规的行为进行监督检查。

土地管理监督检查人员应当熟悉土地管理法律、法规,忠于职守、秉公执法。

第六十七条 【监督措施】县级以上人民政府土地行政主管部门履行监督检查职责时,有权采取下列措施:

(一)要求被检查的单位或者个人提供有关土地权利的文件和资料,进行查阅或者予以复制;

(二)要求被检查的单位或者个人就有关土地权利的问题作出说明;

(三)进入被检查单位或者个人非法占用的土地现场进行勘测;

(四)责令非法占用土地的单位或者个人停止违反土地管理法律、法规的行为。

第六十八条 【出示检查证件】土地管理监督检查人员履行职责,需要进入现场进行勘测、要求有关单位或者个人提供文件、资料和作出说明的,应当出示土地管理监督检查证件。

第六十九条 【合作义务】有关单位和个人对县级以上人民政府土地行政主管部门就土地违法行为进行的监督检查应当支持与配合,并提供工作方便,不得拒绝与阻碍土地管理监督检查人员依法执行职务。

第七十条 【对国家工作人员的监督】县级以上人民政府土地行政主管部门在监督检查工作中发现国家工作人员的违法行为,依法应当给予行政处分的,应当依法予以处理;自己无权处理的,应当向同级或者上级人民政府的行政监察机关提出行政处分建议书,有关行政监察机关应当依法予以处理。

第七十一条 【案件移送】县级以上人民政府土地行政主管部门在监督检查工作中发现土地违法行为构成犯罪的,应当将案件移送有关机关,依法追究刑事责任;尚不构成犯罪的,应当依法给予行政处罚。

第七十二条 【上级监督下级】依照本法规定应当给予行政处罚,而有关土地行政主管部门不给予行政处罚的,上级人民政府土地行政主管部门有权责令有关土地行政主管部门作出行政处罚决定或者直接给予行政处罚,并给予有关土地行政主管部门的负责人行政处分。

第七章 法律责任

第七十三条 【非法转让土地、将农用地改为建设用地责任】买卖或者以其他形式非法转让土地的,由县级以上人民政府土地行政主管部门没收违法所得;对违反土地利用总体规划擅自将农用地改为建设用地的,限期拆除在非法转让的土地上新建的建筑物和其他设施,恢复土地原状,对符合土地利用总体规划的,没收在非法转让的土地上新建的建筑物和其他设施;可以并处罚款;对直接负责的主管人员和其他直接责任人员,依法给予行政处分;构成犯罪的,依法追究刑事责任。

第七十四条 【非法占用耕地责任】违反本法规定,占用耕地建窑、建坟或者擅自在耕地上建房、挖砂、采石、采矿、取土等,破坏种植条件的,或者因开发土地造成土地荒漠化、盐渍化的,由县级以上人民政府土地行政主管部门责令限期改正或者治理,可以并处罚款;构成犯罪的,依法追究刑事责任。

第七十五条 【拒绝复垦土地责任】违反本法规定,拒不履行土地复垦义务的,由县级以上人民政府土地行政主管部门责令限期改正;逾期不改正的,责令缴纳复垦费,专项用于土地复垦,可以处以罚款。

第七十六条　【非法占用土地责任】未经批准或者采取欺骗手段骗取批准，非法占用土地的，由县级以上人民政府土地行政主管部门责令退还非法占用的土地，对违反土地利用总体规划擅自将农用地改为建设用地的，限期拆除在非法占用的土地上新建的建筑物和其他设施，恢复土地原状，对符合土地利用总体规划的，没收在非法占用的土地上新建的建筑物和其他设施，可以并处罚款；对非法占用土地单位的直接负责的主管人员和其他直接责任人员，依法给予行政处分；构成犯罪的，依法追究刑事责任。

超过批准的数量占用土地，多占的土地以非法占用土地论处。

第七十七条　【非法建住宅责任】农村村民未经批准或者采取欺骗手段骗取批准，非法占用土地建住宅的，由县级以上人民政府土地行政主管部门责令退还非法占用的土地，限期拆除在非法占用的土地上新建的房屋。

超过省、自治区、直辖市规定的标准，多占的土地以非法占用土地论处。

第七十八条　【非法批准责任】无权批准征收、使用土地的单位或者个人非法批准占用土地的，超越批准权限非法批准占用土地的，不按照土地利用总体规划确定的用途批准用地的，或者违反法律规定的程序批准占用、征收土地的，其批准文件无效，对非法批准征收、使用土地的直接负责的主管人员和其他直接责任人员，依法给予行政处分；构成犯罪的，依法追究刑事责任。非法批准、使用的土地应当收回，有关当事人拒不归还的，以非法占用土地论处。

非法批准征收、使用土地，对当事人造成损失的，依法应当承担赔偿责任。

第七十九条　【非法侵占征地费责任】侵占、挪用被征收土地单位的征地补偿费用和其他有关费用，构成犯罪的，依法追究刑事责任；尚不构成犯罪的，依法给予行政处分。

第八十条　【拒还土地责任】依法收回国有土地使用权当事人拒不交出土地的，临时使用土地期满拒不归还的，或者不按照批准的用途使用国有土地的，由县级以上人民政府土地行政主管部门责令交还土地，处以罚款。

第八十一条　【擅自转移土地使用权责任】擅自将农民集体所有的土地的使用权出让、转让或者出租用于非农业建设的，由县级以上人民政府土地行政主管部门责令限期改正，没收违法所得，并处罚款。

第八十二条　【不依法办理变更登记责任】不依照本法规定办理土地变更登记的，由县级以上人民政府土地行政主管部门责令其限期办理。

第八十三条　【不拆除责任】依照本法规定，责令限期拆除在非法占用的土地上新建的建筑物和其他设施的，建设单位或者个人必须立即停止施工，自行拆除；对继续施工的，作出处罚决定的机关有权制止。建设单位或者个人对责令限期拆除的行政处罚决定不服的，可以在接到责令限期拆除决定之日起十五日内，向人民法院起诉；期满不起诉又不自行拆除的，由作出处罚决定的机关依法申请人民法院强制执行，费用由违法者承担。

第八十四条　【渎职】土地行政主管部门的工作人员玩忽职守、滥用职权、徇私舞弊，构成犯罪的，依法追究刑事责任；尚不构成犯罪的，依法给予行政处分。

第八章　附　　则

第八十五条　【三资企业】中外合资经营企业、中外合作经营企业、外资企业使用土地的，适用本法；法律另有规定的，从其规定。

第八十六条　【生效日期】本法自1999年1月1日起施行。

中华人民共和国
城市房地产管理法

1. 1994年7月5日第八届全国人民代表大会常务委员会第八次会议通过

2. 根据2007年8月30日第十届全国人民代表大会常务委员会第二十九次会议《关于修改〈中华人民共和国城市房地产管理法〉的决定》第一次修正

3. 根据2009年8月27日第十一届全国人民代表大会常务委员会第十次会议《关于修改部分法律的决定》第二次修正

第一章　总　　则

第一条　【立法目的】为了加强对城市房地产的

管理,维护房地产市场秩序,保障房地产权利人的合法权益,促进房地产业的健康发展,制定本法。

第二条 【适用范围及概念解释】在中华人民共和国城市规划区国有土地(以下简称国有土地)范围内取得房地产开发用地的土地使用权,从事房地产开发、房地产交易,实施房地产管理,应当遵守本法。

本法所称房屋,是指土地上的房屋等建筑物及构筑物。

本法所称房地产开发,是指在依据本法取得国有土地使用权的土地上进行基础设施、房屋建设的行为。

本法所称房地产交易,包括房地产转让、房地产抵押和房屋租赁。

第三条 【土地使用制度及例外】国家依法实行国有土地有偿、有限期使用制度。但是,国家在本法规定的范围内划拨国有土地使用权的除外。

第四条 【发展目标】国家根据社会、经济发展水平,扶持发展居民住宅建设,逐步改善居民的居住条件。

第五条 【权利人的权利和义务】房地产权利人应当遵守法律和行政法规,依法纳税。房地产权利人的合法权益受法律保护,任何单位和个人不得侵犯。

第六条 【征收补偿】为了公共利益的需要,国家可以征收国有土地上单位和个人的房屋,并依法给予拆迁补偿,维护被征收人的合法权益;征收个人住宅的,还应当保障被征收人的居住条件。具体办法由国务院规定。

第七条 【房地产管理机构】国务院建设行政主管部门、土地管理部门依照国务院规定的职权划分,各司其职,密切配合,管理全国房地产工作。

县级以上地方人民政府房产管理、土地管理部门的机构设置及其职权由省、自治区、直辖市人民政府确定。

第二章 房地产开发用地

第一节 土地使用权出让

第八条 【土地使用权出让】土地使用权出让,是指国家将国有土地使用权(以下简称土地使用权)在一定年限内出让给土地使用者,由土地使用者向国家支付土地使用权出让金的行为。

第九条 【有偿出让】城市规划区内的集体所有的土地,经依法征收转为国有土地后,该幅国有土地的使用权方可有偿出让。

第十条 【出让条件】土地使用权出让,必须符合土地利用总体规划、城市规划和年度建设用地计划。

第十一条 【出让报批】县级以上地方人民政府出让土地使用权用于房地产开发的,须根据省级以上人民政府下达的控制指标拟订年度出让土地使用权总面积方案,按照国务院规定,报国务院或者省级人民政府批准。

第十二条 【出让步骤】土地使用权出让,由市、县人民政府有计划、有步骤地进行。出让的每幅地块、用途、年限和其他条件,由市、县人民政府土地管理部门会同城市规划、建设、房产管理部门共同拟定方案,按照国务院规定,报经有批准权的人民政府批准后,由市、县人民政府土地管理部门实施。

直辖市的县人民政府及其有关部门行使前款规定的权限,由直辖市人民政府规定。

第十三条 【出让方式】土地使用权出让,可以采取拍卖、招标或者双方协议的方式。

商业、旅游、娱乐和豪华住宅用地,有条件的,必须采取拍卖、招标方式;没有条件,不能采取拍卖、招标方式的,可以采取双方协议的方式。

采取双方协议方式出让土地使用权的出让金不得低于按国家规定所确定的最低价。

第十四条 【年限规定】土地使用权出让最高年限由国务院规定。

第十五条 【出让合同签订】土地使用权出让,应当签订书面出让合同。

土地使用权出让合同由市、县人民政府土地管理部门与土地使用者签订。

第十六条 【出让金支付】土地使用者必须按照出让合同约定,支付土地使用权出让金;未按照出让合同约定支付土地使用权出让金的,土地管理部门有权解除合同,并可以请求违约赔偿。

第十七条　【出让土地的提供】土地使用者按照出让合同约定支付土地使用权出让金的，市、县人民政府土地管理部门必须按照出让合同约定，提供出让的土地；未按照出让合同约定提供出让的土地的，土地使用者有权解除合同，由土地管理部门返还土地使用权出让金，土地使用者并可以请求违约赔偿。

第十八条　【用途改变】土地使用者需要改变土地使用权出让合同约定的土地用途的，必须取得出让方和市、县人民政府城市规划行政主管部门的同意，签订土地使用权出让合同变更协议或者重新签订土地使用权出让合同，相应调整土地使用权出让金。

第十九条　【出让金使用】土地使用权出让金应当全部上缴财政，列入预算，用于城市基础设施建设和土地开发。土地使用权出让金上缴和使用的具体办法由国务院规定。

第二十条　【土地使用权的收回】国家对土地使用者依法取得的土地使用权，在出让合同约定的使用年限届满前不收回；在特殊情况下，根据社会公共利益的需要，可以依照法律程序提前收回，并根据土地使用者使用土地的实际年限和开发土地的实际情况给予相应的补偿。

第二十一条　【使用权终止】土地使用权因土地灭失而终止。

第二十二条　【使用权续延】土地使用权出让合同约定的使用年限届满，土地使用者需要继续使用土地的，应当至迟于届满前一年申请续期，除根据社会公共利益需要收回该幅土地的，应当予以批准。经批准准予续期的，应当重新签订土地使用权出让合同，依照规定支付土地使用权出让金。

土地使用权出让合同约定的使用年限届满，土地使用者未申请续期或者虽申请续期但依照前款规定未获批准的，土地使用权由国家无偿收回。

第二节　土地使用权划拨

第二十三条　【使用权划拨】土地使用权划拨，是指县级以上人民政府依法批准，在土地使用者缴纳补偿、安置等费用后将该幅土地交付其使用，或者将土地使用权无偿交付给土地使用者使用的行为。

依照本法规定以划拨方式取得土地使用权的，除法律、行政法规另有规定外，没有使用期限的限制。

第二十四条　【划拨土地类别】下列建设用地的土地使用权，确属必需的，可以由县级以上人民政府依法批准划拨：

（一）国家机关用地和军事用地；

（二）城市基础设施用地和公益事业用地；

（三）国家重点扶持的能源、交通、水利等项目用地；

（四）法律、行政法规规定的其他用地。

第三章　房地产开发

第二十五条　【开发原则和总体规划】房地产开发必须严格执行城市规划，按照经济效益、社会效益、环境效益相统一的原则，实行全面规划、合理布局、综合开发、配套建设。

第二十六条　【出让开发条件】以出让方式取得土地使用权进行房地产开发的，必须按照土地使用权出让合同约定的土地用途、动工开发期限开发土地。超过出让合同约定的动工开发日期满一年未动工开发的，可以征收相当于土地使用权出让金百分之二十以下的土地闲置费；满二年未动工开发的，可以无偿收回土地使用权；但是，因不可抗力或者政府、政府有关部门的行为或者动工开发必需的前期工作造成动工开发迟延的除外。

第二十七条　【项目总体要求】房地产开发项目的设计、施工，必须符合国家的有关标准和规范。

房地产开发项目竣工，经验收合格后，方可交付使用。

第二十八条　【土地使用权处置】依法取得的土地使用权，可以依照本法和有关法律、行政法规的规定，作价入股，合资、合作开发经营房地产。

第二十九条　【国家扶持】国家采取税收等方面的优惠措施鼓励和扶持房地产开发企业开发建设居民住宅。

第三十条　【企业设立】房地产开发企业是以营利为目的，从事房地产开发和经营的企业。设

立房地产开发企业,应当具备下列条件:

(一)有自己的名称和组织机构;

(二)有固定的经营场所;

(三)有符合国务院规定的注册资本;

(四)有足够的专业技术人员;

(五)法律、行政法规规定的其他条件。

设立房地产开发企业,应当向工商行政管理部门申请设立登记。工商行政管理部门对符合本法规定条件的,应当予以登记,发给营业执照;对不符合本法规定条件的,不予登记。

设立有限责任公司、股份有限公司,从事房地产开发经营的,还应当执行公司法的有关规定。

房地产开发企业在领取营业执照后的一个月内,应当到登记机关所在地的县级以上地方人民政府规定的部门备案。

第三十一条 【注册资本和投资额】房地产开发企业的注册资本与投资总额的比例应当符合国家有关规定。

房地产开发企业分期开发房地产的,分期投资额应当与项目规模相适应,并按照土地使用权出让合同的约定,按期投入资金,用于项目建设。

第四章 房地产交易

第一节 一般规定

第三十二条 【房屋、土地所有权随转】房地产转让、抵押时,房屋的所有权和该房屋占用范围内的土地使用权同时转让、抵押。

第三十三条 【地价确定】基准地价、标定地价和各类房屋的重置价格应当定期确定并公布。具体办法由国务院规定。

第三十四条 【价格评估】国家实行房地产价格评估制度。

房地产价格评估,应当遵循公正、公平、公开的原则,按照国家规定的技术标准和评估程序,以基准地价、标定地价和各类房屋的重置价格为基础,参照当地的市场价格进行评估。

第三十五条 【价格申报】国家实行房地产成交价格申报制度。

房地产权利人转让房地产,应当向县级以上地方人民政府规定的部门如实申报成交价,不得瞒报或者作不实的申报。

第三十六条 【权属登记】房地产转让、抵押,当事人应当依照本法第五章的规定办理权属登记。

第二节 房地产转让

第三十七条 【房地产转让】房地产转让,是指房地产权利人通过买卖、赠与或者其他合法方式将其房地产转移给他人的行为。

第三十八条 【禁止转让的房地产】下列房地产,不得转让:

(一)以出让方式取得土地使用权的,不符合本法第三十九条规定的条件的;

(二)司法机关和行政机关依法裁定、决定查封或者以其他形式限制房地产权利的;

(三)依法收回土地使用权的;

(四)共有房地产,未经其他共有人书面同意的;

(五)权属有争议的;

(六)未依法登记领取权属证书的;

(七)法律、行政法规规定禁止转让的其他情形。

第三十九条 【出让转让条件】以出让方式取得土地使用权的,转让房地产时,应当符合下列条件:

(一)按照出让合同约定已经支付全部土地使用权出让金,并取得土地使用权证书;

(二)按照出让合同约定进行投资开发,属于房屋建设工程的,完成开发投资总额的百分之二十五以上,属于成片开发土地的,形成工业用地或者其他建设用地条件。

转让房地产时房屋已经建成的,还应当持有房屋所有权证书。

第四十条 【划拨转让报批】以划拨方式取得土地使用权的,转让房地产时,应当按照国务院规定,报有批准权的人民政府审批。有批准权的人民政府准予转让的,应当由受让方办理土地使用权出让手续,并依照国家有关规定缴纳土地使用权出让金。

以划拨方式取得土地使用权的,转让房地产报批时,有批准权的人民政府按照国务院规定决定可以不办理土地使用权出让手续的,转让方应当按照国务院规定将转让房地产所获收益中的土地收益上缴国家或者作其他处理。

第四十一条　【转让合同】房地产转让，应当签订书面转让合同，合同中应当载明土地使用权取得的方式。

第四十二条　【合同权利义务转移】房地产转让时，土地使用权出让合同载明的权利、义务随之转移。

第四十三条　【出让转让使用权年限】以出让方式取得土地使用权的，转让房地产后，其土地使用权的使用年限为原土地使用权出让合同约定的使用年限减去原土地使用者已经使用年限后的剩余年限。

第四十四条　【出让转让土地用途改变】以出让方式取得土地使用权的，转让房地产后，受让人改变原土地使用权出让合同约定的土地用途的，必须取得原出让方和市、县人民政府城市规划行政主管部门的同意，签订土地使用权出让合同变更协议或者重新签订土地使用权出让合同，相应调整土地使用权出让金。

第四十五条　【商品房预售条件】商品房预售，应当符合下列条件：

（一）已交付全部土地使用权出让金，取得土地使用权证书；

（二）持有建设工程规划许可证；

（三）按提供预售的商品房计算，投入开发建设的资金达到工程建设总投资的百分之二十五以上，并已经确定施工进度和竣工交付日期；

（四）向县级以上人民政府房产管理部门办理预售登记，取得商品房预售许可证明。

商品房预售人应当按照国家有关规定将预售合同报县级以上人民政府房产管理部门和土地管理部门登记备案。

商品房预售所得款项，必须用于有关的工程建设。

第四十六条　【预售再转让规定】商品房预售的，商品房预购人将购买的未竣工的预售商品房再行转让的问题，由国务院规定。

第三节　房地产抵押

第四十七条　【房地产抵押】房地产抵押，是指抵押人以其合法的房地产以不转移占有的方式向抵押权人提供债务履行担保的行为。债务人不履行债务时，抵押权人有权依法以抵押的房地产拍卖所得的价款优先受偿。

第四十八条　【抵押权设定】依法取得的房屋所有权连同该房屋占用范围内的土地使用权，可以设定抵押权。

以出让方式取得的土地使用权，可以设定抵押权。

第四十九条　【抵押办理凭证】房地产抵押，应当凭土地使用权证书、房屋所有权证书办理。

第五十条　【抵押合同】房地产抵押，抵押人和抵押权人应当签订书面抵押合同。

第五十一条　【抵押权人优先受偿限制】设定房地产抵押权的土地使用权是以划拨方式取得的，依法拍卖该房地产后，应当从拍卖所得的价款中缴纳相当于应缴纳的土地使用权出让金的款额后，抵押权人方可优先受偿。

第五十二条　【新增房屋处理】房地产抵押合同签订后，土地上新增的房屋不属于抵押财产。需要拍卖该抵押的房地产时，可以依法将土地上新增的房屋与抵押财产一同拍卖，但对拍卖新增房屋所得，抵押权人无权优先受偿。

第四节　房屋租赁

第五十三条　【房屋租赁】房屋租赁，是指房屋所有权人作为出租人将其房屋出租给承租人使用，由承租人向出租人支付租金的行为。

第五十四条　【租赁合同的签订与备案】房屋租赁，出租人和承租人应当签订书面租赁合同，约定租赁期限、租赁用途、租赁价格、修缮责任等条款，以及双方的其他权利和义务，并向房产管理部门登记备案。

第五十五条　【住房租赁】住宅用房的租赁，应当执行国家和房屋所在城市人民政府规定的租赁政策。租用房屋从事生产、经营活动的，由租赁双方协商议定租金和其他租赁条款。

第五十六条　【土地收益上缴】以营利为目的，房屋所有权人将以划拨方式取得使用权的国有土地上建成的房屋出租的，应当将租金中所含土地收益上缴国家。具体办法由国务院规定。

第五节　中介服务机构

第五十七条　【中介机构类别】房地产中介服务

机构包括房地产咨询机构、房地产价格评估机构、房地产经纪机构等。

第五十八条　【中介机构条件】房地产中介服务机构应当具备下列条件：

(一)有自己的名称和组织机构；

(二)有固定的服务场所；

(三)有必要的财产和经费；

(四)有足够数量的专业人员；

(五)法律、行政法规规定的其他条件。

设立房地产中介服务机构，应当向工商行政管理部门申请设立登记，领取营业执照后，方可开业。

第五十九条　【价格评估资格认证】国家实行房地产价格评估人员资格认证制度。

第五章　房地产权属登记管理

第六十条　【登记发证制度】国家实行土地使用权和房屋所有权登记发证制度。

第六十一条　【使用权登记申请与权证颁发】以出让或者划拨方式取得土地使用权，应当向县级以上地方人民政府土地管理部门申请登记，经县级以上地方人民政府土地管理部门核实，由同级人民政府颁发土地使用权证书。

在依法取得的房地产开发用地上建成房屋的，应当凭土地使用权证书向县级以上地方人民政府房产管理部门申请登记，由县级以上地方人民政府房产管理部门核实并颁发房屋所有权证书。

房地产转让或者变更时，应当向县级以上地方人民政府房产管理部门申请房产变更登记，并凭变更后的房屋所有权证书向同级人民政府土地管理部门申请土地使用权变更登记，经同级人民政府土地管理部门核实，由同级人民政府更换或者更改土地使用权证书。

法律另有规定的，依照有关法律的规定办理。

第六十二条　【抵押登记】房地产抵押时，应当向县级以上地方人民政府规定的部门办理抵押登记。

因处分抵押房地产而取得土地使用权和房屋所有权的，应当依照本章规定办理过户登记。

第六十三条　【产权证书的颁发】经省、自治区、直辖市人民政府确定，县级以上地方人民政府由一个部门统一负责房产管理和土地管理工作的，可以制作、颁发统一的房地产权证书，依照本法第六十一条的规定，将房屋的所有权和该房屋占用范围内的土地使用权的确认和变更，分别载入房地产权证书。

第六章　法律责任

第六十四条　【非法出让使用权处罚】违反本法第十一条、第十二条的规定，擅自批准出让或者擅自出让土地使用权用于房地产开发的，由上级机关或者所在单位给予有关责任人员行政处分。

第六十五条　【未取得营业执照从事房地产开发的处罚】违反本法第三十条的规定，未取得营业执照擅自从事房地产开发业务的，由县级以上人民政府工商行政管理部门责令停止房地产开发业务活动，没收违法所得，可以并处罚款。

第六十六条　【违法转让土地使用权的处罚】违反本法第三十九条第一款的规定转让土地使用权的，由县级以上人民政府土地管理部门没收违法所得，可以并处罚款。

第六十七条　【违法转让房地产的处罚】违反本法第四十条第一款的规定转让房地产的，由县级以上人民政府土地管理部门责令缴纳土地使用权出让金，没收违法所得，可以并处罚款。

第六十八条　【违法预售商品房的处罚】违反本法第四十五条第一款的规定预售商品房的，由县级以上人民政府房产管理部门责令停止预售活动，没收违法所得，可以并处罚款。

第六十九条　【未取得营业执照从事房地产中介的处罚】违反本法第五十八条的规定，未取得营业执照擅自从事房地产中介服务业务的，由县级以上人民政府工商行政管理部门责令停止房地产中介服务业务活动，没收违法所得，可以并处罚款。

第七十条　【非法收费处理】没有法律、法规的依据，向房地产开发企业收费的，上级机关应当责令退回所收取的钱款；情节严重的，由上级机关或者所在单位给予直接责任人员行政处分。

第七十一条　【渎职、行贿、索贿处罚】房产管理部门、土地管理部门工作人员玩忽职守、滥用职权，构成犯罪的，依法追究刑事责任；不构成犯罪的，给予行政处分。

房产管理部门、土地管理部门工作人员利用职务上的便利，索取他人财物，或者非法收受他人财物为他人谋取利益，构成犯罪的，依法追究刑事责任；不构成犯罪的，给予行政处分。

第七章　附　则

第七十二条　【适用范围】在城市规划区外的国有土地范围内取得房地产开发用地的土地使用权，从事房地产开发、交易活动以及实施房地产管理，参照本法执行。

第七十三条　【生效日期】本法自 1995 年 1 月 1 日起施行。

中华人民共和国土地管理法实施条例

1. 1998 年 12 月 27 日中华人民共和国国务院令第 256 号发布

2. 根据 2011 年 1 月 8 日《国务院关于废止和修改部分行政法规的决定》第一次修订

3. 根据 2014 年 7 月 9 日国务院第 54 次常务会议《国务院关于修改部分行政法规的决定》第二次修订

目　录

第一章　总　则

第一条　根据《中华人民共和国土地管理法》（以下简称《土地管理法》），制定本条例。

第二章　土地的所有权和使用权

第二条　下列土地属于全民所有即国家所有：

（一）城市市区的土地；

（二）农村和城市郊区中已经依法没收、征收、征购为国有的土地；

（三）国家依法征收的土地；

（四）依法不属于集体所有的林地、草地、荒地、滩涂及其他土地；

（五）农村集体经济组织全部成员转为城镇居民的，原属于其成员集体所有的土地；

（六）因国家组织移民、自然灾害等原因，农民成建制地集体迁移后不再使用的原属于迁移农民集体所有的土地。

第三条　国家依法实行土地登记发证制度。依法登记的土地所有权和土地使用权受法律保护，任何单位和个人不得侵犯。

土地登记内容和土地权属证书式样由国务院土地行政主管部门统一规定。

土地登记资料可以公开查询。

确认林地、草原的所有权或者使用权，确认水面、滩涂的养殖使用权，分别依照《森林法》、《草原法》和《渔业法》的有关规定办理。

第四条　农民集体所有的土地，由土地所有者向土地所在地的县级人民政府土地行政主管部门提出土地登记申请，由县级人民政府登记造册，核发集体土地所有权证书，确认所有权。

农民集体所有的土地依法用于非农业建设的，由土地使用者向土地所在地的县级人民政府土地行政主管部门提出土地登记申请，由县级人民政府登记造册，核发集体土地使用权证书，确认建设用地使用权。

设区的市人民政府可以对市辖区内农民集体所有的土地实行统一登记。

第五条　单位和个人依法使用的国有土地，由土地使用者向土地所在地的县级以上人民政府土地行政主管部门提出土地登记申请，由县级以上人民政府登记造册，核发国有土地使用权证书，确认使用权。其中，中央国家机关使用的国有土地的登记发证，由国务院土地行政主管部门负责，具体登记发证办法由国务院土地行政主管部门会同国务院机关事务管理局等有关部门制定。

未确定使用权的国有土地，由县级以上人民政府登记造册，负责保护管理。

第六条　依法改变土地所有权、使用权的,因依法转让地上建筑物、构筑物等附着物导致土地使用权转移的,必须向土地所在地的县级以上人民政府土地行政主管部门提出土地变更登记申请,由原土地登记机关依法进行土地所有权、使用权变更登记。土地所有权、使用权的变更,自变更登记之日起生效。

依法改变土地用途的,必须持批准文件,向土地所在地的县级以上人民政府土地行政主管部门提出土地变更登记申请,由原土地登记机关依法进行变更登记。

第七条　依照《土地管理法》的有关规定,收回用地单位的土地使用权的,由原土地登记机关注销土地登记。

土地使用权有偿使用合同约定的使用期限届满,土地使用者未申请续期或者虽申请续期未获批准的,由原土地登记机关注销土地登记。

第三章　土地利用总体规划

第八条　全国土地利用总体规划,由国务院土地行政主管部门会同国务院有关部门编制,报国务院批准。

省、自治区、直辖市的土地利用总体规划,由省、自治区、直辖市人民政府组织本级土地行政主管部门和其他有关部门编制,报国务院批准。

省、自治区人民政府所在地的市、人口在100万以上的城市以及国务院指定的城市的土地利用总体规划,由各该市人民政府组织本级土地行政主管部门和其他有关部门编制,经省、自治区人民政府审查同意后,报国务院批准。

本条第一款、第二款、第三款规定以外的土地利用总体规划,由有关人民政府组织本级土地行政主管部门和其他有关部门编制,逐级上报省、自治区、直辖市人民政府批准;其中,乡(镇)土地利用总体规划,由乡(镇)人民政府编制,逐级上报省、自治区、直辖市人民政府或者省、自治区、直辖市人民政府授权的设区的市、自治州人民政府批准。

第九条　土地利用总体规划的规划期限一般为15年。

第十条　依照《土地管理法》规定,土地利用总体规划应当将土地划分为农用地、建设用地和未利用地。

县级和乡(镇)土地利用总体规划应当根据需要,划定基本农田保护区、土地开垦区、建设用地区和禁止开垦区等;其中,乡(镇)土地利用总体规划还应当根据土地使用条件,确定每一块土地的用途。

土地分类和划定土地利用区的具体办法,由国务院土地行政主管部门会同国务院有关部门制定。

第十一条　乡(镇)土地利用总体规划经依法批准后,乡(镇)人民政府应当在本行政区域内予以公告。

公告应当包括下列内容:

(一)规划目标;

(二)规划期限;

(三)规划范围;

(四)地块用途;

(五)批准机关和批准日期。

第十二条　依照《土地管理法》第二十六条第二款、第三款规定修改土地利用总体规划的,由原编制机关根据国务院或者省、自治区、直辖市人民政府的批准文件修改。修改后的土地利用总体规划应当报原批准机关批准。

上一级土地利用总体规划修改后,涉及修改下一级土地利用总体规划的,由上一级人民政府通知下一级人民政府作出相应修改,并报原批准机关备案。

第十三条　各级人民政府应当加强土地利用年度计划管理,实行建设用地总量控制。土地利用年度计划一经批准下达,必须严格执行。

土地利用年度计划应当包括下列内容:

(一)农用地转用计划指标;

(二)耕地保有量计划指标;

(三)土地开发整理计划指标。

第十四条　县级以上人民政府土地行政主管部门应当会同同级有关部门进行土地调查。

土地调查应当包括下列内容:

(一)土地权属;

(二)土地利用现状;

(三)土地条件。

地方土地利用现状调查结果，经本级人民政府审核，报上一级人民政府批准后，应当向社会公布；全国土地利用现状调查结果，报国务院批准后，应当向社会公布。土地调查规程，由国务院土地行政主管部门会同国务院有关部门制定。

第十五条　国务院土地行政主管部门会同国务院有关部门制定土地等级评定标准。

县级以上人民政府土地行政主管部门应当会同同级有关部门根据土地等级评定标准，对土地等级进行评定。地方土地等级评定结果，经本级人民政府审核，报上一级人民政府土地行政主管部门批准后，应当向社会公布。

根据国民经济和社会发展状况，土地等级每 6 年调整 1 次。

第四章　耕地保护

第十六条　在土地利用总体规划确定的城市和村庄、集镇建设用地范围内，为实施城市规划和村庄、集镇规划占用耕地，以及在土地利用总体规划确定的城市建设用地范围外的能源、交通、水利、矿山、军事设施等建设项目占用耕地的，分别由市、县人民政府、农村集体经济组织和建设单位依照《土地管理法》第三十一条的规定负责开垦耕地；没有条件开垦或者开垦的耕地不符合要求的，应当按照省、自治区、直辖市的规定缴纳耕地开垦费。

第十七条　禁止单位和个人在土地利用总体规划确定的禁止开垦区内从事土地开发活动。

在土地利用总体规划确定的土地开垦区内，开发未确定土地使用权的国有荒山、荒地、荒滩从事种植业、林业、畜牧业、渔业生产的，应当向土地所在地的县级以上地方人民政府土地行政主管部门提出申请，按照省、自治区、直辖市规定的权限，由县级以上地方人民政府批准。

开发未确定土地使用权的国有荒山、荒地、荒滩从事种植业、林业、畜牧业或者渔业生产的，经县级以上地方人民政府依法批准，可以确定给开发单位或者个人长期使用，使用期限最长不得超过 50 年。

第十八条　县、乡（镇）人民政府应当按照土地利用总体规划，组织农村集体经济组织制定土地整理方案，并组织实施。

地方各级人民政府应当采取措施，按照土地利用总体规划推进土地整理。土地整理新增耕地面积的 60% 可以用作折抵建设占用耕地的补偿指标。

土地整理所需费用，按照谁受益谁负担的原则，由农村集体经济组织和土地使用者共同承担。

第五章　建设用地

第十九条　建设占用土地，涉及农用地转为建设用地的，应当符合土地利用总体规划和土地利用年度计划中确定的农用地转用指标；城市和村庄、集镇建设占用土地，涉及农用地转用的，还应当符合城市规划和村庄、集镇规划。不符合规定的，不得批准农用地转为建设用地。

第二十条　在土地利用总体规划确定的城市建设用地范围内，为实施城市规划占用土地的，按照下列规定办理：

（一）市、县人民政府按照土地利用年度计划拟订农用地转用方案、补充耕地方案、征收土地方案，分批次逐级上报有批准权的人民政府。

（二）有批准权的人民政府土地行政主管部门对农用地转用方案、补充耕地方案、征收土地方案进行审查，提出审查意见，报有批准权的人民政府批准；其中，补充耕地方案由批准农用地转用方案的人民政府在批准农用地转用方案时一并批准。

（三）农用地转用方案、补充耕地方案、征收土地方案经批准后，由市、县人民政府组织实施，按具体建设项目分别供地。

在土地利用总体规划确定的村庄、集镇建设用地范围内，为实施村庄、集镇规划占用土地的，由市、县人民政府拟订农用地转用方案、补充耕地方案，依照前款规定的程序办理。

第二十一条　具体建设项目需要使用土地的，建设单位应当根据建设项目的总体设计一次申请，办理建设用地审批手续；分期建设的项目，可以根据可行性研究报告确定的方案分期申请建设用地，分期办理建设用地有关审批手续。

第二十二条　具体建设项目需要占用土地利用

总体规划确定的城市建设用地范围内的国有建设用地的,按照下列规定办理:

(一)建设项目可行性研究论证时,由土地行政主管部门对建设项目用地有关事项进行审查,提出建设项目用地预审报告;可行性研究报告报批时,必须附具土地行政主管部门出具的建设项目用地预审报告。

(二)建设单位持建设项目的有关批准文件,向市、县人民政府土地行政主管部门提出建设用地申请,由市、县人民政府土地行政主管部门审查,拟订供地方案,报市、县人民政府批准;需要上级人民政府批准的,应当报上级人民政府批准。

(三)供地方案经批准后,由市、县人民政府向建设单位颁发建设用地批准书。有偿使用国有土地的,由市、县人民政府土地行政主管部门与土地使用者签订国有土地有偿使用合同;划拨使用国有土地的,由市、县人民政府土地行政主管部门向土地使用者核发国有土地划拨决定书。

(四)土地使用者应当依法申请土地登记。

通过招标、拍卖方式提供国有建设用地使用权的,由市、县人民政府土地行政主管部门会同有关部门拟订方案,报市、县人民政府批准后,由市、县人民政府土地行政主管部门组织实施,并与土地使用者签订土地有偿使用合同。土地使用者应当依法申请土地登记。

第二十三条 具体建设项目需要使用土地的,必须依法申请使用土地利用总体规划确定的城市建设用地范围内的国有建设用地。能源、交通、水利、矿山、军事设施等建设项目确需使用土地利用总体规划确定的城市建设用地范围外的土地,涉及农用地的,按照下列规定办理:

(一)建设项目可行性研究论证时,由土地行政主管部门对建设项目用地有关事项进行审查,提出建设项目用地预审报告;可行性研究报告报批时,必须附具土地行政主管部门出具的建设项目用地预审报告。

(二)建设单位持建设项目的有关批准文件,向市、县人民政府土地行政主管部门提出建设用地申请,由市、县人民政府土地行政主管部门审查,拟订农用地转用方案、补充耕地方案、征收土地方案和供地方案(涉及国有农用地的,不拟订征收土地方案),经市、县人民政府审核同意后,逐级上报有批准权的人民政府批准;其中,补充耕地方案由批准农用地转用方案的人民政府在批准农用地转用方案时一并批准;供地方案由批准征收土地的人民政府在批准征收土地方案时一并批准(涉及国有农用地的,供地方案由批准农用地转用的人民政府在批准农用地转用方案时一并批准)。

(三)农用地转用方案、补充耕地方案、征收土地方案和供地方案经批准后,由市、县人民政府组织实施,向建设单位颁发建设用地批准书。有偿使用国有土地的,由市、县人民政府土地行政主管部门与土地使用者签订国有土地有偿使用合同;划拨使用国有土地的,由市、县人民政府土地行政主管部门向土地使用者核发国有土地划拨决定书。

(四)土地使用者应当依法申请土地登记。

建设项目确需使用土地利用总体规划确定的城市建设用地范围外的土地,涉及农民集体所有的未利用地的,只报批征收土地方案和供地方案。

第二十四条 具体建设项目需要占用土地利用总体规划确定的国有未利用地的,按照省、自治区、直辖市的规定办理;但是,国家重点建设项目、军事设施和跨省、自治区、直辖市行政区域的建设项目以及国务院规定的其他建设项目用地,应当报国务院批准。

第二十五条 征收土地方案经依法批准后,由被征收土地所在地的市、县人民政府组织实施,并将批准征地机关、批准文号、征收土地的用途、范围、面积以及征地补偿标准、农业人员安置办法和办理征地补偿的期限等,在被征收土地所在地的乡(镇)、村予以公告。

被征收土地的所有权人、使用权人应当在公告规定的期限内,持土地权属证书到公告指定的人民政府土地行政主管部门办理征地补偿登记。

市、县人民政府土地行政主管部门根据经批准的征收土地方案,会同有关部门拟订征地补偿、安置方案,在被征收土地所在地的乡(镇)、村予以公告,听取被征收土地的农村集体经济组织和农民的意见。征地补偿、安置方案报市、县人民政府批准后，由市、县人民政府土地行政主管部门组织实施。对补偿标准有争议的，由县级以上地方人民政府协调；协调不成的，由批准征收土地的人民政府裁决。征地补偿、安置争议不影响征收土地方案的实施。

征收土地的各项费用应当自征地补偿、安置方案批准之日起3个月内全额支付。

第二十六条　土地补偿费归农村集体经济组织所有；地上附着物及青苗补偿费归地上附着物及青苗的所有者所有。

征收土地的安置补助费必须专款专用，不得挪作他用。需要安置的人员由农村集体经济组织安置的，安置补助费支付给农村集体经济组织，由农村集体经济组织管理和使用；由其他单位安置的，安置补助费支付给安置单位；不需要统一安置的，安置补助费发放给被安置人员个人或者征得被安置人员同意后用于支付被安置人员的保险费用。

市、县和乡（镇）人民政府应当加强对安置补助费使用情况的监督。

第二十七条　抢险救灾等急需使用土地的，可以先行使用土地。其中，属于临时用地的，灾后应当恢复原状并交还原土地使用者使用，不再办理用地审批手续；属于永久性建设用地的，建设单位应当在灾情结束后6个月内申请补办建设用地审批手续。

第二十八条　建设项目施工和地质勘查需要临时占用耕地的，土地使用者应当自临时用地期满之日起1年内恢复种植条件。

第二十九条　国有土地有偿使用的方式包括：

（一）国有土地使用权出让；

（二）国有土地租赁；

（三）国有土地使用权作价出资或者入股。

第三十条　《土地管理法》第五十五条规定的新增建设用地的土地有偿使用费，是指国家在新增建设用地中应取得的平均土地纯收益。

第六章　监督检查

第三十一条　土地管理监督检查人员应当经过培训，经考核合格后，方可从事土地管理监督检查工作。

第三十二条　土地行政主管部门履行监督检查职责，除采取《土地管理法》第六十七条规定的措施外，还可以采取下列措施：

（一）询问违法案件的当事人、嫌疑人和证人；

（二）进入被检查单位或者个人非法占用的土地现场进行拍照、摄像；

（三）责令当事人停止正在进行的土地违法行为；

（四）对涉嫌土地违法的单位或者个人，停止办理有关土地审批、登记手续；

（五）责令违法嫌疑人在调查期间不得变卖、转移与案件有关的财物。

第三十三条　依照《土地管理法》第七十二条规定给予行政处分的，由责令作出行政处罚决定或者直接给予行政处罚决定的上级人民政府土地行政主管部门作出。对于警告、记过、记大过的行政处分决定，上级土地行政主管部门可以直接作出；对于降级、撤职、开除的行政处分决定，上级土地行政主管部门应当按照国家有关人事管理权限和处理程序的规定，向有关机关提出行政处分建议，由有关机关依法处理。

第七章　法律责任

第三十四条　违反本条例第十七条的规定，在土地利用总体规划确定的禁止开垦区内进行开垦的，由县级以上人民政府土地行政主管部门责令限期改正；逾期不改正的，依照《土地管理法》第七十六条的规定处罚。

第三十五条　在临时使用的土地上修建永久性建筑物、构筑物的，由县级以上人民政府土地行政主管部门责令限期拆除；逾期不拆除的，由作出处罚决定的机关依法申请人民法院强制执行。

第三十六条　对在土地利用总体规划制定前已建的不符合土地利用总体规划确定的用途的建筑物、构筑物重建、扩建的，由县级以上人民政府土地行政主管部门责令限期拆除；逾期不拆除的，由作出处罚决定的机关依法申请人民法院强制执行。

第三十七条　阻碍土地行政主管部门的工作人员依法执行职务的，依法给予治安管理处罚或者追究刑事责任。

第三十八条 依照《土地管理法》第七十三条的规定处以罚款的,罚款额为非法所得的50%以下。

第三十九条 依照《土地管理法》第八十一条的规定处以罚款的,罚款额为非法所得的5%以上20%以下。

第四十条 依照《土地管理法》第七十四条的规定处以罚款的,罚款额为耕地开垦费的2倍以下。

第四十一条 依照《土地管理法》第七十五条的规定处以罚款的,罚款额为土地复垦费的2倍以下。

第四十二条 依照《土地管理法》第七十六条的规定处以罚款的,罚款额为非法占用土地每平方米30元以下。

第四十三条 依照《土地管理法》第八十条的规定处以罚款的,罚款额为非法占用土地每平方米10元以上30元以下。

第四十四条 违反本条例第二十八条的规定,逾期不恢复种植条件的,由县级以上人民政府土地行政主管部门责令限期改正,可以处耕地复垦费2倍以下的罚款。

第四十五条 违反土地管理法律、法规规定,阻挠国家建设征收土地的,由县级以上人民政府土地行政主管部门责令交出土地;拒不交出土地的,申请人民法院强制执行。

第八章 附 则

第四十六条 本条例自1999年1月1日起施行。1991年1月4日国务院发布的《中华人民共和国土地管理法实施条例》同时废止。

最高人民法院关于审理涉及国有土地使用权合同纠纷案件适用法律问题的解释

1. 2004年11月23日最高人民法院审判委员会第1334次会议通过

2. 2005年6月18日公布

3. 法释〔2005〕5号

4. 自2005年8月1日起施行

根据《中华人民共和国民法通则》、《中华人民共和国合同法》、《中华人民共和国土地管理法》、《中华人民共和国城市房地产管理法》等法律规定,结合民事审判实践,就审理涉及国有土地使用权合同纠纷案件适用法律的问题,制定本解释。

一、土地使用权出让合同纠纷

第一条 本解释所称的土地使用权出让合同,是指市、县人民政府土地管理部门作为出让方将国有土地使用权在一定年限内让与受让方,受让方支付土地使用权出让金的协议。

第二条 开发区管理委员会作为出让方与受让方订立的土地使用权出让合同,应当认定无效。

本解释实施前,开发区管理委员会作为出让方与受让方订立的土地使用权出让合同,起诉前经市、县人民政府土地管理部门追认的,可以认定合同有效。

第三条 经市、县人民政府批准同意以协议方式出让的土地使用权,土地使用权出让金低于订立合同时当地政府按照国家规定确定的最低价的,应当认定土地使用权出让合同约定的价格条款无效。

当事人请求按照订立合同时的市场评估价格交纳土地使用权出让金的,应予支持;受让方不同意按照市场评估价格补足,请求解除合同的,应予支持。因此造成的损失,由当事人按照过错承担责任。

第四条 土地使用权出让合同的出让方因未办理土地使用权出让批准手续而不能交付土地,受让方请求解除合同的,应予支持。

第五条 受让方经出让方和市、县人民政府城市规划行政主管部门同意,改变土地使用权出让合同约定的土地用途,当事人请求按照起诉时同种用途的土地出让金标准调整土地出让金的,应予支持。

第六条 受让方擅自改变土地使用权出让合同约定的土地用途,出让方请求解除合同的,应予支持。

二、土地使用权转让合同纠纷

第七条 本解释所称的土地使用权转让合同,是指土地使用权人作为转让方将出让土地使用权转让于受让方,受让方支付价款的协议。

第八条　土地使用权人作为转让方与受让方订立土地使用权转让合同后,当事人一方以双方之间未办理土地使用权变更登记手续为由,请求确认合同无效的,不予支持。

第九条　转让方未取得出让土地使用权证书与受让方订立合同转让土地使用权,起诉前转让方已经取得出让土地使用权证书或者有批准权的人民政府同意转让的,应当认定合同有效。

第十条　土地使用权人作为转让方就同一出让土地使用权订立数个转让合同,在转让合同有效的情况下,受让方均要求履行合同的,按照以下情形分别处理:

(一)已经办理土地使用权变更登记手续的受让方,请求转让方履行交付土地等合同义务的,应予支持;

(二)均未办理土地使用权变更登记手续,已先行合法占有投资开发土地的受让方请求转让方履行土地使用权变更登记等合同义务的,应予支持;

(三)均未办理土地使用权变更登记手续,又未合法占有投资开发土地,先行支付土地转让款的受让方请求转让方履行交付土地和办理土地使用权变更登记等合同义务的,应予支持;

(四)合同均未履行,依法成立在先的合同受让方请求履行合同的,应予支持。

未能取得土地使用权的受让方请求解除合同、赔偿损失的,按照《中华人民共和国合同法》的有关规定处理。

第十一条　土地使用权人未经有批准权的人民政府批准,与受让方订立合同转让划拨土地使用权的,应当认定合同无效。但起诉前经有批准权的人民政府批准办理土地使用权出让手续的,应当认定合同有效。

第十二条　土地使用权人与受让方订立合同转让划拨土地使用权,起诉前经有批准权的人民政府同意转让,并由受让方办理土地使用权出让手续的,土地使用权人与受让方订立的合同可以按照补偿性质的合同处理。

第十三条　土地使用权人与受让方订立合同转让划拨土地使用权,起诉前经有批准权的人民政府决定不办理土地使用权出让手续,并将该划拨土地使用权直接划拨给受让方使用的,土地使用权人与受让方订立的合同可以按照补偿性质的合同处理。

三、合作开发房地产合同纠纷

第十四条　本解释所称的合作开发房地产合同,是指当事人订立的以提供出让土地使用权、资金等作为共同投资,共享利润、共担风险合作开发房地产为基本内容的协议。

第十五条　合作开发房地产合同的当事人一方具备房地产开发经营资质的,应当认定合同有效。

当事人双方均不具备房地产开发经营资质的,应当认定合同无效。但起诉前当事人一方已经取得房地产开发经营资质或者已依法合作成立具有房地产开发经营资质的房地产开发企业的,应当认定合同有效。

第十六条　土地使用权人未经有批准权的人民政府批准,以划拨土地使用权作为投资与他人订立合同合作开发房地产的,应当认定合同无效。但起诉前已经办理批准手续的,应当认定合同有效。

第十七条　投资数额超出合作开发房地产合同的约定,对增加的投资数额的承担比例,当事人协商不成的,按照当事人的过错确定;因不可归责于当事人的事由或者当事人的过错无法确定的,按照约定的投资比例确定;没有约定投资比例的,按照约定的利润分配比例确定。

第十八条　房屋实际建筑面积少于合作开发房地产合同的约定,对房屋实际建筑面积的分配比例,当事人协商不成的,按照当事人的过错确定;因不可归责于当事人的事由或者当事人过错无法确定的,按照约定的利润分配比例确定。

第十九条　在下列情形下,合作开发房地产合同的当事人请求分配房地产项目利益的,不予受理;已经受理的,驳回起诉:

(一)依法需经批准的房地产建设项目未经有批准权的人民政府主管部门批准;

(二)房地产建设项目未取得建设工程规

划许可证;

(三)擅自变更建设工程规划。

因当事人隐瞒建设工程规划变更的事实所造成的损失,由当事人按照过错承担。

第二十条 房屋实际建筑面积超出规划建筑面积,经有批准权的人民政府主管部门批准后,当事人对超出部分的房屋分配比例协商不成的,按照约定的利润分配比例确定。对增加的投资数额的承担比例,当事人协商不成的,按照约定的投资比例确定;没有约定投资比例的,按照约定的利润分配比例确定。

第二十一条 当事人违反规划开发建设的房屋,被有批准权的人民政府主管部门认定为违法建筑责令拆除,当事人对损失承担协商不成的,按照当事人过错确定责任;过错无法确定的,按照约定的投资比例确定责任;没有约定投资比例的,按照约定的利润分配比例确定责任。

第二十二条 合作开发房地产合同约定仅以投资数额确定利润分配比例,当事人未足额交纳出资的,按照当事人的实际投资比例分配利润。

第二十三条 合作开发房地产合同的当事人要求将房屋预售款充抵投资参与利润分配的,不予支持。

第二十四条 合作开发房地产合同约定提供土地使用权的当事人不承担经营风险,只收取固定利益的,应当认定为土地使用权转让合同。

第二十五条 合作开发房地产合同约定提供资金的当事人不承担经营风险,只分配固定数量房屋的,应当认定为房屋买卖合同。

第二十六条 合作开发房地产合同约定提供资金的当事人不承担经营风险,只收取固定数额货币的,应当认定为借款合同。

第二十七条 合作开发房地产合同约定提供资金的当事人不承担经营风险,只以租赁或者其他形式使用房屋的,应当认定为房屋租赁合同。

四、其　他

第二十八条 本解释自2005年8月1日起施行;施行后受理的第一审案件适用本解释。

本解释施行前最高人民法院发布的司法解释与本解释不一致的,以本解释为准。

最高人民法院印发《关于当前形势下进一步做好房地产纠纷案件审判工作的指导意见》的通知

1. 2009年7月9日公布
2. 法发〔2009〕42号

当前,稳定房地产市场,保障房地产业的健康发展,是党和国家应对国际金融危机影响,促进经济平稳较快发展的重大决策部署。充分发挥人民法院的审判职能作用,切实做好房地产纠纷案件审判工作,是人民法院为大局服务、为人民司法的必然要求。各级人民法院要深刻认识当前形势下做好房地产纠纷案件审判工作的重要意义,准确把握宏观经济形势发生的客观变化,在法律和国家政策规定框架内,适用原则性和灵活性相统一的方法,妥善审理房地产案件,为国家"保增长、保民生、保稳定"的工作大局提供强有力的司法保障。现就做好房地产纠纷案件的审判工作,提出如下指导意见。

一、切实依法维护国有土地使用权出让市场。要依照物权法、合同法、城市房地产管理法等法律及最高人民法院《关于审理涉及国有土地使用权合同纠纷案件适用法律问题的解释》的规定,尽可能维持土地使用权出让合同效力,依法保护守约方的合法权益,促进土地使用权出让市场的平稳发展。

二、切实依法维护国有土地使用权转让市场。要正确理解城市房地产管理法等法律、行政法规关于土地使用权转让条件的规定,准确把握物权效力与合同效力的区分原则,尽可能维持合同效力,促进土地使用权的正常流转。

三、切实依法保护国家投资基础设施建设拉大内需政策的落实。要依照法律规定,结合国家政策,妥善审理好涉及国家重大工程、重点项目的建设工程施工合同纠纷案件;要慎用财产保全措施,尽可能加快案件审理进度,发挥财产效益,为重点工程按期完工提供司法保障。

四、加大对招标投标法的贯彻力度。要依照招标投标法和最高人民法院《关于审理建设工程施工合同纠纷案件适用法律问题的解释》的规定,准确把握"黑白合同"的认定标准,依法维护中标合同的实质性内容;对案件审理中发现的带有普遍性的违反招标投标法等法律、行政法规和司法解释规定的问题,要及时与建设行政管理部门沟通、协商,共同研究提出从源头上根治的工作方案,切实维护建筑市场秩序。

五、妥善处理因发包人资金困难产生的发包人拖欠工程款、承包人拖欠劳务分包人工程款等连锁纠纷案件。要统筹协调各方当事人的利益,加大案件调解力度,力争通过案件审判盘活现有的存量资金,实现当事人双赢、多赢的结果。调解不成的,要综合考虑连锁案件的整体情况,根据当事人的偿付能力和对方的资金需求,确定还款期限、还款方式,最大限度避免连锁案件引发群体事件影响社会稳定。

六、妥善处理非法转包、违法分包、肢解发包、不具备法定资质的实际施工人借用资质承揽工程等违法行为,以保证工程质量。对规避标准化法关于国家强制性标准的规定,降低建材标号,擅自缩减施工流程,降低工程质量标准等危及建筑产品安全的行为,要按照法律规定和合同约定严格予以处理;构成犯罪的,交由有关部门依法追究责任人的刑事责任。

七、妥善处理各类房屋买卖合同纠纷案件,依法稳定房屋交易市场。要依照法律和最高人民法院《关于审理商品房买卖合同纠纷案件适用法律若干问题的解释》的规定,妥善处理房屋销售广告纠纷,认购协议中定金纠纷、房屋质量纠纷、房屋面积纠纷,制裁恶意违约行为,保护购房人利益;对于房地产开发商确因资金暂时困难未按时交付房屋的,要多做双方当事人的调解工作,确无调解可能的案件,可以根据案件的具体情况,依法合理调整违约金数额,公平解决违约责任问题;对于买受人请求解除商品房合同纠纷案件,要严格依法审查,对不符合解除条件的不能解除;要引导当事人理性面对市场经营风险,共同维护诚信的市场交易秩序。对矛盾有可能激化的敏感案件和群体性案件,要及时向当地党委汇报,与政府主管部门沟通情况,力争将不稳定因素化解在萌芽状态。

八、妥善审理商品房抵押贷款合同纠纷案件,维护房地产金融体系安全。在审理因商品房买受人拖欠银行贷款产生的纠纷案件中,要依法保护银行的合法权益;对涉嫌利用虚假房地产交易套取银行信贷资金等违法犯罪活动的,要及时向侦查机关提供线索;对案件中出现的新情况、新问题及时与房地产主管部门、银行业进行沟通,依法支持金融监管机构有效行使管理职能,防范房地产金融体系风险。

九、妥善处理拖欠租金引发的房屋租赁合同纠纷案件。在处理小型企业租赁他人厂房、仓库等经营性用房的案件时,如果承租人因资金短缺临时拖欠租金,但企业仍处于正常生产经营状态的,要从维护企业的生存发展入手,加大调解力度,尽可能促成合同继续履行。

十、妥善采用多种途径处理房地产纠纷案件。房地产案件的审判涉及到房地产企业和广大人民群众的切身利益,要从保障企业合法权益,保障人民群众居住权益的角度,切实贯彻"调解优先、调判结合"原则,大力加强诉讼调解工作;要借助行政调解、人民调解力量,多种途径、多种方式化解纠纷,维护稳定,切实防止房地产纠纷转变为群体性行为。

十一、加强对当前形势下房地产业审判工作新情况、新问题的进一步研究。房地产业在国民经济中的重要作用,决定了国际金融危机对房地产业的影响是深远的,要加强对房地产案件审判的前瞻性研究,密切关注国内外经济形势变化可能引发的房地产纠纷案件,对案件审判中出现的新情况、新问题及时提出应对的司法政策;要及时总结审判经验,有效提高解决疑难复杂问题的能力,为房地产业的健康、持续发展提供可靠的司法保证。

最高人民法院关于审理涉及农村土地承包经营纠纷调解仲裁案件适用法律若干问题的解释

1. 2013年12月27日由最高人民法院审判委员会第1601次会议通过
2. 2014年1月9日公布
3. 法释〔2014〕1号
4. 自2014年1月24日起施行

为正确审理涉及农村土地承包经营纠纷调解仲裁案件,根据《中华人民共和国农村土地承包法》《中华人民共和国农村土地承包经营纠纷调解仲裁法》《中华人民共和国民事诉讼法》等法律的规定,结合民事审判实践,就审理涉及农村土地承包经营纠纷调解仲裁案件适用法律的若干问题,制定本解释。

第一条 农村土地承包仲裁委员会根据农村土地承包经营纠纷调解仲裁法第十八条规定,以超过申请仲裁的时效期间为由驳回申请后,当事人就同一纠纷提起诉讼的,人民法院应予受理。

第二条 当事人在收到农村土地承包仲裁委员会作出的裁决书之日起三十日后或者签收农村土地承包仲裁委员会作出的调解书后,就同一纠纷向人民法院提起诉讼的,裁定不予受理;已经受理的,裁定驳回起诉。

第三条 当事人在收到农村土地承包仲裁委员会作出的裁决书之日起三十日内,向人民法院提起诉讼,请求撤销仲裁裁决的,人民法院应当告知当事人就原纠纷提起诉讼。

第四条 农村土地承包仲裁委员会依法向人民法院提交当事人财产保全申请的,申请财产保全的当事人为申请人。

农村土地承包仲裁委员会应当提交下列材料:

(一)财产保全申请书;

(二)农村土地承包仲裁委员会发出的受理案件通知书;

(三)申请人的身份证明;

(四)申请保全财产的具体情况。

人民法院采取保全措施,可以责令申请人提供担保,申请人不提供担保的,裁定驳回申请。

第五条 人民法院对农村土地承包仲裁委员会提交的财产保全申请材料,应当进行审查。符合前条规定的,应予受理;申请材料不齐全或不符合规定的,人民法院应当告知农村土地承包仲裁委员会需要补齐的内容。

人民法院决定受理的,应当于三日内向当事人送达受理通知书并告知农村土地承包仲裁委员会。

第六条 人民法院受理财产保全申请后,应当在十日内作出裁定。因特殊情况需要延长的,经本院院长批准,可以延长五日。

人民法院接受申请后,对情况紧急的,必须在四十八小时内作出裁定;裁定采取保全措施的,应当立即开始执行。

第七条 农村土地承包经营纠纷仲裁中采取的财产保全措施,在申请保全的当事人依法提起诉讼后,自动转为诉讼中的财产保全措施,并适用《最高人民法院关于人民法院民事执行中查封、扣押、冻结财产的规定》第二十九条关于查封、扣押、冻结期限的规定。

第八条 农村土地承包仲裁委员会依法向人民法院提交当事人证据保全申请的,应当提供下列材料:

(一)证据保全申请书;

(二)农村土地承包仲裁委员会发出的受理案件通知书;

(三)申请人的身份证明;

(四)申请保全证据的具体情况。

对证据保全的具体程序事项,适用本解释第五、六、七条关于财产保全的规定。

第九条 农村土地承包仲裁委员会作出先行裁定后,一方当事人依法向被执行人住所地或者被执行的财产所在地基层人民法院申请执行的,人民法院应予受理和执行。

申请执行先行裁定的,应当提供以下材料:

(一)申请执行书;

(二)农村土地承包仲裁委员会作出的先行裁定书;

（三）申请执行人的身份证明；

（四）申请执行人提供的担保情况；

（五）其他应当提交的文件或证件。

第十条　当事人根据农村土地承包经营纠纷调解仲裁法第四十九条规定，向人民法院申请执行调解书、裁决书，符合《最高人民法院关于人民法院执行工作若干问题的规定（试行）》第十八条规定条件的，人民法院应予受理和执行。

第十一条　当事人因不服农村土地承包仲裁委员会作出的仲裁裁决向人民法院提起诉讼的，起诉期从其收到裁决书的次日起计算。

第十二条　本解释施行后，人民法院尚未审结的一审、二审案件适用本解释规定。本解释施行前已经作出生效裁判的案件，本解释施行后依法再审的，不适用本解释规定。

十三、民事责任

最高人民法院关于金光股份有限公司的主管部门是否应承担清偿责任问题的复函

1. 1991年12月9日公布
2. 法(经)函[1991]146号

宁夏回族自治区高级人民法院:

你院[1991]宁经请字第2号《关于金光股份有限公司的主管部门是否应承担清偿责任的请示报告》及《关于强制执行金光公司南洋大厦B座3层574平方米房产的请示报告》收悉。经研究,答复如下:

一、金光股份有限公司是由深圳市装饰工程工业总公司申请,经深圳市人民政府批准成立的。市政府批文规定:公司为股份有限公司,注册资金为60万元人民币,发行股票6千股,其中国家股占40%,由装饰工程工业总公司出资;集体、国外和港澳股份占30%;私人股份30%,由装饰工程工业总公司职工购买。1987年2月24日经深圳市工商局批准,核发了营业执照。经你院调查核实,金光股份有限公司实有资产58.56万元,其中深圳市装饰工程工业总公司以固定资产办公楼房139.87平方米折抵股金25.1786万元人民币投入,超过了市政府规定的认购比例。综上所述,金光股份有限公司具有企业法人资格,深圳市装饰工程工业总公司已按规定认购了相应的股份,不应再对金光股份公司的债务承担清偿责任。

二、你院在审理经济纠纷案件中,如果发现金光股份有限公司的有关人员有犯罪行为,应按两院一部法(研)发[1985]27号和法(研)发[1987]7号通知的规定,将有关犯罪线索移送公安或检察机关处理。

三、对金光股份有限公司南洋大厦B座3层574平方米房产的强制执行,应严格按照民事诉讼法的规定进行。根据本案情况,即使具有民事诉讼法第一百零二条第一款(六)项之行为,也不需要对有关人员采取拘留措施。执行前还应与深圳市中级人民法院进行联系,取得他们的支持和协助。

四、审理中如查明金光公司将合作资金挪用,其他单位或个人非法占用该项资金,可责令非法占用者退还非法占用的资金以偿还债权人。

此复

附:

宁夏回族自治区高级人民法院关于金光股份有限公司的主管部门是否应承担清偿责任的请示报告

1. 1991年11月14日公布
2. [1991]宁经请字第2号

最高人民法院:

我院受理的辽宁省国际信托投资公司(简称投资公司)、辽宁省对外经济发展公司(简称发展公司)诉深圳市金光企业股份有限公司(简称金光公司)合作经营羊绒纠纷一案,于1990年12月18日审结。判决被告金光公司返还两原合作资金12321764.8元,除已执行4306342元,尚欠8015422.8元,金光公司已无可供执行的财产。

金光公司是1986年8月由深圳市装饰工程工业总公司申报,深圳市政府于1986年12月1日批准成立的。市政府批文规定:公司为股份有限公司,注册资金60万元人民币,发行股票6000股,其中国家股占40%(2400股),由装饰工程公司出资,集体、国外和港澳股东占30%(1800股),私人股份30%(1800股),由装饰工程工业总公司职工购买。按股份分配盈利和承担亏损。批文下达后金光公司于1987年2月24日向深圳市工商局申请登记成立。公司董事长、总经理由装饰工程工业总公司总经理林光舜兼任,经济性质为集体股份企业,公司会计师、工程师、会计员、出纳员、秘书均由装饰工程工业总公司派自己的在职人员兼任。在装饰工程工业总公司领取工资,资金由装饰工程工业总公司以固定资产办公楼房139.87m^2(计价1800元/m^2)折抵股金251766元,集体投资5万元,外商投资3.52万元,装饰工程工业总公司职工个人投资24.86万元,合计资产58.56万元。公司下设业务部、贸易部、电子经销部等,在经营中,金光公司又聘用了许多闲散人员担任公司的副总经理,业务部经理及业务员等职。成立时在册人员有60名,截至1990年12月份金光公司只剩12人,其中国家职工8人,均系装饰公司正式在册人员,其他系临时聘用人员,金光公司本身没有人事编制。1987年7月,金光公司与辽宁省投资公司、发展公司签订了合作经营羊绒项目合同后,金光公司即派聘用的业务部副经理胡松到宁夏实施合作项目,两原告根据被告项目负责人胡松指定的帐户,先后将1150万元人民币汇入宁夏银川,由胡松具体支配使用。由于在加工羊绒的过程中掺杂使假,造成羊绒质量低劣,无法售出,直接损失达453万余元人民币,另外还将大量合作资金挪用偿还了金光公司的外债,外借、开支,直接金额达487万余元人民币。该纠纷发生后,被告金光公司已负债累累,处于瘫痪状态,便采取推脱拖延的办法撒手不管,原聘用的人员也逃之夭夭。在我院审理过程中,公司董事会决定停业整顿,只留一个总经理(已任命装饰公司下属的装饰材料供应公司经理),其余人员回装饰总公司上班。鉴于被告金光公司的现状,执行工作已无法进行,现根据有关法律、政策的规定,经我院审判委员会研究如下:

一、大多数同志认为:应先由金光公司负责清理,不足部分,裁定由金光公司的主管开办单位装饰工程工业总公司承担债务清偿责任。理由是:1.金光公司是由装饰工业工程总公司申请开办成立的。2.金光公司董事长、总经理自始至终均由装饰工程工业总公司总经理兼任,公司主要工作人员由装饰工程工业总公司委派自己的在册工作人员兼任。金光公司本身没有人事编制及人事权,实际上金光公司与装饰工程工业总公司是一套人马两块牌子。当问题出现后,国家正式职工回装饰公司上班,聘用人员自行流散,只留下一个总经理,还任命为装饰工程工业总公司下属的装饰材料供应公司经理,兼管应付金光公司的门面。3.市政府批准成立公司的批文及公司章程均规定:"公司实行股份制,盈利按股份分配,亏损按股份承担。"依照《民法通则》第三十五条或第五十二条规定,各股东对债务承担连带责任,金光公司的股份中,装饰工程工业总公司是最大的股东,投入股占40%,装饰工程工业总公司的职工私人股占30%,因此,装饰工程工业总公司既是开办单位、主管单位,又是主要股东,应承担连带清偿责任。4.金光公司在清理整顿公司中没有撤并,不适用按国发[1990]68号文件规定处理。

综上所述,我们认为:金光公司实际是装饰工程工业总公司的分支机构,依据国发[1985]102号文件第二条关于"呈报单位和各级人民政府,各有关部门,要对成立公司认真进行审核,因审核不当,造成严重后果的,要承担经济法律责任"的规定和最高人民法院法(研)[1987]42号批复第二条:"企业单位开办的分支机构,企业倒闭后,如果企业开办的分支机构是公司,无论是否具备独立法人资格,可以根据国发[1985]102号通知办理"。可以裁定由主管开办单位装饰工程工业总公司承担清偿责任。

二、有的同志认为,国发[1990]68号文件第一条规定:"……凡在实际上具备了民法通则第三十七条、第四十一条规定的法人条件,并且与开办公司的党政机关脱钩的,一律以公司经营管理或所有的财产承担债务清偿责任。"最高人民法院法(经)发[1991]10号文件第六条规定:"受理企业开办的企业被撤并后的经济纠纷案件,适用该通知第一条的规定。"装饰工程工业总公司不存在国发[1990]68号文件第三条"应在收取资金和实物的限度内"、第四条"在注册资金范围内"、承担清偿责任的情形和第五条"资金一律不得抽回"的问题,应裁定终止执行,待营业执照注销后裁定终结执行。但不太把握的是:1.金光公司至今营业执照依然存在,只是停业整顿,并未在清理整顿公司中被撤并,是否适用国发[1990]68号文件规定。2.金光公司仅有60万元的注册资产,只是本案涉及的两份合同,就收取原告资金1150万元,违法经营(无经营羊绒的营业范围。加工羊绒过程中掺杂使假)胡乱开支,导致严重亏损,巨额欠款。申请开办的主管部门不承担责任,有关人员得不到应有的处理,终结执行既损害了原告的合法利益,又不符合民法通则第一百零八条债务应当清偿的规定。

三、金光公司与两原告的合作项目,具体由金光公司业务部实施,公司的正副经理都参与了该项活动,但经济帐目只有业务部副经理胡松经办,两原告汇入的1150万元人民币,完全由胡松支配使用,公司里没有帐,也不提供情况。我院在审理中,通过银行查明了款的去向,胡松用合作资金还金光公司债务100多万元,及其它买房、建厂等开支,共计挪用款487万元。这一大笔款正常情况下,应由公司及上级主管单位来查。为此,我院审结此案时,曾发出司法建议,建议有关部门查处。但从目前了解的情况看,我院的建议没有引起有关部门的重视。金光公司只剩下经理一人还另被任用,主管开办单位装饰工程工业总公司认为与己无关,推脱不管,鉴于这种情况,我们拟将逃跑的经办人员胡松收审,根据款的去向追索,又没有这方面的法律依据。继续向金光公司追款,肯定无结果,国家的损失无法追回。可否在查清确系胡松或其他单位、个人非法占用该项资金后,直接裁定由非法占有者用自己的财产偿还。

以上报告妥否,特报请你院批示。

最高人民法院经济审判庭关于济南市历城区人武部是否应为其开办的木制品厂承担责任问题的电话答复

1991年10月10日发布

山东省高级人民法院:

你院鲁法(经)发第〔1991〕94号《关于如何理解和执行国务院国发〔1990〕68号文件的请示报告》收悉。按照最高人民法院的规定,请示报告有几种不同意见时,应提出倾向性意见,你们报告中未提出倾向性意见。另外,木制品厂成立后,是否实行独立核算、自主经营,人武部与其有何权利义务关系,是否从中收取钱财,这些情况报告中都不清楚。

按照国务院国发〔1990〕68号文件的规定,党政机关及其所属编制序列的事业单位开办的企业实际不具备法人资格,如未实行独立核算、自主经营,开办单位又未从中收取钱财,开办单位可在注册资金不实的范围内承担责任。

最高人民法院经济审判庭关于青海人民剧院开办的分支企业停办后是否对分支企业的债务承担责任问题的复函

1. 1991年1月23日公布

2. 法经〔1991〕9号

青海省高级人民法院:

你院(91)青法经字第1号《关于青海人民剧院开办的分支企业"艺青商行"停办后,青海人民剧院是否作为诉讼主体对外承担责任的请示》收悉。经研究,答复如下:

西宁艺青商行是由青海人民剧院向工商行政管理部门申请开办的。经青海省审计局审计认为:艺青商行以欺骗手段取得工商银行验资和工商局核准的营业执照的合法手续,实际上是一个既无资金和固定工作人员,又无经营场地的企业。现在艺青商行已经倒闭,因此应将青海人民剧院列为被告,由艺青商行的财产清偿债务,不足清偿的,由青海人民剧院在注册资金不实的范围内,对艺青商行的债务承担责任。

附：

青海省高级人民法院关于青海人民剧院开办的分支企业“艺青商行”停办后，青海人民剧院是否作为诉讼主体对外承担责任的请示

〔91〕青法经字第1号

最高人民法院：

我省西宁市中级人民法院受理的西安市妇女儿童用品商店诉青海人民剧院购销合同拖欠货款纠纷上诉一案，经其审判委员会讨论，对确定由青海人民剧院作为被告承担对外债务，还是追加艺青商行为共同被告承担连带责任问题认识不一致，请示我院。我院经审判委员会讨论认为应将青海人民剧院列为被告，由艺青商行的财产清偿，不足清偿的，由青海人民剧院负清偿责任。

附：青海省高级人民法院案情报告

1991年1月4日公布

1988年3月17日，青海人民剧院向青海省文化厅呈报了申请开办经营《艺青商行》的报告，称“依据文化部和厅里关于开展以文养文，以商养文等多种文化经营活动的意见，根据具体情况经院研究决定在剧院扩大经营项目，开办《艺青商行》”，该行的性质为“集体所有制，自筹资金，自主经营，自负盈亏”。同年3月20日，青海省文化厅批复：根据文化部、财政部、国家工商局计字(87)第94号关于《颁发文化事业单位有偿服务和经营活动的暂行办法》的通知精神，同意开办艺青商行(属集体所有制性质)开展以商补文业务。4月19日，青海人民剧院艺青商行向西宁市工商行政管理局申请企业开业，登记表经核准载明：申请企业名称：西宁艺青商行；地址：西宁市西大街19号；单独核算，经济性质为全民；批准机关，青海省文化厅；经营范围：百货、烟酒、日杂、家用电子产品；生产经营方式：批零兼营。生产经营场地250m^2，营业100m^2，仓储150m^2，从业人员15人，管理人员1人，银行验资青海人民剧院拨款5万元，房屋合计5万元。5月20日，工商局发给艺青商行营业执照。

1988年6月，青海人民剧院经理兼艺青商行经理李玉珠将艺青商行承包给西宁家俱工业公司停薪留职人员高志林，合同规定：承包期为2年，高志林向剧院第一年上缴承包费2.5万元，第二年上缴3万元。如经营亏损由承包人负责。同年11月20日艺青商行为供方与西安妇女儿童用品商店为需方签订了一份1000条毛毯的购销合同，单价184元，总金额184000元。合同签订后，西安市妇女儿童用品商店汇款186000元，艺青商行供给西安市妇女儿童用品商店毛毯680条，按合同约定价值114080元，尚欠60880元，既未供货，也未退款。1989年3月初，艺青商行被青海省审计局进行审计，艺青商行停止经营活动。审计局认为：艺青商行以欺骗手段取得工商银行验资和工商局核准的营业执照的合法手续，实际上是一个既无自有资金和固定工作人员、又无经营场地的企业，而是不择手段对部分紧俏商品进行倒卖活动。审计局将艺青商行承包人高志林的违法经营情况移送城中区人民检察院专案审查，同年3月13日高志林被刑事拘留，艺青商行财产也被追缴后发还有关单位。高志林因行贿罪判处有期徒刑。工商局认为，艺青商行不具备法人资格，是人民剧院的一个分支机构。该商行现已无管理人员、无财产、无经营场地，工商局虽未注销，但名存实亡。

1989年10月，西安市妇女儿童用品商店向西宁市城中区人民法院起诉，要求青海人民剧院偿还货款。原审法院经审理，判决人民剧院承担全部清偿责任。宣判后，青海人民剧院不服向西宁市中级人民法院上诉。上诉称：艺青商行虽以人民剧院名义向省文化厅写申请经批准后开办的，人民剧院没有为艺青商行筹措过一分钱，所以与人民剧院无关。人民剧院原经理李玉珠利用他当时占据的法定代表人的合法身份，未经院务会讨论，私自向省文化厅写报告要求成立“艺青商行”，批准后亦未向院内任何一人传达，院内亦无一人参与其经营活动。这只能说明商行是李玉珠个人办的，责任应由其个人承担。

二审法院在审理本案中,关于由谁作为诉讼主体承担责任问题两种意见:(1)青海人民剧院和艺青商行应列为本案共同被告;艺青商行负清偿责任,青海人民剧院承担连带责任;(2)青海人民剧院对债务承担全部清偿责任。

我院经审查认为,原人民剧院经理李玉珠的行为是代表人民剧院的行为,而不是他个人的行为,人民剧院称开办的"艺青商行"是李玉珠的个人商店理由不足。根据国发(1986)6号文件"行政单位(包括党政机关及其所属序列的事业单位)开办的企业、公司停办后,应由直接批准的业务主管部门负责清理,企业、公司所负债务先由企业、公司的财产清偿,不足部分由直接批准开办企业的业务主管部门或由公司的呈报单位负责清偿"的规定,"艺青商行"营业执照虽未注销,但已停办,应将人民剧院列为本案被告清理债务,先由"艺青商行"的财产清偿债务,不足清偿的,由人民剧院负责清偿。

最高人民法院经济审判庭关于企业开办的公司被撤销后企业是否应对公司的债务承担连带责任问题的电话答复

1988年4月12日公布

浙江省高级人民法院:

你院1987年12月16日〔1987〕浙江经初字85—3号请示报告收悉。经研究答复如下:

一、我院法(研)复〔1987〕33号批复第二条规定:"如果企业开办的分支机构是公司,不论是否具备独立法人资格,可以根据国发〔1985〕102号通知处理。"辽宁省丹东永康开发公司(以下简称"开发公司")系丹东市人民日用化学厂(以下简称"日化厂",现名"华芳化妆品公司")1982年1月1日和丹东永昌制药厂(后改名为"永昌化工厂",以下简称"化工厂")合并后,于1984年10月以日化厂的名义申请开办的。该公司开办仅一年,就被当地工商行政管理局以其不具备公司条件,违法经营为由予以撤销。根据国务院国发〔1985〕102号文件第三条第一款的规定,呈报单位要对公司认真进行核实,因审核不当而造成严重后果的,要承担经济、法律责任。开发公司现已资不抵债,日化厂和化工厂对其债务应当共同承担连带责任。对于永康开发公司的债权人来讲,日化厂不能以1985年1月29日已与永昌化工厂分离,并将永康开发公司划归永昌化工厂管理为由,拒绝承担开发公司的债务清偿责任。鉴于开发公司与浙江省萧山县供销贸易中心购销钢材合同纠纷案,在执行中,开发公司被撤销,因此,你院应根据民事诉讼法(试行)第一百二十二条第一款第(六)项规定,裁定确认日化厂和化工厂共同承担民事责任,执行原调解协议。

二、浙江省萧山县供销贸易中心诉开发公司购销钢材合同纠纷案,并非双方当事人均有钢材经营权,故你院在调解书中确认双方所签订的合同有效,显属不妥。根据民事诉讼法(试行)第一百二十二条第一款第(五)项规定,你院应裁定予以纠正。

此复

附:

浙江省高级人民法院报告

1. 1987年12月4日公布

2. 〔1987〕浙法经初字85—3号

最高人民法院经济审判庭:

现将我院对浙江省萧山县供销贸易中心诉辽宁省丹东永康开发公司购销合同纠纷案的执行情况报告如下:

浙江省萧山县供销贸易中心诉辽宁省丹东永康开发公司购销钢材合同纠纷一案,我院于1985年5月25日召集双方当事人进行调解,达成了协议。同年6月7日签发调解书,并经送达生效。在执行中,因辽宁省丹东市公安局将该案作经济犯罪立案侦查,为便于全案审理,我院于1985年11月14日裁定中止执行。1987年10月26日丹东市公安局函告本院:"我局于10月26日向市检察院提出撤回吴铭城的案件,同意恢复执行贵院 1985 年 6 月 7 日调解。"(注:吴铭城系丹东永康开发公司总经理)。据此,我院 1987 年 11 月 13 日裁定恢复执行。

恢复执行后,我院即派员去丹东调查,查清了以下事实:

一、丹东永康开发公司已于 1985 年 12 月 5 日被丹东市振兴区工商行政管理局吊销了营业执照。

二、丹东永康开发公司系丹东市人民日用化学厂申请开办,该厂已于 1987 年 8 月 11 日更名为丹东市华芳化妆品公司;

三、浙江省萧山县供销贸易中心与丹东永康开发公司于 1984 年 12 月 8 日签订购销钢材合同后,12 月 10 日萧山方预付货款 200 万元和业务费 5000 元,1984 年 12 月 26 日,丹东永康开发公司因组织货源有困难与萧山供销贸易中心协商解除了合同,并退还预付款 70 万元,尚欠预付款 130 万元和业务费 5000 元。1985 年 1 月 29 日,丹东人民日用化学厂将丹东永康开发公司移交丹东市永昌化工厂管理。1985 年 1 月 30 日丹东市振兴区计经委批准同意丹东市振兴区工商行政管理局于 1985 年 2 月 4 日办理变更手续。但是双方对丹东永康开发公司所欠债务由谁清偿没有明确。丹东永康开发公司和丹东市人民日用化学厂签订的承包合同(开发公司 30% 的利润上交日化厂)没有解除。

四、丹东市永昌化工厂系 1984 年 5 月由丹东市振兴区经委申请开办。资金向区经委借了 3 万元,向区财政借了 2.5 万元。1985 年 1 月日用化学厂副厂长徐永清调入该厂任厂长,1985 年 9 月永昌化工厂并入了丹东市塑料七厂,厂长徐永清被免职自找门路,大部分工人离厂自找工作,小部分留厂做工。1985 年 9 月任命的永昌化工厂厂长乔培基也为塑料七厂办事;永昌化工厂的厂房被塑料七厂拆除。因此,永昌化工厂目前已无厂房、无设备、无工人,实际已歇业,但工商行政管理部门尚没有办理变更手续。

根据上述情况,依据国务院国发(1985)102 号文件和你院法(研)复(1987)33 号批复的规定,我院认为,丹东市人民日用化学厂是丹东永康开发公司的呈报单位和业务主管部门,人民日用化学厂因审核不当而造成的严重后果,应承担经济、法律责任、该厂虽将丹东永康开发公司移交丹东市永昌化工厂管理,但永昌化工厂资不抵债,这种移交是规避法律的行为;况且移交时对永康公司的债权债务没有明确,人民日用化学厂与永康公司之间的承包合同也没有解除。人民日用化学厂现已更名为华芳化妆品公司。所以华芳化妆品公司应承担丹东永康开发公司债务的清偿责任。因此,我院已裁定确认丹东市华芳化妆品公司作为被告,承担丹东永康开发公司债务的清偿责任,执行本院(1985)浙法经初字 3 号民事调解书,并冻结了华芳公司的银行存款 650386.65元。

以上认定的法律关系和债务承担是否妥当,请指示。

最高人民法院关于上海社会科学院应否对中外中小企业科技经济信息联合体的债务承担责任的函

1. 1991 年 6 月 7 日公布

2. 法(经)函〔1991〕65 号

上海市高级人民法院:

你院沪高法经字(1991)3 号《关于处理以中外中小企业科技经济信息联合体为被告的经济纠纷案件的请示报告》收悉。经研究,答复如下:

根据《国务院关于在清理整顿公司中被撤并公司债权债务清理问题的通知》精神,开办企业的党政机关及其所属编制序列的事业单位,只有对其开办的企业审核不当或从其开办的企业收取资金和实物的才承担相应的经济责任。中外中小企业科技经济信息联合体(以下简称联合体)是经国务院上海经济区规划办公室批准成立的。该规划办公室撤销后,联合体挂靠到上海社会科学院。在此期间,上海社科院并未从联合体获取过利益。因此,同意你院意见,责成上海社科院对联合体的债权债务予以清理,但上海社科院对联合体的债务不承担责任。

此复

附:

上海市高级人民法院关于处理以中外中小企业科技经济信息联合体为被告的经济纠纷案件的请示报告

1. 1991年1月11日公布

2. 沪高法经字〔1991〕3号

最高人民法院:

本市中级法院向我院请示称:该院于1989年10月受理了原告杨浦区跃化五金模具厂、昆山县永乐机械配件厂、浙江省奉化县白松塑料二厂、苏州市吴县镇湖西村滴塑瓶盖厂、上海市黄浦区双佳医疗器研究所等分别诉被告中外中小企业科技经济信息联合体(下称联合体)的五件居间合同纠纷案。因联合体在1988年6至9月间为各原告介绍业务信息,收取介绍服务费。但其介绍的业务不实,致各原告向法院起诉,要求返还介绍服务费。由于联合体已经自行解体,案件无法审理。

经查,1987年7月16日,经国务院上海经济区规划办公室(下称规划办)研究,同意筹建联合体,作为独立法人,自筹开办经费,向有关工商管理部门办理注册登记,1988年5月21日,联合体书面报告规划办科技组:联合体筹建工作已告结束,拟定于同年7月16日召开成立大会,联合体属事业法人。5月30日,规划办科技组批复同意。联合体成立后,既未向工商行政管理机关注册登记,也未向编制委员会备案。同年6月15日,因规划办撤销,联合体书面报告上海社会科学院(下称社科院),要求暂挂靠社科院。7月29日,社科院批复同意挂靠,联合体的日常工作由中国管理科学研究院上海分院(下称上海分院)代管。1990年3月14日,上海分院书面报告社科院,要求与社科院脱钩,而挂靠到上海市社会科学联合会。3月22日,社科院批文同意上海分院脱钩,由上海分院代管的联合体也一并脱钩。此外,中国管理科学院是由国家科委批准的民办科研机构。上海分院由该院在1987年10月19日批准成立,地方行政挂靠社科院领导,但在上海没有编制。

上列案件的原告经走访了原国务院上海经济区规划办公室秘书长韦明同志后认为:规划办无权批准成立一个事业单位,故联合体既非企业法人,也非依法成立的事业单位,不具备法人资格,上海分院在上海没有自己的编制,也不具备法人资格,其与社科院间就联合体的转挂靠无效,故要求变更联合体的挂靠单位社科院为被告,承担民事责任。本市中级法院根据原告的举证和请求于去年11月变更社科院为上列五案的被告。

社科院对此不服,提出:1.联合体系由规划办批准成立,公安部门据此准许刻制公章,原上海市市长汪道涵及其他一些领导同志都在其中担任重要职务。因此,是依法成立的事业单位,具备法人资格,不能凭韦明个人意见而否定。2.联合体有其独立的财产和经费(自筹),有名称,组织机构,章程和场所,根据《民法通则》第五十条第二款的规定,符合法人的条件。3.联合体的直接批准成立单位是规划办,社科院既非其再办呈报单位,也非直接批准成立单位。4.联合体从挂靠到脱钩,从未与社科院发生过人事、财务、业务方面的实质性联系,一直由上海分院行使管理职权,何况上海分院也已与社科院脱钩。因此,变更社科院为被告无法律依据。

本市中级法院认为:联合体系由规划办批准成立,虽未经工商行政管理机关注册登记,也未取得国家的正式编制,但已作为事实上的事业单位在从事民事活动。联合体解体后,本应由规划办来处理其债权债务事宜,但是规划办早已撤销。社科院在接受联合体挂靠前曾经过认真审查,虽确定由上海分院代管,但上海分院本身也无法人资格。故仍应视社科院为联合体的上级主管部门,鉴于社科院系由国家行政拨款的事业单位,作为联合体的上级并未获取过利益。以联合体为被告的债务纠纷案件,除上列五件案件外,尚有一批在本市基层法院,或已审结无法执行,或尚未审结,总计债务高达100余万元。不宜也无法由社科院来承担这样巨额的债务。故拟参照国务院《关于在清理整顿公司中被撤并公司债权债务清理问题的通知》的精神,责令社科院对联合体的债权债务予以清理。现在审理的这批案件(包括本市基层法院受理的)全部转为债务清偿程序处理。

我院经审核研究,拟同意本市中级法院的处理意见。

当否,请予批示。

最高人民法院关于开办单位欠付企业的注册资金应用以承担企业债务的函

1. 1993年11月13日公布
2. 经他〔1993〕22号

浙江省高级人民法院：

你院浙高法执字(1993)16号关于乐清县二轻供销公司诉煤炭部华盛水文地质勘察工程公司(以下简称“华盛公司”)购销合同纠纷一案的执行问题的报告收悉。现答复如下：

《中华人民共和国民法通则》第四十八条规定的国家授予企业法人经营管理并用以承担责任的财产,既包括国家已授予企业且已由企业经营管理的财产,也包括国家在开办企业时应当投入而一直欠付企业的资金。在企业现有财产不足清偿债务的情况下,开办单位欠付的注册资金应用以偿还企业债务。因此,你院在执行中查明华盛公司的注册资金如确实未投足,在华盛公司不能清偿债务的情况下,可以裁定其开办单位中国煤田地质总局水文局对注册资金不实部分承担责任。河北省邯郸市两级人民法院必须依法协助浙江省有关人民法院执行。

最高人民法院经济审判庭关于温州市城区五马劳动服务公司是否承担连带清偿责任问题的电话答复

. 1988年11月28日公布

浙江省高级人民法院：

你院〔1988〕浙法经上字38号请示报告收悉。据你院呈报的材料,经研究认为,如果温州市鹿城运输社(以下称运输社)是一个独立的企业,并非温州市城区五马劳动服务公司(以下称服务公司)的分支机构,追究服务公司的连带清偿责任,似欠妥当。当然,如有证据证明运输社确是服务公司的分支机构,在运输社资不抵债的情况下,人民法院应将服务公司列为本案共同被告,由其对运输社的债务承担连带责任。

供参考。

附：

浙江省高级人民法院经济审判庭请示

1. 1988年9月12日公布
2. 〔1988〕浙法经上字38号

最高人民法院经济庭：

本庭在审理浙江省物资局汽车队与温州市鹿城运输社、温州市城区五马劳动服务公司租赁合同纠纷上诉案时,查明：

1986年11月15日,浙江省物资局汽车队(原审原告)与温州市鹿城运输社(原审被告)签订了一份汽车租赁合同,合同规定,原告租给被告45座飞翼牌大客车两辆,由被告验收后使用,每月向原告支付租金5000元、养路费1050元,租期为一年半。合同还规定了违约金等条款。合同签订后,被告于同年12月开走汽车,当月31日,被告汇给原告租金5000元。后来由于交通事故,两辆客车严重毁损,被告一直未给原告付款,双方发生纠纷。原告向法院起诉,要求被告付清租金及赔偿损失等。法院同时还查明,被告是由温州市城区五马劳动服务公司(原审第三人)申请开办并于1984年10月8日经工商机关核准开业的,当时核定运输社的注册资金为9000元,在1987年重新登记时核定的注册资金为3万元,核算形式：独立核算、自负盈亏,核定的经营方式是“服务”,经营范围是“运输”。该运输社每年向第三人上交管理费,目前仍在经营。原审法院以温州市城区五马劳动服务公司是被告成立时审批、呈报单位,因被告资不抵债,将五马劳动服务公司追加为第三人参加诉讼,并从其银行帐号上先行划拨了39000元款。同时,根据国务院国发(1985)102号《关于进一步清理和整顿公司的通知》第三条第一款之规定,判决第三人对被告的债务负连带责任。

本庭对能否将温州市城区五马劳动服务公司列为被告,并承担连带责任问题有两种不同意见：

一种意见认为：原审被告是温州市城区五马

劳动服务公司的分支机构,且实际上不具备法人资格(不能独立承担民事责任),根据最高人民法院法(研)复(1987)33号“关于行政单位或企业单位开办的企业倒闭后债务由谁承担的批复”第二项规定,原审由温州市城区五马劳动服务公司承担连带责任是正确的,但原审将其列为第三人不当,应列为共同被告。

另一种意见认为:被告是具有法人资格的集体企业,且不属于“公司”、“中心”之类的单位,也不是五马劳动服务公司的分支机构,不能适用国务院国发(1985)102号文件,也不能适用最高人民法院法(研)复(1987)33号文件批复的精神。原审将五马劳动服务公司列为第三人,并承担被告的连带责任没有法律依据,应裁定发回重审。

目前,这类问题在我省比较普遍,如何处理较妥?特此请示,请钧庭复示。

最高人民法院经济审判庭关于中国地质宝石矿物公司新疆经营部注册资金不实责任承担问题的复函

1. 1992年11月12日公布

2. 法经〔1992〕176号

新疆维吾尔自治区高级人民法院:

你院新高法明传(1992)96号关于应如何确认地矿部宝石公司连带清偿责任的请示报告收悉。现中国地质宝石矿物公司(以下称“宝石公司”)提出其在为申请开办宝石公司新疆经营部(以下称“新疆经营部”)而给新疆自治区工商局的〔1988〕028号函和给新疆自治区政府的〔1988〕029号函中均申明新疆经营部注册资金为20万元,而新疆经营部最终取得注册资金为120万元的营业执照,是由于新疆经营部筹建负责人崔志远个人私自将宝石公司1988年5月10日出具的资金信用证明和经宝石公司盖章的商业企业开业申请登记表中所填的资金数额由20万元篡改为120万元的结果。1988年6月9日,远大金融服务社虽证明新疆经营部帐面金额为80万元,但这80万元不是新疆经营部的自有资金,而且新疆经营部在筹建期间的开户银行不是远大金融服务社,而是工商银行天山区办事处,宝石公司1988年6月6日向新疆经营部投入的20万元资金即是汇入该办事处的。自治区工商局对此未能查实,即予办理了注册登记。1990年9月19日公司清理整顿审批表上所称的新疆经营部注册资金为120万元、现有实际资金是160万元,是新疆经营部自行填报的,并未经宝石公司核实盖章。你院的报告中对上述问题并未做出结论。

我们认为,如果宝石公司反映的上述情况属实,则说明该公司在开办新疆经营部时只承诺负担投入20万元注册资金的责任,新疆经营部负责人崔志远将注册资金擅自篡改为120万元的增加部分,宝石公司不应承担。因宝石公司实际已向新疆经营部汇入20万元注册资金,因此即不存在承担经营部注册资金不实的责任问题了。

现将当事人的申诉材料转去,请你院对该案进行复查,如当事人反映的情况属实,即应对原判决予以纠正。建议复查期间中止执行。

(抄送:乌鲁木齐市中级人民法院)

最高人民法院关于信用社违反规定手续退汇给他人造成损失应当承担民事责任的批复

1. 1988年10月18日公布

2. 法(经)复〔1988〕45号

湖北省高级人民法院:

你院鄂法(1988)经字第25号请示收悉。关于信用社违反《中国人民银行结算办法》办理退汇造成损失是否应当作为诉讼主体参加诉讼并承担民事责任问题,经研究,答复如下:

一九八五年十二月十二日,湖北省农牧工商联合公司电汇92000元货款给湖北省建始县高店子镇收购站。后因该收购站无货可供,双方于一九八六年元月三日到花园乡信用社办理了汇款手续,信用社收取了汇费,结算了全部货款利息,发出了盖有信用社公章和其负责人私章的“收购站退汇湖北省农牧工商联合公司货款92036.70元”的汇款证明,该证明由联合公司带回武汉。同年元月四日,收购站独自到花园乡信用社要求撤销汇款,信用社负责人在未收回原汇款证明的情况下撤销了汇款,收购站即将该款项支解,使联合公司蒙受了经济损失。

花园乡信用社违反《中国人民银行结算办法》第十条第七项"汇款单位对汇出款项,要求退汇时,应备正式函件、携带原汇款回单向汇出行申请退汇"的规定,不仅没有"准确及时地办理结算"将货款及时汇给收款人,反而在未收回自己出具的汇款证明、申请人手续不全的情况下办理了退汇手续,从而给收款人联合公司造成了经济损失。参照《中华人民共和国民法通则》经一百零六条第一款和第二款规定之精神,可以将信用社作为诉讼当事人,依法追究其民事责任。

最高人民法院关于银行扣款侵权问题的复函

1. 1990年2月23日公布

2. 法(经)函〔1990〕8号

云南省高级人民法院:

你院经请字[1989]第2号《关于银行利用收贷名义,从其开办公司的债务人在银行开设的账户内强制划款应如何处理的请示报告》收悉。经研究,我院认为:

银行不应当为某一公司讨债而强行扣划债务人在银行的存款。中国工商银行北京市分行海淀区办事处假借收贷名义,要求中国银行昆明分行为其所开办的北京市海淀区工商银行银海服务公司,从云南富滇实业开发公司在中国银行昆明分行开设的账户内强行划款,归还北京市海淀区工商银行银海服务公司,属于侵权行为。

最高人民法院关于银行工作人员未按规定办理储户挂失造成储户损失银行是否承担民事责任的批复

1. 1990年9月11日公布

2. 法(民)复〔1990〕13号

河北省高级人民法院:

你院冀法民(1990)73号关于银行工作人员未按规定办理储户挂失造成损失,银行是否承担民事责任的请示报告收悉。

经征求有关部门意见并研究认为;个体工商户周福军发现自己7800元金额的记名存折丢失,立即向其存款的徐水县工商银行金融服务所批电话声明挂失。该所工作人员接到挂失电话后,查实上述存款确在本所,但未按规定办理临时止付的登记手续,致使该存款挂失后被他人冒领。根据中国人民银行关于储蓄存单(折)挂失的有关规定和《民法通则》第七十五条、第一百零六要的规定,徐水县工商银行金融服务所对由此造成的经济损失应依法承担民事责任。

最高人民法院关于出借银行账户的当事人是否承担民事责任问题的批复

1. 1991年9月27日公布

2. 法(经)复〔1991〕5号

江苏省高级人民法院:

你院〔1991〕经请字第2号《关于如何确定出借银行账户的当事人民事责任的请示》收悉。经研究,答复如下:

出借银行账户是违反金融管理法规的违法行为。人民法院除应当依法收缴出借账户的非法所得并可以按照有关规定处以罚款外,还应区别不同情况追究出借人相应的民事责任。

此复

最高人民法院关于珠海市对外劳动服务公司诉中国银行珠海分行损害赔偿纠纷案的复函

1. 1991年11月14日发布

2. 〔1991〕民他字第19号

广东省高级人民法院:

你院粤法民〔1991〕114号关于珠海市对外劳动服务公司诉中国银行珠海分行损害赔偿纠纷案的请示报告收悉。

经研究,我们认为:珠海市劳动服务公司贸易中心(现改名为珠海市对外劳动服务公司)在中国银行珠海分行开户存款,双方权利、义务关系明确,受法律保护。中国银行珠海分行经办人员未仔细鉴别取款印鉴字样的不同,又未按照银行办理储蓄业务的有关规定,对两种印鉴进行折角比对,致珠海市劳动服务公司贸易中心的存款被冒领,中国银行珠海分行对此应按民法通则有关规定承担过错责任。珠海市劳动服务公司贸易中心不按银行要求认真负责地核对余额对账单,致使冒领事件未能及时发现,贻误了查处时机,扩大了损失,根据民法通则第114条的规定,珠海市对外劳动服务公司就扩大损失的部分提出赔偿的请求,不应予以支持。据此,我们的意见是,一、二审判决确定中国银行珠海分行赔偿被冒领的存款是正确的,但判决未明确中国银行珠海分行应按过错责任原则承担民事责任,而且判决该分行赔偿损失扩大的部分,即存款的利息实属不妥。鉴于一、二审判决在适用法律上存在上述问题,建议你院再审此案,予以妥善处理。审结后,请报结果。

以上意见,供参考。

最高人民法院关于金融机构不履行其义务是否应当承担责任问题的复函

1. 1991年10月23日公布

2. 法(经)函〔1991〕131号

江苏省高级人民法院:

你院苏法经上字〔1991〕第21号请示报告收悉。经研究,答复如下:

据你院报告称:江苏省盐城市生产资料公司与深圳市上博联合企业公司在签订购销化肥合同时,曾经要求上博公司提供担保。当上博公司的开户银行深圳发展银行发展大厦支行站前分理处向盐城市生产资料公司的开户行盐城市工商银行具函,证明上博公司"完全可以承担你们的业务项目",并承诺"你行款到我行后,由我行负责专款专用,并监督使用"后,盐城市生产资料公司才在合同上加盖了公章。汇票开出后,盐城市生产资料公司又派人向深圳发展银行站前分理处了解上博公司的情况,站前分理处主任承认该函为分理处所出,并表示对函的内容负责,盐城市生产资料公司才将盐城市工商银行开出的汇票交给上博公司,上博公司在入帐时曾告知分理处负责人,该汇票系购买化肥款。据此,我们认为:深圳发展银行站前分理处虽未向盐城市生产资料公司作出担保合同履行或者承担连带责任的意思表示,但深圳发展银行站前分理处承诺对盐城市工商银行的汇款负责监督专款专用后,并未履行自己的义务,致使款到8日内被挪作他用。根据《民法通则》第一百零六条第一款关于"公民、法人违反合同或者不履行其他义务时,应当承担民事责任"的规定,深圳发展银行站前分理处应当承担与其过错相适应的责任。

附一:

最高人民法院
经济审判庭函

1. 1991年9月18日公布

2. 法(经)函〔1991〕116号

中国人民银行条法司:

最近,广东、江苏两省高级人民法院分别就金融机构出具虚假证明,不履行其承诺的监督专款专用的义务,给经济合同一方当事人造成损失如何承担责任的问题请示我院。两案情况相似,其中一案的案情如下:

1989年1月26日,江苏省盐城市生产资料公司(以下简称生资公司)与深圳市上博联合企业公司(以下简称上博公司)签订了一份购销美国产尿素合同,数量为1万吨,总价款为920万元,需方生资公司预付货款的30%。合同签订后,上博公司当即盖章,生资公司未盖章,要求上博公司提供担保。上博公司于同年2月2日交给生资公司一份由深圳市发展银行发展大厦支行站前分理处出具的(上博公司的开户行)一份函,其内容为:"盐城市工商银行:今有我处深圳市上博联合企业公司与你市生产资料公司签订合同壹万吨尿素，货款920万元，该公司主管单位远东实业公司确是实体单位，有固定资产酒楼320万元，招待所65万元，汽车110多万元，完全可承担你们的业务项目。到时你行款到我行后，由我行负责专款专用，并监督使用。”生资公司相信了发展银行站前分理处函所述的内容，2月5日在合同上盖了章。2月7日，上博公司催生资公司付30%的预付款，生资公司2月21日带去156万元汇票。汇票的收款单位是上博公司，付款单位是盐城市计划经济委员会，款额156万元，用途为尿素货款。生资公司的经办人将款带到深圳后并未直接交给上博公司，而是先到发展支行站前分理处了解上博公司的情况，站前分理处主任张海花承认函是该单位所出，并表示对函的内容负责，在此情况下，生资公司将汇票交给了上博公司。上博公司马中云和董杰将款交给发展支行站前分理处主任张海花，并告诉她，该汇票156万元是生资公司购买化肥款。款汇入上博公司帐后，上博公司并未去买化肥，而在8天内全部挪作他用。上博公司现已撤销，欠外债1000多万元，生资公司追款无着，向人民法院提起诉讼，要求发展银行站前分理处承担责任。

受诉人民法院对发展银行站前分理处如何承担责任有三种意见：第一种意见认为，发展银行的函件是在生资公司要求上博公司提供担保的情况下出具的，具有担保性质，应承担担保的连带责任；第二种意见认为，上博公司签订假合同，发展银行站前分理处出具假证明，共同的过错造成了生资公司货款的流失，构成共同侵权，发展银行站前分理处应承担连带赔偿责任；第三种意见认为，发展银行站前分理外承诺对盐城市工商银行的汇款负责监督专款专用后，并未履行自己的义务，致使款到8日内被挪作他用，根据《民法通则》第一百零六条第一款关于“公民、法人违反合同或者不履行其他义务时，应当承担民事责任”的规定，发展银行站前分理处应当承担过错赔偿责任。

你们意见如何，请函复。

附二：

中国人民银行条法司对最高人民法院法(经)〔1991〕第116号函的答复

1. 1991年10月9日公布

2. 银条法〔1991〕12号

最高人民法院经济审判庭：

你院“法(经)〔1991〕函第116号”收悉。经研究，意见如下：

一、深圳市发展银行发展大厦支行站前分理处(以下简称站前分理处)出具的函不具有担保的性质。因为，确认担保是否成立，应当看担保人是否明确表示对被担保人的债务承担担保责任。站前分理处出具的函中没有明确表示愿意承担担保责任，只是介绍情况，所以不具有担保性质。

二、确认站前分理处出具的函是否为“假证明”，应看函中所述内容是否真实，如果函中所述内容与实际情况相符，就不能认为出具的函是“假证明”。

三、关于银行在为客户出具的函中，应不应该表示对客户预付款项负责监督使用，以及银行没有起到监督作用时，应承担什么责任，在现有金融法规和文件中都没有规定。

附三：

江苏省高级人民法院关于银行出具虚假证明如何承担经济责任问题的请示

1. 1991年8月3日公布

2. 苏法经上字〔1991〕第21号

最高人民法院：

我院在审理深圳发展银行发展大厦支行上诉江苏省盐城市生产资料公司购销合同纠纷一案中，对银行出具虚假证明如何承担经济责任的问题，无具体的法律规定，特向你院请示。

1989年1月26日,江苏省盐城市生产资料公司(以下称生资公司)与深圳市上博联合企业公司(以下称上博公司)签订了一份购销合同。合同规定:由深圳市上博公司供给盐城市生资公司美国产尿素1万吨,每吨920元,总价款920万元,需方在供方开信用证前要付30%的预付款等条款。合同签订后,上博公司当即盖章,生资公司未盖章,要求上博公司提供担保。上博公司于同年2月2日交给生资公司一份由深圳市发展银行发展大厦支行站前分理处出具的(上博公司的开户行)一份函,其内容为"盐城市工商银行:今有我处深圳市上博联合企业公司与你市生产资料业务公司签订合同壹万吨尿素,货款920万元,该公司主管单位远东实业公司确是实体单位,有固定资产酒楼320万元,招待所65万元,汽车110多万元,完全可承担你们的业务项目。到时你行款到我行后,由我行负责专款专用,并监督使用。"生资公司相信了发展银行站前分理处函所述的内容,2月5日在合同上盖了章。2月7日,上博公司催生资公司付30%的预付款,生资公司2月21日带去156万元汇票。汇票的收款单位是上博公司,付款单位是盐城市计划经济委员会,款额156万元,用途为尿素货款。生资公司的经办人将款带到深圳后并未直接交给上博公司,而是先到发展支行站前分理处了解上博公司的情况,站前分理处主任张海花承认函是该单位所出,并表示对函的内容负责。在此情况下,生资公司将汇票交给了上博公司。上博公司马中云和董杰将款交给发展支行站前分理处主任张海花,并告诉她,该汇票156万元是生资公司购买化肥款。款汇入上博公司帐后,上博公司并未去买化肥,而在8天内全部划作他用。上博公司已撤销,欠1000多万元,并成立清算委员会。生资公司追款无着,起诉到江苏省盐城市中级人民法院。

盐城市中级人民法院审理认为:发展支行站前分理处函件内容具有信用保证性质,发展支行对上博公司返还货款负连带责任。发展支行不服第一审判决上诉称:一审判决发展支行负连带责任没有法律依据。本院审理此案后认为:发展支行的行为虽不完全具备担保的性质,但有过错:(1)函件证明的财产是虚假的。实际上上博公司是皮包公司,对外欠债1000多万元。珠海远东实业公司并不是上博公司的主管单位,也没有函中所说的资产,而函却说他们的资产"完全可以承担你们的业务项目。"因为发展支行具函才使得生资公司在合同上盖章和汇款,因此发展支行应负出具虚假证明的过错责任。(2)发展支行对生资公司156万元汇入上博公司的帐户后,并未对该款负责专款专用,监督使用,而让上博公司在8天内全部改作他用。发展支行对此有未尽"负责专款专用,监督使用的责任"的过错。我院认为:发展支行的函是应生资公司要求上博公司提供担保才出具的,此函应视为担保,发展支行应承担与其证明的款额相适应的连带责任。

以上意见妥否,请批复。

最高人民法院关于企业开办的其他企业被撤销或者歇业后民事责任承担问题的批复

1. 1994年3月30日公布

2. 法复〔1994〕4号

广东省高级人民法院:

你院《关于审理企业开办的其他企业被撤并后的经济纠纷案件是否适用国发〔1990〕68号文规定的请示》收悉。经研究,答复如下:

一、企业开办的其他企业被撤销、歇业或者依照《中华人民共和国企业法人登记管理条例》第二十二条规定视同歇业后,其民事责任承担问题应根据下列不同情况分别处理:

1. 企业开办的其他企业领取了企业法人营业执照并在实际上具备企业法人条件的,根据《中华人民共和国民法通则》第四十八条的规定,应当以其经营管理或者所有的财产独立承担民事责任。

2. 企业开办的其他企业已经领取了企业法人营业执照,其实际投入的自有资金虽与注册资金不符,但达到了《中华人民共和国企业法人登记管理条例实施细则》第十五条第(七)项或者其他有关法规规定的数额,并且具备了企业法人其他条件的,应当认定其具备法人资格,以其财产独立承担民事责任。但如果该企业被撤销或者歇业后，其财产不足以清偿债务的，开办企业应当在该企业实际投入的自有资金与注册资金差额范围内承担民事责任。

3. 企业开办的其他企业虽然领取了企业法人营业执照，但实际没有投入自有资金，或者投入的自有资金达不到《中华人民共和国企业法人登记管理条例实施细则》第十五条第（七）项或其他有关法规规定的数额，或者不具备企业法人其他条件的，应当认定其不具备法人资格，其民事责任由开办该企业的企业法人承担。

二、人民法院在审理案件中，对虽然领取了企业法人营业执照，但实际上并不具备企业法人资格的企业，应当依据已查明的事实，提请核准登记该企业为法人的工商行政管理部门吊销其企业法人营业执照。工商行政管理部门不予吊销的，人民法院对该企业的法人资格可不予认定。

三、从本批复公布之日起，本院法（研）复〔1987〕33号《关于行政单位或企业开办的企业倒闭后债务由谁承担》的批复第二条中关于如果企业开办的分支机构是公司，不论是否具备独立法人资格，可以根据国发〔1985〕102号通知处理的规定和法（经）发〔1991〕10号通知第六条的规定，即行废止。

最高人民法院关于银行以折角核对方法核对印鉴应否承担客户存款被骗取的民事责任问题的复函

1. 1996年3月21日公布

2. 法函〔1996〕65号

广东省高级人民法院：

你院粤高法经一请字（1994）3号请示收悉。经研究，答复如下：

同意你院倾向性意见。折角核对虽是现行《银行结算会计核算手续》规定的方法，但该规定属于银行内部规章，只对银行工作人员有约束作用，以此核对方法核对印鉴未发现存在的问题而造成客户存款被骗取的，银行有过错，应当对不能追回的被骗款项承担民事责任。

最高人民法院关于金融机构为行政机关批准开办的公司提供注册资金验资报告不实应当承担责任问题的批复

1. 1996年3月27日公布

2. 法复〔1996〕3号

四川省高级人民法院：

你院川高法〔1995〕194号《关于金融机构为行政机关批准开办的公司提供注册资金验资报告不实，应否承担公司资不抵债的还款责任问题的请示》已收悉。经研究，答复如下：

金融机构根据行政机关出具的注册资金证明，为该行政机关批准开办的公司出具不实的验资报告，公司因资不抵债无力偿还债务，给债权人造成损失的，金融机构除应退出收取的验资手续费外，还应当在该注册资金范围内承担与其过错相应的民事责任；金融机构按照验资程序进行审查核实，公司注册登记后又抽逃资金的，金融机构不承担退出验资手续费和赔偿损失的责任。

最高人民法院关于鉴证机关对经济合同鉴证错误给当事人造成损失，应当承担赔偿责任的答复

1. 1996年4月19日公布

2. 已由法释〔2013〕2号废止

四川省高级人民法院：

你院川高法〔1995〕22号“对经济合同鉴证错误给当事人造成经济损失，鉴证机关是否承担赔偿责任的请求”已收悉，经研究答复如下：

工商行政管理机关对经济合同鉴证是国家对经济合同进行管理和监督的一项措施。根据《行政诉讼法》、《国家赔偿法》的有关规定，鉴证机关没有严格依法审查合同，对主体不合格或没有履约能力的经济合同予以鉴证，致使一方当事人受到经济损失的，受到损失的当事人可以向人

民法院提起行政诉讼，并要求鉴证机关予以赔偿。鉴证机关除退还收取的鉴证费外，应承担与其过错相应的赔偿责任。

最高人民法院关于验资单位对多个案件债权人损失应如何承担责任的批复

1. 1997年12月5日最高人民法院审判委员会第950次会议通过
2. 1997年12月31日公布
3. 法释〔1997〕10号
4. 自1998年1月13日起施行

四川省高级人民法院：

你院川高法〔1997〕77号《关于验资单位对多个案件债权人损失应如何承担责任的请示》收悉。经研究，答复如下：

金融机构、会计师事务所为公司出具不实的验资报告或者虚假的资金证明，公司资不抵债的，该验资单位应当对公司债务在验资报告不实部分或者虚假资金证明金额以内，承担民事赔偿责任。

验资单位对一个或多个债权人在验资不实部分之内承担的责任累计已经达到其应当承担责任部分限额的，对于公司其他债权人则不再承担赔偿责任。

对于多个债权人同时要求受偿的，验资单位应当在其出具的被验资单位不实的注册资金、证明金额内，就其应当承担责任的部分按比例分别承担赔偿责任。

此复

最高人民法院关于在审理经济纠纷案件中涉及经济犯罪嫌疑若干问题的规定

1. 1998年4月9日最高人民法院审判委员会第974次会议通过
2. 1998年4月21日公布
3. 法释〔1998〕7号
4. 自1998年4月29日起施行

根据《中华人民共和国民法通则》、《中华人民共和国刑法》、《中华人民共和国民事诉讼法》、《中华人民共和国刑事诉讼法》等有关规定，对审理经济纠纷案件中涉及经济犯罪嫌疑问题作以下规定：

第一条　同一公民、法人或其他经济组织因不同的法律事实，分别涉及经济纠纷和经济犯罪嫌疑的，经济纠纷案件和经济犯罪嫌疑案件应当分开审理。

第二条　单位直接负责的主管人员和其他直接责任人员，以为单位骗取财物为目的，采取欺骗手段对外签订经济合同，骗取的财物被该单位占有、使用或处分构成犯罪的，除依法追究有关人员的刑事责任，责令该单位返还骗取的财物外，如给被害人造成经济损失的，单位应当承担赔偿责任。

第三条　单位直接负责的主管人员和其他直接责任人员，以该单位的名义对外签订经济合同，将取得的财物部分或全部占为己有构成犯罪的，除依法追究行为人的刑事责任外，该单位对行为人因签订、履行该经济合同造成的后果，依法应当承担民事责任。

第四条　个人借用单位的业务介绍信、合同专用章或者盖有公章的空白合同书，以出借单位名义签订经济合同，骗取财物归个人占有、使用、处分或者进行其他犯罪活动，给对方造成经济损失构成犯罪的，除依法追究借用人的刑事责任外，出借业务介绍信、合同专用章或者盖有公章的空白合同书的单位，依法应当承担赔偿责任。但是，有证据证明被害人明知签订合同对方当事人是借用行为，仍与之签订合同的除外。

第五条　行为人盗窃、盗用单位的公章、业务介绍信、盖有公章的空白合同书，或者私刻单位的公章签订经济合同，骗取财物归个人占有、使用、处分或者进行其他犯罪活动构成犯罪的，单位对行为人该犯罪行为所造成的经济损失不承担民事责任。

行为人私刻单位公章或者擅自使用单位公章、业务介绍信、盖有公章的空白合同书以签订经济合同的方法进行的犯罪行为，单位有明显过错，且该过错行为与被害人的经济损失之间具有因果关系的，单位对该犯罪行为所造成的经济损失，依法应当承担赔偿责任。

第六条　企业承包、租赁经营合同期满后，企业按规定办理了企业法定代表人的变更登记，而企业法人未采取有效措施收回其公章、业务介绍信、盖有公章的空白合同书，或者没有及时采取措施通知相对人，致原企业承包人、租赁人得以用原承包、租赁企业的名义签订经济合同，骗取财物占为己有构成犯罪的，该企业对被害人的经济损失，依法应当承担赔偿责任。但是，原承包人、承租人利用擅自保留的公章、业务介绍信、盖有公章的空白合同书以原承包、租赁企业的名义签订经济合同，骗取财物占为己有构成犯罪的，企业一般不承担民事责任。

单位聘用的人员被解聘后，或者受单位委托保管公章的人员被解除委托后，单位未及时收回其公章，行为人擅自利用保留的原单位公章签订经济合同，骗取财物占为己有构成犯罪，如给被害人造成经济损失的，单位应当承担赔偿责任。

第七条　单位直接负责的主管人员和其他直接责任人员，将单位进行走私或其他犯罪活动所得财物以签订经济合同的方法予以销售，买方明知或者应当知道的，如因此造成经济损失，其损失由买方自负。但是，如果买方不知该经济合同的标的物是犯罪行为所得财物而购买的，卖方对买方所造成的经济损失应当承担民事责任。

第八条　根据《中华人民共和国刑事诉讼法》第七十七条第一款的规定，被害人对本规定第二条因单位犯罪行为造成经济损失的，对第四条、第五条第一款、第六条应当承担刑事责任的被告人未能返还财物而遭受经济损失提起附带民事诉讼的，受理刑事案件的人民法院应当依法一并审理。被害人因其遭受经济损失也有权对单位另行提起民事诉讼。若被害人另行提起民事诉讼的，有管辖权的人民法院应当依法受理。

第九条　被害人请求保护其民事权利的诉讼时效在公安机关、检察机关查处经济犯罪嫌疑期间中断。如果公安机关决定撤销涉嫌经济犯罪案件或者检察机关决定不起诉的，诉讼时效从撤销案件或决定不起诉之次日起重新计算。

第十条　人民法院在审理经济纠纷案件中，发现与本案有牵连，但与本案不是同一法律关系的经济犯罪嫌疑线索、材料，应将犯罪嫌疑线索、材料移送有关公安机关或检察机关查处，经济纠纷案件继续审理。

第十一条　人民法院作为经济纠纷受理的案件，经审理认为不属经济纠纷案件而有经济犯罪嫌疑的，应当裁定驳回起诉，将有关材料移送公安机关或检察机关。

第十二条　人民法院已立案审理的经济纠纷案件，公安机关或检察机关认为有经济犯罪嫌疑，并说明理由附有关材料函告受理该案的人民法院的，有关人民法院应当认真审查。经过审查，认为确有经济犯罪嫌疑的，应当将案件移送公安机关或检察机关，并书面通知当事人，退还案件受理费；如认为确属经济纠纷案件的，应当依法继续审理，并将结果函告有关公安机关或检察机关。

最高人民法院关于会计师事务所为企业出具虚假验资证明应如何承担责任问题的批复

1. 1998年6月19日最高人民法院审判委员会第995次会议通过

2. 1998年6月26日公布

3. 法释〔1998〕13号

4. 自1998年7月1日起施行

山东省高级人民法院：

你院〔1997〕鲁法经第78号请示收悉。经研究，答复如下：

一、会计师事务所系国家批准的依法独立承担注册会计师业务的事业单位。会计师事务所为企业出具验资证明，属于依据委托合同实施的民事行为。依据《中华人民共和国民法通则》第一百零六条第二款规定，会计师事务所在1994年1月1日之前为企业出具虚假验资证明，给委托人、其他利害关系人造成损失的，应当承担相应的民事赔偿责任。

二、会计师事务所与案件的合同当事人虽然没有直接的法律关系，但鉴于其出具虚假验资证明的行为,损害了当事人的合法权益,因此,在民事责任的承担上,应当先由债务人负责清偿,不足部分,再由会计师事务所在其证明金额的范围内承担赔偿责任。

此复

最高人民法院关于会计师事务所、审计事务所脱钩改制前民事责任承担问题的通知

1. 2001年7月18日发布

2. 法〔2001〕100号

各省、自治区、直辖市高级人民法院,解放军军事法院,新疆维吾尔自治区高级人民法院生产建设兵团分院:

根据《中华人民共和国民法通则》、《中华人民共和国注册会计师法》等有关法律规定,现对审理涉及会计师事务所、审计事务所(以下统称事务所)的民事案件中,有关脱钩改制后的事务所对原事务所民事责任的承担问题,通知如下:

对原事务所应当承担的民事责任,应由其开办单位在所接收的原事务所的剩余财产和风险基金范围内承担清算责任。但如开办单位将原事务所的剩余财产和风险基金留给脱钩改制后的新事务所,则应当由新事务所在所接收的资产范围内对原事务所的债务承担民事责任。

最高人民法院关于对帮助他人设立注册资金虚假的公司应当如何承担民事责任的请示的答复

1. 2001年9月13日公布

2. 〔2001〕民二他字第4号

上海市高级人民法院:

你院〔2000〕沪高经他字第23号关于帮助他人设立注册资金虚假的公司应当如何承担民事责任的请示收悉。经研究,答复如下:

一、上海鞍福物资贸易有限公司(以下简称鞍福公司)成立时,借用上海砖桥贸易城有限公司(以下简称砖桥贸易城)的资金登记注册,虽然该资金在鞍福公司成立后即被抽回,但鞍福公司并未被撤销,其民事主体资格仍然存在,可以作为诉讼当事人。如果确认鞍福公司应当承担责任,可以判决并未实际出资的设立人承担连带清偿责任。

二、砖桥贸易城的不当行为,虽然没有直接给当事人造成损害后果,但由于其行为,使得鞍福公司得以成立,并从事与之实际履行能力不相适应的交易活动,给他人造成不应有的损害后果。因此,砖桥贸易城是有过错的。砖桥贸易城应在鞍福公司注册资金不实的范围内承担补充赔偿责任。

此复

最高人民法院关于金融机构为企业出具不实或者虚假验资报告资金证明如何承担民事责任问题的通知

1. 2002年2月9日发布

2. 法〔2002〕21号

各省、自治区、直辖市高级人民法院,新疆维吾尔自治区高级人民法院生产建设兵团分院:

近年来,我院陆续发布了一些关于验资单位承担民事责任的司法解释,对各级人民法院正确理解和适用民法通则、注册会计师法,及时审理关于验资单位因不实或者虚假验资承担民事责任的相关案件,起到了积极作用。但是,也有一些法院对有关司法解释的理解存在偏差。为正确执行我院的司法解释,规范金融机构不实或者虚假验资案件的审理和执行,现就有关问题通知如下:

一、出资人未出资或者未足额出资,但金融机构为企业提供不实、虚假的验资报告或者资金证明,相关当事人使用该报告或者证明,与该企业进行经济往来而受到损失的,应当由该企业承担民事责任。对于该企业财产不足以清偿债务的,由出资人在出资不实或者虚假资金额

范围内承担责任。

二、对前项所述情况，企业、出资人的财产依法强制执行后仍不能清偿债务的，由金融机构在验资不实部分或者虚假资金证明金额范围内，根据过错大小承担责任，此种民事责任不属于担保责任。

三、未经审理，不得将金融机构追加为被执行人。

四、企业登记时出资人未足额出资但后来补足的，或者债权人索赔所依据的合同无效的，免除验资金融机构的赔偿责任。

五、注册会计师事务所不实或虚假验资民事责任案件的审理和执行中出现类似问题的，参照本通知办理。

最高人民法院关于广东省连县工贸总公司诉怀化市工商银行侵权一案的复函

1. 1990年7月19日公布

2. 〔1989〕民他字第44号

湖南省高级人民法院：

你院湘法民请字（1989）第17号《关于广东省连县工贸总公司诉怀化市工商银行侵权一案的请示报告》收悉。经研究认为：广东省连县工贸总公司的预付货款被骗，在诈骗犯杨爱秀受刑事处罚并追回部分赃款后，该公司对造成货款被骗负有直接责任的湖南省怀化市农业银行榆树信用社和怀化市工商银行，均有权提起民事诉讼，并要求其承担相应的民事责任。怀化市工商局在本案鉴证工作中的错误，可建议行政部门追究有关人员的行政责任。

下篇　民商事程序法

一、综　　合

(一)法律法规

中华人民共和国民事诉讼法

1. 1991年4月9日第七届全国人民代表大会第四次会议通过

2. 根据2007年10月28日第十届全国人民代表大会常务委员会第三十次会议《关于修改〈中华人民共和国民事诉讼法〉的决定》第一次修正

3. 根据2012年8月31日第十一届全国人民代表大会常务委员会第二十八次会议《关于修改〈中华人民共和国民事诉讼法〉的决定》第二次修正

第一编　总　　则

第一章　任务、适用范围和基本原则

第一条　【立法依据】中华人民共和国民事诉讼法以宪法为根据，结合我国民事审判工作的经验和实际情况制定。

第二条　【立法任务】中华人民共和国民事诉讼法的任务，是保护当事人行使诉讼权利，保证人民法院查明事实，分清是非，正确适用法律，及时审理民事案件，确认民事权利义务关系，制裁民事违法行为，保护当事人的合法权益，教育公民自觉遵守法律，维护社会秩序、经济秩序，保障社会主义建设事业顺利进行。

第三条　【适用范围】人民法院受理公民之间、法人之间、其他组织之间以及他们相互之间因财产关系和人身关系提起的民事诉讼，适用本法的规定。

第四条　【空间效力】凡在中华人民共和国领域内进行民事诉讼，必须遵守本法。

第五条　【涉外民诉同等原则、对等原则】外国人、无国籍人、外国企业和组织在人民法院起诉、应诉，同中华人民共和国公民、法人和其他组织有同等的诉讼权利义务。

外国法院对中华人民共和国公民、法人和其他组织的民事诉讼权利加以限制的，中华人民共和国人民法院对该国公民、企业和组织的民事诉讼权利，实行对等原则。

第六条　【审判权】民事案件的审判权由人民法院行使。

人民法院依照法律规定对民事案件独立进行审判，不受行政机关、社会团体和个人的干涉。

第七条　【审理原则】人民法院审理民事案件，必须以事实为根据，以法律为准绳。

第八条　【诉讼权利平等原则】民事诉讼当事人有平等的诉讼权利。人民法院审理民事案件，应当保障和便利当事人行使诉讼权利，对当事人在适用法律上一律平等。

第九条　【调解原则】人民法院审理民事案件，应当根据自愿和合法的原则进行调解；调解不成的，应当及时判决。

第十条　【审判制度】人民法院审理民事案件，依照法律规定实行合议、回避、公开审判和两审终审制度。

第十一条　【语言文字】各民族公民都有用本民族语言、文字进行民事诉讼的权利。

在少数民族聚居或者多民族共同居住的地区，人民法院应当用当地民族通用的语言、文字进行审理和发布法律文书。

人民法院应当对不通晓当地民族通用的语言、文字的诉讼参与人提供翻译。

第十二条　【辩论权】人民法院审理民事案件时，当事人有权进行辩论。

第十三条　【诚实信用原则、当事人处分原则】民事诉讼应当遵循诚实信用原则。

当事人有权在法律规定的范围内处分自己的民事权利和诉讼权利。

第十四条　【法律监督权】人民检察院有权对民事诉讼实行法律监督。

第十五条　【支持起诉】机关、社会团体、企业事业单位对损害国家、集体或者个人民事权益的行为，可以支持受损害的单位或者个人向人民法院起诉。

第十六条　【变通规定】民族自治地方的人民代表大会根据宪法和本法的原则，结合当地民族的具体情况，可以制定变通或者补充的规定。

自治区的规定，报全国人民代表大会常务委员会批准。自治州、自治县的规定，报省或者自治区的人民代表大会常务委员会批准，并报全国人民代表大会常务委员会备案。

第二章 管 辖

第一节 级别管辖

第十七条 【基层法院管辖】基层人民法院管辖第一审民事案件，但本法另有规定的除外。

第十八条 【中级法院管辖】中级人民法院管辖下列第一审民事案件：

(一)重大涉外案件；

(二)在本辖区有重大影响的案件；

(三)最高人民法院确定由中级人民法院管辖的案件。

第十九条 【高级法院管辖】高级人民法院管辖在本辖区有重大影响的第一审民事案件。

第二十条 【最高法院管辖】最高人民法院管辖下列第一审民事案件：

(一)在全国有重大影响的案件；

(二)认为应当由本院审理的案件。

第二节 地域管辖

第二十一条 【一般地域管辖】对公民提起的民事诉讼，由被告住所地人民法院管辖；被告住所地与经常居住地不一致的，由经常居住地人民法院管辖。

对法人或者其他组织提起的民事诉讼，由被告住所地人民法院管辖。

同一诉讼的几个被告住所地、经常居住地在两个以上人民法院辖区的，各该人民法院都有管辖权。

第二十二条 【特别规定】下列民事诉讼，由原告住所地人民法院管辖；原告住所地与经常居住地不一致的，由原告经常居住地人民法院管辖：

(一)对不在中华人民共和国领域内居住的人提起的有关身份关系的诉讼；

(二)对下落不明或者宣告失踪的人提起的有关身份关系的诉讼；

(三)对被采取强制性教育措施的人提起的诉讼；

(四)对被监禁的人提起的诉讼。

第二十三条 【合同纠纷管辖】因合同纠纷提起的诉讼，由被告住所地或者合同履行地人民法院管辖。

第二十四条 【保险合同纠纷管辖】因保险合同纠纷提起的诉讼，由被告住所地或者保险标的物所在地人民法院管辖。

第二十五条 【票据纠纷管辖】因票据纠纷提起的诉讼，由票据支付地或者被告住所地人民法院管辖。

第二十六条 【公司诉讼管辖】因公司设立、确认股东资格、分配利润、解散等纠纷提起的诉讼，由公司住所地人民法院管辖。

第二十七条 【运输合同纠纷管辖】因铁路、公路、水上、航空运输和联合运输合同纠纷提起的诉讼，由运输始发地、目的地或者被告住所地人民法院管辖。

第二十八条 【侵权纠纷管辖】因侵权行为提起的诉讼，由侵权行为地或者被告住所地人民法院管辖。

第二十九条 【交通事故管辖】因铁路、公路、水上和航空事故请求损害赔偿提起的诉讼，由事故发生地或者车辆、船舶最先到达地、航空器最先降落地或者被告住所地人民法院管辖。

第三十条 【海损事故管辖】因船舶碰撞或者其他海事损害事故请求损害赔偿提起的诉讼，由碰撞发生地、碰撞船舶最先到达地、加害船舶被扣留地或者被告住所地人民法院管辖。

第三十一条 【海难救助费用管辖】因海难救助费用提起的诉讼，由救助地或者被救助船舶最先到达地人民法院管辖。

第三十二条 【共同海损管辖】因共同海损提起的诉讼，由船舶最先到达地、共同海损理算地或者航程终止地的人民法院管辖。

第三十三条 【专属管辖】下列案件，由本条规定的人民法院专属管辖：

(一)因不动产纠纷提起的诉讼，由不动产所在地人民法院管辖；

(二)因港口作业中发生纠纷提起的诉讼，由港口所在地人民法院管辖；

(三)因继承遗产纠纷提起的诉讼，由被继承人死亡时住所地或者主要遗产所在地人民法院管辖。

第三十四条 【协议管辖】合同或者其他财产权

益纠纷的当事人可以书面协议选择被告住所地、合同履行地、合同签订地、原告住所地、标的物所在地等与争议有实际联系的地点的人民法院管辖，但不得违反本法对级别管辖和专属管辖的规定。

第三十五条　【共同管辖】两个以上人民法院都有管辖权的诉讼，原告可以向其中一个人民法院起诉；原告向两个以上有管辖权的人民法院起诉的，由最先立案的人民法院管辖。

第三节　移送管辖和指定管辖

第三十六条　【移送管辖】人民法院发现受理的案件不属于本院管辖的，应当移送有管辖权的人民法院，受移送的人民法院应当受理。受移送的人民法院认为受移送的案件依照规定不属于本院管辖的，应当报请上级人民法院指定管辖，不得再自行移送。

第三十七条　【指定管辖】有管辖权的人民法院由于特殊原因，不能行使管辖权的，由上级人民法院指定管辖。

人民法院之间因管辖权发生争议，由争议双方协商解决；协商解决不了的，报请它们的共同上级人民法院指定管辖。

第三十八条　【管辖权转移】上级人民法院有权审理下级人民法院管辖的第一审民事案件；确有必要将本院管辖的第一审民事案件交下级人民法院审理的，应当报请其上级人民法院批准。

下级人民法院对它所管辖的第一审民事案件，认为需要由上级人民法院审理的，可以报请上级人民法院审理。

第三章　审判组织

第三十九条　【一审审判组织】人民法院审理第一审民事案件，由审判员、陪审员共同组成合议庭或者由审判员组成合议庭。合议庭的成员人数，必须是单数。

适用简易程序审理的民事案件，由审判员一人独任审理。

陪审员在执行陪审职务时，与审判员有同等的权利义务。

第四十条　【二审、重审、再审审判组织】人民法院审理第二审民事案件，由审判员组成合议庭。合议庭的成员人数，必须是单数。

发回重审的案件，原审人民法院应当按照第一审程序另行组成合议庭。

审理再审案件，原来是第一审的，按照第一审程序另行组成合议庭；原来是第二审的或者是上级人民法院提审的，按照第二审程序另行组成合议庭。

第四十一条　【审判长】合议庭的审判长由院长或者庭长指定审判员一人担任；院长或者庭长参加审判的，由院长或者庭长担任。

第四十二条　【评议原则】合议庭评议案件，实行少数服从多数的原则。评议应当制作笔录，由合议庭成员签名。评议中的不同意见，必须如实记入笔录。

第四十三条　【依法办案】审判人员应当依法秉公办案。

审判人员不得接受当事人及其诉讼代理人请客送礼。

审判人员有贪污受贿，徇私舞弊，枉法裁判行为的，应当追究法律责任；构成犯罪的，依法追究刑事责任。

第四章　回　　避

第四十四条　【回避情形】审判人员有下列情形之一的，应当自行回避，当事人有权用口头或者书面方式申请他们回避：

（一）是本案当事人或者当事人、诉讼代理人近亲属的；

（二）与本案有利害关系的；

（三）与本案当事人、诉讼代理人有其他关系，可能影响对案件公正审理的。

审判人员接受当事人、诉讼代理人请客送礼，或者违反规定会见当事人、诉讼代理人的，当事人有权要求他们回避。

审判人员有前款规定的行为的，应当依法追究法律责任。

前三款规定，适用于书记员、翻译人员、鉴定人、勘验人。

第四十五条　【回避申请】当事人提出回避申请，应当说明理由，在案件开始审理时提出；回避事由在案件开始审理后知道的，也可以在法庭辩论终结前提出。

被申请回避的人员在人民法院作出是否回避的决定前，应当暂停参与本案的工作，但案件需要采取紧急措施的除外。

第四十六条 【回避决定权人】院长担任审判长时的回避,由审判委员会决定;审判人员的回避,由院长决定;其他人员的回避,由审判长决定。

第四十七条 【回避申请决定程序】人民法院对当事人提出的回避申请,应当在申请提出的三日内,以口头或者书面形式作出决定。申请人对决定不服的,可以在接到决定时申请复议一次。复议期间,被申请回避的人员,不停止参与本案的工作。人民法院对复议申请,应当在三日内作出复议决定,并通知复议申请人。

第五章 诉讼参加人

第一节 当 事 人

第四十八条 【诉讼当事人】公民、法人和其他组织可以作为民事诉讼的当事人。

法人由其法定代表人进行诉讼。其他组织由其主要负责人进行诉讼。

第四十九条 【诉讼权利义务】当事人有权委托代理人,提出回避申请,收集、提供证据,进行辩论,请求调解,提起上诉,申请执行。

当事人可以查阅本案有关材料,并可以复制本案有关材料和法律文书。查阅、复制本案有关材料的范围和办法由最高人民法院规定。

当事人必须依法行使诉讼权利,遵守诉讼秩序,履行发生法律效力的判决书、裁定书和调解书。

第五十条 【和解】双方当事人可以自行和解。

第五十一条 【诉讼请求、反诉】原告可以放弃或者变更诉讼请求。被告可以承认或者反驳诉讼请求,有权提起反诉。

第五十二条 【共同诉讼】当事人一方或者双方为二人以上,其诉讼标的是共同的,或者诉讼标的是同一种类、人民法院认为可以合并审理并经当事人同意的,为共同诉讼。

共同诉讼的一方当事人对诉讼标的有共同权利义务的,其中一人的诉讼行为经其他共同诉讼人承认,对其他共同诉讼人发生效力;对诉讼标的没有共同权利义务的,其中一人的诉讼行为对其他共同诉讼人不发生效力。

第五十三条 【人数确定的代表人诉讼】当事人一方人数众多的共同诉讼,可以由当事人推选代表人进行诉讼。代表人的诉讼行为对其所代表的当事人发生效力,但代表人变更、放弃诉讼请求或者承认对方当事人的诉讼请求,进行和解,必须经被代表的当事人同意。

第五十四条 【人数不确定的代表人诉讼】诉讼标的是同一种类、当事人一方人数众多在起诉时人数尚未确定的,人民法院可以发出公告,说明案件情况和诉讼请求,通知权利人在一定期间向人民法院登记。

向人民法院登记的权利人可以推选代表人进行诉讼;推选不出代表人的,人民法院可以与参加登记的权利人商定代表人。

代表人的诉讼行为对其所代表的当事人发生效力,但代表人变更、放弃诉讼请求或者承认对方当事人的诉讼请求,进行和解,必须经被代表的当事人同意。

人民法院作出的判决、裁定,对参加登记的全体权利人发生效力。未参加登记的权利人在诉讼时效期间提起诉讼的,适用该判决、裁定。

第五十五条 【民事公益诉讼】对污染环境、侵害众多消费者合法权益等损害社会公共利益的行为,法律规定的机关和有关组织可以向人民法院提起诉讼。

第五十六条 【诉讼第三人、第三人撤销之诉】对当事人双方的诉讼标的,第三人认为有独立请求权的,有权提起诉讼。

对当事人双方的诉讼标的,第三人虽然没有独立请求权,但案件处理结果同他有法律上的利害关系的,可以申请参加诉讼,或者由人民法院通知他参加诉讼。人民法院判决承担民事责任的第三人,有当事人的诉讼权利义务。

前两款规定的第三人,因不能归责于本人的事由未参加诉讼,但有证据证明发生法律效力的判决、裁定、调解书的部分或者全部内容错误,损害其民事权益的,可以自知道或者应当知道其民事权益受到损害之日起六个月内,向作出该判决、裁定、调解书的人民法院提起诉讼。人民法院经审理,诉讼请求成立的,应当改变或者撤销原判决、裁定、调解书;诉讼请求不成立的,驳回诉讼请求。

第二节 诉讼代理人

第五十七条 【法定代理人】无诉讼行为能力人

由他的监护人作为法定代理人代为诉讼。法定代理人之间互相推诿代理责任的，由人民法院指定其中一人代为诉讼。

第五十八条　【委托代理人】当事人、法定代理人可以委托一至二人作为诉讼代理人。

下列人员可以被委托为诉讼代理人：

（一）律师、基层法律服务工作者；

（二）当事人的近亲属或者工作人员；

（三）当事人所在社区、单位以及有关社会团体推荐的公民。

第五十九条　【委托程序】委托他人代为诉讼，必须向人民法院提交由委托人签名或者盖章的授权委托书。

授权委托书必须记明委托事项和权限。诉讼代理人代为承认、放弃、变更诉讼请求，进行和解，提起反诉或者上诉，必须有委托人的特别授权。

侨居在国外的中华人民共和国公民从国外寄交或者托交的授权委托书，必须经中华人民共和国驻该国的使领馆证明；没有使领馆的，由与中华人民共和国有外交关系的第三国驻该国的使领馆证明，再转由中华人民共和国驻该第三国使领馆证明，或者由当地的爱国华侨团体证明。

第六十条　【代理权变更、解除】诉讼代理人的权限如果变更或者解除，当事人应当书面告知人民法院，并由人民法院通知对方当事人。

第六十一条　【诉讼代理人权利】代理诉讼的律师和其他诉讼代理人有权调查收集证据，可以查阅本案有关材料。查阅本案有关材料的范围和办法由最高人民法院规定。

第六十二条　【离婚诉讼代理】离婚案件有诉讼代理人的，本人除不能表达意思的以外，仍应出庭；确因特殊情况无法出庭的，必须向人民法院提交书面意见。

第六章　证　　据

第六十三条　【证据种类】证据包括：

（一）当事人的陈述；

（二）书证；

（三）物证；

（四）视听资料；

（五）电子数据；

（六）证人证言；

（七）鉴定意见；

（八）勘验笔录。

证据必须查证属实，才能作为认定事实的根据。

第六十四条　【举证责任】当事人对自己提出的主张，有责任提供证据。

当事人及其诉讼代理人因客观原因不能自行收集的证据，或者人民法院认为审理案件需要的证据，人民法院应当调查收集。

人民法院应当按照法定程序，全面地、客观地审查核实证据。

第六十五条　【及时提供证据义务】当事人对自己提出的主张应当及时提供证据。

人民法院根据当事人的主张和案件审理情况，确定当事人应当提供的证据及其期限。当事人在该期限内提供证据确有困难的，可以向人民法院申请延长期限，人民法院根据当事人的申请适当延长。当事人逾期提供证据的，人民法院应当责令其说明理由；拒不说明理由或者理由不成立的，人民法院根据不同情形可以不予采纳该证据，或者采纳该证据但予以训诫、罚款。

第六十六条　【证据收据】人民法院收到当事人提交的证据材料，应当出具收据，写明证据名称、页数、份数、原件或者复印件以及收到时间等，并由经办人员签名或者盖章。

第六十七条　【人民法院调查取证】人民法院有权向有关单位和个人调查取证，有关单位和个人不得拒绝。

人民法院对有关单位和个人提出的证明文书，应当辨别真伪，审查确定其效力。

第六十八条　【法庭质证】证据应当在法庭上出示，并由当事人互相质证。对涉及国家秘密、商业秘密和个人隐私的证据应当保密，需要在法庭出示的，不得在公开开庭时出示。

第六十九条　【公证证据效力】经过法定程序公证证明的法律事实和文书，人民法院应当作为认定事实的根据，但有相反证据足以推翻公证证明的除外。

第七十条　【书证、物证】书证应当提交原件。物证应当提交原物。提交原件或者原物确有困难的,可以提交复制品、照片、副本、节录本。

提交外文书证,必须附有中文译本。

第七十一条 【视听资料】人民法院对视听资料,应当辨别真伪,并结合本案的其他证据,审查确定能否作为认定事实的根据。

第七十二条 【证人义务、资格】凡是知道案件情况的单位和个人,都有义务出庭作证。有关单位的负责人应当支持证人作证。

不能正确表达意思的人,不能作证。

第七十三条 【证人出庭作证】经人民法院通知,证人应当出庭作证。有下列情形之一的,经人民法院许可,可以通过书面证言、视听传输技术或者视听资料等方式作证:

(一)因健康原因不能出庭的;

(二)因路途遥远,交通不便不能出庭的;

(三)因自然灾害等不可抗力不能出庭的;

(四)其他有正当理由不能出庭的。

第七十四条 【证人出庭费用负担】证人因履行出庭作证义务而支出的交通、住宿、就餐等必要费用以及误工损失,由败诉一方当事人负担。当事人申请证人作证的,由该当事人先行垫付;当事人没有申请,人民法院通知证人作证的,由人民法院先行垫付。

第七十五条 【当事人陈述】人民法院对当事人的陈述,应当结合本案的其他证据,审查确定能否作为认定事实的根据。

当事人拒绝陈述的,不影响人民法院根据证据认定案件事实。

第七十六条 【鉴定程序启动】当事人可以就查明事实的专门性问题向人民法院申请鉴定。当事人申请鉴定的,由双方当事人协商确定具备资格的鉴定人;协商不成的,由人民法院指定。

当事人未申请鉴定,人民法院对专门性问题认为需要鉴定的,应当委托具备资格的鉴定人进行鉴定。

第七十七条 【鉴定人权利义务】鉴定人有权了解进行鉴定所需要的案件材料,必要时可以询问当事人、证人。

鉴定人应当提出书面鉴定意见,在鉴定书上签名或者盖章。

第七十八条 【鉴定人出庭作证】当事人对鉴定意见有异议或者人民法院认为鉴定人有必要出庭的,鉴定人应当出庭作证。经人民法院通知,鉴定人拒不出庭作证的,鉴定意见不得作为认定事实的根据;支付鉴定费用的当事人可以要求返还鉴定费用。

第七十九条 【专家证人出庭】当事人可以申请人民法院通知有专门知识的人出庭,就鉴定人作出的鉴定意见或者专业问题提出意见。

第八十条 【勘验笔录】勘验物证或者现场,勘验人必须出示人民法院的证件,并邀请当地基层组织或者当事人所在单位派人参加。当事人或者当事人的成年家属应当到场,拒不到场的,不影响勘验的进行。

有关单位和个人根据人民法院的通知,有义务保护现场,协助勘验工作。

勘验人应当将勘验情况和结果制作笔录,由勘验人、当事人和被邀参加人签名或者盖章。

第八十一条 【证据保全】在证据可能灭失或者以后难以取得的情况下,当事人可以在诉讼过程中向人民法院申请保全证据,人民法院也可以主动采取保全措施。

因情况紧急,在证据可能灭失或者以后难以取得的情况下,利害关系人可以在提起诉讼或者申请仲裁前向证据所在地、被申请人住所地或者对案件有管辖权的人民法院申请保全证据。

证据保全的其他程序,参照适用本法第九章保全的有关规定。

第七章 期间、送达

第一节 期 间

第八十二条 【期间种类、计算】期间包括法定期间和人民法院指定的期间。

期间以时、日、月、年计算。期间开始的时和日,不计算在期间内。

期间届满的最后一日是节假日的,以节假日后的第一日为期间届满的日期。

期间不包括在途时间,诉讼文书在期满前交邮的,不算过期。

第八十三条 【期间顺延】当事人因不可抗拒的事由或者其他正当理由耽误期限的,在障碍消除后的十日内,可以申请顺延期限,是否准许,由人民法院决定。

第二节 送 达

第八十四条 【送达回证】送达诉讼文书必须有送达回证,由受送达人在送达回证上记明收到日期,签名或者盖章。

受送达人在送达回证上的签收日期为送达日期。

第八十五条 【直接送达】送达诉讼文书,应当直接送交受送达人。受送达人是公民的,本人不在交他的同住成年家属签收;受送达人是法人或者其他组织的,应当由法人的法定代表人、其他组织的主要负责人或者该法人、组织负责收件的人签收;受送达人有诉讼代理人的,可以送交其代理人签收;受送达人已向人民法院指定代收人的,送交代收人签收。

受送达人的同住成年家属,法人或者其他组织的负责收件的人,诉讼代理人或者代收人在送达回证上签收的日期为送达日期。

第八十六条 【留置送达】受送达人或者他的同住成年家属拒绝接收诉讼文书的,送达人可以邀请有关基层组织或者所在单位的代表到场,说明情况,在送达回证上记明拒收事由和日期,由送达人、见证人签名或者盖章,把诉讼文书留在受送达人的住所;也可以把诉讼文书留在受送达人的住所,并采用拍照、录像等方式记录送达过程,即视为送达。

第八十七条 【简易送达】经受送达人同意,人民法院可以采用传真、电子邮件等能够确认其收悉的方式送达诉讼文书,但判决书、裁定书、调解书除外。

采用前款方式送达的,以传真、电子邮件等到达受送达人特定系统的日期为送达日期。

第八十八条 【委托送达、邮寄送达】直接送达诉讼文书有困难的,可以委托其他人民法院代为送达,或者邮寄送达。邮寄送达的,以回执上注明的收件日期为送达日期。

第八十九条 【转交送达之一】受送达人是军人的,通过其所在部队团以上单位的政治机关转交。

第九十条 【转交送达之二】受送达人被监禁的,通过其所在监所转交。

受送达人被采取强制性教育措施的,通过其所在强制性教育机构转交。

第九十一条 【转交送达日期】代为转交的机关、单位收到诉讼文书后,必须立即交受送达人签收,以在送达回证上的签收日期,为送达日期。

第九十二条 【公告送达】受送达人下落不明,或者用本节规定的其他方式无法送达的,公告送达。自发出公告之日起,经过六十日,即视为送达。

公告送达,应当在案卷中记明原因和经过。

第八章 调 解

第九十三条 【调解原则】人民法院审理民事案件,根据当事人自愿的原则,在事实清楚的基础上,分清是非,进行调解。

第九十四条 【调解组织形式】人民法院进行调解,可以由审判员一人主持,也可以由合议庭主持,并尽可能就地进行。

人民法院进行调解,可以用简便方式通知当事人、证人到庭。

第九十五条 【协助调解】人民法院进行调解,可以邀请有关单位和个人协助。被邀请的单位和个人,应当协助人民法院进行调解。

第九十六条 【调解协议】调解达成协议,必须双方自愿,不得强迫。调解协议的内容不得违反法律规定。

第九十七条 【调解书】调解达成协议,人民法院应当制作调解书。调解书应当写明诉讼请求、案件的事实和调解结果。

调解书由审判人员、书记员署名,加盖人民法院印章,送达双方当事人。

调解书经双方当事人签收后,即具有法律效力。

第九十八条 【不制作调解书的情形】下列案件调解达成协议,人民法院可以不制作调解书:

(一)调解和好的离婚案件;

(二)调解维持收养关系的案件;

(三)能够即时履行的案件;

(四)其他不需要制作调解书的案件。

对不需要制作调解书的协议,应当记入笔录,由双方当事人、审判人员、书记员签名或者盖章后,即具有法律效力。

第九十九条 【调解失败】调解未达成协议或者调解书送达前一方反悔的,人民法院应当及时判决。

第九章 保全和先予执行

第一百条 【诉讼中保全】人民法院对于可能因当事人一方的行为或者其他原因,使判决难以执行或者造成当事人其他损害的案件,根据对方当事人的申请,可以裁定对其财产进行保全、责令其作出一定行为或者禁止其作出一定行为;当事人没有提出申请的,人民法院在必要时也可以裁定采取保全措施。

人民法院采取保全措施,可以责令申请人提供担保,申请人不提供担保的,裁定驳回申请。

人民法院接受申请后,对情况紧急的,必须在四十八小时内作出裁定;裁定采取保全措施的,应当立即开始执行。

第一百零一条 【诉前保全】利害关系人因情况紧急,不立即申请保全将会使其合法权益受到难以弥补的损害的,可以在提起诉讼或者申请仲裁前向被保全财产所在地、被申请人住所地或者对案件有管辖权的人民法院申请采取保全措施。申请人应当提供担保,不提供担保的,裁定驳回申请。

人民法院接受申请后,必须在四十八小时内作出裁定;裁定采取保全措施的,应当立即开始执行。

申请人在人民法院采取保全措施后三十日内不依法提起诉讼或者申请仲裁的,人民法院应当解除保全。

第一百零二条 【保全范围】保全限于请求的范围,或者与本案有关的财物。

第一百零三条 【财产保全措施】财产保全采取查封、扣押、冻结或者法律规定的其他方法。人民法院保全财产后,应当立即通知被保全财产的人。

财产已被查封、冻结的,不得重复查封、冻结。

第一百零四条 【保全解除】财产纠纷案件,被申请人提供担保的,人民法院应当裁定解除保全。

第一百零五条 【保全错误补救】申请有错误的,申请人应当赔偿被申请人因保全所遭受的损失。

第一百零六条 【先予执行】人民法院对下列案件,根据当事人的申请,可以裁定先予执行:

(一)追索赡养费、扶养费、抚育费、抚恤金、医疗费用的;

(二)追索劳动报酬的;

(三)因情况紧急需要先予执行的。

第一百零七条 【先予执行条件】人民法院裁定先予执行的,应当符合下列条件:

(一)当事人之间权利义务关系明确,不先予执行将严重影响申请人的生活或者生产经营的;

(二)被申请人有履行能力。

人民法院可以责令申请人提供担保,申请人不提供担保的,驳回申请。申请人败诉的,应当赔偿被申请人因先予执行遭受的财产损失。

第一百零八条 【复议】当事人对保全或者先予执行的裁定不服的,可以申请复议一次。复议期间不停止裁定的执行。

第十章 对妨害民事诉讼的强制措施

第一百零九条 【拘传】人民法院对必须到庭的被告,经两次传票传唤,无正当理由拒不到庭的,可以拘传。

第一百一十条 【对妨害法庭秩序的强制措施】诉讼参与人和其他人应当遵守法庭规则。

人民法院对违反法庭规则的人,可以予以训诫,责令退出法庭或者予以罚款、拘留。

人民法院对哄闹、冲击法庭,侮辱、诽谤、威胁、殴打审判人员,严重扰乱法庭秩序的人,依法追究刑事责任;情节较轻的,予以罚款、拘留。

第一百一十一条 【对某些妨害诉讼行为的强制措施】诉讼参与人或者其他人有下列行为之一的,人民法院可以根据情节轻重予以罚款、拘留;构成犯罪的,依法追究刑事责任:

(一)伪造、毁灭重要证据,妨碍人民法院审理案件的;

(二)以暴力、威胁、贿买方法阻止证人作证或者指使、贿买、胁迫他人作伪证的;

(三)隐藏、转移、变卖、毁损已被查封、扣押的财产,或者已被清点并责令其保管的财产,转移已被冻结的财产的;

(四)对司法工作人员、诉讼参加人、证人、翻译人员、鉴定人、勘验人、协助执行的人，进行侮辱、诽谤、诬陷、殴打或者打击报复的；

（五）以暴力、威胁或者其他方法阻碍司法工作人员执行职务的；

（六）拒不履行人民法院已经发生法律效力的判决、裁定的。

人民法院对有前款规定的行为之一的单位，可以对其主要负责人或者直接责任人员予以罚款、拘留；构成犯罪的，依法追究刑事责任。

第一百一十二条　【对虚假诉讼、调解行为的司法处罚】当事人之间恶意串通，企图通过诉讼、调解等方式侵害他人合法权益的，人民法院应当驳回其请求，并根据情节轻重予以罚款、拘留；构成犯罪的，依法追究刑事责任。

第一百一十三条　【对恶意串通逃避执行行为的司法处罚】被执行人与他人恶意串通，通过诉讼、仲裁、调解等方式逃避履行法律文书确定的义务的，人民法院应当根据情节轻重予以罚款、拘留；构成犯罪的，依法追究刑事责任。

第一百一十四条　【不协助调查、执行的强制措施】有义务协助调查、执行的单位有下列行为之一的，人民法院除责令其履行协助义务外，并可以予以罚款：

（一）有关单位拒绝或者妨碍人民法院调查取证的；

（二）有关单位接到人民法院协助执行通知书后，拒不协助查询、扣押、冻结、划拨、变价财产的；

（三）有关单位接到人民法院协助执行通知书后，拒不协助扣留被执行人的收入、办理有关财产权证照转移手续、转交有关票证、证照或者其他财产的；

（四）其他拒绝协助执行的。

人民法院对有前款规定的行为之一的单位，可以对其主要负责人或者直接责任人员予以罚款；对仍不履行协助义务的，可以予以拘留；并可以向监察机关或者有关机关提出予以纪律处分的司法建议。

第一百一十五条　【罚款、拘留】对个人的罚款金额，为人民币十万元以下。对单位的罚款金额，为人民币五万元以上一百万元以下。

拘留的期限，为十五日以下。

被拘留的人，由人民法院交公安机关看管。在拘留期间，被拘留人承认并改正错误的，人民法院可以决定提前解除拘留。

第一百一十六条　【拘传、罚款、拘留程序】拘传、罚款、拘留必须经院长批准。

拘传应当发拘传票。

罚款、拘留应当用决定书。对决定不服的，可以向上一级人民法院申请复议一次。复议期间不停止执行。

第一百一十七条　【强制措施决定权】采取对妨害民事诉讼的强制措施必须由人民法院决定。任何单位和个人采取非法拘禁他人或者非法私自扣押他人财产追索债务的，应当依法追究刑事责任，或者予以拘留、罚款。

第十一章　诉 讼 费 用

第一百一十八条　【诉讼费用的交纳】当事人进行民事诉讼，应当按照规定交纳案件受理费。财产案件除交纳案件受理费外，并按照规定交纳其他诉讼费用。

当事人交纳诉讼费用确有困难的，可以按照规定向人民法院申请缓交、减交或者免交。

收取诉讼费用的办法另行制定。

第二编　审 判 程 序

第十二章　第一审普通程序

第一节　起诉和受理

第一百一十九条　【起诉条件】起诉必须符合下列条件：

（一）原告是与本案有直接利害关系的公民、法人和其他组织；

（二）有明确的被告；

（三）有具体的诉讼请求和事实、理由；

（四）属于人民法院受理民事诉讼的范围和受诉人民法院管辖。

第一百二十条　【起诉方式】起诉应当向人民法院递交起诉状，并按照被告人数提出副本。

书写起诉状确有困难的，可以口头起诉，由人民法院记入笔录，并告知对方当事人。

第一百二十一条　【起诉状】起诉状应当记明下列事项：

（一）原告的姓名、性别、年龄、民族、职业、

工作单位、住所、联系方式;法人或者其他组织的名称、住所和法定代表人或者主要负责人的姓名、职务、联系方式;

(二)被告的姓名、性别、工作单位、住所等信息,法人或者其他组织的名称、住所等信息;

(三)诉讼请求和所根据的事实与理由;

(四)证据和证据来源,证人姓名和住所。

第一百二十二条 【先行调解】当事人起诉到人民法院的民事纠纷,适宜调解的,先行调解,但当事人拒绝调解的除外。

第一百二十三条 【立案期限】人民法院应当保障当事人依照法律规定享有的起诉权利。对符合本法第一百一十九条的起诉,必须受理。符合起诉条件的,应当在七日内立案,并通知当事人;不符合起诉条件的,应当在七日内作出裁定书,不予受理;原告对裁定不服的,可以提起上诉。

第一百二十四条 【审查起诉】人民法院对下列起诉,分别情形,予以处理:

(一)依照行政诉讼法的规定,属于行政诉讼受案范围的,告知原告提起行政诉讼;

(二)依照法律规定,双方当事人达成书面仲裁协议申请仲裁、不得向人民法院起诉的,告知原告向仲裁机构申请仲裁;

(三)依照法律规定,应当由其他机关处理的争议,告知原告向有关机关申请解决;

(四)对不属于本院管辖的案件,告知原告向有管辖权的人民法院起诉;

(五)对判决、裁定、调解书已经发生法律效力的案件,当事人又起诉的,告知原告申请再审,但人民法院准许撤诉的裁定除外;

(六)依照法律规定,在一定期限内不得起诉的案件,在不得起诉的期限内起诉的,不予受理;

(七)判决不准离婚和调解和好的离婚案件,判决、调解维持收养关系的案件,没有新情况、新理由,原告在六个月内又起诉的,不予受理。

第二节 审理前的准备

第一百二十五条 【答辩状提出】人民法院应当在立案之日起五日内将起诉状副本发送被告,被告应当在收到之日起十五日内提出答辩状。答辩状应当记明被告的姓名、性别、年龄、民族、职业、工作单位、住所、联系方式;法人或者其他组织的名称、住所和法定代表人或者主要负责人的姓名、职务、联系方式。人民法院应当在收到答辩状之日起五日内将答辩状副本发送原告。

被告不提出答辩状的,不影响人民法院审理。

第一百二十六条 【权利义务告知】人民法院对决定受理的案件,应当在受理案件通知书和应诉通知书中向当事人告知有关的诉讼权利义务,或者口头告知。

第一百二十七条 【管辖权异议、应诉管辖】人民法院受理案件后,当事人对管辖权有异议的,应当在提交答辩状期间提出。人民法院对当事人提出的异议,应当审查。异议成立的,裁定将案件移送有管辖权的人民法院;异议不成立的,裁定驳回。

当事人未提出管辖异议,并应诉答辩的,视为受诉人民法院有管辖权,但违反级别管辖和专属管辖规定的除外。

第一百二十八条 【告知合议庭组成】合议庭组成人员确定后,应当在三日内告知当事人。

第一百二十九条 【审核取证】审判人员必须认真审核诉讼材料,调查收集必要的证据。

第一百三十条 【法院调查程序】人民法院派出人员进行调查时,应当向被调查人出示证件。

调查笔录经被调查人校阅后,由被调查人、调查人签名或者盖章。

第一百三十一条 【委托调查】人民法院在必要时可以委托外地人民法院调查。

委托调查,必须提出明确的项目和要求。受委托人民法院可以主动补充调查。

受委托人民法院收到委托书后,应当在三十日内完成调查。因故不能完成的,应当在上述期限内函告委托人民法院。

第一百三十二条 【当事人追加】必须共同进行诉讼的当事人没有参加诉讼的,人民法院应当通知其参加诉讼。

第一百三十三条 【开庭准备程序】人民法院对受理的案件,分别情形,予以处理:

(一)当事人没有争议,符合督促程序规定

条件的,可以转入督促程序;

（二）开庭前可以调解的,采取调解方式及时解决纠纷;

（三）根据案件情况,确定适用简易程序或者普通程序;

（四）需要开庭审理的,通过要求当事人交换证据等方式,明确争议焦点。

第三节　开庭审理

第一百三十四条　【审理方式】人民法院审理民事案件,除涉及国家秘密、个人隐私或者法律另有规定的以外,应当公开进行。

离婚案件,涉及商业秘密的案件,当事人申请不公开审理的,可以不公开审理。

第一百三十五条　【巡回审理】人民法院审理民事案件,根据需要进行巡回审理,就地办案。

第一百三十六条　【开庭通知及公告】人民法院审理民事案件,应当在开庭三日前通知当事人和其他诉讼参与人。公开审理的,应当公告当事人姓名、案由和开庭的时间、地点。

第一百三十七条　【庭前准备】开庭审理前,书记员应当查明当事人和其他诉讼参与人是否到庭,宣布法庭纪律。

开庭审理时,由审判长核对当事人,宣布案由,宣布审判人员、书记员名单,告知当事人有关的诉讼权利义务,询问当事人是否提出回避申请。

第一百三十八条　【法庭调查顺序】法庭调查按照下列顺序进行:

（一）当事人陈述;

（二）告知证人的权利义务,证人作证,宣读未到庭的证人证言;

（三）出示书证、物证、视听资料和电子数据;

（四）宣读鉴定意见;

（五）宣读勘验笔录。

第一百三十九条　【当事人庭审权利】当事人在法庭上可以提出新的证据。

当事人经法庭许可,可以向证人、鉴定人、勘验人发问。

当事人要求重新进行调查、鉴定或者勘验的,是否准许,由人民法院决定。

第一百四十条　【诉的合并】原告增加诉讼请求,被告提出反诉,第三人提出与本案有关的诉讼请求,可以合并审理。

第一百四十一条　【法庭辩论】法庭辩论按照下列顺序进行:

（一）原告及其诉讼代理人发言;

（二）被告及其诉讼代理人答辩;

（三）第三人及其诉讼代理人发言或者答辩;

（四）互相辩论。

法庭辩论终结,由审判长按照原告、被告、第三人的先后顺序征询各方最后意见。

第一百四十二条　【法庭辩论后的调解】法庭辩论终结,应当依法作出判决。判决前能够调解的,还可以进行调解,调解不成的,应当及时判决。

第一百四十三条　【按撤诉处理】原告经传票传唤,无正当理由拒不到庭的,或者未经法庭许可中途退庭的,可以按撤诉处理;被告反诉的,可以缺席判决。

第一百四十四条　【缺席判决】被告经传票传唤,无正当理由拒不到庭的,或者未经法庭许可中途退庭的,可以缺席判决。

第一百四十五条　【撤诉】宣判前,原告申请撤诉的,是否准许,由人民法院裁定。

人民法院裁定不准许撤诉的,原告经传票传唤,无正当理由拒不到庭的,可以缺席判决。

第一百四十六条　【延期审理】有下列情形之一的,可以延期开庭审理:

（一）必须到庭的当事人和其他诉讼参与人有正当理由没有到庭的;

（二）当事人临时提出回避申请的;

（三）需要通知新的证人到庭,调取新的证据,重新鉴定、勘验,或者需要补充调查的;

（四）其他应当延期的情形。

第一百四十七条　【法庭笔录】书记员应当将法庭审理的全部活动记入笔录,由审判人员和书记员签名。

法庭笔录应当当庭宣读,也可以告知当事人和其他诉讼参与人当庭或者在五日内阅读。当事人和其他诉讼参与人认为对自己的陈述记录有遗漏或者差错的,有权申请补正。如果不予补正,应当将申请记录在案。

法庭笔录由当事人和其他诉讼参与人签名或者盖章。拒绝签名盖章的,记明情况附卷。

第一百四十八条　【宣判】人民法院对公开审理或者不公开审理的案件,一律公开宣告判决。

当庭宣判的,应当在十日内发送判决书;定期宣判的,宣判后立即发给判决书。

宣告判决时,必须告知当事人上诉权利、上诉期限和上诉的法院。

宣告离婚判决,必须告知当事人在判决发生法律效力前不得另行结婚。

第一百四十九条　【审限】人民法院适用普通程序审理的案件,应当在立案之日起六个月内审结。有特殊情况需要延长的,由本院院长批准,可以延长六个月;还需要延长的,报请上级人民法院批准。

第四节　诉讼中止和终结

第一百五十条　【中止诉讼】有下列情形之一的,中止诉讼:

(一)一方当事人死亡,需要等待继承人表明是否参加诉讼的;

(二)一方当事人丧失诉讼行为能力,尚未确定法定代理人的;

(三)作为一方当事人的法人或者其他组织终止,尚未确定权利义务承受人的;

(四)一方当事人因不可抗拒的事由,不能参加诉讼的;

(五)本案必须以另一案的审理结果为依据,而另一案尚未审结的;

(六)其他应当中止诉讼的情形。

中止诉讼的原因消除后,恢复诉讼。

第一百五十一条　【终结诉讼】有下列情形之一的,终结诉讼:

(一)原告死亡,没有继承人,或者继承人放弃诉讼权利的;

(二)被告死亡,没有遗产,也没有应当承担义务的人的;

(三)离婚案件一方当事人死亡的;

(四)追索赡养费、扶养费、抚育费以及解除收养关系案件的一方当事人死亡的。

第五节　判决和裁定

第一百五十二条　【判决书】判决书应当写明判决结果和作出该判决的理由。判决书内容包括:

(一)案由、诉讼请求、争议的事实和理由;

(二)判决认定的事实和理由、适用的法律和理由;

(三)判决结果和诉讼费用的负担;

(四)上诉期间和上诉的法院。

判决书由审判人员、书记员署名,加盖人民法院印章。

第一百五十三条　【先行判决】人民法院审理案件,其中一部分事实已经清楚,可以就该部分先行判决。

第一百五十四条　【裁定】裁定适用于下列范围:

(一)不予受理;

(二)对管辖权有异议的;

(三)驳回起诉;

(四)保全和先予执行;

(五)准许或者不准许撤诉;

(六)中止或者终结诉讼;

(七)补正判决书中的笔误;

(八)中止或者终结执行;

(九)撤销或者不予执行仲裁裁决;

(十)不予执行公证机关赋予强制执行效力的债权文书;

(十一)其他需要裁定解决的事项。

对前款第一项至第三项裁定,可以上诉。

裁定书应当写明裁定结果和作出该裁定的理由。裁定书由审判人员、书记员署名,加盖人民法院印章。口头裁定的,记入笔录。

第一百五十五条　【生效裁判】最高人民法院的判决、裁定,以及依法不准上诉或者超过上诉期没有上诉的判决、裁定,是发生法律效力的判决、裁定。

第一百五十六条　【裁判文书公开】公众可以查阅发生法律效力的判决书、裁定书,但涉及国家秘密、商业秘密和个人隐私的内容除外。

第十三章　简易程序

第一百五十七条　【适用范围】基层人民法院和它派出的法庭审理事实清楚、权利义务关系明确、争议不大的简单的民事案件,适用本章规定。

基层人民法院和它派出的法庭审理前款

规定以外的民事案件,当事人双方也可以约定适用简易程序。

第一百五十八条　【起诉方式】对简单的民事案件,原告可以口头起诉。

当事人双方可以同时到基层人民法院或者它派出的法庭,请求解决纠纷。基层人民法院或者它派出的法庭可以当即审理,也可以另定日期审理。

第一百五十九条　【简便方式传唤、送达和审理】基层人民法院和它派出的法庭审理简单的民事案件,可以用简便方式传唤当事人和证人、送达诉讼文书、审理案件,但应当保障当事人陈述意见的权利。

第一百六十条　【审理方式】简单的民事案件由审判员一人独任审理,并不受本法第一百三十六条、第一百三十八条、第一百四十一条规定的限制。

第一百六十一条　【审理期限】人民法院适用简易程序审理案件,应当在立案之日起三个月内审结。

第一百六十二条　【小额诉讼程序】基层人民法院和它派出的法庭审理符合本法第一百五十七条第一款规定的简单的民事案件,标的额为各省、自治区、直辖市上年度就业人员年平均工资百分之三十以下的,实行一审终审。

第一百六十三条　【简易程序转普通程序】人民法院在审理过程中,发现案件不宜适用简易程序的,裁定转为普通程序。

第十四章　第二审程序

第一百六十四条　【上诉】当事人不服地方人民法院第一审判决的,有权在判决书送达之日起十五日内向上一级人民法院提起上诉。

当事人不服地方人民法院第一审裁定的,有权在裁定书送达之日起十日内向上一级人民法院提起上诉。

第一百六十五条　【上诉状】上诉应当递交上诉状。上诉状的内容,应当包括当事人的姓名,法人的名称及其法定代表人的姓名或者其他组织的名称及其主要负责人的姓名;原审人民法院名称、案件的编号和案由;上诉的请求和理由。

第一百六十六条　【上诉方式】上诉状应当通过原审人民法院提出,并按照对方当事人或者代表人的人数提出副本。

当事人直接向第二审人民法院上诉的,第二审人民法院应当在五日内将上诉状移交原审人民法院。

第一百六十七条　【受理上诉】原审人民法院收到上诉状,应当在五日内将上诉状副本送达对方当事人,对方当事人在收到之日起十五日内提出答辩状。人民法院应当在收到答辩状之日起五日内将副本送达上诉人。对方当事人不提出答辩状的,不影响人民法院审理。

原审人民法院收到上诉状、答辩状,应当在五日内连同全部案卷和证据,报送第二审人民法院。

第一百六十八条　【审查范围】第二审人民法院应当对上诉请求的有关事实和适用法律进行审查。

第一百六十九条　【二审审理方式】第二审人民法院对上诉案件,应当组成合议庭,开庭审理。经过阅卷、调查和询问当事人,对没有提出新的事实、证据或者理由,合议庭认为不需要开庭审理的,可以不开庭审理。

第二审人民法院审理上诉案件,可以在本院进行,也可以到案件发生地或者原审人民法院所在地进行。

第一百七十条　【二审裁判】第二审人民法院对上诉案件,经过审理,按照下列情形,分别处理:

(一)原判决、裁定认定事实清楚,适用法律正确的,以判决、裁定方式驳回上诉,维持原判决、裁定;

(二)原判决、裁定认定事实错误或者适用法律错误的,以判决、裁定方式依法改判、撤销或者变更;

(三)原判决认定基本事实不清的,裁定撤销原判决,发回原审人民法院重审,或者查清事实后改判;

(四)原判决遗漏当事人或者违法缺席判决等严重违反法定程序的,裁定撤销原判决,发回原审人民法院重审。

原审人民法院对发回重审的案件作出判决后,当事人提起上诉的,第二审人民法院不得再次发回重审。

第一百七十一条 【裁定上诉处理】第二审人民法院对不服第一审人民法院裁定的上诉案件的处理,一律使用裁定。

第一百七十二条 【二审调解】第二审人民法院审理上诉案件,可以进行调解。调解达成协议,应当制作调解书,由审判人员、书记员署名,加盖人民法院印章。调解书送达后,原审人民法院的判决即视为撤销。

第一百七十三条 【撤回上诉】第二审人民法院判决宣告前,上诉人申请撤回上诉的,是否准许,由第二审人民法院裁定。

第一百七十四条 【二审适用程序】第二审人民法院审理上诉案件,除依照本章规定外,适用第一审普通程序。

第一百七十五条 【二审裁判效力】第二审人民法院的判决、裁定,是终审的判决、裁定。

第一百七十六条 【二审审限】人民法院审理对判决的上诉案件,应当在第二审立案之日起三个月内审结。有特殊情况需要延长的,由本院院长批准。

人民法院审理对裁定的上诉案件,应当在第二审立案之日起三十日内作出终审裁定。

第十五章 特别程序

第一节 一般规定

第一百七十七条 【适用范围】人民法院审理选民资格案件、宣告失踪或者宣告死亡案件、认定公民无民事行为能力或者限制民事行为能力案件、认定财产无主案件、确认调解协议案件和实现担保物权案件,适用本章规定。本章没有规定的,适用本法和其他法律的有关规定。

第一百七十八条 【审级及审判组织】依照本章程序审理的案件,实行一审终审。选民资格案件或者重大、疑难的案件,由审判员组成合议庭审理;其他案件由审判员一人独任审理。

第一百七十九条 【特别程序转化】人民法院在依照本章程序审理案件的过程中,发现本案属于民事权益争议的,应当裁定终结特别程序,并告知利害关系人可以另行起诉。

第一百八十条 【审限】人民法院适用特别程序审理的案件,应当在立案之日起三十日内或者公告期满后三十日内审结。有特殊情况需要延长的,由本院院长批准。但审理选民资格的案件除外。

第二节 选民资格案件

第一百八十一条 【起诉与受理】公民不服选举委员会对选民资格的申诉所作的处理决定,可以在选举日的五日以前向选区所在地基层人民法院起诉。

第一百八十二条 【审限与判决】人民法院受理选民资格案件后,必须在选举日前审结。

审理时,起诉人、选举委员会的代表和有关公民必须参加。

人民法院的判决书,应当在选举日前送达选举委员会和起诉人,并通知有关公民。

第三节 宣告失踪、宣告死亡案件

第一百八十三条 【宣告失踪】公民下落不明满二年,利害关系人申请宣告其失踪的,向下落不明人住所地基层人民法院提出。

申请书应当写明失踪的事实、时间和请求,并附有公安机关或者其他有关机关关于该公民下落不明的书面证明。

第一百八十四条 【宣告死亡】公民下落不明满四年,或者因意外事故下落不明满二年,或者因意外事故下落不明,经有关机关证明该公民不可能生存,利害关系人申请宣告其死亡的,向下落不明人住所地基层人民法院提出。

申请书应当写明下落不明的事实、时间和请求,并附有公安机关或者其他有关机关关于该公民下落不明的书面证明。

第一百八十五条 【公告与判决】人民法院受理宣告失踪、宣告死亡案件后,应当发出寻找下落不明人的公告。宣告失踪的公告期间为三个月,宣告死亡的公告期间为一年。因意外事故下落不明,经有关机关证明该公民不可能生存的,宣告死亡的公告期间为三个月。

公告期间届满,人民法院应当根据被宣告失踪、宣告死亡的事实是否得到确认,作出宣告失踪、宣告死亡的判决或者驳回申请的判决。

第一百八十六条 【判决撤销】被宣告失踪、宣告死亡的公民重新出现，经本人或者利害关系人申请，人民法院应当作出新判决，撤销原判决。

第四节　认定公民无民事行为能力、限制民事行为能力案件

第一百八十七条　【管辖与申请】申请认定公民无民事行为能力或者限制民事行为能力，由其近亲属或者其他利害关系人向该公民住所地基层人民法院提出。

申请书应当写明该公民无民事行为能力或者限制民事行为能力的事实和根据。

第一百八十八条　【医学鉴定】人民法院受理申请后，必要时应当对被请求认定为无民事行为能力或者限制民事行为能力的公民进行鉴定。申请人已提供鉴定意见的，应当对鉴定意见进行审查。

第一百八十九条　【代理人、审理与判决】人民法院审理认定公民无民事行为能力或者限制民事行为能力的案件，应当由该公民的近亲属为代理人，但申请人除外。近亲属互相推诿的，由人民法院指定其中一人为代理人。该公民健康情况许可的，还应当询问本人的意见。

人民法院经审理认定申请有事实根据的，判决该公民为无民事行为能力或者限制民事行为能力人；认定申请没有事实根据的，应当判决予以驳回。

第一百九十条　【判决撤销】人民法院根据被认定为无民事行为能力人、限制民事行为能力人或者他的监护人的申请，证实该公民无民事行为能力或者限制民事行为能力的原因已经消除的，应当作出新判决，撤销原判决。

第五节　认定财产无主案件

第一百九十一条　【管辖与申请书】申请认定财产无主，由公民、法人或者其他组织向财产所在地基层人民法院提出。

申请书应当写明财产的种类、数量以及要求认定财产无主的根据。

第一百九十二条　【公告与判决】人民法院受理申请后，经审查核实，应当发出财产认领公告。公告满一年无人认领的，判决认定财产无主，收归国家或者集体所有。

第一百九十三条　【撤销判决】判决认定财产无主后，原财产所有人或者继承人出现，在民法通则规定的诉讼时效期间可以对财产提出请求，人民法院审查属实后，应当作出新判决，撤销原判决。

第六节　确认调解协议案件

第一百九十四条　【申请与管辖】申请司法确认调解协议，由双方当事人依照人民调解法等法律，自调解协议生效之日起三十日内，共同向调解组织所在地基层人民法院提出。

第一百九十五条　【裁定与执行】人民法院受理申请后，经审查，符合法律规定的，裁定调解协议有效，一方当事人拒绝履行或者未全部履行的，对方当事人可以向人民法院申请执行；不符合法律规定的，裁定驳回申请，当事人可以通过调解方式变更原调解协议或者达成新的调解协议，也可以向人民法院提起诉讼。

第七节　实现担保物权案件

第一百九十六条　【申请与管辖】申请实现担保物权，由担保物权人以及其他有权请求实现担保物权的人依照物权法等法律，向担保财产所在地或者担保物权登记地基层人民法院提出。

第一百九十七条　【裁定与执行】人民法院受理申请后，经审查，符合法律规定的，裁定拍卖、变卖担保财产，当事人依据该裁定可以向人民法院申请执行；不符合法律规定的，裁定驳回申请，当事人可以向人民法院提起诉讼。

第十六章　审判监督程序

第一百九十八条　【法院依职权提起再审】各级人民法院院长对本院已经发生法律效力的判决、裁定、调解书，发现确有错误，认为需要再审的，应当提交审判委员会讨论决定。

最高人民法院对地方各级人民法院已经发生法律效力的判决、裁定、调解书，上级人民法院对下级人民法院已经发生法律效力的判决、裁定、调解书，发现确有错误的，有权提审或者指令下级人民法院再审。

第一百九十九条　【当事人申请再审】当事人对已经发生法律效力的判决、裁定，认为有错误的，可以向上一级人民法院申请再审；当事人一方人数众多或者当事人双方为公民的案件，也可以向原审人民法院申请再审。当事人申

请再审的,不停止判决、裁定的执行。

第二百条 【申请再审的条件】当事人的申请符合下列情形之一的,人民法院应当再审:

(一)有新的证据,足以推翻原判决、裁定的;

(二)原判决、裁定认定的基本事实缺乏证据证明的;

(三)原判决、裁定认定事实的主要证据是伪造的;

(四)原判决、裁定认定事实的主要证据未经质证的;

(五)对审理案件需要的主要证据,当事人因客观原因不能自行收集,书面申请人民法院调查收集,人民法院未调查收集的;

(六)原判决、裁定适用法律确有错误的;

(七)审判组织的组成不合法或者依法应当回避的审判人员没有回避的;

(八)无诉讼行为能力人未经法定代理人代为诉讼或者应当参加诉讼的当事人,因不能归责于本人或者其诉讼代理人的事由,未参加诉讼的;

(九)违反法律规定,剥夺当事人辩论权利的;

(十)未经传票传唤,缺席判决的;

(十一)原判决、裁定遗漏或者超出诉讼请求的;

(十二)据以作出原判决、裁定的法律文书被撤销或者变更的;

(十三)审判人员审理该案件时有贪污受贿,徇私舞弊,枉法裁判行为的。

第二百零一条 【对调解书申请再审】当事人对已经发生法律效力的调解书,提出证据证明调解违反自愿原则或者调解协议的内容违反法律的,可以申请再审。经人民法院审查属实的,应当再审。

第二百零二条 【离婚判决、调解不得再审】当事人对已经发生法律效力的解除婚姻关系的判决、调解书,不得申请再审。

第二百零三条 【当事人申请再审程序】当事人申请再审的,应当提交再审申请书等材料。人民法院应当自收到再审申请书之日起五日内将再审申请书副本发送对方当事人。对方当事人应当自收到再审申请书副本之日起十五日内提交书面意见;不提交书面意见的,不影响人民法院审查。人民法院可以要求申请人和对方当事人补充有关材料,询问有关事项。

第二百零四条 【再审申请的审查与再审案件的审级】人民法院应当自收到再审申请书之日起三个月内审查,符合本法规定的,裁定再审;不符合本法规定的,裁定驳回申请。有特殊情况需要延长的,由本院院长批准。

因当事人申请裁定再审的案件由中级人民法院以上的人民法院审理,但当事人依照本法第一百九十九条的规定选择向基层人民法院申请再审的除外。最高人民法院、高级人民法院裁定再审的案件,由本院再审或者交其他人民法院再审,也可以交原审人民法院再审。

第二百零五条 【当事人申请再审期限】当事人申请再审,应当在判决、裁定发生法律效力后六个月内提出;有本法第二百条第一项、第三项、第十二项、第十三项规定情形的,自知道或者应当知道之日起六个月内提出。

第二百零六条 【中止执行及例外】按照审判监督程序决定再审的案件,裁定中止原判决、裁定、调解书的执行,但追索赡养费、扶养费、抚育费、抚恤金、医疗费用、劳动报酬等案件,可以不中止执行。

第二百零七条 【再审审理程序】人民法院按照审判监督程序再审的案件,发生法律效力的判决、裁定是由第一审法院作出的,按照第一审程序审理,所作的判决、裁定,当事人可以上诉;发生法律效力的判决、裁定是由第二审法院作出的,按照第二审程序审理,所作的判决、裁定,是发生法律效力的判决、裁定;上级人民法院按照审判监督程序提审的,按照第二审程序审理,所作的判决、裁定是发生法律效力的判决、裁定。

人民法院审理再审案件,应当另行组成合议庭。

第二百零八条 【检察院提出抗诉或者检察建议】最高人民检察院对各级人民法院已经发生法律效力的判决、裁定,上级人民检察院对下级人民法院已经发生法律效力的判决、裁定,发现有本法第二百条规定情形之一的,或者发现调解书损害国家利益、社会公共利益的，应当提出抗诉。

地方各级人民检察院对同级人民法院已经发生法律效力的判决、裁定，发现有本法第二百条规定情形之一的，或者发现调解书损害国家利益、社会公共利益的，可以向同级人民法院提出检察建议，并报上级人民检察院备案；也可以提请上级人民检察院向同级人民法院提出抗诉。

各级人民检察院对审判监督程序以外的其他审判程序中审判人员的违法行为，有权向同级人民法院提出检察建议。

第二百零九条　【当事人申请检察建议或者抗诉】有下列情形之一的，当事人可以向人民检察院申请检察建议或者抗诉：

（一）人民法院驳回再审申请的；

（二）人民法院逾期未对再审申请作出裁定的；

（三）再审判决、裁定有明显错误的。

人民检察院对当事人的申请应当在三个月内进行审查，作出提出或者不予提出检察建议或者抗诉的决定。当事人不得再次向人民检察院申请检察建议或者抗诉。

第二百一十条　【检察院的调查权】人民检察院因履行法律监督职责提出检察建议或者抗诉的需要，可以向当事人或者案外人调查核实有关情况。

第二百一十一条　【抗诉案件的审理】人民检察院提出抗诉的案件，接受抗诉的人民法院应当自收到抗诉书之日起三十日内作出再审的裁定；有本法第二百条第一项至第五项规定情形之一的，可以交下一级人民法院再审，但经该下一级人民法院再审的除外。

第二百一十二条　【抗诉书】人民检察院决定对人民法院的判决、裁定、调解书提出抗诉的，应当制作抗诉书。

第二百一十三条　【检察员出庭】人民检察院提出抗诉的案件，人民法院再审时，应当通知人民检察院派员出席法庭。

第十七章　督 促 程 序

第二百一十四条　【支付令申请】债权人请求债务人给付金钱、有价证券，符合下列条件的，可以向有管辖权的基层人民法院申请支付令：

（一）债权人与债务人没有其他债务纠纷的；

（二）支付令能够送达债务人的。

申请书应当写明请求给付金钱或者有价证券的数量和所根据的事实、证据。

第二百一十五条　【受理】债权人提出申请后，人民法院应当在五日内通知债权人是否受理。

第二百一十六条　【支付令的审理、异议和执行】人民法院受理申请后，经审查债权人提供的事实、证据，对债权债务关系明确、合法的，应当在受理之日起十五日内向债务人发出支付令；申请不成立的，裁定予以驳回。

债务人应当自收到支付令之日起十五日内清偿债务，或者向人民法院提出书面异议。

债务人在前款规定的期间不提出异议又不履行支付令的，债权人可以向人民法院申请执行。

第二百一十七条　【终结督促程序】人民法院收到债务人提出的书面异议后，经审查，异议成立的，应当裁定终结督促程序，支付令自行失效。

支付令失效的，转入诉讼程序，但申请支付令的一方当事人不同意提起诉讼的除外。

第十八章　公示催告程序

第二百一十八条　【适用范围】按照规定可以背书转让的票据持有人，因票据被盗、遗失或者灭失，可以向票据支付地的基层人民法院申请公示催告。依照法律规定可以申请公示催告的其他事项，适用本章规定。

申请人应当向人民法院递交申请书，写明票面金额、发票人、持票人、背书人等票据主要内容和申请的理由、事实。

第二百一十九条　【公告及期限】人民法院决定受理申请，应当同时通知支付人停止支付，并在三日内发出公告，催促利害关系人申报权利。公示催告的期间，由人民法院根据情况决定，但不得少于六十日。

第二百二十条　【停止支付】支付人收到人民法院停止支付的通知，应当停止支付，至公示催告程序终结。

公示催告期间，转让票据权利的行为无效。

第二百二十一条 【申报票据权利】利害关系人应当在公示催告期间向人民法院申报。

人民法院收到利害关系人的申报后,应当裁定终结公示催告程序,并通知申请人和支付人。

申请人或者申报人可以向人民法院起诉。

第二百二十二条 【公示催告判决】没有人申报的,人民法院应当根据申请人的申请,作出判决,宣告票据无效。判决应当公告,并通知支付人。自判决公告之日起,申请人有权向支付人请求支付。

第二百二十三条 【利害关系人起诉】利害关系人因正当理由不能在判决前向人民法院申报的,自知道或者应当知道判决公告之日起一年内,可以向作出判决的人民法院起诉。

第三编 执行程序

第十九章 一般规定

第二百二十四条 【执行根据、管辖】发生法律效力的民事判决、裁定,以及刑事判决、裁定中的财产部分,由第一审人民法院或者与第一审人民法院同级的被执行的财产所在地人民法院执行。

法律规定由人民法院执行的其他法律文书,由被执行人住所地或者被执行的财产所在地人民法院执行。

第二百二十五条 【对违法执行行为的异议】当事人、利害关系人认为执行行为违反法律规定的,可以向负责执行的人民法院提出书面异议。当事人、利害关系人提出书面异议的,人民法院应当自收到书面异议之日起十五日内审查,理由成立的,裁定撤销或者改正;理由不成立的,裁定驳回。当事人、利害关系人对裁定不服的,可以自裁定送达之日起十日内向上一级人民法院申请复议。

第二百二十六条 【变更执行法院】人民法院自收到申请执行书之日起超过六个月未执行的,申请执行人可以向上一级人民法院申请执行。上一级人民法院经审查,可以责令原人民法院在一定期限内执行,也可以决定由本院执行或者指令其他人民法院执行。

第二百二十七条 【案外人异议】执行过程中,案外人对执行标的提出书面异议的,人民法院应当自收到书面异议之日起十五日内审查,理由成立的,裁定中止对该标的的执行;理由不成立的,裁定驳回。案外人、当事人对裁定不服,认为原判决、裁定错误的,依照审判监督程序办理;与原判决、裁定无关的,可以自裁定送达之日起十五日内向人民法院提起诉讼。

第二百二十八条 【执行机构、程序】执行工作由执行员进行。

采取强制执行措施时,执行员应当出示证件。执行完毕后,应当将执行情况制作笔录,由在场的有关人员签名或者盖章。

人民法院根据需要可以设立执行机构。

第二百二十九条 【委托执行】被执行人或者被执行的财产在外地的,可以委托当地人民法院代为执行。受委托人民法院收到委托函件后,必须在十五日内开始执行,不得拒绝。执行完毕后,应当将执行结果及时函复委托人民法院;在三十日内如果还未执行完毕,也应当将执行情况函告委托人民法院。

受委托人民法院自收到委托函件之日起十五日内不执行的,委托人民法院可以请求受委托人民法院的上级人民法院指令受委托人民法院执行。

第二百三十条 【执行和解】在执行中,双方当事人自行和解达成协议的,执行员应当将协议内容记入笔录,由双方当事人签名或者盖章。

申请执行人因受欺诈、胁迫与被执行人达成和解协议,或者当事人不履行和解协议的,人民法院可以根据当事人的申请,恢复对原生效法律文书的执行。

第二百三十一条 【执行担保】在执行中,被执行人向人民法院提供担保,并经申请执行人同意的,人民法院可以决定暂缓执行及暂缓执行的期限。被执行人逾期仍不履行的,人民法院有权执行被执行人的担保财产或者担保人的财产。

第二百三十二条 【执行承担】作为被执行人的公民死亡的,以其遗产偿还债务。作为被执行人的法人或者其他组织终止的,由其权利义务承受人履行义务。

第二百三十三条 【执行回转】执行完毕后,据以执行的判决、裁定和其他法律文书确有错误，被人民法院撤销的，对已被执行的财产，人民法院应当作出裁定，责令取得财产的人返还；拒不返还的，强制执行。

第二百三十四条 【调解书执行】人民法院制作的调解书的执行，适用本编的规定。

第二百三十五条 【民事执行法律监督】人民检察院有权对民事执行活动实行法律监督。

第二十章 执行的申请和移送

第二百三十六条 【申请执行和移送执行】发生法律效力的民事判决、裁定，当事人必须履行。一方拒绝履行的，对方当事人可以向人民法院申请执行，也可以由审判员移送执行员执行。

调解书和其他应当由人民法院执行的法律文书，当事人必须履行。一方拒绝履行的，对方当事人可以向人民法院申请执行。

第二百三十七条 【仲裁裁决执行】对依法设立的仲裁机构的裁决，一方当事人不履行的，对方当事人可以向有管辖权的人民法院申请执行。受申请的人民法院应当执行。

被申请人提出证据证明仲裁裁决有下列情形之一的，经人民法院组成合议庭审查核实，裁定不予执行：

（一）当事人在合同中没有订有仲裁条款或者事后没有达成书面仲裁协议的；

（二）裁决的事项不属于仲裁协议的范围或者仲裁机构无权仲裁的；

（三）仲裁庭的组成或者仲裁的程序违反法定程序的；

（四）裁决所根据的证据是伪造的；

（五）对方当事人向仲裁机构隐瞒了足以影响公正裁决的证据的；

（六）仲裁员在仲裁该案时有贪污受贿，徇私舞弊，枉法裁决行为的。

人民法院认定执行该裁决违背社会公共利益的，裁定不予执行。

裁定书应当送达双方当事人和仲裁机构。

仲裁裁决被人民法院裁定不予执行的，当事人可以根据双方达成的书面仲裁协议重新申请仲裁，也可以向人民法院起诉。

第二百三十八条 【公证债权文书执行】对公证机关依法赋予强制执行效力的债权文书，一方当事人不履行的，对方当事人可以向有管辖权的人民法院申请执行，受申请的人民法院应当执行。

公证债权文书确有错误的，人民法院裁定不予执行，并将裁定书送达双方当事人和公证机关。

第二百三十九条 【申请执行期间】申请执行的期间为二年。申请执行时效的中止、中断，适用法律有关诉讼时效中止、中断的规定。

前款规定的期间，从法律文书规定履行期间的最后一日起计算；法律文书规定分期履行的，从规定的每次履行期间的最后一日起计算；法律文书未规定履行期间的，从法律文书生效之日起计算。

第二百四十条 【执行通知】执行员接到申请执行书或者移交执行书，应当向被执行人发出执行通知，并可以立即采取强制执行措施。

第二十一章 执行措施

第二百四十一条 【被执行人报告义务】被执行人未按执行通知履行法律文书确定的义务，应当报告当前以及收到执行通知之日前一年的财产情况。被执行人拒绝报告或者虚假报告的，人民法院可以根据情节轻重对被执行人或者其法定代理人、有关单位的主要负责人或者直接责任人员予以罚款、拘留。

第二百四十二条 【查询、扣押、冻结、划拨、变价金融资产】被执行人未按执行通知履行法律文书确定的义务，人民法院有权向有关单位查询被执行人的存款、债券、股票、基金份额等财产情况。人民法院有权根据不同情形扣押、冻结、划拨、变价被执行人的财产。人民法院查询、扣押、冻结、划拨、变价的财产不得超出被执行人应当履行义务的范围。

人民法院决定扣押、冻结、划拨、变价财产，应当作出裁定，并发出协助执行通知书，有关单位必须办理。

第二百四十三条 【扣留、提取收入】被执行人未按执行通知履行法律文书确定的义务，人民法院有权扣留、提取被执行人应当履行义务部分的收入。但应当保留被执行人及其所扶养家属的生活必需费用。

人民法院扣留、提取收入时，应当作出裁

定,并发出协助执行通知书,被执行人所在单位、银行、信用合作社和其他有储蓄业务的单位必须办理。

第二百四十四条 【查封、扣押、冻结、拍卖、变卖被执行人财产】被执行人未按执行通知履行法律文书确定的义务,人民法院有权查封、扣押、冻结、拍卖、变卖被执行人应当履行义务部分的财产。但应当保留被执行人及其所扶养家属的生活必需品。

采取前款措施,人民法院应当作出裁定。

第二百四十五条 【查封、扣押财产程序】人民法院查封、扣押财产时,被执行人是公民的,应当通知被执行人或者他的成年家属到场;被执行人是法人或者其他组织的,应当通知其法定代表人或者主要负责人到场。拒不到场的,不影响执行。被执行人是公民的,其工作单位或者财产所在地的基层组织应当派人参加。

对被查封、扣押的财产,执行员必须造具清单,由在场人签名或者盖章后,交被执行人一份。被执行人是公民的,也可以交他的成年家属一份。

第二百四十六条 【查封财产保管】被查封的财产,执行员可以指定被执行人负责保管。因被执行人的过错造成的损失,由被执行人承担。

第二百四十七条 【拍卖、变卖财产】财产被查封、扣押后,执行员应当责令被执行人在指定期间履行法律文书确定的义务。被执行人逾期不履行的,人民法院应当拍卖被查封、扣押的财产;不适于拍卖或者当事人双方同意不进行拍卖的,人民法院可以委托有关单位变卖或者自行变卖。国家禁止自由买卖的物品,交有关单位按照国家规定的价格收购。

第二百四十八条 【搜查被执行人财产】被执行人不履行法律文书确定的义务,并隐匿财产的,人民法院有权发出搜查令,对被执行人及其住所或者财产隐匿地进行搜查。

采取前款措施,由院长签发搜查令。

第二百四十九条 【指定交付】法律文书指定交付的财物或者票证,由执行员传唤双方当事人当面交付,或者由执行员转交,并由被交付人签收。

有关单位持有该项财物或者票证的,应当根据人民法院的协助执行通知书转交,并由被交付人签收。

有关公民持有该项财物或者票证的,人民法院通知其交出。拒不交出的,强制执行。

第二百五十条 【强制迁出】强制迁出房屋或者强制退出土地,由院长签发公告,责令被执行人在指定期间履行。被执行人逾期不履行的,由执行员强制执行。

强制执行时,被执行人是公民的,应当通知被执行人或者他的成年家属到场;被执行人是法人或者其他组织的,应当通知其法定代表人或者主要负责人到场。拒不到场的,不影响执行。被执行人是公民的,其工作单位或者房屋、土地所在地的基层组织应当派人参加。执行员应当将强制执行情况记入笔录,由在场人签名或者盖章。

强制迁出房屋被搬出的财物,由人民法院派人运至指定处所,交给被执行人。被执行人是公民的,也可以交给他的成年家属。因拒绝接收而造成的损失,由被执行人承担。

第二百五十一条 【财产权证照转移】在执行中,需要办理有关财产权证照转移手续的,人民法院可以向有关单位发出协助执行通知书,有关单位必须办理。

第二百五十二条 【对行为执行】对判决、裁定和其他法律文书指定的行为,被执行人未按执行通知履行的,人民法院可以强制执行或者委托有关单位或者其他人完成,费用由被执行人承担。

第二百五十三条 【迟延履行】被执行人未按判决、裁定和其他法律文书指定的期间履行给付金钱义务的,应当加倍支付迟延履行期间的债务利息。被执行人未按判决、裁定和其他法律文书指定的期间履行其他义务的,应当支付迟延履行金。

第二百五十四条 【继续履行】人民法院采取本法第二百四十二条、第二百四十三条、第二百四十四条规定的执行措施后,被执行人仍不能偿还债务的,应当继续履行义务。债权人发现被执行人有其他财产的,可以随时请求人民法院执行。

第二百五十五条 【对被执行人的限制措施】被

执行人不履行法律文书确定的义务的，人民法院可以对其采取或者通知有关单位协助采取限制出境，在征信系统记录、通过媒体公布不履行义务信息以及法律规定的其他措施。

第二十二章　执行中止和终结

第二百五十六条　【执行中止】有下列情形之一的，人民法院应当裁定中止执行：

（一）申请人表示可以延期执行的；

（二）案外人对执行标的提出确有理由的异议的；

（三）作为一方当事人的公民死亡，需要等待继承人继承权利或者承担义务的；

（四）作为一方当事人的法人或者其他组织终止，尚未确定权利义务承受人的；

（五）人民法院认为应当中止执行的其他情形。

中止的情形消失后，恢复执行。

第二百五十七条　【执行终结】有下列情形之一的，人民法院裁定终结执行：

（一）申请人撤销申请的；

（二）据以执行的法律文书被撤销的；

（三）作为被执行人的公民死亡，无遗产可供执行，又无义务承担人的；

（四）追索赡养费、扶养费、抚育费案件的权利人死亡的；

（五）作为被执行人的公民因生活困难无力偿还借款，无收入来源，又丧失劳动能力的；

（六）人民法院认为应当终结执行的其他情形。

第二百五十八条　【中止、终结裁定效力】中止和终结执行的裁定，送达当事人后立即生效。

第四编　涉外民事诉讼程序的特别规定

第二十三章　一 般 原 则

第二百五十九条　【适用本国法】在中华人民共和国领域内进行涉外民事诉讼，适用本编规定。本编没有规定的，适用本法其他有关规定。

第二百六十条　【国际条约优先】中华人民共和国缔结或者参加的国际条约同本法有不同规定的，适用该国际条约的规定，但中华人民共和国声明保留的条款除外。

第二百六十一条　【外交特权与豁免】对享有外交特权与豁免的外国人、外国组织或者国际组织提起的民事诉讼，应当依照中华人民共和国有关法律和中华人民共和国缔结或者参加的国际条约的规定办理。

第二百六十二条　【语言文字】人民法院审理涉外民事案件，应当使用中华人民共和国通用的语言、文字。当事人要求提供翻译的，可以提供，费用由当事人承担。

第二百六十三条　【中国律师代理】外国人、无国籍人、外国企业和组织在人民法院起诉、应诉，需要委托律师代理诉讼的，必须委托中华人民共和国的律师。

第二百六十四条　【公证和认证】在中华人民共和国领域内没有住所的外国人、无国籍人、外国企业和组织委托中华人民共和国律师或者其他人代理诉讼，从中华人民共和国领域外寄交或者托交的授权委托书，应当经所在国公证机关证明，并经中华人民共和国驻该国使领馆认证，或者履行中华人民共和国与该所在国订立的有关条约中规定的证明手续后，才具有效力。

第二十四章　管　　辖

第二百六十五条　【特殊地域管辖】因合同纠纷或者其他财产权益纠纷，对在中华人民共和国领域内没有住所的被告提起的诉讼，如果合同在中华人民共和国领域内签订或者履行，或者诉讼标的物在中华人民共和国领域内，或者被告在中华人民共和国领域内有可供扣押的财产，或者被告在中华人民共和国领域内设有代表机构，可以由合同签订地、合同履行地、诉讼标的物所在地、可供扣押财产所在地、侵权行为地或者代表机构住所地人民法院管辖。

第二百六十六条　【专属管辖】因在中华人民共和国履行中外合资经营企业合同、中外合作经营企业合同、中外合作勘探开发自然资源合同发生纠纷提起的诉讼，由中华人民共和国人民法院管辖。

第二十五章　送达、期间

第二百六十七条　【送达方式】人民法院对在中

华人民共和国领域内没有住所的当事人送达诉讼文书,可以采用下列方式:

(一)依照受送达人所在国与中华人民共和国缔结或者共同参加的国际条约中规定的方式送达;

(二)通过外交途径送达;

(三)对具有中华人民共和国国籍的受送达人,可以委托中华人民共和国驻受送达人所在国的使领馆代为送达;

(四)向受送达人委托的有权代其接受送达的诉讼代理人送达;

(五)向受送达人在中华人民共和国领域内设立的代表机构或者有权接受送达的分支机构、业务代办人送达;

(六)受送达人所在国的法律允许邮寄送达的,可以邮寄送达,自邮寄之日起满三个月,送达回证没有退回,但根据各种情况足以认定已经送达的,期间届满之日视为送达;

(七)采用传真、电子邮件等能够确认受送达人收悉的方式送达;

(八)不能用上述方式送达的,公告送达,自公告之日起满三个月,即视为送达。

第二百六十八条 【答辩期间】被告在中华人民共和国领域内没有住所的,人民法院应当将起诉状副本送达被告,并通知被告在收到起诉状副本后三十日内提出答辩状。被告申请延期的,是否准许,由人民法院决定。

第二百六十九条 【上诉期间】在中华人民共和国领域内没有住所的当事人,不服第一审人民法院判决、裁定的,有权在判决书、裁定书送达之日起三十日内提起上诉。被上诉人在收到上诉状副本后,应当在三十日内提出答辩状。当事人不能在法定期间提起上诉或者提出答辩状,申请延期的,是否准许,由人民法院决定。

第二百七十条 【审理期限】人民法院审理涉外民事案件的期间,不受本法第一百四十九条、第一百七十六条规定的限制。

第二十六章 仲 裁

第二百七十一条 【涉外仲裁与诉讼关系】涉外经济贸易、运输和海事中发生的纠纷,当事人在合同中订有仲裁条款或者事后达成书面仲裁协议,提交中华人民共和国涉外仲裁机构或者其他仲裁机构仲裁的,当事人不得向人民法院起诉。

当事人在合同中没有订有仲裁条款或者事后没有达成书面仲裁协议的,可以向人民法院起诉。

第二百七十二条 【涉外仲裁保全】当事人申请采取保全的,中华人民共和国的涉外仲裁机构应当将当事人的申请,提交被申请人住所地或者财产所在地的中级人民法院裁定。

第二百七十三条 【涉外仲裁效力】经中华人民共和国涉外仲裁机构裁决的,当事人不得向人民法院起诉。一方当事人不履行仲裁裁决的,对方当事人可以向被申请人住所地或者财产所在地的中级人民法院申请执行。

第二百七十四条 【涉外仲裁裁决不予执行】对中华人民共和国涉外仲裁机构作出的裁决,被申请人提出证据证明仲裁裁决有下列情形之一的,经人民法院组成合议庭审查核实,裁定不予执行:

(一)当事人在合同中没有订有仲裁条款或者事后没有达成书面仲裁协议的;

(二)被申请人没有得到指定仲裁员或者进行仲裁程序的通知,或者由于其他不属于被申请人负责的原因未能陈述意见的;

(三)仲裁庭的组成或者仲裁的程序与仲裁规则不符的;

(四)裁决的事项不属于仲裁协议的范围或者仲裁机构无权仲裁的。

人民法院认定执行该裁决违背社会公共利益的,裁定不予执行。

第二百七十五条 【救济途径】仲裁裁决被人民法院裁定不予执行的,当事人可以根据双方达成的书面仲裁协议重新申请仲裁,也可以向人民法院起诉。

第二十七章 司法协助

第二百七十六条 【协助原则】根据中华人民共和国缔结或者参加的国际条约,或者按照互惠原则,人民法院和外国法院可以相互请求,代为送达文书、调查取证以及进行其他诉讼行为。

外国法院请求协助的事项有损于中华人

民共和国的主权、安全或者社会公共利益的，人民法院不予执行。

第二百七十七条　【协助途径】请求和提供司法协助，应当依照中华人民共和国缔结或者参加的国际条约所规定的途径进行；没有条约关系的，通过外交途径进行。

外国驻中华人民共和国的使领馆可以向该国公民送达文书和调查取证，但不得违反中华人民共和国的法律，并不得采取强制措施。

除前款规定的情况外，未经中华人民共和国主管机关准许，任何外国机关或者个人不得在中华人民共和国领域内送达文书、调查取证。

第二百七十八条　【文字要求】外国法院请求人民法院提供司法协助的请求书及其所附文件，应当附有中文译本或者国际条约规定的其他文字文本。

人民法院请求外国法院提供司法协助的请求书及其所附文件，应当附有该国文字译本或者国际条约规定的其他文字文本。

第二百七十九条　【协助程序】人民法院提供司法协助，依照中华人民共和国法律规定的程序进行。外国法院请求采用特殊方式的，也可以按照其请求的特殊方式进行，但请求采用的特殊方式不得违反中华人民共和国法律。

第二百八十条　【申请外国法院承认和执行】人民法院作出的发生法律效力的判决、裁定，如果被执行人或者其财产不在中华人民共和国领域内，当事人请求执行的，可以由当事人直接向有管辖权的外国法院申请承认和执行，也可以由人民法院依照中华人民共和国缔结或者参加的国际条约的规定，或者按照互惠原则，请求外国法院承认和执行。

中华人民共和国涉外仲裁机构作出的发生法律效力的仲裁裁决，当事人请求执行的，如果被执行人或者其财产不在中华人民共和国领域内，应当由当事人直接向有管辖权的外国法院申请承认和执行。

第二百八十一条　【提出申请对外国法院判决的承认和执行】外国法院作出的发生法律效力的判决、裁定，需要中华人民共和国人民法院承认和执行的，可以由当事人直接向中华人民共和国有管辖权的中级人民法院申请承认和执行，也可以由外国法院依照该国与中华人民共和国缔结或者参加的国际条约的规定，或者按照互惠原则，请求人民法院承认和执行。

第二百八十二条　【审查对外国法院裁判的承认执行的申请】人民法院对申请或者请求承认和执行的外国法院作出的发生法律效力的判决、裁定，依照中华人民共和国缔结或者参加的国际条约，或者按照互惠原则进行审查后，认为不违反中华人民共和国法律的基本原则或者国家主权、安全、社会公共利益的，裁定承认其效力，需要执行的，发出执行令，依照本法的有关规定执行。违反中华人民共和国法律的基本原则或者国家主权、安全、社会公共利益的，不予承认和执行。

第二百八十三条　【外国仲裁裁决的承认与执行】国外仲裁机构的裁决，需要中华人民共和国人民法院承认和执行的，应当由当事人直接向被执行人住所地或者其财产所在地的中级人民法院申请，人民法院应当依照中华人民共和国缔结或者参加的国际条约，或者按照互惠原则办理。

第二百八十四条　【施行日期】本法自公布之日起施行，《中华人民共和国民事诉讼法（试行）》同时废止。

全国人民代表大会常务委员会关于完善人民陪审员制度的决定

2004年8月28日第十届全国人民代表大会常务委员会第十一次会议通过

为了完善人民陪审员制度，保障公民依法参加审判活动，促进司法公正，特作如下决定：

第一条　人民陪审员依照本决定产生，依法参加人民法院的审判活动，除不得担任审判长外，同法官有同等权利。

第二条　人民法院审判下列第一审案件，由人民陪审员和法官组成合议庭进行，适用简易程序审理的案件和法律另有规定的案件除外：

（一）社会影响较大的刑事、民事、行政案件；

(二)刑事案件被告人、民事案件原告或者被告、行政案件原告申请由人民陪审员参加合议庭审判的案件。

第三条 人民陪审员和法官组成合议庭审判案件时,合议庭中人民陪审员所占人数比例应当不少于三分之一。

第四条 公民担任人民陪审员,应当具备下列条件:

(一)拥护中华人民共和国宪法;

(二)年满二十三周岁;

(三)品行良好、公道正派;

(四)身体健康。

担任人民陪审员,一般应当具有大学专科以上文化程度。

第五条 人民代表大会常务委员会的组成人员,人民法院、人民检察院、公安机关、国家安全机关、司法行政机关的工作人员和执业律师等人员,不得担任人民陪审员。

第六条 下列人员不得担任人民陪审员:

(一)因犯罪受过刑事处罚的;

(二)被开除公职的。

第七条 人民陪审员的名额,由基层人民法院根据审判案件的需要,提请同级人民代表大会常务委员会确定。

第八条 符合担任人民陪审员条件的公民,可以由其所在单位或者户籍所在地的基层组织向基层人民法院推荐,或者本人提出申请,由基层人民法院会同同级人民政府司法行政机关进行审查,并由基层人民法院院长提出人民陪审员人选,提请同级人民代表大会常务委员会任命。

第九条 人民陪审员的任期为五年。

第十条 依法参加审判活动是人民陪审员的权利和义务。人民陪审员依法参加审判活动,受法律保护。

人民法院应当依法保障人民陪审员参加审判活动。

人民陪审员所在单位或者户籍所在地的基层组织应当保障人民陪审员依法参加审判活动。

第十一条 人民陪审员参加合议庭审判案件,对事实认定、法律适用独立行使表决权。

合议庭评议案件时,实行少数服从多数的原则。人民陪审员同合议庭其他组成人员意见分歧的,应当将其意见写入笔录,必要时,人民陪审员可以要求合议庭将案件提请院长决定是否提交审判委员会讨论决定。

第十二条 人民陪审员的回避,参照有关法官回避的法律规定执行。

第十三条 人民陪审员参加审判活动,应当遵守法官履行职责的规定,保守审判秘密、注重司法礼仪、维护司法形象。

第十四条 基层人民法院审判案件依法应当由人民陪审员参加合议庭审判的,应当在人民陪审员名单中随机抽取确定。

中级人民法院、高级人民法院审判案件依法应当由人民陪审员参加合议庭审判的,在其所在城市的基层人民法院的人民陪审员名单中随机抽取确定。

第十五条 基层人民法院会同同级人民政府司法行政机关对人民陪审员进行培训,提高人民陪审员的素质。

第十六条 对于在审判工作中有显著成绩或者有其他突出事迹的人民陪审员,给予表彰和奖励。

第十七条 人民陪审员有下列情形之一,经所在基层人民法院会同同级人民政府司法行政机关查证属实的,应当由基层人民法院院长提请同级人民代表大会常务委员会免除其人民陪审员职务:

(一)本人申请辞去人民陪审员职务的;

(二)无正当理由,拒绝参加审判活动,影响审判工作正常进行的;

(三)具有本决定第五条、第六条所列情形之一的;

(四)违反与审判工作有关的法律及相关规定,徇私舞弊,造成错误裁判或者其他严重后果的。

人民陪审员有前款第四项所列行为,构成犯罪的,依法追究刑事责任。

第十八条 人民陪审员因参加审判活动而支出的交通、就餐等费用,由人民法院给予补助。

有工作单位的人民陪审员参加审判活动期间,所在单位不得克扣或者变相克扣其工资、奖金及其他福利待遇。

无固定收入的人民陪审员参加审判活动

期间，由人民法院参照当地职工上年度平均货币工资水平，按实际工作日给予补助。

第十九条　人民陪审员因参加审判活动应当享受的补助，人民法院和司法行政机关为实施陪审制度所必需的开支，列入人民法院和司法行政机关业务经费，由同级政府财政予以保障。

第二十条　本决定自2005年5月1日起施行。

诉讼费用交纳办法

1. 2006年12月19日公布
2. 国务院令第481号
3. 自2007年4月1日起施行

第一章　总　　则

第一条　根据《中华人民共和国民事诉讼法》（以下简称民事诉讼法）和《中华人民共和国行政诉讼法》（以下简称行政诉讼法）的有关规定，制定本办法。

第二条　当事人进行民事诉讼、行政诉讼，应当依照本办法交纳诉讼费用。

本办法规定可以不交纳或者免予交纳诉讼费用的除外。

第三条　在诉讼过程中不得违反本办法规定的范围和标准向当事人收取费用。

第四条　国家对交纳诉讼费用确有困难的当事人提供司法救助，保障其依法行使诉讼权利，维护其合法权益。

第五条　外国人、无国籍人、外国企业或者组织在人民法院进行诉讼，适用本办法。

外国法院对中华人民共和国公民、法人或者其他组织，与其本国公民、法人或者其他组织在诉讼费用交纳上实行差别对待的，按照对等原则处理。

第二章　诉讼费用交纳范围

第六条　当事人应当向人民法院交纳的诉讼费用包括：

（一）案件受理费；

（二）申请费；

（三）证人、鉴定人、翻译人员、理算人员在人民法院指定日期出庭发生的交通费、住宿费、生活费和误工补贴。

第七条　案件受理费包括：

（一）第一审案件受理费；

（二）第二审案件受理费；

（三）再审案件中，依照本办法规定需要交纳的案件受理费。

第八条　下列案件不交纳案件受理费：

（一）依照民事诉讼法规定的特别程序审理的案件；

（二）裁定不予受理、驳回起诉、驳回上诉的案件；

（三）对不予受理、驳回起诉和管辖权异议裁定不服，提起上诉的案件；

（四）行政赔偿案件。

第九条　根据民事诉讼法和行政诉讼法规定的审判监督程序审理的案件，当事人不交纳案件受理费。但是，下列情形除外：

（一）当事人有新的证据，足以推翻原判决、裁定，向人民法院申请再审，人民法院经审查决定再审的案件；

（二）当事人对人民法院第一审判决或者裁定未提出上诉，第一审判决、裁定或者调解书发生法律效力后又申请再审，人民法院经审查决定再审的案件。

第十条　当事人依法向人民法院申请下列事项，应当交纳申请费：

（一）申请执行人民法院发生法律效力的判决、裁定、调解书，仲裁机构依法作出的裁决和调解书，公证机构依法赋予强制执行效力的债权文书；

（二）申请保全措施；

（三）申请支付令；

（四）申请公示催告；

（五）申请撤销仲裁裁决或者认定仲裁协议效力；

（六）申请破产；

（七）申请海事强制令、共同海损理算、设立海事赔偿责任限制基金、海事债权登记、船舶优先权催告；

（八）申请承认和执行外国法院判决、裁定和国外仲裁机构裁决。

第十一条　证人、鉴定人、翻译人员、理算人员在人民法院指定日期出庭发生的交通费、住宿费、生活费和误工补贴,由人民法院按照国家规定标准代为收取。

当事人复制案件卷宗材料和法律文书应当按实际成本向人民法院交纳工本费。

第十二条　诉讼过程中因鉴定、公告、勘验、翻译、评估、拍卖、变卖、仓储、保管、运输、船舶监管等发生的依法应当由当事人负担的费用,人民法院根据谁主张、谁负担的原则,决定由当事人直接支付给有关机构或者单位,人民法院不得代收代付。

人民法院依照民事诉讼法第十一条第三款规定提供当地民族通用语言、文字翻译的,不收取费用。

第三章　诉讼费用交纳标准

第十三条　案件受理费分别按照下列标准交纳:

(一)财产案件根据诉讼请求的金额或者价额,按照下列比例分段累计交纳:

1. 不超过1万元的,每件交纳50元;

2. 超过1万元至10万元的部分,按照2.5%交纳;

3. 超过10万元至20万元的部分,按照2%交纳;

4. 超过20万元至50万元的部分,按照1.5%交纳;

5. 超过50万元至100万元的部分,按照1%交纳;

6. 超过100万元至200万元的部分,按照0.9%交纳;

7. 超过200万元至500万元的部分,按照0.8%交纳;

8. 超过500万元至1000万元的部分,按照0.7%交纳;

9. 超过1000万元至2000万元的部分,按照0.6%交纳;

10. 超过2000万元的部分,按照0.5%交纳。

(二)非财产案件按照下列标准交纳:

1. 离婚案件每件交纳50元至300元。涉及财产分割,财产总额不超过20万元的,不另行交纳;超过20万元的部分,按照0.5%交纳。

2. 侵害姓名权、名称权、肖像权、名誉权、荣誉权以及其他人格权的案件,每件交纳100元至500元。涉及损害赔偿,赔偿金额不超过5万元的,不另行交纳;超过5万元至10万元的部分,按照1%交纳;超过10万元的部分,按照0.5%交纳。

3. 其他非财产案件每件交纳50元至100元。

(三)知识产权民事案件,没有争议金额或者价额的,每件交纳500元至1000元;有争议金额或者价额的,按照财产案件的标准交纳。

(四)劳动争议案件每件交纳10元。

(五)行政案件按照下列标准交纳:

1. 商标、专利、海事行政案件每件交纳100元;

2. 其他行政案件每件交纳50元。

(六)当事人提出案件管辖权异议,异议不成立的,每件交纳50元至100元。

省、自治区、直辖市人民政府可以结合本地实际情况在本条第(二)项、第(三)项、第(六)项规定的幅度内制定具体交纳标准。

第十四条　申请费分别按照下列标准交纳:

(一)依法向人民法院申请执行人民法院发生法律效力的判决、裁定、调解书,仲裁机构依法作出的裁决和调解书,公证机关依法赋予强制执行效力的债权文书,申请承认和执行外国法院判决、裁定以及国外仲裁机构裁决的,按照下列标准交纳:

1. 没有执行金额或者价额的,每件交纳50元至500元。

2. 执行金额或者价额不超过1万元的,每件交纳50元;超过1万元至50万元的部分,按照1.5%交纳;超过50万元至500万元的部分,按照1%交纳;超过500万元至1000万元的部分,按照0.5%交纳;超过1000万元的部分,按照0.1%交纳。

3. 符合民事诉讼法第五十五条第四款规定,未参加登记的权利人向人民法院提起诉讼的,按照本项规定的标准交纳申请费,不再交纳案件受理费。

(二)申请保全措施的,根据实际保全的财产数额按照下列标准交纳:

财产数额不超过1000元或者不涉及财产数额的,每件交纳30元;超过1000元至10万元的部分，按照1%交纳；超过10万元的部分，按照0.5%交纳。但是，当事人申请保全措施交纳的费用最多不超过5000元。

（三）依法申请支付令的，比照财产案件受理费标准的1/3交纳。

（四）依法申请公示催告的，每件交纳100元。

（五）申请撤销仲裁裁决或者认定仲裁协议效力的，每件交纳400元。

（六）破产案件依据破产财产总额计算，按照财产案件受理费标准减半交纳，但是，最高不超过30万元。

（七）海事案件的申请费按照下列标准交纳：

1. 申请设立海事赔偿责任限制基金的，每件交纳1000元至1万元；

2. 申请海事强制令的，每件交纳1000元至5000元；

3. 申请船舶优先权催告的，每件交纳1000元至5000元；

4. 申请海事债权登记的，每件交纳1000元；

5. 申请共同海损理算的，每件交纳1000元。

第十五条　以调解方式结案或者当事人申请撤诉的，减半交纳案件受理费。

第十六条　适用简易程序审理的案件减半交纳案件受理费。

第十七条　对财产案件提起上诉的，按照不服一审判决部分的上诉请求数额交纳案件受理费。

第十八条　被告提起反诉、有独立请求权的第三人提出与本案有关的诉讼请求，人民法院决定合并审理的，分别减半交纳案件受理费。

第十九条　依照本办法第九条规定需要交纳案件受理费的再审案件，按照不服原判决部分的再审请求数额交纳案件受理费。

第四章　诉讼费用的交纳和退还

第二十条　案件受理费由原告、有独立请求权的第三人、上诉人预交。被告提起反诉，依照本办法规定需要交纳案件受理费的，由被告预交。追索劳动报酬的案件可以不预交案件受理费。

申请费由申请人预交。但是，本办法第十条第（一）项、第（六）项规定的申请费不由申请人预交，执行申请费执行后交纳，破产申请费清算后交纳。

本办法第十一条规定的费用，待实际发生后交纳。

第二十一条　当事人在诉讼中变更诉讼请求数额，案件受理费依照下列规定处理：

（一）当事人增加诉讼请求数额的，按照增加后的诉讼请求数额计算补交；

（二）当事人在法庭调查终结前提出减少诉讼请求数额的，按照减少后的诉讼请求数额计算退还。

第二十二条　原告自接到人民法院交纳诉讼费用通知次日起7日内交纳案件受理费；反诉案件由提起反诉的当事人自提起反诉次日起7日内交纳案件受理费。

上诉案件的案件受理费由上诉人向人民法院提交上诉状时预交。双方当事人都提起上诉的，分别预交。上诉人在上诉期内未预交诉讼费用的，人民法院应当通知其在7日内预交。

申请费由申请人在提出申请时或者在人民法院指定的期限内预交。

当事人逾期不交纳诉讼费用又未提出司法救助申请，或者申请司法救助未获批准，在人民法院指定期限内仍未交纳诉讼费用的，由人民法院依照有关规定处理。

第二十三条　依照本办法第九条规定需要交纳案件受理费的再审案件，由申请再审的当事人预交。双方当事人都申请再审的，分别预交。

第二十四条　依照民事诉讼法第三十六条、第三十七条、第三十八条、第三十九条规定移送、移交的案件，原受理人民法院应当将当事人预交的诉讼费用随案移交接收案件的人民法院。

第二十五条　人民法院审理民事案件过程中发现涉嫌刑事犯罪并将案件移送有关部门处理的，当事人交纳的案件受理费予以退还；移送后民事案件需要继续审理的，当事人已交纳的案件受理费不予退还。

第二十六条　中止诉讼、中止执行的案件，已交纳的案件受理费、申请费不予退还。中止诉讼、中止执行的原因消除,恢复诉讼、执行的,不再交纳案件受理费、申请费。

第二十七条　第二审人民法院决定将案件发回重审的,应当退还上诉人已交纳的第二审案件受理费。

第一审人民法院裁定不予受理或者驳回起诉的,应当退还当事人已交纳的案件受理费;当事人对第一审人民法院不予受理、驳回起诉的裁定提起上诉,第二审人民法院维持第一审人民法院作出的裁定的,第一审人民法院应当退还当事人已交纳的案件受理费。

第二十八条　依照民事诉讼法第一百三十七条规定终结诉讼的案件,依照本办法规定已交纳的案件受理费不予退还。

第五章　诉讼费用的负担

第二十九条　诉讼费用由败诉方负担,胜诉方自愿承担的除外。

部分胜诉、部分败诉的,人民法院根据案件的具体情况决定当事人各自负担的诉讼费用数额。

共同诉讼当事人败诉的,人民法院根据其对诉讼标的的利害关系,决定当事人各自负担的诉讼费用数额。

第三十条　第二审人民法院改变第一审人民法院作出的判决、裁定的,应当相应变更第一审人民法院对诉讼费用负担的决定。

第三十一条　经人民法院调解达成协议的案件,诉讼费用的负担由双方当事人协商解决;协商不成的,由人民法院决定。

第三十二条　依照本办法第九条第(一)项、第(二)项的规定应当交纳案件受理费的再审案件,诉讼费用由申请再审的当事人负担;双方当事人都申请再审的,诉讼费用依照本办法第二十九条的规定负担。原审诉讼费用的负担由人民法院根据诉讼费用负担原则重新确定。

第三十三条　离婚案件诉讼费用的负担由双方当事人协商解决;协商不成的,由人民法院决定。

第三十四条　民事案件的原告或者上诉人申请撤诉,人民法院裁定准许的,案件受理费由原告或者上诉人负担。

行政案件的被告改变或者撤销具体行政行为,原告申请撤诉,人民法院裁定准许的,案件受理费由被告负担。

第三十五条　当事人在法庭调查终结后提出减少诉讼请求数额的,减少请求数额部分的案件受理费由变更诉讼请求的当事人负担。

第三十六条　债务人对督促程序未提出异议的,申请费由债务人负担。债务人对督促程序提出异议致使督促程序终结的,申请费由申请人负担;申请人另行起诉的,可以将申请费列入诉讼请求。

第三十七条　公示催告的申请费由申请人负担。

第三十八条　本办法第十条第(一)项、第(八)项规定的申请费由被执行人负担。

执行中当事人达成和解协议的,申请费的负担由双方当事人协商解决;协商不成的,由人民法院决定。

本办法第十条第(二)项规定的申请费由申请人负担,申请人提起诉讼的,可以将该申请费列入诉讼请求。

本办法第十条第(五)项规定的申请费,由人民法院依照本办法第二十九条规定决定申请费的负担。

第三十九条　海事案件中的有关诉讼费用依照下列规定负担:

(一)诉前申请海事请求保全、海事强制令的,申请费由申请人负担;申请人就有关海事请求提起诉讼的,可将上述费用列入诉讼请求;

(二)诉前申请海事证据保全的,申请费由申请人负担;

(三)诉讼中拍卖、变卖被扣押船舶、船载货物、船用燃油、船用物料发生的合理费用,由申请人预付,从拍卖、变卖价款中先行扣除,退还申请人;

(四)申请设立海事赔偿责任限制基金、申请债权登记与受偿、申请船舶优先权催告案件的申请费,由申请人负担;

(五)设立海事赔偿责任限制基金、船舶优先权催告程序中的公告费用由申请人负担。

第四十条　当事人因自身原因未能在举证期限内举证,在二审或者再审期间提出新的证据致使诉讼费用增加的,增加的诉讼费用由该当事人负担。

第四十一条　依照特别程序审理案件的公告费，由起诉人或者申请人负担。

第四十二条　依法向人民法院申请破产的，诉讼费用依照有关法律规定从破产财产中拨付。

第四十三条　当事人不得单独对人民法院关于诉讼费用的决定提起上诉。

当事人单独对人民法院关于诉讼费用的决定有异议的，可以向作出决定的人民法院院长申请复核。复核决定应当自收到当事人申请之日起15日内作出。

当事人对人民法院决定诉讼费用的计算有异议的，可以向作出决定的人民法院请求复核。计算确有错误的，作出决定的人民法院应当予以更正。

第六章　司法救助

第四十四条　当事人交纳诉讼费用确有困难的，可以依照本办法向人民法院申请缓交、减交或者免交诉讼费用的司法救助。

诉讼费用的免交只适用于自然人。

第四十五条　当事人申请司法救助，符合下列情形之一的，人民法院应当准予免交诉讼费用：

（一）残疾人无固定生活来源的；

（二）追索赡养费、扶养费、抚育费、抚恤金的；

（三）最低生活保障对象、农村特困定期救济对象、农村五保供养对象或者领取失业保险金人员，无其他收入的；

（四）因见义勇为或者为保护社会公共利益致使自身合法权益受到损害，本人或者其近亲属请求赔偿或者补偿的；

（五）确实需要免交的其他情形。

第四十六条　当事人申请司法救助，符合下列情形之一的，人民法院应当准予减交诉讼费用：

（一）因自然灾害等不可抗力造成生活困难，正在接受社会救济，或者家庭生产经营难以为继的；

（二）属于国家规定的优抚、安置对象的；

（三）社会福利机构和救助管理站；

（四）确实需要减交的其他情形。

人民法院准予减交诉讼费用的，减交比例不得低于30%。

第四十七条　当事人申请司法救助，符合下列情形之一的，人民法院应当准予缓交诉讼费用：

（一）追索社会保险金、经济补偿金的；

（二）海上事故、交通事故、医疗事故、工伤事故、产品质量事故或者其他人身伤害事故的受害人请求赔偿的；

（三）正在接受有关部门法律援助的；

（四）确实需要缓交的其他情形。

第四十八条　当事人申请司法救助，应当在起诉或者上诉时提交书面申请、足以证明其确有经济困难的证明材料以及其他相关证明材料。

因生活困难或者追索基本生活费用申请免交、减交诉讼费用的，还应当提供本人及其家庭经济状况符合当地民政、劳动保障等部门规定的公民经济困难标准的证明。

人民法院对当事人的司法救助申请不予批准的，应当向当事人书面说明理由。

第四十九条　当事人申请缓交诉讼费用经审查符合本办法第四十七条规定的，人民法院应当在决定立案之前作出准予缓交的决定。

第五十条　人民法院对一方当事人提供司法救助，对方当事人败诉的，诉讼费用由对方当事人负担；对方当事人胜诉的，可以视申请司法救助的当事人的经济状况决定其减交、免交诉讼费用。

第五十一条　人民法院准予当事人减交、免交诉讼费用的，应当在法律文书中载明。

第七章　诉讼费用的管理和监督

第五十二条　诉讼费用的交纳和收取制度应当公示。人民法院收取诉讼费用按照其财务隶属关系使用国务院财政部门或者省级人民政府财政部门印制的财政票据。案件受理费、申请费全额上缴财政，纳入预算，实行收支两条线管理。

人民法院收取诉讼费用应当向当事人开具缴费凭证，当事人持缴费凭证到指定代理银行交费。依法应当向当事人退费的，人民法院应当按照国家有关规定办理。诉讼费用缴库和退费的具体办法由国务院财政部门商最高人民法院另行制定。

在边远、水上、交通不便地区，基层巡回法庭当场审理案件，当事人提出向指定代理银行交纳诉讼费用确有困难的，基层巡回法庭可以当场收取诉讼费用,并向当事人出具省级人民政府财政部门印制的财政票据;不出具省级人民政府财政部门印制的财政票据的,当事人有权拒绝交纳。

第五十三条　案件审结后,人民法院应当将诉讼费用的详细清单和当事人应当负担的数额书面通知当事人,同时在判决书、裁定书或者调解书中写明当事人各方应当负担的数额。

需要向当事人退还诉讼费用的,人民法院应当自法律文书生效之日起15日内退还有关当事人。

第五十四条　价格主管部门、财政部门按照收费管理的职责分工,对诉讼费用进行管理和监督;对违反本办法规定的乱收费行为,依照法律、法规和国务院相关规定予以查处。

第八章　附　　则

第五十五条　诉讼费用以人民币为计算单位。以外币为计算单位的,依照人民法院决定受理案件之日国家公布的汇率换算成人民币计算交纳;上诉案件和申请再审案件的诉讼费用,按照第一审人民法院决定受理案件之日国家公布的汇率换算。

第五十六条　本办法自2007年4月1日起施行。

法律援助条例

1. 2003年7月21日公布
2. 国务院令第385号
3. 自2003年9月1日起实施

目　　录

第一章　总　　则

第一条　为了保障经济困难的公民获得必要的法律服务,促进和规范法律援助工作,制定本条例。

第二条　符合本条例规定的公民,可以依照本条例获得法律咨询、代理、刑事辩护等无偿法律服务。

第三条　法律援助是政府的责任,县级以上人民政府应当采取积极措施推动法律援助工作,为法律援助提供财政支持,保障法律援助事业与经济、社会协调发展。

法律援助经费应当专款专用,接受财政、审计部门的监督。

第四条　国务院司法行政部门监督管理全国的法律援助工作。县级以上地方各级人民政府司法行政部门监督管理本行政区域的法律援助工作。

中华全国律师协会和地方律师协会应当按照律师协会章程对依据本条例实施的法律援助工作予以协助。

第五条　直辖市、设区的市或者县级人民政府司法行政部门根据需要确定本行政区域的法律援助机构。

法律援助机构负责受理、审查法律援助申请,指派或者安排人员为符合本条例规定的公民提供法律援助。

第六条　律师应当依照律师法和本条例的规定履行法律援助义务,为受援人提供符合标准的法律服务,依法维护受援人的合法权益,接受律师协会和司法行政部门的监督。

第七条　国家鼓励社会对法律援助活动提供捐助。

第八条　国家支持和鼓励社会团体、事业单位等社会组织利用自身资源为经济困难的公民提供法律援助。

第九条　对在法律援助工作中作出突出贡献的组织和个人,有关的人民政府、司法行政部门应当给予表彰、奖励。

第二章　法律援助范围

第十条　公民对下列需要代理的事项,因经济困难没有委托代理人的,可以向法律援助机构申请法律援助:

(一)依法请求国家赔偿的;

(二)请求给予社会保险待遇或者最低生

活保障待遇的；

（三）请求发给抚恤金、救济金的；

（四）请求给付赡养费、抚养费、扶养费的；

（五）请求支付劳动报酬的；

（六）主张因见义勇为行为产生的民事权益的。

省、自治区、直辖市人民政府可以对前款规定以外的法律援助事项作出补充规定。

公民可以就本条第一款、第二款规定的事项向法律援助机构申请法律咨询。

第十一条　刑事诉讼中有下列情形之一的，公民可以向法律援助机构申请法律援助：

（一）犯罪嫌疑人在被侦查机关第一次讯问后或者采取强制措施之日起，因经济困难没有聘请律师的；

（二）公诉案件中的被害人及其法定代理人或者近亲属，自案件移送审查起诉之日起，因经济困难没有委托诉讼代理人的；

（三）自诉案件的自诉人及其法定代理人，自案件被人民法院受理之日起，因经济困难没有委托诉讼代理人的。

第十二条　公诉人出庭公诉的案件，被告人因经济困难或者其他原因没有委托辩护人，人民法院为被告人指定辩护时，法律援助机构应当提供法律援助。

被告人是盲、聋、哑人或者未成年人而没有委托辩护人的，或者被告人可能被判处死刑而没有委托辩护人的，人民法院为被告人指定辩护时，法律援助机构应当提供法律援助，无须对被告人进行经济状况的审查。

第十三条　本条例所称公民经济困难的标准，由省、自治区、直辖市人民政府根据本行政区域经济发展状况和法律援助事业的需要规定。

申请人住所地的经济困难标准与受理申请的法律援助机构所在地的经济困难标准不一致的，按照受理申请的法律援助机构所在地的经济困难标准执行。

第三章　法律援助申请和审查

第十四条　公民就本条例第十条所列事项申请法律援助，应当按照下列规定提出：

（一）请求国家赔偿的，向赔偿义务机关所在地的法律援助机构提出申请；

（二）请求给予社会保险待遇、最低生活保障待遇或者请求发给抚恤金、救济金的，向提供社会保险待遇、最低生活保障待遇或者发给抚恤金、救济金的义务机关所在地的法律援助机构提出申请；

（三）请求给付赡养费、抚养费、扶养费的，向给付赡养费、抚养费、扶养费的义务人住所地的法律援助机构提出申请；

（四）请求支付劳动报酬的，向支付劳动报酬的义务人住所地的法律援助机构提出申请；

（五）主张因见义勇为行为产生的民事权益的，向被请求人住所地的法律援助机构提出申请。

第十五条　本条例第十一条所列人员申请法律援助的，应当向审理案件的人民法院所在地的法律援助机构提出申请。被羁押的犯罪嫌疑人的申请由看守所在24小时内转交法律援助机构，申请法律援助所需提交的有关证件、证明材料由看守所通知申请人的法定代理人或者近亲属协助提供。

第十六条　申请人为无民事行为能力人或者限制民事行为能力人的，由其法定代理人代为提出申请。

无民事行为能力人或者限制民事行为能力人与其法定代理人之间发生诉讼或者因其他利益纠纷需要法律援助的，由与该争议事项无利害关系的其他法定代理人代为提出申请。

第十七条　公民申请代理、刑事辩护的法律援助应当提交下列证件、证明材料：

（一）身份证或者其他有效的身份证明，代理申请人还应当提交有代理权的证明；

（二）经济困难的证明；

（三）与所申请法律援助事项有关的案件材料。

申请应当采用书面形式，填写申请表；以书面形式提出申请确有困难的，可以口头申请，由法律援助机构工作人员或者代为转交申请的有关机构工作人员作书面记录。

第十八条　法律援助机构收到法律援助申请后，应当进行审查；认为申请人提交的证件、证明材料不齐全的，可以要求申请人作出必要的补充或者说明，申请人未按要求作出补充或者说明的,视为撤销申请;认为申请人提交的证件、证明材料需要查证的,由法律援助机构向有关机关、单位查证。

对符合法律援助条件的,法律援助机构应当及时决定提供法律援助;对不符合法律援助条件的,应当书面告知申请人理由。

第十九条 申请人对法律援助机构作出的不符合法律援助条件的通知有异议的,可以向确定该法律援助机构的司法行政部门提出,司法行政部门应当在收到异议之日起5个工作日内进行审查,经审查认为申请人符合法律援助条件的,应当以书面形式责令法律援助机构及时对该申请人提供法律援助。

第四章 法律援助实施

第二十条 由人民法院指定辩护的案件,人民法院在开庭10日前将指定辩护通知书和起诉书副本或者判决书副本送交其所在地的法律援助机构;人民法院不在其所在地审判的,可以将指定辩护通知书和起诉书副本或者判决书副本送交审判地的法律援助机构。

第二十一条 法律援助机构可以指派律师事务所安排律师或者安排本机构的工作人员办理法律援助案件;也可以根据其他社会组织的要求,安排其所属人员办理法律援助案件。对人民法院指定辩护的案件,法律援助机构应当在开庭3日前将确定的承办人员名单回复作出指定的人民法院。

第二十二条 办理法律援助案件的人员,应当遵守职业道德和执业纪律,提供法律援助不得收取任何财物。

第二十三条 办理法律援助案件的人员遇有下列情形之一的,应当向法律援助机构报告,法律援助机构经审查核实的,应当终止该项法律援助:

(一)受援人的经济收入状况发生变化,不再符合法律援助条件的;

(二)案件终止审理或者已被撤销的;

(三)受援人又自行委托律师或者其他代理人的;

(四)受援人要求终止法律援助的。

第二十四条 受指派办理法律援助案件的律师或者接受安排办理法律援助案件的社会组织人员在案件结案时,应当向法律援助机构提交有关的法律文书副本或者复印件以及结案报告等材料。

法律援助机构收到前款规定的结案材料后,应当向受指派办理法律援助案件的律师或者接受安排办理法律援助案件的社会组织人员支付法律援助办案补贴。

法律援助办案补贴的标准由省、自治区、直辖市人民政府司法行政部门会同同级财政部门,根据当地经济发展水平,参考法律援助机构办理各类法律援助案件的平均成本等因素核定,并可以根据需要调整。

第二十五条 法律援助机构对公民申请的法律咨询服务,应当即时办理;复杂疑难的,可以预约择时办理。

第五章 法律责任

第二十六条 法律援助机构及其工作人员有下列情形之一的,对直接负责的主管人员以及其他直接责任人员依法给予纪律处分:

(一)为不符合法律援助条件的人员提供法律援助,或者拒绝为符合法律援助条件的人员提供法律援助的;

(二)办理法律援助案件收取财物的;

(三)从事有偿法律服务的;

(四)侵占、私分、挪用法律援助经费的。

办理法律援助案件收取的财物,由司法行政部门责令退还;从事有偿法律服务的违法所得,由司法行政部门予以没收;侵占、私分、挪用法律援助经费的,由司法行政部门责令追回,情节严重,构成犯罪的,依法追究刑事责任。

第二十七条 律师事务所拒绝法律援助机构的指派,不安排本所律师办理法律援助案件的,由司法行政部门给予警告、责令改正;情节严重的,给予1个月以上3个月以下停业整顿的处罚。

第二十八条 律师有下列情形之一的,由司法行政部门给予警告、责令改正;情节严重的,给予1个月以上3个月以下停止执业的处罚:

(一)无正当理由拒绝接受、擅自终止法律援助案件的;

(二)办理法律援助案件收取财物的。

有前款第(二)项违法行为的,由司法行政部门责令退还违法所得的财物,可以并处所收财物价值1倍以上3倍以下的罚款。

第二十九条　律师办理法律援助案件违反职业道德和执业纪律的,按照律师法的规定予以处罚。

第三十条　司法行政部门工作人员在法律援助的监督管理工作中,有滥用职权、玩忽职守行为的,依法给予行政处分;情节严重,构成犯罪的,依法追究刑事责任。

第六章　附　　则

第三十一条　本条例自2003年9月1日起施行。

(二)司法解释

最高人民法院关于适用《中华人民共和国民事诉讼法》的解释

1. *2014年12月18日由最高人民法院审判委员会第1636次会议通过*
2. *2015年1月30日公布*
3. *法释〔2015〕5号*
4. *自2015年2月4日起施行。*

2012年8月31日,第十一届全国人民代表大会常务委员会第二十八次会议审议通过了《关于修改〈中华人民共和国民事诉讼法〉的决定》。根据修改后的民事诉讼法,结合人民法院民事审判和执行工作实际,制定本解释。

一、管　　辖

第一条　民事诉讼法第十八条第一项规定的重大涉外案件,包括争议标的额大的案件、案情复杂的案件,或者一方当事人人数众多等具有重大影响的案件。

第二条　专利纠纷案件由知识产权法院、最高人民法院确定的中级人民法院和基层人民法院管辖。

海事、海商案件由海事法院管辖。

第三条　公民的住所地是指公民的户籍所在地,法人或者其他组织的住所地是指法人或者其他组织的主要办事机构所在地。

法人或者其他组织的主要办事机构所在地不能确定的,法人或者其他组织的注册地或者登记地为住所地。

第四条　公民的经常居住地是指公民离开住所地至起诉时已连续居住一年以上的地方,但公民住院就医的地方除外。

第五条　对没有办事机构的个人合伙、合伙型联营体提起的诉讼,由被告注册登记地人民法院管辖。没有注册登记,几个被告又不在同一辖区的,被告住所地的人民法院都有管辖权。

第六条　被告被注销户籍的,依照民事诉讼法第二十二条规定确定管辖;原告、被告均被注销户籍的,由被告居住地人民法院管辖。

第七条　当事人的户籍迁出后尚未落户,有经常居住地的,由该地人民法院管辖;没有经常居住地的,由其原户籍所在地人民法院管辖。

第八条　双方当事人都被监禁或者被采取强制性教育措施的,由被告原住所地人民法院管辖。被告被监禁或者被采取强制性教育措施一年以上的,由被告被监禁地或者被采取强制性教育措施地人民法院管辖。

第九条　追索赡养费、抚育费、扶养费案件的几个被告住所地不在同一辖区的,可以由原告住所地人民法院管辖。

第十条　不服指定监护或者变更监护关系的案件,可以由被监护人住所地人民法院管辖。

第十一条　双方当事人均为军人或者军队单位的民事案件由军事法院管辖。

第十二条　夫妻一方离开住所地超过一年,另一方起诉离婚的案件,可以由原告住所地人民法院管辖。

夫妻双方离开住所地超过一年,一方起诉离婚的案件,由被告经常居住地人民法院管辖;没有经常居住地的,由原告起诉时被告居住地人民法院管辖。

第十三条　在国内结婚并定居国外的华侨,如定居国法院以离婚诉讼须由婚姻缔结地法院管辖为由不予受理,当事人向人民法院提出离婚诉讼的,由婚姻缔结地或者一方在国内的最后居住地人民法院管辖。

第十四条 在国外结婚并定居国外的华侨,如定居国法院以离婚诉讼须由国籍所属国法院管辖为由不予受理,当事人向人民法院提出离婚诉讼的,由一方原住所地或者在国内的最后居住地人民法院管辖。

第十五条 中国公民一方居住在国外,一方居住在国内,不论哪一方向人民法院提起离婚诉讼,国内一方住所地人民法院都有权管辖。国外一方在居住国法院起诉,国内一方向人民法院起诉的,受诉人民法院有权管辖。

第十六条 中国公民双方在国外但未定居,一方向人民法院起诉离婚的,应由原告或者被告原住所地人民法院管辖。

第十七条 已经离婚的中国公民,双方均定居国外,仅就国内财产分割提起诉讼的,由主要财产所在地人民法院管辖。

第十八条 合同约定履行地点的,以约定的履行地点为合同履行地。

合同对履行地点没有约定或者约定不明确,争议标的为给付货币的,接收货币一方所在地为合同履行地;交付不动产的,不动产所在地为合同履行地;其他标的,履行义务一方所在地为合同履行地。即时结清的合同,交易行为地为合同履行地。

合同没有实际履行,当事人双方住所地都不在合同约定的履行地的,由被告住所地人民法院管辖。

第十九条 财产租赁合同、融资租赁合同以租赁物使用地为合同履行地。合同对履行地有约定的,从其约定。

第二十条 以信息网络方式订立的买卖合同,通过信息网络交付标的的,以买受人住所地为合同履行地;通过其他方式交付标的的,收货地为合同履行地。合同对履行地有约定的,从其约定。

第二十一条 因财产保险合同纠纷提起的诉讼,如果保险标的物是运输工具或者运输中的货物,可以由运输工具登记注册地、运输目的地、保险事故发生地人民法院管辖。

因人身保险合同纠纷提起的诉讼,可以由被保险人住所地人民法院管辖。

第二十二条 因股东名册记载、请求变更公司登记、股东知情权、公司决议、公司合并、公司分立、公司减资、公司增资等纠纷提起的诉讼,依照民事诉讼法第二十六条规定确定管辖。

第二十三条 债权人申请支付令,适用民事诉讼法第二十一条规定,由债务人住所地基层人民法院管辖。

第二十四条 民事诉讼法第二十八条规定的侵权行为地,包括侵权行为实施地、侵权结果发生地。

第二十五条 信息网络侵权行为实施地包括实施被诉侵权行为的计算机等信息设备所在地,侵权结果发生地包括被侵权人住所地。

第二十六条 因产品、服务质量不合格造成他人财产、人身损害提起的诉讼,产品制造地、产品销售地、服务提供地、侵权行为地和被告住所地人民法院都有管辖权。

第二十七条 当事人申请诉前保全后没有在法定期间起诉或者申请仲裁,给被申请人、利害关系人造成损失引起的诉讼,由采取保全措施的人民法院管辖。

当事人申请诉前保全后在法定期间内起诉或者申请仲裁,被申请人、利害关系人因保全受到损失提起的诉讼,由受理起诉的人民法院或者采取保全措施的人民法院管辖。

第二十八条 民事诉讼法第三十三条第一项规定的不动产纠纷是指因不动产的权利确认、分割、相邻关系等引起的物权纠纷。

农村土地承包经营合同纠纷、房屋租赁合同纠纷、建设工程施工合同纠纷、政策性房屋买卖合同纠纷,按照不动产纠纷确定管辖。

不动产已登记的,以不动产登记簿记载的所在地为不动产所在地;不动产未登记的,以不动产实际所在地为不动产所在地。

第二十九条 民事诉讼法第三十四条规定的书面协议,包括书面合同中的协议管辖条款或者诉讼前以书面形式达成的选择管辖的协议。

第三十条 根据管辖协议,起诉时能够确定管辖法院的,从其约定;不能确定的,依照民事诉讼法的相关规定确定管辖。

管辖协议约定两个以上与争议有实际联系的地点的人民法院管辖,原告可以向其中一个人民法院起诉。

第三十一条　经营者使用格式条款与消费者订立管辖协议，未采取合理方式提请消费者注意，消费者主张管辖协议无效的，人民法院应予支持。

第三十二条　管辖协议约定由一方当事人住所地人民法院管辖，协议签订后当事人住所地变更的，由签订管辖协议时的住所地人民法院管辖，但当事人另有约定的除外。

第三十三条　合同转让的，合同的管辖协议对合同受让人有效，但转让时受让人不知道有管辖协议，或者转让协议另有约定且原合同相对人同意的除外。

第三十四条　当事人因同居或者在解除婚姻、收养关系后发生财产争议，约定管辖的，可以适用民事诉讼法第三十四条规定确定管辖。

第三十五条　当事人在答辩期间届满后未应诉答辩，人民法院在一审开庭前，发现案件不属于本院管辖的，应当裁定移送有管辖权的人民法院。

第三十六条　两个以上人民法院都有管辖权的诉讼，先立案的人民法院不得将案件移送给另一个有管辖权的人民法院。人民法院在立案前发现其他有管辖权的人民法院已先立案的，不得重复立案；立案后发现其他有管辖权的人民法院已先立案的，裁定将案件移送给先立案的人民法院。

第三十七条　案件受理后，受诉人民法院的管辖权不受当事人住所地、经常居住地变更的影响。

第三十八条　有管辖权的人民法院受理案件后，不得以行政区域变更为由，将案件移送给变更后有管辖权的人民法院。判决后的上诉案件和依审判监督程序提审的案件，由原审人民法院的上级人民法院进行审判；上级人民法院指令再审、发回重审的案件，由原审人民法院再审或者重审。

第三十九条　人民法院对管辖异议审查后确定有管辖权的，不因当事人提起反诉、增加或者变更诉讼请求等改变管辖，但违反级别管辖、专属管辖规定的除外。

人民法院发回重审或者按第一审程序再审的案件，当事人提出管辖异议的，人民法院不予审查。

第四十条　依照民事诉讼法第三十七条第二款规定，发生管辖权争议的两个人民法院因协商不成报请它们的共同上级人民法院指定管辖时，双方为同属一个地、市辖区的基层人民法院的，由该地、市的中级人民法院及时指定管辖；同属一个省、自治区、直辖市的两个人民法院的，由该省、自治区、直辖市的高级人民法院及时指定管辖；双方为跨省、自治区、直辖市的人民法院，高级人民法院协商不成的，由最高人民法院及时指定管辖。

依照前款规定报请上级人民法院指定管辖时，应当逐级进行。

第四十一条　人民法院依照民事诉讼法第三十七条第二款规定指定管辖的，应当作出裁定。

对报请上级人民法院指定管辖的案件，下级人民法院应当中止审理。指定管辖裁定作出前，下级人民法院对案件作出判决、裁定的，上级人民法院应当在裁定指定管辖的同时，一并撤销下级人民法院的判决、裁定。

第四十二条　下列第一审民事案件，人民法院依照民事诉讼法第三十八条第一款规定，可以在开庭前交下级人民法院审理：

（一）破产程序中有关债务人的诉讼案件；

（二）当事人人数众多且不方便诉讼的案件；

（三）最高人民法院确定的其他类型案件。

人民法院交下级人民法院审理前，应当报请其上级人民法院批准。上级人民法院批准后，人民法院应当裁定将案件交下级人民法院审理。

二、回　　避

第四十三条　审判人员有下列情形之一的，应当自行回避，当事人有权申请其回避：

（一）是本案当事人或者当事人近亲属的；

（二）本人或者其近亲属与本案有利害关系的；

（三）担任过本案的证人、鉴定人、辩护人、诉讼代理人、翻译人员的；

（四）是本案诉讼代理人近亲属的；

（五）本人或者其近亲属持有本案非上市公司当事人的股份或者股权的；

(六)与本案当事人或者诉讼代理人有其他利害关系,可能影响公正审理的。

第四十四条 审判人员有下列情形之一的,当事人有权申请其回避:

(一)接受本案当事人及其受托人宴请,或者参加由其支付费用的活动的;

(二)索取、接受本案当事人及其受托人财物或者其他利益的;

(三)违反规定会见本案当事人、诉讼代理人的;

(四)为本案当事人推荐、介绍诉讼代理人,或者为律师、其他人员介绍代理本案的;

(五)向本案当事人及其受托人借用款物的;

(六)有其他不正当行为,可能影响公正审理的。

第四十五条 在一个审判程序中参与过本案审判工作的审判人员,不得再参与该案其他程序的审判。

发回重审的案件,在一审法院作出裁判后又进入第二审程序的,原第二审程序中合议庭组成人员不受前款规定的限制。

第四十六条 审判人员有应当回避的情形,没有自行回避,当事人也没有申请其回避的,由院长或者审判委员会决定其回避。

第四十七条 人民法院应当依法告知当事人对合议庭组成人员、独任审判员和书记员等人员有申请回避的权利。

第四十八条 民事诉讼法第四十四条所称的审判人员,包括参与本案审理的人民法院院长、副院长、审判委员会委员、庭长、副庭长、审判员、助理审判员和人民陪审员。

第四十九条 书记员和执行员适用审判人员回避的有关规定。

三、诉讼参加人

第五十条 法人的法定代表人以依法登记的为准,但法律另有规定的除外。依法不需要办理登记的法人,以其正职负责人为法定代表人;没有正职负责人的,以其主持工作的副职负责人为法定代表人。

法定代表人已经变更,但未完成登记,变更后的法定代表人要求代表法人参加诉讼的,人民法院可以准许。

其他组织,以其主要负责人为代表人。

第五十一条 在诉讼中,法人的法定代表人变更的,由新的法定代表人继续进行诉讼,并应向人民法院提交新的法定代表人身份证明书。原法定代表人进行的诉讼行为有效。

前款规定,适用于其他组织参加的诉讼。

第五十二条 民事诉讼法第四十八条规定的其他组织是指合法成立、有一定的组织机构和财产,但又不具备法人资格的组织,包括:

(一)依法登记领取营业执照的个人独资企业;

(二)依法登记领取营业执照的合伙企业;

(三)依法登记领取我国营业执照的中外合作经营企业、外资企业;

(四)依法成立的社会团体的分支机构、代表机构;

(五)依法设立并领取营业执照的法人的分支机构;

(六)依法设立并领取营业执照的商业银行、政策性银行和非银行金融机构的分支机构;

(七)经依法登记领取营业执照的乡镇企业、街道企业;

(八)其他符合本条规定条件的组织。

第五十三条 法人非依法设立的分支机构,或者虽依法设立,但没有领取营业执照的分支机构,以设立该分支机构的法人为当事人。

第五十四条 以挂靠形式从事民事活动,当事人请求由挂靠人和被挂靠人依法承担民事责任的,该挂靠人和被挂靠人为共同诉讼人。

第五十五条 在诉讼中,一方当事人死亡,需要等待继承人表明是否参加诉讼的,裁定中止诉讼。人民法院应当及时通知继承人作为当事人承担诉讼,被继承人已经进行的诉讼行为对承担诉讼的继承人有效。

第五十六条 法人或者其他组织的工作人员执行工作任务造成他人损害的,该法人或者其他组织为当事人。

第五十七条 提供劳务一方因劳务造成他人损害,受害人提起诉讼的,以接受劳务一方为被告。

第五十八条　在劳务派遣期间，被派遣的工作人员因执行工作任务造成他人损害的，以接受劳务派遣的用工单位为当事人。当事人主张劳务派遣单位承担责任的，该劳务派遣单位为共同被告。

第五十九条　在诉讼中，个体工商户以营业执照上登记的经营者为当事人。有字号的，以营业执照上登记的字号为当事人，但应同时注明该字号经营者的基本信息。

营业执照上登记的经营者与实际经营者不一致的，以登记的经营者和实际经营者为共同诉讼人。

第六十条　在诉讼中，未依法登记领取营业执照的个人合伙的全体合伙人为共同诉讼人。个人合伙有依法核准登记的字号的，应在法律文书中注明登记的字号。全体合伙人可以推选代表人；被推选的代表人，应由全体合伙人出具推选书。

第六十一条　当事人之间的纠纷经人民调解委员会调解达成协议后，一方当事人不履行调解协议，另一方当事人向人民法院提起诉讼的，应以对方当事人为被告。

第六十二条　下列情形，以行为人为当事人：

（一）法人或者其他组织应登记而未登记，行为人即以该法人或者其他组织名义进行民事活动的；

（二）行为人没有代理权、超越代理权或者代理权终止后以被代理人名义进行民事活动的，但相对人有理由相信行为人有代理权的除外；

（三）法人或者其他组织依法终止后，行为人仍以其名义进行民事活动的。

第六十三条　企业法人合并的，因合并前的民事活动发生的纠纷，以合并后的企业为当事人；企业法人分立的，因分立前的民事活动发生的纠纷，以分立后的企业为共同诉讼人。

第六十四条　企业法人解散的，依法清算并注销前，以该企业法人为当事人；未依法清算即被注销的，以该企业法人的股东、发起人或者出资人为当事人。

第六十五条　借用业务介绍信、合同专用章、盖章的空白合同书或者银行账户的，出借单位和借用人为共同诉讼人。

第六十六条　因保证合同纠纷提起的诉讼，债权人向保证人和被保证人一并主张权利的，人民法院应当将保证人和被保证人列为共同被告。保证合同约定为一般保证，债权人仅起诉保证人的，人民法院应当通知被保证人作为共同被告参加诉讼；债权人仅起诉被保证人的，可以只列被保证人为被告。

第六十七条　无民事行为能力人、限制民事行为能力人造成他人损害的，无民事行为能力人、限制民事行为能力人和其监护人为共同被告。

第六十八条　村民委员会或者村民小组与他人发生民事纠纷的，村民委员会或者有独立财产的村民小组为当事人。

第六十九条　对侵害死者遗体、遗骨以及姓名、肖像、名誉、荣誉、隐私等行为提起诉讼的，死者的近亲属为当事人。

第七十条　在继承遗产的诉讼中，部分继承人起诉的，人民法院应通知其他继承人作为共同原告参加诉讼；被通知的继承人不愿意参加诉讼又未明确表示放弃实体权利的，人民法院仍应将其列为共同原告。

第七十一条　原告起诉被代理人和代理人，要求承担连带责任的，被代理人和代理人为共同被告。

第七十二条　共有财产权受到他人侵害，部分共有权人起诉的，其他共有权人为共同诉讼人。

第七十三条　必须共同进行诉讼的当事人没有参加诉讼的，人民法院应当依照民事诉讼法第一百三十二条的规定，通知其参加；当事人也可以向人民法院申请追加。人民法院对当事人提出的申请，应当进行审查，申请理由不成立的，裁定驳回；申请理由成立的，书面通知被追加的当事人参加诉讼。

第七十四条　人民法院追加共同诉讼的当事人时，应当通知其他当事人。应当追加的原告，已明确表示放弃实体权利的，可不予追加；既不愿意参加诉讼，又不放弃实体权利的，仍应追加为共同原告，其不参加诉讼，不影响人民法院对案件的审理和依法作出判决。

第七十五条　民事诉讼法第五十三条、第五十四条和第一百九十九条规定的人数众多，一般指十人以上。

第七十六条 依照民事诉讼法第五十三条规定，当事人一方人数众多在起诉时确定的，可以由全体当事人推选共同的代表人，也可以由部分当事人推选自己的代表人；推选不出代表人的当事人，在必要的共同诉讼中可以自己参加诉讼，在普通的共同诉讼中可以另行起诉。

第七十七条 根据民事诉讼法第五十四条规定，当事人一方人数众多在起诉时不确定的，由当事人推选代表人。当事人推选不出的，可以由人民法院提出人选与当事人协商；协商不成的，也可以由人民法院在起诉的当事人中指定代表人。

第七十八条 民事诉讼法第五十三条和第五十四条规定的代表人为二至五人，每位代表人可以委托一至二人作为诉讼代理人。

第七十九条 依照民事诉讼法第五十四条规定受理的案件，人民法院可以发出公告，通知权利人向人民法院登记。公告期间根据案件的具体情况确定，但不得少于三十日。

第八十条 根据民事诉讼法第五十四条规定向人民法院登记的权利人，应当证明其与对方当事人的法律关系和所受到的损害。证明不了的，不予登记，权利人可以另行起诉。人民法院的裁判在登记的范围内执行。未参加登记的权利人提起诉讼，人民法院认定其请求成立的，裁定适用人民法院已作出的判决、裁定。

第八十一条 根据民事诉讼法第五十六条的规定，有独立请求权的第三人有权向人民法院提出诉讼请求和事实、理由，成为当事人；无独立请求权的第三人，可以申请或者由人民法院通知参加诉讼。

第一审程序中未参加诉讼的第三人，申请参加第二审程序的，人民法院可以准许。

第八十二条 在一审诉讼中，无独立请求权的第三人无权提出管辖异议，无权放弃、变更诉讼请求或者申请撤诉，被判决承担民事责任的，有权提起上诉。

第八十三条 在诉讼中，无民事行为能力人、限制民事行为能力人的监护人是他的法定代理人。事先没有确定监护人的，可以由有监护资格的人协商确定；协商不成的，由人民法院在他们之中指定诉讼中的法定代理人。当事人没有民法通则第十六条第一款、第二款或者第十七条第一款规定的监护人的，可以指定该法第十六条第四款或者第十七条第三款规定的有关组织担任诉讼中的法定代理人。

第八十四条 无民事行为能力人、限制民事行为能力人以及其他依法不能作为诉讼代理人的，当事人不得委托其作为诉讼代理人。

第八十五条 根据民事诉讼法第五十八条第二款第二项规定，与当事人有夫妻、直系血亲、三代以内旁系血亲、近姻亲关系以及其他有抚养、赡养关系的亲属，可以当事人近亲属的名义作为诉讼代理人。

第八十六条 根据民事诉讼法第五十八条第二款第二项规定，与当事人有合法劳动人事关系的职工，可以当事人工作人员的名义作为诉讼代理人。

第八十七条 根据民事诉讼法第五十八条第二款第三项规定，有关社会团体推荐公民担任诉讼代理人的，应当符合下列条件：

（一）社会团体属于依法登记设立或者依法免予登记设立的非营利性法人组织；

（二）被代理人属于该社会团体的成员，或者当事人一方住所地位于该社会团体的活动地域；

（三）代理事务属于该社会团体章程载明的业务范围；

（四）被推荐的公民是该社会团体的负责人或者与该社会团体有合法劳动人事关系的工作人员。

专利代理人经中华全国专利代理人协会推荐，可以在专利纠纷案件中担任诉讼代理人。

第八十八条 诉讼代理人除根据民事诉讼法第五十九条规定提交授权委托书外，还应当按照下列规定向人民法院提交相关材料：

（一）律师应当提交律师执业证、律师事务所证明材料；

（二）基层法律服务工作者应当提交法律服务工作者执业证、基层法律服务所出具的介绍信以及当事人一方位于本辖区内的证明材料；

（三）当事人的近亲属应当提交身份证件和与委托人有近亲属关系的证明材料；

（四）当事人的工作人员应当提交身份证件和与当事人有合法劳动人事关系的证明材料；

（五）当事人所在社区、单位推荐的公民应当提交身份证件、推荐材料和当事人属于该社区、单位的证明材料；

（六）有关社会团体推荐的公民应当提交身份证件和符合本解释第八十七条规定条件的证明材料。

第八十九条　当事人向人民法院提交的授权委托书，应当在开庭审理前送交人民法院。授权委托书仅写“全权代理”而无具体授权的，诉讼代理人无权代为承认、放弃、变更诉讼请求，进行和解，提出反诉或者提起上诉。

适用简易程序审理的案件，双方当事人同时到庭并径行开庭审理的，可以当场口头委托诉讼代理人，由人民法院记入笔录。

四、证　　据

第九十条　当事人对自己提出的诉讼请求所依据的事实或者反驳对方诉讼请求所依据的事实，应当提供证据加以证明，但法律另有规定的除外。

在作出判决前，当事人未能提供证据或者证据不足以证明其事实主张的，由负有举证证明责任的当事人承担不利的后果。

第九十一条　人民法院应当依照下列原则确定举证证明责任的承担，但法律另有规定的除外：

（一）主张法律关系存在的当事人，应当对产生该法律关系的基本事实承担举证证明责任；

（二）主张法律关系变更、消灭或者权利受到妨害的当事人，应当对该法律关系变更、消灭或者权利受到妨害的基本事实承担举证证明责任。

第九十二条　一方当事人在法庭审理中，或者在起诉状、答辩状、代理词等书面材料中，对于己不利的事实明确表示承认的，另一方当事人无需举证证明。

对于涉及身份关系、国家利益、社会公共利益等应当由人民法院依职权调查的事实，不适用前款自认的规定。

自认的事实与查明的事实不符的，人民法院不予确认。

第九十三条　下列事实，当事人无须举证证明：

（一）自然规律以及定理、定律；

（二）众所周知的事实；

（三）根据法律规定推定的事实；

（四）根据已知的事实和日常生活经验法则推定出的另一事实；

（五）已为人民法院发生法律效力的裁判所确认的事实；

（六）已为仲裁机构生效裁决所确认的事实；

（七）已为有效公证文书所证明的事实。

前款第二项至第四项规定的事实，当事人有相反证据足以反驳的除外；第五项至第七项规定的事实，当事人有相反证据足以推翻的除外。

第九十四条　民事诉讼法第六十四条第二款规定的当事人及其诉讼代理人因客观原因不能自行收集的证据包括：

（一）证据由国家有关部门保存，当事人及其诉讼代理人无权查阅调取的；

（二）涉及国家秘密、商业秘密或者个人隐私的；

（三）当事人及其诉讼代理人因客观原因不能自行收集的其他证据。

当事人及其诉讼代理人因客观原因不能自行收集的证据，可以在举证期限届满前书面申请人民法院调查收集。

第九十五条　当事人申请调查收集的证据，与待证事实无关联、对证明待证事实无意义或者其他无调查收集必要的，人民法院不予准许。

第九十六条　民事诉讼法第六十四条第二款规定的人民法院认为审理案件需要的证据包括：

（一）涉及可能损害国家利益、社会公共利益的；

（二）涉及身份关系的；

（三）涉及民事诉讼法第五十五条规定诉讼的；

（四）当事人有恶意串通损害他人合法权

益可能的;

(五)涉及依职权追加当事人、中止诉讼、终结诉讼、回避等程序性事项的。

除前款规定外,人民法院调查收集证据,应当依照当事人的申请进行。

第九十七条 人民法院调查收集证据,应当由两人以上共同进行。调查材料要由调查人、被调查人、记录人签名、捺印或者盖章。

第九十八条 当事人根据民事诉讼法第八十一条第一款规定申请证据保全的,可以在举证期限届满前书面提出。

证据保全可能对他人造成损失的,人民法院应当责令申请人提供相应的担保。

第九十九条 人民法院应当在审理前的准备阶段确定当事人的举证期限。举证期限可以由当事人协商,并经人民法院准许。

人民法院确定举证期限,第一审普通程序案件不得少于十五日,当事人提供新的证据的第二审案件不得少于十日。

举证期限届满后,当事人对已经提供的证据,申请提供反驳证据或者对证据来源、形式等方面的瑕疵进行补正的,人民法院可以酌情再次确定举证期限,该期限不受前款规定的限制。

第一百条 当事人申请延长举证期限的,应当在举证期限届满前向人民法院提出书面申请。

申请理由成立的,人民法院应当准许,适当延长举证期限,并通知其他当事人。延长的举证期限适用于其他当事人。

申请理由不成立的,人民法院不予准许,并通知申请人。

第一百零一条 当事人逾期提供证据的,人民法院应当责令其说明理由,必要时可以要求其提供相应的证据。

当事人因客观原因逾期提供证据,或者对方当事人对逾期提供证据未提出异议的,视为未逾期。

第一百零二条 当事人因故意或者重大过失逾期提供的证据,人民法院不予采纳。但该证据与案件基本事实有关的,人民法院应当采纳,并依照民事诉讼法第六十五条、第一百一十五条第一款的规定予以训诫、罚款。

当事人非因故意或者重大过失逾期提供的证据,人民法院应当采纳,并对当事人予以训诫。

当事人一方要求另一方赔偿因逾期提供证据致使其增加的交通、住宿、就餐、误工、证人出庭作证等必要费用的,人民法院可予支持。

第一百零三条 证据应当在法庭上出示,由当事人互相质证。未经当事人质证的证据,不得作为认定案件事实的根据。

当事人在审理前的准备阶段认可的证据,经审判人员在庭审中说明后,视为质证过的证据。

涉及国家秘密、商业秘密、个人隐私或者法律规定应当保密的证据,不得公开质证。

第一百零四条 人民法院应当组织当事人围绕证据的真实性、合法性以及与待证事实的关联性进行质证,并针对证据有无证明力和证明力大小进行说明和辩论。

能够反映案件真实情况、与待证事实相关联、来源和形式符合法律规定的证据,应当作为认定案件事实的根据。

第一百零五条 人民法院应当按照法定程序,全面、客观地审核证据,依照法律规定,运用逻辑推理和日常生活经验法则,对证据有无证明力和证明力大小进行判断,并公开判断的理由和结果。

第一百零六条 对以严重侵害他人合法权益、违反法律禁止性规定或者严重违背公序良俗的方法形成或者获取的证据,不得作为认定案件事实的根据。

第一百零七条 在诉讼中,当事人为达成调解协议或者和解协议作出妥协而认可的事实,不得在后续的诉讼中作为对其不利的根据,但法律另有规定或者当事人均同意的除外。

第一百零八条 对负有举证证明责任的当事人提供的证据,人民法院经审查并结合相关事实,确信待证事实的存在具有高度可能性的,应当认定该事实存在。

对一方当事人为反驳负有举证证明责任的当事人所主张事实而提供的证据,人民法院经审查并结合相关事实,认为待证事实真伪不明的，应当认定该事实不存在。

法律对于待证事实所应达到的证明标准另有规定的，从其规定。

第一百零九条　当事人对欺诈、胁迫、恶意串通事实的证明，以及对口头遗嘱或者赠与事实的证明，人民法院确信该待证事实存在的可能性能够排除合理怀疑的，应当认定该事实存在。

第一百一十条　人民法院认为有必要的，可以要求当事人本人到庭，就案件有关事实接受询问。在询问当事人之前，可以要求其签署保证书。

保证书应当载明据实陈述、如有虚假陈述愿意接受处罚等内容。当事人应当在保证书上签名或者捺印。

负有举证证明责任的当事人拒绝到庭、拒绝接受询问或者拒绝签署保证书，待证事实又欠缺其他证据证明的，人民法院对其主张的事实不予认定。

第一百一十一条　民事诉讼法第七十条规定的提交书证原件确有困难，包括下列情形：

（一）书证原件遗失、灭失或者毁损的；

（二）原件在对方当事人控制之下，经合法通知提交而拒不提交的；

（三）原件在他人控制之下，而其有权不提交的；

（四）原件因篇幅或者体积过大而不便提交的；

（五）承担举证证明责任的当事人通过申请人民法院调查收集或者其他方式无法获得书证原件的。

前款规定情形，人民法院应当结合其他证据和案件具体情况，审查判断书证复制品等能否作为认定案件事实的根据。

第一百一十二条　书证在对方当事人控制之下的，承担举证证明责任的当事人可以在举证期限届满前书面申请人民法院责令对方当事人提交。

申请理由成立的，人民法院应当责令对方当事人提交，因提交书证所产生的费用，由申请人负担。对方当事人无正当理由拒不提交的，人民法院可以认定申请人所主张的书证内容为真实。

第一百一十三条　持有书证的当事人以妨碍对方当事人使用为目的，毁灭有关书证或者实施其他致使书证不能使用行为的，人民法院可以依照民事诉讼法第一百一十一条规定，对其处以罚款、拘留。

第一百一十四条　国家机关或者其他依法具有社会管理职能的组织，在其职权范围内制作的文书所记载的事项推定为真实，但有相反证据足以推翻的除外。必要时，人民法院可以要求制作文书的机关或者组织对文书的真实性予以说明。

第一百一十五条　单位向人民法院提出的证明材料，应当由单位负责人及制作证明材料的人员签名或者盖章，并加盖单位印章。人民法院就单位出具的证明材料，可以向单位及制作证明材料的人员进行调查核实。必要时，可以要求制作证明材料的人员出庭作证。

单位及制作证明材料的人员拒绝人民法院调查核实，或者制作证明材料的人员无正当理由拒绝出庭作证的，该证明材料不得作为认定案件事实的根据。

第一百一十六条　视听资料包括录音资料和影像资料。

电子数据是指通过电子邮件、电子数据交换、网上聊天记录、博客、微博客、手机短信、电子签名、域名等形成或者存储在电子介质中的信息。

存储在电子介质中的录音资料和影像资料，适用电子数据的规定。

第一百一十七条　当事人申请证人出庭作证的，应当在举证期限届满前提出。

符合本解释第九十六条第一款规定情形的，人民法院可以依职权通知证人出庭作证。

未经人民法院通知，证人不得出庭作证，但双方当事人同意并经人民法院准许的除外。

第一百一十八条　民事诉讼法第七十四条规定的证人因履行出庭作证义务而支出的交通、住宿、就餐等必要费用，按照机关事业单位工作人员差旅费用和补贴标准计算；误工损失按照国家上年度职工日平均工资标准计算。

人民法院准许证人出庭作证申请的，应当通知申请人预缴证人出庭作证费用。

第一百一十九条 人民法院在证人出庭作证前应当告知其如实作证的义务以及作伪证的法律后果,并责令其签署保证书,但无民事行为能力人和限制民事行为能力人除外。

证人签署保证书适用本解释关于当事人签署保证书的规定。

第一百二十条 证人拒绝签署保证书的,不得作证,并自行承担相关费用。

第一百二十一条 当事人申请鉴定,可以在举证期限届满前提出。申请鉴定的事项与待证事实无关联,或者对证明待证事实无意义的,人民法院不予准许。

人民法院准许当事人鉴定申请的,应当组织双方当事人协商确定具备相应资格的鉴定人。当事人协商不成的,由人民法院指定。

符合依职权调查收集证据条件的,人民法院应当依职权委托鉴定,在询问当事人的意见后,指定具备相应资格的鉴定人。

第一百二十二条 当事人可以依照民事诉讼法第七十九条的规定,在举证期限届满前申请一至二名具有专门知识的人出庭,代表当事人对鉴定意见进行质证,或者对案件事实所涉及的专业问题提出意见。

具有专门知识的人在法庭上就专业问题提出的意见,视为当事人的陈述。

人民法院准许当事人申请的,相关费用由提出申请的当事人负担。

第一百二十三条 人民法院可以对出庭的具有专门知识的人进行询问。经法庭准许,当事人可以对出庭的具有专门知识的人进行询问,当事人各自申请的具有专门知识的人可以就案件中的有关问题进行对质。

具有专门知识的人不得参与专业问题之外的法庭审理活动。

第一百二十四条 人民法院认为有必要的,可以根据当事人的申请或者依职权对物证或者现场进行勘验。勘验时应当保护他人的隐私和尊严。

人民法院可以要求鉴定人参与勘验。必要时,可以要求鉴定人在勘验中进行鉴定。

五、期间和送达

第一百二十五条 依照民事诉讼法第八十二条第二款规定,民事诉讼中以时起算的期间从次时起算;以日、月、年计算的期间从次日起算。

第一百二十六条 民事诉讼法第一百二十三条规定的立案期限,因起诉状内容欠缺通知原告补正的,从补正后交人民法院的次日起算。由上级人民法院转交下级人民法院立案的案件,从受诉人民法院收到起诉状的次日起算。

第一百二十七条 民事诉讼法第五十六条第三款、第二百零五条以及本解释第三百七十四条、第三百八十四条、第四百零一条、第四百二十二条、第四百二十三条规定的六个月,民事诉讼法第二百二十三条规定的一年,为不变期间,不适用诉讼时效中止、中断、延长的规定。

第一百二十八条 再审案件按照第一审程序或者第二审程序审理的,适用民事诉讼法第一百四十九条、第一百七十六条规定的审限。审限自再审立案的次日起算。

第一百二十九条 对申请再审案件,人民法院应当自受理之日起三个月内审查完毕,但公告期间、当事人和解期间等不计入审查期限。有特殊情况需要延长的,由本院院长批准。

第一百三十条 向法人或者其他组织送达诉讼文书,应当由法人的法定代表人、该组织的主要负责人或者办公室、收发室、值班室等负责收件的人签收或者盖章,拒绝签收或者盖章的,适用留置送达。

民事诉讼法第八十六条规定的有关基层组织和所在单位的代表,可以是受送达人住所地的居民委员会、村民委员会的工作人员以及受送达人所在单位的工作人员。

第一百三十一条 人民法院直接送达诉讼文书的,可以通知当事人到人民法院领取。当事人到达人民法院,拒绝签署送达回证的,视为送达。审判人员、书记员应当在送达回证上注明送达情况并签名。

人民法院可以在当事人住所地以外向当事人直接送达诉讼文书。当事人拒绝签署送达回证的,采用拍照、录像等方式记录送达过程即视为送达。审判人员、书记员应当在送达回证上注明送达情况并签名。

第一百三十二条 受送达人有诉讼代理人的,人民法院既可以向受送达人送达,也可以向其诉讼代理人送达。受送达人指定诉讼代理人为代收人的，向诉讼代理人送达时，适用留置送达。

第一百三十三条　调解书应当直接送达当事人本人，不适用留置送达。当事人本人因故不能签收的，可由其指定的代收人签收。

第一百三十四条　依照民事诉讼法第八十八条规定，委托其他人民法院代为送达的，委托法院应当出具委托函，并附需要送达的诉讼文书和送达回证，以受送达人在送达回证上签收的日期为送达日期。

委托送达的，受委托人民法院应当自收到委托函及相关诉讼文书之日起十日内代为送达。

第一百三十五条　电子送达可以采用传真、电子邮件、移动通信等即时收悉的特定系统作为送达媒介。

民事诉讼法第八十七条第二款规定的到达受送达人特定系统的日期，为人民法院对应系统显示发送成功的日期，但受送达人证明到达其特定系统的日期与人民法院对应系统显示发送成功的日期不一致的，以受送达人证明到达其特定系统的日期为准。

第一百三十六条　受送达人同意采用电子方式送达的，应当在送达地址确认书中予以确认。

第一百三十七条　当事人在提起上诉、申请再审、申请执行时未书面变更送达地址的，其在第一审程序中确认的送达地址可以作为第二审程序、审判监督程序、执行程序的送达地址。

第一百三十八条　公告送达可以在法院的公告栏和受送达人住所地张贴公告，也可以在报纸、信息网络等媒体上刊登公告，发出公告日期以最后张贴或者刊登的日期为准。对公告送达方式有特殊要求的，应当按要求的方式进行。公告期满，即视为送达。

人民法院在受送达人住所地张贴公告的，应当采取拍照、录像等方式记录张贴过程。

第一百三十九条　公告送达应当说明公告送达的原因；公告送达起诉状或者上诉状副本的，应当说明起诉或者上诉要点，受送达人答辩期限及逾期不答辩的法律后果；公告送达传票，应当说明出庭的时间和地点及逾期不出庭的法律后果；公告送达判决书、裁定书的，应当说明裁判主要内容，当事人有权上诉的，还应当说明上诉权利、上诉期限和上诉的人民法院。

第一百四十条　适用简易程序的案件，不适用公告送达。

第一百四十一条　人民法院在定期宣判时，当事人拒不签收判决书、裁定书的，应视为送达，并在宣判笔录中记明。

六、调　　解

第一百四十二条　人民法院受理案件后，经审查，认为法律关系明确、事实清楚，在征得当事人双方同意后，可以径行调解。

第一百四十三条　适用特别程序、督促程序、公示催告程序的案件，婚姻等身份关系确认案件以及其他根据案件性质不能进行调解的案件，不得调解。

第一百四十四条　人民法院审理民事案件，发现当事人之间恶意串通，企图通过和解、调解方式侵害他人合法权益的，应当依照民事诉讼法第一百一十二条的规定处理。

第一百四十五条　人民法院审理民事案件，应当根据自愿、合法的原则进行调解。当事人一方或者双方坚持不愿调解的，应当及时裁判。

人民法院审理离婚案件，应当进行调解，但不应久调不决。

第一百四十六条　人民法院审理民事案件，调解过程不公开，但当事人同意公开的除外。

调解协议内容不公开，但为保护国家利益、社会公共利益、他人合法权益，人民法院认为确有必要公开的除外。

主持调解以及参与调解的人员，对调解过程以及调解过程中获悉的国家秘密、商业秘密、个人隐私和其他不宜公开的信息，应当保守秘密，但为保护国家利益、社会公共利益、他人合法权益的除外。

第一百四十七条　人民法院调解案件时，当事人不能出庭的，经其特别授权，可由其委托代理人参加调解，达成的调解协议，可由委托代理人签名。

离婚案件当事人确因特殊情况无法出庭参加调解的，除本人不能表达意志的以外，应当出具书面意见。

第一百四十八条 当事人自行和解或者调解达成协议后,请求人民法院按照和解协议或者调解协议的内容制作判决书的,人民法院不予准许。

无民事行为能力人的离婚案件,由其法定代理人进行诉讼。法定代理人与对方达成协议要求发给判决书的,可根据协议内容制作判决书。

第一百四十九条 调解书需经当事人签收后才发生法律效力的,应当以最后收到调解书的当事人签收的日期为调解书生效日期。

第一百五十条 人民法院调解民事案件,需由无独立请求权的第三人承担责任的,应当经其同意。该第三人在调解书送达前反悔的,人民法院应当及时裁判。

第一百五十一条 根据民事诉讼法第九十八条第一款第四项规定,当事人各方同意在调解协议上签名或者盖章后即发生法律效力的,经人民法院审查确认后,应当记入笔录或者将调解协议附卷,并由当事人、审判人员、书记员签名或者盖章后即具有法律效力。

前款规定情形,当事人请求制作调解书的,人民法院审查确认后可以制作调解书送交当事人。当事人拒收调解书的,不影响调解协议的效力。

七、保全和先予执行

第一百五十二条 人民法院依照民事诉讼法第一百条、第一百零一条规定,在采取诉前保全、诉讼保全措施时,责令利害关系人或者当事人提供担保的,应当书面通知。

利害关系人申请诉前保全的,应当提供担保。申请诉前财产保全的,应当提供相当于请求保全数额的担保;情况特殊的,人民法院可以酌情处理。申请诉前行为保全的,担保的数额由人民法院根据案件的具体情况决定。

在诉讼中,人民法院依申请或者依职权采取保全措施的,应当根据案件的具体情况,决定当事人是否应当提供担保以及担保的数额。

第一百五十三条 人民法院对季节性商品、鲜活、易腐烂变质以及其他不宜长期保存的物品采取保全措施时,可以责令当事人及时处理,由人民法院保存价款;必要时,人民法院可予以变卖,保存价款。

第一百五十四条 人民法院在财产保全中采取查封、扣押、冻结财产措施时,应当妥善保管被查封、扣押、冻结的财产。不宜由人民法院保管的,人民法院可以指定被保全人负责保管;不宜由被保全人保管的,可以委托他人或者申请保全人保管。

查封、扣押、冻结担保物权人占有的担保财产,一般由担保物权人保管;由人民法院保管的,质权、留置权不因采取保全措施而消灭。

第一百五十五条 由人民法院指定被保全人保管的财产,如果继续使用对该财产的价值无重大影响,可以允许被保全人继续使用;由人民法院保管或者委托他人、申请保全人保管的财产,人民法院和其他保管人不得使用。

第一百五十六条 人民法院采取财产保全的方法和措施,依照执行程序相关规定办理。

第一百五十七条 人民法院对抵押物、质押物、留置物可以采取财产保全措施,但不影响抵押权人、质权人、留置权人的优先受偿权。

第一百五十八条 人民法院对债务人到期应得的收益,可以采取财产保全措施,限制其支取,通知有关单位协助执行。

第一百五十九条 债务人的财产不能满足保全请求,但对他人有到期债权的,人民法院可以依债权人的申请裁定该他人不得对本案债务人清偿。该他人要求偿付的,由人民法院提存财物或者价款。

第一百六十条 当事人向采取诉前保全措施以外的其他有管辖权的人民法院起诉的,采取诉前保全措施的人民法院应当将保全手续移送受理案件的人民法院。诉前保全的裁定视为受移送人民法院作出的裁定。

第一百六十一条 对当事人不服一审判决提起上诉的案件,在第二审人民法院接到报送的案件之前,当事人有转移、隐匿、出卖或者毁损财产等行为,必须采取保全措施的,由第一审人民法院依当事人申请或者依职权采取。第一审人民法院的保全裁定,应当及时报送第二审人民法院。

第一百六十二条 第二审人民法院裁定对第一审人民法院采取的保全措施予以续保或者采

取新的保全措施的，可以自行实施，也可以委托第一审人民法院实施。

再审人民法院裁定对原保全措施予以续保或者采取新的保全措施的，可以自行实施，也可以委托原审人民法院或者执行法院实施。

第一百六十三条　法律文书生效后，进入执行程序前，债权人因对方当事人转移财产等紧急情况，不申请保全将可能导致生效法律文书不能执行或者难以执行的，可以向执行法院申请采取保全措施。债权人在法律文书指定的履行期间届满后五日内不申请执行的，人民法院应当解除保全。

第一百六十四条　对申请保全人或者他人提供的担保财产，人民法院应当依法办理查封、扣押、冻结等手续。

第一百六十五条　人民法院裁定采取保全措施后，除作出保全裁定的人民法院自行解除或者其上级人民法院决定解除外，在保全期限内，任何单位不得解除保全措施。

第一百六十六条　裁定采取保全措施后，有下列情形之一的，人民法院应当作出解除保全裁定：

（一）保全错误的；

（二）申请人撤回保全申请的；

（三）申请人的起诉或者诉讼请求被生效裁判驳回的；

（四）人民法院认为应当解除保全的其他情形。

解除以登记方式实施的保全措施的，应当向登记机关发出协助执行通知书。

第一百六十七条　财产保全的被保全人提供其他等值担保财产且有利于执行的，人民法院可以裁定变更保全标的物为被保全人提供的担保财产。

第一百六十八条　保全裁定未经人民法院依法撤销或者解除，进入执行程序后，自动转为执行中的查封、扣押、冻结措施，期限连续计算，执行法院无需重新制作裁定书，但查封、扣押、冻结期限届满的除外。

第一百六十九条　民事诉讼法规定的先予执行，人民法院应当在受理案件后终审判决作出前采取。先予执行应当限于当事人诉讼请求的范围，并以当事人的生活、生产经营的急需为限。

第一百七十条　民事诉讼法第一百零六条第三项规定的情况紧急，包括：

（一）需要立即停止侵害、排除妨碍的；

（二）需要立即制止某项行为的；

（三）追索恢复生产、经营急需的保险理赔费的；

（四）需要立即返还社会保险金、社会救助资金的；

（五）不立即返还款项，将严重影响权利人生活和生产经营的。

第一百七十一条　当事人对保全或者先予执行裁定不服的，可以自收到裁定书之日起五日内向作出裁定的人民法院申请复议。人民法院应当在收到复议申请后十日内审查。裁定正确的，驳回当事人的申请；裁定不当的，变更或者撤销原裁定。

第一百七十二条　利害关系人对保全或者先予执行的裁定不服申请复议的，由作出裁定的人民法院依照民事诉讼法第一百零八条规定处理。

第一百七十三条　人民法院先予执行后，根据发生法律效力的判决，申请人应当返还因先予执行所取得的利益的，适用民事诉讼法第二百三十三条的规定。

八、对妨害民事诉讼的强制措施

第一百七十四条　民事诉讼法第一百零九条规定的必须到庭的被告，是指负有赡养、抚育、扶养义务和不到庭就无法查清案情的被告。

人民法院对必须到庭才能查清案件基本事实的原告，经两次传票传唤，无正当理由拒不到庭的，可以拘传。

第一百七十五条　拘传必须用拘传票，并直接送达被拘传人；在拘传前，应当向被拘传人说明拒不到庭的后果，经批评教育仍拒不到庭的，可以拘传其到庭。

第一百七十六条　诉讼参与人或者其他人有下列行为之一的，人民法院可以适用民事诉讼法第一百一十条规定处理：

（一）未经准许进行录音、录像、摄影的；

（二）未经准许以移动通信等方式现场传

播审判活动的;

(三)其他扰乱法庭秩序,妨害审判活动进行的。

有前款规定情形的,人民法院可以暂扣诉讼参与人或者其他人进行录音、录像、摄影、传播审判活动的器材,并责令其删除有关内容;拒不删除的,人民法院可以采取必要手段强制删除。

第一百七十七条 训诫、责令退出法庭由合议庭或者独任审判员决定。训诫的内容、被责令退出法庭者的违法事实应当记入庭审笔录。

第一百七十八条 人民法院依照民事诉讼法第一百一十条至第一百一十四条的规定采取拘留措施的,应经院长批准,作出拘留决定书,由司法警察将被拘留人送交当地公安机关看管。

第一百七十九条 被拘留人不在本辖区的,作出拘留决定的人民法院应当派员到被拘留人所在地的人民法院,请该院协助执行,受委托的人民法院应当及时派员协助执行。被拘留人申请复议或者在拘留期间承认并改正错误,需要提前解除拘留的,受委托人民法院应当向委托人民法院转达或者提出建议,由委托人民法院审查决定。

第一百八十条 人民法院对被拘留人采取拘留措施后,应当在二十四小时内通知其家属;确实无法按时通知或者通知不到的,应当记录在案。

第一百八十一条 因哄闹、冲击法庭,用暴力、威胁等方法抗拒执行公务等紧急情况,必须立即采取拘留措施的,可在拘留后,立即报告院长补办批准手续。院长认为拘留不当的,应当解除拘留。

第一百八十二条 被拘留人在拘留期间认错悔改的,可以责令其具结悔过,提前解除拘留。提前解除拘留,应报经院长批准,并作出提前解除拘留决定书,交负责看管的公安机关执行。

第一百八十三条 民事诉讼法第一百一十条至第一百一十三条规定的罚款、拘留可以单独适用,也可以合并适用。

第一百八十四条 对同一妨害民事诉讼行为的罚款、拘留不得连续适用。发生新的妨害民事诉讼行为的,人民法院可以重新予以罚款、拘留。

第一百八十五条 被罚款、拘留的人不服罚款、拘留决定申请复议的,应当自收到决定书之日起三日内提出。上级人民法院应当在收到复议申请后五日内作出决定,并将复议结果通知下级人民法院和当事人。

第一百八十六条 上级人民法院复议时认为强制措施不当的,应当制作决定书,撤销或者变更下级人民法院作出的拘留、罚款决定。情况紧急的,可以在口头通知后三日内发出决定书。

第一百八十七条 民事诉讼法第一百一十一条第一款第五项规定的以暴力、威胁或者其他方法阻碍司法工作人员执行职务的行为,包括:

(一)在人民法院哄闹、滞留,不听从司法工作人员劝阻的;

(二)故意毁损、抢夺人民法院法律文书、查封标志的;

(三)哄闹、冲击执行公务现场,围困、扣押执行或者协助执行公务人员的;

(四)毁损、抢夺、扣留案件材料、执行公务车辆、其他执行公务器械、执行公务人员服装和执行公务证件的;

(五)以暴力、威胁或者其他方法阻碍司法工作人员查询、查封、扣押、冻结、划拨、拍卖、变卖财产的;

(六)以暴力、威胁或者其他方法阻碍司法工作人员执行职务的其他行为。

第一百八十八条 民事诉讼法第一百一十一条第一款第六项规定的拒不履行人民法院已经发生法律效力的判决、裁定的行为,包括:

(一)在法律文书发生法律效力后隐藏、转移、变卖、毁损财产或者无偿转让财产、以明显不合理的价格交易财产、放弃到期债权、无偿为他人提供担保等,致使人民法院无法执行的;

(二)隐藏、转移、毁损或者未经人民法院允许处分已向人民法院提供担保的财产的;

(三)违反人民法院限制高消费令进行消费的;

(四)有履行能力而拒不按照人民法院执

行通知履行生效法律文书确定的义务的；

（五）有义务协助执行的个人接到人民法院协助执行通知书后，拒不协助执行的。

第一百八十九条 诉讼参与人或者其他人有下列行为之一的，人民法院可以适用民事诉讼法第一百一十一条的规定处理：

（一）冒充他人提起诉讼或者参加诉讼的；

（二）证人签署保证书后作虚假证言，妨碍人民法院审理案件的；

（三）伪造、隐藏、毁灭或者拒绝交出有关被执行人履行能力的重要证据，妨碍人民法院查明被执行人财产状况的；

（四）擅自解冻已被人民法院冻结的财产的；

（五）接到人民法院协助执行通知书后，给当事人通风报信，协助其转移、隐匿财产的。

第一百九十条 民事诉讼法第一百一十二条规定的他人合法权益，包括案外人的合法权益、国家利益、社会公共利益。

第三人根据民事诉讼法第五十六条第三款规定提起撤销之诉，经审查，原案当事人之间恶意串通进行虚假诉讼的，适用民事诉讼法第一百一十二条规定处理。

第一百九十一条 单位有民事诉讼法第一百一十二条或者第一百一十三条规定行为的，人民法院应当对该单位进行罚款，并可以对其主要负责人或者直接责任人员予以罚款、拘留；构成犯罪的，依法追究刑事责任。

第一百九十二条 有关单位接到人民法院协助执行通知书后，有下列行为之一的，人民法院可以适用民事诉讼法第一百一十四条规定处理：

（一）允许被执行人高消费的；

（二）允许被执行人出境的；

（三）拒不停止办理有关财产权证照转移手续、权属变更登记、规划审批等手续的；

（四）以需要内部请示、内部审批，有内部规定等为由拖延办理的。

第一百九十三条 人民法院对个人或者单位采取罚款措施时，应当根据其实施妨害民事诉讼行为的性质、情节、后果，当地的经济发展水平，以及诉讼标的额等因素，在民事诉讼法第一百一十五条第一款规定的限额内确定相应的罚款金额。

九、诉讼费用

第一百九十四条 依照民事诉讼法第五十四条审理的案件不预交案件受理费，结案后按照诉讼标的额由败诉方交纳。

第一百九十五条 支付令失效后转入诉讼程序的，债权人应当按照《诉讼费用交纳办法》补交案件受理费。

支付令被撤销后，债权人另行起诉的，按照《诉讼费用交纳办法》交纳诉讼费用。

第一百九十六条 人民法院改变原判决、裁定、调解结果的，应当在裁判文书中对原审诉讼费用的负担一并作出处理。

第一百九十七条 诉讼标的物是证券的，按照证券交易规则并根据当事人起诉之日前最后一个交易日的收盘价、当日的市场价或者其载明的金额计算诉讼标的金额。

第一百九十八条 诉讼标的物是房屋、土地、林木、车辆、船舶、文物等特定物或者知识产权，起诉时价值难以确定的，人民法院应当向原告释明主张过高或者过低的诉讼风险，以原告主张的价值确定诉讼标的金额。

第一百九十九条 适用简易程序审理的案件转为普通程序的，原告自接到人民法院交纳诉讼费用通知之日起七日内补交案件受理费。

原告无正当理由未按期足额补交的，按撤诉处理，已经收取的诉讼费用退还一半。

第二百条 破产程序中有关债务人的民事诉讼案件，按照财产案件标准交纳诉讼费，但劳动争议案件除外。

第二百零一条 既有财产性诉讼请求，又有非财产性诉讼请求的，按照财产性诉讼请求的标准交纳诉讼费。

有多个财产性诉讼请求的，合并计算交纳诉讼费；诉讼请求中有多个非财产性诉讼请求的，按一件交纳诉讼费。

第二百零二条 原告、被告、第三人分别上诉的，按照上诉请求分别预交二审案件受理费。

同一方多人共同上诉的，只预交一份二审案件受理费；分别上诉的，按照上诉请求分别预交二审案件受理费。

第二百零三条 承担连带责任的当事人败诉的,应当共同负担诉讼费用。

第二百零四条 实现担保物权案件,人民法院裁定拍卖、变卖担保财产的,申请费由债务人、担保人负担;人民法院裁定驳回申请的,申请费由申请人负担。

申请人另行起诉的,其已经交纳的申请费可以从案件受理费中扣除。

第二百零五条 拍卖、变卖担保财产的裁定作出后,人民法院强制执行的,按照执行金额收取执行申请费。

第二百零六条 人民法院决定减半收取案件受理费的,只能减半一次。

第二百零七条 判决生效后,胜诉方预交但不应负担的诉讼费用,人民法院应当退还,由败诉方向人民法院交纳,但胜诉方自愿承担或者同意败诉方直接向其支付的除外。

当事人拒不交纳诉讼费用的,人民法院可以强制执行。

十、第一审普通程序

第二百零八条 人民法院接到当事人提交的民事起诉状时,对符合民事诉讼法第一百一十九条的规定,且不属于第一百二十四条规定情形的,应当登记立案;对当场不能判定是否符合起诉条件的,应当接收起诉材料,并出具注明收到日期的书面凭证。

需要补充必要相关材料的,人民法院应当及时告知当事人。在补齐相关材料后,应当在七日内决定是否立案。

立案后发现不符合起诉条件或者属于民事诉讼法第一百二十四条规定情形的,裁定驳回起诉。

第二百零九条 原告提供被告的姓名或者名称、住所等信息具体明确,足以使被告与他人相区别的,可以认定为有明确的被告。

起诉状列写被告信息不足以认定明确的被告的,人民法院可以告知原告补正。原告补正后仍不能确定明确的被告的,人民法院裁定不予受理。

第二百一十条 原告在起诉状中有谩骂和人身攻击之辞的,人民法院应当告知其修改后提起诉讼。

第二百一十一条 对本院没有管辖权的案件,告知原告向有管辖权的人民法院起诉;原告坚持起诉的,裁定不予受理;立案后发现本院没有管辖权的,应当将案件移送有管辖权的人民法院。

第二百一十二条 裁定不予受理、驳回起诉的案件,原告再次起诉,符合起诉条件且不属于民事诉讼法第一百二十四条规定情形的,人民法院应予受理。

第二百一十三条 原告应当预交而未预交案件受理费,人民法院应当通知其预交,通知后仍不预交或者申请减、缓、免未获批准而仍不预交的,裁定按撤诉处理。

第二百一十四条 原告撤诉或者人民法院按撤诉处理后,原告以同一诉讼请求再次起诉的,人民法院应予受理。

原告撤诉或者按撤诉处理的离婚案件,没有新情况、新理由,六个月内又起诉的,比照民事诉讼法第一百二十四条第七项的规定不予受理。

第二百一十五条 依照民事诉讼法第一百二十四条第二项的规定,当事人在书面合同中订有仲裁条款,或者在发生纠纷后达成书面仲裁协议,一方向人民法院起诉的,人民法院应当告知原告向仲裁机构申请仲裁,其坚持起诉的,裁定不予受理,但仲裁条款或者仲裁协议不成立、无效、失效、内容不明确无法执行的除外。

第二百一十六条 在人民法院首次开庭前,被告以有书面仲裁协议为由对受理民事案件提出异议的,人民法院应当进行审查。

经审查符合下列情形之一的,人民法院应当裁定驳回起诉:

(一)仲裁机构或者人民法院已经确认仲裁协议有效的;

(二)当事人没有在仲裁庭首次开庭前对仲裁协议的效力提出异议的;

(三)仲裁协议符合仲裁法第十六条规定且不具有仲裁法第十七条规定情形的。

第二百一十七条 夫妻一方下落不明,另一方诉至人民法院,只要求离婚,不申请宣告下落不明人失踪或者死亡的案件,人民法院应当受理,对下落不明人公告送达诉讼文书。

第二百一十八条　赡养费、扶养费、抚育费案件，裁判发生法律效力后，因新情况、新理由，一方当事人再行起诉要求增加或者减少费用的，人民法院应作为新案受理。

第二百一十九条　当事人超过诉讼时效期间起诉的，人民法院应予受理。受理后对方当事人提出诉讼时效抗辩，人民法院经审理认为抗辩事由成立的，判决驳回原告的诉讼请求。

第二百二十条　民事诉讼法第六十八条、第一百三十四条、第一百五十六条规定的商业秘密，是指生产工艺、配方、贸易联系、购销渠道等当事人不愿公开的技术秘密、商业情报及信息。

第二百二十一条　基于同一事实发生的纠纷，当事人分别向同一人民法院起诉的，人民法院可以合并审理。

第二百二十二条　原告在起诉状中直接列写第三人的，视为其申请人民法院追加该第三人参加诉讼。是否通知第三人参加诉讼，由人民法院审查决定。

第二百二十三条　当事人在提交答辩状期间提出管辖异议，又针对起诉状的内容进行答辩的，人民法院应当依照民事诉讼法第一百二十七条第一款的规定，对管辖异议进行审查。

当事人未提出管辖异议，就案件实体内容进行答辩、陈述或者反诉的，可以认定为民事诉讼法第一百二十七条第二款规定的应诉答辩。

第二百二十四条　依照民事诉讼法第一百三十三条第四项规定，人民法院可以在答辩期届满后，通过组织证据交换、召集庭前会议等方式，作好审理前的准备。

第二百二十五条　根据案件具体情况，庭前会议可以包括下列内容：

（一）明确原告的诉讼请求和被告的答辩意见；

（二）审查处理当事人增加、变更诉讼请求的申请和提出的反诉，以及第三人提出的与本案有关的诉讼请求；

（三）根据当事人的申请决定调查收集证据，委托鉴定，要求当事人提供证据，进行勘验，进行证据保全；

（四）组织交换证据；

（五）归纳争议焦点；

（六）进行调解。

第二百二十六条　人民法院应当根据当事人的诉讼请求、答辩意见以及证据交换的情况，归纳争议焦点，并就归纳的争议焦点征求当事人的意见。

第二百二十七条　人民法院适用普通程序审理案件，应当在开庭三日前用传票传唤当事人。对诉讼代理人、证人、鉴定人、勘验人、翻译人员应当用通知书通知其到庭。当事人或者其他诉讼参与人在外地的，应当留有必要的在途时间。

第二百二十八条　法庭审理应当围绕当事人争议的事实、证据和法律适用等焦点问题进行。

第二百二十九条　当事人在庭审中对其在审理前的准备阶段认可的事实和证据提出不同意见的，人民法院应当责令其说明理由。必要时，可以责令其提供相应证据。人民法院应当结合当事人的诉讼能力、证据和案件的具体情况进行审查。理由成立的，可以列入争议焦点进行审理。

第二百三十条　人民法院根据案件具体情况并征得当事人同意，可以将法庭调查和法庭辩论合并进行。

第二百三十一条　当事人在法庭上提出新的证据的，人民法院应当依照民事诉讼法第六十五条第二款规定和本解释相关规定处理。

第二百三十二条　在案件受理后，法庭辩论结束前，原告增加诉讼请求，被告提出反诉，第三人提出与本案有关的诉讼请求，可以合并审理的，人民法院应当合并审理。

第二百三十三条　反诉的当事人应当限于本诉的当事人的范围。

反诉与本诉的诉讼请求基于相同法律关系、诉讼请求之间具有因果关系，或者反诉与本诉的诉讼请求基于相同事实的，人民法院应当合并审理。

反诉应由其他人民法院专属管辖，或者与本诉的诉讼标的及诉讼请求所依据的事实、理由无关联的，裁定不予受理，告知另行起诉。

第二百三十四条　无民事行为能力人的离婚诉讼，当事人的法定代理人应当到庭；法定代理人不能到庭的,人民法院应当在查清事实的基础上,依法作出判决。

第二百三十五条 无民事行为能力的当事人的法定代理人,经传票传唤无正当理由拒不到庭,属于原告方的,比照民事诉讼法第一百四十三条的规定,按撤诉处理;属于被告方的,比照民事诉讼法第一百四十四条的规定,缺席判决。必要时,人民法院可以拘传其到庭。

第二百三十六条 有独立请求权的第三人经人民法院传票传唤,无正当理由拒不到庭的,或者未经法庭许可中途退庭的,比照民事诉讼法第一百四十三条的规定,按撤诉处理。

第二百三十七条 有独立请求权的第三人参加诉讼后,原告申请撤诉,人民法院在准许原告撤诉后,有独立请求权的第三人作为另案原告,原案原告、被告作为另案被告,诉讼继续进行。

第二百三十八条 当事人申请撤诉或者依法可以按撤诉处理的案件,如果当事人有违反法律的行为需要依法处理的,人民法院可以不准许撤诉或者不按撤诉处理。

法庭辩论终结后原告申请撤诉,被告不同意的,人民法院可以不予准许。

第二百三十九条 人民法院准许本诉原告撤诉的,应当对反诉继续审理;被告申请撤回反诉的,人民法院应予准许。

第二百四十条 无独立请求权的第三人经人民法院传票传唤,无正当理由拒不到庭,或者未经法庭许可中途退庭的,不影响案件的审理。

第二百四十一条 被告经传票传唤无正当理由拒不到庭,或者未经法庭许可中途退庭的,人民法院应当按期开庭或者继续开庭审理,对到庭的当事人诉讼请求、双方的诉辩理由以及已经提交的证据及其他诉讼材料进行审理后,可以依法缺席判决。

第二百四十二条 一审宣判后,原审人民法院发现判决有错误,当事人在上诉期内提出上诉的,原审人民法院可以提出原判决有错误的意见,报送第二审人民法院,由第二审人民法院按照第二审程序进行审理;当事人不上诉的,按照审判监督程序处理。

第二百四十三条 民事诉讼法第一百四十九条规定的审限,是指从立案之日起至裁判宣告、调解书送达之日止的期间,但公告期间、鉴定期间、双方当事人和解期间、审理当事人提出的管辖异议以及处理人民法院之间的管辖争议期间不应计算在内。

第二百四十四条 可以上诉的判决书、裁定书不能同时送达双方当事人的,上诉期从各自收到判决书、裁定书之日计算。

第二百四十五条 民事诉讼法第一百五十四条第一款第七项规定的笔误是指法律文书误写、误算,诉讼费用漏写、误算和其他笔误。

第二百四十六条 裁定中止诉讼的原因消除,恢复诉讼程序时,不必撤销原裁定,从人民法院通知或者准许当事人双方继续进行诉讼时起,中止诉讼的裁定即失去效力。

第二百四十七条 当事人就已经提起诉讼的事项在诉讼过程中或者裁判生效后再次起诉,同时符合下列条件的,构成重复起诉:

(一)后诉与前诉的当事人相同;

(二)后诉与前诉的诉讼标的相同;

(三)后诉与前诉的诉讼请求相同,或者后诉的诉讼请求实质上否定前诉裁判结果。

当事人重复起诉的,裁定不予受理;已经受理的,裁定驳回起诉,但法律、司法解释另有规定的除外。

第二百四十八条 裁判发生法律效力后,发生新的事实,当事人再次提起诉讼的,人民法院应当依法受理。

第二百四十九条 在诉讼中,争议的民事权利义务转移的,不影响当事人的诉讼主体资格和诉讼地位。人民法院作出的发生法律效力的判决、裁定对受让人具有拘束力。

受让人申请以无独立请求权的第三人身份参加诉讼的,人民法院可予准许。受让人申请替代当事人承担诉讼的,人民法院可以根据案件的具体情况决定是否准许;不予准许的,可以追加其为无独立请求权的第三人。

第二百五十条 依照本解释第二百四十九条规定,人民法院准许受让人替代当事人承担诉讼的,裁定变更当事人。

变更当事人后,诉讼程序以受让人为当事人继续进行,原当事人应当退出诉讼。原当事人已经完成的诉讼行为对受让人具有拘束力。

第二百五十一条　二审裁定撤销一审判决发回重审的案件，当事人申请变更、增加诉讼请求或者提出反诉，第三人提出与本案有关的诉讼请求的，依照民事诉讼法第一百四十条规定处理。

第二百五十二条　再审裁定撤销原判决、裁定发回重审的案件，当事人申请变更、增加诉讼请求或者提出反诉，符合下列情形之一的，人民法院应当准许：

（一）原审未合法传唤缺席判决，影响当事人行使诉讼权利的；

（二）追加新的诉讼当事人的；

（三）诉讼标的物灭失或者发生变化致使原诉讼请求无法实现的；

（四）当事人申请变更、增加的诉讼请求或者提出的反诉，无法通过另诉解决的。

第二百五十三条　当庭宣判的案件，除当事人当庭要求邮寄发送裁判文书的外，人民法院应当告知当事人或者诉讼代理人领取裁判文书的时间和地点以及逾期不领取的法律后果。上述情况，应当记入笔录。

第二百五十四条　公民、法人或者其他组织申请查阅发生法律效力的判决书、裁定书的，应当向作出该生效裁判的人民法院提出。申请应当以书面形式提出，并提供具体的案号或者当事人姓名、名称。

第二百五十五条　对于查阅判决书、裁定书的申请，人民法院根据下列情形分别处理：

（一）判决书、裁定书已经通过信息网络向社会公开的，应当引导申请人自行查阅；

（二）判决书、裁定书未通过信息网络向社会公开，且申请符合要求的，应当及时提供便捷的查阅服务；

（三）判决书、裁定书尚未发生法律效力，或者已失去法律效力的，不提供查阅并告知申请人；

（四）发生法律效力的判决书、裁定书不是本院作出的，应当告知申请人向作出生效裁判的人民法院申请查阅；

（五）申请查阅的内容涉及国家秘密、商业秘密、个人隐私的，不予准许并告知申请人。

十一、简易程序

第二百五十六条　民事诉讼法第一百五十七条规定的简单民事案件中的事实清楚，是指当事人对争议的事实陈述基本一致，并能提供相应的证据，无须人民法院调查收集证据即可查明事实；权利义务关系明确是指能明确区分谁是责任的承担者，谁是权利的享有者；争议不大是指当事人对案件的是非、责任承担以及诉讼标的争执无原则分歧。

第二百五十七条　下列案件，不适用简易程序：

（一）起诉时被告下落不明的；

（二）发回重审的；

（三）当事人一方人数众多的；

（四）适用审判监督程序的；

（五）涉及国家利益、社会公共利益的；

（六）第三人起诉请求改变或者撤销生效判决、裁定、调解书的；

（七）其他不宜适用简易程序的案件。

第二百五十八条　适用简易程序审理的案件，审理期限到期后，双方当事人同意继续适用简易程序的，由本院院长批准，可以延长审理期限。延长后的审理期限累计不得超过六个月。

人民法院发现案情复杂，需要转为普通程序审理的，应当在审理期限届满前作出裁定并将合议庭组成人员及相关事项书面通知双方当事人。

案件转为普通程序审理的，审理期限自人民法院立案之日计算。

第二百五十九条　当事人双方可就开庭方式向人民法院提出申请，由人民法院决定是否准许。经当事人双方同意，可以采用视听传输技术等方式开庭。

第二百六十条　已经按照普通程序审理的案件，在开庭后不得转为简易程序审理。

第二百六十一条　适用简易程序审理案件，人民法院可以采取捎口信、电话、短信、传真、电子邮件等简便方式传唤双方当事人、通知证人和送达裁判文书以外的诉讼文书。

以简便方式送达的开庭通知，未经当事人确认或者没有其他证据证明当事人已经收到的，人民法院不得缺席判决。

适用简易程序审理案件，由审判员独任审

判,书记员担任记录。

第二百六十二条 人民法庭制作的判决书、裁定书、调解书,必须加盖基层人民法院印章,不得用人民法庭的印章代替基层人民法院的印章。

第二百六十三条 适用简易程序审理案件,卷宗中应当具备以下材料:

(一)起诉状或者口头起诉笔录;

(二)答辩状或者口头答辩笔录;

(三)当事人身份证明材料;

(四)委托他人代理诉讼的授权委托书或者口头委托笔录;

(五)证据;

(六)询问当事人笔录;

(七)审理(包括调解)笔录;

(八)判决书、裁定书、调解书或者调解协议;

(九)送达和宣判笔录;

(十)执行情况;

(十一)诉讼费收据;

(十二)适用民事诉讼法第一百六十二条规定审理的,有关程序适用的书面告知。

第二百六十四条 当事人双方根据民事诉讼法第一百五十七条第二款规定约定适用简易程序的,应当在开庭前提出。口头提出的,记入笔录,由双方当事人签名或者捺印确认。

本解释第二百五十七条规定的案件,当事人约定适用简易程序的,人民法院不予准许。

第二百六十五条 原告口头起诉的,人民法院应当将当事人的姓名、性别、工作单位、住所、联系方式等基本信息,诉讼请求,事实及理由等准确记入笔录,由原告核对无误后签名或者捺印。对当事人提交的证据材料,应当出具收据。

第二百六十六条 适用简易程序案件的举证期限由人民法院确定,也可以由当事人协商一致并经人民法院准许,但不得超过十五日。被告要求书面答辩的,人民法院可在征得其同意的基础上,合理确定答辩期间。

人民法院应当将举证期限和开庭日期告知双方当事人,并向当事人说明逾期举证以及拒不到庭的法律后果,由双方当事人在笔录和开庭传票的送达回证上签名或者捺印。

当事人双方均表示不需要举证期限、答辩期间的,人民法院可以立即开庭审理或者确定开庭日期。

第二百六十七条 适用简易程序审理案件,可以简便方式进行审理前的准备。

第二百六十八条 对没有委托律师、基层法律服务工作者代理诉讼的当事人,人民法院在庭审过程中可以对回避、自认、举证证明责任等相关内容向其作必要的解释或者说明,并在庭审过程中适当提示当事人正确行使诉讼权利、履行诉讼义务。

第二百六十九条 当事人就案件适用简易程序提出异议,人民法院经审查,异议成立的,裁定转为普通程序;异议不成立的,口头告知当事人,并记入笔录。

转为普通程序的,人民法院应当将合议庭组成人员及相关事项以书面形式通知双方当事人。

转为普通程序前,双方当事人已确认的事实,可以不再进行举证、质证。

第二百七十条 适用简易程序审理的案件,有下列情形之一的,人民法院在制作判决书、裁定书、调解书时,对认定事实或者裁判理由部分可以适当简化:

(一)当事人达成调解协议并需要制作民事调解书的;

(二)一方当事人明确表示承认对方全部或者部分诉讼请求的;

(三)涉及商业秘密、个人隐私的案件,当事人一方要求简化裁判文书中的相关内容,人民法院认为理由正当的;

(四)当事人双方同意简化的。

十二、简易程序中的小额诉讼

第二百七十一条 人民法院审理小额诉讼案件,适用民事诉讼法第一百六十二条的规定,实行一审终审。

第二百七十二条 民事诉讼法第一百六十二条规定的各省、自治区、直辖市上年度就业人员年平均工资,是指已经公布的各省、自治区、直辖市上一年度就业人员年平均工资。在上一年度就业人员年平均工资公布前,以已经公布的最近年度就业人员年平均工资为准。

第二百七十三条　海事法院可以审理海事、海商小额诉讼案件。案件标的额应当以实际受理案件的海事法院或者其派出法庭所在的省、自治区、直辖市上年度就业人员年平均工资百分之三十为限。

第二百七十四条　下列金钱给付的案件，适用小额诉讼程序审理：

（一）买卖合同、借款合同、租赁合同纠纷；

（二）身份关系清楚，仅在给付的数额、时间、方式上存在争议的赡养费、抚育费、扶养费纠纷；

（三）责任明确，仅在给付的数额、时间、方式上存在争议的交通事故损害赔偿和其他人身损害赔偿纠纷；

（四）供用水、电、气、热力合同纠纷；

（五）银行卡纠纷；

（六）劳动关系清楚，仅在劳动报酬、工伤医疗费、经济补偿金或者赔偿金给付数额、时间、方式上存在争议的劳动合同纠纷；

（七）劳务关系清楚，仅在劳务报酬给付数额、时间、方式上存在争议的劳务合同纠纷；

（八）物业、电信等服务合同纠纷；

（九）其他金钱给付纠纷。

第二百七十五条　下列案件，不适用小额诉讼程序审理：

（一）人身关系、财产确权纠纷；

（二）涉外民事纠纷；

（三）知识产权纠纷；

（四）需要评估、鉴定或者对诉前评估、鉴定结果有异议的纠纷；

（五）其他不宜适用一审终审的纠纷。

第二百七十六条　人民法院受理小额诉讼案件，应当向当事人告知该类案件的审判组织、一审终审、审理期限、诉讼费用交纳标准等相关事项。

第二百七十七条　小额诉讼案件的举证期限由人民法院确定，也可以由当事人协商一致并经人民法院准许，但一般不超过七日。

被告要求书面答辩的，人民法院可以在征得其同意的基础上合理确定答辩期间，但最长不得超过十五日。

当事人到庭后表示不需要举证期限和答辩期间的，人民法院可立即开庭审理。

第二百七十八条　当事人对小额诉讼案件提出管辖异议的，人民法院应当作出裁定。裁定一经作出即生效。

第二百七十九条　人民法院受理小额诉讼案件后，发现起诉不符合民事诉讼法第一百一十九条规定的起诉条件的，裁定驳回起诉。裁定一经作出即生效。

第二百八十条　因当事人申请增加或者变更诉讼请求、提出反诉、追加当事人等，致使案件不符合小额诉讼案件条件的，应当适用简易程序的其他规定审理。

前款规定案件，应当适用普通程序审理的，裁定转为普通程序。

适用简易程序的其他规定或者普通程序审理前，双方当事人已确认的事实，可以不再进行举证、质证。

第二百八十一条　当事人对按照小额诉讼案件审理有异议的，应当在开庭前提出。人民法院经审查，异议成立的，适用简易程序的其他规定审理；异议不成立的，告知当事人，并记入笔录。

第二百八十二条　小额诉讼案件的裁判文书可以简化，主要记载当事人基本信息、诉讼请求、裁判主文等内容。

第二百八十三条　人民法院审理小额诉讼案件，本解释没有规定的，适用简易程序的其他规定。

十三、公益诉讼

第二百八十四条　环境保护法、消费者权益保护法等法律规定的机关和有关组织对污染环境、侵害众多消费者合法权益等损害社会公共利益的行为，根据民事诉讼法第五十五条规定提起公益诉讼，符合下列条件的，人民法院应当受理：

（一）有明确的被告；

（二）有具体的诉讼请求；

（三）有社会公共利益受到损害的初步证据；

（四）属于人民法院受理民事诉讼的范围和受诉人民法院管辖。

第二百八十五条　公益诉讼案件由侵权行为地

或者被告住所地中级人民法院管辖,但法律、司法解释另有规定的除外。

因污染海洋环境提起的公益诉讼,由污染发生地、损害结果地或者采取预防污染措施地海事法院管辖。

对同一侵权行为分别向两个以上人民法院提起公益诉讼的,由最先立案的人民法院管辖,必要时由它们的共同上级人民法院指定管辖。

第二百八十六条 人民法院受理公益诉讼案件后,应当在十日内书面告知相关行政主管部门。

第二百八十七条 人民法院受理公益诉讼案件后,依法可以提起诉讼的其他机关和有关组织,可以在开庭前向人民法院申请参加诉讼。人民法院准许参加诉讼的,列为共同原告。

第二百八十八条 人民法院受理公益诉讼案件,不影响同一侵权行为的受害人根据民事诉讼法第一百一十九条规定提起诉讼。

第二百八十九条 对公益诉讼案件,当事人可以和解,人民法院可以调解。

当事人达成和解或者调解协议后,人民法院应当将和解或者调解协议进行公告。公告期间不得少于三十日。

公告期满后,人民法院经审查,和解或者调解协议不违反社会公共利益的,应当出具调解书;和解或者调解协议违反社会公共利益的,不予出具调解书,继续对案件进行审理并依法作出裁判。

第二百九十条 公益诉讼案件的原告在法庭辩论终结后申请撤诉的,人民法院不予准许。

第二百九十一条 公益诉讼案件的裁判发生法律效力后,其他依法具有原告资格的机关和有关组织就同一侵权行为另行提起公益诉讼的,人民法院裁定不予受理,但法律、司法解释另有规定的除外。

十四、第三人撤销之诉

第二百九十二条 第三人对已经发生法律效力的判决、裁定、调解书提起撤销之诉的,应当自知道或者应当知道其民事权益受到损害之日起六个月内,向作出生效判决、裁定、调解书的人民法院提出,并应当提供存在下列情形的证据材料:

(一)因不能归责于本人的事由未参加诉讼;

(二)发生法律效力的判决、裁定、调解书的全部或者部分内容错误;

(三)发生法律效力的判决、裁定、调解书内容错误损害其民事权益。

第二百九十三条 人民法院应当在收到起诉状和证据材料之日起五日内送交对方当事人,对方当事人可以自收到起诉状之日起十日内提出书面意见。

人民法院应当对第三人提交的起诉状、证据材料以及对方当事人的书面意见进行审查。必要时,可以询问双方当事人。

经审查,符合起诉条件的,人民法院应当在收到起诉状之日起三十日内立案。不符合起诉条件的,应当在收到起诉状之日起三十日内裁定不予受理。

第二百九十四条 人民法院对第三人撤销之诉案件,应当组成合议庭开庭审理。

第二百九十五条 民事诉讼法第五十六条第三款规定的因不能归责于本人的事由未参加诉讼,是指没有被列为生效判决、裁定、调解书当事人,且无过错或者无明显过错的情形。包括:

(一)不知道诉讼而未参加的;

(二)申请参加未获准许的;

(三)知道诉讼,但因客观原因无法参加的;

(四)因其他不能归责于本人的事由未参加诉讼的。

第二百九十六条 民事诉讼法第五十六条第三款规定的判决、裁定、调解书的部分或者全部内容,是指判决、裁定的主文,调解书中处理当事人民事权利义务的结果。

第二百九十七条 对下列情形提起第三人撤销之诉的,人民法院不予受理:

(一)适用特别程序、督促程序、公示催告程序、破产程序等非讼程序处理的案件;

(二)婚姻无效、撤销或者解除婚姻关系等判决、裁定、调解书中涉及身份关系的内容;

(三)民事诉讼法第五十四条规定的未参

加登记的权利人对代表人诉讼案件的生效裁判；

（四）民事诉讼法第五十五条规定的损害社会公共利益行为的受害人对公益诉讼案件的生效裁判。

第二百九十八条　第三人提起撤销之诉，人民法院应当将该第三人列为原告，生效判决、裁定、调解书的当事人列为被告，但生效判决、裁定、调解书中没有承担责任的无独立请求权的第三人列为第三人。

第二百九十九条　受理第三人撤销之诉案件后，原告提供相应担保，请求中止执行的，人民法院可以准许。

第三百条　对第三人撤销或者部分撤销发生法律效力的判决、裁定、调解书内容的请求，人民法院经审理，按下列情形分别处理：

（一）请求成立且确认其民事权利的主张全部或部分成立的，改变原判决、裁定、调解书内容的错误部分；

（二）请求成立，但确认其全部或部分民事权利的主张不成立，或者未提出确认其民事权利请求的，撤销原判决、裁定、调解书内容的错误部分；

（三）请求不成立的，驳回诉讼请求。

对前款规定裁判不服的，当事人可以上诉。

原判决、裁定、调解书的内容未改变或者未撤销的部分继续有效。

第三百零一条　第三人撤销之诉案件审理期间，人民法院对生效判决、裁定、调解书裁定再审的，受理第三人撤销之诉的人民法院应当裁定将第三人的诉讼请求并入再审程序。但有证据证明原审当事人之间恶意串通损害第三人合法权益的，人民法院应当先行审理第三人撤销之诉案件，裁定中止再审诉讼。

第三百零二条　第三人诉讼请求并入再审程序审理的，按照下列情形分别处理：

（一）按照第一审程序审理的，人民法院应当对第三人的诉讼请求一并审理，所作的判决可以上诉；

（二）按照第二审程序审理的，人民法院可以调解，调解达不成协议的，应当裁定撤销原判决、裁定、调解书，发回一审法院重审，重审时应当列明第三人。

第三百零三条　第三人提起撤销之诉后，未中止生效判决、裁定、调解书执行的，执行法院对第三人依照民事诉讼法第二百二十七条规定提出的执行异议，应予审查。第三人不服驳回执行异议裁定，申请对原判决、裁定、调解书再审的，人民法院不予受理。

案外人对人民法院驳回其执行异议裁定不服，认为原判决、裁定、调解书内容错误损害其合法权益的，应当根据民事诉讼法第二百二十七条规定申请再审，提起第三人撤销之诉的，人民法院不予受理。

十五、执行异议之诉

第三百零四条　根据民事诉讼法第二百二十七条规定，案外人、当事人对执行异议裁定不服，自裁定送达之日起十五日内向人民法院提起执行异议之诉的，由执行法院管辖。

第三百零五条　案外人提起执行异议之诉，除符合民事诉讼法第一百一十九条规定外，还应当具备下列条件：

（一）案外人的执行异议申请已经被人民法院裁定驳回；

（二）有明确的排除对执行标的执行的诉讼请求，且诉讼请求与原判决、裁定无关；

（三）自执行异议裁定送达之日起十五日内提起。

人民法院应当在收到起诉状之日起十五日内决定是否立案。

第三百零六条　申请执行人提起执行异议之诉，除符合民事诉讼法第一百一十九条规定外，还应当具备下列条件：

（一）依案外人执行异议申请，人民法院裁定中止执行；

（二）有明确的对执行标的继续执行的诉讼请求，且诉讼请求与原判决、裁定无关；

（三）自执行异议裁定送达之日起十五日内提起。

人民法院应当在收到起诉状之日起十五日内决定是否立案。

第三百零七条　案外人提起执行异议之诉的，以申请执行人为被告。被执行人反对案外人异议的,被执行人为共同被告;被执行人不反对案外人异议的,可以列被执行人为第三人。

第三百零八条 申请执行人提起执行异议之诉的,以案外人为被告。被执行人反对申请执行人主张的,以案外人和被执行人为共同被告;被执行人不反对申请执行人主张的,可以列被执行人为第三人。

第三百零九条 申请执行人对中止执行裁定未提起执行异议之诉,被执行人提起执行异议之诉的,人民法院告知其另行起诉。

第三百一十条 人民法院审理执行异议之诉案件,适用普通程序。

第三百一十一条 案外人或者申请执行人提起执行异议之诉的,案外人应当就其对执行标的享有足以排除强制执行的民事权益承担举证证明责任。

第三百一十二条 对案外人提起的执行异议之诉,人民法院经审理,按照下列情形分别处理:

(一)案外人就执行标的享有足以排除强制执行的民事权益的,判决不得执行该执行标的;

(二)案外人就执行标的不享有足以排除强制执行的民事权益的,判决驳回诉讼请求。

案外人同时提出确认其权利的诉讼请求的,人民法院可以在判决中一并作出裁判。

第三百一十三条 对申请执行人提起的执行异议之诉,人民法院经审理,按照下列情形分别处理:

(一)案外人就执行标的不享有足以排除强制执行的民事权益的,判决准许执行该执行标的;

(二)案外人就执行标的享有足以排除强制执行的民事权益的,判决驳回诉讼请求。

第三百一十四条 对案外人执行异议之诉,人民法院判决不得对执行标的执行的,执行异议裁定失效。

对申请执行人执行异议之诉,人民法院判决准许对该执行标的执行的,执行异议裁定失效,执行法院可以根据申请执行人的申请或者依职权恢复执行。

第三百一十五条 案外人执行异议之诉审理期间,人民法院不得对执行标的进行处分。申请执行人请求人民法院继续执行并提供相应担保的,人民法院可以准许。

被执行人与案外人恶意串通,通过执行异议、执行异议之诉妨害执行的,人民法院应当依照民事诉讼法第一百一十三条规定处理。申请执行人因此受到损害的,可以提起诉讼要求被执行人、案外人赔偿。

第三百一十六条 人民法院对执行标的裁定中止执行后,申请执行人在法律规定的期间内未提起执行异议之诉的,人民法院应当自起诉期限届满之日起七日内解除对该执行标的采取的执行措施。

十六、第二审程序

第三百一十七条 双方当事人和第三人都提起上诉的,均列为上诉人。人民法院可以依职权确定第二审程序中当事人的诉讼地位。

第三百一十八条 民事诉讼法第一百六十六条、第一百六十七条规定的对方当事人包括被上诉人和原审其他当事人。

第三百一十九条 必要共同诉讼人的一人或者部分人提起上诉的,按下列情形分别处理:

(一)上诉仅对与对方当事人之间权利义务分担有意见,不涉及其他共同诉讼人利益的,对方当事人为被上诉人,未上诉的同一方当事人依原审诉讼地位列明;

(二)上诉仅对共同诉讼人之间权利义务分担有意见,不涉及对方当事人利益的,未上诉的同一方当事人为被上诉人,对方当事人依原审诉讼地位列明;

(三)上诉对双方当事人之间以及共同诉讼人之间权利义务承担有意见的,未提起上诉的其他当事人均为被上诉人。

第三百二十条 一审宣判时或者判决书、裁定书送达时,当事人口头表示上诉的,人民法院应告知其必须在法定上诉期间内递交上诉状。未在法定上诉期间内递交上诉状的,视为未提起上诉。虽递交上诉状,但未在指定的期限内交纳上诉费的,按自动撤回上诉处理。

第三百二十一条 无民事行为能力人、限制民事行为能力人的法定代理人,可以代理当事人提起上诉。

第三百二十二条 上诉案件的当事人死亡或者

终止的,人民法院依法通知其权利义务承继者参加诉讼。

需要终结诉讼的,适用民事诉讼法第一百五十一条规定。

第三百二十三条　第二审人民法院应当围绕当事人的上诉请求进行审理。

当事人没有提出请求的,不予审理,但一审判决违反法律禁止性规定,或者损害国家利益、社会公共利益、他人合法权益的除外。

第三百二十四条　开庭审理的上诉案件,第二审人民法院可以依照民事诉讼法第一百三十三条第四项规定进行审理前的准备。

第三百二十五条　下列情形,可以认定为民事诉讼法第一百七十条第一款第四项规定的严重违反法定程序:

（一）审判组织的组成不合法的;

（二）应当回避的审判人员未回避的;

（三）无诉讼行为能力人未经法定代理人代为诉讼的;

（四）违法剥夺当事人辩论权利的。

第三百二十六条　对当事人在第一审程序中已经提出的诉讼请求,原审人民法院未作审理、判决的,第二审人民法院可以根据当事人自愿的原则进行调解;调解不成的,发回重审。

第三百二十七条　必须参加诉讼的当事人或者有独立请求权的第三人,在第一审程序中未参加诉讼,第二审人民法院可以根据当事人自愿的原则予以调解;调解不成的,发回重审。

第三百二十八条　在第二审程序中,原审原告增加独立的诉讼请求或者原审被告提出反诉的,第二审人民法院可以根据当事人自愿的原则就新增加的诉讼请求或者反诉进行调解;调解不成的,告知当事人另行起诉。

双方当事人同意由第二审人民法院一并审理的,第二审人民法院可以一并裁判。

第三百二十九条　一审判决不准离婚的案件,上诉后,第二审人民法院认为应当判决离婚的,可以根据当事人自愿的原则,与子女抚养、财产问题一并调解;调解不成的,发回重审。

双方当事人同意由第二审人民法院一并审理的,第二审人民法院可以一并裁判。

第三百三十条　人民法院依照第二审程序审理案件,认为依法不应由人民法院受理的,可以由第二审人民法院直接裁定撤销原裁判,驳回起诉。

第三百三十一条　人民法院依照第二审程序审理案件,认为第一审人民法院受理案件违反专属管辖规定的,应当裁定撤销原裁判并移送有管辖权的人民法院。

第三百三十二条　第二审人民法院查明第一审人民法院作出的不予受理裁定有错误的,应当在撤销原裁定的同时,指令第一审人民法院立案受理;查明第一审人民法院作出的驳回起诉裁定有错误的,应当在撤销原裁定的同时,指令第一审人民法院审理。

第三百三十三条　第二审人民法院对下列上诉案件,依照民事诉讼法第一百六十九条规定可以不开庭审理:

（一）不服不予受理、管辖权异议和驳回起诉裁定的;

（二）当事人提出的上诉请求明显不能成立的;

（三）原判决、裁定认定事实清楚,但适用法律错误的;

（四）原判决严重违反法定程序,需要发回重审的。

第三百三十四条　原判决、裁定认定事实或者适用法律虽有瑕疵,但裁判结果正确的,第二审人民法院可以在判决、裁定中纠正瑕疵后,依照民事诉讼法第一百七十条第一款第一项规定予以维持。

第三百三十五条　民事诉讼法第一百七十条第一款第三项规定的基本事实,是指用以确定当事人主体资格、案件性质、民事权利义务等对原判决、裁定的结果有实质性影响的事实。

第三百三十六条　在第二审程序中,作为当事人的法人或者其他组织分立的,人民法院可以直接将分立后的法人或者其他组织列为共同诉讼人;合并的,将合并后的法人或者其他组织列为当事人。

第三百三十七条　在第二审程序中,当事人申请撤回上诉,人民法院经审查认为一审判决确有错误,或者当事人之间恶意串通损害国家利益、社会公共利益、他人合法权益的,不应准许。

第三百三十八条　在第二审程序中,原审原告申请撤回起诉,经其他当事人同意,且不损害国家利益、社会公共利益、他人合法权益的,人民法院可以准许。准许撤诉的,应当一并裁定撤销一审裁判。

原审原告在第二审程序中撤回起诉后重复起诉的,人民法院不予受理。

第三百三十九条　当事人在第二审程序中达成和解协议的,人民法院可以根据当事人的请求,对双方达成的和解协议进行审查并制作调解书送达当事人;因和解而申请撤诉,经审查符合撤诉条件的,人民法院应予准许。

第三百四十条　第二审人民法院宣告判决可以自行宣判,也可以委托原审人民法院或者当事人所在地人民法院代行宣判。

第三百四十一条　人民法院审理对裁定的上诉案件,应当在第二审立案之日起三十日内作出终审裁定。有特殊情况需要延长审限的,由本院院长批准。

第三百四十二条　当事人在第一审程序中实施的诉讼行为,在第二审程序中对该当事人仍具有拘束力。

当事人推翻其在第一审程序中实施的诉讼行为时,人民法院应当责令其说明理由。理由不成立的,不予支持。

十七、特别程序

第三百四十三条　宣告失踪或者宣告死亡案件,人民法院可以根据申请人的请求,清理下落不明人的财产,并指定案件审理期间的财产管理人。公告期满后,人民法院判决宣告失踪的,应当同时依照民法通则第二十一条第一款的规定指定失踪人的财产代管人。

第三百四十四条　失踪人的财产代管人经人民法院指定后,代管人申请变更代管的,比照民事诉讼法特别程序的有关规定进行审理。申请理由成立的,裁定撤销申请人的代管人身份,同时另行指定财产代管人;申请理由不成立的,裁定驳回申请。

失踪人的其他利害关系人申请变更代管的,人民法院应当告知其以原指定的代管人为被告起诉,并按普通程序进行审理。

第三百四十五条　人民法院判决宣告公民失踪后,利害关系人向人民法院申请宣告失踪人死亡,自失踪之日起满四年的,人民法院应当受理,宣告失踪的判决即是该公民失踪的证明,审理中仍应依照民事诉讼法第一百八十五条规定进行公告。

第三百四十六条　符合法律规定的多个利害关系人提出宣告失踪、宣告死亡申请的,列为共同申请人。

第三百四十七条　寻找下落不明人的公告应当记载下列内容:

(一)被申请人应当在规定期间内向受理法院申报其具体地址及其联系方式。否则,被申请人将被宣告失踪、宣告死亡;

(二)凡知悉被申请人生存现状的人,应当在公告期间内将其所知道情况向受理法院报告。

第三百四十八条　人民法院受理宣告失踪、宣告死亡案件后,作出判决前,申请人撤回申请的,人民法院应当裁定终结案件,但其他符合法律规定的利害关系人加入程序要求继续审理的除外。

第三百四十九条　在诉讼中,当事人的利害关系人提出该当事人患有精神病,要求宣告该当事人无民事行为能力或者限制民事行为能力的,应由利害关系人向人民法院提出申请,由受诉人民法院按照特别程序立案审理,原诉讼中止。

第三百五十条　认定财产无主案件,公告期间有人对财产提出请求的,人民法院应当裁定终结特别程序,告知申请人另行起诉,适用普通程序审理。

第三百五十一条　被指定的监护人不服指定,应当自接到通知之日起三十日内向人民法院提出异议。经审理,认为指定并无不当的,裁定驳回异议;指定不当的,判决撤销指定,同时另行指定监护人。判决书应当送达异议人、原指定单位及判决指定的监护人。

第三百五十二条　申请认定公民无民事行为能力或者限制民事行为能力的案件,被申请人没有近亲属的,人民法院可以指定其他亲属为代理人。被申请人没有亲属的,人民法院可以指定经被申请人所在单位或者住所地的居民委员会、村民委员会同意，且愿意担任代理人的关系密切的朋友为代理人。

没有前款规定的代理人的，由被申请人所在单位或者住所地的居民委员会、村民委员会或者民政部门担任代理人。

代理人可以是一人，也可以是同一顺序中的两人。

第三百五十三条　申请司法确认调解协议的，双方当事人应当本人或者由符合民事诉讼法第五十八条规定的代理人向调解组织所在地基层人民法院或者人民法庭提出申请。

第三百五十四条　两个以上调解组织参与调解的，各调解组织所在地基层人民法院均有管辖权。

双方当事人可以共同向其中一个调解组织所在地基层人民法院提出申请；双方当事人共同向两个以上调解组织所在地基层人民法院提出申请的，由最先立案的人民法院管辖。

第三百五十五条　当事人申请司法确认调解协议，可以采用书面形式或者口头形式。当事人口头申请的，人民法院应当记入笔录，并由当事人签名、捺印或者盖章。

第三百五十六条　当事人申请司法确认调解协议，应当向人民法院提交调解协议、调解组织主持调解的证明，以及与调解协议相关的财产权利证明等材料，并提供双方当事人的身份、住所、联系方式等基本信息。

当事人未提交上述材料的，人民法院应当要求当事人限期补交。

第三百五十七条　当事人申请司法确认调解协议，有下列情形之一的，人民法院裁定不予受理：

（一）不属于人民法院受理范围的；

（二）不属于收到申请的人民法院管辖的；

（三）申请确认婚姻关系、亲子关系、收养关系等身份关系无效、有效或者解除的；

（四）涉及适用其他特别程序、公示催告程序、破产程序审理的；

（五）调解协议内容涉及物权、知识产权确权的。

人民法院受理申请后，发现有上述不予受理情形的，应当裁定驳回当事人的申请。

第三百五十八条　人民法院审查相关情况时，应当通知双方当事人共同到场对案件进行核实。

人民法院经审查，认为当事人的陈述或者提供的证明材料不充分、不完备或者有疑义的，可以要求当事人限期补充陈述或者补充证明材料。必要时，人民法院可以向调解组织核实有关情况。

第三百五十九条　确认调解协议的裁定作出前，当事人撤回申请的，人民法院可以裁定准许。

当事人无正当理由未在限期内补充陈述、补充证明材料或者拒不接受询问的，人民法院可以按撤回申请处理。

第三百六十条　经审查，调解协议有下列情形之一的，人民法院应当裁定驳回申请：

（一）违反法律强制性规定的；

（二）损害国家利益、社会公共利益、他人合法权益的；

（三）违背公序良俗的；

（四）违反自愿原则的；

（五）内容不明确的；

（六）其他不能进行司法确认的情形。

第三百六十一条　民事诉讼法第一百九十六条规定的担保物权人，包括抵押权人、质权人、留置权人；其他有权请求实现担保物权的人，包括抵押人、出质人、财产被留置的债务人或者所有权人等。

第三百六十二条　实现票据、仓单、提单等有权利凭证的权利质权案件，可以由权利凭证持有人住所地人民法院管辖；无权利凭证的权利质权，由出质登记地人民法院管辖。

第三百六十三条　实现担保物权案件属于海事法院等专门人民法院管辖的，由专门人民法院管辖。

第三百六十四条　同一债权的担保物有多个且所在地不同，申请人分别向有管辖权的人民法院申请实现担保物权的，人民法院应当依法受理。

第三百六十五条　依照物权法第一百七十六条的规定，被担保的债权既有物的担保又有人的担保，当事人对实现担保物权的顺序有约定，实现担保物权的申请违反该约定的，人民法院裁定不予受理;没有约定或者约定不明的,人民法院应当受理。

第三百六十六条 同一财产上设立多个担保物权,登记在先的担保物权尚未实现的,不影响后顺位的担保物权人向人民法院申请实现担保物权。

第三百六十七条 申请实现担保物权,应当提交下列材料:

(一)申请书。申请书应当记明申请人、被申请人的姓名或者名称、联系方式等基本信息,具体的请求和事实、理由;

(二)证明担保物权存在的材料,包括主合同、担保合同、抵押登记证明或者他项权利证书,权利质权的权利凭证或者质权出质登记证明等;

(三)证明实现担保物权条件成就的材料;

(四)担保财产现状的说明;

(五)人民法院认为需要提交的其他材料。

第三百六十八条 人民法院受理申请后,应当在五日内向被申请人送达申请书副本、异议权利告知书等文书。

被申请人有异议的,应当在收到人民法院通知后的五日内向人民法院提出,同时说明理由并提供相应的证据材料。

第三百六十九条 实现担保物权案件可以由审判员一人独任审查。担保财产标的额超过基层人民法院管辖范围的,应当组成合议庭进行审查。

第三百七十条 人民法院审查实现担保物权案件,可以询问申请人、被申请人、利害关系人,必要时可以依职权调查相关事实。

第三百七十一条 人民法院应当就主合同的效力、期限、履行情况,担保物权是否有效设立、担保财产的范围、被担保的债权范围、被担保的债权是否已届清偿期等担保物权实现的条件,以及是否损害他人合法权益等内容进行审查。

被申请人或者利害关系人提出异议的,人民法院应当一并审查。

第三百七十二条 人民法院审查后,按下列情形分别处理:

(一)当事人对实现担保物权无实质性争议且实现担保物权条件成就的,裁定准许拍卖、变卖担保财产;

(二)当事人对实现担保物权有部分实质性争议的,可以就无争议部分裁定准许拍卖、变卖担保财产;

(三)当事人对实现担保物权有实质性争议的,裁定驳回申请,并告知申请人向人民法院提起诉讼。

第三百七十三条 人民法院受理申请后,申请人对担保财产提出保全申请的,可以按照民事诉讼法关于诉讼保全的规定办理。

第三百七十四条 适用特别程序作出的判决、裁定,当事人、利害关系人认为有错误的,可以向作出该判决、裁定的人民法院提出异议。人民法院经审查,异议成立或者部分成立的,作出新的判决、裁定撤销或者改变原判决、裁定;异议不成立的,裁定驳回。

对人民法院作出的确认调解协议、准许实现担保物权的裁定,当事人有异议的,应当自收到裁定之日起十五日内提出;利害关系人有异议的,自知道或者应当知道其民事权益受到侵害之日起六个月内提出。

十八、审判监督程序

第三百七十五条 当事人死亡或者终止的,其权利义务承继者可以根据民事诉讼法第一百九十九条、第二百零一条的规定申请再审。

判决、调解书生效后,当事人将判决、调解书确认的债权转让,债权受让人对该判决、调解书不服申请再审的,人民法院不予受理。

第三百七十六条 民事诉讼法第一百九十九条规定的人数众多的一方当事人,包括公民、法人和其他组织。

民事诉讼法第一百九十九条规定的当事人双方为公民的案件,是指原告和被告均为公民的案件。

第三百七十七条 当事人申请再审,应当提交下列材料:

(一)再审申请书,并按照被申请人和原审其他当事人的人数提交副本;

(二)再审申请人是自然人的,应当提交身份证明;再审申请人是法人或者其他组织的,应当提交营业执照、组织机构代码证书、法定代表人或者主要负责人身份证明书。委托他人代为申请的，应当提交授权委托书和代理人身份证明；

（三）原审判决书、裁定书、调解书；

（四）反映案件基本事实的主要证据及其他材料。

前款第二项、第三项、第四项规定的材料可以是与原件核对无异的复印件。

第三百七十八条　再审申请书应当记明下列事项：

（一）再审申请人与被申请人及原审其他当事人的基本信息；

（二）原审人民法院的名称，原审裁判文书案号；

（三）具体的再审请求；

（四）申请再审的法定情形及具体事实、理由。

再审申请书应当明确申请再审的人民法院，并由再审申请人签名、捺印或者盖章。

第三百七十九条　当事人一方人数众多或者当事人双方为公民的案件，当事人分别向原审人民法院和上一级人民法院申请再审且不能协商一致的，由原审人民法院受理。

第三百八十条　适用特别程序、督促程序、公示催告程序、破产程序等非讼程序审理的案件，当事人不得申请再审。

第三百八十一条　当事人认为发生法律效力的不予受理、驳回起诉的裁定错误的，可以申请再审。

第三百八十二条　当事人就离婚案件中的财产分割问题申请再审，如涉及判决中已分割的财产，人民法院应当依照民事诉讼法第二百条的规定进行审查，符合再审条件的，应当裁定再审；如涉及判决中未作处理的夫妻共同财产，应当告知当事人另行起诉。

第三百八十三条　当事人申请再审，有下列情形之一的，人民法院不予受理：

（一）再审申请被驳回后再次提出申请的；

（二）对再审判决、裁定提出申请的；

（三）在人民检察院对当事人的申请作出不予提出再审检察建议或者抗诉决定后又提出申请的。

前款第一项、第二项规定情形，人民法院应当告知当事人可以向人民检察院申请再审检察建议或者抗诉，但因人民检察院提出再审检察建议或者抗诉而再审作出的判决、裁定除外。

第三百八十四条　当事人对已经发生法律效力的调解书申请再审，应当在调解书发生法律效力后六个月内提出。

第三百八十五条　人民法院应当自收到符合条件的再审申请书等材料之日起五日内向再审申请人发送受理通知书，并向被申请人及原审其他当事人发送应诉通知书、再审申请书副本等材料。

第三百八十六条　人民法院受理申请再审案件后，应当依照民事诉讼法第二百条、第二百零一条、第二百零四条等规定，对当事人主张的再审事由进行审查。

第三百八十七条　再审申请人提供的新的证据，能够证明原判决、裁定认定基本事实或者裁判结果错误的，应当认定为民事诉讼法第二百条第一项规定的情形。

对于符合前款规定的证据，人民法院应当责令再审申请人说明其逾期提供该证据的理由；拒不说明理由或者理由不成立的，依照民事诉讼法第六十五条第二款和本解释第一百零二条的规定处理。

第三百八十八条　再审申请人证明其提交的新的证据符合下列情形之一的，可以认定逾期提供证据的理由成立：

（一）在原审庭审结束前已经存在，因客观原因于庭审结束后才发现的；

（二）在原审庭审结束前已经发现，但因客观原因无法取得或者在规定的期限内不能提供的；

（三）在原审庭审结束后形成，无法据此另行提起诉讼的。

再审申请人提交的证据在原审中已经提供，原审人民法院未组织质证且未作为裁判根据的，视为逾期提供证据的理由成立，但原审人民法院依照民事诉讼法第六十五条规定不予采纳的除外。

第三百八十九条　当事人对原判决、裁定认定事实的主要证据在原审中拒绝发表质证意见或者质证中未对证据发表质证意见的,不属于民事诉讼法第二百条第四项规定的未经质证的情形。

第三百九十条　有下列情形之一,导致判决、裁定结果错误的,应当认定为民事诉讼法第二百条第六项规定的原判决、裁定适用法律确有错误:

(一)适用的法律与案件性质明显不符的;

(二)确定民事责任明显违背当事人约定或者法律规定的;

(三)适用已经失效或者尚未施行的法律的;

(四)违反法律溯及力规定的;

(五)违反法律适用规则的;

(六)明显违背立法原意的。

第三百九十一条　原审开庭过程中有下列情形之一的,应当认定为民事诉讼法第二百条第九项规定的剥夺当事人辩论权利:

(一)不允许当事人发表辩论意见的;

(二)应当开庭审理而未开庭审理的;

(三)违反法律规定送达起诉状副本或者上诉状副本,致使当事人无法行使辩论权利的;

(四)违法剥夺当事人辩论权利的其他情形。

第三百九十二条　民事诉讼法第二百条第十一项规定的诉讼请求,包括一审诉讼请求、二审上诉请求,但当事人未对一审判决、裁定遗漏或者超出诉讼请求提起上诉的除外。

第三百九十三条　民事诉讼法第二百条第十二项规定的法律文书包括:

(一)发生法律效力的判决书、裁定书、调解书;

(二)发生法律效力的仲裁裁决书;

(三)具有强制执行效力的公证债权文书。

第三百九十四条　民事诉讼法第二百条第十三项规定的审判人员审理该案件时有贪污受贿、徇私舞弊、枉法裁判行为,是指已经由生效刑事法律文书或者纪律处分决定所确认的行为。

第三百九十五条　当事人主张的再审事由成立,且符合民事诉讼法和本解释规定的申请再审条件的,人民法院应当裁定再审。

当事人主张的再审事由不成立,或者当事人申请再审超过法定申请再审期限、超出法定再审事由范围等不符合民事诉讼法和本解释规定的申请再审条件的,人民法院应当裁定驳回再审申请。

第三百九十六条　人民法院对已经发生法律效力的判决、裁定、调解书依法决定再审,依照民事诉讼法第二百零六条规定,需要中止执行的,应当在再审裁定中同时写明中止原判决、裁定、调解书的执行;情况紧急的,可以将中止执行裁定口头通知负责执行的人民法院,并在通知后十日内发出裁定书。

第三百九十七条　人民法院根据审查案件的需要决定是否询问当事人。新的证据可能推翻原判决、裁定的,人民法院应当询问当事人。

第三百九十八条　审查再审申请期间,被申请人及原审其他当事人依法提出再审申请的,人民法院应当将其列为再审申请人,对其再审事由一并审查,审查期限重新计算。经审查,其中一方再审申请人主张的再审事由成立的,应当裁定再审。各方再审申请人主张的再审事由均不成立的,一并裁定驳回再审申请。

第三百九十九条　审查再审申请期间,再审申请人申请人民法院委托鉴定、勘验的,人民法院不予准许。

第四百条　审查再审申请期间,再审申请人撤回再审申请的,是否准许,由人民法院裁定。

再审申请人经传票传唤,无正当理由拒不接受询问的,可以按撤回再审申请处理。

第四百零一条　人民法院准许撤回再审申请或者按撤回再审申请处理后,再审申请人再次申请再审的,不予受理,但有民事诉讼法第二百条第一项、第三项、第十二项、第十三项规定情形,自知道或者应当知道之日起六个月内提出的除外。

第四百零二条　再审申请审查期间,有下列情形之一的,裁定终结审查:

(一)再审申请人死亡或者终止,无权利义务承继者或者权利义务承继者声明放弃再审申请的;

(二)在给付之诉中,负有给付义务的被申

请人死亡或者终止,无可供执行的财产,也没有应当承担义务的人的;

(三)当事人达成和解协议且已履行完毕的,但当事人在和解协议中声明不放弃申请再审权利的除外;

(四)他人未经授权以当事人名义申请再审的;

(五)原审或者上一级人民法院已经裁定再审的。

(六)有本解释第三百八十三条第一款规定情形的。

第四百零三条　人民法院审理再审案件应当组成合议庭开庭审理,但按照第二审程序审理,有特殊情况或者双方当事人已经通过其他方式充分表达意见,且书面同意不开庭审理的除外。

符合缺席判决条件的,可以缺席判决。

第四百零四条　人民法院开庭审理再审案件,应当按照下列情形分别进行:

(一)因当事人申请再审的,先由再审申请人陈述再审请求及理由,后由被申请人答辩、其他原审当事人发表意见;

(二)因抗诉再审的,先由抗诉机关宣读抗诉书,再由申请抗诉的当事人陈述,后由被申请人答辩、其他原审当事人发表意见;

(三)人民法院依职权再审,有申诉人的,先由申诉人陈述再审请求及理由,后由被申诉人答辩、其他原审当事人发表意见;

(四)人民法院依职权再审,没有申诉人的,先由原审原告或者原审上诉人陈述,后由原审其他当事人发表意见。

对前款第一项至第三项规定的情形,人民法院应当要求当事人明确其再审请求。

第四百零五条　人民法院审理再审案件应当围绕再审请求进行。当事人的再审请求超出原审诉讼请求的,不予审理;符合另案诉讼条件的,告知当事人可以另行起诉。

被申请人及原审其他当事人在庭审辩论结束前提出的再审请求,符合民事诉讼法第二百零五条规定的,人民法院应当一并审理。

人民法院经再审,发现已经发生法律效力的判决、裁定损害国家利益、社会公共利益、他人合法权益的,应当一并审理。

第四百零六条　再审审理期间,有下列情形之一的,可以裁定终结再审程序:

(一)再审申请人在再审期间撤回再审请求,人民法院准许的;

(二)再审申请人经传票传唤,无正当理由拒不到庭的,或者未经法庭许可中途退庭,按撤回再审请求处理的;

(三)人民检察院撤回抗诉的;

(四)有本解释第四百零二条第一项至第四项规定情形的。

因人民检察院提出抗诉裁定再审的案件,申请抗诉的当事人有前款规定的情形,且不损害国家利益、社会公共利益或者他人合法权益的,人民法院应当裁定终结再审程序。

再审程序终结后,人民法院裁定中止执行的原生效判决自动恢复执行。

第四百零七条　人民法院经再审审理认为,原判决、裁定认定事实清楚、适用法律正确的,应予维持;原判决、裁定认定事实、适用法律虽有瑕疵,但裁判结果正确的,应当在再审判决、裁定中纠正瑕疵后予以维持。

原判决、裁定认定事实、适用法律错误,导致裁判结果错误的,应当依法改判、撤销或者变更。

第四百零八条　按照第二审程序再审的案件,人民法院经审理认为不符合民事诉讼法规定的起诉条件或者符合民事诉讼法第一百二十四条规定不予受理情形的,应当裁定撤销一、二审判决,驳回起诉。

第四百零九条　人民法院对调解书裁定再审后,按照下列情形分别处理:

(一)当事人提出的调解违反自愿原则的事由不成立,且调解书的内容不违反法律强制性规定的,裁定驳回再审申请;

(二)人民检察院抗诉或者再审检察建议所主张的损害国家利益、社会公共利益的理由不成立的,裁定终结再审程序。

前款规定情形,人民法院裁定中止执行的调解书需要继续执行的,自动恢复执行。

第四百一十条　一审原告在再审审理程序中申请撤回起诉,经其他当事人同意,且不损害国家利益、社会公共利益、他人合法权益的,人民法院可以准许。裁定准许撤诉的,应当一并撤销原判决。

一审原告在再审审理程序中撤回起诉后重复起诉的,人民法院不予受理。

第四百一十一条 当事人提交新的证据致使再审改判,因再审申请人或者申请检察监督当事人的过错未能在原审程序中及时举证,被申请人等当事人请求补偿其增加的交通、住宿、就餐、误工等必要费用的,人民法院应予支持。

第四百一十二条 部分当事人到庭并达成调解协议,其他当事人未作出书面表示的,人民法院应当在判决中对该事实作出表述;调解协议内容不违反法律规定,且不损害其他当事人合法权益的,可以在判决主文中予以确认。

第四百一十三条 人民检察院依法对损害国家利益、社会公共利益的发生法律效力的判决、裁定、调解书提出抗诉,或者经人民检察院检察委员会讨论决定提出再审检察建议的,人民法院应予受理。

第四百一十四条 人民检察院对已经发生法律效力的判决以及不予受理、驳回起诉的裁定依法提出抗诉的,人民法院应予受理,但适用特别程序、督促程序、公示催告程序、破产程序以及解除婚姻关系的判决、裁定等不适用审判监督程序的判决、裁定除外。

第四百一十五条 人民检察院依照民事诉讼法第二百零九条第一款第三项规定对有明显错误的再审判决、裁定提出抗诉或者再审检察建议的,人民法院应予受理。

第四百一十六条 地方各级人民检察院依当事人的申请对生效判决、裁定向同级人民法院提出再审检察建议,符合下列条件的,应予受理:

(一)再审检察建议书和原审当事人申请书及相关证据材料已经提交;

(二)建议再审的对象为依照民事诉讼法和本解释规定可以进行再审的判决、裁定;

(三)再审检察建议书列明该判决、裁定有民事诉讼法第二百零八条第二款规定情形;

(四)符合民事诉讼法第二百零九条第一款第一项、第二项规定情形;

(五)再审检察建议经该人民检察院检察委员会讨论决定。

不符合前款规定的,人民法院可以建议人民检察院予以补正或者撤回;不予补正或者撤回的,应当函告人民检察院不予受理。

第四百一十七条 人民检察院依当事人的申请对生效判决、裁定提出抗诉,符合下列条件的,人民法院应当在三十日内裁定再审:

(一)抗诉书和原审当事人申请书及相关证据材料已经提交;

(二)抗诉对象为依照民事诉讼法和本解释规定可以进行再审的判决、裁定;

(三)抗诉书列明该判决、裁定有民事诉讼法第二百零八条第一款规定情形;

(四)符合民事诉讼法第二百零九条第一款第一项、第二项规定情形。

不符合前款规定的,人民法院可以建议人民检察院予以补正或者撤回;不予补正或者撤回的,人民法院可以裁定不予受理。

第四百一十八条 当事人的再审申请被上级人民法院裁定驳回后,人民检察院对原判决、裁定、调解书提出抗诉,抗诉事由符合民事诉讼法第二百条第一项至第五项规定情形之一的,受理抗诉的人民法院可以交由下一级人民法院再审。

第四百一十九条 人民法院收到再审检察建议后,应当组成合议庭,在三个月内进行审查,发现原判决、裁定、调解书确有错误,需要再审的,依照民事诉讼法第一百九十八条规定裁定再审,并通知当事人;经审查,决定不予再审的,应当书面回复人民检察院。

第四百二十条 人民法院审理因人民检察院抗诉或者检察建议裁定再审的案件,不受此前已经作出的驳回当事人再审申请裁定的影响。

第四百二十一条 人民法院开庭审理抗诉案件,应当在开庭三日前通知人民检察院、当事人和其他诉讼参与人。同级人民检察院或者提出抗诉的人民检察院应当派员出庭。

人民检察院因履行法律监督职责向当事人或者案外人调查核实的情况,应当向法庭提交并予以说明,由双方当事人进行质证。

第四百二十二条 必须共同进行诉讼的当事人因不能归责于本人或者其诉讼代理人的事由

未参加诉讼的,可以根据民事诉讼法第二百条第八项规定,自知道或者应当知道之日起六个月内申请再审,但符合本解释第四百二十三条规定情形的除外。

人民法院因前款规定的当事人申请而裁定再审,按照第一审程序再审的,应当追加其为当事人,作出新的判决、裁定;按照第二审程序再审,经调解不能达成协议的,应当撤销原判决、裁定,发回重审,重审时应追加其为当事人。

第四百二十三条 根据民事诉讼法第二百二十七条规定,案外人对驳回其执行异议的裁定不服,认为原判决、裁定、调解书内容错误损害其民事权益的,可以自执行异议裁定送达之日起六个月内,向作出原判决、裁定、调解书的人民法院申请再审。

第四百二十四条 根据民事诉讼法第二百二十七条规定,人民法院裁定再审后,案外人属于必要的共同诉讼当事人的,依照本解释第四百二十二条第二款规定处理。

案外人不是必要的共同诉讼当事人的,人民法院仅审理原判决、裁定、调解书对其民事权益造成损害的内容。经审理,再审请求成立的,撤销或者改变原判决、裁定、调解书;再审请求不成立的,维持原判决、裁定、调解书。

第四百二十五条 本解释第三百四十条规定适用于审判监督程序。

第四百二十六条 对小额诉讼案件的判决、裁定,当事人以民事诉讼法第二百条规定的事由向原审人民法院申请再审的,人民法院应当受理。申请再审事由成立的,应当裁定再审,组成合议庭进行审理。作出的再审判决、裁定,当事人不得上诉。

当事人以不应按小额诉讼案件审理为由向原审人民法院申请再审的,人民法院应当受理。理由成立的,应当裁定再审,组成合议庭审理。作出的再审判决、裁定,当事人可以上诉。

十九、督促程序

第四百二十七条 两个以上人民法院都有管辖权的,债权人可以向其中一个基层人民法院申请支付令。

债权人向两个以上有管辖权的基层人民法院申请支付令的,由最先立案的人民法院管辖。

第四百二十八条 人民法院收到债权人的支付令申请书后,认为申请书不符合要求的,可以通知债权人限期补正。人民法院应当自收到补正材料之日起五日内通知债权人是否受理。

第四百二十九条 债权人申请支付令,符合下列条件的,基层人民法院应当受理,并在收到支付令申请书后五日内通知债权人:

(一)请求给付金钱或者汇票、本票、支票、股票、债券、国库券、可转让的存款单等有价证券;

(二)请求给付的金钱或者有价证券已到期且数额确定,并写明了请求所根据的事实、证据;

(三)债权人没有对待给付义务;

(四)债务人在我国境内且未下落不明;

(五)支付令能够送达债务人;

(六)收到申请书的人民法院有管辖权;

(七)债权人未向人民法院申请诉前保全。

不符合前款规定的,人民法院应当在收到支付令申请书后五日内通知债权人不予受理。

基层人民法院受理申请支付令案件,不受债权金额的限制。

第四百三十条 人民法院受理申请后,由审判员一人进行审查。经审查,有下列情形之一的,裁定驳回申请:

(一)申请人不具备当事人资格的;

(二)给付金钱或者有价证券的证明文件没有约定逾期给付利息或者违约金、赔偿金,债权人坚持要求给付利息或者违约金、赔偿金的;

(三)要求给付的金钱或者有价证券属于违法所得的;

(四)要求给付的金钱或者有价证券尚未到期或者数额不确定的。

人民法院受理支付令申请后,发现不符合本解释规定的受理条件的,应当在受理之日起十五日内裁定驳回申请。

第四百三十一条 向债务人本人送达支付令,债务人拒绝接收的,人民法院可以留置送达。

第四百三十二条　有下列情形之一的,人民法院应当裁定终结督促程序,已发出支付令的,支付令自行失效:

(一)人民法院受理支付令申请后,债权人就同一债权债务关系又提起诉讼的;

(二)人民法院发出支付令之日起三十日内无法送达债务人的;

(三)债务人收到支付令前,债权人撤回申请的。

第四百三十三条　债务人在收到支付令后,未在法定期间提出书面异议,而向其他人民法院起诉的,不影响支付令的效力。

债务人超过法定期间提出异议的,视为未提出异议。

第四百三十四条　债权人基于同一债权债务关系,在同一支付令申请中向债务人提出多项支付请求,债务人仅就其中一项或者几项请求提出异议的,不影响其他各项请求的效力。

第四百三十五条　债权人基于同一债权债务关系,就可分之债向多个债务人提出支付请求,多个债务人中的一人或者几人提出异议的,不影响其他请求的效力。

第四百三十六条　对设有担保的债务的主债务人发出的支付令,对担保人没有拘束力。

债权人就担保关系单独提起诉讼的,支付令自人民法院受理案件之日起失效。

第四百三十七条　经形式审查,债务人提出的书面异议有下列情形之一的,应当认定异议成立,裁定终结督促程序,支付令自行失效:

(一)本解释规定的不予受理申请情形的;

(二)本解释规定的裁定驳回申请情形的;

(三)本解释规定的应当裁定终结督促程序情形的;

(四)人民法院对是否符合发出支付令条件产生合理怀疑的。

第四百三十八条　债务人对债务本身没有异议,只是提出缺乏清偿能力、延缓债务清偿期限、变更债务清偿方式等异议的,不影响支付令的效力。

人民法院经审查认为异议不成立的,裁定驳回。

债务人的口头异议无效。

第四百三十九条　人民法院作出终结督促程序或者驳回异议裁定前,债务人请求撤回异议的,应当裁定准许。

债务人对撤回异议反悔的,人民法院不予支持。

第四百四十条　支付令失效后,申请支付令的一方当事人不同意提起诉讼的,应当自收到终结督促程序裁定之日起七日内向受理申请的人民法院提出。

申请支付令的一方当事人不同意提起诉讼的,不影响其向其他有管辖权的人民法院提起诉讼。

第四百四十一条　支付令失效后,申请支付令的一方当事人自收到终结督促程序裁定之日起七日内未向受理申请的人民法院表明不同意提起诉讼的,视为向受理申请的人民法院起诉。

债权人提出支付令申请的时间,即为向人民法院起诉的时间。

第四百四十二条　债权人向人民法院申请执行支付令的期间,适用民事诉讼法第二百三十九条的规定。

第四百四十三条　人民法院院长发现本院已经发生法律效力的支付令确有错误,认为需要撤销的,应当提交本院审判委员会讨论决定后,裁定撤销支付令,驳回债权人的申请。

二十、公示催告程序

第四百四十四条　民事诉讼法第二百一十八条规定的票据持有人,是指票据被盗、遗失或者灭失前的最后持有人。

第四百四十五条　人民法院收到公示催告的申请后,应当立即审查,并决定是否受理。经审查认为符合受理条件的,通知予以受理,并同时通知支付人停止支付;认为不符合受理条件的,七日内裁定驳回申请。

第四百四十六条　因票据丧失,申请公示催告的,人民法院应结合票据存根、丧失票据的复印件、出票人关于签发票据的证明、申请人合法取得票据的证明、银行挂失止付通知书、报案证明等证据,决定是否受理。

第四百四十七条　人民法院依照民事诉讼法第二百一十九条规定发出的受理申请的公告,应当写明下列内容：

（一）公示催告申请人的姓名或者名称；

（二）票据的种类、号码、票面金额、出票人、背书人、持票人、付款期限等事项以及其他可以申请公示催告的权利凭证的种类、号码、权利范围、权利人、义务人、行权日期等事项；

（三）申报权利的期间；

（四）在公示催告期间转让票据等权利凭证，利害关系人不申报的法律后果。

第四百四十八条 公告应当在有关报纸或者其他媒体上刊登，并于同日公布于人民法院公告栏内。人民法院所在地有证券交易所的，还应当同日在该交易所公布。

第四百四十九条 公告期间不得少于六十日，且公示催告期间届满日不得早于票据付款日后十五日。

第四百五十条 在申报期届满后、判决作出之前，利害关系人申报权利的，应当适用民事诉讼法第二百二十一条第二款、第三款规定处理。

第四百五十一条 利害关系人申报权利，人民法院应当通知其向法院出示票据，并通知公示催告申请人在指定的期间查看该票据。公示催告申请人申请公示催告的票据与利害关系人出示的票据不一致的，应当裁定驳回利害关系人的申报。

第四百五十二条 在申报权利的期间无人申报权利，或者申报被驳回的，申请人应当自公示催告期间届满之日起一个月内申请作出判决。逾期不申请判决的，终结公示催告程序。

裁定终结公示催告程序的，应当通知申请人和支付人。

第四百五十三条 判决公告之日起，公示催告申请人有权依据判决向付款人请求付款。

付款人拒绝付款，申请人向人民法院起诉，符合民事诉讼法第一百一十九条规定的起诉条件的，人民法院应予受理。

第四百五十四条 适用公示催告程序审理案件，可由审判员一人独任审理；判决宣告票据无效的，应当组成合议庭审理。

第四百五十五条 公示催告申请人撤回申请，应在公示催告前提出；公示催告期间申请撤回的，人民法院可以径行裁定终结公示催告程序。

第四百五十六条 人民法院依照民事诉讼法第二百二十条规定通知支付人停止支付，应当符合有关财产保全的规定。支付人收到停止支付通知后拒不止付的，除可依照民事诉讼法第一百一十一条、第一百一十四条规定采取强制措施外，在判决后，支付人仍应承担付款义务。

第四百五十七条 人民法院依照民事诉讼法第二百二十一条规定终结公示催告程序后，公示催告申请人或者申报人向人民法院提起诉讼，因票据权利纠纷提起的，由票据支付地或者被告住所地人民法院管辖；因非票据权利纠纷提起的，由被告住所地人民法院管辖。

第四百五十八条 依照民事诉讼法第二百二十一条规定制作的终结公示催告程序的裁定书，由审判员、书记员署名，加盖人民法院印章。

第四百五十九条 依照民事诉讼法第二百二十三条的规定，利害关系人向人民法院起诉的，人民法院可按票据纠纷适用普通程序审理。

第四百六十条 民事诉讼法第二百二十三条规定的正当理由，包括：

（一）因发生意外事件或者不可抗力致使利害关系人无法知道公告事实的；

（二）利害关系人因被限制人身自由而无法知道公告事实，或者虽然知道公告事实，但无法自己或者委托他人代为申报权利的；

（三）不属于法定申请公示催告情形的；

（四）未予公告或者未按法定方式公告的；

（五）其他导致利害关系人在判决作出前未能向人民法院申报权利的客观事由。

第四百六十一条 根据民事诉讼法第二百二十三条的规定，利害关系人请求人民法院撤销除权判决的，应当将申请人列为被告。

利害关系人仅诉请确认其为合法持票人的，人民法院应当在裁判文书中写明，确认利害关系人为票据权利人的判决作出后，除权判决即被撤销。

二十一、执行程序

第四百六十二条 发生法律效力的实现担保物权裁定、确认调解协议裁定、支付令，由作出裁定、支付令的人民法院或者与其同级的被执行财产所在地的人民法院执行。

认定财产无主的判决,由作出判决的人民法院将无主财产收归国家或者集体所有。

第四百六十三条 当事人申请人民法院执行的生效法律文书应当具备下列条件:

(一)权利义务主体明确;

(二)给付内容明确。

法律文书确定继续履行合同的,应当明确继续履行的具体内容。

第四百六十四条 根据民事诉讼法第二百二十七条规定,案外人对执行标的提出异议的,应当在该执行标的执行程序终结前提出。

第四百六十五条 案外人对执行标的提出的异议,经审查,按照下列情形分别处理:

(一)案外人对执行标的不享有足以排除强制执行的权益的,裁定驳回其异议;

(二)案外人对执行标的享有足以排除强制执行的权益的,裁定中止执行。

驳回案外人执行异议裁定送达案外人之日起十五日内,人民法院不得对执行标的进行处分。

第四百六十六条 申请执行人与被执行人达成和解协议后请求中止执行或者撤回执行申请的,人民法院可以裁定中止执行或者终结执行。

第四百六十七条 一方当事人不履行或者不完全履行在执行中双方自愿达成的和解协议,对方当事人申请执行原生效法律文书的,人民法院应当恢复执行,但和解协议已履行的部分应当扣除。和解协议已经履行完毕的,人民法院不予恢复执行。

第四百六十八条 申请恢复执行原生效法律文书,适用民事诉讼法第二百三十九条申请执行期间的规定。申请执行期间因达成执行中的和解协议而中断,其期间自和解协议约定履行期限的最后一日起重新计算。

第四百六十九条 人民法院依照民事诉讼法第二百三十一条规定决定暂缓执行的,如果担保是有期限的,暂缓执行的期限应当与担保期限一致,但最长不得超过一年。被执行人或者担保人对担保的财产在暂缓执行期间有转移、隐藏、变卖、毁损等行为的,人民法院可以恢复强制执行。

第四百七十条 根据民事诉讼法第二百三十一条规定向人民法院提供执行担保的,可以由被执行人或者他人提供财产担保,也可以由他人提供保证。担保人应当具有代为履行或者代为承担赔偿责任的能力。

他人提供执行保证的,应当向执行法院出具保证书,并将保证书副本送交申请执行人。被执行人或者他人提供财产担保的,应当参照物权法、担保法的有关规定办理相应手续。

第四百七十一条 被执行人在人民法院决定暂缓执行的期限届满后仍不履行义务的,人民法院可以直接执行担保财产,或者裁定执行担保人的财产,但执行担保人的财产以担保人应当履行义务部分的财产为限。

第四百七十二条 依照民事诉讼法第二百三十二条规定,执行中作为被执行人的法人或者其他组织分立、合并的,人民法院可以裁定变更后的法人或者其他组织为被执行人;被注销的,如果依照有关实体法的规定有权利义务承受人的,可以裁定该权利义务承受人为被执行人。

第四百七十三条 其他组织在执行中不能履行法律文书确定的义务的,人民法院可以裁定执行对该其他组织依法承担义务的法人或者公民个人的财产。

第四百七十四条 在执行中,作为被执行人的法人或者其他组织名称变更的,人民法院可以裁定变更后的法人或者其他组织为被执行人。

第四百七十五条 作为被执行人的公民死亡,其遗产继承人没有放弃继承的,人民法院可以裁定变更被执行人,由该继承人在遗产的范围内偿还债务。继承人放弃继承的,人民法院可以直接执行被执行人的遗产。

第四百七十六条 法律规定由人民法院执行的其他法律文书执行完毕后,该法律文书被有关机关或者组织依法撤销的,经当事人申请,适用民事诉讼法第二百三十三条规定。

第四百七十七条 仲裁机构裁决的事项,部分有民事诉讼法第二百三十七条第二款、第三款规定情形的,人民法院应当裁定对该部分不予执行。

应当不予执行部分与其他部分不可分的，人民法院应当裁定不予执行仲裁裁决。

第四百七十八条　依照民事诉讼法第二百三十七条第二款、第三款规定，人民法院裁定不予执行仲裁裁决后，当事人对该裁定提出执行异议或者复议的，人民法院不予受理。当事人可以就该民事纠纷重新达成书面仲裁协议申请仲裁，也可以向人民法院起诉。

第四百七十九条　在执行中，被执行人通过仲裁程序将人民法院查封、扣押、冻结的财产确权或者分割给案外人的，不影响人民法院执行程序的进行。

案外人不服的，可以根据民事诉讼法第二百二十七条规定提出异议。

第四百八十条　有下列情形之一的，可以认定为民事诉讼法第二百三十八条第二款规定的公证债权文书确有错误：

（一）公证债权文书属于不得赋予强制执行效力的债权文书的；

（二）被执行人一方未亲自或者未委托代理人到场公证等严重违反法律规定的公证程序的；

（三）公证债权文书的内容与事实不符或者违反法律强制性规定的；

（四）公证债权文书未载明被执行人不履行义务或者不完全履行义务时同意接受强制执行的。

人民法院认定执行该公证债权文书违背社会公共利益的，裁定不予执行。

公证债权文书被裁定不予执行后，当事人、公证事项的利害关系人可以就债权争议提起诉讼。

第四百八十一条　当事人请求不予执行仲裁裁决或者公证债权文书的，应当在执行终结前向执行法院提出。

第四百八十二条　人民法院应当在收到申请执行书或者移交执行书后十日内发出执行通知。

执行通知中除应责令被执行人履行法律文书确定的义务外，还应通知其承担民事诉讼法第二百五十三条规定的迟延履行利息或者迟延履行金。

第四百八十三条　申请执行人超过申请执行时效期间向人民法院申请强制执行的，人民法院应予受理。被执行人对申请执行时效期间提出异议，人民法院经审查异议成立的，裁定不予执行。

被执行人履行全部或者部分义务后，又以不知道申请执行时效期间届满为由请求执行回转的，人民法院不予支持。

第四百八十四条　对必须接受调查询问的被执行人、被执行人的法定代表人、负责人或者实际控制人，经依法传唤无正当理由拒不到场的，人民法院可以拘传其到场。

人民法院应当及时对被拘传人进行调查询问，调查询问的时间不得超过八小时；情况复杂，依法可能采取拘留措施的，调查询问的时间不得超过二十四小时。

人民法院在本辖区以外采取拘传措施时，可以将被拘传人拘传到当地人民法院，当地人民法院应予协助。

第四百八十五条　人民法院有权查询被执行人的身份信息与财产信息，掌握相关信息的单位和个人必须按照协助执行通知书办理。

第四百八十六条　对被执行的财产，人民法院非经查封、扣押、冻结不得处分。对银行存款等各类可以直接扣划的财产，人民法院的扣划裁定同时具有冻结的法律效力。

第四百八十七条　人民法院冻结被执行人的银行存款的期限不得超过一年，查封、扣押动产的期限不得超过两年，查封不动产、冻结其他财产权的期限不得超过三年。

申请执行人申请延长期限的，人民法院应当在查封、扣押、冻结期限届满前办理续行查封、扣押、冻结手续，续行期限不得超过前款规定的期限。

人民法院也可以依职权办理续行查封、扣押、冻结手续。

第四百八十八条　依照民事诉讼法第二百四十七条规定，人民法院在执行中需要拍卖被执行人财产的，可以由人民法院自行组织拍卖，也可以交由具备相应资质的拍卖机构拍卖。

交拍卖机构拍卖的，人民法院应当对拍卖活动进行监督。

第四百八十九条　拍卖评估需要对现场进行检

查、勘验的,人民法院应当责令被执行人、协助义务人予以配合。被执行人、协助义务人不予配合的,人民法院可以强制进行。

第四百九十条 人民法院在执行中需要变卖被执行人财产的,可以交有关单位变卖,也可以由人民法院直接变卖。

对变卖的财产,人民法院或者其工作人员不得买受。

第四百九十一条 经申请执行人和被执行人同意,且不损害其他债权人合法权益和社会公共利益的,人民法院可以不经拍卖、变卖,直接将被执行人的财产作价交申请执行人抵偿债务。对剩余债务,被执行人应当继续清偿。

第四百九十二条 被执行人的财产无法拍卖或者变卖的,经申请执行人同意,且不损害其他债权人合法权益和社会公共利益的,人民法院可以将该项财产作价后交付申请执行人抵偿债务,或者交付申请执行人管理;申请执行人拒绝接收或者管理的,退回被执行人。

第四百九十三条 拍卖成交或者依法定程序裁定以物抵债的,标的物所有权自拍卖成交裁定或者抵债裁定送达买受人或者接受抵债物的债权人时转移。

第四百九十四条 执行标的物为特定物的,应当执行原物。原物确已毁损或者灭失的,经双方当事人同意,可以折价赔偿。

双方当事人对折价赔偿不能协商一致的,人民法院应当终结执行程序。申请执行人可以另行起诉。

第四百九十五条 他人持有法律文书指定交付的财物或者票证,人民法院依照民事诉讼法第二百四十九条第二款、第三款规定发出协助执行通知后,拒不转交的,可以强制执行,并可依照民事诉讼法第一百一十四条、第一百一十五条规定处理。

他人持有期间财物或者票证毁损、灭失的,参照本解释第四百九十四条规定处理。

他人主张合法持有财物或者票证的,可以根据民事诉讼法第二百二十七条规定提出执行异议。

第四百九十六条 在执行中,被执行人隐匿财产、会计账簿等资料的,人民法院除可依照民事诉讼法第一百一十一条第一款第六项规定对其处理外,还应责令被执行人交出隐匿的财产、会计账簿等资料。被执行人拒不交出的,人民法院可以采取搜查措施。

第四百九十七条 搜查人员应当按规定着装并出示搜查令和工作证件。

第四百九十八条 人民法院搜查时禁止无关人员进入搜查现场;搜查对象是公民的,应当通知被执行人或者他的成年家属以及基层组织派员到场;搜查对象是法人或者其他组织的,应当通知法定代表人或者主要负责人到场。拒不到场的,不影响搜查。

搜查妇女身体,应当由女执行人员进行。

第四百九十九条 搜查中发现应当依法采取查封、扣押措施的财产,依照民事诉讼法第二百四十五条第二款和第二百四十七条规定办理。

第五百条 搜查应当制作搜查笔录,由搜查人员、被搜查人及其他在场人签名、捺印或者盖章。拒绝签名、捺印或者盖章的,应当记入搜查笔录。

第五百零一条 人民法院执行被执行人对他人的到期债权,可以作出冻结债权的裁定,并通知该他人向申请执行人履行。

该他人对到期债权有异议,申请执行人请求对异议部分强制执行的,人民法院不予支持。利害关系人对到期债权有异议的,人民法院应当按照民事诉讼法第二百二十七条规定处理。

对生效法律文书确定的到期债权,该他人予以否认的,人民法院不予支持。

第五百零二条 人民法院在执行中需要办理房产证、土地证、林权证、专利证书、商标证书、车船执照等有关财产权证照转移手续的,可以依照民事诉讼法第二百五十一条规定办理。

第五百零三条 被执行人不履行生效法律文书确定的行为义务,该义务可由他人完成的,人民法院可以选定代履行人;法律、行政法规对履行该行为义务有资格限制的,应当从有资格的人中选定。必要时,可以通过招标的方式确定代履行人。

申请执行人可以在符合条件的人中推荐代履行人,也可以申请自己代为履行,是否准许，由人民法院决定。

第五百零四条　代履行费用的数额由人民法院根据案件具体情况确定，并由被执行人在指定期限内预先支付。被执行人未预付的，人民法院可以对该费用强制执行。

代履行结束后，被执行人可以查阅、复制费用清单以及主要凭证。

第五百零五条　被执行人不履行法律文书指定的行为，且该项行为只能由被执行人完成的，人民法院可以依照民事诉讼法第一百一十一条第一款第六项规定处理。

被执行人在人民法院确定的履行期间内仍不履行的，人民法院可以依照民事诉讼法第一百一十一条第一款第六项规定再次处理。

第五百零六条　被执行人迟延履行的，迟延履行期间的利息或者迟延履行金自判决、裁定和其他法律文书指定的履行期间届满之日起计算。

第五百零七条　被执行人未按判决、裁定和其他法律文书指定的期间履行非金钱给付义务的，无论是否已给申请执行人造成损失，都应当支付迟延履行金。已经造成损失的，双倍补偿申请执行人已经受到的损失；没有造成损失的，迟延履行金可以由人民法院根据具体案件情况决定。

第五百零八条　被执行人为公民或者其他组织，在执行程序开始后，被执行人的其他已经取得执行依据的债权人发现被执行人的财产不能清偿所有债权的，可以向人民法院申请参与分配。

对人民法院查封、扣押、冻结的财产有优先权、担保物权的债权人，可以直接申请参与分配，主张优先受偿权。

第五百零九条　申请参与分配，申请人应当提交申请书。申请书应当写明参与分配和被执行人不能清偿所有债权的事实、理由，并附有执行依据。

参与分配申请应当在执行程序开始后，被执行人的财产执行终结前提出。

第五百一十条　参与分配执行中，执行所得价款扣除执行费用，并清偿应当优先受偿的债权后，对于普通债权，原则上按照其占全部申请参与分配债权数额的比例受偿。清偿后的剩余债务，被执行人应当继续清偿。债权人发现被执行人有其他财产的，可以随时请求人民法院执行。

第五百一十一条　多个债权人对执行财产申请参与分配的，执行法院应当制作财产分配方案，并送达各债权人和被执行人。债权人或者被执行人对分配方案有异议的，应当自收到分配方案之日起十五日内向执行法院提出书面异议。

第五百一十二条　债权人或者被执行人对分配方案提出书面异议的，执行法院应当通知未提出异议的债权人、被执行人。

未提出异议的债权人、被执行人自收到通知之日起十五日内未提出反对意见的，执行法院依异议人的意见对分配方案审查修正后进行分配；提出反对意见的，应当通知异议人。异议人可以自收到通知之日起十五日内，以提出反对意见的债权人、被执行人为被告，向执行法院提起诉讼；异议人逾期未提起诉讼的，执行法院按照原分配方案进行分配。

诉讼期间进行分配的，执行法院应当提存与争议债权数额相应的款项。

第五百一十三条　在执行中，作为被执行人的企业法人符合企业破产法第二条第一款规定情形的，执行法院经申请执行人之一或者被执行人同意，应当裁定中止对该被执行人的执行，将执行案件相关材料移送被执行人住所地人民法院。

第五百一十四条　被执行人住所地人民法院应当自收到执行案件相关材料之日起三十日内，将是否受理破产案件的裁定告知执行法院。不予受理的，应当将相关案件材料退回执行法院。

第五百一十五条　被执行人住所地人民法院裁定受理破产案件的，执行法院应当解除对被执行人财产的保全措施。被执行人住所地人民法院裁定宣告被执行人破产的，执行法院应当裁定终结对该被执行人的执行。

被执行人住所地人民法院不受理破产案件的，执行法院应当恢复执行。

第五百一十六条　当事人不同意移送破产或者被执行人住所地人民法院不受理破产案件的，

执行法院就执行变价所得财产,在扣除执行费用及清偿优先受偿的债权后,对于普通债权,按照财产保全和执行中查封、扣押、冻结财产的先后顺序清偿。

第五百一十七条 债权人根据民事诉讼法第二百五十四条规定请求人民法院继续执行的,不受民事诉讼法第二百三十九条规定申请执行时效期间的限制。

第五百一十八条 被执行人不履行法律文书确定的义务的,人民法院除对被执行人予以处罚外,还可以根据情节将其纳入失信被执行人名单,将被执行人不履行或者不完全履行义务的信息向其所在单位、征信机构以及其他相关机构通报。

第五百一十九条 经过财产调查未发现可供执行的财产,在申请执行人签字确认或者执行法院组成合议庭审查核实并经院长批准后,可以裁定终结本次执行程序。

依照前款规定终结执行后,申请执行人发现被执行人有可供执行财产的,可以再次申请执行。再次申请不受申请执行时效期间的限制。

第五百二十条 因撤销申请而终结执行后,当事人在民事诉讼法第二百三十九条规定的申请执行时效期间内再次申请执行的,人民法院应当受理。

第五百二十一条 在执行终结六个月内,被执行人或者其他人对已执行的标的有妨害行为的,人民法院可以依申请排除妨害,并可以依照民事诉讼法第一百一十一条规定进行处罚。因妨害行为给执行债权人或者其他人造成损失的,受害人可以另行起诉。

二十二、涉外民事诉讼程序的特别规定

第五百二十二条 有下列情形之一,人民法院可以认定为涉外民事案件:

(一)当事人一方或者双方是外国人、无国籍人、外国企业或者组织的;

(二)当事人一方或者双方的经常居所地在中华人民共和国领域外的;

(三)标的物在中华人民共和国领域外的;

(四)产生、变更或者消灭民事关系的法律事实发生在中华人民共和国领域外的;

(五)可以认定为涉外民事案件的其他情形。

第五百二十三条 外国人参加诉讼,应当向人民法院提交护照等用以证明自己身份的证件。

外国企业或者组织参加诉讼,向人民法院提交的身份证明文件,应当经所在国公证机关公证,并经中华人民共和国驻该国使领馆认证,或者履行中华人民共和国与该所在国订立的有关条约中规定的证明手续。

代表外国企业或者组织参加诉讼的人,应当向人民法院提交其有权作为代表人参加诉讼的证明,该证明应当经所在国公证机关公证,并经中华人民共和国驻该国使领馆认证,或者履行中华人民共和国与该所在国订立的有关条约中规定的证明手续。

本条所称的"所在国",是指外国企业或者组织的设立登记地国,也可以是办理了营业登记手续的第三国。

第五百二十四条 依照民事诉讼法第二百六十四条以及本解释第五百二十三条规定,需要办理公证、认证手续,而外国当事人所在国与中华人民共和国没有建立外交关系的,可以经该国公证机关公证,经与中华人民共和国有外交关系的第三国驻该国使领馆认证,再转由中华人民共和国驻该第三国使领馆认证。

第五百二十五条 外国人、外国企业或者组织的代表人在人民法院法官的见证下签署授权委托书,委托代理人进行民事诉讼的,人民法院应予认可。

第五百二十六条 外国人、外国企业或者组织的代表人在中华人民共和国境内签署授权委托书,委托代理人进行民事诉讼,经中华人民共和国公证机构公证的,人民法院应予认可。

第五百二十七条 当事人向人民法院提交的书面材料是外文的,应当同时向人民法院提交中文翻译件。

当事人对中文翻译件有异议的,应当共同委托翻译机构提供翻译文本;当事人对翻译机构的选择不能达成一致的,由人民法院确定。

第五百二十八条 涉外民事诉讼中的外籍当事人,可以委托本国人为诉讼代理人,也可以委托本国律师以非律师身份担任诉讼代理人;外

国驻华使领馆官员，受本国公民的委托，可以以个人名义担任诉讼代理人，但在诉讼中不享有外交或者领事特权和豁免。

第五百二十九条　涉外民事诉讼中，外国驻华使领馆授权其本馆官员，在作为当事人的本国国民不在中华人民共和国领域内的情况下，可以以外交代表身份为其本国国民在中华人民共和国聘请中华人民共和国律师或者中华人民共和国公民代理民事诉讼。

第五百三十条　涉外民事诉讼中，经调解双方达成协议，应当制发调解书。当事人要求发给判决书的，可以依协议的内容制作判决书送达当事人。

第五百三十一条　涉外合同或者其他财产权益纠纷的当事人，可以书面协议选择被告住所地、合同履行地、合同签订地、原告住所地、标的物所在地、侵权行为地等与争议有实际联系地点的外国法院管辖。

根据民事诉讼法第三十三条和第二百六十六条规定，属于中华人民共和国法院专属管辖的案件，当事人不得协议选择外国法院管辖，但协议选择仲裁的除外。

第五百三十二条　涉外民事案件同时符合下列情形的，人民法院可以裁定驳回原告的起诉，告知其向更方便的外国法院提起诉讼：

（一）被告提出案件应由更方便外国法院管辖的请求，或者提出管辖异议；

（二）当事人之间不存在选择中华人民共和国法院管辖的协议；

（三）案件不属于中华人民共和国法院专属管辖；

（四）案件不涉及中华人民共和国国家、公民、法人或者其他组织的利益；

（五）案件争议的主要事实不是发生在中华人民共和国境内，且案件不适用中华人民共和国法律，人民法院审理案件在认定事实和适用法律方面存在重大困难；

（六）外国法院对案件享有管辖权，且审理该案件更加方便。

第五百三十三条　中华人民共和国法院和外国法院都有管辖权的案件，一方当事人向外国法院起诉，而另一方当事人向中华人民共和国法院起诉的，人民法院可予受理。判决后，外国法院申请或者当事人请求人民法院承认和执行外国法院对本案作出的判决、裁定的，不予准许；但双方共同缔结或者参加的国际条约另有规定的除外。

外国法院判决、裁定已经被人民法院承认，当事人就同一争议向人民法院起诉的，人民法院不予受理。

第五百三十四条　对在中华人民共和国领域内没有住所的当事人，经用公告方式送达诉讼文书，公告期满不应诉，人民法院缺席判决后，仍应当将裁判文书依照民事诉讼法第二百六十七条第八项规定公告送达。自公告送达裁判文书满三个月之日起，经过三十日的上诉期当事人没有上诉的，一审判决即发生法律效力。

第五百三十五条　外国人或者外国企业、组织的代表人、主要负责人在中华人民共和国领域内的，人民法院可以向该自然人或者外国企业、组织的代表人、主要负责人送达。

外国企业、组织的主要负责人包括该企业、组织的董事、监事、高级管理人员等。

第五百三十六条　受送达人所在国允许邮寄送达的，人民法院可以邮寄送达。

邮寄送达时应当附有送达回证。受送达人未在送达回证上签收但在邮件回执上签收的，视为送达，签收日期为送达日期。

自邮寄之日起满三个月，如果未收到送达的证明文件，且根据各种情况不足以认定已经送达的，视为不能用邮寄方式送达。

第五百三十七条　人民法院一审时采取公告方式向当事人送达诉讼文书的，二审时可径行采取公告方式向其送达诉讼文书，但人民法院能够采取公告方式之外的其他方式送达的除外。

第五百三十八条　不服第一审人民法院判决、裁定的上诉期，对在中华人民共和国领域内有住所的当事人，适用民事诉讼法第一百六十四条规定的期限；对在中华人民共和国领域内没有住所的当事人，适用民事诉讼法第二百六十九条规定的期限。当事人的上诉期均已届满没有上诉的，第一审人民法院的判决、裁定即发生法律效力。

第五百三十九条　人民法院对涉外民事案件的

当事人申请再审进行审查的期间,不受民事诉讼法第二百零四条规定的限制。

第五百四十条 申请人向人民法院申请执行中华人民共和国涉外仲裁机构的裁决,应当提出书面申请,并附裁决书正本。如申请人为外国当事人,其申请书应当用中文文本提出。

第五百四十一条 人民法院强制执行涉外仲裁机构的仲裁裁决时,被执行人以有民事诉讼法第二百七十四条第一款规定的情形为由提出抗辩的,人民法院应当对被执行人的抗辩进行审查,并根据审查结果裁定执行或者不予执行。

第五百四十二条 依照民事诉讼法第二百七十二条规定,中华人民共和国涉外仲裁机构将当事人的保全申请提交人民法院裁定的,人民法院可以进行审查,裁定是否进行保全。裁定保全的,应当责令申请人提供担保,申请人不提供担保的,裁定驳回申请。

当事人申请证据保全,人民法院经审查认为无需提供担保的,申请人可以不提供担保。

第五百四十三条 申请人向人民法院申请承认和执行外国法院作出的发生法律效力的判决、裁定,应当提交申请书,并附外国法院作出的发生法律效力的判决、裁定正本或者经证明无误的副本以及中文译本。外国法院判决、裁定为缺席判决、裁定的,申请人应当同时提交该外国法院已经合法传唤的证明文件,但判决、裁定已经对此予以明确说明的除外。

中华人民共和国缔结或者参加的国际条约对提交文件有规定的,按照规定办理。

第五百四十四条 当事人向中华人民共和国有管辖权的中级人民法院申请承认和执行外国法院作出的发生法律效力的判决、裁定的,如果该法院所在国与中华人民共和国没有缔结或者共同参加国际条约,也没有互惠关系的,裁定驳回申请,但当事人向人民法院申请承认外国法院作出的发生法律效力的离婚判决的除外。

承认和执行申请被裁定驳回的,当事人可以向人民法院起诉。

第五百四十五条 对临时仲裁庭在中华人民共和国领域外作出的仲裁裁决,一方当事人向人民法院申请承认和执行的,人民法院应当依照民事诉讼法第二百八十三条规定处理。

第五百四十六条 对外国法院作出的发生法律效力的判决、裁定或者外国仲裁裁决,需要中华人民共和国法院执行的,当事人应当先向人民法院申请承认。人民法院经审查,裁定承认后,再根据民事诉讼法第三编的规定予以执行。

当事人仅申请承认而未同时申请执行的,人民法院仅对应否承认进行审查并作出裁定。

第五百四十七条 当事人申请承认和执行外国法院作出的发生法律效力的判决、裁定或者外国仲裁裁决的期间,适用民事诉讼法第二百三十九条的规定。

当事人仅申请承认而未同时申请执行的,申请执行的期间自人民法院对承认申请作出的裁定生效之日起重新计算。

第五百四十八条 承认和执行外国法院作出的发生法律效力的判决、裁定或者外国仲裁裁决的案件,人民法院应当组成合议庭进行审查。

人民法院应当将申请书送达被申请人。被申请人可以陈述意见。

人民法院经审查作出的裁定,一经送达即发生法律效力。

第五百四十九条 与中华人民共和国没有司法协助条约又无互惠关系的国家的法院,未通过外交途径,直接请求人民法院提供司法协助的,人民法院应予退回,并说明理由。

第五百五十条 当事人在中华人民共和国领域外使用中华人民共和国法院的判决书、裁定书,要求中华人民共和国法院证明其法律效力的,或者外国法院要求中华人民共和国法院证明判决书、裁定书的法律效力的,作出判决、裁定的中华人民共和国法院,可以本法院的名义出具证明。

第五百五十一条 人民法院审理涉及香港、澳门特别行政区和台湾地区的民事诉讼案件,可以参照适用涉外民事诉讼程序的特别规定。

二十三、附　　则

第五百五十二条 本解释公布施行后,最高人民法院于1992年7月14日发布的《关于适用〈中华人民共和国民事诉讼法〉若干问题的意见》同时废止；最高人民法院以前发布的司法解释与本解释不一致的，不再适用。

最高人民法院关于修改后的《民事诉讼法》施行时未结案件适用法律若干问题的规定

1. 2012年12月24日由最高人民法院审判委员会第1564次会议通过

2. 2012年12月28日公布

3. 法释〔2012〕23号

4. 自2013年1月1日起施行

为正确适用《全国人民代表大会常务委员会关于修改〈中华人民共和国民事诉讼法〉的决定》（2012年8月31日第十一届全国人民代表大会常务委员会第二十八次会议通过，2013年1月1日起施行）（以下简称《决定》），现就修改后的民事诉讼法施行前已经受理、施行时尚未审结和执结的案件（以下简称2013年1月1日未结案件）具体适用法律的若干问题规定如下：

第一条　2013年1月1日未结案件适用修改后的民事诉讼法，但本规定另有规定的除外。

前款规定的案件，2013年1月1日前依照修改前的民事诉讼法和有关司法解释的规定已经完成的程序事项，仍然有效。

第二条　2013年1月1日未结案件符合修改前的民事诉讼法或者修改后的民事诉讼法管辖规定的，人民法院对该案件继续审理。

第三条　2013年1月1日未结案件符合修改前的民事诉讼法或者修改后的民事诉讼法送达规定的，人民法院已经完成的送达，仍然有效。

第四条　在2013年1月1日未结案件中，人民法院对2013年1月1日前发生的妨害民事诉讼行为尚未处理的，适用修改前的民事诉讼法，但下列情形应当适用修改后的民事诉讼法：

（一）修改后的民事诉讼法第一百一十二条规定的情形；

（二）修改后的民事诉讼法第一百一十三条规定情形在2013年1月1日以后仍在进行的。

第五条　2013年1月1日前，利害关系人向人民法院申请诉前保全措施的，适用修改前的民事诉讼法等法律，但人民法院2013年1月1日尚未作出保全裁定的，适用修改后的民事诉讼法确定解除保全措施的期限。

第六条　当事人对2013年1月1日前已经发生法律效力的判决、裁定或者调解书申请再审的，人民法院应当依据修改前的民事诉讼法第一百八十四条规定审查确定当事人申请再审的期间，但该期间在2013年6月30日尚未届满的，截止到2013年6月30日。

前款规定当事人的申请符合下列情形的，仍适用修改前的民事诉讼法第一百八十四条规定：

（一）有新的证据，足以推翻原判决、裁定的；

（二）原判决、裁定认定事实的主要证据是伪造的；

（三）判决、裁定发生法律效力二年后，据以作出原判决、裁定的法律文书被撤销或者变更，以及发现审判人员在审理该案件时有贪污受贿，徇私舞弊，枉法裁判行为的。

第七条　人民法院对2013年1月1日前已经受理、2013年1月1日尚未审查完毕的申请不予执行仲裁裁决的案件，适用修改前的民事诉讼法。

第八条　本规定所称修改后的民事诉讼法，是指根据《决定》作相应修改后的《中华人民共和国民事诉讼法》。

本规定所称修改前的民事诉讼法，是指《决定》施行之前的《中华人民共和国民事诉讼法》。

最高人民法院关于审理涉及公证活动相关民事案件的若干规定

1. 2014年4月28日由最高人民法院审判委员会第1614次会议通过

2. 2014年5月16日公布

3. 法释〔2014〕6号

4. 自2014年6月6日起施行

为正确审理涉及公证活动相关民事案件，

维护当事人的合法权益，根据《中华人民共和国民法通则》、《中华人民共和国公证法》、《中华人民共和国侵权责任法》、《中华人民共和国民事诉讼法》等法律的规定，结合审判实践，制定本规定。

第一条　当事人、公证事项的利害关系人依照公证法第四十三条规定向人民法院起诉请求民事赔偿的，应当以公证机构为被告，人民法院应作为侵权责任纠纷案件受理。

第二条　当事人、公证事项的利害关系人起诉请求变更、撤销公证书或者确认公证书无效的，人民法院不予受理，告知其依照公证法第三十九条规定可以向出具公证书的公证机构提出复查。

第三条　当事人、公证事项的利害关系人对公证书所公证的民事权利义务有争议的，可以依照公证法第四十条规定就该争议向人民法院提起民事诉讼。

当事人、公证事项的利害关系人对具有强制执行效力的公证债权文书的民事权利义务有争议直接向人民法院提起民事诉讼的，人民法院依法不予受理。但是，公证债权文书被人民法院裁定不予执行的除外。

第四条　当事人、公证事项的利害关系人提供证据证明公证机构及其公证员在公证活动中具有下列情形之一的，人民法院应当认定公证机构有过错：

（一）为不真实、不合法的事项出具公证书的；

（二）毁损、篡改公证书或者公证档案的；

（三）泄露在执业活动中知悉的商业秘密或者个人隐私的；

（四）违反公证程序、办证规则以及国务院司法行政部门制定的行业规范出具公证书的；

（五）公证机构在公证过程中未尽到充分的审查、核实义务，致使公证书错误或者不真实的；

（六）对存在错误的公证书，经当事人、公证事项的利害关系人申请仍不予纠正或者补正的；

（七）其他违反法律、法规、国务院司法行政部门强制性规定的情形。

第五条　当事人提供虚假证明材料申请公证致使公证书错误造成他人损失的，当事人应当承担赔偿责任。公证机构依法尽到审查、核实义务的，不承担赔偿责任；未依法尽到审查、核实义务的，应当承担与其过错相应的补充赔偿责任；明知公证证明的材料虚假或者与当事人恶意串通的，承担连带赔偿责任。

第六条　当事人、公证事项的利害关系人明知公证机构所出具的公证书不真实、不合法而仍然使用造成自己损失，请求公证机构承担赔偿责任的，人民法院不予支持。

第七条　本规定施行后，涉及公证活动的民事案件尚未终审的，适用本规定；本规定施行前已经终审，当事人申请再审或者按照审判监督程序决定再审的，不适用本规定。

最高人民法院关于如何理解《关于适用〈中华人民共和国民事诉讼法〉若干问题的意见》第31条第2款的批复

1. *1998年4月2日最高人民法院审判委员会第970次会议通过*
2. *1998年4月17日公布*
3. *法释〔1998〕5号*
4. *自1998年4月25日起施行*

山西省高级人民法院：

你院晋高法〔1996〕148号《关于对最高人民法院〈关于适用中华人民共和国民事诉讼法若干问题的意见〉第31条第2款如何理解的请示》收悉。经研究，答复如下：

最高人民法院《关于适用〈中华人民共和国民事诉讼法〉若干问题的意见》第31条第2款的规定是指：在人民法院采取诉前财产保全后，申请人起诉的，应当向有管辖权的人民法院提起。采取诉前财产保全的人民法院对该案有管辖权的，应当依法受理；没有管辖权的，应当及时将采取诉前财产保全的全部材料移送有管辖权的受诉人民法院。

此复

最高人民法院关于在经济审判工作中严格执行《中华人民共和国民事诉讼法》的若干规定

1. 1994年12月22日公布
2. 法发〔1994〕29号

为在经济审判工作中严格执行《中华人民共和国民事诉讼法》的有关规定，严肃审判纪律，进一步规范诉讼活动，保障和推动经济审判工作健康发展，特作如下规定：

一、关于管辖

1. 两个以上人民法院对同一案件都有管辖权并已分别立案的，后立案的人民法院得知有关法院先立案的情况后，应当在7日内裁定将案件移送先立案的人民法院。对为争管辖权而将立案日期提前的，该院或者其上级人民法院应当予以纠正。

2. 当事人基于同一法律关系或者同一法律事实而发生纠纷，以不同诉讼请求分别向有管辖权的不同法院起诉的，后立案的法院在得知有关法院先立案的情况后，应当在7日内裁定将案件移送先立案的法院合并审理。

3. 两个以上人民法院之间对地域管辖有争议的案件，有关人民法院均应当立即停止进行实体审理，并按最高人民法院关于适用民事诉讼法的意见第36条的规定解决管辖争议。协商不成报请共同上级人民法院指定管辖的，上级人民法院应当在收到下级人民法院报告之日30日内，作出指定管辖的决定。

4. 两个以上人民法院如对管辖权有争议，在争议未解决前，任何一方人民法院均不得对案件作出判决。对抢先作出判决的，上级人民法院应当以违反程序为由撤销其判决，并将案件移送或者指定其他人民法院审理，或者由自己提审。

5. 人民法院对当事人在法定期限内提出管辖权异议的，应当认真进行审查，并在15日内作出异议是否成立的书面裁定。当事人对此裁定不服提出上诉的，第二审人民法院应当依法作出书面裁定。

6. 人民法院在审理国内经济纠纷案件中，如受诉人民法院对该案件没有管辖权，不能因对非争议标的物或者对争议标的物非主要部分采取诉前财产保全措施而取得该案件的管辖权。

7. 各高级人民法院就本省、自治区、直辖市作出的关于案件级别管辖的规定，应当报送最高人民法院批准。未经批准的，不能作为级别管辖的依据；已经批准公布实施的，应当认真执行，不得随意更改。

8. 地方各级人民法院不得自行作出地域管辖的规定，已作规定的，一律无效。

二、关于无独立请求权的第三人

9. 受诉人民法院对与原被告双方争议的诉讼标的无直接牵连和不负有返还或者赔偿等义务的人，以及与原告或被告约定仲裁或有约定管辖的案外人，或者专属管辖案件的一方当事人，均不得作为无独立请求权的第三人通知其参加诉讼。

10. 人民法院在审理产品质量纠纷案件中，对原被告之间法律关系以外的人，证据已证明其已经提供了合同约定或者符合法律规定的产品的，或者案件中的当事人未在规定的质量异议期内提出异议的，或者作为收货方已经认可该产品质量的，不得作为无独立请求权的第三人通知其参加诉讼。

11. 人民法院对已经履行了义务，或者依法取得了一方当事人的财产，并支付了相应对价的原被告之间法律关系以外的人，不得作为无独立请求权的第三人通知其参加诉讼。

三、关于财产保全和先予执行

12. 人民法院采取诉前财产保全，必须由申请人提供相当于请求保全数额的担保。担保的条件，依法律规定；法律未作规定的，由人民法院审查决定。

13. 人民法院对财产采取诉讼保全措施，一般应当由当事人提交符合法定条件的申请。只有在诉讼争议的财产有毁损、灭失等危险，或者有证据表明被申请人可能采取隐匿、转移、出卖其财产的，人民法院方可依职权裁定采取财产保全措施。

14. 人民法院采取财产保全措施时，保全的范围应当限于当事人争议的财产,或者被告的财产。对案外人的财产不得采取保全措施,对案外人善意取得的与案件有关的财产,一般也不得采取财产保全措施;被申请人提供相应数额并有可供执行的财产作担保的,采取措施的人民法院应当及时解除财产保全。

15. 人民法院对有偿还能力的企业法人,一般不得采取查封、冻结的保全措施。已采取查封、冻结保全措施的,如该企业法人提供了可供执行的财产担保,或者可以采取其他方式保全的,应当及时予以解封、解冻。

16. 人民法院先予执行的裁定,应当由当事人提出书面申请,并经开庭审理后作出。在管辖权尚未确定的情况下,不得裁定先予执行。

17. 人民法院对当事人申请先予执行的案件,只有在案件的基本事实清楚,当事人间的权利义务关系明确,被申请人负有给付、返还或者赔偿义务,先予执行的财产为申请人生产、生活所急需,不先予执行会造成更大损失的情况下,才能采取先予执行的措施。

18. 人民法院采取先予执行措施后,申请先予执行的当事人申请撤诉的,人民法院应当及时通知对方当事人、第三人或有关的案外人。在接到通知至准予撤诉的裁定送达前,对方当事人、第三人及有关的案外人,对撤诉提出异议的,应当裁定驳回撤诉申请。

19. 受诉人民法院院长或者上级人民法院发现采取财产保全或者先予执行措施确有错误的,应当按照审判监督程序立即纠正。因申请错误造成被申请人损失的,由申请人予以赔偿;因人民法院依职权采取保全措施错误造成损失的,由人民法院依法予以赔偿。

四、关于办案期限

20. 上级人民法院决定调卷审查的案件,下级人民法院应当在接到上级人民法院调卷函后的15日内将全部案卷报送上级人民法院。如有特殊情况不能按期报送的,应当及时报告上级人民法院。

21. 上级人民法院发函要求下级人民法院对已经发生法律效力的判决、裁定进行审查的,下级人民法院应当在收函之日起3个月内向上级人民法院报送审查结果或者审查情况。

22. 上级人民法院必要时可以在调卷函或要求审查的函件中提出暂缓执行的意见,有关人民法院对此如有异议,应当及时报告上级人民法院。上级人民法院接到下级人民法院审查报告后,应当在1个月内作出调卷决定或者通知恢复执行。上级人民法院决定调卷的案件,应当在收到案卷后3个月内向下级人民法院发出中止执行的裁定或恢复执行的通知。

23. 最高人民法院对地方各级人民法院已经发生法律效力的判决、裁定,上级人民法院对下级人民法院已经发生法律效力的判决、裁定,按照审判监督程序,决定提审或者指令再审的,提审或者再审的人民法院除有特殊情况外,适用第一审程序的,应当在6个月内结案;适用第二审程序的,应当在3个月内结案。决定提审的,办案期限自裁定提审的次日起计算。指令再审的,自下级人民法院接到指令再审的裁定的次日起计算。上级人民法院指令再审的案件,下级人民法院在该案审结后,应当将裁判结果报上级人民法院。

最高人民法院关于民事经济审判方式改革问题的若干规定

1. *1998年6月19日最高人民法院审判委员会第995次会议通过*
2. *1998年7月6日公布*
3. *法释〔1998〕14号*
4. *自1998年7月11日起施行*

为了正确适用《中华人民共和国民事诉讼法》(以下简称民事诉讼法),建立与社会主义市场经济体制相适应的民事经济审判机制,保证依法、正确、及时地审理案件,在总结各地实践经验的基础上,对民事、经济审判方式改革中的有关问题作出如下规定。

关于当事人举证和法院调查收集证据问题

一、人民法院可以制定各类案件举证须知,明确举证内容及其范围和要求。

二、人民法院在送达受理案件通知书和应诉通知书时,应当告知当事人围绕自己的主张提供证据。

三、下列证据由人民法院调查收集:

1. 当事人及其诉讼代理人因客观原因不能自行收集并已提出调取证据的申请和该证据线索的;

2. 应当由人民法院勘验或者委托鉴定的;

3. 当事人双方提出的影响查明案件主要事实的证据材料相互矛盾,经过庭审质证无法认定其效力的;

4. 人民法院认为需要自行调查收集的其他证据。

上述证据经人民法院调查,未能收集到的,仍由负有举证责任的当事人承担举证不能的后果。

四、审判人员收到当事人或者其诉讼代理人递交的证据材料应当出具收据。

关于做好庭前必要准备及时开庭审理问题

五、开庭前应当做好下列准备工作:

1. 在法定期限内,分别向当事人送达受理案件通知书、应诉通知书和起诉状、答辩状副本;

2. 通知必须共同进行诉讼的当事人参加诉讼;

3. 告知当事人有关的诉讼权利和义务、合议庭组成人员;

4. 审查有关的诉讼材料,了解双方当事人争议的焦点和应当适用的有关法律以及有关专业知识;

5. 调查收集应当由人民法院调查收集的证据;

6. 需要由人民法院勘验或者委托鉴定的,进行勘验或者委托有关部门鉴定;

7. 案情比较复杂、证据材料较多的案件,可以组织当事人交换证据;

8. 其他必要的准备工作。

六、合议庭成员和独任审判员开庭前不得单独接触一方当事人及其诉讼代理人。

七、按普通程序审理的案件,开庭审理应当在答辩期届满并做好必要的准备工作后进行。当事人明确表示不提交答辩状,或者在答辩期届满前已经答辩,或者同意在答辩期间开庭的,也可以在答辩期限届满前开庭审理。

关于改进庭审方式问题

八、法庭调查按下列顺序进行:

1. 由原告口头陈述事实或者宣读起诉状,讲明具体诉讼请求和理由。

2. 由被告口头陈述事实或者宣读答辩状,对原告诉讼请求提出异议或者反诉的,讲明具体请求和理由。

3. 第三人陈述或者答辩,有独立请求权的第三人陈述诉讼请求和理由;无独立请求权的第三人针对原、被告的陈述提出承认或者否认的答辩意见。

4. 原告或者被告对第三人的陈述进行答辩。

5. 审判长或者独任审判员归纳本案争议焦点或者法庭调查重点,并征求当事人的意见。

6. 原告出示证据,被告进行质证;被告出示证据,原告进行质证。

7. 原、被告对第三人出示的证据进行质证;第三人对原告或者被告出示的证据进行质证。

8. 审判人员出示人民法院调查收集的证据,原告、被告和第三人进行质证。

经审判长许可,当事人可以向证人发问,当事人可以互相发问。

审判人员可以询问当事人。

九、案件有两个以上独立存在的事实或者诉讼请求的,可以要求当事人逐项陈述事实和理由,逐个出示证据并分别进行调查和质证。

对当事人无争议的事实,无需举证、质证。

十、当事人向法庭提出的证据,应当由当事人或者其诉讼代理人宣读。当事人及其诉讼代理人因客观原因不能宣读的证据,可以由审判人员代为宣读。

人民法院依职权调查收集的证据由审判人员宣读。

十一、案件的同一事实,除举证责任倒置外,由提出主张的一方当事人首先举证,然后由另一方当事人举证。另一方当事人不能提出足以推翻前一事实的证据的,对这一事实可以认定;提出足以推翻前一事实的证据的,再转由提出主张的当事人继续举证。

十二、经过庭审质证的证据,能够当即认定的,应当当即认定;当即不能认定的,可以休庭合议后再予以认定;合议之后认为需要继续举证或者进行鉴定、勘验等工作的,可以在下次开庭质证后认定。未经庭审质证的证据,不能作为定案的根据。

十三、一方当事人要求补充证据或者申请重新鉴定、勘验,人民法院认为有必要的可以准许。补充的证据或者重新进行鉴定、勘验的结论,必须再次开庭质证。

十四、法庭决定再次开庭的,审判长或者独任审判员对本次开庭情况应当进行小结,指出庭审已经确认的证据,并指明下次开庭调查的重点。

十五、第二次开庭审理时,只就未经调查的事项进行调查和审理,对已经调查、质证并已认定的证据不再重复审理。

十六、法庭调查结束前,审判长或者独任审判员应当就法庭调查认定的事实和当事人争议的问题进行归纳总结。

十七、审判人员应当引导当事人围绕争议焦点进行辩论。当事人及其诉讼代理人的发言与本案无关或者重复未被法庭认定的事实,审判人员应当予以制止。

十八、法庭辩论由各方当事人依次发言。一轮辩论结束后当事人要求继续辩论的,可以进行下一轮辩论。下一轮辩论不得重复第一轮辩论的内容。

十九、法庭辩论时,审判人员不得对案件性质、是非责任发表意见,不得与当事人辩论。

法庭辩论终结,审判长或者独任审判员征得各方当事人同意后,可以依法进行调解,调解不成的,应当及时判决。

二十、适用简易程序审理的案件,当事人同时到庭的,可以迳行开庭进行调解。调解前告知当事人诉讼权利义务和主持调解的审判人员,在询问当事人是否申请审判人员回避后,当事人不申请回避的,可以直接进行调解。调解不成的或者达成协议后当事人反悔又未提出新的事实和证据,可以不再重新开庭,直接作出判决。

关于对证据的审核和认定问题

二十一、当事人对自己的主张,只有本人陈述而不能提出其他相关证据的,除对方当事人认可外,其主张不予支持。

二十二、一方当事人提出的证据,对方当事人认可或者不予反驳的,可以确认其证明力。

二十三、一方当事人提出的证据,对方当事人举不出相应证据反驳的,可以综合全案情况对该证据予以认定。

二十四、双方当事人对同一事实分别举出相反的证据,但都没有足够理由否定对方证据的,应当分别对当事人提出的证据进行审查,并结合其他证据综合认定。

二十五、当事人在庭审质证时对证据表示认可,庭审后又反悔,但提不出相应证据的,不能推翻已认定的证据。

二十六、对单一证据,应当注意从以下几个方面进行审查。

1. 证据取得的方式;

2. 证据形成的原因;

3. 证据的形式;

4. 证据提供者的情况及其与本案的关系;

5. 书证是否系原件,物证是否系原物;复印件或者复制品是否与原件、原物的内容、形式及其他特征相符合。

二十七、判断数个证据的效力应当注意以下几种情况:

1. 物证、历史档案、鉴定结论、勘验笔录或者经过公证、登记的书证,其证明力一般高于其他书证、视听资料和证人证言。

2. 证人提供的对与其有亲属关系或者其他密切关系的一方当事人有利的证言,其证明力低于其他证人证言。

3. 原始证据的证明力大于传来证据。

4. 对证人的智力状况、品德、知识、经验、法律意识和专业技能等进行综合分析。

二十八、下列证据,不能单独作为认定案件事实的依据:

1. 未成年人所作的与其年龄和智力状况

不相当的证言；

2. 与一方当事人有亲属关系的证人出具的对该当事人有利的证言；

3. 没有其他证据印证并有疑点的视听资料；

4. 无法与原件、原物核对的复印件、复制品。

二十九、当事人提供的证人在人民法院通知的开庭日期，没有正当理由拒不出庭的，由提供该证人的当事人承担举证不能的责任。

三十、有证据证明持有证据的一方当事人无正当理由拒不提供，如果对方当事人主张该证据的内容不利于证据持有人，可以推定该主张成立。

关于加强合议庭和独任审判员职责问题

三十一、合议庭组成人员必须共同参加对案件的审理，对案件的事实、证据、性质、责任、适用法律以及处理结果等共同负责。

三十二、经过开庭审理当庭达成调解协议的，由审判长或者独任审判员签发调解书。

三十三、事实清楚、法律关系明确、是非责任分明、合议庭意见一致的裁判，可以由审判长或者独任审判员签发法律文书。但应当由院长签发的除外。

三十四、合议庭、独任审判员审理决定的案件或者经院长提交审判委员会决定的案件，发现认定事实或者适用法律有重大错误并造成严重后果的，按照有关规定由有关人员承担相应责任。

关于第二审程序中的有关问题

三十五、第二审案件的审理应当围绕当事人上诉请求的范围进行，当事人没有提出请求的，不予审查。但判决违反法律禁止性规定、侵害社会公共利益或者他人利益的除外。

三十六、被上诉人在答辩中要求变更或者补充第一审判决内容的，第二审人民法院可以不予审查。

三十七、第二审人民法院在审理上诉案件时，需要对原证据重新审查或者当事人提出新证据的，应当开庭审理。对事实清楚、适用法律正确和事实清楚，只是定性错误或者适用法律错误的案件，可以在询问当事人后迳行裁判。

三十八、第二审人民法院根据当事人提出的新证据对案件改判或者发回重审的，应当在判决书或者裁定书中写明对新证据的确认，不应当认为是第一审裁判错误。

三十九、在第二审中，一方当事人提出新证据致使案件被发回重审的，对方当事人有权要求其补偿误工费、差旅费等费用。

最高人民法院关于严格执行公开审判制度的若干规定

1. 1999年3月8日发布

2. 法发〔1999〕3号

各省、自治区、直辖市高级人民法院，解放军军事法院，新疆维吾尔自治区高级人民法院生产建设兵团分院：

为了严格执行公开审判制度，根据我国宪法和有关法律，特作如下规定：

一、人民法院进行审判活动，必须坚持依法公开审判制度，做到公开开庭，公开举证、质证，公开宣判。

二、人民法院对于第一审案件，除下列案件外，应当依法一律公开审理：

（一）涉及国家秘密的案件；

（二）涉及个人隐私的案件；

（三）十四岁以上不满十六岁未成年人犯罪的案件；经人民法院决定不公开审理的十六岁以上不满十八岁未成年人犯罪的案件；

（四）经当事人申请，人民法院决定不公开审理的涉及商业秘密的案件；

（五）经当事人申请，人民法院决定不公开审理的离婚案件；

（六）法律另有规定的其他不公开审理的案件。

对于不公开审理的案件，应当当庭宣布不公开审理的理由。

三、下列第二审案件应当公开审理：

（一）当事人对不服公开审理的第一审案件的判决、裁定提起上诉的，但因违反法定程序发回重审的和事实清楚依法迳行判决、裁定的除外。

（二）人民检察院对公开审理的案件的判

决、裁定提起抗诉的,但需发回重审的除外。

四、依法公开审理案件应当在开庭三日以前公告。公告应当包括案由、当事人姓名或者名称、开庭时间和地点。

五、依法公开审理案件,案件事实未经法庭公开调查不能认定。

证明案件事实的证据未在法庭公开举证、质证,不能进行认证,但无需举证的事实除外。缺席审理的案件,法庭可以结合其他事实和证据进行认证。

法庭能够当庭认证的,应当当庭认证。

六、人民法院审理的所有案件应当一律公开宣告判决。

宣告判决,应当对案件事实和证据进行认定,并在此基础上正确适用法律。

七、凡应当依法公开审理的案件没有公开审理的,应当按下列规定处理:

(一)当事人提起上诉或者人民检察院对刑事案件的判决、裁定提起抗诉的,第二审人民法院应当裁定撤销原判决,发回重审;

(二)当事人申请再审的,人民法院可以决定再审;人民检察院按照审判监督程序提起抗诉的,人民法院应当决定再审。

上述发回重审或者决定再审的案件应当依法公开审理。

八、人民法院公开审理案件,庭审活动应当在审判法庭进行。需要巡回依法公开审理的,应当选择适当的场所进行。

九、审判法庭和其他公开进行案件审理活动的场所,应当按照最高人民法院关于法庭布置的要求悬挂国徽,设置审判席和其他相应的席位。

十、依法公开审理案件,公民可以旁听,但精神病人、醉酒的人和未经人民法院批准的未成年人除外。

根据法庭场所和参加旁听人数等情况,旁听人需要持旁听证进入法庭的,旁听证由人民法院制发。

外国人和无国籍人持有效证件要求旁听的,参照中国公民旁听的规定办理。

旁听人员必须遵守《中华人民共和国人民法院法庭规则》的规定,并应当接受安全检查。

十一、依法公开审理案件,经人民法院许可,新闻记者可以记录、录音、录像、摄影、转播庭审实况。

外国记者的旁听按照我国有关外事管理规定办理。

最高人民法院关于人民法院在互联网公布裁判文书的规定

1. 2013年11月13日由最高人民法院审判委员会第1595次会议通过

2. 2013年11月21日公布

3. 法释〔2013〕26号

4. 自2014年1月1日起施行

为贯彻落实审判公开原则,规范人民法院在互联网公布裁判文书工作,促进司法公正,提升司法公信力,根据《中华人民共和国刑事诉讼法》、《中华人民共和国民事诉讼法》、《中华人民共和国行政诉讼法》等相关规定,结合人民法院工作实际,制定本规定。

第一条 人民法院在互联网公布裁判文书,应当遵循依法、及时、规范、真实的原则。

第二条 最高人民法院在互联网设立中国裁判文书网,统一公布各级人民法院的生效裁判文书。

各级人民法院对其在中国裁判文书网公布的裁判文书质量负责。

第三条 各级人民法院应当指定专门机构负责互联网公布裁判文书的管理工作。该机构履行以下职责:

(一)组织、上传裁判文书;

(二)发现公布的裁判文书存在笔误或者技术处理不当等问题的,协调有关部门及时处理;

(三)其他相关的指导、监督和考评工作。

第四条 人民法院的生效裁判文书应当在互联网公布,但有下列情形之一的除外:

(一)涉及国家秘密、个人隐私的;

(二)涉及未成年人违法犯罪的;

(三)以调解方式结案的;

(四)其他不宜在互联网公布的。

第五条 人民法院应当在受理案件通知书、应诉通知书中告知当事人在互联网公布裁判文书的范围,并通过政务网站、电子触摸屏、诉讼指南等多种方式,向公众告知人民法院在互联网公布裁判文书的相关规定。

第六条　人民法院在互联网公布裁判文书时,应当保留当事人的姓名或者名称等真实信息,但必须采取符号替代方式对下列当事人及诉讼参与人的姓名进行匿名处理:

(一)婚姻家庭、继承纠纷案件中的当事人及其法定代理人;

(二)刑事案件中被害人及其法定代理人、证人、鉴定人;

(三)被判处三年有期徒刑以下刑罚以及免予刑事处罚,且不属于累犯或者惯犯的被告人。

第七条　人民法院在互联网公布裁判文书时,应当删除下列信息:

(一)自然人的家庭住址、通讯方式、身份证号码、银行账号、健康状况等个人信息;

(二)未成年人的相关信息;

(三)法人以及其他组织的银行账号;

(四)商业秘密;

(五)其他不宜公开的内容。

第八条　承办法官或者人民法院指定的专门人员应当在裁判文书生效后七日内按照本规定第六条、第七条的要求完成技术处理,并提交本院负责互联网公布裁判文书的专门机构在中国裁判文书网公布。

第九条　独任法官或者合议庭认为裁判文书具有本规定第四条第四项不宜在互联网公布情形的,应当提出书面意见及理由,由部门负责人审查后报主管副院长审定。

第十条　在互联网公布的裁判文书,除依照本规定的要求进行技术处理的以外,应当与送达当事人的裁判文书一致。

人民法院对送达当事人的裁判文书进行补正的,应当及时在互联网公布补正裁定。

第十一条　人民法院在互联网公布的裁判文书,除因网络传输故障导致与送达当事人的裁判文书不一致的以外,不得修改或者更换;确因法定理由或者其他特殊原因需要撤回的,应当由高级人民法院以上负责互联网公布裁判文书的专门机构审查决定,并在中国裁判文书网办理撤回及登记备案手续。

第十二条　中国裁判文书网应当提供操作便捷的检索、查阅系统,方便公众检索、查阅裁判文书。

第十三条　最高人民法院负责监督和指导地方各级人民法院在互联网公布裁判文书的工作。

高级人民法院负责组织、指导、监督和检查辖区内各级人民法院在互联网公布裁判文书的工作。

第十四条　各高级人民法院在实施本规定的过程中,可以结合工作实际制定实施细则。中西部地区基层人民法院在互联网公布裁判文书的时间进度由高级人民法院决定,并报最高人民法院备案。

第十五条　本规定自2014年1月1日起实施。最高人民法院2010年11月8日制定的《关于人民法院在互联网公布裁判文书的规定》(法发〔2010〕48号)同时废止。最高人民法院以前发布的司法解释和规范性文件与本规定不一致的,以本规定为准。

最高人民法院关于在民事审判工作中适用《中华人民共和国工会法》若干问题的解释

1. 2003年1月9日最高人民法院审判委员会第1263次会议通过
2. 2003年6月25日公布
3. 法释〔2003〕11号
4. 自2003年7月9日起施行

为正确审理涉及工会经费和财产、工会工作人员权利的民事案件,维护工会和职工的合法权益,根据《中华人民共和国工会法》、《中华人民共和国民法通则》和《中华人民共和国民事诉讼法》等法律的规定,现就有关法律的适用问题解释如下:

第一条　人民法院审理涉及工会组织的有关案件时,应当认定依照工会法建立的工会组织的社团法人资格。具有法人资格的工会组织依法独立享有民事权利,承担民事义务。建立工会的企业、事业单位、机关与所建工会以及工会投资兴办的企业,根据法律和司法解释的规定,应当分别承担各自的民事责任。

第二条 根据工会法第十八条规定,人民法院审理劳动争议案件,涉及确定基层工会专职主席、副主席或者委员延长的劳动合同期限的,应当自上述人员工会职务任职期限届满之日起计算,延长的期限等于其工会职务任职的期间。

工会法第十八条规定的"个人严重过失",是指具有《中华人民共和国劳动法》第二十五条第(二)项、第(三)项或者第(四)项规定的情形。

第三条 基层工会或者上级工会依照工会法第四十三条规定向人民法院申请支付令的,由被申请人所在地的基层人民法院管辖。

第四条 人民法院根据工会法第四十三条的规定受理工会提出的拨缴工会经费的支付令申请后,应当先行征询被申请人的意见。被申请人仅对应拨缴经费数额有异议的,人民法院应当就无异议部分的工会经费数额发出支付令。

人民法院在审理涉及工会经费的案件中,需要按照工会法第四十二条第一款第(二)项规定的"全部职工"、"工资总额"确定拨缴数额的,"全部职工"、"工资总额"的计算,应当按照国家有关部门规定的标准执行。

第五条 根据工会法第四十三条和民事诉讼法的有关规定,上级工会向人民法院申请支付令或者提起诉讼,要求企业、事业单位拨缴工会经费的,人民法院应当受理。基层工会要求参加诉讼的,人民法院可以准许其作为共同申请人或者共同原告参加诉讼。

第六条 根据工会法第五十二条规定,人民法院审理涉及职工和工会工作人员因参加工会活动或者履行工会法规定的职责而被解除劳动合同的劳动争议案件,可以根据当事人的请求裁判用人单位恢复其工作,并补发被解除劳动合同期间应得的报酬;或者根据当事人的请求裁判用人单位给予本人年收入二倍的赔偿,并参照《违反和解除劳动合同的经济补偿办法》第八条规定给予解除劳动合同时的经济补偿金。

第七条 对于企业、事业单位无正当理由拖延或者拒不拨缴工会经费的,工会组织向人民法院请求保护其权利的诉讼时效期间,适用民法通则第一百三十五条的规定。

第八条 工会组织就工会经费的拨缴向人民法院申请支付令的,应当按照《最高人民法院关于适用〈中华人民共和国民事诉讼法〉若干问题的意见》第一百三十二条的规定交纳申请费;督促程序终结后,工会组织另行起诉的,按照《人民法院诉讼收费办法》规定的财产案件收费标准交纳诉讼费用。

最高人民法院关于人民法院合议庭工作的若干规定

1. *2002年7月30日最高人民法院审判委员会第1234次会议通过*
2. *2002年8月12日公布*
3. *法释〔2002〕25号*
4. *自2002年8月17日起施行*

为了进一步规范合议庭的工作程序,充分发挥合议庭的职能作用,根据《中华人民共和国法院组织法》、《中华人民共和国刑事诉讼法》、《中华人民共和国民事诉讼法》、《中华人民共和国行政诉讼法》等法律的有关规定,结合人民法院审判工作实际,制定本规定。

第一条 人民法院实行合议制审判第一审案件,由法官或者由法官和人民陪审员组成合议庭进行;人民法院实行合议制审判第二审案件和其他应当组成合议庭审判的案件,由法官组成合议庭进行。

人民陪审员在人民法院执行职务期间,除不能担任审判长外,同法官有同等的权利义务。

第二条 合议庭的审判长由符合审判长任职条件的法官担任。

院长或者庭长参加合议庭审判案件的时候，自己担任审判长。

第三条　合议庭组成人员确定后，除因回避或者其他特殊情况，不能继续参加案件审理的之外，不得在案件审理过程中更换。更换合议庭成员，应当报请院长或者庭长决定。合议庭成员的更换情况应当及时通知诉讼当事人。

第四条　合议庭的审判活动由审判长主持，全体成员平等参与案件的审理、评议、裁判，共同对案件认定事实和适用法律负责。

第五条　合议庭承担下列职责：

（一）根据当事人的申请或者案件的具体情况，可以作出财产保全、证据保全、先予执行等裁定；

（二）确定案件委托评估、委托鉴定等事项；

（三）依法开庭审理第一审、第二审和再审案件；

（四）评议案件；

（五）提请院长决定将案件提交审判委员会讨论决定；

（六）按照权限对案件及其有关程序性事项作出裁判或者提出裁判意见；

（七）制作裁判文书；

（八）执行审判委员会决定；

（九）办理有关审判的其他事项。

第六条　审判长履行下列职责：

（一）指导和安排审判辅助人员做好庭前调解、庭前准备及其他审判业务辅助性工作；

（二）确定案件审理方案、庭审提纲、协调合议庭成员的庭审分工以及做好其他必要的庭审准备工作；

（三）主持庭审活动；

（四）主持合议庭对案件进行评议；

（五）依照有关规定，提请院长决定将案件提交审判委员会讨论决定；

（六）制作裁判文书，审核合议庭其他成员制作的裁判文书；

（七）依照规定权限签发法律文书；

（八）根据院长或者庭长的建议主持合议庭对案件复议；

（九）对合议庭遵守案件审理期限制度的情况负责；

（十）办理有关审判的其他事项。

第七条　合议庭接受案件后，应当根据有关规定确定案件承办法官，或者由审判长指定案件承办法官。

第八条　在案件开庭审理过程中，合议庭成员必须认真履行法定职责，遵守《中华人民共和国法官职业道德基本准则》中有关司法礼仪的要求。

第九条　合议庭评议案件应当在庭审结束后五个工作日内进行。

第十条　合议庭评议案件时，先由承办法官对认定案件事实、证据是否确实、充分以及适用法律等发表意见，审判长最后发表意见；审判长作为承办法官的，由审判长最后发表意见。对案件的裁判结果进行评议时，由审判长最后发表意见。审判长应当根据评议情况总结合议庭评议的结论性意见。

合议庭成员进行评议的时候，应当认真负责，充分陈述意见，独立行使表决权，不得拒绝陈述意见或者仅作同意与否的简单表态。同意他人意见的，也应当提出事实根据和法律依据，进行分析论证。

合议庭成员对评议结果的表决，以口头表决的形式进行。

第十一条　合议庭进行评议的时候，如果意见分歧，应当按多数人的意见作出决定，但是少数人的意见应当写入笔录。

评议笔录由书记员制作，由合议庭的组成人员签名。

第十二条　合议庭应当依照规定的权限，及时对评议意见一致或者形成多数意见的案件直接作出判决或者裁定。但是对于下列案件，合议庭应当提请院长决定提交审判委员会讨论决定：

（一）拟判处死刑的；

（二）疑难、复杂、重大或者新类型的案件，合议庭认为有必要提交审判委员会讨论决定的；

（三）合议庭在适用法律方面有重大意见分歧的；

（四）合议庭认为需要提请审判委员会讨论决定的其他案件，或者本院审判委员会确定的应当由审判委员会讨论决定的案件。

第十三条　合议庭对审判委员会的决定有异议，可以提请院长决定提交审判委员会复议一次。

第十四条　合议庭一般应当在作出评议结论或者审判委员会作出决定后的五个工作日内制作出裁判文书。

第十五条　裁判文书一般由审判长或者承办法官制作。但是审判长或者承办法官的评议意见与合议庭评议结论或者审判委员会的决定有明显分歧的，也可以由其他合议庭成员制作裁判文书。

对制作的裁判文书，合议庭成员应当共同审核，确认无误后签名。

第十六条　院长、庭长可以对合议庭的评议意见和制作的裁判文书进行审核，但是不得改变合议庭的评议结论。

第十七条　院长、庭长在审核合议庭的评议意见和裁判文书过程中，对评议结论有异议的，可以建议合议庭复议，同时应当对要求复议的问题及理由提出书面意见。

合议庭复议后，庭长仍有异议的，可以将案件提请院长审核，院长可以提交审判委员会讨论决定。

第十八条　合议庭应当严格执行案件审理期限的有关规定。遇有特殊情况需要延长审理期限的，应当在审限届满前按规定的时限报请审批。

最高人民法院关于诉讼代理人查阅民事案件材料的规定

1. 2002年11月4日最高人民法院审判委员会第1254次会议通过

2. 2002年11月15日公布

3. 法释〔2002〕39号

4. 自2002年12月7日起施行

为保障代理民事诉讼的律师和其他诉讼代理人依法行使查阅所代理案件有关材料的权利，保证诉讼活动的顺利进行，根据《中华人民共和国民事诉讼法》第六十一条的规定，现对诉讼代理人查阅代理案件有关材料的范围和办法作如下规定：

第一条　代理民事诉讼的律师和其他诉讼代理人有权查阅所代理案件的有关材料。但是，诉讼代理人查阅案件材料不得影响案件的审理。

诉讼代理人为了申请再审的需要，可以查阅已经审理终结的所代理案件有关材料。

第二条　人民法院应当为诉讼代理人阅卷提供便利条件，安排阅卷场所。必要时，该案件的书记员或者法院其他工作人员应当在场。

第三条　诉讼代理人在诉讼过程中需要查阅案件有关材料的，应当提前与该案件的书记员或者审判人员联系；查阅已经审理终结的案件有关材料的，应当与人民法院有关部门工作人员联系。

第四条　诉讼代理人查阅案件有关材料应当出示律师证或者身份证等有效证件。查阅案件有关材料应当填写查阅案件有关材料阅卷单。

第五条　诉讼代理人在诉讼中查阅案件材料限于案件审判卷和执行卷的正卷，包括起诉书、答辩书、庭审笔录及各种证据材料等。

案件审理终结后，可以查阅案件审判卷的正卷。

第六条　诉讼代理人查阅案件有关材料后，应当及时将查阅的全部案件材料交回书记员或者其他负责保管案卷的工作人员。

书记员或者法院其他工作人员对诉讼代理人交回的案件材料应当当面清查，认为无误后在阅卷单上签注。阅卷单应当附卷。

诉讼代理人不得将查阅的案件材料携出法院指定的阅卷场所。

第七条　诉讼代理人查阅案件材料可以摘抄或者复印。涉及国家秘密的案件材料，依照国家有关规定办理。

复印案件材料应当经案卷保管人员的同意。复印已经审理终结的案件有关材料，诉讼代理人可以要求案卷管理部门在复印材料上盖章确认。

复印案件材料可以收取必要的费用。

第八条　查阅案件材料中涉及国家秘密、商业秘密和个人隐私的，诉讼代理人应当保密。

第九条　诉讼代理人查阅案件材料时不得涂改、损毁、抽取案件材料。

人民法院对修改、损毁、抽取案卷材料的诉讼代理人，可以参照民事诉讼法第一百零二条第一款第（一）项的规定处理。

第十条　民事案件的当事人查阅案件有关材料的，参照本规定执行。

第十一条　本规定自公布之日起施行。

最高人民法院关于严格执行案件审理期限制度的若干规定①

1. *2000年9月14日最高人民法院审判委员会第1130次会议通过*
2. *2000年9月22日公布*
3. *法释〔2000〕29号*
4. *自2000年9月28日起施行*

为提高诉讼效率，确保司法公正，根据刑事诉讼法、民事诉讼法、行政诉讼法和海事诉讼特别程序法的有关规定，现就人民法院执行案件审理期限制度的有关问题规定如下：

一、各类案件的审理、执行期限

第一条　适用普通程序审理的第一审刑事公诉案件、被告人被羁押的第一审刑事自诉案件和第二审刑事公诉、刑事自诉案件的期限为一个月，至迟不得超过一个半月；附带民事诉讼案件的审理期限，经本院院长批准，可以延长两个月。有刑事诉讼法第一百二十六条规定情形之一的，经省、自治区、直辖市高级人民法院批准或者决定，审理期限可以再延长一个月；最高人民法院受理的刑事上诉、刑事抗诉案件，经最高人民法院决定，审理期限可以再延长一个月。

适用普通程序审理的被告人未被羁押的第一审刑事自诉案件，期限为六个月；有特殊情况需要延长的，经本院院长批准，可以延长三个月。

适用简易程序审理的刑事案件，审理期限为二十日。

第二条　适用普通程序审理的第一审民事案件，期限为六个月；有特殊情况需要延长的，经本院院长批准，可以延长六个月，还需延长的，报请上一级人民法院批准，可以再延长三个月。

适用简易程序审理的民事案件，期限为三个月。

适用特别程序审理的民事案件，期限为三十日；有特殊情况需要延长的，经本院院长批准，可以延长三十日，但审理选民资格案件必须在选举日前审结。

审理第一审船舶碰撞、共同海损案件的期限为一年；有特殊情况需要延长的，经本院院长批准，可以延长六个月。

审理对民事判决的上诉案件，审理期限为三个月；有特殊情况需要延长的，经本院院长批准，可以延长三个月。

审理对民事裁定的上诉案件，审理期限为三十日。

对罚款、拘留民事决定不服申请复议的，审理期限为五日。

审理涉外民事案件，根据民事诉讼法第二百四十八条的规定，不受上述案件审理期限的限制。

审理涉港、澳、台的民事案件的期限，参照审理涉外民事案件的规定办理。

第三条　审理第一审行政案件的期限为三个月；有特殊情况需要延长的，经高级人民法院批准可以延长三个月。高级人民法院审理第一审案件需要延长期限的，由最高人民法院批准，可以延长三个月。

审理行政上诉案件的期限为两个月；有特殊情况需要延长的，由高级人民法院批准，可以延长两个月。高级人民法院审理的第二审案件需要延长期限的，由最高人民法院批准，可以延长两个月。

第四条　按照审判监督程序重新审理的刑事案件的期限为三个月；需要延长期限的，经本院院长批准，可以延长三个月。

---

① 本书收录的文本，系根据《最高人民法院关于调整司法解释等文件中引用〈中华人民共和国民事诉讼法〉条文序号的决定》（法释〔2008〕18号）修改后的文本。

裁定再审的民事、行政案件,根据再审适用的不同程序,分别执行第一审或第二审审理期限的规定。

第五条 执行案件应当在立案之日起六个月内执结,非诉执行案件应当在立案之日起三个月内执结;有特殊情况需要延长的,经本院院长批准,可以延长三个月,还需延长的,层报高级人民法院备案。

委托执行的案件,委托的人民法院应当在立案后一个月内办理完委托执行手续,受委托的人民法院应当在收到委托函件后三十日内执行完毕。未执行完毕,应当在期限届满后十五日内将执行情况函告委托人民法院。

刑事案件没收财产刑应当即时执行。

刑事案件罚金刑,应当在判决、裁定发生法律效力后三个月内执行完毕,至迟不超过六个月。

二、立案、结案时间及审理期限的计算

第六条 第一审人民法院收到起诉书(状)或者执行申请书后,经审查认为符合受理条件的应当在七日内立案;收到自诉人自诉状或者口头告诉的,经审查认为符合自诉案件受理条件的应当在十五日内立案。

改变管辖的刑事、民事、行政案件,应当在收到案卷材料后的三日内立案。

第二审人民法院应当在收到第一审人民法院移送的上(抗)诉材料及案卷材料后的五日内立案。

发回重审或指令再审的案件,应当在收到发回重审或指令再审裁定及案卷材料后的次日内立案。

按照审判监督程序重新审判的案件,应当在作出提审、再审裁定(决定)的次日立案。

第七条 立案机构应当在决定立案的三日内将案卷材料移送审判庭。

第八条 案件的审理期限从立案次日起计算。

由简易程序转为普通程序审理的第一审刑事案件的期限,从决定转为普通程序次日起计算;由简易程序转为普通程序审理的第一审民事案件的期限,从立案次日起连续计算。

第九条 下列期间不计入审理、执行期限:

(一)刑事案件对被告人作精神病鉴定的期间;

(二)刑事案件因另行委托、指定辩护人,法院决定延期审理的,自案件宣布延期审理之日起至第十日止准备辩护的时间;

(三)公诉人发现案件需要补充侦查,提出延期审理建议后,合议庭同意延期审理的期间;

(四)刑事案件二审期间,检察院查阅案卷超过七日后的时间;

(五)因当事人、诉讼代理人、辩护人申请通知新的证人到庭、调取新的证据、申请重新鉴定或者勘验,法院决定延期审理一个月之内的期间;

(六)民事、行政案件公告、鉴定的期间;

(七)审理当事人提出的管辖权异议和处理法院之间的管辖争议的期间;

(八)民事、行政、执行案件由有关专业机构进行审计、评估、资产清理的期间;

(九)中止诉讼(审理)或执行至恢复诉讼(审理)或执行的期间;

(十)当事人达成执行和解或者提供执行担保后,执行法院决定暂缓执行的期间;

(十一)上级人民法院通知暂缓执行的期间;

(十二)执行中拍卖、变卖被查封、扣押财产的期间。

第十条 人民法院判决书宣判、裁定书宣告或者调解书送达最后一名当事人的日期为结案时间。如需委托宣判、送达的,委托宣判、送达的人民法院应当在审限届满前将判决书、裁定书、调解书送达受托人民法院。受托人民法院应当在收到委托书后七日内送达。

人民法院判决书宣判、裁定书宣告或者调解书送达有下列情形之一的,结案时间遵守以下规定:

(一)留置送达的,以裁判文书留在受送达人的住所日为结案时间;

(二)公告送达的,以公告刊登之日为结案时间;

（三）邮寄送达的，以交邮日期为结案时间；

（四）通过有关单位转交送达的，以送达回证上当事人签收的日期为结案时间。

三、案件延长审理期限的报批

第十一条 刑事公诉案件、被告人被羁押的自诉案件，需要延长审理期限的，应当在审理期限届满七日以前，向高级人民法院提出申请；被告人未被羁押的刑事自诉案件，需要延长审理期限的，应当在审理期限届满十日前向本院院长提出申请。

第十二条 民事案件应当在审理期限届满十日前向本院院长提出申请；还需延长的，应当在审理期限届满十日前向上一级人民法院提出申请。

第十三条 行政案件应当在审理期限届满十日前向高级人民法院或者最高人民法院提出申请。

第十四条 对于下级人民法院申请延长办案期限的报告，上级人民法院应当在审理期限届满三日前作出决定，并通知提出申请延长审理期限的人民法院。

需要本院院长批准延长办案期限的，院长应当在审限届满前批准或者决定。

四、上诉、抗诉二审案件的移送期限

第十五条 被告人、自诉人、附带民事诉讼的原告人和被告人通过第一审人民法院提出上诉的刑事案件，第一审人民法院应当在上诉期限届满后三日内将上诉状连同案卷、证据移送第二审人民法院。被告人、自诉人、附带民事诉讼的原告人和被告人直接向上级人民法院提出上诉的刑事案件，第一审人民法院应当在接到第二审人民法院移交的上诉状后三日内将案卷、证据移送上一级人民法院。

第十六条 人民检察院抗诉的刑事二审案件，第一审人民法院应当在上诉、抗诉期届满后三日内将抗诉书连同案卷、证据移送第二审人民法院。

第十七条 当事人提出上诉的二审民事、行政案件，第一审人民法院收到上诉状，应当在五日内将上诉状副本送达对方当事人。人民法院收到答辩状，应当在五日内将副本送达上诉人。

人民法院受理人民检察院抗诉的民事、行政案件的移送期限，比照前款规定办理。

第十八条 第二审人民法院立案时发现上诉案件材料不齐全的，应当在两日内通知第一审人民法院。第一审人民法院应当在接到第二审人民法院的通知后五日内补齐。

第十九条 下级人民法院接到上级人民法院调卷通知后，应当在五日内将全部案卷和证据移送，至迟不超过十日。

五、对案件审理期限的监督、检查

第二十条 各级人民法院应当将审理案件期限情况作为审判管理的重要内容，加强对案件审理期限的管理、监督和检查。

第二十一条 各级人民法院应当建立审理期限届满前的催办制度。

第二十二条 各级人民法院应当建立案件审理期限定期通报制度。对违反诉讼法规定，超过审理期限或者违反本规定的情况进行通报。

第二十三条 审判人员故意拖延办案，或者因过失延误办案，造成严重后果的，依照《人民法院审判纪律处分办法（试行）》第五十九条的规定予以处分。

审判人员故意拖延移送案件材料，或者接受委托送达后，故意拖延不予送达的，参照《人民法院审判纪律处分办法（试行）》第五十九条的规定予以处分。

第二十四条 本规定发布前有关审理期限规定与本规定不一致的，以本规定为准。

最高人民法院关于裁判文书引用法律、法规等规范性法律文件的规定

1. *2009年7月13日最高人民法院审判委员会第1470次会议通过*
2. *2009年10月26日公布*
3. *法释〔2009〕14号*
4. *自2009年11月4日起施行*

为进一步规范裁判文书引用法律、法规等

规范性法律文件的工作,提高裁判质量,确保司法统一,维护法律权威,根据《中华人民共和国立法法》等法律规定,制定本规定。

第一条 人民法院的裁判文书应当依法引用相关法律、法规等规范性法律文件作为裁判依据。引用时应当准确完整写明规范性法律文件的名称、条款序号,需要引用具体条文的,应当整条(款、项)引用。

第二条 并列引用多个规范性法律文件的,引用顺序如下:法律及法律解释、行政法规、地方性法规、自治条例或者单行条例、司法解释。同时引用两部以上法律的,应当先引用基本法律,后引用其他法律。引用包括实体法和程序法的,先引用实体法,后引用程序法。

第三条 刑事裁判文书应当引用法律、法律解释或者司法解释。刑事附带民事诉讼裁判文书引用规范性法律文件,同时适用本规定第四条规定。

第四条 民事裁判文书应当引用法律、法律解释或者司法解释。对于应当适用的行政法规、地方性法规或者自治条例和单行条例,可以直接引用。

第五条 行政裁判文书应当引用法律、法律解释、行政法规或者司法解释。对于应当适用的地方性法规、自治条例和单行条例、国务院或者国务院授权的部门公布的行政法规解释或者行政规章,可以直接引用。

第六条 对于本规定第三条、第四条、第五条规定之外的规范性文件,根据审理案件的需要,经审查认定为合法有效的,可以作为裁判说理的依据。

第七条 人民法院制作裁判文书确需引用的规范性法律文件之间存在冲突,根据立法法等有关法律规定无法选择适用的,应当依法提请有决定权的机关做出裁决,不得自行在裁判文书中认定相关规范性法律文件的效力。

第八条 本院以前发布的司法解释与本规定不一致的,以本规定为准。

最高人民法院关于调整司法解释等文件中引用《中华人民共和国民事诉讼法》条文序号的决定

1. 2008年12月8日最高人民法院审判委员会第1457次会议通过

2. 2008年12月16日公布

3. 法释〔2008〕18号

4. 自2008年12月31日起施行

根据2007年10月28日第十届全国人民代表大会常务委员会第三十次会议《关于修改〈中华人民共和国民事诉讼法〉的决定》和修改后重新公布的《中华人民共和国民事诉讼法》,决定对司法解释等文件中涉及的民事诉讼法的相关条文序号予以相应调整。

一、最高人民法院《关于人民法院审理借贷案件的若干意见》(法〔民〕发〔1991〕21号)第22条调整为:"被执行人有可能转移、变卖、隐匿被执行财产的,应及时采取执行措施。被执行人抗拒执行构成妨害民事诉讼的,按照民事诉讼法第一百零二条、第二百二十四条的规定处理。"

二、最高人民法院《关于适用〈中华人民共和国民事诉讼法〉若干问题的意见》(法发〔1992〕22号)第111条调整为:"人民法院先予执行后,依发生法律效力的判决,申请人应当返还因先予执行所取得的利益的,适用民事诉讼法第二百一十条的规定。"

三、最高人民法院《关于适用〈中华人民共和国民事诉讼法〉若干问题的意见》(法发〔1992〕22号)第132条调整为:"依照民事诉讼法第一百九十一条的规定向人民法院申请支付令的,每件交纳申请费100元。督促程序因债务人异议而终结的,申请费由申请人负担;债务人未提出异议的,申请费由债务人负担。"

四、最高人民法院《关于适用〈中华人民共和国民事诉讼法〉若干问题的意见》(法发〔1992〕22号)第134条调整为:"依照民事诉讼法第一百九十五条的规定向人民法院申请公示催告的,每件交纳申请费100元。申请费和公告费由申请人负担。”

五、最高人民法院《关于适用〈中华人民共和国民事诉讼法〉若干问题的意见》(法发〔1992〕22号)第135条调整为:“依照民事诉讼法第一百九十八条、第二百条的规定向人民法院起诉的,按照《人民法院诉讼收费办法》第五条第(四)项的规定交纳案件受理费。”

六、最高人民法院《关于适用〈中华人民共和国民事诉讼法〉若干问题的意见》(法发〔1992〕22号)第204条调整为:“当事人对已经发生法律效力的调解书申请再审,适用民事诉讼法第一百八十四条的规定,应在该调解书发生法律效力后二年内提出。”

七、最高人民法院《关于适用〈中华人民共和国民事诉讼法〉若干问题的意见》(法发〔1992〕22号)第212条调整为:“民事诉讼法第一百八十四条中的二年为不变期间,自判决、裁定发生法律效力次日起计算。”

八、最高人民法院《关于适用〈中华人民共和国民事诉讼法〉若干问题的意见》(法发〔1992〕22号)第221条调整为:“依照民事诉讼法第一百九十四条的规定,债务人在法定期间提出书面异议的,人民法院无须审查异议是否有理由,应当直接裁定终结督促程序。债务人对债务本身没有异议,只是提出缺乏清偿能力的,不影响支付令的效力。”

九、最高人民法院《关于适用〈中华人民共和国民事诉讼法〉若干问题的意见》(法发〔1992〕22号)第222条调整为:“民事诉讼法第一百九十三条驳回支付令申请的裁定书和第一百九十四条终结督促程序的裁定书,由审判员、书记员署名,加盖人民法院印章。”

十、最高人民法院《关于适用〈中华人民共和国民事诉讼法〉若干问题的意见》(法发〔1992〕22号)第225条调整为:“债权人向人民法院申请执行支付令的期限,适用民事诉讼法第二百一十五条的规定。”

十一、最高人民法院《关于适用〈中华人民共和国民事诉讼法〉若干问题的意见》(法发〔1992〕22号)第226条调整为:“民事诉讼法第一百九十五条规定的票据持有人,是指票据被盗、遗失或者灭失前的最后持有人。”

十二、最高人民法院《关于适用〈中华人民共和国民事诉讼法〉若干问题的意见》(法发〔1992〕22号)第228条调整为:“人民法院依照民事诉讼法第一百九十六条规定发出的受理申请的公告,应写明以下内容:

(1)公示催告申请人的姓名或名称;

(2)票据的种类、票面金额、发票人、持票人、背书人等;

(3)申报权利的期间;

(4)在公示催告期间转让票据权利、利害关系人不申报的法律后果。”

十三、最高人民法院《关于适用〈中华人民共和国民事诉讼法〉若干问题的意见》(法发〔1992〕22号)第236条调整为:“人民法院依照民事诉讼法第一百九十六条规定通知支付人停止支付,应符合有关财产保全的规定。支付人收到停止支付通知后拒不支付的,除可依照民事诉讼法第一百零二条、第一百零三条规定采取强制措施外,在判决后,支付人仍应承担支付义务。”

十四、最高人民法院《关于适用〈中华人民共和国民事诉讼法〉若干问题的意见》(法发〔1992〕22号)第237条调整为:“人民法院依据民事诉讼法第一百九十八条规定终结公示催告程序后,公示催告申请人或者申报人向人民法院提起诉讼的,依照民事诉讼法第二十七条的规定确定管辖。”

十五、最高人民法院《关于适用〈中华人民共和国民事诉讼法〉若干问题的意见》(法发〔1992〕22号)第238条调整为:“民事诉讼法第一百九十八条终结公示催告程序的裁定书,由审判员、书记员署名,加盖人民法院印章。”

十六、最高人民法院《关于适用〈中华人民共和国民事诉讼法〉若干问题的意见》(法发〔1992〕22号)第239条调整为:“依照民事诉讼法第二百条的规定,利害关系人向人民法院起诉的,人民法院可按票据纠纷适用普通程序审理。”

十七、最高人民法院《关于适用〈中华人民共和国民事诉讼法〉若干问题的意见》(法发〔1992〕22号)第256条第一款调整为:“民事诉讼法第二百零一条第二款规定的由人民法院执行的其他法律文书,包括仲裁裁决书、公证债权文书。"

十八、最高人民法院《关于适用〈中华人民共和国民事诉讼法〉若干问题的意见》(法发〔1992〕22号)第257条调整为:"民事诉讼法第二百零四条规定的中止执行,应当限于案外人依该条规定提出异议部分的财产范围。对被执行人的其他财产,不应中止执行。异议理由不成立的,通知驳回。"

十九、最高人民法院《关于适用〈中华人民共和国民事诉讼法〉若干问题的意见》(法发〔1992〕22号)第265条第一款调整为:"依照民事诉讼法第二百零六条第二款的规定,受委托人民法院的上一级人民法院在接到委托人民法院指令执行的请求后,应当在五日内书面指令受委托人民法院执行,并将这一情况及时告知委托人民法院。"

二十、最高人民法院《关于适用〈中华人民共和国民事诉讼法〉若干问题的意见》(法发〔1992〕22号)第267条调整为:"申请恢复执行原法律文书,适用民事诉讼法第二百一十五条申请执行期限的规定。申请执行期限因达成执行中的和解协议而中止,其期限自和解协议所定履行期限的最后一日起连续计算。"

二十一、最高人民法院《关于适用〈中华人民共和国民事诉讼法〉若干问题的意见》(法发〔1992〕22号)第268条调整为:"人民法院依照民事诉讼法第二百零八条的规定决定暂缓执行的,如果担保是有期限的,暂缓执行的期限应与担保期限一致,但最长不得超过一年。被执行人或担保人对担保的财产在暂缓执行期间有转移、隐藏、变卖、毁损等行为的,人民法院可以恢复强制执行。"

二十二、最高人民法院《关于适用〈中华人民共和国民事诉讼法〉若干问题的意见》(法发〔1992〕22号)第269条调整为:"民事诉讼法第二百零八条规定的执行担保,可以由被执行人向人民法院提供财产作担保,也可以由第三人出面作担保。以财产作担保的,应提交保证书;由第三人担保的,应当提交担保书。担保人应当具有代为履行或者代为承担赔偿责任的能力。"

二十三、最高人民法院《关于适用〈中华人民共和国民事诉讼法〉若干问题的意见》(法发〔1992〕22号)第271条调整为:"依照民事诉讼法第二百零九条的规定,执行中作为被执行人的法人或者其他组织分立、合并的,其权利义务由变更后的法人或者其他组织承受;被撤销的,如果依有关实体法的规定有权利义务承受人的,可以裁定该权利义务承受人为被执行人。"

二十四、最高人民法院《关于适用〈中华人民共和国民事诉讼法〉若干问题的意见》(法发〔1992〕22号)第275条调整为:"法律规定由人民法院执行的其他法律文书执行完毕后,该法律文书被有关机关依法撤销的,经当事人申请,适用民事诉讼法第二百一十条的规定。"

二十五、最高人民法院《关于适用〈中华人民共和国民事诉讼法〉若干问题的意见》(法发〔1992〕22号)第278条调整为:"依照民事诉讼法第二百一十三条第二款、第三款的规定,人民法院裁定不予执行仲裁裁决后,当事人可以重新达成书面仲裁协议申请仲裁,也可以向人民法院起诉。"

二十六、最高人民法院《关于适用〈中华人民共和国民事诉讼法〉若干问题的意见》(法发〔1992〕22号)第279条调整为:"民事诉讼法第二百一十六条第一款规定的执行通知,人民法院应在收到申请执行书后的十日内发出。执行通知中除应责令被执行人履行法律文书确定的义务外,并应通知其承担民事诉讼法第二百二十九条规定的迟延履行利息或者迟延履行金。"

二十七、最高人民法院《关于适用〈中华人民共和国民事诉讼法〉若干问题的意见》(法发〔1992〕22号)第282条调整为:"人民法院在执行中已依照民事诉讼法第二百一十八条、第二百二十条的规定对被执行人的财产查封、冻结的,任何单位包括其他人民法院不得重复查封、冻结或者擅自解冻,违者按照民事诉讼法第一百零二条的规定处理。"

二十八、最高人民法院《关于适用〈中华人民共和国民事诉讼法〉若干问题的意见》(法发〔1992〕22号)第283条调整为:"依照民事诉讼法第二百二十八条规定，当事人不履行法律文书确定的行为义务，如果该项行为义务只能由被执行人完成的，人民法院可以依照民事诉讼法第一百零二条第一款第（六）项的规定处理。”

二十九、最高人民法院《关于适用〈中华人民共和国民事诉讼法〉若干问题的意见》（法发〔1992〕22号）第286条第一款调整为：“人民法院依照民事诉讼法第二百二十四条规定对被执行人及其住所或者财产隐匿地进行搜查，必须符合以下条件：

（1）生效法律文书确定的履行期限已经届满；

（2）被执行人不履行法律文书确定的义务；

（3）认为有隐匿财产的行为。”

三十、最高人民法院《关于适用〈中华人民共和国民事诉讼法〉若干问题的意见》（法发〔1992〕22号）第288条调整为：“搜查中发现应当依法扣押的财产，依照民事诉讼法第二百二十一条第二款和第二百二十三条的规定办理。”

三十一、最高人民法院《关于适用〈中华人民共和国民事诉讼法〉若干问题的意见》（法发〔1992〕22号）第292条调整为：“人民法院在执行中需要办理房产证、土地证、山林所有权证、专利证书、商标证书、车辆执照等有关财产权证照转移手续的，可以依照民事诉讼法第二百二十七条规定办理。”

三十二、最高人民法院《关于适用〈中华人民共和国民事诉讼法〉若干问题的意见》（法发〔1992〕22号）第294条调整为：“民事诉讼法第二百二十九条规定的加倍支付迟延履行期间的债务利息，是指在按银行同期贷款最高利率计付的债务利息上增加一倍。”

三十三、最高人民法院《关于适用〈中华人民共和国民事诉讼法〉若干问题的意见》（法发〔1992〕22号）第296条调整为：“债权人依照民事诉讼法第二百三十条的规定请求人民法院继续执行的，不受民事诉讼法第二百一十五条所定期限的限制。”

三十四、最高人民法院《关于适用〈中华人民共和国民事诉讼法〉若干问题的意见》（法发〔1992〕22号）第305条调整为：“依照民事诉讼法第三十四条和第二百四十四条规定，属于中华人民共和国人民法院专属管辖的案件，当事人不得用书面协议选择其他国家法院管辖。但协议选择仲裁裁决的除外。”

三十五、最高人民法院《关于适用〈中华人民共和国民事诉讼法〉若干问题的意见》（法发〔1992〕22号）第307条调整为：“对不在我国领域内居住的被告，经用公告方式送达诉状或传唤，公告期满不应诉，人民法院缺席判决后，仍应将裁判文书依照民事诉讼法第二百四十五条第（七）项的规定公告送达。自公告送达裁判文书满六个月的次日起，经过三十日的上诉期当事人没有上诉的，一审判决即发生法律效力。”

三十六、最高人民法院《关于适用〈中华人民共和国民事诉讼法〉若干问题的意见》（法发〔1992〕22号）第313条调整为：“我国涉外仲裁机构作出的仲裁裁决，一方当事人不履行，对方当事人向人民法院申请执行的，应依照民事诉讼法第二十七章的有关规定办理。”

三十七、最高人民法院《关于适用〈中华人民共和国民事诉讼法〉若干问题的意见》（法发〔1992〕22号）第315条调整为：“人民法院强制执行涉外仲裁机构的仲裁裁决时，如被执行人申辩有民事诉讼法第二百五十八条第一款规定的情形之一的，在其提供了财产担保后，可以中止执行。人民法院应当对被执行人的申辩进行审查，并根据审查结果裁定不予执行或驳回申辩。”

三十八、最高人民法院《关于适用〈中华人民共和国民事诉讼法〉若干问题的意见》（法发〔1992〕22号）第317条调整为：“依照民事诉讼法第二百五十六条的规定，我国涉外仲裁机构将当事人的财产保全申请提交人民法院裁定的，人民法院可以进行审查，决定是否进行保全。裁定采取保全的，应当责令申请人提供担保，申请人不提供担保的，裁定驳回申请。”

三十九、最高人民法院《关于人民法院可以对商业银行在人民银行的存款依法采取强制措施的批复》（法复〔1995〕4号）调整为：“专业银行是依法设立的商业银行，是以其全部法人财产承担民事责任的企业法人。依照《中华人民共和国民事诉讼法》第二百一十八条之规定，作为被执行人的专业银行未按执行通知自动履行已生效的法律文书确定的义务，人民法院有权查询、冻结、划拨该专业银行在人民银行的存款；有关人民银行必须按照协助执行通知书(附已生效的法律文书)及时办理；拒不协助执行的，依法追究法律责任。”

四十、最高人民法院《关于人民法院处理与涉外仲裁及外国仲裁事项有关问题的通知》(法发〔1995〕18号)第二条调整为：“凡一方当事人向人民法院申请执行我国涉外仲裁机构裁决，或者向人民法院申请承认和执行外国仲裁机构的裁决，如果人民法院认为我国涉外仲裁机构裁决具有民事诉讼法第二百五十八条情形之一的，或者申请承认和执行的外国仲裁裁决不符合我国参加的国际公约的规定或者不符合互惠原则的，在裁定不予执行或者拒绝承认和执行之前，必须报请本辖区所属高级人民法院进行审查；如果高级人民法院同意不予执行或者拒绝承认和执行，应将其审查意见报最高人民法院。待最高人民法院答复后，方可裁定不予执行或者拒绝承认和执行。”

四十一、最高人民法院《关于认真贯彻仲裁法依法执行仲裁裁决的通知》(法发〔1995〕21号)第二条调整为：“根据国办发〔1995〕38号《关于进一步做好重新组建仲裁机构工作的通知》要求，现有仲裁机构在依法终止前受理的案件应当自该仲裁机构依法终止之日起6个月内作出仲裁裁决。因此，仲裁机构在此期间将当事人的财产保全申请提交人民法院的，人民法院应当依照民事诉讼法的有关规定作出裁决，予以受理或者驳回申请；仲裁机构在此期间按照仲裁程序作出的裁决书、调解书，一方当事人不履行，另一方当事人依照民事诉讼法的有关规定向人民法院申请执行的，受申请的人民法院应当执行。但被申请人提出证据证明裁决有民事诉讼法第二百一十三条第二款和第二百五十八条第一款规定的情形之一的，或者当事人提出证据证明裁决有民事诉讼法第二百五十八条第一款、仲裁法第五十八条规定的情形之一的，应当分别作出不予执行和撤销裁决的裁定。一方当事人申请执行，另一方当事人申请撤销裁决的，人民法院应当裁定中止执行。”

四十二、最高人民法院《关于人民法院依法有权查询、冻结和扣划邮政储蓄存款问题的批复》(法复〔1996〕1号)调整为：“依照《中华人民共和国民事诉讼法》第六十五条的规定，人民法院有权向包括邮政企业的有关单位调查取证，有关单位不得拒绝。”

“《中华人民共和国民事诉讼法》第一百零三条、第二百一十八条和第二百一十九条中的‘其他有储蓄业务的单位’，包括办理邮政储蓄业务的邮政企业。人民法院为财产保全、先予执行或者执行已经发生法律效力的法律文书，有权查询、冻结、扣划邮政企业办理的邮政储蓄存款；有关的邮政企业依法应当协助人民法院查询、冻结和扣划。”

四十三、最高人民法院《关于当事人因对不予执行仲裁裁决的裁定不服而申请再审人民法院不予受理的批复》(法复〔1996〕8号)调整为：“依照《中华人民共和国民事诉讼法》第二百一十三条的规定，人民法院对仲裁裁决依法裁定不予执行，当事人不服而申请再审的，没有法律依据，人民法院不予受理。”

四十四、最高人民法院《关于税务机关是否有义务协助人民法院直接划拨退税款问题的批复》(法复〔1996〕11号)调整为：“根据国家税务总局《出口货物退(免)税管理办法》的有关规定，企业出口退税款，在国家税务机关审查批准后，须经特定程序通过银行(国库)办理退库手续退给出口企业。国家税务机关只是企业出口退税的审核、审批机关，并不持有退税款项，故人民法院不能依据民事诉讼法第二百二十五条的规定，要求税务机关直接划拨被执行人应得退税款项，但可依照民事诉讼法的有关规定，要求税务机关提供被执行人在银行的退税账户、退税数额及退税时间等情况，并依据税务机关提供的被执行人的退税账户，依法通知有关银行对需执行的款项予以冻结或划拨。”

四十五、最高人民法院《关于实施〈中华人民共和国仲裁法〉几个问题的通知》(法发〔1997〕4

号)第二条调整为:“在仲裁过程中,当事人申请财产保全的,一般案件由被申请人住所地或者财产所在地的基层人民法院作出裁定;属涉外仲裁案件的,依据《中华人民共和国民事诉讼法》第二百五十六条的规定,由被申请人住所地或者财产所在地的中级人民法院作出裁定。有关人民法院对仲裁机构提交的财产保全申请应当认真进行审查,符合法律规定的,即应依法作出财产保全的裁定;如认为不符合法律规定的,应依法裁定驳回申请。”

四十六、最高人民法院《关于对企业借贷合同借款方逾期不归还借款的应如何处理的批复》(法复〔1996〕15号)调整为:“企业借贷合同违反有关金融法规,属无效合同。对于合同期限届满后,借款方逾期不归还本金,当事人起诉到人民法院的,人民法院除应按照最高人民法院法(经)发〔1990〕27号《关于审理联营合同纠纷案件若干问题的解答》第四条第二项的有关规定判决外,对自双方当事人约定的还款期满之日起,至法院判决确定借款人返还本金期满期间内的利息,应当收缴,该利息按借贷双方原约定的利率计算,如果双方当事人对借款利息未约定,按同期银行贷款利率计算。借款人未按判决确定的期限归还本金的,应当依照《中华人民共和国民事诉讼法》第二百二十九条的规定加倍支付迟延履行期间的利息。”

四十七、最高人民法院《关于北京市第一中级人民法院不予执行美国制作公司和汤姆·胡莱特公司诉中国妇女旅行社演出合同纠纷仲裁裁决请示的批复》(他〔1997〕35号)调整为:“1992年8月28日美国制作公司和汤姆·胡莱特公司因雇佣美国演员来华演出签订‘合同与演出协议’。该‘合同与演出协议’第2条B款中明确规定:‘演员们应尽全力遵守中国的规章制度和政策并圆满达到演出的娱乐效果。’同年9月9日该两公司又签订‘合同附件’。该‘合同附件’第7条第2款中规定:‘中国有权审查和批准演员演出的各项细节。’美国两公司依据上述合同与协议于1992年12月23日与中国妇女旅行社签订了来华演出的‘合同与协议’。约定美国南方派乐队自1993年1月25日到同年2月28日在华演出20至23场。但是,在演出活动中,美方演员违背合同协议约定,不按报经我国文化部审批的演出内容进行演出,演出了不适合我国国情的‘重金属歌曲’,违背了我国的社会公共利益,造成了很坏的影响,被我文化部决定停演。由此可见,停演及演出收入减少,是由演出方严重违约造成的。中国国际经济贸易仲裁委员会(94)贸仲字第0015号裁决书无视上述基本事实,是完全错误的。人民法院如果执行该裁决,就会损害我国的社会公共利益。依照《中华人民共和国民事诉讼法》第二百五十八条第二款的规定,同意你院对该仲裁裁决不予执行的意见。”

四十八、最高人民法院《关于对被执行人存在银行的凭证式国库券可否采取执行措施问题的批复》(法释〔1998〕2号)调整为:“被执行人存在银行的凭证式国库券是由被执行人交银行管理的到期偿还本息的有价证券,在性质上与银行的定期储蓄存款相似,属于被执行人的财产。依照《中华人民共和国民事诉讼法》第二百一十八条规定的精神,人民法院有权冻结、划拨被执行人存在银行的凭证式国库券。有关银行应当按照人民法院的协助执行通知书将本息划归执行申请人。”

四十九、最高人民法院《关于人民法院执行工作若干问题的规定(试行)》(法释〔1998〕15号)第6条调整为:“依据民事诉讼法第二百一十三条或第二百五十八条的规定对仲裁裁决是否有不予执行事由进行审查的,应组成合议庭进行。”

五十、最高人民法院《关于人民法院执行工作若干问题的规定(试行)》(法释〔1998〕15号)第24条调整为:“人民法院决定受理执行案件后,应当在三日内向被执行人发出执行通知书,责令其在指定的期间内履行生效法律文书确定的义务,并承担民事诉讼法第二百二十九条规定的迟延履行期间的债务利息或迟延履行金。”

五十一、最高人民法院《关于人民法院执行工作若干问题的规定(试行)》(法释〔1998〕15号)第30条调整为:“被执行人拒绝按人民法院的要求提供其有关财产状况的证据材料的,人民法院可以按照民事诉讼法第二百二十四条的规定进行搜查。”

五十二、最高人民法院《关于人民法院执行工作若干问题的规定(试行)》(法释〔1998〕15号)第59条调整为:“被执行人的财产经拍卖、变卖或裁定以物抵债后,需从现占有人处交付给买受人或申请执行人的,适用民事诉讼法第二百二十五条、第二百二十六条和本规定57条、58条的规定。”

五十三、最高人民法院《关于人民法院执行工作若干问题的规定(试行)》(法释〔1998〕15号)第71条第一款调整为:“对案外人提出的异议,执行法院应当依照民事诉讼法第二百零四条的规定进行审查。”

五十四、最高人民法院《关于人民法院执行工作若干问题的规定(试行)》(法释〔1998〕15号)第83条调整为:“依照民事诉讼法第二百零九条、最高人民法院关于适用民事诉讼法若干问题的意见第271条至第274条及本规定裁定变更或追加被执行主体的,由执行法院的执行机构办理。”

五十五、最高人民法院《关于人民法院执行工作若干问题的规定(试行)》(法释〔1998〕15号)第102条调整为:“有下列情形之一的,人民法院应当依照民事诉讼法第二百三十二条第一款第五项的规定裁定中止执行:

(1)人民法院已受理以被执行人为债务人的破产申请的;

(2)被执行人确无财产可供执行的;

(3)执行的标的物是其他法院或仲裁机构正在审理的案件争议标的物,需要等待该案件审理完毕确定权属的;

(4)一方当事人申请执行仲裁裁决,另一方当事人申请撤销仲裁裁决的;

(5)仲裁裁决的被申请执行人依据民事诉讼法第二百一十三条第二款的规定向人民法院提出不予执行请求,并提供适当担保的。”

五十六、最高人民法院《关于人民法院执行工作若干问题的规定(试行)》(法释〔1998〕15号)第105条调整为:“在执行中,被执行人被人民法院裁定宣告破产的,执行法院应当依照民事诉讼法第二百三十三条第六项的规定,裁定终结执行。”

五十七、最高人民法院《关于人民法院执行工作若干问题的规定(试行)》(法释〔1998〕15号)第109条调整为:“在执行中或执行完毕后,据以执行的法律文书被人民法院或其他有关机关撤销或变更的,原执行机构应当依照民事诉讼法第二百一十条的规定,依当事人申请或依职权,按照新的生效法律文书,作出执行回转的裁定,责令原申请执行人返还已取得的财产及其孳息。拒不返还的,强制执行。”

五十八、最高人民法院《关于人民法院撤销涉外仲裁裁决有关事项的通知》(法〔1998〕40号)第一条调整为:“凡一方当事人按照仲裁法的规定向人民法院申请撤销我国涉外仲裁裁决,如果人民法院经审查认为涉外仲裁裁决具有民事诉讼法第二百五十八条第一款规定的情形之一的,在裁定撤销裁决或通知仲裁庭重新仲裁之前,须报请本辖区所属高级人民法院进行审查。如果高级人民法院同意撤销裁决或通知仲裁庭重新仲裁,应将其审查意见报最高人民法院。待最高人民法院答复后,方可裁定撤销裁决或通知仲裁庭重新仲裁。”

五十九、最高人民法院《关于人民检察院对民事调解书提出抗诉人民法院应否受理问题的批复》(法释〔1999〕4号)调整为:“《中华人民共和国民事诉讼法》第一百八十七条只规定人民检察院可以对人民法院已经发生法律效力的判决、裁定提出抗诉,没有规定人民检察院可以对调解书提出抗诉。人民检察院对调解书提出抗诉的,人民法院不予受理。”

六十、最高人民法院《关于民事、行政诉讼中司法赔偿若干问题的解释》(法释〔2000〕27号)第七条调整为:“根据国家赔偿法第十七条、第三十一条的规定,具有下列情形之一的,国家不承担赔偿责任:

(一)因申请人申请保全有错误造成损害的;

(二)因申请人提供的执行标的物有错误造成损害的;

(三)人民法院工作人员与行使职权无关的个人行为;

(四)属于民事诉讼法第二百一十条规定

情形的；

（五）被保全人、被执行人，或者人民法院依法指定的保管人员违法动用、隐匿、毁损、转移、变卖人民法院已经保全的财产的；

（六）因不可抗力造成损害后果的；

（七）依法不应由国家承担赔偿责任的其他情形。”

六十一、最高人民法院《关于严格执行案件审理期限制度的若干规定》（法释〔2000〕29号）第二条第八款调整为：“审理涉外民事案件，根据民事诉讼法第二百四十八条的规定，不受上述案件审理期限的限制。”

六十二、最高人民法院《关于审理票据纠纷案件若干问题的规定》（法释〔2000〕32号）第三十三条调整为：“依照《中华人民共和国民事诉讼法》（以下简称民事诉讼法）第一百九十六条的规定，公示催告的期间，国内票据自公告发布之日起六十日，涉外票据可根据具体情况适当延长，但最长不得超过九十日。”

六十三、最高人民法院《关于审理票据纠纷案件若干问题的规定》（法释〔2000〕32号）第三十四条调整为：“依照民事诉讼法第一百九十七条第二款的规定，在公示催告期间，以公示催告的票据质押、贴现，因质押、贴现而接受该票据的持票人主张票据权利的，人民法院不予支持，但公示催告期间届满以后人民法院作出除权判决以前取得该票据的除外。”

六十四、最高人民法院《关于审理和执行涉外民商事案件应当注意的几个问题的通知》（法〔2000〕51号）第三条调整为：“严格遵守涉外民商事案件生效法律文书的执行规定，切实维护国家司法权威。各级人民法院在强化执行工作过程中，应从维护国家司法形象和法制尊严的高度认识涉外执行工作的重要性，进一步加强涉外案件的执行，要注意执行方法，提高执行效率，注重执行效果。对涉外仲裁裁决和国外仲裁裁决的审查与执行，要严格依照有关国际公约和《中华人民共和国民事诉讼法》、最高人民法院《关于适用〈中华人民共和国民事诉讼法〉若干问题的意见》、最高人民法院《关于人民法院执行工作若干问题的规定（试行）》中有关涉外执行的规定和最高人民法院（法）经发〔1987〕5号通知、法发〔1995〕18号通知、法释〔1998〕28号规定及法〔1998〕40号通知办理。各级人民法院凡拟适用《中华人民共和国民事诉讼法》第二百五十八条和有关国际公约规定，不予执行涉外仲裁裁决、撤销涉外仲裁裁决或拒绝承认和执行外国仲裁机构的裁决的，均应按规定逐级呈报最高人民法院审查，在最高人民法院答复前，不得制发裁定。”

六十五、最高人民法院《关于适用督促程序若干问题的规定》（法释〔2001〕2号）第三条调整为：“人民法院收到债权人的书面申请后，认为申请书不符合要求的，人民法院可以通知债权人限期补正。补正期间不计入民事诉讼法第一百九十二条规定的期限。”

六十六、最高人民法院《关于审理劳动争议案件适用法律若干问题的解释》（法释〔2001〕14号）第二十一条第一款调整为：“当事人申请人民法院执行劳动争议仲裁机构作出的发生法律效力的裁决书、调解书，被申请人提出证据证明劳动争议仲裁裁决书、调解书有下列情形之一，并经审查核实的，人民法院可以根据《民事诉讼法》第二百一十三条之规定，裁定不予执行：

（一）裁决的事项不属于劳动争议仲裁范围，或者劳动争议仲裁机构无权仲裁的；

（二）适用法律确有错误的；

（三）仲裁员仲裁该案时，有徇私舞弊、枉法裁决行为的；

（四）人民法院认定执行该劳动争议仲裁裁决违背社会公共利益的。”

六十七、最高人民法院《关于民事诉讼证据的若干规定》（法释〔2001〕33号）第八十三条第三款调整为：“本规定施行后受理的再审民事案件，人民法院依据《民事诉讼法》第一百八十六条的规定进行审理的，适用本规定。”

六十八、最高人民法院《关于向外国公司送达司法文书能否向其驻华代表机构送达并适用留置送达问题的批复》（法释〔2002〕15号）调整为：“《关于向国外送达民事或商事司法文书和司法外文书公约》（以下简称海牙送达公约）第一条规定：‘在所有民事或商事案件中，如有须递送司法文书或司法外文书以便向国外送达的情形,均应适用本公约。'根据《中华人民共和国民事诉讼法》(以下简称民事诉讼法)第二百四十五条的规定,人民法院对在中华人民共和国领域内没有住所的当事人送达诉讼文书,可以依照受送达人所在国与中华人民共和国缔结或者共同参加的国际条约中规定的方式送达;当受送达人在中华人民共和国领域内设有代表机构时,便不再属于海牙送达公约规定的'有须递送司法文书或司法外文书以便向国外送达的情形'。因此,人民法院可以根据民事诉讼法第二百四十五条第(五)项的规定向受送达人在中华人民共和国领域内设立的代表机构送达诉讼文书,而不必根据海牙送达公约向国外送达。"

"根据民事诉讼法第二百三十五条的规定,人民法院向外国公司的驻华代表机构送达诉讼文书时,可以适用留置送达的方式。"

六十九、最高人民法院《关于适用〈中华人民共和国海事诉讼特别程序法〉若干问题的解释》(法释〔2003〕3号)第二条调整为:"涉外海事侵权纠纷案件和海上运输合同纠纷案件的管辖,适用民事诉讼法第二十四章的规定;民事诉讼法第二十四章没有规定的,适用海事诉讼特别程序法第六条第二款(一)、(二)项的规定和民事诉讼法的其他有关规定。"

七十、最高人民法院《关于适用〈中华人民共和国海事诉讼特别程序法〉若干问题的解释》(法释〔2003〕3号)第八十八条调整为:"海事诉讼特别程序法第一百一十五条规定的判决书、裁定书、调解书和仲裁裁决书指我国国内的判决书、裁定书、调解书和仲裁裁决书。对于债权人提供的国外的判决书、裁定书、调解书和仲裁裁决书,适用民事诉讼法第二百六十六条和第二百六十七条规定的程序审查。"

七十一、最高人民法院《关于审理人民法院国家赔偿确认案件若干问题的规定(试行)》(法释〔2004〕10号)第四条调整为:"具有下列情形之一的确认申请,不予受理:

(一)依法应当通过审判监督程序提出申诉或者申请再审的;

(二)申请事项属于司法机关已经立案正在查处的;

(三)人民法院工作人员的行为与行使职权无关的;

(四)属于《中华人民共和国民事诉讼法》第二百一十条规定情形的;

(五)依法不属于确认范围的其他情形。"

七十二、最高人民法院《关于人民法院民事调解工作若干问题的规定》(法释〔2004〕12号)第十九条第二款调整为:"不履行调解协议的当事人按照前款规定承担了调解书确定的民事责任后,对方当事人又要求其承担民事诉讼法第二百二十九条规定的迟延履行责任的,人民法院不予支持。"

七十三、最高人民法院《关于人民法院民事调解工作若干问题的规定》(法释〔2004〕12号)第二十条调整为:"调解书约定给付特定标的物的,调解协议达成前该物上已经存在的第三人的物权和优先权不受影响。第三人在执行过程中对执行标的物提出异议的,应当按照民事诉讼法第二百零四条规定处理。"

七十四、最高人民法院《关于人民法院民事执行中查封、扣押、冻结财产的规定》(法释〔2004〕15号)第二十条第二款调整为:"执行人员及保管人应当在笔录上签名,有民事诉讼法第二百二十一条规定的人员到场的,到场人员也应当在笔录上签名。"

七十五、最高人民法院《关于当事人申请承认澳大利亚法院出具的离婚证明书人民法院应否受理问题的批复》(法释〔2005〕8号)调整为:"当事人持澳大利亚法院出具的离婚证明书向人民法院申请承认其效力的,人民法院应予受理,并依照《中华人民共和国民事诉讼法》第二百六十五条和第二百六十六条以及最高人民法院《关于中国公民申请承认外国法院离婚判决程序问题的规定》的有关规定进行审查,依法作出承认或者不予承认的裁定。"

七十六、最高人民法院《关于人民法院执行设定抵押的房屋的规定》(法释〔2005〕14号)第三条第一款调整为:"上述宽限期届满后,被执行人仍未迁出的,人民法院可以作出强制迁出裁定,并按照民事诉讼法第二百二十六条的规定执行。"

七十七、最高人民法院《关于涉外民事或商事案件司法文书送达问题若干规定》(法释〔2006〕5号)第四条调整为:“除受送达人在授权委托书中明确表明其诉讼代理人无权代为接收有关司法文书外,其委托的诉讼代理人为民事诉讼法第二百四十五条第(四)项规定的有权代其接受送达的诉讼代理人,人民法院可以向该诉讼代理人送达。”

七十八、最高人民法院《关于涉外民事或商事案件司法文书送达问题若干规定》(法释〔2006〕5号)第九条调整为:“人民法院依照民事诉讼法第二百四十五条第(七)项规定的公告方式送达时,公告内容应在国内外公开发行的报刊上刊登。”

七十九、最高人民法院《关于适用〈中华人民共和国仲裁法〉若干问题的解释》(法释〔2006〕7号)第十七条调整为:“当事人以不属于仲裁法第五十八条或者民事诉讼法第二百五十八条规定的事由申请撤销仲裁裁决的,人民法院不予支持。”

八十、最高人民法院《关于适用〈中华人民共和国仲裁法〉若干问题的解释》(法释〔2006〕7号)第二十七条第二款调整为:“当事人在仲裁程序中对仲裁协议的效力提出异议,在仲裁裁决作出后又以此为由主张撤销仲裁裁决或者提出不予执行抗辩,经审查符合仲裁法第五十八条或者民事诉讼法第二百一十三条、第二百五十八条规定的,人民法院应予支持。”

八十一、最高人民法院《关于在民事判决书中增加向当事人告知民事诉讼法第二百三十二条规定内容的通知》(法〔2007〕19号),题目调整为:“《最高人民法院关于在民事判决书中增加向当事人告知民事诉讼法第二百二十九条规定内容的通知》”,内容调整为:“根据《中共中央关于构建社会主义和谐社会若干重大问题的决定》有关‘落实当事人权利义务告知制度’的要求,为使胜诉的当事人及时获得诉讼成果,促使败诉的当事人及时履行义务,经研究决定,在具有金钱给付内容的民事判决书中增加向当事人告知民事诉讼法第二百二十九条规定的内容。现将在民事判决书中具体表述方式通知如下:

一、一审判决中具有金钱给付义务的,应当在所有判项之后另起一行写明:如果未按本判决指定的期间履行给付金钱义务,应当依照《中华人民共和国民事诉讼法》第二百二十九条之规定,加倍支付迟延履行期间的债务利息。”

最高人民法院关于海事法院可否适用小额诉讼程序问题的批复

1. 2013年5月27日由最高人民法院审判委员会第1579次会议通过

2. 2013年6月19日公布

3. 法释〔2013〕16号

4. 自2013年6月26日起施行

上海市高级人民法院:

你院《关于海事法院适用小额诉讼程序的请示》(沪高法〔2013〕5号)收悉。经研究,批复如下:

2012年修订的《中华人民共和国民事诉讼法》简易程序一章规定了小额诉讼程序,《中华人民共和国海事诉讼特别程序法》第九十八条规定海事法院可以适用简易程序。因此,海事法院可以适用小额诉讼程序审理简单的海事、海商案件。

适用小额诉讼程序的标的额应以实际受理案件的海事法院或其派出法庭所在的省、自治区、直辖市上年度就业人员年平均工资百分之三十为限。

(三)司法文件

最高人民法院案件审限管理规定

1. 2001年11月5日公布

2. 法〔2001〕164号

为了严格执行法律和有关司法解释关于审理期限的规定,提高审判工作效率,保护当事人的诉讼权利,结合本院实际情况,制定本规定。

一、本院各类案件的审理期限

第一条　审理刑事上诉、抗诉案件的期限为一个月,至迟不得超过一个半月;有刑事诉讼法第一百二十六条规定情形之一的,经院长批准,可以延长一个月。

第二条　审理对民事判决的上诉案件,期限为三个月;有特殊情况需要延长的,经院长批准,可以延长三个月。

审理对民事裁定的上诉案件,期限为一个月。

第三条　审理对妨害诉讼的强制措施的民事决定不服申请复议的案件,期限为五日。

第四条　审理行政上诉案件的期限为两个月;有特殊情况需要延长的,经院长批准,可以延长两个月。

第五条　审理赔偿案件的期限为三个月;有特殊情况需要延长的,经院长批准,可以延长三个月。

第六条　办理刑事复核案件的期限为两个月;有特殊情况需要延长的,由院长批准。

办理再审刑事复核案件的期限为四个月;有特殊情况需要延长的,由院长批准。

第七条　对不服本院生效裁判或不服高级人民法院复查驳回、再审改判的各类申诉或申请再审案件,应当在三个月内审查完毕,作出决定或裁定,至迟不得超过六个月。

第八条　按照审判监督程序重新审理的刑事案件的审理期限为三个月;有特殊情视需要延长的,经院长批准,可以延长三个月。裁定再审的民事、行政案件,根据再审适用的不同程序,分别执行第一审或第二审审理期限的规定。

第九条　办理下级人民法院按规定向我院请示的各类适用法律的特殊案件,期限为三个月;有特殊情况需要延长的,经院长批准,可以延长三个月。

第十条　涉外、涉港、澳、台民事案件应当在庭审结束后三个月内结案;有特殊情况需要延长的,由院长批准。

第十一条　办理管辖争议案件的期限为两个月;有特殊情况需要延长的,经院长批准,可以延长两个月。

第十二条　办理执行协调案件的期限为三个月,至迟不得超过六个月。

二、立案、结案时间及审理期限的计算

第十三条　二审案件应当在收到上(抗)诉书及案卷材料后的五日内立案。

按照审判监督程序重新审判的案件,应当在作出提审、再审裁定或决定的次日立案。

刑事复核案件、适用法律的特殊请示案件、管辖争议案件、执行协调案件应当在收到高级人民法院报送的案卷材料后三日内立案。

第十四条　立案庭应当在决定立案并办妥有关诉讼收费事宜后,三日内将案卷材料移送相关审判庭。

第十五条　案件的审理期限从立案次日起计算。

申诉或申请再审的审查期限从收到申诉或申请再审材料并经立案后的次日起计算。

涉外、涉港、澳、台民事案件的结案期限从最后一次庭审结束后的次日起计算。

第十六条　不计入审理期限的期间依照本院《关于严格执行案件审理期限制度的若干规定》(下称《若干规定》)第九条执行。案情重大、疑难,需由审判委员会作出决定的案件,自提交审判委员会之日起至审判委员会作出决定之日止的期间,不计入审理期限。

需要向有关部门征求意见的案件,征求意见的期间不计入审理期限,参照《若干规定》第九条第八项的规定办理。

要求下级人民法院查报的案件,下级人民法院复查的期间不计入审理期限。

第十七条　结案时间除按《若干规定》第十条执行外,请示案件的结案时间以批复、复函签发日期为准,审查申诉的结案时间以作出决定或裁定的日期为准,执行协调案件以批准协调方案日期为准。

三、案件延长审理期限的报批

第十八条　刑事案件需要延长审理期限的,应当在审理期限届满七日以前,向院长提出申请。

第十九条　其他案件需要延长审理期限的,应当在审理期限届满十日以前,向院长提出申请。

第二十条　需要院长批准延长审理期限的,院长应当在审限届满以前作出决定。

第二十一条　凡变动案件审理期限的，有关合议庭应当及时到立案庭备案。

四、对案件审理期限的监督、管理

第二十二条　本院各类案件审理期限的监督、管理工作由立案庭负责。

距案件审限届满前十日，立案庭应当向有关审判庭发出提示。

对超过审限的案件实行按月通报制度。

第二十三条　审判人员故意拖延办案，或者因过失延误办案，造成严重后果的，依照《人民法院审判纪律处分办法（试行）》第五十九条的规定予以处分。

本规定自2002年1月1日起执行。

最高人民法院关于坚决纠正和制止以扣押人质方式解决经济纠纷的通知

1. 1994年10月28日公布
2. 法〔1994〕130号

各省、自治区、直辖市高级人民法院，解放军军事法院：

中央政法委员会于1994年9月12日发出了《严禁以扣押人质方式解决纠纷的通知》。《通知》指出的受经济利益驱动，越权插手经济纠纷，滥用强制手段，非法扣押人质的现象，在人民法院审理经济纠纷案件以及执行工作中，也时有发生。对此，各高级人民法院、军事法院必须引起高度重视，认真组织干警学习、贯彻中政委《通知》精神，并制订切实可行、有效的措施，坚决纠正和制止非法扣押人质事件的发生。为此，特通知如下：

一、严禁以扣押人质的办法解决和执行经济纠纷案件。在审理和执行经济纠纷案件过程中，非法扣押人质，不仅违背了程序法的规定，破坏了正常的审判、执行秩序，而且严重侵犯了公民的人身自由权，必须坚决禁止。各级法院都要组织广大干警对本院有无非法扣押人质问题进行一次认真检查，一经发现，即要迅速查明情况，并立即放人，处理好善后事宜。各级法院要坚决清除经济利益驱动的影响，打破人情关系网，克服和抵制地方保护主义、部门保护主义，积极查处本院内部扣押人质的案件，对非法扣押人质造成严重后果的，要坚决依法追究有关人员的责任，直至刑事责任。

二、严格执行民事诉讼法及最高人民法院有关司法解释的规定，严禁滥用强制手段解决经济纠纷。审理经济纠纷案件，一定要尊重当事人的诉讼权利，坚持当事人诉讼地位平等的原则。在当事人不到庭应诉的情况下，可以通知其限期答辩、举证，期满仍不答辩的可缺席判决。除有证据证明当事人有民事诉讼法规定的妨害民事诉讼的行为之外，不准对当事人实行拘留，以迫使一方当事人接受另一方当事人的请求或法院的调解方案；更不准非法转为逮捕，追究所谓的刑事责任。对有禁不止者，本院和上级法院必须严肃查处，追究有关人员的责任。

三、要严格法院内的职责分工。一、二审经济纠纷案件必须由经济审判庭和人民法庭严格依法定程序审理，由执行庭依法执行，其他庭、室不得审理或执行经济纠纷案件，更不得采取强制措施。任何个人不得越权插手经济纠纷案件的审理和执行。经济审判力量或执行力量不足的，应当统筹兼顾，抽调人员予以充实、加强。

四、人民法院要与其他政法部门加强关系、协调和配合。人民法院在审判活动中，要严格区分经济纠纷与经济犯罪的界限，确定构成犯罪的，要依法及时、主动移送有关政法部门查处，部分构成犯罪的部分移送，经济纠纷继续审理；全案构成犯罪的，全案移送；在审理或执行经济纠纷案件中，遇到其他政法机关干扰、阻碍的，要依据中央政法委员会政法〔1994〕31号通知，与有关政法机关进行协商，克服各种阻力，切实维护法律尊严、保护当事人的合法权益；如协商不成，要及时报请同级政法委员会和上级人民法院解决。上级人民法院要坚决支持下级人民法院依法审理和执行经济纠纷案件。

五、各级法院要就中央政法委《关于严禁以扣押人质方式解决经济纠纷的通知》中指出的问题，立即进行一次认真、全面的检查，并将检查处理情况逐级上报。各高级人民法院于今年11月底前报最高人民法院。

中华人民共和国
人民法院法庭规则

1. 1993年11月26日最高人民法院审判委员会第617次会议通过
2. 根据2015年12月21日最高人民法院审判委员会第1673次会议通过的《最高人民法院关于修改〈中华人民共和国人民法院法庭规则〉的决定》修正
3. 2016年4月13日法释〔2016〕7号发布

第一条 为了维护法庭安全和秩序,保障庭审活动正常进行,保障诉讼参与人依法行使诉讼权利,方便公众旁听,促进司法公正,彰显司法权威,根据《中华人民共和国人民法院组织法》《中华人民共和国刑事诉讼法》《中华人民共和国民事诉讼法》《中华人民共和国行政诉讼法》等有关法律规定,制定本规则。

第二条 法庭是人民法院代表国家依法审判各类案件的专门场所。

法庭正面上方应当悬挂国徽。

第三条 法庭分设审判活动区和旁听区,两区以栏杆等进行隔离。

审理未成年人案件的法庭应当根据未成年人身心发展特点设置区域和席位。

有新闻媒体旁听或报道庭审活动时,旁听区可以设置专门的媒体记者席。

第四条 刑事法庭可以配置同步视频作证室,供依法应当保护或其他确有保护必要的证人、鉴定人、被害人在庭审作证时使用。

第五条 法庭应当设置残疾人无障碍设施;根据需要配备合议庭合议室,检察人员、律师及其他诉讼参与人休息室,被告人羁押室等附属场所。

第六条 进入法庭的人员应当出示有效身份证件,并接受人身及携带物品的安全检查。

持有效工作证件和出庭通知履行职务的检察人员、律师可以通过专门通道进入法庭。需要安全检查的,人民法院对检察人员和律师平等对待。

第七条 除经人民法院许可,需要在法庭上出示的证据外,下列物品不得携带进入法庭:

(一)枪支、弹药、管制刀具以及其他具有杀伤力的器具;

(二)易燃易爆物、疑似爆炸物;

(三)放射性、毒害性、腐蚀性、强气味性物质以及传染病病原体;

(四)液体及胶状、粉末状物品;

(五)标语、条幅、传单;

(六)其他可能危害法庭安全或妨害法庭秩序的物品。

第八条 人民法院应当通过官方网站、电子显示屏、公告栏等向公众公开各法庭的编号、具体位置以及旁听席位数量等信息。

第九条 公开的庭审活动,公民可以旁听。

旁听席位不能满足需要时,人民法院可以根据申请的先后顺序或者通过抽签、摇号等方式发放旁听证,但应当优先安排当事人的近亲属或其他与案件有利害关系的人旁听。

下列人员不得旁听:

(一)证人、鉴定人以及准备出庭提出意见的有专门知识的人;

(二)未获得人民法院批准的未成年人;

(三)拒绝接受安全检查的人;

(四)醉酒的人、精神病人或其他精神状态异常的人;

(五)其他有可能危害法庭安全或妨害法庭秩序的人。

依法有可能封存犯罪记录的公开庭审活动,任何单位或个人不得组织人员旁听。

依法不公开的庭审活动,除法律另有规定外,任何人不得旁听。

第十条 人民法院应当对庭审活动进行全程录像或录音。

第十一条 依法公开进行的庭审活动,具有下列情形之一的,人民法院可以通过电视、互联网或其他公共媒体进行图文、音频、视频直播或录播:

(一)公众关注度较高;

(二)社会影响较大;

(三)法治宣传教育意义较强。

第十二条 出庭履行职务的人员,按照职业着装规定着装。但是,具有下列情形之一的,着正装:

(一)没有职业着装规定;

（二）侦查人员出庭作证；

（三）所在单位系案件当事人。

非履行职务的出庭人员及旁听人员，应当文明着装。

第十三条　刑事在押被告人或上诉人出庭受审时，着正装或便装，不着监管机构的识别服。

人民法院在庭审活动中不得对被告人或上诉人使用戒具，但认为其人身危险性大，可能危害法庭安全的除外。

第十四条　庭审活动开始前，书记员应当宣布本规则第十七条规定的法庭纪律。

第十五条　审判人员进入法庭以及审判长或独任审判员宣告判决、裁定、决定时，全体人员应当起立。

第十六条　人民法院开庭审判案件应当严格按照法律规定的诉讼程序进行。

审判人员在庭审活动中应当平等对待诉讼各方。

第十七条　全体人员在庭审活动中应当服从审判长或独任审判员的指挥，尊重司法礼仪，遵守法庭纪律，不得实施下列行为：

（一）鼓掌、喧哗；

（二）吸烟、进食；

（三）拨打或接听电话；

（四）对庭审活动进行录音、录像、拍照或使用移动通信工具等传播庭审活动；

（五）其他危害法庭安全或妨害法庭秩序的行为。

检察人员、诉讼参与人发言或提问，应当经审判长或独任审判员许可。

旁听人员不得进入审判活动区，不得随意站立、走动，不得发言和提问。

媒体记者经许可实施第一款第四项规定的行为，应当在指定的时间及区域进行，不得影响或干扰庭审活动。

第十八条　审判长或独任审判员主持庭审活动时，依照规定使用法槌。

第十九条　审判长或独任审判员对违反法庭纪律的人员应当予以警告；对不听警告的，予以训诫；对训诫无效的，责令其退出法庭；对拒不退出法庭的，指令司法警察将其强行带出法庭。

行为人违反本规则第十七条第一款第四项规定的，人民法院可以暂扣其使用的设备及存储介质，删除相关内容。

第二十条　行为人实施下列行为之一，危及法庭安全或扰乱法庭秩序的，根据相关法律规定，予以罚款、拘留；构成犯罪的，依法追究其刑事责任：

（一）非法携带枪支、弹药、管制刀具或者爆炸性、易燃性、放射性、毒害性、腐蚀性物品以及传染病病原体进入法庭；

（二）哄闹、冲击法庭；

（三）侮辱、诽谤、威胁、殴打司法工作人员或诉讼参与人；

（四）毁坏法庭设施，抢夺、损毁诉讼文书、证据；

（五）其他危害法庭安全或扰乱法庭秩序的行为。

第二十一条　司法警察依照审判长或独任审判员的指令维持法庭秩序。

出现危及法庭内人员人身安全或者严重扰乱法庭秩序等紧急情况时，司法警察可以直接采取必要的处置措施。

人民法院依法对违反法庭纪律的人采取的扣押物品、强行带出法庭以及罚款、拘留等强制措施，由司法警察执行。

第二十二条　人民检察院认为审判人员违反本规则的，可以在庭审活动结束后向人民法院提出处理建议。

诉讼参与人、旁听人员认为审判人员、书记员、司法警察违反本规则的，可以在庭审活动结束后向人民法院反映。

第二十三条　检察人员违反本规则的，人民法院可以向人民检察院通报情况并提出处理建议。

第二十四条　律师违反本规则的，人民法院可以向司法行政机关及律师协会通报情况并提出处理建议。

第二十五条　人民法院进行案件听证、国家赔偿案件质证、网络视频远程审理以及在法院以外的场所巡回审判等，参照适用本规则。

第二十六条　外国人、无国籍人旁听庭审活动，外国媒体记者报道庭审活动，应当遵守本规则。

第二十七条　本规则自2016年5月1日起施行;最高人民法院此前发布的司法解释及规范性文件与本规则不一致的,以本规则为准。

最高人民法院关于法庭的名称、审判活动区布置和国徽悬挂问题的通知

1. 1993年12月8日公布

2. 法发〔1993〕41号

各省、自治区、直辖市高级人民法院:

关于法庭的名称、审判活动区布置和国徽悬挂问题,已经最高人民法院审判委员会第597次会议讨论通过,现通知如下,望遵照执行。

一、法庭的名称

审判法庭是人民法院严格按照法律规定的诉讼程序依法开庭审理各类案件的法定场所。人民法院用于审判工作的整体建筑称为"审判法庭",其中专门用于开庭审理案件的房屋称"法庭"并冠于序数,为:第一法庭、第二法庭等。

人民法庭的房屋建筑中专门用于开庭审理案件的房屋称为"法庭"。

二、审判活动区布置

法庭由审判活动区和旁听区组成,以审判活动区为主,保证审判活动能够依法顺利进行。

1. 人民法院开庭审理刑事案件时,其审判人员、公诉人员、辩护人员及被告人的位置安排,暂仍按最高人民法院、最高人民检察院"法(司)发〈1985〉11号"文件的规定执行(见附图1)。

2. 人民法院开庭审理民事,经济、海事、行政案件时,审判活动区按下列规定布置:

审判活动区正中前方设置法台,法台的面积应满足审判活动的需要,高度为20至60厘米。法台上设置法桌、法椅,为审判人员席位。审判长的座位在国徽下正中处,审判员或陪审员分坐两边。法桌、法椅的造型应庄重、大方,颜色应和法台及法庭内的总体色调相适应,力求严肃、庄重、和谐。

法台右前方为书记员座位,同法台成45°角,书记员座位应比审判人员座位低20至40厘米。

审判台左前方为证人、鉴定人位置,同法台成45°角(见附图2、3)。

法台前方设原、被告及诉讼代理人席位,分两侧相对而坐,右边为原告席位,左边为被告座位,两者之间相隔不少于100厘米,若当事人及诉讼代理人较多,可前后设置两排座位(见附图2);也可使双方当事人平行而坐,而向审判台,右边为原告座位,左边为被告座位,两者之间相隔不少于50厘米(见附图3)。

3. 有条件的地方,可以将书记员的座位设置在法台前面正中处,同法台成90°角,紧靠法台,面向法台左面,其座位高度比审判人员座位低20至40厘米(见附图4)。

三、国徽的悬挂

根据国徽法的规定,人民法院应当按下列规定悬挂国徽;

人民法院、人民法庭的法庭内法台后上方正中处悬挂国徽;与法院其他建筑相对独立的审判法庭正门上方正中处悬挂国徽;人民法院和人民法庭机关正门上方正中处悬挂国徽;

人民法院的审判委员会会议室内适当处悬挂国徽。

调解室、接待室内不悬挂国徽。

国徽直径的通用尺度为:

基层人民法院、人民法庭:60厘米;

中级人民法院:60厘米;

高级人民法院:80厘米;

最高人民法院:100厘米。

人民法院如遇特殊情况需悬挂非通用尺度国徽时,应按国徽法的规定上报批准。

附:图1、2、3、4

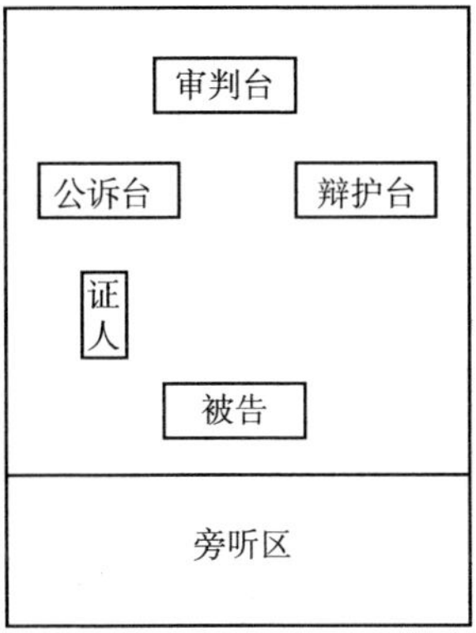

附图 1

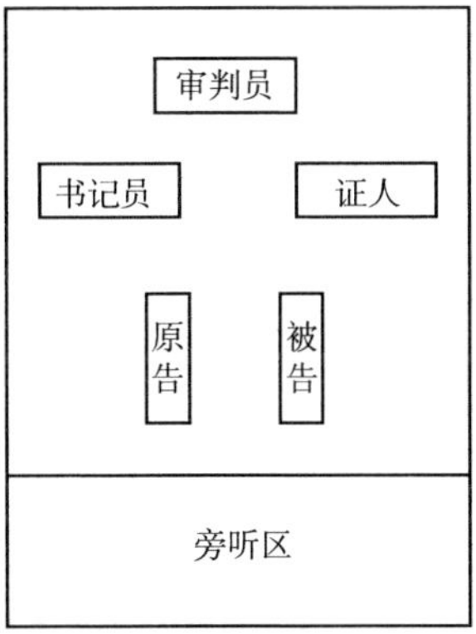

附图 2

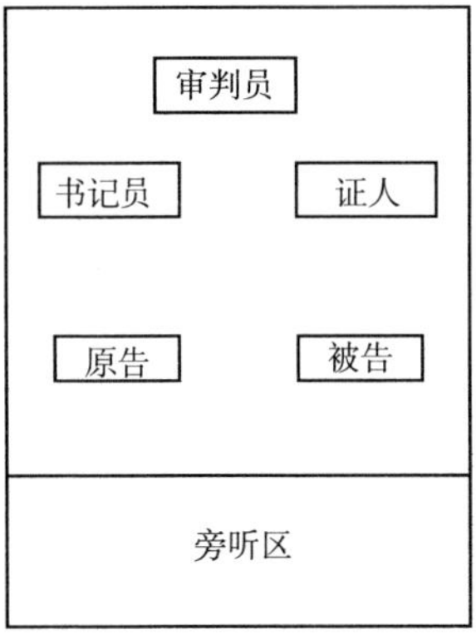

附图 3

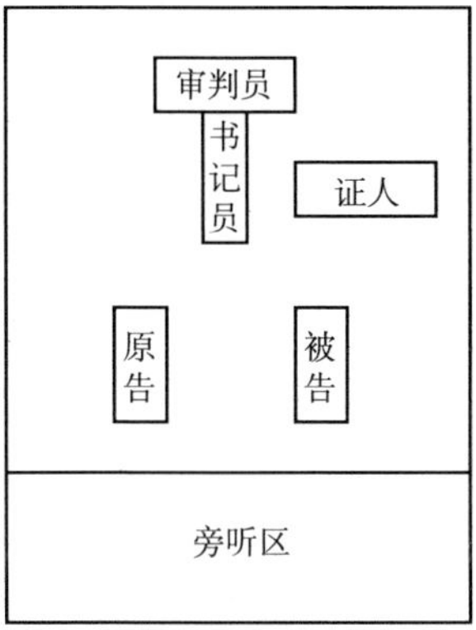

附图 4

最高人民法院关于人民法庭若干问题的规定

1. 1999 年 7 月 15 日发布
2. 法发〔1999〕20 号

第一条　为加强人民法庭建设，发挥人民法庭的职能作用，根据《中华人民共和国人民法院组织法》和其他有关法律的规定，结合人民法庭工作经验和实际情况，制定本规定。

第二条　为便利当事人进行诉讼和人民法院审判案件，基层人民法院根据需要，可设立人民法庭。

第三条　人民法庭根据地区大小、人口多少、案件数量和经济发展状况等情况设置，不受行政区划的限制。

第四条　人民法庭是基层人民法院的派出机构和组成部分，在基层人民法院的领导下进行工作。人民法庭作出的裁判，就是基层人民法院的裁判。

第五条　上级人民法院对人民法庭的工作进行指导和监督。

第六条　人民法庭的任务：

（一）审理民事案件和刑事自诉案件，有条件的地方，可以审理经济案件；

（二）办理本庭审理案件的执行事项；

（三）指导人民调解委员会的工作；

（四）办理基层人民法院交办的其他事项。

第七条 人民法庭依法审判案件,不受行政机关、团体和个人的干涉。

第八条 人民法庭审理案件,除依法不公开审理的外,一律公开进行;依法不公开审理的,也应当公开宣告判决。

第九条 设立人民法庭应当具备下列条件:

(一)至少有三名以上法官、一名以上书记员,有条件的地方,可配备司法警察;

(二)有审判法庭和必要的附属设施;

(三)有办公用房、办公设施、通信设备和交通工具;

(四)其他应当具备的条件。

第十条 人民法庭的设置和撤销,由基层人民法院逐级报经高级人民法院批准。

第十一条 人民法庭的名称,以其所在地地名而定,并冠以所属基层人民法院的名称。

第十二条 人民法庭的法官必须具备《中华人民共和国法官法》规定的条件,并依照法律规定的程序任免。

人民法庭法官不得兼任其他国家机关和企业、事业单位的职务。

第十三条 人民法庭设庭长,根据需要可设副庭长。

人民法庭庭长、副庭长应当具有三年以上审判工作经验。

人民法庭庭长、副庭长与本院审判庭庭长、副庭长职级相同。

人民法庭庭长应当定期交流。

第十四条 庭长除审理案件外,有下列职责:

(一)主持人民法庭的日常工作;

(二)召集庭务会议;

(三)决定受理案件,确定适用审判程序,指定合议庭组成人员和独任审判员;

(四)负责对本庭人员的行政管理、考勤考绩和提请奖惩等工作。

副庭长协助庭长工作。庭长因故不能履行职务时,由副庭长代行庭长职务。

第十五条 人民法庭审理案件,必须有书记员记录,不得由审理案件的法官自行记录。

第十六条 人民法庭审理案件,因法官回避或者其他情况无法组成合议庭时,由院长指定本院其他法官审理。

第十七条 人民法庭审理案件,可以由法官和人民陪审员组成合议庭,人民陪审员在执行职务时,与法官有同等的权利和义务。

第十八条 人民法庭根据需要可以进行巡回审理,就地办案。

第十九条 人民法庭对于妨害诉讼的诉讼参与人或者其他人,依法采取拘传、罚款、拘留措施的,须报经院长批准。

第二十条 人民法庭审理案件,合议庭意见不一致或者庭长认为有必要的,可以报经院长提交审判委员会讨论决定。

第二十一条 人民法庭制作的判决书、裁定书、调解书、决定书、拘传票等诉讼文书,须加盖本院印章。

第二十二条 人民法庭应当指导调解人员调解纠纷,帮助总结调解民间纠纷的经验。

第二十三条 人民法庭发现人民调解委员会调解民间纠纷达成的协议有违背法律的,应当予以纠正。

第二十四条 人民法庭可以通过审判案件、开展法制宣传教育、提出司法建议等方式,参与社会治安综合治理。

第二十五条 人民法庭不得参与行政执法活动。

第二十六条 人民法庭应当建立健全案件登记、统计,档案保管,诉讼费管理,人员考勤考绩等项工作制度和管理制度。

第二十七条 人民法庭的法官应当全心全意为人民服务,坚持实事求是、群众路线的工作作风,听取群众意见,接受群众监督。

第二十八条 人民法庭的法官应当依法秉公办案,遵守审判纪律。不得接受当事人及其代理人的请客送礼,不得贪污受贿、徇私舞弊、枉法裁判。

第二十九条 各省、自治区、直辖市高级人民法院可以根据本规定,结合本地实际情况,制定贯彻实施办法,报最高人民法院备案。

第三十条 本规定自公布之日起施行。

最高人民法院关于审判人员在诉讼活动中执行回避制度若干问题的规定

1. 2011年6月10日公布
2. 法释〔2011〕12号

为进一步规范审判人员的诉讼回避行为，维护司法公正，根据《中华人民共和国人民法院组织法》、《中华人民共和国法官法》、《中华人民共和国民事诉讼法》、《中华人民共和国刑事诉讼法》、《中华人民共和国行政诉讼法》等法律规定，结合人民法院审判工作实际，制定本规定。

第一条　审判人员具有下列情形之一的，应当自行回避，当事人及其法定代理人有权以口头或者书面形式申请其回避：

（一）是本案的当事人或者与当事人有近亲属关系的；

（二）本人或者其近亲属与本案有利害关系的；

（三）担任过本案的证人、翻译人员、鉴定人、勘验人、诉讼代理人、辩护人的；

（四）与本案的诉讼代理人、辩护人有夫妻、父母、子女或者兄弟姐妹关系的；

（五）与本案当事人之间存在其他利害关系，可能影响案件公正审理的。

本规定所称近亲属，包括与审判人员有夫妻、直系血亲、三代以内旁系血亲及近姻亲关系的亲属。

第二条　当事人及其法定代理人发现审判人员违反规定，具有下列情形之一的，有权申请其回避：

（一）私下会见本案一方当事人及其诉讼代理人、辩护人的；

（二）为本案当事人推荐、介绍诉讼代理人、辩护人，或者为律师、其他人员介绍办理该案件的；

（三）索取、接受本案当事人及其受托人的财物、其他利益，或者要求当事人及其受托人报销费用的；

（四）接受本案当事人及其受托人的宴请，或者参加由其支付费用的各项活动的；

（五）向本案当事人及其受托人借款，借用交通工具、通讯工具或者其他物品，或者索取、接受当事人及其受托人在购买商品、装修住房以及其他方面给予的好处的；

（六）有其他不正当行为，可能影响案件公正审理的。

第三条　凡在一个审判程序中参与过本案审判工作的审判人员，不得再参与该案其他程序的审判。但是，经过第二审程序发回重审的案件，在一审法院作出裁判后又进入第二审程序的，原第二审程序中合议庭组成人员不受本条规定的限制。

第四条　审判人员应当回避，本人没有自行回避，当事人及其法定代理人也没有申请其回避的，院长或者审判委员会应当决定其回避。

第五条　人民法院应当依法告知当事人及其法定代理人有申请回避的权利，以及合议庭组成人员、书记员的姓名、职务等相关信息。

第六条　人民法院依法调解案件，应当告知当事人及其法定代理人有申请回避的权利，以及主持调解工作的审判人员及其他参与调解工作的人员的姓名、职务等相关信息。

第七条　第二审人民法院认为第一审人民法院的审理有违反本规定第一条至第三条规定的，应当裁定撤销原判，发回原审人民法院重新审判。

第八条　审判人员及法院其他工作人员从人民法院离任后二年内，不得以律师身份担任诉讼代理人或者辩护人。

审判人员及法院其他工作人员从人民法院离任后，不得担任原任职法院所审理案件的诉讼代理人或者辩护人，但是作为当事人的监护人或者近亲属代理诉讼或者进行辩护的除外。

本条所规定的离任，包括退休、调离、解聘、辞职、辞退、开除等离开法院工作岗位的情形。

本条所规定的原任职法院，包括审判人员及法院其他工作人员曾任职的所有法院。

第九条　审判人员及法院其他工作人员的配偶、子女或者父母不得担任其所任职法院审理案件的诉讼代理人或者辩护人。

第十条 人民法院发现诉讼代理人或者辩护人违反本规定第八条、第九条的规定的,应当责令其停止相关诉讼代理或者辩护行为。

第十一条 当事人及其法定代理人、诉讼代理人、辩护人认为审判人员有违反本规定行为的,可以向法院纪检、监察部门或者其他有关部门举报。受理举报的人民法院应当及时处理,并将相关意见反馈给举报人。

第十二条 对明知具有本规定第一条至第三条规定情形不依法自行回避的审判人员,依照《人民法院工作人员处分条例》的规定予以处分。

对明知诉讼代理人、辩护人具有本规定第八条、第九条规定情形之一,未责令其停止相关诉讼代理或者辩护行为的审判人员,依照《人民法院工作人员处分条例》的规定予以处分。

第十三条 本规定所称审判人员,包括各级人民法院院长、副院长、审判委员会委员、庭长、副庭长、审判员和助理审判员。

本规定所称法院其他工作人员,是指审判人员以外的在编工作人员。

第十四条 人民陪审员、书记员和执行员适用审判人员回避的有关规定,但不属于本规定第十三条所规定人员的,不适用本规定第八条、第九条的规定。

第十五条 自本规定施行之日起,最高人民法院《关于审判人员严格执行回避制度的若干规定》(法发〔2000〕5号)即行废止;本规定施行前本院发布的司法解释与本规定不一致的,以本规定为准。

最高人民法院印发《关于审判人员严格执行回避制度的若干规定》的通知

1. 2000年1月31日公布
2. 法发〔2000〕5号
3. 已由法释〔2011〕12号废止

全国地方各级人民法院、各级军事法院、各铁路运输中级法院和基层法院、各海事法院,新疆生产建设兵团各级法院:

现将《最高人民法院关于审判人员严格执行回避制度的若干规定》印发给你们,请认真贯彻执行。执行中有何问题,请及时报告我院。

附:

最高人民法院关于审判人员严格执行回避制度的若干规定

1. 2000年1月31日发布
2. 法发〔2000〕5号

为确保司法公正,根据人民法院组织法、刑事诉讼法、民事诉讼法、行政诉讼法和其他法律的有关规定,现就审判人员执行回避制度及有关问题规定如下:

第一条 审判人员具有下列情形之一的,应当自行回避,当事人及其法定代理人也有权要求他们回避:

(一)是本案的当事人或者与当事人有直系血亲、三代以内旁系血亲及姻亲关系的;

(二)本人或者其近亲属与本案有利害关系的;

(三)担任过本案的证人、鉴定人、勘验人、辩护人、诉讼代理人的;

(四)与本案的诉讼代理人、辩护人有夫妻、父母、子女或者同胞兄弟姐妹关系的;

(五)本人与本案当事人之间存在其他利害关系,可能影响案件公正处理的。

第二条 审判人员具有下列情形之一的,当事人及其法定代理人有权要求回避,但应当提供相关证据材料:

(一)未经批准,私下会见本案一方当事人及其代理人、辩护人的;

(二)为本案当事人推荐、介绍代理人、辩护人,或者为律师、其他人员介绍办理该案件的;

(三)接受本案当事人及其委托的人的财物、其他利益,或者要求当事人及其委托的人报销费用的;

(四)接受本案当事人及其委托的人的宴请,或者参加由其支付费用的各项活动的;

(五)向本案当事人及其委托的人借款、借

用交通工具、通讯工具或者其他物品，或者接受当事人及其委托的人在购买商品、装修住房以及其他方面给予的好处的。

第三条　凡在一个审判程序中参与过本案审判工作的审判人员，不得再参与该案其他程序的审判。

第四条　审判人员及法院其他工作人员离任二年内，担任诉讼代理人或者辩护人的，人民法院不予准许；审判人员及法院其他工作人员离任二年后，担任原任职法院审理案件的诉讼代理人或者辩护人，对方当事人认为可能影响公正审判而提出异议的，人民法院应当支持，不予准许本院离任人员担任诉讼代理人或者辩护人。但是作为当事人的近亲属或者监护人代理诉讼或者进行辩护的除外。

第五条　审判人员及法院其他工作人员的配偶、子女或者父母，担任其所在法院审理案件的诉讼代理人或者辩护人的，人民法院不予准许。

第六条　第二审人民法院发现或者根据当事人、诉讼代理人、辩护人的举报，认为第一审人民法院的审理有违反本规定第一条至第三条所列情形之一的，经核查属实，应当裁定撤销原判。发回原审人民法院重新审判。

第七条　当事人、诉讼代理人、辩护人认为审判人员有违反本规定行为的，可以向法院纪检、监察部门或者其他有关部门举报。受理举报的部门应当及时处理，并将有关意见反馈举报人。

第八条　审判人员明知具有本规定第一条至第三条规定情形之一，故意不依法自行回避或者对符合回避条件的申请故意不作出回避决定的，依照《人民法院审判纪律处分办法（试行）》的规定予以处分。

审判人员明知诉讼代理人、辩护人具有本规定第四条、第五条规定情形之一，故意不作出正确决定的，参照《人民法院审判纪律处分办法（试行）》第二十四条的规定予以处分。

第九条　本规定所称审判人员是指各级人民法院院长、副院长、审判委员会委员、庭长、副庭长、审判员、助理审判员。

本规定所称法院其他工作人员是指法院中占行政编制的工作人员。

人民陪审员、书记员、翻译人员、司法鉴定人员、勘验人员的回避问题，参照审判人员回避的有关内容执行。

执行员在执行过程中的回避问题，参照审判人员回避的有关内容执行。

最高人民法院关于适用《关于审判人员严格执行回避制度的若干规定》第四条有关问题的答复

1. 2000年6月20日公布

2. 法〔2000〕95号

3. 已由法释〔2013〕7号废止

山东省高级人民法院：

你院鲁高法函〔2000〕41号《关于如何适用〈审判人员严格执行回避制度若干规定〉第四条的请示》收悉。经研究。答复如下：

第一条　《关于审判人员严格执行回避制度的若干规定》（以下简称《若干规定》）第四条规定的“离任”，包括离休、退休、调动、辞职、辞退、开除等情形。

第二条　一方当事人以对方当事人的诉讼代理人或者辩护人具有《若干规定》第四条规定的情形而提出异议的，由受理案件人民法院的院长以决定书形式，对本院离任人员担任诉讼代理人或者辩护人问题作出决定。

最高人民法院关于执行《最高人民法院关于严格执行案件审理期限制度的若干规定》中有关问题的复函

1. 2001年8月20日公布

2. 法函〔2001〕46号

江苏省高级人民法院：

你院苏立函字第10号《关于执行〈最高人民法院关于严格执行案件审理期限制度的若干规定〉中有关问题的请示》收悉。经研究，答复如下：

立案庭承担有关法律文书送达、对管辖权异议的审查、诉讼保全、庭前证据交换等庭前程序性工作的,向审判庭移送案卷材料的期限可不受《最高人民法院关于严格执行案件审理期限制度的若干规定》(以下简称《若干规定》)第七条"立案机构应当在决定立案的三日内将案卷材料移送审判庭"规定的限制,但第一审案件移送案卷材料的期限最长不得超过二十日,第二审案件最长不得超过十五日。

立案庭未承担上述程序性工作的,仍应执行《若干规定》第七条的规定。

最高人民法院关于本院各类案件诉讼费收交办法

1. 2003年8月27日公布
2. 法发〔2003〕15号

第一条 为规范我院各类案件诉讼费的收交和缓、减、免交申请的办理,根据《最高人民法院机关内设机构及新设事业单位职能》、《最高人民法院案件审限管理规定》和《人民法院诉讼收费办法》及其补充规定,制定本办法。

第二条 我院各类案件诉讼费的收交和缓交、减交交申请的办理,统一由立案庭负责。

第三条 一审法院报送的上诉案件,当事人已交纳诉讼费的,立案庭予以立案,并将案件卷宗移送相关审判庭。

一审法院报送的案卷中未附诉讼费交款收据,也未附上诉人缓交、减交、免交诉讼费申请的,立案庭向上诉人发出预交诉讼费通知,待收齐诉讼费后,立案庭予以立案,并将案卷移送相关审判庭。

第四条 上诉人自收到我院预交诉讼费通知的次日起七日内,既不交纳诉讼费,又不提出缓交、减交、免交诉讼费申请,且无其它正当理由的,立案庭裁定按撤回上诉处理。

第五条 上诉人提出缓交诉讼费申请,立案庭经审查决定缓交的,应当通知上诉人。缓交期限不得超过一个月。上诉人按照批准的缓交期限交纳诉讼费的,立案庭予以立案,并将案卷移送相关审判庭。逾期不交的,立案庭裁定按撤回上诉处理。

立案庭经审查认为缓交诉讼费的理由不能成立的当作出不予缓交诉讼费的决定,并向上诉人发出预交诉讼费通知书。逾期不交的,立案庭裁定按撤回上诉处理。

第六条 上诉人提出减交、免交诉讼费申请,立案庭经审查决定减交、免交诉讼费的,应当通知上诉人。上诉人在规定的期限内按批准减交的数额交纳诉讼费或被批准免交诉讼费后,立案庭予以立案,并将案卷移送相关审判庭。

立案庭认为减交、免交诉讼费的理由不能成立的,应当作出不予减交、免交诉讼费的决定,并向上诉人发出预交诉讼费通知书。逾期不交的,立案庭裁定按撤回上诉处理。

第七条 上诉人直接向我院提起上诉并提出缓交、减交、免交诉讼费申请的,立案庭通知一审法院向我院移送案卷。立案庭收到一审案卷后,按本办法第五条、第六条的规定办理。

第八条 上诉人向我院提出上诉并交纳诉讼费后,又提出撤诉的,立案庭立案后,将案卷移送相关的审判庭审查决定;准许撤诉的,上诉人持准许撤诉裁定书到我院司法行政装备管理局办理退还诉讼费的手续。

第九条 在案件审理中,需要收取其他诉讼费用的,由相关审判庭通知有关当事人预交。

第十条 本办法自二〇〇三年九月一日起实行。

最高人民法院关于适用《诉讼费用交纳办法》的通知

1. 2007年4月20日公布
2. 法发〔2007〕16号

全国地方各级人民法院、各级军事法院、各铁路运输中级法院和基层法院、各海事法院,新疆生产建设兵团各级法院:

《诉讼费用交纳办法》(以下简称《办法》)自2007年4月1日起施行,最高人民法院颁布的《人民法院诉讼收费办法》和《〈人民法院诉讼收费办法〉补充规定》同时不再适用。为了贯彻落实《办法》,规范诉讼费用的交纳和管理,现就有关事项通知如下:

一、关于《办法》实施后的收费衔接

2007年4月1日以后人民法院受理的

诉讼案件和执行案件，适用《办法》的规定。

2007年4月1日以前人民法院受理的诉讼案件和执行案件，不适用《办法》的规定。

对2007年4月1日以前已经作出生效裁判的案件依法再审的，适用《办法》的规定。人民法院对再审案件依法改判的，原审诉讼费用的负担按照原审时诉讼费用负担的原则和标准重新予以确定。

二、关于当事人未按照规定交纳案件受理费或者申请费的后果

当事人逾期不按照《办法》第二十条规定交纳案件受理费或者申请费并且没有提出司法救助申请，或者申请司法救助未获批准，在人民法院指定期限内仍未交纳案件受理费或者申请费的，由人民法院依法按照当事人自动撤诉或者撤回申请处理。

三、关于诉讼费用的负担

《办法》第二十九条规定，诉讼费用由败诉方负担，胜诉方自愿承担的除外。对原告胜诉的案件，诉讼费用由被告负担，人民法院应当将预收的诉讼费用退还原告，再由人民法院直接向被告收取，但原告自愿承担或者同意被告直接向其支付的除外。

当事人拒不交纳诉讼费用的，人民法院应当依法强制执行。

四、关于执行申请费和破产申请费的收取

《办法》第二十条规定，执行申请费和破产申请费不由申请人预交，执行申请费执行后交纳，破产申请费清算后交纳。自2007年4月1日起，执行申请费由人民法院在执行生效法律文书确定的内容之外直接向被执行人收取，破产申请费由人民法院在破产清算后，从破产财产中优先拨付。

五、关于司法救助的申请和批准程序

《办法》对司法救助的原则、形式、程序等作出了规定，但对司法救助的申请和批准程序未作规定。为规范人民法院司法救助的操作程序，最高人民法院将于近期对《关于对经济确有困难的当事人提供司法救助的规定》进行修订，及时向全国法院颁布施行。

六、关于各省、自治区、直辖市案件受理费和申请费的具体交纳标准

《办法》授权各省、自治区、直辖市人民政府可以结合本地实际情况，在第十三条第（二）、（三）、（六）项和第十四条第（一）项规定的幅度范围内制定各地案件受理费和申请费的具体交纳标准。各高级人民法院要商同级人民政府，及时就上述条款制定本省、自治区、直辖市案件受理费和申请费的具体交纳标准，并尽快下发辖区法院执行。

最高人民法院关于印发《人民法院诉讼收费办法》的通知

1. 1989年7月12日公布
2. 法（司）发〔1989〕14号
3. 已由法发〔2007〕16号废止

各省、自治区、直辖市高级人民法院，各计划单列市中级人民法院：

现将《人民法院诉讼收费办法》印发给你们，望遵照执行。

一、《办法》中所规定的收费标准，已经国家各有关方面同意，各级法院必须严格执行。收费标准中有幅度规定的，由各高级法院制定具体标准，一并下达执行。海事海商案件的各项收费标准中有幅度规定的，由各海事法院根据案件的具体情况在幅度内自行决定。其他任何单位都不得另行制订收费标准。

二、本办法自一九八九年九月一日起实行。八月三十一日以前所受理的案件，仍按原《民事诉讼收费办法（试行）》的规定执行。

三、各高级人民法院所制定的具体收费标准，报最高人民法院备案。

附：

人民法院诉讼收费办法

1989年6月29日最高人民法院审判委员会第411次会议通过

根据《中华人民共和国民事诉讼法（试

行)》第三条、第八十条、第一百七十八条、第一百九十条、第二百条的规定,制定本办法。

第一章 诉讼费用的收费范围

第一条 当事人进行民事、经济、海事和行政诉讼,应当向人民法院交纳案件受理费。

当事人依法复制本案庭审材料和法律文书的,应当向人民法院交纳所需的费用。

第二条 财产案件、行政案件的当事人,除向人民法院交纳案件受理费外,还应当交纳下列费用:

(一)勘验、鉴定、公告、翻译(当地通用的民族语言、文字除外)费;

(二)证人、鉴定人、翻译人员在人民法院决定日期出庭的交通费、住宿费、生活费和误工补贴费;

(三)采取诉讼保全措施的申请费和实际支出的费用;

(四)执行判决、裁定或者调解协议所实际支出的费用。

第三条 依法向人民法院申请执行仲裁机构的裁决、公证机关依法赋予强制执行效力的债权文书和行政机关的处理或处罚决定的,应当交纳申请执行费和执行中实际支出的费用。

第四条 人民法院认为应当由当事人负担的其他诉讼费用。

第二章 诉讼费用的收费标准

第五条 案件受理费

(一)离婚案件,每件交纳十元至五十元。涉及财产分割的,财产总额不超过一万元的,不另收费,超过一万元的,超过部分按百分之一交纳;

(二)侵害姓名权、名称权、肖像权、名誉权、荣誉权的案件,每件交纳五十元至一百元;

(三)其他非财产案件,每件交纳十元至五十元;

(四)财产案件,按争议的价额或金额,照下列比例交纳:

1. 不满一千元的,每件交五十元;

2. 超过一千元至五万元的部分,按百分之四交纳;

3. 超过五万元至十万元的部分,按百分之三交纳;

4. 超过十万元至二十万元的部分,按百分之二交纳;

5. 超过二十万元至五十万元的部分,按百分之一点五交纳;

6. 超过五十万元至一百万元的部分,按百分之一交纳;

7. 超过一百万元的部分,按百分之零点五交纳。

(五)侵害专利权、著作权、商标权的案件,每件交五十元至一百元;有争议金额的,按财产案件的收费标准交纳;

(六)行政案件按下列标准交纳:

1. 治安行政案件,每件交纳五元至三十元;

2. 专利行政案件,每件交纳五十元至四百元;

3. 其他行政案件,每件交纳三十元至一百元。有争议金额的,按财产案件收费标准交纳。

(七)劳动争议案件,每件交纳三十元至五十元。

(八)破产案件,按破产企业财产总值,依照财产案件收费标准交纳。

第六条 原告提出两个以上诉讼请求、被告提出反诉、第三人提出与本案有关的诉讼请求,人民法院需要合并审理的,案件受理费根据不同的诉讼请求分别计算收取。

第七条 财产案件中请求数额与实际不符的,案件受理费按人民法院核定的实际争议数额计算收取。

第八条 申请执行等费用按下列标准交纳:

(一)申请执行案件,执行金额或者价额在一万元以下的,每件交纳五十元;超过一万元至五十万元的部分,按百分之零点五交纳;超过五十万元的部分,按百分之零点一交纳。

(二)申请诉讼保全措施,保全财产的金额或者价额不满一千元的,每件交纳三十元;超过一千元至十万元的部分,按百分之一交纳;超过十万元的部分,按百分之零点五交纳。

(三)海事海商案件,申请扣押船舶的,每件交纳一千元至五千元;申请债权登记的,每件交纳五百元;申请留置货物、燃料的,每件交纳五百元;申请船东责任限制的,按申请限制数额的百分之零点一交纳,但最低不少于五百元。

第九条　勘验费、鉴定费、公告费、翻译费的金额,根据国家有关部门的收费标准计算交纳。

第十条　复制庭审记录或者法律文书,按实际成本收费。

第十一条　当事人应当交纳的其他诉讼费用的金额,由人民法院根据国家的有关规定和实际情况决定。

第三章　诉讼费用的预交

第十二条　诉讼费用由原告预交。被告提出反诉的,根据反诉金额或者价额计算案件受理费,由被告预交。

申请执行费,由申请人预交。

案件受理费,按第五条规定的标准预交;其他诉讼费用,由人民法院根据案件的具体情况决定预交的金额。

第十三条　原告自接到人民法院预交诉讼费用通知的次日起七日内预交;反诉案件,由反诉当事人在提出反诉的同时预交案件受理费。预交确有困难的,可在预交期内向人民法院申请缓交。当事人在预交期内未预交又不提出缓交申请的,按自动撤回起诉处理。

上诉案件的诉讼费用,由上诉人向人民法院提交上诉状时预交。双方当事人都提出上诉的,由上诉的双方当事人分别预交。上诉人在上诉期内未预交诉讼费用的,人民法院应当通知其预交。上诉人在接到人民法院预交诉讼费用的通知后七日内仍未预交又不提出缓交申请的,按自动撤回上诉处理。

申请执行等费用由申请人在提出申请时预交。

第十四条　依照民事诉讼法(试行)第三十二条、第三十三条、第三十四条规定移送、移交的案件,原受理人民法院应将预收的诉讼费用随案移交接受案件的人民法院。

第十五条　审理经济纠纷案件过程中,发现本案属于刑事犯罪,全案移送有关部门处理的,预交的案件受理费予以退还;移送后经济纠纷需要继续审理的,预交的案件受理费不予退还。

第十六条　中止诉讼的案件,预交的案件受理费不予退还。中止诉讼原因消除后,恢复诉讼时,不再预交案件受理费。

第十七条　第二审人民法院发回重审的案件,预交的上诉案件受理费,不予退还;重审后又上诉的,不再预交案件受理费。

第十八条　终结诉讼的案件,预交的案件受理费不予退还。

第四章　诉讼费用的负担

第十九条　案件受理费由败诉的当事人负担。双方都有责任的由双方分担。

共同诉讼当事人败诉,由人民法院根据他们各自对诉讼标的的利害关系,决定各自应负担的金额。其中如有专为自己利益的诉讼行为所支出的费用,由该当事人负担。

其他诉讼费用由人民法院根据具体情况,决定当事人双方应负担的金额。

第二十条　第二审人民法院对第一审人民法院的判决作了改判的,除了应当确定当事人对第二审诉讼费用的负担外,还应当相应地变更第一审人民法院对诉讼费用负担的决定。

第二审人民法院驳回上诉的案件,上诉的案件受理费由上诉人负担,双方都提出上诉的,由双方分担。

第二十一条　经人民法院调解达成协议的案件,诉讼费用的负担,由双方协商解决;协商不成的,由人民法院决定。

第二审人民法院审理上诉案件,经调解达成协议的,第一审和第二审全部诉讼费用的负担,由双方协商解决;协商不成的,由第二审人民法院决定。

第二十二条　离婚案件诉讼费用的负担,由人民法院决定。

第二十三条　撤诉的案件,案件受理费由原告负担,减半收取;其他诉讼费用按实际支出收取。

驳回起诉的案件,案件受理费由起诉的当事人负担。

第二十四条　申请执行费和执行中实际支出的费用,由被申请人负担。

申请诉讼保全措施的申请费和海事海商案件中申请扣押船舶,申请留置货物、燃料的申请费,由败诉方负担。

申请船东责任限制的申请费由申请人负担。

第二十五条　由于当事人不正当的诉讼行为所支出的费用,由该当事人负担。

第二十六条　追索赡养费、扶养费、抚育费、抚恤金和劳动报酬的案件,原告可不预交案件受理费;案件审结时,由败诉方负担。

第二十七条　当事人交纳诉讼费用确有困难的,可向人民法院申请缓交、减交或者免交。是否缓、减、免,由人民法院审查决定。

第二十八条　下列案件免交案件受理费:

(一)依照民事诉讼法(试行)规定的特别程序审理的案件;

(二)依照审判监督程序进行提审、再审的案件。

第二十九条　当事人不得单独就人民法院关于诉讼费用的决定提出上诉。

第五章　诉讼费用的交纳和管理

第三十条　当事人凭人民法院的通知书,到法院预交诉讼费用。

第三十一条　案件审结时,人民法院应将诉讼费用的详细清单和当事人应负担的数额,用书面通知本人。同时,在判决书、裁定书或者调解书中写明当事人各方应负担的诉讼费用。当事人凭交款收据和判决书、裁定书或者调解书,向人民法院结算诉讼费用,多退少补。

第三十二条　当事人对人民法院决定的诉讼费用计算有异议的,可向人民法院请求复核。如果计算上确有错误,人民法院应当用裁定更正。

第三十三条　各级人民法院应建立、健全严格的收费制度。收费要使用法定的、统一的收据。

第三十四条　人民法院对诉讼费用的管理应严格遵循国家的财政制度,接受财政、审计部门的监督。

第六章　附　　则

第三十五条　外国人、无国籍人、外国企业和组织在人民法院进行诉讼,适用本办法。但外国法院对我国公民、企业和组织的诉讼费用负担,与其本国公民、企业和组织不同等对待的,人民法院按对等原则处理。

第三十六条　本办法自1989年9月1日起执行,原《民事诉讼收费办法(试行)》同时废止。

最高人民法院关于对经济确有困难的当事人提供司法救助的规定

1. 2005年4月5日修订发布

2. 法发〔2005〕6号

第一条　为了使经济确有困难的当事人能够依法行使诉讼权利,维护其合法权益,根据《中华人民共和国民事诉讼法》、《中华人民共和国行政诉讼法》和《人民法院诉讼收费办法》,制定本规定。

第二条　本规定所称司法救助,是指人民法院对于当事人为维护自己的合法权益,向人民法院提起民事、行政诉讼,但经济确有困难的,实行诉讼费用的缓交、减交、免交。

第三条　当事人符合本规定第二条并具有下列情形之一的,可以向人民法院申请司法救助:

(一)追索赡养费、扶养费、抚育费、抚恤金的;

(二)孤寡老人、孤儿和农村“五保户”;

(三)没有固定生活来源的残疾人、患有严重疾病的人;

(四)国家规定的优抚、安置对象;

(五)追索社会保险金、劳动报酬和经济补偿金的;

(六)交通事故、医疗事故、工伤事故、产品质量事故或者其他人身伤害事故的受害人,请求赔偿的;

(七)因见义勇为或为保护社会公共利益致使自己合法权益受到损害,本人或者近亲属请求赔偿或经济补偿的;

(八)进城务工人员追索劳动报酬或其他合法权益受到侵害而请求赔偿的;

(九)正在享受城市居民最低生活保障、农村特困户救济或者领取失业保险金,无其他收入的;

(十)因自然灾害等不可抗力造成生活困难,正在接受社会救济,或者家庭生产经营难以为继的;

(十一)起诉行政机关违法要求农民履行义务的;

(十二)正在接受有关部门法律援助的;

（十三）当事人为社会福利机构、敬老院、优抚医院、精神病院、SOS 儿童村、社会救助站、特殊教育机构等社会公共福利单位的；

（十四）其他情形确实需要司法救助的。

第四条　当事人请求人民法院提供司法救助，应在起诉或上诉时提交书面申请和足以证明其确有经济困难的证明材料。其中因生活困难或者追索基本生活费用申请司法救助的，应当提供本人及其家庭经济状况符合当地民政、劳动和社会保障等部门规定的公民经济困难标准的证明。

第五条　人民法院对当事人司法救助的请求，经审查符合本规定第三条所列情形的，立案时应准许当事人缓交诉讼费用。

第六条　人民法院决定对一方当事人司法救助，对方当事人败诉的，诉讼费用由对方当事人交纳；拒不交纳的强制执行。

对方当事人胜诉的，可视申请司法救助当事人的经济状况决定其减交、免交诉讼费用。决定减交诉讼费用的，减交比例不得低于30%。符合本规定第三条第二项、第九项规定情形的，应免交诉讼费用。

第七条　对当事人请求缓交诉讼费用的，由承办案件的审判人员或合议庭提出意见，报庭长审批；对当事人请求减交、免交诉讼费用的，由承办案件的审判人员或合议庭提出意见，经庭长审核同意后，报院长审批。

第八条　人民法院决定对当事人减交、免交诉讼费用的，应在法律文书中列明。

第九条　当事人骗取司法救助的，人民法院应当责令其补交诉讼费用；拒不补交的，以妨害诉讼行为论处。

第十条　本规定自公布之日起施行。

最高人民法院关于人民法院如何出具判决书法律效力证明问题的函

1. 1987年11月18日公布

2. 〔87〕民他字第65号

北京市中级人民法院：

我院收到外交部领事司转来奥地利驻华大使馆的照会，询问你院关于耿敏华与华锡圻离婚案的（83）中民字第468号民事判决书，是否已经生效，并请求出具证明。我们经研究认为，你院可根据具体情况出具证明。如果本案已上诉，第二审法院正在审理，证明内容可为："耿敏华诉华锡圻离婚案现正在上诉审审理期间，本院（83）中民字第468民事判决书不具有法律效力"；如果第二审审理终结，证明内容则为："耿敏华诉华锡圻离婚案的判决，应以北京市高级人民法院的终审判决为准"；如果本案第一审终结后，当事人没有上诉，证明内容可为"本院关于耿敏华诉华锡圻离婚案的（83）中民字第468号民事判决书，已于年月日生效"。请你院查明情况，及时出具证明，并加盖院印，由外交部领事司转给奥地利驻华大使馆。

以上意见供你们答复时参考。

人民法院民事诉讼风险提示书

1. 2003年12月24日发布

2. 法发〔2003〕25号

为方便人民群众诉讼，帮助当事人避免常见的诉讼风险，减少不必要的损失，根据《中华人民共和国民法通则》、《中华人民共和国民事诉讼法》以及《关于民事诉讼证据的若干规定》等法律和司法解释的规定，现将常见的民事诉讼风险提示如下：

一、起诉不符合条件

当事人起诉不符合法律规定条件的，人民法院不会受理，即使受理也会驳回起诉。

当事人起诉不符合管辖规定的，案件将会被移送到有权管辖的人民法院审理。

二、诉讼请求不适当

当事人提出的诉讼请求应明确、具体、完整，对未提出的诉讼请求人民法院不会审理。

当事人提出的诉讼请求要适当，不要随意扩大诉讼请求范围；无根据的诉讼请求，除得不到人民法院支持外，当事人还要负担相应的诉讼费用。

三、逾期改变诉讼请求

当事人增加、变更诉讼请求或者提出反

诉,超过人民法院许可或者指定期限的,可能不被审理。

四、超过诉讼时效

当事人请求人民法院保护民事权利的期间一般为二年(特殊的为一年)。原告向人民法院起诉后,被告提出原告的起诉已超过法律保护期间的,如果原告没有对超过法律保护期间的事实提供证据证明,其诉讼请求不会得到人民法院的支持。

五、授权不明

当事人委托诉讼代理人代为承认、放弃、变更诉讼请求,进行和解,提起反诉或者上诉等事项的,应在授权委托书中特别注明。没有在授权委托书中明确、具体记明特别授权事项的,诉讼代理人就上述特别授权事项发表的意见不具有法律效力。

六、不按时交纳诉讼费用

当事人起诉或者上诉,不按时预交诉讼费用,或者提出缓交、减交、免交诉讼费用申请未获批准仍不交纳诉讼费用的,人民法院将会裁定按自动撤回起诉、上诉处理。

当事人提出反诉,不按规定预交相应的案件受理费的,人民法院将不会审理。

七、申请财产保全不符合规定

当事人申请财产保全,应当按规定交纳保全费用而没有交纳的,人民法院不会对申请保全的财产采取保全措施。

当事人提出财产保全申请,未按人民法院要求提供相应财产担保的,人民法院将依法驳回其申请。

申请人申请财产保全有错误的,将要赔偿被申请人因财产保全所受到的损失。

八、不提供或者不充分提供证据

除法律和司法解释规定不需要提供证据证明外,当事人提出诉讼请求或者反驳对方的诉讼请求,应提供证据证明。不能提供相应的证据或者提供的证据证明不了有关事实的,可能面临不利的裁判后果。

九、超过举证时限提供证据

当事人向人民法院提交的证据,应当在当事人协商一致并经人民法院认可或者人民法院指定的期限内完成。超过上述期限提交的,人民法院可能视其放弃了举证的权利,但属于法律和司法解释规定的新的证据除外。

十、不提供原始证据

当事人向人民法院提供证据,应当提供原件或者原物,特殊情况下也可以提供经人民法院核对无异的复制件或者复制品。提供的证据不符合上述条件的,可能影响证据的证明力,甚至可能不被采信。

十一、证人不出庭作证

除属于法律和司法解释规定的证人确有困难不能出庭的特殊情况外,当事人提供证人证言的,证人应当出庭作证并接受质询。如果证人不出庭作证,可能影响该证人证言的证据效力,甚至不被采信。

十二、不按规定申请审计、评估、鉴定

当事人申请审计、评估、鉴定,未在人民法院指定期限内提出申请或者不预交审计、评估、鉴定费用,或者不提供相关材料,致使争议的事实无法通过审计、评估、鉴定结论予以认定的,可能对申请人产生不利的裁判后果。

十三、不按时出庭或者中途退出法庭

原告经传票传唤,无正当理由拒不到庭,或者未经法庭许可中途退出法庭的,人民法院将按自动撤回起诉处理;被告反诉的,人民法院将对反诉的内容缺席审判。

被告经传票传唤,无正当理由拒不到庭,或者未经法庭许可中途退出法庭的,人民法院将缺席判决。

十四、不准确提供送达地址

适用简易程序审理的案件,人民法院按照当事人自己提供的送达地址送达诉讼文书时,因当事人提供的己方送达地址不准确,或者送达地址变更未及时告知人民法院,致使人民法院无法送达,造成诉讼文书被退回的,诉讼文书也视为送达。

十五、超过期限申请强制执行

向人民法院申请强制执行的期限,双方或者一方当事人是公民的为一年,双方是法人或者其他组织的为六个月。期限自生效法律文书确定的履行义务期限届满之日起算。超过上述期限申请的,人民法院不予受理。

十六、无财产或者无足够财产可供执行

被执行人没有财产或者没有足够财产履行生效法律文书确定义务的，人民法院可能对未履行的部分裁定中止执行，申请执行人的财产权益将可能暂时无法实现或者不能完全实现。

十七、不履行生效法律文书确定义务

被执行人未按生效法律文书指定期间履行给付金钱义务的，将要支付迟延履行期间的双倍债务利息。

被执行人未按生效法律文书指定期间履行其他义务的，将要支付迟延履行金。

最高人民法院经济审判庭关于个体经营人因诈骗罪判刑后被骗人能否再对其提起经济诉讼问题的电话答复

1990年1月24日发布

天津市高级人民法院：

你院津高法（1989）6号《关于个体经营人因诈骗罪判刑后被骗人能否再对其提起经济诉讼的请示报告》收悉。经研究答复如下：

一、姚建国诈骗机电公司预付款案，虽作为合同纠纷审理在前，但在实体判决前即中止审理，移送公安、检察机关查处。现全案已按刑事犯罪处理，姚建国因犯有诈骗罪被判处有期徒刑十四年。故本案就不宜再作为经济纠纷案重复审理。原中止审理的法院在刑事终审后又恢复了对原案的审理，并作出了实体判决，对此，二审法院应当裁定撤销原判及原审法院制作的先行给付的裁定，发回重审。再由原审法院驳回原告的起诉。

二、关于刑事判决中未提及姚建国应当将赃款退赔机电公司的问题，可由作出刑事判决的法院裁定予以补正。对在发现犯罪移送前已裁定先行给付机电公司的一万多元及被告人姚建国尚未退赔的款项，应当依照刑法第六十条规定退赔给机电公司。

最高人民法院关于办理严重扰乱法庭秩序案件具体适用法律问题的批复

1. 1994年9月26日公布

2. 法复〔1994〕5号

3. 已由法释〔2013〕2号废止

吉林省高级人民法院：

你院《关于严重扰乱法庭秩序案件确定罪名、适用法律条文以及审理程序问题的请示》收悉。经研究，答复如下：

人民法院对哄闹、冲击法庭，侮辱、诽谤、威胁、殴打审判人员，严重扰乱法庭秩序，构成犯罪的，应依照刑法第一百五十七条的规定，以妨害公务罪定罪量刑。对于这种案件，可以由该法庭合议庭直接审理、判决。如果原审判组织是独任审判的，则应当组成合议庭进行审判。人民法院审理严重扰乱法庭秩序案件，应当依法保障被告人的诉讼权利。

扰乱法庭秩序的行为，情节严重，构成其他犯罪的，应移送公安机关依法追究刑事责任。

此复

最高人民法院关于如何确认诉讼文书效力问题的复函

1. 1991年4月28日公布

2. 〔91〕民他字第3号

四川省高级人民法院：

你院关于我驻加拿大使领馆对非法在加拿大居住的我国公民姚开华寄给人民法院的离婚诉讼文书不予办理公证，如何确认其诉讼文书效力的请示收悉。经我们研究并征求了外交部领事司的意见认为，因私出境后，在居留地所在国无合法居留权的我国公民，为离婚而要求我使领馆办理诉讼文书公证的，由于其诉讼文书是在国内使用，与其非法居留地不发生关系，也不涉及我与该国关系，可在从严掌握的前提下，按有关规定予以办理。据此，你院可告知姚开华按照上述精神办理公证手续。

最高人民法院经济审判庭关于请示问题应当注意的事项

1. 1990年10月29日公布
2. 法经〔1990〕147号

各省、自治区、直辖市高级人民法院:

关于请示问题应当注意的事项,我院1964年9月11日(64)法研字第75号通知和1973年11月7日(73)法办字第004号通知先后作了规定。近年来,各地人民法院执行通知的情况总的是好的,但是仍有不少中级人民法院和基层人民法院请示问题没有严格按照通知的规定办理,直接来人来文向我庭请示有关经济审判中的问题。这不符合上述通知精神,也给我们的工作带来一定的被动。为了切实做好对有关经济审判问题的解答工作,使请示制度规范化,进一步提高解答问题的质量,根据上述我院关于请示解答问题两个通知的精神,特提出如下几点意见:

一、中级人民法院和基层人民法院就经济审判中的问题需要向上级人民法院请示的,应逐级请示。最高人民法院只解答高级人民法院请示的问题,不按规定,直接向最高人民法院汇报请示的,一般不予接待和答复。

二、高级人民法院向最高法院请示问题要有书面报告,所请示的问题应当事实清楚,证据确实,并提出审判委员会的意见。

三、高级人民法院派人来我庭口头汇报请示问题的,应事先电话取得联系,约定时间,不得带当事人或律师等法院以外的人员参加。

上述意见,请函告所辖中级人民法院和基层人民法院。

二、管　　辖

(一)综合

最高人民法院关于调整高级人民法院和中级人民法院管辖第一审民商事案件标准的通知

2015年4月30日公布

各省、自治区、直辖市高级人民法院，解放军军事法院，新疆维吾尔自治区高级人民法院生产建设兵团分院：

为适应经济社会发展和民事诉讼需要，准确适用修改后的民事诉讼法关于级别管辖的相关规定，合理定位四级法院民商事审判职能，现就调整高级人民法院和中级人民法院管辖第一审民商事案件标准问题，通知如下：

一、当事人住所地均在受理法院所处省级行政辖区的第一审民商事案件

北京、上海、江苏、浙江、广东高级人民法院，管辖诉讼标的额5亿元以上一审民商事案件，所辖中级人民法院管辖诉讼标的额1亿元以上一审民商事案件。

天津、河北、山西、内蒙古、辽宁、安徽、福建、山东、河南、湖北、湖南、广西、海南、四川、重庆高级人民法院，管辖诉讼标的额3亿元以上一审民商事案件，所辖中级人民法院管辖诉讼标的额3000万元以上一审民商事案件。

吉林、黑龙江、江西、云南、陕西、新疆高级人民法院和新疆生产建设兵团分院，管辖诉讼标的额2亿元以上一审民商事案件，所辖中级人民法院管辖诉讼标的额1000万元以上一审民商事案件。

贵州、西藏、甘肃、青海、宁夏高级人民法院，管辖诉讼标的额1亿元以上一审民商事案件，所辖中级人民法院管辖诉讼标的额500万元以上一审民商事案件。

二、当事人一方住所地不在受理法院所处省级行政辖区的第一审民商事案件

北京、上海、江苏、浙江、广东高级人民法院，管辖诉讼标的额3亿元以上一审民商事案件，所辖中级人民法院管辖诉讼标的额5000万元以上一审民商事案件。

天津、河北、山西、内蒙古、辽宁、安徽、福建、山东、河南、湖北、湖南、广西、海南、四川、重庆高级人民法院，管辖诉讼标的额1亿元以上一审民商事案件，所辖中级人民法院管辖诉讼标的额2000万元以上一审民商事案件。

吉林、黑龙江、江西、云南、陕西、新疆高级人民法院和新疆生产建设兵团分院，管辖诉讼标的额5000万元以上一审民商事案件，所辖中级人民法院管辖诉讼标的额1000万元以上一审民商事案件。

贵州、西藏、甘肃、青海、宁夏高级人民法院，管辖诉讼标的额2000万元以上一审民商事案件，所辖中级人民法院管辖诉讼标的额500万元以上一审民商事案件。

三、解放军军事法院管辖诉讼标的额1亿元以上一审民商事案件，大单位军事法院管辖诉讼标的额2000万元以上一审民商事案件。

四、婚姻、继承、家庭、物业服务、人身损害赔偿、名誉权、交通事故、劳动争议等案件，以及群体性纠纷案件，一般由基层人民法院管辖。

五、对重大疑难、新类型和在适用法律上有普遍意义的案件，可以依照民事诉讼法第三十八条的规定，由上级人民法院自行决定由其审理，或者根据下级人民法院报请决定由其审理。

六、本通知调整的级别管辖标准不涉及知识产权案件、海事海商案件和涉外涉港澳台民商事案件。

七、本通知规定的第一审民商事案件标准，包含本数。

本通知自2015年5月1日起实施，执行过程中遇到的问题，请及时报告我院。

全国各省、自治区、直辖市高级人民法院和中级人民法院管辖第一审民商事案件标准

1. 2008年3月31日公布
2. 2008年4月1日实施

北京市

一、高级人民法院管辖诉讼标的额在2亿元以上的第一审民商事案件,以及诉讼标的额在1亿元以上且当事人一方住所地不在本辖区或者涉外、涉港澳台的第一审民商事案件。

二、中级人民法院、北京铁路运输中级法院管辖诉讼标的额在5000万元以上的第一审民商事案件,以及诉讼标的额在2000万元以上且当事人一方住所地不在本辖区或者涉外、涉港澳台的第一审民商事案件。

上海市

一、高级人民法院管辖诉讼标的额在2亿元以上的第一审民商事案件,以及诉讼标的额在1亿元以上且当事人一方住所地不在本辖区的第一审民商事案件或者涉外、涉港澳台的第一审民事案件。

二、中级人民法院管辖诉讼标的额在5000万元以上的第一审民商事案件,以及诉讼标的额在2000万元以上且当事人一方住所地不在本辖区的第一审民商事案件或者涉外、涉港澳台的第一审民事案件。

广东省

一、高级人民法院管辖下列第一审民商事案件

1. 诉讼标的额在3亿元以上的案件,以及诉讼标的额在2亿元以上且当事人一方住所地不在本辖区或者涉外、涉港澳台的案件;

2. 在全省有重大影响的案件;

3. 认为应由本院受理的案件。

二、中级人民法院管辖下列第一审民商事案件

1. 广州、深圳、佛山、东莞市中级人民法院管辖诉讼标的额在3亿元以下5000万元以上的第一审民商事案件,以及诉讼标的额在2亿元以下4000万元以上且当事人一方住所地不在本辖区或者涉外、涉港澳台的第一审民商事案件;

2. 珠海、中山、江门、惠州市中级人民法院管辖诉讼标的额在3亿元以下3000万元以上的第一审民商事案件,以及诉讼标的额在2亿元以下2000万元以上且当事人一方住所地不在本辖区或者涉外、涉港澳台的第一审民商事案件;

3. 汕头、潮州、揭阳、汕尾、梅州、河源、韶关、清远、肇庆、云浮、阳江、茂名、湛江市中级人民法院管辖诉讼标的额在3亿元以下2000万元以上的第一审民商事案件,以及诉讼标的额在2亿元以下1000万元以上且当事人一方住所地不在本辖区或者涉外、涉港澳台的第一审民商事案件。

江苏省

一、高级人民法院管辖诉讼标的额在2亿元以上的第一审民商事案件,以及诉讼标的额在1亿元以上且当事人一方住所地不在本辖区或者涉外、涉港澳台的第一审民商事案件。

二、中级人民法院管辖下列第一审民商事案件

1. 南京、苏州、无锡市中级人民法院管辖诉讼标的额在3000万元以上,以及诉讼标的额在1000万元以上且当事人一方住所地不在本辖区或者涉外、涉港澳台的第一审民商事案件;

2. 扬州、南通、泰州、镇江、常州市中级人民法院管辖诉讼标的额在800万元以上,以及诉讼标的额在300万元以上且当事人一方住所地不在本辖区或者涉外、涉港澳台的第一审民商事案件;

3. 连云港、盐城、徐州、淮安市中级人民法院管辖诉讼标的额在500万元以上,以及诉讼标的额在200万元以上且当事人一方住所地不在本辖区或者涉外、涉港澳台的第一审民商事案件;

4. 宿迁市中级人民法院管辖诉讼标的额在300万元以上,以及诉讼标的额在200万元以上且当事人一方住所地不在本辖区或者涉外、涉港澳台的第一审民商事案件。

浙江省

一、高级人民法院管辖诉讼标的额在2亿元以上的第一审民商事案件，以及诉讼标的额在1亿元以上且当事人一方住所地不在本辖区或者涉外、涉港澳台的第一审民商事案件。

二、中级人民法院管辖下列第一审民商事案件

1. 杭州市、宁波市中级人民法院管辖诉讼标的额在3000万元以上的第一审民商事案件，以及诉讼标的额在1000万元以上且当事人一方住所地不在本辖区或者涉外、涉港澳台的第一审民商事案件；

2. 温州市、嘉兴市、绍兴市、台州市、金华市中级人民法院管辖诉讼标的额在1000万元以上的第一审民商事案件，以及诉讼标的额在500万元以上且当事人一方住所地不在本辖区或者涉外、涉港澳台的第一审民商事案件；

3. 其他中级人民法院管辖诉讼标的额在500万元以上的第一审民商事案件，以及诉讼标的额在200万元以上且当事人一方住所地不在本辖区或者涉外、涉港澳台的第一审民商事案件。

天津市

一、高级人民法院管辖诉讼标的额在1亿元以上的第一审民商事案件，以及诉讼标的额在5000万元以上且当事人一方住所地不在本辖区或者涉外、涉港澳台的第一审民商事案件。

二、中级人民法院管辖诉讼标的额在800万元以上的第一审民商事案件，以及诉讼标的额在500万元以上且当事人一方住所地不在本辖区或者涉外、涉港澳台的第一审民商事案件。

重庆市

一、高级人民法院管辖诉讼标的额在1亿元以上的第一审民商事案件，以及诉讼标的额在5000万元以上且当事人一方住所地不在本辖区或者涉外、涉港澳台的第一审民商事案件。

二、第一、第五中级人民法院管辖诉讼标的额在800万元以上的第一审民商事案件，以及诉讼标的额在300万元以上且当事人一方住所地不在本辖区或者涉外以上、涉港澳台的第一审民商事案件。

三、第二、三、四中级人民法院管辖诉讼标的额在500万元以上的第一审民商事案件，以及诉讼标的额在200万元以上且当事人一方住所地不在本辖区或者涉外、涉港澳台的第一审民商事案件。

山东省

一、高级人民法院管辖诉讼标的额在1亿元以上的民商事案件，以及诉讼标的额在5000万元以上且当事人一方住所地不在本辖区或者涉外、涉港澳台的第一审民商事案件。

二、中级人民法院管辖下列第一审民商事案件

1. 济南、青岛市中级人民法院管辖诉讼标的额在1000万元以上的第一审民商事案件，以及诉讼标的额在500万元以上且当事人一方住所地不在本辖区或者涉外、涉港澳台的第一审民商事案件；

2. 烟台、临沂、淄博、潍坊市中级人民法院管辖诉讼标的额在500万元以上的第一审民商事案件，以及诉讼标的额在200万元以上且当事人一方住所地不在本辖区或者涉外、涉港澳台的第一审民商事案件；

3. 济宁、威海、泰安、滨州、日照、东营市中级人民法院管辖诉讼标的额在300万元以上的第一审民商事案件，以及诉讼标的额在200万元以上且当事人一方住所地不在本辖区或者涉外、涉港澳台的第一审民商事案件；

德州、聊城、枣庄、菏泽、莱芜市中级人民法院管辖诉讼标的额在300万元以上的第一审民商事案件，以及诉讼标的额在200万元以上且当事人一方住所地不在本辖区的第一审国内民商事案件；

4. 济南铁路运输中级法院依照专门管辖规定，管辖诉讼标的额在300万元以上的第一审民商事案件。青岛海事法院管辖第一审海事纠纷和海商纠纷案件，不受争议金额限制。

福建省

一、高级人民法院管辖下列第一审民商事案件

诉讼标的额在1亿元以上的第一审民商

事案件,以及诉讼标的额在5000万元以上且当事人一方住所地不在本辖区或者涉外、涉港澳台的第一审民商事案件。

二、中级人民法院管辖下列第一审民商事案件

1. 福州、厦门、泉州市中级人民法院管辖除省高级人民法院管辖以外的、诉讼标的额在800万元以上的第一审民商事案件,以及诉讼标的额在300万元以上且当事人一方住所地不在本辖区或者涉外、涉港澳台的第一审民商事案件;

2. 漳州、莆田、三明、南平、龙岩、宁德市中级人民法院管辖除省高级人民法院管辖以外的、诉讼标的额在500万元以上的第一审民商事案件,以及诉讼标的额在200万元以上且当事人一方住所地不在本辖区的第一审民商事案件或者涉外、涉港澳台的第一审民商事案件。

湖北省

一、高级人民法院管辖下列案件

1. 诉讼标的额在1亿元以上,以及诉讼标的额在5000万元以上且当事人一方住所地不在本辖区的第一审民商事案件。

2. 上级人民法院指定管辖的案件。

二、中级人民法院管辖下列第一审民商事案件

1. 武汉、汉江中级人民法院管辖诉讼标的额在800万元以上的第一审民商事案件,以及诉讼标的额在300万元以上且当事人一方住所地不在本辖区的民商事案件;

2. 其他中级人民法院管辖诉讼标的额在500万元以上的第一审民商事案件,以及诉讼标的额在200万元以上且当事人一方住所地不在本辖区的第一审民商事案件;

3. 在本辖区有重大影响的案件;

4. 一方当事人为县(市、市辖区)人民政府的案件;

5. 上级人民法院指定本院管辖的案件。

湖南省

一、高级人民法院管辖下列第一审民商事案件

1. 诉讼标的额在1亿元以上的案件;

2. 当事人一方住所地不在本辖区,诉讼标的额在5000万元以上的案件;

3. 在本辖区内有重大影响的案件;

4. 根据法律规定提审的案件;

5. 最高人民法院指定管辖、根据民事诉讼法第三十九条指令管辖(交办)的案件或其他人民法院依法移送的民商事案件。

二、中级人民法院管辖下列第一审民商事案件

1. 长沙市中级人民法院管辖诉讼标的额在800万元以上1亿元以下的第一审民商事案件,以及诉讼标的额在300万元以上5000万元以下且当事人一方住所地不在本辖区或者涉外、涉港澳台的第一审民商事案件;

2. 岳阳市、湘潭市、株洲市、衡阳市、郴州市、常德市中级人民法院管辖诉讼标的额在400万元以上1亿元以下的第一审民商事案件,以及诉讼标的额在200万元以上5000万元以下且当事人一方住所地不在本辖区或者涉外、涉港澳台的第一审民商事案件;

3. 益阳市、邵阳市、永州市、娄底市、怀化市、张家界市中级人民法院管辖诉讼标的额在300万元以上1亿元以下的第一审民商事案件,以及诉讼标的额在200万元以上5000万元以下且当事人一方住所地不在本辖区或者涉外、涉港澳台的第一审民商事案件;

4. 湘西土家族苗族自治州中级人民法院管辖诉讼标的额在200万元以上1亿元以下的第一审民商事案件,以及诉讼标的额在150万元以上5000万元以下且当事人一方住所地不在本辖区或者涉外、涉港澳台的第一审民商事案件;

5. 根据法律规定提审的案件;

6. 上级人民法院指定管辖、根据民事诉讼法第三十九条指令管辖(交办)或其他人民法院依法移送的民商事案件。

河南省

一、高级人民法院管辖诉讼标的额在1亿元以上的第一审民商事案件,以及诉讼标的额在5000万元以上且当事人一方住所地不在本辖区的案件。

二、中级人民法院管辖下列第一审民商事

案件

1. 郑州市中级人民法院管辖诉讼标的额在800万元以上1亿元以下的第一审民商事案件,以及诉讼标的额在500万元以上且当事人一方住所地不在本辖区的第一审民商事案件;

2. 洛阳市、新乡市、安阳市、焦作市、平顶山市、南阳市中级人民法院管辖诉讼标的额在500万元以上1亿元以下的第一审民商事案件,以及诉讼标的额在300万元以上且当事人一方住所地不在本辖区的第一审民商事案件;

3. 其他中级人民法院管辖诉讼标的额在300万元以上1亿元以下的第一审民商事案件,以及诉讼标的额在200万元以上且当事人一方住所地不在本辖区的第一审民商事案件。

辽宁省

一、高级人民法院管辖诉讼标的额在1亿元以上的第一审民商事案件,以及诉讼标的额在5000万元以上且当事人一方住所地不在本辖区或者涉外、涉港澳台的第一审民商事案件。

二、中级人民法院管辖下列第一审民商事案件

1. 沈阳、大连中级人民法院管辖诉讼标的额在800万元以上的第一审民商事案件,以及诉讼标的额在300万元以上且当事人一方住所地不在本辖区或者涉外、涉港澳台的第一审民商事案件;

2. 鞍山、抚顺、本溪、丹东、锦州、营口、辽阳、葫芦岛中级人民法院管辖诉讼标的额在500万元以上的第一审民商事案件,以及诉讼标的额在200万元以上且当事人一方住所地不在本辖区或者涉外、涉港澳台的第一审民商事案件;

3. 其他中级人民法院管辖诉讼标的额在300万元以上的第一审民商事案件,以及诉讼标的额在100万元以上且当事人一方住所地不在本辖区或者涉外、涉港澳台的第一审民商事案件。

吉林省

一、高级人民法院管辖诉讼标的额在1亿元以上的第一审民商事案件,以及诉讼标的额在5000万元以上且当事人一方住所地不在本辖区或者涉外、涉港澳台的第一审民商事案件。

二、中级人民法院管辖下列第一审民商事案件

1. 长春市中级人民法院管辖诉讼标的额在800万元以上的第一审民商事案件,以及诉讼标的额在300万元以上且当事人一方住所地不在本辖区的第一审民商事案件;

2. 吉林市中级人民法院管辖诉讼标的额在500万元以上的第一审民商事案件,以及诉讼标的额在200万元以上且当事人一方住所地不在本辖区的第一审民商事案件;

3. 延边州中级人民法院、四平市、通化市、松原市、白山市、白城市、辽源市中级人民法院以及吉林市中级人民法院分院、延边州中级人民法院分院管辖诉讼标的额在300万元以上的第一审民商事案件,以及诉讼标的额在100万元以上且当事人一方住所地不在本辖区的第一审民商事案件。

黑龙江省

一、高级人民法院管辖诉讼标的额在1亿元以上的第一审民商事案件,以及诉讼标的额在5000万元以上且当事人一方住所地不在本辖区或者涉外、涉港澳台的第一审民商事案件。

二、中级人民法院管辖下列第一审民商事案件

1. 哈尔滨市中级人民法院管辖诉讼标的额在800万元以上的第一审民商事案件,以及诉讼标的额在300万元以上且当事人一方住所地不在本辖区或者涉外、涉港澳台的第一审民商事案件;

2. 齐齐哈尔市、牡丹江市、佳木斯市、大庆市中级人民法院管辖诉讼标的额在500万元以上的第一审民商事案件,以及诉讼标的额在200万元以上且当事人一方住所地不在本辖区或者涉外、涉港澳台的第一审民商事案件;

3. 绥化、鸡西、伊春、鹤岗、七台河、双鸭山、黑河、大兴安岭、黑龙江省农垦、哈尔滨铁路、黑龙江省林区中级人民法院管辖诉讼标的额在300万元以上的第一审民商事案件,以及

诉讼标的额在100万元以上且当事人一方住所地不在本辖区或者涉外、涉港澳台的第一审民商事案件。

广西壮族自治区

一、高级人民法院管辖下列第一审民商事案件

高级法院管辖诉讼标的额在1亿元以上的第一审民商事案件,以及诉讼标的额在5000万元以上且当事人一方住所地不在本辖区或者涉外、涉港澳台的第一审民商事案件。

二、中级人民法院管辖下列第一审民商事案件

1.南宁市中级人民法院管辖诉讼标的额在800万元以上的第一审民商事案件,以及诉讼标的额在300万元以上且当事人一方住所地不在本辖区或者涉外、涉港澳台的第一审民商事案件;

2.柳州、桂林、北海、梧州市中级人民法院管辖诉讼标的额在500万元以上的第一审民商事案件,以及诉讼标的额在200万元以上且当事人一方住所地不在本辖区或者涉外、涉港澳台的第一审民商事案件;

3.玉林、贵港、钦州、防城港市中级人民法院管辖诉讼标的额在300万元以上的第一审民商事案件,以及诉讼标的额在200万元以上且当事人一方住所地不在本辖区或者涉外、涉港澳台的第一审民商事案件;

4.百色、河池、崇左、来宾、贺州市中级人民法院和南宁铁路运输中级法院管辖诉讼标的额在150万元以上的第一审民商事案件,以及诉讼标的额在100万元以上且当事人一方住所地不在本辖区或者涉外、涉港澳台的第一审民商事案件。

安徽省

一、高级人民法院管辖诉讼标的额在1亿元以上的第一审民商事案件,以及诉讼标的额在5000万元以上且当事人一方住所地不在本辖区或者涉外、涉港澳台的第一审民商事案件。

二、中级人民法院管辖下列第一审民商事案件

1.合肥市中级人民法院管辖诉讼标的额在800万元以上1亿元以下的第一审民商事案件,以及诉讼标的额在300万元以上5000万元以下且当事人一方住所地不在本辖区或者涉外、涉港澳台的第一审民商事案件;

2.芜湖市、马鞍山市、铜陵市中级人民法院管辖诉讼标的额在300万元以上1亿元以下的第一审民商事案件,以及诉讼标的额在200万元以上5000万元以下且当事人一方住所地不在本辖区或者涉外、涉港澳台的第一审民商事案件;

3.其他中级人民法院管辖诉讼标的额在150万元以上1亿元以下的第一审民商事案件,以及诉讼标的额在80万元以上5000万元以下且当事人一方住所地不在本辖区或者涉外、涉港澳台的第一审民商事案件。

江西省

一、高级人民法院管辖诉讼标的额在1亿元以上的第一审民商事案件,以及诉讼标的额在5000万元以上且当事人一方住所地不在本辖区或者涉外、涉港澳台的第一审民商事案件。

二、南昌市中级人民法院管辖诉讼标的额在500万元以上的第一审民商事案件,以及诉讼标的额在200万元以上且当事人一方住所地不在本辖区或者涉外、涉港澳台的第一审民商事案件。

其他中级人民法院管辖诉讼标的额在300万元以上的第一审民商事案件,以及诉讼标的额在200万元以上且当事人一方住所地不在本辖区或者涉外、涉港澳台的第一审民商事案件。

四川省

一、高级人民法院管辖下列第一审民事案件

1.诉讼标的额在1亿元以上的第一审民商事案件,以及诉讼标的额在5000万元以上且当事人一方住所地不在本辖区或者涉外、涉港澳台的第一审民事案件;

2.最高人民法院指定高级人民法院审理或者高级人民法院认为应当由自己审理的属于中级人民法院管辖的其他第一审民事案件。

二、中级人民法院管辖下列第一审民事案件

1. 成都市中级人民法院管辖诉讼标的额在800万元以上1亿元以下的第一审民事案件,以及诉讼标的额在300万元以上5000万元以下且当事人一方住所地不在本辖区的第一审民事案件;

2. 甘孜、阿坝、凉山州中级人民法院管辖诉讼标的额在100万元以上1亿元以下的第一审民事案件,以及诉讼标的额在50万元以上5000万元以下且当事人一方住所地不在本辖区的第一审民事案件;

3. 其他中级人民法院管辖诉讼标的额在500万元以上1亿元以下的第一审民商事案件,以及诉讼标的额在200万元以上5000万元以下且当事人一方住所地不在本辖区的第一审民事案件;

4. 根据最高人民法院的规定和指定,管辖涉外、涉港澳台第一审民事案件;

5. 在本辖区内有重大影响的其他第一审民事案件;

6. 高级人民法院指定中级人民法院审理的第一审民事案件或者中级法院认为应当由自己审理的属于基层法院管辖的第一审民事案件;

7. 法律、司法解释明确规定由中级法院管辖的第一审民事案件。

陕西省

一、高级人民法院管辖诉讼标的额在1亿元以上的第一审民商事案件,以及诉讼标的额在5000万元以上且当事人一方住所地不在本辖区或者涉外、涉港澳台的第一审民商事案件。

二、中级人民法院管辖下列第一审民商事案件

1. 西安市中级人民法院管辖诉讼标的额在800万元以上的第一审民商事案件,以及诉讼标的额在300万元以上且当事人一方住所地不在本辖区或者涉外、涉港澳台的第一审民商事案件;

2. 宝鸡、咸阳、铜川、延安、榆林、渭南、汉中市中级人民法院、西安铁路运输中级法院管辖诉讼标的额在500万元以上的第一审民商事案件,以及诉讼标的额在200万元以上且当事人一方住所地不在本辖区或者涉外、涉港澳台的第一审民商事案件;

3. 安康、商洛中级人民法院管辖诉讼标的额在300万元以上的第一审民商事案件,以及诉讼标的额在100万元以上且当事人一方住所地不在本辖区或者涉外、涉港澳台的第一审民商事案件。

河北省

一、高级人民法院管辖诉讼标的额在1亿元以上的第一审民商事案件,以及诉讼标的额在5000万元以上且当事人一方住所地不在本辖区或者涉外、涉港澳台的第一审民商事案件。

二、中级人民法院管辖下列第一审民商事案件

1. 石家庄、唐山市中级人民法院管辖诉讼标的额在800万元以上的第一审民商事案件,以及诉讼标的额在300万元以上且当事人一方住所地不在本辖区或者涉外、涉港澳台的第一审民商事案件;

2. 保定、秦皇岛、廊坊、邢台、邯郸、沧州、衡水市中级人民法院管辖诉讼标的额在500万元以上的第一审民商事案件,以及诉讼标的额在200万元以上且当事人一方住所地不在本辖区或者涉外、涉港澳台的第一审民商事案件;

3. 张家口、承德市中级人民法院管辖诉讼标的额在300万元以上的第一审民商事案件,以及诉讼标的额在100万元以上且当事人一方住所地不在本辖区或者涉外、涉港澳台的第一审民商事案件。

山西省

一、高级人民法院管辖诉讼标的额在1亿元以上的第一审民商事案件,以及诉讼标的额在5000万元以上且当事人一方住所地不在本辖区或者涉外、涉港澳台的第一审民商事案件。

二、中级人民法院管辖下列第一审民商事案件

太原市中级人民法院管辖诉讼标的额在

800万元以上1亿元以下的第一审民商事案件,以及诉讼标的额在300万元以上且当事人一方住所地不在本辖区或者涉外、涉港澳台的第一审民商事案件;其他中级人民法院管辖诉讼标的额在500万元以上1亿元以下的第一审民商事案件,以及诉讼标的额在200万元以上且当事人一方住所地不在本辖区或者涉外、涉港澳台的第一审民商事案件。

海南省

一、高级人民法院管辖下列第一审民商事案件

1. 诉讼标的额在1亿元以上的第一审民商事案件;

2. 诉讼标的额在5000万元以上且当事人一方住所地不在本辖区或者涉外、涉港澳台的第一审民商事案件。

二、中级人民法院管辖下列第一审民商事案件

1. 诉讼标的额在800万元以上1亿元以下的第一审民商事案件;

2. 诉讼标的额在500万元以上5000万元以下且当事人一方住所地不在本辖区或者涉外、涉港澳台的第一审民商事案件。

甘肃省

一、高级人民法院管辖诉讼标的额在5000万元以上的第一审民事案件,以及诉讼标的额在2000万元以上且当事人一方住所地不在本辖区或者涉外、涉港澳台的第一审民事案件。

二、中级人民法院管辖下列第一审民事案件

1. 兰州市中级人民法院管辖诉讼标的额在300万元以上的第一审民事案件,以及诉讼标的额在200万元以上且当事人一方住所地不在本辖区或者涉外、涉港澳台的第一审民事案件;

2. 白银、金昌、庆阳、平凉、天水、酒泉、张掖、武威中级人民法院管辖诉讼标的额在200万元以上的第一审民事案件,以及诉讼标的额在100万元以上且当事人一方住所地不在本辖区或者涉外、涉港澳台的第一审民事案件;

3. 陇南、定西、甘南、临夏中级人民法院管辖诉讼标的额在100万元以上的第一审民事案件,以及诉讼标的额在50万元以上且当事人一方住所地不在本辖区或者涉外、涉港澳台的第一审民事案件;

4. 嘉峪关市人民法院、甘肃矿区人民法院管辖诉讼标的额在5000万元以下的第一审民事案件,以及诉讼标的额在2000万元以下且当事人一方住所地不在本辖区或者涉外、涉港澳台的第一审民事案件;

5. 兰州铁路运输中级法院、陇南市中级人民法院分院管辖诉讼标的额在200万元以上的第一审民事案件,以及诉讼标的额在100万元以上且当事人一方住所地不在本辖区的第一审民事案件。

贵州省

一、高级人民法院管辖标的额在5000万元以上的第一审民事案件,以及诉讼标的额在2000万元以上且当事人一方住所地不在本辖区或者涉外、涉港澳台的第一审民事案件。

二、中级人民法院管辖下列第一审民事案件

1. 贵阳市中级人民法院管辖诉讼标的额在300万元以上的第一审民事案件,以及诉讼标的额在200万元以上且当事人一方住所地不在本辖区或者涉外、涉港澳台的第一审民事案件;

2. 遵义市、六盘水市中级人民法院管辖诉讼标的额在200万元以上的第一审民事案件,以及诉讼标的额在100万元以上且当事人一方住所地不在本辖区或者涉外、涉港澳台的第一审民事案件;

3. 其他中级人民法院管辖诉讼标的额在100万元以上的第一审民事案件。

新疆维吾尔自治区

一、高级人民法院管辖下列第一审民商事案件

1. 诉讼标的额在5000万元以上的第一审民商事案件;

2. 诉讼标的额在2000万元以上且当事人一方住所地不在本辖区或者涉外、涉港澳台的第一审民商事案件。

二、中级人民法院管辖下列第一审民商事案件

1. 乌鲁木齐市中级人民法院管辖诉讼标的额在300万元以上5000万元以下的第一审民商事案件，以及诉讼标的额在200万元以上2000万元以下且当事人一方住所地不在本辖区的第一审民商事案件；

2. 和田地区、克孜勒苏柯尔克孜自治州、博尔塔拉蒙古自治州中级人民法院管辖诉讼标的额在150万元以上5000万元以下的第一审民商事案件，以及诉讼标的额在100万元以上2000万元以下且当事人一方住所地不在本辖区的第一审民商事案件；

3. 其他中级人民法院和乌鲁木齐铁路运输中级法院管辖诉讼标的额在200万元以上5000万元以下的第一审民商事案件，以及诉讼标的额在100万元以上2000万元以下且当事人一方住所地不在本辖区的第一审民商事案件；

4. 诉讼标的额在200万元以上2000万元以下的涉外、涉港澳台民商事案件；

5. 乌鲁木齐市中级人民法院管辖诉讼标的额在2000万元以下的涉外、涉港澳台实行集中管辖的五类民商事案件。

三、伊犁哈萨克自治州法院管辖下列第一审民商事案件

（一）高级人民法院伊犁哈萨克自治州分院管辖下列第一审民商事案件

1. 高级人民法院伊犁哈萨克自治州分院在其辖区内管辖与高级人民法院同等标的的民商事案件及当事人一方住所地不在本辖区或者涉外、涉港澳台的第一审民商事案件；

2. 管辖诉讼标的额在2000万元以下的涉外、涉港澳台实行集中管辖的五类民商事案件。

（二）中级人民法院管辖下列第一审民商事案件

1. 塔城、阿勒泰地区中级人民法院管辖诉讼标的额在200万元以上5000万元以下的第一审民商事案件，以及诉讼标的额在100万元以上2000万元以下且当事人一方住所地不在本辖区或者涉外、涉港澳台的民商事案件；

2. 高级人民法院伊犁哈萨克自治州分院管辖发生于奎屯市、伊宁市等二市八县辖区内，依本规定应由中级人民法院管辖的诉讼标的额在200万元以上5000万元以下以及诉讼标的额在100万元以上2000万元以下的当事人一方住所地不在本辖区或者涉外、涉港澳台的第一审民商事案件。

内蒙古自治区

一、高级人民法院管辖下列第一审民商事案件

1. 诉讼标的额在5000万元以上的第一审民商事案件，以及诉讼标的额在2000万元以上且当事人一方住所地不在本辖区或者涉外、涉港澳台的第一审民商事案件；

2. 在全区范围内有重大影响的民商事案件。

二、中级人民法院管辖下列第一审民商事案件

1. 呼和浩特市、包头市中级人民法院管辖诉讼标的额在300万元以上5000万元以下的第一审民商事案件，以及诉讼标的额在200万元以上2000万元以下且当事人一方住所地不在本辖区或者涉外、涉港澳台的第一审民商事案件；

2. 呼伦贝尔市、兴安盟、通辽市、赤峰市、锡林郭勒盟、乌兰察布市、鄂尔多斯市、巴彦淖尔市、乌海市、阿拉善盟中级人民法院和呼和浩特铁路运输中级法院管辖诉讼标的额在200万元以上5000万元以下的第一审民商事案件，以及诉讼标的额在100万元以上2000万元以下且当事人一方住所地不在本辖区或者涉外、涉港澳台的第一审民商事案件。

云南省

一、高级人民法院管辖下列第一审民商事案件

1. 诉讼标的额在1亿元以上的第一审民商事案件；

2. 诉讼标的额在5000万元以上且涉外、涉港澳台第一审民商事案件；

3. 诉讼标的额在5000万元以上的当事人一方住所地不在本辖区的第一审民商事案件；

4. 继续执行管辖在全省范围内有重大影

响的民商事案件的规定。

二、中级人民法院管辖下列第一审民商事案件

1. 昆明市中级人民法院管辖诉讼标的额在400万元以上的第一审民商事案件,以及诉讼标的额在200万元以上且当事人一方住所地不在本辖区的第一审民商事案件;

2. 红河州、文山州、西双版纳州、德宏州、大理州、楚雄州、曲靖市、昭通市、玉溪市、普洱市、临沧市、保山市中级人民法院管辖诉讼标的额在200万元以上的第一审民商事案件,以及诉讼标的额在100万元以上且当事人一方住所地不在本辖区的第一审民商事案件;

3. 丽江市、迪庆州、怒江州中级人民法院管辖诉讼标的额在100万元以上的第一审民商事案件,以及诉讼标的额在100万元以上且当事人一方住所地不在本辖区的第一审民商事案件;

4. 昆明市、红河州、文山州、西双版纳州、德宏州、怒江州、普洱市、临沧市、保山市中级人民法院管辖诉讼标的额在5000万元以下的涉外、涉港澳台第一审民商事案件;

5. 继续执行各州、市中级人民法院管辖在法律适用上具有普遍意义的新类型民、商事案件和在辖区内有重大影响的民、商事案件的规定。

新疆维吾尔自治区高级人民法院生产建设兵团分院

一、高级人民法院生产建设兵团分院管辖诉讼标的额在5000万元以上的第一审民商事案件,以及诉讼标的额在2000万元以上且当事人一方住所地不在本辖区或者涉外、涉港澳台的第一审民商事案件。

二、农一师、农二师、农四师、农六师、农七师、农八师中级人民法院管辖诉讼标的额在200万元以上的第一审民商事案件,以及诉讼标的额在100万元以上且当事人一方住所地不在本辖区或者涉外、涉港澳台的第一审民商事案件。

其他农业师中级人民法院管辖诉讼标的额在150万元以上的第一审民商事案件,以及诉讼标的额在100万元以上且当事人一方住所地不在本辖区或者涉外、涉港澳台的第一审民商事案件。

青海省

一、高级人民法院管辖下列第一审民商事案件

1. 诉讼标的额在2000万元以上的第一审民商事案件,以及诉讼标的额在1000万元以上且当事人一方住所地不在本辖区或者涉外、涉港澳台的第一审民商事案件;

2. 最高人民法院指定由高级人民法院管辖的案件;

3. 在全省范围内有重大影响的案件。

二、中级人民法院管辖下列第一审民商事案件

1. 西宁市中级人民法院管辖全市、海西州中级人民法院管辖格尔木市诉讼标的额在100万元以上2000万元以下的第一审民商事案件,以及诉讼标的额在50万元以上且当事人一方住所地不在本辖区的第一审民商事案件;

2. 海东地区、海南、海北、黄南、海西州中级人民法院管辖(除格尔木市)诉讼标的额在60万元以上2000万元以下的第一审民商事案件,以及诉讼标的额在50万元以上且当事人一方住所地不在本辖区的第一审民商事案件;

3. 果洛、玉树州中级人民法院管辖诉讼标的额在50万元以上2000万元以下的第一审民商事案件,以及诉讼标的额在30万元以上且当事人一方住所地不在本辖区的第一审民商事案件;

4. 上级人民法院指定管辖的案件。

宁夏回族自治区

一、高级人民法院管辖诉讼标的额在2000万元以上的第一审民商事案件,以及诉讼标的额在1000万元以上且当事人一方住所地不在本辖区或者涉外、涉港澳台的第一审民商事案件。

二、中级人民法院管辖下列第一审民商事案件

1. 银川市中级人民法院管辖诉讼标的额在200万元以上的第一审民商事案件,以及诉讼标的额在100万元以上且当事人一方住所地不在本辖区的第一审民商事案件;

2. 依照法释(2002)5号司法解释第一条、

第三条、第五条的规定，银川市中级人民法院集中管辖本省区争议金额在1000万元以下的第一审涉外、涉港澳台民商事案件；

3. 石嘴山、吴忠、中卫、固原市中级人民法院管辖诉讼标的额在100万元以上的第一审民商事案件，以及诉讼标的额在80万元以上且当事人一方住所地不在本辖区的民商事案件。

西藏自治区

一、高级人民法院管辖诉讼标的额在2000万元以上的第一审民商事案件，以及诉讼标的额在500万元以上且当事人一方住所地不在本辖区或者涉外、涉港澳台的第一审民商事案件。

二、中级人民法院管辖下列第一审民商事案件

1. 拉萨市中级人民法院管辖拉萨城区诉讼标的额在200万元以上、所辖各县诉讼标的额在100万元以上的第一审民商事案件；

2. 其他各地区中级人民法院管辖地区行署所在地诉讼标的额在150万元以上、所辖各县范围内诉讼标的额在100万元以上的第一审民商事案件；

3. 诉讼标的额在500万元以下的涉外、涉港澳台的第一审民商事案件，均由各地方中级人民法院管辖。

最高人民法院关于商标法修改决定施行后商标案件管辖和法律适用问题的解释

1. 2014年2月10日由最高人民法院审判委员会第1606次会议通过

2. 2014年3月25日公布

3. 法释〔2014〕4号

4. 自2014年5月1日起施行

为正确审理商标案件，根据2013年8月30日第十二届全国人民代表大会常务委员会第四次会议《关于修改〈中华人民共和国商标法〉的决定》和重新公布的《中华人民共和国商标法》、《中华人民共和国民事诉讼法》和《中华人民共和国行政诉讼法》等法律的规定，就人民法院审理商标案件有关管辖和法律适用等问题，制定本解释。

第一条　人民法院受理以下商标案件：

1. 不服国务院工商行政管理部门商标评审委员会（以下简称商标评审委员会）作出的复审决定或者裁定的行政案件；

2. 不服工商行政管理部门作出的有关商标的其他具体行政行为的案件；

3. 商标权权属纠纷案件；

4. 侵害商标专用权纠纷案件；

5. 确认不侵害商标专用权纠纷案件；

6. 商标权转让合同纠纷案件；

7. 商标使用许可合同纠纷案件；

8. 商标代理合同纠纷案件；

9. 申请诉前停止侵害商标专用权案件；

10. 因申请停止侵害商标专用权损害责任案件；

11. 因商标纠纷申请诉前财产保全案件；

12. 因商标纠纷申请诉前证据保全案件；

13. 其他商标案件。

第二条　不服商标评审委员会作出的复审决定或者裁定的行政案件及国家工商行政管理总局商标局（以下简称商标局）作出的有关商标的具体行政行为案件，由北京市有关中级人民法院管辖。

第三条　第一审商标民事案件，由中级以上人民法院及最高人民法院指定的基层人民法院管辖。

涉及对驰名商标保护的民事、行政案件，由省、自治区人民政府所在地市、计划单列市、直辖市辖区中级人民法院及最高人民法院指定的其他中级人民法院管辖。

第四条　在工商行政管理部门查处侵害商标权行为过程中，当事人就相关商标提起商标权权属或者侵害商标专用权民事诉讼的，人民法院应当受理。

第五条　对于在商标法修改决定施行前提出的商标注册及续展申请，商标局于决定施行后作出对该商标申请不予受理或者不予续展的决定，当事人提起行政诉讼的，人民法院审查时适用修改后的商标法。

对于在商标法修改决定施行前提出的商标异议申请，商标局于决定施行后作出对该异

议不予受理的决定,当事人提起行政诉讼的,人民法院审查时适用修改前的商标法。

第六条 对于在商标法修改决定施行前当事人就尚未核准注册的商标申请复审,商标评审委员会于决定施行后作出复审决定或者裁定,当事人提起行政诉讼的,人民法院审查时适用修改后的商标法。

对于在商标法修改决定施行前受理的商标复审申请,商标评审委员会于决定施行后作出核准注册决定,当事人提起行政诉讼的,人民法院不予受理;商标评审委员会于决定施行后作出不予核准注册决定,当事人提起行政诉讼的,人民法院审查相关诉权和主体资格问题时,适用修改前的商标法。

第七条 对于在商标法修改决定施行前已经核准注册的商标,商标评审委员会于决定施行前受理、在决定施行后作出复审决定或者裁定,当事人提起行政诉讼的,人民法院审查相关程序问题适用修改后的商标法,审查实体问题适用修改前的商标法。

第八条 对于在商标法修改决定施行前受理的相关商标案件,商标局、商标评审委员会于决定施行后作出决定或者裁定,当事人提起行政诉讼的,人民法院认定该决定或者裁定是否符合商标法有关审查时限规定时,应当从修改决定施行之日起计算该审查时限。

第九条 除本解释另行规定外,商标法修改决定施行后人民法院受理的商标民事案件,涉及该决定施行前发生的行为的,适用修改前商标法的规定;涉及该决定施行前发生,持续到该决定施行后的行为的,适用修改后商标法的规定。

最高人民法院关于海事诉讼管辖问题的规定

1. 2015年12月28日由最高人民法院审判委员会第1674次会议通过

2. 法释〔2016〕2号

3. 2016年2月24日公布

4. 自2016年3月1日起施行

为推进"一带一路"建设、海洋强国战略、京津冀一体化、长江经济带发展规划的实施,促进海洋经济发展,及时化解海事纠纷,保证海事法院正确行使海事诉讼管辖权,依法审理海事案件,根据《中华人民共和国民事诉讼法》《中华人民共和国海事诉讼特别程序法》《中华人民共和国行政诉讼法》以及全国人民代表大会常务委员会《关于在沿海港口城市设立海事法院的决定》等法律规定,现将海事诉讼管辖的几个问题规定如下:

一、关于管辖区域调整

1. 根据航运经济发展和海事审判工作的需要,对大连、武汉海事法院的管辖区域作出如下调整:

(1)大连海事法院管辖下列区域:南自辽宁省与河北省的交界处、东至鸭绿江口的延伸海域和鸭绿江水域,其中包括黄海一部分、渤海一部分、海上岛屿;吉林省的松花江、图们江等通海可航水域及港口;黑龙江省的黑龙江、松花江、乌苏里江等通海可航水域及港口。

(2)武汉海事法院管辖下列区域:自四川省宜宾市合江门至江苏省浏河口之间长江干线及支线水域,包括宜宾、泸州、重庆、涪陵、万州、宜昌、荆州、城陵矶、武汉、九江、安庆、芜湖、马鞍山、南京、扬州、镇江、江阴、张家港、南通等主要港口。

2. 其他各海事法院依据此前最高人民法院发布的决定或通知确定的管辖区域对海事案件行使管辖权。

二、关于海事行政案件管辖

1. 海事法院审理第一审海事行政案件。海事法院所在地的高级人民法院审理海事行政上诉案件,由行政审判庭负责审理。

2. 海事行政案件由最初作出行政行为的行政机关所在地海事法院管辖。经复议的案件,由复议机关所在地海事法院管辖。

对限制人身自由的行政强制措施不服提起的诉讼,由被告所在地或者原告所在地海事法院管辖。

前述行政机关所在地或者原告所在地不在海事法院管辖区域内的,由行政执法行为实施地海事法院管辖。

三、关于海事海商纠纷管辖权异议案件的审理

1. 当事人不服管辖权异议裁定的上诉案件由海事法院所在地的高级人民法院负责海事海商案件的审判庭审理。

2. 发生法律效力的管辖权异议裁定违反海事案件专门管辖确需纠正的，人民法院可依照《中华人民共和国民事诉讼法》第一百九十八条规定再审。

四、其他规定

本规定自2016年3月1日起施行。最高人民法院以前作出的有关规定与本规定不一致的，以本规定为准。

最高人民法院关于海事法院受理案件范围的规定

1. *2015年12月28日由最高人民法院审判委员会第1674次会议通过*
2. *2016年2月24日公布*
3. *法释〔2016〕4号*
4. *自2016年3月1日起施行*

根据《中华人民共和国民事诉讼法》《中华人民共和国海事诉讼特别程序法》《中华人民共和国行政诉讼法》以及我国缔结或者参加的有关国际条约，结合我国海事审判实际，现将海事法院受理案件的范围规定如下：

一、海事侵权纠纷案件

1. 船舶碰撞损害责任纠纷案件，包括浪损等间接碰撞的损害责任纠纷案件；

2. 船舶触碰海上、通海可航水域、港口及其岸上的设施或者其他财产的损害责任纠纷案件，包括船舶触碰码头、防波堤、栈桥、船闸、桥梁、航标、钻井平台等设施的损害责任纠纷案件；

3. 船舶损坏在空中架设或者在海底、通海可航水域敷设的设施或者其他财产的损害责任纠纷案件；

4. 船舶排放、泄漏、倾倒油类、污水或者其他有害物质，造成水域污染或者他船、货物及其他财产损失的损害责任纠纷案件；

5. 船舶的航行或者作业损害捕捞、养殖设施及水产养殖物的责任纠纷案件；

6. 航道中的沉船沉物及其残骸、废弃物，海上或者通海可航水域的临时或者永久性设施、装置，影响船舶航行，造成船舶、货物及其他财产损失和人身损害的责任纠纷案件；

7. 船舶航行、营运、作业等活动侵害他人人身权益的责任纠纷案件；

8. 非法留置或者扣留船舶、船载货物和船舶物料、燃油、备品的责任纠纷案件；

9. 为船舶工程提供的船舶关键部件和专用物品存在缺陷而引起的产品质量责任纠纷案件；

10. 其他海事侵权纠纷案件。

二、海商合同纠纷案件

11. 船舶买卖合同纠纷案件；

12. 船舶工程合同纠纷案件；

13. 船舶关键部件和专用物品的分包施工、委托建造、订制、买卖等合同纠纷案件；

14. 船舶工程经营合同（含挂靠、合伙、承包等形式）纠纷案件；

15. 船舶检验合同纠纷案件；

16. 船舶工程场地租用合同纠纷案件；

17. 船舶经营管理合同（含挂靠、合伙、承包等形式）、航线合作经营合同纠纷案件；

18. 与特定船舶营运相关的物料、燃油、备品供应合同纠纷案件；

19. 船舶代理合同纠纷案件；

20. 船舶引航合同纠纷案件；

21. 船舶抵押合同纠纷案件；

22. 船舶租用合同（含定期租船合同、光船租赁合同等）纠纷案件；

23. 船舶融资租赁合同纠纷案件；

24. 船员劳动合同、劳务合同（含船员劳务派遣协议）项下与船员登船、在船服务、离船遣返相关的报酬给付及人身伤亡赔偿纠纷案件；

25. 海上、通海可航水域货物运输合同纠纷案件，包括含有海运区段的国际多式联运、水陆联运等货物运输合同纠纷案件；

26. 海上、通海可航水域旅客和行李运输合同纠纷案件；

27. 海上、通海可航水域货运代理合同纠纷案件；

28. 海上、通海可航水域运输集装箱租用合同纠纷案件；

29. 海上、通海可航水域运输理货合同纠纷案件；

30. 海上、通海可航水域拖航合同纠纷案件；

31. 轮渡运输合同纠纷案件；

32. 港口货物堆存、保管、仓储合同纠纷案件；

33. 港口货物抵押、质押等担保合同纠纷案件；

34. 港口货物质押监管合同纠纷案件；

35. 海运集装箱仓储、堆存、保管合同纠纷案件；

36. 海运集装箱抵押、质押等担保合同纠纷案件；

37. 海运集装箱融资租赁合同纠纷案件；

38. 港口或者码头租赁合同纠纷案件；

39. 港口或者码头经营管理合同纠纷案件；

40. 海上保险、保赔合同纠纷案件；

41. 以通海可航水域运输船舶及其营运收入、货物及其预期利润、船员工资和其他报酬、对第三人责任等为保险标的的保险合同、保赔合同纠纷案件；

42. 以船舶工程的设备设施以及预期收益、对第三人责任为保险标的的保险合同纠纷案件；

43. 以港口生产经营的设备设施以及预期收益、对第三人责任为保险标的的保险合同纠纷案件；

44. 以海洋渔业、海洋开发利用、海洋工程建设等活动所用的设备设施以及预期收益、对第三人的责任为保险标的的保险合同纠纷案件；

45. 以通海可航水域工程建设所用的设备设施以及预期收益、对第三人的责任为保险标的的保险合同纠纷案件；

46. 港航设备设施融资租赁合同纠纷案件；

47. 港航设备设施抵押、质押等担保合同纠纷案件；

48. 以船舶、海运集装箱、港航设备设施设定担保的借款合同纠纷案件，但当事人仅就借款合同纠纷起诉的案件除外；

49. 为购买、建造、经营特定船舶而发生的借款合同纠纷案件；

50. 为担保海上运输、船舶买卖、船舶工程、港口生产经营相关债权实现而发生的担保、独立保函、信用证等纠纷案件；

51. 与上述第11项至第50项规定的合同或者行为相关的居间、委托合同纠纷案件；

52. 其他海商合同纠纷案件。

三、海洋及通海可航水域开发利用与环境保护相关纠纷案件

53. 海洋、通海可航水域能源和矿产资源勘探、开发、输送纠纷案件；

54. 海水淡化和综合利用纠纷案件；

55. 海洋、通海可航水域工程建设(含水下疏浚、围海造地、电缆或者管道敷设以及码头、船坞、钻井平台、人工岛、隧道、大桥等建设)纠纷案件；

56. 海岸带开发利用相关纠纷案件；

57. 海洋科学考察相关纠纷案件；

58. 海洋、通海可航水域渔业经营(含捕捞、养殖等)合同纠纷案件；

59. 海洋开发利用设备设施融资租赁合同纠纷案件；

60. 海洋开发利用设备设施抵押、质押等担保合同纠纷案件；

61. 以海洋开发利用设备设施设定担保的借款合同纠纷案件，但当事人仅就借款合同纠纷起诉的案件除外；

62. 为担保海洋及通海可航水域工程建设、海洋开发利用等海上生产经营相关债权实现而发生的担保、独立保函、信用证等纠纷案件；

63. 海域使用权纠纷(含承包、转让、抵押等合同纠纷及相关侵权纠纷)案件，但因申请海域使用权引起的确权纠纷案件除外；

64. 与上述第53项至63项规定的合同或者行为相关的居间、委托合同纠纷案件；

65. 污染海洋环境、破坏海洋生态责任纠纷案件；

66. 污染通海可航水域环境、破坏通海可航水域生态责任纠纷案件；

67. 海洋或者通海可航水域开发利用、工程建设引起的其他侵权责任纠纷及相邻关系纠纷案件。

四、其他海事海商纠纷案件

68. 船舶所有权、船舶优先权、船舶留置权、船舶抵押权等船舶物权纠纷案件；

69. 港口货物、海运集装箱及港航设备设施的所有权、留置权、抵押权等物权纠纷案件；

70. 海洋、通海可航水域开发利用设备设施等财产的所有权、留置权、抵押权等物权纠纷案件；

71. 提单转让、质押所引起的纠纷案件；

72. 海难救助纠纷案件；

73. 海上、通海可航水域打捞清除纠纷案件；

74. 共同海损纠纷案件；

75. 港口作业纠纷案件；

76. 海上、通海可航水域财产无因管理纠纷案件；

77. 海运欺诈纠纷案件；

78. 与航运经纪及航运衍生品交易相关的纠纷案件。

五、海事行政案件

79. 因不服海事行政机关作出的涉及海上、通海可航水域或者港口内的船舶、货物、设备设施、海运集装箱等财产的行政行为而提起的行政诉讼案件；

80. 因不服海事行政机关作出的涉及海上、通海可航水域运输经营及相关辅助性经营、货运代理、船员适任与上船服务等方面资质资格与合法性事项的行政行为而提起的行政诉讼案件；

81. 因不服海事行政机关作出的涉及海洋、通海可航水域开发利用、渔业、环境与生态资源保护等活动的行政行为而提起的行政诉讼案件；

82. 以有关海事行政机关拒绝履行上述第79项至第81项所涉行政管理职责或者不予答复而提起的行政诉讼案件；

83. 以有关海事行政机关及其工作人员作出上述第79项至第81项行政行为或者行使相关行政管理职权损害合法权益为由，请求有关行政机关承担国家赔偿责任的案件；

84. 以有关海事行政机关及其工作人员作出上述第79项至第81项行政行为或者行使相关行政管理职权影响合法权益为由，请求有关行政机关承担国家补偿责任的案件；

85. 有关海事行政机关作出上述第79项至第81项行政行为而依法申请强制执行的案件。

六、海事特别程序案件

86. 申请认定海事仲裁协议效力的案件；

87. 申请承认、执行外国海事仲裁裁决，申请认可、执行香港特别行政区、澳门特别行政区、台湾地区海事仲裁裁决，申请执行或者撤销国内海事仲裁裁决的案件；

88. 申请承认、执行外国法院海事裁判文书，申请认可、执行香港特别行政区、澳门特别行政区、台湾地区法院海事裁判文书的案件；

89. 申请认定海上、通海可航水域财产无主的案件；

90. 申请无因管理海上、通海可航水域财产的案件；

91. 因海上、通海可航水域活动或者事故申请宣告失踪、宣告死亡的案件；

92. 起诉前就海事纠纷申请扣押船舶、船载货物、船用物料、船用燃油或者申请保全其他财产的案件；

93. 海事请求人申请财产保全错误或者请求担保数额过高引起的责任纠纷案件；

94. 申请海事强制令案件；

95. 申请海事证据保全案件；

96. 因错误申请海事强制令、海事证据保全引起的责任纠纷案件；

97. 就海事纠纷申请支付令案件；

98. 就海事纠纷申请公示催告案件；

99. 申请设立海事赔偿责任限制基金（含油污损害赔偿责任限制基金）案件；

100. 与拍卖船舶或者设立海事赔偿责任限制基金（含油污损害赔偿责任限制基金）相关的债权登记与受偿案件；

101. 与拍卖船舶或者设立海事赔偿责任

限制基金(含油污损害赔偿责任限制基金)相关的确权诉讼案件;

102.申请从油污损害赔偿责任限制基金中代位受偿案件;

103.船舶优先权催告案件;

104.就海事纠纷申请司法确认调解协议案件;

105.申请实现以船舶、船载货物、船用物料、海运集装箱、港航设备设施、海洋开发利用设备设施等财产为担保物的担保物权案件;

106.地方人民法院为执行生效法律文书委托扣押、拍卖船舶案件;

107.申请执行海事法院及其上诉审高级人民法院和最高人民法院就海事纠纷作出的生效法律文书案件;

108.申请执行与海事纠纷有关的公证债权文书案件。

七、其他规定

109.本规定中的船舶工程系指船舶的建造、修理、改建、拆解等工程及相关的工程监理;本规定中的船舶关键部件和专用物品,系指舱盖板、船壳、龙骨、甲板、救生艇、船用主机、船用辅机、船用钢板、船用油漆等船舶主体结构、重要标志性部件以及专供船舶或者船舶工程使用的设备和材料。

110.当事人提起的民商事诉讼、行政诉讼包含本规定所涉海事纠纷的,由海事法院受理。

111.当事人就本规定中有关合同所涉事由引起的纠纷,以侵权等非合同诉由提起诉讼的,由海事法院受理。

112.法律、司法解释规定或者上级人民法院指定海事法院管辖其他案件的,从其规定或者指定。

113.本规定自2016年3月1日起施行。最高人民法院于2001年9月11日公布的《关于海事法院受理案件范围的若干规定》(法释〔2001〕27号)同时废止。

114.最高人民法院以前作出的有关规定与本规定不一致的,以本规定为准。

最高人民法院关于军事法院管辖民事案件若干问题的规定

1. 2012年8月20日最高人民法院审判委员会第1553次会议通过

2. 法释〔2012〕11号

3. 2012年8月28日公布

4. 自2012年9月17日起实施

根据《中华人民共和国人民法院组织法》、《中华人民共和国民事诉讼法》等法律规定,结合人民法院民事审判工作实际,对军事法院管辖民事案件有关问题作如下规定:

第一条　下列民事案件,由军事法院管辖:

(一)双方当事人均为军人或者军队单位的案件,但法律另有规定的除外;

(二)涉及机密级以上军事秘密的案件;

(三)军队设立选举委员会的选民资格案件;

(四)认定营区内无主财产案件。

第二条　下列民事案件,地方当事人向军事法院提起诉讼或者提出申请的,军事法院应当受理:

(一)军人或者军队单位执行职务过程中造成他人损害的侵权责任纠纷案件;

(二)当事人一方为军人或者军队单位,侵权行为发生在营区内的侵权责任纠纷案件;

(三)当事人一方为军人的婚姻家庭纠纷案件;

(四)民事诉讼法第三十四条规定的不动产所在地、港口所在地、被继承人死亡时住所地或者主要遗产所在地在营区内,且当事人一方为军人或者军队单位的案件;

(五)申请宣告军人失踪或者死亡的案件;

(六)申请认定军人无民事行为能力或者限制民事行为能力的案件。

第三条　当事人一方是军人或者军队单位,且合同履行地或者标的物所在地在营区内的合同纠纷,当事人书面约定由军事法院管辖,不违反法律关于级别管辖、专属管辖和专门管辖规定的,可以由军事法院管辖。

第四条　军事法院受理第一审民事案件，应当参照民事诉讼法关于地域管辖、级别管辖的规定确定。

当事人住所地省级行政区划内没有可以受理案件的第一审军事法院，或者处于交通十分不便的边远地区，双方当事人同意由地方人民法院管辖的，地方人民法院可以管辖，但本规定第一条第(二)项规定的案件除外。

第五条　军事法院发现受理的民事案件属于地方人民法院管辖的，应当移送有管辖权的地方人民法院，受移送的地方人民法院应当受理。地方人民法院认为受移送的案件不属于本院管辖的，应当报请上级地方人民法院处理，不得再自行移送。

地方人民法院发现受理的民事案件属于军事法院管辖的，参照前款规定办理。

第六条　军事法院与地方人民法院之间因管辖权发生争议，由争议双方协商解决；协商不成的，报请各自的上级法院协商解决；仍然协商不成的，报请最高人民法院指定管辖。

第七条　军事法院受理案件后，当事人对管辖权有异议的，应当在提交答辩状期间提出。军事法院对当事人提出的异议，应当审查。异议成立的，裁定将案件移送有管辖权的军事法院或者地方人民法院；异议不成立的，裁定驳回。

第八条　本规定所称军人是指中国人民解放军的现役军官、文职干部、士兵及具有军籍的学员，中国人民武装警察部队的现役警官、文职干部、士兵及具有军籍的学员。军队中的文职人员、非现役公勤人员、正式职工，由军队管理的离退休人员，参照军人确定管辖。

军队单位是指中国人民解放军现役部队和预备役部队、中国人民武装警察部队及其编制内的企业事业单位。

营区是指由军队管理使用的区域，包括军事禁区、军事管理区。

第九条　本解释施行前本院公布的司法解释以及司法解释性文件与本解释不一致的，以本解释为准。

最高人民法院关于铁路运输法院案件管辖范围的若干规定

1. 2012年7月2日最高人民法院审判委员会第1551次会议通过
2. 法释〔2012〕10号
3. 2012年7月17日公布
4. 自2012年8月1日起实施

为确定铁路运输法院管理体制改革后的案件管辖范围，根据《中华人民共和国刑事诉讼法》、《中华人民共和国民事诉讼法》，规定如下：

第一条　铁路运输法院受理同级铁路运输检察院依法提起公诉的刑事案件。

下列刑事公诉案件，由犯罪地的铁路运输法院管辖：

(一)车站、货场、运输指挥机构等铁路工作区域发生的犯罪；

(二)针对铁路线路、机车车辆、通讯、电力等铁路设备、设施的犯罪；

(三)铁路运输企业职工在执行职务中发生的犯罪。

在列车上的犯罪，由犯罪发生后该列车最初停靠的车站所在地或者目的地的铁路运输法院管辖；但在国际列车上的犯罪，按照我国与相关国家签订的有关管辖协定确定管辖，没有协定的，由犯罪发生后该列车最初停靠的中国车站所在地或者目的地的铁路运输法院管辖。

第二条　本规定第一条第二、三款范围内发生的刑事自诉案件，自诉人向铁路运输法院提起自诉的，铁路运输法院应当受理。

第三条　下列涉及铁路运输、铁路安全、铁路财产的民事诉讼，由铁路运输法院管辖：

(一)铁路旅客和行李、包裹运输合同纠纷；

(二)铁路货物运输合同和铁路货物运输保险合同纠纷；

(三)国际铁路联运合同和铁路运输企业作为经营人的多式联运合同纠纷；

(四)代办托运、包装整理、仓储保管、接取送达等铁路运输延伸服务合同纠纷;

(五)铁路运输企业在装卸作业、线路维修等方面发生的委外劳务、承包等合同纠纷;

(六)与铁路及其附属设施的建设施工有关的合同纠纷;

(七)铁路设备、设施的采购、安装、加工承揽、维护、服务等合同纠纷;

(八)铁路行车事故及其他铁路运营事故造成的人身、财产损害赔偿纠纷;

(九)违反铁路安全保护法律、法规,造成铁路线路、机车车辆、安全保障设施及其他财产损害的侵权纠纷;

(十)因铁路建设及铁路运输引起的环境污染侵权纠纷;

(十一)对铁路运输企业财产权属发生争议的纠纷。

第四条 铁路运输基层法院就本规定第一条至第三条所列案件作出的判决、裁定,当事人提起上诉或铁路运输检察院提起抗诉的二审案件,由相应的铁路运输中级法院受理。

第五条 省、自治区、直辖市高级人民法院可以指定辖区内的铁路运输基层法院受理本规定第三条以外的其他第一审民事案件,并指定该铁路运输基层法院驻在地的中级人民法院或铁路运输中级法院受理对此提起上诉的案件。此类案件发生管辖权争议的,由该高级人民法院指定管辖。

省、自治区、直辖市高级人民法院可以指定辖区内的铁路运输中级法院受理对其驻在地基层人民法院一审民事判决、裁定提起上诉的案件。

省、自治区、直辖市高级人民法院对本院及下级人民法院的执行案件,认为需要指定执行的,可以指定辖区内的铁路运输法院执行。

第六条 各高级人民法院指定铁路运输法院受理案件的范围,报最高人民法院批准后实施。

第七条 本院以前作出的有关规定与本规定不一致的,以本规定为准。

本规定施行前,各铁路运输法院依照此前的规定已经受理的案件,不再调整。

最高人民法院关于印发《关于铁路运输法院对经济纠纷案件管辖范围的规定》的通知

1. 1990年6月16日公布

2. 法交发〔1990〕8号

3. 已由法释〔2013〕2号废止

全国地方各级人民法院、各级军事法院、各铁路运输中级法院和基层法院、各海事法院:

《关于铁路运输法院对经济纠纷案件管辖范围的规定》已经最高人民法院第460次审判委员会通过,现印发给你们,自颁布之日起施行。

附:

最高人民法院关于铁路运输法院对经济纠纷案件管辖范围的规定

为了明确铁路运输法院与地方人民法院对案件管辖的分工,及时审理与铁路运输有关的经济合同纠纷和侵权纠纷案件,维护铁路运输经济秩序,保护公民、法人的合法权益,特对铁路运输法院受理经济纠纷案件的范围规定如下:

一、铁路货物运输合同纠纷案件;

二、铁路旅客和行李、包裹运输合同纠纷案件;

三、由铁路处理的多式联运合同纠纷案件;

四、国际铁路联运合同纠纷案件;

五、铁路货物运输保险合同纠纷案件;

六、代办托运、包装整理、仓储保管、接取送达等铁路运输延伸服务合同纠纷案件;

七、国家铁路与地方铁路、专用铁路、专用线在修建、管理和运输方面发生的合同纠纷案件;

八、铁路在装卸作业、线路维修等方面发生的委外劳务合同纠纷案件;

九、铁路系统内部的经济纠纷案件;

十、违反铁路安全保护法律、法规,对铁路造成损害的侵权纠纷案件;

十一、铁路行车、调车作业造成人身、财产损害,原告选择向铁路运输法院起诉的侵权纠纷案件;

十二、上级人民法院指定铁路运输法院受理的其他经济纠纷案件。

最高人民法院关于巡回法庭审理案件若干问题的规定

1. *2015年1月5日由最高人民法院审判委员会第1640次会议通过*
2. *2015年1月28日公布*
3. *法释〔2015〕3号*
4. *自2015年2月1日起施行*

为依法及时公正审理跨行政区域重大行政和民商事等案件，推动审判工作重心下移、就地解决纠纷、方便当事人诉讼，根据《中华人民共和国人民法院组织法》《中华人民共和国行政诉讼法》《中华人民共和国民事诉讼法》《中华人民共和国刑事诉讼法》等法律以及有关司法解释，结合最高人民法院审判工作实际，就最高人民法院巡回法庭（简称巡回法庭）审理案件等问题规定如下。

第一条　最高人民法院设立巡回法庭，受理巡回区内相关案件。第一巡回法庭设在广东省深圳市，巡回区为广东、广西、海南三省区。第二巡回法庭设在辽宁省沈阳市，巡回区为辽宁、吉林、黑龙江三省。

最高人民法院根据有关规定和审判工作需要，可以增设巡回法庭，并调整巡回法庭的巡回区和案件受理范围。

第二条　巡回法庭是最高人民法院派出的常设审判机构。巡回法庭作出的判决、裁定和决定，是最高人民法院的判决、裁定和决定。

第三条　巡回法庭审理或者办理巡回区内应当由最高人民法院受理的以下案件：

（一）全国范围内重大、复杂的第一审行政案件；

（二）在全国有重大影响的第一审民商事案件；

（三）不服高级人民法院作出的第一审行政或者民商事判决、裁定提起上诉的案件；

（四）对高级人民法院作出的已经发生法律效力的行政或者民商事判决、裁定、调解书申请再审的案件；

（五）刑事申诉案件；

（六）依法定职权提起再审的案件；

（七）不服高级人民法院作出的罚款、拘留决定申请复议的案件；

（八）高级人民法院因管辖权问题报请最高人民法院裁定或者决定的案件；

（九）高级人民法院报请批准延长审限的案件；

（十）涉港澳台民商事案件和司法协助案件；

（十一）最高人民法院认为应当由巡回法庭审理或者办理的其他案件。

巡回法庭依法办理巡回区内向最高人民法院提出的来信来访事项。

第四条　知识产权、涉外商事、海事海商、死刑复核、国家赔偿、执行案件和最高人民检察院抗诉的案件暂由最高人民法院本部审理或者办理。

第五条　巡回法庭设立诉讼服务中心，接受并登记属于巡回法庭受案范围的案件材料，为当事人提供诉讼服务。对于依照本规定应当由最高人民法院本部受理案件的材料，当事人要求巡回法庭转交的，巡回法庭应当转交。

巡回法庭对于符合立案条件的案件，应当在最高人民法院办案信息平台统一编号立案。

第六条　当事人不服巡回区内高级人民法院作出的第一审行政或者民商事判决、裁定提起上诉的，上诉状应当通过原审人民法院向巡回法庭提出。当事人直接向巡回法庭上诉的，巡回法庭应当在五日内将上诉状移交原审人民法院。原审人民法院收到上诉状、答辩状，应当在五日内连同全部案卷和证据，报送巡回法庭。

第七条　当事人对巡回区内高级人民法院作出的已经发生法律效力的判决、裁定申请再审或者申诉的，应当向巡回法庭提交再审申请书、申诉书等材料。

第八条　最高人民法院认为巡回法庭受理的案件对统一法律适用有重大指导意义的，可以决定由本部审理。

巡回法庭对于已经受理的案件，认为对统一法律适用有重大指导意义的，可以报请最高人民法院本部审理。

第九条 巡回法庭根据审判工作需要,可以在巡回区内巡回审理案件、接待来访。

第十条 巡回法庭按照让审理者裁判、由裁判者负责原则,实行主审法官、合议庭办案责任制。巡回法庭主审法官由最高人民法院从办案能力突出、审判经验丰富的审判人员中选派。巡回法庭的合议庭由主审法官组成。

第十一条 巡回法庭庭长、副庭长应当参加合议庭审理案件。合议庭审理案件时,由承办案件的主审法官担任审判长。庭长或者副庭长参加合议庭审理案件时,自己担任审判长。巡回法庭作出的判决、裁定,经合议庭成员签署后,由审判长签发。

第十二条 巡回法庭受理的案件,统一纳入最高人民法院审判信息综合管理平台进行管理,立案信息、审判流程、裁判文书面向当事人和社会依法公开。

第十三条 巡回法庭设廉政监察员,负责巡回法庭的日常廉政监督工作。

最高人民法院监察局通过受理举报投诉、查处违纪案件、开展司法巡查和审务督察等方式,对巡回法庭及其工作人员进行廉政监督。

最高人民法院关于对甘肃省各级人民法院第一审经济纠纷案件级别管辖规定请示的复函

1. 1996年5月22日公布

2. 法函〔1996〕84号

3. 已由法释〔2013〕2号废止

甘肃省高级人民法院:

你院甘高法(1996)66号报告收悉。经研究,答复如下:

本院1994年12月22日印发《关于在经济审判工作中严格执行〈中华人民共和国民事诉讼法〉的若干规定》第七条规定:“各高级人民法院就本省、自治区、直辖市作出的关于案件级别管辖的规定,应当报送最高人民法院批准。未经批准的,不能作为级别管辖的依据。”你院于1995年2月17日以甘高法〔1995〕21号通知对全省各级人民法院第一审经济纠纷案件的级别管辖标的额作了调整,并在未报经我院批准的情况下,即已下发执行,这种作法不当。

另,你院上述通知中降低高级法院案件级别管辖标的金额标准是否妥当?请你院接此函后,即对你省案件级别管辖规定进行重议,制定出新的规定报告我院批准。

最高人民法院关于指定湖南省长沙县人民法院管辖一审涉外民商事案件的批复

1. 2008年8月15日公布

2. 民四他字〔2007〕第29号

湖南省高级人民法院:

你院湘高法[2007]103号《湖南省高级人民法院关于申请指定长沙县人民法院受理一审涉外民商事案件问题的请示》收悉。根据《最高人民法院关于涉外民商事案件诉讼管辖若干问题的规定》第一条和《最高人民法院关于加强涉外商事案件诉讼管辖工作的通知》第一条的规定精神,经研究,批复如下:

授权你院指定长沙县人民法院管辖长沙经济技术开发区一审涉外、涉港澳台民商事案件。

长沙县人民法院一审涉外、涉港澳台民商事上诉案件由长沙市中级人民法院管辖。

此复

最高人民法院关于合同当事人仅给付了定金应当如何确定管辖问题的复函

1. 1994年7月15日公布

2. 法经〔1994〕171号

天津市高级人民法院:

你院〔1993〕津高法字第69号《关于合同纠纷提起的诉讼当事人仅履行了定金约定,没履行合同约定的其他义务,应如何确定管辖的请示》收悉。经研究,答复如下:

在合同当事人仅履行了合同中定金条款的约定,而未履行合同的其他条款的情况下,不能依据《最高人民法院关于适用〈中华人民共和国民事诉讼法〉若干问题的意见》(下称《意见》)第18条、第19条的规定认定为“实际履行”。《意见》中的“实际履行”,对于购销合同,是指合同当事人实际履行了交货义务。因此,合同当事人因仅给付了定金而产生合同纠纷,应按照《意见》第18条的规定确定管辖的人民法院。

此复

最高人民法院关于案件级别管辖几个问题的批复

1. 1996年5月7日公布
2. 法复〔1996〕5号

山东省高级人民法院:

你院鲁高法函〔1994〕37号请示及鲁高法函〔1995〕74号请示均已收悉。经研究,答复如下:

一、在当事人双方或一方全部没有履行合同义务的情况下,发生纠纷提起诉讼,如当事人在诉讼请求中明确要求全部履行合同的,应以合同总金额加上其他请求金额作为诉讼标的金额,并据以确定级别管辖;如当事人在诉讼请求中要求解除合同的,应以其具体的诉讼请求金额来确定诉讼标的金额,并据以确定级别管辖。

二、当事人在诉讼中增加诉讼请求从而加大诉讼标的金额,致使诉讼标的金额超过受诉法院级别管辖权限的,一般不再变动。但是当事人故意规避有关级别管辖等规定的除外。

三、按照级别管辖规定应当由上级人民法院管辖的案件,上级人民法院交由下级人民法院审理的,该下级人民法院不得再交其下级人民法院审理。

最高人民法院关于北京、上海、广州知识产权法院案件管辖的规定

1. 2014年10月27日由最高人民法院审判委员会第1628次会议通过
2. 2014年10月31日公布
3. 法释〔2014〕12号
4. 自2014年11月3日起施行

为进一步明确北京、上海、广州知识产权法院的案件管辖,根据《中华人民共和国民事诉讼法》、《中华人民共和国行政诉讼法》、《全国人民代表大会常务委员会关于在北京、上海、广州设立知识产权法院的决定》等规定,制定本规定。

第一条　知识产权法院管辖所在市辖区内的下列第一审案件:

(一)专利、植物新品种、集成电路布图设计、技术秘密、计算机软件民事和行政案件;

(二)对国务院部门或者县级以上地方人民政府所作的涉及著作权、商标、不正当竞争等行政行为提起诉讼的行政案件;

(三)涉及驰名商标认定的民事案件。

第二条　广州知识产权法院对广东省内本规定第一条第(一)项和第(三)项规定的案件实行跨区域管辖。

第三条　北京市、上海市各中级人民法院和广州市中级人民法院不再受理知识产权民事和行政案件。

广东省其他中级人民法院不再受理本规定第一条第(一)项和第(三)项规定的案件。

北京市、上海市、广东省各基层人民法院不再受理本规定第一条第(一)项和第(三)项规定的案件。

第四条　案件标的既包含本规定第一条第(一)项和第(三)项规定的内容,又包含其他内容的,按本规定第一条和第二条的规定确定管辖。

第五条　下列第一审行政案件由北京知识产权法院管辖:

(一)不服国务院部门作出的有关专利、商标、植物新品种、集成电路布图设计等知识产权的授权确权裁定或者决定的;

(二)不服国务院部门作出的有关专利、植物新品种、集成电路布图设计的强制许可决定以及强制许可使用费或者报酬的裁决的;

(三)不服国务院部门作出的涉及知识产权授权确权的其他行政行为的。

第六条　当事人对知识产权法院所在市的基层人民法院作出的第一审著作权、商标、技术合同、不正当竞争等知识产权民事和行政判决、裁定提起的上诉案件,由知识产权法院审理。

第七条　当事人对知识产权法院作出的第一审判决、裁定提起的上诉案件和依法申请上一级法院复议的案件,由知识产权法院所在地的高

级人民法院知识产权审判庭审理。

第八条　知识产权法院所在省(直辖市)的基层人民法院在知识产权法院成立前已经受理但尚未审结的本规定第一条第(一)项和第(三)项规定的案件,由该基层人民法院继续审理。

除广州市中级人民法院以外,广东省其他中级人民法院在广州知识产权法院成立前已经受理但尚未审结的本规定第一条第(一)项和第(三)项规定的案件,由该中级人民法院继续审理。

最高人民法院关于对被监禁或被劳动教养的人提起的民事诉讼如何确定案件管辖问题的批复

1. *2010年11月29日最高人民法院审判委员会第1503次会议通过*
2. *2010年12月9日公布*
3. *法释〔2010〕16号*
4. *自2010年12月15日起施行*

山东省高级人民法院:

你院《关于对被监禁的人提起的诉讼如何确定案件管辖问题的请示》[(2010)鲁立函字第10号]收悉。经研究,答复如下:

根据《中华人民共和国民事诉讼法》第二十三条、最高人民法院《关于适用〈中华人民共和国民事诉讼法〉若干问题的意见》第8条规定,对被监禁或被劳动教养的人提起的诉讼,原告没有被监禁或被劳动教养的,由原告住所地人民法院管辖。原告也被监禁或被劳动教养的,由被告原住所地人民法院管辖;被告被监禁或被劳动教养一年以上的,由被告被监禁地或被劳动教养地人民法院管辖。

此复。

最高人民法院关于执行级别管辖规定几个问题的批复

1. *1996年5月7日公布*
2. *法复〔1996〕5号*

山东省高级人民法院:

你院鲁高法函〔1994〕37号请示及鲁高法函〔1995〕74号请示均已收悉。经研究,答复如下:

一、在当事人双方或一方全部没有履行合同义务的情况下,发生纠纷起诉至法院的,如当事人在诉讼请求中明确要求全部履行合同的,应以合同总金额加上其他请求额作为诉讼标的额,并据以确定级别管辖;如当事人在诉讼请求中要求解除合同的,应以其具体的诉讼请求数额来确定诉讼标的额,并据以确定级别管辖。

二、当事人在诉讼中增加诉讼请求从而加大诉讼标的额,致使诉讼标的额超过受诉法院级别管辖权限的,一般不再予以变动。但是当事人故意规避有关级别管辖等规定的除外。

三、按照级别管辖规定应当由上级人民法院管辖的案件,上级人民法院交由下级人民法院审理的,该下级人民法院不得再交其下级人民法院审理。

四、人民法院受理案件后,发现不符合级别管辖规定的,应按我院法函〔1995〕95号《关于当事人就级别管辖提出异议应如何处理问题的函》的意见办理。

最高人民法院关于案件性质及管辖权问题的复函

1996年6月19日公布

河南省高级人民法院:

你院〔1996〕豫法经报字第1号请示报告收悉。经研究,答复如下:

郑州铁路局因铁路用地侵权纠纷对郑州市车辆修配厂提起的诉讼,符合民事诉讼法规定的起诉条件。根据我院《关于铁路运输法院对经济纠纷案件管辖范围的规定》,郑州铁路运输法院对本案有管辖权。

最高人民法院关于指定管辖需报送有关材料的函

1995年9月19日公布

江苏省高级人民法院:

本院经济审判庭曾于1995年7月12日致函你院,要求你院就南通市信托投资公司诉深圳光华实业公司、中国银行深圳国际信托咨询公司担保贷款合同纠纷一案的管辖权问题，与广东省高级人民法院协商，并停止实体审理。现广东省高级人民法院书面报告称，该案江苏省一、二审法院均已判决，无法再协商，请最高人民法院指定管辖。请你院于1995年10月15日以前，将南通市中级人民法院管辖该案的依据报送我院。在此期间，应中止该案生效判决的执行。另据广东省深圳市中级人民法院经济庭、中国银行深圳国际信托咨询公司"加急明传"反映：1995年9月13日，南通市中级人民法院已强行扣划了中国银行深圳国际信托咨询公司上海证券部在上海市工商银行营业部账户里的1200万元人民币存款。"该账户系股民在我公司上海证券部委托买卖股票的保证金户，是一级清算户，也是每天股票交易日营业结束后与上海证交所进行委托股票买卖清算的账户，账户里的存款实际是客户的资金，南通中院这种做法严重地侵害了股民的权益，容易造成广大股民极大的恐慌，潜伏着很大的社会危害性。"如情况属实，请你院接此函后，立即通知南通市中级人民法院中止执行，已执行的1200万元，应立即划回原账户。待我院指定管辖后再行解决。近期，有些法院对南通市中级人民法院的经济审判及执行工作反映较大，请你院加强对该院认真实行审判监督。

最高人民法院关于管辖问题的批复

1. 1988年12月7日公布

2. 法(经)复〔1988〕64号

甘肃省高级人民法院：

你院甘法(1988)18号请示收悉。关于甘肃省金昌市工业品综合批发公司诉辽宁省抚顺市电视机联销公司购销电视机合同纠纷一案的地域管辖问题，经研究，答复如下：

本案一九八六年十二月五日和一九八七年四月二十九日两份合同的签订地在金昌市，履行地在抚顺市。根据《中华人民共和国民事诉讼法(试行)》第二十三条的规定，金昌市中级人民法院和抚顺市新抚区人民法院对本案均有管辖权。鉴于金昌市中级人民法院一九八八年三月二十日最先收到起诉状，比新抚区人民法院收到诉状的时间(一九八八年三月二十日)早五天，根据民事诉讼法(试行)第三十一条、第三十三条第二款的规定，现指定本案由甘肃省金昌市中级人民法院管辖。

最高人民法院关于人民法院管辖区域变更后已经生效判决的复查改判管辖问题的复函

1. 1998年8月31日公布

2. 法函〔1998〕81号

江苏省高级人民法院：

你院苏高法〔1998〕64号《关于管辖区划变更后复查案件审批程序问题的请示》收悉。经研究，答复如下：

人民法院的管辖区域随行政区划变更后，对于变更之前生效判决的复查改判(申请再审或决定再审)，仍应按照最高人民法院〔62〕法文字第3号《关于原审法院机构撤销和管辖区域变更后判决改判问题的批复》和〔62〕法文字第7号《关于原审法院管辖区域变更后判决改判问题的批复》办理。你省原由淮阴市、扬州市中院终审而现在属宿迁市、连云港市、泰州市管辖区内的各类案件，其复查和再审改判应由宿迁市、连云港市、泰州市中院管辖。

最高人民法院《关于适用〈中华人民共和国民事诉讼法〉若干问题的意见》第35条的规定，只适用于人民法院受理案件后审结案件前行政区划发生变更的情况。因此，该规定与上述两个批复并不矛盾。

最高人民法院关于山东省牟平县养马岛渔工商联合总公司诉中国黑龙江国际经济技术合作公司经贸实业分公司苹果纠纷案件由山东省高级人民法院作一审的函

1. 1995年10月4日公布

2. 法函〔1995〕126号

山东省高级人民法院：

山东省烟台市中级人民法院受理的山东省牟

平县养马岛渔工商联合总公司诉中国黑龙江国际经济技术合作公司经贸实业分公司苹果纠纷案件,被告曾就管辖权提出异议,一、二审法院均以因一审法院采取诉前保全措施而取得管辖权为由,裁定驳回被告的管辖权异议。本院认为,你院(1995)鲁经终字第4号民事裁定违反了最高人民法院《关于在经济审判工作中严格执行〈中华人民共和国民事诉讼法〉的若干规定》中第6条的规定,烟台市中级人民法院对此案行使管辖权的理由不当。为保证案件公正处理,根据本案的具体情况,经我院研究决定,本案由山东省高级人民法院作一审。请你院接到此函后,依法撤销本案就管辖权异议所作的一、二审裁定和一审判决,并尽快审查中国黑龙江国际经济技术合作公司经贸实业分公司提供的担保,该担保有效应立即解除烟台市中级人民法院的保全措施。

最高人民法院关于金利公司与金海公司经济纠纷案件管辖问题的复函

1. 1995年7月5日公布

2. 法函〔1995〕89号

湖南省高级人民法院:

你院《关于金利公司与金海公司经济纠纷案件管辖问题的报告》收悉。经研究,答复如下:

金利公司与金海公司在再次补充协议中约定,"如甲、乙双方发生争议,由守约方所在地人民法院管辖。"该约定不符合《民事诉讼法》第二十五条的规定,应认定协议管辖的条款无效。本案应由被告所在地的人民法院管辖。接此函后,请你院依法撤销一审判决和一、二审裁定,将本案移送有管辖权的法院。

最高人民法院经济审判庭有关案件合并审理问题的电话答复

1990年9月13日发布

黑龙江省高级人民法院、福建省高级人民法院:

黑龙江省高级法院黑法经字〔1990〕71号请示和福建省高级法院〔1990〕闽法经函字第012号函均已收悉。关于哈尔滨市道里区中央大街副食品商店(下称"副食店")诉福建省莲江县曲头供销社驻榕购销站(下称"购销站")购销合同质量纠纷案与福建省莲江县安凯奇达水产精制厂(下称"精制厂")诉副食店购销合同货款纠纷案是否合并审理的问题,经研究,答复如下:

对副食店与购销站购销合同纠纷一案的诉讼标的,精制厂享有独立请求权,因此,在精制厂主张权利时,既有权以有独立请求权的第三人申请参加到他人已进行的诉讼中,也有权以原告身份向其他有管辖权的法院另行起诉。既然本案精制厂已向有管辖权的莲江县法院另行起诉,故不应发生诉的合并审理问题。且,就这一争议,你们两院在报请本院后又重新商妥,两案不再合并审理,两院间的争议实已解决,因此,本院同意你们两院商定的分案审理的意见,请你们分别通知道里区法院和莲江县法院,在审理两案的过程中要互通情况,以避免发生矛盾。上述意见不再函复。

最高人民法院经济审判庭关于经济纠纷和经济犯罪案件一并移送后受移送的检察院和法院未按刑事附带民事诉讼审理又未将纠纷部分退回法院处理移送法院是否仍可对纠纷进行审理问题的电话答复

1988年10月14日公布

你院赣法经(1988)18号请示收悉。关于经济纠纷和经济犯罪案件一并移送后,"受移送的检察院和法院未按刑事附带民事诉讼审理,又未将纠纷部分退回法院处理,移送法院是否仍可对纠纷进行审理"的问题,经研究认为:经济纠纷和经济犯罪案件一并移送后,受诉法院即不再有案件,如受移送的机关未退回,原受诉法院不存在继续审理的问题。移送后或刑事案件审结后,经济纠纷当事人仍请求原受诉法院审理经济纠纷的,应告知当事人可以向受诉法院另行起诉,向受移送的机关催案。如受移送的机关既不处理经济纠纷,又不将经济纠纷部分退回,至于是否追加第三人,是否合并审理的问题,请按民事诉讼法(试行)的有关规定和本院的有关解答,结合案件的具体情况办理。

此复

最高人民法院经济审判庭关于刑事案件与经济纠纷案件交叉时如何处理问题的函

1. 1991年12月11日公布

2. 法经〔1991〕195号

中华人民共和国公安部第五局:

你局公刑[1991]501号要求协调由延边朝鲜族自治州公安局立案侦查的特大烟用丝束投机倒把案和深圳市中级人民法院受理的广东省烟草公司惠来县公司诉吉林省延边朝鲜族自治州对外经济贸易公司、海南振海工贸联合有限公司丝束购销合同货款纠纷案的函收悉。经研究,意见如下:

吉林省延边朝鲜族自治州对外经济贸易公司禹根夏等人私刻公章、伪造国家批文,倒卖巨额烟用丝束投机倒把的犯罪行为与广东省烟草公司惠来县公司同吉林省延边朝鲜族自治州对外经济贸易公司、海南振海工贸联合有限公司的丝束购销合同关系是两种既有联系,又有本质不同的法律事实和法律关系。前者是一种扰乱社会经济秩序,危害国家利益的犯罪行为,应当由公安机关立案侦查;后者是平等主体之间的民事法律关系,它们之间的纠纷可以由人民法院通过诉讼程序解决。人民法院对该经济纠纷案件的审理并不影响公安机关对有关刑事案件的侦查。因此,广东省烟草公司惠来县公司诉吉林省延边朝鲜族自治州对外经济贸易公司、海南振海工贸联合有限公司丝束购销合同货款纠纷案,可以由深圳市中级人民法院继续审理。

特此函复

最高人民法院关于借款合同纠纷案件管辖问题的复函

1. 1990年4月2日发布

2. 法(经)函〔1990〕11号

北京市高级人民法院:

你院经高法字〔1990〕第35号报告收悉。经研究,现对该借款合同纠纷案管辖问题答复如下:

一、该借款合同的签订地在北京,根据民事诉讼法(试行)第二十三条之规定,北京市中级人民法院对该借款合同纠纷案有管辖权。中信贸易公司给付贷款的方式是自带信汇和电汇,借款合同的履行地应在收款方贸易中心所在地连云港市。连云港市中级人民法院对借款合同纠纷案也有管辖权。

二、当事人之间的委托合同与借款合同本身虽属两个不同的民事法律关系,其诉讼标的也不相同,但两者之间有着事实上的联系。委托合同的存在是借款合同产生的原因,借款合同的签订是为了保证委托合同的履行。该两合同产生的纠纷案件,符合合并审理的条件。而且贸易中心起诉在先,起诉状的内容亦涉及两个法律关系。两案合并审理,既便于法院查明事实,分清责任,又可以减少当事人不必要的讼累。

三、现连云港中院已作出合并审理判决,中信贸易公司不服判决上诉至江苏省高级人民法院。北京市中院不应再对借款合同纠纷进行实体审理。中信公司对借款合同纠纷的诉讼请求,应向江苏省高级人民法院提出,由该院在二审中一并审理。

此复

最高人民法院关于审理民事级别管辖异议案件若干问题的规定

1. 2009年7月20日最高人民法院审判委员会第1471次会议通过

2. 2009年11月12日公布

3. 法释〔2009〕17号

4. 自2010年1月1日起施行

为正确审理民事级别管辖异议案件,依法维护诉讼秩序和当事人的合法权益,根据《中华人民共和国民事诉讼法》的规定,结合审判实践,制定本规定。

第一条　被告在提交答辩状期间提出管辖权异议,认为受诉人民法院违反级别管辖规定,案

件应当由上级人民法院或者下级人民法院管辖的,受诉人民法院应当审查,并在受理异议之日起十五日内作出裁定:

(一)异议不成立的,裁定驳回;

(二)异议成立的,裁定移送有管辖权的人民法院。

第二条 在管辖权异议裁定作出前,原告申请撤回起诉,受诉人民法院作出准予撤回起诉裁定的,对管辖权异议不再审查,并在裁定书中一并写明。

第三条 提交答辩状期间届满后,原告增加诉讼请求金额致使案件标的额超过受诉人民法院级别管辖标准,被告提出管辖权异议,请求由上级人民法院管辖的,人民法院应当按照本规定第一条审查并作出裁定。

第四条 上级人民法院根据民事诉讼法第三十九条第一款的规定,将其管辖的第一审民事案件交由下级人民法院审理的,应当作出裁定。当事人对裁定不服提起上诉的,第二审人民法院应当依法审理并作出裁定。

第五条 对于应由上级人民法院管辖的第一审民事案件,下级人民法院不得报请上级人民法院交其审理。

第六条 被告以受诉人民法院同时违反级别管辖和地域管辖规定为由提出管辖权异议的,受诉人民法院应当一并作出裁定。

第七条 当事人未依法提出管辖权异议,但受诉人民法院发现其没有级别管辖权的,应当将案件移送有管辖权的人民法院审理。

第八条 对人民法院就级别管辖异议作出的裁定,当事人不服提起上诉的,第二审人民法院应当依法审理并作出裁定。

第九条 对于将案件移送上级人民法院管辖的裁定,当事人未提出上诉,但受移送的上级人民法院认为确有错误的,可以依职权裁定撤销。

第十条 经最高人民法院批准的第一审民事案件级别管辖标准的规定,应当作为审理民事级别管辖异议案件的依据。

第十一条 本规定施行前颁布的有关司法解释与本规定不一致的,以本规定为准。

最高人民法院关于第三人能否对管辖权提出异议问题的批复

1. 1990年7月28日公布
2. 法〔经〕复〔1990〕9号

江苏省高级人民法院:

你院苏法(经)〔1989〕第9号《关于第三人能否对管辖权提出异议的请示》收悉。经研究,答复如下:

一、有独立请求权的第三人主动参加他人已开始的诉讼,应视为承认和接受了受诉法院的管辖,因而不发生对管辖权提出异议的问题;如果是受诉法院依职权通知他参加诉讼,则他有权选择是以有独立请求权的第三人的身份参加诉讼,还是以原告身份向其他有管辖权的法院另行起诉。

二、无独立请求权的第三人参加他人已开始的诉讼,是通过支持一方当事人的主张,维护自己的利益。由于他在诉讼中始终辅助一方当事人,并以一方当事人的主张为转移。所以,他无权对受诉法院的管辖权提出异议。

最高人民法院经济审判庭关于法院应原告变更被告之请求而恢复诉讼,变更后的被告是否有权提出管辖异议问题的答复

1. 1993年6月2日公布
2. 法经〔1993〕97号

湖南省高级人民法院:

你院湘高法经〔1993〕4号请示收悉。经研究,答复如下:

原则同意你院意见。人民法院对原中止诉讼的案件应原告之请求,变更被告,恢复诉讼后,变更后的被告应享有法律规定的一切诉讼权利,包括在答辩期内向人民法院提出管辖权异议。对此,人民法院应当根据《中华人民共和国民事诉讼法》第一百四十条第一款第(二)项的规定

予以裁定,不能以回函形式处理被告所提出的管辖权异议。

最高人民法院关于当事人就级别管辖提出异议应如何处理问题的函

1. 1995年7月3日公布
2. 法函〔1995〕95号
3. 已由法释〔2013〕2号废止

山东省高级人民法院:

你院鲁高法函〔1994〕64号请示收悉。经研究,答复如下:

级别管辖是上下级法院之间就一审案件审理方面的分工。各高级人民法院根据经济纠纷案件诉讼标的金额分级确定管辖法院的规定,虽不是法律规定和司法解释,但一经我院批准,即应当认真执行。当事人就级别管辖权提出管辖异议的,受诉法院应认真审查,确无管辖权的,应将案件移送有管辖权的法院,并告知当事人,但不作裁定。受诉法院拒不移送,当事人向其上级法院反映情况并就此提出异议的,上级法院应当调查了解,认真研究,并作出相应的决定,如情况属实确有必要移送的,应当通知下级法院将案件移送有管辖权的法院;对下级法院拒不移送,作出实体判决的,上级法院应当以程序违法为由撤销下级法院的判决,并将案件移送有管辖权的法院。同时还应以违反审判纪律对有关人员作出严肃处理。

最高人民法院关于当事人就案件级别管辖权向上级法院提出异议上级法院发函通知移送,而下级法院拒不移送,也不作出实体判决应如何处理问题的复函

1. 1996年10月9日公布
2. 法函〔1996〕150号
3. 已由法释〔2013〕2号废止

江西省高级人民法院:

你院赣高法经请〔1996〕1号请示收悉。经研究,答复如下:

原则同意你院倾向性意见。你院《关于江西省第一审经济纠纷案件级别管辖规定》已经我院批准,你省各级人民法院都应当认真执行。上级人民法院认为下级人民法院违反级别管辖的规定,应通知有关法院将案件移送有管辖权的法院审理,该法院必须移送。如果受诉法院拒不移送,即使尚未作出实体判决的,上级人民法院也可参照本院法函〔1995〕95号函的精神,依照《中华人民共和国民事诉讼法》第一百四十条第一款第十一项的规定,裁定将案件移送有管辖权的法院审理,同时应对有关人员给予严肃批评;情节严重的,应以违反审判纪律对有关人员作出严肃处理。

最高人民法院关于采取诉前保全措施的法院可否超越其级别管辖权限受理诉前保全申请人提起的诉讼问题的复函

1. 1995年3月7日公布
2. 法经〔1995〕64号

山东省高级人民法院:

你院鲁高法函〔1994〕65号请示收悉,经研究,答复如下:

同意你院倾向性意见。本院《关于适用〈中华人民共和国民事诉讼法〉若干问题的意见》第31条第2款虽规定了诉前保全申请人可以向采取诉前保全措施的人民法院提起诉讼,但受理该案件,仍应当符合有关级别管辖的规定。申请人向采取诉前保全措施的人民法院起诉的案件,如果其诉讼标的金额超过了该院级别管辖的权限,则应当告知原告向有管辖权的上级人民法院提起诉讼。

此复

最高人民法院关于原审法院驳回当事人管辖异议裁定已发生法律效力但尚未作出生效判决前发现原审法院确无地域管辖权应如何处理问题的复函

1. 2003 年 5 月 30 日公布
2. 〔2003〕民他字第 19 号

四川省高级人民法院:

你院〔2003〕川立函字第 50 号《关于原审法院驳回当事人管辖异议裁定已发生法律效力但未作出生效判决前发现原审法院确无地域管辖权,应如何处理的请示》收悉。经研究认为,根据《中华人民共和国民事诉讼法》第一百七十七条第二款的规定,并参照本院法(经)复〔1990〕10 号《关于经济纠纷案件当事人向受诉法院提出管辖权异议的期限问题的批复》和法(经)〔1993〕14 号《关于上级法院对下级法院就当事人管辖权异议的终审裁定确有错误时能否纠正问题的复函》的精神,上级人民法院在原审法院驳回当事人管辖异议裁定已发生法律效力但未作出生效判决前,发现原审法院确无地域管辖权,可以依职权裁定撤销该错误裁定并将案件移送有管辖权的人民法院审理。

最高人民法院关于在民事诉讼法生效前对因管辖权异议的裁定上诉后如何适用法律问题的复函

1. 1991 年 8 月 10 日公布
2. 法(经)函〔1991〕82 号

新疆维吾尔自治区高级人民法院:

你院新法(经)〈1990〉30 号关于在尚未审结的不服管辖异议裁定提起上诉的二审裁定可否继续适用民事诉讼法(试行)的请示报告收悉。经研究,答复如下:

在民事诉讼法施行前,原审人民法院依照民事诉讼法(试行)有关管辖的规定受理的案件,当事人对管辖权提出异议,被原审人民法院裁定驳回后,又提起上诉的,第二审人民法院在民事诉讼法施行后审理时,应审议原裁定适用当时具有法律效力的民事诉讼法(试行)是否得当,而不是直接引用已废止的民事诉讼法(试行)作出二审裁定。

最高人民法院关于岳阳通达制冷空调有限公司等四家公司之间的委托合同与港口装卸作业纠纷案件管辖权争议的处理意见

1. 1994 年 7 月 12 日公布
2. 法经〔1994〕158 号

湖南省高级人民法院:

湖南省高级人民法院(1994)湘法经函字第 20 号请示报告收悉。关于岳阳市中级人民法院与上海海事法院各自受理的就岳阳通达制冷空调有限公司(下称通达公司)、中国对外贸易运输总公司湖南省分公司岳阳支公司(下称外运公司)、上海港集装箱综合发展公司(下称综合公司)、上海集装箱码头有限公司(下称码头公司)之间的委托合同与港口装卸作业纠纷案件管辖权争议问题,经研究,答复如下:

一、外运公司与通达公司签订的由外运公司将通达公司一批进口设备从上海中转到岳阳的协议书中,双方当事人已明确约定“如双方发生纠纷,通过协商解决。协商不成,由原告所在地人民法院处理”。该约定不违反《中华人民共和国民事诉讼法》第二十五条的规定。因此,岳阳市中级人民法院对其受理的案件有管辖权。

二、外运公司与通达公司签订协议后,外运公司将其接受的委托事务转委托综合公司、综合公司又口头委托码头公司,码头公司在吊装通达公司货物过程中致货物损坏。根据《中华人民共和国民事诉讼法》第三十四条第(二)项“因港口作业中发生纠纷提起的诉讼,由港口所在地人民法院管辖”的规定,岳阳市中院不应将码头公司列为第三人。

最高人民法院经济审判庭关于审理管辖权争议案件有关问题的电话答复

1989年5月18日公布

广东省高级人民法院：

你院〔89〕粤法经请字第1号《关于审理管辖权争议案件有关问题的请示》收悉。经研究答复如下：

一、根据本院《民事诉讼收费办法（试行）》的有关规定，人民法院向经济纠纷案件当事人预收案件受理费，是按照当事人争议财产的价额或金额计算的。没有仅就程序问题向当事人预收案件受理费的。人民法院在审理经济纠纷案件中，对当事人提出的管辖权异议进行审议，并依法作出裁决，属于程序审理，不涉及实体问题。因此，不存在经济纠纷案件当事人就管辖权异议不服原审裁定上诉后，上诉审法院向上诉人预收案件受理费问题。

二、根据民事诉讼法（试行）第一百五十条规定，二审法院在审理上诉案件中，要询问当事人。但鉴于当事人就管辖权问题提起的上诉，仍属于程序审理，如果二审法院合议庭经阅卷审查，认为事实清楚，可以不经询问当事人而作出裁定。

此复

附：

广东省高级人民法院关于审理管辖权争议案件有关问题的请示

1. *1989年2月15日公布*
2. *〔89〕粤法经请字第1号*

最高人民法院：

自钧院1987年7月21日《关于审理经济纠纷案件具体适用〈民事诉讼法（试行）〉的若干问题的解答》颁发以来，我省人民法院在审理经济纠纷案件中，如遇当事人就管辖权提出异议的，均按《解答》第二项关于“受理该案的法院在对该案进行实体审理之前，应先审议当事人对管辖权提出的异议，就本法院对该案件是否具有管辖权问题依法作出书面裁定”的规定，就受诉法院对该案有无管辖权作出书面裁定。但目前此类案件的数量不少。一方面在时间、人力和财力上给人民法院特别是二审法院增加了大量负担，另一方面又难于约束和制裁其中的滥用诉权行为，不利于依法及时地保护当事人的民事权益。因此，我们意见，二审法院审理这类案件时，（1）可参照《民事诉讼收费办法（试行）》的规定，向管辖权争议案件的上诉人预收受理费。收费标准与其他二审案件相同。经审理，维持原裁定的，诉讼费由上诉人负担；撤销原裁定的则将预收的诉讼费退回上诉人。当事人在接到通知后的法定期限内不预交上诉案件受理费的，原审裁定即发生法律效力。（2）经阅卷，二审合议庭认为事实清楚，不必询问当事人的，可迳行裁定。

当否！请批复。

（二）合同案件管辖

最高人民法院关于当事人在合同中协议选择管辖法院问题的复函

1. *1995年12月7日公布*
2. *法函〔1995〕157号*

河北省高级人民法院：

你院〔1995〕冀法经二请字1号请示收悉。经研究，答复如下；

根据《中华人民共和国民事诉讼法》第二十五条规定，合同的双方当事人可以在书面合同中协议选择被告住所地、合同履行地、合同签订地、原告住所地、标的物所在地人民法院管辖。如果当事人约定选择上述列举的两个以上人民法院管辖的，依据本院《关于适用〈中华人民共和国民事诉讼法〉若干问题的意见》第二十四条的规定，该选择管辖的协议无效；如果当事人约定选择上述列举以外的人民法院管辖的，因其超出法律规定的范围，也应认定该约定无效，不能以此作为确定管辖的依据。

最高人民法院关于合同双方当事人协议约定发生纠纷各自可向所在地人民法院起诉如何确定管辖的复函

1. *1994年11月27日公布*
2. *法经〔1994〕307号*

四川省高级人民法院：

你院川法明传〔1994〕211号请示收悉。经研究，答复如下：

合同双方当事人约定，发生纠纷各自可向所在地人民法院起诉。该约定可认为是选择由原告住所地人民法院管辖，如不违反有关级别管辖和专属管辖的规定，则该约定应为有效。若当事人已分别向所在地人民法院提起诉讼，则应由先立案的人民法院管辖；若立案时间难于分清先后，则应由两地人民法院协商解决；协商解决不了的，由它们的共同上级人民法院指定管辖。

最高人民法院关于适用法发〔1996〕28号司法解释问题的批复

1. *1998年2月10日最高人民法院审判委员会第960次会议通过*
2. *1998年2月13日公布*
3. *法释〔1998〕3号*
4. *自1998年2月19日起施行*

山东省高级人民法院：

你院《关于如何适用最高人民法院法发〔1996〕28文件确定购销合同履行地问题的请示》收悉。经研究，答复如下：

最高人民法院法发〔1996〕28号《关于在经济纠纷案件管辖中如何确定购销合同履行地的规定》，是一项关于人民法院案件管辖问题的程序性规定。不论购销合同是在该规定生效前签订的还是生效后签订的，凡在该规定生效后起诉到人民法院的购销合同纠纷案件，均应适用该规定，而不再适用最高人民法院《关于适用〈中华人民共和国民事诉讼法〉若干问题的意见》第19条的规定。

此复

最高人民法院关于口头购销合同纠纷案件管辖权如何确定问题的复函

1. *1995年9月21日公布*
2. *已由法释〔2013〕2号废止*

河南省高级人民法院：

你院〔1995〕豫法经报字第10号请示报告收悉。经研究，答复如下：

民事诉讼法第二十四条规定："因合同纠纷提起的诉讼，由被告住所地或者合同履行地人民法院管辖。"口头购销合同纠纷案件管辖权的确认，亦应当依据该规定处理。但鉴于本案当事人双方对口头约定的交货地点有争议，人民法院确认合同履行地缺乏事实根据的特殊情况，本案应由被告住所地山西省侯马市中级人民法院管辖。

最高人民法院关于购销合同履行地的特殊约定问题的批复

1. *1990年8月19日公布*
2. *法(经)复〔1990〕11号*

广东省高级人民法院：

你院粤法经请字〔1989〕第2号《关于购销合同履行地问题的请示》收悉。经研究，答复如下：

一、我院法(经)复〔1985〕39号、〔1988〕20号批复中所称的供需双方特殊约定的合同履行地，是指当事人在购销合同中明确约定的交货地点，即在合同的交货地点或履行地点栏目中填写的地点，或者在合同的履行条款或其他条款中写明的交货地点(货物交接地、交付地点)。若当事人约定在某地安装调试或验收完毕才算交货的，该安装调试或验收地即为双方特殊约定的合同履行地。在合同的到货地(到达站、到达港、到站地)或验收地栏目中填写的地点,不应当视为当事人特殊约定的合同履行地。

二、当事人在合同中明确约定的交货地点与合同其他条款的规定不一致的,以合同明确约定的交货地点为合同履行地。在供需双方已实际交接货物的情况下,若实际交接地点与合同原约定的交货地点不一致的,人民法院在按合同履行地实施管辖时,以货物的实际交接地视为合同履行地,但不影响在交货地点上违约一方应承担的相应责任。

三、当事人在合同中没有明确约定交货地点的,仍按我院法(经)复〔1988〕20号批复的规定,区别不同的交货方式确定合同履行地。

最高人民法院经济审判庭关于购销合同的双方当事人在合同中约定了交货地点,但部分货物没有在约定的交货地点交付,如何确定管辖权问题的复函

1. 1995年7月11日公布

2. 法经〔1995〕206号

河南省高级人民法院:

你院(1995)豫法经报字第5号请示收悉。经研究,答复如下:

我们同意你院请示中所列第三种意见,购销合同的双方当事人在合同中约定了交货地点,且依据合同中约定的交货地点交付了部分货物,虽其余货物没有依据合同约定的交货地点履行,仍应以合同约定的交货地点确定管辖权。

最高人民法院关于吉林省松原市三岔河汇丰粮油购销处与福建省南平市粮油储运公司购销合同纠纷一案指定管辖的通知

1996年6月17日公布

吉林省高级人民法院、福建省高级人民法院:

福建省高级人民法院[1995]闽经他字第06号报告和吉林省高级人民法院1996年3月25日请示指定管辖的报告均收悉,经研究,答复如下:

1995年7月3日,吉林省松原市三岔河汇丰粮油购销处(供方)与福建省南平市粮油储运公司(需方)签订了一份农副产品购销合同,合同第五条约定:"三岔河车板交货,大包干到南平东,费用有供方承担。"依照本院法经复[1990]11号《关于购销合同履行地的特殊约定问题的批复》,松原市三岔河为合同履行地。本院根据《中华人民共和国民事诉讼法》第二十四条、第三十七条第二款的规定,指定本案由吉林省松原市中级人民法院管辖。福建省南平市延平区人民法院应于接到本通知后十五日内将案件移送吉林省松原市中级人民法院。

最高人民法院关于宁夏回族自治区灵武县兴盛工贸公司与广东省增城市金马羊绒厂购销合同纠纷案件指定管辖的通知

1. 1996年6月1日公布

2. 法函〔1996〕51号

宁夏回族自治区高级人民法院、广东省高级人民法院:

宁夏回族自治区高级人民法院[1994]宁经复字第4号请示和广东省高级人民法院粤高法经一行字(1995)100号请示报告均已收悉。经研究,答复如下:

宁夏回族自治区灵武县兴盛工贸公司(下称工贸公司)与广东省增城市金马羊绒厂(下称羊绒厂)于1994年10月25日签订的"合作经营白山羊绒协议"中明确约定:质量及重量在乙方(注:工贸公司)库内由甲方(注:羊绒厂)验收;甲方收货地点是广东增城市。甲方羊绒厂收货地点广东增城市是当事人双方对合同履行地的特殊约定。对羊绒厂依约在工贸公司所在地对货物质量及重量进行检验,并出具收条的行为,在没有其他书证的情况下,不应视为变更了原合同收货地即履行地。本案合同履行地仍为广东省增城市。另,本案广东省增城市人民法院于1994年11月30日先于宁夏回族自治区银南地区中级人民法院立案受理,因此,广东省增城市人民法院对本案享有管辖权。但鉴于本案标的金额较

大,已超出增城市人民法院案件级别管辖的情况,本院根据《中华人民共和国民事诉讼法》第二十四条、第三十七条第二款规定,特指定本案由广东省广州市中级人民法院管辖。请你们两院分别责成银南地区中级人民法院和增城市人民法院在收到本通知之日起十五日内将本案全部案卷和材料移送至广东省广州市中级人民法院。广州市中级人民法院应当依法、公正审理本案。

最高人民法院关于广西饲料企业集团公司粮油经营部诉四川希望集团购销合同货款纠纷一案级别管辖问题的复函

1. 1996年5月24日公布
2. 法函[1996]86号

广西壮族自治区高级人民法院:

你院1996年5月21日明传收悉,经研究,答复如下:

广西饲料企业集团公司粮油经营部诉四川希望集团购销合同货款纠纷一案诉讼标的金额为3000余万元,在你院报经我院批准的关于第一审经济纠纷案件级别管辖第二条中明确规定:"自治区高级人民法院受理诉讼标的金额500万元以上(含本数)的经济纠纷案件",因此该案应由你院作一审。你院认为,南宁市中级人民法院管辖标的为80万元以上的经济纠纷案件,南宁市中院受理该案并未违反该规定的意见是错误的。请你院接此函后三日内即通知南宁市中级人民法院将该案移送你院作一审,并请你院认真监督你区各级法院,严格执行案件级别管辖的规定。

最高人民法院关于山东省青岛市第一面粉厂与黑龙江省肇东市粮油食品供应公司粮油食品商场购销合同纠纷案件指定管辖的通知

1996年5月22日公布

山东省高级人民法院、黑龙江省高级人民法院:

山东省高级法院鲁法经[1996]10号请示和黑龙江省高级法院[1996]黑经函字第23号请示均已收悉。经研究,答复如下:

本案购销合同明确约定"交货地点供方仓库",对当事人双方在实际履行合同中变更交货地点问题,缺少充分证据,故供方山东省青岛市第一面粉厂仓库所在地应为本案合同履行地。合同履行地青岛市四方区人民法院对本案享有管辖权。肇东市人民法院虽先于青岛市四方区人民法院受理起诉,但该院对此案不享有案件管辖权。应当指出的是,在两地法院发生管辖争议后,肇东市人民法院对本案缺席作出实体判决,绥化地区人民法院不依法予以纠正的做法是错误的。根据《中华人民共和国民事诉讼法》第二十四条和第三十七条第二款规定,及本院《关于在经济审判工作中严格执行〈中华人民共和国民事诉讼法〉的若干规定》第四条规定,黑龙江省高级人民法院应依法撤销绥化地区中级人民法院[1995]绥经终字第77号裁定和肇东市人民法院[1995]肇经初字第12号判决。本院指定本案由青岛市四方区人民法院管辖。绥化地区中级人民法院和肇东市人民法院应当在其裁定和判决被依法撤销后15日内将本案有关材料移送至青岛市四方区人民法院。青岛市四方区人民法院应当依法、公正审理本案。

最高人民法院关于湖南省娄底地区经济技术协作总公司与四川省达川地区汽车运输总公司油料供销公司、四川省达川地区汽车运输总公司购销合同货款纠纷案件指定管辖的通知

1996年3月13日公布

湖南省高级人民法院、四川省高级人民法院:

湖南省高级人民法院[1995]湘高经请字第08号请示和四川省高级人民法院[1996]川高法经二函字第7号函均已收悉。关于湖南省娄底地区经济技术协作总公司(下称经协公司)与四川省达川地区汽车运输总公司油料供销公司(下称油料公司)、四川省达川地区汽车运输总公司(下称汽运公司)购销合同纠纷案件管辖争议问

题,经研究,答复如下:

鉴于经协公司与油料公司于1993年5月达成的口头购销钢材合同中对合同履行地未作特殊约定,对交货地点双方则各执己见,故确认合同履行地法院管辖此案缺乏根据,应以被告住所地确定管辖为宜。娄底市人民法院于1993年12月1日立案,达川市人民法院则于当月25日立案。先行立案的娄底市人民法院受理案件的被告是油料公司和汽运公司,其住所地均在四川省达川市,达川市人民法院对本案应拥有管辖权。根据《中华人民共和国民事诉讼法》第二十四条、第三十七条第二款规定,特指定四川省达川市人民法院管辖本案。娄底市人民法院在接到本通知之日起十五日内应将本案有关材料移送至四川省达川市人民法院。

最高人民法院关于华北铝业有限公司诉庄河市第一建筑工程公司购销合同纠纷案管辖问题的函

1. *1996年2月2日公布*
2. *法函[1996]19号*

河北省高级人民法院:

大连庄河市第一建筑工程公司向我院反映,保定市中级人民法院对华北铝业有限公司诉庄河市第一建筑工程公司购销合同纠纷案强行管辖,并作出(1995)保市经二初字第80号民事裁定书。该案现已上诉至你院。经审查其提供的材料,我们研究认为,双方当事人签订的合同名称是"工矿产品购销合同",明确约定交货地点为庄河市工地,加工承揽的内容并不明确,合同性质问题应经实体审理予以确定。根据《最高人民法院关于适用〈中华人民共和国民事诉讼法〉若干问题的意见》第19条之规定,该案应由大连市中级人民法院管辖。

现将有关材料转去,请你们认真审查。如果当事人反映的情况属实,请你院依法予以纠正。

附:申诉材料一份(略)

最高人民法院关于河北省邯郸市供销社农工商贸易公司与浙江省杭州市禽蛋副食品冷藏加工厂购销鸭梨合同纠纷一案指定管辖的通知

1996年1月2日发布

河北省高级人民法院、浙江省高级人民法院:

河北省高级人民法院[1995]冀经函字第8号请示报告和浙江省高级人民法院[1995]浙法经字91号报告均收悉。经研究,通知如下:1992年9月1日,河北省邯郸市供销社农工商贸易公司(供方,以下简称贸易公司)与浙江省杭州市禽蛋副食品冷藏加工厂(需方,以下简称加工厂)签订了一份购销鸭梨合同。双方当事人在合同中没有约定明确的交货地点,但约定运费由供方垫付。在实际履行中也是由贸易公司办理托运并垫付运费,故应认定货物发运地为合同履行地。根据《中华人民共和国民事诉讼法》第二十四条和《最高人民法院关于适用〈中华人民共和国民事诉讼法〉若干问题的意见》第十九条第一款的规定,特指定本案由河北省邯郸市丛台区人民法院管辖。浙江省杭州市江干区人民法院应于接到本通知后15日内将本案移送河北省邯郸市丛台区人民法院管辖。

最高人民法院关于临沂电力实业公司诉深圳三力自动化工程有限公司购销合同纠纷案和深圳振华轻工企业有限公司诉深圳三力自动化工程有限公司委托代理进口合同纠纷案指定管辖问题的通知

1996年1月2日发布

山东省高级人民法院、广东省高级人民法院:

1994年6月29日,深圳三力自动化工程有限公司(以下简称三力公司)与深圳振华轻工企业有限公司(以下简称振华公司)签订委托代理进口合同,约定振华公司为三力公司代理进口食用棕榈油一千五百吨。7月25日,三力公司又与临沂电力实业公司(以下简称电力公司)签订一购销合同,约定将该货供给电力公司。合同签订后,电力公司向三力公司支付了定金。后因代理进口合同未能如约履行,致使购销合同无法履行。电力公司于1995年6月9日诉至临沂市中级人民法院,请求三力公司返还定金五十万二千五百元,支付违约金二百零一万元。后应三力公司的请求,临沂市中级人民法院于6月20日将振华公司追加为第三人。6月28日,振华公司又向深圳市中级人民法院起诉,诉请三力公司支付进口代理费、违约金和利息。我院经研究认为,上述两个合同的性质不同,当事人的诉讼请求也不同。电力公司请求返还定金,支付违约金,振华公司则是请求支付进口代理费、违约金和利息,各自独立。虽然购销合同未能履行系因委托代理进口合同未能履行所致,但购销合同纠纷案件中电力公司的诉讼请求是要求三力公司返还定金、支付违约金,故两案应根据其各自的诉讼请求和合同分别进行审理。临沂市中级人民法院将振华公司列为购销合同纠纷案的第三人不当,应依法予纠正。广东省高级人民法院[1995]粤法经上一字第309号裁定是正确的。临沂市中级人民法院和深圳市中级人民法院在分别审理中,均应根据事实和法律作出公正裁决。

最高人民法院关于南昌市建新商业公司诉武昌县外贸土产品公司购销合同纠纷案与武汉市第一植物油厂诉武昌县外贸土产品公司购销合同纠纷案指定管辖的通知

1996年1月1日公布

江西省高级人民法院、湖北省高级人民法院:

江西省高级人民法院[1995]赣经请字第5号请示和湖北省高级人民法院[1995]鄂经他字第10号请示收悉。经研究,答复如下:

1994年9月12日,南昌市建新商业公司与武昌县外贸土产品公司签订了800吨豆粕购销合同,约定交货地点为南昌港船板。1994年9月14日,武昌县外贸土产品公司又与武汉市第一植物油厂签订了800吨豆粕购销合同,约定交货地点为武汉市东西湖区新沟码头船板。根据《最高人民法院关于适用〈中华人民共和国民事诉讼法〉若干问题的意见》第19条之规定,南昌市西湖区人民法院对南昌市建新商业公司诉武昌县外贸土产品公司购销合同纠纷案有管辖权;武汉市江夏区(原武昌县)人民法院对武汉市第一植物油厂诉武昌县外贸土产品公司购销合同纠纷案也有管辖权,但该院沿货款走向将南昌市建新商业公司作为第三人显属不当,应予纠正。鉴于在管辖权争议期间,两地法院均已作出判决,南昌市西湖区人民法院在接到此通知后,应重新确定一个上诉期,以保障当事人的诉讼权利。如果当事人提出上诉,请江西省高级人民法院监督南昌市中级人民法院,切实依法公正审判。武汉市江夏区人民法院应依审判监督程序撤销[1994]昌经字第217号民事判决,依法作出再审判决。

最高人民法院关于晋城市物资贸易中心与武进县东方废钢铁炉料联营公司购销合同纠纷一案指定管辖的通知

1996年1月1日发布

山西省高级人民法院、江苏省高级人民法院:

山西省高级人民法院[1995]晋法经字16号、江苏省高级人民法院[1995]苏经协字第40号报告均收悉。经研究,答复如下:

1. 晋城市物资贸易中心(下称贸易中心)与武进县东方废钢铁炉料联营公司(下称联营公司)签订的购销生铁协议中未约定交货地点。根据该协议第三条约定的甲方(贸易中心)炼钢生铁发到常州站,价每吨为柒佰捌拾元,铸造生铁价每吨为玖佰陆拾元,应认定运杂费由贸易中心负担,为送货方式;本案实际履行是由贸易中心通过铁路运输将生铁发到常州。因此,合同履行地为常州市。1993年3月21日,联营公司给贸易中心发电报"生铁(大护铁)发运时请车号分开价格按你处当地收购另加 20 元/吨”，是联营公司依据该协议第四条对原价格进行调整的通知，并未形成新的法律关系，晋城市中级人民法院以此为据管辖本案不当。依照《中华人民共和国民事诉讼法》第二十四条、第三十七条第二款、本院《关于适用〈中华人民共和国民事诉讼法〉若干问题的意见》第十九条第一款及批准江苏省高级人民法院有关级别管辖的规定，本院指定本案由常州市中级人民法院管辖。晋城市中级人民法院、武进县人民法院应于接到本通知后二十日内依法撤销对各自受理本案所作出的裁定、判决，将案件移送常州市中级人民法院。常州市中级人民法院依法应予以公正审理。

2. 贸易中心诉山西省晋城市华达有限公司侵权纠纷案，与贸易中心诉联营公司购销合同纠纷案属不同的法律关系，贸易中心依法可向有管辖权的人民法院另行起诉。

最高人民法院关于吉林省九台市华侨开关厂与山东省淄博开关厂购销合同纠纷一案指定管辖的通知

1. 1995 年 12 月 18 日公布
2. 法函〔1995〕172 号

吉林省高级人民法院、山东省高级人民法院：

吉林省高级人民法院《关于吉林省九台市华侨开关厂、长春市华光电器开关厂诉山东省淄博市开关厂工矿产品购销合同一案管辖争议的报告》及补充说明、山东省高级人民法院［1995］鲁经管字第 49 号报告均收悉。经研究，答复如下：

长春市华光电器开关厂（下称电器开关厂）与山东省淄博开关厂（下称淄博开关厂）、九台市华侨开关厂（下称华侨开关厂）与淄博开关厂先后签订的工矿产品购销合同属两个法律关系，依法应当分开审理。电器开关厂与淄博开关厂签订的合同中，虽然规定了“按需方技术要求标准加工”等内容，但从有关淄博开关厂产品资料看，“真空断路器手车”是淄博开关厂生产的全国统一设计产品。有关技术方面数据的要求，是对该产品的选择性约定。因此，该合同应属购销合同。双方当事人在合同第三条中明确规定“供方送货到华侨开关厂”，且该合同已实际履行。据此，该合同履行地为九台市。依照《中华人民共和国民事诉讼法》第二十四条、第三十七条第二款和本院《关于适用〈中华人民共和国民事诉讼法〉若干问题的意见》第十九条第一款的规定，本院指定本案由吉林省九台市人民法院管辖。山东省桓台县人民法院在接到本通知十日内将本案有关诉讼材料移送九台市人民法院，九台市人民法院应依法公正审理。

最高人民法院关于珠海市东兴房产综合开发公司与珠海经济特区侨辉房产公司、中国农村发展信托投资公司浙江办事处合作经营房地产合同纠纷案管辖问题的通知

1995 年 11 月 9 日公布

广东省高级人民法院、浙江省高级人民法院：

广东省高级人民法院粤高法民［1995］66 号请示报告收悉。经研究，答复如下：

广东省珠海市中级人民法院受理的珠海市东兴房产综合开发公司诉中国农村发展信托投资公司浙江办事处、珠海经济特区侨辉房产公司合作经营房地产合同纠纷一案与浙江省高级人民法院受理的中国农村发展信托投资公司浙江办事处诉珠海市东兴房产综合开发公司、珠海经济特区侨辉房产公司借款合同纠纷一案，都是因合作开发经营珠海市吉大 ZD92－04 号地块房地产项目而引起的纠纷，应当作为一案审理。房地产属不动产，根据《中华人民共和国民事诉讼法》第三十四条第（一）项的规定，因不动产纠纷提起的诉讼，由不动产所在地人民法院管辖。因此，本院根据《中华人民共和国民事诉讼法》第三十七条第二款的规定，指定本案由房地产所在地的广东省高级人民法院管辖。请浙江省高级人民法院将该案移送广东省高级人民法院审理。广东省高级人民法院应依法审理，公正作出判决。

最高人民法院关于鞍山市三江产业总公司、镇江市供销社特种钢公司、中国人民解放军9832工厂、杭州景达贸易公司购销合同纠纷案件指定管辖的通知

1995年11月3日公布

辽宁省高级人民法院、上海市高级人民法院：

上海市高级人民法院沪高法经[1995]第8号与辽宁省高级人民法院[1995]辽经终字第249号报告均已收悉。经研究，答复如下：

1994年8月1日，鞍山市三江产业总公司K(以下简称三江公司)与江苏省镇江市特种钢公司(以下简称特种钢公司)及中国人民解放军9832工厂(以下简称9832工厂)签订了编号为00020购销合同，约定：由三江公司供给特种钢公司及9832工厂7000吨工字钢；交(提)货地点为辽宁省鞍山市。同年9月10日，三方又签订了关于该合同的补充修改协议，仅对到站地等作了修改，对交货地点未作变更。同年8月10日特种钢公司与9832工厂作为供方又与杭州景达贸易公司(以下简称景达公司)签订了编号为012购销合同。合同标的物为7000吨工字钢，交货地点为“需方在鞍钢中型厂厂内和供方指定存放库内验收后发货。”运输方式为供方代办运输。同年10月11日，三江公司作为第一供方，特种钢公司与9832工厂作为第二供方又与需方景达公司就012号合同签订了补充协议，约定第012号合同提出的总货款由需方代第二供方直接向第一供方结算，杭州市太平桥城市信用社出具的银行保证书直接同第一供方三江公司承付担保生效，并规定“此协议供方三方复原合同、协议不变”。同年10月31日夜，9832工厂、特种钢公司与景达公司就当天签署的备忘录重又签订了“备忘录中所提交货地及验收地和验收方法应按012号合同履行，如备忘录中此条款与原合同不一致，仍按原合同执行。”1994年9月30日至10月6日，三江公司、特种钢公司、9832工厂及景达公司四方代表在鞍山市对钢材进行了验收，三江公司向景达公司交付了91张钢材材质单，四方代表分别在钢材验收明细表上签字。同年11月初，景达公司就运抵上海港的工字钢向上海市在级人民法院申请诉前保全，并以钢材质量存在问题等为由向该院起诉。三江公司在景达公司未付货款向鞍山市中级人民法院起诉，鞍山市中院于95年4月4日立案。有关案件管辖问题，上海、辽宁两地法院协商未果，请求我院予以协调。我院认为：本案所涉及的两份合同中所约定的交货地点及实际履行地点均在鞍山市。依据我院《关于适用〈中华人民共和国民事诉讼法〉若干问题的意见》第十九条的规定，鞍山市中级人民法地本案有管辖权。上海市中级人民法院依景达公司申请就运抵上海港已属于该公司的工字钢采取诉前保全措施，以及该院以采取诉前财产保全措施而要求管辖本案均不妥。上海市高级人民法院应当依法撤销上海市中级人民法院[1994]沪中初字第503号和上海市高级人民法院[1994]沪高经终字第154号民事裁定书，并将案件及有关材料移送鞍山市中级人民法院审理。

最高人民法院关于福建省福州市汽车改装厂与湖南省桃源县永丰贸易公司购销合同纠纷案指定管辖问题的通知

1995年10月5日公布

福建省高级人民法院、湖南省高级人民法院：

福建省高级人民法院闽高法函[1995]23号报告和湖南省高级人民法院[1995]湘经函字第18号报告均收悉。经研究，答复如下：

1993年9月28日，福建省福州市汽车改装厂(下称汽车改装厂)与湖南省桃源县永贸易公司(下称永丰公司)签订了一份购销合同。合同规定，由汽车改装厂供给永丰公司轻型客货车10辆，总价款50.75万元；供方负责送车；付款方式为提车前预付25万元，其余车款待车到需方单位时一次付清；车到需方验收；解决纠纷的方式为甲方(供方)违约在乙方(需方)法院、乙方(需方)违约在甲方(供方)法院。合同签订后，汽车改装厂依约向永丰公司供应车辆。永丰公司接

收后未给付余款,仅出具25.75万元的欠条给汽车改装厂。后双方当事人各自向所在地基层人民法院提起诉讼。本院认为,双方当事人在合同中约定的解决纠纷的方式属于实体审理中才能认定和解决的问题,故该约定不明确,不能以此作为确定管辖的依据。本案合同交货方式为送货方式,合同履行地在湖南省桃源县。依照《中华人民共和国民事诉讼法》第二十四条和《最高人民法院关于适用〈中华人民共和国民事诉讼法〉若干问题的意见》第十九条之规定,本院指定本案由湖南省桃源县人民法院管辖请福建省高级人民法院督促福州市台江区人民法院将本案有关材料移送湖南省桃源县人民法院。

最高人民法院关于福建省顺昌县洋口供销社与山东省邹平县供销社冷藏厂购销蜜桔合同纠纷案指定管辖问题的通知

1995年10月5日公布

福建省高级人民法院、山东省高级人民法院:

福建省高级人民法院闽高法函[1995]21号报告和山东省高级人民法院鲁高法函[1995]160号报告均收悉。经研究,答复如下:

1989年9月10日,山东省邹平县供销社冷藏厂与福建省顺昌县洋口供销社签订了两份购销蜜桔合同,该合同已全部履行完毕且无争议。同年11月7日,双方当事人又签订了第三份购销蜜桔合同,合同中约定了需方在顺昌县洋口火车站验质验量、自提发货、需方验收后在供方发票上签字即为交货。据此,福建省顺昌县应为合履行地。本院依照《中华人民共和国民事诉讼法》第二十四条和《最高人民法院关于适用〈中华人民共和国民事诉讼法〉若干问题的意见》第十九条之规定,指定本案由福建省顺昌县人民法院管辖。请山东省高级人民法院督促邹平县人民法院将本案有关材料移送福建省顺昌县人民法院。

最高人民法院关于39583部队施工办公室与高自强、佟希华购销汽车合同纠纷案件指定管辖的通知

1995年9月25日公布

天津市高级人民法院、河北省高级人民法院:

天津市高级人民法院津高法[1995]76号请示和河北省高级人民法院[1995]冀经函字第10号请示报告收悉。关于39583部队施工办公室与高自强、佟希华购销汽车合同纠纷案件管辖争议问题,经研究,答复如下:

当事人双方签订的购车协议第六条规定:“双方在履行本协议过程中,如出现纠纷,可通过协商解决,亦可向各自所在地的人民法院提起诉讼。”该协议选择管辖条款符合《民事诉讼法》第二十五条规定,应当确认有效。根据该条款约定,天津市武清县人民法院和河北省滦平县人民法院对本案均有管辖权。因两地法院对立案时间先后有争议,为保证本案公正审理,依据《民事诉讼法》第二十五条、第三十七条第二款规定,特指定本案由滦平县法院的上一级承德地区中级人民法院管辖。滦平县法院和武清县法院在接到本通知后速将本材料移送承德地区中级人民法院,望该院严肃执法,秉公处理。

最高人民法院关于河北省沧州市伟业电子制板有限公司与上海第十二机床厂购销数控钻铣床合同纠纷一案指定管辖的通知

1995年9月1日公布

河北省高级人民法院、上海市高级人民法院:

河北省高级人民法院[1995]冀法经字第2号、第3号请示和上海市高级人民法院[1995]沪高经复字第4号请示均收悉,经研究,通知如下:

1993年4月12日,河北省沧州市伟业电子制板有限公司(以下简称伟业公司)与上海第十

二机床厂(以下简称机床厂)签订了购销数控钻铣床合同,该合同中关于"如双方发生纠纷有甲方执法部门解决"的内容是伟业公司盖章时所填入的,且该条款约定不明确。本案合同在北京签订,在合同签订前,合同标的物已运至北京,合同签订后伟业公司自备运输工具到北京国际展览中心运回机床,故本案的交货方式属于自提,合同履行地在北京市朝阳区,根据《中华人民共和国民事诉讼法》第二十四条和《最高人民法院关于适用〈中华人民共和国民事诉讼法〉若干问题的意见》第十九条的规定,本院指定本案由北京市朝阳区人民法院管辖。河北沧州地区中级人民法院和上海市中级人民法院应当各自依法裁定撤销驳回当事人管辖权异议的一、二审裁定,将本案移送北京市朝阳区人民法院管辖。

最高人民法院关于湖北省咸宁市服装对外贸易公司与江西省新建县服装厂、南昌市纺织品进出口公司、南昌市浪涛制衣厂代购合同纠纷案指定管辖的通知

1995年8月24日公布

江西省高级人民法院、湖北省高级人民法院:

江西省高级人民法院[1994]赣高法经字第21号请示报告和湖北省高级人民法院[1994]鄂经他字第29-2号请示报告均已收悉。关于湖北省咸宁市服装对外贸易公司与江西省新建县服装厂、南昌市纺织品进出口公司、南昌市浪涛制衣厂代购合同纠纷一案管辖争议问题,经研究,答复如下:

湖北省咸宁市服装对外贸易公司与江西省新建县服装厂、南昌市纺织品进出口公司、南昌市浪涛制衣厂代同纠纷一案,湖北省咸宁市人民法院在与江西省新建县人民法院发生管辖争议协商未果的情况下,先行于1994年7月21日作出[1994]咸经初字第32号判决,是错误的。根据本院《关于在经济审判工作中严格执行〈中华人民共和国民事诉讼法〉的若干规定》第四条的规定,湖北省高级人民法院应责成有关法院,依审判监督程序撤销湖北省咸宁市人民法院[1994]咸经初字第32号判决和[1994]经裁初字第3号裁定书。依据《中华人民共和国民事诉讼法》第二十四条、第三十七条第二款规定,本院指定该案由江西省新建县人民法院管辖。湖北省咸宁市人民法院应在撤销上述判决和裁定后十五日内,将本案移送江西省新建县人民法院。江西省新建县人民法院应当依法公正审理。

最高人民法院关于山东省无棣县开发公司饲料营业部与河北省正定县日用杂废旧物资公司购销合同纠纷一案指定管辖的通知

1995年7月26日公布

山东省高级人民法院、河北省高级人民法院:

山东省无棣县开发公司饲料营业部(下称营业部)与河北省正定县日用杂品废旧物资公司(下称日杂公司)在1994年6月14日签订的购销鱼粉合同中虽未约定交货地点,但约定了"运输由供方代办,运费供方负担",同时又约定"需方(日杂公司)自验,自提"。在签订合同的当日,双方又签订了租车协议,协议规定由需方在无棣雇车,供方代理雇车。依据该协议,日杂公司先后二次雇车从无棣提走全部货物。据此,应当认定供方所在地为合同履行地。根据《中华人民共和国民事诉讼法》第二十四条、第三十七条第二款的规定,本案应由山东省无棣县人民法院管辖。河北省正定县人民法院应依法撤销对本案的判决,将该案移送无棣县人民法院审理。无棣县人民法院应根据本案事实和有关法律规定作出公正处理。

最高人民法院关于山东省济南市基本建设物资总公司诉江苏省句容县常宁物资公司购销钢材合同质量纠纷案与江苏省句容县交通物资总公司诉句容县常宁物资公司购销钢材合同货款纠纷案指定管辖问题的通知

1995年7月5日公布

山东省高级人民法院、江苏省高级人民法院：

山东省高级人民法院鲁高法函［1994］203号请示和江苏省高级人民法院［1994］苏经协字第33号报告均收悉。经研究，答复如下：

1993年5月14日，山东省济南市基本建设物资总公司（下称济南公司）向江苏省句容县常宁物资公司（下称常宁公司）发电报称，“求槽钢10#一百八十吨，到济南价每吨五千二百五十元，6.3#槽钢一百二十吨，到济南价每吨五千三百五十元，附质保单，货到济南付款”。常宁公司依约发运槽钢并承担了铁路运费，故本案合同交货方式为送货制，济南为合同履行地，济南市中级人民法院对济南公司诉常宁公司购销合同质量纠纷案有管辖权。江苏省句容县人民法院受理句容县交通物资总公司（下称交通公司）诉常宁公司购销合同货款纠纷案时，沿货款走向追加济南公司为第三人不当，应予纠正；在两地法院管辖权争议尚未解决的情况下，句容县人民法院和镇江市中级人民法院作出的判决应予撤销。为了避免因分案审理而作出相互矛盾的判决，现本院决定将交通公司诉常宁公司购销合同货款纠纷案指定由济南市中级人民法院合并审理。镇江市中级人民法院应当依法裁定撤销一、二审实体判决和有关裁定，将案件有关材料移送济南市中级人民法院。请山东省高级人民法院监督济南市中级人民法院切实依法公正审判本案。

最高人民法院关于常州无线电总厂六分厂与昌吉州民政工贸公司、昌吉市广播电视器材公司购销合同纠纷一案指定管辖的通知

1995年7月3日公布

江苏省高级人民法院、新疆维吾尔自治区高级人民法院：

新疆维吾尔自治区高级人民法院［1994］新经函字第23号报告和江苏省高级人民法院1994年8月16日转来的常州中院的报告均收悉。经研究，通知如下：

昌吉州民政工贸公司（下称工贸公司）诉常州无线电总厂六分厂（下六分厂）购销合同纠纷案与六分厂诉昌吉市广播电视器材公司（下称器材公司）购销合同纠纷案是基于两个合同关系产生的案件，应当分别审理。昌吉州中级人民法院对其受理的工贸公司诉六分厂购销合同纠纷案虽无管辖权，但新疆有关法院对本案当事人的管辖权异议已作出一、二审裁定，本案的判决已发生法律效力，且无错误，根据本院法（经）复［1990］10号批复之规定，不再变更管辖。常州市中级人民法院受理六分厂诉器材公司购销合同纠纷一案将工贸公司列为共同被告不当，应依审判监督程序撤销该院［1992］经初字第19号民事判决，对该案予以再审，并协昌吉州市中级人民法院做好执行工作。

最高人民法院关于福建省基本建设物资供应总公司与山东省煤炭工业供销总公司、山东省日照港务局储运公司购销合同纠纷案件指定管辖的通知

1. 1995年7月3日公布
2. 法函［1995］84号

福建省高级人民法院、山东省高级人民法院：

山东省高级人民法院鲁高法函（1994）51号和福建省高级人民法院（1994）闽经管字第8号请示均收悉。经研究，通知如下：

山东省日照港务局储运公司物资供应公司(以下称储运公司)诉山东省煤炭工业供销总公司(以下称煤炭公司)购销合同纠纷案与福建省基本建设物资供应总公司(以下称基建公司)诉煤炭公司购销合同纠纷案是基于两个购销合同而产生的,应分别审理。日照市东港区人民法院和福州市中级人民法院在审理上述两案时,分别将基建公司、储运公司列为第三人,均属不当。根据我院《关于适用〈中华人民共和国民事诉讼法〉若干问题的意见》第18条之规定,合同虽未实际履行,但一方当事人住所地在合同约定的履行地的,合同约定的履行地人民法院有管辖权,故日照市东港区人民法院、福州市中级人民法院作为当事人合同约定的履行地法院,分别对上述两案有管辖权。两地法院在管辖权争议未解决前即作出判决,并错列第三人,均应依审判监督程序分别对上述两案进行再审。

最高人民法院关于山东省临清市华兴物资贸易公司诉临清市对外贸易总公司基地分公司购销合同货款纠纷案与上海经贸国际货运实业公司诉临清市对外贸易总公司基地分公司购销合同质量纠纷案指定管辖问题的通知

1995年7月3日公布

上海市高级人民法院、山东省高级人民法院:

上海市高级人民法院[1995]沪高经终字第23号请示和山东省高级人民法院鲁高法函[1995]42号报告收悉。经研究,答复如下:

1994年3月6日和3月18日,山东省临清市对外贸易总公司基地分公司(下称外贸基地分公司)与上海经贸国际货运实业公司(下称国际货运公司)签订了二份购销锦山羊混合绒合同。二份合同均约定"汽车运到上海指定仓库,运费由供方负担",据此,可以认定该合同交货方式为送货制。依照《最高人民法院关于适用〈中华人民共和国民事诉讼法〉若干问题的意见》第十九条之规定,采用送货方式,以货物送达地为合同履行地,故上海市中级人民法院对国际货运公司诉外贸基地分公司购销合同质量纠纷案有管辖权。山东省聊城地区中级人民法院在受理山东省临清市华兴物资贸易公司(下称华兴公司)诉外贸基地分公司购销合同货款纠纷案时,沿货款走向追加国际货运公司为第三人不当,应予纠正。为了避免两地法院因分案审理而作出相互矛盾的判决,现决定将山东省聊城地区中级人民法院受理的华兴公司诉外贸基地分公司购销合同货款纠纷案指定给上海市中级人民法院合并审理。请上海市高级人民法院监督上海市中级人民法院,切实依法公正审判。

最高人民法院关于南京化学工业(集团)公司连云港碱厂与湖南省邵阳市西区轻化供应站购销合同纠纷案指定管辖的通知

1. 1995年7月3日公布
2. 法函[1995]87号

湖南省高级人民法院、江苏省高级人民法院:

湖南省高级人民法院(1995)湘经请字第04号请示和江苏省高级人民法院(1993)苏经请第106号请示收悉。关于南京化学工业(集团)公司连云港碱厂与湖南省邵阳市西区轻化供应站购销合同纠纷案管辖争议问题,经研究,答复如下:

一九九二年六月三日和六月十六日,南京化学工业(集团)公司连云港碱厂(下称碱厂)与邵阳市西区轻化供应站(下称供应站)分别签订两份购销纯碱合同。两份合同均明确约定交(提)货地点供方库(注:碱厂仓库),碱厂所在地连云港市为合同履行地;当事人在实际履行中没有变更合同约定。根据本院《关于适用〈中华人民共和国民事诉讼法〉若干问题的意见》第19条之规定,连云港市中级人民法院对本案享有管辖权。本院依据民事诉讼法第三十七条第二款规定,指定本案由连云港市中级人民法院管辖。湖南省邵阳市西区人民法院在接到本通知后应将案件有关材料移送连云港市中级人民法院。

最高人民法院关于湖南省炎陵县大院农场与江西林港工艺品有限公司包销合同纠纷案指定管辖的通知

1. 1995年6月27日公布
2. 法函〔1995〕86号

湖南省高级人民法院、江西省高级人民法院：

湖南省高级人民法院〔1995〕湘高经请字05号请示报告和江西省高级人民法院（1994）赣高经请字第14号请示报告收悉。关于湖南省炎陵县大院农场与江西林港工艺品有限公司包销合同纠纷案管辖争议问题，经研究，答复如下：

我国民事诉讼法第25条规定："合同的双方当事人可以在书面合同中协议选择被告住所地、合同履行地、合同签订地、原告住所地、标的物所在地人民法院管辖，但不得违反本法对级别管辖和专属管辖的规定。"本案合同当事人双方在一九九四年四月二十八日签订的木马生产包销合同中明确约定："在执行本合同过程中如发生纠纷，由甲、乙双方友好协商解决，如协商不成，向原告所在地人民法院起诉。"这一选择管辖的约定符合民事诉讼法第25条规定，应当认定有效。湖南省炎陵县大院农场（下称"大院农场"）于一九九四年八月三十日向所在地炎陵县人民法院起诉，该县人民法院于九月一日立案受理；江西林港工艺品有限公司于同年九月一日向所在地永修县人民法院起诉，永修县人民法院九月二日立案受理。炎陵县人民法院立案在先。本院根据民事诉讼法第35条、第37条第2款规定，指定本案由湖南省炎陵县人民法院管辖。江西省永修县人民法院应在接到本通知后将本案有关材料移送炎陵县人民法院。湖南省高级人民法院应当监督下级法院对本案作出公正裁决。

最高人民法院关于江苏省吴县供销合作总社工业供销公司与福建省厦门经济特区嘉达贸易公司、福建省厦门桐江进出口公司购销合同纠纷案指定管辖的通知

1. 1995年5月11日公布
2. 法函〔1995〕56号

江苏省高级人民法院、福建省高级人民法院：

江苏省高级人民法院（1994）苏高法经字第3号请示及福建省高级人民法院（1994）闽高法函字第23号请示均收悉，经研究，通知如下：

江苏省吴县供销合作总社工业供销公司（以下简称供销公司）诉福建省厦门经济特区嘉达贸易公司（以下简称嘉达公司）购销合同纠纷案与福建省厦门桐江进出口公司（以下简称桐江公司）诉嘉达公司购销合同纠纷案是基于两个购销合同产生的，分属两个不同的法律关系，非属一案，应分别由各有管辖权的法院审理。苏州中院作为供销公司与嘉达公司协议约定的管辖地法院，对供销公司诉嘉达公司购销合同纠纷案有管辖权，但其以连环购销合同的上家桐江公司违约导致嘉达公司不能交货为由，将桐江公司列为该案第三人不当，苏州中院应依法撤销其（1993）苏经初字第114号民事判决。桐江公司诉嘉达公司购销合同纠纷案，厦门中院作为被告嘉达公司住所地法院有管辖权。两地法院在管辖权争议未解决前分别下判，违反有关规定，显属不当。

最高人民法院关于山东省济宁味精厂诉福建省长乐县洞湖天一味精厂购销合同纠纷一案指定管辖的通知

1. 1995年5月5日公布
2. 法函〔1995〕49号

福建省高级人民法院、山东省高级人民法院：

福建省高级人民法院〔1994〕闽法经管字第

12号报告和山东省高级人民法院鲁高法函〔1994〕175号报告均收悉，经研究，通知如下：

双方所订合同虽未明确约定交货地点及交货方式，但该合同第四条明确约定“供方火车从济宁车站运输到福州东站，供方负担火车运费”，据此认为，交货方式是送货制。根据《最高人民法院关于适用〈中华人民共和国民事诉讼法〉若干问题的意见》第19条之规定，货物送达地福州为合同履行地，故福州市中级人民法院对该合同纠纷有管辖权。山东省高级人民法院应依法撤销关于管辖异议的一、二审裁定，将该案移送福建省福州市中级人民法院审理。

此复。

最高人民法院关于四川省新都县食品公司马家屠宰厂与安徽省宿州市制革厂购销猪皮合同纠纷一案指定管辖的通知

1. 1995年3月16日公布
2. 法经〔1995〕83号

安徽省高级人民法院、四川省高级人民法院：

安徽省高级人民法院（1994）经复字第11号请示和四川省高级人民法院（1994）川高法经函字第03号请示均收悉。经研究，通知如下：

四川省新都县食品公司马家屠宰厂（以下简称屠宰厂）与安徽省宿州市制革厂（以下简称制革厂）在购销猪皮合同中明确约定：“制革厂在屠宰厂车站接货。”在实际履行中，制革厂亦派人到屠宰厂车站验收接货。制革厂认为由于猪皮质量有问题，其不同意发货，屠宰厂强行发货，证据不足。屠宰厂发货后，由于货款问题，遂发电报给宿州火车站，并派业务员与制革厂人员一起提货等，均发生在交接货物之后，故不存在实际履行地与合同约定的交货地点不一致的问题。根据《最高人民法院关于适用〈中华人民共和国民诉讼法〉若干问题的意见》第19条的规定，合同约定的交货地点屠宰厂车站即新都车站为合同履行地，经案应由四川省新都县人民法院管辖。安徽省宿州市人民法院应将该案移送四川省新都县人民法院。

此复。

最高人民法院关于山东省夏津县供销合作社贸易中心大楼综合经营部与河北省衡水市煤碳经营处购销煤碳合同纠纷指定管辖的通知

1. 1995年3月10日公布
2. 法经〔1995〕69号

山东省高级人民法院、河北省高级人民法院：

山东省高级人民法院（1995）鲁法经申字第3号报告及河北省高级人民法院一九九四年十一月二十二日的请示均收悉，经研究，通知如下：

山东省夏津县人民法院与河北省衡水地区中级人民法院分别受理了山东省夏津县供销合作社贸易中心大楼综合经营部与河北省衡水市煤碳经营处之间的购销合同纠纷案件。在两省高级人民法院就此案管辖权问题进行协商期间，夏津县人民法院于一九九五年一月十四日作出一审判决。根据本院《关于在经济审判工作中严格执行〈中华人民共和国民事诉讼法〉的若干规定》第4条的规定，山东省高级人民法院收到本通知后，应责成有关法院以违反程序为由撤销夏津县人民法院（1995）夏民初字第5号民事判决，并将该案移送河北省衡水地区中级人民法院。河北省衡水地区中级人民法院应认真查明事实，依法秉公处理。

最高人民法院关于安徽省马鞍山市马钢冶金建材门市部与河南省周口地区工业物资供应处购销钢材合同纠纷案件指定管辖的通知

1. 1994年12月20日公布
2. 法经〔1994〕333号

安徽省高级人民法院、河南省高级人民法院：

安徽省高级人民法院皖高法经请字（1993）第4号报告和河南省高级人民法院的报告均收悉。关于安徽省马鞍山市马钢冶金建材门市部与河南省周口地区物资供应处购销钢材合同纠

纷案管辖权问题,经研究,答复如下:

本案合同仅约定了到达站,未明确约定交货地点,到达站不能视为交货地点和合同履行地。供方在马鞍山将货物交由铁路部门运送,其合同履行地应为马鞍山市,该市所在地的人民法院对本案有管辖权。河南省周口市人民法院应当依法裁定撤销该院(1992)周法经裁字第44号裁定,将本案移送马鞍山市雨山区人民法院继续审理。

最高人民法院关于沈阳百花电器集团销售公司与山东省淄博市百货公司批发部购销电视机合同纠纷案指定管辖的通知

1. 1994年12月19日公布

2. 法经〔1994〕330号

山东省高级人民法院、辽宁省高级人民法院:

山东省高级人民法院鲁高法函[1993]136号请示和辽宁省高级人民法院的报告收悉。经研究,答复如下:

1990年11月19日和1991年10月12日,沈阳百花电器集团销售公司(下称沈阳公司)与山东省淄博市百货公司批发部(下称淄博批发部)签订了两份购销电视机合同。该两份购销合同约定的交货方式为代办托运,需方负担运费。在履行第二份合同过程中,沈阳公司因找不到车皮,用汽车将电视机运到淄博批发部。本院认为,这只是运输工具的改变,而未改变代办托运方式。依照最高人民法院《关于适用〈中华人民共和国民事诉讼法〉若干问题的意见》第19条之规定,本案应由沈阳公司所在地的沈阳市皇姑区人民法院管辖。山东省淄博市张店区人民法院应按审判监督程序撤销其判决并驳回当事人起诉。沈阳市皇姑区人民法院如作出判决,应书面告知当事人新的上诉期限,如当事人提起上诉,沈阳市中级人民法院应当依法公正审理。

最高人民法院关于山东省煤炭工业供销总公司临沂分公司与山西省阳泉固庄煤矿购销合同纠纷一案指定管辖的通知

1. 1994年12月7日公布

2. 法经〔1994〕318号

山东省高级人民法院、山西省高级人民法院:

山东省高级人民法院(1993)鲁法经字第206号报告和山西省高级人民法院1994年2月20日的报告均收悉。关于山东省煤炭工业供销总公司临沂分公司与山西省阳泉固庄煤矿购销合同纠纷一案的管辖问题,经研究,答复如下:

1992年1月6日,山东省煤炭工业供销公司临沂分公司(下称临沂公司)与山西省阳泉固庄煤矿(下称固庄煤矿)签订一份购销合同。合同约定:铁路运输到站临沂,价格每吨按包干价115元。该合同并未明确说明适用《关于煤炭送货办法》的规定交货。且包干价按商业习惯理解应为卖方负担运费。从合同实际履行情况看,是由固庄煤矿使用自备车将煤发至临沂火车站,故运输方式为送货制。依据《最高人民法院关于适用〈中华人民共和国民事诉讼法〉若干问题的意见》第十九条之规定,货物送达地临沂为合同履行地,临沂地区中级人民法院有管辖权。山西省高级人民法院应依法撤销关于对管辖异议的一、二审裁定,将本案移送山东省临沂地区中级人民法院审理。

最高人民法院关于秦皇岛市人防平战结合管理办公室与秦皇岛市耀华实业贸易开发公司、厦门市思明区劳武经济发展总公司购销水泥合同纠纷案件指定管辖的通知

1. 1994年12月1日

2. 法经〔1994〕258号

河北省高级人民法院、福建省高级人民法院:

福建省高级人民法院(1994)闽法经管字第

2号请示和河北省高级人民法院1994年3月28日的报告均已收悉。经研究,通知如下。

秦皇岛市中级人民法院受理的秦皇岛人防平战结合管理办公室(下称人防办公室)诉秦皇岛耀华实业贸易开发公司(下称耀华公司)购销水泥给付货款一案,与厦门市中级人民法院受理的厦门市思明区劳武经济发展总公司(下称劳武总公司)诉耀华公司购销水泥合同质量纠纷一案,两案不仅是不同的法律关系,而且诉由和争议的标的不同,系各自独立的案件,应分别立案,分开审理。秦皇岛市中级人民法院以耀华公司提出反诉为由,通知对其质量有异议的需方劳武总公司作为无独立请求权的第三人参加诉讼,并要求答辩,没有依据,应予纠正。秦皇岛市中级人民法院在管辖权争议未解决前作出判决,人防办公室已提出上诉,河北省高级人民法院在二审时应按上述意见处理。厦门市中级人民法院在管辖权争议未解决前作出判决,可能影响当事人行使上诉权利,该判决应视为未生效,在接到本通知后,厦门市中级人民法院应再次通知当事人有权提起上诉。若在上诉期限内当事人双方均未上诉,则该判决发生法律效力;若当事人一方上诉,为避免与河北省高级人民法院二审判决在事实认定及法律适用上作出相互矛盾的判决,福建省高级人民法院可待河北省高级人民法院作出二审判决后审理。若两地法院作出的最终裁决在认定事实和适用法律上仍相互矛盾,则应依审判监督程序对确有错误的裁决予以改判或者撤销。

最高人民法院关于伊春市乌马河区安全社会福利厂与胶州市胶合板厂购销合同纠纷案件指定管辖的通知

1. 1994年11月11日公布
2. 法经[1994]278号

黑龙江省高级人民法院、山东省高级人民法院:

关于伊春市乌马河区安全社会福利厂(下称福利厂)与山东省胶州市胶合板厂(下称胶合板厂)木材购销合同纠纷一案的管辖权争议问题,黑龙江省高级人民法院(1994)经函字第6号与山东省高级人民法院(1994)鲁高法经函第3号报告均已收悉。经研究,答复如下:

福利厂与胶合板厂签订的成型木材购货合同明确约定了解决纠纷的方式为由“原告当地法院受理”。这一约定是符合《中华人民共和国民事诉讼法》第二十五条关于选择管辖规定的。现在,双方当事人均分别向各自所在地法院起诉,依上述约定,福利厂与胶合板厂所在地的人民法院对本案均有管辖权。伊春市中级人民法院于1993年5月19日立案,胶州市人民法院于1993年5月22日立案,伊春市中级人民法院立案在先。依据我院《关于适用〈中华人民共和国民事诉讼法〉若干问题的意见》第33条的规定,本院指定本案由伊春市中级人民法院管辖。山东省胶州市人民法院在与伊春市中级人民法院就本案管辖权问题协商未果的情况下,抢先对本案作了一审缺席判决,严重违反法定程序。山东省高级人民法院应当责成有关法院依法撤销胶州市人民法院的一审民事判决,将案件的有关材料移送伊春市中级人民法院。

最高人民法院关于内蒙古自治区中国国际旅行社与福建省中国国际旅行社购销汽车合同纠纷一案指定管辖的通知

1. 1994年11月10日公布
2. 法经[1994]236号

内蒙古自治区高级人民法院、福建省高级人民法院:

内蒙古自治区高级人民法院(1994)内经请字第9号及福建省高级人民法院(1994)闽法经管字10号报告均收悉。经研究,现对内蒙古自治区中国国际旅行社(下称内蒙国旅)与福建省中国国际旅行社(下称福建国旅)购销汽车合同纠纷一案的管辖问题,通知如下:

本案所涉合同没有明确约定交货地点,不论是按合同有关条款的约定还是合同的实际履行情况,均是内蒙国旅到福州验收提货的,故本案应依自提的方式确定合同履行地和管辖法院。依照《中华人民共和国民事诉讼法》第三十七条第二款,最高人民法院《关于适用〈中华人民共和国民事诉讼法〉若干问题的意见》第19条第1款的规定,本院指定本案由福州市中级人民法院管辖。呼和浩特市中级人民法院在管辖争议未解决的情况下,抢先作出判决,显属不当。内蒙古自治区高级人民法院接到本通知后,应依审判监督程序依法撤销呼和浩特市中级人民法院(1993)呼经初字第44号民事裁定、(1994)呼经初字第13号民事判决,以及内蒙古自治区高级人民法院(1994)内经终字第10号民事裁定,将该案移送福建省福州市中级人民法院。福州市中级人民法院应依法公正审理。

最高人民法院关于河北省临漳县石化总公司物资承包配套公司与吉林省梨树县边境贸易公司购销合同纠纷一案指定管辖的通知

1. 1994年11月9日公布
2. 法经[1994]272号

河北省高级人民法院、吉林省高级人民法院:

河北省高级人民法院《关于临漳县石化总公司物资承包配套公司与吉林省梨树县供销边境贸易公司购销重轨合同纠纷一案管辖权问题的请示报告》、《补充报告》及吉林省高级人民法院吉高经字[1994]第9号报告均收悉。经研究,答复如下:

双方当事人在购销合同中约定解决合同纠纷的方式为在违约方的对方"正法解决"。这种约定不明确,不能作为确定管辖的依据。在双方未约定交(提)货地点的情况下,根据双方对交货方式所作的约定及实际履行情况,应认定货物发运地吉林省图门市为合同履行地。依据《中华人民共和国民事诉讼法》第二十四条、第三十七条第二款,本院《关于适用〈中华人民共和国民事诉讼法〉若干问题的意见》第十九条第一款及吉林省高级人民法院《关于第一审经济纠纷案件级别管辖的规定》,本院指定延边朝鲜族自治州中级人民法院管辖本案。在两地法院的管辖权争议未解决前。四平市中级人民法院即进行实体审理并作出缺席判决,显属不当,该院(1994)四经初字第56号民事判决依法应予撤销。四平市中级人民法院及临漳县人民法院应将有关诉讼材料移送延边朝鲜族自治州中级人民法院审理。

最高人民法院关于胶南市利达机械制造公司与伊克昭盟第一毛纺织厂、伊东羊绒分梳厂购销羊绒分梳联合机合同纠纷一案指定管辖的通知

1. 1994年11月4日公布
2. 法经[1994]268号

内蒙古自治区高级人民法院、山东省高级人民法院:

内蒙古自治区高级人民法院(1994)内经请字第2号请示报告及山东省高级人民法院鲁高法函(1994)95号请示均收悉。经研究,答复如下:

胶南市利达机械制造公司(下称制造公司、原胶南第二纺织机械厂)与伊克昭盟第一毛纺织厂(下称毛纺厂)签订的由制造公司供给毛纺厂LFN246型羊绒分梳联合机合同中,第三条明确约定了交货地点为胶南二纺机厂,并且,供方以代办运输方式在胶南交付了货物。因此,合同履行应为胶南。双方当事人在合同交(提)货地点栏目中填写的"需方地验收"及第十三条关于安装调试的约定均构不成对合同履行地的特殊约定。根据《中华人民共和国民事诉讼法》第二十四条、第三十七条第二款及本院《关于适用〈中华人民共和国民事诉讼法〉若干问题的意见》第十九条第一款的规定,本院指定胶南市人民法院管辖本案。伊克昭盟中级人民法院应将本院有关诉讼材料移送胶南市人民法院审理。

最高人民法院关于江苏省滨海县石油支公司与中化国际化工品有限公司购销合同纠纷案件指定管辖的通知

1. 1994年10月23日公布
2. 法经[1994]266号

江苏省高级人民法院、北京市高级人民法院:

江苏省高级人民法院(1993)苏经协字第11

号请示和北京市高级人民法院京高法[1993]256号请示报告均已收悉。经研究,答复如下:

江苏省高级人民法院和北京市高级人民法院在请示报告中所反映的案件事实基本一致。即:1993年4月30日,中化国际化工品有限公司(下称中化公司)与江苏省滨海县石油支公司(下称滨海公司)签订了购销合同,规定:中化公司向滨海公司提供印度尼西亚产米纳斯原油2.5万吨,单价为每吨1350元,共计货款3375万元,滨海公司须于1993年10日以前,向中化公司汇付40%的人民币保证金。合同签订后,滨海公司于1993年5月10日按约向中化公司支付了1350万元保证金。中化公司收到保证金后,未能按约供给滨海公司原油。同年7月8日,双方又签订了补充协议。规定:终止履行原合同:甲方(中化公司)根据乙方(滨海公司)提供给甲方的有效的和充分的根据,向乙方偿付150万元;中化公司将已收的1350万元退还给滨海公司;原合同和本补充协议的诉讼管辖地在原告(起诉人)住所地;补充协议是原合同不可分割的部分,具有同等效力。根据双方当事人的约定,北京市海淀区人民法院和江苏省盐城市中级人民法院对本案都有管辖权。经查:北京市海淀区人民法院于1993年7月9日立案,江苏省盐城市中级人民法院于1993年7月10日立案,根据我国《民事诉讼法》第三十五条及第三十七条第二款的规定,本院认为,中化国际化工品有限公司与江苏省滨海县石油支公司购销合同纠纷一案,应由北京市海淀区人民法院管辖,请江苏省高级人民法院责成盐城市中级人民法院将本案有关材料移送北京市海淀区人民法院。

最高人民法院关于江西省余江县土产再生资源公司与湖南省安化县农业生产资料公司购销红花草籽种合同纠纷一案指定管辖的通知

1. 1994年10月19日公布

2. 法经[1994]256号

江西省高级人民法院、湖南省高级人民法院:

江西省高级人民法院(94)赣法经函字第3号请示收悉。经研究,现对江西省余江县土产再生资源公司(下称余江公司)与湖南省安化县农业生产资料公司(下称安化公司)购销红花草籽种合同纠纷一案指定管辖的问题,通知如下:

余江公司与安化公司签订的购销合同中,明确约定"如有纠纷在供方所在地解决。"该约定符合《中华人民共和国民事诉讼法》第二十五条的规定,合同供方余江公司所在地余江县人民法院有管辖权。根据《中华人民共和国民事诉讼法》第三十七条第二款的规定,指定本案由江西省余江县人民法院管辖。湖南省安化县人民法院应将案件移送余江县法院。如江西省高级人民法院反映安化县人民法院在明知无管辖权的情况下仍强行判决属实,则不仅应按审判监督程序指令撤销其判决,而且还应对有关人员作出严肃处理。

最高人民法院关于湖南省津市市煤建公司与湖北省黄梅县火力发电厂购销煤炭合同纠纷一案指定管辖的通知

1. 1994年9月27日公布

2. 法经[1994]235号

湖北省高级人民法院、湖南省高级人民法院:

湖北省高级人民法院(1994)鄂经他字第3-2号请示报告收悉。关于湖南省津市市煤建公司(下称煤建公司)与湖北省黄梅县火力发电厂(下称发电厂)购销煤炭合同纠纷一案指定管辖的问题,现通知如下:

本案双方当事人在合同"交(提)货地点、方式"栏内明确约定:"黄梅小池口港船板交货",且实际履行地与约定的履行地一致。依据《最高人民法院关于适用〈中华人民共和国民事诉讼法〉若干问题的意见》第19条之规定,该案应由黄梅县人民法院管辖。湖南省常德市中级人民法院应当依照审判监督程序撤销其(1994)常经终字第51号民事裁定和津市市人民法院(1993)津经初字第8号民事裁定,将该案移送湖北省黄梅县人民法院审理。

最高人民法院关于湛江市经济技术开发区重庆钢铁公司湛江工贸联合(集团)公司与湛江市日用杂品供应公司购销合同纠纷一案指定管辖的通知

1. 1994年7月16日公布
2. 法经〔1994〕172号

广西壮族自治区高级人民法院、广东省高级人民法院:

湛江市经济技术开发区重庆钢铁公司湛江工贸联合(集团)公司(下称联合公司)与湛江市日用杂品供应公司(下称供应公司)签订的924073号购销合同,双方当事人虽然明确约定了交货地点,但是,供应公司给付定金后,联合公司未能履行交货义务。由于双方住所地均不在合同约定的履行地,根据《最高人民法院关于适用〈中华人民共和国民事诉讼法〉若干问题的意见》第18条的规定,湛江市霞山区人民法院作为被告住所地对本案有管辖权。霞山区人民法院在两地法院之间的管辖权争议未解决前,进行实体审理,并作出缺席判决是不妥当的。依据《中华人民共和国民事诉讼法》第二十四条、第三十七条第二款的规定,本院指定湛江市霞山区人民法院审理本案。钦州地区中级人民法院应将有关材料移送湛江市霞山区人民法院。鉴于霞山区人民法院对本案作出一审民事判决时,因两地法院发生管辖权争议,可能影响有关当事人及时行使上诉权利。因此,霞山区人民法院应在收到本通知后书面通知当事人,如不服霞山区人民法院判决,在接到通知的次日起十五日内提出上诉。如当事人提起上诉,湛江市中级人民法院在二审中应认真审查,依法公正审理。

最高人民法院关于四川省国营燎原机械厂迁建指挥部与河北省廊坊市安次区工商实业开发公司购销钢材合同纠纷案指定管辖的通知

1. 1994年6月15日公布
2. 法经〔1994〕136号

四川省高级人民法院、河北省高级人民法院:

四川省高级人民法院(1993)川高法经请字第14号请示和河北省高级人民法院1994年1月5日的请示报告均收悉。关于四川省国营燎原机械厂迁建指挥部(下称迁建指挥部)与河北省廊坊市安次区工商实业开发公司(下称开发公司)购销钢材合同纠纷一案的管辖问题,经研究,答复如下:

迁建指挥部与开发公司于1993年3月29日签定了购销钢材合同。在"合同交(提)货地点、方式"一栏中写明"廊坊交货,货物到达四川广安站"。据此应认为合同约定的交货地点为廊坊。已实际交付的部分货物的履行地点,亦与上述约定地点相同。依照《最高人民法院关于适用〈中华人民共和国民事诉讼法〉若干问题的意见》第十九条的规定,本案应由河北省廊坊市中级人民法院管辖。四川省南充地区中级人民法院应将本案移送河北省廊坊市中级人民法院审理。廊坊市中级人民法院应认真查明案情,分清责任,依法秉公处理。

最高人民法院关于山西省阳高县农产品公司与江西省萍乡市供销社工业品贸易公司购销葵花籽合同纠纷一案指定管辖的通知

1. 1994年5月12日公布
2. 法经〔1994〕111号

山西省高级人民法院、江西省高级人民法院:

山西省高级人民法院法经字(1994)第1号请示报告及江西省高级人民法院(1993)赣经请字第11号请示均收悉。关于山西省阳高县农产品公司(下称阳高公司)与江西省萍乡市供销社工业品贸易公司(下称萍乡公司)购销葵花籽合同纠纷一案的管辖,经研究,答复如下:

阳高公司与萍乡公司于1992年10月12日、1992年11月2日签订的两份购销合同,在交(提)货地点及运输方式和费用负担一栏中,第一份合同明确约定"费用由供方大包干到江西萍乡站交货",第二份合同约定"铁路运输货到萍乡站前的一切费用由供方负担"。由于第一份合同明确约定交货地点为萍乡,因此,依据《最高人民法院关于适用〈中华人民共和国民事诉讼法〉若干问题的意见》第19条之规定,萍乡为合同履行地。第二份合同没有约定交货地点,但约定运费由供方承担,属采用送货方式,根据上述规定合同履行地亦应为萍乡。因此,萍乡市中级人民法院对上述合同纠纷案件有管辖权。本院根据《中华人民共和国民事诉讼法》第24条、第37条第2款规定,指定本案由江西省萍乡市中级人民法院管辖。山西省阳高县人民法院应将案卷移送江西省萍乡市中级人民法院审理。萍乡市中级人民法院应依法秉公处理。

最高人民法院关于福建省福州市郊区粮食局亭江粮管站粮油经营部与湖北省黄梅县李英粮油议购议销经营部武穴中转站糯米购销合同纠纷案指定管辖的通知

1. 1994年5月11日公布
2. 法经〔1994〕110号

福建省高级人民法院、湖北省高级人民法院:

福建省高级人民法院闽法明传(1993)304号报告和湖北省高级人民法院(1993)鄂经他字第10号报告均收悉。关于福建省福州市郊区粮食局亭江粮管站粮油经营部(下称亭江经营部)与湖北省黄梅县李英粮油议购议销经营部武穴中转站(下称武穴中转站)糯米购销合同纠纷一案的管辖问题,经研究,答复如下:

1992年11月3日,刘元斌持福州市郊区粮食局亭江粮管站的有效聘书及亭江经营部的介绍信、盖有公章的合同纸,代表亭江经营部与武穴中转站签订的糯米购销合同约定:"武穴港船板交货,船开动前费用由供方(武穴中转站)承担,开动后由需方(亭江经营部)承担"据此,已明确合同履行地是湖北省武穴港。依据《最高人民法院关于适用〈中华人民共和国民事诉讼法〉若干问题的意见》第19条之规定,湖北省武穴市人民法院对本案有管辖权。本院依据《中华人民共和国民事诉讼法》第24条、第37条第2款规定,指定本案由湖北省武穴市人民法院管辖。

福建省长乐县人民法院应将此案案卷移送湖北省武穴市人民法院审理。请湖北省高级人民法院监督、指导本案审理,切实做到秉公执法。

最高人民法院关于湖南省长沙市农产品公司与甘肃省商业农副产品公司购销合同纠纷案指定管辖的通知

1. 1994年5月5日公布
2. 法经〔1994〕106号

甘肃省高级人民法院,湖南省高级人民法院:

甘肃省高级人民法院(1993)甘法经终字第80号请示及湖南省高级人民法院(1994)湘高法经请字第01号请示均收悉。关于甘肃省商业农副产品公司(下称甘肃商业公司)与湖南省长沙市农产品公司(下称长沙农产品公司)购销合同纠纷一案的管辖问题,经研究,答复如下:

甘肃商业公司与长沙农产品公司在电报往来中约定,"到站长沙北市农产品二分公司","蚕豆黑豌豆长沙最低双包价"。因双方未明确约定交货地点,根据《最高人民法院关于适用〈中华人民共和国民事诉讼法〉若干问题的意见》第19条之规定,应依交货方式确定合同履行地。根据商业惯例,双包价是指由卖方负责包装及运费。本案合同双方当事人约定实行双包价,运费应由卖方甘肃商业公司承担,是采用送货方式,合同履行地为货物送达地长沙市,长沙市中级人民法院对本案有管辖权。本案当事人对货物质量有争议,货物又在长沙市,因此,本案应由长沙市中级人民法院审理。

根据《中华人民共和国民事诉讼法》第24

条、第37条第2款规定，本院指定本案由长沙市中级人民法院管辖。兰州市中级人民法院应将案卷移送长沙市中级人民法院审理。

最高人民法院关于桂林地区物资总公司诉江西省物资再生利用总公司物资调剂经销部购销钢材合同纠纷案指定管辖的通知

1. 1994年4月21日公布
2. 法经〔1994〕94号

广西壮族自治区高级人民法院：

桂林地区物资总公司（以下称桂林公司）诉江西省物资再生利用总公司物资调剂经销部（以下称江西经销部）购销钢材合同纠纷案管辖权问题，江西经销部向南昌市中级人民法院提出，要求该院受理本案，江西省高级人民法院向我院作了书面报告。广西壮族自治区高级人民法院亦就本案管辖权问题向我院提交了书面报告。经研究，答复如下：

本案购销合同约定的履行地点在广西北海市，由于合同没有实际履行，依照《中华人民共和国民事诉讼法》第二十四条和《最高人民法院关于适用〈中华人民共和国民事诉讼法〉若干问题的意见》第18条之规定，本案应由被告住所地的人民法院管辖。桂林地区中级人民法院对本案无管辖权。该院裁定驳回当事人的管辖权异议是错误的。当江西经销部就管辖权异议问题在法定期限内书面向广西高院提出上诉后，又要求桂林地区中院解除冻结、扣押措施，并明确表示对管辖异议仍然要上诉，同时亦未撤回书面上诉状的情况下，桂林地区中院不将案卷移送广西高院，而以江西经销部已放弃管辖权异议为由通知该部到庭应诉并作出缺席判决，严重违反法定程序。因此，广西高院应当依法裁定撤销桂林地区中院［1993］经裁字第33号、第34号和［1993］桂地法经初裁字第35号、第36号民事裁定、［1993］桂地法经民初通字第2号通知以及［1993］桂地法经初判字第11号民事判决，将案件移送南昌市中级人民法院管辖。

最高人民法院关于四川省绵阳高新技术开发区福通公司与中国钢铁炉料总公司购销合同纠纷一案管辖问题的复函

1. 1993年12月15日公布
2. 法经〔1993〕243号

四川省高级人民法院：

你院（1993）川高法经请字第88号《关于四川省绵阳高新技术开发区福通公司诉中国钢铁炉料总公司购销、退款、赔偿合同纠纷一案管辖问题的请示报告》收悉。经研究，答复如下：

1993年5月5日，吉林省对外贸易进出口总公司物资分公司（以下简称物资公司）作为需方与中国钢铁炉料总公司（以下简称炉料公司）签订90－A18钢材购销合同。与此同时，物资公司又作为供方与四川省绵阳高新技术开发区福通公司（以下简称福通公司）签订90－A14钢材购销合同。1993年6月26日，三方当事人又签订了三方协议书，约定物资公司退出，由炉料公司直接向福通公司供货3000吨，上海港交货；由炉料公司退款937.5万元给福通公司，调拨1000吨出厂价钢材给福通公司，以该钢材的差价抵偿给付福通公司的违约金40万元；并明确约定该协议是原钢材购销合同不可分割的部分。后因履行三方协议福通公司与炉料公司发生争议，福通公司向四川省绵阳市中级人民法院起诉。本院认为：三方协议是原合同的继续，虽然其中有炉料公司退还福通公司937.5万元货款的内容，但并没有改变其购销合同的性质。原被告之间的争议属购销合同纠纷。福通公司收到了提货单，应认为合同已部分实际履行。因此，本案应由合同履行地或被告住所地人民法院管辖。三方协议约定上海港交货，合同履行地为上海；被告炉料公司住所地在北京，因此，绵阳市中级人民法院应将案件移送有管辖权的上海或北京市中级人民法院审理。

最高人民法院关于中国济南电工设备总公司诉山西省机械设备成套局购销汽轮发电机组合同纠纷案指定管辖的函

1. 1993年11月8日公布
2. 法经〔1993〕217号

山西省高级人民法院,河南省高级人民法院:

山西省高级人民法院《关于解决山西省机械设备成套局与济南电工设备总公司购销合同纠纷案管辖权的函》和河南省高级人民法院《关于中国济南电工设备总公司诉山西省机械设备成套局购销合同货款纠纷一案审理情况反映》均收悉。经研究,答复如下:

1988年7月20日,中国济南电工设备总公司(下称济南公司)与苏州锅炉自动仪表厂(下称仪表厂)签订了一份编号为88－702号的购销汽轮发电机组合同。合同规定由济南公司供给仪表厂汽轮发电机组一套,“质量按汽机出厂标准,试供运行72小时后交付需方验收使用”,“运杂费由需方负担”。1988年7月25日,仪表厂与山西省机械设备成套局(下称成套局)签订了一份协议,仪表厂将其与济南公司在88－702号合同中规定的权利义务转让给成套局,成套局取代了88－702号合同中的需方地位。对此,济南公司予以认可。1990年5月和9月,济南公司先后两次按成套局提供的到货地点和收货单位将汽轮发电机组从洛阳发走,铁路货票上记载的托运人是洛阳发电设备厂,收货人为山西省祁县明星硅铁厂发电部。之后,成套局以济南公司供给的汽轮发电机组缺少“转子”等零部件,致使机组无法成套安装运行为由,拒付剩余货款并与济南公司交涉,双方发生纠纷。济南公司以成套局为被告,诉诸洛阳市中级人民法院。该院于1992年7月7日立案。成套局以济南公司为被告于1993年6月3日诉诸山西省晋中地区中级人民法院。

由于本案当事人在合同中没有约定交货地点,依照最高人民法院《关于适用〈中华人民共和国民事诉讼法〉若干问题的意见》第19条之规定,应当以交货方式确定合同履行地。本案合同约定“运杂费由需方负担”,实际履行时是由洛阳发电设备厂从洛阳车站发运汽轮发电机组,属于代办托运方式,洛阳为合同履行地。因此,河南省洛阳市中级人民法院对本案有管辖权。合同中约定的“质量按汽机出厂标准,试供运行72小时后交付需方验收使用”,不构成对交货地点的特殊约定,因此,本案不适用最高人民法院法(经)复〔1990〕11号批复的规定,晋中地区中级人民法院不能据此行使对本案的管辖权。鉴于河南、山西两省法院为本案管辖权问题发生争议,洛阳市中级人民法院一审实体判决并送达后,当事人未行使上诉权,因此,洛阳市中级人民法院应再次给予当事人行使上诉权的机会,并书面告知当事人新的上诉期限的起算时间。如果当事人提起上诉,河南省高级人民法院应当注意从实体上认真审查,依法公正处理。

最高人民法院关于江苏省张家港市味精总厂与湖北省汉川县分水土产副食采购供应站购销合同纠纷一案指定管辖的通知

1. 1993年8月11日公布
2. 法经〔1993〕166号

江苏省高级人民法院、湖北省高级人民法院:

江苏省高级人民法院(1993)苏经请字第1号和湖北省高级人民法院(1993)鄂经他字第3号请示均已收悉。关于江苏省张家港市味精总厂与湖北省汉川县分水土产副食采购供应站购销合同纠纷一案的管辖,经研究,答复如下:

根据最高人民法院《关于适用〈中华人民共和国民事诉讼法〉若干问题的意见》第十九条之规定,购销合同双方当事人在合同中对交货地点有约定的,以约定的交货地点为合同履行地;没有约定的,依交货方式确定合同履行地。在有约定的情况下如实际履行地点与合同约定的交货地点不一致的,以实际履行地点为合同履行地。本案双方当事人在合同中虽约定了“到站湖北省新沟站汉川货场专用线”,但实际上是在隶属湖北省武汉市桥口区的汉西火车站交的货,因此,本案应由合同实际履行地的武汉市桥口区人民法院管辖。苏州市中级人民法院在合同中对交货地点已有约定的情况下，仍依据合同有关铁路运输费由需方承担的约定，以及实际上是由张家港市味精总厂人代办托运等情况，确定产品发运地张家港市为本案合同履行地，是不符合上述有关规定的。本案合同中有关违约责任及解决合同纠纷方式的约定，没有明确由法院处理其纠纷，不宜作为当事人选择人民法院管辖的约定。湖北省汉川县人民法院以此为由受理本案，不符合《中华人民共和国民事诉讼法》第二十五条的规定。依据《中华人民共和国民事诉讼法》第三十七条第二款规定，本院指定本案由湖北省武汉市桥口区人民法院管辖。汉川县人民法院和张家港市人民法院应当将各自受理的案件移送给武汉市桥口区人民法院。

最高人民法院关于湖南省益阳地区对外经济贸易公司与浙江省民政工业公司购销合同纠纷管辖问题的函

1. 1993年6月16日公布
2. 法经〔1993〕113号

浙江省高级人民法院、湖南省高级人民法院：

最近，我院收到八届人大代表阳宝华《请求最高人民法院就杭州市中级法院不按法律程序办案的错误作法给予纠正》的建议。同时，湖南省益阳地区对外贸易公司不服浙江省高级人民法院(1993)浙经终字第8号驳回其对管辖权提出异议的民事裁定，向我院提出申诉。经研究认为，由于双方当事人在购销苏产电解镍协议中已明确交货地点为广州火车站车板，应当认为双方当事人对购销合同履行地有特殊约定。鉴于该合同未能实际履行，根据《中华人民共和国民事诉讼法》第二十四条和最高人民法院《关于适用〈中华人民共和国民事诉讼法〉若干问题的意见》第十八条的规定，指定该案由湖南省益阳地区中级人民法院管辖。浙江省高级人民法院和杭州市中级人民法院应依法撤销一、二审裁定，将案件移送益阳地区中级人民法院审理。

最高人民法院关于河北省安新县沈家坯粮站与湖北省葡萄糖厂购销玉米合同纠纷一案指定管辖的通知

1. 1993年5月8日公布
2. 法经〔1993〕71号

河北省高级人民法院、湖北省高级人民法院：

河北省高级人民法院冀高法〔1993〕17号请示和湖北省高级人民法院(1993)鄂告申呈字第10号请示收悉。经研究，答复如下：

从本案合同约定看，合同履行地在保定，保定地区有关人民法院对本案有管辖权。但是，1991年3月，河北省安新县沈家坯粮站(下称粮站)向安新县法院起诉后，安新县人民法院已将本案移送被告住所地的湖北省阳新县人民法院。后因当事人双方达成还款协议而撤诉。现因湖北省葡萄厂(下称糖厂)到期仍未履行还款协议，粮站再次向安新县人民法院起诉，糖厂也向湖北省阳新县人民法院起诉。鉴于阳新县人民法院已审理过此案，合同标的物和被告住所地均在阳新县，为便于本案的审理和执行，根据民事诉讼法第二十四条第三十七条第二款规定，指定本案由湖北省阳新县人民法院管辖。请河北省高级人民法院责成安新县人民法院将本案有关材料移送至湖北省阳新县人民法院。

最高人民法院关于湖南省黔阳线带厂与四川省自贡化纤厂购销合同纠纷一案指定管辖的通知

1. 1993年5月8日公布
2. 法经〔1993〕74号

湖南省高级人民法院、四川省高级人民法院：

湖南省高级人民法院(1993)湘法经请字第1号《关于湖南省黔阳县线带厂与四川省自贡化纤厂购销合同纠纷管辖权争议的请示报告》及四

川省高级人民法院报送的有关材料均已收悉。经研究,答复如下:

本案合同双方当事人在自销(92)字5号、自销〔92〕6号合同中已明确填写交(提)货地点为湖南怀化火车南站,应当认为双方当事人对购销合同履行地有特殊约定,并且已按约定部分履行。根据《中华人民共和国民事诉讼法》第二十四条,第三十七条第二款的规定,现指定该案由湖南省怀化地区中级人民法院管辖,请自贡市中级人民法院接函后将本案的有关诉讼材料移送湖南省怀化地区中级人民法院。

最高人民法院关于陕西省白水县雷村供销社与江西省南昌县向塘果品批发部购销合同纠纷一案指定管辖的通知

1. 1993年5月8日公布

2. 法经〔1993〕72号

陕西省高级人民法院、江西省高级人民法院:

陕西省高级人民法院陕字法告申〔1993〕03号请示和江西省高级人民法院请陕西省高级人民法院协商管辖抄报本院的函均已收悉。关于陕西省白水县雷村供销社与江西省南昌县向塘果品批发部购销合同纠纷一案管辖权争议的问题,经研究,答复如下:

陕西省白水县雷村供销社与江西省南昌县向塘果品批发部1992年8月13日签订的购销苹果合同约定,"管辖地为货物到达地"。本案货物的到达地即为合同标的物所在地,又为当事人一方的住所地,可以视为当事人对管辖的特殊约定。根据民事诉讼法第二十五条、第三十七条第二款规定,指定本案由江西省南昌县人民法院管辖。请陕西省高级人民法院责成白水县人民法院将本案有关材料移送至南昌县人民法院。

最高人民法院关于九江市庐山区煤炭供应站与常德市联运公司购销合同纠纷一案管辖问题的复函

1. 1992年7月25日公布

2. 法函〔1992〕107号

江西省高级人民法院,湖南省高级人民法院:

江西省高级人民法院赣法(经)请〔1991〕5号请示和湖南省高级人民法院湘高法经(1992)03号报告收悉。经研究,答复如下:

鉴于1989年2月24日、5月8日当事人双方所签合同的签订地均在常德市,履行地均在九江市;7月1日合同的签订地在九江市,实际履行地在常德市;九江市庐山区人民法院于1989年12月2日收到庐山区煤炭供应站的诉状,常德市武陵区人民法院于同月10日收到常德市联运公司的诉状,依照当时的法律,上列两个法院对本案均有管辖权,因庐山区人民法院最先收到诉状,本案应由该区法院管辖。故本院依照《中华人民共和国民事诉讼法》第三十七条第二款之规定,指定本案由九江市庐山区人民法院管辖。

另外,九江市庐山区人民法院收到诉状后发送诉状副本超过法定期间38天显属不当,应予指出,望吸取教训。

此复

最高人民法院关于湖南省益阳地区供销社农副产品贸易中心工业品公司与浙江省绍兴县毛麻纺织总厂购销合同纠纷一案指定管辖的通知

1. 1992年3月20日公布

2. 法函〔1992〕35号

湖南省高级人民法院、浙江省高级人民法院:

湖南省高级人民法院〔1991〕湘法经请字第4号关于湖南省益阳地区供销社农副产品贸易中心工业品公司(下称益阳工业品公司)与浙江省绍兴县毛麻纺织总厂(下称毛麻总厂)购销合

同纠纷一案管辖权争议的请示和浙江省高级人民法院〔1992〕浙高法经字3号函收悉。经研究，答复如下：

1990年2月15日益阳工业品公司与毛麻总厂在益阳市签订一份36支纯麻纱购销合同，双方签字盖章。1990年3月10日益阳工业品公司将6吨36支纯麻纱送到毛麻总厂。1990年3月12日、4月4日双方又在绍兴市签订了一份纯麻纱定货合同和一份纯麻布定货合同。两份合同双方均未盖章，且其内容是对1990年2月15日合同的补充和变更，不是独立的合同。因此应以1990年2月15日签订的购销合同来确定本案的管辖权。

1990年5月15日益阳工业品公司按1990年2月15日签订的合同诉至益阳市人民法院，因该合同的签订地在益阳市，益阳市人民法院有管辖权。毛麻总厂虽然先于益阳工业品公司于1990年5月5日诉至绍兴县人民法院，但该厂是根据4月4日签订的合同起诉的，因该合同不是独立的合同，绍兴县人民法院据此收案不当。因此本案由益阳市人民法院管辖为宜。根据《中华人民共和国民事诉讼法》第三十七条第二款之规定，本院指定本案由湖南省益阳市人民法院管辖。请浙江省高级人民法院责成绍兴县人民法院将已受理的有关案件移送给湖南省益阳市人民法院审理。

最高人民法院关于新疆生产建设兵团农七师131团农牧副产品经营部与芜湖市金宝炒货商店购销合同纠纷一案指定管辖问题的复函

1. 1992年2月20日公布

2. 法函〔1992〕19号

3. 已由法释〔2013〕2号废止

安徽省高级人民法院、新疆维吾尔自治区高级人民法院：

安徽省高级人民法院经请字〔1991〕第11号请示和新疆维吾尔自治区高级人民法院新高法〔1992〕11号关于奎屯垦区法院与芜湖市中级法院因购销打瓜籽合同纠纷案发生管辖权争议呈请指定管辖的报告均收悉。鉴于本案合同的签订地在安徽省芜湖市，履行地在新疆奎屯垦区；芜湖市中级人民法院最先收到起诉状，依照当事人提交起诉状和法院立案时的法律，原告向两个以上有管辖权的人民法院起诉的，应由最先收到起诉状的人民法院受理。故本院依照《中华人民共和国民事诉讼法》第三十七条第二款之规定，指定本案由安徽省芜湖市中级人民法院管辖。审理结果请抄报最高人民法院经济庭。

此复

最高人民法院关于四川省金建贸易公司诉四川省金堂县建筑工程联合公司购销合同拖欠货款纠纷一案管辖问题的复函

1. 1992年1月28日公布

2. 法函〔1992〕13号

西藏自治区高级人民法院、四川省高级人民法院：

西藏自治区高级人民法院藏法〔1991〕经请字第15号请示报告收悉。经研究，答复如下：

鉴于本案原告四川省金建贸易公司、被告四川省金堂县建筑工程联合公司清理小组分别位于成都市所辖的锦江区（原东城区）和金堂县，原东城区人民法院受理本案后根据当事人的申请采取了保全措施，查封的财产位于成都市所辖的温江县。为便利诉讼，本院依照《中华人民共和国民事诉讼法》第三十七条第二款之规定，指定本案由四川省成都市有关的人民法院管辖。请四川省成都市中级人民法院酌情确定管辖法院。

此复

最高人民法院关于驻马店市再生资源开发公司与都昌县油脂加工厂购销合同纠纷一案管辖问题的复函

1. 1992年1月15日公布
2. 法函〔1992〕6号

江西省高级人民法院、河南省高级人民法院：

江西省高级人民法院赣法(经)请[1991]4号函和河南省高级人民法院[1991]豫法经函字第11号函均已收悉。经研究，答复如下：

本案合同双方对交货地点的约定虽然没有构成对合同履行地的特殊约定，但从整个合同看，约定的履行地应认定为江西省都昌县。当事人在履行中虽然变更了原约定的交货方式，合同的实际履行地为河南省新蔡县，但在都昌县人民法院受理本案时，本院对实际履行地与约定履行地不一致的，人民法院在按履行地实施管辖时，以实际履行地视为合同履行地的司法解释尚未作出的情况下，都昌县人民法院最先收到起诉状之后受理本案并无不当。本院依照《中华人民共和国民事诉讼法》第三十七条第二款之规定，指定本案由江西省都昌县人民法院管辖。

此复

最高人民法院关于江苏省灌云县机械厂与安徽省界首市益民塑料厂购销合同纠纷一案指定管辖问题的复函

1. 1992年1月15日公布
2. 法函〔1992〕4号

江苏省高级人民法院、安徽省高级人民法院：

江苏省高级人民法院苏法诉〔1991〕经管字第3号关于江苏省灌云县机械厂与安徽省界首市益民塑料厂购销合同纠纷一案管辖权争议的请示和安徽省高级人民法院经请字〔1991〕第16号请示报告收悉。经研究，答复如下：

1989年11月27日界首市益民塑料厂业务员用盖有该厂合同专用章的空白合同纸与灌云县机械厂在灌云县签订第一份钢模板购销合同。合同约定由机械厂供给塑料厂钢模板30吨。11月30日灌云县机械厂即按合同约定将部分钢模板送货到界首市益民塑料厂。1989年12月2日灌云县机械厂业务员用盖有该厂合同专用章的空白合同纸与界首市益民塑料厂在界首市签订第二份钢模板购销合同，合同约定由机械厂供给塑料厂钢模板63.376吨，履行地也在界首市。第二份合同的标的数量包括了第一份合同。当事人双方因履行合同发生争议，灌云县机械厂于1990年6月10日按第一份合同诉至灌云县人民法院；界首市益民塑料厂于1990年9月3日按第二份合同诉至界首市人民法院。

以上情况说明，当事人双方订立的两个购销合同均已成立。这里虽然存在两个购销合同法律关系，但当事人双方争议所涉及的是同一类标的，因此对这两个合同关系产生的纠纷应当合并审理。由于第一份合同的履行地在界首市，第二份合同约定的履行地和合同的签订地均在界首市，而且第二份合同的标的数量包括了第一份合同，因此，本案由界首市人民法院管辖为宜。根据《中华人民共和国民事诉讼法》第三十七条第二款之规定，本院指定本案由安徽省界首市人民法院管辖。请江苏省高级人民法院责成灌云县人民法院将已受理的有关案件移送给安徽省界首市人民法院审理。

此复

最高人民法院经济审判庭关于石家庄市贸易公司与浙江绍兴柯岩绸厂购销涤纶丝合同纠纷案件管辖权争议问题的复函

1. 1991年1月14日公布
2. 法经〔1991〕第4号

河北省高级人民法院：

你院冀法(经)〔1990〕148号“关于石家庄市贸易公司与浙江绍兴柯岩绸厂购销涤纶丝合同纠纷案件管辖权问题的请示”收悉。经研究答复如下：

石家庄市贸易公司(下称市贸公司)与浙江绍兴柯岩绸厂(下称绸厂)购销合同纠纷一案，于1987年9月和12月，已经浙江省绍兴县法院和绍兴市中级法院第一、二审裁定驳回市贸公司的管辖权异议，确认了绍兴县法院对该案有管辖权。绍兴县法院对本案所作的(1987)绍法经民字第232号缺席判决发生法律效力亦达2年之久。现在，市贸公司对绍兴县法院所作的已发生法律效力的判决和驳回管辖权异议的裁定已一并提出了申诉，本案可根据本院法(经)复〔1990〕10号批复精神处理。

此复

最高人民法院关于徐州市轮船运输服务公司与萧山市物资局城北区供应站购销烟煤合同纠纷案件管辖争议问题的复函

1. 1990年8月19日公布

2. 法(经)函〔1990〕60号

浙江省高级人民法院、江苏省高级人民法院：

浙江省高级法院〔1990〕浙法经字17号请示报告和江苏省高级法院苏法诉〔1990〕经管8号请示均已收悉。关于徐州市轮船运输服务公司(下称轮运公司)与萧山市物资局城北区供应站(下称供应站)购销烟煤合同纠纷案管辖权争议的问题，经研究，答复如下：

1989年2月17日，轮运公司与供应站签订购销5万吨烟煤合同一份。同年3月1日，轮运公司又与萧山市城北区工业公司(与供应站实为一个单位，现已撤销)签订购销5万吨烟煤合同一份。两份合同均规定："交货地点及运费，杭州杜子桥码头船板交货，邳县至杭州水运费由供方负责。"合同约定的运输方式是送货制，交货地点是杭州市，杭州市应为合同履行地。两份合同均未明确签订地。且，合同标的物尚在杭州市，为便于案件的审理和案件审结后的执行，依据民事诉讼法(试行)第二十三条和第三十三条第二款规定，特指定本案由杭州市中级法院管辖。并请你们两院分别通知萧山市法院和邳县法院将本院的有关材料及萧山市法院的案件受理费一并移送杭州市中级法院。鉴于供应站先行起诉，对轮运公司已交纳的案件受理费，由邳县法院直接退还该公司。

此复

附一：

浙江省高级人民法院关于浙江省萧山市物资局城北区供应站诉江苏省徐州市轮船运输服务公司购销烟煤合同纠纷案管辖问题的报告

1. 1990年6月4日公布

2. 〔1990〕浙法经字17号

最高人民法院：

关于我省萧山市物资局城北区供应站与江苏省徐州市轮船运输服务公司购销烟煤合同质量纠纷一案，我省萧山市人民法院与江苏省邳县人民法院就管辖权发生争议，经协商仍解决不了，特依法报请你院指定管辖。

1989年2月，浙江省萧山市物资局城北区供应站(以下简称供应站)和萧山市城北区工业公司(以下简称工业公司，与供应站系一套班子两块牌子)与江苏省徐州市轮船运输服务公司(以下简称服务公司)在江苏省邳县草拟了购销烟煤各5万吨的合同两份。服务公司加盖合同专用章后，由萧山方经办人沈金梅于2月27日带回萧山。3月1日，经工业公司和供应站的法定代表人审阅后，盖上了公章和合同专用章。上述两份合同均规定杭州萧山杜子桥码头船板交货，邳县至杭州水运费由服务公司负责。3月9日，沈金梅随带上述两份合同和25万元汇票赴邳县发煤。3月，服务公司发烟煤848吨，双方对烟煤质量无争议，萧山方也付清货款。5月，服务公司发烟煤780吨，经萧山方化验，烟煤质量没有达到合同规定的标准。为此，双方当事人多次在萧山、杭州协商，最后达成煤由萧山方联系销售，按实际销价结算的协议，但因销路无法落实，萧山方再次电告服务公司派员协商处理，服务公司不予理睬。1990年2月14日，供应站向萧山市人民法院提起诉讼,萧山市法院于2月15日向供应站发出补充材料通知书,并建议当事人再协商一次。3月7日至8日,双方当事人再次在萧山协商烟煤处理问题。由于未达成一致意见,萧山市人民法院于3月10日立案受理,并委托邳县法院向服务公司送达起诉状副本。服务公司则于3月3日向邳县法院起诉,邳县法院当天受理立案并通知供应站答辩。3月12日,萧山法院接到了邳县法院委托送达的起诉状副本。供应站拒收并提出管辖异议。

3月31日,邳县法院派人到萧山市法院协商该案管辖权问题,未取得一致意见。5月16日参加第二次华东地区经济审判研讨、协作会议预备会的江苏、浙江两省高级法院经济庭领导商定,先由杭州中院和徐州中院协商解决该案的管辖争议问题,双方没有统一认识。6月6日本院经济庭与江苏高院经济庭电话协商,也没有达成一致意见。

我们认为:根据《中华人民共和国民事诉讼法(试行)》第二十三条和最高人民法院有关批复的规定,该案邳县人民法院没有管辖权。其理由是:两份合同均没有规定合同签订地,对合同的最后盖章地双方当事人各执己见。邳县法院认定最后盖章地在邳县的两份证词并不可靠。所以该案应以履行地确定管辖较妥,而两份合同对履行地均明确规定在萧山市。况且,双方争议的标的物在杭州及萧山市,该批标的物需要质量鉴定及处理,由萧山市法院审理较方便。所以,该案应由萧山市人民法院管辖。

特此报告,请予批复。

附二:

江苏省高级人民法院关于我省徐州市轮船运输服务公司与浙江省萧山市物资局城北区供应站购销合同货款纠纷一案管辖争议的请示

1. *1990年6月21日公布*
2. *苏法诉〔1990〕经管8号*

最高人民法院:

1990年6月12日我院收到徐州市中级人民法院(1990)经请字第3号请示报告。现将关于江苏省徐州市轮船运输服务公司(下称轮运公司)诉浙江省萧山市物资局城北区供应站(下称城北供应站)购销合同货款纠纷一案管辖权争议情况报告如下:

1989年2月17日,城北供应站沈金梅带着合同章与中间介绍人马福兰(原杭州市西湖计划经济委员会干部,现病退)和陆涛(余杭超山包装品厂职工)一起来到邳县,住在邳县陇海饭店,与轮运公司签订了一份购销5万吨煤炭的合同,合同规定煤炭单价每吨220元,交货数量及日期是"分期分批供货,从3月开始每月5千吨"交货方法是"杭州杜子桥码头船板交货,邳县至杭州水运由供方负责"。合同经双方签字盖章即生效。同年3月28日,城北供应站为了能从另一开户银行贷取煤款,沈金梅、马福兰带着盖好公章的空白合同纸来到邳县,以城北区工业公司的名义(城北区工业公司与城北供应站是一套人马,两块牌子)与轮运公司签订一份假合同,其内容除价格变为每吨226元外,其余与2月17日合同一致。因该合同是双方商定不履行的,所以轮运公司没有留存。签订假合同后,沈金梅和马福兰两人于2月28日离开邳县去到河南商丘约三、四天。同年3月13日,双方在邳县签订了一份合同附件,规定了具体履行合同的细则,说明:"本合同签订后因二月份雪雨阻隔无法执行,又因需方货款迟到,现本地市场煤价普遍上浮10元,需方应在原定合同价基础上每吨增价6元。"后因煤质问题,双方又于同年5月24日及10月25日签订了两份补充协议,并在10月25日的协议中声明,双方同意中止合同的履行,以上均有住宿发票、证人证言等证明材料为证。

1990年3月3日,邳县人民法院依法受理了轮运公司诉城北供应站购销合同纠纷一案,并于当日下午以挂号信形式委托萧山市人民法院代为送达应诉手续,经查询,该邮件于3月11日为该院妥收,但却迟迟未将送达回证退回。3月28日,邳县法院得悉萧山市法院又以同一诉讼标的,同一诉讼主体立案,遂于3月29日去杭州、萧山协商管辖权问题,未果。萧山法院称于3月10日受理了此案。

经我院研究认为:当事人双方所签订的2月

17日合同(3月1日所说合同相同)签订地是邛县,而非萧山市。合同的履行地按合同规定在杭州市杜子桥码头,属杭州市拱墅区,亦非萧山市。根据民事诉讼法(试行)第二十三条之规定,邛县法院和拱墅区法院对此案都有管辖权,鉴于邛县法院已于1990年3月3日立案受理,而拱墅区法院至今尚未受案,该案应由邛县法院审理为宜。萧山市法院、杭州市中级人民法院以5月24日、10月25日两份协议的签订地在杭州市内来确定该"购销合同纠纷"一案中的合同签订地,萧山市法院并据此行使管辖权,显然违背了最高人民法院1989年11月25日法经函(1989)80号批复的精神。

综上所述,该案应由邛县法院审理为宜。

以上意见当否,请指示。

最高人民法院关于购销(代销)收录机合同纠纷管辖异议问题的复函

1. *1990年8月4日公布*
2. *法(经)函〔1990〕55号*

广西壮族自治区高级人民法院:

你院法经字(1990)第18号《关于购销(代销)收录机合同货款纠纷管辖异议一案的请示》收悉。经研究,答复如下:

一、合同履行地应为当事人履行合同义务的地点。代销合同是以代销方按照委托方的委托,以自己的营业场所、服务设施来代销委托方的商品为履约内容的。展销合同则是以受托方为委托方提供展销场地、展销服务,由委托方自行销售或由受托方代销展品为履约内容的。因此,应以代销方所在地和受托方所在地为代销合同和展销合同的履行地。本案的双方当事人签订的第一份合同是代销合同,第三份合同是展销合同。依该两份合同规定,代销方和受托方均为武汉市7大国营百货商场股份有限公司,该公司所在地武汉市应为该两份合同的履行地。

二、本案的双方当事人相继签订了3份合同。第一份代销合同在桂林市签订,履行地为武汉市;第二份购销合同在桂林市签订,合同履行地为桂林市;第三份展销合同的签订地和履行地均为武汉市。根据民事诉讼法(试行)第二十三条的规定,桂林市中级法院对于因一、二两份合同纠纷提起的诉讼有权管辖;武汉市中级法院则对因一、三两份合同纠纷提起的诉讼有权管辖。

三、鉴于双方当事人间的主要争议发生在第三份合同,而桂林市中级法院对该份合同纠纷案件并没有管辖权;3份合同纠纷案件的被告均为武汉市7大国营百货商场股份有限公司,且纠纷相互之间还有一定联系,为便利诉讼,以由桂林市中级法院将案件移送武汉市中级法院合并审理为宜。

此复

最高人民法院关于蕲春县土产公司与昆山市布厂购销落麻合同纠纷一案管辖争议的复函

1. *1990年7月26日公布*
2. *法(经)函〔1990〕51号*

湖北省高级人民法院、江苏省高级人民法院:

你们两院鄂法〔1990〕经呈字第2号和苏法诉〔1990〕经管字第9号关于蕲春县土产公司与昆山市布厂购销落麻合同纠纷一案管辖争议的报告收悉。经研究,答复如下:

本案合同签订于蕲春县。合同中虽有"交地"的约定,但从合同约定的费用负担、运输办法以及实际交货的情况看,属于供方送货,故本合同的履行地可以认定为昆山市。昆山市法院、蕲春县法院对本案都有管辖权。鉴于本案争议的主要问题是货物质量,现货存放于昆山,昆山市法院鉴定、检验比较方便,且该院先收案,因此,根据《中华人民共和国民事诉讼法(试行)》第二十三条和第三十三条第二款的规定,现指定本案由昆山市人民法院管辖。

附一：

湖北省高级人民法院关于我省蕲春县土产公司与江苏省昆山市织布厂购销落麻合同纠纷一案管辖争议的报告

1. 1990年5月29日公布

2. 鄂法〔1990〕经呈字第2号

最高人民法院：

我省蕲春县土产公司和江苏省昆山市布厂因购销落麻合同发生纠纷，昆山市布厂向昆山市人民法院起诉，昆山市法院受理了此案，蕲春县土产公司又向蕲春县人民法院起诉，蕲春县法院也受理了此案。为此，两地法院发生了管辖争议，为妥善解决这一争议，我院致函并派人同江苏省高级人民法院协商未成。现将情况报告如下：

一、江苏省昆山市布厂于1989年6月12日，派该厂业务员崔江东到我省蕲春县与蕲春县土产公司签订了购销落麻合同一份，由蕲春县土产公司供给昆山市布厂落麻125吨。合同签订地在蕲春，双方对此无争议。

二、对购销落麻合同的履行地，双方在合同中有明确的约定。合同规定：交货地点蕲春漕河土产仓库；由布厂派人来仓库验货、过磅、点数、交付托运；交付托运前的一切责任和费用归土产公司负担；交付托运后的一切责任和费用由布厂负担。从实际履行的情况看，同年6月13日供给昆山市布厂的25.741吨和同年7月26日供给的23.3吨落麻，均是按照合同约定由昆山市布厂业务员崔江东到蕲春漕河土产仓库亲自验收交付大部分货款后起运的。根据最高法院1988年4月22日法(经)复(1988)20号批复中“合同标的为实物的，标的物交付的地点，就是产品所有权转移的地点，也就是合同履行地”的规定，实际履行地也在蕲春。从结算情况看，对已履行的69.041吨落麻，除20吨因质量问题，当事人双方按协商价结算外，其余49.041吨均是按合同约定的价格结算的。合同约定价格包括运费，可见，运费是由需方昆山市布厂负担的。交货方式应为代运制。

三、根据民事诉讼法(试行)第三十三条第二款“管辖权发生争议，由争议双方协商解决；协商解决不了的，报他们的共同上级人民法院指定管辖”的规定。蕲春、昆山两个法院之间进行了协商，意见不统一。为此，蕲春县法院向黄冈地区中院报告，在此期间，昆山市法院对本案进行了判决。黄冈地区中级法院向我院报告后，为及时妥善解决这起管辖争议。我院立即致函并由省地县三级法院去人同江苏省高级人民法院进行协商，意见仍不统一，协商未能成功。

综上所述，根据本案合同的特殊约定和履行情况，我院认为，江苏省昆山市布厂与我省蕲春县土产公司购销落麻合同纠纷案，应由蕲春县人民法院管辖，当否，特报请最高人民法院指定管辖。

附二：

江苏省高级人民法院关于昆山市布厂诉蕲春县土产公司购销合同质量纠纷一案管辖问题的请示

1. 1990年6月29日公布

2. 苏法诉〔1990〕经管字第9号

最高人民法院：

你院经济庭(90)法经函第42号函收悉。关于我省昆山市人民法院与湖北省蕲春县人民法院就昆山市布厂与蕲春县土产公司购销合同纠纷案的管辖权争议问题，我院同意苏州市中级人民法院对该案管辖问题的请示报告中的意见。同时我院还认为：购销落麻合同规定纯落麻每吨6690元，这是合同双方约定的货物单位(吨)价格。实际履行中土产公司开出的发货票也注明“批发单价”为6690元，并据此上缴3.3%的营业税。尽管当时双方议定价格会有多种考虑，但不应混淆单位价格与运输费的区别，也不应由此推定运费是由布厂承担的。此外，合同中约定由土产公司送货到厂，交货前的一切责任和费用归土产公司负担。实际履行中也是由土产公司送货，并承担运费，可见，交货方式应为送货制。而对于送货情况,“交地漕河土产仓库”就不应构成合同履行地的特殊约定。故根据最高人民法院法(经)复(1988)20号批复的规定,该案合同的履行地应认定为昆山市。由于昆山市法院先于蕲春县法院收到原告起诉书,所以,该案应由昆山市法院管辖。以上意见妥否,请最高人民法院指定管辖。

最高人民法院关于寿光县寿城物资供销公司诉海拉尔市工业供销公司购销木材合同纠纷一案管辖权问题的复函

1. 1990年7月19日公布
2. 法(经)函〔1990〕49号

山东省高级人民法院、内蒙古高级人民法院:

(1990)内法经请字第1号、(1990)鲁法(经)函字第41号关于寿城物资供销公司诉海拉尔市工业供销公司购销木材合同纠纷一案管辖问题的请示报告收悉。经研究,答复如下:双方当事人于1988年2月9日在海拉尔市签订的木材购销合同上写明的“交货地点:济南局宜都站”,应视为当事人在合同中对交货地点的特殊约定。青州市法院(宜都现改为青州)和海拉尔市法院对本案都有管辖权。鉴于双方当事人均不在青州,合同又未实际履行,海拉尔为合同的签订地,又系被告所在地,本院根据《中华人民共和国民事诉讼法(试行)》第三十三条第二款和第二十三条之规定,指定由海拉尔市人民法院管辖此案。寿光县人民法院应当将此案移送海拉尔市人民法院。

附一:

内蒙古自治区高级人民法院关于地域管辖问题的请示报告

1990年3月27日公布

最高人民法院:

我区海拉尔市人民法院于1988年11月19日受理了山东省寿城物资供销公司诉海拉尔市工业供销公司购销木材合同纠纷一案,同年11月31日寿城物资供销公司又起诉到山东省寿光县人民法院,寿光县法院也立案审理。对此案管辖争议,海拉尔市人民法院经与寿光县人民法院协商未成报告我院。经我院审查研究认为:此案合同的签订地、履行地均在海拉尔市,且原告寿城物资供销公司向海拉尔市法院起诉在先,故此案应由海拉尔市法院管辖。根据有关规定,我院与山东省高级法院进行了协商,未成。因此,特向你院报告此案情况,请求你院指定管辖。

附二:

内蒙古自治区高级人民法院关于山东省寿光县寿城物资供销公司诉海拉尔市工业公司购销木材合同纠纷案管辖问题的审查情况报告

1990年3月21日公布

一、基本情况

海拉尔市人民法院于1988年11月19日受理了山东省寿光县寿城物资供销公司诉海拉尔市工业供销公司购销木材合同纠纷一案。同年11月30日寿城物资公司又起诉到山东省寿光县人民法院,寿光县法院也立案审理。对此案管辖问题,海拉尔市人民法院经与寿光县人民法院协商未成,报告我院。经我院审查,研究认为:此案应由海拉尔市人民法院管辖。根据最高法院的有关规定,我院于1989年9月30日致函山东省高院,进行协商。山东高院于1989年12月15日复函我院,认为寿光县法院管辖审理此案并无不当。海拉尔市法院于1990年2月21日报请呼盟中院请求上级法院指定管辖,呼盟中院遂于1990年2月24日向我院上报了“关于经济合同纠纷案件指令管辖的请示报告”并请求我院报请最高法院指定管辖。

二、审查情况

(一)关于合同的签订地问题

1988年1月26日寿光县寿城物资供销公

司业务科长王继民持所在公司的“法人授权委托书”来海拉尔市，于同年2月9日在海拉尔市一工业供销公司签订了合同，并于2月10日经海拉尔市公证处依法公正。

关于合同签订地，双方当事人均承认在海拉尔市签订。

(二)关于合同的履行地问题

呼伦贝尔盟两级法院认为：合同履行地也在海拉尔市。理由：

1. 合同明确规定“需方来人监装验收”明确了产品所有权转移地。

2. 木材是国家规定的代运制，故应以产品发运地为合同履行地。

山东省二级法院认为：合同履行地在山东。理由：合同规定“供方保发到站，交货地点：济南局益都站”(系送货制)，故应确认合同的履行地在山东省。

经审查：双方当事人于1988年2月9日所签合同规定：海拉尔市工业供销公司供给山东省寿光县寿城物资供销公司落叶松原木2000m^3单价430元，总款数860,000元。质量标准：执行林业部原木标准；验收方法：需方来监装验收，按林业部门规定验收；包装规定，供方负担全部；运输交货方法：供方保发到站；交货地点：济南局，宜都站；到货地点：山东省济南局宜都站；货款结算：每月5日前款到报请下月运输计划。

根据最高人民法院法(经)复(1988)20号“关于如何确定合同履行地问题的批复”精神，我们又专门走访了呼铁局及内蒙古林业局，查实：本案的落叶松原木属国家木材资源，根据林业部林发(护)(1985)41号文件及内蒙古自治区人民政府内政发(1983)215号文件规定：林区发出的木材，除国家统一调拨的以外，必须持有木业主管部门发给的运输证件，而内蒙古自治区对大兴安岭林区各林业企业及呼盟、兴安盟所属国营林业局生产的木材运输要求是必须持有主管部门的调拨通知书或调拨计划，经有关部门批准后方可运输。简而言之，本案的木材运输，也必须按国家规定的送货办法送货。因此根据前述最高法院批复，该案合同的履行地为产品的发运地，即内蒙古自治区。

至于寿光县法院提出此案合同是送货制，故产品送达地为合同履行地，忽视了最高人民法院批复中所限定的“不属于国家规定的送货办法范围的”。

再者，合同明确的交货地，到货地均为济南局宜都站，退一步讲履行地也不在寿光县。

三、该案应由哪个法院受理

山东省高院是根据寿光县法院的报告认为此案应由寿光县法院受理，而寿光县法院认为此案应由他们继续审理的理由是：

1. 海拉尔市法院收到的起诉状，是原告业务员在未取得原告法定代表人授权，基于其他原因递交的；

2. 此诉状，当事人不明确，没有具体的诉讼请求，不符合起诉条件，不能作立案受理；

3. 海拉尔市法院在接到诉状后未在7日内作出立案决定；

4. 海拉尔市法院要将此案与另一个案件合并审理是不当的。

就此，我们认为：此案合同的签订地、履行地均在海拉尔市，故只能依据《中华人民共和国民事诉讼法(试行)》第二十三条之规定由海拉尔市法院管辖。

至于原告在向海拉尔市法院起诉及海拉尔市法院在受理上手续是否完备等问题，属工作程序问题，不能以此为据否认海拉尔市法院对本案享有的管辖权。也不影响寿光县法院依据《中华人民共和国民事诉讼法(试行)》第三十二条之规定，将此案移送有管辖权的海拉尔市法院审理。

关于寿光县法院提出的，此案海拉尔市法院要与另一经济案件合并审理不妥的问题(即海拉尔市兴海贸易货栈诉山东省寿光县寿城物资供销公司购销木材合同纠纷一案)，我院已于1989年11月3日明确批复呼盟中院将两案分案审理。

四、处理意见

综上所述，根据《中华人民共和国民事诉讼法(试行)》第二十三条、第三十二条，最高人民法院法(经)复(1988)20号批复，及木材运输方面的有关规定，海拉尔市人民法院依法对此案享有管辖权。

鉴于此案我院与山东高院协商未成，故依据《中华人民共和国民事诉讼法（试行）》第三十三条第二款及最高人民法院“关于审理经济纠纷案件具体适用民事诉讼法（试行）的若干问题的解答”精神报请最高人民法院指定管辖。特此报告。

附三：

山东省高级人民法院关于寿光县寿城物资供销公司诉内蒙古自治区海拉尔市工业供销公司购销木材合同货款纠纷管辖问题的函

1990 年6 月5 日公布

最高人民法院：

你院 1990 年 5 月 8 日转来的内蒙古自治区高级人民法院《关于地域管辖问题的请示报告》材料，我院收悉。关于我省寿光县寿城物资供销公司诉内蒙古自治区海拉尔市工业供销公司购销木材合同货款纠纷一案管辖问题，我院责成寿光县法院写出报告。我们认为寿光县法院对此案有管辖权。现将寿光县法院的报告呈上，请审查。请最高人民法院对此案指定管辖。

附四：

寿光县人民法院关于山东省寿光县寿城物资供销公司诉内蒙古自治区海拉尔市工业供销公司购销木材合同货款纠纷一案管辖权问题的报告

1990 年5 月20 日公布

内蒙古自治区海拉尔市法院提出寿光县寿城物资供销公司诉海拉尔市工业供销公司购销木材合同货款纠纷一案管辖权的问题，现将该案的基本情况和我院受理该案的情况报告如下：

一、基本情况

1988 年 2 月 9 日原、被告签订购销木材合同一份（附合同书）合同规定：海拉尔工业供销公司供给寿光县寿城物资供销公司落叶松原木 2000 立方米，单价 430 元，总货款 860000 元，质量标准：执行林业部原木标准；验收方法：需方来人验收检装，按林业部门规定验收；包装规定：供方负担全部；运输交货方法：供方保发到站；交货地点：济南局益都站（双方对交货地点有特别约定），实际交货地点为寿光站（附益都火车站证明）；货款结算：每月 5 日前款到报请下月运输计划；违约责任：双方如有违约，按成交额 10% 处罚罚金。合同签订后，因供方不执行合同，双方发生纠纷。

二、我院受理该案的情况

1988 年 11 月 30 日原告向我院提出起诉（附 11 月 30 日诉状），我院经审查认为：该案合同的交货地点双方有特殊约定，履行地为济南局益都站，实际为寿光站，根据民事诉讼法（试行）第二十三条、第八十五条和最高人民法院关于如何确认履行地的有关规定，我院对该案具有管辖权，决定受理此案，于同年 12 月 2 日向原告送达了受理案件通知书，并预收了案件受理费（附我院受理案件通知书，预收案件受理费单据，立案审批表）。

我院受理该案后，委托海拉尔市法院向被告代为送达法律文书，海拉尔市法院复函我院“被告拒收，将该案与另一个案件合并审理”，将我院委托送达的法律文书全部退回。（附海拉尔法院信函）

三、海拉尔市法院要合并审理的另一案的情况

原告业务员王继民、程晓波于 1988 年 9 月 2 日与海拉尔市兴海贸易货栈业务员曲根全（实为海拉尔市工业供销公司，法定代表人、业务员均相同）在哈尔滨签订木材购销协议一份（附协议书，协议签订时间为 9 月 2 日，兴海贸易货栈诉状上写的是 8 月 27 日与协议签订时间不符）协议规定：寿光县寿城物资供销公司供给海拉尔市兴海贸易货栈白松原木 500 立方米，价格 550 元，由供方办理铁路运输手续，发运到需方指定地点（即山西省临汾、山东省桓台）铁路费用需方负担，于 1988 年 9 月 15

日发完,双方在哈尔滨验货,款货两清。协议签订后,曲根全将货款28万6千元汇给与原告有业务关系的哈尔滨电控厂帐户上,但因其他原因,致使协议未能履行,原告将木材发回潍坊三车(附证明)其余退货,曲根全要求退回货款,王继民、程晓波提出前一合同欠款问题,双方未达成协议,为此,海拉尔市法院、公安局联合办案组将原告两业务员在1988年11月7日、11月11日以诈骗罪分别拘留,羁押在哈尔滨(附哈尔滨看守所证明),晚上关押,白天将业务员提出为其追款,追回货款8万6千余元,1988年11月15日将程先行放出,将王继民作为人质带回海拉尔市,继续拘禁在招待所内,后转收审。程晓波为证实王继民不属诈骗而确有经济纠纷,在未经法人代表授权委托的情况下,用自带加盖公章的空白信笺,于1988年11月19日向海拉尔市法院、公安局递交了当事人不明确、诉讼请求不具体、无诉讼标的额的诉状(附11月19日诉状)。海拉尔市法院在法定期间内没有作出明确答复,至今原告也未收到立案受理决定书。王继民被带回海拉尔后先拘禁在海拉尔招待所,后关进看守所,寿城物资供销公司及其委托代理人多次向有关单位控告反映,最高人民检察院曾给予协调未成(附最高人民检察院信函)。海拉尔市公安局于1989年1月30日以王继民确有诈骗行为,但被收审人王继民所在单位与海拉尔市兴海贸易货栈有经济纠纷,解除了对王继民的收审(附决定书),将案件移送给不具有管辖权的海拉尔市法院。我院委托海拉尔市法院代为送达寿光县寿城物资供销公司诉海拉尔市工业供销公司合同纠纷一案的法律文书时,海拉尔市法院才声称两案合并审理。

四、该案应由哪个法院受理

内蒙古自治区高级法院认为该案应由海拉尔市法院受理,其理由是:

1.原告寿城物资供销公司向海拉尔市法院起诉在先。

2.该案的合同签订地、履行地均在海拉尔,只能由海拉尔法院管辖。

我院认为:

1.合同的交货地点是双方在合同中特殊约定的,履行地为济南益都站,实际为寿光站,根据民事诉讼法(试行)第二十三条、第八十一条和最高人民法院关于确定履行地的有关批复,我院对该案具有管辖权。

2.原告业务员向海拉尔法院递交的诉状是未经法人代表授权委托的情况下递交的,后也未经过法定代表人的追认(附原告证明)是无代理权限的行为,是无效民事行为。根本提不起民事诉讼,起诉在先无从谈起。

3.寿城物资供销公司法定代表人曾有委托书委托王继民,但没有委托程晓波代理解决纠纷,海拉尔市法院所持的法人委托书和诉状足以看出,委托书是委托王继民,不是程晓波,更说明程晓波无代理权,况且王继民的授权委托书是海拉尔市公安局搜去后移送给法院的,不是王继民主动递交的。

4.海拉尔市法院所持原告的诉状,当事人不明确,没有诉讼标的额,没有具体的诉讼请求,根据民事诉讼法(试行)第八十一条的规定,亦不符合起诉的条件,根本不符合立案原则。

5.海拉尔市法院就是接到无代理权人递交的诉状后亦没有按照民事诉讼法(试行)第八十五条的规定,在7日内作立案决定,而我院1988年12月2日受理的案件,海拉尔市法院曾代为送达法律文书,并回函称与海拉尔市公安局于1989年1月30日移送的该院无管辖权的案件合并审理,显然,海拉尔市法院对该案并没有受理。

6.海拉尔市公安局于1989年1月30日将第二起纠纷移送给海拉尔市法院,该纠纷的协议签订地是在哈尔滨,履行地是山西的临汾、山东的桓台(附王继民、程晓波的询问笔录)海拉尔市法院对该案不具有管辖权,应该移送有管辖权的人民法院受理。

7.我院对第一起合同纠纷案件享有管辖权,并且已在审理中,应由我院继续审理。

8.根据民事诉讼法(试行)第二十九条的规定,为了便于审理、便于执行,第二起案件海拉尔市法院应移送我院审理。

综上所述,根据《中华人民共和国民事诉讼法(试行)》第二十三条、第二十九条、第三十二条及最高人民法院的有关规定，我院对寿光县寿城物资公司诉海拉尔市工业供销公司合同纠纷一案享有管辖权，应由我院继续审理，对于海拉尔市兴海贸易货栈诉寿光县寿城物资公司合同纠纷一案，海拉尔市法院应移送我院审理。

以上报告当否，请批示。

最高人民法院关于甘肃省供销合作联社储运公司东岗综合商场诉浙江省玉环县田马食品厂购销合同纠纷案管辖争议问题的复函

1. *1990年7月16日公布*
2. *法(经)函〔1990〕46号*

甘肃省高级人民法院、浙江省高级人民法院：

甘肃省高级人民法院甘法经上(1990)11号请示报告和浙江省高级人民法院(1990)浙法经字第20号函收悉。关于甘肃省供销合作联社储运公司东岗综合商场诉浙江省玉环县田马食品厂购销合同纠纷案的管辖争议问题，经研究，答复如下：

本案合同签订地在石家庄市，合同履行地在宁波市。依据民事诉讼法(试行)第二十三条规定，石家庄市中级人民法院和宁波市中级人民法院对本案均有管辖权。但鉴于本案当事人双方及合同标的物均不在合同签订地和合同履行地，合同签订地和合同履行地法院行使案件管辖权确有困难，且原告又选择了向被告所在地玉环县人民法院起诉。根据民事诉讼法(试行)第三十三条、第二十九条和第二十条第二款规定，现指定浙江省玉环县人民法院受理本案。请甘肃省高级人民法院裁定撤销兰州市中级人民法院兰法经(1989)188—(1)号民事裁定，告之该院将本案有关材料及案件受理费一并移送浙江省玉环县人民法院。

此复

附：

甘肃省高级人民法院关于指定管辖的请示报告

1990年6月1日公布

最高人民法院：

1988年9月10日，浙江省玉环县田马食品厂(以下简称食品厂)与甘肃省供销合作联社储运公司东岗综合商场(以下简称东岗商场)在石家庄签订了一份购销合同，合同约定：食品厂供给东岗商场食品罐头3100件，交货地点宁波火车站，到货地点兰州东农副专用线；交货方法：供方代办，铁路运费购方负担。合同签订后，东岗商场付给食品厂货款176500元，食品厂供货价值171470.40元。东岗商场收货后发现，食品厂所供食品罐头的品名和质量与合同不符，提出异议，双方也未能达成一致意见，酿成纠纷。东岗商场遂向玉环县人民法院提起诉讼，玉环县人民法院于1989年4月27日以本案的标的物在兰州为由将此案移送兰州审理。兰州市中级人民法院受理此案后，食品厂则以合同签订地和履行地均不在兰州为由，对本案管辖提出异议。兰州市中级人民法院认为：玉环县人民法院以本案的标的物在兰州为由将此案移送我院审理，故我院对该案有管辖权，裁定驳回食品厂异议。裁定后，食品厂不服，又以合同履行地在玉环县为由，上诉本院，再次对管辖提出异议。上诉后，兰州中院征求宁波市中级人民法院意见，因本案标的物在兰州，为了便于审理，宁波中院亦同意由兰州市中级人民法院审理。

本院认为：本案合同签订地在石家庄，履行地在宁波，故浙江玉环县与甘肃省兰州市均无管辖权。根据《中华人民共和国民事诉讼法(试行)》第三十二条规定及最高人民法院关于贯彻执行民事诉讼法(试行)若干问题的意见，“人民法院发现受理的案件不属自己管辖，应移送有管辖权的人民法院。受移送的人民法院，认为移送的案件不属于自己管辖，可报请共同上一级人民法院指定管辖，不得再自行移送。”按此规定，此案应由你院指定管辖。故特此报告，请予指定。

另本案标的物在兰州,有管辖权的宁波法院亦同意由兰州中院审理,上诉人要求让玉环县法院受理,但玉环县亦无管辖权,根据上述具体情况,为了便于审理,我们建议本案可指定由兰州市中院审理。这一意见妥否,供你们研究时参考。

最高人民法院关于山西省榆次市敬老商店诉黑龙江省牡丹江市劳动服务公司采购供应处购销胶合板合同纠纷一案管辖权争议问题的复函

1. 1990年6月16日公布
2. 法(经)函[1990]40号

黑龙江省高级人民法院、山西省高级人民法院:

黑龙江省高级人民法院黑法经字[1989]121号请示收悉。关于山西省榆次市敬老商店诉黑龙江省牡丹江市劳动服务公司采购供应处购销胶合板合同纠纷一案的管辖权问题,经研究,答复如下:

本案合同约定的运输方式为送货制,到站地点是山西省榆次市。在合同交货地点栏内虽写有“厂内需方委托供方代办”,但这不应视为当事人双方对合同履行地的特殊约定。6月18日的补充协议也仅是对原合同价格的修改补充。根据本院法(经)复[1988]20号批复精神,本案交货地点在山西省榆次市,榆次市为合同履行地。本案合同签订地在黑龙江省牡丹江市。榆次市所属的晋中地区中级法院和牡丹江市中级法院对本案均有管辖权。鉴于晋中地区中级法院先行受理了此案,被告提出的管辖权异议,亦已经晋中地区中级法院和山西省高级法院驳回,根据民事诉讼法(试行)第二十三条、第三十一条和第三十三条第二款规定,现指定晋中地区中级法院审理此案。

此复

最高人民法院关于安徽省嘉山县土产品公司与四川省眉山县土产果品公司购销籼稻合同纠纷案件管辖争议问题的函

1. 1989年11月25日
2. 法(经)函[1989]第80号

四川省高级人民法院、安徽省高级人民法院:

你们两院为安徽省嘉山县土产杂品公司与四川省眉山县土产果品公司购销籼稻合同纠纷案件管辖争议问题的请示报告收悉。经研究,答复如下:

1987年10月14日双方当事人所签合同的签订地是成都市,履行地是安徽省嘉山县。1988年双方当事人在眉山县签订补充协议,对原合同标的质量和履行期限作了变更。该协议并非独立合同,只是对原合同的补充,况且此次涉讼也不是为了补充协议约定的质量或履行期限问题,而是为原合同所订价格问题发生争议。因此,不宜以该协议签于眉山县即确定由眉山县人民法院管辖。

鉴于上述情况,根据《中华人民共和国民事诉讼法(试行)》第二十三条、第三十三条第二款的规定,现指定本案由合同履行地安徽省嘉山县人民法院管辖。

最高人民法院经济审判庭关于长春市棒槌杨酿酒加工厂与广东省陆丰县城东供销综合公司购销合同纠纷案管辖问题的电话答复

1989年10月23日公布

广东省和吉林省高级人民法院:

广东省高级法院(89)粤法经行字第192号请示和吉林省高级人民法院经发(1989)函9号信函均已收悉。关于长春市棒槌杨酿酒加工厂(以下简称酿酒厂)与广东省陆丰县城东供销综合公司(以下简称综合公司)购销合同纠纷案,长春市中级法院与陆丰县法院争管辖的问题，经研究答复如下：

本案合同签订地在陆丰县。合同规定的“交货方法、地点及运输负担”，是“供方代办铁路运输到广州南站验收数量，短途公路运输到需方仓库验收质量”。其中，虽未规定运费谁负，但凡实行供方代办托运的，运费通常由供方垫付。这一合同约定，不是当事人双方对合同履行地的特殊约定。合同约定的广州南站和需方仓库即是货物验收地点。依据本院法（经）复［1988］26号批复规定，本案合同规定的交货方式是代运制，合同标的物发运地在长春市，长春市应为合同履行地。因此，陆丰县法院和长春市中级法院对本案均有管辖权。长春市中级法院收到酿酒厂的起诉书是在1989年3月15日，而陆丰县法院收到综合公司的起诉书则在3月28日，晚于长春市中级法院。根据民事诉讼法（试行）第三十一条规定，本案应由最先收到起诉书的长春市中级法院受理。

最高人民法院关于广东省博罗县港博公司与铁道部工程指挥部直属机关物资采购供应站购销进口太阳能计算器合同纠纷案应由哪个法院管辖问题的复函

1. 1987年6月26日公布

2. 法（经）复〔1987〕22号

广东省高级人民法院：

你院1987年2月25日粤法经行字（1986）第87号请示收悉。关于广东省博罗县港博公司（以下简称港博公司）与铁道部工程指挥部直属机关物资采购供应站（以下简称物资站）购销进口太阳能计算器合同纠纷案应由哪个法院管辖的问题，经我们研究认为：

一、港博公司与物资站购销20万只进口太阳能计算器合同纠纷案的合同签订地在北京市，合同履行地在广州市，故北京市中级法院和广州市中级法院对本案均有管辖权。合同当事人双方已分别向有管辖权的两个法院提起诉讼。经核查，广州市中级法院是1986年8月25日前收到港博公司起诉状的；北京市中级法院是1986年9月2日收到物资站起诉状的。依据《民事诉讼法（试行）》第三十一条规定，应由最先收到起诉状的广州市中级法院受理本案。北京市中级法院应撤销物资站诉港博公司购销合同纠纷案，并将已收的案件受理费退回物资站。

二、鉴于北京市中级法院1986年9月2日受理的物资站诉深圳特区发展公司生活服务公司（以下简称深圳生活服务公司）购销20万只进口太阳能计算器合同纠纷案与广州市中级法院1986年3月13日受理的博罗县农工商贸易公司（以下简称博罗贸易公司）诉深圳生活服务公司购销20万只进口太阳能计算器合同纠纷案有关，且广州市中级法院在先于北京市中级法院立案受理时，就已将物资站列为该案第三人，为避免重复审理，拖延时日，两案以由广州市中级法院合并审理为宜。为此，北京市中级法院应将物资站诉深圳生活服务公司购销合同纠纷案移送广州市中级法院审理。

此复

最高人民法院关于辽宁省盘锦市兴隆联营公司诉广东省东莞县横流建安公司经销部购销合同货款纠纷案指定管辖的批复

1987年6月26日公布

辽宁省高级人民法院：

你院法（经）请〔1987〕1号请示收悉。关于辽宁省盘锦市兴隆联营公司诉广东省东莞县横流建安公司经销部购销合同货款纠纷一案的管辖争议问题，经研究，我院认为：

本案合同的签订地是广东省东莞县，问题在于确定合同的履行地。就001号合同而言，合同规定：绝大部分运费由需方负担，“款到后急发”、“三季度全部发完”，交货方式实际上是代办托运，发运地为广东省东莞县和广州市。至于在“盘锦站提货”，对于代运情况，不构成特殊约定。因此，该合同的履行地为广东省东莞县和广州市。就002号合同而言，合同虽未指明发运地，但根据全案情况应为兴隆联营公司一方所在地,且货物仍交由运输部门承运,以运单日期为交货日期,故该合同的履行地为辽宁省盘锦市。2月17日的物资代购对换经济合同只是对前两份合同的变更和完善。

根据本案合同的签订地和履行地的情况,东莞县人民法院和盘锦市中级人民法院对本案均有管辖权。鉴于盘锦市中级人民法院最先收到起诉状并已进行审理,根据《民事诉讼法(试行)》第二十三条、第三十一条和第三十三条第二款的规定,现指定该案由辽宁省盘锦市中级人民法院管辖。

最高人民法院关于成武县油化二厂诉瑞昌县流庄乡砖瓦厂购销合同纠纷案管辖问题的批复

1. 1985年12月14日公布

2. 法(经)复〔1985〕59号

山东省高级人民法院:

你省成武县人民法院于1985年11月5日就成武县油化二厂诉江西省瑞昌县流庄乡砖瓦厂购销合同纠纷一案,报我院指定管辖。经与瑞昌县人民法院联系,确定该案合同的签订地是瑞昌县,合同履行地是成武县。根据《中华人民共和国民事诉讼法(试行)》第二十三条和第三十一条的规定,合同签订地与履行地的人民法院都有管辖权。合同签订地的瑞昌县人民法院既已受理原告的起诉,就不应再将该案移送成武县人民法院审理。现指定该案由江西省瑞昌县人民法院管辖。

最高人民法院关于甘肃华亭煤矿与陕西宝鸡金联运输有限公司购销合同纠纷一案的指定管辖通知

1. 2002年8月5日公布

2. 〔2002〕民他字第6号

甘肃省高级人民法院、陕西省高级人民法院:

甘肃省高级人民法院[2002]甘民二他字第10号报告及陕西省高级人民法院[2002]陕立民他第2号报告均收悉。关于甘肃省华亭县华亭煤矿与陕西省宝鸡市金联运输有限责任公司购销合同纠纷(陕西省宝鸡市金台区法院立案案由为运输合同结算纠纷)一案管辖权争议问题,经研究通知如下:本案两地法院立案案由不同,但双方当事人所诉案件均是由于购销合同而发生的运输结算纠纷,购销合同与运输结算交叉履行,滚动结算,故应合并审理。根据本案跨省城,且两地当事人争议较大的实际情况,为公正、公平处理本案,根据《中华人民共和国民事诉讼法》第三十七条第二款的规定,本院指定本案由河南省三门峡市中级人民法院管辖。请你们两院依法撤销本地法院对本案作出的裁决,并将全案诉讼材料移送至河南省三门峡市中级人民法院。

最高人民法院关于江苏省吴江震华丝织厂与湖北省南漳县丝绸公司购销合同质量纠纷一案指定管辖的通知

1. 1998年6月20日公布

2. 法函〔1998〕53号

江苏省高级人民法院、湖北省高级人民法院:

江苏省高级人民法院[1997]苏经协字第41号报告与湖北省高级人民法院[1998]鄂立呈字第6号报告均收悉。经研究,通知如下:

1994年12月,江苏省吴江震华丝织厂(以下简称丝织厂)与湖北省南漳县丝绸公司(以下简称丝绸公司)口头约定,由丝绸公司想丝织供应价值219744元的榨油丝。同月19日,丝绸公司将所供的榨油丝运至丝织厂经营部。丝织厂收货后,支付了货款120000员,同时出具了一张收条,载明:余款于1995年2月底付清。如发现质量问题一律退货;如发生欠款纠纷,有南漳县有关部门解决。

1995年7月20日和1996年4月3日,丝织厂先后两次用电报和信函与丝绸公司联系,约其速派员赴吴江处理所供榨油丝的质量问题。后双方协商未达成一致意见。

1996年6月26日丝织厂依据其出具的收条,以供销合同质量纠纷向吴江市人民法院起诉。同年7月12日,丝绸公司也依据丝织厂出具的收条,以欠款纠纷向南漳县人民法院起诉。吴江市人民法院和南漳县人民法院先后受理后,丝织厂与丝绸公司均向受诉法院提出管辖异议。两地法院均以享有管辖权为由驳回当事人提出的异议。鉴于两地法院各自受理的案件所涉及的主要证据均是丝织厂于1994年12月19日出具的收条,是基于同一事实发生的纠纷。收条中所称"如发生欠款纠纷,有南漳县有关部门解决"。因其约定不明,依法不能作为选择管辖的依据。依据《最高人民法院关于在确定经济纠纷案件管辖中如何确定购销合同履行地的规定》中关于口头购销合同纠纷案件,均不依履行地确定案件管辖的规定,本案应由被告所在地法院管辖,故吴江市人民法院和南漳县人民法院对各自受理的案件均无管辖权。鉴于本案发生争议的标的物在吴江市,为便于人民法院审判和便于当事人诉讼,本院依照《中华人民共和国民事诉讼法》第三十七条第二款的规定,指定本案由江苏省吴江市人民法院管辖。湖南省南漳县人民法院应撤销生效裁定,并将案件及有关材料移送至江苏省吴江市人民法院审理。

最高人民法院关于长沙市国营东方红农场饲料公司与涞源县粮食总公司北石佛公司购销合同纠纷案件的指定管辖的通知

1. 1997年10月26日公布

2. 法函〔1997〕133号

根据长沙市国营东方红农场饲料公司(以下简称饲料公司)与涞源县粮食总公司北石佛公司(以下简称粮食公司)签订的《农副产品购销合同》第五条约定,本案合同的履行地点为"长沙北站",但粮食公司未能依据合同的约定,向饲料公司交付货物。鉴于粮食公司与饲料公司的住所地均不在合同约定的履行地(原长沙市北区),涞源县人民法院立案在先,饲料公司又为涞源县人民法院受理案件的被告,根据《中华人民共和国民事诉讼法》第二十四条、本院《关于适用中华人民共和国民事诉讼法若干问题的意见》第十八条规定,本院指定本案由饲料公司住所地长沙市岳麓区人民法院管辖。

最高人民法院关于山西省文水县包装制品厂与广东省吴川县糖酒机械工业公司加工承揽合同纠纷指定管辖问题的通知

1. 1996年4月16日公布

2. 法函〔1996〕64号

广东省高级人民法院、山西省高级人民法院:

广东省高级人民法院〔1994〕粤高法经一请字第2号关于请求指定管辖的报告和山西省高级人民法院晋法经字第103号函及所附材料均收悉。关于山西省文水县包装制品厂(甲方)与广东省吴川县糖酒机械工业公司(之方)加工承揽合同纠纷一案的管辖问题,经研究,通知如下:

本案合同当事人1989年3月22日签订的《合同补充说明书》中约定"到甲方现场加工大型设备","甲方提供加工场地",同时约定"在乙方制作的设备,乙方送到湛江或化州,由乙方代办火车整车以运"。在实际履行过程中,在甲地(山西省文水县)进行大部件加工生产,在乙地(广东吴川县)制造精细部件,故甲、乙两地均是加工承揽地。考虑到本案中的大型设备是在山西省文水县生产的,且在广东省吴川县生产的精细部件已发运到文水县,为便于案件审理,特指定本案由山西省文水县人民法院审理。请广东省湛江市中级人民法院于接到本通知之日起15日内撤销〔1991〕湛中法经字第19号民事裁定书,将本案移送山西省文水县人民法院,由该院依法公正审理。

最高人民法院关于江苏省江阴市澄江特殊印刷厂与黑龙江省绥棱酿酒厂加工承揽合同纠纷一案指定管辖的通知

1996年1月29日公布

江苏省高级人民法院、黑龙江省高级人民法院:

江苏省高级人民法院〔1995〕苏经协字第27

号请示和黑龙江省高级人民法院[1995]黑经函字第78号报告均收悉,经研究,通知如下:

1994年4月4日,江苏省江阴市澄江特殊印刷厂与黑龙江省绥棱酿酒厂签订了加工承揽订货合同,合同中约定的到站黑龙江绥棱站,不能认定为双方当事人对合同履行地的特殊约定,故本案的合同履行地应为加工行为地江苏省江阴市。根据《中华人民共和国民事诉讼法》第二十四条和《最高人民法院关于适用〈中华人民共和国民事诉讼法〉若干问题的意见》第二十条的规定,特指定本案由江苏省江阴市人民法院管辖。黑龙江省绥化地区中级人民法院、绥棱县人民法院应依法撤销对本案管辖权异议的一、二审裁定及绥棱县人民法院的一审判决,将本案移送江苏省江阴市人民法院管辖。

特此通知。

最高人民法院关于江苏省武进县第三针织内衣厂与湖南省华湘进出口公司北海公司加工承揽合同纠纷案件指定管辖的通知

1995年12月25日公布

江苏省高级人民法院、湖南省高级人民法院:

江苏省高级人民法院[1995]苏高法执字第7号请示及湖南省高级人民法院的有关请示报告收悉。经研究,答复如下:

1993年6月23日,江苏省武进县第三针织内衣厂(以下简称内衣厂)与湖南省华湘进出口公司北海公司(以下简称北海公司)签订了一份由内衣厂同北海公司提供全晴绒风帽衣合同,约定:交货日期为1993年8月15日前;产品质量标准为按确认样和资料要求;交货地点为长沙树木岭外运专线仓库。内衣厂一直按实际需方香港海坤公司认可的样品进行生产,北海公司曾多次派人到内衣厂督促生产。因此,本案讼争合同应当认定为加工承揽合同。依照我院法发[1992]22号《关于适用〈中华人民共和国民事诉讼法〉若干问题的意见》第二十条的规定,常州市中级人民法院作为加工行为地的法院对本案拥有管辖权。两地法院在管辖权争议尚未解决的情况下,以同一诉讼标的先后作出缺席判决,是错误的。湖南省高级人民法院应当依法撤销长沙市东区人民法院[1994]东府经初字第4号民事判决,将案件及有关材料移送江苏省常州市中级人民法院。鉴于常州市中级人民法院在两地法院存在管辖权争议及被告北海公司未到庭应诉的情况下,作出的一审判决,常州市中级人民法院在接到本通知后,应分别通知各方当事人在规定的期限内可以提出上诉。如果当事人提出上诉,江苏省高级人民法院应进行二审审理。

最高人民法院关于湖南钻石硬质合金工具有限公司与中国扬子集团空调器总厂加工承揽合同纠纷一案指定管辖的通知

1995年12月22日公布

湖南省高级人民法院、安徽省高级人民法院:

湖南省高级人民法院[1995]湘高经请字第07号请示和安徽省高级人民法院[1995]经他字第41号-1号报告均收悉,经研究,通知如下:

1994年9月26日,湖南钻石硬质合金工具有限公司(以下简称钻石公司)与中国扬子集团空调器总厂(以下简称空调器厂)签订了一份工矿产品订货合同,在合同条款第十二项中双方约定:按随附2份文件①"付款条件"、②"技术协议"办理。在"技术协议"中双方当事人明确约定,空调器厂同意其高冲模具由钻石公司负责研制,整套模具由钻石公司凭空调器厂提供翅片产品图纸加工制造、空调器厂在图纸提出了特殊的技术要求,故本案应确认为加工承揽合同,加工行为地为湖南省株洲市。根据《中华人民共和国民事诉讼法》第二十四条和《最高人民法院关于适用〈中华人民共和国民事诉讼法〉若干问题的意见》第二十条的规定,指定本案由湖南省株洲市中级人民法院管辖。安徽省滁州市中级人民法院应依法撤销其一审裁定,将本案移送湖南省株洲市中级人民法院管辖。

最高人民法院关于浙江省黄岩市医药塑料装潢厂与广东省东莞市虎门东鹏饮料厂加工承揽合同和购销合同纠纷案指定管辖问题的通知

1. 1995年12月7日公布
2. 法函[1995]155号

浙江省高级人民法院、广东省高级人民法院：

浙江省高级人民法院[1995]浙法经字61号报告和广东省高级人民法院粤高法经一行字[1995]第83号报告收悉。经研究，答复如下：

1994年4月28日，浙江省黄岩市医药塑料装潢厂（下称塑料装潢厂）与广东省东莞市虎门东鹏饮料厂（下称东鹏饮料厂）签订了一份加工承揽合同，合同规定，塑料装潢厂为东鹏饮料厂加工一批聚酯瓶的半成品“管坯”。1994年3月20日，双方签订了一份定购0.6L瓶坯合同，合同规定，塑料装潢厂供给东鹏饮料厂0.6L蒸馏水瓶坯，供方提供的瓶坯50%由供方本厂生产，余数由供方负责代购供应，所有的瓶坯以运到需方计价，需方提前办好汇票，收货验收后交供方驾驶员随车带回。1994年3月20日和4月28日，双方签订了两份定购设备合同，合同规定，塑料装潢厂供给东鹏饮料厂旋转式红外加热器，交货地点在需方，由供方托运，费用由供方负担。上述加工承揽合同和购销合同均已实际履行。依照《中华人民共和国民事诉讼法》第二十四条和《最高人民法院关于适用〈中华人民共和国民事诉讼法〉若干问题的意见》第二十条和第十九条之规定，本院指定对上述当事人之间的加工承揽合同纠纷案由浙江省台州市中级人民法院管辖，购销合同纠纷案由广东省东莞市中级人民法院管辖。请浙江省高级人民法院和广东省高级人民法院监督下级人民法院，依法公正审判。

最高人民法院关于吉林市供销社经销公司土产品采购供应站诉牡丹江市铁岭物资供应站加工承揽合同纠纷案指定管辖问题的通知

1. 1995年6月14日公布
2. 法函[1995]72号

吉林省高级人民法院、黑龙江省高级人民法院：

吉林省高级人民法院（1994）吉经他字第12号请示和黑龙江省高级人民法院（1995）黑经函字第17号请示均收悉。经研究，答复如下：

1991年10月27日，吉林省供销社经销公司土产品采购供应站（下称吉土供应站）与牡丹江市铁岭物资供应站（下称牡铁供应站）签订了一份购销松籽合同。合同履行后，经结算，吉土供应站尚欠牡铁供应站部分货款。为了保证吉土供应站正常经营并促使其履行债务，1992年1月21日，双方当事人又签订了一份“农副产品购销合同”，吉土供应站为供方，牡铁供应站为需方，合同第十三条规定“上述货物由供方代料加工，出仁率25%，加工费每吨两千元左右”。据此，应认定本案合同其性质为加工承揽合同。依照《最高人民法院关于适用〈中华人民共和国民事诉讼法〉若干问题的意见》第20条之规定，加工承揽合同，以加工行为地为合同履行地。本案合同履行地在吉林市，吉林市中级人民法院对本案有管辖权。黑龙江省高级人民法院应当依法裁定撤销驳回当事人管辖权异议的一、二审裁定和牡丹江市中级人民法院的一审实体判决，将案件有关材料移送吉林市中级人民法院继续审理。吉林市中级人民法院应当重新确定上诉期限，通知当事人，如当事人不服判决提起上诉，吉林省高级人民法院应当认真审查，依法公正审判。

最高人民法院关于山东省诸城市飞达实业公司诉河北省石家庄市地毯厂加工承揽挂毯合同纠纷案指定管辖的函

1. 1993年8月28日公布
2. 法经[1993]187号

山东省高级人民法院、河北省高级人民法院：

山东省高级人民法院鲁高法函(1993)96号请示和河北省高级人民法院冀高法(1993)90号请示均收悉。关于山东省诸城市飞达实业公司诉河北省石家庄市地毯厂加工承揽挂毯合同纠纷案的管辖问题，经研究，答复如下：

山东省诸城市飞达实业公司与河北省石家庄市地毯厂签订的地毯加工合同，对买料加工、回收半成品价格、质量标准、验收方法、运输方式、结算方法、经济责任等均作了规定，符合《加工承揽合同条例》中规定的加工承揽合同的构成要件。合同约定的加工承揽地为山东省诸城市，且未对合同履行地作特殊约定，因此，依照《中华人民共和国民事诉讼法》第二十四条和最高人民法院《关于适用〈中华人民共和国民事诉讼法〉若干问题的意见》第20条之规定，现指定该案由山东省诸城市人民法院管辖。鉴于石家庄市桥东区人民法院受案后，山东省诸城市飞达实业公司提出了管辖权异议，该院裁定予以驳回，当事人上诉至石家庄市中级人民法院，目前尚未作出二审裁定，故石家庄市中级人民法院应裁定撤销一审裁定，将案件移送至山东省诸城市人民法院继续审理。

最高人民法院关于武汉市国营生物发酵设备厂与河北省冀南制药厂加工承揽合同纠纷一案指定管辖的通知

1. 1992年5月22日公布
2. 法函[1992]71号

河北省高级人民法院
湖北省高级人民法院：

河北省高级人民法院冀高法经[1992]2号关于河北冀南制药厂与武汉市国营生物发酵设备厂加工承揽合同纠纷案管辖争议问题的请示和湖北省高级人民法院给河北省高级人民法院的函(鄂高法经函[1992]1号)均已收悉。经研究，答复如下：

河北冀南制药厂(原名河北东风制药厂，以下简称制药厂)与武汉市国营生物发酵设备厂(以下简称设备厂)签订的由设备厂为制药厂加工82台非标设备合同规定，加工标物一部分在武汉市制作，一部分在河北省永年县制作，标的物交付地点为“甲方厂内”(指制药厂)。根据本院(89)法经函字第22号《关于如何确定加工承揽合同履行地问题的函》的答复，“合同履行地应为合同规定义务履行的地点”。本案合同的实际履行中，设备厂仅在本厂内加工了17台非标设备，其余大部分是在制药厂内完成的。因此，该加工承揽合同承揽方履行义务的主要行为地在河北省永年县，应将该县确定为合同的履行地。且双方当事人对加工设备价款问题发生争议后，河北省永年县人民法院受理该案先于武汉市中级人民法院。根据《中华人民共和国民事诉讼法》第三十七条第二款之规定，本院指定本案由河北省永年县人民法院管辖。请湖北省高级人民法院责成武汉市中级人民法院将本案移送给永年县人民法院审理。

此复

最高人民法院关于如何确定委托贷款合同履行地问题的答复

1. 1998年7月6日公布
2. 法明传[1998]198号

湖北省高级人民法院：

你院〔1997〕169号《关于如何确定委托贷款合同履行地问题的请示》收悉。经研究认为，委托贷款合同以贷款方(即受托方)住所地为合同履行地，但合同中对履行地有约定的除外。

最高人民法院关于云南省楚雄州县乡企业开发总公司与广东省汕头经济特区进出口总公司旅游商品公司、河北省定州市烟草公司代还款合同纠纷一案指定管辖的通知

1. 1996年6月10日公布
2. 法函〔1996〕50号

云南省高级人民法院、河北省高级人民法院：

你们两院［1995］云高经他字第3号与（1995）冀经二第96号报告均已收悉。经研究，答复如下：

1992年12月31日，云南省楚雄州县乡企业开发总公司（以下简称楚雄公司）借款500万元给广东省汕头经济特区进出口总公司旅游商品公司（以下简称汕头公司）。期满后，汕头公司尚欠300万元未还，后汕头公司、楚雄公司与河北省定州市烟草公司（以下简称定州公司）商定。定州公司经理王振山于1993年8月6日自带300万元汇票到云南楚雄交给楚雄公司代汕头公司偿还欠款，楚雄公司开具收条："今收到河北定州市烟草公司代广东省汕头特区进出口公司周雄龙赔还借款叁佰万元（如在20天内8月6日－8月26日周雄龙与河北定州市烟草公司未结清此款，由我公司退还此款）。"1994年11月17日，定州公司以汕头公司未结此款为由向河北省定州市人民法院起诉，要求楚雄公司返还代赔款300万元。后经保定市中级人民法院裁定此案由该院管辖，并于1995年6月20日作出一审民事判决，楚雄公司不服，上诉至河北省高级人民法院。1995年3月10日楚雄公司又以汕头公司为被告，向云南省楚雄彝族自治州中级人民法院提起诉讼，请求判令汕头公司偿还300万元借款及利息。楚雄中级人民法院经汕头公司申请，追加定州公司为第三人。云南省高级人民法院与河北省高级人民法院就管辖问题协商未果，要求我院指定管辖。

经审查，我院认为，保定市中级人民法院审理的定州公司诉楚雄公司退还代赔款纠纷一案，在处理结果上与汕头公司有利害关系，汕头公司应作为无独立请求权的第三人参加到该诉讼中来。定州公司代汕头公司赔还楚雄公司300万元，是由定州公司经理王振山亲自去云南楚雄将银行汇票交给楚雄公司的，1993年8月6日代还款协议的履行地应为云南楚雄。定州市人民法院及保定市中级人民法院对该案均无管辖权。为使案件得以依法公正审理，现指定此案由云南省高级人民法院作一审审理。云南省高级人民法院应当依据《中华人民共和国民事诉讼法》第56条第二款之规定，通知汕头公司作为第三人参加到该诉讼中来。同时应当监督楚雄中级人民法院撤销楚雄公司诉汕头公司借款纠纷一案。河北省高级人民法院应当撤销保定市中级人民法院（1995）保经二初字第6号民事判决书，（1994）保经终字第324号民事裁定书及定州市人民法院（1994）定经初字第1026－2号民事裁定书并将案件及有关材料一并移送云南省高级人民法院。

此复

最高人民法院关于海南东华物产公司诉中国农业银行昌江支行借款合同纠纷案指定管辖问题的通知

1. 1996年2月9日公布
2. 法函〔1996〕64号

海南省高级人民法院、江苏省高级人民法院：

海南省高级人民法院琼高法［1995］73号请示和江苏省高级人民法院［1995］苏经协字第33号报告收悉。经研究，答复如下：

1993年1月29日和2月18日，海南东华物产公司从南京和海口分别划出500万元借款给中国农业银行昌江支行。但该公司住所在地海口市，故贷款方所在地应为海口市。特别是1995年2月11日南京市中级人民法院撤销［1994］宁民调字第7号调解书、裁定由海南东华物产公司另行起诉后，在两省高级人民法院作出裁定，中止原裁定的执行，另行组成合议庭进行再审，并于1995年11月30日作出判决。根据最高人民法院《关于如何确定借款合同履行地问题的批复》、

《关于在经济审判工作中严格执行〈中华人民共和国民事诉讼法〉的若干规定》第一条第四项之规定,海南东华物产公司诉中国农业银行昌江支行借款合同纠纷案,现指定由海南省海南中级人民法院管辖。江苏省高级人民法院收到此通知后,应撤销南京市中级人民法院[1995]宁经监字第2号民事裁定和[1995]宁经再初字第2号民事判决,并将该案移海南省海南中级人民法院。

最高人民法院关于交通银行苏州分行诉海南省国际信托投资公司借款合同纠纷案指定管辖问题的通知

1996年1月29日公布

江苏省高级人民法院、海南省高级人民法院:

江苏省高级人民法院[1995]苏经复字第91号请示和海南省高级人民法院琼法时传[1995]93号报告收悉。经研究,答复如下:

海南省国际信托投资公司与苏州市对外经济技术贸易公司签订的《合作续建海定大厦合同书》,就双方合作的项目、出资方式、工程施工监管、房屋销售、利润分配、合作期限等作了明确规定。根据《最高人民法院〈关于审理联营合同纠纷案件若干问题的解答〉》第二条第(一)项第3目的规定,此案应由被告所在地人民法院管辖。鉴于海口市中级人民法院立案在先(1995年4月24日),苏州市中级人民法院立案在后(1995年5月2日),现指定该案由先立案的案件的被告所在地苏州市中有人民法院管辖。请海南省高级人民法院接到此通知后,依法撤销[1995]琼民终字第82号及[1995]海口房初字第54-1号民事裁定书,监督海口市中级人民法院在1996年2月中旬以前将案件移送苏州市中级人民法院。

最高人民法院关于江苏省南通市信托投资公司与深圳市光华实业公司、中国银行深圳国际信托咨询公司借款合同纠纷案件指定管辖的通知

1996年1月2日公布

江苏省高级人民法院、广东省高级人民法院:

江苏省高级人民法院[1995]苏经协字第37号报告和广东省高级人民法院[1994]粤法经二上字第131号报告均已收悉。经研究,答复如下:

1992年10月15日,南通市信托投资公司(下称投资公司)与深圳市光实业公司(下称光华公司)签订贷款合同,约定由投资公司贷款2000万元给光华公司,期限两年,贷款划出后,中国银行深圳国际信托咨询公司(下称咨询公司)为该笔贷款本息出具了不可撤销担保书。1994年4月28日,投资公司就已到期的贷款利息计400万元向南通市中级人民法院起诉。1994年6月,咨询公司以签订贷款合同的当日,投资公司与光华公司签订补充协议,将贷款利率由15%调至20%,未通知保证人咨询公司,保证人不应承担责任为由向深圳市中级人民法院起诉。至此,南通市中级人民法院开始与深圳市中级人民法院协商管辖权问题。在管辖权争议未解决的情况下,南通市中级人民法院于1994年8月2日做出判决,又于1994年11月15日受理了投资公司以到期的贷款本息(不含已诉讼的400万元)计2100余万元为诉讼请求的贷款合同纠纷案件。广东省高级人民法院又与江苏省高级人民法院开始协商管辖权问题。在管辖权争议仍未获解决的情况下,南通市中级人民法院于1995年3月3日做出一审判决,江苏省高级人民法院于1995年6月28日做出终审判决。我院认为,两地人民法院发生管辖权争议应依照我国民事诉讼法和本院的有关司法解释处理,不应做出判决。特别是1994年12月22日本院法发[1994]29号《关于在经济审判工作中严格执行〈中华人民共和国民事诉讼法〉的若干规定》下发以后,江

苏省一、二审法院在对管辖权争议协商不成的情况下仍做出判决显然是错误的。江苏省法院在给本院的报告中称"南通中院和我院从未得到深圳中院、广东高院关于协调处理该案管辖争议的信息"，这是不符合实际的。为严肃执法，根据上述规定第四条，我院指定本案由深圳市中级人民法院审理。江苏省高级人民法院接此通知后，应依法撤销南通市中级人民法院［1994］通经初字第57号、［1994］通经初字第162号、江苏省高级人民法院苏经终字第123号民事判决，将本案移送深圳市中级人民法院，同时，切实监督南通市中级人民法院将强行扣划咨询公司上海证券部的1200万元人民币存款划回原账户。深圳市中级人民法院和广东省高级人民法院应依法公正处理。

最高人民法院关于河南省南阳市银河商贸有限责任公司与中原国际实业延边分公司借款协议纠纷案指定管辖的通知

1. 1997年3月24日公布

2. 法函［1997］42号

北京市高级人民法院、河南省高级人民法院：

北京市高级人民法院京高法［1996］471号报告收悉。经研究，通知如下：

1995年3月13日，河南省南阳市银河商贸有限责任公司（原南阳县农行大众公司，下称银河公司）作为贷款方与中原国际实业延边分公司签订了编号为NM9503－－13协议书。该协议性质为借款合同，依照最高人民法院法复［1993］10号"关于如何确定借款合同履行地问题的批复"，银河公司所在地河南省南阳市应为该协议的履行地。北京既不是被告住所地，也不是借款协议的履行地，故北京市所属人民法院对本案并无管辖权。根据《中华人民共和国民事诉讼法》第三十七条第二款之规定，本院指定本案由河南省南阳市中级人民法院管辖。

最高人民法院关于彭志新诉梁广成、王树伟借款纠纷案管辖问题的复函

1. 2000年2月14日公布

2. 民他字〔2000〕第3号

山东省高级人民法院：

你院《关于彭志新诉梁广成、王树伟借款纠纷一案管辖问题的请示》收悉。经研究认为，该案系借款合同纠纷，两被告的住所地或经常居住地，以及合同履行地均在北京市昌平县，根据《民事诉讼法》地域管辖第二十四条、二十二条之规定，该案应由北京市昌平县人民法院管辖。

最高人民法院关于中国投资银行深圳分行诉湖北楚天柠檬酸企业有限公司、湖北省咸宁地区计划委员会和财政局经济合同纠纷案管辖问题的复函

1. 1995年4月17日公布

2. 法函〔1995〕42号

广东省高级人民法院：

据湖北省咸宁地区中级人民法院反映，在我院法经〔1994〕341号函下发之前，深圳市中级人民法院将中国投资银行深圳市分行诉湖北楚天柠檬酸企业有限公司、湖北省咸宁地区计划委员会和财政局经济合同纠纷案，肢解成两个案件予以判决并送达当事人，当事人在不知我院已发函的情况下签收了法律文书，故请求我院纠正深圳市中级人民法院的错误做法。

经研究认为，我院法经〔1994〕341号函已经明确了深圳市中级人民法院对本案无管辖权，你院应当依法裁定撤销驳回当事人管辖权异议的一、二审裁定，将本案移送湖北省咸宁地区中级人民法院管辖。在此以前，我院经济庭于1994年7月8日也已致函你院，并明确在协调期间，暂不要进行实体审理。请你院对以上情况进行认真审查，抓紧落实，并将结果书面报告我院经济庭。

最高人民法院关于经济合同的名称与内容不一致时如何确定管辖权问题的批复

1. 1996年11月13日公布
2. 法复〔1996〕16号

江苏省高级人民法院：

你院苏高法〔1995〕229号请示收悉。经研究，答复如下：

一、当事人签订的经济合同虽具有明确、规范的名称，但合同约定的权利义务内容与名称不一致的，应当以该合同约定的权利义务内容确定合同的性质，从而确定合同的履行地和法院的管辖权。

二、合同的名称与合同约定的权利义务内容不一致，而且根据该合同约定的权利义务内容难以区分合同性质的，以及合同的名称与该合同约定的部分权利义务内容相符的，则以合同的名称确定合同的履行地和法院的管辖权。

最高人民法院关于如何确定借款合同履行地问题的批复

1. 1993年11月17日公布
2. 法复〔1993〕10号

山东省高级人民法院：

你院鲁高法函〔1993〕44号《关于如何确定借款合同履行地问题的请示》收悉。经研究，现答复如下：

合同履行地是指当事人履行合同约定义务的地点。借款合同是双务合同，标的物为货币。贷款方与借款方均应按照合同约定分别承担贷出款项与偿还贷款及利息的义务，贷款方与借款方所在地都是履行合同约定义务的地点。依照借款合同的约定。贷款方应先将借款划出，从而履行了贷款方所应承担的义务。因此，除当事人另有约定外，确定贷款方所在地为合同履行地。

最高人民法院关于确定购销合同履行地问题的复函

1. 1994年1月24日公布
2. 法经〔1994〕26号

山东省高级人民法院：

你院鲁高法函［1993］202号“关于确定购销合同履行地问题的请示”收悉。经研究，答复如下：

关于合同履行地问题，我院《关于适用〈中华人民共和国民事诉讼法〉若干问题的意见》第19条作了具体解释。依据该条规定，购销合同的双方当事人在合同中对交货地点有约定的，不管采取何种交货方式，约定的交货地点即为合同履行地；合同中没有约定交货地点的，才依交货方式确定合同履行地：采用送货方式，即供方自备运输工具，将货物运至需方所在地或需方指定地点的，不论运费由谁承担，货物送达地为合同履行地；采用自提方式，即需方自备或租用运输工具到供方所在地或供方指定的地点提取货物的，不管运费由谁承担，提货地为合同履行地。

最高人民法院关于广东顺德东南亚地产发展有限公司诉湖南通利房地产开发有限公司商品房买卖合同纠纷案和湖南通利房地产开发有限公司诉广东顺德东南亚地产发展有限公司债务纠纷案管辖问题的通知

1995年12月8日公布

广东省高级人民法院、湖南省高级人民法院：

广东省高级人民法院粤高法民［1995］72号报告、湖南省高级人民法院湘民请［1995］1号报告收悉。经研究，答复如下：

从你们的报告看，广东顺德东南亚地产发展有限公司与湖南通利房地产开发有限公司签订购房合同后，经自愿协商就终止履行购房合同，由广东顺德东南亚地产发展有限公司将预付购房款返还给湖南通利房地产开发有限公司达成了一致意见，并约定如发生纠纷由债权人所在地法院管辖。据此，依照《中华人民共和国民事诉讼法》第三十七条第二款之规定，指定本案由湖南省高级人民法院管辖。广东省佛山市中级人民法院应将该案移送湖南省高级人民法院审理。湖南省高级人民法院应依法审理，公正作出判决。

最高人民法院关于内蒙古自治区驰誉科工贸(集团)有限公司诉吉林省松原市华孚制药厂联营合同纠纷案指定管辖问题的通知

1995年7月5日公布

吉林省高级人民法院、内蒙古自治区高级人民法院：

吉林省高级人民法院《关于内蒙古呼和浩特市中级人民法院对我院已开庭审理的案件中同一当事人同一法律关系又重复立案问题的报告》和内蒙古自治区高级人民法院经济庭[1995]内经终字第20号报告收悉。经研究，答复如下：

吉林省高级人民法院受理的吉林省松原市华孚制药厂(下称制药厂)诉内蒙古自治区驰誉科工贸(集团)有限公司(下称驰誉公司)购销合同货款纠纷案，与内蒙古自治区呼和浩特市中级人民法院受理的驰誉公司诉制药厂联营合同纠纷案，属于两个不同的法律关系，当事人分别订有合同，是两个独立的案件，可以由两地法院分别审理。1992年7月2日，制药厂与驰誉公司在联营合同中约定，“在联营期间，如因乙方拖欠货款，可向吉林省法院起诉。如因产品质量、税金、广告费等方面发生的纠纷，乙方可向呼和浩特市法院起诉”。该约定属协议管辖。1995年1月6日，呼和浩特市中级人民法院依据该约定受理了驰誉公司的起诉，但本案诉讼标的额为二千五百五十万元人民币，按照经我院批准的内蒙古自治区高级人民法院《关于第一审经济纠纷案件级别管辖的规定》，本案不宜由该院审理。

最高人民法院关于湖南省湘潭物资贸易中心与广东省湛江市海林实业开发总公司房地产开发合同纠纷案指定管辖的通知

1995年6月5日公布

广东省高级人民法院、湖南省高级人民法院：

湖南省高级人民法院[1994]湘高经请字03号请示报告和广东省高级人民法院粤高法民[1995]1号函均已收悉。经研究，答复如下：

本案双方当事人之间因房地产开发而产生纠纷，根据《中华人民共和国民事诉讼法》第三十四条第(一)项的规定，因不动产纠纷提起的诉讼，由不动产所在地的人民法院管辖。本院根据《民事诉讼法》第三十七条第二款的规定，指定本案由湛江市中级人民法院管辖。湖南省湘潭市中级人民法院应将该案移送湛江市中级人民法院审理，湛江市中级人民法院应依法审理，公正作出裁决。

最高人民法院关于珠海经济特区科信高新技术开发公司诉珠海经济特区中信集团有限公司联营合同纠纷案件管辖权问题的函

1. *1995年5月18日公布*
2. *法函[1995]58号*

湖北省高级人民法院：

珠海经济特区中信集团有限公司向我院反映：1994年3月21日，其与珠海经济特区科信高新技术开发公司签订了“合作经营蛇皮出口业务协议书”。因履行合同发生纠纷，1994年10月12日，珠海经济特区科信高新技术开发公司内湖北省武汉市中级法院起诉。中信集团有限公司提出管辖权异议。武汉市中级法院和湖北省高级法院均以该合同属名为联营，实为借款为由，裁定驳回中信集团有限公司的管辖权异议。经审查，我们认为：人民法院立案应以当事人签订的合同为管辖的根据，而不能以实体审理后对合同性质的实体认定作为案件管辖的根据。本案讼争合同为协作型联营合同,根据最高人民法院《关于审理联营合同纠纷案件若干问题的解答》的规定,协作型联营合同纠纷案件,由被告所在地的人民法院管辖。据此,武汉市中级法院对本案无管辖权。请你院接此函后,依法撤销一、二审裁定。将本案移送有管辖权的法院。

最高人民法院关于天津津瑞利国际贸易有限公司与南通新通联物资公司联营合同纠纷一案管辖问题的复函

1. 1995年4月17日公布
2. 法函〔1995〕38号

山西省高级人民法院:

天津津瑞利国际贸易有限公司(以下称津瑞利公司)向我院反映,山西省大同市中级人民法院对其与南通新通联物资公司(以下称新通联公司)联营协议纠纷案件无管辖权后,我院经济庭曾电话通知你院经济庭,如津瑞利公司反映情况属实,请予纠正。现你院以《关于天津津瑞利国际贸易有了限公司与南通新通联物资公司联营合同纠纷一案管辖问题的报告》将意见书面报告我院经济庭,经研究,我院认为:

一、津瑞利公司与新通联公司在联营协议中明确约定"如发生争议,报请合同签订地的管理部门或直接向合同签订地人民法院起诉"。此约定符合民事诉讼法第二十五条的规定,该案应由合同签订地法院管辖,大同中院以诉前保全为由受理该案,而否定约定管辖不当。

二、双方当事人在合同中明确约定签约地点为天津塘沽,且签字盖章后合同即为成立。你院认为双方在天津签字盖章后,在大同又口头议定以大同矿务局劳动服务总公司盖章见证作为合同正式成立的条件的理由不妥,故该案应由天津市中级人民法院审理。你院接到本函后,应即坚决依法撤销一、二审裁定,将该案移送天津市中级人民法院。

此复。

最高人民法院经济审判庭关于对宁波保税区华能联合开发有限公司与中信贸易公司等委托代理进口合同纠纷一案管辖权问题的复函

1. 1993年12月17日公布
2. 法经〔1993〕249号

浙江省高级人民法院经济审判庭:

你庭1993年8月28日《关于宁波保税区华能联合开发有限公司诉中信贸易公司、中信技术公司委托代理进口钢材合同纠纷一案管辖权问题的请求示报告》收悉。经研究,答复如下:

委托合同中委托人的主要义务是办理委托事务,因此,受托人办理委托事务的地点就是委托代理合同的履行地。在你庭请示的案件中,根据一九九二年六月二十日,原宁波华能港前工业区联合开发有限公司(即后来的华能公司)与中信贸易公司、中信技术公司签订的委托代理进口钢材协议及随后华能公司、中信贸易公司、中信技术公司又与宁波市五金矿产进出口公司达成的协议,中信贸易公司、中信技术公司主要负责对外合同的履行,包括开证、支付、联系、检验及索赔等。根据你庭报告中所述情况,中信贸易公司中,信技术公司并未实际履行上述义务,因此,本案委托代理合同履行地难以确定。将进口合同中约定的标的物的交付地作为委托代理合同的履行地是不妥当的。本案应由被告住所地的人民法院管辖。

此复

最高人民法院关于金胜棒、吴合余诉涞源铜矿运输合同纠纷一案指定管辖问题的通知

1993年10月23日公布

内蒙古自治区高级人民法院、内蒙古自治区磴口县人民法院:

内蒙古自治区高级人民法院〔1993〕内法民字第44号《关于内蒙古磴口县金胜棒、吴合余诉

河北省涞源县涞源铜矿运输合同纠纷一案指定管辖的请示报告》收悉。经研究，我们认为：本案运输始发地在河北省涞源县，目的地在内蒙古自治区磴口县，根据《中华人民共和国民事诉讼法》第二十八条的规定，涞源县人民法院和磴口县人民法院都有管辖权。但考虑到运输中死掉的蜜蜂是在磴口县发现的，且蜜蜂也在磴口县，为便于审判，本案由内蒙古自治区磴口县人民法院管辖为宜。河北省涞源县涞源铜矿提起的侵权损害赔偿之诉，可由内蒙古自治区磴口县人民法院合并审理，依法公正处理。

此外，今后凡属跨省、自治区、直辖市的人民法院发生管辖权争议的，请按照我院《关于适用〈中华人民共和国民事诉讼法〉若干问题的意见》第三十六条第一款的规定，经高级人民法院协商不成后，再报我院指定管辖。

最高人民法院经济审判庭关于中国有色金属材料总公司经营部与兰州铝厂补偿贸易合同纠纷一案指定管辖问题复查结果的报告

1. 1992年3月11日公布
2. 法经〔1992〕32号
3. 已由法释〔2013〕2号废止

全国人大常委会办公厅信访局：

你局信〔1992〕第0880号函及转来的中国有色金属材料总公司等十四家企业的申诉材料收悉。经我们重新审阅双方当事人提供的材料后认为，本院法（经）〔1991〕128号"关于中国有色金属材料总公司经营部与兰州铝厂补偿贸易合同纠纷一案指一管辖的函"，指定本案由兰州市中级人民法院审理是正确的。

1987年4月14日和同年5月4日，兰州铝厂与中国金属材料总公司经营部在兰州市先后签订的"协议书"和"补充协议"，系补偿贸易合同，双方对合同性质并无疑义。关键是对同年5月13日该经营部及10余家集资单位在南宁订货会议上填写的"有色金属产品供应卡片（合同）"的认识产生分歧。我们认为，"供应卡片（合同）"是落实上述两个协议具体条款的供货分配单，包括集资与补偿贸易的内容，并未改变双方的原供需关系，不是一个新的、独立的购销合同。"协议书"第四条载明"交货地点，兰州铝厂仓库"，这是双方对合同履行地所作的特殊约定，它排斥了以合同签订地确定本案管辖的可能性；且补偿贸易合同以接受投资一方主要义务履行地为合同的履行地。本案合同主要履行义务一方是兰州铝厂，南宁市中级人民法院对本案没有管辖权。经我们慎重研究，并报经院领导批准，正式指定本案由兰州市中级人民法院审理。请你局协助我们做好有关当事人的工作，尽快赴兰州参加诉讼，以了结纠纷。

特此报告

最高人民法院关于安徽省郎溪县百货公司与郎溪县百货公司高淳县东坎地方产品供销经理部联营商店联营合同纠纷案管辖争议问题的复函

1. 1990年8月20日公布
2. 法（经）函〔1990〕61号

安徽省高级人民法院、江苏省高级人民法院：

安徽省高级人民法院经复字〔1990〕第07号请示和江苏省高级人民法院苏法诉〔1990〕经管字第4号请示均已收悉。关于安徽省郎溪县百货公司与郎溪县百货公司高淳县东坎地方产品供销经理部联营商店联营合同纠纷案管辖争议的问题，经研究，答复如下：

郎溪县百货公司东坎供销经理部联营商店（下称联营商店）系实行独立核算、自负盈亏的经济实体，于1983年6月20日，经江苏省高淳县工商行政管理局核准成立。其店址在高淳县东坎镇。根据民事诉讼法（试行）第三十三条第二款规定，为便于诉讼，特指定本案由该联营商店主要办事机构所在地的高淳县人民法院管辖。请安徽省有关法院按法律程序办理本案有关材料的移转。

此复

最高人民法院关于山西省太原市技术开发服务公司与浙江省衢州化学工业公司补偿贸易合同纠纷一案指定管辖的复函

1. 1990年7月16日公布
2. 法[经]函[1990]50号

浙江省高级人民法院、山西省高级人民法院：

山西省高级人民法院晋法经函字[1990]第1号关于太原市技术开发服务公司与衢州化学工业公司补偿贸易合同纠纷一案的管辖争议问题的函和浙江省高级人民法院[1990]浙法经上字89—85号报告收悉。经研究，答复如下：

本案合同(1985年4月8日、4月15日的协议)及其补充协议、纪要，属于补偿贸易合同。衢州化学工业公司的主要义务是将“投资”款给付对方，该行为的履行地为山西省太原市；太原市技术开发服务公司的主要义务是兴建炼铁炉、生产生铁并按约定要求交付生铁，主要履行地应为山西省吕梁地区和太原地区。根据《中华人民共和国民事诉讼法(试行)》第三十三条第二款和第二十三条之规定，现指定本案由山西省有关人民法院管辖。衢州市中级人民法院应于浙江省高级人民法院撤销[1989]浙法经上字85号民事裁定书之后，将本案移送有管辖权的太原市中级人民法院或者吕梁地区中级人民法院。因1985年4月15日合同所产生的纠纷案件业经衢州市中级人民法院调解结案，可不再移送。

此复

(三)其他

最高人民法院关于对澳亚(成都)房地产有限公司与深圳中科财实业发展公司集资建房案的管辖问题的请示报告的函

1994年9月19日公布

四川省高级人民法院：

你院[1994]川高法申字第7号《关于对澳亚(成都)房地产有限公司与深圳中科财实业发展公司集资建房案的管辖问题的请示报告》收悉。经研究认为：澳亚(成都)房地产有限公司与深圳中科财实业发展公司在1994年3月6日签订的《合作开发澳亚国际食品大厦项目合同书》中对仲裁的约定，是双方对发生争议时解决方式协商一致的意思表示，有明确的仲裁事项和仲裁机构。纠纷发生后，深圳中科财实业发展公司即向成都市经济合同仲裁委员会提交了仲裁申请，澳亚(成都)房地产有限公司也向该仲裁委员会提交了法人代表身份证明、委托律师代为诉讼的委托书等有关材料以及延长答辩期的请求。故应认定澳亚(成都)房地产有限公司承认合同中订立的仲裁条款和深圳中科财实业发展公司选择的仲裁机构。根据我国有关法律、条例规定，此类合同纠纷属于经济合同仲裁委员会仲裁范围。成都市经济合同仲裁委员会依据合同双方的选择及四川省工商行政管理局经济合同仲裁委员会的指定受理此案并无不妥。澳亚(成都)房地产有限公司在仲裁答辩期内又向法院起诉，应适用经济合同法、民事诉讼法等法律的有关规定，人民法院不应受理。据此，同意你院倾向性意见，即此案以由成都市经济合同仲裁委员会立案受理为宜。

附：

四川省高级人民法院关于对澳亚(成都)房地产有限公司与深圳中科财实业发展公司集资建房案的管辖问题的请示报告函

最高人民法院：

1994年7月7日四川省成都市中级人民法院向本院书面请示报告称;今年6月6日收到原告澳亚(成都)房地产有限公司诉被告深圳中科财实业发展公司集资建房纠纷的起诉状。该院审查后认为,符合法定立案条件,于同日立案受理。深圳中科财实业发展公司于同年5月19日向成都市经济合同仲裁委员会书面申请。该仲裁委依据该合同中的仲裁条款已于5月20日立案受理。该仲裁委请求成都市中级人民法院将该案移交该仲裁委员会处理。双方就此管辖问题协商未成。故成都市中级人民法院请示本院。该院认为,该案应由成都市中级人民法院管辖。其主要理由:1.本案不属工商经济合同仲裁委员会仲裁的范围。工商仲裁是经营、流通领域内的经济合同纠纷,而集资建房纠纷是超出了仲裁范围。2.合同中的仲裁条款不确定。在该合同中约定:如协商不成,可交经济合同仲裁机关处理。“可交”只是一种选择,而非确定性、肯定性。3.《经济合同仲裁条例》第12条第2款明确规定“一方向仲裁机关申请仲裁,另一方向人民法院起诉的案件,仲裁机关不受理。”4.澳亚公司在答辩期内未向仲裁机关提供答辩状,视为未接受仲裁,并在答辩期内向人民法院起诉,人民法院应予受理。6月27日成都市经济合同仲裁委员会书面向本院作了反映。该仲裁委认为应由仲裁委受理。其主要理由:1.根据该合同仲裁条款约定,如发生纠纷,经协商解决不成,可交仲裁机关处理,依照《经济合同法》第48条规定,应由仲裁机关立案受理。2.被申请方澳亚公司已向仲裁机关提供了该单位法人代表韩建中的身份证明书和委托律师进行诉讼的授权委托书。3.6月12日被申请方澳亚公司向成都市经济仲裁委员会递交了要求延长答辩时间的书面报告。说明被申诉方已接受了仲裁。要求省高级人民法院作出公正裁决。

二、本院审查情况

经审查:1994年3月6日澳亚(成都)房地产有限公司为甲方,在成都与乙方深圳中科财实业发展公司签订了《合作开发澳亚国际食品大厦项目合同书》,该合同载明:占地11523.83平方米,建筑面积81045平方米的商场、公寓、餐饮、娱乐为一体的综合性国际食品大厦(在成都)。甲方提供该项目的所有报批手续。甲乙双方对等投入建设资金。利润分成:甲方在总利润中占8%作为报批手续费,余利92%按双方对等投资对等分利进行。该合同中第18条规定:“因执行本合同所发生的或与本合同有关的一切争议,双方应通过友好协商解决。如协商不成,可交经济仲裁机关处理。”在履行合同中发生了纠纷。深圳公司于1994年5月19日向成都市经济合同仲裁委员会申请了仲裁。申请书提出:澳亚公司违反合同,采取欺骗手段,向开户银行谎称乙方法人代表的印鉴遗失,擅自单方在银行提走4.5万元(人民币),同时还想转走人民币200万元用于与合作项目无关的项目,现失去本合同履行条件,要求终止合同履行。申请仲裁次日即5月20日成都市经济合同仲裁委员会决定立案受理,以[94]裁字第10号通知书通知了申诉人深圳公司。同时该仲裁委又以[94]裁字第10号裁定书,决定对被申诉方澳亚公司在银行的存款人民币1000万元暂止支付。该仲裁委5月23日将受理案件通知书送达了澳亚公司。6月2日澳亚公司向成都市经济合同仲裁委员会提供了法定代表韩建中身份证明书和委托四川省联一律师事务所律师张嘉翔律师为本案的代理人的授权委托书。6月12日澳亚公司致函该仲裁委,请求延长答辩时间。6月1日甲方澳亚公司向成都市中级人民法院递交了诉深圳公司的起诉状。该起诉状称:在该合同前期工程履行中,双方约定对等投资人民币各500万元左右,我方办完了征地、建设规划的全部手续,正当我方在负责组织拆迁工作急需资金3000万元投入时,被告方深圳公司不履行合同,以欺骗手段,要求拆回双方共同管理的账户上的资金1000万元,致使合同不能履行,要求法院依法判决。成都市中级人民法院于当日审查后决定立案受理,并向起诉方澳亚公司送达了受理案件通知书。

上述案件管辖问题,双方当事人均向本院作了书面反映,分别要求仲裁机关处理和人民法院立案受理。其事实和理由均与仲裁委和中级法院的反映和请示的事实和理由相同。

三、请示意见

本院倾向性的意见认为:根据本案的事实,依照有关法律和法规的规定,由成都市经济合同仲裁委员会立案受理为宜。其主要理由:依照《经济合同法》第48条规定:"经济合同发生经济纠纷时,当事人可以通过协商或者调解解决。当事人不愿意通过协商调解解决或者协商调解不成的,可以依据合同的仲裁条款或者事后达成的书面仲裁协议,向仲裁机关申请仲裁。当事人没有在经济合同中订立仲裁条款,事后又没有书面达成仲裁协议的,可以向人民法院起诉"。该案所根据的双方签订的合同中的仲裁条款第18条约定"因执行本合同所发生的或者与本合同有关的一切争议,双方应通过协商解决。如协商不成不能解决,可交经济合同仲裁机关处理"。因此,按仲裁约定,应由成都市经济合同仲裁委仲裁。经征求四川省工商行政管理局的意见,该局基本同意成都市仲裁委的意见。至于成都市中级人民法院请示中提出关于本案纠纷不属工商仲裁范围的问题。根据1983年8月22日国务院发布的《仲裁条例》第3条规定"仲裁机关在其职权范围内处理经济合同纠纷案件"。《经济合同法》也有同样的规定。尚无明确规定集资建房这类纠纷不属经济合同仲裁机关处理范围的规定。关于成都市中级人民法院在请示中提出《仲裁条例》第12条规定"一方向仲裁机关申请仲裁,另一方向人民法院起诉,仲裁机关不予受理"。这是1983年8月国务院发布的条例,但1993年9月第八届全国人大常委会第三次会议修改通过的《经济合同法》有关条款与上述《仲裁条例》的第12条相抵触,按最高法院的有关规定,法律与法规相抵触时,应执行法律的规定。因此,《仲裁条例》中第12条应属失效。成都市中级人民法院请示中提出,该合同中的仲裁协议约定:协商不成可交仲裁机关处理。"可交"只是一种选择性,而非确定性,因此协议仲裁不明确。讨论认为既然协议仲裁约定"可交"仲裁机关处理,表明是双方协商一致表示,而客观事实上一方又向仲裁机关申请了仲裁。这一事实应理解为约定不是不明确的。至于澳亚公司向仲裁机关递交了法人代表身份证明书和授权委托书,要求推迟答复的请求的问题,成都中院认为不应属视为接受仲裁的认识欠妥的。

讨论中提出了第二种意见:由成都市中级人民法院立案受理。其主要理由:

1. 合同中仲裁条款不确定。"可交"仲裁机关处理。这意味着如对仲裁发生异议,还需进一步再次协商,本案对管辖发生争议后双方没有协商。这就违背了协商仲裁的立法本意,必须是双方同意仲裁。

2. 合同中的仲裁内容不明确,根据最高人民法院〈关于适用《中华人民共和国经济合同法》若干问题的意见〉第145条的规定,当事人在合同中订有仲裁条款的,或者事后达成仲裁协议的,一方向人民法院起诉,法院应不予受理。但仲裁条款、仲裁协议无效、失效或者内容不明确的,无法执行的除外。该合同中的仲裁条款无明确的仲裁事项,故仲裁机关无权仲裁,由人民法院受理。

特此请示,请批复。

最高人民法院关于湖北省沙市电冰箱总厂与广东省汕尾市物资总公司物资串换合同纠纷案和广东粤海进出口公司深圳分公司以物资串换合同当事人双方为共同被告的代理进口合同纠纷案管辖权争议问题的复函

1. 1991年11月4日公布
2. 法(经)函〔1991〕134号
3. 已由法释〔2013〕2号废止

广东省高级人民法院,湖北省高级人民法院:

广东省高级人民法院粤法经行字〔1991〕第

121号请示报告和湖北省高级人民法院鄂法〔1991〕经呈字第5号报告均已收悉。关于湖北省沙市电冰箱总厂与广东省汕尾市物资总公司物资串换合同纠纷案和广东粤海进出口公司深圳分公司以物资串换合同当事人双方为共同被告的代理进口合同纠纷案的管辖权争议问题，经研究，答复如下：

湖北省沙市电冰箱总厂（下称沙市冰箱厂）与广东省汕尾市物资总公司（下称汕尾物资公司）于1989年3月31日和4月1日相继签订了第8号和第9号“物资协作串换合同”。依据合同规定，汕尾物资公司提供给沙市冰箱厂的串换物资日本进口冷轧板的交货地点在广州黄埔港，沙市冰箱厂提供给汕尾物资公司的串换物资国产线材、小型材的交货地点在沙市港。汕尾物资公司为履行合同义务，于同年5月25日与广东粤海进出口公司深圳分公司（下称粤海分公司）签订了“代理进口协议书”。后经三方协商，当年8月15日，沙市冰箱厂又直接与粤海分公司在沙市签订了付款“协议书”。9月10日，由粤海分公司代理进口的3000吨钢板到达广州，存入广州黄埔外运仓库，至今滞留在广州。而沙市冰箱厂无力履行合同规定的向汕尾物资公司提供国产线材、小型材的义务，所交付的20多吨铅锭只是用来补偿应付给汕尾物资公司串换物资的差价。现三方当事人虽已分别向各自所在地的法院提起诉讼，但争执的焦点却均围绕的是3000吨进口钢板问题。因此，尽管本案存在着二份“物资串换合同”和一份“代理进口合同”，有着三方当事人，但围绕着3000吨进口钢板而发生的诉讼，其合同履行地应确定为广州市。广州市中级法院对本案有管辖权。在物资串换合同纠纷案件中，粤海分公司是有独立请求权的第三人。对受诉法院要其参加诉讼的通知，他可以原告身份向其他有管辖权的法院另行起诉。鉴于代理进口合同纠纷案与物资串换合同纠纷案有着内在的联系，粤海分公司已经以原告身份起诉，并将物资串换合同当事人双方作为共同被告，为避免可能发生的案件重复审理，便于案件的审理和执行，依据民事诉讼法第二十四条规定，特指定广州市中级法院管辖，一并审理物资串换合同纠纷案和代理进口合同纠纷案。请你们两院分别通知沙市中级法院、汕尾市中级法院和深圳市中级法院，将有关案件材料移送至广州市中级法院。

此复

最高人民法院关于武汉证券公司与大连连通证券公司债券兑付纠纷一案如何确定管辖权问题的复函

1. 1995年12月7日公布
2. 法函〔1995〕167号

湖北省高级人民法院：

你院鄂高法明传（1995）240号请示报告收悉。经研究，答复如下：

企业债券是一种有价证券，企业债券当事人的权利、义务表现在债券上，并依票面载明的事项行使和履行。企业债券兑付纠纷案件应由债券兑付地或者被告住所地人民法院管辖。本案双方当事人对兑付地点没有明确约定。因此，应由被告大连连通证券公司住所地人民法院管辖。

三、诉讼参加人

最高人民法院关于人民法院的审判人员可否担任民事案件当事人的委托代理人的批复

1. 1984年1月11日公布
2. 〔1983〕民他字第37号

河北省高级人民法院:

你院一九八三年十二月二十六日关于审判人员可否担任民事案件当事人的委托代理人的请示收悉。经我们研究认为:人民法院的审判人员以不担任委托代理人为宜,如受委托的审判人员是委托人的近亲属或监护人,且不在受理该案的人民法院工作的,可作为特殊情况准许。

此复

最高人民法院关于外籍当事人委托居住我国境内的外国人或本国驻我国领事馆工作人员为诉讼代理人可否允许问题的批复

1. 1985年6月8日公布
2. 已由法释〔2001〕32号废止

上海市高级人民法院:

你院1985年1月17日〔84〕沪高民他字第13号请示收悉。关于外籍当事人委托居住我国境内的外国人,或本国驻我国领事馆工作人员为诉讼代是人,可否允许的问题,我院经研究并征求外交部领事司、条法司的意见认为:

(一)外籍当事人委托居住我国境内的本国人为诉讼代理人,不违背我国《民事诉讼法(试行)》的规定,可以准许。

(二)外国驻华使、领馆官员,受本国国民的委托,以个人名义担任诉讼代理人时,亦应准许。同时根据我国参加的《维也纳领事关系公约》的规定,外国驻华领事馆官员(包括经我国外交部确认的外国驻华使馆的外交官同时兼有领事官衔者),当作为当事人的本国国民不在我国境内,或由于其他原因不能适时到我国法院出庭时,还可以在没有委托的情况下,直接以领事名义担任其代表或为其安排代表在我国法院出庭。

你院请示中所提原居住在我国的德意志联帮共和国国民尤塔·毛雷尔,在其回国后,欲委托在上海市任教的本国人或本国驻上海领事馆工作人员,担任她离婚诉讼中代理人的问题,可参照上述意见办理。

最高人民法院关于经鉴证的合同发生纠纷可否追加鉴证机关工商行政管理局为诉讼第三人问题的批复

1. 1987年10月7日公布
2. 〔1987〕民他字第51号

江西省高级人民法院:

你院(87)赣法民字第23号关于高家俊诉徐六林承揽加工合同纠纷案可否追加于都县工商行政管理局为第三人的请示收悉。

据所报材料述称,高家俊的一艘五十二吨木壳机动船,于1985年6月在泰和县永昌码头沉没受损后,高家俊即与于都县罗坳乡农民徐六林签订了承揽改建该船舶的合同,并于同年8月8日,双方到于都县工商行政管理局作了鉴证。双方因履行合同发生纠纷。于都县工商行政管理局在调查处理中发现徐六林既无营业执照,又无技术力量,但仍召集双方修改合同,继续履行合同。高家俊自行掌管现金开支,徐六林组织人员购料开工。由于双方未能按合同履行而引起诉讼。经于都县人民法院判决后,高家俊在上诉中,要求合同鉴证机关于都县工商局承担民事责任。你院对可否追加于都县工商行政管理局为第三人承担民事责任问题,向本院请示。

经研究认为,本案系承揽扩修船舶合同纠纷。由于当事人违反合同规定而造成的经济损失,应按照合同规定,由有过错的当事人承担。

于都县工商行政管理局不是该合同当事人，不宜追加为本案的第三人。

最高人民法院关于如何确定委托贷款协议纠纷诉讼主体资格的批复

1. *1996年5月16日公布*
2. *法复〔1996〕6号*

四川省高级人民法院：

你院《关于有委托贷款协议的借款合同如何确定诉讼主体问题的请示》（川高法〔1995〕193号）收悉。经研究，答复如下：

在履行委托贷款协议过程中，由于借款人不按期归还贷款而发生纠纷的，贷款人（受托人）可以借款合同纠纷为由向人民法院提起诉讼；贷款人坚持不起诉的，委托人可以委托贷款协议的受托人为被告、以借款人为第三人向人民法院提起诉讼。

最高人民法院关于领取营业执照的证券公司营业部是否具有民事诉讼主体资格的复函

1. *1997年8月22日公布*
2. *法函〔1997〕98号*

上海市高级人民法院：

你院〔1997〕沪高经他字第4号请示收悉。经研究，答复如下：

证券公司营业部是经中国人民银行或其授权的分支机构依据《中华人民共和国银行法》的有关规定批准设立，专营证券交易等业务的机构。其领有《经营金融业务许可证》和《营业执照》，具有一定的运营资金和在核准的经营范围内开展证券交易等业务的行为能力。根据最高人民法院《关于适用〈中华人民共和国民事诉讼法〉若干问题的意见》第40条第（5）项之规定，证券公司营业部可以作为民事诉讼当事人。

最高人民法院经济庭关于主管单位的上级主管部门应否作为诉讼当事人的复函

1. *1993年12月28日公布*
2. *法经〔1993〕257号*

云南省高级人民法院：

你院（1993）云高经请字第48号《关于主管单位的上级主管部门应否作为诉讼当事人参加诉讼的请示报告》收悉。经研究，答复如下：

昆明新雅装饰工程公司（下称工程公司）及其主管单位昆明市乡镇企业化工建筑建材公司（下称建材公司）由建材公司的主管部门昆明市乡镇企业管理局（下称管理局）申请，于一九九〇年六月八日被昆明市清理整顿公司领导小组办公室同时撤销。管理局未依据《中华人民共和国民法通则》第四十七条的规定成立清算组织，对工程公司、建材公司的债权、债务进行清算。根据最高人民法院《关于适用〈中华人民共和国民事诉讼法〉若干问题的意见》第51条的规定，应由管理局作为诉讼当事人参加诉讼。至于管理局应否承担民事责任，应根据国发（1990）68号文件规定处理。

最高人民法院关于经商检局检验出口的商品被退回应否将商检局列为经济合同质量纠纷案件当事人问题的批复

1. *1998年6月19日最高人民法院审判委员会第995次会议通过*
2. *1998年6月23日公布*
3. *法释〔1998〕12号*
4. *自1998年7月1日起施行*

湖南省高级人民法院：

你院湘高法〔1997〕55号请示收悉。经研究，答复如下：

经商检局检验出口的商品被退回，当事人以经济合同商品质量纠纷起诉的，人民法院不应将商检局列为被告或者第三人。

此复

最高人民法院经济审判庭关于当事人及其直接主管部门均被撤销是否将主管部门的上级部门列为当事人问题的电话答复

1988年12月23日公布

河南省高级人民法院:

你院(1988)豫法经字第16号"关于当事人及其直接主管部门均被撤销是否变更主管部门的上级部门为当事人问题的请示报告"收悉。经研究答复如下:

开封市皮革工业公司劳动服务公司诉郑州市新密区城建环保局建材公司(简称建材公司)购销合同货款纠纷案,受诉法院依法裁定查封的建材公司的财产在建材公司被撤销后,由新密区人民政府成立的清财小组擅自作了处理。对此,新密区人民政府应当承担责任。现新密区人民政府和建材公司的开办单位区城建环保局均被撤销,其一切善后工作由郑州市人民政府派出的工作组负责处理,因此,受诉法院可将郑州市人民政府列为本案被告,由其在法院查封的建材公司的财产范围内承担民事责任。

此复

附:

河南省高级人民法院关于当事人及其直接主管部门均被撤销是否变更主管部门的上级部门为当事人问题的请示报告

1. *1988年9月16日公布*
2. *〔1988〕豫法经字第16号*

最高人民法院:

我省开封市中级人民法院在审理一起购销合同债款纠纷案件中,对于在一方当事人被撤销,其直接主管部门因区划调整也不复存在的情况下,是否变更主管部门的上级部门为当事人的问题意见不一,书面请示我院,我们对此问题亦有两种意见,现将有关案情和我们的意见报告如下:

开封市中院受理了开封市皮革工业公司劳动服务公司诉原郑州市新密区城建环保局建材公司(以下简称建材公司)购销合同货款纠纷一案。建材公司系原郑州市新密区城乡建设环境保护局于1985年招聘几个农民开办的,因欠开封市皮革工业公司数万元货款无力偿还引起诉讼。该公司在清理整顿公司中营业执照被吊销,大部分财产由新密区人民政府成立的清财小组予以处理。开封市中院便通知其主管单位原新密区城建环保局作为被告参加诉讼。诉讼期间,因区划调整,原郑州市新密区据国务院1987年12月16日国函(87)29号批复被撤销,郑州市政府、市委派出工作组负责处理一切善后工作。至此,建材公司的直接主管部门新密区环保局和新密区政府皆因区划调整而不复存在。

对于一方当事人及其直接主管部门均被撤销是否再往上追的问题,经研究有两种意见:少数认为:应该继续往上追,由郑州市人民政府作为本案的被告参加诉讼。因为建材公司的财产确系新密区政府成立的清财小组在法院已经裁定查封的情况下自行处理的,该公司又是原郑州市新密区城建环保局呈报,原新密区人民政府批准成立的;区环保局应对本案承担经济责任,鉴于原郑州市新密区包括该区的城建环保局是由郑州市人民政府设立和呈报国务院批准撤销的,并负责清理一切善后工作,故应由郑州市人民政府作为本案的被告参加诉讼,负责承担其债权债务。

多数人认为:像这种当事人被撤销,其主管部门也不复存在的案件,可以比照民事诉讼法(试行)第一百一十九条第二项的规定,终结诉讼,不必再往上追。理由是:国务院国发(1985)102号文和中共中央、国务院中发(1986)6号文件只规定了呈报单位和直接批准业务主管部门应负的责任,没有规定其它部门的责任,追究其直接主管部门上级机关的责任没有法律依据。作为上级机关对其一切活动没有审核、管理的直接责任，不应承担经济责任，故当事人及其主管部门都不存在的案件可以终结诉讼，不能变更主管部门的上级机关作为诉讼主体参加诉讼。

以上报告请批示。

最高人民法院关于市政府经济技术协作委员会能否作为诉讼主体独立承担民事责任问题的复函

1. 1996年1月8日公布

2. 法函〔1996〕9号

吉林省高级人民法院：

你院《关于市政府经济协作委员会能否作为诉讼主体独立承担民事责任问题的请示报告》收悉。

据你院报告，1991年7月12日，辽宁省沈阳宏泰食品有限公司（下称宏泰公司）与吉林省白山市经济技术物资协作公司（下称经协公司）签订了一份购销松籽合同，合同规定，由经协公司供给宏泰公司松籽1000吨。经协公司的上级主管部门白山市（原浑江市）人民政府经济技术协作委员会（下称经协委）自愿向宏泰公司出具了一份担保书，担保书规定，“我委同意承担如下责任：一、监督公司履行合同条款，兑现合同；二、监督公司按合同规定使用‘宏泰食品有限公司’所拨定金、货款的使用；三、如公司不能兑现合同，发生违约，负责担保退还定金和经济损失。”主合同签订后，宏泰公司为履行合同汇给经协公司定金人民币50万元和货款421万元，后因松籽质量问题发生纠纷，宏泰公司向经协公司索要货款未果，故诉至法院。但宏泰公司在诉讼中提出担保人经协委不是独立法人，应追加其上级主管部门白山市人民政府作为本案被告并承担连带责任，没有法律根据。

经研究，我们认为，经协委于1988年6月1日正式成立，有独立的经费，依照《中华人民共和国民法通则》第五十条“有独立经费的机关从成立这日起，具有法人资格”的规定，经协委具有机关法人资格，可以作为诉讼主体并承担相应的民事责任。

最高人民法院关于山东省郯城县水泥二厂诉江苏省淮阴县水泥厂购销合同货款纠纷一案如何确定被告的复函

1. 1993年12月2日公布

2. 法经〔1993〕233号

山东省高级人民法院：

你院鲁高法函（1993）124号《关于山东省郯城县水泥二厂诉江苏省淮阴水泥厂购销水泥熟料合同货款纠纷案，如何确定被告的请示》收悉。经研究，答复如下：

据报告称：一九九〇年十月十九日郯城县水泥二厂（下称水泥二厂）与淮阴县水泥厂（下称水泥厂）签订了购销水泥熟料合同。水泥二厂履行合同供货后，水泥厂以资金困难为由拒付尚欠的货款9万余元。水泥厂因无力偿还中国农业银行淮阴县支行（下称农行）的贷款，经淮阴县人民法院主持双方达成将水泥厂“现有全部财产和土地使用权一并抵给”农行的协议后，被农行变卖。我院认为，淮阴县物资局作为水泥厂的主管机关，在水泥厂终止时，未按有关法律规定，对水泥厂的债权、债务进行清算，即将水泥厂变卖，损害了其他债权人的利益。据此，应将其列为本案被告。

最高人民法院经济审判庭关于人民法院不宜以一方当事人公司营业执照被吊销，已丧失民事诉讼主体资格为由，裁定驳回起诉问题的复函

1. 2000年1月29日公布

2. 法经〔2000〕23号

甘肃省高级人民法院：

你院〔1999〕甘经终字第193号请示报告收悉。经研究，答复如下：

吊销企业法人营业执照，是工商行政管理

局对实施违法行为的企业法人给予的一种行政处罚。根据《中华人民共和国民法通则》第四十条、第四十六条和《中华人民共和国企业法人登记管理条例》第三十三条的规定,企业法人营业执照被吊销后,应当由其开办单位(包括股东)或者企业组织清算组依法进行清算,停止清算范围外的活动。清算期间,企业民事诉讼主体资格依然存在。本案中人民法院不应以甘肃新科工贸有限责任公司(以下简称新科公司)被吊销企业法人营业执照,丧失民事诉讼主体资格为由,裁定驳回起诉。本案债务人新科公司在诉讼中被吊销企业法人营业执照后,至今未组织清算组依法进行清算,因此,债权人兰州岷山制药厂以新科公司为被告,后又要求追加该公司全体股东为被告,应当准许,追加该公司的股东为共同被告参加诉讼,承担清算责任。

最高人民法院关于企业开办的公司被撤销后由谁作为诉讼主体问题的批复

1. 1987年10月15日公布

2. 法(经)复〔1987〕42号

新疆维吾尔自治区高级人民法院:

你院一九八七年六月二十五日关于涉及新疆石河子华侨农工商联合企业(又名华侨农场,即兵团143团,以下称华侨农场)开办的富华经销公司(简称富华公司)的经济纠纷案件应如何确定诉讼主体的请示报告收悉。现答复如下:

华侨农场系全民所有制企业,富华公司为华侨农场开办的公司。经与国务院有关部门联系,国务院国发〔1985〕102号《关于进一步清理和整顿公司的通知》也适用于企业办的公司。因此,同意你院意见,即富华公司资不抵债,华侨农场应对富华公司的债务负连带责任。鉴于华侨农场在富华公司被撤销后即成立了财产清算小组负责清理该公司的财产,根据本院一九八四年九月十七日《关于在经济审判工作中贯彻执行〈民事诉讼法(试行)〉若干问题的意见》"企业关闭的,由其主管单位或清理人(单位)作诉讼当事人"之规定,对涉及富华公司的经济纠纷案件,人民法院应将华侨农场和富华公司财产清算小组列为共同被告。

乌鲁木齐市中级法院审结的河北省青龙县皮毛厂诉富华公司购销羊皮合同货款纠纷案,在执行过程中,富华公司被撤销,根据上述原则,审理该案的原合议庭,应依据《民事诉讼法(试行)》第一百二十二条第一款第(六)项规定,裁定确认华侨农场和富华公司财产清算小组承担民事责任,执行原调解协议。

最高人民法院关于产品侵权案件的受害人能否以产品的商标所有人为被告提起民事诉讼的批复

1. 2002年7月4日最高人民法院审判委员会第1229次会议通过

2. 2002年7月11日公布

3. 法释〔2002〕22号

4. 自2002年7月28日起施行

北京市高级人民法院:

你院京高法〔2001〕271号《关于荆其廉、张新荣等诉美国通用汽车公司、美国通用汽车海外公司损害赔偿案诉讼主体确立问题处理结果的请示报告》收悉。经研究,我们认为,任何将自己的姓名、名称、商标或者可资识别的其他标识体现在产品上,表示其为产品制造者的企业或个人,均属于《中华人民共和国民法通则》第一百二十二条规定的"产品制造者"和《中华人民共和国产品质量法》规定的"生产者"。本案中美国通用汽车公司为事故车的商标所有人,根据受害人的起诉和本案的实际情况,本案以通用汽车公司、通用汽车海外公司、通用汽车巴西公司为被告并无不当。

最高人民法院关于中外合资经营企业对外发生经济合同纠纷，控制合营企业的外方与卖方有利害关系，合营企业的中方应以谁的名义向人民法院起诉问题的复函

1. 1994年11月4日公布
2. 法经〔1994〕269号

江苏省高级人民法院：

你院苏高法〔1993〕214号请示收悉。经研究，答复如下：

据你院报告反映，张家港市涤沦长丝厂（以下简称长丝厂）与香港吉雄有限公司（以下简称吉雄公司）合资成立的张家港吉雄化纤有限公司（以下简称化纤有限公司）与香港大兴工程公司（以下简称大兴公司）发生的购销合同纠纷，因控制合营企业的港方吉雄公司与卖方大兴公司有直接利害关系，其拒绝召开董事会以合营企业名义起诉，致使长丝厂利益受到损害而无法得到法律保护。经研究认为，长丝厂可在合营企业董事会不作起诉的情况下行使诉权，人民法院依法应当受理。但就本案而言，由于合资经营合同与对外购买设备的合同中都订有仲裁条款，因此，其纠纷应提交仲裁裁决，法院不应受理。

最高人民法院经济审判庭关于合同公证失误公证机关能否作为被告问题的电话答复

1988年9月2日公布

陕西省高级人民法院：

你院陕高法经字（1988）第13号关于合同公证失误公证机关能否作为被告的请示报告收悉。经研究答复如下：

公证机关依照法定程序，证明经济合同的真实性和合法性，是国家对经济合同进行管理和监督的一项法律形式。签订经济合同，申请经济合同公证和履行经济合同中规定的权利和义务取决于经济合同当事人的意愿。公证机关对经济合同公证不当或者错误，不属于民法通则第一百二十一条规定的国家机关或者国家机关工作人员在执行职务中，侵犯公民、法人合法权益的行为。国家有关法律、法规也未对作出公证不当或者错误的可以向法院起诉的规定。因此，同意你院意见，在尚无明确法律规定之前，凡当事人对公证不当或者错误而将公证机关作为被告，要求公证机关赔偿损失向人民法院起诉的，人民法院不予受理。

此复

最高人民法院关于贵州德黔矿业有限公司在与贵州湘黔矿产公司、贵州军地矿产联合公司不当得利一案中是否具备诉讼主体资格的函

1995年9月14日公布

贵州省高级人民法院：

你院〔1995〕民请字第1号关于贵州德黔矿业有限公司在与贵州湘黔矿产公司、贵州军地矿产联合公司不当得利一案中是否具备诉讼主体资格的请示报告收悉。经研究认为：1994年12月24日，中国国际经济贸易仲裁委员会〔94〕贸仲字第7346号裁决要求自裁决之日起终止《贵州德黔发展有限公司合营合同》，合营公司依法进行清算。根据《中华人民共和国民法通则》第三十六条第二款、第四十条、第四十五条之规定，该裁决生效后，贵州德黔矿业有限公司应依法终止，其民事权利能力和民事行为能力随之消灭，按照法律规定应进行清算并停止清算范围外的活动。故同意你院审委会的第二种意见，即本案中的德黔矿业有限公司不具备诉讼主体资格。

最高人民法院关于贵州省遵义市遵渝五金电器联营公司诉内蒙古杭锦旗商业综合批发公司驻临河地方国营经营公司、内蒙古磴口县委机关劳动服务公司购销电冰箱合同货款纠纷案如何确定当事人的复函

1. 1993年7月19日公布
2. 法经〔1993〕139号

贵州省高级人民法院：

你院黔高法〔1993〕31号报告收悉。经研究，原则上同意你院审判委员会第二种意见，具体答复如下：

一、内蒙古巴彦淖尔盟建设银行(下称巴盟建行)不是购销电冰箱合同的当事人。它既未对购销合同双方当事人争执的诉讼标的提出独立的请求权，也与购销电冰箱合同纠纷案件的处理结果无法律上的利害关系，即无论何方败诉，均不存在需要巴盟建行履行某种义务问题。故巴盟建行不是购销合同货款纠纷案的第三人，该行对他人清偿电冰箱货款不承担连带责任。

二、杨守全(赛音)认为巴盟建行借其103万元款项，这有别于购销合同法律关系。他可以向有管辖权的人民法院另行起诉。

三、杨守全(赛音)以当时已被撤销的内蒙古磴口县委机关劳动服务公司的名义为贵州遵渝公司与内蒙古经营公司的购销合同提供所谓"担保"，且出具收据收到贵州遵渝公司的409台电冰箱，并将出售电冰箱货款据为己有用于履行其他债务，其已成为购销合同的实际需方，同时，也是本案的直接责任人，故杨守全(赛音)是诉讼中的合格被告，不应把内蒙古磴口县委机关劳动服务公司列为被告。

最高人民法院关于在经济纠纷案件审理中追加第三人的函

1. 1991年2月8日公布
2. 法(经)函〔1991〕11号

湖南省高级人民法院：

你院湘法经请字〔1990〕第4号关于广东省潮州市旅游产品服务部、广东省潮州市金石供销社诉湖南益阳市汽车运输公司公路货物运输合同货损赔偿纠纷一案的请示报告收悉。经研究，答复如下：

一、本案应当适用经国务院批准的《公路货物运输合同实施细则》。该细则的制定符合《经济合同法》第五十六条的规定，细则第十七条第二项关于承运方免责事由的规定与《经济合同法》第四十一条的规定并无矛盾。

二、本案作为托运人诉承运人的公路货物运输合同货损赔偿纠纷，应将肇事车主郭瑞根列入第三人。

此复

最高人民法院关于国营九三四四厂诉九江市甘棠工商企业贸易经理部购销钢材合同预付货款纠纷一案应将九江市农行列为当事人问题的复函

1. 1990年5月25日公布
2. 法(经)函〔1990〕36号

江西省高级人民法院：

你院赣法(经)请〔1990〕1号关于国营九三四四厂诉九江市甘棠工商企业贸易经理部购销钢材合同预付货款纠纷再审一案应否将九江市农行列为当事人的请示收悉。经研究，答复如下：

国营九三四四厂与九江市甘棠信托贸易服务公司(甘棠工商企业贸易经理部的前身)于1985年1月24日签订合同后，中国农业银行九江市支行信托部(现已撤销)超越职权予以鉴

证。同年2月7日，该信托部使用特种转账支票从九三四四厂电汇给九江市甘棠信托贸易服务公司的预付货款中扣划40万元抵作该服务公司的未到期贷款，使合同不能履行，损害了原告的利益。因此，可将信托部的主管单位九江市农行（即中国农业银行九江市支行）列为本案第三人。

此复

最高人民法院经济审判庭关于广西百色右江民族贸易开发总公司与广东顺德县上佳市镇工业供销公司购销合同纠纷再审案是否追加第三人问题的电话答复

1989年12月4日公布

广西壮族自治区高级人民法院：

你院法经字（1989）第15号请示收悉。关于百色地区中级法院再审的广西百色右江民族贸易开发总公司诉广东顺德县上佳市镇工业供销公司购销合同纠纷案，是否追加顺德县桂州营业所为本案第三人问题，经研究答复如下：

本案合同当事人双方相互串通，以订立购销汽车合同为名，变相借款，其行为违反了国家法律，被告依此合同取得的全部货款应予全部退出。尽管该项款已被顺德县桂州营业所扣划还贷，但并不因此免除被告应承担的民事责任。顺德县桂州营业所在不知情的前提上，将进入被告账户的该笔款项作为正常进款予以扣划还贷，其行为并无不当，故，对所扣划的全部款项不负有退赔的责任。因此，百色地区中级法院在再审中，不应列顺德县桂州营业所为本案第三人。

此复

附：

广西壮族自治区高级人民法院关于广西百色右江民族贸易开发总公司与广东顺德县上佳市镇工业供销公司购销合同纠纷再审案是否追加第三人问题的请示

1. 1989年5月29日公布
2. 法经字〔1989〕第15号

最高人民法院经济庭：

我区百色地区中级法院审理的百色右江民族贸易开发总公司诉广东省顺德县上佳市镇工业供销公司公司购销汽车合同纠纷一案，于1986年调解结案，因原审法院认为原调解认定事实不清，适用法律不当，提起再审。经查，被告签订合同的目的是为了借款还债，原告是否与其串通还未证实，但可以确认所签的是假经济合同（因标的物不存在）。因被告长期拖欠广东顺德县桂州营业所的贷款不还，所以，当原告按合同规定将货款电汇到被告账户时，营业所即扣收还贷。原审法院再审后，对是否追加该营业所为第三人问题意见有分歧，遂向我院请示。

我院在研究时有两种意见，第一种意见认为，按最高法院1986年对我院在审理广西鹿寨县工商行与河南省乡镇企业供销公司扣划预付货款纠纷一案时请示的“银行扣款是否正当”问题的答复，被告欠贷逾期不还，只要有款到其帐户，营业所有权直接从账户中扣款还贷，即营业所扣款是正当的，不应列营业所为第三人；第二种意见认为，预付货款所有权没有转移，营业所不应扣款，即使所有权转移了，被告也是将非法所得转移给营业所，营业所应退回该笔货款，因此，应将营业所列为第三人参加诉讼。

以上两种意见，我院根据鹿寨案例倾向于第一种意见。如何处理，请批示。

最高人民法院关于助理审判员可否作为合议庭成员并担任审判长问题的批复

1. 1983年5月25日公布

2. 法研字〔1983〕第12号

3. 已由法释〔2013〕2号废止

浙江省高级人民法院：

你院1983年4月20日(83)浙法研字9号请示报告收悉。关于助理审判员可否作为合议庭成员并担任审判长问题，根据人民法院组织法第三十七条第二款的规定，助理审判员由本院院长提出，经审判委员会通过，可以临时代行审判员职务。在履行上述规定的手续后，助理审判员在临时代行审判员职务时，应在工作中依法享有与审判员同等的权利，即可以独任审判，也可以成为合议庭成员，由院长或庭长指定也可以担任合议庭的审判长。但如果该合议庭成员中另有审判员时，则仍应指定审判员担任审判长。

此复

最高人民法院关于企业法人营业执照被吊销后，其民事诉讼地位如何确定的复函

1. 2000年1月29日公布

2. 法经〔2000〕24号函

辽宁省高级人民法院：

你院《关于企业法人营业执照被吊销后，其民事诉讼地位如何确定的请示》收悉。经研究，答复如下：

吊销企业法人营业执照，是工商行政管理机关依据国家工商行政法规对违法的企业法人作出的一种行政处罚。企业法人被吊销营业执照后，应当依法进行清算，清算程序结束并办理工商注销登记后，该企业法人才归于消灭。因此，企业法人被吊销营业执照后至被注销登记前，该企业法人仍应视为存续，可以自己的名义进行诉讼活动。如果该企业法人组成人员下落不明，无法通知参加诉讼，债权人以被吊销营业执照企业的开办单位为被告起诉的，人民法院也应予以准许。该开办单位对被吊销营业执照的企业法人，如果不存在投资不足或者转移资产逃避债务情形的，仅应作为企业清算人参加诉讼，承担清算责任。你院请示中涉及的问题，可参照上述精神办理。

此复

最高人民法院关于处理案外人异议问题的函

1. 1998年1月4日公布

2. 〔1998〕经他字第1号

天津市高级人民法院：

香港旭展有限公司向本院反映：天津市第二中级法院在执行该公司与山西省海外贸易公司购销生铁纠纷仲裁案时，驳回了案外人山西省粮油总公司天津金良科工贸实业公司对财产保全裁定的异议，5个月后又受理了该案外人与所持异议主张相同的诉讼请求，此案现正由你院审理。对此，该公司认为：天津市第二中级法院停止执行和受理案外人诉讼，在程序上违法，损害了该公司的合法权益，请求本院对此案予以审查并纠正错误。

本院经审查认为：天津市第二中级法院在执行生效仲裁裁决过程中，已依法驳回了案外人对该院财产保全裁定的异议，此后再受理此“异议之诉”并作出［1997］二中经一初字第74号民事判决，没有法律依据；且该院在其制作的法律文书仍发生法律效力的情况下，又用普通程序予以审理，与法相悖。为此，特通知你院：

一、依法撤销天津市第二中级法院［1997］二中经一初字第74号民事判决，驳回起诉。

二、监督天津市第二中级法院依法执行本案仲裁裁决书，妥善处理相关事宜，并将执行结果报告本院。

四、证　　据

最高人民法院关于民事诉讼证据的若干规定

1. 2001年12月6日最高人民法院审判委员会第1201次会议通过
2. 2001年12月21日公布
3. 法释〔2001〕33号
4. 自2002年4月1日起施行
5. 根据2008年12月16日公布的《最高人民法院关于调整司法解释等文件中引用〈中华人民共和国民事诉讼法〉条文序号的决定》（法释〔2008〕18号调整）

为保证人民法院正确认定案件事实，公正、及时审理民事案件，保障和便利当事人依法行使诉讼权利，根据《中华人民共和国民事诉讼法》（以下简称《民事诉讼法》）等有关法律的规定，结合民事审判经验和实际情况，制定本规定。

一、当事人举证

第一条　原告向人民法院起诉或者被告提出反诉，应当附有符合起诉条件的相应的证据材料。

第二条　当事人对自己提出的诉讼请求所依据的事实或者反驳对方诉讼请求所依据的事实有责任提供证据加以证明。

没有证据或者证据不足以证明当事人的事实主张的，由负有举证责任的当事人承担不利后果。

第三条　人民法院应当向当事人说明举证的要求及法律后果，促使当事人在合理期限内积极、全面、正确、诚实地完成举证。

当事人因客观原因不能自行收集的证据，可申请人民法院调查收集。

第四条　下列侵权诉讼，按照以下规定承担举证责任：

（一）因新产品制造方法发明专利引起的专利侵权诉讼，由制造同样产品的单位或者个人对其产品制造方法不同于专利方法承担举证责任；

（二）高度危险作业致人损害的侵权诉讼，由加害人就受害人故意造成损害的事实承担举证责任；

（三）因环境污染引起的损害赔偿诉讼，由加害人就法律规定的免责事由及其行为与损害结果之间不存在因果关系承担举证责任；

（四）建筑物或者其他设施以及建筑物上的搁置物、悬挂物发生倒塌、脱落、坠落致人损害的侵权诉讼，由所有人或者管理人对其无过错承担举证责任；

（五）饲养动物致人损害的侵权诉讼，由动物饲养人或者管理人就受害人有过错或者第三人有过错承担举证责任；

（六）因缺陷产品致人损害的侵权诉讼，由产品的生产者就法律规定的免责事由承担举证责任；

（七）因共同危险行为致人损害的侵权诉讼，由实施危险行为的人就其行为与损害结果之间不存在因果关系承担举证责任；

（八）因医疗行为引起的侵权诉讼，由医疗机构就医疗行为与损害结果之间不存在因果关系及不存在医疗过错承担举证责任。

有关法律对侵权诉讼的举证责任有特殊规定的，从其规定。

第五条　在合同纠纷案件中，主张合同关系成立并生效的一方当事人对合同订立和生效的事实承担举证责任；主张合同关系变更、解除、终止、撤销的一方当事人对引起合同关系变动的事实承担举证责任。

对合同是否履行发生争议的，由负有履行义务的当事人承担举证责任。

对代理权发生争议的，由主张有代理权一方当事人承担举证责任。

第六条　在劳动争议纠纷案件中，因用人单位作出开除、除名、辞退、解除劳动合同、减少劳动报酬、计算劳动者工作年限等决定而发生劳动争议的，由用人单位负举证责任。

第七条　在法律没有具体规定，依本规定及其他司法解释无法确定举证责任承担时，人民法院可以根据公平原则和诚实信用原则,综合当事人举证能力等因素确定举证责任的承担。

第八条 诉讼过程中,一方当事人对另一方当事人陈述的案件事实明确表示承认的,另一方当事人无需举证。但涉及身份关系的案件除外。

对一方当事人陈述的事实,另一方当事人既未表示承认也未否认,经审判人员充分说明并询问后,其仍不明确表示肯定或者否定的,视为对该项事实的承认。

当事人委托代理人参加诉讼的,代理人的承认视为当事人的承认。但未经特别授权的代理人对事实的承认直接导致承认对方诉讼请求的除外;当事人在场但对其代理人的承认不作否认表示的,视为当事人的承认。

当事人在法庭辩论终结前撤回承认并经对方当事人同意,或者有充分证据证明其承认行为是在受胁迫或者重大误解情况下作出且与事实不符的,不能免除对方当事人的举证责任。

第九条 下列事实,当事人无需举证证明:

(一)众所周知的事实;

(二)自然规律及定理;

(三)根据法律规定或者已知事实和日常生活经验法则,能推定出的另一事实;

(四)已为人民法院发生法律效力的裁判所确认的事实;

(五)已为仲裁机构的生效裁决所确认的事实;

(六)已为有效公证文书所证明的事实。

前款(一)、(三)、(四)、(五)、(六)项,当事人有相反证据足以推翻的除外。

第十条 当事人向人民法院提供证据,应当提供原件或者原物。如需自己保存证据原件、原物或者提供原件、原物确有困难的,可以提供经人民法院核对无异的复制件或者复制品。

第十一条 当事人向人民法院提供的证据系在中华人民共和国领域外形成的,该证据应当经所在国公证机关予以证明,并经中华人民共和国驻该国使领馆予以认证,或者履行中华人民共和国与该所在国订立的有关条约中规定的证明手续。

当事人向人民法院提供的证据是在香港、澳门、台湾地区形成的,应当履行相关的证明手续。

第十二条 当事人向人民法院提供外文书证或者外文说明资料,应当附有中文译本。

第十三条 对双方当事人无争议但涉及国家利益、社会公共利益或者他人合法权益的事实,人民法院可以责令当事人提供有关证据。

第十四条 当事人应当对其提交的证据材料逐一分类编号,对证据材料的来源、证明对象和内容作简要说明,签名盖章,注明提交日期,并依照对方当事人人数提出副本。

人民法院收到当事人提交的证据材料,应当出具收据,注明证据的名称、份数和页数以及收到的时间,由经办人员签名或者盖章。

二、人民法院调查收集证据

第十五条 《民事诉讼法》第六十四条规定的"人民法院认为审理案件需要的证据",是指以下情形:

(一)涉及可能有损国家利益、社会公共利益或者他人合法权益的事实;

(二)涉及依职权追加当事人、中止诉讼、终结诉讼、回避等与实体争议无关的程序事项。

第十六条 除本规定第十五条规定的情形外,人民法院调查收集证据,应当依当事人的申请进行。

第十七条 符合下列条件之一的,当事人及其诉讼代理人可以申请人民法院调查收集证据:

(一)申请调查收集的证据属于国家有关部门保存并须人民法院依职权调取的档案材料;

(二)涉及国家秘密、商业秘密、个人隐私的材料;

(三)当事人及其诉讼代理人确因客观原因不能自行收集的其他材料。

第十八条 当事人及其诉讼代理人申请人民法院调查收集证据,应当提交书面申请。申请书应当载明被调查人的姓名或者单位名称、住所地等基本情况、所要调查收集的证据的内容、需要由人民法院调查收集证据的原因及其要证明的事实。

第十九条 当事人及其诉讼代理人申请人民法院调查收集证据，不得迟于举证期限届满前七日。

人民法院对当事人及其诉讼代理人的申请不予准许的，应当向当事人或其诉讼代理人送达通知书。当事人及其诉讼代理人可以在收到通知书的次日起三日内向受理申请的人民法院书面申请复议一次。人民法院应当在收到复议申请之日起五日内作出答复。

第二十条 调查人员调查收集的书证，可以是原件，也可以是经核对无误的副本或者复制件。是副本或者复制件的，应当在调查笔录中说明来源和取证情况。

第二十一条 调查人员调查收集的物证应当是原物。被调查人提供原物确有困难的，可以提供复制品或者照片。提供复制品或者照片的，应当在调查笔录中说明取证情况。

第二十二条 调查人员调查收集计算机数据或者录音、录像等视听资料的，应当要求被调查人提供有关资料的原始载体。提供原始载体确有困难的，可以提供复制件。提供复制件的，调查人员应当在调查笔录中说明其来源和制作经过。

第二十三条 当事人依据《民事诉讼法》第七十四条的规定向人民法院申请保全证据，不得迟于举证期限届满前七日。

当事人申请保全证据的，人民法院可以要求其提供相应的担保。

法律、司法解释规定诉前保全证据的，依照其规定办理。

第二十四条 人民法院进行证据保全，可以根据具体情况，采取查封、扣押、拍照、录音、录像、复制、鉴定、勘验、制作笔录等方法。

人民法院进行证据保全，可以要求当事人或者诉讼代理人到场。

第二十五条 当事人申请鉴定，应当在举证期限内提出。符合本规定第二十七条规定的情形，当事人申请重新鉴定的除外。

对需要鉴定的事项负有举证责任的当事人，在人民法院指定的期限内无正当理由不提出鉴定申请或者不预交鉴定费用或者拒不提供相关材料，致使对案件争议的事实无法通过鉴定结论予以认定的，应当对该事实承担举证不能的法律后果。

第二十六条 当事人申请鉴定经人民法院同意后，由双方当事人协商确定有鉴定资格的鉴定机构、鉴定人员，协商不成的，由人民法院指定。

第二十七条 当事人对人民法院委托的鉴定部门作出的鉴定结论有异议申请重新鉴定，提出证据证明存在下列情形之一的，人民法院应予准许：

（一）鉴定机构或者鉴定人员不具备相关的鉴定资格的；

（二）鉴定程序严重违法的；

（三）鉴定结论明显依据不足的；

（四）经过质证认定不能作为证据使用的其他情形。

对有缺陷的鉴定结论，可以通过补充鉴定、重新质证或者补充质证等方法解决的，不予重新鉴定。

第二十八条 一方当事人自行委托有关部门作出的鉴定结论，另一方当事人有证据足以反驳并申请重新鉴定的，人民法院应予准许。

第二十九条 审判人员对鉴定人出具的鉴定书，应当审查是否具有下列内容：

（一）委托人姓名或者名称、委托鉴定的内容；

（二）委托鉴定的材料；

（三）鉴定的依据及使用的科学技术手段；

（四）对鉴定过程的说明；

（五）明确的鉴定结论；

（六）对鉴定人鉴定资格的说明；

（七）鉴定人员及鉴定机构签名盖章。

第三十条 人民法院勘验物证或者现场，应当制作笔录，记录勘验的时间、地点、勘验人、在场人、勘验的经过、结果，由勘验人、在场人签名或者盖章。对于绘制的现场图应当注明绘制的时间、方位、测绘人姓名、身份等内容。

第三十一条 摘录有关单位制作的与案件事实相关的文件、材料，应当注明出处，并加盖制作单位或者保管单位的印章，摘录人和其他调查人员应当在摘录件上签名或者盖章。

摘录文件、材料应当保持内容相应的完整性,不得断章取义。

三、举证时限与证据交换

第三十二条 被告应当在答辩期届满前提出书面答辩,阐明其对原告诉讼请求及所依据的事实和理由的意见。

第三十三条 人民法院应当在送达案件受理通知书和应诉通知书的同时向当事人送达举证通知书。举证通知书应当载明举证责任的分配原则与要求、可以向人民法院申请调查取证的情形、人民法院根据案件情况指定的举证期限以及逾期提供证据的法律后果。

举证期限可以由当事人协商一致,并经人民法院认可。

由人民法院指定举证期限的,指定的期限不得少于三十日,自当事人收到案件受理通知书和应诉通知书的次日起计算。

第三十四条 当事人应当在举证期限内向人民法院提交证据材料,当事人在举证期限内不提交的,视为放弃举证权利。

对于当事人逾期提交的证据材料,人民法院审理时不组织质证。但对方当事人同意质证的除外。

当事人增加、变更诉讼请求或者提起反诉的,应当在举证期限届满前提出。

第三十五条 诉讼过程中,当事人主张的法律关系的性质或者民事行为的效力与人民法院根据案件事实作出的认定不一致的,不受本规定第三十四条规定的限制,人民法院应当告知当事人可以变更诉讼请求。

当事人变更诉讼请求的,人民法院应当重新指定举证期限。

第三十六条 当事人在举证期限内提交证据材料确有困难的,应当在举证期限内向人民法院申请延期举证,经人民法院准许,可以适当延长举证期限。当事人在延长的举证期限内提交证据材料仍有困难的,可以再次提出延期申请,是否准许由人民法院决定。

第三十七条 经当事人申请,人民法院可以组织当事人在开庭审理前交换证据。

人民法院对于证据较多或者复杂疑难的案件,应当组织当事人在答辩期届满后、开庭审理前交换证据。

第三十八条 交换证据的时间可以由当事人协商一致并经人民法院认可,也可以由人民法院指定。人民法院组织当事人交换证据的,交换证据之日举证期限届满。当事人申请延期举证经人民法院准许的,证据交换日相应顺延。

第三十九条 证据交换应当在审判人员的主持下进行。

在证据交换的过程中,审判人员对当事人无异议的事实、证据应当记录在卷;对有异议的证据,按照需要证明的事实分类记录在卷,并记载异议的理由。通过证据交换,确定双方当事人争议的主要问题。

第四十条 当事人收到对方交换的证据后提出反驳并提出新证据的,人民法院应当通知当事人在指定的时间进行交换。

证据交换一般不超过两次。但重大、疑难和案情特别复杂的案件,人民法院认为确有必要再次进行证据交换的除外。

第四十一条 《民事诉讼法》第一百二十五条第一款规定的"新的证据",是指以下情形:

(一)一审程序中的新的证据包括:当事人在一审举证期限届满后新发现的证据;当事人确因客观原因无法在举证期限内提供,经人民法院准许,在延长的期限内仍无法提供的证据。

(二)二审程序中的新的证据包括:一审庭审结束后新发现的证据;当事人在一审举证期限届满前申请人民法院调查取证未获准许,二审法院经审查认为应当准许并依当事人申请调取的证据。

第四十二条 当事人在一审程序中提供新的证据的,应当在一审开庭前或者开庭审理时提出。

当事人在二审程序中提供新的证据的,应当在二审开庭前或者开庭审理时提出;二审不需要开庭审理的,应当在人民法院指定的期限内提出。

第四十三条 当事人举证期限届满后提供的证据不是新的证据的,人民法院不予采纳。

当事人经人民法院准许延期举证,但因客观原因未能在准许的期限内提供,且不审理该证据可能导致裁判明显不公的，其提供的证据可视为新的证据。

第四十四条　《民事诉讼法》第一百七十九条第一款第(一)项规定的"新的证据"，是指原审庭审结束后新发现的证据。

当事人在再审程序中提供新的证据的，应当在申请再审时提出。

第四十五条　一方当事人提出新的证据的，人民法院应当通知对方当事人在合理期限内提出意见或者举证。

第四十六条　由于当事人的原因未能在指定期限内举证，致使案件在二审或者再审期间因提出新的证据被人民法院发回重审或者改判的，原审裁判不属于错误裁判案件。一方当事人请求提出新的证据的另一方当事人负担由此增加的差旅、误工、证人出庭作证、诉讼等合理费用以及由此扩大的直接损失，人民法院应予支持。

四、质　　证

第四十七条　证据应当在法庭上出示，由当事人质证。未经质证的证据，不能作为认定案件事实的依据。

当事人在证据交换过程中认可并记录在卷的证据，经审判人员在庭审中说明后，可以作为认定案件事实的依据。

第四十八条　涉及国家秘密、商业秘密和个人隐私或者法律规定的其他应当保密的证据，不得在开庭时公开质证。

第四十九条　对书证、物证、视听资料进行质证时，当事人有权要求出示证据的原件或者原物。但有下列情况之一的除外：

(一)出示原件或者原物确有困难并经人民法院准许出示复制件或者复制品的；

(二)原件或者原物已不存在，但有证据证明复制件、复制品与原件或原物一致的。

第五十条　质证时，当事人应当围绕证据的真实性、关联性、合法性，针对证据证明力有无以及证明力大小，进行质疑、说明与辩驳。

第五十一条　质证按下列顺序进行：

(一)原告出示证据，被告、第三人与原告进行质证；

(二)被告出示证据，原告、第三人与被告进行质证；

(三)第三人出示证据，原告、被告与第三人进行质证。

人民法院依照当事人申请调查收集的证据，作为提出申请的一方当事人提供的证据。

人民法院依照职权调查收集的证据应当在庭审时出示，听取当事人意见，并可就调查收集该证据的情况予以说明。

第五十二条　案件有两个以上独立的诉讼请求的，当事人可以逐个出示证据进行质证。

第五十三条　不能正确表达意志的人，不能作为证人。

待证事实与其年龄、智力状况或者精神健康状况相适应的无民事行为能力人和限制民事行为能力人，可以作为证人。

第五十四条　当事人申请证人出庭作证，应当在举证期限届满十日前提出，并经人民法院许可。

人民法院对当事人的申请予以准许的，应当在开庭审理前通知证人出庭作证，并告知其应当如实作证及作伪证的法律后果。

证人因出庭作证而支出的合理费用，由提供证人的一方当事人先行支付，由败诉一方当事人承担。

第五十五条　证人应当出庭作证，接受当事人的质询。

证人在人民法院组织双方当事人交换证据时出席陈述证言的，可视为出庭作证。

第五十六条　《民事诉讼法》第七十条规定的"证人确有困难不能出庭"，是指有下列情形：

(一)年迈体弱或者行动不便无法出庭的；

(二)特殊岗位确实无法离开的；

(三)路途特别遥远，交通不便难以出庭的；

(四)因自然灾害等不可抗力的原因无法出庭的；

(五)其他无法出庭的特殊情况。

前款情形，经人民法院许可，证人可以提交书面证言或者视听资料或者通过双向视听传输技术手段作证。

第五十七条　出庭作证的证人应当客观陈述其亲身感知的事实。证人为聋哑人的，可以其他表达方式作证。

证人作证时,不得使用猜测、推断或者评论性的语言。

第五十八条 审判人员和当事人可以对证人进行询问。证人不得旁听法庭审理;询问证人时,其他证人不得在场。人民法院认为有必要的,可以让证人进行对质。

第五十九条 鉴定人应当出庭接受当事人质询。

鉴定人确因特殊原因无法出庭的,经人民法院准许,可以书面答复当事人的质询。

第六十条 经法庭许可,当事人可以向证人、鉴定人、勘验人发问。

询问证人、鉴定人、勘验人不得使用威胁、侮辱及不适当引导证人的言语和方式。

第六十一条 当事人可以向人民法院申请由一至二名具有专门知识的人员出庭就案件的专门性问题进行说明。人民法院准许其申请的,有关费用由提出申请的当事人负担。

审判人员和当事人可以对出庭的具有专门知识的人员进行询问。

经人民法院准许,可以由当事人各自申请的具有专门知识的人员就有关案件中的问题进行对质。

具有专门知识的人员可以对鉴定人进行询问。

第六十二条 法庭应当将当事人的质证情况记入笔录,并由当事人核对后签名或者盖章。

五、证据的审核认定

第六十三条 人民法院应当以证据能够证明的案件事实为依据依法作出裁判。

第六十四条 审判人员应当依照法定程序,全面、客观地审核证据,依据法律的规定,遵循法官职业道德,运用逻辑推理和日常生活经验,对证据有无证明力和证明力大小独立进行判断,并公开判断的理由和结果。

第六十五条 审判人员对单一证据可以从下列方面进行审核认定:

(一)证据是否原件、原物,复印件、复制品与原件、原物是否相符;

(二)证据与本案事实是否相关;

(三)证据的形式、来源是否符合法律规定;

(四)证据的内容是否真实;

(五)证人或者提供证据的人,与当事人有无利害关系。

第六十六条 审判人员对案件的全部证据,应当从各证据与案件事实的关联程度、各证据之间的联系等方面进行综合审查判断。

第六十七条 在诉讼中,当事人为达成调解协议或者和解的目的作出妥协所涉及的对案件事实的认可,不得在其后的诉讼中作为对其不利的证据。

第六十八条 以侵害他人合法权益或者违反法律禁止性规定的方法取得的证据,不能作为认定案件事实的依据。

第六十九条 下列证据不能单独作为认定案件事实的依据:

(一)未成年人所作的与其年龄和智力状况不相当的证言;

(二)与一方当事人或者其代理人有利害关系的证人出具的证言;

(三)存有疑点的视听资料;

(四)无法与原件、原物核对的复印件、复制品;

(五)无正当理由未出庭作证的证人证言。

第七十条 一方当事人提出的下列证据,对方当事人提出异议但没有足以反驳的相反证据的,人民法院应当确认其证明力:

(一)书证原件或者与书证原件核对无误的复印件、照片、副本、节录本;

(二)物证原物或者与物证原物核对无误的复制件、照片、录像资料等;

(三)有其他证据佐证并以合法手段取得的、无疑点的视听资料或者与视听资料核对无误的复制件;

(四)一方当事人申请人民法院依照法定程序制作的对物证或者现场的勘验笔录。

第七十一条 人民法院委托鉴定部门作出的鉴定结论,当事人没有足以反驳的相反证据和理由的,可以认定其证明力。

第七十二条 一方当事人提出的证据,另一方当事人认可或者提出的相反证据不足以反驳的,人民法院可以确认其证明力。

一方当事人提出的证据,另一方当事人有

异议并提出反驳证据，对方当事人对反驳证据认可的，可以确认反驳证据的证明力。

第七十三条　双方当事人对同一事实分别举出相反的证据，但都没有足够的依据否定对方证据的，人民法院应当结合案件情况，判断一方提供证据的证明力是否明显大于另一方提供证据的证明力，并对证明力较大的证据予以确认。

因证据的证明力无法判断导致争议事实难以认定的，人民法院应当依据举证责任分配的规则作出裁判。

第七十四条　诉讼过程中，当事人在起诉状、答辩状、陈述及其委托代理人的代理词中承认的对己方不利的事实和认可的证据，人民法院应当予以确认，但当事人反悔并有相反证据足以推翻的除外。

第七十五条　有证据证明一方当事人持有证据无正当理由拒不提供，如果对方当事人主张该证据的内容不利于证据持有人，可以推定该主张成立。

第七十六条　当事人对自己的主张，只有本人陈述而不能提出其他相关证据的，其主张不予支持。但对方当事人认可的除外。

第七十七条　人民法院就数个证据对同一事实的证明力，可以依照下列原则认定：

（一）国家机关、社会团体依职权制作的公文书证的证明力一般大于其他书证；

（二）物证、档案、鉴定结论、勘验笔录或者经过公证、登记的书证，其证明力一般大于其他书证、视听资料和证人证言；

（三）原始证据的证明力一般大于传来证据；

（四）直接证据的证明力一般大于间接证据；

（五）证人提供的对与其有亲属或者其他密切关系的当事人有利的证言，其证明力一般小于其他证人证言。

第七十八条　人民法院认定证人证言，可以通过对证人的智力状况、品德、知识、经验、法律意识和专业技能等的综合分析作出判断。

第七十九条　人民法院应当在裁判文书中阐明证据是否采纳的理由。

对当事人无争议的证据，是否采纳的理由可以不在裁判文书中表述。

六、其　　他

第八十条　对证人、鉴定人、勘验人的合法权益依法予以保护。

当事人或者其他诉讼参与人伪造、毁灭证据，提供假证据，阻止证人作证，指使、贿买、胁迫他人作伪证，或者对证人、鉴定人、勘验人打击报复的，依照《民事诉讼法》第一百零二条的规定处理。

第八十一条　人民法院适用简易程序审理案件，不受本解释中第三十二条、第三十三条第三款和第七十九条规定的限制。

第八十二条　本院过去的司法解释，与本规定不一致的，以本规定为准。

第八十三条　本规定自2002年4月1日起施行。2002年4月1日尚未审结的一审、二审和再审民事案件不适用本规定。

本规定施行前已经审理终结的民事案件，当事人以违反本规定为由申请再审的，人民法院不予支持。

本规定施行后受理的再审民事案件，人民法院依据《民事诉讼法》第一百八十四条的规定进行审理的，适用本规定。

最高人民法院关于未经对方当事人同意私自录音取得的资料能否作为证据使用问题的批复

1. 1995年3月6日公布
2. 法复〔1995〕2号

河北省高级人民法院：

你院冀高法〔1994〕39号请示收悉。经研究，答复如下：

证据的取得首先要合法，只有经过合法途径取得的证据才能作为定案的根据。未经对方当事人同意私自录制其谈话，系不合法行为，以这种手段取得的录音资料，不能作为证据使用。

此复

最高人民法院关于适用《关于民事诉讼证据的若干规定》中有关举证时限规定的通知

1. 2008年12月11日公布
2. 法发〔2008〕42号

全国地方各级人民法院、各级军事法院、各铁路运输中级法院和基层法院、各海事法院,新疆生产建设兵团各级法院:

最高人民法院《关于民事诉讼证据的若干规定》(以下简称《证据规定》)自2002年4月1日施行以来,对于指导和规范人民法院的审判活动,提高诉讼当事人的证据意识,促进民事审判活动公正有序地开展,起到了积极的作用。但随着新情况、新问题的出现,一些地方对《证据规定》中的个别条款,特别是有关举证时限的规定理解不统一。为切实保障当事人诉讼权利的充分行使,保障人民法院公正高效行使审判权,现将适用《证据规定》中举证时限规定等有关问题通知如下:

一、关于第三十三条第三款规定的举证期限问题。《证据规定》第三十三条第三款规定的举证期限是指在适用一审普通程序审理民事案件时,人民法院指定当事人提供证据证明其主张的基础事实的期限,该期限不得少于三十日。但是人民法院在征得双方当事人同意后,指定的举证期限可以少于三十日。前述规定的举证期限届满后,针对某一特定事实或特定证据或者基于特定原因,人民法院可以根据案件的具体情况,酌情指定当事人提供证据或者反证的期限,该期限不受"不得少于三十日"的限制。

二、关于适用简易程序审理案件的举证期限问题。适用简易程序审理的案件,人民法院指定的举证期限不受《证据规定》第三十三条第三款规定的限制,可以少于三十日。简易程序转为普通程序审理,人民法院指定的举证期限少于三十日的,人民法院应当为当事人补足不少于三十日的举证期限。但在征得当事人同意后,人民法院指定的举证期限可以少于三十日。

三、关于当事人提出管辖权异议后的举证期限问题。当事人在一审答辩期内提出管辖权异议的,人民法院应当在驳回当事人管辖权异议的裁定生效后,依照《证据规定》第三十三条第三款的规定,重新指定不少于三十日的举证期限。但在征得当事人同意后,人民法院可以指定少于三十日的举证期限。

四、关于对人民法院依职权调查收集的证据提出相反证据的举证期限问题。人民法院依照《证据规定》第十五条调查收集的证据在庭审中出示后,当事人要求提供相反证据的,人民法院可以酌情确定相应的举证期限。

五、关于增加当事人时的举证期限问题。人民法院在追加当事人或者有独立请求权的第三人参加诉讼的情况下,应当依照《证据规定》第三十三条第三款的规定,为新参加诉讼的当事人指定举证期限。该举证期限适用于其他当事人。

六、关于当事人申请延长举证期限的问题。当事人申请延长举证期限经人民法院准许的,为平等保护双方当事人的诉讼权利,延长的举证期限适用于其他当事人。

七、关于增加、变更诉讼请求以及提出反诉时的举证期限问题。当事人在一审举证期限内增加、变更诉讼请求或者提出反诉,或者人民法院依照《证据规定》第三十五条的规定告知当事人可以变更诉讼请求后,当事人变更诉讼请求的,人民法院应当根据案件的具体情况重新指定举证期限。当事人对举证期限有约定的,依照《证据规定》第三十三条第二款的规定处理。

八、关于二审新的证据举证期限的问题。在第二审人民法院审理中,当事人申请提供新的证据的,人民法院指定的举证期限,不受"不得少于三十日"的限制。

九、关于发回重审案件举证期限问题。发回重审的案件,第一审人民法院在重新审理时,可以结合案件的具体情况和发回重审的原因等情况,酌情确定举证期限。如果案件是因违反法定程序被发回重审的,人民法院在征求当事人的意见后,可以不再指定举证期限或者酌情指定举证期限。但案件因遗漏当事人被发回重审的,按照本通知第五条处理。如果案件是因认定事实不清、证据不足发回重审的,人民法院可以要求当事人协商确定举证期限,或者酌情指定举证期限。上述举证期限不受“不得少于三十日”的限制。

十、关于新的证据的认定问题。人民法院对于“新的证据”,应当依照《证据规定》第四十一条、第四十二条、第四十三条、第四十四条的规定,结合以下因素综合认定:

(一)证据是否在举证期限或者《证据规定》第四十一条、第四十四条规定的其他期限内已经客观存在;

(二)当事人未在举证期限或者司法解释规定的其他期限内提供证据,是否存在故意或者重大过失的情形。

最高人民法院印发《〈关于民事诉讼证据的若干规定〉文书样式(试行)》的通知

2003年1月9日公布实施

各省、自治区、直辖市高级人民法院,解放军军事法院,新疆维吾尔自治区高级人民法院生产建设兵团分院:

为推动最高人民法院《关于民事诉讼证据的若干规定》的贯彻施行,进一步规范人民法院的审判活动,最高人民法院审判委员会于2002年11月25日第1258次会议讨论通过《〈关于民事诉讼证据的若干规定〉文书样式(试行)》。现印发给你们,请认真贯彻执行。执行中如存在问题,望及时报告我院。

2003年1月9日

附:

《关于民事诉讼证据的若干规定》
文书样式(试行)

样式之一

××× 人民法院
应诉通知书
(××××)×××字第××号

×××:

本院已受理×××(原告或者上诉人的姓名或名称)诉你方×××(案由)纠纷一案,现发送×诉状副本一份,并将有关事项通知如下:

一、当事人在诉讼过程中,有权行使《中华人民共和国民事诉讼法》第五十条、第五十一条、第五十二条等规定的诉讼权利,同时必须遵守诉讼秩序,履行诉讼义务。

二、你方应当在收到×诉讼之日起十五日(涉外案件为三十日)内向本院提交答辩状一式×份。

三、法人或者其他组织参加诉讼的,应当提交法人或者其他组织资格证明以及法定代表人身份证明书或者负责人身份证明书。自然人参加诉讼的,应当提交身份证明。

四、需要委托代理人代为诉讼的,应当提交由委托人签名或者盖章的授权委托书,授权委托书应当依照《中华人民共和国民事诉讼法》第五十九条的规定载明委托事项和权限。

××××年××月××日

说明:

本通知书送达被告或者被上诉人。

样式之二

××× 人民法院
举证通知书
(××××)×××字第××号

×××:

根据《中华人民共和国民事诉讼法》和最高人民法院《关于民事诉讼证据的若干规定》,现将有关举证事项通知如下:

一、当事人应当对自己提出的诉讼请求所依据的事实或者反驳对方诉讼请求所依据的事实承担举证责任。当事人没有证据或者提出的证据不足以证明其事实主张的,由负有举证责任的当事人承担不利后果。

二、向人民法院提供证据,应当提供原件或者原物,或经人民法院核对无异的复制件或者复制品。并应对提交的证据材料逐一分类编号,对证据材料的来源、证明对象和内容作简要说明,依照对方当事人人数提出副本。

三、申请鉴定,增加、变更诉讼请求或者提出反诉,应当在举证期限届满前提出。

四、你方申请证人作证,应当在举证期限届满的十日前向本院提出申请。

五、申请证据保全,应当在举证期限届满的七日前提出,本院可根据情况要求你方提供相应的担保。

六、你方在收到本通知书后,可以与对方当事人协商确定举证期限后,向本院申请认可。

你方与对方当事人未能协商一致,或者未申请本院认可,或本院不予认可的,你方应当于××××年××月××日前向本院提交证据。

七、你方在举证期限内提交证据材料确有困难的,可以依照最高人民法院《关于民事诉讼证据的若干规定》第三十六条的规定,向本院申请延期举证。

八、你方在举证期限届满后提交的证据不符合最高人民法院《关于民事诉讼证据的若干规定》第四十一条、第四十三条第二款、第四十四条规定的"新的证据"的规定的,视为你方放弃举证权利。但对方当事人同意质证的除外。

九、符合最高人民法院《关于民事诉讼证据的若干规定》第十七条规定的条件之一的,你方可以在举证期限届满的七日前书面申请本院调查收集证据。

附:

1.存在最高人民法院《关于民事诉讼证据的若干规定》(以下简称《证据规定》)第四条或者第五条、第六条规定的情形的,审判人员可以针对不同案件情况填写。

2.如当事人可能提供域外形成的证据的,审判人员应当根据《证据规定》第十一条、第十二条的规定,填写相关内容。

3.……(审判人员认为有必要的,可以根据案件的具体情况,指定当事人提供与本案有关的证据)

××××年××月××日

(院印)

说明:

本通知书适用于一审诉讼程序。

人民法院指定举证期限时,应当指定举证期限届满的时间。后收到通知书的一方当事人举证期限不足30日的,自其收到通知书起第31日为举证期限届满的时间。

注:

①适用简易程序的,当事人申请的时间可以不受十日的限制。

②适用简易程序的,当事人申请的时间可以不受七日的限制。

样式之三

×××人民法院

通 知 书

(准许延长举证期限申请)

(××××)×××字第××号

×××:

你方与××××(对方当事人的姓名或者名称及案由)纠纷一案,×××(申请人的姓名或者名称)于××××年××月××日以……(申请延长举证期限的理由),在举证期限内提交证据确有困难为由,向本院申请延期举证。

经审查,×××(申请人的姓名或者名称)的申请符合最高人民法院《关于民事诉讼证据的若干规定》第三十六条的规定,本院予以准许。延长本案举证期限至××××年××月××日。

××××年××月××日

(院印)

说明:

①本通知书适用于《证据规定》第三十六条的情形。

②延长举证期限系延长双方当事人的举证期限,而非仅针对一方当事人。本通知书应当送达双方当事人。

样式之四

×××人民法院

通 知 书

(不予准许延长举证期限申请)

(××××)×××字第××号

×××:

你方与××××(对方当事人的姓名或者名称及案由)纠纷一案,×××(申请人的姓名或者名称)于××××年××月××日以……(申请延长举证期限的理由),在举证期限内提交证据确有困难为由,向本院申请延期举证。

经审查,×××(申请人的姓名或者名称)申请延长举证期限的理由不成立,根据最高人民法院《关于民事诉讼证据的若干规定》第三十六条的规定，本院予以准许。

××××年××月××日
（院印）

说明：

①本通知书适用于《证据规定》第三十六条的情形。

②本通知书送达申请人。本通知书的内容，人民法院可以口头方式告知申请人，并记入笔录，由当事人或代理人签名。

样式之五

×××人民法院
通 知 书
（准许/不予准许当事人
变更举证期限申请）
（××××）×××字第××号

×××：

你方与××××（对方当事人的姓名或者名称及案由）纠纷一案，本院于××××年××月××日向你方发出举证通知书，指定你方于××××年××月××日前向本院提交证据。现你方与×××（对方当事人的姓名或者名称）协商确定双方于××××年××月××日前完成举证，并向本院申请认可。

经审查，本院予以准许（或“不予准许”）。

××××年××月××日
（院印）

说明：

准许的通知书应当送达双方当事人。不予准许的通知书，人民法院可以口头方式告知申请人，并记入笔录，由当事人或代理人签名。

样式之六

×××人民法院
通 知 书
（因公告送达变更举证期限）
（××××）×××字第××号

×××：

你方与××××（对方当事人的姓名或者名称及案由）纠纷一案，因……（根据案件涉及的“受送达人下落不明，或者以其他方式无法送达”的具体情况填写），本院现以公告方式向其送达有关诉讼文书。本案举证期限届满之日变更至××××年××月××日。逾期提供证据的，视为放弃举证权利。

××××年××月××日
（院印）

说明：

①变更后的举证期限届满日应自公告期届满之日起不少于30日。

②本通知书送达公告送达的受送达人之外的当事人。

样式之七

×××人民法院
通 知 书
（因追加当事人或有独立
请求权第三人参加
诉讼变更举证期限）
（××××）×××字第××号

×××：

你方与××××（对方当事人的姓名或者名称及案由）纠纷一案，因……（根据案件涉及的“追加当事人”或者“××作为有独立请求权第三人参加诉讼”具体情况填写，并应当写明追加的当事人的名称及诉讼地位），本院决定本案举证期限届满之日变更至××××年××月××日。逾期提供证据的，视为放弃举证权利。

××××年××月××日
（院印）

说明：

本通知书送达被追加人之外的各方当事人。

样式之八

×××人民法院
通 知 书
（二审指定举证期限）
（××××）×××字第××号

×××：

本院已受理你方与×××（对方当事人的姓名或者名称及案由）纠纷上诉一案。依照最高人民法院《关于民事诉讼证据的若干规定》,你方如有新的证据,可以与对方当事人协商确定举证期限后,向本院申请认可;未能协商一致,或者未申请本院认可,或者本院不予认可的,你方应当在××××年××月××日前提交有关证据。逾期提交证据的,视为放弃举证权利。

××××年××月××日

(院印)

说明:

①本通知书适用于二审指定举证期限的情形。

②人民法院指定的二审举证期限,不受《证据规定》第三十三条第三款"不少于三十日"的限制,人民法院可以根据案件情况指定。

③本通知书送达双方当事人。

样式之九

×××人民法院

通 知 书

(重新指定举证期限)

(××××)×××字第××号

×××:

你方与××××(对方当事人的姓名或者名称及案由)纠纷一案,×××(提出变更诉讼请求或反诉的当事人的姓名或者名称)已在举证期限届满前……(可根据当事人变更诉讼请求或者提出反诉的具体情况填写。适用《证据规定》第三十五条情形的,应当表述为"×××经本院告知已变更诉讼请求")。

你方应当于××××年××月××日前向本院提交证据。逾期不提交的,视为放弃举证权利。

××××年××月××日

(院印)

说明:

①本通知书适用于《证据规定》第三十四条第三款和第三十五条的情形。

②本通知书送达双方当事人。

样式之十

×××人民法院

通 知 书

(人民法院依当事人申请组织证据交换)

(××××)×××字第××号

×××:

你方与××××(对方当事人的姓名或者名称及案由)纠纷一案,经×××(申请人姓名或者名称)申请,本院根据最高人民法院《关于民事诉讼证据的若干规定》第三十七条的规定,决定组织当事人于××××年××月××日××时××分交换证据,你方应准时到×××(证据交换的地点)参加。证据交换之日举证期限届满,逾期提供证据的,视为放弃举证权利。

××××年××月××日

(院印)

说明:

①本通知书适用于《证据规定》第三十七条第一款的情形。

②本通知书送达双方当事人。

样式之十一

×××人民法院

通 知 书

(人民法院依职权组织证据交换)

(××××)×××字第××号

×××:

你方与××××(对方当事人的姓名或者名称及案由)纠纷一案,由于……(由审判人员根据案件证据较多或复杂疑难的具体情况填写),本院根据最高人民法院《关于民事诉讼证据的若干规定》第三十七条(再次组织证据交换的,应当依据《证据规定》第四十条)的规定,决定组织当事人于××××年××月××日××时××分交换证据,你方应准时到××(证据交换的地点)参加。证据交换之日举证期限届满,逾期提供证据的,视为放弃举证权利。

××××年××月××日

(院印)

说明：

①本通知书适用于《证据规定》第三十七条第二款和第四十条的情形。

②本通知书送达双方当事人。

样式之十二

×××人民法院

通　知　书

（不予准许证据交换申请）

（××××）×××字第××号

×××：

你方因与××××（对方当事人的姓名或者名称及案由）纠纷一案，于××××年××月××日向本院申请庭前交换证据。

经审查，本院认为，……（写明不予准许的理由）。对你方的申请，本院决定不予准许。

××××年××月××日

（院印）

说明：

①本通知书适用于《证据规定》第三十七条第一款的情形。

②本通知书送达申请人。本通知书内容，审判人员可口头告知当事人，并记入笔录，由当事人或者代理人签字。

样式之十三

×××人民法院

通　知　书

（准许当事人申请法院调查收集证据）

（××××）×××字第××号

×××：

你方与××××（对方当事人的姓名或者名称及案由）纠纷一案，×××（申请人的姓名或者名称）于××××年××月××日向本院申请调查收集……（当事人申请调查收集的证据的名称）。

经审查，你方的申请符合最高人民法院《关于民事诉讼证据的若干规定》的有关规定，本院予以准许。

××××年××月××日

（院印）

说明：

①本通知书送达申请方。

②本通知书的内容，人民法院可以口头告知当事人，并记入笔录，由申请人签字或者盖章。

样式之十四

×××人民法院

决　定　书

（不予准许当事人申请法院调查收集证据）

（××××）×××字第××号

×××：

你方因与××××（对方当事人的姓名或者名称及案由）纠纷一案，于××××年××月××日向本院申请调查收集……（当事人申请调查收集的证据名称）。

经审查，本院认为，……（人民法院不予准许当事人调查收集证据申请的理由）。你方的申请不符合最高人民法院《关于民事诉讼证据的若干规定》第十七条（可根据情况以第十八条或者第十九条为依据）的规定，本院决定不予准许。

如不服本决定，可以在收到本决定书的次日起三日内向本院书面申请复议一次。

××××年××月××日

（院印）

说明：

本决定书送达申请人。

样式之十五

×××人民法院

复　议　决　定　书

（驳回不予准许调查收集证据申请的复议）

（××××）×××字第××号

×××：

你方不服本院（××××）×××字第××号不予准许调查收集证据申请的决定，于××××年××月××日向本院申请复议。提出：……（当事人申请复议的请求和理由）。

经审查，本院认为，……（人民法院作出复议决定的理由）。依照最高人民法院《关于民事诉讼证据的若干规定》第十九条的规定,决定如下:驳回申请,维持原决定。

××××年××月××日

(院印)

说明:

本决定书送达申请人。

样式之十六

×××人民法院

复议决定书

(撤销原决定)

(××××)×××字第××号

×××:

×××不服本院(××××)×××字第××号不予准许调查收集证据申请的决定,于××××年××月××日向本院申请复议。提出:……(申请复议的请求和理由)。

经审查,本院认为,……(人民法院作出复议决定的理由)。依照最高人民法院《关于民事诉讼证据的若干规定》第十九条的规定,决定如下:

一、撤销本院××××年××月××日(××××)×××字第×××号决定;

二、准许×××(申请人民法院调查收集证据的当事人的姓名或者名称)于××××年××月××日向本院提出的调查收集……(当事人向人民法院申请调查收集的证据的名称)的申请。

××××年××月××日

(院印)

说明:

本决定书送达申请人。

样式之十七

×××人民法院

通知书

(证据保全担保)

(××××)×××字第××号

×××:

你方因与××××(对方当事人的姓名或者名称及案由)纠纷一案,于××××年××月××日向本院提出关于……(当事人申请保全的证据名称)证据保全的申请。根据最高人民法院《关于民事诉讼证据的若干规定》第二十三条第二款的规定,你方应当在收到本通知之日起××日内提供……(具体的担保方式。采取何种担保形式,人民法院可根据案件的具体情况指定)作为担保。逾期不提供担保的,视为放弃申请。

××××年××月××日

(院印)

说明:

本通知书送达申请人。

样式之十八

×××人民法院

民事裁定书

(证据保全用)

(××××)×××字第××号

申请人……(姓名或名称、住所地等基本情况)

被申请人……(姓名或名称、住所地等基本情况)

本院在审理×××与×××(当事人姓名或者名称及案由)纠纷一案中,×××(申请人姓名或者名称)于××××年××月××日向本院提出证据保全申请,请求……(当事人申请对何证据采取何种保全方法,当事人提供担保的,也应当写明)。

本院经审查认为,……(人民法院作出证据保全裁定的理由)。依照《中华人民共和国民事诉讼法》第七十四条、最高人民法院《关于民事诉讼证据的若干规定》第二十四条第一款的规定,裁定如下:

……(保全的证据名称、数量等情况及保全方法)。

审判长

审判员(或独任审判员)

审判员

本件与原本核对无异

××××年××月××日

(院印)

书记员

说明：

本裁定书应当送达申请人以及所涉及的各方当事人或相关的第三人。

样式之十九

×××人民法院

通知书

（驳回证据保全申请）

（××××）×××字第××号

×××：

你方因与×××（对方当事人姓名或者名称及案由）纠纷一案中，于××××年××月××日向本院提出证据保全申请，请求……（当事人申请对何证据采取何种保全方法，当事人提供担保的，也应当写明）。

本院经审查认为，……（作出决定的理由）。依照《中华人民共和国民事诉讼法》第七十四条、最高人民法院《关于民事诉讼证据的若干规定》第二十三条（有其他法律或司法解释规定的，可援引）的规定，本院决定驳回你方的证据保全申请。

××××年××月××日

（院印）

说明：

本通知书送达申请人。通知书内容可以口头方式告知当事人，并记入笔录，由当事人或者代理人签字。

样式之二十

×××人民法院

通知书

（准许重新鉴定申请）

（××××）×××字第××号

×××：

×××（申请重新鉴定的当事人的姓名或者名称）因与×××（对方当事人的姓名或者名称及案由）纠纷一案，对××院委托×××（鉴定机构的名称或者鉴定人员的姓名）所作的鉴定结论有异议，认为……（当事人申请重新鉴定的理由），并于××××年××月××日向本院申请重新鉴定。

经审查，×××（申请人的姓名或者名称）的申请符合最高人民法院《关于民事诉讼证据的若干规定》第二十七条的规定，本院予以准许。

××××年××月××日

（院印）

说明：

①本通知书适用《证据规定》第二十七条规定的情形。

②本通知书送达各方当事人。通知书的内容，审判人员可以当庭以口头方式告知当事人，并记入笔录，由双方当事人或者代理人签字。

样式之二十一

×××人民法院

通知书

（不予准许重新鉴定申请）

（××××）×××字第××号

×××：

你方因与×××（对方当事人的姓名或者名称及案由）纠纷一案，对××（原委托鉴定的人民法院名称）院委托××（原鉴定机构的名称或者鉴定人员的姓名）所作的鉴定结论有异议，认为……（当事人申请重新鉴定的理由），并于××××年××月××日向本院申请重新鉴定。

经审查，……（不予准许当事人重新鉴定申请的理由），你方的申请不符合最高人民法院《关于民事诉讼证据的若干规定》第二十七条的规定，本院不予准许。

××××年××月××日

（院印）

说明：

①本通知书适用于《证据规定》第二十七条规定的情形。

②本通知书送达申请人。通知书的内容，审判人员可以口头方式告知申请人，并记入笔录，由申请人或者其代理人签字。

样式之二十二

×××人民法院
通知书
(准许当事人申请证人出庭作证)
(××××)×××字第××号

×××:

你方因与×××(对方当事人的姓名或者名称及案由)纠纷一案,于××××年××月××日向本院申请证人×××(证人的姓名或者名称)出庭就……(证人作证的事项)事项陈述证言。

经审查,你方的申请符合最高人民法院《关于民事诉讼证据的若干规定》第五十四条的规定,本院予以准许。

××××年××月××日
(院印)

说明:

①本通知书适用于《证据规定》第五十四条的情形。

②本通知书送达申请方,但有关证人出庭作证的申请,应当记入证据目录或证据收据。

样式之二十三

×××人民法院
通知书
(不予准许当事人申请证人出庭作证)
(××××)×××字第××号

×××:

你方因与×××(对方当事人的姓名或者名称)纠纷一案,于××××年××月××日向本院申请证人×××(证人的姓名或者名称)出庭就……(证人作证的事项)事项陈述证言。经审查,……(不予准许当事人申请的理由),本院不予准许。

××××年××月××日
(院印)

说明:

①本通知书适用于《证据规定》第五十四条的情形。

②本通知书送达申请人。通知书的内容,审判人员可口头告知申请人,并记入笔录,由当事人或者代理人签字。

样式之二十四

×××人民法院
通知书
(人民法院依当事人申请
通知证人出庭作证)
(××××)×××字第××号

×××:

×××与×××(当事人的姓名或者名称及案由)纠纷一案,×××(申请证人出庭作证的当事人的姓名或者名称)向本院申请你(单位作为证人的,可填写"你单位")出庭作证,并已经本院准许。你(单位作为证人的,可填写"你单位")应于××××年××月××日××时××分携带有效身份证明到××(证人作证的地点)出席法庭审理(证人出席证据交换陈述证言的,可表述为"证据交换"),陈述证言。根据《中华人民共和国民事诉讼法》和最高人民法院《关于民事诉讼证据的若干规定》,现将有关事项通知如下:

一、凡是知道案件情况的单位和个人,都有义务出庭作证。

二、证人应当客观陈述亲身感知的事实,不得使用猜测、推断或者评论性的语言。证人不得宣读事先准备的书面证言。

三、证人应当如实作证,并如实回答审判人员和当事人的询问,作伪证的,应承担相应的法律责任。

四、证人不得旁听法庭审理,不得与当事人和其他证人交换意见。

五、证人的合法权利受法律保护。

××××年××月××日
(院印)

说明:

①本通知书适用于《证据规定》第五十四条的情形。

②本通知书送达证人。

样式之二十五

×××人民法院
通知书
（人民法院依职权通知证人出庭作证）
（××××）×××字第××号

×××：

×××与×××（当事人的姓名或者名称及案由）纠纷一案，本院现通知你（单位作为证人的，可填写“你单位”）作为证人，就……（证人作证的事项）事项出庭陈述证言。你（单位作为证人的，可填写“你单位”）应于××××年××月××日××时××分携带有效身份证明到××（证人作证的地点）出席法庭审理（证人出席证据交换陈述证言的，可表述为“证据交换”），陈述证言。根据《中华人民共和国民事诉讼法》和最高人民法院《关于民事诉讼证据的若干规定》，现将有关事项通知如下：

一、凡是知道案件情况的单位和个人，都有义务出庭作证。

二、证人应当客观陈述亲身感知的事实，不得使用猜测、推断或者评论性的语言。证人不得宣读事先准备的书面证言。

三、证人应当如实作证，并如实回答审判人员和当事人的询问，作伪证的，应承担相应的法律责任。

四、证人不得旁听法庭审理，不得与当事人和其他证人交换意见。

五、证人的合法权利受法律保护。

××××年××月××日
（院印）

说明：

①本通知书适用于人民法院依职权传唤证人出庭作证情形。

②本通知书送达证人。

样式之二十六

×××人民法院
通知书
（准许具有专门知识人员
出庭协助质证的申请）
（××××）×××字第××号

×××：

你方与×××（对方当事人的姓名或者名称及案由）纠纷一案，×××（申请具有专门知识的人员出庭的当事人的姓名或者名称）于××××年××月××日向本院申请×××（当事人申请的具有专门知识的人员的姓名）作为具有专门知识的人员出庭，就……（具有专门知识的人员协助质证的事项）事项协助质证。经审查，×××（申请具有专门知识的人员出庭的当事人的姓名或者名称）的申请符合最高人民法院《关于民事诉讼证据的若干规定》第六十一条的规定，本院予以准许。

××××年××月××日
（院印）

说明：

①本通知书适用于《证据规定》第六十一条的情形。

②为程序公正考虑，此通知书送达双方当事人。

样式之二十七

×××人民法院
通知书
（不予准许具有专门知识人员
出庭协助质证的申请）
（××××）×××字第××号

×××：

你方与×××（对方当事人的姓名或者名称及案由）纠纷一案，于××××年××月××日向本院申请×××（当事人申请的具有专门知识的人员的姓名）作为具有专门知识的人员出庭，就……（具有专门知识的人员协助质证的事项）

事项协助质证。经审查,你方的申请……(人民法院可以根据案件的具体情况,写明不予准许的理由),本院不予准许。

××××年××月××日
(院印)

说明:

①本通知书适用于《证据规定》第六十一条规定的情形。

②本通知书送达申请人。通知书内容,审判人员可口头告知申请人,并记入笔录,由申请人或者代理人签字。

样式之二十八

×××人民法院
通知书
(具有专门知识人员出庭协助质证)
(××××)×××字第××号×××

×××与×××(当事人的姓名或者名称及案由)纠纷一案,×××(申请具有专门知识的人员出庭的当事人的姓名或者名称)向本院申请你作为具有专门知识的人员出庭,就本案涉及的……(具有专门知识的人员协助质证的具体的专门性问题)问题协助其质证。本院经审查已准许×××(申请具有专门知识的人员出庭的当事人的姓名或者名称)的申请。现将有关事项通知如下:

一、你应当于××××年××月××日××时××分携带有效身份证明到××(法庭审理的地点)出席法庭审理。

二、你应当遵守法庭秩序,服从审判人员指挥,不得参与本案与……(具有专门知识的人员协助质证的具体的专门性问题)问题无关的诉讼活动。

三、审判人员和当事人可以对你进行询问。经人民法院准许,你可以与对方当事人申请的具有专门知识的人员就……(具有专门知识的人员协助质证的具体的专门性问题)问题进行对质。

四、你在法庭上可以就……(具有专门知识的人员协助质证的具体的专门性问题)问题对鉴定人进行询问。

××××年××月××日
(院印)

说明:

①本通知书适用于《证据规定》第六十一条的情形。

②为通知书送达出庭协助质证的具有专门知识的人员。

样式之二十九

×××人民法院
通知书
(对新的证据提出意见或者举证)
(××××)×××字第××号

×××:

你方与×××(对方当事人的姓名或者名称及案由)纠纷一案,×××(主张新的证据的当事人的姓名或者名称)依照最高人民法院《关于民事诉讼证据的若干规定》的有关规定向本院提交了新的证据:……(新的证据的名称)。你方应当在××××年××月××日前针对该项新的证据提出意见或者举证。逾期提交证据的,视为放弃举证权利。

××××年××月××日
(院印)

说明:

①本通知书适用于《证据规定》第四十五条的情形。

②本通知书送达提出新的证据的当事人的对方。

样式之三十

×××人民法院
通知书
(简易程序转普通程序)
(××××)×××字第××号

×××:

你方与×××(对方当事人的姓名或者名称及案由)纠纷一案,本院在适用简易程序审理的过程中,发现案情复杂,依照最高人民法院《关于适用〈中华人民共和国民事诉讼法〉若干问题的意见》第170条的规定,决定将本案转为适用普通程序，并由×××担任审判长，与×××、×××组成合议庭进行审理。

本案的举证期限延长至××××年××月××日，逾期提供证据的，视为放弃举证权利。

××××年××月××日

（院印）

说明：

①简易程序转为普通程序后，涉及举证期限的变化，由此，在程序转换通知书中应当一并写明有关举证期限的确定。

②本通知书送达双方当事人。

样式之三十一

×××人民法院

证 据 收 据

（××××）×××字第××号

今收到×××（提交证据的当事人的姓名或者名称）提交的证据……（单一证据可填写证据名称。如证据较多，可表述为“参见附录”）一式××份。

签收人：×××

××××年××月××日

附录：

序号	证据名称	份数	页数	原件/复制件	证明目的	备注

五、诉讼时效

最高人民法院关于审理民事案件适用诉讼时效制度若干问题的规定

1. 2008年8月11日最高人民法院审判委员会第1450次会议通过
2. 2008年8月21日公布
3. 法释〔2008〕11号
4. 自2008年9月1日起施行

为正确适用法律关于诉讼时效制度的规定,保护当事人的合法权益,依照《中华人民共和国民法通则》、《中华人民共和国物权法》、《中华人民共和国合同法》、《中华人民共和国民事诉讼法》等法律的规定,结合审判实践,制定本规定。

第一条 当事人可以对债权请求权提出诉讼时效抗辩,但对下列债权请求权提出诉讼时效抗辩的,人民法院不予支持:

(一)支付存款本金及利息请求权;

(二)兑付国债、金融债券以及向不特定对象发行的企业债券本息请求权;

(三)基于投资关系产生的缴付出资请求权;

(四)其他依法不适用诉讼时效规定的债权请求权。

第二条 当事人违反法律规定,约定延长或者缩短诉讼时效期间、预先放弃诉讼时效利益的,人民法院不予认可。

第三条 当事人未提出诉讼时效抗辩,人民法院不应对诉讼时效问题进行释明及主动适用诉讼时效的规定进行裁判。

第四条 当事人在一审期间未提出诉讼时效抗辩,在二审期间提出的,人民法院不予支持,但其基于新的证据能够证明对方当事人的请求权已过诉讼时效期间的情形除外。

当事人未按照前款规定提出诉讼时效抗辩,以诉讼时效期间届满为由申请再审或者提出再审抗辩的,人民法院不予支持。

第五条 当事人约定同一债务分期履行的,诉讼时效期间从最后一期履行期限届满之日起计算。

第六条 未约定履行期限的合同,依照合同法第六十一条、第六十二条的规定,可以确定履行期限的,诉讼时效期间从履行期限届满之日起计算;不能确定履行期限的,诉讼时效期间从债权人要求债务人履行义务的宽限期届满之日起计算,但债务人在债权人第一次向其主张权利之时明确表示不履行义务的,诉讼时效期间从债务人明确表示不履行义务之日起计算。

第七条 享有撤销权的当事人一方请求撤销合同的,应适用合同法第五十五条关于一年除斥期间的规定。

对方当事人对撤销合同请求权提出诉讼时效抗辩的,人民法院不予支持。

合同被撤销,返还财产、赔偿损失请求权的诉讼时效期间从合同被撤销之日起计算。

第八条 返还不当得利请求权的诉讼时效期间,从当事人一方知道或者应当知道不当得利事实及对方当事人之日起计算。

第九条 管理人因无因管理行为产生的给付必要管理费用、赔偿损失请求权的诉讼时效期间,从无因管理行为结束并且管理人知道或者应当知道本人之日起计算。

本人因不当无因管理行为产生的赔偿损失请求权的诉讼时效期间,从其知道或者应当知道管理人及损害事实之日起计算。

第十条 具有下列情形之一的,应当认定为民法通则第一百四十条规定的"当事人一方提出要求",产生诉讼时效中断的效力:

(一)当事人一方直接向对方当事人送交主张权利文书,对方当事人在文书上签字、盖章或者虽未签字、盖章但能够以其他方式证明该文书到达对方当事人的;

(二)当事人一方以发送信件或者数据电文方式主张权利,信件或者数据电文到达或者应当到达对方当事人的;

(三)当事人一方为金融机构,依照法律规定或者当事人约定从对方当事人账户中扣收欠款本息的；

（四）当事人一方下落不明，对方当事人在国家级或者下落不明的当事人一方住所地的省级有影响的媒体上刊登具有主张权利内容的公告的，但法律和司法解释另有特别规定的，适用其规定。

前款第（一）项情形中，对方当事人为法人或者其他组织的，签收人可以是其法定代表人、主要负责人、负责收发信件的部门或者被授权主体；对方当事人为自然人的，签收人可以是自然人本人、同住的具有完全行为能力的亲属或者被授权主体。

第十一条　权利人对同一债权中的部分债权主张权利，诉讼时效中断的效力及于剩余债权，但权利人明确表示放弃剩余债权的情形除外。

第十二条　当事人一方向人民法院提交起诉状或者口头起诉的，诉讼时效从提交起诉状或者口头起诉之日起中断。

第十三条　下列事项之一，人民法院应当认定与提起诉讼具有同等诉讼时效中断的效力：

（一）申请仲裁；

（二）申请支付令；

（三）申请破产、申报破产债权；

（四）为主张权利而申请宣告义务人失踪或死亡；

（五）申请诉前财产保全、诉前临时禁令等诉前措施；

（六）申请强制执行；

（七）申请追加当事人或者被通知参加诉讼；

（八）在诉讼中主张抵销；

（九）其他与提起诉讼具有同等诉讼时效中断效力的事项。

第十四条　权利人向人民调解委员会以及其他依法有权解决相关民事纠纷的国家机关、事业单位、社会团体等社会组织提出保护相应民事权利的请求，诉讼时效从提出请求之日起中断。

第十五条　权利人向公安机关、人民检察院、人民法院报案或者控告，请求保护其民事权利的，诉讼时效从其报案或者控告之日起中断。

上述机关决定不立案、撤销案件、不起诉的，诉讼时效期间从权利人知道或者应当知道不立案、撤销案件或者不起诉之日起重新计算；刑事案件进入审理阶段，诉讼时效期间从刑事裁判文书生效之日起重新计算。

第十六条　义务人作出分期履行、部分履行、提供担保、请求延期履行、制定清偿债务计划等承诺或者行为的，应当认定为民法通则第一百四十条规定的当事人一方“同意履行义务。”

第十七条　对于连带债权人中的一人发生诉讼时效中断效力的事由，应当认定对其他连带债权人也发生诉讼时效中断的效力。

对于连带债务人中的一人发生诉讼时效中断效力的事由，应当认定对其他连带债务人也发生诉讼时效中断的效力。

第十八条　债权人提起代位权诉讼的，应当认定对债权人的债权和债务人的债权均发生诉讼时效中断的效力。

第十九条　债权转让的，应当认定诉讼时效从债权转让通知到达债务人之日起中断。

债务承担情形下，构成原债务人对债务承认的，应当认定诉讼时效从债务承担意思表示到达债权人之日起中断。

第二十条　有下列情形之一的，应当认定为民法通则第一百三十九条规定的“其他障碍”，诉讼时效中止：

（一）权利被侵害的无民事行为能力人、限制民事行为能力人没有法定代理人，或者法定代理人死亡、丧失代理权、丧失行为能力；

（二）继承开始后未确定继承人或者遗产管理人；

（三）权利人被义务人或者其他人控制无法主张权利；

（四）其他导致权利人不能主张权利的客观情形。

第二十一条　主债务诉讼时效期间届满，保证人享有主债务人的诉讼时效抗辩权。

保证人未主张前述诉讼时效抗辩权，承担保证责任后向主债务人行使追偿权的，人民法院不予支持，但主债务人同意给付的情形除外。

第二十二条　诉讼时效期间届满，当事人一方向对方当事人作出同意履行义务的意思表示或者自愿履行义务后,又以诉讼时效期间届满为由进行抗辩的,人民法院不予支持。

第二十三条　本规定施行后,案件尚在一审或者二审阶段的,适用本规定;本规定施行前已经终审的案件,人民法院进行再审时,不适用本规定。

第二十四条　本规定施行前本院作出的有关司法解释与本规定相抵触的,以本规定为准。

最高人民法院关于对因妨害民事诉讼被罚款拘留的人不服决定申请复议的期间如何确定问题的批复

1. 1993年2月23日发布
2. 〔93〕法民字第7号

广东省高级人民法院:

你院《关于对因妨害民事诉讼被罚款拘留的人不服决定申请复议的期间如何确定问题的请示》收悉。经研究,同意你院意见,即不服人民法院作出的罚款、拘留决定的人,可在接到决定书之次日起三日内,向作出决定的人民法院提出书面申请,要求上一级人民法院复议,或直接向上一级人民法院申请复议。对提出书面申请有困难的,可以口头申请。当事人的口头申请,应当记入笔录,由当事人签名或者盖章。

最高人民法院对在审判工作中有关适用民法通则时效的几个问题的批复

1. 1987年5月22日公布
2. 法办〔2003〕242号

上海市高级人民法院:

你院〔86〕沪高法办字168号《关于民法通则施行后几个问题的请示报告》收悉。经征求全国人民代表大会常务委员会法制工作委员会的意见,现答复如下:

(一)人民法院审理民法通则施行前发生的民事案件,无论是已经受理尚未审结,还是今后受理的,凡民法通则施行前法律、政策已有规定的,则适用原来的法律、政策;民法通则施行前法律、政策没有规定的,可以参照民法通则的规定。

(二)民法通则施行前已经发生法律效力的判决,当事人提出申诉或者按审判监督程序决定再审的案件,仍应依照原来的法律、政策处理。

(三)民法通则施行前民事权利被侵害尚未处理的,无论被侵害人知道与否,向人民法院请求保护民事权利的诉讼时效期间,分别为民法通则第一百三十五条规定的二年或第一百三十六条规定的一年。诉讼时效期间自民法通则施行之日起计算。

民法通则施行前民事权利被侵害尚未处理的,无论是否超过二十年,向人民法院请求保护民事权利的诉讼时效期间,分别为民法通则第一百三十五条规定的二年或第一百三十六条规定的一年。诉讼时效期间自民法通则施行之日起计算。

对于上述诉讼时效期间,有特殊情况的,人民法院可以延长。

此复

最高人民法院关于买受人在交易时未支付价款向出卖人出具没有还款日期的欠款条诉讼时效期间应从何时开始计算问题的请示的答复

1. 2006年3月10日公布
2. 〔2005〕民二他字第35号

广东省高级人民法院:

你院粤高法民一请字[2005]1号《关于买受人在交易时未支付价款向出卖人出具没有还款日期的欠款条诉讼时效期间应从何时开始计算问题的请示》收悉。经研究,答复如下:

根据你院报告所述情况,冯树根向广州市白云农业综合服务有限公司(以下简称白云农业公司)购买农药,双方并未签订书面买卖合同,也无证据证明双方对合同的履行期限进行约定,因此,该合同属于未定履行期限的合同。根据《中华人民共和国合同法》第六十二条第一款第(四)

项及《中华人民共和国民法通则》第八十八条第二款第（二）项、第一百三十七条的规定，本案诉讼时效期间应从白云农业公司向冯树根主张权利时起算。本案不符合法复［1994］3号批复适用的条件，故同意你院审判委员会多数意见。

此复。

最高人民法院关于阜新液压件厂与盼盼集团有限公司购销合同纠纷案件诉讼时效请示问题的答复

1. *2003年3月31日公布*
2. *〔2002〕民二他字第30号*

辽宁省高级人民法院：

你院关于盼盼集团有限公司与阜新液压件厂购销合同纠纷一案的请示收悉，经研究，答复如下：

根据你院请示报告中所述的事实，1998年5月1日，阜新液压件厂（以下简称液压件厂）对原营口机床厂（以下简称机床厂）提起诉讼时，并不知道机床厂与盼盼集团有限公司（以下简称盼盼集团）正在办理收购事宜。此后，液压件厂在同样不知道机床厂已被盼盼集团收购的情况下，于1999年5月日再次向机床厂及其法定代表人主张债权，对该行为应当视为〈中华人民共和国民法通则〉第140条规定的"当事人一方提出要求"而使诉讼时效中断的行为。液压件厂对机床厂的诉讼时效应从1999年5月6日起重新计算。液压件厂于2000年5月18日对承接原机床厂债权债务的盼盼集团所提起的诉讼并未超过两年的诉讼时效期间。

最高人民法院关于购销合同标的物掺杂使假引起的诉讼如何确定诉讼时效的复函

1. *1992年1月16日公布*
2. *法函〔1992〕10号*

辽宁省高级人民法院：

你院〔1991〕经上字第4号《关于审理购销合同纠纷案件中标的物掺杂使假是否受诉讼时效期间约束问题的请示报告》收悉。经研究，答复如下：

因购销合同的标的物掺杂使假引起的纠纷，应当适用《中华人民共和国民法通则》第一百三十五条规定，即"向人民法院请求保护民事权利的诉讼时效期间为二年"。

最高人民法院关于企业或个人欠国家银行贷款逾期两年未还应当适用民法通则规定的诉讼时效问题的批复

1. *1993年2月22日公布*
2. *法复〔1993〕1号*

河南省高级人民法院：

你院豫法研〔1990〕23号请示收悉。关于企业或个人欠国家银行贷款逾期两年未还是否适用民法通则规定的诉讼时效问题，经研究，答复如下：

国家各专业银行及其他金融机构系实行独立核算的经济实体。它们与借款的企业或公民之间的借贷关系，是平等主体之间的债权债务关系。国家各专业银行及其他金融机构向人民法院请求保护其追偿贷款权利的，应当适用民法通则关于诉讼时效的规定。确已超过诉讼时效期间，并且没有诉讼时效中止、中断或者延长诉讼时效期间情况的，人民法院应当判决驳回其诉讼请求。

最高人民法院关于债务人在约定的期限届满后未履行债务而出具没有还款日期的欠款条诉讼时效期间应从何时开始计算问题的批复

1. *1994年3月26日公布*
2. *法复〔1994〕3号*

山东省高级人民法院：

你院鲁高法〔1992〕70号请示收悉。关于债务人在约定的期限届满后未履行债务，而出具没有还款日期的欠款条，诉讼时效期间应从何时开

始计算的问题,经研究,答复如下:

据你院报告称,双方当事人原约定,供方交货后,需方立即付款。需方收货后因无款可付,经供方同意写了没有还款日期的欠款条,根据《中华人民共和国民法通则》第一百四十条的规定,对此应认定诉讼时效中断。如果供方在诉讼时效中断后一直未主张权利,诉讼时效期间则应从供方收到需方所写欠款条之日的第二天开始重新计算。

最高人民法院关于超过诉讼时效期间借款人在催款通知单上签字或者盖章的法律效力问题的批复

1. *1999年1月29日最高人民法院审判委员会第1042次会议通过*
2. *1999年2月11日公布*
3. *法释〔1999〕7号*
4. *自1999年2月16日起施行*

河北省高级人民法院:

你院〔1998〕冀经一请字第38号《关于超过诉讼时效期间信用社向借款人发出的"催收到期贷款通知单"是否受法律保护的请示》收悉。经研究,答复如下:

根据《中华人民共和国民法通则》第四条、第九十条规定的精神,对于超过诉讼时效期间,信用社向借款人发出催收到期贷款通知单,债务人在该通知单上签字或者盖章的,应当视为对原债务的重新确认,该债权债务关系应受法律保护。

此复

最高人民法院关于当事人的诉讼请求超过诉讼时效人民法院不再予以保护问题的函复

1. *1992年4月11日公布*
2. *〔1991〕民他字第62号*

河北省高级人民法院:

你院冀法(民)(1991)178号关于阎贵子与王华珠、陈安国房屋确权申请再审案如何适用法律的请示收悉。经研究,答复如下:

陈安国于1976年4月借用王华珠的平房两间。不久,经亲属说合,陈按该房房价交给王华珠560元,王将房屋保持证、国有土地使用证和土地使用纳税卡交给陈安国。陈安国于1979年7月23日经中人说合,以原房价将该房卖给阎贵子。阎长期使用该房,并多次进行维修。王华珠知道上述情况,长期未主张权利。1990年11月2日,王华珠以陈安国与阎贵子的买卖关系非法,该房产权属其所有为由,向法院起诉请求保护其民事权利。王起诉时,已经超过诉讼时效。因此,依照《中华人民共和国民法通则》第135条、137条关于诉讼时效期间及超过诉讼时效不予保护的规定,本案应予再审,撤销原一、二审判决,驳回王华珠的诉讼请求。

最高人民法院经济审判庭关于诉讼时效期间问题的复函

1991年11月19日公布

江西省高级人民法院经济审判庭:

你庭赣法经〔1991〕3号《关于诉讼时效期间问题的请示》收悉。经研究,答复如下:

因出售质量不合格的商品而未声明引起的损害消费者利益的侵权诉讼和因产品质量不合格造成他人人身、财产损害引起的追究产品责任的侵权诉讼,适用民法通则第一百三十六条规定的1年的诉讼时效期间;至于购销、加工承揽等经济合同因质量纠纷引起的追究违约责任的合同诉讼,应当适用民法通则第一百三十五条规定的二年的诉讼时效期间。

此复

附:

江西省高级人民法院经济审判庭关于诉讼时效期间问题的请示

1. *1991年7月6日公布*
2. *赣法经〔1991〕3号*

最高人民法院经济庭:

《中华人民共和国民法通则》第一百三十六

条规定:出售质量不合格的商品未声明的,诉讼时效期间为一年。我们理解,该规定不包括购销合同和加工承揽合同等经济合同中因质量问题而提起的诉讼。购销合同和加工承揽合同等经济合同质量纠纷的诉讼时效期间应为二年。当否,请批示。

最高人民法院经济审判庭关于济南重型机械厂诉中国技术进出口总公司加工步进式管机合同纠纷案件诉讼时效问题的电话答复

1990年3月24日公布

山东省高级人民法院:

你院鲁法(经)发〔1990〕16号“关于济南重型机械厂诉中国技术进出口总公司加工步进式管机合同纠纷案件诉讼时效问题的请示报告”收悉。经研究,答复如下:

中技公司撤销刘润生兴鲁公司经理职务,济南重机厂并不知道。况且,刘润生被撤销经理职务后仍为兴鲁公司工作人员。济南重机厂向其主张权利应视为向兴鲁公司主张权利,刘润生1987年11月26日给济南重机厂写信表示付款,应视为以法人名义所为的法律行为。因此,济南重机厂1989年9月30日向中技公司主张权利,未超过法定诉讼时效。

此复

最高人民法院关于对全国证券回购机构间经统一清欠后尚余的债权债务诉讼时效问题的通知

1. *2001年2月20日公布*
2. *法〔2001〕9号*

各省、自治区、直辖市高级人民法院,新疆维吾尔自治区高级人民法院生产建设兵团分院:

我院于1998年12月18日和1999年1月21日,先后下发了法〔1998〕152号《关于中止审理、中止执行已编入全国证券回购机构间债务清欠链条的证券回购经济纠纷案件的通知》和法〔1999〕6号《关于补发最高人民法院〔1998〕152号通知附件的通知》。对已经编入全国证券回购机构间债务清欠链条的证券回购纠纷,决定暂不受理,对已经立案受理的案件中止诉讼和中止执行。2000年7月26日,我院又下发法〔2000〕115号《关于恢复受理、审理和执行已经编入全国证券回购机构间债务清欠链条的证券回购经济纠纷案件的通知》,对涉及已经编入全国证券回购机构间债务清欠链条,但债权债务未能清欠的证券回购纠纷,符合《中华人民共和国民事诉讼法》第一百零八条规定的,应当予以受理。现就此类案件诉讼时效问题通知如下:

凡已编入全国证券回购机构间债务清欠链条,经全国证券回购债务清欠办公室统一组织清欠后尚余的债权债务,其诉讼时效自我院法〔2000〕115号文件下发之日即2000年7月26日起重新计算。

特此通知。

中华人民共和国最高人民法院

最高人民法院关于四川高院请示长沙铁路天群实业公司贸易部与四川鑫达实业有限公司返还代收贷款一案如何适用法(民)复[1990]3号批复中“诉讼时效期间”问题的复函

1. *2000年4月5日公布*
2. *〔1999〕民他字第12号*

四川省高级人民法院:

你院〔1998〕川民终示字第138号《关于长沙铁路天群实业公司贸易部与四川鑫达实业有限公司返还代收货款一案的请示报告》收悉。据报告述称,长沙铁路天群实业公司贸易部(以下简称天群贸易部)为与成都军区铁合金厂清偿货款纠纷,于1994年11月25日向法院起诉,四川鑫达实业有限公司作为第三人参加诉讼。天群贸易部于1997年6月经法院准予撤诉后,又于1998年3月向法院起诉,要求鑫达公司返还代收货款。我院经研究认为,根据《民法通则》第一百四十条的规定,天群贸易部向法院起诉,应视为诉讼时效中断,诉讼时效期间应从撤诉之日起重新计算。

最高人民法院关于“乐平岭”轮货损索赔诉讼时效的复函

1. 1992年11月20日发布
2. 交民他字〔92〕第2号

广东省高级人民法院:

你院[1992]粤高法经复字第24号《关于“乐平岭”轮货损索赔诉讼时效的请示》收悉。经研究,现答复如下:

就海上货物运输向承运人要求赔偿的请求权时效,为特殊的时效,对此,在我国海商法中作出了特殊的规定。但在该法尚未施行的情况下,可依据《中华人民共和国民法通则》第一百四十二条第三款的规定,适用国际惯例。

目前,国际上的通常做法和《海牙规则》、《海牙-维斯比规则》都规定为一年的时效,我国海运部门在提单条款中规定的时效与国际上的通常做法一致。故同意你院关于海上货物运输合同适用一年诉讼时效的意见。

此复

最高人民法院经济审判庭关于广西第四地质队、吴进福诉广西玉林地区饮食服务公司、玉林地区商业局购销麻袋合同货款纠纷一案是否超过诉讼时效问题的复函

1. 1992年5月4日公布
2. 法经〔1992〕69号

广西壮族自治区高级人民法院:

你院1992年2月12日桂高法经字(1992)第2号《关于广西第四地质队、吴进福诉广西玉林地区饮食服务公司、玉林地区商业局购销麻袋合同货款纠纷一案是否超过诉讼时效的请示》收悉。经研究,答复如下:

从请示报告中看,自1985年9月12日玉林地区饮食贸易公司最后一次退款,到1989年7月24日广西地质四队向玉林地区饮食服务公司去函要款,在将近四年的时间里,广西地质四队既未直接向饮食贸易公司及其主管单位饮食服务公司主张过权利,也未发现有其它引起诉讼时效中断的情况,因此,本案不适用民法通则关于诉讼时效中断的规定。但是,由于1985年3月23日与玉林地区饮食贸易公司签订购销麻袋合同的是广西地质四队五分队开办的综合服务公司。该公司当时系由吴进福承包,综合服务公司1985年10月被撤销,承包人吴进福一度下落不明;1986年7月至1988年7月,广州市人民检察院在处理邓永峰诈骗案时曾致函广西地质四队,要求协助追缴涉及本案的款项,广西地质四队为此成立了专案组,帮助寻找吴进福下落,为广州市人民检察院追款提供线索等,这些情况在客观上造成地质四队未及时向饮食服务公司主张民事权利。因此,本案可以依照民法通则第一百三十七条关于“有特殊情况的人民法院可以延长诉讼时效期间”的规定,延长诉讼时效期间。

此复

最高人民法院关于审理光大银行诉中一公司欠款纠纷一案适用诉讼时效中止问题的答复

1. 2003年7月4日公布
2. 〔2003〕民二他字第20号

辽宁省高级人民法院:

你院[2003]辽民二终字第3号《关于审理光大银行诉中一公司借款合同欠款纠纷一案有关适用诉讼时效中止问题的请示》收悉。经研究,答复如下:

我院在法明传[1999]291号《关于中国光大银行接收原中国投资银行有关问题的通知》(以下简称《通知》)中规定,对涉及原中国投资银行的经济纠纷案件尚未受理的暂不受理。其目的是为了方便投资银行与光大银行办理资产交接手续。就本案情况而言,在《通知》规定的暂缓受理涉及投资银行案件期间开始时,光大银行与中一公司所争讼债务的履行期尚未届满,诉讼时效

期间尚未开始计算。只有在资产移交完毕后债权人方可知晓自己所接收的债务是否处于被侵害的情况。所以,依照《中华人民共和国民法通则》第一百三十七条关于"诉讼时效期间从知道或者应当知道权利被侵害时起计算"的规定,本案诉讼时效期间应当从资产交接完毕之日,即《通知》规定的中止期限届满日（1999 年 12 月 31 日)之次日起开始计算两年。光大银行于 2001 年 1 月 17 日向中一公司主张债权没有超过法定诉讼时效。

此复

最高人民法院关于企业或个人欠国家银行贷款逾期两年未还应当适用民法通则规定的诉讼时效问题的批复

1. 1993 年 2 月 22 日公布

2. 法复〔1993〕1 号

河南省高级人民法院:

你院豫法研〔1990〕23 号请示收悉。关于企业或个人欠国家银行贷款逾期两年未还是否适用民法通则规定的诉讼时效问题,经研究,答复如下:

国家各专业银行及其他金融机构系实行独立核算的经济实体。它们与借款的企业或公民之间的借贷关系,是平等主体之间的债权债务关系。国家各专业银行及其他金融机构向人民法院请求保护其追偿贷款权利的,应当适用民法通则关于诉讼时效的规定。确已超过诉讼时效期间,并且没有诉讼时效中止、中断或者延长诉讼时效期间情况的,人民法院应当判决驳回其诉讼请求。

最高人民法院关于在保证期间内保证人在债权转让协议上签字并承诺履行原保证义务能否视为债权人向担保人主张过债权及认定保证合同的诉讼时效如何起算等问题请示的答复

1. 2003 年 9 月 8 日公布实施

2. 〔2003〕民二他字第 25 号

云南省高级人民法院:

你院云高法报[2003]5 号《关于在保证期间内,保证人在债权转让协议上签字并承诺履行原保证义务,能否视为债权人向担保人主张过债权,从而认定保证合同的诉讼时效从签字时起算的请示报告》收悉。经研究,答复如下:

《中华人民共和国担保法》(以下简称《担保法》)第二十六条第一款规定的债权人要求保证人承担保证责任应包括债权人在保证期间内向保证人主动催收或提示债权,以及保证人在保证期间内向债权人作出承担保证责任的承诺两种情形。请示所涉案件的保证人－个旧市配件公司于保证期间内,在所担保的债权转让协议上签字并承诺"继续履行原保证合同项下的保证义务"即属《担保法》第二十六条第一款所规定的债权人要求保证人承担保证责任的规定精神。依照本院《关于适用〈中华人民共和国担保法〉若干问题的解释》第三十四条第二款的规定,自保证人个旧市配件公司承诺之日起,保证合同的诉讼时效开始计算。故同意你院第一种意见。

此复

六、送　　达

全国人民代表大会常务委员会关于批准加入《关于向国外送达民事或商事司法文书和司法外文书公约》的决定

1991年3月2日通过

第七届全国人民代表大会常务委员会第十八次会议决定:批准加入1965年11月15日订于海牙的《关于向国外送达民事或商事司法文书和司法外文书公约》,同时:

一、根据公约第二条和第九条规定,指定中华人民共和国司法部为中央机关和有权接收外国通过领事途径转递的文书的机关。

二、根据公约第八条第二款声明,只在文书须送达给文书发出国国民时,才能采用该条第一款所规定的方式在中华人民共和国境内进行送达。

三、反对采用公约第十条所规定的方式在中华人民共和国境内进行送达。

四、根据公约第十五条第二款声明,在符合该款规定的各项条件的情况下,即使未收到任何送达或交付的证明书,法官仍可不顾该条第一款的规定,作出判决。

五、根据第十六条第三款声明,被告要求免除丧失上诉权效果的申请只能在自判决之日起的一年内提出,否则不予受理。

关于向国外送达民事或商事司法文书和司法外文书公约

1965年11月15日订于海牙

本公约缔约国,希望创立适当方法,以确保须予送达到国外的司法文书和司法外文书在足够的时间内为收件人所知悉,希望通过简化并加快有关程序,改进为此目的而进行相互司法协助的体制,为此目的,兹决定缔结一项公约,并议定下列各条:

第一条　在所有民事或商事案件中,如有须递送司法文书或司法外文书以便向国外送达的情形,均应适用本公约。

在文书的受送达人地址不明的情况下,本公约不予适用。

第一章　司法文书

第二条　每一缔约国应指定一个中央机关,负责根据第三条至第六条的规定,接收来自其它缔约国的送达请求书,并予以转递。

每一缔约国应依其本国法律组建中央机关。

第三条　依文书发出国法律有权主管的当局或司法助理人员应将符合本公约所附范本的请求书送交文书发往国中央机关,无须认证或其它类似手续。

请求书应附有须予送达的文书或其副本。请求书和文书均须一式两份。

第四条　如中央机关认为该请求书不符合本公约的规定,应及时通知申请者,并说明其对请求书的异议。

第五条　文书发往国中央机关应按照下列方法之一,自行送达该文书,或安排经由一适当机构使之得以送达:

(一)按照其国内法规定的在国内诉讼中对在其境内的人员送达文书的方法,或

(二)按照申请者所请求采用的特定方法,除非这一方法与文书发往国法律相抵触。

除本条第一款第(二)项规定外,均可通过将文书交付自愿接受的收件人的方法进行送达。

如依上述第一款送达文书,则中央机关可要求该文书以文书发往国的官方文字或其中之一写成,或译为该种文字。

依本公约所附格式填写的请求书中包括被送达文书概要的部分应连同文书一并送达。

第六条　文书发往国中央机关或该国为此目的可能指定的任何机关应依本公约所附范本格式出具证明书。

证明书应说明文书已经送达,并应包括送达的方法、地点和日期,以及文书被交付人。

如文书并未送达，则证明书中应载明妨碍送达的原因。

申请者可要求非中央机关或司法机关出具的证明书由上述一个机关副署。

证明书应直接送交申请者。

第七条 本公约所附范本的标准栏目均应用法文或英文写成，亦可用文书发出国的官方文字或其中之一写成。

相应空格应用文书发往国文字或法文或英文填写。

第八条 每一缔约国均有权直接通过其外交或领事代表机构向身在国外的人完成司法文书的送达，但不得采用任何强制措施。

任何国家均可声明其对在其境内进行此种送达的异议，除非该文书须送达给文书发出国国民。

第九条 此外，每一缔约国有权利用领事途径将文书送交另一缔约国为此目的指定的机关，以便送达。

如有特别情况需要，每一缔约国可为同一目的使用外交途径。

第十条 如送达目的地国不表异议，本公约不妨碍：

（一）通过邮寄途径直接向身在国外的人送交司法文书的自由；

（二）文书发出国的司法助理人员、官员或其他主管人员直接通过送达目的地国的司法助理人员、官员或其他主管人员完成司法文书的送达的自由；

（三）任何在司法程序中有利害关系的人直接通过送达目的地国的司法助理人员、官员或其他主管人员完成司法文书的送达的自由。

第十一条 本公约不妨碍两个或更多缔约国达成协议，允许采用上述各条所规定的递送途径以外的途径，特别是通过其各自机关直接联系的途径，以便送达司法文书。

第十二条 发自缔约一国的司法文书的送达不应产生因文书发往国提供服务所引起的税款或费用的支付或补偿。

申请者应支付或补偿下列情况产生的费用：

（一）有司法助理人员或依送达目的地国法律主管人员的参与；

（二）特定送达方法的使用。

第十三条 如果送达请求书符合本公约的规定，则文书发往国只在其认为执行请求将损害其主权或安全时才可拒绝执行。

一国不得仅根据下列理由拒绝执行，即：依其国内法，该国主张对该项诉讼标的专属管辖权，或其国内法不允许进行该项申请所依据的诉讼。

在拒绝执行的情况下，中央机关应迅速通知申请者，并说明拒绝的理由。

第十四条 在为了送达而递送司法文书的过程中可能产生的困难，应通过外交途径解决。

第十五条 如须根据本公约向国外递送传票或类似文书，以便送达，而被告没有出庭，则在确定以下情况之前，不得作出判决：

（一）该文书已依文书发往国的国内法所规定的在国内诉讼中对在其境内的人送达文书的方法予以送达；或

（二）该文书已依本公约规定的其它方法被实际交付被告或其居所。

并且，在上述任何一种情况下，送达或交付均应在能保证被告进行答辩的足够时间内完成。

每一缔约国均可声明，只要满足下述条件，即使未收到送达或交付的证明书，法官仍可不顾本条第一款的规定，作出判决：

（一）已依本公约所规定的一种方法递送该文书；

（二）法官根据具体案件认为自递送文书之日起不少于六个月的适当期间已满；

（三）尽管为获取证明书已通过文书发往国的主管机关尽了一切合理的努力，但仍未收到任何种类的证明书。

虽有上述各款规定，法官仍可在紧急情况下决定采取任何临时性或保护性的措施。

第十六条 如须根据本公约向国外递送传票或类似文书，以便送达，且已对未出庭的被告作出败诉判决，则在满足下述条件的情况下，法官有权使被告免于该判决因上诉期间届满所产生的丧失上诉权的效果：

（一）被告非因自己的过失，未能在足够期

间内知悉该文书,以便提出答辩,或未能在足够期间内知悉该判决,以便提起上诉;

(二)被告对该案的实质问题提出了表面可以成立的答辩理由。

被告只能在其知悉该判决后的合理期间内提出免除丧失上诉权效果的申请。

每一缔约国均可声明对在该声明中所指明的期间届满后提出的申请不予受理,但这一期间在任何情况下均不得少于自判决之日起的一年。

本条不适用于有关人的身份或能力的判决。

第二章 司法外文书

第十七条 缔约一国的机关和司法助理人员发出的司法外文书可依本公约的方法并按照本公约各条规定递送到缔约另一国,以便送达。

第三章 一般条款

第十八条 每一缔约国除指定中央机关外,还可指定其它机关,并应确定这些机关的主管范围。

但在任何情况下,申请者均有权将请求书直接送交中央机关。

联邦制国家有权指定一个以上的中央机关。

第十九条 只要缔约国的国内法允许使用上述各条规定之外的其它方法递送来自国外的文书,以便在其境内送达,本公约不影响此类规定。

第二十条 本公约不妨碍两个或更多的缔约国达成协议,以免除下列规定的适用:

(一)第三条第二款关于须予递送的文书必须一式两份的要求;

(二)第五条第三款和第七条关于文字的要求;

(三)第五条第四款的规定;

(四)第十二条第二款的规定。

第二十一条 每一缔约国均应在其交存批准书或加入书时或在此之后,就下述事项通知荷兰外交部:

(一)根据第二条和第十八条指定的机关;

(二)根据第六条指定的有权出具证明书的机关;

(三)根据第九条指定的有权接收通过领事途径递送的文书的机关。

适当时,每一缔约国还应通知荷兰外交部:

(一)对使用第八条和第十条所规定的递送方法所提出的异议;

(二)根据第十五条第二款和第十六条第三款所作出的声明;

(三)对上述指定、异议和声明的任何修改。

第二十二条 如本公约当事国亦为1905年7月17日和1954年3月1日订于海牙的两个《民事诉讼程序公约》或其中之一的缔约国,则本公约应在这些国家之间取代上述两公约第一条至第七条的规定。

第二十三条 本公约不应影响1905年7月17日订于海牙的《民事诉讼程序公约》第二十三条和1954年3月1日订于海牙的《民事诉讼程序公约》第二十四条的适用。

但只在使用与上述公约规定一致的联系方法时才应适用这些条款。

第二十四条 1905年和1954年公约当事国之间缔结的补充协定应被认为同样适用于本公约,除非上述当事国另有协议。

第二十五条 在不损害第二十二条和第二十四条规定的情况下,本公约不损及缔约国已经或将要成为当事国并含有本公约所规定事项的条款的其他公约。

第二十六条 本公约应开放供出席海牙国际私法会议第十届会议的国家签署。

本公约须经批准,批准书应交存荷兰外交部。

第二十七条 本公约自第二十六条第二款所指的第三份批准书交存后的第六十天起生效。

对于此后批准本公约的签署国,本公约自其交存批准书后的第六十天起对其生效。

第二十八条 在本公约依第二十七条第一款规定生效后,任何未出席海牙国际私法会议第十届会议的国家均可加入本公约。加入书应交存荷兰外交部。

如该加入书交存前已批准本公约的国家

在荷兰外交部将这一加入行为通知该国之日后六个月期间内并未通知荷兰外交部表示异议,则本公约对该加入国生效。

如未提出任何异议,则本公约自前款所指的最后期间届满后下个月的第一天起对该加入国生效。

第二十九条 任何国家均可在签署、批准或加入时声明,本公约应扩展适用于其为之负责国际关系的全部领土,或其中一个或几个部分。这类声明自本公约对有关国家生效之日起发生效力。

在其后任何时候,此类扩展适用事项均应通知荷兰外交部。

本公约自前款所指的通知发出后第六十天起对扩展适用通知中所提及的领土生效。

第三十条 本公约自依第二十七条第一款规定生效之日起五年有效,即使对后来批准或加入本公约的国家亦如此。

如未经通知退出,本公约应每五年自动展期一次。

任何退出通知均须在五年期满的至少六个月前通知荷兰外交部。

这类退出通知可仅限于适用本公约的某些领土。

此项退出通知只对通知退出的国家有效。本公约对其它缔约国应继续有效。

第三十一条 荷兰外交部应将下述事项通知第二十六条所指的国家以及已依第二十八条加入本公约的国家:

(一)第二十六条所指的签署和批准;

(二)本公约依第二十七条第一款生效的日期;

(三)第二十八条所指的加入及其生效日期;

(四)第二十九条所指的扩展适用及其生效日期;

(五)第二十一条所指的指定、异议和声明;

(六)第三十条第三款所指的退出通知。

下列签署人经正式授权,签署本公约,以昭信守。

1965 年 11 月 15 日订于海牙,用英文和法文写成,两种文本同一作准。正本一份,存于荷兰政府档案库。经证明无误的副本应通过外交途径送交出席海牙国际私法会议第十届会议的各国。

(译自公约英文作准文本)

附件:

(表 格)

向国外送达司法文书或司法外文书的

请 求 书

关于向国外送达民事或商事司法

文书和司法外文书公约

1965 年 11 月 15 日订于海牙

申请者身份及地址	接收机关的地址

签署本请求书的申请者荣幸地转去下面开列的文书一式两份,并依上述公约第五条规定请求迅速将其中一份送达给收件人,即:

(身份和地址):____________

1. 请依公约第五条第一款第(一)项的规定进行送达。*

2. 请依下述特定方法送达(第五条第一款第(二)项)*____

3. 如收件人自愿接受,请予以交付(第五条第二款)。*

请贵机关将该文书(及其附件①)的副本连同背后所附的证明书一并退还或使之退还给申请者。

文件清单:____

制于____(日期)____(地点)

签名和(或)盖章

*如不适用,则请删去

(请求书背面)

证 明 书

根据公约第六条,签署本证明书的机关荣幸地证明:

1. 文书已予送达

-日期:________________

-地点(城镇、街、号):________________________________

-采用的第五条所规定的送达方法为:

(1)依公约第五条第一款第(一)项的规定。*

(2)依下述特定方法*________________________

(3)交付给自愿接受的收件人。*

请求书中所列文书已交付给:

-(收件人身份和说明):________________________

-与受送达人的关系(家庭、业务及其它):________________________

2. 由于下列事实文书未能送达*________________________________

按照公约第十二条第二款,请申请者支付或补偿后附说明中开列的费用。

附:

退还的文书:________________________________

适当时,确认送达的文书:________________________________

制于____(日期)____地点

签名和(或)盖章

*如不适用,则请删去

被送达文书概要

关于向国外送达民事或商事

司法文书和司法外文书公约

1965年11月15日订于海牙

(第五条第四款)

请求机关的名称和地址:________________

当事人详情*:________________

司法文书

文书的性质和目的:________________________________

诉讼的性质和目的,适当时,争讼金额:________________________________

出庭的日期和地点:**________________________________

作出判决的法院:**________________________________

判决日期:**________________________________

文书中所指明的期限:**________________________________

司法外文书

文书的性质和目的:________________________________

文书中所指明的期限:________________________________

* 适当时,应填写与递送文书有利害关系的人的身份和地址。

**如不适用,则请删去

批准、加入或签署公约的国家名单

一、批准、加入名单

美国、英国、埃及、丹麦、挪威、瑞典、芬兰、日本、比利时、土耳其、法国、加拿大、以色列、葡萄牙、卢森堡、荷兰、联邦德国、意大利、希腊、西班牙、博茨瓦纳、巴巴多斯、巴基斯坦、马拉维、塞舌尔、捷克斯洛伐克、塞浦路斯、安提瓜与巴布达

二、签署名单

瑞士、爱尔兰

最高人民法院关于委托送达问题的通知

1. 1988年8月25日公布

2. 高法明电〔1988〕62号

各省、自治区、直辖市高级人民法院:

近来有的地方人民法院未经最高人民法院

批准，与香港某个公司签订协议，委托对方办理送达法律文书、调查取证等类似司法协助的法律事务。这种做法是错误的，应予纠正。今后各级人民法院需要与港方签订有关法律事务协议的，必须就协议内容、签约对方的法律地位等问题，事先报经最高人民法院审查批准。特此通知。

最高人民法院关于涉港澳民商事案件司法文书送达问题若干规定

1. *2009年3月9日公布*
2. *法释〔2009〕2号*
3. *自2009年3月16日起施行*

为规范涉及香港特别行政区、澳门特别行政区民商事案件司法文书送达，根据《中华人民共和国民事诉讼法》的规定，结合审判实践，制定本规定。

第一条　人民法院审理涉及香港特别行政区、澳门特别行政区的民商事案件时，向住所地在香港特别行政区、澳门特别行政区的受送达人送达司法文书，适用本规定。

第二条　本规定所称司法文书，是指起诉状副本、上诉状副本、反诉状副本、答辩状副本、传票、判决书、调解书、裁定书、支付令、决定书、通知书、证明书、送达回证等与诉讼相关的文书。

第三条　作为受送达人的自然人或者企业、其他组织的法定代表人、主要负责人在内地的，人民法院可以直接向该自然人或者法定代表人、主要负责人送达。

第四条　除受送达人在授权委托书中明确表明其诉讼代理人无权代为接收有关司法文书外，其委托的诉讼代理人为有权代其接受送达的诉讼代理人，人民法院可以向该诉讼代理人送达。

第五条　受送达人在内地设立有代表机构的，人民法院可以直接向该代表机构送达。

受送达人在内地设立有分支机构或者业务代办人并授权其接受送达的，人民法院可以直接向该分支机构或者业务代办人送达。

第六条　人民法院向在内地没有住所的受送达人送达司法文书，可以按照《最高人民法院关于内地与香港特别行政区法院相互委托送达民商事司法文书的安排》或者《最高人民法院关于内地与澳门特别行政区法院就民商事案件相互委托送达司法文书和调取证据的安排》送达。

按照前款规定方式送达的，自内地的高级人民法院或者最高人民法院将有关司法文书递送香港特别行政区高等法院或者澳门特别行政区终审法院之日起满三个月，如果未能收到送达与否的证明文件且不存在本规定第十二条规定情形的，视为不能适用上述安排中规定的方式送达。

第七条　人民法院向受送达人送达司法文书，可以邮寄送达。

邮寄送达时应附有送达回证。受送达人未在送达回证上签收但在邮件回执上签收的，视为送达，签收日期为送达日期。

自邮寄之日起满三个月，虽未收到送达与否的证明文件，但存在本规定第十二条规定情形的，期间届满之日视为送达。

自邮寄之日起满三个月，如果未能收到送达与否的证明文件，且不存在本规定第十二条规定情形的，视为未送达。

第八条　人民法院可以通过传真、电子邮件等能够确认收悉的其他适当方式向受送达人送达。

第九条　人民法院不能依照本规定上述方式送达的，可以公告送达。公告内容应当在内地和受送达人住所地公开发行的报刊上刊登，自公告之日起满三个月即视为送达。

第十条　除公告送达方式外，人民法院可以同时采取多种法定方式向受送达人送达。

采取多种方式送达的，应当根据最先实现送达的方式确定送达日期。

第十一条　人民法院向在内地的受送达人或者受送达人的法定代表人、主要负责人、诉讼代理人、代表机构以及有权接受送达的分支机构、业务代办人送达司法文书，可以适用留置送达的方式。

第十二条　受送达人未对人民法院送达的司法文书履行签收手续，但存在以下情形之一的，视为送达：

(一)受送达人向人民法院提及了所送达司法文书的内容;

(二)受送达人已经按照所送达司法文书的内容履行;

(三)其他可以确认已经送达的情形。

第十三条　下级人民法院送达司法文书,根据有关规定需要通过上级人民法院转递的,应当附申请转递函。

上级人民法院收到下级人民法院申请转递的司法文书,应当在七个工作日内予以转递。

上级人民法院认为下级人民法院申请转递的司法文书不符合有关规定需要补正的,应当在七个工作日内退回申请转递的人民法院。

最高人民法院关于涉台民事诉讼文书送达的若干规定

1. *2008年4月17日公布*
2. *法释〔2008〕4号*
3. *自2008年4月23日起施行*

为维护涉台民事案件当事人的合法权益,保障涉台民事案件诉讼活动的顺利进行,促进海峡两岸人员往来和交流,根据民事诉讼法的有关规定,制定本规定。

第一条　人民法院审理涉台民事案件向住所地在台湾地区的当事人送达民事诉讼文书,以及人民法院接受台湾地区有关法院的委托代为向住所地在大陆的当事人送达民事诉讼文书,适用本规定。

涉台民事诉讼文书送达事务的处理,应当遵守一个中国原则和法律的基本原则,不违反社会公共利益。

第二条　人民法院送达或者代为送达的民事诉讼文书包括:起诉状副本、上诉状副本、反诉状副本、答辩状副本、授权委托书、传票、判决书、调解书、裁定书、支付令、决定书、通知书、证明书、送达回证以及与民事诉讼有关的其他文书。

第三条　人民法院向住所地在台湾地区的当事人送达民事诉讼文书,可以采用下列方式:

(一)受送达人居住在大陆的,直接送达。受送达人是自然人,本人不在的,可以交其同住成年家属签收;受送达人是法人或者其他组织的,应当由法人的法定代表人、其他组织的主要负责人或者该法人、组织负责收件的人签收;

受送达人不在大陆居住,但送达时在大陆的,可以直接送达;

(二)受送达人在大陆有诉讼代理人的,向诉讼代理人送达。受送达人在授权委托书中明确表明其诉讼代理人无权代为接收的除外;

(三)受送达人有指定代收人的,向代收人送达;

(四)受送达人在大陆有代表机构、分支机构、业务代办人的,向其代表机构或者经受送达人明确授权接受送达的分支机构、业务代办人送达;

(五)受送达人在台湾地区的地址明确的,可以邮寄送达;

(六)有明确的传真号码、电子信箱地址的,可以通过传真、电子邮件方式向受送达人送达;

(七)按照两岸认可的其他途径送达。

采用上述方式不能送达或者台湾地区的当事人下落不明的,公告送达。

第四条　采用本规定第三条第一款第(一)、(二)、(三)、(四)项方式送达的,由受送达人、诉讼代理人或者有权接受送达的人在送达回证上签收或者盖章,即为送达;拒绝签收或者盖章的,可以依法留置送达。

第五条　采用本规定第三条第一款第(五)项方式送达的,应当附有送达回证。受送达人未在送达回证上签收但在邮件回执上签收的,视为送达,签收日期为送达日期。

自邮寄之日起满三个月,如果未能收到送达与否的证明文件,且根据各种情况不足以认定已经送达的,视为未送达。

第六条　采用本规定第三条第一款第(六)项方式送达的,应当注明人民法院的传真号码或者电子信箱地址,并要求受送达人在收到传真件或者电子邮件后及时予以回复。以能够确认受送达人收悉的日期为送达日期。

第七条　采用本规定第三条第一款第（七）项方式送达的，应当由有关的高级人民法院出具盖有本院印章的委托函。委托函应当写明案件各方当事人的姓名或者名称、案由、案号；受送达人姓名或者名称、受送达人的详细地址以及需送达的文书种类。

第八条　采用公告方式送达的，公告内容应当在境内外公开发行的报刊或者权威网站上刊登。

公告送达的，自公告之日起满三个月，即视为送达。

第九条　人民法院按照两岸认可的有关途径代为送达台湾地区法院的民事诉讼文书的，应当有台湾地区有关法院的委托函。

人民法院收到台湾地区有关法院的委托函后，经审查符合条件的，应当在收到委托函之日起两个月内完成送达。

民事诉讼文书中确定的出庭日期或者其他期限逾期的，受委托的人民法院亦应予送达。

第十条　人民法院按照委托函中的受送达人姓名或者名称、地址不能送达的，应当附函写明情况，将委托送达的民事诉讼文书退回。

完成送达的送达回证以及未完成送达的委托材料，可以按照原途径退回。

第十一条　受委托的人民法院对台湾地区有关法院委托送达的民事诉讼文书的内容和后果不负法律责任。

最高人民法院关于以法院专递方式邮寄送达民事诉讼文书的若干规定

1. 2004年9月7日最高人民法院审判委员会第1324次会议通过

2. 2004年9月17日公布

3. 法释〔2004〕13号

4. 自2005年1月1日起施行

为保障和方便双方当事人依法行使诉讼权利，根据《中华人民共和国民事诉讼法》的有关规定，结合民事审判经验和各地的实际情况，制定本规定。

第一条　人民法院直接送达诉讼文书有困难的，可以交由国家邮政机构（以下简称邮政机构）以法院专递方式邮寄送达，但有下列情形之一的除外：

（一）受送达人或者其诉讼代理人、受送达人指定的代收人同意在指定的期间内到人民法院接受送达的；

（二）受送达人下落不明的；

（三）法律规定或者我国缔结或者参加的国际条约中约定有特别送达方式的。

第二条　以法院专递方式邮寄送达民事诉讼文书的，其送达与人民法院送达具有同等法律效力。

第三条　当事人起诉或者答辩时应当向人民法院提供或者确认自己准确的送达地址，并填写送达地址确认书。当事人拒绝提供的，人民法院应当告知其拒不提供送达地址的不利后果，并记入笔录。

第四条　送达地址确认书的内容应当包括送达地址的邮政编码、详细地址以及受送达人的联系电话等内容。

当事人要求对送达地址确认书中的内容保密的，人民法院应当为其保密。

当事人在第一审、第二审和执行终结前变更送达地址的，应当及时以书面方式告知人民法院。

第五条　当事人拒绝提供自己的送达地址，经人民法院告知后仍不提供的，自然人以其户籍登记中的住所地或者经常居住地为送达地址；法人或者其他组织以其工商登记或者其他依法登记、备案中的住所地为送达地址。

第六条　邮政机构按照当事人提供或者确认的送达地址送达的，应当在规定的日期内将回执退回人民法院。

邮政机构按照当事人提供或确认的送达地址在五日内投送三次以上未能送达，通过电话或者其他联系方式又无法告知受送达人的，应当将邮件在规定的日期内退回人民法院，并说明退回的理由。

第七条　受送达人指定代收人的，指定代收人的签收视为受送达人本人签收。

邮政机构在受送达人提供或确认的送达

地址未能见到受送达人的,可以将邮件交给与受送达人同住的成年家属代收,但代收人是同一案件中另一方当事人的除外。

第八条 受送达人及其代收人应当在邮件回执上签名、盖章或者捺印。

受送达人及其代收人在签收时应当出示其有效身份证件并在回执上填写该证件的号码;受送达人及其代收人拒绝签收的,由邮政机构的投递员记明情况后将邮件退回人民法院。

第九条 有下列情形之一的,即为送达:

(一)受送达人在邮件回执上签名、盖章或者捺印的;

(二)受送达人是无民事行为能力或者限制民事行为能力的自然人,其法定代理人签收的;

(三)受送达人是法人或者其他组织,其法人的法定代表人、该组织的主要负责人或者办公室、收发室、值班室的工作人员签收的;

(四)受送达人的诉讼代理人签收的;

(五)受送达人指定的代收人签收的;

(六)受送达人的同住成年家属签收的。

第十条 签收人是受送达人本人或者是受送达人的法定代表人、主要负责人、法定代理人、诉讼代理人的,签收人应当当场核对邮件内容。签收人发现邮件内容与回执上的文书名称不一致的,应当当场向邮政机构的投递员提出,由投递员在回执上记明情况后将邮件退回人民法院。

签收人是受送达人办公室、收发室和值班室的工作人员或者是与受送达人同住成年家属,受送达人发现邮件内容与回执上的文书名称不一致的,应当在收到邮件后的三日内将该邮件退回人民法院,并以书面方式说明退回的理由。

第十一条 因受送达人自己提供或者确认的送达地址不准确、拒不提供送达地址、送达地址变更未及时告知人民法院、受送达人本人或者受送达人指定的代收人拒绝签收,导致诉讼文书未能被受送达人实际接收的,文书退回之日视为送达之日。

受送达人能够证明自己在诉讼文书送达的过程中没有过错的,不适用前款规定。

第十二条 本规定自2005年1月1日起实施。

我院以前的司法解释与本规定不一致的,以本规定为准。

最高人民法院关于依据原告起诉时提供的被告住址无法送达应如何处理问题的批复

1. 2004年10月9日最高人民法院审判委员会第1328次会议通过
2. 2004年11月25日公布
3. 法释〔2004〕17号
4. 自2004年12月2日起施行

近来,一些高级人民法院就人民法院依据民事案件的原告起诉时提供的被告住址无法送达应如何处理问题请示我院。为了正确适用法律,保障当事人行使诉讼权利,根据《中华人民共和国民事诉讼法》的有关规定,批复如下:

人民法院依据原告起诉时所提供的被告住址无法直接送达或者留置送达,应当要求原告补充材料。原告因客观原因不能补充或者依据原告补充的材料仍不能确定被告住址的,人民法院应当依法向被告公告送达诉讼文书。人民法院不得仅以原告不能提供真实、准确的被告住址为由裁定驳回起诉或者裁定终结诉讼。

因有关部门不准许当事人自行查询其他当事人的住址信息,原告向人民法院申请查询的,人民法院应当依原告的申请予以查询。

七、调　　解

中华人民共和国人民调解法

1. 2010年8月28日第十一届全国人民代表大会常务委员会第十六次会议通过
2. 2010年8月28日中华人民共和国主席令第34号公布
3. 自2011年1月1日起施行

第一章　总　　则

第一条　【立法目的】为了完善人民调解制度，规范人民调解活动，及时解决民间纠纷，维护社会和谐稳定，根据宪法，制定本法。

第二条　【人民调解的内涵】本法所称人民调解，是指人民调解委员会通过说服、疏导等方法，促使当事人在平等协商基础上自愿达成调解协议，解决民间纠纷的活动。

第三条　【人民调解的原则】人民调解委员会调解民间纠纷，应当遵循下列原则：

（一）在当事人自愿、平等的基础上进行调解；

（二）不违背法律、法规和国家政策；

（三）尊重当事人的权利，不得因调解而阻止当事人依法通过仲裁、行政、司法等途径维护自己的权利。

第四条　【调解不收费原则】人民调解委员会调解民间纠纷，不收取任何费用。

第五条　【对人民调解工作的指导】国务院司法行政部门负责指导全国的人民调解工作，县级以上地方人民政府司法行政部门负责指导本行政区域的人民调解工作。

基层人民法院对人民调解委员会调解民间纠纷进行业务指导。

第六条　【国家对人民调解工作的支持和保障】国家鼓励和支持人民调解工作。县级以上地方人民政府对人民调解工作所需经费应当给予必要的支持和保障，对有突出贡献的人民调解委员会和人民调解员按照国家规定给予表彰奖励。

第二章　人民调解委员会

第七条　【人民调解委员会的性质和法律地位】人民调解委员会是依法设立的调解民间纠纷的群众性组织。

第八条　【人民调解委员会的组成】村民委员会、居民委员会设立人民调解委员会。企业事业单位根据需要设立人民调解委员会。

人民调解委员会由委员三至九人组成，设主任一人，必要时，可以设副主任若干人。

人民调解委员会应当有妇女成员，多民族居住的地区应当有人数较少民族的成员。

第九条　【人民调解委员会委员的产生和任期】村民委员会、居民委员会的人民调解委员会委员由村民会议或者村民代表会议、居民会议推选产生；企业事业单位设立的人民调解委员会委员由职工大会、职工代表大会或者工会组织推选产生。

人民调解委员会委员每届任期三年，可以连选连任。

第十条　【人民调解委员会的设立情况统计】县级人民政府司法行政部门应当对本行政区域内人民调解委员会的设立情况进行统计，并且将人民调解委员会以及人员组成和调整情况及时通报所在地基层人民法院。

第十一条　【人民调解委员会工作制度的建立健全和监督】人民调解委员会应当建立健全各项调解工作制度，听取群众意见，接受群众监督。

第十二条　【人民调解委员会的工作保障】村民委员会、居民委员会和企业事业单位应当为人民调解委员会开展工作提供办公条件和必要的工作经费。

第三章　人民调解员

第十三条　【人民调解员的产生】人民调解员由人民调解委员会委员和人民调解委员会聘任的人员担任。

第十四条　【人民调解员的个人素质及其培训】人民调解员应当由公道正派、热心人民调解工作，并具有一定文化水平、政策水平和法律知识的成年公民担任。

县级人民政府司法行政部门应当定期对人民调解员进行业务培训。

第十五条　【对不良调解员的处理】人民调解员在调解工作中有下列行为之一的,由其所在的人民调解委员会给予批评教育、责令改正,情节严重的,由推选或者聘任单位予以罢免或者解聘:

(一)偏袒一方当事人的;

(二)侮辱当事人的;

(三)索取、收受财物或者牟取其他不正当利益的;

(四)泄露当事人的个人隐私、商业秘密的。

第十六条　【对人民调解员的生活、医疗保障及其家属的救助】人民调解员从事调解工作,应当给予适当的误工补贴;因从事调解工作致伤致残,生活发生困难的,当地人民政府应当提供必要的医疗、生活救助;在人民调解工作岗位上牺牲的人民调解员,其配偶、子女按照国家规定享受抚恤和优待。

第四章　调解程序

第十七条　【调解程序的启动】当事人可以向人民调解委员会申请调解;人民调解委员会也可以主动调解。当事人一方明确拒绝调解的,不得调解。

第十八条　【人民调解与行政调解、诉讼调解三种方式的衔接】基层人民法院、公安机关对适宜通过人民调解方式解决的纠纷,可以在受理前告知当事人向人民调解委员会申请调解。

第十九条　【人民调解员的选择】人民调解委员会根据调解纠纷的需要,可以指定一名或者数名人民调解员进行调解,也可以由当事人选择一名或者数名人民调解员进行调解。

第二十条　【调解活动的参与】人民调解员根据调解纠纷的需要,在征得当事人的同意后,可以邀请当事人的亲属、邻里、同事等参与调解,也可以邀请具有专门知识、特定经验的人员或者有关社会组织的人员参与调解。

人民调解委员会支持当地公道正派、热心调解、群众认可的社会人士参与调解。

第二十一条　【调解公正与调解及时原则】人民调解员调解民间纠纷,应当坚持原则,明法析理,主持公道。

调解民间纠纷,应当及时、就地进行,防止矛盾激化。

第二十二条　【调解的灵活性原则】人民调解员根据纠纷的不同情况,可以采取多种方式调解民间纠纷,充分听取当事人的陈述,讲解有关法律、法规和国家政策,耐心疏导,在当事人平等协商、互谅互让的基础上提出纠纷解决方案,帮助当事人自愿达成调解协议。

第二十三条　【当事人的权利】当事人在人民调解活动中享有下列权利:

(一)选择或者接受人民调解员;

(二)接受调解、拒绝调解或者要求终止调解;

(三)要求调解公开进行或者不公开进行;

(四)自主表达意愿、自愿达成调解协议。

第二十四条　【当事人的义务】当事人在人民调解活动中履行下列义务:

(一)如实陈述纠纷事实;

(二)遵守调解现场秩序,尊重人民调解员;

(三)尊重对方当事人行使权利。

第二十五条　【人民调解员的能动性】人民调解员在调解纠纷过程中,发现纠纷有可能激化的,应当采取有针对性的预防措施;对有可能引起治安案件、刑事案件的纠纷,应当及时向当地公安机关或者其他有关部门报告。

第二十六条　【调解不成的处理】人民调解员调解纠纷,调解不成的,应当终止调解,并依据有关法律、法规的规定,告知当事人可以依法通过仲裁、行政、司法等途径维护自己的权利。

第二十七条　【调解案件的立档、归档问题】人民调解员应当记录调解情况。人民调解委员会应当建立调解工作档案,将调解登记、调解工作记录、调解协议书等材料立卷归档。

第五章　调解协议

第二十八条　【调解协议的达成】经人民调解委员会调解达成调解协议的,可以制作调解协议书。当事人认为无需制作调解协议书的,可以采取口头协议方式,人民调解员应当记录协议内容。

第二十九条　【调解协议书的内容】调解协议书可以载明下列事项:

(一)当事人的基本情况;

（二）纠纷的主要事实、争议事项以及各方当事人的责任；

（三）当事人达成调解协议的内容，履行的方式、期限。

调解协议书自各方当事人签名、盖章或者按指印，人民调解员签名并加盖人民调解委员会印章之日起生效。调解协议书由当事人各执一份，人民调解委员会留存一份。

第三十条　【口头调解协议的生效日期】口头调解协议自各方当事人达成协议之日起生效。

第三十一条　【调解协议书的效力】经人民调解委员会调解达成的调解协议，具有法律约束力，当事人应当按照约定履行。

人民调解委员会应当对调解协议的履行情况进行监督，督促当事人履行约定的义务。

第三十二条　【调解协议达成后的司法救济】经人民调解委员会调解达成调解协议后，当事人之间就调解协议的履行或者调解协议的内容发生争议的，一方当事人可以向人民法院提起诉讼。

第三十三条　【人民调解协议的司法确认】经人民调解委员会调解达成调解协议后，双方当事人认为有必要的，可以自调解协议生效之日起三十日内共同向人民法院申请司法确认，人民法院应当及时对调解协议进行审查，依法确认调解协议的效力。

人民法院依法确认调解协议有效，一方当事人拒绝履行或者未全部履行的，对方当事人可以向人民法院申请强制执行。

人民法院依法确认调解协议无效的，当事人可以通过人民调解方式变更原调解协议或者达成新的调解协议，也可以向人民法院提起诉讼。

第六章　附　　则

第三十四条　【人民调解委员会的参照设立】乡镇、街道以及社会团体或者其他组织根据需要可以参照本法有关规定设立人民调解委员会，调解民间纠纷。

第三十五条　【生效日期】本法自2011年1月1日起施行。

最高人民法院关于审理涉及人民调解协议的民事案件的若干规定

1. 2002年9月5日最高人民法院审判委员会第1240次会议通过
2. 2002年9月16日公布
3. 法释〔2002〕29号
4. 自2002年11月1日起施行

为了公正审理涉及人民调解协议的民事案件，根据《中华人民共和国民法通则》、《中华人民共和国合同法》、《中华人民共和国民事诉讼法》，参照《人民调解委员会组织条例》，结合民事审判经验和实际情况，对审理涉及人民调解协议的民事案件的有关问题作如下规定：

第一条　经人民调解委员会调解达成的、有民事权利义务内容，并由双方当事人签字或者盖章的调解协议，具有民事合同性质。当事人应当按照约定履行自己的义务，不得擅自变更或者解除调解协议。

第二条　当事人一方向人民法院起诉，请求对方当事人履行调解协议的，人民法院应当受理。

当事人一方向人民法院起诉，请求变更或者撤销调解协议，或者请求确认调解协议无效的，人民法院应当受理。

第三条　当事人一方起诉请求履行调解协议，对方当事人反驳的，有责任对反驳诉讼请求所依据的事实提供证据予以证明。

当事人一方起诉请求变更或者撤销调解协议，或者请求确认调解协议无效的，有责任对自己的诉讼请求所依据的事实提供证据予以证明。

当事人一方以原纠纷向人民法院起诉，对方当事人以调解协议抗辩的，应当提供调解协议书。

第四条　具备下列条件的，调解协议有效：

（一）当事人具有完全民事行为能力；

（二）意思表示真实；

(三)不违反法律、行政法规的强制性规定或者社会公共利益。

第五条　有下列情形之一的,调解协议无效:

(一)损害国家、集体或者第三人利益;

(二)以合法形式掩盖非法目的;

(三)损害社会公共利益;

(四)违反法律、行政法规的强制性规定。

人民调解委员会强迫调解的,调解协议无效。

第六条　下列调解协议,当事人一方有权请求人民法院变更或者撤销:

(一)因重大误解订立的;

(二)在订立调解协议时显失公平的;

一方以欺诈、胁迫的手段或者乘人之危,使对方在违背真实意思的情况下订立的调解协议,受损害方有权请求人民法院变更或者撤销。

当事人请求变更的,人民法院不得撤销。

第七条　有下列情形之一的,撤销权消灭:

(一)具有撤销权的当事人自知道或者应当知道撤销事由之日起一年内没有行使撤销权;

(二)具有撤销权的当事人知道撤销事由后明确表示或者以自己的行为放弃撤销权。

第八条　无效的调解协议或者被撤销的调解协议自始没有法律约束力。调解协议部分无效,不影响其他部分效力的,其他部分仍然有效。

第九条　调解协议的诉讼时效,适用民法通则第一百三十五条的规定。

原纠纷的诉讼时效因人民调解委员会调解而中断。

调解协议被撤销或者被认定无效后,当事人以原纠纷起诉的,诉讼时效自调解协议被撤销或者被认定无效的判决生效之日起重新计算。

第十条　具有债权内容的调解协议,公证机关依法赋予强制执行效力的,债权人可以向被执行人住所地或者被执行人的财产所在地人民法院申请执行。

第十一条　基层人民法院及其派出的人民法庭审理涉及人民调解协议的民事案件,一般应当适用简易程序。

第十二条　人民法院审理涉及人民调解协议的民事案件,调解协议被人民法院已经发生法律效力的判决变更、撤销,或者被确认无效的,可以适当的方式告知当地的司法行政机关或者人民调解委员会。

第十三条　本规定自2002年11月1日起施行。

人民法院审理民事案件涉及2002年11月1日以后达成的人民调解协议的,适用本规定。

最高人民法院关于人民法院民事调解工作若干问题的规定

1. 2004年8月18日最高人民法院审判委员会第1321次会议通过

2. 2004年9月16日公布

3. 法释〔2004〕12号

4. 自2004年11月1日起施行

5. 根据2008年12月16日公布的《最高人民法院关于调整司法解释等文件中引用〈中华人民共和国民事诉讼法〉条文序号的决定》(法释〔2008〕18号)调整

为了保证人民法院正确调解民事案件,及时解决纠纷,保障和方便当事人依法行使诉讼权利,节约司法资源,根据《中华人民共和国民事诉讼法》等法律的规定,结合人民法院调解工作的经验和实际情况,制定本规定。

第一条　人民法院对受理的第一审、第二审和再审民事案件,可以在答辩期满后裁判作出前进行调解。在征得当事人各方同意后,人民法院可以在答辩期满前进行调解。

第二条　对于有可能通过调解解决的民事案件,人民法院应当调解。但适用特别程序、督促程序、公示催告程序、破产还债程序的案件,婚姻关系、身份关系确认案件以及其他依案件性质不能进行调解的民事案件,人民法院不予调解。

第三条　根据民事诉讼法第八十七条的规定,人民法院可以邀请与当事人有特定关系或者与案件有一定联系的企业事业单位、社会团体或者其他组织，和具有专门知识、特定社会经验、与当事人有特定关系并有利于促成调解的个人协助调解工作。

经各方当事人同意，人民法院可以委托前款规定的单位或者个人对案件进行调解，达成调解协议后，人民法院应当依法予以确认。

第四条　当事人在诉讼过程中自行达成和解协议的，人民法院可以根据当事人的申请依法确认和解协议制作调解书。双方当事人申请庭外和解的期间，不计入审限。

当事人在和解过程中申请人民法院对和解活动进行协调的，人民法院可以委派审判辅助人员或者邀请、委托有关单位和个人从事协调活动。

第五条　人民法院应当在调解前告知当事人主持调解人员和书记员姓名以及是否申请回避等有关诉讼权利和诉讼义务。

第六条　在答辩期满前人民法院对案件进行调解，适用普通程序的案件在当事人同意调解之日起15天内，适用简易程序的案件在当事人同意调解之日起7天内未达成调解协议的，经各方当事人同意，可以继续调解。延长的调解期间不计入审限。

第七条　当事人申请不公开进行调解的，人民法院应当准许。

调解时当事人各方应当同时在场，根据需要也可以对当事人分别做调解工作。

第八条　当事人可以自行提出调解方案，主持调解的人员也可以提出调解方案供当事人协商时参考。

第九条　调解协议内容超出诉讼请求的，人民法院可以准许。

第十条　人民法院对于调解协议约定一方不履行协议应当承担民事责任的，应予准许。

调解协议约定一方不履行协议，另一方可以请求人民法院对案件作出裁判的条款，人民法院不予准许。

第十一条　调解协议约定一方提供担保或者案外人同意为当事人提供担保的，人民法院应当准许。

案外人提供担保的，人民法院制作调解书应当列明担保人，并将调解书送交担保人。担保人不签收调解书的，不影响调解书生效。

当事人或者案外人提供的担保符合担保法规定的条件时生效。

第十二条　调解协议具有下列情形之一的，人民法院不予确认：

（一）侵害国家利益、社会公共利益的；

（二）侵害案外人利益的；

（三）违背当事人真实意思的；

（四）违反法律、行政法规禁止性规定的。

第十三条　根据民事诉讼法第九十条第一款第（四）项规定，当事人各方同意在调解协议上签名或者盖章后生效，经人民法院审查确认后，应当记入笔录或者将协议附卷，并由当事人、审判人员、书记员签名或者盖章后即具有法律效力。当事人请求制作调解书的，人民法院应当制作调解书送交当事人。当事人拒收调解书的，不影响调解协议的效力。一方不履行调解协议的，另一方可以持调解书向人民法院申请执行。

第十四条　当事人不能对诉讼费用如何承担达成协议的，不影响调解协议的效力。人民法院可以直接决定当事人承担诉讼费用的比例，并将决定记入调解书。

第十五条　对调解书的内容既不享有权利又不承担义务的当事人不签收调解书的，不影响调解书的效力。

第十六条　当事人以民事调解书与调解协议的原意不一致为由提出异议，人民法院审查后认为异议成立的，应当根据调解协议裁定补正民事调解书的相关内容。

第十七条　当事人就部分诉讼请求达成调解协议的，人民法院可以就此先行确认并制作调解书。

当事人就主要诉讼请求达成调解协议，请求人民法院对未达成协议的诉讼请求提出处理意见并表示接受该处理结果的，人民法院的处理意见是调解协议的一部分内容，制作调解书的记入调解书。

第十八条　当事人自行和解或者经调解达成协议后，请求人民法院按照和解协议或者调解协议的内容制作判决书的，人民法院不予支持。

第十九条　调解书确定的担保条款条件或者承担民事责任的条件成就时,当事人申请执行的,人民法院应当依法执行。

不履行调解协议的当事人按照前款规定承担了调解书确定的民事责任后,对方当事人又要求其承担民事诉讼法第二百三十二条规定的迟延履行责任的,人民法院不予支持。

第二十条　调解书约定给付特定标的物的,调解协议达成前该物上已经存在的第三人的物权和优先权不受影响。第三人在执行过程中对执行标的物提出异议的,应当按照民事诉讼法第二百零八条规定处理。

第二十一条　人民法院对刑事附带民事诉讼案件进行调解,依照本规定执行。

第二十二条　本规定实施前人民法院已经受理的案件,在本规定施行后尚未审结的,依照本规定执行。

第二十三条　本规定实施前最高人民法院的有关司法解释与本规定不一致的,适用本规定。

第二十四条　本规定自2004年11月1日起实施。

最高人民法院关于人民调解协议司法确认程序的若干规定

1. *2011年3月21日最高人民法院审判委员会第1515次会议通过*
2. *2011年3月23日公布*
3. *法释〔2011〕5号*
4. *自2011年3月30日起施行*

为了规范经人民调解委员会调解达成的民事调解协议的司法确认程序,进一步建立健全诉讼与非诉讼相衔接的矛盾纠纷解决机制,依照《中华人民共和国民事诉讼法》和《中华人民共和国人民调解法》的规定,结合审判实际,制定本规定。

第一条　当事人根据《中华人民共和国人民调解法》第三十三条的规定共同向人民法院申请确认调解协议的,人民法院应当依法受理。

第二条　当事人申请确认调解协议的,由主持调解的人民调解委员会所在地基层人民法院或者它派出的法庭管辖。

人民法院在立案前委派人民调解委员会调解并达成调解协议,当事人申请司法确认的,由委派的人民法院管辖。

第三条　当事人申请确认调解协议,应当向人民法院提交司法确认申请书、调解协议和身份证明、资格证明,以及与调解协议相关的财产权利证明等证明材料,并提供双方当事人的送达地址、电话号码等联系方式。委托他人代为申请的,必须向人民法院提交由委托人签名或者盖章的授权委托书。

第四条　人民法院收到当事人司法确认申请,应当在三日内决定是否受理。人民法院决定受理的,应当编立"调确字"案号,并及时向当事人送达受理通知书。双方当事人同时到法院申请司法确认的,人民法院可以当即受理并作出是否确认的决定。

有下列情形之一的,人民法院不予受理:

(一)不属于人民法院受理民事案件的范围或者不属于接受申请的人民法院管辖的;

(二)确认身份关系的;

(三)确认收养关系的;

(四)确认婚姻关系的。

第五条　人民法院应当自受理司法确认申请之日起十五日内作出是否确认的决定。因特殊情况需要延长的,经本院院长批准,可以延长十日。

在人民法院作出是否确认的决定前,一方或者双方当事人撤回司法确认申请的,人民法院应当准许。

第六条　人民法院受理司法确认申请后,应当指定一名审判人员对调解协议进行审查。人民法院在必要时可以通知双方当事人同时到场,当面询问当事人。当事人应当向人民法院如实陈述申请确认的调解协议的有关情况,保证提交的证明材料真实、合法。人民法院在审查中,认为当事人的陈述或者提供的证明材料不充分、不完备或者有疑义的,可以要求当事人补充陈述或者补充证明材料。当事人无正当理由未按时补充或者拒不接受询问的,可以按撤回司法确认申请处理。

第七条　具有下列情形之一的,人民法院不予确认调解协议效力：

（一）违反法律、行政法规强制性规定的；

（二）侵害国家利益、社会公共利益的；

（三）侵害案外人合法权益的；

（四）损害社会公序良俗的；

（五）内容不明确，无法确认的；

（六）其他不能进行司法确认的情形。

第八条　人民法院经审查认为调解协议符合确认条件的，应当作出确认决定书；决定不予确认调解协议效力的，应当作出不予确认决定书。

第九条　人民法院依法作出确认决定后，一方当事人拒绝履行或者未全部履行的，对方当事人可以向作出确认决定的人民法院申请强制执行。

第十条　案外人认为经人民法院确认的调解协议侵害其合法权益的，可以自知道或者应当知道权益被侵害之日起一年内，向作出确认决定的人民法院申请撤销确认决定。

第十一条　人民法院办理人民调解协议司法确认案件，不收取费用。

第十二条　人民法院可以将调解协议不予确认的情况定期或者不定期通报同级司法行政机关和相关人民调解委员会。

第十三条　经人民法院建立的调解员名册中的调解员调解达成协议后，当事人申请司法确认的，参照本规定办理。人民法院立案后委托他人调解达成的协议的司法确认，按照《最高人民法院关于人民法院民事调解工作若干问题的规定》（法释〔2004〕12号）的有关规定办理。

相关文书样式（略）。

八、保全与先予执行

最高人民法院关于对案外人的财产能否进行保全问题的批复

1. 1998年4月2日最高人民法院审判委员会第970次会议通过
2. 1998年5月19日公布
3. 法释〔1998〕10号
4. 自1998年5月26日起施行

湖北省高级人民法院：

你院鄂高法〔1996〕191号《关于对案外人的财产能否进行诉讼财产保全的请示》收悉。经研究，答复如下：

最高人民法院法发〔1994〕29号《关于在经济审判工作中严格执行〈中华人民共和国民事诉讼法〉的若干规定》第14条的规定与最高人民法院法发〔1992〕22号《关于适用〈中华人民共和国民事诉讼法〉若干问题的意见》第105条的规定精神是一致的，均应当严格执行。

对于债务人的财产不能满足保全请求，但对案外人有到期债权的，人民法院可以依债权人的申请裁定该案外人不得对债务人清偿。该案外人对其到期债务没有异议并要求偿付的，由人民法院提存财物或价款。但是，人民法院不应对其财产采取保全措施。

此复

最高人民法院关于湖北省国际信托投资公司证券营业部申请解除四川省高级人民法院财产保全措施问题的通知

1. 1995年7月5日公布
2. 法函〔1995〕90号

湖北省国际信托投资公司证券营业部：

你部"关于请求解除诉讼保全的申请"收悉。经研究，通知如下：

关于你部系独立法人应否承担上级主管部门湖北省国际信托投资公司的民事责任的问题，中国人民银行条法司在答复中国人民银行重庆市分行的请示中，明确指出：根据《金融机构管理规定》第三十三条和《关于清理人民银行各级分行越权批设证券机构有关问题的通知》第二条第(2)项的规定，证券交易部、证券业务部作为证券公司、信托投资公司的全资附属营业机构，不具有独立法人资格，其民事责任由申请设置该证券交易营业部、证券业务部的金融机构承担。你部虽然领取了企业法人营业执照，但是属于中国人民银行《关于清理人民银行各级分行越权批设证券机构有关问题的通知》中规定的清理范围，应于1994年10月底以前清理完毕。你部应为湖北省国际信托投资公司的全资附属营业机构。四川省高级人民法院在审理重庆融资中心诉湖北省国际信托投资公司诉借合同纠纷一案时，根据重庆融资中心的申请，对湖北省国际信托投资公司及其全资附属营业机构的财产采取保全措施并无不妥。

最高人民法院关于军队单位作为经济纠纷案件的当事人可否对其银行账户上的存款采取诉讼保全和军队费用能否强行划拨偿还债务问题的批复

1. 1990年10月9日公布
2. 法(经)复〔1990〕15号

河北省高级人民法院，江苏省高级人民法院：

(87)冀法请字第5号关于军队单位作为经济纠纷案件的当事人可否对其银行帐户上的存款采取诉讼保全的请示和苏法经(1987)51号关于军队费用能否强行划拨偿还债务的请示均已收悉。经研究，现答复如下：

一、最高人民法院和中国人民银行《关于查询、冻结和扣划企事业单位、机关、团体的银行存款的通知》，同样适用于军队系统的企事业单位。

二、按照中国人民银行、中国工商银行、中国农业银行、中国人民解放军总后勤部(1985)财字第

110 号通知印发的《军队单位在银行开设帐户和存款的管理办法》中“军队工厂（矿）、农场、马场、军人服务部、省军区以上单位实行企业经营的招待所（含经总部、军区、军兵种批准实行企业经营的军以下单位招待所）和企业的上级财务主管部门等单位，开设特种企业存款，有息存款”的规定，军队从事生产经营活动应当以此账户结算。因此，在经济纠纷诉讼中，人民法院根据对方当事人申请或者依职权有权对军队的“特种企业存款”账户的存款采取诉讼保全措施，并可依照《民事诉讼法（试行）》第一百七十九条的规定，对该账户的存款采取执行措施。

三、人民法院在审理经济纠纷案件过程中，如果发现军队机关或所属单位以不准用于从事经营性业务往来结算的账户从事经营性业务往来结算和经营性借贷或者担保等违反国家政策、法律的，人民法院有权依法对其账户动用的资金采取诉讼保全措施和执行措施。军队一方当事人的上级领导机关，应当协助人民法院共同查清其账户的情况，依法予以冻结或者扣划。

九、立　　案

(一)综合

最高人民法院关于印发《关于人民法院推行立案登记制改革的意见》的通知

1. 2015年4月15日公布
2. 法发〔2015〕6号

各省、自治区、直辖市高级人民法院,解放军军事法院,新疆维吾尔自治区高级人民法院生产建设兵团分院:

2015年4月1日,中央全面深化改革领导小组第十一次会议审议通过了《关于人民法院推行立案登记制改革的意见》(以下简称《意见》),现予印发,请认真贯彻执行。该《意见》自2015年5月1日起施行。执行中发现情况和问题请及时报告最高人民法院。

关于人民法院推行立案登记制改革的意见

为充分保障当事人诉权,切实解决人民群众反映的"立案难"问题,改革法院案件受理制度,变立案审查制为立案登记制,依照《中华人民共和国民事诉讼法》《中华人民共和国行政诉讼法》《中华人民共和国刑事诉讼法》等有关法律,提出如下意见。

一、立案登记制改革的指导思想

(一)坚持正确政治方向。深入贯彻党的十八届四中全会精神,坚持党的群众路线,坚持司法为民公正司法,通过立案登记制改革,推动加快建设公正高效权威的社会主义司法制度。

(二)坚持以宪法和法律为依据。依法保障当事人行使诉讼权利,方便当事人诉讼,做到公开、透明、高效。

(三)坚持有案必立、有诉必理。对符合法律规定条件的案件,法院必须依法受理,任何单位和个人不得以任何借口阻挠法院受理案件。

二、登记立案范围有下列情形之一的,应当登记立案:

(一)与本案有直接利害关系的公民、法人和其他组织提起的民事诉讼,有明确的被告、具体的诉讼请求和事实依据,属于人民法院主管和受诉人民法院管辖的;

(二)行政行为的相对人以及其他与行政行为有利害关系的公民、法人或者其他组织提起的行政诉讼,有明确的被告、具体的诉讼请求和事实根据,属于人民法院受案范围和受诉人民法院管辖的;

(三)属于告诉才处理的案件,被害人有证据证明的轻微刑事案件,以及被害人有证据证明应当追究被告人刑事责任而公安机关、人民检察院不予追究的案件,被害人告诉,且有明确的被告人、具体的诉讼请求和证明被告人犯罪事实的证据,属于受诉人民法院管辖的;

(四)生效法律文书有给付内容且执行标的和被执行人明确,权利人或其继承人、权利承受人在法定期限内提出申请,属于受申请人民法院管辖的;

(五)赔偿请求人向作为赔偿义务机关的人民法院提出申请,对人民法院、人民检察院、公安机关等作出的赔偿、复议决定或者对逾期不作为不服,提出赔偿申请的。有下列情形之一的,不予登记立案:

(一)违法起诉或者不符合法定起诉条件的;

(二)诉讼已经终结的;

(三)涉及危害国家主权和领土完整、危害国家安全、破坏国家统一和民族团结、破坏国家宗教政策的;

(四)其他不属于人民法院主管的所诉事项。

三、登记立案程序

(一)实行当场登记立案。对符合法律规定的起诉、自诉和申请,一律接收诉状,当场登记立案。对当场不能判定是否符合法律规定的，应当在法律规定的期限内决定是否立案。

（二）实行一次性全面告知和补正。起诉、自诉和申请材料不符合形式要件的，应当及时释明，以书面形式一次性全面告知应当补正的材料和期限。在指定期限内经补正符合法律规定条件的，人民法院应当登记立案。

（三）不符合法律规定的起诉、自诉和申请的处理。对不符合法律规定的起诉、自诉和申请，应当依法裁决不予受理或者不予立案，并载明理由。当事人不服的，可以提起上诉或者申请复议。禁止不收材料、不予答复、不出具法律文书。

（四）严格执行立案标准。禁止在法律规定之外设定受理条件，全面清理和废止不符合法律规定的立案"土政策"。

四、健全配套机制

（一）健全多元化纠纷解决机制。进一步完善调解、仲裁、行政裁决、行政复议、诉讼等有机衔接、相互协调的多元化纠纷解决机制，加强诉前调解与诉讼调解的有效衔接，为人民群众提供更多纠纷解决方式。

（二）建立完善庭前准备程序。完善繁简分流、先行调解工作机制。探索建立庭前准备程序，召集庭前会议，明确诉辩意见，归纳争议焦点，固定相关证据，促进纠纷通过调解、和解、速裁和判决等方式高效解决。

（三）强化立案服务措施。加强人民法院诉讼服务中心和信息化建设，实现公开、便捷立案。推行网上立案、预约立案、巡回立案，为当事人行使诉权提供便利。加大法律援助、司法救助力度，让经济确有困难的当事人打得起官司。

五、制裁违法滥诉

（一）依法惩治虚假诉讼。当事人之间恶意串通，或者冒充他人提起诉讼，企图通过诉讼、调解等方式侵害他人合法权益的，人民法院应当驳回其请求，并予以罚款、拘留；构成犯罪的，依法追究刑事责任。

（二）依法制裁违法行为。对哄闹、滞留、冲击法庭等不听从司法工作人员劝阻的，以暴力、威胁或者其他方法阻碍司法工作人员执行职务的，或者编造事实、侮辱诽谤审判人员，严重扰乱登记立案工作的，予以罚款、拘留；构成犯罪的，依法追究刑事责任。

（三）依法维护立案秩序。对违法围攻、静坐、缠访闹访、冲击法院等，干扰人民法院依法立案的，由公安机关依照治安管理处罚法，予以警告、罚款、行政拘留等处罚；构成犯罪的，依法追究刑事责任。

（四）健全相关法律制度。加强诉讼诚信建设，规范行使诉权行为。推动完善相关立法，对虚假诉讼、恶意诉讼、无理缠诉等滥用诉权行为，明确行政处罚、司法处罚、刑事处罚标准，加大惩治力度。

六、切实加强立案监督

（一）加强内部监督。人民法院应当公开立案程序，规范立案行为，加强对立案流程的监督。上级人民法院应充分发挥审级监督职能，对下级法院有案不立的，责令其及时纠正。必要时，可提级管辖或者指定其他下级法院立案审理。

（二）加强外部监督。人民法院要自觉接受监督，对各级人民代表大会及其常务委员会督查法院登记立案工作反馈的问题和意见，要及时提出整改和落实措施；对检察机关针对不予受理、不予立案、驳回起诉的裁定依法提出的抗诉，要依法审理，对检察机关提出的检察建议要及时处理，并书面回复；自觉接受新闻媒体和人民群众的监督，对反映和投诉的问题，要及时回应，确实存在问题的，要依法纠正。

（三）强化责任追究。人民法院监察部门对立案工作应加大执纪监督力度。发现有案不立、拖延立案、人为控制立案、"年底不立案"、干扰依法立案等违法行为，对有关责任人员和主管领导，依法依纪严肃追究责任。造成严重后果或者恶劣社会影响，构成犯罪的，依法追究刑事责任。各级人民法院要认真贯彻本意见精神，切实加强领导，明确责任，周密部署，精心组织，确保立案登记制改革顺利进行。

最高人民法院关于印发修改后的《民事案件案由规定》的通知

1. 2011年2月18日发布
2. 法〔2011〕42号
3. 自2011年4月1日起施行

各省、自治区、直辖市高级人民法院,解放军军事法院,新疆维吾尔自治区高级人民法院生产建设兵团分院:

根据工作需要,对2008年2月4日制发的《民事案件案由规定》(以下简称2008年《民事案件案由规定》)进行了修改,自2011年4月1日起施行。现将修改后的《民事案件案由规定》印发给你们,请认真贯彻执行。

2008年《民事案件案由规定》发布施行以来,在方便当事人进行民事诉讼,规范人民法院民事立案、审判和司法统计工作等方面,发挥了重要作用。近三年来,随着农村土地承包经营纠纷调解仲裁法、人民调解法、保险法、专利法等法律的制定或修订,审判实践中出现了许多新类型民事案件,需要对2008年《民事案件案由规定》进行补充和完善。特别是侵权责任法已于2010年7月1日起施行,迫切需要增补侵权责任纠纷案由。经深入调查研究,广泛征求意见,最高人民法院对2008年《民事案件案由规定》进行了修改。现就各级人民法院适用修改后的《民事案件案由规定》的有关问题通知如下:

一、要认真学习掌握修改后的《民事案件案由规定》,高度重视民事案件案由在民事审判规范化建设中的重要作用

民事案件案由是民事案件名称的重要组成部分,反映案件所涉及的民事法律关系的性质,是将诉讼争议所包含的法律关系进行的概括,是人民法院进行民事案件管理的重要手段。建立科学、完善的民事案件案由体系,有利于方便当事人进行民事诉讼,有利于对受理案件进行分类管理,有利于确定各民事审判业务庭的管辖分工,有利于提高民事案件司法统计的准确性和科学性,从而更好地为创新和加强民事审判管理、为人民法院司法决策服务。

二、关于民事案件案由编排体系的几个问题

1. 关于案由的确定标准。民事案件案由应当依据当事人主张的民事法律关系的性质来确定。鉴于具体案件中当事人的诉讼请求、争议的焦点可能有多个,争议的标的也可能是多个,为保证案由的高度概括和简洁明了,修改后的《民事案件案由规定》仍沿用2008年《民事案件案由规定》关于案由的确定标准,即对民事案件案由的表述方式原则上确定为“法律关系性质”加“纠纷”,一般不再包含争议焦点、标的物、侵权方式等要素。但是,考虑到当事人诉争的民事法律关系的性质具有复杂性,为了更准确地体现诉争的民事法律关系和便于司法统计,修改后的《民事案件案由规定》在坚持以法律关系性质作为案由的确定标准的同时,对少部分案由也依据请求权、形成权或者确认之诉、形成之诉的标准进行确定,对少部分案由也包含争议焦点、标的物、侵权方式等要素。

对包括民事诉讼法规定的适用特别程序案件案由在内的特殊程序民事案件案由,根据当事人的诉讼请求直接表述。

2. 关于案由的体系编排。修改后的《民事案件案由规定》以民法理论对民事法律关系的分类为基础,以法律关系的内容即民事权利类型来编排体系,结合现行立法及审判实践,在2008年《民事案件案由规定》关于案由的编排体系划分的基础上,将侵权责任纠纷案由提升为第一级案由,将案由的编排体系重新划分为人格权纠纷,婚姻家庭继承纠纷,物权纠纷,合同、无因管理、不当得利纠纷,劳动争议与人事争议,知识产权与竞争纠纷,海事海商纠纷,与公司、证券、保险、票据等有关的民事纠纷,侵权责任纠纷,适用特殊程序案件案由,共十大部分,作为第一级案由。

在第一级案由项下,细分为四十三类案由,作为第二级案由(以大写数字表示);在第二级案由项下列出了424种案由,作为第三级案由(以阿拉伯数字表示),第三级案由是司法实践中最常见和广泛使用的案由。基于审判工作指导、调研和司法统计的需要,在部分第三级案由项下又列出了一些第四级案由[以阿拉伯数字加(　)表示]。基于民事法律关系的复杂性,不可能穷尽所有第四级案由,目前所列只是一些典型的、常见的,或者为了司法统计需要而设立的案由。

3. 关于侵权责任纠纷案由的编排。此次修改将侵权责任纠纷案由提升为第一级案由。按照侵权责任法的相关规定,在其项下增补相关的侵权责任纠纷案由。首先,按照侵权责任法相关规定,列出了该法规定的各种具体侵权责任纠纷案由。其次,协调好侵权责任纠纷案由与其他第一级案由之间的关系。根据侵权责任法相关规定,侵权责任法的保护对象为民事权益,包括生命权、健康权、姓名权、名誉权、荣誉权、肖像权、隐私权、婚姻自主权、监护权、所有权、用益物权、担保物权、著作权、专利权、商标专用权、发现权、股权、继承权等人身、财产权益。这些民事权益,分别包含在人格权、婚姻家庭继承权、物权、知识产权等民商事权益之中,而这些民事权益纠纷往往既包括权属确认纠纷也包括侵权责任纠纷,这就为科学合理编排民事案件案由增加了难度。为了保持整个案由体系的完整性和稳定性,尽可能避免重复交叉,此次修改将这些民事权益侵权责任纠纷案由仍旧保留在各第一级案由之中,只是将侵权责任法新规定的有关案由列在第一级案由"侵权责任纠纷"案由项下,并将一些实践中常见的、其他第一级案由不便列出的侵权责任纠纷案由也列在第一级案由"侵权责任纠纷"项下,并从"兜底"考虑,列在其他八个民事权益纠纷类型之后,作为第九部分。

4. 关于物权纠纷案由与合同纠纷案由编排与适用的问题。修改后的《民事案件案由规定》仍然沿用2008年《民事案件案由规定》关于物权纠纷案由与合同纠纷案由的编排体系。具体适用时,按照物权变动原因与结果相区分的原则,对于因物权变动的原因关系,即债权性质的合同关系产生的纠纷,应适用债权纠纷部分的案由,如物权设立原因关系方面的担保合同纠纷,物权转让原因关系方面的买卖合同纠纷。对于因物权设立、权属、效力、使用、收益等物权关系产生的纠纷,则应适用物权纠纷部分的案由,如担保物权纠纷。人民法院应根据当事人诉争的法律关系的性质,查明该法律关系涉及的是物权变动的原因关系还是物权变动的结果关系,以正确确定案由。

5. 关于第三部分"物权纠纷"项下"物权保护纠纷"案由与"所有权纠纷"、"用益物权纠纷"、"担保物权纠纷"案由的协调问题。"所有权纠纷"、"用益物权纠纷"、"担保物权纠纷"案由既包括以上三种类型的物权确认纠纷案由,也包括以上三种类型的侵害物权纠纷案由。物权法第三章"物权的保护"所规定的物权请求权或者债权请求权保护方法,即"物权保护纠纷",在修改后的《民事案件案由规定》规定的每个物权类型(第三级案由)项下可能部分或者全部适用,多数可以作为第四级案由规定,但为避免使整个案由体系冗长繁杂,在各第三级案由下并未一一列出。在涉及侵害物权纠纷案由确定时,如果当事人的诉讼请求只涉及"物权保护纠纷"项下的一种物权请求权或者债权请求权,则可以适用"物权保护纠纷"项下的六种第三级案由;如果当事人的诉讼请求涉及"物权保护纠纷"项下的两种或者两种以上物权请求权或者债权请求权,则应按照所保护的权利种类,分别适用所有权、用益物权、担保物权项下的第三级案由(各种物权类型纠纷)。

6. 关于第九部分"侵权责任纠纷"项下案由与"人格权纠纷"、"物权纠纷"、"知识产权与竞争纠纷"等其他部分项下案由的协调问题。在确定侵权责任纠纷具体案由时,应当先适用第九部分"侵权责任纠纷"项下根据侵权责任法相关规定列出的具体案由。没有相应案由的,再适用"人格权纠纷"、"物权纠纷"、"知识产权与竞争纠纷"等其他部分项下的案由。如机动车交通事故可能造成人身损害和财产损害,确定案由时,应当适用第九部分"侵权责任纠纷"项下"机动车交通事故责任纠纷"案由,而不应适用第一部分"人格权纠纷"项下的"生命权、健康权、身体权纠纷"案由,也不应适用第三部分"物权纠纷"项下的"财产损害赔偿纠纷"案由。

三、适用修改后的《民事案件案由规定》时应注意的几个问题

1. 第一审法院立案时应当根据当事人诉争法律关系的性质，首先应适用修改后的《民事案件案由规定》列出的第四级案由；第四级案由没有规定的，适用相应的第三级案由；第三级案由中没有规定的，适用相应的第二级案由；第二级案由没有规定的，适用相应的第一级案由。地方各级人民法院对审判实践中出现的可以作为新的第三级民事案由或者应当规定为第四级民事案由的纠纷类型，可以及时报告最高人民法院。最高人民法院将定期收集、整理、筛选，及时细化、补充相关案由。

2. 各级人民法院要正确认识民事案件案由的性质与功能，不得将修改后的《民事案件案由规定》等同于《中华人民共和国民事诉讼法》第一百零八条规定的受理条件，不得以当事人的诉请在修改后的《民事案件案由规定》中没有相应案由可以适用为由，裁定不予受理或者驳回起诉，影响当事人行使诉权。

3. 同一诉讼中涉及两个以上的法律关系的，应当依当事人诉争的法律关系的性质确定案由，均为诉争法律关系的，则按诉争的两个以上法律关系确定并列的两个案由。

4. 在请求权竞合的情形下，人民法院应当按照当事人自主选择行使的请求权，根据当事人诉争的法律关系的性质，确定相应的案由。

5. 当事人起诉的法律关系与实际诉争的法律关系不一致的，人民法院结案时应当根据法庭查明的当事人之间实际存在的法律关系的性质，相应变更案件的案由。

6. 当事人在诉讼过程中增加或者变更诉讼请求导致当事人诉争的法律关系发生变更的，人民法院应当相应变更案件案由。

7. 对于案由名称中出现顿号(即“、”)的部分案由，应当根据具体案情，确定相应的案由，不应直接将该案由全部引用。如“生命权、健康权、身体权纠纷”案由，应根据侵害的具体人格权益来确定相应的案由；如“海上、通海水域货物运输合同纠纷”案由，应当根据纠纷发生的具体水域来确定相应的案由；如“擅自使用知名商品特有名称、包装、装潢纠纷”案由，应当根据具体侵害对象来确定相应的案由。

修改后的《民事案件案由规定》适用过程中有何情况和问题，应当及时报告最高人民法院。

附：

民事案件案由规定

1. 2007年10月29日最高人民法院审判委员会第1438次会议通过根据2011年2月18日

2. 根据最高人民法院《关于修改〈民事案件案由规定〉的决定》(法〔2011〕41号)第一次修正

为了正确适用法律，统一确定案由，根据《中华人民共和国民法通则》、《中华人民共和国物权法》、《中华人民共和国合同法》、《中华人民共和国侵权责任法》和《中华人民共和国民事诉讼法》等法律规定，结合人民法院民事审判工作实际情况，对民事案件案由规定如下：

第一部分　人格权纠纷

一、人格权纠纷

1. 生命权、健康权、身体权纠纷
2. 姓名权纠纷
3. 肖像权纠纷
4. 名誉权纠纷
5. 荣誉权纠纷
6. 隐私权纠纷
7. 婚姻自主权纠纷
8. 人身自由权纠纷
9. 一般人格权纠纷

第二部分　婚姻家庭、继承纠纷

二、婚姻家庭纠纷

10. 婚约财产纠纷
11. 离婚纠纷
12. 离婚后财产纠纷
13. 离婚后损害责任纠纷
14. 婚姻无效纠纷
15. 撤销婚姻纠纷
16. 夫妻财产约定纠纷
17. 同居关系纠纷

(1)同居关系析产纠纷

(2)同居关系子女抚养纠纷
18.抚养纠纷
(1)抚养费纠纷
(2)变更抚养关系纠纷
19.扶养纠纷
(1)扶养费纠纷
(2)变更扶养关系纠纷
20.赡养纠纷
(1)赡养费纠纷
(2)变更赡养关系纠纷
21.收养关系纠纷
(1)确认收养关系纠纷
(2)解除收养关系纠纷
22.监护权纠纷
23.探望权纠纷
24.分家析产纠纷
三、继承纠纷
25.法定继承纠纷
(1)转继承纠纷
(2)代位继承纠纷
26.遗嘱继承纠纷
27.被继承人债务清偿纠纷
28.遗赠纠纷
29.遗赠扶养协议纠纷

第三部分　物权纠纷

四、不动产登记纠纷
30.异议登记不当损害责任纠纷
31.虚假登记损害责任纠纷
五、物权保护纠纷
32.物权确认纠纷
(1)所有权确认纠纷
(2)用益物权确认纠纷
(3)担保物权确认纠纷
33.返还原物纠纷
34.排除妨害纠纷
35.消除危险纠纷
36.修理、重作、更换纠纷
37.恢复原状纠纷
38.财产损害赔偿纠纷
六、所有权纠纷
39.侵害集体经济组织成员权益纠纷
40.建筑物区分所有权纠纷
(1)业主专有权纠纷
(2)业主共有权纠纷
(3)车位纠纷
(4)车库纠纷
41.业主撤销权纠纷
42.业主知情权纠纷
43.遗失物返还纠纷
44.漂流物返还纠纷
45.埋藏物返还纠纷
46.隐藏物返还纠纷
47.相邻关系纠纷
(1)相邻用水、排水纠纷
(2)相邻通行纠纷
(3)相邻土地、建筑物利用关系纠纷
(4)相邻通风纠纷
(5)相邻采光、日照纠纷
(6)相邻污染侵害纠纷
(7)相邻损害防免关系纠纷
48.共有纠纷
(1)共有权确认纠纷
(2)共有物分割纠纷
(3)共有人优先购买权纠纷
七、用益物权纠纷
49.海域使用权纠纷
50.探矿权纠纷
51.采矿权纠纷
52.取水权纠纷
53.养殖权纠纷
54.捕捞权纠纷
55.土地承包经营权纠纷
(1)土地承包经营权确认纠纷
(2)承包地征收补偿费用分配纠纷
(3)土地承包经营权继承纠纷
56.建设用地使用权纠纷
57.宅基地使用权纠纷
58.地役权纠纷
八、担保物权纠纷
59.抵押权纠纷
(1)建筑物和其他土地附着物抵押权纠纷
(2)在建建筑物抵押权纠纷
(3)建设用地使用权抵押权纠纷
(4)土地承包经营权抵押权纠纷

(5)动产抵押权纠纷
(6)在建船舶、航空器抵押权纠纷
(7)动产浮动抵押权纠纷
(8)最高额抵押权纠纷
60. 质权纠纷
(1)动产质权纠纷
(2)转质权纠纷
(3)最高额质权纠纷
(4)票据质权纠纷
(5)债券质权纠纷
(6)存单质权纠纷
(7)仓单质权纠纷
(8)提单质权纠纷
(9)股权质权纠纷
(10)基金份额质权纠纷
(11)知识产权质权纠纷
(12)应收账款质权纠纷
61. 留置权纠纷
九、占有保护纠纷
62. 占有物返还纠纷
63. 占有排除妨害纠纷
64. 占有消除危险纠纷
65. 占有物损害赔偿纠纷

第四部分　合同、无因管理、不当得利纠纷

十、合同纠纷
66. 缔约过失责任纠纷
67. 确认合同效力纠纷
(1)确认合同有效纠纷
(2)确认合同无效纠纷
68. 债权人代位权纠纷
69. 债权人撤销权纠纷
70. 债权转让合同纠纷
71. 债务转移合同纠纷
72. 债权债务概括转移合同纠纷
73. 悬赏广告纠纷
74. 买卖合同纠纷
(1)分期付款买卖合同纠纷
(2)凭样品买卖合同纠纷
(3)试用买卖合同纠纷
(4)互易纠纷
(5)国际货物买卖合同纠纷
(6)网络购物合同纠纷
(7)电视购物合同纠纷
75. 招标投标买卖合同纠纷
76. 拍卖合同纠纷
77. 建设用地使用权合同纠纷
(1)建设用地使用权出让合同纠纷
(2)建设用地使用权转让合同纠纷
78. 临时用地合同纠纷
79. 探矿权转让合同纠纷
80. 采矿权转让合同纠纷
81. 房地产开发经营合同纠纷
(1)委托代建合同纠纷
(2)合资、合作开发房地产合同纠纷
(3)项目转让合同纠纷
82. 房屋买卖合同纠纷
(1)商品房预约合同纠纷
(2)商品房预售合同纠纷
(3)商品房销售合同纠纷
(4)商品房委托代理销售合同纠纷
(5)经济适用房转让合同纠纷
(6)农村房屋买卖合同纠纷
83. 房屋拆迁安置补偿合同纠纷
84. 供用电合同纠纷
85. 供用水合同纠纷
86. 供用气合同纠纷
87. 供用热力合同纠纷
88. 赠与合同纠纷
(1)公益事业捐赠合同纠纷
(2)附义务赠与合同纠纷
89. 借款合同纠纷
(1)金融借款合同纠纷
(2)同业拆借纠纷
(3)企业借贷纠纷
(4)民间借贷纠纷
(5)小额借款合同纠纷
(6)金融不良债权转让合同纠纷
(7)金融不良债权追偿纠纷
90. 保证合同纠纷
91. 抵押合同纠纷
92. 质押合同纠纷
93. 定金合同纠纷

94. 进出口押汇纠纷
95. 储蓄存款合同纠纷
96. 银行卡纠纷
(1)借记卡纠纷
(2)信用卡纠纷
97. 租赁合同纠纷
(1)土地租赁合同纠纷
(2)房屋租赁合同纠纷
(3)车辆租赁合同纠纷
(4)建筑设备租赁合同纠纷
98. 融资租赁合同纠纷
99. 承揽合同纠纷
(1)加工合同纠纷
(2)定作合同纠纷
(3)修理合同纠纷
(4)复制合同纠纷
(5)测试合同纠纷
(6)检验合同纠纷
(7)铁路机车、车辆建造合同纠纷
100. 建设工程合同纠纷
(1)建设工程勘察合同纠纷
(2)建设工程设计合同纠纷
(3)建设工程施工合同纠纷
(4)建设工程价款优先受偿权纠纷
(5)建设工程分包合同纠纷
(6)建设工程监理合同纠纷
(7)装饰装修合同纠纷
(8)铁路修建合同纠纷
(9)农村建房施工合同纠纷
101. 运输合同纠纷
(1)公路旅客运输合同纠纷
(2)公路货物运输合同纠纷
(3)水路旅客运输合同纠纷
(4)水路货物运输合同纠纷
(5)航空旅客运输合同纠纷
(6)航空货物运输合同纠纷
(7)出租汽车运输合同纠纷
(8)管道运输合同纠纷
(9)城市公交运输合同纠纷
(10)联合运输合同纠纷
(11)多式联运合同纠纷
(12)铁路货物运输合同纠纷
(13)铁路旅客运输合同纠纷
(14)铁路行李运输合同纠纷
(15)铁路包裹运输合同纠纷
(16)国际铁路联运合同纠纷
102. 保管合同纠纷
103. 仓储合同纠纷
104. 委托合同纠纷
(1)进出口代理合同纠纷
(2)货运代理合同纠纷
(3)民用航空运输销售代理合同纠纷
(4)诉讼、仲裁、人民调解代理合同纠纷
105. 委托理财合同纠纷
(1)金融委托理财合同纠纷
(2)民间委托理财合同纠纷
106. 行纪合同纠纷
107. 居间合同纠纷
108. 补偿贸易纠纷
109. 借用合同纠纷
110. 典当纠纷
111. 合伙协议纠纷
112. 种植、养殖回收合同纠纷
113. 彩票、奖券纠纷
114. 中外合作勘探开发自然资源合同纠纷
115. 农业承包合同纠纷
116. 林业承包合同纠纷
117. 渔业承包合同纠纷
118. 牧业承包合同纠纷
119. 农村土地承包合同纠纷
(1)土地承包经营权转包合同纠纷
(2)土地承包经营权转让合同纠纷
(3)土地承包经营权互换合同纠纷
(4)土地承包经营权入股合同纠纷
(5)土地承包经营权抵押合同纠纷
(6)土地承包经营权出租合同纠纷
120. 服务合同纠纷
(1)电信服务合同纠纷
(2)邮寄服务合同纠纷
(3)医疗服务合同纠纷
(4)法律服务合同纠纷
(5)旅游合同纠纷
(6)房地产咨询合同纠纷
(7)房地产价格评估合同纠纷

(8)旅店服务合同纠纷
(9)财会服务合同纠纷
(10)餐饮服务合同纠纷
(11)娱乐服务合同纠纷
(12)有线电视服务合同纠纷
(13)网络服务合同纠纷
(14)教育培训合同纠纷
(15)物业服务合同纠纷
(16)家政服务合同纠纷
(17)庆典服务合同纠纷
(18)殡葬服务合同纠纷
(19)农业技术服务合同纠纷
(20)农机作业服务合同纠纷
(21)保安服务合同纠纷
(22)银行结算合同纠纷
121. 演出合同纠纷
122. 劳务合同纠纷
123. 离退休人员返聘合同纠纷
124. 广告合同纠纷
125. 展览合同纠纷
126. 追偿权纠纷
127. 请求确认人民调解协议效力
十一、不当得利纠纷
128. 不当得利纠纷
十二、无因管理纠纷
129. 无因管理纠纷

第五部分 知识产权与竞争纠纷

十三、知识产权合同纠纷
130. 著作权合同纠纷
(1)委托创作合同纠纷
(2)合作创作合同纠纷
(3)著作权转让合同纠纷
(4)著作权许可使用合同纠纷
(5)出版合同纠纷
(6)表演合同纠纷
(7)音像制品制作合同纠纷
(8)广播电视播放合同纠纷
(9)邻接权转让合同纠纷
(10)邻接权许可使用合同纠纷
(11)计算机软件开发合同纠纷
(12)计算机软件著作权转让合同纠纷
(13)计算机软件著作权许可使用合同纠纷
131. 商标合同纠纷
(1)商标权转让合同纠纷
(2)商标使用许可合同纠纷
(3)商标代理合同纠纷
132. 专利合同纠纷
(1)专利申请权转让合同纠纷
(2)专利权转让合同纠纷
(3)发明专利实施许可合同纠纷
(4)实用新型专利实施许可合同纠纷
(5)外观设计专利实施许可合同纠纷
(6)专利代理合同纠纷
133. 植物新品种合同纠纷
(1)植物新品种育种合同纠纷
(2)植物新品种申请权转让合同纠纷
(3)植物新品种权转让合同纠纷
(4)植物新品种实施许可合同纠纷
134. 集成电路布图设计合同纠纷
(1)集成电路布图设计创作合同纠纷
(2)集成电路布图设计专有权转让合同纠纷
(3)集成电路布图设计许可使用合同纠纷
135. 商业秘密合同纠纷
(1)技术秘密让与合同纠纷
(2)技术秘密许可使用合同纠纷
(3)经营秘密让与合同纠纷
(4)经营秘密许可使用合同纠纷
136. 技术合同纠纷
(1)技术委托开发合同纠纷
(2)技术合作开发合同纠纷
(3)技术转化合同纠纷
(4)技术转让合同纠纷
(5)技术咨询合同纠纷
(6)技术服务合同纠纷
(7)技术培训合同纠纷
(8)技术中介合同纠纷
(9)技术进口合同纠纷
(10)技术出口合同纠纷
(11)职务技术成果完成人奖励、报酬纠纷
(12)技术成果完成人署名权、荣誉权、奖励权纠纷
137. 特许经营合同纠纷

138. 企业名称(商号)合同纠纷
(1)企业名称(商号)转让合同纠纷
(2)企业名称(商号)使用合同纠纷
139. 特殊标志合同纠纷
140. 网络域名合同纠纷
(1)网络域名注册合同纠纷
(2)网络域名转让合同纠纷
(3)网络域名许可使用合同纠纷
141. 知识产权质押合同纠纷
十四、知识产权权属、侵权纠纷
142. 著作权权属、侵权纠纷
(1)著作权权属纠纷
(2)侵害作品发表权纠纷
(3)侵害作品署名权纠纷
(4)侵害作品修改权纠纷
(5)侵害保护作品完整权纠纷
(6)侵害作品复制权纠纷
(7)侵害作品发行权纠纷
(8)侵害作品出租权纠纷
(9)侵害作品展览权纠纷
(10)侵害作品表演权纠纷
(11)侵害作品放映权纠纷
(12)侵害作品广播权纠纷
(13)侵害作品信息网络传播权纠纷
(14)侵害作品摄制权纠纷
(15)侵害作品改编权纠纷
(16)侵害作品翻译权纠纷
(17)侵害作品汇编权纠纷
(18)侵害其他著作财产权纠纷
(19)出版者权权属纠纷
(20)表演者权权属纠纷
(21)录音录像制作者权权属纠纷
(22)广播组织权权属纠纷
(23)侵害出版者权纠纷
(24)侵害表演者权纠纷
(25)侵害录音录像制作者权纠纷
(26)侵害广播组织权纠纷
(27)计算机软件著作权权属纠纷
(28)侵害计算机软件著作权纠纷
143. 商标权权属、侵权纠纷
(1)商标权权属纠纷
(2)侵害商标权纠纷
144. 专利权权属、侵权纠纷
(1)专利申请权权属纠纷
(2)专利权权属纠纷
(3)侵害发明专利权纠纷
(4)侵害实用新型专利权纠纷
(5)侵害外观设计专利权纠纷
(6)假冒他人专利纠纷
(7)发明专利临时保护期使用费纠纷
(8)职务发明创造发明人、设计人奖励、报酬纠纷
(9)发明创造发明人、设计人署名权纠纷
145. 植物新品种权权属、侵权纠纷
(1)植物新品种申请权权属纠纷
(2)植物新品种权权属纠纷
(3)侵害植物新品种权纠纷
146. 集成电路布图设计专有权权属、侵权纠纷
(1)集成电路布图设计专有权权属纠纷
(2)侵害集成电路布图设计专有权纠纷
147. 侵害企业名称(商号)权纠纷
148. 侵害特殊标志专有权纠纷
149. 网络域名权属、侵权纠纷
(1)网络域名权属纠纷
(2)侵害网络域名纠纷
150. 发现权纠纷
151. 发明权纠纷
152. 其他科技成果权纠纷
153. 确认不侵害知识产权纠纷
(1)确认不侵害专利权纠纷
(2)确认不侵害商标权纠纷
(3)确认不侵害著作权纠纷
154. 因申请知识产权临时措施损害责任纠纷
(1)因申请诉前停止侵害专利权损害责任纠纷
(2)因申请诉前停止侵害注册商标专用权损害责任纠纷
(3)因申请诉前停止侵害著作权损害责任纠纷
(4)因申请诉前停止侵害植物新品种权损害责任纠纷
(5)因申请海关知识产权保护措施损害责任纠纷
155. 因恶意提起知识产权诉讼损害责任纠纷

156. 专利权宣告无效后返还费用纠纷

十五、不正当竞争纠纷

157. 仿冒纠纷

(1)擅自使用知名商品特有名称、包装、装潢纠纷

(2)擅自使用他人企业名称、姓名纠纷

(3)伪造、冒用产品质量标志纠纷

(4)伪造产地纠纷

158. 商业贿赂不正当竞争纠纷

159. 虚假宣传纠纷

160. 侵害商业秘密纠纷

(1)侵害技术秘密纠纷

(2)侵害经营秘密纠纷

161. 低价倾销不正当竞争纠纷

162. 捆绑销售不正当竞争纠纷

163. 有奖销售纠纷

164. 商业诋毁纠纷

165. 串通投标不正当竞争纠纷

十六、垄断纠纷

166. 垄断协议纠纷

(1)横向垄断协议纠纷

(2)纵向垄断协议纠纷

167. 滥用市场支配地位纠纷

(1)垄断定价纠纷

(2)掠夺定价纠纷

(3)拒绝交易纠纷

(4)限定交易纠纷

(5)捆绑交易纠纷

(6)差别待遇纠纷

168. 经营者集中纠纷

第六部分　劳动争议、人事争议

十七、劳动争议

169. 劳动合同纠纷

(1)确认劳动关系纠纷

(2)集体合同纠纷

(3)劳务派遣合同纠纷

(4)非全日制用工纠纷

(5)追索劳动报酬纠纷

(6)经济补偿金纠纷

(7)竞业限制纠纷

170. 社会保险纠纷

(1)养老保险待遇纠纷

(2)工伤保险待遇纠纷

(3)医疗保险待遇纠纷

(4)生育保险待遇纠纷

(5)失业保险待遇纠纷

171. 福利待遇纠纷

十八、人事争议

172. 人事争议

(1)辞职争议

(2)辞退争议

(3)聘用合同争议

第七部分　海事海商纠纷

十九、海事海商纠纷

173. 船舶碰撞损害责任纠纷

174. 船舶触碰损害责任纠纷

175. 船舶损坏空中设施、水下设施损害责任纠纷

176. 船舶污染损害责任纠纷

177. 海上、通海水域污染损害责任纠纷

178. 海上、通海水域养殖损害责任纠纷

179. 海上、通海水域财产损害责任纠纷

180. 海上、通海水域人身损害责任纠纷

181. 非法留置船舶、船载货物、船用燃油、船用物料损害责任纠纷

182. 海上、通海水域货物运输合同纠纷

183. 海上、通海水域旅客运输合同纠纷

184. 海上、通海水域行李运输合同纠纷

185. 船舶经营管理合同纠纷

186. 船舶买卖合同纠纷

187. 船舶建造合同纠纷

188. 船舶修理合同纠纷

189. 船舶改建合同纠纷

190. 船舶拆解合同纠纷

191. 船舶抵押合同纠纷

192. 航次租船合同纠纷

193. 船舶租用合同纠纷

(1)定期租船合同纠纷

(2)光船租赁合同纠纷

194. 船舶融资租赁合同纠纷

195. 海上、通海水域运输船舶承包合同纠纷

196. 渔船承包合同纠纷

197. 船舶属具租赁合同纠纷

198. 船舶属具保管合同纠纷

199. 海运集装箱租赁合同纠纷
200. 海运集装箱保管合同纠纷
201. 港口货物保管合同纠纷
202. 船舶代理合同纠纷
203. 海上、通海水域货运代理合同纠纷
204. 理货合同纠纷
205. 船舶物料和备品供应合同纠纷
206. 船员劳务合同纠纷
207. 海难救助合同纠纷
208. 海上、通海水域打捞合同纠纷
209. 海上、通海水域拖航合同纠纷
210. 海上、通海水域保险合同纠纷
211. 海上、通海水域保赔合同纠纷
212. 海上、通海水域运输联营合同纠纷
213. 船舶营运借款合同纠纷
214. 海事担保合同纠纷
215. 航道、港口疏浚合同纠纷
216. 船坞、码头建造合同纠纷
217. 船舶检验合同纠纷
218. 海事请求担保纠纷
219. 海上、通海水域运输重大责任事故责任纠纷
220. 港口作业重大责任事故责任纠纷
221. 港口作业纠纷
222. 共同海损纠纷
223. 海洋开发利用纠纷
224. 船舶共有纠纷
225. 船舶权属纠纷
226. 海运欺诈纠纷
227. 海事债权确权纠纷

第八部分　与公司、证券、保险、票据等有关的民事纠纷

二十、与企业有关的纠纷

228. 企业出资人权益确认纠纷
229. 侵害企业出资人权益纠纷
230. 企业公司制改造合同纠纷
231. 企业股份合作制改造合同纠纷
232. 企业债权转股权合同纠纷
233. 企业分立合同纠纷
234. 企业租赁经营合同纠纷
235. 企业出售合同纠纷
236. 挂靠经营合同纠纷
237. 企业兼并合同纠纷
238. 联营合同纠纷
239. 企业承包经营合同纠纷
    (1)中外合资经营企业承包经营合同纠纷
    (2)中外合作经营企业承包经营合同纠纷
    (3)外商独资企业承包经营合同纠纷
    (4)乡镇企业承包经营合同纠纷
240. 中外合资经营企业合同纠纷
241. 中外合作经营企业合同纠纷

二十一、与公司有关的纠纷

242. 股东资格确认纠纷
243. 股东名册记载纠纷
244. 请求变更公司登记纠纷
245. 股东出资纠纷
246. 新增资本认购纠纷
247. 股东知情权纠纷
248. 请求公司收购股份纠纷
249. 股权转让纠纷
250. 公司决议纠纷
    (1)公司决议效力确认纠纷
    (2)公司决议撤销纠纷
251. 公司设立纠纷
252. 公司证照返还纠纷
253. 发起人责任纠纷
254. 公司盈余分配纠纷
255. 损害股东利益责任纠纷
256. 损害公司利益责任纠纷
257. 股东损害公司债权人利益责任纠纷
258. 公司关联交易损害责任纠纷
259. 公司合并纠纷
260. 公司分立纠纷
261. 公司减资纠纷
262. 公司增资纠纷
263. 公司解散纠纷
264. 申请公司清算
265. 清算责任纠纷
266. 上市公司收购纠纷

二十二、合伙企业纠纷

267. 入伙纠纷
268. 退伙纠纷
269. 合伙企业财产份额转让纠纷

二十三、与破产有关的纠纷
270. 申请破产清算
271. 申请破产重整
272. 申请破产和解
273. 请求撤销个别清偿行为纠纷
274. 请求确认债务人行为无效纠纷
275. 对外追收债权纠纷
276. 追收未缴出资纠纷
277. 追收抽逃出资纠纷
278. 追收非正常收入纠纷
279. 破产债权确认纠纷
(1)职工破产债权确认纠纷
(2)普通破产债权确认纠纷
280. 取回权纠纷
(1)一般取回权纠纷
(2)出卖人取回权纠纷
281. 破产抵销权纠纷
282. 别除权纠纷
283. 破产撤销权纠纷
284. 损害债务人利益赔偿纠纷
285. 管理人责任纠纷
二十四、证券纠纷
286. 证券权利确认纠纷
(1)股票权利确认纠纷
(2)公司债券权利确认纠纷
(3)国债权利确认纠纷
(4)证券投资基金权利确认纠纷
287. 证券交易合同纠纷
(1)股票交易纠纷
(2)公司债券交易纠纷
(3)国债交易纠纷
(4)证券投资基金交易纠纷
288. 金融衍生品种交易纠纷
289. 证券承销合同纠纷
(1)证券代销合同纠纷
(2)证券包销合同纠纷
290. 证券投资咨询纠纷
291. 证券资信评级服务合同纠纷
292. 证券回购合同纠纷
(1)股票回购合同纠纷
(2)国债回购合同纠纷
(3)公司债券回购合同纠纷
(4)证券投资基金回购合同纠纷
(5)质押式证券回购纠纷
293. 证券上市合同纠纷
294. 证券交易代理合同纠纷
295. 证券上市保荐合同纠纷
296. 证券发行纠纷
(1)证券认购纠纷
(2)证券发行失败纠纷
297. 证券返还纠纷
298. 证券欺诈责任纠纷
(1)证券内幕交易责任纠纷
(2)操纵证券交易市场责任纠纷
(3)证券虚假陈述责任纠纷
(4)欺诈客户责任纠纷
299. 证券托管纠纷
300. 证券登记、存管、结算纠纷
301. 融资融券交易纠纷
302. 客户交易结算资金纠纷
二十五、期货交易纠纷
303. 期货经纪合同纠纷
304. 期货透支交易纠纷
305. 期货强行平仓纠纷
306. 期货实物交割纠纷
307. 期货保证合约纠纷
308. 期货交易代理合同纠纷
309. 侵占期货交易保证金纠纷
310. 期货欺诈责任纠纷
311. 操纵期货交易市场责任纠纷
312. 期货内幕交易责任纠纷
313. 期货虚假信息责任纠纷
二十六、信托纠纷
314. 民事信托纠纷
315. 营业信托纠纷
316. 公益信托纠纷
二十七、保险纠纷
317. 财产保险合同纠纷
(1)财产损失保险合同纠纷
(2)责任保险合同纠纷
(3)信用保险合同纠纷
(4)保证保险合同纠纷
(5)保险人代位求偿权纠纷
318. 人身保险合同纠纷

(1)人寿保险合同纠纷
(2)意外伤害保险合同纠纷
(3)健康保险合同纠纷
319. 再保险合同纠纷
320. 保险经纪合同纠纷
321. 保险代理合同纠纷
322. 进出口信用保险合同纠纷
323. 保险费纠纷
二十八、票据纠纷
324. 票据付款请求权纠纷
325. 票据追索权纠纷
326. 票据交付请求权纠纷
327. 票据返还请求权纠纷
328. 票据损害责任纠纷
329. 票据利益返还请求权纠纷
330. 汇票回单签发请求权纠纷
331. 票据保证纠纷
332. 确认票据无效纠纷
333. 票据代理纠纷
334. 票据回购纠纷
二十九、信用证纠纷
335. 委托开立信用证纠纷
336. 信用证开证纠纷
337. 信用证议付纠纷
338. 信用证欺诈纠纷
339. 信用证融资纠纷
340. 信用证转让纠纷

第九部分 侵权责任纠纷

三十、侵权责任纠纷
341. 监护人责任纠纷
342. 用人单位责任纠纷
343. 劳务派遣工作人员侵权责任纠纷
344. 提供劳务者致害责任纠纷
345. 提供劳务者受害责任纠纷
346. 网络侵权责任纠纷
347. 违反安全保障义务责任纠纷
(1)公共场所管理人责任纠纷
(2)群众性活动组织者责任纠纷
348. 教育机构责任纠纷
349. 产品责任纠纷
(1)产品生产者责任纠纷
(2)产品销售者责任纠纷
(3)产品运输者责任纠纷
(4)产品仓储者责任纠纷
350. 机动车交通事故责任纠纷
351. 医疗损害责任纠纷
(1)侵害患者知情同意权责任纠纷
(2)医疗产品责任纠纷
352. 环境污染责任纠纷
(1)大气污染责任纠纷
(2)水污染责任纠纷
(3)噪声污染责任纠纷
(4)放射性污染责任纠纷
(5)土壤污染责任纠纷
(6)电子废物污染责任纠纷
(7)固体废物污染责任纠纷
353. 高度危险责任纠纷
(1)民用核设施损害责任纠纷
(2)民用航空器损害责任纠纷
(3)占有、使用高度危险物损害责任纠纷
(4)高度危险活动损害责任纠纷
(5)遗失、抛弃高度危险物损害责任纠纷
(6)非法占有高度危险物损害责任纠纷
354. 饲养动物损害责任纠纷
355. 物件损害责任纠纷
(1)物件脱落、坠落损害责任纠纷
(2)建筑物、构筑物倒塌损害责任纠纷
(3)不明抛掷物、坠落物损害责任纠纷
(4)堆放物倒塌致害责任纠纷
(5)公共道路妨碍通行损害责任纠纷
(6)林木折断损害责任纠纷
(7)地面施工、地下设施损害责任纠纷
356. 触电人身损害责任纠纷
357. 义务帮工人受害责任纠纷
358. 见义勇为人受害责任纠纷
359. 公证损害责任纠纷
360. 防卫过当损害责任纠纷
361. 紧急避险损害责任纠纷
362. 驻香港、澳门特别行政区军人执行职务侵权责任纠纷
363. 铁路运输损害责任纠纷
(1)铁路运输人身损害责任纠纷
(2)铁路运输财产损害责任纠纷
364. 水上运输损害责任纠纷

(1)水上运输人身损害责任纠纷
(2)水上运输财产损害责任纠纷
365. 航空运输损害责任纠纷
(1)航空运输人身损害责任纠纷
(2)航空运输财产损害责任纠纷
366. 因申请诉前财产保全损害责任纠纷
367. 因申请诉前证据保全损害责任纠纷
368. 因申请诉中财产保全损害责任纠纷
369. 因申请诉中证据保全损害责任纠纷
370. 因申请先予执行损害责任纠纷

第十部分　适用特殊程序案件案由

三十一、选民资格案件
371. 申请确定选民资格
三十二、宣告失踪、宣告死亡案件
372. 申请宣告公民失踪
373. 申请撤销宣告失踪
374. 申请为失踪人财产指定、变更代管人
375. 失踪人债务支付纠纷
376. 申请宣告公民死亡
377. 申请撤销宣告公民死亡
378. 被撤销死亡宣告人请求返还财产纠纷
三十三、认定公民无民事行为能力、限制民事行为能力案件
379. 申请宣告公民无民事行为能力
380. 申请宣告公民限制民事行为能力
381. 申请宣告公民恢复限制民事行为能力
382. 申请宣告公民恢复完全民事行为能力
三十四、认定财产无主案件
383. 申请认定财产无主
384. 申请撤销认定财产无主
三十五、监护权特别程序案件
385. 申请确定监护人
386. 申请变更监护人
387. 申请撤销监护人资格
三十六、督促程序案件
388. 申请支付令
三十七、公示催告程序案件
389. 申请公示催告
三十八、申请诉前停止侵害知识产权案件
390. 申请诉前停止侵害专利权
391. 申请诉前停止侵害注册商标专用权
392. 申请诉前停止侵害著作权
393. 申请诉前停止侵害植物新品种权
三十九、申请保全案件
394. 申请诉前财产保全
395. 申请诉中财产保全
396. 申请诉前证据保全
397. 申请诉中证据保全
398. 仲裁程序中的财产保全
399. 仲裁程序中的证据保全
400. 申请中止支付信用证项下款项
401. 申请中止支付保函项下款项
四十、仲裁程序案件
402. 申请确认仲裁协议效力
403. 申请撤销仲裁裁决
四十一、海事诉讼特别程序案件
404. 申请海事请求保全
(1)申请扣押船舶
(2)申请拍卖扣押船舶
(3)申请扣押船载货物
(4)申请拍卖扣押船载货物
(5)申请扣押船用燃油及船用物料
(6)申请拍卖扣押船用燃油及船用物料
405. 申请海事支付令
406. 申请海事强制令
407. 申请海事证据保全
408. 申请设立海事赔偿责任限制基金
409. 申请船舶优先权催告
410. 申请海事债权登记与受偿
四十二、申请承认与执行法院判决、仲裁裁决案件
411. 申请执行海事仲裁裁决
412. 申请执行知识产权仲裁裁决
413. 申请执行涉外仲裁裁决
414. 申请认可和执行香港特别行政区法院民事判决
415. 申请认可和执行香港特别行政区仲裁裁决
416. 申请认可和执行澳门特别行政区法院民事判决
417. 申请认可和执行澳门特别行政区仲裁裁决
418. 申请认可和执行台湾地区法院民事判决
419. 申请认可和执行台湾地区仲裁裁决

最高人民法院关于人民法院立案工作的暂行规定

1. 1997年4月21日公布
2. 法发〔1997〕7号

为了切实保护当事人的诉讼权利，加强人民法院的立案工作，根据我国刑事诉讼法、民事诉讼法、行政诉讼法等有关法律，结合审判实践经验，对人民法院的立案工作作如下规定。

第一条　人民法院的立案工作遵循便利人民群众诉讼，便利人民法院审判的原则。

第二条　上级人民法院对下级人民法院的立案工作进行监督和指导。

基层人民法院对人民法庭的立案工作进行检查和指导。

第三条　人民法院立案工作的任务，是保障当事人依法行使诉讼权利，保证人民法院正确、及时审理案件。

第四条　人民法院对当事人提起的诉讼依法进行审查，符合受理条件的应当及时立案。

第五条　人民法院实行立案与审判分开的原则。

第六条　人民法院的立案工作由专门机构负责，可以设在告诉申诉审判庭内；不设告诉申诉审判庭的，可以单独设立。

第七条　立案工作的范围

（一）审查民事、经济纠纷、行政案件的起诉，决定立案或者裁定不予受理；审查刑事自诉案件的起诉，决定立案或者裁定驳回；对刑事公诉案件进行立案登记。

（二）对下级人民法院移送的刑事、民事、经济纠纷、行政上诉案件和人民检察院对第一审刑事判决、裁定提出的抗诉案件进行立案登记。

（三）对本院决定再审、上级人民法院指令再审和人民检察院按照审判监督程序提出抗诉的案件进行立案登记。

（四）负责应由人民法院依法受理的其他案件的立案工作。

（五）计算并通知原告、上诉人预交案件受理费。

第八条　人民法院收到当事人的起诉，应当依照法律和司法解释规定的案件受理条件进行审查：

（一）起诉人应当具备法律规定的主体资格；

（二）应当有明确的被告；

（三）有具体的诉讼请求和事实根据；

（四）属于人民法院受理案件的范围和受诉人民法院管辖。

提起刑事自诉、刑事附带民事诉讼的，还应当符合《最高人民法院关于执行〈中华人民共和国刑事诉讼法〉若干问题的解释（试行）》中关于受理条件的规定。

第九条　人民法院审查立案中，发现原告或者自诉人证明其诉讼请求的主要证据不具备的，应当及时通知其补充证据。收到诉状的时间，从当事人补交有关证据材料之日起开始计算。

第十条　人民法院收到诉状和有关证据，应当进行登记，并向原告或者自诉人出具收据。收据中应当注明证据名称、原件或复制件、收到时间、份数和页数，由负责审查起诉的审判人员和原告、自诉人签名或者盖章。对于不予立案或者原告、自诉人在立案前撤回起诉的，应当将起诉材料退还，并由当事人签收。

第十一条　对经审查不符合法定受理条件，原告坚持起诉的，应当裁定不予受理；自诉人坚持起诉的，应当裁定驳回。

第十二条　不予受理和驳回起诉的裁定书由负责审查起诉的审判人员制作，报庭长或者院长审批。裁定书由负责审查起诉的审判员、书记员署名，加盖人民法院印章。

第十三条　经审查认为起诉符合受理条件的，根据案件的不同情况，由负责审查起诉的审判人员决定立案或者报庭长审批。重大疑难案件报院长审批或者经审判委员会讨论决定。

第十四条　起诉经审查决定立案后，应当编立案号,填写立案登记表,计算案件受理费,向原告或者自诉人发出案件受理通知书,并书面通知原告预交案件受理费。

第十五条 决定立案后,立案机构应当在二日内将案件移送有关审判庭审理,并办理移交手续,注明移交日期。经审查决定受理或立案登记的日期为立案日期。

第十六条 刑事自诉案件应当在收到自诉状、口头告诉第二日起十五日内决定立案或者裁定驳回起诉;民事、经济纠纷案件应当在收到起诉状、口头告诉之日起七日内决定立案或者裁定不予受理;行政案件应当在收到起诉状之日起七日内决定立案或者裁定不予受理。

第十七条 审判庭对立案机构移送的案件认为不属本庭职责范围的,应当及时提出,报院长决定。

第十八条 人民法庭经审查认为符合受理条件的起诉,报庭长批准立案;当事人直接向基层人民法院起诉的,基层人民法院应当审查受理。

人民法庭决定立案后,应当将当事人的姓名、单位、案由、简要案情报基层人民法院统一编立案号。

对符合受理条件的起诉人民法庭不予立案的,基层人民法院应当决定立案,交由人民法庭审理。

第十九条 对当事人不服一审判决、裁定提出上诉的案件,第一审人民法院应当及时办妥送达上诉状副本等有关手续,将案卷材料连同二审案件诉讼费缴费凭证等一并移送第二审人民法院。

第二十条 第二审人民法院立案机构收到第一审人民法院移送的上诉材料及一审案件卷宗材料,应当查对以下内容:

(一)上诉状、一审裁判文书齐全;一审卷宗数应与案件移送函标明的数量相符。

(二)上诉人递交上诉状的时间在法定上诉期限以内;虽然超过法定上诉期限,但提交了因不可抗拒的事由或者具有其他正当理由申请顺延上诉期限的书面材料。

(三)附有上诉案件受理费单据或者上诉人关于缓、减、免交上诉费用的申请。

对卷宗、材料不齐备的,应当及时通知第一审人民法院补充。

第二十一条 第二审人民法院立案机构经查对有关材料无误的,应当填写立案登记表,编立案号,向当事人发送案件受理通知书和上诉案件应诉通知书,并将案卷材料于立案登记的第二日移交有关审判庭。

第二十二条 对当事人提出的申诉或者再审申请,认为符合受理条件的,应当登记后立卷审查。

第二十三条 对具有以下情形的再审案件,应当移送有关审判庭审理:

(一)经审查认为申诉或者再审申请符合法律规定的条件,并报经院长批准再审的;

(二)本院院长提交审判委员会讨论决定再审的;

(三)上级人民法院指令再审的;

(四)人民检察院提出抗诉的。

第二十四条 执行案件的立案工作可参照本规定执行。

第二十五条 各高级人民法院、解放军军事法院可以根据本规定制定实施细则,并报最高人民法院备案。

以前有关立案工作的规定与本规定不一致的,以本规定为准。

最高人民法院关于国家赔偿案件立案工作的规定

1. *2011年12月26日最高人民法院审判委员会第1537次会议通过*
2. *法释〔2012〕1号*
3. *2012年1月13日公布*
4. *自2012年2月15日起施行*

为保障公民、法人和其他组织依法行使请求国家赔偿的权利,保证人民法院及时、准确审查受理国家赔偿案件,根据《中华人民共和国国家赔偿法》及有关法律规定,现就人民法院国家赔偿案件立案工作规定如下:

第一条 本规定所称国家赔偿案件,是指国家赔偿法第十七条、第十八条、第二十一条、第三十八条规定的下列案件:

(一)违反刑事诉讼法的规定对公民采取拘留措施的,或者依照刑事诉讼法规定的条件和程序对公民采取拘留措施,但是拘留时间超过刑事诉讼法规定的时限,其后决定撤销案件、不起诉或者判决宣告无罪终止追究刑事责任的;

(二)对公民采取逮捕措施后,决定撤销案件、不起诉或者判决宣告无罪终止追究刑事责任的;

(三)二审改判无罪,以及二审发回重审后作无罪处理的;

(四)依照审判监督程序再审改判无罪,原判刑罚已经执行的;

(五)刑讯逼供或者以殴打、虐待等行为或者唆使、放纵他人以殴打、虐待等行为造成公民身体伤害或者死亡的;

(六)违法使用武器、警械造成公民身体伤害或者死亡的;

(七)在刑事诉讼过程中违法对财产采取查封、扣押、冻结、追缴等措施的;

(八)依照审判监督程序再审改判无罪,原判罚金、没收财产已经执行的;

(九)在民事诉讼、行政诉讼过程中,违法采取对妨害诉讼的强制措施、保全措施或者对判决、裁定及其他生效法律文书执行错误,造成损害的。

第二条 赔偿请求人向作为赔偿义务机关的人民法院提出赔偿申请,或者依照国家赔偿法第二十四条、第二十五条的规定向人民法院赔偿委员会提出赔偿申请的,收到申请的人民法院根据本规定予以审查立案。

第三条 赔偿请求人当面递交赔偿申请的,收到申请的人民法院应当依照国家赔偿法第十二条的规定,当场出具加盖本院专用印章并注明收讫日期的书面凭证。

赔偿请求人以邮寄等形式提出赔偿申请的,收到申请的人民法院应当及时登记审查。

申请材料不齐全的,收到申请的人民法院应当在五日内一次性告知赔偿请求人需要补正的全部内容。收到申请的时间自人民法院收到补正材料之日起计算。

第四条 赔偿请求人向作为赔偿义务机关的人民法院提出赔偿申请,收到申请的人民法院经审查认为其申请符合下列条件的,应予立案:

(一)赔偿请求人具备法律规定的主体资格;

(二)本院是赔偿义务机关;

(三)有具体的申请事项和理由;

(四)属于本规定第一条规定的情形。

第五条 赔偿请求人对作为赔偿义务机关的人民法院作出的是否赔偿的决定不服,依照国家赔偿法第二十四条的规定向其上一级人民法院赔偿委员会提出赔偿申请,收到申请的人民法院经审查认为其申请符合下列条件的,应予立案:

(一)有赔偿义务机关作出的是否赔偿的决定书;

(二)符合法律规定的请求期间,因不可抗力或者其他障碍未能在法定期间行使请求权的情形除外。

第六条 作为赔偿义务机关的人民法院逾期未作出是否赔偿的决定,赔偿请求人依照国家赔偿法第二十四条的规定向其上一级人民法院赔偿委员会提出赔偿申请,收到申请的人民法院经审查认为其申请符合下列条件的,应予立案:

(一)赔偿请求人具备法律规定的主体资格;

(二)被申请的赔偿义务机关是法律规定的赔偿义务机关;

(三)有具体的申请事项和理由;

(四)属于本规定第一条规定的情形;

(五)有赔偿义务机关已经收到赔偿申请的收讫凭证或者相应证据;

(六)符合法律规定的请求期间,因不可抗力或者其他障碍未能在法定期间行使请求权的情形除外。

第七条 赔偿请求人对行使侦查、检察职权的机关以及看守所、监狱管理机关作出的决定不服,经向其上一级机关申请复议,对复议机关的复议决定仍不服,依照国家赔偿法第二十五条的规定向复议机关所在地的同级人民法院赔偿委员会提出赔偿申请,收到申请的人民法院经审查认为其申请符合下列条件的,应予立案:

(一)有复议机关的复议决定书;

(二)符合法律规定的请求期间,因不可抗力或者其他障碍未能在法定期间行使请求权的情形除外。

第八条 复议机关逾期未作出复议决定,赔偿请求人依照国家赔偿法第二十五条的规定向复议机关所在地的同级人民法院赔偿委员会提出赔偿申请,收到申请的人民法院经审查认为其申请符合下列条件的,应予立案:

(一)赔偿请求人具备法律规定的主体资格;

(二)被申请的赔偿义务机关、复议机关是法律规定的赔偿义务机关、复议机关;

(三)有具体的申请事项和理由;

(四)属于本规定第一条规定的情形;

(五)有赔偿义务机关、复议机关已经收到赔偿申请的收讫凭证或者相应证据;

(六)符合法律规定的请求期间,因不可抗力或者其他障碍未能在法定期间行使请求权的情形除外。

第九条 人民法院应当在收到申请之日起七日内决定是否立案。

决定立案的,人民法院应当在立案之日起五日内向赔偿请求人送达受理案件通知书。属于人民法院赔偿委员会审理的国家赔偿案件,还应当同时向赔偿义务机关、复议机关送达受理案件通知书、国家赔偿申请书或者《申请赔偿登记表》副本。

经审查不符合立案条件的,人民法院应当在七日内作出不予受理决定,并应当在作出决定之日起十日内送达赔偿请求人。

第十条 赔偿请求人对复议机关或者作为赔偿义务机关的人民法院作出的决定不予受理的文书不服,依照国家赔偿法第二十四条、第二十五条的规定向人民法院赔偿委员会提出赔偿申请,收到申请的人民法院可以依照本规定第六条、第八条予以审查立案。

经审查认为原不予受理错误的,人民法院赔偿委员会可以直接审查并作出决定,必要时也可以交由复议机关或者作为赔偿义务机关的人民法院作出决定。

第十一条 自本规定施行之日起,《最高人民法院关于刑事赔偿和非刑事司法赔偿案件立案工作的暂行规定(试行)》即行废止;本规定施行前本院发布的司法解释与本规定不一致的,以本规定为准。

最高人民法院关于人民法院受理共同诉讼案件问题的通知

1. 2005年12月30日公布

2. 法〔2005〕270号

各省、自治区、直辖市高级人民法院,新疆维吾尔自治区高级人民法院生产建设兵团分院:

为方便当事人诉讼和人民法院就地进行案件调解工作,提高审判效率,节省诉讼资源,进一步加强最高人民法院对下级人民法院民事审判工作的监督和指导,根据民事诉讼法的有关规定,现就人民法院受理共同诉讼案件问题通知如下:

一、当事人一方或双方人数众多的共同诉讼,依法由基层人民法院受理。受理法院认为不宜作为共同诉讼受理的,可分别受理。

在高级人民法院辖区内有重大影响的上述案件,由中级人民法院受理。如情况特殊,确需高级人民法院作为一审民事案件受理的,应当在受理前报最高人民法院批准。

法律、司法解释对知识产权,海事、海商,涉外等民事纠纷案件的级别管辖另有规定的,从其规定。

二、各级人民法院应当加强对共同诉讼案件涉及问题的调查研究,上级人民法院应当加强对下级人民法院审理此类案件的指导工作。

本通知执行过程中有何问题及建议,请及时报告我院。

本通知自2006年1月1日起施行。

中华人民共和国最高人民法院

最高人民法院关于新法规定当事人可以起诉而旧法规没有规定可以起诉而当事人起诉的，人民法院可否受理的函

1. 1989年1月23日公布

2. 法(行)函〔1989〕11号

3. 已由法释〔2013〕2号废止

湖南省高级人民法院：

你院湘法发字〔1988〕第90号请示收悉。经研究，仅就案件是否受理答复如下：

人民法院审理行政案件，由于新的行政法规取代旧的行政法规，旧法规未规定当事人不服行政机关的处罚和其他处理决定可以向人民法院起诉，新法规规定可以向人民法院起诉。如果当事人的行为发生在新法规实施之前，行政机关的处罚和处理决定又在新法规实施之后，当事人不服行政机关的处罚或处理决定，在法定诉讼时效内向人民法院起诉的，按照新的程序法规范生效之后必须遵循的原则，为保护公民、组织的诉权，人民法院应予受理。

最高人民法院经济审判庭关于已裁定撤诉的案件当事人再起诉时人民法院能否受理问题的电话答复

1988年12月1日公布

广东省高级人民法院：

你院粤法经行字(1988)第202号请示收悉。经研究答复如下：

鉴于来文所述案件的具体情况，同意你院的意见，即对广州市珠江机械厂的再行起诉，有管辖权的人民法院可予受理。

此复

附：

广东省高级人民法院关于已裁定撤诉的案件 当事人再起诉时人民法院能否受理的请示

1. 1988年6月24日公布

2. 粤法经行字〔1988〕第202号

最高人民法院：

最近，广州市珠江机械厂向我院申诉称：其与香港民兴承造商有限公司、东莞石龙城建办因购销金属结构件钢窗供应合同纠纷一案，广州市珠江机械厂于1985年11月2日向我省东莞市人民法院起诉，东莞市法院立案后，历时一年未能开庭审理，广州市珠江机械厂为及时解决经济上存在的困难，主动与东莞市石龙城建办协商，并于1986年10月27日提出撤诉申请，东莞市人民法院于1986年10月30日裁定准予广州市珠江机械厂撤诉。但广州市珠江机械厂撤诉后，与东莞石龙城建办、香港民兴承造商有限公司协商解决未果，又于1987年4月就该案向广州市中级人民法院再行起诉。广州市中级人民法院指定广州市海珠区人民法院受理该案后，海珠区人民法院根据钧院1985年12月14日法经复(1985)第58号《关于原告向某人民法院起诉后撤诉又向另一个人民法院起诉该法院是否受理的批复》规定，裁定不予受理。广州市珠江机械厂遂向我院申诉，请求我院再审，以保护申诉人的实体权益。

我们认为，珠江机械厂在受诉法院迟迟未能开庭审理的情况下，主动与对方当事人协商，并申请撤诉，其愿望是使本案纠纷能及早得到解决，因此，受诉法院对于其暂时停止行使起诉权的行为裁定准予撤诉并无不当。珠江机械厂撤诉后，因对方当事人仍不履行义务，所以，其再行起诉时，有管辖权的人民法院应当予以受理。

以上意见当否？请批复。

最高人民法院关于民事诉讼当事人撤诉后再次起诉人民法院能否受理问题的批复

1. 1990年3月10日公布
2. 法(民)复〔1990〕3号

上海市高级人民政府:

你院(89)沪高民他字第5号关于张珠英诉彭绍安债务纠纷案件撤诉后能否再立案受理的请示报告收悉。

本案原告张珠英于一九八六年十二月向上海市长宁区人民法院起诉,要求被告彭绍安归还欠款。审理中,原告"暂因证据不足"申请撤诉,该院裁定准予撤诉,一九八七年二月,原告提供证人再次起诉,要求被告还款。

经研究,我们同意你院审判委员会的意见。即原告张珠英以暂因证据不足为由申请撤诉,在第一审人民法院裁定准许其撤诉后,张珠英在诉讼时效期间内又提出新的证据再行起诉,人民法院应予受理。

最高人民法院关于企业经营者依企业承包经营合同要求保护其合法权益的起诉人民法院应否受理的批复

1. 1991年8月13日公布
2. 法〔经〕复〔1991〕4号

新疆维吾尔自治区高级人民法院:

你院新法经字(1991)第2号《关于企业经营者依企业承包经营责任制合同要求保护其合法权益的起诉法院应否受理的请示报告》收悉。经研究,答复如下:

根据《全民所有制工业企业承包经营责任制暂行条例》的规定,承包经营合同的发包方是人民政府指定的有关部门,承包方是实行承包经营的企业。企业经营者通过公开招标或者国家规定的其他方式确定之后,即成为企业的厂长(经理),企业的法定代表人,对企业全面负责。企业经营者因政府有关部门免去或变更其厂长(经理)职务而向人民法院起诉,要求继续担任厂长(经理)的,属于人事任免争议,人民法院不予受理;企业经营者为请求兑现承包经营合同规定的收入而向人民法院起诉的,属于合同纠纷,人民法院应予受理。

最高人民法院关于人民法院应否受理财政、扶贫办等非金融行政机构借款合同纠纷的批复

1. 1993年8月28日公布
2. 法复〔1993〕7号

广西壮族自治区高级人民法院:

你院桂高法经(1992)20号《关于人民法院应否受理非金融机构借款合同纠纷的请示》收悉。经研究,答复如下:

财政、扶贫办等非金融行政机构根据国家有关规定,为扶持企业和农户发展生产,通过签订借款合同,发放支农款、扶贫金等,实行有偿使用,定期归还。这类合同带有一定的行政管理性质,如果发生纠纷,由有关行政部门解决为宜。但合同双方当事人的法律地位是平等的,且合同双方约定如发生纠纷可以到人民法院起诉。因此,如行政部门未能解决而起诉到人民法院,或一方当事人直接向人民法院起诉的,人民法院依法应予受理,并根据案件实际情况,做好工作,妥善处理。

本批复下发后,我院1987年8月30日发出的法(研)复(1987)29号批复即行废止。

最高人民法院经济审判庭对于新经济合同法施行前已经工商行政管理部门作出行政处理的经济合同纠纷案件当事人又以经济纠纷提起民事诉讼应否受理问题的函

1. 1994年6月7日公布
2. 法经〔1994〕133号

福建省高级人民法院经济庭:

关于厦门新星包装联合公司诉江西凯隆化工

有限公司购销聚脂饮料瓶合同纠纷案，我庭曾以法经[1994]3号函提出处理意见。收到你们今年3月1日的报告后，又作了研究，现答复如下：

1993年7月20日，江西省工商行政管理局以无效经济合同确认书的形式确认南昌石泉饮料厂于1993年1月18日以江西凯隆化工有限公司南昌分公司名义与厦门新星包装联合公司签订的购销聚脂饮料瓶合同为无效合同，债务由南昌石泉饮料厂承担。该局于8月2日邮寄送达无效经济合同确认书。厦门新星包装联合公司于8月9日签收了法律文书。该公司于8月2日以江西凯隆化工有限公司为被告向厦门市湖里区人民法院提起民事诉讼。江西凯隆化工有限公司以该案已经工商行政管理部门作出行政处理，法院不应重复立案为由，在法定期限内提出了管辖异议。湖里区人民法院裁定予以驳回，该公司提起上诉，厦门市中级人民法院驳回上诉，维持原裁定。

我们认为，对于新经济合同法施行前已经工商行政管理部门通过行政方式处理了的经济合同纠纷案件，根据本院(1992)行他字第5号答复精神，人民法院不应再按经济纠纷立案受理，已经受理了的，应当驳回当事人起诉，厦门市中级人民法院应当依法裁定撤销一、二审法院驳回当事人管辖异议的裁定并驳回当事人起诉。如果当事人不服江西省工商行政管理局的行政处理决定，可以在接到厦门市中级人民法院驳回起诉的裁定书的次日起一个月之内，依行政诉讼法的有关规定向有管辖权的人民法院提起行政诉讼。

最高人民法院关于民事诉讼当事人因证据不足撤诉后在诉讼时效内再次起诉人民法院应否受理问题的批复

1. 1990年3月10日公布
2. 法(民)复[1990]3号

上海市高级人民法院：

你院(89)沪高民他字第5号关于张珠英诉彭绍安债务纠纷案撤诉后能否再立案受理的请示报告收悉。经研究，我们同意你院审判委员会的意见，原告张珠英以暂因证据不足为由申请撤诉，在第一审人民法院裁定准许其撤诉后，张珠英在诉讼时效期间内又提出新的证据再行起诉，人民法院应予受理。

最高人民法院关于当事人对具有强制执行效力的公证债权文书的内容有争议提起诉讼人民法院是否受理问题的批复

1. 2008年12月8日最高人民法院审判委员会第1457次会议通过
2. 2008年12月22日公布
3. 法释[2008]17号
4. 自2008年12月26日起施行

各省、自治区、直辖市高级人民法院，解放军军事法院，新疆维吾尔自治区高级人民法院生产建设兵团分院：

关于当事人对具有强制执行效力的公证债权文书的内容有争议提起诉讼人民法院是否受理的问题，我院陆续收到江苏、重庆等高级人民法院的请示，经研究，批复如下：

根据《中华人民共和国民事诉讼法》第二百一十四条和《中华人民共和国公证法》第三十七条的规定，经公证的以给付为内容并载明债务人愿意接受强制执行承诺的债权文书依法具有强制执行效力。债权人或者债务人对该债权文书的内容有争议直接向人民法院提起民事诉讼的，人民法院不予受理。但公证债权文书确有错误，人民法院裁定不予执行的，当事人、公证事项的利害关系人可以就争议内容向人民法院提起民事诉讼。

最高人民法院关于解决江苏省盐城市中级人民法院与山西省晋城市中级人民法院重复立案、判决问题的函

1. 1995年6月1日公布
2. 法函[1995]63号

江苏省高级人民法院、山西省高级人民法院：

江苏省高级人民法院(1995)苏高法执协字

第11号和山西省高级人民法院(1995)晋法经报字第11号请示报告均已收悉。关于江苏省盐城市中级人民法院与山西省晋城市中级人民法院就同一案件重复立案、判决的问题,经研究,答复如下:

江苏省盐城市中级人民法院对当事人签订的合同做出实体认定后确定管辖及做出的判决均属不当;山西省晋城市中级人民法院以补偿贸易合同确定管辖及做出的判决也属不当。人民法院行使管辖权应以程序法为依据。本案应以联营协议确定管辖法院。请江苏省、山西省两个高级人民法院分别责成盐城市中级人民法院、晋城市中级人民法院再审撤销各自的原审判决。盐城市中级人民法院应将盐城市海运公司诉晋城市生铁产销总公司经济合同纠纷一案移送山西省晋城市中级人民法院审理;山西省高级人民法院应监督晋城市中级人民法院依法公正审理。

最高人民法院关于董昭海等诉江汝甲赔偿一案应否受理的复函

1. 1994年5月11日公布

2. 〔93〕民他字第22号

安徽省高级人民法院:

你院法民他字(1993)第17号关于董昭海等诉江汝甲赔偿一案应否受理的请示报告收悉。我们经研究认为,董惠珍等人的死亡系杨吉祥的犯罪行为所造成,与雇主江汝甲无关。因此,江汝甲不具有被告地位,人民法院不应受理董昭海等人要求江汝甲赔偿损失的起诉。

最高人民法院关于海源县土畜产公司诉丰宁满族自治县公安局赔偿一案应否受理的复函

1. 1994年5月11日公布

2. 〔1993〕民他字第30号

3. 已由法释〔2013〕2号废止

河北省高级人民法院:

你院冀高法[1993]122号《关于海源县土畜公司诉丰宁满族自治县公安局赔偿一案应如何受理的请示报告》收悉。经研究,我们认为:丰宁满族自治县公安局在刑事诉讼执行职务中,扣押、变卖海源县土畜产公司的羊绒并造成损失,海源县土畜产公司向法院起诉,有管辖权的人民法院可依照《中华人民共和国民事诉讼法》第一百零八条的规定,审查受理。

最高人民法院关于农村集体企业承包经营合同的当事人一方不服仲裁机关的裁决向人民法院起诉人民法院应否受理问题的复函

1. 1990年7月26日公布

2. 法(经)函〔1990〕53号

浙江省高级人民法院:

你院〔1990〕浙发经字17号《关于农村集体企业承包经营合同的当事人一方不服仲裁机关的裁决,向人民法院起诉,人民法院应否受理的请示报告》收悉。经研究,答复如下:

宁海县华山砖瓦厂是宁海县城郊乡华山村村民委员会开办的村办集体企业。它们之间签订的承包经营合同,不适用《全民所有制工业企业承包经营责任制暂行条例》。根据《中华人民共和国仲裁条例》:"仲裁机关在其职权范围内处理经济合同纠纷案件,实行一次裁决制度","当事人一方或者双方对仲裁不服的,在收到仲裁决定书15天内,向人民法院起诉,期满不起诉的,仲裁决定即发生效力。"华山村村民委员会不服宁波市工商行政管理局经济合同仲裁委员会的裁决,在收到仲裁决定书15天内向宁波市中级人民法院提起诉讼,宁波市中级人民法院依法应予立案审理。

此复

附：

浙江省高级人民法院关于农村集体企业承包经营合同的当事人一方不服仲裁机关的裁决向人民法院起诉人民法院应否受理的请示报告

1. 1990年6月14日公布
2. ［1990］浙法经字17号

最高人民法院：

1988年7月29日，我省宁海县城郊乡华山村村民委员会（发包方）与宁海县华山砖瓦厂（承包方）签订承包经营合同。合同规定：华山砖瓦厂由该厂成员集体承包，实行厂长负责制，承包期限三年。1989年2月，华山村委会以承包方经营亏损，没有履行合同义务为理由，向当地经济合同仲裁机关申请仲裁，要求解除该承包合同。同年10月27日，宁波市工商行政管理局经济合同仲裁委员会根据《全民所有制工业企业承包经营责任制暂行条例》和国家工商行政管理局工商同字（1988）第132号《关于加强企业承包经营合同、企业租赁经营合同管理的通知》第八条规定，作出继续履行合同的仲裁决定，并规定，当事人如不服该裁决可在接到裁决书之日起10日内向上一级经济合同仲裁委员会提出申请复议，逾期未申请复议的，裁决即发生法律效力。该仲裁决定书送达后，华山村委会不服，但不愿向上一级仲裁机关申请复议，而是按照《中华人民共和国经济合同仲裁条例》第三十三条和《中华人民共和国经济合同法》第四十九条的规定，在收到仲裁决定书之日的15天内向宁波市中级人民法院起诉。宁波市中级人民法院受理了此案，通知被告华山砖瓦厂答辩，但被告拒不应诉。以后，该院经两次合法传唤后于1990年4月10日作出一审判决，解除了当事人双方的承包合同关系。宣判后，被告既不上诉，也不执行法院判决，却分别向本院和浙江省人大常委会等机关报告称："仲裁裁决已经发生法律效力，宁波市中级法院受理此案，作出的判决无法律根据"。宁波市工商行政管理局书面通知当事人，仲裁裁判书已具法律效力，应自动履行。最近，我省人大办公厅信访处来函，亦要求我院对此作出解答。

我们认为：本案系农村承包合同纠纷案件，该案的主管问题，应适用《中华人民共和国经济合同仲裁条例》、《中华人民共和国经济合同法》和钧院《关于审理农村承包合同纠纷案件若干问题的意见》的有关规定。宁波市中级人民法院受理此案并无不当。国家工商行政管理局《关于加强企业承包经营合同、企业租赁经营合同管理的通知》第八条与国务院《全民所有制工业企业承包经营责任制暂行条例》第四十三条规定的内容有抵触。宁波市工商行政管理局经济合同仲裁委员会适用该《通知》，且在国务院《关于修改〈全民所有制工业企业承包经营责任制暂行条例〉第二十一条的决定》生效之前，限制本案当事人向人民法院起诉是不妥的。

鉴于本案涉及人民法院和经济合同仲裁机关的职权分工问题，特此报告。当否，请批复。

1990年6月14日

最高人民法院经济审判庭关于村委会要求村民按合同议定数额履行交纳国家征购粮的起诉人民法院是否受理问题的电话答复

1989年6月26日公布

宁夏回族自治区高级人民法院：

你院（89）宁法研字第5号请示收悉。关于村委会要求村民按照土地承包合同议定数额履行交纳国家征购粮的起诉，人民法院是否受理的问题，经征求有关部门的意见答复如下：

根据国务院国发［1985］131号《国务院关于切实抓紧抓好粮食工作的通知》和国务院国发［1986］96号《国务院关于完善粮食合同定购制度的通知》中有关规定，签订粮食定购合同，催收国家定购粮，追究拒交国家定购粮行为人的责任，均属国家行政职权范围。虽某些地区将农民应上交国家的粮食定购数额写入村委会与村民签订的土地承包合同中,但这并不影响国家行使行政职权,向农民征收定购粮。国家向农民征购粮食同村委会与村民签订土地承包合同,是属于两个不同性质的法律行为和法律关系。国家向农民征购粮食属于国家计划定购,除依法减免外,应作为义务完成定购数额。因此,对村委会要求村民按照合同议定数额履行交纳国家定购粮的起诉,人民法院不予受理。

此复

附:

宁夏回族自治区高级人民法院关于村委会要求村民按合同议定数额履行交纳国家征购粮的起诉人民法院是否受理的请示

1. 1989年3月6日公布
2. 〔89〕宁法研字第5号

最高人民法院:

在我区,农民不履行土地承包合同,拒绝承担交纳国家征购粮的现象较多。对村委会要求村民按照土地承包合同议定数额履行交纳国家征购粮的起诉如何处理,基层人民法院持有不同意见。一种意见认为催交国家征购粮属行政职权范围,人民法院不应受理;一种意见认为,村委会与村民签订土地承包合同是有效的法律行为,应受法律保护,发生纠纷后,任何一方起诉,人民法院都应受理。我们同意后一种意见,是否妥当,请指示。

最高人民法院经济审判庭关于人民法院经济审判庭收案范围的初步意见

1980年8月8日公布

经济审判工作的任务,就是通过处理经济纠纷、经济犯罪和涉外经济案件,保障社会主义现代化建设事业的顺利进行。根据各地经济审判实践,从需要和可能出发,各地人民法院经济审判庭可暂受理如下各类案件:

一、经济纠纷案件

(一)社会主义公有制企业之间的产、供、运、销合同纠纷案件;

(二)基本建设和维修方面的合同纠纷案件;

(三)科研结果、专利技术应用方面的合同纠纷案件;

(四)信贷方面的纠纷案件;

(五)保险方面的纠纷案件;

(六)环境保护方面的纠纷案件;

(七)商标方面的纠纷案件。

二、经济犯罪案件

(一)工厂、矿山企业的职工利用职务上的便利,进行贪污、受贿、盗窃、诈骗、敲诈勒索、投机倒把等犯罪案件;

(二)处理经济纠纷案件过程中发现与本案有关的犯罪案件;

(三)工厂、矿山、建筑企业的重大责任事故案件;

(四)航空、公路运输的重大责任事故案件;

(五)走私案件。

三、涉外经济案件

(一)中外贸易合同、来料来样加工合同纠纷案件;

(二)航空运输货损、货差、短缺和债权、债务纠纷案件;

(三)保险、承建合同纠纷案件;

(四)专利、商标、版权纠纷案件。

除上列十六类案件外,还有上级人民法院交办的或者人民法院认为应当受理的其他经济纠纷、经济犯罪和涉外经济案件。

附:对《关于人民法院经济审判庭收案范围的初步意见》的几点说明。

五届人大二次会议通过人民法院组织法以来,各省、市、自治区高级人民法院、直辖市以及一部分地区的中级人民法院,相继建立了经济审判庭。有些基层人民法院也在试建。随着经济审判工作的积极开展,普遍希望制定一个收案范围。我们也曾派人到四川、广东、天津、北京、辽宁等省、市进行调查。这个《收案范围的初步意见》(以下简称初步意见)就是根据各地经济审判实践和要求写出的,曾经征求高、中级人民法院和中央有关部门及政法院校的意见,又提交这次在京召开的经济审判工作经验交流座谈会讨论。各地人民法院可参照试行,也可不受此限制,可以因地制宜,因时制宜,量力而行,有所侧重,并望不断总结经验,提出意见,以便修改,逐步完善。

现就几个问题说明如下:

一、关于提出《初步意见》的想法

随着全党全国工作着重点的转移和经济立法的逐步完善,开展经济审判工作,保障社会主义现代化建设事业的顺利进行,已是人民法院的主要任务之一。由于我国国民经济正处调整阶段,经济审判庭又是初建,因此,目前的收案范围宜窄不宜宽,应把收案重点放在保护公有财产和处理厂矿企业之间的某些经济纠纷,维护经济秩序,促进生产发展上面。《初步意见》就是在这种想法下提出的。

《初步意见》提出的经济纠纷案件,主要是厂矿企业等生产单位之间的产、供、运、销合同纠纷和基建、专利、信贷、保险、环保、商标等经济纠纷。解决好这些纠纷,有助于调整经济关系,维护安定团结,减少经济损失,促进生产发展。

关于经济犯罪案件,主要是厂矿企业的职工与职务有关的经济犯罪及走私案件。由于林彪、"四人帮"造成的十年浩劫,这些案件过去很少依法处理,所以重大责任事故等经济犯罪案件不断发生,工人在生产中的安全、健康得不到保障,企业的经济损失极为严重。有关经济部门纷纷建议人民法院经济庭受理这类案件,不少地方党委和人民法院领导也指示经济庭受理这类案件。各地经济庭试办了这类经济犯罪案件,对保护公有财产,维护经济秩序,促进安全生产,起了良好的作用,受到有关方面的好评。

至于涉外经济案件,主要是根据"独立自主"的方针和平等互利的原则并考虑国际上合理的习惯做法,通过正确的处理涉外经济案件,维护我国国家主权,保护我国经济利益促进我国对外贸易和对外经济事业的发展。

二、关于经济纠纷案件

第(一)项,是指:工业(包括工厂、矿山、物资、建筑、交通运输等企业)之间,商业(包括商业、供销、粮食、外贸等企业)之间,工业与商业之间,工商企业与农、林、牧、副、渔业等单位之间的经济合同纠纷案件。这些企业单位,包括全民所有制企业,城市街道和农村社队举办的集体所有制企业,以及这两种所有制的联营企业。对工商企业与事业单位之间,及其与机关、部队等非生产单位之间的经济合同纠纷,可以量力收案。

第(二)项,是指包括勘探、设计、建筑、安装、维修企业与建设单位之间的工程合同纠纷。对进行基本建设而引起的公与公之间的占地、拆迁纠纷,也可以量力收案。

第(三)项,所列的科研成果、专利技术是属于工业知识产权范畴,它一般是指先进的科研成果和先进的技术设备等发明权、专利权。这些权益受法律保护,因而对应用合同方面发生的纠纷,经济审判庭应予受理。

第(四)项,是指人民银行、建设银行与工厂、矿山、基建、运输和商业等企业之间的贷款纠纷案件(不包括农业银行向农村社队发放的农业贷款纠纷案件)。

第(五)项,是指保险公司与工厂、矿山、基建、运输和商业等企业之间的保险纠纷案件。

第(六)项,是指环保机关在执行环境保护等法律、法令过程中,与其他企业、事业单位之间发生争执的案件和受污染损害单位要求排污单位赔偿损失的纠纷案件。

第(七)项,是指商标注册、使用等方面的权益纠纷案件。

三、关于经济犯罪案件

这里着重说明第(一)(二)项。

第(一)项,主要是指刑法和有关经济法律、法令规定,厂矿企业的职工,利用职务上的便利进行犯罪的行为。例如:(1)贪污厂矿企业的资金,数额较大的。(2)盗窃设备、材料、产品,数额较大的。(3)套购、骗购国家物资,转手倒卖,牟取暴利,数额较大的。(4)假冒其他企业已经注册的商标的。(5)偷税、抗税,情节严重的。等等。

第(二)项,主要是指厂矿企业的职工,利用职务上的便利,在合同执行过程中,违反法律、法令,致使公有财物受到严重损失,应当追究刑事责任的犯罪行为。例如:(1)使用行贿、受贿等手段,以不合格产品,冒充合格产品,骗取货款,致使公有财物受到严重损失的。(2)使用变造、伪造、骗取单据等手段,贪污公款的。(3)利用企业的名义或资金,买空卖空,倒卖合同,牟取暴利,数额较大的。(4)把合同中产品的一部或全部转手倒卖,牟取暴利,数额较大的。等等。

四、关于不予受理的几种案件

1.《初步意见》只把农、林、牧、副、渔业等单位与工商企业之间发生的合同纠纷,列入了收案范围,而没有把生产队、生产大队、公社等农副业生产单位之间发生的土地、房屋、山林、水利等权益纠纷列入,系因这类纠纷往往涉及两个省、县、社的辖区,经验证明,法院目前尚难处理,仍由地方党政有关部门处理,效果较好。

2.《初步意见》只把机关、团体等非生产单位与厂矿企业等生产单位之间发生的经济合同纠纷,列入了收案范围,而没有把机关、团体等单位之间的经济纠纷和其他纠纷(土地、房屋等)列入,系因这种非生产性的纠纷,似由主管部门调处解决为宜,也不致分散经济审判庭的力量,影响主要任务的完成。

3.《初步意见》只把建筑、设计等单位与建设单位之间的工程合同纠纷,列入了收案范围,而没有把建设单位因搞建设与公民个人发生的用地、拆迁纠纷列入,系因经济审判庭不受理公民个人为诉讼一方的经济纠纷案件。

4.经济审判庭是处理公与公之间的经济纠纷,因而对一方是公民个人或个体工商户的经济纠纷,例如公民与机关、企业、事业单位之间发生的工资、劳保、债务、房屋等纠纷和消费者个人与商业企业之间的买卖纠纷,都没有列入收案范围。

五、关于经济审判庭与其他专门法院的案件管辖分工问题

铁路、水运本系统内各单位之间的运输纠纷、经济纠纷,铁路、水运企业之间及其同其他单位之间的运输纠纷,均由铁路、水运专门法院分别受理。涉外的海商案件和污染水域案件,也由水运专门法院受理。在未建立铁路、水运专门法院的地区,这类运输纠纷,可暂由地方人民法院经济审判庭受理。至于铁路、水运企业之间及其同其他单位发生的不属于运输的经济纠纷,均由被诉一方所在地的地方人民法院经济审判庭受理。

最高人民法院关于职工执行公务在单位借款长期挂账发生纠纷法院是否受理问题的答复

1. 1999年4月5日发布

2. 〔1999〕民他字第4号

吉林省高级人民法院:

你院吉高法〔1998〕144号《关于职工执行公务在单位借款长期挂账发生纠纷法院是否受理问题的请示》收悉。经研究,同意你院审判委员会倾向性意见,即刘坤受单位委派,从单位预支15000元处理一起交通事故是职务行为,其与单位之间不存在平等主体间的债权债务关系,人民法院不应作为民事案件受理。刘坤有受托事项完成后,因未及时报销冲账与单位发生纠纷,应由单位按其内部财会制度处理。

最高人民法院经济审判庭关于仲裁机关裁决生效后,又裁定允许当事人向人民法院起诉,人民法院应否受理问题的复函

1. 1994年12月2日公布

2. 法经〔1994〕310号

北京市高级人民法院:

你院请示的应否受理青岛高科技工业园铁石工贸公司(下称青岛公司)诉广西桂林旅游物资进出口公司(下称桂林公司)购销合同返还定金纠纷一案的问题,经研究,答复如下:

一、北京市工商行政管理局经济合同仲裁委员会

（下称北京工商仲裁委）以（1993）市裁字第12号裁决书对青岛公司诉桂林公司购销合同返还定金纠纷一案作出终局裁决后，又以（1994）市裁字第12号裁定书将（1993）市裁字第12号裁决书裁决的“本裁决书为终局裁决，送达即生效”修改为“如不服（1993）市裁字第12号裁决书，自接到本裁定书十五日内向本会所在地的人民法院起诉，逾期即发生法律效力”。该裁定符合本院法发［1993］34号通知第二条的有关规定，北京市中级人民法院对不服（1993）市裁字第12号裁决的起诉应依法受理。

二、青岛公司依据北京工商仲裁委（1993）市裁字第12号裁决书向北京市中级人民法院申请强制执行后，北京市中级人民法院已将该执行案件移送桂林市中级人民法院。因此，北京市中级人民法院应将受理本案的情况通知桂林市中级人民法院。

最高人民法院关于合作化运动中的遗留问题不应由人民法院作为民事案件受理的函复

1992年4月14日公布

江西省高级人民法院：

你院赣法（民）发［1991］17号《关于上饶县缪定海诉东山村委会油榨水碓产权纠纷案的请示》收悉。经我们研究并征求有关部门意见认为：此案双方讼争的水碓油榨房屋入社的产权及补偿，均系合作化运动中的遗留问题，应由政府部门处理，不属人民法院主管范围。据此，应由二审法院裁定撤销一审判决，驳回原告起诉。

最高人民法院经济审判庭关于对南宁市金龙车辆配件厂集资纠纷是否由人民法院受理问题的答复

1. *1991年9月29日公布*
2. *法经［1991］121号*

广西壮族自治区高级人民法院：

你院法经字［1991］第16号《关于南宁市金龙车辆配件厂集资纠纷是否由人民法院受理的请示报告》收悉，经研究，答复如下：

南宁市金龙车辆配件厂集资纠纷，已经南宁市人民政府调查组、自治区乡镇企业局和南宁市人民政府联合工作组的查处，历经四年，政府及主管部门已做了大量工作。在此情况下如果将此纠纷交法院处理，将会拖延时间，不利于及时解决。而且，集资纠纷案件不属于人民法院经济审判庭的收案范围。因此，该纠纷仍由有关人民政府及主管部门处理为妥。但是，如果集资人作为债权人坚持以《民事诉讼法》中的“企业法人破产还债程序”向人民法院提出破产还债申请，或者南宁市金龙车辆配件厂作为债务人向人民法院申请宣告破产还债的，法院则应依法予以受理。

以上意见供参考。

最高人民法院关于人民法院受理经济纠纷案件中几个问题的复函

1. *1990年11月14日公布*
2. *法（经）函［1990］91号*

湖北省高级人民法院：

你院鄂法［1990］经呈字第3号请示报告收悉。经研究，答复如下：

一、企业法人因经济、民事纠纷向人民法院递交的起诉状，应当加盖企业法人的公章，并有其法定代表人的签字或盖章。未加盖企业法人公章，或者法定代表人未签字或盖章的，受诉法院应令其补正。立案时限，从补正后交法院的次日起计算。

二、民事诉讼法（试行）第三十一条规定：“两个以上人民法院都有管辖权的诉讼，原告可以选择其中一个人民法院起诉；原告向两个以上有管辖权的人民法院起诉的，由最先收到起诉状的人民法院受理。”人民法院受理案件后，应当及时向原告发送受理案件通知书。因受诉法院未发受理案件通知书，致原告不知其起诉已经法院受理，又以同一诉讼请求和同一被告向另一有管辖权的人民法院起诉的，后一受诉法院在知悉情况后不应再立案受理。已经立案受理的,应予注销,并退还案件受理费。

三、原告接到人民法院预交诉讼费的通知后,在规定的预交期限内未预交又不提出缓交申请的,受诉法院应按自动撤诉处理,并书面通知当事人。

此复

最高人民法院关于劳务输出合同的担保纠纷人民法院应否受理问题的复函

1. 1990年10月9日公布

2. 法(经)函〔1990〕73号

浙江省高级人民法院:

你院〔1990〕浙法经字10号请示报告收悉。关于浙江省宁波市国际经济技术合作公司诉单威祥劳务输出合同的担保纠纷,人民法院应否受理的问题,经研究,答复如下:

本案浙江省宁波市国际经济技术合作公司(下称宁波公司)与单洁囡及其担保人单威祥(单洁囡之父)签订的出国劳务人员保证书,是派出单位宁波公司为保证与美国佛罗里达州奥兰多大中集团劳务输出合同的顺利实施,而依其行政职权要求派出人员单洁囡对在出国期间遵守所在国法律和所在国公司各项行政规章及出国纪律等方面作出的行为保证。这是派出单位对派出人员进行管理的一种行政措施。因此,单威祥为其女单洁囡提供的担保,不属于民法和经济合同法调整范畴。目前,这类纠纷尚无法律规定可以向人民法院起诉。故依照民事诉讼法(试行)第八十四条第(二)项规定,应当告知原告宁波公司向有关行政部门申请解决。

此复

最高人民法院关于广东省高要县百货公司等诉广西凤凰华侨农工商服务公司等购销青苎麻合同货款纠纷案与湖南省工矿民族贸易公司诉湖南省工商行政管理局行政处理决定案重复受理应如何处理的复函

1. 1993年5月22日公布

2. 法经〔1993〕85号

广东省高级人民法院:

你院(1992)粤高法经请字第4号报告收悉。经研究,答复如下:

1990年10月,广东省高要县百货公司曾因不服国家工商行政管理局对该案的复议决定,向北京市中级人民法院提起行政诉讼,后因国家工商行政管理局改变了原复议决定,将该案退回湖南省工商行政管理局重新处理而撤诉。湖南省工商行政管理局于1991年5月15日重新处理并经国家工商行政管理局复议维持。广东省高要县百货公司和高要县百货公司南岸批发部在明知湖南省工矿民族贸易公司向湖南省长沙市西区人民法院提起行政诉讼后,又向高要县人民法院作为经济纠纷提起诉讼不妥。1992年4月1日,我院以(1992)行他字第5号专门对此案作出了《关于不服工商行政管理机关的确认经济合同无效及财产损失的处理决定的案件应属行政案件的答复》。据此,广东省高要县人民法院应撤销此案,驳回当事人作为经济纠纷的起诉。当事人对行政审判的判决不服,可向其上级法院提出申诉。

(二)金融邮政案件

最高人民法院关于涉及农村合作基金会的经济纠纷案件人民法院应予受理的通知

1. 1995年12月7日公布
2. 法〔1995〕153号
3. 已由法释〔2013〕2号废止

各省、自治区、直辖市高级人民法院：

农业部以农经函〔1995〕6号致函本院，反映全国部分乡（镇）相继建立了农村合作基金会，农村合作基金会为促进农村经济的发展发挥了重要的作用。但是，当农村合作基金会与其他经济组织或个人发生经济纠纷时，因没有明确的规定，有的人民法院不予受理。为了保护农村合作基金会及其他经济组织等的合法权益，特通知如下：

农村合作基金会是由乡村集体经济组织和农户等会员组成，并经县级农业行政部门批准设立的，为社区内农业、农民服务的资金互助组织。农村合作基金会具有一定的组织机构，其权力机关是会员大会、会员代表大会，理事会是会员大会、会员代表大会闭会期间的执行机构。其资金来源是吸收乡村集体经济组织及农户资金入股，并将该资金投放于农业生产。根据《中华人民共和国民事诉讼法》第四十九条、《中华人民共和国经济合同法》第二条的规定，农村合作基金会与其他经济组织或个人发生的经济纠纷，人民法院应予受理。

最高人民法院关于对因政府调整划转企业国有资产引起的纠纷是否受理问题的批复

1. 1996年4月2日公布
2. 法复〔1996〕4号

各省、自治区、直辖市高级人民法院，解放军军事法院：

近年来，在地方政府及其所属主管部门对一些企业国有资产以改变隶属关系或者分设新企业等方式进行调整、划转之后，出现了企业不服政府及其所属主管部门的决定，要求收回已被调整、划转资产的纠纷。一些高级人民法院就人民法院是否应当受理因这类纠纷提起的诉讼问题，向我院请示，现答复如下：

一、因政府及其所属主管部门在对企业国有资产调整、划转过程中引起相关国有企业之间的纠纷，应由政府或所属国有资产管理部门处理。国有企业作为当事人向人民法院提起民事诉讼的，人民法院不予受理。

二、当事人不服政府及其所属主管部门依据有关行政法规作出的调整、划转企业国有资产决定，向人民法院提起行政诉讼，凡符合法定起诉条件的，人民法院应当受理。

最高人民法院关于公路运输和航空运输案件受理问题的通知

1. 1997年11月12日公布
2. 法发〔1997〕26号
3. 已由法释〔2013〕7号废止

各省、自治区、直辖市高级人民法院，解放军军事法院：

鉴于公路运输和航空运输案件专业性比较强，现决定将原来由本院经济审判庭受理的这两类案件划归交通运输审判庭受理。今后有关公路运输和航空运输案件的审判工作，请与本院交通运输审判庭联系。

特此通知。

最高人民法院关于人民法院是否受理因邮电部门电报稽延纠纷提起诉讼问题的批复

1. 1999年5月22日最高人民法院审判委员会第1061次会议通过
2. 1999年6月9日公布
3. 法释〔1999〕11号
4. 自1999年6月17日起施行

西藏自治区高级人民法院：

你院〔1998〕藏法研请字第1号《关于邮电

部门电报稽延产生的赔偿诉讼是否仍按法(经)复〔1986〕38号批复办理的请示》收悉。经研究,答复如下:

一、因邮电部门电报稽延发生的纠纷,当事人向人民法院起诉的,只要符合民事诉讼法第一百零八条的规定,人民法院应当受理。

二、最高人民法院在此之前发布的有关司法解释与本批复不一致的,以本批复为准。

此复

(三)其他

最高人民法院关于证券经营机构之间以及证券经营机构与证券交易场所之间因股票发行或者交易引起的争议人民法院能否受理给上海市高级人民法院的复函

1. *1996年12月18日公布*
2. *已由法释〔2013〕2号废止*

根据《中华人民共和国仲裁法》第四、第五条的规定,证券经营机构之间以及证券经营机构与证券交易场所之间因股票发行或者交易引起的争议,只要双方当事人间没有仲裁协议或仲裁协议无效的,一方向人民法院起诉,人民法院可以受理。

十、审 判 程 序

（一）一审、二审

最高人民法院关于第二审人民法院发现原审人民法院已生效的民事制裁决定确有错误应如何纠正的复函

1. *1994年11月21日公布*
2. *法经〔1994〕308号*

西藏自治区高级人民法院：

你院藏高法［1994］49号请示收悉。经研究，答复如下：

同意你院审判委员会的意见。第二审人民法院纠正一审人民法院已生效的民事制裁决定，可比照我院1986年4月2日法（研）复［1986］14号批复的精神处理。即：上级人民法院发现下级人民法院已生效的民事制裁决定确有错误时，应及时予以纠正。纠正的方法，可以口头或者书面通知下级人民法院纠正，也可以使用决定书，撤销下级人民法院的决定。

最高人民法院关于第二审人民法院因追加、更换当事人发回重审的民事裁定书上，应如何列当事人问题的批复

1. *1990年4月14日公布*
2. *法民〔1990〕8号*

山东省高级人民法院：

你院鲁法（经）函〔1990〕19号《关于在二审追加当事人后调解不成发回重审的民事裁定书上，是否列上被追加的当事人问题的请示报告》收悉。经研究，我们认为：

第二审人民法院审理需要追加或更换当事人的案件，如调解不成，应发回重审。在发回重审的民事裁定书上，不应列被追加或更换的当事人。

最高人民法院关于原审法院确认合同效力有错误而上诉人未对合同效力提出异议的案件，二审法院可否变更问题的复函

1. *1991年8月14日公布*
2. *法（经）函〔1991〕85号*

四川省高级人民法院：

你院川法研〔1991〕34号《关于原审法院确认合同效力有错误而上诉人未对合同效力提出异议的案件二审法院可否变更的请示》收悉。经研究，答复如下：

《中华人民共和国民事诉讼法》第一百五十一条规定："第二审人民法院应当对上诉请求的有关事实和适用法律进行审查。"这一规定并不排斥人民法院在审理上诉案件时，对上诉人在上诉请求中未提出的问题进行审查。如果第二审人民法院发现原判对上诉请求未涉及的问题的处理确有错误，应当在二审中予以纠正。

此复

最高人民法院关于第二审法院裁定按自动撤回上诉处理的案件第一审法院能否再审问题的批复

1. *1998年7月31日最高人民法院审判委员会第1009次会议通过*
2. *1998年8月10日公布*
3. *法释〔1998〕19号*
4. *自1998年8月13日起施行*

河南省高级人民法院：

你院豫高法〔1997〕129号《关于再审案件中若干问题的请示》收悉。经研究，答复如下：

在民事诉讼中，上诉人不依法预交上诉案件受理费，或者经传唤无正当理由拒不到庭，由第

二审人民法院裁定按自动撤回上诉处理后,第一审判决自第二审裁定确定之日起生效。当事人对生效的第一审判决不服,申请再审的,第一审人民法院及其上一级人民法院可以依法决定再审,上一级人民法院的同级人民检察院也可以依法提出抗诉。对第二审裁定不服申请再审的,由第二审人民法院或其上一级人民法院依法决定是否再审。

此复

最高人民法院关于原告诉讼请求的根据在第二审期间被人民政府撤销的案件第二审法院如何处理问题的复函

1. 1991年10月24日公布
2. 〔1991〕民他字第48号

海南省高级人民法院:

你院琼高法(民)函〔1991〕1号《关于原告诉讼请求的根据在第二审期间被人民政府撤销的案件,第二审程序上如何处理的请示报告》收悉。经我们研究认为,该案原告邓冠英、王文国持琼海县人民政府的决定,要求被告琼海县无线电厂腾退房屋,属于落实侨房政策问题,不属人民法院主管。据此,依照民事诉讼法第一百零八条第一款第四项、第一百五十三条第一款第二项和第一百五十八条的规定,第二审人民法院可以裁定撤销原判,驳回原告起诉。

最高人民法院关于第一审经济纠纷案件适用普通程序开庭审理的若干规定

1. 1993年11月16日发布
2. 法发〔1993〕34号

一、开庭前的工作

1. 人民法院对决定受理的案件,应当在受理案件通知书和应诉通知书中,向当事人告知有关的诉讼权利义务,或者口头予以告知,如果已经确定开庭日期的,应当一并告知当事人及其诉讼代理人开庭的时间、地点。合议庭组成后,应当在三日内将合议庭组成人员告知当事人。告知后,因情事变化,必须调整合议庭组成人员的,应当于调整后三日内告知当事人。在开庭前三日内决定调整合议庭组成人员的,原定的开庭日期应予顺延。

2. 合议庭成员应当认真审核双方提供的诉讼材料,了解案情,审查证据,掌握争议的焦点和需要庭审调查、辩论的主要问题。

3. 必须共同进行诉讼的当事人没有参加诉讼的,应当通知其参加诉讼。

4. 对专门性问题合议庭认为需要鉴定、审计的,应及时交由法定鉴定部门或者指定有关部门鉴定,委托审计机关审计。

5. 开庭前,合议庭可以召集双方当事人及其诉讼代理人交换、核对证据,核算账目。对双方当事人无异议的事实、证据应当记录在卷,并由双方当事人签字确认。在开庭审理时如双方当事人不再提出异议,便可予以认定。

在双方当事人自愿的条件下,合议庭可以在开庭审理前让双方当事人及其诉讼代理人自行协商解决。当事人和解,原告申请撤诉,或者双方当事人要求发给调解书的,经审查认为不违反法律规定,不损害第三人利益的,可以裁定准予撤诉,或者按照双方当事人达成的和解协议制作调解书发给当事人。

6. 合议庭审查案卷材料后,认为法律关系明确、事实清楚,经征得当事人双方同意,可以在开庭审理前迳行调解。调解达成协议的,制作调解书发给当事人。双方当事人对案件事实无争议,只是在责任承担上达不成协议的,开庭审理可以在双方当事人对事实予以确认的基础上,直接进行法庭辩论。

7. 开庭审理前达不成协议的,合议庭应即研究确定开庭审理的日期和庭审提纲,并明确合议庭成员在庭审中的分工。

8. 开庭日期确定后,书记员应当在开庭三日前将传票送达当事人，将开庭通知书送达当事人的诉讼代理人、证人、鉴定人、勘验人、翻译人员。当事人或其他诉讼参与人在外地的，应留有必要的在途时间。公开审理的，应当公告当事人姓名、案由和开庭的时间、地点。

9. 开庭审理前，书记员应当查明当事人和其他诉讼参与人是否到庭。当事人或其他诉讼参与人没有到庭的，应将情况及时报告审判长，并由合议庭确定是否需要延期开庭审理或者中止诉讼。决定延期开庭审理的，应当及时通知当事人和其他诉讼参与人；决定中止诉讼的，应当制作裁定书，发给当事人。原告经传票传唤，无正当理由拒不到庭的，可以按撤诉处理；被告经传票传唤，无正当理由拒不到庭的，可以缺席判决。

二、宣布开庭

10. 书记员宣布当事人及其诉讼代理人入庭。

11. 书记员宣布法庭纪律。

12. 书记员宣布全体起立，请审判长、审判员、陪审员入庭。

13. 书记员向审判长报告当事人及其诉讼代理人的出庭情况。审判长核对当事人及其诉讼代理人的身份，并询问各方当事人对于对方出庭人员有无异议。

14. 当事人的身份经审判长核对无误，且当事人对对方出庭人员没有异议，审判长宣布各方当事人及其诉讼代理人符合法律规定，可以参加本案诉讼。

15. 审判长宣布案由及开始庭审，不公开审理的应当说明理由。

16. 被告经人民法院传票传唤，无正当理由拒不到庭的，审判长可以宣布缺席审理，并说明传票送达合法和缺席审理的依据。无独立请求权的第三人经人民法院传票传唤，无正当理由拒不到庭的，不影响案件的审理。

17. 审判长宣布合议庭组成人员、书记员名单。

18. 审判长告知当事人有关的诉讼权利义务，询问各方当事人是否申请回避。当事人提出申请回避的，合议庭应当宣布休庭，院长担任审判长时的回避，由审判委员会决定；审判人员的回避，由院长决定；其他人员的回避，由审判长决定。当事人申请回避的理由不能成立的，由审判长在重新开庭时宣布予以驳回，记入笔录；当事人申请回避的理由成立，决定回避的，由审判长宣布延期审理。

当事人对驳回回避申请的决定不服，申请复议的，不影响案件的开庭。人民法院对复议申请，应当在三日内作出复议决定并通知复议申请人，也可以在开庭时当庭作出复议决定并告知复议申请人。

三、法庭调查

19. 审判长宣布进行法庭调查后，应当告知当事人法庭调查的重点是双方争议的事实。当事人对自己提出的主张，有责任提供证据，反驳对方主张的，也应提供证据或说明理由。

20. 原告简要陈述起诉的请求和理由，或者宣读起诉书。

21. 被告针对原告起诉中的请求和理由作出承认或者否定的答辩，对双方确认的事实，应当记入笔录，法庭无须再作调查。

22. 第三人陈述或答辩。有独立请求权的第三人陈述诉讼请求及理由。无独立请求权的第三人针对原、被告的陈述提出承认或否认的答辩意见。

23. 案件有多个诉讼请求或多个独立存在的事实的，可按每个诉讼请求、每段事实争议的问题由当事人依次陈述、核对证据。

24. 双方当事人就争议的事实所提供的书证、物证、视听资料，应经对方辨认，互相质证。

涉及国家机密、商业秘密的证据，当事人提交法庭的，法庭不能公开出示，但可以适当提示。

25. 凡是知道案件情况的单位和个人，都有义务出庭作证。证人出庭作证，法庭应查明证人身份，告知证人作证的义务以及作伪证应负的法律责任。证人作证后，应征询双方当事人对证人证言的意见。经法庭许可，当事人及其诉讼代理人可以向证人发问。

证人确有困难不能出庭的，其所提交的

书面证言应当当庭宣读。当事人自己调查取得的证人证言,由当事人宣读后提交法庭,对方当事人可以质询;人民法院调查取得的证人证言,由书记员宣读,双方当事人可以质询。

26. 勘验人、鉴定人宣读勘验笔录、鉴定结论后,由双方当事人发表意见。经法庭许可,当事人及其诉讼代理人可以向勘验人、鉴定人发问。

27. 双方当事人争议的事实查清后,审判长应当询问双方当事人有无新的证据提出,原告的诉讼请求或被告的反诉请求有无变更。当事人重复陈述的,审判长应当及时提醒或制止。

28. 案件的事实清楚后,审判长宣布法庭调查结束。

29. 当事人要求提供新的证据或者合议庭认为事实尚未查清,确需人民法院补充调查、收集证据或通知新的证人到庭、重新鉴定、勘验,因而需要延期审理的,可以宣布延期审理。需要当事人补充证据的,应告知其在限定期间内提供。

四、法 庭 辩 论

30. 审判长宣布法庭辩论开始,当事人及其诉讼代理人就本案争议的问题进行辩论。辩论应当实事求是,以理服人。必要时,审判长可以根据案情限定当事人及其诉讼代理人每次发表意见的时间。

31. 原告及其诉讼代理人发言。

32. 被告及其诉讼代理人答辩。

33. 第三人及其诉讼代理人发言或答辩。

34. 第一轮辩论结束,审判长应当询问当事人是否还有补充意见。当事人要求继续发言的,应当允许,但要提醒不可重复。

35. 当事人没有补充意见的,审判长宣布法庭辩论终结。

36. 法庭辩论终结。审判长按照原告、被告、第三人的顺序征询各方最后意见。

五、法庭辩论后的调解

37. 经过法庭调查和辩论,如果事实清楚的,审判长按照原告、被告和有独立请求权第三人的顺序询问当事人是否愿意调解。无独立请求权的第三人需要承担义务的,在询问原告、被告之后,还应询问其是否愿意调解。

当事人愿意调解的,可以当庭进行,也可以休庭后进行。

38. 调解时,可以先由各方当事人提出调解方案。当事人意见不一致的,合议庭要讲清法律规定,分清责任,促使双方当事人达成协议。必要时,合议庭可以根据双方当事人的请求提出调解方案,供双方当事人考虑;也可以先分别征询各方当事人意见,而后进行调解。

39. 经过调解,双方当事人达成协议的,应当在调解协议上签字盖章。人民法院应当根据双方当事人达成的调解协议制作调解书送达当事人。双方当事人达成协议后当即履行完毕,不要求发给调解书的,应当记入笔录,在双方当事人、合议庭成员、书记员签名或盖章后,即具有法律效力。

40. 双方当事人当庭达成调解协议的,合议庭应当宣布调解结果,告知当事人调解书经双方当事人签收后,即具有法律效力。

六、合议庭评议

41. 经过开庭审理后调解不成的,合议庭应当休庭进行评议,就案件的性质、认定的事实、适用的法律、是非责任和处理结果作出结论。

42. 评议中如发现案件事实尚未查清,需要当事人补充证据或者由人民法院自行调查收集证据的,可以决定延期审理,由审判长在继续开庭时宣布延期审理的理由和时间,以及当事人提供补充证据的期限。

43. 合议庭评议案件,实行少数服从多数的原则。评议中的不同意见,书记员必须如实记入笔录,由合议庭成员在笔录上签名。

七、宣　　判

44. 合议庭评议后,由审判长宣布继续开庭并宣读裁判。宣判时,当事人及其他诉讼参与人、旁听人员应当起立。宣判的内容包括:认定的事实、适用的法律、判决的结果和理由、诉讼费的负担、当事人的上诉权利、上诉期限和上诉法院。

45. 不能当庭宣判的，审判长应当宣布另定日期宣判。

46. 由书记员宣读庭审笔录，也可以告知当事人和其他诉讼参与人当庭或者在五日内阅读。

庭审笔录经宣读或阅读，当事人和其他诉讼参与人认为记录无误的，应当在笔录上签名或盖章；拒绝签名、盖章的，记明情况附卷；认为对自己的陈述记录有遗漏或者差错，申请补正的，允许在笔录后面或另页补正。

庭审笔录由合议庭成员和书记员签名。

最高人民法院经济审判庭关于涉及技术性较强的第二审经济纠纷案件能否邀请技术人员陪审问题的电话答复

1990 年 3 月 27 日公布

江西省高级人民法院：

你院赣法（经）请〔1990〕2 号请示收悉。关于人民法院在审理技术性较强的二审经济纠纷案件中，能否邀请技术人员陪审的问题，经研究答复如下：

人民法院组织法第十条规定：人民法院审判上诉案件，由审判员组成合议庭进行。民事诉讼法（试行）第三十六条也规定：人民法院审判第二审民事案件，由审判员组成合议庭。据此，由陪审员与审判员共同组成合议庭审理二审经济纠纷案件的做法，是不符合法律规定的。至于审理案件中遇到需要解决专门的问题时根据民事诉讼法（试行）第六十三条之规定，请有关部门指派有专业知识的人员进行技术鉴定。

此复

最高人民法院经济审判庭关于不服第一审判决上诉的案件第二审人民法院可否作出裁定驳回起诉处理问题的电话答复

1987 年 11 月 2 日公布

云南省高级人民法院：

你院 1987 年 9 月 19 日云法字〔1987〕第 37 号“关于不服一审判决上诉的案件，二审人民法院可否作出裁定驳回起诉处理的请示”收悉。经研究答复如下：

同意你院二审法院对当事人不服判决的上诉案件，不能采取直接驳回起诉的意见。二审人民法院如查明一审原告起诉不符合立案受理条件的，应依据民事诉讼法（试行）第一百五十一条第一款第（三）项规定，裁定撤销原判，发回原审人民法院。需要驳回的，由一审法院裁定驳回。

最高人民法院关于第二审人民法院在审理过程中可否对当事人的违法行为径行制裁等问题的批复

1. 1990 年 7 月 25 日公布
2. 法经〔1990〕45 号

湖北省高级人民法院：

你院鄂法〔1990〕经呈字第 1 号《关于人民法院在第二审中发现需要对当事人的违法行为予以民事制裁时，应由哪一审法院作出决定等问题的请示报告》收悉。经研究，答复如下：

一、第二审人民法院在审理案件过程中，认为当事人有违法行为应予依法制裁而原审人民法院未予制裁的，可以径行予以民事制裁。

二、当事人不服人民法院民事制裁决定而向上一级人民法院申请复议的，该上级人民法院无论维持、变更或者撤销原决定,均应制作民事制裁决定书。

三、人民法院复议期间,被制裁人请求撤回复议申请的,经过审查,应当采取通知的形式,准予撤回申请或者驳回其请求。

最高人民法院关于中国银行上海分行宝山支行、中国农业银行上海市五角场支行与上海华海集装箱制造有限公司、浙江工艺毛绒厂票据纠纷上诉案和中信实业银行上海市分行与浙江工艺毛绒厂追索票据纠纷上诉案处理意见的复函

1. 1992年6月2日公布
2. 法函[1992]77号

上海市高级人民法院:

你院(91)沪高经上字第48号、第49号《关于处理上诉人中国银行上海分行宝山支行、中国农业银行上海市五角场支行与被上诉人上海华海集装箱制造有限公司、浙江工艺毛绒厂票据纠纷上诉案和上诉人中信实业银行上海分行与被上诉人浙江工艺毛绒厂追索票据款纠纷上诉案的请示》收悉。经研究,答复如下:

一、你院请示中的五角场支行作为非开户银行受理贴现,在当时违反银行结算制度,通过私人关系,并且未对贴现申请人展望公司的资信情况作调查,五角场支行作为国家金融机构,明知自己的行为违反结算制度,会给票据债务人造成损害,仍然受理贴现,对此行为应当推定为具有重大过失。

二、宝山支行明知五角场支行违反结算制度受理贴现,仍然向五角场支行付款。宝山支行的行为同时违反了该行与承兑申请人华海公司承兑协议上关于遵守《银行结算办法》的约定,具有重大过失。由此造成的损失,应由宝山支行向五角场支行和展望公司提出解决。

三、根据《上海市票据暂行规定》第二十八条的规定,"持票人在转让汇票时必须在背书中记明被背书人名称"。而浙江工艺毛绒厂取得的NO.0180001和NO.0180003两张银行承兑汇票的背书人展望公司,并未在背书中记明被背书人,属于空白背书。根据《上海市票据暂行规定》,背书必须记名。因此,浙江工艺毛绒厂不能成为NO.0180001和NO.0180003两张银行承兑汇票的合法持有人。

四、中信实业银行已经行使了毛绒厂承兑申请的3张银行承兑汇票的票据权利,取得了毛绒厂300万元汇票款,但只给付毛绒厂100万元,余款应当偿还毛绒厂,若中信实业银行不予偿还,毛绒厂可以诉中信实业银行。

(二)审判监督

(1)综合

最高人民法院关于规范人民法院再审立案的若干意见(试行)

1. 2002年9月10日发布
2. 法发[2002]13号

为加强审判监督,规范再审立案工作,根据《中华人民共和国刑事诉讼法》、《中华人民共和国民事诉讼法》和《中华人民共和国行政诉讼法》的有关规定,结合审判实际,制定本规定。

第一条 各级人民法院、专门人民法院对本院或者上级人民法院对下级人民法院作出的终审裁判,经复查认为符合再审立案条件的,应当决定或裁定再审。

人民检察院依照法律规定对人民法院作出的终审裁判提出抗诉的,应当再审立案。

第二条 地方各级人民法院、专门人民法院负责下列案件的再审立案:

(一)本院作出的终审裁判,符合再审立案条件的;

(二)下一级人民法院复查驳回或者再审改判,符合再审立案条件的;

(三)上级人民法院指令再审的;

（四）人民检察院依法提出抗诉的。

第三条　最高人民法院负责下列案件的再审立案：

（一）本院作出的终审裁判，符合再审立案条件的；

（二）高级人民法院复查驳回或者再审改判，符合再审立案条件的；

（三）最高人民检察院依法提出抗诉的；

（四）最高人民法院认为应由自己再审的。

第四条　上级人民法院对下级人民法院作出的终审裁判，认为确有必要的，可以直接立案复查，经复查认为符合再审立案条件的，可以决定或裁定再审。

第五条　再审申请人或申诉人向人民法院申请再审或申诉，应当提交以下材料：

（一）再审申请书或申诉状，应当载明当事人的基本情况、申请再审或申诉的事实与理由；

（二）原一、二审判决书、裁定书等法律文书，经过人民法院复查或再审的，应当附有驳回通知书、再审判决书或裁定书；

（三）以有新的证据证明原裁判认定的事实确有错误为由申请再审或申诉的，应当同时附有证据目录、证人名单和主要证据复印件或者照片；需要人民法院调查取证的，应当附有证据线索。

申请再审或申诉不符合前款规定的，人民法院不予审查。

第六条　申请再审或申诉一般由终审人民法院审查处理。

上一级人民法院对未经终审人民法院审查处理的申请再审或申诉，一般交终审人民法院审查；对经终审人民法院审查处理后仍坚持申请再审或申诉的，应当受理。

对未经终审人民法院及其上一级人民法院审查处理，直接向上级人民法院申请再审或申诉的，上级人民法院应当交下一级人民法院处理。

第七条　对终审刑事裁判的申诉，具备下列情形之一的，人民法院应当决定再审：

（一）有审判时未收集到的或者未被采信的证据，可能推翻原定罪量刑的；

（二）主要证据不充分或者不具有证明力的；

（三）原裁判的主要事实依据被依法变更或撤销的；

（四）据以定罪量刑的主要证据自相矛盾的；

（五）引用法律条文错误或者违反刑法第十二条的规定适用失效法律的；

（六）违反法律关于溯及力规定的；

（七）量刑明显不当的；

（八）审判程序不合法，影响案件公正裁判的；

（九）审判人员在审理案件时索贿受贿、徇私舞弊并导致枉法裁判的。

第八条　对终审民事裁判、调解的再审申请，具备下列情形之一的，人民法院应当裁定再审：

（一）有再审申请人以前不知道或举证不能的证据，可能推翻原裁判的；

（二）主要证据不充分或者不具有证明力的；

（三）原裁判的主要事实依据被依法变更或撤销的；

（四）就同一法律事实或同一法律关系，存在两个相互矛盾的生效法律文书，再审申请人对后一生效法律文书提出再审申请的；

（五）引用法律条文错误或者适用失效、尚未生效法律的；

（六）违反法律关于溯及力规定的；

（七）调解协议明显违反自愿原则，内容违反法律或者损害国家利益、公共利益和他人利益的；

（八）审判程序不合法，影响案件公正裁判的；

（九）审判人员在审理案件时索贿受贿、徇私舞弊并导致枉法裁判的。

第九条　对终审行政裁判的申诉，具备下列情形之一的，人民法院应当裁定再审：

（一）依法应当受理而不予受理或驳回起诉的；

（二）有新的证据可能改变原裁判的；

（三）主要证据不充分或不具有证明力的；

（四）原裁判的主要事实依据被依法变更或撤销的；

（五）引用法律条文错误或者适用失效、尚

未生效法律的;

(六)违反法律关于溯及力规定的;

(七)行政赔偿调解协议违反自愿原则,内容违反法律或损害国家利益、公共利益和他人利益的;

(八)审判程序不合法,影响案件公正裁判的;

(九)审判人员在审理案件时索贿受贿、徇私舞弊并导致枉法裁判的。

第十条 人民法院对刑事案件的申诉人在刑罚执行完毕后两年内提出的申诉,应当受理;超过两年提出申诉,具有下列情形之一的,应当受理:

(一)可能对原审被告人宣告无罪的;

(二)原审被告人在本条规定的期限内向人民法院提出申诉,人民法院未受理的;

(三)属于疑难、复杂、重大案件的。

不符合前款规定的,人民法院不予受理。

第十一条 人民法院对刑事附带民事案件中仅就民事部分提出申诉的,一般不予再审立案。但有证据证明民事部分明显失当且原审被告人有赔偿能力的除外。

第十二条 人民法院对民事、行政案件的再审申请人或申诉人超过两年提出再审申请或申诉的,不予受理。

第十三条 人民法院对不符合法定主体资格的再审申请或申诉,不予受理。

第十四条 人民法院对下列民事案件的再审申请不予受理:

(一)人民法院依照督促程序、公示催告程序和破产还债程序审理的案件;

(二)人民法院裁定撤销仲裁裁决和裁定不予执行仲裁裁决的案件;

(三)人民法院判决、调解解除婚姻关系的案件,但当事人就财产分割问题申请再审的除外。

第十五条 上级人民法院对经终审法院的上一级人民法院依照审判监督程序审理后维持原判或者经两级人民法院依照审判监督程序复查均驳回的申请再审或申诉案件,一般不予受理。

但再审申请人或申诉人提出新的理由,且符合《中华人民共和国刑事诉讼法》第二百零四条、《中华人民共和国民事诉讼法》第一百七十九条、《中华人民共和国行政诉讼法》第六十二条及本规定第七、八、九条规定条件的,以及刑事案件的原审被告人可能被宣告无罪的除外。

第十六条 最高人民法院再审裁判或者复查驳回的案件,再审申请人或申诉人仍不服提出再审申请或申诉的,不予受理。

第十七条 本意见自 2002 年 11 月 1 日起施行。以前有关再审立案的规定与本意见不一致的,按本意见执行。

最高人民法院关于民事审判监督程序严格依法适用指令再审和发回重审若干问题的规定

1. 2015 年 2 月 2 日最高人民法院审判委员会第 1643 次会议通过

2. 2015 年 11 月 25 日公布

3. 法释〔2015〕7 号

4. 自 2015 年 3 月 15 日起施行

为了及时有效维护各方当事人的合法权益,维护司法公正,进一步规范民事案件指令再审和再审发回重审,提高审判监督质量和效率,根据《中华人民共和国民事诉讼法》,结合审判实际,制定本规定。

第一条 上级人民法院应当严格依照民事诉讼法第二百条等规定审查当事人的再审申请,符合法定条件的,裁定再审。不得因指令再审而降低再审启动标准,也不得因当事人反复申诉将依法不应当再审的案件指令下级人民法院再审。

第二条 因当事人申请裁定再审的案件一般应当由裁定再审的人民法院审理。有下列情形之一的,最高人民法院、高级人民法院可以指令原审人民法院再审:

(一)依据民事诉讼法第二百条第(四)项、第(五)项或者第(九)项裁定再审的;

(二)发生法律效力的判决、裁定、调解书是由第一审法院作出的;

(三)当事人一方人数众多或者当事人双方为公民的;

(四)经审判委员会讨论决定的其他情形。

人民检察院提出抗诉的案件，由接受抗诉的人民法院审理，具有民事诉讼法第二百条第（一）至第（五）项规定情形之一的，可以指令原审人民法院再审。

人民法院依据民事诉讼法第一百九十八条第二款裁定再审的，应当提审。

第三条　虽然符合本规定第二条可以指令再审的条件，但有下列情形之一的，应当提审：

（一）原判决、裁定系经原审人民法院再审审理后作出的；

（二）原判决、裁定系经原审人民法院审判委员会讨论作出的；

（三）原审审判人员在审理该案件时有贪污受贿，徇私舞弊，枉法裁判行为的；

（四）原审人民法院对该案无再审管辖权的；

（五）需要统一法律适用或裁量权行使标准的；

（六）其他不宜指令原审人民法院再审的情形。

第四条　人民法院按照第二审程序审理再审案件，发现原判决认定基本事实不清的，一般应当通过庭审认定事实后依法作出判决。但原审人民法院未对基本事实进行过审理的，可以裁定撤销原判决，发回重审。原判决认定事实错误的，上级人民法院不得以基本事实不清为由裁定发回重审。

第五条　人民法院按照第二审程序审理再审案件，发现第一审人民法院有下列严重违反法定程序情形之一的，可以依照民事诉讼法第一百七十条第一款第（四）项的规定，裁定撤销原判决，发回第一审人民法院重审：

（一）原判决遗漏必须参加诉讼的当事人的；

（二）无诉讼行为能力人未经法定代理人代为诉讼，或者应当参加诉讼的当事人，因不能归责于本人或者其诉讼代理人的事由，未参加诉讼的；

（三）未经合法传唤缺席判决，或者违反法律规定剥夺当事人辩论权利的；

（四）审判组织的组成不合法或者依法应当回避的审判人员没有回避的；

（五）原判决、裁定遗漏诉讼请求的。

第六条　上级人民法院裁定指令再审、发回重审的，应当在裁定书中阐明指令再审或者发回重审的具体理由。

第七条　再审案件应当围绕申请人的再审请求进行审理和裁判。对方当事人在再审庭审辩论终结前也提出再审请求的，应一并审理和裁判。当事人的再审请求超出原审诉讼请求的不予审理，构成另案诉讼的应告知当事人可以提起新的诉讼。

第八条　再审发回重审的案件，应当围绕当事人原诉讼请求进行审理。当事人申请变更、增加诉讼请求和提出反诉的，按照《最高人民法院关于适用〈中华人民共和国民事诉讼法〉的解释》第二百五十二条的规定审查决定是否准许。当事人变更其在原审中的诉讼主张、质证及辩论意见的，应说明理由并提交相应的证据，理由不成立或证据不充分的，人民法院不予支持。

第九条　各级人民法院对民事案件指令再审和再审发回重审的审判行为，应当严格遵守本规定。违反本规定的，应当依照相关规定追究有关人员的责任。

第十条　最高人民法院以前发布的司法解释与本规定不一致的，不再适用。

最高人民法院关于适用《中华人民共和国民事诉讼法》审判监督程序若干问题的解释

1. 2008年11月10日最高人民法院审判委员会第1453次会议通过
2. 2008年11月25日公布
3. 法释〔2008〕14号
4. 自2008年12月1日起施行

为了保障当事人申请再审权利，规范审判监督程序，维护各方当事人的合法权益，根据2007年10月28日修正的《中华人民共和国民事诉讼法》，结合审判实践，对审判监督程序中适用法律的若干问题作出如下解释：

第一条　当事人在民事诉讼法第一百八十四条

规定的期限内,以民事诉讼法第一百七十九条所列明的再审事由,向原审人民法院的上一级人民法院申请再审的,上一级人民法院应当依法受理。

第二条 民事诉讼法第一百八十四条规定的申请再审期间不适用中止、中断和延长的规定。

第三条 当事人申请再审,应当向人民法院提交再审申请书,并按照对方当事人人数提出副本。

人民法院应当审查再审申请书是否载明下列事项:

(一)申请再审人与对方当事人的姓名、住所及有效联系方式等基本情况;法人或其他组织的名称、住所和法定代表人或主要负责人的姓名、职务及有效联系方式等基本情况;

(二)原审人民法院的名称,原判决、裁定、调解文书案号;

(三)申请再审的法定情形及具体事实、理由;

(四)具体的再审请求。

第四条 当事人申请再审,应当向人民法院提交已经发生法律效力的判决书、裁定书、调解书,身份证明及相关证据材料。

第五条 案外人对原判决、裁定、调解书确定的执行标的物主张权利,且无法提起新的诉讼解决争议的,可以在判决、裁定、调解书发生法律效力后二年内,或者自知道或应当知道利益被损害之日起三个月内,向作出原判决、裁定、调解书的人民法院的上一级人民法院申请再审。

在执行过程中,案外人对执行标的提出书面异议的,按照民事诉讼法第二百零四条的规定处理。

第六条 申请再审人提交的再审申请书或者其他材料不符合本解释第三条、第四条的规定,或者有人身攻击等内容,可能引起矛盾激化的,人民法院应当要求申请再审人补充或改正。

第七条 人民法院应当自收到符合条件的再审申请书等材料后五日内完成向申请再审人发送受理通知书等受理登记手续,并向对方当事人发送受理通知书及再审申请书副本。

第八条 人民法院受理再审申请后,应当组成合议庭予以审查。

第九条 人民法院对再审申请的审查,应当围绕再审事由是否成立进行。

第十条 申请再审人提交下列证据之一的,人民法院可以认定为民事诉讼法第一百七十九条第一款第(一)项规定的"新的证据":

(一)原审庭审结束前已客观存在庭审结束后新发现的证据;

(二)原审庭审结束前已经发现,但因客观原因无法取得或在规定的期限内不能提供的证据;

(三)原审庭审结束后原作出鉴定结论、勘验笔录者重新鉴定、勘验,推翻原结论的证据。

当事人在原审中提供的主要证据,原审未予质证、认证,但足以推翻原判决、裁定的,应当视为新的证据。

第十一条 对原判决、裁定的结果有实质影响、用以确定当事人主体资格、案件性质、具体权利义务和民事责任等主要内容所依据的事实,人民法院应当认定为民事诉讼法第一百七十九条第一款第(二)项规定的"基本事实"。

第十二条 民事诉讼法第一百七十九条第一款第(五)项规定的"对审理案件需要的证据",是指人民法院认定案件基本事实所必须的证据。

第十三条 原判决、裁定适用法律、法规或司法解释有下列情形之一的,人民法院应当认定为民事诉讼法第一百七十九条第一款第(六)项规定的"适用法律确有错误":

(一)适用的法律与案件性质明显不符的;

(二)确定民事责任明显违背当事人约定或者法律规定的;

(三)适用已经失效或尚未施行的法律的;

(四)违反法律溯及力规定的;

(五)违反法律适用规则的;

(六)明显违背立法本意的。

第十四条 违反专属管辖、专门管辖规定以及其他严重违法行使管辖权的,人民法院应当认定为民事诉讼法第一百七十九条第一款第(七)项规定的"管辖错误"。

第十五条 原审开庭过程中审判人员不允许当事人行使辩论权利,或者以不送达起诉状副本或上诉状副本等其他方式，致使当事人无法行使辩论权利的，人民法院应当认定为民事诉讼法第一百七十九条第一款第（十）项规定的“剥夺当事人辩论权利”。但依法缺席审理，依法径行判决、裁定的除外。

第十六条　原判决、裁定对基本事实和案件性质的认定系根据其他法律文书作出，而上述其他法律文书被撤销或变更的，人民法院可以认定为民事诉讼法第一百七十九条第一款第（十三）项规定的情形。

第十七条　民事诉讼法第一百七十九条第二款规定的“违反法定程序可能影响案件正确判决、裁定的情形”，是指除民事诉讼法第一百七十九条第一款第（四）项以及第（七）项至第（十二）项之外的其他违反法定程序，可能导致案件裁判结果错误的情形。

第十八条　民事诉讼法第一百七十九条第二款规定的“审判人员在审理该案件时有贪污受贿，徇私舞弊，枉法裁判行为”，是指该行为已经相关刑事法律文书或者纪律处分决定确认的情形。

第十九条　人民法院经审查再审申请书等材料，认为申请再审事由成立的，应当径行裁定再审。

当事人申请再审超过民事诉讼法第一百八十四条规定的期限，或者超出民事诉讼法第一百七十九条所列明的再审事由范围的，人民法院应当裁定驳回再审申请。

第二十条　人民法院认为仅审查再审申请书等材料难以作出裁定的，应当调阅原审卷宗予以审查。

第二十一条　人民法院可以根据案情需要决定是否询问当事人。

以有新的证据足以推翻原判决、裁定为由申请再审的，人民法院应当询问当事人。

第二十二条　在审查再审申请过程中，对方当事人也申请再审的，人民法院应当将其列为申请再审人，对其提出的再审申请一并审查。

第二十三条　申请再审人在案件审查期间申请撤回再审申请的，是否准许，由人民法院裁定。

申请再审人经传票传唤，无正当理由拒不接受询问，可以裁定按撤回再审申请处理。

第二十四条　人民法院经审查认为申请再审事由不成立的，应当裁定驳回再审申请。

驳回再审申请的裁定一经送达，即发生法律效力。

第二十五条　有下列情形之一的，人民法院可以裁定终结审查：

（一）申请再审人死亡或者终止，无权利义务承受人或者权利义务承受人声明放弃再审申请的；

（二）在给付之诉中，负有给付义务的被申请人死亡或者终止，无可供执行的财产，也没有应当承担义务的人的；

（三）当事人达成执行和解协议且已履行完毕的，但当事人在执行和解协议中声明不放弃申请再审权利的除外；

（四）当事人之间的争议可以另案解决的。

第二十六条　人民法院审查再审申请期间，人民检察院对该案提出抗诉的，人民法院应依照民事诉讼法第一百八十八条的规定裁定再审。申请再审人提出的具体再审请求应纳入审理范围。

第二十七条　上一级人民法院经审查认为申请再审事由成立的，一般由本院提审。最高人民法院、高级人民法院也可以指定与原审人民法院同级的其他人民法院再审，或者指令原审人民法院再审。

第二十八条　上一级人民法院可以根据案件的影响程度以及案件参与人等情况，决定是否指定再审。需要指定再审的，应当考虑便利当事人行使诉讼权利以及便利人民法院审理等因素。

接受指定再审的人民法院，应当按照民事诉讼法第一百八十六条第一款规定的程序审理。

第二十九条　有下列情形之一的，不得指令原审人民法院再审：

（一）原审人民法院对该案无管辖权的；

（二）审判人员在审理该案件时有贪污受贿，徇私舞弊，枉法裁判行为的；

（三）原判决、裁定系经原审人民法院审判委员会讨论作出的；

（四）其他不宜指令原审人民法院再审的。

第三十条 当事人未申请再审、人民检察院未抗诉的案件,人民法院发现原判决、裁定、调解协议有损害国家利益、社会公共利益等确有错误情形的,应当依照民事诉讼法第一百七十七条的规定提起再审。

第三十一条 人民法院应当依照民事诉讼法第一百八十六条的规定,按照第一审程序或者第二审程序审理再审案件。

人民法院审理再审案件应当开庭审理。但按照第二审程序审理的,双方当事人已经其他方式充分表达意见,且书面同意不开庭审理的除外。

第三十二条 人民法院开庭审理再审案件,应分别不同情形进行:

(一)因当事人申请裁定再审的,先由申请再审人陈述再审请求及理由,后由被申请人答辩及其他原审当事人发表意见;

(二)因人民检察院抗诉裁定再审的,先由抗诉机关宣读抗诉书,再由申请抗诉的当事人陈述,后由被申请人答辩及其他原审当事人发表意见;

(三)人民法院依职权裁定再审的,当事人按照其在原审中的诉讼地位依次发表意见。

第三十三条 人民法院应当在具体的再审请求范围内或在抗诉支持当事人请求的范围内审理再审案件。当事人超出原审范围增加、变更诉讼请求的,不属于再审审理范围。但涉及国家利益、社会公共利益,或者当事人在原审诉讼中已经依法要求增加、变更诉讼请求,原审未予审理且客观上不能形成其他诉讼的除外。

经再审裁定撤销原判决,发回重审后,当事人增加诉讼请求的,人民法院依照民事诉讼法第一百二十六条的规定处理。

第三十四条 申请再审人在再审期间撤回再审申请的,是否准许由人民法院裁定。裁定准许的,应终结再审程序。申请再审人经传票传唤,无正当理由拒不到庭的,或者未经法庭许可中途退庭的,可以裁定按自动撤回再审申请处理。

人民检察院抗诉再审的案件,申请抗诉的当事人有前款规定的情形,且不损害国家利益、社会公共利益或第三人利益的,人民法院应当裁定终结再审程序;人民检察院撤回抗诉的,应当准予。

终结再审程序的,恢复原判决的执行。

第三十五条 按照第一审程序审理再审案件时,一审原告申请撤回起诉的,是否准许由人民法院裁定。裁定准许的,应当同时裁定撤销原判决、裁定、调解书。

第三十六条 当事人在再审审理中经调解达成协议的,人民法院应当制作调解书。调解书经各方当事人签收后,即具有法律效力,原判决、裁定视为被撤销。

第三十七条 人民法院经再审审理认为,原判决、裁定认定事实清楚、适用法律正确的,应予维持;原判决、裁定在认定事实、适用法律、阐述理由方面虽有瑕疵,但裁判结果正确的,人民法院应在再审判决、裁定中纠正上述瑕疵后予以维持。

第三十八条 人民法院按照第二审程序审理再审案件,发现原判决认定事实错误或者认定事实不清的,应当在查清事实后改判。但原审人民法院便于查清事实,化解纠纷的,可以裁定撤销原判决,发回重审;原审程序遗漏必须参加诉讼的当事人且无法达成调解协议,以及其他违反法定程序不宜在再审程序中直接作出实体处理的,应当裁定撤销原判决,发回重审。

第三十九条 新的证据证明原判决、裁定确有错误的,人民法院应予改判。

申请再审人或者申请抗诉的当事人提出新的证据致使再审改判,被申请人等当事人因申请再审人或者申请抗诉的当事人的过错未能在原审程序中及时举证,请求补偿其增加的差旅、误工等诉讼费用的,人民法院应当支持;请求赔偿其由此扩大的直接损失,可以另行提起诉讼解决。

第四十条 人民法院以调解方式审结的案件裁定再审后,经审理发现申请再审人提出的调解违反自愿原则的事由不成立,且调解协议的内容不违反法律强制性规定的,应当裁定驳回再审申请,并恢复原调解书的执行。

第四十一条 民事再审案件的当事人应为原审案件的当事人。原审案件当事人死亡或者终止的,其权利义务承受人可以申请再审并参加再审诉讼。

第四十二条　因案外人申请人民法院裁定再审的,人民法院经审理认为案外人应为必要的共同诉讼当事人,在按第一审程序再审时,应追加其为当事人,作出新的判决;在按第二审程序再审时,经调解不能达成协议的,应撤销原判,发回重审,重审时应追加案外人为当事人。

案外人不是必要的共同诉讼当事人的,仅审理其对原判决提出异议部分的合法性,并应根据审理情况作出撤销原判决相关判项或者驳回再审请求的判决;撤销原判决相关判项的,应当告知案外人以及原审当事人可以提起新的诉讼解决相关争议。

第四十三条　本院以前发布的司法解释与本解释不一致的,以本解释为准。本解释未作规定的,按照以前的规定执行。

(2)当事人申请再审

最高人民法院关于当事人对已经发生法律效力的判决、裁定申请再审是否必须提交审判委员会讨论决定立案问题的复函

1. *1996年4月24日公布*
2. *法函〔1996〕68号*
3. *已由法释〔2013〕2号废止*

河南省高级人民法院:

你院〔1996〕豫法经请字第1号《关于当事人对已经发生法律效力的判决、裁定申请再审是否应提交审判委员会讨论才能进行再审的请示》收悉。经研究,答复如下:

对于当事人认为已经发生法律效力的判决、裁定有错误而申请再审,符合法律规定的,人民法院应当再审,不必一律经审判委员会讨论决定方能立案。

此复

最高人民法院关于判决生效后当事人将判决确认的债权转让债权受让人对该判决不服提出再审申请人民法院是否受理问题的批复

1. *2010年12月16日最高人民法院审判委员会第1506次会议通过*
2. *2011年1月7日公布*
3. *法释〔2011〕2号*
4. *自2011年2月1日起施行*

海南省高级人民法院:

你院《关于海南长江旅业有限公司、海南凯立中部开发建设股份有限公司与交通银行海南分行借款合同纠纷一案的请示报告》〔(2009)琼民再终字第16号〕收悉。经研究,答复如下:

判决生效后当事人将判决确认的债权转让,债权受让人对该判决不服提出再审申请的,因其不具有申请再审人主体资格,人民法院应依法不予受理。

最高人民法院关于当事人对驳回其申请撤销仲裁裁决的裁定不服而申请再审,人民法院不予受理问题的批复

1. *2004年7月20日最高人民法院审判委员会第1320次会议通过*
2. *2004年7月26日公布*
3. *法释〔2004〕9号*
4. *自2004年7月29日起施行*

陕西省高级人民法院:

你院陕高法〔2004〕225号《关于当事人不服人民法院驳回其申请撤销仲裁裁决的裁定申请再审,人民法院是否受理的请示》收悉。经研究,答复如下:

根据《中华人民共和国仲裁法》第九条规定的精神,当事人对人民法院驳回其申请撤销仲裁裁决的裁定不服而申请再审的,人民法院不予受理。

此复

最高人民法院关于当事人对按自动撤回上诉处理的裁定不服申请再审人民法院应如何处理问题的批复

1. 2002年7月15日最高人民法院审判委员会第1231次会议通过
2. 2002年7月19日公布
3. 法释〔2002〕20号
4. 自2002年7月24日起施行

吉林省高级人民法院：

你院吉高法〔2001〕20号《关于当事人对按撤回上诉处理的裁定不服申请再审,人民法院经审查认为该裁定确有错误应如何进行再审问题的请示》收悉。经研究,答复如下：

当事人对按自动撤回上诉处理的裁定不服申请再审,人民法院认为符合《中华人民共和国民事诉讼法》第一百七十九条规定的情形之一的,应当再审。经再审,裁定确有错误的,应当予以撤销,恢复第二审程序。

此复

(3)法院决定再审

最高人民法院关于民事调解书确有错误当事人没有申请再审的案件人民法院可否再审的批复

1. 1993年3月8日公布
2. 〔1993〕民他字第1号

江苏省高级人民法院：

你院苏高法〔1992〕第174号《关于人民法院发现确有错误的民事调解书,当事人并未申请再审,人民法院是否可以提出再审问题的请示》收悉。经研究,答复如下：

对已经发生法律效力的调解书,人民法院如果发现确有错误,而又必须再审的,当事人没有申请再审,人民法院根据民事诉讼法的有关规定精神,可以按照审判监督程序再审。

最高人民法院关于高级人民法院指令基层人民法院再审的裁定中应否撤销中级人民法院驳回再审申请的通知问题的复函

1. 1993年7月26日公布
2. 民他字〔93〕第12号
3. 已由法释〔2013〕2号废止

陕西省高级人民法院：

你院〔1993〕23号《关于高级人民法院指令基层人民法院再审的裁定应否撤销中级人民法院驳回再审申请的通知问题的请示》收悉。经研究认为,高级人民法院指令基层人民法院再审业经中级人民法院驳回再审申请的案件,在其再审裁定中,除写明再审期间中止原判决的执行外,还应一并撤销中级人民法院驳回再审申请的通知。

最高人民法院关于人民法院对民事案件发回重审和指令再审有关问题的规定

1. 2002年4月15日最高人民法院审判委员会第1221次会议通过
2. 2002年7月31日公布
3. 法释〔2002〕24号
4. 自2002年8月15日起施行

根据《中华人民共和国民事诉讼法》(以下简称民事诉讼法)的有关规定,现对人民法院将民事案件发回重审和指令再审的有关问题作如下规定：

第一条　第二审人民法院根据民事诉讼法第一百五十三条第一款第(三)项的规定将案件发回原审人民法院重审的,对同一案件,只能发回重审一次。第一审人民法院重审后,第二审人民法院认为原判决认定事实仍有错误,或者原判决认定事实不清、证据不足的,应当查清事实后依法改判。

第二条　各级人民法院依照民事诉讼法第一百七十七条第一款的规定对同一案件进行再审的，只能再审一次。

上级人民法院根据民事诉讼法第一百七十七条第二款的规定指令下级人民法院再审的，只能指令再审一次。上级人民法院认为下级人民法院作出的发生法律效力的再审判决、裁定需要再次进行再审的，上级人民法院应当依法提审。

上级人民法院因下级人民法院违反法定程序而指令再审的，不受前款规定的限制。

第三条　同一人民法院根据民事诉讼法第一百七十八条的规定，对同一案件只能依照审判监督程序审理一次。

前款所称"依照审判监督程序审理一次"不包括人民法院对当事人的再审申请审查后用通知书驳回的情形。

最高人民法院关于正确适用《关于人民法院对民事案件发回重审和指令再审有关问题的规定》的通知

1. 2003年11月13日发布

2. 法〔2003〕169号

各省、自治区、直辖市高级人民法院，解放军军事法院，新疆维吾尔自治区高级人民法院生产建设兵团分院：

我院2002年7月31日公布《关于人民法院对民事案件发回重审和指令再审有关问题的规定》后，部分高级人民法院就如何理解和适用陆续向我院请示。为正确适用该规定，经我院审判委员会第1285次会议讨论决定，现就有关问题通知如下：

1. 各级人民法院对本院已经发生法律效力的民事判决、裁定，不论以何种方式启动审判监督程序的，一般只能再审一次。

2. 对于下级人民法院已经再审过的民事案件，上一级人民法院认为需要再审的，应当依法提审。提审的人民法院对该案件只能再审一次。

3. 人民检察院按照审判监督程序提起抗诉的民事案件，一般应当由作出生效裁判的人民法院再审；作出生效裁判的人民法院已经再审过的，由上一级人民法院提审，或者指令该法院的其他同级人民法院再审。

4. 各级人民法院院长发现本院发生法律效力的再审裁判确有错误依法必须改判的，应当提出书面意见请示上一级人民法院，并附全部案卷。上一级人民法院一般应当提审，也可以指令该法院的其他同级人民法院再审。

人民法院对行政案件进行再审的，参照上述原则执行。

最高人民法院关于人民法院发现本院作出的诉前保全裁定和在执行程序中作出的裁定确有错误以及人民检察院对人民法院作出的诉前保全裁定提出抗诉人民法院应当如何处理的批复

1. 1998年7月21日最高人民法院审判委员会第1005次会议通过

2. 1998年7月30日公布

3. 法释〔1998〕17号

4. 自1998年8月5日起施行

山东省高级人民法院：

你院鲁高法函〔1998〕57号《关于人民法院在执行程序中作出的裁定如发现确有错误应按何种程序纠正的请示》和鲁高法函〔1998〕58号《关于人民法院发现本院作出的诉前保全裁定确有错误或者人民检察院对人民法院作出的诉前保全裁定提出抗诉人民法院应如何处理的请示》收悉。经研究，答复如下：

一、人民法院院长对本院已经发生法律效力的诉前保全裁定和在执行程序中作出的裁定，发现确有错误，认为需要撤销的，应当提交审判委员会讨论决定后，裁定撤销原裁定。

二、人民检察院对人民法院作出的诉前保全裁定提出抗诉,没有法律依据,人民法院应当通知其不予受理。

此复

最高人民法院研究室关于上级人民法院发现下级人民法院已经发生法律效力的判决确有错误提审时应适用何种程序问题的答复

1. 1994年3月4日公布

2. 已由法释〔2013〕2号废止

湖北省高级人民法院:

你院鄂高法明传〔1994〕5号函收悉。经研究,答复如下:

上级人民法院发现下级人民法院已经发生法律效力的判决确有错误,决定提审的,应当根据刑事诉讼法第一百五十条的规定,依照第二审程序进行审判,所作的判决、裁定,是终审的判决、裁定。

附:

湖北省高级人民法院关于上级人民法院发现下级人民法院已经发生法律效力的判决确有错误提审时应适用何种程序问题的请示

1. 1994年1月15日公布

2. 鄂高法明传〔1994〕5号

最高人民法院研究室:

中级人民法院一审以引诱、容留妇女卖淫罪判处被告人无期徒刑。被告人不上诉。判决发生法律效力的,被告人提出申诉。一审法院决定再审,以引诱容留妇女卖淫罪改判被告人有期徒刑五年。被告人不上诉,判决发生法律效力。根据群众反映,省法院对这一案件调卷进行审查。经研究认为,被告人的犯罪事实清楚,证据确实、充分,犯罪情节特别严重,原对被告人判处无期徒刑适用法律正确,量刑适当,再审改判有期徒刑五年是错误的。省法院决定不指定中院再审,进行提审。在提审程序上有两种不同意见,一种意见认为,上级法院提审按二审程序,可以撤销一审法院的再审判决,维持原判无期徒刑。第二种意见认为,这违反了二审法院除抗诉案件外,不得加重刑罚的原则。一审法院已将原判无期徒刑撤销,现在发生法律效力的是再审判决的有期徒刑五年。若按二审程序,即撤销了有期徒刑,加重判到了无期徒刑。如果要提审,可按一审程序,给上诉权。

以上哪种意见正确,请指示。

最高人民法院经济审判庭关于对原判决计算有误及不同法律关系如何处理问题的答复

1. 1992年3月6日公布

2. 法经〔1992〕29号

山东烟台造船厂:

你厂不服山东省高级人民法院于1991年1月21日作出的〔1990〕鲁法经监字第5号事判决,向我院提出申诉,我院依法进行了审查。现对你厂提的两个问题答复如下:

一、山东省高级人民法院〔1990〕鲁法经监字第5号民事判决主文第二项判由济南清河电梯厂返还你厂已付加工费110800元,第三项判由你厂赔偿清河电梯厂购买钢材、人工场地占用费的损失54766.49元,该判决认为上述二、三项相抵,清河电梯厂应退回你厂56033.51元,兑除一、二审法院审理中及判决后已执行的15万元,你厂应将多执行的93966.49元退还清河电梯厂。你厂提出清河电梯厂曾擅自处理管汇材料得款4.6万元,清河电梯厂实际损失只有8766.49元,上述款项兑除已执行的款项15万元后,你厂仅应将多执行的47966.49元返还给清河电梯厂。经审查情况属实,山东省高级人民法院判决计算数额有误,可在执行时予以更正。

二、清河机械维修厂未经你厂同意,原价转让15组管汇给联四是事实,但你厂知道后并未提出异议,且在联四验收加工物后,直接支付货款，应视为你厂对清河机械维修厂同联四转让行为的认可，山东省高级人民法院认为此法律关系与本案无关，应另案审理是有道理的。联四与你厂的经济纠纷，你厂可根据《中华人民共和国民事诉讼法》第二十四条的规定，向有管辖权的人民法院提起诉讼，作另案处理。

此复

(4)检察院抗诉再审

最高人民法院关于人民法院不予受理人民检察院单独就诉讼费负担裁定提出抗诉问题的批复

1. 1998年7月21日最高人民法院审判委员会第1005次会议通过
2. 1998年8月31日公布
3. 法释〔1998〕22号
4. 自1998年9月5日起施行

河南省高级人民法院：

你院豫高法〔1998〕131号《关于人民检察院单独就诉讼费负担的裁定进行抗诉能否受理的请示》收悉。经研究，同意你院意见，即：人民检察院对人民法院就诉讼费负担的裁定提出抗诉，没有法律依据，人民法院不予受理。

此复

最高人民法院关于人民检察院对民事调解书提出抗诉人民法院应否受理问题的批复

1. 1999年1月26日最高人民法院审判委员会第1041次会议通过
2. 1999年2月9日公布
3. 法释〔1999〕4号
4. 自1999年2月13日起施行

黑龙江、河南省高级人民法院：

黑高法〔1998〕67号《关于检察院对调解书抗诉应否受理的请示》和豫高法〔1998〕130号《关于检察机关对民事、经济调解书提出抗诉人民法院应否受理的请示》收悉。经研究，答复如下：

《中华人民共和国民事诉讼法》第一百八十七条只规定人民检察院可以对人民法院已经发生法律效力的判决、裁定提出抗诉，没有规定人民检察院可以对调解书提出抗诉。人民检察院对调解书提出抗诉的，人民法院不予受理。

此复

最高人民法院关于人民检察院提出抗诉按照审判监督程序再审维持原裁判的民事、经济、行政案件，人民检察院再次提出抗诉应否受理问题的批复

1. 1995年10月6日公布
2. 法复〔1995〕7号

四川省高级人民法院：

你院关于人民检察院提出抗诉，人民法院按照审判监督程序再审维持原裁判的民事、经济、行政案件，人民检察院再次提出抗诉，人民法院应否受理的请示收悉。经研究，同意你院意见，即上级人民检察院对下级人民法院已经发生法律效力的民事、经济、行政案件提出抗诉的，无论是同级人民法院再审还是指令下级人民法院再审，凡作出维护原裁判的判决、裁定后，原提出抗诉的人民检察院再次提出抗诉的，人民法院不予受理；原提出抗诉的人民检察院的上级人民检察院提出抗诉的，人民法院应当受理。

最高人民法院关于上一级人民检察院对基层人民法院已发生法律效力的民事判决、裁定向中级人民法院提出抗诉，中级人民法院可否交基层人民法院再审的复函

1. 1995年10月9日公布
2. 〔1995〕法民字第24号
3. 已由法释〔2013〕2号废止

四川省高级人民法院：

你院川高法〔1994〕172号关于上一级人民检察院对基层人民法院已经发生法律效力的民事判决、裁定向中级人民法院提出抗诉，中级人民法院可否交基层人民法院再审的请示收悉。经研究，同意你院第一种意见，即上一级人民检察院对基层人民法院发生法律效力的民事判决、裁定向中级人民法院提出抗诉，中级人民法院可以自己再审，也可以交由原作出生效裁判的基层人民法院再审。

最高人民法院审判监督庭印发《关于审理民事、行政抗诉案件几个具体程序问题的意见》的通知

1. 2003年10月15日公布
2. 法审〔2003〕11号
3. 已由法释〔2013〕7号废止

各省、自治区、直辖市高级人民法院、解放军军事法院、新疆维吾尔自治区高级人民法院生产建设兵团分院：

经院领导原则同意，现将《关于审理民事、行政抗诉案件几个具体程序问题的意见》印发给你们，供参照执行。执行中发现新的问题，请及时报告我庭。

附：

关于审理民事、行政抗诉案件几个具体程序问题的意见

最高人民检察院民事行政检察厅《关于人民检察院办理民事行政案件撤回抗诉的若干意见》，对于人民检察院在人民法院对民事、行政抗诉案件作出再审裁定书前，撤回抗诉的几种情形作出了规定。经研究并征求本院立案庭、民事审判第三庭、民事审判第四庭、行政审判庭、执行工作办公室、最高人民检察院民事行政检察厅意见，现就人民法院对民事、行政抗诉案件裁定再审后，出现当事人申请撤回申诉、达成和解协议、主体发生变化、拒不出庭应诉等情形，提出以下处理意见：

一、人民法院裁定再审后，向人民检察院申诉的当事人书面申请撤回申诉，人民法院应当裁定终结再审诉讼。如果人民检察院是以生效裁判损害国家利益或者社会公共利益为由提出抗诉的，应当依法继续审理，及时作出再审裁判。

二、人民法院对民事抗诉案件、行政赔偿抗诉案件裁定再审后，发现双方当事人达成和解协议，且履行完毕的，应当裁定终结再审诉讼。

和解协议尚未履行或者未履行完毕的，人民法院可以根据双方当事人达成和解协议的内容制作民事调解书或者行政赔偿调解书，并依法送达双方当事人。

三、人民法院裁定再审后，发现向人民检察院申诉的自然人死亡，没有继承人，或者继承人放弃继承或者放弃参加诉讼的，应当裁定终结再审诉讼。

向人民检察院申诉的法人或者其他组织被依法撤销或者注销，没有权利义务继受人，或者其权利义务继受人放弃参加诉讼的，应当裁定终结再审诉讼。

四、人民法院裁定再审后，经合法传唤，向人民检察院申诉的一方当事人无正当理由拒不到庭或者未经法庭允许中途退庭，人民法院应当裁定终结再审诉讼。如果人民检察院是以生效裁判损害国家或者社会公共利益为由提出抗

诉的,应当依法继续审理,及时作出再审裁判。

五、人民法院收到人民检察院的抗诉书后,如果正在就同一案件是否启动再审程序进行审查的,应当终止审查,按照抗诉案件处理。

人民法院裁定再审后,收到人民检察院抗诉书的,不作为抗诉案件审理,但审理时应当将此情况告知各方当事人,案件审结后应将裁判文书送有关人民检察院。

以上意见供各级人民法院审理民事、行政抗诉案件时参考,在具体执行中发现新情况、新问题,请及时向最高人民法院审判监督庭报告。

附1:最高人民检察院民事行政检察厅关于人民检察院办理民事行政案件撤回抗诉的若干意见(略)

附2:

××××人民法院民事
(行政)裁定书

(××××)　×民×　(×行)抗字第×号

抗诉机关:××××人民检察院

一审××、二审×××:……(写明当事人姓名或者名称等基本情况)

一审××、二审×××:……(同上)

××××因与××××××纠纷一案,本院(××××人民法院)于××××年×月×日作出(××××)×民×(×行)终(再、提)字第×号民事(行政)判决书,已发生法律效力。×××人民检察院于××××年×月×日以×检民(行)抗(××××)×号民事(行政)抗诉书,向本院提出抗诉(向××××人民法院提出抗诉,××××人民法院将本案函转本院再审)。本院于××××年×月×日作出(××××)×民×(×行)抗字第×号民事裁定书,裁定对本案再审(提审),并中止原判决的执行。

本院在审理过程中,……(写明终结诉讼的事实根据)。依据《中华人民共和国民事诉讼法》第一百四十条第一款第(六)项(《最高人民法院关于执行〈中华人民共和国行政诉讼法〉若干问题的解释》第五十二条)的规定,裁定如下:

本案终结再审诉讼。

审判长　×××
审判员　×××
审判员　×××

××××年×月×日
(院印)
本件与原本核对无异
书记员　×××

(三)简易程序

最高人民法院关于适用简易程序审理民事案件的若干规定

1. *2003年7月4日最高人民法院审判委员会第1280次会议通过*
2. *2003年9月10日公布*
3. *法释〔2003〕15号*
4. *自2003年12月1日起施行*

为保障和方便当事人依法行使诉讼权利,保证人民法院公正、及时审理民事案件,根据《中华人民共和国民事诉讼法》的有关规定,结合民事审判经验和实际情况,制定本规定。

一、适 用 范 围

第一条　基层人民法院根据《中华人民共和国民事诉讼法》第一百四十二条规定审理简单的民事案件,适用本规定,但有下列情形之一的案件除外:

(一)起诉时被告下落不明的;

(二)发回重审的;

(三)共同诉讼中一方或者双方当事人人数众多的;

(四)法律规定应当适用特别程序、审判监督程序、督促程序、公示催告程序和企业法人破产还债程序的;

(五)人民法院认为不宜适用简易程序进行审理的。

第二条　基层人民法院适用第一审普通程序审理的民事案件,当事人各方自愿选择适用简易程序,经人民法院审查同意的,可以适用简易程序进行审理。

人民法院不得违反当事人自愿原则,将普通程序转为简易程序。

第三条 当事人就适用简易程序提出异议,人民法院认为异议成立的,或者人民法院在审理过程中发现不宜适用简易程序的,应当将案件转入普通程序审理。

二、起诉与答辩

第四条 原告本人不能书写起诉状,委托他人代写起诉状确有困难的,可以口头起诉。

原告口头起诉的,人民法院应当将当事人的基本情况、联系方式、诉讼请求、事实及理由予以准确记录,将相关证据予以登记。人民法院应当将上述记录和登记的内容向原告当面宣读,原告认为无误后应当签名或者捺印。

第五条 当事人应当在起诉或者答辩时向人民法院提供自己准确的送达地址、收件人、电话号码等其他联系方式,并签名或者捺印确认。

送达地址应当写明受送达人住所地的邮政编码和详细地址;受送达人是有固定职业的自然人的,其从业的场所可以视为送达地址。

第六条 原告起诉后,人民法院可以采取捎口信、电话、传真、电子邮件等简便方式随时传唤双方当事人、证人。

第七条 双方当事人到庭后,被告同意口头答辩的,人民法院可以当即开庭审理;被告要求书面答辩的,人民法院应当将提交答辩状的期限和开庭的具体日期告知各方当事人,并向当事人说明逾期举证以及拒不到庭的法律后果,由各方当事人在笔录和开庭传票的送达回证上签名或者捺印。

第八条 人民法院按照原告提供的被告的送达地址或者其他联系方式无法通知被告应诉的,应当按以下情况分别处理:

(一)原告提供了被告准确的送达地址,但人民法院无法向被告直接送达或者留置送达应诉通知书的,应当将案件转入普通程序审理;

(二)原告不能提供被告准确的送达地址,人民法院经查证后仍不能确定被告送达地址的,可以被告不明确为由裁定驳回原告起诉。

第九条 被告到庭后拒绝提供自己的送达地址和联系方式的,人民法院应当告知其拒不提供送达地址的后果;经人民法院告知后被告仍然拒不提供的,按下列方式处理:

(一)被告是自然人的,以其户籍登记中的住所地或者经常居住地为送达地址;

(二)被告是法人或者其他组织的,应当以其工商登记或者其他依法登记、备案中的住所地为送达地址。

人民法院应当将上述告知的内容记入笔录。

第十条 因当事人自己提供的送达地址不准确、送达地址变更未及时告知人民法院,或者当事人拒不提供自己的送达地址而导致诉讼文书未能被当事人实际接收的,按下列方式处理:

(一)邮寄送达的,以邮件回执上注明的退回之日视为送达之日;

(二)直接送达的,送达人当场在送达回证上记明情况之日视为送达之日。

上述内容,人民法院应当在原告起诉和被告答辩时以书面或者口头方式告知当事人。

第十一条 受送达的自然人以及他的同住成年家属拒绝签收诉讼文书的,或者法人、其他组织负责收件的人拒绝签收诉讼文书的,送达人应当依据《中华人民共和国民事诉讼法》第七十九条的规定邀请有关基层组织或者所在单位的代表到场见证,被邀请的人不愿到场见证的,送达人应当在送达回证上记明拒收事由、时间和地点以及被邀请人不愿到场见证的情形,将诉讼文书留在受送达人的住所或者从业场所,即视为送达。

受送达人的同住成年家属或者法人、其他组织负责收件的人是同一案件中另一方当事人的,不适用前款规定。

三、审理前的准备

第十二条 适用简易程序审理的民事案件,当事人及其诉讼代理人申请人民法院调查收集证据和申请证人出庭作证,应当在举证期限届满前提出,但其提出申请的期限不受《最高人民法院关于民事诉讼证据的若干规定》第十九条第一款、第五十四条第一款的限制。

第十三条 当事人一方或者双方就适用简易程序提出异议后,人民法院应当进行审查,并按下列情形分别处理：

（一）异议成立的，应当将案件转入普通程序审理，并将合议庭的组成人员及相关事项以书面形式通知双方当事人；

（二）异议不成立的，口头告知双方当事人，并将上述内容记入笔录。

转入普通程序审理的民事案件的审理期限自人民法院立案的次日起开始计算。

第十四条　下列民事案件，人民法院在开庭审理时应当先行调解：

（一）婚姻家庭纠纷和继承纠纷；

（二）劳务合同纠纷；

（三）交通事故和工伤事故引起的权利义务关系较为明确的损害赔偿纠纷；

（四）宅基地和相邻关系纠纷；

（五）合伙协议纠纷；

（六）诉讼标的额较小的纠纷。

但是根据案件的性质和当事人的实际情况不能调解或者显然没有调解必要的除外。

第十五条　调解达成协议并经审判人员审核后，双方当事人同意该调解协议经双方签名或者捺印生效的，该调解协议自双方签名或者捺印之日起发生法律效力。当事人要求摘录或者复制该调解协议的，应予准许。

调解协议符合前款规定的，人民法院应当另行制作民事调解书。调解协议生效后一方拒不履行的，另一方可以持民事调解书申请强制执行。

第十六条　人民法院可以当庭告知当事人到人民法院领取民事调解书的具体日期，也可以在当事人达成调解协议的次日起十日内将民事调解书发送给当事人。

第十七条　当事人以民事调解书与调解协议的原意不一致为由提出异议，人民法院审查后认为异议成立的，应当根据调解协议裁定补正民事调解书的相关内容。

四、开 庭 审 理

第十八条　以捎口信、电话、传真、电子邮件等形式发送的开庭通知，未经当事人确认或者没有其他证据足以证明当事人已经收到的，人民法院不得将其作为按撤诉处理和缺席判决的根据。

第十九条　开庭前已经书面或者口头告知当事人诉讼权利义务，或者当事人各方均委托律师代理诉讼的，审判人员除告知当事人申请回避的权利外，可以不再告知当事人其他的诉讼权利义务。

第二十条　对没有委托律师代理诉讼的当事人，审判人员应当对回避、自认、举证责任等相关内容向其作必要的解释或者说明，并在庭审过程中适当提示当事人正确行使诉讼权利、履行诉讼义务，指导当事人进行正常的诉讼活动。

第二十一条　开庭时，审判人员可以根据当事人的诉讼请求和答辩意见归纳出争议焦点，经当事人确认后，由当事人围绕争议焦点举证、质证和辩论。

当事人对案件事实无争议的，审判人员可以在听取当事人就适用法律方面的辩论意见后迳行判决、裁定。

第二十二条　当事人双方同时到基层人民法院请求解决简单的民事纠纷，但未协商举证期限，或者被告一方经简便方式传唤到庭的，当事人在开庭审理时要求当庭举证的，应予准许；当事人当庭举证有困难的，举证的期限由当事人协商决定，但最长不得超过十五日；协商不成的，由人民法院决定。

第二十三条　适用简易程序审理的民事案件，应当一次开庭审结，但人民法院认为确有必要再次开庭的除外。

第二十四条　书记员应当将适用简易程序审理民事案件的全部活动记入笔录。对于下列事项，应当详细记载：

（一）审判人员关于当事人诉讼权利义务的告知、争议焦点的概括、证据的认定和裁判的宣告等重大事项；

（二）当事人申请回避、自认、撤诉、和解等重大事项；

（三）当事人当庭陈述的与其诉讼权利直接相关的其他事项。

第二十五条　庭审结束时，审判人员可以根据案件的审理情况对争议焦点和当事人各方举证、质证和辩论的情况进行简要总结，并就是否同意调解征询当事人的意见。

第二十六条　审判人员在审理过程中发现案情

复杂需要转为普通程序的,应当在审限届满前及时作出决定,并书面通知当事人。

五、宣判与送达

第二十七条 适用简易程序审理的民事案件,除人民法院认为不宜当庭宣判的以外,应当当庭宣判。

第二十八条 当庭宣判的案件,除当事人当庭要求邮寄送达的以外,人民法院应当告知当事人或者诉讼代理人领取裁判文书的期间和地点以及逾期不领取的法律后果。上述情况,应当记入笔录。

人民法院已经告知当事人领取裁判文书的期间和地点的,当事人在指定期间内领取裁判文书之日即为送达之日;当事人在指定期间内未领取的,指定领取裁判文书期间届满之日即为送达之日,当事人的上诉期从人民法院指定领取裁判文书期间届满之日的次日起开始计算。

第二十九条 当事人因交通不便或者其他原因要求邮寄送达裁判文书的,人民法院可以按照当事人自己提供的送达地址邮寄送达。

人民法院根据当事人自己提供的送达地址邮寄送达的,邮件回执上注明收到或者退回之日即为送达之日,当事人的上诉期从邮件回执上注明收到或者退回之日的次日起开始计算。

第三十条 原告经传票传唤,无正当理由拒不到庭或者未经法庭许可中途退庭的,可以按撤诉处理;被告经传票传唤,无正当理由拒不到庭或者未经法庭许可中途退庭的,人民法院可以根据原告的诉讼请求及双方已经提交给法庭的证据材料缺席判决。

按撤诉处理或者缺席判决的,人民法院可以按照当事人自己提供的送达地址将裁判文书送达给未到庭的当事人。

第三十一条 定期宣判的案件,定期宣判之日即为送达之日,当事人的上诉期自定期宣判的次日起开始计算。当事人在定期宣判的日期无正当理由未到庭的,不影响该裁判上诉期间的计算。

当事人确有正当理由不能到庭,并在定期宣判前已经告知人民法院的,人民法院可以按照当事人自己提供的送达地址将裁判文书送达给未到庭的当事人。

第三十二条 适用简易程序审理的民事案件,有下列情形之一的,人民法院在制作裁判文书时对认定事实或者判决理由部分可以适当简化:

(一)当事人达成调解协议并需要制作民事调解书的;

(二)一方当事人在诉讼过程中明确表示承认对方全部诉讼请求或者部分诉讼请求的;

(三)当事人对案件事实没有争议或者争议不大的;

(四)涉及个人隐私或者商业秘密的案件,当事人一方要求简化裁判文书中的相关内容,人民法院认为理由正当的;

(五)当事人双方一致同意简化裁判文书的。

六、其　他

第三十三条 本院已经公布的司法解释与本规定不一致的,以本规定为准。

第三十四条 本规定自2003年12月1日起施行。2003年12月1日以后受理的民事案件,适用本规定。

最高人民法院经济纠纷案件适用简易程序开庭审理的若干规定

1. 1993年11月16日发布
2. 法发[1993]35号

1. 基层人民法院和它派出的法庭收到起诉状经审查立案后,认为事实清楚、权利义务关系明确、争议不大的简单的经济纠纷案件,可以适用简易程序进行审理。

2. 原、被告双方同时到庭请求解决纠纷的,可以当即审理,当即调解。

3. 原告到庭请求解决纠纷,被告在本地的,可以用书面、电话、请基层组织工作人员捎信等简便方式传唤另一方当事人到庭。被告口头答辩的,记入笔录,可以当即审理;被告要求书面答辩的,可以征求其所需答辩期限的意见,但最长不得超过15天。

经询问双方当事人或者被告答辩后,发现双方争议较大,案情重大、复杂的,转入普通程序进行审理。

4. 经双方当事人陈述,权利义务关系明确、事实清楚,在征得双方当事人同意后,可以直接进行调解。调解达成协议,制作调解书发给当事人;即时履行完毕,当事人不要求发给调解书的,可将协议记入笔录,不制作调解书。双方当事人对案件事实无争议,只是在责任的承担上达不成协议的,开庭审理时可以在双方当事人对事实予以确认的基础上,直接进行法庭辩论。
5. 双方当事人对主要事实陈述不一致,或者庭前调解达不成协议的,可以当即开庭审理,也可以另定日期审理,并告知当事人开庭的时间、地点。
6. 开庭前,书记员查明当事人及其诉讼参与人是否到庭。当事人或其他诉讼参与人没有到庭的,应将情况及时报告审判员,由审判员决定是否需要延期或者中止审理。决定延期或者中止审理的,应及时通知当事人和其他诉讼参与人。原告经传票传唤,无正当理由拒不到庭的,可以按撤诉处理。审判员决定如期审理的,书记员宣布当事人及其诉讼代理人入庭。
7. 开庭前书记员先宣布法庭纪律。
8. 书记员宣布全体起立,请审判员入庭。
9. 书记员向审判员报告当事人及其诉讼代理人的出庭情况,审判员核对当事人及其诉讼代理人的身份,并询问各方当事人对于对方出庭人员有无异议。
10. 当事人身份经审判员核对无误,且对对方出庭人员没有异议的,审判员宣布到庭的当事人及其诉讼代理人符合法律规定,可以参加本案诉讼。
11. 审判员宣布案由、开庭。
12. 审判员宣布审判员、书记员姓名,告知当事人有关的诉讼权利义务,询问各方当事人是否申请回避。
13. 原告简要陈述起诉的请求、事实和理由。
14. 被告针对原告起诉中陈述的事实提出承认或者否认的答辩。
15. 当事人对自己的主张有责任提供证据,各方当事人提供的证据,应经对方辨认、互相质证。
16. 证人出庭作证的,应查明证人身份,告知证人作证的义务以及作伪证应负的法律责任。证人作证后应征询双方当事人对证人证言的意见。经法庭许可,当事人及其诉讼代理人可以向证人发问。对确实不能出庭的证人提供的证言,当庭宣读后,也应征询双方当事人意见。
17. 当事人对争议的问题可以互相辩论。审判员对当事人在辩论中与本案无关的言辞应当及时制止。
18. 经法庭调查、辩论,事实基本清楚后,审判员按原告、被告的顺序询问双方当事人是否愿意调解。调解可以当庭进行,也可以休庭后进行。
19. 调解可先由各方当事人提出调解方案。当事人意见有分歧的,要讲明道理、分清责任,促使双方当事人自愿达成协议。审判员也可根据对方发事人的请求提出初步调解方案,征询各方当事人意见。
20. 经调解,双方当事人取得一致意见,根据协商的内容起草调解协议,由各方当事人签字或盖章。人民法院应当制作调解书发给当事人。
21. 调解达不成协议的,审判员可以当庭宣判。宣判时,审判员与当事人应当起立。宣判内容包括认定的事实、判决的理由、适用的法律依据、判决的结果、诉讼费用的负担、当事人的上诉权利、上诉期间和上诉的法院。
22. 书记员宣读庭审笔录或者告知当事人和其他诉讼参与人当庭或者在五日内阅读。

　　庭审笔录经宣读或阅读,记录无误的,当事人和其他诉讼参与人应当在笔录上签名或盖章;拒绝签名、盖章的,记明情况附卷;认为对自己的陈述记录有遗漏或者差错,申请补正的,允许在笔录后面或另页补正。

　　庭审笔录,由审判员和书记员签名。

23. 审判员宣布闭庭。
24. 书记员宣布全体起立,请审判员退庭。
25. 审判员退庭后,书记员宣布当事人和旁听人员等退庭。

(四)特别程序、督促程序、公示催告程序

最高人民法院关于适用督促程序若干问题的规定[①]

1. 2000年11月13日最高人民法院审判委员会第1137次会议通过
2. 2001年1月8日公布
3. 法释〔2001〕2号
4. 自2001年1月21日起施行

为了在审判工作中正确适用督促程序,根据《中华人民共和国民事诉讼法》有关规定,现对适用督促程序处理案件的若干问题规定如下:

第一条　基层人民法院受理债权人依法申请支付令的案件,不受争议金额的限制。

第二条　共同债务人住所地、经常居住地不在同一基层人民法院辖区,各有关人民法院都有管辖权的,债权人可以向其中任何一个基层人民法院申请支付令;债权人向两个以上有管辖权的人民法院申请支付令的,由最先立案的人民法院管辖。

第三条　人民法院收到债权人的书面申请后,认为申请书不符合要求的,人民法院可以通知债权人限期补正。补正期间不计入民事诉讼法第一百九十二条规定的期限。

第四条　对设有担保的债务案件主债务人发出的支付令,对担保人没有拘束力。债权人就担保关系单独提起诉讼的,支付令自行失效。

第五条　人民法院受理债权人的支付令申请后,经审理,有下列情况之一的,应当裁定驳回申请:

(一)当事人不适格;

(二)给付金钱或者汇票、本票、支票以及股票、债券、国库券、可转让的存款单等有价证券的证明文件没有约定逾期给付利息或者违约金、赔偿金,债权人坚持要求给付利息或者违约金、赔偿金;

(三)债权人要求给付的金钱或者汇票、本票、支票以及股票、债券、国库券、可转让的存款单等有价证券属于违法所得;

(四)债权人申请支付令之前已向人民法院申请诉前保全,或者申请支付令同时又要求诉前保全。

第六条　人民法院受理支付令申请后,债权人就同一债权关系又提起诉讼,或者人民法院发出支付令之日起三十日内无法送达债务人的,应当裁定终结督促程序。

第七条　债务人对债权债务关系没有异议,但对清偿能力、清偿期限、清偿方式等提出不同意见的,不影响支付令的效力。

第八条　债权人基于同一债权债务关系,向债务人提出多项支付请求,债务人仅就其中一项或几项请求提出异议的,不影响其他各项请求的效力。

第九条　债权人基于同一债权债务关系,就可分之债向多个债务人提出支付请求,多个债务人中的一人或几人提出异议的,不影响其他请求的效力。

第十条　人民法院作出终结督促程序前,债务人请求撤回异议的,应当准许。

第十一条　人民法院院长对本院已发生法律效力的支付令,发现确有错误,认为需要撤销的,应当提交审判委员会讨论决定后,裁定撤销支付令,驳回债权人的申请。

第十二条　最高人民法院有关适用督促程序的其他司法解释与本规定不一致的,以本规定为准。

最高人民法院关于支付令生效后发现确有错误应当如何处理问题的复函

1. 1992年7月13日公布
2. 法函〔1992〕98号

山东省高级人民法院:

你院鲁高法函〔1992〕35号请示收悉。经

---

① 本书收录的文本,系根据《最高人民法院关于调整司法解释等文件中引用〈中华人民共和国民事诉讼法〉条文序号的决定》(法释〔2008〕18号)修改后的文本。

研究，答复如下：

一、债务人未在法定期间提出书面异议，支付令即发生法律效力，债务人不得申请再审；超过法定期间，债务人提出的异议，不影响支付令的效力。

二、人民法院院长对本院已经发生法律效力的支付令，发现确有错误，认为需要撤销的，应当提交审判委员会讨论通过后，裁定撤销原支付令，驳回债权人的申请。

此复

最高人民法院关于对遗失金融债券可否按"公示催告"程序办理的复函

1. 1992年5月8日公布

2. 法函〔1992〕60号

中国银行：

你行中银综〔1992〕59号《关于对遗失债券有关法律问题的请示》收悉。经研究，答复如下：

我国民事诉讼法第一百九十三条规定："按照规定可以背书转让的票据持有人，因票据被盗、遗失或者灭失，可以向票据支付地的基层人民法院申请公示催告。依照法律规定可以申请公示催告的其他事项，适用本章规定。"这里的票据是指汇票、本票和支票。你行发行的金融债券不属于以上几种票据，也不属于"依照法律规定可以申请公示催告的其他事项"。而且你行在"发行通知"中明确规定，此种金融债券"不计名、不挂失，可以转让和抵押"。因此，对你行发行的金融债券不能适用公示催告程序。

最高人民法院关于中级人民法院能否适用督促程序的复函

1. 1993年11月9日公布

2. 〔93〕法民字第29号

内蒙古自治区高级人民法院：

你院内高法〔1993〕51号关于中级人民法院能否适用督促程序的请示收悉。经研究，我们认为，督促程序是人民法院催促债务人向债权人履行债务的一种简便的程序，它只适用于债权债务关系明确，当事人又无争议的特定的债务案件。为使此类案件能够迅速得到解决，《中华人民共和国民事诉讼法》第一百八十九条第一款规定，债权人"可以向有管辖权的基层人民法院申请支付令"。据此，我们同意你院的意见，即中级人民法院适用督促程序是不符合《中华人民共和国民事诉讼法》规定的。

十一、执 行 程 序

(一)综合

最高人民法院关于适用《中华人民共和国民事诉讼法》执行程序若干问题的解释

1. 2008年9月8日最高人民法院审判委员会第1452次会议通过
2. 2008年11月3日公布
3. 法释〔2008〕13号
4. 自2009年1月1日起施行

为了依法及时有效地执行生效法律文书，维护当事人的合法权益，根据2007年10月修改后的《中华人民共和国民事诉讼法》(以下简称民事诉讼法)，结合人民法院执行工作实际，对执行程序中适用法律的若干问题作出如下解释：

第一条　申请执行人向被执行的财产所在地人民法院申请执行的，应当提供该人民法院辖区有可供执行财产的证明材料。

第二条　对两个以上人民法院都有管辖权的执行案件，人民法院在立案前发现其他有管辖权的人民法院已经立案的，不得重复立案。

立案后发现其他有管辖权的人民法院已经立案的，应当撤销案件；已经采取执行措施的，应当将控制的财产交先立案的执行法院处理。

第三条　人民法院受理执行申请后，当事人对管辖权有异议的，应当自收到执行通知书之日起十日内提出。

人民法院对当事人提出的异议，应当审查。异议成立的，应当撤销执行案件，并告知当事人向有管辖权的人民法院申请执行；异议不成立的，裁定驳回。当事人对裁定不服的，可以向上一级人民法院申请复议。

管辖权异议审查和复议期间，不停止执行。

第四条　对人民法院采取财产保全措施的案件，申请执行人向采取保全措施的人民法院以外的其他有管辖权的人民法院申请执行的，采取保全措施的人民法院应当将保全的财产交执行法院处理。

第五条　执行过程中，当事人、利害关系人认为执行法院的执行行为违反法律规定的，可以依照民事诉讼法第二百零二条的规定提出异议。

执行法院审查处理执行异议，应当自收到书面异议之日起十五日内作出裁定。

第六条　当事人、利害关系人依照民事诉讼法第二百零二条规定申请复议的，应当采取书面形式。

第七条　当事人、利害关系人申请复议的书面材料，可以通过执行法院转交，也可以直接向执行法院的上一级人民法院提交。

执行法院收到复议申请后，应当在五日内将复议所需的案卷材料报送上一级人民法院；上一级人民法院收到复议申请后，应当通知执行法院在五日内报送复议所需的案卷材料。

第八条　上一级人民法院对当事人、利害关系人的复议申请，应当组成合议庭进行审查。

第九条　当事人、利害关系人依照民事诉讼法第二百零二条规定申请复议的，上一级人民法院应当自收到复议申请之日起三十日内审查完毕，并作出裁定。有特殊情况需要延长的，经本院院长批准，可以延长，延长的期限不得超过三十日。

第十条　执行异议审查和复议期间，不停止执行。

被执行人、利害关系人提供充分、有效的担保请求停止相应处分措施的，人民法院可以准许；申请执行人提供充分、有效的担保请求继续执行的，应当继续执行。

第十一条　依照民事诉讼法第二百零三条的规定，有下列情形之一的，上一级人民法院可以根据申请执行人的申请，责令执行法院限期执行或者变更执行法院：

(一)债权人申请执行时被执行人有可供执行的财产，执行法院自收到申请执行书之日起超过六个月对该财产未执行完结的；

（二）执行过程中发现被执行人可供执行的财产，执行法院自发现财产之日起超过六个月对该财产未执行完结的；

（三）对法律文书确定的行为义务的执行，执行法院自收到申请执行书之日起超过六个月未依法采取相应执行措施的；

（四）其他有条件执行超过六个月未执行的。

第十二条　上一级人民法院依照民事诉讼法第二百零三条规定责令执行法院限期执行的，应当向其发出督促执行令，并将有关情况书面通知申请执行人。

上一级人民法院决定由本院执行或者指令本辖区其他人民法院执行的，应当作出裁定，送达当事人并通知有关人民法院。

第十三条　上一级人民法院责令执行法院限期执行，执行法院在指定期间内无正当理由仍未执行完结的，上一级人民法院应当裁定由本院执行或者指令本辖区其他人民法院执行。

第十四条　民事诉讼法第二百零三条规定的六个月期间，不应当计算执行中的公告期间、鉴定评估期间、管辖争议处理期间、执行争议协调期间、暂缓执行期间以及中止执行期间。

第十五条　案外人对执行标的主张所有权或者有其他足以阻止执行标的转让、交付的实体权利的，可以依照民事诉讼法第二百零四条的规定，向执行法院提出异议。

第十六条　案外人异议审查期间，人民法院不得对执行标的进行处分。

案外人向人民法院提供充分、有效的担保请求解除对异议标的的查封、扣押、冻结的，人民法院可以准许；申请执行人提供充分、有效的担保请求继续执行的，应当继续执行。

因案外人提供担保解除查封、扣押、冻结有错误，致使该标的无法执行的，人民法院可以直接执行担保财产；申请执行人提供担保请求继续执行有错误，给对方造成损失的，应当予以赔偿。

第十七条　案外人依照民事诉讼法第二百零四条规定提起诉讼，对执行标的主张实体权利，并请求对执行标的停止执行的，应当以申请执行人为被告；被执行人反对案外人对执行标的所主张的实体权利的，应当以申请执行人和被执行人为共同被告。

第十八条　案外人依照民事诉讼法第二百零四条规定提起诉讼的，由执行法院管辖。

第十九条　案外人依照民事诉讼法第二百零四条规定提起诉讼的，执行法院应当依照诉讼程序审理。经审理，理由不成立的，判决驳回其诉讼请求；理由成立的，根据案外人的诉讼请求作出相应的裁判。

第二十条　案外人依照民事诉讼法第二百零四条规定提起诉讼的，诉讼期间，不停止执行。

案外人的诉讼请求确有理由或者提供充分、有效的担保请求停止执行的，可以裁定停止对执行标的进行处分；申请执行人提供充分、有效的担保请求继续执行的，应当继续执行。

案外人请求停止执行、请求解除查封、扣押、冻结或者申请执行人请求继续执行有错误，给对方造成损失的，应当予以赔偿。

第二十一条　申请执行人依照民事诉讼法第二百零四条规定提起诉讼，请求对执行标的许可执行的，应当以案外人为被告；被执行人反对申请执行人请求的，应当以案外人和被执行人为共同被告。

第二十二条　申请执行人依照民事诉讼法第二百零四条规定提起诉讼的，由执行法院管辖。

第二十三条　人民法院依照民事诉讼法第二百零四条规定裁定对异议标的中止执行后，申请执行人自裁定送达之日起十五日内未提起诉讼的，人民法院应当裁定解除已经采取的执行措施。

第二十四条　申请执行人依照民事诉讼法第二百零四条规定提起诉讼的，执行法院应当依照诉讼程序审理。经审理，理由不成立的，判决驳回其诉讼请求；理由成立的，根据申请执行人的诉讼请求作出相应的裁判。

第二十五条　多个债权人对同一被执行人申请执行或者对执行财产申请参与分配的，执行法院应当制作财产分配方案，并送达各债权人和被执行人。债权人或者被执行人对分配方案有异议的，应当自收到分配方案之日起十五日内向执行法院提出书面异议。

第二十六条 债权人或者被执行人对分配方案提出书面异议的,执行法院应当通知未提出异议的债权人或被执行人。

未提出异议的债权人、被执行人收到通知之日起十五日内未提出反对意见的,执行法院依异议人的意见对分配方案审查修正后进行分配;提出反对意见的,应当通知异议人。异议人可以自收到通知之日起十五日内,以提出反对意见的债权人、被执行人为被告,向执行法院提起诉讼;异议人逾期未提起诉讼的,执行法院依原分配方案进行分配。

诉讼期间进行分配的,执行法院应当将与争议债权数额相应的款项予以提存。

第二十七条 在申请执行时效期间的最后六个月内,因不可抗力或者其他障碍不能行使请求权的,申请执行时效中止。从中止时效的原因消除之日起,申请执行时效期间继续计算。

第二十八条 申请执行时效因申请执行、当事人双方达成和解协议、当事人一方提出履行要求或者同意履行义务而中断。从中断时起,申请执行时效期间重新计算。

第二十九条 生效法律文书规定债务人负有不作为义务的,申请执行时效期间从债务人违反不作为义务之日起计算。

第三十条 执行员依照民事诉讼法第二百一十六条规定立即采取强制执行措施的,可以同时或者自采取强制执行措施之日起三日内发送执行通知书。

第三十一条 人民法院依照民事诉讼法第二百一十七条规定责令被执行人报告财产情况的,应当向其发出报告财产令。报告财产令中应当写明报告财产的范围、报告财产的期间、拒绝报告或者虚假报告的法律后果等内容。

第三十二条 被执行人依照民事诉讼法第二百一十七条的规定,应当书面报告下列财产情况:

(一)收入、银行存款、现金、有价证券;

(二)土地使用权、房屋等不动产;

(三)交通运输工具、机器设备、产品、原材料等动产;

(四)债权、股权、投资权益、基金、知识产权等财产性权利;

(五)其他应当报告的财产。

被执行人自收到执行通知之日前一年至当前财产发生变动的,应当对该变动情况进行报告。

被执行人在报告财产期间履行全部债务的,人民法院应当裁定终结报告程序。

第三十三条 被执行人报告财产后,其财产情况发生变动,影响申请执行人债权实现的,应当自财产变动之日起十日内向人民法院补充报告。

第三十四条 对被执行人报告的财产情况,申请执行人请求查询的,人民法院应当准许。申请执行人对查询的被执行人财产情况,应当保密。

第三十五条 对被执行人报告的财产情况,执行法院可以依申请执行人的申请或者依职权调查核实。

第三十六条 依照民事诉讼法第二百三十一条规定对被执行人限制出境的,应当由申请执行人向执行法院提出书面申请;必要时,执行法院可以依职权决定。

第三十七条 被执行人为单位的,可以对其法定代表人、主要负责人或者影响债务履行的直接责任人员限制出境。

被执行人为无民事行为能力人或者限制民事行为能力人的,可以对其法定代理人限制出境。

第三十八条 在限制出境期间,被执行人履行法律文书确定的全部债务的,执行法院应当及时解除限制出境措施;被执行人提供充分、有效的担保或者申请执行人同意的,可以解除限制出境措施。

第三十九条 依照民事诉讼法第二百三十一条的规定,执行法院可以依职权或者依申请执行人的申请,将被执行人不履行法律文书确定义务的信息,通过报纸、广播、电视、互联网等媒体公布。

媒体公布的有关费用,由被执行人负担;申请执行人申请在媒体公布的,应当垫付有关费用。

第四十条 本解释施行前本院公布的司法解释与本解释不一致的,以本解释为准。

最高人民法院关于执行程序中计算迟延履行期间的债务利息适用法律若干问题的解释

1. *2014年6月9日由最高人民法院审判委员会第1619次会议通过*
2. *2014年7月7日公布*
3. *法释〔2014〕8号*
4. *自2014年8月1日起施行*

为规范执行程序中迟延履行期间债务利息的计算，根据《中华人民共和国民事诉讼法》的规定，结合司法实践，制定本解释。

第一条　根据民事诉讼法第二百五十三条规定加倍计算之后的迟延履行期间的债务利息，包括迟延履行期间的一般债务利息和加倍部分债务利息。

迟延履行期间的一般债务利息，根据生效法律文书确定的方法计算；生效法律文书未确定给付该利息的，不予计算。

加倍部分债务利息的计算方法为：加倍部分债务利息＝债务人尚未清偿的生效法律文书确定的除一般债务利息之外的金钱债务×日万分之一点七五×迟延履行期间。

第二条　加倍部分债务利息自生效法律文书确定的履行期间届满之日起计算；生效法律文书确定分期履行的，自每次履行期间届满之日起计算；生效法律文书未确定履行期间的，自法律文书生效之日起计算。

第三条　加倍部分债务利息计算至被执行人履行完毕之日；被执行人分次履行的，相应部分的加倍部分债务利息计算至每次履行完毕之日。

人民法院划拨、提取被执行人的存款、收入、股息、红利等财产的，相应部分的加倍部分债务利息计算至划拨、提取之日；人民法院对被执行人财产拍卖、变卖或者以物抵债的，计算至成交裁定或者抵债裁定生效之日；人民法院对被执行人财产通过其他方式变价的，计算至财产变价完成之日。

非因被执行人的申请，对生效法律文书审查而中止或者暂缓执行的期间及再审中止执行的期间，不计算加倍部分债务利息。

第四条　被执行人的财产不足以清偿全部债务的，应当先清偿生效法律文书确定的金钱债务，再清偿加倍部分债务利息，但当事人对清偿顺序另有约定的除外。

第五条　生效法律文书确定给付外币的，执行时以该种外币按日万分之一点七五计算加倍部分债务利息，但申请执行人主张以人民币计算的，人民法院应予准许。

以人民币计算加倍部分债务利息的，应当先将生效法律文书确定的外币折算或者套算为人民币后再进行计算。

外币折算或者套算为人民币的，按照加倍部分债务利息起算之日的中国外汇交易中心或者中国人民银行授权机构公布的人民币对该外币的中间价折合成人民币计算；中国外汇交易中心或者中国人民银行授权机构未公布汇率中间价的外币，按照该日境内银行人民币对该外币的中间价折算成人民币，或者该外币在境内银行、国际外汇市场对美元汇率，与人民币对美元汇率中间价进行套算。

第六条　执行回转程序中，原申请执行人迟延履行金钱给付义务的，应当按照本解释的规定承担加倍部分债务利息。

第七条　本解释施行时尚未执行完毕部分的金钱债务，本解释施行前的迟延履行期间债务利息按照之前的规定计算；施行后的迟延履行期间债务利息按照本解释计算。

本解释施行前本院发布的司法解释与本解释不一致的，以本解释为准。

最高人民法院关于民事诉讼委托代理人在执行程序中的代理权限问题的批复

1. *1997年1月23日公布*
2. *法复〔1997〕1号*

陕西省高级人民法院：

你院陕高法〔1996〕78号《关于诉讼委托代理人的代理权限是否包括执行程序的请示》收

悉,经研究,答复如下:

根据民事诉讼法的规定,当事人在民事诉讼中有权委托代理人。当事人委托代理人时,应当依法向人民法院提交记明委托事项和代理人具体代理权限的授权委托书。如果当事人在授权委托书中没有写明代理人在执行程序中有代理权及具体的代理事项,代理人在执行程序中没有代理权,不能代理当事人直接领取或者处分标的物。

此复

最高人民法院关于依法制裁规避执行行为的若干意见

1. 2011年5月27日公布
2. 法〔2011〕195号

为了最大限度地实现生效法律文书确认的债权,提高执行效率,强化执行效果,维护司法权威,现就依法制裁规避执行行为提出以下意见:

一、强化财产报告和财产调查,多渠道查明被执行人财产

1. 严格落实财产报告制度。对于被执行人未按执行通知履行法律文书确定义务的,执行法院应当要求被执行人限期如实报告财产,并告知拒绝报告或者虚假报告的法律后果。对于被执行人暂时无财产可供执行的,可以要求被执行人定期报告。

2. 强化申请执行人提供财产线索的责任。各地法院可以根据案件的实际情况,要求申请执行人提供被执行人的财产状况或者财产线索,并告知不能提供的风险。各地法院也可根据本地的实际情况,探索尝试以调查令、委托调查函等方式赋予代理律师法律规定范围内的财产调查权。

3. 加强人民法院依职权调查财产的力度。各地法院要充分发挥执行联动机制的作用,完善与金融、房地产管理、国土资源、车辆管理、工商管理等各有关单位的财产查控网络,细化协助配合措施,进一步拓宽财产调查渠道,简化财产调查手续,提高财产调查效率。

4. 适当运用审计方法调查被执行人财产。被执行人未履行法律文书确定的义务,且有转移隐匿处分财产、投资开设分支机构、入股其他企业或者抽逃注册资金等情形的,执行法院可以根据申请执行人的申请委托中介机构对被执行人进行审计。审计费用由申请执行人垫付,被执行人确有转移隐匿处分财产等情形的,实际执行到位后由被执行人承担。

5. 建立财产举报机制。执行法院可以依据申请执行人的悬赏执行申请,向社会发布举报被执行人财产线索的悬赏公告。举报人提供的财产线索经查证属实并实际执行到位的,可按申请执行人承诺的标准或者比例奖励举报人。奖励资金由申请执行人承担。

二、强化财产保全措施,加大对保全财产和担保财产的执行力度

6. 加大对当事人的风险提示。各地法院在立案和审判阶段,要通过法律释明向当事人提示诉讼和执行风险,强化当事人的风险防范意识,引导债权人及时申请财产保全,有效防止债务人在执行程序开始前转移财产。

7. 加大财产保全力度。各地法院要加强立案、审判和执行环节在财产保全方面的协调配合,加大依法进行财产保全的力度,强化审判与执行在财产保全方面的衔接,降低债务人或者被执行人隐匿、转移财产的风险。

8. 对保全财产和担保财产及时采取执行措施。进入执行程序后,各地法院要加大对保全财产和担保财产的执行力度,对当事人、担保人或者第三人提出的异议要及时进行审查,审查期间应当依法对相应财产采取控制性措施,驳回异议后应当加大对相应财产的执行力度。

三、依法防止恶意诉讼,保障民事审判和执行活动有序进行

9. 严格执行关于案外人异议之诉的管辖规定。在执行阶段,案外人对人民法院已经查封、扣押、冻结的财产提起异议之诉的,应当依照《中华人民共和国民事诉讼法》第二百零四条和《最高人民法院关于适用民事诉讼法执行程序若干问题的解释》第十八条的规定,由执行法院受理。

案外人违反上述管辖规定，向执行法院之外的其他法院起诉，其他法院已经受理尚未作出裁判的，应当中止审理或者撤销案件，并告知案外人向作出查封、扣押、冻结裁定的执行法院起诉。

10. 加强对破产案件的监督。执行法院发现被执行人有虚假破产情形的，应当及时向受理破产案件的人民法院提出。申请执行人认为被执行人利用破产逃债的，可以向受理破产案件的人民法院或者其上级人民法院提出异议，受理异议的法院应当依法进行监督。

11. 对于当事人恶意诉讼取得的生效裁判应当依法再审。案外人违反上述管辖规定，向执行法院之外的其他法院起诉，并取得生效裁判文书将已被执行法院查封、扣押、冻结的财产确权或者分割给案外人，或者第三人与被执行人虚构事实取得人民法院生效裁判文书申请参与分配，执行法院认为该生效裁判文书系恶意串通规避执行损害执行债权人利益的，可以向作出该裁判文书的人民法院或者其上级人民法院提出书面建议，有关法院应当依照《中华人民共和国民事诉讼法》和有关司法解释的规定决定再审。

四、完善对被执行人享有债权的保全和执行措施，运用代位权、撤销权诉讼制裁规避执行行为

12. 依法执行已经生效法律文书确认的被执行人的债权。对于被执行人已经生效法律文书确认的债权，执行法院可以书面通知被执行人在限期内向有管辖权的人民法院申请执行该生效法律文书。限期届满被执行人仍怠于申请执行的，执行法院可以依法强制执行该到期债权。

被执行人已经申请执行的，执行法院可以请求执行该债权的人民法院协助扣留相应的执行款物。

13. 依法保全被执行人的未到期债权。对被执行人的未到期债权，执行法院可以依法冻结，待债权到期后参照到期债权予以执行。第三人仅以该债务未到期为由提出异议的，不影响对该债权的保全。

14. 引导申请执行人依法诉讼。被执行人怠于行使债权对申请执行人造成损害的，执行法院可以告知申请执行人依照《中华人民共和国合同法》第七十三条的规定，向有管辖权的人民法院提起代位权诉讼。

被执行人放弃债权、无偿转让财产或者以明显不合理的低价转让财产，对申请执行人造成损害的，执行法院可以告知申请执行人依照《中华人民共和国合同法》第七十四条的规定向有管辖权的人民法院提起撤销权诉讼。

五、充分运用民事和刑事制裁手段，依法加强对规避执行行为的刑事处罚力度

15. 对规避执行行为加大民事强制措施的适用。被执行人既不履行义务又拒绝报告财产或者进行虚假报告、拒绝交出或者提供虚假财务会计凭证、协助执行义务人拒不协助执行或者妨碍执行、到期债务第三人提出异议后又擅自向被执行人清偿等，给申请执行人造成损失的，应当依法对相关责任人予以罚款、拘留。

16. 对构成犯罪的规避执行行为加大刑事制裁力度。被执行人隐匿财产、虚构债务或者以其他方法隐藏、转移、处分可供执行的财产，拒不交出或者隐匿、销毁、制作虚假财务会计凭证或资产负债表等相关资料，以虚假诉讼或者仲裁手段转移财产、虚构优先债权或者申请参与分配，中介机构提供虚假证明文件或者提供的文件有重大失实，被执行人、担保人、协助义务人有能力执行而拒不执行或者拒不协助执行等，损害申请执行人或其他债权人利益，依照刑法的规定构成犯罪的，应当依法追究行为人的刑事责任。

17. 加强与公安、检察机关的沟通协调。各地法院应当加强与公安、检察机关的协调配合，建立快捷、便利、高效的协作机制，细化拒不执行判决裁定罪和妨害公务罪的适用条件。

18. 充分调查取证。各地法院在执行案件过程中，在行为人存在拒不执行判决裁定或者妨害公务行为的情况下，应当注意收集证据。认为构成犯罪的，应当及时将案件及相关证据材料移送犯罪行为发生地的公安机关立案查处。

19. 抓紧依法审理。对检察机关提起公

诉的拒不执行判决裁定或者妨害公务案件,人民法院应当抓紧审理,依法审判,快速结案,加大判后宣传力度,充分发挥刑罚手段的威慑力。

六、依法采取多种措施,有效防范规避执行行为

20. 依法变更追加被执行主体或者告知申请执行人另行起诉。有充分证据证明被执行人通过离婚析产、不依法清算、改制重组、关联交易、财产混同等方式恶意转移财产规避执行的,执行法院可以通过依法变更追加被执行人或者告知申请执行人通过诉讼程序追回被转移的财产。

21. 建立健全征信体系。各地法院应当逐步建立健全与相关部门资源共享的信用平台,有条件的地方可以建立个人和企业信用信息数据库,将被执行人不履行债务的相关信息录入信用平台或者信息数据库,充分运用其形成的威慑力制裁规避执行行为。

22. 加大宣传力度。各地法院应当充分运用新闻媒体曝光、公开执行等手段,将被执行人因规避执行被制裁或者处罚的典型案例在新闻媒体上予以公布,以维护法律权威,提升公众自觉履行义务的法律意识。

23. 充分运用限制高消费手段。各地法院应当充分运用限制高消费手段,逐步构建与有关单位的协作平台,明确有关单位的监督责任,细化协作方式,完善协助程序。

24. 加强与公安机关的协作查找被执行人。对于因逃避执行而长期下落不明或者变更经营场所的被执行人,各地法院应当积极与公安机关协调,加大查找被执行人的力度。

最高人民法院经济审判庭关于银行不根据法院通知私自提取人民法院冻结在银行的存款应如何处理问题的电话答复

1988年3月8日公布

云南省高级人民法院:

你院云法字〔1987〕第35号请示收悉,经研究并征询有关部门意见,现答复如下:

景东县人民法院在审理个体户李世民诉云县航运公司一案时,依法冻结航运公司在营业所的存款后,营业所不经法院准许,仅根据航运代理人的证明,就让航运公司将款取走。如承取款时未超过六个月的冻结期限,或者虽已超过六个月,但法院又进行了续冻,则营业所的这一作法违反了最高人民法院、中国人民银行《关于查询、冻结和扣划企业事业单位、机关、团体的银行存款的联合通知》的有关规定,也违反民事诉讼法(试行)第七十七条第一款第三项规定的精神,应由营业所负责将款追回;无法追回、航运公司又无其他财产可以执行,营业所应承担经济赔偿责任。

此复

最高人民法院关于采取民事强制措施不得逐级变更由行为人的上级机构承担责任的通知

1. 2004年7月9日公布

2. 法〔2004〕127号

各省、自治区、直辖市高级人民法院,解放军军事法院,新疆维吾尔自治区高级人民法院生产建设兵团分院:

近一个时期,一些地方法院在执行银行和非银行金融机构(以下简称金融机构)作为被执行人或者协助执行人的案件中,在依法对该金融机构采取民事强制措施,作出罚款或者司法拘留决定后,又逐级对其上级金融机构直至总行、总公司采取民事强制措施,再次作出罚款或者司法拘留决定,造成不良影响。为纠正这一错误,特通知如下:

一、人民法院在执行程序中,对作为协助执行人的金融机构采取民事强制措施,应当严格依法决定,不得逐级变更由其上级金融机构负责。依据我院与中国人民银行于2000年9月4日会签下发的法发(2000)21号即《关于依法规范人民法院执行和金融机构协助执行的通知》第八条的规定,执行金融机构时逐级变更其上级金融机构为被执行人须具备五个条件:其一,该金融机构须为被执行人,其债

务已由生效法律文书确认；其二，该金融机构收到执行法院对其限期十五日内履行偿债义务的通知；其三，该金融机构逾期未能自动履行偿债义务，并经过执行法院的强制执行；其四，该金融机构未能向执行法院提供其可供执行的财产；其五，该金融机构的上级金融机构对其负有民事连带清偿责任。金融机构作为协助执行人因其妨害执行行为而被采取民事强制措施，不同于金融机构为被执行人的情况，因此，司法处罚责任应由其自行承担；逐级变更由其上级金融机构承担此责任，属适用法律错误。

二、在执行程序中，经依法逐级变更由上级金融机构为被执行人的，如该上级金融机构在履行此项偿债义务时有妨害执行行为，可以对该上级金融机构采取民事强制措施。但人民法院应当严格按照前述通知第八条的规定，及时向该上级金融机构发出允许其于十五日内自动履行偿债义务的通知，在其自动履行的期限内，不得对其采取民事强制措施。

三、采取民事强制措施应当坚持过错责任原则。金融机构的行为基于其主观上的故意并构成妨害执行的，才可以对其采取民事强制措施；其中构成犯罪的，也可以通过法定程序追究其刑事责任。这种民事强制措施和刑事惩罚手段只适用于有故意过错的金融机构行为人，以充分体现国家法律对违法行为的惩罚性。

四、金融机构对执行法院的民事强制措施即罚款和司法拘留的决定书不服的，可以依据《民事诉讼法》第105条的规定，向上一级法院申请复议；当事人向执行法院提出复议申请的，执行法院应当立即报送上一级法院，不得扣押或者延误转交；上一级法院受理复议申请后，应当及时审查处理；执行法院在上一级法院审查复议申请期间，可以继续执行处罚决定，但经上一级法院决定撤销处罚决定的，执行法院应当立即照办。

以上通知，希望各级人民法院认真贯彻执行。执行过程中有什么情况和问题，应当及时层报我院执行工作办公室。

最高人民法院关于人民法院执行工作若干问题的规定（试行）

1. 1998年6月11日最高人民法院审判委员会第992次会议通过

2. 1998年7月8日公布

3. 法释〔1998〕15号

4. 自1998年7月8日起施行

5. 根据2008年12月16日《最高人民法院关于调整司法解释等文件中引用〈中华人民共和国民事诉讼法〉条文序号的决定》（法释〔2008〕18号）修改

为了保证在执行程序中正确适用法律，及时有效地执行生效法律文书，维护当事人的合法权益，根据《中华人民共和国民事诉讼法》（以下简称民事诉讼法）等有关法律的规定，结合人民法院执行工作的实践经验，现对人民法院执行工作若干问题作如下规定。

一、执行机构及其职责

1. 人民法院根据需要，依据有关法律的规定，设立执行机构，专门负责执行工作。

2. 执行机构负责执行下列生效法律文书：

（1）人民法院民事、行政判决、裁定、调解书，民事制裁决定、支付令，以及刑事附带民事判决、裁定、调解书；

（2）依法应由人民法院执行的行政处罚决定、行政处理决定；

（3）我国仲裁机构作出的仲裁裁决和调解书；人民法院依据《中华人民共和国仲裁法》有关规定作出的财产保全和证据保全裁定；

（4）公证机关依法赋予强制执行效力的关于追偿债款、物品的债权文书；

（5）经人民法院裁定承认其效力的外国法院作出的判决、裁定，以及国外仲裁机构作出的仲裁裁决；

（6）法律规定由人民法院执行的其他法律文书。

3. 人民法院在审理民事、行政案件中作出的财产保全和先予执行裁定，由审理案件的审判庭负责执行。

4. 人民法庭审结的案件,由人民法庭负责执行。其中复杂、疑难或被执行人不在本法院辖区的案件,由执行机构负责执行。

5. 执行程序中重大事项的办理,应由三名以上执行员讨论,并报经院长批准。

6. 依据民事诉讼法第二百一十三条或第二百五十八条的规定对仲裁裁决是否有不予执行事由进行审查的,应组成合议庭进行。

7. 执行机构应配备必要的交通工具、通讯设备、音像设备和警械用具等,以保障及时有效地履行职责。

8. 执行人员执行公务时,应向有关人员出示工作证和执行公务证,并按规定着装。必要时应由司法警察参加。

执行公务证由最高人民法院统一制发。

9. 上级人民法院执行机构负责本院对下级人民法院执行工作的监督、指导和协调。

二、执 行 管 辖

10. 仲裁机构作出的国内仲裁裁决、公证机关依法赋予强制执行效力的公证债权文书,由被执行人住所地或被执行的财产所在地人民法院执行。

前款案件的级别管辖,参照各地法院受理诉讼案件的级别管辖的规定确定。

11. 在国内仲裁过程中,当事人申请财产保全,经仲裁机构提交人民法院的,由被申请人住所地或被申请保全的财产所在地的基层人民法院裁定并执行;申请证据保全的,由证据所在地的基层人民法院裁定并执行。

12. 在涉外仲裁过程中,当事人申请财产保全,经仲裁机构提交人民法院的,由被申请人住所地或被申请保全的财产所在地的中级人民法院裁定并执行;申请证据保全的,由证据所在地的中级人民法院裁定并执行。

13. 专利管理机关依法作出的处理决定和处罚决定,由被执行人住所地或财产所在地的省、自治区、直辖市有权受理专利纠纷案件的中级人民法院执行。

14. 国务院各部门、各省、自治区、直辖市人民政府和海关依照法律、法规作出的处理决定和处罚决定,由被执行人住所地或财产所在地的中级人民法院执行。

15. 两个以上人民法院都有管辖权的,当事人可以向其中一个人民法院申请执行;当事人向两个以上人民法院申请执行的,由最先立案的人民法院管辖。

16. 人民法院之间因执行管辖权发生争议的,由双方协商解决;协商不成的,报请双方共同的上级人民法院指定管辖。

17. 基层人民法院和中级人民法院管辖的执行案件,因特殊情况需要由上级人民法院执行的,可以报请上级人民法院执行。

三、执行的申请和移送

18. 人民法院受理执行案件应当符合下列条件:

(1)申请或移送执行的法律文书已经生效;

(2)申请执行人是生效法律文书确定的权利人或其继承人、权利承受人;

(3)申请执行人在法定期限内提出申请;

(4)申请执行的法律文书有给付内容,且执行标的和被执行人明确;

(5)义务人在生效法律文书确定的期限内未履行义务;

(6)属于受申请执行的人民法院管辖。

人民法院对符合上述条件的申请,应当在七日内予以立案;不符合上述条件之一的,应当在七日内裁定不予受理。

19. 生效法律文书的执行,一般应当由当事人依法提出申请。

发生法律效力的具有给付赡养费、扶养费、抚育费内容的法律文书、民事制裁决定书,以及刑事附带民事判决、裁定、调解书,由审判庭移送执行机构执行。

20. 申请执行,应向人民法院提交下列文件和证件:

(1)申请执行书。申请执行书中应当写明申请执行的理由、事项、执行标的,以及申请执行人所了解的被执行人的财产状况。

申请执行人书写申请执行书确有困难的,可以口头提出申请。人民法院接待人员对口头申请应当制作笔录,由申请执行人签字或盖章。

外国一方当事人申请执行的，应当提交中文申请执行书。当事人所在国与我国缔结或共同参加的司法协助条约有特别规定的，按照条约规定办理。

(2)生效法律文书副本。

(3)申请执行人的身份证明。公民个人申请的，应当出示居民身份证；法人申请的，应当提交法人营业执照副本和法定代表人身份证明；其他组织申请的，应当提交营业执照副本和主要负责人身份证明。

(4)继承人或权利承受人申请执行的，应当提交继承或承受权利的证明文件。

(5)其他应当提交的文件或证件。

21. 申请执行仲裁机构的仲裁裁决，应当向人民法院提交有仲裁条款的合同书或仲裁协议书。

申请执行国外仲裁机构的仲裁裁决的，应当提交经我国驻外使领馆认证或我国公证机关公证的仲裁裁决书中文本。

22. 申请执行人可以委托代理人代为申请执行。委托代理的，应当向人民法院提交经委托人签字或盖章的授权委托书，写明委托事项和代理人的权限。

委托代理人代为放弃、变更民事权利，或代为进行执行和解，或代为收取执行款项的，应当有委托人的特别授权。

23. 申请人民法院强制执行，应当按照人民法院诉讼收费办法的规定缴纳申请执行的费用。

四、执行前的准备和对被执行人财产状况的查明

24. 人民法院决定受理执行案件后，应当在三日内向被执行人发出执行通知书，责令其在指定的期间内履行生效法律文书确定的义务，并承担民事诉讼法第二百二十九条规定的迟延履行期间的债务利息或迟延履行金。

25. 执行通知书的送达，适用民事诉讼法关于送达的规定。

26. 被执行人未按执行通知书指定的期间履行生效法律文书确定的义务的，应当及时采取执行措施。

在执行通知书指定的期限内，被执行人转移、隐匿、变卖、毁损财产的，应当立即采取执行措施。

人民法院采取执行措施，应当制作裁定书，送达被执行人。

27. 人民法院执行非诉讼生效法律文书，必要时可向制作生效法律文书的机构调取卷宗材料。

28. 申请执行人应当向人民法院提供其所了解的被执行人的财产状况或线索。被执行人必须如实向人民法院报告其财产状况。

人民法院在执行中有权向被执行人、有关机关、社会团体、企业事业单位或公民个人，调查了解被执行人的财产状况，对调查所需的材料可以进行复制、抄录或拍照，但应当依法保密。

29. 为查明被执行人的财产状况和履行义务的能力，可以传唤被执行人或被执行人的法定代表人或负责人到人民法院接受询问。

30. 被执行人拒绝按人民法院的要求提供其有关财产状况的证据材料的，人民法院可以按照民事诉讼法第二百二十四条的规定进行搜查。

31. 人民法院依法搜查时，对被执行人可能存放隐匿的财物及有关证据材料的处所、箱柜等，经责令被执行人开启而拒不配合的，可以强制开启。

五、金钱给付的执行

32. 查询、冻结、划拨被执行人在银行（含其分理处、营业所和储蓄所）、非银行金融机构、其他有储蓄业务的单位（以下简称金融机构）的存款，依照中国人民银行、最高人民法院、最高人民检察院、公安部《关于查询、冻结、扣划企业事业单位、机关、团体银行存款的通知》的规定办理。

33. 金融机构擅自解冻被人民法院冻结的款项，致冻结款项被转移的，人民法院有权责令其限期追回已转移的款项。在限期内未能追回的，应当裁定该金融机构在转移的款项范围内以自己的财产向申请执行人承担责任。

34. 被执行人为金融机构的，对其交存在人民银行的存款准备金和备付金不得冻结和扣划，

但对其在本机构、其他金融机构的存款,及其在人民银行的其他存款可以冻结、划拨,并可对被执行人的其他财产采取执行措施,但不得查封其营业场所。

35. 作为被执行人的公民,其收入转为储蓄存款的,应当责令其交出存单。拒不交出的,人民法院应当作出提取其存款的裁定,向金融机构发出协助执行通知书,并附生效法律文书,由金融机构提取被执行人的存款交人民法院或存入人民法院指定的账户。

36. 被执行人在有关单位的收入尚未支取的,人民法院应当作出裁定,向该单位发出协助执行通知书,由其协助扣留或提取。

37. 有关单位收到人民法院协助执行被执行人收入的通知后,擅自向被执行人或其他人支付的,人民法院有权责令其限期追回;逾期未追回的,应当裁定其在支付的数额内向申请执行人承担责任。

38. 被执行人无金钱给付能力的,人民法院有权裁定对被执行人的其他财产采取查封、扣押措施。裁定书应送达被执行人。

采取前款措施需有关单位协助的,应当向有关单位发出协助执行通知书,连同裁定书副本一并送达有关单位。

39. 查封、扣押财产的价值应当与被执行人履行债务的价值相当。

40. 人民法院对被执行人所有的其他人享有抵押权、质押权或留置权的财产,可以采取查封、扣押措施。财产拍卖、变卖后所得价款,应当在抵押权人、质押权人或留置权人优先受偿后,其余额部分用于清偿申请执行人的债权。

41. 对动产的查封,应当采取加贴封条的方式。不便加贴封条的,应当张贴公告。

对有产权证照的动产或不动产的查封,应当向有关管理机关发出协助执行通知书,要求其不得办理查封财产的转移过户手续,同时可以责令被执行人将有关财产权证照交人民法院保管。必要时也可以采取加贴封条或张贴公告的方法查封。

既未向有关管理机关发出协助执行通知书,也未采取加贴封条或张贴公告的办法查封的,不得对抗其他人民法院的查封。

42. 被查封的财产,可以指令由被执行人负责保管。如继续使用被查封的财产对其价值无重大影响,可以允许被执行人继续使用。因被执行人保管或使用的过错造成的损失,由被执行人承担。

43. 被扣押的财产,人民法院可以自行保管,也可以委托其他单位或个人保管。对扣押的财产,保管人不得使用。

44. 被执行人或其他人擅自处分已被查封、扣押、冻结财产的,人民法院有权责令责任人限期追回财产或承担相应的赔偿责任。

45. 被执行人的财产经查封、扣押后,在人民法院指定的期间内履行义务的,人民法院应当及时解除查封、扣押措施。

46. 人民法院对查封、扣押的被执行人财产进行变价时,应当委托拍卖机构进行拍卖。

财产无法委托拍卖、不适于拍卖或当事人双方同意不需要拍卖的,人民法院可以交由有关单位变卖或自行组织变卖。

47. 人民法院对拍卖、变卖被执行人的财产,应当委托依法成立的资产评估机构进行价格评估。

48. 被执行人申请对人民法院查封的财产自行变卖的,人民法院可以准许,但应当监督其按照合理价格在指定的期限内进行,并控制变卖的价款。

49. 拍卖、变卖被执行人的财产成交后,必须即时钱物两清。

委托拍卖、组织变卖被执行人财产所发生的实际费用,从所得价款中优先扣除。所得价款超出执行标的数额和执行费用的部分,应当退还被执行人。

50. 被执行人不履行生效法律文书确定的义务,人民法院有权裁定禁止被执行人转让其专利权、注册商标专用权、著作权(财产权部分)等知识产权。上述权利有登记主管部门的,应当同时向有关部门发出协助执行通知书,要求其不得办理财产权转移手续,必要时可以责令被执行人将产权或使用权证照交人民法院保存。

对前款财产权,可以采取拍卖、变卖等执

行措施。

51. 对被执行人从有关企业中应得的已到期的股息或红利等收益,人民法院有权裁定禁止被执行人提取和有关企业向被执行人支付,并要求有关企业直接向申请执行人支付。

对被执行人预期从有关企业中应得的股息或红利等收益,人民法院可以采取冻结措施,禁止到期后被执行人提取和有关企业向被执行人支付。到期后人民法院可从有关企业中提取,并出具提取收据。

52. 对被执行人在其他股份有限公司中持有的股份凭证(股票),人民法院可以扣押,并强制被执行人按照公司法的有关规定转让,也可以直接采取拍卖、变卖的方式进行处分,或直接将股票抵偿给债权人,用于清偿被执行人的债务。

53. 对被执行人在有限责任公司、其他法人企业中的投资权益或股权,人民法院可以采取冻结措施。

冻结投资权益或股权的,应当通知有关企业不得办理被冻结投资权益或股权的转移手续,不得向被执行人支付股息或红利。被冻结的投资权益或股权,被执行人不得自行转让。

54. 被执行人在其独资开办的法人企业中拥有的投资权益被冻结后,人民法院可以直接裁定予以转让,以转让所得清偿其对申请执行人的债务。

对被执行人在有限责任公司中被冻结的投资权益或股权,人民法院可以依据《中华人民共和国公司法》第三十五条、第三十六条的规定,征得全体股东过半数同意后,予以拍卖、变卖或以其他方式转让。不同意转让的股东,应当购买该转让的投资权益或股权,不购买的,视为同意转让,不影响执行。

人民法院也可允许并监督被执行人自行转让其投资权益或股权,将转让所得收益用于清偿对申请执行人的债务。

55. 对被执行人在中外合资、合作经营企业中的投资权益或股权,在征得合资或合作他方的同意和对外经济贸易主管机关的批准后,可以对冻结的投资权益或股权予以转让。

如果被执行人除在中外合资、合作企业中的股权以外别无其他财产可供执行,其他股东又不同意转让的,可以直接强制转让被执行人的股权,但应当保护合资他方的优先购买权。

56. 有关企业收到人民法院发出的协助冻结通知后,擅自向被执行人支付股息或红利,或擅自为被执行人办理已冻结股权的转移手续,造成已转移的财产无法追回的,应当在所支付的股息或红利或转移的股权价值范围内向申请执行人承担责任。

六、交付财产和完成行为的执行

57. 生效法律文书确定被执行人交付特定标的物的,应当执行原物。原物被隐匿或非法转移的,人民法院有权责令其交出。原物确已变质、损坏或灭失的,应当裁定折价赔偿或按标的物的价值强制执行被执行人的其他财产。

58. 有关单位或公民持有法律文书指定交付的财物或票证,在接到人民法院协助执行通知书或通知书后,协同被执行人转移财物或票证的,人民法院有权责令其限期追回;逾期未追回的,应当裁定其承担赔偿责任。

59. 被执行人的财产经拍卖、变卖或裁定以物抵债后,需从现占有人处交付给买受人或申请执行人的,适用民事诉讼法第二百二十五条、第二百二十六条和本规定57条、58条的规定。

60. 被执行人拒不履行生效法律文书中指定的行为的,人民法院可以强制其履行。

对于可以替代履行的行为,可以委托有关单位或他人完成,因完成上述行为发生的费用由被执行人承担。

对于只能由被执行人完成的行为,经教育,被执行人仍拒不履行的,人民法院应当按照妨害执行行为的有关规定处理。

七、被执行人到期债权的执行

61. 被执行人不能清偿债务,但对本案以外的第三人享有到期债权的,人民法院可以依申请执行人或被执行人的申请,向第三人发出履行到期债务的通知(以下简称履行通知)。

履行通知必须直接送达第三人。

履行通知应当包含下列内容:

(1)第三人直接向申请执行人履行其对被执行人所负的债务,不得向被执行人清偿;

(2)第三人应当在收到履行通知后的十五日内向申请执行人履行债务;

(3)第三人对履行到期债权有异议的,应当在收到履行通知后的十五日内向执行法院提出;

(4)第三人违背上述义务的法律后果。

62. 第三人对履行通知的异议一般应当以书面形式提出,口头提出的,执行人员应记入笔录,并由第三人签字或盖章。

63. 第三人在履行通知指定的期间内提出异议的,人民法院不得对第三人强制执行,对提出的异议不进行审查。

64. 第三人提出自己无履行能力或其与申请执行人无直接法律关系,不属于本规定所指的异议。

第三人对债务部分承认、部分有异议的,可以对其承认的部分强制执行。

65. 第三人在履行通知指定的期限内没有提出异议,而又不履行的,执行法院有权裁定对其强制执行。此裁定同时送达第三人和被执行人。

66. 被执行人收到人民法院履行通知后,放弃其对第三人的债权或延缓第三人履行期限的行为无效,人民法院仍可在第三人无异议又不履行的情况下予以强制执行。

67. 第三人收到人民法院要求其履行到期债务的通知后,擅自向被执行人履行,造成已向被执行人履行的财产不能追回的,除在已履行的财产范围内与被执行人承担连带清偿责任外,可以追究其妨害执行的责任。

68. 在对第三人作出强制执行裁定后,第三人确无财产可供执行的,不得就第三人对他人享有的到期债权强制执行。

69. 第三人按照人民法院履行通知向申请执行人履行了债务或已被强制执行后,人民法院应当出具有关证明。

八、对案外人异议的处理

70. 案外人对执行标的主张权利的,可以向执行法院提出异议。

案外人异议一般应当以书面形式提出,并提供相应的证据。以书面形式提出确有困难的,可以允许以口头形式提出。

71. 对案外人提出的异议,执行法院应当依照民事诉讼法第二百零四条的规定进行审查。

审查期间可以对财产采取查封、扣押、冻结等保全措施,但不得进行处分。正在实施的处分措施应当停止。

经审查认为案外人的异议理由不成立的,裁定驳回其异议,继续执行。

72. 案外人提出异议的执行标的物是法律文书指定交付的特定物,经审查认为案外人的异议成立的,报经院长批准,裁定对生效法律文书中该项内容中止执行。

73. 执行标的物不属生效法律文书指定交付的特定物,经审查认为案外人的异议成立的,报经院长批准,停止对该标的物的执行。已经采取的执行措施应当裁定立即解除或撤销,并将该标的物交还案外人。

74. 对案外人提出的异议一时难以确定是否成立,案外人已提供确实有效的担保的,可以解除查封、扣押措施。申请执行人提供确实有效的担保的,可以继续执行。因提供担保而解除查封扣押或继续执行有错误,给对方造成损失的,应裁定以担保的财产予以赔偿。

75. 执行上级人民法院的法律文书遇有本规定72条规定的情形的,或执行的财产是上级人民法院裁定保全的财产时遇有本规定73条、74条规定的情形的,需报经上级人民法院批准。

九、被执行主体的变更和追加

76. 被执行人为无法人资格的私营独资企业,无能力履行法律文书确定的义务的,人民法院可以裁定执行该独资企业业主的其他财产。

77. 被执行人为个人合伙组织或合伙型联营企业,无能力履行生效法律文书确定的义务的,人民法院可以裁定追加该合伙组织的合伙人或参加该联营企业的法人为被执行人。

78. 被执行人为企业法人的分支机构不能清偿债

务时，可以裁定企业法人为被执行人。企业法人直接经营管理的财产仍不能清偿债务的，人民法院可以裁定执行该企业法人其他分支机构的财产。

若必须执行已被承包或租赁的企业法人分支机构的财产时，对承包人或承租人投入及应得的收益应依法保护。

79. 被执行人按法定程序分立为两个或多个具有法人资格的企业，分立后存续的企业按照分立协议确定的比例承担债务；不符合法定程序分立的，裁定由分立后存续的企业按照其从被执行企业分得的资产占原企业总资产的比例对申请执行人承担责任。

80. 被执行人无财产清偿债务，如果其开办单位对其开办时投入的注册资金不实或抽逃注册资金，可以裁定变更或追加其开办单位为被执行人，在注册资金不实或抽逃注册资金的范围内，对申请执行人承担责任。

81. 被执行人被撤销、注销或歇业后，上级主管部门或开办单位无偿接受被执行人的财产，致使被执行人无遗留财产清偿债务或遗留财产不足清偿的，可以裁定由上级主管部门或开办单位在所接受的财产范围内承担责任。

82. 被执行人的开办单位已经在注册资金范围内或接受财产的范围内向其他债权人承担了全部责任的，人民法院不得裁定开办单位重复承担责任。

83. 依照民事诉讼法第二百零九条、最高人民法院关于适用民事诉讼法若干问题的意见第271条至第274条及本规定裁定变更或追加被执行主体的，由执行法院的执行机构办理。

十、执行担保和执行和解

84. 被执行人或其担保人以财产向人民法院提供执行担保的，应当依据《中华人民共和国担保法》的有关规定，按照担保物的种类、性质，将担保物移交执行法院，或依法到有关机关办理登记手续。

85. 人民法院在审理案件期间，保证人为被执行人提供保证，人民法院据此未对被执行人的财产采取保全措施或解除保全措施的，案件审结后如果被执行人无财产可供执行或其财产不足清偿债务时，即使生效法律文书中未确定保证人承担责任，人民法院有权裁定执行保证人在保证责任范围内的财产。

86. 在执行中，双方当事人可以自愿达成和解协议，变更生效法律文书确定的履行义务主体、标的物及其数额、履行期限和履行方式。

和解协议一般应当采取书面形式。执行人员应将和解协议副本附卷。无书面协议的，执行人员应将和解协议的内容记入笔录，并由双方当事人签名或盖章。

87. 当事人之间达成的和解协议合法有效并已履行完毕的，人民法院作执行结案处理。

十一、多个债权人对一个债务人申请执行和参与分配

88. 多份生效法律文书确定金钱给付内容的多个债权人分别对同一被执行人申请执行，各债权人对执行标的物均无担保物权的，按照执行法院采取执行措施的先后顺序受偿。

多个债权人的债权种类不同的，基于所有权和担保物权而享有的债权，优先于金钱债权受偿。有多个担保物权的，按照各担保物权成立的先后顺序清偿。

一份生效法律文书确定金钱给付内容的多个债权人对同一被执行人申请执行，执行的财产不足清偿全部债务的，各债权人对执行标的物均无担保物权的，按照各债权比例受偿。

89. 被执行人为企业法人，其财产不足清偿全部债务的，可告知当事人依法申请被执行人破产。

90. 被执行人为公民或其他组织，其全部或主要财产已被一个人民法院因执行确定金钱给付的生效法律文书而查封、扣押或冻结，无其他财产可供执行或其他财产不足清偿全部债务的，在被执行人的财产被执行完毕前，对该被执行人已经取得金钱债权执行依据的其他债权人可以申请对该被执行人的财产参与分配。

91. 对参与被执行人财产的具体分配，应当由首先查封、扣押或冻结的法院主持进行。

首先查封、扣押、冻结的法院所采取的执行措施如系为执行财产保全裁定,具体分配应当在该院案件审理终结后进行。

92. 债权人申请参与分配的,应当向其原申请执行法院提交参与分配申请书,写明参与分配的理由,并附有执行依据。该执行法院应将参与分配申请书转交给主持分配的法院,并说明执行情况。

93. 对人民法院查封、扣押或冻结的财产有优先权、担保物权的债权人,可以申请参加参与分配程序,主张优先受偿权。

94. 参与分配案件中可供执行的财产,在对享有优先权、担保权的债权人依照法律规定的顺序优先受偿后,按照各个案件债权额的比例进行分配。

95. 被执行人的财产被分配给各债权人后,被执行人对其剩余债务应当继续清偿。债权人发现被执行人有其他财产的,人民法院可以根据债权人的申请继续依法执行。

96. 被执行人为企业法人,未经清理或清算而撤销、注销或歇业,其财产不足清偿全部债务的,应当参照本规定90条至95条的规定,对各债权人的债权按比例清偿。

十二、对妨害执行行为的强制措施的适用

97. 对必须到人民法院接受询问的被执行人或被执行人的法定代表人或负责人,经两次传票传唤,无正当理由拒不到场的,人民法院可以对其进行拘传。

98. 对被拘传人的调查询问不得超过二十四小时,调查询问后不得限制被拘传人的人身自由。

99. 在本辖区以外采取拘传措施时,应当将被拘传人拘传到当地法院,当地法院应予以协助。

100. 被执行人或其他人有下列拒不履行生效法律文书或者妨害执行行为之一的,人民法院可以依照民事诉讼法第一百零二条的规定处理:

(1)隐藏、转移、变卖、毁损向人民法院提供执行担保的财产的;

(2)案外人与被执行人恶意串通转移被执行人财产的;

(3)故意撕毁人民法院执行公告、封条的;

(4)伪造、隐藏、毁灭有关被执行人履行能力的重要证据,妨碍人民法院查明被执行人财产状况的;

(5)指使、贿买、胁迫他人对被执行人的财产状况和履行义务的能力问题作伪证的;

(6)妨碍人民法院依法搜查的;

(7)以暴力、威胁或其他方法妨碍或抗拒执行的;

(8)哄闹、冲击执行现场的;

(9)对人民法院执行人员或协助执行人员进行侮辱、诽谤、诬陷、围攻、威胁、殴打或者打击报复的;

(10)毁损、抢夺执行案件材料、执行公务车辆、其他执行器械、执行人员服装和执行公务证件的。

101. 在执行过程中遇有被执行人或其他人拒不履行生效法律文书或者妨害执行情节严重,需要追究刑事责任的,应将有关材料移交有关机关处理。

十三、执行的中止、终结、结案和执行回转

102. 有下列情形之一的,人民法院应当依照民事诉讼法第二百三十二条第一款第五项的规定裁定中止执行:

(1)人民法院已受理以被执行人为债务人的破产申请的;

(2)被执行人确无财产可供执行的;

(3)执行的标的物是其他法院或仲裁机构正在审理的案件争议标的物,需要等待该案件审理完毕确定权属的;

(4)一方当事人申请执行仲裁裁决,另一方当事人申请撤销仲裁裁决的;

(5)仲裁裁决的被申请执行人依据民事诉讼法第二百一十三条第二款的规定向人民法院提出不予执行请求,并提供适当担保的。

103. 按照审判监督程序提审或再审的案件,执行机构根据上级法院或本院作出的中止执行裁定书中止执行。

104. 中止执行的情形消失后,执行法院可以根据当事人的申请或依职权恢复执行。

恢复执行应当书面通知当事人。

105. 在执行中,被执行人被人民法院裁定宣告破产的,执行法院应当依照民事诉讼法第二百三十三条第六项的规定,裁定终结执行。

106. 中止执行和终结执行的裁定书应当写明中止或终结执行的理由和法律依据。

107. 人民法院执行生效法律文书,一般应当在立案之日起六个月内执行结案,但中止执行的期间应当扣除。确有特殊情况需要延长的,由本院院长批准。

108. 执行结案的方式为:

(1)生效法律文书确定的内容全部执行完毕;

(2)裁定终结执行;

(3)裁定不予执行;

(4)当事人之间达成执行和解协议并已履行完毕。

109. 在执行中或执行完毕后,据以执行的法律文书被人民法院或其他有关机关撤销或变更的,原执行机构应当依照民事诉讼法第二百一十条的规定,依当事人申请或依职权,按照新的生效法律文书,作出执行回转的裁定,责令原申请执行人返还已取得的财产及其孳息。拒不返还的,强制执行。

执行回转应重新立案,适用执行程序的有关规定。

110. 执行回转时,已执行的标的物系特定物的,应当退还原物。不能退还原物的,可以折价抵偿。

十四、委托执行、协助执行和执行争议的协调

111. 凡需要委托执行的案件,委托法院应在立案后一个月内办妥委托执行手续。超过此期限委托的,应当经对方法院同意。

112. 委托法院明知被执行人有下列情形的,应当及时依法裁定中止执行或终结执行,不得委托当地法院执行:

(1)无确切住所,长期下落不明,又无财产可供执行的;

(2)有关法院已经受理以被执行人为债务人的破产案件或者已经宣告其破产的。

113. 委托执行一般应在同级人民法院之间进行。经对方法院同意,也可委托上一级的法院执行。

被执行人是军队企业的,可以委托其所在地的军事法院执行。

执行标的物是船舶的,可以委托有关海事法院执行。

114. 委托法院应当向受委托法院出具书面委托函,并附送据以执行的生效法律文书副本原件、立案审批表复印件及有关情况说明,包括财产保全情况、被执行人的财产状况、生效法律文书履行的情况,并注明委托法院地址、联系电话、联系人等。

115. 委托执行案件的实际支出费用,由受托法院向被执行人收取,确有必要的,可以向申请执行人预收。委托法院已经向申请执行人预收费用的,应当将预收的费用转交受托法院。

116. 案件委托执行后,未经受托法院同意,委托法院不得自行执行。

117. 受托法院接到委托后,应当及时将指定的承办人、联系电话、地址等告知委托法院;如发现委托执行的手续、资料不全,应及时要求委托法院补办。但不得据此拒绝接受委托。

118. 受托法院对受托执行的案件应当严格按照民事诉讼法和最高人民法院有关规定执行,有权依法采取强制执行措施和对妨害执行行为的强制措施。

119. 被执行人在受托法院当地有工商登记或户籍登记,但人员下落不明,如有可供执行的财产,可以直接执行其财产。

120. 对执行担保和执行和解的情况以及案外人对非属法律文书指定交付的执行标的物提出的异议,受托法院可以按照有关法律规定处理,并及时通知委托法院。

121. 受托法院在执行中,认为需要变更被执行人的,应当将有关情况函告委托法院,由委托

法院依法决定是否作出变更被执行人的裁定。

122. 受托法院认为受托执行的案件应当中止、终结执行的,应提供有关证据材料,函告委托法院作出裁定。受托法院提供的证据材料确实、充分的,委托法院应当及时作出中止或终结执行的裁定。

123. 受托法院认为委托执行的法律文书有错误,如执行可能造成执行回转困难或无法执行回转的,应当首先采取查封、扣押、冻结等保全措施,必要时要将保全款项划到法院帐户,然后函请委托法院审查。受托法院按照委托法院的审查结果继续执行或停止执行。

124. 人民法院在异地执行时,当地人民法院应当积极配合,协同排除障碍,保证执行人员的人身安全和执行装备、执行标的物不受侵害。

125. 两个或两个以上人民法院在执行相关案件中发生争议的,应当协商解决。协商不成的,逐级报请上级法院,直至报请共同的上级法院协调处理。

执行争议经高级人民法院协商不成的,由有关的高级人民法院书面报请最高人民法院协调处理。

126. 执行中发现两地法院或人民法院与仲裁机构就同一法律关系作出不同裁判内容的法律文书的,各有关法院应当立即停止执行,报请共同的上级法院处理。

127. 上级法院协调处理有关执行争议案件,认为必要时,可以决定将有关款项划到本院指定的账户。

128. 上级法院协调下级法院之间的执行争议所作出的处理决定,有关法院必须执行。

十五、执 行 监 督

129. 上级人民法院依法监督下级人民法院的执行工作。最高人民法院依法监督地方各级人民法院和专门法院的执行工作。

130. 上级法院发现下级法院在执行中作出的裁定、决定、通知或具体执行行为不当或有错误的,应当及时指令下级法院纠正,并可以通知有关法院暂缓执行。

下级法院收到上级法院的指令后必须立即纠正。如果认为上级法院的指令有错误,可以在收到该指令后五日内请求上级法院复议。

上级法院认为请求复议的理由不成立,而下级法院仍不纠正的,上级法院可直接作出裁定或决定予以纠正,送达有关法院及当事人,并可直接向有关单位发出协助执行通知书。

131. 上级法院发现下级法院执行的非诉讼生效法律文书有不予执行事由,应当依法作出不予执行裁定而不制作的,可以责令下级法院在指定时限内作出裁定,必要时可直接裁定不予执行。

132. 上级法院发现下级法院的执行案件(包括受委托执行的案件)在规定的期限内未能执行结案的,应当作出裁定、决定、通知而不制作的,或应当依法实施具体执行行为而不实施的,应当督促下级法院限期执行,及时作出有关裁定等法律文书,或采取相应措施。

对下级法院长期未能执结的案件,确有必要的,上级法院可以决定由本院执行或与下级法院共同执行,也可以指定本辖区其他法院执行。

133. 上级法院在监督、指导、协调下级法院执行案件中,发现据以执行的生效法律文书确有错误的,应当书面通知下级法院暂缓执行,并按照审判监督程序处理。

134. 上级法院在申诉案件复查期间,决定对生效法律文书暂缓执行的,有关审判庭应当将暂缓执行的通知抄送执行机构。

135. 上级法院通知暂缓执行的,应同时指定暂缓执行的期限。暂缓执行的期限一般不得超过三个月。有特殊情况需要延长的,应报经院长批准,并及时通知下级法院。

暂缓执行的原因消除后,应当及时通知执行法院恢复执行。期满后上级法院未通知继续暂缓执行的,执行法院可以恢复执行。

136. 下级法院不按照上级法院的裁定、决定或通知执行,造成严重后果的,按照有关规定追究有关主管人员和直接责任人员的责任。

十六、附　　则

137. 本规定自公布之日起试行。

本院以前作出的司法解释与本规定有抵触的，以本规定为准。本规定未尽事宜，按照以前的规定办理。

最高人民法院关于人民法院办理执行异议和复议案件若干问题的规定

1. 2014年12月29日最高人民法院审判委员会第1638次会议通过

2. 2015年5月5日公布

3. 法释〔2015〕10号

4. 自2015年5月5日起施行

为了规范人民法院办理执行异议和复议案件，维护当事人、利害关系人和案外人的合法权益，根据民事诉讼法等法律规定，结合人民法院执行工作实际，制定本规定。

第一条　异议人提出执行异议或者复议申请人申请复议，应当向人民法院提交申请书。申请书应当载明具体的异议或者复议请求、事实、理由等内容，并附下列材料：

（一）异议人或者复议申请人的身份证明；

（二）相关证据材料；

（三）送达地址和联系方式。

第二条　执行异议符合民事诉讼法第二百二十五条或者第二百二十七条规定条件的，人民法院应当在三日内立案，并在立案后三日内通知异议人和相关当事人。不符合受理条件的，裁定不予受理；立案后发现不符合受理条件的，裁定驳回申请。

执行异议申请材料不齐备的，人民法院应当一次性告知异议人在三日内补足，逾期未补足的，不予受理。

异议人对不予受理或者驳回申请裁定不服的，可以自裁定送达之日起十日内向上一级人民法院申请复议。上一级人民法院审查后认为符合受理条件的，应当裁定撤销原裁定，指令执行法院立案或者对执行异议进行审查。

第三条　执行法院收到执行异议后三日内既不立案又不作出不予受理裁定，或者受理后无正当理由超过法定期限不作出异议裁定的，异议人可以向上一级人民法院提出异议。上一级人民法院审查后认为理由成立的，应当指令执行法院在三日内立案或者在十五日内作出异议裁定。

第四条　执行案件被指定执行、提级执行、委托执行后，当事人、利害关系人对原执行法院的执行行为提出异议的，由提出异议时负责该案件执行的人民法院审查处理；受指定或者受委托的人民法院是原执行法院的下级人民法院的，仍由原执行法院审查处理。

执行案件被指定执行、提级执行、委托执行后，案外人对原执行法院的执行标的提出异议的，参照前款规定处理。

第五条　有下列情形之一的，当事人以外的公民、法人和其他组织，可以作为利害关系人提出执行行为异议：

（一）认为人民法院的执行行为违法，妨碍其轮候查封、扣押、冻结的债权受偿的；

（二）认为人民法院的拍卖措施违法，妨碍其参与公平竞价的；

（三）认为人民法院的拍卖、变卖或者以物抵债措施违法，侵害其对执行标的的优先购买权的；

（四）认为人民法院要求协助执行的事项超出其协助范围或者违反法律规定的；

（五）认为其他合法权益受到人民法院违法执行行为侵害的。

第六条　当事人、利害关系人依照民事诉讼法第二百二十五条规定提出异议的，应当在执行程序终结之前提出，但对终结执行措施提出异议的除外。

案外人依照民事诉讼法第二百二十七条规定提出异议的，应当在异议指向的执行标的执行终结之前提出；执行标的由当事人受让的，应当在执行程序终结之前提出。

第七条　当事人、利害关系人认为执行过程中或者执行保全、先予执行裁定过程中的下列行为违法提出异议的，人民法院应当依照民事诉讼法第二百二十五条规定进行审查：

（一）查封、扣押、冻结、拍卖、变卖、以物抵

债、暂缓执行、中止执行、终结执行等执行措施;

(二)执行的期间、顺序等应当遵守的法定程序;

(三)人民法院作出的侵害当事人、利害关系人合法权益的其他行为。

被执行人以债权消灭、丧失强制执行效力等执行依据生效之后的实体事由提出排除执行异议的,人民法院应当参照民事诉讼法第二百二十五条规定进行审查。

除本规定第十九条规定的情形外,被执行人以执行依据生效之前的实体事由提出排除执行异议的,人民法院应当告知其依法申请再审或者通过其他程序解决。

第八条　案外人基于实体权利既对执行标的提出排除执行异议又作为利害关系人提出执行行为异议的,人民法院应当依照民事诉讼法第二百二十七条规定进行审查。

案外人既基于实体权利对执行标的提出排除执行异议又作为利害关系人提出与实体权利无关的执行行为异议的,人民法院应当分别依照民事诉讼法第二百二十七条和第二百二十五条规定进行审查。

第九条　被限制出境的人认为对其限制出境错误的,可以自收到限制出境决定之日起十日内向上一级人民法院申请复议。上一级人民法院应当自收到复议申请之日起十五日内作出决定。复议期间,不停止原决定的执行。

第十条　当事人不服驳回不予执行公证债权文书申请的裁定的,可以自收到裁定之日起十日内向上一级人民法院申请复议。上一级人民法院应当自收到复议申请之日起三十日内审查,理由成立的,裁定撤销原裁定,不予执行该公证债权文书;理由不成立的,裁定驳回复议申请。复议期间,不停止执行。

第十一条　人民法院审查执行异议或者复议案件,应当依法组成合议庭。

指令重新审查的执行异议案件,应当另行组成合议庭。

办理执行实施案件的人员不得参与相关执行异议和复议案件的审查。

第十二条　人民法院对执行异议和复议案件实行书面审查。案情复杂、争议较大的,应当进行听证。

第十三条　执行异议、复议案件审查期间,异议人、复议申请人申请撤回异议、复议申请的,是否准许由人民法院裁定。

第十四条　异议人或者复议申请人经合法传唤,无正当理由拒不参加听证,或者未经法庭许可中途退出听证,致使人民法院无法查清相关事实的,由其自行承担不利后果。

第十五条　当事人、利害关系人对同一执行行为有多个异议事由,但未在异议审查过程中一并提出,撤回异议或者被裁定驳回异议后,再次就该执行行为提出异议的,人民法院不予受理。

案外人撤回异议或者被裁定驳回异议后,再次就同一执行标的提出异议的,人民法院不予受理。

第十六条　人民法院依照民事诉讼法第二百二十五条规定作出裁定时,应当告知相关权利人申请复议的权利和期限。

人民法院依照民事诉讼法第二百二十七条规定作出裁定时,应当告知相关权利人提起执行异议之诉的权利和期限。

人民法院作出其他裁定和决定时,法律、司法解释规定了相关权利人申请复议的权利和期限的,应当进行告知。

第十七条　人民法院对执行行为异议,应当按照下列情形,分别处理:

(一)异议不成立的,裁定驳回异议;

(二)异议成立的,裁定撤销相关执行行为;

(三)异议部分成立的,裁定变更相关执行行为;

(四)异议成立或者部分成立,但执行行为无撤销、变更内容的,裁定异议成立或者相应部分异议成立。

第十八条　执行过程中,第三人因书面承诺自愿代被执行人偿还债务而被追加为被执行人后,无正当理由反悔并提出异议的,人民法院不予支持。

第十九条　当事人互负到期债务,被执行人请求抵销,请求抵销的债务符合下列情形的,除依

照法律规定或者按照债务性质不得抵销的以外,人民法院应予支持:

（一）已经生效法律文书确定或者经申请执行人认可;

（二）与被执行人所负债务的标的物种类、品质相同。

第二十条　金钱债权执行中,符合下列情形之一,被执行人以执行标的系本人及所扶养家属维持生活必需的居住房屋为由提出异议的,人民法院不予支持:

（一）对被执行人有扶养义务的人名下有其他能够维持生活必需的居住房屋的;

（二）执行依据生效后,被执行人为逃避债务转让其名下其他房屋的;

（三）申请执行人按照当地廉租住房保障面积标准为被执行人及所扶养家属提供居住房屋,或者同意参照当地房屋租赁市场平均租金标准从该房屋的变价款中扣除五至八年租金的。

执行依据确定被执行人交付居住的房屋,自执行通知送达之日起,已经给予三个月的宽限期,被执行人以该房屋系本人及所扶养家属维持生活的必需品为由提出异议的,人民法院不予支持。

第二十一条　当事人、利害关系人提出异议请求撤销拍卖,符合下列情形之一的,人民法院应予支持:

（一）竞买人之间、竞买人与拍卖机构之间恶意串通,损害当事人或者其他竞买人利益的;

（二）买受人不具备法律规定的竞买资格的;

（三）违法限制竞买人参加竞买或者对不同的竞买人规定不同竞买条件的;

（四）未按照法律、司法解释的规定对拍卖标的物进行公告的;

（五）其他严重违反拍卖程序且损害当事人或者竞买人利益的情形。

当事人、利害关系人请求撤销变卖的,参照前款规定处理。

第二十二条　公证债权文书对主债务和担保债务同时赋予强制执行效力的,人民法院应予执行;仅对主债务赋予强制执行效力未涉及担保债务的,对担保债务的执行申请不予受理;仅对担保债务赋予强制执行效力未涉及主债务的,对主债务的执行申请不予受理。

人民法院受理担保债务的执行申请后,被执行人仅以担保合同不属于赋予强制执行效力的公证债权文书范围为由申请不予执行的,不予支持。

第二十三条　上一级人民法院对不服异议裁定的复议申请审查后,应当按照下列情形,分别处理:

（一）异议裁定认定事实清楚,适用法律正确,结果应予维持的,裁定驳回复议申请,维持异议裁定;

（二）异议裁定认定事实错误,或者适用法律错误,结果应予纠正的,裁定撤销或者变更异议裁定;

（三）异议裁定认定基本事实不清、证据不足的,裁定撤销异议裁定,发回作出裁定的人民法院重新审查,或者查清事实后作出相应裁定;

（四）异议裁定遗漏异议请求或者存在其他严重违反法定程序的情形,裁定撤销异议裁定,发回作出裁定的人民法院重新审查;

（五）异议裁定对应当适用民事诉讼法第二百二十七条规定审查处理的异议,错误适用民事诉讼法第二百二十五条规定审查处理的,裁定撤销异议裁定,发回作出裁定的人民法院重新作出裁定。

除依照本条第一款第三、四、五项发回重新审查或者重新作出裁定的情形外,裁定撤销或者变更异议裁定且执行行为可撤销、变更的,应当同时撤销或者变更该裁定维持的执行行为。

人民法院对发回重新审查的案件作出裁定后,当事人、利害关系人申请复议的,上一级人民法院复议后不得再次发回重新审查。

第二十四条　对案外人提出的排除执行异议,人民法院应当审查下列内容:

（一）案外人是否系权利人;

（二）该权利的合法性与真实性;

（三）该权利能否排除执行。

第二十五条　对案外人的异议,人民法院应当按照下列标准判断其是否系权利人:

(一)已登记的不动产,按照不动产登记簿判断;未登记的建筑物、构筑物及其附属设施,按照土地使用权登记簿、建设工程规划许可、施工许可等相关证据判断;

(二)已登记的机动车、船舶、航空器等特定动产,按照相关管理部门的登记判断;未登记的特定动产和其他动产,按照实际占有情况判断;

(三)银行存款和存管在金融机构的有价证券,按照金融机构和登记结算机构登记的账户名称判断;有价证券由具备合法经营资质的托管机构名义持有的,按照该机构登记的实际投资人账户名称判断;

(四)股权按照工商行政管理机关的登记和企业信用信息公示系统公示的信息判断;

(五)其他财产和权利,有登记的,按照登记机构的登记判断;无登记的,按照合同等证明财产权属或者权利人的证据判断。

案外人依据另案生效法律文书提出排除执行异议,该法律文书认定的执行标的权利人与依照前款规定得出的判断不一致的,依照本规定第二十六条规定处理。

第二十六条　金钱债权执行中,案外人依据执行标的被查封、扣押、冻结前作出的另案生效法律文书提出排除执行异议,人民法院应当按照下列情形,分别处理:

(一)该法律文书系就案外人与被执行人之间的权属纠纷以及租赁、借用、保管等不以转移财产权属为目的的合同纠纷,判决、裁决执行标的归属于案外人或者向其返还执行标的且其权利能够排除执行的,应予支持;

(二)该法律文书系就案外人与被执行人之间除前项所列合同之外的债权纠纷,判决、裁决执行标的归属于案外人或者向其交付、返还执行标的的,不予支持。

(三)该法律文书系案外人受让执行标的的拍卖、变卖成交裁定或者以物抵债裁定且其权利能够排除执行的,应予支持。

金钱债权执行中,案外人依据执行标的被查封、扣押、冻结后作出的另案生效法律文书提出排除执行异议的,人民法院不予支持。

非金钱债权执行中,案外人依据另案生效法律文书提出排除执行异议,该法律文书对执行标的权属作出不同认定的,人民法院应当告知案外人依法申请再审或者通过其他程序解决。

申请执行人或者案外人不服人民法院依照本条第一、二款规定作出的裁定,可以依照民事诉讼法第二百二十七条规定提起执行异议之诉。

第二十七条　申请执行人对执行标的依法享有对抗案外人的担保物权等优先受偿权,人民法院对案外人提出的排除执行异议不予支持,但法律、司法解释另有规定的除外。

第二十八条　金钱债权执行中,买受人对登记在被执行人名下的不动产提出异议,符合下列情形且其权利能够排除执行的,人民法院应予支持:

(一)在人民法院查封之前已签订合法有效的书面买卖合同;

(二)在人民法院查封之前已合法占有该不动产;

(三)已支付全部价款,或者已按照合同约定支付部分价款且将剩余价款按照人民法院的要求交付执行;

(四)非因买受人自身原因未办理过户登记。

第二十九条　金钱债权执行中,买受人对登记在被执行的房地产开发企业名下的商品房提出异议,符合下列情形且其权利能够排除执行的,人民法院应予支持:

(一)在人民法院查封之前已签订合法有效的书面买卖合同;

(二)所购商品房系用于居住且买受人名下无其他用于居住的房屋;

(三)已支付的价款超过合同约定总价款的百分之五十。

第三十条　金钱债权执行中,对被查封的办理了受让物权预告登记的不动产,受让人提出停止处分异议的,人民法院应予支持;符合物权登记条件,受让人提出排除执行异议的,应予支持。

第三十一条　承租人请求在租赁期内阻止向受让人移交占有被执行的不动产，在人民法院查封之前已签订合法有效的书面租赁合同并占有使用该不动产的，人民法院应予支持。

承租人与被执行人恶意串通，以明显不合理的低价承租被执行的不动产或者伪造交付租金证据的，对其提出的阻止移交占有的请求，人民法院不予支持。

第三十二条　本规定施行后尚未审查终结的执行异议和复议案件，适用本规定。本规定施行前已经审查终结的执行异议和复议案件，人民法院依法提起执行监督程序的，不适用本规定。

最高人民法院关于网络查询、冻结被执行人存款的规定

1. 2013年8月26日最高人民法院审判委员会第1587次会议通过

2. 2013年8月29日

3. 法释〔2013〕20号

4. 自2013年9月2日起施行

为规范人民法院办理执行案件过程中通过网络查询、冻结被执行人存款及其他财产的行为，进一步提高执行效率，根据《中华人民共和国民事诉讼法》的规定，结合人民法院工作实际，制定本规定。

第一条　人民法院与金融机构已建立网络执行查控机制的，可以通过网络实施查询、冻结被执行人存款等措施。

网络执行查控机制的建立和运行应当具备以下条件：

（一）已建立网络执行查控系统，具有通过网络执行查控系统发送、传输、反馈查控信息的功能；

（二）授权特定的人员办理网络执行查控业务；

（三）具有符合安全规范的电子印章系统；

（四）已采取足以保障查控系统和信息安全的措施。

第二条　人民法院实施网络执行查控措施，应当事前统一向相应金融机构报备有权通过网络采取执行查控措施的特定执行人员的相关公务证件。办理具体业务时，不再另行向相应金融机构提供执行人员的相关公务证件。

人民法院办理网络执行查控业务的特定执行人员发生变更的，应当及时向相应金融机构报备人员变更信息及相关公务证件。

第三条　人民法院通过网络查询被执行人存款时，应当向金融机构传输电子协助查询存款通知书。多案集中查询的，可以附汇总的案件查询清单。

对查询到的被执行人存款需要冻结或者续行冻结的，人民法院应当及时向金融机构传输电子冻结裁定书和协助冻结存款通知书。

对冻结的被执行人存款需要解除冻结的，人民法院应当及时向金融机构传输电子解除冻结裁定书和协助解除冻结存款通知书。

第四条　人民法院向金融机构传输的法律文书，应当加盖电子印章。

作为协助执行人的金融机构完成查询、冻结等事项后，应当及时通过网络向人民法院回复加盖电子印章的查询、冻结等结果。

人民法院出具的电子法律文书、金融机构出具的电子查询、冻结等结果，与纸质法律文书及反馈结果具有同等效力。

第五条　人民法院通过网络查询、冻结、续冻、解冻被执行人存款，与执行人员赴金融机构营业场所查询、冻结、续冻、解冻被执行人存款具有同等效力。

第六条　金融机构认为人民法院通过网络执行查控系统采取的查控措施违反相关法律、行政法规规定的，应当向人民法院书面提出异议。人民法院应当在15日内审查完毕并书面回复。

第七条　人民法院应当依据法律、行政法规规定及相应操作规范使用网络执行查控系统和查控信息，确保信息安全。

人民法院办理执行案件过程中，不得泄露通过网络执行查控系统取得的查控信息，也不得用于执行案件以外的目的。

人民法院办理执行案件过程中，不得对被执行人以外的非执行义务主体采取网络查控措施。

第八条　人民法院工作人员违反第七条规定的，应当按照《人民法院工作人员处分条例》给予纪律处分；情节严重构成犯罪的，应当依法追究刑事责任。

第九条　人民法院具备相应网络扣划技术条件，并与金融机构协商一致的，可以通过网络执行查控系统采取扣划被执行人存款措施。

第十条　人民法院与工商行政管理、证券监管、土地房产管理等协助执行单位已建立网络执行查控机制，通过网络执行查控系统对被执行人股权、股票、证券账户资金、房地产等其他财产采取查控措施的，参照本规定执行。

最高人民法院关于公布失信被执行人名单信息的若干规定

1. 2013年7月1日最高人民法院审判委员会第1582次会议通过

2. 2013年7月16日公布

3. 法释〔2013〕17号

4. 自2013年10月1日起施行

为促使被执行人自觉履行生效法律文书确定的义务，推进社会信用体系建设，根据《中华人民共和国民事诉讼法》的规定，结合人民法院工作实际，制定本规定。

第一条　被执行人具有履行能力而不履行生效法律文书确定的义务，并具有下列情形之一的，人民法院应当将其纳入失信被执行人名单，依法对其进行信用惩戒：

（一）以伪造证据、暴力、威胁等方法妨碍、抗拒执行的；

（二）以虚假诉讼、虚假仲裁或者以隐匿、转移财产等方法规避执行的；

（三）违反财产报告制度的；

（四）违反限制高消费令的；

（五）被执行人无正当理由拒不履行执行和解协议的；

（六）其他有履行能力而拒不履行生效法律文书确定义务的。

第二条　人民法院向被执行人发出的《执行通知书》中，应当载明有关纳入失信被执行人名单的风险提示内容。

申请执行人认为被执行人存在本规定第一条所列失信行为之一的，可以向人民法院提出申请将该被执行人纳入失信被执行人名单，人民法院经审查后作出决定。人民法院认为被执行人存在本规定第一条所列失信行为之一的，也可以依职权作出将该被执行人纳入失信被执行人名单的决定。

人民法院决定将被执行人纳入失信被执行人名单的，应当制作决定书，决定书自作出之日起生效。决定书应当按照民事诉讼法规定的法律文书送达方式送达当事人。

第三条　被执行人认为将其纳入失信被执行人名单错误的，可以向人民法院申请纠正。被执行人是自然人的，一般应由被执行人本人到人民法院提出并说明理由；被执行人是法人或者其他组织的，一般应由被执行人的法定代表人或者负责人本人到人民法院提出并说明理由。人民法院经审查认为理由成立的，应当作出决定予以纠正。

第四条　记载和公布的失信被执行人名单信息应当包括：

（一）作为被执行人的法人或者其他组织的名称、组织机构代码、法定代表人或者负责人姓名；

（二）作为被执行人的自然人的姓名、性别、年龄、身份证号码；

（三）生效法律文书确定的义务和被执行人的履行情况；

（四）被执行人失信行为的具体情形；

（五）执行依据的制作单位和文号、执行案号、立案时间、执行法院；

（六）人民法院认为应当记载和公布的不涉及国家秘密、商业秘密、个人隐私的其他事项。

第五条　各级人民法院应当将失信被执行人名单信息录入最高人民法院失信被执行人名单库，并通过该名单库统一向社会公布。

各级人民法院可以根据各地实际情况，将失信被执行人名单通过报纸、广播、电视、网络、法院公告栏等其他方式予以公布，并可以采取新闻发布会或者其他方式对本院及辖区法院实施失信被执行人名单制度的情况定期向社会公布。

第六条　人民法院应当将失信被执行人名单信息，向政府相关部门、金融监管机构、金融机构、承担行政职能的事业单位及行业协会等通报，供相关单位依照法律、法规和有关规定，在政府采购、招标投标、行政审批、政府扶持、融资信贷、市场准入、资质认定等方面，对失信被执行人予以信用惩戒。

人民法院应当将失信被执行人名单信息向征信机构通报，并由征信机构在其征信系统中记录。

失信被执行人是国家工作人员的，人民法院应当将其失信情况通报其所在单位。

失信被执行人是国家机关、国有企业的，人民法院应当将其失信情况通报其上级单位或者主管部门。

第七条　失信被执行人符合下列情形之一的，人民法院应当将其有关信息从失信被执行人名单库中删除：

（一）全部履行了生效法律文书确定义务的；

（二）与申请执行人达成执行和解协议并经申请执行人确认履行完毕的；

（三）人民法院依法裁定终结执行的。

最高人民法院关于限制被执行人高消费及有关消费的若干规定

1. 2010年5月17日最高人民法院审判委员会第1487次会议通过

2. 根据2015年7月6日最高人民法院审判委员会第1657次会议通过的《最高人民法院关于修改〈最高人民法院关于限制被执行人高消费的若干规定〉的决定》修正，该修正

3. 法释[2015]17号

4. 自2015年7月22日起施行

为进一步加大执行力度，推动社会信用机制建设，最大限度保护申请执行人和被执行人的合法权益，根据《中华人民共和国民事诉讼法》的有关规定，结合人民法院民事执行工作的实践经验，制定本规定。

第一条　被执行人未按执行通知书指定的期间履行生效法

律文书确定的给付义务的，人民法院可以采取限制消费措施，限制其高消费及非生活或者经营必需的有关消费。

纳入失信被执行人名单的被执行人，人民法院应当对其采取限制消费措施。

第二条　人民法院决定采取限制消费措施时，应当考虑被执行人是否有消极履行、规避执行或者抗拒执行的行为以及被执行人的履行能力等因素。

第三条　被执行人为自然人的，被采取限制消费措施后，不得有以下高消费及非生活和工作必需的消费行为：

（一）乘坐交通工具时，选择飞机、列车软卧、轮船二等以上舱位；

（二）在星级以上宾馆、酒店、夜总会、高尔夫球场等场所进行高消费；

（三）购买不动产或者新建、扩建、高档装修房屋；

（四）租赁高档写字楼、宾馆、公寓等场所办公；

（五）购买非经营必需车辆；

（六）旅游、度假；

（七）子女就读高收费私立学校；

（八）支付高额保费购买保险理财产品；

（九）乘坐G字头动车组列车全部座位、其他动车组列车一等以上座位等其他非生活和工作必需的消费行为。

被执行人为单位的，被采取限制消费措施后，被执行人及其法定代表人、主要负责人、影响债务履行的直接责任人员、实际控制人不得实施前款规定的行为。因私消费以个人财产实施前款规定行为的，可以向执行法院提出申请。执行法院审查属实的，应予准许。

第四条　限制消费措施一般由申请执行人提出书面申请，经人民法院审查决定；必要时人民法院可以依职权决定。

第五条　人民法院决定采取限制消费措施的，应当向被执行人发出限制消费令。限制消费令由人民法院院长签发。限制消费令应当载明限制消费的期间、项目、法律后果等内容。

第六条　人民法院决定采取限制消费措施的，可以根据案件需要和被执行人的情况向有义务协助调查、执行的单位送达协助执行通知书,也可以在相关媒体上进行公告。

第七条 限制消费令的公告费用由被执行人负担;申请执行人申请在媒体公告的,应当垫付公告费用。

第八条 被限制消费的被执行人因生活或者经营必需而进行本规定禁止的消费活动的,应当向人民法院提出申请,获批准后方可进行。

第九条 在限制消费期间,被执行人提供确实有效的担保或者经申请执行人同意的,人民法院可以解除限制消费令;被执行人履行完毕生效法律文书确定的义务的,人民法院应当在本规定第六条通知或者公告的范围内及时以通知或者公告解除限制消费令。

第十条 人民法院应当设置举报电话或者邮箱,接受申请执行人和社会公众对被限制消费的被执行人违反本规定第三条的举报,并进行审查认定。

第十一条 被执行人违反限制消费令进行消费的行为属于拒不履行人民法院已经发生法律效力的判决、裁定的行为,经查证属实的,依照《中华人民共和国民事诉讼法》第一百一十一条的规定,予以拘留、罚款;情节严重,构成犯罪的,追究其刑事责任。

有关单位在收到人民法院协助执行通知书后,仍允许被执行人进行高消费及非生活或者经营必需的有关消费的,人民法院可以依照《中华人民共和国民事诉讼法》第一百一十四条的规定,追究其法律责任。

最高人民法院关于民事执行中查封、扣押、冻结财产有关期限问题的答复

1. 2006年7月11日公布

2. 法函[2006]76号

上海市高级人民法院:

你院《关于民事执行续行查封、扣押、冻结财产问题的请示》(沪高法[2006]12号)收悉。经研究,答复如下:

同意你院倾向性意见,即《最高人民法院关于人民法院民事执行中查封、扣押、冻结财产的规定》施行前采取的查封、扣押、冻结措施,除了当时法律、司法解释及有关通知对期限问题有专门规定的以外,没有期限限制。但人民法院应当对有关案件尽快处理。

最高人民法院关于高级人民法院统一管理执行工作若干问题的规定

1. 2000年1月14日发布

2. 法发[2000]3号

为了保障依法公正执行,提高执行工作效率,根据有关规定和执行工作具体情况,现就高级人民法院统一管理执行工作的若干问题规定如下:

一、高级人民法院在最高人民法院的监督和指导下,对本辖区执行工作的整体部署、执行案件的监督和协调、执行力量的调度以及执行装备的使用等,实行统一管理。

地方各级人民法院办理执行案件,应当依照法律规定分级负责。

二、高级人民法院应当根据法律、法规、司法解释和最高人民法院的有关规定,结合本辖区的实际情况制定统一管理执行工作的具体规章制度,确定一定时期内执行工作的目标和重点,组织本辖区内的各级人民法院实施。

三、高级人民法院应当根据最高人民法院的统一部署或本地区的具体情况适时组织集中执行和专项执行活动。

四、高级人民法院在组织集中执行、专项执行或其他重大执行活动中,可以统一调度、使用下级人民法院的执行力量,包括执行人员、司法警察、执行装备等。

五、高级人民法院有权对下级人民法院的违法、错误的执行裁定、执行行为函告下级法院自行纠正或直接下达裁定、决定予以纠正。

六、高级人民法院负责协调处理本辖区内跨中级人民法院辖区的法院与法院之间的执行争议案件。对跨高级人民法院辖区的法院与法院

之间的执行争议案件，由争议双方所在地的两地高级人民法院协商处理；协商不成的，按有关规定报请最高人民法院协调处理。

七、对跨高级人民法院辖区的法院与公安、检察等机关之间的执行争议案件，由执行法院所在地的高级人民法院与有关公安、检察等机关所在地的高级人民法院商有关机关协调解决，必要时可报请最高人民法院协调处理。

八、高级人民法院对本院及下级人民法院的执行案件，认为需要指定执行的，可以裁定指定执行。

高级人民法院对最高人民法院函示指定执行的案件，应当裁定指定执行。

九、高级人民法院对下级人民法院的下列案件可以裁定提级执行：

1. 高级人民法院指令下级人民法院限期执结，逾期未执结需要提级执行的；

2. 下级人民法院报请高级人民法院提级执行，高级人民法院认为应当提级执行的；

3. 疑难、重大和复杂的案件，高级人民法院认为应当提级执行的。

高级人民法院对最高人民法院函示提级执行的案件，应当裁定提级执行。

十、高级人民法院应监督本辖区内各级人民法院按有关规定精神配备合格的执行人员，并根据最高人民法院的要求和本辖区的具体情况，制定培训计划，确定培训目标，采取切实有效措施予以落实。

十一、中级人民法院、基层人民法院和专门人民法院执行机构的主要负责人在按干部管理制度和法定程序规定办理任免手续前应征得上一级人民法院的同意。

上级人民法院认为下级人民法院执行机构的主要负责人不称职的，可以建议有关部门予以调整、调离或者免职。

十二、高级人民法院应根据执行工作需要，商财政、计划等有关部门编制本辖区内各级人民法院关于交通工具、通讯设备、警械器具、摄录器材等执行装备和业务经费的计划，确定执行装备的标准和数量，并由本辖区内各级人民法院协同当地政府予以落实。

十三、下级人民法院不执行上级人民法院对执行工作和案件处理作出的决定，上级人民法院应通报批评；情节严重的，可以建议有关部门对有关责任人员予以纪律处分。

十四、中级人民法院、基层人民法院和专门人民法院对执行工作的管理职责由高级人民法院规定。

十五、本规定自颁布之日起执行。

最高人民法院执行工作办公室关于不合法的“强制执行公证书”不能作为执行依据问题的函

1. 1996年12月10日公布

2. 法经〔1996〕427号

辽宁省高级人民法院：

近日，沈阳飞行船广告有限公司就沈阳市和平区法院执行沈阳市公证处［1996］沈证执字第023号“强制执行公证书”一案，向我院申诉称：沈阳市和平区法院据以执行的公证债权文书是在原合同未经公证，后又由沈阳国际投资公司单方申请，未经对方同意的情况下，由沈阳市公证处作出的。该公证文书于法相悖。而且，本公司也没有义务替海外电脑公司清偿债务。沈阳市和平区法院以错误的公证文书为依据扣划本公司款项的执行行为是错误的，应予纠正。

我们认为，本案涉及的这一份公证文书不属于民诉法第二百一十八条中所称的“赋予强制执行效力的债权文书”，也不符合《公证程序规则（试行）》第三十五条的规定，不能作为执行依据。沈阳飞行船广告有限公司申诉有理，应予支持。现将其申诉材料转去，请你院依法妥善处理，并将处理结果函报我院。

最高人民法院关于民事诉讼法（试行）实施前已经生效的判决当事人申请执行超过法定期限的无特殊理由依法不予支持问题的批复

1. 1987年8月25日公布

2. 〔1987〕民他字第20号

安徽省高级人民法院：

你院法民他字（86）第8号《关于黄仁义与

张宗铭房屋买卖申请执行案的请示报告》收悉。

据你院报告称,申请执行人黄仁义之夫吴发亮(已故)与被申请执行人张宗铭及其父张德甫(已故)的房屋买卖纠纷一案,自解放初期皖北人民法院判决生效后,张宗铭父子因无经济支付能力,始终未按判决履行义务;而吴发亮也从未行使申请执行的权利。事隔事年后,吴发亮之妻黄仁义于1984年10月向合肥市中级人民法院提出申请,要求法院按原判决强制张宗铭执行。

经研究,我们同意你院审判委员会的意见:该案已经终审判决30多年,原告吴发亮一直没有向人民法院申请执行,原告之妻黄仁义提出申请执行是在我国民事诉讼法(试行)颁布实施两年以后,根据该法第一百六十九条的规定,已超过了申请执行的法定期限。如果黄仁义自民事诉讼法颁布后,逾期提出的申请执行没有特殊理由,人民法院则对其申请执行的请求依法不予支持。

此复

(二)执行标的与措施

公安部、最高人民法院关于执行民事诉讼法(试行)第七十八条有关拘留的规定的联合通知

1983年2月19日公布

各省、市、自治区高级人民法院、公安厅(局):

《中华人民共和国民事诉讼法(试行)》已从1982年10月1日起在全国试行。现就执行民事诉讼法(试行)第七十八条关于拘留的规定,通知如下:

(一)民事诉讼中的拘留是对妨害民事诉讼的一种强制措施。人民法院采用这种强制措施,必须十分慎重,只有对极少数有严重妨害民事诉讼的行为的人,经过多次耐心教育,仍坚持不改时,方可实行拘留,以保证诉讼活动的顺利进行。

(二)人民法院根据民事诉讼法(试行)第七十七条的规定决定采用拘留措施时,应当作出《拘留决定书》,经院长批准,由司法警察将《拘留决定书》连同被拘留人一并送交当地公安机关,当地公安机关凭人民法院的《拘留决定书》接受被拘留人并予看管。被拘留人要自带被褥,并负担被拘留期间的伙食费用。

(三)公安机关可以将这种因妨害民事诉讼而被拘留的人放在行政拘留场内看管,但不要将他们同受刑事拘留和逮捕的未决犯混杂在一起看管。

(四)人民法院决定提前解除拘留的,应当作出《提前解除拘留决定书》,经院长批准后,交由当地公安机关执行。

最高人民法院经济审判庭关于严格依法正确适用财产保全措施的通知

1. 1991年9月27日公布

2. 已由法释〔2013〕2号废止

各省、自治区、直辖市高级人民法院经济庭:

据西藏自治区高级人民法院经济审判庭报告,拉萨市中级人民法院在财产保全过程中,因法院保管不善,汽车的部分零件丢失,合议庭成员擅自以5000余元的价格将价值3.8万元的北京吉普车(212)出卖,扣押的羊毛(计12876公斤,价值251082元)也被保管单位转卖,致使第二审结案后无法执行。我们还发现,有的法院以财产保全压当事人接受调解,有的法院在没有申请人的申请和担保的情况下采取保全措施又不慎重,给当事人甚至案外人造成不应有的损失。为避免类似事件的发生,望各级人民法院经济庭注意以下事项:

一、采取财产保全措施应当慎重行事,严格遵守民事诉讼法所规定的保全条件和保全范围。没有使法律文书不能执行或者难以执行的情况的,不应当采取财产保全措施。

二、采取财产保全措施,原则上应当根据当事人的申请进行,并可责令申请人提供担保;确有必要时依职权保全要特别慎重。

三、采取财产保全措施应当依法作出裁定。

四、对于易损、易腐、鲜活物品采取保全措施后,可以责令当事人及时处理,也可以交有关部门

及时变卖，所得价款由人民法院继续保全。

五、对生产工具、经营设备和交通运输工具（如车辆、船舶等）确需采取保全措施的，一般可只扣押有关证照，允许当事人继续使用、营运，控制其收入；必须查封、扣押实物的，查封、扣押后一定要妥善保管、处置。

六、因保管不善或处理不当给当事人或案外人造成损失的，法院依职权保全不当造成损失的，有关单位、法院和直接责任人员应当承担行政责任和酌情赔偿。

特此通知

最高人民法院经济审判庭关于经人民法院裁定查封的财产检察院能否就同一财产重复扣押及检察院能否以民事服从刑事为由阻止法院对已结经济纠纷案件向已被捕的当事人进行宣判送达问题的电话答复

1990年10月29日公布

江西省高级人民法院：

你院赣法（经）发〔1990〕20号“关于经人民法院裁定查封的财产检察院能否就同一财产重复扣押及检察院能否以民事服从刑事为由阻止法院对已结经济纠纷案件向已被捕的当事人进行宣判送达的请示”已收悉。经研究，电话答复如下：

一、经人民法院裁定查封扣押的财产，其他任何机关均不应当重复查封、扣押。当前检察院、公安机关就同一财产重复查封、扣押问题确实存在。在有关部门对此尚未联合作出规定，人民法院也不宜对此问题单独作出司法解释。因此，目前遇到此类问题受诉法院应根据查封、扣押财产的性质，与检察院或公安机关协商解决。协商不成的，各自报请上级机关协调解决。

二、民事诉讼法（试行）第七十三条规定，“受送达人员被监禁的，通过其所在监所或者劳动改造单位转交”，第七十四条规定，“代为转交的机关、单位收到诉讼文书后，必须立即交受送达人签收”。莱州市检察院在法院送达民事判决书时，以被送达人已被收审，民事应服从刑事等为由，阻止法院向被告宣判，送达民事判决书是错误的，受诉法院应依法同莱州市检察院协商解决。

（三）委托协助执行

最高人民法院关于委托执行若干问题的规定

1. 2011年5月3日公布
2. 法释〔2011〕11号
3. 自2011年5月16日起施行

为了规范委托执行工作，维护当事人的合法权益，根据《中华人民共和国民事诉讼法》的规定，结合司法实践，制定本规定。

第一条　执行法院经调查发现被执行人在本辖区内已无财产可供执行，且在其他省、自治区、直辖市内有可供执行财产的，应当将案件委托异地的同级人民法院执行。

执行案件中有三个以上被执行人或者三处以上被执行财产在本省、自治区、直辖市辖区以外，且分属不同异地的，执行法院根据案件具体情况，报经高级人民法院批准后可以异地执行。

第二条　案件委托执行后，受托法院应当依法立案，委托法院应当在收到受托法院的立案通知书后作委托结案处理。

委托异地法院协助查询、冻结、查封、调查或者送达法律文书等有关事项的，受托法院不作为委托执行案件立案办理，但应当积极予以协助。

第三条　委托执行应当以执行标的物所在地或者执行行为实施地的同级人民法院为受托执行法院。有两处以上财产在异地的，可以委托主要财产所在地的人民法院执行。

被执行人是现役军人或者军事单位的，可以委托对其有管辖权的军事法院执行。

执行标的物是船舶的，可以委托有管辖权

的海事法院执行。

第四条 委托执行案件应当由委托法院直接向受托法院办理委托手续,并层报各自所在的高级人民法院备案。

事项委托应当以机要形式送达委托事项的相关手续,不需报高级人民法院备案。

第五条 案件委托执行时,委托法院应当提供下列材料:

(一)委托执行函;

(二)申请执行书和委托执行案件审批表;

(三)据以执行的生效法律文书副本;

(四)有关案件情况的材料或者说明,包括本辖区无财产的调查材料、财产保全情况、被执行人财产状况、生效法律文书的履行情况等;

(五)申请执行人地址、联系电话;

(六)被执行人身份证件或者营业执照复印件、地址、联系电话;

(七)委托法院执行员和联系电话;

(八)其他必要的案件材料等。

第六条 委托执行时,委托法院应当将已经查封、扣押、冻结的被执行人的异地财产,一并移交受托法院处理,并在委托执行函中说明。

委托执行后,委托法院对被执行人财产已经采取查封、扣押、冻结等措施的,视为受托法院的查封、扣押、冻结措施。受托法院需要继续查封、扣押、冻结,持委托执行函和立案通知书办理相关手续。续封续冻时,仍为原委托法院的查封冻结顺序。

查封、扣押、冻结等措施的有效期限在移交受托法院时不足1个月的,委托法院应当先行续封或者续冻,再移交受托法院。

第七条 受托法院收到委托执行函后,应当在7日内予以立案,并及时将立案通知书通过委托法院送达申请执行人,同时将指定的承办人、联系电话等书面告知委托法院。

委托法院收到上述通知书后,应当在7日内书面通知申请执行人案件已经委托执行,并告知申请执行人可以直接与受托法院联系执行相关事宜。

第八条 受托法院如发现委托执行的手续、材料不全,可以要求委托法院补办。委托法院应当在30日内完成补办事项,在上述期限内未完成的,应当作出书面说明。委托法院既不补办又不说明原因的,视为撤回委托,受托法院可以将委托材料退回委托法院。

第九条 受托法院退回委托的,应当层报所在辖区高级人民法院审批。高级人民法院同意退回后,受托法院应当在15日内将有关委托手续和案卷材料退回委托法院,并作出书面说明。

委托执行案件退回后,受托法院已立案的,应当作销案处理。委托法院在案件退回原因消除之后可以再行委托。确因委托不当被退回的,委托法院应当决定撤销委托并恢复案件执行,报所在的高级人民法院备案。

第十条 委托法院在案件委托执行后又发现有可供执行财产的,应当及时告知受托法院。受托法院发现被执行人在受托法院辖区外另有可供执行财产的,可以直接异地执行,一般不再行委托执行。根据情况确需再行委托的,应当按照委托执行案件的程序办理,并通知案件当事人。

第十一条 受托法院未能在6个月内将受托案件执结的,申请执行人有权请求受托法院的上一级人民法院提级执行或者指定执行,上一级人民法院应当立案审查,发现受托法院无正当理由不予执行的,应当限期执行或者作出裁定提级执行或者指定执行。

第十二条 执行法院赴异地执行案件时,应当持有其所在辖区高级人民法院的批准函件,但异地采取财产保全措施和查封、扣押、冻结等非处分性执行措施的除外。

异地执行时,可以根据案件具体情况,请求当地法院协助执行,当地法院应当积极配合,保证执行人员的人身安全和执行装备、执行标的物不受侵害。

第十三条 高级人民法院应当对辖区内委托执行和异地执行工作实行统一管理和协调,履行以下职责:

(一)统一管理跨省、自治区、直辖市辖区的委托和受托执行案件;

(二)指导、检查、监督本辖区内的受托案件的执行情况;

（三）协调本辖区内跨省、自治区、直辖市辖区的委托和受托执行争议案件；

（四）承办需异地执行的有关案件的审批事项；

（五）对下级法院报送的有关委托和受托执行案件中的相关问题提出指导性处理意见；

（六）办理其他涉及委托执行工作的事项。

第十四条　本规定所称的异地是指本省、自治区、直辖市以外的区域。各省、自治区、直辖市内的委托执行，由各高级人民法院参照本规定，结合实际情况，制定具体办法。

第十五条　本规定施行之后，其他有关委托执行的司法解释不再适用。

最高人民法院关于人民法院相互办理委托事项的规定

1. 1993年9月25日发布

2. 法发〔1993〕26号

全国地方各级人民法院、各级军事法院、各铁路运输中级法院和基层法院、各海事法院：

为了使人民法院相互办理委托事项的工作进一步规范化、制度化，防止推诿扯皮、贻误工作，保证已生效的判决、裁定及其他法律文书及时依法执行，从而提高审判工作的效率，现根据民事诉讼法的有关规定，结合审判工作经验，对人民法院相互办理委托事项，规定如下：

一、人民法院在案件审理和执行过程中，根据需要，可以委托其他人民法院代为调查、送达、宣判和代为执行。

二、被调查人或者被调查的事项在外地的，受理案件的人民法院可以委托当地基层人民法院代为调查。必要时也可以委托当地中级人民法院代为调查。

三、委托外地人民法院代为调查，委托人民法院应当出具委托书，提出明确的调查事项和要求。必要时，应当简要介绍案情或者附具调查提纲。

根据情况需要，受委托人民法院也可以主动作补充调查。

四、委托调查，受委托人民法院应当在收到委托书之日起三十日内完成。委托书中对完成委托调查的时间有特殊要求的，应当在要求的期限内完成。因故不能完成的，应当在上述期限内函告委托人民法院，说明情况。

五、人民法院在审理案件过程中，需要勘验现场的，一般不应委托其他人民法院代为调查。

六、受送达人在外地，或者虽在本地但由受理案件的人民法院直接送达有困难的，可以委托送达，由受理案件的人民法院将需要送达的诉讼文书交由受送达人住所地的基层人民法院代为送达。

七、委托送达，委托人民法院应当出具委托书，并附需要送达的诉讼文书和送达回证。委托人民法院对送达诉讼文书有特殊要求的，应当在委托书中说明。

受委托送达的人民法院应当在收到委托书之日起七日内完成，并将送达回证寄回委托人民法院。因故无法送达的，应当在上述期限内函告委托人民法院。

八、受送达人下落不明，或者诉讼文书需要由有关单位转交送达的，受理案件的人民法院不得委托其他人民法院代为送达。

九、接受宣判的当事人在外地的，受理案件的人民法院可以委托当地基层人民法院代为宣判。明知接受宣判的当事人下落不明的，不应委托宣判。

十、委托宣判，委托人民法院应当出具委托书和需要宣判的法律文书。委托人民法院对委托宣判事项有特殊要求的，应当在委托书中说明。

受委托人民法院应当在收到委托书之日起七日内完成，并将宣判情况制作笔录；宣判后，及时将宣判笔录和送达回证寄回委托人民法院。

十一、在执行中，被执行人、被执行的财产在外地的，负责执行的人民法院可以委托当地基层人民法院代为执行。

十二、委托执行，委托人民法院应当出具委托书和生效的法律文书。委托书应当提出明确的执行要求。有关需要说明的事项，应当另附函件。

十三、委托执行,受委托人民法院必须接受,并应当严格按照生效法律文书的规定和委托人民法院的要求执行,不对生效的法律文书进行审查。

十四、受委托人民法院必须在收到委托书和生效法律文书之日起十五日内开始执行,并在开始执行后,及时告知委托人民法院。

对债务人履行债务的时间、期限和方式需要变通的,应当征得委托人民法院的同意。

十五、受委托人民法院在办理委托执行过程中,有权依法采取必要的执行措施。

十六、在委托执行中,被执行人和申请人自行和解达成协议的,受委托人民法院应当及时将协议内容告知委托人民法院。

一方当事人不履行和解协议或者翻悔的,对方当事人应当向委托人民法院申请恢复执行,并由委托人民法院通知受委托人民法院。

十七、在委托执行中,被执行人申请提供担保,并经申请执行人同意的,受委托人民法院应当及时函告委托人民法院,由委托人民法院决定是否暂缓执行及暂缓执行的期限。

十八、在委托执行中,案外人对执行标的提出异议的,受委托人民法院应当函告委托人民法院处理。

十九、受委托人民法院遇有需要中止执行或者终结执行的情形,应当及时函告委托人民法院,由委托人民法院作出裁定。受委托人民法院不得自行裁定中止执行或者终结执行。

二十、被执行人的财产不足以清偿所有申请人的债权,受委托人民法院应当在征得委托人民法院的同意后,严格按照规定的清偿顺序执行。

二十一、执行完毕后,受委托人民法院应当将执行结果及时函复委托人民法院;如果在三十日内还未执行完毕,也应当将执行情况函告委托人民法院。

二十二、委托人民法院自委托书和生效法律文书发送之日起三十日内,没有收到受托人民法院关于开始执行的通知的,可以请求受委托人民法院的上一级人民法院指令受委托人民法院执行。

受委托人民法院的上一级人民法院在接到委托人民法院的请求后,应当在五日内指令受委托人民法院执行,并将这一情况及时告知委托人民法院。

委托人民法院自向受委托人民法院的上一级人民法院发出指令执行的请求之日起二十日内,没有收到该人民法院关于已经指令执行的通知的,可以再行向该人民法院的上级人民法院逐级请求。上级人民法院必须及时指令执行。

二十三、委托执行,受委托人民法院的执行员应当将执行情况制作笔录,在执行完毕后,交由委托人民法院存档备查。

二十四、在委托执行的执行过程中,受委托人民法院发现委托执行的法律文书有错误的,应当及时函请委托人民法院进行审查。在委托人民法院作出答复后,受委托人民法院如有异议,可以向委托人民法院的上一级人民法院反映,但不得停止执行。

二十五、办理委托执行,委托人民法院不应收取执行费,受委托人民法院也不得向委托人民法院收取费用。在执行中实际支出的费用,按照《人民法院诉讼收费办法》收取。

二十六、被执行人、被执行的财产在外地的,根据需要,人民法院可以直接到外地执行;要求当地人民法院协助执行的,当地人民法院应当积极配合,不得推拖、阻挠执行。

二十七、办理委托调查、送达、宣判事项,由人民法院审判庭负责。办理委托执行事项,由人民法院执行庭负责;尚未设立执行庭的,由有关审判庭负责。

二十八、受委托人民法院办理委托事项,应当建立登记制度,登记内容包括:委托人民法院、委托时间、委托事项和办理结果等。

二十九、上级人民法院应当督促下级人民法院及时办理委托事项。受委托人民法院应当向上一级人民法院报告办理委托事项的情况。委托人民法院也可定期或不定期向受委托人民法院的上一级人民法院反映受委托人民法院办理委托事项的情况。

三十、受委托人民法院要把办理委托事项作为考核干部的一项重要内容,纳入岗位责任制,同其他工作一样进行考核和奖惩。

三十一、上级人民法院对下级人民法院不依法办理委托事项,造成重大影响或后果的,应当予以通报批评；情节严重的，追究相应的行政和法律责任。

（四）暂缓、中止执行

最高人民法院关于在实体处理合同纠纷案件以前可以依法裁定终止合同履行的复函

1. 1991年6月7日公布
2. 法〔经〕函〔1991〕61号

广东省高级人民法院：

你院〔1991〕粤法经请字第1号请示收悉。关于对确无履行必要的承包合同纠纷在作出实体处理以前，可否使用裁定先终止合同履行的问题，经研究，答复如下：

对案件事实清楚，权利义务关系明确，原承包合同确无履行必要、情况紧急，不先行终止合同履行，将会造成更大经济损失的，人民法院可以依照《中华人民共和国民事诉讼法》第九十七条（三）项、第九十八条之规定，裁定终止原承包合同履行。

此复

最高人民法院关于下级法院能否对上级法院生效裁判作出中止执行裁定的复函

1. 1995年3月8日公布
2. 法经〔1995〕63号
3. 已由法释〔2013〕2号废止

陕西省高级人民法院：

你院陕高法〔1994〕54号《关于下级法院能否对上级法院生效裁判作出中止执行裁定的请示》收悉，经研究，答复如下：

根据《中华人民共和国民事诉讼法》第二百零八条、《最高人民法院关于适用〈中华人民共和国民事诉讼法〉若干问题的意见》第257条的规定，执行过程中，案外人对执行标的提出异议的，执行员应当按照法定程序进行审查。理由成立的，即可由院长批准中止执行。但执行的标的物如果是上级人民法院在判决、裁定、调解书中明确指明的特定物，案外人对该特定执行标的物提出异议的，则应当根据本院《关于适用〈中华人民共和国民事诉讼法〉若干问题的意见》第258号的规定，提出书面意见，经院长批准，报请上级人民法院审查处理，执行法院无权作出中止执行的裁定。

此复

（五）对仲裁裁决的执行

最高人民法院关于当事人因对不予执行仲裁裁决的裁定不服而申请再审人民法院不予受理的批复

1. 1996年6月26日公布
2. 法复〔1996〕8号

四川省高级人民法院：

你院川高法〔1995〕198号《关于当事人认为人民法院对仲裁裁决作出的不予执行的裁定有错误而申请再审，人民法院应否受理的请示》收悉。经研究，答复如下：

依照《中华人民共和国民事诉讼法》第二百一十三条的规定，人民法院对仲裁裁决依法裁定不予执行，当事人不服而申请再审的，没有法律依据，人民法院不予受理。

最高人民法院关于未被续聘的仲裁员在原参加审理的案件裁决书上签名，人民法院应当执行该仲裁裁决书的批复

1. 1998年7月13日最高人民法院审判委员会第1001次会议通过
2. 1998年8月31日公布
3. 法释〔1998〕21号
4. 自1998年9月5日起施行

广东省高级人民法院：

你院〔1996〕粤高法执函字第5号《关于未

被续聘的仲裁员继续参加审理并作出裁决的案件,人民法院应否立案执行的请示》收悉。经研究,答复如下:

在中国国际经济贸易仲裁委员会深圳分会对深圳东鹏实业有限公司与中国化工建设深圳公司合资经营合同纠纷案件仲裁过程中,陈野被当事人指定为该案的仲裁员时具有合法的仲裁员身份,并参与了开庭审理工作。之后,新的仲裁员名册中没有陈野的名字,说明仲裁机构不再聘任陈野为仲裁员,但这只能约束仲裁机构以后审理的案件,不影响陈野在此前已合法成立的仲裁庭中的案件审理工作。其在该仲裁庭所作的(94)深国仲结字第47号裁决书上签字有效。深圳市中级人民法院应当根据当事人的申请对该仲裁裁决书予以执行。

此复

最高人民法院关于人民法院发现已经受理的申请执行仲裁裁决或不服仲裁裁决而起诉的案件不属本院管辖应如何处理问题的批复

1. 1988年1月13日公布
2. 法〔研〕复〔1988〕8号

河北省高级人民法院:

你院〔87〕冀法(经)请字第3号请示报告收悉。经研究,答复如下:

人民法院对于当事人申请执行仲裁机关生效裁决或者不服仲裁机关裁决向人民法院起诉的案件,应当进行认真审查。在受理案件后,如发现案件不属本院管辖,应当根据民事诉讼法(试行)第三十二条的规定,将案件及时移送有管辖权的人民法院,并同时通知各方当事人。凡当事人申请执行或起诉时未超过法定期限的,有管辖权的人民法院不得以受移送时已超过法定期限为由而拒绝接受移送。

此复

最高人民法院关于劳动争议仲裁委员会的复议仲裁决定书可否作为执行依据问题的批复

1. 1996年7月21日公布
2. 法复〔1996〕10号

河南省高级人民法院:

你院〔1995〕豫法执请字第1号《关于郑劳仲复裁字〔1991〕第1号复议仲裁决定书能否作为执行依据的请示》收悉。经研究,答复如下:

仲裁一裁终局制度,是指仲裁决定一经作出即发生法律效力,当事人没有提请再次裁决的权利,但这并不排除原仲裁机构发现自己作出的裁决有错误进行重新裁决的情况。劳动争议仲裁委员会发现自己作出的仲裁决定书有错误而进行重新仲裁,符合实事求是的原则,不违背一裁终局制度,不应视为违反法定程序。因此对当事人申请执行劳动争议仲裁委员会复议仲裁决定的,应予立案执行。如被执行人提出申辩称该复议仲裁决定书有其他应不予执行的情形,应按照民事诉讼法第二百一十七条的规定,认真审查,慎重处理。

最高人民法院关于仲裁协议无效是否可以裁定不予执行的处理意见

1. 2002年6月20日公布
2. 〔1999〕执监字第174-1号

广东省高级人民法院:

你院(1999)粤高法执监字第65—2号“关于中国农业银行杭州市延安路支行申请执行杭州市经济合同仲裁和会杭裁字(1996)第80号裁决书一案”的报告收悉,经研究,答复如下:

申请人中国农业银行浙江省信托投资公司(现为中国农业银行杭州市延安路支行,以下简称农业银行)与被申请人深圳政华实业公司(以下简称政华公司)、招商银行深圳福田支行(以下简称招商银行)合作投资担保合同纠纷一案,杭州市经济合同仲裁委员会于1996年10月25日作出杭裁字(1996)第80号裁决书裁决:政华公司在裁决生效后十日内归还农业银行借款及利息人民币617万余元,招商银行承担连带偿付责任。在执行该仲裁裁决过程中,被执行人招商银行向深圳市中级人民法院申请不予执行该仲裁裁决。深圳市中级人民法院认为:由于当事人只约定了仲裁地点,未约定仲裁机构,且双方当事人事后又未达成补充协议,故仲裁协议无效,杭州市经济合同仲裁和会无权对本案进行仲裁。因此,以(1997)深中法执字第10—15号民事裁定书裁定不予执行。

本院认为:本案的仲裁协议只约定仲裁地点而没有约定具体的仲裁机构,应当认定无效,但仲裁协议无效并不等于没有仲裁协议。仲裁协议无效的法律后果是不排除人民法院的管辖权,当事人可以选择由法院管辖而排除仲裁管辖,当事人未向法院起诉而选择仲裁应诉的,应视为当事人对仲裁庭管辖权的认可。招商银行在仲裁裁决前未向人民法院起诉,而参加仲裁应诉,应视为其对仲裁庭关于管辖权争议的裁决的认可。本案仲裁庭在裁决驳回管辖权异议后作出的仲裁裁决,在程序上符合仲裁法和民诉法的规定,没有不予执行的法定理由。执行法院不应再对该仲裁协议的效力进行审查。执行法院也不能将“仲裁协议无效”视为“没有仲裁协议”而裁定不予执行。因此,深圳市中级人民法院裁定不予执行错误,本案仲裁裁决应当恢复执行。

请你院监督执行法院按上述意见办理,在两个月内执结此案并报告本院。

此复

(六)执行中的其他情况

最高人民法院关于在执行经济纠纷案件中严禁违法拘留人的通知

1. 1992年8月29日发布
2. 法发〔1992〕25号

各省、自治区、直辖市高级人民法院,解放军军事法院:

近来,少数人民法院在执行经济纠纷案件中,不严格依照民事诉讼法的规定办事,以拘留被执行人促使其执行判决的事件时有发生,损害了人民法院严肃执法的形象,必须认真纠正。为此,特重申如下:

一、民事诉讼中的拘留是对妨害民事诉讼的一种强制措施。人民法院在执行中采取这种强制措施,必须十分慎重,只有符合民事诉讼法第一百零二条规定的条件,才可采取拘留措施。

二、人民法院根据民事诉讼法第一百零二条的规定决定采用拘留措施时,应当经院长批准,作出《拘留决定书》,由司法警察将《拘留决定书》连同被拘留人一并送交拘留地的公安机关看管。

三、按照上述规定,各级人民法院对正在执行中的拘留决定,要立即进行一次清查。凡不符合法律规定条件的,法律手续不全的,必须立即放人,并做好善后工作。

四、根据人民法院组织法关于下级人民法院的审判工作受上级人民法院监督的规定,上级人民法院如果发现下级人民法院采取拘留措施不当时,应督促该法院及时予以纠正。

五、对在执行经济纠纷案件的判决中违法拘人的,要严肃查处,并追究有关领导和直接责任人员的责任。

应当指出,发生法律效力的法律文书,必须坚决执行,但执行必须严格依法进行。这两个方面都是维护法律的严肃性。各级人民法院在执行中,要善于从实际情况出发,注意执行的社会效果,提高执法水平,进一步搞好执行工作。

最高人民法院关于三亚市城乡建设土地开发总公司将有关款项缴付给公安机关其是否对债权人承担民事赔偿责任问题的复函

1. 1995年12月7日公布
2. 法函〔1995〕156号

上海市高级人民法院:

你院沪高法(1995)93号和沪高法(1995)122号请示报告收悉。经研究,答复如下:

上海市闵行区人民法院在审理上海南和工

业公司(下称南和公司)诉天津万行企业总公司(下称万行公司)购销合同纠纷案时,以万行公司在海南省三亚市城乡建设土地开发总公司(下称三亚开发公司)存有用于房地产开发的900万元款项为由,作出了财产保全的民事裁定,并向三亚开发公司送达了裁定书和协助执行通知书,三亚开发公司亦在送达回证上签字并盖章。但是,闵行区人民法院并未冻结三亚开发公司相应的银行账户存款,也未向有关金融机构送达法律文书。1994年2月26日,山西省太原市公安局经济案件侦查处以"此款为万行公司诈骗款"为由,将万行公司存于三亚开发公司的900万元款项支付给山西铁路局875万元,支付给海南省国际经济与法律事务总公司25万元。1994年5月11日,闵行区人民法院向三亚市河西信用社出具了民事裁定书和协助执行通知书,通知其办理扣划三亚开发公司账户存款400万元并冻结人民币500万元。我们认为,闵行区人民法院在万行公司存于三亚开发公司的900万元款项已被公安机关追缴并支付给其他债权人的情况下,再次扣划并冻结三亚开发公司的款项明显不当,应当依法予以纠正。三亚开发公司对南和公司不应承担民事赔偿责任。

十二、涉外民事诉讼

中华人民共和国涉外民事关系法律适用法

1. 2010年10月28日第十一届全国人民代表大会常务委员会第十七次会议通过公布
2. 中华人民共和国主席令第36号
3. 自2011年4月1日起施行

第一章　一般规定

第一条　为了明确涉外民事关系的法律适用，合理解决涉外民事争议，维护当事人的合法权益，制定本法。

第二条　涉外民事关系适用的法律，依照本法确定。其他法律对涉外民事关系法律适用另有特别规定的，依照其规定。

本法和其他法律对涉外民事关系法律适用没有规定的，适用与该涉外民事关系有最密切联系的法律。

第三条　当事人依照法律规定可以明示选择涉外民事关系适用的法律。

第四条　中华人民共和国法律对涉外民事关系有强制性规定的，直接适用该强制性规定。

第五条　外国法律的适用将损害中华人民共和国社会公共利益的，适用中华人民共和国法律。

第六条　涉外民事关系适用外国法律，该国不同区域实施不同法律的，适用与该涉外民事关系有最密切联系区域的法律。

第七条　诉讼时效，适用相关涉外民事关系应当适用的法律。

第八条　涉外民事关系的定性，适用法院地法律。

第九条　涉外民事关系适用的外国法律，不包括该国的法律适用法。

第十条　涉外民事关系适用的外国法律，由人民法院、仲裁机构或者行政机关查明。当事人选择适用外国法律的，应当提供该国法律。

不能查明外国法律或者该国法律没有规定的，适用中华人民共和国法律。

第二章　民事主体

第十一条　自然人的民事权利能力，适用经常居所地法律。

第十二条　自然人的民事行为能力，适用经常居所地法律。

自然人从事民事活动，依照经常居所地法律为无民事行为能力，依照行为地法律为有民事行为能力的，适用行为地法律，但涉及婚姻家庭、继承的除外。

第十三条　宣告失踪或者宣告死亡，适用自然人经常居所地法律。

第十四条　法人及其分支机构的民事权利能力、民事行为能力、组织机构、股东权利义务等事项，适用登记地法律。

法人的主营业地与登记地不一致的，可以适用主营业地法律。法人的经常居所地，为其主营业地。

第十五条　人格权的内容，适用权利人经常居所地法律。

第十六条　代理适用代理行为地法律，但被代理人与代理人的民事关系，适用代理关系发生地法律。

当事人可以协议选择委托代理适用的法律。

第十七条　当事人可以协议选择信托适用的法律。当事人没有选择的，适用信托财产所在地法律或者信托关系发生地法律。

第十八条　当事人可以协议选择仲裁协议适用的法律。当事人没有选择的，适用仲裁机构所在地法律或者仲裁地法律。

第十九条　依照本法适用国籍国法律，自然人具有两个以上国籍的，适用有经常居所的国籍国法律；在所有国籍国均无经常居所的，适用与其有最密切联系的国籍国法律。自然人无国籍或者国籍不明的，适用其经常居所地法律。

第二十条　依照本法适用经常居所地法律，自然人经常居所地不明的，适用其现在居所地法律。

第三章　婚姻家庭

第二十一条　结婚条件,适用当事人共同经常居所地法律;没有共同经常居所地的,适用共同国籍国法律;没有共同国籍,在一方当事人经常居所地或者国籍国缔结婚姻的,适用婚姻缔结地法律。

第二十二条　结婚手续,符合婚姻缔结地法律、一方当事人经常居所地法律或者国籍国法律的,均为有效。

第二十三条　夫妻人身关系,适用共同经常居所地法律;没有共同经常居所地的,适用共同国籍国法律。

第二十四条　夫妻财产关系,当事人可以协议选择适用一方当事人经常居所地法律、国籍国法律或者主要财产所在地法律。当事人没有选择的,适用共同经常居所地法律;没有共同经常居所地的,适用共同国籍国法律。

第二十五条　父母子女人身、财产关系,适用共同经常居所地法律;没有共同经常居所地的,适用一方当事人经常居所地法律或者国籍国法律中有利于保护弱者权益的法律。

第二十六条　协议离婚,当事人可以协议选择适用一方当事人经常居所地法律或者国籍国法律。当事人没有选择的,适用共同经常居所地法律;没有共同经常居所地的,适用共同国籍国法律;没有共同国籍的,适用办理离婚手续机构所在地法律。

第二十七条　诉讼离婚,适用法院地法律。

第二十八条　收养的条件和手续,适用收养人和被收养人经常居所地法律。收养的效力,适用收养时收养人经常居所地法律。收养关系的解除,适用收养时被收养人经常居所地法律或者法院地法律。

第二十九条　扶养,适用一方当事人经常居所地法律、国籍国法律或者主要财产所在地法律中有利于保护被扶养人权益的法律。

第三十条　监护,适用一方当事人经常居所地法律或者国籍国法律中有利于保护被监护人权益的法律。

第四章　继　　承

第三十一条　法定继承,适用被继承人死亡时经常居所地法律,但不动产法定继承,适用不动产所在地法律。

第三十二条　遗嘱方式,符合遗嘱人立遗嘱时或者死亡时经常居所地法律、国籍国法律或者遗嘱行为地法律的,遗嘱均为成立。

第三十三条　遗嘱效力,适用遗嘱人立遗嘱时或者死亡时经常居所地法律或者国籍国法律。

第三十四条　遗产管理等事项,适用遗产所在地法律。

第三十五条　无人继承遗产的归属,适用被继承人死亡时遗产所在地法律。

第五章　物　　权

第三十六条　不动产物权,适用不动产所在地法律。

第三十七条　当事人可以协议选择动产物权适用的法律。当事人没有选择的,适用法律事实发生时动产所在地法律。

第三十八条　当事人可以协议选择运输中动产物权发生变更适用的法律。当事人没有选择的,适用运输目的地法律。

第三十九条　有价证券,适用有价证券权利实现地法律或者其他与该有价证券有最密切联系的法律。

第四十条　权利质权,适用质权设立地法律。

第六章　债　　权

第四十一条　当事人可以协议选择合同适用的法律。当事人没有选择的,适用履行义务最能体现该合同特征的一方当事人经常居所地法律或者其他与该合同有最密切联系的法律。

第四十二条　消费者合同,适用消费者经常居所地法律;消费者选择适用商品、服务提供地法律或者经营者在消费者经常居所地没有从事相关经营活动的,适用商品、服务提供地法律。

第四十三条　劳动合同,适用劳动者工作地法律;难以确定劳动者工作地的,适用用人单位主营业地法律。劳务派遣,可以适用劳务派出地法律。

第四十四条　侵权责任,适用侵权行为地法律,但当事人有共同经常居所地的,适用共同经常居所地法律。侵权行为发生后,当事人协议选择适用法律的,按照其协议。

第四十五条　产品责任，适用被侵权人经常居所地法律；被侵权人选择适用侵权人主营业地法律、损害发生地法律的，或者侵权人在被侵权人经常居所地没有从事相关经营活动的，适用侵权人主营业地法律或者损害发生地法律。

第四十六条　通过网络或者采用其他方式侵害姓名权、肖像权、名誉权、隐私权等人格权的，适用被侵权人经常居所地法律。

第四十七条　不当得利、无因管理，适用当事人协议选择适用的法律。当事人没有选择的，适用当事人共同经常居所地法律；没有共同经常居所地的，适用不当得利、无因管理发生地法律。

第七章　知 识 产 权

第四十八条　知识产权的归属和内容，适用被请求保护地法律。

第四十九条　当事人可以协议选择知识产权转让和许可使用适用的法律。当事人没有选择的，适用本法对合同的有关规定。

第五十条　知识产权的侵权责任，适用被请求保护地法律，当事人也可以在侵权行为发生后协议选择适用法院地法律。

第八章　附　　则

第五十一条　《中华人民共和国民法通则》第一百四十六条、第一百四十七条，《中华人民共和国继承法》第三十六条，与本法的规定不一致的，适用本法。

第五十二条　本法自2011年4月1日起施行。

最高人民法院关于适用《中华人民共和国涉外民事关系法律适用法》若干问题的解释(一)

1. *2012年12月10日由最高人民法院审判委员会第1563次会议通过*
2. *2012年12月28日公布*
3. *法释〔2012〕24号*
4. *自2013年1月7日起施行*

为正确审理涉外民事案件，根据《中华人民共和国涉外民事关系法律适用法》的规定，对人民法院适用该法的有关问题解释如下：

第一条　民事关系具有下列情形之一的，人民法院可以认定为涉外民事关系：

（一）当事人一方或双方是外国公民、外国法人或者其他组织、无国籍人；

（二）当事人一方或双方的经常居所地在中华人民共和国领域外；

（三）标的物在中华人民共和国领域外；

（四）产生、变更或者消灭民事关系的法律事实发生在中华人民共和国领域外；

（五）可以认定为涉外民事关系的其他情形。

第二条　涉外民事关系法律适用法实施以前发生的涉外民事关系，人民法院应当根据该涉外民事关系发生时的有关法律规定确定应当适用的法律；当时法律没有规定的，可以参照涉外民事关系法律适用法的规定确定。

第三条　涉外民事关系法律适用法与其他法律对同一涉外民事关系法律适用规定不一致的，适用涉外民事关系法律适用法的规定，但《中华人民共和国票据法》、《中华人民共和国海商法》、《中华人民共和国民用航空法》等商事领域法律的特别规定以及知识产权领域法律的特别规定除外。

涉外民事关系法律适用法对涉外民事关系的法律适用没有规定而其他法律有规定的，适用其他法律的规定。

第四条　涉外民事关系的法律适用涉及适用国际条约的，人民法院应当根据《中华人民共和国民法通则》第一百四十二条第二款以及《中华人民共和国票据法》第九十五条第一款、《中华人民共和国海商法》第二百六十八条第一款、《中华人民共和国民用航空法》第一百八十四条第一款等法律规定予以适用，但知识产权领域的国际条约已经转化或者需要转化为国内法律的除外。

第五条　涉外民事关系的法律适用涉及适用国际惯例的，人民法院应当根据《中华人民共和国民法通则》第一百四十二条第三款以及《中华人民共和国票据法》第九十五条第二款、《中华人民共和国海商法》第二百六十八条第二款、《中华人民共和国民用航空法》第一百八十四条第二款等法律规定予以适用。

第六条 中华人民共和国法律没有明确规定当事人可以选择涉外民事关系适用的法律,当事人选择适用法律的,人民法院应认定该选择无效。

第七条 一方当事人以双方协议选择的法律与系争的涉外民事关系没有实际联系为由主张选择无效的,人民法院不予支持。

第八条 当事人在一审法庭辩论终结前协议选择或者变更选择适用的法律的,人民法院应予准许。

各方当事人援引相同国家的法律且未提出法律适用异议的,人民法院可以认定当事人已经就涉外民事关系适用的法律做出了选择。

第九条 当事人在合同中援引尚未对中华人民共和国生效的国际条约的,人民法院可以根据该国际条约的内容确定当事人之间的权利义务,但违反中华人民共和国社会公共利益或中华人民共和国法律、行政法规强制性规定的除外。

第十条 有下列情形之一,涉及中华人民共和国社会公共利益、当事人不能通过约定排除适用、无需通过冲突规范指引而直接适用于涉外民事关系的法律、行政法规的规定,人民法院应当认定为涉外民事关系法律适用法第四条规定的强制性规定:

(一)涉及劳动者权益保护的;

(二)涉及食品或公共卫生安全的;

(三)涉及环境安全的;

(四)涉及外汇管制等金融安全的;

(五)涉及反垄断、反倾销的;

(六)应当认定为强制性规定的其他情形。

第十一条 一方当事人故意制造涉外民事关系的连结点,规避中华人民共和国法律、行政法规的强制性规定的,人民法院应认定为不发生适用外国法律的效力。

第十二条 涉外民事争议的解决须以另一涉外民事关系的确认为前提时,人民法院应当根据该先决问题自身的性质确定其应当适用的法律。

第十三条 案件涉及两个或者两个以上的涉外民事关系时,人民法院应当分别确定应当适用的法律。

第十四条 当事人没有选择涉外仲裁协议适用的法律,也没有约定仲裁机构或者仲裁地,或者约定不明的,人民法院可以适用中华人民共和国法律认定该仲裁协议的效力。

第十五条 自然人在涉外民事关系产生或者变更、终止时已经连续居住一年以上且作为其生活中心的地方,人民法院可以认定为涉外民事关系法律适用法规定的自然人的经常居所地,但就医、劳务派遣、公务等情形除外。

第十六条 人民法院应当将法人的设立登记地认定为涉外民事关系法律适用法规定的法人的登记地。

第十七条 人民法院通过由当事人提供、已对中华人民共和国生效的国际条约规定的途径、中外法律专家提供等合理途径仍不能获得外国法律的,可以认定为不能查明外国法律。

根据涉外民事关系法律适用法第十条第一款的规定,当事人应当提供外国法律,其在人民法院指定的合理期限内无正当理由未提供该外国法律的,可以认定为不能查明外国法律。

第十八条 人民法院应当听取各方当事人对应当适用的外国法律的内容及其理解与适用的意见,当事人对该外国法律的内容及其理解与适用均无异议的,人民法院可以予以确认;当事人有异议的,由人民法院审查认定。

第十九条 涉及香港特别行政区、澳门特别行政区的民事关系的法律适用问题,参照适用本规定。

第二十条 涉外民事关系法律适用法施行后发生的涉外民事纠纷案件,本解释施行后尚未终审的,适用本解释;本解释施行前已经终审,当事人申请再审或者按照审判监督程序决定再审的,不适用本解释。

第二十一条 本院以前发布的司法解释与本解释不一致的,以本解释为准。

最高人民法院关于人民法院公开审判非涉外案件是否准许外国人旁听或采访问题的批复

1982年7月5日公布

广东省高级人民法院：

你院粤法研〔1982〕14号请示收悉。关于人民法院公开审判的非涉外案件，是否准许外国人旁听、采访的问题，经与外交部主管部门研究，基本上同意你院的意见。即：

（一）外国人（包括使、领馆人员、记者等）要求旁听、采访非涉外案件的公开审判，应向我主管的外事部门提出申请，由外事部门与人民法院共同商定后，凭人民法院发给的旁听证或者采访证，进入法庭旁听或者采访，并应遵守人民法院的法庭规则。

（二）对于允许外国人（包括使、领馆人员、记者等）旁听或者采访的公开审判的非涉外案件，应当慎重地予以选择，一般以普通刑事和民事案件为宜，在征得当地外事部门同意后，报上一级人民法院批准。

全国人民代表大会常务委员会关于我国加入《关于从国外调取民事或商事证据的公约》的决定

1997年7月3日通过

第八届全国人民代表大会常务委员会第二十六次会议决定，中华人民共和国加入1970年3月18日订于海牙的《关于从国外调取民事或商事证据的公约》，同时：

一、根据公约第二条，指定中华人民共和国司法部为负责接收来自另一缔约国司法机关的请求书，并将其转交给执行请求的主管机关的中央机关；

二、根据公约第二十三条声明，对于普通法国家旨在进行审判前文件调查的请求书，仅执行已在请求书中列明并与案件有直接密切联系的文件的调查请求；

三、根据公约第三十三条声明，除第十五条以外，不适用公约第二章的规定。

附：

关于从国外调取民事或商事证据的公约

1970年3月18日订于海牙

目　　录

全国人民代表大会常务委员会关于我国加入《关于从国外调取民事或商事证据的公约》的决定

（1997年7月3日通过）第八届全国人民代表大会常务委员会第二十六次会议决定，中华人民共和国加入1970年3月18日订于海牙的《关于从国外调取民事或商事证据的公约》，同时：

一、根据公约第二条，指定中华人民共和国司法部为负责接收来自另一缔约国司法机关的请求书，并将其转交给执行请求的主管机关的中央机关；

二、根据公约第二十三条声明，对于普通法国家旨在进行审判前文件调查的请求书，仅执行已在请求书中列明并与案件有直接密切联系的文件的调查请求；

三、根据公约第三十三条声明，除第十五条以外，不适用公约第二章的规定。

本公约签字国，希望便利请求书的转递和执行，并促进他们为此目的而采取的不同方法的协调，希望增进相互间在民事或商事方面的司法合作，为此目的，兹决定缔结一项公约，并议定下列各条：

第一章　请　求　书

第一条　在民事或商事案件中，每一缔约国的司法机关可以根据该国的法律规定，通过请求书的方式，请求另一缔约国主管机关调取证据或履行某些其他司法行为。

请求书不得用来调取不打算用于已经开始或即将开始的司法程序的证据。

“其他司法行为”一词不包括司法文书的送达或颁发执行判决或裁定的任何决定,或采取临时措施或保全措施的命令。

第二条 每一缔约国应指定一个中央机关负责接收来自另一缔约国司法机关的请求书,并将其转交给执行请求的主管机关。各缔约国应依其本国法律组建该中央机关。

请求书应直接送交执行国中央机关,无需通过该国任何其他机关转交。

第三条 请求书应载明:

(一)请求执行的机关,以及如果请求机关知道,被请求执行的机关;

(二)诉讼当事人的姓名和地址,以及如有的话,他们的代理人的姓名和地址;

(三)需要证据的诉讼的性质,及有关的一切必要资料;

(四)需要调取的证据或需履行的其他司法行为。

必要时,请求书还应特别载明:

(五)需询问的人的姓名和地址;

(六)需向被询问人提出的问题或对需询问的事项的说明;

(七)需检查的文书或其他财产,包括不动产或动产;

(八)证据需经宣誓或确认的任何要求,以及应使用的任何特殊格式;

(九)依公约第九条需采用的任何特殊方式或程序。

请求书还可以载明为适用第十一条所需的任何资料。

不得要求认证或其他类似手续。

第四条 请求书应以被请求执行机关的文字作成或附该种文字的译文。

但是,除非缔约国已根据第三十三条提出保留,缔约国应该接受以英文或法文作成或附其中任何一种文字译文的请求书。

具有多种官方文字并且因国内法原因不能在其全部领土内接受由其中一种文字作成的请求书的缔约国,应通过声明方式指明请求书在其领土的特定部分内执行时应使用的文字或译文。如无正当理由而未能遵守这一声明,译成所需文字的费用由请求国负担。

每一缔约国可用声明方式指明除上述各款规定的文字以外,送交其中央机关的请求书可以使用的其他文字。

请求书所附的任何译文应经外交官员、领事代表或经宣誓的译员或经两国中的一国授权的任何其他人员证明无误。

第五条 如果中央机关认为请求书不符合本公约的规定,应立即通知向其送交请求书的请求国机关,指明对该请求书的异议。

第六条 如被送交请求书的机关无权执行请求,应将请求书及时转交根据其国内法律规定有权执行的本国其他机关。

第七条 如请求机关提出请求,应将进行司法程序的时间和地点通知该机关,以便有关当事人和他们已有的代理人能够出席。如果请求机关提出请求,上述通知应直接送交当事人或他们的代理人。

第八条 缔约国可以声明,在执行请求时,允许另一缔约国请求机关的司法人员出席。对此,声明国可要求事先取得其指定的主管机关的授权。

第九条 执行请求书的司法机关应适用其本国法规定的方式和程序。

但是,该机关应采纳请求机关提出的采用特殊方式或程序的请求,除非其与执行国国内法相抵触或因其国内惯例和程序或存在实际困难而不可能执行。

请求书应迅速执行。

第十条 在执行请求时,被请求机关应在其国内法为执行本国机关的决定或本国诉讼中当事人的请求而规定的相同的情况和范围内,采取适当的强制措施。

第十一条 在请求书的执行过程中,在下列情况下有拒绝作证的特权或义务的有关人员,可以拒绝提供证据:

(一)根据执行国法律;或

(二)根据请求国法律,并且该项特权或义务已在请求书中列明,或应被请求机关的要求,已经请求机关另行确认。

此外,缔约国可以声明在声明指定的范围内,尊重请求国和执行国以外的其他国家法律规定的特权或义务。

第十二条 只有在下列情况下,才能拒绝执行请求书:

(一)在执行国,该请求书的执行不属于司法机关的职权范围;或

(二)被请求国认为,请求书的执行将会损害其主权和安全。

执行国不能仅因其国内法已对该项诉讼标的规定专属管辖权或不承认对该事项提起诉讼的权利为理由,拒绝执行请求。

第十三条 证明执行请求书的文书应由被请求机关采用与请求机关所采用的相同途径送交请求机关。

在请求书全部或部分未能执行的情况下,应通过相同途径及时通知请求机关,并说明原因。

第十四条 请求书的执行不产生任何性质的税费补偿。

但是,执行国有权要求请求国偿付支付给鉴定人和译员的费用和因采用请求国根据第九条第二款要求采用的特殊程序而产生的费用。

如果被请求国法律规定当事人有义务收集证据,并且被请求机关不能亲自执行请求书,在征得请求机关的同意后,被请求机关可以指定一位适当的人员执行。在征求此种同意时,被请求机关应说明采用这一程序所产生的大致费用。如果请求机关表示同意,则应偿付由此产生的任何费用;否则请求机关对该费用不承担责任。

第二章 外交官员、领事代表和特派员取证

第十五条 在民事或商事案件中,每一缔约国的外交官员或领事代表在另一缔约国境内其执行职务的区域内,可以向他所代表的国家的国民在不采取强制措施的情况下调取证据,以协助在其代表的国家的法院中进行的诉讼。

缔约国可以声明,外交官员或领事代表只有在自己或其代表向声明国指定的适当机关递交了申请并获得允许后才能调取证据。

第十六条 在符合下列条件的情况下,每一缔约国的外交官员或领事代表在另一缔约国境内其执行职务的区域内,亦可以向他执行职务地所在国或第三国国民在不采取强制措施的情况下调取证据,以协助在其代表的国家的法院中进行的诉讼:

(一)他执行职务地所在国指定的主管机关已给予一般性或对特定案件的许可,并且

(二)他遵守主管机关在许可中设定的条件。

缔约国可以声明,无须取得事先许可即可依本条进行取证。

第十七条 在符合下列条件的情况下,在民事或商事案件中,被正式指派的特派员可以在不采取强制措施的情况下在一缔约国境内调取证据,以协助在另一缔约国法院中正在进行的诉讼:

(一)取证地国指定的主管机关已给予一般性或对特定案件的许可;并且

(二)他遵守主管机关在许可中设定的条件。

缔约国可以声明在无事先许可的情况下依本条进行取证。

第十八条 缔约国可以声明,根据第十五条、第十六条、第十七条被授权调取证据的外交官员、领事代表或特派员可以申请声明国指定的主管机关采取强制措施,对取证予以适当协助。声明中可包含声明国认为合适的条件。

如果主管机关同意该项申请,则应采取其国内法规定的适用于国内诉讼程序的一切合适的强制措施。

第十九条 主管机关在给予第十五条、第十六条或第十七条所指的许可或同意第十八条所指的申请时,可规定其认为合适的条件,特别是调取证据的时间和地点。同时,它可以要求得到有关取证的时间、日期和地点的合理的事先通知。在这种情况下,该机关的代表有权在取证时出席。

第二十条 根据本章各条取证时,有关人员可以得到合法代理。

第二十一条 如果外交官员、领事代表或特派员

根据第十五条、第十六条或第十七条有权调取证据:

(一)他可以调取与取证地国法律不相抵触并不违背根据上述各条给予的任何许可的各种证据,并有权在上述限度内主持宣誓或接受确认;

(二)要求某人出庭或提供证据的请求应用取证地国文字作成或附有取证地国文字的译文,除非该人为诉讼进行地国国民;

(三)请求中应通知该人,他可得到合法代理;在未根据第十八条提出声明的国家,还应通知该人他的出庭或提供证据不受强制;

(四)如果取证地国法律未禁止,可以依受理诉讼的法院所适用的法律中规定的方式调取证据;

(五)被请求提供证据的人员可以引用第十一条规定的特权和义务拒绝提供证据。

第二十二条 因为某人拒绝提供证据而未能依本章规定的程序取证的事实不妨碍随后根据第一章提出取证申请。

第三章 一般条款

第二十三条 缔约国可在签署、批准或加入时声明,不执行普通法国家的旨在进行审判前文件调查的请求书。

第二十四条 缔约国可以指定除中央机关以外的其他机关,并应决定它们的职权范围。但是在任何情况下,都可以向中央机关送交请求书。

联邦国家有权指定一个以上的中央机关。

第二十五条 有多种法律制度的缔约国可以指定其中一种制度内的机关具有执行根据本公约提出的请求书的专属权利。

第二十六条 如果因为宪法的限制,缔约国可以要求请求国偿付与执行请求书有关的送达强制某人出庭提供证据的传票的费用,该人出庭的费用,以及制作询问笔录的费用。

如果一国根据前款提出请求,任何其他缔约国可要求该国偿付同类费用。

第二十七条 本公约的规定不妨碍缔约国:

(一)声明可以通过第二条规定的途径以外的途径将请求书送交其司法机关;

(二)根据其国内法律或惯例,允许在更少限制的情况下实行本公约所规定的行为;

(三)根据其国内法律或惯例,允许以本公约规定以外的方式调取证据。

第二十八条 本公约不妨碍任何两个或两个以上的缔约国缔结协定排除下列条款的适用:

(一)第二条有关送交请求书方式的规定;

(二)第四条有关使用文字的规定;

(三)第八条有关在执行请求书时司法机关人员出席的规定;

(四)第十一条有关证人拒绝作证的特权和义务的规定;

(五)第十三条有关将执行请求书的文书送回请求机关的方式的规定;

(六)第十四条有关费用的规定;

(七)第二章的规定。

第二十九条 在同为1905年7月17日或1954年3月1日在海牙签订的两个《民事诉讼程序公约》或其中之一的当事国的本公约当事国之间,本公约取代上述两公约第八条至第十六条的规定。

第三十条 本公约不影响1905年公约第二十三条或1954年公约第二十四条规定的适用。

第三十一条 1905年和1954年公约当事国之间的补充协定应被认为同样适用于本公约,除非当事国之间另有约定。

第三十二条 在不影响本公约第二十九条和第三十一条规定的前提下,本公约不影响缔约国已经或即将成为当事国的包含本公约事项的其他公约的适用。

第三十三条 一国可在签署、批准或加入公约时,部分或全部排除第四条第二款和第二章的规定的适用。不允许作其他保留。

缔约国可随时撤回其保留;保留自撤回通知后第六十日起失去效力。

如果一国作出保留,受其影响的任何其他国家可以对保留国适用相同的规则。

第三十四条 缔约国可随时撤销或更改其声明。

第三十五条 缔约国应在交存批准书或加入书时或其后,将根据第二条、第八条、第二十四条和第二十五条指定的机关通知荷兰外交部。

缔约国还应在适当时通知荷兰外交部:

(一)根据第十五条、第十六条和第十八条

的相关规定外交官员或领事代表调取证据时应向其递交通知、获取许可、请求协助的机关的指定；

（二）根据第十七条特派员取证时应获其许可和根据第十八条提供协助的机关的指定；

（三）根据第四条、第八条、第十一条、第十五条、第十六条、第十七条、第十八条、第二十三条和第二十五条所作的声明；

（四）任何对上述指定或声明的撤销或更改；

（五）保留的撤回。

第三十六条 缔约国之间因实施本公约产生的任何困难应通过外交途径解决。

第三十七条 本公约应对出席海牙国际私法会议第十一届会议的国家开放签署。

本公约需经批准。批准书应交存荷兰外交部。

第三十八条 本公约自第三十七条第二款所指的第三份批准书交存后第60日起生效。

对于此后批准公约的签署国，公约自该国交存批准书后第60日起生效。

第三十九条 任何未出席第十一届海牙国际私法会议的海牙国际私法会议的成员国、联合国或该组织专门机构的成员国、或国际法院规约当事国可在公约根据第三十八条第一款生效后加入本公约。

加入书应交存荷兰外交部。

自交存加入书后第60日起公约对该加入国生效。

加入行为只在加入国和已声明接受该国加入的公约缔约国之间的关系方面发生效力。上述声明应交存荷兰外交部；荷兰外交部应将经证明的副本通过外交途径转送各缔约国。

本公约自加入国和接受该国加入的国家之间自交存接受声明后第60日起生效。

第四十条 任何国家可在签署、批准或加入公约时声明，本公约扩展适用于该国负责其国际关系的全部领域或其中一个或几个部分。此项声明自本公约对有关国家生效之日起生效。

此后任一时间的上述扩展适用均应通知荷兰外交部。

本公约自前款所指的通知后第60日起对声明所提及的领域生效。

第四十一条 本公约自根据公约第三十八条第一款生效后5年内有效，对后来批准或加入本公约的国家同样如此。

如未经退出，本公约每5年自动延续一次。

退出应最迟于5年期满前6个月通知荷兰外交部。

退出可仅限于公约适用的特定区域。

退出仅对通知退出的国家有效。公约对其他缔约国仍然有效。

第四十二条 荷兰外交部应将下列事项通知第三十七条所指的国家和根据第三十九条加入的国家：

（一）第三十七条所指的签署和批准；

（二）公约根据第三十八条第一款生效的日期；

（三）第三十九条所指的加入及其生效日期；

（四）第四十条所指的扩展及其生效日期；

（五）根据第三十三条和第三十五条所作的指定、保留和声明；

（六）第四十一条第三款所指的退出。

下列经正式授权的签署人签署本公约，以昭信守。

1970年3月18日订于海牙，用英文和法文写成，两种文本同等作准。正本一份，存放于荷兰政府档案库，其经证明无误的副本应通过外交途径送交出席海牙国际私法会议第十一届会议的国家。

最高人民法院关于审理出口信用保险合同纠纷案件适用相关法律问题的批复

1. 2013年4月15日由最高人民法院审判委员会第1575次会议通过

2. 2013年5月2日公布

3. 法释〔2013〕13号

4. 自2013年5月8日起施行

广东省高级人民法院：

你院《关于出口信用保险合同法律适用问题

的请示》(粤高法〔2012〕442号)收悉。经研究,批复如下:

对出口信用保险合同的法律适用问题,保险法没有作出明确规定。鉴于出口信用保险的特殊性,人民法院审理出口信用保险合同纠纷案件,可以参照适用保险法的相关规定;出口信用保险合同另有约定的,从其约定。

十三、涉港澳台民事诉讼

（一）综合

最高人民法院关于人民法院认可台湾地区有关法院民事判决的补充规定

1. 2009年3月30日最高人民法院审判委员会第1465次会议通过
2. 2009年4月24日公布
3. 法释〔2009〕4号
4. 自2009年5月14日起施行
5. 已由法释〔2015〕13号废止

为了更好地解决认可台湾地区有关法院民事判决的相关问题，维护当事人的合法权益，现对最高人民法院《关于人民法院认可台湾地区有关法院民事判决的规定》（以下简称《规定》）作出补充规定。

第一条　申请人同时提出认可和执行台湾地区有关法院民事判决申请的，人民法院应按规定对认可申请进行审查。

经人民法院裁定认可的台湾地区有关法院民事判决，与人民法院作出的生效判决具有同等效力。申请人依裁定向人民法院申请执行的，人民法院应予受理。

第二条　申请认可的台湾地区有关法院民事判决，包括对商事、知识产权、海事等民事纠纷案件作出的判决。

申请认可台湾地区有关法院民事裁定、调解书、支付令，以及台湾地区仲裁机构裁决的，适用《规定》和本补充规定。

第三条　申请人向两个以上有管辖权的中级人民法院申请认可的，由最先立案的中级人民法院管辖。

申请人向被执行财产所在地中级人民法院申请认可的，应当提供被执行财产存在的相关证据。

第四条　申请人申请认可台湾地区有关法院民事判决，应当提供相关证据，以证明该判决真实并且效力已确定。

第五条　申请人提出认可台湾地区有关法院民事判决的申请时，或者在案件受理后、人民法院作出裁定前，可以提出财产保全申请。

申请人申请财产保全的，应当向人民法院提供有效的担保。申请人不提供担保或者提供的担保不符合条件的，驳回其申请。

第六条　具有下列情形之一的，人民法院应当及时解除财产保全：

（一）人民法院作出准予财产保全的裁定后，被申请人提供有效担保的；

（二）人民法院作出认可裁定后，申请人在申请执行期限内不申请执行的；

（三）人民法院裁定不予认可台湾地区有关法院民事判决的；

（四）申请人撤回保全申请的。

申请财产保全的其他程序，适用民事诉讼法及相关司法解释的规定。

第七条　申请认可台湾地区有关法院民事判决的案件，应根据案件的不同类型，由相关民事审判庭的审判人员组成合议庭进行审理。

第八条　人民法院经审查能够确认该判决真实并且效力已确定，且不具有《规定》第九条所列情形的，裁定认可其效力；不能确认的，裁定驳回申请人的申请。

第九条　申请认可台湾地区有关法院民事判决的，应当在该判决效力确定后二年内提出。

当事人因不可抗拒的事由或者其他正当理由耽误期限而不能提出认可申请的，在障碍消除后的十日内，可以申请顺延期限。

第十条　人民法院受理申请人申请后，应当在六个月内审结。

(二)裁判认可与执行

最高人民法院关于内地与香港特别行政区法院相互认可和执行当事人协议管辖的民商事案件判决的安排

1. 2006年6月12日最高人民法院审判委员会第1390次会议通过
2. 2008年7月3日公布
3. 法释[2008]9号
4. 自2008年8月1日起施行

根据《中华人民共和国香港特别行政区基本法》第九十五条的规定,最高人民法院与香港特别行政区政府经协商,现就当事人协议管辖的民商事案件判决的认可和执行问题作出如下安排:

第一条 内地人民法院和香港特别行政区法院在具有书面管辖协议的民商事案件中作出的须支付款项的具有执行力的终审判决,当事人可以根据本安排向内地人民法院或者香港特别行政区法院申请认可和执行。

第二条 本安排所称“具有执行力的终审判决”:

(一)在内地是指:

1. 最高人民法院的判决;

2. 高级人民法院、中级人民法院以及经授权管辖第一审涉外、涉港澳台民商事案件的基层人民法院(名单附后)依法不准上诉或者已经超过法定期限没有上诉的第一审判决,第二审判决和依照审判监督程序由上一级人民法院提审后作出的生效判决。

(二)在香港特别行政区是指终审法院、高等法院上诉法庭及原讼法庭和区域法院作出的生效判决。

本安排所称判决,在内地包括判决书、裁定书、调解书、支付令;在香港特别行政区包括判决书、命令和诉讼费评定证明书。

当事人向香港特别行政区法院申请认可和执行判决后,内地人民法院对该案件依法再审的,由作出生效判决的上一级人民法院提审。

第三条 本安排所称“书面管辖协议”,是指当事人为解决与特定法律关系有关的已经发生或者可能发生的争议,自本安排生效之日起,以书面形式明确约定内地人民法院或者香港特别行政区法院具有唯一管辖权的协议。

本条所称“特定法律关系”,是指当事人之间的民商事合同,不包括雇佣合同以及自然人因个人消费、家庭事宜或者其他非商业目的而作为协议一方的合同。

本条所称“书面形式”是指合同书、信件和数据电文(包括电报、电传、传真、电子数据交换和电子邮件)等可以有形地表现所载内容、可以调取以备日后查用的形式。

书面管辖协议可以由一份或者多份书面形式组成。

除非合同另有规定,合同中的管辖协议条款独立存在,合同的变更、解除、终止或者无效,不影响管辖协议条款的效力。

第四条 申请认可和执行符合本安排规定的民商事判决,在内地向被申请人住所地、经常居住地或者财产所在地的中级人民法院提出,在香港特别行政区向香港特别行政区高等法院提出。

第五条 被申请人住所地、经常居住地或者财产所在地在内地不同的中级人民法院辖区的,申请人应当选择向其中一个人民法院提出认可和执行的申请,不得分别向两个或者两个以上人民法院提出申请。

被申请人的住所地、经常居住地或者财产所在地,既在内地又在香港特别行政区的,申请人可以同时分别向两地法院提出申请,两地法院分别执行判决的总额,不得超过判决确定的数额。已经部分或者全部执行判决的法院应当根据对方法院的要求提供已执行判决的情况。

第六条 申请人向有关法院申请认可和执行判决的,应当提交以下文件:

(一)请求认可和执行的申请书;

(二)经作出终审判决的法院盖章的判决书副本;

（三）作出终审判决的法院出具的证明书，证明该判决属于本安排第二条所指的终审判决，在判决作出地可以执行；

（四）身份证明材料：

1. 申请人为自然人的，应当提交身份证或者经公证的身份证复印件；

2. 申请人为法人或者其他组织的，应当提交经公证的法人或者其他组织注册登记证书的复印件；

3. 申请人是外国籍法人或者其他组织的，应当提交相应的公证和认证材料。

向内地人民法院提交的文件没有中文文本的，申请人应当提交证明无误的中文译本。

执行地法院对于本条所规定的法院出具的证明书，无需另行要求公证。

第七条　请求认可和执行申请书应当载明下列事项：

（一）当事人为自然人的，其姓名、住所；当事人为法人或者其他组织的，法人或者其他组织的名称、住所以及法定代表人或者主要负责人的姓名、职务和住所；

（二）申请执行的理由与请求的内容，被申请人的财产所在地以及财产状况；

（三）判决是否在原审法院地申请执行以及已执行的情况。

第八条　申请人申请认可和执行内地人民法院或者香港特别行政区法院判决的程序，依据执行地法律的规定。本安排另有规定的除外。

申请人申请认可和执行的期间为二年。

前款规定的期间，内地判决到香港特别行政区申请执行的，从判决规定履行期间的最后一日起计算，判决规定分期履行的，从规定的每次履行期间的最后一日起计算，判决未规定履行期间的，从判决生效之日起计算；香港特别行政区判决到内地申请执行的，从判决可强制执行之日起计算，该日为判决上注明的判决日期，判决对履行期间另有规定的，从规定的履行期间届满后开始计算。

第九条　对申请认可和执行的判决，原审判决中的债务人提供证据证明有下列情形之一的，受理申请的法院经审查核实，应当裁定不予认可和执行：

（一）根据当事人协议选择的原审法院地的法律，管辖协议属于无效。但选择法院已经判定该管辖协议为有效的除外；

（二）判决已获完全履行；

（三）根据执行地的法律，执行地法院对该案享有专属管辖权；

（四）根据原审法院地的法律，未曾出庭的败诉一方当事人未经合法传唤或者虽经合法传唤但未获依法律规定的答辩时间。但原审法院根据其法律或者有关规定公告送达的，不属于上述情形；

（五）判决是以欺诈方法取得的；

（六）执行地法院就相同诉讼请求作出判决，或者外国、境外地区法院就相同诉讼请求作出判决，或者有关仲裁机构作出仲裁裁决，已经为执行地法院所认可或者执行的。

内地人民法院认为在内地执行香港特别行政区法院判决违反内地社会公共利益，或者香港特别行政区法院认为在香港特别行政区执行内地人民法院判决违反香港特别行政区公共政策的，不予认可和执行。

第十条　对于香港特别行政区法院作出的判决，判决确定的债务人已经提出上诉，或者上诉程序尚未完结的，内地人民法院审查核实后，可以中止认可和执行程序。经上诉，维持全部或者部分原判决的，恢复认可和执行程序；完全改变原判决的，终止认可和执行程序。

内地地方人民法院就已经作出的判决按照审判监督程序作出提审裁定，或者最高人民法院作出提起再审裁定的，香港特别行政区法院审查核实后，可以中止认可和执行程序。再审判决维持全部或者部分原判决的，恢复认可和执行程序；再审判决完全改变原判决的，终止认可和执行程序。

第十一条　根据本安排而获认可的判决与执行地法院的判决效力相同。

第十二条　当事人对认可和执行与否的裁定不服的，在内地可以向上一级人民法院申请复议，在香港特别行政区可以根据其法律规定提出上诉。

第十三条　在法院受理当事人申请认可和执行

判决期间,当事人依相同事实再行提起诉讼的,法院不予受理。

已获认可和执行的判决,当事人依相同事实再行提起诉讼的,法院不予受理。

对于根据本安排第九条不予认可和执行的判决,申请人不得再行提起认可和执行的申请,但是可以按照执行地的法律依相同案件事实向执行地法院提起诉讼。

第十四条 法院受理认可和执行判决的申请之前或者之后,可以按照执行地法律关于财产保全或者禁制资产转移的规定,根据申请人的申请,对被申请人的财产采取保全或强制措施。

第十五条 当事人向有关法院申请执行判决,应当根据执行地有关诉讼收费的法律和规定交纳执行费或者法院费用。

第十六条 内地与香港特别行政区法院相互认可和执行的标的范围,除判决确定的数额外,还包括根据该判决须支付的利息、经法院核定的律师费以及诉讼费,但不包括税收和罚款。

在香港特别行政区诉讼费是指经法官或者司法常务官在诉讼费评定证明书中核定或者命令支付的诉讼费用。

第十七条 内地与香港特别行政区法院自本安排生效之日(含本日)起作出的判决,适用本安排。

第十八条 本安排在执行过程中遇有问题或者需要修改,由最高人民法院和香港特别行政区政府协商解决。

附:

内地经授权管辖第一审涉外涉港澳台民商事案件的基层人民法院名单

截止2006年5月31日

广东省

广州市越秀区人民法院
广州市海珠区人民法院
广州市天河区人民法院
广州市番禺区人民法院
广州市萝岗区人民法院
广州市南沙区人民法院
深圳市福田区人民法院
深圳市罗湖区人民法院
深圳市宝安区人民法院
深圳市龙岗区人民法院
深圳市南山区人民法院
深圳市盐田区人民法院
佛山市禅城区人民法院
东莞市人民法院
湛江经济技术开发区人民法院
惠州市大亚湾经济技术开发区人民法院

山东省

济南高新技术产业开发区人民法院
淄博高新技术产业开发区人民法院
泰安高新技术产业开发区人民法院
烟台经济技术开发区人民法院
日照经济开发区人民法院

河北省

石家庄高新技术产业开发区人民法院
廊坊经济技术开发区人民法院
秦皇岛市经济技术开发区人民法院

湖北省

武汉市经济技术开发区人民法院
武汉东湖新技术开发区人民法院
襄樊高新技术开发区人民法院

辽宁省

沈阳经济技术开发区人民法院
沈阳高新技术产业开发区人民法院
大连经济技术开发区人民法院

江苏省

苏州市工业园区人民法院
无锡市高新技术产业开发区人民法院
常州高新技术产业开发区人民法院
南通经济技术开发区人民法院

上海市

浦东新区人民法院
黄浦区人民法院

吉林省

长春市经济技术开发区人民法院
吉林高新技术产业开发区人民法院

天津市

天津市经济技术开发区人民法院

浙江省

义乌市人民法院

河南省

郑州高新技术产业开发区人民法院

洛阳市高新技术开发区人民法院

四川省

成都高新技术产业开发区人民法院

绵阳高新技术产业开发区人民法院

海南省

洋浦开发区人民法院

内蒙古自治区

包头稀土高新技术产业开发区人民法院

安徽省

合肥高新技术产业开发区人民法院

最高人民法院根据审判工作的需要，对授权管辖第一审涉外、涉港澳台民商事案件的基层人民法院进行增减的，在通报香港特别行政区政府后，列入附件。

最高人民法院关于内地与香港特别行政区相互执行仲裁裁决的安排

1. 1999年6月18日最高人民法院审判委员会第1069次会议通过

2. 2000年1月24日公布

3. 法释〔2000〕3号

4. 自2000年2月1日起施行

根据《中华人民共和国香港特别行政区基本法》第九十五条的规定，经最高人民法院与香港特别行政区（以下简称香港特区）政府协商，香港特区法院同意执行内地仲裁机构（名单由国务院法制办公室经国务院港澳事务办公室提供）依据《中华人民共和国仲裁法》所作出的裁决，内地人民法院同意执行在香港特区按香港特区《仲裁条例》所作出的裁决。现就内地与香港特区相互执行仲裁裁决的有关事宜作出如下安排：

一、在内地或者香港特区作出的仲裁裁决，一方当事人不履行仲裁裁决的，另一方当事人可以向被申请人住所地或者财产所在地的有关法院申请执行。

二、上条所述的有关法院，在内地指被申请人住所地或者财产所在地的中级人民法院，在香港特区指香港特区高等法院。

被申请人住所地或者财产所在地在内地不同的中级人民法院辖区内的，申请人可以选择其中一个人民法院申请执行裁决，不得分别向两个或者两个以上人民法院提出申请。

被申请人的住所地或者财产所在地，既在内地又在香港特区的，申请人不得同时分别向两地有关法院提出申请。只有一地法院执行不足以偿还其债务时，才可就不足部分向另一地法院申请执行。两地法院先后执行仲裁裁决的总额，不得超过裁决数额。

三、申请人向有关法院申请执行在内地或者香港特区作出的仲裁裁决的，应当提交以下文书：

（一）执行申请书；

（二）仲裁裁决书；

（三）仲裁协议。

四、执行申请书的内容应当载明下列事项：

（一）申请人为自然人的情况下，该人的姓名、地址；申请人为法人或者其他组织的情况下，该法人或其他组织的名称、地址及法定代表人姓名；

（二）被申请人为自然人的情况下，该人的姓名、地址；被申请人为法人或者其他组织的情况下，该法人或其他组织的名称、地址及法定代表人姓名；

（三）申请人为法人或者其他组织的，应当提交企业注册登记的副本。申请人是外国籍法人或者其他组织的，应当提交相应的公证和认证材料；

（四）申请执行的理由与请求的内容，被申请人的财产所在地及财产状况。

执行申请书应当以中文文本提出，裁决书或者仲裁协议没有中文文本的，申请人应当提交正式证明的中文译本。

五、申请人向有关法院申请执行内地或者香港特区仲裁裁决的期限依据执行地法律有关时限的规定。

六、有关法院接到申请人申请后，应当按执行地法律程序处理及执行。

七、在内地或者香港特区申请执行的仲裁裁决，被申

请人接到通知后,提出证据证明有下列情形之一的,经审查核实,有关法院可裁定不予执行:

(一)仲裁协议当事人依对其适用的法律属于某种无行为能力的情形;或者该项仲裁协议依约定的准据法无效;或者未指明以何种法律为准时,依仲裁裁决地的法律是无效的;

(二)被申请人未接到指派仲裁员的适当通知,或者因他故未能陈述意见的;

(三)裁决所处理的争议不是交付仲裁的标的或者不在仲裁协议条款之内,或者裁决载有关于交付仲裁范围以外事项的决定的;但交付仲裁事项的决定可与未交付仲裁的事项划分时,裁决中关于交付仲裁事项的决定部分应当予以执行;

(四)仲裁庭的组成或者仲裁庭程序与当事人之间的协议不符,或者在有关当事人没有这种协议时与仲裁地的法律不符的;

(五)裁决对当事人尚无约束力,或者业经仲裁地的法院或者按仲裁地的法律撤销或者停止执行的。

有关法院认定依执行地法律,争议事项不能以仲裁解决的,则可不予执行该裁决。

内地法院认定在内地执行该仲裁裁决违反内地社会公共利益,或者香港特区法院决定在香港特区执行该仲裁裁决违反香港特区的公共政策,则可不予执行该裁决。

八、申请人向有关法院申请执行在内地或者香港特区作出的仲裁裁决,应当根据执行地法院有关诉讼收费的办法交纳执行费用。

九、1997年7月1日以后申请执行在内地或者香港特区作出的仲裁裁决按本安排执行。

十、对1997年7月1日至本安排生效之日的裁决申请问题,双方同意:

1997年7月1日至本安排生效之日因故未能向内地或者香港特区法院申请执行,申请人为法人或者其他组织的,可以在本安排生效后六个月内提出;如申请人为自然人的,可以在本安排生效后一年内提出。

对于内地或香港特区法院在1997年7月1日至本安排生效之日拒绝受理或者拒绝执行仲裁裁决的案件,应允许当事人重新申请。

十一、本安排在执行过程中遇有问题和修改,应当通过最高人民法院和香港特区政府协商解决。

最高人民法院关于内地与澳门特别行政区相互认可和执行民商事判决的安排

1. 2006年3月21日公布

2. 法释〔2006〕2号

根据《中华人民共和国澳门特别行政区基本法》第九十三条的规定,最高人民法院与澳门特别行政区经协商,达成《内内地与澳门特别行政区关于相互认可和执行民商事判决的安排》(以下简称《安排》),并于2006年2月28日签署。本《安排》已于2006年2月13日由最高人民法院审判委员会第1378次会议通过,现予公布。根据双方一致意见,本《安排》自2006年4月1日起生效。

2006年3月21日

根据《中华人民共和国澳门特别行政区基本法》第九十三条的规定,最高人民法院与澳门特别行政区经协商,就内地与澳门特别行政区法院相互认可和执行民商事判决事宜,达成如下安排:

第一条　内地与澳门特别行政区民商事案件(在内地包括劳动争议案件,在澳门特别行政区包括劳动民事案件)判决的相互认可和执行,适用本安排。

本安排亦适用于刑事案件中有关民事损害赔偿的判决、裁定。

本安排不适用于行政案件。

第二条　本安排所称"判决",在内地包括:判决、裁定、决定、调解书、支付令;在澳门特别行政区包括:裁判、判决、确认和解的裁定、法官的决定或者批示。

本安排所称"被请求方",指内地或者澳门特别行政区双方中,受理认可和执行判决申请的一方。

第三条　一方法院作出的具有给付内容的生效判决,当事人可以向对方有管辖权的法院申请认可和执行。

没有给付内容，或者不需要执行，但需要通过司法程序予以认可的判决，当事人可以向对方法院单独申请认可，也可以直接以该判决作为证据在对方法院的诉讼程序中使用。

第四条　内地有权受理认可和执行判决申请的法院为被申请人住所地、经常居住地或者财产所在地的中级人民法院。两个或者两个以上中级人民法院均有管辖权的，申请人应当选择向其中一个中级人民法院提出申请。

澳门特别行政区有权受理认可判决申请的法院为中级法院，有权执行的法院为初级法院。

第五条　被申请人在内地和澳门特别行政区均有可供执行财产的，申请人可以向一地法院提出执行申请。

申请人向一地法院提出执行申请的同时，可以向另一地法院申请查封、扣押或者冻结被执行人的财产。待一地法院执行完毕后，可以根据该地法院出具的执行情况证明，就不足部分向另一地法院申请采取处分财产的执行措施。

两地法院执行财产的总额，不得超过依据判决和法律规定所确定的数额。

第六条　请求认可和执行判决的申请书，应当载明下列事项：

（一）申请人或者被申请人为自然人的，应当载明其姓名及住所；为法人或者其他组织的，应当载明其名称及住所，以及其法定代表人或者主要负责人的姓名、职务和住所；

（二）请求认可和执行的判决的案号和判决日期；

（三）请求认可和执行判决的理由、标的，以及该判决在判决作出地法院的执行情况。

第七条　申请书应当附生效判决书副本，或者经作出生效判决的法院盖章的证明书，同时应当附作出生效判决的法院或者有权限机构出具的证明下列事项的相关文件：

（一）传唤属依法作出，但判决书已经证明的除外；

（二）无诉讼行为能力人依法得到代理，但判决书已经证明的除外；

（三）根据判决作出地的法律，判决已经送达当事人，并已生效；

（四）申请人为法人的，应当提供法人营业执照副本或者法人登记证明书；

（五）判决作出地法院发出的执行情况证明。

如被请求方法院认为已充分了解有关事项时，可以免除提交相关文件。

被请求方法院对当事人提供的判决书的真实性有疑问时，可以请求作出生效判决的法院予以确认。

第八条　申请书应当用中文制作。所附司法文书及其相关文件未用中文制作的，应当提供中文译本。其中法院判决书未用中文制作的，应当提供由法院出具的中文译本。

第九条　法院收到申请人请求认可和执行判决的申请后，应当将申请书送达被申请人。

被申请人有权提出答辩。

第十条　被请求方法院应当尽快审查认可和执行的请求，并作出裁定。

第十一条　被请求方法院经审查核实存在下列情形之一的，裁定不予认可：

（一）根据被请求方的法律，判决所确认的事项属被请求方法院专属管辖；

（二）在被请求方法院已存在相同诉讼，该诉讼先于待认可判决的诉讼提起，且被请求方法院具有管辖权；

（三）被请求方法院已认可或者执行被请求方法院以外的法院或仲裁机构就相同诉讼作出的判决或仲裁裁决；

（四）根据判决作出地的法律规定，败诉的当事人未得到合法传唤，或者无诉讼行为能力人未依法得到代理；

（五）根据判决作出地的法律规定，申请认可和执行的判决尚未发生法律效力，或者因再审被裁定中止执行；

（六）在内地认可和执行判决将违反内地法律的基本原则或者社会公共利益；在澳门特别行政区认可和执行判决将违反澳门特别行政区法律的基本原则或者公共秩序。

第十二条　法院就认可和执行判决的请求作出裁定后，应当及时送达。

当事人对认可与否的裁定不服的，在内地

可以向上一级人民法院提请复议,在澳门特别行政区可以根据其法律规定提起上诉;对执行中作出的裁定不服的,可以根据被请求方法律的规定,向上级法院寻求救济。

第十三条 经裁定予以认可的判决,与被请求方法院的判决具有同等效力。判决有给付内容的,当事人可以向该方有管辖权的法院申请执行。

第十四条 被请求方法院不能对判决所确认的所有请求予以认可和执行时,可以认可和执行其中的部分请求。

第十五条 法院受理认可和执行判决的申请之前或者之后,可以按照被请求方法律关于财产保全的规定,根据申请人的申请,对被申请人的财产采取保全措施。

第十六条 在被请求方法院受理认可和执行判决的申请期间,或者判决已获认可和执行,当事人再行提起相同诉讼的,被请求方法院不予受理。

第十七条 对于根据本安排第十一条(一)、(四)、(六)项不予认可的判决,申请人不得再行提起认可和执行的申请。但根据被请求方的法律,被请求方法院有管辖权的,当事人可以就相同案件事实向当地法院另行提起诉讼。

本安排第十一条(五)项所指的判决,在不予认可的情形消除后,申请人可以再行提起认可和执行的申请。

第十八条 为适用本安排,由一方有权限公共机构(包括公证员)作成或者公证的文书正本、副本及译本,免除任何认证手续而可以在对方使用。

第十九条 申请人依据本安排申请认可和执行判决,应当根据被请求方法律规定,交纳诉讼费用、执行费用。

申请人在生效判决作出地获准缓交、减交、免交诉讼费用的,在被请求方法院申请认可和执行判决时,应当享有同等待遇。

第二十条 对民商事判决的认可和执行,除本安排有规定的以外,适用被请求方的法律规定。

第二十一条 本安排生效前提出的认可和执行请求,不适用本安排。

两地法院自1999年12月20日以后至本安排生效前作出的判决,当事人未向对方法院申请认可和执行,或者对方法院拒绝受理的,仍可以于本安排生效后提出申请。

澳门特别行政区法院在上述期间内作出的判决,当事人向内地人民法院申请认可和执行的期限,自本安排生效之日起重新计算。

第二十二条 本安排在执行过程中遇有问题或者需要修改,应当由最高人民法院与澳门特别行政区协商解决。

第二十三条 为执行本安排,最高人民法院和澳门特别行政区终审法院应当相互提供相关法律资料。

最高人民法院和澳门特别行政区终审法院每年相互通报执行本安排的情况。

第二十四条 本安排自2006年4月1日起生效。

最高人民法院关于当事人持台湾地区有关法院民事调解书或者有关机构出具或确认的调解协议书向人民法院申请认可人民法院应否受理的批复

1. 1999年4月9日最高人民法院审判委员会第1053次会议通过
2. 1999年4月27日公布
3. 法释〔1999〕10号
4. 自1999年5月12日起施行
5. 已由法释〔2015〕13号废止

四川省高级人民法院:

你院关于当事人持台湾地区有关法院民事调解书或者有关机构出具或确认的调解协议书向人民法院申请认可,人民法院应否受理的请示收悉。经研究,答复如下:

台湾地区有关法院出具的民事调解书,是在法院主持下双方当事人达成的协议,应视为与法院民事判决书具有同等效力。当事人向人民法院申请认可的,人民法院应比照我院《关于人民法院认可台湾地区有关法院民事判决的规定》予以受理。但对台湾地区有关机构(包括民间调解机构)出具或确认的调解协议书,当事人向人民法院申请认可的,人民法院不应予以受理。

此复

(三)文书送达和调取证据

最高人民法院关于人民法院办理海峡两岸送达文书和调查取证司法互助案件的规定

1. *2010年12月16日最高人民法院审判委员会第1506次会议通过*
2. *2011年6月14日公布*
3. *法释〔2011〕15号*
4. *自2011年6月25日起施行*

为落实《海峡两岸共同打击犯罪及司法互助协议》(以下简称协议),进一步推动海峡两岸司法互助业务的开展,确保协议中涉及人民法院有关送达文书和调查取证司法互助工作事项的顺利实施,结合各级人民法院开展海峡两岸司法互助工作实践,制定本规定。

一、总　　则

第一条　人民法院依照协议,办理海峡两岸民事、刑事、行政诉讼案件中的送达文书和调查取证司法互助业务,适用本规定。

第二条　人民法院应当在法定职权范围内办理海峡两岸司法互助业务。

人民法院办理海峡两岸司法互助业务,应当遵循一个中国原则,遵守国家法律的基本原则,不得违反社会公共利益。

二、职 责 分 工

第三条　人民法院和台湾地区业务主管部门通过各自指定的协议联络人,建立办理海峡两岸司法互助业务的直接联络渠道。

第四条　最高人民法院是与台湾地区业务主管部门就海峡两岸司法互助业务进行联络的一级窗口。最高人民法院台湾司法事务办公室主任是最高人民法院指定的协议联络人。

最高人民法院负责:就协议中涉及人民法院的工作事项与台湾地区业务主管部门开展磋商、协调和交流;指导、监督、组织、协调地方各级人民法院办理海峡两岸司法互助业务;就海峡两岸调查取证司法互助业务与台湾地区业务主管部门直接联络,并在必要时具体办理调查取证司法互助案件;及时将本院和台湾地区业务主管部门指定的协议联络人的姓名、联络方式及变动情况等工作信息通报高级人民法院。

第五条　最高人民法院授权高级人民法院就办理海峡两岸送达文书司法互助案件,建立与台湾地区业务主管部门联络的二级窗口。高级人民法院应当指定专人作为经最高人民法院授权的二级联络窗口联络人。

高级人民法院负责:指导、监督、组织、协调本辖区人民法院办理海峡两岸送达文书和调查取证司法互助业务;就办理海峡两岸送达文书司法互助案件与台湾地区业务主管部门直接联络,并在必要时具体办理送达文书和调查取证司法互助案件;登记、统计本辖区人民法院办理的海峡两岸送达文书司法互助案件;定期向最高人民法院报告本辖区人民法院办理海峡两岸送达文书司法互助业务情况;及时将本院联络人的姓名、联络方式及变动情况报告最高人民法院,同时通报台湾地区联络人和下级人民法院。

第六条　中级人民法院和基层人民法院应当指定专人负责海峡两岸司法互助业务。

中级人民法院和基层人民法院负责:具体办理海峡两岸送达文书和调查取证司法互助案件;定期向高级人民法院层报本院办理海峡两岸送达文书司法互助业务情况;及时将本院海峡两岸司法互助业务负责人员的姓名、联络方式及变动情况层报高级人民法院。

三、送达文书司法互助

第七条　人民法院向住所地在台湾地区的当事人送达民事和行政诉讼司法文书,可以采用下列方式:

(一)受送达人居住在大陆的,直接送达。受送达人是自然人,本人不在的,可以交其同住成年家属签收;受送达人是法人或者其他组织的,应当由法人的法定代表人、其他组织的主要负责人或者该法人、其他组织负责收件的人签收。

受送达人不在大陆居住,但送达时在大陆的,可以直接送达。

(二)受送达人在大陆有诉讼代理人的,向诉讼代理人送达。但受送达人在授权委托书中明确表明其诉讼代理人无权代为接收的除外。

(三)受送达人有指定代收人的,向代收人送达。

(四)受送达人在大陆有代表机构、分支机构、业务代办人的,向其代表机构或者经受送达人明确授权接受送达的分支机构、业务代办人送达。

(五)通过协议确定的海峡两岸司法互助方式,请求台湾地区送达。

(六)受送达人在台湾地区的地址明确的,可以邮寄送达。

(七)有明确的传真号码、电子信箱地址的,可以通过传真、电子邮件方式向受送达人送达。

采用上述方式均不能送达或者台湾地区当事人下落不明的,可以公告送达。

人民法院需要向住所地在台湾地区的当事人送达刑事司法文书,可以通过协议确定的海峡两岸司法互助方式,请求台湾地区送达。

第八条 人民法院协助台湾地区法院送达司法文书,应当采用民事诉讼法、刑事诉讼法、行政诉讼法等法律和相关司法解释规定的送达方式,并应当尽可能采用直接送达方式,但不采用公告送达方式。

第九条 人民法院协助台湾地区送达司法文书,应当充分负责,及时努力送达。

第十条 审理案件的人民法院需要台湾地区协助送达司法文书的,应当填写《〈海峡两岸共同打击犯罪及司法互助协议〉送达文书请求书》附录部分,连同需要送达的司法文书,一式二份,及时送交高级人民法院。

需要台湾地区协助送达的司法文书中有指定开庭日期等类似期限的,一般应当为协助送达程序预留不少于六个月的时间。

第十一条 高级人民法院收到本院或者下级人民法院《〈海峡两岸共同打击犯罪及司法互助协议〉送达文书请求书》附录部分和需要送达的司法文书后,应当在七个工作日内完成审查。经审查认为可以请求台湾地区协助送达的,高级人民法院联络人应当填写《〈海峡两岸共同打击犯罪及司法互助协议〉送达文书请求书》正文部分,连同附录部分和需要送达的司法文书,立即寄送台湾地区联络人;经审查认为欠缺相关材料、内容或者认为不需要请求台湾地区协助送达的,应当立即告知提出请求的人民法院补充相关材料、内容或者在说明理由后将材料退回。

第十二条 台湾地区成功送达并将送达证明材料寄送高级人民法院联络人,或者未能成功送达并将相关材料送还,同时出具理由说明给高级人民法院联络人的,高级人民法院应当在收到之日起七个工作日内,完成审查并转送提出请求的人民法院。经审查认为欠缺相关材料或者内容的,高级人民法院联络人应当立即与台湾地区联络人联络并请求补充相关材料或者内容。

自高级人民法院联络人向台湾地区寄送有关司法文书之日起满四个月,如果未能收到送达证明材料或者说明文件,且根据各种情况不足以认定已经送达的,视为不能按照协议确定的海峡两岸司法互助方式送达。

第十三条 台湾地区请求人民法院协助送达台湾地区法院的司法文书并通过其联络人将请求书和相关司法文书寄送高级人民法院联络人的,高级人民法院应当在七个工作日内完成审查。经审查认为可以协助送达的,应当立即转送有关下级人民法院送达或者由本院送达;经审查认为欠缺相关材料、内容或者认为不宜协助送达的,高级人民法院联络人应当立即向台湾地区联络人说明情况并告知其补充相关材料、内容或者将材料送还。

具体办理送达文书司法互助案件的人民法院应当在收到高级人民法院转送的材料之日起五个工作日内,以"协助台湾地区送达民事(刑事、行政诉讼)司法文书"案由立案,指定专人办理,并应当自立案之日起十五日内完成协助送达,最迟不得超过两个月。

收到台湾地区送达文书请求时,司法文书中指定的开庭日期或者其他期限逾期的,人民法院亦应予以送达,同时高级人民法院联络人应当及时向台湾地区联络人说明情况。

第十四条　具体办理送达文书司法互助案件的人民法院成功送达的，应当由送达人在《〈海峡两岸共同打击犯罪及司法互助协议〉送达回证》上签名或者盖章，并在成功送达之日起七个工作日内将送达回证送交高级人民法院；未能成功送达的，应当由送达人在《〈海峡两岸共同打击犯罪及司法互助协议〉送达回证》上注明未能成功送达的原因并签名或者盖章，在确认不能送达之日起七个工作日内，将该送达回证和未能成功送达的司法文书送交高级人民法院。

高级人民法院应当在收到前款所述送达回证之日起七个工作日内完成审查，由高级人民法院联络人在前述送达回证上签名或者盖章，同时出具《〈海峡两岸共同打击犯罪及司法互助协议〉送达文书回复书》，连同该送达回证和未能成功送达的司法文书，立即寄送台湾地区联络人。

四、调查取证司法互助

第十五条　人民法院办理海峡两岸调查取证司法互助业务，限于与台湾地区法院相互协助调取与诉讼有关的证据，包括取得证言及陈述；提供书证、物证及视听资料；确定关系人所在地或者确认其身份、前科等情况；进行勘验、检查、扣押、鉴定和查询等。

第十六条　人民法院协助台湾地区法院调查取证，应当采用民事诉讼法、刑事诉讼法、行政诉讼法等法律和相关司法解释规定的方式。

在不违反法律和相关规定、不损害社会公共利益、不妨碍正在进行的诉讼程序的前提下，人民法院应当尽力协助调查取证，并尽可能依照台湾地区请求的内容和形式予以协助。

台湾地区调查取证请求书所述的犯罪事实，依照大陆法律规定不认为涉嫌犯罪的，人民法院不予协助，但有重大社会危害并经双方业务主管部门同意予以个案协助的除外。台湾地区请求促使大陆居民至台湾地区作证，但未作出非经大陆主管部门同意不得追诉其进入台湾地区之前任何行为的书面声明的，人民法院可以不予协助。

第十七条　审理案件的人民法院需要台湾地区协助调查取证的，应当填写《〈海峡两岸共同打击犯罪及司法互助协议〉调查取证请求书》附录部分，连同相关材料，一式三份，及时送交高级人民法院。

高级人民法院应当在收到前款所述材料之日起七个工作日内完成初步审查，并将审查意见和《〈海峡两岸共同打击犯罪及司法互助协议〉调查取证请求书》附录部分及相关材料，一式二份，立即转送最高人民法院。

第十八条　最高人民法院收到高级人民法院转送的《〈海峡两岸共同打击犯罪及司法互助协议〉调查取证请求书》附录部分和相关材料以及高级人民法院审查意见后，应当在七个工作日内完成最终审查。经审查认为可以请求台湾地区协助调查取证的，最高人民法院联络人应当填写《〈海峡两岸共同打击犯罪及司法互助协议〉调查取证请求书》正文部分，连同附录部分和相关材料，立即寄送台湾地区联络人；经审查认为欠缺相关材料、内容或者认为不需要请求台湾地区协助调查取证的，应当立即通过高级人民法院告知提出请求的人民法院补充相关材料、内容或者在说明理由后将材料退回。

第十九条　台湾地区成功调查取证并将取得的证据材料寄送最高人民法院联络人，或者未能成功调查取证并将相关材料送还，同时出具理由说明给最高人民法院联络人的，最高人民法院应当在收到之日起七个工作日内完成审查并转送高级人民法院，高级人民法院应当在收到之日起七个工作日内转送提出请求的人民法院。经审查认为欠缺相关材料或者内容的，最高人民法院联络人应当立即与台湾地区联络人联络并请求补充相关材料或者内容。

第二十条　台湾地区请求人民法院协助台湾地区法院调查取证并通过其联络人将请求书和相关材料寄送最高人民法院联络人的，最高人民法院应当在收到之日起七个工作日内完成审查。经审查认为可以协助调查取证的，应当立即转送有关高级人民法院或者由本院办理，高级人民法院应当在收到之日起七个工作日内转送有关下级人民法院办理或者由本院办理;经审查认为欠缺相关材料、内容或者认为不宜协助调查取证的,最高人民法院联络人应当立即向台湾地区联络人说明情况并告知其补充相关材料、内容或者将材料送还。

具体办理调查取证司法互助案件的人民法院应当在收到高级人民法院转送的材料之日起五个工作日内,以"协助台湾地区民事(刑事、行政诉讼)调查取证"案由立案,指定专人办理,并应当自立案之日起一个月内完成协助调查取证,最迟不得超过三个月。因故不能在期限届满前完成的,应当提前函告高级人民法院,并由高级人民法院转报最高人民法院。

第二十一条　具体办理调查取证司法互助案件的人民法院成功调查取证的,应当在完成调查取证之日起七个工作日内将取得的证据材料一式三份,连同台湾地区提供的材料,并在必要时附具情况说明,送交高级人民法院;未能成功调查取证的,应当出具说明函一式三份,连同台湾地区提供的材料,在确认不能成功调查取证之日起七个工作日内送交高级人民法院。

高级人民法院应当在收到前款所述材料之日起七个工作日内完成初步审查,并将审查意见和前述取得的证据材料或者说明函等,一式二份,连同台湾地区提供的材料,立即转送最高人民法院。

最高人民法院应当在收到之日起七个工作日内完成最终审查,由最高人民法院联络人出具《〈海峡两岸共同打击犯罪及司法互助协议〉调查取证回复书》,必要时连同相关材料,立即寄送台湾地区联络人。

证据材料不适宜复制或者难以取得备份的,可不按本条第一款和第二款的规定提供备份材料。

五、附　　则

第二十二条　人民法院对于台湾地区请求协助所提供的和执行请求所取得的相关资料应当予以保密。但依据请求目的使用的除外。

第二十三条　人民法院应当依据请求书载明的目的使用台湾地区协助提供的资料。但最高人民法院和台湾地区业务主管部门另有商定的除外。

第二十四条　对于依照协议和本规定从台湾地区获得的证据和司法文书等材料,不需要办理公证、认证等形式证明。

第二十五条　人民法院办理海峡两岸司法互助业务,应当使用统一、规范的文书样式。

第二十六条　对于执行台湾地区的请求所发生的费用,由有关人民法院负担。但下列费用应当由台湾地区业务主管部门负责支付:

(一)鉴定费用;

(二)翻译费用和誊写费用;

(三)为台湾地区提供协助的证人和鉴定人,因前往、停留、离开台湾地区所发生的费用;

(四)其他经最高人民法院和台湾地区业务主管部门商定的费用。

第二十七条　人民法院在办理海峡两岸司法互助案件中收到、取得、制作的各种文件和材料,应当以原件或者复制件形式,作为诉讼档案保存。

第二十八条　最高人民法院审理的案件需要请求台湾地区协助送达司法文书和调查取证的,参照本规定由本院自行办理。

专门人民法院办理海峡两岸送达文书和调查取证司法互助业务,参照本规定执行。

第二十九条　办理海峡两岸司法互助案件和执行本规定的情况,应当纳入对有关人民法院及相关工作人员的工作绩效考核和案件质量评查范围。

第三十条　此前发布的司法解释与本规定不一致的,以本规定为准。

最高人民法院关于内地与澳门特别行政区法院就民商事案件相互委托送达司法文书和调取证据的安排

1. 2001年8月27日公布

2. 法释〔2001〕26号

2001年8月7日由最高人民法院审判委员会第1186次会议通过。根据最高人民法院和澳门特别行政区代表协商达成的一致意见,本《安排》在内地以最高人民法院发布司法解释的形式予以公布，自2001年9月15日起施行。

最高人民法院

根据《中华人民共和国澳门特别行政区基本法》第九十三条的规定，最高人民法院与澳门特别行政区代表经协商，现就内地与澳门特别行政区法院就民商事案件相互委托送达司法文书和调取证据问题规定如下：

一、一般规定

第一条　内地人民法院与澳门特别行政区法院就民商事案件（在内地包括劳动争议案件，在澳门特别行政区包括民事劳工案件）相互委托送达司法文书和调取证据，均适用本安排。

第二条　双方相互委托送达司法文书和调取证据，均须通过各高级人民法院和澳门特别行政区终审法院进行。最高人民法院与澳门特别行政区终审法院可以直接相互委托送达和调取证据。

本安排在执行过程中遇有问题，应当通过最高人民法院与澳门特别行政区终审法院协商解决。

第三条　各高级人民法院和澳门特别行政区终审法院相互收到对方法院的委托书后，应当立即将委托书及所附司法文书和相关文件转送根据其本辖区法律规定有权完成该受托事项的法院。

如果受委托方法院认为委托书不符合本安排规定，影响其完成受托事项时，应当及时通知委托方法院，并说明对委托书的异议。必要时可以要求委托方法院补充材料。

第四条　委托书应当以中文文本提出。所附司法文书及其他相关文件没有中文文本的，应当提供中文译本。

第五条　委托方法院应当在合理的期限内提出委托请求，以保证受委托方法院收到委托书后，及时完成受托事项。

受委托方法院应优先处理受托事项。完成受托事项的期限，送达文书最迟不得超过自收到委托书之日起两个月，调取证据最迟不得超过自收到委托书之日起三个月。

第六条　受委托方法院应当根据本辖区法律规定执行受托事项。委托方法院请求按照特殊方式执行委托事项的，如果受委托方法院认为不违反本辖区的法律规定，可以按照其特殊方式执行。

第七条　委托方法院无须支付受委托方法院在送达司法文书或调取证据时发生的费用或税项。但受委托方法院根据其本辖区法律规定，有权在调取证据时，要求委托方法院预付鉴定人、证人、翻译人员的费用，以及因采用委托方法院在委托书中请求以特殊方式送达司法文书或调取证据所产生的费用。

第八条　受委托方法院收到委托书后，不得以其本辖区法律规定对委托方法院审理的该民商事案件享有专属管辖权或不承认对该请求事项提起诉讼的权利为由，不予执行受托事项。

受委托方法院在执行受托事项时，如果该事项不属于法院职权范围，或者内地人民法院认为在内地执行该受托事项将违反其基本法律原则或社会公共利益，或者澳门特别行政区法院认为在澳门特别行政区执行该受托事项将违反其基本法律原则或公共秩序的，可以不予执行，但应当及时向委托方法院书面说明不予执行的原因。

二、司法文书的送达

第九条　委托方法院请求送达司法文书，须出具盖有其印章的委托书，并在委托书中说明委托机关的名称、受送达人的姓名或者名称、详细地址及案件性质。如果执行方法院请求按特殊方式送达或者有特别注意的事项的，应当在委托书中注明。

第十条　委托书及所附司法文书和其他相关文件一式两份，受送达人为两人以上的，每人一式两份。

第十一条　完成司法文书送达事项后，内地人民法院应当出具送达回证；澳门特别行政区法院应当出具送达证明书。出具的送达回证和送达证明书，应当注明送达的方法、地点和日期，及司法文书接收人的身份，并加盖法院印章。受委托方法院无法送达的，应当在送达回证或者送达证明书上注明妨碍送达的原因、拒收事由和日期，并及时退回委托书及所附全部文件。

第十二条 不论委托方法院司法文书中确定的出庭日期或者期限是否已过,受委托方法院均应送达。

第十三条 受委托方法院对委托方法院委托送达的司法文书和所附相关文件的内容和后果不负法律责任。

第十四条 本安排中的司法文书在内地包括:起诉状副本、上诉状副本、反诉状副本、答辩状副本、授权委托书、传票、判决书、调解书、裁定书、支付令、决定书、通知书、证明书、送达回证以及其他司法文书和所附相关文件;在澳门特别行政区包括:起诉状复本、答辩状复本、反诉状复本、上诉状复本、陈述书、申辩书、声明异议书、反驳书、申请书、撤诉书、认诺书、和解书、财产目录、财产分割表、和解建议书、债权人协议书、传唤书、通知书、法官批示、命令状、法庭许可令状、判决书、合议庭裁判书、送达证明书以及其他司法文书和所附相关文件。

三、调取证据

第十五条 委托方法院请求调取的证据只能是用于与诉讼有关的证据。

第十六条 双方相互委托代为调取证据的委托书应当写明:

(一)委托法院的名称;

(二)当事人及其诉讼代理人的姓名、地址,及其他一切有助于辨别其身份的情况;

(三)委托调取证据的原因,以及委托调取证据的具体事项;

(四)被调查人的姓名、地址,及其他一切有助于辨别其身份的情况,以及需要向其提出的问题;

(五)调取证据需采用的特殊方式;

(六)有助于执行该委托的其他一切情况。

第十七条 代为调取证据的范围包括:代为询问当事人、证人和鉴定人,代为进行鉴定和司法勘验,调取其他与诉讼有关的证据。

第十八条 如委托方法院提出要求,受委托方法院应当将取证的时间、地点通知委托方法院,以便有关当事人及其诉讼代理人能够出席。

第十九条 受委托方法院在执行委托调取证据时,根据委托方法院的请求,可以允许委托方法院派司法人员出席。必要时,经受委托方允许,委托方法院的司法人员可以向证人、鉴定人等发问。

第二十条 受委托方法院完成委托调取证据的事项后,应当向委托方法院书面说明。

如果未能按委托方法院的请求全部或部分完成调取证据事项,受委托方法院应当向委托方法院书面说明妨碍调取证据的原因,并及时退回委托书及所附全部文件。

如果当事人、证人根据受委托方的法律规定,拒绝作证或推辞提供证言时,受委托方法院应当以书面通知委托方法院,并退回委托书及所附全部文件。

第二十一条 受委托方法院可以根据委托方法院的请求,并经证人、鉴定人同意,协助安排其辖区的证人、鉴定人到对方辖区出庭作证。

证人、鉴定人在委托方地域内逗留期间,不得因在其离开受委托方地域之前,在委托方境内所实施的行为或针对他所作的裁决而被刑事起诉、羁押,或者为履行刑罚或者其他处罚而被剥夺财产或者扣留身份证件,或者以任何方式对其人身自由加以限制。

证人、鉴定人完成所需诉讼行为,且可自由离开委托方地域后,在委托方境内逗留超过七天,或者已离开委托方地域又自行返回时,前款所指的豁免即行终止。

证人、鉴定人到委托方法院出庭而导致的费用及补偿,由委托方法院预付。

该条所指出庭作证人员,在澳门特别行政区还包括当事人。

第二十二条 受委托方法院取证时,被调查的当事人、证人、鉴定人等的代理人可以出席。

四、附　　则

第二十三条 受委托方法院可以根据委托方法院的请求代为查询并提供本辖区的有关法律。

第二十四条 如果本安排需要修改,应当通过最高人民法院与澳门特别行政区代表协商解决。

第二十五条 本安排自2001年9月15日起生效。

十四、仲　　裁

(一)综合

中华人民共和国仲裁法

1. 1994年8月31日第八届全国人民代表大会常务委员会第九次会议通过

2. 根据2009年8月27日第十一届全国人民代表大会常务委员会第十次会议《关于修改部分法律的决定》修正

目　　录

第一章　总　　则

第一条　【立法目的】为保证公正、及时地仲裁经济纠纷，保护当事人的合法权益，保障社会主义市场经济健康发展，制定本法。

第二条　【适用范围】平等主体的公民、法人和其他组织之间发生的合同纠纷和其他财产权益纠纷，可以仲裁。

第三条　【适用范围的例外】下列纠纷不能仲裁：

（一）婚姻、收养、监护、扶养、继承纠纷；

（二）依法应当由行政机关处理的行政争议。

第四条　【自愿仲裁原则】当事人采用仲裁方式解决纠纷，应当双方自愿，达成仲裁协议。没有仲裁协议，一方申请仲裁的，仲裁委员会不予受理。

第五条　【或裁或审原则】当事人达成仲裁协议，一方向人民法院起诉的，人民法院不予受理，但仲裁协议无效的除外。

第六条　【仲裁机构的选定】仲裁委员会应当由当事人协议选定。

仲裁不实行级别管辖和地域管辖。

第七条　【依据事实和法律仲裁原则】仲裁应当根据事实，符合法律规定，公平合理地解决纠纷。

第八条　【独立仲裁原则】仲裁依法独立进行，不受行政机关、社会团体和个人的干涉。

第九条　【一裁终局制】仲裁实行一裁终局的制度。裁决作出后，当事人就同一纠纷再申请仲裁或者向人民法院起诉的，仲裁委员会或者人民法院不予受理。

裁决被人民法院依法裁定撤销或者不予执行的，当事人就该纠纷可以根据双方重新达成的仲裁协议申请仲裁，也可以向人民法院起诉。

第二章　仲裁委员会和仲裁协会

第十条　【仲裁委员会的设置】仲裁委员会可以在直辖市和省、自治区人民政府所在地的市设立，也可以根据需要在其他设区的市设立，不按行政区划层层设立。

仲裁委员会由前款规定的市的人民政府组织有关部门和商会统一组建。

设立仲裁委员会，应当经省、自治区、直辖市的司法行政部门登记。

第十一条　【仲裁委员会的设立条件】仲裁委员会应当具备下列条件：

（一）有自己的名称、住所和章程；

（二）有必要的财产；

（三）有该委员会的组成人员；

（四）有聘任的仲裁员。

仲裁委员会的章程应当依照本法制定。

第十二条　【仲裁委员会的组成成员】仲裁委员会由主任一人、副主任二至四人和委员七至十一人组成。

仲裁委员会的主任、副主任和委员由法律、经济贸易专家和有实际工作经验的人员担任。仲裁委员会的组成人员中,法律、经济贸易专家不得少于三分之二。

第十三条 【仲裁员的条件】仲裁委员会应当从公道正派的人员中聘任仲裁员。

仲裁员应当符合下列条件之一:

(一)从事仲裁工作满八年的;

(二)从事律师工作满八年的;

(三)曾任审判员满八年的;

(四)从事法律研究、教学工作并具有高级职称的;

(五)具有法律知识、从事经济贸易等专业工作并具有高级职称或者具有同等专业水平的。

仲裁委员会按照不同专业设仲裁员名册。

第十四条 【仲裁委员会的独立性】仲裁委员会独立于行政机关,与行政机关没有隶属关系。仲裁委员会之间也没有隶属关系。

第十五条 【中国仲裁协会】中国仲裁协会是社会团体法人。仲裁委员会是中国仲裁协会的会员。中国仲裁协会的章程由全国会员大会制定。

中国仲裁协会是仲裁委员会的自律性组织,根据章程对仲裁委员会及其组成人员、仲裁员的违纪行为进行监督。

中国仲裁协会依照本法和民事诉讼法的有关规定制定仲裁规则。

第三章 仲裁协议

第十六条 【仲裁协议的形式和内容】仲裁协议包括合同中订立的仲裁条款和以其他书面方式在纠纷发生前或者纠纷发生后达成的请求仲裁的协议。

仲裁协议应当具有下列内容:

(一)请求仲裁的意思表示;

(二)仲裁事项;

(三)选定的仲裁委员会。

第十七条 【仲裁协议的无效】有下列情形之一的,仲裁协议无效:

(一)约定的仲裁事项超出法律规定的仲裁范围的;

(二)无民事行为能力人或者限制民事行为能力人订立的仲裁协议;

(三)一方采取胁迫手段,迫使对方订立仲裁协议的。

第十八条 【内容不明确的仲裁协议的处理】仲裁协议对仲裁事项或者仲裁委员会没有约定或者约定不明确的,当事人可以补充协议;达不成补充协议的,仲裁协议无效。

第十九条 【仲裁条款效力的独立性】仲裁协议独立存在,合同的变更、解除、终止或者无效,不影响仲裁协议的效力。

仲裁庭有权确认合同的效力。

第二十条 【仲裁协议异议的处理】当事人对仲裁协议的效力有异议的,可以请求仲裁委员会作出决定或者请求人民法院作出裁定。一方请求仲裁委员会作出决定,另一方请求人民法院作出裁定的,由人民法院裁定。

当事人对仲裁协议的效力有异议,应当在仲裁庭首次开庭前提出。

第四章 仲裁程序

第一节 申请和受理

第二十一条 【申请仲裁的条件】当事人申请仲裁应当符合下列条件:

(一)有仲裁协议;

(二)有具体的仲裁请求和事实、理由;

(三)属于仲裁委员会的受理范围。

第二十二条 【申请仲裁的文件】当事人申请仲裁,应当向仲裁委员会递交仲裁协议、仲裁申请书及副本。

第二十三条 【仲裁申请书内容】仲裁申请书应当载明下列事项:

(一)当事人的姓名、性别、年龄、职业、工作单位和住所,法人或者其他组织的名称、住所和法定代表人或者主要负责人的姓名、职务;

(二)仲裁请求和所根据的事实、理由;

(三)证据和证据来源、证人姓名和住所。

第二十四条 【仲裁申请的受理与不受理】仲裁委员会收到仲裁申请书之日起五日内,认为符合受理条件的,应当受理,并通知当事人;认为不符合受理条件的,应当书面通知当事人不予受理,并说明理由。

第二十五条　**【受理后的准备工作】**仲裁委员会受理仲裁申请后，应当在仲裁规则规定的期限内将仲裁规则和仲裁员名册送达申请人，并将仲裁申请书副本和仲裁规则、仲裁员名册送达被申请人。

被申请人收到仲裁申请书副本后，应当在仲裁规则规定的期限内向仲裁委员会提交答辩书。仲裁委员会收到答辩书后，应当在仲裁规则规定的期限内将答辩书副本送达申请人。被申请人未提交答辩书的，不影响仲裁程序的进行。

第二十六条　**【仲裁当事人起诉的处理】**当事人达成仲裁协议，一方向人民法院起诉未声明有仲裁协议，人民法院受理后，另一方在首次开庭前提交仲裁协议的，人民法院应当驳回起诉，但仲裁协议无效的除外；另一方在首次开庭前未对人民法院受理该案提出异议的，视为放弃仲裁协议，人民法院应当继续审理。

第二十七条　**【仲裁请求变动】**申请人可以放弃或者变更仲裁请求。被申请人可以承认或者反驳仲裁请求，有权提出反请求。

第二十八条　**【财产保全】**一方当事人因另一方当事人的行为或者其他原因，可能使裁决不能执行或者难以执行的，可以申请财产保全。

当事人申请财产保全的，仲裁委员会应当将当事人的申请依照民事诉讼法的有关规定提交人民法院。

申请有错误的，申请人应当赔偿被申请人因财产保全所遭受的损失。

第二十九条　**【仲裁代理】**当事人、法定代理人可以委托律师和其他代理人进行仲裁活动。委托律师和其他代理人进行仲裁活动的，应当向仲裁委员会提交授权委托书。

第二节　仲裁庭的组成

第三十条　**【仲裁庭的组成】**仲裁庭可以由三名仲裁员或者一名仲裁员组成。由三名仲裁员组成的，设首席仲裁员。

第三十一条　**【仲裁员的选任】**当事人约定由三名仲裁员组成仲裁庭的，应当各自选定或者各自委托仲裁委员会主任指定一名仲裁员，第三名仲裁员由当事人共同选定或者共同委托仲裁委员会主任指定。第三名仲裁员是首席仲裁员。

当事人约定由一名仲裁员成立仲裁庭的，应当由当事人共同选定或者共同委托仲裁委员会主任指定仲裁员。

第三十二条　**【仲裁员的指定】**当事人没有在仲裁规则规定的期限内约定仲裁庭的组成方式或者选定仲裁员的，由仲裁委员会主任指定。

第三十三条　**【仲裁庭组成情况的通知】**仲裁庭组成后，仲裁委员会应当将仲裁庭的组成情况书面通知当事人。

第三十四条　**【回避的适用范围】**仲裁员有下列情形之一的，必须回避，当事人也有权提出回避申请：

（一）是本案当事人或者当事人、代理人的近亲属；

（二）与本案有利害关系；

（三）与本案当事人、代理人有其他关系，可能影响公正仲裁的；

（四）私自会见当事人、代理人，或者接受当事人、代理人的请客送礼的。

第三十五条　**【当事人申请回避】**当事人提出回避申请，应当说明理由，在首次开庭前提出。回避事由在首次开庭后知道的，可以在最后一次开庭终结前提出。

第三十六条　**【回避的决定】**仲裁员是否回避，由仲裁委员会主任决定；仲裁委员会主任担任仲裁员时，由仲裁委员会集体决定。

第三十七条　**【仲裁员的重新确定】**仲裁员因回避或者其他原因不能履行职责的，应当依照本法规定重新选定或者指定仲裁员。

因回避而重新选定或者指定仲裁员后，当事人可以请求已进行的仲裁程序重新进行，是否准许，由仲裁庭决定；仲裁庭也可以自行决定已进行的仲裁程序是否重新进行。

第三十八条　**【仲裁员的除名】**仲裁员有本法第三十四条第四项规定的情形，情节严重的，或者有本法第五十八条第六项规定的情形的，应当依法承担法律责任，仲裁委员会应当将其除名。

第三节　开庭和裁决

第三十九条　**【仲裁审理的方式】**仲裁应当开庭进行。当事人协议不开庭的，仲裁庭可以根据仲裁申请书、答辩书以及其他材料作出裁决。

第四十条 【仲裁不公开原则】仲裁不公开进行。当事人协议公开的,可以公开进行,但涉及国家秘密的除外。

第四十一条 【开庭通知与延期审理】仲裁委员会应当在仲裁规则规定的期限内将开庭日期通知双方当事人。当事人有正当理由的,可以在仲裁规则规定的期限内请求延期开庭。是否延期,由仲裁庭决定。

第四十二条 【视为撤回申请和缺席判决】申请人经书面通知,无正当理由不到庭或者未经仲裁庭许可中途退庭的,可以视为撤回仲裁申请。

被申请人经书面通知,无正当理由不到庭或者未经仲裁庭许可中途退庭的,可以缺席裁决。

第四十三条 【举证责任】当事人应当对自己的主张提供证据。

仲裁庭认为有必要收集的证据,可以自行收集。

第四十四条 【专门性问题的鉴定】仲裁庭对专门性问题认为需要鉴定的,可以交由当事人约定的鉴定部门鉴定,也可以由仲裁庭指定的鉴定部门鉴定。

根据当事人的请求或者仲裁庭的要求,鉴定部门应当派鉴定人参加开庭。当事人经仲裁庭许可,可以向鉴定人提问。

第四十五条 【证据出示和质证】证据应当在开庭时出示,当事人可以质证。

第四十六条 【证据保全】在证据可能灭失或者以后难以取得的情况下,当事人可以申请证据保全。当事人申请证据保全的,仲裁委员会应当将当事人的申请提交证据所在地的基层人民法院。

第四十七条 【当事人的辩论】当事人在仲裁过程中有权进行辩论。辩论终结时,首席仲裁员或者独任仲裁员应当征询当事人的最后意见。

第四十八条 【仲裁笔录】仲裁庭应当将开庭情况记入笔录。当事人和其他仲裁参与人认为对自己陈述的记录有遗漏或者差错的,有权申请补正。如果不予补正,应当记录该申请。

笔录由仲裁员、记录人员、当事人和其他仲裁参与人签名或者盖章。

第四十九条 【仲裁和解】当事人申请仲裁后,可以自行和解。达成和解协议的,可以请求仲裁庭根据和解协议作出裁决书,也可以撤回仲裁申请。

第五十条 【和解后反悔的处理】当事人达成和解协议,撤回仲裁申请后反悔的,可以根据仲裁协议申请仲裁。

第五十一条 【仲裁调解】仲裁庭在作出裁决前,可以先行调解。当事人自愿调解的,仲裁庭应当调解。调解不成的,应当及时作出裁决。

调解达成协议的,仲裁庭应当制作调解书或者根据协议的结果制作裁决书。调解书与裁决书具有同等法律效力。

第五十二条 【仲裁调解书】调解书应当写明仲裁请求和当事人协议的结果。调解书由仲裁员签名,加盖仲裁委员会印章,送达双方当事人。

调解书经双方当事人签收后,即发生法律效力。

在调解书签收前当事人反悔的,仲裁庭应当及时作出裁决。

第五十三条 【仲裁裁决的作出】裁决应当按照多数仲裁员的意见作出,少数仲裁员的不同意见可以记入笔录。仲裁庭不能形成多数意见时,裁决应当按照首席仲裁员的意见作出。

第五十四条 【裁决书的内容】裁决书应当写明仲裁请求、争议事实、裁决理由、裁决结果、仲裁费用的负担和裁决日期。当事人协议不愿写明争议事实和裁决理由的,可以不写。裁决书由仲裁员签名,加盖仲裁委员会印章。对裁决持不同意见的仲裁员,可以签名,也可以不签名。

第五十五条 【先行裁决】仲裁庭仲裁纠纷时,其中一部分事实已经清楚,可以就该部分先行裁决。

第五十六条 【裁决书的补正】对裁决书中的文字、计算错误或者仲裁庭已经裁决但在裁决书中遗漏的事项,仲裁庭应当补正;当事人自收到裁决书之日起三十日内,可以请求仲裁庭补正。

第五十七条 【裁决书的生效】裁决书自作出之日起发生法律效力。

第五章　申请撤销裁决

第五十八条　【申请撤销裁决条件】当事人提出证据证明裁决有下列情形之一的,可以向仲裁委员会所在地的中级人民法院申请撤销裁决:

（一）没有仲裁协议的;

（二）裁决的事项不属于仲裁协议的范围或者仲裁委员会无权仲裁的;

（三）仲裁庭的组成或者仲裁的程序违反法定程序的;

（四）裁决所根据的证据是伪造的;

（五）对方当事人隐瞒了足以影响公正裁决的证据的;

（六）仲裁员在仲裁该案时有索贿受贿,徇私舞弊,枉法裁决行为的。

人民法院经组成合议庭审查核实裁决有前款规定情形之一的,应当裁定撤销。

人民法院认定该裁决违背社会公共利益的,应当裁定撤销。

第五十九条　【申请撤销裁决的期限】当事人申请撤销裁决的,应当自收到裁决书之日起六个月内提出。

第六十条　【撤销与否的期限】人民法院应当在受理撤销裁决申请之日起两个月内作出撤销裁决或者驳回申请的裁定。

第六十一条　【申请撤销裁决的后果】人民法院受理撤销裁决的申请后,认为可以由仲裁庭重新仲裁的,通知仲裁庭在一定期限内重新仲裁,并裁定中止撤销程序。仲裁庭拒绝重新仲裁的,人民法院应当裁定恢复撤销程序。

第六章　执　　行

第六十二条　【仲裁裁决的执行】当事人应当履行裁决。一方当事人不履行的,另一方当事人可以依照民事诉讼法的有关规定向人民法院申请执行。受申请的人民法院应当执行。

第六十三条　【仲裁裁决的不予执行】被申请人提出证据证明裁决有民事诉讼法第二百一十三条第二款规定的情形之一的,经人民法院组成合议庭审查核实,裁定不予执行。

第六十四条　【裁决中止、终结与恢复执行】一方当事人申请执行裁决,另一方当事人申请撤销裁决的,人民法院应当裁定中止执行。

人民法院裁定撤销裁决的,应当裁定终结执行。撤销裁决的申请被裁定驳回的,人民法院应当裁定恢复执行。

第七章　涉外仲裁的特别规定

第六十五条　【涉外仲裁的范围】涉外经济贸易、运输和海事中发生的纠纷的仲裁,适用本章规定。本章没有规定的,适用本法其他有关规定。

第六十六条　【涉外仲裁委员会的设立】涉外仲裁委员会可以由中国国际商会组织设立。

涉外仲裁委员会由主任一人、副主任若干人和委员若干人组成。

涉外仲裁委员会的主任、副主任和委员可以由中国国际商会聘任。

第六十七条　【涉外仲裁委员会仲裁员聘任】涉外仲裁委员会可以从具有法律、经济贸易、科学技术等专门知识的外籍人士中聘任仲裁员。

第六十八条　【涉外仲裁的证据保全】涉外仲裁的当事人申请证据保全的,涉外仲裁委员会应当将当事人的申请提交证据所在地的中级人民法院。

第六十九条　【涉外仲裁的开庭笔录】涉外仲裁的仲裁庭可以将开庭情况记入笔录,或者作出笔录要点,笔录要点可以由当事人和其他仲裁参与人签字或者盖章。

第七十条　【涉外仲裁裁决的撤销】当事人提出证据证明涉外仲裁裁决有民事诉讼法第二百五十八条第一款规定的情形之一的,经人民法院组成合议庭审查核实,裁定撤销。

第七十一条　【裁决的不予执行】被申请人提出证据证明涉外仲裁裁决有民事诉讼法第二百五十八条第一款规定的情形之一的,经人民法院组成合议庭审查核实,裁定不予执行。

第七十二条　【仲裁裁决在外国的承认和执行】涉外仲裁委员会作出的发生法律效力的仲裁裁决,当事人请求执行的,如果被执行人或者其财产不在中华人民共和国领域内,应当由当事人直接向有管辖权的外国法院申请承认和执行。

第七十三条　【涉外仲裁规则】涉外仲裁规则可以由中国国际商会依照本法和民事诉讼法的有关规定制定。

第八章 附 则

第七十四条 【仲裁时效】法律对仲裁时效有规定的,适用该规定。法律对仲裁时效没有规定的,适用诉讼时效的规定。

第七十五条 【涉外仲裁暂行规则制定】中国仲裁协会制定仲裁规则前,仲裁委员会依照本法和民事诉讼法的有关规定可以制定仲裁暂行规则。

第七十六条 【仲裁费用】当事人应当按照规定交纳仲裁费用。

收取仲裁费用的办法,应当报物价管理部门核准。

第七十七条 【不适用本法的两类合同】劳动争议和农业集体经济组织内部的农业承包合同纠纷的仲裁,另行规定。

第七十八条 【本法实行前有关仲裁规定的效力】本法施行前制定的有关仲裁的规定与本法的规定相抵触的,以本法为准。

第七十九条 【新旧仲裁机构的衔接过渡】本法施行前在直辖市、省、自治区人民政府所在地的市和其他设区的市设立的仲裁机构,应当依照本法的有关规定重新组建;未重新组建的,自本法施行之日起届满一年时终止。

本法施行前设立的不符合本法规定的其他仲裁机构,自本法施行之日起终止。

第八十条 【生效日期】本法自1995年9月1日起施行。

最高人民法院关于认真贯彻仲裁法依法执行仲裁裁决的通知①

1. 1995年10月4日公布

2. 法发〔1995〕21号

各省、自治区、直辖市高级人民法院:

《中华人民共和国仲裁法》(简称仲裁法)已于1994年8月31日由第八届全国人民代表大会常务委员会第九次会议通过,自今年9月1日起实施。根据仲裁法第七十九条的规定,国务院和省、自治区人民政府、自治州人民政府以及县级人民政府的工商、城建、科技等部门设立的现有仲裁机构自今年9月1日起终止,设在直辖市和省、自治区人民政府所在地的市以及其他设区的市现有隶属于行政部门的仲裁机构最迟到明年9月1日终止。为保证仲裁法的贯彻实施,公正、及时地执行仲裁裁决,特通知如下:

一、各级人民法院于今年9月1日起,都应当严格执行仲裁法,并依照民事诉讼法、经济合同法和我国加入的1958年《承认及执行外国仲裁裁决公约》的规定,认真处理好每一起向人民法院请求作出裁定,申请撤销或者执行的仲裁裁决案件,真正做到严肃执法。

二、根据国办发[1995]38号《关于进一步做好重新组建仲裁机构工作的通知》要求,现有仲裁机构在依法终止前受理的案件应当自该仲裁机构依法终止之日起6个月内作出仲裁裁决。因此,仲裁机构在此期间将当事人的财产保全申请提交人民法院的,人民法院应当依照民事诉讼法的有关规定作出裁决,予以受理或者驳回申请;仲裁机构在此期间按照仲裁程序作出的裁决书、调解书,一方当事人不履行,另一方当事人依照民事诉讼法的有关规定向人民法院申请执行的,受申请的人民法院应当执行。但被申请人提出证据证明裁决有民事诉讼法第二百一十三条第二款和第二百五十八条第一款规定的情形之一的,或者当事人提出证据证明裁决有民事诉讼法第二百五十八条第一款、仲裁法第五十八条规定的情形之一的,应当分别作出不予执行和撤销裁决的裁定。一方当事人申请执行,另一方当事人申请撤销裁决的,人民法院应当裁定中止执行。

最高人民法院关于实施《中华人民共和国仲裁法》几个问题的通知②

1. 1997年3月26日公布

2. 法发〔1997〕4号

各省、自治区、直辖市高级人民法院:

现就人民法院实施《中华人民共和国仲裁

---

①② 本文收录的文本,系根据《最高人民法院关于调整司法解释等文件中引用〈中华人民共和国民事诉讼法〉条文序号的决定》(法释〔2008〕18号)修改后的文本。

法》（以下简称《仲裁法》）需要明确的几个问题，通知如下：

一、《仲裁法》施行前当事人依法订立的仲裁协议继续有效，有关当事人向人民法院起诉的，人民法院不予受理，应当告知其向依照《仲裁法》组建的仲裁机构申请仲裁。

当事人双方书面协议放弃仲裁后，一方向人民法院起诉的，人民法院应当依法受理。

二、在仲裁过程中，当事人申请财产保全的，一般案件由被申请人住所地或者财产所在地的基层人民法院作出裁定；属涉外仲裁案件的，依据《中华人民共和国民事诉讼法》第二百五十六条的规定，由被申请人住所地或者财产所在地的中级人民法院作出裁定。有关人民法院对仲裁机构提交的财产保全申请应当认真进行审查，符合法律规定的，即应依法作出财产保全的裁定；如认为不符合法律规定的，应依法裁定驳回申请。

三、对依照《仲裁法》组建的仲裁机构所作出的涉外仲裁裁决，当事人申请执行的，人民法院应当依法受理。

最高人民法院关于适用《中华人民共和国仲裁法》若干问题的解释①

1. *2005年12月26日最高人民法院审判委员会第1375次会议通过*
2. *2006年8月23日公布*
3. *法释〔2006〕7号*
4. *自2006年9月8日起施行*

根据《中华人民共和国仲裁法》和《中华人民共和国民事诉讼法》等法律规定，对人民法院审理涉及仲裁案件适用法律的若干问题作如下解释：

第一条　仲裁法第十六条规定的“其他书面形式”的仲裁协议，包括以合同书、信件和数据电文（包括电报、电传、传真、电子数据交换和电子邮件）等形式达成的请求仲裁的协议。

第二条　当事人概括约定仲裁事项为合同争议的，基于合同成立、效力、变更、转让、履行、违约责任、解释、解除等产生的纠纷都可以认定为仲裁事项。

第三条　仲裁协议约定的仲裁机构名称不准确，但能够确定具体的仲裁机构的，应当认定选定了仲裁机构。

第四条　仲裁协议仅约定纠纷适用的仲裁规则的，视为未约定仲裁机构，但当事人达成补充协议或者按照约定的仲裁规则能够确定仲裁机构的除外。

第五条　仲裁协议约定两个以上仲裁机构的，当事人可以协议选择其中的一个仲裁机构申请仲裁；当事人不能就仲裁机构选择达成一致的，仲裁协议无效。

第六条　仲裁协议约定由某地的仲裁机构仲裁且该地仅有一个仲裁机构的，该仲裁机构视为约定的仲裁机构。该地有两个以上仲裁机构的，当事人可以协议选择其中的一个仲裁机构申请仲裁；当事人不能就仲裁机构选择达成一致的，仲裁协议无效。

第七条　当事人约定争议可以向仲裁机构申请仲裁也可以向人民法院起诉的，仲裁协议无效。但一方向仲裁机构申请仲裁，另一方未在仲裁法第二十条第二款规定期间内提出异议的除外。

第八条　当事人订立仲裁协议后合并、分立的，仲裁协议对其权利义务的继受人有效。

当事人订立仲裁协议后死亡的，仲裁协议对承继其仲裁事项中的权利义务的继承人有效。

前两款规定情形，当事人订立仲裁协议时另有约定的除外。

第九条　债权债务全部或者部分转让的，仲裁协议对受让人有效，但当事人另有约定、在受让债权债务时受让人明确反对或者不知有单独仲裁协议的除外。

第十条　合同成立后未生效或者被撤销的，仲裁协议效力的认定适用仲裁法第十九条第一款

---

① 本文收录的文本，系根据《最高人民法院关于调整司法解释等文件中引用〈中华人民共和国民事诉讼法〉条文序号的决定》（法释〔2008〕18号）修改后的文本。

的规定。

当事人在订立合同时就争议达成仲裁协议的,合同未成立不影响仲裁协议的效力。

第十一条 合同约定解决争议适用其他合同、文件中的有效仲裁条款的,发生合同争议时,当事人应当按照该仲裁条款提请仲裁。

涉外合同应当适用的有关国际条约中有仲裁规定的,发生合同争议时,当事人应当按照国际条约中的仲裁规定提请仲裁。

第十二条 当事人向人民法院申请确认仲裁协议效力的案件,由仲裁协议约定的仲裁机构所在地的中级人民法院管辖;仲裁协议约定的仲裁机构不明确的,由仲裁协议签订地或者被申请人住所地的中级人民法院管辖。

申请确认涉外仲裁协议效力的案件,由仲裁协议约定的仲裁机构所在地、仲裁协议签订地、申请人或者被申请人住所地的中级人民法院管辖。

涉及海事海商纠纷仲裁协议效力的案件,由仲裁协议约定的仲裁机构所在地、仲裁协议签订地、申请人或者被申请人住所地的海事法院管辖;上述地点没有海事法院的,由就近的海事法院管辖。

第十三条 依照仲裁法第二十条第二款的规定,当事人在仲裁庭首次开庭前没有对仲裁协议的效力提出异议,而后向人民法院申请确认仲裁协议无效的,人民法院不予受理。

仲裁机构对仲裁协议的效力作出决定后,当事人向人民法院申请确认仲裁协议效力或者申请撤销仲裁机构的决定的,人民法院不予受理。

第十四条 仲裁法第二十六条规定的"首次开庭"是指答辩期满后人民法院组织的第一次开庭审理,不包括审前程序中的各项活动。

第十五条 人民法院审理仲裁协议效力确认案件,应当组成合议庭进行审查,并询问当事人。

第十六条 对涉外仲裁协议的效力审查,适用当事人约定的法律;当事人没有约定适用的法律但约定了仲裁地的,适用仲裁地法律;没有约定适用的法律也没有约定仲裁地或者仲裁地约定不明的,适用法院地法律。

第十七条 当事人以不属于仲裁法第五十八条或者民事诉讼法第二百五十八条规定的事由申请撤销仲裁裁决的,人民法院不予支持。

第十八条 仲裁法第五十八条第一款第一项规定的"没有仲裁协议"是指当事人没有达成仲裁协议。仲裁协议被认定无效或者被撤销的,视为没有仲裁协议。

第十九条 当事人以仲裁裁决事项超出仲裁协议范围为由申请撤销仲裁裁决,经审查属实的,人民法院应当撤销仲裁裁决中的超裁部分。但超裁部分与其他裁决事项不可分的,人民法院应当撤销仲裁裁决。

第二十条 仲裁法第五十八条规定的"违反法定程序",是指违反仲裁法规定的仲裁程序和当事人选择的仲裁规则可能影响案件正确裁决的情形。

第二十一条 当事人申请撤销国内仲裁裁决的案件属于下列情形之一的,人民法院可以依照仲裁法第六十一条的规定通知仲裁庭在一定期限内重新仲裁:

(一)仲裁裁决所根据的证据是伪造的;

(二)对方当事人隐瞒了足以影响公正裁决的证据的。

人民法院应当在通知中说明要求重新仲裁的具体理由。

第二十二条 仲裁庭在人民法院指定的期限内开始重新仲裁的,人民法院应当裁定终结撤销程序;未开始重新仲裁的,人民法院应当裁定恢复撤销程序。

第二十三条 当事人对重新仲裁裁决不服的,可以在重新仲裁裁决书送达之日起六个月内依据仲裁法第五十八条规定向人民法院申请撤销。

第二十四条 当事人申请撤销仲裁裁决的案件,人民法院应当组成合议庭审理,并询问当事人。

第二十五条 人民法院受理当事人撤销仲裁裁决的申请后,另一方当事人申请执行同一仲裁裁决的,受理执行申请的人民法院应当在受理后裁定中止执行。

第二十六条 当事人向人民法院申请撤销仲裁裁决被驳回后,又在执行程序中以相同理由提出不予执行抗辩的,人民法院不予支持。

第二十七条　当事人在仲裁程序中未对仲裁协议的效力提出异议，在仲裁裁决作出后以仲裁协议无效为由主张撤销仲裁裁决或者提出不予执行抗辩的，人民法院不予支持。

当事人在仲裁程序中对仲裁协议的效力提出异议，在仲裁裁决作出后又以此为由主张撤销仲裁裁决或者提出不予执行抗辩，经审查符合仲裁法第五十八条或者民事诉讼法第二百一十三条、第二百五十八条规定的，人民法院应予支持。

第二十八条　当事人请求不予执行仲裁调解书或者根据当事人之间的和解协议作出的仲裁裁决书的，人民法院不予支持。

第二十九条　当事人申请执行仲裁裁决案件，由被执行人住所地或者被执行的财产所在地的中级人民法院管辖。

第三十条　根据审理撤销、执行仲裁裁决案件的实际需要，人民法院可以要求仲裁机构作出说明或者向相关仲裁机构调阅仲裁案卷。

人民法院在办理涉及仲裁的案件过程中作出的裁定，可以送相关的仲裁机构。

第三十一条　本解释自公布之日起实施。

本院以前发布的司法解释与本解释不一致的，以本解释为准。

最高人民法院关于正确审理仲裁司法审查案件有关问题的通知

1. 2013年9月4日公布

2. 法〔2013〕194号

各省、自治区、直辖市高级人民法院，解放军军事法院，新疆维吾尔自治区高级人民法院生产建设兵团分院：

最近一段时间以来，因中国国际经济贸易仲裁委员会（以下简称中国贸仲）于2012年5月1日施行修订后的仲裁规则以及原中国国际经济贸易仲裁委员会上海分会（以下简称上海贸仲）、原中国国际经济贸易仲裁委员会华南分会（以下简称华南贸仲）变更名称并施行新的仲裁规则，致使有的当事人对仲裁规则的适用以及上述各仲裁机构受理仲裁案件的权限等问题产生争议。各地人民法院陆续受理了因上述争议而引发的仲裁司法审查案件。为统一裁判尺度，保证人民法院正确审理案件，现就有关问题通知如下：

对于因上述争议产生的当事人申请确认仲裁协议效力的案件以及当事人申请撤销或者不予执行中国贸仲或者上海贸仲、华南贸仲作出的仲裁裁决的案件，人民法院在作出裁定之前，须经审判委员会讨论提出意见后，逐级上报至最高人民法院，待最高人民法院答复后，方可作出裁定。

（二）仲裁协议效力

最高人民法院关于同时选择两个仲裁机构的仲裁条款效力问题的函

1. 1996年12月12日公布

2. 法函〔1996〕176号

山东省高级人民法院：

你院鲁法经（1996）88号“关于齐鲁制药厂诉美国安泰国际贸易公司合资合同纠纷一案中仲裁条款效力的审查报告”收悉。经研究，答复如下：本案当事人订立的合同仲裁条款约定“合同争议应提交中国国际贸易促进委员会对外经济贸易仲裁委员会，或瑞典斯德哥尔摩商会仲裁院仲裁”，该仲裁条款对仲裁机构的约定是明确的，亦是可以执行的。当事人只要选择约定的仲裁机构之一即可进行仲裁。根据《中华人民共和国民事诉讼法》第一百一十一条第二项之规定，本案纠纷应由当事人提交仲裁解决，人民法院对本案没有管辖权。

此复

最高人民法院关于仅选择仲裁地点而对仲裁机构没有约定的仲裁条款效力问题的函

1. 1997年3月19日公布

2. 法函〔1997〕36号

浙江省高级人民法院：

你院浙法经字（1997）7号关于朱国玶诉浙

江省义乌市对外经济贸易公司国际货物买卖合同纠纷一案中仲裁条款效力的函收悉。经研究，答复如下:本案合同仲裁条款中双方当事人仅约定仲裁地点,而对仲裁机构没有约定。发生纠纷后,双方当事人就仲裁机构达不成补充协议,应依据《中华人民共和国仲裁法》第十八条之规定，认定本案所涉仲裁协议无效,浙江省金华市中级人民法院可以依法受理本案。

最高人民法院关于确认仲裁协议效力几个问题的批复

1. 1998年10月21日最高人民法院审判委员会第1029次会议通过
2. 1998年10月26日公布
3. 法释〔1998〕27号
4. 自1998年11月5日起施行

山东省高级人民法院:

你院鲁高法函〔1997〕84号《关于认定重建仲裁机构前达成的仲裁协议的效力的几个问题的请示》收悉。经研究,答复如下:

一、在《中华人民共和国仲裁法》实施后重新组建仲裁机构前,当事人达成的仲裁协议只约定了仲裁地点,未约定仲裁机构,双方当事人在补充协议中选定了在该地点依法重新组建的仲裁机构的,仲裁协议有效;双方当事人达不成补充协议的,仲裁协议无效。

二、在仲裁法实施后依法重新组建仲裁机构前,当事人在仲裁协议中约定了仲裁机构,一方当事人申请仲裁,另一方当事人向人民法院起诉的,经人民法院审查,按照有关规定能够确定新的仲裁机构的,仲裁协议有效。对当事人的起诉,人民法院不予受理。

三、当事人对仲裁协议的效力有异议,一方当事人申请仲裁机构确认仲裁协议效力,另一方当事人请求人民法院确认仲裁协议无效,如果仲裁机构先于人民法院接受申请并已作出决定,人民法院不予受理;如果仲裁机构接受申请后尚未作出决定,人民法院应予受理,同时通知仲裁机构终止仲裁。

四、一方当事人就合同纠纷或者其他财产权益纠纷申请仲裁,另一方当事人对仲裁协议的效力有异议,请求人民法院确认仲裁协议无效并就合同纠纷或者其他财产权益纠纷起诉的,人民法院受理后应当通知仲裁机构中止仲裁。人民法院依法作出仲裁协议有效或者无效的裁定后,应当将裁定书副本送达仲裁机构,由仲裁机构根据人民法院的裁定恢复仲裁或者撤销仲裁案件。

人民法院依法对仲裁协议作出无效的裁定后,另一方当事人拒不应诉的,人民法院可以缺席判决;原受理仲裁申请的仲裁机构在人民法院确认仲裁协议无效后仍不撤销其仲裁案件的,不影响人民法院对案件的审理。

此复

最高人民法院关于当事人对仲裁协议的效力提出异议由哪一级人民法院管辖问题的批复

1. 2000年7月20日最高人民法院审判委员会第1126次会议通过
2. 2000年8月8日公布
3. 法释〔2000〕25号
4. 自2000年8月12日起施行

山东省高级人民法院:

你院鲁高法〔1998〕144号《关于当事人对仲裁协议的效力有异议应该向何人民法院请求作出裁定以及人民法院如何作出裁定的请示》收悉。经研究,答复如下:

关于请示的第一个问题,当事人协议选择国内仲裁机构仲裁后,一方对仲裁协议的效力有异议请求人民法院作出裁定的,由该仲裁委员会所在地的中级人民法院管辖。当事人对仲裁委员会没有约定或者约定不明的,由被告所在地的中级人民法院管辖。

关于请示的第二个问题,我院法释〔1998〕27号批复已有明确规定,在此不再答复。

最高人民法院关于安徽国泰物业有限公司申请确认仲裁协议效力一案的复函

1. 2000年8月14日公布
2. 〔2000〕经监字第200号

安徽省高级人民法院：

你院〔1999〕皖经监字第008号《关于安徽国泰物业有限公司申请确认仲裁协议效力一案的请示报告》收悉。经研究，答复如下：

本案双方当事人在《商品房购销合同》中明确约定，合同履行中发生争议由当地合同仲裁委员会仲裁。该约定对仲裁事项的表述，符合国务院办公厅《关于贯彻实施〈中华人民共和国仲裁法〉需要明确的几个问题的通知》第四条第一款关于仲裁事项的格式要求，应确认对仲裁事项约定明确。同时，本案双方当事人住所地及合同签订地、履行地、标的物所在地均在安庆市，合同中约定的“当地合同仲裁委员会”应认定为安庆仲裁委员会。故本案仲裁协议有效。原审以仲裁事项和仲裁委员会约定都不明确为由，裁定本案仲裁协议无效不当，应予纠正。

最高人民法院关于V97329号武汉金龙高科技有限公司合资争议仲裁案仲裁条款效力的复函

1. 1998年5月12日发布
2. 法经〔1998〕212号

湖北省高级人民法院：

中国国际经济贸易仲裁委员会以（98）贸仲字第2148号“关于V97329号武汉金龙高科技有限公司合资争议仲裁案仲裁条款效力事”函向我庭反映武汉市中级人民法院（1997）武经终字第277号民事裁定关于仲裁协议效力认定的问题。我们经研究认为：

武汉中苑科教公司与香港龙海（集团）有限公司签订的协议书只是对原合营合同部分条款的变更，未变更的原合营合同其他条款仍然有效。双方在工商行政管理部门变更登记时，没有就争议解决条款进行修改变更登记。工商行政管理部门审批备案的是香港龙海（集团）有限公司与武汉中苑科教公司签订的协议和香港龙海（集团）有限公司与武汉东湖新技术开发进出口公司签订的原合营合同，应视为双方当事人对原合营合同的仲裁条款是认同的。故当事人因合营合同而发生的争议，应按原合营合同的约定提交中国国际经济贸易仲裁委员会仲裁，法院对此合营纠纷无管辖权。请你院按审判监督程序对武汉市中级人民法院（1997）武经终字第0277号民事裁定予以纠正。

（三）撤销仲裁裁决

最高人民法院关于不得以裁决书送达超过期限而裁定撤销仲裁裁决的通知

1997年4月6日公布

各省、自治区、直辖市高级人民法院：

据了解，目前一些地区人民法院以仲裁裁决书送达超过规定期限，不符合仲裁程序，违反国务院办公厅国办发〔1995〕38号“关于进一步做好重新组建仲裁机构工作的通知”（简称国办发〔1995〕38号文）规定为由，裁定撤销仲裁裁决。

国办发〔1995〕38号文第三条规定中提到的六个月期限，指的是仲裁机构作出仲裁裁决的期限，不包括送达仲裁裁决的期限。法院以仲裁裁决送达超过六个月规定期限，不符合仲裁程序，违反国办发〔1995〕38号文规定为由，裁定撤销仲裁裁决，既于法律无据，也不利于保护当事人合法权益。因此，各地人民法院凡发现在审判工作中存在上述问题的，应当及时依法予以纠正。

特此通知

最高人民法院关于人民法院裁定撤销仲裁裁决或驳回当事人申请后当事人能否上诉问题的批复

1. *1997年4月23日公布*
2. *法复〔1997〕5号*

广西壮族自治区高级人民法院:

你院桂高法〔1996〕144号请示及1997年1月20日补充意见均已收悉。经研究,答复如下:

根据《中华人民共和国民事诉讼法》第一百四十条、第一百四十一条和《中华人民共和国仲裁法》第九条第二款规定,对人民法院依法作出的撤销仲裁裁决或驳回当事人申请的裁定,当事人无权上诉。人民法院依法裁定撤销仲裁裁决的,当事人可以根据双方重新达成的仲裁协议申请仲裁,也可以向人民法院起诉。

此复

最高人民法院关于人民法院撤销涉外仲裁裁决有关事项的通知

1. *1998年4月23日发布*
2. *法〔1998〕40号*
3. *根据2008年12月16日最高人民法院《关于调整司法解释等文件中引用〈中华人民共和国民事诉讼法〉条文序号的决定》(法释〔2008〕18号)调整*

为严格执行《中华人民共和国仲裁法》(以下简称仲裁法)和《中华人民共和国民事诉讼法》(以下简称民事诉讼法),保障诉讼和仲裁活动依法进行,现决定对人民法院撤销我国涉外仲裁裁决建立报告制度,为此,特作如下通知:

一、凡一方当事人按照仲裁法的规定向人民法院申请撤销我国涉外仲裁裁决,如果人民法院经审查认为涉外仲裁裁决具有民事诉讼法第二百五十八条第一款规定的情形之一的,在裁定撤销裁决或通知仲裁庭重新仲裁之前,须报请本辖区所属高级人民法院进行审查。如果高级人民法院同意撤销裁决或通知仲裁庭重新仲裁,应将其审查意见报最高人民法院。待最高人民法院答复后,方可裁定撤销裁决或通知仲裁庭重新仲裁。

二、受理申请撤销裁决的人民法院如认为应予撤销裁决或通知仲裁庭重新仲裁的,应在受理申请后三十日内报其所属的高级人民法院,该高级人民法院如同意撤销裁决或通知仲裁庭重新仲裁的,应在十五日内报最高人民法院,以严格执行仲裁法第六十条的规定。

最高人民法院关于审理当事人申请撤销仲裁裁决案件几个具体问题的批复

1. *1998年6月11日最高人民法院审判委员会第992次会议通过*
2. *1998年7月21日公布*
3. *法释〔1998〕16号*
4. *自1998年7月28日起施行*

安徽省高级人民法院:

你院(1996)经他字第26号《关于在审理一方当事人申请撤销仲裁裁决的案件中几个具体问题应如何解决的请示报告》收悉。经研究,答复如下:

一、原依照有关规定设立的仲裁机构在《中华人民共和国仲裁法》(以下简称仲裁法)实施前受理、实施后审理的案件,原则上应当适用仲裁法的有关规定。鉴于原仲裁机构的体制与仲裁法规定的仲裁机构有所不同,原仲裁机构适用仲裁法某些规定有困难的,如仲裁庭的组成,也可以适用《中华人民共和国经济合同仲裁条例》的有关规定,人民法院在审理有关申请撤销仲裁裁决案件中不应以未适用仲裁法的规定为由,撤销仲裁裁决。

二、一方当事人向人民法院申请撤销仲裁裁决的,人民法院在审理时,应当列对方当事人为被申请人。

三、当事人向人民法院申请撤销仲裁裁决的案件,应当按照非财产案件收费标准计收案件受理费;该费用由申请人交纳。

此复

最高人民法院关于当事人对人民法院撤销仲裁裁决的裁定不服申请再审人民法院是否受理问题的批复

1. 1999年1月29日最高人民法院审判委员会第1042次会议通过
2. 1999年2月11日公布
3. 法释〔1999〕6号
4. 自1999年2月16日起施行

陕西省高级人民法院：

你院陕高法〔1998〕78号《关于当事人对人民法院撤销仲裁裁决的裁定不服申请再审是否应当受理的请示》收悉。经研究，答复如下：

根据《中华人民共和国仲裁法》第九条规定的精神，当事人对人民法院撤销仲裁裁决的裁定不服申请再审的，人民法院不予受理。

此复

最高人民法院关于人民检察院对撤销仲裁裁决的民事裁定提起抗诉人民法院应如何处理问题的批复

1. 2000年6月30日最高人民法院审判委员会第1121次会议通过
2. 2000年7月10日公布
3. 法释〔2000〕17号
4. 自2000年7月15日起施行

陕西省高级人民法院：

你院陕高法〔1999〕183号《关于下级法院撤销仲裁裁决的民事裁定确有错误，检察机关抗诉应如何处理的请示》收悉。经研究，答复如下：

检察机关对发生法律效力的撤销仲裁裁决的民事裁定提起抗诉，没有法律依据，人民法院不予受理。依照《中华人民共和国仲裁法》第九条的规定，仲裁裁决被人民法院依法撤销后，当事人可以重新达成仲裁协议申请仲裁，也可以向人民法院提起诉讼。

此复

最高人民法院关于人民检察院对不撤销仲裁裁决的民事裁定提出抗诉人民法院应否受理问题的批复

1. 2000年12月12日最高人民法院审判委员会第1150次会议通过
2. 2000年12月13日公布
3. 法释〔2000〕46号
4. 自2000年12月19日起施行

内蒙古自治区高级人民法院：

你院〔2000〕内法民再字第29号《关于人民检察院能否对人民法院不予撤销仲裁裁决的民事裁定抗诉的请示报告》收悉。经研究，答复如下：

人民检察院对发生法律效力的不撤销仲裁裁决的民事裁定提出抗诉，没有法律依据，人民法院不予受理。

此复

最高人民法院关于广州市东方酒店集团有限公司申请撤销仲裁裁决一案的复函

1. 2001年4月27日公布
2. 〔2000〕经监字第349号

广东省高级人民法院：

你院粤高法立〔2000〕34号关于广州市东方酒店集团有限公司申请撤销仲裁裁决一案的请示收悉。经研究，答复如下：

本案《承包经营合同》规定："甲乙双方一致同意，在乙方独立行使合作企业经营管理权期间，除本补充合同已作出具体明确约定的事项外，其他事项按原合作合同的条款执行。"从上述内容看，双方当事人对"其他事项"是否包括产生争议后的解决方式并无明确约定，故以该条款为依据，援引双方当事人在合作合同中约定的仲裁条款适用于本案争议，理由不充分。鉴于《承包经营合同》中未明确约定仲裁条款，且仲裁机关亦明确表示该案不属仲裁机关管辖，对双方当事人在履行承包经营合同中产生的争议，应由人民法院受理。

根据《仲裁法》第七十条的规定,人民法院裁定撤销涉外仲裁裁决应当符合《民事诉讼法》第二百六十条第一款的规定,你院拟同意深圳市中级法院受理并裁定撤销中国国际经济贸易仲裁委员会深圳分会仲裁裁决的意见,没有法律依据。

图书在版编目(CIP)数据

商事办案指导手册/最高人民法院民事审判第二庭编.—2版.—北京:法律出版社,2016.5
(最高人民法院商事审判指导丛书)
ISBN 978-7-5118-9076-4

Ⅰ.①商… Ⅱ.①最… Ⅲ.①商法—民事诉讼—审判—中国—手册 Ⅳ.①D923.99-62

中国版本图书馆CIP数据核字(2016)第018895号

商事办案指导手册(第2版)
最高人民法院民事审判第二庭 编

策划编辑 韦钦平
责任编辑 邢艳萍
装帧设计 汪奇峰

开本 A5
版本 2016年6月第2版
出版 法律出版社
总发行 中国法律图书有限公司
印刷 北京泰山兴业印务有限责任公司
印张 33.625 **字数** 950千
印次 2016年6月第1次印刷
编辑统筹 大众出版分社
经销 新华书店
责任印制 沙 磊

法律出版社/北京市丰台区莲花池西里7号(100073)
电子邮件/info@lawpress.com.cn
网址/www.lawpress.com.cn
销售热线/010-63939792/9779
咨询电话/010-63939796

中国法律图书有限公司/北京市丰台区莲花池西里7号(100073)
全国各地中法图分、子公司电话:
第一法律书店/010-63939781/9782
重庆公司/023-65382816/2908
北京分公司/010-62534456
西安分公司/029-85388843
上海公司/021-62071010/1636
深圳公司/0755-83072995

书号:ISBN 978-7-5118-9076-4
定价:99.00元
(如有缺页或倒装,中国法律图书有限公司负责退换)